6월 항쟁
10주년 기념 자료집

6월 항쟁 10주년 기념 자료집

6월민주항쟁10주년사업범국민추진위원회 엮음

사계절

발간사에 부쳐

10년 동안 '원자료' 에 담아온 6월의 함성!

역사는 '묻혀버린 과거(죽어버린 기록)'이기를 스스로 거부한다. 심지어 얼어붙은 화석마저도 그들의 삶을 증언하고 어제만이 아닌 오늘과 내일에 걸맞는 풀이를 요구한다. 하물며 역사의 '원자료' 들이야 더 말할 나위도 없을 터이다.

우리는 이제 6월민주항쟁 열 돌을 맞는다. 이 땅의 온 겨레가 떨쳐 일어섰던 그날의 함성은 무엇을 위해서였던가. 그리고 성취는 무엇이었으며 실패는 또 무엇이었던가. 그 물음들은 당연히 회고하는 취미에서 우러나는 것은 아니다. 오히려 그 물음들은 새로운 세기를 눈앞에 둔 겨레의 오늘과 내일을 위해서 우러난다.

더구나 우리의 6월항쟁은 4·19가 그랬던 것처럼 '미완의 혁명' 이라고도 일컬어진다. 그 이유는 자명하다. 그로부터 10년이 지난 오늘, 이 땅의 현실은 과연 그날 온 겨레가 목메어 외치며 가꾸어내고자 했던 현실인가. 우리는 한 마디로 긍정의 응답을 내놓을 수 없다. 거의 절대적 부정의 응답만이 소용돌이칠 뿐이다. 때문에 이 땅의 자주와 민주 그리고 통일을 추구하고자 하는 사회운동의 모임들은 6월항쟁의 '기념사업'이 아닌 '10주년 사업'을 펼쳐나가야 한다고 뜻을 모았던 것이다. 4·19나 5·18 등과는 또 달리 '기념'조차 제대로 해오지 못한 터에 '사업'을 들고 나선 뜻은 오늘의 현실이 넉넉히 반증해주리라고 믿는다.

역사는 분명히 '백마를 타고 나타난 기사' 가 바꿔주는 것은 아니다. 겨레가 바꾼다. 국민이 바꾼다. 시민이 바꾼다. 민중이 바꾼다. 역사를 사는 어느 당대인에게나 익은 감이 저절로 떨어져오는 법은 없다. 스스로가 선택하고 스스로가 결단할 수 있을 뿐이다.

그러자면 마땅히 6월항쟁은 우리의 역사에 있어서 무엇이었으며, 또한 무엇을 일깨우고 있는가를 거듭 새겨보아야 한다. 그 새겨봄의 끝에서 새로운 역사의 발걸음을 선택하고 또한 결단해야 한다. 누군가의 말처럼 역사란 역시 끊임없는 대화이다.

우리가 6월민주항쟁 열 돌을 맞아 그 역사의 '원자료' 들을 모아 펴내는 것도 다른 뜻에서가 아니다. 올바르게 새겨봄으로써 올바른 선택과 결단을 이루어내고자 하는 것이다. 해마다 찾아오고 또한 해마다 찾아올 6월은, 우리에게 무엇을 속삭이고 있는가. 무엇을 외쳐대고 있는가. 구태여 '미완의 항쟁' 이라는 부끄러운 일컬음을 되새기지 않더라도, 우리의 6월항쟁은 잠들어버릴 수 없다. 묻혀지고 죽어버릴 수 없다. 언제나 깨어 있고 살아 있는 함성으로 새로운 역사를 열어내고자 한다. 무슨 군소리를 덧붙일 필요가 있겠는가. 오늘의 현실을 보라. 이 책에서 울려 퍼지는 '원자료' 들의 함성을 들어보라. 한 마디로 그것이 이 책을 펴내는 우리의 뜻이다.

1997년 5월

6월민주항쟁10주년사업범국민추진위원회 공동대표 김 중 배

6월민주항쟁 자료집 편찬에 붙임

10년 전 6월의 함성을 좇아 그 자취를 다시 찾아가는 일은 단순히 기념의 뜻만 있는 것이 아니다. 우리는 항쟁 당시의 자료들을 통해서 그때의 뜨거웠던 열기와 하늘까지 높았던 의지를 다시 확인해보고 싶다. 그때 온 국민은 누구라도 세상이 바뀌는 것을 보았으며 또 어떻게 바뀌는지도 알았다. 그리고 스스로 그 일에 힘을 보탠 가슴 뿌듯한 감동을 지금껏 느끼고 있을 것이다.

당시에는 항쟁의 와중에서 무슨 일을 하고 있는지 돌아볼 여유도 없이 순간순간을 최선을 다하면서 내달렸다. 10년이 지난 지금에 와서야 비로소 한숨 돌리고 한편으로는 아쉬움이 남아 스스로 비판하기도 하면서 뒷날의 역사와 후손들에게 전해줄 유물을 챙기고 있는 것이다.

그날 거리를 가득 메웠던 얼굴들이 생생히 기억나고, 온 천지를 진동시켰던 함성이 아직 귓가에 쟁쟁한데 정작 우리 손에 잡을 수 있는 항쟁의 흔적은 그리 많지 않다. 지금 그 날을 증언해줄 자료는 유인물들과 순간 순간의 모습을 담은 사진들뿐이다. 몇몇 분들의 헌신적인 노력의 결과로 전해지고 있는 이런 자료들이 아니었더라면 오늘 우리는 무엇으로 항쟁을 설명할 수 있을런지 난감할 것이다. 치열한 전투와 한치 앞을 내다볼 수 없는 뿌옇고 메캐한 최루가스의 연막 속에서도 항쟁의 뜻을 전하고 역사의 현장을 증언하기 위해 이리저리 뛰어다닌 부지런한 기록자들을 만나게 됨은, 그날의 투사를 다시 대하듯 반가운 일이다.

자료를 모으는 일에 먼저 감사를 드려야 할 곳은 한국기독교사회문제연구원(기사연)이다. 기사연에서는 이미 1987년에 6월항쟁 자료들을 분야별로 체계를 세워 정리하였고, 이를 여러 권의 책으로 편찬하였다. 뿐만 아니라 우리는 그 당시 기사연에서 수집, 정리해 온 자료들을 그대로 활용하였다. 오히려 지면관계로 그 모든 자료를 전부 싣지 못한 것을 아쉽게 생각한다. 항쟁 당시의 국민운동본부 관련 문서가 기사연 도서실에 보관되어 있는데 우리는 그 자료들도 아주 편하게 이용하였다. 거듭 배려해주신 기사연측에 감사드린다.

들여다볼수록 가슴을 찡하게 만드는 감동의 사진들을 대하면서 우리는 고명진 한국일보 사진 부장님과 박용수 선생님께 감사를 드린다. 두 분은 자료집에 귀한 사진을 싣도록 배려해 주셨을 뿐만 아니라 무엇보다 그 최루가스의 전투 현장에서 항쟁의 결정적인 모습을 붙들어 오늘까지 우리에게 전해주셨다. 당시 항쟁의 모습을 다른 어떤 수단이 이들 사진만큼 잘 전달해줄 수 있겠는가.

자료집을 만들면서 또 두 분을 특별히 언급해야겠다. 한겨레신문사 정상모 편집부국장님은 항쟁을 이끈 국민운동본부에서 신문편집실장으로 일하시면서 당시의 회의자료나 성명서 메모 등 관련 문서를 일일이 챙겨 지금껏 보존해오셨다. 그리고 가톨릭대학교 국사학과 정연태 교수는 당시 대학원생으로서 학교에 뿌려진 선언문 등을 일일이 수집, 보존해오셨다. 그 자료들을 통해 당시 국본의 활동상과 선전전의 전체적인 모습을 조감하는 데 큰 도움을 받았다.

민족민주운동연구소에서 1989년에 발간한 국민운동본부 자료집과, 명동교회 편찬실에서 1994년에 발간한 시위전단 자료집, 그리고 1995년 부산지역 6월항쟁자료발간위원회에서 발간한 자료집에서도 많은 도움을 받았다. 이 훌륭한 자료집을 만들어 그 가운데 일부 자료를 이용할 수 있도록 양해해주신 점 다시 한번 고맙다는 인사를 드린다.

연표는 김지형 씨가 수고하여 작성하였다. 무엇보다 자료집을 만드는 번잡하고 힘든 이 작업은 처음부터 마정윤 양이 도맡아 처리해준 덕분에 가능해졌다. 특히 마정윤 양의 수고에 고마움을 전하고 그 외에 정경란, 전경희, 정종곤, 이수원 등 도움을 주신 모든 분들께도 같은 뜻을 전한다.

요즘처럼 어려운 출판계의 형편에도 불구하고 운동 진영의 의리를 뿌리치지 않고 이 자료집의 출판을 맡아주신 사계절출판사 여러분들에게 미안하면서도 참으로 깊은 감사를 드린다. 아무쪼록 이 자료집이 6월항쟁의 정신을 우리 역사에서 올바로 평가하고 계승하는 데 일조할 수 있기를 기대하면서 감히 10주년 기념으로 출판한다.

1997년 5월

6월민주항쟁10주년사업범국민추진위원회 자료편찬위원장 안 병 욱

■ 참고 자료집

1. 「87한국정치사정 - 별책·성명서 모음」 1988년, 한국기독교사회문제연구원
2. 「87노동사회사정」 1988년, 한국기독교사회문제연구원
3. 「국민운동본부 - 민주쟁취국민운동본부평가서(1) 자료편」 1989년, 민족민주운동연구소
4. 「그날, 그 거리 - 고명진 보도사진집」 1989년, 한국일보사
5. 「민중의 길 - 박용수 사진집」 1989년, 분도출판사
6. 「명동성당 시위전단 자료집」 1994년, 한국천주교서울대교구주교좌명동교회편찬실
7. 「6월항쟁-자료모음집」 1995년, 부산지역 6월항쟁자료발간위원회

■ 자료 제공

박용수 한글문화연구회 이사님
고명진 한국일보 사진부장님
정상모 한겨레신문사 편집국 부국장님
정연태 가톨릭대 교수
한국기독교사회문제연구원

6월 항쟁 10주년 기념 자료집

1

개헌논쟁

드높이 올리자, 민주화의 깃발을!

온몸을 다바쳐 나라의 민주화와 민족의 자주를 쟁취하려고 피와 땀을 흘린 동지들이 군사독재정권의 감옥에서 갖은 고초를 겪고 있거나 쫓기는 유랑생활을 하고 있는 가운데 1987년의 새해를 맞았다. 지난 한해동안 나라 안에서는 군사독재를 타도하고 민중이 주체가 되는 정권을 수립하려는 투쟁이 그 어느때 보다 치열하게 전개되었으며 제3세계의 몇나라는 군사독재정권을 쫓아내는데 성공하기도 했다.

우리는 동해를 밝게 물들이며 장엄하게 떠오르는 저 새해의 태양을 바라보면서, 지난 해에 민중이 그렇게도 열망하던 민주화를 아직도 정착시키지 못하고, 민주화를 거부하려 발버둥치면서 더욱 간악해진 군사독재정권의 탄압 속에 또 한해를 맞이하게 된데 대해 송구스러움과 부끄러움을 억누를 길이 없다. 그러나 한편 우리는 역사라는 것이 도박처럼 한판 승부로 마감되지 않고 대립과 투쟁과 화해의 주역인 민중의 끈질긴 분투를 통해 마침내 자유롭고 평등한 사회의 구현으로 이어진다는 진리를 굳게 믿으며 지난 해보다 더욱 의연하게 군사독재정권과의 투쟁을 강화할 것을 다짐한다.

장기집권음모 분쇄하고 민중의 힘으로 민주화를!

민통련은 87년 운동의 최대 과제로서 군사독재 정권의 장기집권 음모 분쇄와 민중의 힘으로 이룩되는 민주화를 다시 한번 제창한다. 만약 올해에도 민중민주화운동세력이 군사독재정권의 장기집권 음모를 단합된 투쟁으로 분쇄하지 못하고 광주학살의 원흉집단이 민중을 기만하면서 민중 위에 계속 군림하려는 기도가 강행된다면 민중의 고통과 신음은 몇년 더 길어질 것이다. 그렇다면 군사독재정권은 현재 민중을 어떻게 기만하려 하고 있는가?

저들은 85년 2·12 총선 때부터 표출되기 시작하여 점점더 명백해져온 독재거부와 민주·통일을 바라는 민심의 대세를 정면으로 부정하기는 힘들어 지자 "호헌"에서"개헌"으로 돌아서는 시늉을 하게 되었다. 하지만 저들은 저들이 80년 5·17군사 쿠테타 이래 온갖 물리적 방법을 통해 민심과는 상관없이 절대다수를 차지하고 있는 국회 내에서의 "합의개헌"을 통해 수상독재체제나 이원집정제에 다름 아닌 내각책임제 개헌을 통해 겉모양만 그럴듯하게 치장한 군사독재의 재집권을 획책하고 있다. 그리고 이러한 저의가 지난 해에 민중민주화세력에 의해 폭로되고 저항을 받자 저들은 작년 가을 이래 민중민주화운동세력에 대해 대탄압을 가하여 이른바 "건대사태"를 유발시켜 1천여명의 대학생들을 몽땅 공산혁명분자로 몰아 구속시켜버렸는가 하면 연말·연초도 상관하지 않고 노동현장을 들쑤셔 그 숫자조차 파악못할 정도로 노동운동가와 대학중퇴 이상의 노동자들을 마구잡이로 연행조사 내지 구속시키고 있으며 교단에서 자유롭게 민주주의를 가르쳐야겠다는 용기있는 교사들을 방학기간을 이용하여 마구잡이로 해임·징계하고 있다.

이러한 양상이 빚어내고 있는 온갖 크고 작은 사건들, 구속 내지 수배자들을 일일히 열거한다면 한이 없을 것이므로 구체적 지적은 여기서 그치기로 하고 하나만 더 말한다면 저들은 이러한 탄압의 중요한 표적으로서 민통련을 말살하려 하고 있다는 점이다. 그리하여 지난해 가을 이래 저들은 민통련 본부와 4개 지역지부 사무실을 강점, 폐쇄시키고 민통련 대의원총회 의장 강희남목사를 국가보안법위반혐의로, 대변인 김정환을 집시법위반혐의로 구속시켰는가 하면 민통련 가맹단체들 중의 하나인 민주언론운동협의회가 펴낸 "말" 특집호—문공부가 제도언론들에 보낸 비밀지시문을 모아 폭로하므로써 현정권의 언론통제 실상을 파헤친 결정적 증거물인—를 문제삼아 사무국장 김태홍, 실행위원 신홍범 및 자료 제공자인 현직 한국일보기자 김주언을 국가보안법위반 혐의로 구속시키고 기독교농민회 배종렬회장, 최종진 사무국장 등은 농가부채 탕감과 군부 독재 퇴진을 요구하는 농성을 주도했다하여 집시법위반혐의로 구속시켰다.

민통련와해책동 저지는 민중민주화운동세력의 승리!

이와같은 민중·민주화 운동에 대한 대탄압 속에서 한편으로 현 군사독재정권은 그 맹목적인 물리적 힘을 과시하여 민주화에 대한 자신감이 흔들리기 시작한 신민당을 집중적으로 회유공작하여 그들의 집권연장 구도인 "보수대연합"구도로 신민당을 끌어넣으려 안깐힘을 쓰고 있고 그것이 현재 "이민우 구상"이라는 형태로 표면상으로는 신민당의 내분 형태로 나타나고 있다. 민통련은 원래부터 대통령직선제 하나만이 민주화의 지름길이라는 논리에는 동의한 바 없지만 '총선의 민의'를 그토록 강조해온 신민당의 일각에 군사독재정권의 집권연장 기도에 불과한 내각제 개헌도 수용가능 하다는 암시가 끊임없이 나타나는데 대해서는 놀라움을 금치 못한다.

최근의 이러한 논란 속에서 신민당의 이민우총재는 "우리가 총칼을 갖고 있지도 않고 폭력혁명을 채택하지 않는데, 저들이 거부하는 것을 어떻게 관철시킬 수 있단 말인가?"라는 패배주의적 뉴앙스를 풍기는 발언을 하고 있다.

그렇다면 신민당은 그동안 군사독재정권이 스스로 정권을 내놓으리라고 생각하고 민주화를 부르짖었단 말인가? 만약 저들이 그런 의사가 없을 때 민주화를 관철시킬 방법이 없다면 우리는 언제까지나 군사독재정권 밑에서 살아야 된단 말인가? 이와같은 발상은 한마디로 현 우리사회의 민주화 염원, 그것을 관철시키려는 민중의 의지와 역량을 신뢰하지 않는데서 비롯되고 있고 더 근본적으로는 신민당 또한 민중을 바탕으로 민중과 더불어 정치를 하려는 정치철학을 갖고 있지 않는데서 비롯되었다고 하지 아니할 수 없다. 민통련은 87년 운동의 최대과제로서 장기집권 음모분쇄와 민중의 힘으로 이룩되는 민주화를 다시 한번 제창한다.

민족적 범죄를 은폐하고 불의의 권력을 누리거나 작은 이익을 위해 민중을 배신하고 군사 독재와 타협하려는 세력은 역사의 주역이 아니라 근시안적 보수주의자들에 지나지 않는다.

특히 현 군사독재정권은 올해를 "88 올림픽 준비의 해"로 선전하면서 대중조작에 최대로 활용하고 올림픽의 '성공적 개최'를 위해서는 '안정된 내각제 정권'이 필수적이라고 홍보하는데 혈안이 될 것이다. 이와 동시에 그들은 지난해 후반기에 그랬듯이 분단된 민족의 비극적 현실을 악용하여 갈라진 동족 쌍방의 증오와 대립을 부채질하고 '안보'를 빙자하여 독재의 명분으로 삼을 것이다. 민주화와 민족통일의 최대장애인 군사독재를 타도하기 위해 민중민주화운동의 각 부분은 새해에 무엇을 해야할 것인가?

부문운동의 발전이 전체운동의 발전!

우리는 기층민중운동의 가장 중요한 부문인 노동운동이 연대와 조직을 강화하여 보다 강력한 구심력을 확보하는 한편 견고한 연대틀을 구성하고 다른 한편으로는 단위투쟁조직들을 강화하는 것이 시급한 과제라고 생각하며 우리는 노동운동의 광범하고 탄탄한 조직화를 성취하는데 기여하는 길이 있다면 무엇이거나 우리의 힘을 보탤 것이다. 농민운동 역시 조직의 확대와 역량 강화를 도모하여 전체운동에서 큰 역할을 감당할 것을 기대한다. 특히 새해에는 미국의 수입개방 압력이 더욱 강하게 밀어닥칠 것이고 그 속에서 농촌 전반은 더욱 피폐해질 것이다. 이러한 내외적 조건은 농민운동의 발전과 고양 및 타 민중운동과의 연대 속에서만 저지될 수 있을 것이다.

우리는 지난 해에 그 어느 부문보다 큰 희생을 감당하면서 민주화와 민족자주운동에 끊임없는 자극을 준 학생운동이 새해에는 관념적 사상투쟁을 대승적으로 지양시키면서 군사독재 타도의 대연합에 보다 광범한 단합을 보이기를 기대한다.

문화운동, 지역운동, 청년운동, 종교운동, 여성운동, 빈민운동 등 각 부문 역시 새해에는 고유의 운동력을 강화하고 자체의 조직을 확대하면서 전체운동에 더욱 적극적으로 참여할 수 있도록 노력해야 할 것이다. 우리는 부문운동의 발전없이 전체운동이 승리할 수 있다고 믿지 않으며 부문운동의 연합없이 부문운동 각개가 존립·발전해 나갈 수 있다고 믿지 않는다.

장기집권 분쇄하고 민족자주 쟁취하자!

민통련은 87년의 최대과제를 장기집권음모분쇄로 설정하고 있지만, 이것은 민족사의 기나긴 도정 속에서 보면 단기적 목표에 불과하다. 민족을 갈라놓고 남의 땅을 핵기지로 만든채 사실상 종주국 행세를 하는 외세를 몰아내고 이 나라가 다시는 외세와 독재자의 손아귀에서 놀아나지 않도록 지켜나가는 것, 이것이 바로 우리의 역사적 이정표이며 우리가 반드시 성취해야 할 과업이다.

민통련은 비록 군사독재정권에 의해 사무실을 강점당한 채 새해를 맞이하고 있고 저들은 제도언론을 통해 민통련이 사실상 '와해'되었다고 선전하고 있지만, 그러나 민통련은 사무실 한칸을 강점당했다고 해서 '와해'될 조직이 결코 아니다. 24개 가맹단체, 그리고 무엇보다도 민중의 마음 속에 기반을 가지고 있는 민통련은 새해에 연합운동체로서의 활동력을 더욱 강화하면서 민중이 역사의 확고한 주역으로 부상하도록 전력을 기울일 것이다. 우리는 저 눈부신 새해의 태양 앞에서 반독재민주화와 반외세민족자주의 의지를 새삼 굳게 다지면서 지금 이 순간에도 쇠창살 안에서 고난당하는 동지들과 그 가족들을 아픈 마음으로 상기한다.

하지만 우리 모두 한때의 어둠에 좌절하지 말고 민주화와 통일의 밝은 내일을 향해 전진하자!

높이 높이 올리자, 민주화의 깃발을!
장기집권 분쇄하고 민족자주 쟁취하자!
민중의 힘으로 군사독재 타도하자!

1987년 1월

민주·통일 민중운동연합

성 명 서

신민당은 군사독재와 타협말라.

— 이민우 구상에 대한 우리의 입장 —

현 군사독재정권은 86년 한해동안 3,400여명이라는 천문학적 숫자의 양심수를 구속하였다. 뿐만 아니라 안기부, 보안사 및 시경과 도경의 대공과 등지의 은밀한 수사실에서 오로지 민족자주와 민주쟁취라는 의로운 신념하나만으로 자신들의 세속적 영달을 서슴없이 내동댕이친 우리의 아들 딸 형제 자매에게 상상하기도 끔찍한 잔인무도한 패륜적 고문행위를 일삼아 온 것은 만천하에 드러난 일이다. 그리고 지금 이 시간에도 안기부와 보안사의 밀실에서는 인천, 성남, 안산 등지에서 쥐도 새도 모르게 불법연행된 수십명의 학생, 근로자들이 신음하고 있다. 그것도 모자라 인권옹호의 직분을 스스로 포기하고 군사독재의 더러운 하수인으로 전락해버린 관제언론과 검찰을 이용해 "혁명을 위해 성까지 도구화" 한다며 터무니없는 중상모략과 비방을 일삼고 있다.

이것이 바로 우리 가족들이 현 정권과 도저히 타협할 수 없는 명백한 근거이다.

이 시점에서 이민우 신민당 총재가 밝힌 소위 민주화 7개 조항을 전제한 개헌문제타협 가능성에 대한 구상을 우리는 송두리째 의심하지 않을 수 없다.

첫째, 2·12 총선에서 국민이 대통령 직선제를 주장하는 신민당을 성원해 준 것은 단순히 권력구조 문제로서의 대통령 선출방식을 선택한 것이 아니라 현 군사독재정권에 대한 단호한 거부의 의사표현이자 민주시민으로서의 결연한 양심선언이었다. 이 엄숙한 사실을 신민당은 결코 망각하지 말아야 할 것이다.

둘째, 민주화 7개 조항은 민주실현을 위해서라면 마땅히 언제 어느 곳에서건 충족되어야 하는 절대적 조건인 것이지 내각책임제 수용이라는 합의개헌의 전제조건으로 격하될 수 없는 성질이다.

셋째, 7개 조항 중 극렬좌경분자를 제외한 양심수의 석방이라는데 이르러서 우리는 충격과 경악과 끓어오르는 분노를 감출 수 없다. 민정당이 말하는 이른바 극렬좌경분자란 누구를 지칭하는 말인가. 바로 신민당 유성환 의원과 이돈명 변호사를 포함한 국가보안법에 얽매인 양심수들이다. 이는 유신이래 독재정권이 사면초가에 처할 때마다 휘둘러온 전가의 보도로서 민주세력을 국민들로부터 이간질하여 고립시키려는 간교한 술책으로 하나같이 고문에 의해 조작되거나 정권연장을 위한 제물로 이용되어 왔던 상투적 수법에 다름아니다. 우리는 묻는다. 신민당은 이제 군사독재의 협박과 회유에 굴복하여 그들의 논리를 그대로 인정해주겠다는 것인가? 신민당이 진정 민주화를 추구하는 우리들의 동지라면 군사독재와 비굴하게 타협해서 권력의 한 모퉁이를 나누어가지려 하지말고 현 정권을 증오하는 대다수 국민의 여망에 부응하여 보다 확실하게 투쟁하라. 이는 우리 모든 양심인에게 주어진 시대적 요구이다.

우 리 의 주 장

1. 양심수 전원을 즉각 석방하라!
2. 신민당은 직선제 개헌 사수하라!
3. 기만적 개헌놀음 중지하고 국민과 함께 투쟁하라!
4. 안기부와 보안사는 불법연행자 즉각 석방하라!
5. 부당수배 철회하라!

1987. 1. 6.

민주화실천가족운동협의회

영구집권음모 내각책임제개헌 저지를 위한
범 기 독 자 선 언

이 땅에 하나님의 뜻을 실현하기 위하여 민주화와 통일을 염원해 온 우리 기독자들은 최근 민주화를 향한 전 국민의 열망에 의해 시작된 개헌논의가 그 방향성을 상실해 가고, 민주화를 내세운 야합의 거짓논리가 국민의 여망을 기만하려는 오늘의 현실 앞에서 다시 한번 우리의 뜻을 범기독자의 서명을 통해 밝히고자 한다.

본래 개헌논의는 85년 2.12 총선 때 "군부독재 종식"과 "대통령을 내 손으로"라는 구호로 표출된 전 국민의 민주화 열망에 의해 추진되기 시작하였다. 그러나 이러한 국민의 요구를 받아들일 수 없었던 현 군부독재정권은 작년 초 신구교 성직자들을 비롯한 범민주 세력의 개헌서명운동을 폭력으로 탄압하면서 호헌입장을 고수하여 왔었다. 그러나 민정당 정권의 이러한 호헌입장은 개헌현판식 등을 통해 표출된 전 국민의 민주화 의지에 밀려 여지없이 무너지고 말았으며, 이 과정에서 온 국민은 유신독재로부터 박탈된 국민의 정부선택권을 회복하고, 현 군부독재정권을 퇴진시켜 민주화를 이루기 위한 구체적인 방법으로 대통령 직선제 개헌을 분명히 요구하게 되었던 것이다. 그러므로 우리가 먼저 강조하고자 하는 바는 현재의 개헌논의의 본질은 그 출발과정이 말해주듯이 결코 어느 권력구조가 더 좋은 것이냐는 교과서적인 논쟁이 아니라, 전 국민의 군부독재 종식과 민주정부의 수립이라는 민주화 열망을 어떻게 실현할 것인가에 있다는 점이다. 따라서 우리는 최근 들어 개헌문제가 마치 대통령 직선제와 내각책임제라는 두 가지 권력구조 중의 선택문제인 듯이 그 성격이 오도되는 현실을 묵과할 수 없다.

우리는 소위 민정당의 내각책임제 개헌안이라는 것이 결코 12대 총선에서 보여진 국민의 민주화 요구를 수렴할 수 없을 뿐만 아니라, 현 정권이 영구집권을 꾀하는 기만적인 개헌안이라고 생각한다. 그러므로 우리는 민정당식의 내각책임제 개헌안에 동의하려는 일부 세력에 그 잘못을 경고하고자 한다. 이 세계 어느 나라에서도 독재자가 선심을 베풀어 민주화가 된 유례가 없으며 독재와 민주가 타협한다는 것은 가능하지도 않고 그렇게 되어서도 안된다. 따라서 우리는 민정당의 소위 내각책임제 개헌안에 영합하려는 세력이 있다면 그것은 기본적으로 국민의 성숙한 민주역량을 확신하지 못하고 독재자의 폭력행사와 회유에 겁먹고 놀아나는 패배주의적 투항의 무리라고 밖에 단정할 수 없다.

또한 우리는 기만적인 대화와 타협은 파국을 일시적으로 미룰 뿐이며, 더 큰 대립과 갈등을 잉태시킬 뿐이라는 점을 지적하고자 한다. 민주주의는 독재와의 타협을 통해 실현될 수 있는 것이 결코 아니다. 민주화 이후에 대화와 타협, 용서는 있을 수 있어도 민주화 그 자체는 결코 타협일 수 없다. 군부독재의 퇴진과 민주정부의 수립이라는 국민의 민주화 열망은 결코 정치적 흥정 대상물이 될 수 없다고 우리는 단정한다. 그리고 최근 학원,노동,농민,도시빈민, 종교계의 민주화와 생존권을 위한 저항과 이에 대한 공권력의 폭력적 탄압이 극한으로 치닫아 가는 오늘의 난국이 종식되고 참다운 민주사회를 실현하는 길은 대통령 직선제 개헌을 통한 군부독재의 종식으로써만 이루어질 수 있다고 확신한다.

지금 우리는 한국 민주주의사에 있어 매우 중대한 기회를 맞이하고 있다. 우리는 여기에서 민정당의 소위 내각책임제 개헌안을 전 국민의 민주역량으로 단호히 저지하고, 범국민적 여망인 대통령 직선제 개헌을 관철시킴으로써 진정한 민주화를 실현해야만 한다. 모든 종파와 정당과 지역과 계층이 이 민주화 대업에서 하나가 되어 이 나라의 민주주의를 기필코 이 기회에 쟁취하여야 한다. 만약 그렇지 못할 때 우리 모두는 또다시 그 지겨운 군부독재의 폭압 밑에서 신음하면서 자유와 생존권을 박탈당한 노예로 살아야 할 것이다.

이에 우리 개신교 기독자 3,178명은 아래와 같이 서명을 통해 우리의 분명한 민주화 의지를 1차적으로 천명하면서 모든 국민이 군부독재의 영구집권음모, 민정당식 내각책임제 개헌 저지의 대업에 함께 나설 것을 믿어 의심치 않는다.

1987. 1. 6

영구집권음모 내각책임제 개헌 저지
범기독교서명운동본부

공동의장 조용술 조남기 박형규 김준영
추진위원장 오충일
추진위원 장성룡 조화순 최인규 장병기
김영원 류동우 이동철

서 명 자 총 3,279 명

목 회 자 김지길(NCC 회장) 조남기(예장 인권위원장) 유병찬(기장 총회장) 김성수(대한성공회 주교) 허정(복음교회 총회장) 김석태(구세군 사령관) 박영규(기장 중경총회장) 조용술(NCC 인권위원장) 김관석(기독교방송 사장) 김소영(NCC 총무) 이정학(예장 목협회장) 김준영(기감 선교국 중경총무) 박봉배(기감 선교국 총무) 김상근(기장총회 총무) 조승혁(NCC 선교위원장) 장성룡(목회자 정평협 의장) 등 1,359 명

여 성 박영숙(아시아기독교협의회 여성위원장) 안상님(NCC 여성위원장) 조화순(기독여민회 공동대표) 김희선(여성의 전화 원장) 윤영애(교회여성연합회 총무) 황산성(변호사) 등 145명

노동.빈민 류동우(기독노동자총연맹 회장) 한명희(서울기노 회장) 이형곤(인천기노 회장) 이동철(동월교회 장토) 이상락(기독교빈민선교협의회 회장) 등 276명

농 민 배종렬(농가부채해결 전국농민 대책위원회 위원장) 김영원(기농회장) 최종진(기농 사무국장) 등 135명

청년.학생 최인규(EYC 회장) 황인성(KSCF 총무) 박준철(EYC 중앙위원장) 김수입(감청 회장) 고상호(기청 회장) 권광의.박형대.황선업(장청 공동의장) 안철(기독청장년 민주운동협의회 회장) 장병기(KSCF 회장) 등 1,364명

×××××××××× 영구집권음모 내각책임제개헌 저지운동에 대한 탄압을 규탄한다! ×××××××

우리 개신교 목회자 1,359명을 포함한 여성, 노동, 농민, 빈민, 청년, 학생 등 총 3,178명의 기독자들은 지난 1월 6일 한국교회 100주년 기념관에서 현 군부독재집단의 영구집권음모인 내각책임제 개헌안에 반대하는 입장을 직접적인 서명을 통해 선언하였었다.

연말연시에도 불구하고 정보기관의 감시망을 뚫고 전격 추진된 우리들의 이 행위는 전적으로 신앙양심에 입각한 것이었으며, 군부독재의 종식과 민주정부의 수립이라는 전국민의 염원에서 출발한 개헌논의가 그 방향성을 상실해 가고 야합의 거짓논리가 판을 치며 국민을 기만하려는 작금의 현실 앞에서 진정으로 민주주의를 실현할 수 있는 방도를 밝히기 위한 것이었다.

그러나 전두환씨와 민정당은 우리의 이러한 의견을 경청하기는 커녕, 서명운동 추진위원장 오충일 목사(기독교대한복음교회 부총회장)와 추진위원 장성룡 목사(전국목회자정의평화실천협의회 의장)를 새벽에 영장도 없이 자택에서 연행하여 현재 동대문경찰서에 가두고 있으며, 추진위원 최인규씨(한국기독청년협의회 회장)를 수배해 두고 있다.

우리는 현정권의 이 비열한 행위에 기본적으로 개탄을 금치 못하지만, 민주사회의 기본요건인 정치적 반대의견의 표현과 행동의 자유를 묵살하고 가차없는 탄압을 자행하는 행위에 분노하지 않을 수 없다. 우리는 현정권의 이러한 행위가 지난 1월 1일 농가부채문제의 해결을 위한 장관 면담 및 각 정당의 입장표명을 요구한 농민운동 지도자 2명을 구속해 버린 처사와 함께 현정권이 이민우 신민당 총재의 민주화 선행조건을 적극적으로 수용하여 협상할 용의가 있다는 둥 마치 민주화 진전에 성의가 있는 것처럼 행세하는 것과는 달리 사실은 변태적 내각책임제로 영구집권을 획책하는 데 혈안이 되어 있음을 반증하는 것이라고 본다.

이제 우리는 전두환씨와 민정당에 요구한다. 더이상의 허구적인 민주화 제스처나 영구집권음모를 위장하기 위한 기만적인 가식을 벗어 버리고 진정으로 겸허하게 국민의 의사에 귀를 기울이라. 그대들이 할 수 있는 민주화에의 단 하나의 기여는 군의 정치적 중립을 맹세하고 즉각 퇴진하는 길 뿐임을 명심하고 용단을 내려야 한다. 그렇지 않을 때 우리 모든 기독자들은 우리가 이미 시작한 영구집권음모 내각책임제개헌 저지를 위한 투쟁에 더욱 박차를 가해 나갈 것임을 밝혀두는 바이다.

1987. 1. 8

영구집권음모 내각책임제개헌 저지
범기독교서명운동본부

공동의장 조용술 조남기 박형규 김순영
추진위원장 오충일
추진위원 장성룡 조화순 최인규 장병기
김영원 류동우 이동철

군부독재의 영구집권음모 내각제 개헌 분쇄하고 민주정부 수립하자!

— 민주화와 민족통일을 염원하는 국민에게 드리는 글 —

국민 여러분!

이제 우리는 이 나라 민주주의사에 있어서 중대한 분기점이 될 1987년을 맞이했읍니다. 88년 정권교체를 눈앞에 둔 올해는 해방이후 40년간이나 압살당한 민주주의를 소생시키느냐 아니면 또 다시 그 지겨운 군사통치 밑에서 신음해야 하느냐의 여부가 판정나는 시기인 것입니다. 따라서 지난 85년부터 본격화되기 시작한 개헌을 둘러싼 논의와 정치적 움직임들이 올들어 그 정점을 맞게 될 것이고 이에 따라 전 세계의 이목이 바로 우리를 주시하게 될 것입니다. 그러므로 이제 우리는 80년 온 국민의 민주화 열망이 꽃피웠던 서울의 봄과 광주에서의 그 참담한 좌절을 냉철하게 되돌아 보고 지금 우리 눈앞에 진개되고 있는 개헌논의의 본질을 올바로 분별하여 기필코 우리 손으로 민주화를 성취하고야 말겠다는 각오를 새롭게 다져야 하겠읍니다.

무엇이 우리의 민주화를 가로막고 있읍니까? — 군부독재의 영구집권 야욕이 바로 조국의 민주화를 가로막고 있는 핵심적 장애물입니다.

해방 후 42년째를 맞이하는 오늘, 우리는 허리잘린 강토에 살아오면서 한빈도 민주시민으로서의 권리를 누려보지 못하였읍니다. 해를 더 해갈수록 깨어가는 전국민의 민주의식의 성숙에도 불구하고 아직도 이 땅은 계속되는 군사쿠데타와 독재자의 영구집권 음모가 국민의 여망을 배반하고 국민을 탄압하고 있읍니다. 금년으로 현 군사정권이 들어선지도 어느덧 8년째를 맞이하고 있읍니다만 그동안 우리는 단 하루도 마음 편하게 사는 날이 없다시피 했읍니다.

특히 지난해는 현 군사독재정권의 말기적인 폭압통치로 말미암아 우리 모두는 계엄선포 없는 계엄통치하에서 짓눌려야 했읍니다. 분신·투신하는 학생과 노동자들이 줄을 이었고 부천서의 파렴치한 성고문 사건에서 보듯 악랄한 고문과 의문의 실종이 계속되었으며 통일이 국시가 되어야 한다고 주장했다는 이유로 현직 국회의원이 국가보안법에 구속되는가 하면 김일성이 죽었다는 낭설을 퍼뜨려 온 국민의 혼을 빼놓기도 했읍니다.

또한 한꺼번에 1,300여명의 대학생들이 공산혁명분자로 낙인찍혀 구속되었는가 하면, 민주화와 통일을 위해 헌신해 온 재야 연합단체 민통련의 사무실이 경찰에 의해 강제 폐쇄되었고, 11·29 신민당 서울대회 때에는 10여명의 시민들만 모여도 무차별로 최루탄을 난사하여 대회자체를 무산시키는 폭거가 자행되었읍니다. 바로 이러한 현 정권의 강권·폭압통치의 심각성은 우리 국민들을 질식시켰던 저 유신독재 체제 7년 동안 양심수가 통틀어 1천여명이었던 반면, 80년 이후 85년까지 6년간의 양심수가 2천여명에 달하였고 작년 한해 동안에만 무려 3천여명이 구속되어 거의 5배에 달하는 정치범의 급증이 잘 말해주고 있읍니다.

국민 여러분!

그렇다면 이처럼 날이 갈수록 고조되기만 하는 정치적 폭압과 반민주적 폭거의 원인은 어디에 있읍니까? 그것은 온 국민의 민주의식과 민주역량이 날이 갈수록 증대하여 군부독재가 폭력으로 이를 막고 민주화를 사칭한 기만적인 방법으로 집권연장을 획책하려는데 있는 것입니다.

민정당의 소위 내각책임제 개헌안은 군부독재의 영구집권을 위한 변형된 수단에 불과합니다.

현재 현 군부독재집단은 입으로는 내각책임제를 통해 민주주의를 실현하겠다고 떠벌리면서 오히려 더 심한 국민 대탄압을 자행하고 있읍니다. 따라서 우리는 현 정권이 말하는 개헌이 과연 민주화를 위한 것인지, 아니면 자신들의 영구집권을 위한 것인지를 근본적으로 따져보지 않을 수 없읍니다.

본래 우리 국민이 개헌을 해야 한다고 했던 데에는 두가지 이유가 있었읍니다.

첫째는 총칼로 광주시민을 무참하게 학살하고 권력을 야밤에 탈취한 현 군부독재를 종식시켜야 한다는 점과, 둘째는 이 정권하에서 국민의 생활이 갈수록 파탄에 이르고 국가의 자주성이 약화되어 외세의 침탈 앞에 속수무책이라는 점에서 현 군부독재집단의 계속적인 집권을 보장해주는 현 헌법을 고쳐 민주정부를 수립할 수 있는 헌법으로 정통성과 합법성을 갖는 민주정부를 수립해야 한다는 것이었읍니다.

바로 이와 같은 우리 국민들의 여망이 뚜렷하게 표출되었던 것이 지난 85년 2·12총선이었읍니다. 어느 특정 정당에 대한 지지보다는 현 군부독재에 대한 강력한 부정이 창당된지 불과 두달밖에 안되는 신민당에게 큰 승리를 안겨 주었던 것입니다. 이러한 국민의 여망은 지난해 부산, 광주, 대전, 대구, 인천, 전주, 군산 등지의 개헌대회로 이어져 전국을 민주화의 뜨거운 열기로 노도치게 했던 것입니다. 그러자 이같은 국민의 거대한 민주화 요구에 놀란 현 정권은 할 수 없이 호헌이라던 입장을 바꾸고 이른바 내각책임제 개헌이라는 안을 내놓았던 것입니다.

그러나 현 정권이 내놓은 내각제 개헌안은 우리 국민이 바라는 개헌과는 너무나 거리가 먼 것입니다. 득표 비례를 무시한 비례 대표제와 일방적으로 여당에 유리한 선거구 조정을 통해 야당이 원천적으로 집권할 수 없게 만든 상태에서, 민정당 총재직을 계속 갖는 전두환이 자기 마음대로 임명한 수상에게 현 대통령의 권한을 집중시킨, 전두환에 의해 조종되는 수상의 독재개헌안인 것입니다. 곧 현 간선 대통령을 국회에서 간선으로 뽑게하고 그 이름을 수상으로 바꾼 변형된 내각책임제일 뿐인 것입니다. 따라서 이는 군부독재의 종식과 민주화를 요구하는 국민의 요구 앞에 오히려 영구집권을 꾀하려는 현 정권의 치졸한 기만책이 아니고 무엇이겠읍니까?

이점에서는 미국의 입장도 마찬가지입니다. 양담배에서 전포도에 이르기까지 각종 미국상품에 대한 시장개방과 핵무기 등의 배치를 통해 한반도에서 경제적, 군사적 실익을 보장받고자 하는 미국은 역대 어느 정권보다도 국민의 지지를 결여한 현 정권이 보수정당간의 소위 합의개헌을 통해 그 정통성이 보강되어 현재의 위기를 모면함으로써 미국의 실익을 계속 지켜주기를 바라고 있는 것입니다.

우리는 민주화를 말하면서도 실은 국민여망을 호도하고 있는 신민당의 일부 정치인들의 그릇된 야합논리를 강력히 규탄하고 경계해야 합니다.

최근 우리는 군부독재 퇴진과 민주정부 수립이라는 국민의 일관된 요구를 회석하고, 민주화를 특정 권력구조에 대한 흥정의 댓가로 얻어지는 것인 양 오도하는 그릇된 야당정치 세력의 언동을 보며 크게 우려하지 않을 수 없읍니다. 돌이켜 보면, 2·12총선 때 국민적 공감과 지지를 얻었던 주장들이 무엇이었읍니까? 광주사태 진상규명, 군사독재의 타도, 대통령 직선제 개헌, 언론자유 보장 등 실제적인 민주화였읍니다. 이같은 국민적 여망이 신민당을 일시에 제1야당으로 부각시킨 원동력이었던 것입니다. 그러므로 만약 이러한 국민의 지지를 받는 공약을 철저히 실현시키지 않고 야합의 거짓논리를 마치 민주화의 길인 양 떠드는 정치집단은 더 이상 국민의 친구가 될 수 없음은 분명한 것이며, 이는 과거, 제도야당이었던 민한당의 무참한 몰락에서도 잘 보여주고 있는 것입니다.

우리는 71년 유진산 파동과 유신말기의 중도 통합론 주장에서처럼 민주화의 중대한 고비마다 일신과 특정집단의 영달을 위해 국민의 민주화 열망을 팔아 넘기는 파렴치한 야당 정치인들을 숱하게 보아왔읍니다. 그들은 국민의 높은 민주의식과 역량을 조롱하는 자들이며, 진정한 힘이 국민에게 있지 않고 군사독재의 총칼과 금력에 있다고 믿는 비겁한 기회주의자들에 불과합니다. 힘이 없기 때문에 협상과 타협을 해야 한다면 이를 통해 얻을 수 있는 것은 일부의 정략적 이해일 수는 있어도 민주화는 결코 아닌 것입니다. 이러한 자들은 오히려 군사독재를 민주주의로 분칠하는 천한 독재의 분장사에 불과한 것입니다.

민주화가 독재의 하사품이나 타협의 댓가라고 한다면, 어떻게 그토록 수 많은 애국민주 세력이 죽음과 옥고를 두려워하지 않고 줄기차게 투쟁해 왔단 말입니까? 지난 80년의 민주화 열망은 말할 것도 없고 2·12총선 이후부터 보더라도 국민의 민주화 요구 앞에 민주화는 커녕 오히려 폭압통치만 더해가는 현 정권 앞에 내각책임제의 협상을 전제로 한 민주화 조치를 기대하는 것은 삼척동자도 다 아는 우스운 야합의 투항논리가 아니고 무엇이겠읍니까? 따라서 이제 우리는 희생을 무릅쓴 국민의 민주화 투쟁을 욕되게 하는 반민주적 야당정치인들에게 단호한 경고와 함께 진정한 민주화 대열에 동참하도록 촉구해야 할 것입니다.

우리는 현직 언론인들의 맹성과 민주화운동에의 동참을 요구합니다.

세계 어느 나라 역사에서도 독재자가 선심을 베풀어 민주와 자유가 주어진 적이 없다는 것은 누구나 다 아는 사실입니다. 그런데 민주주의의 근간이라고 할 수 있는 언론의 자유 역시 일차적으로 언론인 자신이 스스로 지키고 실천하지 않은 한 존재할 수 없다는 것은 지극히 자명한 사실입니다. 그러나 오늘날 우리 사회에서 신문·방송이 진실을 제대로 보도한다고 믿는 사람은 거의 없읍니다. 특정사실을 보도하지 않는 차원을 넘어서, 문화공보부가 매일매일 각 신문·방송·통신사에 보도금지 사항과 기사의 제목·내용·단수·사진의 크기와 구성을 지시하는 '보도지침'에 따라 여론을 조작하고 국민을 오도하는 일에 언론이 이용당하고 또 스스로 협력하고 있음은 '말'지의 폭로를 통해 이미 모든 국민이 다 아는 사실입니다. 이같은 언론현실의 폭로로 인해 전, 현직 언론인들이 국가보안법과 국가기밀 누설죄로 구속당하는 등의 고통을 당하고 있음에도 불구하고 이같은 사실조차 보도하지 못하는 언론의 무책임성과 국민의식 조작이라는 범죄행위를 국민은 어떤 눈으로 바라보고 있는지를 언론인들은 바로 알아야 합니다.

지난해 학생, 노동자, 농민, 빈민을 위시하여 종교계, 학계, 교육계, 법조계, 여성계 등 사회의 각 영역에서 자신들을 짓누르는 비민주적 요소들에 대한 투쟁이 봇물듯이 일어났읍니다. KBS—TV시청료 거부운동에서 보듯이 국민들의 민주언론 쟁취를 위한 자발적 노력 또한 전국을 휩쓸었읍니다. 그럼에도 불구하고 언론 스스로가 민주언론쟁취를 위한 몸부림을 포기한다면 이는 민주화 대도를 함께 어깨걸고 진군하는 모든 국민의 기대를 저버리는 것이 될 것이며 급기야는 전 국민의 분노와 공격의 대상이 되고 말 것입니다. 따라서 우리는 권력에 기생하며 일신의 안일과 행복만을 추구하는 언론사 간부진들의 맹성을 촉구하는 한편, 수 많은 양심적인 언론인들의 분투를 강력히 요구하는 바입니다.

이제 온 국민의 굳센 단결과 실천으로 군부독재의 영구집권 음모인 내각책임제 개헌을 분쇄하고, 동장에서부터 대통령까지 국민이 뽑는 자랑스런 민주정부를 수립합시다.

국민 여러분! 금년에도 저들의 입에 발린 민주화 공언에도 불구하고, 조국의 자주와 민주, 그리고 통일을 염원하는 학생, 노동자, 농민, 빈민을 위시한 전 국민의 힘찬 투쟁은 계속될 것이며, 이를 탄압하기 위한 저들의 야만적인 폭력과 용공조작 또한 더욱 드세어질 것입니다. 그러나 저들의 간교한 기만책과 악랄한 폭력도 결국은 스스로의 파멸을 재촉하는 것일 뿐임을 우리는 역대 독재정권의 몰락에서 분명히 보아왔읍니다. 국민의 지지를 결여한 정권은 항상 국민을 두려움의 대상으로 놓고 끊임없이 피해망상에 시달리는 법입니다. 그래서 역대의 독재정권이 자신의 위기를 모면해 보려고 동원한 수단이 다름 아닌 노골적인 폭력과 협박 그리고 민주세력을 용공집단으로 뒤집어 씌우는 이데올로기 공세였으며 안보를 사칭한 국민 위기의식의 조장이었던 것입니다. 따라서 올해 88년 정권교체 시기의 결정을 맞아 각계 각층의 민주화 투쟁이 격화되고 국민의 역량이 분출될수록 저들은 더욱 무자비한 고문과 구속, 폭력 등으로 이를 탄압할 뿐만 아니라, 민족자주세력을 용공세력으로 몰아 국민과 이간시키고 야당을 교란, 분열시켜 저들의 영구집권을 보장해주는 소위 내각책임제 개헌안의 관철을 위해 발버둥칠 것입니다.

그러나 우리는 저들의 탄압과 폭력을 조금도 두려워 할 필요가 없읍니다. 탄압이 드세어질수록 부패한 독재정권의 몰락은 성큼 앞당겨 오는 것이며 위대한 민주조국의 찬연한 영광은 가까와지는 것입니다. 하지만 이는 전국민이 강고하게 단결하여 우리의 민주역량을 하나로 결집시킬 때만 가능합니다. 우리 국민이 가진 단 하나의 무기는 오직 단결 뿐인 것입니다. 어느 누구도 우리의 성스러운 민주화투쟁 과업을 대신해 줄 수는 없읍니다. 어느 국민도 흩어진 힘과 의식을 가지고는 민주화를 이루지 못합니다. 오직 온 국민이 각 부문과 영역에서 자신의 떳떳한 요구와 권리에 입각해 자발적인 대중투쟁을 벌여 나감과 동시에 이 힘을 군부독재의 종식과 민주정부의 수립을 위한 내각제 개헌 분쇄와 동장에서부터 대통령까지 국민들이 뽑는 진정한 민주정부쟁취 투쟁으로 하나로 모아가야 하겠읍니다. 그리하여 1987년 이해는 자손만대로 민주주의의 찬연한 금자탑을 쌓는 역사적인 해로 칭송될 수 있도록 지금 즉시 우리의 대오를 모아 나갑시다. 우리의 가슴 속에 응어리진 그 민주의 한을 소리높여 부르짖읍시다. 우리의 핏줄 속에 면면히 흐르는 반외세 민족해방투쟁과 반독재 민주화투쟁의 자랑스런 전통이 결코 죽지 않았음을 전 세계 앞에 자랑스레 과시합시다.

그리고 우리 민중민주단체들은 지금까지 국민의 민주화 요구와 뜻을 올바로 수렴하여 전 국민적 민주화 투쟁을 촉진하고 그것에 봉사해 오지 못한 우리의 과오를 국민 앞에 솔직히 고백하면서, 모든 민중민주단체의 사소한 차이와 어려움을 극복하고 하나로 똘똘 뭉쳐 이제 치솟아 오를 국민의 민주화 투쟁에 봉사하고 이를 올바로 수렴·대변하는 진정한 국민의 대변자가 될 것을 국민 앞에 밝히고자 합니다.

1987년 1월 13일

민주·통일민중운동연합

서울민주·통일민중운동연합	한국가톨릭농민회	민주화가족실천협의회
강원 〃	한국기독교농민회총연합회	한국출판문화운동협의회
경북 〃	한국기독교노동선교협의회	민족미술협의회
경남 〃	한국노동자복지협의회	한국대학생불교연합회
인천지역사회운동연합	서울노동운동연합	전국목회자정의평화실천협의회
충북민주운동협의회	천주교사회운동협의회	한국기독교빈민선교협 의회
충남민주운동협의회	천주교정의구현전국사제단	기독여민회
전북민주화운동협의회	대한가톨릭학생총연맹	한국기독노동자총연맹
전남민주운동청년연합	민중불교운동연합	한국기독청년협의회
부산민주시민협의회	민주언론운동협의회	한국기독학생회총연맹
민중문화운동협의회	자유실천문인협의회	
민주화운동청년연합	여성평우회	

새해 머리에 국민 여러분께 드리는 글

시시각각으로 어두움 속으로 치닫는 정국을 보다 못해 우리는 한국의 늙은이들의 대표로 자처하면서 온 마음을 모아 탄원합니다.

늙은이가 가진 것은 경험 밖에 없읍니다. 우리들은 20세기의 첫해에 나서 이 날까지 살아오는 동안 우리는 이씨 조선이 망하는 것도 보았고 군국 일본이 패망하는 것도 보았고 제 3세계 나라들이 군벌의 발호로 고난을 겪고 있는 것도 듣고 있고 핵 우산을 펼쳐들고 세계의 모든 약소국을 못살게 하면서 무너져 가는 대국가주의를 유지해 보려 발버둥치는 미국이나 소련의 음모도 알고 있읍니다. 노서지곡(老鼠知穀)이라고 늙은 쥐가 곡식이 어디 있는지 아는 모양으로 비록 제 1선에서 일하지는 못해도 우리 역사가 어디로 가야 할지를 분별할 수 있다고 자부합니다. 그럼으로 우리의 유언과도 같은 말을 귀담아 들어 주십시요.

첫째 정부 당국에 해야 할 말이 있읍니다. 아무리 봐도 여러분은 잘 못 출발했읍니다. 그 흔적을 아무리 없애려고 6개 성상을 지나면서 온갖 치장을 했어도 국민은 그 때를 절대로 잊지 않습니다. 거기에 군국주의로 나라를 다스릴 수 없다는 것을 전정권(前政權)에게서 배우지 못한 것이 큰 잘못입니다. 군인 조직은 상하질서가 주축을 이루고 있기 때문에 자기 명령을 거역하는 자는 하극상으로 처벌해야 하는 것이 그 기본 질서입니다. 그런데 이런 것이 군대라는 특수 집단에서는 가능해도 국민 사회를 그렇게 다스릴 수는 없읍니다. 당신들도 처음에는 개방 정치를 표방했지요. 그런데 날이 갈수록 꼭 군대 통치 방식만 남지 않았읍니까! 정권 평화 교체를 크게 내세우지만 군인은 전진만을 알도록 훈련돼 왔읍니다. 국민이 바라는 정권 교체란 군사 정권의 종식을 뜻하지 그 안에서 사람만 바꾸는 것을 뜻하지 않읍니다. 설령 여러분이 어떤 방법으로 재집권한다고 해도 국민은 더 이상 여러분의 통치를 용납하지 않을 것입니다. 더욱이나 여러분이 매일같이 겉으로는 잔치 마당을 벌이고 뒤로는 그 잔인성을 연속하기 때문에 이 국민에게 분노만 팽창해 가고 있읍니다.

지난 해 김근태 씨 고문사건에도 뉘우치지 않고 성고문을 자행하더니 급기야 고문치사에까지 이르고 말았읍니다. 인간으로서의 존엄과 도덕적 양심을 깡그리 잃어버린 것입니다. 사람에게 가혹 행위를 할 수 없거니와 고문으로 사람을 죽였다면 여러분은 지금 여러분이 하나님과 국민, 죽임을 당한 박종철 군 앞에서 지금 무엇을 해야 하겠는지 깊이 생각하고 어떤 결의를 나타내 보여야 합니다.

국민과 나라가 살아 남아야 당신들도 살아 남지 국민과 나라가 살지 못하고 당신들이 사는 길은 절대로 없읍니다.

학생들에게!

학생들의 몸부림은 우리 민족의 몸부림으로 알기에 우리는 희생되는 여러분의 소식을 들을 적마다 부끄러움이 앞섭니다. 혈기가 이성을 누르는 나이에는 안하무인으로 선생도, 심지어 부모도 없는 듯 스스로 오만하기 쉽습니다. 이런 자세는 이 사회가 명분이야 어떻든 수용하지 않습니다.

폭력에 지친 우리 국민은 폭력을 싫어합니다. 감정이 있는 것이 사람이지만 감정의 불길이 너무 치솟으면 도리어 도둑을 부르게 됩니다. 현재는 힘의 철학을 믿는 낡아 빠진 대국가주의가 스스로 망하느라 마지막 몸부림을 치는 때인데 여러분은 새 시대의 주인이어야 하기 때문에 끝까지 지성인답게 행동해야 합니다. 여러분의 행동이 옳고 그름은 국민이 얼마나 호응하느냐에서 반영됩니다. 심한 표현으로 국민을 잃고 민주화를 달성할 수 없읍니다.

야당 여러분에게!

2. 12 선거는 큰 충격이었읍니다. 말없는 국민이 얼마나 정확하게 볼 것을 보고 제대로 판단하는 가를 백일하에 드러 냈읍니다. 그런데 날이 갈수록 여러분에 대해 실망하는 걸 아세요! 이번에 여러분을 대표로 뽑은 것은 권력을 누리라는게 아니라, 오래 뺏긴 국민의 권리 되찾아 달라는 것입니다. 그러니 모두 감옥생각하지 않고 그 대임을 영광으로 알고 나섰다면 큰 잘못입니다. 그 자리에 연연해서는 아무 것도 못해요. 지금이 어느 때인데 계파니 자리다툼, 심지어는 분파 운동이 있는 소리가 들리는데 그러고도 국민의 심판에 견딜줄 아나요. 여러분께 건 기대에 배신 당하면 국민의 마음은 역전하여 여러분을 적으로 삼으리라는것을 경고합니다. 여러분은 주권재민의 민주화를 이룩할 큰 책임이 있읍니다. 민중생존권을 확립하고 자주 국가로 나아가는 길에 서야 하는 큰 사명이 있읍니다.

군인들에게!

나라의 울타리인 군인들! 그대들은 민족 전체를 위해 도둑이 못 들어오게 하는 것이 사명이지 결코 안에서 부귀 영화를 누리자는 것이 아닙니다. 당신들이 분명히 할 일이 있어! 무자(武字)의 뜻은 무기(弋)를 멈추게(止)하자는 것입니다. 쓰지 말라는 것이 무기지 결코 쓰자는 무기가 아닙니다. 여러분만큼 나라를 위해 수고하는 이들이 어디 또 있읍니까. 그런데 정치 권력에 눈이 어두운 극소수의 군인들 때문에 여러분 전체가 국민의 불신을 사는 것은 그대로 보고 있을 수만 없는 일입니다. 그럼으로 튼튼한 전선을 위해서도 정치에 맛을 들인 군인은 다시 등장하지 말도록 여러분이 함께 단결해야 할 것입니다.

근로자와 기업주 여러분에게!

여러분은 우리를 먹여 살리는 생산의 주체입니다. 그러나 경영주 없이는 그일이 불가능합니다. 그럼으로 여러분은 기업주와 공생(共生) 운동에 앞장서야 합니다. 여러분과 기업주가 함께 만들어 내는 재산은 절대로 어느 개인이나 족벌의 것일 수 없읍니다. 그럼으로 그것에서 생기는 재산이 어떻게 분배되며 의롭게 쓸 수 있도록 여러분이 깊이 간여하는 것은 권리이며 의무입니다. 이 정당한 권리를 방해하는 어떤 세력도 국민들과 함께 배격해야 할 것입니다. 기업주들도 이러한 본 뜻을 받아 들여야 합니다. 개인의 것이라는 생각이나 오히려 내가 은혜를 베풀고 있다는 전근대적인 착각을 버리기 바랍니다. 함께 살아 가는 사회 건설을 위하여 한 역할을 담당할 뿐이라는 겸허하고 가난한 마음을 가져야 합니다.

국민(씨알) 여러분!

우리는 이 이상 상전 모시는 종의 시대에 살지 맙시다. 그럼으로 나라의 주인으로서 제 임무를 다해야 할 것입니다. 우리는 고묘한 "푸락치" 정책으로 "정보국화(化)"하며 국민 운동을 통제하는 경찰을 "전투"경찰이라고 이름한데서 보듯이 국민을 전투의 대상으로 아는 이 정부의 횡포를 용인해서는 안됩니다. 악의 뿌리가 문제입니다. 엉겅퀴에서 포도는 못땁니다. 자유는 정의를 내포하며 질서는 자유와 정의를 전제합니다. 그러기에 국민 여러분밖에 이 나라를 바로 잡을 힘 가진자가 없읍니다. 여러분의 힘이 곧 우리의 힘이요 그것을 바로 쓰는데 우리 민족의 운명이 달려 있읍니다.

1987년 1월 19일

김 재 준 함 석 헌

전국의 교사, 학생, 학부모 여러분 이제는 더이상 참을 수가 없읍니다!

민 주 교 육 실 천 협 의 회

또 민주교사들에게 교육적 사형선고가 내렸읍니다!

7개항의 민주화선행조건이 어떻고 개헌이 어떻고하며 정치인들이 놀고(?) 있을 때 교사로서 양심을 끝까지 지키던 4명의 교사(시흥고 조호원 선생님, 신도림중 김태선·이을재 선생님, 원당국민학교 정영훈 선생님)가 교단에서 쫓겨나고 3명의 교사(강서중 한상훈·이용률 선생님, 봉천여중 최영희 선생님)가 중징계를 당하는 사건이 현정권에 의해 저질러졌읍니다.

85년 민중교육지사건 이후 5.10 교육민주화선언을 거치면서 현정권은 썩을대로 썩은 지금의 교육현실 속에서도 의연하게 교단을 지키던 교사들을 무려 150여명이나 교단에서 쫓아내거나 징계하였으며 심지어 구속까지 시켰읍니다.

현정권은 왜 이같이 민주적인 교사들을 교단에서 쫓아내는 것일까요? 그것은 현정권이 본질적으로 자유와 민주주의를 두려워할 수 밖에 없는 정권이기 때문입니다. 현정권이 얼마나 자유와 민주주의를 두려워하고 있는가는 민주교사들이 교단에서 쫓겨난 이유를 살펴보면 쉽게 알 수 있읍니다. 현정권이 이번에 민주교사들을 교단에서 쫓아낸 이유 및 배경은 다음과 같읍니다.

첫째, 학생들에게 민주시민의식을 불어넣어 주었다는 이유입니다.

현정권은 교사가 수업시간에 3·15 부정선거와 4·19를 가르치고 민주주의란 무엇인가에 관하여 토론하게 하였다는 이유만으로 교사들을 교단에서 쫓아내고 있읍니다. 저들은 4월 19일에 수학교사가 학생들에게 4.19를 가르쳤다고 하여 '교과과정이탈죄'를 뒤집어 씌우고 있읍니다(최열곤 서울시교육감 명의의 징계의결요구서의 이른바 혐의사실 중). 4월 19일에 그 정신을 기리는 기념행사는 못할 망정 4.19를 가르쳤다고 징계하는 이러한 교육현실 속에서 교사는 무엇을 가르치고, 학생은 무엇을 배울 수 있으며, 학부모는 어떻게 사랑스런 아들딸을 마음 놓고 학교에 보낼 수 있겠읍니까.

둘째, 교사들이 교육민주화를 요구하기 위한 집회에 참석했다는 이유입니다.

현정권은 교사들에게 최소한의 단결권은 커녕 정상적인 인간관계 마저도 허락하지 않고 있읍니다. 학교현장에서는 교사들의 조그마한 모임조차 감시당하고 있읍니다. 학교현장에 비민주적인 요소를 개선하고자 교사들이 주체적으로 결성한 소모임뿐 아니라 기별모임, 상조회, 동문모임조차도 감시의 대상이 되고 있으며 심지어는 교사의 여가활동으로 이루어지는 탈춤, 민속놀이 배우기, 합창모임까지도 모인다는 사실 자체 때문에 불온시하고 있읍니다. 이번에 두명이나 해임당한 신도림중학교의 경우 더더욱 기가막힐 노릇이어서 교장, 교감뿐 아니라 주임과 심지어는 용인들까지 동원하여 교사의 읽는 책 감시, 서랍뒤지기 등이 상습적으로 자행되어 왔읍니다. 또한 교사들의 모임이 이루어지지 않도록 이식공

격을 퍼부으며 이간질 시키는 경우도 허다합니다. 신임교사들이 부임해 오면 모아놓고는 '누구 누구는 불온한 사람이니 만나지 말라' '누구 누구는 좌경의식화 교사다. 가까이 하면 다친다'는 등의 모함을 일삼으며 어떠한 모임도 이루어지지 못하게 안간힘을 쓰고 있읍니다.

세째, 학교현장에서 늘상 이루어지는 비민주적이고, 비교육적인 사안에 대하여 비판하였거나 거부하였다는 이유입니다. 문교당국도 지난 연말에 잘못했다고 자인한 살인적인 보충수업, 자율학습을 비판, 거부하거나 강제성금 및 잡부금 징수 등을 거부한 행위가 국가공무원법 56조 '성실의 의무'를 위반하였다는 것입니다. 이 얼마나 기가막힌 노릇입니까.

전국의 30만 교육동지 여러분!

교사의 목숨은 파리목숨 입니까? 그래도 우리는 명색이 교사인데, 그래도 교단은 신성하다고 생각하고, 그래도 내 수업시간만은 내것이라고 생각했는데 ……. 수업시간에 4.19를 가르쳤다고 쫓아낸다면 우리는 도대체 어디로 가라는 것입니까. 우리는 이제 더이상 물러설 수도 물러설 자리도 없읍니다. 지금까지 교장과 교감 등 부패하고 무능한 관료들로 부터 받아온 수모를 이제 더이상 앉아서 당할 수는 없읍니다.

그렇습니다. 교사여러분, 민중교육지 사건과 5.10 교육민주화선언 이후 저들과의 싸움을 통하여 저들의 허약함과 기만성은 이제 만천하에 폭로되고 있으며 이제 저들은 진리를 말하는 우리의 단결된 힘을 두려워하고 있읍니다.

해임교사들이 시교위에 찾아가 교육감 면담을 요청하자 장학사 20여명이 인의장벽을 친뒤로 교육감이라는 사람이 평교사 앞에서 도망가버린 사실이라든지, 신도림중학교와 강서중학교에서 교사 및 학부형이 서명하여 해임철회를 요구하는 진정서를 올리고 학생들이 움직일 기미를 보이자 서명확산을 두려워하여 해임교사를 비방하는 가정통신문을 배포하고 임시담임회의와 임시직원회의를 소집하는 등 소동을 벌인 사실이 이를 반증하고 있읍니다.

학교현장에서 우리의 권리를 당당하게 요구하고 확보해 나갑시다. 무사안일과 보신주의를 권위주의적인 외피로 숨기면서 민주교육과 민주교사 앞에 군림하는 교육관료들의 허세를 간파합시다. 그리고 진실을 가르칠 권리와 민주적 제권리를 쟁취해 나갑시다.

전국의 학생 여러분!

여러분들에게는 진리와 진실을 배울 권리 즉 학습권이 당연히 보장되어야 합니다. 여러분을 인간적으로 대해주고 학생들을 편중 편애하지 않는 선생님에게 배울 그러한 권리가 있읍니다. 복종만을 강요하지 않는 학교, 여러분의 의견이 수렴되는 학교, 학생의 자치활동권이 보장되는 그러한 학교에서 공부할 권리가 있고 만약 그렇지 못하다면 그러한 권리

를 당연히 요구하고 여러분의 손으로 획득해나가야 합니다. 그리고 성적에의해 인간 그 자체가 평가되지 않고 시험과 입시지옥에서 시달리지 않고 즐거운 마음으로 공부할 수 있는 그러한 학교에서 생활할 수 있도록 학생 여러분도 교육주체의 하나로서 노력해나가야 합니다. 이번에 민주교사들이 해임되었을 때 시흥고등학교 학생들은 해임된 선생님께 보낸 편지에서 다음과 같이 쓰고 있읍니다.

「…선생님은 저에게 있어 많은 귀중한 것을 담아 주는 보물단지와 같읍니다. 선생님에게 죄가 있다면 힘이 없어 아무런 변명도 하지못한 채 당한다는 것 뿐입니다. 그러기에 그것은 죄가 아닙니다……. '수업도중 현실을 왜곡 비판했다는' 기사를 읽었을 때는 누구에게 우롱당하는 기분이었읍니다……. 전 선생님과 함께 이 조국의 현실을 걱정합니다. 이것은 동정으로 인함이 아닙니다. 이 땅에 묻혀야 할 한 사람으로서 잘되기를 바라는 마음에서 입니다. 진정 방학이 끝나고 새학기를 맞을 때 선생님의 수업을 받을 수 있기를 바라며 이만 줄입니다. 건강하세요!」

「…선생님께서는 지나온 1년 동안 우리들에게 현실을 볼 수 있는 눈을 깨우쳐 주셨고 오도된 역사를 바로 잡게 해주셨읍니다. 정의와 진실을 말하는 사람들이 수난을 받아야하는 이 땅의 현실 속에서 도대체 어떻게 살아가란 말입니까? 이 사회가 진정으로 민주사회로서의 역량을 충분히 발휘한다면 도저히 이와같은 일은 일어나지 않는 것입니다.

수업중에도 항상 감시의 울타리 안에 있어야 했고 일부 선생님들 사이에서도 항상 매서운 눈초리를 받아야 했던 선생님!

그러나 선생님께서는 그것에 절대 굴하지 않으셨으며 진실을 알리는 데 최선을 다하신 진정한 선생님이셨읍니다. 그런만큼 선생님께서는 저희들의 마음 한구석에 자리잡으셨으며 이젠 저희들 곁에서 떠날 수 없는 선생님이 되셨읍니다. 선생님 곁에는 무엇이 옳은가 하는 것쯤은 아는 우리 학생들이 있읍니다. 부디 용기를 잃지 마시고 진실을 위해 힘껏 노력하였노라고 외쳐보십시오. 그리고 어떤 탄압에도 굴복하지 마십시오. 언젠가는 선생님의 참뜻을 펼 수 있는 사회가 구현되리라고 믿고 살아가시는 생활이 되시기를 바랍니다.」

국립묘지에서 독재자 이승만에 대한 참배를 거부하였다는 이유로 정영훈 교사를 해임시킨 원당국민학교의 경우 악질 교감에 질린 어느 어린 학생은 다음과 같이 적고 있읍니다.

「86년 10월 15일 목요일.

…교감선생님께서는 어제 국립묘지에 가서 무엇을 보았냐고 물으셨다. 현충문, 이승만 대통령묘를 보았다고 말했다. 그러면 어디어디에서만 묵념을 하였냐고 물어보셨다. 그리고 아무한테도 말하지 말라고 하셨다.

왠지 무서워요.」

전국의 학부형 여러분!

여러분의 사랑하는 자녀들은 올바르게 교육되어야 합니다. 자기자신만을 아는 이기주의자가 아니라 조국과 민족을 생각할 줄 아는 총명하고 씩씩한 학생으로 키워야 합니다.

학부형 여러분, 여러분의 사랑하는 자녀는 콩나물교실과 입시지옥에서, 무한대의 경쟁과 또 무한대의 열등감을 심어주는 부패한 교육현실로부터 해방되어야 합니다. 이를 위해서 학교에가서 학부모의 정당한 요구를 관철시켜야 합니다. 그리고 좋은 선생님을 교단에서 쫓아내며 장기집권을 획책하는 현정권의 속셈을 간파하고 이를 저지시켜야합니다. 누가 진실로 여러분의 자녀에게 이익을 가져다 주며 학부형님의 교육부담을 덜어주는가를 옳게 판단해야 합니다.

이번에 원당국민학교의 정영훈 교사는 국립묘지에서 독재자 이승만의 묘지에 학생들의 참배를 거부하였다는 이유로 해임되었읍니다. 이에 대해 원당국민학교 학부형들은 정영훈 교사의 해임철회를 요구하는 진정서에서 다음과 같이 쓰고 있읍니다.

「5학년 11반 선생님의 교육열의는 대단하다고 생각합니다. 우리 민철이의 경우 1, 2, 3, 4학년 때 담임선생님께서 느끼지 못했던 평등하게 대해주시는 것을 느꼈고 …」

「…하여튼 무어라고 말씀드리기가 어려울만큼 교장선생님 이하 학교측에서는 모든 이유를 다 동원해서 정영훈 선생님을 모함하여 직위해제가 되었읍니다. 저희 학부모된 입장으로 어린 새싹들을 어떻게 마음놓고 학교에 보내겠읍니까」

「…또한 정영훈 선생님은 학부모들의 촌지에 대해 완강히 일체를 사양했으며 받은 것 이상으로 생각하겠다는 퍽 청렴한 교사이며 어린아이들에게는 주입식이나 교사주도적 입장을 배격하고 자유스런 상황속에서 스스로 창의적이고 의욕적인 계기를 유발시키려고 고심하고 노력하는 진정한 의미의 교사로서 이는 우리민족 전체가 요구하는 이상적이고 발전적인 교사상이라 믿습니다.」

「…솔직히 말씀드리면 시내 어느학교에서든지 어느 학부모이든지 국민학교 선생님들에게 어린 학생지도에 수고하신다고 사례(봉투)하지 않는 학부모가 없읍니다. 그러나 정영훈 선생님은 사례하여도 끝까지 거절하며 또 어린 학생들에게 편파적이 아닌 모두 균등히 사랑한다는 얘기를 들었을 땐 정말 훌륭한 선생님이라고 생각했읍니다. 그리고 어느 학생이 점심을 안가지고 오면 박봉에 주머니를 털어 빵도 사준다는 이야기도 들었읍니다. 담임선생님의 직위해제 소식을 들은 11반 어린학생들은 모두 엉엉울었다 합니다.」

전국의 교사, 학생, 학부모 여러분! 교육은 국가의 백년지대계라 하였읍니다. 그간 우리는 교육을 정권의 노리개로 만들어 교육을 오로지 자신의 사리사욕을 채우는데만 이용해먹는 역대 정권 및 부패한 교육관료에 의해 얼마나 우롱을 당했으며 얼마나 많은 불이익을 감수해야만 했읍니까?

이제 빼앗긴 우리의 교육에 관한 민주적 제권리를 쟁취할 때가 왔읍니다. 그리고 이러한 노력을 하다 교단에서 쫓겨나고 있는 민주교사들을 우리의 손으로 구해내야 합니다.

악질적인 교육관료들에게 항의전화합시다

문교부장관 손재석(720-3261)
서울시교육감 최열곤(738-8090)
신도림중학교장 박균원(0343-43-0353)
원당국민학교 교장 한두익(737-9598)
교감 이교영(503-2627)
대한교육연합회장 박일경(738-8066)

■ 우리모두 민주교육탄압을 저지하기 위한 서명운동에 참여합시다.

■ 빼앗긴 교사의 권리를 되찾기 위해 직원회의석상에서 용감하게 발언하고 싸워나갑시다.

■ 학생회와 학생써클 등 학생의 자주적인 활동을 쟁취해나갑시다.

■ 학부모는 당연히 학교운영에 참여할 권리가 있읍니다. 비민주적이고 형식적인 육성회나 자모회 등을 민주적으로 개혁해 나갑시다.

■ 민주교육 탄압하며 장기집권 획책하는 독재정권의 음모를 폭로합시다.

1987. 1. 16

민주교육실천협의회

난국 타개를 위한 제언과 우리의 결의

----- 2,12 총선 2주년을 맞이하여 -----

1. '87년의 민주승리를 확신

2.12 총선 2주년을 맞이하여 우리 두사람은 민주화추진협의회를 대표해서 그동안 국민과 전세계의 벗들이 베풀어 주신 성원과 협력에 대해서 깊은 감사의 뜻을 드리고자 하는 바이다. 박종철군에 대한 2.7추모제 사건은 우리의 인권과 민주회복의 투쟁에 있어서 큰 획을 긋는 전환점 이었다. 이제 우리는 이 해 '87년에 있어서 우리의 민주회복에 대한 서광을 바라볼 수 있게 되었다.

여기까지 오는 데 우리 국민은 얼마나 많은 시련과 고통을 극복해야만 했던가! 우리 두사람은 우리 국민이 겪은 수난과 그리고 이를 극복해 온 발자취를 생각할 때 국민 여러분에게 한없는 위로와 감사의 뜻을 표해 마지 않는다. 이러한 위대한 국민에게 봉사할 수 있는 우리의 처지가 자랑스럽기만 하다.

지난 2년 동안 우리 국민은 독재정권과의 투쟁에서 많은 성과를 거두었다. 2.12총선의 성공, 민한당의원 대다수의 신민당입당 실현, 학원보호법 입법의 저지, 독재정권의 잔악한 고문 및 용공조작과의 투쟁, 국민의 커다란 반응을 일으킨 KBS 시청료 납부의 거부운동, 1천만인 서명운동의 합법적 쟁취 실현, 전국 각지에서 행해진 대통령직선제 개헌현판식의 성대한 진행, 그리고 이번에 있은 박종철 군의 고문치사사건의 폭로와 추모투쟁 등 많은 일들이 우리 국민의 힘에 의해 추진되고 성취되었다. 때로는 11.29 서울대회 같은 좌절이 없는 것도 아니었지만 국민은 그러한 좌절조차 전투에 지더라도 전쟁에는 이기는 국면을 전개시켜 주었다. 국민은 독재정권에만 엄격한 것이 아니었다. 신민당의 어떤 행동이 국민의 기대에 미흡했을 때는 가차없는 비판을 보내면서 그 시정을 촉구한 것이다. 한편 일부 학생이나 재야세력중 과격성을 띤 언행이 있을 때는 국민은 그렇게 된 사정은 십분 이해하면서도 그것이 우리의 목적달성에 도움이 안된다는 점을 들어 반성과 시정을 하도록 이끌어 왔다.

지금 이나라에서는 누구도 국민을 두려워 하지 않거나 그 뜻을 하늘의 뜻으로 받들지 않고는 존립할 수도 성공할 수도 없다는 것이 너무도 명백하다. 국민의 힘은 미국등 우방국가의 대한정책에도 큰 영향을 미치고 있다. 그들은 지금 한국에서의 문민정치의 항구적인 회복과 국민의 뜻에 알맞는 변화의 필요성을 강조하고 있다. 민의에 영향을 받아 우리 국군의 많은 인사들 사이에 일어나고 있는 변화도 크다. 그들은 지금 군은 정치로부터 손을 떼고 철저한 중립화를 회복하지 않으면 국민의 지지를 상실하여 안보에도 큰 차질을 초래할 우려가 있다고 깊이 인식해 가고 있다. 민심의 결정적 변화에 당황한 절대다수의 공무원, 경찰관들이 독재정권의 도구화로부터의 이탈을 열망하고 있다.

여기에 최근에는 2.7추모제사건을 통하여 나타난 국민의 위대한 힘은 우리 국정의 앞날에 일대 전환을 가져다 주려 하고 있다.

첫째, 경찰이 도발한 삼엄한 공포분위기 속에서도 우리의 행사에 국민은 적극적인 호응과 지지를 보내는 놀라운 용기를 보여 주었다. 이는 장차 그들의 행동적 참여로 필리핀에서와 같이 "민중의 힘"의 형성의 가능성을 부각시킨 사실이라 하겠다.

둘째, 국민의 힘은 신민당, 민추협, 재야 그리고 다수 학생간의 작은 이해나 입장의 차이를 넘어선 상호연대와 단합을 실현하도록 만들었다. 이는 범국민적 민주전선의 형성이 이미 성공적으로 수행되고 있음을 말해주고 있는 것이다.

셋째, 국민의 성숙된 비판과 고무는 그간 민주세력간에 있었던 노선상의 약간의 차이나 갈등을 극복하고 비폭력과 건전노선으로 이번 추모회의 방향을 통일시켰다. 이것은 우리가 이제 중산층을 포함한 광범위한 국민의 신뢰와 지지를 받을 수 있을 만큼 미더운 모습을 정립하게 되어 간다는 것을 의미한다. 우리 두사람은 이제 확신을 가지고 선언한다. 우리 국민은 머지 않아서 민주회복의 대업을 성취하게 될 것이며, 이 해 1987년이 그 해가 될 가능성이 아주 크다고.

우리는 빛나는 승리에의 서광이 저 동녘하늘 위에 찬연히 떠오르기 시작한 것을 본다.

2. 난국타개를 위한 5개 방안

오늘 우리의 국가현실이 중대 난국에 처해있는 것은 누구의 눈에나 분명하다. 그 근본 이유는 민의에 역행한 민정당의 영구집권의 기도에 있다. 그리고 직접적인 이유는 우리의 일관된 대화제시를 외면할 뿐아니라 여야에서 내놓은 두개의 개헌안을 국민에게 물어보자는 가장 합리적인 우리의 선택적 국민투표의 제안마저 전정권이 거부해온 데 있다. 우리는 진심으로 정치의 파국을 원치 않는다. 우리는 국민의 뜻에 따른 정치의 협상을 바란다. 우리는 어떠한 인권유린도 반대하는 동시에 어떠한 정치보복도 반대한다. 우리는 전두환정권이 오늘 이나라가 처한 중대위기와 그들이 맞이할 수도 있는 불행의 가능성을 직시하라고 충고한다. 그리고 이를 피하기 위해서는 모든 것을 국민의 뜻에 따라서 순리로 해결하는 대도를 가야 한다고 진심으로 충고한다. 우리는 난국타개의 방안으로 다음의 5개항을 전두환 정권에게 진지하게 제안하는 바이다.

첫째, 전두환 정권은 일체의 인권유린행위, 특히 불법연행, 고문, 용공조작, 언론탄압 등을 즉각 중지해야 한다. 그리고 지금 부당하게 박해를 받고있는 모든 정치범을 석방하고 민주인사에 대한 사면.복권을 단행하도록 요구한다.

둘째, 지금 전두환정권이 추진하고 있는 내각책임제 개헌의 강행은 영구집권을 위한 부당한 야망의 소산이다. 이 개헌안은 그들 스스로의 여론조사에서 조차 국민에 의해 압도적으로 거부당하고 있다. 우리는 당면한 정국의 긴장을 해소시키기 위해서 전정권이 내각책임제 개헌의 강행을 즉시 중지하도록 강력히 요구한다.

셋째, 지금 여야는 개헌문제를 놓고 극도로 대립되어 있다. 그러나 이 문제는 한가지 원칙, 즉 국민의 뜻에 따라 결정한다는 것만 수락하면 쉽게 해결할 수 있다. 우리는 전정권에 대하여 우리가 주장한 대통령중심직선제와 민정당이 주장한 내각책임제의 두 개헌안을 동시에 국민투표에 부쳐서 국민이 어느 쪽을 바라는지 물어보자고 다시한번 주장해 마지않는다. 우리는 "자유롭고 공정한 국민투표"가 행해진다면 그 결과가 어떻게 나오던지 이에 이의없이 복종할 것이다. 이러한 국민투표는 헌법 제 47조의 "중요정책의 국민투표조항"에 의해서 합헌적으로 행해질 수가 있다는 것이 전문가의 견해이다. 우리는 국민의 지지속에 정국의 조속한 안정과 개헌문제의 원만한 해결을 실현할 수 있는 길은 오직 이것만이 최선이라고 확신한다. 전정권은 일대각성하여 국민적 개헌의 대도에 찬성하기를 촉구해 마지않는다.

네째, 전두환대통령은 김일성과의 대화를 거듭 요구하면서도 우리 두사람과의 대화를 거부해 왔다. 오늘의 정국의 경색과 상호불신의 심화현상의 가장 큰 원인이 여기에 있다. 우리는 전씨와의 대화를 영광으로 생각해서 구걸한 것이 아니다. 그것만이 난국타결의 관건이라고 생각하기 때문에 주장해 온 것이다. 우리는 오늘 이 자리를 빌어 전두환대통령에게 다시 여야 지도자간의 조속한 대화를 제의한다. 이제는 더 이상 천연할 시간이 없다. 대화를 통해서 민주화의 조건, 선택적 국민투표방식을 포함한 개헌의 문제, 정치보복의 근절책, 그리고 시급한 서민대중의 생존권 보호문제 등을 논의하자. 우리는 전두환대통령이 더 이상 대화를 거부한다면 앞으로 있을 수 있는 모든 정치적 파국의 책임을 전적으로 그가 져야 한다고 엄중히 지적하는 바이다.

다섯째, 우리는 이제 국민에게 우리의 민주화 일정을 구체적으로 밝힐 때가 왔다고 생각한다. 우리는 이 해의 전반기에 새 헌법과 지방자치법을 통과시켜야 한다. 그리고 후반기 초까지 대통령선거법과 국회의원 선거법을 개정하는 동시에 각급 지방의회 의원의 선거를 전면적으로 실시한다. 그리고 늦가을 까지는 대통령과 국회의원의 동시선거를 실시하여야 한다고 생각한다. 지방자치 단체장의 선거는 명년 중에 실시해도 그것은 불가피하다고 인정하겠다. 이러한 민주화일정의 확정에 대해서도 우리는 여야 지도자간의 회의에서 더욱 논의할 수 있다고 생각한다.

3. 국민에게 드리는 우리의 결의

우리는 이미 표명한 바와 같은 현정국에 대한 우리의 견해와 전정권에의 요구를 토대로 우리 두사람의 결의를 경애하는 국민앞에 다음과 같이 밝히는 바이다.

첫째, 우리는 앞으로 어떠한 독재정권의 영구화 기도에 대해서도 결연히 싸워나갈 것이다. 우리는 앞으로 더 한층 국민의 뜻을 받들고 모든 민주세력과의 굳건한 단결을 유지해 나가면서 '87년에 있어서의 민주회복의 성취를 위해서 가능한 온갖 노력과 희생을 아끼지 않을 결심이다.

둘째, 우리는 우리의 투쟁에 있어서 건전노선의 원칙을 철저히 지켜나갈 것이다. 우리는 어떠한 폭력이나 과격주장도 배제한다. 그러한 태도는 국민의 신임을 잃고 독재정권의 민주세력 말살에 알맞는 구실과 조건을 제공해 줄 뿐이다. 우리는 비폭력, 비용공, 비반미의 "3비주의"의 원칙을 고수해야한다. 이러한 자세로 투쟁할 때만 전국민적인 호응을 얻어 이 해에 민주회복의 대업을 성취할 수 있다. 건전노선은 바로 국민적 승리의 길인 것이다.

세째, 우리는 독재정치를 미워하지만 독재자와 그 추종자를 미워하지는 않는다. 우리는 독재정치의 종식으로 우리의 목적이 충분히 달성된다고 확신한다. 따라서 어떠한 정치보복의 주장이나 행위도 민주화 전이나 후를 막론하고 정국안정과 국민적 단합을 파멸시킨다. 민주화와 화해는 같이 달성되어야 한다. 이것은 모든 국민이 지지하는 바라고 우리는 확신한다.

네째, 우리는 안보를 절대적으로 중시한다. 우리의 국군을 존경하고 소중하게 생각한다. 우리는 극히 일부의 지각없는 군인들의 정치개입으로 인하여 군을 정치적으로 오염시키고, 국민의 신망을 저하시키고, 안보능력을 약화시키고 있는 오늘의 우리 국군의 현실을 개탄해 마지 않는다. 그러나 우리는 최근 군내에서 강력히 일어나고 있는 민주회복과 군의 정치적중립에 대한 지지의 추세를 볼 때 크게 고무되고 있으며, 이를 환영해 마지 않는다. 우리는 민주회복의 전과 후를 막론하고 우리 국군의 건재와 그들의 안보노력에 대한 지원을 국민과 더불어 아끼지 않을 것이다. 또한 어떠한 경우에도 군이 정치에 악용되지 않는 군의 순수성과 자율성의 회복을 돕는데 모든 노력을 다할 결심이다.

다섯째, 우리는 앞으로도 우리의 굳은 단결을 계속 유지해 나갈 것이라는 결의와 확신을 이 자리를 통해서 피력한다. 독재정권은 우리 두사람을 이간 분열시키려고 정권의 총력을 기울여 노력해왔다. 그러나 그들의 기도는 이제 그들 스스로도 인정하지 않을 수 없을 만큼 실패로 돌아갔다. 우리의 단결은 국민의 지상명령이요, 우리에게 주어진 유일한 선택이다. 우리는 우리가 독재정권을 기쁘게 하고, 국민을 실망시키고, 우리 자신을 파멸로 이끌 정도로 어리석다고는 생각하지 않는다. 우리는 국민이 우리에게 부여한 평화적인 민주회복 성취의 대의를 이룩하기 위해서는 우리 양인의 개인적인 안위나 야망을 넘어서 굳건한 단결과 헌신적인 투쟁을 끝까지 함께 해나갈 것이라는 점을 여기 국민 앞에 엄숙히 다짐하는 바이다.

국민 여러분의 더 한층의 성원과 협력을 간구해 마지않는 바이다.

1937 년 2월 13일

민주화추진협의회 공동의장
김 대 중 · 김 영 삼

개헌 문제에 관한 우리의 견해

우리는 4월 13일의 '중대 결단'으로 발표된, 개헌 노력 중단 결정을 듣고 커다란 충격을 받았다.

이 시점에 있어서 우리는 민주적 개헌이야말로 우리 민족의 가장 중요한 역사적 과제라고 믿는다. 우리가 민족사의 밝은 미래를 준비할 수 있느냐 여부의 중대 기로가 여기에 있다. 국민의 광범위한 지지에 기초한 정부의 확립은 누구도 거부할 수 없는 역사의 절대적 요청이다. 이에 우리는 침묵이 민족적 사명을 저버리는 것이라 생각하여 우리의 견해를 밝히는 바이다.

1. 정부가 발표한, 개헌 노력 중단의 이유는 국민을 납득시킬 수 없다고 우리는 생각한다. 일의 어려움을 이유로 민족의 역사적 대업을 포기하는 정부는 책임있는 정부라 할 수 없다.
2. 개헌 추진의 책임은 누구보다도 정부 운영을 맡은 사람들에게 있다. 정부는 우리 사회의 모든 계층 및 정치세력과 함께 개헌의 노력을 계속하여야 한다.
3. 어떤 경우에 있어서든 정부와 정치인은 국민과의 대화를 지속해야 하며, 개헌에 관한 국민의 논의를 봉쇄하려는 모든 시도는 중지되어야 한다.
4. 이번에 민주적 개헌이 이루어지지 못할 경우 앞으로의 우리 사회에서는 정치적 정통성의 취약함으로 인해 정부와 국민 모두가 참을 수 없는 고통을 받게 될 것이다.
5. 정부는 계속되어 온 강권과 절망의 궤도에서 벗어나 국민에게 희망을 주는 정치대도를 걸어가 주기 바란다.

우리는 우리의 견해와 우려가 민족의 장래를 생각하는 국민 모두의 것이라고 확신하면서, 모든 관계 인사의 심사숙고를 촉구하며 국민 모두가 민족의 대의를 소신껏 밝힐 것을 호소한다.

權昌殷	裵鍾大	李甬薰
金基牧	徐之文	李隼寧
金起永	徐鎭英	柳漢晟
金承玉	申漢豊	尹溶
金禹昌	吳鐸藩	丁奎福
金日秀	李基秀	鄭文吉
金丁煥	李萬雨	趙珖
金忠烈	李文永	崔章集
金華榮	李相信	(가나다순)
金興圭	李舜求	이상 30명
朴炯奎	李載昌	

1987년 4월 일

고려대학교 서명교수 일동

작은 관심이 민주헌법쟁취를 앞당깁니다.

국민 여러분!

할 말을 못해 가슴이 답답하지 않습니까?

지난 81년 대통령선거 당시 강도질당한 여러분의 한표를 기억하십니까?

배신당한 2. 12총선의 민주화 요구를 생각합시다.

우리 모두 생각해봅시다. 내가 군사독재하에서 어떤 혜택을 받고 있는가를.

노동자, 농민 여러분!

저임금과 장시간노동, 그리고 저곡가와 소값 폭락으로 인한 고통을 어떤 방법으로 보상받을 수 있을까요?

도시 영세민 여러분!

보금자리를 짓밟히고 노점단속에 쫓겨다니면서 당신은 무슨 생각을 하셨읍니까? 군사독재가 여러분에게 새로운 집과 일터를 보장해 주었는가요?

쾌적한 사무실과 아담한 아파트를 가진 중산층 여러분!

당신은 정당한 보수를 받고 있는가요? 이웃과 형제와 가난과 고통을 외면하고 자신의 안락한 삶만 보장된다면 군사독재도 좋다는 이기적인 착각에 사로잡혀 있는 것은 아닙니까?

중소상공업자 여러분!

재벌들을 위한 수천억, 수조원의 특혜금융이 난무하고 웬만한 이권에는 족벌들이 판치는 세상에서 대기업과 관청의 횡포에 시달리며 세금에 짓눌리면서도 군사독재의 혜택을 받고 있다고 생각하고 계시지는 않는지요?

공무원 여러분!

육사 출신이면 저절로 출세가 보장되는 세상에서 더이상 저들의 횡포를 지켜만 보시렵니까?

자녀를 학교에 보낸 학부모님 여러분!

여러분의 아들 딸이 민주화를 주장하고 조국을 사랑한다는 이유만으로 수사기관에 끌려가 구타당하고 물고문·전기고문에 시달리고 용공분자로 몰려 차디찬 감옥으로 보내질지도 모르는 현실을 언제까지 지켜보시기만 하시렵니까?

국민 여러분!

이제 우리 모두 크게 이야기합시다.

군사독재헌법과 민주헌법이 어떻게 다른가를.

민주헌법을 쟁취할 수 있는 방법에 대하여.

군사독재가 국회를 해산하고 장기집권을 획책하고 있다는 소문과 일부 정치모리배들의 꼭둑각시 놀음의 의미에 대하여.

그리고 민통련이 앞으로 국민 여러분과 함께 전개해나갈 민주헌법쟁취운동에에 어떻게 참여할 것인가에 대하여 토론해봅시다.

군사독재 물리치고 민주헌법 쟁취하자!!

○ 민통련은 민주화와 민족통일을 앞당기기 위해 일하는 전국의 23개 민중·민주운동 단체들이 연합한 범민주세력의 결집체입니다.

○ 민통련에서는 군사독재의 집권연장음모를 분쇄하고 민주헌법을 쟁취하여 국민이 주인이 되는 민주정부를 수립하기 위해 독재권력에 맞서 민주헌법쟁취위원회를 결성하였읍니다. 앞으로 이러한 목표의 달성을 위해 활발한 투쟁을 전개할 것입니다.

○ 민통련은 이 땅에 참다운 민주주의가 꽃피고 우리 민족이 통일되는 그날까지 국민 여러분과 함께 통일을 가로막고 폭력을 휘두르는 군사독재에 맞서 한치도 물러나지 않고 꿋꿋이 싸울 것입니다. 국민 여러분의 참여와 지지를 바랍니다.

민주·통일민중운동연합 민주헌법쟁취위원회 274-2571 265-9587

현행헌법은 왜 폐지되어야 하는가?

1. 반민주 독재헌법이기 때문이다./

현행헌법은 5월 광주학살의 피비린내가 채 가시기도 전에 소수 정치군부와 그 하수인들이 공포분위기 속에서 통과시킨 것입니다. 대통령은 꼭두각시 선거인단이 체육관에서 뽑고 국회의원은 집권당이 비례대표의 3분의 2를 차지하게 정해놓아 국민의 의사와는 상관없이 권력구조가 만들어졌읍니다. 또한 언론, 출판, 집회, 결사의 자유는 최악으로 유린되고 사법부 독립은 이미 지난날의 추억에 지나지 않습니다. 이는 모두 독재권력의 잘못임에도 불구하고 저들은 국민앞에 사죄하기는 커녕 '호헌' 운운하면서 국민을 기만하고 집권연장 음모에 혈안이 되어 있읍니다. 국민의 정치적 참여를 보장받고 민주화를 앞당기기 위해 군사독재를 물리치고 반민주적 독재헌법을 폐지합시다.

2. 반민중적 특권·독점헌법이기 때문이다.

현행헌법은 특권재벌과 소수 족벌들의 부의 독점을 정당화해주는 보호장치입니다. 정의사회와 복지사회란 명분과 허울아래 자행된 엄청난 부정부패는 대다수 국민들을 분배과정에서 제외시켰고, 특혜와 각종 법적 보호를 통해 부의 편중은 가속화되어 근로대중은 생존을 위협받고 있는 지경입니다. 특히 저임금과 저곡가로 허덕이는 노동자·농민들은 단결권조차 보장받지 못하고 있읍니다. 더우기 헌법상의 행복추구권, 환경권 등은 날로 늘어가는 공해와 산업재해, 그리고 철거와 노점 파괴, 심지어는 대량실업사태까지 겹쳐 생명과 생계의 위협으로 나타나고 있읍니다. 국민 여러분./ 인간답게 일하고 정당한 댓가를 받기 위해 군사독재를 물리치고 반민중적 특권독점헌법을 폐지합시다.

3. '반민족적 분단헌법'이기 때문이다.

현행헌법은 민족통일에 대한 범국민적 여망을 짓밟고 안보와 질서란 구실로 반민족적 분단고착세력이 제정한 것입니다. 남북대화와 통일논의를 독점하여 권력연장의 명분으로 삼으려고 획책하는 군사독재는 통일의 주체일 수 없읍니다. 남에서 꽃핀 민주주의와 통일의지가 북으로 넘쳐흐를 때 평화적인 통일은 가능할 것입니다. 국민 여러분./ 통일의지의 실현과 통일논의의 자유를 쟁취하기 위해 군사독재를 물리치고 반민족적 분단헌법을 폐지합시다.

민주헌법은 어떤 내용을 담아야 하는가?

민주화와 민족통일을 열망하는 모든 국민의 주체적 노력으로 쟁취할 민주헌법에는

1. 국민의 정치참여를 극대화하고 독재가 등장할 수 없는 민주제도를 담아야 합니다. 대통령과 국회의원은 국민이 자유롭게 선출하고 권력은 분산되어 상호 견제가 가능해야 합니다. 또한 언론, 출판, 집회, 결사의 자유는 유보될 수 없는 것이며 지방자치제는 전국적으로 실시되어야 합니다. 또한 군과 공무원은 여하한 명분으로도 정치에 개입할 수 없읍니다. 또한 설사 국민의 의사에 반하는 정부가 들어서더라도 저항할 수 있는 권리가 명시되어야 합니다.

2. 국민 모두가 기본적인 인간의 권리를 누리기 위한 경제적 질서를 담아야 합니다. 일할 권리, 정당한 보수를 받을 권리는 가장 중요한 기본권으로 보장되어야 합니다. 또한 부의 지나친 편중을 초래할 수 있는 특권과 독점은 제한되어야 합니다. 경제적 약자인 노동자, 농민의 단결권은 보장되어야 하며 단체행동권도 불가침의 권리입니다. 토지는 생산자가 소유하는 것을 원칙으로 하며 소작은 폐지되어야 합니다. 인간의 삶을 위협하는 공해는 어떠한 이유로도 용인되어서는 안되며 환경에 대한 권리와 의무가 명시되어야 합니다.

3. '우리 민족 최대의 과제인 민족통일에의 의지를 담아야 합니다. 민족통일은 민주헌법으로 구성된 민주정부만이 달성할 수 있는 과제입니다. 민중이 통일논의의 주체임을 명시하고 통일논의에 참여할 수 있는 권리를 명시하여야 합니다. 민주헌법의 쟁취를 통한 민주정부의 구성이야말로 민족통일로 나아가는 첫걸음임을 재삼 강조하는 바입니다.

민주헌법이 당장에 여러분의 고통을 끝내고 진정한 행복과 인간의 권리를 찾아주지 못할는지도 모릅니다. 그러나 이 길이 참다운 해방의 사회로 나아가는 이정표임에는 틀림없읍니다.

여러분 한사람 한사람의 의사표시야말로 민주화의 밀알이요, 투쟁의 불씨입니다. 우리 함께 크게 외칩시다. '군사독재 물리치고 민주헌법 쟁취하자./'

참다운 민주정부는 우리 손으로!

국민 여러분!

이땅의 민주화는 누가 가져다주는 것이 아니라 바로 우리 손으로 싸워 얻는 것입니다. 4·19혁명이이후나 10·26이후 민주화를 성취할 수 있는 좋은 기회에 굿이나 보고 떡이나 먹는다는 식으로 방관하다가 군사독재에 짓밟히고 말았던 쓰라린 경험이 있지 않습니까?

미국에 대한 기대도 버려야 합니다. 자유와 평화를 사랑하는 미국민들은 우리의 좋은 친구입니다. 그러나 미국의 보수정권·군부·독점자본은 결정적인 순간마다 우리를 배신해왔으며, 지금도 전두환정권을 강력하게 지원하고 있읍니다.

남이 아닌 바로 우리가 떨쳐 일어나, 우리가 바라는 참다운 민주정부를 건설해야 합니다. 그 첫걸음으로 서명운동에 적극 참여하여 우리의 주장을 떳떳히 밝힙시다. 이 작은 참여들은 곧 거대한 물결이 되어 가슴벅찬 승리의 날을 앞당길 것입니다.

우 리 의 주 장

1. 군사독재 물리치고 헌법제정회의 소집하자!
1. 민중이 주체가 되는 헌법제정회의 소집하자!
1. 광주학살 살인고문 폭력정권 몰아내자!
1. 군사독재 물리치고 노동 3 권 쟁취하자!
1. 미·일 강대국은 독재지원 중단하라!
1. 서명운동 참여하여 민주정부 내손으로!

---------- 자르는 선 ----------

이 름	주 소	도장또는 서명

※ 서명하신 후 편지로 보내주시거나, 직접 방문해주시면 더욱 고맙겠읍니다. 자세한 사항은 전화(730-9452)로 문의해 주십시오.

민주개헌 쟁취 3

군사독재 물리치고 헌법제정회의 소집하자!

마르코스는 필리핀 민중들의 거대한 민주화투쟁의 물결에 떠밀려, 마치 겁먹은 강아지처럼 먹던 밥도 남겨둔 채 도망쳐 버렸읍니다. 이것을 보고 가장 겁에 질린 자들은 누구일까요? 말할 것도 없이 바로 전두환 군사독재 일파입니다. 어느모로 보나 자신들이 마르코스보다 훨씬 뛰어난(?) 독재자임을 잘 알기 때문입니다.

민주화운동청년연합

민주제개헌투쟁위원회

서울 중구 삼각동 31-3 합동빌딩 602호

전화 730-9452

광주학살 살인고문 폭력정권 몰아내자!

전두환군사독재정권＝마르코스정권×100

수천의 광주시민을 학살한 피범벅 위에서, 그나마 비상계엄 하의 국보위라는 하수인집단에서 만든 독재헌법에 근거한 현 정권에게 티끌만한 정당성과 정통성이 없는 것은 당연한 일입니다.

어디 그뿐입니까? 국민의 기본권은 철저히 억압되어, 허울좋은 소위 "자율화 정책"하에서도 **살인적 고문**이 행해지고 현재 1,000여명에 가까운 노동자, 학생, 민주인사들이 감옥을 가득 채우고 있읍니다. 필리핀의 정치범이 겨우(?) 400여명에 불과했던 것과 좋은 비교가 됩니다.

또한 부정부패－**대형 금융부정사건**(장영자, 영동개발, 명성사건 등)과 **족벌의 부정축재**(새마을운동 중앙본부, 가락동시장, 청보, 일해재단 등)나 **독점재벌과의 결탁**에 있어서도 마르코스보다 한 수 위입니다. 따라서 마르코스가 20년동안 진 외국빚(250억$)을 현 정권은 불과 5년 사이에(1980년 : 250억$→1985년 : 500억$) 해치우는 놀라운 재주를 보일 수 있었읍니다.

저들은 "한국이 필리핀과 다르다"고 침을 튀겨가며 변명하고 있읍니다. 이는 틀림없는 사실입니다. 즉 **마르코스보다 훨씬 잔인하고 교활하며 탐욕스럽다**는 것이 다르고, 또한 수입개방 압력에 무조건 굴복하는 등 민족적 자존심을 팽개치면서까지 미국의 지지를 구걸하여 아직도 연명하고 있는 것이 다르다는 말입니다.

어처구니없는 89년 개헌론

이처럼 제발이 저린 현정권이 궁여지책으로 내놓은 것이 바로 "89년 개헌론"입니다. 죽어도 못하겠다던 개헌을 89년에 하겠다는 것은 국민들을 기만하여 어떻게든 궁지에서 벗어나려는 교활한 술책인 동시에, 기회를 보아 장기집권을 위한 개헌을 밀어붙이려는 검은 속셈도 나타낸 것입니다.

요즘 국민들 사이에는 88년에 잠깐 허수아비 대통령을 세웠다가 **89년에 다시 전두환이 나설 지도 모른다**는 소문이 파다하게 퍼지고 있읍니다.

나라경제 파탄시킨 외채정권 몰아내자!

민중이 주체가 되는 헌법제정회의 소집하자!

서명운동 탄압은 현정권의 마지막 발악

그러나 이런 엉터리 수작이 우리 국민들에게 먹혀들 리 없읍니다. 노동자들은 정당한 임금을 받고 인간다운 삶을 누리기 위해서 군사독재를 물리치지 않으면 안된다는 것을 깨닫고야 말았읍니다.

농민들도, 도시서민들도 군사독재가 이땅을 지배하는 한 최소한의 생존권마저 지킬 수 없음을 똑똑히 알게 되었읍니다.

학생, 양심적 지식인, 종교인, 기타 민주화운동 단체들은 군사독재가 즉시 종식되고 **민중들이 주체가 되는 진정한 민주헌법을 제정해야 한다**는 서명운동을 광범위하게 벌여나가고 있읍니다. 심지어 타협적인 야당정치인들조차도 민중들의 민주화열기에 밀려 서명운동을 벌이게끔 되었읍니다.

현정권이 가장 두려워하는 것은 군사독재를 물리치려는 전 민중적 열망이 서명운동을 계기로 한꺼번에 터져나오지 않을까 하는 점입니다. 그래서 서명운동의 "서"자만 봐도 발작증세를 보이는 것이 아닐까요? 그러나 이는 "손바닥으로 햇빛 가리기"처럼 무모하기 짝이 없는 마지막 발악에 불과합니다. 이미 불붙은 민중들의 민주화열망은 총칼로도 막을 수 없읍니다.

우리는 무엇을 위해 서명해야 할까요?

무엇보다도 현정권과 그 바탕이 되는 독재헌법을 근본적으로 부정하는 것이 필수적인 전제입니다. 그러므로 현행헌법에 의거한 개헌이나 군사독재와의 타협과 흥정 또는 청원에 의한 개헌은 옳지 않은 것입니다.

따라서 우리는 "**군사독재의 즉각적인 종식→군사독재의 찌꺼기들을** 일체 배제하고, 민중들이 주체적으로 참여하는 **헌법제정회의**의 소집→**민주헌법**의 제정→**참다운 민주정부**의 수립"만이 올바른 절차임을 주장해야 합니다. 필리핀의 코라손정부가 스스로 혁명정부를 선포하고 새로운 국민들의 대표에 의한 새헌법을 제정하려는 것도 바로 이런 이유에서입니다.

전두환정권을 물리친 후, 그 하수인인 민정당이 민정당이 다수를 차지하고 있는 현재의 국회를 통해 개헌하는 것은 어불성설이며, 따라서 국민의 의사를 진정으로 대표할 수 있는 헌법제정회의를 통해 새로운 헌법과 민주정부를 수립해야 합니다. 우리의 서명운동도 이를 위한 것이어야 합니다.

서명운동 참여하여 민주정부 내손으로!

민주헌법쟁취 부산지역공동투쟁위원회를 발족하면서

국민이 원하는 민주헌법을 제정하여 국민의 손에 의한 민주정부의 수립이라는 과제는 이제 움직일 수 없는 민주화의 최대과제가 되고있읍니다.

재야 민주화운동단체와 야당이 벌이고 있는 민주개헌서명운동은 점점 그 폭이 넓혀져 가고 국민의 참여로 그 열기가 더욱 뜨거워지고 있읍니다.

각 교회, 성당의 성직자는 물론 법조계 인사를 비롯해 그간 침묵을 지켰던 한국의 최고지성인인 대학교수들의 민주헌법제정을 위한 성명은 이제 현군부독재정권을 피할 수 없는 막다른 상황에 몰아넣고 있읍니다.

이제 우리 부산의 재야 민주화운동단체는 점점더 크게 타오르는 부산시민의 민주화열기를 모두어 더욱 힘찬 전진을 위하여 민주헌법쟁취 부산지역공동투쟁위원회를 발족하는 것입니다.

부산의 서명인

목사 : 심응섭 최성묵 김기수 전병호 박광선 조창섭 이원걸 임명규 고일성 김영수 이영재 공명덕 유성일 임시온

신부 : 송기인 오수영 황철수 손덕만 염영일(성공회)

변호사 : 김광일 노무현 이흥록 문재인 박윤성 조성래

일반인 : 김희로 윤정규 허 봉 정영옥 박정순 오수선 권광회 이은우 권광식 고호석 김재규 최준영 이호철 송병곤 최병철 등 140명

• • • • • • • • • • • • • • 자 르 는 선 • • • • • •

이 름	주 소	서 명

※ 가족, 친지와 함께 서명하셔서 편지로 보내주시거나, 직접 방문해 주시면 더욱 고맙겠읍니다. 자세한 사항은 전화(643 – 8583, 462 – 4626)로 문의하여 주십시오.

민주헌법 쟁취 II

서명운동 참여하여 민주정부 내손으로

조국의 장래를 염려하는 당신의 개헌서명이 이 땅의 민주화를 앞당길 것입니다.

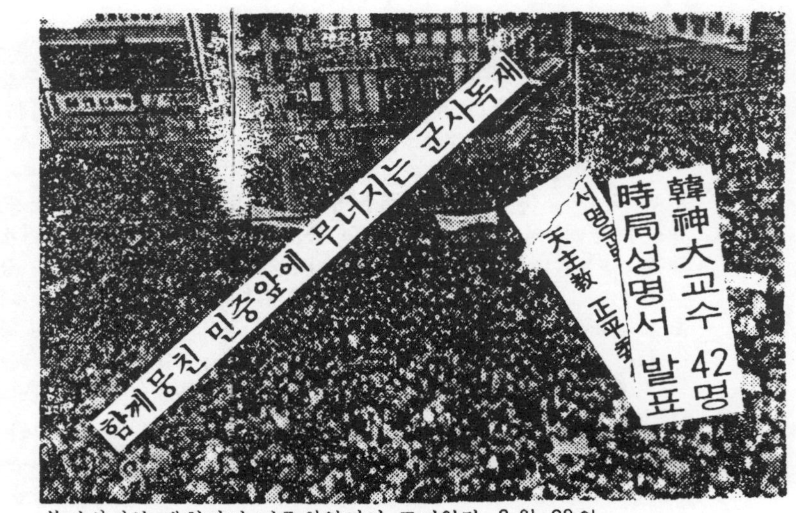

부산시민의 개헌지지 민주화열기가 뜨거웠던 3월 23일 서면의 2만여 인파

서명운동 참여하여 민주화의 길로!

민주헌법쟁취부산지역공동투쟁위원회

부산민주시민협의회 (643 – 8583)
사선부산지구협의회 (643 – 8583)
부산지구기독청년협의회 (462 – 4626)

군부독재정권의 탄압에도 불구하고 부산시민의 민주헌법쟁취 투쟁은 거보를 내디뎠다.

부마민주항쟁의 자랑스런 전통을 안고, 오늘도 분노를 삼키며 묵묵히 살아가는 부산시민 여러분!

지난 3월 23일, 신민당 부산지구개헌서명추진 결성식을 마친 후 학생과 시민이 하나되어 터져나온 "군부독재타도", "민주개헌쟁취"의 함성은 현정권의 간담을 서늘하게 하고도 남음이 있었읍니다.

그날의 시가행진은 부산시민의 민주제개헌의 의지표현입니다. 이 의지를 꺾으려 한다면 현 폭력정권은 부산시와 광주시 전체, 아니 이 나라 전체를 감옥으로 만들어야 할 것입니다.

현정권은 국민에 의한 민주개헌을 누구보다도 두려워합니다. 죽어도 못한다던 개헌을 89년에 하겠다고 하면서도 국민의 개헌운동을 몽둥이와 감옥으로 탄압하는 것은 공포분위기를 조성하여 기회를 보아 장기집권을 위한 개헌으로 몰아가려는 속셈으로 국민을 기만하고 우롱하는 장기집권술책입니다.

군부독재정권은 민주개헌을 추진할 의사도, 역량도 없읍니다. 이것은 현정권의 본질과 속성때문입니다.

손에 손을잡고 한마음으로!

- 저임금에 찌든 공장의 노동자들도
- 저곡가와 빚더미에 짓눌린 농민들도
- 철거반에 밀리고 노점단속반에 걷어 채이는 영세민들도
- 자유와 진리와 인간해방을 염원하는 애국학생들도
- 민주주의를 쟁취하는데 삶을 다바치는 민주인사들과 양심적인 정치인들도
- 두려움에 떨며 살아온 소시민까지도 …………

89년 개헌은 국민의 민주화 열기를 두려워 하는 현정권의 장기집권술책일 뿐이다.

• 현정권은 반민주적입니다.

광주시를 피로 물들이고 집권한 이래, 군부독재정권은 언론, 출판, 집회, 결사의 권리 등 국민의 기본권을 억압하고 살인적 고문을 자행하였으며 감옥은 민주화를 부르짖는 정치범으로 가득합니다.

• 현정권은 반민중적입니다.

한편에서는 각종 세금부담, 물가고로 서민생계는 나날이 압박받아 노동자는 분신자살(신흥정밀 박영진 열사)하고 가난에 쪼들린 소녀가장이 자살하고, 부산의 동양고무노동자는 임금을려달라 했다고 폭행당하고 추행당하는데, 한편에서는 관권과 결탁하여 국민의 고혈을 짜내어 치부하고 권력형 사기를 벌이는 대형금융부정, 족벌 부정부패가 일상화되어 국민의 일체감은 이미 사라지고 없읍니다.

• 현정권은 반민족적입니다.

민족자존심을 팽개치고 미국의 수입개방압력에 굴복하여 이 나라 민족경제는 엉망이 되고 농민은 자살하는데, 미국의 지지를 구걸하여 정권을 연명하고 있는 것이 현정권입니다.

이같은 반민주, 반민중, 반민족적 독재정권의 퇴진없이 민주개헌은 불가능합니다. 그래서 우리가 바라는 민주제개헌은 군부독재종식→민주헌법의 제정→민주정부수립이라는 올바른 절차를 밟아야 하는 것입니다.

가진 것 없고 힘은 없지만 나라의 장래를 걱정하는 국민여러분!

이 땅의 민주화만이 이 나라 국민의 살 길임을 믿는 부산시민여러분!

민주화는 우리의 손으로 싸워 얻는 것입니다. 18년 박정희 장기집권을 몰락으로 이끈 부산시민, 2.12총선의 자랑스런 성과를 간직한 부산시민이여!

이 땅에 참다운 민주정부를 수립하기 위한 첫걸음으로 민주개헌서명에 참여합시다. 그 어떤 독재정권도 국민의 단결된 민주의지를 이겨본 적이 없읍니다.

민주개헌서명에 참여합시다.!

조국의 장래를 염려하는 당신의 개헌서명이 이 땅의 민주화를 앞당길 것입니다.

민주헌법쟁취의 첫걸음 — 서명운동

민주헌법 실현을 위한

개헌안 쟁점 토론회

제Ⅰ부 총강과 기본권 사회 고영구 변호사

1. 군의 정치적 중립과 저항권 및 통일논의권
2. 고문방지와 보안처분
3. 언론·출판 등 표현의 자유

발 표 자 : 목요상(민주당 국회의원) 장을병(교수·성대정치학) 김상철(변호사)
지명토론 : 김중배(동아일보 논설위원) 장기욱(민주당 국회의원)

제Ⅱ부 권력구조 사회 이돈희 변호사

1. 대통령의 임기와 부통령제
2. 선거 연령과 비례대표제
3. 법관 인사와 위헌법률심의제

발 표 자 : 박찬종(민주당 국회의원) 권영성(교수·서울대헌법학) 최영도(변호사)
지명토론 : 유근일(조선일보 논설위원)

제Ⅲ부 노동권과 경제 조항 사회 : 이상수 변호사

1. 노동권
2. 경제조항

발 표 자 : 김봉호(민주당 국회의원) 김동회(교수·단국대농업경제학) 박용일(변호사)
지명토론 : 김말룡(가톨릭 노동상담소장) 이우재(농어촌 사회연구소장)

제Ⅳ부 종결토론 사회 고영구 변호사

민주헌법쟁취 국민운동본부

개헌안 쟁점 비교

쟁점			현행헌법	민주	국민운동본부	민정
전문 및 총강	이념 정통성		3·1정신 계승	3·1운동, 4·19의거, 5·18광주의거 명시	갑오농민혁명, 3·1운동, 4·19정신 70,80년대 민주·민권투쟁, 5.18광주항쟁, 6월민중항쟁 명시	상해 임정의 법통 및 4.19이념 추가
	저항권		없음	신설 - 부당한 국가권력에 대한 저항권(전문)	신설 - 반민주적, 반민족적, 반민중적 폭압행위에 대한 저항권 규정(총강)	없음
	군의 정치적 중립		없음	신설 - 군의 정치개입 반대, 문민정치 아념 천명(전문)	신설 - 군인, 검찰, 경찰의 정치적 중립성 강조 군사력에 의한 정권획득 부당함 명시(총강)	인정 않음
	통일 논의권		없음	없음	국민의 통일 논의권 명시 분단국가임을 명시하고 새 헌법이 통일시까지의 잠정헌법임을 명문화	없음
기본권	고문방지와 보안처분			위법으로 수집한 증거의 증거능력 불인정	·보안처분제도 폐지 ·참혹한 형벌 폐지(사형폐지, 정치범·양심범에 대한 사형 엄금) ·수사공무원에 의한 고문 금지 ·영장의 사전심사제 도입 및 영장발부 요건 강화 ·구제 명령 청구제도 개선	보안처분 인정
	표현의 자유			·인론·출판·영화·연예에 대한 허가·검열 금지 ·동 일	·인론·출판·방송에 관한 허가·검열 금지 ·집회·결사의 허가도 인정 않음	·언론·출판에 대한 허가, 검열 금지단, 영화·연예에 대한 규제 조항 ·동일
권력구조	대통령	임기	7년 단임	4년 1차중임	4년 1차중임	6년 단임
		국가원수지위	있음	삭제	삭제	존속
		비상조치권	있음	삭제	삭제	삭제
		국회해산권	있음	폐지	폐지	존속하되 해산권 행사의 요건 제한
		부통령제	없음	신설	신설	없음
	선거연령		20세	18세	18세	20세
	국회의원	비례대표제		득표수의 비율에 따른 비례 대표제	비례 대표제와 전국구 의원제 폐지	있음(방법은 검토중)
		전국구의원	인·정			
		국정감사권	없음	부활	부활	없음
	법관	대법원장임명	국회동의로 대통령이	법관 추천회의 제청 추가	법관 추천회의 제청 추가	없음
		기타	없음	독자 예산 편성권	대법원의 법률안 제출권, 독자 예산 편성권 개실	현행 대로
경제조항	노동권	최저임금제	없음. 고용증진과 적정임금	도입	도입	도입
		노동 3권	단체행동권 제약, 공무원의 노동3권유보, 방위산업체제한	노동 3권 보장	노동3권은 제한없이 보장, 공안직이 아닌 일반공무원의 단결권·단체교섭권 제한 가능	노동3권 보장, 방위산업체 등의 단체행동권은 제한
		경영참가권	없음	인정	인정	없음
		이익균점권	없음	인정	인정	없음
	경제조항	독과점규제	적절히 규제·조정	독과점의 폐단과 경제력 남용에 의한소득불균형시정	독과점 폐단의 규제조항 구체적 명시	
				농어민 복지 증진	농어민의 단결권 인정	
		소작제도	법률이 정하는 바에 의해금지 위탁경영, 임대차 인정	법률이 정하는 바에 의해 금지	소작제도의 금지, 농업보호조항 신설	농지임대차 및 위탁경영 인정
					토지의 공개념 도입 및 소유제한	
기타					교육에 대한 법도의 장 신설 민족·민주 교육이념을 바탕으로 한 교육의 제도적 여건 창출(자치제, 자주성 보장등)	

2

고문치사 · 인권관련

치안본부의 살인적 고문수사를 규탄한다.

– 민주화운동 청년연합 초대의장 김근태씨와 상임위 부위원장 이을호씨에 대한 고문수사를 폭로한다 –

우리는 인간의 인간에 대한 폭력에 분노하여 일어섰었다. 민주화를 열망하는 우리 젊은이들은 80년 5월 광주 민중의 무고한 죽음이 광주에서의 무지막지한 폭력이 삼천리 금수강산에서 다시는 재현되지 않도록 하기 위해, 서슬 시퍼런 폭력 정권의 총칼앞에 맨몸으로 민주화운동청년연합을 결성했었다

지난 2년동안, 전두환 군사독재정권은 수많은 불법연행, 구타, 감금, 구류, 구속등으로 우리들을 탄압하였지만, 우리는 우리의 희생으로 이땅에서 폭력이 사라지기를 바라면서 민주화투쟁을 지속해 왔다.
그러나 전두환 군사독재정권은 그들의 폭력성에 대해 추호의 뉘우침도 없이 계속 살인적 고문, 구타등 폭력을 자행하고 있다. 우리는 80년 5월 광주에서의 무차별 시민학살에서, 김근조씨 고문치사사건에서, 여대생 추행사건에서 강제징집된 6명의 학생의 의문의 죽음에서 이땅에 반인간적 폭력과 고문, 억울한 죽음이 있어서는 결코 안된다는 것을 무엇보다도 뼈저리게 느낀바 있으며 한국이 제2의 아르헨티나가 되어서는 안된다는 점을 호소한 바 있었다. 그런데 이런 반인간적 폭력, 살인적 고문이 전두환 군사독재정권에 의해 오늘도 번번스럽게 계속되고 있다.

지난 9월 4일 새벽 5시 30분경 민청련 초대의장 김근태씨는 서부 경찰서에서 10일간의 구류 기간을 채우기가 무섭게 치안본부 수사관들에 의해 가족들도 모르게 불법연행된 바 있다. 그 후 가족이나 변호인등의 접견이 완전 금지된 채, 무려 20여일간 생사를 확인하지 못하고 있던 중 26일 검찰 송치과정에서 확인된 김근태씨의 모습은 우리 모두를 경악케 하고 있다.

서부경찰서 유치장에서의 면회 당시만해도 건강하던 김근태씨가 9월 26일 나타낸 모습은 무자비한 고문에 의해 짓이겨진 육신 그 자체였다. 고통을 호소하며 전한 말에 의하면, 9월 4일부터 23일간의 수사과정에서 밥도 제대로 주지않고 잠도 못자게 하는상태에서 전기고문, 물고문, 구타 등 상상하기 조차 끔찍한 고문이 대여섯 시간씩 10여차례 이상 계속되었다는 것이다. 그리고 온몸이 시퍼런 상처투성이에 팔꿈치와 두발은 짓이겨져 있었고 제대로 걷지 못하여 두명이 부축해야 발을 겨우 떼어 놓을 정도였다고 한다. 차마 눈뜨고 볼 수 없는 이 처참한 모습에 우리 모두는 전율과 분노를 금할 길이 없다.

전두환군사독재정권이 오로지 양심과 민주주의에 대한 열망, 민중에 대한 뜨거운 사랑으로 자신의 모든 것을 희생하고 있는 민주인사를 고문함으로써 얻어내고자 하는 것은 무엇인가? 그것은 있지도 않은 허위사실을 자백받아 사건을 날조하는 기만적 사기극을 벌이므로써 민중민주운동에 대한 국민적 지지와 기대를 꺾어 버리려는 얄팍한 수작에 불과하며, 민주화운동세력을 '과격 공산주의자'로 만들어 국민과 이간시켜 버리려는 술책인 것이다.

이같은 폭력적 고문사사가 김근태씨 한사람에게만 국한되지 않고 있음은 분명하다. 김근태씨와 함께 구속된 이을호씨의 경우는 수사받는 도중에도 병원에 다녀야할 형편이었으며, 김병곤(민청련, 상임위원장), 문용식(서울대 재학생), 박문식(서울대 제적생), 허인회(고대총학생회장, 전학련 삼민투 위원장 – 현재 접견금지중 이라고 함) 등등 최근 치안본부에서 수사 받은 많은 학생과 민주인사들이 악랄한 고문으로 고통받았음이 확인되고 있다.

우리는 고문에 의한 수사는 무효임을 선언하면서 이같은 살인적 고문에 대한 책임을 전두환 군사독재정권에게 묻고자 한다. 법을 집행해야 할 기관인 치안본부가 애국학생을 좌경으로 몰고 민주인사를 그들의 배후세력으로 만들기 위해 불법적 야만적 고문수사를 자행하는 것은 그 모든 책임이 폭력적 군사독재정권에 있기 때문이다. 따라서 우리는 전두환 군사독재정권에 의해 진행되고 있는 살인적 고문과 비인간적 폭력이 이땅에서 영원

이 사태에 이르도록 이번 김근태씨 고문사건의 진상규명과 원흉처단을 위해, 그리고 이 모든 문제의 근원인 전두환 군사독재정권의 퇴진을 위해 가능한 모든 수단과 방법을 동원하여 투쟁할 것이다. 사회 각부분 모든 국민들의 관심을 호소하며, 모든 민주화운동세력의 동참과 적극적인 지원을 간절히 기대하는 바이다.

-우 리 의 주 장-

1. 김근태 전의장과 이을호씨등의 고문수사사건의 진상을 밝히고 원흉을 처단하라.
1. 이 사건에 책임을 지고 정석모 내무부 장관, 치안본부장은 즉각 사퇴하라.
1. 민중민주화운동에 대한 폭력적 탄압을 중지하고 전두환군사독재정권은 즉각 물러나라.
1. 김근태, 김병곤, 황인하, 이을호를 포함한 모든 정치적 양심수를 즉각 석방하라.

1985년 9월 27일

민주화운동청년연합

공 동 성 명 서

—고문 및 용공 조작은 즉각 중단되어야 한다—

현행 헌법 9조는 "국가는 개인이 가지는 불가침의 기본적 인권을 확인하고, 이를 보장할 의무를 진다"고 규정하고 있다. 이에따라 헌법 11조는 또 "모든 국민은 고문을 받지 아니한다"고 명시하고 있다.

이는 인권의 보장과 고문방지가 인간다운 삶의 가장 기본적인 요건이며 그 위에서만 인류의 자유와 평등, 정의와 평화는 달성되고 민주주의는 성립될 수 있다는 인류의 오랜 경험과 요구에 입각한 것이다.

그런데 우리는 최근 이러한 국민의 기본적 인권이 참혹하게 유린되는 참담한 상황에 직면하고 한다.

지난 7월 대구교도소에 수감된 재소자 정진관씨등 10여명이 교도관들로부터 폭행을 당한 사건 이래 동아일보 편집국장 등 편집국 간부들이 수사기관에 연행되어 가혹행위를 당하고 민주화운동청년연합 전 의장 김근태씨 등 간부들과 학생들이 역시 수사기관에서 고문을 받았으며 인천지역 노동자 약 40여명이 수사기관원을 자처하는 자들에게 끌려간 후 행방이 묘연한 사태등이 이를 입증하고 있다. 특히 김근태씨의 경우 5～7시간씩 10여차례에 걸쳐 전기고문, 물고문, 구타를 당한 사실이 가족과 담당변호인을 통해 명백히 확인되었으며 고려대학교 총학생회장 겸 전학련 삼민투위원장 허인회군은 가슴과 국부에 여러차례 전기고문을 당하여 지금도 양쪽 엄지발가락이 까맣게 타 있고 거동이 불편한 상태라고 한다. 그리고 사법부는 김근태씨에 대한 "고문증거보전신청"을 도저히 납득할 수 없는 이유로 기각하여 고문행위를 은폐하는 듯한 인상을 주고 있으며 당국은 한국기독교교회협의회 고문 대책위원회 고문 여부 확인 요청에 대해 아직까지 성의있는 답변을 하지 않고 있다.

현 정부가 선진조국의 건설을 주장하고 국제인권규약 가입을 추진하고 있는 마당에서 어찌 이같은 인류와 인류문명에 대한 야만적 도전을 행하고 있는지 오직 통탄스러울 따름이다. 80년 5월 광주의 비극을 생생히 기억하고 있는 우리이기에 더욱 그렇다. 이에 우리는 공권력에 의한 이같은 엄청난 인권유린행위가 인간의 존엄성과 민주주의에 국민적 열망을 짓밟는 것임은 물론 이같은 행위가 인간의 존엄성과 민주주의 자체를 근본부터 흔드는 국가적 수치요, 반인간적이고 반인류적인 작태로써 전인류와 문명의 이름으로 규탄되어 마땅하고 즉각 중지되어야 함을 촉구하는 바이다. 우리는 또한 수많은 민주인사들이 가혹한 고문에 의해 국가보안법 위반혐의로 구속되고 용공·좌경으로 매도되고 있음을 주목하지 않을 수 없다. 민족의 분단이후 역대 정권이 반공법, 국가보안법 등을 악용하여 정치적 반대자 또는 민주주의의 실현을 요구하는 양심적 인사들, 심지어는 4.19당시의 학생들까지 용공·좌경으로 몰아온 비극을 익히 보고 경험해온 우리로서는 왜 그들이 고문과 가혹행위를 받아야 하고 그런 과정을 통해 용공·좌경으로 매도되고 국가보안법 위반혐의로 구속되어야 하는지 심각한 의문을 제기하지 않을 수 없는 것이다. 이러한 우리의 의문이 사실이라면 이는 민주화운동세력을 국민대중으로부터 유리시켜 국민의 민주화열망을 가라앉히려는 실로 위험한 발상에서 나온 행위이며 지난 역사에서 익히 보아왔듯이 정권은 물론 국가의 불행으로 귀결되는 중대한 사안임을 우리는 당국에 엄중히 경고해 두고자 한다.

아울러 우리는 반인간적이고 반문명적인 고문행위와 인권유린 행위를 이땅에서 영원히 추방함으로써 이같은 국민적이고 반인류적인 위기를 타개하고 국리민복과 인류공영의 기초를 굳건히 다지기 위하여 인간의 존엄성과 민주주의의 실현을 열망하는 모든 국민은 물론 자유와 평화를 염원하는 모든 인류와 더불어 싸워나갈 것임을 내외에 엄숙히 천명하는 바이다.

1985. 10. 19.

***고문 및 용공조작 공동대책위원회**

공동의장 : 문익환, 계훈제, 박형규, 송건호, 김승훈

***신 한 민 주 당**

총 재 : 이 민 우

***민주화추진협의회**

공동의장 : 김대중, 김영삼

고문 · 용공 조작은 절대로 은폐될 수 없다

—'고문 및 용공조작 저지공동대책위원회' 연합 농성에 즈음하여—

11월 8일 오후 7시 종로구 천주교 혜화동 성당에서 열릴 예정이던 본 공동대책위원회 주최 '고문 및 용공조작 저지를 위한 보고대회'는 경찰의 '철통' 같은 봉쇄 때문에 열리지 못했다. 경찰은 수천 명의 사복 및 전투경찰을 동원, 혜화동 성당 주위를 포위하고 보고대회를 참석하기 위해 모여드는 민주시민을 차단했을 뿐 아니라 김대중 민주화추진협의회 공동의장과 민주통일민중운동연합 문익환 의장 등 많은 재야 민주의사들을 차단·연금하기도 했다. 더욱이 이날 서울시내 중심가에는 수많은 정사복 경찰관들을 집중 배치하여 마치 전투 지역을 방불케 하는 분위기를 조성함으로써 시민들을 공포 분위기에 몰아넣었다.

현 독재 정권의 이와 같은 작태는 자유와 평등, 정의와 민주주의를 실현하기 위해 투쟁하는 민주화 세력을 용공·이적으로 매도, 투옥, 고문한 사실이 폭로되어 민주화를 열망하는 우리 국민과 인간의 존엄성을 사랑하는 세계 인류로부터 비난과 빈축이 쇄도하자 이런 사실을 은폐하려고 빚어지고 있는 것이다. 따라서 고문과 용공조작으로 정권을 유지하는 현 집권세력이 추진하는 남북대화가 무슨 의미를 갖는 것인지 우리는 묻지 않을 수 없다.

민청련 전 의장 김근태 씨를 학생운동의 배후조종자로 몰아 물고문, 전기고문, 구타를 가한 사실은 이미 그의 부인에 의해 확인된 바 있다. 민청련 상임부위원장 이을호 씨는 수사 과정에서 당한 시달림 때문에 정신이상 증세를 일으켜 시립정신병원에 감정 유치되었다. 전학련 삼민투위 부위원장 허인회 군도 전기고문과 물고문 등 가혹한 고문을 당한 것으로 드러났다. 더우기 검찰이 용공·이적단체로 규정, 발표한 소위 '민추위' 사건 관련자들이 함께 연루된 '깃발' 사건 공판에서 "뜨거운 물에 거꾸로 처박혀 매를 맞으면서 한 번도 읽어보지 못한 책을 읽은 것으로 자백했다"고 밝힌 사실은 '민추위' 사건이 고문에 의한 용공조작이었음을 입증하고 있다. 또한 '민추위' 사건으로 수배당해 도피중이던 서울대생 우종원군이 경부선 철로변에서 변사체로 발견된 사실은 우리의 경악을 자아내기에 족한 사건이다. 우군의 시신이 발견된 지 하루 만에 경찰의 독촉으로 서둘러 화장이 치러진 사실은 우리의 의혹을 더욱 불러일으킨다.

현 정권의 폭력성은 이미 일상화되어 사회 전반을 공포 분위기로 몰아넣고 있다. 지난 9월에는 동아일보 편집국장, 정치부장 등 언론인 3명이 중공기 이리 불시착 사건 보도와 관련, 안기부에 끌려가 가혹한 구타를 당했으며, 대구 교도소에서는 정진관 씨 등 양심수 10여 명이 교도관들로부터 무차별 구타를 당하기도 했다. 지난 1980년 5월 광주에서 수많은 시민을 학살하고 출범한 현 정권이 집권 이래 끊임없이 고문을 통해 사건을 조작한 것은 자신들의 본질로 되어버린 폭력성 때문이기도 하다.

더욱이 우리의 분노를 자아내고 있는 사실은 관계 국무위원들이 국회상임위 답변에서 "수사 과정에서 가혹 행위 등 고문이 전혀 없었고 가족들이 의도적으로 왜곡 전파하여 물의가 빚어졌다"고 위증한 점이다. 우리는 국무위원들이 국민의 대의기구인 국회에서 이미 밝혀져 문제가 되고 있는 사건에 대해 서슴지 않고 거짓을 말하는 자세에서 대의 정치의 위기와 허상을 실감치 않을 수 없다. 주요 사건 관련자들이 이미 구속 송치되었음에도 불구하고 이들의 가족 접견을 금지하고 있는 저의가 어디에 있는가? 이들에게 접견금지령을 내려놓고 있는 것은 더 이상의 고문 조작 행위가 폭로되는 것이 두려워서가 아닌가?

종교계, 민주통일민중운동연합, 민주화추진협의회, 신한민주당, 구속자 가족협의회 등 민주화와 통일을 염원하는 인사들로 구성된 우리 '고문 및 용공조작 저지 공동대책위원회'는 현 독재 정권이 '고문 및 용공조작 저지를 위한 보고대회'를 폭력으로 봉쇄하고 관계 국무위원을 통해 국회에서 진실을 은폐한 망동에 항의하기 위해 '고문 및 용공조작 저지를 위한 연합 항의 농성'에 돌입하는 바이다.

우리 국민 모두가 열망하는 민주화의 첫걸음은 바로 고문과 용공조작을 우리 사회에서 추방하는 일에서부터 시작된다. 고문 행위를 이 땅에서 추방하고 지난 2·12 총선에서 확인된 국민의 민주제도 확립을 향한 열망에 부응하기 위해 우리는 모든 국민과 더불어 민주화 장정에 매진할 것이다.

우리의 주장

— 고문과 용공조작 행위를 즉각 중단하라.
— 고문과 가혹행위를 자행한 수사기관원들을 색출·처단하라.
— 국회에서 위증한 내무장관과 법무장관은 인책, 사퇴하라.
— 우종원 군의 사인을 공개수사를 통해 밝혀라.
— 현 정권은 다시는 고문 및 용공조작을 하지 않겠다는 것을 국민과 세계 앞에 공약하라.
— 우리는 국민의 자유로운 정부 선택권과 언론자유를 쟁취하기 위해 총력을 경주할 것이다.

1985년 11월 11일
고문 및 용공조작 저지 공동대책위원회

고문 : 김재준, 함석헌, 윤반웅, 홍남순, 이민우, 문익환, 지학순, 김대중, 김영삼
공동대표 : 계훈제, 김명윤, 김승훈, 박영록, 박형규, 백기완, 서경원, 송진호, 양순직, 이소선, 이우성, 이정숙, 조남기, 최형우,
대책위원 : 강원화 외 239명

고문치사

변호인 변론 요지

피고인 : 김근태

위 피고인에 대한 국가보안법 위반 등 피고 사건에 관하여 변호인 등은 2·27에 대한 변론의 요지를 서면으로 제출합니다.

── 다 음 ──

이 건 공소 사실은 이미 밝혀진 대로 김근태로서 활동한 것이 소추된 것이 아니라 "민주화운동청년연합의장"의 자격으로 활동한 내용이 소추의 대상이 되어 있다. 그렇기 때문에 이 사건 공소 사실에 대한 평가를 위하여는 그 "민주화운동청년연합"(이하 민청련이라 약칭함)이 걸어온 길을 살피지 않을 수 없다.

그 민청련은 83.9에 발족하면서 그 창립선언문 발기문에서 "한국의 현실을 외세와 이에 편승하고 있는 폭력적 소수 권력 집단에 의해 강제되고 있는 민족분단 상황"으로 규정하고 이를 극복하기 위하여는 이 나라를 진정하게 민주화함으로써 민족적 대과제인 분단의 자주적 극복, 즉 자주통일 성취도 가능하다는 판단 아래 각각 그 단체 구성원의 소임에 따라 일을 해왔다는 것과, 그 단체가 활동한 일 중에서 가장 두드러진 것은 이사건 공소 사실 중 집시법 위반으로 소추된 사실과 증거로 제시된 "민주화의 길"의 반포와 그밖에 현출되지 않은 사실은 위의 일에 관련된 사실이 그 전부였으리라 함은 그 간의 심리 내용으로 능히 짐작할 수 있게 되어 있다.

이 단체가 이러한 활동을 한 내용을 요약하면 현 정권은 그 집권 경위가 국민의 전정한 지지를 얻지 못한 정권이므로 정통성이 없고, 또 집권 이후의 현 정권의 행적은 국민의 기본적 권리를 불법적으로 억제하고 부의 편재를 심화시켜 국민화합을 저해하는 비민주정권이므로 이 정권은 물러나야 한다는 것이고, 이를 물러가게 하기 위해서는 이러한 정권의 정치적 통치 행위의 결과로 피해를 받고 소외되고 있는 모든 민중에게 그 원인을 알려 자각도를 높이고 이들 자각 세력이 현 지배세력을 비판하는 운동을 고조케함으로써 민주화를 달성하고자 함에 있음은 위 증거로 제시된 "민주화의 길"의 내용과 집시법 위반 사실에 관한 공소 내용에 의하여 명백한 바 있다.

그러므로 우리는 민청련의 이러한 현 정권에 대한 인식 내용의 정당 여부와 그 인식에 따른 민주화를 위한 행동의 정당 여부를 가리지 않을 수 없다.

이 민청련이 한 행위는 그 어느것을 보나 민족의 대의와 명분을 바르게 살피고 또 모든 비민주적인 것을 비판하여 진정한 민주화 달성을 위한 행동과 반인간적 현상을 비판함으로써 인간적 공존을 도모할 것임에 명백한 것이다.

그리고 또 이들이 한 이러한 갖가지 행동은 그 어느 것도 지극히 평화적인 방법으로 수행하였다. 뿐만 아니라 이 단체의 창설 당시부터 이들은 모든 행위를 공개적으로 당당하게 수행하였다. 진실로 이러한 평화적이고 공개적인 당당한 바른 말과 행동 앞에서 겁나는 세력은 은밀하고 부정하고 부도덕한 구석을 보유한 세력밖에 다른 무슨 집단이 더 있겠는가? 따라서 이 단체가 한 모든 행위는 그 어느 것도 도덕적으로나 법률적으로나 비난받을 구석이 하나도 없다.

민청련은 그 발족 당시부터 오늘까지 그 활동을 하는 하나하나의 행위를 정부 당국은 눈엣가시처럼 생각하고 각종 집회를 할 때마다 관계자를 구류 처분하고 유인물을 압수라는 이름으로 탈취하여 왔음은 검찰이 스스로 제시한 피고인에 대한 구류 전과 사실과 그의 진술에 따른 그 간의 경우에 비추어 분명한 바 있다. 그러나 이러한 탄압에도 불구하고 그 본래의 활동을 계속하자 마침내 정부 당국은 각종 대형 반정부 사건이 속출함에 즈음하여 민추위 사건과 삼민투 사건 등을 입건수사하면서 이 민청련을 그 배후조정자로 만들기 위한 수사를 집요하게 계속하던 나머지 드디어 피고인을 연행한 후 일찍이 고문 사례에서 그 예를 들어보지 못한 가혹한 방법으로 가혹 행위를 하고, 그 관련자에 대하여도 그 정도의 차가 있을 뿐 같은 방법으로 가혹 행위를 하여 있지도 않고 있었다 하더라도 그 실상을 변형한 씨.엔.피 이론으로 이 사건을 국가보안법 위반 등 어마어마한 죄명으로 소추하게 된 것이다.

이제 우리는 여기서 그 가혹 행위 내용을 되새기려 하지 않는다. 그러나 피고인이 1회 공판 때 진술한 그 가혹 행위를 당한 사실은 엄연한 사실임을 우리는 믿고 있다.

피고인은 송치되던 날 담당검사에게 그 사실을 전부, 고지하였고 그날 그 사실과 상처는 그 부인 인재근이 확인하였으며 우연하게도 담당변호인들이 그 상처를 확인한 바 있을 뿐 아니라 그 고문 사실 확인을 위한 증거보전 신청은 10일 만에 납득할 수 없는 이유로 기각되고, 피고인은 기소된 후 전례에 드물게 가족과의 접견이 일시 금지된 사실과 변호인과의 접견 역시 이례적으로 장기간 차단된 부수 사실 등에 비춰 우리는 이 고문 사실을 확신하고 있는 터이다.

그러므로 이 사건은 현 집권세력이 그 집권 과정의 부당성을 공격하고 그 통치과정에서의 각종 비리와 기본권 유린 행위를 비판하는 반대세력을 말살하기 위한 정치적 보복 행위로 이루어졌다는 것은 명백한 사실이다.

더욱 이러한 심증을 굳게 하는 현상은 민청련 주요간부 6사람을 전부 기소하였고 그밖의 주요간부 8~9명 전원을 수배 인물로 공고하고 수사중에 있으므로 인하여 사실상 그 단체의 활동을 봉쇄하고 그 단체의 회원 대부분이 유신시대에 학생 신분으로 반유신운동을 한 경력을 가진 인물이 압도적 다수를 차지하고 있는 관계로 유신 때의 헌정 질서와 다른 것이 없는 오늘의 헌정 질서 담당자들이 이러한 투쟁경력을 적대시 내지 혐오하는 상관관계에 있는 사실로 미루어 이 사건이 정치적 탄압이나 보복으로 이루어진 것을 확실하게 하고 있다.

따라서 이 사건 공소는 첫째로 처절한 고문에 의한 수사 자료를 증거로 하여 제기된 것이므로 이 점에 있어서 공소 기각을 면할 수 없다. 만일 이 공소가 적법한 것으로 받아들여진다면 이 나라에서 야만적인 고문 행위는 근절될 수 없고 그로 인한 국민의 피해를 막을 수 없을 것이므로 이는 이 나라를 전세계적인 야만 국가로 전락시키는 결과를 가져올 수밖에 없는 불행한 책임이 사법부에 돌아가고 말 것이다.

우리는 어제 필리핀 새 대통령 아키노 여사의 첫 성명에 판사의 사임을 요구하는 기사를 보고 법조인의 한 사람으로 서글픔을 금할 수 없다.

둘째로, 민주주의라는 헌법 이념은 국민 어느 누구에 대하여서도 또 어떤 명목으로도 빼앗을 수 없음은 우리가 군주국가를 지향하지 않는 한 너무나 당연한 결론이다. 따라서 이 사건 공소 내용은 참된 민주주의를 찾고자 하는 행위를 그를 거부하는 권력이 이를 탄압하기 위한 정치적 보복 행위로 제기되고 있음이 앞서 말한 바와 같으므로 이는 검찰권의 남용 이론에 의하여 공소가 기각되어야 할 것이다.

이어서 상세한 사실과 증거론이 계속되겠다.

제 1. 위법 수사와 공소권의 남용

1. 범죄적인 위법 수사

피고인은 1985.8.24 서울중부경찰서 정보과 형사들에 의해 체포되어 85.8.10 자민청련 제5차 총회 결의문과 관련된 유언비어 혐의로 8.26 즉결심판이 청구된 후 구류 10일을 선고받아 서울 서부경찰서 유치장에서 구류형을 복역하다가 9.4. 05:30 유치장으로부터 바로 서울 용산구 남영동 소재 치안본부 대공수사단건물로 인치, 불법 감금되었다.

기록에 의하면 9.7에 용산경찰서 유치장에 구금시키는 보통의 구속영장이 발부되어 집행된 것으로 나타나 있으나, 그 구속영장은 9.25. 21:30 남영동 소재 위 건물 515호에서 제시받았을 뿐이며, 그 제시받을 당시 피의 사실의 요지, 변호인 선임권 및 묵비권의 고지가 행하여지지 아니하였고, 용산경찰서 유치장에는 단지 9.26. 03:20에 인치되어 09:00까지 체류하였을 뿐이라 하며, 이러한 사실에 대한 다른 반증은 전혀 없다.

따라서 피고인은 명백히 85.9.4. 05:30부터 구속영장이 제시되고 구속영장에 기재된 유치장소인 용산경찰서 유치장에 잠시 체류하게 된 85.9.26. 03:20까지 22일 간 정확히 말하면 526시간 동안 불법 구금되었다.

구속영장 발부일 이후에도 불법 구금이 계속되었다고 보아야 하는 이유는 구속 영장이 전혀 제시되지 아니하였고, 피의 사실의 요지와 변호인 선임권이 고지되지 아니하였으며 영장에 기재된 구금 장소에 유치되지 아니하였기 때문이다. 형사소송법 제85조 제1항 제88조가 구속의 법적 절차에 관하여 구속영장을 집행할 때에는 반드시 영장이 제시되어야 하며, 신속히 지정된 장소에 인치하여야 하며, 집행 전에 반드시 피의 사실의 요지와 변호인을 선임할 수 있다는 취지를 알려주고 변명의 기회를 부여하여야 한다고 규정하고 있는 바, 이는 예외없이 적용되어야 한다.

묵비권과 변호인 선임권의 고지 역시 마찬가지 이유로 불가결적 요건이다.

결국 피고인은 무려 526시간 동안 무법의 구금 상태에서 변호인 선임은커녕 외부와의 일체의 교통이 차단된 채 절망적 상태에서 굴종을 강요받았다.

실은 피고인의 위법적 구금 상태가 85. 8. 24부터 85.9.26까지 33일 간 계속되었다고 보아야 옳을지 모른다.

증인 김병곤의 증언에 의하면 피고인에 대하여 치안본부 대공수사단에서는 이미 85.7.22경에 벌써 그를 공산주의자로 지목하여 관계인들에게 사실 및 증거 관계를 추궁하기 시작하였다는 것인 바, 85.8.24의 연행과 공개단체인 민청련 제5차 총회 결의문에 유언비어의 혐의를 두어 구류형을 받게 한 다음 9.4. 05:30에 유치장에서 바로 인치하여 간 것은 모두 이 사건 수사와 관련이 있다고 보아야 할 것이기 때문이다.

게다가 이 사건의 최대 쟁점인 이른바 "작은자리 간부회의"에 관한 유일한 증거가 된 이을호를 이미 그 직전인 85.9.2. 17:00경 연행, 인치시켜두었던 점에서도 더욱 그러하다.

이 사건의 경찰수사 과정은 너무도 잔혹한 고문으로 시종되어 불법적이라기보다 범죄적이라고 지칭되지 않을 수 없을 것이다.

이 사건 제1회 공판기일에서의 피고인 진술, 대한변호사협회 인권위원회의 조사보고서와 이에 첨부된 피고인의 처 인재근 씨 작성의 호소문, 발뒤꿈치에서 뒤늦게 아물어 떨어진 상처 딱지 등의 증거에서 나타나는 바와 같이 나체 상태의 전기고문과 물고문이 85.9.4 5시간씩 두 번, 9.5 5시간 반동안, 9.6. 5시간 반동안, 9.8 5시간씩 두 번, 9.10 3시간 동안, 9.13 4시간반 및 3시간 동안 이루어졌고, 85.9.25 집중폭행을 당하는 등 일일이 열거하기 어려울 정도의 "잔인무도한" 고문으로 극심한 공포와 고통 및 능멸을 당하여 인간성에 대한 절망적 상황을 절감하게 되었다.

검찰 송치 후인 85.10.2까지 고문 흔적에 대한 변호인들의 증거보전신청은 무려 10일 후인 10.12에 형식논리로써 기각되었고, 가족접견금지가 신청, 인용되어 피고인의 처는 85.8.24에 연행된 남편을 1회 공판기일이 끝난 85.12.20까지 무려 4개월 간 면회를 하지 못하였고, 변호인들의 계속적인 접견 신청에도 불구하고 85.12.9까지 일체의 접견이 조직적으로 봉쇄당하였던 바, 이는 단순히 피고인의 방어권과 변호인의 조력을 받을 권리가 침해된 것일 뿐 아니라 고문에 대한 은폐 공작의 산물이라 아니할 수 없다.

이 사건의 수사는 그 자체로서 이미 범죄적 불법이다. 이 사건 공소 제기는 바로 불법체포 감금과 잔혹한 고문의 독열매이다.

법원은 적어도 이 사건에서와 같은 수사기관의 명백한 범죄적 불법 수사와 그 열매로서의 부당한 공소제기는 이를 사후적으로라도 억제시켜야 할 인권 옹호적 기능을 외면치 말아야 할 것이므로, 형사소송법 제327조 제4호를 유추 적용하여 마땅히 이 사건 공소를 기각하여야 한다.

이 사건에 있어서의 수사기관의 불법 유책의 정도는 지나치게 극심하여 만일 그 수사 결과를 토대로 한 공소 제기를 허용한다면 사법권 및 검찰권에 대한 국민적 불신감을 유발 또는 조장시킬 뿐이어서 궁극적으로 국가 형벌권의 적정한 실현을 결정적으로 훼손시킬 것이기 때문이다.

2. 공소권의 남용

이 사건 공소 사실 중 집회 및 시위에 관한 법률 위반 부분의 일자, 장소, 행위 내용은 다음과 같다.

1) 84. 5. 19 흥사단 강당 내에서의 광주사태 제4주기 추모행사 진행 관계
2) 85. 1. 29 민청련 사무실에서의 85.2.5자 파고다 공원에서의 민주제도쟁취 국민대회 준비 관계논의
3) 85. 3. 21 천주교 수도원 강당에서의 민청련 제4차 총회 진행 관계
4) 85. 4. 19 수유리 4.19 묘지에서의 4.19 추모대회 관계
5) 85. 4. 20 민청련 사무실 및 인천노협 사무실에서의 대우자동차노조 파업 지원 시위 논의
6) 85. 4. 29 민청련사무실에서의 "5월투쟁"의 방법 논의

한편 피고인은 위 공소 사실을 전후하여 다음과 같이 경범죄 처벌법 위반 등으로 구류형을 선고받아 복역하였다.

1) 84. 3. 16 민청련 회보 "민주화의 길" 창간호 관계 -구류 3일
2) 84. 8. 29 8.15기념행사 관계로 구류 - 15일
3) 84. 11. 3 민청련 제3차 총회 관계 - 구류 20일(정식재판 계류중)
4) 84. 12. 4 세브란스 병원 영안실에서 박종만 기사 추모농성 관계 - 구류 20일
5) 85. 5. 12 민청련성명서 관계 - 구류 10일
6) 85. 6. 25 민청련성명서 관계 - 구류 10일
7) 85. 8. 26 민청련 제5차 총회 관계 - 구류 10일

그리고 이 사건에서 검찰은 다음 공소 사실을 공판 기일에 철회한 바 있다.

1) 85. 10. 20 흥사단 강당에서의 민청련 제3차 총회 관계
2) 85. 2. 25 민청련 사무실에의 3·1절 기념행사 논의 관계

즉, 이 사건 집시법 위반 공소 사실 부분은 옥내 행사 (위1항, 2항) 이거나 옥외 행사 의논의 또는 4.19 추모대회 관계뿐인 바, 동질 또는 유사의 행사 또는 행사 논의 행위에 대하여 이미 공소 사실의 최종 행위 부분인 85. 4. 29 이후에도 85.5.12, 85.6.25, 85.8.26 3회나 걸쳐 단순한 경범죄 처벌법위반으로 즉결심판이 청구되었는데, 공소 사실의 모든 행위들이 공개적으로 노출된 행위 (위 1, 2, 3, 4, 6항

의 경우) 에서 당시 수사 기관에서 능히 인지할 수 있었거나, 시위 논의 후 자진 중지, 취소한 경우 (위 5항의 경우) 에 불과할 뿐이다. 한편 공소 사실의 적시 그 자체를 보더도 집회의 자유라는 기본권과 관련하여 볼 때 집회 및 시위에 관한 법률의 법 규정에 "설사" 구성 요건 해당성이 있고 위법하다고 하더라도 그 죄질과 법정이 극히 경미하여 강학상 이른바 '경미죄'에 불과함이 명백하다.

이 공소 사실 부분은 '경미죄'인데다가, 국가수사기관이 능히 인지할 수 있는 그와 같은 행위가 있은 후에 3회나 거듭하여 피고인의 동질 유사한 행위에 대하여는 국가형벌권을 발동하고도 그때에는 전혀 이를 위법 행위로 문제 삼지 아니하다가 그후 불법수사 절차를 통하여 새삼스럽게 이를 인지하였고, 그 행위의 다른 관련자들은 이미 그 당시에 단순한 경범죄 처벌법 위반으로 즉 결심판에 회부하였거나 아예 문제삼지 아니하고 있다. 그렇다면 이는 "경미죄"이고, "형벌권 발동에 관한 신뢰 원칙의 배반"이자 "불평등지소"이니만큼, 공소권을 남용하여 부당한 공소 제기에 이른 것이라 아니할 수 없으니 마땅히 공소기각이 되어야 할 것이다.

제2. 국가보안법 위반 부분

1. 서론

바로 이 사건을 계기로 하여 정당 및 사회단체의 지도급 인사들이 "고문 및 용공 조작 저지 투쟁위원회"가 결성되었다. 그런 점에서도 이 사건 중 국가보안법 위반 부분의 심리, 판단에 있어 특별한 신중과 지혜가 더욱 요청된다 하겠다.

이 사건 및 관련 사건들의 수사에 있어 모든 관련자들은 특히 국가보안법위반 부분에 관하여, 잔혹한 고문 또는 고문에 대한 명시적인 협박과 가학을 예외없이 당하였음이 증거와 기록상 명백하다. 피고인은 물론 연행 직후부터 정신분열증의 현저한 증상을 보이다가 끝내 완전 발작의 상태에 빠지게 된 이을호를 비롯하여 문용식, 최민화, 김희상, 김종복 등이 모두 증거 조사 과정에서 이 사건 국가보안법위반 부분과 관련된 가혹 행위 및 강요된 사실 조작을 호소하고 있다. 치안본부 대공수사단에서의 이러한 가혹 행위 등은 대부분의 경우 검찰 수사 과정에서도 도저히 헤어날 수 없는 심리적 압박감으로 작용하였다.

이 사건은 한마디로 치안본부대 공수사단에서의 가혹 행위를 통한 진술 강요와 이에 따른 사실의 조작과 창작, 과장과 왜곡의 집적으로 꿰어 맞추어 놓은 허구적 영상으로부터 시작된 것으로 판단된다. 실은 그 영상들조차 하나의 모습을 가지기에는 불가능하였다. 이것은 가혹 행위에 직면한 사람들마다 그 대응 방식이 하나 같을 수는 없었기 때문이다. 각인은 각자의 처절한 절망적 상태에서 혹은 싸우고 혹은 무릎 꿇고 혹은 도피하였고, 또한 단계마다 그 태도는 바뀔 수도 있었다.

검찰에 송치된 후에도 각인은 각각 고독한 절망적 몸부림을 계속하였다. 그렇지 않아도 서로 어긋나던 영상들이 제각기 변전되고 상호 혼란과 모순까지 생기게 되었다. 검찰은 냉정하게 최초의 영상에 근접하도록 추궁과 교정을 반복하여 갔다. 이러한 상황에서 가장 천재적이나 바로 그 때문에 가장 관념적 혼란에서 벗어나기 어려웠던, 이미 정신병에 시달려 오다가 경찰 조사 중 치명적으로 발병한 전력이 있는 이을호는 급기야 완벽한 환각 상태로 빠져버렸고, 그 상태에서 이 사건의 결정적인 유죄 증거적 진술을 한 다음 발작의 경지로 나아가고 말았다. 따라서 어떠한 심증의 형성조차도 결국은 또 하나의 허상에 불과할 위험이 항상 상존한다. 그러므로 이 사건은 다른 어떤 사건에 있어서보다 "심증"을 내세우는 경우를 경계하여야 한다. 사실 관계의 틀을 진술로써 세우면 안되고, 변화 불가능한 객관적 사실만으로써 세워야 할 것이다. 이에 엄격한 증명의 원칙을 재삼 강조하고자 한다.

2. 사실 및 증거론

85. 1 하순의 민청련 운영위원회에서의 "엔. 디. 알" 이념 설명 관계, 이에 부합하는 듯한 유일한 증거로는 최민화(민청련부의장)에 대한 검찰 제 1 회 피의자 신문 조서(등본)의 기재가 있으나, 그 설명들었다는 내용이 공소 사실과는 달리 과격한 표현이 없을 뿐 아니라 법정에서 실은 그 운영위원회가 85. 1. 22자 모임으로 판단되는데 당시 2.12 총선을 앞두고 민청련의 선거에 임하는 입장 등이 이야기 되었을 뿐 씨디,엔디, 피디의 이야기는 나온 사실이 없다는 것이다.

검찰에서의 진술은 원래 경찰에서는 20여 일 간 극심한 정신적 육체적 가혹 행위를 받으며 진술을 강요받음과 아울러 한없는 반복에 의한 세뇌를 받아 위 모임에서의 피고인 설명 내용에 관하여 씨디알, 엔디알, 피디알 등 끝에 혁명을 뜻하는 "알(R)"자까지 집어 넣고 진술을 하게 되었는데, 그러한 정신적 위축감과 반복 세뇌에 의한 일종의 자기 최면 상태에서 "혁명"을 한다는 "알" 자라도 빼야겠다는 일념 때문에 검사에게 그렇게 설명하였더니, 이로써 국가보안법 위반 피의 사실 부분은 아무 문제가 될 것 없다기에 방심한 상태에서 깊은 생각없이 조서에 서명하게 되었다고 한다. 이러한 최민화의 증언은 경험칙상 능히 있을 수도 있는 일로 보인다. 특히 그가 진술한 "엔.디"에 관한 설명이 "기층 민중이 주체가 되어야 하지만 중간계층의 인텔리가 선도세력이 되어 반외세, 반파쇼 투쟁을 전개함으로써 군부독재를 타도하고 외세를 몰아낼 수 있는 민족 민주주의 즉 엔.디 입장에서 싸워 나갈 것이다"라는 것으로써, 비록 계층 구분 방식이 들어 있기는 하나 그 간 민청련은 물론 민통련이나 민민협 등 재야 운동단체가 표방하여 온 이른바 민중 · 민주 · 민족이념 그 자체에 관한 표현의 한 방법 정도로 못 볼 바 아니오, 특별히 북한공산집단의 통일전선전술과 일치한다고 볼 다른 사정이 없는 것이라면, 비록 사실과는 상당히 다르더라도 최민화가 겪은 바와 같은 특별한 심리적 상태에 있어서는 별 문제가 없을 것이라 생각한 끝에 그런 정도의 진술을 하게 될 수도 있다고 하겠다.

85. 2. 하순 문용식, 최민화에 대한 "엔·디·알" 이념 설명 관계 – 이에 부합되는 증거로 문용식의 진술 기재들이 있으나 이 사건 법정에서 그는 그 사실을 모두 부인하고 있다. 법정에서는 그는 종전의 경찰, 검찰 수사 과정에서의 진술과 스스로 피고인으로 선 법정에서 이를 인정하는 취지의 진술을 한 경위에 관하여 85. 8. 28 이래 치안본부 대공분실에서 가혹 행위에 의한 진술 강요를 받으면서 민청련 특히 피고인 김근태와의 관계를 추궁받으면서 어차피 허위 자백이라도 하지 않으면 안될 상황에 이르러 "창작"해 낸 것이라고 해명하고 있다. (피고인도 실제로 문용식의 자술서와 똑같은 내용을 베껴 써 냈었다.)

그러한 가혹 행위의 체험을 해보지 아니한 입장을 떠나서, 그의 해명에 더욱 귀기울여보면, 도대체 "엔.디.알"이란 말은 자기가 박문식과 2년 이상 의논해온 개념으로써 이는 반제 – 민족·반파쇼 – 민주주의 비타협적 투쟁 곧 혁명의 영문 두 문자를 따서 명명한 것으로써, 이미 자기가 84.7, 8월 경에 "엔.디.알에 대하여"라는 글을 쓴 적이 있고, 자기의 "엔·디·알"은 전혀 피고인으로부터 영향받은 것이 아니라고 설득력 있게 말하고 있다. 원래 문용식은 비공개 조직 활동을 하여 온 학생으로서 민청련과 같은 "기구운동권"에 대하여 비판적인 입장을 취하여 왔던 만큼, 난데없이 평소 인사도 없는 10년 이상 연상인 피고인을 "85.2. 하순경 레스토랑에서 최민화와 같이 만나 엔·디·알 이념을 설명" 들은 처지가 아니었다고 판단된다.

85.3. 하순 "작은 자리" 모임에서의 "엔.디.알" 이념 채택 관계 – 이에 부합하는 듯한 증거는 이을호의 검찰 피의자 신문 조서가 유일하다. 이을호의 검찰 자술서는 이른바 씨디, 엔디, 피디에 관한 지나치게 사변적이고 논리적으로만 보이는 내용으로 일관되어 있을 뿐 아니라, 공소 사실인 "작은자리" 모임에 관한 내용은 전혀 담고 있지 아니하다.

이을호는 85.10.7 및 10.8에 걸쳐 이른바 씨·엔·피에 관한 자기 의견 설명서와 아울러 "작은자리"모입에서 "엔.디.알"을 민청련의 지도 이념으로 채택한 것처럼 진술을 마친 다음 10.12 극심한 정신분열증 증세를 보이고 10.15 정신병원에 감정 유치되어 현재에 이르고 있다.

여기에서 이을호의 정신분열증세를 살펴봄으로써 85.10.7자 및 10.8자 검찰 피의자 신문 조서 등의 진술의 임의성 및 특히 신빙할 수 있는 상태 여부의 점을 검토하기로 한다.

국립정신병원에서의 이을호의 증언, 법정에서의 의사 주원의 증언과 민종덕, 석미주의 증언 및 최정순 작성의 호소문, 진단서, 소견서 등을 종합하면 이을호는 전에 수차 빙의 현상 및 정신분열증의 정신병으로 입원 치료를 받은 바 있고 장기간 통원 치료를 받아왔으며 완쾌되지 아니한 상태에서 생활하던 중 85.9.2. 17:30경 자택에서 연행되어 남산 안전기획부를 거쳐 남영동 치안본부 대공수사단에서 불법 구금 상태에서 물고문 등 가혹한 수사를 받아왔다. 그는 9.24 검찰에 송치될 때까지 22일 간 구금 상태에 있었으며 그 기간 내내 대변을 보지 못하는 변비 상태에 있었다. 85.9.6자로 발부된 구속영장을 제시받지 못하였고, 구속영장에 표시된 용산경찰서 유치장에는 송치 전 이틀 정도만 있었을 뿐이다.

그의 정신분열증이 연행 직후부터 분명한 객관적 증세를 보이고 있었던 것은 명백하다. 연행 직후 수사 요원들은 그의 집에서 그가 보관하여 오던 정신병 약을 가져갔고 그가 전에 입원 및 통원 치료를 받았던 정신과 의원에서 확인서까지 발부받아 갔기 때문이다. 그는 특히 씨.엔.피의 이념이 모두 혁명이념이고, 끝에 모두 " 알(R)"자가 붙어 있는 것으로 진술토록 강요받음에 있어 고문 등 가혹 행위를 당하였고, 횟수도 헤아릴 수 없이 자술서를 썼고, 수사 요원의 의향에 맞을 때까지 한없이 썼고 종이와 글자의 배열이 맞게 하도록 요청받았다. 그러나 그의 자술서는 따로따로 작성한 것을 편의대로 합쳐놓은 형태임을 드러내주고 있다.

이러한 상태에서 수사요원이 제시하면서 동일한 진술을 요구하는 문용식에 관한 범죄인지서, 그의 자술서 등의 내용은 모두 그의 머리에 "입력"되었고, 그는 한 걸음 더 나아가 문용식 등의 진술 중 너무나 비논리적으로 생각되는 부분을 자기의 논리적 체계로 개작하거나 새로이 창작하는 것도 하등 어색하게 느껴지지 아니 하였다고 한다.

그러나 10.3 이전까지는 검사와 씨·엔·피에 "알"자는 없다면서 치안본부 조서를 완강히 부인하였다. 그러다 운명의 10.3 환각과 현실이 도착 상태에 들어간 후인 10.5(토), 10.6(일) 양일간 씨·엔·피에 관한 자술서를 쓰고, 10.7 및 10.8에 걸쳐 "작은자리"모임을 포함한 엔·디·알 이념에 관하여 치안본부에서와 비슷한 요지의(즉 공소 사실에 부합하거나 하는 듯한) 진술을 한다. 그러나 급기야 10.11 저녁 검사실에서 진술 중 갑자기 무언가가 목구멍을 딱 막는 듯한 느낌이 들면서 온몸에 땀을 흘리며 쉬게 해달라고 청한 후 구치소로 들어와 이후 급격히 완전한 환각 상태에 빠져들고 예컨대 담요의 올을 하나씩 모두 풀거나 옷을 모두 벗거나 대변을 몸에 바르는 등의 "정신병자" 행태가 사정없이 나타나게 된다.

이러한 사람의 85.10.7 및 10.8자의 피의자 신문 조서 진술기재가 이른바 "작은자리" 모임, 즉 이 사건을 형사합의사건으로 가능케 한 반국가 이적단체 구성죄 엔. 디.알을 민청련의 이념으로 채택하였다는 공소 사실에 관한 유일한 형식 증거다. 이 피의자 신문 조서의 진술의 임의성 또는 특신 정황을 도저히 인정해줄 수가 없어 증거 능력이 없다고 보는 것이 이의없는 상식적 견해라고 믿어 마지 않는다. 모리스 돕의 영문판 "자본주의 과거와 현재" - 이 책의 저자는 비록 마르크스주의 입장에 서 있는 서방 경제학자로 분류되고 있으나, 위 책을 포함한 그의 저서들은 자본주의 발달사 및 자본주의 이행 과정에 관한 고전적 필독서로써, 대학에서 경제학을 부전공이나 선택과목으로 수강하는 학생들로서도 반드시 일독을 해야 하는 책으로 추천되고 있는 실정이다. 그런데 피고인은 경제학도이다. 그 책은 국내에서도 번역 출간되어 널리 읽히고 있으며, 85년도의 문공부 금서 파동 때도 서점 압수 대상에 끼이지 않는 책이었다. 무릇 어떠한 책자의 소지 그 자체가 국가보안법상의 반국가 단체인 북한 공산집단을 이롭게 할 목적으로 소지하는 것으로 판단하려면 이른바 단순 동조에 있어서보다도 더욱 엄격한 명백한 목적 의식을 인정할 확실하고 객관적인 증거가 있어야 하며, 그 목적에 관한 추지 또는 추정을 하여서는 아니 된다. 학문 연구의 자유는 기존의 사상 및 가치에 대한 자유로운 의문과 비판을 본질적 요소로 하므로 연구 자료는 기존의 가치체계와 상반되는 것이라고 하여 용인되어야 하기 때문이다. (대법 82.5.25 선고 82.5.25 선고 82도 716사건 판결 참조)

민주화의 길 제9호 (85.5.13자)에 실린 "80년 서울의 봄의 평가", 제 10호(85.8.10자) "서울의 봄의 평가에 대한 비판적 고찰", "80년대 운동의 올바른 정립을 위한 제언"은 모두 단지 개인 의견으로서 게재되어 요컨대 민중 · 민주 · 민족 통일을 위한 운동론에 관한 지상토론임을 알 수 있는 바, 입장 또는 표현에 따라서 다소 계층분류에 지나치게 집착한 듯한 부분도 없지 않다 하겠으나, 그러한 논의가 곧 북한공산집단의 통일전선술에 동조하는 것이라고 단정하는 것은 또 하나의 매카시즘이자 흑백논리의 위험에 빠지는 것이다. 게다가 "민주화의 길" 제 1호부터 끝까지를 살펴본다면, 민주화운동청년연합회의 목적이 규약 제2조에 나와 있는 그대로임이 잘 드러난다 하겠다.

3. 법률론 – "엔·디"는 용공인가

공소 사실의 명확성 여부 – 이 사건 국가보안법 위반 공소 사실 중 이른바 "엔·디·알" 이념에 관한 부분은 모두 피고인이 어느 자리에서 어떠어떠한 이야기를 하여서 "반국가 단체인 북한공산 집단의 통일전선전술에 동조하여 이롭게 하였다거나, 민청련은 그러한 단체로 구성하였다는 형식을 취하고 있다.

그런데 85.1 하순 민청련 간부들에 대한 설명 부분으로는 "민청련은 엔·디적 입장으로서, 민청련의 구성은 중간 계층이며 대중운동 노선을 지향하는 정치 투쟁 단체이기 때문이다. 민청련은 한국 사회의 모순을 외세와 국외 독점재벌이 결합된 민족적 모순과 국내 군부 세력과 독점 재벌이 결합된 파쇼적 모순이 이중적으로 결합된 것으로 보아, 기층 민중이 주체가 되고 중간계층의 인테리어가 선도 세력이 되어 반외세, 반파쇼 투쟁을 전개함으로써, 현 군부독재를 타도하고 외세를 몰아낼 수 있는 민족 민주주의 입장에서 싸워나가야 할 것이다"라는 취지로 말하였다고 적시하고는 북한 공산 집단의 통일전선전술에 동조하여 이롭게 한 것으로 설시하고 있다.

그러나 위 문장은 실로 여러 개이고 단순치가 않다. 검찰은 어느 대목을 "통일전선전술"로 보는 것인가

한국 사회가 민족적 모순과 파쇼적 모순이 결합되어 있다는 대목인가, 반외세 반파쇼 투쟁을 전개한다는 대목인가, 그 투쟁에 있어 기층 민중이 주체가 되고 중간 계층의 인테리어가 선도 세력이 되어야 한다는 대목인가, 군부독재의 타도와 외세 배격이라는 대목인가, 아예 민족 민주주의라는 말자체인가, 아니면 어느 부분들의 결합인가 하는 점이 전혀 명료하지가 않다.

한편, 문맥으로 보아 "씨·디"는 "동조"가 안되는 것으로 보는 듯한데, "엔·디"와의 차이를 살펴보면 민족적 모순이나 외세배격이 거론되지 아니하고, 운동주체에 있어 기층민중은 보조 역할만 한다는 점에서만 차이가 있는 것으로 보인다. 다만 씨·디 입장에서도 민통련은 민족적인 색체가 강하다는 것이 전제 되어있다.

그 어느곳에도 폭력 혁명이라는 표현도 없으며, "엔·디·알"도 아니고 단순한 "엔·디"라는 것뿐인데, 그렇다면 민주외의 "민중, 민중"을 이념 중 하나로 내세우는 것만으로 벌써 "동조"가 되는 것인가.

결국 공소 사실이 특정되지 아니하며 형사소송법 제254조 제 4항에 위배되었다 아니할 수 없다.

다음으로 85. 2 하순 문용식, 최민화에 대한 설명 부분으로는 대체로 위와 같은 취지이나, 엔·디가 아닌 엔·디·알을 설시되고, "운동방식은 폭력 적이고 비타협적이어야 한다"는 부분에서 차이가 있는 것으로 보인다.

그럼에도 불구하고 혁명이라는 말은 어느 곳에도 찾아볼 수 없고, 사회주의 이념이라고 볼 가치가 언급되었다고 할 수도 없다. 그렇다면 어느 대목이 북한공산 집단의 통일전선 전술이라는 것인지 그 취지

를 명확히 알 수 없는 점은 마찬가지이다.

끝으로 85.3 하순 이른바 "작은 자리" 모임에서의 설명부분으로는 대체로 위 1)과 같은 것으로 파악된다.

결국 공소 사실의 취지는 파쇼 타도는 용공이 아니나, 대체로 민중적 모순의 극복과 반외세 투쟁 및 운동 주체에 있어서의 기층 민중의 역할 강조 등은 용공이 된다는 뜻으로 보이는데, 그것은 단어에 의한 표현상의 농간에 의하여 얼마든지 조작화될 수 있는 여지가 있을 뿐 아니라, 민중과 민족의 이념에 대한 맹목적 모멸이라는 비난을 면하기 어려운 소지가 다분하다고 하겠다.

"엔·디"는 무엇인가 — 공소 사실은 "엔·디"거나 "엔·디·알"이거나 모두 용공이라는 것이다. 자칫 모든 민족 민주주의자는 용공으로 규정 지워질 수 있다. 만일 자기나 남이나 말의 표현만 잘못한다면 따라서 엔·디라든지 엔·디·알이라든지 하는 것은 실체는 없고 명목만이 있을 뿐이게 된다. 이것은 기본권에 대한 치명적 위협이 되지 않을 수 없다. 따라서, 우리는 김근태라는 민주화 운동가 한 사람이나 민청련이라는 민주화 운동단체가 한곳의 단체만이 문제되는 것이 아니라, 모든 민주화 운동가 모든 민주화 운동단체가 헌법상 누려야 할 기본권 그 자체에 대한 상황적 위험을 절감치 않을 수 없다.

제3. 결론

변호인들의 의견은 이 사건에 있어서 마땅히 공소 자체가 기각되어야 하고 아니더라도 무죄의 판결이 선고 되어야 한다는 것이다. 만일 이 사건을 단죄한다면 이는 우리 형사사법의 역사에서 기본권 존중과 적법 절차의 정신을 판결로 명시할 중요한 계기를 상실하게 되는 가슴 아픈 일이 될 것이다.

지혜와 현명, 공정과 용기를 귀 재판부가 판결로써 보여주기를 간곡히 바란다.

1986년 2월 27일

변호인 변호사 이돈명

변호인 변호사 조준희

변호인 변호사 홍성우

변호인 변호사 황인철

변호인 변호사 김상철

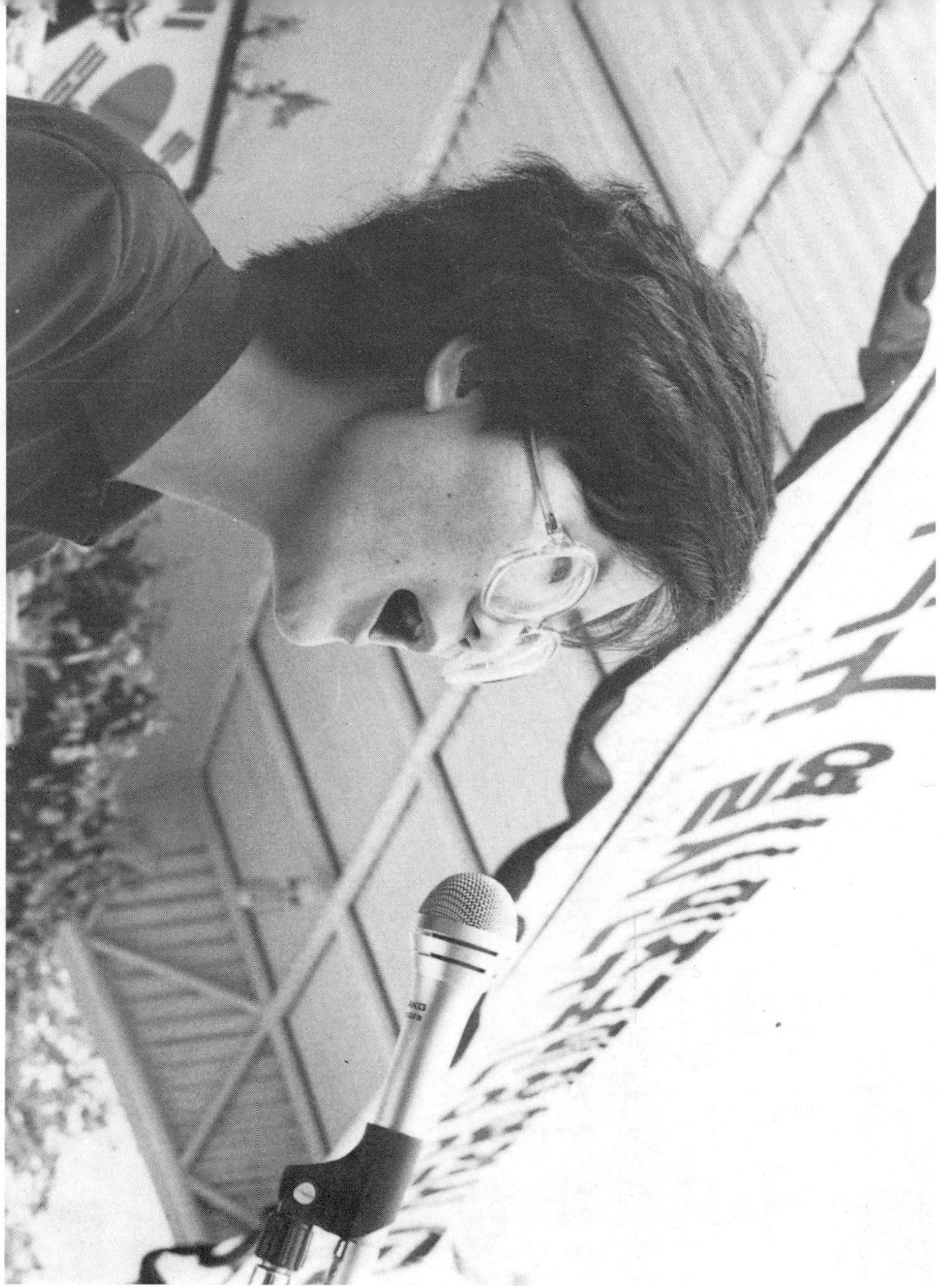

권모양(서울대 4년 제적·노동자)에 대한 부천경찰서 형사 문귀동의 성고문을 고발한다

고 발 장

고발인

1. 고영구
   서울 중구 서소문동 57-9(한영빌딩 901호)
2. 김상철
   서울 중구 태평로 2가 360-1(광학빌딩 905호)
3. 박원순
   서울 중구 서소문동 57-7(대건빌딩 801호)
4. 이돈명
   서울 중구 무교동 7-1(무교빌딩 502호)
5. 이상수
   서울 중구 서소문동 55-4(배재빌딩 311호)
6. 조영래
   서울 중구 서소문동 58-17(명지빌딩 1306호)
7. 조준희
   서울 중구 태평로2가 360-1(광학빌딩 706호)
8. 홍성우
   서울 중구 서소문동 55-4(배재빌딩 503호)
9. 황인철
   서울 중구 태평로2가 360-1(광학빌딩 601호)

피고발인

1. 문귀동(부천경찰서 수사과 형사)
2. 옥봉환(부천경찰서 서장)
3. 성명불상(부천경찰서 수사과장)
4. 성명불상 3명
   (부천경찰서 수사과 형사, 성고문시 입회자)

1. 우리는 공문서위조 피의사건으로 인천소년교도소에 수감중인 권○○양의 변호인들로서, 권양을 접견한 후 풍문으로 전해들은 성고문 행위가 사실이라는 것을 확인하고, 놀라움과 분노를 금할 길이 없었다. 저 나치즘하에서나 있었음직한 비인간적인 만행이 이땅에서도 버젓이 자행되고 있다는 사실을 알게 되었을 때, 경악과 공분을 느낌과 아울러 인간에 대한 믿음마저 앗아가는 듯 한 암담한 좌절감을 느끼게 되었다.

   단순히 충동적인 음욕때문에 일어난 것이 아니고, 성이 고문의 도구로 악용되어 계획적으로 자행되었다는 점에서, 이 사건은 우리에게 더 큰 충격을 불러 일으켰다.

   이제 우리는 사건의 실상을 확인하고서도 계속 침묵을 지킨다는 것은 변호인으로서의 최소한의 의무마저 포기하는 것이라고 결론짓고, 이사건 관련자를 고발하여 처벌을 요구하기에 이르렀다.

2. 고발내용

6.4. 밤 9시경 집에서 형사들에 의해 부천서로 연행되어 4층 공안담당실(?)로 가서 그 다음날인 6.5. 새벽 3시경까지 조사를 받았다. 권양의 혐의사실에 대한 조사 외에도 양승조 등 인천사태 수배자들 중 지면관계가 있거나 소재를 아는 사람이 있는지 여부에 관하여 집요하게 캐물었다.

6.5. 아침 9시경 1층 수사계 수사실로 끌려갔다. 정오도 경사가 권양에 대한 수사를 담당키로 되어 4층 420호실(421호실인지도 모른다)로 데려갔다. 이때부터 오후 6시경까지 공문서(주민등록증) 위조혐의와 수배자에 관한 조사를 받고 보호실로 가서 하룻밤을 잤다.

6.6. 새벽 4시에 누군가가 데리러 와서 상황실로 데려갔다. 이때 부천경찰서에 무슨 비상(非常)이 걸린 모양으로 형사들이 다들 이미 출근해 있는 상태였다.

서장이 권양을 보더니 "권양이 수사에 너무 협조를 안하는군"하고 화를 내며 밖으로 나갔다. 수사에 너무 협조를 안한다는 것은 형사들이 권양에게 인천사태 수배자들(대부분 인천노동연합운동관계자들)의 명단을 대면서 그중에서 아는 사람이 있는지 여부를 묻고 특히 인천노동운동연합 양승조 위원장을 알고 있거나 또는 양승조를 아는 사람이라도 알고 있는지를 캐물었는데, 권양이 이에 대하여 아는 사람이 있는데도 협조를 하지 않는다는 이야기였다.

서장이 밖으로 나간후 상황실장(눈이 크고 약간 튀어나온 듯한 인상 당시 전투복을 입고 "상황실장"이라는 완장을 두르고 있었다)이 말하기를 권양이 너무 말을 안하는데 아무래도 지금까지 조사과정에서 나온 사람들(인천사태 수배자들을 지칭한 듯함)과 한 팀이 아니냐고 하면서 형사 문귀동(문기동인지도 모른다. 형사들이 "문반장"이라고 부르고 있었으며 얼굴은 검은편, 입술이 두껍고 눈이 매서운 험악한 인상, 키는 보통, 나이는 35~36세 정도로 보이고 말씨는 서울말씨. 스스로 밝힌바에 의하면 예전에 "부평"에 있었다고 함. 이하 이름 "문귀동"이라고 부른다)을 보고 "문귀동, 자네가 맡아서 해 보게"하면서 수사를 지시했다.

이에 문귀동은 권양을 1층수사계수사실("조사실"인지도 모른다)로 데리고 가서 새벽 4:30부터 6:30분경까지 사이에 걸쳐 아래와 같이 추잡한 성고문("1차 성고문"이라 부른다)을 자행하였다.

(1)우선 문귀동은 권양에게 "네 죄는 정책변화로 풀려날 죄도 아니고 하니 수배자 중에서 아는 사람

에 처해 있었다.

문귀동이 저지른 추행의 내용은 다음과 같다.

(1)먼저 권양에게 아버지가 뭘 하느냐고 물어 권양이 식당을 한다고 거짓 대답하자(권양의 아버지는 법원서기관인데 권양이 공무원신분에 영향이 있을까 봐 걱정이 되어 거짓 대답한 것임) 문귀동은 비시시 웃더니 "간첩도 고문하면 다 부는데 네 년이 독하면 얼마나 독하냐"는 취지의 말을 하면서 권양에게 옷을 벗으라고 명령하였다.

권양이 웃옷만을 벗자 문귀동은 권양에게 다시 뒷수갑을 채운 후 브래지어를 위로 들어올리고 바지를 풀러 지퍼를 내리더니 권양의 국부에 손을 집어넣었다. 권양이 비명을 지르자 소리지르면 죽인다고 하면서 욱박질렀다.

(2)권양의 팬티마저도 벗겨내리고 의자 두 개를 서로 마주보는 상태로 놓고 권양을 한쪽 의자 위에 수갑찬 손을 의자 뒤로 돌린 상태에서 앉게 하고 문귀동 자신은 맞은편 의자를 바짝 끌어당겨 그 위에 앉아 권양의 몸과 밀착된 자세를 취한 다음 계속 수배자의 소재를 불 것을 강요하였다.

권양이 제발 이러지 말라고 애원하였으나 문귀동은 들은척도 않고 "너 같은년 하나 여기서 죽어도 아무일 없다"고 협박하였다.

이때부터 문귀동은 수시로 권양의 젖가슴을 주무르고 국부를 만지며 권양의 몸에 자신의 몸을 비벼대었다.

(3)그후 문귀동은 권양을 일으켜 세워 바지를 완전히 발가벗기고 웃도리 브래지어를 밀어올려 젖가슴을 알몸으로 드러나게 해놓은 상태에서 뒷수갑을 찬 채로 앞에 놓인 책상 위에 엎드리게 한 후 자신도 아랫도리를 벗고 권양의 뒷쪽에 붙어서서 자신의 성기를 권양의 국부에 갖다대었다 떼었다 하기를 몇차례에 걸쳐 반복하였다.

이때 권양이 절망적인 공포와 경악과 굴욕감으로 인하여 거의 실신상태에 들어가자 문귀동은 권양을 다시 의자위에 앉히더니 담배에 불을 붙여 강제로 몇모금을 빨게 하였다.

(4)잠시후 문귀동은 권양을 의자 밑으로 난폭하게 끌어내려 바닥에 무릎을 꿇게 하고 앉힌후 자신은 의자에 앉아 권양이 자신의 성기를 정면으로 보도록 하는 자세로 조사를 계속하였다.

그러던 중 문귀동은 권양의 얼굴을 앞으로 잡아댕겨 입이 자신의 성기에 닿도록 하면서 자신의 성기를 권양의 입에 넣으려 하다가 권양이 놀라서 고개를 돌리니까 난폭하게 권양의 몸을 일으켜 세운후 강제로 몇차례 키스를 시도하였다. 권양이 입을 벌리지 않고 고개를 돌리니까 문귀동은 입을 권양의 왼쪽 젖가슴으로 가져가더니 유두를 세차게 빨기를 두어차례에 걸쳐 하였다.

(5)그후 문귀동은 다시 권양을 책상위에 먼저번과 같은 자세로 엎드러지게 해 놓고 뒤쪽에서 자신의 성기를 권양의 국부에 몇차례 갔다 대었다 떼었다 하는 짐승과 같은 동작을 반복하던 끝에 크리넥스 휴지를 꺼내는 소리가 들리더니 그것으로 권양의 국부를 닦아내고 옷을 입혔다.

·이때가 밤 11시경.

(6)위와 같은 짐승과 같은 동작을 계속하는 동안에도 문귀동은 집요하게 권양에게 아는 수배자의 이름을 대라고 강요하였고 권양이 비명을 지르면 죽이겠다고 하면서 욱박질렀다.

또 위와 같은 동작을 하는 중간중간에 문귀동은 권양을 서너차례 정도 쉬게 하면서 억지로 불붙인 담배를 입속에 밀어넣고 물을 마시게 하였으며, 그리고 나서는 다시 갖은 협박을 하면서 수배자에 관한 추궁을 계속하였다.

그동안에 권양은 고통을 이기지 못하여 자신의 집에 찾아왔던 어느 여성 한사람의 이름과 동인이 종전에 다니던 회사의 이름을 댔으며 문귀동은 권양이 말한 내용을 종이에 쓰게 하였다.

위와 같은 추악한 만행을 저지른 후 문귀동은 권양에게 호언하기를 "네가 당한 일을 검사 앞에 나가서 얘기해 봤자 아무 소용없다. 검사나 우리나 다 한 통속이다"라고 하였다.

밤11시가 지나 문귀동은 기진맥진해 있는 권양을 보호실로 데리고 가서 권양의 소지품을 챙기더니 유치장으로 끌고갔다(이때 권양에 대한 구속영장이 발부된 상태였음).

일반적으로 유치장에 처음 입감될때는 몸수색을 위하여 속옷을 벗게하는 것이 상례인데, 이때 문귀동은 여교관을 부르더니, "내가 다 봤으니 몸검사는 필요없다. 독방을 주어라"고 지시하고는 돌아갔다.

그후 권양은 검찰에 송치되기까지 유치장에서 열흘간을 보냈는데 한동안은 아무것도 먹지 못하였고 먹으면 계속 체했으며 밤에는 악몽에 시달리느라고 잠을 제대로 이루지 못했다.

몇차례나 자살을 하고 싶은 충동이 엄습해 왔으나, 점차로 자신의 여성으로서의 전도를 희생해서라도 이와같은 끔찍한 일이 다시는 일어날 수 없도록 하기 위하여 끝까지 싸우겠다는 결의가 굳어지면서 가까스로 자살충동을 이겨내었다.

6. 16. 교도소로 옮겨온 후 지금에 이르기까지도 권양은 계속 악몽에 시달리고 있다. ○○법원의 서기관으로 재직하던 권양의 부친은 이 사건의 충격으로 사표를 제출하였다.

권양의 소식이 인천교도소내의 재소자들에게 알려지면서 교도소 내 양심수 약 70명이 문귀동의 구속등을 요구하는 무기한 단식투쟁에 들어갔고 권양 자신도 6. 28. 부터 시작하여 7. 2. 현재까지 닷새째 단식을 계속하여 건강이 극도로 악화되었다.

3. 이상이 국가권력의 집행자인 경찰에 의하여 저질러진 저 전대미문의 추악한 성 추행고문에 관하여 피해당사자인 권양이 변호인들 앞에서 밝힌 내용의 개요이다.

우리는 권양의 진술태도나 기타 모든 정황으로 보아 위 내용이 진실인 것으로 확신한다.

우리는 이 입에 담기도 더러운 천인공노할 만행

을 불어라. 불기만 하면 훈방하겠다"고 강요하였다.

권양이 끝내 모른다고 하자 문귀동은, "이년 안되겠군"하고 운을 떼면서 "나는 5. 3사태때 여자만 다뤘다. 그때 들어온 년들도 모두 아랫도리를 발가벗겨서 책상에 올려놓으니까 다 불더라. 네 몸(자궁)에 봉(막대기를 지칭한 듯하나 정확히 무슨 의미인지는 모른다)이 들어가면 안 불겠느냐"고 협박하였다.

(2) 권양이 겁에 질려서 벌벌 떨고 있으니까 문귀동은 권양에게 옷을 벗으라고 강요하였다. 권양이 상의 겉옷(자켓)과 남방만을 벗고 티와 브래지어 및 바지를 입은 채로 있자 문귀동은 다른 형사1명(젊고 직급이 낮은 듯함)을 불러들여 옆에 서 있게 한 후 스스로 권양의 바지 단추와 지퍼를 풀어 밑으로 내리면서 "너 처녀냐? 자위행위 해 본적 있느냐?"고 묻고 브래지어를 들추어 밀어올리면서"젖가슴 생김으로 보니 처녀가슴 같지가 않다"고 하는둥 더러운 수작을 하면서 곧이어 제발 살려달라는 권양의 애원을 뿌리치고 권양의 바지를 벗겨내렸다.

(3) 이에 권양이 극도의 굴욕감과 수치심과 공포를 이기지 못하여 엉겁결에 한 친구(노동현장취업 과정에서 사귀게 된 이 모라는 여성으로 그 이름이 본명인지 여부도 모른다. 인천사태와 관계없는 사람임)의 이름을 대자 문귀동은 권양에게 그 친구의 인적사항을 자세히 적으라고 요구하였다.

권양이 위 이 모양의 인적사항에 대하여 자세히 모른다고 하자 문귀동은 옆에 서 있던 형사에게 "고춧가루 물을 가져오라"고 지시한 후 권양에게 책상위로 올라가라고 하면서 "기어이 자궁에 봉을 집어넣어야 말하겠느냐"라고 협박하였다.

권양이 위 이 모양이 자취하던 집이라는 곳의 위치를 적어넣자 문귀동은 그제서야 일단 수확을 거두었다는 듯 조사를 중단하고 권양의 바지 지퍼를 올리게 했으나 그러면서도 다시 "진짜 처녀냐"고 물었다.

(4) 뒤이어 대공과 형사들이 권양에게 수배자들의 사진을 보여주면서 위 이 모양이 수배자들중의 하나가 아닌지를 확인하였다. 그후 권양은 보호실로 끌려가서 그곳에서 하룻밤을 잤다.

6. 7 (토요일) 아침 7시경 문귀동이 다시 권양을 데리고 가서 "너 양승조 안다고 그랬지?"라고 물어, 모른다고 대답하자 "더 아는 사람이 있으면 얘기하라"고 몇번 다구치더니 돌려보냈다. 아침 9시경 누가 권양을 데리러 와서 1층수사과로 갔는데 가보니 상황실에 상황실장, 정오도 경사, 문귀동 등 10여명의 형사들이 모여 있었다. 그들은 권양이 일러준대로 이 모양의 자취하던 집이라는 곳을 방문해 보니 그런 사람이 자취한 일이 없더라고 하더라면서 집주인여자를 권양과 대질시켰다.

대질신문결과 그들은 권양이 이제까지 한 말이 거짓말이라고 판단, 경사 정오도가 권양을 한대 후려쳤고 상황실장은 권양에게 "앞으로는 이제까지 대우한 것과는 달라질테니 있다가 오늘 저녁에 두고 보라"고 협박하면서 옆에 있던 문귀동을 보고, "저녁때 그런 방법으로 조사해"라고 지시하였다.

문귀동이 권양을 다시 보호실로 데려가면서 "네가 이제까지 한 말은 전부 거짓말이니 그냥 안 두겠다"고 협박하였다. 그날 낮 내내 권양은 보호실에서 대기하면서 불안과 초조에 떨었고 한시바삐 검찰청으로 송치되기만을 기다리는 심정이었다.

그러나 다른 수감자들에게 물어본 결과 여기서 한 열흘쯤 있어야 검찰청으로 넘어간다는 절망적인 대답을 들었다. 밤 9:00경 문귀동이 다시 권양을 1층 수사과 조사실(문귀동이 조사하는 방의 옆방)로 불러냈다.

당시는 수사과 직원들이 모두 퇴근하였고 청내는 모두 불이 꺼진 상태였으며 조사실 역시 불이 꺼져 있었는데 다만 건물 바깥에 있는 등에서 나오는 외광(外光)에 의해 방안의 물체를 어렴풋이 식별할 수 있는 정도였다.

문귀동은 토요일 밤에 퇴근도 못하고 "일"을 해야 된데, 무척 화가 난듯 권양에게 "독한 년"이라고 하면서 "남들은 다 퇴근했는데 네년 때문에 한밤중에 또 조사를 해야 된다. 위에서 그년 되게 악질이니 족치라고 했다"라고 겁을 주고 나서 다른 (남자) 형사 2명을 불러들여 권양의 양팔을 등 뒤로 돌려 놓은 상태로 양손목에 수갑(이른바 "뒷수갑")을 채우게 하고 그 자세로 무릎을 꿇려 앉힌 후 안쪽다리 사이로 각목을 끼워 넣고 넓적다리와 허리부위 등을 계속 짓밟고 때리게 하면서 권양에게 이 모양의 본명과 출신학교, 사는 집 등을 불도록 요구했다.

이로 인하여 권양의 넓적다리는 시퍼렇게 멍이 들고 퉁퉁 부었다.

권양이 고통과 공포를 참지 못하여 비명을 지르자 문귀동은 "이년이 어디서 소리를 꽥꽥 지르느냐. 소리지르면 죽여버리겠다. 너같은 년 하나 죽이는 건 아무것도 아니다"라고 욱박질렀다.

뒤이어 문귀동은 권양에게 수배자중 아는 사람을 대라고 추궁하다가 계속 모른다고 하니까 옆에 있던 형사에게 고문기구를 가져오라고 소리쳤고, 그 형사가 검은색 가방을 가져오자 불을 켜더니 인천노동운동연합 소속 수배자 20명의 인적사항과 사진등에 편철되어 있는 서류철을 꺼내어 한장씩 넘기면서 아는 사람을 대라고 다구쳤다.

권양이 모른다고 하자 문귀동은 "이년 안되겠다"고 하면서 형사들을 내보내더니 권양을 조사실 옆에 있는 자기 방(양쪽이 창문으로 되어 있음)으로 데리고 갔다. 이때가 밤 9:00경으로, 이때부터 밤 11:00경까지 약 1시간 반 동안에 걸쳐 문귀동은 인면수심의 실로 천인공노할 야만적 추행을 저질르면서 권양을 고문하였다.

이 한시간 반 동안, 방안에는 계속 불이 꺼져 있었고 권양은 계속 뒷수갑을 찬 채로 문귀동과 단둘이 약 2평정도의 방안에 남아 있었으며 주위에서도 전혀 인기척을 느낄 수 없는 절망적인 상황이 다른 곳도 아닌 경찰서 안에서 다른 사람도 아닌 경찰관에 의하여 저질러졌다는 사실에 대하여 실로 경악과 전율을 금치 못한다.

더우기 이같은 만행이 인권옹호직무 수행자라는 검찰에게까지 상세히 알려졌음에도 불구하고 그 범인이 아직까지도 버젓이 경찰관신분을 유지하면서 바깥 세상을 활보하고 있는 데에 이르러서는 이나라에 과연 법질서라는 것이 형식적으로나마 존재하고 있는 것인지를 근본적으로 의심하지 않을 수 없다. 최고학부까지 다닌 한 처녀가 입에 담기조차 수치스러운 저 끔찍한 강제추행을 당한 사실을 스스로 밝힌 이상 그밖에 또 무슨 "증거"가 필요해서 수사를 못한다는 말인가? 경찰서 안에서는 목격자만 없으면 어떤 일이 일어나도 좋다는 것인가? 검찰이 경찰의 인권유린행위에 대하여 이와 같이 수수방관적인 태도를 취한다면, 무고한 시민들이 경찰권력의 횡포 아래 희생되는 것을 막을 길도 전혀 없게 된다.

이 사건의 진상이 철저히 규명되고 직접 범행을 저지른 자는 물론 관계책임자들이 모두 엄중히 처단되지 않는 한, 이후 여성들은 경찰서 앞을 지날 때마다 공포에 질리게 될 것이다.

이에 우리는 필설로 이루 형언할 수 없는 분노에 치를 떨면서 먼저 저 인간의 탈을 쓰고서는 차마 상상도 할 수 없는 패륜을 저지른 문귀동을 고발한다. 피고발인 상황실장, 성명불상자와 경찰서장 옥봉환은 제반정황으로 보아 문귀동의 범행에 공모·가담하였거나 교사·방조하였거나 또는 적어도 이를 알면서도 묵인·방치하고 단속하지 아니하였음이 명백하다고 인정되므로 아울러 고발한다. 피고발인 형사 성명불상자 3명 역시 문귀동의 범행에 공모·가담 또는 방조한 혐의로 고발한다.

이 사건을 그대로 두고서는 실로 인간의 존엄성이니 양심이니 인권이니 법질서니 민주주의니 하는 말들을 입에 올리기조차 낯뜨겁다.

우리들 고발인 일동은 문귀동을 비롯한 피고발인들 전원이 지체없이 의법처단되지 않는 한 이 사건에서 한치도 물러나지 않고 모든 합법적 수단을 동원하여 기어이 고발의 실효를 거두도록 총력을 기울일 결의임을 천명한다.

4. 우리는 귀청이 이 사건을 수사함에 있어서 다음 몇가지 점에 유의하여 줄 것을 촉구한다.

첫째, 이 사건은 문귀동이라는 변태성욕에 사로잡힌 한 개인에 의하여 우발적인 충동으로 저질러진 단독범행이 아니고 경찰권력조직 내부의 의도적인 성고문 계획에 따라 자행된 조직범죄임이 명백하다고 생각된다.

우리는 귀청이 이 끔찍한 조직범죄의 전모를 낱낱이 파헤쳐 이 범죄가 어느 선에서부터 계획되었는지를 밝히고 피고발인들 외에도 일체의 관련자들을 남김없이 의법처단하여 주기를 강력히 요청한다.

둘째, 피고발인들의 소행은 강간죄 내지는 강제추행죄로 의율될 수 있음은 물론이나 이 점은 친고죄이므로 이 고발에서는 제외하였고 다만 인신구속에 관한 직무를 행하는 자의 폭행 및 가혹행위에 해당하는 부분만을 들어 고발한다.

그러나 우리는 이 사건이 종래에 흔히 볼 수 있던 통상의 고문·가혹행위수법이 아니라 여성에 대한 인간적파괴를 노리고 반인륜적인 성고문 수법을 사용한 범행이며 더우기 피의사실에 관한 조사가 아닌 단순한 수배자의 검거를 위한 수단으로 이와같이 끔찍한 범행이 자행되었다는 점을 중시한다.

우리는 1984. 9. 4. 에도 청량리 경찰서에서 경희대여학생들이 경찰서 전경들로부터 성폭력을 당한 사실을 기억하고 있다.

인천 5. 3. 사태로 구속된 피의자의 가족이 자기딸도 부천경찰서에서 권양과 비슷한 고문을 당했다고 주장한 것을 들은 바 있다.

이 사건으로 인해 우리는 위 주장도 사실이라는 심증을 굳히게 되었고, 특정서에서 성이 고문의 수단으로 제도화되어 악용되고 있음을 알게 되었다.

인간의 존엄성을 최고의 이념으로 삼고있는 민주법치국가에서 위와 같은 야만적이고, 비인간적인 만행이 제도적으로 자행된다는 것은 더 이상 묵과될 수 없다.

이 사건을 최단시일내에 철저히 수사하여 그 진상을 백일하에 드러냄으로써 검찰이 추호라도 이 사건을 은폐하거나 비호할 의도가 없음을 분명히 하여야 할 것이다.

1986년 7월 5일

고발인 고 영 구 조 영 래
김 상 철 조 준 희
박 원 순 홍 성 우
이 돈 명 황 인 철
이 상 수

인천지방검찰청장 귀하

고문·성고문·용공조작 범국민 폭로대회

일시 : 1986년 7월 19일 (土) 오후 2시

장소 : 명동성당

주최 : 고문 및 용공조작 저지 공동대책위원회

고문 및 용공조작 저지 공동대책위원회는
신민당, 민추협, 민주·통일민중운동연합, 민주화실천가족운동협의회, 여성단체연합, 노동 농민 빈민 운동단체 및 불교, 개신교, 천주교가 참여하여 고문 및 용공조작을 저지하기 위하여 구성한 단체입니다.

성 명 서

— 군사독재의 성적고문, 폭행을 규탄한다 —

우리는 지금 2천여 광주시민을 학살하고 등장한 현 전두환군부독재 정권의 하수인 경찰과 정보기관이 자행한 파렴치하고 반인간적인 만행에 치떨리는 분노를 참을 수 없다.

고문, 폭력 없이는 단 하루도 지탱할 수 없는 현 군부독재 정권의 만행은 이제 인간이기를 부정하는 극한점에 이르러 그 말기적 증상을 만천하에 드러내었다.

지난 6월 4일 부천경찰서에서 수사과 형사 문귀동(부천시 심곡동 566 전화 63-7733)이 허명숙양(가명, 22세, 서울대 가정대 4년 제적)을 조사한답시고 뒷방으로 끌고가 야만적인 성적 고문, 폭행을 가했다. 허양은 지난 5월 28 부천소재 (주)신성에 공원으로 입사한 후 6월 4일 주민의 신고로 자신의 자취방에서 영문도 모르는 채 부천경찰서로 연행되었다. 그러나 연행된 허양이 소위 배후관계에 대한 경찰의 수사에 협조하지 않자 부천경찰서장은 수사과 문귀동에게 허양을 넘겨 성고문을 자행케 하였다.

6월 5일 새벽 4시경 문귀동은 허양을 조사실로 데려가 "나는 5. 3인천사건 조사시 여자만 다루었다. 모두 책상에 올려놓고 아랫도리를 벗기니 다 불더라"고 하며 스스로 상습 추행범임을 밝히고 차마 입에 담을 수 조차 없는 욕설을 내뱉으며 허양의 몸과 가슴을 만지는 성고문을 자행하였다.

그럼에도 불구하고 허양이 완강하게 저항하자 이튿날 저녁 다시 성고문을 계속하였다. 이번에는 문귀동이 허양을 불꺼진 뒷방으로 끌고가 손을 뒤로 하고 수갑을 채워 저항을 못하게 한 후 강제로 허양의 옷을 벗기고 가슴과 아랫부분을 만지다가는 거의 실신상태에 빠진 허양을 의자에 앉혀놓고 젖가슴을 빠는가 하면 자신의 바지를 벗고 성기를 허양의 입, 가슴, 허벅지 등에 갖다대는 등 도저히 인간이라 할 수 없는 변태적 만행을 저질렀다.

우리는 허양 자신과 가족 그리고 담당변호사의 면담을 통해 이 참혹한 성적고문을 확인하고 아직도 우리가 파렴치한 군부독재의 치하에서 살고 있다는데에 부끄러운 마음을 억누를 수 없으며 또 한편으로 군부독재의 만행에 울분을 토하며 우리의 결의를 새롭게 하지 않을 수 없다.

지난 84년 사회적으로 큰 물의를 일으킨 여학생 추행사건의 기억이 아직도 생생한 지금 여성들에 대한 성고문이 갈수록 조직화되고 잔학해 지기만 하는 것은 그동안 억압받고 착취당해 온 민중의 분노와 민중 민주화 운동의 성장에 초조해진 군부독재 정권이 정권유지를 위해 몸부림치는 발악적 광기임을 확인한다.

5. 3인천민중투쟁을 전후하여 문익환 민통련 의장을 구속하는가 하면 인사연을 비롯한 민통련 산하 전국 지역단체 관련자 70여명을 구속, 수배하는 등 민통련에 대한 대대적인 탄압, 노동자의 선두에서 헌신적으로 싸워 온 서노련 노동자들에 대한 용공조작, 학생운동, 심지어 노동선교 조차 탄압하는 그 이면에는 이러한 군부독재의 말기적, 조직적 고문이 도사리고 있는 것이다.

그러나 민중 민주화 운동은 조금도 물러설 수 없다. 군부독재의 고문과 폭력으로서는 도도한 역사의 흐름과 민중 민주화 운동의 거대한 발걸음을 멈추게 할 수 없다. 한 여성으로서 도저히 용납할 수 없는 가혹한 성적고문을 당하고서도 개인적인 수치심을 뛰어 넘어 살신성인의 대의로써 군부독재와 투쟁하기 위해 지금 이순간에도 차디찬 감옥에서 단식투쟁을 벌이며 의연하게 싸우고 있는 허양에게 뜨거운 경의를 표하며, 아울러 인천교도소의 70여 양심수들의 동지애적 투쟁과 구속자 가족들의 간단없는 투쟁에 힘찬 박수를 보낸다.

우리는 군부독재 정권에 엄중히 경고한다.

더 이상 "보수대연합""국회내 헌특위" 운운하며 민중을 기만하고 자신의 장기집권을 위해 민중 민주화 운동을 고문과 폭력으로 말살시키려는 음모를 중지하고 즉각 물러가라. 그렇지 않으면 민중의 거대한 힘에 의해 엄준한 역사적 심판을 받을 것이다.

우리는 이땅의 모든 민중에 촉구한다.

이땅의 모든 민중은 군부독재를 영원히 추방하고 누구나 자유롭고, 평등하고, 평화롭게 살 수 있는 민주사회를 건설하는 그날까지 민중 민주화 운동의 기취아래 총집결하여 군부독재와 끈질기고 가열찬 투쟁을 전개하자.

우리 인천지역의 모든 민중 민주화 운동 세력은 강력한 연대를 형성하여 민중과 함께 그리고 민중의 선두에서 군부독재의 타도를 위한 헌신적인 투쟁에 매진할 것을 거듭 결의한다.

우리의 주장

1. 강제추행 자행한 문귀동 형사를 즉각 처단하자!
1. 강제추행 사주한 부천서장 몰아내자!
1. 강간 경찰 사육하는 군부독재 타도하자!
1. 민중 민주 탄압하는 예속정권 타도하자!

1986년 7월 7일

천주교인천교구정의평화위원회
가톨릭노동청년회인천교구연합회
인천지역기독노동자연맹
NCC인천지역인권선교위원회
인천교구가톨릭대학생연합회
인천지역사회운동연합
천주교인천교구청년회
인천기독청년협의회

고 박종철 군
국민추모회준비위원회 발족식

우리는 박종철군 고문살인 사건의 진상규명과
책임자 처벌 및 지금도 계속되고 있는
불법연행, 장기구금, 고문행위의 종식을 위해
그리고
이땅에서 고문 등 권력에 의한
모든 인권유린행위를 영원히 추방하기 위해
모든 국민, 사회단체, 노동단체, 농민단체, 종교단체, 학계, 법조계,
언론계, 정당 등이
일치단결하여 투쟁할 것을 당부드리면서
아울러
고 박종철군 국민추모회를 개최할 것을 제안하고
이를 위해 준비위원회 발족식을
다음과 같이 거행하고자 합니다.

"남의 자식도 귀한 줄 알았더라면…"

일　시 : 1987년 1월 26일 (월) 오후 4시
장　소 : 기독교회관 대강당 (종로 5가)
주　최 : 고 박종철군 국민추모회 준비위원회 발족위원

김재준, 함석헌, 윤반웅, 홍남순, 이민우, 문익환, 지학순, 김대중
김영삼, 계훈제, 김명윤, 김승훈, 박영록, 박형규, 백기완, 서경원
송건호, 양순직, 이돈명, 이소선, 이우정, 이정숙, 조남기, 최형우
박용길, 문정현

준비위원이 되시고자 하는 분은 발족식에 참석하여 의사를 표시하시거나 아래의 연락처로 전화해 주시기 바랍니다.

준비위원에 가입 연락처

- 개신교 : 한국기독교교회협의회 인권위원회
  - 전화 764 – 0203
  - 한국기독청년협의회 742 – 3746
  - 한국기독학생회총연맹 763 – 8776
- 가톨릭 : 천주교사회운동협의회 332 – 9866
  - 한국천주교정의평화위원회 464 – 0385
- 민주통일민중운동연합 :
  - 민주화운동청년연합 730 – 9452
  - 민주언론운동협의회 719 – 1064
  - 한국노동자복지협의회 844 – 8896
  - 민중문화운동협의회 312 – 5393
  - 자유실천문인협의회 718 – 7153
- 민주화실천가족운동협의회 730 – 9452
- 여성평우회 717 – 1060
- 신한민주당 742 – 4233·745 – 8011～20
- 민주화추진협의회 757 – 6407～9

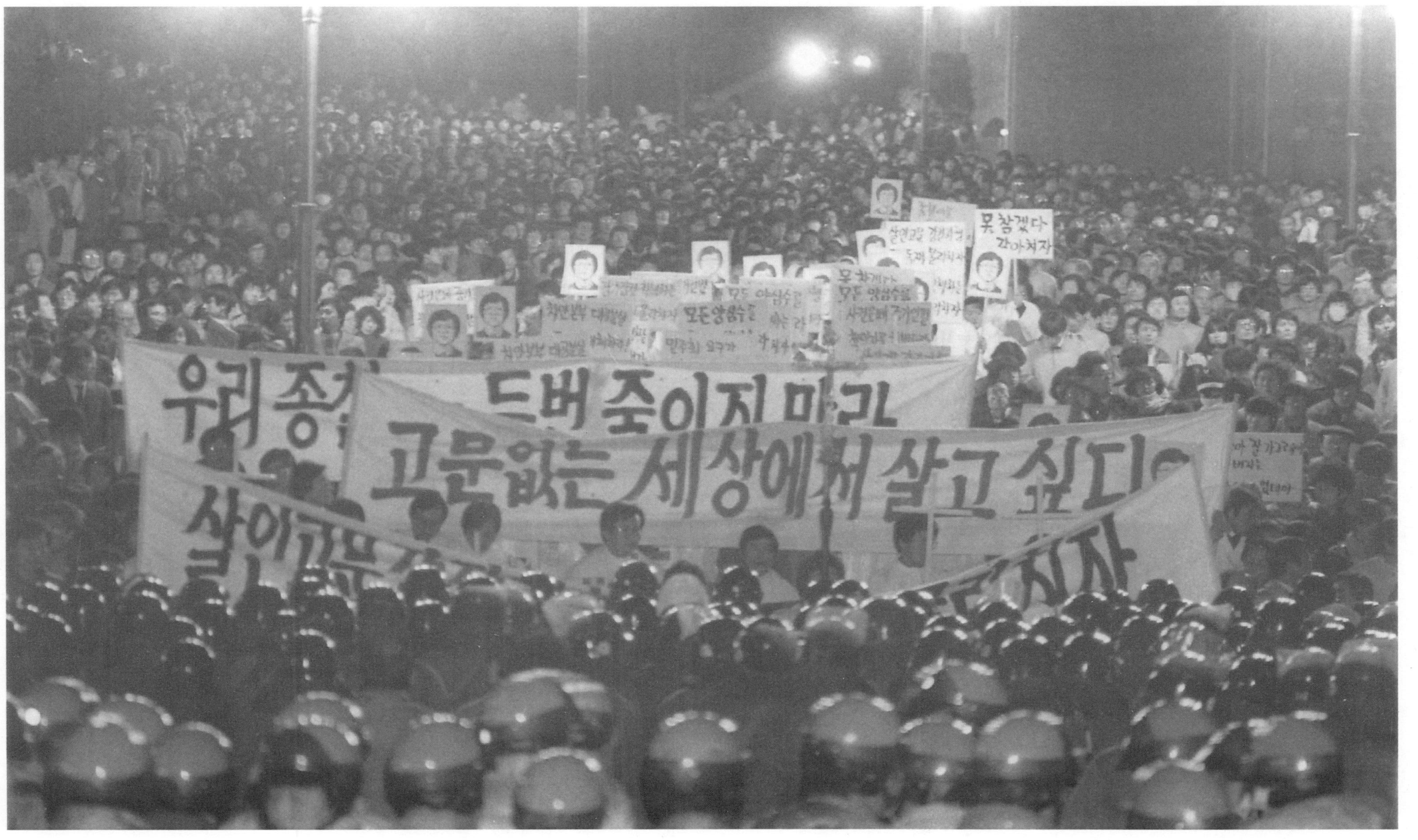
고문없는 세상에서 살고 싶다
못 참겠다
갈아치자

네가 이 시대의 아픔을 안고 갔구나!

……종철아 네가 이 시대의 아픔을 안고 갔구나.

우리 아들들이 폭력 정권에 의해 당했던 아픔과 고통, 잔악한 물고문, 전기고문을 견디지 못하고 갔구나.

고문의 고통을 견디지 못해 "차라리 정신이 들지 말기를" 하나님께 그렇게 기도했다는 우리 태복이의 눈물이 그렁그렁하며 이 에미에게 이야기하던 모습이 눈앞에 선해 애간장이 끊어질 듯한 그때의 고통을 또다시 느꼈다.

그때 이 에미가 무엇을 할 수 있었겠는가? 우리 태복이를 위해 에미로서 무엇을 말할 수 있었겠는가?

그때 이 에미가 겪었던 심정을 종철군의 아버지의 "종철아……이 아부지는 할말이 없데이……" 이 한마디로 다 표현될 수 있을 것이리라.

너희들이 목숨을 빼앗길 정도로 잘못을 했단 말이냐. 네가 인간 이하의 대우를 받으며 잔인한 고문을 받아야 마땅하단 말이냐. 태복아, 너희들이 주장하고 있는 민중들이 주인이 되어 모두가 잘살게 되어야 한다는 주장이 그리도 잘못 된 말이라는 것이냐.

또, 한줌의 재가 되어버린 21살의 꽃다운 청춘의 유해를 안고 오열하는 부모의 심정, 잔악한 고문으로 인해 갈갈이 찢겨진 자식의 몸뚱아리를 안고 오열하던 부모의 애끓는 아픔의 대가가 꼭 치러져야 하는 것이었더냐.

아니다!

그것이 아니라는 것을 이 에미는 알았다. 너희들이 옳다는 것을……

그리고 너희들이 옳을 뿐만 아니라, 너희들의 요구는 관철 되어야 한다는 것을 또 정권의 포악성과 폭력성으로 인해, 고문 정권에 의해 구속된 모든 사람들의 석방을 위해 이 에미도 싸우면서 저들 폭력적 정권의 본질을 폭로 해내야 한다는 것을 알았다.

박정희 군사독재정권의 폭력성을 이어 광주의 수천 민중의 피를 뿌리며 등장한 살인마 전두환 군사 독재정권이 이 땅에 들어선 이래 폭력과 고문, 드디어는 살인으로 이어지는 폭력성은 극에 달해 정권의 말기적 작태를 유감없이 발휘하고 있다는 것을 태복이 너를 통해 깨달았고, 이런 아픔을 함께 겪고 있는 이 땅의 진정한 민주화 실현에 온 몸을 불사르는 정의로운 많은 아들들을 보며 확신하게 되었다.

그리고 종철이의 죽음을 통해 나도 우리 태복이와 함께, 이 땅의 아픔을 나누는 자식들을 둔 모든 부모들과 함께, 함께 어깨걸고 싸우리라는 결심을 다시 한번 굳히게 되었다.

이 에미는 우리 태복이가 옳았고, 태복이가 걸친 푸른 수의가 결코 죄수복이 아닌 정의를 상징하는 것임을 밝히는 것이라고 외치리라.

그리고 우리 아들들이 주장하는 것이 정당하다는 것을 밝혀 내리라.

또 차가운 감방에 더이상 가두어 둘 수 없는 진실이라는 것을 밝혀내어, 차가운 감방 아닌 불타는 감방으로 진실을 왜곡하고 폭력으로 맞서는 현 정권의 심장에 불화살이 되어 꽂힐 것이라는 것을 입증하기 위해, 모든 양심수 가족들과 싸워 나갈 것이다.

남영동 치안본부 밀실에 갇혀 피를 토하며, 죽음의 공포로 치떨고, 절규하고, 쓰러져 갔던 태복이와 결국은 목숨을 살인마의 손에 의해 빼앗긴 종철이, 그리고 모든 양심수들이 똑같이 당한 고통, 이것을 자식을 가진 어머니, 아버지라면 결코 외면해 버릴 수 없을 겁니다. 만일 당신이 이것을 외면하고 방관한다면 당신도 살인마 전정권의 공모자가 된다는 것을 깨닫고, 동참해 주십시오.

자식을 둔 부모라면, 형, 동생, 누이가 있는 분이라면, 화목한 한 가정을 짓밟고 한 나라를 폭력으로 짓밟는 현정권을 퇴진시키는 데 동참해 주십시오.

그리고 모든 양심수 석방에 동참해 주십시오.

우리 모두 진실을 폭력으로 은폐하려는 전정권 퇴진과 싸늘한 감방에 푸른 수의를 입고 죄인 아닌 죄인으로 자유를 잃은 이 땅의 우리 아들들을 석방하기 위한 투쟁의 대열에 어머니들이여!

동참합시다.

……태복이는 정당했읍니다.

모든 양심수들은 정당했읍니다.

민노련, 민학련 사건으로 7년째
차가운 감방에 버려진 이 태복의 母

문화6단체 회원 여러분께.

금번 우리 문화 6단체에서는 저들의 고문에 의해 숨져간 '고박종철군 추모행사 를 갖기로 하였읍니다.

박종철군의 죽음은 박종철군 죽음이 아닌 민주화운동을 하는 우리 모두의 죽음입니다. 우리는 박종철군의 죽음을 헛되이 하지 않도록 더욱 열심히 싸워야 할 것입니다. 오늘, 우리는 추모제를 통해 우리의 모습을 재확인 해보고자 합니다. 우리의 결의를 새롭게 하는 이자리에 부디 진지하게 참석하셔서 추모제 행사가 깊이있게 진행되도록 해주시기 바랍니다.

추모제 행사일정은 다음과 같읍니다.

1월26일 추모제와 성명서 발표.

주제 토론 : 박종철군 죽음을 둘러싼 정치상황.

1월27일 고문사례 발표.

주제 토론 : 고문. 폭력에 대한 운동권의 대응

문화6단체의 구체적인 대응 방법 모색.

1월28일 오전

마무리 성명서 채택

박 종철 -- 그 끈끈하고도 치열했던 21년의 삶을 돌아보며

박 종철은 1965년 4월 1일 분단된 반도땅, 못가진 자의 2남 1녀 중 막내로 태어났다.
부산 토성국민학교, 영남제일중학교, 혜광고교를 졸업할 때까지 그는 보통의 공부 잘하는 학생이 걷는 평범한 길을 걸었다. 하얀 얼굴과 재치있는 언행으로 주위사람들의 사랑을 받으며 자랐다.
1979년 부산에서 일어난 부마항쟁의 열기를 온 몸으로 느끼며 그는 막연하게나마 자기 삶의 방향을 잡았다.
'83년 서울대에 응시했다가 실패, 재수를 하면서 당시 S대 운동권에서 활동했던 형의 생활과 틈틈이 본 책을 통해 나름대로의 뜻을 세우게 되었다.
'84년 그는 서울대 언어학과에 입학했다.
입학에서 그의 짧은 생을 마감할 때까지 그는 오직 착취당하는 자를 위해, 압박받는 자를 위해 그리고 그들이 주인되는 사회를 위해 한 치의 타협없이 치열하게 싸워나갔다.
그는 1학년 때부터 저학년이 흔히들 가지는 두려움과 회의를 자기와의 끊임없는 투쟁속에 극복하면서, '84년 봄의 도서관 철야농성, 4.19 기념식을 마치고 난 뒤의 수유리싸움 등 학교에서 거리에서, 농촌에서 싸웠다.
2학년 들어서는 언어학과 2학년 대표가 되어 적극적으로 참여하면서 선배, 후배와의 격의 없는 대화를 통해 과분위기를 새롭게 하면서 과성원들을 굳게 결속시키는 역할을 했다. 그러던 그는 '85년 5월, 사당동 가두시위로 구류 5일, 6월의 구로 가두시위로 구류 3일을 살기도 했다.
이런 일련의 탄압을 받으면서도 위축됨없이 오히려 그가 막연하게 설정했던 삶의 방향을 한층 구체화시키고 확고히하는 계기로 삼았다. 그는 항상 노동자, 농민, 도시빈민의 문제를 자기문제로서 고민했으며, 심화되어가는 이 땅의 모순을 척결하기 위해 끝까지 투쟁하겠노라고 했으며, 몸소 실천했다.
3학년이 되면서 과회장으로 선출되었고 인문대의 제반 학생 활동에 적극적으로 참여하면서 '86년 4월에는 청계피복노조합법성 쟁취대회에 참가, 구속되기에 이르렀다. 그는 감옥에서도 학습을 멈추지 않고, 꾸준히 운동을 하는 등 심신을 단련하기를 게을리하지 않았고, 쉬지않고 자기의 주장을 밝히면서 투쟁의 의지를 강고히 했다. 7월 중순에 집행유예로 나와서는 3개월동안의 공백을 메우기위해 보이지 않는 노력을 했다.
84년 봄부터 86년 4월 그가 구속되기까지 그의 행적은 타오르는 불꽃 그 자체였으며, 오직 하나의 목표를 추구하며 끊임없이 자신을 반성하고 이 땅의 모순을 직시하는 삶이었다.
우리는 그의 짧았던 생의 편린들을 통해 첨예한 모순과 결코 타협하지 않고 주체적으로 살고자했던 한 젊은이의 처절한 투쟁을 볼 수 있는 것이다.

서울대학교 언어학과 학우

조 사(弔 詞)

우리들의 아들 박종철 고문의 죽음을 애도한다.

대한의 아들, 종철아!

네가 그 모습으로 죽다니!

시퍼렇게 젊은 나이에 이 어미들의 간장을 끊어놓고 떠나다니!

너를 죽인 자가 누구냐? 네 조국이 아니냐?

네가 무슨 대역죄라도 졌단 말이더냐!

친구 이름 불지 않은 것이 그렇게도 죽을 죄란 말이더냐!

민주사회, 정의사회, 평화사회 만들자는 너의 함성이 죄과였더냐! 내 아들아!

서울시민이 활보하는 대낮에, 너는 서울 한복판 대공수사단 고문실에서 피터지게 얻어맞으며, 배터지게 물고문, 전기고문을 당하며……그래 친구의 생명이 더 중요해, 나라의 민주화가 더 귀중해, 끝내 하늘같은 네 생명을 그 악마들에게 주어버린 너는 정말 못난 놈이었다. 어미들의 애(腸)를 끊고간 불효자식이다.

아니다! 우리 대신 네가 죽었구나!

지지리도 못난 이 나라가 하늘같은 생명을, 젊은 목숨을 죽였구나!

고문과 폭력으로 버텨가는 악마같은 전두환 정권이 우리들의 아들. 딸들을 하나씩 둘씩 죽이고 있다.

최루탄과 체포와 곤봉의 세례속에서 버티며 커온 너는, 끝내 폭력고문으로 꽃같은 인생을 악마들의 손에 의해 마쳐버리다니…… 아! 종철아!

민중의 지팡이가 곤봉이 되어 폭력을 휘두르는 사회, 아비(경찬-정권)가 아들(종철-민중)의 목을 조르는 사회, 그래서 늙은이가 젊은이의 장례식을 치르는 사회는 이제 다 끝장난 사회다.

이땅의 민주-정의-평화는 너의 죽음과 함께 한 줌의 잿덩어리로 화(化)했다.

우리들의 아들. 딸들이 대학가에서, 고문실에서 피 토하며 죽어가는 사회를 이제는 이 어미들이 맞서서 싸우다 죽을 것이다. 그래서 너의 피맺힌 한(恨)을 풀어줄 것이다.

어미들은 통곡한다! 어미들은 분노한다! 어미들은 호소한다!

1. 종철이를 살려내라! 우리 아들의 생명을 보상하라!
2. 행방을 모르는 40여명의 우리 아들 딸들을 내놓아라!
3. 고문당하고 있는 우리 아들 딸들을 내놓아라!
4. 불법. 강제연행과 구금을 즉각 중단하라!
5. 인간도살장 대공수사본부는 자폭하라!
6. 고문. 강간정권은 물러가라!
7. 살인정권 물러가라!

여성단체연합생존권대책위원회

가톨릭여성농민회
공해반대시민운동협의회
기독여민회
또 하나의 문화
민주화실천가족운동협의회
민주화운동청년연합 여성부
민주통일민중운동연합 여성위원회
민중불교운동연합 여성부
서울노동운동연합 여성부
여성사회연구회
여성의 전화
여성평우회
전북민주화운동협의회 여성분과
주부아카데미협의회
충북민주화운동협의회
한국가톨릭농민회 여성부
한국교회여성연합회
한국기독교교회협의회 여성위원회
한국기독노동자총연맹 여성부
한국기독교농민회연합회 여성부
한국기독청년협의회 여성위원회
한국노동자복지협의회 여성부
한국여신학자협의회 사회위원회

묵도

찬송 (521 장)

성경말씀 (예레미야 51 : 49- 50 , 52 - 53)

온세상에서 숱한 사람을 죽인 바빌론, 그 바빌론이 이스라엘 백성을 마구 죽인 죄벌로 망할 때가 되었다. 그런즉, 칼을 피한자들아 빠져 나오너라. 머뭇거리지 말고 어서 떠나거라. 멀리서라도 이 야웨 생각을 하고 예루살렘을 너회 마음에 두어라.

너희가 그토록 울부짖더니, 기다리던 날이 마침내 오고 말았다. 내가 말한다. 바빌론 신상들을 벌하는 날, 죽어가는 자의 신음소리가 온 세상에 사무치리라. 요새를 하늘에 닿게 쌓아도 내가 침략자를 보내어 바빌론을 헐어 버리리라. 이는 내말이다. 어김이 없다.

찬송가 (515 장)

주기도문

직선제 쟁취하여 고문 살인정권 물리치자!

서울大朴君 경찰 苛酷행위로 死亡

연행 3시간10분만에 死亡

물拷問중 窒息死

浴槽물에 머리넣기 "여러차례"

한번에 20~30秒씩 계속

누가 너를 앗아갔는가…

숨막혀 몸부림 치는데두

自白 늦추지않고 목눌러

3명이 한명 連行하는데 19군데 피멍 생길수 있나

아침8시경의 「連行소란」 하숙집에서 왜 몰랐을까

電氣고문은 반드시 火傷흔적…사진공개 할수없나

拷問사망 朴鍾哲군 서울大 추모식장

북받치는 울분에 끝내 통곡의 바다로

친구所在 물어라 하나이 拷問室

서울行 列車태워 아버지에 「死亡」통고

"死因도 안밝혀졌는데 火葬이 웬말…" 親知들

전 세계적으로 물의를 일으킨 김근태씨(前민청련의장)에 대한 전기고문 사건, 기관원에 의해 연행된 후 경부선 철도 연변에서 시체로 발견된 서울대 우종원군, 변사체로 발견된 서울대 김성수군, 인천연안가스 신호수군의 죽음, 그 뒤를 이어 86년 한 해동안 끊임없이 자행되어진 현군사독재정권의 전기고문 물고문에 의한 용공조작사건, 심지어 여대생 근로자에 대한 강간고문의 충격과 분노가 채 가시지도 않았는데, **87년 벽두에 꽃다운 한 젊은이가 또다시 치떨리는 고문으로 죽임을 당했읍니다.**

박종철군을 누가, 왜 죽였읍니까?

지난 80년 민주화를 향한 온 국민의 비원을 총칼로 압살하고, 2천 광주시민의 죽음 위에 집권한 현 정권은, 국민의 지지와 정당성을 결여한 독재정권이었기에 **집권 7년동안 그들을 지켜주는 유일한 수단은 폭력뿐 이었읍니다.**

치안본부, 안기부, 보안사, 대공2단, 시경, 도경의 대공과, 대공분실등, 은밀한 수사실에서 민족자주와 민주쟁취를 부르짖는 민주인사들을 상상하기도 끔찍한 살인적인 고문으로 짓밟으면서 그들의 정권은 이어져 왔읍니다. 그리고 **현 정권의 임기가 만료되어가는 지금에 있어서는 정권연장에만 급급한 나머지 더욱더 광분하며 살인적 폭력을 휘두르고 있는 것입니다.**

결국 박종철군의 물고문에 의한 죽음은 지금까지 현정권에 의해 자행되어온 살인적 고문 사실의 빙산의 일각에 불과합니다. 무수하게 진행되어져나온 고문의 사례들이 숨겨져 있는데, 박군의 죽음으로 현정권의 폭력성과 부도덕성이 만천하에 알려지자, 마치 이전에는 끔찍한 고문사례란 아예 없었던 것처럼 두사람의 경관에게만 책임을 전가하고 있지만, 명백하게 **살인고문의 책임자는 현 군사독재정권입니다.**

살인, 고문정권이 내놓은 내각제 개헌안,

민주화와 민족자주를 외치던 3,000여명이 차디찬 감옥에 갇혀 있고 40여명이 넘는 열사들이 목숨을 불살라 민주화를 외쳐대도 눈하나 깜박않고 국민들의 목숨을 파리목숨보다 우습게 아는 살인정권이 의원내각제 개헌 감행을 위해 온갖 음모를 꾸미고 있읍니다.

의원내각제 개헌안은 현행 군사독재 헌법의 골격이 그대로 유지된 채, 권력의 알맹이를 수상에게 집중시킨 **수상독재헌법안**입니다.

의원내각제 개헌안은 현정권이 미국의 비호 아래 기회주의적 정치집단들과 권력나눠먹기식의 합의로 **영구독재를 하겠다는 헌법**이며, 이나라와 이민족을 외세에 팔아넘기려는 **매국헌법** 입니다.

직선제 쟁취로 살인·고문정권을 타도합시다.

우리들은 지금 이나라 이민족의 존망의 갈림길에 서 있읍니다.

살인·고문정권에게 국민들이 죽임을 당하는 것을 계속 보고 있을 것인지, 우리 손으로 이나라를 도탄에서 건져낼 것인지 선택해야 합니다.

매국적 내각제 개헌안을 물리치고 직선제 개헌안을 쟁취합시다.

그리하여 우리의 손으로 우리를 대표할 정부를 선택합시다.

우리 민족의 자주와 민주화를, 우리의 인권을 되찾읍시다.

고문정권의 기만적 내각제 단호히 물리치자!

살인고문 자행하는 군부독재 물리치자!

영구집권 획책하는 군부독재 타도하고,
민족자주 민주쟁취 이룩하자!

고문 및 용공조작저지 부산지역 공동대처 위원회

- **부산민주시민협의회** 643－8583
- **부산지구 기독청년협의회** 462－4626
- **사선 부산지구 협의회** 643－8583
- **영남지역 목회자 정의평화실천협의회** 333－3609
- **부산N·C·C인권위원회** 462－4626

우리는 결코 너를 빼앗길 수 없다

오늘 우리는 뜨거운 눈물을 삼키며 솟아오르는 분노의 주먹을 쥔다

차가운 날
한 뼘의 무덤조차 없이
언 강 눈바람 속으로 날려진
너의 죽음을 마주하고,
죽지 않고 살아남아 우리 곁에 맴돌
빼앗긴 형제의 넋을 앞에 하고
우리는 입술을 깨문다

누가 너를 앗아갔는가
감히 누가 너를 죽였는가

눈물조차 흘릴 수 없는 우리
그러나 모두가 알고 있다
너는 밟힌 자가 될 수 없음을
끝까지 살아남아 목청 터지도록 해방을 외칠
그리하여 이 땅의 사슬을 끊고 앞서 나아갈 너는
결코 묶인 몸이 될 수 없음을

너를 삼킨 자들이
아직도 그 구역질 나는 삶을 영위해가고 있는
이 땅, 이 반도에
지금도 생생하게, 생생하게 살아있는 너
철아,
살아서 보지 못한 것, 살아서 얻지 못한 것
인간 자유, 해방
죽어서 꿈꾸어 기다릴 너를 생각하며
찢어진 가슴으로 약속한다
거짓으로 점철된 이 땅
너의 죽음마저 거짓으로 묻히게 할 수는 없다

그리고 말하리라
빼앗긴 너를 으스러지게 껴안으며 일어서서 말하리라
오늘의 분노, 오늘의 증오를 모아
이 땅의 착취,
끝날 줄 모르는 억압,

숨쉬는 것조차 틀어막는 모순 덩어리들,
그 모든 찌꺼기들을
이제는 끝내주리라.
이제는 끝장내리라.

철아,
결코 누구에게도 빼앗길 수 없는 우리의 동지여,
마침내 그 날
우리 모두가 해방춤을 추게 될 그 날
척박한 이 땅 마른 줄기에서 피어나는
눈물뿐인 이 나라의 꽃이 되어라.
그리하여 무진벌에서, 북만주에서 그리고 무등에서 배어난
너의 목소리를 듣는 우리는
그 날,
비로소 그 날에야
뜨거운 눈물을 네게 보내주리라

고문으로 숨진 박종철 군을 애도하며 고문살인 정권의 퇴진을 촉구한다

14일 오전 치안본부 대공분실에 연행되어 조사를 받던 서울대생 박종철(언어학과 3년) 군이 같은 날 갑자기 '쇼크사'했다는 충격적인 보도에 접하여, 본 한국기독교교회협의회 고문 폭력 대책위원회는 슬픔과 분노 속에 16일 오전 8시 긴급히 회동하고 다음과 같은 우리의 입장을 밝히기로 하였다.

1. 김근태 씨에 대한 고문 사건 이후, 치안본부에 의하여 계속되어 온 악명 높은 고문 사례들에 비추어 볼 때, 이번 박종철 군의 죽음이 쇼크사라는 치안본부 측의 설명은 전혀 납득할 수 없으며, 우리는 이번 사건을 고문에 의한 살인 사건으로 추정한다.
2. 우리는 이번 사건의 중요성에 비추어 볼 때, 전 양심 세력이 이번 사건의 진상을 규명하고, 고문의 종식을 위하여 총단결해야 한다고 믿어, '박종철 고문살인 확인위원회'를 범재야 연합으로 구성할 것을 제안한다.
3. 우리는 최근 국가안전기획부, 치안본부 대공분실, 시경 대공분실, 보안사 등 여러 특수수사기관에 수십 명의 청년, 학생 노동자들이 불법 연행되어, 장기간 불법 구금수사를 받고 있는 사실에 대하여, 이들도 박종철 군과 같은 가혹한 고문을 당하고 있을 것으로 우려하면서, 이들을 즉각 석방할 것을 촉구한다.
4. 우리는 이번 박종철 군 사망에 대한 직접적인 책임자와 관련 당사자들을 엄중히 형사처벌할 것을 촉구한다.
5. 우리는 김근태 고문 사건, 권양 성고문 사건 등에 이어 박종철 고문 살인 사건에 이르러, 도덕성을 철저하게 결여한 현 고문 살인 정권의 퇴진을 강력히 촉구한다.
6. 끝으로 박종철 군의 안타까운 죽음을 깊이 애도하며, 아울러 박종철 군의 죽음이 헛되지 않도록 이 땅에서 고문을 종식시키고 민주화를 이룩하도록 최선을 다할 것을 다짐한다.

1987년 1월 16일

한국기독교교회협의회 고문 폭력 대책위원회

위원장 김상근

성명서

—무고한 한 학생을 죽인 전두환 살인 정권을 온몸으로 거부하자—

전두환 군사독재정권의 폭압통치는 스무 살 꽃다운 젊은 학생의 생명을 빼앗기에 이르렀다. 1월 14일 남영동 치안본부 대공분실에 연행되어 조사받던 서울대 3학년 박종철 군의 죽음은 2,000여 광주 시민을 학살하고 들어선 현 정권의 야만성과 폭력성을 또 한번 만천하에 드러낸 사건으로서 온 국민의 뜨거운 분노를 불러일으키고 있다.

치안본부는 지난 14일에 있었던 박종철 군의 죽음을 32시간이나 숨기고 있다가 16일에서야 뒤늦게 "불리한 심문에 의한 단순 쇼크사"라고 발표했다. 그러나 박군의 주위 친구들의 증언에 의하면 박군은 평소 담배도 피우지 않고 의지가 강한 건강한 학생이었으며 민주화 운동 과정에서 두 번의 구류와 한 차례의 구속까지 경험한 투철한 정신의 소유자였다는 것이다. 이렇게 냉철하고 강한 의지의 청년이 수사관의 큰소리 몇 마디에 허약한 노인이나 심장병 환자처럼 공포에 질려, 그것도 연행된 지 단 두 시간 만에 쇼크사했다는 것은 상식적으로 납득할 수 없는 것이다.

또한 신문보도만을 보더라도 박군의 시신 곳곳에 피멍자국이 있었다는 가족의 증언과 "물을 많이 먹었다는 말을 조사관들로부터 들었다"고 한 용산 병원 오인상 조수의 말, 그리고 사체부검 결과 오른쪽 폐에 탁구공만한 출혈반이 발견되었고 이것이 전기 충격 요법의 결과일 수 있다고 한 의사의 증언을 종합해 보면 박종철 군의 사인이 치안본부 대공수사단에 의해 공공연히 저질러지고 있는 물고문, 전기고문에 있었음을 능히 추측할 수 있다.

또한 외부와의 연락을 완전히 차단한 채 비밀리 사체 부검이 이루어졌고 고문 여부를 판별할 수 있는 가장 결정적 증거라고 할 수 있는 박군의 시신을 보존하지 않고 황급히 화장해 버리도록 처리한 사실은 박군에 대해 가혹한 고문이 행해졌다는 심증을 더욱 확실하게 하는 것이다.

85년 본 연합 김근태 의장에 대한 치안본부의 살인적 고문에서부터 서노련 구속자에 대한 보안사의 고문, 부천서에서의 권인숙 양에 대한 성고문에 이르기까지 헤아릴 수 없는 야만적 고문 행위가 국가기관에 의해 백주에 공공연히 행해지고 있음을 우리는 알고 있다. 민주화를 요구하는 양심세력에 대한 현 정권의 이러한 무자비한 고문이 이제는 한 꽃다운 젊은 청년의 목숨까지 짓밟기에 이르른 것이다. 지금 이 시간에도 남산 안전기획부, 남영동 치안본부 대공분실, 옥인동 시경대공분실, 보안사 등에서 민주화와 민족자주를 위해 일하던 수많은 우리의 젊은이들이 저들의 살인적인 고문 속에서 신음하고 있다. 이들을 저 악랄한 살인정권의 손에서 구출하자. 헌법에도 규정되어 있는 고문받지 않을 민주주의 기본적 인권을 쟁취하자.

이번 박종철 군의 죽음에서 우리는 폭력으로 등장한 현 군사독재정권이 생명을 위협하는 고문폭력 없이는 한 시각도 지탱할 수 없다는 사실을 재삼 확인하면서 무고한 한 학생을 죽인 저 전두환 살인정권을 온몸으로 거부하자.

우리는 박군의 죽음에 대한 한없는 슬픔 속에서 군부독재 정권의 타도만이 이 땅에 다시는 이러한 무고한 죽음이 일어나지 않도록 할 수 있는 유일한 길임을 확신하면서 군부독재 타도에 총매진할 것이다.

1987년 1월 16일

민주화운동청년연합

성 명 서

우리는 어제 시국과 관련하여 치안본부 남영동 대공수사 2단에서 조사를 받든 서울대생 박종철군이 수사도중 수사관이 책상치는 순간 "억"하고 비명만 남긴체 숨졌다고하는 어처구니 없는 보도를 보고 경악과 분노를 금할수 없다.

의문에찬 이사건이 30여시간이나 숨겨오다가 기자들의 끈질긴 추궁으로 세상에 알려졌다는것도 문제려니와 시체 부검을 위한 압수수색영장도 비밀영장에다가 부검결과 박군이 입은 외상마져도 함구된 점에 더한 의혹을 금할수 없다.

외견적인 민주화의 열기와는 반대로 전국교도소 곳곳에서 들려오는 정치범들에 대한 극악한 폭력사태와 김근태씨와 권인숙양사건의 예에서 보듯이 천인공노할 고문행위의 진상해명과 척결이 없이 이사건이 우발적이라고 말한 당국의 발표가 모든국민을 납득시키지도 못하리라고 본다.

여기에 우리도 당국에 대한 변호사회와 재야의 유관 인권단체등 이사건의 진상규명을 위한 합동조사를 제의한다.

1987. 1. 17.

한 국 정 치 범 동 지 회 회장 윤 반 웅

한국정치범동지회
서울특별시 종로구 ○○동 252-1
(대신빌딩 1005 호)
전 화 739-4 8 8 5

우 리 의 입 장

박종철 학형의 죽음은 우리에게 엄청난 충격을 안겨 주었다. 85년 우종원 학형의 고문에 의한 죽음, 민청련 의장 김근태씨, 이을호 씨 등 수많은 민주투사에 대한 고문 살인행위, 성고문 행위에 이르기까지 차마 인간으로서는 생각할 수 없는 끔직한 탄압도 서슴치 않았다. 저들은 다시한번 박종철 학형에 대한 고문 살인을 자행함으로써 민족, 민주운동 전반에 대한 살인행위를 저질렀다.

형의 죽음은 한 개인의 죽음일 수 없다. 그리고 그것은 총칼앞에 무력한 우리들을 보여 준것도 아니다. 이러한 탄압이 강력한 힘으로 일어서는 민중들에 대한 어쩔수 없는 발악적인 그들의 모습, 약한 모습을 보여주는것에 다름아닌 것이다. 우리는 이 엄청남 분노와 슬픔을 주저 않은채 넋두리로 삭일수만은 없다. 이러한 고문 살인 행위가 수사관 개개인의 잘못에 문제가 아니고 이러한 피해가 개인 짓만이 아닐진데 이것은 이땅의 모순된 구조속에서 생겨난 것이다.

이러할때 제 2의 박종철이 생기지 않게 하기 위해서는 고문 살인 행위를 공공연하게 자행하면서 기존의 체제 유지를 위해 발악하고 있는 군사 파쇼정권을 분쇄하여야만 한다.

우리는 저들이 몇명의 사주 받은 수사관만을 문책하면서 본질을 숨기려 할 것임을 안다. 그러나 끝끝내 밝혀지고야 말 진실의 불꽃을 태우기 위해 학형의 죽음을 결코 헛되이 하지 않기 위해, 그리고 그가 그리던 그리도 원하던 그날, 민중해방의 그 날을 위해 우리는 끝까지, 끝까지 싸워 나갈 것이다.

1987. 1. 19.

서울대학교 인문대학 언어학과 학우 일동

- 우리의 주장 -

1. 살인고문 자행하는 군부독재 타도하자.
1. 살인고문의 본거지 치안본부 보안사 안기부를 즉각 해제하라
1. 노동자, 학생, 민주인사를 즉각 석방하라.
1. 민족 민주운동 탄압하는 살인정권 타도하자.
1. 박종철 학형을 살려내라.

이 땅에 다시는 원통한 죽음이 있어서는 안됩니다

— 서울대생 박종철 군의 죽음을 애도하며 —

현 군사독재정권의 잔인무도한 고문에 또 다시 우리의 사랑하는 자식·형제 한 분의 아리따운 젊은 목숨이 파리보다 못하게 빼앗겨 버렸읍니다. 85년 10월 서울대 민추위 사건으로 수배중이던 서울대생 우종원 군이 황간역 철로변 콩밭에서 의문의 변사체로 발견되었던 것을 비롯, 86년 6월, 무전기를 장착한 수사요원에 의해 연행된 후 전남 여천의 후미진 야산에서 변사체로 발견되었던 인천 연안 가스 근로자 신호수 군, 86년 8월 부산 송도앞바다에서 시멘트덩이를 발에 매달고 수장된 채로 발견된 서울대 김성수군 등의 의문에 가득찬 죽음에 이어 이번에는 치안본부 대공분실에 연행되어 수사받던 중 서울대생 박종철 군이 고문치사한 사건이 백일하에 드러난 것입니다. 이는 바로 민족적 대참화인 광주사태에 대한 책임은 커녕 오로지 자신들의 장기집권 야욕에 눈이 어두운 현 정권이, 겉으로는 민주화주도니 국민기본권 신설이니 하는 달콤한 말을 운운하면서도 속으로는 그들의 정권유지의 하수조직인 안기부, 치안본부, 시경, 보안사 등의 은밀한 고문실에서 민주화와 민족통일을 염원하는 수 많은 양심인들을 참혹하게 고문하면서 용공분자로 조작해 내기에 혈안이 되어 있는 어처구니없는 현실의 한 단면입니다.

국민 여러분!

지금 이 시각에도 치안본부, 안기부, 보안사의 지옥보다 더한 고문실에서는 오로지 민족의 참다운 자주권과 민주실현의 의로운 신념 때문에 험난한 민주화투쟁에 자신의 모든 것을 다 바치고 있는 우리의 아들·딸·형제·자매가 저 야수만도 못한 군사독재의 더러운 고문에 신음하고 있읍니다.

박종철 군의 죽음은 단순한 고문치사가 아니라 이 땅에서 야만적·살인적 고문행위가 영원히 사라져야 함을, 그러기 위해서는 양심과 정의를 송두리째 말살하려는 저 가증스러운 군사독재가 분명, 국민의 손에 의해 처단되어야 함을 일깨워주는 역사적 죽음입니다.

국민 여러분!

이 땅에 다시는 원통한 죽음이 있어서는 안됩니다. 박종철 군의 죽음은 바로 정의를 사랑하는 여러분의 자식과 형제의 일입니다. 군사독재가 멸망하지 않는 한 누구도 이러한 공포에서 결코 자유로울 수 없읍니다. 우리 모두 더 이상 침묵해서는 안됩니다. 우리 모두가 각자 서있는 자리에서 고문행위를 규탄하고 군사독재의 퇴진을 요구합시다. 한줌도 안되는 독재의 무리가 주인이 아니라 열심히 일하는 우리들 모두가 주인이 되는 희망의 새 시대를 우리의 손으로 맞이합시다.

양심인을 살인하는 군사독재의 피묻은 손은 바야흐로 동터오는 민주주의의 새벽빛 앞에 서서히 스러져 가고 있읍니다. 다가오는 찬연한 새날에 우리 모두 떳떳한 국민이 됩시다. 저 불의한 폭력의 무리, 군사독재를 처단하기 위해 한뜻으로 뭉치고, 외치고, 박차고 일어납시다.

1. 박종철 군을 죽인 치안본부를 즉각 해체하라!
1. 살인수사 사주하는 군사독재 물러가라!
1. 모든 민주세력은 하나되어 투쟁하라!
1. 양심수 전원을 즉각 석방하라!
1. 국민 여러분, 우리 모두 침묵하지 맙시다!

1987. 1. 19.

민주화실천가족운동 협의회

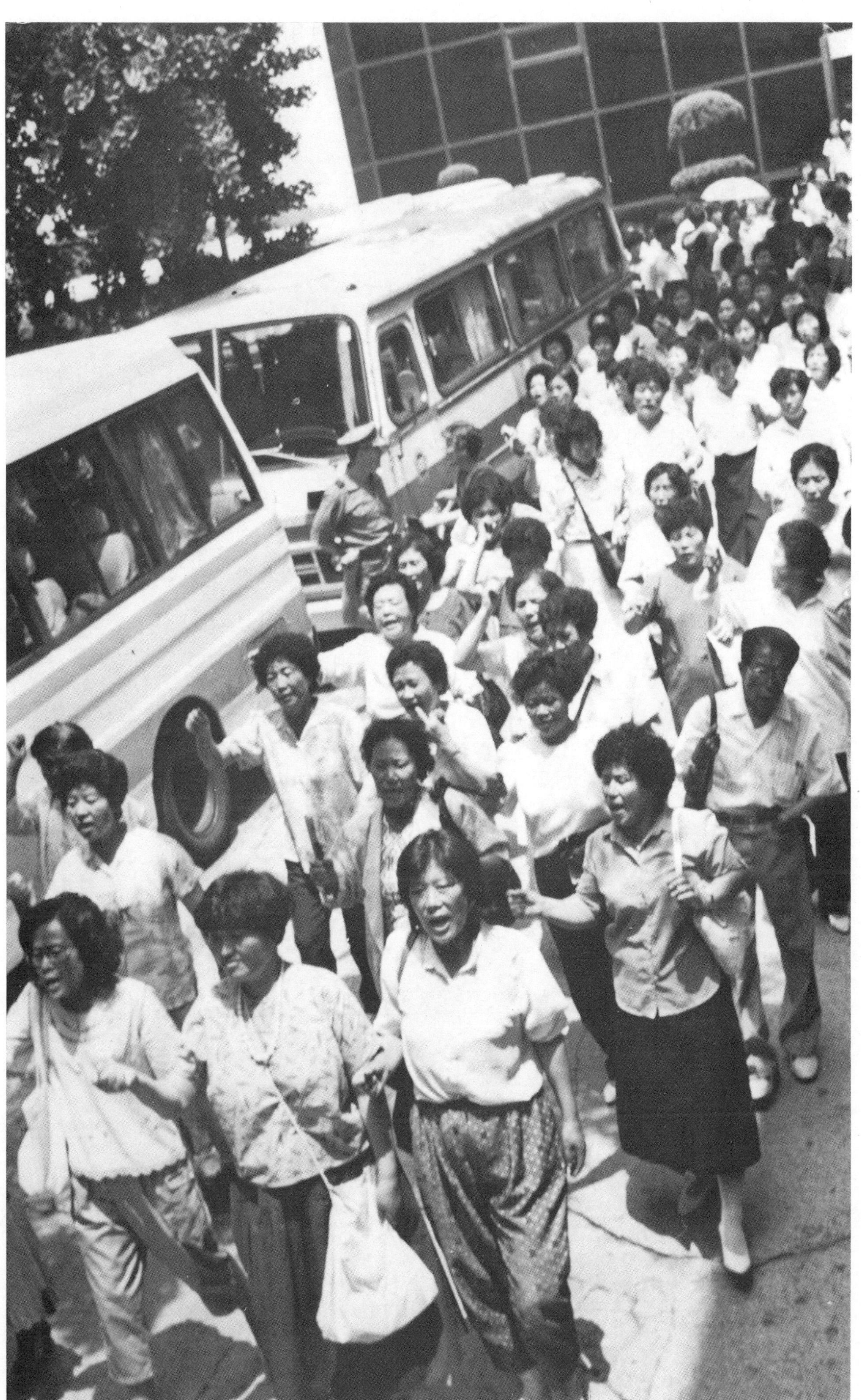

87. 1. 22.자 변협인권위원회

고문근절대책에 관한 결의사항

"고문대책 공청회" 개최

대한변호사협회는 고문피해의 실레를 파악하고 고문근절의 실제적 대책수립을 위한 각계의견을 수렴하고자, 다음과 같이 공개공청회를 개최하기로 하였다.

다　　　음

일　시: 87. 1. 27. 16:00 - 19:00(오후4시 - 7시)

장　소: 변호사회관 12층 대회의실

진　행: (1) 제 1부: 고문사례보고회
(발표자: 고문피해자 본인, 구속자가족, 접견변호사)

(2) 제 2부: 고문근절대책 토론회
(토론자: 교수, 성직자, 언론인,변호사)

(3) 제 3부: 자유토론

성 명 서

본 협회는 근 자에 민청련 의장 김근태씨, 서노련 간부 김문수씨외 수명, 부천서 권모양등에 대한 경찰 수사과정에서 고문과 가혹행위가 자행된 사실을 확인하고 시정을 촉구함과 아울러 형사고발까지 제기한 바 있다.

그런터에 김근태씨가 고문당했던 바로 그장소인 치안본부 남영동 대공분실에서 또다시 서울대학생 박종철군이 고문을 당한 끝에 사망한데 대하여 우리는 경악과 분노를 금할 수 없다.

그 동안 학생, 근로자등 공안사범들에게 상습적으로 고문이 자행되어 온 사실에 비추어 우리는 이번 사건이 경찰권력 자체의 조직 범행에 의한 것임을 믿어 의심치 않는다. 따라서 이 사건은 절대로 한 두명의 경찰관에 의하여 우발적으로 저질러진 사고인 것처럼 호도되어서는 안되며, 지위고하를 막론하고 일체의 범행관련자들이 남김없이 의법처단되어야 한다.

2. 우리는 이 사건이 발생한 후 의도적으로 수십시간동안이나 공개되지 않고 있었던 사실, 박군의 사망사실이 일반에 알려진 후로도 경찰 수뇌부가 집요하게 사망원인을 위장하고 고문사실을 끝내 부인하려고 시도하였던 사실및 망인에 대하여 유가족과 친지들이 합당한절차에 따라 조의를 표시할 기회도 부여되지 아니한 채 경찰이 서둘러 박군의 시신을 화장하는데 급급하였던 사실을 중시하고, 이에 대하여 강력히 항의한다.

우리는 국민을 우롱하고 박군을 두번 죽이는 이 가증스러운 범행은폐 기도의 전모가 백일하에 밝혀져야 하며 관련자 전원이 의법처단되어야 한다고 주장한다.

3. 이 천인공노할 고문살인범죄의 직접적인 당사자일 뿐만 아니라 범행후 그것을 은폐하기에만 급급하였던 경찰 자신에게 이 사건의 수사와 처리를 맡겨둔다는 것은 사건전모와 책임소재에 대한 철저한 규명을 하지 않겠다는 것이나 마찬가지인 천부당만부당한 일이다.

우리는 검찰이 인권옹호직무 담당자로서의 그 직권을 스스로 포기하고 '이 처리를 경찰에 넘겨준 조치에 대하여 통분을 금치못하며 '거할 것을 강력히 요구한다.

' 관계자들의 고소,고발등을

통하여 숱한 고문사례가 알려졌음에도 불구하고 검찰과 법원등 관계당국이 이를 묵살하고 사건진상과 책임소재를 규명하려는 성의를 보이지 않았을 뿐만아니라 심지어는 고문사실을 은폐하고 고문경찰관을 비호하는 듯한 동향마저 보여왔던 사실에 대하여, 바로 이것이 박군의 죽음을 부른 중요한 원인중의 하나임을 지적하고 강력히 항의하는 바이다.

우리는 이 사건을 계기로 하여 그동안 관계당국에 의하여 은폐되고 묵살당해 왔던 모든 고문피해사례가 전국민적인 감시아래 철저히 재검토되고 공개되어야 하며 모든 관계자들이 남김없이 의법처단되어야 한다고 주장한다.

5. 국가공권력이 야만적인 가혹행위와 살인의 도구로 화한 이 시점에서, 우리는 우리 헌법의 이념인 민주적기본질서와 인간의 존엄성을 수호하기 위하여 고문근절을 위한 전국민적인 결단과 노력을 호소하지 않을 수 없다.

국민의 혈세로 유지되는 공권력이 무엇하고도 바꿀수 없는 귀중한 젊은이의 목숨을 앗아간 이 끔찍하고 처참한 사태에 대한 국민적분노는 가장 강력한 방법으로 표시되어야 하며, 모든 국민 개인과 정당, 사회단체, 종교단체들은 일치단결하여 다시는 이처럼 치욕스러운 고문범죄가 이 땅에서 재발하지 않도록 대대적인 고문반대운동을 전개할 것을 호소한다.

1987. 1. ~~20.~~ 19.

대한변호사협회

협회장 김 은 호

인권위원장 류 택 형

재 정 신 청 서

피의자 남영동 소재 치안본부 대공수사단 소속
"김전무"등 경찰관 8명
(1985. 9. 4 - 9. 25 에 김근태에 대한 국가보안법
위반 피의 사건 조사에 관계한 자들임)

재정신청인 (고발인, 각 대한변호사협회 인권위원들)

1. 변호사 류 택 형
2. 변호사 강 신 옥
3. " 변 정 수
4. " 강 철 선
5. " 조 승 형
6. " 홍 성 우
7. " 조 영 래

전 민주화 운동청년연합의장 김근태씨가 남영동 소재 치안본부대공분실에서 피의자들로부터 전기고문, 물고문등 가혹행위를 당한 사건에 관하여 재정신청자들이 1985. 12. 30. 서울지방검찰청에 피의자들을 고발하여 위 고발사건이 위 검찰청 86 형제 1389호로 입건되었던 바, 위 검찰청 검사 배재욱은 1986. 12. 30. 피의자들에 대하여 각 무혐의 불기소 결정을 내렸다.

고발인들은 위 결정에 전부 불복이므로 원 결정을 취소하고 이 사건을 법원의 심판에 부하는 재판을 구하기 위하여 이 건 재정신청에 이른 것이다.

증거관계 및 재정신청을 이유있게 하는 사실

피의자들에 대한 각 피의사실은 피해당사자인 김근태 본인의 시종일관된 피해사실 진술내용과 고문 직후에 위 김근태의 피해상황을 직접 목도하였던 동인의 처 인재근등 제반 관계자들의 증언및 기타 제반 정황에 의하여 넉넉히 인정된다.

그럼에도 불구하고 검사가 피의자들을 피해자와 대질 신문하는 등 가장 기초적인 조사마저도 하지 아니한 채 막연히 피의자들의 부인진술만을 믿어 고문의 증거가 없다는 이유로 무혐의 불기소 결정을 한 것은 법질서를 스스로 유린하는 부당한 조치이므로, 원결정은 마땅히 취소되어야 한다. 나머지 점에 대하여는 추후에 보충진술하기로 한다.

1987. 1. 20.

위 재정신청인

변호사 류택형

" 강신옥

" 변정수

" 강철선

" 조승형

" 홍성우

" 조영래

서울고등법원 귀중

불법연행 · 장기구금 · 고문 · 용공조작은 이 땅에서 추방되어야 한다.

2,000여 광주민중의 학살로부터 출범한 제5공화국은 그 출발에서부터 살인마적 폭력성과 야수와 같은 비도덕성을 정권의 본질로 삼고 있다. 현 정권은 또한 자신들의 장기집권을 위하여 학원에서, 공장에서, 농촌에서 들불처럼 거세게 번져가는 민주화운동을 무자비하게 탄압하여 사회전반을 공포분위기로 몰아넣고 있다. 그들은 최근 전국노동조합연맹추진위원회(전노추)사건과 소위 M.L당, 소위 반제동맹당 사건을 불법연행과 장기구금, 무자비한 고문으로 조작해내어 국민들에게 악랄하게 선전해대고 있다.

현 정권은 1986년 한해동안 3,400여명이라는 엄청난 수자의 양심범을 구속하고도 1986년 11월부터 현재까지 또 다시 국가안전기획부 · 치안본부 · 보안사 등 악랄한 수사기관을 총동원하여 자유와 평등, 정의와 민주주의를 실현하기 위해 투쟁하는 민주화 세력을 용공이적으로 매도 · 고문 · 투옥함으로써 자신들의 장기집권을 획책하고 있는 것이다. 이들의 폭력적 탄압 중 가장 비열하고 야비한 행위는 모든 민주인사에 대해 감행된 불법연행과 장기구금 및 야수와도 같은 살인적 고문 행위이다. 1981년 6월 전민학련 사건 관련자에 대한 60여일간의 장기구금으로부터 현재 국가안전기획부에 불법구금되어 있는 수십명에 이르기까지 현 정권은 민주인사를 영장없이 강제로 연행하여 불법적으로 구금시켜 놓고 있다. 이들은 겉에서 보아도 무시무시한 공포분위기를 자아내는 건물 속에 온갖 고문장치를 갖추어 놓고 "너 같은거 하나 죽여도 아무도 모른다." "너 공산주의자지, 빨갱이지"하면서 자신들이 만들어 놓은 각본대로 억지로 자백할 때까지 목욕탕에 거꾸로 처박아 물과 고추가루를 먹이고, 전기로 지지고, 쇠파이프로 사정없이 두들겨 패면서 연행자를 50일, 60일씩 감금하고 있는 것이다. 이번 안기부에 불법연행된 사태는 11월 27일 김상현의 연행을 시작으로 11월 29일 김성식, 12월 15일 이춘자 · 강인자, 12월 18일 김명환 · 이승환 · 하영옥, 12월 19일 김경환, 12월 22일 김찬, 12월 23일 윤성구, 12월 31일 이호균 · 조경숙, 1월 2일 최민 · 김철수 · 이선희, 1월 4일 하윤숙 · 차호정, 1월 5일 민병두 · 목혜정, 1월 7일 박영태 등 가족들에 의해 확인된 연행자의 수자만 보아도 이번 사태의 심각성을 알 수 있다.

이들을 연행할 때 수사관들은 자기 신분도 밝히지 않은 채 강제로 사람들을 끌고갔다. 그러나 이들이 타고온 자동차의 번호(서울 1나-3725)에 의해 이들이 안기부 소속이라는 사실이 밝혀졌으며 가족들은 남산 1호터널 입구에 있는 안기부로 찾아가 소재 확인과 면회를 요구하며 계속 싸우고 있다. 그러나 안기부 담당수사관의 대답은 수사가 더 진전되어야 확인해 줄 수 있다는 것이었고 중부경찰서 정보계장이라는 사람이 나와 가족이 집단으로 행동하는 것은 업무방해에 속한다며 가족들을 연행하겠다고 협박을 일삼더니 1월 15일에는 아들 · 딸 · 남편의 면회를 요구하며 절규하는 가족들을 중부서에 연행하여 어머니와 부인들 9명을 이틀이 넘게 유치장에 가두어 놓고 "안기부는 다른 곳과 다르다. 그 앞에 다시는 가지말라"면서 다시는 소란을 피우지 않겠다는 각서를 강요했다.

국가안전을 기획한다는 국가안전기획부, 소위 안기부라는 악명높은 수사기관은 도대체 어떤 곳이기에 다른 곳과 다르단 말인가? 살인마 전두환의 개같은 충복 장세동을 대장으로 모시고 있는 안기부는 민주인사들을 영장없이 가두어놓고 생사조차 확인시켜 주지 않아도 되는 치외법권 지역이란 말인가? 아니면 살인면허를 받은 특별기관이란 말인가?

사람잡는 살인면허장을 발부받은 또 하나의 수사기관 치안본부에서는 실제로 폭력살인이 행해지지 않았는가? 사람을 잡아들이자 마자 기를 죽이기 위해 무조건 풀-코스로 돌린다는 고문의 실상, 즉 일단 목욕탕에 처박아 놓고 물을 먹이고 거꾸로 매달아 고추가루를 먹이면서 전기로 약하게 · 강하게 지져대며, 쇠파이프 · 주먹 등으로 사람을 묶어놓고 죽지않을 정도만 두들겨 패면서 그렇게 몇시간 동안 반쯤 죽여놓고 조사를 시작한다는 미치광이 같은 말기적 작태를 볼 때 박종철 학생의 죽음은 재수가 없어서 죽은 우연이 아니라 지금 감금되어 있는 백여명의 청년 학생 노동자들이, 아니 민주와 정의를 갈구하는 이 땅의 모든 민중이 당할 수 있는 우리 모두의 처절한 현실인 것이다.

이들의 이런 악랄한 작태로 보아 현재 불법구금되어 있는 100명과 현재도 계속 잡아들이고 있는 민주청년, 학생, 노동자들에 대한 살인마적 고문행위는 불을 보듯 뻔한 일이다. 실제로 안기부에서 조사를 받고 나온 사람에 따르면 각방에서 사람잡는 비명소리가 들리고 조사하는 방이 모자랄 정도로 많은 사람이 구금되어 있다고 한다. 이들은 구금자들을 구타하고 비인간적인 온갖 고문을 통해 제2, 제3의 용공조작을 추진하고 있는 것이며 조만간 관제언론은 모든 매체를 동원하여 이 조작극을 대대적으로 떠들어 댈 것이다. 50일 · 60일씩 가족과의 면회조차 없이 감금하면서 자신들의 마음대로 사람의 생명까지도 위협하는 안기부와 치안본부, 보안사 등의 만행은 온 국민 앞에 낱낱이 밝혀져야 한다. 대한민국 헌법 제11조 ③항 체포 · 구금 · 압수 · 수색에는 검사의 신청에 의하여 법관이 발부한 영장을 제시하여야 한다는 최소한의 법률적 절차까지 완전히 무시해버리는 불법행위를 저지르고 있는 안기부와 치안본부, 그중에서도 보다 더 악명 높은 안기부는 당장 모든 구금자에 대한 불법감금, 고문행위를 중단하여 우리의 민주청년, 학생, 노동자들을 석방하고 용공조작 행위를 즉각 중단하라.

또한 우리는 안기부와 치안본부를 하수인으로 박정권 말기를 능가하는 민주세력에 대한 살인마적 폭력행위를 자행하고 있는 현 전두환 군사독재정권을 온 국민 앞에 고발하며 아울러 살인마집단 현 정권의 즉각 퇴진을 요구한다.

우 리 의 요 구

1. 국가안전기획부와 치안본부에 불법연행되어 있는 민주인사들을 즉각 석방하라!
1. 불법적인 강제연행 · 장기구금 행위를 즉각 중단하라!
1. 살인적인 고문 · 용공조작 즉각 중단하라!
1. 국가안전기획부장 장세동과 치안본부장 강민창을 처벌하라!
1. 고문으로 숨진 박종철을 살려내라!

1987. 1. 20.

불법구금자 가족 일동
민주화실천가족운동 협의회

종철 형을 보내며

우리는 또 다시 끓어오르는 분노를 느낀다. 우종원, 김세진, 이재호, 아동수···. 부를 때마다 슬픔과 분노가 솟아오르는 이름들 우리는 그 이름들 위에 또 다시 박종철 학형의 이름을 더해야 한다. 가장 인간적인 모습으로, 하늘을 우러러 한 점 부끄럼없는 자세로, 한 치의 타협도 없이 치열하게 싸워왔던 형을 보내며, 역사 속에서 능동적인 주체로 살아가는 삶을 강조했던 형의 말을 가슴깊이 되새긴다. 이제 형을 보내며, 우리는 지난 며칠간의 모든 슬픔과 경악과 분노와 충격은 아무 것도 아님을 안다. 이제 우리는 모든 의미없는 슬픔의 조각들을 던져버려야 함을 안다. 하루하루 살아 기억되는 형의 죽음을 두 손 불끈 쥔 채로 가슴 속에 채워 두어야 함을 안다. 절대로 눈물로 형의 죽음을 보내버리지 말아야함을 안다. 우리의 가슴속에, 우리의 핏발선 두눈 속에 새겨두어야함을 안다. 지금 우리는 형의 영정앞에서 생각해본다.

누가 형을 죽였는가? 형의 목덜미를 쥐고 욕조에 머리를 처박고, 전기줄을 형의 몸에 휘감은 두 살인마인가? 본시 인간이었을 그들을 살인마로 변모시키기 위해 찬바람부는 동안 모든 민주하는 이들을 다 잡아 족치라고 채근한 치안본부장, 내무부장관인가? 우리들은 안다. 종철형을 죽인 자, 바로 자신의 존립을 위해 성고문등 온갖 끔찍한 고문과 살인행위를 서슴지 않는 현 군사파쇼정권이라는 것을. 또한 그들이 바로 종철형이 이땅에서 몰아내고자 했던 무리들이라는 것을. 80년 5월, 잔인하도록 눈부신 햇볕이 내리쬐는 금남로에서 수천의 공수부대를 동원해 이천여 광주민중을 학살한 전두환 군부파쇼집단이며, 이를 뻔히 알면서도 방조하고 사주하면서 끊임없이 이땅을 짓밟아온 미제국주의자들이 종철형이 끝내 이땅에서 영원히 몰아내고자 했던 놈들이라는 것을 우리는 안다. 이제 우리는 종철형의 죽음앞에 선언하고자 한다. 아무리 우리가 가는 길이 험할지라도, 형이 그렇게 하신 것처럼 두눈 똑바로 뜨고, 두주먹 불끈쥐고, 끝까지 싸워나가고야 말 것임을! 이제 한치의 감상도, 한점의 회의도 없이 싸우는 이들의 단결을 믿으며, 싸우는 이들의 승리를 믿으며, 앉아있는 이들의 일어섬을 믿으며, 함께 싸워나갈 것임을! 저들의 폭력성이 형의 죽음으로 인해 반성으로 약화될 것이라는 비겁하고 나약한 모든 감상들을 뿌리치며, 그들은 절대로 반성하지 않을 집단, 절대로 민중의 뜻을 받아들일 수 없는 집단, 절대로 민족의 뜻을 받아들일 수 없는 집단, 절대로 민주의 옷을 걸칠 수 없는 집단, 반드시 반드시 살아남아 처단해야만할 집단임을 가슴깊이 새겨넣으며, 우리는 종철형을 보내면서, 오늘을 마지막으로, 이제 더이상 눈물을 보이지말아야함을 안다. 그리하여 형의 짧았던 생이 결코 헛되지 않았음을 역사위에서 증명해보일 그 날, 임진강변에서 마음껏 눈물 흘릴 수 있는 그날을 맞이하고야 말 것이다.

1. 살인고문 자행하는 군부독재 타도하자!!!
1. 살인고문의 본거지 치안본부, 보안사, 안기부를 즉각 해체하라!!!
1. 노동자, 학생, 민주인사를 즉각 석방하라!!!
1. 민족민주운동 탄압하는 살인정권 타도하자!!!
1. 박종철 학형을 살려내라!!!

1987. 1. 20.

서울 대학교 인문 대학 언어학과

현 정권의 야만적인 고문살인행위를 온 국민의 이름으로 규탄한다.

- 고 박종철군의 죽음을 애도하며 -

19일 치안본부는 지난 14일에 치안본부 대공분실에서 있었던 박 종철군의 고문치사사건에 대한 자체 수사결과를 발표하면서 박군이 2명의 수사관으로부터 물고문을 받던 중 목이눌려 질식사 했다고 밝혔다. 우리는 이 발표를 듣고 꽃다운 한 젊은 학생의 목숨을 앗아간 고문 수사의 참혹한 결과에 비통한 마음을 금치 못하는 한편 현 정권의 야만성과 폭력성에 새삼 뜨거운 분노를 느끼지 않을 수 없었다.

서울 시내 한복판에서 그것도 온 국민의 공복이 되어야 할 경찰에 의해 이런 가공할 살인행위가 자행되고 있다는 사실에 우리는 다시 한번 전율을 느끼지 않을 수 없다.

85년 9월 김 근태 고문 사건 이후로 남영동 치안본부 대공분실에서 공공연한 고문 수사가 이루어지고 있음은 경찰측의 거듭된 부인에도 불구하고 공공연한 사실이 되어왔다.

따라서 이번 박 종철 군의 죽음은 이러한 고문 수사가 어떤 결과를 초래 하는가를 백일하에 드러낸 사건이었던 것이다.

이에 우리는 군부독재 정권의 폭압 통치에 의해 억울하게 희생당한 한 애국청년의 죽음을 애도하면서 이번 사건에 대한 우리의 입장을 밝히고자 한다.

1. 박 종철군의 죽음에 대한 철저한 진상규명이 이루어 져야 한다.

   19일 치안본부의 발표에는 아직도 많은 의혹이 남아 있다. 치본에서 발표된 연행 시간 및 장소가 하숙집 주인의 진술 박군의 시신에 나타나 있었다는 수많은상처, 전기고문을 받았다는 심증을 주는 여러가지 증인들에 대한 철저한 조사가 이루어져야 할 것이다. 또한 사망후, 32시간 동안이나 이 사실을 외부에 대해 철저히 은폐했고 고문 사실의 결정적 증거물인 박군의 시신을 서둘러 화장케 했던점, 처음에 검찰에서 시작한 이 사건에 대한 수사가 납득할 만한 이유 없이 경찰의 자체 조사로 넘겨 졌다는 사실 등에 비추어 볼때 이 사건을 되도록 은폐하려 했던 당국의 의도를 분명히 읽을 수 있다. 다시는 이러한 불행한 사태가 발생하지 않도록 하기 위해서도 이 사건의 진상을 철저히 규명되어야 한다고 우리는 믿는다. 아울러 우종원, 김성수, 신호수, 등 민주화 운동 과정에서 어느 날 실종되어 의문의 변시체로 발견된 사건들에 대해서도 이번 기회에 철저히 규명되어야 한다.

2. 이 사건의 책임자를 규명하여 철저히 엄단해야 한다.

   박군의 죽음은 민청련의장 김 근태씨에 대한 혹독한 고문 이후 서노련 사건 관련자에 대한 고문, 부천서에서의 권양에 대한 성고문 등 치안본부, 안전기획부, 보안사 및 각급 일선 경찰 기관에서 수없이 행해지고 있는 고문 사례 중의 하나인 것이다. 우리는 이러한 일상적으로 행해지는 고문들을 철저히 근절시키기 위해서는 담당 수사관 2명 이외에도 지휘책임자로서 치안본부장, 내무부 장관 역시 이 사건의 책임을 물어 즉각 파면되어야 한다고 믿는다.

3. 우리는 이번 사건이 근본적으로는 2,000여 광주 시민을 학살하고 들어선 현 전두환 군사독재 정권의 폭력성에 기인한다고 생각한다. 자신의 정권 유지를 위해서는 정권 반대자의 목숨까지도 언제라도 손쉽게 유린해 버릴 수 있는 현 정권이기에 그 말단 기관에서의 고문 살인 행위가 끊임없이 자행될수 있었던 것이다. 우리는 폭력으로 들어섰고 폭력 없이는 하루도 지탱할 수 없는 현 정권이 이제야 말로 그간의 과오에 대해 국민 앞에 엎드려 사죄하고 대통령이 정권담당자로서 총 책임 질것을 강력히 촉구한다.

4. 우리는 이번 박 종철군이 피의자로서가 아니라 수배자의 소재를 알기 위한 참고인으로서 수사를 받다가 고문을 받고 목숨까지 잃었다는 사실에서 모든 선량한 시민들이 제2의 박 종철군이 될 수 있다는 위기 의식을 느끼지 않을 수 없다. 우리의 아들 딸 우리의 아내와 남편이 언제어느곳에서 사라져 차가운 시체로 우리 앞에 돌아올런지 알 수 없는 세상에 살고 있는 것이다. 그러므로 이번 박 종철 군 사건을 계기로 헌법 상에 엄연히 규정되어 있는 신체의 자유, 양심의 자유 등 기본적 인권을 쟁취하고 저 전두환 고문 정권의 종식을 위해서 온 국민의 적극적이고 단결된 노력을 호소하는 바이다.

5. 우리는 우선 오늘부터(20일) 26일까지 1주일간을 전국적으로 박 종철군 추모기간으로 설정하고 국민 모두가 검은 리본을 패용할 것을 호소한다. 그리고 이 기간동안은 각 단체 마다 현정권의 살인 고문 행위를 규탄하고 고 박 종철군의 명복을 비는 각종 집회, 선전 활동등을 활발히 전개해 주길 바라는 바이다.

박 종철군의 억울한 죽음 앞에서 삼가 고인의 명복을 빌며 이 땅에 고문과 폭력이 사라지고 진정한 민주주의가 자리를 잡을 수 있는 그날까지 우리모두 온 힘을 다해 총 매진합시다.

1987. 1. 20.

고문및용공조작저지 공동대책위원회

고문 : 김재준, 함석헌, 윤반용, 홍남순, 이민우, 문익환,
지학순, 김대중, 김영삼

공동대표 : 계훈제, 김명윤, 김승훈, 박영록, 박형규, 백기완,
서경원, 송건호, 양순직, 이돈명, 이소선, 이우정,
이정숙, 조남기, 최형우.

초 청 장

사무 제 8701 - 2호

수 신 : EYC

발 신 : 전국학생총연합 건설준비위원회 사무국

제 목 : 고 박종철학우 추모제 및 고문추방을 위한 범대학생 규탄대회에의 초청

무어라 이 답답한 가슴을 표현할 수 있을까요? 차가운 시멘트 바닥에서 외로이 지고만 한 학우의 넋을 위로하며 이 땅에서 영원히 고문을 추방하기 위해 서로서로의 뜨거운 양심의 소리를 모아봅시다. 이에 여러분들을 초청합니다.

참조 집회명칭 : 고 박종철학우 추모제 및 고문추방을 위한 범대학생 규탄대회

집회순서 : - 개회사
- 대표자 분향
- 묵념 (조시)
- 조사, 약력소개
- 부모님께 드리는 글
- 각단체 입장발표
- 공동성명서 발표
- 추모곡
- 단체 분향
- 추모행진

일시 : 1987년 1월 23일 오후 1시

장소 : 고려대학교 민주광장

전 국 학 생 총 연 합 건 설 준 비 위 원 회

고문 살인 정권은 즉각 퇴진하여야 한다!

하나님의 정의와 평화가 우리 역사에 실현되기를 염원해 온 우리 개신교 성직자들은 박종철에 대한 고문살인과 그동안의 경과를 지켜보며 아래와 같이 우리의 입장을 밝히는 바이다.

고문살인 사건의 진상은 아직도 은폐되어 있다.

현정권은 사건 발생후 시작에서부터 고문사실을 부인하고 은폐하기에 급급하여 왔다. 연행 30분만의 쇼크사라고 거짓발표하고, 시신도 서둘러 화장시키고서 고문살인의 장본인인 경찰로 하여금 자체 진상조사를 하도록 한 것은 사건의 진실을 밝힐 의지를 기본적으로 가지고 있지 않았기 때문이다. 발표된 2명의 고문살인자의 보호조치와 충분한 조사기일을 가지지 못한 기소사태등은 경찰권력의 조직적 범행인 이 범죄와 관련되어 있거나 은폐코자 하는 모든 범죄자들을 법에 따라 처단하지 않고 책임을 축소시키고자 하는 의도에서 나온 것이다. 단지 내무장관의 경질이나 고문방지기구 신설등으로 이 죄악이 감추어질 수 없다.

고문살인 사건은 결코 우발적 사고가 아니라 국민의 지지를 상실한 군부독재 정권의 유지를 위한 통치수단의 표출이다.

현정권은 80년 5월 광주사태 이후 폭력과 구속, 고문과 용공조작으로 국민을 위협하며 정권을 유지해 왔다. 국민의 동의없이 통치해 왔던 지난 6년간 우리는 수없이 공권력의 폭력과 김근태.김문수씨를 비롯한 거의 모든 양심수들이 고문당해 왔음을 기억하고 있다. 특히 박종철군의 경우 다른 수배자의 소재를 알기 위하여 이토록 고문할 정도이니, 다른 양심수들의 경우는 그 가혹성을 쉽사리 짐작하고도 남음이 있다. 따라서 이 사건은 단지 한 개인에 대한 경찰의 고문살인 사건이 아니라 현정권이 도덕적.법적으로 완전 타락하였음과 국민과의 적대적 관계 속에서 통치하고 있음을, 그리고 공권력이 살인폭력화 되었음을 보여주는 사건이다.

이제 우리는 이 땅의 고난과 아픔을 짊어지고 먼저 하나님의 품에 안긴 고 박종철군의 명복을 빌며, 또한 그 유가족 위에 하나님의 위로와 격려가 함께 하시길 간구한다.
우리 개신교 성직자들은 고문과 폭력이 이 역사에서 사라지고 하나님의 정의와 진실이 차고 넘칠 때까지 계속 헌신해 나갈 것이다.

= 우 리 의 요 구 =

1. 현 정권은 고문 당사자이다. 고 박종철군의 정확한 사인규명을 위해 국회의 국정조사권이 즉시 발동되어야 한다.
2. 그동안의 모든 고문사례와 실종변사사건은 철저하게 규명되어야 한다.
3. 고문의 온상이 되고 있는 불법연금.구금은 즉시 중지되어야 한다.
4. 불법구금 및 구속중에 있는 모든 양심수들을 즉각 석방하여야 한다.
5. 내무장관의 경질이나, 고문방지기구 등으로 이 사건을 미봉하지 말고 현 정권은 이 사건의 전적인 책임을 지고 즉시 퇴진하라.

1987. 1. 22.

전국목회자정의평화실천협의회

애국학생 고 박종철군 추모식 및 고문정권 규탄 궐기대회

숨진 朴鍾哲군

● 때 : 1987년 1월31일(토) 오후 2시

● 곳 : L.A. 아드모어공원

※18개 민주단체 대표임원들은 긴급회의를 갖고 우선 5곳에 「애국학생 박종철군 분향소」를 설치하였읍니다. 편리한 곳을 이용해 분향해 주시길 바랍니다.

* 나성한국청년연합 – 1401 W. 22ND ST. L.A., CA. 90026
* 민중문화연구소 – 1853 S. ARLINGTON. #203. L.A., CA. 90019
* 신한민보소강당 – 2936 W. 8TH ST. L.A., CA. 90005
* 코리안스트릿저널 – 1321 W. 11TH ST. L.A., CA. 90015
* 선데이저널 – 2833 W. 8TH ST. L.A., CA. 90005

해외동포 모두 참여하여 젊은 애국자의 뜻을 되새깁시다. 그리하여 조국의 민주화를 성취합시다. 국내외 동포들이 역사의 주체가 될때 우리 모두의 인권을 회복할 수 있읍니다.

주관 : 나성지역 18개 민주단체

〈민주통일운동 탄압저지 대책위원회〉

연락처 : (213)738-0714

성 명 서

애국학생 박종철군을 살해한 전두환 정권의 살인만행을 규탄한다!

지난1월14일 ~~전두환~~ 독재정권은 또 한사람의 애국학생을 무참히 살해 했읍니다. 민주화와 민족통일만이 기울어져 가는 조국의 운명을 바로 일으켜 세우는 길임을 믿고 온몸을 던져 싸우던 서울대생 박종철군은 서울시경 치안본부 대공분실에 강제로 납치되어 모진 뭇매와 듣기만 해도 소름끼치는 물고문, 전기고문을 견디지 못하고 끝내 스물한살의 꽃다운 목숨을 빼앗기고 말았읍니다. 고문실 바닥에 내던져진 박군의 피멍울진 시체를 거두어 화장하고 재를 강물에 뿌리며 생전에 그를 아끼고 사랑했던 부모와 학우들은 "내 아들 살려내라, 누가 우리의 학우를 죽였느냐"고 울부짖으며 몸부림쳤읍니다.

나이 어린 애국학생을 강제 납치하여 잔혹한 고문으로 목숨까지 빼앗다니 이것이야말로 천인공노할 만행이 아니고 무엇입니까? 박군의 죽음으로 나라 안팎이 크게 경악·분노케되자 내무부장관을 갈아치우는 등 법석을 떠는 수작이야말로 우리를 기만하여 살인마의 정체를 감추려는 악독하고 교활한 사기극이 아니고 무엇입니까?

~~재미동포 여러분!~~

~~조국 동포들에 대한 전두환~~ 독재정권의 피비린내 나는 탄압은 마침내 극에 달했읍니다. 1980년5월 광주시민 2천여명을 학살하고 정권을 강탈한 저들, 민족을 배반하고 외세의 앞잡이로 전락한 저들은 노동자·농민·학생·재야인사 등 수많은 ~~애국동포들~~을 강제로 납치하여 집단구타, 성고문, 물고문, 전기고문 등 잔인한 고문을 자행하고 온갖 악형으로 끊임없이 탄압하며 죽음으로 내몰고 있읍니다.

애국학생 박종철군에 대한 살인만행은 밖으로는 조국동포들의 저항에 부딪혀 비틀거리고, 안으로는 말할 수 없는 부패와 타락으로 무너지고 있는 ~~전두환~~ 독재정권이 파멸을 눈앞에 두고 저지른 최후발악의 일면입니다.

오늘 조국에서는 고 박종철군 뿐만 아니라 무수히 많은 우리의 부모형제와 아들 딸들이 전두환 독재정권의 고문과 매질 아래 피흘리며 죽어가고 있읍니다. 지금 이순간에도 얼어붙은 감옥의 철창속에 갇힌 3천6백여명의 애국동포들은 이를 악물고 무시무시한 고통에 맞서 싸우고 있읍니다. 살인정권의 폭압에 항거하여 투신·분신했던 수많은 노동자·농민·애국학생들의 선혈이 민주재단에 뿌려졌읍니다.

전두환 독재정권의 하수인인 치안본부·안기부·보안사 등 폭력집단의 손에 억울하게 희생된 민주원혼들의 아우성 소리는 조국의 하늘에 사무치고 있으며, 살아남은 사람들의 투쟁의 함성은 조국의 산야를 뒤흔들고 있읍니다.

동포들이여, 조국을 사랑하는 동포들이여!

피의 탄압에 항거하고 조국의 민주화와 통일의 위업을 성취하기 위해 치루고 있는 애국동포들의 값진 희생을 더이상 외면하지 맙시다.

뒤에서는 고문과 살인만행을 자행하고 앞에서는 소위 민주개헌을 떠벌리고 있는 저들의 악랄한 기만술에 더이상 속지 맙시다.

우리의 부모 형제와 아들 딸들을 고통과 죽음의 지옥에서 구하기 위해 두려움을 떨쳐버리고 하나로 뭉쳐 싸웁시다.

조국과 민족을 위해 목숨 바친 애국선열들의 뜨거운 넋을 우리의 심장에 담고 민주와 해방과 통일을 쟁취하기 위한 싸움에 우리 재미동포들도 동참합시다.

우리의 조국 땅에서 살인정권을 타도하고 민주조국을 세우기 위해, 분단정권의 무덤 위에 통일조국을 세우기 위해 분연히 일어선 애국동포들의 투쟁에 적극 호응하여 우리 ~~재미~~동포들도 총 궐기합시다.

전두환 살인정권 타도하자!
조국의 민주쟁취 투쟁 만세!

1987년 1월 22일

민주·통일운동 탄압저지 대책위원회

살인고문 자행하는 독재정권 타도하자!

노동형제여!

눈만뜨면 정의사회, 선진조국, 민주화, 인권을 외쳐대는 이땅에서 우리는 너무도 어처구니 없는 사실을 또다시 접하였다.

인간 존엄성의 가치가 땅에 떨어진 한반도에 진정한 민족해방과 민중민주주의를 갈망하며 치열하게 싸우던 21세의 꽃다운 젊음이 2,000여 광주민중을 학살하고 등장한 살인마 전두환일당에 의해 고문살해 당하였다.

수많은 선배동지들의 원한에 찬 남영동의 피맺힌 붉은 돌집에서 전기고문, 물고문에 의해 우리의 동지 박종철은 싸늘한 시체로 변해 "철아 이 아비는 너에게 아무 할 말이 없데이!"라는 처절한 아버지의 절규를 뒤로 한채 임진강을 떠다니며 우리들 가슴을 때리고 있다.

노동형제여!

우리는 이번 사건을 통해서 저 잔악한 무리들의 허둥대는 기만적인 작태를 똑똑히 보았다.

뭐? 책상을 "꽝"치니까 "억"하고 죽었다고 하더니 시신을 확인하기도 전에 화장해 버리고 사실이 폭로되면 국민들의 현 정권에 대한 원한의 함성이 두려워 서둘러 서너놈 갈이치우는 눈가림을.

노동형제여!

서너사람 갈아 치워봤자 그사람이 그사람 아닌가!

신임 내무부 장관이 누군가? 광주민중을 학살했던 주범중에 한 사람이 아닌가!

지금 이시간에도 우리는 이곳저곳에서 너무도 악독한 고문을 당하고 있으며 이공장 저공장마다 저임금의 굴레에 씌여 닭장집 지하 차디찬 골방에서 흘러나오는 싸늘한 노동자의 신음소리가 있다.

이추운 겨울 다 쓰러져가는 집한칸을 철거반원의 시퍼런 곡괭이 삽자루에 날려버리고 젖먹이 아들 딸을 품에 안고 울어대는 상계동 철거민촌의 절규가 있다.

이렇게 우리 민중들의 처참한 삶의 모습 전체가 바로 구조적이고 제도적인 고문이 아닐수 없다. 지금 우리는 바로 고문세상에 살고 있는 것이다.

노동형제여!

우리 이제 일어서자!

끓어오르는 분노를 속으로만 삭이지 말고 과감하게 투쟁의 대열에 앞장서자!

진정 노동자, 농민, 빈민의 힘찬 투쟁만이 이 땅을 억압과 착취, 예속과 속박이 없는 세상을 만드는 것이다.

우리 모두 하나로 뭉쳐 박종철동지를 살해했고, 2,000여 광주민중을 학살한 독재정권을 타도하자!

자! 나가자!

노동형제여!

우리의 두려움 없는 가열찬 투쟁속에 해방의 날은 꼭 오고 말리라!

우 리 의 결 의

온 민중이 하나로 뭉쳐 가열찬 투쟁으로 민족해방 민중민주주의 건설하자!

- ⊙ **영구집권 획책하는 군부독재 타도하자!**
- ⊙ **치안본부, 안기부, 보안사를 해체하여 고문살인 퇴치하자!**
- ⊙ **민중의지 외면하는 신민당은 각성하라!**
- ⊙ **영구침략 획책하는 미제국주의 축출하자!**
- ⊙ **박종철동지의 투쟁의지 4천만이 계승하자!**

실 천 합 시 다

- ⊙ 독재정권 **타도투쟁에** 적극 동참하자!
- ⊙ 내무부, 치안본부에 항의전화를 하자!

  내무부장관실 : **7 2 0 - 2 4 5 1**
  치안본부장실 : **3 1 3 - 2 2 4 1**

- ⊙ 각 공장에서 군부독재정권타도 투쟁에 대해 토론하자!
- ⊙ 공중전화, 화장실등 사람이 많이 모이는 곳에 독재정권의 실상을 폭로하자!

1987. 1. 23

노 동 자 해 방 투 쟁 위 원 회

생명의 가치와 인권존중의 사회를 구현하자

– 박종철 법우의 죽음을 애도하며 민주주의 국가 건설에 전 불교도의 참여를 호소한다. –

지난 1월 14일 수배 학생의 소재 파악을 위해 남영동 치안 본부에 연행돼 조사를 받던 서울대생 박종철 법우가 물고문으로 사망했다는 소식은 불교도를 포함 전 국민을 경악, 분노케 했다. 더우기 그의 죽음을 쉬쉬 덮어 버리려 한 점, 단순 쇼크에 의한 사망이라는 허위 발표를 하고 시급히 시체를 화장해 버린 점 등은 우리를 더욱 분노케 했다. 다행히 물고문에 의한 죽음으로 정정 발표되고 내무부 장관과 치안 본부장이 경질 된 것은 환영할 만한 일이지만 아직도 연행 시간, 온 몸의 피 멍등은 경찰의 발표만으로는 국민의 의문을 풀어주지 못하고 있다. 그런데 고문 경관의 수사 내용을 비밀로 하고 있는 검찰의 모습은 올바르지 못한 처사로 시정되어야 한다. 또한 우리는 지난 86년 수배 중 이던 서울대생 우종원군이 철도변 콩밭에서 의문의 변사체로 발견된 것을 비롯, 86년 6월 기관원에 연행된 후 전남 여천의 야산에서 변사체로 발견 된 인천 연안 가스 근로자 신호수군, 86년 8월 부산 송도 앞 바다에서 시멘트덩이를 발에 매달고 수장된 채로 발견된 서울대 김성수군 등 의문에 가득찬 죽음이 아직도 많은 사람에게 기억되고 있음을 중시한다. 김근조씨, 고숙종 여인, 김시훈씨의 예에서나 김근태 전 민청련 의장에 대한 가혹한 고문, 작년 세상을 떠들썩하게 했던 부천 성고문 사건등을 볼 때 인간의 존엄성 파괴와 인권 유린의 폭력이 계속 난무하고 있음을 본다. 안전 기획부, 보안사, 치안 본부등 뿐만이아니라 일선 경찰서, 파출소, 교도소의 말단 관리에 의한 고문도 이제는 공개된 비밀이 되어 버렸다. 무엇이, 누가 이러한 현상을 만들었는가?

우리는 기억하고 있다. 지난 80년 10월 27일 전국의 신성한 도량을 군화발로 짓밟고 부처님을 희롱하며 착검된 총으로 위협하여 153명의 스님, 일반인들을 강제 연행하고 모진 고문 수사를 한 사실을... 이러한 고문으로 낙산사 주지 원철스님이 앓다가 입적하신 것을 비롯, 많은 스님들이 고문의 후유증으로 지금도 고초를 겪고 계시다. 또한 작년 9월 8일 승가대에서는 스님들에 대한 무차별 집단구타로 3분의 스님이 실신하셨다. 그리고 현재도 9.7 해인사 승려대회의 주모자란 이유로 성문 스님이 수배 중이며 현기, 벽우 스님은 구속되어 있다. 성직자라는 신분의 예우가 이 정도라고 감안할때 일반인에 대한 태도는 가히 상상이 된다.

왜 이러한 고문이 끊이지 않고 강화 확대되어 가고 있으며, 어떠한 이유로 천여명이 넘는 정치범이 지금도 교도소를 가득 메우고 이 시간에도 불법 연행, 강제 구금되어 있는 숫자가 100여명에 이른다는 말이 신빙성 있게 나돌고 있는가? 우리 국민들은 만성적인 시위, 농성, 파업과 작년의 잇따른 분신까지의 상황을 보면서 매우 불안스럽고 안타까운 것이 사실이다. 이러한 원인은 사회가 건전한 비판을 수용해내지 못하고 획일적이고 통제된 사회 메카니즘을 강요하고 있기 때문이다. 그리고 자유 민주주의 국가에 있어서 국민의 기본적인 권리가 극단적인 반공 논리에 천착되어 언론, 출판, 집회, 결사, 파업의 자유가 억압받고 있으며 과잉한 정권 연장욕은 국민의 의사를 제대로 수렴치 못하게 만드는 것이다. 또한 사회에 만연되어 있는 황금 만능 주의, 쾌락주의, 사대주의, 이기주의 풍조는 경제 성장 제일주의 정책에서 기인 한 바가 크고 생명 경시, 인간 존엄성 파괴와 인권 상실의 일반화는 물질 숭상 사고와 타락한 관료제도에서 비롯되고 있다.

부처님이 태어나서 외치신 첫마디가 '천상천하 유아독존' 즉 시공간에 존재하는 모든 것(특히 인간)은 평등하다는 말씀과 산 생명을 죽이지 말라(불살생)는 계를 제일로 삼고 있는 우리 불자는 암울한 이땅에 부처님의 정법이 구현되어야 한다고 믿는다. 예토가 정토로 화하고 불평등과 고문으로 대표되는 인권 유린등의 모든 비인간적 요소가 척결 될 수 있도록 우리 일천만 불자 가 끝없는 서원과 대 원력을 세우고 기도 정진할 것을 부탁 드린다. 현 정권도 하루 속히 민주화의 대 결단을 내려 상처 입은 국민들의 마음을 치유 하는데 힘쓸것을 권유한다. 용공, 좌경 세력 발본 색원, 자유 민주주의 체제 수호의 구호만 되뇌이지 말고 구속자 석방등 실질적인 민주주의를 실현함으로써 국민의 요구에 부응하기 바 란다. 끝으로 부처님의 정법이 온 누리에 가득할 것을 서원하며 다음과 같이 우리의 주장을 밝 힌다.

------------- 우 리 의 주 장 -----------

-. 박종철 법우의 사인을 숨김없이 밝혀 국민의 의혹을 없애고 우종원, 신호수, 김성수 등의 의문의 죽음도 재수사 하여 진상을 공개하라.

-. 현기, 벽우 스님을 비롯한 천여명의 양심수의 석방과 모든 정치적 인사의 사면 복권을 촉구한다.

-. 강제 연행, 장기 구금되어 있는 모든 민주 인사들을 즉각 석방 하라.

-. 10.27 법난을 해명, 공식 사과하고 책임자는 모든 공직에서 물러나라.

-. 언론, 출판, 집회, 결사, 따언의 자유를 보장하라.

-. 국민의 의사를 수렴한 민주 헌법으로 의 개헌을 촉구한다.

-. 전 불교도와 국민들은 단결하여 외세와 독재를 물리치고 민족 자주 국가, 민주 사회 건설에 주체적으로 참여할 것을 촉구한다.

1987 년 1월 23일

정 토 구 현 전 국 승 가 회

고문 살인의 종식을 위한 우리의 선언

스물한 살의 꽃다운 나이에 한줌 재가 되어 강에 뿌려진 박종철 군의 죽음은 어느 한 개인의 죽음이 아니라 이 어두운 시대를 외면한 우리 모두의 양심의 죽음이었습니다. 모두 가정에서, 일터에서, 거리에서 바쁘게 일상의 삶을 누리던 대낮에 남영동 치안본부 대공분실 밀폐된 취조실에서 두 팔이 뒤틀린 채 욕조에 머리를 처박혀 몸부림치며 죽어간 박종철 군의 죽음은 진실로 증언하기를 외면한 우리 모두의 비겁함의 죽음이었습니다. 우리는 박종철 군의 죽음을 두고 잔인하고 비열한 살인자들의 더러운 손을 단죄하기에 앞서 우리들의 비겁함과 무기력함이 박종철 군의 죽음을 방조하였음을 반성하지 않을 수 없습니다. 사랑하는 막내아들을 흐르는 강물에 한줌의 재로 날려 보내며 "철아 잘 가그라 …. 이 아부지는 할말이 없데이"하던 어버이의 쓰라린 마지막 고별사처럼 이 시대의 의로운 한 젊은이의 죽음 앞에 우리는 오직 회한에 찬 눈물밖에 바칠 것이 없습니다. 그러나 민주화의 재단 위에 바쳐진 의로운 죽음을 헛되이 하지 않기 위하여 들끓는 분노와 흐르는 눈물을 삼키며 무거운 마음으로 고문이 이 땅에서 영원히 추방되기를 바라는 우리의 소망을 밝히고자 합니다.

1. 진실을 밝혀져야 합니다.

지난 1월 19일 치안본부는 「박종철 고문살인 사건」에 대해 자체 수사 결과를 발표했지만, 여전히 의문은 수그러들지 않고 있습니다. 어긋나는 연행 시간과 장소, 박군의 시신에 나타난 수많은 상처, 사인이 물고문이 아니라 전기고문에 의한 것이라는 전문가의 견해, 공개되지 않은 부검 결과, 부검이 끝나기가 무섭게 박군의 시신을 화장해 버린 점, 내용이 완전히 뒤바뀐 경찰의 1, 2차 발표, 처음 사건 수사를 시작한 검찰이 고문의 가해자이자 거짓 투성이의 수사 내용을 발표했던 경찰에게 수사권을 넘겨준 점 등 사건의 진상은 밝혀지지 않은 채 의문은 꼬리를 물고 있습니다.

처음부터 사건을 숨기기 위해 갖은 거짓말을 서슴지 않았던 경찰과, 경찰의 위신만을 고려한 나머지 공개 수사를 기피하고 있는 검찰의 태도는 한 번 죽은 박종철 군을 다시 한번 더 죽인 결과를 가져올 뿐입니다. 또한 "지나친 직무의욕", "빨갱이를 잡다 저지른 실수"라느니 "경찰의 사기를 먼저 참작해야 한다"는 등 이 사건을 우발적인 사건으로 몰고가는 당국의 고압적인 태도는 '깊은 반성'도 '뼈를 깎는 각오로 새롭게 태어나는 경찰'의 모습도 결코 아닙니다.

우리는 거듭 주장합니다. 죽음보다 더 진실한 증언은 없습니다. 박종철 군의 그 처참한 죽음보다 더 생생한 고문에의 증언, 광기 어린 공권력의 횡포를 보여주는 증언은 없습니다. 당국은 이제라도 하느님께 회개하는 죄인의 마음가짐으로 「박종철 군 고문살인 사건」의 진실을 철저히 밝혀냄으로써 국민 앞에 속죄해야 합니다. 동시에 민주화 운동에 참여하다 의문의 변사체로 발견된 서울대 우종원, 김성수 군과 노동자 신호수 씨의 죽음도 한 점 숨김 없이 밝혀져야 합니다.

2. 고문 사건의 책임자는 엄단되고, 고문 수사기관은 해체되어야 합니다.

지난 81년 9월 이른바 「민학년, 민노련」 사건으로 남영동 치안본부 대공분실에 끌려간 이태복 씨 등 관련자들은 공산주의자임을 허위 자백토록 물고문, 전기고문 등 모진 고문을 당했습니다. 정신 이상까지 일으켜야 할 정도로 가혹했던 민청련 이을호 씨에 대한 고문, 이인화 군 등 삼민투 관련자들에 대한 고문, 해를 바꿔 86년 송파 보안사에 당한 「서울노동운동연합」 관련자들의 고문, 그리고 「부천 경찰서 성고문 사건」 등 크고 작은 고문 사건이 꼬리를 물고 일어났습니다. 그러나 빗발치는 가족들의 항의와 종교 단체 및 재야 단체의 진상 규명 요청에도 불구하고 정부 당국은 항상 "고문 사실은 있지도 않았고 있어서도 안된다"라고 강변해 왔습니다. 이번 박종철 군의 죽음은 그동안 한 번도 밝혀지지 않았던 고문의 실체가 무엇인지, 수없이 되풀이되던 불법 연행자 가족들의 호소가 얼마나 진실된 것인지 극명하게 밝혀주고 있습니다.

우리는 하느님의 모상대로 창조된 인간의 존엄성을 가장 비열한 방법으로 파괴하는 고문이 이 땅에서 영원히 사라지도록 하기 위해서는 무엇보다도 먼저 고문 사건의 가해자와 책임자들이 정의의 이름으로 엄단되어야 한다고 생각합니다. 또한 '수사상 편의' 운운하면서 일상적으로 고문을 자행하고 있는 고문수사 기관이 해체되어야 마땅하다고 생각합니다. '안전 가옥'이란 미명하에 백주에도 예사로 고문을 자행하는 고문수사기관이 존재하는 한, 고문의 근절이란 나무에서 고기를 구하는 어리석은 일이 되고 말기 때문입니다.

법과 제도적 장치의 부족이 고문의 원인이 되는 것은 아닙니다. 우리에게는 국민기본권, 특히 신체의 자유를 보장하는 법적, 제도적 장치가 마련되어 있고 고문의 가해자를 처벌하는 '특가법' 조차 마련되어 있지만 수사상 편의, 나아가 정권 안보의 수단으로 고문을 확인, 방조해 온 관행이 법적 제도적 장치를 무용하게 만들어 왔음을 우리는 잘 알고 있습니다.

우리는 박종철 군의 경우처럼 관행화된 임의 동행 형식으로 불법연행되어 국가안전기획부, 국군보안사령부, 치안본부 대공분실 등 특수수사기관에서 수사를 받고 있는 30여 명의 민주 인사들의 명단과 소재를 밝히고 조속히 석방할 것을 촉구합니다. 확인되지 않고 있는 이들까지 합치면 50여 명이 훨씬 넘는 행방불명자의 가족들은 어느 날 갑자기 소식이 끊긴 채 일주일 혹은 40일씩 형제, 자식들의 생사조차 확인하지 못하고 거리를 헤매고 있습니다. 특히 박종철 군의 죽음이 이들 가족들에게 준 충격은 상상하고도 남을 일입니다. 특수수사기관의 전면적인 해체가 요구되는 까닭이 바로 여기에 있는 것입니다.

3. 전 대통령과 그 측근들은 마음을 비우고 퇴진해야 합니다.

우리는 80년 5월 광주에서 있었던 민족적 범죄를 상기하지 않을 수 없습니다. 광주사태는 그후 현 정권의 정통성 시비를 불러일으킨 근원지로서, 현 정권의 폭력성을 상징하는 사건으로 우리 역사 속에 남겨졌습니다. 국가안보를 정권 안보의 차원으로 전락시킨대서 연유하는 정치적 반대자들에 대한 무자비한 탄압은 국민 내부의 긴장과 분열을 불러일으켜왔던 것입니다. 우리는 누차에 걸쳐 '민족적 범죄인 광주사태에 유형 무형으로 관련된 인사들이 정치 일선에서 퇴진할 것' 을 촉구하여 왔습니다. 그러나 우리는 이번 「박종철 군 고문살인 사건」에 대한 인책인사에서도 현 정권이 진실로 회개하는 자세를 엿볼 수 없습니다.

또한 지난해 11월 29일 신민당의 「직선제 개헌 서울대회」를 현장에서 진두지휘했던 사람이 치안의 총수로 발탁되어 고문을 뿌리뽑겠다고 국민 앞에 약속하는 현실을 개탄하지 않을 수 없습니다. '사람이 어떻게 사람을 때릴 수 있는냐?' 는 미사여구보다는 '사람이 사람을 물에 처박아 죽이는' 현실을 위정자들은 뉘우쳐야 합니다. 우리는 폭력에 의지하지 않는 정권, 오로지 국민의 힘을 신뢰하는 정권만이 대다수 국민들의 뜨거운 축복 속에 민주화를 이룰 수 있다고 확신하고 있습니다. 알맹이 없는 국민 화합이 아니라 진실로 회개하는 자세, 그 회개를 기초로 해서만이 진정한 화해와 일치를 이룩할 수 있는 것입니다. '중대 결단' , 강제된 합의는 민주화의 새 지평을 열 수 없습니다. 히틀러의 나치 체제가 내각제하에서 유지되었던 역사적 교훈을 우리는 결코 잊을 수 없습니다. 푸른 희망을 간직했던 순하디순한 한 젊은이의 억울한 죽음 앞에 서서 겸허한 마음으로 국민이 원하다면 권력의 자리에서 퇴진할 수 있는 그런 결연한 각오 없이는 이 땅의 민주화와 인권 회복은 싹틀 수 없습니다. 전 대통령과 그 측근들은 마음을 비우고 퇴진할 것을 간곡히 부탁하는 바입니다.

4. 이 땅은 제 2의 아르헨티나가 되어서는 안됩니다.

군부독재하의 아르헨티나 전국민의 60%는 크고 작은 정신질환에 시달렸습니다. 불법연행, 납치, 실종, 장기구금, 고문, 살인 등 매일매일의 군부독재의 잔인한 폭력은 아르헨티나 국가 전체를 커다란 정신 병동으로 만들고 말았습니다. 우리는 아름다운 이 강산이 더 이상 무고한 아벨의 피로 물들지 않도록 이 나라가 제 2의 아르헨티나가 되지 않도록 깨어 일어나야 합니다. 그렇지 아니할 때 오늘의 박종철군은 내일의 나, 내일의 나의 형제, 내일의 나의 자식들이 될 수 있습니다. 그것은 막시밀리안 꼴베신부의 말처럼 '우리가 무엇을 잘못해서가 아니라 아무 일도 하지 않았기 때문'입니다. 그런 의미에서 「박종철 군 고문살인사건」의 진상을 밝히기 위하여 압력과 협박에 굴하지 않고 열심히 뛰어다녔던 일선기자들의 기자정신과 죽음의 현장을 왕진했던 오연상 씨, 부검에 참여했던 박동호 씨의 의사로서 양심적인 직업의식과 용감한 증언은 높이 평가받아 마땅한 일입니다. 이렇게 모든 국민이 제자리에서 양심의 법에 따라 '예' '아니오'를 당당히 말할 수 있을 때, 나라의 민주화는 그 소중한 싹을 피우리라 믿습니다. 우리는 특히 지난 1월 18일부터 소재를 밝히지 않은 채 잠적한 오연상 씨가 양심적인 증언을 빌미로 어떤 개인적인 불이익을 당하지 않을까 우려하면서 이와 같은 인사를 지켜주는 것도 우리 책무 중의 하나임을 선언하는 바입니다.

박종철 군은 죽었습니다. 그러나 박군은 언제나 우리들과 기도 속에서 뜨겁게 살아 만날 것입니다. 그의 죽음은 예수 그리스도의 죽음이 부활을 약속했듯이 하나의 빛으로, 민주화의 재단에 바쳐진 고귀한 기념비고 우리 마음속에 영원히 살아남을 것입니다.

삼가 고 박종철 군의 죽음을 애도하며, 박군의 부모님과 형제들에게 위로의 뜻을 전합니다.

1987년 1월 24일

천주교 정의구현 전국사제단

아, 이 땅의 인권이여! 무참히 살륙당한 민주주의여!

선진 조국의 피멍든 인권이 시체로 내팽개쳐졌다!

88 올림픽의 화려한 조명 위에 장미빛 민주화의 청사진 위에 정권교체의 환상 위에 무참히 살륙당한 이땅의 민주주의가 똑똑히 드러났다.

정의와 진리에 따라 민중의 해방을 위해 한평생 착하게 살리라던 너무도 청순하고 양심적인 한 청년을 알몸으로 발가벗긴 채 각목으로 난타하고 물고문을 가하고 잔인한 전기고문으로 살륙한 저 고문공화국의 야만적인 행위 앞에 모든 국민들은 비통과 분노의 눈물을 흘리며 치를 떨고 있다. 정의사회라는 대한민국의 백주대낮에 무려 12시간 이상을 알몸 각목 구타와 물고문과 악랄한 전기고문으로 죽여놓고서, 자살한 것처럼 위장시키려고 피가 낭자한 별갠 시체를 비닐에 싸서 하숙집 방에 던져 놓고 도망치려다 주인과 이웃 주민의 비명과 통곡으로, 다시 싣고 간 저 살인마 집단은 "수사관의 고문은 절대로 없었다", "책상을 탁 치니 억! 하고 죽었다"고 거짓말을 하다가 "욕조물에 머리를 두차례 밀어넣었더니 죽었다"고 사기치고 있다. 고문을 자행하고 살해한 경찰이 자체 조사하고 자체 조작 발표한 후 사인도 정확히 밝혀지지 않은 상태에서 신속히 박열사의 시신을 화장시켜 버리고 만 저 용납할 수 없는 범죄집단을 보라!

고문을 지시한 강민창과 김종호는 "일부 수사관의 지나친 직무 의욕 때문에 생긴 일"이라고 두둔하고, "극소수 좌경 용공 분자를 완전하게 척결할 때까지 계속해서 강력히 응징하겠다"고 적반하장으로 국민을 협박하면서 경찰과 검찰이 진상을 소상히 밝히겠다고 떠벌리고 있다.

처참히 한줌 재로 뿌려진 박열사의 넋을 위해서도, 이 땅의 불법적 폭행과 살인적 고문을 종식시키기 위해서도, 짓밟힌 인권과 민주주의를 위해서도 이 사건은 철저히 파헤쳐져서 그 진상이 명백하게 밝혀져야 할진대, "도둑놈이 도둑놈끼리" 자체 조사하여 진상을 밝히겠다니! 수많은 노동자와 민중을 탄압하고 고문한 경찰이, 나아가 입의 동행의 비밀 영장을 남발해주고 고문당한 피의자들을 증거 없다고 일방적으로 매도하던 꼭두각시 사법부가 진상을 밝힐 수 있겠는가? 또 금 뺏지에만 눈이 벌개 국회의원 공천과 선거자금에만 이끌려 다니는 힘없는 국회에서 진상이 밝혀질 수 있겠는가? 지금까지 국회에서 민중이 신뢰할만한 진상 규명이 단 한 번이라도 된 적이 있었던가? 오히려 국무총리나 장관들이 국회 답변에서 "고문은 있을 수도 없고 있어서도 안된다"고 버젓이 거짓말을 늘어놓고 국회의원들은 점잖게 고개를 끄덕이고 앉아 있지 않았던가. 국회에서 진상 조사를 하고자 한다면 먼저 이들을 위증죄로 처단해야 한다. 검찰이 아니라 대법원과 국회에서 그럴듯한 진상 조사 결과를 발표한다 해도 그 따위 기만책동을 믿을 국민이 누가 있겠는가? 검찰이 조사 과정에서도 진상을 민중에게 밝히지 않고 완전히 조작한 결과만 기다리라며 쉬쉬하고, 똑같은 옷을 입혀 살인자들끼리 보호하는 저 파렴치한 작태를 보라!

우리는 박종철 열사의 고문살해 사건의 진상이 명백하게 밝혀지기 위해서는 전 민중의 감시와 영향력하에서 진상 조사가 진행되어야 한다고 주장하며, 다음과 같이 요구한다.

1. 민중의 대표자에 의한 고문 진상조사위가 구성되어야 한다.
2. 조사위는 노동자와 민중의 대표자, 애국학생과 양심적 민주인사로 구성되며, 민중의 선입에 의해 선출되어야 한다.
3. 조사위는 박종철 열사의 고문살해 사건 진상과 그동안 은폐되었던 모든 정치범에 대한 야만적 고문과 일반 피의자에 대한 폭행과 고문을 낱낱이 밝혀내야 한다.

4. 조사위는 조사 활동 경과를 TV, 신문, 라디오 등 모든 언론에 발표할 수 있는 완전한 자유가 보장되어야 한다.
5. 조사위는 모든 행정, 사법, 입법 부처를 자유롭게 조사하고 이를 방해하는 관계자를 파면할 수 있어야 한다. 특히 안기부, 보안사, 치안본부, 정보 경찰에 대한 조사와 파면권이 보장되어야 한다.
6. 조사위는 공정한 조사 활동을 계속하기 위하여 공청회와 민중의 공개적인 정치 집회를 개최하여 자유로운 시위를 통한 영향력을 행사할 수 있어야 한다.
7. 조사위의 대표가 민중을 배신할 경우 즉각 소환하여 파면할 수 있어야 한다.

이러한 기본적인 조건이 갖춰지지 않고서는 어떠한 진상 조사 발표도 문제의 본질을 은폐시키는 기만책동에 다름아니다. 그런대도 저 살인마 집단의 천인공노할 작태를 보라! 전민중의 열화와 같은 분노가 들끓어 오르자 허둥대며 당황하다가 잽싸게 내무장관과 치안본부장의 얼굴을 바꾸고, "사회 각계 각층의 지도급 인사로 구성된 '고문방지 특별기구'를 설치하여 고문 사건의 재발을 방지하고 국민의 인권을 보호하겠다"고 하면서 폭행 고문의 원흉인 전두환은 음흉한 미소를 흘리고 있다.

이번 박종철 열사 고문살해 사건은 군사독재 권력하에서 엄청나게 자행되고 있는 폭력과 고문 실상의 빙산의 일각에 불과하다. 민중의 해방을 위해 투쟁해온 수만 명의 노동자, 농민, 학생, 민주인사 등 정치범은 말할나위도 없고, 일반 피의자와 구류 한 번이라도 살아본 모든 국민들은 치욕스런 고문과 폭행과 욕설을 당하지 않은 사람이 없다. 그동안 말로는 다할 수 없는 폭행과 고문으로 구속되고, 정신분열과 불구자가 되고, 마침내 살해되어 의문의 변사체로 위장되어 버려진 사건이 그 얼마였던가? 특히 최근에 여성 노동자와 여학생에게 가해진 인간성 파멸의 극치인 동물을 사용한 성 강간 고문, 미꾸라지를 이용한 성고문의 실상은 몸서리 처지는 만행이 아닐 수 없다. 그런대도 내무장관과 치안본부장의 얼굴을 바꾼다고 해서 2,000여 광주 민중을 살해한 살인마 대통령 직속으로 광주를 피바다로 만든 진압대장이었던 정호용 장관 밑에 고문방지 특별기구를 설치한다고 해서, 고문방지법안 한두 조항을 신설한다고 해서 불법 폭행과 고문이 사라지겠는가? 인권과 자유가 보장되겠는가? 지금까지의 무수한 사례에서와 같이 경찰은 번연히 위법을 자행할 것이고 전 민청련 의장 김근태 씨나 김문수 씨 등 서노련 관련자나 부천 성고문 사건의 권양과 같이 고문당한 장본인의 육신이 명백한 증거물로 제시되었는데도 사법부에서 증거로 채택하지 않으면 그만이지 않겠는가.

고문 재발을 막기 위해서 "고문방지 특별기구"를 만들려고 한다면 그 구성원을 민중이 직접 선출하고 파면해야 할 것이며, 피의자, 혐의자에 대한 임의 동행과 강제 연행을 절대 금지하며 정식 영장의 발부없는 불법 수색과 사전 체포를 절대적으로 금지해야 할 것이다. 또한 모든 피의자는 연행 즉시 변호사를 선임할 수 있으며 완전한 변호권을 보장하여야 한다. 뿐만 아니라 피의자에 대한 모든 수사는 밀실, 비밀 수사가 아닌 공개 수사로 진행되어야 하며 심문시에는 의무적으로 변호사를 입회시켜야 한다. 이러한 조건이 보장되어야만 그나마 생색이 날까 말까 한데 가당찮게 고문방지 특별기구를 내세워 민중의 불기둥 같은 분노를 덮으려 하다니!

이 땅의 비인간적인 고문의 근절과 국민의 기본적인 인권의 보장은 결코 현재의 국가 권력하에서는 이루어질 수 없다.

이 땅에서 고문을 종식시키고, 인권과 진정한 민주주의가 꽃 피우기 위해서는

1. 헌법과 모든 법률을 정하고 집행하는 국가 권력기구가 전민중의 대표자로 구성되어야 한다.
2. 전민중이 자유롭게 민중의 대표와 관리를 소환, 파면할 수 있어야 한다.
3. 위와 같은 민중의 권리가 유지되기 위하여 민중은 언론, 집회, 정치 활동, 조직 결성, 파업, 시위 투쟁의 자유가 항상적으로 보장되어야 한다.

4. 살인 탄압 기구인 군대, 경찰을 민중의 힘으로 타파하고 민중 스스로의 무장 자위부대로 대체되어야 한다.

그런데 지금의 국가 권력은 어떠한가? 서슬퍼런 총칼의 위협하에서 수억의 선거자금을 뿌릴 수 있는 자들로 구성된 현재의 국회에서는 자본가의 무한한 착취를 보장하는 법안만을 통과시킬 뿐이며, 현재의 행정 관료들은 군사독재와 특혜 대자본의 수족들로 짜여져 충성과 아부로 민중 위에 군림하여 민중에게 불이익만을 안겨주며, 그들이 임명한 법관들로 구성된 사법부는 꼭두각시처럼 군사독재를 정당화시켜주는 판결만을 내리고 있다. 반동적인 군부는 "중대 결단"만을 기다리며 민중의 가슴에 총부리를 겨우고 있고, 12만 마리의 사냥개 경찰은 민중에게 감시, 협박과 폭행, 고문을 일삼고 있다. 더구나 TV, 신문, 라디오 등 언론은 이 모든 반민중적 책동을 창부처럼 화장시켜 일방적 왜곡 선전을 퍼부어대고 있다. 이러한 현재의 국가 권력하에서는 눈곱만큼의 개량적 시책도 민중의 가열찬 투쟁에 놀라서 어쩔 수 없이 내놓은 양보일 뿐이며 그 어떠한 인권도 자유도 민주주의도 절대로 불가능하다.

그러므로 우리는 뜨겁게 주장한다!

완전한 정치적 자유를 확보하여 민중의 영원한 행복과 빛나는 자유를 쟁취하기 위하여 저 악랄한 군사독재를 우리 민중의 손으로 직접 총을 들고 타도하겠노라고! 노동자와 농민, 도시빈민 등 모든 민중이 아무런 제약 없이 자유롭게 출마하고, 자신의 정치적 입장을 국민에게 자유롭게 선전할 수 있는 조건하에서 민중이 직접 선출한 민중의 대표자로 구성되어 모든 법을 제정하고 집행하는 국가 최고 권력기구로서의 새로운 『헌법 제정 민중의회』가 소집되어야만 진정한 민중의 민주주의가 수립될 수 있다는 것을! 따라서 우리는 이를 가로막은 군사독재를 우리 민중이 직접 무장하여 민중의 힘으로 타도하고 임시 혁명 정부를 구성하여 완전한 정치적 자유하에 새로운 헌법제정 민중의회를 소집해야 한다고 주장한다. 이러한 헌법 제정 민중의회는 민중의 완전한 정치적 자유를 보장하고 민중의 권익을 실질적으로 집행하고 행동하는 민중의 대표 권력기구가 될 것이다. 이것이야말로 오랜 가난과 고통에 신음해온 노동자와 민중이 해방되는 유일한 길이며, 폭력과 고문을 종식하고 자유와 평화가 빛나는 진정한 민중의 민주주의를 쟁취하는 길이 아니겠는가!

이러한 천만 노동자와 3천만 민중의 간절한 열망을 배신한 채, 대통령을 내 손으로 뽑자며 직선제를 주장하는 신민당의 반민중적인 작태를 보라. 완전한 정치적 자유를 요구하는 민중에게는 최소한의 자유, 그것도 4년에 단 하루 만의 투표권을 부여하고 자신에게는 최대한의 권력을 집중하려 하고 있다. 민중의 열망을 이용하여 끊임없이 군사독재와 타협하려는 이들은 박종철 열사의 죽음을 활용하여 민중을 철저히 소외시킨 채 피묻은 군사독재와의 협상 테이블과 직선제 사이를 오락가락하고 있다. 신민당은 이번 고문살해 사건에서도 기껏 내무장관과 치안본부장의 책임 퇴진만을 주장하더니 이제는 공정한 진상조사를 위하여 검찰의 현장 검증에 입회하고 국회조사위를 구성하자고 아양을 떨고 있다. 신민당이 입만 벙긋하면 나불대는 것처럼 진정 민중의 뜻에 따르고 민중을 위한다면 우리가 주장하는 바와 같이 민중의 대표자로 구성되는 진상조사위의 구성을 강력히 주장해야 하지 않겠는가? 그러나 이들은 오직 이 사건을 이용하는 대만 급급할 뿐, 이 땅의 고문을 종식시키고 인권을 보장하려는 최소한의 의지조차 없는 기회주의적 집단일 뿐이다.

신민당은 이 땅의 해방투사들과 민중들이 처참하게 당한 폭행과 고문에 대하여 호소하고, 저항하고, 투쟁하고, 심지어 죽어가도 "대한민국에 고문이란 절대로 없다"는 노신영 총리의 국회 답변을 들으며 폼잡고 껄떡대며 앉아계셨지 않았던가. 살인마 군사독재 집단의 고문실에서 처참하게 죽어간 박종철 열사가, 좌경용공으로 수배당하고, 폭행고문 당하고, 구속되면서도 줄기차게 투쟁해온 해방 전사들이 일관되게 주장한 것이 무엇이었던가?

한줌도 안되는 폭력적인 반동군부와 특혜 대자본의 수중에 장악된 이 땅의 국가 권력을 노동자와 민중의 수중으로 돌려 놓기 위해, 그리하여 천만 노동자와 삼천만 민중이 자신의 손으로 인권과 권익을 쟁취하고자 함이 아니었던가.

천만 노동자여! 삼천만 민중이여!

이 땅에 제2, 제3 박종철의 비극이 되풀이되지 않기 위하여, 참담한 가난과 고통에서 해방되기 위하여, 우리 민중의 영원한 행복과 빛나는 민주주의의 찬가가 울려 퍼지기 위하여, 아! 가슴 벅찬 민중해방 투쟁이 승리를 쟁취하기 위하여, 가자! 가자! 헌법 재정 민중의회 소집 투쟁의 전선으로!!

역사는 우리의 것! 승리도 우리의 것!

1. 박종철 열사와 해방 투사를 고문 살해한
   치안본부, 보안사, 안기부 등 폭력 경찰과 살인 군부를 민중의 무장으로 타도하자!
2. 미제를 축출하고, 전두환 군사독재를 타도하여 헌법 재정 민중의회 소집하자!
3. 헌법 제정 민중의회 소집하여 민중민주공화국 수립하자!

1987년 1월 25일

민중 민주주의 쟁취 노동자 투쟁동맹(민노투)

민주혼 박종철, 이대로 보낼 순 없다!

——— 저 더러운 살인. 고문경찰을 규탄하며 현 독재정권의 즉각 퇴진을 민족의 이름으로 명령한다. ———

「…전기고문은 주로하고 물고문은 전기고문으로 부터 발생하는 쇼크를 완화하기 위해 가했읍니다…. 그리고 비명때문에 목이 부어서 말을 못하게 되면 즉각 약을 투입하여 목이 트이게 하였읍니다…. 고문을 할 때에는 밥을 주지 않았는데 … 온 몸을 발가 벗기고 눈을 가렸읍니다. 그리고 고문대 위에 눕히면서 몸의 다섯군데를 묶었읍니다…. 머리와 가슴, 사타구니에는 전기고문이 잘되게 하기 위해 물을 뿌리고 발에는 전원을 연결시켰읍니다…. 처음에는 약하고 짧게, 점차 강하고 길게 … 죽음의 그림자가 코앞에 다가왔읍니다…. 그들은 고문을 하면서도 분노와 흥분의 빛이 없이 냉담하게 미소까지 띄우고 있었읍니다….」

– 전민청연 의장 김근태씨의 법정진술 중에서 –

우리의 아들 종철이는 비참하게 죽었읍니다. 우리의 동생 종철이는 억울하게 죽었읍니다. 우리의 형제 종철이는 저 비열한 독재의 마수에 죽임을 당하여 임진강물 부릅뜬 눈으로 우리에게 소리칩니다.

끝끝내 눈을 감지 못하고 소리치는 어린 혼 종철이를 우린 이렇게 그냥 보낼 수 없읍니다. 이 땅의 살인. 고문. 강간 정권은 우리의 어린영혼 종철이를 무참하게 죽였지만 우리는 결코 이렇게 보내어서는 안됩니다.

우리는 현 정권이 그들의 앞잡이 인 살인. 폭력 경찰을 앞세워 일상적으로 자행해 왔던 숱한 고문! 그 죽음보다 더한 고문으로 지금도 용인정신병원에서 자기 자신이 올빼미로, 뱀으로, 어떤때에는 지렁이로 변하는 소름 끼치는 환각에 시달리며 사경을 헤메는 이을호씨를 비롯 민청연 의장이었던 김근태씨, 한일합섬 경리이사였던 김근조씨, 부천경찰서에서 그 잔혹한 성고문을 당하고서도 아직도 차가운 감방생활을 하고있는 권모양 등 … 이루 헤아릴 수 없는 고문사태는 급기야 이 나라의 서울, 민중의 지팡이라고 떠들던 소위 치안본부 대공수사본실에서, 그것도 대낮에 어린 학생을 죽이기 까지 하는데 이르렀읍니다.

박종철군을 참살한 이 독재정권은 그 악랄함이 극에 치달아 올라 이번 사건이후, 살인을 저지른 명백한 사실을 수십시간동안 공개조차 않고 사망 사실이 알려진 이후에도 사망원인을 위장하고 고문 사실을 부인하려고 했으며, 유가족과 친지들이 조의를 표할 기회도 주지않은채 경찰이 서둘러 시신을 화장했던 사실은 무엇을 의미합니까? 뿐만아니라 사망을 확인한 의사의 잠적, 고문경찰의 얼굴위장, 그 끔찍한 "죽음의 욕조"가 있는 고문조사실 공개 거부, 가족의 면회저지 등을 스스럼 없이 자행하고 있는 것을 보면 또 다시 고문을 하겠다는 의도가 아니고 무엇이겠읍니까?

또한 전 국민이 오열하고 분노하는 이 시간에도 이 나라의 집권당으로 행세하는 정당은 "이래서는 올해 선거를 치를 수 없다."는 등 자신들의 영구집권을 위한 선거 타령이나 하고 있다는 사실은 또 무엇을 의미합니까?

이 나라의 독재정권은 이제까지 고문이 사회문제가 될 때마다 "사실무조" 이니 "유언비어" 니 떠들면서 오히려 고문을 종식 시키기 위한 사회적 노력을 하는 민주운동단체의 구성원들을 불법연행. 폭행. 연금하기를 밥먹듯이 하며 고문을 서슴치 않았읍니다. 이러한 현 정권이 또다시 고문중지를 위한 "대책강구"니 "상설기구 설치"니 떠들어 대지만, 독재정권이 이 땅에 발붙이고 있는 한 결코 고문이 종식되지 않으리라는 사실은 만백성이 알고 있을 것입니다.

이미 이 나라의 법은 약한자에게는 걸리고 강하고 힘센자에게는 풀리는 것이 상식으로 되어 있는 현실이기에 아무리 저들이 법, 법하며 떠들어도 우리는 믿을 수가 없는 것입니다. 이제까지 고문을 금하는 헌법이 없어서 고문이 종식되지 않는 것이 아니고 엄연한 고문 금지를 규정하는 법이 있음에도 불구하고, 고문이 일상적으로 자행되어 왔는데 이제 무슨 법이든 고문을 종식시키

이제 우리는 비로소 깨닫습니다. 고문경찰의 뿌리가 되는 군출신으로 득실득실한 이 땅의 살인. 고문. 폭력정권이 물러나지 않는 한 이 땅에 인간을 짐승이하로 취급하는 고문은 분명 없어지지 않을 것이라는 사실을 말입니다. 고문의 뿌리인 이 독재정권이 하루빨리 물러나지 않는 한 저 박종철군을 죽음으로 몰아 넣었던 "죽음의 욕조"는 무수한 죽음을 향해 손짓할 것이 분명합니다.

우리는 이 땅의 야만적인 고문이 사라지고 민주화가 되는 그날까지 우리는 외쳐야 합니다. 할 말을 잊었지만, 차마 울 수 조차 없는 현실이지만 우리는 외쳐야 만 합니다. 이 악랄한 정권은 분명 우리의 이러한 외침을 틀어 막고 탄압을 서슴치 않겠지만 이제 우리는 고개를 숙인 채, 눈을 감은 채, 입을 다문 채 이 나라를 사랑할 수는 없읍니다. 두눈 부릅뜨고, 고개를 치켜들고, 우렁찬 함성으로 이 살인 고문정권의 퇴진을 소리높여 외쳐야 합니다. 그것이 바로 나라 사랑이요, 그것이 바로 조국통일의 지름길 임을 몸으로 절규해야 합니다.

지금 이시간에도 시시각각으로 좁혀져오는 이 정권의 악랄한 포위망 속에서 쫓기는 짐승이 된 이 땅의 양심민주 인사들의 탄식과 피외침을 우리는 듣지 않을 수 없으며, 어느새 이 끔찍한 박종철군의 죽음을 국민의 뇌리 속에서 지우려고 온갖 술책을 동원해 대는 가증스런 음모를 명명백백히 확인 할 수 있읍니다.

오로지 분노와 오열뿐인 이 땅에 선 우리는 마음을 가다듬고 민족의 어린 혼 종철이의 이 처절한 죽음 앞에서 다시금 다짐해야 합니다. 우리는 전진해야 합니다. 고문의 종식과 이 땅의 민주화, 그리고 조국의 하나됨을 향한 끝없는 전진. 전진만이 민족. 민중이 어깨겉고 나아가야 할 길입니다. 이에 우리는 오늘의 뜨거운 결의를 한데 모아 저 사악한 군부독재 권력과 그들을 심판할 역사앞에 우리의 주장을 다음과 같이 밝힙니다.

우 리 의 주 장

- 박종철군의 억울한 죽음의 모든 의혹을 국민앞에 철저히 규명하라 !
- 지금도 연금. 수배. 수사. 구속중인 모든 민주양심인사들에게 가하고 있는 모든 형태의 탄압과 고문을 중지하고 즉각 석방하라 !
- 이번 사건의 실상을 고묘하게 은폐하고 오로지 내각제의 관철을 통한 영구집권을 기도하는 민정당은 자폭하라 !
- 현 정권은 살인. 고문경찰 처단, 그리고 국민앞에 엎드려 사죄하고 즉각 퇴진하라 !

——— 울산시민 민주화운동 만세! 만세! 만세! ———

1.987. 1. 26

고 박종철군 추모 및 고문. 폭력 범시민 규탄대회 참석자일동

울 산 사 회 선 교 실 천 협 의 회

(울산시 남구 신정1동 624－1 (3층) 76-5010, 5016)

- 울산지역 인권선교위원회
- 한국카톨릭 농민회 울주군협의회
- 경남지역 목회자정의평화실천협의회
- 대한예수교장로회 울산노회 청년연합회
- 한국기독청년협의회
- 신한민주당 경남제2지구당
- 민주산악회 울산 . 울주지부
- 민주헌정연구회 경남지부
- 한국기독장로회 청년회 경남연합회

박종철 추모제

1월 26일~1월 28일

1. 목적

ㄱ) '박종철 사건'을 단순한 고문치사의 차원에서 대응하는 것이 아니라 형식적으로 추모제의 형식을 갖지만 내용상으로 '박종철 군의 의미'를 다시 되새겨 민주·민중운동권의 상반기 싸움의 시발점으로 삼기 위함. 86년 하반기부터 시작된 저들의 공세-용공 · 좌경 시비와 민중·민주운동권 내부의 노선상의 갈등-로 인한 운동권의 수세를 공세로 바꾸고 저들의 장기집권 음모를 저지할 수 있는 호기로 상황을 파악하고 문화 6단체는 민통을 비롯한 중심 운동권(공개기구 차원)의 효율적 대응의 징검다리 역할을 위해 추모제를 열어 분위기를 이끌어 간다. 저들 자신들의 내각제 개헌 관철을 위해 하루 빨리 수습하려 하는 것을 저지하고 박종철 군의 죽음을 일반에게 특히 회원 내부에 깊이 인식시켜 지속적인 싸움을 가능하게 하기 위함.

ㄴ) 각 단체 회원 내부 교육

문화 6단체 회원들의 교육의 기회.

프로그램의 치밀한 설정 등으로 내부 회원의 운동적 감각을 키우는 데 일기여를 해야 할 것

ㄷ) 문화 6단체의 실무적인 차원의 연대 강좌

'박종철 추모제'를 거행함으로써 문화 6단체의 실무적인 차원에서의 연대 및 문화 단체의 연대 가능성을 겹진하기 위함.

2. 프로그램

1월 26일— 추모제

우리나라 고문의 실태와 그 유래— 그 동안 저들에 의해 자행되어온 고문의 실상을 조사하여 발표하는 시간을 갖는다. 특히 우종원 군, 신호수 씨 등의 살해 사건들을 종합하여 박종철 군 사건과 연관하여 다시 생각해본다.

본 프로그램은 7시부터 9시 30분

1월 27일— 추모행사 2일째

종철이는 더 이상 죽을 수 없다!

전국의 백만 애국 청년학도여!

분노에 치떠는 애국 동포여! 일어서자!! 궐기하자!!

압박과 설움의 사슬을 끊고 민주의 행진으로 힘찬 발걸음을 내딛자!

"철아, 잘 가그래이. 이 아부지는 아무 할 말이 없대이." 흰 종이 곱게 싸인 아들의 유골 가루를 찬비 내리는 강물에 띄우는 정학고지 양수장 수도국 고용원인 아버지의 간장을 에이는 듯한 통곡소리는 무심한 임진강 물소리에 잠겨 들었습니다. 싸늘하게 식어버린 사랑하는 아들의 차가운 시신 앞에서 울부짖다 실신한 어머니의 참담한 모습. 집안의 꿈이요, 희망이요, 당신들 삶의 보람이었던 아들이 어느 날 갑자기 온몸에 피멍이 든 채 비참한 주검으로 변해버린 시신을 부여안고 통곡하는 육친의 서러움을 우리는 어떻게 바라만 보고 있을 수 있겠습니까? 며칠 전까지만 해도 우리와 함께 살아 움직이던 21살의 꽃봉오리는 채 피어나기도 전에 남영동 치안본부 대공분실 어두운 밀실에서 파렴치한 악마의 손아귀에 짓밟혀 시들고 말았습니다.

서울대학교 언어학과 3학년 박종철 군의 죽음. 도대체 누가 우리의 박종철 학형을 죽였는가? 그 누가? 이제 더 이상 우리는 이 부르짖음을 외칠 필요가 없습니다. 우리는 너무도 명백히 살인마의 실상을 알고 있습니다. 또 한 번의 학우의 죽음 앞에 선 우리에게 이제는 떨쳐 일어섬만이 있을 뿐입니다. 건강과 밝음이 충만했다는 그 젊음이 무슨 변고로 싸늘한 주검이 되어 우리 앞에 나타났는가? 우리는 그 진상을 한점 의문도 없이 밝혀내야 합니다. 그를 죽음에 이르게 한 폭력 정권의 실상을 낱낱이 파헤쳐 되풀이될 수 없는 죽음의 본질을 우리의 손으로 죽여야 합니다. 그것이, 오로지 그것만이 박종철, 그의 죽음을 살리는 길입니다. '초록은 동색이요, 가재는 게편' 이라는 말이 있듯이 감히 종철이를 죽인 바로 그 무리들이 어떻게 그 죽음에 대한 수사를 할 수 있단 말입니까? 그것은 도저히 용납할 수 없습니다. 그리고 용서할 수도 없는 것입니다. 사건의 공개조차 내팽개쳐버린 채 얼굴 없는 수사, 유령 수사로 국민들을 우롱하고 있는 저들의 작태, 그것이 바로 우리의 벗 종철이를 죽인 무리들의 실상인 것입니다. 우리들이 바로 종철이를 지켜보며 같이 호흡하며 싸워왔던 우리들이 그 진상을 명명백백히 밝혀내고 죽음에 이르게 한 병을 근절시켜야 합니다. 더 이상 우리는 종철이를 죽일 수 없습니다.

80년 2,000여 광주 시민들의 피의 대가로 들어선 현 정치권력자들은 국민의 동의 없이 자의적으로 만들어 놓은 국가보안법, 집시법 등의 악법을 남용하여 왔으며, 심지어는 그런 악법들조차 무시하고 아무런 법적 근거도 없이 폭력 그 자체를 탄압의 수단으로 사용하여 왔습니다. 지난 한 해 성고문을 비롯한 추악한 패륜의 고문 사례들, 3,400여 명에 이르는 대량 구속 사태, 수많은 의혹을 남긴 실종 변사 사건들, 민중민주 운동 단체들에 대한 해산 명령과 관련 인사 구속, 개헌 집회에 대한 방해, 보도지침에 의한 언론 통제, 구속자들에 대한 교도관들의 집단 폭행, 사랑하는 가족과 헤어진 채 긴 기간 동안 감시의 눈초리에 이유 없이 쫓기는 풍찬노숙의 수배자와 그 가족들에 대한 기관원의 행패, 민주 인사들에 대한 불법 연행, 연금, 민주 시민들에 대한 검문 검색 등등 현 정권이 자행하고 있는 인권 탄압 사례들은 이루 열거할 수도 없을 정도에 이르고 있습니다. 급기야 그것도 모자라 87년 새해 벽두에 인간에게 있어서 가장 추악한 고문으로 고귀한 생명을 앗아버렸습니다. 날만 새면 선진 조국 운운하는 세상에서 어찌 이런 일이 일어날 수 있단 말입니까? 이러한 상황 속에서도, 엄숙하고 숭고한 죽음 앞에서도 현 정치권력자들은 '좌경용공'의 문제를 내세우고 있습니다. 그러나 분명한 바는 군사 폭력 정권에 대항한 민주화, 군사 폭력 정권을 지원하여 자국의 정치, 경제, 군사적 이익만을 추구하는 미 · 일 외세에 대한 자립 노력으로써 민족 자주, 그리고 죽음의 지경으로 내몰린 노동자, 농민, 도시빈민 문제의 해결을 촉구하는 민중 생존권에 대한 문제 제기는 오늘의 시점에서 해야 할 바 우리의 임무이며, 이는 결코 용공 매도의 대상이 될 수 없는 것입니다.

양의 탈을 쓴 늑대들아! 반도 땅 곳곳에서 울려 퍼지는 양심의 소리에 귀 기울이라!!

박종철 그의 삶과 죽음은 한 사람의 죽음일 수 없으며 우리 모두의 삶과 죽음입니다. 경기도 부평의 한 아파트 단지에 사는 주부 20여 명은 한자리에 모여 '종철이를 죽게 한 자들을 어떻게 하면 내몰 수 있는가?' 하고 울분을 토하며 엉엉 울었다고 하며, '끝까지 진상을 파헤쳐라' 는 시민들의 전화가 빗발치고 있습니다. 온 국민들은 분노하고 있습니다. 국민들은 광주 학살의 원흉의 한 사람인 정호용이가 내무부장관에 등용되는 것을 원치 않고 있으며, 시민들은 종철이의 죽음에 대한 경찰의 발표를 믿지 않고 있습니다.

우리는 종철이를 더 이상 죽일 수 없다는 각오로, 우리의 권리를 우리가 되찾아야 한다는 주인된 의식으로 온 국민들의 총의를 모아 박종철 군의 죽음의 실상을 파헤쳐 밝혀내고, 이 땅에서 추악한 고문의 추방을 위하여, 그리하여 인간답게 살기 위한 참인간이 살아가는 세상을 만들기 위하여, 우리의 인권을 되찾기 위하여 범국민 규탄 대회를 개최합니다.

우리의 주장

- 모든 애국 민주 세력은 박종철 군의 죽음의 진상을 밝혀 내고 공동으로 대처해 나갑시다.
- 박종철 군을 죽음으로 몰고 간 살인 정권에 대한 범국민적 규탄대회를 개최 합시다.
- 고문 추방과 사회 민주화를 위한 모든 애국민주 세력의 통일된 투쟁을 촉구합니다.

1987년 1월 27일

전국 학생총연합 건설준비위원회

한국기독학생총연맹

대학생 불교연합회

수 신 : 전국 교회 목회자 귀하
제 목 : '고 박종철 군 국민 추도회 준비위원회' 참여에 관한 건

이 땅에서 고문을 근절하고, 인간의 존엄과 권리를 확보하기 위하여 앞장서서 분투하고 계신 전국교회의 성직자 여러분에게 진심으로 경의를 표하고자 합니다.

지난 1월 27일, 고 박종철 군의 죽음을 전 국민적으로 추도하기 위하여 발족된 본 준비위원회는, 이 땅에서 영원히 고문을 추방하기 위하여, 범국민적인 참여 속에 고문 근절운동을 전개하려 합니다. 이를 위하여는 전국 교회 성직자 여러분의 적극적인 지원과 협력이 필수적이라고 믿고 다음과 같이 요청하오니 적극 협력하여 주실 것을 부탁드립니다.

―다 음―

1. 본 준비위원회에 성직자 여러분과 귀 성직자 여러분께서 시무하시는 교회의 교우들께서 적극 참여하실 수 있도록 협력하여 주실 것을 부탁드립니다.
   1) 본 준비위원회에는 고 박종철 군의 죽음을 범국민적으로 추도하는 일에 동참하기를 원하시는 모든 분들이 참여하실 수 있읍니다.
   2) 참여를 원하시는 분은 성직자·교우들의 명단을 적어 각 소속 교단 총회본부나 한국기독교교회협의회 인권위원회 사무실(종로5가 기독교회관 903호 전화 764-0203)로 2월 2일까지 속달 또는 전화로 알려주시면 됩니다(전 교회적으로 참여하시기를 결의하시는 경우는 '○○교회 목회자 ○○○외 교우 ○○○명'이라고만 밝혀주셔도 무방합니다.)
   3) 보내주신 명단은 '고 박종철 군 국민 추도회 준비위원회' 2차 명단 발표를 통해 다음주 중에 발표할 예정입니다.
2. '고 박종철 군 국민 추도회'가 아래와 같이 개최될 예정이오니 적극 참여하여 주시기를 부탁드립니다.
   ·일 시 : 1987년 2월 7일(토) 오후 2시 ·장 소 : 명동성당

   추도회 참가 요령 :
   1) 추도회에 직접 참석하실 분은 헌화하실 꽃 한송이씩 준비하여 참석하시기 바랍니다.
   2) 모든 교회에서는 고 박종철 군을 추모하는 뜻에서 국민 추도회가 열리는 2월 7일(토) 오후 2시 정각을 기하여 일제히 타종하여 주실 것을 부탁드립니다.
   3) 모든 교우들은 2월 한달동안 검은색 또는 흰색의 상장이나 리본을 패용하여 고 박종철 군을 추도해 주시기 바랍니다.
   4) 국민 추도회에 직접 참석하지 못하는 모든 교우들은 국민 추도회가 열리는 2월 7일 오후 2시를 기하여 각자의 위치에서 고 박종철 군을 추도하는 묵념을 올려 주시기 바랍니다.
3. 연합기도회 등 개최를 위해 적극 노력해 주시기 바랍니다.
   1) 전국 교회는 각 교회의 형편에 따라 2월 8일 혹은 2월 중에 고문 철폐를 위한 기도회를 개최해 주시기 바랍니다.
   2) 전국 교회는 지역별로 고문 철폐를 위한 연합기도회를 개최하도록 노력해 주시기 바랍니다.
   3) 전국 교회에서는 교회 주보를 통하여, 고 박종철 군의 죽음을 추도하고 고문의 철폐를 위해 기도해 줄 것을 교인들에게 권면해 주시기 바랍니다.

1987년 1월 30일

고 박종철 군 범국민 추도회 준비위원회 (직인생략)

고 문 : 김수환 함석헌 윤반웅 홍남순 이민우 지학순 김대중 김영삼 강석주 김제형 유현석
공동대표 : 계훈제 김명윤 김승훈 문정현 신현봉 박영록 박형규 백기완 서경원 송건호 양순직 이돈명 이소선 이우정 이정숙 조남기 최형우 박용길 지선 진관 임기란 박영숙 이태영 박종태 고은 유인호 명노근 조용술 강문규 장을병

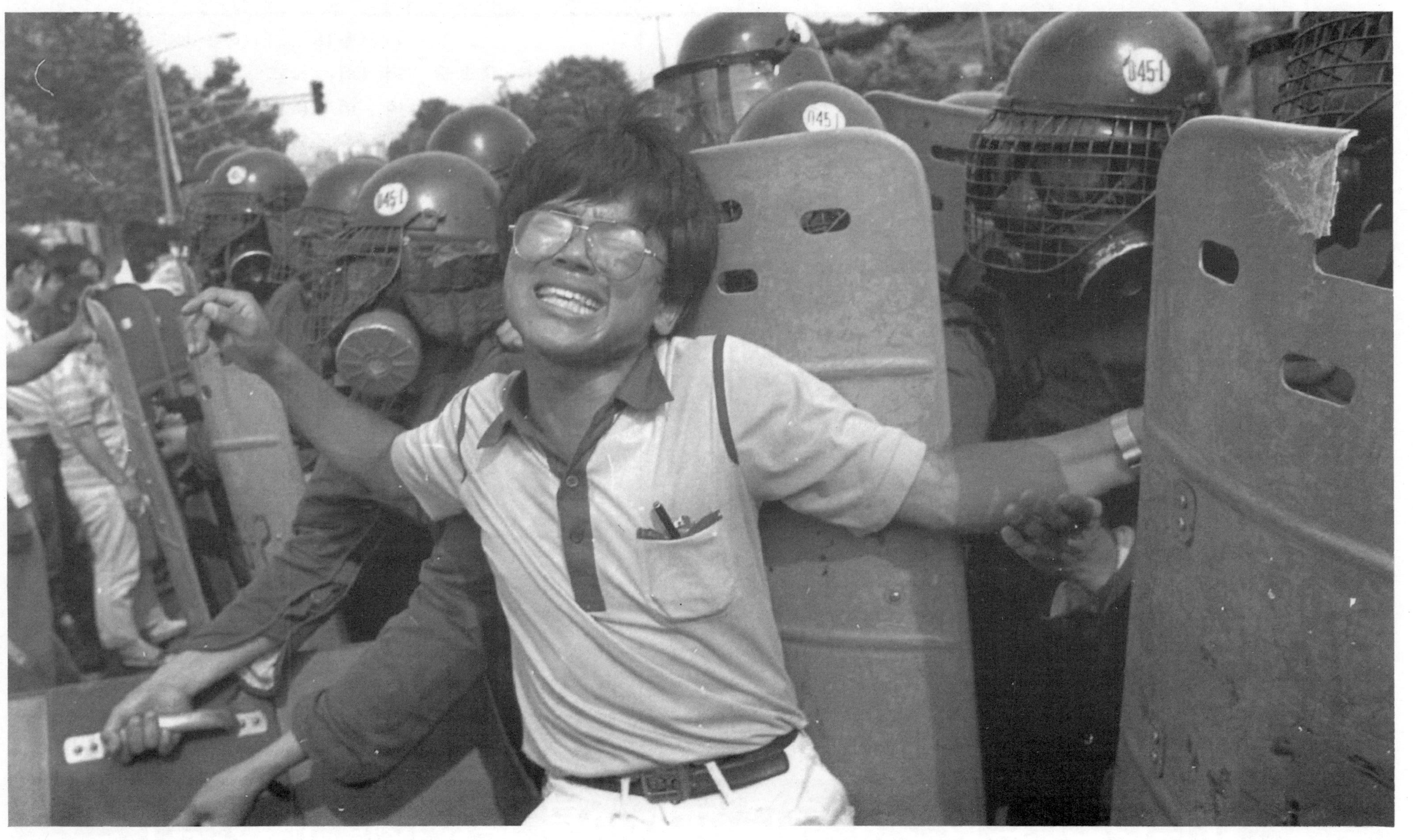
0451
0451
0451

"고문·살인·학살정권 몰아내고 민중·민주정부 수립하자"

민주주의 가면을 쓰고 수많은 선량한 민중들을 억압 착취하한 살인마 전두환과 그 일당들이 지금 이땅에 배수진을 치고 마지막 7년묵은 이무기로 변신하여 우리들의 피를 빨고 있다.

「광주학살의 원흉 살인마 전두환과 그 일당들」

성명	5·18당시	현 재
전두환	국군보안사령관및 중앙정보부장	대 통 령
노태우	수도경비사령관	민정당대표위원
이희성	계엄사령관	★ ★ ★
박준병	계엄사광주지역책임자, 20사단장	민정당정책위원장
정호용	공수특전단장	내무부장관

— 적, 적, 적, 광주의 5적 —

광주 애국 시민 여러분!

광주의 5적들은 7년동안 전국민들의 입과 귀를막고 앞을 바로보지 못하도록 모든 관제 언론을 동원하여 우리들의 5감을 무력화 시켰으며, 이나라 이땅에 영원한 군사독재 학살 정권을 고착 시키려고 음흉한 칼날을 우리들의 옆구리에 들이대고 있읍니다.

미국은 더이상 군사독재지원말라

광주민중봉기
구금·납치·행방불명연행
고문치사사건(박종철)
12·12쿠데타
의문의변사자발생
부천경찰서성고문사건
광주5적
노동자
학생
종교계
재야
청년
농민

민중·민주화 세력따라 온 국민의 열화와 같은 활화산은 끓어 오르고 있다.
내각제로의 합의 개헌이 왠말이냐
직선제 개헌 단행하라!

광주 5적 처단하여 광주시민 권력회복하자 /

누가 이 학생을 죽였는가

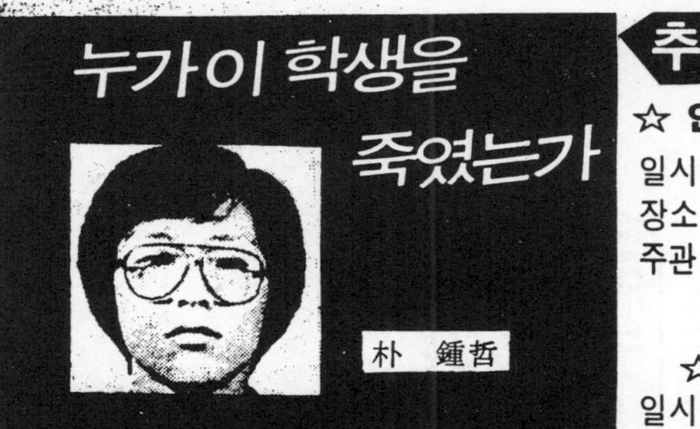

추모 집회 잇달아

☆ **인권회복을 위한기도회**

일시 : 1987. 2. 2일 오후 7시
장소 : 광주 Y. M. C. A 1층대강당
주관 : 기독교교회협의회(N. C. C) 인권위원회.

☆ **인권회복미사**

일시 : 1987. 2. 4일 오후7시30분
장소 : 남동천주교회
주관 : 천주교 광주 대교구 정의 평화 위원회.

☆ **범도민 규탄대회**

일시 : 1987. 2. 7. 오후 2시 (전국적으로 동시)
장소 : 광주 Y. M. C. A 1층 대강당
주관 : 도내 민중·민주화·인권단체

2월7일 오후2시 모든 차량은 정적을 울립니다. 모이자! 도청앞 광장으로!!

★ 우리는 이렇게 외친다 ★

—. 살인마 전두환과 그 일당을 처단하자.
—. 박 종철 열사. 고문 살인 사건의 진상을규명하라.
—. 국가안전기획부, 국군보안 사령부, 치안본부등을 즉각 해체하라.
—. 양심수 전원을 즉각 석방하라.
—. 직선제 개헌 쟁취하여 민중·민주 정부 수립하자.
—. 5·18피해자들의 인권을 더이상 유린하지말라.

광주는 지금도 계속 되고있다.

1980년 그 찬란했던 5 월!

광주는 진동하기 시작했고 바람마저 찢어져 버리는 아픔을 우리들 가슴에 깊이 심어둔채 상처입은 민주는내 내 쓴 웃음을 띠며 학살자들에게 피의 선물로 정권을남기고 우리곁을 떠난지 어언7 년!

또 무슨 음모를 꾸미려 광주에 오나? 살인마 전두환이 2월3일 광주에 몰래 숨어 들어 온다고·······

"

5·18광주의거 유족회및 청년동지회 회원 20여명지 난달 1 월30일부터 가택 연금 되다.

회원 1 인당 최고 30여명까지 사복경찰 병력을 동원하여 차량으로 출입문을 봉쇄하는등 불법 납치자 발생. 행방 불명의 형태로 인권을 유린하고 있다.

서울대 박종철군 고문치사 사건으로 인하여 전국적으로 인권 유린에 대한 규탄의 함성이 울려 퍼지고 있는 지금 또 다시 광주는 술렁 거리고 있다.

"

5·18광주의거 청년동지회 (56－5525)

5·18광주의거 정신 계승하면 민주주의 쟁취 된다.

고문살인 자행하는 군부독재 타도하자!

경찰이 밝힌 朴군의 물고문 모습.

고문 및 폭력저지 공동대책위원회

전화 22－5183 254－6720

- 천주교 대전교구 정의구현 사제단
- 충남 목회자 정의평화실천협의회
- 충남 인권선교협의회
- 대전지역 인권선교위원회
- 금강지역 인권선교위원회
- 천안지역 인권선교위원회
- 충청민주교육실천협의회
- 충남민주화실천가족회
- 충남민주운동협의회
- 가톨릭농민회 충남연합회
- 가톨릭노동청년회(J. O. C)
- 가톨릭청년회 충남연합회
- 충남기독교농민회
- 대전기독청년협의회(E. Y. C)
- 충남민주운동청년연합
- 놀이패 "얼카뎅이"

영구집권을 획책하는 고문, 살인정권은 우리의 형제, 우리의 아들을 또다시 죽음으로 몰고 갔읍니다.

소수독재 세력만의 천국을 보장하는 영구집권을 실현하기 위해 온갖·고문·살인·폭력. 용공조작에 광분하던 전두환 군부독재정권은 또다시 죄없는 젊은 한생명을 치안본부 대공수사분실에서 인류의 양심으로는 도저히 용납할 수 없는 잔혹한 야수적 고문으로 살해했읍니다.

'86아시안 게임이후 군부독재정권은 입으로는 "폭력없는 정의사회구현" "선진조국창조"를 부르짖으며 실제 행동으로는 3,000여명의 민주인사, 학생들을 구속시키고, 대대적으로 용공조작을 자행하며 민주화운동에 대한 무차별 폭력, 고문, 불법감금 등의 탄압을 저질러 왔읍니다. 이것은 의원내각제 개헌의 허울속에 군부독재의 영구집권음모를 착착 진행하기 위한 사전작업이었고, 국민의 기본권과 생명의 존엄성을 짓밟고 오직 장기집권 욕망에 사로잡혀 수많은 민주시민들을 고문과 폭력으로 압살하려는 조직 범죄요, 전국민에 대한 파렴치한 사기행각이었읍니다.

탄생부터 고문, 폭력, 살인 등을 자행한 군부독재정권의 본질은 이번 **"박종철군 고문살인사건"**으로 더욱더 적나라하게 드러났 읍니다. 이제 이 땅에서 전두환 군부독재정권이 사라지지 않는 한 고문, 폭력, 살인행위의 종식은 불가능하며, 오직 **"군부독재타도"**만이 현 정권에 의해 고통을 당하며 죽음의 위험에 처해 있는 우리의 형제, 아들, 딸을 살리는 길입니다. ……

현정권의 6년치적 - 고문, 살인, 폭력…

2000여 광주시민을 학살하고 정권을 탈취한 전두환 군사독재정권의 6년간의 통치는 고문, 살인, 폭력의 연속이었읍니다.

81년 부터 83년 까지 무수한 대학생들이 불법강제 징집되어 그중 6명이 꽃다운 젊은 나이에 싸늘한 시체로 돌아왔고, 노동자 신호수씨는 서울시경 대공형사들로 부터 불법연행된 후 변사체로 동굴속에서 발견되었읍니다.

또한 서울대 우종원군과 김성수군은 운동권학생이라는 이유때문에 20세의 젊은 나이에 처절한 죽음을 당해야 했고, 83년 김근조씨는 치안본부형사들에 의해 고문받는 과정에서 죽음을 당했읍니다.

민청련 전의장 김근태씨와 고려대학생 허인회군 그리고 서노련의 김문수씨 등은 치안본부와 보안대로 부터 불법연행되어 말하기도 끔찍한 물고문, 전기고문을 당했고, 이러한 고문사실을 경찰, 교도소, 검찰 등이 혼연일체가 되어 은폐시키고 있읍니다. 더구나 민청련의 이을호씨는 지독한 고문으로 인하여 정신이상자가 되어 영혼과 육신이 서서히 죽어가고 있읍니다.

지난해 부천경찰서에서 자행된 전대미문의 성고문사건과 얼마전 노동자 박인균씨에 대한 살해미수사건은 현정권의 본질을 극명히 보여 주는 것이었읍니다. 그러나 이러한 모든 것들은 현정권에 의해 자행된 고문, 살인 만행중 표면에 드러난 빙산의 일각에 지나지 않아 이땅에 수천시민을 학살한 아르헨티나군부독재의 망령이 재현되고 있음이 점점 확실시 되고 있읍니다. 우리는 지금 짐승만도 못한 자들이 폭력으로 인간을 지배하는 비참한 현실에 살고 있으며, 이러한 노예적 상태에 벗어나는 길은 군부독재타도 뿐입니다.

고문, 폭력, 살인의 근원인 군부독재는 영원히 추방되어야 합니다.

군부독재정권은 고문과 폭력, 그리고 살인의 근원입니다. 이러한 군부독재하에서는 결코 인간답게 살아갈 길이 보장되지 않습니다. 군부독재하에서는 필연적으로 고문과 폭력, 그리고 살인에 의해 경제적으로는 민중의 생존권이 박탈당하고, 정치, 사회적으로는 민중이 소외되고 오로지 소수의 권력배들과 매판자본가들만이 부귀영화 속에서 저들만의 천국을 구가할 따름입니다. 더욱 무시무시한 것은 군부독재치하에서는 누구도 생명의 보장이 없다는 사실입니다. 민주열사 박종철 동지의 죽음은 결코 박종철 개인에게만 국한된 것이 아닙니다. 군부독재폭압 앞에 알몸으로 내동댕이 쳐져있는 우리들 모두에게도 똑같이 다가오는 위험입니다. 우리의 생명을 우리가 지키기 위해서는 고문, 폭력, 살인의 근원인 군부독재가 영원히 추방되어야 합니다.

군부독재 타도만이 우리의 살길입니다.

고문학살에 분노하는 애국시민 여러분!

국민적 합의 대신에 총칼로 권력을 탈취한 현 전두환 군부독재정권은 한순간도 우리 국민을 대표하는 정부일수 없읍니다. 지금 전국 방방곡곡은 살인

정권 타도와 박종철 열사추모의 대열이 끊임없이 이어지고 있읍니다. 군부독재 파멸의 날은 가까왔읍니다.

이제 우리 모두 손에 손을 잡고 투쟁의 대열에 동참합시다. 군부독재 타도만이 우리 모두의 생명을 보장받을 수 있고 인간이 인간을 사랑하고, 민중 생존권이 보장되는 아름다운 민주사회를 건설하는 길입니다. 모두 함께 투쟁 투쟁 합시다.

우리의 주장

1. 고문, 살인 자행하는 군부독재 타도하자!
1. 군부독재 타도하여 살인정권 응징하자!
1. 영구집권 획책하는 군부독재 타도하자!
1. 살인정권 타도하여 민주사회 이룩하자!

행 동 지 침

1. 고 박종철군의 분향소가 충남민협(254-6720), 괴정동 성당(523-6472)에 설치되어 있으니 다함께 분향합시다.
2. 우리 다함께 박종철군을 추모하며 검은 리본을 답시다.
3. 치안본부(270-2452) 및 수사기관(충남도경(23-9411) 등에 항의 전화합시다.
4. 고 박종철군 추모사업 및 민주화와 인권운동을 위한 모금운동에 참여합시다.

☆조흥은행 : 601-6-060140 박 종 덕

☆제일은행 : 675-20-335928 김 순 호

고 박종철군 추모 및 고문살인종식을 위한 범도민대회

＊일시 : 87년 2월 2일 오후 3시

＊장소 : 대전 기독교연합봉사회관(서대전 4 거리옆)

국민 여러분.!

우리는 언제까지 우리의 이웃이 영문도 모른채 끌려가 캄캄한 지하실에서 싸늘한 시체로 끌려나오는 것을 보고만 있어야 합니까.

나와 내 가족은 무사할 수 있다는 생각이 과연 옳은 것입니까.

내 아들이, 내 딸들이 살인고문, 성고문 앞에 방치되어 있지않다고 누가 장담할 수 있겠읍니까.

군사독재가 존재하는 한 어느 누구도 저들의 폭력·살인·강간·고문에서 벗어날 수 없읍니다.

이 땅에 두번다시 고문이 발 붙일 수 없게 하는 길은 전두환 군사독재를 물리치는 것입니다. 우리모두 고문 추방을 위해 민주화 투쟁 대열에 동참합시다.

다 함께 외칩시다

1. 군부독재 끝장없이 고문수사 끝이없다
1. 살인고문 자행하는 군부독재 물리치자
1. 장기집권 획책하는 군부독재 물리치자
1. 고문정권 몰아내고 민주정부 수립하자

고문추방과 민주화를 위한 행동지침

1. 2월9일~3월3일은 고문추방과 민주화를 다짐하는 국민결의 기간입니다.
1. 이 기간동안 민주화운동단체가 주최하는 공청회·추도회·사례발표회·토론회 등에 적극 참여합시다.
1. 임의연행, 불법구금, 고문수사등을 당한 사람이나, 그 사실을 알고 계신 분은 민주화운동단체나 인권단체, 종교단체에 고발 합시다.
1. 일체의 가두검문, 검색과 불법연행에 항의하는 국민운동을 전개 합시다.

◉ 고문추방운동에 필요한 기금마련을 위해 친위씨을 다음 구좌에 넣도록 합시다.

예 금 주 : 김 상 근
농 협 : 027-01-196541
국민은행 : 008-01-0285-766
한일은행 : 012-01-137678
제 일 은 행 : 125-10-058454
서울신탁은행 : 14701-87000413
조 흥 은 행 : 325-1-040851
상 업 은 행 : 104-05-043030

군부독재 끝장없이 고문수사 끝이없다!

보라! 살인고문정권을 향한 저 분노, 저 함성을!

민주·통일민중운동연합

서울민주·통일민중운동연합
강원민주·통일민중운동연합
경북민주·통일민중운동연합
경남민주·통일민중운동연합
인천지역사회운동연합
충북민주운동협의회
충남민주운동협의회
전북민주화운동협의회
전남민주주의청년연합
부산민주시민협의회
민중문화운동협의회
민주화운동청년연합
한국가톨릭농민회
한국기독교농민회총연합회
한국기독교노동선교협의회
한국노동자복지협의회
서울노동운동연합
천주교사회운동협의회
천주교정의구현전국사제단
대한가톨릭학생총연맹
민중불교운동연합
민주언론운동협의회
자유실천문인협의회
여성평우회

우리 모두가 고문 현장에…

하늘을 우러러 한 점 부끄럼없기를 갈망하던 한 젊은 넋이 차마 못감은 두눈으로 우리를 부르고 있읍니다.

그러나 우리는 아직도 도처에서 살인적인 고문이 자행되는 참담한 현실앞에 부끄럽게 서 있읍니다.

국민 여러분!

군사독재가 '인권특위'를 설치하고, 전 경찰이 인권옹호를 다짐한다고 해서 이 땅에서 고문이 사라지겠읍니까!

아닙니다.

치안본부, 안기부, 보안사에서는 여전히 고문이 자행되고 있으며, 우리가 숨쉬는 모든 생활터전에서 고통의 신음소리가 끊이지 않고 있읍니다.

세계 최장시간 노동과 저임금을 강요당하는 노동현장, 늘어나는 빚더미와 수입농축산물 때문에 신음하는 농촌현상, 이 추운 겨울에 갈 곳없이 쫓겨나 눈물마저 얼어붙은 철거현상.

이 모든 삶의 터전이 바로 군사독재에 의한 고문의 현상입니다.

고문없는 세상에 살려면…

고문은 왜 끊임없이 자행되는 것일까요?

모든 독재권력은 폭력과 고문살인을 정권유지의 수단으로 사용하고 있읍니다. 이승만 독재정권이래 이땅의 모든 독재정권은 고문, 살인을 밥먹듯이 저지르며 권력을 유지해 왔읍니다. 특히 전두환 군부독재는 광주시민 수천명을 학살하고 권력을 탈취한 살인집단이기에 폭력없이는 하루도 정권을 유지할 수 없는 집단입니다. 전두환 군부독재가 존재하는 한, 아니 이 땅에 어떤 형태로든 독재정권이 존재하는 한 고문은 없어질 수 없으며, 또 다시 박종철군과 같은 억울한 죽음은 되풀이될 수밖에 없을 것입니다. 국민의 눈과 귀가 두려워 잠시동안은 온갖 수단을 동원하여 그들의 폭력성을 은폐하려 들지만 곧 다시 그 본질을 드러내고야 맙니다.

'성지원'을 조사차 방문한 국회의원을 경찰과 깡패들이 무차별 구타한 뒤 '맞을 짓을 했다'고 뻔뻔스럽게 내뱉는 민정당을 보더라도 저들의 본질이 무엇인가는 분명히 드러나는 것입니다. 고문없는 세상에 살기 위해서는 군부독재를 물리쳐야 합니다. 군부독재는 국민 모두가 하나되어 단호히 물러나라고 외칠 때만이 물리칠 수 있는 것입니다.

국민 여러분!

고문없는 세상에 살기위해 군부독재를 물리치고 민주정부를 수립하는 민주화 대열에 다함께 동참합시다.

2월7일 추도회에서 무엇을 느꼈읍니까?

21살 꽃다운 나이에 무참히 죽어간 박종철군의 넋을 기리고 이 땅에서 더이상 그같은 참혹한 죽음이 있어서는 안된다는 결의를 다지기 위해 범국민적으로 거행된 2월7일 추도회는 전국 방방곡곡에서 엄숙히 거행되었읍니다. 추도회에 참석한 국민 모두는 뜨거운 가슴으로 박종철군의 죽음을 애도하며 진정한 민주화가 이룩되기를 기원하였읍니다. 살인고문의 장본인인 경찰은 군사독재의 지시를 받고 다시 그 폭력성을 여지없이 드러내며 애국가를 부르고 묵념을 하는 국민들의 머리위로 최루탄을 난사하고 몽둥이를 휘두르며 전국에서 800여 민주 시민을 연행하였읍니다. 군사독재의 방해와 탄압을 무릅쓰고 추도회에 참석하신 민주시민, 생활현장에서 묵념을 올리고 경적을 울린 국민여러분! 최류탄 가스가 난무하고 민주시민들이 끌려가는 것을 보며 무엇을 생각하셨읍니까? 군부독재가 진정으로 살인고문을 뉘우치고 있다고 생각하였읍니까? 살인 경찰이 앞으로는 인권수호에 앞장 설 것이라고 믿을 수 있었읍니까?

시민이 폭력을 휘둘렀읍니까? 경찰이 폭력을 휘둘렀읍니까?

평화적인 추도회마저 폭력으로 무참히 짓밟어야만 사회질서가 유지되는 것입니까?

국민 여러분이 느끼신 것을 솔직히 털어놓고 주위사람들과 이야기해 보시지 않으시렵니까?

다 함께 외칩시다

1. 고문 · 살인 자행하는 군부독재 타도하자!
1. 2000여 불법연행 · 구속자를 즉각 석방하라!
1. 대공분실 · 안기부 · 보안사등 고문기관 즉각 해체하라!
1. 장기집권 획책하는 군부독재 타도하자!

다같이 행동합시다.

1. 불법연행, 구금, 고문수사를 당한 사람이나, 그 사실을 알고 계신 분은 민주화운동단체나 인권단체에 고발합시다.
1. 일체의 가두검문, 검색과 불법연행에 응하지 말고 항의합시다.
1. 수배자들을 적극적으로 숨겨주고 도와줍시다.
1. 7일 오후 2시를 기해, 묵념, 경적, 타종합시다.
1. 내무부, 치안본부, 시경, 도경에 항의전화를 합시다.

대구 · 경북 고문저지 공동대책 위원회

위원장 : 전주원(경북 민 · 통 · 련 자문위원, 신부)

공동대책 위원 :

박병기(경북 민 · 통 · 련 의장, 신부)
목요상(신민당 국회의원, 변호사)
유성환(신민당 국회의원)
배용진(안동 가톨릭 농민회장)
김성순(경북 기독교 농민회장)
김영필(안동 가톨릭 정의평화위원장, 신부)
홍수화(대구 인권선교 위원장, 목사)
김주태(대구 구속자 가족협의회장)
명 진(불교악법철폐공동대책위원회 공동대표, 스님)
권형민(대구 기독청년협의회 회장)
장명숙(천주교 사회운동협의회 운영위원장)
김재호(우리문화 연구회 대표)
허창수(대구 가톨릭 신학원장, 신부)
류강하(경북 민 · 통 · 련 부의장, 신부)
류연창(경북 민 · 통 · 련 부의장, 목사)
허연구(경북 민 · 통 · 련 자문위원, 신부)
원유술(대구 가톨릭 노동청년회 지도신부)
김은집(신민당 지도위원, 변호사)
여 연(해인사 교무국장, 스님)
주 영(해인사 스님)
김병구(경북 민 · 통 · 련 사무국장)

살인· 고문 자행하는 군부독재 타도하자!!!

-전두환 독재정권의 폭력기구인
치안본부 대공분실에서 살해당한-

故 박 종 철 열사

故 박종철 범시민 추모대회

일 시 : 1987. 2. 7 (토) 오후 2시
장 소 : Y·M·C·A 3층 강당

대구·경북 고문저지 공동대책 위원회

분노하는 애국시민 여러분!

가난한 서민의 아들로 태어나 이 땅의 민주화를 위하여 헌신적으로 투쟁하던 서울대생 박종철군이 1월 14일 전두환 독재정권에 의해 처절하고 끔찍한 고문으로 살해되었다. 비록 박종철군이 한줌의 재로, 민주화의 제단에 바쳐졌지만 박종철군은 아직 살아 숨쉬고 있다. 그것은 4천만 국민의 가슴가슴속에서 분노의 불길로 치솟아 올라 전두환 정권을 타도할 수 있는 힘을 우리에게 주었기 때문이다.

박종철군의 비참한 죽음앞에서 우리는 고문의 두려움과 정치적억압, 탄압의 공포로 부터 해방되어 민주와 자유를 쟁취하기 위하여 분연히 떨쳐 일어날 때이다!!

◎ 전두환 군사독재정권은 국민을 속이고 있다!!

전두환 독재정권은 박종철군의 살인·고문행위에 대하여 '유감'이라고 하면서 '고문근절' '인권특위설치' 운운하며 국민의 타오르는 분노의 불길을 진정시키기 위하여 내무장관을 전격 경질하였다. 그런데 이게 왠일인가? 늑대가 물러가니 호랑이가 등장한 격이 되었다. 그것은 정호용 내무장관은 80. 5. 17 광주학살을 진두지휘한 살인마요, 이영창 치안본부장은 작년 11월 건국대에서 애국학생들을 건물안에 몰아넣고는 '공산폭도' 운운하며 국민을 속이며 가장 잔인한 수단만을 동원하여 전쟁터를 방불케 하고, 학생들을 포로다루듯 진압한 장본인이 아닌가!

바로 정호용, 이영창의 살인적 경력만 보더라도 '고문근절'을 위해 기용한 것이 아니라 장기집권을 위하여 민주세력을 더욱더 탄압하겠다는 전두환의 의도인 것이다.

◎ 전두환 군사독재정권의 살인고문은 아직도 계속되고 있다!!

정호용, 이영창의 이 두 살인범의 등장은 '고문근절'이 아니라 '고문이 더욱 강화' 될 것은 보지않아도 뻔한 것이다. 최근에도 경찰관들에게 "여론에 동요하지 말고 용공분자를 뿌리뽑을 때까지 고문할 것"을 명령하였다니 전두환 정권이 천하의 철면피임을 알수 있다.

실제로 박종철군의 살인고문진상이 발표난 후에도 대구도경 대공분실에서 박준영 대공과장 지휘하에 이종동(영남대 4년), 김진영(영남대 3년)등 9명이 '군부독재 타도하고 민주정부 수립하자'는 내용의 대자보를 붙였다는 이유로 '빨갱이' '용공분자' 운운하며 온갖 폭행과 물고문을 당하여 구속구류를 받고 있다는 사실만 보더라도 '고문을 근절하겠다'는 말은 눈가리고 아웅식의 거짓말에 불과하다.

◎ 용공조작, 살인고문 자행하는 치안본부 대공분실 해체하라!!

대공분실은 '민주인사' '애국청년·학생' '노동자'를 '공산분자'로 둔갑시키고, 인간을 마음대로 살해하는 인간도살장이다.

반공·안보 그리고 고문은 전두환 독재정권을 유지시켜주는 가장 강력한 무기이다. 여타의 진보적인 민주인사와 민주세력을 가장 쉽게 무너뜨릴 수 있는 수단이 '용공조작'이었음은 누구나 알고 있다.

전두환 정권은 그 어느정권 때 보다도 '좌경용공조작'과 '살인고문'을 몸서리가 쳐지도록 자행하고 있으며, 각종의 정보기관과 보안사를 전국에 그물망처럼 설치하여, 국민을 감시, 탄압하고 있는 반민중적 정권이다.

◎ 전두환 정권의 타도없이 고문은 절대 사라지지 않는다!!

우리는 지금 똑똑하면 '공산분자'로 둔갑되거나 '못된놈' '불순분자'로서 교도소에 구속되어야 하는 꺼꾸로된 사회속에서 노예처럼 비굴하게 침묵으로 살아가고 있다.

고문살인! 그것은 경찰관의 실수에서가 아니라 독재정권의 유지를 위한 수단으로서 모든 경찰서, 정보기관에서 항상적으로 자행되는 조직적인 폭력으로 나타난 결과이다.

민주! 자유! 이것은 전두환 군부독재정권의 타도와 투쟁을 통하여서만 쟁취되는 것이다!

민주화의 자랑스런 전통을 가슴속에 지니고 있는 애국적 대구시민이여!

침묵에서 깨어 일어나 전두환 군사독재정권의 타도투쟁의 함성을 힘차게 드높입시다!!!

「제헌의회그룹」 사건의 반국가단체협의는 조작극이다!

검찰은 2월 3일 「제헌의회그룹」 사건을 발표했다. 검찰은 이 그룹이 사회주의 국가건설을 목표로 혁명전위당을 건설하기 위해 조직을 구성했으며 이 조직이 ① 직업적 혁명가 조직이고 ② 사회주의 국가건설을 위한 구체적인 혁명 프로그램 제시 ③ 민민투 배후조종 ④ 자금 동원력을 확보하고 있다는 점을 들어 「반국가 단체」라고 발표했다. 우리는 검찰발표에 대해 1. 이것은 본인들이 안기부에 장기 구금된 상태에서 혹독한 고문을 당하면서 강요당한 자백 내용이라는 것. 2. '제헌의회 소집' 요구는 사회주의 혁명과 사회주의 국가건설을 위한 프로그램이 아니라 이 땅의 진정한 민주화를 위한 운동이라는 점을 해명하여 「제헌의회그룹」을 반국가 단체로 발표한 것은 안기부에 의해 이미 예정된 조작극이었음을 폭로하고자 한다.

〈고문에 의해 사건은 이렇게 조작되었다!!!〉

신문에 보도된 바와 같이 이 사건 관계자 전원이 안기부에 영장없이 불법연행되어 김성식의 경우 57일간 윤성구·김찬은 31일간, 최민·이선회 등 나머지 사람들도 20일간 이상 불법감금되어 있었으며 김성식은 11.28. 연행된 후 이틀동안 잠을 못자게 하고 3일째 되는 날부터 7일동안 하루종일 야전침대봉으로 전신을 구타하고, 눕혀놓고 정갱이 위에 각목을 올려놓은 후 그 위를 짓밟고, 통닭구이 고문을 가하면서 '너의 배후에는 간첩이 있으니 대라' '너는 당에 소속되어 있는게 틀림없다. 그 당 이름이 뭐냐' 고 자백을 강요했다. 결국 김성식은 탈진상태에서 위의 두 내용을 부정하는 대신 사회주의 혁명을 기도했다고 자백하라는 저들의 요구에 항복했다. 윤성구는 엉덩이와 허벅지를 무차별 구타, 통닭구이 고문을 하면서 코에 물을 붓고 발바닥을 계속 때리면서 조직원의 피신처 한 곳만 대라고 집중강요 당했으며 이선회(여)는 벽을 향해 세워놓고 각목으로 전신을 구타하고 통닭구이 고문자세로 발바닥을 구타하다 발의 감각이 없어지면 손을 구타하는 등 고문을 가했고, 김철수에게는 무조건 항복을 요구하면서 첫날에 물고문을 5시간 가량하고 계속 구타한 후 민족민주혁명이 사회주의 혁명임을 자백하라고 강요했다. 김철수는 무조건 항복하기까지 열흘동안 이러한 고문을 계속당했다고 한다. 유강근의 경우는 연행된 첫날 완전히 발가벗겨놓고 각목으로 전신을 구타한 후 매달아놓고 코에 물을 부으며 강령기초자료를 쓰라고 협박하고 다음날에는 심지어 성기를 막대기로 마구 때리면서 성불구자를 만들겠다고 협박까지 했다한다. 위의 고문을 3일간에 걸쳐 당한 후 유강근은 이 조직이 사회주의 혁명을 목표로 했으며 조직의 목적은 폭력혁명이고 제헌의회 그룹이라는 명칭은 그룹 내부에서 사용했다고 허위자백하게 되었고 강령과 규약을 그들이 불러주는대로 자신의 손으로 쓸 수밖에 없게 되었다. 이들이 수사를 받는 도중 국가보안법 제3조 '반국가 단체' 결성 조건인 '재벌해체'와 '기업의 국유화' 등의 자백을 받아내라는 공문이 계속 내려왔다고 한다. 지금까지의 고문사실로 보아, 안기부가 이같은 짐승같은 고문을 통해 얻어내고자 했던 것은 '제헌의회 소집' 요구가 사회주의 혁명을 위한 프로그램이고 사회주의 국가건설을 위해 실제로 강령과 규약을 작성했다는 사실의 시인과 증거의 확보임을 알 수 있다.

더구나, 검찰은 2월 3일 검찰 발표라고 하면서 TV와 신문에 대대적으로 이 사건을 발표했다. 그러나 이 사건 관련자들은 1월 22일 영장발부된 후 1월 28일에서야 신병이 구치소로 수감되었고 2월 3일 검찰에서 사건을 발표한 당일날에야 비로소 사건이 검찰로 송치되었다. 어떤 검사도 피의자의 얼굴도 보지 않은 체 김택수 부장검사는 안기부의 의견서를 그대로 읽어내려간 것이다. 이 땅의 사법부는 권력의 하수인인 안기부의 또 하나의 시녀인가? 뻔뻔스럽게도 부장검사는 이 사건 관련자들이 불법연행 장기구금 상태로 고문수사 받았다는 항의에 대해 전혀 보고받은 바 없다고 발뺌하고 있다. 게다가 발표내용 중 1억원 상당의 막대한 자금을 동원했다고 하는데 이것이야말로 터무니없는 조작중의 조작이다. 김성식 씨의 어머님이 운영하고 있는 평양고을 식당의 경우 김성식 씨가 화학노조를 그만두고 생계가 막연해져 친구 박선우(가명)로부터 1부5

리 이자를 조건으로 차용증서를 써주고 빌린돈으로 개업한지 석달째 접어들고 있다. 그리고 현재 적자운영상태로 이 그룹의 활동자금으로 단돈 10만원도 지출된 바가 없다. 또 전국 장의사의 경우, 최민의 기사가 운영하는 것으로 최민의 집에서 300만원을 빌려주었는데 이것이야말로 기사가 개인적으로 하는 사업인 것이다.

이렇듯이 한 집안의 생계수단과 개인적인 생업을 반국가 단체의 자금출처로 조작 날조하여 카메라를 돌려대고 TV에 발표까지 한 것은 가족의 생계까지 위협하는 파렴치한 보복행위로써 공권력의 남용인 것이다.

위의 사실들로 보아, 안기부가 불법 장기구금과 고문수사를 자행하여 제헌의회 요구투쟁을 사회주의 혁명운동으로 조작·날조했다는 것이 명백해진다.

〈제헌의회 소집투쟁은 참된 민주화투쟁이다〉

과연 이들이 주장한 '제헌의회 소집' 요구가 사회주의 혁명을 위한 프로그램이었던가? 제헌의회를 소집하자는 이들의 요구는 80년 광주학살을 자행하고 헌법을 개정하여 집권한 후 현재에도 이 땅을 예속과 부패의 구렁텅이로 몰아넣고 있는 제국주의 세력과 군사독재정권을 거부하는 행위이다. 그리고 이 사회에서 억압받고 있는 노동자·농민·빈민·중산층 등 다수의 민중이 주체가 되어 소수인 재벌과 군부의 편에 서있는 현재의 헌법을 거부하고 새로운 헌법을 만들어 온 국민이 자유롭게 살 수 있는 사회를 만들자는 외침이다. 이들의 투쟁이 어째서 사회주의 혁명을 기도하는 것이란 말인가? 제헌의회소집투쟁이야말로 장기집권음모를 적극 저지하고 이 땅의 민주화를 하루빨리 앞당기는 투쟁이며 또한, 전 민중이 참여하는 새로운 민주헌법을 제정하자는 모든 민주학생, 노동자들의 정당한 주장인 것이다. 또한 이들이 기도했던 각종 시위와 농성 또한 현 정권의 즉각 퇴진을 주장하고 전 국민의 민주화 열기를 고취시키려는 시위가 아니었던가? 이것이 또 어찌하여 '반국가단체'의 증거인가? 어느 누구보다도 이 땅의 민주화에 대해 뜨거운 열정을 갖고 있었고 누구보다도 선도적으로 투쟁하고자 했던 사람들에 대해 가족과 인륜을 저버린 패륜아처럼 날조 선전해대었던 메스콤 또한 얼마나 충실한 안기부의 시녀인가를 우리는 똑똑히 보았다.

우리는 현 정권이 점점 더 확대되어가는 국민들의 반정부의식과 더욱 더 거세어지고 있는 민주화운동에 쐐기를 박고 집권을 연장하려는 음모하에 이번 사건을 확대 수사하여 반국가 단체로 조작했다는 사실 그리고, 검찰이 반국가 단체로 규정한 조건 ①②③④항은 지금까지의 성명서 내용을 볼 때 안기부의 고문에 의해 허위자백된 것임을 온 국민에게 폭로하고자 한다.

이에 사건관련자 가족 전원이 국가안전기획부장 장세동을 불법연행·감금과 고문사실을 들어 2월 12일자로 서울지검에 고발하였고 앞으로도 우리 가족들은 이번 사건이 조작극이라는 사실을 계속 선전하며 투쟁할 것이다.

현 정권의 말기적 작태는 최근들어 계속되어 왔던 ML당사건 반제동맹당사건 등과 같은 용공조작 사건에 이어 이번 제헌의회 그룹사건으로 그 극을 치닫고 있다. 이에 우리는 이 땅의 정의와 자유민주주의의 실현을 위해 개인적 안락함조차 거부하고 누구보다도 헌신적이고 선도적으로 싸운 민주투사들에 대해 사형을 선고할 수 있는 악법 중의 악법 국가보안법의 즉각적인 철폐와 고문수사와 폭력만이 유일한 무기인 살인마정권 전두환 군사독재정권의 즉각적인 퇴진을 요구하는 바이다.

1. 민주인사 탄압하는 국가보안법 즉각 철폐하라!

1. 「제헌의회그룹」에 대한 '반국가단체' 조작행위를 즉각 중단하라!

1. 진정한 민주화 위해 「제헌의회」 소집하라!

1937. 2. 11.

민주화실천가족운동협의회

제헌의회그룹사건 가족일동

현 독재정권의 고문·폭력을 고발한다!!!

-고문 살인 자행하는 군부독재 타도하자!!!-

80년 광주학살로 등장한 현군부 독재정권은 합법성과 정당성을 갖지못함으로써통치과정에서도 고문, 살인, 폭력, 용공조작 등 가공할 만행의 연속이었읍니다. 피로 얼룩진 전두환 군부독재정권 치하에서 발생한 무수한 고문및 폭행사건과 의문의변사 사건, 그리고 살해기도사건 중 85년도와 86년도의 일부만을 소개하면 다음과 같읍니다.

1. 고문 및 폭행사건
   - 제일교회 폭력사건(85. 1)
   - 대림통상 테러단사건(85. 5)
   - 고산성당주임신부폭행사건(85. 7)
   - 대구교도소 구속자 폭행사건(85. 7)
   - 음성경찰서 주민폭행치사사건(85. 8)
   - 민청련간부고문사건(85. 9)
   - 군지휘관 예비군 폭행사건(85. 9)
   - 보안사 관련고문사건(86. 4)
   - 5.3 인천사태 관련고문사건(86. 5)
   - 부천경찰서 성고문사건(86. 6)
2. 실종변사 사건 및 살해기도사건
   - 서울대 우종원군 변사사건(85. 8)
   - 노동자 신호수씨 변사사건(86. 6)
   - 서울대생 김성수군 변사사건(86. 6)
   - 광산노동자 박인균씨 살해기도 사건(86. 11)

고문 및 폭력저지 공동대책위원회 전화 22-5183 254-6720

- 천주교 대전교구 정의구현 사제단
- 충남 목회자 정의평화실천협의회
- 충남인권선교 협의회
- 대전지역 인권선교위원회
- 금강지역 인권선교위원회
- 천안지역 인권선교위원회
- 충청민주교육실천협의회
- 충남민주화 실천가족회
- 충남민주운동협의회
- 가톨릭농민회 충남연합회
- 가톨릭노동청년회(J.O.C)
- 가톨릭청년회 충남연합회
- 충남기독교농민회
- 대전기독청년협의회(E.Y.C)
- 충남민주운동청년연합
- 놀이패 "얼카뎅이"

1. 김근태(민주화운동청년연합 전의장)

민주화운동청년연합 전의장 김근태씨는 서울 서부경찰서에서 구류 10일을 살고 지난 85년 9월 4일 새벽 5시30분경 석방된 직후 치안본부 대공수사단에 의해 불법 강제납치 되어 9월25일 까지 조사를 받으면서 인간으로서는 상상을 초월하는 온갖 고문을 당했음이 밝혀졌고, 지금도 고문 후유증으로 옥중에서 심한 고통을 당하고 있다. 더욱 경악할 일은 김근태씨가 검사취조와 공판과정에서 고문사실을 폭로하고 증거자료를 제시하려고 하자 검찰, 재판부, 교도소 등이 합세하여 이를 방해하고 은폐시키려 온갖 작태를 연출했다는 것이다.

김근태씨는 연행된 이후 김전무라고 불리우는 자의 지휘하에 9월4일에 두차례 5, 6일 각각 한차례 8, 11, 13, 16, 20일 까지 도합 10차례 온몸을 꽁꽁 묶인채 전기고문, 고추가루물 먹이기, 소금물 먹이기 등 갖은 고문을 당했으며, 고문을 당하는 과정에서 계속적으로 공산주의자라는 허위자백을 강요받았다고 한다.

고문은 처음에는 5시간내지 7시간씩 그리고 3시간씩 계속 되었다고 하며 고문을 하는 날은 밥도 주지 않았다고 한다. 김근태씨는 치안본부 대공분실에서 수사를 받던 전기간 동안 수면을 제대로 취할 수 없었다고 한다. 또한 고문을 하기 전에는 미리 고문이 있을 것이라는 사실을 암시하여 극도의 불안감과 공포에 떨게하고 온갖 육체적, 정신적 고문을 가함으로써 인간으로서는 도저히 견딜수 없는 한계까지 오게 하여 살아있는 것보다는 차라리 죽는 것이 가장 큰 행복이라고 느낄 정도라고 한다.

고문을 당하면서 김근태씨는 자신의 인간으로서의 모든 것을 부정하는 인격적 파탄에 이르게 된 것이 가장 비극스러운 일이라고 진술했다.

민청련의 이을호씨 역시 김근태씨와 같은 극악한 고문을 당하여 현재 완전히 정신이상자가 되어 육체와 영혼이 서서히 죽어가고 있다.

2. 김문수(서울노동운동연합)

김문수씨는 지난 86년 5월 6일밤 잠실에서 불법연행 당한 차속에서 부터 보안사 요원들에게 무자비하게 구타당하고 짓밟혔다. 그는 송파보안사에 도착 하기가 무섭게 고문실로 끌려가서 야구방망이로 온몸을 난타당했다. 보안사에 있던 일주일 동안 그는 엄지손가락에 전원을 연결한 전기고문을 두번, 거꾸로 매달 수건으로 눈을 가리고 고추가루물을 코와 입에 들어붓는 고문을 다섯번 당했으며 전기몽둥이로 몸을 지지고 구타하는 정도의 가혹행위는 이루 헤아릴수 없을 만큼 당했다고 밝혔다.

고문을 당하면서 김문수씨가 자백을 강요받은 것은 5.3 인천시위와 관련한 서울노동운동연합의 조직에 대한 사항및 알지도 못하는 사람들의 거처를 말하라는 것이었다. 고문에 못이겨 허위로 진술하면 그 진술이 허위로 밝혀진후 더 혹독하게 가해지는 고문에 견디다 못해 그는 혀를 깨물고 머리를 벽에 찧었으나 죽지 않더라고 했다.

고문자들은 전기고문으로 인한 붉은 반점이 배위에 생겨나면 재빨리 의사를 불러 치료하고, 심하게 구타한 다음에는 뜨거운 물이든 욕조에 담가 두었다가 꺼내어 안티프라민으로 전신을 맛사지하는 한편 고문 또한 계속 하였다. 그는 보안사에 있던 동안 줄곧 국군통합병원에 통원치료를 받았는데 전신 엑스레이, 관절염검사까지도 했다. 고문의 고통과 다른 방에서 들리는 비명소리, 공포감 때문에 낮과 밤, 날짜와 시간조차도 알 수 없었다고 한다. 또한 24시간 한순간도 깊이 잠들어 본적이 없었다고한다

부인 설난영씨가 본 바에 따르면, 입고 있는 속옷은 핏방울로 얼룩져 있고 부축이 없이 혼자 걷지 못했다. 목부위에는 여기저기 상처가 남아 있었고 배꼽주위에는 굵은 주사바늘 자욱이 선명하게 남아 있었다고 한다.

3. 부천경찰서 성고문사건

부천경찰서 성고문사건은 인류사에 전대미문의 사건으로 소위 선진조국 운운 하는 전두환 군사독재정권의 허구성과 야만성을 적나라하게 보여준 사건이었다. 또한 그러한 범죄행위를 저지르고도 진실은폐에 급급하는 검찰과 오히려 사건을 "성까지 도구화하는 운동권 학생의 상투적 수법" 운운하며 사건을 왜곡, 호도하려는 이름을 알수 없는 소위 공안당국의 발표를 보면서 현 군사독재정권이 얼마나 악랄한 조직범죄단체인가 라는 사실을 전 국민앞에 적나라하게 보여준 사건이었다.

그동안 현 군부독재정권은 성고문 사실을 극구부인하다가 최근 "고법 재정신청판결문"을 통해 일부를 시인하고 말았음에도 불구하고 가해자인 문귀동과 옥봉환 서장은 시퍼렇게 살아 세상을 활보하고 있고 피해자인 권양은 오히려 사건은폐를 위해 지금 이 순간에도 교도소에서 영어의 몸으로 남아 있다.

4. 대구교도소 폭행사건

85년 8월 소내양심수 폭행사건으로 소장이 파면되었던 대구교도소가 86년 8월 다시 소내폭행을 저지름으로써 현정권하에 이루어지는 일련의 폭행사건이 현정권의 본질에서 부터 연유한 것임이 입증되었다. 사건의 발단은 교도관이 가죽 채찍으로 일반재소자를 심하게 때리는 것을 본 사공준(대구민중선교탄압사건)씨가 이에 대한 항의와 소내 개선을 요구하면서 소장면담을 시도했으나 좌절되면서부터 시작되었다. 1사와 2사의 수감학생 손호만, 송근태등 10여명이 1. 교도소내 폭력, 폭언 근절. 2. 가죽채찍 사용금지. 3. 3회 서신집필, 청결 위생보장. 4. 도서열독 제한 철폐 등의 요구사항을 걸고 8월12일 부터 무기한 단식투쟁에 돌입했으나 최건식 소장은 직원 전원에게 대기명령을 내린채 자신은 퇴근하는 무성의를 보였다. 8월14일 아침 6시에 보안과장의 지휘로 교도관 10여명이 수십명의 경비교도대를 시켜 관구실에서 소장면담을 요구하며 단식농성하던 양심수 전원을 강제로 끌고 나가면서 목을 조르고 머리채를 잡아 당기고 눈을 후벼내는 등의 무참한 폭행을 가했다.

이 과정에서 사공준, 손호만(대구 기독교년협의회 총무), 안기성(달구벌교회 전도사) 이연재(경북대)등이 팔이 붓고 제대로 걷지 못하며 눈 자체가 시뻘겋게 충혈되는 등의 심한 상처를 입었다. 뿐만 아니라 사태를지켜보던가족들에게 까지소내전원을 끊어 암흑천지로 만들어 놓고 대치하다가 보안계장의 지휘로 밀어붙이며 몽둥이로 집단구타하여, 김영진(계명대), 이연재의 어머니가 실식하여 성심병원을 거쳐 영남대 부속병원으로 옮겨졌다. 8월20일에는 진상조사를 위하여 신민당의원 조사단이 도착하자 교도소측은 경비교도대 200여명을 동원하여 가족들에게 입에 담지도 못할 욕설을 내뱉으면서 의원들에게 까지, 의원이면 다냐 살아서 돌아가지 못할줄 알라'며 공갈 협박을 해서 달성경찰서에 신변보호 요청을 하기에 이르렀다. 폭행사건을 발생케한 장본인 대구 교도소장 최건식은 82년11월25일 광주교도소에 수감중이던 박관현(전남대 총학생회장)씨를 죽음으로 몰고 갔던 바로 그 인물로 3개월동안 한번도 소내순시를 하지 않았다고 한다.

5. 대전교도소 폭행사건

86년 9월19일 충남민주운동청년연합 상임위원 정천귀씨는 1.강제순화교육철폐. 2. 폭행교도관 문책. 3.소내처우 개선. 4.분산 수감자 원상복귀 등의 요구사항을 외치다 교도관들에 의하여 사지를 비틀리고 집단폭행을 당한후 지하실로 끌려가 머리털이 한움큼 빠질 정도로 폭행당 했다. 강구철(충남민주운동협의회 전사무국장),정선원(충남민주운동청년연합 상임위원)씨 등도 강제로 징벌방과 일반수방으로 분산 수감되었다. 이에 항의하여 양심수들이 단식하던중 가족들이 항의하며 소장면담을 요청하자 이유없이 면담을 거절했다. 가족들이 수방원상복귀를 요청하며 관철될때 까지 계속 이곳에서 하겠다고 하니 술취한 교도관이 우산을 휘두르며 폭언,욕설과 함께 공포분위기를 조성했다. 밤10시쯤 10여명의 가족들의 팔을 비트는 등 심한 폭력을 행사하면서 봉고차에 강제로 태웠다.

대전교도소는 전국 순화교육장소이며 0.7평방이 200여개 정도 있고 이곳에서 가해지는 폭행행위는 잘 누설되지 않게 지어진 공포의 새건물이라고 한다. 주로 간첩용의 자실로 만들어져 현재는 학생들이 주로 수감되고 있다고 한다. 양심수들이 전국에서 차출되어 순화교육이라는 미명아래 갖은 가혹 행위를 당하고 있으며,임승안(한신대)군은 견디다 못해 동맥을 끊고 자살을 기도한 바 있다.

이상의 일련의 사건들은 전두환 군부독재정권이 피의 학살을 시발로 들어선 이후 표면적으로 드러난 폭력,고문 만행중 극히 일부에 지나지 않는다. 분명한 사실은 여러가지 사건의 내용을 검토해 볼때 폭력,살인,고문 등의 만행이 일선담당자들의 우발적인 실수에 의해서 일어난 것이 아니라 현정권의 본질에서 부터 비롯된 것이며,모든 만행이 군부독재체제를 유지하기 위해 조직적으로 일어나고 있다는 사실이다. 이제 우리는 더이상 방관자일수 없다. 이러한 만행이 직접 우리에게 닥치지 않았다 해서 방관할 때 내일 그러한 만행이 바로 우리에게 또는 우리의 자식에게 닥칠 것이기 때문이다. 이 땅에서 고문,폭력, 그리고 살인행위를 종식시키고 우리 모두가 불안과 공포로 부터 해방될수 있는 길은 무엇인가? 우리 모두가 손에 손을 잡고 일치 단결하여 전두환 군부독재의 영구집권 음모를 분쇄하고 군부독재정권을 타도하는 길뿐이다. 자! 이제 모두 고문, 폭력을 종식시키기 위해 군부독재타도의 대열에 동참하자. 고문,폭력,살인만행 종식을 위한 도민대회를 향해 전진하자!

＊고문 근절을 위한민주 시민의 실천사항＊

1. 고 박종철군의 분향소가 충남민협(254－6720)과 괴정동 성당에(523-6472) 설치되어 있으니 다함께 분향합시다.
2. 우리 다함께 박군을 추모하는 검은 리본을 답시다.
3. 치안본부(270－2452), 충남도경(23－9411) 및 왜곡보도를 일삼는 각 언론사에 항의 전화를 합시다.
4. 고 박종철군 추모사업및 민주화와 인권운동을 위한 모금운동에 참여 합시다.

☆조흥은행 : 601－6－060140 박 종 덕 ☆제일은행 : 675－20－335928

고 박종철군 추모및 고문살인종식을 위한 범도민대회

＊일시 : 87년 2월 2일 오후3시

＊장소 : 대전 기독교연합봉사회관(서대전 4 거리옆)

성고문 자행하는 폭력정권 물러가라
한국정치범동지회

고문학살 군사독재, 투쟁으로 타도하고 제헌의회 소집하자

—우리는 왜 신민당 농성에 돌입하는가?—

1. 우리의 형제 박종철군을 학살한 군사독재정권

일천만 노동자여! 사천만 민중이여! 그리고 전국의 피를 끓는 백만학도여!

전두환 군사 파쇼도당은 우리의 형제 박종철 군을 학살하였다. 지난 1월 14일 느닷없이 치안본부 남영동 대공 분실로 끌려간 박군은 미제와 반동 권력의 하수인들의 협박과 회의에 맞서 싸우다 물고문, 전기고문, 모진 구타 속에서 피가 낭자한 시신으로 변하여 재가 되고 말았다. 박군을 죽인 자 과연 누구인가? '직무 의욕 과잉'인 두 사람의 경찰관인가? 강민창 전 치안본부장과 김종호 전 내무부 장관인가? 아니면 단지 우발적인 사고이므로 아무도 책임질 필요가 없는가? 우리는 민주주의와 조국통일을 위해 투쟁하는 민중을 탄압하고 미제와 예속독점 자본의 이익에 배타적으로 봉사하는 군사독재정권이야말로 박군을 살해한 원흉이라고 단정한다. 군사독재정권은 광주학살에 이어 우종원, 신호수, 김성수 군을 살해하고 김근태 민청련 의장에 대한 고문과 부천서 성고문 사건을 자행하는 등 민중의 민주주의적 요구를 압살하는 적대적 세력이다. 노동자를 저임금에다 철야 잔업, 장시간 노동으로 착취하고, 농산물 가격 조작으로 농민의 생존권조차 부정한 채 경제적 수탈자와 정치적 억압자로 군림하는 군사독재정권 그들과 민중들의 대면은 화해할 수 없는 것임을 박군의 죽음을 통해 다시 한번 확인한다.

반동군사독재 정권은 내각제 개헌안을 통과시키기 위한 사전 정치 작업의 일환으로 비밀리에 민중투쟁의 전위투사를 체포 연행, 고문 구속하여 민중들이 군사독재 타도라는 혁명적 대열이 결집하는 것을 막으려 하고 있다. 한편으로 그들은 개헌에 동참하려고 안달이 난 기회주의자 자유주의적 부르주아와 함께 내각제 개헌안을 통과시키기 위하여 매수 공작을 진행하고 있다. 박군의 죽음은 이러한 정치적 상황 속에서 내각제 개헌안을 내놓고 미소 짓는 현 군사독재정권의 본질을 철저히 드러낸 사건이다. 우리 제헌의회 소집 노동자 투쟁위원회와 전민학련, 대한카톨릭 학생총연맹은 군사독재정권을 타도하지 않고는 민주주의도 민족통일도 먼 미래의 일일 수밖에 없다고 강력히 주장한다.

2. 신민당의 직선제 개헌안과 민중의 손으로 만드는 헌법, 제헌의회

살인마 군사독재와 타협하여 개헌을 갱신하고자 하는 신민당은 위의 사실을 똑똑히 알아야 한다. 군사독재는 개헌을 운위하며 실제로 노리는 것은 민중들의 혁명적 의식을 잠재우며 자신들의 지배를 온존시키는 것이요, 노동자와 농민 등 민중들을 착취 억압하는 체제를 계속 유지하려는 것이다. 보라, 노동자가 정치적 자유를 외치면 즉시 구속된다. 군사독재를 타도하고 민중 권력을 수립하고자 하는 우리의 가장 조그마한 꿈조차도 국가보안법에 의하여 용공좌경이라는 이름하에 감옥으로 감옥으로 향해지고 있다. 개헌이라는 허울 속에 저들의 탄압은 계속되고 있다. 그런데 신민당의 작태는 어떠한가? 군사독재정권을 타도하지 않고는 민주주의 정치를 할 수 없음에도 불구하고 헌법특위에 참가하여 군사독재와 타협하고 군사독재와 권력을 나누어 먹기 위한 과도 중립내각에 의한 선택적 국민투표를 제안하는가 하면 이민우 구상처럼 노골적으로 내각제 개헌으로 돌아서는 경향까지 드러내고 있다. 게다가 11·29 서울 개헌 대회에서는 단 한번 변변히 싸우는 시늉도 내지 않고 군사독재와의 전투를 회피한 채 민주주의를 위해 투쟁하는 임무를 전민중의 과제로 남겨 놓았다. 이들은 학살자와 협상함으로써 민주주의를 얻기를 바라는 기회주의자인 것이다.

노동자, 농민, 청년학생들이여!

박군의 고문 학살 사건이 일어나자, 군사독재 정권도 감히 내각제 개헌을 운위하지 못하고 신민당 역시 개헌 이야기는 입 밖에도 꺼내지 못하고 있지 않은가? 이것은 바로 개헌으로는 고문을 종식시킬 수도 없고 민주주의를 철저히 보장할 수도 없음을 단적으로 증명하는 바이다. 군사독재정권은 이 사건을 무마하여 넘어가기에 급급하다. 신민당은 아니다 다를까 살인자 군사독재 타도를 외치기는커녕 고문종식 운운, 인권보장 등등으로 이 사건의 본질을 피하고 직선제 개헌을 은폐하고 직선제 개헌을 주장하기 위한 계기 마련에 골몰하고 있다.

사천만 민중이여!

이제 우리가 나아가야 할 유일한 길은 군사독재 타도와 민중의 손으로 헌법을 만드는 제헌 의회를 소집하여 민주주의, 민주공화국 설립으로 매진하는 것이다. 우리의 승리 혁명의 그 날은 멀지 않았다. 박종철 군의 죽음이 남긴 고귀한 뜻을 이어받아 개량이 아닌 혁명을 통해서만, 개헌이 아닌 제헌을 통해서만이 참된 민주주의와 통일을 달성할 수 있음을 소리 높여 주장하자.

3. 우리는 왜 신민당에 돌아왔는가

일천만 노동자여, 사천만 민중이여!

살인마 군사독재정권과 타협하는 자들을 믿어서는 안된다. 군사독재정권과 타협함으로써 민주주의가 가능하다는 생각을 유포하는 신민당은 민중들에게 약간의 개량을 던져준 채 민중이 반동적 부르주아식의 억압적 착취 수탈에 굴종하기를 요구하는 것이다. 그러므로 완전한 정치적 자유를 실현하기 위하여, 노동자와 농민을 저임금과 저곡가의 질곡으로부터 해방하기 위하여, 민주주의 공화국을 수립하기 위하여 우리는 살인자 군사독재정권에게 양보할 것을 요구하는 것이 아니라 군사독재정권의 타도와 미제국주의의 축출을 토대로 한 민중의 권력을 수립하는 혁명의 길로 나아가야 한다.

우리 제헌의회 소집 노동자 투쟁의원회 전민학련, 대한카톨릭 학생총연맹은 이러한 우리의 주장을 명백히 천명하고 신민당으로 하여금 민중을 오도하는 일을 중지하고 우리 혁명적 민주주의자의 투쟁에 동참할 것을 촉구하기 위해서 농성에 돌입한다. 우리는 신민당이 민주주의를 위해서 헌신적으로 싸워온 세력이라고는 조금도 생각하지 않는다. 오히려 지금까지 그들은 민중들의 혁명적 투쟁을 등에 업고 군사독재와의 타협에 있어서 유리한 고지의 점령에만 관심을 가져 왔음을 잘 알고 있다. 그러나 우리는 다시 한번 간곡히 설득하고자 한다.

신민당은 직선제 개헌으로 민중기만 중지하고, 제헌의회 소집 투쟁에 적극 동참하라.

4. 제헌의회 소집의 깃을 내걸고 혁명적 민주주의 연합진영 건설하자

이 땅의 사천만 민중이여!

참된 민주주의를 건설하기 위한 대열은 오직 하나 혁명적 민주주의자들로 결집되어야 한다. 군사독재를 타도하지 않고는, 미제를 축출하지 않고는 민주주의도 조국통일도 불가능하다. 우리는 박종철 군의 고문학살 사건을 정치권력의 문제로부터 떼어놓고 보려는 그 어떠한 시도도 반대한다. 2월 7일, '고 박종철 군 범국민 추도대회'를 비정치적 집회, 단순한 인권 보장의 문제로 전락시키는 것은 곧 군사독재 정권이 제2의 박종철, 제3의 박종철 군을 자꾸만 만들어낼 소지를 그대로 온존시키자는 주장에 지나지 않는다. 그리고 민중의 억압과 착취를 자행하는 현 지배계급의 통치 체제, 즉 경찰과 군대와 관료를 고스란히 내버려두는 일에 불과하다. 혁명적 민주주의자들이 결십하여 민중 권력을 수립을 위한 제

헌의회 소집으로 나아갈 때에만 살인고문과 전민족적 불행이 끝장날 수 있다. 개량주의와 타협주의가 아니라 투쟁으로 민주주의를 얻고자 하는 사람들은 모두 제헌의회의 깃발을 선명히 내걸고 '혁명적 민주주의 연합진영'으로 결집하자!

신민당도 하루 빨리 개량적 길로부터 벗어나서 혁명 투쟁에 동참하라! 그렇지 않으면 마침내는 민주투쟁의 배반자로 낙인이 찍히고 말 것이다.

천만 노동자여! 사천만 민중이여!

끓어오르는 분노의 외침을 하나의 초점, 군부독재 타도와 제헌의회 소집으로 모으자. 그리고 기회주의자와 과감히 손을 끊고 주저없이 일어서서 나아가자. 혁명적 민주주의의 대열로 제헌의회 소집의 깃발을 펄럭이며 살인마들을 처단하는 성스러운 투쟁으로 나아가자.

자, 찬란히 밝아올 새 사회, 민주주의 민중 공화국을 향하여 힘차게 전진하자.

우리의 주장

- 고문 학살 자행하는 군사독재 타도하고 제헌의회 소집하여 민주주의 민중공화국 수립하자!
- 제헌의회 소집의 한길로 모여 혁명적 민주주의 연합 진영건설하자!
- 파쇼와는 타협없다. 신민당은 제헌의회 소집 투쟁에 동참하라!
- 2·7추모대회를 군사파쇼 타도와 제헌의회 소집의 장으로!

1987년 2월 3일

제헌의회 소집 노동자 투쟁의원회

전국 반제 반파쇼 민족민주 투쟁 학생연맹

대한가톨릭 학생연맹 총연맹

장기집권

남대문로
Namdaemunno
을지로
Ulchiro
시청
CITY HALL
130m
살인정권 타도하자.

이 땅에서 고문 살인을 영원히 추방하자!

"어머니, 자주 찾아 뵙지 못하는 불효자식이지만, 이 한목숨 바쳐 나라와 민족을 위해 떳떳하게 살아가려는 자식이거니 믿고 용서해 주세요. 어머니 평소에 좋아하시던 이미자 노래 테이프를 보내드립니다."

"종철아! 이 아부지는 아무 할 말이 없대이."

폭력과 독재, 침략과 분단의 비극이 조국의 두 가슴을 짓뭉개버린 현실 앞에서 죽음으로 항거한 한 청년학생의 편지. 허리 잘린 나라의 통한이 서린 임진강 물 속에 아들의 뼛가루를 뿌리면서 치밀어 오르는 울분을 이 한마디 말로밖에 하지 못했던 아버지.

왜! 왜 이 땅의 피끓는 젊은이가 부모보다 먼저 가야만 하는가! 살아서의 불효를 죽어서도 저질러야 하는가! 도대체 누가 이 땅 어버이들의 가슴속에 쾅쾅 못질을 했는가!

조국의 자주와 민주, 통일을 위해 떳떳하게 살아온 박종철, 죄라면 조국과 민중에 대한 불타는 사랑이 이 땅을 손아귀에 움켜쥐고 민족의 생존을 압살하려는 놈들의 비위에 거슬린 것밖에는 없으며, 불효라면 침략과 독재의 무리에게 항거하다 부모보다 먼저 죽은 죄밖에는 없다.

4천만 애국 동포 여러분!

누가 박종철을 죽였는가? 누가 민족을 파멸시키려는 장본인인가?

바로 자신들의 추악한 야욕을 위해 온갖 고문과 살인, 민중 탄압과 집권 음모를 일삼는 전두환 일당, 그리고 뒤에서 조종하는 침략자들, 바로 이놈들이 박종철 살인의 원흉이며, 우리 민족 비극의 장본인인 것이다.

1. 고문 살인은 미국놈들의 통치수단이다

박종철 군의 죽음! 우리들은 오랜 굴종과 체념의 타성에서 벗어나도록 흔들어 깨우는 거대한 불길로 치솟고 있는 열사의 외침! 이제 우리들의 떨리는 치떨리는 분노는 점차 탄압과 살인으로부터 나라를 구하려는 일념으로 단결되어 가고 있고, 전두환 일당은 사실을 왜곡하고 애국 민중들의 구국 기운을 탄압하는 것에 광분하고 있다.

놈들은 내무부 장관과 치안본부장을 갈아치우는 것으로 위기를 무마하고 있다. 그런데 새로운 내무부장관 정호용이란 작자는 어떤 놈인가? 80년 광주학살의 원흉, 당시 공수특전사령관을 해먹은 민중의 원수놈이다. 이것은 무엇을 말하는가? 시대의 살인마 전두환놈은 자신의 충실한 추종자를 내무부장관으로 앉혀 총칼과 군홧발로 광주 민중을 때려 죽이던 솜씨를 발휘하여 애국 민중을 더욱 교묘하게 탄압, 죽여 놓고 말겠다는 것을 선포한 것이다.

정초에 전두환놈은 시정 연설을 씨부리면서 "정국 안정을 위해 중대한 결단"을 선포했으며 이제 그 음흉한 마수를 노골적으로 드러내고 있는 것이다.

또한 주한 미대사 릴리놈은 "안정 속에 원만한 타협" 운운하며 전두환놈의 구상을 비호하고 있으며, 더구나 전두환놈에게 올라가는 모든 보고를 미중앙정보부놈들이 일일이 검사하고 지시한다는 것이다. 전두환 일당에게 미제 상전과 폭력 살인은 있을지언정 조국과 민중은 안중에도 없다. 안정이란 한줌도 안되는 미제 상전과 자신들의 안정이며 애국 민중에게는 불법 검문 검색, 구금 재판, 감방, 나아가 살인으로 되는 것이다.

미국놈들은 6·25전쟁에서 우리 민중을 오열로 몰아 수십만을 살해했으며, 국군통수권을 가지고서

80년 광주 군투입을 승인하여 수천 명을 살해했다. 작년에도 팀스피리트 훈련 때 제천 윤보 여교사를 강간 살해했으며 온갖 흉악한 범죄를 저지르고도 재판 한 번 받지 않는 특권을 누리고 있는 것이다. 이 어찌 참을 수 있으랴!

지금도 농민들의 자살이 끊이지 않고 있다. 양담배 수입으로 파산한 담배 재배 농민들의 자살, 소 수입으로 비관한 농약 자살, 이 모든 농민들을 누가 죽였는가! 바로 미국놈들의 시장개방 강요 때문이라는 것은 명확하지 않은가!

올해도 2월 17일부터 팀스피리트 연습을 한다. 미국놈들은 이제 고문살인보다도 더 가공할 이 민족 전체를 말살시키기 위한 핵 전쟁 연습을 하고 있다.

치안본부, 안기부놈들은 외세에 반대하여 자주를 주장하는 사람들에게도 특히 가혹한 고문을 하고 있으며 행방불명된 사람만도 수백 명이다. 이 사람들은 모두 애국심이 투철한 사람들이며 대부분 고문을 받고 살해되어 눈에 띄지 않는 곳에 버려졌을 것임에 틀림없다. 우리는 이미 알고 있지 않은가? 미 중앙정보부놈들이 남한의 안기부, 치안본부를 직접 지휘하고 있다는 것을…. 5 · 16 쿠데타 이후 중앙정보부는 미국놈들의 지시에 따라 김종필이 만들었다는 것과 그리고 그 이름만 바뀐 것이 안기부라는 것을.

미국놈들과 전두환 일당에게 살인이란 반대자들을 제거하고 자신들의 통치를 위해 항상 일삼는 수단이다. 미국놈들은 반미애국의 기운이 높아감에 따라 점점 더 반공 소동을 벌이며 여차하면 죽여도 좋다는 것을 전두환 일당에게 지시하고 있는 것이다.

2. 미국놈을 몰아내고 자주적인 정부를 수립하는 것만이 살인고문을 영원히 추방하는 길이다

모든 애국동포여! 노동자 동지여!

이제 고문 살인의 장본인, 원흉들은 밝혀졌다. 바로 이 땅에 군대를 강제로 진주시키고 식민지적 착취를 자행하는 미국, 그들의 충실한 종 전두환 매국 배족 도당들이라고.

우리는 언제까지 노예와 굴종의 삶을 살면서 죽어 지낼 것인가? 아니면 고문 살인을 영원히 추방하고 자유롭고 해방된 조국을 건설하기 위한 투쟁, 미국놈들과 그 앞잡이 전두환 일당들에 반대하는 투쟁에 떨쳐 일어설 것인가?

우리에겐 단 한 가지, 모두 일치단결하여 반미 반독재 구국 투쟁의 불길을 세차게 지펴 올리는 것. 그리하여 우리 노동자 일동은 용감하게 일어섰다.

고문살인을 영원히 추방하기 위해서!

분단과 독재의 역사를 완전 청산하기 위해서!

조국통일과 민족해방, 민족자주 정부 수립을 위해서!

함께 외치자

- 고문 살인 자행하는 전두환 일당 처단하자!
- 살인 도당 조종하는 미국놈들 몰아내자!
- 인간 도살장 안기부, 치안본부 박살내자!
- 애국인사 잡아가두는 국보법을 철폐하라!
- 민주주의 압살하는 반공탄압 소동 물리치자!
- 미국의 배후조종 장기집권 음모 분쇄하자!
- 미국의 식민통치 청산하고 민족자주정부 수립하자!

이렇게 합시다.

+ 이 전단을 돌려 읽고 주위 사람들과 토론합시다.
+ 위 사실을 눈에 잘 띄는 곳에 낙서하여 알립시다.
+ 살인고문 규탄대회엔 더욱 많이 참여하도록 주위 사람들에게 권유합시다.
+ 2월 한 달 간 검은 리본을 패용하여 박열사의 죽음을 추모합시다.
+ 안기부, 치안본부에 항의 협박 전화를 합시다.

1987년 2월 7일

민족 해방과 조국통일을 위해 투쟁하는 노동자 일동

장기 집권 획책하는
살인 강간 고문 정권 타도하자!!!

"종철아, 잘 가그래이. 아부지는 아무 할 말이 없데이!"

정의를 사랑하는 꽃다운 나이의 청년, 박종철군이 모진 고문을 당한 끝에 끝내 목숨을 잃었읍니다. 착하고 소탈한 성품의 이 나이 어린 한 청년을 생으로 쳐죽인 사람은 과연 누구입니까? 그래 놓고 "사람이 하는 일인데 실수가 없을 수 있는가"라고 말도 안되는 헛소리를 내뱉고 있는 정호용 내무부 장관놈의 파렴치한 모습은 또 어떠합니까? "실수라니오?!?"

그렇다면 서울 시경 형사들이 끌고 가 때려 죽인 후 전라도 대미산에 몰래 갖다 버린 연안가스 노동자 신호수의 고문 살인도 실수란 말입니까? 고문하다 죽어버리자 돌을 발에 매달아 바다 속에 던져버린 김성수군의 살인도 실수란 말입니까? 성수동 세 여성 노동자에 대한 보안대원들의 강간 사건도, 그외 아직 드러나지 않은 그 무수한 고문 살인 강간 사건도 그 모두가 실수란 말입니까? 아니, 광주의 2000여 시민들을 무차별 학살한 그 끔직한 만행도 실수란 말입니까? 놈들의 실수 앞에 바로 당신이 파리 목숨처럼 생명을 잃을 수 있는데 그것도 실수란 말입니까?

여기 격분하고 있는 우리 모두는 지금 "복지 사회"의 허울에 가려진 제5공화국 살인 고문 수용소 안에서 그들의 또다른 실수때문에 언제 목숨을 날릴지 모르는 속에서 살아가고 있읍니다. 멀쩡한 행인을 잡아다가 강제 노동을 시키고, 10년간 500명이나 때려 죽여 시체까지도 돈받고 팔아먹는 부산 형제 복지원의 원장이나 정의로운 종철이 신호수를 잡아다가 고추가루물을 먹이고 전기로 지져 죽여 놓고 부랴부랴 화장한 후 오리발 내미는 전두환 정권이 다를 게 무엇입니까?

전두환과 이병철에게는 너무도 복지로운 제5공화국이 일당 3500원에 12시간 일하는 우리 노동자나, 소값 폭락 채소 파동에 농협 빚을 피해 야밤 도주를 해야 하는 우리 농민에게나, 올림픽때문에 죽어나는 철거민 행상인에게는 너무도 지긋지긋한 지옥 바로 그것인 것입니다.

민주 정부를 갖고자 열망하는 민중을 달콤한 사탕발림으로 기만하고, 노동자 학생 민주 청년을 고문 살해하면서까지 그들이 그토록 밀어부치려 하는 내각제 개헌은 국회를 꼭두각시로 내세우고 전두환과 군부가 배후에서 실권을 장악하여, 놈들만의 복지 사회를 영원히 보장하고 죽을 때까지 집권하려는 장기 집권의 교묘한 술책입니다. 이속에서 우리에게 보장되는 것은 영원한 아니 더욱 극심한 굶주림과 기만 탄압 뿐입니다.

그렇기때문에 전두환은 "중대 결단" 운운 하면서 말 안들으면 국회와 야당을 해산하고 민주 운동을 탄압하고 누구든 잡아 넣겠다고 사천만 국민을 공공연하게 협박 공갈하고 있는 것입니다.

애국 시민 여러분!

이제 군바리 정권은 지긋지긋하지 않읍니까? 양놈들의 간섭도 몸서리 쳐지지 않

않읍니까? 이제는 놈들의 사기에도 협박 공갈에도 결코 속지도 무릎 꿇지도 말아야 하지 않겠읍니까? 이 살인 강간 고문 정권과는 한 하늘을 이고 같이 살 수 없읍니다 우리 모두가 행복하게 살 수 있는 유일한 길은 우리 모두의 분노와 힘으로 이 야만적인 폭력 정권을 타도하는 길 뿐입니다!!! 참지 맙시다. 일어 섭시다. 그리하여 우리 타오르는 분노를 행동으로 옮겨 살인 정권 처단의 대로로 나섭시다.

우리의 주장

1. 장기 집권 획책하는 고문 정권 타도하자!
2. 살인 강간 고문 정권 타도하여 민주 정부 수립하자!
3. 대공 분실 보안사 안기부를 해체하라!
4. 박종철을 살려 내라, 신호수를 살려 내라!

행동 지침

1. 종철이와 신호수를 죽인 대공 분실 보안대 안기부에 항의 전화를 걸어 다음과 이 외칩시다.
   "개새끼들아! 박종철과 신호수를 살려 내라!"
2. 매직과 스프레이 또는 볼펜을 사용하여 모든 공공 건물 공장 게시판 등을 다음과 같은 항의 낙서로 뒤덮어 버립시다.
   "장기 집권 획책하는 살인 정권 타도하자!"
   "살인 강간 고문 정권 타도하고 민주 정부 쟁취하자!"
3. 잡으라는 도둑은 잡지 않고 종철이와 신호수를 때려잡는데 쓰여 온 방범비 납부 거부하여 더 이상 놈들의 살인을 거들지 맙시다.
4. 이러한 우리의 작은 행동을 하나로 모아 전국을 뒤덮을 큰 파도로 만듭시다. 그리하여 살인 강간 고문 정권을 싸고 있는 허울의 껍질들을 하나씩 벗겨내고 그속에 숨어 있는 악의 꽃을 민중의 힘으로 기어이 짓눌러 버립시다.

1987. 2. 7

살인 강간 고문 정권 타도를 위한 인천 노동자 투쟁위원회

고 박종철군 국민추도회 준비위원회 고문·공동위원장단회의

발 표 문

— 고 박종철군을 추도하고 고문추방과 민주화를 다짐하는 —
'고문추방 및 민주화 국민결의 기간'을 선포하며
국민여러분께 드리는 말씀

국민 여러분!

지난 7일 우리의 사랑하는 아들이 그 천하보다 귀한 생명을 던져 우리를 깨우친 아름다운 영혼을 추도하는 고 박종철군 국민추도회에 용기와 정성으로 동참하시고 협조해 주심에 경의와 감사를 드리며, 명동성당을 비롯한 수 많은 협조기관과 단체에 감사를 드립니다. 또한 저희 추모회 준비위원 일동은 질서있고 평화적인 추모회 개최를 위해 온갖 노력을 기울였으나, 예정대로 개최하지 못한데 대해 고 박종철군의 영전에서 사죄의 말씀을 드립니다.

우리는 이번 추도회에 모든 계층, 모든 종교, 그리고 신분이나 직업을 초월하여 추도회장과 거리와 가정에서 추모와 기도, 격려와 성금에 행동으로 참여하여 인간생명의 존엄과 고문의 영원한 추방을 다짐함으로서 박군의 고귀한 죽음을 우리 모두와 우리 후세의 인간다운 삶을 확실히 보장하는 고문없는 세상, 민주화된 나라를 건설하는 위대한 전기로 삼을 것을 결의하려 하였읍니다. 그러나 정권당국은 추도회를 갖은 악랄한 표현으로 중상비방하고, 압수수색과 연금으로 준비를 방해하고, 보안법, 소요죄 적용등 당일은 완전히 국민에 대한 선전포고와도 같은 경찰작전으로 추도회장을 봉쇄하고, 국민을 향해 독가스탄을 발사하고, 자동차경적을 떼어내고, 택시를 통행금지시키고, 추도회장 주변일대를 소개시키며, 수많은 시민을 불법 강제연행하는 등 전 정권적으로 방해함으로서 고문살인에 대한 참회는 커녕 '뼈를 깎는 아픔' '새로 태어나는 각오' '정부 인권기구' '여당 인권위원회' '국회 인권특위 구성'운운 등 새빨간 거짓말을 늘어놓으며 국민대탄압을 더욱 강화하고 고문 이상의 폭압조차 계속하겠다는 흑심을 보여 주었읍니다. 결국 우리는 고문근절을 살인고문정권에 맡길 수 없으며, 우리 국민 스스로 쟁취해야 한다는 것을 거듭 확인할 뿐입니다.

그러나 국민 여러분!

우리는 확실히 이 반인간적, 고문정권을 이겨가고 있읍니다. 이번 추도회를 통하여 분명하게 그 시작을 보여주었읍니다. 이 정권은 그 목적이 사악함 뿐만 아니라 그 폭력에 있어서도 이제는 성숙한 국민의 힘을 당할 수 없음이 명백해져 가고 있읍니다. 이 정권은 장담한대로 추도회 자체를 완전히 막지도 못했을 뿐만 아니라, 온 국민의 가슴속에 저미는 슬픔과 타오르는 분노와 다져지는 결의를 위협과 폭압으로 없애지도 움추러들게 하지도 못했읍니다. 오히려 더욱 깊고, 거세고, 단단하게 했을 뿐입니다. 엄숙히 경고하거니와 정권당국은 지금 진정으로 참회하고 국민앞에 빌지 않는다면 용서받을 때마저 잃을 것입니다. 우선 이번 추도회와 관련 부당하게 연행구금된 모든 인사를 즉각 석방하고, 고문으로 조작한 증거에 의해 구속 또는 복역중인 모든 민주인사를 석방할 것을 강력히 요구합니다.

국민 여러분!

우리는 우리 모두를 대신하여 대명천지 밝은 낮에 어두운 밀실고문대 위에서 부릅뜬 눈으로 죽어간, 우리를 살리기 위해서 자신이 죽었고, 우리의 삶을 지켜주기 위해 자신은 가장 비인간적인 만행으로 죽임을 당한 고 박종철군의 고귀한 희생에 보답하기 위해서, 인권이 보장되는 고문없는 세상을 위해서, 고문없는 세상이 확보되는 민주화된 나라의 건설을 위해서 오늘 2월9일부터 박군의 49제인 3월3일까지를 고 박종철군을 추도하고 고문 추방과 민주화를 다짐하는 "고문추방 및 민주화를 위한 국민결의기간"으로 선포하며, 국민 여러분의 참여를 간곡히 호소하는 바입니다.

1. 오늘 2월9일부터 3월3일까지를 '고문추방 및 민주화를 위한 국민결의기간'으로 선포한다.
2. 이 기간중 각계 각층 온 국민은 추도회, 강연회, 기도회, 토론회, 공청회, 고문사례 발표회, 고문폭로회, 결의문채택, 고문추방 기금을 위한 성금모금, 백기완, 이태복, 김근태, 김문수, 권양 등 고문사건 진상규명요구, 우종원, 김성수, 신호수씨 변사사건 사인규명요구, 입법 또는 제도개선요구 등 할 수 있는 모든 방법으로 2.7국민추도회를 통해 못다한 추도와 고문추방을 위한 행사를 개별 또는 연합하여 개최한다.
3. 오늘 이후 영원히 모든 국민은 영장 없이 임의동행을 요구하는 불법적 강제연행을 거부하고, 영장없는 강제 검색을 거부하며, 이를 강제로 요구하는 경찰관리나 수사기관원을 국민 앞에 고발하며, 민주단체는 이러한 고발에 대해 적절한 법적 조치를 대행해 준다.
4. 오늘 이후 영원히 모든 국민은 수사관으로부터 불법, 부당한 구금, 위협, 폭행 등 온갖 고문행위를 거부하고 이를 부당하게 강요당할 때는 모든 수단을 다해 국민 앞에 낱낱이 고발한다. 민주단체는 이러한 고발에 대하여 고발인을 보호하고, 피고발자인 고문 수사관을 법적, 또는 사회적으로 응징할 모든 수단을 강구한다.
5. 이 모든 고문추방 및 민주화를 위한 국민 결의기간의 활동을 결집 표현할 고문추방 및 민주화를 위한 국민 결의 행사를 적절한 시기에 전 국민적 규모로 개최한다.

결 의 사 항

1. 고 박종철군 국민추도회를 경찰의 엄청난 물리력으로 방해한 현정권의 폭력성을 강력히 규탄한다.
2. 그럼에도 불구하고 추도회와 고문추방 성금모금에 열성적으로 참여하신 국민 여러분께 감사드리고 모금운동의 계속적인 참여를 호소한다.
3. 추도회를 노골적으로 방해하고, 민주단체와 민주인사를 중상모략하여 현저히 명예를 훼손한 아래 몇사람의 파면 또는 처벌을 요구하며, 형사적, 민사적 책임을 묻기 위해 고발조치를 한다.
   김성기 법무장관 이영창 치안본부장 이진희 서울신문사장
   이춘구 민정당사무총장 정구호 KBS사장
4. 미진했던 고 박종철군 추모행사를 계속하며, 고문추방 및 민주화를 위한 결의기간 행사를 위해 고 박종철군의 49제일인 3월3일까지 고 박종철군 국민추도회 준비위원회를 계속 존치한다.

1987년 2월 9일

고 박종철군 국민추도회 준비위원회

고 박종철군 국민추도회 준비위원회 위원장회의

발 표 문

- 고문추방 민주화 국민평화 대행진에 즈음하여

국민 여러분께 드리는 말씀 -

2월9 일부터 3월 3일까지로 선포된 '고문추방민주화 국민 결의기간' 동안 전국 방방곡곡에서 수많은 국민들이 용기와 정성으로 고 박종철군을 추도하고 고문추방과 민주화를 다짐하는 국민적 결의에 동참하여 주심에 경의와 감사를 올립니다. 그동안 전국에서 개최된 고 박군추도회, 고문폭로대회, 민주화결의 집회를 통하여 우리는 다음과 같은 사실을 거듭 확인하였읍니다.

(1) 고 박종철군의 사인에 대한 당국의 조사는 전적으로 진실성이 없으며 (2) 변사체로 발견된 우종원, 신호수군의 사인 및 강제징집당해 희생된 학생6명의 사인이 해명되지 않았으며 3) 작년에만도 4천명이 넘는 구속자를 비롯한 5공화국 출범이후의 모든 시국 관련사범이 예외없이 고문으로 조작된 증거에 의해 공산주의자 등으로 재판에 회부되고 형벌을 선고 받았으며 교도소안에서까지 현재에도 혹심한 가학행위에 신음하고 있으며 (4) 백기완, 이태복, 김근태, 김문수, 권양 등 수많은 고문피해자들이 고문 사실을 호소, 고발하고 있음에도 경찰, 검찰은 물론 법원에서까지 전적으로 묵살 당하면서 때로는 보복까지 당하고 있으며 (5) 이 모든 고문 가혹행위는 수사관 개인의 자질이나 심성때문이 아니라 명령과 지시에 의한 직무로 수행되는 정통성없는 정권을 유지하기위한 기본 수단이 되고 있어서 최근 정부여당이 취하고 있는 몇가지 인권에 관한 몸짓은 고문책임을 회피하기 위한 속임수에 지나지 않으며 속으로는 더한 강압을 꾀하고 있음이 드러났읍니다.

결국 고문추방은 고문정권에 맡길것이 아니라 민주화와 함께 비로소 실현될 수 있는 우리 국민의 의무요 권리임이 분명합니다. 하늘에는 고문으로 숨진 젊은 혼들의 귀곡성이 가득하고 고문밀실에서 부르짖는 우리 아들 딸들의 신음이 땅을 스며 우리의 가슴을 칩니다.

복지원에서는 시퍼런 젊음이 맞아죽고 전경조차 기압으로 숨지고 있읍니다. 거리 거리에서는 젊은이 들이 몸수색을 당하고 교도소에서조차 잔혹한 폭력에 비명을 지릅니다. 추도회와 기도회조차 봉쇄당하고 있는 지금 우리는 무엇을 해야 합니까? 이제 고문 추방을 위하여, 고문추방이 실현 될수 있는 민주화를 위하여 국민적 결의를 정부와 권력을 향하여 보여야 합니다.

그 방법은 단호하고 분명하며 평화적이어야 합니다. 우리는 이제 3월 3일 고 박종철군 49제를 맞아 「고문추방 민주화 국민 평화대행진」을 선언하며 국민 여러분의 동참을 믿고 호소합니다.

이 행진은 우리 아들 딸들이 비인간적으로 당한 모든 슬픔을 위로하는 행진이며 우리와 우리 후세들이 인간적으로 살수 있는 고문없는 세상을 만드는 행진이며 고문없는 세상이 확보되는 민주화를 실현하는 행진이며 문명세계에 동참하고 저 3.1 독립운동의 횃불을 오늘에 다시 올리는 역사적 대행진을 시작하는 위대한 출발 행진입니다.

행진의 승리, 고문없는 세상의 승리, 민주화의 승리를 위한 국민여러분의 동참을 다시 호소합니다.

우리는 왜 행진하는가 (행진의 목적)

1. 고 박종철군 등 고문희생자들에 대한 추모
2. 불법연금, 강제연행, 검문검색 거부
3. 단기구금(구류), 압수수색영장 남용 항의
4. 일체의 고문수사 반대, 고발
5. 고문 자백증거에 의한 재판 반대
6. 고문살인사건(우종원, 김성수, 신호수 등), 고문·용공조작사건(백기완, 이태복, 김근태, 김문수, 권양등) 진상 규명과 책임자 처벌 요구
7. 고문자백을 근거로 구속 복역중인 양심수 전원석방 요구
8. 고문근절을 위한 민주화 실현
9. 입법·제도 개선 (국정조사권 있는 국회기구 등) 요구

국민평화 대행진에 이렇게 동참합시다 (행진의 방법)

1. 모든 국민은 3월 3일(화요일) 정오(12시)에서 1시까지 삼일독립운동의 진원이었던 파고다공원을 향하여 도보로 행진한다 (차량이나 승차중인 시민은 손을 들어 행진을 격려하고 동참한다)
2. 전국 각도시 마을에서도 각 민주단체·국민이 적절한 장소를 정해 행진 또는 같은 취지의 행동을 한다.
3. 모든 행진에는 어린이를 포함한 가족과 이웃이 참여할 수 있는 평화적 방법으로 하여 시민의 생업을 방해하는 모든 행동 (최루탄발사, 무장전경배치등의 위협)은 평화와 민주화에 대한 공적으로 보며 완전히 자제할 것을 권고한다.

※ 추 가 : 위원장단은 곧 치안 책임자를 방문 행진의 취지를 설명하고 어린이 여자 노약자를 포함한 모든 국민이 참여하고 시민생활이 조금도 방해받지 않도록 최루탄발사나 무장전경배치등을 완전 자제할 것을 요청할 계획이다.

1987. 2. 23

고 박종철군 국민추도회 준비위원회

고 문 : 강석주 김대중 김수환 김영삼 김지길 문익환 윤반웅
이민우 이희승 지학순 함석헌 홍남순 김재형

공동위원장: 강문규 계훈제 고영근 고 은 김명윤 김승훈 명노근
문정현 박영록 박영숙 박용길 박종태 박형규 백기완
백낙청 서경원 성내운 송건호 신현봉 양순직 유인호
유현석 윤혁표 이돈명 이소선 이우정 이정숙 이해영
임기란 장을병 조남기 조용술 지 선 진 관 최형우
권두영 김병걸

고문살인 규탄의 분노를 장기집권 저지투쟁으로!

一. 살인자들에게 응징을

허리잘린 조국의 땅에 누울 곳 조차 마련치 못한 박종철 열사…

21 살의 꽃다운 나이에 한 줌의 재가 되어 이 강물 저 바다로 떠다닐 열사의 넋!

차가운 밀실에서 살인마들에게 에워싸인 공포 속에서도 끝까지 절개를 굽히지 않던 열사의 정신은 이제 조국의 자주화와 민주화, 통일을 위한 투쟁의 횃불로 활활 타오르고 있다.

박종철 학생을 야수적으로 고문 살해한 전두환 독재 일당은 고인의 명복을 비는 국민 추도회마저 무차별탄압으로 무산시켜 버리는 참을 수 없는 만행을 자행했다. 전국 각지에서 국민들이 추도회를 가지려는 것은 민족의 제단에 몸바친 애국열사에 대한 국민의 도리이며 누구도 막을 수 없는 당연한 의례이다. 그럼에도 불구하고 전두환 일당은 전역에 비상사태와 같은 어마어마한 공포 분위기를 조성하고 박종철열사를 목죄었던 더러운 손과 군화발로 이 땅을 짓밟았다. 이는 역사에 대한 반역이며 국민에 대한 용납못할 도전이며 인권에 대한 악랄한 말살이다. 역사에 악명을 떨친 폭군들이 적지 않았지만 사람을 잡아다가 고문하여 죽이고 그 추도회마저 총칼로 탄압한 무지막지한 군사 불한당은 일찌기 없었다. 국민 추도회에 대한 전두환 도배의 탄압은 현 국민을 적으로 삼고 또다시 피바다에 잠그는 제2의 광주 사태를 만드는 행위나 다름없다. 그러나 그러나, 보라! 국민들의 분노와 함성을! 무자비한 폭압망을 뚫고 열화와 같이 일어나는 투쟁의 대열을!

국민들은 노상에서 추모식을 하고 시위와 집회를 열었으며 모든 차량들은 경적을 울려댔으며 사원과 교회에서는 추모 타종을 울렸다. 우리들은 한결같이 이 땅에 더이상 고문 정권을 용납할 수 없다고 외쳤다. 인권이 보장되는 민주 사회 건설을 절절히 염원했다.

그렇다! 조국에서 더이상 전두환 살인 백정 일당을 용납 하는 것은 우리 국민의 수치다. 인권과 민권을 무참히 짓밟는 군사 파쇼 무리들을 응징하는 것은 우리 국민의 당연한 권리이다. 다같이 힘을 모아 살인자들에게 응징의 칼을!

一. 과연 이 땅은 따뜻한 나라인가?

우리는 신문과 방송에서 연일 크게 떠벌렸던 김만철 일가 망명 사건을 기억한다. 따뜻한 남쪽 나라를 찾아 탈출 했다는 말을 똑똑히 기억한다.

노동자 여러분! 그리고 애국 시민 여러분!

과연 이 땅이 "따뜻한 남쪽 나라" 인가? 불과 한달 전에 한 학생을 잡아다가 고문하여 죽이고 또 수많은 애국 인사가 불법 연행, 재판으로 교도소가 비좁은데도 이 땅이 따뜻한 나라인가! 한 달 월급 10 만원 이하의 노동자들이 득실대고, 신당동에서 양평동에서 강제철거로 거리로 내몰린 시민들의 아우성 소리가 우리 가슴을 쥐어 뜯는데도, 거지, 부랑아가 없어진게 아니라 그 무슨 복지원에 강제 수용되어 노역과 매질로 죽어 가는데도 어찌 감히 이 나라가 따뜻한 남쪽 나라라고 할 수 있는가?

오직 전두환 일당과 소수 재벌들 고급 관료들에게만 따뜻할 뿐, 우리 국민들에게는 말하고 들을 자유도 없으며 대표도 다른대로 뽑지 못하고 군사 독재의 폭력과 인권 탄압만이 남아있는 살벌한 추운 나라일 뿐이다.

여러분!

살인 백정을 대통령으로 떠받들고 국민을 때려 죽이는 것을 두 눈으로 보며 욕된 삶을 살 것인가?

아니면 살인자들을 권좌에서 몰아내고 자유와 인권이 보장되는 참된 민주 사회에서 살 것인가?

분명 우리의 선택은 하나. 살인마 전두환 일당 몰아내고 민주권리 되찾자, 그리하여 따뜻한 나라, 진정 우리 국민이 우리 땅에서 행복하게 살아가는 평화스런 나라를 만들자!

一. 지금 전두환 일당은 무엇을 노리는가?

나라를 공포의 도가니로 몰아 넣고 국민을 고문 살해 하는 놈들이 민주화가 왠 말인가!

전두환 군사 불한당은 우리 국민들의 열화와 같은 민주화 열기에 놀라고 당황한 나머지 이제 민주화의 주역이 … 어제까지 호헌해야 한다고 열올리던 저들이 이제와서 내각제니

합의 개헌이니 하며 민주화를 떠벌이고 있는 것은 무엇때문인가? 저들은 국민의 지지를 잃어 버리고 더 이상 합법적이고 정상적인 방법으로 집권할 수 없게되자 이제 어떤 방법을 쓰든 정권을 놓지 않으려는 음모를 꾸미고 있는 것이다.

최근 미국무성 차관보 시거란 자는 고문 살인으로 국민들의 분노가 들끓고 있는 데도 여기에 대해서는 '유감'이라는 말로 오히려 전두환의 '우발적인 일'이라는 억지 주장에 맞장구를 쳐 주고 있다. 그리고는 합의개헌을 해야 한다고 여·야에 압력을 넣는 등 노골적인 정치간섭을 보이고 있다. 도대체 주권이 국민에게 있는 나라라면 어찌 일개 차관보가 남의 나라 정치에 감 놔라 대추 놔라 할 수 있는가? 게다 더욱 끔찍한 사실은 80년도 광주 시민 학살의 주역 정호용을 내무장관으로 바꿔 친것이 바로 주한 미대사 릴리의 작품이라고 한다. 어찌 주권 국가의 대통령이란 자가 남의 나라 대사의 말 한마디에 벌벌 기는 꼴을 보일 수 있는가?

독재 무리들과 민주주의가 어찌 타협하는가? 어찌 살인마들과 평화 국민이 타협할 수 있는가?

미국이 공공연히 합의를 떠드는 것은 독재자와 살인 폭력배들의 장기 집권을 도와 주려는 것 외엔 아무것도 아니다. 아니, 미국은 독재자 살인 폭력배들을 앞세워 우리 국민의 진정한 민주화의 뜻을 억누르려는 것일 뿐임을 우리는 똑똑히 안다.

우리는 한결같이 외친다.

"미국은 더 이상 우리나라의 정치에 부당한 간섭을 중지하라. 그리고 이 땅에서 지체없이 물러가라"

"전두환 군사불한당은 우리 국민의 분노와 원한의 폭발 속에서 비참한 종말을 고하기 전에 추악한 장기집권 야욕을 버리고 정권의 자리에서 지체없이 물러나라."

노동 형제여, 그리고 애국 시민들이여!

이제부터 시작이다. 고문살인 백정들의 추악한 장기 집권을 저지하고 이 땅에 진정한 민주주의와 인권이 보장되도록 하며, 우리 국민의 뜻으로 구성되는 민주 정부를 만들기 위한 투쟁은 이제부터이다.

죽어간 박종철 열사가 꿈에도 그리던 민주주의, 결단코 독재와 폭력의 무리가 더 이상 이 땅을 지배하지 못하도록 죽어 가면서도 외친 절규를 우리 국민은 마땅히 이어 받아야 한다.

고문 살인 규탄의 분노를 장기 집권 저지 투쟁으로!

다 같이 힘모아 외치자.

一. 고문 살인 자행하는 전두환 일당을 처단하자.
一. 장기 집권 저지하고 민주 정부 수립하자.
一. 미국은 내정 간섭 중지 하고 지체없이 물러가라.
一. 살인 정권과 타협없다. 온 국민은 투쟁하자!
一. 노동자도 사람이다. 노동 삼권 보장하라.!

-애국노동자일동-

(알림) 3월 3일 박종철 열사 49재 및 고문 규탄 평화 대행진에 모든 시민은 참여합시다.
오후 1시, 파고다 공원 앞으로!

고문추방민주화 국민평화대행진 충남지역준비위원회

발 표 문

- 고박종철군 추모49재를 맞이하여 -

충남도민 여러분!

우리는 박종철군의 비참한 죽음을 통해 우리의 비인간적 현실을 뼈저리게 체험했읍니다. 제5공화국의 출범이래 수 없이 자행되어 온 부정과 부패, 고문과 폭력의 현실이 날이 갈수록 세상에 드러나는 가운데, 박종철군은 죽음으로써 다시금 우리에게 진실을 증언하였읍니다.

그리하여 고문추방과 살인독재정권의 퇴진을 요구하는 함성이 전국에 울려 퍼지게 되었읍니다. 우리 충남지역에서 지난 2월2일 고박종철군 추모 및 고문살인 종식을 위한 범도민대회"를 개최하고자 하였으나, 무장 전경들이 행사장소인 기독교연합봉사회관을 에워 쌈으로써 거리에서 도민대회를 개최하는 수밖에 없었읍니다. 그러나 도민들의 민주화열기를 용납할 수 없는 살인독재정권의 하수인인 경찰은 무자비한 최루탄 발사와 연행으로 이를 저지하였읍니다. 이어 「고 박종철군 국민추도의 날」인 2월 7일에는 괴정동 성당에서 추모미사를 개최하였으나, 살인독재정권은 정·사복 전경을 골목마다 배치하여 추모 종교행사조차 봉쇄하고 주택가에서 최루탄을 터뜨렸읍니다. 2월11일에는 대흥동 주교좌성당에서 "고 박종철군 추모및 인권회복을 위한 기도회"를 개최하고 추모미사 후 고문살인정권을 규탄하는 횃불시위가 열렸으나, 역시 수많은 무장전경들을 동원한 군부독재정권은 무력시위를 통해 추모의 행진을 저지하였읍니다.

민주화를 갈망하시는 충남 도민여러분!

고문살인정권은 우리 국민들의 이 정당하고도 간절한 외침을 결코 귀기울여 듣지 아니하였을 뿐아니라, 추모행사조차 불법집회로 규정하는가 하면, 무장전경을 동원하여 추모예배조차 들어가지 못하게 하고, 거리에서나 주택가에서나 가리지 않고 독한 최루탄을 마구 쏘아 대는 등 추호도 "인권수호를 결의"한 자들의 행위로는 볼 수 없는 작태를 보여 주었읍니다. 그것이 바로 이 독재정권의 속성입니다. 치안본부장이 고 박종철군의 아버지를 찾아가 사죄는 할 수 있지만, 국민들의 고문추방운동은 용납할 수 없는 것입니다. 고문추방운동은 폭력과 살인으로만 유지될 수 있는 이 군부독재정권의 통치수단을 박탈하는 것이기 때문입니다. 죽여놓고 마지못해 미안하다고 하는 수는 있을지라도, 다시는 안죽이겠다는 결심은 할 수 없는 것이 이 정권의 본질입니다. "안되면 폭력과 살인으로 되게 하라"는 것이 저들의 구호이며, 우리는 이에 대해 무수한 증거를 가지고 있읍니다.

군부독재정권은 무자비하고 야만적인 수많은 고문사건들을 일으켰읍니다. 전민청년의장 김근태씨에 대한 전기고문, 권양에 대한 전대미문의 추악한 성고문, 광산노동자 박인균씨 살해기도, 우종원, 김성수, 신호수씨등의 실종변사, 여성노동자 집단강간 등 기억하기도 부끄럽고 치가 떨리는 사건들이 연이어 일어나고 있읍니다. 더우기 저들은 이러한 고문, 살인, 강간에 그치지 않고, 도시빈민들을 강제노동케 하고 인권의 무인지대에서 짓밟히게 하는 제도적 장치를 마련하고 있었으니, 바로 우리를 놀라게 한 부산형제복지원, 대전성지원, 충남 연기군 양지원 등의 소위 "복지원 사건"이 그것입니다. 이것은 현대판 한국강제노동수용소이며 인간사냥이요, 이 정권의 속성을 여실히 드러내 주는 사건입니다. 더우기 군부독재정권은 이를 조사하고자 하는 신민당의원들에 대한 집단폭행을 방조하였으며, 일체의 조사자료를 은폐함으로써 저들의 부정부패와 인권유린을 더욱더 확실히 증명해 주었읍니다.

이 땅에 민주사회를 이루기 원하시는 도민 여러분!

군부독재정권의 이와같은 야만적 통치에 대항하여, 이제 우리는 고문추방민주화 국민평화 대행진 충남지역준비위원회를 결성하고, 온 도민의 힘을 모아 힘찬 발걸음으로 고문추방의 대행진을 개최하고자 합니다. 그것은 이 군부독재정권이 국민을 무시하고 힘으로 통치할 수 있다고 착각하고 있는데 대한 우리들의 저항의 함성입니다. 저들은 갈수록 폭력을 강화하는 수밖에 없으나, 우리는 갈수록 깨어나 고문종식과 군부독재 퇴진을 향한 행진을 힘차게 전개할 것이며, 그것은 흔들리는 군부독재정권을 무너뜨리고야 말것입니다.

이제 우리 충남지역준비위원회는 고문의 추방이 민주화의 지름길이며 군부독재정권을 퇴진시키는 길임을 인식하면서, 도민여러분께서 "고문추방민주화국민평화대행진"에 적극 참여하시기를 간곡히 호소합니다. 이로써 국민의 뜻은 결코 거역할 수 없다는 것을 군부독재정권에게 천명합시다. 우리의 한걸음 행진이 무너져가는 군부독재정권의 심장을 강타하여 이 땅의 민주화를 성큼 앞당길 것입니다.

1987. 3. 3.

고문추방민주화 국민평화대행진 충남지역 준비위원회

준비위원 :

김 순 호
(신부, 충남민주운동협의회 공동의장)
원 형 수
(목사. 충남민주운동협의회 공동의장)
김 병 재
(신부. 천주교대전교구정의구현사제단)
박 종 덕
(목사. 충남인권선교협의회 위원장)
이 명 남
(목사. 충남인권선교협의회감사)
송 좌 빈
(민주헌정연구회충남지부장)
김 태 룡
(신민당국회의원, 대전 중구)
송 천 영
(신민당국회의원, 대전 동구)

조 주 형
(변호사, 11대 국회의원)
윤 석 빈
(신부, 충남민주운동협의회후원회대표)
최 병 욱
(가톨릭농민회 충남연합회회장)
정 효 순
(충남민주화실천가족운동협의회회장)
이 명 희
(충남기독교농민회회장)
김 필 중
(충남민주운동협의회사무국장)
유 영 완
(충남인권선교협의회사무국장)
최 교 진
(충남민주운동청년연합의장)
유 달 상
(대전기독청년협의회회장)

우리는 마침내 고문살인정권을 응징하기 위해 일어섰다!

박종철군을 고문살인한 군부독재정권을 타도하기 위해 우리는 일어섰다.

서대전 사거리에서 괴정동성당에서, 대흥동 성당에서, 우리는 고문정권을 응징하기 위해 투쟁했다.

이제 국민평화 대행진으로 대전의 중심가를 고문추방의 거리로 만들고, 고문 살인이후에도 계속되는 고문용공조작과 민주화운동에 대한 폭력적 탄압을 뚫고 군부독재집단의 영구 집권 음모를 단호히 분쇄하자!

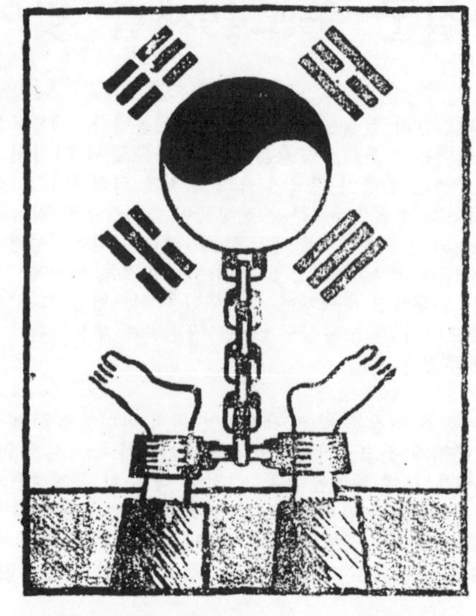

제5공화국의 업적

광주민중항쟁시 학살당한자 : 2천여
의령경찰관총기난동사건희생자 : 50
강제징집당해 의문의 자살한 자 : 6명
군부독재에 항거분신자살한 자 : 19명
성고문당한 자, 권인숙양외 수명
고문살해당한자 : 김근조, 박종철
실종변사 당한 자 : 3명
살해기도 당한 자 : 박인균
기관원으로 보이는 자들에게 강간당한자 : 3명이상
고문·폭행당한자 : 수천명
현재수감중인 양심수 : 3천여명
생을 비관자살 한자 : 농민·학생등 수십명

한국판 강제노동수용소의 인간사냥

군부독재정권은 복지원·성지원·양지원등에 도시의 노점상이나 빈민들을 마구 수용해 강제노동시킬 수 있게 하고, 더우기 이에 대한 감독을 소홀히 할뿐 아니라, 관권에 의해 이를 비호하고 조장해 왔다. 이러한 소위 "복지원"의 인권유린 사태는 심각하여, 하루 16~17시간씩의 중노동을 시키면서도, 식사는 형편이 없어 1식1찬을 주며, 작업성과가 오르지 않으면 마구 구타하는 등 그야말로 강제노동수용소의 현대판을 형성하고 있다. 이곳에서 노동하다가 영양실조로 죽거나, 맞아 죽는 사람들은 암매장되거나 하수구에 버려지거나 해부실습용으로 매각되기까지 했으니 놀라운 일이다. 그런데도 이에 대한 신민당조사단의 조사조차도 관권에 의해 거부당하고 폭행조차 방조되고 있는 것은 이 군부독재정권이 엄청난 비리와 부정부패의 장본인이며 이를 양성해 왔음을 보여 주고 있다. 본래 군부독재권력은 어려운 생활을 하는 국민들의 복지에는 전혀 관심이 없고 무능하며, 오직 독재권력을 유지하여 민중을 수탈하는 것을 속성으로 하고 있어, 군부독재정권을 타도하지 않고는 복지란 이루어질 수 없는 것이다.

"내 아들은 자살하지 않았다" 의문의 실종변사 사건들

1986년 6월 11일 경찰에 연행되어 실종된후 8일 후인 19일 변사체로 발견된 신호수씨(인천 연안가스근로자)의 부친인 신정학씨는 지난 2월 12일 인권위원회가 개최하는 목요기도회에 참석하여, 신호수씨가 자살했다고 볼 수 없다고 증언하였다. 신호수씨의 시체는 전남 여수군 대미산 중턱에서 발견되었는데, 19일밤 10시경 시체를 처음 발견한 방위병의 말이 "굴속에서 바지를 벗어 매듭을 내어 바위틈에 걸치고, 웃옷 남방을 찢어 목에 걸고, 자기 허리띠로 양쪽팔허리를 휘감았고 신은 안신고 죽어 있었고, 신발은 옆에 가지런히 벗어 놓았는데, 라이타는 신발속에 있었읍니다"라고 했다는 것이다. 부친 신정학씨는, 산중턱의 동굴에서 밤 10시경에 시체를 발견한 사람이라면 얼른 뛰어가 신고하기에 경황이 없었을 터인데, 이렇게 상세히 이야기할 수 있다는 것을 믿을 수 없다는 것이다. 더우기 시체는 19일에 발견되었는데 9일 후인 28일에야 가족에게 연락되었으며 시체는 부친이 오기전에 가매장했다는 것이다. 또 시체가 있던 현장에 몇명의 척들과 함께 다른 사람을 데리고 갔는데, 부친이 사람에게 "시체가 여기서 이렇게 목을 매고 죽 있었는가"고 물으니, 모른다 못봤다고 하여 다그 물으니, 거기서 안죽었는데 거기서 죽었다고 하 자신이 이야기를 하면 경찰서에서 오라 가라 할 이 무서워서 그랬다고 대답했다 한다. 또한 부친 증언에 의하면, 그 동굴은 옛날부터 있던 자연 대로의 동굴인데 사람이 갈 수도 없고 도저히 자 할 수도 없고 어디 목맬데도 없는 곳인지라, 현 검증을 요구하였더니 경찰에서 현장검증을 한다 했다 한다. 부친이 가보니 몇천년 내려온 그 동 을 위에서 완전히 밀어버려 동굴이 다 파괴되어 었고, 현장에는 검사도 없고 모델도 없이 형사 출 서 헌웃옷을 가지고 목을 매어 보였다 한다. 이 살인정권이 자신의 권력을 유지하기 위해 활동가 을 연행, 고문, 살해하고 그 사실을 은폐하고자 는 것이라는 확증을 강화해 주는 것이다.

누가 이 아가씨들을 집단강간했는가?

박종철군이 고문살인 당하던 날, 도봉산에서는 기관원으로 자처하는 7~8명의 괴한들에게 여성노동자 3명이 집단으로 강간당하는 사건이 벌어져, 경악케 하고 있다. 여성노동자 4명은 지난 1월14일 도봉산에서 대화를 나누고 있던 중 약수터 부근에서 7~8명의 스포츠형 머리를 한 괴한들이 조사할 것이 있다. 며 위협하고, 부천서 성고문때와 같은 수법으로 온몸을 더듬으며 "너 처녀냐" "자위행위 해본적 있느냐" "말 안들으면 죽인다" 등 더러운 말과 협박을 가하며 집단으로 강간을 했다.
이에 항거하는 여성노동자들에게 나무와 돌, 주먹등으로 실신상태에까지 이르게 하였다. 그 와중에서도 여성노동자들은 괴한들 중 1명의 이름과 주민등록증, 그리고 차량번호까지 알아 내어 이를 북부경찰서에 고발하였으나 북부서에서는 수사는 물론 괴한에 대한 신원조회까지 해주지 않고 있다.
이 괴한들은 성폭행도중 "반장님" "조사" "부대에 입대할 시간 입니다"등의 말을 하여 모 수사기관에 의해 사전에 계획된 사건으로 보인다(한국기독교교회협의회 인권위원회 발행 1월22일자 인권소식 참조)

노동운동가 살해기도

강원도 탄광에서 일하던 노동운동가 박인균씨 작년말경 기관원의 프락치로 보이는 자에 의해 벽에서 떨어져 간신히 살아났다. 박인균씨는 강 대 성조기 소각시위사건으로 구속되었다가 광산 장에 들어가 노동운동을 하던 중, 기관원의 프라 로 추정되는 자에 의해 절벽으로 유인되었으며 는 박인균씨를 밀어 떨어뜨렸다는 것이다. 다행 박인균씨는 죽음을 면했으나 심하게 다쳤으며 이 기관원의 프락치에 의한 살해기도라고 주장하고 다. 군부독재정권은 이제 은밀한 살해공작까지 하면서 권력을 유지하기에 안간힘을 쓰고 있는 이다.

불법연행·고문·폭력·실종을 신고합시다.

＊충남민주운동협의회 : 254－6720
＊충남인권선교협의회 : 22－5183

살인 고문의 주범 전두환 군부독재 정권은 타도되어야 한다

친애하는 4천만 국민 여러분! 그리고 애국 청년학생 여러분!

6년 전 오늘 2,000 여 광주 시민을 학살하고 조국의 민주화를 짓밟은 머리에 왕관을 씌워 지난날 삼천리 조국 강산과 모든 애국 시민은 군부독재의 폭력 앞에 치를 떨며 통곡하였습니다.

오늘 또다시 우리의 동지요, 아들인 종철이의 주검을 부여잡고 통곡한 지 언 49일째.

우리는 오늘을 결단의 날이라 부릅시다. 80년 광주학살은 단지 흘러간 과거가 아닌 생생한 현재이며, 또한 조국의 암울한 미래일 수 있다는 것을 가슴 깊이 되새기며 손에 손을 잡고 '독재 타도'의 함성을 외치며 행진합시다.

전두환 군부독재 정권은 타도되어야 합니까. 최소한 인간적인 권리와 노동 조건의 보장을 요구하며 몸을 불사른 노동 형제의 외침은 무엇을 요구하고 있습니까?

"우리는 기계가 아니다. 근로기준법을 지켜라", "8시간 노동제, 최저 임금제 보장하라! 파업 자유 쟁취하자", 목숨보다 소중히 여기는 땅과 소를 저당 잡힌 채 "농가 부채 탕감하라! 토지는 농민에게로! '농축산물 수입 개방 중지하라"고 외치며 농약을 마실 수밖에 없었던 천하의 대본인 농민 여러분의 죽음. 포크레인과 고용 깡패들에 의해 삶의 터전인 집과 생존 수단인 손수레마저도 빼앗긴 채 추위에 떨고 있는, 거리를 방황하고 있는 도시빈민의 삶은 과연 누구에게 강요된 것입니까?

또한 독재정권의 하수인이기를 거부하고 조국의 민주화를 염원하는 모든 애국시민, 청년학생들을 용공좌경이라 하여 국가보안법, 언론기본법, 집시법 등 제반 파쇼악법에 걸어 구금하고 탄압하여 심지어는 식물인간을 만들고 차디찬 고문실에서 죽이고 있는 자는 과연 누구입니까?

이 나라의 주인은 명백히 4천만 국민이며 4천만 국민은 양심에 따라 행동하고 열심히 일한 대가로 행복하게 살 의무가 있는 것입니다. 또한 조국의 민주 발전을 염원하는 집회 시위, 언론, 출판, 결사의 자유와 학문 연구와 사상의 자유는 반드시 보장되어야 하며 노동자, 농민, 도시빈민의 생존권은 반드시 보장되어야 합니다. 종철이의 원혼이 구천을 방황하고 있는 지금 또다시 김용권 형제(서울대 경영학과 3년 재적 중 군입대 후 보안사에 의해 고문 당한 후 사망)를 살해함으로써 군부독재 정권의 고문 추방, 인권 회복의 의지는 새빨간 거짓이었으며 정부 산하의 인권 보고 특별의원회는 살인면허 발부위원회임이 여실히 증명되었습니다. 군부독재의 폭력경찰, 보안사, 안기부 등의 민중의 힘에 의한 타도 없이는 이 땅에서 고문은 사라지지 않을 것이며 조국은 더 이상 자유 민주주의 국가일 수가 없습니다.

또한 2·7 고 박 종철 군 추모제에서 보여준 4천만 국민의 단결된 힘에 놀란 미국은 돌연 자유민주주의 수호자인 양 자처하며 "훈민정치" 인권이니 하는 말을 주워 섬기고 있습니다. 슐츠, 시거의 지원 사격과 주한 미대사 릴리, 그리고 씨아이에이 책임자 존스에 의해 진행되고 있는 노골적인 내정 간섭과 정보공작 속에서 우리는 사대 매국적 현 정권의 본질을 알 수 있습니다.

신민당의 강경 세력에게는 은근한 기대감을 조성하며 살인정권과의 타협을 종용하는 동시에 살인정권의 우매한 폭력정치에는 일정 정도 경고성 발언을 해가면서 4천만 국민에게는 조국의 민주화를 적극 지지한다는 등의 망발을 해대며 4천만 국민의 민주화 의지가 자주화 투쟁으로 발전하는 것을 경계하고 있는 것입니다. 진정으로 미국이 바라는 것은 한국의 민주화와 인권 회복이 아니라 제놈들의 군사, 경제적 이해가 실현될 수 있는 매국적 집단의 주도에 의한 기만적, 폭력적 정권 장악이며 지금 현재까지도 군부 독재에 대한 지원은 변함이 없는 것입니다. 또한 신민당은 진정한 민주화와 인권 회복의 길은 군부독재 타도에 있음을 명확히 알고 있음에도 불구하고 4천만 국민의 염원을 팽개친 채 살인정권과의 타협에 있어 보다 유리한 조건을 찾는데 혈안이 되어 인권 투쟁조차도 방기하고 있습니다. 최근 이철승 등 비주류들의 기회주의적, 타협주의적 방향과 2 · 7추모제에서 보여졌던 신민당의 기회주의적 모습에 4천만 국민의 단합된 민주 의지로 엄숙히 경고합시다. 살인 고문을 추방하고 인권이 보장되는 민주 사회의 건설을 위해서는 반드시 외세와 폭력에 의해서만 지탱이 가능한 전두환 군부독재정권을 4천만 국민의 단합된 힘으로 타도하여야 합니다. 군부독재의 타도 없이는 조국의 민주화는 결코 이루어질 수 없으며 암울한 조국의 오늘은 분명코 4천만 국민과 애국청년학생의 힘있는 용감한 투쟁을 요구하고 있습니다. 군부독재를 타도하여 4천만 국민이 주인이 되는 민주 사회를 건설하기 위해 손에 손을 잡고 한 치의 흔들림도 없이 투쟁합시다.

우리의 주장

군부독재 타도 없이 살인고문 끝이 없다 ! 살인고문 자행하는 보안사, 안기부, 치안본부 해체하자 !
살인고문 자행하는 군부독재 타도하자 ! 살인정권과 타협 없다 신민당은 투쟁하라 !
살인정권과의 타협을 강요하는 미국은 물러가라 ! 살인정권 타도하여 민주정부 수립하자 !

1987년 3월 7일
전국 반외세 반독재 애국학생 투쟁연합

고 박종철 군 국민추도회 준비위원회
위 원 장 단 회 의

1. 고 박종철 군의 충격적 죽음에 대한 국민적 슬픔과 분노 그리고 고문추방민주화의 결의를 표현하고자 조직된 본 위원회는 그동안 2.7 고 박종철군 국민추도회, 2.7－3.3 고문추방 민주화 국민결의기간, 3.3 고문추방민주화 국민평화대행진을 평화적으로 가지려고 온갖 노력을 다하였으나 당국의 악랄한 방해와 폭력적 봉쇄로 국민들의 참여를 충분히 보장하지 못했음을 국민 여러분께 송구스럽게 생각하지만 이번 대회가 온국민의 가슴 가슴마다 고문추방과 민주화를 확고히 다짐하는 계기가 되었으리라 믿으면서 평화대행진 참여에 최선을 다한 불교, 개신교, 천주교, 민통련, 민추협, 신민당, 여성계 등 여러기관 단체의 협조에 감사한다.
2. 독재정권 당국은 고문 재발 방지 정부 인권기구 설치 등을 떠들어 대면서도 본 위원회의 추도 행사나 고문 규탄 행사 등을 중상하고, 연금 등으로 준비를 방해하고, 독가스탄의 발사와 폭행, 연금, 구속으로 봉쇄해 왔을 뿐 아니라, 고문 치사 의혹이 짙은 사건과 수많은 고문 사건에 대하여 일언 반구의 사과나 반성을 보이지 않고 있다. 당국이 고문 재발 방지에 조금이나마 성의가 있다면, 왜 고문 경찰관의 모습을 지금껏 숨겨 보호하고 있으며, 또 한 번의 추모행사도 사실상 합법으로 인정한 적이 없는가? 이것은 국민에게 야수와 같은 고문을 집권자의 충견으로 계속 부리려는 뜻을 변치 않고 갖고 있음을 웅변으로 말해주는 것이다. 현 독재정권의 이러한 태도는 국내외로부터 멸시와 저항을 더더욱 집중시키고 있음을 알아야 한다. 사법부 역시 고문근절의 의지를 보이지 않고 있음을 강력히 항의한다. 사법부가 고문에 의한 강제자백을 증거로 받아들이고 법정마다 가득한 고문 호소를 묵살하고 있는 것은 사법부 자신이 독재정권의 하수인이 되어 고문에 가담하고 있는 것과 마찬가지일 뿐 아니라 법관 개개인도 자신의 인간성마저 영리나 지위보전 앞에 헌신짝처럼 여기는 저급한 냉혈한이 되고 있다는 비판을 면할 길이 없게 하고 있다. 사법부의 맹성을 촉구하며, 독재 고문정권과 한 무리로 매도되어 민주화의 새 시대에 낙오하지 않기를 바란다. 그리고 KBS－TV를 비롯한 일부 언론이 추도 행사와 고문추방운동에 대한 비방과 왜곡을 일삼고 있는 것은 고문수사 못지 않는 국민에 대한 심리적 고문으로 심판받을 것이다.
3. 우리는 고 박종철 군의 희생과 고문추방운동에 대한 독재정권 당국의 태도에 대하여 고문 추방은 독재 종식·민주화와 함께 비로소 이루어진다는 것을 거듭 확인했을 뿐 아니라 고문 추방은 결국 국민의 힘으로 밖에 실현할 수 없다는 것을 거듭 확인한다.
4. 우리는 2.7 추도회와 3.3 평화대행진과 관련하여 불법·부당하게 구속·연행한 사람들을 즉각 석방할 것을 강력히 요구한다. 우리들의 추도회와 평화대행진은 전적으로 합법적인 것임은 물론, 굳이 당국이 책임을 물을 일이 있다면, 본 위원회 위원장단이 모든 책임을 질 것이다.
5. 군 복무 중 사망한 김용권 군의 사인에 관한 성명과 관련, 당국에 연행된 김상근, 김동완 목사는 김용권군 가족의 진정에 따라 사인 규명을 요구한 것이며, 김용권 군이 군 수사기관에서 조사를 받은 적이 있는 것은 사실이며 이것이 그의 사인과 관련될 수 있다고 보는 것은 너무나 당연하므로 그 성명은 아무런 잘못도 없는 성직자와 인권운동 업무의 일환이다. 두 목사의 석방을 강력히 요구한다.
6. 앞으로 우리 국민 모두 고문 희생자와 가족에 대한 위로 및 김성수, 신호수, 우종원 변사사건, 백기완, 이태복, 김근태, 김문수, 권양 등 고문 사건의 진상 규명과 고발에 행동으로 동참할 것을 호소하며 정당·사회단체·민주운동 기구는 규명에 앞장설 것을 기대한다. 또한 고문의 전 단계인 불법 검문 검색·연행·연금·구류·압수수색에 대한 단호한 거부운동을 전개할 것을 바란다.
7. 고 박종철 군 고문추도회 준비위원회는 오늘로서 미흡하나마 소임을 마치고 모금된 고문추방 기금은 고문·용공 조작 저지 공동대책위원회에서 관리, 고문 추방운동에 사용할 것이며 고 박종철 군의 추도 및 고문 추방을 위한 사업을 별도로 준비할 것임을 약속한다.

1987년 3월 4일

고 박종철 군 국민추도회 준비위원회

고 문: 강석주 김대중 김수환 김영삼 김지길 문익환 윤반웅 이민우 이희승 지학순 함석헌 홍남순 김제형

공동위원장: 강문규 계훈제 고영근 고 은 김명윤 김승훈 명노근 문정현 박영록 박영숙 박용길 박종태 박형규 백기완 백낙청 서경원 성내운 송건호 신현봉 양순직 유인호 유현석 윤혁표 이돈명 이소선 이우정 이정숙 이태영 임기란 장을병 조남기 조용술 지 선 진 관 최형우 권두영 김병걸

결정사항 : 3.3 대행진 관련구속자 석방이 오늘(3월 4일) 오후 5시까지 실현될 것을 촉구하며 실현되지 않으면 오후 6시부터 위원장단이 기독교회관 903호에서 석방촉구 24시간 농성에 들어간다.

고문 추방, 경찰 폭력에 대한 항의 단식 농성에 들어가며

이 땅을 온통 비탄과 충격, 슬픔과 경악으로 뒤덮었던 한 애국 청년에 대한 살인 사건의 진상이 채 밝혀지기도 전, 보안사에서 또 한명의 애국 청년에 자행된 살인 사건을 접하고, 우리는 말기적인 절망감과 끓어오르는 분노 속에서, 이 시대의 참된 그리스도인으로서의 모습에 대해 자문하지 않을 수 없었다.

이에 우리는 고문 폭력 추방과 이 땅의 진정한 민주화를 갈망하며 지난 3월 3일 '고문 추방·민주와 평화를 위한 국민 대행진'을 추진, 죽어간 넋들의 영혼을 추도하며 고문 없는 나라에서 살고 싶다는 우리의 간절한 염원을 표현하기 위해 평화적인 행진으로 거리를 가득 채웠다. 그러나 이 범도민 평화 행진에 자행된 전라북도 도 경찰 당국의 폭력을 바라보며, 우리는 더 이상 참을 수 없는 분노와 민주화에의 갈망으로 무기한 단식 농성에 들어갈 것을 결의하였다. 이는 이 시대에 참된 그리스도인으로 서야한다는 역사적·종교적 필연성과 당위성에 대한 끊임없는 우리들 자신으로부터의 자문에서 출발한 행위임은 말할 나위도 없다.

현 정권은 3월 3일 '전라북도 범도민 평화 대행진'이 있기 전부터 불법 정치 집회 운운하며 불심검문 검색을 강화, 공포분위기를 조성하더니, 대회 당일에는 새벽부터 추모 기도회가 열리기로 예정된 성광교회와 관통로 주변 모든 통로를 수천명의 정사복 경찰관을 투입해 원천 봉쇄하고, 평화적으로 인도에 운집해 있는 민주 시민들을 향해 무차별 최루탄을 난사하며 폭력을 휘둘렀다.

또한 추모기도회에 참석하려가는 목사, 신부, 신도 및 시민들 50여명을 무차별 구타, 여성 시민들에게 젖가슴과 하복부를 구타하는 성폭행을 자행해 이들을 연행한 후, 소위 닭장차라고 하는 '이동식 강제수용소'에 태운 채 전주 북부 경찰서 마당에 무려 8시간 이상 방치해 놓고, 이에 항의하며 차에서 뛰쳐나온 신부, 목사, 시민들을 향해 경찰서장이란 자는 "뭐하는 거야! 빨리 차에 갖다 놔!"라는 망발을 하며, 시민들을 짐짝으로 취급하는 폭력적이고 비인간적인 속성을 그대로 노출하였다. 그후 저녁 8시가 넘어 북부서는 시민들을 '풀어준다'고 발표, 시민들은 "불법연행, 불법감금을 했으면 밥을 먹여주고 내보내라"고 항의, 식당을 점거하고 농성에 들어갔다. 그러나 반응이 없던 경찰 당국은 11시가 넘어서자 갑자기 정문과 후문을 통해 깡패 50여명을 동원, 무력으로 시민들을 끌어내었고, 이 과정에서 연로한 신부, 목사, 시민들은 심한 부상을 당하기도 하였다.

3월 3일에 자행된 경찰의 폭력은 비단 여기에서 끝나는 것이 아니었다. 범도민 평화 대행진에 참가하기 위해 장계 성당을 출발한 문정현 신부와 장계 성당 신도들은 천천 검문소에서 갑자기 끌어다 들이미는 바리케이트를 미처 피할 틈도 없이, 바리케이트 밑으로 차가 깔리는 사태가 벌어졌다. 다행히도 부상은 없었던 문정현 신부는 항의 끝에 전주에 도착, 행사장으로 향하던 중, 관통로에서 정사복 경찰관 10여명에 의해 강제차단을 당한후 30여명의 사복들에 의해 다시 장계 성당으로 '끌려다 놓아졌고', 끌내는 연행 과정에서 허리가 꺾이는 중상을 당하여 전주 신일균 신경외과에 입원하는 사태로까지 발전하였다. 더구나 경찰은 병원으로 향하는 앰뷸런스를 차단하는 파렴치한 작태를 자행하기도 하였다.

이에 전라북도 24개 단체는 행사일 저녁부터 '경찰 폭력 항의 농성'에 돌입, 전라북도 민주화 운동협의회 사무실에서 지난 8일 오전까지 5박 6일에 걸친 농성을 통하여, 대회 당일 구속된 김봉렬 시민의 무조건적인 석방과, 부상 시민들의 치료비 부담, 경찰 폭력에 대한 경찰 국장의 공개 사과를 요구하며 농성에 들어갔었다. 그러나 경찰국장은 반성의 기미는 커녕, 오히려 오만한 태도로 이 요구들을 묵살, 지금도 구속자는 석방되지 않고 있으며, 폭력적 진압에 대한 진상을 밝히지 않고 있는 것이다.

7년 전, 2,000 광주 민중들의 학살의 충격과 분노가 아직도 그대로 살아 있는 지금, 이어지는 이 학살 경찰 폭력은 우리로 하여금 7년 전의 그 학살이 계속되고 있다는 엄연한 사실을 재확인하게 하였다. 년 동안에 죽어간 수많은 민중들의 그 함성과 그 외침, 그 한을 짓누르고 그 살상의 총칼을 앞세워 이 땅을 안과 공포의 도가니로 몰아부친 채, 폭력을 일삼는 현 군사독재 정권의 실상을 다시한번 분명히 확인한 것 다.

경찰의 폭력을 직접 체험하고 그 폭력의 실상을 확인한 우리는 이 땅의 학살 행위가 바로 우리들 자신 곁에 다가와 있음을 직시한다. 3일 날 자행된 폭력만을 보아도 알 수 있듯이, 어떻게 그 행위들이 사 의 생명을 소중히 여기는 인간들의 행위라고 볼 수 있단 말인가? 저들은 분명히 살인면허증을 소지하 있는 자신들의 참모습을 확인시킨 것이다.

우리는 이 땅을 뒤덮고 있는 이 폭력과, 그 폭력에 대한 항거 속에서 분명한 또 하나의 사실을 확인하 다. 그것은 '구속자를 석방하고, 치료비를 물고, 공개사과를 하고' 하는 우리들의 요구가 부분적으로 철되었음에도 불구하고, 이 폭력은 여전히 자행되고 있다는 사실이다. 이는 좀 더 근원적으로 우리의 구인 민주화, 바로 그 민주화가 이루어지지 않고서는 아무것도 얻은 것도 없고, 나아지는 것도 없을 것이 는 엄연한 사실인 것이다.

그러므로 우리는 무엇을 요구하지 않는다. 오직 고문과 경찰 폭력에 항의하며, 온 몸으로 우리를 표 하며 항거할 뿐이다. 우리는 총도 가지고 있지 않다. 우리에겐 칼도 없다. 아무런 무기도 가지지 한 우리는 오직 우리를 표현하고 항거하기 위한 마지막 수단으로 단식 농성에 들어가는 것이다. 늘의 우리들의 이 단식 투쟁은, 이 땅의 수 많은 사람들이 목숨을 바쳐 쟁취하고자 했던 민주화 투쟁의 선 에 놓여 있는 민주화 투쟁임을 다시한번 천명하며, 우리는 우리가 택한 이 투쟁을 모든 것을 봉사하고 진 시켜 나갈 것이다. 진실로 이웃을 사랑하고 이웃의 고통에 동참하며 자신의 온 몸을 바쳤던 주 예수 리스도의 삶을 우리가 살고 있는 이 시대 속에서 실천하기 위하여.

1987. 3. 9

고문 추방·경찰 폭력에 대한 항의 단식 농성자 문 정 현 신부
이 수 현 신부
박 창 신 신부

성 명 서

-- 권양은 무조건 석방되어야 한다.--

항소심 재판에서도 권양은 또다시 실형을 선고받았다. 권양에 대한 실형선고는 인권옹호와 고문근절에 대한 전 국민의 염원과 의지를 말살하겠다는 현 정권과 사법부의 폭력선언인 것이다.

도대체 이 정권은 앞으로 얼마나 더 많은 젊은이의 순결을 짓밟고, 목숨을 빼앗아야 진실앞에 승복할 수 있다는 말인가 !

지난 1월 박종철군이 남영동 대공분실에서 고문치사당했을 때,군사독재 정권의 폭력성에 대한 전 국민의 분노의 불길이 높이 치솟자, 이에 놀란 현 정권은 기만적 술책으로 그 불길을 잠재우려 했다.

그러나 군사독재정권의 폭력적 본질은 박종철군 추도행사의 물리적 저지 무법천지 복지원사건의 미온적 수사, 소위 "실향민호국운동협의회 애국청년단"의 가톨릭농민회 회원에 대한 집단테러사건 등을 통해서 여실히 드러났다. 이것은 군사독재정권이 국민을 두려워 하기는 커녕 오로지 자신들의 물리적 힘만을 신봉한다는 것을 의미하며, 사법부는 아직도 독재권력의 편에서 자신의 안위를 구하고 있는 것이다.

이미 그 진실이 만천하에 드러난 이 사건에 대한 유죄판결은 사법부 스스로 자신들의 권위와 책무에 대한 파탄선고를 내린 것이다.

독재권력의 종말은 멀지 않았다. 사법부에 몸담고 있는 모든 법관은 기회주의적 나약성을 떨쳐버리기 위한 뼈를 깍는 몸부림을 시작하기를 엄중히 촉구하는 바이다.

이제 우리는 현 군사독재정권의 타도없이는 고문과 폭력이 근절되지 않음을 확인하고 이땅에서 고문이 없어지는 그날까지 싸워나갈 것이다.

- 권양을 무조건 석방하라 !
- 강간,살인 자행하는 군부독재 타도하자 !
- 사법부는 자율성과 권위를 회복하라 !

1987년 3월 28일

부천경찰서 성고문 공동대책위원회

여성단체연합 성고문대책위원회
천주교사회운동협의회
불교정토구현 전국승가회
전국목회자정의평화실천협의회
천주교수녀회 장상연합회
한국기독교교회협의회 고문대책위원회
천주교정의사회구현전국사제단

민주인사 가둬두고
민주화가 웬말이냐!

-감옥에 갇힌 양심수와 그들 가족들이 당하는 고통은 그 어떤 명분으로도 호도될 수 없으며, 그 어떤 당위로도 정당화 될 수 없읍니다. 대화와 화합이 이들을 고통속에 팽개쳐 둔 채 이루어진다는 것은 민주와 자유에 대한 기만임을 우리는 똑똑히 알고 있읍니다-

민주헌법쟁취 국민운동본부

주소 : 서울 종로구 연지동 기독교회관 312호

전화 : 744-2844 · 744-6702

양심수 전원 석방! 민주 쟁취!

미석방된 양심수들은 민주주의를 위해 싸운 분들입니다.

국민여러분!

우리는 지난 6월, 전국에 걸쳐 반군부독재 민주화투쟁을 힘차게 전개하였읍니다. 그 결과 현 정권은 6·29선언과 7·1담화 발표를 하지 않을 수 없게 되었읍니다. 이는 우리 국민 모두의 위대한 승리였을뿐 아니라 2천 5백여 양심수들의 헌신적 투쟁의 결과이기도 한 것입니다. 감옥에까지 가면서 조국의 자주와 민주화를 위해 투쟁하셨던 분들이 있었기에 6월 민주화 투쟁은 가능했읍니다.

그러나 국민의 힘에 밀려 민주화조치를 선언한 현 정권은 민주화 투쟁의 주역인 양심수 전원을 석방하지 않았읍니다. 소위 '용공' '좌경' 운운하면서 선별하여 석방하였던 것입니다.

민주주의를 위해 가장 헌신적으로 투쟁한 양심수들을 독재정권이 선별할 수는 없읍니다.

미석방된 민주인사들은 우리의 사랑하는 아들 박종철군을 죽음으로 몰아넣었던 극악한 고문에 의해 용공조작되었고 지금도 차디찬 감방에서 고문의 후유증으로 고통을 당하고 있읍니다. 박정희 독재정권의 횡포에 반기를 들고 분연히 일어서 민주화를 외치다가 정권안보법인 반공법에 묶여 20여년간을 차디찬 감방에서 곤욕을 치루고 있는 장기수도 있읍니다. 일본 제국주의에 의해 징용으로 끌려간 재일동포들의 2세들이 자신의 조국에 돌아와 참되게 일하고자 하다가 간첩이란 누명을 쓴채 종신징역을 살고 있읍니다.

진정한 민주주의는 온국민의 참여속에서 이루어져야 합니다. 더구나 민주주의를 위해 가장 헌신적으로 투쟁하신 분들을 선별하여 감옥에 가둬둔다는 것은 있을 수 없읍니다. 양심수에 대한 전원석방 및 사면복권은 법적 죄명에 따른 선별의 차원이 아니라 온국민의 합의를 바탕으로한 민주화의 결연한 의지로 이루어져야 하는 것입니다.

국민의 힘으로 민주정부 수립하자!
자주없이 민주없다 민족자주 쟁취하자!

성 명 서

- 전국 교도소의 양심수 폭행, 고문 사태를 규탄한다 -

오늘 이 땅의 민주화는 더이상 한시도 늦출 수 없는 전 민족적 열망이며, 이길만이 진정한 국민적 단결과 통일 달성의 첩경임은 누구도 부인할 수 없는 절대적 명제이다.

정부 여당도 입만 열면 이를 내세우고 있다. 그럼에도 불구하고 이시대 이땅의 민주화를 위하여 온 몸을 바쳐 싸워온 민주인사와 애국학생들이 일반인의 자유로운 접근이 불가능한 고립무원의 감옥에서 무서운 폭력과 몸서리쳐지는 고문에 시달리고 있는 현실을 어떻게 설명해야 하는가?

민주화는 화려한 장광설이나 허튼 공약에서가 아니라 국민의 기본적인 권리행사와 구체적 인권의 보장에서 부터 출발되고, 실현되어야 한다.

금년초, 고 박종철 군의 억울한 죽음으로 인한 전국민적 분노앞에 정부 당국 스스로가 고문근절과 인권보호를 외치며, 갖가지 방안과 시책을 서둘러 발표한지 불과 몇달도 되지 않은 현 시점에서 우리는 최근 서울 구치소, 인천, 영등포, 전주, 대구, 장흥, 강릉 등으로 이어지는 전국 각지의 교도소와 구치소 내에서의 양심수에 대한 잔인한 폭행과 인권탄압 사태를 목도하고 있다.

지금 이시간에도 서울구치소에서는 소내 처우개선을 요구하는 양심수와 애국구속학생을 무차별 폭행 구타하고 약 50여명을 징벌방에 강제 수용 금치상태에 있다.

특히 은재형의 경우는 구타를 당하여 코뼈가 부러지고 많은 양심수들이 머리를 다치거나 온몸에 심한 상처를 입고 있다.

인천교도소에서는 86년 가을 정치범을 특별수용하기 위한 이른바 별사를 지어 놓았다. 이 별사의 건물구조는 음성 교란장치와 감시용 모니터 등으로 수용자의 정신적 불안감을 가중시키고 습기와 추위 뿐 아니라 통풍 불량으로 건강유지에 큰 어려움이 있어 교도소측이 이곳에 수용코자 하는 양창욱, 안철홍 등 8명의 양심수들이 이들에 대한 불공정하고, 불평등한 대우에 항의하자 양심수 전원이 교도관들에 의해 폭행당하는가 하면 10일에서 16일간의 단식으로 이에 맞서야 했다.

전주교도소에서는 양심수 25명 전원이 교도소측의 집단폭행, 금치조치, 일반재소자를 사주한 양심수 폭행에 항의하여 단식 투쟁을 하지 않을수 없었으며, 대구교도소에서는 이형규 군이 일반재소자를 구타하는 교도관에게 항의했다는 이유로 집단구타를 당하여 심한 부상을 입었다.

뿐만아니라, 이외에 전국 각 교도소에서 행해지는 구타와 금치, 징벌방 감금, 갖자기 형태의 시숨 등으로 양심수에 대한 잔혹한 정신적, 육체적 가혹행위는 계속되고 있다.

여기서 우리는 현정권이 말하는 민주화와 인권보호의 실상이 무엇인가를 분명히 실감하지 않을 수 없다. 부자유한 영어 생활 속에서도 가해지는 양심수에 대한 불공정한 부당대우, 무방비의 재소자에 대한 교도관과 무장 경비교도대의 테러에 가까운 집단폭행과 갖가지 징벌시설을 동원한 가혹행위 등은 바로 현 정권이 말하는 인권정책의 한 표본이며, 저들이 지닌 폭력성과 기만성을 뚜렷이 증거하는 것이다.

이같은 제도적 폭력으로 말미암은 모든 양심수들과 가족들의 고통 뿐만아니라 그 와중에서 목숨을 잃은 고 박관현 군의 옥사사건 이나 고 박종철 군의 억울한 죽음을 우리는 되새기지 않을 수 없다.

따라서 우리는 현 정권에게 이의 시정을 다시 한번 강력히 요구함과 동시에, 이같은 실상을 내외에 폭로하여 이의 시정을 위해 온국민의 동참을 호소하고자 한다.

- 우 리 의 주 장 -

- 부당금치 해제하라
- 소위 특수감방을 철폐하라
- 소내 폭행 중지하고 책임자를 처단하라
- 외래진료 등 재소자 청원권을 보장하라
- 비직계, 친지의 영치차입을 허용하라.

1987. 4. 6.

고문 및 용공조작 저지 공동 대책 위원회

고문 : 함석헌, 윤반웅, 홍남순, 문익환, 계훈제, 지학순, 이민우, 김대중, 김영삼,

공동대표 : 계훈제, 김명윤, 김승훈, 박영록, 박형규, 백기완, 서경원, 송건호, 양순직, 이소선, 이우정, 이정숙, 조남기, 최형우,

국민 여러분께 드리는 글

-양심수 전원 석방을 위하여-

친애하는 국민여러분!

우리는 지난 6·10 범국민대회, 6·26 평화대행진 등을 통하여 위대한 승리의 기쁨을 맛보았읍니다. 이는 우리 국민 모두의 리의 쾌거일 뿐만 아니라 이천 오백여 양심수들의 힘찬 투쟁의 결과이기도 합니다.

민주화를 열망하는 애국시민 모두가 "군부독재타도" "민주정부수립"을 외치자 그 함성에 두려워진 미국과 전두환 정권은 ·29선언과 7·1담화 발표를 하지 않을 수 없게 되었읍니다. 80년 광주 민중을 학살하고 들어선 현 정권은 반민족성, 반민주 , 폭력성을 그 본질적 성질로 갖고 있읍니다. 따라서 진정한 민주화의 주체가 될 수 있음은 너무도 자명한 역사적 사실입니다.

친애하는 국민여러분!

바로 우리 자신이 민주화의 주체세력입니다. 우리는 현 정권이 내놓은 민주화 조치중 당장 시행할 수 있는 양심수 석방문제에 하여 깊이 되새겨 보고자 합니다.

첫째, 「소수극렬 제외」라는 말의 부당성에 대하여

현 정권은 80년 5월 계엄철폐와 군사독재정권의 등장을 저지하려고 분연히 일어선 광주시민들에게 총과 칼로써 무자비하고도 인한 살상을 자행했읍니다. 미국은 군부대의 광주진입을 허가했읍니다. 그리하여 광주는 학살의 도시, 피흘리는 도시가 되었읍 다.

사랑하는 국민여러분!

수많은 시민을 총칼로 학살한 것과 최루탄에 대항해서 돌을 던진 것중 어느 것이 용서할 수 없는 소수 극렬입니까? 우리의 대 은 하나, 바로 이것입니다. "학살사기정권과 타협없다. 군부독재 몰아내자!"

둘째, 「용공좌경분자 제외」라는 말의 몰염치함에 대하여

국민여러분! 우리의 사랑하는 딸 권양의 상처와 아픔을 기억합시다. 우리의 사랑하는 아들 박종철 군의 죽음을 잊지맙시다. 정권은 일본놈들로부터 물려받은 잔악한 고문기술로 수많은 양심적 지식인, 생존을 위해 몸부림치던 노동자, 농민, 도시빈민 , 국학생들을 관제 빨갱이로 만들었읍니다.

'매앞에 장사없다'는 옛말이 있읍니다. 몽둥이 찜질, 물고문, 전기고문, 통닭구이, 고춧가루고문, 손톱뽑기, 성고문, 이루 아릴 수 없는 혹독한 고문에 시달려 우리의 형제·자매, 아들·딸이 빨갱이가 되어야 했읍니다. 뿐만 아니라, 지금도 감옥에서 문의 후유증에 신음하고 있읍니다. 이태복(전민노련), 김현장·문부식(부산 미문화원 방화사건), 김근태(전 민청련 의장) 문수(서노련) 등에 행해진 잔인한 고문의 실상을 우리는 기억합니다. 또한 박종철 군 고문살인 사건 이후에도 끊임없이 행해 고 있는 고문의 현실을 지난 4월의 서울남부지역 노동자연맹사건 관련자들을 통해 확인할 수 있읍니다. 이러한 악랄한 고문이 리의 민주투사들을 용공좌경분자로 만들었읍니다. 그러나 현 정권은 이러한 악랄한 고문행위를 은폐하고, 자신들의 정권안보를 위해 둘러온 반공이데올로기의 허구성이 폭로될 것을 두려워 하여 이들 양심수들을 볼모로 잡아두고자 하는 것입니다.

고문으로 용공조작, 강간으로 민주압살, 살인으로 정권유지, 폭력으로 국민우롱, 이것이 바로 현 정권의 속셈입니다. 사랑하는 민여러분! 우리가 침묵할 때 독재는 번식하는 것을 명심합시다. "고문정권 몰아내고 전원석방 쟁취하자."

세째, 장기수에 대한 기억상실의 어리석음에 대하여

분단 42년, 30년 가까운 군부독재기간 동안 이땅의 양심수들이 어떻게 살아왔고, 또 어떻게 죽어갔는지 아십니까? 늘날 들불처럼 타오르는 자유의 불꽃과 함성이 이들 오랜 양심수들의 피맺힌 절규와 뼈와 살을 깍는 투쟁속에 자라온 주화 의지임을 기억합니다.

박정희 군부독재가 그들의 독재기반을 공고히 하기 위해 휘두른 정권안보적 반공이데올로기에 희생되어 20년이 넘도록 감옥에 힌 채 지내는 통혁당 관련자들의 피맺힌 아픔이 있읍니다. 일본 제국주의에 의해 징용으로 끌려간 재일동포들의 2·3세들이 조 이라고 찾아와 간첩의 누명을 쓴 채 말도 안통하는 사법적 절차를 통해 징역을 살고 그것도 모자라 보안감호처분이라는 미명하 종신징역을 살고 있읍니다.

유신독재에 항거하여 전국민적 민주역량을 결집하고 외세를 척결하고자 전력투구하던 남민전사건 관련자들이 억울하게 사형당하거나 아직도 고문의 상처를 안고 벽속에 갇혀 있읍니다.

또한 80년 이후에도 지식인과 노동자를 각성시키려 혼신을 다하던 전민련사건, 광주학살의 원흉과 배후의 실상을 폭로하고 국민의 각성을 촉구하고자 했던 부산 미문화원사건, 자라나는 2세들에게 삶과 민족의 지표를 일깨워 준 용감한 교사들인 오송회사건 관련자 등등 무지막지한 고문으로 날조된 죄목으로 장기수형생활을 하고 있는 숱한 민주투사들이 있읍니다.

뿐만 아니라 그 가족의 아픔도 기억해야 합니다. 꽃다운 나이의 약혼녀가 결혼식조차 올려보지 못하고 약혼자의 석방만을 기다리며 늙어가고 있읍니다. 기어다니던 딸이 대학생이 되어도 아버지와 손한번 잡아볼 수 없읍니다. 두아들을 감옥에 보내고 두눈 부릅뜨고 죽어간 어머니가 있읍니다. 바로 우리의 이웃이며, 부모 형제 자매입니다.

사랑하는 국민여러분! 이제 이들 양심수들은 장기수형생활로부터 해방되어야 합니다. "군부독재의 볼모 장기수를 당장 석방하라!"

네째, 700여 수배자의 고통을 끝장내기 위하여

현 정권에 반대하여 "군부독재타도"를 위해 싸우다 지명수배된 우리의 민주투사들은 그 자신의 고통과 가족에 대한 감시·미행·공갈·협박 등 이루 말할 수 없는 정신적 고문에 시달리고 있읍니다.

우리의 아들 박종철 군 역시 수배자 검거를 위한 참고인 진술과정에서 살해당한 것만 보더라도 수배된 민주인사들의 아픔은 짐작하고도 남습니다.

사랑하는 국민여러분! 이제 우리 모두의 힘으로 민주주의를 이룩하고자 하는 이때 우리 민주투사들의 수배를 해제시킵시다 "군부독재 물리치고 민주주의 앞당기자."

마지막으로, 국민여러분!

진정한 민주주의의 꽃을 피우기 위하여 우리 모두가 앞장섭시다. 그리하여 이땅의 모든 양심수들에게 옥문을 활짝 열어줍시다 지금도 전국 각지의 교도소에서는 2,500여 양심수들이 끊임없이 싸우고 있읍니다. 전원석방이 아니면 한사람도 감옥밖에 나가지 않겠다는 확고한 단결력! 그 결연함에 박수칩시다.

현 정권의 폭력성에 항거하며 권력의 시녀인 사법부를 규탄하고 집단폭행을 당하면서도 출정을 거부하는 비타협적 민주화 의지에 우리 역시 함께 합시다. 현 정권은 바로 이 순간에도 이들 양심수와 일반 재소자까지도 목욕 세안금지, 운동금지 등의 기가막힌 조치로 이 뜨거운 여름의 무더위 속에 0·75평의 작은 방에 무더기로 가두어 놓고 한발짝도 나오지 못하도록 하고 있읍니다. 이것이 바로 현 정권이 말하는 자유이며 민주화 조치의 허구성을 폭로해주는 증거입니다.

진정으로 사랑하는 국민여러분!

현 정권은 결코 민주화의 주체세력이 될 수 없음은 앞에서도 확인한 바입니다. 모든 민주화 일정을 옥중의 민주투사들을 석방시키고 그들과 함께 의논합시다.

우리의 손으로 옥문을 열고 양심수들의 해방을 기뻐하는 환영대회를 전국적으로 개최합시다. 양심수 전원석방을 위해 노력하며 다함께 외칩시다.

"소수극렬 웬말이냐 전원석방 쟁취하자!"

"군부독재 타도하고 민주정부 수립하자!"

"독재정권 비호하는 미국은 물러가라!"

1987년 7월 4일

민주화실천가족운동협의회

양심수 전원 석방하라

-이한열군의 죽음에 부쳐-

1. 국민 여러분! 지난 7월 6일 우리는 우리 모두의 벗이며 아들인 이한열군의 죽음으로 아침을 맞아야 했읍니다. 27일간 식물인간으로 고통 속에서 사경을 헤매던 한열군은 이제 피를 먹고 자란다는 민주주의라는 나무의 또 한 줌의 거름으로 자신의 몸을 제단에 바쳐야 했던 것입니다. 80년 3,000명 광주시민의 죽음, 김태훈, 황정하군의 투신, 김종태, 김세진, 이재호, 이동수, 송광영, 진성일군의 분신, 박혜정양, 박종철군의 죽음…… 80년 이후만 해도 얼마나 많은 사람이 이땅에서 산화했읍니까? 소위 6·29선언 이후에도 우리의 귓가에는 총소리, 고문에 의한 비명소리, 민주주의를 외치는 절규가 생생히 남아 있읍니다. 그리고 우리는 대검에 찔린 채 죽어가는 피가 낭자한 광주시민의 모습, 투신한 열사들의 피투성이의 몸뚱이, 분신한 열사들의 몸에서 타오르는 불길, 그 모든 모습을 지울 수 없읍니다. 한 명의 열사의 죽음을 맞을 때 마다 사람들은 이러한 희생이 다시는 없어야 한다고 입을 모았읍니다. 한열군의 죽음 이후 또 다시 우리는 같은 말을 하고 있읍니다. 그렇습니다. 이 땅에서 다시는 이런 통탄할 죽음이 있어서는 안됩니다. 그러나 그런 당위적 이야기만 계속 만한다고 되는 것입니까? 박종철군의 죽음 이후 우리가 그런 말을 하지 않아서 불과 몇 달만에 또 다시 이 땅의 젊은이를 죽음에 이르게 했단 말입니까? 문제는 왜 우리는 이런 죽음을 겪어야 하며 어떻게 해야 다시는 이런 일이 없을 수 있는가 하는데 있는 것입니다.

6·10 이후 전국민의 "독재타도"를 외치는 함성에 놀라 현정부는 소위 6·29조치를 발표했읍니다. 그러나 그들은 구속자 석방에 제한을 두고, 노동자·농민의 권익에 대해서는 언급도 하지 않았읍니다. 이는 6·29조치가 실로 자신들의 권력이 유지될 수 있는 한도 내에서만의 부분적 양보였음을 말해줍니다. 군사독재는 자신들이 내놓은 부분적 양보 이상으로 권력이 위협당할 경우, 언제라도 양보라는 가면 뒤에 감춰진 탄압의 칼날을 휘둘러 댈 수 있읍니다. 우리는 83년에도 많은 구속자를 석방하고, 복학조치를 발표하고, 학원자율화조치를 실시했던 군사독재정권이 민주운동세력의 투쟁이 계속 고양되자 곧바로 안기부, 치안본부, 보안사들을 통해 군사독재의 칼날을 마구 휘둘러댔음을 기억합니다. 지금도 여전히 그 칼날은 사용됩니다. 최루탄에 죽어간 한열군의 빈소에 모인 사람들에게 바로 그 최루탄을 발사하여 또 다시 윤기영군(연대 1학년)이 뒷머리에 사과탄을 맞아야 했읍니다. 이것은 무엇을 말합니까? 군사독재가 유지되고, 그 유지를 위해 고문을 자행할 수 있고 최루탄으로 또 누구를 죽일지 모르는 안기부, 치안본부, 보안사등이 존재하는 한 우리에겐 한열군과 같은 경우가 또 다시 없을 것이란 보장이 없는 것입니다. 한열군의 죽음이 우리에게 던져주는 의미는 바로 이것입니다. 수 많은 종철이, 한열이가 생기지 않기 위해 독재타도를 위한 투쟁을 계속 전개해야 한다는 것을 한열군의 죽음은 말하고 있는 것입니다.

-완전한 민주주의 쟁취를 위해 군사독재 타도하자-

2. 국민여러분! 우리 민가협은 한열군의 죽음을 맞아 다시 가열찬 투쟁을 요구하는 이 시기에 현재 가장 중요한 과제 중의 하나인 양심수 전면석방을 위한 투쟁을 온 국민이 함께 벌여나갈 것을 호소합니다. 6·29발표에서 노태우는 선별석방을 말했읍니다. 그들이 말하는 석방제외대상 즉 소수 극렬분자, 반국가사범이 뜻하는 것은 무엇입니까? 그들이 그렇게도 두려워 하는 소위 그들 식의 극렬분자란 바로 그들의 타도에 가장 앞장섰던, 그 누구보다도 가장 치열하게 투쟁해 왔던 사람들을 말하는 것 아니고 무엇이겠읍니까? 따라서 그들이 말하는 선별석방은 자신들의 권력이 유지되는 한도 내에서만의 석방인 것입니다. 우리는 이러한 그들의 의도를 분쇄하고 구속자의 전면 석방, 즉각 석방을 쟁취해내야 합니다.

우리 민가협에서는 6·29발표 직후 저들의 의도를 간파하고 그 기만적 의도를 폭로하면서 전면석방쟁취를 위한 농성에 돌입했읍니다. 그리고 7월 4일 노태우와 면담을 하려했읍니다. 그러나 당일 노태우는 민가협 대표자들에게 얼굴만 비치고 가버렸읍니다. 이에 민가협 회원들은 민정당사 앞에서 "독재타도" "광주학살원흉 노태우는 물러가라" "전원석방"을 외쳤읍니다. 그런데 이 때 그들은 어떻게 대응했나요? 우리 회원들에게 전경 5～6명씩 달라붙어 두팔 두다리를 들어 닭장차에 강제로 싣고는 한 명씩 강변도로에, 난지도 쓰레기 하치장에, 의정부에 내팽겨쳐 버렸읍니다. 우리는 당일 저들의 기만성을 다시 한 번 확인하였던 것입니다. 이것 뿐이 아닙니다. 전국의 구치소, 교도소에서 단식, 출정거부, 재판거부, 석방거부등 전원석방을 위한 투쟁을 가열차게 전개하고 있는 양심수들은 무차별 폭행을 당하고 있으며 판검사는 이것을 종용하기 까지 하고 있읍니다.

이러한 작태를 보이고 있는 독재정권에게 우리는 무엇을 더 기대한단 말입니까? 우리들의 진정한 민주투사들이 아직도 감옥에 볼모로 잡혀있을진대, 어떤 식의 헌법 논의도, 몇 줌의 떡고물도, 과연 진정한 민주화로 인정될 수 있겠읍니까? 우리는 다시 한번 양심수의 즉각적인 전원석방 없이는 어떤 식의 민주화조치라는 것도 기만임을 분명히 주장합니다.

－선별석방 기만술책 안속는다. 양심수 전원 석방하라! －

3. 국민여러분! 우리는 한열군의 죽음이 남의 일이 아니라며 모두가 비탄해 했읍니다. 마찬가지로 그 모진 고문으로 죽음의 직전까지 갔었고, 현재는 감옥에 갇혀있는 수 많은 양심수들을 바로 우리 모두의 아들 딸인 것입니다. 국민여러분! 두달씩이나 아들의 생사를 모른 채 안기부며 치안본부며를 미친 듯 찾아헤메던 어머님의 심정을 아십니까? 포승줄에 꽁꽁 묶인 채 법정에 들어와 자신들이 당했던 고문을 이야기 할 때 목놓아 울어야했던 가족들의 심정을 아십니까? 이것이 어찌 몇 천명의 구속자 가족들만의 아픔일 수 있겠읍니까? 군사독재정권이 존재하는 한 바로 내일 여러분의 아들 딸들이 그런 모진 고문에 시달리고 바로 여러분이 그런 눈물을 흘릴 수 있는 것입니다. 우리 모두가 진정한 민주화를 염원할진대, 현시기 그것의 중요부분인 구속자석방문제는 우리 모두가 즉각 쟁취해야할 과제입니다. 통민당도 전원석방 없는 정치일정 단행은 저들의 의도를 용납하는 것이므로 먼저 전원석방을 위해 투쟁해야 할 것입니다. 그리고 국민운동본부, 학생들, 국민여러분 모두 군부독재타도와 구속자석방쟁취를 위해 보다 헌신적으로 투쟁해줄 것을 호소합니다.

더이상 한열군의 죽음에 비탄해할 것만이 아닙니다. 분향소에 향만 꽂을 일이 아닙니다. 앞서간 민주투사들은 그저 묵념하고 향꽂기만을 바라진 않을 것입니다. 구속자 전원석방을 쟁취해내고, 그들을 죽음에 이르게했던 군사독재, 그 군사독재를 타도하여 그들이 눈을 감을 수 있게 합시다.

－살인고문 일삼는 군부독재 타도하자!

－양심수 전원 즉각 석방하라!

－군부독재의 주구, 안기부·보안사·치안본부를 해체하라!

－국가보안법을 철폐하라!

1987. 7. 9.

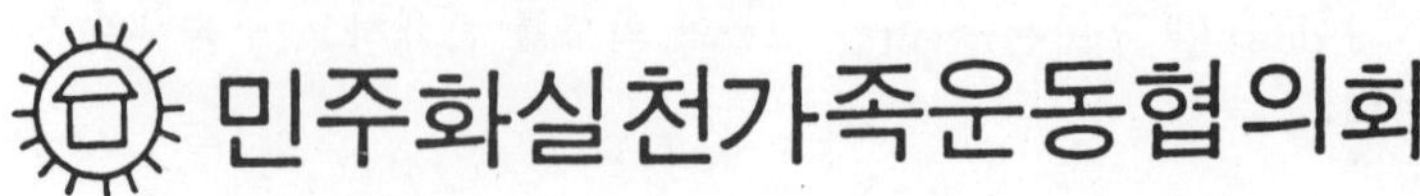

남민전 사건은 군부독재를 지탱하는 볼모인가

10년의 세월을 억울하게 감옥살이하고 있는 남민전사건 관련자들은 또 다시 봄이 온다는 문턱에서 부당하게 도마위에 올려져 용공·좌경으로 난도질 당하였읍니다. 민주화를 요구하는 열화같은 민중의 주장에 쫓기면서 간악한 군부독재는 저들의 구차한 목숨을 연장하기 위해 소위 6·29선언과 7·1담화로 거짓된 궁여지책을 했지만 선별적 석방, 그리고 사면, 복권, 수배자 해제에서 보여주듯이 그 선언과 담화는 원래부터 양가죽을 뒤집어쓴 간사한 이리에 불과했읍니다.

점잖은 기회주의 지식인이나 요란스런 외신과 내정간섭의 외세들이, 그리고 일부 서투른 정치인들의 낙관에도 불구하고 현명한 국민대중은 결코 속임수에 넘어가지 않고 있읍니다. 고 이한열 열사 민주국민장에서 200만 시민이 외친 독재타도, 민주쟁취의 함성은 바로 그것이었읍니다.

저들이 선별한 소수극렬·용공좌경이란 어떤 사람들이었읍니까? 그것은 바로 박정희 유신독재에 맞서 싸운 남민전사건관련자와 현 군부독재에 항거한 애국적 민주투사와 청년학생이었읍니다. 또 이들은 다같이 군부독재를 지원하는 외세를 배격했으며, 민족의 자주성을 강조한 사람들입니다. 이같은 반외세 민족자주와 반독재 민주화운동에 앞장서 싸웠으며 오늘의 민주화실천에 결정적 역할을 다한 이들 양심수들을 계속 감옥에 가두어 둔채 민주화를 하겠다는 구상은 모두 가짜이고 외세에 의존, 새로운 독재음모를 꾸미려는 음흉한 술책에 불과합니다.

남민전사건은 민족분단을 악용하여 외세를 등에 업고 반대세력을 탄압하던 유신시대, 긴급조치시대의 정치적·경제적·사회적 산물이었읍니다. 유신헌법에 대해 단한마디의 비판만 해도 긴급조치 9호위반이 되었으며 국가보위에 관한 임시조치법하에서 기아임금에 허덕이던 근로자들은 단체교섭권과 단체행동권을 빼앗긴 채 각목과 똥물의 대탄압 속에 있었으며, 외세는 유신독재를 지원해 주는 반대급부로 각종 경제침탈을 자행했읍니다. 이 극한 상황에서 소외되고 탄압받는 약한자의 편에서서 정의를 가지고 진리를 따르려는 양심의 발로가 바로 남민전 사건입니다. 이들은 험상한 얼굴과 빨닥린 극렬·용공분자가 아닙니다. 대학이나 중·고교에서 2세교육에 종사한 지성의 목탁들이며, 자유·정의·진리를 탐구하는 대학생들이었으며, 교회산하기관의 연구원이고, 자유실천의 문인들·정당인이며, 각기 자기의 직장에서 열심히 생업에 종사한 순수시민들 이었읍니다. 이들은 50여일의 불법구속기간 속에 모진고문으로 용공조작당하고 구속후 6개월간 1심재판이 시작되고 2개월이 될때까지 가족면회는 물론 변호사 접견도 못하였읍니다. 긴급조치하의 어쩔 수 없는 방법으로 비공개운동을 한 이유때문에 반국가 단체구성이라는 멍에를 씌워 긴급조치 반공법·국가보안법 위반 등으로 유죄판결을 받은 것입니다. 더구나 고문에 의한 용공·좌경조작을 도맡아 하던 남영동에서 작성된 내용은 그대로 공소장이 되고 글자한자 틀리지 않는 판결문이 되어 한을 품은채 형장에서 고문여독의 옥사로 세상을 떠났으며 아직도 10년이 다되도록 15명이 차디찬 철창안에서 싸늘하게 식어가는 육신을 불사르며, 자유에의 불씨를 가꾸고 있는 것입니다.

그런데 이 사건관련자들 중 5년형을 선고받은 사람들은 83.8.15에 7~15년 형선고받은 사람들은 83.12.25 형집행정지로 석방되었으며, 남은 사람들도 다음해 8.15까지 전원 석방될 것이라고 당시 당국자도 말하였읍니다. 그러나 84년 봄 학원민주화운동이후 크고 작은 사건이 있을 때마다 남민전사건은 도마위의 생선이 되곤 했읍니다. 바로 군부독재를 지탱하는 볼모가 되어 버렸읍니다. 볼모로 잡힌 남민전사건은 또한 여·야의 정략미끼로 흥정대상이 되어 재탕 삼탕 심판대에 오르며 사정을 모르는 일반 국민의 빗나간 눈길을 받아야 했읍니다. 그들은 좁고 습기찬 '관'이라는 공간 속에서 짓밟힌 자유, 모욕당한 양심, 그리고 인간성 자체를 유린당하며 병고에 시달리고 있는 것입니다. 어째서 민주화를 외친 사람이 민주화가 된다는 이 시점에서 동참은 고사하고 감옥에 계속 갇혀 있어야만 합니까?

국민여러분!

그러나 우리는 믿고 있읍니다. 정의는 반드시 승리할 것이며 억압자는 억압당하고 양심의 세계는 영광스런 빛을 받게 될 것입니다. 우리는 짐승에게서 정의를 구하지 않고 살인자에게 양심을 바라지 않습니다. 저들이 그 어떠한 말로 매도해도 우리 가족은 동요하지 않고 오히려 의연히 서있을 것입니다. 우리 가족들은 이미 단순한 석방운동을 하고 있지 않습니다. 양심수의 해방은 민주화의 실천으로 스스로 옥문을 박차고 나와야 하기 때문입니다. 우리 가족운동 이름이 민주화실천가족운동이라고 하는 이유가 바로 여기에 있읍니다.

자유와 평화를 사랑하는 국민여러분! 누가 우리에게 자유를 가져다 주며, 누가 우리에게 평화를 준단 말입니까? 지배자입니까? 외세입니까? 세계여론입니까? 아닙니다. 우리 자신입니다. 우리 스스로 싸워 이기고 지켜야 합니다. 다같이 군부독재가 끝장나는 그날까지, 그리하여 옥문이 활짝 열릴 그날까지 우리의 민주역량을 결집하여 온 몸으로 싸워 나갑시다.

1987년 7월 11일

남민전사건 가족 일동

민주화실천가족운동협의회

-기만적 수배해제 조치에 대한 우리의 입장-

지난 6.10 국민대회와 6.26 평화대행진은 고문살인을 능사로 하며 국민을 기만 우롱하는 현 정권에 대한 전국민적 분노와 저항의 발로였다.

이 결연하고도 엄숙한 민권의 승리는 6.29 선언을 가져왔고 수년동안 음습한 감옥속에 갇혀있던 양심수들이 부분적으로나마 석방될 수 있었다. 그러나 그간 민주화운동을 주도해왔던 대표적 핵심 인물들이 극렬용공분자라는 터무니없는 중상모략으로 여전히 석방되지 못하고 있으며, 더우기 수배자 해제조치에 이르러서는 주요 인물들이 거의 그대로 지속적인 수배상태에 머물러 있음을 보고 우리는 현 정권이 표방한 민주화 조치를 송두리째 의심하지 않을 수 없다. 살인고문과 최루탄에 의지하지 않고는 단 하루도 정권을 유지할 수 없는 군부독재를 타도하고 국민적 합의에 의한 진정한 민주사회 구현을 위해 헌신해왔던 민주투사들을 감옥이나 지명수배라는 정신적 고문상태에 방기해 놓은채 진행되는 민주화 조치는 또 다른 기만과 허구일 뿐이다. 특히 최근들어 더욱 강화되고 있는 수배자 가족에 대한 감시미행, 잠복, 협박 등의 사태에 접하여 우리는 민주당이 현 정권과의 민주화 협상과정에서 지명수배자에 대한 전면적 수배 해제를 선행해 줄 것을 촉구하는 바이다.

첫째, 수배 해제가 되지 않은 주요 수배자들은 5.3을 비롯한 개헌투쟁 관련자들로서 이미 직선제 개헌이 관철된 현재에 이르러서는 아무런 논리적, 법적 근거가 없는 부당한 조치에 불과할 따름이다.

둘째, 민통련의 박계동씨, 민청련의 이범영씨 등의 경우처럼 대부분 민주화투쟁을 주도한 각 조직과 관련된 사람들로서 현 정권에 심대한 타격을 주었거나 수배 해제할 경우 또 다시 위협적인 존재로 간주되는 장기수배자에 대해서는 전원 지명수배가 지속되고 있어 이는 개인적 보복의 인상이 짙다.

세째, 부분적으로 수배를 해제했다고는 하나 80여명의 핵심 인물에 대해 지속적으로 수배함은 사실상 그 내용에 있어서는 하등의 변화가 없는 명백한 기만책에 불과하다. 따라서 갖가지 더러운 범죄행위로 얼룩진 현 정권이 민주화를 운위하는 자체가 자가당착이요, 파렴치한 행위이지만 그들이 늦게나마 스스로 호헌주장을 철회, 진정으로 민주화 실현을 표방했다면 가장 선결되어야 할 과제가 바로 부당수배에 대한 전면해제와 양심수 전원 석방인 것이다.

그럼에도 불구하고 소수극렬이란 악의적 중상모략으로 여전히 민주투사들을 탄압, 국민들로부터 이간질시키려는 음모를 지속한다면 우리는 현 정권의 전면타도를 위해 독재를 증오하는 국민과 더불어 끝까지 투쟁할 것을 선언하는 바이며 이에 대한 민주당의 성의있는 대책을 촉구하는 바이다.

우리의 주장

1. 부당한 수배조치 즉각 전원해제하라.

1. 양심수 전원을 즉각 석방하라.

1. 군사독재 즉각 퇴진하라.

1987. 7.13

수배자가족 일동, 민주화실천가족운동협의회

양심수의 전원 석방과 전 민중의 민주화 투쟁을 촉구한다!

- 민주당사를 방문 하면서 -

1. 우리의 석방은 민중의 투쟁으로 쟁취된 성과물이다.

우리는 지금 축배의 잔을 들수 없다!

우리의 석방은 노동자와 전 민중의 장열한 투쟁에 의해 군사독재가 어쩔수 없이 일시적으로 취한 기만적 행위에 불과한 것이기 때문이다. 따라서 우리는 구속자 석방이 현정권의 기만적 화해로 되고 있는 것을 단연코 거부한다. 우리는 국민의 투쟁 열기를 잠재우려는 현정권의 이러한 악랄하고도 가증스러운 모습을 철저히 거부하며 민중의 힘만이 우리의 진정한 자유와 권리를 쟁취할수 있음을 확신한다.

2. 우리의 구속이 부당했음은 이번 민중 투쟁을 통해서 명확히 입증 되었다.

현 군사독재 정권이 불순분자, 좌경·용공이라고 부르는 우리들은 과연 무엇을 위해 투쟁 하였는가? 그것은 현 군사독재 정권하의 억압과 착취 속에서 신음하며 살아가는 것을 거부하고, 노동자와 민중이 진정한 국가의 주인으로서, 집회, 시위, 파업의 자유속에서 국민의 주권이 행사되는 민주정부를 수립하기 위함이 아니었던가? 이는 이번 7.9 이한열 열사의 장례식등 끊임없이 불 타오르는 민중의 투쟁을 통해서 이미 입증 되었다.

3. 군사독재는 아직 타도되지 않았고 민중의 투쟁은 아직도 계속되고 있다.

현재 군사독재는 민주화 조치 8개항을 미끼로 민주화가 되는양 온갖 메스컴을 동원하여 과장 보도에 열을 올리고 있다.

그러나 보라! 민노련, 소위 엠엘당, 소위 반제동맹당등은 석방 대상에서 제외 시켰을 뿐만 아니라 재헌의회 그룹 사건과 노동해방사상연구회에 대해서도 여전히 좌경, 용공 운운하며 중형을 선고할 것임을 포기하지 않는 저들의 작태를!

과연 무엇이 달라졌단 말인가? 현재 전국의 구치소와 교도소에서는 단식농성등 가열찬 투쟁이 전개되고 있다. 출정, 재판을 거부하고 단식 농성등 비타협적인 투쟁이 전개되고 있다. 이는 국가 보안 사범이라 규정했던 동지들도 선별석방하여 자신들이 만들어 놓은 국보법에 대한 규정까지 스스로 어김으로써 자신들이 행했던 민주세력에 대한 좌경 용공이라는 매도가 더 이상 정권 유지의 명분이 되지 못하는 것을 입증하는 것이며, 이들의 투쟁이야말로 진정한 민주쟁취를 가져올것이다 최근 재판 진행중에 있는 김봉환 동지 (독산동 경신(주))는 지난 4월 해고시 출근 투쟁과정에서 관리자와의 싸움에서 일어났던 일을 폭행 상해죄로 몰아부쳐 구속당하여 현재 폭행 상해범으로 몰리고 있는 실정이다. (20일 오후2시, 남부지원에서 재판)

마산에서는 전 통일노조위원장 문성현씨의 석방을 요구하는 노동자가족들에게 군사독재정권은 무차별폭력을 자행하면서 문성현 동지의 부인 이혜자씨등 9명을 구속하고 수명을 즉심에 회부하는 만행을 저질렀다.

이리 후레아 훼션에서는 해고자를 복직시켜 준다는 명분으로 한동지는 복직과 동시에 스리랑카로 발령을 냈다. 또한 85년말 폭력적으로 사무실을 폐쇄당하여 현재까지 불법으로 활동공간을 빼앗긴 청계피복노조의 동지들은 지난 7월7일 사무실 반환을 요구하며 투쟁하는 과정에서 군사독재정권의 잔인한 폭력성에 의해 또 다시 무차별 폭력을 당했다.

현재 노동 현장에서는 6.29 기만적 조치 이후 1일 6건씩 노동자의 투쟁이 일어나고 있다. 이는 그동안의 억압이 폭로되어 투쟁 열기가 솟구치고 있음을 입증하는 것이며, 7.9 이한열 동지의 장례식에서 확인된 전 민중의 민주화 투쟁은 누구도 막을수 없는 도도한 역사적 흐름임이 입증된 것이다. 교육자는 교육민주화 선언을 내걸고 투쟁하며 심지어 고등학생, 의사, 예술인등 각계층에서 모두 자신들의 민주적요구를 내걸고 현 군부독재의 타도투쟁을 전개해 나가고 있다.

지난 7월 7일 양승균 상경은 군부독재 타도와 진정한 민주화를 요구하며 투쟁에 앞장 섬으로써 이제 전경이나 군인조차 민주쟁취 투쟁에 동참하기 시작했음이 입증 되었다.

4. 우리는 군부독재를 타도하고 진정한 민주화 쟁취를 위하여 끝까지 투쟁 할것이다.

현 정권은 그들 자신의 기만책이 민중의 계속적인 투쟁에 의하여 폭로됨으로써 더이상의 명분을 찾지 못하고 있다. 그러나 그럼에도 불구하고 저들은 온갖 술책을 동원하여 민주세력에 대한 탄압과 프락치 공작 등을 통한 분열 조작을 서슴없이 자행하고 있다.

지난 7.9 이열사 장례식때 시청에서, 그리고 홍사단앞에서의 무차별 최루탄 난사를 보라!

또한 길거리, 전철등에는 여전히 전투경찰이 배치되고 있으며 경양식집, 복사집등에는 사복 경찰들의 매서운 눈초리가 여전히 번뜩이고 있다. 이러한 작태를 볼때 이제 우리는 망설이거나 주저할때가 아님을 다시한번 확인하였다.

이제 우리는 더 이상의 기만술책에 굴종할수 없으며, 민중의 힘에 의해서만이 민주쟁취를 가져올 수 있음을 천명하며 다음의 요구조건이 관철될 때까지 끝까지 투쟁해 나갈것이다.

- 우 리 의 요 구 -

1. 모든 양심수에 대한 전원석방, 수배해제, 원직복직이 즉각 이루어져야 한다.
2. 민주운동 탄압하는 국보법, 집시법은 즉각 철폐되어야 한다.
3. 언론, 집회, 시위, 조직결성, 정당결성, 파업의 자유가 이루어 져야 한다.
   이를 통해서만이 전 국민이 원하는 민주주의와 새로운 헌법이 제정될 수 있다.
4. 모든 악행에 대한 진상규명과 그 책임자는 처벌되어야 한다.
   이제까지의 모든 양심수에 대해 가해졌던 고문, 살해, 조작, 은폐등의 진상규명을 위하여 범민주세력의 대표와 통민당의 진상조사단으로 진상규명 위원회를 구성하여야 한다.
5. 모든 양심수의 재판은 TV, 라디오, 신문등 모든 언론 매체를 통해서 전 국민에게 공개되어야 한다.

* 우리는 위의 주장을 전 국민에게 알리고 함께 투쟁해 나갈 것이다.
* 민주당은 이에 대해 입장을 밝히고 우리와 함께 공동투쟁을 해나가는 모습을 확실히 할것을 요구한다.
* 전 언론은 (TV, 신문, 라디오) 우리의 주장을 왜곡없이 원문 그대로 전 국민에게 알릴것을 요구한다.

1987년 7월 13일

석 방 노 동 자 일 동

양심수 전원석방 및 민주쟁취를 위한 공동성명서

민주화의 고귀한 함성이 6월의 거리에서 전국을 뒤덮은 감격의 그 날들, "군부독재타도, 민주헌법쟁취"의 숭고한 염망이 가슴 속 응어리진 한과 울분을 딛고 일어서, 기나긴 침묵과 굴종을 거부하는 처절한 몸짓으로 거세게 폭발한 위대한 항거의 역사를 기억한다. 독재의 사슬을 내 아들에게 물려줄 수는 없다고, 내 손으로 민주화·자주화의 내일을 물려주겠다고 일어선 이 땅의 아버지·어머니들의 불끈 움켜쥔 주먹에서 승리를 확신할 수 있었다.

그러나 보라!

민중의 광범한 투쟁 속에 자기의 설 땅을 잃어버린 적들은 6.29 선언이라는 허울좋은 민주화 명목으로 전 국민의 투쟁의지를 무마시킴과 동시에, 우리의 손으로 획득한 성과를 마치 신식으로 제공하는 양 호도하고 있지 않은가. 6.29선언은 민중투쟁의 승리와 저들의 부분적 후퇴임을 우리는 6월 투쟁에서 확인했다. 그리고 이제 우리의 승리가 결코 적들의 기만적 농간에 의해 퇴색되어질 수 없다는 것을 우리는 결의한다. 우리는 확신한다. 조국의 자주화·민주화투쟁은 국민들의 열렬한 지지 속에 그 정당성이 이미 인정받았다는 사실을!

그러나 벼랑 끝에 몰린 야수들의 비굴한 모습 뒤에 감춰진 날카로운 발톱을 직시하자. 국민의 귀와 눈을 가리기 위해 민주화를 운운하는 군사독재가 보여주는 작태를 접하며, 우리는 모든 국민과 함께 분노를 금할 수 없다. 미국의 한반도 지배의 안정화와 독재체제의 영속화를 예비하는 음모의 일환으로 애국 민주투사의 석방을 대대적으로 선전해 놓고는, 결국 수백의 동지들을 아직도 철창과 시멘트 벽 속에 감금하고 있는 이 현실에서, 그리고 몇 개월씩이나 가족을 만나 볼 수조차 없는 수배된 애국 투사들이 거리에서 헤매이고 있는 현실에서 더 무엇을 얘기하란 말인가? 어디 그 뿐인가? 애국적 활동을 막기 위한 목적으로 군대에 묶어두기 위해 석방된 투사들을 끌고가는 부당징집이 아직도 버젓이 자행되고 있고, 생산 현장에서 노동자의 민주적 제권리 쟁취를 위해 투쟁하던 동지들이 부당하게 해고된 채 그대로 있고, 교육의 민주화를 부르짖다 파면당한 교사들의 복직은 아직도 실현되지 못하고 있다. 노동자의 민주적 제권리는 보장되고 있지 않으며, 더욱 가증스러운 것은 노동자·청년학생·애국시민들의 평화적 집회를 전경·사복경찰·88기동대를 동원하여 각목을 휘두르고 짱돌을 던지며 폭력으로 저지시키고 있는 저들의 작태이다. 노태우의 6.29선언 이후, 7월 9일 이한열 동지의 장례식 때 장례식을 방해하기 위하여 최루탄을 발사하고, 7월 12일 인천 자유공원에서 노동자 집회시 각목과 짱돌부대를 동원하여 노동자들을 무차별 구타하여 수십명을 부상시키고, 7월 22일 홍사단에서 청년학생들의 집회 때 폭력경찰들이 애국청년학생들의 머리를 벽돌로 찍어 병원에 실려가게 하는 등 서울·인천·제주 등에서 평화적 집회를 폭력으로 진압하려는 저들의 야만성을 여실히 목격하지 않았는가!

이것이 바로 노태우의 '6.29조치'의 진짜 내용이 아니고 무엇이란 말인가. 우리는 직시하고 있다. 가슴 절절이 타오르는 민중의 민주화 염망이 무참히 짓밟히고 있는 현실을!

부산·울산·인천 등지의 노동 현장에서, 축산지에서, 수재 현장에서—능욕당하고 있는 우리 형제들의 생존을 건 싸움 속에서 진정한 민주주의를 쟁취하기 위한 투쟁의 의지를 나진다.

우리는 주장한다. 전 국민의 열렬한 애국투사 환영 속에 모든 양심수는 즉각 석방되어야 하며, 이것은 그 무엇보다 우선되어야 하는 진재이다. 또한 국민이 주인되어 만드는 진정한 개헌이 되기 위해서는 전 국민의 참여와 논의가 보장되어야 하며, 자유로운 의사표현을 위한 언론·출판·집회·시위의 자유, 전 민중의 조직 결성의 자유가 보장되어야 한다. 또한 반민중적 악법에 의한 탄압으로 해고된 모든 노동자·민주교사·해직 언론인 등은 전원 원직 복직되어져야 한다.

위의 전 국민이 열망하는 진정한 민주주의가 실시되지 않는 상황에서 저들이 서두르고 있는 개헌협상에 대해 전 국민은 강한 의구심을 가질 수밖에 없다.

우리는 이러한 주장을 널리 알리고 전 국민의 뜨거운 지지를 결집시켜 나가기 위해 '양심수 전원석방 및 민주쟁취를 위한 범국민 서명운동'과 더불어 범국민 실천대회를 전개해 나가고자 한다. 이에 대한 어떠한 저지와 폭력적 탄압도 우리의 민주화 투쟁의 정당성에 대한 도전으로 규정하며, 이 땅의 민주화를 갈망하는 국민의 이름으로 민주주의의 쟁취를 위해 결사투쟁할 것임을 선언한다.

애국시민 여러분!

군부독재의 영원한 종식과 조국 자주화의 쟁취를 위해 총집결·단결하자!

우 리 의 주 장

一. 모든 양심수를 즉각 석방하라!

一. 애국운동 탄압하는 국보법·집시법 철폐하라!

一. 정치보복 부당징집 즉각 중단하라!

一. 일천만 노동자의 파업자유 쟁취하자!

一. 언론·출판·사상의 자유 쟁취하자!

一. 미·일외세 몰아내고 민족자주 쟁취하자!

一. 수배조치 즉각 해제하라!

一. 살인고문 자행하는 안기부·보안사·치안본부 해체하라!

一. 모든 해고자를 즉각 원직 복직시켜라!

一. 전 민중의 조직결성의 자유 쟁취하자!

一. 노태우에 속지말고 군부독재 끝장내자!

1987년 8월 7일

주최 : 구속청년학생협의회 / 구속노동자협의회 / 민주화실천가족운동협의회
민주·통일민중운동연합 / 민주헌법쟁취노동자공동위원회 / 전국해직교사복직대책위원회
민주화운동청년연합 / 서울지역대학생대표자협의회 / 인천지역대학생대표자협의회
한국기독교농민회총연합회

후원 : 민주헌법쟁취국민운동본부

장기수는 군부독재를 지탱하는 볼모인가.

30년에 가까운 군부독재 기간동안 '국가안보'라는 이름으로 이 땅의 많은 양심수들은 투옥되어 고문을 받으며 재판이라는 형식적 절차에 의해 중형을 받아 혹은 처형되고 혹은 무기·20년·15년이라는 엄청난 형량을 받고 오랜 수형생활을 감내해 왔읍니다.

우리 가족들은 그들이 잡혀가 고문당하며 처형되고 감옥에 갇히기까지 당국에 의한 어마어마한 여론재판에 속수무책일 뿐이었읍니다. 사건이 신문지상이나 방송 등에 보도되면 잡혀간 남편과 아들과 형제가 당국이 말하는 것처럼 국가안보를 위협하는 무슨 반역죄를 지었거니 하고 그들을 외면하기도 했읍니다. 그러나 세월이 흐르고 지나간 사건들이 새롭게 밝혀지기 시작하면서 우리의 혈육들이 기관이나 정부 당국자들이 선전해왔던 것처럼 천인공노의 죄인이 아니라는 사실을 깨닫기 시작했읍니다. 식구들이 잡혀가 갇혀있는 동안 우리 가족들이 당한 고초는 차라리 잊고 싶은 심정입니다. 아빠의 이름이 신문과 텔레비젼에 엄청난 죄인으로 박혀나오고 방송극으로 또는 다큐멘터리로 엮어 세상이 떠들썩하게 되면서 철모르는 아이는 반역죄인의 아들로 수모를 당해야 했읍니다. 순진하고 착하기만 한 아들이 잡혀가는 것을 본 노부모는 아예 폐인이 되어 돌아가신 경우가 허다하며 어떤 이는 이혼을 당해야 했고 죄인이 된 형제로 인하여 혼기를 놓치고 정든 고향 마을마저도 떠났어야 하는 경우들을 모두 열거한다는 게 마치 못난 혈육을 둔 것만 같아 말하기조차 부끄러울 지경입니다.

그들이 5년 10년 20년씩 감옥생활을 하는 동안 밖에 남겨진 가족들은 당국에 찾아가 눈물로 호소도 하고 애원도 하였읍니다. 또 종교기관, 인권기관, 정당 등을 찾아가 매달리기도 했읍니다. 그러나 쓰라림만 더할 뿐이었읍니다. 박정희 독재가 무너져 일말의 희망을 걸었으나 다시 80년 5.18광주사태와 그 어느 때보다도 혹독한 독재는 장기수 숫자만 늘리게 되었으며 장기수 가족들의 암담한 심정은 예나 지금이나 마찬가지 입니다. 또다시 봄이 온다는 87년의 현실에서도 장기수들은 '용공·좌경'으로 분리되어 감옥생활은 기약이 없읍니다. 그러면 '민주와 화합'을 표방한 민정당과 정부당국이 '극렬과 용공' 운운하며 계속적으로 잡아 가두겠다는 장기수들은 어떤 사람들이었읍니까?

저들이 말한 소수극렬·용공좌경의 양심수는 바로 박정희 유신독재에 맞서 싸운 사람들이며 현 군부독재에 항거한 애국적 민주투사와 청년들이 아니었읍니까. 이들은 군부독재를 지원하는 외세를 배격하고 민족의 자주성을 강조하였고 다른 누구보다도 앞장서서 싸운 사람들이었읍니다. 이같은 반외세 민족자주와 반독재 민주화운동에 앞장서 싸웠고 오늘의 민주화 실천에 결정적 역할을 다한 이들 양심수들을 계속 가두어 둔 채 민주화를 하겠다는 구상은 모두 가짜입니다. 외세를 눈치보며 국민을 속이면서 새로운 독재음모를 꾸미려는 음흉한 술책이 아니고 무엇입니까?

80년 이전의 남민전사건은 민족분단을 악용하여 외세를 등에 업고 반대세력을 탄압하던 유신시대, 긴급조치 시대의 정치적·경제적·사회적 산물입니다. 유신헌법에 대해 단 한마디의 비판만 해도 긴급조치 9호 위반으로 잡아가고, 국가보위에 관한 임시조치법 하에서 기아임금에 허덕이던 근로자들은 단체교섭권과 단체행동권을 빼앗긴 채 각목과 똥물의 대탄압 속에 있었으며 미국 등은 유신을 지원해주는 대가로 우리 경제를 형편없이 만들어버릴 때였읍니다. 야당총재를 길거리로 쫓아내고, 노동자를 공장에서 쫓아냈으며 교육은 권력의 시녀화한 시대에 침묵한다는 것은 양심있는 사람들의 도리가 아니었읍니다. 남민전에 관련되었던 79명의 사람들은 이러한 시대적인 요청에 과감히 나선 사람들이었읍니다. 이 사건에 관련되었던 사람들은 과거 민청학련 등에 관련되었던 청년, 자유실천의 문인, 10명이 넘는 중고등학교 교사, 종교기관의 연구원, 정당인들로서 이 땅을 누구보다 사랑하는 순수 시민들이었읍니다.

이 시기는 암흑의 시대로서 공개적인, 합법적인 민주화 운동이 불가능하여 비공개적 지하운동으로 할 수밖에 없었으며, 박정희 자신 죽음으로까지 몰고간 최악의 탄압에 강하게 대처할 수밖에 없었읍니다. 이러한 사정으로 남민전 관련자들이 극렬·좌경으로 몰렸고 결국 중형을 받게 된 것입니다. '자생적 공산주의 집단' '국가 변란을 획책한 적색집단'이라고 일차 여론에 매도당한 남민전 관련자들은 50여일의 불법구속 기간 속에 모진 고문으로 재차 용공조작당하고 구속 후 6개월만에 1심재판이 시작되고도 2개월이 될 때까지 가족면회는 물론 변호사 접견도 못하였읍니다. 용공조작을 도맡아 하던 남영동에서 작성된 내용은 그대로 공소장이 되고 글자한자 틀리지 않은 판결문이 되었읍니다. 그러나 당시 신민당 김영삼 총재를 비롯한 윤보선 전 대통령과 재야 인사들은 남민전 관련자들이 용공주의자가 아니라는 호소문을 관계요로에 제출하기도 했읍니다. 이 사건 관련자들 중 5년형을 선고받은 사람은 83.8.15에, 7-15년형의 사람들은 83.12.25일 형집행정지로 석방되었으며, 남은 관련자들도 다음해 8.15까지 전원 석방될 것이라고 당시 당국자도 말하였읍니다. 그러나 84년 봄 학원민주화운동 이후 크고 작은 사건이 있을 때마다 남민전 사건은 학생과 민주화운동을 탄압하고 군부독재를 지탱하는 볼모가 되어야 했읍니다. 현재 남은 사람은 15명입니다. (뒷면에 계속)

80년 이후 총칼과 군화발로 권력을 잡은 새로운 독재자들은 수천의 선량한 광주시민을 학살하고 무고한 시민과 애국인사를 잡아 가두었으며 사병화한 전경을 앞세워 학원과 공장과 도시와 농촌의 골목골목을 짓밟고 조여왔읍니다. 군인들이 광주시민을 학살할 때 미국은 이를 묵인하였으며 그후 그 댓가로 미국은 얼마나 많은 경제적 수탈을 해갔읍니까. 때문에 학생들은 광주학살의 배후와 미국의 작용을 폭로하고자 미국문화원에 불을 지르게 되었던 것입니다. 또 전민련사건 관계자들은 독재자들에 의해 자행되는 살인적인 공장생활을 개선시키고자 노동운동을 전개해야겠다는 충성어린 결심을 하게 된 것입니다. 27명 중 현재는 이태복씨만이 20년형을 복역하고 있읍니다.

부미방사건 관련자, 전민련 관련자들을 용공 극렬하며 수년간씩 가두어두고 무슨 대역죄인이나 된 듯이 국민과 이간질시키는 것은 천만부당한 어거지가 아니고 무엇입니까. 문화원의 방화로 한명의 학생이 희생되었다는 것은 물론 불행한 일입니다. 그러나 수천의 시민을 총칼로 찔러죽인 당사자들의 입에서 '극렬·살상' 운운하는 짖꺼리는 오히려 누가 누구를 단죄해야 하는가를 다시 생각하게 합니다. 지금 전국의 노동 현장에서 번지고 있는 민주노동의 불길은 무엇을 뜻합니까. 미국농산물의 강매로 숱한 농민이 자살하는 현실은 무엇을 뜻합니까.

우리나라는 남과 북으로 나뉘어 있읍니다. 남과 북으로 나뉘어진 것은 멀게는 일제로부터 나라를 지키지 못한 조상탓이며 가깝게는 해방 후 현명하게 대처하지 못한 탓입니다. 못난 조상과 현명하지 못한 어른들 탓으로 수모와 고난의 길을 걸어야 하는 이들이 바로 재일교포 유학생사건 수감자들입니다. 그들은 부모가 징용으로 끌려갔던 일본 땅에서 차별과 억압 속에서 민족적 열등감을 안고 자랐읍니다. 그들은 민족적 굴욕감을 벗어나고자 안간힘으로 몸부림쳤고, 해방된 조국을 알고자 고국 땅으로 건너왔읍니다. 그러나 일제로부터 해방된 조국은 완전한 해방이 아니었으며 각기 이념이 다른 분단된 반편의 조국, 독재로 얼룩진 조국이었읍니다. 학문탐구가 자유로운 일본에서 배우고 자란 유학생들은 반공이라는 이데올로기가 거미줄처럼 처진 독재정권의 그물에 어이없이 걸려들기 일쑤이며, 권력자들은 재일교포 유학생들의 그러한 약점을 악용하여 국내 대학생을 탄압하기 위한 제물로 삼아왔읍니다. 그 대표적인 사람이 이철 씨와 강종건씨 서준식씨 형제 등입니다. 그러나 그를 재일교포 유학생들은 조국을 원망하지 않습니다. 자신의 인권을 지키는 일이 과거 일제 지배권력과의 싸움이며 독재권력과의 싸움이라는 뼈아픈 각성으로 감옥속일망정 고국과의 만남을 오히려 기뻐하고 있읍니다. 때문에 강종건 씨와 서준식 씨는 자신의 형기 5년 7년을 치루고도 조국의 사회안전법의 철폐를 위해 감호소생활을 감내하며 지금도 의롭게 싸우고 있읍니다.

그밖에 20년 넘도록 감옥생활을 하고 있는 통혁당 관련자들과 많은 사건의 수감자들이 있읍니다. 정치적 상황에 따라 형의 경중이 좌우된다는 것을 감안할 때 단순한 사고에 의해 획일적으로 석방대상을 분류한다는 것은 온당치 못한 처사입니다. 분단된 이 나라의 독재정치 현실이 야기한 불행한 희생자 장기수를 재판기록에 의해 분류한다는 것은 언어도단입니다. 장기수의 불행은 우리 정치현실의 불행입니다. 과거의 불행한 정치현실을 씻어내는 일은 개인개인의 불행을 해소하는 일부터 시작해야 합니다. 이 작은 일은 실추된 민족적 자존심을 세우는 일이기도 한 것입니다.

우리는 장기수의 석방운동을 펼치면서 외국기관에 의존하고 외신에 한국의 현실을 폭로하는 것을 좋아하지 않습니다. 우리의 문제는 어디까지나 우리 스스로의 힘으로 해결해야 한다고 믿고 있읍니다. 한국의 정치현실, 인권현실이 외국에 알려지고 우리의 문제가 밖에서 시끄럽다는 것은 결국 우리 모두의 수치인 것입니다. 남민전이나 부미방, 재일교포 유학생, 전민련 사건들을 위해 미국이나 독일, 일본에서 구명운동을 벌이고, 심지어 일본 중의원과 참의원 216명이 서명하여 한국에 보냈다는 사실이나 미국이 한국의 민주화에 커다란 기여를 한듯이 행세하려는 짓들은 우리를 한없이 슬프게 합니다.

우리 가족들은 이 나라의 민족 자존심을 위해서도 끝까지 석방운동과 민주화운동을 전개할 것입니다.

1987. 8. 7.

장기수석방투쟁위원회
민주화 실천 가족 운동 협의회

모든 양심수를 즉각 석방하라!

지난 6월 투쟁은 거짓과 고문과·폭력으로 일관해 온 군사독재를 더 이상 묵인하지 않으려는 전 국민의 결연한 양심선언으로서 이 땅의 참 민주화와 민족자주를 향한 엄숙한 대장정의 일보를 이루었다. 이 장엄한 국민적 대세에 의해 궁지로 내몰린 군부독재와 이를 지원해온 외세는 일시적이나마 후퇴하지 않을 수 없었다. 불의한 시대의 양심을 증언했던 양심수들이 부분적이나마 일부 석방된 것은 전적으로 국민적 용기와 투쟁의 성과물이었다.

그러나 소위 "6.29선언"으로 위장된 독재의 미소 뒤에서 자신들의 기득권과 지배욕을 온존시키기 위한 술수는 끊이지 않고 있다. 전국적 항쟁으로 벼랑끝에 선 군부독재는 어쩔 수 없이 직선제 개헌을 받아들였으나 그 본질에 있어서는 하등의 변화가 없을뿐만 아니라 한편으로는 민주화라는 환상을 내비친 그 장막안에서 국민적 투쟁열기를 냉각시키면서 조직기반의 유리한 고지를 확보하기에 급급하고 있다. 입으로는 민주화를 운위하면서도 수많은 민주인사 청년, 노동자들을 용공극렬이라는 터무니없는 중상모략으로 감옥속에 묶어 놓고 있으며, 민주주의의 중추기능인 언론, 집회, 결사 등 표현의 자유는 여전히 제반 악법으로 재갈물려 놓은 상태인 것이다. 또한 독재가 자의적으로 설정해 놓은 온갖 구실로 해직시킨 숱한 노동자, 언론인, 교사들은 복직되지 못하고 있으며 민주쟁취를 절규한 학생들 역시 본래의 자리로 돌아가지 못하고 있다. 수배자들 또한 사랑하는 가족 친지와 헤어진 채 기약없이 쫓기는 생활을 지속하고 있으며 그 가족들은 수사기관의 미행, 협박, 감시 등으로 하루도 영일이 없는 지옥같은 날을 보내고 있다.

유신독재 이래로 수년간, 길게는 10년이 넘는 긴 세월동안 수형생활을 하고 있는 국가보안법 관련 장기수들은 심신이 피폐해진 채 죽음의 나락속에 방기되어 있다. 치욕스런 유신독재의 징표요, 근원적으로는 정권유지와 분단조국의 희생양인 이들 장기수들을 한사코 묶어 두고자 하는 저의는 도대체 무엇인가?

전적으로 유신독재의 산물인 이들 장기수들을 과감히 석방함으로써 현정권은 유신의 악령으로부터 벗어나길 바란다.

광주의 피, 갖은 부정부패, 살인고문 등으로 얼룩진 현 정권이 민주화의 주체가 될 수 없음은 너무나 자명한 이치이다. 그러나 뒤늦게나마 민의의 흐름을 겸허하게 받아들여 역사앞에 속죄하려 한다면 우선 양심수에 대한 조건없는 전면석방이 선행되어야 한다.

이 최소한의 선결요건이 충족되지 않은 상태에서 진행되는 그 어떠한 협상도 군사독재의 또다른 사기극일 뿐임을 우리는 결코 간과하지 않을 것이다. 우리 국민운동 본부는 양심수의 조건없는 전면석방이야말로 6.29조치의 진의를 가늠하는 가장 확실한 시험대로 간주하며 현정권이 이를 즉각 단행할 것을 거듭 촉구하는 바이다. 이를 지체 또는 방해하는 여하한 책동 또한 준열한 국민적 심판에 직면할 것임을 경고한다.

이시대 어느 누구도 거역할 수 없는 절대명제인 민주화, 그 완전한 성취의 첫걸음으로 양심수 전면석방대회를 개최하면서 우리는 그들의 헌신적 정열과 애국적 용기를 충심으로 기리는 바이며 그들의 완전석방이야말로 오늘 이 순간 밖에 있는 우리들에게 부여된 절대 소명임을 자각한다.

그들과 함께 자유롭게 얼싸안고 민주화의 대업에 헌신할 수 있는 그 날을 한시라도 앞당기기 위해 혼신의 노력을 경주할 것을 선언하는 바이다.

87. 8. 10

민주헌법쟁취 국민운동본부

우리의 주장

一. 모든 양심수를 전원 즉각 석방하라!

一. 독재의 폭압아래 해고된 모든 노동자, 언론인, 교사들을 전원 복직시켜라!

一. 언기법, 집시법, 노동악법등 독재의 제반악법 즉각 철폐하라!

一. 부당한 수배조치 즉각 해제하라!

3

4·13 호헌 반대

시민에게 드리는 글

－전 국민의 힘으로 호헌획책 분쇄하고 장기집권을 저지하자!

민 여러분, 개나리 진달래가 활짝 핀 봄입니다. 두루 평안하신지요. 80년 5월 17일 전두환 일당이 불법적인 정권 탈취 과정에서 수 광주 시민을 총칼로 살육했던 그 만행의 5월을 다시 맞으면서, 저희 문화예술 종사자들은 전두환 군사독재정권이 지금 꾸미고 있는 집권 획책음모를 시민 여러분께 폭로하고, 민주화·민족자주화·민중생활 향상에 대한 열망과 투쟁을 시민 여러분과 함께 하고자 합니다.

른바 '4·13 담화'는 무엇을 의미하는가?

난 4월 13일, 군사독재정권은 자신의 반민주적 반민족적 반민중적인 정체를 드러내는 폭거를 다시금 자행했읍니다. '고뇌에 찬 중단' 운운하며 '호헌'의 의지를 밝힌 전두환의 '4·13 특별담화'가 바로 그것입니다.

사독재정권의 소위 '중대결단'이란 사실은 그칠 줄 모르고 터져나오는 민주세력과 애국적인 시민의 "민주헌법제정"과 "민주정부"의 함성을 물리력으로 탄압하는 데에 한계를 느낀 한편, 신민당 분당으로 인한 야당의 정치적 공백기를 틈타 입버릇처럼 떠들어오 '평화적 정권교체'와 '88올림픽'을 명분으로 내세워 장기집권의 음모를 노골적으로 드러낸 것입니다.

위 '민주화 조치'의 실상은 어떻습니까?

두환 군사독재정권은 자신의 반민주적인 음모를 조금이라도 숨기려고, 그 '특별담화' 중에 개헌을 '88올림픽' 이후로 유보시키는 '민주화 조치'를 시급히 실시하겠다고 떠들어댔읍니다.

러나 누가 그 말을 믿겠읍니까?

난 번 박종철 군 고문살인 사건으로 군사독재정권의 폭력성에 대한 온 국민의 분노가 불길처럼 치솟았을 때, 그 불길을 가라앉히기 위 봉책으로 내무부 직속에 '인권위원회'를 설치하겠다고 해놓고서는 지금까지 그것에 대해 아무런 구상도 갖고 있지 않은 채 유야무 어가려고 하고 있읍니다. 박군 살해사건 이후에도 불법연행과 고문, 교도소 내의 폭행 등 비인간적인 폭력을 공공연하게 저지르고 있 것이 현 전두환 정권의 참 모습입니다. 이러한 사실은 박군의 고문살해와 관련된 남영동 대공분실의 3명의 경찰관들을 다시 복직시키 부천서 성고문의 부천서장 옥봉환도 다시 인천경찰서 서장으로 복직시킨 점들에서 여실히 드러나고 있읍니다.

한 전두환이 '민주화 조치' 운운한 바로 다음날인 4월 14일 상계동에서는 73가구의 주민을 900여명의 경찰과 1천여명의 철거 을 동원하여 무차별 구타로 끌어내고 주민들의 보금자리를 포크레인으로 헐고, 300여명의 주민을 길거리로 내몰았읍니다. 이것이 바 전두환의 '민주화'이고 '국민복지'인 것입니다.

족의 자주적인 노력으로 민주화투쟁을 전개합시다!

민 여러분, 군사독재정권에게는 믿을 것도 기대할 것도 더 이상 아무 것도 없읍니다. 오로지 군사독재정권을 몰아내기 위한 투쟁밖에 니다. 모든 민주세력과 일치단결하여 전두환 군사독재정권의 호헌 획책을 분쇄하고 장기집권을 저지합시다.

런데 우리의 장기집권저지 투쟁에 있어, "미국이 힘 좀 써주지 않을까?" 하는 식의 미국에 의지하려는 생각은 추호도 가져서는 안 명시합시다. 왜냐하면 미국이야말로 전두환 군사독재정권이 의지하는 최후의 기반이기 때문입니다. 그래서 전두환 정권은 자신의 장 권을 미국이 보다 적극적으로 지지해 줄 것을 기대하면서, 국민의 생활은 아랑곳하지 않고 미국의 수입개방 요구를 다 들어주고 있는 하면, 올해의 원화절상 폭을 연초에 3퍼센트로 하겠다고 한 것과는 달리 6퍼센트, 10퍼센트로 마구 올림으로써 미국의 환심을 위해 민중의 삶을 궁지에 몰아넣고 있는 실정입니다. 그러므로 우리는 미국이 한국에 자신의 이익을 영구히 보장해 줄 정권이 만들어지도 내정간섭을 하는 데에 대해 민족적인 분노를 느끼고 이를 배격해야 합니다. 우리의 민주화는 우리 국민 한 사람 한 사람의 손으로만 될 수 있음을 명심합시다!

당에 대하여

민 여러분, 통일민주당(가칭)에 대해서는 군사독재정권과 비타협적이고 결연한 투쟁을 할 것을 촉구합시다. 2·12총선과 지난해 봄 신민당 개헌현판식 때 국민은 신민당에 대하여 폭발적인 지지와 성원을 보낸 바 있읍니다. 그러나 신민당은 미국에 의존하여 군사독재 과 타협하여 권력을 나눠가지려는 반민주적이고 기회주의적인 모습을 보여왔읍니다. 이제 통일민주당(가칭)이 국민의 뜻을 배신하지 록 하기 위해선 통일민주당이 모든 민주세력과 굳건히 연대하여 불굴의 투지로 군사독재 타도의 전열에 자리잡도록 끊임없이 촉구해 할 것입니다.

금 우리는 무엇을 해야 하겠읍니까?

희 문화예술인 종사자들은 전 국민과 더불어 모든 민주세력과 힘을 합쳐 군사독재의 호헌 획책을 분쇄하고 장기집권을 저지하는데 앞 서 나갈 것을 다짐하는 바입니다. 시민 여러분께서도 군사독재를 타도하고 폭정에 시달리는 이 땅의 모든 사람이 진정한 주인이 되 주정부 수립을 위한 투쟁에 결연하게 동참하시길 바랍니다.

민 한 사람 한 사람의 작은 실천이 모여 군사독재를 타도할 큰 힘이 된다는 것을 잊지 마시고 다음의 일들을 하나씩 실천하여 주십시요.

이 글을 반드시 이웃 사람이나 동료와 읽어보고 토론합시다.

군사독재의 장기집권저지를 위한 모든 민주적인 집회에 빠짐없이 참여합시다.

가두 불심 검문을 거부합시다.

이 글에 대해 더 이야기하고 싶은 부분이 있으시거나, 모든 국민에게 꼭 알리고 싶으신 내용이 있으시면 아래에 있는 각 단체로 전화합시다.

민족미술협의회(738－3767)
민주교육실천협의회(333－2011)
민주언론운동협의회(719－1064)
민중문화운동연합(312－5393)
자유실천문인협의회(718－7153)
한국출판문화운동협의회(717－8515)

전 국민이 힘모아 장기집권 분쇄하자!

— 4·13담화에 대한 우리의 입장

전두환 군부독재정권은 4월 13일 소위 '중대결단' 운운하면서 온 국민의 민주화 열망을 짓밟고 '호헌'할 것을 밝혔다.

우리는 현 군부독재정권이 국민의 의사에 따라 헌법을 개정하고 민주화를 단행할 의사가 추호도 없음을 누누히 지적해 왔으며 그들은 오직 집권연장에만 혈안이 되어 있음을 폭로해 왔다.

돌이켜 보면 80년 5월 17일 군사쿠데타를 통해 민주화 열기에 찬물을 끼얹고 권력을 탈취한 현 전두환 군부독재권력은 국민의 저항을 광주에서의 무자비한 학살로 짓밟고 온갖 수단으로 억압하며 공포분위기 속에서 헌법을 비롯한 각종 반민주적 악법을 양산하며 권력을 지키기에 급급해 왔다. 소위 저들이 내세우는 현행헌법의 대통령 단임조항은 그들이 얼마나 명분없는 정권이며 국민의 거부와 저항이 심각한가를 잘 나타내는 것에 불과하며 기만적인 눈가림에 지나지 않았다. 이는 지난 7년간의 군부독재의 통치가 얼마나 반민족적이고, 반민주적이며, 반민중적인가를 살펴보면 여실히 드러난다할 것이다. 저들은 끊임없는 폭력으로 민주화운동과 민족통일운동 그리고 민중생존권을 쟁취하기 위한 운동을 탄압해 왔으며 외세와 소수 특권재벌의 이익만을 수호해 왔다. 또한 언론의 자유, 집회의 자유, 결사의 자유를 비롯한 모든 기본권을 철저히 유린하고 오직 힘으로만 권력을 유지해 왔다.

그러나 2·12총선에서도 나타난 것처럼 국민들이 군부독재를 외면하고 끊임없이 분노와 저항이 치솟자 물리력에 의한 탄압에 한계를 느끼고 일시적인 기만책을 취하기도 하였다. 지난 86년 전국적인 개헌싸움이 불붙는 상황에서 4월 30일 청와대 회담을 통해 나온 '국회에서 합의하면 임기내에 개헌하겠다'는 제스츄어도 이러한 기만책의 일환이었다.

저들이 '민주화·개헌'을 입버릇처럼 되내었던 지난 한해동안 실질적인 민주화 조치는 아무것도 취하지 않았으며 오히려 3천여 학생·노동자·민주인사들이 수감되었고 꽃다운 여학생은 성고문을 당했고 심지어는 경찰에 의해 고문당하다 살해된 사람도 나왔다.

이제 우리는 전두환 군부독재의 '호헌' 주장을 보면서 80년 광주항쟁 이후 계속되어 온 민주화투쟁이 새로운 원점에서 전기를 맞게 되었음을 밝히고자 한다. 이른바 '4·13' 중대결단에서 전두환 정권은 '단임'이니 '평화적 정부이양'을 내세우며 그것이 해방후 한국 정치사에서 가장 중요한 민주발전 과정이라 주장하고 있다. 우리는 정부·여당조차 떠들던 개헌이나 민주화가 전두환의 단임만이 아니며 쿠데타로 들어선 군부독재의 종식과 국민 스스로가 대통령을 포함한 모든 공직자를 직접 선출하는 민주정부의 수립임을 누차 강조해 왔다. 또한 현행 헌법은 허수아비 선거인단을 통해 대통령을 뽑고 집권세력이 마음대로 권력을 장악할 수 있는 제도적 장치로서 '독재권력의 장기집권'을 위한 도구임은 국민 모두가 잘 알고 있는 사실이며 어느 누구도 이 헌법을 통해 '평화적 정부이양'이 가능하다고 보지 않고 있음도 주지의 사실이다.

그러므로 '호헌'을 내세운 전두환 정권은 민주화에는 추호도 관심이 없는 채 국민들의 간절한 열망을 외면하고 시간을 끌다가 민주세력을 탄압하고 야당분열 공작을 획책하다가 무위로 돌아가자. '올림픽 대사' 운운하며 가면을 벗어던지고 집권연장 음모를 노골적으로 드러냈다.

이같은 노골적인 야욕에 직면한 이제, 우리는 진정한 민주화를 쟁취하기 위해서는 모든 국민과 민주세력이 일치 단결하여 단호히 싸워 나가야함을 강력히 주장한다. 전국 모든 부문, 모든 세력이 일치 단결하여 강고히 연대한다면 우리 국민의 힘으로 군부독재의 장기집권 음모를 분쇄하고 참된 민주정부를 수립할 수 있을 것이다. 민통련은 다시 한번 전 국민의 단결과 범 민주세력의 강고한 연대를 주장하는 바이다.

1987년 4월 14일

민주·통일민중운동연합

서울민주·통일민중운동연합
강원민주·통일민중운동연합
경북민주·통일민중운동연합
경남민주·통일민중운동연합
충북민주운동협의회
충남민주운동협의회
전북민주화운동협의회
전남민주주의청년연합
부산민주시민협의회
인천지역사회운동연합
민주화운동청년연합
민중문화운동연합
대한가톨릭학생총연맹
한국노동자복지협의회
한국기독교농민회총연합회
한국가톨릭농민회
한국기독교노동선교협의회
민중불교운동연합
천주교정의구현사제단
서울노동운동연합
여성평우회
가톨릭여성농민회
가톨릭노동사목전국협의회
자유실천문인협의회
민주언론운동협의회

전 국민의 힘으로 호헌획책 분쇄하고 장기집권 저지하자!

-군사독재 정권의 이른바 '4·13특별담화'를 대하는 문화인들의 입장

이 봄, 민주화와 민족자주화와 민족통일을 향한 전국민적 열기가 뜨겁게 달아오르려는 이 때, 군사독재정권은 반민주적·반민족적·반민중적 정체를 시금 분명히 드러내는 폭거를 자행했다.

지난 4월 13일, 이른바 '고뇌에 찬 중대결단' 운운하며 밝힌 바 있는 '호헌' 획책이 바로 그것이다.

우리 문화인은 군사독재정권의 이러한 소위 '중대결단'이 사실은, 한편으로 저들에 대한 전국민의 끓어오르는 분노와 저항, 그칠 줄 모르고 터져오는 민주세력들의 줄기찬 투쟁을 물리력으로 탄압하는 데에 한계를 느끼고 또 한편으로 야당파괴·분열공작이 무위로 돌아가자 최근에 있은 야당 분열사태를 빌미로 해서 입버릇처럼 떠들어대던 '평화적 정부이양'과 '올림픽 대사'를 명분으로 내세워 장기집권음모를 보다 분명히 드러낸 것 불과하다는 것을 민주화를 열망하는 모든 국민 앞에 분명히 밝혀두는 바이다.

사실 우리 문화인들은 기회있을 때마다 현재의 군사독재정권이 국민의 열화같은 민주화 의지에 따른 개헌이나 제반 민주화조치를 단행할 의사가 전 없으며 의사가 있다면 단 하나, 군사독재체제의 항구적 유지, 즉 집권연장에의 적극적이며 집요한 의사만 있다는 사실을 밝혀왔다. 또한 저들이 결 호헌에서 개헌으로 돌아선 것도 2·12 총선 이후, 특히 지난해 봄부터 터져나온 국민들의 강력하고도 광범위한 민주화 요구에 대한 기만적 제스추에 다름 아니라는 것도 누차 지적해왔다.

4·19혁명 27돌을 맞는 오늘 우리 문화인은, 군사독재정권의 이러한 정권 말기적 폭거와 이에 대한 전국민적 분노와 저항에 접하면서, 그날 쓰러가신 숱한 민주 영령들과 더불어, 민주화와 민족자주와 민족통일을 염원하는 모든 국민과 더불어, 현재의 전두환 군사독재정권과 신당(통일민주당), 리고 우리가 사랑하는 조국의 참담한 현실에 대한 책임 당사자로서의 미국에 대하여 다시 한번 엄숙하고 단호하게 우리의 입장을 밝힌다.

1. 전두환 군사독재정권에 대하여

모든 국민들은 현재의 당신들의 체제가, 수천의 광주인의 목숨과 수천의 학생, 노동자, 민주인사의 투옥과 백여명에 대한 수배령과 꽃다운 나이의 녀에 대한 극한 모멸적인 성고문과 피어나는 한 청년에 대한 살인고문과 노동자, 농민에 대한 가혹한 수탈로 뒷받침되고 있다는 사실을 너무도 잘 고 있다. '평화적 정권교체'와 '올림픽 대사'와 '선진조국 창조', 그리고 최근에 떠벌리는(호헌에 대한 국민적 저항을 줄이기 위한) 그 '민화조치'란 것들의 기만성과 허구성을 모르는 이들은 우리 국민들 중에서 단 한 부류, 바로 당신들 뿐이다.

따라서, 분명히 경고해 두건데, 당신들이 이른바 '4·13 특별담화'를 통해서 드러낸 호헌획책과 장기집권음모는 광범위하고도 격렬한 전국민적 저을 불러 일으킬 것이다. 그리고 그 저항이 가져올 모든 사태에 대한 책임은 그러므로, 전적으로 당신들에 있음을 확실히 해둔다.

마지막으로, 당신들이 역사에 기여할 수 있는 최후이자 단 하나의 길은 지금 당장, 스스로의 판단에 의한 즉각적인 퇴진 뿐이라는 것과 만일 그러지 않을 때 활화산같이 타오를 국민들의 거대한 저항의 불길에 휩싸여 한 줌의 재로 몰락할 수밖에 없음을 엄중히 경고하는 바이다.

2. 신당(통일민주당)에 대하여

주지하다시피 2·12 총선과 지난해 봄 개헌현판식 때 보여준 국민들의 지지는 가히 폭발적이었다. 그러나 지난해를 지나면서 국민들의 가슴 속에는 서히, 그러나 광범위하게 불신감이 자리하고 있다. 국민들의 이러한 불신감을 그때 그 지지와 신뢰감으로 뒤바꿔놓을 수 있는 유일한 길은 군사독재권과의 보다 비타협적이고 보다 선명하고 보다 결연한 투쟁에 있다. 신당이 모든 민주세력과 굳건히 연대하여 불굴의 투지로 군사독재타도의 전열 튼튼히 자리한다면 모든 국민은 뜨거운 박수로 지지를 보낼 것이요, 그렇지 않고 조금이라도 타협적 자세를 보이거나 외세의 입김 속에서 좌지우되는 기회주의적 모습을 보이면 국민들의 지지를 상실함은 물론이요, 이제 돌이킬 수 없는 반민주의 나락으로 떨어져버릴 것이다.

신당이여, 국민들과 더불어, 국민의 힘으로, 모든 민주세력과 연대하여 비타협적으로 투쟁하라! 선명하게 투쟁하라! 결연히 투쟁하라!

3. 미국에 대하여

현재 군사독재정권의 '4·13 판단'과 미국의 대한(對韓) 입장 사이에는 부분적인 갈등이 존재하는 것으로 보인다. 무엇보다도 미국은 '4·13 단'이 불러 일으킬 전국민적 저항에 몹시 신경을 쓰면서 군사독재정권이 허용할 수 있는 최대한의 가능한 민주화조치(개헌으로의 입장변화까지를 함해서)실현에 대한 강력한 압력을 행사할 것이다. 그러나 분명히 밝혀둘 점은, 우리는 우리조국의 민주적 발전에 대해 미국에 의지할 생각은 추호 없다는 것이다.

미국이 독재정권을 비호, 두둔하거나, 그들과 부분적으로 대립되어 민주화에 대한 압력을 행사할 경우 그 어느 때에 있어서나 그것은 미국의 이해 때문이며, 우리 조국의 진정한 민주화와는 상당한 거리가 있는 것이다. 따라서 우리는 그 어느 것도 단호히 거부하며 우리조국의 민주화는 반드 우리 국민의 힘으로 이루어져야 한다고 확신한다. 또한 우리는 현 정권에 대해 미국이 행사하고 있는 내정간섭적인 비호와 압력을 즉각적으로 중할 것을 조국의 이름으로 엄숙히 요구하며, 만약 그렇지 않을 경우 전국민의 강력한 민족자주화투쟁에 거센 불을 지르게 될 것임을 분명히 일러두는 이다. 우리 문화인들은 전국민과 더불어, 모든 민주세력과 힘을 합쳐 군사독재의 호헌획책을 분쇄하고 장기집권을 저지하는데 앞장서 나갈 것을 다한다. 우리 문화인들은 민주화와 민족자주와 민족통일을 갈망하는 국민의 힘으로 군사독재를 타도하고 폭정에 시달리는 이 땅의 모든 삶이 주인되 참 민주정부를 수립할 때까지 결연히 투쟁해나갈 것을 밝힌다.

1987년 4월 18일

4·19혁명 27돌을 맞으면서

민주언론운동협의회
민주교육실천협의회
한국출판문화운동협의회
민족미술협의회
자유실천문인협의회
민중문화운동연합

나가자! 군사독재타도의 총력전으로

- 4월 혁명 27주년을 맞으면서 -

불의의 권력을 온몸으로 거부하면서 이승만 독재 타도를 외친 젊은이들이 미친 권력의 주구들이 퍼부어댄 총탄에 맞아 쓰러진 지 이 27년이 흘렀다. 그날 4월 19일, 전국의 방방곡곡서 떨쳐일어난 용감한 학생과 시민이 피를 흘리며 싸우다 장렬히 전사해 민주와 민 의 제단에 묻힌 이 수유리 묘지에서 우리는 오늘, 아직까지는 4월 혁명을 완수하지 못하고 군사독재정권의 학정아래 신음하는 현실을 탄하면서 영령들의 무덤 앞에 추모와 회한의 꽃을 바친다.

민통련은 지난해의 4월혁명 기념일에 바로 이 자리에서 수 많은 학생, 노동자, 시민들과 함께 기념대회를 열고 군사독재 타도와 민 정부 수립의 결의를 뜨겁게 다짐한 바 있다. 그러나 "전두환 군사독재 타도하고 미일외세 배격하자"고 소리높이 외치던 문익환 의장 비롯하여 민통련의 간부들이 줄을 이어 투옥되었으며, 지난 한해동안 감옥은 수천명의 양심수로 차고 넘쳤다.

민중이 꿈에도 잊지 못하는 염원인 민주화와 조국의 통일을 위해 피끓는 젊은이들이 스스로 몸을 불사르고 순결한 육신을 겁탈당하고 마침내는 고문으로 살해당하기까지 하는 비통한 사건이 벌어졌으나 군사독재정권의 원흉들은 우리와 같은 하늘을 이고 멀쩡하게 숨을 고 있다. 4월혁명은 반민족, 반민중적인 일부 군부세력에게 계속 능욕당하는 것인가? 아니다. 우리는 4월이 살아 있음을 믿는다. 리는 4월혁명의 부활과 재생산을 믿는다. 80년의 '5월'에서 지난해 인천의 '5월'에서 우리는 '4월'의 부활을 똑똑히 목격했 그러나 민중·민주운동 진영은 강력하게 통일된 연합세력을 구축하지 못한 채, 엄청난 물리력을 확보한 군사독재정권과 단기적 싸움을 였기 때문에 4월혁명을 마무리하는 결정적 승리를 얻지 못했던 것이다. 군사독재정권은 지난해의 5·3항쟁을 앞두고 치솟아오르는 주화의 열기를 감당할 수 없어, 이른바 '합의 개헌'을 내걸었다. 그러나 그 직후에 그들은 5·3항쟁을 폭동으로 매도하면서 제도언 을 총동원하여, 민중민주운동을 '용공' '과격'으로 조작한 뒤 무차별 탄압을 가했다. 그들은 마침내 민통련과 가맹단체들의 사무실 지 강점하기에 이르렀다. 민중의 삶은 어떻게 되었는가? 전두환 일당이 '국운의 융성기' 운운하면서 자랑하는 '3저호기'의 혜택 군사독재와 공생하는 족벌과 독점자본가들에게만 돌아가고, 국민의 대다수를 이루는 노동자, 농민, 빈민, 월급생활자들의 생활은 갈수 악화되고 있다. 민중을 착취하여 배를 불린 자들이 두드리는 젓가락장단 소리가 요란한 가운데 민중의 원성은 하늘을 찌르고 있다.

그뿐인가. 우리가 그렇게도 열렬히 바라는 민족의 자주화와 통일은 미일외세와 그에 예속된 군사독재정권의 체제유지 수단으로 계속 용되고 있다. 외세에 대해 가장 고분고분한 정권, 조국이 세계최대의 핵기지가 되어 민족이 절멸의 위기에 빠져도 권력만 유지하면 좋다고 희낙락하는 정권이 있는 한 4월혁명의 이념은 짓밟힐 수밖에 없다. 올해의 4월혁명 기념일을 앞두고 군사독재정권은 마침내 그들의 계를 만천하에 드러냈다. 그들은 지난 한해동안 민주화를 위한 '합의개헌'을 금과옥조처럼 선전하면서도 국회의 거수기들을 통한 법개헌으로 수상독재를 위한 내각제를 이루려고 야당의 기회주의자들을 매수, 회유해 왔다. 그러나 이 공작이 민중·민주운동 진영과 심적 야당 정치인들의 결연한 투쟁으로 좌절되자 그들은 자신의 입으로도 시대착오적이라고 매도하던 대통령 간선제를 고수하겠다고 발표했

이제 민중·민주운동의 목표는 확연해졌다. 광주학살의 원흉들과 그들에게 기생하는 자들, 8·15이래 테러집단의 핵심분자로서 반공 팔아 민주세력에게 몽둥이를 휘둘러온 극우 야당정치인들, 내각제의 길을 열어주려고 선 민주화를 내건 유진산류의 후예들, 89년 개 약속을 해달라고 애원하는 유신잔당들은 우리의 전열 저편에 서 있는 표적들이다. 그 표적을 겨누고 있는 세력은 누구인가? 1천만 동자와 1천만 농민, 이 움막에서 저 움막으로 쫓기는 빈민, 민중·민주운동의 전위에 선 학생, 민중·민주운동가들, 진보적 지식인, 외의 애국동포들이 우리의 진영에서 전의를 불태우고 있다. 그리고 군사독재정권의 상습적 협잡을 너무나 분명하게 인식하게 된 양심 야당정치인들, 동지의 탈을 쓴 자들을 가차없이 잘라내고 선명한 신당을 만들 직업 정치인들은 우리 진영과 힘을 합쳐나갈 것이다.

우리는 4월혁명 27주년을 맞아 지난 싸움을 되돌아보면서 민중을 싸움의 주체로 부상시키지 못하고 앞서가는 성급한 운동이 군사 재 타도의 날을 앞당기지 못한 원인의 하나라고 판단한다. 그러나 다른 한편으로 우리는 지나치게 대중성 확보에 치우치는 나머지 상식 으로 전개해야 할 일상투쟁을 소홀히 하는 것 역시 바른 운동이라고 보지 않는다.

군사독재정권의 '호헌' 발표는 민중·민주운동 진영이 군사독재를 타도하고 민중이 주체가 되는 민주정부를 수립하기 위해 총력전 전개할 결정적 계기가 되었다. 민통련은 학생, 노동, 농민, 빈민, 문화, 청년, 여성, 종교 등 각 부문의 운동이 장기집권 분쇄를 위해 체의 조직을 강화하면서 민주화와 민족통일을 위한 총력전에 일치단결하여 나설 것을 호소한다.

4월의 영령들이 저 피빛 진달래 꽃그늘 아래서 우리의 싸움을 지켜보고 있다. 우리가 아집과 독선을 떨치지 못하고 올해에도 강력 투쟁대열을 구축하지 못한다면 꼭두각시들이 대통령을 뽑아 '평화적 정부 이양'이라고 선전하고 국민의 혈세로 올림픽을 열어 국가 대사를 성공적으로 치렀다고 자랑하는 사태가 벌어질 것이다.

나가자, 군사독재를 타도하고 민중의 힘으로 민주정부를 수립하는 총력전에!

나가자, 미 일외세 물리치고 민족의 힘으로 자주화 통일을 쟁취하는 전면전에!

1987년 4월 19일

민주·통일민중운동연합

서울민주·통일민중운동연합
강원민주·통일민중운동연합
경북민주·통일민중운동연합
경남민주·통일민중운동연합
충북민주운동협의회
충남민주운동협의회
전북민주화운동협의회
전남민주주의청년연합
부산민주시민협의회

인천지역사회운동연합
민주화운동청년연합
민중문화운동연합
한국노동자복지협의회
한국기독교농민회총연합회
한국가톨릭농민회
한국기독교노동선교협의회
민중불교운동연합

천주교정의구현사제단
서울노동운동연합
여성평우회
가톨릭여성농민회
가톨릭노동사목전국협의회
자유실천문인협의회
민주언론운동협의회
대한가톨릭학생총연맹

4.13 특별담화에 대한 우리의 입장
-민주화에 역행하는 호헌을 반대한다-

여러가지 악조건과 억압에도 불구하고 국민의 민주헌법을 위한 개헌의 열망은 열화와 같이 번져나가 마침내 현 당국이 이 국민의 열망을 수렴하여 개헌을 선포함으로써 국민에게 희망을 주었다. 그러나 정부는 그간의 개헌작업을 중지하겠다는 선언을 함으로써 국민에게 또다시 절망감을 안겨주었다.

권력구조나 상세한 개헌의 골격은 합의를 못 보았다 하더라도 개헌 그 자체는 이미 국민적 합의가 이루어진 것으로 이를 행정부 수반이 일방적으로 중단시키는 것은 국민을 우롱하는 것이며, 입법부인 국회에서 결의한 것을 행정부 수반이 중지시키는 것은 삼권분립을 부인하고 국민의 대표들이 모인 국회를 시녀로 거느리려는 현 정권의 안하무인격인 횡포이다.

대통령중심 직선제 개헌을 공약으로한 신민당이 국민과의 약속을 중요시하여 이를 주장한 것은 하등의 잘못이 없으며 국민들에게 권력구조의 선택권을 주기 위하여 국민투표를 제의한 것은 지극히 타당한 일이라고 생각한다. 그런데 현 집권당인 민정당은 의원내각제만을 고수하고 의원내각제가 아닌 개헌은 절대적으로 받아들일 수 없다는 것을 고집하면서 야당과의 합의개헌을 위해 노력했다고 하는 것은 손바닥으로 하늘을 가리려는 속임수이다. 더구나 개헌작업을 중단하는 구실로 신민당이 대통령중심제를 고집하기 때문이라고 책임을 전가하는 처사는 국민을 의식하지 않는 횡포이다.

올바른 판단력과 상식에 입각한 정치인이나 양심적인 국민의 소리를 물리적인 힘으로 막으려는 현 정권의 처사는 현 정권과 사회가 함께 폭력집단화 해가는 우려를 가지게 한다. 대통령은 금번 조치의 의미를 정부이양이라는데서 찾고 있으나 동질적인 독재정권안에서 자리바꿈만을 하는 것은 민주주의 발전에 아무런 도움을 주지 못할 뿐만 아니라 오히려 역행하는 것이다. 현 집권당과 정권은 이런 아집과 독선을 버리고 국민의 중지를 모을수 있는 언론의 자유를 보장해야 한다.

여당 국회의원에 대해서는 무한대로 관용을 하고 반대당, 특히 신당을 창당 하려는데 대해 불법적인 연금, 갑작스런 구속, 기소등 노골적인 방해공작을 하는 것은 즉각 중단되어야 한다.

오랜 세월동안 권위주의적인 가부장제 제도와 문화로 억압과 차별을 받아온 우리 여성들은 누구보다도 모든 사람이 존중한 대우를 받아 평등하게 참여하여 결정권을 행사할 수 있는 민주사회를 갈망한다. 이런 사회에서만 억압받고 차별받아온 여성들의 생존권이 보장되고 모든 사람들의 삶의 질이 높아질 수 있다고 확신한다. 특히 여성들의 갈망인 가족법개정 등을 공약한 현 집권당이 여러번 공약을 배신하는 경험을 가진 우리 여성단체들은 모든 방법을 동원하여, 모든 단체들과 연합하여 민주헌법을 위한 개헌운동에 헌신할 것이다.

1987년 4월 22일

한 국 여 성 단 체 연 합

- ◉ 가톨릭여성농민회
- ◉ 공해반대시민운동협의회여성분과
- ◉ 기독여민회
- ◉ 또하나의문화
- ◉ 민족미술협의회여성분과
- ◉ 민주통일민중운동연합여성위원회
- ◉ 민주화실천가족운동협의회
- ◉ 민주화운동청년연합여성부
- ◉ 민중불교운동연합여성부
- ◉ 여성의전화
- ◉ 여성평우회
- ◉ 전북민주화운동협의회여성분과
- ◉ 주부아카데미협의회
- ◉ 한국가톨릭농민회여성부
- ◉ 한국교회여성연합회
- ◉ 한국기독교교회협의회여성위원회
- ◉ 한국기독교농민회총연합회여성부
- ◉ 한국기독교장로회여교역자협의회
- ◉ 한국기독노동자총연맹여성부
- ◉ 한국노동자복지협의회
- ◉ 한국여신학자협의회

호헌철폐

독재타도

폭력 호헌 저지, 민주 개헌 관철을 위한 국민 운동을 염원하면서

1. 이 나라는 지금 백척간두(百尺竿頭)에 서있다.

나라는 영원하고 정권(政權)은 국민의 뜻에 따라 계속 교체되어야 하는데 나라의 운명을 한 정권이 좌지우지할 수 있다는 가공할 생각과 행동이 자행되고 있다. 이 정권은 국민의 민주화 염원을 폭력으로 탄압하고 연금, ·체포,·투옥 등으로 분쇄하려고 하고 있다. 국민의 개헌 의지는 정부의 일방적 선언과 관권의 폭력으로 좌절될 수 없으며, 온갖 폭력적 수단을 동원한다 해도 태동하는 신당을 분쇄하지는 못할 것이다.

계엄 상태를 능가하는 현 정권의 이같은 폭력 행위를 우리 국민은 용납할 수 없으며, 지금은 이같은 권력의 횡포를 저지하기 위해 모든 국민의 힘을 하나로 뭉칠 때이다.

2. 우리의 살 길은 국민이 직접 정권 수립에 참여하는 직선제 개헌밖에 없다.

내각제 개헌이 민주화의 길이라고 강변하던 이 정권이 하루 아침에 대통령의 절대권한을 보장한 현 행헌법 수호로 급선회함으로써 국민을 우롱하고 있다. 우리는 이러한 장기집권 음모를 저지하기 위해 새로운 각오로 범국민적 개헌운동을 전개하여야 한다.

3. 이같은 국민운동은 각계각층의 국민들이 그 있는 처지와 상황에 따라 자율적으로 전개 확산되어야 할 것이다.

이같은 염원을 안고 우리는 오늘부터 농성에 들어가는 것이다.

1987년 4월 22일

함석헌	박형규	안병무	계훈제	박용길	이우정	박영숙
예춘호	조용술	고영근	장성용	조남기	청화	성연
목우	박세경	이세영	고은	송건호	문동환	김병찬
윤반웅	김희선	이영순	이정숙	조성자	김순정	

就 任 辭

親愛하는 당원동지 여러분! 그리고 선명하고 강력한 民主正党의 出現을 고대하고 성원해주신 국민 여러분!

나는 오늘 당원동지 여러분들과 함께 10.26사태 이래 온 국민의 염원이었던 '서울의 봄', '민주화된 祖國'을 실현할 統一民主党의 창당을 자랑스럽게 內外에 선포하고자 합니다.

2.12총선에서 보여준 이 나라 국민의 민주화 의지를 정직하게 받들어 투쟁할 선명하고 강력한 야당이 이제 전열을 가다듬어 새롭게 출발함을 만천하에 밝히는 바입니다. 우리는 現 政權의 공작과 폭력, 갖은 방해책동을 헤치고 오늘 統一民主党의 創党을 맞이하였읍니다. 오늘은 이 나라에서 분명 민주화투쟁의 새로운 기원이 설정되는 날입니다. 우리는 현 정권의 독재정치구도의 공작을 완전하고도 단호하게 물리치고 민주화 투쟁의 소중한 하나의 결실로서 '통일민주당'의 창당을 쟁취해 낸 것입니다. 이제 우리는 이렇게 싸워왔노라고 자신있게 말할 수 있읍니다. 우리 국민은 이제 진정 民意를 관철해 내고 가슴 속에 맺혀있는 울분을 풀어줄 국민의 정당, 국민에 의한 정당, 국민을 위한 정당을 갖게 될 것입니다. 나는 이 감격을 당원 동지 여러분과 그리고 국민과 함께 나누면서 영광의 열매는 국민들에게, 고난의 역경은 나 자신이 떠맡아야 한다는 자세로 총재직을 수행해 나갈 것임을 엄숙하게 다짐하는 바입니다.

그러나 오늘 마땅히 여러분의 환호 속에 우리와 자리를 함께 해야 할 이나라 민주주의의 지도자인 金大中의장이 자신의 집에 갇혀있어야 하는 현실임을 우리는 직시하지 않을 수 없읍니다. 우리는 오늘의 창당을 자축하기보다는 더 큰 고난을 예감하고, 굳건한 투쟁의 결의를 다져야 할 것입니다.

친애하는 당원동지 여러분!

우리 党은 긴 역사의 눈으로 볼 때 이나라 민주주의를 파탄시키고 민주헌정을 위협하는 군사쿠데타와 군사독재를 영원히 이 땅에서 종식시키고 民主와 社會正義, 그리고 民族의 화해와 統一을 실현해야 할 목표를 가지고 탄생되었읍니다. 민족사의 정통성을 계승·확립하는 주체적 민족·민주정당으로서 밝은 政治, 맑은 政府 실현을 지향함으로써 위대한 민족공동체를 실현하는 모체가 될 것입니다.

그러나 우리 국민은 지금 역사상 유례없는 잔인하고 흉폭한 獨裁政權아래서 신음하고 있읍니다. 共同善보다는 정권의 특수이익과 無限不正을 획책하는 속에서 절대다수 국민의 생존권은 심각한 위협을 받고 있읍니다. 국민의 기본적 인권과 自由를 봉쇄, 유린하기 위해서 12만명의 경찰이 새까맣게 동원되면서도, 우리 党의 지구당 창당과정에서 나타난 '백주의 폭력'은 방치, 조장하는 경찰국가에서 우리는 살고 있읍니다. 민주제 개헌에 대한 국민적 합의를 하루아침에 배반하고 거역하는, 염치도 양심도 국민에 대한 최소한의 두려움마저도 갖고 있지 않은 군사독재정권과 우리는 대치하고 있읍니다. 이러한 절대절명의 時期에 統一民主党은 어려운 출범을 하고 있는 것입니다. 그렇기 때문에 우리 党은 민주화의 실현과 그것을 담보할 수 있는 대통령중심 직선제 민주개헌의 실현에 그 당면 목표를 두고 있읍니다.

민주화투쟁과 실질대화

친애하는 당원동지 여러분!

나는 선명하고 강력한 민주화투쟁과 함께 실질대화를 우리 党의 현 단계 투쟁노선으로 설정하고자 합니다. 현 정권당국은 2.12총선民意를 국민과 함께 주체적으로 관철하고자 하는 실질민주세력을 의도적으로 외면하여 왔음을 우리는 잘 알고 있읍니다. 나아가 자신들의 영구집권음모에 협조하거나 야합할 수 있는 세력을 야당 내에 형성시키기 위해 현 정권은 공작을 벌여왔던 것입니다. 그러한 공작에 회유, 포섭된 사람들만을 상대로 기만적 대화를 통해 영구집권음모를 관철하려 했던 것입니다. 우리는 그와 같은 음모에 과감히 대처하기 위해 통일민주당의 창당을 결행했던 것입니다. 또한 이미 정보공작정치의 마수에 걸려 자기 몸을 가누지 못하는 사람들과의 단호한 결별을 선언하고 선명하고 강력한 야당에의 길을 선택하였던 것입니다. 지금까지 현 정권이 운위해왔던 對話는 대화가 아니라 공작이며 기만일 뿐입니다.

우리가 실질대화를 위하여 통일민주당을 창당하려들자 저들은 우리와의 對話를 서둘러 포기, 거부하였읍니다. 그것은 기만이나 공작이 아닌 참다운 대화를 저들이 두려워하고 있다는 명백한 증거입니다. 이제 汎國民的 지지와 성원 위에 선명하고도 실질적인 야당을 창당한 우리는 자신있게 말하고자 합니다. 거짓대화가 아닌 실질대화, 공작에 의한 기만적 대화가 아니라 떳떳하고 정당한 대화를 하자는 것이 바로 그것입니다. 그러나 우리는 군사독재와 영구집권음모에 들러리서는 따위의 대화라면 단연코 거부합니다. 그렇지만 정의와 民主化를 향한 대화라면 우리는 결코 그것을 두려워하지 않을 것입니다. 국민의 基本的 자유와 人權, 그리고 인간의 존엄성과 생존권을 위한 것이라면 어떠한 대화라 할지라도 환영해마지 않을 것입니다.

친애하는 당원동지 여러분!

우리가 創党을 결행했을 때 現政權은 이른바 4.13조치라는 것을 발표했읍니다. 과연 4.13조치라는 것이 무엇입니까? 그것은 지난 1년동안 온갖 論理를 구사하며 대통령중심제는 나라를 망치는 제도라고 매도하고 내각제만이 난국을 수습할 수 있는 유일의 길인양 선전해대던 현정권이 엄청난 자가당착 속에서 현행의 反民主的 대통령제로 돌아섬으로써 국민적 합의에 대한 쿠데타를 자행한 것에 지나지 않습니다. 또한 그것은 김수환추기경이 지적하신대로 "고난에 찬 결단이 아니라", "정치는 이제 민주화와는 거리가 먼 專制時代가 시작되는 것이며 이 땅 위에는 다시금 최루탄이 그칠 줄 모르고 터지며 국민의 눈과 마음 속 깊은 곳에는 눈물이 마를 날이 없게 된 것"입니다.

호헌이란 무엇입니까?

광주사태의 역사적인 비극속에서 계엄령을 선포해 놓고, 대통령 임기를 어제는 5년, 오늘은 6년, 내일은 7년 하는 식으로 멋대로 제정된 그 헌법, 특정한 사람을 대통령으로 만들기 위해서 유신체제를 거의 그대로 복사한 대통령간선체제의 그 헌법, 군사독재체제의 출범을 위해서 급조된 그 헌법으로 되돌아가자는 것입니다. 그것은 호헌과 개헌에 대한 단순한 선택이 아니라 군사독재체제를 계승시키겠다는 반국민적 음모일 뿐입니다. 평화적 정권교체를 하는 것이 아니라 군사독재체제를 나누어 먹기 식으로 담합하여 승계시키겠다는 것입니다. 군사독재체제가 자기들끼리 승계되는 마당에 단임이 무슨 의미가 있는 것이겠읍니까? 이런 음모와 흉계 앞에서는 단임이 중요한 것이 아니라 군사독재체제의 청산과 민주화로의 대전환이 절실하고 중요한 것입니다.

횃불을 밝혀야 할 사람들

지금 우리 사회에는 난데없이 70년대의 긴급조치가 유령처럼 되살아나고 있읍니다. 민주화를 향한 개헌논의를 탄압하겠다는 공권력의 공공연한 공갈과 협박이 행해지고 있읍니다. 박종철군의 저 참혹한 죽음이 온 국민의 공분을 불러일으켰음에도 불구하고 반성은 커녕 인권유린과 탄압은 더욱 확대되고 있읍니다. 2천명이 넘는 정치범이 감옥에 갇혀 있고, 수백명의 수배자가 거리를 방황하고 있으며, 학원은 경찰에 포위되어 있고 언론과 사법부는 권력의 시녀가 되어 있읍니다. 國會 역시 경찰에 의한 관리체제가 운위, 계획되고 있으며 진정한 야당 국회의원의 의원 신분은 오직 탄압의 표적이 되고 있을 뿐입니다. 우리가 헤쳐왔던 유신시대 이래의 길고 긴 암흑의 터널이 이제 80년대의 한가운데서 또다시 재현되고 있읍니다. 뿐만 아니라 무한독재의 절망적 상황 속에서 온갖 부정과 부패가 독버섯처럼 그 어두운 곳에서 판을 치고 있읍니다.

온 국민을 분노와 좌절속에 몰아넣고 있는 범양사건은 그 하나의 사건에 국한되어 있는 것이 아닙니다. 국민과 역사와 正義를 우롱하며 사회 전체에 만연되어 있는 부정부패의 빙산의 일각일 뿐입니다. 1조원이 넘는 부채를 짊어진 부실기업에 엄청난 특혜를 주면서도 그 실태를 공개하지 않았던 이유를 우리는 알 수 있읍니다. 독재권력은 국민의 돈을, 국가경제를 마음껏 희롱하고 있읍니다. 열심히 일해도 하루 몇천원을 벌지 못하는 우리 근로자들의 분노와 슬픔을 어떻게 달랠 수 있으며, 우리 국민들이 이러한 정부를 어떻게 믿을 수 있겠읍니까? 이 캄캄한 암흑의 時代에 횃불을 밝혀야 할 사람들이 바로 우리요, 우리 党인 것입니다.

친애하는 당원同志 여러분!

우리는 정통성을 상실한 유신정권이 어떻게 그 終末을 고했는지를 두눈으로 똑똑히 보았읍니다. 10·26사태로 維新体制가 종말을 고하자 '유신만이 살길'이라던 목소리는 흔적도 없이 사라져버렸읍니다. 정통성없는 정치권력이 역사와 국민에 의해 얼마나 허망하게 거부당하고 몰락하는지를 우리는 너무도 생생한 경험을 통해 잘 알고 있읍니다. 이른바 4·13조치라는 것은 유신체제가 그랬던 것처럼 정통성없는 정권에 대한 역사와 국민의 거부와 저항을 스스로 재촉하고 끝내는 비극적 종말을 예비하는 것에 지나지 않습니다. 나는 그것을 확언합니다.

친애하는 同志여러분! 그리고 존경하는 국민 여러분!

나는 이른바 4·13조치라는 것을 받아들이지도 인정하지도 않을 것임을 여러분과 함께 분명히 밝히는 바입니다.

나는 현정권의 反民主的, 反國民的, 反歷史的 배신행위에 분노하는 마음으로 이자리에 서 있읍니다.

그러나 나는 미래에 대한 좌절이나 비관을 말하고자 하지 아니하며 더우기 파국을 말하고 싶지 아니하며, 증오와 보복을 말하고 싶지 않습니다.

나와 동지들은 미래에 대한 희망을 말하고자 하며, 사랑과 화해에 대한 기대를 포기하지 않고 있읍니다. 우리가 나라와 민족의 불행을 막고 희망있는 미래를 설정하기 위해서는 그들까지를 포함한 사랑과 화해의 길을 찾아야 하는 것이 우리들의 사명이라고 생각하고 있기 때문입니다.

그것은 가해자와 피해자간의 화해, 권력과 국민과의 화해, 가진자와 못가진자의 화해로 연결지어져야 하며, 그 화해는 정의와 양심이 전제가 되어야 합니다.

그러나 현정권의 작태는 이러한 모든 화해의 길을 차단하고 갈등과 증오와 불신만을 가속화시키고 있는 것입니다. 따라서 나는 이대로 간다면 반드시 맞게 될 불행한 종말, 묘혈로 가는 길을 막기 위해서 현정권이 이제야말로 독재의 장기화에 대한 집착을 버리고 민주화의 길을 결단할 것을 진심으로 촉구합니다.

첫째, 全斗煥대통령의 4·13개헌유보선언은 현정권은 물론 국가의 불행을 자초하는 제 1 의 요인이 될 것이므로 이를 즉각 철회하고 난국수습을 위한 실질대화에 임할 것을 강력히 촉구합니다.

나는 나라의 민주화를 향한 허심탄회한 실질대화를 통하여 현재의 난국을 풀어나갈 수 있는 여백이 아직은 있다고 확신하는 바입니다.

그러나 현 정권당국이 이른바 4·13조치를 기초로, 일방적인 정치일정을 강행해 나간다면, 우리는 현 정권에 대한 전면적인 거부투쟁에 나설 수 밖에 없다는 점 또한 명백히 해 두고자 합니다. 전두환 대통령은 스스로의 말로 평화적 정권교체를 이룩한 최초의 대통령으로 기억되고 싶다고 말했지만, 이대로 간다면 그는 5·17쿠데타와 이른바 4·13조치로 두차례에 걸쳐 국민의 개헌열망을 배신한 한국정치사상 유일한 대통령이란 치욕적인 기록을 남길 것입니다. 있어서는 안될 정권, 民族史的 과오속에 출범되고, 단임이라는 이름밑에 우리사회의 모든 영역과 기능을 파괴 유린한 정권이 역사와 국민앞에 끝내 스스로 부정될 수 밖에 없는 마지막 길을 걷는다면, 우리党과 국민의 거부투쟁은 정당한 것이며 또 필요한 것입니다.

체육관 선거 참여안해

뿐만아니라 우리는 선거인단 선거및 체육관에서 하는 대통령선거에 참여하지 않을 것을 분명히 합니다. 나아가 우리는 汎國民的 비폭력 거부운동을 전개할 것입니다. 명동성당에서, 광주에서, 전주에서, 기독교회관에서, 대학에서 이미 신부, 목사, 대학교수등 이나라의 양심과 지성을 대표하는 책임있는 민주인사들이 4·13선언의 백지화를 요구하면서 온 몸을 던지는 투쟁을 전개하고 있읍니다.

주권자인 국민이 선거를 통해서 정부선택권을 가지고 정치에 참여하기 위해서는 국민의 의사가 정당하고도 평등하게 반영될 수 있는 선거제도를 전제로 합니다. 그러나 현행 대통령선거제도는 국민의 선택권을 보장하는 제도가 아니라 박탈하는 제도입니다. 그것은 국민이 정부선택권을 행사하는 주권확인의 기회가 아니라 주권자인 국민이 들러리로 되는 요식에 불과한 것입니다.

이러한 헌법하에서의 대통령선거는 선거로 인정할 수가 없다는 것을 분명히 밝혀둡니다. 그 이치는 우리가 북한의 선거를 선거로 인정하지 않고 있는 것과 같습니다.

그러한 요식을 합리화하기 위한 구차한 수단과 명분으로서의 어떠한 정치일정이나 행사도 우리는 거부할 것입니다. 이러한 기만적 정치일정에 전 국민이 그에 대하여 거부, 불참하는 것은 너무도 정당한 국민의 권리임을 나는 이자리에서 선언하는 바입니다.

둘째, 독재의 종식과 민주화를 요구했다는 이유 때문에 부당하게 권리를 박탈당하고 고통받고 있는 人士들에 대하여 전면적인 원상회복조치를 단행할 것을 강력히 요구합니다.

청년학생, 노동자, 지식인, 종교인, 정치인등 2천여명에 달하는 양심수들은 즉각 석방되어야하며, 金大中의장을 비롯한 민주인사들에 대한 사면, 복권도 즉각 단행되어야만 합니다. 또한 정치적 이유로 수배받고 있는 人士들에 대하여도 즉각 수배명령이 해제되어야만 합니다. 또한 金大中의장에 대한 불법연금을 해제할 것을 요구합니다.

셋째, '고문폭력정치'를 즉각 중단할 것을 강력히 요구합니다.

朴鍾哲군 고문치사사건과 여대생 權양 성고문사건으로 대변되는 잔혹한 고문은 우리사회의 인간성을 근원적으로 파괴하고 있읍니다. 경찰과 공권력, 그리고 깡패까지를 동원한 무한폭력의 폭력정치는 폭력의 속성이 그러하듯이 우리사회의 존립기반을 말살하고 있읍니다. 고문과 폭력 등 국민에게 어떠한 박해를 가해도 괜찮다는 착각은 결과적으로 나라를 황폐화시키고 스스로 멸망의 길을 재촉하게 된다는 사실을 알아야 합니다.

넷째, 국민을 기만하고 민주정치의 원칙을 파괴하는 '정보공작정치'를 중단할 것을 강력히 요구합니다.

현정권이 하고 있는 것은 政治를 하는 것이 아니라 국민과 야당을 상대로 전투와 작전을 벌리고 있는 것입니다. 국민을 잠시 속일 수는 있어도 영원히 속일 수는 없으며, 국민을 협박하여 잠시 억누를 수는 있어도 영원히 억누를 수는 없읍니다.

다섯째, 언론인과 언론기관에 대한 탄압과 협박을 중단하고 언론자유를 보장할 것을 촉구합니다.

무릇 언론의 자유는 모든 자유를 자유케하는 자유로서 민주주의 국가와 국민에게 있어서는 결코 빼앗길 수 없는 국민 제1의 기본권입니다. 현정권은 오늘날 파렴치한 공작정치로 언론자유를 말살하고 끊임없이 거짓으로 국민을 기만하고 있읍니다. 이로인해 사회전체는 불신풍조가 만연되고 건전한 가치관이 파괴되는 위기에 빠져버렸으며 이러한 상태의 지속은 국가의 뿌리마저 뒤흔들어 놓고 있는 것입니다.

나는 현 정권이 이러한 조치들을 우선적으로 취해 나갈 때 우리에게 화해의 길이 열릴 수 있으며, 우리모두가 정치보복의 두려움으로부터 해방될 수 있다는 것을 믿습니다. 나는 민주화를 위해서라면, 그리고 국민의 편에 서는 것이라면 투쟁이든 대화이든 어떠한 길이라도 감연히 나아갈 것입니다.

나는 이시대에 이나라와 국민이 직면하고 있는 난국을 극복할 수 있다는 희망과 가능성을 결코 포기하지 않습니다.

친애하는 당원同志 여러분!

그리고 민주국민 여러분!

우리는 목이 아프도록 이 정권을 상대로 民主化를 외쳐왔읍니다. 우리가 외쳐온 민주화의 목소리는 국민의 限이 되고 메아리가 되어 조국산천을 꽉 메우고도 남을 것입니다. 88올림픽이 국민의, 민족의, 世界人의 축제가 되기 위해서는 먼저 民主化가, 국민내부의 和解가 이루어져야 합니다. 獨裁權力의 자기선전을 위한 것이라면, 그리하여 국민이 권력에 의하여 강제로 동원되는 그런 올림픽이라면 1936년 나치 治下의 베를린 올림픽을 오늘에 再現하는 것에 다름아닐 것입니다.

민주화는 조건이 아니다

우리는 분명히 民主化를 갈구합니다. 그러나 독재권력에 의하여 시혜나 선심으로 배급되는 기만적 민주화를 원하지는 않습니다. 우리는 물론 政治犯, 양심범의 석방과 사면복권을 바랍니다. 그러나 정치범이 인질이나 전쟁포로처럼 정략적으로 이용되는 것을 바라지 않습니다. 민주화는 선언적인 것이어야 하며, 온 국민의 화해와 축제속에 이루어지는 새로운 민족사의 출발이 되어야 합니다. 民主化는 조건이 아니며, 고문의 종식과 인간존엄성의 회복은 흥정의 대상이 아닙니다. 단 하루라도 이땅에서 사실과 眞實의 보도가 이루어질 수 있다면 군사독재는 그 하루를 견딜 수 없을 것입니다. 그러나 自由言論 下에서 쓰러지는 정권은 언론 자유의 억압 위에 유지되는 정권보다는 훨씬 위대합니다. 나는 현 정권당국과 민정당이 인간성과 최소한의 정치양식으로 되돌아와 민주화와 正統性있는 文民政府 수립을 협의할 수 있게 되기를 기도하는 심정으로 바라마지 않습니다.

친애하는 당원동지 여러분!

우리는 마지막까지 對話를 통한 평화적인 민주화와 민주제 개헌을 포기해서는 안될 것입니다. 그러나 우리에게 민주화를 추진할 수 있는 길이 봉쇄되었을 때, 우리는 국민에게 물어보고 그 뜻을 따라야 할 것입니다. 선택적 국민투표의 제의는 바로 국민으로부터 해답을 듣자는 우리들의 衷情이었던 것입니다. 현정권이 쳐놓은 울타리인 장내에서의 규칙이 정당한 것이 아닐 때 우리는 장내투쟁에만 매달릴 수는 없읍니다. 국민과 호흡을 같이 하는 적극적인 투쟁을 전개해야 될 지도 모릅니다. 국민을 무시하고, 국민을 오직 統治의 대상으로만 아는 정권에게는 국민이 얼마나 두렵고 무서운 존재인지를 깨닫게 해주는 것이 최선의 교훈이 될 것입니다. 그러나 그 어떤 투쟁의 방식을 택하든지간에 우리가 전개해야 될 투쟁은 非暴力 平和的 투쟁입니다. 때리면 맞고, 짓밟히면 눕되, 풀잎처럼 다시 일어나는 이나라 국민의 끈기와 전통을 이어나가야 할 것입니다.

친애하는 당원동지 여러분!

나는 金大中의장과 함께 민주화가 될 때까지 뿐아니라 그 이후까지도 같이 協力하리라는 것을 동지여러분께 약속합니다. 나는 오늘 온갖 박해 속에서도 統一民主党의 깃발을 이 땅에 꽂은 우리 모두의 결단과 노고와 눈물겨운 승리에 대해 함께 기뻐하는 바입니다. 이제 우리는 도도한 세계사와 민족사, 민주화의 흐름속에 우리의 역할과 소명을 신명을 다해 완수하고자 합니다. 우리는 동지끼리 형제처럼 단결하여 독재권력의 마수와 폭압에 떨쳐 일어나 대항하는 이 민족, 이 국민의 前衛입니다. 고난의 역정에는 앞장서고, 우리 자신이 民主化와 화해, 민족의 일치와 統一에의 도구로 쓰여지는, 빛과 소금이 되는 그런 우리 자신이 되기를 이 자리에서 다짐합니다. 우리는 鮮明하고 강하면서도 결코 용서와 화해의 마음을 잃지 않으며 항상 겸손하고 인내하되 원칙에는 견고하고 깨끗한 투사의 길을 걸어가야 할 것입니다. 오늘 우리의 창당대회는 민주국민과 더불어 그런 태도 그런 자세를 가다듬는 거룩한 서약의 현장인 것입니다. 언제나 떳떳한 자신, 당당한 우리, 명쾌한 우리 정당이 되게 합시다.

의로우신 하나님은 결코 우리를 버리지않고 보호하실 것입니다. 마침내 우리는 勝利할 것입니다.

감사합니다.

1987년 5월 1일

統一民主黨

總裁 金 泳 三

민주쟁취 향한 대장정되기를
-통일민주당 창당에 즈음하여-

오월입니다. 26년전 오월엔 4·19의 순결한 피를 되찾은 민주주의의 새순이 5·16쿠데타로 무참히 잘려나갔으며 또한 7년전 오월에는 군사독재에 맨몸으로 항거하던 의롭고 용기에 찬 우리의 숱한 부모형제가 바로 우리의 세금으로 이루어진 우리군대의 총칼에 의해 참혹하게 죽어갔읍니다. 오로지 강탈당한 자유와 민주를 되찾고자 했던 그들은 원혼이 되어 아직도 구천을 헤매며 신음하고 있읍니다. 그들이 아직은 결코 눈을 감고 편히 잠들 수 없는 까닭은 무엇입니까? 민주적 절차에 의해서는 도저히 권력을 지속할 수 없다는 위기감에 내몰린 현 정권은 기여코 4·13 호언발언으로 대다수 국민의 민주화 열망을 송두리째 짓뭉개고 말았읍니다.

야당지도자는 가택에 연금되고 백주대로에서 폭력방화가 독재의 비호아래 자행되고 있으며 박종철 군을 고문살해한 공무원은 100일이 못되어 다시 제자리로 복귀하고 있읍니다. 뿐만 아니라 민주인사를 긴급수배한 전단이 거리와 빌딩을 뒤덮고 있으며 여전히 영장 없는 불법연행과 수사는 버젓이 진행되고 있읍니다. 이는 실질적인 계엄상태로서 유신시대의 저 끔찍한 긴급조치와 다를 바가 전혀 없읍니다.

「이러한 때에 독재의 더러운 손에 매수된 바 있는 일부 추악한 당내 모리배들을 과감히 떨쳐내고 온갖 탄압과 박해를 무릅쓴 채 오늘 드디어 창당하게 된 통일민주당의 출범을 우리는 국민의 일원으로 적극 지지하며 민주대도로의 장정에 크나큰 격려를 보내는 바입니다」. 그러나, 보다 광범위한 국민적 지지를 기반으로 우리 민족공동체의 자유와 행복을 훼손하는 저 불의한 한줌 군사독재의 무리를 국민의 이름으로 심판할 그날을 앞당기기 위해 과연 우리 모든 민주적 양심세력은 힘을 합해 투쟁하였는지 반성해 보아야 할 것입니다. 그간에 민주쟁취를 위한 다양한 의견의 편차로 적앞에서 분열되기도 하였으며 그로 인해 더더욱 혹독한 탄압을 자초한 면도 있었읍니다. 이제는 그 본질이 명백히 드러나버린 국회헌법특별위원회를 둘러싼 인식의 차이가 그 한 예가 될 것입니다.

우리는 헌특의 기만성을 간파하고 국민과 시대의 여망인 민주실현에 역행하는 그 개헌놀음을 중단할 것을 누누히 요구해 왔었읍니다. 입으로는 민주화를 주도하겠다면서 뒤에서는 양심인들을 수없이 고문하고 강간하고 끝내는 살인까지 저지른 군사독재는 심판의 대상이지 결코, 더불어 국정을 논의할 자격이 없는 범죄집단이기 때문입니다. 이점이 바로 우리가 현 정권과는 하늘이 두쪽나도 타협할 수 없는 확실한 근거입니다.

우리는 우리의 아들, 딸, 형제, 자매가 그들에 의해 투옥되었음을 자랑스럽게 여기고 있읍니다. 거짓과 폭력이 지배하는 시대에 의인이 있어야 할 곳이 바로 감옥이기 때문입니다. 영구집권의 목적을 미리 설정해 놓은 그 기만적 개헌논의의 와중에서 '86년 한해동안 4,600명에 이르는 엄청난 수의 양심수가 양산되었읍니다. 양심인들이 이렇게 죽기로 각오하고 고행하던 그 때에 표출된 것이 이민우 구상으로 이는 굴욕이리만큼 타협적이며 외세종속적인 태도였읍니다. 도대체 굵직굵직한 정치협상이 있을 때마다 단골메뉴로 테이블 위에 올려졌던 구속자석방 문제는 어느 만큼의 진전이 있었읍니까? 우리는 결코 석방을 구걸하거나 애원하지 않습니다. 또한 석방은 은전이나 관용일 수 없읍니다. 강도에게 빼앗긴 자유를 되찾는 당연한 권리일 뿐입니다.

오늘 통일민주당의 창당이 군사독재의 종식으로 가는 그 얼보가 될 것을 염원하면서 우리는 충심에서 우러나온 몇가지 당부를 하고자 합니다.

첫째, 정치, 경제, 군사 등 제반문제에 있어서 외세, 특히 미국으로부터의 자주성의 회복입니다.

80년 민주화의 봄을 유린한 소수 정치군부가 어떻게 미국의 지원없이 권력을 탈취할 수 있었겠읍니까? 끊임없는 수입개방요구를 다 수락한다면 노동자, 농민을 비롯한 우리 전국민의 생존권은 필경 파탄에 이르고 말것입니다. 「민족과 국민의 이익을 위한 주체적인 결단은 오로지 국민적 합의에 의한 정통적 민주정부만이 수행할 수 있읍니다」.

둘째, 흔들림 없이 독재와 맞서 투쟁하는 결연한 의지의 확립입니다. 세계에서 가장 근면하게 일하는 우리 국민의 정치의식은 이제 민주적 정부를 수립할 수 있는 역량이 충만되어 있음이 지난 12대 총선에서 입증되었읍니다.

「죽기를 각오하고 불의에 맞선자, 생전에 빛없다 해도 역사의 굽이마다 그 이름 꽃답게 기억되고 있음을 우리는 보아왔읍니다」.

셋째, 「산업사회로의 진입이라는 사회변혁기의 당연한 귀결인 노동자, 농민, 교사, 학생, 도시서민층의 집단에서 터져오르는 현실세력의 에너지를 이제는 정치가 수용해야 할 단계에 이르렀다는 것입니다」.

이들은 현 정권의 흑백안보 논리가 경원하고 범죄시하듯이 언제까지나 장외의 이단자로 머무를 수 없습니다. 민주주의가 추구해야 할 절대선이라 할 「인권」에 대한 경악할 만한 침해 또한 이 문제에서 비롯되었음을 상기해야 합니다. 국민이 스스로 주인이 될 수 있는 참다운 민주사회의 구현은 이 문제와 결코 무관할 수 없음을 주장합니다.

끝으로 우리는 무엇보다도 감옥을 가득히 메우고 있는 양심수의 전원석방을 기대합니다. 「특히 유신독재의 볼모요, 분단조국의 희생양이 되어 10년이 넘게 수형생활을 하고 있는 장기수들에게 맨 먼저 그 소망이 이루어질 수 있기를 간곡히 바랍니다」.

우리 구속자가족 모두 한뜻으로 통일민주당이 민주의 꽃을 펼러이며 얼마남지 않은 민주쟁취의 그날을 향해 불굴의 투지로 험난한 독재의 격랑을 헤쳐나가기를 기대하며 우리들 또한 하나되어 「민족통일 만세! 투쟁할 것을 선언합니다. 민주주의 만세! 민주화운동 승리 만세!」

우리의 주장

1. 4·13 호헌발언 결사 반대한다!
2. 국민앞에 사죄하고 현 정권은 즉각 퇴진하라!
3. 미국은 학살정권 지원말라!
4. 모든 양심수를 전원 석방하라!
5. 독재와 타협없다. 선명 야당 결사투쟁하라!

1987. 5. 1.

민주화실천가족운동협의회

창당선언문

우리는 군사독재의 횡포 속에 실종된 민주주의를 쟁취하여 억압과 공포로부터 국민을 자유롭게 하고, 나아가 민족 통일의 찬연한 대업을 완수하기 위해 오늘 통일민주당을 창당한다.

우리는 독재를 혐오하고, 성장의 그늘에서 소외되고, 사실대로 말하거나 쓰지 못하며, 분단을 서러워하는 모든 국민과 굳게 연대하여 선명한 자세로 민주화와 통일을 기필코 성취할 것을 국민과 역사 앞에서 엄숙히 선언한다.

오늘 우리 앞에는 외세의 침탈과 독재의 발호로 얼룩진 우리 현대사가 슬픈 유산의 하나로 놓여 왔다. 우리 민족은 일제의 축출과 독재타도를 위해 그동안 얼마나 가열찬 투쟁을 전개해 왔던가. 그럼에도 불구하고 조국통일은커녕 아직도 민주주의마저 실현하지 못해 민족의 발전이 가로막혀 있다. 우리의 선구자들이 넘겨준 이 미완성의 역사적 과제들을 우리는 군사독재의 전횡 속에서 재삽 확인한다.

5·16 쿠데타로 권력을 장악한 군사독재 정권이 우리 정치사에 남긴 것은 오로지 독재의 확대 재생산뿐이었다. 삼권 분립의 민주 원칙은 1인 전제의 농단으로 유린되었고, 언론은 정부의 나팔수로 전락했다. 사법부의 양심도 무너졌다. 권력기관이 국민의 인권을 유린, 훼손해도 국민은 호소할 곳이 없다. 정치가 실종되고 통치만 남아 있는 이 캄캄한 전제정치 속에서 국민은 절망의 몸부림을 계속하고 있다. 고도 경제 성장은 특권경제의 소수 수혜자들에게만 만족을 주고 있을 뿐 절대 다수의 서민 대중에게 분배의 혜택은 고르게 돌아가지 않고 있다. 오늘날 가진자와 못 가진자의 위화감과 갈등이 더욱 더 날카로워지고 있는 현상은 사회 불안의 큰 요인이 되고 있다.

권력이 조장하는 사치와 투기와 불신 풍조는 건전한 국민 의식을 훼손하고, 우민화 정치의 수단으로 전락한 저질 문화가 가치관의 혼돈 상태를 초래하고 있다.

전두환 정권은 정치·경제·사회·문화적 모순과 국민의 불안을 올림픽으로 위장 해소시키기 위해 이른바 4·13 성명을 통해 "현행 헌법 고수"라는 파렴치한 기만극을 연출하기 시작했다. 그러나 민주화는 국민의 사활을 가늠하는 대명제이다. 민주화가 어찌 스포츠 행사인 올림픽의 담보물이 될 수 있단 말인가. 이른바 신호 언론은 군사 정권의 연장 음모의 발로요, 국민의 민주화 염원을 짓밟는 반역사적, 반민족적 책동이라고 우리는 단정하지 않을 수 없다.

우리는 군사 정권의 야욕을 꺾고 문민정치를 구현하는 것이 시대적 소명임을 자각한다. 우리는 비폭력 평화적 노선으로 정치권력을 교체하여 새로운 정권 담당 세력이 되기 위해 여기 숙연한 마음 가짐으로 통일민주당을 결성하면서 우리의 포부를 만천하에 천명하고자 한다.

우리는 절망의 정치를 희망의 정치로 소생시킬 것이다. 국민의 여망에 따라 대통령 중심 직선제를 관철하여 군사독재를 끝장낼 것이다. 우리는 문민정치를 바탕으로 언론, 출판, 집회, 결사, 학문, 예술 등 모든 자유와 사법부의 독립을 보장하여 인간의 존엄이 확고히 뿌리 내리고, 국민 참여의 폭이 확대되는 정치 풍토를 조성할 것이다. 우리는 평화적인 "국민의 힘"을 모아 우리의 이와 같은 목적을 달성하겠다.

우리는 오늘의 소수 특권경제를 국민대중경제로 이끌 것이다. 권력과 재벌의 유착으로 이뤄진 특권경제를 지양하고 서민대중이 생산에 기여한 대가가 공정하게 분배받는 국민경제를 구현하겠다. 경제성장의 혜택이 서민대중에게 우선적으로 미치는 사회보장제도의 확립이야말로 우리가 추구하는 복지정책의 제 1과제이다. 아울러 우리는 서민대중의 중산층화를 꾸준히 모색하여 중산층을 주축으로 한 건전한 민주사회를 구축할 것이다.

우리는 불신 사회를 건실한 사회로 바꿀 것이다. 공포, 보복, 억압, 감시, 투고, 분열이 판치는 반윤리적 반도덕적 사회를 화해와 협력, 평화가 넘치는 건실한 사회로 만들기 위해 우리는 신뢰를 회복하고, 정권의 도덕성과 정통성을 부단히 점검하며, 스스로를 채찍질할 것을 다짐한다. 모든 국민이 목숨을 걸고 지킬 가치있는 사회를 이룩하는 것이 우리가 추구하는 사회 정책의 요체이다.

우리는 이러한 과제들을 실천하면서 분단의 아픔을 통일의 기쁨으로 승화시킬 것이다. 우리는 공산독재는 물론 민주주의를 가장한 일체의 독재도 이를 거부한다. 우리는 선민주 후통일의 기치를 높이 들고자 한다. 우리 사회의 반민주적, 반민족적 요소를 과감히 척결하고, 우리 스스로를 부단히 쇄신하며, 국제 질서의 냉엄한 현실 속에서 국제 협력을 도모하고 우리의 국익을 추구하면서 통일에의 험난한 길을 헤쳐 나가겠다. 자주적으로 민족의 동질성을 회복하며 평화적으로 통일을 달성하는 민주사회 장정에 우리는 앞장설 것이다.

민주화와 조국 통일을 열망하는 모든 국민은 절망의 정치를 희망의 정치로, 특권경제를 국민경제로, 병든 사회를 건실한 사회로, 분단의 슬픔을 통일의 기쁨으로 전환시키려는 우리 통일민주당의 깃발 아래 모여 함께 나아가자. 우리의 전진을 가로막은 어떠한 도전에도 우리는 과감히 응전할 것이다. 조국과 민족을 위해 통일민주당은 영원히 존재한다. 역사는 우리의 승리를 보장한다. 통일민주당 만세!

1987년 5월 1일
통일민주당

민주화를 요망하며

－(4.13 중대 결단)을 적극 반대하는 사제단의 단식농성을 지지하며－

…… 그들은 먼저 공산주의자를 체포하러 왔다. 그러나 나는 내가 공산주의자가 아니기에 아무 상관을 하지 않았다. 그 다음에는 그들이 유태인을 잡고 갔고 나는 내가 유태인이 아니기에 아무말도 하지 않았다. 그리고 나서 그들은 노동조합에 가맹한 노동자들을 체포하러 왔는데 그 때도 나는 내가 노동조합원이 아니기에 아무 항변도 하지 않았다. 그 뒤에 또 그들이 가톨릭교도를 잡으러 왔는데 역시 나는 아무 말도 하지 않았다. 나는 개신교였으므로. 마침내 그들이 나를 체포하러 왔는데 그런데 말할 사람이 아무도 남아있지 않았다……

(나치독일에서 마르틴니묄러 목사)

국민은 있어도 주권은 없고 신문방송은 있어도 여론은 없으며, 국회나 정당은 이름 뿐이요, 힘만이 있고 정치가 없는 공허 속에서 우리는 살고 있으며 국민의 여망인 헌법개정의 꿈은 무참히 깨어졌고(추기경님의 부활절메시지) "농장에서 대통령까지 우리 손으로" 뽑아보고 싶은 여망이 고뇌에 찬 4.13 중대결단으로 인하여 멀리 사라지 버렸음에 온 국민은 슬픔과 분노에 떨고 있읍니다.

4월 21일 광주 대교구 신부님으로부터 전주, 서울, 안동, 원주, 인천, 춘천, 마산으로 이어지는 사제단의 단식농성을 접하면서 우리는 진정 이 나라 민주화가 우리 곁으로부터 멀어져감에 통탄하지 않을 수 없읍니다. 호헌을 외치고 평화적 정권교체를 내세우던 지난 일년간만 보더라도 민주화를 열망하는 학생, 노동자들을 용공·좌경으로 매도하여 감옥에 집어넣고 합법적인 집회에서 조차 군사작전을 방불케 하는 원천봉쇄를 펴고……

정권은 국민을 위하여 주어진 것이며 올림픽 또한 국민을 위해 있어야 함을 그들은 알아야 될 것입니다. "너희는 이 시대의 뜻을 왜 알지 못하느냐?"(루가 12:56)는 말씀을 마음속 깊이 성찰하면서 우리는 다음과 같이 이 정권에 요망합니다.

하루 빨리 주권을 국민에게 돌리고 정치일서를 위해 퇴진할 것과 노동3권의 보장을 강력히 요망합니다. 둘째로는 특권층을 비호하고 대외의존적인 경제정책으로부터 하루 빨리 탈피하여 농민에게 부채탕감을, 노동자에게는 생계비를, 도시빈민에게는 생활터전을 보장할 것을 요망합니다. 세째로는 불신과 부조리가 척결되어 진정 이땅에 하느님 나라가 임하도록 건강한 사회건설을 요망합니다. 그리고 이와 더불어 전국의 우리 모든 회원들은,

첫째로 모든 집회와 팀회합 때 이나라 민주화와 노동자 권리회복을 위하여 기도를 지향해 줄 것을 바라며, 둘째로 현재 각 교구에서 진행되고 있는 민주화 요구의 열망과 사제단의 단식농성기도에 적극 동참하여 줄 것을 당부합니다.

세째로는 왜 사제단이 단식을 하면서까지 민주화를 외치고 있는지를 팀회합 때 주제로 다루어 줄 것을 간절히 바랍니다.

소돔과 고모라의 경우를 보듯이 세상이 멸망한 것은 악인이 많아서가 아니라 의인이 적기 때문이었음을 깊이 묵상하면서 우리는 민주화란 십자가를 지기 위해 단식기도 중에 있는 사제단을 적극 지지하며 우리의 기도와 뜻을 밝힙니다.

1987. 5. 4

한국 가톨릭 노동청년회 서울북부연합회
한국 가톨릭 노동청년회 인천교구연합회
한국 가톨릭 노동청년회 대전교구연합회
한국 가톨릭 노동청년회 전주교구연합회
한국 가톨릭 노동청년회 부산교구연합회
한국 가톨릭 노동청년회 서울남부연합회
한국 가톨릭 노동청년회 수원교구연합회
한국 가톨릭 노동청년회 대구교구연합회
한국 가톨릭 노동청년회 마산교구연합회
한국 가톨릭 노동청년회 광주교구연합회

천주교 부산교구 사제단 단식기도에 지지 동참하면서

우리는 하느님께서 척박하고 고난에찬 이 하반도 백의민족의 역사를 특별히 사랑하시고 현존하시어 역사하심을 굳게믿으며 당신의 정의가 이땅에 실현되도록 깨어있는 당신의 백성으로 살아가고자 부단히 노력해왔다 지난 4월13일 청와대 조치에 반대하여 이어지는 일련의 사제단 단식기도와 특히 부산교구 사제단의 단식기도에 뜻을 같이하여 지지와 동참하면서 이것은 이민족 6천만 민중이 바르게 말하고 바르게먹고 서로 나누고 서로섬기며 하느님의 영광을 찬미하기 위함임을 천명하고 생존권적 본능에서 뿐아니라 신앙고백적 행위로 우리의 견해를 밝힌다

1) 우리는 지난80년 이땅의 민중들의 민주화 열망을 무참히 짓밟고 반민주적 방법으로 등장한 현정권이 86년 4월 청와대 회담으로 개헌할것을 밝힌데 대하여 그나마 참으로 다행한 일이라고 받아들이고 가슴조이며 이민족의 생존을 위한 민주적 제도로 개헌을 기도하면서 하루빨리 그날이 오기를 기다려 왔다
2) 그러나 4월13일 청와대 조치는 우리가 이정권에 걸었던 그토록 간절한 마지막 기대마저 그것이 어리석은 기대임을 확인시켜 주었으며 이는 손바닥으로 태양을 가려보려는 어리석음에 다름아니라는 것을 직시하고 하루속히 국민적 열망인 민주제 개헌을 단행할것을 촉구하며 기도하는 바이다
3) 현 정권은 4월13일 조치의 명분을 정부이양과 88 올림픽에서 찾으려하고 있으나 정부이양은 헌법에 명시된 사항으로 대통령의 의무사항이지 결코 결단사항이나 국민에게 공약사항이 아니다 마치 불가능한 일을 용단을 내려 단행하는 것처럼 위장하는 것은 국민을 속이는 행위이다 올림픽은 평화의 제전이다 평화의 제전은 거기에 맞게 주변상황이 하루빨리 정리되어야 한다 국민의 입과 귀를막고 벌리는 올림픽은 그 근본정신에도 어긋나고 평화의 제전도 아니며 불행의 씨앗이 될수도 있다
4) 국가대사로 시급한 것은 정부의 정통성 확립을 위한 민주화 개헌이고 민주화이며 나아가 민족통일이지 이것을 제처두고 대통령이 헌법을 준수하는 의무나 올림픽을 국가대사라고 하는것은 전, 후경중이나 본말의 전도 일뿐이다
5) 신당의 출현이 개헌논의 중단의 구실이 될수없다 있는것은 있는것으로 인정해야 하고 신당과 한번의 대화도 해보지 않고 대화를 거부한것은 애초부터 개헌의지가 없음을 드러낸 것이다
   신당 또한 대화를 거부했다면 국민의 질타를 면치 못했을것이다
6) 우리는 이제 살아남기 위한 생존적 본능과 신앙고백적 행위로 나누고 섬기며 더불어사는 공동체적 삶을 위하여 매진할것을 다짐하며 우리의 주장을 밝힌다

⊙ 일어나 외치거라 너희가 외치지 않으면 돌들이 외칠것이다 ⊙

◇ 주　　장 ◇

* 반장에서 대통령까지 우리손으로 직접 뽑을수 있도록 직선제 개헌을 단행하라
* 언론의 자유를 보장하라
* 농가부채를 탕감하라
* 구속된 민주인사를 즉시 석방하고 사면과 복권을 단행하라

1987. 5. 4

한국가톨릭농민회

부산교구 울주협의회

호헌철폐와 민주개헌을 촉구한다!!

— 5.10 교육민주화선언 1주년을 맞아 —

4.13결정은 현군 사독재정권이 지난 1년 동안 영구집권 음모를 숨기며 자신들의 입으로 외쳐대던 민주화와 합의개헌 놀음 스스로 팽개치고 이제 그 탈을 벗고 장기집권을 노골화 하려는 첫 신호탄이다.

작년 5월 10일, 군사독재정권에 의한 강요된 침묵을 깨고 사회의 민주화와 함께 교육민주화선언에 동참한 30만 교사와 우 해직된 교사들은 이번 4.13결정이 현군사독재정권의 영구집권 음모이며, 이에따라 우리 교육이 더욱 더 극심하게 정치도구 될 것이 명백함으로, 이 땅의 민주화와 민주교육수호를 위해 다음과 같이 우리의 뜻을 밝힌다.

1. 현정권은 4.13결정의 배경으로 '평화적인 정부이양과 88올림픽'이라는 양 행사를 성공적으로 치르기 위해서라고 한다 그러나 우리는 정권교체나 올림픽이야말로 진정 민주화된 사회에서 만이 성공적으로 수행될 수 있다고 믿는다. 따라서 재정권의 이와같은 주장은 장기집권을 위한 억지 논리이며, 그 명분을 위한 수사에 불과한 것이다. 평화적 정권교체와 림픽을 성공적으로 치른 나라들은 모두 민주화라는 굳건한 사회적 토대 위에서 가능했다. 오늘날, 히틀러에 의해 가장 려하게 치러진 베를린 올림픽이 진정 세계평화와 독일의 민주화를 위해 기여했다고 생각하는 사람들은 아무도 없다.

2. 4.13결정은 현재 극도로 비인간화 되어 있는 우리의 교육현실을 더욱 더 극심하게 정치도구화시키고, 독재이데올로기 만 전수해야 하는 몰교육적인 상황으로 몰고 갈 것이다. 체제의 민주적인 변화없이 논의되고 시행하려고 하는 지방자치제 교육자치제는 허구이며 내용없는 형식에 불과할 뿐이다.

3. 4.13결정은 외세의 예속을 더욱 가중시킬 것이며 민중생활의 파탄을 가져 올 것이다. 현정권은 4.13결정 며칠 뒤 미국 직접적인 요구가 없었는데도 스스로 25억불 어치의 설비재를 수입한다고 했으며, 3%를 올리기로 한 원화절상을 10 까지 마구 올려 미국의 환심을 사고 그 피해를 전민중에게 전가 시키고 있다.

4. 현정권과 제도언론은 통일민주당의 창당을 '분열'로 매도하고, 그 성격을 '강경 야당'으로, '폭력혁명을 획책'하려는 인양 몰아 붙이고 있다. 그러나 통일민주당의 창당은 반독재민주화 투쟁과정에서 필연적인 것이며 국민이 진정으로 바라 민주화를 담보해 낼 수 있는 정당으로의 탈바꿈이다. 따라서 통일민주당은 진정한 민의를 대변할 수 있는 다소 진보적인 보 수 정당으로서, 국민적 지지와 민주화 요구를 전폭적으로 수용, 군사독재정권과 비타협적인 투쟁으로 기대에 부응할 것을 촉구한다.

5. 우리는 가톨릭과 개신교, 불교 등 성직단체와 신도, 문화인, 교수, 문인, 지식인 등의 호헌철폐와 민주개헌을 촉구하는 서 명과 단식기도, 농성등의 투쟁에 전폭적인 지지를 보내며 이에 동참할 것을 밝힌다. 또한 이와 함께 서명에 참여한 문인 교사들에게 가하고 있는 교활한 탄압을 즉각 중지할 것을 엄숙히 촉구한다.

1987년 5월 7일

전국해직교사 56명(이하명단)

노웅희(서울. 선린상고) 심성보(서울. 보성중) 고광헌(서울. 선일여고) 심임섭(서울. 월계중) 유상덕(서울. 성동고)
이철국(서울. 여의도고) 김진경(서울. 양정고) 윤재철(서울. 성동고) 이순권(서울. 경기기공) 홍선웅(서울. 미림여고)
박해전(서울. 용문중) 김은경(서울. 이수중) 김원규(서울. 오류중) 조용진(서울. 신원중) 주세영(서울. 환일고)
정영훈(서울. 원당국교) 조호원(서울. 시흥고) 김태선(서울. 신도림중) 이율재(서울. 신도림중) 이재오(서울. 대성고)
이은숙(서울. 일신상고) 송원재(서울. 당곡고) 윤병선(서울. 관악고) 이장원(서울. 봉화중) 이상대(서울. 당산중)
노현설(서울. 양평중)

(이상 서울지역 해직교사 26명)

조재도(충남. 안면중) 전무용(충남. 부여여중) 전인순(충남. 팔봉중) 강병철(충남. 쎈뽈여고) 유도혁(충남. 쎈뽈여고)
김진호(충남. 계룡기공) 최교진(충남. 대천여중) 이관묵(충북.) 정해숙(충남. 대전고) 민병순(충북. 영동중)

(이상 충청지역 해직교사 10명)

윤영규(전남. 나주중) 고희숙(전남. 창평고) 문희경(전남. 목포여상) 주진평(전남. 제곡중) 김경옥(전남. 마산중)
이미영(전북. 아영중) 서철심(전북. 경암여상) 이상호(전북. 신흥고) 이광웅(전북. 제일고) 박정석(전북. 제일고)
조성용(전북. 제일고)

(이상 호남지역 해직교사 11명)

송대헌(경북. 부석고) 서명석(경남. 통영중) 김관규(부산. 부산동여고) 이흥구(부산. 거성중) 노옥희(경남. 현대공고)
김대성(경북. 경덕중) 김순녕(대구. 경일여중) 정익화(경남. 상북종고) 권재명(경남. 통영여중)

(이상 영남지역 해직교사 9명)

현 시국에 대한 우리의 입장

노골화되는 장기집권 음모를 구국의 횃불로 불사르자!

또 다시 5월이 왔읍니다. 80년 5월은 분단조국의 자주-민주-통일을 갈구하는 우리에게 산교육의 장이었읍니다. 그것은 누가 조국의 해방을 가로막고 있으며, 그 누구의 의해서 과연 조국의 해방이 이루어질 수 있겠읍니까? 곤봉에 머리가 깨어지고 총칼과 군화발에 무참히 우리들의 민주화 의지가 짓밟혀진 백주대낮, 금남로, 충장로에서 우리는 두 눈으로 똑똑히 보았으며 우리는 명확히 알았읍니다.

미국! 이들은 더 이상 우방이 아니란 것을 아니 이들이 바로 조국의 자주-민주-통일을 가로막고 있는 본질이며, 자산의 이익을 위해 앞잡이를 이용, 우리겨레와 민족에 어떠한 행위도 저지를 수 있는 무리라는 것을 총칼과 군화발의 탄압앞에서도 꿋꿋이 자주-민주-통일의 깃발을 높이 들고, 해방 광주를 이루었던 민중의 모습. 이들은 역시 발전의 주인으로 뚜렷이 자리잡고 있읍니다. 우리는 이 모든 것을 80년 5월, 광주 2천여 영령의 죽음 속에서 우리는 절실하게 깨달았읍니다.

그리고 지금 87년 5월! 솟구치는 민중의 해방을 향한 열망를 가로막는 군부독재는 다시금 이 땅에 장기집권의 음로를 짙게 더욱 짙게 흩뿌리고 있읍니다.

현 군부독재의 두목 전두환에 의해 발표된 매국적 4.13 호헌조치, 이는 바로 우리 민중에 대한 민족에 대한 선전포고입니다. 84년 이후 미국과 전두환 군부독재정권은 80년 5월 이땅에 뚜렷이 남긴 피의 상처를 지우고, 안정적인 식민지 파쇼통치 체제를 이루기 위한 기만적인 자율화 조치를 제시하였읍니다. 그러나 얼어붙은 강물 밑에서 의연히 흐르고 있는 민족해방의 도도한 역사의 조류는 드디어 한반도 남단 곳곳에서 터져 나오기 시작하었읍니다. 노동자, 농민, 도시빈민의 처절한 생존권 요구의 한맺힌 피의 절규, 청년학생, 진보적 지식인의 민주화를 위한 투쟁은 드디어 2.12총선에서 거대한 민주화의 활화산으로 터져나왔읍니다. 기만적 자율화 조치가 민중의 자주 민주를 향한 열망에 의해 흔들거리고, 민중의 저항이 군부독재의 종식을 향해 발전되게 되자, 미국과 현 군부독재 정권은 '합의개헌'이라는 후퇴를 할 수밖에 없었읍니다. 그러나 합의개헌이란 민중의 진정한 민주화 요구를 억누르고, 자신의 장기집권 음로를 관철시키기 위한 또 다른 탄압술책에 불과합니다. 이를 위해 군부독재 정권이 자행하는 애국민주 세력에 대한 탄압, 미국의 노골적인 내정간섭, 신민당에 대한 분열공작은 저들이 말하는 민주화 합의개헌이 얼마나 허구적인가를 웅변으로 말해 주고 있읍니다. 민중의 민주적 재권리, 생존권 획득의 요구, 군부독재종식을 향한 뜨거운 심장의 맥박은 결코 '합의개헌'이라는 기만적 틀에서 수용될 수 없었읍니다.

민중의 분노는 저들의 간악한 공작정보 정치 속에서도 신민당 내에서 숭미사대매국노와 결연한 단절에 의한 통일민주당의 창당으로 나아가게 하였읍니다. 이는 전두환 군부독재정권의 허울좋은 가면으로 자신의 장기집권의 야욕을 더 이상 감출 수 없게 하였으며, 4.13 반민족적 호헌조치는 민중의 군부독재종식에 대한 열망에 대한 전두환 일당의 솔직한 대답입니다. 어떠한 수단과 방법을 동원하더라도 자신의 체제유지, 장기집권 음로를 관철시키겠다는 것이 저들의 음흉한 심정의 토로입니다.

지금도 상계동 철거현장에서 어느 국민학생이 죽어갔읍니다. 이에 분노한 어느 청년이 투신을 하였읍니다. 그러나 군부독재자들은 민중의 손바닥 만한 보금자리 마저 결코 용납할 수 없으며, 이 군부독재정권의 장기집권 음모의 노골화는 광범위한 민중의 목숨을 건 투쟁을 유발하고 있읍니다. 교수님들의 시국선언, 신부님들의 단식농성, 노동장의 투신은 더 이상 이 땅에서 군부독재 정권의 통지를 용납할 수 없는 우리 모두의 민주의 대한 한 없는 우국충정의 애국심인 것입니다. 우리 청년학도는 또 다시 해방의 함성으로 부활하는 5월에 노골화되는 반동의 음모를 더 이상 용납할 수 없으며, 민주를 사랑하고 갈망하는 모든 애국민주 세력은 대동단결하여 군부독재의 종식과 민주정부 수립을 이루어 나갈 것을 촉구하며 이에 실천해 나갈 것입니다.

분단조국 42년 5월 8일

서울지역 대학생 대표자 협의회

국민의 뜻에 순응하라!

-직선제 민주 개헌을 거듭 촉구하며-

폭력호헌저지와 민주 개헌 관철을 위해 지난 4월 22일 이후 계속된 이번 농성기간에 국민의 개헌의지를 재확인 할 수 있었다. 이 농성에 불교계, 기독교계, 여성계, 청년계 그리고 민주 가족등 여러재야의 양심세력이 가담 했다.

그동안 많은 성직자들이 전국에 걸쳐 개헌을 위해 단식기도와 삭발등으로 그뜻을 확산시키고 있으며 1,000여명을 헤아리는 많은 교수들이 개헌촉구를 단호하게 요구하고 나섰으며, 중진 문인들과 미술인, 극작가 등 예술인들이 이에 가담했으며, 이 뜻을 지지하는 학생들의 소리가 높아지고 있다. 이렇게 한국의 대표적 지성인들과 양심의 상징들이 하나가 되어 민의를 대변하고 나서기에 이르렀다.

그런데 정부와 여당은 이에 대한 탄압조치를 일삼는가 하면 이에 가담한 단체의 사무실을 수색하며 제일야당인 민주당을 말살하기 위해 터무니 없는 트집을 조작하는 등 국민의 뜻에 순응하기 보다는 국민과의 대결을 획책하고 있다. 지금 일어나고 있는 개헌을 위한 국민의 자발적인 운동은 민족독립을 외치며 궐기 했던 3·1운동 및 민주화를 위해 궐기 했던 4.19운동과 맥을 같이 하는 것이다. 지금이야말로 오랜 우리 민족의 숙원이 성취 되어야 할 때라고 우리는 확신한다. 국민의 이러한 의지는 강권으로 막을 수도 없고 막아 지지도 않을 것이다. 정부와 여당은 확산되는 이러한 국민의 애국운동을 겸허하게 수용하여, 즉각 직선제 민주 개헌의 성취에 협력하고 언론자유의 보장, 2,000여 양심수의 석방을 비롯한 제반 민주화 조치를 단행할 것을 촉구한다.

만약 정부가 국민의 뜻을 배반 한다면, 민족적 비극을 피할 수 없을 것이며 그 책임은 전적으로 정부 여당에게 있다. 이제 우리는 이번 농성을 풀면서 전국적으로 확산되고 있는 국민운동에 보다 적극적으로 참여할 것을 다짐한다.

1987년 5월 11일

함석헌 박형규 안병무 계훈제 박용길 이우정 박영숙 예춘호 조용술

고영근 장성룡 조남기 청 화 성 연 목 우 박세경 이태영 고 은

송건호 문동환 김병걸 유반웅 김희선 이영순 이정숙 조성자 김순정

김승훈

성명서

군사독재의 장기집권을 위한 호헌 책동을 단호히 분쇄하자!

전두환 군사독재의 정치적 억압과 강제적 수탈과 문화적 탄압은 이제 온 국민의 지칠 줄 모르고 타오르는 민주화 투쟁으로 그 종말을 고하고 있다. 군사독재 정권은 계엄하에서 일방적으로 통과시킨 현행 헌법으로 국민의 기본권을 박탈하고 있음은 물론 실질적으로 군사독재 정권의 장기집권을 제도적으로 보장하고 있어 참된 민주화 실현의 기초가 될 새 헌법으로 개정하자는 범 국민적 개헌 투쟁을 불러일으켰다.

그러나 현 군사독재 정권은 국민적 합의인 개헌논의를 일방적으로 중단하고 정통성 부재의 현행 헌법을 고수하겠다는 4·13 호헌 발표를 통하여 내각제라는 허울조차 벗어버리려고 장기집권 음모를 노골화하였다. 위와 같은 민주화냐 독재의 연속이냐의 갈림길에 선 현 시국에 당면하여 우리는 충북지역 장기집권 호헌책동분쇄투쟁위원회의 깃발 아래 하나로 뭉쳐 독재를 물리치고 국민의 민주적 권리가 보장되는 민주사회 건설의 길로 나가는 민족사적 투쟁을 가열차게 전개해 나갈 것을 천명한다.

우리의 주장

장기집권 발판되는 호헌책동 분쇄하자!
장기집권 획책하는 군부독재 물리치자!
광주학살 지원하여 민주화 가로막은 미국을 몰아내자!
직선제 개헌 쟁취하여 군부독재 심판하자!

1987년 5월 15 일
충북지역장기집권 호헌책동분쇄투쟁위원회

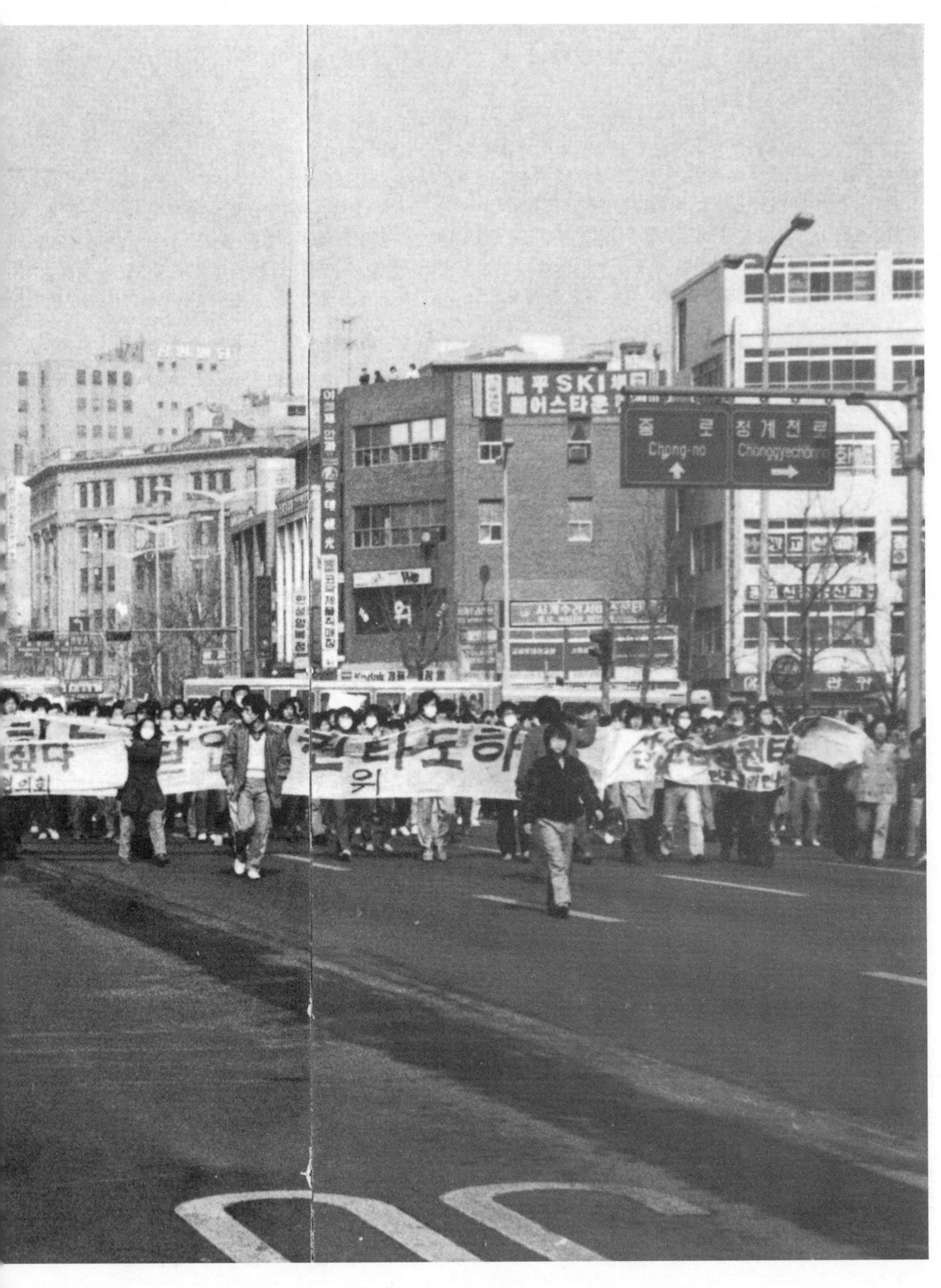
龍平 SKI
종 로
Chong-no
청계천로

광주 · 전남본부

4.13 호헌조치 반대및 민주 헌법 쟁취
범 도 민 운 동 본 부 발족 선언문

고문과 폭력,구금이 버젓히자행되는 시대입니다. 전두환 군사정권이 80년 5월, 조국의 자유와 민주주의를 지키기위한 광주시민을 무참히 학살하고 국민위에 군림해 온 지 7년, 아직도 우리 국민은 감시와 폭력,구금과 테러의 위협속에 신음하고 있읍니다. 작년과 올해들어 발생한 부천서 성고문사건, 박종철군 고문살해사건은 공권력의 이름으로 자행된 끔찍한 일이며 현 정권의 폭력적 속성을 여실히 드러낸 것이라 할 것입니다.
이러한 정권이 지난 4월 13일 소위 '대통령 특별담화'를 통해 현 독재체제의 고수를 골자로 하는 개헌유보조치=호헌조치를 발표였읍니다. 이번 전두환에 의해 발표된 '4.13 호헌조치'는 현 전두환 정권의 장기집권 야욕을 만천하에 드러낸 것으로써 지금까지 우리 국민을 총칼로써 침묵시키고 압살해 왔던 군부독재의 본질에서 기인한 것이라고 할 것입니다.

아직도 1980년 5월은 계속되고 있읍니다.
한국내 정치문제에 대한 미국의 내정간섭에 의해 민족적 자존심은 무참히 짓밟히고 있으며, 국민경제는 송두리채 외세에 예속되어있고 그나마 남은 부는 소수 특권재벌에 의해 완전히 장악되어 있읍니다. 최근의 범양사건은 이러한 현 정권과 재벌간의 유착을 단적으로 말해주고 있읍니다. 고문정권,폭력정권, 살인정권이 현 정권의 대명사이듯이 반민중적 재벌정권도 현 정권의 대명사임을 모든 국민은 알게되었읍니다.
그럼에도 불구하고 현 전두환 군부독재정권은 88올림픽이니 평화적 정권교체니 하는 허울좋은 미명하에 장기집권 음모를 은폐한 채 80년 현 정권의 등장 이후 더욱더 열악해 진 노동조건과 저임금에 시달리는 노동자, 무분별한 농축산물 수입과 저농산물 정책에 신음하는 농민,정든 이웃과 집을 빼앗기고 거리에서 방황하는 도시빈민등 기층민중의 최소한의 생존권적 요구와 전 국민의, 민주화에 대한 열망을 엄청난 물리력을 동원하여 저지시키고 수천의 우리 형제 자매들을 감옥의 행렬로 몰아넣고 있읍니다.
우리는 1980년 5월 이후 자행되고있는 현 군부독재정권의 만행을 더 이상 계속하게 해서는 안됩니다. 소위 '4.13 조치'를 통해 현 군부독재정권은 장기집권 음모를 노골적으로 드러내었읍니다. 대다수 국민들의 요망인 민주적 개헌을 무시하고 자기 세력의 권좌 유지에만 급급한 현 정권은 역사와 국민의 이름으로 마땅히 심판받아야 할 것입니다. 우리의 땅 한반도에서 우리 국민의 손으로 군부독재를 물리치고 외세에서 벗어나 민족적 자주성과 진정한 민주주의 실현을 이룩해 내는데 있어서 오늘 우리는 중요한 기점에 서 있읍니다.
우리는 지금 전국적으로 벌어지고있는 신부님,목사님,스님들의 '민주화및 직선제 개헌 쟁취를 위한 기도회' 를 적극 지지하고 문인, 예술인, 교수님들의 양심적 선언과 학생들의 실천적 투쟁에 뜨거운 성원을 보냅니다. 우리는 우리의 노력이 분산되어 이루어지기 보다는 더욱 많은 국민이 참여하고 모든 반 독재 투쟁의 세력이 함께 공동으로 투쟁해 나가야 할 때라고 생각합니다. 따라서 우리는 이번 5월을 맞이하면서 소위 '4.13 조치'로 표출된 호헌을 반대하고 진정하게 국민을 위해 움직이는 민주정부를 세워나가기 위해 오늘 광주 민중항쟁 7주년을 맞아 "4.13 호헌조치 반대및 민주헌법쟁취 범 도민운동 본부"를 발족하기로 하였읍니다. 범 도민운동본부는
첫째,군부독재의 소위 '4.13 조치'를 물리치고 민주헌법을 쟁취할 때까지 존속 투쟁할 것을 선언합니다.
둘째,모든 반독재 민주화 세력과 공동보조를 취해 나갈 것입니다.
세째,우리 국민의 여론과 전남 도민의 요구에 충실하면서, 모든 시민.도민과 함께 행동할 것입니다.
400만 애국 도민 여러분!!
민주화는 미국이 이래라 저래라 할 수 없는 것이며,88올림픽이나 전두환식의 평화적 정권교체의 희생물이될 수도 없읍니다. 우리 국민 모두가 한마음 한뜻으로 힘을 모아 자주적으로 장기집권음모를 분쇄할 때 진정한 민주주의는 오고야말 것입니다. 우리 모두 4.13 호헌조치 반대및 민주헌법 쟁취 투쟁에 동참합시다.

우 리 의 주 장

1. 4.13조치 반대하여 민주개헌 이룩하자!!
2. 장기집권 호헌책동 군부독재 타도하자!!
3. 독재정권 지원하는 미국은 물러가라!!
4. 광주학살 원흉 전두환 일당 몰아내자!!
5. 광주학살 배후조종 미국은 물러가라!!
6. 모든 양심수를 즉각 석방하라!!

1987년 5월 18일
4.13 호헌조치반대 및 민주헌법쟁취
범 도민 국민본부

지금 이 시기 전면적 동맹 휴업 투쟁이 가지는 의의는 무엇인가?

그것은 첫째, 모든 관악인이 지금 각계각층에서 일어나고 있는 민중의 투쟁에 적극적으로 참여하고, 또한 민중의 투쟁을 가장 적극적으로 이끌어낼 수 있는 청년학생과 교수님의 선도적인 투쟁입니다. 4.13호헌에 의하여 자신의 장기집권의 야욕을 노골화시킨 학살의 원흉들은 한 손에 총칼을 한 손에 기만적인 민주화 조치로 민중을 탄압 기만하고 있습니다. 또한 고문 살인이 폭로되자 폭발하는 민중의 분노를 무마하고자 적극적으로 수사를 벌여서 엄중 처벌하겠다는 식으로 자신의 더러운 얼굴, 자신이 학살의 주범임을 애써 감추려 하고 있습니다. 민중은 이에 대한 즉각적 분노와 함께 이 썩어빠진 정권을 뒤집어엎지 않고서는 어떠한 민주와 민권도 보장되지 않는다는 자각과 결의를 해내고 있습니다. 그리고 각계각층의 이해 요구와 더불어 공통적으로 군부독재의 종식과 새로운 민주정부의 실현을 갈망하고 있는 것입니다. 상계, 양평동, 공장, 교수, 신부님, 농민들 모두가 자신이 속한 장에서 결연한 투쟁을 하고 있으며 이제 서서히 군부독재의 종식을 위한 하나의 장으로 나서려 하고 있는 것입니다. 이때 조국과 민중의 미래를 이끌어 나가는 선각자적 위치를 부여받고 있는 우리 청년학생과 교수님은 시대적 소명을 받들어 민중의 민주주의 쟁취를 위한 투쟁에 가장 헌신적으로 참여해야 하는 것입니다. 그것만이 민중에게 신뢰를 주고 우리의 역사적 임무를 다할 수 있는 것입니다. 또한 이러한 우리의 투쟁을 전면적으로 미국에 반대하고 그들의 추악한 얼굴을 갈기갈기 발겨놓은 선명한 반미투쟁으로 이끌어야 하는 막중한 책임 속에서 우리의 동맹휴업 투쟁이 가지는 의미를 크게 할 수 있을 것입니다.

둘째, 이 투쟁은 교수의 강의를 학생이 거부하는 지난 투쟁의 한계점과 오류를 극복하는 투쟁이어야 합니다. 이는 모든 관악인이 파쇼적 억압과 굴종에 반대하는 학살 원흉 미국-전두환 일당의 장기집권 음모를 분쇄하는 전면적인 우리 모두의 투쟁이 되어야 하며 학생, 교수, 대학원생을 막론하고 결의를 다지는 전면적인 정치스트라이크로서의 위치를 부각시켜야 하기 때문입니다. 월요일과 화요일 교수님께 드리는 글을 가지고 강의실에서 같이 토론하며 적극적인 관악인의 정치스트라이크로서 발전시켜 나아가야 합니다.

셋째, 우리와 의견을 같이 할 수 있는 모든 학교의 학생과 단체, 민중들과 어깨 걸고 동맹휴업을 촉구해야 합니다. 호헌 음모에 대한 반대와 군부독재의 종식, 박종철 학우 고문살인 은폐조작에 대한 민중들의 분노를 하나의 싸움으로 집결시키는 우리의 최대한의 노력들을 기울이는 투쟁이어야 합니다.

넷째, 학생회 발족 이래로 계속적으로 제기되어온 학생회의 올바른 위상을 잡기 위하여 노력하는 투쟁이어야 합니다. 모든 과단위에서의 토론을 통하여 의사를 결합하여 관악의 이만 학우가 자신의 문제로 느끼면서 투쟁의 주인으로 서는 주체적 투쟁이어야 하며, 이러한 과정은 우리 학생회를 더욱 더 강하고 탄탄하게 만들어 나갈 수 있는 것입니다.

존경하는 교수님!

122명의 교수님께서 보여주신 민주화의 열기에 대하여 배우는 사람으로서 존경과 신뢰를 보냅니다. 식민지 조국에 살고 있는 지식인이 나아가야 하는 참된 길에 억압과 불평등에 대한 항거이며 자유와 정의, 평등에 대한 조타수이어야 함을 저희는 역사 속에서 보아왔고 지난한 선배님, 교수님들의 행동 속에서 보아왔습니다. 민족의 자주화 번영을 위하여 헌신적으로 일해 나갈 참된 일꾼을 길러내야 하는 서울대학을 제국주의 침략과 친미분자들의 억압도구화하려 했던 "국대연" 결사반대투쟁에서 교수님들은 결연하게 항거하셨습니다. 4·19 때 학생들의 피를 보상하라고 거리로 나섰던 뜨거운 감동을 지금도 저희는 잊을 수 없습니다. 그리고 작년 이래로 계속해서 터져나오는 교수님들의 시국선언문은 청년학생들의 민주화 열기를 더욱 더 충천하게 만들고 있습니다. 바로 복종이 아닌 항거 속에서 침묵이 아닌 행동 속에서 참된 진리를 저희에게 가르쳐 주셨습니다.

진정한 민주주의 새 나라를 갈망하고 계시는 교수님! 이 땅 지식인이 나아가야 할 올바른 길에 대해 깊게 고뇌하고 계시는 교수님! "진리는 나의 빛"이라고 저희는 배웠습니다. 그리고 그 진리는 현실과의 장벽이 너무도 큰 콘크리트 안 강의실의 기능적 진가가 아니어야 함을 굳게 믿고 있습니다. 학원은 "진리의 상아탑"이라고 합니다. 진리의 상아탑이 저 지배자들에 의하여 유린당하고 정치도구화 될 때, 우리는 "진리의 상아탑"을 사수하기 위하여 비참한 결의를 하지 않을 수 없습니다.

그것만이 진리임을 저희는 알고 있습니다. 옆에서 같이 공부하던 박종철 학우가 백주대낮에 죽임을 당했습니다. 너무나 원통하고 분해서 치가 떨립니다. 그런데 저들은 고문살인을 은폐조작하여 다시 고 박종철 학우의 죽음을 매도하고 있습니다.

민중이 무슨 죄를 지었기에 지배자들에 의하여 학살당하고, 노동자리에서조차 쫓겨나고, 지붕에 깔려 죽어야 한단 말입니까? 왜입니까? 못 배운자, 못 사는자를 위한 진리는 이 땅에 없단 말입니까? 유린당한 진리의 상아탑을 다시 세우고 부정한 사회를 부정하는 지난한 노력을 과격하고 20대가 흔히 가지는 환상이라고 지배자들은 떠들었습니다. 광주 이천여 명 민중의 피를 머금은 입을 가지고 박종철 학우를 살해한 욕조 위에 걸터앉아서 말입니다.

존경하는 교수님!

대학의 진실이 이 땅 민중의 피어린 삶과 유리된 것이 아니어야 한다는 것이 저희가 믿는 단 하나의 진실입니다. 대학의 침묵이 역사를 퇴보시키는 지배자의 강요임을 우리는 너무도 똑바로 알고 있습니다.

존경하는 교수님!

호헌의 즉각적 철회와 민주개헌의 재기를 요구하신 교수님의 시국 선언문이 역사와 조국에 대한 양심이셨듯이 다시금 광주학살의 원흉들, 박종철 학우를 살해한 저 살인마 정권에 대한 규탄의 목소리를 높이시고, 다시금 조국과 민중을 어둠과 가난의 나락 속으로 빠뜨리려는 저들의 장기집권 음모 분쇄를 위하여 목소리를 합하셔야 할 때라고 생각하고 있습니다.

저 어둠의 일제시대에 환희의 4·19 때 상인은 철시로서, 공장은 파업으로, 학원은 동맹휴업으로 결사적 항전을 한 감동적 기억이 저희에게 다가오고 있습니다. 어떤 심정으로 87년 5월을 보내야 합니까? 너무도 치가 떨려, 너무도 진실적이어서 저희는 동맹휴업의 깃발을 치켜세우려 합니다. 목숨을 건 결연한 투쟁으로 기어이 쟁취하고야 말 민주주의의 꽃을 활짝 피울 것입니다.

교수님! 이 땅의 고난과 억압의 역사를 종식하는 힘찬 발걸음을 교수님께 촉구합니다. 참된 진리의 상아탑을 사수하기 위하여, 이 부정된 세계를 부정하기 위하여 텅 빈 강의실의 아픔을 우리 같이 나누어 가집시다. 다가오는 민주주의 사회에서 지금의 이 아픔이 결코 헛된 것이 아닌 것이었음을, 가장 아름다운, 가장 진실된 교수님과 저희들의 지난한 투쟁이었음을 확인할 수 있을 것입니다.

교수님! 당신의 제자 종철이는 푸르는 5월의 하늘로 살아오고 있습니다. 저들의 악랄한 기만과 폭압 속에서도 우리 가슴속에 살아오고 있습니다. 우리의 투쟁과 함께 말입니다.

분단조국 42년 5월 25일

서울대 총학생회 올림

관악의 이만 학우여 동맹휴업 투쟁으로 총집결하라!

5월27일 광주 도청에서, 카톨릭센터에서 "어린 학생은 총을 놓고 돌아가자. 도청은 마지막까지 우리가 사수한다"라고 외치며 계엄군, 미국의 허락을 받고 이동한 계엄군의 탱크와 자동화기에 엠1, 칼빈으로 끝까지 대항한 200여 전사가 외치고 싶었던 것은 무엇일까요? 광주 이천여 영령이 우리에게 죽는 순간 외치고 싶었던 것은.

광주의 민중은, 아니 한반도 남단의 민중은 80년 이제 더 이상 지긋지긋한 군부독재의 통치를 인내하고 참을 수만은 없었습니다. 부산, 마산에서의 민중항쟁으로부터, 사북에서 공장에서 자신의 권리를 쟁취하기 위한 투쟁은 타오르고 있었고, 마침내 5·15 서울역에서 30만 군중의 외침으로 폭발하였습니다. 이러한 식민지 체제의 동요에 심각한 위기의식을 느낀 매판의 무리는 미국, 전두환 일당의 합작으로 참혹한 광주학살을 자행하였습니다. 광주에서 쓰러져갔던 민중들은 군부독재, 살인마 전두환의 야수적 탄압에 분연히 떨쳐 일어섰던 것입니다. 그리고 광주를 해방구로 만들고 미국이 항공모함을 가지고 우리를 도와주러 와서 군부독재가 물러갈 것이라는 기대에 차 있었습니다. 그러나 겉으로는 유감을 표명하며 민주화를 바란다고 떠들던 미국의 대답은 학살이었습니다. 그들은 남한을 영원히 자신의 식민지로 만들기 위해 해방 후 40년 간 길들인 군부를 선택할 수밖에 없었으며 민중의 해방의 외침에는 학살로 대답했던 것입니다. 그렇습니다. 광주의 해방전사들이 한반도 민중에게 외치고 싶었던 것은 "미국은 우리의 우방이 아니며 그들이야말로 한반도 민족과 민중의 고통의 근원이다"라는 말이었습니다.

광주 민중의 영웅적 투쟁은 해방 후 40년 간 교묘히 자신의 모습을 감추어온 미국의 가면을 벗기고 말았습니다. 이제 우리는 광주 이천여 민중의 피맺힌 절규에 반미 투쟁으로, 한반도 남단의 식민지 통치체제의 분쇄를 위한 투쟁으로 대답하여야 합니다.

80년 5월 광주 민중의 영웅적 투쟁을 총칼로 짓누르고 또 다른 앞잡이를 내세우는 데는 성공했지만 자신의 본질적 모습의 폭로와 그 후 지속적으로 전개되는 반미 반독재 투쟁은 식민지 파쇼통치의 심각한 위협이 되고 있습니다. 남한 민중의 가슴속에 새겨진 학살의 핏자국, 이를 사주한 미국의 모습을 씻어내지 않고서는 식민지 통치의 유지가 불가능했으며 이것이 84년 이후 소위 유화정책으로부터 시작되는 체제 재편 음모의 출발점인 것입니다. 입으로는 허울 좋은 민주화를 떠들면서 학살자들은 또다시 우리의 우방으로 행세하려고 안간힘을 쓰고 있습니다. 그러나 민중들은 그들에 의해 주어진 공간에 안주하지 않고 허구적 민주화 조치의 환상을 깨고 자신의 진정한 권리를 획득하기 위해 광범위한 개헌 투쟁-반전두환 열기 - 을 벌여왔고, 보다 본질적으로 이러한 권리의식의 확산은 이 땅 한반도의 진정한 지배자인 미제에로 공격의 화살을 돌리게 되었습니다. 85년 미문화원 점거투쟁, 수입개방 반대투쟁, 86년 반전 반핵 평화옹호 투쟁이 바로 그것입니다. 이로부터 광범위하게 확산되었던 이 땅 한반도 민중의 자주의식, 반미 투쟁은 미제와 그 앞잡이들의 식민지 재편 음모에 전면적으로 위협되는 것이기에 자주화 투쟁은 적들의 간악한, 야수적 탄압을 받아왔던 것입니다. 저들은 반미자주화 투쟁을 반공 이데올로기와 총칼로 탄압하는 동시에 허구적 민주화를 계속 떠들면서 한반도 남단의 민중을 현혹시키고 있습니다.

작년에 자행되었던 엄청난 조작수사, 고문, 착색에 의한 반미 자주화 투쟁의 탄압, 노령에도 불구하고 아크로에서 반미 투쟁의 필요성을 외쳤던 문익환 민통련 의장의 구속, 민중의 의사와는 아무 관련이 없는 합의 개헌의 강요, 내각책임제의 노골적 지지, 그리고 친미 미국 세력을 결집시키려는 정치공작-신민당의 이민우 이철승을 조정, 자기 이해 관계를 관철시키려는 작태-등 우리에게 나타나는 미국의 모습은 너무도 뚜렷합니다. 식민지 통치에 조금이라도 방해가 되는 것은 수단과 방법을 가리지 않고 그

압잡이를 시켜 없애버리려는 안간힘입니다. 이를 우리 민중은 80년의 학살과 민주 외침으로 좌절로 절실히 깨달았습니다. 이것은 작년 이후 본격적으로 터져나오는 고문 학살을 통해서도 뚜렷이 볼 수 있습니다. 또한 위와 같은 물리적 이데올로기적 탄압을 근간으로 하여 동시에 허울 좋은 민주화 조치의 가면을 쓰고 있는 것입니다. 실질적으로 군독의 영구집권을 보장해 주는 식민지 통치의 안정성을 보장해 주는 내각제에 대한 노골적 지지, 정치적 간섭은 민중의 광범한 분노와 투쟁을 일으키고, 그러자 발표된 4·13호헌이라는 반민족적 조치에 대한 실질적 지지-이는 22일의 미대사관 참사관 던롭의 말인 "한국에서 88년 2월 이후 민주화나 개헌이 이루어질 것으로 본다"라는 것과 5월 초순 한미 안보 연대 협의회에서 보이는 현 군사독재에 대한 군사적 지원의 적극적인 약속에서 드러난다 -를 감추고, 한국의 민주화나 합의 개헌의 촉구를 떠들고 있는 것이다.

87-88의 식민지 파쇼체제의 재편기 절정에서 우리는 또다시 침략자의 얼굴을 숨기고 영원한 안정 정치체제를 구축하려는 미국에 공격의 예봉를 돌려 반미 자주화의 깃발을 높이 들고 민중을 조직화 의식화시켜 투쟁의 주체로 나서게 하는 것입니다. 이에 우리 민중은 체제에 의해 씌어졌던 가리개를 벗고 식민지 파쇼체제의 전면적 분쇄를 위한 투쟁에 나서고 있는 것입니다. 우리 청년 학생은 이를 선도적으로 수행해 나가 조국의 자주, 통일을 기필코 앞당기는 선봉대가 되어야 합니다. 이것만이 민중의 민족의 본질적인 해방의 출발점이 되는 것입니다.

광주학살 배후조정 미국놈들 몰아내자!

독재조종 내정간섭 미국놈들 몰아내자!

이와 같은 민중의 반미 투쟁에의 동참은 하늘에서 뚝 떨어지는 것도, 상투적인 선전선동을 통해서도 가능하지 않습니다. 바로 현재 민중과 청학이 느끼고 있는 문제점을 정확히 폭로하고 그 문제의 본질을 폭로하고 투쟁의 방향성을 제시하는 것에 의해 가능합니다. 즉 우리의 투쟁은 현재 전면화되고 있는 신식민지 재편 음모와 그 앞잡이에 대한 광범위한 민중 분노의 표출로부터 출발해야 합니다. 광범위한 앞잡이에 대한 투쟁을 벌여가고 위에서 말한 바와 같은 미국의 모습, 앞잡이의 조종자의 모습을 분명히 해야 하는것입니다.

4·13의 반민족적 호헌 조치는 본래 개헌이나 민중의 민주적 제권리의 실현에는 아무 관심도 없었던 본심의 토로이자 자신의 뱃속을 계속 채우기 위한 어떠한 수단도 강구하겠다는 선전 포고입니다. 민중이 외쳤던 직선제 개헌이나 민주헌법 쟁취는 바로 자신의 민주적 제권리, 생존권의 쟁취, 보장이 군부독재의 종식에 의해서만이 가능하다는 정치의식의 발현이었고 이를 저 미국, 전두환 일당의 허구적 민주화 조치, 체제 재편의 구도 속에서 수용해낼 수 없었던 것입니다. 이에 저들의 음모를 관철시키고자 마지막 발악을 하는 것이 4·13 반민족적 호헌 조치입니다.

민중의 분노는 바야흐로 장기집권의 음모를 노골적으로 드러낸 호헌을 분쇄하고 군부독재의 열망으로 표출되고 있습니다. 우리는 이러한 광범위한 민중의 열망을 실현하기 위해 헌신적으로 투쟁하면서 민중의 분노를 미국과 전두환 일당에 대한 전면적인 부정으로 발전시켜내야 합니다. 즉, 현지 민중의 민주 정부 수립, 민주 헌법 쟁취의 요구는 군독타에 의해서만 가능하다는 것과 어떠한 민주적 정권의 생존권도 군부독재치하에서는 불가능하다는 의식으로 4·13호헌 조치와 체제 유지를 위해 저지르는 갖은 만행 속에서 발전하고 있는 것입니다. 이러한 민중의 군독에 대한 분노를 의식으로 발전시키고 있어서 하나의 슬로건으로 확보하거나 조절시킬 수는 없을 것입니다. 다시 말해서 민중의 분노를 조직화해내는 동시에 군독의 장기집권 음모를 노골화와 체제 재편의 음모가 어떻게 미국에 의해서 조작되며 군독이 미국의 신식민지 재편에 어떻게 봉사하고 있는지를 선전선동해내는 것에 의해서 민중의 반미 투쟁의 고양, 그리고 미국, 전두환 일당에 대한 통일적 투쟁은 가능할 것입니다. 위에서 제시하였던 반미 자주화 투쟁의 내용은 바로 이러한 관점에서 제시되었던 것입니다.

현재 미제의 앞잡이의 폭정으로 노골적인 장집 음모를 공격해 나가며 그 뒤에 숨겨진 미국의 본질을 드러내고 파쇼 통치에 비수를 꽂읍시다.

장기집권 분쇄하고 민주정부 수립하자!

호헌이 웬말이냐 민주헌법 쟁취하자!

광주학살 살인정권 전두환 일당 처단하자!

이러한 정세와 우리의 결연한 투쟁의지를 가다듬는 지금 우리 앞에 나타나고 있는 박종철 고문학살 은폐조작 사건은 현 정권의 도덕성에 대한 전면적인 문제제기와 현 정권이 자신의 체제를 유지하기 위해서 민중에 대한 기만, 폭력, 학살을 자행할 수밖에 없다는 것을 폭로하여 우리 관악 이만 학우, 전국의 백만 학도와 민중을 투쟁의 열기로 들끓게 하고 있습니다. 더욱이 관악에서 3년 간을 같이 공부해 왔고, 조국의 자주, 민주 통일을 위한 투쟁을 전개했던 우리의 학형을, 사방이 콘크리트로 둘러싸인 좁은 방에서 5명의 경관에 의해 꽁꽁 묶어 물고문, 전기고문 끝에 죽어갔던 박종철 학우를 "탁 치니 억 죽었다" "저 두 사람의 짓이다"라고 했다가 "사실은 5명입니다."라는 식으로 계속 여러 차례 죽이고 있는 것이다. 그리고 지금도 문제가 말단 관료의 의식 문제인 것으로 돌리고 내각 개편이니 하면서 2월 내무장관 정석모를 학살의 직접적 집행자였던 정호용으로 바꾸는 기만적 조치로 박종철 학형을 계속 죽여서 우리 민중을 기만하고 있는 것입니다. 바로 그 때 경관 2명을 구속함으로써 체제 유지의 방편으로 조직적으로 행해지는 고문을 은폐했던 전두환 일당을 신속한 조치, 빠른 해결이라며 지지하던 미국이 지금은 또 어떻게 자신의 모습을 위장하려고 발버둥치고 있습니까? 고문은 식민지 통치의 폭력적 지배 속에서 근절될 수 없고 그 앞잡이의 폭력성에 대한 전면적인 폭로에 지나지 않습니다.

자신의 장기집권 음모를 관철시키는 정치 일정, 정치쇼를 6·10 민정당 정당대회와 동시에 벌어지는 박종철 학형 고문살인 규탄대회에 미국, 전두환 일당에 일격을 가하기 위해 관악 이만 학우는 동맹휴업, 가두 홍보, 가두 투쟁을 조직화하여 결연한 투쟁의 의지를 다져나갑시다. 6·10 민정당 정치쇼의 시작이 곧 미국, 전두환 일당에 대한 결정적 타격을 가하기 위해 현재의 모든 투쟁을 조직화하여 6·10 투쟁의 승리는 바로 현재 우리의 투쟁인 동맹휴업, 가두 홍보, 가두 투쟁의 기반에 의해서 가능하다는 것을 명심하고 모든 투쟁에 있어서 주위의 학우와 함께 조직적으로 적극적으로 참여합시다.

우리의 주장

단결하여 동맹휴업 끝장내자 군부독재!

살인고문 자행하는 군부독재 타도하자!

광주 학살 배후조종 미국놈들 몰아내자!

광주학살 살인정권 전두환 일당 처단하자!

장기집권 분쇄하고 민주정부 수립하자!

호헌이 웬말이냐 민주개헌 쟁취하자!

분단 조국 42년 5월 5일

서울대학교 총학생회 산하

호헌분쇄와 학살 원흉 미국과 전두환 일당 처단을 위한 특별위원회

결 의 문

1. 4.13 독재헌법 옹호선언은 민주한국의 진정한 건국정신과 국민의 시대적 절대 요청인 민주화를 부정하는 것이기 때문에 **도덕적으로 법률적으로 당연히 무효임을 선언**하며, 각계의 호헌반대 민주헌법쟁취 주장을 전폭 지지하고 이를 실현하기 위한 **국민적 행동을 조직 전개**한다.

2. 국민의 기본권을 철저히 억압하고 있는 현행헌법과, 유신독재국회와 국민대표기구가 아닌 독재기관이 입법한 집시법, 언기법, 형법과 국가보안법의 독소조항, 노동법등 **모든 악법의 민주적 개정과 무효화 범국민운동을 실천**한다.

3. 현정권이 저지른 **광주사태, 박종철군·권양등 고문과 고문범인 조작, 장영자·범양사건** 등 권력부패사건 및 그 진상조작과 같이 국민의 생명과 재산을 유린한 수많은 범죄의 진상규명을 이 정권에 기대하는 것은 전적으로 불가능하기 때문에 **역사적 범죄 진상규명 국민운동**을 벌인다.

4. 현정권이 독재정권 유지를 위해서만 필요하고 도덕적 법률적으로 전혀 정당성이 없는 **민주인사에 대한 연금·구속·공민권 박탈 등을 단호히 거부하고 석방·복권**을 위한 범국민운동을 전개한다.

5. 노동자, 농민, 도시빈민, 양심적 상인, 기업인의 생존권과 경제활동 및 생활권을 박탈·위축하는 모든 **탄압정치와 공권력의 독가스탄 발사와 폭력행정을 즉각 중단할 것을 엄중히 요구**하며, 더 이상의 행정폭력은 국민의 자구적 저항권 행사를 불러 일으킬 것임을 엄숙히 경고한다.

6. **국영·관영방송의 철저한 거짓말 선전**은 대국민 언론고문 행위이며 진실과 자유의 적으로 규정하고, 양심적 언론인의 궐기를 적극 지지 성원하며, 독재정권의 위협과 회유에 길들여진 언론인의 맹성을 촉구하고, **시청료 거부운동·특정 신문과 신문인 규탄운동 등, 자유언론 쟁취 국민운동을 계속 확대**한다.

7. 공무원과 군의 국가와 국민에 대한 충성과 봉사는 최대의 국민적 존경과 애정을 받아야 하며, 민주국가를 파괴하는 정치개입과 정권의 주구화는 국민적 경멸과 저항을 일으킬 것이며 **공무원과 군의 자율적 명예회복운동을 촉구**한다.

8. **민주화와 통일을 요구하는 나라의 주인인 국민**과 시대의 역사적 요청은 군사독재정권이 물러나고 민주 민간정부가 수립됨으로 실현될 수 있으므로 이를 역사적 국민운동으로 기필코 성공시킬 것을 다짐한다.

1987. 5. 27.

민주헌법쟁취 국민운동본부 발기인일동

국민여러분께 드리는 말씀

눈부신 신록의 계절입니다. 초여름 햇살을 받아가며 콧노래 부르며 구슬땀을 흘리며 참으로 열심히 일해야 하는 조국의 5월입니다. 일하며 살아가는게 즐겁고 보람되며, 희망에 찬 미래를 꿈꾸어야 할 오늘입니다. 그러나, 과연 우리는 어떻게 살고 있읍니까? 혈의 대학생 청년들은 독가스가 숨통을 헉헉 끊는 거리에서 피눈물을 흘리며 절규하고, 봄햇살 한 점 찾아주지 않는 감옥 속에서는 천 명의 민주투사들이 어금니를 깨물며 다가올 봄을 외쳐 부르고 있읍니다. **신부, 목사, 교수, 문화예술인 등 이 땅의 모든 양심적 식인들이 단식, 삭발, 성명으로 민주화를 호소**하고 있읍니다. 막노동으로 하루 끼니를 근근히 잇는 서민들은 삶의 보금자리를 빼앗 땅을 치며 통곡하고, 아직도 정처없이 구만리 장천을 떠도는 **남도땅 광주 5월의 넋**들이 일어서라, 일어서라! 절규하고 있읍니다. 이 땅의 주인이 온 국민의 열망이 이러할진대 현 군부독재정권은 무엇을 하고 있읍니까? 젊은 목숨을 고문해서 끊어놓고 심장마로 죽었다고 새빨갛게 거짓말했다가, 위 아래 공모하여 **고문살인범인을 조작은폐**하고, 수백 명을 때려죽인 살인범 부산 형제복지원 장을 구속중에 이발소, 안마소 등에서 농탈질치도록 비호하고, 몇천 억 삼키고 자살한 재벌회장의 뇌물을 받아삼킨 공무원을 비호 고, 제1야당 창당을 각목부대로 깔아뭉개고, 수천 명의 민주인사를 구속·연금·연행하고 있읍니다. 이처럼 가장 부도덕하고 불결 군부독재정권이 세계인의 축제가 되어야할 올림픽을 개최한다는 명분으로 「4.13호헌선언」을 발표하기에 이르렀으니, 민족의 치 을 전 세계에 전시하겠다는 망발이 아니고 무엇이겠읍니까?

국민 여러분!

이 나라의 주인은 누구입니까? 썩어빠진 독재권력입니까? 부패한 독점재벌입니까? 고문살인 조작·은폐하는 폭력경찰들입니? 아닙니다. 절대 저들이 이나라의 주인이 아닙니다! 저들은 주인이 아니기 때문에 민족적 자존심과 민주국가에의 염원,그리고 족의 통일을 결코 실현할 의사가 없으며 실현하지도 않습니다. 저들은 나라의 주인인 온 국민을 눈물과 한탄속에 자포자기하도록하 서 국민을 지배할 따름입니다. 저들도 민주화를 운운하고 국민의 생존을 이야기하지만, 그것은 한낱 명분에 지나지 않습니다. 국민 주인으로서의 자기 권리를 모두 되찾으면 저들은 존재할 수 조차 없는 독재세력입니다. 그렇기 때문에 이 나라가 민주화되는 것을 들은 한사코 거부합니다. 우리 국민은 바로 저들을 거부해야 합니다. 군부독재정권이 존재하는 한 이 땅에서 한숨과 고통과 눈물 결코 사라지지 않습니다.

국민 여러분!

국민 여러분 자신이 아니고서는 독재정치를 종식시키고 허위와 기만을 몰아내고 이 사회를 민주화시킬 사람이 아무도 없읍니다. "종아 잘 가그래이"하고 우리가 젊은 생애를 한줌의 재로 뿌린 것은 그 원혼을 잠재울 빛나는 새 사회를 우리 손으로 만들겠다고 다짐 기 때문입니다. 행동하지 않는 양심은 위선과 크게 다르지 않습니다. 이승만 독재, 박정희 독재를 거쳐 오늘에까지 참고 견디어온 통과 수모를 이제는 정말 끝장내야 합니다. 군부독재정권이 오늘날 보듯이 이토록 뻔뻔스럽고 잔혹해진 이유는 바로 우리들 자신에 있읍니다. 국민 스스로가 깨어 일어나 저들을 거부하지 않았기 때문입니다. 우리 모두 일어나 힘을 합친다면 군부독재를 몰아내고 주정부를 세우는 것은 결코 어려운 일이 아닙니다. 이것이 바로 **민중의 거대한 힘, 위대한 힘**입니다.

국민 여러분!

우리 조국의 장래는 매우 창창합니다. 막대한 희생을 치르고 깊은 분노로 떨면서도 희망을 안고 한발 한발 역사발전을 이룩해가는 학 들이 있기에 우리는 조국의 장래를 낙관합니다. 용기와 슬기를 겸비한 선봉을 요구하는 역사의 부름에 학생들은 죽음을 불사하고 달려 옵니다. 그리고 진정한 민주체제가 언론인들이 들이쉴 공기이자 마실 물이라고 생각하는 자유실천 언론인들이 이제 민주사회를 위해 스스로 나서 싸워나갈 것입니다. 독재권력에 빌붙어 그를 찬양하는 어리석은 언론인은 극소수에 불과합니다. 또 민주인사를 법의 이름으 탄압하는 독재정권이야말로 자신의 존재 자체를 부정하는 암이라는 사실을 깨달은 법조인들이 우리와 함께할 것입니다. 법조인들은 주화를 위해 일어서지 않음으로써 심판의 자리에서 물러나 스스로 역사의 심판을 받는 죄인의 입장으로 전락하는 어리석음을 절대로 하지 아니합니다. 정치적 야망만을 갖고 기회주의적 태도로 독재권력과 타협하지 않는 양심적인 정치가들도 우리와 함께합니다. 이들 드높은 식견과 인격으로 민주화를 위해 몸바쳐 싸움으로써 국민들로부터 사랑받는 정치인이 되는 영예를 누리게될 것입니다. 또한 공 원들도 이제 더이상 고문살인 은폐조작으로 유지되는 독재정권의 손발이 되기를 거부함으로써 독재정권이 아니라 국민에 봉사하는 공 원 본연의 모습으로 돌아오게될 것을 우리는 굳게 믿습니다. 국군장병들도 정치군인의 권력물에 더이상 더럽혀지는 일을 분연히 떨쳐 고 국토방위의 간성이 되어 그 명예를 드높일 날이 결코 머지 않았읍니다.

국민 여러분!

이제 모두 힘을 합쳐 결연히 싸움에 나설 때입니다. 태어나지 말았어야할 군부독재정권을 물리치고 민주정부를 수립합시다. 그리하여 리 모두의 기본권리인 신체의 자유, 언론의 자유, 표현의 자유, 집회결사의 자유, 사상의 자유를 누리고,건강하고,기쁘게, 일하고,자녀 교육하고,문화적 혜택을 맘껏 누릴수 있는 생존권이 보장되는 사회를 만듭시다. 구속된 민주인사가 옥문을 터치며 쏟아져나오고, 거 에서 공장에서 들판에서 남녀노소 기쁨에 겨워 얼싸안고 부둥켜안으며 뜨거운 눈물을 흘리고 민주주의 만세·민족통일 만세를 목이 터 라 외쳐 부르고 함께 누릴 빛나는 새 세상이 목전에 임박하였읍니다.

우리가 싸운다면 승리는 우리의 것입니다. 싸웁시다. 승리합시다. 그리하여 찬란한 미래를 우리 자손들에게 물려줍시다.

1987. 5. 27.

민주헌법쟁취 국민운동본부 발기인일동

第20314号 (第3種郵便物(가)級認可) 조선

"열달후면 市民

40년 憲政史에서 한번도 이루어 보지 못했으며, 지금까지 그 어떤 집권자나 정당, 그리고 그 어느 정치인도 풀지못했던 숙제입니다.

이것은 우리나라의 민주발전의 핵심이 무엇인가를 단적으로 말해주고 있읍니다.

모두 잘 아시다시피 現行憲法은 1인長期執權의 악순환을 단절하고 민주주의를 정착시켜야 한다는 시대적 요청에따라, 헌정사상 처음으로 單任이라는 제도를 도입함으로써 지금까지의 그 어떤 헌법보다도 완벽하게 平和的 政權交替를 보장하고 있읍니다.

본인은 온 국민의 정치적 결단으로 탄생된 이 헌법을 끝까지 준수하고 그대로 실천하는 것이 대통령으로서 책무를 다하는 것이며 그 내용의 핵심인 단임을 한번 실현해 보지도 않은채 이를 고치는 것을 능사로 알아서는 안된다고 믿어 왔읍니다.

그러나 본인은 1년전인 작년 4월 30일 3党代表들과 만나 与·野가 좋은 憲法案을 합의해서 建議해오면 본인의 재임중에라도 헌법을 고치는데 반대하지 않겠다고 함으로써 합의개헌의 길을 열어 놓은 바 있읍니다.

이것은 당시 헌법개정문제를 놓고 与·野가 심각하게 대립한 끝에 길거리에서 밀고 당기는 사태까지 벌어지는 상황에서 국가적 혼란과 갈등을 막고 국민적 대화합을 바탕으로 성숙된 민주정치의 거름을 마련해보자는 본인의 간절한 충정에서 비롯된 것입니다.

따라서 본인은 국회에서 대화와 타협을 통해 진지한 합의이 이루어질 것으로 기대

니다.

이밖에도 여러차례의 여·야 대표회담을 통해 憲法特委의 정상화를 위한 온갖 노력을 기울였을 뿐만 아니라, 기회있을 때마다 야당의 요구를 적극 수용하여 진지한 협상을 모색해 왔던 것입니다.

이러한 꾸준한 노력에도 불구하고 야당은 大統領直選制라는 당론만을 고집하면서 지금까지 단 한차례의 양보도 한일이 없읍니다.

도대체 소수당이 일체의 타협을 배제하고 어떻게 헌법문제를 해결하며, 또 어떻게 민주주의를 하겠다는 것인지 참으로 이해하기 어렵습니다.

있는 법도 제대로 지키지 않으면서 헌법만 고치면 하루아

열시킨 그 폐단을 우리는 아직도 생생하게 기억하고 있읍니다.

특히 지난날 여섯차례의 직선제에 의한 대통령선거가 모두 여당의 승리로 끝나 이 제도는 여당에 유리한 것이라고 평가되어온 것이 사실입니다.

그로 인해 선거가 끝난후에도 선거결과에 승복하지 않아 그 후유증이 심각하였으며 「全部 아니면 全無」라는 식의 극한투쟁만 되풀이 되었읍니다.

바로 그러한 과오와 위험때문에 대통령 직선제는 우리의 불행한 헌정사와 더불어 역사속에 매몰되어 버렸던 것입니다.

나라의 급속한 발전과 국민의식의 성숙한 변화가 이루어진 오늘에 와서 이미 지나가버린 제도를 다시 들고 나오는것은 역사의 시계바늘을 거꾸로 돌리려는것이나 다름없읍니다.

외국의 예를 보더라도 이 지구상에서 1백70여개국 가운데 약40개국이 넘는 개발도상국들

읍니다.

그들 스스로의 내부문제조차도 대화와 타협으로 해결하지 못하고 결국은 파국으로 몰아간 그러한 상대와 더불어 합의를 이루어 나가는것이 과연 가능할것인지 회의를 갖는 국민이 대다수일 것입니다.

오늘의 혼미한 야당의 모습에 비추어볼때 이대로 무작정 기다리기만 하다가는 정치일정의 원만한 진행에 큰 차질이 올것이라는 사실은 짐작하기 어렵지 않습니다.

그렇다면 이시점에서 어떻게 하면 한국민주주의의 새로운 장을 여는 평화적 정부이양을 제대로 성사시킬수있을지 다함께 생각해보아야 하겠읍니다.

여당이 다수표가 있다고해서 단독으로 개헌안을 강행통과시키는 것은 바람직하지 않다고 判斷됩니다.

개헌은 여당이든 야당이든 일방적으로 밀어붙여서 되는 것이 아닙니다.

또 그렇게 되어서도 안되는

어떤 결과도 나타나지 않고 있읍니다.

약속을 꼭 이행하고자 하는 본인의 처지에서 시일은 자꾸 흘러만가는데 약속을 이행할수 있는 길을 마련해 주지 않으니 그 안타까움이 어느 정도일까 하는것은 여러분께서도 충분히 짐작하실수있으리라고 생각합니다.

현재 우리가 남겨두고 있는 기간은 정부를 이양하기 위한 실질적인 준비작업을 진행하고 정치일정을 추진하는데에도 결코 넉넉한 시간이 아닙니다.

헌법을 개정하는데에는 국회에서의 토의 및 결의와 국민투표에만도 수개월이 소요될뿐만 아니라 설령, 개정이 된다하더라도 여·야의 이해가 크게 엇갈리는 선거법개정을 비롯하여 수많은 부수 법안을 정비하고 그에따라 선거를 치러야하기때문에 또다시 수개월의 시일이 필요한 것입니다.

새 정부의 출범과 관계되는 문제를 시간에 쫓겨 졸속으로

합니다.

大統領選挙人団선거와大統領선거는 금년내에 공정한 선거관리를 통해 自由競選의 분위기가 보장되는 가운데 차질없이 실시되도록 모든 노력을 다할 것입니다.

민주정의당의 후임 대통령후보는 조속한 시일내에 국민의 지지를 받을 수 있는 인물중에서 党憲節次와 민주방식에따라 전당대회에서 선출되도록 할것입니다.

평화적 정부이양이란 단순히 집권자가 임기를 마치고 물러나는 것만으로 이루어지는 것은 아닙니다.

여·야 정치인은 물론, 모든국민의 적극적인 동참속에서, 그야말로 평화스럽고 축복이 넘치는 분위기 속에서 정권담당임무가 교체되어야 비로소 평화적 정부이양의 참뜻이 실현되는 것임을 우리는 확실하게 깨달아야 하겠읍니다.

이 지구상의 많은나라 가운데 선거에 따라 평화적으로 정부

그러한 걱정은 최근의 국제정세가 주변 강대국간의 이해관계변화로 착잡한 양상을 띠기 시작함으로써 더한층 커지고 있는 것입니다.

더우기 지난 40년간 우리의 안보를 위협해 온 북한공산집단은 政權交替期의 진통을 그들의 赤化目的을 달성하기위한 결정적 시기로 오판하고있으며 서울올림픽의 성공적 개최를시기한 나머지 갖은 방해책동을 다하고 있는 실정입니다.

이러한 시기에 정치불안과사회혼란이 과연 우리에게 무엇을 가져다 줄수 있겠읍니까.

그것은 우리 국민이 그동안 피땀흘려 쌓아올린 자력성장의 토대마저 파괴해 버릴 위험이 있는 것입니다.

또한 오늘날 국제사회에서벌어지고 있는 치열한 무역전쟁속에서 우리 사회가 불안하고 혼란할때 수출이나 투자가 잘될수 없고 경제가 제대로 풀려나갈수 없읍니다.

우리에게 찾아올 것은 物價

기 위한 地方自治制를 단계적으로 실시해 나갈 계획입니다.

이 문제가 조속히 매듭지어져서 본인의 임기내에 지방자치가 시작된다면 민주발전을 위한 또 하나의 튼튼한 토대가 마련되는 것입니다.

이와함께 본인이 강조하고 싶은 것은 이제는 우리의 정치도 시대의 변천과 사회의 발전에 따라 꾸준한 신진대사가 이루어져야 한다는 사실입니다.

낡은 시대의 낡은 사고방식에만 젖어있는 인물에게 발전하는 나라의 장래를 의탁할 수 없는 것입니다.

그러한 점에서 전환기의 정치를 이끌어 나갈 참신하고 유능한 정치신진들을 광범위하게 포용하고 육성하는 정당의 노력은 매우 필요하다 하겠읍니다.

우리의 정치가 시대조류에 맞게 올바로 발전해 나가기 위해서는 정치인들과 국민모두가 의식의 개혁을 통한 정치풍토의 개선에 더욱 많은 정성을

3년이야말로 우리가 당당하게 선진국대열에 들어설 수 있는 절호의 기회입니다.

본인은 이제 불과 열달 후면 이 重責을 벗고 청와대를 떠나게 됩니다.

그동안 여러분의 뜨거운 참여와 협조로 본인이 약속했던 바를 실천해 올 수 있었음을 영광스럽게 생각하면서 끝까지 변함없는 지지와 성원을 부탁드리고자 합니다.

국민여러분의 축복속에 大任을 마무리짓고 여러분과 더불어 기쁨과 괴로움을 나누면서 융성하는 나라의 시민으로서 일상의 행복을 누리고 싶은 소박한 소망 이외에 본인은 지금 아무런 政治的 私心이 없읍니다.

그러한 개인적인 소망이 여러분의 애정과 보살핌속에서 이루어지는 그 날이 바로 우리 민주주의의 새 아침이 된다는 믿음을 갖고 본인은 거듭 여러분의 협조를 충심으로 기대하는 바입니다.

改憲관련日誌

작년 4·30 靑瓦臺회동서 희망찬 出發

◇86년

▲1월16일=全斗煥대통령, 국정연설서 89년까지 개헌논의 유보 천명
▲2월12일=新民党 직선제개헌 1천만 서명개시
▲2월24일=全대통령, 靑瓦臺3党대표회담에서 89년 개헌가능의사 피력
▲3월7일=李新民党총재 두金씨, 89년 개헌론반박. 시국타개 6개항 제시
▲3월8일=民正中央委, 89年개헌당론채택
▲3월11일=新民党개헌추진 서울시지부 결성식
▲4월30일=全대통령, 靑瓦臺 3당대표회동, 국회서 합의하면 임기중 개헌용의 표명
▲5월3일=仁川사태
▲5월29일=民正-新民 양당대표, 국회改憲特委설치합의
▲6월3일=全대통령, 新民李총재 단독회담 개헌은 빠를수록 좋다고 피력
▲6월4일=全대통령, 국민당 李萬燮총재 단독회담, 개헌안정기국회중처리도가능
▲6월24=국회憲特委 구성결의
▲7월11일=民正党 盧대표, 정기국회에서 합의개헌추진→87년初 民正党 후계자 선정→87년말, 88년初 새헌법에 따른 총선실시 등 정치일정 공개
▲7월19일=新民党명동대회 무산
▲7월25일=新民党직선제개헌공청회
▲7월30일=국회憲特委 제1차 전체회의
▲8월5일=新民党, 대통령직선제 개헌안 확정
▲8월11일=全대통령夏季기자회견, 후계자 국회개헌뒤 결정
▲8월18일=民正党의원내각제개헌안확정
▲9월29일=新民 李총재, 두金씨 憲特委 불참선언
▲10월4일=新民党선택적국민투표 제의
▲11월5일=金大中씨, 직선제전제 대통령 不出馬선언
▲11월29일=新民서울대회 무산
▲12월11일=新民 국회불참 결정
▲12월16일=3党 대표 연쇄회담, 국회憲特委 시한연장 합의
▲12월24일=新民 李총재, 7개 民主化 선행조건 제시
▲12월26일=民正 盧대표, 李敏雨 구상 긍정검토 천명

◇87년

▲1월12일=全대통령, 국정연설서 「끝내 합의가 이뤄지지 않을 경우 중대결단 불가피」언명
▲1월15일=李敏雨-金泳三회동서「李敏雨구상」백지화
▲1월23일=民正党 盧대표 연두회견, 합의개헌되면 사면-복권 검토
▲2월12일=民正党 盧대표, 護憲이 당론이 아니라고 피력
▲2월13일=두金씨, 선택적국민투표제의
▲2월19일=新民党 李哲承의원, 내각제지지 발언
▲3월3일=蔡汶植헌특위원장, 7월까지 개헌 안되면 89년개헌 국민투표 검토.
▲3월6일=숄츠美국무장관 訪韓, 여-야타협 강조
▲3월17일=李총재-金泳三씨 「尹靖」서회동, 직선제당론 등 4개항 합의
▲3월25일=全대통령, 盧대표에게 개헌정국 全權부여
▲3월31일=李총재-두金씨 3者회동, 「仁石구상」사용불가 등 3개항 합의
▲4월8일=두金씨, 新党창당선언
▲4월9일=新党 創備委구성
▲4월10일=盧대표, 釜山서 합의개헌 가능성 희박해졌다고 피력
▲4월11일=民正의총, 합의개헌不能선언
▲4월13일=대통령 특별담화 개헌유보

全대통령 特別談話 요지

"…정치적 私心없다"

무리한 改憲은 혼란·갈등深化

본인은 오늘 국민여러분께서 그동안 큰 관심을 가져오신 改憲문제에 관해서 본인이 깊이 생각해 온 바를 직접 말씀드리고 국민여러분의 이해와 협조를 구하고자 합니다.

현시기의 중대성과 당면한 정치일정의 촉박함을 생각할때 어떻게든 헌법문제를 매듭짓고 넘어가야 한다는 것이 대다수 국민의 솔직한 바람이 아닌가 생각합니다.

지금 우리는 지난 7년간의 꾸준한 노력이 헛되지않아 각 분야에서 눈부신 성장과 발전을 이룩하고 있읍니다만, 안타깝게도 지난 1년 남짓한 기간동안 우리 정치의 모습은 국민의 기대수준에 미치지 못한채 오히려 실망과 좌절감만을 안겨 주고 있는 것이 사실입니다.

모든 국민이 그토록 바라는 合意改憲은 한치의 진전도 이룩하지 못하고 있으며 이 문제를 놓고 政派間에 심각한 반목과 대립만을 거듭하고 있음은 실로 답답하고 유감스러운 일이 아닐수 없읍니다.

이대로 가다가는 합의개헌의 실마리가 풀리기는 커녕 國論이 분열되고 사회混乱이 조성되어 끝내는 평화적 정부이양마저 과연 제대로 될수 있을까 하는 것이 국민의 공통된 우려라고 하겠읍니다.

본인은 취임이래 지금까지 어떻게 하든지 이 땅에 민주주의의 새로운 전통을 수립하겠다는 신념아래 평화적인 정부

야당이 국회에 憲法改正特別委員会 구성을 요구했을때 이에 응해준 것도 그렇습니다만, 특히 그 구성을 与·野同数로 한 것은 다수당으로서는 도저히 생각하기 어려운 큰 양보라고 하지 않을 수 없읍니다.

그리고 무엇보다도 여당이 개헌을 하지 않겠다는 종전의 당론을 변경하면서까지 議院内閣制 개헌안을 마련해서 내놓은 것도 진정한 타협의 자세를 실천해 보인 것이라고 할 것입

이 아닙니다.

그것은 과거 여덟차례나 헌법을 고친 우리의 헌정사가 여실히 말해주고 있읍니다.

분명히 말씀드립니다만, 본인의 單任意志가 확고한 이상, 사실 헌법과 관련하여 본인 자신의 개인적인 이해관계란 따로 있을 수 없읍니다.

다만 물러나는 대통령으로서 본인은 누구보다도 더 허심탄회하고 공정하게 국가와 민족의 먼 장래를 내다보면서 헌법문제를 볼수 있는 입장에 있다고 생각합니다.

어느 제도나 장단점은 있게 마련입니다만 대통령직선제는 과거에 우리가 수차 경험한 바 있어 비교적 익숙한 제도인것이 사실입니다.

그러나 그 경험은 결코 자랑스러운 것도 아니고 바람직한 것은 더욱 아니었읍니다.

국민이 원한다는 명분아래 집권연장을 위한 개헌이 여러차례 이루어져 1인장기집권의 폐해가 누적되었고 결국에는 평화적인 정부교체에 실패하고 말았던 것입니다.

전국적인 과열선거로 테러와 폭력이 난무하고, 감당할 수 없는 선심공세와 막대한 자금살포로 경제파탄의 어려움을 초래하였으며, 더구나 지역감정

이 대통령직선제를 채택하고있지만 평화적 정부교체가 제대로 실천되고 있는 나라는 거의 없는 것이 엄연한 현실입니다.

따라서 이왕 헌법을 고치려면 보다 나은 헌법으로 고치자는 것이 당연한 이치일 것입니다.

나라마다 헌법이나 제도를 선택하는데 있어서는 그 나라의 역사적 배경과 문화적 전통 그리고 정치적 상황과 당면한 현실을 고려하지 않으면 안되는 것입니다.

이러한 모든 문제를 참작하여 현행제도에 대한 타협안으로 민정당이 의원내각제를 내놓은 것으로 본인은 이해하고 있읍니다.

이 제도는 오늘날과 같이 다원화된 사회속에서 각계각층의 다양한 욕구를 충족시킬수있고 여·야가 극한대립이 아닌 국정운영의 동반자로서 공존할수있으며, 자율과 개방속에서 선진국으로 발전하고 있는 시대적 추세에 부응할수있다는 점에서 민주발전을 기약할수있는 제도라고 판단하는 것입니다.

사실 다른나라들의 정치사에서도 집권여당이 스스로 권력구조를 대통령제에서 내각책임제로 바꾸자고한 실례는 찾아보기 어려운 것입니다.

여당이 스스로 내각책임제를 내놓고 있는데도 야당은 이를 한사코 거부해왔을뿐아니라, 최근 극심한 내부의 혼란과 갈등 상태를 보임으로써 합의개헌의

것입니다.

그내용이 아무리 좋다하더라도 무리가 따르는 일방적인 방식이나 변칙적인 방법으로는 본래의 취지를 살리기 어렵다는 것은 자명한 일입니다.

그것은 오히려 나라와 사회의 혼란과 갈등을 심화시킬 뿐이며, 과거 우리정치사의 경험과 우리국민의 성숙한 정치의식에 비추어서도 용납되기어려운 것입니다.

더우기 우리 모두의 염원을 담은 헌법이 엄연히 존재하고 있는터에 나라의 발전을 가로막을 그러한 방식을 무리하게 취할 긴박한 이유도 발견하기 어렵다고 하겠읍니다.

앞에서도 말씀드린 바와 같이 민정당이 그동안 합의개헌을 위해 끈질긴 노력을 다해왔으나 이제 합의개헌의 전망은 절망적이고 더 이상 기다릴 시간적 여유도 없다는 것이 분명해졌읍니다.

이와같은 상황은 특히 單任약속을 이행하고자 하는 본인의 입장에서 볼때 실로 중대한 문제가 아닐 수 없읍니다.

약속을 지키기 위해서는 정부를 이양하는 정치일정을 순조롭게 추진해야 하고, 또 그러기 위해서는 정치일정의 준거가 될 헌법이 우선 확정되어야 합니다.

그러므로 본인은 그 누구보다도 간절히 합의개헌의 성사를 염원하면서 그 결과를 기다려 왔던 것입니다.

처리하는 것은 그 자체가 시비와 혼란의 원인이 될수 있을뿐만 아니라, 나라의 장래를 위해서도 실로 무책임한 일이라고 할 것입니다.

이 시점에서 본인은 얼마 남지않은 촉박한 임기와 현재의 국가적 상황을 종합적으로 판단하여 중대한 결단을 내리지 않으면 안되게 되었읍니다.

이제 본인은 任期中 改憲이 不可能하다고 판단하고 현행헌법에 따라 내년2월25일 본인의 임기만료와 더불어 後任者에게 政府를 移譲할 것을 천명하는 바입니다.

이와함께 본인은 평화적인 정부이양과 서울올림픽이라는 兩大 國家大事를 성공적으로 치르기 위해서 國論을 분열시키고 國力을 낭비하는 소모적인 개헌논의를 지양할 것을 선언합니다.

본인의 이 결단은 오늘의 난국을 타개하고 국가목표를 수행하는데 현실적으로 최선의 길이라는 판단에 따른 것으로서 국민여러분께서 전폭적인 호응과 신뢰를 보내주실 것을 간곡히 당부하고자 합니다.

두 가지의 國家的 大事를 완수한 후에 충분한 시간을 두고 개헌문제를 다시 생각한다면 나라의 百年大計를 위한 좋은 방안이 발견될 수 있을 것으로 본인은 확신하는 바입니다.

본인은 오늘 여러분에게 밝힌 결단에 따라 앞으로 平和的 政府移讓을 위한 政治日程을

를 교체하면서 제대로 민주주의를 하고 있는 나라가 20여개국에 불과하다는 사실을 생각할때 본인이 헌법을 지키고 물러나는 그 자체로서 우리의 민주주의는 획기적인 이정표를 세우게 된다고 하겠읍니다.

본인이 거듭 강조하고 싶은 것은 이 결단의 참뜻은 어떻게 하든지 파국을 막고 어디까지나 정상적인 헌정절차에 따라 명예로운 퇴임을 매듭 짓고자 하는데 있다는 사실입니다.

그럼에도 불구하고 부질없는 改憲派争에만 골몰하여 불법과 폭력으로 사회혼란을 조성하고 국민생활을 불안하게 하는일이 있다면 본인은 국민생활의 안정과 사회질서의 유지를위하여 헌법이 대통령에게 부여하고있는 모든 권한에 따라 단호하게 대처할 것임을 밝혀 두는 바입니다.

그동안 누차 강조해왔읍니다만, 우리는 지금 이 순간 민주와 선진과 통일의 영광스러운 역사를 창조하느냐, 아니면 후진과 빈곤의 악순환으로 되돌아갈 것이냐를 판가름하는 마지막 갈림길에 서 있읍니다.

이처럼 한 민족의 방향을 가름할 중요한 시기를 더이상 낭비적인 갈등과 대립, 그리고 반목으로 허송해서는 결코 안되겠읍니다.

그것은 우리의 내부분열을 심화시키고 국력을 소모시켜 국가의 존립과 국민의 생존권마저 위협하게 될 우려가 크기

高와 失業과 不況과 貧困과 점체뿐입니다.

이에따라 經濟後退와 国家危機의 悪循環이 시작될수 밖에 없는 것입니다.

그렇지 않아도 사회일각에서는 과격한 左傾勢力이 민주화라는 가면아래 자유민주주의 자체를 부정하고 폭력과 불법과 선동으로 공산주의 세상을 세우겠다고 준동하고 있지 않습니까.

본인은 자유민주주의체제를 전복하려는 폭력 좌경세력을 엄정하게 다스리고 전환기에 해이해지기 쉬운 사회기강을 엄격하게 확립함으로써 国基를 튼튼히 다져 나갈 것입니다.

지금 우리가 살고 있는 이 시기가 역사적으로 중요한 전환기인 만큼 오늘의 정치와 나라의 모습 뿐아니라 내일의 정치와 먼 국가장래를 내다보면서 남은 기간동안 대통령으로서 본인이 해야 할 일은 참으로 많다고 생각합니다.

본인이 물려받은 우리 政治史의 遺産이 너무도 힘겹고 불행했던 것이기 때문에 다음에 누가 国政을 담당하든 그 후임자와 국민여러분이 더욱 순탄하게 전진할 수 있도록 좋은 전통과 튼튼한 자산을 물려주고 싶은 것이 본인의 꾸밈없는 소망입니다.

본인이 지금 어떤 희생을 무릅쓰고서라도 단임을 준수하여 평화적 정부이양을 실현하려는 참뜻도 도저히 과거의 낡은 정치유산을 그대로 넘겨 줄 수는 없다는 데에 있읍니다.

이제 우리의 정치도 나라와 사회의 성장발전에 부응하는 선진정치의 길로 나아가야 한다는 [illegible]

쏟지 않으면 안되겠읍니다.

우리는 이제 굴절된 40년 정치사가 남긴 악순환의 굴레에서 완전히 벗어나야 할 단계를 맞이하고 있읍니다.

정치세력간의 불신과 적대의식, 대화와 타협을 두려워하는 기이한 정치풍토, 그리고 폭력과 선동으로 국력을 낭비해온 극한투쟁의 후진적 양상은 하루속히 사라져야하는것입니다.

1人長期執権의 폐해가 청산되고 있는 이 마당에서 신뢰와 互譲, 그리고 忍耐와 節制는 우리가 나아가야 할 새로운 정치의 모습이자 오늘의 전환기에 국민모두의 행동지표가 되어야 할것입니다.

우리의 정치도 이제는 국민의 다양한 욕구를 해결하기 위한 정책대결을 중시하면서 중요한 국가문제에 당리당략을 초월하여 국민에게 봉사하고 나라를 살찌우는 새로운 전통을 세워나가야 하겠읍니다.

정치인의 사리사욕을위해 국민에게 불안과 걱정을 주는 정치가 아니라 공익을 위해 정치인자신의 이익을 희생함으로써 모든 국민에게 믿음과 희망을 주는 성숙한 정치로 발전해 나가야 하겠읍니다.

본인은 오늘의 정치인 모두가 본인의 결단을 허심탄회하게 받아들이고 그 토대 위에서 새로운 정치의 앞날을 설계하고 건설하는데 적극 동참해 줄 것을 기대하고자 합니다.

아울러 국민여러분께서는 안정속의 발전이 이루어질수있도록 민주시민으로서 계도적인 책임을 다해주기를 당부하는바입니다.

이러한 우리의 모든 노력이 합하여서 착실한 민주발전이 계

(1) 15版 第20314号 (1945. 12. 21. 第3種郵便物(가)級認可 1964. 1. 1. 登錄番號가-9호)

現憲法으로

◇全斗煥대통령이 13일 오전 9시 전국 방송망을 통해 88년 올림픽때까지 改憲유보와 금년안에 후계 大統領선거 방침을 밝히는 특별담화문을 발표하고 있다.

도 6월중에 전당대회를 열어 차기 대통령후보를, 선출키로 했다.

民正党은 이를 위해 週内에 主발전구상을 밝힐 예정이다.

民正党은 또 4·13특별담화에 따른 충격을 흡수하고 정국 분위기를 일신키위해 5월12일

대통령임기중에 地自制를 실시키위한 地自制관계법을 처리하는등 일련의 민주화발전조치를 취해나갈 방침이다.

실시할경우, 정치지망생들이 지방의원쪽을 선호하는등 대통령선거에 직·간접적 영향을 미치게될 가능성이 많기 때문인 것

한 지지표명과 실천방안을 논의했다.

한 관계자는 앞으로 野側의 동향에 대응한 추가적 조치가능성에 언급 『모든 가능성을 배제하지 않는다』고 말해, 그같은 개연성을 배제하지 않았다.

議總에선 특히 특별 담화에 대한 국민공감대 확산을위한홍보책이 집중 논의됐는데▲중대결단내용은 절대로 護憲이아니고「유보」조치이며▲개헌은 상대와의 합의로써만 가능한데 현재로선 언제 합의가 이뤄질지 아무도 장담할 수없어 개헌시기를 못박을수없고▲차기 정권은 결코 과도정권이아니라는 점등의 유의사항이 전달됐다.

統一民主党 발기인大会

民推사무실서 「대통령直選 합의改憲」 천명

統一民主党(가칭)은 13일 오전 民推協사무실에서 발기인 5백명이 참석한가운데 창당발기인대회를 열어 창당준비委를 결성하고, 창당준비위원장에 金泳三씨를 선출했다.

統一民主党측은 서울明洞 YWCA강당에서 대회를 가질 예정이었으나, 건물주측이 당초사용계약때와 집회목적이 다르다며 이를 거부, 결국 장소를 옮겼다. 〈관련기사5면〉

창당준비 부위원장에는 崔炯佑 金守漢(이상 金泳三계) 李重載 楊淳稙 廬承煥씨(이상 金大中계)가 선출됐으며, 곧지구당 창당대회를마쳐 오는29일 전당대회를 가질 예정이다.

이날 대회는 창당발기취지문을 통해『이 땅에 진정한 민주화를 실현하고 선거혁명을 통해 평화적 정권교체를 이룩할 선명하고도 강력하며 생동감넘치는 정당을 만들기 위해 統一民主党을 만든다』고 선언했다.

金泳三위원장은 인사말을 통해『민주승리의 성스러운 사명을 이루는 그날까지 투쟁이든 협상이든 그것이 국민의 편에서는 길이라면 그 어느것도 두려워않고 나아갈 것』이라면서「내년 2월의 평화적 정권교체를 기해 이땅에서 독재는 영원히 추방돼야 하며, 정권교체의 방법은 대통령중심직선제로의 합의개헌이어야한다」는등 6개항의 원칙을 천명했다.

그는 이 6개항에서▲직선제 합의개헌을 위해 현정권과 어떤 형태의 대화도 마다하지 않을것▲현정권은 비참한 末路를 맞지않도록 구속자석방·사면복권·수배해제 등을 통해 민주화의지를 실증할 것▲의회민주주의의 수호자로서 정권교체는 선거혁명으로 달성하며 투쟁은 비폭력 평화적방법으로 할것▲산업사회의 누적된 病理치유를 위해 정강·정책을 보완하며 각계 각층의 유능한 인사들을 참여케할 것▲지속적 党勢확장과 党운영의 현대화·과학화▲언론자유의 쟁취등을 내세웠다.

이날 대회는 4개항의결의문도 채택▲야당과 민주세력에 대한 파괴책동의 엄중규탄및 창당작업의 방해책동 즉각 중단▲金大中·金泳三지도노선 전폭지지▲대화제의와 선택적 국민투표 즉각 수락▲민주세력과 연대한 직선제개헌관철및 평화적 정권교체달성등을 밝혔다.

한편 이날 대회뒤 18인小委는 창당때까지의 실무기구로▲총무(위원장 金令培)▲조직(〃徐錫宰)▲홍보(〃許[illegible])▲정책(〃許京萬)▲당헌당규(〃睦堯相)▲국회대책(〃金鉉圭)등 6개委를 구성하고, 회계책임자로 文正秀의원을 임명했다. 18인小委는 또 14일 현역의원이 위원장으로 있는 57개 지구당에 대한 조직책 임명을 하기로했다.

改憲관련 集団행동 嚴断

徐검찰총장 지시

徐東權검찰총장은 13일『개헌논의를 앞세운 집단행동등 앞으로 예상되는 사회혼란책동에 엄중대처하라』고 전국 검찰에 긴급지시했다.

徐총장은 이날오전 대검검사회의를 열고『개헌논의를 지양한다는 대통령의 특별담화발표에 따라 일부 사회 비판세력및 학원가등에서 다중의 힘을 이용, 개헌을 주장하는 각종 불법시위 농성등이 예상된다』고 말하고『이같은 사회혼란책동에 대해서는 전검찰력을 동원, 단호히 대처하라』고 강조했다.

〝예견된 長期집권음모〟

統一民主党 金泳三씨 오늘 회견

정부·여당측의 改憲포기의사가 13일 발표되자 統一民主党(가칭)을 비롯한 野圈은 이를 장기집권음모라고 비난하면서 단호히 대처하겠다는 입장을 표명했다.

金泳三 統一民主党 창당준비위원장은『예견은 하고 있었지만 民正党이 이제야 장기집권음모의 본색을 드러냈다』면서『기어코 우리가 소망하는 민주화를 달성하기 위해 단호하고도 확실한 방법으로 대처해나가겠다』고 말했다. 金위원장은 14일 오전9시30분 民推協사무실에서 기자회견을 갖고 정부·여당의 현행헌법고수방침에 대한 대응책을 밝힐 예정이다.

Chosun Ilbo　西紀 1987年(檀紀 4320年) 4月 14日 火

政府이양

大統領선거 年內실시

改憲문제 올림픽뒤 생각해야

全대통령 특별담화

全斗煥대통령은 13일 임기중 改憲이 불가능하다는 판단아래、현행 헌법에따라 대통령선거를 연내에 실시、내년 2월25일 자신의 임기만료와 함께 후임자에게 정부를 이양할것이라고 밝혔다。

全대통령은 이날 오전9시 전국의 TV와 라디오를 통해 중계된 특별담화를 발표、이같이 천명하고、『평화적 정부이양과 서울 올림픽이라는 국가적 兩大事를 완수한후 충분한 시간을두고 改憲문제를다시 생각한다면、나라의百年大計를위한 좋은 방안이 발견될수 있을 것으로확신한다』고 덧붙였다。

<관련기사 2·3면·談話4면>

全대통령은 이 담화에서 『본인은 이 兩大事를 성공적으로 치르기 위해서 國論을 분열시키고 국력을 낭비하는 소모적인改憲논의를 지양할것을 선언한다』고 말하고 『이시점에서얼마남지 않은 촉박한 임기와 현재의 국가적 상황을 종합판단、이같은 중대결단을 내리지않으면 안되게됐다』고 강조했다。

全대통령은 『대통령선거인단 선거와 대통령선거는 금년내에 공정한 선거관리를 통해 자유競選의 분위기가 보장되는가운데 차질없이 실시되도록 모든 노력을 다할것』이라고 밝히고 『民正黨의 후임 대통령후보는 조속한 시일내에 국민의 지지를 받을수있는 인물중에서 黨憲절차와 민주방식에따라 전당대회에서 선출되도록 할것』이라고 말했다。

全대통령은 『民正黨은 그동안 합의改憲을 위해 끈질긴 노력을 다 해왔으나 이제 합의改憲의 전망은 절망적이고 더이상 기다릴 시간적 여유도 없다는것이 분명해졌으며、이같은 상황은 특히 單任약속을 이행하고자 하는 본인의 입장에서 볼때、실로 중대한 문제가 아닐수 없다』고 토로하고 『이결단의 참뜻은 어떻게 하든지 파국을 막고、어디까지나 정상적인 憲政절차에따라 명예로운 退任을 매듭짓고자 하는데 있다』고 강조했다。

全대통령은 『그럼에도 불구하고 부질없는 改憲파쟁에만 골몰、불법과 폭력으로 사회혼란을 조성하고 국민생활을 불안케 하는 일이 있다면、본인은 국민생활의 안정과 사회질서의 유지를위해 헌법이 대통령에게 부여하고있는 모든 권한에따라 단호히대처할것』이라고밝혔다。

[illegible] 조치들을 더욱 과감히 추진해 나갈것』이라고 다짐하고、그러한 노력의 하나로 地自制의 임기내 단계적 실시를 시사했다。

全대통령은 또 『강조하고 싶은것은 이제 우리의 정치도 시대의 변천과 사회의 발전에 따라 꾸준한 新陳代謝가 이뤄져야한다는 사실』이라고 지적하고 『낡은시대의 낡은사고방식에만 젖어있는 인물에게 발전하는 나라의 장래를 의탁할수는 없는것이며、그런점에서 전환기의 정치를 이끌어 나갈 참신하고 유능한 정치新進들을 광범위하게 포용하고 육성하는 정당의 노력은 매우 필요하다』고 강조했다。

全대통령은 『본인은 大任을 마무리짓고、여러분과 더불어 융성하는 나라의 시민으로써、日常의 행복을 누리고 싶은 소박한 소망이외에 아무런 정치적私心도 없다』고 말했다。

"韓国 与-野의행동 熟考하길 희망"

美국무성 대변인

【워싱턴=趙龍植특파원】 오클리 美국무성대변인은 13일 全斗煥대통령의 개헌논의중단결정에 대해 『우리는 한국의 차기정부가 보다 공개되고 넓은 지지기반을 얻는것이 매우 중요하다고 믿는다』고 말하고 『우리는 한국의 여·야가 지난주에 있었던 여러가지 그들의 행동들에 대해 숙고하기를 희망한다』고 말했다。

오클리대변인은 릴리 駐韓미국대사가 全대통령의 발표를 사전에 알았느냐는 질문에대해 『우리는 어떠한 외교접촉에관한 내용에 대해서 말하지 않겠으나 릴리대사나 미국정부가 全대통령의 발표를 승인했느냐 여부에대한 질문에 관한 우리들의 답변은 명백히 「노」라고 말했다。 오클리대변인은 金大中씨의 가택연금에 대해 『우리가 과거 수차에 걸쳐 말해왔듯이 金大中씨를 포함한 어떤 개인의 정치적 권리를 제한하는 한국정부의 행동을 유감으로 생각한다』고 말했다。

地自制、大統領선거후 실시

民正、政局운용방침 修正 6월까지 대통령후보 選出

地自制는 대통령선거가 끝난후에 실시할 방침인것으로 전해졌으며 [illegible] 으로 알려졌다。

여권의 한 소식통은 이와관 [illegible]

"次期정부 과도政權 아니다" 어제議總

4

6월항쟁

선 언 문

- 호헌반대 민주헌법쟁취 범국민운동 부산본부 발족에 즈음하여 -

해방 이후의 허리잘린 반도의 역사는 독재정권에 의한 민주의 수탈, 억압, 착취의 역사였다. 민중은 독재의 손아귀에서 장님으로 귀머거리로 벙어리로 살아야 했을 뿐만아니라 독재정권과 그와 결탁한 매판 재벌들이 자신들의 배를 불리는 만큼 허리를 조이며 생존의 위협을 받아야만 했다. 그러나, 그러한 독재정권은 어김없이 민중의 힘에 의해 무너졌으니, 4.19혁명, 10.16 부마민중항쟁, 5.18광주민중항쟁이 그것이다. 역사 발전의 주체는 민중이며 민중의 기본적 제 권리는 당연히 보장되어야만 한다. 이것이 제대로 이루어지지 않았을때, 역사의 경험은 억압과 착취속에서의 국민적 대동단결을 우리에게 가르쳐 주고있다.

지금이 바로 그러한 때이다. 4.13조치는 장기집권을 위해서는 수단과 방법을 가리지 않는 전두환 독재의 횡포이다. 독재정권의 장기집권 음모가 노골화된 지금, 그 이전보다 더욱 더 암울할 조국의 미래는 불을 보듯 환한 일이다. 우리는 2.12총선의 열기를 어제 일처럼 기억하고 있다. 2.12총선은 국민의 성숙된 정치의식과 당연한 제권리를 찾겠다는 의지의 표출이었으며, 작년 봄 전국 각지를 독재타도와 직선제개헌의 함성으로 물들였던 개헌 현판식은 직선제 개헌에 대한 온 국민의 열망이 얼마나 컸었던가를 분명히 보여준 것이었다. 그러한 국민의 결집된 의지는 호헌을 고집하던 군부독재정권을 개헌으로 돌아서게 하였고, 우리는 개헌을 통해 민주주의의 나무가 이 나라에 뿌리내릴 수 있기를 희망하였다. 그런데 독재정권은 스스로 개헌을 약속한지 1년도 채 되지 않아 갖은 핑게를 대며 다시금 호헌을 선언하고 나온 것이다.

우리는 국민을 우롱하는 이 반민주적인 행위에 끓어오르는 분노를 참을 수가 없다. 4.13조치 이후에 방방곡곡 각계각층에서 봇물터지듯 터져나오는 대학교수, 목사, 신부, 수녀, 예술인 등의 폭력호헌 철폐와 민주헌법쟁취를 위한 서명, 단식기도, 삭발은 그러한 분노와, 진정으로 이 나라가 정의롭고 평화로운 민주주의 사회가 되기를 염원하는 뜨거운 조국애인 것이다. 그럼에도 불구하고, 군부독재정권은 그 잔인한 폭력성을 또 다시 휘두르고 있으니, 지난 5월 12일 서울 아현 감리교회에서 있었던 나라를 위한 기도회에 참석하려던 목사, 청년, 학생, 심지어는 이를 취재하려던 기자에게까지 무차별 구타를 서슴치 않았다. 어린 여학생의 몸으로 성고문을 당해야 했던 권양의 고통, 우리에게 너무나 큰 충격을 안겨다 주었던 박 종철군의 고문에 의한 죽음이 아직도 우리 기억에 생생하고, 공수부대의 총칼앞에서 분노와 죽음으로 맞서야만 했던 광주시민들의 한이 다시금 되살아나는 이 오월에, 전 두환 군부학살정권은 이제는 호헌과 함께 폭력적으로 국민의 숨통을 죄어오고 있는 것이다.

우리는 군부독재의 반민족적이고 반민주적인 행위가 단순히 노동자, 농민, 도시빈민에게만 가해지는 것이 아님을 알고 있다. 현정권이 '평화적 정부이양'과 '88올림픽의 성공적개최'라는 허울좋은 구실로 장기집권을 꾀하고 있는 동안은 일부의 권력자를 제외한 온국민은 독재의 군화발아래서 자유와 생존의 위협을 받울 수 밖에 없다. 이제 우리는 대동단결해야 할 것이다. 80년 5월 광주민중항쟁의 그 꿋꿋한 정신을 계승하여 온 국민의 힘과 뜻을 하나로 뭉쳐야 한다. 그리하여 군부독재정권의 장기집권음모를 저지하고 나아가 군부독재정권의 영원한 종식을 위하여 호헌반대와 민주헌법쟁취를 위해 투쟁의 깃발을 높이 들어야 한다. 이에 우리 부산지역에 있는 민중민주화운동단체와 애국적 인사들은 호헌반대 민주헌법쟁취 범국민운동 부산본부를 발족하고 이 안에서 굳게 연대하여 전 두환 군부독재정권의 그 어떠한 탄압에도 굴하지않고 끝까지 전진할 것을 선언한다.

부산 시민께 호소한다. 우리의 권리는 우리 스스로의 힘에 의해 향유할 수 있음을 우리는 역사의 경험속에서 똑똑히 보아왔다. 독재의 힘이 제 아무리 강할지라도, 그 폭력적 탄압이 제 아무리 심하다 할지라도 시민여러분 각자가 불의에 항거하는 정의로운 마음과 조국에 대한 애정을 간직하고 있을때, 그리고 그 뜻을 하나로 모았을 때 마침내 우리는 승리할 수 있을 것이다.

자! 폭력 호헌 철폐와 민주헌법 쟁취를 위한 투쟁의 깃발아래로 모두 모이자!

5월 항쟁 계승하여 군부독재 타도하자.!!!

군부독재 타도하고 민주헌법 쟁취하자!!!

폭력호헌 철폐하고 민주헌법 쟁취하자!!!

1987년 5월20일

호헌 반대 민주헌법쟁취 범국민운동 부산본부

한국교회사회선교협의회 부산지구 협의회

영남지역 목회자 정의평화 실천 협의회

천주교 정의구현 부산교구 사제단

부산 민주시민 협의회

부산기독교교회협의회 인권위원회

부산지구 기독 청년 협의회

부산 민주화 실천 가족 운동 협의회

선언문

— 호헌 반대 민주헌법 쟁취 전북위원회(가칭)를 결성하며 —

살인과 폭력으로 정권을 탈취하고, 민주화 운동을 탄압해 온 군부독재 정권은 4 · 13 호헌책동을 도발하여 장기집권 의도를 노골적으로 드러내었다. 이러한 역사적 위기 상황 하에서, 우리는 현 정권을 광주 학살의 원흉이며, 국민의 정부 선택권을 약탈한 반민 즉 반민주 정권으로 규정하여 4 · 13 호헌을 거부하여 직접 선거를 통한 국민의 지지 속에 정통성을 부여 받는 민주 정부를 수립할 것을 선언한다.

우리는 합의 개헌 약속을 일방적으로 파기하고 민주 세력에 대한 용공 공작과 치졸한 공작 정치를 통한 민주 진영의 분열과 고립을 획책하는 현 군부독재 정권의 의도를 만천하에 폭로하고 민주 회복을 위하여 결연히 투쟁할 것이다.

또한 우리는 현 정권의 집권 과정과 통치 과정의 폭력성을 방기하고 시거에서 릴리로 이어지는 일관된 공작을 통해 현 정부를 배후 조종하면서도, 최근 "문민정책", "내정불간섭" 운운하며 마치 현 한국의 폭압정치와 무관하고, 한국의 민주 발전을 원하는 양 가장하는 미국의 기만성을 직시하며, 민족 자주성 회복을 위해 그들의 내정간섭에 부단히 항거할 것이다.

우리는 현 역사적 위기를 극복하고 민주화를 이룩할 수 있는 유일한 힘은 국민의 일치단결된 의지와 모든 민주 세력의 결집에 의한 통일적이며 일관된 투쟁에 있음을 확신하며, 평화적 정권교체란 민주 개헌을 통해 국민의 손으로 이루어져야 하며, 민주화란 집권자의 선심으로 배급되는 가시적 민주화 조치가 아닌 투쟁을 통해서만 쟁취될 수 있다는 명백한 진리를 인식한다.

이에 우리는 민주 헌법 쟁취를 위한 전라북도 운동 역량을 효과적이며 일관된 투쟁으로 결집하기 위하여 "호헌반대 민주헌법 쟁취 전북위원회"(가칭)를 결성한다.

우리는 국민들의 간절한 소망과 염원을 배신한 집권 세력의 어떠한 책동도 역사와 국민으로부터 끝내 거부될 수밖에 없으며, 민주 사회는 국민들의 손에 의해 선택되는 민주정부 수립에서 시작되는 것입을 확신한다.

80년 5월 광주에서의 핏빛 함성을 이제 아름다운 민주의 꽃으로 탄생시킬 때는 왔다. 핍박과 학살로 점철된 민족의 역사에서 민주화를 달성하고 민족 통일의 첫발을 내딛는 가슴 벅찬 승리를 쟁취하기 위하여 우리 모두 투쟁과 대열로 힘차게 떨쳐 나가자!

1987년 5월 21일

호헌반대 민주헌법 쟁취 전북위원회(가칭)

민주헌법 쟁취하여 민주정부 수립하자!

-민주헌법쟁취 국민운동본부 결성선언문-

우리 국민은 온갖 외세의 침략과 독재적 억압의 현대사 가운데서도 갑오농민전쟁, 3.1독립운동, 4월혁명, 부마항쟁, 광주민중항쟁의 빛나는 전통을 이어받아 민족의 자존을 수호하고 민주주의의 대동 세상을 건설하기 위한 투쟁을 전개해왔다. 이 나라 역사는 국민의 인간애 넘친 희생을 밑거름으로 발전되어 왔으며 승리의 그 날이 멀지 않았음을 우리는 굳게 믿는다.

우리는 용기있는 민족만이 민주주의의 산 열매를 얻을 수 있다는 교훈을 가슴깊이 되새기며, 지금 이 나라의 앞길에 놓인 미증유의 난국을 타개하고 민주주의의 광명대도를 열기위해 「호헌반대 민주헌법쟁취 국민운동본부」를 발족한다.

오늘 우리는, 온 국민이 가슴조이고 전 세계 이목이 주시하는 바와 같이, 중대한 역사적 분기점에 서있다. 분단 40년의 오랜 기간동안 국민의 생명력을 짓밟아온 군부독재를 청산하고 민족의 자존을 떨칠 화회를 맞볼 것인가, 아니면 지 끔찍스러운 폭압아래 노예로 머물 것인가 라는 중대한 분기점에 서있는 것이다. 따라서 온 국민의 기대와 소망으로 전개되어 오던 개헌논의를 하루 아침에 봉쇄하려는 현정권의 호헌망언은 우리에게 온 몸을 던진 단호한 결단을 촉구하고 있는 것이다.

민주개헌은 어느 개인이나 정파적 이익의 한계를 뛰어넘는 온 국민의 일치된 소망으로 이미 확인되었었다. 우리 국민은 85년 2.12총선을 계기로 엄청난 탄압에도 불구하고 진정한 국민적 합의에 기초한 민주화의 길을 얻기 위한 시급한 과제로서 민주개헌의 요구를 도도하게 분출시켰던 것이다. 개헌은 단순히 헌법상의 조문개정을 뛰어넘어 유신이래 빼앗겨온 정치·경제·사회·문화등 모든 생활영역에서 기본권리를 확보하기 위함이며, 이를 위해 무엇보다도 정부선택권을 되찾음으로써 실로 안으로 국민다수의 의사를 실행하고 밖으로 민족의 이익을 수호할 수 있는 정통성 있는 민주정부의 수립을 가능케함을 의미한다. 또한 개헌은 응어리진 국민적 한과 울분을 새로운 단결과 화해, 역사발전의 원동력으로 승화시킬 수 있는 그 무엇과도 바꿀 수 없는 민주화를 위한 출발점이며 절대명제임을 밝히는 바이다.

「88올림픽」이나 「평화적 정부이양」「단임제」가 민주개헌을 늦춰야 할 이유가 될 수 없음은 자명하다. 세계평화의 축제이며 인류이상의 체현이어야 할 올림픽이 이 땅의 민주화를 지체시키고 외국인들에게 잘 보이기 위해 도시 영세민의 생존권을 박탈하게 한 수는 없으며, 강요된 침묵이 평화일 수도, 얼굴화장만 달리한 독재자의 교체가 단임제일 수도 없다. 우리는 현정권이 회개와 반성을 통해 민주정부를 세움으로써 올림픽행사를 갈라진 민족의 화해와 통일에 기여케할 것을 마지막으로 당부한다. 아울러 우리는 현군부독재의 탄생과 유지에 직접적인 후원자이며, 이를 통해 자국의 이익을 관철시켜 온 미국을 비롯한 모든 외세에 대해서도 엄중한 경고를 보내는 바이다. 상황에 따라 내용을 달리하는 미국의 이중적 대한정책은 한국의 민주화에도, 자국의 이익에도 도움이 되지 못한 것이다.

우리 조국의 민주화는 우리의 손에 의해, 우리의 투쟁과 사랑과 희생에 의해서만 이룩될 수 있다. 이제 우리는 이 민족을 밝고 희망찬 미래로 도약시키기 위하여 모든 국민의 민주화 의지를 총집결하여 민주헌법 쟁취를 위한 운동을 힘있게 조직하고 실천해 나갈 것임을 역사와 민족앞에 엄숙히 다짐하는 바이다.

1987년 5월 27일

민주헌법쟁취 국민운동본부 발기인 일동

민주헌법쟁취 국민운동본부를 발기하면서

전두환씨는 지난 4월13일 반민주적인 현행헌법의 「호헌」과 그 헌법에 따라 선출된 차기대통령에게 권력을 이양한다는 이른 바 「중대결정」을 발표했다. 그후 4.13 결정에 대한 전 국민의 항의는 전국을 휩쓸었다. 독재정치에 확고한 반대입장을 표해 왔던 야당정치인은 물론 국민 각계 각층에서 이를 반대하는 분신, 단식농성, 가두시위, 연기명 성명발표 등이 날로 규단의 목소리를 드높이고 있다.

4월21일 가톨릭 광주 대교구 신부들의 4.13조치에 반대하는 단식기도를 시작으로 신부들의 단식기도는 전국 14개 교구에 일제히 확산됐다. 개신교 목사들의 반대의사표시는 교단별 혹은 연합으로 성명·농성·집회 등 다양한 형태를 취해 이미 수천명의 목사가 호헌철폐운동에 투신했다. 또한 전국목회자정의평화실천협의회 대표들은 삭발을 감행, 단호 결연한 의지를 불태운 바 있다. 불교계도 700명 이상의 승려들이 4.13조치 반대성명에 서명했고, 광주 원각사에서는 경찰이 법회중 신성한 법당에 최루탄을 난사하는 폭거를 저지른데 항의, 곳곳에서 단식농성을 벌인 바 있다.

전국의 교수, 문인, 미술가, 연극인, 영화인 등 각종 예술가, 언론출판인, 변호사들의 양심의 목소리도 전국을 휩쓸었다. 거의 전국민이 한결같이 4.13조치 철회와 이 땅의 진정한 민주화를 요구하고 있는 것이다.

현정권이 거짓 선전하는 「침묵하는 다수」란 누구인가? 그들은 미처 반대의사를 명시적으로 표시하지 못했거나, 군부독재의 총칼 탄압 보복이 두려워 발설하지 않고 있는 선량한 국민들이다. 저들은 용기있는 민주주의자들을 "폭력분자" "독선주의자" "좌경분자" "용공분자" 등 갖은 용어를 통한 매도로, 심지어는 집회방해, 활동방해, 연금, 연행, 투옥, 고문, 테러 등 동원할 수 있는 모든 폭력적 수단을 통해 국민과 차단시키고, 공포분위기로 국민들을 짓누르고 굴종을 강요하는 것이다. 저들이 남용하는 공포와 회유의 그물망은 위로는 거대한 관료조직과 관제언론에서 군경과 통·반장의 말단에 이르기까지 야비하고 추악한 그림자를 드리우고 있다. 그러나, 1945년 8.15해방과 분단 이후 이승만 백색독재 이래 40년 이상의 독재정치를 온몸으로 체험한 바 있는 우리 국민들은 독재의 부정부패 분위기가 온 국민에게 끼치는 정신적·물질적 악영향, 노예근성과 빈곤이 얼마나 엄청나고 또 끔찍하며 정치·경제·사회구조의 후진성을 그 자체로 초래시키는 가를 몸으로 깨닫게 되었다.

민주화는 이 땅에서 그 어느 누구도 거역할 수 없는 도도한 역사의 대세가 된 것이다. 이제 우리는 지금까지 고립분산적으로 표시되어 오던 호헌반대 민주화운동을 하나의 큰 물결로 결집시키고, 국민을 향해, 국민속으로 확산시켜 나가야 한다는데 뜻을 모았다. 우리들 사제, 목사, 승려, 여성, 민주정치인, 노동자, 농민, 도시빈민, 문인, 교육자, 문화예술인, 언론출판인, 청년 등 민주시민들은 하나되어 이 땅의 민주화를 위해 몸바쳐야 한다는 뜻에서 「민주헌법쟁취 국민운동본부」 설립을 발기하는 바이다. 이를 통하여 우리는 대통령중심 직선제를 비롯하여, 진정 국민이 이 땅의 주인이 되는 민주사회를 건설하고, 민족통일을 성취하는 길로 나아가고자 한다.

삼엄한 정보통치체제로 말미암아 우리와 전적으로 뜻을 같이 하면서도 미처 연락이 닿지 못해 많은 분들이 발기인으로 참여하지 못했으나 앞으로 우리의 운동대열에 흔연히 참여할 것으로 믿는다.

1987. 5. 27.

민주헌법쟁취 국민운동본부 발기인 일동

호헌반대 민주헌법쟁취 충남도민운동본부 발족 선언문

오늘 우리는 군사독재정권에 의하여 우리 민족과 국가에 닥친 위기를 국민의 한 사람으로서 더 이상 좌시할 수 없기에 이 자리에 한데 모여 호헌 반대와 민주헌법쟁취의 종을 울린다.

돌이켜 보면 1945년 이 민족이 외세의 침략으로부터 해방된 이후로 우리의 역사는 외세와 야합한 독재정권의 탄압 속에서 국민의 자유로운 의사표현이나 인간다운 생활이 전혀 보장되지 않는 억압과 굴종의 기나긴 과정이었다. 그러므로 이 땅의 민주화나 민족통일은 항상 '구두선' 에만 그치는 하나의 환상일 뿐이었고 이에 견디다 못한 국민들의 끊임없는 저항 속에서 독재정권은 제명을 다하지 못하고 무너지곤 하였던 것이다.

지금 우리는 이 나라에 존재했던 역대 정권 중에서도 가장 잔인한 군사독재정권의 억압 속에서 신음하고 있다. 80년 5월 2,000여 광주 시민들을 무참히 학살하고 정권을 탈취한 이후로 그들은 설립 근거도 없는 국가보위입법회의를 통하여 불법적으로 제정한 제반악법을 금과 옥조로 삼아 언론출판과 집회시위의 자유도 전혀 허용하지 않는 등 그야말로 국민들의 입과 귀를 틀어 막고 손발까지 묶어놓는 만행을 저지르고 있다. 그러므로 '법대로'라고 강변하면서 오히려 불법적이고 무법에 가까운 폭력을 휘두르고 있는 역설적 모순현상이 우리 사회에서 빚어지고 있는 것이다.

그렇기 때문에 일천만 노동자는 최저 생계비에도 못미치는 임금수준과 열악한 노동환경, 세계적으로도 가장 긴 노동시간 속에서 도저히 이러한 상황 속에서는 인간다운 생활을 할 수 없다는 절망적인 현실에대해 끝없이 이어지는 분신을 통하여 처절하게 항거하였던 것이다. 그러나 그들은 노동조건과 환경을 개선하기는 커녕 최근 기만적인 '섬머타임제' 실시 등으로 오히려 노동시간을 연장하려 하고 있다.

또 정부의 무책임한 농업정책으로 시달리는 일천만 농민은 농축산물 수입개방과 생산비에도 못미치는 저농산물 가격정책, 값비싼 영농자재의 불공명거래와 과도한 수세 등으로 농가 호당 평균 부채액은 400여만원에 이르고 있으나 정부에서 발표한 '농어가 부채 경감대책'은 실제로는 농어가 호당별로 10만원도 안되는 혜택에 불과하므로써 그야말로 눈가리고 아웅하는 사탕발림에 지나지 않는 것이다.

그런가하면 농촌에서나 도시에서도 제대로 정착하지 못한 도시빈민들은 영세노점상 등으로 근근히 하루를 연명하고 있으나 외국인들의 눈에 거슬린다는 이유와 도시재개발이라는 미명하에 삶의 터전을 함부로 빼앗기므로써 오갈데 없는 그들은 부산 형제복지원과 대전성지원과 같은 곳에 강제 수용될 운명에 처하게 되었다.

이밖에도 우리 사회 곳곳에서 벌어지는 이루 헤아릴 수 없는 비참한 현실들은 근본적으로 이 나라의 민주화와 이 민족의 자주화는 아랑곳하지 않고 권력에 눈이 어두워 불법적인 방법을 통하여 집권한 이래 갖은 방법으로 국민을 탄압하다 국민들의 민주화에 대한 열기에 놀라 '개헌'을 주장하다가는 정국에 대한 구도가 자신들의 의도대로 관철되지 않자 황급히 '호헌'을 선언함으로써 온 국민의 민주화에 대한 열망에 찬물을 끼얹는 폭거를 자행해 왔던 군사독재정권에 전적으로 그 책임이 있음은 너무나 명명백백한 일이라고 아니 할 수 없다.

그러므로 이러한 군사독재정권의 노골적인 장기집권 의도를 저지하기 위하여 그동안 전국적으로 신부, 목사, 교수, 문인, 예술인 등 사회 각계 각층에서 단식, 서명운동, 성명서 발표 등 각자에게 가능한 다양한 형태의 투쟁을 전개해 왔던 것이다.

우리 충남지역에서도 그동안 천주교 사제단과 목회자들의 단식기도를 필두로 제민주, 인권운동단체에서 폭력적인 호헌을 철폐하고 민주헌법을 쟁취하기 위한 투쟁을 벌여 왔던 바 있으나 군사독재정권은 나라와 민족을 위한 기도회에 참석한 목회자들에게까지 무차별 폭력을 휘둘렀던 것이다.

이제 우리는 군사독재정권의 장기집권 음모에서 비롯된 호헌을 철폐하고 민주헌법을 쟁취하기 위하여 이 지역의 모든 민주, 인권운동세력과 연대해 호헌반대 민주헌법쟁취 충남도민운동본부를 결성하여 발족하면서 군사독재타도의 깃발을 힘차게 올린다.

앞으로 우리가 가는 길에 어떠한 고난과 시련이 닥쳐온다 하더라도 우리는 이 나라의 민주화와 이 민족의 자주화를 위하여 호헌반대와 민주헌법쟁취의 깃발 아래 함께 모여 흔들리지 않고 끝까지 나갈 것이다.

1987년 5월 28일

~~호헌반대~~ 민주헌법쟁취 ~~충남도민운동~~ 국민운동 충남 본부

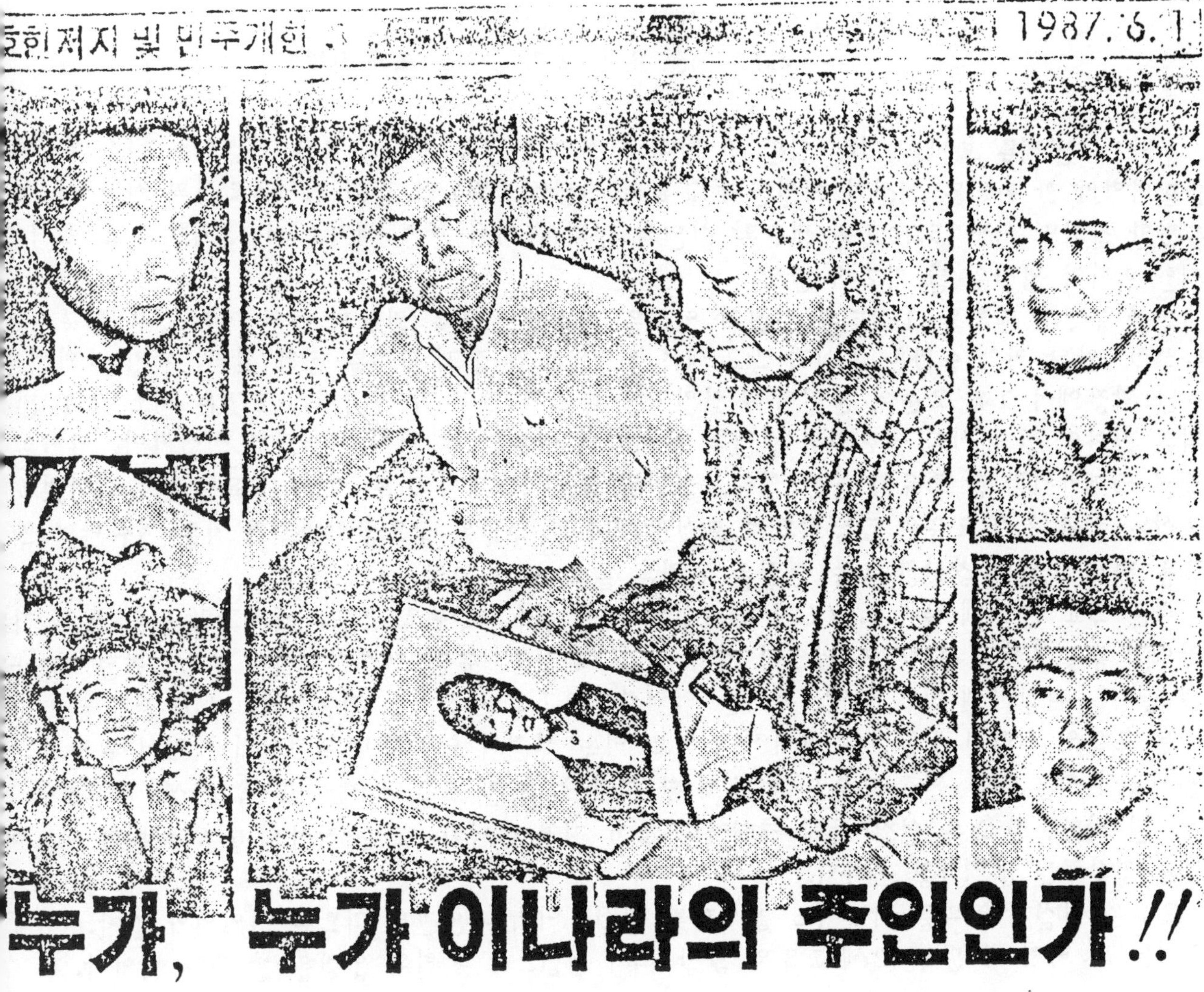

호헌저지 및 민주개헌 … 1987. 6. 1

누가, 누가 이나라의 주인인가!!

속이고, 또 속이고 덮어두고…

지난 1월, 순결한 젊은이 박종철군이 친구를 팔라고 협박하는 독재정권에 저항하다가, 잔혹한 살인고문으로 인해 지고 말았다는 소식이 전해졌을 때 온국민은 경악과 비탄에 빠지고 말았읍니다.

5월18일 천주교정의구현사제단에서 박종철군 고문살인사건은 조작되었다는 성명서를 발표하자, 그건 '상식적으로 가능한일'이며 '공범이 더 있을지도 모른다는 주장은 몰라도 진범이 조작됐다는 주장은 터무니없는 것'이라고 우겨 려니 사흘이 채 못되어 박군고문살인사건의 조작을 시인하여, 4·13 호헌발표 이후 들끓고 있는 반대여론과 함께 시한번 현정권의 윤리성과 도덕성에 의문을 제기하게 만들었읍니다.

언제나 국민을 우롱하는 군사독재정권의 치졸하고 부당하며 부도덕한 모습이 만천하에 알려진 지금에도 현정권은 민에게 진심으로 사죄하고 진실을 밝히기 보다는 개각을 하는 등으로 여론을 무마하여 장기집권을 향한 호헌정국 이끌어 가는데 차질을 빚지 않으려고 발버둥치고 있읍니다.

개각을 단행한 것으로 마치 자신들의 책임을 완수했다는듯 의기양양한 현정권이 개각을 한 진정한 의도는 현정권 대한 빗발치는 반대여론을 무마하고, 국민들의 민주화열기를 저하하려는 속셈을 가진 것이며, 또한 차기집권을 노 는 정권 내부의 권력투쟁의 일환으로 꼭둑각시 과도내각을 구성한 것에 불과한 것입니다.

우리는 현정권이 국민을 우롱하는 기만적 작태를 중단시키고, 고문살인사건의 진실을 밝히고, 이 땅의 진정한 민 화의 실현을 위해 굳센 결의로 뭉쳐야 합니다.

온몸의 피멍과 군데군데의 출혈반점
과연 고박종철군의 고문살인 사건이 단지 발표만으로
그 진상이 모두 밝혀진 것일까 ?

민족 민주 고육을 실천하고자 하는 우리의 입장
—4.13 개헌 유보 조치 철회를 촉구하며—

I

분단 42년째를 보내는 가슴 아픈 이 땅의 현실에서 민족 민주 교육을 실천하는 민족 통일의 일군이어야 할 우리는 여전히 비인간화 교육의 담당자, 맹목적 정권 이데올로기의 전달자로서 통렬한 참회를 하며 5.10교육 민주화 선언의 결의를 다시 한번 새기고 4.13개헌 유보 조치에 대한 우리의 입장을 밝히고자 한다.

벅찬 감격과 환희로 교사들의 진실과 다짐을 천명했던 교육 민주화 선언 이후 정부 당국의 폭력적 탄압 아래 수많은 교사가 학교에서 쫓겨났으며 징계 감시를 당해 왔다. 우리는 이러한 수난 과정에서 교육 모순의 본질이 무엇인가를 똑똑히 알 수가 있었다. 그것은 바로 교육 민주화의 실현은 정치 사회 민주화의 실현과 분리되어 이룩될 수 없다는 엄연한 사실이다. 이것은 백년 대계이어야 할 교육이 분단 이후, 정권의 교체기때마다 교육 이념, 교육정책이 바뀌었고 교사는 정권 유지 교육의 담당자로서 충실한 하수인 역할을 강요당하였으며 이를 거부하면 학교를 떠나야 했던 참담한 교육 현실을 우리는 듣고 보아 왔다.

최근 학교 현장에서는 4.13조치 당위성에 대한 연수, 학부모 계도, 나의각오 등을 쓰게 하는 작태가 공공연하게 벌어지고 있으니 이 승만 독재 정권, 유신 체제하에서의 부끄러웠던 지난날의 행위를 되살리게 하고 있다. 우리는 이러한 반교육적 행위를 거부한다. 4.13개헌 유보 조치는 교육이 정치적 중립성을 지키지 못하고 더욱 정권의 도구화가 될것이며 따라서 우리가 실천하고자 하는 민족 민주 교육을 어렵게 할 것이다. 또한 교육 주체인 교사, 학생, 학부모가 소외된 비민주적 교육 현실 아래 행해지는 교육 개혁 심의회, 교육 자치제 등은 아무런 내용이 없는 형식적인 껍데기일 뿐이다.

교육은 진실과 정의를 가르치고 참사회를 건설해나가는 인간을 기르는 것이어야 한다. 이에 우리는 이 나라 이 민족 2세교육의 담당자로서 진심으로 우리의 입장을 밝히는 바이다.

1. 정치 민주화 없이 교육 민주화 없다. 4.13개헌 유보 조치를 철회하고 정치 민주화의 조속한 실현을 촉구한다.

1. 민족 민주 교육을 탄압하면서 교육 자치제, 교육 개혁 심의회를 운영하는 것은 교육 주체를 기만하는 것이므로 즉각 중단되어야 한다.

1. 5.10교육 민주화 선언의 결의 사항을 재천명하며 관련 교사들에 가해진 불이익 처분은 즉각 원상 복구되어야 한다.

1987. 6

서명 교사 명단

김 근수 (동신여상) 김 영섭 (회현중) 김 혜선 (위도고) 문 채명 (동신 여상)
신 신영 (운봉중) 유 정미 (남원중) 이 복순 (무풍중) 이 연희 (복흥중)
이 재권 (순창농고) 이 향 (변산중) 전 수환 (이리고현국) 정 봉숙 (대리국)
정 은숙 (진안등국) 정찬홍 (상하중) 최 명우 (남원고) 김 윤수 (상산고)
송 고식 (계성준)

전주 YMCA 중등 교육자 협의회

재미동포여러분께 드리는 호소문

동포여러분! 24만여명이 넘는 조국의 동포들이 궐기하여 반민족적 전두환파쇼독재정권의 영구집권기도를 준열히 규탄했던 6.10국민대회이후 지금까지 서울을 비롯하여 부산 대구 광주 마산 대전 천안 원주 등 전국 각지에서 민주화와 민족생존을 위한 싸움은 날로 치열해지고 있읍니다. 극악무도한 폭력정권은 무차별 최류탄을 난사하며 민주화를 외치며 박차고 일어선 애국동포들의 숨통을 조이고, 평화적 시위에 나선 시민들은 곤봉을 마구 휘두르며 달려든 저들의 폭력에 짓밟혀 길바닥에 쓰러지고, 수많은 청년학생들은 피투성이가 되어 끌려가고 있읍니다. 조국산천은 지금 마지막으로 발악하는 군사독재정권의 발광에 쓰러져가는 동포들의 통곡과 저들의 기나긴 압제에 최후의 일격을 가하려고 분연히 일어선 애국 동포들의 함성으로 진동하고 있읍니다.

수천만 동포들의 가슴깊이 그토록 열망했던 민주화, 감옥과 고문속에서도 피눈물을 쏟으면서도 그토록 절규했던 민주화를 쟁취하고 신음과 질곡과 압제의 분단 42년사를 극복하는 민족해방의 길로 들어서느냐, 아니면 광주학살원흉들인 전두환과 그 후계자 노태우의 손아귀에 정권을 강탈당하고 또다시 폭정과 외세의 노예로 속박당하느냐.민주화의 길이냐 군사독재의 길이냐 이 갈림길에서 조국은 몸부림치고 있읍니다.

재미동포여러분!

시시각각으로 절박해지고 있는 조국의 현실을 생각해 보십시요. 태평양을 건너왔다한들 어찌 우리가 조국에 남아있는 형제 자매들의 울부짖음을 잊을 수 있으며, 민주구국의 함성을 어찌 못들은체 할 수 있겠읍니까? 해외동포들도 조국의 민주화투쟁에 동참해달라고 울부짖는 조국동포들의 저 피끓는 호소를 거절하지 맙시다.

지금이야말로 우리 모두 자리를 박차고 일어나, 우리를 대신하여 민주·통일의 그날을 위해 피눈물 흘려온 애국동포들과 한마음 한뜻으로 범민족적 투쟁에 참여해야할 때입니다. 우리 모두 힘과 뜻과 지혜를 하나로 묶어 제2의 장면정권을 획책하거나 군사독재를 영속화하려는 미국의 간섭을 저지하고, 조국의 민주화투쟁에 전폭적인 지지와 성원을 보냄으로써 민주통일의 앞날을 당기는데 최선을 다합시다. 국내의 애국동포의 싸움과 해외동포의 힘이 하나로 뭉쳐질때, 그때 비로서 우리는 조국민주화의 염원을 성취하고 반세기 분단사를 극복하는 통일의 장으로 나아가게 될것입니다.

자, 조국이 우리에게 요청한 민족사의 대임무를 즉시 이 시간부터 행동에 옮깁시다.

※ 뉴욕 필라델피아 뉴잉글랜드 워싱톤디씨 4개지역의 동포 221명이 발기하여 지난 6월 14일 뉴욕에서 결성된 민주헌법쟁취미동부지역운동본부가 추진하고 있는 민주성금모금활동에 참여해 주십시요. 모금된 민주성금은 조국의 민주운동을 위해 국내운동권으로 송금되어 요긴하게 쓰여질 것입니다.

수표 또는 머니오더 보내실 곳
KOREA SUPPORT FUND
37—53 90St. #4 Jackson Heights, NY 11372
(718) 426~2684

민주헌법쟁취 미동부지역 운동본부

호헌책동 분쇄하고 민주헌법 쟁취하자❗
고문살인 은폐조작 군부독재 타도하자❗
외래문화 뿌리뽑고 민족문화 꽃피우자❗

고문경관 몇놈이냐 기만정권 몰아내자❗

책상을 탁 치니 '억' 하고 쓰러졌다고 박종철군의 고문살인을 은폐하려 했던 경찰은 몇억원의 돈으로 고문경관의 숫자를 조작함으로써 또다시 박군의 죽음을 더럽혔읍니다. 정의평화위원회의 용기있는 신부님들이 폭로한 "박군 고문에 관계된 경관 더 있다."는 사실은 전국민을 분노의 도가니속으로 몰아넣고 있읍니다. 인류문명의 수치라는 고문, 2명이 아닌 5명의 경관이 21세의 젊은이를 치사한 고문을 퇴치하는 길은 어디에 있을까요?

고문대책위원회는 우리 사회에서 고문을 영원히 추방하기 위한 노력의 일환으로 6월 10일 고문규탄대회를 갖기로 결정했읍니다. 모아진 소리, 단결된 힘으로 군부독재와 반인간적 고문을 이땅에서 몰아냅시다.

민주헌법쟁취 문화인 공동위원회는 현정권의 호헌책동과 장기집권을 분쇄하기 위해 교육, 언론, 출판, 예술인들이 모인 단체입니다. 우리 사회의 민주화는 국민 여러분의 단결된 힘으로만이 이루어질 수 있읍니다. 문공위는 여러분의 의견을 기다립니다.

민족미술협의회	738-3767	민주언론운동협의회	719-1064
민중문화운동협의회	312-5393	민주교육실천협의회	333-2011
자유실천문인협의회	718-7153	한국출판문화운동협의회	717-8515

이웃끼리 돌려 읽읍시다❗

민주헌법쟁취 문화인 공동위원회

짓밟고
부채
저임금
철거
대대로 해쳐먹자
넷!
용공 좌경 조작이나...
군부독재 물러가라!
옳습니다 옳습니다
KBS
지화자 조오쿠나~
광주 학살
죽이고
벌이고
어서옵쇼, 네
KENT
고문살인

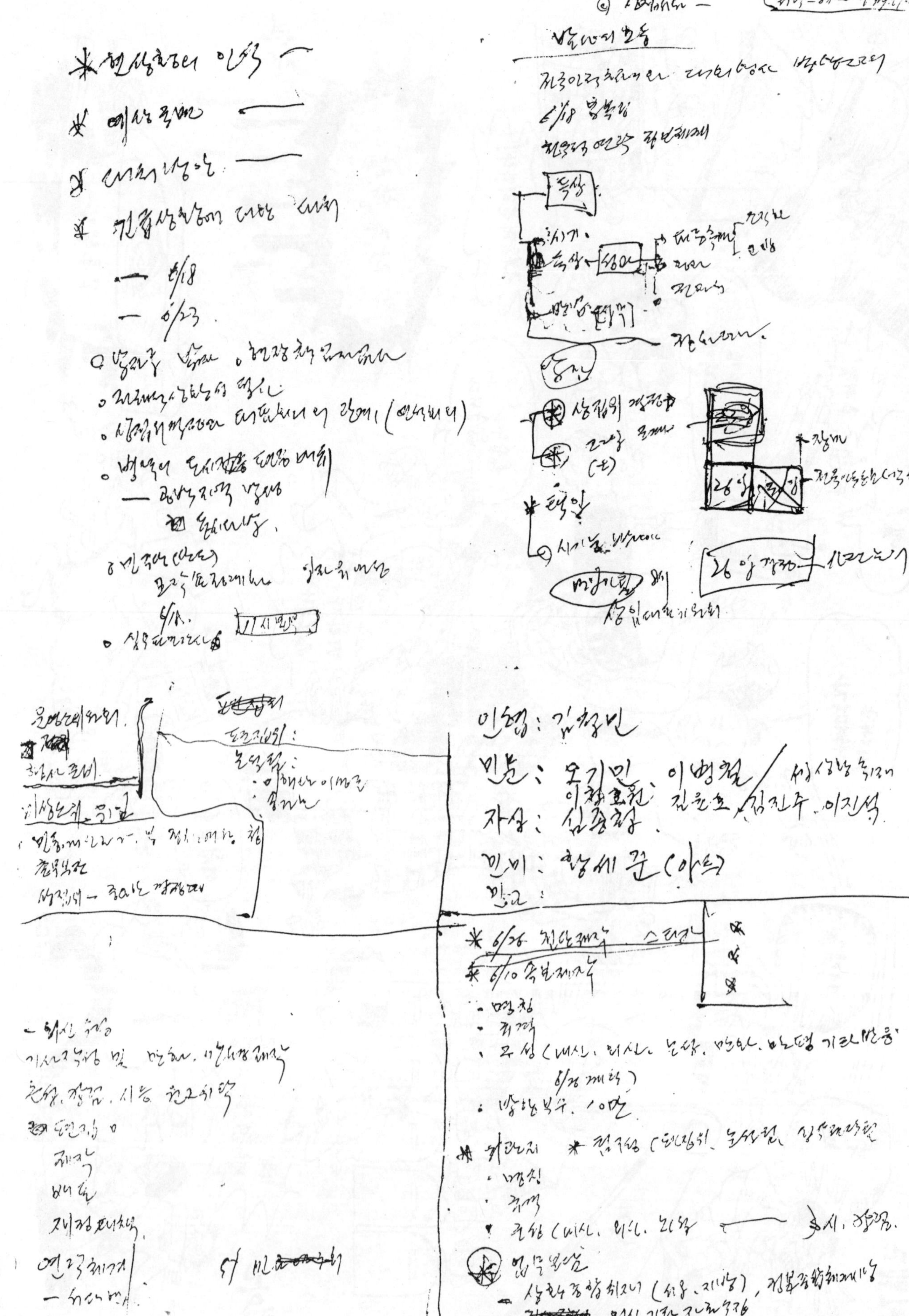

* 취주관 — 오전 10시 * 영상 및 방송	12시	[illegible]	[illegible]
* 이한열군(8매) 상황전개 [illegible]	20일 [illegible]	〃	20장
* 6/10. 백서 9~10매	20일 오전11시	〃	
* 대학가 동정 (부산학생)	19일 저녁 7시	〃	3만
* [illegible] 배기사			
* 연합교회 상황	[illegible] 7시	〃	
* 충청지역	대전 [illegible] 회의	김[illegible]민	8명
* 자료		〃	4명
* 인쇄, 성명	이병철, 김지[illegible]		100원
* 발송시행	7시까지 밤12시	[illegible] 353-0[illegible]	밤새
* 자료 (서울, 마포, 지하[illegible])	20일 오전	송[illegible] 대전, 김[illegible] 부산, 이[illegible]	

* 민중, 민주[illegible]

▲ 6·10 이후 6·18, 6·26대회 준비에 관한 회의 메모

부산지역총학생회협의회결성

==== 부총협의 깃발아래 부산 지역 애국학우들은 총궐기하라! ====

"우리는 구국의 일념으로 부총협을 건설한다.! "

10.16 부마민중항쟁의 숭고한 혁명적 피를 계승한 부산지역 애국 청년학도여!

오늘 우리는 중대한 역사적 기로에 서있다. 민족은 42년의 분단의 고통속에서 통일의 간구로 일어서고 있으며 4천만 민중은 7년 전두환 군부독재정권의 학정과 폭압속에서 해방의 염원으로 떨쳐 일어서고 있다. 그러나 자주통일정부를 애타게 염원하는 한민족을 강압적 폭력으로 분단시키고 42년이나 우리 민족을 신식민지적 억압통치로 내몰아 온 미제국주의는 한반도의 대소 전진기지 구축과 자국의 이익보장을 위한 상품및 자본시장 확보에 혈안이 되어 분단 고착화 정책등 한국의 안정적 지배를 꾀하고 있으며 2천 광주 시민을 학살하고 등장한 현 전두환 군부독재정권은 그 정권의 비정통성과 반민중성으로 강압과 폭력, 부정과 부패가 그 극에 달하고 있다. 이는 장영자 사건, 범양상선 외화 도피사건 등 소수 매판 독점자본가들과 결탁한 현 독재정권의 경제적 부정부패에서 극명히 드러나며 광주학살, 부천서 성고문 사건, 박종철군 고문및살인, 은폐조작등 지금도 끊이지 않고있는 불법 감금과 연행이 공공연히 자행되고 있다는 데서 폭력적 강압통치가 멎지 않고 있다.

그렇다. 현정권은 민중적 합의에 의해 출범하지 아니하고 강권과 폭력으로 2천여 광주시민을 학살하고 등장한 정통성없는 정치집단이며 정통성 없는 정권은 억압자 미국의 예속적 지원에 의존할 수밖에 없으며 극악한 폭력에 의해 지탱될 수 밖에 없다.

조국이 식민의 고통에 처해 있을 때 그 나라의 청년 학도가 서야할 곳은 어디인가?

조국과 민중이 예속과 학정의 고통에 처해 있을 때 청년학도의 애국적 모습는 무엇인가?

그것은 외세와 억압으로부터 민족을 해방시키는 반외세 민족 해방 싸움이다. 민중을 독재자의 학정으로부터 구출하는 반독재 민주화의 싸움이다. 그러므로 우리는 항일 구국의 정신을 계승하고 자랑스런 선배 청년학도의 대동투쟁의 결집점이었던 10.16부마 민중항쟁의 뜨거운 혁명적 피를 이어받아 오직 외세와 독재의 질곡의 사슬을 끊고 민족과 민중을 구출하는 구국의 일념으로 부산지역 모든 애국 청년학도의 대동투쟁 협의체인 부총협을 건설하는 바이다.

부총협은 무엇을 어떻게 할 것인가?"

지금 조국은 백척간두의 위기에 놓여있다. 억압자 미제국주의자는 한반도의 영구적인 지배를 안정적으로 확보하기 위해 민족적 고통인 분단을 고착화 하기위해 혈안이 되어 있으며 자국의 경제 파탄을 우리 4천만 민중에게 떠맡기는 수입개방 압력등 경제침탈을 가속화하여 민중의 삶을 도탄에 빠뜨리고 있다. 또한 현 전두환 군부독재정권은 조국의 민주화에 대한 민중적 염원을 짓밟고 4.13조치와 포악한 강권 폭력으로 장기집권을 획책하고 있다. 그리고 통일 민주당등 보수 정치세력들은 민중의 반외세 반독재의 혁명적 힘을 이용해 당권 당리 확보에 혈안이 되어 있다.

그러나 우리 4천만 민중들은 소중한 보금자리를 강탈 당하고 거리로 내쫓겨 울분의 나날을 보내고 있으며 저임금과 저곡가, 살인적인 장시간 노동, 학정과 억압 속에서 분노의 죽창을 겨누고 있다.

보라, 청년학도여!

2.12총선에서 보여 주었던 우리 부산지역 민중들의 변혁적인 힘을!

보라, 청년 학도여!

전국에서 일고있는 4천만 민중들의 반독재민주화 열기에 놀라 어쩔 줄 모르는 독재정권과 보수 야당 세력들의 동요하는 모습을!

확실히 우리는 보고있다. 4천만 민중들의 의기에 찬 변혁의 염원을!

(뒷면으로 계속 됩니다.)

그러므로 한국의 역사에 있어서 민족과 민중을 예속과 독재의 마굴로부터 구출하기위한 투쟁의 선두에 서기를 마다하지 않았던 우리 부산지역 애국청년학도는 청년학도의 단결과 통일의 협의체인 부총협의 깃발 아래 똘똘뭉쳐 조국의 해방과 민주화를 위해 과감하게 투쟁할 것을 천명한다.

1. 우리 부총협은 조국을 예속과 독재의 사슬로부터 해방시키고 통일 민주정부의 민중이 주인되는 세상을 건설하는 민족·민주운동의 선봉대가 될 것이다. 따라서 우리는 모든 애국 민족민주 세력과 굳게 단결하여 조국의 자주화와 민주화를 위해 비타협적 투쟁을 4천만 민주과 함께 해 나갈 것이다.

2. 우리 부총협은 부산지역 애국 청년들과 함께 부산지역의 자주화와 민주화를 위해 힘차게 투쟁할 것이다. 그러므로 우리 부총협은 각 대학과 연계하여 지역 민주화 운동에 앞장서며 민중의 민주화 투쟁을 적극 지원할 것이다.

3. 우리 부총협은 청년학도의 권익과 인권을 옹호, 신장시키기위해 학원의 제반 비민주적 악폐를 척결하는 투쟁에 각대학간의 연계를 통해 지원을 아끼지 않을 것이다.

4. 우리 부총협은 민족자주학원의 건설을 위해 학원 민주화 투쟁을 대학간 연계를 통해 통일적이고도 주체적으로 해 나갈 것이다. 따라서 우리 부총협은 사상과 실천을 공유하며 통일시키는 데 주체적 노력을 경주할 것이다.

5. 우리 부총협은 이제 그 뜻깊은 결성을 조국천지에 알리고 10.16부마 민중항쟁의 혁명적 정신을 계승하여 6월 10일 개최되는 '박종철군 고문살인 은폐규탄 및 호헌철폐 국민대회'에 참석하여 모든 애국 청년학도와 함께 선도적으로 투쟁할 것을 천명한다

조국은 지금 변혁을 요구하고 있다. 역사는 우리 청년학도들의 의기에 넘친 뜨거운 피를 요구하고 있다. 이미 민중이 주인되는 새 세상의 여명은 동터오고 있다.

청년 학도여!

결코 물러서지 않는 불굴의 용기로 조국과 민족을 독재와 외세의 폭압 속에서 구하기 위한 일념으로 떨쳐 일어나 힘차게 나아가자!

분단 조국 42년 6월 [illegible]일

부산지역총학생회협의회

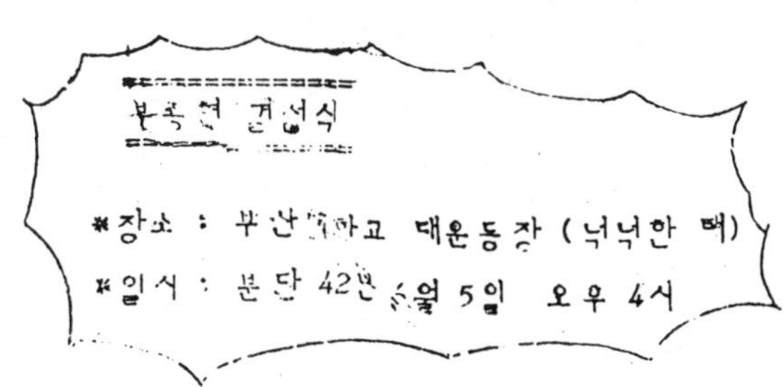
부총협 결성식

*장소 : 부산[illegible]하고 대운동장 (넉넉한 때)

*일시 : 분단 42년 6월 5일 오후 4시

해외동포에게 보내는 메세지

해외에 계시는 동포 여러분!

여러분이 사랑하는 우리조국은 해방이후 지금까지 40년간 분단의 고통과 독재의 억압아래 신음해 왔읍니다. 일부 정치장교집단에 의한 이 폭악한 독재정권은 광주 민중항쟁이후 지금까지 국민을 기만하면서 수많은 민주인사와 청년학생을 투옥하였고 고문과 폭력으로 정권을 유지해 왔읍니다. 언론과 국회등 국민을 대변한 모든 기능을 무력화 하면서 온갖 부정과 부패를 일삼아 족벌정권의 유지에만 급급하였읍니다.

탄압과 속임수에 견디다 못한 온 국민은 지난 2·12총선에서 대통령중심직선제개헌 및 민주화에 열화같은 지지를 보냈고 현 군사독재정권은 국민의 뜻은 따르는체 하면서 독재정권의 영구화음모를 진행하여 오다가 4.13조치라는 가당치 않은 호헌을 하기에 이르렀읍니다.

조국의 민주화를 열망하는 해외동포 여러분!

꽃다운 젊은 학생을 고문하여 살해하는 일이 여러분이 사랑하는 대한민국에서 일어날 만큼 우리민족의 웅혼한 기백과 민족정기는 독재권력의 압제하에 소진되고 있읍니다.

이제 우리는 국민의 생명력을 짓밟아온 독재를 청산할 것인가 아니면 끔직스러운 폭압아래 노예로 머물것인가하는 중대한 분기점에 서 있읍니다. 이에 우리는 모든 국민의 민주화의지를 총집결하여 민주헌법쟁취를 위한 운동을 힘있게 조직하고 실천해 나갈것을 다짐하면서 지난 5월27일 민주헌법쟁취국민운동본부를 결성하였읍니다.

우리는 종파와 계층과 직업을 초월하여 여성, 사제, 목사, 승려, 정치인, 노동자, 농민, 도시빈민, 문화예술인, 교육자, 언론 출판인, 청년등 모두가 일치단결하여 이땅의 민주화를 위해 몸바칠 것을 결의 하였던 것입니다.

해외 동포 여러분!

우리의 이러한 민주구국의 일념은 국민은 물론 전세계의 지지와 격려를 받는 우렁한 역사의 대세가 될 것을 확신합니다. 그리고 우리와 뜻을 같이하는 해외동포여러분의 성원을 믿고 또 기대합니다.

우리가 대동단결하였듯이 해외에 계시는 동포 여러분들도 손에 손을 맞잡고 조국의 민주화를 위한 민주헌법쟁취국민운동에 참여해 주실 것을 부탁드립니다.

미국에서, 유럽에서, 일본에서, 또 라틴 아메리카에서, 세계의 도처에서 조국 대한민국의 민주승리를 원하는 분이면 누구나 이웃에 사는 동포들과 상의하여 이운동의 현지지부를 결성하여 주십시요.

여러분의 성원과 건투를 빌면서…

1987년 6월 3일

민주헌법쟁취 국민운동본부

독재 타도

6·10 국민대회에 즈음하여 국민께 드리는 말씀

이 정부는 고 박종철 군을 고문 살인하고 그 범인마져 은폐 조작하였으며, 온 국민과 함께 약속한 민주개헌을 얼토당토 않는 이유를 달아 일방적으로 파기하고 독재헌법의 옹호와 이에 따른 독재권력자 끼리의 정부이양을 선언하고 행동으로 굳혀가고 있읍니다.

우리는 이 정부의 이러한 용납할 수 없는 부도덕성, 기만성, 범죄성을 준열히 규탄하고 그 정권적 책임을 묻고 독재권력의 영구집권에 대한 단호한 국민적 거부를 다짐하기 위해 6월 10일 민주헌법 쟁취 국민대회를 개최하기로 하였읍니다.

우리는 이 거짓을 일삼는 정부를 대신하여 숨기고 있는 진실을 밝히고 책임을 규명하며, 부도덕한 정권을 대신하여 국가적 도덕성의 회복을 촉구하고, 독재헌법과 이에 따른 독재권력의 영구집권 계획이 가져올 국가적 불행을 막기위한 국민적 결의를 단호히 다짐할 것입니다.

이 국민대회는 결코 특정인과 특정 정당을 시기 증오하기 위한 것이 아닌 나라의 주인인 국민이 국민의 생명을 빼앗고 국민의 주권을 박탈하고 국민을 끝없이 속이는 이 정권을 향해서 국민주권을 선포하는 대회입니다.

극소수 정치군인의 정권욕에 의한 정치개입이 없었다면 이 나라의 안보는 훨씬 튼튼했을 것이며, 권력과 재벌의 독점과 부패가 조금만 덜했던들 국민의 살림은 한결 넉넉하고 세상은 밝을 것이며, 공권력의 속임수와 폭력을 막을 수 있었던들 수천명이 목숨을 잃거나 다치지 않았을 것이며 감옥에 갇히고 공민권을 뺏기고 거리의 가로수마져 시들게 하는 독가스에 숨이 막히고 눈물 흘리지는 않았을 것입니다.

이제는 우리 국민의 생명과 자유를 위해서 더 이상 뺏기지 않고 죽지 않고 맞지 않고 속지 않고 눈물 흘리지 않기 위해서 발언하고 행동해야 합니다. 우리의 국민대회를 통한 국민주권의 확인은 당연히 민주 한국의 국시가 보장하고 있는 바이지만 우리의 방법은 평화적이어서 보다 많은 국민의 감동과 참여를 일으켜야 합니다.

국민 여러분의 참여를 간곡히 호소합니다. 대회장에서, 여러분의 일터와 가정과 거리에서, 국민대회 행동수칙에 따른 참여가 있기를 간곡히 호소합니다.

특히 공무원과 군인 여러분께 호소합니다. 여러분의 국가에 대한 충성이 국민에 대한 봉사가 아닌 독재권력에 대한 굴종으로 악용당하지 말기를 호소합니다. 민주헌법과 민주화는 군과 공무원이 정권에 관계없는 명예와 신분을 확고히 보장하는 바로 여러분을 위한 것임을 잊지 말기를 당부합니다.

나라의 빛나는 눈동자인 젊은이와 학생들께 당부합니다. 여러분의 정의감과 그동안 겪은 온갖 희생은 그 어떤 폭발적 분노로도 오히려 모자람을 우리는 압니다. 그러나 독재자의 폭거에 이용당하지 않는 슬기를 용기와 함께 잃지 말아야 합니다. 국민 주권의 최종적 승리를 위하여 여러분의 가장 사랑받을 수 있는 행동방법을 여러분은 알고 있을 것입니다.

가장 간곡하게 정보기관 관계자와 치안공무원 경찰 전경들에게 말합니다.

권력에 대한 맹목적 충성이 저 박종철 군의 죽음을 가져왔고 오늘날 국민들의 저주와 같은 원망을 여러분께로 향하게 하고 있읍니다. 민주국가에서 주권자인 국민을 짓밟는 그 어떤 공권력의 행사도 그것은 권력에 대한 충성일 뿐 국민에 대한 반역으로 거기에 가담한 개인도 결코 책임을 면할 수 없읍니다. 명령일지라도 부당한 것은 거부되어야 합니다. 타락한 공권력은 정당한 일에도 무력해지고 맙니다. 이것이 오늘의 현상이요 장래를 위해 우려됩니다.

공권력의 위신은 부당한 명령을 거부함으로써 여러분이 회복해야 합니다. 민주적 기본질서를 파괴하는 것이 아닌 바로 그것을 찾으려는 국민적 행동과 바로 이번의 국민대회에 대한 일체의 방해를 중단할 것을 국민과 함께 요청합니다.

사회를 불안하게 하는 것은 민주화 요구가 아니라 바로 부당한 공권력 행사입니다. 시민생활을 괴롭히는 것은 바로 독재권력의 명령에 맹목적으로 독가스탄을 쏘고 방망이를 휘두르고 가방을 뒤지는 경찰입니다. 여러분이 국민운동에 함께 참여하는 영광스러운 결단이 있기를 간절히 바랍니다.

마지막으로 민정당과 정부에 바랍니다.

이번 국민대회는 다음 정부와 대통령이 국민에게 손가락질 받지 않고 세계를 향해 떳떳하려면 독재헌법이 아닌 민주헌법에 따라 독재자의 지명이 아닌 국민의 손으로 뽑혀야 한다는 너무나 분명한 사실을 온 세계와 모든 국민이 알고 있으며 오직 홀로 민정당과 이 정권만이 외면하고 있다는 것을 깨우쳐 주기 위한 것입니다.

따라서 이번 국민대회의 평화적 진행을 적극 보장할 것을 거듭 촉구합니다.

국민 여러분!

이번 국민대회에의 국민적 동참을 통하여 진실의 힘을, 국가의 도덕성을, 국민주권의 최고 절대성을 거짓정권과 부도덕한 정부와 교만한 통치권자에게 똑똑히 보여주고 함께 확인할 것을 호소합니다.

1987. 6. 5.

민주헌법쟁취국민운동본부
고문공동대표회의

고 문 : 함석헌, 홍남순, 강석주, 문익환, 윤공희, 김지길, 김대중, 김영삼

공동대표 : 김순호, 원형수(충남), 신삼석, 문정현(전북), 문병란, 배종열(전남) 최성묵(부산), 류강하, 원유술(경북), 신현봉, 강원하(강원), 박형규 조용술, 조남기, 안병무, 문동환, 윤반웅(개신교), 김승훈, 박창신, 이돈명(천주교), 靑和, 知詵(불교), 강희남, 유운필, 계훈제, 백기완, 이소선, 김병걸, 이창복, 이두수(민통련), 양순직, 김명윤, 최형우, 박영록, 박종태, 박용만, 김동영, 김충섭(정치인), 송건호, 김인한, 임재경, 최장학, 정동익(언론·출판), 고 은, 이호철(문인), 주재환, 원동석(문화·예술), 성내운(교육), 이우정, 박영숙, 조화순, 이태영(여성), 박용길, 이경숙, 조성자, 이오순, 김월금(민가협), 서경원, 김영원, 이화숙(농민), 이총각, 유동우(노동), 제정구, 이상락(도시빈민), 김근태(청년)

호헌저지 및 민주개헌 4 1987. 6. 6

모입시다! 대각사로!

한 목소리 한 몸으로 민주화의 큰 물결을

일시 : 1987년 6월10일(수) 오후6시
장소 : 대각사(광복동 유나백화점옆)

6월10일 규탄대회에서는 이렇게 행동합시다

- 모든 시민들은 6시국기하기식때 애국가를 제창한 후 규탄대회 민주대열에 함께 합시다
- 참여하는 모든 시민들은 태극기를 들고 고문추방과 호헌철폐를 외칩시다.
- 모든 시민들은 하얀 상의를 입고 나와 추모의 뜻을 새기고 민주화의 흰 물결을 이룹시다
- 모든 차량들은 6시를 기해 고문은폐를 규탄하고 호헌철폐를 주장하는 경적을 울립시다.
- 모든 사찰·교회는 6시에 타종함으로서 현정권의 폭력성과 반민주적 호헌조치를 규탄합시다
- 모든 근로자는 집회참석 방해를 위한 강제잔업을 거부하고 고문살인 은폐조작을 규탄하고, 호헌철폐를 위한 부산시민대회에 참여합시다.

민주헌법쟁취국민운동부산본부는

부산의 민주화 단체와 민주화를 바라는 시민들이 함께하여 이 땅의 군부독재정권을 종식시키고 민주헌법을 쟁취하여, 민주정부수립을 하기 위한 운동단체입니다. **국민운동본부는** 서울을 비롯하여 부산, 대구, 마산, 울산, 춘천, 원주, 광주, 전주, 인천, 대전, 청주 등 모든 대도시에 운동본부를 두고 있으며 앞으로 중소도시, 각 농촌에도 본부설립이 확대될 예정입니다. **국민운동부산본부는** 모든 시민과 함께 민주화의 관건인 민주헌법쟁취를 위해 각종 사업을 실행합니다. **시민여러분**, 호헌을 철폐하고 민주헌법을 쟁취하여 민주정부를 수립하기 위한 방안을 함께 생각하고, 다함께 실천해나갑시다.

민주헌법쟁취 국민운동 부산본부 조직

공동대표 : 최 성 묵 목사(부산민주시민협의회 회장, 사선 부산지구협의회 회장)
박 승 원 신부(천주교 정의구현 부산교구 사제단 대표)
황 대 봉 목사(영남지역 목회자 정의평화실천위원회 회장)
염 영 일 신부(부산NCC 인권위원회 위원장)
김 광 남 (부산민주화실천 가족운동협의회 수석공동의장)
권 광 식 (부산지구 기독청년협의회 회장)
박 찬 종 (통일민주당 부산제1지구당 위원장)
서 석 재 (통일민주당 부산제2지구당 위원장)
김 정 수 (통일민주당 부산 제3지구당 위원장)
문 정 수 (통일민주당 부산제6지구당 위원장)
김 광 일 (민주헌정연구회 부산지부 대표)
김 종 순 (민주산악회 부산시지부 대표)

상임집행위원

김기수 김상찬 김영수 김용환 김인호 노무현 문재인 배갑상 소 암 이광수 이재만 이철회 홍순오

집행위원

—천주교—

김승주 김영곤 김윤근 문성호 석찬귀 손덕만 송기인 신요안 양요섭 오수영 이재만 임정남 진병태 홍점자

—개신교—

공명탁 권광회 김기수 김상훈 김영수 김용환 김태헌 남주석 박광선 박광현 박문원 박효섭 송영웅 심응섭 우창웅 유성일 이광수 이은우 이일호 임명규 전병호 정영문 조창섭 최기준

—불 교—

~마 삼락 삼혜 성일 소암 원도 일도 정선 정허 진명 효명

—법 조—

노무현 문재인 이흥록 조성래

—재 야—

김재규 김회로 하동삼 하 일 허 봉

—구속자가족—

강달제 강인화 노순회 오수선 이차선 최회야

—민주당—

구병환 김성규 김순준 김신부 김인호 김재선 김진호 남판우 배갑상 성명덕 송동기 유일도 이동철 이철회 이종화 전영복 정차룡 지수환 한회명 홍순오

▨ 시민 여러분께서 참여하시려면 국민운동본부(462-4626, 643-8583, 625-6691)로 찾아오시면 됩니다.

민주헌법쟁취 국민운동 부산본부

민주헌법쟁취 국민운동 부산본부는 이땅에서 군부독재 정권을 몰아내고 민주화된 나라를 이루는데 구심점이 될것입니다. 부산 애국시민 여러분의 적극적인 참여와 협조는 민주헌법쟁취 운동에 커다란 힘이 될것입니다.

부산본부

전 화 : 643-8583, 462-4626, 625-6691

온라인 : 부산은행 028-01-023901-0 최 성 묵

6월 10일은 군부독재를 완전히 끝장내는 민중 궐기의 날이다

관악의 이만 학우여! 반외세 반독재 투쟁의 최선두에 서서 나아갑시다.

1. 우리는 6·10 투쟁에 어떠한 정치적 의의와 목표를 가지고 참여해야 하는가?

87, 88년은 미국에 의한 식민지 체제 재편이 마무리되는 시점이며 호헌 폭력은 이의 구체적인 표현 형태인 것이다. 지난해 봄 전국 각처에서 열화와 같이 타올랐던 전국민의 민주화 열기에 놀라 저들은 호헌으로서의 안정적인 식민지 권력 재편이 어려워지자 기만적인 합의 개헌의 내용으로서 내각제 개헌의 간판을 제시하여 민중과 민주화 운동 세력의 투쟁의 가열화와 반미 투쟁으로의 전진을 가로막으려고 획책하였다. 끊임없는 신민당의 분열 공작, 민족민주 운동 세력에 대한 대대적 인 이데올로기 공세와 조직적 침탈, 각종의 기만적인 민주화의 제스처 등으로 전두환 일당의 실세를 인정하는 범위 내에서 보수 야당을 참여시켜 권력의 재편을 마무리 지으려는 음모를 진행시키고 있었다.

그러나 국민의 내각제 개헌에 대한 광범위한 여론 형성, 민족민주 운동 세력의 내각제 개헌 반대 투쟁의 격화, 이로 인한 신민당의 분당으로 인하여 미국이 구도하고 있는 합의 개헌의 전망이 어두워지자 미국과 전두환 일당은 내각제 개헌에서 호헌으로 선회하게 되었던 것이다. 이는 작년 이후의 계속적인 조직 역량의 파괴 속에서의 민족민주 운동 세력의 상대적 침체, 그 속에서의 자신의 자신감 속에서 이후에 나타날 수밖에 없는 정통성 시비를 낳을 수 있는 내각제 개헌을 무리하게 이끌고 나아갈 필요성을 느끼지 못한 것에서 기인한다고 할 수 있다.

이제 미국의 이처럼 악랄한 지배의 간섭은 4 · 13 폭거로써 현실화되었다. 그러나 우리 국민과 민주화 세력은 전국 각지에서 호헌 분쇄와 군부독재의 종식의 함성을 드높이며, 미국-- 전두환 일당의 장기집권을 결사 반대하는 투쟁을 차열차게 벌여 나가기 시작했다.

이러한 때에 6월 10일 민정당 전당대회가 열려 노태우가 파쇼의 후계자로 꼽히는 그날 우리는 호헌 분쇄와 고문살인 은폐조작 규탄을 위한 범국민 궐기대회에 어떠한 의의와 목표를 가지고 싸워야 하는가?

첫째, 이번 6·10궐기 대회를 통해 우리는 반미투쟁의 봉화를 드높여야 한다. 이 땅의 실질적 지배자 미국은 군부독재의 실제적인 배후 조종자이며, 한국의 개헌 공간이 파국으로 치닫고 4·13 폭거가 진행되는 데 필연적인 공작들을 수행하여 왔다. 그러나 미국은 온갖 기만적인 제스처(민주화 조치를 광범위하게 취하는 것이 한국 민주화의 발전이다)로써 스스로의 흡집을 감추고 있으며, 장막 뒤에 숨어서 우리의 우방인 양 민주화를 실제로 갈망하고 있는 양, 우리 국민을 기만하고 있는 것이다. 이번 6·10을 통하여 정확히 4·13 폭거의 배후 조종자로서의 미국을, 파쇼정권의 애미로서의 미국을 규탄하고 폭로하는 반미투쟁을 수행하여 민중의 반미의식과 국민적 차원에서의 반미 전선을 확대하고 강화하는 계기로 삼아야 할 것이다. 우리 청년학생은 가장 활발히 반군부독재 투쟁을 반미 투쟁으로 발전시켜야 하며 특히 오늘날 미국이 한국민의 민주화 요구를 지지하고 한국의 민주 발전에 관심이나 있는 듯이 국민을 우롱하고 있는 이들의 얼굴을 정확히 드러내는 것은 우리 투쟁의 선결 과제인 것이다. 그리하여 미국-- 전두환 일당의 장기집권 계획에 심대한 타격과 총선 보이코트 투쟁에 튼튼한 교두보를 확보해야 하는 것이다. 가능한 모든 공간에서의 반미 폭로, 반미 선전, 모든 수단과 방법을 동원한 반미의 선전 선동이야말로 참여하는 청년학생이 간직해야 하는 과제인 것이다.

호헌지지 독재조종 미국놈들 몰아내자!

미국 아래 민주 없다. 미국놈들 몰아내자!

둘째, 전민주애국 세력의 연대 단결된 투쟁으로 그 간의 분열되었던 우리 투쟁의 한계를 극복하고 반 군부독재 투쟁을 위한 행동의 일치화를 통하여, 민중의 군부독재 타도의 행동화를 촉구해야 한다. 자주, 민주, 통일을 지향하는 노동자, 농민, 청년학생을 비롯한 각계각층의 국민 대중과 각당 각파의 민주화 세력이 공동 투쟁을 활성화하여 분산적인 싸움을 극복하고 지속적이고, 강력하게 투쟁함으로써만이 미국 - 전두환 일당에 맞서 우리 조국의 자주, 민주, 통일을 가능하게 한다고 할 때, 6·10 투쟁에서 이를 적극적으로 이루어 내야 한다.

셋째, 국민 대중의 투쟁이, 반군부독재 투쟁이 실제적인 행동화를 이루어낼 수 있도록 선전 선동을 조직화하고 그에 합당한 투쟁 형태를 가지고 싸워야 한다. 우리 국민대중의 반군부독재 열기는 상당히 높으나 독재 종식을 위한 행동화는 미약한 편이다. 우리는 6·10 투쟁에서 그들이 투쟁의 주체로 설 수 있도록 노력함과 아울러 고립분산적인 패배주의를 일소하고 분연히 떨쳐일어나는 데 모든 노력과 지원을 아끼지 말아야 한다.

이러한 6·10투쟁의 축적물 정도에 따라 미국 - 전두환 일당의 대응 양식 또한 변화할 것이다. 그러나 그 변화의 폭은 통민당을 장내로 끌어들여 정치 일정에 대하여 전두환 일당과의 타협을 이루어내는 것이 최대한의 한계가 될 것이다. 또한 기만적인 각종 민주화 조치를 취하면서 민중의 민주화 열기를 무마시키고 민족민주 운동 세력에 대해서는 7, 8월 이라는 일정 정도 휴지기를 통해 각개 격파의 이데올로기 공세를 심화시켜 자신의 장기집권 프로그램을 진행시켜 나갈 것이다.

2. 6·10 투쟁에서 우리는 어떻게 싸워야 하는가?

6·10 투쟁에서 철저히 국민 대중을 투쟁의 주체로 세우는 데 중요점을 두어야 한다. 투쟁의 형식과 내용이 국민 대중의 공감과 참여를 유발시키고 같이 투쟁할 수 있을 때만이 적들의 탄압 속에서도 무너지지 않을 것이다. 합의 개헌의 약속을 어기고 4·13 폭거로 미국 - 전두환 일당의 장기집권 음모가 만천하에 드러났습니다. 또한 박종철 학형의 고문살인 은폐조작 사건으로 국민 대중의 군부독재에 대한 공분이 광범위하게 끓어오르고 있는 시점이므로 투쟁의 정당성과 열기는 사뭇 높을 것입니다. 이를 적극적으로 활용하면서 이번 6·10 투쟁에서 대중적 투쟁 형태, 투쟁 내용에 의해 가열하게 투쟁해 나갈 때 적들의 야수와 같은 탄압을 뚫고 나아갈 수 있다. 좀더 구체적으로 살펴보면 당일 덕수궁 옆 성공회 건물로 집결하는 과정에서 부당한 검문, 연행 등을 거부하며 격렬한 몸 싸움과 함께 시민들과 같은 전선을 형성하면서 우리의 선전선동을 강화해야 한다. 바로 이러한 관점 속에서 돌과 화염병으로 무장한 가두정치 시위가 배치되어야 하며, 그에 의하여 국민 대중의 물리력과 물리력에 맞서는 투쟁으로 같이 싸울 수 있는 것이다. 우리 청년학생은 가장 헌신적으로 선두에 서서 싸워 나가야 한다.

3. 6·10 총궐기를 맞아 우리가 실천해야 할 것

- 모든 장 속에서 6·10 총궐기를 홍보한다. 낙서, 스티커, 유인물
- 각자 10가구 이상 전화를 걸어 6·10대회를 홍보한다.
- 1인 5명 이상 스티커와 낙서 작업을 한다.

4. 6·10 총궐기를 위하여 모든 지침과 일정에 적극적으로 참여합시다.

6월 8일 (월) : 6·10 투쟁의 의의와 참가에 대하여 참가 결의, 6·10일 전일상적인 업무를 중단하고 총궐기에 참여로 결의하자(10일 수업 거부와 시험연기, 목, 금, 토 시험을 연행된 학우가 시험을 볼 수 있도록 다음 주로 연기합시다.)

6월 9일 (화) ; 위 내용의 단대 결의와 6·10 총궐기를 위한 각 단대의 결의대회, 과 단대별 실연, 실천 작업의 수행

6월 10일 (수) ; 오후 1시 6·10 총궐기를 위한 출정식
오후 6시 총궐기대회 – 시청 미대사관 앞

6·10 투쟁 보고 대회를 이번 주 안에 갖도록 합시다.

6·10 투쟁 구호 – 호헌철폐 독재타도!
호헌지지 독재지원 미국놈들 몰아내자!

– 우리의 주장 –

호헌지지 독재지원 미국놈들 몰아내자!
자주없이 민주 없다 미국놈들 몰아내자!
호헌책동 분쇄하고 민주헌법 쟁취하자!
살인고문 조작은폐 군부독재 타도하자!
군부독재 끝장내고 민주정부 수립하자!

학우여 토론하고 건의하고 참여합시다.

분단 조국 42년 6월 8일 서울대학교 총학생회 산하
호헌분쇄와 학살원흉 미국 – 전두환 일당 지탄을 위한 특별위원회

민주화와 해방과 통일을 우리의 붓으로, 우리의 몸으로!
- 국민운동본부와 함께 전진할 '민주헌법쟁취 문화인공동위원회'의 깃발을 올리면서 -

한 젊은이의 비통한 죽음이 온 누리를 뒤흔들고 있다. 80년 5월의 광주에서 수천명의 동족을 살상하고 권력을 탈취한 무리의 하수인들이 '참고인'으로 연행한 바로 그 청년 박종철군이 혹독하게 몽둥이 찜질과 물고문을 당하던 중에 숨이 끊어진 사건이 알려졌을 때 우리 문화·예술인들은 전국민과 더불어 분노를 못이겨 치를 떨었다. 그 어머니의 가슴에 든 피멍이 조금은 갈아앉는가 하는 순간 한국천주교 정의구현전국사제단이 폭로한 충격적인 사실은 이제 우리가 더 이상 이런 무리들의 '공권력'아래 살다가는 인간다운 삶의 권리와 진실을 소중히 여기면서 사는 삶의 터전을 송두리째 빼앗기리라는 공포를 안겨주고 있다.

이른바 '공화국'을 자칭하는 나라에서 국민의 혈세로 '통치'를 한다는 지배층 전체가 민중의 생명을 언제라도 빼앗을 수 있는 고문을 제도화하고, 그런 장치 없이는 하루도 권력을 유지할 수 없는 반인간적 지배체제 속에서 족벌과 독점재벌만의 영화를 위해 국민을 착취하고 기만하는 일이 계속된다면 우리는 영원히 노예일 수 밖에 없다.

자주적인 민족문화와 건강한 민중문화를 창조하고 전파하는 역할을 감당하고 있는 우리 문화·예술인들은 오늘 보다 폭넓은 조직과 연대를 기반으로 공동투쟁의 마당을 넓혀가기 위해 이 자리에 모였다. 오늘로부터 이틀이 지나면, 박종철군은 말할 것도 없고 무수한 원혼들이 한반도의 하늘을 떠돌게 만든 바로 그 원흉집단 속의 하나가 민정당의 대통령후보로 '추대'될 것이다. 그는 누구인가? 80년의 5월항쟁 당시 수도경비사령관으로서 그 항쟁을 피바다로 만든 원흉이 아닌가? 우리는 이들이 체육관에서 거수기들을 동원해 '대통령'을 뽑고 나서 이것을 평화적 정부이양이라는 수사로 미화하는 희극을 보면서 그저 웃을 수만은 없다. 이것은 민중의 사활을 장기간 좌우할 불장난이며 갈라진 민족의 분단을 항구화하고 나라를 더욱 외세에 예속시키면서 자기들만이 안락하게 살겠다는 거대한 책략의 시작이기 때문이다.

군사독재정권과 공생하거나 그에 기생하는 극소수의 특권층 말고는 모든 국민이 진정한 민주화와 민족의 자주화를 열망하고 있는 이 벌건 대낮에 벌어지려 하는 이 희대의 사기극을 우리는 방치할 수 없다. 바로 이런 위기의식 때문에 지난 5월 27일 노동, 농민, 문화, 청년, 여성, 종교, 빈민, 지역, 그리고 민주당과 재야의 활동가 및 직업정치인들이 한 자리에 모여 민주헌법쟁취 국민운동본부를 결성했던 것이다. 우리는 이 기구가 단순히 위기의식 때문에 방어적으로 결성된 것이 아니라 민주화와 통일을 염원하는 모든 부문의 활동가들과 시민이 연합하여 군사독재 타도의 날을 앞당기는 싸움을 보다 적극적으로 전개하겠다는 의지의 표현이라고 믿는다. 바로 이런 이유에서 우리 문화·예술인들은 국민운동본부의 창립에 흔연히 동참했던 것이다.

우리는 국민운동본부의 한 부문으로서 이 기구의 활동에 성실하게 참여할 것을 다짐한다. 그러나 우리 문화·예술인들은 총체적인 연합틀의 일익을 담당하면서도 우리 고유의 공동투쟁기구를 조직할 필요를 절감하고 오늘 이 자리에 모였다.

우리는 문화와 예술은 단순히 고상하고 순수한 것이라거나, 문화와 예술은 오로지 투쟁의 수단이 되어야 한다는 단선적인 논리에는 결코 동의 하지 않는다. 문화와 예술은 인간의 삶을 총체적으로 표현하는 것으로 그 생산주체인 문화·예술인은 특수한 기능과 재능을 지닌 전문가인 동시에 자유와 진리와 평등을 추구하는 공동체의 일원이다. 따라서 우리는 문화와 예술이라는 분야에서 민족사회의 분업을 감당해야 하며 민족의 주체인 민중이 억압과 착취를 당할 때는 마땅히 우리 스스로가 민중의 일원이 되어 전제자들과 착취자들을 물리쳐야 한다.

이것은 우리의 문화운동이 일제시대의 민족해방투쟁에서부터 박정희 유신독재, 그리고 80년대의 군사독재에 이르기까지 문화예술의 여러 부문에서의 활동과 투쟁 속에서 깨달은 소중한 진리이다.

우리는 오늘 이 자리에서 자유실천문인협의회, 민주언론운동협의회, 민중문화운동연합, 민족미술협의회, 민주교육실천협의회, 한국출판문화운동협의회를 주축으로 하여 민주헌법쟁취문화인공동위원회를 발족하면서 우리가 지난 여러 해 동안 전개해온 운동과 그 성과를 냉정하게 평가하고 반성한다. 우리는 민중문화와 민중예술을 표방하면서도 그 나름으로 기득권이나 명성에 연연하지는 않았는가? 우리는 문화와 예술이 갖는 개인적 작업이라는 성격 때문에 실천적인 면에서는 연대나 공동투쟁을 소홀히 하지는 않았던가? 아니면 그 반대로 정치적 투쟁이나 몸싸움간에 치우친 나머지 문화·예술운동 고유의 생산활동에 지나치게 무관심하지는 않았던가? 이 모든 자기반성은 일면적이 아닌 전체적인 접근을 통해서만 생산적인 결과에 이를 수 있다.

우리 문화·예술운동 종사자들은 오늘 그동안 우리가 개인적 창작이나 공동창작, 그리고 조직운동에서 저지른 과오를 겸허하게 반성하고 언론,출판,교육부문의 활동에서의 전문성과 예술적 창작과 평론에서의 전문성을 확보하는 동시에 이것을 민중의 자산으로 돌리면서, 강력한 문화·예술인의 연대조직을 통해 군사독재를 타도하고 진정한 민주체제를 이루어 조국의 통일로 나아가는 싸움에 헌신할 것을 다짐한다. 우리는 역사는 몇몇 천재의 영웅적 행위에 의해 발전하는 것이 아니라 뭇 인간의 단합된 힘에 의해 진보하는 것임을 확신한다.

오늘 문화 예술운동의 공동투쟁기구를 구축한 우리가 극복해야 할 장애는 너무나 험난하고 무수하다. 지배계급의 문화만을 고급문화라고 선전하면서 민중의 역동적인 문화를 멸시하거나 유린하는 제도문화, 미국을 '해방자'나 '자유의 수호자'로 미화하면서 우리의 청소년들과 기성세대를 문화적 노예로 만드는 신식민주의문화, 그리고 그 아류인 일본의 신군국주의문화, 독점자본의 논리를 관철하는 수단으로 악용되는 상업주의문화, 제국주의와 군사독재의 식민사육기구로 전락한 제도교육, 증오와 대립의 이데올로기만을 선전하는 제도출판, 민중의 생활현장을 외면하고 음풍농월을 일삼는 제도미술, 구미 퇴폐문화의 하수구에 지나지 않는 연행의 공간, 귀족들의 허례 경쟁장인 고급음악 연주장, 이 모든 것은 우리가 타파해야 할 반민중적 미신의 문화이다.

우리는 오늘 이 힘겨운 과업을 수행해 나갈 공동위원회의 깃발을 드높이 올리면서 민중이 문화와 예술, 그리고 역사의 주체가 되는 시대가 멀지 않아 오리라고 확신한다. 그 시대는 저절로 오는 것이 아니라 우리가 붓을 통해서는 물론이고 민주화와 통일을 지향하는 총체적 연합운동에 결연히 나설 때 필연적으로 이루어질 것이다.

민주언론과 민중예술과 민주교육과 출판운동의 현장에서, 겨레가 겨레를 미워하지 않고 동족이 동족을 수탈하지 않고 다른 민족이 우리의 국토를 둘로 가르지 않고, 야수 같은 일부 군부가 대다수의 민중 위에 군림하지 않고, 일하는 이의 땀과 고통이 공정한 분배와 행복한 삶으로 이어지는 사회를 이루기 위해 우리 하나되어 나아가자!

우리 문화언론의 힘을 모아 군사독재정권의 장기집권 책동을 단호히 분쇄하고 민주헌법을 쟁취하자! 문화 예술의 붓으로 민주와 해방과 통일을 성취하자! 붓으로만이 아니라 우리의 온몸을 던져 민주와 자주와 통일의 깃발을 높이 높이 휘날리자!

1987년 6월 8일
민주헌법쟁취 국민운동본부
민주헌법쟁취 문화인공동위원회

공동대표 : 송건호(민주언론운동협의회 의장)
성내운(민주교육실천협의회 공동대표)
이호철(자유실천문인협의회 공동대표)
문병란(")
고은 (")
백기완(민중문화운동연합 고문)
황석영(민중문화운동연합 대표실행위원)
정동익(한국출판문화운동협의회 공동대표)
주재환(민족미술협의회 공동대표)
신학철(")
김성재(민주교육실천협의회 운영위원장)

집행위원 :
1. 언론 출판계 : 김인한 최장학 임재경 이경일 김태홍 정상모 유대기 (이상 7명)
2. 문 학 계 : 김지하 송 영 윤흥길 조태일 이문구 박태순 양성우 채광석 이시영 송기원 김성동 김명수 김정환 이영진 (이상 14명)
3. 예 술 계 : 김용태 강행원 문영태 홍선웅 이철수 홍성담 김종철 여익구 김학민 최민화 임진택 박인배 윤만식 유인택 (이상 14명)
4. 교 육 계 : 심성보 유상덕 김진경 고광헌 이철국 (이상 5명)

발기인
1. 언론 출판계
윤활식 이종욱 이원섭 고승우 백맹종 이상현 현이섭 신홍범 황헌식 이창화 왕길남 홍순권 김동호
박준영 김원태 전희천 황용복 최형민 오홍진 정홍렬 정연수 김준범 최돈오 전 훈 권오중 권오승
우원길 김형배 김상기 윤덕한 박영배 권진우 노향기 이병주 최병진 최병선 박형규 박우정 최민희
김철민 정의길 배시병 백호민 정승혜 김현근 김은숙 이무명 홍종도 임승남 윤국중 송세언 이상욱
허부성 김용흠 조성두 강선미 이덕희 이정훈 조명자 이온숙 최영희 곽금숙 김은경 최광열 장익순

유재건 서인영 안효성 김학심 최옥자 김승균 김우경 신수열 고세현 조기환 김명인 황경희 송찬경 김순진
김경혜 홍 석 박경옥 이재선 박경애 박인혜 박상율 황광진 안경숙 나혜원 신미원 이인숙 김경숙 이민섭
이승권 정남기 김점순 박혜숙 박기섭 남경태 성미경 서정희 조무일 김원배 김철미 한동학 유창선 서미숙
홍동화 황윤옥 천양숙 안영권 채 윤 이우회 민종섭 윤정희 윤란실 변녹진 온현정 (이상, 118명)

2. 문 학 계

김정한 박화성 장용학 김규동 이호철 고 은 남정현 천승세 박완서 송기숙 백낙청 현재훈 신경림 표문태
이기형 민 영 윤정규 김제영 박태순 김지하 이성부 조태일 이문구 조세희 강호무 송 영 윤홍길 한승원
강온교 임정남 백도기 최하림 임수생 문순태 양성우 김주영 이오덕 조선작 방영웅 임헌영 염재만 최범서
백우암 최인호 김홍신 김만옥 박용수 한수산 박범신 김성동 강석경 문정희 박정만 김춘복 오종우 송기원
김명수 정호승 윤재걸 김창완 이하석 이종욱 김동현 김상열 구중관 안석강 이동순 이균영 김홍규 최원식
조갑상 유양선 홍정선 김태현 최수철 임철우 강형철 이온봉 최두석 이현석 구모룡 고정희 김민숙 노순자
황광수 서영온 윤정모 이경자 김승희 이상계 김중태 이시영 이진행 유덕희 김명식 김희수 송 현 표성흠
오정환 이윤택 장석주 류명선 강영환 이혜숙 김혜순 양귀자 노영희 하종오 정수남 채광석 정규화 선명한
홍일선 김진경 고형렬 김정환 윤재철 이영진 황지우 김사인 양헌석 전진우 이원하 강병철 조재도 전무용
전인순 윤중호 박용남 이재무 임우기 유인확 고광헌 이창동 박몽구 김봉근 김경미 강태형 김백겸 김창규
김희식 김용락 정안면 김하늬 박영희 조영명 정대호 박영근 이승철 김해화 박선욱 김기홍 김명인 현준만
이재현 김남일 김이구 심종철 위기철 백진기 서홍관 박남준 오봉옥 정인섭 차정미 최동현 서소로 공지영
김형수 고규태 조진태 정삼수 윤동현 박정열 임동확 홍처연 김인숙 유시춘 안정효 기형도 이택주 이상락
이병원 이병희 최인석 박인홍 유재영 박경원 원희석 김형영 이선관 최 학 하 일 권광욱 이효윤 민병욱
최성도 백순기 이세룡 권오삼 김영안 최명자 노경심 정명자 장효문 이도윤 박방희 김종철 송대헌 김도연
박양진 진형준 이 적 정과리 최교진 유정룡 정희수 임종철 이인성 유종순 지요하 정찬주 이상국 이계홍
김정빈 신동원 오환섭 박상수 이혼복 이규정 송우혜 고재종 김석중 박덕규 (이상 224명)

3. 예 술 계

손장섭 김용태 강행원 배남한 이준석 유성숙 김인순 윤석남 송현숙 김종례 서상환 김호득 민정기 손상기
이청운 문영태 나종희 홍선웅 안창홍 박충금 강요배 박재동 박세형 박홍순 권칠인 김덕남 이철수 옥봉환
황재형 송만규 홍성담 이홍원 정하수 김경주 송영익 최정현 이인철 손기환 이 섭 박불똥 정복수 백온일
김인철 유온종 김부자 김우선 박진화 유연복 박홍규 김 민 주완수 지호상 정선권 박광수 조신항 성 연
신철수 김종억 김정식 최경태 전성숙 송문익 김용덕 이억배 송준배 김기현 이승곤 김종도 서재붕 김환영
정정엽 백창흠 김형구 송진헌 남샛별 이수영 김준호 박현희 김영은 김혜정 박혜영 김진명 박영기 최경숙
신태봉 이영진 이준성 한경태 유온옥 김부식 김향배 김영미 이주원 박선미 노유경 김성주 조혜란 이종률
정남준 정인석 김혜숙 김만희 김현희 박경미 박홍식 신가영 손자연 이승진 이성화 박형식 김기영 박영은
김정곤 이온숙 박기복 이수남 허 준 설경민 엄희용 조현권 이병훈 허동섭 윤중돈 김덕순 권성주 윤경희
김낙일 이유선 안종호 이학민 김인경 장하순 최병수 우 전 송영순 배정화 고선아 김봉환 박희정 김상화
박경환 구선희 이경미 송윤희 함종호 박동익 김진하 김희대 박순덕 김문희 정지영 정문일 권윤덕 조인수
최춘일 이주영 강문수 박효영 이온주 노승환 박건원 김남준 홍성현 이석원 정동희 정해균 조창수 강효숙
박일민 박창경 조광현 정보환 정진영 천광호 이성경 (이상 화가) 원동석 민혜숙 최 민 유홍준
윤범모 최 열 라원식 심광현 곽대원 최석태 김영동 (이상 미술평론가) 김영수 이종만 조문호 김민숙
홍진원 안문선 정동석 김성수 이성신 신돌삐 이온재 김종훈 (이상 사진작가) 최민화 장영수 이온홍 한영화
김노리 민 해 민 영 강 돌 황 당 안 돌 영 후 (이상 만화가) 강대철 변승훈 이태호 김구한 이춘호
양지혜 김영희 한애규 우영란 조선숙 (이상 조소 공예가) 김미경 정희석 박순덕 (이상 222명)
채희완 이애주 황선진 주강현 김종분 임명구 정연도 박우섭 연성수 이연형 김정자 홍석화 김명곤 박제홍
유해정 윤기현 이기연 김준호 이덕신 김영철 정희섭 박치음 구재연 오영호 김방죽 박홍주 진철승 박남숙
강주호 양영주 여균동 홍기선 김경란 이창훈 장진영 김애영 나재선 [illegible] 김상철 이영욱 조정환 표신중
박용수 문성근 오인두 김영연 문병옥 문승현 조기숙 배인정 고제란 김기종 김창남 김천태 김만태 강태일
이지호 박상대 김성기 심규호 주수홍 장영덕 김장욱 이미영 조경옥 백중효 이종란 박혜숙 조성현 서한옥
유종수 김영희 김경미 이연수 박경리 강혜숙 이지현 이온영 박한석 백승남 신광식 김규종 오희봉 마혜일
천호영 이경식 이수인 신순봉 김애실 이영미 김연미 이효인 송능한 박찬미 최영아 김태균 권용진 이온주

이온재 김금지 권병길 조정환 정남영 이재현 신두원 이병훈 정형수 김원호 문갑현 김기봉 정대호 홍환식
전미숙 전순애 박윤희 이성욱 이진아 이영국 박선지 허질란 이영호 차윤실 김선대 송해련 정세학 이철수
김남수 장창익 이관학 조의자 김영만 진광석 장민영 오정환 유지영 강정아 조영주 [illegible] 정윤형 [illegible]
김태환 김규종 강영희 조민철 홍선기 오종섭 이철희 김옥희 박현정 박영정 김윤기 전영호 박효선 김태종
김정희 정진모 문병화 최기천 이용석 김은희 김도임 김창준 윤선희 정하수 김용락 정대호 박방희 김신회
박애라 양봉석 정봉현 (이상 188명)

4. 교 육 계

노웅희(서울 선린상고) 심성보(서울 보성중) 고광헌(서울 선일여고) 심임섭(서울 월계중) 유상덕(서울 성동고)
이철국(서울 여의도고) 김진경(서울 양정고) 윤재철(서울 성동고) 이순권(서울 경기기공) 박해전(서울 용문중)
김은경(서울 이수중) 김원규(서울 오류중) 조용진(서울 신원중) 주세영(서울 환일고) 정영훈(서울 원당국교)
조호원(서울 시흥고) 김태선(서울 신도림중) 이올재(서울 신도림중) 이재오(서울 대성고) 이은숙(서울 일신상고)
송원재(서울 당곡고) 윤병선(서울 관악고) 이장원(서울 봉화중) 이상대(서울 당산중) 노현설(서울 양평중)
조재도(충남 안면중) 전무용(충남 부여외산중) 전인순(충남 팔봉중) 강병철(충남 쎈뽈여고) 유도혁(충남 쎈뽈여고)
김진호(충남 계룡기공) 최교진(충남 대천여중) 이관묵(충북) 정해숙(충남 대전고) 민병순(충북 영동중)
윤영규(전남 나주중) 고희숙(전남 창평고) 문희경(전남 목포여상) 주진평(전남 계곡중) 김경옥(전남 마산중)
이미영(전북 아영중) 서철심(전북 경암여상) 이상호(전북 신흥고) 이광웅(전북 제일고) 박정석(전북 제일고)
조성용(전북 제일고) 이옥렬(전북 제일고) 황윤태(전북 제일고) 엄택수(전북 제일고) 전성원(전북 제일고)
송대헌(경북 부석고) 서영석(경남 도산중) 김관규(부산 부산동여고) 이홍구(부산 거성중) 노옥희(경남 현대공고)
김대성(경북 경덕중) 김순녕(대구 경일여중) 정익화(경남 상북종고) 권재명(경남 통영여중) (이상 59명)

호헌으로 장기 집권 획책하는 군부독재 타도하여 노동 3권 쟁취하자

군바리의 폭정과 억압의 쇠사슬에 칭칭 감겨 울컥 솟구치는 울분을 억지로 삼켜 온지도 어언 42년.

드디어 뼈속깊이 사무친 피맺힌 설움이 장마에 둑 무너지듯 남도의 항구도시 푸른 부산 – 부산 부산역에서, 서면에서, 남포동에서 아니 전 지역에서 더 이상은 결단코 우리의 정부일 수 없는 군 군부독재정권의 종식을 위한 치열한 싸움을 연일 계속하고 있다.

우리는 결단코 흔들릴 수 없는 굳센 확신을 가졌다.

끝까지 투쟁을 당부하면서던 시장 밥장수 아주머니의 표정에서, "군부독재 타도하자" 라는 외침에 땅이 꺼지는 듯한 박수를 보내며, 적극 동참을 결의하는 애국시민의 구국의 함성에서, 군부 독재 정권은 한반도 어디에도 단 한명의 지지자도 없는 매수아니 정권임을 거듭 확인했다.

세계 최장시간, 전쟁같은 노동에 시달리는 사상지역 노동자여!!!

도대체 무슨 힘으로 전체국민의 1%에 불과한 매판 독점 재벌이 그리도 당당하게 일천만 노동자의 피와 땀이 송송 맺힌 물건들을 강탈하고는 복구멍에 풀칠할 정도의 월급봉투를 선심쓰듯이 던질수 있겠는가? 그것은 매판 독점 재벌의 하수인 —군부독재 일당이 인간답게살고자 발하는 동료는 용공, 좌경분자로 매도하고 최저 생계비 보장, 8시간 노동시간 쟁취, 파업 자유 쟁취를 위해 모였다면 괴물 같은 전경을 동원하여 최루탄 난사, 몽둥이질, 급기야는 개패듯이 때려서 감방에 몰아넣어 주었기 때문이다.

일한 만큼 월급을 받자는 것이, 우리도 인간답게 사는 세상 만들자는 것이 과연 북한에 동조하는 용공, 좌경인가?

지난 1년간 개헌 놀음판을 벌려놓고 신민당과 장놀면서 국민을 기만하더니, 4월 13일 드디어 본색을 드러내면서 전두환 대신 노태우라는 식의 단순한 인물 교체를 소위 평화적 정권 교체다 운운 하면서 장기집권획책하는 군부독재 정권의 완전한 타도만이 다시는 한반도에 독재자의 독버섯이 돋아날수 없는 민중이 주인된 역사가 될것이다.

살인, 고문, 강간 정권 군부독재 타도하여 민주정부 수립하자!!

7년전 임산부의 배를 가르고 대검으로 젖덩이 베어를 질러 죽인, 2000여 광주 민중 학살범— 전두환 군부정권은 급기야는 애국 충정에 불타는 젊은이를 전기고문, 물고문으로 살해하고 무수한 꽃다운 처녀를 강간 하기에 이르렀다.

온이 사꾸라 이승만, 18년 독재자 박정희, 현군부 독재 정권은 이런 말을 쓴다.

" 이놈의 김일성이 오시밤밤 노리는데, 너희의 이런 짓거리는 다 누구를 위해서 하는지?"

팔이 한쪽이 문드러져 그 독소가 온몸에 퍼지면 황천길로 갈 판인데 교통사고가 겁이 나서 웅크리고 앉아 있어야만 하는가? 과감한 결단으로 한팔을 짜를때만이 병마에서 벗어나서 회생할 수 있는 유일한 방법이다.

사상지역 애국 노동자여!

1979년 10월 16일 박정희 독재정권을 깨부순 굳센 부산 뱃사람의 뚝심으로 최루탄과 총알이 떨어지기 전에는 결코 물러가지않을 군사독재 정권의 심장에 우리가 응징의 비수가 되어 꽂히자.

군부독재 타도 없이 노동삼권 보장없다.

이땅의 참해방은 민중의 눈치만 요리조리 살피는 통민당이 민정당과 타협해서 이룩되는 것이 아니다. 참주인인 고통받는, 민중이 통민당을 이끌고 치열하게 싸울때만이 예속과 독재의 늪에서 허덕이는 한반도에 자유와 해방의 물결이 일렁이는 참사람의 그날이 기필코 우리앞에 오고야말것이다.

노동자여!! "독재타도"! 우렁찬 목소리로 총궐기하라!

군부독재 타도하여 파업자유 쟁취하자!!!

군부독재 타도하여 8시간노동제 쟁취하자!!

---------부산 지역 애국 민주화 청년 학도 일동 ---------

1987년 6월 8일

성 명 서

-국민생명 위협하는／최루탄을 추방합시다-

1. 최루탄으로 온 국민의 생명이 시들어 가고 있습니다.

맑고 푸르러야 할 우라들의 생활공간은 언제부터가 소음, 먼지, 유독가스, 폐수 등으로 인해 찌들어 왔읍니다. 그런데 최근들어 하루가 멀다하고 쏘아대는 최루탄으로 인해 우리의 보금자리는 더욱 고통스러워졌읍니다. 더구나 우리의 자식들이 이 최루탄으로 인해 생명의 위협을 받는 지경에까지 이르러, 우리 어머니들은 사태의 심각성을 절감하지 않을 수 없읍니다. 눈물을 흘리게 함으로서 시위를 진압하기 위해 사용되는 최루탄 사용이 최근 들어서는 그 정도를 넘어서서 재채기, 눈물, 가려움증, 메스꺼움, 피부염, 비염등 각종 질병을 유발케 하고, 날이 갈수록 성능이 지독한 신형이 개발되어 붉은 반점과, 물집, 호흡기 질환, 몸살증세, 무력감 등이 나타나는 등 이제 최루탄은 시민건강을 심각하게 위협하는 무기가 되고 있읍니다. 심지어 불발 최루탄을 멋모르고 주워 놀던 어린 아이들의 손가락이 잘려 나가고, 불발탄이 터져 길가던 행인의 눈이 다치고, 직격탄에 눈이 멀고, 뇌가 터지는 경우까지 있었읍니다. 이제 이러한 최루탄의 피해는 시위를 하는 학생은 말할 것도 없고 시위를 막는 경찰과 온 국민의 생명을 위협하고 있읍니다. 우리는 우리의 자녀들이 장차 아이를 생산하지 못하는 불임환자가 되지않을까 하는 우려에 전율마저 느낍니다.

경찰관들도 햇볕따가운 6월부터는 가려움증, 비염, 수포증 등으로 더욱 큰 고통을 당해 경찰병원에서 제조한 연고를 받아쓰고 있음을 호소하고 있읍니다. 시위가 있는 날은 약국에 연고를 사려는 학생들로 붐비고, 특히 대학교와 인접한 병원의 피해는 한층 심각해서 환자들의 고통은 이루 말할 여지도 없읍니다. 또한 최루탄은 대학캠퍼스 내 곤충류 조류 및 식물들에 심각한 해를 끼쳐 푸르러야 할 나무들이 죽어가고 새들이 찾지 않는 황량한 캠퍼스로 만들고 있읍니다.

2. 85년 10월말까지 무려 100억원의 국가예산이 최루탄 사용으로 낭비되었읍니다.

이러한 피해말고도 최루탄제조에 투여되는 국가예산의 낭비는 실로 어마어마합니다. 내무부가 내놓은 자료만 보더라도 80년 한해동안 5억원 가까운 돈이 최루탄 비용으로 길바닥에 뿌려졌고, 지난해 1월부터 10월까지는 무려 60억원 가까이 썼다고 합니다.

82년부터 85년 10월말까지 최루탄 지출경비를 종합하면 무려 100억원이 넘는다고 합니다. (동아, 중앙 87.6)

도대체 그 엄청난 돈은 과연 누구의 돈입니까? 우리 국민들이 피땀흘려 낸 세금이 아닙니까? 그 돈이면 일기분에 56,000원의 수업료가 없어 진학을 포기해야 하는 숱한 우리의 어린 학생들을 모두 무상으로 교육시키고도 남을만한 엄청난 돈입니다. 또한 최루탄 중에 「지랄탄」이라고 불리는 다반두 연발탄을 한번 터뜨리면 무려 쌀 7가마니가 순식간에 사라져 버린다고 합니다. 상계동, 목동, 양동 등 철거민들은 단 100만원이 없어 보금자리를 빼앗기고, 아이들과 함께 차가운 길바닥에 버려져 울고 있는데 어떻게 이 천문학적인 액수의 돈이 국민의 생명을 위협하는 무기로 둔갑할 수 있단 말입니까 국민들이 뼈빠지게 낸 세금이 어찌 우리의 귀여운 자식들의 눈이 멀고, 손가락이 잘리고, 기관지에 병이들게 할 수 있단 말입니까?

3. 정부는 국민 생명을 위협하는 최루탄을 쏘지 마십시요!

우리 어머니들이 최루탄 추방운동을 벌릴 때입니다.

국민들의 후생과 복지를 책임져야 할 정부가 도리어 국민의 생명을 파괴하는 최루탄을 국민을 향해 무차별로 쏘고 있으니 어이된 일입니까? 이제 우리 어머니들은 더이상 가만히 앉아 보고만 있을 수 없읍니다. 학생도 전경도 모두 우리의 자식들입니다. 이 국가의 장래를 짊어지고 나갈 꽃다운 우리의 젊은이들이 왜 서로를 향해 화염병과 최루탄을 던져야 한다는 말입니까? 우리 어머니들은 이 악순환 속에서 우리의 자식들이 병들고 죽어가는 것을 더이상 방치할 수 없읍니다.

이제 우리 어머니들은 앞장서서 최루탄 추방운동을 벌일 것입니다. 물론 학생들의 화염병도 자제하도록 설득할 것입니다.

— 우리 어머니들의 호소 —

1. 정부는 국민생명을 위협하는 최루탄을 쏘지 마십시오!
1. 정부는 헌법에 보장된 국민의 평화적 시위를 보장하십시오!
1. 언론과 의학계는 최루탄이 인체에 미치는 피해 실상을 규명하고 공개하십시오!
1. 국내의 최루탄 생산업체는 최루탄 생산을 즉각 중지하십시오!

1987. 6. 9.

한국교회여성연합회, NCC여성위원회공동주체
교회여성지도자협의회참가자일동

우리는 왜 6월 10일 수업을 거부해야만 하는가

1. 수업 거부투쟁으로 백만 학도의 대동 단결을 확인하자.

6월 10일의 수업 거부투쟁은 우리 부산대학교만의 일이 아니다. 잔인한 죽음을 맞이하였던 한 학우의 죽음을 애도한다는 구차한 설명이 필요없이 우리 청년 학도는 지금 조국의 자주화와 민주화의 굳센 염원으로 진군 또 진군하고 있으며 백만 학도와 40만 민중의 반독재 민주화의 우렁찬 함성의 진군으로 군부독재정권과 미제국주의는 역사의 벼랑에서 어쩔줄 모르고 있다.

그렇다! 6월 10일의 우리의 수업거부(전국적 학원 파업)투쟁을 반외세 자주화 반독재 민주화의 진군속에서 되새기는 청년학도의 강인한 단결과 대동투쟁의 요구이다. 이를 위해 우리는 각과, 단대 차원으로 비상 토론회를 개최하여 수업거부 결의를 해 내고 이를 대자보등을 통해 여러 학우에게 알리도록 하자.

2. 수업거부투쟁으로 독재 타도의 열기를 다지자.

6월 10일은 4천만 민중의 반독재 민주화의 열화같은 의지에도 불구하고 현 군부독재정권이 정권 연장을 위해 전당대회를 통해 대통령 후계자를 선출하는 날이다. 부산이 비록 현독재정권의 반민중적 간계를 뒤엎을 수 없는 먼 거리이지만 수업 거부 투쟁을 통해 독재타도의 열기를 분출하고 현 독재정권의 정권 연장을 위한 간계를 긴장되게 하자. 이는 백만 학도의 수업 거부를 통한 대동단결의 힘만으로 가능하다.

3. 수업거부의 열기를 6월 10일 6시 남포동으로 집결시키자.

6월 10일 우리는 각과, 단대 차원에서 수업 거부를 결의하고 이날 치뤄질 '구국 출정식'에서 대동단결하여 남포동으로, 남포동으로 2만 효원 청년학도의 애국적 기재를 휘날리며 진군, 또 진군하자. 그리하여 4천만 우리 민중이 42년의 신식민지 착취속에서 애타게 염원하고 7년의 군부독재정권의 학정하에서, 목마르게 불러온 "반외세 자주화 반독재 민주화의 민족 자주 민주 정부 수립"을 목이 터져라 외쳐보자. 우리의 애국적 기재로 목청껏 불러보는 구국의 신호는 "독재 타도, 민주 정부 수립"이다.

6월 10일 남포동의 거리를 애국적 함성으로 뒤덮읍시다.

' 군부독재 타도하여 민주정부 수립하자. !!

' 호헌으로 장기집권 획책하는 군부독재 타도하자. !!

' 고문 살인 조작 은폐 군부독재 타도하자. !!

' 독재 지원 내정 간섭 미일외세 몰아내자. !!

분단 42년 6월 9일.

부산대학교 총학생회

6.10 국민대회 행동요강.

1. 당일 10시 각부본별 종파별로 고문살인 조작 규탄 및 호헌철폐 국민대회를 개최한 후 오후6시를 기하여 성공회 대성당에 집결 국민운동본부가 주관하는 국민대회를 개최한다.

2. (1) 오후6시 국기하강식 기하여 전국민은 있은 자리에서 애국가를 제창하고,
   (2) 애국가가 끝난 후 자동차는 경적을 울리고,
   (3) 전국 사찰, 성당, 교회는 타종을 하고
   (4) 국민들은 형편에 따라 만세삼창(민주헌법쟁취 만세, 민주주의 만세, 대한민국 만세)을 하던지 제자리에서 1분 간 묵념을 하므로 민주쟁취의 결의를 다진다.

3. 경찰의 폭력으로 대회 진행을 막는 경우
   (1) 전국민은 비폭력으로 이에 저항하며
   (2) 연행을 거부하고
   (3) 연행된 경우에도 일체의 묵비권을 행사한다.

4. 전국민은 오후 9시에서 9시 10분까지 10분 간 소등을 하고 KBS, MBC뉴스 시청을 거부하므로 국민적 합의를 깬 민정당의 6.10 전당대회에 항의하고 민주쟁취의 의지를 표시할 수 있는 기도, 묵상, 독경 등의 행동을 한다.

5. 대회가 만의 하나 경찰의 폭력에 의해 무산되는 경우 부분별 단체별로 교회, 성당, 사찰 기타 편리한 장소에서 익일 아침6시까지 단식농성한다.

6. 8.9일 양일 간 전국민은 6.10 국민대회 참여를 권유하고 상호 격려하는 '전국민 전화걸기 운동'을 전개해 주기 바란다.

7. 또한번 부탁하거니와 6.10 국민대회는 철저하게 평화적으로 참여해주시기를 바라며 폭력을 사용하거나 기물손괴 등을 자행하는 사람은 국민대회를 오도하려는 외부세력으로 규정한다.

8. 하오 6시부터 성공회 대성당에서 진행될 국민대회 식순은 추후 발표한다.

9. 각 도시 등 지방에서도 위와 같은 행동요강으로 국민대회를 진행하되 시간과 장소는 지역의 편의에 따라 할 것이며 각계각층이 총망라하여 준비위원회를 구성하여 국민대회를 가져주기 바란다.

6·10 대회 동참하여 군부독재 끝장내자!

이 땅의 자주와 민주를 열망하는
1천만 노동자, 애국시민 여러분!

저희는 각 지역의 공장에서 3저 호황을 떠받쳐 온 노동자들 입니다. 저희는 오늘 이 자리에 반드시 승리하고야 말리라는 각오와 확신으로 떨쳐 나왔읍니다.

80년, 광주학살로 이 민족 4천만 가슴 속에 풀리지 않을 피멍울을 남기고 등장한 전두환 군부독재 정권! 그들이 또 다시 이민족의 자주 민중의 민주주의를 짓뭉개려하는 지금, 저희가 몇푼 일당에 목 걸고 앉아 있을 수 만은 없었던 것 입니다. 여러분! 지금 이 땅은 누구의 땅입니까? 우리가 진정 사랑하고 땀흘려 일해온 이땅, 이 땅의 진정한 주인은 우리인진대, 우리가 염원했던 자주, 민주, 평화는 어디에 있읍니까? 미국의 허가를 받고 탄생한 학살정권이 농민이야 죽든살든, 미국에 매달려 담배부터 사료까지 사들였을 때, 이민족의 자주는 자취를 감추었읍니다. 애초에 민중과는 한오라기의 인연도 없는 정권, 그들이 한달 몇만원 저축을 위해 뼈를 깎는 민중의 피땀으로 하루 3천만원! 1조원의 돈을 독점 재벌 범양상선에 대 주었을 때, 민중의 생존권은 벼랑 끝에 섰읍니다. 이제 박종철 이라는 어린 꽃이 고문에 짓이겨져 죽고, 그죽음이 경찰·검찰의 밀실에서 조작된 지금, 이 나라 민주주의 또한 갈갈이 찢긴 것 입니다.

이제 저 고문학살 정권은 내각제 개헌이니, 지방자치제니 온갖 속임수가 더 이상 통하지 않자 4.13 호헌발표로 전 민중의 가슴 앞에 장기집권의 칼날을 들이댔읍니다. 저들은 4.13 폭거 이후 민심을 수습한답시고 전두환의 개인비서, 피붙이, 군부 내 전두환 충성파 일색으로 민정당 핵심과 장관들을 갈아치워 장기집권의 바탕을 깔았읍니다. 거기에 한술 더 떠 광주학살의 공범자 노태우를 후계자로 책봉하여, 88년 평화적인 군부독재 정권 세습을 향해 안간힘을 쓰고 있는 것이, 오늘 6.10 민정당 정당대회인 것 입니다.

여러분! 대통령이 살인마 그 공범자 노태우로 바뀐다해서 무엇이 달라지겠습니까? 학살의 원흉 (전두환에서) 들이 알맹이 없는 민주화조치를 떠든다해서 광주 민중의 피와 박종철군의 절규가 씻겨질 수는 없읍니다. 6.10 전당대회의 결론 이라곤, 군부독재 정권의 장기집권, 벼랑에 선 민중생존, 물고문으로 질식해 가는 이땅의 민주주의 바로 그 것뿐 입니다. 잠실 체육관에서 벌어지는 저들의 잔치상 뒤에서 조국과 우리 자신의 미래가 짓밟히고 있는 절대절명의 지금 이 순간! 우리가 걸어야 할 단하나의 길은 투쟁뿐 입니다. 대화와 타협은 고문학살 정권의 장기집권을 지원을 미끼로 엄청난 수입개방요구를 들고 달려들고 있는 미국의 사탕발림일 뿐이요, 권력의 단물에 침을 흘리는 일부 야당 모리배들의 것일 뿐 입니다.

애국시민 어러분! 저희 노동자들이 저임금 장시간 노동에 뼈가 녹아도 소중한 꿈 하나는 결코 버릴 수 없읍니다. 우리가 생산한 온갖 물건들이 내 이웃, 사랑하는 조국의자주와 민주를 꽃피우고 지켜야 한다는. 이 꿈은 우리 모두의 것 입니다. 이제 우리의 분노가 행동으로 일어서지 않는다면 우리의 꿈은 산산이 부서질 뿐! 우리의 아이들.친지들은 고문으로 죽어갈 뿐! 독점재벌의 부른 배 밑에 짓눌린 우리의 생존이 있을 뿐 입니다. 여러분 지금입니다. 주인된 민중의 위대한 힘으로 군부독재를 끝장내는 조국의 신화를 창조 합시다.

우리의 손으로 우리의 아이들을 고문학살로부터 지켜낼 때! 우리의 손으로 조국의 자주와 민주주의를 쟁취할 때! 바로 지금 입니다. 단결합시다. 투쟁합시다. 할 수 있는 최선을 다하여.

함께 외칩시다.

- 고문 살인, 장기집권 군부독재 타도하자!!
- 박종철군 고문 살인, 부지원, 범양, 노동자 신호수씨 살해사건의 진상을 밝혀라!!
- 고문 살인 중단하고 민주인사 석방하라!!
- 정치개입 중단하고 미국은 물러가라!!
- 호헌 선언 분쇄하고 민주정부 수립하자!!

1987. 6. 10.

조국의 자주화와 민주주의를 위해 투쟁하는 노동자 일동

결　의　문

우리는 오늘 6.10 고박종철군 고문치사 은폐조작 규탄 및 호헌철폐 국민대회를 맞아 아래와 같이 우리의 결의를 거듭 밝힌다.

1. 이 땅에서 권력에 의한 고문, 테러, 불법연행, 불법연금등 여하한 인권유린도 영원히 추방되어야 한다는 것은 그 누구도 거스릴 수 없는 국민적 요구이다.

그러므로 우리는 현정권하에서 지금까지 헤아릴 수 없이 자행되어 온 각종 인권유린 행위의 진상을 낱낱이 파헤칠 것을 다짐함과 동시에 그같은 인권유린의 확산이 마침내 고 박종철군의 고문치사에까지 이르렀음에도 불구하고 아직도 진정으로 뉘우치고 인권유린을 발본색원할 의사를 갖고있지 않는 현정권이 앞으로도 자행하게 될 국민의 자유와 권리에 대한 각종 침해에 대해 단호히 거부하고 항거하고 규탄할 것을 결의한다.

2. 우리는 위와같은 불행한 사태가 소수의 정치군부세력이 국민들의 의사와는 아랑곳없이 그들의 권력을 제멋대로 휘두르며 국민위에 군림하려고 하고 또 그같은 독재권력을 물리적 힘으로 영속화하려는데서 빚어진다는 범국민적 깨달음에 바탕하여 이 땅에 진정한 민주헌법을 확립하고 진정한 민주정부를 수립하기 위해 온 국민이 참여할 수 있는 평화적인 모든 수단과 방법을 총동원할 것임을 결의한다

3. 그러므로 우리는 위와같은 국민들의 민주화에 대한 열망을 일방적으로 짓밟고 정치군부세력의 몇몇 핵심자들끼리 독재권력을 무슨 사유물인 것처럼 주고 받으려는 음모에서 비롯된 이른바 4.13 호헌 성명이 무효임을 선언하며 앞으로 현행헌법에 의거한 현정권과 민정당의 일방적 정치일정의 진행을 철폐하기 위한 범국민적 운동을 더한층 가열화할 것임을 결의한다.

4. 우리는 또한 이 범국민적 민주화 대장정을 마치 불순분자의 폭력주의인 것처럼 매도하고 박정희 독재정권이래 현정권에 이르기까지 민주화를 위해 온갖 인권유린과 투옥과 고문도 감수하고 심지어 목숨까지 바친 민주인사들을 그들이 독재권력을 유지하기 위해 전과자로 몰아놓고는 이제다시 그 민주인사들의 범국민운동 참여를 국사범 운운하며 매도하는 현정권의 적반하장을 규탄하며 그들이 앞으로도 국민들의 민주화 열망을 계속 거부할 경우 그들을 반민주적 범죄자로 단죄할 것임을 결의한다.

5. 우리는 경찰, 군인, 공무원, 준공무원등 모든 공공기관에 종사하는 사람들도 국민의 일원으로서 독재권력에 무조건 맹종할 것이 아니라 그들의 행위가 국민들의 자유와 권리를 보장하고 국민들의 권익을 보호하는 행위인가 아닌가를 판단하고 부당한 지시, 명령에는 거부할줄 알기를 호소하며 모든 국민들은 그들을 무조건 적대시할 것이 아니라 먼저 그들에게 우리들의 행위가 민주주의, 민주헌법, 민주정부를 위한 불가피한 행위임을 기회있는대로 설득함으로써 우리 국민들중 한사람이라도 더 민주주의의 대도에 동참할 수 있는 기회를 줄 것을 결의한다.

6. 우리는 6.10 대회로써 이 운동이 비로소 본격화하는만큼 이 땅에 민주헌법이 서고 민주정부가 확고히 수립될 때까지 지칠줄 모르게 이 운동을 전개해 나갈 뿐만 아니라 그렇게 되었을때 동장에서부터 대통령까지 국민들의 손으로 뽑게될 수 있을때에도 그 소중한 국민주권을 신성하게 행사할 것임을 온 국민의 이름으로 결의한다.

1987. 6. 10

민 주 헌 법 쟁 취 국 민 운 동 본 부

고문 · 살인 · 사기정권의 장기집권음모 분쇄하자!

61년전 오늘은 우리의 선열들이 일제의 식민지 지배를 거부하는 처절한 투쟁을 전개했던 6.10 만세사건을 일으킴으로써 민족해방 운동의 금자탑을 쌓은 날입니다. 과반세기가 지난 지금 우리는 아직도 선열들께 부끄럽게도 조국을 두동강 내놓고 억압과 수탈의 시대속에 암울하게 살아가고 있읍니다.

군사독재 정권은 민주화를 외치는 사람을 용공·좌경으로 몰아 구속을 시키고 모진 고문을 가하여 급기야 젊은 대학생을 죽음에 이르도록 하였으며 그 사건조차도 권력의 상층부가 개입하여 축소조작을 하였읍니다. 처음부터 거짓으로 출발한 정권은 그 거짓을 덮기 위해 더 큰 거짓을 범할 수 밖에 없는 지경이 되었읍니다. 그리고시도 뻔뻔스러운 군사독재 정권은 민주개헌을 하지 않고 현행 헌법으로 계속 장기집권을 꾀하고 있읍니다.

1. 폭력과 기만은 군사독재 정권의 본질입니다.

군사독재 정권은 80년 5월 온 국민의 열화와 같은 민주화 의지를 짓밟고 2000여 광주 민중의 피를 군화발에 적신 채 들어선 정권입니다. 이들은 일말의 정통성도 정당성도 지니지 못하고 외세와 매판재벌에 빌붙어 정권을 유지하고 있읍니다. 이것은 필연적으로 온 국민의 저항을 받을 수 밖에 없으며 폭력과 기만적 술책으로 국민의 민주화 의지를 짓밟을 수 밖에 없읍니다.

고 박종철군의 고문치사와 사건은폐조작 사건은 바로 현 정권의 폭력성과 기만성을 단적으로 보여주는 것입니다. 그 외에도 부천성고문사건, 김근태, 서노련, M.L당 사건 관계자에 가한 고문사건 등 이루 헤아릴 수 없을 정도로 많은 고문이 현 정권에 의해지질러졌으며 이를 은폐해 왔읍니다. 이것은 현 군사독재 권력이 정권을 유지할 수 있는 유일한 수단은 폭력과 기만 뿐이라는 사실을 명확히 증명해 주고 있읍니다.

2. 폭력과 기만의 정권이 장기집권을 획책하고 있읍니다.

이와같이 야만적인 폭력과 기만에 찬 군사독재정권은 미국과 매판재벌을 등에 업고 88올림픽의 성공적 수행과 평화적 정권교체를 명분으로 민주개헌을 하지 않겠다는 「신호헌론」 4.13 조치를 발표하였읍니다. 또한 야당을 분열시키고 탄압을 하고 민주화 운동에 대해서도 잔인한 탄압을 가하고 있읍니다. 이것은 국민들의 민주화 의지를 외면하고 자신들의 기득권을 대대손손 누리겠다는 음모에 불과한 것입니다.

그러나 성직자를 비롯한 문인, 교수, 언론인, 민주화 운동단체, 학생들의 호헌철폐, 민주헌법 쟁취투쟁은 전국적으로 범국민적으로 확산되고 그 흐름이 한군데로 모아져 5.27 마침내 민주헌법쟁취 국민운동본부가 결성되기에 이르렀으며 현 정권은 점점 고립의 소용돌이에 빠지고 있읍니다.

3. 국민의 힘만이 민주화를 이룰 수 있읍니다.

강원도민 여러분! 우리는 주위의 불의한 모습들을 보고 어떻게 하여 왔읍니까? 젊디 젊은 박종철군이 모진 고문끝에 차디찬 시체가 되어 나왔을 때 우리는 무엇을 느끼고 무엇을 하였읍니까. 그 사건 조차 권력에 의해 은폐, 조작 되었다는 것을 접하고 우리는 어떻게 하였읍니까. 이러한 폭력정권이 우리를 억누르고 장기집권을 획책하고 있는 바로 지금 우리는 무엇을 해야 하겠읍니까.

불의에 대한 침묵은 불의에 대한 방조요, 반민주적 정권에 대해 저항하지 않는 국민은 민주주의를 누릴 자격이 없는 것입니다. 민주화는 모든 국민들이 자유롭고 평등하고 인간답게 살 수 있는 사회를 만드는 것이며 민주헌법은 이것을 제도적으로 보장할 수 있는 장치입니다. 이것은 국민들의 힘에 의해서만 이루어 질 수 있는 것입니다.

4. 온국민이 일치단결하여 민주헌법 쟁취하고 민주정부 수립합시다.

강원도민 여러분! 올해는 이나라가 민주화를 이루느냐, 아니면 억압과 수탈 속에서 또 오랫동안 고통을 받느냐를 결정짓는 분기점이 되는 중요한 해입니다. 그동안 강원도는 인간다운 삶을 찾기위한 광산 노동자들의 선진적인 투쟁과 농민 대중들의 생존권 투쟁을 기반으로 지난 6.4 원주에서 강원도내 신·구교 성직자, 민주화운동가, 시민들이 참여하여 민주헌법쟁취 강원도민 운동본부를 결성하였으며 앞으로 강원지역에서 민주화를 위하여 혼신의 힘으로 활동하기로 결정하였읍니다.

강원도민 여러분! 민주화는 결코 몇몇 양심있는 분과 민주화 운동가에 의해 이루어지지 않습니다. 민주화를 염원하는 모든분의 참여와 단결된 행동을 통해서 이루어질 수 있읍니다. 또 민주헌법쟁취 강원도민운동본부는 강원도민 여러분의 참여를 언제든지 환영하며 민주화의 그날까지 열심히 싸워나갈 것을 다시한번 다짐합니다.

一. 더이상 안속겠다 거짓정권 물러나라! 一. 민주헌법 쟁취하여 민주정부 수립하자! 一. 행동하는 국민속에 박종철은 부활한다!

一. 국민합의 배신하는 호헌주장 철회하라! 一. 강원도민 단결하여 민주헌법 쟁취하자!

1987. 6. 10

민 주 헌 법 쟁 취 강 원 도 민 운 동 본 부

PEPSI
버스
BUS

고문 살인 은폐규탄및 호헌 철폐 시민 대회

- 40만 성남 애국 시민 여러분께 -

현장에서, 시장에서 그리고 공사판에서 힘겨운 노동으로 어렵게 하루 하루 살아가는 성남 시민 여러분 ! 가혹한 고문으로 인하여 20살 꽃다운 젊은이의 생명을 무참하게 앗아가고서도 반성은 커녕 도리어 어처구니 없는 조작으로 또 한번 4천만 국민을 우롱한 현 정권은 온국민과 함께 약속한 민주개헌을 일방적으로 파기하고 독재권력자끼리의 정부 이양을 선언하고 행동으로 굳혀 가고 있읍니다. 우리는 이정부의 이러한 용납할 수 없는 부도덕성, 기만성, 범죄성을 준엄하게 규탄하고, 그 정권적 책임을 물으며 독재권력의 영구 집권에 대한 단호한 국민적 거부를 다짐하기 위해 6월 10일 민주헌법 쟁취 시민대회를 개최했읍니다.

젊은 목숨을 고문해서 끊어 놓고 심장마비로 죽었다고 새빨간 거짓말을 했다가 위아래가 공모하여 고문 살인을 은폐조작하고, 멀쩡한 사람들을 데려다가 부랑인 취급을 하고 때려죽인 부산 형제 복지원장은 구속된 몸인데도 이발소, 안마소 등에서 회사하도록 비호하고, 몇천억을 삼키고 자살한 재벌 회장의 뇌물을 받아 삼킨 공무원은 거리를 버젓이 활보하고 있으며 수천명의 민주인사들은 구속연금.연행을 당하고 있읍니다. 이처럼 가장 부도덕하고 악랄한 군부 독재정권이 88올림픽을 개최한다는 명분으로 4.13 호헌선언을 발표하기에 이르렀으니 민족의 치욕을 전세계에 전시하겠다는 망발이 아니고 그 무엇이겠읍니까 ?.

성남 시민 여러분 !

민주화는 이땅에서 그누구도 거역 할 수 없는 도도한 역사의 대세가 된것입니다. 이제 우리는 지금까지 고립 분산적으로 해온 호헌 반대 민주화 운동을 하나의 큰 물결로 결집시키고, 우리 국민의 생명과 자유를 위해서 행동해야 합니다. 우리 모두 일어나 힘을 합친다면 군부독재를 몰아내고 민주 정부를 세우는 것은 결코 어려운 일이 아닙니다. 이것이 바로 민중의 거대한 힘입니다.

성남 시민 여러분 !

이제 모두 힘을 합쳐 결연히 싸움에 나설 때입니다. 깨어나자 말아야 할 군부독재를 물리치고 민주정부를 수립합시다. 그리하여 우리 모두의 기본권리인 신체의 자유, 언론의 자유, 집회.결사의 자유, 사상의 자유를 누리고, 건강하고 기쁘게 일하고, 자녀를 교육하고 문화적 혜택을 맘껏 누릴 수 있는 생존권이 보장되는 사회를 만듭시다. 구속된 민주인사가 옥문을 박차며 쓴 아져 나오고, 거리에서 공장에서 들판에서 철거지역에서 시장에서 남녀노소 기쁨에 겨워 얼싸안고 부둥켜 안으며 뜨거운 눈물을 흘리고 민주주의 만세, 민족통일 만세를 목이 터져라 외쳐 부르고 함께 누릴 새 세상이 목전에 임박하였읍니다. 우리가 싸운다면 승리는 우리의 것입니다. 싸웁시다. 승리합시다. 그리하여 민주주의와 민족통일의 찬란한 그날을 우리 자손들에게 물려줍시다.

다같이 외칩시다

-. 민주헌법 쟁취하여 민주정부 수립하자.!!!

-. 성남시민 단결했다. 전두환은 각오하라.!!!

-. 호헌책동 분쇄하고 민주개헌 쟁취하자.!!!

-. 살인고문 자행하는 폭력정권 타도하자.!!!

1987.6.10

민주헌법쟁취 국민운동 성남지역본부

구국 추모정 선언문

군부독재 타도하고 민주정부 수립하자

보라! 우리는 애국의 벅찬 기쁨으로 민족을 42년 미제국주의의 신식민지적 고통에서 구출하고 4천만 민중을 7년 군부독재정권의 학정에서 구원하기 위해 거리로 나선다.

보라! 우리는 어깨에 어깨를 끼고, 손에 손을 잡고 대동단결의 기쁜 발걸음으로 이 땅에서 영원히 독재정권과 미제국주의를 몰아내고 자주민주정부 수립의 환희에 찬 함성을 나부끼며 진군, 또 진군한다.

2만 효원 청년학도여!

오늘 우리의 이 구국대열은 오직 학문적 정의감과 청년 학도의 시대적 양심에 발로한 것이며 조국과 민족을 분단과 예속, 독재와 학정의 계곡에서 구원하여 통일과 민주의 새세상을 안내하기 위함이다.

떨쳐 일어서라, 청년학도여!

미제국주의 경제적 침략과 내정간섭, 예속의 고통에찬 사슬이 옭죄어 오는 이때 우리 민족적 청년학도는 무엇을 하고 있는가! 전두환 군부독재정권이 4.13 호헌책동으로 장기집권을 획책하고 온갖 목징과 부정부패로 4천만 민중을 탄식과 암울의 늪으로 끌고 가는데 우리 애국적 청년학도는 무엇을 해야 하는가!

민주주의의 햇새벽이 동터올 때까지 '독재타도' '민주정부 수립의 애국적 절규 나부끼며 싸우고 또 싸우자. 6월 10일 오늘 우리는 4천만 민중이 간절히 염원하고 백만 청년학도가 애타게 부르짖어 온 '민주주의'의 굳센 뿌리를 남포동에, 부산 너른벌에 깊이 박자!

민주승리의 붉은 해는 검푸른 동해바다를 헤집고 불볼처럼 솟아 오르고 있다. 4백만 부산지역 민중과 어깨에 어깨를 끼고 청년학도의 기백 휘날리며 분노의 불화살이 되어 민주정부 수립의 그날을 향해 힘차게, 힘차게 진군하자.

×××××× 6.10에 임하는 우리의 행동지침××××××

1. 6시 국기 하강식이 끝나자마자 "독재타도"를 힘차게 외치며 집단적으로 행진한다.
2. 모든 구호와 행동은 집단적으로 하며 현장 지도부의 지시에 전적으로 따른다.
3. 시민들에게 유인물을 적극적으로 배포하고 운전기사에게는 6시를 기해 경적을 울리도록 계몽한다.
4. 공식적 해산선언이 있을 때까지 모든 학우는 대열을 이탈하지 않고 끝까지 용맹하게 투쟁한다.

"남포동 거리에서 400만 부산지역 민중과 함께 한목소리로 외칩시다'

1. 장기집권 저지하여 민주정부 수립하자!!!
2. 장기집권 획책하는 군부독재 타도하자!!!
3. 고문살인 은폐조작 군부독재 타도하자!!!
4. 군부독재 타도하고 민주정부 수립하자!!!
5. 독재지원 내정간섭 미일외세 몰아내자!!!
6. 독재타도!!! 호헌분쇄!!! 민주쟁취!!!

"이런 노래를 열창합시다'

애국가, 우리의 소원은 타송, 임을 위한 행진곡, 아리랑, 농민가, 우리 승리하리라. 10일에서 동

분단 42년 6월 10일 구국을 위한 출정식에서

부산 대학교 총학생회

" 가자! 분노의 불화살이 되어

[illegible] 거리에 [illegible]하자 "

군산 애국시민 여러분에게 드리는 글

이땅의 민주화를 염원하는 20만 군산 시민 여러분 !

80년 5월 이땅의 민주화를 요구하는 2,000여명의 광주 시민을 총칼로 학살하고 정권을 탈취한 전두환 군사 독재정권은 정의사회 구현, 복지국가 실현등을 국민들에게 말하였읍니다. 그러나 7년이 지난 오늘 우리에게 보여준 것이 무엇입니까 ?

민주화를 요구하는 목사님, 교수, 학생, 지식인, 노동자들을 3,000여명이 넘게 감옥에 가두었고, 우리 온국민이 요구하는 민주 개헌을 4.13호헌 발표로 하루 아침에 중단시켜 국민의 염원을 배신했읍니다.

또한 지난해 부천경찰서에서 꽃다운 처녀를 야만적으로 성고문 하더니, 급기야 잔혹한 고문으로 젊은 대학생을 죽이기 까지 했읍니다. 그러면서도 반성은 커녕 도리어 어처구니 없는 은폐 조작사건으로 또한번 4천만 국민을 우롱한 부도덕한 정권이 존재하는 한 국민의 생명도, 인권도, 자유도 지켜지지 않는다는 사실을 똑똑히 알았읍니다.

전두환 군사정권이 어떠한 미사여구를 동원하여 유감을 표시하고 몇몇인물을 바꿔치기 했다고 해서 현 군사정권을 믿을 사람은 아무도 없을 것입니다. 전두환 군사정권이 퇴진하지 않는 한 국민에 대한 무시, 기만, 협박, 억압이 변함없을 것이기 때문입니다.

이제 온 국민의 민주화에 대한 의지와 염원은 전국 각지역에서, 각계각층 심지어 연예인까지 시국선언을 통해 4.13호헌 반대와 민주 개헌을 주장하며 현정권의 퇴진을 요구하고 있읍니다.

20만 군산 민주 시민 여러분 !

이제 우리의 빼앗긴 자유와 주권을 되찾기 위하여 우리 모두 함께 뭉치어 평화의 대행진을 시작합시다. 그리하여 저 간악한 전두환 군사정권을 물리치고 우리가 그렇게도 원했던 자유로운 민주국가를 우리의 손으로 세웁시다.

민주정부가 수립되어 우리의 아들, 딸들이 자유롭게 학교에 다닐수 있게하고 국민의 대다수를 차지하고 있는 노동자, 농민들이 일한 댓가를 충분히 받으며 평등한 사회에서 살아갈수 있도록 합시다.

애국 시민 여러분 ! 6월 10일 월명동 성당에서 개최되는 "박종철군 고문살인 은폐규탄및 호헌철폐 군산 시민대회"에 마지막까지 참여하여 군산 시민의 힘을 전두환 군사정권과 그 하수인들에게 보여 줍시다. 10일 저녁 9시에는 10분간 소등하여 온국민의 공통된 민주화의 의지를 보여주고, 정부의 입장을 앵무새처럼 보도하는 텔레비 시청을 거부합시다 ! !

— 우리의 주장 —

-광주학살 원흉 전두환, 노태우는 물러가라! -살인고문 은폐하는 군사정권 물러가라!
-장기집권 저지하고 민주 개헌 쟁취하자! -민주헌법 쟁취하여 민주정부 수립하자!

1987년 6월 10일

대 회 선 언 문

- 국민합의 배신한 4.13 호헌조치는 무효임을 전 국민의 이름으로 선언한다 ! -

오늘 우리는 전 세계 이목이 우리를 주시하는 가운데 40년 독재정치를 청산하고 희망찬 민주국가를 건설하기 위한 거보를 전 국민과 함께 내딛는다. 국가의 미래요 소망인 꽃다운 젊은이를 야만적인 고문으로 죽여놓고 그것도 모자라서 뻔뻔스럽게 국민을 속이려 했던 현정권에게 국민의 분노가 무엇인지를 분명히 보여주고, 국민적 여망인 개헌을 일방적으로 파기한 4.13 폭거를 철회시키기 위한 민주장정을 시작한다.

오늘, 광주학살에 참여한 정치군인들 사이의 요식적인 자리바꿈을 위한 영구집권의 시나리오가 수만 전투경찰의 삼엄한 엄호속에 치루어졌다. 이번 민정당 전당대회는 국민 전체의 뜻을 배반한 독재자의 결정사항을 요란한 박수소리로 통과시키려는 또하나의 폭거요 요식적인 국민 기만행위에 지나지 않는다. 따라서 우리는 그와같은 민정당의 전당대회는 독재세력의 내부행사일 뿐 국민의 민주적 여망과는 아무 관계가 없는 것임을 전국민의 이름으로 선언한다.

우리 국민은 민정당이 대단한 결단이나 되는 것처럼 강조하는 현 대통령의 7년단임 공약에 큰 기대를 걸고 있지 않다. 현정권이 제1의 통치명분으로 내세워 온 평화적 정권교체라는 것도 실은 현대통령의 형식적 퇴임 이후 친정체제와 수렴청정하에 광주학살에 참여한 장성들간의 자리바꿈에 지나지 않는다는 것을 자각있는 국민이라면 상식으로 간주하고 있는 사실이다. 언제부턴가 평화적 '정권교체'라는 말이 '정부이양'이라는 애매모호한 말로 슬쩍 둔갑해버린 것도 저들의 이러한 속셈을 잘 말해주고 있다. 그것은 군부독재의 통치를 영구화하려는 요식행위에 불과하다.

무엇보다도 우리는 이른바 4.13 대통령의 특별조치를 국민의 이름으로 무효임을 선언한다. 이 나라는 전제군주국가가 아니다. 이 나라의 엄연한 주인은 국민이요, 국민이 국가권력의 주체이다. 따라서 전 국민적 여망인 민주헌법쟁취를 통한 민주정부의 수립의지를 정면으로 거부한 이 폭거는 결코 인정될 수 없다. 광주학살이후 계엄령하에서 급조된 현행 헌법에서조차 대통령은 오직 헌법개정에 관한 발의권 밖에 가지지 못하도록 되어 있다. 그런데도 행정부의 수반이 국민의 대표기관인 국회의 개헌논의 중지를 선언하고 이를 재개하는 자를 의법조치 하겠다고 엄포를 놓은 것은 위헌적인 월권행위요, 민주주의의 요체인 3권분립을 파기한 폭군적 망동이었다. 헌법개정의 주체는 오로지 국민이다. 국민 이외의 어느 누구도 이 신성한 권리를 대행하거나 파기할 수 없다. 그러므로 국민적 의사를 전적으로 묵살한 4.13 폭거는 시대적 대세인 민주화를 거스르려는 음모요 국가권력의 주인인 국민을 향한 도전장이 아닐 수 없다. 결국 민주화를 요구하는 국민의 힘에 밀려, "여야가 국회에서 합의하면 개헌에 반대하지 않겠다"고 한 전대통령의 작년 4.30 발언은 영구집권음모를 은폐하기 위한 한낱 속임수에 지나지 않았음이 분명해지고 말았다. 애초부터 개헌의 의사는 눈곱만치도 없었으며, 그동안 마치 날치기 통과라도 강행할 것 같던 내각책임제 개헌안도 국민의 대통령직선제 개헌열망을 무마하고 민주세력을 이간시켜 탄압하면서 원래의 의도인 호헌의 명분을 만들기 위한 위장전술에 지나지 않았다. 따라서 모든 국민의 기대에 찬물을 끼얹고 국민들을 한없는 배신감과 절망으로 몰아간 4.13 폭거는 마땅히 철회되어야 한다. 우리는 이러한 4.13 조치에 기초하여 현정권이 영구집권을 위한 시나리오를 강행한다면, 국내외의 조롱과 비난을 면치 못할 것이며 돌이킬 수 없는 엄청난 사태를 스스로 잉태하는 것임을 경고해 둔다.

우리 국민은 민족의 오랜 숙원인 민주화를 달성하기 위해 일어섰다. 이 민주화라는 과제가 88 올림픽을 이유로 연기될 수 없다. 인류평화의 제전이요 민족의 축제가 되어야 할 88올림픽이 민주화를 늦추고 현행 헌법대로 독재정권을 연장시키는데 악용되어서는 안된다. 우리는 민주화라는 '민족적 대사'를 완수한 이후에 전 국민의 압도적 지지위에 세워진 튼튼한 민주정부하에서 다가오는 88 올림픽을 민주시민의 감격과 긍지를 가지고 치루어야 한다.

외세의 강점하에 반도가 분단되어 허리잘린 통한의 삶을 살아온지 어언 40여년, 고동안 우리는 분단과 경제개발을 빌미로한 독재권력에 의해 숨한번 제대로 쉬지 못하고 살아 왔지만 지금 이 나라는 총칼로도 잠재울 수 없는 전 국민의 민주화 열기로 노도치고 있다. 성직자, 교수, 법조인, 작가, 미술인, 출판인, 영화감독, 의사, 정치인, 그리고 청년, 학생, 노동자, 농민, 도시빈민 등 각계각층에서 터져 나오는 양심의 소리는 독재로 찌든 조국을 흔들어 깨우고 있다.

이제 우리 국민은 그 어떠한 이유나 명분으로도 더이상 민주화의 실현이 지연되어서는 안된다고 요구하고 있다. 분단을 이유로, 경제개발을 이유로, 그리고 지금은 올림픽을 이유로 민주화를 유보하자는 역대 독재정권의 거짓논리에서 이제는 깨어나고 있다.

오늘 고 박종철군을 고문살인하고 은폐조작한 거짓정권을 규탄하고 국민의 여망을 배신한 4.13 폭거가 무효임을 선언하는 우리 국민들의 행진은 이제 거스를 수 없는 역사의 대세가 되었다. 세계의 양심과 이성이 우리를 격려하고 민주제단에 피뿌린 민주영령들이 우리를 향도하며, 민주화 의지로 사기충천한 온 국민의 민주화 결의가 큰 강줄기를 형성하니 무엇이 두려운가. 자! 이제 우리의 자리를 박차고 일어나 찬연한 민주새벽의 그날을 앞당기자. 민주. 민권승리의 확신과 필승의 의지를 가지고 오늘 우리 모두에게 맡겨진 민족의 과제 앞에 힘차게 전진하자.

1987. 6. 10

선 언 문

"민주헌법쟁취국민운동군산지부"를 결성하며

최근 우리 사회에서 온 국민의 민주화의지를 무시한 채 현정권에 의해 자행되고 있는 비민주적이고, 반도덕적인 상황은 우리 모두에게 중대한 결단과 단호한 대처를 요구하고 있읍니다.

젊은 청년을 고문 살해하고도 회개하기는 커녕 은폐조작하기에 급급한 경찰과 검찰 그리고 이러한 만행을 묵인, 방조 나아가 지시까지한 현정권과 민정당에게 우리는 더이상 무엇을 기대할수 있겠읍니까? 민주화를 외치던 젊은 청년이 고문실에서 신음하고 있던 시간에, 온갖 횡포를 저지르고 구속중인 부산 형제복지원장은 이발소, 안마소까지드나들고 있었고 자살한 재벌회장의 뇌물을 받아삼킨 공무원은 한명도 구속시키지 않고 있읍니다. 최근에 임명된 내무부장관은 고문치사 은폐조작사건이 밝혀진 직후에도 경찰 간부들에게 '이번 사건을 통해 위축되거나 사기를 잃지말고 더욱 업무에 충실하라'는 망발을 서슴치 않아 온 국민을 분노케 했읍니다.

또한 유신이래 가져보지 못했던 국민에 의한 정부 선택권을 포함하여 제반 민주적 제도를 마련하고자하는 대다수 국민적 합의에 굴복해 현정권조차 인정하지 않을 수 없었던 것이 개헌논의였읍니다. 그러나 현정권은 이러한 온 국민의 일치된 소망을 중대결단 운운하며 쿠테타와 다름없는 이른바 4.13호헌 발표를 하였읍니다. 형식적인 인물교체에 의한 장기집권을 평화적 정권교체라고 믿거나, 소비적이고 향락적인 스포츠 행사가 우리의 밝은 미래를 약속하는 민주제 개헌보다 우선하며 중요하다고 생각할 사람은 아무도 없을 것입니다.

현정권이 어떤과정, 어떤댓가를 치루고 정권을 장악했는지를 상기하라고 1980년 봄 군인들에 의해 무참히 학살당한 2,000여 광주 영령들은 우리에게 말하고 있읍니다.

우리는 폭력적인 본질을 은폐한 군사정권의 기만적인 민주화 조치나 허구적인 대화에 한가닥 기대를 걸거나, 이런 비윤리적인 집단과 타협을 통해 양보를 얻어낼 수 있다는 환상을 이제는 버려야 하겠읍니다.

우리 생존문제는 우리 스스로 해결할때 생명력이 있는 것이며, 또한 미국이 과연 우리의 진정한 우방인가를 지금에 와서 다시 생각해야 겠읍니다. 미국은 현정권의 광주학살을 배후에서 승인했고, 한국의 민주화나 민족통일보다는 자국의 이익에 유리한 군사정권을 지지하므로써 정치, 경제, 군사등 모든 부분에서 안정적 이익을 꾀하고 있을 뿐입니다.

4.13호헌 조치가 발표된 후 온국민의 반대와 분노는 이제 아무도 막을 수 없는 거대한 민주의 물결을 이루고 있읍니다. 성직자를 중심으로 한 단식기도와, 양심적인 교수, 학자들에게 의한 시국선언을 출발로 언론인, 예술인, 의사 심지어 연예인에 이르기까지 반대의사를 표시했고, 우리 군산 옥구지역에서도 70여명이 넘는 기독교 장로회 목사님의 12일에 걸친 호헌철폐를 위한 단식기도가 있었으며, 전주교도소에서는 강희남목사의 죽음을 각오한 40일 단식기도등 끝없는 민주화 행렬이 이어지고 있읍니다.

우리는 이제 이러한 온국민의 열망과 의지를 모아 5월 27일 발족된 "민주헌법쟁취 국민운동 본부"를 전폭적으로 지지하며, 군산옥구 지역의 민주시민들의 의지를 모아 "민주헌법쟁취 국민운동 군산지부를" 20만 군산 시민과 함께 결성하게 되었읍니다. 앞으로 우리모두의 사소한 의견차이는 민주화를 위한 커다란 입장으로 통일시키고, 군사정권을 몰리치고 민주정부가 수립될때까지 군산시민 모두와 함께 끝까지 싸워 나갈것을 엄숙히 선언하며, 우리조국의 민주화는 우리모두의 손에 의해, 우리의 적극적인 관심과 과감한 동참에 의해서만 이룩될 수 있다는 것을 확신합니다.

——— 우 리 의 결 의 ———

—살인고문 은폐하는 군사정권 물러나라!

—민주헌법 쟁취하여 민주정부 수립하자!

—미일외세 물리치고 민족자주 이룩하자!

1987년 6월 10일

민 주 헌 법 쟁 취 국 민 운 동 군 산 지 부

- 군산옥구인권협의회
- 군산옥구기독청년협의회
- 군산옥구민주화추진협의회
- 통일민주당전북제2지구당

호헌 분쇄및 장기 집권 저지, 친미 독재 타도 하여 자주, 민주 정부 수립하자!!!

이제 일어설 때가 되었읍니다. 그 동안 미제국주의의 식민지적 수탈과 침략속에 군부독재의 탄압과 억압의 사슬에 얽매여 참으로 오래 동안 살아 왔읍니다. 이제 4월의 민주의 함성을 한손으로 움켜지고 5월의 피맺힌 절규위에 두발로 굳건하게 서서 두동강난 반도의 아픔을 부여 안고 미국놈들 몰아내고 친미독재 타도하여 조국의 자주와 민주 통일의 해방의 깃발을 꽂읍시다. 지난 2.12 총선 이후 계속되어진 미제의 여우같은 식민지 통치는 그동안 호헌, 개헌, 다시 호헌으로 이어지는 기만적 국면의 창출속에서, 그리고 이에 놀아난 전두환 친미 독재 정권의 정치 놀음에서 분명하게 극명하게 미제국주의의마각이 여실히 우리 국민앞에 드러나 졌을 뿐 아니라 현 정권의 종속성과 반 민족적, 반민주적, 반민중적 정권임을 각인 시켰읍니다. 조국 분단 42년의 오랜 기간 동안 참 민주 사회를 갈망하던 우리는 독재의 치하에서 끈이지 않는 생명력으로 독재와 외세에 맞서 싸워 왔읍니다.
이제 우리는 민족의 자존을 떨칠 중요한 시기에 왔읍니다.
독재를 청산하고 민주 사회를 이룩할 것인가 아니면 다시 독재의 굴레속에 빠져들것인가 말입니다. 떨쳐일어섭시다. 전 정권의 4.13조치 이후 호헌의 부당성에 대해서 군부독재 친미독재 종식을 위해서온국민이 분노하고 투쟁할것을 맹세함이 범국민적, 범계층적으로 일어나고 있읍니다. 이제 우리는 이러한 열기를 한군데 묶, 어 세움이 필요 합니다.
우리가 하나가 될때만이 이나라에 미국 놈들을 몰아 낼수 있으며 친미 군부 독재를 타도 할수가 있는 것입니다.
개인주의와 이해 타산을 앞세우는 소시민적 사고 방식을 청산하고 한반도의 빛나는 민족의 전통을 이어받은 자부심을 가지고 애국의 충정과 헌신으로 민주화 투쟁의 대열에 나섭시다. 나아 갑시다. 현 군부 독재는 국민들의 민주화를 바라는 열망이 이렇게 지대함을 보고서도 일말의 뉘우침과 반성 없이 끝없는 아이처럼 영구집권, 장기집권의 음모를 점점더 노골화 시키고 있읍니다. 그것은 다름아닌 광주 학살의 주범자중 한사람인 명칭이 노태우를 차기 대통령 후보로 지명 했다는 사실입니다. 이 사실을 우리는 결코 용납할수가 없는 것입니다. 7년간 광주 민중의 피를 빨아먹고 등단한 전두환에게 시달려 왔는데 또, 광주 민중의 피를 빨아 나눠먹은 노태우에게 이 나라의 주권을, 권리를, 권한을 넘겨줄수가 없는 것입니다. 이에 6.10 범국민 민주 헌법 쟁취와 친미 군부 독재 종식을 위한 규탄 대회에 적극 지지와 참여로 식민지적 종속을, 독재의 아성을 종식 시 킵시다.

성남 애국 시민 여러분 !!!

기존의 사대에 뒤떨어진 낡은 관성을 떨쳐버리고 애국 투쟁의 대열에, 구국 투쟁의 대열에 대동 단결하여 대동 투쟁의 만세를 외칩시다. 6월 10일 군부독재의 승계식이 아니라 군부독재의 영결식이 되도록 끝까지 투쟁 합시다. 싸웁시다.

6.10 범국민 총 파업 만세!!!

--- 우리의 주장 ---

- 장기집권 획책하는 군부 독재 타도하자!!!
- 호헌 논의 분쇄하여 민주헌법 쟁취하자 !!!
- 노태우가 왠 놈이냐 군부 독재 타도하자!!!
- 광주 학살 호헌 책동 군부독재 타도하자!!!
- 독재지원 내정 간섭 미국 놈들 몰아내자!!!
- 군부 독재 타도하여 자주.민주 정부 수립하자!!!

조국 분단 42년 6월 10일

한국 외국어 대학교 용인 캠퍼스 총학생회
경희대학교 수원 캠퍼스 총학생회

= 부산지역애국고등학생에게고함 =

살인, 강간, 고문, 최류탄정권 군부독재 끝장내자 ! !

애국, 애족 고등학생아우여. 그대는 알고 있는 가? 조국산천을 뒤흔들었던 4.19의 굳센함성을.
조국과 겨레의 고통앞에서 더이상은 책상앞에 앉아있는 소심한 학생 이길 거부했던 그때 그 사람
들을. 아우여, 조국은 지금 독재타도와 민주쟁취의 뜨거운 열기로 활화산처럼 타오르고 있다.
조국의 거리 어느골목에도 군부독재타도의 함성 발길이 닿지않은곳없다. 동강난 반도의 마지막
독재자로 운명 지워진 현독재집단의 초라한 몰골을 보라. 민주화를 가슴터져라 열망하던 광주동
포를 수천명씩 살해하고도 뻔뻔스럽게 기름진 배때기를 흔들던 놈은 이제 마지막이 될것이다.
동포를 학살한 자에대하여 정권을 내맡긴적 없으며 조국을 배신한 매국노에게 지지를 보낸사람
한명도 없다. 그러하여 놈들은 지금까지 온갖폭력으로써만 근근이 지탱하여 왔을 뿐이다.
민주를 염원하는 꽃같은 처녀를 강간하고 자주, 민주조국을 갈구했던 젊은이를 축축한 고문실에서
저승사자의 밥이되게 만들었던 군부독재, 더 이상참을수없어 봇물이 터져일어난 애국민주대열
인적 최류탄에 피를터며 쓰러져 나간 청년학도는 얼마나 많았던가. 우리는 더이상 군부독재의
더인으로 만드는 학교의 책상앞에 붙어앉아 있을수없어 이렇게 거리로 뛰쳐나왔다. 우리는 분
명한다. 현독재정권이 이땅역사의 마지막 독재집단 이라는 것을.

내정간섭, 독재지원 미국놈을 몰아내자 !!

조국분단의 원흉 미국이 이땅에 입성한 이래로 반도는 또다시 식민의 아픈역사를 걸어야했다.
강도 일본제국주의의 폭압아래서 해방되는가 싶더니 또다시 조국은 미국의 전략이익을 관철시키
먹이가 되어야 했다. 이렇게 조그맣고 아름다운 내조국 한반도가 미국놈들의 전쟁연습장이 되
제놈들의 물건을 억지로 사야만하는 식민지로 전락하면서부터 이땅에는 조국과 동포를 팔아먹는
국노가 득실거리고 부정부패가 횡행하는 매판의 거리로 변신하였다. 미국놈들의 요구를 충실히
변해줄수있는 친미정권을 만들어서 조국강토를 짓밟고 이땅의 주인인 민중을 역사의 소외자로 내
몰았다. 이승만 - 박정희 - 전두환 으로 이어지는 역대의 독재자들은 미국의 발가락을 핥으며
오직 권력과 부를위해 이민중을 억압하고 탄압하는데 앞장서 왔던것이다. 미국놈들이 핵무기를
우리 조국강토에 쑤셔박아 전동포의 생존이 위협당하고 있는데도 제놈들의 물건을 억지로 팔기위하
여 수입개방을 강요해 민중의 생활이 도탄에 빠지게 되었는데도 독재정권은 아랑곳하지 않고 오히
려 미국의 비위를 맞추느라 안달거리고 있다. 미국놈들은 자기들의 핵전쟁연습을 용이하게 하기
에 물건을 잘팔게하기위해 군부독재정권을 지원하고 내정간섭을 자행하고 있는것이다.
똑똑히 보아라 아우여 ; 독재를 탄생 시키고 지원하는 미국놈들을 쫓아내지 않는다면 이땅에는 언
제 또다시 독재정권이 들어설지 모른다. 미제국주의자를 몰아내고 자주정부를 수립한 뒤에라야만
오 대평등의 원칙하에서 한국과 미국은 새로운역사의 지평을 열어가게 되는것이다.

반외세 자주화, 반독재 민주화 조국사랑의 지성이여 ! !

애국, 애족 부산지역 고등학생 아우여 ! !
조국이 침략자의 총칼앞에서 위협당하고 있고 우리의 어머님, 아버님들이 억압자의 채찍 아래서
손발이 부릍르고 허리가 꺾일때 우리 애국청년학도가 서야할곳은 어디이겠는 가? 그것은 바로 침략
의 무리 외세를 몰아내는 구국의 전선으로, 억압자 독재정권의 목을치는 처단의 싸움터가 아닌가 !
그렇다. 바로 반외세 자주화 반독재 민주화 투쟁만이 억압과 수탈의 굴레를 완전히 박차고 4천만
동포가 얼싸안고 해방춤추는 진실로 자유인 세상을 보장하는것이다. 이것이 진정 조국산하의 사랑
이며 겨레사랑의 참모습이 아닌가.
애국학도여!! 조국은 바야흐로 독재와 민주의 갈림길에 서있다. 오직 우리의 단결된 투쟁만이 조
조국을 구하고 민중을 질곡의 도탄에서 건져낼수 있는것이다. 6.10 국민대회 이후로 연일 가열차
게 불붙고 있는 구국과 전진의 횃불은 한반도 곳곳에서 온모으로 타오르고 있다.
가자! 애국학도여 ; 잠시 책을 덮고, 전진의 장 으로 나아가자,
독재타도 민주쟁취, ... 돌파 가자!!

... 만세 !!!

= ... 청년학도 일동 =

THE WASHINGTON POST

WORLD NEWS

Protesters, Police Clash In S. Korea

Battles Erupt After Ruling Party Meets

By John Burgess
Washington Post Foreign Service

SEOUL, June 10—Seoul erupted into its worst political violence in years this afternoon, as thousands of angry antigovernment protesters fought riot police in four hours of rugged street battles that at times saw the usually unshakable police retreating in panic.

Rioters burned at least one police kiosk and reportedly attacked an office of the ruling Democratic Justice Party. They built barricades, lit bonfires and threw so many stones that streets all over Seoul's central sector were littered with rubble.

Police, who had banned the rally, blanketed a huge swath of Seoul with tear gas. It invaded shops, offices and homes and left many people who had nothing to do with the protests gasping for breath. Calm was restored tonight.

The demonstration came on what was supposed to be a day of glory for the government. Several hours earlier, ruling party chief Roh Tae Woo had been formally nominated at a convention as successor to President Chun Doo Hwan.

[In Washington, State Department spokeswoman Phyllis Oakley deplored the violence, saying, "In our view, political progress in Korea would be furthered by greater willingness to engage in dialogue, rather than coercion, of compromise rather than violence." She added that the United States urges "all Koreans to work sincerely and selflessly toward a broadly based political system."]

The day's events contrasted sharply with opposition demonstrations in Seoul in recent months, which the government rapidly suppressed with massive police force. At one point today, protesters overran a contingent of police who had run low on tear gas, their main weapon. Officers were stripped of their equipment and battered with

See KOREA, A26, Col. 1

AGENCE FRANCE-PRESSE

Panamanian riot police battle members of the opposition in violent demonstrations Tuesday that continued yesterday.

▲ 남한에서 시위대 경찰과 충돌 (The Washington Post, 1987. 6. 11)

Protesters Battle Police After Seoul Party Meeting

KOREA, From A25

rocks, with at least one suffering a serious head injury.

Protests also occurred in Pusan, Kwangju, Masan and other provincial cities—a total of 11, according to the semiofficial Yonhap News Agency.

National police director Kwon Bok Kyung said that 2,392 persons had been arrested in Seoul and 1,439 in other cities. He added that 16 government buildings and 23 police and other vehicles were burned or destroyed. Kwon also said that 708 police and 24 civilians were injured.

The rallies were called to protest the ruling party convention and the death of a student during police torture in January. The opposition sees the convention as part of a process to perpetuate what it called a "military dictatorship" in South Korea.

Emotions appeared to have risen with reports that another student had died after a tear gas grenade hit him on the head yesterday. Officials tonight said he was still alive but only because he was on life-support equipment..

Rows of police in visored helmets and military fatigues fired volley after volley of tear-gas grenades from special rifles. People riding buses and cars through the area choked along with protesters on clouds of tear gas.

AGENCE-FRANCE PRESSE

Seoul police huddle behind shields as students attack them after party meeting.

Protesters at one point took over the lobby of the luxury Lotte Hotel, sitting on its marble floor and singing political songs. Riot police stormed in to drag them away but were forced into a corner when they were outnumbered.

Throughout the day, people chanted, "Down with dictatorship." Others charged the United States with supporting the Chun government. By plan, at 6 p.m. cars began honking their horns and church and temple bells were rung as a sign of opposition to the government.

Kim Young Sam, president of the main opposition Reunification Democratic Party, rode a car moving slowly through the streets, drawing cheers from demonstrators.

At one point, about a dozen student radicals appeared at a street corner, each holding a lighted gasoline bomb. Several minutes passed before police noticed them and sent dozens of tear-gas grenades arcing toward them.

The students then tried to hurl their bombs over six lanes of busy traffic to hit the police. Most of the bombs fell short and exploded on the street, with terrified drivers plowing through flames. No one appeared to be hurt, however.

Elsewhere in the city, about 500 people were said to have commandeered a subway train.

Several hours earlier, Roh had delivered an acceptance speech before about 8,000 delegates at the ruling party convention in an air-conditioned gymnastics stadium in Seoul. He sounded a theme of continuity with the policies of Chun's seven-year-old government.

He said he was willing to reopen dialogue with the opposition on constitutional reform, which Chun suspended in April. But any change, he said, would come only after Chun steps down next spring and the Seoul Olympics are held in September.

Roh added that by that time the opposition would be ready to accept the parliamentary system that the ruling party wants. The main opposition party demands an immediate constitutional revision and one that would put into effect its favored system of government, one headed by a directly elected president.

OVERSEAS NEWS THE TIMES THURSDAY JUNE 11 1987

Police injured and 2,000 students detained during South Korean violence

Protests mar gala for Chun's successor

From David Watts, Seoul

Thousands of students were detained across South Korea last night when anti-government rallies turned to violence as President Chun named Mr Roh Tae Woo as his party's next presidential candidate.

In the early hours students were occupying a cathedral in central Seoul, surrounding themselves with burning barricades while riot police fended off a barrage of stones.

During the day a policeman was severely injured when a police detail ran out of tear gas and students attacked in force, severely beating the officers with stones. A police post was set on fire in Seoul and students occupied the lobby of a hotel.

There were other incidents across the rest of the country, including the hijacking of a train. The state radio said about 2,000 protesters were detained around the country.

Guests leaving the gala reception celebrating the naming of Mr Roh Tae Woo had to wipe their eyes as tear gas wafted across the hotel entrance. The afternoon began with the glittering formal nomination of Mr Roh by a national convention of delegates of the Democratic Justice Party in a vast indoor stadium, complete with a pop singer and a comedian.

It ended with scattered street battles which left the centre of the capital largely deserted as police and students confronted each other with stones, firebombs and tear gas.

In at least one incident students initiated the violence by pelting riot police with stones. In others, students from Korea University, which is not normally regarded as militant, staged a sit-down demonstration singing hymns and anti-government songs.

Lacking one of the gas masks which are now *de rigueur* for Seoul political protests, *The Times* correspondent fashioned one out of a surgical mask, cotton and gauze. But even cotton daubed with toothpaste was insufficient to act as a barrier to the gas, which temporarily blinds and burns exposed surfaces.

The Government had ordered companies to get their workers home early in anticipation of the protest rally, but many were caught in the volleys of gas.

Mr Roh's endorsement by the convention was a foregone conclusion. There was no other candidate, and this close friend of the President had long been expected to step into his shoes. Of the 7,309 ballots cast at the convention, 7,260 were for Mr Roh.

President Chun proclaiming Mr Roh Tae Woo, left, as his party's next presidential candidate while, right, students with makeshift clubs confront police on the streets of Seoul.

With the endorsement of the President and the party, he is expected to win the presidential election at the end of the year, despite yesterday's clashes.

Mr Roh, a more impressive speaker than President Chun, committed himself to a more democratic approach to government. "The current period of time strongly demands that democratic ideals, institutions and practices be firmly established," he said.

Mr Kim Young Sam, leader of the National Council for a Democratic Constitution, attempted to drive to the original focal point of last night's rally, the Anglican Cathedral, but was prevented from reaching the building by a phalanx of riot police.

In a speech he was to have made there, he accused the Government of maintaining its power through violence and falsities.

Whatever Mr Kim's sentiments, one popular song heard at the DJP convention seemed to point the way to the future under Mr Roh: "My Way".

▲ 시위대, 전두환의 후계자를 위한 축제 망치게 하다(London Times, 1987. 6. 11)

Agence France-Presse

Demonstrators clashing with riot police yesterday during the worst street violence in Seoul in years.

VIOLENT PROTESTS ROCK SOUTH KOREA

Clashes Erupt as Chun's Party Backs Chosen Successor

By CLYDE HABERMAN

Special to The New York Times

SEOUL, South Korea, Thursday, June 11 — Thousands of well-organized protesters, using bold hit-and-run tactics, fought with riot policemen in street battles that lasted through the night and into today. It was the worst street violence Seoul has seen in years.

For brief periods Wednesday night the demonstrators were in control of some downtown streets, forcing police officers to retreat into buses before reinforcements arrived.

Skirmishes continued into this afternoon between helmeted police officers firing tear-gas canisters and hundreds of rock-hurling students who refused to budge from the plaza outside Seoul's Myongdong Roman Catholic Cathedral. The protesters blocked off streets around the Cathedral with metal and wooden barricades. Several protesters were reported to have been injured in clashes with policemen in the plaza.

Demonstrators Surrounded

The fighting resumed today after an early-morning pause, and although the police had the demonstrators surrounded, they seemed in no hurry to take them into custody.

The street clashes overshadowed what was to have been a triumphant day for President Chun Doo Hwan and his hand-picked successor, Roh Tae Woo, who was certified as the presiden-

Continued on Page A13, Column 1

▲ 폭력 시위, 남한을 강타(The New York Times, 1987. 6. 11)

Worst Street Protests in Years Rock South Korea

Continued From Page A1

tial candidate of the ruling Democratic Justice Party. Mr. Roh is all but certain to be voted into office by an electoral college late this year, and will take over from Mr. Chun in February.

To celebrate what his authoritarian Government regarded as an important milestone, Mr. Chun and senior officials attended a gala reception Wednesday night at a downtown hotel. But as hundreds of students took over surrounding streets, tear gas filled the air, and officials and guests were stung by the fumes as they left the party.

In one of the worst incidents Wednesday night, an officer suffered severe head injuries, and several other policemen were also hurt, when they were overwhelmed by scores of protesters, nearly all of them students. A Korean photographer at the scene said that the demonstrators had smashed rocks against the officer's head.

In the most severe violence, running street battles lasted more than five hours as students befuddled the police, ducking down side streets, then regouping elsewhere to resume the fighting.

Government press reports said that demonstrations were held in at least 11 other cities and that 3,800 or more people were arrested nationwide.

It was not clear how many people were injured. But one student was said to be near death tonight after being struck on the head by a tear-gas canister during a demonstration on Tuesday at Yonsei University in Seoul.

Riot police responded to the street protests Wednesday with thousands of tear-gas volleys, so many that it was almost impossible for anyone to walk without being affected throughout central Seoul. Major avenues near City Hall and in the fashionable downtown district of Myongdong were carpeted with rocks, bricks and tear-gas canisters.

A soccer match between South Korea and Egypt was suspended after the field was covered by tear gas. The Yonhap News Agency said some Egyptian players complained that they could not continue.

Protesters set fire to at least one police box, and reportedly also humiliated several officers by stripping them of uniforms and helmets that they then threw into a fountain.

Despite the violence, there was no indication that the Chun Government was losing control. Student demonstrations, normally confined to university campuses, have thus far not come close to inspiring a general uprising.

Nevertheless, it is also clear that many moderate South Koreans share the protesters' antipathy toward a regime that hard-line dissidents call a military dictatorship.

One sign of the Government's unpopularity was the response Wednesday evening to an opposition call for motorists to honk their horns to express their unhappiness with Mr. Chun. For 25 minutes, cars honked and beeped their way across City Hall Plaza, reaching a crescendo in one five-minute period, when almost every driver seemed to have a hand pressed to the horn.

In other recent street rallies, the police showed they could stop demonstrators cold. This time, however, they lost a measure of control, even though they had pledged to block all protests and had rounded up nearly 5,000 dissidents in nighttime raids conducted every day since last weekend. Press reports said 700 opposition figures had been placed under house arrest across the country.

The violence occurred far from a cavernous gymnasium where, a few hours earlier, the ruling party had convened to endorse Mr. Roh in a ritualistic secret vote. According to the final tally, 7,260 of the 7,309 ballots cast said yes to his nomination. It was not clear how the 49 other people had voted.

U.S. Condemns Both Sides

WASHINGTON, June 10 (Reuters) — The United States condemned the police and the demonstrators today for violent clashes in South Korea but bluntly told the Seoul Government that it should allow peaceful protests.

"We abhor such acts," a State Department spokeswoman, Phyllis Oakley, said in comments on protests across South Korea. But, she added, "Our support for the right to peaceful assembly remains firm."

6.10 대회에 대한 김대중선생 논평

1. 6.10 집회를 개최함에 있어서 재야민주세력과 민주당은 이 집회가 평화적이고 질서있는 집회가 되도록 책임지고 노력할터이니 경찰이 이를 방해하지말아달라고 거듭 요구했다. 그러나 전정권은 이를 일축하고 10만이 넘는 경찰을 동원해서 이 집회를 봉쇄하려고 결심하여 온갖 무자비한 탄압행위를 서슴지 않았다. 그들은 또한 우리의 시위를 과격적이고 폭력적인 것이라고 주장하며 그렇기 때문에 이를 원천봉쇄하려는 것이라고 변호했다.

2. 그러나 사태는 경찰의 의도와는 정반대로 나타났다. 첫째 그 거대한 경찰력을 가지고도 전정권하에서의 최대의 시위가 적극적으로 행해지는 것을 막지 못했다. 둘째 시위군중은 학생까지 포함해서 절대다수가 비폭력적인 태도로 일관했다. 일부가 예외가 있었지만 이는 경찰의 너무도 엄청난 최루탄 공격과 폭행에 의해서 주로 유발되었던 것이다.

우리는 이러한 정당방위적인 폭력조차지지 하지 않았다. 셋째로 가장 고무적인 사실은 시위학생의 구호속에 과격하거나 반미적인 구호가 없었다는 사실이다. 이는 작년에 비하면 현저한 변화라 하지 않을수 없다. 이상 둘째와 세째의 현상은 우리 야당지도자들이 그간 국민과 학생들에게 끈질기게 설득해온 3비주의가 이제 제대로 뿌리내려가고 있다는 증거이다. 3비주의란 비폭력, 비용공, 비반미다.

3. 이번 6.10대회를 통해서 우리는 이제 확고한 자신을 얻게 되었다. 우리는 평화적인 방법을 통해서 중산층을 포함한 모든 국민의 지지속에 우리의 민주주의를 회복할 수 있다는 확신을 얻었다.

이번 성공의 한 요인은 우리가 최근 각계 각층의 참여속에 결성한 민주헌법쟁취국민운동본부가 가장 현명한 대회운영을 해주었다는 사실에 의존한다.

4. 오늘로서 나의 연금은 66일째이며 이번연금은 귀국후 54번째의 연금이다. 과거 어느것보다 이번경우가 가장 혹심하다. 600명이상 1500명의 전투경찰이 집을 둘러싸고 있으며 우리집과 도로사이는 콘크리트 벽과 벽돌의 산더미로 차단되고 있다. 나의 자식이나 비서들도 집에 못들어오며 아내가 시장가는데도 경찰이 미행하고 조사한다. 국민으로부터의 편지는 배달되지 않는다. 우리집은 하나의 감옥이다. 그러나 나는 우리 국민과 같이 국내에서 고통을 같이 하는 것이 행복하며, 국민의 민주 역량이 날로 커갈뿐아니라 나의 충언을 받아드려서 그들의 민주화 운동이 건전한 자세로 정착되는 것을 보고 한없이 기쁘며 내일의 승리를 확신하면서 이 고난의 세월을 잊어 나가고 있다.

1987. 6. 12.

김 대 중

New Clashes Keep Central Seoul Under Siege

By CLYDE HABERMAN
Special to The New York Times

SEOUL, South Korea, Friday, June 12 — After a night of fierce clashes, central Seoul lay under police siege today as student radicals pressed anti-Government protests.

Several hundred students camped for a second night behind metal and wooden barricades that they had set up along the streets leading to Myongdong Cathedral, the center of Roman Catholicism in South Korea.

From there, on Thursday and early today, they engaged periodically in pitched battles with thousands of riot policemen, who ringed surrounding streets but made no attempt to storm the cathedral. The skirmishes followed a pattern familiar to South Korean colleges: Protesters hurled rocks, bricks and gasoline bombs at the police, and the helmeted officers responded with barrages of tear gas.

The significance of the clashes lay not so much in their ferocity but in the fact that they occurred in the downtown area instead of on relatively isolated campuses. It was the first time in years that dissidents displayed the required planning and discipline to sustain a street action in central Seoul for more than a day.

All around the cathedral, which sits in a busy district of shops and restaurants, the streets were fields of rubble. Sharp, stinging gas filled the central city, and pedestrians sneezed and gasped in visible discomfort or pain.

Only those encamped near the cathedral seemed impervious to the effects of the gas, although they protected themselves only by stretching cloth masks and strips of cellophane across their faces.

On Thursday night, hundreds of other young people tried to join the barricaded protesters by marching through narrow, winding streets to the cathedral. They fought briefly with riot policemen, but were turned back.

Clashes involving several hundred dissidents also were reported in the southern port of Pusan and the central city of Taechon.

About 40 priests approached police officers Thursday in an attempt to negotiate an end to the siege and safe passage for the students. One priest, the Rev. Kim Byong Do, complained to a Korean reporter that even as he was talking with the authorities, riot policemen fired tear-gas canisters onto the cathedral grounds.

As the siege near the cathedral dragged on, Kwon Bok Kyung, the national police chief, said the violence threatened "social stability," and he warned that the police would "deal sternly with any kind of destructive activity violating order." It was not clear, however, whether that signaled a new crackdown. Even before Wednesday night, President Chun had warned that he would not tolerate violence.

Outside the cathedral area, Seoul was basically quiet, as were other cities. There were none of the hit-and-run skirmishes between dissidents and policemen that had left the downtown area a scarred battlefield Wednesday. In an accounting of that night's action, the National Police said they had taken 3,854 people into custody nationwide, most of them in Seoul but in 19 other cities as well. About 900 were said to be facing formal charges. The others were to be released with warnings.

The police also said that 768 Koreans were injured Wednesday, all but 30 of them policemen. Two students from Hankuk University in Seoul were reported by the English-language Korea Herald as having been so severely hurt that they underwent brain surgery on Thursday.

It was the worst street violence in Seoul in years, and it embarrassed the Government by coinciding with ceremonies that ratified Roh Tae Woo, the ruling party chairman, as the near-certain successor to Mr. Chun next February.

At a news conference today, Mr. Roh denounced those who wished to "attempt a revolution," and he charged that the opposition was "competing in the game of destruction with firebomb- and rock-throwing radical students on the streets."

In response to a question that the students seemed to enjoy a certain measure of popular support, he replied: "The majority of the Korean people do not believe in revolution. They want step-by-step progress and stability."

▲ 시위대가 서울 중심부를 장악(The New York Times, 1987. 6. 12)

THE WASHINGTON POST

Police Surround Protesters in Seoul Cathedral

By John Burgess
Washington Post Foreign Service

SEOUL, June 11—Riot police firing tear gas today battled several hundred South Korean students holed up at Seoul's main Catholic cathedral, but otherwise the city began returning to normal after an outburst of fierce street violence yesterday.

Students entered the grounds of Myongdong Cathedral last night. This morning new clashes broke out around it, with police firing hundreds of canisters of gas, some of them directly into the church's grounds.

In number of participants, the protests today receded to a size found almost daily on South Korean university campuses. But their location at the center of the capital and the involvement of one of the country's most respected religious institutions gave them unusual political significance.

A number of Catholic priests came to the church and offered moral support to the students.

At one point this evening, priests walked down rubble-strewn streets to police lines to protest the gassing of the cathedral. Priests told reporters they had been negotiating a peaceful withdrawal of the students and an end to the siege when a major attack occurred.

The students did not scatter, however, and the police have not moved in to arrest them, apparently due to churches' informal status as political sanctuaries that police cannot enter without risking censure from the public.

Late tonight, rows of helmeted police were deployed in streets and alleys approaching the cathedral and appeared to be settling in to wait.

Inside, students chanted, "Down with military dictatorship," sang political songs and stockpiled gasoline bombs. They fashioned cloth and plastic gas masks and erected crude barricades that included plywood, tree branches, flowerpots and trash cans.

"Now we will see if we can get democracy or not," said one student in the cathedral.

During the day, they burned an effigy of President Reagan to underscore their contention that the United States props up the government of President Chun Doo Hwan.

Late tonight, police fired dozens of gas grenades in the nearby Namdaemun outdoor market to try to disperse several hundred students who appeared to be attempting to join the people at the cathedral.

Some people here are calling the protests in Seoul and approximately 20 other cities the most extensive since an uprising in Kwangju city in 1980 that left more than 200 people dead.

The national police said today that a total of 3,831 people were detained in protests around the country yesterday and that 708 policemen were injured. Another 301 people were reported detained today. Three police substations were attacked and three police vehicles and two motorcycles were destroyed in yesterday's violence, the police said.

In addition, two students were reported seriously injured yesterday by flying tear gas canisters. A third student who was struck on the head by a canister Tuesday was reportedly being kept alive only through use of respirators.

The government warned today that it would not tolerate further disturbances of the type seen yesterday. But other government statements had a conciliatory tone. Ruling party spokesman Hyun Hong Joo said the protests "tell us that there are many people who simply do not believe what the government is saying."

The demonstrations were originally called to protest the death of a student activist during police torture in January and the ruling party's nomination for president yesterday of Roh Tae Woo, a former military classmate of Chun.

Roh was expected Friday to propose a reopening of dialogue with the opposition. However, there seemed little chance of positive reception from the opposition, as the government continues to reject its demands for immediate revision of the constitution to alter the method by which the president is elected.

▲ 경찰, 성당 농성자 포위(The Washington Post, 1987. 6. 12)

고문살인정권에 대한 국민의 심판은 시작되었다.

- 6.10 국민대회를 마치며 -

1. 지난 6월 10일 서울을 비롯 전국 24개 도시에서 30여만명이 참여한 국민대회는 고문살인정권에 대한 국민의 분노가 어떠한지를 분명히 보여주었다. 10만의 경찰이 살상용 독가스탄을 무차별 난사하고 불법연행과 폭행을 자행하는 가운데서도 민주화를 염원하는 4천만 국민들은 국민대회에 대한 적극적 지지와 참여를 보여주었다. 이제 현정권은 국민의 심판을 겸허히 받아들이고 국민의 뜻에 따라 즉각 퇴진하여야 한다.

2. 우리는 현재 명동성당에서 평화적으로 민주화에 대한 국민의 소리를 대신하고 있는 시민, 학생들의 농성의 정당성을 인정하고 이를 적극 지지한다. 특히 이들의 안전귀가를 위해 노력하는 한편, 명동성당 시위의 정당성을 인정해준 사제단에 뜨거운 찬사를 보낸다.

3. 우리는 계훈제 민통련의장 권한대행등 민주헌법쟁취국민운동본부임원과 6.10 국민대회 참가자에 대한 대규모 구속을 보면서 아직도 현정권이 국민의 소리에 귀를 막고 있음을 개탄한다. 국민의 참뜻을 거역하는 이번의 구속조치는 오히려 현정권에게 내려질 국민의 심판을 더욱 앞당길 것임을 경고한다. 민주.통일민중운동연합은 이제 민주화의 그날까지 애국시민.노동자.농민.도시빈민.양심적상인과 기업인 청년학생과 더불어 국민운동본부를 중심으로 적극 투쟁할 것을 다시 한번 선언한다.

1987. 6. 13

민주.통일민중운동연합

군부독재 타도하여 민중대표자회의(제헌의회) 소집하자!

보라! 학우여!

이 땅 군부독재의 완전한 끝장과 진정한 민중이 주인되는 통일민중민주공화국 수립을 위한 타오르는, 타오르는 민중분노의 열기를.

서울에서, 부산에서, 마산에서, 광주에서, 거리거리에 울려퍼졌던 독재타도의 함성과 우뢰와 같은 박수소리 분노의 열기들이 진정살아있음의 가슴 펄떡거리는 고동을 느끼며 손에손에 화염병과 돌을 쥐고 질주하던 어제의 거리 어제의 분노를. 이것은 단지 6월 10일 하루를 위한것도 6월 10일 하루만의 분노도 아니다. 그것은 군부독재의 완전한 끝장과 진정 이 땅 민중이 주인되는 통일민중민주의 공화국수립 없이는 해결되지 않는 것이다.

지금 이땅은 아우성치며 일어서고 있다. 역사의 용트림이 시작되고 있다!!!

학우여!

농가부채와 저곡가 외국농산물 농상에 가난으로 피멍든 가슴을 움켜쥐고 농약을 마시고 자살하던 갈퀴손 농부의 슬픈 죽음의 행렬이, 한달에 한가마니씩 프레스에 잘려나온다는 노동자 손가락의 대답은 꿈틀거림이, 외국인 눈치보며 겉부터 따는 공십(도시재개발 사업)하에 부셔진 판자집 나서며 기장의 호화맨션을 만들기 위해 사복경찰들에게 얻어맞고 찢기고 깨어진 밥솥과 이불보따리를 안고 서러움의 통곡을 하던 도시빈민의 한이, 그 모든 피맺힌 분노의, 분노의 울어비가 끓어나는 소리가!

보인다 학우여! 이 모든 굴욕과 수모를 민중에게 강요하며 소수 매판재벌을 비호하고 배가름을 채우던 군부독재정권의 무너짐이, 미 제국주의자놈의 허둥거림이 보인다!

일어서자 학우여 역사의 아우성으로 군부독재타도하여 민중대표자회의(제헌의회) 소집하자!

제헌의회 소집하여 통일민중민주공화국 수립하자!

우리는 알고있다. 민중의 힘을 등에업고 민중의 군부독재에 대한 분노가 자신들을 지지하는 것인양 은근슬쩍 바꿔치기하여 정권을 잡아보려는 민주당의 간사함을.

우리는 여당도 야당도 믿을수 없다. 누가 이땅 민중의 참 자유와 평등을 가져다 준단 말인가?

그것이 과연 김대중인가? 김영삼인가? 아니다. 결코 아니다.

민중의 참 해방은 바로 민중들 스스로가 스스로가 싸워 싸워 얻을수 밖에 없다. 민중의 힘으로 군부독재정권을 타도하고 번들거리며 입으로만 떠들어대는 국회의원들이 아니라 민중들 스스로가 민중대표자회의를 구성하고 새로운 헌법을 만들어낼때 참 민주는 성큼성큼 우리에게 다가오는 것이다.

누가 누가 피흘린 민중들의 가난과 고통을 진정 알수 있단 말인가?

누가 누가 그 고통의 진정한 해결과 참 민주를 가져올수 있단 말인가?

군부독재 정권의 영원한 종식은 비폭력 운운하며 거리에 가만히 주저앉아 있으면 물러나 주는가 아니다. 우리는 저 악랄한 군부독재정권을 두들겨 패주어야 한다. 두들겨 패 쫓아내지 않는한 놈들은 결코 물러나지 않을것이다. 2000여 광주시민을 학살한 놈들의 눈에 무엇이 보이겠는가 돌려주자. 이제 우리는 복수할때다. 광주시민의 복수를. 종철이의 죽음의 댓가를!! 이 한열 학우의 피의 복수를. 민주주의를 죽여버린 놈들에게 복수를 할 때이다.

군부독재 타도하여 제헌의회 소집하자!

제헌의회 소집하여 통일 민중민주공화국 수립하자!

믿지말자 민주당 민중대표자회의(제헌의회) 소집하자!

민중대표자회의(제헌의회)란 무엇인가?

민중대표자회의(제헌의회)는 군부독재의 완전한 종식과 현재의 제반악법(반민중적)을 그 누구도 아닌 민중들의 대표들이 가장 민중적이고 민주적인 헌법을 제정하고 그것이 통일민중민주공화국의 초석이 될수있게 하기 위한 것입니다.

우리 모두 민중대표자회의(제헌의회)소집투쟁을 벌여 나갑시다.

1987.6.13. 부산지역 애국청년학도 일동.

민주화를 위한 학생, 시민의 명동성당 투쟁을 적극 지지한다.

반인간적 고문의 추방, 민주화와 민족통일을 열망하는 전국민의 요구가 결집된 6.10규탄대회가 국민의 뜨거운 박수와 수많은 차량의 경적소리 속에서 열렬하게 전개되었다.

6.10국민대회는 노태우의 승계를 확인한 민정당의 정치일정에 대한 국민적 쐐기박음이었으며, 동시에 반인간적 삼인고문은 물론 온갖 추악한 외세의존적 군부독재에 의해서 자행되어 온 반민주, 반민중, 반민족적 작태에 대한 준엄한 국민적 심판이었다. 6월 10일, 서울, 부산, 광주를 비롯해 마산, 전주, 인천, 부평, 성남, 대전, 춘천, 청주, 등 전국 각지에서 군부독재 타도와 외세 배격의 함성이 "박종철 살려내라"는 구호와 함께 높이 울려퍼진 것이다. 그러나……

현정권은 전국민의 민주화와 민족통일과 고문추방에 대한 열화와 같은 함성을 수만, 수십만 발의 최루탄과 6만명의 전투경찰을 동원하여 폭력적으로 진압함으로써 평화적인 대회를 폭력이 난무하는 무법천지로 만들었다. 이것은 광주에서 수많은 목숨을 앗아간 이래 계속되어온 이 정권의 폭력적 속성을 다시한번 만천하에 드러낸 것이라. 할 수 있다. 전투경찰의 폭력적 과잉진압은 학생, 시민에게 무자비하게 가해져 이미 전날 시위과정에서 연대생 이한렬군이 또다시 뇌에 파편이 박혀 중태에 빠지는 등 다수의 부상자가 속출했다. 또 자욱한 최루가스의 악취와 번득이는 진압경찰의 시선속에서 전국적으로 4천명에 달하는 학생, 시민이 연행되었다. 학생과 시민들의 민주화와 민족통일, 고문추방에 대한 의지에 대한 현정권의 이러한 폭력적 대응은 전국민을 분노의 도가니속으로 몰고 갔다. 그러나 애국적 학생과 시민, 아니 온국민의 민주화와 민족통일에 대한 열망은 이러한 탄압으로 꺽을 수 있는 성질이 아니었다. 현재 수많은 진압경찰과 현정권의 '공산혁명분자' 운운의 매도와 '전원 구속해 엄단하겠다'는 협박속에서 천여명에 달하는 학생과 시민, 그리고 사제들이 의로운 항쟁을 전개하고 있는 것이다.

우리 문화인은 명동성당에서 6월 10일 이후 현재에 이르기까지 민주화와 민족통일을 위해 군부독재의 퇴진과 외세배격, 구체적으로 민정당의 반국민적 정치 일정의 거부와 호헌철폐위에서 국민적 합의에 의한 민주적 헌법제정을 요구하며 싸우고 있는 학생, 시민들의 항전을 적극 지지하며 그들에게 가해지는 현정권측의 어떠한 매도와 폭력도 단호히 거부한다.

강경, 강경, 초강경의 정권측의 대응은 무엇을 말해주는가?

'민주헌법쟁취 국민운동본부'의 임원 전원을 불법적으로 연행, 구속하는 폭거는 무엇을 말하는가?

밤이 깊을수록 새벽의 어둠은 더욱 짙게 펼쳐진다. 우리는 6월 10일을 민주화를 위한 대장정의 서막이라고 생각한다. 명동성당에서 의롭게 항쟁하는 애국적 학생과 시민, 그리고 사제들은 조국 민주화의 초석이 될 것이며 현정권의 어떠한 탄압에도 불구하고 역사는 그들을 다가올 민주의 새벽의 선구자로서 기릴 것이다.

아울러 우리는 다음과 같이 주장한다.

-. 현정권은 대를 이은 군부독재의 정권욕을 버리고 즉각 퇴진하라!

-. 6.10 대회와 관련 구속된 전원을 즉각 석방하라!!

-. 명동성당에서의 학생, 시민의 안전한 귀가를 보장하라!!!

민주헌법쟁취 국민운동 문화인 공동위원회 1987. 6. 13

성 명 서

1. 우리는 분노한다. 우리의 정당한 호헌철폐와 군부독재종식을 위한 명동성당 구내에서의 농성투쟁을 '명동성당 점거 난동사건'으로 매도하고, 농성시위의 주된 원인이 폭력적 과잉진압과 무분별한 최루탄난사에 있음에도 불구하고 애국 시민·학생들을 '폭도', '난동자'로 모는 현 전두환 군사독재정권의 작태는 또 다른 '건국대 사건'의 조작음모가 진행되고 있음을 확인케하는 것이다. 이에 또다른 건국대사태를 유발할시 이는 전적으로 현 정권의 폭력성에 있음을 경고하는 바이다.
2. 명동성당에서 농성 4일째를 맞이하는 우리 민주시민·학생은 군부독재 정권의 작태와 음모를 규탄하며, 군부독재의 완전한 종식과 호헌철폐를 위해 끝까지 투쟁할 것을 다시 한번 더 천명한다. 그리고 우리의 농성투쟁자들은 정당한 6.10대회와 명동성당 농성투쟁중 불법연행, 구속된 국민운동본부 관계자와, 민주시민·학생들의 즉각적인 석방을 요구하며, 이 요구가 관철될때까지 끝까지 이곳에서 투쟁할 것을 결의한다.
3. 시내 곳곳에서 벌어지고 있는 민주시민·학생들의· 지지시위는 바로 이땅 4천만 민중의 군부독재정권의 완전한 종식과 호헌철폐를 위한 열망의 표출임을 직시하고 계속적인 연대투쟁을 촉구하는 바이다.
4. 아울러 폭력경찰의 무분별한 최루탄난사와 현 정권의 호헌폭거에 대해 항의하며 철야기도와 미사를 통해 분노와 아픔을 함께하고 계시는 서울대교구 사제단 여러분들께 진심으로 감사와 존경을 표하며, 또한 계속적으로 답지하고있는 민주시민의 열화와 같은 지지와 성원에 진심으로 감사를 드리고, 끝까지 투쟁할 것을 재천명합니다.

- 장기집권 획책하는 군부독재 타도하자!!
- 호헌이 웬말이냐 민주헌법 쟁취하자!!
- 독재조종 호헌지지 미국놈을 몰아내자!!
- 민주시민 따로없다 동참하여 하나되자!!

분단조국 42년 6월 13일

명동투쟁민주시민·학생 일동

CLASHES CONTINUE IN CENTER OF SEOUL

Bystanders Cheer as Radicals Defy Barrages of Tear Gas

By CLYDE HABERMAN

Special to The New York Times

SEOUL, South Korea, Saturday, June 13 — Several thousand anti-Government student radicals fought with the police in the heart of the capital Friday and early today, hurling bricks and gasoline bombs and chanting, "Down with the military dictatorship!"

The students had marched on the downtown area to lend support to some 400 hard-core militants who continued to barricade themselves inside the grounds of Myongdong Cathedral, the center of South Korean Roman Catholicism.

The Government seemed at a loss about how to end the violence that has gripped central Seoul since Tuesday, the most severe and prolonged street actions in the capital since President Chun Doo Hwan led a Government takeover by young generals in late 1979.

City Smells of Tear Gas

Hit-and-run skirmishes lasted more than 10 hours. As on previous days, thousands of policemen fired large amounts of powerful tear gas that left hundreds of thousands gasping.

Increasingly, bystanders seemed to sympathize with the students. Hundreds of office workers on their lunch break shouted support to the Myongdong protesters and had tear-gas canisters thrown at them when they, too, chanted anti-Government slogans.

Continued on Page 2, Column 3

Clashes Continue in South Korea; Tear Gas Envelops Much of Seoul

Continued From Page 1

Some brought food and drink to the besieged dissidents. Others cheered young radicals as they marched through downtown.

In one of the more serious incidents on Friday night, demonstrators overpowered a police unit of about 30 men. They then roughed up the officers and set their gear on fire.

In a statement Friday night, the Minister of Culture and Information, Lee Woong Hee, said the Government had judged the demonstrations to be an attempt to "induce violent revolution" — a serious charge that could be used to justify any future crackdown. The Myongdong takeover, Mr. Lee said, was "almost certain to lead to unforeseeable confusion in the basic national order if it is left unchecked."

His statement further warned of "stern measures" against opposition parties if they do not distance themselves from student violence.

But it seemed that the Government lacked a clear idea of how to deal with its immediate quandary, getting the protesters out of the cathedral.

Risking Breach With Church

If they try to wait out the students, they may give an impression of weakness — an unacceptable loss of face in this country. But if they storm Myongdong, they risk a breach with church leaders, who consider the students to have sanctuary.

About 300 priests and nuns held a prayer service for the dissidents Friday night outside the cathedral and expressed their support. Stephen Cardinal Kim Sou Hwan has not expressed his position publicly, but he was reported by priests to be angry that the police had fired volleys of tear gas at the cathedral.

"We cannot say we support the demonstrators," said Cardinal Kim's secretary, the Rev. Augustin Ko Suk Joon. "We protect them, as kind of a sanctuary."

Although estimates vary widely, as much as a quarter of South Korea's population is Christian; of those, about a quarter are Roman Catholic.

A group of priests tried to negotiate a settlement with the police that would have permitted the students safe passage, but the idea seemed unacceptable all around. The authorities reportedly insisted that they would make eventual arrests, and some of the militants rejected the clergymen as their representatives. "Safe passage is not our goal," one of them said. "Our goal is to overthrow the Government."

Protests Bode Ill for Olympics

Beyond the immediate situation, the street clashes may have raised questions about the implications for South Korea's hopes for a peaceful Olympic Games in Seoul next year.

In addition, the violence in Seoul has swirled around several of the city's leading tourist hotels, adding to the Government's embarrassment.

At a news conference today, Roh Tae Woo, the ruling party's candidate to succeed Mr. Chun, said he regretted the tear-gas barrages but cautioned that "this is not the whole picture of the situation developing in Korea."

The skirmishes were part of the country's "growing pains," he said, adding that militancy in general would decline. "The majority of the Korean people do not believe in revolution," Mr. Roh said. "They want step-by-step progress and stability."

Demonstrations Held for 3rd Day in South Korea

By John Burgess
Washington Post Foreign Service

SEOUL, June 12—Street battles between police and antigovernment demonstrators continued for a third day today, with officials showing signs of concern over the unusually long duration of the disturbances.

Crowds of protesters, most of them apparently students, shouted, "Down with military dictatorship" and pelted police with stones late into the night over a wide area of the city.

Most appeared to have come out in support of about 300 student protesters who have been besieged by riot police at Seoul's Roman Catholic cathedral since Wednesday night. There was no violence at the church itself.

Police tactics of tear-gas barrages followed by close-order sweeps normally end such protests fairly quickly. Now, however, demonstrators are treating them as little more than a nuisance.

Dozens of times today, the police attacked this way, only to see the demonstrators melt away and within a few minutes form up again on the next block. Chants of "Down with military dictatorship" would arise and, in a few minutes, fighting would resume.

As happened on the first day of protests Wednesday, a police unit of about 30 men was overrun by demonstrators, beaten and stripped of helmets and equipment.

In most places, the demonstrators numbered fewer than 100. Here and there, passers-by joined in. Witnesses said that at lunch time in a commercial district near the church, a crowd of office workers argued with police and ignored orders to disperse.

Public anger appears to have been stoked by indiscriminate use of tear gas. Fired from armored cars, rifles and grenades, it has left hundreds of thousands, possibly millions, choking in their homes and work places.

Students on several campuses in Seoul, meanwhile, staged support rallies. At Yonsei University, an estimated 4,000 fought police, then staged a sit-on at the university's gate.

In another embarrassing development for the government, play in an international soccer match, the President's Cup, was stopped for a second time this week when gas swept over a field in Pusan.

Seoul is to host the Summer Olympics in 1988. Critics have asked whether it can guarantee safe playing conditions if the political system is in turmoil.

Culture and Information Minister Lee Woong Hee said in a statement that the protests were intended to "induce a violent revolution by undermining law and order." He said the government "will resolutely and sternly deal with any segment of society or any group of individuals that breaches the law and creates social chaos."

The continuing sanctuary of the students at the cathedral, he said, "is almost certain to lead to unforeseeable confusion in the basic national order, if it is left unchecked." So far, police have stayed out of the church but said they will arrest the students.

One National Assembly member from the ruling party said this morning before the disturbances flared again that the government would be worried if the demonstrations got bigger.

▲ 남한에서 3일째 시위 계속(The Washington Post, 1987. 6. 13)

성명서

— 「민주헌법쟁취 미동부지역 운동본부」를 결성하며 —

남북 분단으로 인해 반신불수가 된 우리 조국은 오늘날 한없는 고통과 비극을 강요당해오고 있으며, 전두환 군사독재 정권의 폭정하에 살고 있는 수천만 조국 동포들은 노예처럼 시달리며 아우성치고 있습니다. 통한과 울분에 젖어 몸부림 치고 있는 조국을 가슴속에 그려보며 우리는 다시 생각해 봅니다.

지난 마흔두 해의 긴 세월 동안 분단의 사슬에 결박당해 신음하고 있는 우리 조국의 고통은 누가 과연 헤아릴 수 있으며 독재정권의 탄압과 수탈에 항거하여 애국동포들은 또 피눈물을 얼마나 흘려야 했습니까? 한 핏줄을 이어받은 겨레의 사람이라면 국내외를 막론하고 누구나 이 폭정의 세월을 살며 괴로워할 것이며, 전두환 군사독재 정권의 극악한 탄압에 분노를 느끼고 있을 것입니다.

날이 갈수록 더욱 악랄해지는 전두환 군사독재 정권의 탄압 만행을 견디다 못한 동포들은 4·13 폭거에서 드러난 장기집권 음모를 보고 더 이상 참을 수 없었던 동포들은 마침내 민주구국의 깃발 아래 모여 분연히 궐기하였습니다.

지난 5월 28일 서울에서는 다양한 견해와 입장의 차이를 넘어서서 노동자, 농민, 도시빈민, 청년, 종교인, 교육자, 언론인, 출판인, 예술인, 정치인 등 군사독재를 반대하고 민족적 양심에 살려는 각계각층의 애국동포들이 대동단결하여 「민주헌법 쟁취 국민운동본부」를 결성했습니다. 이로써 국민운동본부는 국내 민주 역량의 견결한 진지로써, 민주구국 투쟁의 보루로써 당당한 출발을 내외에 선언한 것입니다. 국민운동본부는 6월 3일 해외 동포에게 보내는 메시지를 채택하여 해외동포들도 조국의 민주 쟁취 투쟁에 참여해 줄 것을 호소했으며, 6월 10일의 「고문은폐 규탄 및 호헌철폐 국민대회」 이후 지금 이 시각까지 조국에서는 군사독재의 캄캄한 암굴을 깨고 나와 민주 통일의 광명한 빛을 찾으려고 온몸을 바쳐 싸우는 애국동포들의 항쟁이 전국 각지에서 끊임없이 지속되고 있습니다.

이 긴급한 상황에 처한 우리는 조국 동포들의 민주화 운동에 적극 호응, 연대하기로 뜻을 세우고 이 자리에 모였습니다. 오늘 우리의 뜨거운 심장은 진정한 민주화를 성취하려는 조국 동포들의 투쟁 대열에 합류하고자 하는 결의로 끓어넘치고 있습니다.

앞으로 우리는 미동부지역 동포들의 민주 역량을 총동원하여 국내의 민주헌법쟁취 국민운동본부와 공동 보조를 맞추어 나갈 것이며, 조국의 민주화 운동을 물심양면으로 적극 지원할 것이며, 온갖 탄압을 뚫고 힘차게 전진하는 조국 동포들이 우리 재미동포들에 대해 거는 기대에 부응하기 위해서 승리의 그날까지 최선을 다할 것입니다. 미동부 지역에 살고 계신 동포 여러분들도 우리의 이러한 뜻을 헤아려 남녀노소를 막론하고 누구나 이 운동에 적극 동참해 주시기를 호소드립니다.

민주화 투쟁만세!

민주헌법 쟁취만세!

국내외 민주역량 대동단결 만세!

1987년 6월14일

「민주헌법 쟁취 미동부지역 운동본부」발기인 일동

ASSOCIATED PRESS

Students scatter as police tear gas canisters explode in the center of Seoul.

Protest, Tear Gas Fill the Air In Violent S. Korean Clashes

Defiant Students Decry 'Dictatorship'

By John Burgess
Washington Post Foreign Service

SEOUL, June 14 (Sunday)—For the fourth day in a row, South Korean riot police lost control of many of the streets in this city yesterday, with thousands of protesters defying close-order charges and clouds of tear gas and chanting "down with military dictatorship."

Wearing helmets and gas masks, police chased helter-skelter after demonstrators late into the night, sometimes pursuing them into private homes. In places, officers were showered with chunks of broken pavement and homemade gasoline bombs.

Meanwhile, Cabinet members with responsibility for internal security met this morning to discuss countermeasures to the disturbances, which are the most prolonged and serious in South Korea since 1980. There was no announcement of any decision.

"We want to control the situation just by using the police and civilian authorities," said Hyun Hong Joo, a ruling party spokesman. He suggested that the government's attitude now was to wait and see.

However, newspapers reported that officials had not ruled out declaring martial law if conditions deteriorate further.

The government is desperate not to employ lethal force, however. It did so in 1980 during demonstrations in the city of Kwangju, and

See KOREA, A26, Col. 1

▲ 남한에서의 물리적 충돌, 시위와 최루탄이 난무(The Washington Post, 1987. 6. 14)

Riot Police Fail to End S. Korean Student Protest

KOREA, From A1

more than 200 people were killed. That incident has remained the largest single barrier to stability and public acceptance of President Chun Doo Hwan.

With the 1988 summer Olympics set to open here 15 months from now, the government also is anxious to avoid steps that will create an image of repression and dictatorship.

Still, in private conversations, officials expressed concern that the street tactics were not working and that the police were growing tired after four days of operations.

Approximately 250 radical students today remained barricaded on the grounds of Seoul's Myongdong Cathedral, headquarters for the country's 2 million Catholics. The church was peaceful, in contrast to the violence flaring on streets around it.

No figures for arrests were released. But police were seen hustling large numbers of protesters into police vans and buses tonight, often kicking and punching them along the way.

In many cases, neighborhood residents, angered by the gas that has invaded thousands of homes and workplaces, turned out to curse the police as they hauled protesters away.

"Did you see those crazy bastards?" one Korean man in suit and tie remarked, gesturing toward police who had just concluded another tear gas attack in a smart shopping district outside the cathedral.

The demonstrations began Wednesday, to protest the death of a student during police torture and the nomination of ruling party chairman and former Army general Roh Tae Woo to succeed President Chun Doo Hwan.

Most of the protesters seem to be university students, who come to the task with seemingly limitless hatred for the government. Though they make up only a tiny minority of South Korea's 1 million university-level students, through brash tactics and often fanatical drive they

ASSOCIATED PRESS

Nuns pray at barricades, temporarily halting the street violence in Seoul.

have managed to keep their struggle in the public eye.

The more elite a university here, the more radicals it is likely to have. They are young men and women who could have important jobs in industry and government for the asking but who instead have chosen lives that make arrest, interrogation and jail virtually certain.

They say they have no choice. "I cannot endure this country's political situation," said a 26-year-old political science student who is among the group at Myongdong Cathedral.

They see the Chun government as a military dictatorship, plain and simple, that must be overthrown. The busloads of riot police deployed around Seoul and recent dislosures of police torture and controls on the press confirm these feelings.

Now they see Chun passing power to another former general, Roh, who helped him seize power in 1979.

Many of them accuse the United States, which maintains 40,000 troops in South Korea, of keeping Chun in power. Despite denials from Washington, they also believe the United States had a role in sending in the Korean troops that did the killing in Kwangju.

Their ideology is an eclectic mix. Some talk of "democracy" but are vague as to what it would mean in practice. Others are Marxists fighting for a communist state in South Korea. At least one of the Myongdong contingent calls himself an anarchist.

The general public here seems not willing to support the students' often extremist tactics. Yet, with the Chun government widely disliked, many people seem to view them as idealists who have been forced into violence by government repression.

Both education and scholars are deeply respected in Korea's Confucian ethics. There is a feeling that people with the intelligence and drive to make it into good schools must inherently be good.

At one point last night, about 50 students fought police on a busy thoroughfare about a half-mile from Myongdong. When a police bus closed in, disgorging dozens of plainclothesmen, they threw two firebombs at it.

Moving quickly, police hurled gas grenades like rocks and tackled protesters wherever they could catch them. In one alley, police systematically kicked in the kidneys and chest of a protester as he lay on the ground. When police backed off, a local man came up and stroked him in encouragement.

The students' arrival at Myongdong Cathedral has turned out to be a stroke of tactical genius for them. Because the church is by tradition a sanctuary, the police have not gone in to arrest them. The students' continued presence there has inspired many of the protests taking place around it.

It also has brought the protection and moral force of the Catholic church. Priests and nuns have flocked to the church from around Seoul and are talking of forming human barriers to defend the students if the police raid thechurch.

"We support their spirit of protest, of democracy," said Augustine Ko, secretary to Cardinal Stephen Kim, leader of the country's Catholics. The church is urging the students to forswear violence, he said, and has confiscated more than 200 gasoline bombs from them.

6월항쟁 당시 데스크의 부당 취재에 대항한 기자들의 입장

지난10부터 6일동안 계속된 6.10대회 관련시위로 인해 사건취재팀은 일심동체로 최선을 다했왔다.

또한 6.10대회에 대한 보도는 2.7, 3.3, 5.18의 경우와는 달리 공정을 기하려는 흔적이 엿보여 취재팀은 이에 힘을얻어 본연의 임무인 '취재'에 전념해왔다.

그러나 MBC의 보도방향에 대한 누적된 감정으로 인해 시민들이 MBC를 대하는 시선은 갈수록 차가와져 급기야 15일15시30분 취재차량이 시위 군중들로부터 공격을 당하는등 극한 상황에 이르렀다.

이러한 상황아래서 취재팀은 15일오후 데스크로부터 '평온을 되찾은 명이라는 주제의 제작을 요구 받았다.

그러나 취재팀은 성당주변에 2만여명에 육박하는 시민들이 몰려드는 등 당시상황을 이미 송고했음에도 불구하고 내려지는 데스크로부터의 부당한 취재 지시에 불만을 품고 오후5시40분부터 1시간 40분동안 취재를 거부하기에 이르렀다.

취재팀의 이같은 행동은 조직을 파괴하려는 행위가 아니며 MBC의 발전과 함께 취재기자로서의 최소한의 자긍을 위한 행동이었음을 밝힌다.

따라서 취재팀은 앞으로의 보도로인해 이러한 상황이 재발돼서는 안된다는데 의견을 같이하고 이의 시정을 촉구한다.

1987. 6. 15

경찰출입기자일동

명동투쟁을 마치면서

저희들은 6월 13일부터 시작된 명동성당 투쟁, 민주시민-학우입니다. 그동안 보여준 뜨거운 민주화 열망에 깊은 감사를 드리며 농성을 푸는 입장을 밝힙니다.

1. 저희들이 농성을 푸는 가장 큰 이유는 명동투쟁에서 고양된 민주화투쟁의 열기를 민족/민주 운동 세력의 너욱 높은 연대로 승화시켜 우리의 완전한 승리, 즉 군부독재의 종식을 쟁취하기 위해서 입니다. 저희들은 이 땅에 자주-민주-통일이 이루어지는 그날까지 끝까지 일치단결하여 투쟁할 것을 결의합니다.

2. 현 군부독재정권은 6.10 이후 계속 명동투쟁을 조작-분열시키려는 정치적 공작을 노골화하였읍니다. '폭도'와 '용공'-'좌경'으로 시작한 저들의 조작은 급기야 시계판과 저희들의 연대를 분열시키려 하였읍니다. 그러나 저희들은 사제단과의 일치단결을 다시한번 더 확인하였으며 앞으로의 민주화투쟁에서의 인적투쟁을 다짐합니다.

3. 따라서 우리는 다음을 결의하며, 온 국민의 열망인 이땅의 진정한 자주-민주 통일을 위하여 현 정권에게 다음과 같은 것은 엄숙히 촉구한다.
   1) 4.13 호헌조치의 철회
   2) 6.10 대회 관련 구속자 및 양심수의 전면 즉각 석방
   3) 미국의 독재 조종-호헌 지지에 대한 즉각적인 종단.

4. 우리는 4.13조치 이후 전국 각지에서 열화와 같이 솟아 오르는 온 국민의 여망에 적극 동참할 것을 결의하며, 위 요구의 실현을 위한 비타협적인 투쟁을 전개할 것을 선언한다.

5. 특히 저희 명동투쟁시민-학생에게 보내주신 2천여 만원의 성금과 산더미처럼 쌓인 성원품들은 저희들에게 큰 힘이 되었을 뿐만 아니라 국민 여러분의 진심이 무엇인지를 알게 한 좋은 기회였읍니다. 아울러 지속되는 조국의 자주-민주 통일을 위한 투쟁의 대열에 적극적인 동참을 바랍니다.

6. 우리는 명동투쟁에 구속된 모든 시민-학생의 전원 석방과 명동투쟁으로 인한 이후의 추호의 탄압이 없음을 확인할 때까지 임시집행부는 명동성당에서 단식투쟁을 지속할 것을 결의합니다.

분단조국 43년 6월 15일

명 동 투 쟁 민 주 시 민-학 생 일동

== 오늘 오후 8시에 명동성당에서 '나라를 위한 미사'를 봉헌하며 애국시민 여러분들의 적극적인 참여를 바랍니다.

6 · 10 시위와 우리의 대응

1. 6·10 시위의 의미와 그 성과

동지들!

점점 격화되고 있는 계급투쟁 속에서 맞은 6월 10일의 의미는 아주 컸었습니다. 착취와 억압의 극심함이 피티와 인민 대중을 짓누르고 있는 현실에서 범양상선의 거액 외화 도피 사건은 재벌의 행태를 여실히 드러냈고, 이에 대한 축소지향 수사, 부산 형제복지원 박인근 원장의 뻔뻔스런 구속중 나들이 호위 사실, 그 위에 기왕에도 온 국민을 경악시켰던 박종철 동지의 고문치사에다 고문치사법의 은폐 및 조작 사실 등은 국가의 행태를 여실히 드러냄으로써, 이에 대한 국민들의 분노는 폭발 직전이었습니다. 또 타협에 의한 개헌 운운하던 정부-민정당이 4·13 개헌 유보를 발표하자, 국민들은 정권으로부터 현저하게 떨어져나오기 시작했습니다. 이런 사정 하에서 반동비지는 6·10 대통령 후보선출 전당대회를 열었고, 반정부파의 우익을 형성한 '민주헌법 쟁취 국민운동본부(이하 '민헌운')'는 규탄대회를 조직했습니다. 우리는 각 정치 세력이 각축하는 이 날, 반정부 투쟁에 나서기 시작한 국민들을 기회주의적 자유주의 비지에게서 떼어내고 혁명주의적으로 지도할 사명이 있었고, 파쇼의 혁명적 타도를 선동할 것을 요청받고 있었습니다.

그런데 실제로 진행된 6·10 시위는 우리의 준비 정도를 훨씬 뛰어넘었습니다. 서울, 부산을 비롯한 전국 각지에서 학생, 시민들의 투쟁 및 호응이 며칠 간 끊이질 않았고, 광범위하게 확산되었습니다. 이러한 진출은 우리의 준비 정도를 넘어서 진행되었다는 데 의의가 있습니다. 그러나 그럼에도 불구하고 혁명적 사회주의자와 혁명적 노동자들의 지도가 현저히 부족한고로 이러한 진출은 일정한 한계가 있을 수밖에 없습니다. 또한 노동자의 진출이 더딜 뿐 아니라 비조직적이라는 사실도 커다란 한계를 지우고 있습니다. 이상과 같은 사정은 더욱더 우리가 분발, 노력할 것을 요구하고 있습니다. 우리가 이에 조응하여 사태를 지도할 수 있기 위해서는 6·10 시위를 둘러싼 각 계급, 정치 세력들의 태도와 사태의 전개를 분석해보지 않으면 안될 것이며, 이 분석 속에서만 우리의 가일층의 노력점이 찾아질 것입니다.

2. 6·10 시위의 전개와 그를 둘러싼 움직임

동지들!

원래 6월10일 '박종철 고문살인 은폐규탄 및 호헌철폐 국민대회'를 조직했던 '민헌운'은 경찰의 포위 속에서 70명만으로 초라하게 성공회 구내에서 규탄대회를 치렀습니다. 밖에서는 매운 최루탄 연기 속에서 시위가 진행되고 있을 때 말입니다. 이들은 여기서 "1) 4·13호헌 성명이 무효임을 선언하고 앞으로 현행 헌법에 의거한 정권과 민정당의 일반적 정치 일정의 진행을 철폐하기 위한 범국민운동을 더욱 가열화할 것. 2) 이 땅에 진정한 민주 헌법을 확립하고 민주정부를 수립하기 위해 온국민이 참여할 수 있는 평화적인 모든 수단과 방법을 총동원할 것" (결의문, 동아 6·10) 등을 결의했는데, 이 결의문은 이들의 불철저성을 그대로 보여주고 있습니다. 즉 아직도 이들은 파쇼정권 타도를 선언하지 못하고 있으며, 막강한 폭력기구인 국가가 자행하는 폭력 앞에서도 여전히 이를 타도하기 위한 창조적 도구로써 폭력을 선동하지 못하고 있는 것입니다. 이러한 불철저성은 바로 이들 프티비지와 자유주의적 비지 연합의 개량성에 기인합니다. 그럼에도 불구하고 이들은 많은 학생들 및 시민들에게 영향력을 행사하고 있습니다. 이들의 영향 하에 있는 학생들은 시위에 참여한 시민들이 돌을 던지려는 것을 막거나 '비폭력' 운운하였으며, '민주 개헌쟁취하여 민주정부 수립하자'는 표어를 외쳤습니다.

반면 가두시위에서는 학생, 시민들의 힘찬 투쟁이 전개되었습니다. 투석전이 벌어지고 도로가 점거되기도 하였습니다. 심지어는 전동차까지도 점거하고 시위를 벌였던 일도 있었습니다. 그리고 을지로, 신세계 앞에서 '파쇼하의 개헌 반대, 혁명으로 제헌의회' 라는 깃발을 앞에 든 학생, 노동자, 시민들의 투쟁은 이날 시위의 백미를 이룰 정도로 과감한 것이었습니다. 동아일보 6월 11일 톱기사 사진으로 실릴 정도로 말입니다. 이러한 양상은 소심하고 불철저한 '민헌운' 과 대조적이어서 우리를 아주 크게 고무시키고 있습니다.

동아일보의 다음 칼럼 내용 (전후 맥락상 타협을 호소하는 것이긴 하지만) 은 이 날 시위의 특징을 잘 포착하고 있습니다.

……흔히 정치는 민심의 바다를 항해하는 배로 비유된다. 따라서 그 바다의 작은 기미에서도 천기(天機)를 보는 눈이 밝아야 한다. 최근 시위에 관련된 구속자 명단을 유심히 들여다보면, 그 직업란이 다양하다. 이미 학생 일색은 아니다. 학원강사가 있는가 하면 외판사원도 눈에 띈다. 양재공이 있는가 하면 목수라는 글자도 보인다. 게다가 학생의 연행과 최루탄 발사에 항의하는 시민들의 행동도 전에 없이 활자로 찍혀 나온다. 그 모두가 작은 일이며 하찮은 일일까?…(동아, 6.15)

위 인용문이 잘 표현해 주고 있는 바대로 6·10 시위대의 계급 구성이 다양해지고 폭넓어졌다는 것은 6·10 시위의 한 특징을 이루고 있습니다. 그리고 물러서지 않고 돌을 마주 던지며 싸우는 모습도 특징적입니다. 이런 분위기를 우리가 다 지도하지 못하는 것이 못내 안타까울 뿐입니다. 그러나 시위대의 주요한 구성은 여전히 학생이었습니다. 각 계급의 조직적 진출은 전혀 눈에 띄지 않았습니다. 특히, 민족 민주 혁명을 주도할 노동자가 아직도 조직적으로, 혹은 대규모적으로 참가하기 어려운 시간과 장소에서 시위가 계획된 탓도 있습니다만, 주요하게는 노동자 계급이 조직 동원되지 않았던 때문이라고 보아야 할 것입니다. 즉, 이때 공장에서는 한 건의 파업도 벌어지지 않았습니다. 이처럼 노동자 계급의 각 계급을 지도하지 못하고 있다는 사실, 그리고 노동자 계급의 대규모적 진출이 없었다는 사실로 인해 우리는 6·10 시위에서도 아직 자유주의적 비지의 영향을 뚫고 혁명적 입장으로 대두되지 못하고 있는 실정입니다.

또 6·10~6.15일까지 계속된 명동성당 농성 및 그에 대한 지지 시위, 15일이 지난 현재까지도 각지에서 산발적으로 전개되는 계속적인 시위의 양상도 전에 없던 특징입니다. 그만큼 분노의 폭과 심도가 넓어지고 깊어졌다는 것의 반영일 것입니다. 이러한 양상은 우리의 투쟁에 아주 유리한 조건을 조성해 주고 있습니다. 그것은 15일의 명동성당 농성 해체 결정(119 : 94)에도 불구하고 그렇습니다. 명동성당 농성해체 결정은 자유주의적 비지의 탄압 전술의 승리인데, 정부-민정당의 치욕스런 양보가 돋보이지만 동시에 고조되어가던 시위의 분위기를 삭인 작용을 하였습니다. 그러나 우리는 자유주의적 비지의 불철저성, 각종 시위대의 불철저함에도 불구하고 전국 각 지역에서 계속되고 있는 시위 및 시민의 참여도 증대에서 투쟁에 유리한 조건이 조성되고 있음을 능히 볼 수 있습니다. 다만 문제는 이에 대한 지도력과 노동자계급의 진출 여부에 달려 있다고 보아야 할 것입니다. 이 문제가 해결된다면 위의 동아일보 인용문의 표현처럼 6·10 시위에서 보인 특징들은 그야말로 혁명의 진군을 알리는 북소리일 수 있을 것입니다.

이상과 같은 시위의 전개에 대해 기왕에 혼신의 힘을 기울여 진압을 기도했던 정부-민정당은 마치 정당해산, 비상조치, 계엄령 운운하면서 이 뜻을 공공연하게 비추었습니다. 정부 대변인 문공부장관 이웅희는 특히 야당에 대해 경고하였습니다. 그는 12일 "폭력을 개혁의 수단으로 삼는다는 것은 혁명으로 체제를 부정하는 것"이라면서 준법과 질서로 회귀할 것을 촉구했던 것입니다. 이들은, 야당은 혁명적 민중으로부터 분리, 고립, 무력화시키고, 혁명적 민중은 탄압한다는 방침 하에서 이런 위협을 해댔습니다. 일단은 '민헌운' 관계자와 시위자를 구속시키고 통일민주당과는 타협을 하는 선으로 낙찰되었습니다만, 이들의 위협은 공공연한 것이 아니었습니다. 물론 이른바 '평화적 정권교체' 와 올림픽이라는 양대 행사를 앞두고 먹칠을 하지 않기 위해서, 또 시위의 전개 양상이 내심 두렵긴 해서 일단 얼르고 뺨치는 정도에 그칠 수밖에 없기는 했습니다만, 온국민이 정부-민정당에 대해 완전히 실망하고 있는 현실에서 어떤 계기를 통해서든지간에 분노가 행동으로 폭발되고 수그러들 기세가 보이지 않게 된다면 이들은 즉시 비상조치, 계엄령을 취할 것입니다.

통일민주당을 위시한 자유주의적 비지는 국민들의 비타협적이고 광범한 투쟁 및 혁명적 진출의 조짐과 파쇼 정부-민정당의 정당 해산, 계엄령의 위협 사이에서 심하게 동요하고 있습니다. 통일민주당은 '잠시휴전'을 외치며, 혁명도 계엄도 아닌 제3의 길, 타협의 길을 재차 모색하고 있습니다. 그러기에 이들은 6·10시위가 한창이던 13일 확대간부회의에서 "고 박종철 군 사건에 대한 국정조사권 발동의 사전보장 요구라는 종래의 태도를 변경, 무조건 국회 참여"를 결정했다는 것입니다. 이들이 이런 행동을 하는것은 혁명도 계엄도 일단 피하고 보자는 얄팍한 계산에서 나오는 것입니다. 실제로 다른 자유주의적 비지는 다음과 같이 논평하고 있습니다.

"6·10 이후 계속되는 장외 시위 사태와 이권 동향에 비추어볼 때 파국적 상황이 너무 빨리 올 우려가 있다고 판단, 우선은 장내 진입을 통해 이권의 강경 무드를 냉각시키면서 좀더 지속력 있는 (개량적인!-인용자주) 투쟁 방법을 찾아보자" (동아, 6,15) 라는 것이라고. 좌로 한 발 우로 한 발 움직이면서 소나기를 피하려는 이들의 안간힘과 곡예가 다시 한번 연출되고 있습니다. 이들은 6·10 이전에도 이미 '민주화 공동 선언'을 재기하면서 '민헌운' 차원의 투쟁에서조차도 이미 벗어난 바 있는데, 그 노골적인 기회주의성이 다시 한번 유감없이 발휘되고 있는 것입니다. 이러한 통일민주당의 태도는 정부-민정당의 야당분리, 고립화 방침과 맞물려서 하나의 극을 연출하고 있습니다.

3. 6·10 이후의 전망과 우리의 태도

위와 같은 전개 속에서 반동 비지와 자유주의적 비지는 혁명적 진출의 기세가 일단 꺾였다고 안도하고 있으나, 이한열(연대생) 군이 사망하는 등 여타의 계기가 작용하면 걷잡을 수 없을 것이라고 우려하고 있습니다. 이러한 우리는 사실 지금과 같은 국민적 분위기 하에서는 공연한 것은 아닙니다. 그리고 실제로 이것은 우리의 앞으로의 더욱 가열찬 투쟁을 촉구해주고 있기조차 합니다. '민헌운'도 15일 공동대표회의에서 조만간 '민헌운' 국민대회를 다시 열 것을 공표하고 있습니다. 불꽃은 사그러들지 않을 것이 확실합니다.

그렇다면 우리는 이에 대해 어떤 반응을 취해야 하겠습니까?

앞의 분석에서도 몇 가지는 이미 확실해졌습니다. 그것은 피티의 가일층의 동원, 조직동원이고, 다른 계급운동에 대한 확고한 지도 등입니다. 이것들은 우리가 기왕에 해오지 않았던 바는 아니지만, 지금과 같은 분위기 하에서는 더욱 활기찬 작업이 요구됩니다.

① 노동자들의 동원 : 우리는 노동자들을 시위에 동원하고 그들이 시위의 선두에 설 수 있도록 공단가두, 파업 등을 선동해야 합니다. 이것을 가능케 하기 위해서는 선동 전단을 더욱 많이 노동자들에게 전달할 수 있는 통로를 개발해야 하며, 공공연한 살포용 전단을 만들어 살포하는가 하면, 심지어 우리의 후비대인 학생들을 동원하여서라도 노동자들에 대한 접근을 기왕보다 훨씬 강화시켜야 할 것입니다. 그리고 메이데이 시위 미수와 같은 사태가 일어나지 않도록 공공연하면서도 주도면밀한 시위의 기획을 하여야 할 것입니다. 이렇게 하여 노동자들의 혁명 투쟁에 불을 당기는 것이 우리에게 필요합니다.

② 지도 : 이런 급박한 시기일수록 더욱 노골화되는 자유주의적 비지의 기회주의성, 직개·민개파의 불철저성을 폭로하고 이들을 대중으로부터 더더욱 고립, 무력화시켜야 합니다. 우리는 이들의 매개의 행동 속에서 우유부단함을 평상시보다 몇 배나 더 잘 볼 수 있기 때문에 이를 훨씬 용이하게 해낼 수 있을 것입니다. 그러면서도 우리는 아직 피티와 인민대중의 독재, 파쇼와 미제의 철두철미

한 배제를 선동하지는 못하고 있지만, '민족자주정부, 민주정부 수립' 운운하면서 '직개·민개'에는 반대하는 무리들처럼 파쇼도당들의 타도에 대한 결의는 믿을 만한 세력들에게 조직적 접근을 시도하는 데 주저치 말아야 할 것입니다. 우리가 이들을 설득하고 이들을 민주주의 연합 진영에 끌어들이는 것은 혁명의 성장에 큰 도움이 될 것입니다. 게다가 우리는 '민헌운' 내의 청년운동 등 비타협파들에게 접근하여 혁명 투쟁에 동참할 것을, 혁명적 노선에 따를 것을 호소하고 설득해야 할 것입니다. 또 우리는 앞으로 '민헌운'이 기획한 집회에도 계속 참여하여 그들의 우유부단함과는 대조적으로 혁명주의적 기치를 높이 들고, 반정부 진영을 더욱 강고하게 해나가야 할 것입니다. 이러한 행동 전반에 있어서 피티의 각 계급운동에 대한 태도와 노동동맹이라는 시각을 확고히 견지하지 않으면 안된다는 것을 다시 한번 명심하면서 혁명적 민주주의연합 진영 건설 및 그 외연에 더욱 박차를 가합시다.

③ 속보성 대중신문의 발간 : 최근 자유주의적 비지의 일간신문이 혁명주의의 투쟁에 대한 보도를 제한하기 시작했습니다. 이들은 우리의 표어를 일제 보도하지 않고 있습니다. 게다가 이런 시기일수록 다양한 사건이 여기저기서 분출하는데 이를 노동자에게 종합적으로 전달해주어야 노동자들이 비로소 명실상부하게 민족민주 투쟁의 전위투사가 될 수 있습니다. 이러한 사정을 고려한다면 우리가 속보성 민중신문을 발간할 필요는 더욱 커집니다. 이것은 적들의 비상조치나 계엄을 뚫을 수 있는 유일한 것일 것이기 때문에 그 의의는 더욱 클 것입니다. 혁명적 정세가 급박하게 다가오는 현 시점에서의 발간은 1980년 광주의「투사회보」못지 않은 의의를 가지고 노동자 계급의 투쟁을 지도하는 무기로 될 수 있을 것입니다.

④ 비상조치 계엄에 대비한 행동, 혁명의 선동: 적들은 언제라도 비상조치나 계엄을 취할 수 있을 것입니다. 그렇기 때문에 우리는 이에 대비한 운동을 하는 데 유의해야 할 것입니다. 80년 5·17 직후에 우수수 체포된 것과 같은 전철을 다시 밟아서는 안됩니다. 그리고 이 점은 다른 민주주의적 지도자들에게도 주지시켜야 합니다. 또한 우리는 피티와 인민대중에게 비상조치나 계엄이 필연적이라는 것을 선동할 필요가 있습니다. 그리고 물리적 대결은 필연적이라는 것을 선동할 필요가 있습니다. 그리고 물리적 대결은 필연적일 뿐 아니라 역사의 창조를 위해서는, 혁명에 있어서는 필수적이라는 점도 강조되어야 합니다. 이렇게 하여 다가오고 있는 혁명에서 무장투쟁에 대한 태도를 정립하도록 해야 할 것입니다.

주) 극렬선동첩자의 색출:
이러한 시기일수록 적들은 피티와 민중들의 투쟁 방향을 오도하기 위해서, 또는 우리 대열에 파고들어 우리를 파괴하기 위해서 대중 앞에서 우리의 입장에 가깝게 그것도 열성적으로 선동함으로써 우리에게 접근하려고 할 것입니다. 이런 경우를 우리는 주의하지 않으면 안됩니다. 이런 시기에 그런 일을 당하면 우리는 혁명에 피티의 각인을 찍기가 매우 힘들어집니다. 따라서 우리는 어떤 자라도 대경찰 관계가 믿음직한가를 살펴보아야 할 것입니다. 특히 적들의 회유 공작이 가열되고 있는 지금, 적의 포로였다가 풀려난 사람들에게는 상세한 경위서를 반드시 제출토록 하여 심사를 하지 않으면 안됩니다. 이 작업을 엄격하게 하지 않으면 메이데이 시위 미수보다 더 한 일이 일어날지는 아무도 장담 못합니다.

동지들!

이상과 같은 우리의 대응만이 지금 전개되고 있는 상황에 대한 지도성을 살릴 수 있고, 다가올 혁명에 피티의 각인을 찍게 할 수 있을 것입니다. 가일층 노력합시다.!

1. 파쇼하의 개헌반대, 혁명으로 제헌의회!

1. 제헌의회 소집하여 민주주의 민중공화국 수립하자!

1987년 6월 15일

이 땅의 노동자여 궐기하자

전국 노동자여! 미국 전두환 일당은 파멸의 낭떠러지에 서 있다. 6월 10일 이래로 연 6일을 서울의 도심과 전국의 대도시는 독재타도와 호헌 철폐의 함성으로 뒤덮이었다. 시민들은 의기양양 소리 높여 구호를 외치고, 최루탄을 발사하는 저들에게 돌멩이를 들고 가두로 나섰다.

노동자여, 깊은 겨울잠에서 깨어나자. 망설이지 말고 공장에서 닦아둔 우리의 뚝심과 인내를 저 미국-전두환 일당을 처단하는 투쟁으로 폭발시키자. 4천만 민중의 가장 선두에 서서, 노동자의 용감무쌍함을, 정열을, 기업주와 군부독재 정권에 대한 한 맺힌 분노를 저들에게 돌려주자. 노동자의 불벼락으로 던져주자.

일천만 노동자여! 이 땅의 참된 주인은 누구인가? 4천만 민중이다. 그 중에서도 온갖 국민 생활에 필요한 생활용품을 직접 만들고, 거대한 기계까지 네 손으로 만들어 국가를 지탱하는 우리 노동자가 아닌가? 가장 용감하고, 가장 인내심이 강하고 정의감과 패기가 넘치는 1천만 노동자가 아니고 그 누구란 말인가? 박정희를 무너뜨린 YH 여성 노동자의 피어린 투쟁, 대우어패럴, 효성 가리봉 전자 등 10여 개 사업장에서 타올랐던 구로 총파업 대우자동차 투쟁 등 모두가 우리 노동자가 앞장서서 혁혁한 성과를 거둔 민주주의의 찬란한 금자탑이다.

일천만 노동자여, 우리의 눈을 부라리고 조국의 현실을 바라보자. 미국-전두환 일당이 우리를 다시 가난과 장시간의 노동 속에 가주어 놓기 위하여 4·13 호헌폭거를 자행하였다. 애초부터 저들은 타협이니, 합의 개헌이니 떠들었지만, 대화에는 관심도 없이 오로지 총칼로 탄압할 기회만 엿보다 드디어 미국의 배후조종 아래 탄압의 칼날을 들이댄 것입니다. 미국-전두환 일당이 짝자꿍이 되어 자행한 이 4·13 음모를 우리 국민이 어찌 용서할 수 있었겠습니까? 우리는 국민의 살인마 전두환 일당을 처단하기 위하여 6·10 이래로 거리에서 들고 일어났습니다. 또한 4·13 음모의 배후 조종을 미국놈들이 자행한 사실에 대하여 더욱더 분개하고 싸우고 있다.

일천만 노동자여, 국민의 선두에 서서 노동자의 기개를 떨치자.

노동자의 어깨 위에 조국 민주화와 자주화의 희망이 걸려 있음을 가슴 깊이 깨닫고, 프레스에 싹둑 잘린 손가락을 부여안고, 장시간 노동의 타는 가슴을 부여안고 노동자 해방의 불꽃으로, 조국 자주의 독립과 민주주의의 불꽃으로 노동자의 불꽃을 온 산하에 휘날리자.

노동자여, 그대의 어깨 위에 조국의 해방이, 그대의 어깨 위에 노동자의 해방이.

나가자, 싸우자, 노동자의 힘으로 민주주의 쟁취하자.

— 호헌지지 독재조종 미국놈들 몰아내자.
— 8시간 노동제 쟁취하자
— 자주없이 민주없다. 미국놈들 몰 아내자
— 노동3권 쟁취하자
— 호헌책동 분쇄하고 민주헌법 쟁취하자
— 최저임금, 파업권 쟁취하자
— 고문살인 조작은폐 군부독재 타도하자
— 언론 출판 집회 시위의 자유 보장하라
— 장기집권 분쇄하고 민주정부 수립하자
— 노동자해방 만세, 민족자주 민주주의 만세!
— 투쟁 계승하여 군부독재 타도하자

1987년 6월 15 일
서울대총학생회 산하
호헌분쇄와 학살원흉 미국-전두환 일당 처단을 위한 특별위원회

Middle Class Broadens Korean Protest

New Mood Permits Showing Hostility to Government

By John Burgess
Washington Post Foreign Service

SEOUL, June 15—It was a handful of students who began the rally that took place shortly after noon today outside Seoul's Myongdong Cathedral. But within half an hour, thousands of solidly middle-class office workers, lunch-time strollers and shoppers had joined in, blocking the street with a high-spirited festival of songs and antigovernment slogans.

NEWS ANALYSIS

Women leaned from high-rise buildings to shower roses and confetti on the crowd. People talked spontaneously to strangers. A man stood atop a stool and led the crowd in cheering, thousands of fists stabbing the air with each round.

"Initially people are afraid," said a trading company employe in suit and tie. "But when they get together, there is no fear."

Until this week, common belief in South Korea was that the middle class could never make common cause with the rock-throwing radicals of the campuses. Five days of demonstrations here have drawn that wisdom into question and could rewrite the rules of politics here.

Invariably there are comparisons to the "people's power" revolution in the Philippines last year.

So far, the numbers of people in the streets are tiny compared to those who toppled Ferdinand Marcos in Manila. The turnout near the cathedral this afternoon, for example, was probably statistically insignificant in a city of almost 10 million inhabitants.

Yet, the public participation is raising talk

See DEMONSTRATIONS, A18, Col. 4

AGENCE FRANCE-PRESSE

Passers-by in Seoul's Myongdong area chant antigovernment slogans in response to student appeal.

▲ 중산층, 시위대에 합류(The Washington Post, 1987. 6. 16)

ASSOCIATED PRESS

In sixth day of protests, a South Korean student aims a paint spray can at police, who respond with a fire extinguisher.

Middle Class Broadens Korean Protest

DEMONSTRATIONS, From A1

of a new mood prevailing in South Korea, in which more people may act on long-repressed hostility toward the government of President Chun Doo Hwan.

As an Army general, Chun seized power in stages starting in 1979. Many South Koreans never have accepted his legitimacy as president, especially in view of the deaths of more than 200 people in demonstrations in the city of Kwangju the following year.

The imperial airs that the short, balding man affects add to public hostility. Koreans appear not to mind such behavior if they feel the leader has earned the right to office. But in many people's minds, Chun has not.

South Korea's paradox is that while development of its political institutions has remained stifled, its economy has raced ahead into the industrial age. Gross national product has roughly doubled since Chun came to power.

Chun is not credited for any of this by ordinary people. But it has long been said that as people acquire houses, automobiles and prospects for promotion in thriving companies, they will be less inclined to risk it all by taking to the streets for political protest.

Now, a confluence of traumatic events seems to be pushing many people to do it anyway.

In January, a student died during police torture, and the extent of official involvement in his death was covered up. In April, Chun suspended debate with the opposition on constitutional reform, ending a year-long period of cautious but nonetheless unusual optimism for a long-term political settlement.

Last week, the ruling party formally nominated for president another former general who helped Chun carry out a coup d'etat in 1979, Roh Tae Woo. Chun has presented this first "peaceful transfer of power" in South Korean history as a monumental event.

But many South Koreans see it as simply replacing one dictator with another. "The bald man with a wig," is what some of them are calling Roh, signifying he is just Chun in disguise.

Public anger has also been stirred by indiscriminate tear gassing by police during the protests of the past six days. The fumes have settled over thousands of homes and workplaces, choking children walking to school and people heading for markets. A press campaign against it is under way.

Police battling with students on the streets repeatedly have had to contend with anger and insults from onlookers.

Radical students who took refuge in Myongdong Cathedral last week were showered with provisions of food, drink, first-aid equipment and clothing. Cash donated has totaled about $25,000 so far, according to press reports.

Public anger also rose against a popular comedian named Kim Pyong Jo for a joke he made while entertaining the crowd at the ruling party's convention. It was a play on words to the effect that the ruling party gives love to the people while the opposition gives pain.

To apologize, Kim has withdrawn from television appearances and a comedy show that he hosts. Ice cream commercials in which he appears are being pulled off the air.

Increasingly in recent days, ordinary people are coming out openly to demonstrate. When they do, they may be radicalized by the police's response.

Today's demonstration at Myongdong was peaceful but ended abruptly when, without warning, squads of policemen in helmets and gas masks sprinted from around corners and, hurling tear gas grenades, charged the crowd. Women screamed. The crowd surged away, some members darting into open shop fronts. Some people were overcome by the gas.

Despite the changes, many of Chun's opponents remain unwilling to move and indecisive about joining the protests.

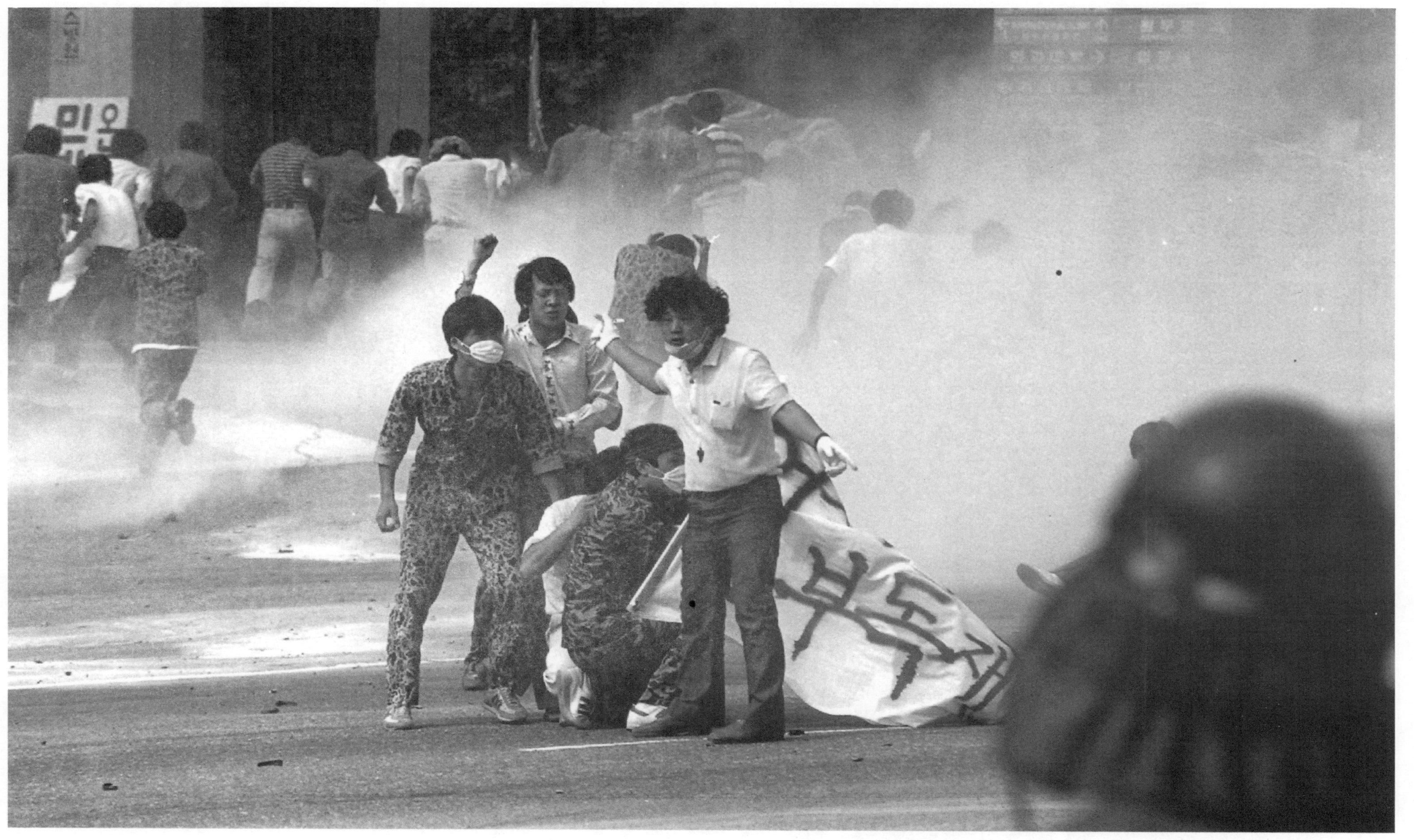
부독재

SDAY, JUNE 16, 1987 50 cents beyond 75 miles from New York City, except on Long Island. 30 CENTS

Reuters

'ernment slogans yesterday outside Myongdong Cathedral in Seoul.

STREET PROTESTS BY SOUTH KOREANS RESUME AND GROW

STUDENTS BATTLE POLICE

Thousands March in Capital and Clashes Are Reported in Another Six Cities

By CLYDE HABERMAN

Special to The New York Times

SEOUL, South Korea, Tuesday, June 16 — Anti-Government protests spread Monday and early today as tens of thousands of South Koreans in major cities took to the streets in bursts of violence and choruses of prayer.

For a sixth straight day, student militants skirmished fiercely with riot policemen on streets and at campus gates.

Nowhere was fighting more ferocious than at Yonsei University in Seoul, where, in a familiar pattern, students hurled gasoline bombs and rocks at officers who responded with countless volleys of potent, face-scorching tear gas.

Clashes in 6 Other Cities

According to South Korean press reports, similar clashes occurred in six other cities, involving more than 60,000 students at 45 colleges. Battles reportedly raged in the streets in the central city of Chonan and the southern city of Chinju.

But as the country's political crisis deepened, demonstrations became increasingly dominated by ordinary South Koreans expressing frustration with the Government, its suppression of dissent and its overall timetable for democratic development.

About 10,000 people, cutting across a broad spectrum of backgrounds and ages, held a candlelight vigil in the capital Monday night following religious services at a Roman Catholic Cathedral that has been the focus of recent anti-Government opposition. The rally was one of the largest held in downtown Seoul in years, and it seemed certain that almost everyone there had gone as an act of protest.

Cathedral Is Filled

Men, women and their children filled the Myongdong Cathedral and spilled over onto a flagstone plaza, where they stood in prayer or sat on the ground despite a drenching rainstorm.

When the rain stopped, the crowd surged into the street outside, holding candles aloft and singing hymn-like songs of protest. They were held back by thousands of a police officers with riot shields stretched before them.

In the front ranks, demonstrators were mostly students who shoved menacingly against the police, forcing them to step back and to make more room for the surging crowd.

But for the most part, the rally was peaceful, reflecting a growing middle-class component to protests that the Government has characterized as an attempt at "violent revolution."

'A Democratic Government'

"We want the Government leaders to realize what the people want," said Im Jin Chang, a college professor who attended the Myongdong service. "This is a time when the people unanimously want a democratic Government."

The demonstrations and street violence began to reach new peaks last week after President Chun Doo Hwan and his ruling party formally designated Roh Tae Woo as their choice to succeed Mr. Chun. Mr. Roh — a former

Continued on Page A11, Column 1

▲ 남한에서의 거리 시위 더욱 격화(The New York Times, 1987. 6. 16)

Reuters

A Buddhist monk, right, joining with demonstrators who were struggling with riot policemen yesterday outside Myongdong Cathedral in Seoul. A special mass for democracy had been held at the cathedral.

Street Protests Resume and Spread in South Korea

Continued From Page A1

general, like the incumbent President — is all but certain to be chosen by an electoral college next December, and will take office in February.

But protest was building even before last week, fed by disclosures of police torture of dissidents and cover-up attempts, and by Mr. Chun's abrupt cancellation in April of an ongoing debate over how to make the process for selecting a national leader more democratic. Opposition politicians charge that Mr. Chun's true objective is to perpetuate his behind-the-scenes power in a Government that they denounce as a "military dictatorship."

Cardinal Urges Reversal

The overwhelming importance of this issue for many South Koreans was underlined at the Myongdong prayer service when Stephen Cardinal Kim Sou Hwan, Roman Catholic primate of South Korea, called on the President to withdraw his April decision.

Protests spread Monday on a day of rapidly shifting moods, when it first seemed that the authorities had succeeded in ending the crisis, only to have it flare again.

Late Sunday night and early Monday, the police cleared central Seoul's streets in an attempt to ease tensions by inviting a band of 220 radicals to end a tense six-day occupation of Myongdong without being arrested. Despite a brief clash between street demonstrators and policemen at midday Monday, the tactic seemed to work, for the dissidents finally agreed to leave.

Their takeover of the cathedral had become the focus of the recent clashes as students and other sympathizers staged forays through downtown streets to express support.

Myongdong is the center of South Korean Catholicism and an important national symbol. Although Catholics account for only an estimated 5 percent of the population of 41 million, they include many of the country's educated elite and wield an influence disproportionate to their numbers.

Under a deal arranged by Catholic priests, the students left the cathedral in three buses with a promise of safe passage to their campuses. According to Seoul's police chief, Cho Chong Suk, no arrests will be made, a decision that represents a significant retreat by a Government that had promised to deal sternly with the dissidents.

"The most significant thing about the situation," Cardinal Kim said later, "is that it restored the trust of students in the Government. It is a step forward."

It did not, however, stop the protests. Crowds surged through downtown streets into Monday night and early today, many of them people well beyond student age and seemingly without any specific political loyalty.

At one point, more than 5,000 South Koreans — office workers, shopkeepers and strollers — held a spontaneous anti-Government rally in narrow streets near the cathedral. As they chanted slogans with growing exuberance, others waved from office building windows and threw flowers down to the demonstrators.

Suddenly, without warning, helmeted policemen surged into the crowd, firing tear gas and sending people scattering amid shrieks of pain and surprise. The police action angered many bystanders. One elderly woman grew so incensed that she struck an officer on the head with her pocketbook.

"There's a mood change under way," a foreign diplomat said. "The Government has always tried to portray the students as radical, but it's not working. The people are not buying it this time."

National police officials announced that 6,094 people had been taken into custody since the surge of protest began last Wednesday. Most were quickly released, but hundreds still face criminal charges.

In addition, the Chun Government is weighing possible emergency measures should the situation deteriorate, but South Korean news reports said no action was contemplated now.

It appeared that the Government wanted to see first if the protests would peter out on their own. Officials, including Mr. Chun, have warned repeatedly that they would be tough on dissidents, but they have held back, apparently for fear of further inflaming anti-Government sentiment.

The major response has been to contain demonstrations through a heavy firing of tear gas. Thus far, the police have not carried firearms. Nor have they been seen using the sticks they carry on their hips.

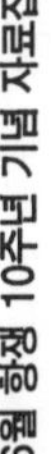

Student protesters draw public support

From David Watts
Seoul

Only hours after students relinquished their "liberated zone" in front of Seoul's Catholic cathedral, hundreds of ordinary members of the public moved in to chant anti-Government slogans yesterday.

While about 300 protesters sang songs, shouted slogans and prayed round a cross of candles in front of the cathedral in the early hours, riot police rested along the walls of nearby streets.

Meanwhile, thousands of students fought police at Yonsei University in the capital. A Yonsei student injured last week is on a life support machine. Government-controlled newspapers said his condition had improved slightly and he was being fed liquids. There were anti-Government demonstrations at 45 universities throughout the country.

Earlier the students were taken off the cathedral grounds in buses and accompanied by priests with guarantees that they would be given safe passage home, or to a university campus, and would not be prosecuted. A group of 10 student leaders and two members of the public stayed on vowing to go on hunger strike.

The new occupation of the site in front of the cathedral was apparently prompted by the heavy-handed behaviour of riot police at lunchtime. As the crowds of shoppers, sightseers and office workers going out for a meal built up in the approach to the cathedral, the riot police fired teargas into the crowd.

Enraged by this now familiar policy, of firing teargas at any concentration of civilians, whether well- or ill-disposed towards the police, the crowds moved into the cathedral grounds. They began shouting anti-Government slogans.

In response, squads of young men in jeans, sports shirts and motorcycle helmets moved in among the crowd. Some wore black leather fingerless gloves which looked like knuckle-dusters. Most Koreans are unsure whether these men are police, students who have chosen to do police duty instead of national service, or hired thugs, but their role is generally to intimidate civilians. They are used as "snatch squads" to grab people out of the crowd.

These young men moved back and forth through the crowd, occasionally withdrawing only to reappear a few minutes later. Jeering at the police, a group of remaining students stood at the front of the crowd holding banners and led the chants denouncing the Government and its constitution.

An old woman offered the young riot policemen drinks and then harangued them loudly. A businessman, apparently from a nearby shop, came out and told the demonstrators their time was up. Behind the riot police the shops had been shuttered for some time. Political unrest was clearly bad for business.

"We can't say anything we want. There's no freedom of the press and the Number One man tells us who the next president is going to be. We want to choose our president ourselves," said a travel agent near the walls of the cathedral.

"Ninety-nine per cent of the people have had enough of this Government and the students are ready to die to remove it."

The Government says that an extraordinary session of the National Assembly will resume this week with the Opposition in attendance.

A student with a flaming paint spray can and a policeman wielding a fire extinguisher duel through netting during yesterday's demonstration in Seoul.

▲ 대중들, 학생 시위에 호응(London Times, 1987. 6. 16)

6월 18일은 최루탄 추방 국민결의의 날입니다

살인무기, 최루탄=독가스탄 추방에 동참하는 시민들께서는 다음과 같이 행동합시다.

- 6월 18일 오후 6시를 기해 일제히 자동차 경적을 울립시다.
- 6월 18일 밤 10시부터 10분간 소등을 하여 최루탄=살인탄 사용에 대해 항의하고 회생자들의 쾌유를 기원합시다.
- 주거지 관할경찰서에 최루탄=살인탄 사용 중단을 요구하는 전화를 합시다.
- 전투경찰들에게 최루탄 사용 중지를 호소합시다.
- 6월 18일 종로5가 연동교회(기독교방송국 옆)에서 있게 될 최루탄 추방공청회에 적극 참여합시다.

민주헌법쟁취국민운동본부

최루탄=살인탄 몰아내자 이땅에서

쏘지마! 쏘지마!

WORLD NEWS

ASSOCIATED PRESS
...t gives flowers to policemen camped outside Seoul's Yonsei University.

S. Korean Protests Grow In Provincial Cities

Main Street in Taejon Becomes War Zone

By John Burgess
Washington Post Foreign Service

TAEJON, South Korea, June 17—Street vendors working the center of this shady city of 900,000 people know that business can't last much past 6 p.m. these days. By then, the students are sure to be massing on the avenue that leads to the provincial government buildings. Rocks will be flying and the evening air will be choked with tear gas.

Fierce demonstrations this past week in the South Korean capital of Seoul have received worldwide attention. With less publicity but comparable import, major protests have exploded in many of the country's provincial cities, bringing the antigovernment fight to a new stage there, too.

Tonight, police and demonstrators again transformed the city's main avenue into a war zone. Major protests were also reported in Pusan, South Korea's second largest city, and Chinju.

The patterns seen here this past week have been much like those in Seoul. Most of the demonstrators are students. The action is in the public eye on city streets rather than on secluded campuses, and some ordinary citizens are showing support.

On Monday, an estimated 5,000 to 6,000 students from local universities paraded peacefully through the streets to demand an end to the government of President Chun Doo Hwan.

One Taejon woman said onlookers tossed cigarettes, soft drinks and rolls into the crowd, while others shouted encouragement.

"Before, people did not like the students," she said. "That has changed in the last few days."

Taejon has never been a stronghold for dissidents or protests. As visitors quickly hear, people here feel they have a special character of peace and contemplation, said to be a holdover from the *yang ban* aristocratic class of premodern times.

Located about 100 miles south of Seoul, Taejon is known as the "center city" of South Korea, the place where the main highway splits into two on the drive south.

Like most South Korean cities, this one is growing prosperous on

See KOREA, A26, Col. 1

▲ 남한에서의 시위, 지방도시로 확대(The Washington Post, 1987. 6. 18)

BY LARRY FOGEL—THE WASHINGTON POST

ASSOCIATED PRESS
Police detain members of opposition at a rally near the home of leader Kim Dae Jung, who is under house arrest.

ASSOCIATED PRESS
Riot police wave cheerfully to students at Seoul University after an antigovernment rally broke up without violence.

Protests Grow in Korean Cities

KOREA, From A25

export-oriented industry. It has 340 factories. Education is a big business, too, with eight colleges and universities with about 53,000 students.

But good times in the economy do not generally translate into support for the government. Many people feel that their government is a brutal military dictatorship that should be removed.

Yesterday, two local offices of Chun's ruling Democratic Justice Party lost window panes to hit-and-run attacks with stones.

Government officials said few citizens are willing to use force. They described the violence as orchestrated by dangerous radicals who are trying to overthrow the entire social and legal order.

"I can understand people attacking the party office and breaking our windows," said Yun Chung Won, a ruling party campaign manager. "But these people have even attacked ward offices and police stations."

The current protests began on June 10, the same day demonstrations started in Seoul. Here as in Seoul, an accumulation of grievances seems finally to have come to a boil: the torture death of a student by police, Chun's cancelation of talks with the opposition toward constitutional reform, his nomination of a military classmate to succeed him, tear gas.

Today's action began on the city's campuses. Under a copse of trees at Hannam University at 2 p.m., about 200 students listened to speeches and examined helmets, gas masks and a tear-gas rifle that had been captured from police in previous days' fighting.

Soon about 50 student "commandos" carrying gasoline bombs were marching through the front gate toward a line of police on a bridge. Within minutes, the pock-pock of gas cannisters exploding was heard as the police charged. The students fell back.

The real action, however, began in town at about 6 p.m. Thousands of students sneaked around police lines at their campuses and began massing on corners on Taejon's main commercial avenue. Soon they were spilling into the streets, blocking traffic.

Now it was the police's turn to attack first. Hundreds of them with helmets and shields formed lines and began advancing into the crowd. Suddenly they let fly with a barrage of gas. Many of thecanisters were hurled at head level like rocks.

With that, a full-scale riot began. Students with gauze and plastic over their faces regrouped and counter-attacked with rocks and occasional firebombs. A shelter for traffic police was burned down, putting a haze of black smoke over the area.

People watched in fascination from coffee shops, night schools and roof gardens. There also was an element of the routine, however. Two mothers leaving a gas-filled building with four girls seemed to be treating it not as a nightmare but as an adventure.

The street vendors were long gone. Before the fight broke out, one of them said he hated demonstrations. Another agreed it was horrible to lose so much money. "But that doesn't mean we oppose the purpose of the rallies," he added.

United Press International reported the following from Seoul.

The government urged colleges across South Korea to close as protesters burned buses, hijacked a train and a tanker truck and blocked streets around the U.S. Consulate in Pusan.

The national police chief ordered 120,000 troops to remain on red alert while political bickering between the ruling and opposition parties stalled attempts to find ways to end the nationwide violence.

About 45,000 students took part in protests in several cities, news reports said.

The U.S. Embassy in Seoul issued a warning on Armed Forces Television telling Americans to keep away from the U.S. Consulate, train station and International Market in Pusan, 205 miles southeast of the capital.

The consulate was ringed by more than 400 riot police sent to prevent about 5,000 student marchers from approaching the facility. The demonstrators, who sealed off the consulate for several hours, were trying to march to a downtown Catholic center in support of 300 students staging a sit-in, an official said.

In Chinju, 180 miles south of Seoul, 100 students hijacked a truck filled with liquefied propane gas. Police retook the truck in a cloud of tear gas, but 300 students then hijacked a train until they were forced to retreat by police.

In Washington, a State Department official said the administration would not oppose a resolution in Congress calling on Chun to take steps toward a more democratic government.

최루탄 공청회에 대한 원천봉쇄를 엄중 항의한다.

1. 현정권의 폭력적 본질의 상징인 최루탄은 마침내 이한열군을 사실상의 죽음으로 빠뜨렸을 뿐만 아니라 이제 전국민의 생명과 삶의 터전을 심각하게 위협하는 요인이 되고 있다. 또한 현정권은 국민을 적으로 삼아 무차별적인 최루탄 난사만을 해댈 뿐 그것이 인체와 국민건강에 미치고 있는 피해에 대해서는 그 어떤 과학적 규명작업마저도 한 바 없다.

2. 우리 국민 역시 현정권의 이와같은 반국민적 직무유기에 놀라지 않으며 오히려 그 폭력적인 본질로 보아 처음부터 기대하지 않았다. 그러므로 우리는 우리국민 스스로 최루탄의 성분에 대한 규명을 하여 그것이 인체와 자연환경에 미치는 영향을 폭로해야 된다고 생각한다. 그러나 현정권은 이와같은 국민의 자구노력의 하나인 6월 18일 최루탄 공청회를 폭력적으로 원천봉쇄함으로 국민의 알권리마저도 공권력으로 유린했다. 이는 더 큰 국민적 저항을 불러일으킬 것이다.

3. 또한 우리는 이번 평화적 집회에 대한 원천봉쇄가 단순히 집회 자체에 대한 방해책동만이 아닐 것으로 생각한다. 아마 봉쇄의 또다른 목적은, 이 공청회에서 최루탄이 인체에 유해한 것으로 판명되어 폭로될지도 모른다는 두려움이 진짜 이유일 수도 있기 때문이다. 그에 대한 개연적 사실로 최루탄은 구토, 무기력, 피부병은 물론 불임. 불구아 출산, 심지어 발암의 원인이 될 수도 있다는 야당 국회의원의 대정부 질문내용이 있다.

4. 마지막으로 우리는 이와같은 국민존엄과 생존권에 대한 위협의 원인이 전국민의 불신의 대상인 현정권의 폭력성에 기인함을 밝히면서 최루탄 사용의 즉각중지와 그 성분을 과학적으로 규명, 그 결과를 국민 앞에 공개하고 참회할 것을 엄중 촉구한다.

1987. 6. 19

민 주 헌 법 쟁 취 국 민 운 동 본 부
이한열군등 독가스탄 희생자 대책위원회

민주헌법쟁취를 위한

국민평화대행진

일시 : 1987년 6월 26일 오후 6시

장소 :

1차집결지(오후 6시)

보림극장(영도구·중구·서구·사하구)

가야대명극장(북구·진구)

문현로타리(남구·해운대구)

양정로타리(동래구·해운대구)

2차집결지(오후 7시)

서면로타리

시청

주최 : 민주헌법쟁취 국민운동 부산본부

부산민주시민협의회 • 부산지구 기독청년협의회
부산 민주노동자투쟁위원회 • NCC인권위원회
부산민주화 실천가족운동협의회 • 부산 민주산악회
천주교 정의구현 부산사제단 • 부산 민주헌정연구회
사회선교부산지구협의회 • 통일민주당 1,2,3,6지구당
부산지역 총학생회 협의회

- 동아대학교 총학생회 • 동의대학교 총학생회
- 부산대학교 총학생회 • 부산여대 총학생회
- 산업대학교 총학생회 • 수산대학 총학생회
- 외국어대학교 총학생회 • 해양대학교 총학생회

"평화 대행진의 도도한 물결로 독재의 벽을 허물어 버립시다"

국민 행동 요령

6월 26일 모든 국민은 가족 · 친구 · 직장동료와 함께 대행진에 참여합시다.

* 모든 국민은 태극기 또는 손수건을 흔들면서 집결장소에 모입시다.
* 오후 6시 국기 해기식과 동시에 애국가를 재창하며 전국의 교회와 사찰은 타종하고 모든 차량은 경적을 울립시다.
* 모든 부산 시민은 서면로타리에 집결하여 태극기 또는 손수건을 흔들며 시청앞까지 행진합시다.
* 밤 10시 국민 불복종의 표시로 10분간 소등합시다.

민주헌법 쟁취를 위한 평화 대행진에 다함께 참여합시다.

지난 6월 10일 이후 군사독재를 끝장내고 이땅의 모든 사람들이 인간답게 살 수 있는 민주헌법을 쟁취하기 위한 국민운동이 전국 곳곳에서 불길처럼 치솟고 있읍니다.

400만 부산 시민 여러분!

특히 우리 400만 부산시민들은 정권유지에 급급한 저들이 미친듯이 쏘아대는 최루탄이 자욱한 가두에서 연일 힘차게 투쟁하였읍니다.

민주헌법 쟁취를 위한 국민들의 열망은 최루탄으로 질식시킬 수도 없고 총칼로 빼앗아 갈 수도 없다는 것이 명백해 졌읍니다. 그러자 현 정권은 비상조치를 들먹이며 국민을 협박하는 한편 "개헌논의 가능" 운운하며 새로운 사기극을 벌이면서 위기를 모면하려 하고 있읍니다.

군부독재 끝장내고 민주헌법 쟁취합시다!

400만 부산시민 여러분!

군부독재 정권을 그냥 두고서는 우리 모든 국민이 원하는 민주헌법을 결코 쟁취할 수가 없읍니다.

6월26일 평화 대행진에 다 함께 참여하여 독재정권을 끝장내고 민주 헌법을 쟁취합시다.

애국시민 단결하여 민주헌법 쟁취하자!

민주헌법쟁취 국민운동 부산본부

민주헌법쟁취 국민운동 부산본부는 이땅에서 군부독재 정권을 몰아내고 민주화된 나라를 이루는데 구심점이 될 것입니다. 부산 애국시민 여러분의 적극적인 참여와 협조는 민주헌법쟁취 운동에 커다란 힘이 될 것입니다.

전 화 : **643－8583 · 462－4626**
온라인 : **부산은행 028－01－023901－0 최 성 묵**

— 국민 여러분께 드리는 글.

1.6월 10일 투쟁을 통해 우리는 자주 민주 통일을 이룰 수 있다는 확고한 신념을 가졌읍니다. 거리에서 우리 국민은 하나된 목소리로 "호헌 철폐" "독재타도"를 외쳤읍니다. 전두환의 '개'가 되어버린 전경들로부터 서로서로를 보호해가며 같이 싸웠읍니다. 80년이후 실로 몇년만에 서로의 민주 열망을 확인할 수 있었던 쾌거 였읍니까! 80년 5월 전두환의 총칼 앞에서 숨죽여 혼자 울수 밖에 없었던 패배를 이제 겨우 벗어 버릴 수 있었읍니다. 우리는 이제 승리 할 수 있다는 굳은 신념을 지니고 민주화를 위한 첫걸음을 내딛기 시작하였읍니다.

"행동하는 국민 속에 박종철은 부활한다."

2.23일 전두환_김영삼 영수회담등을 하면서 '개헌 논의 재개' '합의 개헌' 운운한 것은 한낱 개소리에 지나지 않읍니다. 우리들의 투쟁에 자신들이 몰려나는 것이 두려워 우리의 투쟁을 어떻게든지 이간질하고 무마시키려는 얄팍한 술수입니다. 우리는 속을 수 없읍니다. 속지 않읍니다.

6월 10일 이후로 우리 국민이 모두 일어서고 있는 지금 이러한 모습은 요즘 갑자기 생긴 일이 아닙니다. 그동안 전두환 군부정권에 대해 쌓여 왔던 분노의 표출입니다. 80년 광주에서의 2천명 학살 이후 올해 박종철군 고문 치사까지 수많은 애국시민들의 죽음, 그리고 지금도 사경을 헤메이고 있는 연세대 이한열군등이 생각납니다. 전두환 폭력정치에 언제 우리의 생명이 없어지게 될지 모릅니다. 이렇게 7년동안 수천명을 죽여온 전두환 노태우 일당입니다. 이제 국민이 더이상 저들의 치하에서 못살겠다고 일어서자 저 살인마들의 입에서 감히 민주니 합의니 하는 말들이 나오고 있읍니다.
우리모두 비웃어 줍시다. 이런 뻔히 보이는 기만술에 어찌 우리 투쟁의 대열을 늦출 수 있겠읍니까!

"전두환과 타협없다. 군부독재 끝장내자!!"

3. 투쟁의 주체로 떨쳐 일어나고 있는 우리 국민들의 모습에 놀라 허둥지둥 여기저기 한국의 정치 명망가들 사이를 뛰어다니며 공작정치에 혈안이 되어 있는 미국의 모습을 보십시요! 군부를 만나서는 '야당에게 적당히 떡고물좀 떼어주고 민주화의 제스추어 좀 써봐라! 야당을 만나서는 '국민들 자꾸 선동해봐야 너희도 좋을것 없지 않느냐. 비상조치나면 너희만 손해다. 국민들 적당히 무마시키고 너희도 한자리 하러 들어와라. 그래야 너희도 한자리 해 먹을 수 있다!' 라고 협박을 하며 다닙니다. "안정" 과 "민주화"를 그토록 떠벌리는 미국. 그러나 우리는 80년을 잊을 수 없읍니다. 지금과 똑같이 "한국의 민주화를 원한다"라고 겉으로 떠벌여 놓고는 자신의 국군 통수권을 이용해 공수 부대를 광주로 들여보내 피의 학살을 명령했던 미국의 작태를. 82년 부산 미문화원 방화사건과 85년 서울 미문화원 점거 농성사건등은 바로 이러한 미국의 흉악한 모습을 만천하에 폭로하려는 열했던 투쟁들 이었읍니다.

1945년 이후 한국은 미국 본토를 안전하게 보호하기 위한 전쟁기지가 되었읍니다. 그래서 이 땅에는 우리 민족을 몇번이고 몰살시킬 수 있는 핵무기가 우리 국민의 의사와는 전혀 아랑곳없이 이곳 저곳에 배치되 있읍니다. 한국 군인의 최종 통수권은 미군이 가지고 있읍니다. 이렇게 한반도에서 강력한 힘을 가진 미국은 민주를 열망하는 우리 국민들의 투쟁이 가열차 질 때마다 이승만에서 박정희로 박정희에서 전두환으로 새로운 독재자들을 세워 왔읍니다. 그렇게 우리의 투쟁을 무마시키고리를 절망의 늪으로 빠뜨려 왔으며 자신이 세운 독재정권을 통해 한국민중의 피와 땀을 뽑아 갔니다. 수입개방 압력은 새삼스러운 일이 아닙니다. 사실상 한국은 아주 오래전부터 미국의 남는 산물을 처리해주는 식민지 시장이었읍니다. 소값, 양파값에 울고 농약에 죽어가는 우리 농민은 아주 잘알고 있읍니다. 세계에서 가장 부지런히 일해도 우리 민족이 가난하게 사는 것. 그것 우리가 저 미국에 종속된 사실상 식민지이기 때문이며 또한 매국노 군부독재 일당이 있기 때문임을 다시한번 기억합시다.

" 독재조종 내정간섭 미국놈들 몰아내자 ! " "미국아래 민주 없다. 미국놈들 몰아내자 ! "

4. 국민의 자주 민주 통일을 향한 위대한 진군과 전두환, 노태우 일당과의 사이에서 줄타기를 하며 이기저기 눈치를 보고 있는 통민당에게 4천만 국민의 이름으로 타협없는 투쟁을 전개할 것을 촉구하며 경고합니다. 우리 국민의 투쟁은 통민당 권력욕의 제물이 될 수 없읍니다. 전두환, 노태우 일당과의 타협의 볼모가 결코 될 수 없읍니다. 이 땅의 민주는 현정권과의 타협에서는 결코 생겨날 수 없기 때문 입니다. 호화로운 호텔 레스토랑에서, 골프장에서 노다거림속에서의 합의에 우리 국민은 도저히 용납하고 물러 설 수 없읍니다. 민주는 지금 거리에서 시민들이 보여주는 투쟁, 박수, 함성속에서 성큼성큼 다가오고 있읍니다. 통일 민주당은 대표회담, 영수회담이니 하는 군부정권의 떡밥은 과 악수할 것이 아니라 거리에서의 구국의 함성에 즉각적으로 동참하여 학살의 무리들과의 비타협적인 투쟁을 벌여나갈 것을 다시 한번 촉구 합니다.

5. 지금서울에서뿐 아니라 전국 각처에서 온 국민이 민주화를 위해 일어서고 있읍니다. 오히려 서울에서보다도 더 힘차게 지방에서는 전두환, 노태우 일당에 마지막 숨통을 조이어 가고 있읍니다. 아무리 저들이 '타협하겠다' '합의 개헌 하겠다.' 해도 우리는 결코 속지 않을 것입니다. '비상조치' 운운하며 총, 칼을 들이 대어도 우리는 80년때처럼 앉아서 바라보고만 있지는 않을 것입니다. 이제 "민주" 는 "민주화를 위한 투쟁"은 우리 민족의 생명임을 확인하였기 때문 입니다. 우리 더욱더 적극적으로 투쟁에 참여합시다. 관제 언론에서 이야기하듯 우리 국민의 힘은 소진되어가고 조용해져가는 것이 결코 아닙니다. 그것은 우리의 힘을 빼놓으려는 언론 조작에 불과합니다. 이 땅이 아직도 미국, 전두환일당의 치하에 있는데 어찌우리가 투쟁을 중단할 수 있겠읍니까! 오히려 날이 갈수록 더 많이 모여서 더 치열하게 우리의 민주화의 의지를 모아 나갑시다. 이 땅의 자주 민주 통일의 그날까지 이땅을 억누르고 있는 미국과 전두환 군부독재 일당에 대한 우리의 투쟁은 결코 그치지 않을 것입니다. 그리고 승리할 것입니다!

"군부독재 타도하고 민주정부 수립하자 !! " "독재 조종 내정간섭 미국놈들 몰아내자 !! "

분단조국 42년 6월 26일

서울 대학교 총학생회.

민주헌법 쟁취 국민평화대행진에 즈음하여 국민에게 드리는 말씀

나라의 민주화와 자주를 위하여 싸워온 우리 국민은 6·10 국민대회를 통하여 민주개헌과 군부독재의 종식 그리고 국민이 자유를 요구하는 우리의 주장이 전적으로 정당할 뿐만 아니라 바로 소리없는 대다수의 국민이 참고 참아왔던 갈망이었음을 실천적으로 보여 주었습니다, 살인 최루탄과폭력 저지를 뚫고 길거리에서 보여준 우리 사천만 국민의 단결과 용기, 그리고 평화와 자유에의 열정은 바로 군사독재를 거부하는 온 국민의 의지였습니다.

전국민의 뜻이 힘으로 민주헌법 쟁취하고 민주정부를 수립하는데 있다는 것은 분명해졌습니다. 그럼에도 불구하고 현 정권은 국민들의 정당한 의사 표시를 과격 시위로 매도하는가 하면, 살인 최루탄과 폭력을 사용하여 탄압하고, 비상조치설로 온 국민을 협박하는 한편, 내용없는 대화와 타협을 내세운 채 국민을 속이려 할 뿐입니다.

우리는 다시 민주헌법 쟁취의 정당성과 긴급성, 그리고 이것이 절대 다수 국민의 한결같은 마음임을 우리 자신과 독재정권과 세계에 똑똑히 보여주기 위해, 나아가 줄기차게 이어지고 있는 반독재 민주화 투쟁의 진정한 승리를 위해 민주헌법 쟁취 국민평화대행진을 오는 26일 오후 6시 서울을 비롯한 전국에서 결행하려 합니다.

우리는 우리의 몸인 근로자·농민·봉급생활자 그리고 모든 서민대중들이 흥겹게 일하고 일한만큼 보람을 차지할 수 있는 확실하고 유일한 길인 민주헌법 민주정부 쟁취 투쟁에 우리와 함께 우리의 선봉에서 눈물겨운 싸움을 해나갈 것을 굳게 믿습니다.

모든 기업가 상인들도 군사독재 정권이야말로 사회불안과 공포의 근원으로 경제 안정과 수출 등 경제활동을 극도로 저해하고, 근로자와 경제인에게 돌아가야 할 몫을 강탈해 간다는 사실을 명심하여 독재헌법과 독재정부 반대투쟁에 합류할 것을 호소합니다.

우리의 가슴이요 눈동자인 젊은이와 학생들은 국민의 사랑과 믿음을 더욱 두텁게 할 수 있는 슬기있는 행동을 당당하게 보여줄 것을 믿습니다. 모든 종교인·교사·교수·지식인·전문직업인 그리고 언론인들은 바로 여러분 자신의 생명과도 같은 자유와 입주를 찾는 민주 헌법 쟁취 투쟁에의 헌신을 통하여 이를 안타깝게 기다리는 국민의 바램에 기쁜 감동을 줄 것입니다.

공무원과 군 그리고 경찰에 거는 국민의 간절한 기대는 부당한 독재 권력의 명령을 거부하는 용기있는 결단입니다. 만의 하나라도 전투 경찰과 군이 국토방위가 아닌, 자신의 부모와 형제인 국민을 대상으로 하는 적대 행위에 동원되거나 개입된다면 우리 모든 국민은 영원히 돌이킬 수 없는 끝없는 절망과 노여움에 빠져들 것입니다.

국민 여러분!

침묵하고 있던 다수가 독재의 편이 아니라 민주 국민임을 확인하면서 지금의 시기는 독재 권력에게는 위기이지만 민주국민에게는 민주화의 희망이요 기회입니다.

우리는 저 타오르는 생명의 태양과 전세계 자유민 그리고 유구한 민족적 전통이 약속하는 영광에 찬 승리의 길로 확실하게 다가가고 있으며, 이 도도한 행진의 물결을 홀로 외로이 가로막으며 버둥대는 독재 권력까지도 마침내 우리의 목적지인 민주헌법쟁취와 선거를 통한 민주정부 수립을 향한 우리의 방법인 국민평화대행진에 우리 모두 힘찬 발걸음을 모읍시다.

1987년 6월
민주헌법쟁취 국민운동본부

* 모든 국민은 태극기 또는 손수건을 흔들면서 집결장소에 모입시다.
* 오후 6시 국기 하강식과 동시에 애국가를 제창하며 전국의 교회와 사찰은 타종하고 모든 차량은 경적을 울립시다.

* 서울의 경우
— 마포구·강서구. 주민은 광화문으로
— 도봉구·성북구·동대문구·성동구·강동구 주민은 동대문으로
— 용산구.동작구·관악구 주민은 시청으로
— 은평구·서대문구·종로구 주민은 안국동으로
— 중구·강남구 주민은 신세계 앞으로
— 영등포구·구로구 주민은 영등포시장으로 집결합시다.

* 파고다 공원에 도착하면 "호헌철폐, 독재퇴진" 외치고 만세 삼창을 합시다.

성 명 서

우리 민주통일민중운동연합은 6월 29일 발표된 민정당 노태우 대표위원의 시국수습안을 보고 다음과 같은 입장을 밝힌다.

우리는 우선 오늘의 시국수습안은 6.10이후 전국에 걸쳐 줄기차게 싸워온 온 국민의 승리라고 단정하며 또한 민주화를 향한 불퇴산같은 국민의 의지를 더이상 현군부독재정권이 받아들이지 않을 수 없었다고 본다. 따라서 이 민주투쟁대열에 끝까지 참여하여 그 당당한 의사를 표현하여 주신 온국민들에게 다시 한번 깊은 감사를 드린다. 그러나 현재 밝혀진 민정당의 수습안은 국민들의 요구가 일부 수렴되고 있다고 보지만 시기를 명확하게 제시하지 못하고 있기 때문에 이정권의 민주화에 대한 참된 의사를 확인하기 위해서

1. 구속된 모든 민주인사.양심범들이 조건없이 즉각 석방되고 사면.복권되어야 한다.
2. 현정권 출범이후 발생한 모든 시국사건관련 수배자들에 대해서는 수배조치의 즉각해제및 그동안 고문, 불법연행, 감금등으로 핍박한 모든 국민들에 대한 정중한 사과와 위로가 즉각 시행되어야 한다.

우리는 민정당의 수습방안이 빠른 시간내에 구체적으로 실현되기를 기대하며 이후의 사태를 온국민과 더불어 예의주시하면서 민주장정의 큰 길을 계속해서 걸어갈 것이다.

1 9 8 7. 6. 27

민 주 통 일 민 중 운 동 연 합

성 명 서

정상인으로서의 이성을 잃은 경찰의 무차별 폭력앞에서도 6.26 국민평화대행진은 열화와 같은 국민의 참여로 성공리에 끝났다.

우리는 이땅에 독재권력을 종식하고 민주정부를 수립해야겠다는 민주화에 대한 국민적 의지를 다시한번 확인하였고 자유와 민주를 염원하는 한국민의 위대한 '혼'을 전세계에 유감없이 발휘하였다. 상상을 넘어서는 미친듯한 경찰의 폭력은 이미 공권력이라고 부르기에는 그 한계가 넘어서 글자그대로 만행이라고 밖에 생각할 수 없게되었다. 경찰의 폭력은 이미 방어적인 역활을 넘어서서 국민을 적으로 삼아 전쟁을 수행하는 공격적이고 전투적인 폭력의 성격이었음을 보면서 우리는 현집권자들의 정신상태를 의심하지 않을 수 없다. 세계 그 어느나라의 경찰이 국민을 상대로 그와같은 폭력을 자행하는가. 실로 개탄을 금할 수 없는 일이다. 경찰의 폭력에 대응폭력 조차 사용하지 말라고 간절히 당부했던 우리 국민운동본부가 이와같은 당국의 무차별한 폭력을 보면서 앞으로 다시한번 국민들에게 비폭력. 평화적시위를 어떻게 권고할 수 있을지 실로 난감한 심정을 감출 수 없다.

현정권의 이와같은 무지막지한 폭거앞에서도 의연하고 결연하게 비폭력. 평화적으로 끝까지 인내로써 국민의 요구를 표시했던 우리 국민의 슬기와 위대함에 다시한번 경의를 표하며 긍지를 느끼는 바이다.

바라기는 현정권은 이번 6.26 국민평화대행진을 통해 나타난 국민적 뜻을 겸허히 받아 들여야 할 것이다. 만약 정부당국이 이번에도 국민의 뜻을 외면하는 오만불손한 태도를 보이고 대화 운운하며 우물우물 시간을 끌면서 국민을 속이려 한다면, 국민들을 다시한번 분노케 할 것이며 이 정권은 더이상 국민들이 용납하지 않을 것이다.

우리는 6.26 국민평화대행진으로 현정부에 대한 국민의 도덕적 심판은 이미 끝났으며, 이 정부는 더이상 사태를 민주적으로 수습할 능력이 없음도 확실히 증명되었다고 믿는다.

현정부는 이제 국민의 이와같은 국민의 뜻에 승복하여 국민이 원하는 새헌법에 의한 정부이양에의 일정을 구체적으로 표시하기 바란다.

이제 캄캄한 밤은 지나고 새벽이 오고있다. 위대한 민주승리의 날이 눈앞에 다가오고 있다. 온국민은 이땅에 민주헌법이 쟁취되고 민주정부가 수립되는 최후의 승리 그날까지 국민운동본부와 민주헌법쟁취 행진에 함께할 것을 믿는다. 기만과 지연으로 민주개헌을 외면하고 비상조치설로 국민을 협박하는 현독재정권을 확실하게 거부하고 민주헌법을 쟁취하고 민주정부를 수립하는 길은 국민의 힘밖에 없음을 확신한다.

1987. 6. 27

민주헌법쟁취 국민운동본부 상임공동대표

성 명 서

노태우 민정당 대표위원이 제의한 대통령직선제 개헌 등 시국수습 6개항의 발표를 보고, 우리 국민운동본부는 정부. 여당이 때늦은 감은 있으나 이제라도 국민의 뜻을 겸허하게 받아들이기로 결정한 것을 환영하는 바이다.

이는 오로지 민주화를 위하여 온 몸으로 싸워온 전 국민의 위대한 승리로서, 민족사에 길이 빛날 새로운 지평을 열었다고 생각한다.

이제 정부. 여당은 시국수습 6개항의 제안을 말로써만이 아니라 즉각 실천에 옮김으로써 국민에게 진실성을 보여주어야 할 것이다.

특히 구속자 석방, 수배자 해제 등 실천가능한 사항은 지체함이 없이 즉시 실행되어야 한다.

우리 국민운동본부는 이와같은 정부. 여당의 시국수습방안의 구체적 실천을 온 국민과 함께 예의주시할 것이다. 이제 민주장정의 첫걸음이 시작되었으며, 국민운동본부는 위대한 민주승리의 그날까지 국민과 함께 전진할 것이다.

1987. 6. 29

민주헌법쟁취국민운동본부

혁명적 민주주의자들의 시국선언

—노태우 민정당 대표의 6·29 시국 수습안에 대한 우리의 결의—

전 민중의 위대한 투쟁과 단결에 의해 억압의 사슬은 여지없이 부서졌다!

우리의 피와땀으로 점철된 장렬한 투쟁으로 기나긴 침묵과 굴종의 사슬을 뚝뚝 끊어 버리고, 부릅뜬 눈과눈이 불타오르며, 뜨거운 가슴과 억센 어깨를 맞대며 손에 손마다 각목과 화염병을 들고, 경찰의 무자비한 폭행과 최루탄을 뚫고 시청과 도청, 민정 당사와 경찰서를 불사르며 가열차게 전개되온 불기둥같은 우리 민중의 투쟁은, 군사독재의 지배체제를 송두리채 뒤흔들어 버렸다!

이러한 우리 민중의 위대한 투쟁앞에 허우적 거리며 뒷걸음치던 군사독재는, 붕괴직전에 봉착하자 황급히 '시국 수습안 8개조항'을 발표하기에 이르렀다.

6월 10일부터 전국의 곳곳에서 들불처럼 타오르며 전세계 민중의 열기띤 관심과 격려속에서 17일동안 줄기차게 진행되어온 우리 민중의 혁명투쟁에서 우리가 확인한것은 무엇인가? 국가권력의 주체는 바로 민중자신이며, 정치는 민중스스로의 판단과 결정에 따라야 하며 민중의 뜻과 열망을 거부할때 결국 민중의 심판을 받고 만다는 것, 그리고 자유와 민주는 그 누가 자비롭게 주는것이 아니라 민중 스스로의 무장된 힘에의해 쟁취되고 지켜져야 한다는것과 우리민중은 세계사에 뚜뚜히 기억되고 남을 위대한 자각과 대의에 투철한 국민이라는것을 최루탄의 피눈물속에서 가슴벅찬 한덩어리로 확인한것이 아닌가!

민정당의 노태우 대표가 제시한 '시국 수습안 8개조항'은 우리민중의 과감한 혁명투쟁앞에 궁지에 몰린 군사독재가 어쩔수없이 내놓는 양보책에 불과하며 우리 민중의 힘에의해 강제된것에 다름아니다.

그러나 이 시국 수습안은 우리 민중이 그토록 열망하는 민주주의 와는 너무도 거리가 멀다. 과연 무엇이 "해결" 되었으며 무엇이 "수습"되었는가? 우리 민중이 엄청난 희생을 무릅쓰며 그토록 투쟁해온것이 군사독재의 최루탄과 총칼앞에 곧바로 다시 강탈당하고말 희멀건 죽 한그릇을 얻고자 함이었던가? 우리 민중이 피흘리고 죽어가면서 투쟁한것은, 민중이 국가권력의 주체로서 모든 정치를 민중자신이 직접판단하고 자신이 직접결정하여 행사할수 있는 진정한 민주주의를 민중의 힘으로 쟁취하고자 함이었다!

이번에 노태우 대표가 제시한 민정당의 시국 수습안이 그들의 말대로 진실로 국민의 민주화 열망을 반영한 것이라면, 국가권력의 주체인 민중이 어떠한 법과 정책이 민중의 이익을 보장하는 것이며, 어떠한 정당이 자신의 진정한 벗인지를 민중 스스로가 판단하고 자신의 정치지도자로 선출할수 있어야만 한다. 이를 위해서는 모든 정치지도자와 정당이 아무런 제약없이 민중앞에 자신의 사상과 정책을 자유롭게 공개 발표하고 활동할수 있어야 한다.

우리 혁명적 민주주의자들은 이번 투쟁속에서 확인된 전 민중의 열망을 반영한 시국 수습안이 되기 위해서는 최소한 다음과 같은 자유로운 정당활동의 전면적으로 보장되어야만 한다고 주장한다!

■ 첫째 : 대통령·국회의원·모든대표의 선거에 모든 민중의 자유로운 출마가 보장되어야 한다!

이를 위해 자유로운 출마를 제약하는 현행 헌법하의 선거법과 정당법이 전면폐기 되어야만 한다. 대통령 후보에 대한 나이제한과 국회의원 후보자의 공탁금제도등 제약조항이 철폐되어야 한다. 정치지도자는 그가 천명하는 정책의 정확함과 이를 실제로 실행할수있는 일관된 투쟁경력이 중요하지, 나이나 돈이 중요한것이 결코 아니다. 이 조항이 폐지 되어야만 온갖시련과 고난을 무릅쓰며 투쟁해온 노동 운동가와 농민 운동가, 학생운동가 등이 김대중·김영삼·노태우 씨 등과 나란히 전국민앞에 누가 진정한 민중의 정치 지도자인지를 심판 받을수 있다. 또한 모든 정치범과 수배자에 대한 완전한 석방과 사면복권, 해제가 즉각적으로 이루어져 자유로운 정치활동을 할수 있어야만 한다. 이들이야말로 전 민중의 이익과 권리를 위해 가장 헌신적으로 투쟁해온 민중의 지도자들이며 이들의 주장과 정치사상은 전 민중앞에 직접 공개되어야 하고, 그 옳고 그름을 민중이 직접 판단할수 있어야만 한다!

그럼에도 불구하고 '좌경분자. 반 국가사범' 운운하며 구속자 석방에서 제외하고 악법으로 배제시키는 것이야말로 민중의 귀와눈을 가리고 현 군사독재가 민중대신 판단하여, 자신이 불리한 혁명적 민주주의자들의 출마를 묶어놓고 억누르겠다는 것에 다름아니다.

■ 둘째 : 정치선전의 자유가 보장되어야 한다!

모든 후보자와 정당은 텔레비젼 생방송 중계를 통해서, 자신이 발행하는 정치신문을 통하여, 수십만이 운집한 정치집회를 통하여 자신의 정치적 주장을 자유롭게 직접 국민앞에 선전할수 있어야 한다. 이를 위해 현재의 언론기본법·집회및 시위법·유언비어 등등 제반 악법을 철폐 해야한다. 특히 정치사상의 자유를 원천적으로 봉쇄하는 국가 보안법을 폐기하고 모든 정치적 주장과 사상의 옳고 그름을 민중 스스로가 직접 판단할수 있도록 정치선전의 자유가 전면적으로 보장되어야 한다.

이러한 자유로운 정치선전의 자유를 제약하는 악법을 온존시킨채 '대중선동을 일삼는 좌경세력은 제외한다'는 둥, '건전한 활동을 하는 정당만을 국가에서 보호한다'는 등등의 말은 진정한 민중의 정치지도자들의 주장을 아예 봉쇄하여 민중스스로 판단하고 선택할 기회를 주지않고 보수정당끼리 적당히 주물럭 거리겠다는 것에 불과하다.

이러한 자유로운 정당활동이 완전히 보장될때만 우리 민중은 민정당과 민주당의 똑같은 정치를 지켜만 보며 배신감을 삭인채 어쩔수없이 "그놈이 그놈이다"라는 한탄으로 4년에 단 하루만 투표권리를 행사하는 들러리가 아니라, 정치권력의 주체로서의 민중자신이 '어떤 주장'이 진정한 민중의 이익을 수호하고, '누가 진정한 민중의 정치 지도자'인지를 직접 심판하고 선택할수 있지 않겠는가! 이러한 자유로운 정당활동이 보장되지 않는다면 민정당이 아무리 '시국 수습안' 과 '민주화 조치' 와 '구속자석방·정당활동의 보장'을 떠들어 대도 우리 민중에게는 요란한 빈수레에 불과할 뿐이다.

우리 혁명적 민주주의자들은 자유로운 정당활동이 완전히 보장될때만 민중 스스로의 판단과 선택에 의해 민중주권이 확립될수 있다고 주장한다! 나아가 우리는 대통령과 국회의원 만을 내손으로 뽑는것이 아니라, 민중 스스로의 판단과 선택에 따라 민중주권을 보장하는 새로운 헌법이 제정될때만 우리 민중이 그토록 뜨겁게 갈망하며 투쟁해온 철저한 민주주의가 달성될수 있다고 주장한다!

만약 군사독재가 진정으로 민중의 민주화 열망을 받아들여 '시국수습'을 하려한다면 최소한 이를 즉시 실행하고, 즉각 퇴진하여 민중앞에 공정한 심판을 받아야 한다. 이를 실행하지 않겠다는것은 이번 투쟁에서 확인된 민중의 뜻을 정면으로 거슬러, 끓어오르는 민중의 혁명적 열기를 무마하기 위한 기만술책에 불과함을 스스로 자인하는 것이 아니고 무엇인가?

그러나 우리 혁명적 민주주의자는 전 민중앞에 단언한다!

현 군사독재는 결코 전 민중의 자유로운 정당 활동을 보장할수도, 민중의 손으로 새로운 헌법을 제정하게 할수도 없다고!

만약 군사독재가 이를 받아들이겠다면, 현재의 들러리 국회내에서나 폭력 경찰과 반동군부의 총칼로 유지되는 '과도 중립내각'에서가 아니라, 범 민주세력으로 구성된 '임시 혁명정부'를 수립할수 있게 퇴진해야하고, '임시 혁명정부' 하에서 헌법제정등 모든 정치일정이 진행되게 해야 한다고 주장한다!

위의 조건이 포함되지 않은 어떠한 '시국 수습안'도 기만 술책임에 불과하고 우리 민중의 위대한 혁명적 대의를 배신하는 행위에 다름아니다! 그러나 하루가 1년같은 참담한 민중의 고통을 절감하는 우리 혁명적 민주주의자는 주장한다! 군사독재의 부적인 양보나 개량조치를 구걸하는것보다, 기껏 법조문 몇개가 만들어지기를 지리하게 기다리는것보다는 우리 민중의 무장된 힘으로 즉각적으로 임시 혁명정부를 수립하여 새로운 헌법을 채택할 민중의 대표자로 구성된 제헌의회를 소집하자고!

또한 임시 혁명정부를 수립하여 전 민중이 절실하게 갈망하는 다음과 같은 완전한 정치적 자유와 민주적 제권리를 즉각 실행할을 주장한다!!!

군사독재의 총칼아래 제정된 기존의 모든 법률·규칙·관행을 전면 무효화하고 모든 권리를 힘으로 쟁취한다!

민중을 쥐어짜는 모든 악질적 관리와 악질판사·검사를 즉각 파면시킬것!

8시간 노동제를 전면적으로 즉각 실행할것!

언론·출판·집회·시위·결사의 자유! 파업의 자유를 즉각 실시하자!

전투경찰제의 폐지, 반동적 군대의 해체와 민중의 무장자위부대로의 대체!

모든 국가간의 상호 대등한 관계를 수립하고 제국주의 진영과의 불평등한 군사·경제·외교 협정의 즉각적 폐기!

한줌도 안되는 독점재벌에 대한 모든 특권과 특혜를 박탈할것!

독점자본 소유의 토지를 몰수하고 국유화 시키자!

소작농에 대한 고율의 소작료를 즉각 폐지할것!

모든 공단지역에 노동자 대표자 회의를 즉각 구성하여 노동자의 민주적 권리를 완전히 쟁취하자!

농민위원회를 즉각구성하여 농가부채의 탕감등 농민적 제권리의 즉각 실현!

우리는 수많은 역사적 경험속에서 군사독재가 어떠한 양보책을 제시하더라도 그들을 뒷받침하는 폭력경찰과, 반동군대의 총칼을 우리 민중의 무장력으로 제압하여 군사독재를 철저히 타도하지 않는한 민중에게 주어진 쥐꼬리만한 자유조차 곧바로 강탈당해 버린다는것을 똑똑히 알고있다.

진정 전 민중의 절실한 열망을 달성하는길은 임시 혁명정부를 수립하여 완전한 정치적 자유와 제반 민주적 권리를 즉각 실행해 버리는 것이야말로 가장 올바른 민주화의 길이라고 우리는 확신한다!

이것이야말로 외세의 침탈과 폭압적 지배권력에 의해 기나긴 세월동안 빈곤과 무지와 노예적 굴종을 강요당하며 한 으로 얼룩진 한국민중의 역사속에서 최초로 민중주권이 수립되어, 동해바다에 떠오르는 태양처럼 찬란한 민족사의 비약을 이룩하는 가슴벅찬 역사적 기점이다!

뿐만 아니라 우리의 투쟁을 지켜보며 뜨겁게 격려하는 전 세계 민중의 선두에서서, 원대한 인류 공동사회를 이룩하려는 세계사적 사명위에, 진보의 발걸음을 주도하는 숭고한 혁명적 대의! 가 아니고 무엇이겠는가!

우리 혁명적 민주주의자는 전 노동자 동지들과 민중형제들에게 호소한다!

여기서의 머뭇거림은 민주주의의 죽음이다! 우리가 혁명투쟁의 힘찬 발길을 멈추는 순간, 그동안 우리민중의 힘찬 투쟁으로 풀져있던 억압의 사슬은 또다시 조여온다! 민중의 무장으로 군사독재를 타도하고 임시 혁명정부를 수립하지 않을 때, 지금까지 그토록 힘겹게 전진시켜온 위대한 민주혁명의 대의는 군사독재의 군화발아래 무참하게 짓밟히고, 우리 민중은 기나긴 고통과 빈곤과 굴종의 구렁텅이로 '원상복귀' 되고만다!

전 민중들이여! 우리는 지금 위대한 민주주의 혁명의 성공한가? 비참한 유산인가? 의 기로에 서있다!

군사독재 타도하고 임시 혁명정부 수립하자!

자유출마! 정치선전의 자유! 정당활동의 완전한 자유 쟁취하자!

민중의 대표자에 의한 민중의 헌법 제정하자!

1987년 6월 29일

////////////////////////// 서울지역 노동자 투쟁 위원회 (서노투위) //////////////////////////////

JUNE 29, 1987

No. 26

TIME

TENNIS
A Pair of Aces

SOUTH KOREA'S CRISIS

President Chun Doo Hwan

TIME/JUNE 29, 1987

COVER STORIES

Under Siege

As unrest spreads, South Korea faces a crisis of Olympic proportic

Charging into a crowd of several thousand protesting students one night last week in the huge square in front of the Bank of Korea, a unit of 80 riot police suddenly found themselves cut off from reinforcements. A sea of chanting demonstrators quickly surrounded the police, who had already used up their supplies of pepper gas, a concentrated and particularly painful form of tear gas. Outnumbered and overwhelmed, the police, many of them young conscripts, knelt in terror behind their riot shields, trying to fend off a torrent of rocks and gas canisters thrown by the students. The protesters began beating the police, then confiscating shields, helmets and other equipment. As the police were finally escorted to safety by student leaders, the crowd set fire to two piles of the c gear.

The scene was rich in symbol struments of authoritarian contro the torch, while their former cowered in fear. Was it, spectat have wondered, a preview of So rea's future? Throughout the cou week, students erupted in a frenzy ant marches and demonstrations

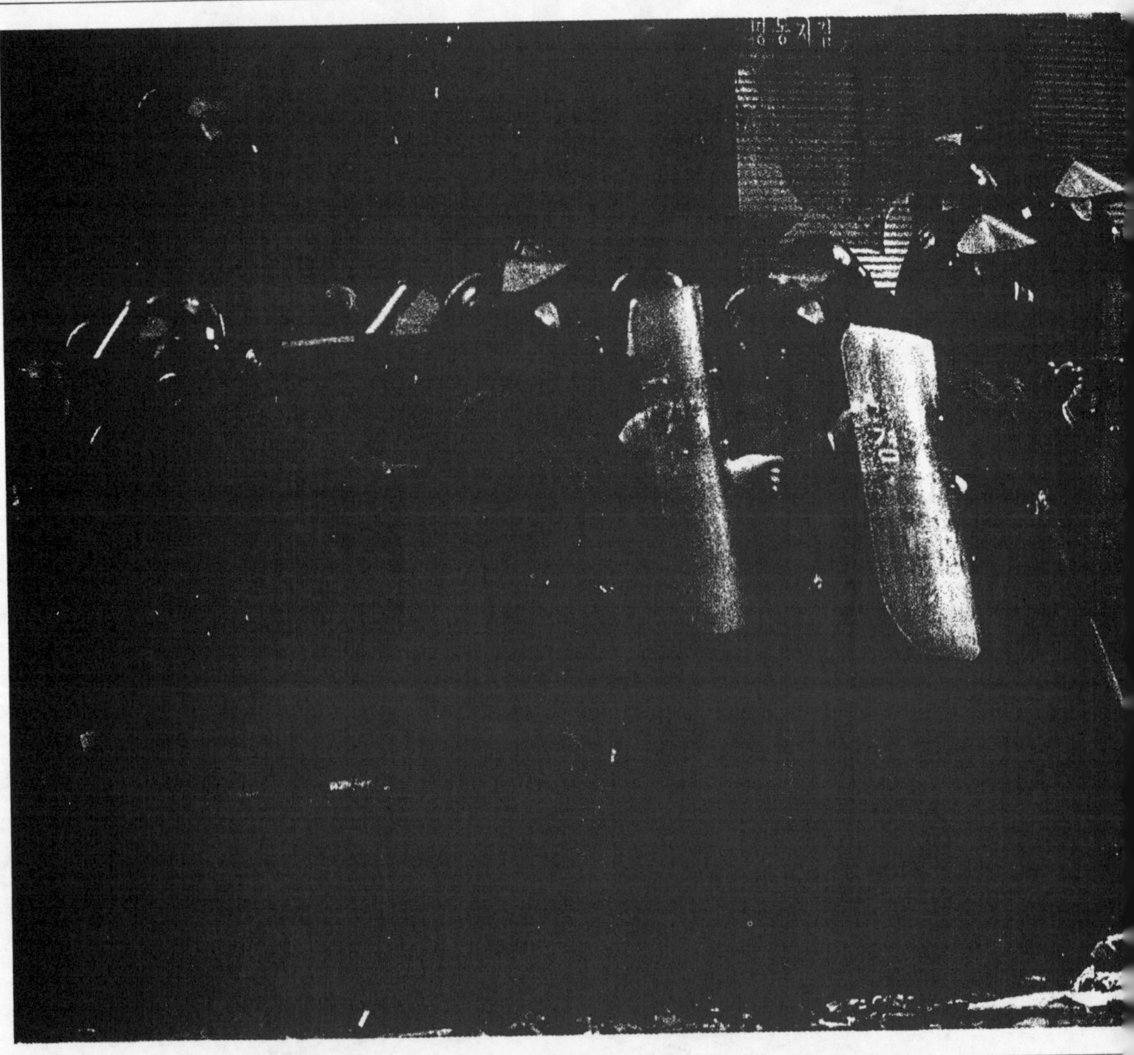

Photographs for TIME by Greg Davis

the six-year rule of President Chun Hwan. Night after night they battled ɩens of thousands of police, militia plainclothes officers, who sought to k up the crowds with judo punches, ds and the virulent pepper gas, whose l fumes lingered for hours over the es of combat.

As the week of violence wore on, more two dozen police outposts were re- edly destroyed or damaged, and hun- s of people on both sides were injured. Friday a policeman died after being over by a commandeered bus in the al city of Taejon. A student in Seoul in a coma, near death, after being k in the head by a rifle-fired gas can- In a country where student-led pro- have become a tradition, last week's rbances were the most serious in sev- ars.

The latest wave of demonstrations out two weeks ago to protest the se- n of Roh Tae Woo, chairman of the Democratic Justice Party, as its nee for President in the national ons scheduled for later this year. But ntrast to the first disturbances, which ved only a few thousand students

PROTESTS IN SOUTH KOREA

Pyongyang · Kumgangsan Dam site · NORTH KOREA · N. Han River · Chunchon · Inchon · Seoul · Suwon · Wonju · YELLOW SEA · SEA OF JAPAN · Chongju · SOUTH KOREA · Taejon · Kunsan · Chonju · Taegu · Pohang · Ulsan · Kwangju · Chinju · Pusan · Mokpo · Masan · 0 50 mi.

TIME Map by Paul J. Pugliese

and were primarily limited to Seoul, the capital, last week's demonstrations drew crowds as large as 50,000 and flared in more than two dozen cities. In the southern port of Pusan, according to some reports, protesters burned five municipal buses and seized a garbage truck as a makeshift barricade. In Taejon a crowd of 6,000 marchers fire-bombed two police stations. On Wednesday night alone, crowds laid siege to 17 police outposts, two Democratic Justice Party district offices, and two buildings of the state-run Korean Broadcasting System.

The government responded by shutting down more than 50 major universities two to three weeks before summer vacation was to begin. But many students refused to accept the chance for an early holiday, remaining on or near the campus for nightly antigovernment rallies. In perhaps the most momentous development, the protests for the first time received the support of segments of South Korean society other than students. Housewives, businessmen and assorted onlookers shouted encouragement and occasionally joined the marchers, who in many cases were their sons and daughters. In Pusan, the country's second largest city and the scene of a demonstration involving 50,000 people, Presbyterian Minister Cho Chang Sop, 60, proudly reported that both of his college-age children had joined the protest. Said he: "Nowadays most of the parents support the kids." In Songnam, ten miles south of Seoul, a protest march led by a group of about 100 elderly people was

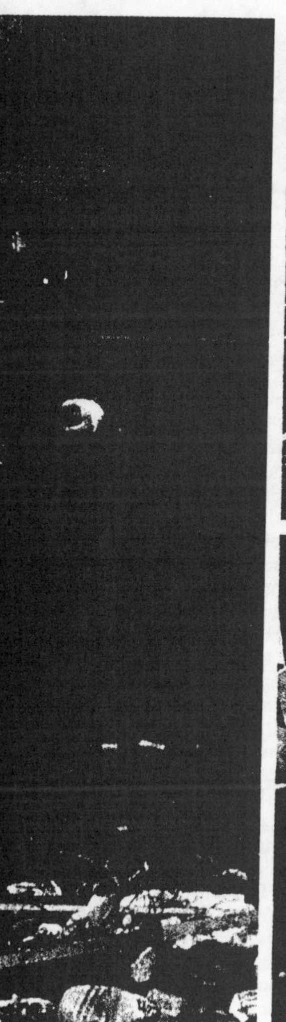

■ **A scene rich in symbolism: riot police, outnumbered and overwhelmed, cower as chanting demonstrators put helmets, shields and other instruments of authoritarian control to the torch**

■ **The problem that was waiting to happen: *"Tokchae Tado!"* (Down with the dictatorship!)**

■ **A change in the weather: for the first time frustrated and angry students are joined by housewives, businessmen and elderly people** joined by some 5,000 Koreans. "People are angry and disgusted," said a Seoul businessman. "They are willing to risk a bit more now than before."

If that is so, it could be bad news indeed for Chun and Roh at a time when their political scenario calls for nothing but happy headlines. South Korea is enjoying a period of spectacular economic growth, which has averaged about 8% annually over the past 20 years and is currently surging at 15.7% (vs. about 4.8% for the U.S. and 1.2% for Japan). Though South Korea lacks a democratic tradition, Chun's plan to turn over power next February to Roh, a longtime friend and fellow army general, would mark the first orderly presidential succession since the country became a republic in 1948. Finally, South Korea hopes that its being host of the 1988 Summer Olympics, scheduled to begin just 15 months from now, will serve as evidence of a new national maturity, much as the 1964 Tokyo Games ratified Japan's arrival as a world power.

One consequence of prosperity has been the emergence of a sizable middle class. In opinion surveys, as many as 80% of South Koreans describe themselves as members of that group. While the middle class embraces a work ethic that naturally abhors instability, it has begun to chafe under the strict, sometimes repressive rule of South Korea's military-dominated government. Last week's convulsions did not amount to a full-scale rebellion or draw a massive government crackdown. But the disturbances recalled the fate of South Korea's first President, Syngman Rhee, who was unseated by massive student demonstrations in 1960. The virulence and ubiquity of the protests were enough to give South Korean leaders a first-rate scare. Said Hyun Hong Choo, a Democratic Justice Party member of the National Assembly: "If the violence continues, it threatens the economy, the national security, the nation. We are very concerned."

So are many non-Koreans, including officials of the Reagan Administration. The U.S. maintains 40,000 troops in South Korea, a military presence that has persisted since the end of the Korean War in 1953. With the heavily armed Soviet- and Chinese-backed Communist dictatorship of North Korea just across the Demilitarized Zone, South Korea serves strategically, along with West Germany, as a kind of point man for the non-Communist world. Instability in Seoul could tempt Communist North Korea, governed by the less than predictable Kim Il Sung, 75, to launch a military adventure that could draw the U.S. into another Asian war. Though U.S. leverage in South Korea is limited, its stake in the country's future is considerable. Writing in the New York *Times* last November, former U.S. Ambassador to Japan Edwin O. Reischauer and Edward J. Baker, a Harvard Asian-affairs specialist, declared, "Next to the Middle East, South Korea is probably the part of the world where American interests and world peace are most threatened."

■ Shoulder to shoulder: a recent poll taken for the government indicates that 65.2% of respondents are either "dissatisfied" or "very dissatisfied" with the Chun regime

■ Shades of Manila: although church participation is evocative of the People Power revolution in the Philippines, many of the factors that contributed to Marcos' ouster are absent

■ The President and his anointed successor: though Roh's selection was hardly a surprise, the ceremonial neatness and finality of the act struck many South Koreans as arrogant

The U.S. has been following the South Korean crisis closely in the hope that Washington can somehow help bring it to an end. Among other statements last week, the State Department counseled against any attempt to forcibly dislodge a group of 500 students who took refuge in Seoul's Myongdong Roman Catholic Cathedral. The protesters eventually left of their own accord. Secretary of State George Shultz, who was attending an ASEAN foreign ministers' conference in Singapore, declared, "Our advice is somehow to resume the process of dialogue between the government and the opposition so that a method of establishing a democratic tradition can be worked out in a mutually agreeable way." Even President Reagan felt obliged to add his concern. According to the New York *Times,* the President sent a letter to Chun urging him to reopen talks with the opposition aimed at reaching a compromise. But Washington seemed reluctant to acknowledge that its own close association with the Chun regime over the years was no small part of the problem or that its historic failure to apply skillful pressure for democratic reforms threatens to worsen an already widespread atmosphere of anti-Americanism in South Korea.

For years South Korea has been a problem waiting to happen. Chun seized power in 1980, moving into the vacuum created a year earlier by the assass
of President Park Chung Hee, hi
time mentor. The product of a mo
ral background, Chun was gra
from South Korea's military acad
1955, and is a combat veteran of t
Nam War. Chun consolidated his
a 1981 presidential election that w
ducted under martial law and e
all but token opposition candidate
by South Korea's standards of p
legitimacy, the former army gene
widely regarded as a usurper. I
Chun was among those in the
Korean high command who
heavily armed troops to quell a
uprising in the city of Kwangju,
ing in at least 180 deaths. He h
blamed for, though he was not p
ly involved in, a series of financi
dals, including several that im
members of his family. "Becaus
lacked legitimacy, he had to bu
er through money and throu
lence," said a South Korean ur
economist. "This has brought on
tion and the use of the police a
rity forces to secure his position."

What legitimacy Chun does
he owes in part to solid support
Reagan Administration. In 19
became one of the first foreign
state to be received by the new U
dent. Richard Walker, a former U

H. EDWARD KIM

ıdor to Seoul, recently described the South Korean parliamentary elec-, which were criticized by many ob-rs as having been weighted in the :nment's favor, as "generally free fair." The current U.S. ambassador, er CIA Official James R. Lilley, testi-t his Senate confirmation that he re-ɜd South Korea's national security as important than democratic reforms. Reagan Administration, its critics ırges Chun to move toward democra-t fails to complain when he refuses to ɜ. Said a student in Seoul: "If Ameri-es not change its attitude, the anti-:icanism here will grow."

hun promised from the outset that he would serve only a single sev-en-year term as President. He agreed to open negotiations on a of constitutional and electoral re-. The parliamentary opposition, led m Dae Jung and Kim Young Sam *llowing story),* had as its main goal bolition of South Korea's electoral e, a panel of more than 5,000 elected ıtes that chooses the President. In-the opposition wanted direct elec-for a chief executive. The electoral-e system favors the ruling party, ling to its critics. Since an elector is ɜd to change his announced vote at st minute, they say, the government can easily get its way through bribes and the promise of favors.

The Democratic Justice Party, on the other hand, preferred a parliamentary rather than a presidential form of government. Looking ahead to the possibility that they could become a minority in the next election, party leaders decided a parliamentary system could still allow its leaders to retain control of Parliament. One method: the government party can buy off minor parties to get enough votes to counter a split opposition. One segment of the opposition was amenable to the parliamentary idea, but negotiations dragged on for months without reaching a compromise, and both sides can be blamed for obstinacy. But Chun angered the opposition when, on April 13, he abruptly announced that bargaining on the reforms would cease until after the Olympic Games. By that time, conveniently for the government, the new President scheduled to take office next February will have been long since installed, with a mandate to serve until 1995. "Chun mistakenly defined democracy as the transfer of power from one authoritarian military man to another," says a South Korean academic.

The student protest movement, meanwhile, was in the throes of reorganization. In their demonstrations last fall, the marchers had been discredited in the eyes of many South Koreans by their use of ultra-radical slogans, which the government shrewdly equated with support for North Korea. But over the winter the students toned down their rhetoric. The two most popular slogans currently in use are *"Tokchae Tado!"* (Down with the dictatorship!) and *"Hohun Tado!"* (Down with the decision not to amend the constitution!). The latest scandal in the confrontation belongs to the government: police admitted they had tortured to death a Seoul University student during interrogation and then tried to cover up the incident, prompting Chun last month to shake up his Cabinet.

The culmination of Chun's missteps was his decision to anoint his successor, a classmate at the military academy, before some 7,000 delegates at a Democratic Justice Party convention in Seoul on June 10. Though Roh's selection was hardly a surprise, even to the opposition, the ceremonial neatness and finality of the act, represented by the self-confident, almost cocky, scene of the two men with hands raised high, struck many South Koreans as extremely arrogant. Complains a 24-year-old medical student at Seoul National University: "The Korean people want a President who is elected by the Korean people."

The students have found influential allies for their cause in South Korea's reli-

SUAU—BLACK STAR

■ Builder of both ships and cars, Hyundai has shaken the U.S. auto industry with its Excel, which has sold 168,800 units since first appearing in the U.S. last year

gious communities, including the Buddhists and the large Protestant denominations. The Roman Catholic Church, though it accounts for only about 5% of the country's 42 million people, has also grown increasingly outspoken in its calls for reform. Following the voluntary evacuation of Myongdong Cathedral by 500 student occupiers last week, Stephen Cardinal Kim Sou Hwan, the Archbishop of Seoul, offered a Mass for the nation there. Some 3,000 people, many of them middle class and middle aged, filled the church to overflowing. At least 5,000 others remained outside despite a late spring cloudburst. Said Cardinal Kim: "The government must return to the negotiating table after retracting the April 13 decision to postpone the debates on democratic constitutional reform."

The Catholic connection is often cited by South Korean dissidents as one of several similarities between their movement and the church-aided People Power that swept Philippine President Ferdinand Marcos out of office 15 months ago. Other alleged parallels include U.S. backing for the Chun government and the high level of moral outrage that animates the opposition. But the two cases are hardly comparable. South Korea's highly disciplined army is considered unlikely to defect to the opposition side, as its counterpart did in the Philippines. In addition, many of the economic and social factors that contributed to the Philippine revolution—the wide disparities in wealth, the parlous state of the economy, the inextinguishable Communist insurgency—are absent in South Korea. Wrote Reischauer and Baker: "In the Philippines . . . the political situation was more confused and power was less concentrated on one group."

Even though People Power may not be about to triumph in South Korea, the popularity of the Chun government, never very high, is dwindling fast. According to Selig Harrison, a Korea scholar at the Carnegie Endowment for International Peace, a recent poll taken for the government by the daily *Kyunghyang Shinmun* indicated that 65.2% of respondents were either "dissatisfied" or "very dissatisfied" with the Chun regime; only 21.7% described themselves as "satisfied." Like most other news that portrays the government in an unflattering light, the survey was suppressed.

Those high levels of discontent are remarkable in a society that has progressed from poverty to prosperity in just over a generation. The country boasts a literacy rate of 98%, one of the world's highest, and one-third of its high school graduates go to college. More than 80% of South Koreans are city dwellers, up from 43% in 1963. Per capita income has risen from $105 a year in 1965 to $2,300 today. Though that is about $1,000 less than the level achieved by Taiwan, which has reached a roughly comparable stage of development, South Koreans are generally well off by Asian standards.

The economy's current boom is fed by a burst of exports. During the first four months of 1987, shipments of South Korean electronics, textiles, automobiles and other products soared by 37.2% over the same period last year. The Hyundai Excel, introduced in the U.S. last year, sold an astonishing 168,800 units, twice the original projection, to become the most successful new car import in U.S. automotive history. Last week General Motors introduced its new Pontiac LeMans, a model manufactured for the Detroit carmaker by the giant South Korean conglomerate Daewoo. Ranked as Washington's seventh largest trading partner, South Korea last year registered a $7.6 billion trade surplus with the U.S. as well as its first positive overall trade balance.

Despite such success, the South Korean economy faces some enduring problems. The country financed its industrial explosion with $43 billion in foreign borrowings, up from only $8.4 billion a decade ago. That is the fourth largest debt burden of any developing nation. So far South Korea has had no difficulty meeting its interest payments, unlike some other heavy borrowers, but critics of the country's high-debt strategy charge that it will keep Seoul dependent on ever expanding export markets. Moreover, much of South Korea's manufacturing output relies on technology and parts imported mostly from Japan and assembled in Korea to take advantage of low labor costs (average hourly wage for autoworkers: $2.50, vs. $12.50 in Japan). Imports of foreign manufactured parts do little to develop South Korea's technological base.

South Korean officials worry that the dizzying rise in imports may be too much of a good thing. Domestically, the spurt in overseas sales threatens to set off an unwelcome and potentially dangerous round of inflation, which is running at a low 2% annually. Overseas, South Korea's rising trade surpluses with the U.S. and other countries have prompted calls for protectionist countermeasures. Many of the proposals are motivated not simply by economic considerations but also by distaste for the Chun regime. Last week bills were introduced in the U.S. Senate and House of Representatives calling for the elimination of $2.2 billion of duty-free and preferential trade benefits for South Korean products unless the country makes solid gains in democratic reforms and the protection of human rights.

NORDELL—J.B. PICTURES

■ Living the good life: the country boasts a literacy rate of 98%, one of the world's highest; one-third of its high school graduates go to college

Officials in Seoul have begun to acknowledge the potential danger of U.S. protectionist sentiment. Beginning in July, South Korean exporters will observe "voluntary" restraints on shipments to the U.S. of ten sensitive items, including videocassette recorders, television sets and microwave ovens. "I could not have suggested this export-cutting program six months ago," says Trade and Industry Minister Rha Woong Bae. "I would have been called a traitor."

As Chun faces the gravest political crisis of his career, he has remained resolutely silent, conferring with top aides inside the Blue House, his official residence. Furthermore, perhaps to keep the students and their supporters in the opposition off-balance, he has allowed contradictory hints to be dropped about his next moves. One moment his associates are whispering darkly that a new crackdown is imminent. The next they are suggesting that talks with the opposition might be reopened. At week's end South Koreans thus had little idea what to expect in the immediate future.

One possibility would be for the government to find some way of reaching a compromise on the constitutional issue, or at least on electoral reform. Roh, who is thought to be a bit more flexible than Chun, implied such a solution when he told a group of South Korean reporters, "Our party will work out measures to cope with the present situation, respecting as much as possible public opinion and the people's aspirations as demonstrated in recent developments." An unnamed Democratic Justice Party official widely quoted in the Seoul press also seemed to indicate that Chun was backpedaling on the constitutional question, saying that if the charter could be rewritten by September, "it would not make our schedule invalid." The only reason that Chun originally foreclosed any such revision in April, he added lamely, was that it "hardly seemed possible because of the split-up of the opposition party."

Opposition Leader Kim Young Sam called on Chun to "rescind the April 13 decision" and proposed talks between himself and the President. But Kim placed conditions on such a meeting: the release of some 1,500 demonstrators still in jail and the lifting of Kim Dae Jung's ten-week-old house arrest. Short of complying with those stipulations, Chun might submit the issue of whether to amend the constitution to a referendum, which it would almost certainly win. That would allow the President to let the matter be settled by popular will without forcing him explicitly to back down from the decision of April 13. Yet even that solution would be seen as a compromise, perhaps even a retreat—concepts that run counter to age-old tradition in South Korean public life.

Conversely, the government could decide to crack down hard on the protesters. That possibility became more than idle speculation Friday night during a six-minute television address by Prime Minister Lee Han Key. Warning that "violent and illegal activities will not gain genuine democratic development desired by all citizens," Lee added, "Should it become impossible to restore law-and-order through [self-restraint] alone, it would be inevitable for the government to make an extraordinary decision." He did not elaborate, nor did he need to. An "extraordinary decision" could only mean emergency government powers, perhaps even martial law.

Chun has shown that he is capable of taking such measures. Following the 1980 Kwangju uprising, as defense commander he helped preside over eight months of martial law. A new crackdown would obviously please hard-liners in the military, who have long warned that the scant gestures toward liberalization so far permitted by Chun would lead to political chaos and who now feel vindicated. But the drawbacks to such a plan are numerous. First, it would be an admission to the world that the South Korean government can sponsor an Olympic Games but cannot exercise control over its own citizens except by using force. A new resort to toughness could also provoke a crisis in South Korea's relations with Washington.

A third outcome, though hardly one that Chun would enjoy contemplating, is a further deterioration in the situation that would lead to the eventual collapse of the government. In that case, the South Korean Army could not be expected to remain on the sidelines and allow the country to drift into chaos. But whatever tumult last week's demonstrations portend, and whatever the level of outrage they revealed, Chun's government still seemed far from collapse.

As the world's attention focused last week on the clouds of pepper gas, frenzies of rock throwing and flashes of bursting Molotov cocktails that seemed to pervade the country, the South Korean flag, known as the Taegukki, seemed to be everywhere—brandished by crowds of protesters, hung from the newly completed Olympic facilities, fluttering over government buildings. A neat metaphor for the South Korean condition, the flag consists of a circle divided by a wavy line. The upper, red part represents the Yang and the lower, blue part, the Um—the two ancient, opposing symbols of the cosmos, representing fire and water, dark and light, destruction and construction. After pulling itself up from the chaos and rubble of war to a position of wealth and influence among nations, South Korea will now have to decide which half of its divided soul will prevail. —*By William R. Doerner. Reported by Barry Hillenbrand and K.C. Hwang/Seoul*

Rebels Without a Pause

Divided but persistent, the opposition awaits its moment

While unrest was sweeping South Korea last week, Kim Dae Jung, the country's most famous opposition politician, stayed home. He had no choice: for the past ten weeks Kim has been under house arrest, his modest two-story residence in a Seoul suburb surrounded by 500 to 600 police. He and the eight aides confined with him can use the telephone and receive domestic newspapers, but no visitors are allowed inside. That isolation is an apt emblem of the country's weak and divided political opposition. A foe of virtually every regime since the South Korean republic was founded, the dissident parties have been persecuted by each military-backed government and denied any real share of power.

Last week's student-led protests could help change that. By demanding free elections, the demonstrators are advancing the formal opposition's most cherished goal. Says Kim Young Sam, president of the Reunification Democratic Party, the main opposition faction: "There is no solution to the present crisis unless the government agrees to our demands for a direct presidential election. The government has been driven to the wall."

While many South Koreans believe opponents of President Chun Doo Hwan would win such a vote, others view the opposition with a distrust that borders on disdain. "We don't find the politicians on either side very attractive," says an influential South Korean businessman. "The opposition leaders are appealing only because they favor democracy and oppose this government."

South Koreans have had decades to size up the two principal opposition leaders. Kim Dae Jung, 63, and Kim Young Sam, 59, who are neither related nor particularly close friends, have been active in antigovernment party circles since the 1950s. The older Kim, a stubborn politician and charismatic speaker, won 45% of the vote in the 1971 presidential election. In 1980 he was tried by a military court and sentenced to death for inciting students to rise against the government. After the sentence was first commuted to life in prison and then reduced to 20 years, Kim was permitted to go to the U.S. in 1982. Since his return in 1985, the devoutly Roman Catholic Kim has been banned from political activities and kept under 24-hour surveillance. Yet he remains a powerful force behind the scenes, advising opposition leaders by telephone and devising political strategies.

With Kim Dae Jung under house arrest, Kim Young Sam has assumed a larger role in opposition affairs. A small, lively man who jogs for 45 minutes each morning and serves as a Presbyterian elder, the younger Kim has become highly visible around Seoul. He scuffled briefly with security forces last week when he theatrically sought access to Kim Dae Jung's house. The encounter won him some publicity and a bruised leg, which he proudly displayed to journalists.

The two Kims can be as rigid and unyielding as President Chun. They showed that last April, when they broke away from what used to be the main opposition faction, the New Korea Democrats, to form the Reunification Party. At issue was a power struggle with Lee Min Woo, a leader of the older party, who was willing to compromise with the government on the shape of national elections in exchange for concessions that included greater press freedom and the release of political prisoners. The Kims' walkout left Lee's New Korea Democrats with a greatly reduced bloc of 22 seats in the 276-seat National Assembly, compared with 69 seats for the Reunification Democrats.

Ironically, the Kims and Chun share some views. While the opposition leaders demand a full range of basic democratic freedoms, they largely agree with Chun on economic and foreign policies. The Kims would preserve the government and military bureaucracies, and make no major foreign policy shifts. Nor would they disband the giant trading houses that have helped propel South Korea's rapid growth. "We can live with the opposition's economic program," says one businessman.

Such similarities have led some student radicals to regard the opposition and the government as virtually indistinguishable. "The Reunification Party is not the same as my movement," says one demonstrator. "They want to have power and hold political office. We want only to bring democracy and freedom."

The recent unrest, however, has brought the opposition and the students closer together. "We do need the party to help us organize," concedes a young demonstrator. Operating under the umbrella of the newly formed National Coalition for a Democratic Constitution, students and Reunification Party leaders have joined with church and human-rights groups to plan many of the recent protests. Government forces have responded by arresting 13 top Reunification Democrats, including Vice President Yang Soon Jik.

The opposition's bond with the students remains fragile. "Both the government and its opponents face serious dilemmas," says William Gleysteen, U.S. Ambassador to South Korea from 1978 to 1981. "The opposition may enjoy the spectacle of a widespread antigovernment movement, but it has no control over the demonstrators. The students may be antigovernment, but they do not necessarily support the opposition politicians. The best way out of this dilemma is for both the opposition and the government to ease the tension and begin direct talks." That might end the street violence, but finding a set of concessions the opposition can agree on could prove more difficult. —*By John Greenwald. Reported by Oscar Chiang/New York and Barry Hillenbrand/Seoul*

SUAU—BLACK STAR

■ **At home: Kim Dae Jung tends his garden with the help of aides while under house arrest**

SUAU—BLACK STAR

■ **On the road: Kim Young Sam begins each day with a 45-minute early-morning jog. "The government," he says, "has been driven to the wall"**

A Symbol of Pride and Concern

Tear gas clouds the Olympics, but the Games will probably go on

For the past six years, South Korea has labored to make the 1988 Summer Olympic Games—the 24th of the modern Olympiad—into a statement of the country's arrival as a sophisticated and confident middle power. But amid last week's tear gas and flaming Molotov cocktails, the linked rings of the Olympic flag had become not only a symbol of national aspirations but also an emblem of international worry. Around the world, a growing number of sports and political figures were voicing concern about whether South Korea would be able to stage the Games free from boycotts or violence, or indeed whether it should hold them at all. The South Koreans insisted that the Games would go on, and splendidly at that.

So far as the International Olympic Committee, based in Lausanne, Switzerland, is concerned, there is no going back on the 1981 decision to give the Games to South Korea. Said I.O.C. Spokeswoman Michèle Verdier last week: "The Games have been awarded to Seoul, and there is absolutely no change in our position." Only an "act of war," she said, might change the committee's view. Verdier has solid precedent on her side: the quadrennial Summer Games have been suspended only three times—in 1916, 1940 and 1944—and in each case because of a world conflict.

But even though the Olympics do not begin until Sept. 17, 1988, I.O.C. member nations, including the U.S., are watching the current turmoil in South Korea carefully. Says George Miller, executive director of the U.S. Olympic Committee, who is worried about the future safety of his athletes: "We're not yet at the hand-wringing stage. But anytime there are disruptions in a country, naturally there are levels of concern." Willi Daume, a West German I.O.C. member who presided over the 1972 Munich Games, thinks that removing the Olympics from Seoul at this stage could even heat up the deteriorating situation in South Korea. On the other hand, Los Angeles Mayor Tom Bradley last week offered his city, site of the 1984 Games, as an alternative to Seoul.

On the American political front, at least one presidential hopeful has focused on the Games. The Rev. Jesse Jackson, in the full flight of his still undeclared candidacy, last week told Kim Kyung-Won, South Korea's Ambassador to Washington, that he might urge a U.S. boycott of the Games. Jackson demanded that the political situation in Seoul be stabilized and that the regime improve its human-rights record. But a ranking White House official last week declared that the Reagan Administration would never threaten a boycott like the one the U.S. organized against Moscow in 1980 after the Soviet invasion of Afghanistan.

In fact, there is still a faint but perceptible chance that Moscow might try something similar this time around. Even though the Soviets have announced unconditional plans to send a full team of athletes to the 1988 Winter Olympics in Calgary, they have not yet given such a commitment for Seoul. Soviet Foreign Ministry Spokesman Gennadi Gerasimov last week referred to a Jan. 17 deadline by which countries must accept the Olympic invitation. "When we approach that deadline," said Gerasimov, "our sportsmen will give their answer." If the Soviets should decide to stay home, other Communist countries might decide to do the same. Despite Moscow's suspenseful attitude, however, the Soviets are expected to show up in Seoul.

For all the clouds on the horizon, the Seoul Olympics still promise to be perhaps the best-organized and best-equipped event ever. Over the past decade, South Korea has spent some $3 billion on preparations for the Games. Moreover, it finished the work well ahead

OWEN—BLACK STAR

Centerpiece of South Korea's $3 billion, decade-long investment in national self-assertion: the 100,000-seat Olympic Stadium in Seoul, scheduled site of 1988's opening and closing ceremonies, and track-and-field events

국민에게 드리는 글

친애하는 국민 여러분!

여러분은 또다시 한번 민주시민으로서의 찬란한 승리를 거두었읍니다. 힘들고 먼 민주장정의 도상에서 한 새 이정표를 만들었읍니다. 노태우 민정당 대표는 마치 선물이라도 주는 듯이 대통령 직선제, 구속자 석방, 김대중씨의 사면복권 등 민주화 조건들을 실시하겠다고 선언했지만 그것은 그가 우리에게 선물로 줄 수 있는 것이 아닙니다.

그것은 우리 국민대중이 쟁취해야 하는 것이요 실제 우리의 피와 땀, 그리고 숫한 젊은 생명들을 희생의 제물로 바쳐서 얻은 소중한 결실입니다. 그가 늦게라도 우리가 응당 누려야할 권리를 되돌려 주겠다고 한 것은 다행한 일이기는 하나 그것은 그가 주고 싶어서 준 것도 아니요 새삼스러이 민주주의의 진리를 체득하여 베푸는 회개의 열매도 아닙니다. 치솟듯 일어나는 국민들의 힘에 밀려 마지못해서 내어 놓은 것밖에 아무것도 아닙니다.

사랑하는 국민 여러분!

우리가 도달한 이 새로운 지평은 날로 성장해가는 슬기로운 우리 국민대중의 힘으로 이룩된 것입니다. 이 놀라운 힘은 여러 세기를 두고 우리 백성들 사이에서 자라왔읍니다. 그것이 동학혁명에서 피어나듯이 의병운동, 3·1운동, 광주 학생운동들을 통해서 4·19혁명에서 활짝 꽃피웠읍니다. 그후 이 생명의 바람이 자유와 정의, 민주와 통일을 갈망하는 젊은 학생들 나이에서 강하게 일어나더니 마침내 노동자들과 농민들에게 번져갔고, 70년대에는 목사, 신부, 교수, 문인, 언론인들에게까지 번져갔던 것입니다. 그러더니 80년대 후반에 접어들면서 이 민주화의 강풍은 불교도, 유교도, 영화인, 연극인, 의료인 등 생각있는 사람들이 모인 곳에는 어디에나 회오리 바람처럼 불어제친 것입니다. 그것이 마침내 거리에 휩쓸게 되자 택시기사, 상인 등 온 국민들이 한데 얽켜서 하늘과 땅을 뒤엎는 광풍으로 화한 것입니다.

이런 국민운동은 서울, 광주, 부산 등 대도시에서만 일어난 것이 아닙니다. 전국 방방곡곡 크고 작은 도시에서 약속이나 한듯이 일제히 일어난 것입니다. 이렇게 노도처럼 일어나는 백성의 물결을 그 무서운 최루탄도 어쩔 수가 없었던 것입니다.

더우기 감격스러웠던 것은 과거 집권자들의 시녀노릇을 했던 일부 군인들까지도 신성한 국토방위의 임무에 충실할 뿐 정치문제에 엄정 중립을 지킴으로써 국민들의 민주화운동에 박수를 보냈던 것입니다. 나라와 겨레를 사랑하는 민주군인임을 만천하에 입증한 것입니다. 자랑스럽고 마음 든든한 일입니다.

그러기에 우리는 노태우 대표의 선언을 환영하면서도 이것은 누구 개인의 결단이 아니라 모든 국민들이 이룩한 위대한 승리로 받아들여야 합니다. 그렇지 않는다면 우리는 특히 4·19이래 이 땅의 민주화를 위해 고귀한 생명을 바친 젊은 혼들에게 큰 죄를 짓는 것이 됩니다.

사랑하는 우리 국민 여러분!

이제 우리는 오늘의 이 결실을 소중하게 여기면서 민주화를 위한 나머지 일을 충실하게 추진해 나갑시다. 시시비비를 바르게 가리면서, 우리 주변에서 되어지는 일을 예의 주시하면서 새 역사의 주인공으로서 하나가 되어 이 땅에 참민주사회를 실현하는 그날까지 쉬지말고 전진합시다.

1987. 6. 30.

민주헌법쟁취국민운동본부

민주헌법쟁취하여 민주정부 수립하자

—민주헌법쟁취 국민운동 고성지부 결성선언문—

이제 우리는 역사의 크나큰 분수령에 서 있다.

이대로 군부독재정권의 전횡과 저 끔찍스러운 폭압 밑에서 굴종만을 강요당하는 비인간적인 모습으로 살아갈 것인가 아니면 정통성있는 민주정부의 깃발 아래서 민주시민으로써의 떳떳한 권리를 가지며 민족의 주체성을 회복하고 민족의 염원인 통일에의 대동세상을 지향하며 인간답게 살아갈 것인가이다.

이 선택은 우리의 의지여하에 달려 있다. 폭력에 의한 굴종관계를 거부하고 무기력한 체념과 두려움을 넘어설 때 우리가 염원하는 그 날은 성큼 다가올 것이다.

오직 깨닫고 행동하는 민중만이 이 시대 이 민족의 참 주체로써 역사의 사명을 다하는 것이다. 동학농민혁명 이래 온갖 외세의 침탈과 불의에 맞서 민족과 역사를 지켜온 선열들의 뜨거운 피가 지금 우리들에게 용솟음 치고 있지 아니한가.

보라! 이번 6.10국민대회에서 분출된 민중의 의지는 6.26평화대행진까지 지칠줄 모르고 타오르고 있지 아니한가.

역사는 민중의 필연적인 승리를 보장하고 있다.

이제 남녘땅 우리 삶의 터전인 이곳에서 도도한 역사의 부름에 답하고자 뜻을 같이하는 민주역량을 한데 모으고 함께 나아가고자 민주헌법쟁취 국민운동 고성지부를 결성한다. 이땅의 진정한 민주화는 위에서 부터 주어지는 시혜적인 모습일 수가 없으며 이 작업은 젊은 애국 학생들이나 소수 민주인사들이 전유물일 수는 없다. 우리 모두가 스스로 역사의 주인공이라는 사실을 깨닫고 행동할 때만이 참 민주세상의 그날은 다가올 것이다. 우리의 이같은 의지는 결코 선언적인 의미에만 머물지 않을 것이다.

권력층 내부에서 이루어지고 있는 열화같은 민중의 의지를 사그러 뜨리려는 어떠한 음모와 기만, 폭압도 철저히 거부한다.

우리의 당면목표인 민주화를 위한 출발점인 민주헌법 쟁취를 지향하면서 또한 이 지역의 제반 모순들을 하나씩 파헤쳐 나갈 것이다. 진정한 지방자치제는 주민의 참여 없이는 결코 이루어질 수 없기 때문이다.

이제 마지막 시련을 딛고 최후의 승리를 향해 나아갈 때이다.

핍박받고 서러운 민중, 굴욕과 한맺힌 민족의 수난은 이제 마감되어야 한다.

저 군부 독재의 필연적인 말로가 확연히 보이지 않은가!

민주헌법 쟁취를 위한 치열한 싸움에 온 몸 던져 나아가자! 1987. 7. 1

반미 자주화 투쟁의 가속화로 자주적 민주 정부 수립하자

—6월 투쟁의 평가—

1. 머리말

올해의 구국 투쟁은 실로 중대한 국면을 맞이하고 있다. 8·15 이후 줄기차게 전개되어온 우리의 구국 운동은 이제 새로운 도약적 국면을 열어나갈 본 기점에 서게 된 것이다.

각계각층의 대중 속에서 숭미 반공의식의 장벽이 점차 허물어지고 반미 자주의식이 확산되고 있으며, 광범한 민중은 심각한 패배주의 늪에서 헤쳐나와 반독재 항전에 거족적으로 일떠서 미제의 식민 통치 체제를 그 근저에서부터 뒤흔들고 있다. 6월 투쟁에서 확인되었듯이 대중의 정치적 진출은 미제와 파쇼당의 어떠한 물리적 탄압에 의해서도 제어될 수 없게 되었다. 2·7 투쟁에서부터 비롯된 올해의 대규모 시위 투쟁은 날을 따라 발전하여 6월에 이르러 거대한 분수령을 이루어내었다. 애국적 민주 세력과 친미 파쇼 세력 간의 첨예한 대결과 격돌은 이제 돌이킬 수 없는 결전으로 나아가고 있다.

착취에 찌들고, 목청에 억눌렸던 민중들의 한이 이제는 단순한 불만을 넘어서 침략자와 파쇼 집단을 응징하고자 하는 과감하고도 영웅적인 행동으로 분출되기 시작한 것이다. 6·10 에서는 50만이, 6·18에서는 80만이, 6·26일에는 100만의 애국 시민이 투쟁에 떨쳐나가고, 단 하루도 투쟁의 멈춤 없이 전개되었던 6월은 남한 현대사 초유의 감격적인 쾌거를 만들어내었고, 부분적인 전술적 승리 – 6·29조치– 를 쟁취해 내었다.

그러나 우리는 갑정적 승리를 쟁취한 것도 아니며, 올해 구국 투쟁의 전술적 과제를 완수한 것도 아니다. 현금의 상황은 아주 엄중하다. 이미 미제와 그 괴뢰도당은 대내외적으로 고립되고 이 땅에서 부차적 지위로 추락하고 있지만 우리 구국 투쟁의 전술적 과제조차 성과적으로 실현하는 것을 제약하고 있으며, 미제와 괴뢰 파쇼 집단은 대화와 타협을 들고 나와 애국민주 세력을 분열 와해하려는 음모를 노골화하고 있다. 통민당과 재야 정치세력을 분열시키고 기층 구국운동 조직과 중산층을 분열시켜 애국 민주 역량을 와해시키기 위한 음모는 자칫 현재의 주체적 조건에서 현실화된 위험성까지 내포하고 있다. 6·29 조치로 직선개헌이 용인된 것은 한편으로는 전국민적 투쟁의 성과이며 미제와 파쇼도당의 굴복이지만 다른 한편으로는 가열차게 전개되던 구국 투쟁의 예봉이 꺾이고, 정세 변화의 주도권을 미제에게 넘겨줄 위험마저 존재하는 것이다.

지금의 상황은 주체 역량의 한계를 신속하게 극복하고 정세 발전의 요구에 주동적으로 대처할 수 있는 올바른 전술적 지도 지침을 내오는 문제가 더없이 중요한 요구로 나서고 있다. 이러한 요구를 옳게 해결하지 않고서는 미제의 식민지 체제에 파열구를 내고 군부독재를 종식시켜 자주적 민주 정부를 수립해야 하는 전술적 위업을 결코 완수할 수 없다는 것을 명심해야 한다.

2. 6월 투쟁에 대한 평가

(1) 투쟁의 전개

6·10 투쟁에서부터 비롯된 투쟁의 불길은 꺼질 줄을 모르고 전국을 강타하며 퍼져 나갔다. 투쟁은 적의 물리력 앞에 무기력하게 굴복하지 않고 적의 무장력을 뛰어넘어 전개되었다. 6·10, 6·18, 6·26일의 전국적인 대규모 시위 투쟁에서는 수십만의 군중이 떨쳐나섰고 투쟁의 진행 과정도 날을 따라 발전하는 것이었다. 또한 투쟁은 하루로 끝맺어지는 투쟁이 아니라 한 번 지펴진 불꽃은 며칠을 계속해서 이어져갔고, 6·10 이후 명동성당에서의 영웅적인 농성 투쟁은 대규모적인 지지 투쟁을 조직해 내면서 투쟁의 지속성과 완강성을 유감 없이 발휘하였다. 그리하여 6월 10일 이후 단 하루도 시위 투쟁이 멈춤

이 없었고 투쟁은 대중을 의식화, 조직화하면서 날을 따라 발전하였고, 대중이 투쟁의 주인으로 확고히 진출하게 되었다. 특히 고립된 한두 지역에서 투쟁이 전개되는 것이 아니라 전국적 범위에서 전개됨으로 해서 투쟁의 파고는 더욱 더 높았으며 그 위력함은 적을 무력화시키고 남음이 있었다.

서울에서, 부산에서, 인천에서, 광주에서, 대구에서, 전주에서, 마산에서… 끝없이 이어진 투쟁의 불길은 한반도 남단을 뒤엎었다. 청년학생도, 노동자도, 회사원도, 정치인도, 재야 지식인도, 종교인도, 문화인도, 아줌마도, 아저씨도, 남녀노소를 막론하고 투쟁을 지지하고 "호헌철폐 독재타도"를 목청껏 외치고 뛰고 달리고 박수치고 환호했다. 반파쇼 민주화 투쟁은 이미 대중화되어졌었다. 또한 반파쇼 투쟁은 날이 더해감에 따라 반미 반파쇼 투쟁으로 발전해 갔다. 비폭력 투쟁은 대중적 지지를 더욱 강화하였고 적의 반동적 폭력 앞에 자연적으로 폭력 투쟁으로 발전하기까지 하였다. 대중은 시위 대열에 빵과 음료수, 식수를 제공하는 것을 결코 아까워하지 않았다. 돈을 가진 사람은 돈으로써 지지를 보내왔고, 힘있는 자는 힘으로써, 지식을 가진자는 지식으로써 지지와 참여를 하였다. 온 한반도는 감격과 감동의 물결이 넘쳐흘렀다.

그러나 이러한 6월 투쟁은 한편으로는 많은 한계와 문제점을 노정하였다. 투쟁을 지도할 지도부가 없거나 미미했었고, 대중의 의식화, 조직화도 높은 수준에 이르지 못했고 투쟁에 즉자적으로 나선 사람이 대부분이었다. 기층 구국운동 조직은 그 추상적 대오의 취약함과 조직성의 한계를 노정시켰고, 분열과 분파의 극복이 성과적으로 달성되지 못하여 투쟁 현장에서도 심각한 분열상을 노정하였다. 기층 구국운동이 직접적으로 대중을 의식화 조직화하기 보다는 통민당이나 국민운동본부의 적극적 투쟁 방침을 극복하지 못하고 무조건적인 지지와 지원을 보낸 것도 문제였다. 대중을 의식화하기 위한 적극적인 선전선동사업이 잘되지 못하였고, 대중에 높은 책임감을 지닌 주체형의 반제 투사 전위 핵심들의 존재도 미미했었다. 투쟁의 대중화는 이루어졌으나 대중의 계급적 구성에 있어서는 기층 민중이 중심이기보다는 중산층이 대다수를 이루었고, 이것은 투쟁의 계속 발전에 한계를 노정하는 직접적 원인이 되었다. 조직적이고 완강한 투쟁이 수행되기보다는 비조직적이고 혼란된 속에서 투쟁의 대열이 쉽게 무너지는 경우도 허다 하였으며, 투쟁에서까지 올바른 투쟁 전법을 구사하지 못함으로써 선진 대열이 대거 연행되고 투쟁의 지속성을 보장하지 못한 경우도 많았다. 투쟁 구호의 설정에 있어서 "호헌철폐 독재타도"와 같은 대중적 구호가 설정된 것. 대중을 직접 투쟁에 인입할 수 있는 계기로 되었으나 선동의 내용이 너무 단편이거나 투쟁을 반독재 투쟁으로 한계 지워 목적의식적으로 반미투쟁으로의 발전을 하려는 노력도 전반적으로 부족하였다.

이와 같이 6월 투쟁은 남한 현대사 고유의 쾌거를 장식하였으나 많은 한계와 문제점을 노정시켰고, 그 성과를 옳게 극복하는 문제가 중요한 과제로 제출되고 있다.

(2) 투쟁의 성과

6월 투쟁의 성과는 첫째로, 투쟁의 대중화, 대규모화를 이룩한 데 있다. 투쟁의 대중화, 대규모화가 실현된 요인을 보자면 먼저, 정세 발전의 투쟁의 대규모화를 절실히 요청하고 있었다는 데 있다. 현재의 정치 정세는 민주냐 독재냐를 판가름하는 결전의 시기로서 소규모적인 기습시위나 타격전 등으로는 정세 발전의 요구를 옳게 요구할 수 없다. 대규모적인 대중투쟁으로 적을 고립화시키고 무력화시킬 것이 절실히 요청되었다. 이러한 정세의 요구는, 대규모 투쟁을 위주로 소규모 투쟁을 적절히 배합하는 것에 의해 훌륭하게 해결될 수 있다.

다음으로, 대중의 의식 수준, 준비 정도의 급속한 고양을 들 수 있다. 2·7 투쟁 이후 대중투쟁의 목적은 대중의 의식 수준을 재고시켰고, 특히 박종철 군 고문살해 은폐와 4·13 호헌조치에 대한 대중의 저항 의지는 끊임없는 성명서, 시국선언, 단식농성 등의 소규모 투쟁으로 인하여 드높아지고 있었다. 광법한 대중의 정치적 진출이 이루어지고 이에 호응하여 각계각층의 재야 인사와 종교 단체가 중심이 되어 국민운동본부를 결성한 것은 투쟁의 대중화, 대규모화를 이룩하는 데 결정적 요인이 되었다. 대중의 조직화 수준이 높지 못하고 대규모 대중이 조직동원될 수 없는 조건에서 공개적인 반합법 단체가 전국적 범위에서 조직화된 것은 대규모 투쟁을 벌이는 데 있어 아주 유리한 조건을 마련할 수 있는 것이다.

투쟁의 대중화를 실현한 또 하나의 요인으로는 슬로건의 대중화와 투쟁 전법을 비폭력 위주로 하면서 조직화된 폭력을 부분적으로 결합시킨 것을 지적할 수 있다. 제헌 동지와 같이 현재의 정세 발전의 요구와 대중의식 수준 정도에 맞지 않은 슬로건이 채택된 것이 아니라 "호헌철폐 독재타도"와 같은 대중적 슬로건이 제시된 것은 쉽게 대중을 투쟁으로 인입하는 요인이 되었고, 비폭력 투쟁을 위주로 조직화된 폭력을 결합시킨 것 역시 대중을 쉽게 인입할 수 있었다. 물론 조직화된 폭력으로 대중의 투쟁 대오를 보호하는 방법이나, 적에게 심대한 타격을 줄 수 있는 기습타격전이 치밀하게 결합되지 못한 것은 투쟁 발전의 합법칙성을 무시한 우경적 오류였다고 할 수 있다.

6월 투쟁의 성과는 둘째로, 투쟁을 전국적 범위에서 벌인 데 있다. 80년 광주항쟁에서 고립된 전투로 인한 쓰라린 패배의 경험을 안고 있는 우리의 구국운동에서 장기적이고도 지속적으로 전국적 범위에서 투쟁이 전개된 것은 중대적 의의를 지닌다. 고립된 한 지역에서의 투쟁이 필연적으로 실패할 수 없음을 광주항쟁은 피로써 웅변하였다면, 올해 6월의 투쟁은 전국적 범위에서 전개되는 대중적 대규모 투쟁이 기필코 승리할 수 있다는 확신과 자신감을 불어넣어 주었다. 6월 10일, 6월 18일, 6월 26일의 인천 부평에서 장시간의 대중 집회가 열릴 수 있었던 것은 적 병력의 현저한 부족에서 비롯된 것인 바 그것은 바로 전국적 범위의 투쟁이 갖는 위력함을 보여주는 것이었다. 곳곳에서 민중의 힘찬 투쟁이 봇물처럼 터져 나오는 데 대해서 적들은 기존의 병력으로는 아무런 대책이 없는 것이다. 명동성당 투쟁이 끝나면서 나온 16일자 동아일보 기자 간담회의 내용 중에는 치안본부의 한 관계자의 투덜거리는 목소리가 전해지고 있다.

"지방 소도시의 경우 경찰 병력의 부족으로 대학생들이 대거 가두로 나올 경우 막을 엄두조차 낼 수 없는 실정"이라며, "지금까지(81년부터 쭉) 시위 가담 학생수가 적어 그런대로 경찰이 대처해 왔으나 전국 각지에서 동시다발적으로 가두시위가 벌어지는 상황에서는 막을 도리가 없다" 라고 하면서 "대전에서 경찰들이 학생들에게 대전역 광장까지 길을 터준 것은 오히려 잘 대응한 것이다."

바로 이러한 전국적인 동시다발 전술의 힘과 위력은 공동투쟁과 연대투쟁의 성과였다. 6월 투쟁이 준비되면서 공동투쟁의 단위가 확대되고 국민운동본부를 통한 전국적인 연계를 확보해 나갔던 것은 6월 투쟁의 위력을 배가할 수 있는 요인이 된 것이라 볼 수 있다. 우리 구국운동 조직들은 연대투쟁과 공동 투쟁을 적극 벌이고 그 과정에서 기층 구국운동 조직의 대중에 대한 정치적 지도력을 높여가야 한다. 이와 같은 대규모 투쟁의 전국적 전개에서 교훈을 찾아내고 더욱 잘 벌일 때 우리의 혁명은 힘차게 승리의 한길로 인도될 것이다. 전국적 범위의 대규모 투쟁은 우리의 혁명 투쟁에 있어서 결정적인 투쟁 형태이다. 한국인의 투쟁의 역사가 가르치듯이 식민지 한국의 경우는 여타의 식민지 나라들의 농촌 근거지 무장투쟁과는 달리 전국적 범위에서 동시에 대중적인 대규모 투쟁을 벌이는 것에 의해서만 혁명의 승리를 맞이할 수 있다. 이제 우리는 87년 6월의 대규모 투쟁에 의해서 첫 승리를 획득했다. 전국적 범위의 투쟁은 각 지역의 투쟁에 힘을 불어넣고 적 병력을 분산시키며 민중들의 투쟁에 연대성을 고취시켜 승리에 대한 자신감을 갖게 하였다. 비로소 민해전의 좌절 이후 뿌리 깊게 존재했던 패배주의는 단결의 현실적 위력 앞에서 불식되어 나가고 있다. 민중의 투쟁에 자리잡은 낙관적 기상을 계속 틀어쥐고 힘차게 전진해야 할 것이다.

6월 투쟁의 성과는 셋째로, 반독재 투쟁이 대중적인 반미 반독재 투쟁으로 전진하는 데 있다. 이것은 6월 투쟁의 과정에서 전면적으로 획득되어진 것이라기보다는 부분적인 실현에 머무르고 만 것이었다.

기층 구국운동 조직들의 잘못된 투쟁 방침과 투쟁 대열의 계급적 구성에서의 한계는 대중적인 반독재 투쟁의 터전에서 운동 발전의 요구와 대중의식 수준 정도에 맞게 반미 선동을 전면에 내걸지 못하고 반미 반독재 투쟁으로의 목적의식적인 운동을 이루어내지 못하였다. 그러나 부분적으로나마 반미 선동이 결합되고 대중이 반미 선동을 거부감 없이 접수하면서 반미 투쟁의 대중적 지평이 확대되어진 것은 커다란 성과의 하나라고 말할 수 있다. 6·10 투쟁이 날을 따라 이어지면서 반미 투쟁은 더욱 확대 강화되어졌고, 이것은 미제와 파쇼도당에 있어 심각한 위기 의식을 심어 주어 '6·29 직선개헌의 수용'을 낳게 한 근본적인 동력으로 되었다. 미제와 파쇼도당이 가장 두려워하는 것은 반미 투쟁의 대중적 전개임을 명심하자.

6월 투쟁의 성과는 넷째로, 부분적이나마 전술 과제를 실현한 데 있다. 노태우는 6·29 직선제 개헌의 수용과 부분적인 민주화 조치의 수용을 밝혔고, 이것은 곧 실행에 옮겨질 전망이다. 이것은 불과 두 달 전 호헌 조치에 이은 광폭한 파쇼 폭압과 협박의 분위기에서 자신있게(?) 6·10 민정당 정당 대회로 나아갔던 상황에 비교하면 엄청난 변화라고 할 수 있다. 6·29 직선제 수용 조치는 미제와 그 괴뢰도당에 대한 민중 투쟁의 승리이며 민중 투쟁에 대한 적들의 굴복이라 할 수 있다. 또 한편으로 가열차게 전개된 민중들의 반미 반독재의 함정을 무마하고 반미투쟁으로 우리는 6·29조치를 통해 올해 구국투쟁의 전술적 과제를 완수한 것이 아니라 그 디딤돌을 만들어냈을 뿐임을 명심해야 하며, 더욱 가열차게 반미 반독재 투쟁의 가속화, 대중화를 실현해야 한다. 반미투쟁의 가속화 대중화는 올해 구국 투쟁의 전술적 과제 실현을 위한 유일하게 올바른 방도이며, 직선제 개헌 쟁취를 발판으로 삼아 이러한 방도를 더욱 위력적으로 구현해야 한다.

3) 투쟁의 평가 및 문제점

가) 투쟁 구호와 선전선동에 있어

투쟁 구호의 제시는 정세의 요구, 운동 발전의 합법칙성 및 대중의 의식 수준 등에 조응하여야 한다. 그러한 점에서 6월 투쟁에서 중심으로 되었던 호헌철폐 독재타도라는 구호는 대중을 투쟁으로 인입하는 모범적 구호였다고 할 수 있으며, 6·26 투쟁에서의 '직선개헌 독재타도', '독재타도 민주쟁취' 등의 구호도 대중의식이 준 정서 발전의 요구에 따라 옳게 선정된 구호라 할 수 있다.

그러나 투쟁 구호의 제시가 반파쇼 투쟁의 좁은 틀에서 한정되었다. 6·18, 6·26 로 투쟁이 이어짐에 따라 이러한 투쟁 구호의 한계는 부분적으로나마 극복되어 '독재지원 미국반대', '내정간섭 결사반대' 등의 구호가 결합되었으나 사전 선동 및 투쟁 현장에서의 반미 선동의 부족으로 대중의 민족 자주 의식을 전면적으로 고양하지 못하였다. 우리는 반미 구호를 전면화, 대중화시키는 데 필사적인 노력을 기울여야 한다. 사전 선동 및 투쟁 현장에서의 반미 선동의 강화에 주력하여, 올해 구국 투쟁의 기본 전선으로 되는 반미 자주화 투쟁을 전진시켜 내야만 전술적 과제를 옳게 표현할 수 있고 멈춤 없이 투쟁을 발전시켜 전략적 요구의 실현에로 계속 나아갈 수 있다. 특히 분단 올림픽 반대와 올림픽 공동 개최를 위한 투쟁을 강화하지 못했다. 분단 올림픽을 저지 파탄시키기 위한 선동은 조국통일을 위한 운동을 확대하고 승리 반공의식을 깨부수기 위한 중요한 고리이다. '분단 올림픽 반대'와 '파쇼의 올림픽 반대'를 높이 내걸고 조국통일 운동을 확대하고 반미 반파쇼 투쟁의 대중화에 박차를 가하자.

그리고 투쟁 구호를 투쟁 대열의 계급적 구성에 맞는 생활상의 요구와 밀착시켜 다양하게 제시하여야 했다. 이는 투쟁의 요구(가치)가 대중의 처지와 밀착된 절실한 것으로 되게 하기 위해서 이며, 또한 6월 투쟁의 계급자적 구성에서 노동, 농민 등 근로 민중이 주류를 이룰 수 있도록 하기 위해서도 필요한 것이었다.

노동 현장의 주위에서는 노동3권 쟁취를 선동하고, 임금인상 투쟁의 가속화와 강제 잔업 철폐 등을 선동하고, 농민 대중에게는 농가 부채의 탕감과 농축산물 수입 개방 반대의 선동을 결합하고, 도시빈민에게는 철거 반대, 도시 재개발의 부당성을 선동하고, 청년학생 대중과 교육자에게는 교육의 민주화를 선동하고 …….

이러한 제 요구를 투쟁의 구호로 제시하여 반미 반파쇼 투쟁의 폭을 확대하고 그 계급적 대중적 기초를 튼튼히 세웠어야 했다. 그러나 6월 투쟁은 근로 민중의 처지와 밀착된 것으로 진행되지 못하고 일종의 추상성 속에서 '독재타도 민주쟁취'로 제출되었던 것이다. 이는 우리 투쟁의 요구가 분명하지 못함으로 인해 '6·29 특별선언'으로 개량화시킬 수 있는 가능성을 열어 놓게 되었다. '6·29선언'의 기만성과 불철저성을 누구보다 체험으로 느낄 수 있는 것은 근로 민중이다.

우리의 투쟁이 6·29를 개량이 아니라 성과로서 공고히 하고 더욱 완전한, 철저한 민주주의와 반미투쟁의 대중화를 이룩하기 위해서는 투쟁의 구호를 내거는 문제에 있어서 광범위한 근로 문제를 자각적으로 인입할 수 있도록 생활상의 요구와 밀착시켜서 제기하는 원칙이 견지되어야 한다. 이는 이후의 투쟁이 발전이냐, 후퇴냐를 판가름하는 중요한 문제이다.

6월 투쟁에 있어 우리는 투쟁의 대중화를 달성하였으나, 아직도 투쟁 대열에 참여하는 대중의 의식수준은 즉자적 수준에 머물러 있음을 명심하고 대중 의식화와 대중 조직화에 박차를 가할 수 있는 선전선동 사업을 정력적으로 강화하여 대중의 사상 개조에 선차적 주목을 돌려야 한다. 이를 위해 투쟁에 참여하는 선진 대열은 선전선동에 관한 준비를 보다 치밀하게 하여야 하며, 올바른 투쟁 구호를 제시하여야 한다. 반미 자주화의 요구를 전면에 내걸고 반파쇼 민주화와 조국통일에의 요구를 결합하고 이를 민중들의 생활상의 요구와 밀착시켜 나가자.

자주없이 민주없다. 내정간섭 배격하자!
독재조종 내정간섭 미국놈들 물러가라!
식민지에 민주없다. 자주독립 쟁취하자!
군부독재 타도하고 민주정부 수립하자!
민주없이 올림픽 없다! 파쇼하의 올림픽 반대!
분단 올림픽 반대하고 공동 올림픽 쟁취하자!
미국이 조종하는 대화, 타협 거부하고 자주적 민주정부 수립하자!
내정간섭 미국반대! 독재조종 미국반대!

나) 투쟁 전법에 대해

6월 투쟁은 소규모 투쟁이 아니라 대규모 투쟁을, 한두 지역에서 고립된 투쟁이 아니라 전국적 범위의 투쟁을, 대중과 유리된 투쟁이 아니라 대중과 긴밀히 결합된, 대중이 주인으로 나서는 투쟁을 조직해 냄으로써 조성된 정세의 요구를 훌륭히 실현하였다. 그러나 이와 같이 투쟁의 대중화, 대규모화를 이룩해 냈음에도 과학적이고 목적의식적인 투쟁 전법의 전개가 부족해 많은 문제점을 노출하였다. 특히 지금껏 대규모 대중 투쟁을 지도해 본 경험이 거의 없었던 구국운동 조직들은 높은 지휘력을 발휘하지 못하고 일반대중의 한 사람으로 참여하거나 개별적인 적극성, 헌신성 등을 발휘하는 한계를 노정하였다. 그러면 남한 혁명 투쟁의 전형으로 될 적극적 대규모 투쟁은 지금의 주관적 조건에서 어떻게 전개될 수 있어야 하는지를 살펴보고, 6월 투쟁에서 구사된 투쟁 전법의 문제를 살펴보자.

전국적 대규모 투쟁은 우선 전국적 범위에서 투쟁을 전개할 수 있는 공식적 투쟁 지도부가 있어야 하며, 이러한 공식적 투쟁 지도부는 지금과 같이 수많은 대중이 조직동원될 수 없는 조건에서도 투쟁에서 대중이 취하여야 할 행동 강령 등을 공개하고 투쟁 방법과 투쟁 장소 등을 공개하여야 한다. 그러면 기층 구국운동 조직은 적 병력의 봉쇄 정도를 예상하여 사람이 가장 많이 모이는 중심가나 큰 시장을 낀 지역으로 조직 역량을 집중 배치하여야 한다. 그리고 이때는 반드시 상황실을 설치하고 투쟁 대열의 이동이나 적 병력의 이동 등을 보고하고, 상황실의 투쟁 지휘부는 정황을 전체적으로 파악하여 현장의 전두 지휘부와 긴밀한 연계를 이루고 대열의 이동이나 투쟁 발전을 지시하고 지휘할 수 있도록 해야 한다. 그리고 대중의 준비 정도가 전면적 폭력 투쟁으로 전개될 수 없는 조건이지만 폭력 사용의 불가피성과 정당성을 인식하고 있는 조건에서는 비폭력 투쟁을 위주로 조직적 폭력을 준비하여 방어적, 공세적으로 배치할 수 있도록 해야 한다. 이러한 치밀한 준비만이 투쟁의 파고를 높일 수 있고 완강성과 지속성을 보장할 수 있고 투쟁의 과정을 통해 대중이 더 잘 훈련되고, 의식화될 수 있다. 적의 봉쇄가 아무리 심하다 할지라도 대중은 시내 중심에 운집하게 되며, 이를 모두 해산시킬 수 없는 것이 적의 약점이다. 이러한 적의 약점을 이용하여 대중 속에서 선전 소조나 선진 대중은 준비된 투쟁 구호나 선동을 행하고 투쟁의 분위기를 고조시킨다. 이때 적들의 대응을 옳게 파악하여 진두 지휘부는 전투 소조를 앞세워 대열을 형성하고 재빨리 전선을 창출한다. 적들의 공세가 즉각적으로 전개되지 않거나 전투 소조만으로도 전선이 파괴되지 않을 수 있으면 선동 소조를 중심으로 대중 속에서 적극 선동을 행하고 동참을 호소하며 대중 집회나 체계적인 선동 공간을 창출한다. 대중 선동이 위력을 발휘하고 대중적 참여가 이루어져 대규모의 대중집회나 시위 대열이 만들어지면 정황을 옳게 파악하여 질서있는 대열의 이동을 피할 수도 있고 적극적이고 공세적인 행동 구호를 제시하고 적들을 분쇄하고 무력화시킬 수 있도록 해야 한다. "가자! OO으로, 깨부수자 민정당사!", "가자! OO으로, 깨부수자 경찰서" 등의 행동 구호를 통해 대중의 전투 의지를 드높이고 대중적 전투로 발전시켜 투쟁 현장에서 하나하나 승리를 쟁취해 내도록 하자.

그리고 투쟁의 대열을 깨뜨리지 않을 때는 심야 투쟁을 조직적으로 준비해야 한다. 심야에서의 전투는 정규전으로 적을 타승할 수 있는 충분한 역량이 결집되었을 때를 제외하고는 정규전을 피하고 적절한 공간을 점거하여 농성 투쟁으로 발전시키거나 정규 대열을 자진 해산하여 다음날 투쟁을 이어갈 것을 대중적으로 지지, 확약하고 비정규적 기습 타격전을 전개하는 것이 좋다. 이것은 명동성당에서의 농성 투쟁과 같이 투쟁의 지속성, 완강성을 보장할 수 있는 도심지 내 근거지를 창출하여 계속 투쟁의 파고를 드높일 수 있었던 모범에서 교훈을 찾을 수 있고, 6·18 인천 부평 투쟁에서 부족한 역량으로 심야에서의 정규전을 준비했다가 뼈아픈 패배를 맛보았던 데서 교훈을 찾을 수 있다.

위와 같은 상황 전개는 각 지역의 구체적 조건이나 대중의 계급적 구성 등에 따라서 달라질 수 있다고 보나 6월 투쟁의 주객관적 조건에서 가장 일반화될 수 있는 전법이라고 본다.

그러면 6월 투쟁의 전개에서 드러난 투쟁 전법상의 몇 가지 문제들을 지적하여 보자.

첫째로 서울보다도 지방 중소도시에서 투쟁이 더욱 완강하게 전개되고 일반 대중의 참여가 더 적극적이었다는 것이다. 이것은 지방 중소도시에서도 정치적 분위기 등에 따라 차이가 나지만 그 계급적 구성에 있어 부산, 마산, 광주 등에서 노동계급 또는 농민계급 출신의 기본 계급 참여도가 높았던 것과 식민지 경제 과정에 있어 지방 농민들이 서울 지역 주민들보다 열악한 처지에 놓여 있었던 것을 들 수 있다.

둘째로, 구국운동 조직의 투쟁 지도력이 현저하게 부족하였던 것이다.

이것은 구국운동 대열의 조직적 한계를 여실히 보여주는 것에 다름아니지만 투쟁에 대한 책임성, 대중에 대한 책임성의 부족함과 투쟁 준비의 불철저함을 지적할 수 있다. 또한 서울에서는 가장 많은 역량이 집중되어 있었지만 과학적인 투쟁을 거의 생각하지 않고 투쟁에 나서거나 선동소조, 전투소조 등을 전혀 준비하지 않고 투쟁에 참여하는 경우도 많았다. 특히 현재의 대중의식 수준을 옳게 파악하지 못하고 비폭력만을 주장하는 사상적 불철저함을 노정하였다. 이는 투쟁 발전의 합법칙성과 현 정세의 요구를 옳게 파악하지 못한 속류적 이해의 반영일 따름이다.

셋째로, 대중정치 집회를 적극 조직하고 이를 대중적 전투로 발전시키려는 노력이 부족하였다.

6월 투쟁의 정세에서 대중정치 집회는 대중 의식화의 가장 유력한 공간이자 대중을 투쟁에 인입하는 가장 효과적인 방도이다. 몇몇 지역을 제외하고는 확보된 유리한 공간에서 대중정치 집회를 조직화하기 보다는 이동하고 투쟁하는 전법만을 주로 구사하는 한계가 있었다. 반면에 인천에서는 대중정치 집회의 개최만을 주된 전법으로 구사하여 적절한 이동이나 대중의 힘을 모아 적을 타승하는 전법 구사가 부족했던 것도 문제였다.

넷째로, 방어적 폭력과 공세적 폭력을 준비하여 옳게 결합시키는 전법이 부족하였다. 대규모 대중정치 집회를 보호하고 방어하기 위한 폭력의 준비가 절실히 필요하였으며, 대규모 정치 집회와는 무관하게 기습 타격전, 유격전을 벌일 수 있는 무장 부대를 준비하여 적의 후미를 치거나 파울 소동을 타격하고 적 병력을 혼란시키는 적극적 전법의 구사가 부족하였다.

위의 몇 가지 문제들은 6월 한달 동안 멈춤 없이 전개되고 전국적 범위에서 광범하게 전개된 투쟁 전개에서 아주 부분적이고 일면적인 측면만을 지적한 것일 수도 있다고 생각하며, 각 구국운동 조직의 활발한 투쟁 평가를 기대한다. 왜냐하면 6월 투쟁에 대한 평가는 단순히 지난 일로 무시할 것이 아니라 앞으로 우리의 혁명 투쟁이 어떻게 전개되어야 할 것인가에 아주 중대한 교훈을 주고 있기 때문이다.

3. 6월 투쟁과 현 정치 정세

(1) 정세 규정의 본질적 요인과 올바른 정세관에 대하여

남한 민중의 구국투쟁에서 정세를 규정하는 본질적 요인은 민중의 자주성을 실현하기 위한 투쟁과 이 땅의 실질적 지배자 미제와의 대항 관계이다. 그것은 남한 사회의 성격과 제반 사회 관계를 근본적으로 규정하고 남한 민중의 자주적 발전을 근본적으로 가로막고 있는 것이 미제이고, 바로 그 미제에 의해 이 땅의 민중들이 수천 년 동안 자기 삶을 유지해 왔던 민족의 자주성이 유린되고 있기 때문이다. 따라서 정세 발전을 추동하는 힘도 미제의 억압과 지배를 반대하는 민중의 투쟁력에 있는 것이다. 그런데 민중의 자주성을 실현하는 문제는 민중의 주관적 요구에 의해 한꺼번에 해결되는 것이 아니며 객관적 합법칙성에 의거하여 순차적으로 해결되는 것이다. 민중의 자주성을 실현하기 위한 투쟁은 민족해방, 계급해방, 인간해방의 세 가지 형태로 전개되는데 여기서 민족해방을 위한 투쟁은 가장 선차적으로 나선다. 민중이 자기 생활 – 정치적, 경제적, 사회적, 문화적 생활 – 을 영위하는 공고한 사회 집단으로서의 민족이 해방되지 않고서는 그 어떤 계급해방도 온전히 실현될 수 없고, 민중의 자주성은 근본적으로 실현될 수 없는 것이다.

민족해방은 계급해방의 대전제이다. (물론 민족해방의 과정에서 일정 정도의 계급해방, 인간해방이 이루어지며, 민족해방도 계급해방의 진행 방향으로, 계급해방의 축 위에서 진행된다.) 따라서 우리 민중의 자주성을 실현하기 위한 투쟁도 민족 자주성을 실현하기 위한 투쟁도 민족해방을 위한 투쟁에 선차적으로 돌려져야 한다. 이것은 이 땅의 식민지적 현실을 옳게 보고, 민족의 철천지 원수인 미제를 투쟁 대상으로 할 때 민중의 자주성을 실현하기 위한 투쟁은 올바르게 전진하게 된다는 것을 의미한다.

그러므로 우리 구국 투쟁의 기본 전선은 반미 전선이라 할 수 있다. 오직 반미 전선의 이동 전진에 의해서만 정세는 본질적으로 발전하며, 가장 효과적으로 승리의 한길로 나아갈 수 있고, 전략적 목적의 달성에 다가갈 수 있다. 그런데 준비기에서 반미 전선에의 전진은 반미 자주화 투쟁만을 전개한다 해서 성과적으로 이루어질 수 없다. 특히 준비기에서 반미 전선의 대중적 확산과 전진은 반파쇼 민주화 투쟁과의 올바른 결합과 배합에 의해 성과적으로 이루질 수 있다. 미제의 식민지 파쇼 통치를 청산하고 사회의 민주화를 실현하기 위한 반파쇼 민주화 투쟁은 미제가 파쇼괴뢰도당을 앞세워 식민지 지배를 행하는 조건에서 민중의 정치적 각성이 높지 못하고 민족적 각성이 낮을 때 대중이 쉽게 투쟁에 참여할

수 있는 영역으로 된다. 또한 자주적 사상의식으로 잘 무장되지 않은 대중까지도 광범위하게 참여할 수 있는 반파쇼 민주화 투쟁은 반미 자주화 투쟁을 대중화할 수 있는 유리한 공간이 되며 그 토양을 제공한다. 그럼에도 기본 전선은 반미 전선임을 망각해서는 안 된다. 즉 반파쇼 민주화 투쟁은 기본 전선인 반미 자주화투쟁과 결합되지 않을 때 결코 민중의 자주성을 실현할 수 있는 위력한 투쟁이 될 수 없고, 전략적 목표의 달성이나 전략적 목표에 충실히 복무하는 전술 과제의 실현으로 나아갈 수 없다. 정세 규정의 본질적 요인으로서의 기본 전선에 대한 이해는 올바른 정세관을 갖는 전제이며, 정세 분석에 있어서도 기본적인 틀을 부여하는 중요한 의의를 지닌다.

올바른 정세관이란 민중을 혁명의 주인으로 확고히 신뢰하는 주체의 사상적 관점에 근거한 것이다. 즉 올바른 정세관은 주관적 정세를 위주로 하여 객관적 정세를 위주로 하여 객관적 정세를 전면적으로 투시적으로 파악하는 것이다. 주관적 정세를 위주로 해야만 적을 타승할 수 있는 올바른 방도를 내세울 수 있으며, 객관 정세가 아무리 불리하더도 승리에 대한 확신을 갖고 끝까지 투쟁할 수 있다.

그러면 이러한 관점에서 6월 투쟁의 전개 과정 및 지금에 있어서 조성된 정세를 분석하여 보도록 하자.

(2) 현 정세에 대하여

6월 투쟁과 '6·29 특별선언'으로 조성된 지금의 정세는 아주 심각하다고 할 수 있다. 한편으로는 6월 투쟁의 성과로서 다른 한편으로는 미제의 교활한 식민지 통치의 기만술책으로서의 '6·29 특별선언'은 이후 정세 발전에서 아주 엄중한 문제를 우리 구국운동에 제기하고 있다. 반미 반파쇼 투쟁의 새로운 돌파구를 열어 승리의 한길로 나아가느냐, 아니면 투쟁의 예봉을 꺽이고 동요와 혼돈 속에서 정세 발전을 주동적으로 추동하지 못하고 미제의 식민지 파쇼 체제의 철쇄에 묶여 침체와 답보, 예속과 굴종의 나락으로 다시 떨어지느냐 하는 분기점에 서게 된 것이다. 그러면 지금 우리 구국운동의 노정에서 제기되는 이러한 엄중한 문제를 어떻게 해결해 나갈 것인가? 정세 발전의 근본 동력이 주관적 요인에 있다 할 때, 주관적 정세가 요청하는 바의 문제를 옳게 해결해 내는 것이 제1차적 요청으로 되는 것이다. 6월 투쟁의 과정에서 조성된 주관적 정의 몇 가지 특징은 현재의 상황 이면에 깔려 있는 정세의 본질과 관계된 실로 심각한 문제를 제기한다.

지금의 주관적 정세의 특징은 첫째로, 사태의 정치적 의미와 사태의 규모를 규정 짓는 정세 형성의 주된, 구성 요인으로서 전반적으로 미조직 대중의 전면적 진출이다. 이는 주로 투쟁 현장에서만 운동 조직의 지도가 관철될 수 있다는 것과 장기적 지속적으로 탄력성 있게 유연하게 투쟁 방향을 전환시킬 수 있는 통제력을 분명히 갖고 있지 않다는 것 등의 한계를 노정한다. 즉 지속적인 조직 지도가 보장되지 않는다는 것이다.

둘째로 조직 대중은 소자산가적 신분의 대중과 학생 대중이 주축을 이루며, 소자산가적 신분의 대중은 대부분 종교적 인사들로 구성되어 현재의 외견상 투쟁을 조직 지도한 것으로 되어 있고, 학생 대중과의 긴밀한 결합 관계를 이루고 있는 것도 아니라는 것이다. 소자산가적 신분의 대중은 국운본부, 통민당, 여타 종교단체 등에 조직되어 있다. 이것은 기층 구국운동 조직과 외견상의 지도 조직 - 국운본부, 통민당 - 과의 깊은 괴리를 발생시키고, 투쟁의 성과가 당장에 기층 구국운동조직으로 흡수되는 것이 아니라 외견상의 지도 조직으로 귀결될 수 있는 소지가 크다는 것을 의미한다.

셋째로, 투쟁의 전면에 등장하고 있는 미조직 대중의 계급적 구성에서 노동자, 농민 등 기층 민중이 주를 이루는 것이 아니라는 것이다. 아직도 노동자, 농민의 정치투쟁에서의 진출 정도는 크게 높지 못하다고 할 수 있다. 이것은 현재 투쟁 정세가 사랍의 자주적 지향에 근거한 근실한 내용으로 준비된 것이라기보다는 주변 현실에 대한 즉자적인 수준에 머물러 있음을 보여주는 것이라 하겠다. 노동자, 농민은 식민지 파쇼 통치하에서 가장 억압받고 고통받는 계급이며, 지금의 파쇼 지배체제는 아무것도 기대할 것이 없으며, 따라서 반미 반파쇼 구국항쟁에 가장 절실한 이해 관계를 가진 계급이다. 노동자, 농민은 현재의 조건에서 주변 사회의 현실에 대해 그렇게 민감하게 반응하지는 않지만, 자신의 계급적 처지에 대한 각성으로부터 가장 자주적인 요구를 내세운다. 또한 노동 대중은 높은 자주성과 창조성으로 하여 투쟁의 완강성, 지속성을 보장하며 가장 헌신적으로 끝까지 투쟁한다. 노동 대중이 활발하게 정치적으로 진출하고 이들의 주도에 의한 정세 발전이 이루어져야 확고한 승리를 보장할 수 있는 것이다.

그런데 현재의 주관적 정세는 투쟁에 떨쳐나서는 대중의 의식 수준과 계급적 구성에서 현저한 한계를 노정하고 있다. 중산층(소자산가층)이나 청년학생이 주를 이루고 있는 투쟁 대열은 완강성과 헌신성에서 한계를 노정하고 동요성에 의해 끝까지 투쟁하지 못한다. 이런 점에서 현재 조성된 정세는 올해 구국 투쟁의 전술과제의 실현에 있어 매우 취약한 구조를 가지고 있다고 말할 수 있다.

넷째로 기층 운동 조직과 학생운동 조직의 투쟁 방향에 대한 지도의 문제이다.

주관적 정세에서 위의 몇 가지 문제에도 불구하고 이 점만 훌륭하게 해결되면 현재 정세는 본질적으로 발전할 수 있다. 그런데 현재까지의 투쟁 방향은 주로 반파쇼 민주화에 초점이 맞추어져 있다.

그 간 반파쇼 민주화 투쟁의 활발한 전개는 대중의 정적 진출을 확대시키고 대중이 투쟁의 주인으로 등장하게 하였다. 그러나 이것이 문제를 해결하는 것이 아니라 문제 해결의 시작일 뿐, 그 해결은 보다 올바른 목적의식적 지도가 결합되어야 하는 것이다. 지금 시기에 제기되는 전술적 과제의 실현은 반파쇼 민주화 투쟁의 대중적 전개만으로는 실현될 수 없음을 명심해야 하며, '6·29 특별선언' 후 나타난 일반 대중의 반응에서도 알 수 있는 바와 같이 대중은 투쟁의 침로를 상실하고 미제의 기만 술책에 빠져 군사파쇼 일당에 기대와 환상을 갖고 대화와 타협의 광장에 지지를 보내고 있다. 이것은 그 간의 투쟁이 반미 자주화 투쟁을 전면에 내건 반미 반독재 투쟁으로 발전되어 오지 못한 결과이다. 즉, 군부독재의 완전한 종식과 민주 정부 수립이라는 전술 과제의 해결을 위해서는 우리 구국운동의 3대 투쟁을 옳게 결합하지 않고서는 불가능한 것이다. '6·29 선언' 은 대중의 반독재 진출이 반미 반독재 투쟁으로 분출되려는 시점에서 민중의 반미 투쟁의 예봉을 꺾고 미제와 군사파쇼가 이제는 민주화의 기수로 등장하게 하면서 대중을 개량화하고 중간층을 중심으로 민중을 체제내적으로 묶어두려는 조치에 지나지 않는다. 미제의 이러한 기만 조치가 가능했던 것은 첫째로 기층 구국운동 조직이 올바른 투쟁 방향을 제시하고 반미 반독재 투쟁의 대중화로 대중을 인도하지 못한 것에 기인한다 둘째로는 6월 투쟁의 주된 대열이 그 계급적 구성에서 계급적 민족적 자각이 불철저한 중간층, 소자산가들이었고, 기층 민중이 전면적으로 진출하지 못한 것에 기인한다.

반미 투쟁을 주선으로 한 반미 반독재 투쟁은, 대중들이 당장에 피부로 느끼는 억압과 지배를 반대하는 권리 의식에 근거한 반파쇼 민주화 투쟁을 질적으로 발전시켜 미제의 민족적 압박과 예속을 반대하고 미제에 의해 민중에게 덧씌워진 파쇼 통치를 깨부수기 위한 보다 목적의식적인 투쟁으로 발전하게 한다. 또한 반미 투쟁을 주선으로 한 반미 반독재 투쟁만이 정세 규정의 본질적 요인인 반미 전선을 이동 전진시켜 낼 수 있고 군부독재의 완전한 청산을 가능케 한다.

기층 구국운동 조직 - 노동자, 농민, 학생운동조직 등 - 은 그 간의 잘못된 투쟁 노선을 극복하고 반미 자주화 투쟁의 대중화, 가속화에 사활적 노력을 기울여, 우리 민중들이 미제에 기만당하지 않고 끝까지 반미 반독재 투쟁에도 과감히 진출할 수 있도록 그 지도력을 높여가자.

주관적 정세를 종합해 볼 때 위에서 제기한 몇 가지의 심각한 문제가 제기되고 있음으로 우리의 구국운동은 그 전망이 밝다고 할 수 있다. 6월 투쟁은 많은 한계와 문제점에도 불구하고 첫승리를 쟁취하였으며, 그 첫승리 - 6·29 선언 - 를 공고화하고 군부독재의 완전한 청산과 미제의 식민지 체제를 파탄시키기 위한 전술 과제의 온전한 실현과 전략적 목표 달성으로 계속 나아갈 수 있다. 그것을 위해서는 먼저 위에서 제기한 몇 가지의 심각한 문제들을 옳게 해결하지 않으면 안된다. 이 문제들을 해결하지 않고서는 결코 정세의 변화 발전에 주동적으로 대처할 수 없고 또다시 식민지 파쇼체제의 철쇄에 묶여 기나긴 세월을 고통 속에 지낼 수밖에 없다. 기층 운동 조직은 그 조직적 대오를 더욱 튼튼히 강화하고 우리 민족해방운동의 주력군을 튼튼히 묶어 세워 반미 반독재 투쟁에도 기층 민중의 진출을 강화하자. 그리고 민족민주 운동의 이념성을 확대하고 그 지도력을 확대하기 위한 의식화, 조직화 사업에 박차를 가하고, 대규모, 소규모의 대중 집회, 정치 공간들을 계속적으로 마련하여 대중 의식화 사업을 잘할 수 있도록 하자. 소자산가, 중간층이 중심이 된 정치 역량에서 기층 민중의 역량이 확대 강화되고 민족 민주 운동이 대중에 대한 지도력, 영향력을 증대하는것은 중간층이 중심이 된 통민당, 국민운동본부 등에 대한 참여, 지지가 갖는 한계를 극복하고 통민당, 국민운동본부의 동요성을 마비시키고 그간의 반파쇼 항전을 반미반독재구국의 항전으로 발전시키기 의한 절실한 요구이다.

특히 통민당, 국민운동본부 및 중간층의 동요를 마비시킬 수 있는 중요한 고리는 반미 자주화 가속화, 대중화임을 명심하고 이에 우리의 힘을 집중하자.

4. 6·29 선언과 우리의 투쟁 과제

1) 6·29 선언에 대하여

6·29 선언은 올해 구국 투쟁의 첫 승리이자, 민중 투쟁의 쾌거이다. 또한 6·29선언은 미제와 그 주구 파쇼도당에게 있어서는 민중 대중에 대한 굴복이다. 그러나 6·29 선언을 통해 참다운 사회의 민주화가 실현된 것으로 이해한다면 이것은 너무나 큰 오산이다. 즉 6·29 선언은 두 가지의 측면을 지니는바 하나는 민중 투쟁의 승리로서의 측면과 다른 하나는 미제의 식민지 지배의 안정화를 위한 기만 술책으로서의 측면이 그것이다. 미제는 가열차게 전개되는 6월 투쟁에서의 위기를 모면하고자, 또한 반미 투쟁이 더욱 발전 가속화될 전망에 놓이게 되자 투쟁을 무마하고 그들의 식민지 지배를 공고히 하기 위하여 노태우로 하여금 6·29 선언을 발표하게 한 것이다.

이와 같은 기만 술책이 가능한 것은 앞에서도 지적했듯이 우리 구국 투쟁이 올바른 방향으로 향도되어 반미 구국의 기치를 전면화하지 못했던 것과 둘째로는 투쟁 대열이 주로 중간층이 중심으로 되면서 개량화의 가능성이 높이 존재하고 있었던 때문이다.

통민당과 국민운동본부의 영향력하에서의 명확한 투쟁 방향을 찾지 못한 많은 대중은 지금의 시점에서 오히려 미제와 군부독재 일당에게 환상과 기대를 가지고 투쟁을 멈춰버리려 하고 있다. 미제는 민족민주 운동의 영향력이 높지 못한 조건과 투쟁 대열의 주된 계급적 구성이 중간층으로 되고 있다는 점을 타산하고 계속해서 탄압을 강화한다면 기층 민중의 광범한 참여와 민족민주 운동의 지도력이 높아질 수밖에 없음을 타산하여 이와 같은 기만 술책을 전개한 것이다. 물론 '6·29 선언'의 배경에는 객관적 정세의 작용도 고려되어야 한다. 국제적으로도 미제는 세계 제국주의의 우두머리, 국제 파쇼 깡패의 두목으로 지탄받고 점차 그 지위가 추락하고 있으며, 남한에 대한 식민지 지배가 세계 인민들의 지탄의 대상이 되고 있다는 것, 그리고 남한에 대한 식민지 지배를 영구화하기 위한 두 개의 한국 정책의 현실화 계기로서의 88올림픽이 기존의 한국 정세 속에서는 개최되기 힘들다는 것 등에도 그 요인이 있다고 본다. 그러니 무엇보다 중요한 것은 주관적 정세의 문제이다. 주관적 정세에 내재해 있던 심각한 한계에 의해 우리는 6월 투쟁이 획득한 첫승리를 더욱 공고화하여 완전 승리로 나아가는 데 제약당하고 있으며, 오히려 투쟁의 성과가 적의 손아귀로 되돌아가 버릴 가능성마저 존재하고 있음을 경계해야 한다.

'6·29 선언' 이후 미국의 지지 논평이나 '노태우의 영단' 운운하는 것 등으로 그 간 즉자적으로 반파쇼 투쟁에 인입되었던 대중이 투쟁 대열에서 이탈하고, 민주화의 기수로서의 미국이나 노태우를 내세우는 적의 반동적 기만 책동 앞에서 대중은 무력화되고 있다.

6·29 선언에서 드러난 미제의 기만 술책의 본질은 그들의 식민지 지배를 위협받지 않는다는 대전제 위에서 파쇼 체제를 그대로 유지하는 데 있다. 미제는 그들의 식민지 지배에서 항상 독재를 살리고 민주를 독점할 수밖에 없으며, 파쇼를 조정하고 지원하는 우리 민족의 철천지 원수일 수밖에 없다. 6·29 선언에서 그들이 얻으려고 하는 것은 사회의 민주화가 결코 아니며, 시간을 얻어 현 위기를 수습하고 추락된 인기를 회복하고 야권을 타협으로 인도하는 데 있다.

지금 우리가 반미 반파쇼 구국 항전에서 물러선다면 식민지 파쇼 체제의 철쇄에 묶여 자주와 민주의 사각지대에 놓일 수밖에 없다. 미국이 실권을 장악하고 있는 상황에서 민간 민주 정치를 실현할 수 있다는 기대는 망상에 지나지 않는다. 사회의 민주화가 온전히 실현되기 위해서는 파쇼 헌법이 철폐되어 민주 헌정 질서가 수립되고, 제반 파쇼 악법 – 국가보안법, 언기법, 집시법, 노동법 등 – 을 철폐하여야 하며 안기부, 치안본부, 보안 사령부, 대공분실 등의 파쇼 폭압기구를 철폐하여야 한다. 또 국민의 기본 권리가 보장되어야 하며, 정치 활동 및 정당 활동의 자유가 보장되어야 한다. 그런데 노태우가 발표한 '8개항의 조치'는 이러한 민주화의 요구들을 외면한 채 파쇼독재의 공고한 구축을 겨냥하고 있지 않은가? 이것은 바로 미제의 식민지 지배의 위기를 모면해 보려는 미봉책에 지나지 않는다. 이러한 상황에서의 선거가 누구에게 유리하겠다는가는 불을 보듯 빤한 사실이다.

미제는 '6·29 선언'을 통해 노태우를 민주화의 기수로 치장하고 직선제를 통한 군부독재의 재집권을 발악적으로 시도할 것이다. 이것은 며칠 전 중앙일보에 기재된 '월스트리트 저널'지에서 행한 노태우, 김영삼, 김대중에 대한 평가에서도 드러나고 있다.

한편 노태우가 전국민적 저항하에 직선제 개헌에서 승리하기 어렵다고 판단되면 김영삼, 김대중 등을 앞세우고 미제의 식민지 지배가 온전히 보장되는 조건에서 군부와 민간 정치 세력 간의 이해 조정에 나서게 될 것이다. 그리고 이러한 경우에도 민중 운동의 발전과 그 상태에 따라 그들은 '6·29 선언'을 군사 쿠데타의 몽둥이로 짓밟아버릴 가능성이 항상 존재하며, 만약 민간 정치인이 전면에 나서고 군부와 민간 정치 세력 간의 이해 조종이 되지 않는다면 88년 올림픽 이후 군사 쿠데타를 통해 공고한 식민지 통치체제의 재구축을 기도할 것이다. 이 같은 정세하에서 우리 민중은 6월 투쟁에서 거둬들인 반미 반독재 구국항전의 첫승리를 더욱 공고히 하고, 이를 더욱 확대하여야 하며 군사독재의 완전한 종식과 파쇼 악법 및 폭압기구의 철폐를 위한 반파쇼 투쟁을 힘있게 벌이고, 미제의 식민지 지배의 실상을 폭로하고 미제의 정치적 지배 간섭을 저지 파탄시키기 위한 반미 자주화 투쟁의 전면화, 대중화에 사활적 노력을 기울여야 한다. 특히 반미 자주화 투쟁을 전면화, 대중화하는 것은 올해 구국 투쟁의 기본 요구로 되는 것인 바, 내정간섭 반대 투쟁을 핵심 고리로 하여 반핵 반전 투쟁 및 수입개방 반대 투쟁을 결합하여 반미 자주화 투쟁의 가속화로 나아가야 한다.

2) 우리의 투쟁 과제에 대하여

지금의 정세에서 우리 구국운동은 반미 자주화 투쟁의 전면화, 대중화에 주력하여야 한다. 기존의 호헌 철폐, 직선개헌 쟁취 등의 좁은 틀로 국한된 투쟁에서 벗어나 반미 자주화의 대행진을 개척해 내고, 반파쇼 민주화의 실현을 위한 투쟁을 더욱 폭넓게 벌여야 한다. 반미 자주화 투쟁의 대행진에서는 미제의 본질을 폭로하고, 그들의 정치개입, 지배 책동을 폭로하여 내정간섭, 정치개입을 반대 배격하는 투쟁을 벌여야 한다. 특히 미제는 민주의 편이 아니라 독재의 편이며, 독재를 조종하는 민족의 원수임을 폭로하고 그들이 말하는 대화와 타협을 통한 민주화는 우리가 원하는 민주주의가 아니라 독재를 살리고 민주를 독살하려는 계략에 지나지 않음을 폭로해야 하며, 미국이 이 땅에서 물러나지 않는한 민주주의의 꽃은 필 수 없음을 폭로해야 한다. 그리해야만 미국이 조종하는 타협과 대화를 거부하고 군부독재의 재집권 책동을 철저히 저지하기 위한 반미 반독재 항전의 돌파구를 열어 올 수 있다. 그리고 미국의 내정간섭, 정치 개입을 저지 파탄시키기 위한 투쟁과 함께 반핵 반전 투쟁과 수입개방 반대 등 반미 자주화의 제도를 적극 포착하여 투쟁에 나가야 하며, 그래야만 반미 자주화의 대중화, 전면화, 가속화는 이루어질 수 있다.

반파쇼 민주화의 대행진에서는 군부독재의 철저한 종식을 위한 투쟁과 파쇼 악법 및 제반 파쇼 폭압 기구를 철폐하기 위한 투쟁을 힘차게 벌여야 한다. 군부독재에 아무것도 기대할 것이 없으며 그들의 민주화 공약은 거짓 기만에 지나지 않음을 폭로하고 지금까지 군부독재가 자행해 왔던 죄악상을 낱낱이 폭로하여 즉각 국민 앞에 사죄하고 물러날 것을 요구하자. 광주 학살의 원흉인 노태우가 뻔뻔스럽게 어찌 민주를 입에 올릴 수 있단 말인가? 그리고 국가보안법, 언론기본법, 집시법 등의 파쇼 악법의 즉각 철폐를 요구하고 구속자의 조건없는 무조건적인 석방과 사면 복권을 요구하자. 또한 애국인사와 청년학생, 노동자를 죽이고 고문하는 파쇼 폭압기구의 즉각 폐지를 주장하자. 파쇼 폭압기구와 파쇼 악법은 식민지 파쇼 통치의 지배 수단이다. 이것이 철폐되지 않고 어찌 민주화를 이룰 수 있단 말인가?

또한 기층 민중의 생존권 투쟁을 가열차게 전개하고, 기층 민중의 계급적 계층적 요구를 담은 민주개헌 쟁취 투쟁을 힘차게 벌이자. 노동자들의 임금인상 투쟁, 8시간 노동제 쟁취 투쟁 및 노동 3권 쟁취 투쟁을 민주개헌 쟁취 투쟁과 밀착시켜 전개하고 민족적 자주성을 옹호 실현하기 위한 투쟁과 결합하여 전개하자. 농민들의 농축산물 수입개방 반대 투쟁, 농가부채 탕감 투쟁, 도시재개발 반대 투쟁을 수용하여 반미 반독재 투쟁의 대중적, 계급적 기초를 튼튼히 하고 민주헌법 쟁취 투쟁을 더욱 견실한 내용으로 전개하자. 조국통일 운동의 새 기원을 열어가기 위한 투쟁에서는 민주헌법의 내용 속에 조국통일의 지향을 분명히 하고 통일 국시를 담아낼 수 있도록 하는 통일 시 쟁취 투쟁을 힘차게 벌여야 한다. 또한 미국의 두 개의 한국 조작 책동을 반대 배격하고 민족 분단을 영구화하는 분단 올림픽을 저지하고 공동 올림픽 개최를 위한 투쟁을 벌여 민족 대단결 의식을 고취시키고 반공 반북 대결의식을 인공 통일 의지로 전변시켜 반미 구국전선의 새로운 지평을 열어나가야 한다.

이와 같이 반미 자주화 투쟁을 주선으로 3대 투쟁을 옳게 결합하는 것을 통해 우리는 우리 투쟁의 성과를 더욱 공고히 할 수 있으며 미제와 군사 파쇼 집단의 도발을 막아 나갈 수 있고 민족해방의 새 기원 열어 나갈 수 있다. 지금 정세에서 우리는 대중 의식화에 주력해야 한다. 대중 의식화 사업의 기본 요구는 민족자주 의식, 민족민주 이념으로 대중을 무장시키는 데 있다. 이를 위해서는 기층 민중의 정치 의식화에 주력하면서 통민당이나 국운본부의 영향하에 있는 민중들에 대해 민족민주 운동의 영향력, 정치적 지도력을 높여야 한다. 지속적이고 체계적인 선전선동 사업을 강화하여 민족민주 운동의 대중화를 실현할 수 있는 대중신문을 하루 바삐 내어오자. 그리고 과감하고도 정치적인 유인물 살포, 배포 작업을 통해 기층 민중이 정치에 각성하고, 민족민주 이념의 자양분을 충분히 섭취할 수 있도록 하자. 그리고 옥내외 대중 정치집회를 광범위하게 조직하자. 특히 민주헌법 공청회를 계급, 계층별로 조직하고, 또 광범한 애국 시민이 참여할 수 있는 공청회도 조직하자. 이것은 사회의 민주화와 민주정부 수립이 대중적인 참여하에서 이루지도록 하는 위력한 전술이 될 것이다. 그리고 직선제 개헌이 반영될 민중의 요구와 자주적 지향을 분명히 하고 각계 각층의 생활 처지, 계급적 처지를 반영한 민주주의의 요구를 담아내고 이를 실현하기 위한 광범위한 운동을 전개하자. 이것은 반미 반파쇼 구국운동의 계급적, 대중적 기초를 튼튼히 하는 것으로 통민당과 국운 본부 등 중간층의 동요성을 마비시키고, 구국운동을 승리의 한길로 인도하는 위력한 기초가 될 것이다. 특히 옥내외의 광범위한 대중집회에서 기층구국 운동 조직은 선전선동 운동을 강화하고 애국주의를 바탕으로 한 반미 민족자주 의식과 민주 의식을 함양하고 민족 대단결 의식을 고취시켜 우리 구국운동의 이념적 기초를 강화할 수 있어야 한다.

지금의 정세에서 우리는 대중 조직화에 주력해야 한다. 특히 노동 기본 계급을 조직화 정치 역량화하는 데 박차를 가해 우리 구국운동에 제기되는 주력군의 문제를 성과적으로 해결해 나가야 한다. 노동 계급은 각기 사업장에서 경제 투쟁, 일상 투쟁을 강화하고 이를 정치 투쟁에 결합해 나가고, 이러한 투쟁의 성과를 노조 건설 또는 노조의 민주화, 혁명화로 조직화해 내고, 농민 계급은 농민 협회 등으로 조직화해야 한다. 지금의 정세는 우리에게 유리한 정치적 공간을 마련해 줄 것이다. 여기서 대중의 조직화에 실패한다면 우리는 민족해방을 위한 구국 투쟁을 승리로 밀고 나갈 수 없다. 이와같이 주력군 대중을 조직화하는 사업에 주력하면서도 보조역량을 튼튼히 묶어세울 수 있는 조직화 사업에도 힘을 부어야 한다. 특히 4·13 호헌 조치에 대해 반대 성명을 냈던 대부분을 조직화하고 그 범위를 확대하도록 하자. 교사는 민주교사회, 약사는 민주약사회 … 등으로 하여 이를 국민운동본부로 결집하여 국민운동본부를 반미반독재 항전을 위한 국민연합으로 발전시키자.

지금의 정세에서 우리는 구국운동 대열을 강화하는 데 주력해야 한다.

지금 민중들은 구국운동 대열의 올바른 지도력을 절실히 요구하고 있으며, 지금의 정세 역시 구국 운동 대열의 강화를 요청하고 있다. 6월 투쟁에서 여실히 드러났듯이 우리 구국운동 대열은 아직 사상적 불순함과 조직적 분열성을 노정하고 있다, 또 대규모 대중 투쟁을 옳게 영도하지 못하고 전술 구사에 있어서도 철저하지 못한 한계를 갖고 있다. 지금의 엄중하고도 심각한 정세는 오직 구국운동 대열을 강화하고 그 지도력을 높이는 것을 통해 옳게 전진 발전할 수 있음을 명심하자. 구국운동 대열을 강화하는 것은 그 사상적 대오를 강화하는 것과 조직적 대오를 강화하는 것이다. 구국운동 대열은 여러 잘못된 사상적 편향을 극복하고 올바른 민족의 사상을 체계화하고 구현하기 위한 노력을 경주해야 하며, 오직 이 방도를 통해서만 좌우경적 편향에서 벗어나 대오의 사상적 순결성을 보장할 수 있으며 구국운동의 계속 전진을 기약할 수 있다. 또한 구국운동 대열은 기존의 소그룹주의, 서클주의의 사상적 편향에서 벗어나 견결한 조직적 대오를 꾸리는 데 힘을 부어야 한다. 새롭게 성장하는 전위 핵심을 중심으로 골간 부대를 튼튼히 꾸리고 언제 어디서도 혁명에 대한 높은 책임감, 대중에 대한 높은 신뢰를 갖고 능수능란하게 전략 전술을 구사할 수 있도록 하여 혁명 발전의 전진 도상을 개척해 나가자. 또한 선진 대중을 반미 자주 의식으로 확고히 무장시켜 견결한 반제 투사를 대거 육성하도록 하여 튼튼하고도 통일된 반제 투사들의 조직체를 건설하도록 하자. 이러한 기본적인 사상 조직 사업을 틀어쥐고 나아갈 때 지금의 공투위, 연대 조직 등은 더욱 전망성 있게 발전할 수 있고, 대중 의식화 사업, 대중 조직화 사업도 더 잘될 수 있다.

지금의 정세에서 우리는 통일전선에 큰 힘을 부어야 한다.

우리 구국운동에서 통전 사업을 잘하는 것은 결정적 승리를 보장하는 사활적인 중요성을 가지는 문제이다. 통일전선 사업을 잘해야 각계각층 군중을 보조 역량으로 주력군의 주위에 집결시켜 적을 고립시키고 주력군에 대한 적의 공격을 약화시켜 혁명 투쟁을 보호하고 확대 강화할 수 있는 유리한 조건을 마련할 수 있으며, 반혁명에 대한 혁명 역량의 우세를 보장할 수 있다. 통전 사업은 반미 구국 통인전선을 결성하는 것에 의해 성과적으로 해결될 수 있다. 지금 시기에서는 곧바로 반미 구국 통일 전선을 내올 수는 없다 하더라도 그 정치 사상적 기초와 조직적 기초를 튼튼히 마련해야 한다.

특히 국민운동본부의 결성은 통일전선 사업에서 중대한 의의를 지닌다. 국운부는 기존의 한계를 극복하고 더욱 광범한 대중을 묶어세워 반미 구국 통일전선의 정치 사상적 기초와 조직적 기초를 튼튼히 세워야 한다. 이를 위해서는 기층 구국운동 조직이 국운본부에 대한 상층 통전과 하층 통전을 강화하는 것이 요청된다. 여기서는 하층 통전을 기본으로 하여 상층 통전을 결합하는 방식으로 해야 한다. 즉 국운본부에 조직되어 있거나 그 영향하에 있는 대중을 기층 구국운동 조직 옥내의 집회나 투쟁의 과정에서 민족자주운동의 한길로 영도하여 대중에 대한 기층 구국 운동 조직의 정치적 지도력을 높이고 대중을 민족자주 의식으로 무장하여야 한다. 이러한 하층 통전을 기본으로 국운본부에 직접 참가하는 상층 통전을 결합하여 국운본부를 구국운동의 대열로 확고히 견인해 내어야 하며 그랬을 때만 통일전선 사업이 잘 될수 있고 범국민 연합전선 조직인 국운본부가 반미 구국 통전의 정치 사상적, 조직적 기초를 마련해 낼 수 있는 것이다. 여기서 우리가 경계하여야 할 것은 반파쇼 연합전선으로 국민운동본부를 성격 지우는 통전 사업에 대한 잘못된 관점이다. 반파쇼 연합전선의 문제 의식은 현재 투쟁을 반파쇼 투쟁에 총력을 기울여 군부독재를 무너뜨리고 그 반파쇼 연합전선의 기초 위에 민주정부를 수립하자는 것이다. 이러한 관점은 망상에 지나지 않는다. 미제의 지배와 간섭이 존재하고 미제가 실권을 장악하고 있는 실정에서 어떻게 반파쇼 민주 투쟁이 민주정부를 내올 수 있단 말인가? 군부독재를 청산하고 민주정부를 수립하는 투쟁에서 기본 전선은 반미 자주화임을 망각해서는 안된다. 그리고 반파쇼 연합 전선의 문제 의식은 국운본부를 반미 투쟁의 대열로 목적의식적으로 견인해내려 하지 않는다. 이것은 국운본부가 반미 구국 통전과는 별개의 것으로 되게 하며, 통전 사업의 정치 사상적 기초, 조직적 기초를 마련할 수 없는 것으로 되게 한다. 따라서 국운본부를 반파쇼 연합전선으로 규정하는 시각은 마땅히 폐기되어야 하며, 기층 국운본부에 대한 사업을 전개하여 국운본부를 민족민주 운동의 대열로 묶어 세우고 반미 구국 통전의 기초를 확대시키자. 통전 사업에 대한 잘못된 관점의 또 하나는 '국운본부에 대한 단순한 지지, 성원 내지는 무조건적 지지 참여'의 주장이다. 이것은 "국운본부를 통일된 투쟁 지도부로 인정하고 따르며 … "를 주장한다. 통전 사업은 무조건 함께 한다고 잘되는 것이 아니다. 국운본부는 6월 투쟁에서 나타난 바와 같이 형식적 대표성 , 외견상의 지도성을 지니는 것 이상으로 되지 못했으며, 올바른 투쟁 방침은 수립하여 대중을 인도하지도 못했다. 기층 구국운동 조직이 구국본부에 대한 상하층 통전 사업을 강화하는 것은 국민 운동본부의 잘못된 방향성을 민족민주 운동의 유일하게 올바른 한 길로 인도하는 것이며, 국운본부에 대해 지지하고 성원하는 미조직 대중이나 국운본부 영향하에 있는 대중에게 기층 구국운동 조직이 지도력을 높여 그들을 확고히 반미 반독재 구국 항전의 대열로 묶어세우는 것이다. 이렇게 했을 때만이 하나의 통일된 조직 주체인 반미 구국 통전이 건설되지는 못한다 할지라도 통민당, 국운본부와 기층 구국운동 조직이 긴밀히 유기적으로 결합되어 광범한 민중을 반미 구국의 광장으로 끌어들일 수 있으며, 통민당과 국운본부의 상층의 동요성을 저지시키고 자주적인 민주정부(이는 우리의 전략적 요구인 민족자주 정부와는 다른 것이며, 반외세적 지향을 갖는, 즉 미제의 개입이 용이하지 않고 미제의 깊숙한 개입을 배제한 민주 정부를 말한다)를 수립할 수 있고 전략적 목표 달성에로 계속 전진할 수 있다. 이것이 바로 올해 구국 투쟁의 전술과제를 옳게 실현하는 것이며, 민족해방의 새 기원을 열 수 있는 길이다.

사회와 학원의 민주화를 강력히 촉구하며

대학은 사회와 역사에 관한 명확한 인식을 바탕으로 스스로의 사명과 역할을 수행할 수 있는 지식인을 형성하며, 이러한 교육을 밑받침하고 학문의 전반적인 성과를 재고하기 위한 연구를 선도해 나가야 한다. 따라서 교수에게 있어서 가르치고 연구하는 일은 어떤 의미에서는 사회적 실천보다 더 본질적일 수도 있다. 이런 처지에 있음에도 불구하고 우리는 그동안 개별적으로, 대학별로 또는 연합해서 사회와 대학의 민주화에 대한 소견을 단편적으로 표시해온 바가 있다.

만약에 정치가 제자리를 찾고, 경제가 제길을 가며, 언론이 제소리를 내고, 사회와 문화가 맡은 바 본래의 기능을 수행했더라면, 우리의 보잘것 없는 사회적 발언들은 절약될 수도 있었을 것이다.

하지만 변화를 위한 진통이 지속되고 있는 우리 사회는 사회각 집단들에게 적극적이고 주체적인 변화에의 참여를 요청하고 있고 대표적인 지식인 집단인 교수에게도 적절한 역할을 항상적으로 수행해 줄 것을 요구하고 있다. 이러한 인식하에서 우리는 지난 6월 26일에 당국의 방해로 인해 성공적이지는 못했지만 '민주화를 위한 전국 교수협의회'의 창립 총회를 갖고 우리에게 부과된 시대적인 사업을 수행하고자 다짐한 바가 있으며 이러한 노력의 일환으로 오늘 총회를 소집하여 소위 '6·29선언'이후의 사회와 대학의 민주화 방향에 대한 견해의 일단을 표명하는 바이다.

우리는 현 상황에서 지식인으로서의 최소한 양심적 발언을 하고자 하면서, 우리가 가르친 민주와 정의같은 숭고한 이상을 실현하려다가 숨졌거나, 투옥되었거나, 아직도 여전히 피해다녀야만 하는 제자들과 민주 청년들에게 먼저 깊은 위로의 뜻을 전하며, 그리고 이번만은 민주주의를 꼭 이루어야 된다는 절실한 비원을 온몸으로 실천하고 있는 국민들에게 우리도 적극적으로 뜻을 함께 하고 있음을 앞서 천명해 두고자 한다.

1. 우리 사회는 지금 해방 이후 몇 번 안되는 변혁의 기회를 또다시 맞고 있다. 오늘의 이 기회를 우리 모두가 어떻게 민주변혁으로 승화시키느냐에 따라서 분단 40여 년 동안 지배 세력이 범해 왔던 과오와 오류를 청산할 수 있느냐가 판가름날 수 있다. 이와같은 기회는 해방이후 그동안 누적 - 심화되어 온 모순 구조에 대해 국민 대중이 쉬임없이 투쟁해온 결과로 생긴 것이며, 결코 어느 특정 권력 집단이 시혜적으로 주었거나 일부 진보적인 지도자들이 대중적인 기반없이 쟁취한 것이 아니다. 따라서 이 기회는 그동안 사회의 자주적이고 민주적인 변혁을 위해 피와 땀을 바쳐온 대중들이 주체가 되어 그들이 원하는 방향으로 활용되고 발전되어야 한다고 믿는다.

우리는 소위 '6·29선언'에서 공표된 내용들이 실질적으로 추진되어야 하며 어떠한 이유로도 유보되거나 제한되어서는 안되며 이의 추진 주체는 현재의 정치 권력이 아니라 사회의 민주계 세력이어야 한다고 믿는다. 또한 이러한 주체 형성을 위해서는 5·16군사쿠데타 이후 자행되어온 갖가지 정권안보적인 법재정, 법률 적용 및 행정적인 강요 등으로 희생되어온 민주 인사들의 사면·복권·복직이 유보없이 우선적으로 전면 실시되어야 한다.

우리는 더 이상 팟쇼적이고 정권유지적인 조치로 인해 대중의 눈물과 피가 요구되는 것을 바라지 않는다. 그리고 정통성을 결여한 비문민정치도, 반민중적이고 비민주주적인 헌법과 각종 법률들도 원하지 않는다. 나아가서 사회의 발전에 정치가 장애물이 되고 한국 정치가 국제적인 '성' 코미디가 되는 것을 정말로 참으로 싫어한다. 이러한 우리의 바램은 국민의 그것에 다름아니라고 믿어 의심치 않으며, 이러한 우리 모두의 바람을 적극적으로 수렴해서 현실화시키지 않고 대중적이고 정략적인 이유를 내세워 이를 조금이라도 앗고자 하는 집단이 있다면 그 집단은 여야간에 민주주의의 반역자로서 국민의 엄중한 단죄를 면치 못하리라는 사실을 명심해야 한다.

흔히들 자율과 자유를 일시에 많이 주게 되면 –실제로는 다준다고 해보았자 많지도 않은 것을 가지고서 말이다 – 혼란이 초래되어 사회 안정이 흔들리기 때문에 한정적일 수밖에 없다고 점잖게 말하는데, 이러한 논리야말로 국민을 우롱하고 대중적 역량을 경시하는 가진자들과 휘두르는자들의 계층 이기적이고 특권 유지적인 발상에서 나온 것이다. 우리는 가능한 한 높은 자율과 폭넓은 자유가 국민 대중 각 부분에 주어져야 정치와 사회의 민주화가 진일보할 수 있으리라고 생각한다. 첨언하건대 정통성을 결여한 채로 유신체제를 이은 현 정권이 지금 취해야 하는 유일한 대안은 국민 대중이 정당성을 회복시키는데 헌신적으로 조력하고 퇴장하는 길이다. 모든 공과에 대해서는 국민의 심판을 겸허하게 기다려야 한다.

2. 우리의 문제가 나라 밖에서 논의되고 결정되는 것이 결코 환영할 만한 일은 못되지만, 그러나 그들의 조언이 우리의 민주주의 발전에 유익하고 도움이 되는것이라면 굳이 사양해서는 안된다. 최근의 우리 민주화 노력에 대해서 미국이 취하고 있는 자세는 이러한 맥락에서 이해하고자 한다. 우리는 아직도 80년 5월 광주 항쟁에서 미국이 취했던 행동에 대한 그들 스스로의 해명에 동의하지 않는다. 더구나 최근의 소위 4·13조치에 대해 미국정부가 (일시적으로) 보여주었던 묵시적 승인 – 분명한 일이나 그것은 우리의 정치현실에서는 적극적인 관장의 의미를 함축하고 있었다. –의 의도를 우리는 심각한 의혹과 함께 깊이 우려하였다. 왜냐하면, 그것은 자칫하면 반공과 미국의 이익을 위해서라면 이웃 나라의 민주주의가 희생되어도 좋다는 식의 발상으로 이해될 수 있었기 때문이다.

듣건대 6·10 국민대회 이후에는 미국도 우리 국민의 역량과 민주화 열기를 재인식하여 나름대로의 조정 역할을 한다고는 하나 이 또한 '기회주의적인' 성격을 답고 있는 듯하여 한국인에게 그동안 잃어가고 있던 신뢰를 어느정도나 회복시킬 수 있을지는 자못 의심스러운 바가 있다. 우리는 미국이 그들 중심의 국제적 구도하에서 우리의 정치와 경제를 좌지우지하고 종속시켜야 한다는 전략을 앞으로도 계속 갖는다면 이는 민족자주적이고 경제자립적인 우리의 민주화 추진 과정에서 크나큰 비판을 받을 수밖에 없으리라는 것을 명확히 해두고자 한다. 미국이 정치적으로 권장하는 '대화와 타협'과 경제적으로 요구하는 '개방 및 자유화' 등은 정치역학적인 균형과 경제적인 자립이 이룩된 상태에서 성립될 수 있는 개념이고 그렇지 못한 경우에는 이기적이고 허위적인 허사가 될 수밖에 없다. 이런 의미에서 앞으로도 이것들을 일방적으로 계속 주문한다면 이것은 곧 우리 국민의 민주발전 노력에 대한 교묘한 배신이 될 수도 있다는 것을 미국은 명심하기 바란다.

3. 통일은 우리에게는 당위의 문제로서 우리 사회가 지닌 모든 모순을 포괄적으로 해결해 주는 대단원이 된다. 그렇기 때문에 우리는 민족 재결합의 장엄한 소망이 이데올로기 투쟁이나 전략의 도구로 이용되어서는 안된다고 생각한다. 통일에 대한 발언이 법률적으로도 근거가 없고 여론적으로도 의미가 없는 소위 '국시'에 의해 차단당하고, 더구나 정부의 뜻에 맞지 않는 통일논의에 트집이 잡혀 국회의원이 투옥되고 야당이 탄압을 받았던 상황을 우리는 진심으로 개탄한다. 이러한 모든 불행은 통일에 대한 토론을 정부가 독점하고, 경우에 따라서는 그것을 정치적 탄압의 주요 무기로 사용하려는 발상에서 연유한다. 동시에 우리는 통일이 우리를 에워싼 강대국의 이해 관계의 부산물이어서는 안된다는 점을 분명히 한다. 우리는 통일이 민족의 자존을 위한 최고의 가치임을 분명하게 다시 천명하며, 그렇기 때문에 그 논의에 정략의 울타리를 두드리는 기도에 단호하게 반대하는 것이다.

한편 우리는 이 사회가 배태한 악과 부조리에 대해 광범위하고 전진적인 개혁을 요구하는 학생과 노동자 등 많은 젊은 세대들이 용공과 좌경의 죄목으로 투옥되거나 박해를 당하고 있는 현실을 지극히 유감으로 생각한다. 또한 분단이 부과하고 있는 특수한 사정을 이해하면서도 그 특수성에 민족의 장래를 해칠 정도로 심하게 강요되어서는 안된다고 믿는다. 학문적인 연구를 위한 좌경 이데올로기에 대한 논의는 허용되어야 하며, 그런 의미에서 21세기를 향한 문명 사회의 치부로 남아 있는 좌경서적에 대한 금서 조치는 해제되어야 할 것이다. 그리고 다원화된 사회에서 기존의 보수체제로서는 수용할 수 없는 요구가 있다면, 그 요구를 묵살하거나 진압하기보다는 일정한 공간 속에 포용하는 것이 이 사회의 발전에 훨씬 더 유익하다는 주장에 의견을 같이 한다. 그러므로 우리는 사회의 발전과 통일에의 일보 전진을 위해 혁신을 도용한 정당이 아니라 본래의 의미에서의 혁신 정당이 태동되어야 한다고 믿으며, 동시에 이것을 방해하는 온갖 제도적 장애가 과감하게 철퇴되어야 한다고 생각한다.

4. 우리는 정부의 여러 관련기구들이 경쟁이나 하듯이 선전하고 있는 성장의 업적들이 사실상 노동자에게 강요된 혹독한 희생의 결과라고 생각한다. 통계 숫자들이 지적하고 있는 외면적 성장의 발표가 그대로 사실이라고 하더라도, 그 과실이 모두에게 나누어질 수 있도록 그 내용이 충실하지 못하다면, 그런 성장의 유형은 포기해야 한다고 믿는다. 불공정한 분배가 사회의 안정을 헤치며 나아가서는 성장의 기반 자체를 파괴하게 된다는 사실은, 그것을 고집하다가 끝내는 파멸해버린 몇몇 독재정권의 경우가 우리에게 가르쳐주고 있는 교훈이다. 이러한 의미에서 땀 흘려 이룩한 성장의 혜택에 참여하지 못하고 그 주변에서만 신음하고 있는 노동자들이 자신의 권익을 찾기 위해 전개하는 투쟁은 아주 정당한 것으로 받아들여져야 한다.

한편 우리는 부실기업이 과감하게 정리되고, 그들이 외국에 도피시킨 재산은 끝까지 추적되어 환수되어야 하며, 나아가서는 그 장본인에게 응분의 징벌이 가해져야 한다고 생각한다. 그것만이 모든 사람이 보람을 가지고 노동하고 그 결실을 공평하게 나누는 정의로운 사회의 기초가 될 수 있다. 이로써 노동자, 농민등 기층민중이 인간답게 살 수 있는 기틀이 마련될 수 있을 것이다. 나아가서 오늘의 한국경제 상황은 우리 경제가 정통성이 결여된 정권하에서 세계 자본주의 체제 안에 편입되면서 당하게 되는 불가피한 결과이며, 동시에 그것이 자유방임적 자본주의를 거의 맹목적으로 추종한데서 오는 필연적인 소산이라고 본다면, 이의 타개를 위해서는 세계 경제 속에서 한국의 이익을 지킬 수 있는 보다 자주적인 경제 체제가 필수적으로 모색되어야 할 것이다.

5. 우리 사회에 만연되어 있는 반민주적인 의식의 팽배는 직접적으로는 정치 권력의 독재성과 매판성을 기반으로 한 대국민 직접 홍보와 간접적으로는 정치 권력과 국민 간의 의사 소통의 채널 역할을 해온 매스컴 (반) 시녀적인 급증성에 기인하다고 본다. 언론과 표현의 자유의 중요 매개 수단 중 하나인 매스컴은 아직도 지배권력의 전용 도구가 되어 있으며 나아가서 적극적인 합리화 수단 역할을 하고 있는 경우가 많다.

사회의 민주화란 바른 소리를 하고 이를 바른 방법을 통해 바르게 반영할 수 있는 자유가 보장 되어 있어야만 가능하다. 동서고금에 유래를 찾기 힘든 언론 기본법 등을 통한 언론 매체의 탄압, 표현물 제작에 관한 제약 등을 통한 출판기관에 대한 억압, 민중 예술에 대한 강압, 이 모두는 사회의 민주화 통로를 차단하는 중요한 정치 수단이 되고 있다. 이러한 방해 요인의 제거는 사회의 민주화를 촉진하고 단축시키는 중요한 작업이며 이 작업은 사회 구성원 모두의 노력과 아울러 해당 분야 종사자들의 주체적이고 자발저적인 노력이 앞서야 한다고 본다. 근자에 어떠한 노력이 광범하게 이루어지기 시작하는 것을 보고 우리의 정치 사회적 민주화가 진일보할 수 있음을 뚜렷이 느끼고는 있으나 아직까지도 미궁에 빠져 있는 정치 권력과 상당수의 언론안, 출판인, 예술인들의 안일한 체제안주적 반민주적 처사들은 우리 모두를 분노하게 하고 있다. 우리는 언론과 표현의 자유를 억압하는 모든 악법이 우선적으로 철폐되어야 하고 민주 언론인, 민중 예술인 및 민주 출판인들이 모든 불이익 처분에서 즉각 벗어나서 원상복귀되어야 한다고 굳게 믿는다.

6. 대학의 사명과 역할수행에는 문명의 자율화, 교육의 자유화 및 연구의 자유화가 필수적인 요건이다. 그러나 해방 이후 오늘까지 우리의 대학은 중앙집권적인 관료체제에의 종속물로써 반민주·반민족

적인 독재체제의 유지를 위한 정신 교육장이며 기계적인 사회구조의 부품가공장이였음을 누구도 부인할 수는 없으리라. 이제는 이와 같은 전근대적이고 동시에 신식민지적인 대학의 현실이 과감하게 극복되고 환골탈태되어야 한다고 본다. 대학 운영은 대학 형성의 주체인 교수와 학생이 원하는 방향으로 혁신되어야 하고, 대학교육은 시대적인 역할을 감당할 수 있는 지식인을 배출할 수 있도록 개편되어야 하고, 학문 연구는 제반 이데올로기를 모두 흡수하여 국가와 민족의 진로를 제시할 수 있는 기반을 마련할 수 있도록 자유화되어야 한다.

이를 위해서 대학의 자율화는 광범위하게 유보 조항 없이 이루어져야 하며, 학생의 복학 및 징계해제는 성적이나 출석미달에 의한 처벌의 경우에도 민주화운동과 관련이 된 것이 아닌지가 충분히 고려되어서 추진되어야 하며, 교수의 복직도 법률적인 독소 조항과 재단 및 학교당국의 횡포에 의한 해직이나 강제 사표의 경우까지를 모두 포함시켜야 한다.

7. 마지막으로, 교수는 대학에서 교육과 연구의 주체적인 담당자이며 국가와 민족의 백년대계를 위해 실천적으로 기여해야 하는 지식인이다. 그런데 그 동안 교수의 자율적인 권한은 정치적으로 학내적으로 짓밟히고 억압당해 왔다. 그러나 이제는 교수가 몰려오는 외압에 피동적으로 당하고 고통할 수만은 없다. 작게는 학내적인 각 대학에서 관을 비롯한 유관 기관으로부터의 이제까지와 같은 비민주적인 강요나 모순 극복을 위해, 크게는 사회의 민주적인 발전을 위해 자구책을 타진하지 않을 수 없는 것이다. 이러한 취지에서 우리는 본 협의회를 기반으로 해서 앞으로 개입의 여지를 두지 않기 위해 자율적인 '평교수 협의회' 기구를 결성하고자 노력할 것이며, 이 '대학별 평교수 협의회'가 총학장 선출 및 대학 운영의 중심체가 되는 동시에 본 협의회의 대중적인 기반이 될 수 있도록 조직을 확대 강화시켜 나가 초·중·고등학교 교사들과의 연대하에서 보다 그 기반이 확고해지리라 믿어 의심치 않는 바이며, 이러한 연대는 사회의 민주적 발전을 가속화시키는 데 큰 역할을 할 수 있으리라고 본다.

앞으로 우리 교수들은 민주화를 갈구하는 사회의 모든 집단 및 국민 대중과 항쟁이 사회와 학전의 민주화 과정을 똑바로 지켜보고 우리 모두가 원하는 방향에서 조금이라도 어긋날 가능성이 있는 경우에는 주저없이 시정을 요구하고 또 주체적인 수정 노력을 경주하고자 한다.

1987년 7월
민주화를 위한 전국 교수 협의회

현 정권의 6·29선언과 7·1담화에 대하여 몇가지의 문제를 지적한다

-진정한 민주화의 실현을 위한 우리의 입장-

지난 6월 29일 민정당 대통령후보 노태우 씨는 8개항에 걸쳐 민주화의 내용이 담긴 시국수습안을 발표하고 그것을 대통령 전두환 씨에게 건의하였고, 오늘 전두환 씨는 그것을 긍정적으로 받아들이겠다고 발표하였다.

우리는 현 정권의 최고 권력자인 노태우 씨와 전두환 씨의 이같은 발표를 담담하면서도 당연한 것으로 받아들인다. 왜냐하면 이러한 발표는 지난 6·10대회 이후 전국 각지에서 "군부독재타도"와 "민주정부수립"의 구호를 외치며 행동으로 표현된 온 국민의 민주화에 대한 열망의 승리였고, 나아가 이승만 독재정권과 박정희 독재정권 그리고 현 군부독재정권에 이르기까지 줄기차게 반독재민주화투쟁에 온 몸을 다 내던진 민주인사, 애국시민, 노동자, 농민, 청년, 학생들의 희생적인 피어린 투쟁의 한 성과이기 때문이다.

따라서 현 정권의 민주화조치에 대한 발표는 노태우 씨나 전두환 씨의 개인적인 결단에서가 아니라 민주화에 대한 온 국민의 타오르는 열망과 실천적 행동으로 인해 현 정권이 국민의 요구를 들어주지 않으면 안될 그들로서는 어쩔 수 없이 취해야만 했던 굴복인 것이며, 아울러 이같은 온 국민의 승리를 언론에서 몇 개인의 결단에 의해 이루어진 것처럼 그들에게 촛점을 맞추는 태도는 마땅히 지양되어야 한다. 분명 승리자는 지난 40여년간 독재 아래 신음하여 온 국민이다. 그러므로 이번 정권의 민주화조치에 대한 6·29선언과 7·1담화에 대하여 국민의 민주화와 민족통일에 대한 열망을 근거로 몇가지의 구체적인 문제를 지적하고자 한다.

첫째, 8개항에 걸쳐 민주화의 내용을 발표함으로써 지금까지 민주화운동을 탄압하고 억눌러 왔음을 스스로 자인하고 스스로의 반역사성, 반정통성, 반인간성을 드러낸 현 정권이 온 국민 앞에 이에 대한 사죄의 표시와 사죄의 내용을 발표하지 않은 것은 국민의 이름으로 도저히 용납할 수 없는 일이다. 지난 1980년 계엄령하에서 수천의 광주시민을 학살하고 탄생하여 바로 엊그제까지 살인고문, 용공조작, 강간, 불법 연행·연금·구속·폭행 등의 온갖 반인간적 폭력을 행사해 온 현 정권이 정말 민주화에 대한 의지가 확고하다면 자신들이 발표한 민주화의 내용과 함께 지금까지의 잘못에 대해 국민에게 사죄의 표시와 그 내용을 분명히 밝히고 상당기간 스스로 반성하는 모습을 보여야 할 것이다.

둘째, 동장에서부터 대통령까지를 우리 국민의 손으로 선출해야함은 당연한 것이며, 이는 하루빨리 구체화되어야 한다. 그러나 이의 실현을 위한 민주적 개헌에는 대통령직선제와 지방자치제 뿐만이 아니라 민중생존권을 골간으로 하는 인간기본권에 관한 내용이 확실하고도 구체적으로 포함되어야 한다. 민주적 개헌이 단순히 여·야의 협상으로 정치적 권력구조의 결정 문제에로만 국한된다면 이는 온 국민의 정당한 요구에 대한 배신 행위인 것이다. 때문에 온 국민의 뜻과 의지의 집약인 민주적 개헌은 분명히 대통령직선제와 함께 노동자, 농민, 도시빈민 그리고 대다수 국민의 기본적 생존과 생활을 보장하는 내용을 담아야 한다.

셋째, 군부독재의 종식과 민간민주정부의 확고한 수립을 위해 군은 어떠한 경우에서든지 정치에 개입을 해서는 아니 되며, 이는 현 정권의 확실한 대답과 함께 제도적, 법적으로 명시되어야 한다. 우리는 5·16 군사쿠데타 이후 26년 동안을 군부독재하에서 신음해 왔고, 소위 '안보'라는 이름의 기만적 술수에 의해 자유와 정의와 진리의 삶을 유린당하며 살아왔다. 현 정권이 8개항에 걸친 민주화의 내용을 발표한 오늘 과거와 같은 군부가 개입된 어떠한 정치적 술수나 음모가 진행되어서는 절대로 아니되며, 더우기 앞으로의 민주적 개헌과정 속에서도 대통령직선제가 확정된다 하더라도 군부의 권력 획득이 합법적으로 용인되는 일이 생긴다면 국민의 저항은 또다시 가열될 것이다.

넷째, 양심수에 대한 석방, 사면, 복권은 단순히 집시법이나 국가보안법이라는 법적 죄명에 따른 선별의 차원에서가 아니라, 온 국민의 합의를 바탕으로 한 민주화의 결연한 의지로서 이루어 짐을 명백히 밝힌다.

박정희 유신정권을 계승하지 않았다고 주장해 온 현 정권이 박정희 정권 시기에 정치적 이유로 구속되어 지금까지 양심수로 감옥에서 고생하고 있는 민주인사들을 석방하지 않는다면, 이는 현 정권 스스로가 박정희 유신정권의 후계자임을 인정하고 있는 것이다. 1973년 고려대 김낙중 씨 사건, 1974년 민청학련 사건과 관련된 인혁당사건, 1979년 박현채 씨 등의 사건, 남민전사건,

1980년 전노련사건, 그리고 이외의 재일교포 2, 3세의 유학생사건 등과 관련되어 구속된 사람들은 전원 석방, 사면, 복권되어야 한다. 또한 1980년 이후 국가보안법이란 죄명이 붙여진 각종 사건들, 1986년 5·3사건을 전후하여 개헌을 요구하다가 역시 국가보안법으로 처리된 사건들, 특히 정치적 보복을 받아 국가보안법으로 구속된 전 민청련 의장 김근태 씨 사건과 민통련 정책연구실장 장기표 씨 사건, 그리고 이외에 민통련 의장 문익환 목사를 비롯하여 정치적 이유로 구속된 모든 양심수들도 전원 석방, 사면, 복권되어야 한다.

아울러 이같은 정치적 사건에 연루되어 수배된 사람들도 하루빨리 수배에서 해제되어 민주화의 대열에 온 국민과 함께 참여해야 하며, 해직 근로자·언론인·교사 등과 제적된 학생들도 마땅히 복직, 복학되어 자신의 본래 위치에서 모든 역량을 민주화로 집결시켜야 한다.

다시 말해 민주화와 민족통일을 위해 일하다 구속된 모든 양심수들은 그 법적 죄명에 관계없이 조속히 석방, 사면, 복권되어야 마땅한 것이다. 부도덕하고 비정통적인 통치형태에 그 원인이 있는 정치적 구속자들은 분명히 정치적 탄압의 수단으로 구속되어 그 법적 죄명이 붙여지고 조작되어진 것이기 때문에 이들의 석방, 사면, 복권은 온 국민의 합의적 요구로서 민주화와 대화합의 선결 조건이다. 현 정권이 양심수들을 단순히 반공법이나 국가보안법에 저촉되었다고 해서 반국가 사범으로 분류하여 석방, 사면, 복권의 대상에서 제외시키려 한다면, 이는 명백하게 국민의 합의와 열망을 배신하는 파렴치한 기만 행위이다.

다섯째, 평화적 민족통일은 민주화와 함께 우리 민족이 이루어야 할 지상최대의 과제이다. 그런데 이번 현 정권이 발표한 민주화의 내용에는 이에 대해 한 마디의 언급도 하지 않고 있다. 이승만 독재정권 이후 지금까지 평화적 통일에 대한 논의는 정권의 전유물이었고, 이는 통치의 수단으로 정치적 반대세력을 탄압하는 하나의 수단이었음을 우리는 우리의 역사적 경험으로 잘 알고 있다. 따라서 평화적 통일 논의에 대한 언급의 회피는 현 정권이 통일문제를 계속해서 자신들의 전유물로 간직하여 민주당 유성환 의원의 사건에서처럼 정치적 탄압의 수단으로 남겨두겠다는 의도로 파악할 수밖에 없으며 이는 앞으로의 개헌 일정 속에서도 어떠한 형태로든 나타나지 않는다고 단정할 수 없다. 그러므로 현 정권의 발표 속에 평화적 민족통일에 대한 견해가 한 마디도 없었다는 것은 지금까지 자신들이 누누히 강조해 왔던 통일논의가 허구였고 단지 정권유지를 위한 하나의 술수였다는 것을 스스로 드러내 보인 것이다. 따라서 앞으로 평화적 민족통일에 대한 주체적이고 자유로운 논의는 전 국민의 통일에 대한 염원을 바탕으로 제도적으로나 법적으로 보장되어야 한다.

마지막으로, 어떠한 경우 어떠한 이유에서든지 외세는 물러가야 한다. 구한말 이후 우리의 근대사 100년은 외세의 정치적 지배와 경제적 수탈로 점철되어온 치욕의 역사였고 현재까지도 이는 계속되어 우리의 민족적 자존과 자긍은 땅에 떨어져 있다.

특히 현 정권은 1980년 광주 민중항쟁 사건이후 정권의 반정통성, 반도덕성, 반대표성 등으로 인해 외세와 결탁하여 그들의 지원으로 정권을 유지하여 왔고 이러한 정권의 취약성 때문에 안으로는 독재의 강화, 대외적으로는 국가위신의 추락과 경제적 수탈로 국가적 불이익을 당할 수밖에 없었으며, 그 결과 민중의 생활은 도탄에 빠지지 않을 수 없었다.

따라서 우리는 외세의 어떠한 간섭도 물리치고 우리의 힘으로 민주화와 민족통일을 이루어 내어 민족적 자존과 자긍을 되살려야 한다. 외세 배격, 이것이야말로 결코 흔들리지 않는 민주화를 이루어 내는 요체이다. 민주화가 되어도 외세의 입김에 흔들리는 민주화는 결코 진정한 민주화라 할수 없다. 분명히 온 국민은 외세의 간섭에도 흔들리지 않는 민주주의, 우리의 손으로 이룩되는 민주주의를 원하고 있다. 외세 그것은 지난 100년간 우리 민족의 가슴에 한을 심어온 물러가야 할 악령이다.

이상으로 우리는 현 정권의 민주화에 대해 몇가지의 문제를 지적하였다. 이러한 문제점은 지금 진정한 민주화의 대전환기에 있는 대한민국 온 국민의 가슴에 앙금처럼 고여 있는 공통인식임을 분명히 선언한다. 그리고 이의 실현을 위해 우리는 온 국민과 함께 현 정권의 태도를 예의주시하며 계속 온 몸으로 부정과 불의와 불평등에 대항하여 완전한 민주쟁취의 그날까지 투쟁할 것임을 다시한번 밝혀 둔다.

1987년 7월 1일

서울 민주·통일 민중운동연합

언론자유의 확보는 현 싯점에서 가장 중요한 과제다

—현 국면에 대한 우리의 입장—

우리는 지금 이땅의 민주화운동 과정에서 중대한 국면을 맞이하고 있다. 현 정권이 대통령직선제 개헌, 김대중 씨 사면복권 및 구속자 대폭 석방, 언론활성화 등 8개항의 이른바 「시국수습안」을 내놓음으로써 새로운 상황이 조성되고 있는 것이다.

우리는 우선 현 정권의 이같은 태도변화를 환영하는 바이다. 그러나 우리는 이러한 정책변경이 결코 현 정권의 진정한 민주화를 실현하겠다는 자발적인 의지의 소산이나 「선심」이 아니라, 지금까지 독재정권을 단호히 거부하며 투쟁해 온 모든 국내의 민주세력의 노력과 그동안 누구보다도 가혹한 탄압과 고통을 당해온 광범위한 민중들의 희생을 댓가로 이룩한 승리의 결실임을 명백히 해두고자 한다. 우리는 이번 싸움에서의 승리를 통해 민중이야말로 역사를 전진시킬 수 있는 위대한 주체임을 다시 한번 확인하였으며, 승리를 통해 한껏 고양된 민중의 자신감은 그 자체 소중한 성과였다고 본다.

우리는 이제 들뜬 마음을 가라앉히고 현실을 냉철히 검토하여 문제의 핵심이 어디에 있는지를 직시할 때라고 믿는다. 무엇보다도 6·10과 6·26 민주화대행진 등을 통해 쟁취한 이 결실은 장기적인 관점에서 볼 때 어디까지나 민주화과정의 한 단계에 지나지 않으며 그 자체가 곧 민주화는 아니라는 점을 우리는 강조하고자 한다. 권력구조나 몇가지 정치적 현안에 대한 「조치」의 선언만으로는 해결될 수 없는 구조적이고도 근본적인 문제들이 그대로 온존하고 있는 한 진정한 민주화는 실현될 수 없는 것이다.

따라서 우리는 이제부터 이번에 쟁취한 계기를 모든 분야, 모든 수준, 모든 문제에 있어서 진정한 민주주의를 구체화시키고 나아가 분단의 극복이라는 대명제의 실현으로까지 발전시켜 나가는 제2의 대행진 단계에 들어섰다고 생각한다.

이러한 싯점에서 우리가 가장 경계하고 우려하는 것은 전국민대중의 투쟁에 의해 쟁취한 이번 계기를 또하나의 반민중, 반민주적인 정권구축을 위해 왜곡하거나 악용하려는 세력이 준동하지 않을까 하는 것이다. 벌써부터 우리는 현 제도언론이 이른바 「시국수습안」을 특정인의 단독적인 결단이나 현 정권의 양보인듯이 왜곡함으로써, 그리고 이번 투쟁의 주체를 「중산층」이라고 호도함으로써 특정인이나 특정 정파의 이익에 봉사하려고 애쓰고 있는 점에서 그러한 불길한 전조를 발견할 수 있다.

돌이켜 보면 현 정권이 이른바 민의를 완전히 무시하고 자신의 장기집권 계획을 강행하려고 했던 데는 광범한 민중의 열망과 의사를 왜곡하는 데 앞장서온 제도언론이 결정적인 역할을 했다는 것이 우리의 견해이다. 그렇기 때문에 민중들은 직접 거리로 뛰쳐나가 온몸으로 자신의 의사를 표현할 수밖에 없었던 것이다.

이제 문제의 핵심은 분명히 드러났다. 이 민족의 생존과 이 나라의 역사를 보듬고 나아갈 주인은 바로 민중이라는 지극히 단순하고 당연한 진리가 이번 투쟁을 통해 명쾌하고도 극적으로 재확인 되었다. 또한 민중의 의사를 무시하고, 억압하고, 왜곡하고, 거역하는 어떠한 철의 독재정권도 이제는 이 땅에서 더이상 발붙이기 어렵게 되었다는 사실도 확인되었다. 거꾸로 진정한 민주화는 민중의 광범한 합의에 기초하지 않고서는, 그리고 민중의 진정한 의사를 표현할 언론의 자유가 확보되지 않고서는 불가능하다는 사실도 확인되었다.

그럼에도 불구하고 현 정권이 제시한 이른바 「언론」 방안을 보면 이러한 현실을 제대로 직시하지 않고 있음을 드러내고 있다. 그들은 언론기본법의 개폐(폐지가 아니다), 지방주재기자제 부활, 신문의 증면, 프레스 카드제 폐지 등을 언론활성화 방안이라고 내놓고 있는 것이다. 이러한 방안을 노태우 민정당 대표가 「시국수습안」에서 『정부는 언론을 장악해서도 안되고 장악하려 해서도 안된다』는 정신과 크게 어긋난다는 것이 우리의 견해이다.

악명높은 언론기본법의 폐지가 아닌 개폐라는 표현에서도 기본적으로 미온적인 태도를 엿볼 수 있거니와 지방주재기자제의 부활이나 신문 증면, 프레스카드제 폐지 등은 대부분 제도언론의 요구만을 수용한 것이라는 점, 즉 제도언론에게만 선심을 베풀겠다는 뜻으로 밖에는 해석되지 않는 것이다.

우리는 여기서 현 정권이 제도언론에 독점적 기득권을 회복시켜 주거나 확대시켜 줌으로써 그 댓가로 현 정권과 제도언론의 유착관계를 재정립, 강화하고 나아가 이를 차기정권의 장악으로 연결시키고자 하는 정략적 의도가 은폐되어 있지 않느냐는 의문을 배제할 수 없다.

따라서 우리 민주언론운동협의회는 진정한 언론자유가 보장되기 위해서는 적어도 다음과 같은 조치들이 즉각, 무조건 이뤄져야 한다고 선언한다.

첫째, 언기법을 즉각 완전철폐하라. 언기법은 5·17 이후 아무런 국민적 기반도 없는 소위 국보위에서 민의와 관계없이 제정된 수많은 악법 가운데 하나로서 언론자유를 근원적으로 억압하는 법적 장치로 기능해 왔다. 언기법은 대중매체 등록에 있어서 높은 시설기준을 강요함으로써 언론자유의 기본인 출판의 자유를 원천봉쇄하는 한편으로 사실상 재벌과 기존 제도언론에게만 독점적인 발행권을 허용하는 특혜를 제도화한 것이다. 또한 양심적인 언론인의 언론활동을 봉쇄하는가 하면 문공부장관에게 언론매체의 등록을 취소시킬 수 있는 권한을 부여, 헌법상 보장된 발행의 자유를 사법적 절차가 아닌 행정절차에 의해 자의적으로 박탈할 수 있는 법적 근거를 제공하고 있다.

언기법은 한마디로 현정권에 「비협조적」이거나 힘없고 가난한 사람들은 언론매체를 발행할 수도 없고 언론에 종사할 수도 없으며 언론매체에 접근할 수도 없다는 현 정권의 언론관을 노골적으로 드러내고 있는 것이다.

언기법 외에도 언론자유를 제약하는 형법 등 기타의 법적 규제조항 역시 폐지되어야 함은 물론이다. 만약 법적으로 규제해야 될 사항이 있다면 그것은 오직 독점재벌의 언론기관 소유와, 제도언론의 문어발식 언론독과점의 금지 뿐이라는 것이 우리의 주장이다.

둘째, 보도지침을 즉각 철폐하고 홍보정책실을 폐쇄하라. 지난해 9월 언협에서 발행한 「보도지침」은 현 지배세력이 영구집권을 도모하기 위해 제도언론과 손잡고 여론을 얼마나 조직적이고 자의적으로 조작·오도해왔는지를 스스로 폭로했다. 현 정권은 이를 세상에 널리 알린 언협회원과 현역기자 등 3명을 외교상 기밀누설 혐의로 구속, 기소하는 등 지극히 파렴치한 짓을 서슴지 않았으나 결국 국내의 민주세력의 거센 항의에 부딪쳐 1심에서 이들을 석방함으로써 그 부당성을 스스로 시인하고 말았다.

그후 현 정권이 보도지침을 철폐했다는 공식발표가 없는 것을 보면 아직도 보도지침이 시행되고 있다고 간주할 수밖에 없으므로, 우리는 이의 철폐를 공식 발표할 것과 그동안 보도지침을 통해 여론을 조작, 오도해온 데 대해 국민들에게 공식 사과할 것을 촉구한다. 그래야만이 현 정권의 「언론활성화」 운운이 일말의 신뢰나마 획득할 수 있을 것이 아닌가?

세째, 이른바 각종 기관원들의 언론사 출입을 즉각 중단하라. 기관원의 언론사 출입은 보도지침의 연장일 뿐만 아니라 그 자체 자유로운 언론활동에 직·간접적인 위협을 가하고자 하는 현 정권의 의도에 불과하므로 현 정권이 앞으로 진정 「언론을 장악할」 의사가 없다면 이러한 나쁜 관행을 즉각 폐지하는 과단성부터 보여야 할 것이다.

네째, 민중들이 제도언론에 절망한 나머지 스스로의 의사전달 수단으로 개발, 발행하는 광범한 민중언론매체들에 대한 탄압을 즉각 중단하라. 현 정권이 진정으로 언론을 활성화할 계획이라면 제도화된 대량홍보매체 뿐만 아니라 이들 민중언론도 당연히 「언론」의 범주에 포함시켜야 옳다

다섯째, KBS를 명실상부한 공영방송으로 전환시키기 위한 실질적인 조치를 즉각 취하라. KBS가 전파를 독점, 국민위에 군림하여 정부와 소수 집권계층의 일방적인 홍보기관으로 전락함으로써 시청료 납부 거부운동 등 대대적인 국민적 저항을 받았음은 주지하는 대로이다. KBS는 국민의 혈세로 운영되고 있으므로 국민대중의 편에 서서 국민의 이익을 위해 사명을 다할 수 있도록 법적·제도적 보장장치를 조속히 마련, 문자 그대로 공영방송으로 전환시키지 않으면 안될 것이다. 아울러 국민의 원성과 지탄의 대상이 되고 있는 시청료 강제징수를 즉각 중지할 것을 촉구한다.

여섯째, 75년에 해직된 동아·조선일보 기자 2백여명과 80년에 해직된 8백명의 해직기자들을 정부책임하에 전원, 무조건 원상회복시키라. 이는 생존권의 박탈이라는 해직의 부당성을 뒤늦게나마 바로잡는 사회정의의 문제일 뿐만 아니라, 언론자유를 주장하다 강제해직된 이들을 원상회복시키지 않는한 언론자유나 언론활성화에 대한 현 정권의 어떠한 주장도 결코 설득력을 지니지 못한다는 점에서 도덕적인 문제이기도 한 것이다.

마지막으로 모든 제도언론에 촉구한다. 우리는 바야흐로 광범한 민중의 투쟁으로 획득한 이번 승리를 계기로 삼아 진정한 민주주의를 구체화시키고 확고히 하기 위한 대전진을 시작하고 있다. 제도언론은 지금까지 이유야 어디있든간에 독재정권과 제휴하여 민중의 열망을 외면, 억압하고 현실을 왜곡함으로써 역사발전을 저해하는 역할을 해왔음을 통렬히 반성해야 할 것이다. 최근 6·10이후 민주화 시위 과정에서 성난 민중들이 제도언론기관을 주요한 공격목표로 삼았다는 사실이 무엇을 의미하는지 제도언론은 깊이 반성해야 할 것이다. 제도언론이 지난날의 반민주·반민중적인 과오를 바로잡기 위해서 이제부터의 민주화 대열에 본연의 언론활동을 통해 적극 참여하는 길밖에 달리 길이 없다고 생각한다. 이상에서 우리는 제2 민주화 대장정의 출발에 즈음하여 절실히 요구되는 언론자유의 보장을 위한 최소한의 조건을 제시하였다. 만약 현 정권이 말 그대로 언론활성화를 실천할 태세가 되어 있다면 지금까지 언론자유를 제약하고 언론을 정권유지를 위해 통제해온 모든 법적, 제도적, 관례적인 장치들을 신속하고도 과감히 철폐해야 할 것이다. 아울러 제도언론은 지금까지의 민중 적대적인 자세를 청산하고 언론본연의 모습을 되찾는 노력을 민중들에게 보여주어야 할 것이다. 우리는 물론 언론자유는 주어지는 것이 아니라 쟁취되는 것이라는 역사적 진리를 잊지않고 있다. 또한 새시대에 걸맞는 언론은 민중의 힘으로 새로이 건설하고 창조해내야 한다는 것이 우리의 신념이다. 새로운 민중언론의 창설이야말로 제도언론을 극복하고 언론의 자유를 민중의 것으로 구체화하고 확고히 하는 정도인 것이다. 이는 또한 민중이 주체가 되어 민주화를 실현함에 있어서 가장 중요한 과제이기도 하다. 이에 우리는 모든 민주세력이 언론자유를 확보하고 새로 민중언론의 터전을 마련하기 위해 일치단결하여 실천적인 공동투쟁을 전개해 나갈 것을 제창하는 바이다.

1987년 7월 4일

민주언론운동협의회

추도시

이 오욕의 땅 끝으로 가면 너를 만나볼 수 있을까
이 분노의 함성따라 가면 너를 안아볼 수 있을까
그 흔한 유언 한 마디 남기지 못한 채 떠나버린 너를
이젠 영영 다시 볼 수 없단 말인가
영영 네 이름을 다시 불러볼 수 없단 말인가
열아.
한열아!
누가 가라더냐
누가 너보고 먼저 가라더냐
네 친구들이 두 눈 뜨고 아직 시퍼렇게 살아있는데
누가 너보고 아버지보다 먼저 상여를 타라더냐
누가 너보고 어머니보다 먼저 무덤으로 가라더냐
네가 사경을 헤매고 있을 때
우리 4천만 민중은 그토록 살아오길
두 손 번쩍 들고 환한 웃음으로 살아오길 그토록 빌었건만
한열아.너는 끝내.피바람 속.끝끝내 가고야 말았구나
네가 없는 지금. 우리는
네가 남기고 간 시(詩)를 읽지만 다시 한번 눈물이 앞을 가리는구나

그대 가는가
어딜 가는가
그대 등 뒤에 내리깔린 쇠사슬을 손에 들고
어딜 가는가
그대 끌려간 그 자리 위에
4천만 민중의 웃음을 드리우자
그대 왜 가는가

1960년의 마산 앞바다.최루탄이 눈에 박힌 채 떠오른
김주열 열사가간지 27년
그 최루탄이 골수에 박힌 채 뒷통수.뒷통수 외치며
우리의 한열이는 망월동 묘지로 가는구나
아. 그러나 네 죽음은 결코 헛되지 않았구나
억압 착취 모순의 땅 속에서 용암처럼부글부글 들끓다
마침내 땅가죽을 찢고 치솟아오른
저 핏발선 4천만 민중들의 치뜬 분노를 보라!
대머리가 가발을 쓴다고해서 살인마의 낯짝이 변한다더냐
대머리의 가발을 물려받은 노태우가 직선제한다고 해서
죽은 한열이가 살아온다더냐
죽은 종철이가 살아온다더냐
2천 광주의 원혼들이 살아온다더냐
전두환도 노태우도 그놈이 그놈이다
화대받아 대화하는 놈도 협잡하여 타협하는 놈도 그놈이 그놈이다
군사독재 타도하여 민주정부 수립하자, 고 외치던 한국을 '킹콩'이라 하고
노태우를 '국민적 영웅'이라 칭송하는
양코배기들 몰아내 민족해방 쟁취하자고 외치던
아-이 허리잘린 반도의 구석구석을 강타한 압제와 독재의 심장부를 강타한
저 태풍같은 투쟁을 우리 어찌 잊을 것인가
그 태풍 속을 우리의 한열이는 활화산같은 그리움으로 달려오는구나
그러나. 그러나 우리의 종철이가 우리의 한열이가
칠성판 위에서 전기고문으로 죽어가고
최루탄으로 사경을 헤매고 있을 때
우리들은 무얼 했던가
동지들.공동의 적 앞에서 종파주의를 척결하자며
목에 핏대를 세웠지만. 그러나
우리가 얻은 것은 강철같은 분파요
잃은 것은 강철같은 의지가 아니었던가
동지들. 그토록 헌신적으로 투쟁. 투쟁하자면서
그 투쟁을 최루탄 한 방에 헌신짝처럼 내팽개쳐버렸지 않았던가
동지들. 적들이 조준하는 총구 앞에서도
우리는 언제까지. 이토록. 갈갈이. 찢어져
진정 싸워야만 하는가. 동지여
금방이라도 총구멍을 박차고 나와
우리의 심장에 박힐 저 핏발선 탄환이 보이지 않는가
동지여 싸움은 이제 그만
광주 영령들을 더 이상 분노케 하지 말자
종철이 한열이를 더 이상 슬프게 하지 말자
어머니보다 아들이 먼저 묻혀야 하는 척박한 식민지
아버지가 아들의 상여를 메고 가야 하는 착취의 땅
가자. 가다가 쓰러지면
넋이라도 벌떡 일어나 가자
고문이 없는 세상. 최루탄이 없는 세상
자주와 민주와 통일의 그날까지!!!

분단조국 42년 7월 5일

Chun's Concessions Revive Koreans' Hopes

KOREA, From A1

It revived hopes among many South Koreans that they can have a say in government and that liberal democracy may finally take root here.

"The decision is our people's victory," said senior dissident leader Kim Dae Jung. "It is not the outcome of Chun's good will or democratic belief."

Today, the euphoria is dying down. The tough tasks of negotiating a new form of government, fair elections and freedom for political prisoners lie ahead. New disputes are arising. Still, most people seem to feel that a page has been turned.

The potential for political upheaval was always there. The stern and distant Chun is intensely disliked. A former Army general, he is widely regarded as a military dictator. By far the biggest blot on his reputation is the killing of more than 200 people in Kwangju city in May 1980, after troops were sent in to quell demonstrations. By contrast, only two deaths were reported during the recent demonstrations—two protesters and one policeman.

While South Korea sprints confidently into industrial affluence, people here feel that politically, theirs remains one of the world's most impoverished countries. They look at the tolerance and freedoms that go with economic development in the United States, Western Europe and Japan and cannot understand. The threat from communist North Korea seems no excuse to them.

Until June it was conventional wisdom in diplomatic circles here that the middle class would suffer in silence. Many viewed the opposition leaders as political hacks, not much better than Chun. And no one would be willing to face the riot police with whom Chun brutally broke up even the smallest of street gatherings.

People had thus pinned their hopes on constitutional reform talks that began last year and quickly became deadlocked. The opposition demanded direct election of a president, while the government insisted on a parliamentary cabinet form of government headed by a prime minister.

Seeking to break the deadlock, the opposition called mass street rallies. They brought only a small turnout of professional activists who were routed quickly with tear gas and mass arrests. In addition, cracks were appearing in the opposition party's unity, with some members saying the government's ideas should be given a hearing.

In April, the party split up in a noisy feud. The two Kims of the opposition movement, Kim Young Sam and Kim Dae Jung, left to set up a new party, taking most of the members with them.

Chun felt emboldened to move. He put Kim Dae Jung under indefinite house arrest and went on television with the "grave decision" that he had warned would come if agreement was not reached on the new constitution, apparently meaning if the opposition did not accede to the government's demands.

The next election, Chun said, would be conducted under the present constitution's system of indirect voting, which the opposition regards as rigged. Legal action was taken or threatened against various opposition members.

On the morning of June 10, delegates from the ruling Democratic Justice Party gathered at a Seoul gymnastics stadium to rubber-stamp the nomination of Roh Tae Woo, Chun's personal choice, his classmate at the Korean Military Academy and key backer in the 1979 coup d'etat that sealed Chun's rise to power. His election seemed assured.

A newly formed coalition of dissidents had called demonstrations earlier in Seoul and other cities for that evening. Everyone expected the riot police to bowl them over in a few hours.

Instead, the protests swirled out of control through the streets of central Seoul.

Columns of students, chanting "Down with military dictatorship," blocked traffic and defied tear gas and police charges. On a major avenue, they built barricades and fires and sent riot police scurrying in retreat under hails of rocks.

As things began dying down late at night, several hundred protesters made what turned out to be a brilliant move. They retreated into the grounds of Myongdong Cathedral, headquarters for South Korea's 2 million Catholics and by tradition a sanctuary.

Police settled in for a siege and Myongdong became a symbolic focus of the antigovernment fight, drawing crowds in support five days running. Every afternoon, people gathered at streets and intersections around the cathedral.

By now, street mayhem was under way in provincial cities all over South Korea. In Pusan, demonstrators staged a sit-in at the Catholic Center. In Taejon city, they thronged the main avenue night after night. Around the country, they attacked and sometimes burned police stations, riot-control vehicles and government party offices.

Unlike the 1986 revolution in the Philippines, there were no mass rallies of hundreds of thousands of ordinary citizens in one spot. The police never allowed it, attacking immediately.

But people began showing their support in other ways. Somehow the rock-throwing radicals had linked up with the population at large, something that officials had thought would never happen.

The students in Myongdong were flooded with donated food, clothing and cash and quickly became something close to national heroes, people with guts enough to say publicly what everyone was thinking.

UNITED PRESS INTERNATIONAL/REUTER

Roh tries to calm prisoners' relatives during a meeting at party headquarters.

At one point, several thousand office workers staged a festive impromptu rally outside the brick cathedral.

"There are no students here," a trading company employe pointed out proudly. "Everyone has a necktie." Soon squads of plainclothesmen were charging into them, throwing tear-gas grenades, and more people learned what it felt like to be a renegade.

Support seemed nearly universal. The mood was such that a waiter would apologize to customers that a battle outside was disrupting their dinner but note that it was "necessary for democracy." A businessman, watching thousands of students skirmish with police at the city's East Gate, would remark that "the Korean people all feel this way. It is only a few people in the Blue House who do not."

The tear gas, in particular, blanketing huge sections of the densely populated cities and choking millions of adults and children, was a radicalizing factor. The government, desperate to avoid repeating the killings at Kwangju, gave its riot police no guns. But the tear gas they relied on hit everyone for blocks around.

Important, too, was support from the church, as symbolized by Myongdong.

"We support their spirit of protest, of democracy," said the Rev. Augustine Ko at the height of the police siege. Priests pressured the government to stay off the cathedral grounds, keeping the siege alive as a rallying point.

Not much is known of what was happening at this time inside the Blue House. It is clear, though, that within days, officials there were holding emergency meetings, thinking of storming Myongdong. By some authoritative accounts, they came close to imposing some form of martial law. In the end, though, they chose to talk peace.

South Korea is scheduled to be the site of the 1988 Summer Olympics and has a world reputation to uphold. Nothing stung officials here more than public offers at the height of the crisis by Los Angeles and other cities to take the games if Seoul proved incapable of holding them.

South Korea is also fast becoming a significant industrial power, with $35 billion last year in exports, a foreign aid program, even expeditions to Antarctica. Martial law had no place in the image South Korea wants to cultivate abroad.

And there was Chun himself. He has long given signs that he is something more than a simple military ruler. Diplomats said he deeply values his place in history and is desperate not to follow his predecessor Park Chung Hee in using martial law whenever faced with a difficult challenge.

But many people here also believe Chun may have seen martial law as potentially suicidal. There is little doubt that the country's highly disciplined officers and troops would have gone into the streets if ordered, but if things reached the point at which they had to shoot demonstrators, their attitude might have changed.

The troops did that in Kwangju in 1980 and suffered forever in the public eye for it. No one in uniform wants a repetition. Similar killings, many people believe, might have encouraged officers to invite Chun to solve the problem by removing himself.

Another factor was constant cajoling from the United States, South Korea's patron and protector. Its efforts surprised many people in the opposition, who have long seen Washington as generally supporting Chun.

Three days after the crisis began, Ambassador James Lilley firmly advised Korean officials not to assault the cathedral. The following week, Assistant Secretary of State for East Asian Affairs Gaston Sigur flew in to call on government and opposition leaders with what he called a "crystal clear" message that the problems should be solved by peace and compromise, not martial law. A steady stream of similar public statements came out of the State Department and Congress.

By most accounts here, Washington played a significant but not pivotal role in Chun's ultimate decision. The dynamics of South Korean society were already moving things in the direction of a dramatic backdown.

Within days, the government was giving signals that it wanted to talk. On June 24, Chun conferred with Kim Young Sam; it was the first time they had ever met. He offered to release Kim Dae Jung from house arrest and resume discussions on amending the constitution. Kim Young Sam scoffed, saying the demonstrations would continue if that was the best the government could do.

Continue they did. On June 26, tens of thousands of people gathered in Seoul and more than 30 other cities for a "Grand Peace March." Once again the streets were transformed into battle zones of firebombs, rocks and tear gas.

Three days later, ruling party leader Roh stunned the government and opposition camps alike with a television announcement that he favored granting virtually all of the opposition's demands—direct elections, full political rights for Kim Dae Jung, release of political prisoners. He said he would resign if Chun did not agree.

"All of us are responsible for avoiding the national disgrace of dividing ourselves and thus causing the world to ridicule us," Roh said.

Newspapers rushed out extra editions hailing his move. Word sped through coffee shops and offices. Within hours, praise was pouring in from abroad. Two days later, Chun went on television to announce that he agreed to all of it.

With one stroke, the government had cut the much-feared link between ordinary citizens and radicals. Not only that, it had given Roh legitimacy with the public for the first time, as the man who had faced up to Chun. Many people, however, think Chun was in on the deal all along.

Roh has since moved into a high-gear presidential campaign. He has prayed at a patriotic shrine, visited the parents of a student left in a coma by a flying tear gas canister, called on Kim Young Sam unannounced and received a hostile group of families of political prisoners. The injured student died today.

Will the public prefer for president a reasonable former general over a professional opposition gadfly? The ruling party is gambling that the answer is yes. Many other analysts say no, that Roh remains too tarnished by his association with Chun to win a fair direct election.

But that is assuming that the opposition fields just one candidate. Newspapers here have wasted no time in finding cracks in the alliance between the two Kims. There are also minor opposition figures who might enter the race and take some votes from them. The government may be counting on such a split vote in the election, which is supposed to take place late this year.

Government people, meanwhile, are rubbing their hands with glee over the dramatic settlement. Somehow, they have been made to look for the first time in years like thoughtful, compassionate people who hold the national interest above their own.

In the opposition, however, not everyone is sure they have victory. Yesterday, thousands of students massed peacefully at Yonsei University to declare that their fight will go on, since they see the government as incapable of acting in good faith. And many moderates, too, are waiting to see if it really delivers on its promises.

Unanswered also is the question of whether institutions of control that Chun has created are going to melt away. The country has more than 60,000 riot police. It has a huge domestic security apparatus that replaced the former Korean Central Intelligence Agency, as well as the police and the military security command. People there have made careers of clamping down on dissent and will not want to stop.

Perhaps most important, however, is the absence of a democratic tradition in South Korea. People here almost worship democracy but have no idea of how it works. Traditional beliefs stress loyalty and strong, wise leaders.

That is why Chun could handpick a successor and call it democracy. And that is also why Kim Dae Jung can tell visitors that he and Kim Young Sam will settle the question of who will run for president from the opposition side, making no mention of consulting the public or party members.

Protests Turned A New Page In South Korea

By John Burgess
Washington Post Foreign Service

SEOUL, July 4—President Chun Doo Hwan has spent most of his adult life in the South Korean Army. Thus, when he went on television the morning of April 13, he expected the 40 million citizens of his country to fall in line with the unpleasant orders he was about to deliver.

A national debate over constitutional reform was proving too divisive, Chun said in his characteristic dour tones. He had reluctantly decided to suspend it, he said, to avoid the wasting of "national energy" and to move ahead with other important tasks.

But millions of South Koreans, chafing under years of military-installed rule such as Chun's, disagreed. They had placed deeply felt hopes for change and democracy on the talks. Ending them, people said, would mean Chun's handing power to a successor of his own choice next February and years more of the same.

Chun's April 13 decision was a grand miscalculation. From it arose three weeks of startling, Korean-style "people's power" on the streets of Seoul and dozens of other cities, creating for Chun the greatest crisis ever to face his seven-year-old government.

It did not drive Chun out of the Blue House, as the heavily guarded presidential compound is known. But it forced him to decide to accept some of the most far-reaching political concessions to be found in South Korea's four-decade history.

See KOREA, A18, Col. 1

d significant role in events. Page A19

▲ 시위가 한국의 새 장을 열다(The Washington Post, 1987. 7. 5)

이한열 열사를 애도하며

우리의 사랑하는 아들 이한열군이 그의 소생을 위한 온 국민의 기도에도 불구하고 5일 끝내 운명하였다.

우리는 가장 큰 슬픔과 단단한 다짐으로 그의 고귀한 이름을 열사로 부르며, 이 나라의 민주화라는 그의 뜻을 실현하기 위하여 살아있는 우리도 모든 것을 바칠 것이다.

고 박종철군을 고문살인한데 이어 이제 이한열군을 총격 살인한 독재정권을 물러나게 하는 것 만이 우리 국민의 자유와 생명을 지킬 수 있는 길임을 거듭 확인한다.

우리는 다음과 같이 주장하며 또 호소한다.

1. 이 정권은 유족의 반대에도 불구하고 사인을 호도하고 책임을 전가하기 위해 부검을 실시, 고 이열사와 가족에게 또한번 큰 아픔을 안겼으며 오히려 확실히 최루탄에 의한 살인임이 증명되었다. 정부는 이 살인행위의 직접 범행자와 책임자를 색출처벌 했어야 함에도 사건발생 1개월이 경과하도록 아무런 조치를 취하지 않고 있다. 범인의 색출 처벌은 물론 최소한 직속 지휘책임자의 구속 파면 내무장관의 파면을 거듭 촉구한다.

2. 이 군의 죽음에 애도를 표시하고 다시는 이러한 죽음이 있어서 안된다는 것을 다짐하기 위하여 5일부터 이열사의 삼우제가 끝나는 11일까지를 고 이한열열사 추도기간으로 선포하고, 전국의 지방 국민운동본부에는 분향소를 설치하고 온 국민들도 검은 상장을 달고 추도행사에 참여하기를 호소하며, 공영방송은 추도분위기를 저해하는 프로를 중단하고 애도 프로를 방송 방영할 것을 바란다. 9일 장례일 행동요령은 다시 발표할 것이다.

3. 경찰은 지난 5일에도 최루탄으로 숨진 이군을 조문하러 모인 학생들에게 또다시 최루탄을 발사했다. 우리는 이 살인무기 사용을 근절할 것을 거듭 강력히 요구하며 최루탄의 생산중단과 사용금지를 요구하는 국민운동을 전개할 것이다.

1987. 7. 6

민주헌법쟁취국민운동본부

성 명 서

— 故 이한열군을 망월동 5월 묘역에 안장하면서 —

무등의 아들, 우리의 사랑스런 민주아들 이한열군이 소생을 바라던 전 국민의 간절한 염원에도 불구하고 27일간의 기나긴 죽음과의 투쟁속에서 지난 5일 끝내 꽃다운 젊은 나이에 운명하였다.

「푸른 하늘을 날으고 싶다」던 「민주의 세상에서 살고 싶다」던 한열군은 소중한 소망을 간직한채 다시 돌아올 수 없는 길로 가고 말았다.

한열군의 죽음은 개인의 죽음이 아니라 분단과 독재와 외세의 부당한 간섭속에서 살아가는 이땅의 모든 젊은이와 전 국민의 죽음이자 이는 또한 우리 모두의 희망찬 새로운 삶을 출발하기 위한 디딤돌이다.

우리는 사랑스런 이한열군의 죽음에 깊은 아픔으로 옷깃을 여미면서 80년 5월 수천 광주시민을 학살하고 등장한 군사독재의 폭력성과 계속된 살인에 분노하지 않을 수 없다.

6.10이후 열화와 같은 전 국민의 민주화 열기에 굴복하여 민주화 조치를 단행하겠다고 발표했던 현 정권은 5일 이후에도 이 열사의 죽음을 애도하기 위해 모인 학생과 시민을 상대로 이한열군을 죽인 그 최루탄을 다시 난사하여 수십명을 부상케 했다. 한 인간의 죽음에 대한 애도의 눈물마저도 봉쇄하는 군사독재정권의 비인간적 만행에 우리는 경악을 금할길이 없다.

우리는 현 정권에 촉구한다.

이한열군의 죽음을 슬퍼하는 전 국민의 가슴에 다시한번 상처를 만들지 말라!

우리의 추도행렬을 방해하지 말고 모든 평화적 집회를 보장하라!

살인최루탄의 사용을 즉각 중지하라! 군사독재의 사병집단 전투경찰을 즉각 해체하라!

우리의 이러한 요구는 지극히 정당한 전 국민적 기본권이다.

이러한 우리의 요구가 충족되지 않는다면 현 정권이 날마다 떠들어대는 민주화 조치 8개항은 다시한번 국민의 눈을 속이기 위한 군사독재의 기만임이 분명함을 밝히두며 다음과 같이 주장한다.

1. 현 군부독재는 2000여 광주시민을 학살하고 등장 박종철군 고문살인 및 이한열군을 살인최루탄으로 죽게한 살인 정권으로서 더이상 민주의 가면을 쓰고 민주화를 운운할 자격이 없다는 것을 엄숙히 선언하면서 진두위, 노태우를 비롯한 군부독재의 즉각적인 퇴진을 촉구한다.

· 민의에 기반하고 있지 못한 현 정권은 그들의 정권유지를 위해 최루탄과 전투경찰에 의존하고 있다. 우리는 국민의 혈세로 만들어진 최루탄과 전투경찰이 우리 국민의 민주적 행동의 탄압에 쓰여지고 있는 현실에 분개하며 살인최루탄의 추방과 전투경찰의 해체를 위한 범국민적 운동을 적극 벌여나갈 것을 선언한다.

· 우리는 이한열 열사의 죽음이 이한열군 개인의 문제가 아니라 현군부독재의 반민주적·반민중적·반민족적 폭력성에 기인한 문제임을 인식하고 故 이한열군의 장례를 7월 9일 서울에서의 장례에 이어 전남도청 앞 YMCA에서 오후5시 민주국민장으로 치를것을 밝혀둔다.

민주화를 열망하는 가열찬 전 국민적 투쟁에 의해 아직도 멀고 험하기는 하지만 이제 서서히 열려오고 있는 민주화의 날을 함께 하지 못하고 20세의 꽃다운 나이에 사랑하는 부모와 형제, 동지의 곁을 떠나 분단된 조국의 남녘땅에 묻혀야 하는 젊은 넋에 더이상 무어라 할말이 없다.

그가 못다 이룬 소망인 민족의 자주권이 보장되는 민주주의와 민족통일이라는 역사적 소명이 우리 모두의 어깨에 걸려있는 아픈시대를 살아가는 우리가 시대와 역사의 아픔과 함께하며 그의 소망을 하나하나 이루어가는 것만이 그의 죽음을 진정으로 되살리는 것이라 믿는다.

진리와 정의 그리고 분단된 조국땅 한반도를 뜨겁게 사랑했던 광주의 아들 한열군을 우리는 오늘 그가 그렇게 함께 하자 했던 사람들의 품인 망월동 5월 묘역에 안장하면서 조금이나마 위로를 받는다.

우리는 망월동의 5월 영령과 한열군의 죽음앞에서 오열하는 가슴으로 호곡하면서 굳게 손잡고 그들이 남기고 간 거룩한 뜻을 위해 군부독재타도 투쟁을 힘차게 전개해 나갈 것을 결의하는 바이다.

민주쟁취만세!!! 민족자주만세!!!. 민족통일만세!!!

1987년 7월 7일

민주헌법쟁취국민운동전남본부

(광주직할시 북구 유동 107-5 YWCA 6층 601호 ☎ 56-5525)

우리의 군사독재타도투쟁은 아직 끝나지 않았읍니다!

\- "애국학생 고 이한열 열사 민주국민장"을 치르면서 국민에게 드리는 글

1987년 7월 5일 새벽2시, 민주열사 이한열 군은 이제 곧 다가올 군사독재정권이 끝장나는 그날을 보지 못하고 온 국민의 안타까움 속에서 영원히 눈을 감았읍니다.

그러나 바로 그 순간 군사독재정권은 '6.29선언 - 노태우 민주화'를 떠들어대며 무너져가는 자신의 세력을 수습하려는 한편, 이군의 시신을 시민과 학생으로부터 탈취하기 위해 '압수할'물건 - 이한열의 사체1구'란 내용의 압수·수색 영장을 발부하였으며, 이에 분노한 교내시위대에 최루탄을 무차별 난사하여 또다시 17명의 학생에게 부상을 입혔읍니다.

뿐만아니라 군사독재정권은, 이한열군의 죽음이 민주와 자주를 갈망하는 온 국민의 아픔이며 따라서 당연히 그 장례식은 한열이를 떠나보내고 남은 우리가 그의 주검을 딛고 일어서서 독재타도와 반외세자주화의 범국민적 애국투쟁의 결의를 다지는 엄숙한 의식임에도 불구하고, "이제 그만 아픈 상처는 덮어두자","한 사람의 죽음을 정치적으로 이용하지 말자"는 등의 터무니없는 말로써 봇물처럼 터져나오는 국민의 민주화열기를 깔아뭉개고, 이 땅의 민주와 자주를 외치다 스러져 간 한열이의 뜻을 왜곡시키고 있읍니다.

군사독재정권의 허울좋은 '민주화'의 실체는 민주열사 고 이한열군 국민장 준비에 대한 군사독재정권의 탄압을 통해 이제 보다 명백하게 드러났읍니다. 그것은 바로 박정희군사독재정권이 부마민중항쟁에 의해 붕괴되었듯이 6.10대회 이후의 전국적인 반독재투쟁을 통해 자신의 군사정권 역시 조만간 붕괴될 것이라는 판단하에 민중의 애국투쟁에 비굴한 웃음을 띠며 조금씩 뒷걸음질치는 '민주화'인 동시에, 우리가 독재타도의 고삐를 조금만 늦추면 국민의 민주화 자주화 열망에 찬물을 끼얹고 꺼져가는 대외예속적인 군사독재정권의 생명을 연장시키려고 호시탐탐 기회를 노리는 '민주화'인 것입니다. 80년 학살된 2천여 명의 광주시민의 피가 채 가르지 않은 더러운 입술에서 나오는 '민족적 대화합의 민주화'라는 말을 어떻게 믿을 수 있을 것이며, "광주사태는 없었던 일로 하자"는 광주학살 원흉들의 '민주화'를 어떻게 용납할 수 있겠읍니까?

이제 군사독재정권의 뿌리가 완전히 뽑혀지지 않은 지금, 우리의 군사독재타도 투쟁은 아직 끝나지 않았읍니다. 이제 "애국학생 고 이한열 열사 민주국민장"을 치르면서 우리는, 우리의 소심함과 이기주의를 대속하여 산화한 이한열 열사의 주검을 딛고 힘차게 일어서야 할 것입니다. 더욱 굳게 어깨잡고 함성도 드높게 군사독재타도의 대열로 삼천리 방방곡곡을 뒤덮어야 할 것입니다.

자, 높이 들어라, 힘껏 흔들어라, 군사독재타도의 깃발을!!

우리의 주장

광주학살의 원흉 전두환, 노태우를 처단하자!

한열이 뜻 이어받아 군사독재 타도하자!

군사독재 타도하여 민주정부 수립하자!

독재조종 내정간섭 미국을 몰아내자!

1987. 7. 8

민 주 헌 법 쟁 취 문 화 인 공 동 위 원 회

민족미술협의회(738-3767) 민주교육실천협의회(333-2011)

민주언론운동협의회(719-1064) 민중문화운동연합(312-5393)

자유실천문인협의회(718-7153) 한국출판문화운동협의회(717-8515)

천만농민 단결하여 참된 민주화 앞당기자!

–민주헌법쟁취 국민운동 농민위원회 결성에 부쳐–

국민이 나라의 주인으로 '우리 손으로 민주정부를 세우겠다'는 의지는 이제 그 어느 누구도 거역할 수 없는 역사의 대세가 되었다.

6·10 국민대회로부터 전국 곳곳에서 활화산처럼 타오른 국민의 위대한 힘은 마침내 군사독재정권을 뒤흔들고 만 것이다. 그렇다! 6.29 노태우 선언으로 나타난 현정권의 굴복은 모든 국민들이 줄기차게 전개해온 민주화투쟁의 결과이며, 참된 민주정부의 수립을 향한 힐찬 전진의 한 걸음이다.

그럼에도 우리의 싸움은 끝나지 않았다. 우리가 진정으로 바라는 민주화의 새날은 아직 오지않았으며, 군사독재와 그들의 폭압적 장치들은 여전히 뿌리깊게 존재하고 있다.

지금 이순간에도 오직 나라와 겨레를 뜨겁게 사랑한다는 이유만으로 아직도 철장에 갇혀 있는 수많은 구속자와 수배자들, 해고자들이 남아 있으며 이땅의 일하는 사람들의 나날의 삶은 저임금과 저곡가를 비롯한 각종 독점위주의 경제정책에 의해 여지없이 짓밟히고 있다. 이 순간에도 각종 농축산물의 수입은 확대되고 있으며 농산물의 가격폭락으로 농민들은 아우성이다.

어디 그뿐인가? 민주주의를 죽음으로 증언한 수천의 광주원혼들은 아직도 이나라 역사의 전면으로 복권조차 되지 못하였으며 '최루탄으로 물든 잿빛하늘을 자유스럽게 날아보고 싶다'던 또 한 사람의 순결한 젊은 영혼은 독재정권의 최루탄에 의해 영영 우리 곁을 떠나고 말았다.

결국 이땅에서 군부독재정권과 그들의 폭력적 장치들을 완전히 청산하지 않는 한 죽음과 고통의 나날들은 결코 끝나지 않는다. 또한 실질적 민주화조치가 선행되지 않는 한 현재의 헌법논의는 빛좋은 개살구일 뿐이다.

우선 모든 구속자의 석방과 복권, 수배해제, 모든 해고자들의 복직이 이뤄져야 하며 언론, 출판, 결사, 집회, 시위, 파업의 자유등 민주적 제권리와 노동자, 농민, 서민들의 생존권의 실질적 보장이 전제되지 않는 한 알맹이 없는 민주화라 할 수 밖에 없다.

우리는 이같은 명백한 진실을 다시한번 확인하면서 모든 민주세력과 굳세게 단결하여 이땅에서 독재를 완전히 청산하고 분단체제를 영구화하려는 외세의 책동을 단호히 거부하고 민족통일의 광명대도를 여는 그날까지 힘찬 전진을 계속해 갈 것이다. 오늘 천만농민을 대신하여 민주헌법쟁취 국민운동 농민위원회로 모인 우리 농민운동가들은 위와 같은 결의를 새롭게 하여 현재의 시국과 민주헌법에 관한 우리의 입장을 밝히고자 한다.

새로운 헌법제정의 주체는 국민이다.

우리는 현재 민정당과 민주당에 의해 일방적으로 진행되고 있는 헌법논의를 기본적으로 반대한다. 새로운 민주헌법은 오늘의 승리의 주체인 국민 전체의 의사를 전면적으로 반영하여야 한다. 이를 위해 우리는 새로운 민주헌법의 제정과정이 국민운동본부의 주관하에 각계각층의 국민적대표성을 가진 사람들에 의해 논의되어져야하며 공청회를 비롯한 모든 국민의 자유로운 의사를 수렴하는 과정을 거칠 것을 요구한다. 뿐만 아니라 우리는 현재 진행되고, 있는 권력구조중심의 개헌논의에 관해 심각한 우려를 갖고 있다.

권력구조에 관한 논의만으로는 이땅의 절대다수의 국민을 형성하고 있는 일하는 사람들의 권리와 지위가 제대로 반영될 수 없기 때문이다. 따라서 새로운 헌법에는 민족의 실체이며 역사발전의 주체인 일하는 사람들의 모든 권리와 지위가 제도적으로 보장되어야 한다. 이를 위해 먼저 이땅의 노동형제들을 얽어매고 있는 각종노동악법은 전면 폐지되어야 하며 최저임금제 및 8시간 노동제, 노동3권등 노동자의 최소한의 인간다운 삶이 보장되어야 한다.

—새로운 민주헌법에는 천만농민의 주권자로서의 권리와 생존권적 기본권이 전면적으로 보장되어야 한다.

이땅의 천만농민은 국민의 생명을 유지발전시켜가는 식량생산의 주체이며, 농업이야말로 나라살림의 기본토대임에도 이제까지 우리 천만농민은 특권재벌위주의 경제성장정책으로 인해 일방적 희생만을 강요당해왔다.

특히 80년이후 이른바 '개방농정'의 실시와 함께 농가경제는 파탄상태에 직면해 있으며 늘어나는 농가부채로 인해 스스로 목숨을 끊는 농민이 줄을 잇고있다.

우리는 파탄에 직면한 천만농민의 생존권적 기본권이 보장되지 않고서는 민주사회의 건설은 이루어질 수 없다고 확신하며 새로운 민주헌법의 기본적 내용에 대한 천만농민의 입장을 다음과 같이 밝힌다.

첫째, 민주적 토지제도의 확립과 아울러 현재의 독점위주의 경제제도가 전면수정되어 정의와 형평의 원칙에 입각한 경제질서가 확립되어야 한다. 소작제는 금지되어야 하며 경자유전의 원칙에 입각한 토지개혁이 실시되어야 한다. 지금 이땅의 천만농민은 절반이상이 소작농으로 전락하여 자기땅을 갖지 못한채 고율의 소작료로 착취당하고 있다.

비농민적 토지소유 특히 재벌의 땅을 농민에게 환수하고 농지임대차 관리법을 폐지하여 농업생산력 증대와 국민경제자립을 지향하는 획기적인 토지기본법을 제정하라!

뿐만아니라 농산물 가격보상을 통해 땀흘린 노동의 댓가를 충분히 실현하고 농업에 대한 자본의 모든 독점지배와 부등 가교환이 타파되어 농업생산자로서의 새권리가 보장되어야 한다.

둘째, 모든 농축산물의 수입은 엄격히 규제되어 농업생산기반을 지키고 식량자급도를 높힘으로서 자주적 민족경제를 건설해 나가야 한다. 국민경제의 기초산업으로서 농업의 희생을 통한 농업과 공업간 상호보완적 발전을 이룩할 수 있도록 농업 보호조항이 명시돼야 한다.

셋째, 농민의 자주적이고 주체적인 정치참여를 보장하기 위해 지방자치제를 읍·면 단위까지 즉각 실시해야 한다. 자신의 삶을 스스로가 결정하는 지방자치야 말로 민주주의의 학교이며 주민자치의 기본이다.

오늘날 정치가 소수권력집단에 의해 중앙통제식으로 행사되고 특권계층의 이익에 영합해 권력형 부정부패를 양산해 놓고 있는 현실에 비추어 지역주민이 지역살림을 스스로의 힘으로 꾸려가는 주민자치의 회복은 이땅의 민주화를 위한 전제조건이며 담보물인 것이다. 우리는 주민자치의 원칙이 관철되지 않는 일체의 지방자치를 거부한다.

넷째, 농민의 민주적 제 권리를 보장하기 위한 농협·축협·농지개량조합등 각종 농민관련조합이 민주화되어야 하고 제반 악법은 폐지 되야한다.

각종 농민관계조합은 농민의 권익실현을 위해 농민을 보호하고 농민주장을 대변하는 정치적 압력단체로서 존재해야 함에도 불구하고 지난 20여년 동안 관과 독점자본의 충실한 시녀로서 오히려 농민을 지배, 수탈해 왔다. 농협 및 축협에 대한 조합장임원 임면에 관한 인시 조치법및 농지개량조합의 잠정조치는 즉각 폐지되어야 하며 농협을 비롯한 각종 농민단체는 농민의 것으로 되돌려져 조합장 직선제의 실시등 민주적 운영제도가 시급히 확립되어야 한다.

다섯째, 농민의 자율적인 단체결성권과 단체행동권이 보장되어야 한다.

결 의 문

우리는 오늘 독재가 무너지는 마지막 소리를 들으면서 살인정권규탄국민대회를 개최하였다. 분단 40년동안 민족의 자주와 민주화는 독재정권의 집권연장 음모에 산산이 찢기져 나갔다! 그러나 이제 독재정권을 깨부수려는 전 민중적 의지는 시퍼런 독재의 서슬을 누르고 더욱 가열차게 타올랐다. 이승만 정권을 타도한 1960년 4월은 그대로 살아남아 1979년 박정희 유신독재의 철옹성을 깨뜨리고, 이제 그 4월이 다시 부활하여 이한열 열사의 죽음을 통하여 2대에 걸친 군부독재정권에 마지막 철퇴를 가하고 있다. 전두환 정권은 분단 40년동안 반민주적 독재 정권의 장기화에 따르는 민족내부의 모든 모순을 해결하려는 민주적 노력을 경주하기는 커녕, 1980년 민주화의 봄을 광주민중학살로 짓누른 이래 계속하여 반민족적이고 반민주적인 탄압을 자행해왔다.. 나이어린 여대생을 성고문하는가 하면, 급기야는 고문으로 박종철군을 죽이고 최루탄으로 이한열군을 죽였다. 그러나, 80년 이래 지금까지 전 민중의 민주화투쟁은 그 모든 압제를 뚫고 젊은 학생들, 젊은 노동자들의 분신·투신의 죽음으로 독재와 맞싸워왔고 드디어 6.10에서 6.26까지 전국에 걸쳐 활화산처럼 타오른 국민평화투쟁으로 독재의 기를 꺾고 민주화의 서전을 장식하였다. 이제 민주화는 저들의 폭압을 넘어 열사들의 고귀한 죽음을 넘어 우리들 가까이 다가왔다. 그러나, 우리는 결코 앞날을 낙관하거나 비관하지도 않는다. 역사가 제길을 가듯 우리는 이땅에 인간이 인간답게 사는 인간해방의 날, 민족 통일의 날이 올때까지 민족·민주투쟁의 고삐를 결코 늦추지 않을 것이다. 우리 민주헌법쟁취국민운동본부는 이땅에 진정한 민족자주화와 민주화를 쟁취하기 위하여 다음 사항을 엄숙히 결의 한다.

1. 박정권이래 모든 양심수들의 전원 석방·사면복권은 민주화조치의 최우선 과제임을 분명히 밝힌다.
1. 참다운 민주화를 위한 언론·집회·결사·사상·학문등의 자유가 보장되어야한다.
1. 독재의 사슬에 의하여 직장에서 쫓겨난 해고노동자·해직언론인·해직교사들을 전원 즉각 복직되어야한다.
1. 민주헌법을 통한 대통령 직선제와 함께 민주화의 근간이 되는 노동법·선거법은 민주적으로 시급히 개정되어야한다.
1. 진정한 민주화에 역행하는 제반 법적·제도적 장치는 즉시 철폐되어야한다.

우리는 이상의 결의사항이 모든 민주화 실천에 있어서 최우선적으로 이루어져야 함을 거듭 밝히며, 고 이한열군의 죽음 또한 살인정권의 퇴진에 의한 민주화의 실현에 의해서만 참답게 보상될 수 있다는 점을 분명히 해두고자 한다. 아울러 이러한 민주화 조치가 즉각 실현되지 않을 때는 전국민이 끝까지 투쟁하는 결의임도 분명히 밝히고자 한다.

1987 . 7 . 9

민 주 헌 법 쟁 취 국 민 운 동 본 부

- 고 이한열군의 죽음앞에서 400만 애국도민은 절규한다 -

5.18광주민중항쟁의 뜨거운 피가 흐르던 무등의 아들 이한열군이 소생을 바라던 전 국민의 간절한 염원에도 불구하고 꽃다운 젊은 나이에 운명하였다.

우리는 오늘 푸른 하늘을 훨훨 날으고 싶다던 못다핀 젊음을 망월동의 5월묘역에 두고 떠나와야 한다. 민주화를 열망하는 전 국민의 선봉에 서서 몸을 바친 21세의 꽃다운 젊음은 이제 사랑하는 부모와 형제, 동지의 곁을 떠나 두동강난 조국의 남녘땅에 묻혀야 한다.

이한열군은 그토록 소망하던 민주화의 새벽을 끝내 보지못하고 전 국민의 가슴에 아픈 상처를 남긴채 온 국민의 눈물바다속에서 다시 돌아오지 않을 길을 떠나야 한다.

진리와 정의에 불타는 이 젊은 이를 누가 앗아갔는가!

400만 우리 도민은 분명히 기억하고 있다. 전두환 군사독재가 총칼과 탱크로 학살의 피를 뿌리던 만행을. 2,000여 시민을 학살한 현 정권은 최루탄으로 또다시 광주의 젊은 이를 처절하게 빼앗아갔다. 그러고 이들은 한 인간의 죽음에 대해 슬퍼하는 추모의 눈물마저도 힘과 최루탄으로 봉쇄하였다. 400만 우리은 간직하고 있다. 전두환 군사독재의 총칼속에서도 굴복하지 않고 피와 눈물과 환희와 자유를 한덩어리로 함께했던 우리의 자랑스러움을!

보라! 역사를 이끌어가는 민중이 피눈물나는 싸움을 통해 모든 죽음과 억압을 이겨내고 새로운 시대를 열어가는 장엄한 행군을 시작했다.

그렇다! 한열이는 결코 죽을 수 없다. 우리 곁을 떠날 수 없다. 민족의 자주권이 보장되는 민주주의와 민족통일이라는 그의 숭고한 뜻은 전 국민의 가슴속에 뜨겁게 타올라 자주와 민주, 통일의 세상을 힘찬 투쟁으로 다시 부활할 것이다.

우리 400만 애국도민은 한열군의 죽음앞에서 옷깃을 여미고 터져오르는 눈물을 되도안 채 이를 악물고 결의를 다지는 바이다.

- 현 정권은 민주화조치를 즉각 단행하라! -

-, 우리 400만 애국도민은 언론, 출판, 집회, 시위, 결사, 파업, 학문, 사상의 자유와 노동자. 농민의 생존권이 보장될때까지 끝까지 싸워갈 것이다.

-, 구속자의 석방은 현 정권이 베푸는 시혜일 수 없다. 어떻게 군사독재가 정의와 진리를 외치다 구속된 양심수를 심사할 수 있단 말인가? 모든 양심수는 전원 즉각 석방되어야 하며 우리는 이의 실현을 위해 싸워갈 것이다.

-, 우리 400만 애국도민은 전두환 군사독재가 진정으로 민주주의를 할 의사가 있다면 지금 당장 물러나는 것임을 천명하면서 현 정권의 퇴진을 촉구한다. 현 정권의 퇴진하에 구성된 과도민주정부 하에서만이 진정으로 국민의 의사를 대변하는 헌법을 전 국민이 제정할 수 있으며 그 헌법하에서 우리는 민주적인 선거를 통해 민주정부를 수립할 것이다.

우리 400만 애국도민은 광주의 산천에서 광주의 한과 정신을 뜨겁게 사랑하다가 다시 고향으로 돌아온 21세의 죽음앞에서 분단과 외세와 억압에 찌든 내 조국을 온몸으로 부둥켜안고 사랑하며 살아가는 것만이 한열군의 죽음을 헛되이 하지 않는 길임을 다시한번 다짐한다.

1987. 7. 9.

민 주 헌 법 쟁 취 국 민 운 동 전 남 본 부

장성군민에게 드리는 글

온 국민은 「6·10국민운동대회」와 「6·26국민운동대회」를 통하여 이제는 폭력과 최루탄으로 국민의 민주화의 열기를 막을 수 없다는 것을 만천하에 증명하였읍니다.

이것은 우리 민족은 그동안 온갖 외세의 침략과 독재적 억압의 현대사 가운데서도 갑오농민전쟁, 3·1운동, 4월혁명, 부산마산항쟁, 광주민중항쟁의 빛나는 전통을 이어받아 민족의 자존을 수호하고 민주국가를 건설하기 위한 민족전통의 승리임을 보여주었읍니다.

금번 「6·10대회」와 「6·26국민운동대회」를 통한 「6·29민주화선언」은 독재권력에 대한 우리 온국민의 승리였읍니다.

그런데 금번 「노태우 6·29발표」는 마땅히 국민앞에 속죄하는 마음으로 용서를 빌며 발표를 했었어야 함에도 불구하고, 선심을 쓰는 것처럼 국민을 우롱하는 처사는 마치 강도가 주민을 죽이고, 고문하고, 폭력으로 물건을 약탈했다가 주민에게 잡혀 물건을 되돌려 주면서 선심을 쓰는 처사와 같은 것입니다. 왜냐하면 「노태우 6·29」발표 사항인 대통령 직선제 개헌, 대통령 선거의 공정한 개정, 김대중씨 사면 복권 구속자 대폭 석방, 기본권의 최대한 신장, 언론활성화, 지방자치제 및 교육자치제 조속 실현, 정당활동보장, 사회비리 척결 등은 모든 국민의 당당한 권리였던 것을 현 정권은 폭력과 고문과 살인으로 국민에게 빼앗아 갔거늘 이제 국민의 힘에 의해 국민에게 되돌려주는 마당에 마땅히 현정권은 국민에게 속죄하는 마음으로 모든 권력에서 물러나야 당연할 것임을 천명하는 바입니다.

또한 진정한 민주화는 정치적 민주화만이 아니라 경제적 민주화가 선행되어야 함이 자명한 바, 우리 민족경제의 뿌리이며, 자궁의 역할을 담당한 노동자, 농민의 생존권 보장을 위한 분명한 정책을 제시하기를 촉구하는 바입니다.

그동안 우리 장성군민들은 열화같은 민주화의 의지를 가슴에 담고 군민으로써의 역할을 키워왔던바 이제 우리는 우리민족이 밝고 희망찬 미래로 도약하기 위해 모든 군민의 민주화 의지를 총집결하여 민주화의 열기를 실천할 단계에 이르렀음을 온 국민에게 천명하고 이를 실행하기 위해 「민주헌법쟁취국민운동 장성지부」를 결성하고, 전 군민이 힘있게 조직하고 참여하고 실천하여 장성군 민주화의 파수꾼 역할을 감당할 것을 다짐하는 바입니다.

1987년 7월 9일

민주헌법쟁취국민운동장성군지부

한열이의 주검을 안고 군사파쇼 타도 투쟁으로 전진! 전진하자

이땅의 진정한 민주주의와 민족통일을 열망하는 4천만 민중형제 여러분!

민족투사 고 이한열 학우는 고 박종철 학우를 죽음으로 몰아넣었던 고문을 영원히 추방하고자 군사파쇼를 응징하려던 6.10 투쟁에서 파쇼경찰의 직격 난사로 우리 곁을 떠났읍니다. 이제껏 최루탄과 고문으로 군대와 감옥으로 민중의 민주주의 열망을 압살하고 파쇼체제를 유지해 온 반동 부르조아는 '호헌철폐', '독재타도'의 함성으로 연일 전국을 휩쓸었던, 민중투쟁에 직면하여 소위 '민주와 실리'을 위한 8개항을 발표하기에 이르렀다. 군사파쇼의 우두머리 전두환은 시위에 참여했던 학생이나 시위를 막던 전경이나 민주주의를 위한 행동이었다는 점에서 동일하다며 직선제 개헌을 비롯한 제조치로 민주주의를 실현하겠다고 떠들고 있읍니다.

그러나 백만 민주 학우여! 4천 만 민중형제여! 백주에 야수와 같은 고문으로 민주투사를 살해할 장본인들은 그간의 대공수사에서 공헌을 감안하여 가벼운 형량으로 내려지고, 누구나 입을 모아 고문 추방을 담하지만 여전히 파쇼체제에 대항하는 투사에게 잔인한 폭력적 고문을 자행하는 치안본부, 안기부는 그대로 남아있읍니다. 최루탄 난사로 고 이한열 동지를 죽게한 파쇼경찰은 여전히 대학교문에서 거리에서 민중투쟁을 진압할 만반의 채비를 하고 있읍니다. 또한 7년 간 광주민중의 민주주의를 향한 항쟁을 군화발로 짓밟고 들어선 장본인들이 광주사태를 정치적으로 대결하겠다는 것, 역시 파쇼국가의 폭압성을 은폐하려는 행위에 불과할 뿐 파쇼국가를 옹호하는 방패막이로서 군부는 여전히 존재하고 있읍니다.

민중들이 스스로를 짓누르고 있는 정치적, 경제적 억압과 착취를 벗겨 던지기 위해 민주주의를 요구하고 나섰을 때 '호헌이다, 내각책임제 개헌이다'하면서 완강히 거부하던 반동적 지배계급들이 6.10 투쟁으로 이어지는 전국적이고도 격렬한 민주주의 쟁취투쟁에 놀라 직계로 민주주의 실현을 이룩하자고 나섰읍니다. 그러나 대통령직선제 개헌만 되면 민주주의가 이루어질테니 시위를 화해하자고 속삭이는 것은 속보이는 속임수일 뿐입니다. 민중을 억압, 수탈하는 반동 부르조아와 파쇼적 폭압기구가 그대로 남아있는 상태에서의 대통령 직선제란 민중을 지배한 재배자를 몇년에 한번씩 갈아주는 것에 불과한 것이기 때문입니다. 결국 파쇼 하에서의 직선제 개헌이란 민중투쟁이 파쇼국가의 완전한 분쇄투쟁으로까지 선출하기 전에 파쇼체제의 위기를 모면하고자, 민중억압 파쇼체제의 폭압성과 반동성을 은폐하고 자유주의적 부르조아와의 타협하여 민중투쟁을 무마하는 데에만 관심이 있음을 보여주는 것에 다름아닙니다.

반동 부르조아를 스스로 떠들어 대는 것처럼, 민중의 뜻에 따라 민주주의를 실현할 무의사가 있다면 제일 먼저 민중억압의 모든 폭력기구를 해체해야 할 것입니다. 치본, 안기부 등의 수사기관을 해체하지 않고도 '인권보호조항'을 법률적으로 강화함으로써 고문이 종식될 수 있다는 것은 새빨간 거짓임을 우리는 익히 보아왔읍니다. 또한 최루탄과 방패충과 대검으로 무장한 경찰군대도 반동적 지배계급의 국가체제를 옹호하고 방어라는 방패막으로서 민중들의 정치적 자유화와 민주주의를 탄압한 물리적 폭압력 그 자체일 뿐이며, 그것의 해체없이 말로만 문구와 조항으로만 아무리 종립을 외친다하더라도 그것은 고 박종철, 고 이한열 열사를 비롯한 수많은 민중의 죽음이 요구하는 것, 2천여 광주민중영령의 요구는 바로 파쇼체제를 떠받고 있는 기둥을 즉, 파쇼 경찰군대 제수사기관 감옥의 폭파 해체입니다

백만 민주학우여 4천만 민중형제여! 이렇듯 반동적 부르조아제의 파쇼적 폭압기구가 그대로 남아있는 상태에시 이루어지는 직계탄, 직개로 민주정부 수립하여 민주주의를 실현하고자 목청돋우는 것은 민중들의 민주주의 열말을 기만하고, 또 다른 억압의 굴레로 묶어두려 반동적 책동에 불과합니다. 군사파쇼의 완전한 타도만이 우리에게 진정한 자유를 가저다 줄 수 있으며 이와같은 정치적 자유 하에서 소집되는 제헌의회에서 민중 민주주의 국가 수립의 초석이 될 새로운 헌법을 제정하는 결단이 민중의 민주주의를 실현하는 것입니다.

이재 고 이한열 투사의 주검 앞에서 타오르는 분노와 가슴을 안고 파쇼체제의 일체의 폭압기구를 즉각 해체하기 위한 투쟁으로 떨쳐 일어납시다: 민중 기만의 계량조치로 파쇼체제를 유지하려는 반동무리를 타도하고 민중의 민주주의 민중공화국 수립을 하기 위한 투쟁으로 전진 전진합시다!!

-- 고문 살인 경찰 즉각 해체하라!1

-- 군사파쇼 타도하고 제헌의회 소집하자!!

-- 제헌의회 소집하여 민주주의 민중공화국 수립하자!!!

1987.7. 9 경인지역 민족민주학생연맹

민주헌법쟁취 국민운동 성남지역 본부 결성 선언문

반만년의 기나긴 세월을 걸쳐 끊임없는 내외의 핍박자들에 대항해 의연히 투쟁해 온 빛나는 전통을 이어받은 우리 민족은 근세에 들어서만도 갑오농민 전쟁, 3.1독립투쟁, 4.19혁명, 80년 광주민중항쟁등 무수한 투쟁속에서 조국을 지키고 억압의 사슬에서 민중을 해방하고자 의로운 피를 흘려 왔다.

그러나 아직 억업과 착취는 끝나지 않아 압제자는 새로운모습으로 우리 민중앞에 나서 폭력과 기만으로 우리를 억누르고 있다. 이승만 정권이 그러하였고, 박정희 정권이 그러하였다. 현 군사독재정권도 역시 반민족성, 반민중성, 반민주성에 있어 엣대의 압제자와 하등 다를바 없다. 총칼로써 민중의 눈과 입을 틀어막고 독재의 칼을 휘둘러 온 지난 7년간 수많은 우리 민중은 고통과 좌절속에서 신음하고 있다. 노동자의 생존권은 여지없이 박탈당하여 장시간 노동과 저임금으로 노동자의 인간다운 삶이란 한날 꿈같은 헛소리에 불과하게 되었다. 수많은 농민들은 빚더미에 깔려 신음하고 있으며 저농산물 가격, 수입농산물등으로 피맺힌 절규를 하고 있다. 독점 재벌을 살찌우고자 허울좋은 올림픽을 위해서라며 강행하고 있는 도시재개발 사업으로 얼마나 많은 우리 민중이 피눈물을 흘리고 있는가? 더우기 외세에의 예속은 갈수록 심화되어 민족의 자주성은 송두리채 뿌리뽑혀 버렸다. 그리하여 빛나는 민족의정기는 어디에 가버렸는지 지하에 잠든 선조들의 통곡소리가 울려 나올것만 같다.

그러나 우리 민족의 위대성은 결코 사라진게 아니었고 우리 민중의 위대한 힘은 결코 허물어진게 아니었다. 억눌리고 찢기워진 우리 민중의 힘은 드디어 용암으로 터져 나오기 시작하고 있다. 올해들어 박종철군 고문치사 사건으로부터 시작된 우리 민중의 분노는 2.7, 3.3 대회로 터져 나왔으며, 이어 밤양사건, 복지원 사건, 4.13호헌책동, 고문조작은폐 사건등 일련의 반민중적, 반민주적, 사건에 접하여 전 국민적 분노는 이제 독재타도의 함성으로까지 나아갔다. 이에 전 국민의 분노의 함성을 하나로 결집시켜 반독재 투쟁을 더욱 효과적으로 수행하고 완전한 민주정부의 수립을 목표로 이미 지난 5월 27일 국민운동 중앙 본부가 결성된바 있다. 이제 착취와 억압으로 얼룩진 독재정권을 끝장내고 진정한 민주헌법에 기초한 민주정부 수립이란 과제가 현실성을 가지고 우리 눈앞에 다가왔다.

6월 투쟁에서 보여준 우리 민중의 위대한 힘은 그토록 견고하게만 보이던 군사독재 정권의 벽을 허물어 내기 시작하였다. 보라. 전국 방방곡곡에서 터져 나온 독재타도의 함성에 놀라 허둥대는 독재정권의 초라한 몰골을. 군사독재의 영구권을 획책하던 자들이 어쩔수 없이 내놓은 위기수습안은 무너져가는 독재정권의 기반을 끝까지 지켜 보겠다는 가련한 발악에 불과할 뿐이다. 이제 거세게 타오른 우리 민중의 민주화 투쟁은 결코 꺼지지 않을 것이며— 40여년을 이어온 독재정권에 종지부를 찍고 나아가 민족자주권을 쟁취하고, 조국통일의 그날까지 힘차게 타오를 것이다.

이에 전국적으로 확산되고 있는 국민운동 지역본부 결성에 발맞추어 현재의 민주화투쟁을 더욱 성과적으로 추진하기 위하여 우리 성남지역에서도 성남시 지역본부를 결성하고자 한다. 그간 6월 투쟁에서 보여준 우리 성남시민들의 투쟁의지는 실로 놀라운 것이었다. 연일 수만명의 시민이 투쟁에 동참하고 지지 성원하였다. 그러나 아직 투쟁이 조직적이지 못하였기 때문에 수많은 헛점을 보여준게 사실이었다.
그리하여 이제 성남지역본부의 결성은 시급을 요하는 문제로 대두 되었다.
지역의 모든 운동역량은 하나의 통일된 역량으로 결집되어야 한다. 우리 성남지역 본부는 미약하나마 현재의 수준에서 이러한 통일의 기초가 되고자 최선을 다할 것이다.
현 수준에서 가능한 한 각계각층의 모든 민중이 하나의 운동역량으로 결집될때 비로서 이 땅의 완전한 민주화는 가능한 것이다.
이제 우리에게는 계속 전진하는 길만이 남아 있다. 더 이상 꽃다운 청춘이 피기도 전에 떨어지는 비극이 없어지고 모든 국민이 정치적 억압, 경제적 억압으로 부터 해방되어 농민이 농약먹고 죽어야 하는 아픔이 사라지고, 사회를 발전시키고 지탱하는 역군 노동자가 굶주리지 않는 그날까지, 더이상 외세의 간섭없는 민족자주의 그날까지 남과북이 하나되어 어깨동무 춤출 그날까지 우리 모두 힘차게 전진하자.

1987년 7월 13일

민주헌법쟁취 국민운동 성남지역본부 발기인 일동

경남본부

민주헌법쟁취 국민운동 거창군지부 결성선언문

1980년 5월 민주화를 요구하는 광주시민들을 총칼로 무참히 짓밟으면서 들어선 군부독재정권은 오늘에 이르기까지 자신들의 영속적인 집권을 위해 국민들의 눈과 귀와 입을 틀어막고 대다수 노동자와 농민들의 생존권을 박탈하여 왔다.

현 정권의 재벌위주 경제성장정책에 의해 노동자들은 헌법에 보장된 노동삼권의 기본적 권리마저 박탈당한채 장시간의 고된노동에도 불구하고 10여만원 안밖의 낮은 임금에 허덕이는가 하면, 외국농산물의 마구잡이 수입과 땅투기에 의해 대부분의 농민들은 소작농으로 전락하고 농가부채에 허덕이면서 심지어 자살까지 하게 되는 참담한 상황으로까지 치닫고 있다.

특히 현 정권은 재벌들을 의식한 저농산물 가격정책에 의해 농가1 가구당 부채액 평균이 450만원이라고 하는 이 기가막힌 현실앞에서 우리는 분노하지 않을 수 없다.

이렇게 민중의 생존권을 빼앗는 군부독재정권의 퇴진과 민주화를 요구하였다는 이유로, 부천서의 권양은 입에 담을 수 조차 없는 성고문을 당하는가 하면, 서울대생 박 종철군은 어두운 밀실에서 소리조차 지르지 못하고 극악한 고문에 의해 살해되어야 하는 이 끔찍한 현실을 앞에 하고, 우리는 더 이상 이정권이 이땅에 존재해선 안된다고 하는 사실을 확인한다.

국민들의 대다수를 차지하는 노동자와 농민들의 생존권을 짓밟고, 자신들의 집권유지를 위해 가공할 고문을 국민들에게 가하는 현 정권은 이제 더 이상 이 민족의 정권일 수 없다.

그런 의미에서 지난 6월 항쟁이후 노 태우에 의한 4·13호헌조치의 철회와 구속인사석방 등 일련의 민주화 조치 발표는 국민들의 위대한 민주화투쟁을 통한 성과이었음을 우리는 안다.

그럼에도 불구하고 현 정권은 마치 이 민주화조치가 국민의 뜻에 의한것이 아니라 자신들의 선심에 의해 이루어진 것인양, 왜곡선전함으로써 이후 있을 직선제를 통해 또 한번의 집권을 시도하는 끈질긴 정권욕을 버리지 않고 있다.

또한 노 태우에 의해 발표된 6·29선언에는 민주화의 가장 중요한 부분인 민중의 생존권보장에 관한 조항은 전혀 포함되어 있지 않았다.

지난 6·10이후 분출되었던 국민들의 뜻을 현 군부독재정권은 똑똑히 알았을 것임에도 불구하고 또한번 기만적인 민주화조치를 통해 국민들을 속이려 하는 저들의 속셈을 그 누구나 할것 없이 다 알고 있음을 현 정권은 깨달아야 할 것이다.

현 군부독재정권의 완전한 퇴진과 민주정부수립없이, 민중의 생존권이 보장되는 진정한 민주화실현이 있을수 없다고 하는 사실을 우리는 여기서 다시한번 천명하고자 한다.

이에 우리는 현 군부독재정권의 퇴진과 민주정부수립을 바라는 거창지역 모든 국민들의 민주화요구를 대변하기 위해 민주헌법쟁취 국민운동 거창군 지부를 결성하고자 한다.

우리의 결의

◎ 군부독재타도하여 민주정부수립하자

◎ 민주헌법쟁취하여 군부독재타도하자

◎ 부채상환거부하여 농민생존권 쟁취하자

1987. 7. 15

민주헌법쟁취 국민운동 거창군지부 발기인 일동

취 지 문

-민주헌법쟁취 국민운동본부 의정부시 지부 결성에 부쳐-

80년 온 국민의 민주화 열망을 총칼과 군화발로 짓밟고 권력을 탈취한 현 군사독재정권에 대한 각계각층의 광범위한 투쟁은 줄기차게 진행되어 이제 커다란 힘으로 우리앞에 나타나게 되었읍니다. 특히 6월항거에서 표출된 민중들의 광범위한 민주의지와 군사독재타도투쟁은 저들로 하여금 이른바 '6.29노태우 선언'을 내놓지 않을 수 없게 만들었읍니다.

그러나, 6.29선언 이후에 현 정권이 행한 선별적 구속자 석방, 수배해제 및 사면 복권 조치를 보면서 그들의 허위와 기만성에 실망과 분노를 금할 수 없읍니다. 더구나 최루탄에 맞아 운명한 이한열열사 장례식 후 평화적 행진을 하는 시민들에게 무차별로 최루탄을 난사하는가 하면 성당 및 교회 등에 경찰이 난입하여 성직자 폭행 및 기물파괴, 무단연행등을 서슴치않는 상식밖의 만행을 저지르고 있읍니다.

이러한 일련의 사태는 6.29선언 뒤에 감추어진 허위와 기만성을 잘 드러내는 것이라고 밖에 판단할 수 없으며 저들의 간교한 반 민주적, 반 민중적 작태에 온 국민은 분노와 실망을 금치 못하며 군사독재를 단호히 거부하고 있는 것입니다.

이제 우리는 군사독재정권의 잔혹하고 야만적인 간교한 술책에 말려 저들의 지배를 계속강요당할 것이냐, 아니면 국민의 단합된 힘으로 참다운 민주화와 통일을 스스로 쟁취할 것이냐 하는 중차대한 역사의 전환점에 서 있읍니다.

그동안 이 땅의 민주화와 통일을 위한 운동은 소수의 선도 세력이 국민대중과 고립된채 계기적 한시적 성격을 갖고 개별 분산적으로 진행되어온 결과 일정한 성과가 인정됨에도불구하고 일반적인 수세속에 조직적 대응을 하지 못한 한계도 가지고 있었읍니다. 이에 이번 6월항거에서 확인된 민중들의 광범한 민주의지를 한 점에 결집시켜 장기적·상시적·실천적 조직으로 묶어냄으로써, 국민 모두가 주체로 되어 민족자존과 민중생존 및 국민주권 회복을 위해 함께 싸워 나가는 민주구국운동을 전개해야할 과제가 절실해졌읍니다.

그동안 지역사회에서 민주화를 위해 헌신해온 각계의 인사들이 한데 모여 이러한 민족사적 과제를 깊이 인식하고 민주구국운동인 민주헌법쟁취 국민운동을 우리의 생활터전에서 효과적으로 전개하기로 의견을 모아 "민주헌법쟁취 국민운동 의정부시 지부"를 결성하기로 하였읍니다. 이는 잠재되어 있던 지역사회의 민주역량을 한데 결집시키고 지역여론의 장악과 주민자치의 실현을 위한 우리의 힘을 배양하는 실천조직이 될 것입니다.

군사독재를 이 땅에서 영원히 종식시키고 국민이 진정으로 나라의 주인이 되는 민주화된사회와 통일된 나라를 이룩하는데 큰 밑거름이될 이 민주구국운동에 지역사회 각계각층의 적극적인 동참을 바라며 민주화와 민족자주와 통일을 쟁취하는 그날까지 국민운동본부의 깃발아래 굳게 뭉쳐 함께 헌신할 것을 호소하는 바입니다.

1987. 7.15.

민주헌법쟁취 국민운동본부 경기도 의정부시지부 결성준비위원회

결 의 문

우리 "민주헌법쟁취국민운동남가주의원회"(약칭: 국민운동남가주위원회)는 지금의 국내정국이 한결 밝아진것은 사실이나 80년도의 경험에 비추어 이들 군사독재정권의 감시와 긴장의 고삐를 늦출수 없고 이들의 또 다른 국민배반음모를 철저히 경계하기 위하여 다음의 사항을 결의한다.

1. 일부 군부세력의 정치개입은 역사의 비극이며 국군의 정치도구화는 안보를 와해시키는 길임을 확신한다. 군의 정치적중립을 제도적으로 보장하여 국민으로부터 신임을 회복해야한다.
1. 현정권이 진정한 국민의 뜻에 부합되는 민주화의지를 실천하기위해 중립적 거국내각을 조속히 구성하라.
1. 모든 양심수들의 석방을 단행하고 8.15까지 사면, 복권하라. 동시에 전국에 지명수배중인 민주인사의 수배령을 즉각 해제하라.
1. 한국민주화에 헌신하였다는 이유로 입국을 거절당한 외국인의 자유입국을 즉각 실시하라.
1. K.T.E 는 전두환독재정권의 앞잡이로 정부의 허위선전만을 일삼아 고민사회를 우롱하고 민주화를 방해하여온 기관이므로 모든 광고불매운동을 전개한다.

민 주 헌 법 쟁 취 국 민 운 동 남 가 주 위 원 회
결 성 선 언 문

민주주의는 온세계 자유민이 요구하는 도도한 역사의 흐름이며 소망입니다.
오늘 이 시대적 요청인 조국의 민주주의를 위한 국민의 열화같은 의지와 항거는 기어코 악독한 전두환군사독재정권의 영구집권음모를 분쇄시키고 있읍니다. 이들 군사독재자들은 장장 25년동안 소위 혁명공약을 비롯하여 수없이 국민을 기만하고 정의를 외면한체 온갖 수단을 다하여 사리사욕에 눈이 어두워 신성한 국권과 민권을 제물로 삼어온자들임을 생각할때 금번 이들이 언약한 8개항의 민주화 조치도 전두환군사독재정권의 진의를 믿을수 없기에 우리국민은 한시도 방심함이 없이 완전한 민주주의가 성취되는 그날까지 노력하여 기필코 우리조국의 위대한 자유민주주의의 유산을 후손에게 물려줘야 하겠읍니다.

자유민주주의의 쟁취를 위한 우리조국동포들의 확고부동한 신념과 의지는 어떠한 기만과 술수로 물리치고 반드시 성취되어야 하겠기에 모든 민주세력을 하나로 결집시켜 우리교민들의 단결과 민주의지를 과시하고자 그 뜻을 모았읍니다. 사제, 목사, 승려, 민주인사, 언론, 교육, 문화 청년, 여성, 학생 모두 하나가 되어 조국의 민주주의를 위한 고난과 승리의 영광을 함께 하기로 이에 결의하는바입니다.

우리는 내일의 약속이 아닌 오늘의 민주화 실천이 필요합니다. 따라서 군사독재정권이 물러나는데 어떠한 변명도 있을수 없읍니다. 그러므로 우리는 거국중립내각을 구성하여 양심에 입각한 공정한 민주화조치가 이룩되도록 교민들의 뜨거운 성원을 바라며 이에 민주헌법쟁취국민운동 남가주위원회 의 결성을 선언하는 바입니다.

1987년 7월 17일

민주헌법쟁취 국민운동 남가주 위원회

▣ 민주헌법쟁취 국민운동 구리시·남양주지부 발기취지문 ▣

총칼로써 국민의 눈과 입을 틀어막고 독재의 칼을 휘둘러 온 지난 7년간 수많은 우리 국민은 고통과 좌절속에서 신음하고 있다. 노동자의 생존권은 여지없이 박탈당하고 장시간 노동과 저임금으로 노동자의 인간다운 삶이란 한낱 꿈같은 공염불에 불과하며, 수많은 농민들은 빚더미에 깔려 신음하고 있으며 저농산물 가격, 농산물 수입 등으로 피맺힌 절규를 하고 있다. 더우기 외세에의 예속은 갈수록 심화되어 민족의 자주성은 송두리채 뿌리뽑혀 지고 있다. 그리하여 빛나는 민족의 정기는 어디에 가버렸는지 지하에 잠든 선조들이 통곡할 지경이다.

그러나 우리 민족의 위대성은 결코 사라진게 아니고 우리 국민의 위대한 힘은 결코 허물어 진게 아니었다. 억눌리고 짓기워진 우리 국민의 힘은 드디어 용암으로 터져 나오기 시작하고 있다. 올해들어 박종철군 고문치사 사건으로부터 시작된 우리 국민의 분노는 2·7, 3·3대회로 터져 나왔으며 이어 범양사건, 복지원 사건, 4·13호헌책동, 고문조작 은폐사건 등 일련의 반국민적, 반민주적 사건에 접하여 전 국민적 분노는 이제 독재타도의 함성으로까지 나아갔다. 이에 전 국민의 분노의 함성을 하나로 결집시켜 반독재 투쟁을 더욱 효과적으로 수행하고 완전한 민주정부의 수립을 목표로 이미 지난 5월 27일 국민운동 중앙본부가 결성된 바 있다. 이제 착취와 억압으로 얼룩진 독재정권을 끝장내고 진정한 민주헌법에 기초한 민주정부 수립이란 과제가 현실성을 가지고 우리 눈 앞에 다가왔다. 우리 국민의 위대한 힘은 그토록 견고하게만 보이던 군사독재 정권의 벽을 허물어 내기 시작하였다. 보라. 전국 방방곡곡에서 터져 나온 독재타도의 함성에 놀라 허둥대는 독재정권의 초라한 몰골을 군사독재의 영구집권을 획책하던 자들이 어쩔 수 없이 내놓은 위기수습안은, 무너져가는 독재정권의 기반을 끝까지 지켜 보겠다는 가련한 발악에 불과할 뿐이다. 이제 거세게 타오른 우리 국민의 민주화 투쟁은 결코 꺼지지 않을 것이며 40여년을 이어온 독재정권에 종지부를 찍고 나아가 민족자주권을 쟁취하고, 조국통일의 그날까지 힘차게 타오를 것이다.

이에 전국적으로 확산되고 있는 국민운동 지역본부 결성에 발맞추어 현재의 민주화투쟁을 더욱 성과적으로 추진하기 위하여 구리시, 남양주 지역본부를 결성하고자 발기하는바이다.

1987년 7월 22일

민주헌법쟁취 국민운동 구리시 남양주 지역본부 발기인 일동

민주헌법쟁취국민운동 경기도본부결성

선 언 문

5천년의 기나긴 역사를 통하여 우리 민족은 조국을 지키고 민중들의 해방을 위하여 의로운 싸움을 계속해 왔다.

염화같이 줄기차게 일어났던 갑오농민 전쟁, 3.1 독립투쟁, 4.19 혁명의거, 5.18 광주 민중항쟁, 그리고 최근의 6.10, 6.26 투쟁도 조국의 자주적이고 실제적인 해방, 민중들의 인간다운 삶을 되찾으려는 민족의 주체적 행동이었다.

역사를 거스르면서까지 외세와 결탁하여 민중들을 착취하고 반민족적 행위까지 서슴지 않았던 독재자들은 지금도 폭력과 기만으로 조국과 민족의 우렁찬 발걸음을 막으려 하고 있다.

친일 매국노들, 이승만과 그 주구들, 박정희와 그 잔당들, 현 군부 독재자들은 자신의 영달과 만족을 위해 민족의 앞날을 까뭉개 버리려는 반역사적 작태를 계속하고 있는 위치에 아직도 머무르고 있다.

그들에겐 수치심도 없는가?

그들에겐 이 민족의 해방은 안중에도 없단 말인가?

노동자의 생존권은 저임금과 장시간 노동으로 처참하게 박탈 당했다. 수많은 ~~노동자~~ 농민 들은 빚더미와 저농산물 가격으로 신음하고 있다. 선량한 시민들은 그들의 사상과 행동을 유보 당해왔으며 민주 시민으로서의 당연한 권리까지 빼앗기며 살아왔다.

조국은 세계속에서 정치 후진국이라는 부끄러운 오명을 뒤집어 썼으며 국민들은 형편없는 치욕적 대도를 당하면서, 민족의 정기는 가물가물하고 하나님과 조상을 뵐 낯이 없는 지경에까지 이르렀다.

그러나 보라!

민족의 함성은 사라지지 않고 조국의 용트림은 결코 끝장난것이 아니었다.

박종철군 고문치사 사건이후 작금에 이르기까지 봇물같이 터져나온 국민적 분노는 실로 거대하게 이 조국과 민족의 미래를 더이상 군부 독재 정권에 맡겨둘 수 없게 만들었다

우리는 싸웠다! 보았다!! 그리고 확인 하였다.

그토록 철통같이 보였던 군사독재 정권은 국민들의 거대한 힘앞에서 한줌의 지푸라기에 불과했다. 저들은 놀랐고, 불안해져서, 창백해진 얼굴로 갈피를 잡지 못했다.

당장 눈앞에 들이닥친 위기감에서 소위 민주화 선언을 하기에 이르렀고 그것을 가지고 위급한 불길을 끄려는데 급급해 하고 있다.

답답하고 어리석구나!

아직도 국민의 힘을 얕잡아 보고 권력을 유지 보존하려는데만 잔꾀를 쓰려는가 는구나,
이제 우리는 거대하게 타오르는 민주화의 횃불을 높이 치켜들고 민족의 주체적 삶과 조국 통일이 이루어지는 그날 까지 나아가 어리석은 그 모든 압제자를 몰아내려 한다.
전국적으로 확산 조직되고 있는 국민 운동 본부 결성에 발맞추어 우리들의 싸움을 더욱 조직적이고 효과적으로 하기위해 민주 헌법 쟁취 국민 운동 본부를 결성코자 한다.
그동안 경기도 곳곳에서 우리 경기 도민이 보여 주었던 투쟁의 모습은 실로 놀라운 것이었다.
수원, 인천, 부천, 성남, 광주, …등 동서 남북 모든 지역에서 투쟁에 동참하고 지지 성원한 그 감격의 날들을 우리는 잊을 수 없다.
그러나 우리는 명심하자!
우리의 투쟁은 태풍이 몰고간 것같은 일과성이어서는 안된다.
우리의 싸움은 결코 끝난 것이 아니며 우리의 목표가 쟁취된 것도 아니다.
우리 조국이 통일되는 그날 까지, 진정한 민주화가 이루어 지는 그 날까지, 우리의 역량을 한데 모으고 조직화 해나가야한다.
민주헌법 쟁취 국민운동 경기도 본부를 결성하는 참된 뜻은 여기에 있다. 경기도 지역의 모든 운동 역량을 통일되게 결집시켜야하며 다른 지역과의 유기적 연대 운동은 신속하고 극대화되게 이루어 져야한다.

이제 우리 민주화의 횃불을 높이 들자!!
우리는 계속 전진하는 것이며 더이상의 굴종적 태도를 거부한다.
정치적 억압, 경제적 억압, 그 어떠한 압제로 부터도 우리는 자유할 것임을 선언하며 분연히 일어 서리라.
민족 자주의 그 날까지, 남북 통일의 그 날까지 우리 함께 어우러져 힘차게 나아가 자

민주 대한 만세!!!
민족 통일 만만세!!!

1987 년 7월 24일

민주헌법 쟁취 국민 운동 경기도 본부 발기인 일동.

결 성 선 언 문

우리 민족은 온갖 외세의 침략과 독재적억압의 현대사 속에서도 갑오농민전쟁, 3·1독립운동, 4·19혁명, 부마항쟁, 광주민중항쟁의 빛나는 전통을 이어받아 민족의 자존을 수호하고 민주주의를 이룩하기 위하여 목숨바쳐 투쟁해왔다.

이나라 역사는 땀흘려 일하는 이들의 역사이며, 애국적국민의 헌신적 노력과 희생적투쟁이 이땅의 민주주의 발전의 밑거름이 되어왔고 이제 그찬란한 승리의날은 멀지않았음을 굳게 믿어마지 않는다.

이땅에서 군사독재정권을 몰아내고 온국민의 뜻이담긴 민주헌법을 쟁취하고자하는 뜨거운 염원은 지난6·10대회, 6·26대행진으로 들불처럼 타올라 그동안 완강하게 독재로 치닫던 정부여당을 굴복시켜 이른바 6·29시국수습안을 발표하게 하였으며 이나라 민주화운동이 새로운 도약대에 올라서게 되었다. 따라서 지금 우리민족은 역사의 중요한 전환점에 서있다하지 않을 수 없다.

피흘려 싸우고 목숨바쳐 이룩한 오늘의 이토대위에서 우리가 이루어야할 이땅의 진정한 민주화라는것은 단순히 대통령직선제나 요식적인 법조문 개정만이 아님은 분명하다.

우리가 바라고 이루어야할 진정한 민주화는 조국분단과 함께 계속되고 있는 외세의 개입을 거부하고 민족의 자주권을 수호하고 진정으로 조국의 평화적통일을 이룩할 정통성있는 민주정부를 수립하는 것이며 유신이래 빼앗겨온 정치, 경제, 사회, 문화등 모든 생활영역에서 인간의 기본권리를 획득하는것이며 사회를 움직여가는 동력인 직접생산자, 특히 노동자, 농민의 생존권은 보장되어야 하고 부당하고 불의한것에 대한 양심적 국민의 저항권은 구체적으로보장되어야 하는것이다.

이것은 어느 위정자나 특정집단이 해결해 주는것이 될수없으며 바랄수도 없다.

이제는 누가 대통령이 되고 어느집단이 집권당이 되더라도 국민으로부터 위임받은 권력을 가지고 국민을 무시하고 억압할수 없도록 국민각자가 스스로의 권리와 힘을자각하고 과감히 나서싸워 쟁취하고 지켜야 하는것입니다. 이를위해 온국민이 함께 나아가기위한 구심점으로 민주헌법쟁취 국민운동본부가 발족되었다.

우리조국의 민주화는 우리손에의해 우리의 투쟁과 희생에 의해서만 이룩될 수 있다.

이제 우리는 이나라를 밝고 희망찬 미래로 도약시키기 위하여 상주의 자랑스런 역사와 미래를 위하여 온국민과 함께 상주시·군민의 민주화의지를 총집결하여 줄기차게 실천해 나갈것이다.

이에 동학혁명과 의병활동등의 자랑스런 조상들의 빛나는 역사를 가지고 있으면서도 이를 이어받지 못하고 어두운 상황에서 오랫동안 침묵으로 방관해온 이곳 상주땅에서 민주헌법쟁취 국민운동의 깃발을 높이들고 민주화 투쟁에 적극 투쟁할것을 엄숙히 선언하는바이다.

1987. 7. 27

상주시·군민에게 드리는 글

1987년 6월은 우리국민 모두가 영원히 잊을수없는 역사적인 달이 될것입니다. 그것은 다 아시는바와 같이 6·10대회, 6·26대행진을 통해 온국민이 성난파도처럼 들고일어나 군사독재정권으로 하여금 무릎을 꿇게 하였기 때문입니다.

6·29일 발표된 이른바 "노태우"선언이란것은 속으로야 어떻든 엄연한 군사독재정권의 국민에 대한 항복이었고 이것은 민정당 노태우, 전두환의 자발적인 결단이나 선심이 아니라 위대한 민주국민의 단결된힘으로 싸워이긴 댓가인것입니다.

이 빛나는 승리는 이땅의 민주화를 위하여 최루탄난사와 무차별구타, 연행등 잔혹한 탄압속에서도 6·10대회, 6·26대행진을 온몸으로 치뤄낸 용감하고 정의로운 국민들이 있기때문에 맛볼수 있었던 보람이기도 합니다. 그러나 상주시·군민여러분! 아직은 우리가 안심하거나 만족해 할때가 아닙니다.

6월의 승리는 우선 민주화를 이룰수있는 힘을 확인하고 그토대를 마련했을 뿐입니다.

6·29일 이후 많은 사람들이 이나라에 모든 민주화를 이룩된것처럼 생각하고 있읍니다.

직선제 헌법이 논의되고 일부 구속자가 석방되고 사면복권되는것이 마치 민주화의 전부인양 착각하고 있읍니다.

이런 사람들은 아마 민주화가 무엇인지 깊이 생각해보지도 않았고 그동안 많은이들이피흘려가며 싸울때 민주화를 위해 손뼉한번 쳐보지 않은 사람들일것입니다. 노태우선언의 내용을 보면 대충 원칙적이고 형식적인 선언에 그치지않고 있으며 그나마 이나라국민 대다수를 차지하는 노동자, 농민의 생존권에 대해서는 한마디의 언급도 없는것으로도 알수있읍니다.

현재 진행되고있는 여·야정당간의 개헌협상을 두고볼때도 서로 자기집단에 유리하게 하는데 급급하고 있음을 보며 이들이 진정 국민을 위하고 이나라 민주화를 이룩하고자 하고있는 의구심과 함께 불안감과 우려를 금할수 없읍니다.

또한 독재정권의 유지수단인 경찰은 지금도 각곳에서 폭력을 휘두르고 있읍니다. 그실례로 7월22일 선산 농민 대토론회에서 농민의 평화적집회를 수백명의 경찰으로 방해하고 수십명을 폭행, 연행한것을 보더라도 잘알수있읍니다. 상주시·군민 여러분!

지금까지 우리 상주사람들은 이나라 독재정권치하에서 일어난 많은불의와 내이웃에 닥쳐오는 불행을 보면서도 침묵으로 외면해왔읍니다.

그어둡고 암담한 시절에 청년, 대학생들은 독가스가 숨통을 조여오는 거리에서 피눈물을 흘리며 절규하고 전국의 성직자, 교육자, 농민, 노동자들이 단식과 삭발기도등 온몸으로 민주화를위해 싸웠고 특히 6·10대회, 6·26대행진 때에도 이곳 상주에서만 유독 침묵하고 방관해왔으며 오히려 권력의 주변에서 맴돌며 독재정권의 편에서서 국민위에 군림하는 무리들이 활개치며 살았읍니다.

뼈빠지게 일하고도 빚만 잔뜩걸머진 농민들은 제대로 말하지도 못하고 기죽고 살았으며 많은 양심적인 사람들은 가슴을치고 분개하면서도 외치지못하고 보복이 두려워 숨죽어 살아왔읍니다.

참으로 답답하고 어둡고 고통스러운 시절이었읍니다. 이것이 6·29선언이 발표되고있는 지금에도 실제적으로 계속되고 있읍니다. 이것은 국민이 주인인 민주사회가 아닙니다.
누구나 일한만큼의 댓가를받고 정당하게 권리를 떳떳이 주장할수있으며 불의와 부패에 대하여 양심에서 우러나오는 바른소리를하고 시정할수있는 사회 이것이 우리가 원하는 사회입니다.

이것은 누가해주거나 베풀어 주는것이 절대아닙니다. 사회분위기가 조금 바뀌었다고해서 멋모르고 기분만 들떠 우리가 무관심하고 소극적으로 지내다보면 이땅의 민주화는 영원히이룰수없는 신기루와 같은것이되고 말것입니다. 수많은 광주시민을 학살하고 집권하였고 그이후 많은 부정과 불의한일을 저지른 현 집권당이 국민의힘에 두려움을 느꼈다고해서 그리쉽게 호락호락 민주화를 추진하겠다는것은 상식적으로도 납득할수없고 실제 있을수 없는 일입니다.

상주 시·군민여러분! 우리모두 사람답게 살수있는 민주화의 세상은 각자 선자리에서, 처해있는 형편에서 당당하고 용기있게 나설때 이루어 질수있는 것입니다.

"민주헌법 쟁취국민운동"은 종교나 직업, 빈부의차이, 사회지위고하를 막론하고 이땅에 진정한 민주화를 바라는 국민이면 누구나 참여하여 힘을 합하고자하는 운동입니다.

상주 사람들이여! 우리모두 협박과 두려움을 깨쳐버리고 양심에따라 민주조국 이룩하는 대행진에 다함께 동참합시다.

1987. 7. 27.

민주헌법쟁취 국민운동 경북상주시·군지부

결 성 선 언 문

민주헌법쟁취국민운동은

1948년 7월12일에 제정하고 동년 7월17일에 공포한 대한민국 헌법을 5.16구데타로 무효화하고 유신체제로 5.17구데타로 헌법없는 군부독재 무법천하의 장기화를 종식시켜 우리의 헌법을 다시 찾아세워 주권재민의 민주주의 정치를 확립하고저하는 온 국민의 평화적 운동체이다.

민주주의 정치의 최대의 적은 폭력이며 최고의 폭력은 구데타이다.

정권의 향방은 마땅히 총선을 통하여 국민의 공정하고 자유로운 투표로써 귀결되는 것이 주권재민의 민주주의 정치의 원리원칙이거늘 5.16과 5.17구데타로 출몰한 군부독재자들은 국방의 목적에 사용하는 무기를 들고 군인의 신분으로 국민의 주권을 짓밟고 정권을 탈취한 것이다. 그리고 주권자인 국민을 노예취급하며 정보통치를 장기화하고 있다.

이에 민주헌법쟁취국민운동 단체는 구데타를 강력히 부정하고 헌법과 국시를 파괴하는 반국가 내란행위로 규정 이의 타도를 선언하는 바이다.

자주없이 민주없다 강대국 외세에서 자주해야 민주화를 실현할 수있다.

한 민족이 진정한 주권재민의 민주주의 정치를 실현하고 정치·경제·문화·사회 전반에 걸쳐 온 국민이 자유·평등하려면 외세에서 철두철미 자주해야 한다.

장기간에 걸친 불법 군부독재정권을 정당한 정권으로 인정하고 엄호 내지는 강력보호하고 자국의 이익만을 도모하는 미국의 외세와 이에 편승한 일본의 외세에 분노하며 저항한다. 미국과 일본 소련과 중공등 선진 강대국에게 이웃나라의 한계를 지켜주기 권고하고 한반도에 외세로 작용하는 것을 엄중히 경고한다.

통일민주당을 민주헌법쟁취국민운동에 참여케하는 것은

군부독재를 저항하는 정상적인 정치집단이기 때문에 통일민주당으로 하여금 온전한 민주주의 정치를 지향하도록 북돋우워 주기 위함이다.

통일민주당은 개헌협상에 매달릴 것이 아니고 군부독재 타도에 총력을 기우릴 것이며 파벌싸움의 화근이 되는 망국적 계보주의에서 탈피하고 초연한 자세로 나라의 참다운 민주화와 민족통일에 이상을 품고 민족자존의 비젼을 세워갈 것이다.

우리 음성군 시골사람들은

민주헌법쟁취국민운동 충북 음성군 지부에 모였다 이 생명 다하도록 우리의 모든것 다 바쳐 사랑하는 우리의 조국의 민주화와 민족통일을 위해 최선을 다할 것을 엄숙히 선언한다.

1987. 7. 31.

민주헌법쟁
취국민운동 **충북음성군지부 공동대표**

국민운동 하반기 방향과 과제

군부 독재

민주

민주헌법쟁취국민운동본부

하반기 국민운동 방향과 과제

Ⅰ. 머리말

지금 우리는 다시 한 번 해방 이후 몇 번 안되는 귀중한 민주변혁의 전기에 서있읍니다. 6·10국민대회로부터 20여일에 걸친 온국민의 단결된 민주화 투쟁은 수많은 희생을 딛고 마침내 4·13호헌조치의 철회와 직선제 개헌을 골자로 하는 6·29선언을 이끌어 내었읍니다. 40여년 동안 짓눌려온 온국민의 민주화 열망은 연인원 500만명이 넘는 현대사 초유의 전국적 규모의 대항쟁으로 폭발하였으며, 벼랑끝에 몰린 외세와 군부독재정권은 마침내 거대한 국민의 힘 앞에 굴복하여 부분적 양보와 후퇴를 허용하지 않을 수 없었던 것입니다. 6월 투쟁은 민주화를 향한 굳은 의

Ⅳ. 하반기 국민운동본부의 구체적 실천과제

1. 기본방침

현 국면의 기본요인인 이른바 '8개항 민주화선언'은 국민의 위대한 승리의 결과물이며, 우리는 이를 반드시 다음단계의 승리를 예비하는 초석으로 삼아야 합니다. 그럼에 있어 국민운동은 지금 다음의 두가지 방침에 입각해서 운동을 전개할 것입니다.

첫째, 노태우씨의 이른바 '8개항 민주화조치 선언'이 갖는 현실적 한계를 올바르게 인식하는 선상에서 국민대중을 각 부문, 지역별로 국민운동 전선속으로 더욱 결집해나갈 것입니다. 즉, 온국민과 함께 국민운동을 강화해나가는 것입니다.

둘째, 국민대중의 참여를 촉발시킬 수 있는 다양한 대중집회와 대중투쟁을 만들어 나갈 것입니다. 그 내용은 소위 '6·29선언'의 양면성 폭로와 우리 사회 각 분야에서 분출하는 제반 민주화 요구투쟁을 국민적 운동으로 발전시키는 것으로 될 것입니다. 선거를 통한 승리를 가능하게하기 위해서도, 또 언제 떨어질지 모르는 현 군사독재정권의 계엄령에 대비하기 위해서도 국민대중의 직접 참여에 의한 국민운동의 활성화는 긴요한 과제입니다.

셋째, 현재의 여야협상이 대통령선거와 국회의원선거로 연결될 경우, 이 선거에서 민주세력이 승리하기 위해 선거투쟁에서는 전체 차원에서 행동통일을 이룩해야 합니다. 선거투쟁은 우리의 민주화 과정에서 피할 필요가 없는 '전략적 공간'입니다. 이 전략적 고지에서의 승리를 획득하기 위해 민주세력 간에는 높은 차원의 통일성이 확보되어야 합니다. 그리고 선거투쟁은 민주주의를 위한 대중투쟁으로 발전시켜나가는 필수적 과정이기도 합니다.

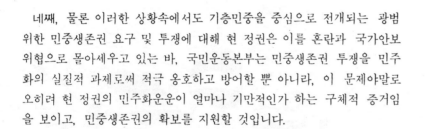

네째, 물론 이러한 상황속에서도 기층민중을 중심으로 전개되는 광범위한 민중생존권 요구 및 투쟁에 대해 현 정권은 이를 혼란과 국가안보 위협으로 몰아세우고 있는 바, 국민운동본부는 민중생존권 투쟁을 민주화의 실질적 과제로써 적극 옹호하고 방어할 뿐 아니라, 이 문제야말로 오히려 현 정권의 민주화운운이 얼마나 기만적인가 하는 구체적 증거임을 보이고, 민중생존권의 확보를 지원할 것입니다.

2. 구체적 실천과제

1) 민주화 실현을 위한 국민적 역량의 정비·강화

6월 투쟁에서 국민들의 민주화 투쟁이 분명 승리하였지만 여전히 현 정권은 26년간 지속되어온 군사통치과정에서 확보한 군대, 경찰, 관료조직, 자금 등에 있어서 유리한 고지를 점령하고 있으며 따라서 우리는 국민운동 역량을 더욱 강화하지 않으면 안될 것입니다.

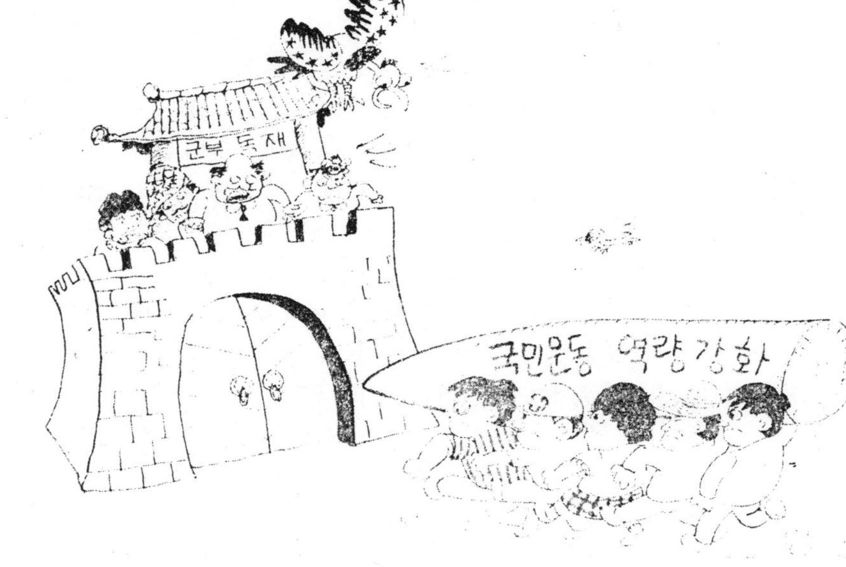

(1) 부분별·지역별 조직 확대

가. 부문별 조직의 확대

학생·노동·농민·빈민·청년 등은 우리의 민주화 투쟁에 항상 앞장서 왔으며 이들의 민주화 역량은 군사독재의 종식과 민주실현을 위한 가장 중요한 힘으로 이들의 대중조직 세력과 연계를 강화하여 국민운동 속에서 통일·단결하는 것은 국민운동 역량강화에 제일가는 과제입니다. 동시에 교수·의료인·법조인 등의 지식인 계층과 기타 민주를 염원하는 모든 단체·개인의 참여를 확대하는 것 역시 버금가는 과제일 것입니다.

나. 지역별 조직의 확대

민주화 운동이 몇개의 대도시에 편중된 현상을 극복하고 전국 방방곡곡에서의 참여가 가능하도록 각지역에 조직을 강화하는 것은 지역성을 극복하고 애국민주운동을 전국적으로 확산하는 데에 매우 중요한 과제입니다. 시·군·구뿐 아니라 동·리 단위에까지 민주화실현을 위한 지부조직을 세우고, 지역문제와 동시에 국가의 민주화문제에 관심을 갖고 실천할

수 있는 공간을 확보하는 것이 필요합니다. 1980년 광주민중항쟁이 실패한 것은 바로 지역적으로 고립된 외로운 투쟁을 전개하였던 것에 중요한 원인이 있는 것입니다.

(2) 투쟁력을 높이는 것

이후에 있을 만일의 사태에 대비하여 또 민주세력의 승리를 위하여 투쟁력을 높여야 합니다. 특히 6·10, 6·18, 6·26, 7·9투쟁에서 보여주었던 지도력의 미비점을 보완하고 올바른 방침을 제시하며, 전국적 연계를 더욱 긴밀히 유지함으로써 국민의 투쟁력을 높여나가야 할 것입니다. 이와 동시에 민주화의 의지를 표출할 수 있는 실천양식을 다양하게 개발하고, 정권의 탄압에 맞설 수 있는 여러가지 전술을 개발해야 할 것입니다.

2) 독재세력에 대한 정치적 공세 강화

(1) 현 정권의 기만성 규탄

광주민중의 학살, 고문·성고문 만행, 비리와 부정의 은폐, 범양상선등 대형 부조리 사건, 형제복지원등 5공화국 하에서 끊이지 않은 부정·부패와 폭력에도 불구하고 현 정권은 그 모든 것을 가리고 6·29선언을 계기로 화해를 외치면서 자신을 민주화의 기수로 치장하고 있읍니다. 우리는 이러한 정권의 기만성·폭력성·비도덕성의 문제를 근본적으로 해결하여 다시는 우리의 역사 속이 이와 같은 오욕의 장이 거듭되지 않도록 독재세력에 대해 반대하지 않으면 안됩니다.

이를 구체적으로 실현하기 위해서 강연회·토론회·전시회·공청회·정치집회를 통해 그 본래의 모습을 분명히 인식할 수 있도록 폭로해 나가야 할 것입니다.

(2) 민주화 실현을 위한 구체적인 정치적 요구

우리는 민주화 8개항을 말로만이 아니라 구체적으로 실천하도록 현 정권에 촉구해야 합니다. 이는 40여년 간의 독재의 통치하에서 민주화의 여건이 모두 제도적·법적으로 억압되어 왔기 때문에 민주화 실현을 위한 기본적인 전제를 획득하기 위한 것입니다. 그 구체적인 내용은 아래와 같은 것들 입니다.

① 민중생존권의 보장과 독점재벌 위주의 경제정책 철회
② 언론·출판·집회·결사의 자유의 완전한 실현
③ 헌법·선거법 등의 민주적 개정 요구
④ 구속자·양심수의 전면 석방·사면·복권·복직· 수배 해제 등 원상회복
⑤ 제반 악법 철폐 및 개정
⑥ 교육의 민주화, 교육 자주권 보장
⑦ 지방자치제의 조기 실시
⑧ 사법부의 독립 및 정화
⑨ 공정한 선거와 군부 개입 방지를 보장하는 거국 중립내각의 구성

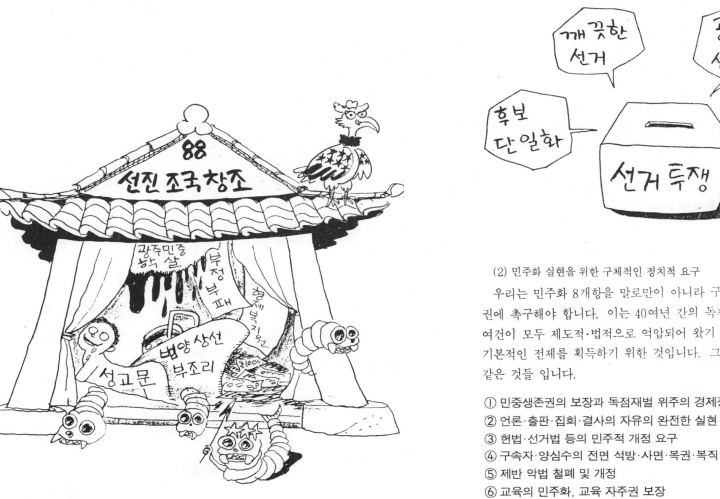

(3) 선거를 통한 민주혁명을

군부의 개입만 없다면 올 12월까지는 선거가 치루어질 것입니다. 해방 이후 우리는 몇번의 선거를 치루었지만 대부분은 부정선거와 독재자의 선거 악용으로 점철되어 왔읍니다. 집권세력 특히 군사독재는 관권과 공무원 조직, 군대조직과 금권을 바탕으로 선거부정을 행해 왔읍니다.

그러나 이번 선거만큼은 국민의 뜻을 바르게 관철시킬 수 있는 공정한 선거이어야 할 것입니다. 그러기 위해서는 먼저 민주헌법, 선거법의 공평한 개정이 필요하며 공무원, 군인 등의 중립이 절대적으로 필요합니다. 이와 더불어 국민적 차원에서는 공정한 선거관리를 위한 거국 중립내각이 수립되도록 요구하여야 하며 동시에 국민 스스로가 '깨끗한 선거' 캠페인을 전개하는 한편 공정한 선거를 감시·감독하는 '공정선거 감시운동'으로 발전시켜나가야 할 것입니다. 그러한 바탕 위에서 2·12총선때 표출되었던 국민의 힘이 민주정부 수립으로 표출되는 선거혁명으로 완성될 것입니다.

3) 시기별 투쟁방침과 과제

가. 헌법 협상시기(협상개시 - 헌법안 확정 : 현재 - 8월말)

이 시기의 주요투쟁의 내용은 민주화의 전제로서 반독재 민주화 투쟁으로 인해 고통받는 민주인사의 원상회복 투쟁과 민주헌법쟁취, 8개항 민주화 조치의 실천 촉구투쟁이 되어야 할 것입니다.

민주인사의 원상회복 투쟁은 이들이 당연한 민주시민으로서의 권리를 누려야 하고 민주화 과정에 동참해야 한다는 논리적, 실제적 이유에서입니다.

민주헌법쟁취 투쟁은 이제 새롭게 개정되는 헌법이 그동안 전개되어온 국민의 민주적 열망과 요구를 반영할 뿐 아니라, 더 나은 사회로의 진보적 발전을 위한 이정표가 되어야 한다는 점에서도, 운동본부의 결성 목적에 비추어서도 대단히 중요한 투쟁입니다.

ㄱ. 민주헌법쟁취투쟁

– 헌법에 국민의 민주적 요구를 반영하기 위한 투쟁

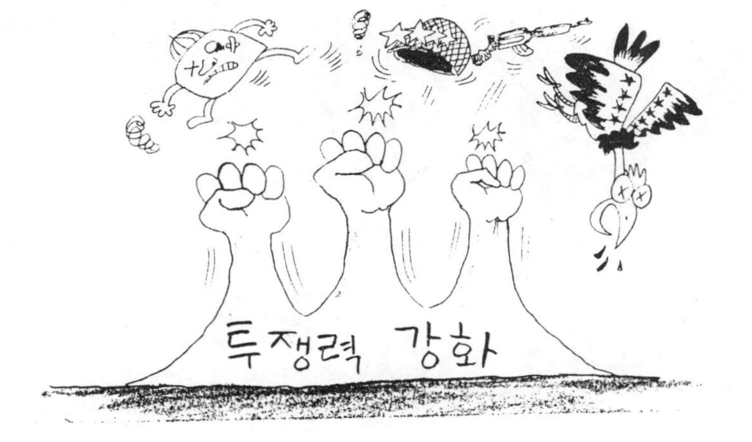

-제반 악법의 개폐 투쟁
-헌법안 및 법률을 매개로 한 사회 각 부분의 제반 민주화요구투쟁 적극 지원

ㄴ. 구속 민주인사 석방 등 원상회복 투쟁
-구속 민주인사 전원석방 요구
-민주화 8개항 실천 촉구
-민중·민주운동 탄압 저지

나. 국민투표 시기(헌법안-국민투표 : 9월초-10월 중순)

협상에 의해 만들어진 헌법안의 최종 확정절차인 국민투표는 여·야가 합의, 국회에서 확정할 경우 하나의 요식행위에 불과한 것이 사실입니다. 그러나 우리는 국민투표 과정을 대중적 선거투쟁으로 가는 징검다리로 활용해야 합니다. 특히 헌법안이 확정된 후 널리 확산될 선거분위기를 활용하여 우리는 '범국민 중립내각' 쟁취투쟁으로 나아가야 하며, 대통령 선거과정에서의 '깨끗한 선거운동'으로 이어져야 할 것입니다. 물론 이 시기에도 구속 민주인사 석방투쟁 등 원상회복 투쟁을 전개하여, 6·29 선언의 기만성을 계속 폭로하여, 군사독재 종식을 위한 국민적 합의의 기반을 넓혀나가야 할 것입니다.

다. 대통령 선거운동 시기 (국민투표-대통령선거 : 10월 중순-12월 초)

민간 민주인사의 승리와, 그 승리가 진정한 군사독재 종식에 기여할 수 있도록 하기 위해 국민운동본부는 반군사독재를 내용으로 하는 홍보와 선전, 대중집회를 강화해야 할 것입니다. 이는 선거투쟁의 내용을 민주주의를 쟁취하기 위한 대중투쟁으로 채워나가는 것을 의미합니다.

이에 못지않게 중요한 것으로써 국민운동본부는 '깨끗한 선거' 운동을 전개하며 선거운동기간 막바지에는 이 운동을 '선거감시운동'으로 실천적으로 발전시킬 것입니다.

V. 맺음말

이상의 실천과제를 수행함에 있어 우리는 6월 국민항쟁이 우리에게 남긴 역사적 교훈을 다시한번 확인하고자 합니다.

이는 곧 이나라의 역사적 운명을 결정하는 힘은 그 어느 특정인이 나 집단도, 그 어떤 외세도 아닌 국민 스스로의 단결된 힘이라는 지극히 당연하고도 평범한 교훈입니다.

그러나 상식과도 같은 이러한 사실이 그동안 독재세력이나 이를 지지하는 외세에 의해, 그리고 우리 국민의 무관심과 방심에 의해 우리 역사속에 실현되지 못하여 왔읍니다. 이제 우리 국민은 스스로가 사회와 나라와 민족의 주인임을 새삼 확인하면서 새로운 역사의 장을 펼쳐나갈 때입니다. 이제 사회의 민주화, 나라의 자주화, 민족의 통일이 실현되는 미래를 향하여 온국민이 힘차게 어깨걸고 함께 나아갑시다.

민주헌법쟁취국민운동본부 완도군지부

발 기 취 지 문

우리는 6.10 고문살인규탄대회 6.26 국민평화대행진등 소위 비폭력시민혁명을 통하여 이나라의 진정한 주인이 누구이며 또 그 주인이 참다 참다 못하면 어떤 일이 일어나는지를 확인 하였다. 과연 "국민의 힘은 위대 했다. 그러나 이 위대한 국민의 힘 앞에 아직도 군부독재집단은 진정한 참회가 없고 6.29선언이 마치 자기들의 너그러운 마음의 소산이며 선물인양 국민을 호도 기만 하고 있다. 현재 민주화가 진행되고 있는것은 사실이지만 모든것이 끝난것이 아니라 이제 시작에 불과하며 앞으로가 더 중요하다.

그리하여 6월혁명을 주도한 민주헌법쟁취국민운동본부는 이제 그활동의 제2단계를 민주헌법의 완전한 제정과 이 헌법을 통한 공정한 선거와 투개표 감시에 두고 이를 위하여 전국 방방곡곡의 자연부락에까지 이 운동을 확산시키고 성공시키기 위하여 조직을 확대 시키고 있다.

이에 발맞추어 비록 한반도의 최남단에 위치한 완도지만 옛부터 다져온 민주적전통과 긍지는 전국어느 곳에 못지않다는 자부심을 가지고 국민운동본부 완도군지부를 창립하기에 이르렀다.

이 운동은 그 요지를 한마디로 말한다면 "이나랴의 주권을 완전하게 국민에게 돌려주어 국민이 진정한 주인노릇을 하게 하자"는 것이다. 이제 계속하여 완전한 민주화를 촉구하고 앞으로 있을 선거에서 군부독재를 종식시키고 진정한 민주적 민간정부가 수립될 수 있게끔 우리 군민 모두가 일어섭시다. 다함께 이 운동에 동참하여 국민이 진정한 나라의 주인이 되게하고, 주인된 국민은 마음놓고 생업에만 종사할 수 있게 합시다.

"주인된 국민의 힘을 다시한번 확실히 보여 줍시다."

1987. 8.

민주헌법쟁취국민운동본부
전남 완도군지부 창립준비위원회

민주헌법 쟁취하여 위대한 조국건설

=민주헌법쟁취군민운동본부 전남완도군지부 결성선언문=

민주주의라는 단어가 생기기도 전인 옛 중국과 이나라의 조선시대에는 3권을 한손에 쥐고 절대권력을 휘두르던 전제군주인 황제나 왕이 비만오지 않아 가물어도 "이것은 짐의 죄 때문이다. 진정 짐의 덕이 부덕한 소치로다." 하며 마포옷을 입고 죄인의 모습으로 무릎을 꿇어 하늘에 죄를 청하곤 했었다. 또 최근엔 어떤나라에서 대통령이 거짓말을 했다하여 물러나야만 했었다. 그런데 이 나라에서는 신성한 국방의 임무를 저버리고 외적으로 부터 국민을 보호하라고 혈세로 마[illegible]준 무기로 오히려 민주를 부르짖는 동족인 광주시민을 대량 학살하는 등으로 권력을 찬탈한 일부 권력에 눈이먼 정치군인들은 부끄러운줄도 모르고 최루탄과 거짓과 부[illegible] 협박으로 공포분위기를 조성하여 정권을 유지해 오더니 급기야는 천인공노할 부천서 성고문사건과 박종철군 고문살인사건을 저지르고야 말았다.

그러고도 물러가거나 참회하지 못하고 은폐와 조작으로 국민을 기만했다.

이 못된 정치군인들이 자랑스러운 우리조국을 부끄러운 나라로 만들어 버린것이다. 이에 대하여 이제 더이상은 안되겠다고 참다 참다 못하여 이나라의 참된 주인인 국민이 분노하여 일어서게 되었다. 그결과 6.10고문살인 규탄대회와 6.26평화대행진을 통하여 못된 정치군인들로 부터 6.29대국민 항복선언을 받아내기에 이르렀다. 이것은 진정 이나라국민의 현명함과 위대함과 승리를 안겨준 역사적 사건이었다.
우리는 또한 이 역사적 승리의 주체가 민중이며, 국민운동본부가 주도한 민주시민운동이었음에 자부와 긍지를 느낀다.

그러나 이땅에 진정한 민주화가 완성된 것은 아니다. 이제 그 첫걸음을 내디딘 것에 지나지 않으며, 이제부터가 완성을 위한 시작인 것이다. 앞으로 우리가 해야할 일들은 진정한 국민의 뜻이 담긴 민주헌법의 완전한 제정, 언론자유등을 위시한 국민기본권의 완전획득, 앞으로 있을 양대선거의 공정한진행과 투개표감시, 군의 절대적 정치중립화, 자주적통일기반의 조성, 농•어민•근로자의 생계보장등 산적해 있다. 이 일들은 어떤 특정인이나 소수에게 맡겨서는 다시 혼란이 올수있다. 오직 우리국민 모두가 한마음 한뜻이 되어 민주화의 지시자, 감시자, 독려자가되어 끌어갈 때에만 가능하다. 한반도의 최남단 완도를 비롯하여 도시•산골•어촌을 가릴것 없이 전국방방곡곡에 이 운동이 확산되어서 이제 다시는 군인이 무력으로 국민을 우롱하는 일이 없게하고 주인된 국민이 깨어있어서 주인노릇을 바로 해 살기좋은 나라, 세계만방에 자랑스러운 조국, 하나님께 복받은 나라로 만들어야 하겠다. 그리하여 국민모두가 아무걱정과 염려없이 마음놓고 자신의 생업에만 전념할 수 있게 해야한다. 이러한 뜻에서 지난6월의 역사적 승리가 있기까지 국민운동을 주도해온 국민운동본부 완도군지부를 창립하는 것이다. 우리는 오늘 국민운동본부 완도군지부를 창립하면서 우리의 각오와 사명을 새롭게 확인하고 완도군의 모든 민주인사와 단체의 역량을 하나로 결집시킬것을 다짐하며 모든 군민 여러분의 적극적 참여와 협력을 기대하며 우리의 결의를 다음과 같이 밝힌다.

우 리 의 결 의

1. 민주헌법 쟁취하여 문민정치 이룩하자
1. 군부독재 종식시켜 민주정부 수립하자
1. 민주헌법 쟁취하여 농어민생존권을보장하자
1. 민주헌법 쟁취하여 통일조국 건설하자

-민주헌법쟁취국민운동 완도군지부 발기인일동-

제주본부

발 기 취 지 문

자유와 평등·평화를 갈망하는 우리 50만 도민은 4천만 국민과 더불어 이 땅의 민주화를 간절히 열망하며 노력해 왔읍니다.

지난 6월과 7월에 걸쳐 진행된 민주화 대행진에서 타오른 도민들의 열망과 의지는 조국과 지역의 미래를 밝게 비추는 희망찬 한마당이었고, 민주사회로 힘차게 달려가는 대동단결의 광장이었읍니다.

하지만 현재의 상황은 우리에게 안심이 아니라 경계를, 방관이 아니라 적극적 관심과 참여로 극복해야하는 불안한 상황입니다. 6·29선언 이후 정부여당은 기만적·미봉적 조치로 열화같은 국민의 민주화의지를 잠재우려 하고 있읍니다. 집권세력은 정권재창출의 구호뒤에서 군부의 재등장을 은밀히 모색하고 있으며, 노동자의 권리회복운동을 적극적으로 지지하여 승화시키기 보다는 정치적으로 이용하려는 계산과 사상적 논리로 묶어 두려는 발상으로 바람직한 방향설정을 어렵게 하고 있읍니다. 이렇듯 정부·여당은 국민들에게 민주적 제권리를 돌려주어 정치·사회의 민주화를 확립해 나가고, 외채와 내재벌 중심의 경제에서 건강한 국민경제로 새롭게 소생시키며, 농민과 노동자를 포괄하는 민중의 생존권을 보장하는 실질적인 민주주의를 실현하려는 의지를 보이지 않고 있읍니다. 아울러 현 군부독재는 미국과 일본등 외세에의 정치적·경제적·군사적 종속을 더욱더 심화시키면서 한민족의 자주적 기틀과 민주적 바탕을 마련치 않고 있읍니다.

우리는 이제 이러한 현실을 국민의 힘으로 극복하여 실질적 민주화와 참다운 정의가 꽃피는 사회의 건설을 위하여 굳은 단결과 지속적인 투쟁의 결단을 다시 내려야할 시점에 서있읍니다.

참된 민주화는 가져다주는 것이 아니라 싸워서 쟁취하는 것이며 공들여 키워나가야 꽃피는 것이라는 것을 우리는 6, 7, 8월의 상황전개속에서 절실히 느끼고 깊이 깨달았읍니다.

이에, 우리 50만 도민은 그간의 분산적이고 고립적인 투쟁을 극복하여 굳게 단결하고 전국의 국민들과 연대하여 조국의 자주화와 민주화, 민족의 평화적 통일을 위해 힘찬 진군을 알리며 민주헌법쟁취 국민운동 제주본부의 깃발을 올립니다.

50만 도민 여러분!

한라산의 의지와 돌담같은 연대로 굳게 단결하여 민주화의 대장정을 향해 힘차게 일어나 진군합시다.

1987년 8월 31일

민주헌법쟁취 국민운동 제주본부 발기인 일동

결 의 문

우리 국민은 군사독재 정권을 종식시키고 민주체제를 확립하기 위하여 많은 젊은이들이 생명을 스스로 불태웠고 광주항쟁 등으로 수많은 희생을 치루었으며 수천명의 학생 민주인사가 투옥을 마다하지 않았고 수백만의 국민이 눈물과 땀의 투쟁을 전개한 끝에 마침내 군사독재 정권의 1차적 굴복선언인 6·29조치를 전취하였다. 이제 우리 국민운동본부는 이 잠정적 굴복, 중간 승리를 결정적 퇴진과 완전한 승리로 확정하는 민주혁명의 성공을 위하여 온 국민과 함께 다음과 같이 결의한다.

우 리 의 결 의

1. 우리는 국민의 선봉에서 군사독재 정권과 투쟁하다가 좌경·용공으로 조작된 사람을 포함하여 정치적 이유등으로 구속·수배·해직·탈권된 학생, 노동자, 도시 빈민등 모든 민주인사의 즉각 석방, 수배 해제, 복직, 사면, 복권 등 원상을 회복하여 반드시 새로운 민주국가건설에 동참해야 한다는 것을 강력히 주장하며, 이를 위하여 우리의 모든 역량을 동원한 투쟁을 감행한다.

1. 우리는 이번 개헌이 이른바 제5공화국의 군사독재·외세의존적 분단체제·기본권 유린 등 반국민적 범죄를 청산하고 민족 자주적 통일과 민주적 기본권을 확고히 보장하는 새로운 민주국가를 확실히 담보하는 헌법이 되어야 한다고 확신하며 이것을 방해하거나 지체시키는 어떠한 책동도 용납치 않고 분쇄한다.

1. 우리는 군사독재의 종식과 민간 민주 정부의 수립이 선거를 통하여 이루어지는 민주선거 혁명을 성공시키기 위하여

   1) 공정한 선거관계법

   2) 공명선거와 민주정부 수립을 위한 범국민적인 거국중립내각

   3) 중립적 공영 방송체제가 즉각 실현될 것을 주장한다.

1. 우리는 사회 각계의 자율적인 민주적 개혁을 강력히 지지 촉구한다. 독재 정권에 의하여 자율적 고유 기능을 정지당한채 어용을 강요받아온 모든 공공 법인체와 사회 단체의 자율적인 민주화 운동을 강력히 촉구 지지하며 정부당국의 비민주적 간섭은 즉각 중단되어야 한다.

1. 우리는 경제성장과 생산의 주역이면서도 독재정권에 의해 희생된 노동자 농민 도시 빈민의 생존권 투쟁이 보장되어야 함을 확신하고 강력히 지지한다. 이를 위한 최소한의 입법은 취해져야 하며 현재 전개중인 민주화 운동에 대한 당국의 폭력적 방해를 즉각 중단할 것을 엄숙히 경고한다.

1. 우리는 독재종식 민주헌법 쟁취를 위해 싸워온 종교인, 교수, 교사, 의사, 한의사, 약사, 예술인, 법조인, 언론인 등 사회각계의 희생적 참여에 경의를 드리며 민주선거 혁명의 최종적 성공까지 계속하여 동참 투쟁할 것을 간곡히 호소한다.

1. 우리는 국민의 군이 민주적 민간정부의 수립을 적극 지지할 것을 바라며, 일부 정치군인의 반국민적 정권욕을 군 스스로 봉쇄할 것을 확신하며 이러한 군 본연의 사명과 국민이 기대하고 신뢰하는 명예에 반하는 일부군인의 정치개입은 엄청난 국민적 저항을 초래할 것을 환기시키며 우리는 결연한 의지로 온 국민과 함께 군의 정치적 중립을 지킬것을 선언한다.

1. 우리는 우리국민이 선택하고 수립하는 민주적 민간 정부가 자주와 민주의 원칙을 굳건히 지키며 민족적 긍지를 드높이고 안정과 번영된 국민생활을 보장하고 평화와 민족통일을 앞당기면서 그동안 독재정부가 만든 정부와 국민의 대립, 군과 국민의 불신, 빈부 격차와 계층적 갈등, 지역적 반목등 당면한 현실문제의 해결이 국민적 이해와 협조아래 해결될 것임을 확신하고 이를 위하여 우리의 모든 노력을 바칠것임을 결의한다.

1987. 8. 4.

민 주 헌 법 쟁 취 국 민 운 동 본 부

제 1 차 전 국 총 회

국민에게 드리는 글

우리는 1987년이 실로 군사독재종식과 민주화를 향한 역사적 대전환의 신기원을 이룰 것임을 확신합니다.

폭력적 권력은 정당성의 상실에 더하여 그 부도덕성과 기만성마저 여지없이 폭로되어 버림으로써 더이상 위협지 권세를 가지지 못하게 되었읍니다.

우리 국민들은 6월 항쟁을 통하여 단호한 결의와 아울러 행동을 보여줌으로써 집권세력마저 민주화의 선언외에 달리 아무런 방책이 없음을 자인케 되었읍니다.

사회전반에 걸처 자주적이며 인간다운 생활을 열망하는 행동과 표현이 확산하고 있는 가운데 국민여론은 민주화를 위한 하나의 운동으로 모아지고 있읍니다.

국민운동본부는 사회의 각계 각층 곧 정치권, 종교권, 재야권, 민중운동권, 지식인과 법조인들을 포용하면서 6월항쟁을 기치고 금년 하반기를 맞아 금일 제1차 총회를 열어 군사독재종식을 위한 선거혁명의 일치된 목표와 이에 따른 실천방향을 수립하였음을 밝혀 드립니다.

이는 실로 충개하는 민주적 국민정신의 감격스런 상징이요, 역습의 기회를 노리는 모든 반 민주적 반 민족적 세력들을 끊임없이 무력화시킬 대세의 경고가 될 것입니다.

이에 우리는 민주화, 인간화, 자주화에 대한 포기할 수 없는 믿음으로 그 승리를 단호하고도 끈질기게 확신하면서, 아울리 이에 거역하거나 방해하는 세력들에 대한 부단한 견제와 항쟁을 주도면밀하게 계속해나갈 것임을 천명하면서, 국민 여러분에게 다음과 같은 "국민 민주화 규범 4개항"을 제시하고자 합니다.

첫째, 민주국민다운 의식과 생활의 혁신운동을 제창합니다.

우리에게는 식민과 분단과 독재에 의해 길들여진 비민주적 의식구조와 냉소적행동이 알게 모르게 자리잡고 있고, 집권세력과 그 둘러리 세력들은 모든 선전력을 다하여 이를 조장하고자 진력하고 있기 때문입니다. 이제 우리는 비판적 안목을 키우며, 불의와 위법에 불복종하여야 하고, 국민운동의 조직적 확산에 참여해야 합니다.

둘째, 존엄한 인간으로서의 행동과 나라의 주인으로서의 민주운동 참여를 촉구합니다.

우리는 이제부터 행동을 혼란으로, 참여를 과분으로 규정짓고자 하는 모든 태도를 거부해 나가야 합니다. 주장과 비판은 물론, 각 계층과 집단이 스스로의 이익을 지키고자 하는 자주적 자율적 행동은 기본적권리의 정당한 실현입니다. 국민운동본부가 전개하여 나갈 민주화의 실제적 실천요구와 선거공정의 감시등에의 참여는 국민으로서의 권리이자 · 책임입니다.

세째, 우리의 궁극적 목표는 민주화를 통한 화해에 있음을 재삼 강조하고자 합니다.

투쟁은 결국 화해를 위함이고 주장은 최종에 있어 일치를 위한 것임을 믿고, 무절제와 자기집착에서 벗어나기를 호소합니다. 대립과 반목은 조국분단의 산물이요, 정의에 입각한 화해만이 국민적 승리와 통일의 길이기 때문입니다.

네째, 반민주적 반민족적 세력과 이에 야합하여온 사람들의 맹성을 요구할 것입니다.

일반의 공무원과 경찰, 군인이 국민의 봉사자로서 그 소임을 다하고자 함을 믿으나, 경우에 따라 불의와 불법의 편에 섰던 때가 적지 않음을 지적하지 않을 수 없읍니다. 과거의 잘못을 진정 뉘우치기 바라며, 더 이상 과오를 저지르지 않도록 권고합니다. 동시에, 이에 따르지 아니하여 결국 스스로의 양심을 속이고 역사에 거스를때 당하게 될 자기파멸과 사회적 지탄을 명백히 경고합니다. 국민들은 끊임없이 그 감시자가 될것이며, 상응한 심판이 따를 것이기 때문입니다.

우리 국민은 이제 굴절과 억압의 역사를 종식시킬 것입니다. 인간화와 민주화를 위한 힘찬 발걸음으로 대행진을 시작하였으며, 승리의 신념으로 날로 그 대열이 장대해지고 활기로 그득합니다. 지금은 이 새로운 물결을 거스르려는 모든 불의의 노력이 물거품이 되도록 국민들의 성원과 참여가 더욱 절실히 요구되는 중차대한 시기가 아닐수 없읍니다.

우리는 승리할 것입니다. 민주주의여 만세!

1987년 8월 4일

민 주 헌 법 쟁 취 국 민 운 동 본 부

민주쟁취 기독교공동위원회 결성선언문

- '선거를 통한 민주혁명'으로 군부독재를 종식시키자! -

해방 이후 일찌기 보지 못한 민주화의 일대 전기를 맞이하고 있는 오늘, 우리는 하나님의 공의를 애타게 갈망하는 모든 기독자들의 뜻을 한데 모아 '민주쟁취 기독교공동위원회'를 결성한다.

돌이켜 보건데, 지난 6.10 국민대회부터 7.9 고 이한열 열사 민주국민장에 이르기까지 이 나라의 온 국민이 자기희생을 무릅쓰고 민주화 투쟁에 몸을 내던진 사건은 조국의 역사에 기리기리 기록될 위대한 국민주권의 행사였으며, 국민의 힘의 위대성을 대내외에 보여준 역사적 장거였다.

하지만 우리는 그 장엄했던 6월 국민투쟁에 결코 자만하거나 아무것도 얻은 것이 없다고 냉소하지도 않는다. 우리 국민은 승리하였다. 현행 헌법으로 인물교체와 영구집권을 꾀하려던 군부독재의 기도와 미국의 정치일정에 국민들은 여지없이 쐐기를 박아버렸기 때문이다.

그러나 우리 국민의 승리는 아직 완전한 승리가 아니라 군부독재의 완전한 종식을 향해 가는 긴 도정상의 중간승리일 뿐이다. 벼랑끝에 내몰린 군부독재가 간교하게도 민주화를 하겠다고 하며 국민의 투쟁의지를 희석화시키고 있고 재집권을 위한 또다른 대중조작의 술수를 꾸미고 있기 때문이다. 이리가 양의 탈을 쓴다고 해서 결코 양이 되는 것은 아니다. 현명한 우리 국민이 6.29 선언 이후 사태를 잠시 관망했던 이유는 패악한 독재의 무리들이 진정으로 민족적 죄과를 회개하고 더이상 피를 흘리지 않게 스스로 용퇴할 마지막 기회를 주기 위한 것이었을 뿐이다.

그러나 현 정권은 1960년 3.15 부정선거의 공모자이자 지난 7년간 현 군부독재의 억압통치를 뒤에서 실질적으로 조언해 온 김정렬씨를 신임 국무총리 서리에 임명하는 등 진실로 국민들의 민주화 열망을 수용하려는 자세를 보이지 않고 있다.

따라서 우리의 민주화투쟁은 6월 국민투쟁의 소중한 중간승리를 발판으로 새롭게 시작되어야 한다. 이럴 때일수록 각 부문의 운동세력은 슬기와 지혜를 모아 통일과 단결의 원칙하에 대동투쟁하고 자기 부문의 대중에 대한 확고한 지지기반과 지도력을 확립해 나가야 한다.

이에 전국 방방곡곡에서 하나님의 의의 실현에 앞장서고 있는 기독자들을 대표하여 우리들은 다음과 같이 우리의 민주화 의지를 천명하고자 한다.

1. 우리는 '선거를 통한 민주혁명'으로 현 군부독재정권을 종식시키고자 한다.
   현 시점에서 군부독재를 물리치고 지난 40여년간 빼앗긴 국민권력를 쟁취할 수 있는 가장 강력한 국민의 무기는 선거이다. 기독자들은 공명선거운동으로 부정선거를 통한 현 정권의 재집권 음모를 분쇄해 나갈 것이다. 아울러 선거투쟁과 대중들의 권리와 이익을 스스로 쟁취하는 국민투쟁을 효율적으로 결합시켜 군부 일부의 정치개입 재기도를 국민의 힘으로 좌절시켜 나갈 것이다.

1. 선거를 통한 민주화를 성공시키기 위해서는 언론자유 쟁취가 핵심적 고지이다. 기독교방송의 뉴스보도. 광고방송의 권리는 1980년 언론통폐합 이전의 상태로 완전 회복되어야 한다. KBS현 임원진은 중립적인 인사로 전면교체 되어야 하고 KBS 제2TV는 조속히 민영화 되어야 한다.

1. 6.29 노태우 선언의 실질적 실현을 촉구한다. 양심수들의 전면석방과 사면.복권, 노동자들의 복직 등 국민권리의 원상회복은 민주화로 나아가기 위한 가장 최소한의 조치이다. 이 문제는 개헌협상에 앞서 실현되어야 한다.

1. 현 정권이 '선거를 통한 민주화'에 진정으로 동의한다면 현 김정렬 내각를 해산하고 중립적인 인사들로 거국중립내각을 구성하여 깨끗하고 공정한 선거를 치루어야 한다.

1. 우리는 최근 박희도 육군참모총장의 망언을 강력히 규탄한다. 그의 국민을 무시하고 적대시한 언동은 유감스럽게도 현직 군부의 일부 장성의 사고방식이 얼마나 전근대적이고도 시대의 흐름에 역행하는 것인지를 그대로 드러내 주었다. 박희도씨는 국민 앞에 사죄하고 물러나야 한다. 그리고 차제에 군은 지난 26년간 군부통치가 이 나라 역사에 끼친 폐악을 깊이 깨닫고 절대 정치중립의 뼈를 깍는 자기쇄신을 이루어야 할 것이다.

1987. 8. 4.

민주쟁취 기독교공동위원회

민주헌법쟁취 국민운동 안동시·군지부결성선언문

1987년을 상반기는 고난으로 얼룩찬 우리 민족사에 하나의 커다란 전기를 이룩한 해로 기억될것입니다.

민족의 통일과 조국의 민주화를 열망하는 온 국민의 간절한 기원을 짓밟고 지난 80년 광주 민중을 피로 학살한 채 불법으로 권력을 강탈한 군사 독재정권 집권 7년사는 부정과 부패, 극악한 탄압과 폭력의 연속이었다.

그 속에서 노동자, 농민등 다수 민중의 생존은 죽음의 위기속에 처하고, 국민 생활은 갖은 악법과 불법적 탄압속에 암흑의 현실을 헤매고 있다.

그러나 그 고통스러운 압제의 세월을 뚫고 균열된 민족 사회를 극복하고 새로운 민중적 민족사를 이룩하기 위한 힘찬 진군은 그치지 않았다.

수많은 양심적 애국인사들이 용공, 좌경으로 매도되어 구속되고, 꽃다운 나이의 한 여성 근로자가 군부독재의 하수인 폭력경찰에 이루 형언할 수 없는 성고문을 당하는가하면 급기야는 박종철, 이한열군을 살인적인 고문과 폭력적 탄압으로 숨지게 했다. 다수 민중의 생존권을 짓밟고 외세에 기생하여 민족의 존엄한 자주성을 상실한 채 독점 재벌과 유착하여 분단조국을 영속화 시키려는 현 정권의 독재적 억압과 기만적 집권 음모를 더 이상 방관할 수 없는 우리 국민은 갑오농민혁명, 3·1운동, 4월혁명, 광주민중 항쟁의 빛나는 민족적 전통을 이어받아 드디어 6·10, 6·26 국민운동 대회를 통하여 민주화의 강고한 의지를 보여주었다. 이에 당황한 현 정권은 6·29호헌철폐 민주화 선언을 함으로써 독재 권력에 대한 우리 온 국민의 승리를 이룩하였다.

그럼에도 불구하고 현 정권은 국민들의 위대한 민주화 투쟁을 왜곡함으로써 또 다시 집권을 시도하려는 끈질긴 정권욕으로 국민들을 기만하고 있다.

우리는 현 군부독재 정권을 민족의 이름으로 엄숙히 처단하고 그들의 완전한 퇴진과 민중의 생존권이 보장되는 진정한 민주헌법의 쟁취만이 민주정부 수립의 선결 과제임을 너무도 잘 알고 있다. 또한 최근에 장시간 노동과 저임금에 시달리는 천만 노동자들의 현대, 국제상사등에서 보여준 가열찬 투쟁과 외국 농·축산물의 무분별한 수입, 저농산물 가격 정책등 반 노동적 정책으로 수탈당하고 있는 농민들의 생존권 투쟁이야말로 민주화 실현에 대한 한치의 타협없는 행군임을 알고 있다.

이에 우리 안동시·군민은 각계 각층의 민중과 굳건히 연대하여 광주학살 원흉집단인 반민족적, 반민중적, 반민주적 군부독재 정권과 그들의 배후 조종자 미국의 식민지 지배를 영원히 끝장내고 통일된 자주조국과 민주주의 조국을 향해 힘찬 진군을 할것을 결의하며 민주헌법 쟁취 국민운동 안동시·군 지부를 결성한다.

더이상 빼앗길것 없고 오로지 되찾을것만 남은 우리 앞에 승리의 함성이 울릴것을 굳게 믿으며 다음과 같이 우리의 주장을 밝힌다.

= 우 리 의 주 장 =

1. 민주헌법 쟁취하여 민중·민주정부 수립하자.
2. 민주투사 양심범을 즉각 석방하라.
3. 안동농민 단결하여 천만 농민 살길찾자.

1987. 8. 10

민주헌법쟁취국민운동본부 안동시·군 지부

안동시민여러분께 드리는 글

— 민주헌법 쟁취국민운동 안동시·군지부 결성에 즈음하여 —

87년 6월!

들풀처럼 타오르며 끊임없이 전개되어온 민주화 운동은 군사 독재 정권을 송두리째 흔들리게 하였읍니다.

4·13 호헌 조치로 국민을 또한번 우롱하려던 전두환 일당에게 더 이상 참을 수 없는 분노와, 동장부터 대통령까지 내손으로 뽑겠다는 사천만 국민의 민주화 열망은 드디어 6·10대회, 6·26대행진으로 이어지는 가열찬 투쟁을 전개해 왔던 것입니다. 6월 29일 발표된 노태우 선언은 바로 군사 독재 정권의 국민에 대한 항복이며 또한 민주 국민의 단결된 힘으로 싸워서 얻은 댓가 인것입니다.

박 종철군, 이 한렬군의 죽음이 날카로운 비수가 되어 가슴팍을 후벼 대는 아픔으로 선명하게 남아있는데도, 노태우 선언은 마치 민주화에 은혜라도 베풀었다는 듯이 자화자찬 하는 작태가 꼴불견이 아닐 수 없읍니다.

부정과 부패로 얼룩진 사회구조속에서 하루에도 몇번씩 양심을 저울질 당하며 고민해온 민주시민 여러분! 뙤약볕아래서 일하는 기쁨보다 고된 농사일거리나 부채따위로 고생하는 안동군 농민여러분! 시장바닥에서 하루 하루 밥벌이에 매달려 주변을 돌아볼 여유조차 없었던 안동지역 주민 여러분!

민주화 투쟁은 이제 부터입니다.

많은 사람들이 조국의 민주화가 당장 이루어진 듯 착각하게 하는것은, 바로 미국의 사주를 받은 전두환 노태우 집단의 고도의 정치적 술수로서 6·29 노태우 선언이 나온지 한달이 지난 지금 우리는 냉정하게 이 허구성을 폭로 해야 할 때입니다.

이 가슴벅찬 승리를 진정으로 같이 누려야 할 사람은 바로 국민 대다수를 차지하고 있는 노동자·농민으로서 그동안 경제성장의 허울아래 억눌리고 짓 밟혀온 이들 노동자·농민 생존권에 대해선 한마디의 언급조차 없다는 것입니다. 민족 경제의 주인공인 노동자, 농민, 중·소상인이 배제당하고 또 현 집권층의 조작에 의해 감옥으로 끌려간 민주 인사들의 무조건 석방없이는 결코 조국의 진정한 민주화가 이뤄질 수 없읍니다.

지금 전국 각지에서 불길처럼 일어나고 있는 노동자 형제들의 생존권 획득 투쟁을 마치 불순집단의 사주에 의한것인양 조작하려는 가소로운 작태는 바로 이들이 말하는 민주화의 허구성을 드러내는 한 예라 할것입니다.

안동 애국 시민 여러분!

국민이 주인이 되는 참다운 민주사회는 우리가 일한 댓가를 당당히 요구하고, 나라의 주인으로서 옳바른 비판을 서슴없이 할 수 있는 사회로서, 지금 우리 모두에 주어진 엄숙한 과제입니다. 일시적인 사회분위기의 변화를 믿고 무관심과 소극적 태도로서 침묵하는 것은 바로 군사 독재 정권의 만행에 동조하는 행위일 뿐입니다.

2,000여 광주시민을 학살하고 피묻은 손으로 정권을 탈취한 전두환·노태우 집단에게 조국 민주화를 기대함은 결국 또다시 과오를 저지르는 뼈저린 실패를 거듭하게 될것입니다.

안동시·군민 여러분!

굴종과 억압으로 지속된 조국 분단 42년, 군사독재 27년의 부끄러운 과거를 벗어던지고 민족이 주인되는 사회, 모두가 함께 살아갈 수 있는 민주사회 건설을 위해 앞장서 나갑시다. 우리 힘이 아니고서는 현 군사독재정권을 몰아내고 이 사회의 자유와 평화의 사회를 만들어 갈 사람은 아무도 없읍니다.

민주헌법쟁취 국민운동은 바로 민족이 하나되는, 민중이 주인되는 민주사회 그 토대를 다지는 첫걸음입니다.

국민운동본부를 중심으로 농촌, 도시 어디서나 농민, 영세 상인, 빈민, 노동자 뜻있는 청년, 학생 및 양심적인 재야 단체들과 단결하여 생존권 확보 투쟁 및 안동지역 사회 민주화를 향해 힘차게 전진 할것을 약속드립니다.

1987. 8. 10

민주헌법쟁취국민운동 안동시·군지부

결 성 선 언 문

국민에 의한 국민을 위한 국민의 정부선택권을 비롯한 모든 권력기관에 대한 주권자로서의 권리를 회복하고 참된 민주화와 주민자치를 열망하는 우리 강릉, 명주지역 주민은 이제 이지역 민주화를 위한 순수 민간운동의 구심점이될 민주헌법쟁취 국민운동본부의 강릉, 명주지부를 결성하며 우리의 뜻을 드러내어 밝힌다.

우리는 인간의 존엄성과 권리회복을 바라고 민주화를 염원하는 모든 세력, 각계각층 전지역 전주민을 민주의식화 조직화 할것이며 생활과 우리운동을 일치시켜 우리 모두의 일상적인 삶속에서 민주주의를 실천하며 잘못된 제도와 정책에 의해 사행되는 인권탄압이나 관료적 타성에 젖은 권위주의적 지시와 시행착오와 비리를 비판하고 규명하고 규탄하기에 앞장설것이다.

생존권을 비롯한 민주적 제권리는 결코 독재자에 의해 주어지는것이 아니라 희생을 각오한 쟁취로서만 향유할수 있는 것임을 주민 모두가 각성케하고 이를 위한 전국민의 대열에 함께 참여할것이다.

또한 우리는 우리가 사랑하고 자랑스레 여기며 살고있고 우리 자손들을 통해 살아갈 이 향토가 언제까지나 민주, 민중, 인권운동의 사각지대이기를 거부하는' 결연한 의지로 이제까지의 낙후와 침체에 의한 자괴감과 자학을 떨쳐버리고 이제 범국민운동으로 결행될 선기혁명을 위해 민주, 민중 통일운동의 선봉에 나설것임을 선언한다.

1987 년 8 월 17 일

민주헌법쟁취국민운동본부강릉명주지부

성 명 서

이 나라에 진정한 민주화가 실현되기를 열망하면서 호헌철폐와 군부독재퇴진을 줄기차게 요구해 온 민중의 위대한 힘은 6.10박종철고문폭로대회 6.26국민평화대행진이란 국민적 대폭발의 의지를 창출하였으며 군부와 외세에 의존하면서 민심을 역행해온 현 정권이 6.29선언이란 고뇌에 찬 비상자구책을 국민앞에 내어 놓을 수 밖에 없는 한계를 드러낸 것을 이 역사 가운데서 보았읍니다.

6.29선언은 이 역사 가운데 현존하셔서 고난당하는 민중의 부르짖음에 응답하신 정의의 하나님의 섭리요, 온 국민이 함께 창조해낸 국민적 승리였음에 틀림없읍니다.

80년 5월 광주민중의 희생을 딛고 출발한 반민족적·반민주적·반민중적 현 정권의 독재와 폭압은 진정한 회개와 반성에서만 용서될 수 있는 것입니다. 우선 회개의 표시로서 이 나라의 민주화를 외치다가 정권유지의 수단으로 제정된 각종 악법에 의해 감옥에 갇혀 있는 양심수의 전원석방·사면·복권이 이뤄져야 하며 민주화 진행과정을 공평무사하게 보도할 수 있는 언론기관의 공정보도 기능이 속히 회복되어야만이 온 국민은 현 정권의 결단에 대해 신뢰감을 갖고 민주화의 대장정에 참여하게 될것입니다.

또한 현군부독재의 탄생과 유지에 직접적인 후원자인 미국정부가 이번 한국민이 보여준 민주화 투쟁에 대해 긍정적 관심을 보여온것을 다행으로 생각하나 지금까지의 한국에 대한 대소전진기지로서의 군사전략적 목적과 미국이 지배하는 세계분업체제중 산업기지로서의 경제적 목적에다 우위를 둔 대한정책을 고수하므로 한국민의 반미감정을 고조시켰던 전철을 밟지 말고 한국민의 민주화에 적극 협력하므로 영원한 우방으로서의 신뢰를 회복할 것을 촉구하는 바입니다.

이제껏 이땅의 민중들은 미·일독점자본과 매판재벌, 군사독재정권의 공동탄압에 의해 정당한 권리와 이익이 짓밟히고 빼앗겨 왔읍니다. 그러나 기층민중들은 끊임없이 자신들의 정당한 요구와 권리를 주장하여 왔으며 특히 지난 7월말부터 현대그룹의 노동자들을 선두로 하여 부두에서 광산에서 사업장에서 생활임금확보와 어용노조퇴진, 민주노조 건설을 위해 투쟁하고 있음을 보았읍니다. 진정한 민주주의는 이 나라의 절대적인 기층민중들의 생존권과 민주권리의 보장없이는 결코 이루어지지 않는 것입니다.

우리 나주지방 선현들은 민족의 수난의 장마다 피나는 항쟁의 깃발을 들어왔으니 임진왜란때 의병장 김천일은 나주에서 군사를 모집하여 진주성 싸움에서 분전하였으며 일제하에서 민족의 비분을 터트린 광주학생운동의 진원지가 이지방이었음을 상기하면서 오늘 우리는 민족적대과업인 민주헌법제정및 민주정부수립등 제반 민주화과정에 있어서 국민의 파숫꾼으로 참여하게 된데 대한 자부와 긍지를 가지고 국민적 권리가 보장되고 기층민중의 생존권이 보장되는 민주화와 민족자존의 새로운 지평을 열기 위하여 민주헌법쟁취국민운동나주지부 창립총회를 갖으면서 우리의 의지를 천명하는 바입니다.

1987 년 8 월 20 일

민주헌법쟁취국민운동전남나주시·군지부

민주헌법쟁취 국민운동 충남 서천군지부 결성 선언문

우리 민주시민은 힘들고 먼 민주 대장정의 도상에서 또 하나의 빛나는 새 이정표를 세웠다.

지난 6.10국민대회 이후 우리 민주시민이 눈물과 땀과 피를 흘려가며 앞을 다투어 민주화 투쟁에 몸 바쳐온 사건은 국민의 힘의 위대함을 국내외에 보여 준 역사적 장거였다. 마침내 벼랑 끝에 내몰린 현 집권당의 대표는 대통령직선제, 구속자 석방, 사면·복권 등 8개항에 달하는 민주화 조치 들을 실시 하겠다고 마치 선물이라도 주는 듯이 선언 했지만 이는 저들이 그 동안 저지른 잘못을 시인하고 대오각성 해서가 아니라 국민의 투쟁의지를 희석화 시키고 대중조작의 술수를 꾸미기 위한 시간벌기 전술에 불과하다는 사실이 그 후의 저들의 행적에 의해 여실히 드러나고 있다.

현 군사정부는 6.29이후 두달이 가까워 오는 지금까지 당장 실시할 수 있는 구속자 석방, 사면복권, 수배자 해제를 선별 조치하는 등 실질적인 민주화 조치를 미루면서 살인·고문·용공조작 등 반민주행위를 은폐하고 민주운동 세력간의 이간질을 획책하고 있다.

민주화 조치중 가장 시급한 언론자유의 문제도 말만 그럴 듯 하게 앞세울 뿐 실제로 개선된 것은 없다. 문화방송을 비롯한 TV방송사의 직원들이 "이름 뿐인 공영방송 철폐"를 외치며 부당한 압력을 물리치기 위해 집단적으로 투쟁을 선언하고 있는 것이 그 증거이다. 언론 통폐합조치 이전으로의 환원을 통한 민간방송의 부활, 공영방송의 공영방송다운 사실보도와 엄정중립 견지, 해직 언론인의 원상복직, CBS기능 정상화 등이 전혀 이루어지지 않고 있는 것은 저들이 보도기관을 여전히 장악 하므로서 여론조작을 획책하고 있음을 여실히 드러내는 것이다.

군의 정치적 중립이야말로 민주화의 첩경임을 모든 국민이 알고 주시하고 있는데도 군 수뇌부의 핵심인사가 특정인에 대하여 출마시비를 벌이는 것은 민주국민에 대한 협박이며 절대다수의 국군에 대한 모욕이 아닐 수 없다. 국군은 외적으로 부터 국토방위를 위임받은 국민의 군대이다. 정치에 맛을 들여 외세를 업고 나라를 망치는 정치군인은 철저히 배제 되어야 한다.

오늘날 들불처럼 번져가는 노동자들의 생존권 보장 요구는 오랜 동안 최저생계비에도 못미치는 저임금과 산업재해를 유발 시키는 공해작업환경에 시달리다 못해 부르짖는 정당한 외침인데도 이들을 향하여 좌경 운운하는 것은 민주노동자를 매도하고 편파적으로 독재의 그늘에서 자라온 반민주 독점자본가만을 옹호하겠다는 구태의연한 발상이다.

우리는 지금까지 6.29선언 이후의 사태를 관망해 왔으나 우리 민주시민과 숱한 젊은 생명의 희생을 모욕하는 현 군부 집권세력의 간교한 언동을 더 이상 좌시할 수 없어 오늘 또 다시 새로운 민주장정의 새 걸음을 내딛기 위해 민주쟁취 국민운동 서천군지부를 결성하며 다음과 같이 우리의 주장을 밝힌다.

1. 우리는 선거를 통한 민주혁명으로 현 군부 독재정권을 종식 시킨다.
1. 우리는 외세 간섭을 배척하고 민족자존을 수호한다.
1. 우리는 노동자, 농민, 도시빈민 등 민중의 생존권을 지키기 위해 연대하여 투쟁한다.
1. 우리는 민주사회를 이룰 때까지 쉬지 않고 전진한다.

1987. 8. 22

민주쟁취 국민운동 충남 서천군지부 결성대회 참석자 일동

발기인창립취지문

이른바 4.13 호헌론으로 영구집권 음모를 획책하던 군부가 요원의 불길처럼 전국적으로 번지고있는 민주화의 열기에 마침내 굴복한 군사독재 정부가 6.29 선언이라는 조치를 취하였으나 아직도 명확한 정치 일정과 모든 양심수의 전원석방 및 만족할 만한 일련의 조치가 보류된 불투명한 현정국을 깊이 우려한 보성군내의 민주단체 지도급인사들이 모여 온 국민의 여망인 군부독재를 종식시키고 민간주도의 문민정치를 이룩한다는 대명제아래 모든 국민이 명실공히 인정하고 성원하는 양식있는 민주인사들의 결집체인 민주헌법쟁취 국민운동본부에 등참하여 전남 보성군지부결성의 필요성에 의견을 모으고 각 단체가 전원 참석하여 정관을 만들어 인준하고 정관에 명시된 사항을 성실히 이행하여 다시는 이땅에 어떠한 독재정부나 군사정권이 출현하지 못하도록 엄중감시 하며 모든국민이 각자 자유로운 활동으로 생업에 종사하고 평화로운 조국통일 기반조성에 노력한다는 굳은 각오아래 동지부를 결성하기에 이르렀읍니다.

결성참석단체 (무순)

한국카톨릭농민회	통일민주당	전남민주회복국민협의회
전남민주청년연합	개 신 교	천 주 교

성　명　서

지금 우리 조국은 백척간두의 위기에 처해 있다.

민주화를 하느냐, 못하느냐에 따라서 국가의 흥망이 좌우된다고 해도 지나친 표현은 아닐것이다. 국방을 해야 할 극소수정치 군인이 국방이란 본연의 의무는 망각한채 불법으로 정권을 쟁취하여 민주주의를 송두리째 말살하고 폭력정치를 지속해 왔다. 민주화를 절규하다가 수 십명이 분신을 하면서 죽음으로 민주화를 호소하여도 아니, 수많은 민주시민이 민주화를 외치다가 고문을 당하여 죽어 갔어도 조국의 하늘은 폭력, 조작, 고문정치의 검은 구름이 걷히지 아니하고 있는 현실을 생각하면 우리는 통분을 금할 수 없다.

악독한 군벌정권이 어떻게 26년간이나 지속할 수 있었던가를 돌이켜 볼때 우리민족의 민주화를 쟁취하려는 애국심과 용기가 부족하였다는 것을 보성의 피끓는 민주애국시민은 통감하고 보성의 애국충정의 소리, 소리를 모아 민주헌법쟁취 국민운동본부 보성군 지부를 출범한다. 이제 우리는 더이상 사대주의, 무사주의에 깊이 빠져서 졸고만 있을 수 없다. 온 국민이 분연히 궐귀하여 민주화 운동에 나서서 목숨을 걸고 독재정권을 물리치고 민주화를 쟁취해야 한다.

용기있는 민족만이 민주주의의 산 열매를 얻을 수 있다는 교훈을 가슴깊이 되새기며 지금 이나라의 앞길에 놓인 미증유의 난국을 타개하고 민주주의의 탄탄대로를 구축하기 위하여 그리고 정통성있는 민주정부 수립을 위하여 우리는 온 몸을 던져 투쟁 할 것을 밝히는 바이다.

12.12하극상과 광주시민 학살 등 폭력과 편법으로 시작된 군사정권은 일찍 국민앞에 사죄하고 퇴진했어야 마땅 하였다. 그러나 온 군민의 생명과 피와 땀으로 마땅히 이루어져야 했던 6.29선언을 마치 자기들의 애국충정의 뜻으로 이루어진 것처럼 국민을 오도하는 작태와 군부독재정권에 빌붙어서 내조국 내민족의 장래는 어찌되든 빌붙은자의 부귀영화만을 누리고자 하는 민주화의 죄인들은 하루빨리 회개하라! 온 국민이 그대들을 향한 분노의 소리를 들으라!

민주화를 쟁취하는 국민이 승리하여 민주화의 꽃이 삼천리 강산에 만발하는날 민주반역자에게 내려질 국민의 추상같은 심판의 소리를 두려워 하라! 전 세계적으로 도도히 흐르는 민주화의 물결은 한국의 군사독재를 타도하여 쓰러지게 할 것은 자명한 일이다.

민주 반역자에게 다시금 고한다.

지금이라도 여러분이 민주화에 공헌한다면 우리 국민은 과거의 잘못을 묻지않고 성원을 아끼지 않을 것임을 깨닫고 대오각성 히기를 바란다.

민주시민 여러분!

우리조국의 장래는 매우 창창합니다. 막대한 희생을 치르고 깊은 분노를 떨면서도, 고통과 눈물을 뿌리는 고난의 세월을 지세우면서도 역사의 심판대위에 오늘의 조국이 있는것은 자기의 권력을 위하여 어떠한 일도 감행하는 정치인의 덕택도 아니요, 재산을 모으기위해서는 수단방법을 가리지 아니하고 부정된 정치와 야합된 재벌의 덕택도 아니요, 다만 저소득, 저임금에도 묵묵히 자기일에 충실한 농군과 노동자의 덕택이요, 생명을 다바쳐 산화한 국군장병과 애국충혼의 덕택이요, 온몸에 휘발유를 뿌려 죽어간 아픔과 고문에 목숨을 빼앗긴 넋들의 덕택이요, 몇달만 있으면 일류직장 으로 갈 학생들이 감옥으로 끌려간 아픔의 덕택임을 우리모두는 알아야 한다.

이제 우리는 모두 힘을 합쳐 결연히 민주화를 위한 싸움에 나설때임을 외치노라.

구만리 장천을 떠도는 남도땅 광주5월의 넋들이 민주화의 천사가되어 승천하는 날을 위하여 우리는 일어 났노라.

우리의 힘찬 용기와 민주화의 함성을 들은자여!
깨어나지도 말았어야할 군부독재를 개과천선시키고 국토방위의 간성이 되어 그 명예를 드높일 군인정신을 재단케 하고 미석방된 민주 인사의 옥문을 활짝 열고 석방시킬것을 다시한번 강력히 촉구한다.

끝으로 고 이한열 열사의 죽음은 병들은 사회를 고치려고 목숨을 던져 버렸기에 그 죽음이 고귀하고 값진것이며 빛나는 것이라는 것을 재인식하고 우리의 뭉치는 민주화의 합창도 결코 멈추되지 아니할것을 확신한다.

결 의 사 항

① 민주헌법 쟁취하여 민주정부 수립하자!

② 민주헌법 쟁취하여 농가부채 탕감하자!

③ 군부독재 몰아내고 민주농협 쟁취하자!

④ 군부독재 지원하는 미.일외세 배격하자!

⑤ 민족자주, 민주통일 성취하자!

⑥ 군사독재 뿌리뽑고 문민정치 이룩하자!

⑦ 모든 양심수 전원 석방 및 시국사범 수배자 전원 해제하라!

1987. 8. 22.

민주헌법쟁취 국민운동본부 보성군지부

포항영일지역 주민에게 드리는글

——민주화 촉진을 위한 시민 대 강연회에 즈음하여——

독재와 외세의 폭압아래 분단의 40여년을 우리는 오로지 민족의 자주화와 민족의 통일 이 땅의 민주화를 위해 끊임없이 싸워왔읍니다.

그 동안 우리의 수 많은 선배들이 민주의 제단에 피를 뿌리면서 얻어진 값진 경험으로 우리는 마침내 광범위한 반독재 전선을 형성하여 전민중과 함께 독재타도를 외치며 찬란한한 승리를 거두었읍니다. 이 빛나는 승리는 한순간에 쟁취한 것이 결코 아닙니다 역사의 산 경험과 수 많은 어려움속에서 축적된 우리의 역량이 비로소 역사위에 그 결산을 맺은 것입니다. 그러나 미·일 외세와 독점재벌, 독재정권은 우리 전민중의 피나는 노력의 결과를 마치 자신들의 결단과 은혜인양 왜곡 매도하고 있는 것이 우리의 현실입니다.

전민중들이 하나가 되어 이 땅의 자주와 민주를 외치며 전국 곳곳에서 일어났을때 현 독재정권은 깜짝 놀라 형식적인 6. 29 선언을 통해 전민중 앞에 민주화를 단행하겠다고 선언하고는 실질적으로는 전민중을 기만하는 행위를 아직도 서슴치 않고 행하고 있읍니다. 그것은 곧 구속자의 석방을 애매한 선별기준이니 국가보안이라는 허울좋은 명목으로 전면적인 사면복권을 거부하고 지금 전국적으로 거세게 일어나고 있는 천만 노동자의 생존권쟁취 싸움을 불순세력의 외부개입과 좌경용공 세력의 조정에 의한 과격한 행위라고 매도 왜곡하고 있는 것으로 보아 잘 알수가 있읍니다..

<u>포항 영일 지역 주민여러분!</u>

과연 우리는 6. 29 선언이후 우리의 실생활에서 나아진것이 무엇이 있읍니까? 여전히 우리는 진실을 왜곡하는 언론매체와 민중들의 생계는 제반악법을 통하여 위협당하고 있는 것을 뚜렷이 보고 있고 형식뿐인 노태우의 기만적6. 29 민주화조치는 텔레비젼이나 신문에서 떠드는 하나의 말뿐 우리의 생활제도에서는 하나도 나아진것은 없는것이 사실입니다. 우리는 지난 6월 항쟁을 통해 독재에 항거하는 전민중들의 민주화 의지가 곧 바로 민족의 자주와 통일, 완전한 민주쟁취로 응집되는 것을 분명히 보았고 몸소 체험을 하였읍니다. 이것은 역사의 필연이며 이러한 역사적 요구를 거부한다는 것은 스스로 자신을 자멸케 한다는 것을 확실히 느꼈읍니다. 우리는 이러한 확신속에서 기만적인 행동을 하고 있는 현 군부 독재에게 경고합니다. <u>"모든 양심수는 즉각 석방되어야 한다"</u> 전 민중을 외면하고 있는 반역사적이고 반 민중적인 현 정권의 퇴진을 위해 싸워온 양심인사와 학생·청년·노동자·농민들을 불순한 무리라고 왜곡하여 자신의 집권을 연장키 위한 수단으로서 아직도 차디찬 감옥속에 수백명의 양심수들을 가둬두고 있는데 이는 당연히 석방되어 우리 민족의 무궁한 발전을 위해 그들의 투철한 애국애족의 충절을 우리 사회 전반에 걸쳐 반영케 해야 할것입니다.

<u>"노동3권및 민중생존권은 보장되어야 한다"</u> 생각만 해도 끔직한 최루탄, 다시는 생각하기도 싫은 이퍼물에 의해 얼마나 많은 민중들이 눈물을 흘려야만 했던가 이 원치 않은 눈물속에 우리의 형제 이태춘, 이한열 열사가 우리의 곁을 떠나 그 모습이 채 사라지기도 전에 "배고파서 못살겠다" 라며 임금인상을 요구하는 노동자들에게 최루탄을 무차별 난사하여 우리의 노동형제 이석규 열사가 또 다시 우리의 곁을 떠나가 야만했다.

보라! 이것이 바로 그들이 말하는 6. 29 민주화조치인 것이다. 노동자들의 정당한 외침들을 묵살한채, 전민중들의 생존권을 외면한채 그들은 민주화를 하겠다고 한다. 이것이 거짓정권의 실상인 것이다.

노동자들의 권익은 당연히 보장되어야 한다. 노동자들이 역사의 주체로서 우리 사회에 등장할때 우리는 비로소 모든 억압과 불평등에서 벗어나 인간의 완성과 끊임없이 인류사의 발전을 기대할 수 있을것입니다.

<u>"국민 기본권은 즉각 단행되어야 한다!"</u>

집회·결사·사상·언론·출판의 자유등 이러한 실질적 민주화조치가 즉각적으로 우리 삶의 저변에서 실질적으로 단행될때 우리는 우리 사회에 만연하고 있는 이기, 불신을 극복하고 서로 사랑하며 돕는 건강한 사회를 만들것이며 우리의 병든 모습에서 벗어난 모든 소외로 부터 극복되어져 행복과 평화를 누리며 모두가 잘 살수 있을것입니다.

아직도 우리의 신문과 텔레비젼은 여전히 진실을 외면한채 거짓을 보도하고 있고 오히려 왜곡, 매도하고 있으며 민중 스스로의 집회 결사는 전혀 보장되지 않고 묵살당하고 탄압받고 있는 것이 사실입니다.

국민 기본권의 보장이 없는 우리 사회는 결국 파국으로 치닫는 결과를 초래하며 역사의 심판이 반드시 반 역사적, 반민중적, 무리들에게 있을것입니다.

<u>포항 영일 지역주민 여러분!</u>

이제 우리는 다시 뜨겁게 하나가 되어야 합니다. 기만적인 현 정권의 민주화조치를 우리의 생활제도에서 부터 획득하기 위해 외세와 결탁한 독재정권의 기만을 거부하고 우리는 생존권과 기본권 그리고 양심수의 전원 석방을 위해 다시 뭉쳐야 합니다.

우리는 지난 6월 항쟁에서 이룩했듯이 기필코 그것을 이루고야 말것입니다.

<u>모입시다!</u>

민주헌법쟁취 국민운동 본부의 깃발아래 하나가 되어 <u>단결합시다!</u>

민족통일 민족자주·민중해방·민주쟁취의 그날까지 우리의 싸움과 행진을 멈추지 맙시다.

<u>나갑시다!</u>

우리는 역사의 부름에 응답하여 가열차게 독재타도와 민주쟁취의 그길로 ……

1987. 8. 26

민주헌법쟁취 국민운동본부 경북 포항지부

포항시 용흥동 142-9
전화 73-5641

성 명 서

6.29선언은 8.21 전두환 하계기자회견을 통해 완전 백지화되고 말았다. 전두환 회견 다음날 대우조선 이석규노동 열사가 최루탄에 피살되었고, 이석규 노동열사의 죽음을 통해 군부독재의 반민주성,반민중성을 폭로, 국민의 각성을 촉구하려던 국민적 대회를 군부독재는 체제전복을 기도하는 불순세력운운하며 폭압적으로 탄압했다. 8월28일, 대우조선 민주노동자 이석규열사 부산시민 추모제를 원천봉쇄하고 경찰의 무자비한 최루탄발사 88특공대(일명 백골단)의 폭행 린치 등으로 수십명의 중경자가 발생했고 무수한 청년 학생 시민들을 연행해 갔다.심지어 시위에 가담하지도않은 포장마차를 운영하는 한 부부의 코뼈를 뭉개버린 일이나 식당에서 우동을 먹고 있는 한 여자를 이유없이 짓밟아 린치를 가한 백골단의 만행을 보면서 우리는 현 군부독재정권은 구제받을 수 없는 인격파탄자의 집단임을 다시 한번 확인했다.

부산에서 경찰의 만행은 28일에 이어 29일에도 계속되었다. 29일 2시경 군부독재의 경찰은 부산본부 사무국장 고호석씨,민협총무부장 이호철씨를 연행하러 왔다가 사무실앞에서 고호석씨를 연행, 이 사실을 알고 달려온 본부직원들의 구출작전으로 실패하자, 그 보복이라도 하려는 듯 전경 3백여명을 동원하여 사무실을 완전 포위 수백명의 시민이 목격하는데도 적을 향해 작전이라도 벌이듯 부산본부 사무실을 공격,현관문을 부수고 강제진입해 들어왔다.

진입시 경찰의 불법적 행위에 항의하던 유장현(본부연락간사),송영경(부민협간사),이재영(회원)씨 등 6명은 온몸에 멍이들만큼 집단폭행을 당해 입안이 찢어지고 안경이 깨지기도 하면서,부산진경찰서로 연행되었고,경찰은 집기파손,강제수색,각종유인물,책자 등을 자동차 1대분씩이나 싣고가는 만행을 저질렀다. 경찰은 연행자들에게 경찰서안에서도 집단폭행을 가했고 이 사실을 알고 26명이 항의 하는 도중 전경및 사복경관이 무자비한 구타를 가하고 김석호(인권위 간사)씨 등 3명을 전경및 사복경관 4 - 5명이 한사람씩을 짐승처럼 끌고 연행하였다.우리는 이 사건에 접하면서 군부독재의 경찰은 경찰인지 미친놈들의 집단인지 분간할수 없었다. 도대체 사람의 탈을 쓰고 어디서 어떤 명령을 받았기에 이같은 천인공노할 만행을 서슴없이 자행할 수 있단 말인가? 더우기 6.29선언을 통해 민주화를 하겠다고 떠벌린 현 군부독재의 잠꼬대같은 소리를 들은지 불과 2개월도 되지 않아 군부독재는 또다시 광주민중학살의 본성을 드러내 자신들의 민주화란 바로 28일,29일 양일간 부산지역에서 보여준 폭력 그 자체라는 것을 여실히 증명했다. 우리 국민은 현군부독재의 어떤 잔인한 폭력에도 결코 굴복하지 않았다. 갖은 탄압과 고통을 받으면서도 우리 국민은 군부독재의 호헌 개헌 호헌의 기만적인 작태를 참다못해 6월민주항쟁을 통해 직선제로 굴복하게하는 위대한 힘을 보여 주었다. 국민앞에 굴복한지 불과 2개월도 되지 않아 군부독재는 자신들의 죄과를 겸허하게 받아들일 반성의 기미도 없이 또다시 국민을 폭력으로 탄압하여 오로지 재집권하려는데만 혈안이 되어 있다.

8월기간동안 전국적으로 보여준 노동자들의 민주화 요구가 총파업의 수준으로까지 발전해간 우리 국민의 무서운 힘을 두려워 할 줄 안다면 군부독재는 폭력을 통해 국민의 분노를 촉진시키기보다 국민의 의사와 요구를 순리적으로 받아들이는 길만이 오늘의 난국을 해결하는 유일한 길임을 지금이라도 각성하라. 그렇지 않는다면 9월 10월에 걸친 어려운 시간을 군부독재가 대국민 협박용으로 흘리는 위기설에 의해서가 아니라 국민 스스로가 일어나 또다시 단결하여 군부독재완전타도를 향해 총궐기하는 전면적인 위기에 봉착하게 될지도 모른다.

군부독재가 아무리 얕은 수준의 공작적 차원에서 국민운동 전국본부는 물론 부산본부 인사들을 비롯하여 영남지역 국민운동본부 인사들을 대우조선 이석규노동열사 민주 국민장의 배후세력으로 몰려해도 국민과 이 땅의 1천만 노동자가 이 사실을 결코 용납하지 않을 것이다. 우리 국민운동 부산본부는 국민운동 본부 인사들에 대한 군부독재의 탄압을 즉각 중지할 것을 촉구하며 다음과 같은 사항이 관철되기를 요구한다.

1. 현재 연행 구속된 전국민운동본부는 물론 영남지역 국민운동 본부 인사들을 즉각 석방하라.
1. 노무현 변호사를 비롯해 현재 수배중인 국민운동 부산본부인사들의 수배를 즉각 해제하라
1. 국민운동부산본부의 고호석,이호철씨를 대우조선 고 이석규노동열사의 민주국민장 추진 배후세력으로 몰아 그 보복으로 81년 부림사건에 대한 당사자들의 형집행정지 취소처분을 즉각 철회하라.
1. 노동자들이 요구하는 노동 삼권을 즉각 보장실시하라.
1. 부산시경은 8월28일 이석규열사 부산대회 추모행렬에 가한 폭력경찰을 즉각 색출처단하고 부상자 전원에 대해 치료비 보상 및 연행자 전원은 즉각 석방하라.
1. 부산시경은 8월29일 국민운동 부산본부 사무실에서 강제 탈취해간 물품 전부를 즉각 반환하고 부상자에 대한 보상은 물론 불법적인 사무실 강제 침입사실을 공개사과하라.

1987. 8. 31

민 주 헌 법 쟁 취 국 민 운 동 부 산 본 부

국민운동본부 보은군지부 결성선언문

해방이후 40여년에 걸친 우리의 현대사는 한마디로 질곡의 역사였다.

해방의 기쁨을 누리기도 전에 자유민주체제와 민중의 생존권을 수호해야 할 정권의 담당자들은 독재의 연장에 연연한 나머지 일본 제국주의의 잔재를 청산치 못하고 온갖 비리와 파렴치만 난무하는 비민주적, 반민족적 모순만을 확산시킨 착취와 억압의 역사였다. 이러한 극한 핍박 속에서도 우리의 자랑스런 민주인사와 민주학생들은 분연히 일어나 독재와 불평등을 해소하기 위하여 항거하였으며, 이러한 투쟁의 결과로 얻어진 1980년의 상황은 이 땅에 민주주의를 발화시킬 절호의 기회였다.

그러나 작금의 군부세력은 국민의 열망이었던 민주화의지, 특히 광주의 수 많은 애국시민 및 애국학도를 대량학살하여 온 국민에게 공포감을 조장한 뒤, 반 민족적 경제세력을 등에 업고 유신시대보다 더욱 악랄하고 약탈적인 군사독재 정권을 수립하였다. 이러한 현 정권은 언기법, 집시법, 국가 보안법등 수 많은 악법을 통하여 민중들을 기만, 사기, 협박, 고문하며 민주화를 부르짖는 양식있는 인사들을 구속하고 전국을 최루탄 생지옥으로 만들어 놓았다.

또한 미국은 정통성과 도덕성 없는 현 정권을 보호해 주는 댓가로 한미통상협정을 강요하여 일괄 타결시키는등 군사, 경제적 신 식민지 정책을 노골화 하였다.

이러한 대외 종속적 경제구조와 외세의존적 정치상황은 농축산물 수입 개방으로 생산비에도 못미치는 농촌의 가계를 파산시킬 수 밖에 없었으며, 생계비에도 휠씬 못미치는 저임금 정책으로 일부 재벌들만 살찌우게 하였을뿐 절대 빈곤의 노동 계층과 도시 빈민들만 양산하였을 뿐이다. 뿐만 아니라 독재정권은 민족의 한맺힌 비극인 분단 상황을 악용하여 기만적인 안보 논리로 양심세력과 순수한 학생들을 좌경용공으로 조작하여 구속하였고, 통일 논리를 독점하여 정권 유지와 분단상황을 더욱 고착화 시켰다.

이러한 소수 독재세력에 의한 정치적 횡포는 여학생에게 성고문을 자행하였고, 박종철 군을 비롯한 많은 학도들을 고문 살해하였으며, 이러한 사실이 명약관화하게 드러났음에도 불구하고 관제 언론을 동원하여 축소, 은폐, 왜곡, 편파 보도하는 등 권력유지를 위하여 무자비하고 파렴치한 만행을 서슴치 않음으로써 한반도의 인권 상황을 유사이래 최악으로까지 도달케 하였다.

이에 우리는 4. 13 이후 확산되어온 걷잡을 수 없는 민주화운동을 수렴하기 위하여 5월 27일 발족된 국민운동본부를 중심으로한 재야 및 민주당 연합세력은 전국적인 대중집회를 통하여 강경탄압 정책으로 일관하던 군부 독재 세력을 종식하고 이 땅에 진정한 민주적 자주 정부 수립을 염원하는 전민중적 투쟁을 전개하여 독재세력으로 하여금 직선제 개헌이라는 1차적 조건을 쟁취하였다. 그러나 이른바 6. 29선언으로 불려지는 수습안으로 국민적 염원인 민주화가 달성된 것은 아니다. 단지 6. 10 이후 표출된 국민의 민주역량을 바탕으로 민주화 장정의 첫 걸음을 내디뎠을 뿐이다. 권력이 공포한 양심수의 사면복권을 비롯한 제반 민주화 조치와 개헌, 선거, 권력이양의 일정이 순조롭게 진행될 수 있을지도 의문이며, 이번 6. 29 선언에는 포함조차 되지 않은 노동자, 농민등 기층 민중의 생존권 문제, 특히 일한만큼 댓가를 받고 사람답게 살 수 있는 경제 민주화를 다시 한번 요구하지 않을 수 없다.

따라서 이번 투쟁은 일시적인 승리에게 불과하며 6월 항쟁의 진정한 승리를 계승 발전시키기 위해서는 몇몇 운동가들에 의한 소수의 선언적 운동 논리를 배격하며 절대다수의 대중이 참여 할 수 있는 지역적 현장을 확보할수 있는 실천적 투쟁 조직으로서 국민운동본부 보은군 지부의 필요성을 절감하며 보은군 칠만 군민의 노도 같이 일어나는 민주화 열망의 그 출발선상에 이제 우리 모두 함께 굳건히 서 있음을 선언하는 바이다.

우리 보은 지역은 반 봉건적, 반 외세적 동학운동의 집결지로서 자랑스런 역사적 발자취를 간직하고 있다. 우리는 이러한 선열들의 뜻을 이어받아 국민운동본부 보은군 지부를 결성함에 있어 차후 공정한 정치일정 수행을 촉구하는 감시기구로서 기존의 운동 세력과 연대하여 민주헌법 쟁취를 통한 민주정부 수립과 자주적 민주통일을 위한 국민운동과 더불어 지방자치의 실현을 위한 전 단계로서 준비작업을 수행 할 것이며, 만연된 사회부조리 척결을 위한 항구적인 의식개혁 운동을 전개 해 나갈 것이며 호당 삼백 칠십여만원에 이르는 농가 부채에 허덕이는 지방 농민과 영세 상인의 생존권 회복을 위한 행동조직으로서 그 역할을 다 할것을 굳게 결의하는 바이다.

왜 민주헌법은 쟁취되어야만 하는가?

민주헌법의 주체는 특정정당이나 일개인이 아니라 민주화를 열망하는 애국적 전 국민에게 있다. 그러므로 모든 권력은 국민으로부터 나온다는 주권재민의 원칙에 의하여 국민이 창출하고 국민이 선택하는 정통적 민주정부가 수립되야 하기 때문이다.

민주헌법의 목표는 독재정치의 완벽한 청산과 신체의 자유, 언론, 출판, 집회, 결사, 사상, 학문등 모든 시민적 자유의 완벽한 보장으로 상실된 국민 기본권의 회복을 통하여 시·군·읍·면·리등에서 중앙정부에 이르기까지 명실상부한 주민자치와 국민자치제도의 확립등 진정한 민주사회 건설과 민족사의 대과제인 자주적 민족통일을 위해서이다.

민주헌법의 내용에는 민족자립 경제의 수립을 위하여 외국의 불평등조약 협정철폐와 내정간섭 배제를 위한 제도적 정치를 포함한 노동3권의 보장, 토지 기본법, 농가부채의 전면탕감, 농축협, 농지개량조합의 민주화, 농민 단결권, 단체행동권, 농축산물 가격 심의기구 설치등 농민생존의 실질적 권리가 구체적으로 보장되게 하기 위함이며 반민주적 억압단체를 악용 맹목적 충성심에 의해 공무원, 군인, 경찰의 엄정한 정치적 중립과 국민주권에 대한 복종을 실현하기 위해서이다.

따라서 우리는 민주헌법 쟁취를 위한 국민운동의 실천원칙을 아래와 같이 결의하는 바이다.

1. 국민주체의 원칙에 의하여

국민에 의해, 국민의 힘으로 정부선택권을 비롯한 모든 권력기구의 주권자로서의 권리를 회복하고 주민자치를 실현한다.

2. 국민조직화와 개방의 원칙에 의하여

인간의 존엄성과 권리회복, 민주화를 염원하는 모든 세력, 각계각층, 전지역 전주민을 조직화하고 민주실천역량을 조직화한다.

3. 생활실천의 원칙에 의하여

생활과 운동을 일치시켜, 일상의 삶속에서 잘못된 제도, 정책, 지시를 비판, 규탄, 거부한다. 생존권의 쟁취와 민주적 권리투쟁을 통하여, 국민적 각성을 이루고 그 속에서 구체적 역량을 강화한다.

◎ 우리의 주장 ◎

* 민주헌법 쟁취하여 민주정부 수립하자.
* 민주정부 수립하여 남북통일 앞당기자.
* 군부독재 타도하여 천만농민 살길찾자.

1987. 9. 1.

민주헌법쟁취국민운동충북보은군지부결성대회참석자일동

민주쟁취국민운동 서울본부 발기 취지문

분단된 삼천리 금수강산에 민주화와 통일을 바라는 천만 서울시민 여러분!
이제 우리는 27년간에 걸친 군사독재의 학정을 물리치고 새나라, 새사회를 건설할 수 있는 듣도 없는 기회를 불과 몇개월 앞두고 있읍니다.

정치인은 참된 국민의 봉사자로서의 정치를, 군인은 민족의 방패로서 국방을, 학생은 새시대의 역군으로서 학업을, 노동자·농민은 만물의 생산자로서의 보람찬 노동을 할 수 있는 가슴벅찬 미래는 우리의 단결여부에 따라 장미빛 꿈만은 아니게 된 것입니다.

우리는 6월 명동에서, 이한열군 장례식날 시청앞에서 그리고 7, 8월 노동자들의 전국적인 생존권투쟁의 뜨거운 열기 속에서 군사독재를 물리치고 국민이 나라의 주인으로 설 수 있다는 것을 두눈뜨고 똑똑히 보았기에 좌절할 수 없고 반드시 승리해야 합니다! 그러나 국민 모두가 바라는 민주사회는 결코 저절로 주어지지 않는다는 것을 우리는 잘알고 있읍니다. 왜냐하면 역사적으로 우리나라 뿐만 아니라 모든 독재국가에서의 지배자는 스스로 회개하고 물러서는 경우가 없었기 때문입니다.

지금 이 순간에도 광주시민을 무참히 학살하고 등장한 전두환·노태우정권과 3.15부정선거의 장본인인 김정렬 내각은 한편으로는 공명선거 보장을 장담하면서 다른 한편으로는 좌경용공세력 엄단이라는 미명하에 민주세력을 탄압하고 국민을 위협하며, 관권과 금품을 총동원한 기만적 회유를 자행하고 있읍니다. 또한 미국은 역대에 걸쳐 이승만을 옹립했고, 박정희, 전두환을 승인했으며, 또다시 노태우를 불러들여 새로운 대통령으로 점지하고자 하고 있읍니다.

이에 민족의 민주화 대변혁의 성패를 가름할 역사의 전환점에서 군사독재와 미국에게 나라의 운명을 맡기지 않는 유일한 길은 국민여러분, 천만 서울시민이 민주화와 통일에의 열망을 가슴깊이 새기며 똘똘뭉쳐 통일 단결된 힘을 보여주는데 있으며 현정권의 조작과 놀음이 아닌 우리힘으로 공명선거를 보장케 하고 선거에서 승리하여 군사독재를 종식시키고 민주정부를 수립하는데 있다고 확신합니다.

왜! 국민운동 서울본부를 만들려고 하는가?

국민운동이란 국민이 주체가 되어 위와 같은 우리의 바램을 이루고자 하는 반독재 민주 구국운동입니다. 이러한 나라사랑의 힘은 6월투쟁에서 역사의 흐름을 올바르게 바로 잡았고, 그 힘을 바탕으로 하여 현재까지 9개도와 4개직할시에 11개 시·도본부가, 또 전국에 80여곳의 시·군지부가 결성되었읍니다. 그러나 안타깝게 오직 우리의 수도 서울에만 시본부가 결성되어 있지 않습니다. 서울의 경우, 국민운동 전국본부를 결성하는 과정에서 서울지역을 중심으로 활동하고 있던 여러단체와 개인이 전국본부에 직접 가입함으로서 사실상 서울본부의 일까지 대신해 주었읍니다. 그러나 국민운동 전국본부가 명실상부한 전국적 민주구국단체라고 한다면 이는 천만 서울시민의 대표체가 아닌 4천만 국민의 단체가 되어야 하며, 서울은 당연히 천만 서울시민의 자치단체를 스스로 가져야만 합니다.

하나의 단체가 진정한 힘을 찾기 위해서는 그것을 움직일 수 있는 튼튼한 실천체계와 애국적 시민의 적극적 참여가 있을 때에만 가능한 것입니다. 예를 들어 서대문구 북아현동에 살고 있는 어느 세탁소 주인이 자신의 민주화에의 열의를 실천하고자 했을때 한쪽엔 아주 수준높은 운동단체와 다른쪽엔 정화위원회, 반공연맹등과 같은 단체 밖에 없었음을 우리는 안타까워해야 합니다. 그리고 우리가 군사독재를 물리칠 수 있는 실질적인 힘은 몇 줄 신문기사로 확인하는 가느다란 심정적 연결을 통해서가 아니라, 아주 작은 것일지라도 스스로 참여하고 해결해 나가는 실천 속에 있다는 것을 확신하며, 이에 국민운동 서울본부를 건설코자 하는 것입니다.

국민운동 서울본부를 어떻게 건설할 것인가?

지금 우리가 만들고자 하는 국민운동서울본부는 단순한 상징적 단체의 모습을 뛰어넘어 천만 서울시민이 스스로 참여하는 대중단체가 되어야 함을 건설의 대원칙으로 하고 있읍니다. 비록 거창하지는 않다 하더라도 내 이웃과 친지, 우리모두가 참여하여 직접 움직여 나갈 수 있는 단체, 그리하여 일상생활 속에서 구체적인 민주화를 실현해 나갈 수 있는 곳이 되어야 합니다.

그 구체적인 건설방식을 살펴보면 비록 짧은 시간이긴 하지만 서울본부(11. 7창립예정) (서대문)구지부 (아현)동위원회로 이어지는 지역단체와 민주노동조합, 시민단체, 종교단체, 학생단체, 민주운동단체등과 같은 부문간 조직으로 구성하고자 합니다. 그리고 원칙적으로는 구지부와 동위원회로부터 만들어 나가는 것이 올바른 순서이나 현재의 조건상 국민운동 목적에 동의하는 개인과 단체를 중심으로 먼저 서울본부를 건설하고 이후에 구지부와 동위원회를 만들어 나가고자 합니다.

국민운동 서울본부는 무엇을 할 것인가?

예전과 달리 나라가 분단된지 43년만에 역사의 전기가 되었던 6월 민주화투쟁의 승리 이후, 내 이웃사촌까지도 소박하지만 진지하게 민주화와 민족자주·통일에 대하여 고민하고 토론하고 실천해 나가고 있읍니다. 이에 국민운동 서울본부는 크게는 군사독재를 종식시키고 민주정부를 수립하는 것을 그 목적으로 하고 그 방도로서 선거를 통한 민선 민간정부 수립과 민주혁명을 하고자 합니다. 그러나 이것은 선거과정에서 나하나 투표권을 행사한다고 해서 달성되어지는 것은 결코 아닙니다.

일상생활 속에서 민주화를 실천해 나가고, 스스로 투표함을 지키고 부정선거를 막아내지 않는다면 그 결과는 명약관화하기에 서울본부에서는 다음과 같이 실천해나갈 것입니다.

첫째 : 지역주민들의 의견과 요구를 수렴하여, 일상생활 속에서부터 민주화를 실현해 나갈 것입니다.

—구청과 반상회등에서 자행되고 있는 비민주적 요소를 스스로 고쳐나가는 것이 민주화의 초석이 될 것이며 이후 실시될 지방자치제의 올바른 토대가 될 것입니다.

둘째 : 주위의 고통받고, 권리를 침해당하고 있는 민중의 생존권 확보와 민주적 제권리를 쟁취하기 위해 노력할 것입니다.

—멀지 않는 내이웃이 하루아침에 강제철거반에 의해 보금자리를 잃고 거리에 나앉아도 일시적인 동정만 해 오던 우리 모두의 소극적 생활을 되돌아보며, 서울시민 모두가 인간답게 살 수 있는 사회를 만들기 위해 힘쓸 것입니다

세째 : 서울시민의 민주시민으로서의 의식을 고양하기위해 다양한 실천프로그램을 갖고자합니다.

—이는 주로 강연회나 공청회, 문화패공연, 토론회등이 될 것이며, 국민운동본부 신문이나 민주운동단체 신문들의 정기구독을 통해 민주시민의식을 높이도록 할 것입니다.

네째 : 다가오는 선거에 대비한 기본 실천단위강화에 박차를 가하고, 선거에서 군사독재를 기어이 물리치기 위한 만반으 준비를 다할 것입니다.

—이미 눈에띄게 나타나고 있는 선거부정사례에 대한 고발창구 마련과 공정선거감시위원회 조직을 통하여 민주조국 건설의 역군이 되고자 힘쓸 것입니다.

다섯째 : 그외 민주시민으로서 해야할 여러가지 양심적인 활동에 적극 앞장설 것입니다.

이상과 같이 국민운동 서울본부를 건설하고자 하는 것은 "너와 나, 우리 국민 모두가 단결된 힘으로서 하나로 뭉쳐 이 나라의 역사적 운명을 결정할 때만이 민주화는 가능하다"는 교훈을 구체적 실천을 통해 구현하고자 하는 것입니다.

독재와 외세앞에 굴하지 않고 무관심과 패배의식의 굴레에서 벗어나 국민 모두가 나라의 주인으로 앞장서 힘차게 나아갈 때만이 6월 민주화투쟁이 가져온 승리의 결과는 더욱 보람되게 다가올 것입니다.

이에 우리는 언제어디서나 천만 서울시민의 일상생활에서부터 권익을 옹호하고 민주적 제권리를 회복하여 민주정부를 수립하기 위해 항상 서울시민의 믿음직한 동료가 될 국민운동 서울본부를 창립하고자 합니다.

본부건설의 목적에 동의하시는 애국시민들은 적극 동참하셔서 나라사랑의 대열에 함께합시다.

민주쟁취국민운동 서울본부 발기 추진위원회

서울특별시 중구 정동 1-23 ☎ 730-6139

성금접수 : 국민은행 예금주 김희선

온라인번호 813-01-0051-294

전대협제안 정책자료

1. 머릿말

무릇 이 나라의 운명을 새롭게 개척해 나갈 일 주체로서, 국민운동본부의 정책협의에 참여하게 된 것에 대하여 전국의 백만 애국학도를 대표하여 무척 기쁘게 생각합니다.

먼저 본 의제를 다루기에 앞서, 다시한번 운동본부가 가지는 하반기 투쟁에서의 지위와 역할에 관하여 살펴볼까 합니다.

6월 투쟁의 과정속에서 서울지역 대학생 대표자 협의회(서대협) 가 청년학생들의 투쟁의 중심으로 성장하였다면, 민주헌법 쟁취 국민운동본부는 4천만 국민들의 투쟁의 중심으로 명확히 부각되어 졌읍니다. 또한 진정 민중이 주인이 되는 민주사회를 건설하고 자주통일을 성취하는 데 있어서 청년학생들의 참여로 그야말로 군사독재와 미국에 반대하는 제 세력의 명실상부한 결합체로서 국민운동본부의 오늘이 있게 하였고,

본부에 대한 기대가 너무 큰 탓이기도 하겠지만, 본부에 대한 편견에서 비롯되는 애정어린 비판이닌 비난이 쏟아지는가 하면 주체에 걸맞지도 않은 당위적 차원의 과도한 요구가 있는 것 또한 사실입니다.

그러나 무엇보다도 중요한 것은, 국민운동본부가 조국이 분단된 이후 아무 것도 믿고 의지할 데 없었던 우리 4천만 민중들에게 자주롭고 민주로운 사회를 건설하는 데 작은 희망과 방향을 제시해 주었다는 점입니다. 이미 4천만의 가슴 가슴에는 본부에 대한 기대와 신뢰가 존재하고 있으며 이것은 현재 본부의 일거수 일투족이 국민들로부터 주목받고 있으며, 아울러 본부의 작은 몸짓하나가 조국의 해방을 앞당기는 데 그 어느 때보다 중요한 역할을 다 해야 한다는 사명감을 갖게 하는 매우 중요한 문제인 것입니다.

2. 분단조국 43년 7,8월 국민운동본부의 활동평가

국민운동본부는 7,8월 투쟁의 주요한 내용으로서 민주화의 전제인 제 민주인사의 원상회복투쟁과 민주헌법 쟁취, 민주화 8개항 조치에 대한 철저한 실천을 촉구하는 투쟁을 하고자 하였읍니다.

1) 민주헌법 쟁취투쟁에 대하여

민주헌법이란 파쇼헌법의 글자를 몇 개 고친다고 해서 만들 수 있는 것이 아닙니다.

민주헌법이란 말 그대로 "民"이 스스로 헌법의 개정과정에 직접 참여하여 자신의 이해와 요구를 반영하는 것이 되어야 함에도 불구하고 - 이는 결코 일부에서 주장되는 '제헌의회'를 말하는 것이 아닙니다. - , 국민들로부터 준비된 것이 아닌 당위적 차원에서의 민주당의 개헌안보다 조금 진보적인 헌법에 머물 수 밖에 없었다는 점입니다. (국민운동본부에서 작성된 헌법개정 요강이 그러하다는 것입니다.)

결국 헌법을 만들어 내는 과정이 대중의 정치의식의 고양과 조직화사업에 기여하지 못하게 되었고, 그 결과 현 군사독재가 의도했던 바, 민정당과 민주당의 8인 정치회담의 장으로 민주헌법 성안의 주체를 넘기게 된 것입니다. 물론 운동본부가 헌법 개정 투쟁에 기여한 바가 전혀 없다고 할 바가 아니고, 청년학생들 또한 그 일 주체로서 반성해야 할 바가 많지만 중요한 것은 "어떠한 것을 했다."가 아니고 어떠한 과정을 통해서 대중을 역사와 사회

적 운동의 주인으로 서게끔 의식화.조직화시켰느냐가 문제라고 한다면, 민주헌법 쟁취투쟁의 경우 시한의 촉박성과 각계 각층 민중역량의 미숙함에 기인한 바 크지만 대규모 정치토론회나 공청회 등을 통하여 대중 스스로의 결의를 모아 본부의 헌법투쟁을 전개해 나가야 했을 것입니다.

2) 양심수 석방 투쟁과 민중지원투쟁

6.29선언 이후 미국 - 청와대 독재의 후퇴가 예상을 초과한 것이었고 이에 4.13이후 급속하게 결속되어 졌던 반군사독재 민주화전선의 대오가 올바른 투쟁의 방향을 잡지 못하고 혼란스러워 했던 것이 7월 초의 모습이었읍니다. 이러할 때 민주화의 기본적 전제로서 양심수 석방과 수배해제 투쟁은 다시금 투쟁의 대열을 정비해 나가는데 일익을 담당 했던 것이 사실이고 모범적인 투쟁이라 할 수 있을 것입니다. 그러나 이후 수해복구 투쟁이나 노동자들의 힘찬 진군의 발걸음 앞에는 현재 국민운동 본부의 한계를 여실하게 들어내고 말았읍니다.

6월 투쟁 과정에서의 대중의 정치적 진출을 올바로 조직화 시켜 내지 못함으로서 그 실 내용을 채워 주지는 못한채, 단지 의욕 만이 앞선 형식주의적 모습을 보여 준 것입니다.

3) 대중 조직화 사업

이는 단지 7,8월의 투쟁 목표가 아닌 민주화 운동 전과정 속에서 진행 되어져야 할 것이지만 6월 투쟁 과정에서 광범위하게 표출되어 왔던 대중을 의식화 조직화 시켜나갈 절호의 기회를 올바로 수행하지 못한 것입니다. 물론 그 동안 50여 지역에서의 국민 운동 시군 지부의 결성은 매우 괄목 할 만한 것입니다. 그렇지만 6월 투쟁 과정 속에서 발굴 된 새로운 사람을 조직화 시켰다기 보다는 기존 조직을 변화 시킨 곳이 많고 실 내용 또한 올바로 갖추지 못한채 다분히 조직를 결성하는데 급급한 곳이 많았읍니다.

이는 서울지역의 경우에도 마찬 가지였읍니다. 29일 이한열군의 장례식에 모였던 백만명의 시민들을 국민운동의 틀로서 묶어 세우려고 하는 노력은 서울지역의 각각의 대중단체가 자기조직 정비에 여념이 없어 너무도 미진하였던 것입니다. 9월 이후 선거 국면에서의 투쟁이나 그 이후에 진정한 민주정부를 수립해 나가는 투쟁의 도정에서 결정적인 승리를 주는 것은 객관적 정세 속에서 맞아 떨어지는 문제라기 보다는 실질적인 주체역량이 얼마나 단련 되고 준비되었는가에 달려 있다고 했을 때 당면에 무엇보다 중요한 것은 각 지역별, 계급별, 계층별 대중 조직화 사업에 총력을 기울이는 문제 일것입니다.

3. 하반기 국민운동의 활동방안에 관하여

1) 실로 87년 한해는 우리 국민들이 몇십년에 걸친 패배를 극복하고 마침내 민주주의의 새벽을 눈부시게 맞이하는 한해가 되어야 할 것이며, 이속에서 각계각층의 민중들이 스스로의 생존권적 요구및 민주적 제권리를 보장받는 한해가 되어야 할 것입니다. 우리 민주주의를 위해 투쟁하는 모든 운동세력은 이를 위하여 상반기로를 모든 고난과 역경을 헤치고 모든 국민과 더불어 힘차게 투쟁하여 왔으며 앞으로도 지침없이 투쟁하여야 하합니다.

다시한번 확인하지만 지난 6.29선언은 '호헌철폐 민주 개헌 쟁취'를 주장하는 모든 세력과 국민의 반군부독재 투쟁의 전선을 와해시키기 위한 조치였으며 몇가지의 기만적인 양보조치를 빌미로하여 야권정치세력과 재야 민주세력간의, 국민과 민주운동세력간의 분열을 획책하고, 이를 틈타 선거를 통하여 군부독재의 아성을 재구축하고자 하는 흉계에 다름 아닙니다.

이제 현 정권의 어르고 뺨치는 식의 - 한편으로는 민주주의를 외치고 몇가지 한계적 민주조치를 취하고 다른 한편으로는 제민주세력에 대한 테러적인 탄압을 가하며 각계각층 국민의 자발적인 투쟁에 대하여 폭력적 지 진압과 협박을 가하고 있는 것이 그것입니다.- 전술이 백일하에 드러나고 있읍니다. 우리는 야권 정치세력고 과 재야 민주세력간의, 국민과 민주운동세력간의 분열을 방지하며 더욱 굳건한 단결을 도모함으로써 87년 하반기는 마침내 군부독재를 국민으로부터 고립, 종식시키고 민주정부를 수립하는 쾌거를 올려야 하겠읍니다. 또한 이는 각계각층 민중들의 이 나라의 주인으로서의 정당과 민주적 제권리의 보장이며 외세로부터의 완전한 독립을 쟁취하기 위해 싸우는 것이 될 것입니다.

그렇다면 우리는 어떻게 활동해야만 하겠읍니까?

첫째로, 우리는 각계각층의 대중투쟁을 적극 옹호 지지하므로써 우리 민주운동의 근거지를 튼튼하게 건설하여야 합니다. 지금 6.29조치이후 6.10 투쟁에서 스스로의 거대한 힘에 자신감을 획득한 각계각층민중이 스스로의 생존권과 민주적 제권리를 주장하며 힘차게 투쟁전선으로 진출하고 있읍니다. 국민운동세력은 이들과 확고히 결합하여 투쟁의 근거지를 튼튼히 꾸리는데 안전을 기해야 할 것이며, 이를 바탕으로 하지 못하였을 때 민주세력의승리는 보장될 수 없을 것입니다.

둘째로, 국민과 민주세력, 민주세력간의 연대를 더욱 굳건히 하여 반군부독재전선을 더욱 강화하고 군부독재를 실질적으로 고립- 종식-시키고 민선 민간정부수립을 가능케해야 할 것입니다. 이는 한편으로는 군부독재의 무물리적 탄압과 쿠데타의 가능성을 국민의 힘으로써 계속 봉쇄하면서 선거를 통해 민간정부를 수립하는 것이며, 이를 위해서 우리는 공정선거를 보장하기위한 제 투쟁을 강력히 전개하여야 할 것입니다.

셋째, 위와같은 투쟁속에서 우리는 민족문제를 결코 간과해서는 아니될것입니다. 일제로부터 해방된지 어언 43년이 흐른 지금에도 외세로부터의 지배와 침략은 여전히 계속되고 있읍니다.

이에 우리는 민족자주를 완전히 쟁취해내기 위한 투쟁을 적극 전개하여야만 할 것입니다. 또한 이는 당연히 [illegible]정권의 독점물화 된 통일논의를 대중적으로 확산시켜 내고, 이를 통하여 통일을 위한 국민적 운동을 벌여나가야 하겠읍니다.

2. 구체적 실천방침

가. 국민운동본부가 상징성을 갖는 것이 아닌 실질적인 내용을 강화함으로써 명실상부하게 반군부독재 투쟁을 수행할 준비를 해야 합니다.

ㄱ. 부문별 지역별 조직의 확대강화

- 학생 노동 농민 빈민 청년등 대중조직세력의 연대강화
- 학계 언론계 법조계 의료계등 지식인 계층 참여 확대
- 시민대중의 조직화에 노력할 것
- 서울지역 대중 대중조직의 건설과 강화
- 전국본부의 전국운동 지도역 강화와 체계화

ㄴ. 투쟁력 제고

- 6.29 이후에 나타난 이완성을 적극 극복하고 단결을 강화하는 것
- 전국적 연계를 더욱 강화하는 것
- 투쟁양식의 다양화와 전술 개발
- 각계각층의 대중투쟁의 전국지원과 강화

나. 정치적 공세의 강화

ㄱ. 현 정권의 기만성, 폭력성, 부도덕성, 반민중성 선전 폭로 규탄

- 현시기 중공사장 매도에 대한 공동대처
- 적의 각개격파에 대한 공동적, 적극적 대응

- 군사정권의 양면선, - 민주화 조칭와 탄압음모, 양보조치와 재집권음모 - 의 적극폭로와 국민적 대응
- 80년의 민족살해 행위의 규명과 책임자 처벌투쟁을 통한 현정권의 고립화 주도
- 위사항을 강연회, 토론회, 공청회, 정치집회등을 통하여 수행하고 선전역량의 강화가 필요하다.

ㄴ.민주적 제권리 쟁취투쟁의 적극강화
- 구속자 전면석방, 사면, 복권, 수배해제투쟁의 지속화
- 노동자, 학생, 교수등의 복직투쟁 지원
- 각계각층 생존권 요구투쟁 지원
- 제반 악법의 폐지, 개정요구투쟁
- 언론, 출판, 집회, 결사의 자유등의 기본권적 요구
- 교육민주화요구
- 사법부의 완전독립 요구
- 특히 군의 정치적 중립, 정치개입 금지요구

다.선거투쟁의 적극화
ㄱ.공정선거의 절박성의 대중적 부각과 현정권의 부정선거의 음모를 적극 폭로
ㄴ.선거공간의 대중투쟁으로의 활용

현재 우리 민주세력은 한편으로 민선정부 수립의 쟁의 목표와 군부독재의 완전한 타도 및 각계각층의 실질적 민주민권의 보장, 그리고 전면적인 민주주의의 건설의 과제를 가지고 있읍니다. 이는 국민투표, 선거시기를 통하여 공정선거를 확고히 보장받는 것을 그 기본으로 하면서 이는 당연히 현정권의 부정선거 음모를 폭로하고 현내각의 퇴진과 공정선거를 보장한 민주내각의 구성을 위한 투쟁을 직극 수행할 것을 제기한다. - 동시에 각계각층의 민주민권의 실질적 보장, 완전한 정치적 자유를 선전 - 이는 군부독재의 완전한 타도와 기층민중의 권력의 주인으로의 부각 한 것을 제기하고 있읍니다. 이에 우리는 위의 두가지를 포함하는 것으로 '과도정부' 수립투쟁을 전개하여야 하는 것입니다.

마.민족자주정부 쟁취투쟁의 적극화, - 주로 선전전의 차원에서
ㄱ.경제적 불평등의 현실폭로와 시정을 위한 노력
(수입개방, 제경제적 조치)
ㄴ.군사적 불평등의 해소노력
(핵무기 공개와 철수, 군통수권 반환, 휴전협정 폐기와 평화협정의 체결)
ㄷ.정치적 자주의 확보노력
외세의 내정간섭과 군부독재에 대한 지원반대투쟁의 적극화
바.국민의 통일의식의 고취와 통일을 실질적으로 가능케한 천명으로써 통일논의의 국민적 확산에 노력

3. 맺음말

이제 우리는 대동단결, 대동투쟁의 기치를 더욱더 높이 들고 민주화와 민족자주통일을 향한 저온국민의 뼈에 사무친 열망을 귀히 우리의 임무로 하여 힘차게 싸워야 할 때입니다. 누가 눈에 띄게 앞서감도 없이 뒤로 처짐도 없이 온국민이 손에손을 잡고 힘차게 진군하여야 하겠읍니다.
이에 우리 청년학생은 선봉에 서서 헌신적으로 투쟁하여야 할 것입니다.

—민주헌법 쟁취 국민운동 함양군 지부 결성대회에 즈음하여—

함양 군민에게 드리는 글

진정한 자유와 민주화를 염원하는 함양군민 여러분!
80년 자유와 민주화를 외치는 노동자, 농민, 학생을 군화발로 짓밟으면서 정통성의 부재를 안고 등장한 군부독재정권은 국민의 염원인 대통령 직선제 여망을 관제화된 언론을 통하여 국민적 열망을 희석화 하려고 모든 노력을 총매진 해왔던 것입니다. 그러나 성숙된 범국민적 여론인 대통령 직선제 관철을 위한 투쟁과정에서 현 정권은 근로자, 민주시민, 학생, 성직자를 좌경 용공세력으로 매도하였고 독재정권의 정통성을 찾기 위하여 우리의 사랑하는 형제인 박종철군을 용공으로 매도하였고, 그것도 부족하여 야만인처럼 혹독한 고문을 가하여 이땅의 진정한 민주화를 외치는 박종철군을 죽게 하였읍니다.
이땅의 당당한 주인인 함양군민 여러분!
단지 앞도 내다볼수 없는 현 정권은 그들의 하수인인 경찰력을 총동원하여 진정한 자유와 민주화를 외치는 근로자, 민주시민, 학생들을 최루탄 가스로 무참히 짓밟으려고 지금에도 온갖 만행을 서슴치 않고 자행하고 있읍니다. 국민의 생명과 치안을 유지해야 할 민중의 지팡이인 경찰을 그들의 권력 장악에 이용한 현 정권의 부도덕성을 우리는 명백히 알고 있읍니다. 이땅에 피멍치한 독재정권 종식을 위한 국민의 평화적 대행진인 6.10 대회를 시발로 하여 자유와 정의, 민주화 통일에 대한 국민적 염원은 누구도 거부할수 없는 간절한 소망이었읍니다. 그렇지만 현정권은 이러한 국민적 염원을 누르고 그들의 정권유지를 위하여 최루탄으로 무참히 짓누르고 있읍니다. 그러나 이땅의 진정한 민주화를 이루겠다는 용기있는 국민의 참모습앞에 현정권의 기만적 민주화의 한계성을 여실히 파악하고야 말았읍니다.
이 과정에서 연세대 이한열군은 지구상에서 유례없는 최루탄의 속죄양이 된것입니다.
사회 민주화를 외치다 민주화의 제단에 목숨을 받친 이땅의 당당한 주인을 현 정권은 또다시 좌경 용공으로 매도하고 있지 않읍니까?
7만 함양 민주 군민 여러분!
최루탄 가스 속에서 무참히 쓰러져간 피의 댓가는 철옹성 같기만 했던 현 군사독재정권의 호헌조치를 대통령 직선제로 전환시키는 국민적 승리를 쟁취하고야 말았읍니다.
이 승리는 어느 개인의 승리가 아니라 민주화를 이루고야 말겠다는 이땅의 진정한 주인인 국민들의 피와 땀 그리고 젊은 생명들을 희생의 제물로 바치서 얻은 소중한 결실인 것이다.
그러나 6.29 선언을 통한 민정당은 어떠합니까? 노태우를 헌정 40년에 처 하나 위대한 민족 지도자로 추켜세우며 그동안 쌓인 숙제를 일거에 해소시킨 혁명적인 제안이니 국가와 민족을 위해 결단을 내린것이라고 하여 노태우를 민정당 스스로 무슨 애국자인양 마구 치켜 세우고 있지 않읍니까? 한번의 고해성사로 과거의 잘못이 모두 씻어질수 있는지요?
제나라 국민을 업수히 여기고 억압하며 미국의 눈치나 살피면서 힘으로 짓누르려 했던 현정권이 자기네 말대로 이제 정말로 국민들이 원하는 민주주의 꽃을 활짝 피워 새역사의 장을 펼치

버려 계가 친선한 결과로 이번 6.29 결단을 내렸던 것인지 우리 모두 두눈을 부릅뜨고 저들의 기만적 회술을 똑똑히 지켜보아야 할것입니다.

존경하는 함양군민 여러분!

독재자들은 온갖 거짓 구호 · 상투적인 협박으로 장기집권의 기도를 손쉽게 달려 가려 했으나 더이상 속지도 두려워 하지도 않는 민주세력과 그에 호응하는 국민들의 완강한 투쟁에 직면하여 형식상 국민의 뜻에 따르겠다고 주장하면서 민정당에 대한 국민들의 뿌리깊은 불신과 반감을 완화시켜 반대세력을 분열시키고 재집권하려는 기만적 술책을 자행하고 있는 것입니다.

이제 민주 함양 군민은 비굴도 굴종도 아닌 견결한 용기로서 오늘의 결실을 소중히 여기면서 민주화의 과정에 주체적이고 능동적 참여로 작금의 우리 주변에서 자행되고 있는 일련의 사태들을 주시하면서 새역사의 주체적 군민으로서 이땅의 진정한 민주화를 실현하는 그날까지 힘차게 전진합시다.

一. 함양군민 단결하여 공명선거 이룩하자!!

一. 함양군민 하나되어 민주정부 수립하자!!

一. 함양 민주군민 만만세!!

결 성 선 언 문

우리 50만 제주도민은 조국의 민주화와 자주화를 염원하며 실천하는 국민들과 더불어 민주 대장정의 대열에 참여하여 전진할 것을 엄숙히 선언한다.

우리는 우리의 마음과 힘을 모아 외세에 의한 분단의 아픔과 군부독재의 지속적인 억압으로 점철된 오욕의 역사를 바로잡고 민족의 자주와 민주 그리고 평화적 통일로 승화시켜 나가는 영광의 역사를 열어 나가기 위한 결의와 실천을 다짐한다.

6월 민중항쟁의 정신 속에는 국민이 주인되는 주체의식과 국민이 정치·경제·사회적 억압을 뛰어넘어 민주사회를 건설하고 민족의 자주역량을 드높이고 통일을 지향하려는 한결같은 여망과 의지가 뜨겁게 숨쉬고 있다.

군부 독재 체제속에서도 한국민은 짓눌린 정의를 바로 세우기 위해 고난에 찬 투쟁의 여정을 끊임없이 걸어왔고 민주주의를 꽃피우기 위하여 희생과 헌신의 순교를 마다하지 않았으며 진정한 평화의 깃발을 지키기 위하여 폭력과 불의에 굽힘없이 싸워왔다.

우리 국민들은 위대한 국민의 힘으로 군사독재의 지속적인 집권의 야망을 밀어내고 민권 승리의 6월를 창조했듯이 이제 우리 사회 구석구석에 누적되어온 독재의 잔재와 모순과 갈등의 응어리를 청산하고 옳은 미래를 실현하기 위하여 제주도 온 마을의 동장에서 부터 대통령에 이르기까지 국민의 손으로 뽑아 자치적이고 자주적인 민주정부를 수립해 가야 한다. 우리는 미국과 일본의 독점 자본과 국내 대재벌의 동맹적 경제체제를 국민중심적 경제체제로 전환시켜 불평등과 억압에 시달리면서도 한국사를 지탱해온 노동자·농민·도시빈민의 생존권과 중산층의 시민적 자유를 확보하여 사회 정의를 실현하고 빈부의 격차와 지역적인 불균형을 시정하여 경제의 민주화를 지향해 나가야 한다.

우리는 공무원, 군인, 경찰의 정치적 중립과 국민주권에 대한 책임과 의무를 다하게 하며 신체의 자유, 언론, 출판, 집회, 결사, 학문등 모든 시민적 자유의 완벽한 보장을 실현함으로써 사회의 각 부문이 자율적이고 민주적으로 움직이는 살아있는 사회의 기초를 확립해 나갈 것이다.

우리 국민들의 열화같은 4·19혁명을 군사 쿠테타로 뒤엎고, 외세의 지원을 배경으로하여 26년간을 국민위에 군림해온 군부독재를 심판함으로써 굽은 역사를 옳은 역사로 재창조해 나갈 것이다. 우리 국민들은 1987년을 이러한 시대의 뜻을 실천해 나가는 위대한 해로 기록할 수 있도록 진군할 것을 천명한다.

이제 우리는 50만 도민과 굳게 단결하여 민주헌법쟁취 국민운동 제주본부의 깃발을 힘차게 세우는 역사적인 출발을 선언하며 다가오는 선거혁명을 민족적이고 지역적인 차원에서 국민과 함께 완수해 나갈 것이다.

자유와 평등·평화를 갈망하는 50만 도민 여러분!

우리는 민주와 자주가 바로 평화적 통일로 가는 길이며 우리의 힘으로 선거혁명을 통한 민주정부의 수립이 역사의 뜻이자 우리시대의 정의라는 신념을 함께 하면서 민주화의 대장정을 향해 힘차게 일어나 진군합시다!

1987년 9월 6일

민주헌법쟁취 국민운동 제주본부

결 의 문

우리 50만 도민은 굳게 뭉쳐 사천만 국민들과 함께 이 땅에서 군부독재를 영원히 청산하기 위하여 민주헌법쟁취 국민운동 제주본부의 깃발을 엄숙하게 올렸다.

나라의 자주와 민주와 통일의 투쟁과정에서 희생된 민주 영령들의 고귀한 뜻과 지난 6월과 7월의 투쟁에서 보여준 도민들의 헌신적인 실천과 성원을 가슴 깊이 새겨 국민들의 찬란한 민주사회를 열기 위하여 다음과 같이 결의한다.

— 선거혁명 이룩하여 민주주의 꽃피우자.

— 민주정부 수립하여 민족통일 앞당기자.

— 주민자치 실현하여 민주주의 확립하자.

— 농어민·노동자 생존권을 보장하라.

— 모든 양심수를 즉각 석방하라.

— 50만 도민이여! 운동본부의 깃발아래 단결하자!

87년 9월 6일

민주헌법쟁취 국민운동 제주본부

결성선언문

국민운동은 일제로 부터의 해방을 자주적 민주정부수립으로 꽃피우려던 전민족적 염원을 미국과 자유당 독재에 짓밟힌 분단 42년을 청산하고, 항일민족 해방투쟁에 빛나는 역사적 전통을 이어받아 반외세 민주자유화를 이룩하고, 4·19민주혁명과 5·18광주민중항쟁을 계승하여 반독재 승리로 이끌기 위한 온국민의 평화적 운동체이다.

이에 우리 청원군민은 이 땅의 진정한 민주주의를 위해 민주헌법쟁취 국민운동 충북 청원지부를 결성하여 우리의 뜻을 밝히는 바이다.

— 군부독재의 완전한 종식만이 자주적 민주정부수립의 출발점이다.

현 군부독재 정권은 노태우의 6·29선언 이후 또다시 국민을 살인적 최루탄과 폭력으로 억압하며 독재연장음모를 강행하고 있다. 60년 3·15부정선거 당시 원흉중의 하나인 김정열을 새 국무총리로 임명하여 부정선거를 통한 독재연장을 음모하고, 생존권 보장을 위해 스스로 단결한 노동자·농민의 정당한 권리주장을 무장경찰로 가로막고 관제언론을 동원하여 조작과 왜곡을 일삼고 있다. 이러한 반민주적 작태는 민주화운동과 국민운동본부에 대한 탄압으로 극명하게 드러나고 있다. 이제 우리는 군부독재의 완전한 종식없이는 민주화를 향한 전진도 있을 수 없음을 분명히 확인하였다.

— 자국의 이익을 위하여 민주화를 가로막는 미국을 반대한다.

우리 국군의 통수권을 반납않고 있는 미국은 무조건 수입개방을 요구하면서 자국의 이익을 보장해 왔다. 미국은 자국이익의 충실한 수행자이며 일꾼인 군부독재가 국민의 힘에 밀려 정권유지조차 어렵게 되자 독재집단에 대한 지지자의 모습을 감추고 마치 우리의 민주화를 바라는양 가장하고 있다. 독재가 무너지면 한반도에 대한 일방적 핵기지화와 자국경제이익 보장이 어렵게 될 것을 방지하기 위해 한발 물러선 채 노태우에 대한 지지를 아끼지 않고 있다. 범민족적 민주화의지를 무시한 채 자국의 이익을 위해 독재를 지원하여 우리 국민을 희생시키고 있는 미국을 반대한다.

— 노동자·농민의 생존권은 보장되야 한다.

현 경제의 비민주적이고 반민주적인 경제계획·노동정책은 철회되어야 하며 참다운 민족자립 경제로 나가기 위해 노동자·농민의 정당한 노동의 댓가는 보장돼야 한다. 이 땅의 모든 경제발전과 성장의 기반을 이룩한 것은 몇몇 독점재벌과 매판관료가 아니라 이 땅의 노동자·농민이다. 노동자·농민들이 피땀흘려 일한 만큼의 정당한 분배를 요구하며 스스로의 힘으로 민주노조를 결성하고 농협을 민주화하려는 투쟁은 마땅한 일이며 민주화를 위한 최대의 과제이다.

— 새로운 시대는 폭력·고문·살인·부정부패 집단은 배제되어야 한다.

수천의 광주시민을 학살하고, 정권탈취 이후 만여명의 애국자들을 구속하고 고문과 최루탄살인 등으로 국민생존을 위협해온 전두환·노태우 군부독재와 부정부패 집단의 완전한 종식없이 진정한 민주화는 있을 수 없다. 반민주적, 반민족적 집단을 국민의 힘으로 몰아내고, 국민의 손으로 그들을 심판할 수 있을 때만이 새로운 시대는 열릴 수 있다.

이제 우리 청원국민은 현 군부독재의 즉각 퇴진만이 민주정부수립의 초석을 마련할 수 있음을 천명하며 그 실현을 위한 힘찬 전진을 선언한다.

1987년 9월 12일

민주헌법 쟁취 국민운동 충북 청원지부 참가자 일동

민주헌법쟁취 국민운동
봉화군지부 결성 선언문

우리는 오늘 봉화군민이 단결하여 이 땅에 군부독재를 물리치고 민주화를 실현하는 자랑스런 민주헌법쟁취 국민운동 봉화군지부 결성식을 갖는다.

민족의 통일과 조국의 민주화를 열망하는 온 국민의 간절한 기원을 짓밟고 지난 80년 광주 민중을 피로 학살한 체불법으로 권력을 강탈한 군사 독재정권 집권 7년사는 부정과 부패, 극악과 탄압과 폭력의 연속이었다.

그 속에서 노동자, 농민등 다수 민중의 생존은 죽음의 위기속에 처하고, 국민 생활은 갖은 악법과 불법적 탄압속에 암흑에 헤매고 있다.

그러나 그 고통스러운 압제와 탄압속에서도 이땅에 민주화와 민족통일을 이룩하기 위한 힘찬 노력은 그치지 않았다.

그러나 수많은 양심적 애국인사들이 용공, 좌경으로 매도되어 구속되고, 꽃다운 나이의 한 여성 근로자가 군부독재의 하수인 폭력경찰에 이루 형언할 수 없는 성고문을 당하는가하면 급기야는 박종철 이한열, 이석규군을 살인적인 고문과 폭력적 탄압으로 숨지게 했다. 농민·노동자의 생존권을 짓밟고 미국과 일본에 기생하여 자랑스런 우리 민족의 존엄성 자주성과 주체성을 상실한 채 소수독점 재벌과 유착하여 분단조국을 영속화 시키려는 현 정권의 독재적 억압과 기만적 집권 음모를 더 이상 방관할 수 없는 우리 국민은 갑오농민전쟁, 3.1운동, 4월혁명, 광주민중 항쟁의 빛나는 민족적 전통을 이어받아 드디어 6.10, 6.26국민운동 대회를 통하여 민주화의 강고한 의지를 보여주었다. 이에 당황한 현 정권은 6.29호헌철폐 민주화 선언을 함으로써 독재 권력에 대한 우리 온 군민의 승리를 이룩하였다.

그럼에도 불구하고 현 정권은 국민들의 위대한 민주화 투쟁을 왜곡함으로써 또 다시 집권을 시도하려는 끈질긴 정권욕으로 국민들을 기만하고 있다.

우리는 현 군부독재 정권을 민족의 이름으로 엄숙히 처단하고 그들의 완전한 퇴진과 농민·노동자들의 생존권이 보장되는 진정한 민주헌법의 쟁취만이 민주정부 수립의 선결 과제임을 너무도 잘 알고있다. 또한 최근에 장시간 노동과 저임금에 시달리는 천만 노동자들의 현대, 대우중공업등에서 보여준 가열찬 투쟁과 외국 농·축산물의 무분별한 수입과 저농산물 가격 정책등 반농민적 정책으로 수탈당하고 있는 농민들의 생존권 투쟁이야말로 이 땅에 민주화 실현에 대한 한치의 타협없는 행군임을 알고 있다.

이에 우리 봉화군민은 각계 각층이 굳건히 연대하여 광주학살 원흉집단인 반민족적, 반민중적, 반민주적 군부독재 정권과 그들의 배후 조종자 미국의 식민지 지배를 영원히 끝장내고 통일된 자주조국과 민주주의 조국을 향해 힘찬 진군을 할것을 결의하며 민주헌법 쟁취 국민운동 봉화군 지부를 결성한다.

더이상 빼앗길것 없고 오로지 되찾을것만 남은 우리 앞에 승리의 함성이 울릴것을 굳게 믿으며 다음과 같이 우리의 주장을 밝힌다.

=◎= 우리의 주장 =◎=

一. 민주헌법 쟁취하여 민주정부 수립하자!

一. 민주헌법 쟁취하여 농가부채 해결하자!

一. 봉화군민 단결하여 군부 독재 물리치자!

1987. 9. 12

민주헌법쟁취 국민운동본부 경북 봉화군 지부

봉화군민 여러분께 드리는 글

—민주헌법쟁취국민운동 봉화군지부 결성에 즈음하여—

4.13 호헌 조치로 국민을 우롱하려던 전두환 정권에게 더 이상 참을 수 없는 분노와, 동장부터 대통령까지 내 손으로 뽑겠다는 사천만 국민의 민주화 열망은 드디어 6.10대회, 6.26대행진으로 이어지는 가열찬 투쟁을 전개해 왔던 것입니다. 6월29일 발표된 노태우 선언은 바로 군사 독재 정권의 국민에 대한 항복이며 또한 민주 국민의 단결된 힘으로 싸워서 얻은 댓가 인것입니다.

박 종철군, 이 한열군, 이 석규군의 죽음이 날카로운 비수가 되어 가슴팍을 후벼 대는 아픔으로 선명하게 남아있는데도, 노태우 선언은 마치 민주화에 은혜라도 베풀었다는 듯이 자화자찬 하는 작태가 꼴불견이 아닐 수 없읍니다.

부정과 부패로 얼룩진 사회구조속에서 하루에도 몇번씩 양심을 저울질 당하며 고민해온 민주군민 여러분! 뙤약볕아래서 일하는 기쁨보다 고된 농사일거리나 부채따위로 고생하는 봉화군 농민여러분! 시장바닥에서 하루 하루 밥벌이에 매달려 주변을 돌아볼 여유조차 없었던 봉화지역 주민 여러분!

민주화 투쟁은 이제 부터 입니다.

많은 사람들이 조국의 민주화가 당장 이루어진 듯 착각하게 하는것은, 바로 미국의 사주를 받은 전두환 노태우 집단의 고도의 정치적 술수로서 6.29노태우 선언이 나온지 두달이 지난 지금 우리는 냉정하게이 허구성을 폭로 해야 할 때입니다.

이 가슴벅찬 승리를 진정으로 같이 누려야 할 사람은 바로 국민 대다수를 차지하고 있는 노동자·농민으로서 그동안 경제성장의 허울아래 억눌리고 짓 밟혀온 이들 노동자·농민 생존권에 대해선 한마디의 언급조차 없다는 것입니다. 민족 경제의 주인공인 노동자, 농민, 중·소상인이 배제당하고 또 현 집권층의 조작에 의해 감옥으로 끌려간 민주 인사들의 무조건 석방없이는 결코 조국의 진정한 민주화가 이뤄질 수 없읍니다.

지금 전국 각지에서 불길처럼 일어나고 있는 노동자 형제들의 생존권 확보 투쟁을 마치 불순집단의 사주에 의한것인양 조작하려는 가소로운 작태는 바로 이들이 말하는 민주화의 허구성을 드러내는 한 예라 할것입니다.

봉화 애국군민 여러분!

국민이 주인이 되는 참다운 민주사회는 우리가 일한 댓가를 당당히 요구하고, 나라의 주인으로서 옳바른 비판을 서슴없이 할 수 있는 사회로서, 지금 우리 모두에게 주어진 엄숙한 과제입니다. 일시적인 사회분위기의 변화를 믿고 무관심과 소극적 태도로서 침묵하는 것은 바로 군사 독재 정권의 만행에 동조하는 행위일 뿐입니다.

2,000여 광주시민을 학살하고 피묻은 손으로 정권을 탈취한 전두환·노태우 집단에게 조국 민주화를 기대함은 결국 또다시 과오를 저지르는 뼈저린 실패를 거듭하게 될것입니다.

봉화 군민 여러분!

굴종과 억압으로 지속된 조국 분단 42년, 군사독재 27년의 부끄러운 과거를 벗어던지고 민족이 주인되는 사회, 모두가 함께 살아갈 수 있는 민주사회 건설을 위해 앞장서 나갑시다. 우리 힘이 아니고서는 현 군사독재정권을 몰아내고 이 사회의 자유와 평화의 사회를 만들어 갈 사람은 아무도 없읍니다.

민주헌법쟁취 국민운동은 바로 민족이 하나되고 국민대다수인 노동자 농민이 주인되는 민주사회그 토대를 다지는 첫걸음입니다.

국민운동을 중심으로 농촌, 도시 어디서나 농민, 영세 상인, 빈민, 노동자 뜻있는 모든 양심 적인 재야 단체들과 단결하여 생존권 확보 투쟁 및 봉화지역 사회 민주화를 향해 힘차게 전진 할것을 약속드립니다.

1987. 9. 12

민주헌법쟁취국민운동경북 봉화군지부

○ 민주헌법쟁취 국민운동 고양・파주지부 결성 선언문 ○

우리국민은 외세에 의한 예속적 민족 분단과 독재정권의 반민족적 반민주적 반민중적 억압구조속에서 신음하고 있다. 농민, 노동자, 도시빈민등 기층 민중들은 생존권이 박탈당한채 신음하고 있으며 정치, 경제, 사회, 문화의 모든 부문은 양육강식에 의해 침탈을 당해 부정과 불의가 만연하며 정의, 자유와 평화는 그 설자리를 잃게 되였다.

그러나 우리는 우리가 처한 현상때문에 결코 좌절하거나 희망을 잃지는 않는다. 왜냐하면 역사는 민중의 거대한 흐름속에서 인간의 해방과 평화의 실현을 위해 투쟁할 것을 계속적으로 요청하고 있으며 또 그것은 언제나 승리하고 있음을 우리는 굳게 확신하기 때문이다.

우리의 이 땅에서도 민족・민주・민중을 위한 투쟁은 계속적으로 전승되고 있다. 억압과 탄압을 물리치고 진정한 민족의 자립과 민주화를 위한 피흘림의 투쟁은 오늘 우리에게 계승되어 우리로 하여금 모든 질곡의 세력에 반대하여 싸워나갈 것을 요청하고 있다.

지금 우리는 국민의 생존을 짓밟아온 군부독재를 청산하고 민족자주와 민주화의 환희를 맞을것인가 아니면 이때까지의 노예상황속에 계속적으로 머물것인가라는 역사적 분기점에 서 있다. 우리는 결단하지 않을 수 없다 우리의 작은 몸뚱이라도 민족의 제단에 바치지 않을 수 없는 상황이다.

우리는 우리의 치열한 투쟁으로 인한 희생이 승리의 그날을 앞당기는 밀거름이됨을 굳게 믿는다.

지난 5월27일 결성된 민주헌법쟁취 국민운동본부는 "우리 조국의 민주화는 우리의 손에 의해, 우리의 투쟁과 사랑과 희생에 의해서만 이룩될 수 있다"고 역사와 민족앞에 엄숙히 다짐한 바 있다.

억압과 탄압속에서도 전국민의 함성은 터져나왔고 민주정부를 수립하려는 의지는 6월 항쟁을 통해 군사독재 정권을 굴복하게 만들었다. 그러나 아직도 군사독재권력은 그들의 간교한 음모를 버리지 못하고 회유, 협박을 일삼고 있다. 그러므로 우리들은 그들의 본질을 폭로하고 민주정부를 수립하기 위해 파주, 고양지역의 모든 양심 세력들을 하나의 통일된 역량으로 결집하는 조직된 전선을 이루기 위해 우리의 깃발을 높이 치켜들고자 한다. 이제 우리에게는 전진하는 길만이 남아 있다. 모든 국민이 해방의 춤을 추며, 더 이상 외세의 간섭과 독재의 억압이 없는 그날을 향

『선 언 문』

-민주헌법쟁취 국민운동 횡성군지부를 결성하며 -

지난 6월의 뜨거웠던 국민의 힘이 그토록 완강하던 독재의 벽을 허물어뜨리고 민주의문을 힘차게 열었읍니다. 그 이후 전국 방방곡곡에서 만나는 국민들의 얼굴들은 자못 감격스러웠읍니다. 독재 종식과 민주정부 수립을 위한 전국민의 민주화 투쟁 대열에 함께 하여온 국민의 눈물과 땀의 투쟁을 전개한 끝에 마침내 군사독재 정권의 일차적 굴복 선언인 6.29조치를 전취하였던 것입니다.

그러나 6.29 노태우 선언에 대한 일말의 기대는 시간이 흐를수록 허물어지고 민주의 문을 다시 닫으려는 음모가 도사리고 있읍니다. 처음엔 좀 두고보자던 이웃들의 모습 속에서도 또 속는 것이 아닌가 하는 의구심이 확연히 드러나고 말았읍니다.

이에 우리 횡성군민들은 현정권의 잠정적 굴복인 중간승리를 결정적 퇴진과 완전한 승리를 확정하는 민주 혁명의 성공으로 나아가기 위하여 오늘 〈민주헌법쟁취국민운동 횡성군지부〉를 결성하기에 이르렀읍니다.

현하 민주화 조치의 실상은 어떤 모습을 하고 있읍니까?

민족 자주화와 민주화를 위하여 온몸을 던저 싸웠던 우리의 아들, 딸 이웃은 여전히 좌경, 용공의 굴레를 벗어나지 못한채 0.6평의 좁은 감방에서 영어의 몸으로 묶여 있으며 벌써 오래전부터 거리를 방황하고 있는 수배자들도 전원 해제가 이루어지지 않고 있읍니다.

6월 투쟁 이후 최근에는 그동안 독재권력의 비호아래 억눌려 있던 노동 현장에서 생산 근로 대중들의 생존권 문제와 노동자 인권문제가 급속도로 전국적으로 확산되고 있읍니다. 세계 최장의 노동시간, 최악의 노동환경, 최저임금 등의 부끄럽고 참담한 현실속에서 더 이상 길들어진 노예이거나 기계일 수는 없었던 것입니다.

그러나 노사쟁의를 보도하는 언론의 시각은 어떻읍니까?

의도적으로 확대 투시한 농성 현장과 자제와 절충이라는 애매모호한 권고를 할뿐 그들은 아직도 민중의 편이 아니었읍니다. 언론의 자유화는 몇몇 언론인들의 자괴적인 외침이거나 생각일뿐 정치 사회 민주화 없이는 이루어질 수 없다는 뼈저린 교훈만을 되새기게 할 뿐입니다.

횡성군민 여러분!

중소 영세 상인들과 농민들의 생활은 어떠합니까?

민족의 식량을 생산하는 실제 나라의 주인인 농민들의 생활이 근본적으로 향상되지 않는 한 민주화는 말로만 그칠뿐 속임수에 지나지 않읍니다. 350여가지가 넘는 외국 농축산물이 수입되어 농업은 파탄지경에 이르렀으며 또한 80년이후 계속 늘어만 가는 농가부채와 해마다 5천억원 이상의 소작료가 지주에게 착취되는 소작제도 아래서 진정한 민주화가 이루어 지겠읍니까?

농축산물 가격보장과 농수축협 농개 조합장 직선제와 농민의 단결권 보장 지방자치제 전면 실시를 위하여 주인답게 작은 차이를 극복하고 우리의 역량을 집중하여 농민운동의 통일성을 주도적으로 생활속에서 다양한 활동을 전개해 나가면서 아직도 이땅에 민주주의를 확고히 뿌리 내리기에는 많은 어려움이 산재해 있으며 자주적 민주정부 수립을 위한 앞길은 안개에 뒤덮여 있읍니다. 이 안개속에는 여전히 이윤수탈과 신식민지적 지배의 촉수를 드리우고 있는 미국의 음모가 군부독재의 장기집권 야욕과 함께 숨어서 움직이고 있읍니다.

그러나 우리는 또 다시 투쟁의 결과를 반민족 반민중 세력에게 빼앗길 수는 없읍니다. 그러기 위해서 우리는 단결해야 하며 오늘 이 지역의 모든 민주제 역량을 결집한 민주헌법쟁취 국민운동 횡성군지부를 결성하는 이 자리도 그러한 뜻에서 중요한 의의를 갖는 것입니다.

본 횡성군지부는 국민의 열렬한 민주화 열망을 바탕으로 이땅의 진정한 민주화가 달성될때 까지 반외세 자주화 반독재 투쟁의 선봉에서 끝까지 투쟁할 것을 선언하는 바입니다.

민주헌법쟁취 국민운동 강원・횡성군지부 만세! 만세! 만세!

1987. 9. 14.

민주헌법쟁취 국민운동 강원・횡성군지부

민주쟁취 청년학생공동위원회

창 립 선 언 문

6월 민중항쟁은 위대한 투쟁이었다. 국민학생에게서 칠순 노인까지, 전국방방곡곡 호헌철폐, 독재타도의 함성은 하늘을 찔렀다. 4·13 호헌조치를 발표해 놓고 으시대던 군사독재정권이 6월 29일 드디어 항복선언을 했다.

그러나 6·29 항복선언은 거짓이었다. 군사독재정권은 아직도 권좌에 버티고 앉아 다시 폭압의 칼을 휘두르고 있는 것이다. 모든 관제언론을 동원하여 6·29 항복선언을 노태우의 선물로 둔갑시키고, 노동자들을 폭력과격 분자들로, 민주화운동세력을 용공좌경 배후조종세력으로 선전하였다. 폭압을 뚫고 7·8월 일제히 일어난 노동운동을 폭력적으로 탄압했고, 500명에 가까운 노동자 민주인사들을 구속하였다.

이렇게 거짓만을 일삼고, 폭력밖에 모르는 군사독재정권이 이제는 노태우를 후보로 내세워 재집권하겠다고 나섰다. 이러한 군사독재정권의 교활한 음모에 닷서서 이 땅에 민주주의를 갈망하는 모든 세력들은 민주화투쟁의 대열을 다시 가다듬어야 한다.

지금 우리는 우리 국민대중이 쟁취한 대통령직선제 선거를 통해 군사독재정권을 권좌에서 끌어내릴 기회를 맞이했다. 선거에서의 승리는 조국의 완전한 민주화를 앞당기는 데 기여할 것이다. 그러나 이 승리는 민주화운동세력의 일치단결, 국민대중과의 강고한 결합을 통해서만이 성취될 것이다. 그리하여 선거에서 승리한 결집된 힘을 바탕으로 군사독재체제의 완전한 종식과 민주주의 민족자주의 쟁취를 위한 더욱 힘찬 투쟁을 전개해 나가자.

일제하 식민지 시대로부터 청년학생은 조국해방을 위해 앞장섰고, 분단조국의 현실과 이승만 독재정권의 폭압에 맞서 4·19 혁명을 주도했으며, 박정희 군사독재정권의 가혹한 폭정아래서도 그칠 줄 모르는 민주화투쟁에 헌신했으며, 또한 광주민중을 학살하고 등장한 전두환 군사독재정권을 타도하기 위해 죽음을 두려워하지 않고 싸워 왔다. 그러나 현재 이 땅의 현실은 만만치 않다. 군사독재청권의 가혹한 탄압과 견해의 불일치로 민주화운동세력은 통일된 중심을 형성하고 있지 못하며, 국민대중은 군사독재정권의 언론조작에 그대로 방치되어 있는 상태이다. 이러한 어두운 현실 앞에 우리 청년학생은 이 나라 역사를 책임지고 갈 주인으로서 국민대중에게 조국의 민주화와 자주화를 확신시켜주며, 이를 실천할 주체로서 굳건히 서야 한다. 흩어진 민주화운동

세력을 한데 모으고 청년학생대중을 민주화대열에 올바로 배치하는 일에 매진해야 된다.

이러한 조국의 현실과 청년학생의 임무에 올바로 부응하기 위하여 우리 청년학생단체들은 민주쟁취 청년학생공동위원회 창립을 선언하는 바이다. 이 땅의 민주화를 갈망하는 청년학생들로 구성된 단체들이 한데 모여 활동방향의 일치를 모색하고 공동의 실천을 마련하고자 한다. 이러한 취지에 공감하고 참여를 희망하는 모든 단체에 민주쟁취 청년학생공동위원회는 개방될 것이다.

민주쟁취 청년학생공동위원회는 청년학생대중의 조직화와 민주화운동세력의 결집에 기여할 것이며, 반군사독재 민주세력의 결집체인 민주헌법쟁취 국민운동본부에 참여할 것이다. 또한 지역청년학생대중조직의 건설에 매진함은 물론 이 나라 역사의 중심으로 발전할 기층 민중운동력 강화에 헌신적으로 기여할 것이다. 이를 위해 민주화운동세력의 선봉대로서 매 계기마다 힘찬 활동을 전개해 나갈 것이며, 항상 대중과 더불어 대중 속에서 실천하고 검증받는 대중투쟁의 기치 아래 싸워 나아갈 것이다.

청년학생 동지들이여, 간교한 군사독재의 무리들을 이 땅에서 쓸어내는 역사적 투쟁의 대열에 함께 모이자!

1987. 9. 18

민주쟁취 청년학생공동위원회

명동천주교회청년단체연합회
민주화운동청년연합
민중불교운동연합
인천교구청년연합회
전국구속청년학생협의회
전국대학생대표자협의회
전국대학원학생연합회
충남민주운동청년연합
충주중원지역민주화운동청년연합
한국기독청년협의회(E.Y.C)
한국기독학생회총연맹(K.S.C.F)
한국대학생불교연합회

창 립 선 언 문

우리 국민은 빛나는 6월투쟁의 승리를 통해 4천만이 바라는 것은 이땅의 민주화와 민족의 통일이라는 것을 천명하였다. 영구 집권을 꿈꾸던 군사독재세력에 대한 애국민주시민의 분노는 민주화 투쟁과 민족통일운동에 새로운 이정표를 여는 찬란한 서곡이었다.

수천의 광주시민을 총칼로 학살하고 들어선이후 애국적 청년학생 시민의 민주화요구를 몽둥이와 감옥살이로 짓밟고, 노동자 농민의 생존권을 착탈해 와던 전두환군사독재정권은 민중의 응어리진 폭정과 압재의 한이 활화산과 같이 분출하자 생명보존에 급급하여 6.29 항복 선언을 할 수 밖에 없었던 것이다.

6.29 선언은 6.29 속임수다.

현 군부독재는 6.29선언이 이 땅의 민주화를 위한 영웅적 결단이라고 떠들어 대며 전두환 머리에 가발만 씌운 노태우를칭송하지만, 4천만 민중의 단결된 뜨거운 외침에 광주학살원흉 노태우, 전두환 무리가 항거에 몰락하느냐, 기만적인 일시적 후퇴냐의 기로에서 일시적, 전술적으로 후자를 선택한 것에 불과한 6.29 노태우 속임수에 우리는 결코 투쟁의 열기를 멈출수 없으며, 당면과제인 군부독재 타도의 함성으로 힘찬 진군을 가속화 시킬 것이다.

자금의 정치적 상황은 6.29선언이 철저히 기만적이며, 독재정권을 유지하려는 자들의 간교한 술수였던가를 확연히 보어주고 있다.

일련의 사건에서 보듯 울산을 위시한 전국 노동자들의 제요구에 무더기 구속으로 대응하고, 대우조선 이석규 열사의 장례식때부터 폭압적 언론조작의 관제탑인 보도지침이 하달되고, 삼양사 소작인들에게 살인적 폭행을 하였다. 더우기 국민운동 홍성군지부 결성식때인 9월 11일에는 10개월된 아기가 있는 현관에 최루탄을 투척하여 생명이 위독하다고 한다.

군부독재정권은 아전인수격으로 6.29이전에 조작으로 구속된 핵심민주인사는 석방도 하지 않은채, 좌경·용공·폭력난동분자 운운하며 다시금 400여 청년·학생·노동자를 대량 구속하였다.

따라서 현 상황은 민주화 일정으로 가고있는 것이 아니라 6월항쟁 이전으로 환원되고 있다는 각성을 해야 할 시기이다.

우리 아산군·온양시민은 민주화의 도도한 흐름에 역행하는 모든 불의를 분쇄하고 민족자존과 민중생존 및 국민주권의 회복을 위하여 국민운동 아산·온양지부를 창립한다.

우리 국민 모두가 강고하게 결집하여 독재와 타협하는자, 외세와 결탁하는자를 경계·척결하여 굳건하게 민주의 탑을 건설한다면, 농민·노동자들이 제 대우를 받고 4천만 민중이 외쳤던 자유와 평등이 어울어지는 더불어 잘사는 세상이 쟁취될 것임을 확신하며, 의연하고 굳굳하게 민주화 투쟁을 전개할 것을 10만 아산·온양 민주시민은 다음과 같이 선언한다.

우 리 의 선 언

一. 국민이 주체가 되어 군부독재를 끝장내고 모두가 함께 잘사는 민주화를 실현한다.

一. 우리는 미·일 외세의 간섭을 배격하고 민족자주를 이룩한다.

一. 우리는 이 땅의 주인인 농민·노동자·도시 빈민등의 생존권을 지키고 찾기 위하여 싸워 나간다.

一. 우리는 사회의 민주화와 자주적 민족통일을 이룩하기 위하여 새나라 건설에 앞장선다.

一. 우리는 선거를 통하여 광주학살 원흉들을 심판하고 군부독재를 종식시킨다.

1987. 9. 18

민주헌법쟁취 국민운동 충남본부 아산·온양지부

결 성 선 언 문

이땅 제주도와 조국의 민주화를 염원하며 오늘날까지 끊임없이 투쟁해온 우리 10만동제주민은 이제 전 국민과 더불어 새롭게 결연한 진군의 의지를 천명한다.

우리 4천만 국민은 참다운 정의를 좀먹고 슬기로운 민족정기를 팔아 치우는 매판군사독재 집단의 총칼을 국민적 단결로서 물리쳐낸 6월 민주평화혁명의 자랑스런 승리를 기억한다. 이 승리는 국민이 주인되는 주체의식과 국민이 정치, 경제, 사회적 억압을 뛰어넘어 민주사회를 건설하려는 굳건한 의지, 그리고 민족의 자주역량을 드높여 통일의 그날을 앞당기기 위한 한결같은 여망이 뜨겁게 숨쉬고 있다.

우리 국민은 단결된 위대한 힘을 지속적으로 민주화 투쟁의 장정에 집결하여 정치적으로는 리장에서 대통령까지 주민이 뽑고 국민에 봉사하는 민간민주정부를 수립하여 군사독재의 암울한 그늘에서 독버섯처럼 자라난 부정부패의 잔재를 청소해 낼것이다.

또한 경제적으로는 미·일 외세와 결탁한 소수 매판집단만을 살찌워온 파행적 경제체제가 개조되어 노동자, 농민이 생존권이 확보되고 서민적 경제생활이 최소한 보장되는 건전한 국민경제 체제로 전환되어야 할것이다. 아울러 최루탄과 고문이 없어지고 인간이 권리가 존중되며 언론, 출판, 집회, 결사, 학문의 자유가 넘쳐흐르는 민주사회의 건설에 총력을 경주해야 할것이다.

우리는 아직도 민주화는 오지 않았을뿐만 아니라 오히려 정신을 차리지 않으면 그나마 이룩해놓은 국민적 여망조차 저 간악한 무리들의 음흉한 술책에 의해 깨어질수 있다는 것을 명심한다.

이는 6.29이후 거듭되고 있는 민주단체와 민주인사에 대한 물리적 탄압, 노동자, 농민의 생존권을 압살시키려는 정책과 여전히 계속되는 고문과 최루탄 난사속에서 여실히 드러나고 있다.

이제 우리 10만 주민은 50만 애국도민과 전국의 4천만동포와 철통같이 굳게 단결하여 26년간 군림해온 군사독재를 끝장내고 민간민주정부를 수립하여 빛나는 새역사를 창조해 나가는 정의롭고도 희망찬 대열이 선봉에 설것을 선언한다.

10만 동제주 주민들이여! 우리의 굳건한 단결만이 민주주의와 민족통일을 실현하는 유일한 길임을 확신하여 민주헌법쟁취국민운동 동제주지부의 깃발아래 하나되어 힘차게 전진하자!!

1987. 9. 26

민주헌법쟁취국민운동 동제주지부

민주쟁취 국민운동 충북본부

헌　장

우리 민족의 장래는 국민 대중에게 달려있는 것으로 일방적인 특정집단에 맡겨질 수 없으며, 국민대중의 의사와 희망이 달성되는 참 민주주의가 실현되기 위해서는 국민대중 모두가 주체적으로 정치과정 및 제반 사회 과정에 참여하여야 한다.

또한 국민대중의 삶과 우리의 역사를 왜곡해왔던 독재세력 및 반 민족적 세력의 획책을 더이상 허용하지 않고, 참다운 민주정부 수립과 자주적 민족국가를 건설하기 위한 기반을 마련하기 위해 국민대중의 통일적 조직화가 필요하다.

이런 조직적 힘의 필요성에 따라 모든 진보적 세력 및 양심적 민주세력이 통일되어, 민주헌법쟁취를 통한 민주정부수립과 민족사의 대과제인 자주적 민족통일을 위해 국민운동을 전개한다.

이에 국민운동은 국민대중의 모든 민주적 제권리를 회복하고 생존권을 확보하기 위해 정치, 노동, 농업, 경제, 문화, 교육, 사회 제반의 구조적 모순을 타파하여, 정치, 경제, 사회민주화를 달성하고 나눔과 섬김의 공동체 사회를 실현한다.

또한 국민운동은 올바른 국민적 사상을 정립하고 건강한 주체적 민족문화 건설을 위해 나아간다.

자료3－37

＊국민운동의 실천요강＊

1) 참다운 민주주의 실현을 위해 적극 참여한다.

2) 민주적, 진보적, 양심적, 애국적 국민대중을 조직화 한다.

3) 독재정치의 청산과 민주헌법 쟁취를 통한 민주적 정부를 수립한다.

4) 반민주적 제악법의 철폐 및 사회악과 모순된 사회제도를 철폐, 시정한다.

5) 노동자, 농민의 생존권 및 전민중의 기본권을 확보한다.

6) 독점적 부의 편중 시정을 통한 분배의 공정화 및 사회적 형평을 실현한다.

7) 공무원, 경찰, 군인의 엄정한 정치적 중립 보장을 위한 국민운동 체계를 확립한다.

8) 신체의 자유, 언론, 출판, 집회, 결사, 사상, 학문의 자유를 완벽히 보장한다.

9) 여하한 독재를 획책하는 세력에 대해서도 국민들의 저항이 합법적으로 보장되는 국민저항권을 확립한다.

10) 시, 군, 읍, 면에서부터 중앙정부에 이르기까지 완전한 주민자치와 민주제를 확립한다.

11) 외국과의 불평등 조약협정철폐, 간섭배제 및 자립적 민족경제를 수립한다.

12) 민족문제를 자주적으로 해결하고 민족통일을 위한 국민적 노력을 경주한다.

＊국민운동의 실천원칙＊

1. 국민주체의 원칙

국민에 의해, 국민의 힘으로 정부 선택권을 비롯한 모든 권력기구의 주권자로서의 권리를 회복하고 주민자치를 실현한다.

2. 국민조직화와 개방의 원칙

인간의 존엄성과 권리회복, 민주화를 염원하는 모든 세력, 각계각층, 전지역 전주민을 조직화하고 민주실천역량을 조직화 한다.

3. 생활실천의 원칙

생활과 운동을 일치시켜, 일상의 삶속에서 잘못된제도, 정책, 지시를 비판, 규탄 거부한다. 생존권의 쟁취와 민주적 권리 투쟁을 통하여, 국민적 자성을 이루고 그 속에서 구체적 역량을 강화한다.

민주쟁취국민운동 천주교공동위원회
발 족 선 언 문

지난 6월 전국 방방곡곡에서 일어난 전국민적 민주화투쟁은 역사의 새로운 지평을 열었읍니다. 자욱한 최루탄 안개 속에서 땀과 눈물로 범벅이 된 전국민의 민주화열망은 거대한 '국민의 힘'으로 분출되어 강고하게만 보이던 군부독재의 일각을 허물고 6.29 발표를 끌어내 역사의 흐름을 민주화의 길로 이끌 수 있는 역사적 전기를 만들어냈읍니다.

6월 민주화투쟁의 승리는 민주사회의 새로운 기틀을 세우려는 광범위한 민주역량으로 성장해 가고 있으며 7, 8월 노동자들의 전국적인 민주노조 건설운동은 새로운 가능성을 열어주고 있읍니다. 그러나 우리는 아직 부분적인 승리에 만족해서는 안됩니다.

6.29 발표에서 약속한 8개 민주화조치 중 실현된 것은 단하나 '대통령 직선제'뿐이며 국민의 정치적 참여와 노동3권을 포함한 기본권적 인권을 보장할 법령의 제정은 뒷전으로 미루어 놓았읍니다. 6.29로 석방된 숫자보다 2배나 많은 노동자와 학생이 구속되고 있으며 해직된 노동자와 교사, 기자들은 거의 복직이 되지 못하고 있읍니다. 신동아, 월간조선 사건에서 보이듯 여전히 언론탄압이 계속되고 있으며, 언론 스스로도 현금의 정치현실에 대해 편파왜곡보도를 일삼고 있읍니다.

특히 지난 8월 21일 전대통령의 하계기자회견 이후 두드러지고 있는 이데올로기 공세, 좌경·용공 척결을 구실로 자행되고 있는 대량구속, 수배사태는 6.29 발표의 허구성을 드러낼 뿐 아니라, 그 진의가 민주세력을 분열시켜 탄압함으로써 군부의 재집권을 위한 기반을 조성하겠다는 것에 다름 아니라는 의문을 갖게합니다. 심지어는 이 나라에 군부통치의 첫장을 연 유신잔당까지도 심판을 받겠다고 나서는 형편입니다.

우리는 이러한 현실을 보면서 군부독재가 이 땅에서 완전히 종식되지 않았음을 알 수 있읍니다. 또한 군부독재의 독소가 불식되지 않은 가운데 진행되는 선거가 독재의 연장을 위한 부정선거가 되리라는 것은 필지의 사실이며 그 조짐을 볼 수 있읍니다.

이제 우리는 '국민의 힘'에 의한 민주화에의 열망과 군부독재의 재집권 의도가 날카롭게 교차하는 가운데, 우리의 몸과 마음을 합하여 새하늘과 새땅, 민주사회를 열기 위한 자세를 재정비하지 않으면 안되는 시점에 서 있읍니다. 군부독재에 의해 조장된 우리 마음 속의 패배주의를 극복하고, 대동단결하여 다가오는 선거에서 군부독재를 종식시키고, 민족이 거듭날 수 있는 '민간민선 정부'를 수립하여야 하겠읍니다. 그리고 진정한 민주정부를 만들기 위해서는 선거를 공명하고 깨끗이 치룰 수 있는 거국내각을 수립하는 것이 급선무이며 또한 부정선거에 대한 감시의 눈을 게을리해서는 안되겠읍니다.

우리는 이 새로운 민간민선정부를 통해 군부통치가 만든 국민적 한을 치유하고, 가난한 사람들의 인간다운 삶을 보장하며, 민족의 염원인 통일로 가는 길을 닦아야 합니다. 물론 민간정부가 들어선다고 모든 문제가 저절로 풀리지는 않습니다. 하지만 우리의 손으로 만든 민주적이고 자주적인 정부가 들어선다면 합심하여 어려움을 헤쳐나갈 수 있을 것입니다. 또한 역사는 우리에게 국민의 힘, 조직된 민주역량에 기초하지 않은 민주주의는 허약할 수밖에 없다는 교훈을 가르쳐주고 있음을 명심해야 하겠읍니다.

이 땅의 민주화에서 민족복음화의 터전을 찾고자 하는 우리 성직자, 수도자, 평신도들은 민족수난을 우리의 것으로 받아들이며, 군부독재의 종식이라는 출애굽 장정에 함께 나아갈 것을 다짐하며 이를 위해 민주쟁취국민운동 천주교공동위원회를 결성합니다.

1987년 10월 29일

민주쟁취국민운동 천주교공동위원회 발기인 일동

창 립 선 언 문

6월 국민대투쟁은 위대한 투쟁이었으며 승리였다. 400만 빈민대중은 자신의 생존권과 민주정부의 쟁취를 위해서 '호헌철폐, 독재타도'의 함성이 전국 방방곡곡에 울리도록 모든 힘을 아끼지 않았다. 그 결과로 재집권을 시도하던 군사독재에 심각한 타격을 주어 4.13조치의 철회와 부분적 양보를 획득하였다.

그러나 6.29선언은 민중의 민주화를 향한 투쟁의 전열을 흩어놓기 위한 거짓 민주화 선언이었다. 군사독재정권은 여전히 권력을 손아귀에 쥐고 사당동, 창신동, 신당동 등 빈민지역에서 폭력·살인철거를 강행하며 빈민대중의 생존권을 탄압하는데 수단과 방법을 가리지 않고 있으며, 정당한 민주권익을 주상하는 노동자들을 폭력·좌경 이데올로기로 매도하며 군사독재의 학정으로 피해를 당한 민주인사 그 누구도 원상회복되지 않은 가운데 또다시 1,000여명의 민주투사가 구속되었다. 이렇게 거짓과 폭력을 전가의 보도마냥 휘두르면서 어처구니없게도 노태우를 내세워 재집권을 하겠다고 나섰다.

이에 맞서 모든 민주세력과 생존권의 쟁취를 갈망하는 모든 빈민대중은 투쟁의 전열을 가다듬어야 한다. 지금의 이 시기는 군사독재를 끝장내고 민주화를 달성할 수 있는 아주 좋은 시기이며 빈민운동세력의 단결과 빈민대중과의 튼튼한 결합이 우리의 승리를 보장할 것이다.

그동안 빈민대중은 군사독재의 가혹한 학정속에서도 굴하지 않고 끊임없이 생존권을 위해, 이 나라의 진정한 민주화를 위해 헌신하여 왔다. 그럼에도 불구하고 빈민대중의 현실은 어떠한가? 아직도 대부분의 빈민대중들, 벌려놓은 좌판사이로 계속되는 감시와 갈취, 저임금과 직업의 불안전성속에서 고통받고 있는 건축막노동자 파출부, 가난과 질병에 무방비인 채로 길거리로 팽개쳐진 철거민 등 400만의 빈민대중은 군사독재의 억압과 학정에 그대로 방치되어 있지 않은가? 우리는 이들 모두에게 자신들이 다가오는 민주사회의 주역이며 생존권 쟁취투쟁의 주인임을 확신시키고 흩어진 빈민대중을 한데 모으고, 승리에 대한 확신을 심어주고 투쟁의 목표와 방법을 제시하는데 모든 힘을 아끼지 말자.

이러한 임무를 올바로 수행하기 위해, 모든 빈민대중의 힘을 결집하기 위해 국민운동본부 도시빈민 공동위원회를 창립함을 선언한다. '국민운동본부 도시빈민 공동위원회'는 정당한 생존권과 이 나라의 민주화를 위해 모든 노력을 아끼지 않는 모든 빈민대중에게 정당하고도 쟁취가능한 목표를 제시함으로서 공동투쟁을 모색하고 빈민대중의 결집체로 만들어 가는데 기여할 것이며 참여를 희망하는 모든 빈민대중에게 '국민운동본부 도시빈민 공동위원회'는 개방될 것이다.

국민운동본부 도시빈민 공동위원회'는 기층민중의 운동력을 강화하는데 기여할 것이며 민주화의 날을 앞당길 것이다.

빈민대중이여! 우리는 기필코 승리한다. 흔들림없이 싸워나가자!
빈민투쟁 만세! 빈민투쟁 만세! 빈민투쟁 만세!

1987. 11. 10.

민주쟁취국민운동본부 도시빈민 공동위원회

민주헌법쟁취 국민운동본부를 발기하면서
민주헌법쟁취 범국민운동본부 임원명단

(공동대표)

김순호 원형수(충남) 신삼석 문정현(전북) 문병만 배종열(전남) 최성묵 (부산)
류강하 원유술(경북) 신현봉 강원하(강원) 박형규 조용술 조남기 안병무 문동
윤반웅(개신교) 김승훈 박창신 이돈명(천주교) 靑和 知詵(불교) 강희남
유운필 계훈제 백기완 이소선 김병걸 이창복 이두수(민통련) 양순직 김명윤
최형우 박영록 박종태 박용만 김동영 김충섭(정치인) 송건호 김인한 임재경
최장학 정동익(언론·출판) 고은 이호철(문인) 주재환 원동석(문화·예술)
성내운(교육) 이우정 박영숙 조화순 이태영(여성) 박용길 이정숙 조성자 이오
김월금(민가협) 서경원 김영원 이화숙(농민) 이총각 유동우(노동) 제정구 이상
(도시빈민) 김근태(청년)

(상임공동대표)

박형규 김승훈 知詵 계훈제 이우정 송건호 박용길 고은 양순직 김명윤

(집행위원)

배은하 김현준 김승오 김정호 임현택 (강원) 이호웅 장정욱 안영근 조용호
권병기 (경기) 조홍구 정지강 최병욱 (충남) 이수금 하연호 선진영 박영신
유영래 (전북) 문정식 명노근 안성례 이기홍 전계량 최성호 김병균 (전남)
김희로 노무현 정영문 김광남 김재규 (부산) 남영주 전용구 김종길 강호철
(경북) 오홍일 김상근 조승혁 김제열 박종기 금영균 박봉배 강신석 김경식
윤기석 김경섭 이선주 안기중 장성룡 허병섭 이해학 김종오 서재일 강원하
윤기석 임기준 이규상 전양권 박봉양 박용태 황규록 이해석 박덕신 박영모
김동완 최완택 이현주 김규태 변선규 변철규 노정길 이동번 인명진 차선각
고환규 임신영 김정용 노영우 박종덕 단필호 이명남 설삼용 구행모 김상혜
김용대 최승렬 엄영일 장승현 김진석 안상혁 장성백 엄용백 이경석 박광선
윤용오 신창수 임서현 김기수 이정규 최기준 이희완 안수도 김치대 황인성
박준철 윤광기 엄영관 정해동 변창배 권혁률 황인하 김영범 고상호 (개신교)
강성규 강희성 김광혁 김권일 김명식 김송오 김희항 김영식 김영진 김영필
김용환 김원택 김재복 김택암 김학록 김현준 김화태 남재희 문양기 박병기

박승원 박윤정 배영섭 서종선 손덕만 송병수 안승길 안홍석 양영수 [illegible] 홍
연제식 오태순 원유술 이성득 이수현 이용석 이재만 이정우 전주원 정상업
정 일 조규덕 조성고 조재영 한염흠 허연구 허성학 허철수 호인수 홍창만
송홍철 안호식 제정구 윤순녀 이길재 정인숙 이병철 김영준 문국주 김영근
김지현 이명준(천주교) 眞寬 木偶 性然 玄機 圓慧 眞常 普明
明振 性 正眼 明弓 道現 眞雨 圓宗 玄覲 淨和 雲峯
牧主 法田 碧牛 玄雨 靑圓 仁太 相德 頓然 東明 在乾
如然 宗林 玄應 周榮 是明 宗本 海眞 宗默 沈寂 香寂
眞和 法蓮 宗實 永照 玄旨 一徹 梨正 相龍 知曼 志光
法性 性門 知禪 仁默 賢哲 여익구 고광진 강태진 박홍식 이용성
(불교) 정진동 곽태영 곽병준 성동년 정상용 현재훈 김오일 장재철 김승균
이재오 임채정 이부영 장기표 장영달 김정환 김도연 조춘구 이석원 이해찬
김종철 박계동 오대영 박용수 성유보 김광수 최 열 박우섭 정선순 이명식
김부겸(민통련) 강삼재 고제성 권노갑 권오태 김덕룡 김도현 김동규 김동욱
김동주 김득수 김범오 김봉욱 김봉조 김봉호 김성식 김수한 김영배 김영복
김옥두 김완태 김용오 김우석 김윤식 김정길 김정수 김태룡 김현규 김현수
김형경 김형광 김형래 노승환 명화섭 목요상 문부식 문정수 박 실 노병구
박완규 박왕식 박 일 박종률 박준호 박찬종 반형식 서석재 서청원 설 훈
손세일 송천영 신기하 신상우 신순범 심완구 안동선 예춘호 용남진 유성환
유성효 유제연 유준상 윤영탁 윤혁표 이규택 이상민 이석용 이영권 이영준
이용희 이우태 이원종 이재근 이종제 이진연 이 철 장기욱 정상구 조용봉
조순형 조영수 조윤형 조중익 조홍래 최박도 최영근 최 훈 태륜기 한광옥
한영애 한화갑 허경구 허경만 홍사덕 홍성표 홍영기 황낙주 황명수 김종완
최영근 송좌빈 김광일 이기홍 김영희 김윤집 이흥록 박병일 함영회(정치인)
김희선 이미경 윤영애 엄영애 이영순 손온하 안상님 서진옥 김경희 엄마티
나선정 신 선 박상희 고정희 (이성) 김춘옥 임기란 이철자 강옥수 성애란
이신자 유시춘 설난영 김순정 조인식 박청호 허두희 인재근 조무하 김순진
조만조 손수삼 소혜련 박석조 김민숙 이갑순 정효순 이인복 안성례 이명자
서동필 김주미 이차선 김광남(민가협) 유병권 김익호 이건우 서정용 김상덕

송창기 정성헌 정광수 배용진 윤정석 우영식 정현찬 장래원 이도열 이병철
권종대 김성순 오정명 최종진 안순봉 정해용 박종수 이명희 이봉구 양주석
하연호 곽창훈 김정순 이동배 한군석 정광훈 김영집 김석형 김병길 서용대
윤기현 (농민) 방용석 이레희 조경수 최연봉 정명자 윤순녀 박순희 주예희
이영식 한명희 정동근 정봉희 정용식 한숙자 (노동) 권춘택 김경래 서종근
변정배 유효순 이철용 이현배 이래영 최지미 한기숙 김혜경 김영준 추영호
양권식 송인숙 장옥자 (도시빈민) 김태홍 신홍범 이경일 정상모 유대기 민경숙
(언론•출판) 양성우 박태순 김성동 채광석 김명수 이영진 (문인) 황석영
김학민 박인배 유인택 임진택 (문화•예술) 노용희 고광헌 심임섭 이철국
김진경 심성보 (교육) 김희택 최민화 김병곤 연성수 권형택 김종복 (청년)

(상임집행위원)

오충일 인명진 황인성 호인수 남재희 이병철 이명준 性然 眞寬 이미경
윤영애 김현수 김영백 한영애 김병오 황명수 심성보 이영진 정상모 이길재
정성헌 최종진 성유보 오대영 인재근 유시춘 이레회 한명희 김희택

반외세 자주화 반독재 민주화 투쟁에 임하는
청년학도의 애국적 자세

우리의 애국적 투쟁이 가속화 됨에 따라 무질서와 원칙이 방기되고 있음을 두렵게 직시하고 청년학도의 학문적 양심에 따라 우리 부산지역 청년학도가 행동해 주기를 바라고 우리의 애국의 한길에 선 구국투쟁 승리의 그날까지 이 지침에 따라 한치의 도덕적 흐트러짐 없이 행동해 줄 것을 촉구한다. 이는 우리 청년학도가 4천만 민중의 선구적 위치에 서 있으며 우리의 행동 하나하나가 우리 4천만 민중의 모범이 되고 있고 또한 그들에게 새세상의 도덕규율을 계도하는 역사적 임무를 우리 백만청년학도가 지고 있기 때문이다. 우리의 모든 행위는 새 질서를 창조하는 창조적 파괴임을 직시하고 결코 민족의 자존과 청년학도의 도덕성에 우를 범하는 일이 없기를 바란다.

1. 소규모 토론이나 대규모 정치집회에서는 경건하고 진지한 모습으로 임하고 연설자나 타인의 주장을 끝까지 경청하고 비판할 점이나 개진할 사항이 있을 경우 정확하고 간략하게 개진한다.

2. 시민이 제공하는 물품에 대해서는 감사하게 받거나 이를 모아 고아원, 양로원 동지에 전달하고 결코 청년학도의 양심적 경건성에 위배되는 행동을 하지말라. 만약 집회과정에 이러한 학도가 발생하면 집회지에서 추방하고 연장가나 동료가 계도하라. 또한 현금의 답지가 있을 경우 이를 개인적으로 탕진하지 말며 현금을 전달한 시민에게 감사의 말씀과 자기의 소속, 이름을 밝혀 드리고 이를 각 학교 총학생회나 부산민주 시민협의회, 부산인권위원회 등에 보고. 전달하여 부상자의 치료비, 운동물품 구입등에 사용할 수 있도록 한다.

3. 시위대열은 질서있게 형성하고 투쟁상황이 벌어졌을 때는 남학생은 여학생을 보호하는 위치에서 적을 타격하고 흩어질 경우 반드시 차기 집결지와 시간을 비밀리에 알리고 여학생을 보호하며 귀가한다.

시위대열에는 18세 이하의 미소년은 가담을 피하게 하고 취객, 병약자, 노인은 시위대열의 뒤나 앞을 따르게 하든지 가담을 통제한다.

투쟁지역에서 발생한 부상자는 반드시 신원을 파악하고 병원에 후송후 이를 총학생회에 보고한다.

6. 부상당해 미처 피하지 못한 전경은 병원으로 후송후 이를 사경에 알려준다.

투쟁지역에서 획득한 무기류는 함부로 사용하지 말고 지도부의 지시에 따르든지 이를 각 대학 총학생회로 인도한다.

지도부는 모두가 공동보호하고 투쟁지역에서 지도부의 통제에 따르지 않는 학도는 시위 대열에서 이탈시키든지 경고와 설득을 통해 제재를 가한다.

9. 항상 내부첩자에 대해 경계하고 우리의 투쟁로와 투쟁의지를 고란시킨다고 판단되는 자에 대해서는 집단 대응해 신분을 확인하고 지도부와 협의하여 해결한다.

10. 사상과 투쟁자세의 차이에서 오는 학도간의 이견은 빠른 시간내에 해결할 수 있도록 정확한 논리적 근거와 우리의 구국투쟁을 상기하면서 논전을 벌인후 결과에 모두가 따른다.

1. 우리의 구국투쟁의 주체는 이땅의 민중이므로 시민과 정치집회를 가급적 많이 열고 현한반도 정치상황과 민중의 임무에 대해 계도, 토론하라. 또한 시민의 발언에 대해서는 진지하게 경청하고 잘못된 부분에 대해서는 겸손하고 정확하게 지적한다.

12. 확인된 시위대가 아닌 불순세력의 의도된 난동이나 깡패단의 집단난동으로 우리의 투쟁이 독재정권의 흑색선전의 계기가 될 소지가 많은 일부 세력의 행동은 집단적으로 저지하고 신원을 파악하여 이를 시민과 총학생회로 보고한다.

13. 무장한 적은 강력하게 타격하고 가급적 무장해제 시킨후 민주적으로 계도한다. 그러나 무장하지 않은 전경대는 타격하지 말라.

14. 투쟁지역등에서 연행되는 학우는 반드시 구출하고 투쟁지역내에 감금된 시민학생도 가급적 구출하라. 그러나 깡패, 강도 등 강력범은 구출하지 말라.

이상의 사항을 숙지하고 청년학도의 도덕성과 기백에 우를 범하는 행위를 할 수 없도록 자기반성을 항상하고 어떤학도에게도 숙지시켜 같이 행동하도록 하자.

창립선언문

우리 국민의 민이 주인이란 의식은 임금과 외세의 노예이기를 거부한 동학농민 혁명에서 일본 제국주의 노예이기를 거부한 3.1운동에서 독재의 굴레를 벗고 민이 주인임을 부르짖은 4.19혁명 부마항쟁 광주민중항쟁 6월 민중항쟁으로 역사의 맥을 이루어왔다.

종교의 벽, 지방색의 벽, 계층의 벽을 넘어 민주화의 깃발아래 모여들은 우리 국민은 간악한 미국과 군부독재를 마침내 국민앞에 무릎꿇게 만드는 6.29 선언을 쟁취하였다.

그러나 민주화의 출발점을 쟁취한 것일뿐 언론, 집회, 결사등 기본적 자유가 보장되지 않은채 민주인사를 용공좌경으로 매도하는가 하면 노동자, 농민,도시빈민의 권익단체 결성 및 생존권 보장에 대한 요구를 정책적 대안없이 사회 안정을 해치는 폭력집단으로 매도하는 지금은 민주화의 깃발을 더욱 드높이 들고 완전한 민주쟁취를 외치며 나아갈 때다.

민주주의는 권력자의 시혜적 상품이 아닌 민의 투쟁과 사랑과 희생 가운데서 이룩된다는 점을 확신한다.

홍성군민은 민주화 내용을 알고 민주화의지를 모으고, 이를 주체적으로 실천함으로 이 민족을 밝고 희망에 찬 미래로 도약시키는 민주주의를 이루어 나갈 것을 역사와 민족앞에 엄숙히 다짐하는 바이다.

민주헌법쟁취국민운동홍성군지부 결성식 참가자 일동

민주헌법쟁취 국민운동본부를 발기하면서

민주헌법쟁취국민운동(본부)의 목표, 조직, 운영대강

1. 목표

1) 본 운동은 이 땅에 민주헌법을 확립하고 그를 토대로 하는 민주정부를 수립하는 것을 목표로 한다.

2) 본 운동이 확립하고자 하는 민주헌법과 민주정부는 최소한 아래의 사항이 충족되어야 한다.

가. 독재정치의 청산

나. 시군읍면에서부터 중앙정부에 이르기까지 명실상부한 주민자치와 국민자치제도의 확립

다. 공무원, 군인, 경찰의 엄정한 정치적 중립과 국민주권에 대한 복종을 실현하며 신체의 자유, 언론, 출판, 집회, 결사, 사상, 학문 등 모든 시민적 자유의 완벽한 보장

라. 노동자, 농민, 도시빈민의 생존적 기본권 확립

마. 독과점적 부의 편중 시정과 중소상공업의 육성보장

바. 여하한 독재를 획책하는 세력에 대해서도 국민들의 저항이 합법적으로 보장되는 국민저항권의 확립

사. 이상의 헌법 및 제도에 배치되는 각종 실정법들의 개정 및 폐지

2. 국민운동 실천원칙

국민운동을 위한 조직과 실천원칙은 아래와 같다.

1) 국민주체의 원칙

국민에 의해, 국민의 힘으로 정부선택권을 비롯한 모든 권력기구의 주권자로서의 권리를 회복하고 주민자치를 실현한다.

2) 국민조직화와 개방의 원칙

인간의 존엄과 권리회복, 민주화를 염원하는 모든 세력, 각계 각층을, 전지역, 전주민을 조직화 하고 민주 실천 역량을 조직화 한다.

3) 생활 실천의 원칙

생활과 운동을 일치시켜 일상의 삶 속에서 잘못된 제도와 정책과 지시를 비판하고 규탄하고 거부한다.

생존권의 쟁취와 민주적 권리쟁취를 통하여, 국민적 각성을 이루고 국민의 각성 속에서 구체적 실천역량을 강화한다.

3. 조직체계

1) 국민운동의 조직은 전국운동본부 (이하 전국본부), 각도, 특별시, 직할시 본부 (이하 도 본부), 시·군·구 지부, 읍·면·동 위원회로 구성된다~~며 해외 지부를 둔다~~.

2) 전국본부는 각계, 부문, 지역의 대표로서 구성되고 도 본부와 긴밀한 협의와 연대를 가지며 본 운동전반에 대한 대표성(과 지도성)을 가진다.

3) 도 본부는 도 단위 운동을 대표하며 지역실천운동을 위한 시·군·구 지부를 적극 결성한다.

4) 시·군·구 지부는 본 운동의 지역 기본실천조직으로 종교인, 교육자, 문화예술인, 정치인, 노동자, 농민, 도시빈민, 기업인, 직능인, 상인, 여성, 청년들 중 민주화운동에 투철한 실천의지를 가진 사람들을 최대한 망라하여 구성한다. 지부의 발족은 이들중 적어도 3부문이상의 사람들이 참여 하여야 하고 여론의 장악과 지역·자치실현의 중심이 된다.

5) 읍·면·동 위원회는 기초단위 조직으로 생활권 중심의 생활실천운동을 수행한다.

8) 해외동포는 조국의 민주화 실현운동을 국제적으로 홍보선전하고 본운동을 위한 지원협력세력을 조직화한다.

6) 도본부, 시·군·구 지부는 전국본부와 조직적 연대협력을 가지며 각급조직의 결성에 있어 도본부는 전국본부와 협의를, 시·군·구 지부는 도본부의 인준을, 읍·면·동 위원회는 시·군·구 지부의 인준을 거쳐야 한다.

7) 각급조직에 새로 참여할 경우는 정해진 양식에 따라 상설의결기구의 심의를 거쳐야 한다. 전국본부에 가입할 경우는 조직위원회의 심의를 거쳐 상임공동대표와 상임집행위원 연석회의의 승인을 받아야 한다.

9) 본 운동에 참여하는 모든 단체와 개인은 운동목표달성을 위해 조직운영원칙을 구체적으로 실천할 권리와 의무를 진다.

4. 운영체계와 기능

1) 국민운동 본부는 위원 공동대표, 상임공동대표, 집행위원, 상임집행위원, 대변인, 사무처로 구성된다.

2) 국민운동본부는 아래와 같이 운영한다.

가. 공동대표, 집행위원 연석회의는 최고의결기관으로서 3달에 한번씩 정기회의를 가진다.

나. 상임공동대표와 상임집행위원 연석회의는 상설의결기구로서 공동대표, 집행위원 연석회의의 권한을 위임받아 일상적인 의결권을 행사하며 공동대표, 집행위원 연석회의 소집이 불가능할 때 그 권한을 대신한다. 정기회의는 월 1회이고 필요할 경우 상임공동대표 3인 이상의 소집으로 수시로 개최한다.

다. 상임집행위원회는 일상적인 실무를 담당한다. 이를 위해 상임집행위원회는 수시로 회의를 가지며, 상집위내에 총무위원회, 조직위원회, 홍보위원회를 두며 필요에 따라 특별위원회를 둘 수 있다.

라. 사무처는 상임집행위원회의 직속 기구로서 실무수행을 위한 총무국, 조직국, 홍보국등을 둔다.

3) 각 도 본부, 시·군·구 지부및 읍·면·동 위원회의 운영은 전국본부의 운영

체계에 순한다.

4) 전국본부와 도 본부의 유기적협력과 운동수행을 위한 실무연석회의 등을 가질 수 있다.

5) 각급회의는 별도의 규정이 없는 한 재적인원 과반수로 성원이 되고 출석인원 과반수의 찬성으로 의결한다.

5. 재정

1) 각급조직은 참여인사들의 회비를 통해 원칙적으로 재정을 자체조달한다.

2) 각급 조직의 회비는 아래와 같다.

가. 전국본부

발기인 및 참여인사 가입비 : 일만원 이상.

월회비 : 오천원 이상.

나. 도본부

발기인 및 참여인사 가입비 : 오천원 이상.

월회비 : 삼천원 이상.

다. 시.군.구 지부 및 지역위원회 가입비 : 오천원 이상

월회비 : 천원 이상

3) 참여가 중복될 때는 상위단체가 규정하는 납입금을 하위단체에 내되 하위단체는 자기조직 납입금을 공제한 나머지를 상위단체에 낸다.

6. 기타

이 규정에 명시되지 않은 사항은 상임공동대표.상임집행위원 연석회의가 의결하는 내규와 민주적운동원칙에 따른다.

본 대강의 개정은 상임공동대표와 상임집행위원 연석회의에서 통과하여 할 수 있다

— 시행은 본 대강의 통과된 날로부터 한다

분식
화상영

(1) 第11900號 (1957·3·7第3種郵便物(가)급認可) (1960·7·1登錄番號가-12) The Hankook Ilbo (25版) 1987年6月30日 (火曜日) 【日刊】

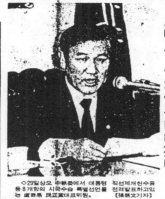

우리의 理想은 韓國人의 新聞
會長 張康在
發行人 金昌悅
印刷人 李基和
主筆 朴斗秉
編集人 李文熙
서울市 鐘路區 中學洞14
郵便番號 110
購讀料 月極 2,700원 1部 130원
交換臺代表 (02)741-4161
編輯局 (02)741-4171
廣告局 (02)741-1017·1018
販賣中心 (02)3-5663·5664
配達事故
本紙는 新聞倫理綱領 및 그 實踐要綱을 遵守한다

直選制수용 年內 改憲

金大中씨 赦免復權·구속자 석방

새憲法으로 내년2월 政府이양

盧대표 時局수습 8개項 선언

★발표全文 6면

大統領에 건의

<8개項 내용>

① 조속히 大統領直選制 개헌
② 대통령選擧法 公正히 改正
③ 赦免復權·拘束者 대폭석방
④ 基本人權 최대한 伸張 明示
⑤ 言論自由보장 획기적 改善
⑥ 地方·敎育自治 조속히 實現
⑦ 政黨活動 보장 對話풍토로
⑧ 社會非理 과감히 척결추진

中執委·議總거쳐 黨論확정

盧대표 "두金씨 곧 만나겠다"

◇29일상오 中執委에서 대통령 직선제개헌수용 등 8개항의 시국수습 특별선언을 전격발표하고있는 盧泰愚 民正黨대표위원. 【張錫文기자】

"한국 民主化 滿開확신"

시거 全대통령의 盧대표宣言수락 기대"

"새 改憲案 來週까지 마련" 金泳三총재

"大統領 출마에 關心없다" 金大中의장

盧대표, 오늘 靑瓦臺방문 報告

民正, 곧 黨職개편

中執委員 28명 辭表 제출

盧대표「국민大和合 특별선언」全文

친애하는 국민여러분!

저는 이제 우리나라의 장래 문제에 대해 굳은 신념을 가지게 되었읍니다.

국민들 사이에 쌓여진 뿌리깊은 갈등과 반목이 국가적인 위기로 나타난 이 시대적 상황에서 정치인의 진정한 사명에대해 깊은 사색과 숱한 번뇌를 하여 왔읍니다.

또한 학계·언론계·경제계·종교계·근로자·청년·학생등 각계로부터 지혜를 구하고 국민의 뜻을 확인하였읍니다.

오늘 저는 각계각층이 서로 사랑하고 화합하여 이나라의국민임을 자랑스럽게 여기며, 정부역시 국민들로부터 슬기와용기와 진정한 힘을 얻을수 있는 위대한 조국을 건설하기 위해 비장한 각오로 역사와 국민앞에 서게 되었읍니다.

그러면 저의 구상을 주저없이 말씀드리겠읍니다.

이 구상은 대통령각하께 건의를 드릴 작정이며, 당원동지, 그리고 국민여러분의 뜨거운 뒷받침을 받아 구체적으로 실현시킬 결심입니다.

첫째, 여·야 합의하에조속히 대통령직선제 개헌을 하고, 새헌법에 의한 대통령선거를통해 88년2월 평화적 정부이양을 실현토록 해야하겠읍니다.

각료의 대다수가 국민이 직접 뽑은 국회의원으로 구성되어 자율과 개방을 바탕으로, 대화와 타협속에 민주·책임정치에 가장 충실할수있는 의원내각제가 우리나라 민주주의의정착을 위해 가장 바람직한 제도라는 저의 생각에 변화가 온것은 아닙니다.

그러나 비록 아무리 좋은 제도라 할지라도 다수 국민이 당장 원하지 않는다면, 필경 그 제도는 국민과 유리되고 이에 따라 탄생하는 정부는 국민과 꿈도 아픔도 함께할수 없게 될것입니다.

따라서 오늘의 이 시점에서 저는, 사회적 혼란을 극복하고 국민적 화해를 이룩하기 위하여는, 대통령직선제를 택하지 않을 수 없다는 결론에 이르게 되었읍니다.

국민은 나라의 주인이며, 국민의 뜻은 모든것에 우선하는 것입니다.

둘째, 직선제개헌이라는 제도의 변경뿐만 아니라 이의 민주적 실천을 위하여는 자유로운 출마와 공정한 경쟁이 보장되어 국민의 올바른 심판을 받을수있는 내용으로 대통령선거법을 개정하여야한다고봅니다.

또한 새로운 법에따라 선거운동, 투·개표과정 등에있어서 최대한의 공명정대한 선거관리가 이루어져야 합니다.

다만 직선제라하더라도 근거없는 인신공격과 대중선동으로 적개심을 불태우면서, 혼란과 무질서가 판을 치게되고 지역감정을 불러일으켜, 결국 국가안정을 해치고 진정한 민주발전을 저해해서는 안되며 정책대결로 선의의 경쟁을 할수 있는 기본바탕이 전제되어야 할 것입니다.

셋째, 우리 정치권은 물론, 모든 분야에 있어서의 반목과 대결이 과감히 제거되어 국민적 화해와대동단결을 도모하여야 합니다.

그러한 의미에서 저는, 그과거가 어떠하였든간에 김대중씨도 사면, 복권되어야 한다고 생각합니다.

그리고 우리와 우리들 자손의 존립기반인 자유 민주주의적 기본질서를 부인한 반국가사범이나 살상 방화 파괴등으로 국기를 흔들었던 극소수를 제외한 모든 시국관련 사범들도 석방되어야 합니다.

그리하여 이들도 민주시민사회의 일원으로 돌아올수있기를 간절히 희망합니다. 과거가없는 현재는 있을수없읍니다. 그러나 역사의 분수령이 이 시점에서 우리모두 크게웃는 계기를 마련하는것은 중요하다고 봅니다.

그렇게 된다면 차기 대통령선거가 국민의 축제로 승화될 것이고 새로 출현하는 정부는 튼튼한 국민적 기반위에 위대한 나라건설에 매진할 수 있을 것입니다.

넷째, 인간의 존엄성은 더욱 존중되어야 하며, 국민 개개인의 기본적 인권은 최대한 신장되어야 합니다. 이번의 개헌에는 민정당이 주장한 구속적부심 전면 확대등 기본권 강화조항이 모두 포함되기를 기대합니다.

또한, 정부는 인권침해사례가 없도록 특별히 유의하여야하며 民正党은 변호사회등 인권단체와의 정기적 회합을 통하여 인권침해 사례의 즉각적 시정과 제도적 개선을 촉구하는등 실질적효과 거양에 주력하여야할 것입니다.

다섯째, 언론자유의 창달을 위해 관련제도와 관행을 획기적으로 개선해야 합니다. 아무리 그의도가 좋더라도, 언론인 대부분의 비판의 표적이되어온 언론기본법은 시급히 대폭 개정되거나 폐지하여 다른법률로 대체하여야 할 것입니다.

지방주재기자를 부활시키고 프레스카드제도를 폐지하며, 지면의 증면등 언론의 자율성을 최대한 보장하여야 합니다.

정부는 언론을 장악할수도없고, 장악하려고 시도하여서도 아니됩니다.

국가 안전보장을 저해하지않는한, 언론은 제약받아서는 아니됩니다. 언론을 심판할수있는것은 독립된 사법부와 개개인의 국민임을 다시한번 상기합니다.

여섯째, 사회 각부문의 자치와 자율은 최대한 보장되어야 합니다. 각부문별로 자치와 자율의 확대는 다양하고, 균형있는 사회발전을 이룩하여 국가발전의 원동력이 된다고 믿습니다. 개헌절차에 불구하고, 지방의회구성은 예정대로 순조롭게 진행되어야 하고 시·도단위 지방의회 구성도 곧이어 구체적으로 검토, 추진하여야 할 것으로 생각됩니다.

학문의 전당인 대학의 자율화와 교육자치도 조속히 실현되어야 합니다. 이를 위해 대학의 인사·예산·행정에대한 자율성을 보장하고, 입시·졸업제도 그와같은 방향으로 개선해 나가야 합니다.

그리고 우수한 많은 학생들이 학비조달에 큰 어려움이 없도록 관련제도를 보완하고 예산에 반영하여야 할것입니다.

일곱째, 정당의 건전한 활동이 보장되는 가운데 대화와 타협의 정치풍토가 조속히 마련되어야 합니다. 정당은 국리민복을위하여 책임있는 주장이나 정책을 추진함으로써 국민의 정치적 의사를 형성하고 결집하는 민주적 조직체이어야합니다. 정당이 이러한 목적에 위배되지않는 건전한 활동을 하는한, 국가는 이를 보호하고 육성하는데 진력하여야 할 것입니다.

이를 바탕으로 정당 역시 국법질서를 준수하는 가운데, 대화와 타협으로 사회의 갈등을 조화와 화합으로 이끌고 국론을 통일해 나가는 정치력을 발휘해야 합니다.

폭력을 써서라도 일방적인 주장만을 관철시키려는 야당이 있는한 여당 역시 항상 양보할수만은 없을 것입니다.

여덟째, 밝고 맑은 사회건설을 위하여 과감한 사회정화 조치를 강구해야 합니다.

이를 위해 모든 시민이 안심하고 행복한 생활을 누릴수 있도록 폭력배를 소탕하고, 강도 절도사범을 철저히 단속하는등 서민생활 침해사범 을척결하고 우리사회에 잔존하는 고질적인 비리와 모순을 과감히 시정해 나가야 합니다.

근거없는 유언비어가 추방되고『지역감정』이나『흑백논리』와 같은 단어들이 영원히 사라져, 서로 신뢰하고 사랑할수있는 공동체를 만들어야합니다.

그리하여 온 국민이 안정된 사회환경속에 안심하면서 자부심을 가지고 활기찬 생활을 할수있도록 하여야 할것입니다.

이러한 사항들이 오늘의 난국을 타개하고 위대한 국가로의 전진을 위한 시급한 당면과제라고 생각합니다.

국민 여러분.

역사의 단절이 아니라 지속적 발전을 바라는 여러분의 기대를 등에 업고 역사와 국민을 두려워하는 겸허한 마음으로오늘 저는 이제안을 감히 하는바입니다.

저는 우국충정에서 나온 이 구상이 대통령각하와 민주정의당 전당원은 물론이고 국민모두의 성원으로 꽃피울수있게되리라 확신합니다.

저의 이기본구상이 받아들여질경우에는 앞으로 이에따른세부추가사항들이 추진될 것입니다.

만의 일이라도 위의 제안이 관철되지 아니할경우, 저는 민정당 대통령후보와 당대표위원직을 포함한 모든 공직에서 사퇴할 것임을 아울러 분명히 밝혀두는 바입니다.

국민여러분!

대통령단임제의 실천으로 이나라 헌정사에 민주주의의 깊은 뿌리를 심기시작했고, 물가안정과 국제경쟁력강화로 흑자경제를 이룩하였으며, 국가안보역량을 대폭 강화하면서, 올림픽을 유치하는등 제5공화국정부의 빛나는 치적은 결코 과소평가되어서는 아니됩니다.

오늘 우리는 어떠한 상황하에서도 자유민주주의체제의 수호·발전을 포기할수없으며, 평화적 정부이양의 과업은 우리가 행하여야 할 눈앞의 과제입니다.

또한 올림픽이 얼마남지아니한 현시점에서 국론이 분열되어 국제사회의 비웃음을당 국가적 수치를 방지할 책 우리 모두에게 있읍니다.

우리모두 신성한 한표를 사할 권리를 간직한채 이상을 향하여 실력을 배 고 근로자·농민은 안심하 하며 기업가는 창의적 더하고, 정치인은 대화와 의 묘를 기울여 미래를 는 사회를 이루어나갑시다 법과질서가준수되면서, 하고 발전하는 진정한 회를 위하여 저도 최선의 을 경주할것을 다짐합니다.

이나라는 우리 모두의 입니다. 조상과 선열의 피로 세워지고 다져진 이 를 땀과 자제와 지혜로 가꾸어 후대에게 자랑 물려줄수 있도록 하는것 리의 시대적 책무입니다.

한민족의 역사는 후퇴 이 아니라, 발전하는것을 만방에 알려주어 세계사 현할수 있도록 국민적 한데모아주실것을 바라마 습니다.

국민여러분.

그리고 당원 동지 여 야당정치인 여러분! 저의 이 받아들여져, 오늘의 극복되고, 모든 국민 개 「안정되고 행복한 생활 수 있는「위대한 나라」 어가는 전환점이 되기를 히 기원합니다.

"때늦었지만 전폭환영"
"擧国-과도政府구성을"

金泳三-金大中씨 논평

金泳三 民主党총재는 29일 民正党측의 직선제改憲 수용등 시국수습선언 발표에 언급,『만시지탄이 있으나, 전적으로 환영한다』고 말했다.

金총재는『盧泰愚民正党대표의 이같은 발표로 87년은 국민에게 희망을 주는 해가 될것으로 본다』고 밝혔다.

또한 金大中民推協공동의장은 盧대표의 입장발표에 언급,『지난 6·10국민대회때 이미 결정된 대세를 盧대표가 한것으로 본다』고 말하 화적 정부이양을 보장하 어 국민적인 거국-과도 구성하는 것이 최선일것 고 말했다.

5

7 · 8월 노동자 대중투쟁

제일피복 200 노동자 파업농성 계속중!

바로 어제 (13일) 오후 1시 30분, 그동안 지옥같은 공장생활을 묵묵히 참아왔던 이백여 제일피복 노동자들은 더 이상 「시키면 시키는대로 일하고 주면 주는대로 받아왔던」 노예 같은 삶을 거부하고 임금인상투쟁에 과감히 떨쳐 일어났다.

1시 30분, 점심시간 종이 울림과 동시에 노동자들은 미리 농성하기로 약속한 장소인 식당으로 속속 몰려갔고, 이에 놀란 관리자들은 3-4명이 몰려들어 식당에서 모일 것을 호소한 한 남성 노동자의 멱살을 잡고 옷을 찢고 발로 밟는 등 온갖 폭력적인 작태로 막아보려 하였다. 그러나 오히려 이에 분노한 노동자들은 "식당으로 모두 모이자!" "단결만이 우리의 살길이다!"라며 주저하던 어린 여성 노동자들까지도 10명씩, 20명씩 이층식당으로 모였다.

드디어 200여 노동자중 170여 노동자들이 빽빽이 들어선 식당, 동지들은 "일당 1000원 일괄 인상, 보너스 200% 지급하라!" "강제잔업 안하고도 먹고 살 수 있게 하라!"고 쓴 플랭카드를 베란다 쪽으로 내걸고 모두가 머리에 「단결」, 「투쟁」, 「승리」, 「일당 1000원 일괄인상 쟁취」라고 쓴 머리띠를 질끈 동여매고 어깨에 어깨를 걸고 모여섰다. "여러분 그동안 우리는 너무도 어리석게 살아왔읍니다…… 우리는 이제 알았읍니다. 우리를 먹여살려주는 것으로만 알고 있었던 사장에 의해 우리는 끊임없이 빼앗기고 있었다는 것을…… 누가 우리를 위해 싸워주었읍니까? 회사가 언제 알아서 잘 해준적이 있었읍니까? 10만 20원 주라고 (최저임금제) 떠드는 정부가 우리의 노동의 댓가를 보장해

주었읍니까? 아니면 무엇하는 곳인지도 모를 노총이 나섰읍니까? 아닙니다. 아무도 없었읍니다. 오직 우리 노동자의 단결된 힘, 투쟁만이 우리의 살 길이라는 것을 이제 우리는 똑똑히 알았읍니다.
메가폰을 잡은 한 여성노동자가 그동안 쌓인 울분을 터뜨리듯이 분노에 찬 목소리로 결의문을 읽자, 제일피복 노동형제들은 모두가 하나같이 결연한 표정으로 맞잡은 손에 힘을 주었으며, "우리 제일피복 노동자는 한명의 이탈자도 없이 끝까지 투쟁한다!"고 결의하였다. 이때 동지들 중 한명이 유인물을 회사밖에 서있던 주변회사 노동자들 쪽으로 뿌렸고, 주위에 서있던 많은 노동자들은 "옳소" "잘싸워라" "우리도 저래야 되는데"라고 격려의 박수를 보내고 유인물을 서로서로 돌려보며 농성노동자들에게서 눈을 떨 줄 몰랐다.

그러나 그동안 「청바지 뱅뱅」이라는 거창한 이름 뒤에서 환풍기 하나 없는 먼지구덩이 현장에다 노동자들을 몰아넣고 일은 하루 11시간씩 시켜가면서도 개밥같은 점심에다 식대는 400원씩이나 부담케 하고 화장실은 구멍이 뚫려 밖에서 다보이고 보너스는 25%, 30% 사장놈들 멋대로 지급하면서 노동자들을 그토록 혹사시켰던 회사측은 반성은 커녕 사장보다 「경찰을 먼저 불러오는 치사한 작태를 보였다. 바로 얼마전 고문 살인으로 꽃다운 21세 청년 하나를 죽인 경찰은 반성의 빛은 커녕 닭장차 2대, 소형버스 한대에 농성노동자만큼이나 많은 수를 동원하여 제일피복으로 들어가는 골목을 딱 막아선채 회사밖에서 지지하던 노동자들을 해산시키고 유인물을 뺏는가 하면 주민등록증이 없다는 생트집을 잡아 여러 노동자들을 잡아가기도 했다.

그러나 농성노동자들은 이에 굴하지 않고 "폭력경찰 물러가라!"고 외치며 구호소리와 노랫소리를 한층 드높였다.

동부지역 8만 노동자여!
제일피복 동지들은 유리창도 깨져 겨울의 매서운 바람이 쌩쌩 들어오는 추운 식당에서 식사도 거른채 외롭게 투쟁하고 있다. 오직 「이제는 결코 물러설 수 없다」는 결의로, 「우리도 인간답게 살아야 한다」는 한마음으로 뭉쳐 싸우고 있는 것이다. 평소에는 한 가족이니 어쩌니 하면서 실컷 부려먹더니 두끼나 굶은 노동자들에게 동료 노동자들이 넣어주는 빵조차 뺏아버리고, 협상은 커녕 경찰로 공장주변을 포위한 채 자기들은 퇴근해 버리는 저 간교하고도 악랄한 사장놈과 끝까지 투쟁하고 있는 것이다.

오늘 아침(14일)까지 노동자들은 흔들림 줄 모르고 투쟁하고 있다. 처음에 노동자들을 무시하고 경찰을 불러 문제를 해결하려 했던 회사측은 200여 노동자들의 변함없는 투쟁의지에 놀라 이제 협상이니 타협이니 내세우면서 회유하려 하고있다. 또한 어제 미처 농성에 참여하지 못한 노동자들도 용기백배하여 돈을 모아 빵과 우유를 넣어주는 등 한마음으로 움직이고 있다. 여러 노동단체에서도 지원을 아끼지 않고 있다.

동부지역 8만 노동자여!
노동자는 돈도 없다, 빽도 없다. 그러나 결코 약하지 않다. 제일피복 노동자들이 보여주고있는 것처럼 노동자들이 굳세게 하나로 단결했을때, 그렇게 거들먹거리던 사장도, 전무도 별볼일 없어져 버리는 것이다.
보라! 더이상의 침묵을 거부하고 과감히 일어선 제일피복 동지들의 힘찬 투쟁을!
실개천이 모여 큰바다를 이루듯이 우리 노동자의 작은 투쟁이 쌓이고 쌓여 노동자가 주인되는 사회는 이룩된다.
자, 출발이다. 이 지옥과 같은 장시간, 저임금 노동의 굴레, 노예와 같은 삶을 거부하고 우리 모두 단결하여 한발씩 한발씩 나아가자!

＊우리의 할일

1. 제일피복에 찾아가 농성노동자들을 격려하고 빵과 우유 등 음식물을 넣어줍시다.
2. 제일피복 사장실에 항의전화를 겁시다 (464, 0088)
3. 주위동료와 유인물을 돌려보며 우리 회사에서는 어떻게 단결하여 임금인상 투쟁을 할 것인가 토론해 봅시다.
4. 제일피복파업 농성을 지지하는 잔업거부, 낙서등을 합시다.

(제일피복 위치 : 지하철 뚝섬역에서 하차. 한일약품 정문에서 보이는 골목에 위치.)

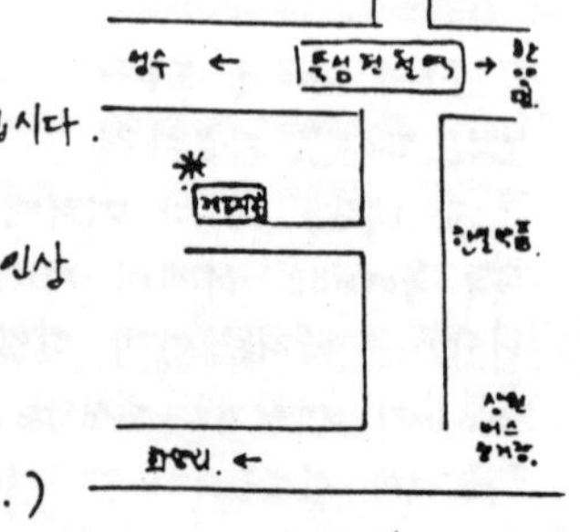

한국여성노동자회 창립에 부쳐

소수 독점재벌과 외세의 이익만을 대변하는 현 군사독재정권은 '3저호황'과 'GNP 2000 $의 중진국'을 떠들어 대면서 민중의 생존권을 박탈하고 자신의 정권 연장을 위해 민족의 자주권을 외세에게 넘겨준 채 민중의 민주화 열망을 고문과 폭력으로 무참히 짓밟고 있다.

이러한 상황 속에서 우리 여성노동자는 남성노동자의 절반에도 못미치는 가혹한 저임금과 세계 최장시간이라는 강제노동에 생존과 모성이 위협당하고 있으며 가정에서는 가사노동까지 부담해야 되는 이중의 짐에 짓눌려 있다. 게다가 성적 폭행과 희롱, 구타와 폭행, 심지어 성고문까지 당하고 있으며, 끊임없이 순종하도록 길들이는 이데올로기 공략 속에서 여성노동자의 주체성 또한 말살되고 있다.

그러나 이러한 현실 속에서 여성노동자들은 아침부터 밤까지 노동에 허덕이면서도 온갖 피해와 탄압을 뚫고 참된 사회, 노동자가 해방되는 사회를 위해 가열하게 투쟁해 왔다. 일제하 파업투쟁을 통해 생존권의 확보와 민족이 살아 있음을 드높이 외쳤던 평양고무공장의 강주룡동지와 18년 유신치하의 종말을 고하며 군사독재정권에 목숨으로 항거한 김경숙동지의 불굴의 투쟁은 85년 구로지역연대파업이라는 과감하고 눈부신 투쟁으로 이어져 오면서 이 땅의 노동운동 그 가운데서도 조직노동운동의 중심을 이루어왔다. 이러한 투쟁과 단결의 축적 위에서 이제 노동운동은 새로운 질적 전환을 맞이하게 되었다.

우리 노동자는 온 민중이 해방되는 사회의 건설에 앞장서야 할 역사적 임무를 가진 정치세력으로서 성장하고 있다. 또한 우리 노동운동은 합법적 민주노조의 사수와 경제투쟁의 한계에 머물렀던 70년대 노동운동, 그리고 일부 편향된 정치주의에 대한 반성 속에서 광범한 노동자대중의 정치세력화 즉, 폭넓은 대중적 기반을 통한 투쟁전선의 확대라는 과제를 눈앞에 두고 있다.

이러한 노동자의 정치적 각성과 노동운동의 발전은 특히 여성노동자가 처해있는 착취와 억압의 구체적 현실을 되돌아 볼 수 있는 시각의 발전 또한 가져왔다. 그것은 여성으로서의 자각과 노동자로서의 철저한 입장을 견지하지 못하고 결혼·출산과 더불어 투쟁전선에서 떠나 가정에 안주해 버리는 수많은 동료를 보면서 여성으로서 받는 착취와 차별을 뚫고 나가지 않고는 수많은 여성노동자를 노동운동의 주체로 묶어 세울수 없다는 자각을 하기에 이른 것이다.

이에 우리 여성노동자들은 노동자해방과 여성해방은 결코 분리될 수 없으며 통일적으로 결합·실천되지 않으면 안된다는 확고한 입장을 갖게 되었다.

노동자에 대한 남녀차별적 정책은 자본가의 최대이윤을 보장하기 위한 것이다. 여성노동자들은 여자의 본령은 가정이라는 이유로 남자동료임금의 절반에도 못미치는 임금을 받고 있으며 승진·승급 고용에서 각종 제한과 차별을 받고 있다. 이것은 자본가가 여성노동자를 차별적으로 착취하는 것일 뿐 아니라 남성노동자의 임금까지도 끌어내리는 수단으로 이용되고 있다. 따라서 남성노동자들도 여성노동자와 더불어 이러한 차별적 착취에 맞서 투쟁해 나가야 한다. 자본가는 남녀노동자를 분리시켜 지배함으로써 노동자의 단결을 와해 시킨다. 임금·고용에서 뿐 아니라 노동운동을 분열시키기 위해 자본가는 남녀차별적 이데올로기를 강화시키며 심지어 동료 남자노동자를 앞세워 폭행과 강간, 모욕으로 여성노동자의 노동운동을 탄압하는데 이용하고 있다. 직·간접으로 강요된 결혼·임신퇴직은 여성의 지속적 생산참여를 가로막고 있다. 열악한 노동조건 하에서 더 이상 노동하기 힘들어 자발적으로 노동현장을 떠나는 것처럼 되어 있지만 자본가는 미혼의 젊은 여성노동자를 단기간 고용한후 결혼·퇴직으로 다시 밀어낸다. 그리고는 또다시 생계를 책임져야 하는 기혼여성노동자를 끌어들여 불안정하고 가장 가혹한 노동조건의 밑바닥 노동을 강요하고 있다. 이에 우리 여성노동자는 임시적으로가 아니라 평생노동자로서의 여성상을 확립하고 투쟁을 통해 노동권을 확보하지 않으면 안된다. 여성의 사회적·정치적 평등은 사회적 노동을 통한 경제적 독립과 함께 노동운동의 축적 강화를 통해서만 이루어질 수 있다. 국가와 자본가가 부담해야 할 모성보호를 개별 노동자 가족에게 전가시키고 있다. 장시간 노동과 유해한 작업환경등 열악한노동조건 속에서 미래의 사회구성원을 낳고 키워야 할 여성의 모성은 파괴되고 있다. 그 뿐 아니라 여성의 모성은 노동권 박탈과 차별적 저임금의 수단으로까지 이용되고 있다. 그러므로 여성노동자들은 여성으로서의 정당한 권리인 모성보호를 확보하기 위한 투쟁을 전개해야 한다.

가사노동은 사회적 노동으로 전환되어야 함에도 불구하고 사적이고 개인적인 노동으로 묶여 있다. 노동을 할 수 있는 새로운 힘을 보충 하고 새로운 세대를 낳아 기르는 가사노동은 인류를 위한 중요한 노동, 즉 남녀 모두의 사회적 노동임에도 불구하고 사적인 노동으로서 여성만의 짐으로 되고 있다. 또한 사적인 영역에서 이루어지는 여성의 가사노동은 노동자의 노동력 재생산비를 낮추게 되어 자본가의 이익을 위해 간접적으로 이용되고 있다. 따라서 여성노동자는 가사노동을 사회화하기 위해 국가와 기업에 탁아소 설치를 요구하고 쟁취 해내야 한다.

이처럼 여성노동자가 여성으로서 겪는 특수한 문제는 바로 노동자 전체의 문제이며 노동자전체가 이러한 차별적 착취와 억압을 분쇄하기위해 단결하여 투쟁해야 하는 것이다. 이제, 노동자적 입장에서 여성노동자문제에 대한 올바른 입장의 정리와 더불어 주체적 실천을 현실화 시켜야 하는 단계에 이르렀다. 따라서 여성노동자는 자신이 여성으로서, 노동자로서 처해있는 현실에 대한 통일된 인식과 투쟁의 과정을 통해 더욱 자각된 대중으로서, 더욱 광범위하게 조직된 대중으로서 노동운동에 앞장설 것이며 이는 또한 여성노동자가 해방된 주체로서 자기 스스로를 성장시켜 나아가는 길이 될 것이다. 이러한 자각과 실천의 요구 속에서 한국여성노동자회가 발족되었다. 노동운동내에 여성노동자의 문제를 수렴시키는 첫발을 내딛는 중대한 시점에서 부족하나마 성실하고 헌신적인 자세로 노동자해방을 위해 한발한발 전진하고자 한다.

이에 한국여성노동자회는 여성노동자대중·미혼·기혼여성노동자와 부인을 노동운동의 주체, 여성운동의 주체로 세우기 위해 외곽단체로서 현장활동의 강화를 위한 제반 지원활동을 수행할 것이다.

■ 우 리 의 지 침 ■

一. 민족자주화와 민주주의를 실현한다.

一. 언론, 출판, 집회, 시위, 결사의 자유를 비롯한 제반 민주적 권리가 보장되어야 한다.

一. 노동3권의 확립과 8시간 노동이 보장되어야 한다.

一. 최저생계비에 기초한 최저임금제와 동일노동 동일임금이 실시되어야 한다.

一. 여성의 정치적 사회적 법적 평등이 실현되어야 한다.

一. 여성의 평등하고 지속적인 노동권의 보장을 위해 각종 고용차별 - 결혼퇴직 임신퇴직, 승진승급차별, 직업훈련의 기회차별, 임시고용, 일용고용, 하청노동 -- 의 폐지와 탁아소설치등 가사노동을 사회화한다.

一. 생리휴가, 산전산후휴가, 수유시간, 여성노동자의 유해작업금지 등 제반 모성보호가 실시되어야 한다.

一. 성차별적 문화와 성차별적 교육은 폐지되어야 한다.

一. 사창제 및 성에 기초한 각종 서어비스는 폐지되어야 한다.

'87. 3. 21.

한 국 여 성 노 동 자 회

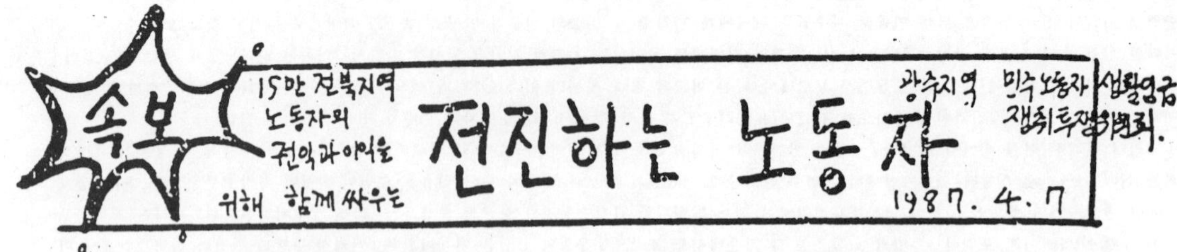

속보
15만 전북지역
노동자의
권익과 이익을
위해 함께 싸우는
전진하는 노동자
광주지역 민주노동자 생활임금
쟁취투쟁위원회.
1987. 4. 7

드디어 1,500

이리 후레어 훼숀 노동자 임금인상투쟁!!

이리 후레어 훼숀 노동자 칠백 여명은 4월 7일 회사의 감시와 탄압.
기만적인 휴업 조치에도 불구하고 물러 설수 없는 최소한의 요구 임금인상
16.5%를 내걸고 당당히 떨쳐 일어섰다.
공단 후문 폐쇄와 폭력으로 교섭 위원등 12명의 해고에 맞서 칠백여 노동자들은
아래와 같은 구호로 연좌 농성 !!!

16.5% 임금인상 하라!

최저 생계비 보장하라!

사람잡는 전표는 철폐하라!

민족성 팔아먹는 관리인 물러가라!

부당해고 철회 하라!

훼션은 노동자에게 어떤 대우를 하고 있는 곳인가?

훼숀은 독일인 투자기업으로 저임금으로 악명높은 곳이다. 초임금이 월당 이천
칠백원. 주야 맞교대로 노동자들은 혹사당하고 있다. 더우기 회사는 전표제도
라는 것을 실시. 시간마다 자기 생산량을 적어 하루하루 제출하고 있다.
동료들끼리 경쟁해야 하고 부서별로 경쟁시켜 생산량이 목표대로 나오지 않으면
온갖 욕설과 개별 면담 형태로 노동자들을 쥐어 짜고 있다.

한국민중 고혈빨아 살찐 독일 사장은

훼숀노동자의 정당한 요구에 응하라!

회사측의 방해 뚫고 4월 4일 보고대회 개최!

—— 하나됨에 너무 기뻐울고

회사의 착취와 기만에 분노하여 울고 ——

훼선 1500 노동자들은 그동안 3월부터 임금인상 교섭을 해 왔다. 회사측(9%)과 노조측(16.5%)이 팽팽히 맞서오던중, 노조 위원장 황 상규란 작자는 회사와 짜고 12.5%으로 합의 되었다는 공고문을 4월 1일 게시하고 행방을 감추었다.
황 상규란 자는 1986년 8월 대의원 대리에서 전체 조합원의 불신임으로 이미 자격 조차 없는자로서 조합원과 교섭위원의 정당하고 민주적인 요구는 무시한채, 회사 기관과 결탁한 덕택으로 어용노조 위원장이 되어 노동자를 배신해 왔다.
이에 교섭위원은 무효공고문을 게시하고 1000여명의 서명과 점심거부, 잔업거부로 맞서면서 4월 4일 오후 1시 보고대회를 개최하였다. 회사의 강제 귀가조치등, 탄압에도 굴하지 않고 700여 노동자가 참여한 가운데 '하나된 단결!!'을 뜨겁게 확인하였다
한 노동자는 말한다.

> 4월 4일! 회사 생활 7년에 정말 잊을수 없는 하루였다. 얼굴은 누렇게 뜨고 일주일의 피로가 온몸을 덮쳐왔지만 우리도 뭉쳐야 한다는 강한 의지력에 우리는 모였다.

회사는 보고대회에서 조합원에 의해 선출된 대표 조합원에게 4월 7일 12시까지 입장을 밝히겠다고 하더니 기습적으로 작업도 마치지 못한 새벽 5시 무렵 야간조 작업을 중단시키고 강제로 귀가 조치 시킨후 12명 해고, 휴업 공고에 그것도 모자라 수출자유지역 공단 후문을 용접 봉쇄 하였다.
이에 굴하지 않고 훼선 700여 노동자들은 후문앞 차디찬 아스팔트 위에서 지금도 외치고 있다. 당당히 싸우는 훼선 노동자와 함께

15만 전북 노동자여!

단결! 단결하여 임금인상 쟁취하자!

우리모두 20원으로 독일자본가와 맞서 싸우는 훼션 노동자들을 지원합시다.

항의전화
사장 50-2001
부사장 50-2102
한국이사 50-2200

인천지역 민주노동자연맹강령

노동자의 노동은 사회를 지탱시키고 발전시키는 가장 중요한 동력이다. 노동자는 인간생활에 필요한 물품의 대부분을 생산하며 사회는 노자의 이러한 생산활동에 의해서만 지탱될 수 있다. 그러므로 노동자는 사회의 진정한 주인이다.

그러나 우리 노동자는 사회의 주인다운 지위를 전혀 누리지 못하고 있으며, 인간다운 생활을 누릴 최소한의 권리마저 보장받지 못한채 오려 철저히 짓밟히고 있을 뿐이다.

노동자는 최저 생계비에도 훨씬 못미치는 저임금, 10시간, 12시간 이상의 장시간 노동에 시달리고 있고, 빈발하는 산업재해와 직업병 앞에 강과 생명이 방치되고 있다. 그뿐만이 아니다. 노동자는 언론·출판·집회·시위의 권리는 물론이고 노동조합을 만들 수 있는 권리, 기업주에서 파업할 수 있는 권리마저도 누리지 못하고 있다. 인간다운 생활을 향한 노동자들의 타는 목마름과 열망에 대한 현정권의 대답은 오직 곤과 감옥뿐이다. 그 결과 노동자들은 궁핍과 인간적 멸시, 정치적 무권리 상태에서 처참하게 살아가고 있는 것이다.

1962년부터 시작된 경제개발과정은 우리 노동자들을 이 사회의 대군으로 성장시켰다. 그러나 경제개발의 열매는 한 웅큼의 가진자들에 의 독점되었을 뿐이며, 노동자의 상태는 조금도 나아지지 않았다. 오히려 공장과 고층빌딩, 자가용이 늘어날수록 노동자의 고통은 더욱 커갈 뿐다.

이처럼 늘어나는 고통에 우리 노동자들은 투쟁으로 맞서왔다. 이 과정에서 노동자들은 "단결"만이 살길이며, 정치 권력의 무자비한 개입으 노동자의 요구가 철저히 짓밟혀 옴에 따라 정치권력에 대해서도 투쟁으로 맞서야 함을 깨달아 왔다. 그리하여 이제 노동자들은 유년기를 벗나 보다 성숙한 면모를 새로운 발걸음을 성큼 내딛게 되었다. 우리 노동자는 숫적으로 이미 천만에 달하고 있하고 있으며, 노동자의 아들로 어난 젊고 새로운 세대는 굳건한 노동자 의식의 토대를 다지며 전 노동자의 단결을 향해 힘차게 진군하고 있다. 각종의 파업은 해를 거치 더욱 발전하고 있고, 정치적요구를 내걸고 정치권력에 맞서는 정치투쟁도 더욱 광범하게 확산되고 있다. 양적, 질적으로 성장하고 있는 노자의 힘은 이제 이땅의 모든 악의 무리를 휩쓸어 버릴 거대한 용암처럼 꿈틀거리고 있는 것이다.

노동자의 기본적권리가 보장되고 인간다운 생활이 보장되려면 이를 가로 막고 있는 가장 주요한 장해물을 걷어치워 내야만 한다. 그것은 로 전두환 군사독재정권과 이를 조종·비호하는 미국이다.

전두환 군사독재정권은 미·일등의 외세와 소수독점재벌, 정치모리배, 반동군부등의 폭리와 사치, 향락을 보장하기 위해 노동자의 단결권, 체교섭권, 단체행동권을 반민주적악법과 탄압장치를 통해 억누르고, 권익향상을 위한 노동자의 모든 투쟁에 개입하여 이를 무자비하게 짓밟 있다. 그들은 노동자의 생활과 관계되는 물가, 조세, 금융, 무역등의 정책을 항상 가진자들에 유리하게 운용한다. 또한 노동자의 정치적, 경제 권익향상을 지원하고, 노동자들과 함께 싸우려는 모든 민주세력을 탄압한다.

미국은 이땅에 4만의 미군을 주둔시키고, 한국군의 모든 작전권을 장악하여, 이를 바탕으로 한국의 정치, 경제, 문화등 모든 분야에서 커란 영향력을 행사하고 있다. 더구나 미국은 한국에서 누리는 자신의 군사, 정치, 경제, 문화적 이익을 유지하기 위해 전두환 군사독재 정권 지원하는데 온갖 노력을 기울이고 있다. 그러면서도 미국은 마치 민주주의의 수호자인양 민주와 인권을 떠들면서 자신의 본모습을 감추려한 그러나 미국은 80년 5월 민주주의를 요구하던 2천여 광주시민이 무참히 학살되는 것을 지원했듯이, 자신의 기득권을 유지·강화하기 위해 는 총칼의 사용도 서슴지 않고 있다.

미국은 한국민중이 생산한 경제잉여를 다양한 방법으로 빼앗아 간다. 그들은 미제상품의 고가수입과 한국상품의 헐값수출을 강요하면서 가격차를 이용하여 노동자의 피땀을 긁어간다. 또한 쇠고기, 쌀, 담배, 컴퓨터, 보험등의 수입개방을 강요하며 농가경제를 도탄에 빠뜨리고 족경제를 파탄시키고 있다. 그들은 한국의 경제정책의 입안과정에 까지 속속들이 관여하며 정책자체를 자신들의 이해에 유리하도록 조작한다

미국은 또한 이러한 군사, 정치, 경제, 문화적 이익을 유지시키려고 한반도의 분단을 영원히 지속시키려 하고 있다. 분단 올림픽은 그 좋예이다. 분단올림픽을 적극 지지하여 남북대결의식을 조장하고, 자신들의 이해를 대변하는 군부독재정권을 안정시키려 한다.

우리 노동자의 정치적·경제적 지위의 향상은 미국의 정치개입과 간섭을 배격하고 전두환군사독재정권을 타도하여 자주적 민주정부를 수하지 못하는한 이루어질 수 없다. 노동자들은 자주적 민주정부하에서 인간의 존엄성을 되찾고 밝고 희망찬 생활을 누릴 수 있다. 그러므로 동자는 외세를 배격하고 군사독재정권을 타도하여 자주적 민주정부를 수립하기 위한 투쟁에 떨쳐 나서야 한다.

권익신장과 자주적 민주정부수립을 위한 노동자의 투쟁은 끊임없이 확대되고 강화되어 왔다. 또한 노동자는 그 성과에 힘입어 이제 승리 그날에 한걸음 가까이 다가서고 있다. 전태일 노동열사의 숭고한 희생과 그뜻을 이은 박종만, 박영진등 여러 노동열사들, 그리고 노동자의 리를 되찾기 위해 온몸으로 싸워온 70년대 민주노조동지들의 피땀어린 투쟁은 메마른 우리 노동운동의 토양을 일구는 소중한 거름이 되었 또한 대우자동차 파업을 비롯한 수많은 파업투쟁, 정치권력의 오만한 도전에도 굴하지 않았던 구로동맹파업의 함성은 노동자의 힘과 연대의 위력을 유감없이 보여주었으며 한국 노동운동의 개화를 예고하는 씨앗이 되었다. 서울 노동운동연합과 인천지역노동자연맹의 경험은 앞으로 칠 가시덤불을 바로 보게하는데 기여했으며, 그들의 강인한 투쟁력과 그들이 개척한 여러 시도는 가치있는 자산이 되고 있다. 면면히 이어 온 노동운동의 이러한 전통은 고문정치타도를 위한 2.7, 3.3 투쟁을 거치면서 보다 굳건하게 확대되고 있다. 그리하여 노동운동의 맥을 잇 고문정권에 대한 저항속에서 보여진 우리 노동자의 모든 역량을 한테모아 반외세·반독재 투쟁을 위한 조직적 구심을 마련하는 문제가 절박게 대두되고 있다.

그러나 노동자들은 자신들의 힘만으로는 자주적 민주정부를 수립할 수 없다. 자주적 민주정부의 수립은 외세와 독재정권의 억압을 받는 도 사회세력들과의 강고한 연대에 의해서만 비로소 달성될 수 있다. 외세와 독재정권의 악랄한 억압에 맞서 광범한 사회세력이 자주적 민주정 의 수립을 위한 투쟁의 대열에 속속 참가하고 있다.

농민은 농가경제를 파탄시킨 외국농축산물의 도입을 저지하고 생산비를 밑도는 저곡가 정책을 타파하기 위해 외세와 독재정권에 맞서 싸우지 오래이다. 또한 민주청년, 애국학생은 물론이고, 수많은 시민들과 종교인, 저술가, 예술인, 언론인, 교수, 교사들도 외세와 군부독재정권의 억에 맞서 민족자주와 민주주의를 위한 투쟁의 대열에 합세하고 있다. 이 모든 힘들은 외세의 배격과 군부독재정권의 종식이라는 하나의 대의 아 굳게 뭉치게될것이며, 승리의 그날까지 어깨를 걸고 함께 전진하게 될것이다.

그러므로 우리 노동자들은 정치적, 경제적 권익을 향상시키고 자주적 민주정부를 쟁취하기 위해 반외세·반독재 세력들과의 강고한 연대가 갖 중요성을 결코 잊어서는 안된다.

80년 5월 광주시민에 대한 무자비한 학살을 통하여 권력의 자리에 오른 현정권은 4.13호헌선언을 통하여 독재연장을 선언하며 또다시 우리의 통을 조여오고 있다. 그들은 광주 영령의 원한도 산자의 분노도 감히 두려워 않고 7년전 5월에 휘둘렀던 총검을 다시 꺼내 갈고 있다. 노동에게 노예생활을 강요하고, 민중의 민주투쟁을 짓누르고, 전 국민의 눈, 귀, 입을 막아 놓고 또다시 가진자들과 외세의 살찐 생활을 보장하는 낡은 권을 연장하려하고 있는 것이다. 그에따라 민족자주와 민주주의를 외치는 민주진영에 대한 외세의 분열과 파괴공작도 강화되고 있다.

군사독재정권이 독재연장을 선언하며 우리의 숨통을 조여오고, 외세의 정치개입이 노골화되고 있는 지금 우리 노동자는 우리의 모든 정치적 역량 한데모아 민족자주와 민주주의를 위한 투쟁으로 과감히 나서야 한다. 또한 각계각층의 반외세·반독재세력과 강고하게 연대하여 광범위한 범국민 합전선을 형성해 나가야 한다.

인천지역 민주노동자연맹은 선배노동자들의 고결한 투쟁을 계승하여 정치적 억압자들과 투쟁하고 지금시기의 시대적 요구에 부응하기 위해 민족자 와 민주주의를 열망하는 인천 부천지역내 많은 노동자들의 뜻을 모아 조직되었다.

인천지역민주노동자연맹은 인천지역노동자들의 참여를 기본적으로 보장하는 노동자의 자주적조직으로서 앞으로 다음과 같은 목표를 실현하기 위 모든 노력을 다할 것이다.

강령본문

1. 미 · 일 외세의 정치간섭을 배격하고 전두환 군사독재정권을 타도하여 자주적인 민주정부를 수립한다.

(1) 신체의 자유 · 언론 · 출판 · 결사 · 집회의 자유등 민주적 기본권리를 보장하고 불법연행 · 감금 · 고문을 추방한다.

(2) 국가보안법 · 언론기본법 · 집회 및 시위에 관한법률등 모든 반민주적 악법을 철회한다.

(3) 살인고문을 일삼는 치안본부 · 국가안전기획부 · 보안사등 반민주적 억압기구를 진정 국민을 위한 민주적 기구로 개편한다.

(4) 미국 · 일본등 외세와의 불평등조약을 폐기하여 외세의 정치적간섭과 경제적 침략을 배격한다.

(5) 독점재벌에 대한 각종 특혜를 폐지하고 건전한 국민경제를 육성한다.

(6) 농민의 정당한 농수산 가격을 보장하고 외국 농축산물의 도입을 저지하며 농가부채를 일소한다.

(7) 빈민 · 서민등 민중의 주택, 교육, 의료등 기본적인 생존권을 보장한다.

(8) 민주적 교육과 민족문화를 육성한다.

(9) 조국의 평화적 통일을 달성한다.

2. 노동자의 권익을 향상시킨다.

(1) 노동자의 단결권 · 파업권 · 단체교섭권등 노동 3권을 확립하여 자유로운 노동운동올 보장한다.

(2) 모든 형태의 연장근로를 폐지하고 8 시간 노동제를 확립한다.

(3) 실질생계비를 보장하는 최저임금제를 쟁취한다.

(4) 산업재해와 직업병을 몰아내고 안전하고 건강한 작업환경을 조성한다.

(5) 성별, 학력별, 직업별, 직종별, 임금격차를 해소한다.

(6) 부녀자와 미성년자에 대한 가혹노동과 장시간 노동을 철폐한다.

(7) 노동자의 완전한 취업을 실현시켜 실업을 일소한다.

인천지역 민주노동자연맹은 이상의 목표를 달성하기 위하여 다음과 같이 행동한다.

1. 인천지역 노동자의 정치적요강을 결집하여 정치투쟁을 수행한다.
2. 노조결성을 위한 투쟁, 임금인상투쟁등 노동자의 권익향상을 위한 투쟁을 지원한다.
3. 농민, 빈민, 서민등 각계각층의 생존권 요구투쟁과 민주화투쟁을 지지성원한다.
4. 민족의 자주성을 옹호하고, 군사독재의 폭압에 항거하는 각계 각층과 통일 단결한다.

1987. 6. 26

인천지역 민주노동자연맹

한국교회 사회선교 협의회

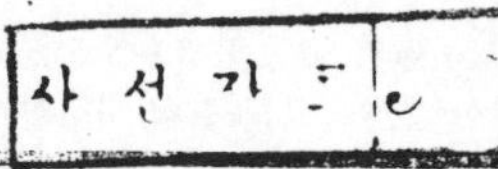

소식지 7호

후레어훼숲 노동조합 정상화 추진 및 복직 투쟁 위원회
1987. 7. 2

해고 노동자들, 독일 대사관(서울)에서 복직 요구 투쟁중!!

지난 4월 임금인상 시기에 앞장 섰다는 이유하나로 부당하게 해고당한 우리들의 선배 노동자 9명 (황용만, 김인수, 박경희, 이순덕, 이금자, 오경순, 박윤숙, 김만순, 주순래)이 7월 2일 오전 10시 한국 노동자들의 정당한 요구를 외면하고 탄압한 독일기업 후레어 훼숲의 정부인 독일 대사관에 들어가 전원 복직을 요구하며 항의하고 있다.

이러한 이유는 그동안 노동자들의 정당한 요구에 대해서는 관심도 없고 우리들의 피와 땀인 이윤만을 챙겨가기에 급급한 아들러 사장은 말할 것도 없고, 자기 나라의 기업이 남의 나라에 와서 비윤리적이고 비인간적으로 노동자를 억압하는데 방조하고, 묵인한 독일정부에 항의를 하고 해고자 복직등 책임있는 대책을 요구하고 있는 것이다.

현장의 단결된 힘으로 동료들을 복직 시키자!!

지난 4월, 우리들의 너무나도 당연한 요구, '임금인상 16.5%' '어용노조퇴진' 등을 요구하며 차가운 아스팔트 바닥에서 한마음으로 싸웠던 기억이 새롭습니다. 그러나 앞장섰던 12명은 해고되어 함께 일할 날을 기다리며 복직을 위해 외롭게 싸우고 있습니다

부당한 해고 철회를 요구하며 계속적인 출근시도, 점심시간 기숙사에서의 복직요구, 아들러 사장집까지 찾아가서 항의하는등 계속적인 싸움에 이어 독일대사관에 까지 찾아 간것 입니다.

그러나 부당하게 해고당한 선배 노동자들이 복직할 수 있는 가장 커다란 힘은, 바로 우리들의 단결 뿐 입니다

밖에서 열심히 싸우는 선배노동자들과 한마음으로 현장내에서도 이들의 복직을 요구하며 단결된 힘을 보여줬을때 회사로 굴복하고 복직되어 우리와 함께 다시 일할 수 있을것 입니다.

이리 후르 훼송 부당해고 노동자 전원은 즉각 복직되어야 한다

우리는 후레어 훼송의 조합원을 대표하는 임금인상교섭위원과 대의원들로서 지난 4월 임금인상 시기를 맞이하여 저임금의 굴레에서 벗어나 인간답게 살아 보려는 노동자들의 간절한 소망을 받아들여 임금인상을 위해 노력해 왔다.
그러나 어용노조 위원장과 밀월관계를 유지해 왔던 회사는 불법적이며 일방적인 방법에 의해 임금인상을 체결하였고 이의 시정을 요구하는 노조간부 12명에게 노동자에게는 사형선고나 마찬가지인 집단해고를 시켜 우리들의 생존권을 박탈해 왔다.
이러한 사실에 분노한 700여 노동자들은 5일간의 항의농성을 벌인바 있으며 4월 16일경 독일대사관에서는 부대사관 등이 와서 독일인 기업이 한국노동자를 탄압하는 사태에 대하여 조사를 하여 간바 있다.
그러나 2개월이 지난 지금까지 아들러는 물론이고 독일인의 잘못된 행위에 책임을 지고 있는 독일정부에서도 이러한 사실을 묵인. 방관하는데 경악을 금치 못한다.
우리는 복직을 돈 몇푼의 흥정의 대상물로 삼으려는 아들러의 행위에 울분과 분노를 느끼며 독일 정부의 책임있는 답변을 듣기위해 독일 대사관을 찾아갔다.
오늘의 훼송의 거대한 성장은 누구에 의해 이루어 진것인가?
그것은 독일의 1/10에도 미치지 못하는 저임금을 받고도 묵묵히 일해온 한국노동자들의 피와 땀에 이루어진것이다. 이처럼 한국 노동자들에게 저임금. 장시간노동. 한국노동법에도 금지되어 있는 야간 작업을 시키고 한국정부로 부터 조세감면 등 특혜를 받아 막대한 이윤을 얻고있는 독일인 기업이 한국노동자를 달면 삼키고 쓰면 뱉는 노리개 감으로 생각하고 있는 것이다.
우리는 독일 정부에게 묻는다!
이처럼 노동자를 비인간적으로 착취하는 일이 독일사회에서도 이루어 질수 있다 생각하는가? 독일 사회에서는 감히 이루어질수 없는 행위가 이곳 한국땅에서 공공연하게 이루어지고 있다는 사실에 우리는 1천만 노동자의 이름으로 강력하게 규탄한다.
노동자의 권리를 짓밟고 인간답게 살아보려고 몸부림치는 노동자를 탄압하는 사실에 우리는 더 이상 참을수 없으며 노동자의 생존권을 보장받기위해 온몸으로 싸워나갈것이다. 1987. 7. 2.

이리 후레어 훼송 부당해고 노동자 일동

노동자권익 보장없이 참된 민주화없다!!

• 우리 노동형제들이 죽어가고 있다

지난 6월 24일, 반월공단내 전한실업에서는 우리 노동형제 2명이 유독가스에 중독되어 숨지고 8명이 부상을 입은 엄청난 사고가 일어났다.

새벽 2시까지 철야작업을 하고도 통근버스가 운행되지 않아, 집으로 돌아가지 못하고 작업장에서 잠을 자던 이광삼(18살)노동형제와 이광삼형제에게 아침식사시간을 알려주러 갔던 김용설(19살)노동형제가 에틸렌가스에 질식해 숨졌다. 뒤이어 이들 두형제를 구하러 갔던 같은반의 노동형제들마저 차례로 실신해 쓰러졌다. 이렇게 줄줄이 사람이 죽어가고 부상을 당했는데도 악덕기업주 이재성과 관리자들은 이 엄청난 사실이 외부에 알려지지 못하게 하려고 노동형제들을 공장밖에 못나가게 감금시키고는 "용설이가 자살하려 했다"느니 "작업장에서 잠을 잔것이 잘못이다"느니 하면서 사망의 책임을 죽은 노동형제들에게 덮어씌웠다.

참으로 속이 뒤집히고 분통이 터질 노릇이다. 환풍기 하나 없는 작업장에서 하루일당 여자초임 3,350원, 남자초임 4,000원의 쥐꼬리만한 임금을 받으며, 이틀이 멀다하고 강요되는 철야작업도 마다하지 않고 회사를 위해 묵묵히 일해온 우리 노동자의 최후가 이같은 개죽음이 되어야한단 말인가?

연간 순이익만해도 2억원에 가까운 돈을 벌어들이면서 철야로 일한 노동자들에게는 통근버스조차 제공해 주지 않고 작업장에서 새벽 새우잠을 자게 한 사장놈에게 살인의 책임이 없단 말인가?

어디 그뿐이랴. 저들은 사랑하는 자식들을 잃고 울부짖는 부모들에게 사과와 위로의 말한마디는 커녕 "당신 아들은 자살했으니 1,800만원 받아라"고 억지를 쓰며 합의를 강요했다. 인간의 탈을 쓰고 어찌 이럴 수 있는가? 앞날이 구만리같은 19살 젊은이의 생명을 둘씩이나 죽인 것이 고작 돈 몇푼으로 쓱싹 넘어갈 문제란 말인가?

사장놈은 또 그렇다치고 군부독재정권의 하수인인 경찰과 노동부는 또 어떠했는가? 저들은 두 노동형제를 죽음으로 몰아넣은 악덕기업주를 처벌하기는 고사하고 오히려 사장과 한통속이 되어 두 노동형제의 죽음에 항의하는 노동형제들과 유가족들을 위협하고 협박하면서 사실을 숨기기에만 급급했다. 심지어 저들은 이들 두 노동형제의 장례식에 동료들이 조문조차 못하게 막았다. 죽은사람 장례식에 조문도 못하게 하는 만행을 저지르는 저들이 과연 인간인가? 인간의 탈을 쓴 악마인가?

1천만 노동자여, 하나로 단결하여 노동3권 쟁취하자!

1천만 노동형제 여러분!

두 노동형제의 죽음을 강건너 불구경하듯 구경만 하고 있을 수는 없다. 이는 남의 일이 아닌 바로 우리 자신의 일이다. 입에 풀칠하기도 빠듯한 기아임금! 잔업·철야를 밥먹듯이 해야하는 세계제일의 장시간노동! 산업재해로 1년에 1,700여명이 죽고 2만여명이 병신이 되어 나가는 열악한 작업환경!

이 지긋지긋한 현실이 뒤집어지지 않는한, 나자신은 이광삼형제나 김용설형제처럼 생죽음 당하지 않을 것이라고 누가 장담할 수 있단 말인가?

• 기만적인 민주화에 속지말자./

6·10대회 이래로 전국 방방곡곡에서 들불처럼 타올랐던 4천만 민중의 군부독재타도투쟁에 겁먹은 전두환독재정권은 마침내 6·29노태우선언을 시발로 직선제다사면복권이다하며 민주화를 하겠다고 떠벌이기 시작하였다. 며칠전 폭력경찰의 최루탄에 맞아 죽은 이한열군의 장례식에는 더욱 더 많은 민중들이 참가하여 독재타도를 외치자, 학살두목 전두환은 이제 민정당 총재직까지 사표내는 쇼를 벌이며 민중의 민주화투쟁을 잠재우고자 기를 쓰고 있다. 여기에 장단맞추듯 신문·방송에서도 직선제만되면 이땅의 민주주의가 다 이루어지는 것처럼 떠들고 있다. 노동형제여러분./ 과연 우리가 바라는 민주주의가 대통령선거때 투표한번 할 수 있게 된다고 이루어질 수 있는가? 노태우가 직선제하겠다고 항복하고 난 이후 달라진게 무엇이 있는가?

전한실업의 두 노동형제를 죽음으로 몰고간 지옥같은 노동현실은 아직도 변함없이 계속되고 있다. 이땅의 천만노동자는 여전히 최저생계비에도 못미치는 기아임금을 받고, 언제 당할지 모르는 산업재해의 위협을 무릅쓰며 잔업·철야를 밥먹듯이 하고 있다.

노동자의 정당한 권리와 이익실현을 위해 노동조합을 결성할 수 있는 단결의 자유, 맨몸뚱이 밖에 가진것이 없는 노동자들이 당당하게 기업주와 맞서 싸울 수 있는 유일한 무기인 파업의 자유도 보장되지 않고 있는데, 민주화는 무슨 얼어죽을 놈의 민주화란 말인가?

민중의 생존권과 노동자의 생명인 노동3권이 보장되지 않는 민주주의는 일부 정치인들과 사장족들의 민주주의일 뿐이다. 민중에 대한 우롱이요 기만일 뿐이다.

자주적 노동조합건설하여 노동자권익 쟁취하자./

• 민주화투쟁은 공장에서부터, 내가 먼저./

1천만 노동형제 여러분./ 진정한 민주화는 결코 군부독재정권의 양보나 선심에 의해 주어지지 않는다. 온국민의 투쟁에 의해 직선제가 쟁취되었듯이, 노동자의 생존권과 노동3권도 1천만 노동자의 단결된 투쟁에 의해서만 쟁취되는 것이다.

이제 타오르기 시작한 민주화의 열기를 민중이 주인되는 진정한 민주주의로 되게 해야 한다. 이루느냐 못이루느냐는 오직 우리들의 단결과 투쟁에 달려있다. 자./ 우리의 투쟁은 이제부터 시작이다. 내가 다니는 공장에서, 내가 먼저 싸워나가자./ 같은 공장의 동료들과 힘을 합쳐 자주적 노동조합을 건설하자./ 노동자의 생명이요 무기인 파업의 자유를 쟁취하자./ 회사측의 일방적인 임금인상조정에 굴복하지 말고 정당한 임금쟁취를 위한 싸움을 벌여나가자./ 군부독재를 끝장내고 민중이 주인되는 사회를 건설하기 위해 끝까지 싸워 나가자./

우리의 주장

1. 노동악법 철폐하고 노동3권(단결권, 단체교섭권, 단체행동권) 쟁취하자./
1. 자주적 노동조합건설하여 노동자권익 쟁취하자./
1. 잔업, 특근 안하고도 먹고 살 수 있게 하자./
1. 모든 구속인사 즉각 석방하라./ 모든 구속노동자 즉각 석방하라./
1. 직선제에 속지말고 군부독재 타도하자./

경수지역 노동자 연합

*이 유인물을 동료들과 같이 돌려보고 참된 민주화쟁취를 위해 내가 무엇을 할 수 있는가 생각해 봅시다.

천만 노동 형제께 드리는 글

1. 6 월 30일자 "전원일기"를 보셨습니까?

동네 할머니들의 화투판에서 훈수놓고 잔소리만 하다 실컷 욕만 얻어먹고 쫓겨나온 복길이 할머니는 기분이 상해 집으로 가다가 떡장수를 만나 2천 어치의 떡을 삽니다. 그런데 복길이 할머니가 마늘 포기로 떡값을 대신하려 하자, 집집마다 떡값으로 받은 마늘이 한 광주리를 넘고 게다가 날씨는 덥고 떡은 쉬고 하여 짜증이 난 떡장수는 할머니에게 "돈을 내든지, 먹은 떡을 도로 내놓든지" 하라며 신경질을 냅니다. 복길이 할머니는 할머니대로 "인심에 살고 인심에 죽던 세상은 어디 가고, 돈에 죽고 돈에 사는 세상"이라고 노발대발하면서 돈을 가지러 집으로 가는데, 마침 집에서는 한달 내내 논일에 지친 복길이 엄마가 황색이 된 얼굴로 식은땀을 흘리며 앓고 있었습니다. 며느리의 안색을 살필 여유도 없이 잔뜩 화가 나 있던 할머니는 며느리에게 급히 2천원을 내놓으라고 요구하는데, 너무도 몸이 아파 꼼짝도 할 수 없는 복길이 엄마는 실수로 돈지갑을 마당에 떨어뜨립니다. 이를 본 할머니는, "이제 젊은 며느리마저 그까짓 돈 2천원이 아까워 늙은 자기를 괄시하느냐" 며 서럽고 분노에 차 논두렁에 앉아 소주를 마십니다. 술에 취해 집에 들어온 할머니는, 황소같이 일밖에 모르던 아내가 끙끙 앓는 모습이 안쓰러워 대신 밥을 짓던 일용이에게 "아침 먹으면 저녁 걱정하며 키운 내 아들한테 감히 젊은 지집이 부엌일을 시켜? 돈 못 버는 서방도 서방이여! 나도 이제 비단 저고리 해입고, 떡 먹고 싶을 때 떡 먹고 몸빼 양주머리에 시퍼런 지천 철철 넘치도록 채우고 … 그러고 살란다"며 움직이기도 힘든 며느리에게 밤새도록 안마를 시킵니다. 그리고 일용이는 아내도 어머니도 맘껏 돈 쓰며 행복하게 해줄 수 없는 자신의 무능력이 괴로워 집을 나갑니다.

이윽고 날이 밝아옵니다.

곤히 자던 할머니는 갑자기 뺨 위로 떨어지는 차가운 '무엇에' 놀라 눈을 뜹니다. 그러자 코피를 흘리면서 거의 빈사 상태에서 계속 어깨를 주무르고 있는 며느리가 보입니다. 그리고 복길이 엄마는 쓰러집니다. 할머니가 부르짖습니다. "아이고, 이 곰 같고 소같이 미련한 것아, 내 심술을 니가 모른다냐. 다 내가 잘못했다. 그러니 아가야, 그러니 제발 정신 좀 차려라." 밖에서 이를 들은 일용이는 하늘을 보고 입술을 깨물며 소리 죽여 오열을 토해냅니다.

드라마가 끝나자 화장품 선전, 인형 같은 보드라운 황신혜, 리본표 마요네즈 먹고 오동통 살찐 곱상한 미소년의 광고가 이어집니다.

2. 씨는 누가 뿌렸는데 아랫것들(?) 끼리 왜 싸워?

천만 노동 형제 여러분!

전원일기, 바로 이것이 엄연한 우리들의 현실입니다. 돈 몇푼 때문에 피를 나눈 형제끼리도 서로 싸우고 등 돌리는 현실이 바로 우리들의 지금 모습입니다. 대한민국의 건강하고 정직한 농부로 평생 땅만 파고 열심히 살아온 일용이 - 뼈빠지게 일했는데 왜 며느리와 어머니를 행복하게 해주지 못할까요?

황소처럼 일만 알고 살아온 복길이 엄마, 정말 돈밖에 모르는 구두쇠 며느리일까요? 아니 누구도 죄인이 아닙니다. 모두들 착하디착한 그래서 죄인이라면 죄인인 이 땅의 민중일 뿐입니다.

그렇다면 누가, 어느 나쁜놈이 이 억압받는 사람들을 서로 싸우게 만들었을까요? 만약 '소작지를 없앤다, 쌀값을 생산비 이상으로 한다' 라고 법으로 제정한다면 어떻게 될까요?

우리 작업장의 현실을 생각해 봅시다.

"최저 임금을 ××이상으로 한다," "노동 시간은 8시간으로 하며 이를 어기면 엄벌에 처한다"라고

법을 제정 또는 개정하면 어떨까요? 이 법이 '제대로' 지켜지기만 한다면 같이 고생하는 노동형제들끼리 서로 반목하고, 경쟁하고, 마음의 문을 굳게 닫고, 심지어는 조장 반장 공장장에게 아부하기 위해 옆 친구를 고자질까지 하는 그런 가슴 아픈 일은 없어질 것입니다.

그런데, 법? – 웃긴 것입니다.

오죽하면 옛말에 "몽둥이가 먼저고 법은 나중이다"라고 했을까요. 부천시 권양 성고문 사건을 기억하고 계시죠. 분명 우리 대한민국 헌법에는 국민의 기본권이라 하여 "그 어느 누구도 남의 의견을 침해할 수 없다"라는 보석 같은 규정이 있습니다. 그러나 검사도 판사도 법무부 장관도 그리고 이 졸개들의 왕초인 대통령까지도 모두 한통속이 되어 "절대 성고문한 일 없다" 고 발뺌하며 심지어는 "발설하면 재미없다"고 위협하는 이 마당에 아무리 훌륭한 법이라도 돼지 목에 걸린 진주 목걸이에 불과한 것이지요. 진주 목걸이에 별 하자가 없다면 그 값비싼 목걸이를 진정한 값어치도 모르는 채 꿰어차고 있는 돼지 모가지를 잘라야지요. 돼지 모가지란 곧 '대통령'을 의미합니다.대통령 말 한마디면 국회도, 장관도, 판검사도 모두 개떼처럼 빌빌대며 멋 모르고 짖어대는것, 대통령 맘먹기에 따라 노동법을 '노동 악법'으로 언제든지 개정할 수 있는것, 이것이 우리들의 현실이 아닙니까? 노동자의 이익을 진정으로 대변해 주는 사람, 이 사람만이 대통령의 자격을 가질 수 있습니다.

4월 13일 전두환이 호헌이다 뭐다 하여 일체의 개헌 논의를 중지하고 개헌의 '개'자만 들먹여도 빨갱이로 몰아부쳐 감옥에 처넣었던 이래 우리 4천만 국민들은 줄기차게 '직선제 개헌', '민주정부 수립'을 요구하며 싸워왔습니다.

그런데 사실상 직선제가 노동자가 잘 사는데 무슨 도움을 주는지, 그리고 먹고 살기 바쁜데 개헌이다 뭐다 하여 가두로 뛰쳐나간 사람들은 뭔가 먹고 살만하니까 정치인지 무엇인지에 관심을 가지는 거나 아닌지, 정치 운운하는 것은 신분에 어울리지 않는 사치스러운 것은 아닌지 … 라는 생각들을 여러분 중 몇 분은 생각해 보셨을 겁니다. 국민들이 직선제를 그렇게 목마르게 외치는 것은 결코 그들이 여유 있는 집안, 배운 사람이어서가 아니라 '돼지 모가지'가 잘라지지 않고서는 진주 목걸이도 뭐도 다 소용 없다고 생각했기 때문입니다.

그래서 우리는 직선제 즉, "내 손으로 대통령을" 개헌의 핵심이라고 이야기하는 것입니다. '씨'를 뿌린 사람은 전두환 – 노태우를 중심으로 한 군바리 정부이고 이들은 언제나 교묘한 방법으로 자기들의 얼굴을 가리고 있기 때문에 아랫것들(?)인 우리는 진정한 우리의 적이 누군지도 모르는 채 서로 싸워왔던 것입니다.

3. 노동자 대통령, 노동자 국회의원 – 정신병자의 헛소리일까요?

대한민국의 국회, 대통령, 정부, 재판부를 살펴봅시다. 과연 이 중에 토박이 노동자 "출신" 대통령, 노동자"출신" 국회의원이 있습니까? 물론 가능한 한 노동자의 열악한 생활 조건을 세상에 널리 알리고 노동자의 생활을 향상시키고자 부단히 노력하고, 노동자의 이익을 대변하고자 하는 "대변인"은 있지만 속속들이 노동자의 생활을 피부로 느끼고 노동자의 이익을 위해 끝까지 싸워 나갈 진짜 노동자 "출신"은 한 사람도 없습니다.

앞에서 분명 목걸이도 진주처럼 훌륭해야 하고 그 목걸이를 거는 주체도 돼지가 아닌 '올바른 사람'이어야 한다고 이야기했습니다만 진정으로 노동자가 '대접' 받는 세상이 되려면 노동자의 아픈 곳을 정확하게 치료해줄 수 있는, 노동자 바로 그가 그 진주 목걸이를 걸어야만 참의미가 있는 것입니다.

6월 19일의 노태우 특별 선언을 살펴봅시다. 소위 민주화 8개항 중 노동자의 '노'자라도 한마디 들어가 있었습니까? 학원자율화, 정치 풍토 쇄신은 있었어도 노동자의 민주화, 노동 조건 쇄신은 눈 씻고 찾아봐도 그 어느 구석도 없었습니다.

이 나라의 자유와 민주를 위해 항상 역사의 선봉에 서서 싸워 온 학생들 – 우리는 학생들이 보여준 용기와 또한 노동 형제에의 적극적 협조와 지지, 함께 싸운 것에 대해 늘 고맙게 생각하지만 그러나 학생들이 왜 노동자의 권리를 찾아주어야 하며 또 학생들이 어떻게 진정한 노동자의 해방을 선물해 줄 수 있단 말입니까? 밥 굶어보지 않은 사람은 진짜 굶주린 사람의 고통을 하나부터 열까지 헤아릴 수 없으며 또 진짜 굶어본 사람만이 '밥'을 위하여 어떤 어려움에도 굴하지 않고 끝까지 싸워 '밥'을 쟁취할 수 있는 것입니다.

그런데 '노동자 대통령, 노동자 국회의원'의 참뜻은 무엇일까요?

노동자가 열심히 공부해서 혹은 운수 좋게 재벌집 아들, 딸 하나 잡아서 국회의원이 된다는 이야기일까요? 아닙니다! 노동자 대통령이란 곧 천만 노동자가 하나로 단결하여 오직 '투쟁'에 의해서, 노동자의 힘과 노동의 손으로 대통령도 뽑고 국회의원도 뽑는다는 이야기입니다 명심합시다! '밥'은 거저 주어지는 것이 아니라는 것을! 직선제 개헌은 결코 노태우나 전두환이 어느 날 갑자기 마음이 착해져서 국민에게 선사해준 은혜로운 선물이 아니라는 것을! 그것은 오직 수십 년 간 끈질기게 싸워서 "쟁취"한 것이라는 것을.

4. "지금, 여기에서" 천만 노동자는 당장 무엇을 해야 할까요?

8시간 노동제 보장하라! 최저생계비 (일당 7천원) 보장하라!

노동자가 없으면 지구상의 모든 생산은 정지되어 사람들은 굶어 죽게 될 만큼 가장 중요한 일을 담당하는 것이 바로 노동자인데 벌집에서 라면으로 허기진 배를 채우는 이 현실이 웬말입니까.

파업의 자유를 보장하라!

민주노조 건설하여 민주사회 앞당기자!

우리의 가장 커다란 힘은 단결입니다. 우리의 단결은 '조직' 속에서 더욱 굳건해집니다. 우리 노동자들을 하나로 묶어주고 우리들의 이익을 가장 효과적으로 쟁취할 수 있는 노동조합의 깃발 아래 똘똘 뭉쳐 정당한 우리의 권리, 더 이상 빼앗길 것 없는, 빼앗길 것이라곤 노동자의 온몸에 칭칭 감긴 쇠사슬밖에 없는, 우리의 권력을 획득해 나가야 합니다. 노조가 없는 곳에는 노조를 만들고, 있더라도 어용인 곳에서는 민주노조를!

부당해고, 블랙리스트 철폐하라!

〈 정부, 기업주가 말하는 불순분자 = 이것이 바로 진짜 노동자 〉

●단결을 주장하는 노동자 : 동료를 아끼고 친하게 지내는 노동자
침목회를 결성하여 어려움 속에서도 서로 돕는 노동자
노조를 결성하여 노동자도 힘을 가지려고 하는 노동자

●노동자가 잘 살아야 한다고 하는 노동자 : 함께 월급을 올려달라고 하는 노동자
작업 시간을 줄이려고 하는 노동자
주는 대로만 받지 않으려는 노동자

●아는 것이 많고 똑똑한 노동자 : 노동법에 대해서 많이 아는 노동자
사회가 돌아가는데 대해 많이 아는 노동자
올바르게 살아가려는데 필요한 책을 읽는 노동자

〈정부 기업주가 좋아하는 노동자〉

●노동자를 분열하게 하는 놈 : 혼자만 잘 보이려고 하는 놈
정부나 사장에게 일러바치기 잘하는 놈
노동 조합을 깨버리는 놈

●주는 대로만 받고 시키는 대로 하는 놈 : 관리자에게 아부하고 말 잘 듣는 놈
월급 적게 줘도 가만히 있는 놈

산업재해 노동자의 생활대책 보장하라!

가. 퇴직 재해 근로자에 대한 의료보험공단을 설치하라!
나. 장애 보상금액, 휴업 보상 금액을 설치하라!
다. 산업재해 근로자의 자녀 학자금을 지원하고 주민세 및 세제를 감면하라!

이 땅의 왕인 천만 노동 형제 여러분!

더 이상 '전원일기'는 그렇게 서로 싸우고 그리고 화해하고, 결국에는 그저 주저앉아 운명을 한탄하고 … 그렇게 끝날 수는 없습니다. 노동자, 농민이 쓰는 '전원일기'는 억압받는 이 땅의 노동자, 농민이 서로 힘을 합하여 정당한 민주민주권을 기어이 쟁취하고 또 정말로 "우리 편인" 대통령을 "우리 손으로" 선출하여 마침내는, 투쟁과 승리의 기쁨으로 서로 부둥켜 안고 울음 터뜨리는 그런 드라마, 아니 그런 "현실"로 끝나야 합니다.

1987년 7월 4일
연세대학교 총학생회

현정부는 노동조합
탄압을 즉각 중단하라

노조활동의자유보장하라
8시간 노동 최저생계비쟁취

우리의 투쟁은 이제부터 시작이다!!

천만노동형제 여러분!

'군부독재 끝장내고, 민주정부 수립하자'는 우리 4천만 민중의 투쟁은 마침내 독재의 완강한 요세를 무너뜨렸다. 총칼로 무장하고 학살·살인·고문으로 군림해왔던 독재자일당도 4천만 민중의 단결된 투쟁 앞에서는 결국 무릎을 꿇은 것이다. 이 위대한 투쟁과 승리 속에서 천만노동자를 비롯한 4천만 민중은 깨달았다. 4천만이 하나로 단결·투쟁한다면 군부독재의 총칼도 장난감에 불과하다는 것을! 그리하여 모든 억압과 착취를 불사르고 **이땅에 진정한 민주주의를 꽃피울 역사적 사명이 바로 우리 두 어깨에 놓여있음을!**

그러나 천만노동형제 여러분!

전두환·노태우 학살원흉일당의 '일단 항복'이 곧 민주주의를 꽃피워 줄 것인가? 살인마 전두환에서, '민주화의 기수'로 치장, 둔갑한 노태우에게로의 권력계승 시나리오를 짜주고 '대한외교의 승리'니 '원하는 것의 150%가 달성되었다'고 떠들어대며 축배를 들고 있는 **미국이 자주적 민주정부를 수립해 줄 것인가?** 아니다! 저들은 조만간 민중의 심장을 할퀼 긴 발톱을 잠시 멈추고 있을 뿐이라는 건 세살먹은 어린아이도 알고 있다. 정권야욕을 위해 동족을 학살한 자들이 이제와 민주화를 떠들다니 그 얼마나 파렴치한가!

보라! 저들이 민주화를 떠드는 지금 이 순간에도 거리에는 여전히 전경이 서있다. 회사의 부당한 처사에 항의하는 우리 노동자들은 여전히 경찰에게 폭행·협박당하고 있다. 우리 민중의 민주적 권리들은 "시국을 틈탄 집단행동을 엄단하겠다"는 협박으로 여전히 묵살되고 있지 않은가! 더우기 독재치하에서 가장 철저히 억압당하고 착취받아온 노동자들의 생존권을 보장하고 정치적 권리를 증진시키려는 노력이 그 어디에 흔적이라도 있단 말인가!

천만 노동형제 여러분!

이 승리가 우리의 피땀으로 쟁취된 것이듯, 이 승리를 더욱 굳건히 발전시켜 진정한 민주주의를 꽃피우는 것도 **우리의 피땀이어야 한다.** 저들에겐 총칼이 있으나 우리에겐 그것을 쓸어버릴 **더 큰 무기, 단결과 연대가 있다.**

천만노동형제들이여!

지금까지보다 더욱 **강고하게 단결하자!** 각계각층민중과 **굳건히 연대**하자! 그리하여 '일단항복'한 군부독재와 그 배후조종자 미국을 영원히 끝장내고 통일된 조국, 민주주의 조국을 향해 진군하자!

4천만 민중의 행복한 미래를 보장하는 진정한 민주주의를 기필코 우리 손으로 쟁취할 것을 선언하며 **다음과 같이 결의한다.**

1. 우리는 독재정권에게 탈취당한 노동3권을 되찾고, 천만 노동자의 생존권을 확보하기 위해 투쟁한다.

−몸뚱이 밖에 없는 우리 노동자들에게 단결은 곧 생명이며 파업은 가장 힘있는 무기이다.

'노동악법 폐지하고, 노조결성의 자유, 파업의 자유 쟁취하자!

−세계 최고의 살인적인 장시간 노동은 곧 바로 저임금 정책을 위한 미끼이며, 우리에게 남는 것은 오직 산업재해와 직업병에 찌든 육신뿐이다.

'8시간 노동하고, 최저생계비(일당 7천원이상) 쟁취하자!'

−우리는 독재정권이 노동운동에 대해 저질러온 철면피한 탄압을 잊지 못한다. 그간 저들에 의해 구속된 민주노동자, 무더기 해고당한 선배노동자들이 그 얼마 였던가, 저들은 지금 이순간도소위 블랙리스트라는 살인명부를 작성하여 해고노동자들의 취업기회마저 박탈하고 있다.

'구속 노동자 전원을 즉각 석방하라!'
'해고노동자 복직시키고, 블랙리스트 철폐하라!'
'독재정권의 노동운동 탄압장치, 공단거주전경초소를 즉각 폐지하라'

2. 우리는 군부독재 정권을 영원히 끝장내고, 자주적인 민주정부를 수립하기 위해, 나아가 조국의 통일을 완수하기 위해 끝까지 투쟁한다!

- 광주사태는 결코 위령탑지어 해결될 묵은 상처가 아니다. 생생히 살아있는 반독재 민주화 투쟁! 광주민중항쟁은 민중의 손으로 낱낱이 밝혀져야 하며, 2천여 민중학살의 원흉은 4천만 민족의 이름으로 처단되어야 한다. '광주학살의 원흉, 전두환, 노태우, 박준병은 즉각 퇴진하라!
- 독재정권의 잔혹한 폭압기구 보안사, 안기부, 치안본부 대공분실은 해체되어야 하며, 민주투쟁을 진압하기 위한 전투경찰 또한 즉각 해체되어야 한다.
- 민중의 기본권을 짓밟아온 국가보안법을 비롯한 언론기본법, 집회 시위법 등 모든 악법은 폐지되어야 하며, 4천만 민중의 언론·집회·결사의 자유, 사상의 자유는 보장되어야 한다.
- 민족의 자주화와 민주주의를 위해 싸우다 구속된 사람들은 전원 무조건 석방되어야 한다.
- 민중의 피땀으로 독점재벌 살찌우는 특혜금융, 조세감면등 모든 특혜정책은 철회되어야 하며, 그들이쌓은부정축재 전부는 환수되어 민중의 생존권, 복지향상을 위해 쓰여져야 한다.

- 독재정권의 굴욕적인 수입개방으로, 이땅은 미제 상품의 전시장으로 변하였고, 천만 농민의 파산, 나아가 민족경제의 파탄지경에 이르렀다.
'수입개방 철회하고, 불평등 경제협약 철폐하라!'
- 분단을 미끼로 행해진 굴욕적인 한-미군사협정의 내용은 전 민중앞에 즉각 공개되고, 폐지되어야 한다. 또한, 한반도에 들어온 가공할 미제 핵무기 용도와 숫자, 배치상황을 공개하고, 민족의 의사와는 하등 상관없이, 더우기 전민족의 생존을 위협하면서, 미국의 이익만을 위해 배치된 핵무기는 전면 철수되어야 한다.
- 민족의 대제전, 인류의 축제 올림픽은 결코 독재정권의 집권야욕을 위해 이용될 수 없다. 올림픽은 분단된 채 원수처럼 맞선 민족의 대화합, 상호이해를 위한 결정적 계기가 되어야 하며, 그럴때 만이 우리민족은 올림픽의 이념인 전세계 인류의 평화와 단결에 진정으로 공헌하게 될 것이다.
'올림픽 공동개최로 민족 통일 앞당기자!'
- 조국통일은 전민족의 절대적 염원이며, 이 시대 민중의 역사적 사명이다.
통일논의는 마땅히 전민중의 것이며, 통일을 위한 민중의 모든 노력과 자유로운 논의는 결단코 보장되어야 한다.

3. 이상의 결의를 완수하기 위한 긴급한 과제로, 우리는 모든 공장에서 민주노동조합 결성에 총력, 매진하자. 각급 공장에서 굳어지는 우리의 투쟁과 단결을 바탕으로, 천만 노동자 전체의 정치적 입장을 대변하고 투쟁할, 노동자의 정치적 조직을 즉각적으로 건설하자.

'민주주의 만세' 'SCI'

1987. 7. 5

조국의 자주화와 민주주의를 위해 투쟁하는
노동자 일동

성 명 서

— 진정한 민주주의 실현을 위한 노동자의 입장 —

6.29 전두환 군부독재정권의 굴복은 우리 노동자와 민중의 뜨거운 민주투쟁의 결과이며, 군부독재와 이를 조종·비호하는 미국에 대한 우리 노동자와 민중의 빛나는 승리의 일보이다. 전국을 뒤흔든 우리 노동자와 민중의 줄기찬 투쟁은 마침내 군부독재와 미국의 무릎을 꿇리고야 만 것이다.

그러나 군부독재와 미국의 굴복은 노동자와 민중의 거센 힘에 몰려 벼랑의 끝까지 밀려간 저들의 살아남기 위한 마지막 몸부림이며, 민중에 대한 새로운 기만이다. 보라! 노동자와 민중의 절실한 요구들을 외면한 민주화 조치의 허구적 실상을! 광주학살의 주범 노태우가 학살의 오명을 비롯한 모든 추악한 이미지를 전두환에게 떠넘기면서 '민주투쟁의 영웅'처럼 행세하는 어이없는 작태를! 군부독재를 조종·지원하며 우리 노동자와 농민의 피땀을 긁어가고 수입개방을 강요하며 민족경제를 파탄에 빠뜨린 미국이 마치 '민주주의의 수호자'인양 나서고 있는 모습을! 저들은 우리 노동자와 민중의 거센 투쟁에 밀려 단지 한발짝 물러섰을 뿐이며 결코 완전히 물러선 것은 아니다. 또한 저들의 목적은 우리 노동자와 민중이 열망하는 자주화된 민주사회의 실질적 보장이 아니라 노태우를 앞세운 기만적 민주화 조치를 통하여 노동자와 민중을 또다시 기만하며 집권을 연장하는 데 있을 뿐이다.

우리 노동자와 민중이 열망하는 자주화된 민주사회는 한반도에 대한 미국의 억압이 종식되고 군부독재의 모든 폭압적 장치들이 완전히 철폐되지 않는 한, 또한 노동자와 민중에 대한 소수 재벌들의 지배, 착취가 끝장나지 않는한 결코 실현될 수 없다. 그러므로 우리 노동자는 투쟁의 불길을 결코 잠재우지 않을 것이며, 전 민중과 굳게 단결하여 자주적 민주정부가 실현되는 그날까지 끝까지 진군을 계속할 것이다.

우리는 노태우를 앞세워 민중의 요구를 기만하며 한반도에 대한 지배의 안정화를 획책하는 미국에 엄중히 경고한다. 미국은 노태우를 앞세운 기만공작을 즉각 중단하라. 자주적 민주정부의 수립을 열망하는 우리 노동자와 민중의 진군을 가로막는 어떠한 책동도 우리 민중은 결코 용납하지 않을 것이다.

또한 우리는 전두환, 노태우, 정호용, 박준병에 요구한다. 2000여 광주시민에 대한 학살과 수탈은 민주투사들에 대한 고문, 살인, 탄압의 책임을 지고 즉각 퇴진하라. 우리 노동자와 민중은 우리 스스로의 손으로 민주주의를 실현할 것이며 결코 학살과 탄압의 주범에게 민주주의의 실현 책임을 미루지 않을 것이다.

우리는, 미국과 군부독재의 기만적인 직선제 수용을 환영하면서 노동자와 민중의 진정한 열망을 충분히 대변하지 못하는 통일민주당의 최근 경향을 우려한다. 통일민주당은 노동자와 민중의 진정한 열망을 절대로 외면해서는 안될 것이다. 우리는 통일민주당의 보다 적극적인 투쟁을 촉구한다. 또한 우리는 끝까지 투쟁할 전체 민중운동의 새로운 각오와 굳은 단결을 촉구한다. 우리는 지금 머뭇거리거나 옳지 못한 싸움을 벌여나가서는 안될 것이며 투쟁의 성과들을 확실히 쟁취하고 이를 바탕으로 자주적 민주정부수립을 향해 한걸음 더 나아가기 위해 굳게 단결하여 싸우지 않으면 안될 것이다.

오늘 "민주헌법쟁취 노동자 공동위원회"로 결집한 우리 노동운동단체들은 위에서 제기한 입장을 바탕으로 다음과 같이 우리의 요구를 밝히며 끝까지 투쟁할 것을 선언한다.

첫째, 새로운 민주헌법은 노동자, 농민, 시민, 학생 등 각계각층의 요구가 충분히 반영되어야 한다. 새로운 민주헌법이 국회 안에서 민정당과 민주당의 정치적 타협에 의해서만 만들어지는 것을 반대하며, 각계각층의 민중들이 헌법개정에 실질적으로 참여할 수 있도록 해야 한다.

둘째, 구속된 모든 노동자 및 민주투사들은 즉각 석방되어야 한다. 지금까지 수많은 우리의 노동형제들이 임금인상투쟁과 민주노조 결성·수호투쟁에 앞장서 싸우다 군부독재에 의해 감방으로 끌려갔다. 또한 노동자와 민중의 인간다운 생활이 완전히 보장되는 자주화된 민주사회의 실현을 위해 싸워온 수많은 민주투사들도 악랄한 고문끝에 구속되었다. 노동자의 이익을 대변한 사람들, 민중의 간절한 염원을 대변한 사람들이 어떻게 죄인이란 말인가? 진정한 죄인은 2000여 광주시민을 학살하고, 노동자와 민중의 염원을 짓밟아온 자들이 아닌가? 그런데 누가 누구를 구속한단 말인가? 구속된 노동자와 민주투사 전원을 즉각 석방하라!

세째, 해고된 노동자들은 즉각 복직되어야 하며, 부서이동, 전직, 기타 불이익처분을 받은 모든 노동자들은 즉각 원상복귀되어야 한다.

노동자에게 고문만큼 잔인한 것이 해고이다. 더구나 블랙리스트를 만들어 해고노동자들의 재취업을 원천봉쇄하는 것은 노동자들을 굶겨 죽이려는 짓이다. 살인명부 블랙리스트와 운전기사의 취업카드를 즉각 철폐하고, 해고된 노동자들은 전원을 즉각 복직시켜라.

네째, 노동자 신호수씨와 학생 우종원, 김성수군의 죽음에 대한 진상은 철저히 규명되어야 하고, 권양을 강간고문한 문귀동 이하 관련 경찰은 구속, 재판에 회부되어야 한다.

군부독재의 잔인무도한 고문만행은 김문수, 김근태씨 등을 비롯한 수많은 증인들에 의해 그리고 박종철군의 죽음에 의해 똑똑히 폭로되었다. 그러나 이렇듯 밝혀진 사건들은 빙산의 일각에 불과하다. 우리는 고문으로 숨져간 노동자와 민주투사들의 원한을 풀지 못하고 감히 민주화를 말할 수 없다. 또한 노동자 민주투사들의 고문살해범, 강간범들이 대낮을 활보하고 다니는 현실을 더이상 참을 수 없다. 노동자 신호수씨의 죽음의 진상을 즉각 규명하라.

다섯째, 노동 3권은 완전히 보장되어야 한다.

단결권, 단체교섭권, 단체행동권은 노동자의 기본권리이며 자본가의 횡포에 맞서 노동자의 권익을 수호하기 위한 유일한 무기이다. 우리는 더이상 노동 3권을 빼앗긴채 자본가들의 배를 살찌우는 도구가 될 수 없다. 새헌법에 노동 3권은 공무원, 교육공무원 또는 방위산업, 기간산업 등 어떠한 제한도 없이 전면적으로 보장되어야 한다.

여섯째, 8시간 노동제와 실질생계비 보장하는 최저임금제는 즉각 실시되어야 한다.

우리 노동자는 세계 최고의 장시간 노동속에서 연간 15만여명이 다치고 1,600여명씩 목숨을 잃어왔다. 또한 실질 생계비에도 훨씬 못미치는 살인적인 저임금속에서 시달려 왔다. 소수 재벌과 군부독재의 부귀와 방탕은 이러한 희생위에서 가능했던 것이다. 노동자의 인간다운 생활을 보장하라! 8시간 노동자와 실질생계비 보장하는 최저임금세를 즉각 실시하라!

일곱째, 노동운동 탄압하는 국가보안법은 즉각 철폐되어야 한다.

지금까지 군부독재는 노동자의 생존권요구를 좌경, 용공으로 매도하여 수많은 노동투사들을 국가보안법으로 구속해왔다. 국가보안법은 군부독재가 정권을 유지, 항구화하기 위해 제정한 악법이며 노동자의 생존권을 억눌러온 살인법령인 것이다. 국가보안법을 즉각 철폐하라! 또한 군부독재의 노동운동탄압기구요 정권연장기구인 안기부, 보안사, 치안본부 대공분실을 즉각 해체하라!

여덟째, 노동조합의 자유로운 정치활동은 즉각 보장되어야 한다.

4년에 한번씩 투표하는 것이 노동자의 정치활동의 전부인가? 아니다! 노동자들은 누구나 자유롭게 자신의 정치적 견해를 밝힐 수 있어야 하며, 정치단체를 조직하여 정치적 권리를 행사하고, 정당을 만들어 노동자의 요구를 국가정책에 관철시킬 수 있어야 한다. 그럼으로써 노동자들은 비로소 주권을 가진 국민이 될 수 있고 생존권도 보장받을 수 있는 것이다. 노동조합의 정치활동 자유를 즉각 보장하라!

아홉째, 전투경찰은 즉각 해체되어야 하며 최류탄을 제조, 사용하는 일체의 행위는 법률로서 금지되어야 한다.

민중의 아들인 전경들이 군부독재의 개가 되어 부모형제에게 최류탄을 쏘아대고 곤봉을 휘둘러야 하는 현실은 민족의 비극이다. 온 국민의 분노의 대상이 된 전경은 더이상 존속되어서는 안된다. 또한 전경이 사용하는 최류탄이 국민의 생명과 재산에 미치는 피해는 이루 말할 수 없다. 이한열군을 죽인 최류탄을 온 국민은 증오한다. 국민의 세금으로 국민을 골병들게 하는 최류탄 사용을 즉각 중단하라!

열째, 장영자사건에서 범양사건에 이르기까지 수많은 부정부패사건들은 전면 재수사되어야 하며, 이 사건들에 관련된 고위 공무원, 정치가들의 재산은 환수되어 민중의 복지에 사용되어야 한다.

장영자가 주무른 7,000억, 범양의 한상연이 빼돌린 200억원은 모두 우리 노동자와 민중의 피땀이다. 그러므로 우리 노동자는 우리의 피땀이 어떻게 탕진되고 어떻게 향락에 쓰여졌는지 반드시 밝혀야 한다. 또한 장영자, 한상연 등으로부터 뇌물을 받고 공범이 된 모든 고위 공무원 정치가들을 밝혀내고 그들의 부정한 재산을 환수하여 전민중의 복지향상에 사용하여야 한다.

이에 우리 전국의 노동운동단체들은 모든 노동운동단체와 전노동자와 굳게 단결하여 우리의 요구가 이루어질 때까지 끝까지 투쟁할 것을 결의한다.

1987. 7. 6.

민주헌법쟁취 노동자 공동위원회

공동위원장 : 김종성(金鍾星) 류동우(柳東佑) 이영순(李英順)
이총각(李總角) 정인숙(鄭仁淑)

주소 : 서울 종로구 연지동 136-46 기독교회관 708호

전화 : 763-9563

청계피복노동조합(743-9074) 한국기독노동자총연맹(744-2035) 한국기독노동자서울지역연맹(867-6128) 한국기독노동자인천지역연맹(032-763-2987) 한국여성노동자회(679-1328) 전태일기념사업회(743-9074) 박종만추모사업회(323-5355) 박영진열사추모사업회(866-4959) 한국노동자복지협의회(844-8896) 한국노동자복지협의회인천지역협의회(032-526-8796) 영등포산업선교회(633-7972) 인천산업선교회(72-5792) 한국산업선교회(464-7469) 카톨릭노동사목전국협의회(269-2302) 한국카톨릭노동청년회전국연합회(815-2483) 카톨릭노동청년회인천교구연합회, 인천지역민주노동자연맹

『현대엔진(주) 노동조합』 결성을 60만 애국시민과 함께 전폭 지지한다!

오늘 우리는 「현대엔진(주) 노동조합 결성!」이라는 중대한 소식을 접하였다.

우리는 그 사실이 우리 4000만 겨레가 힘모아 건설해 가고있는 「조국의 민주화」를 앞당겨 건설하게 될 진정한 "민중의 승리"라는 점을 중시하면서 그에 대한 우리의 견해를 밝히고자 한다.

분명코 노동은 위대한 것이며, 그 노동을 통한 생산활동은 모든 인류역사의 핵심적인 생명임을 우린 잘 알고 있다.

60년대 이후 가속화 되기 시작한 이땅의 산업의 발전과 확대, 그리고 민족사의 발전 역시 오로지 「쉬지 않고 일하는 사람들」의 결정적인 공헌속에서 이루어 졌다는 사실을 그 어느 누가 부인할 수 있겠는가?

그럼에도 불구하고 온 겨레가 그토록 목마르게 염원해오던 「조국의 민주화」는 - 노태우 6.29발표를 통하여 노동자, 농민, 빈민문제는 철저히 배제된 채, -4,000만 겨레앞에 쓸모없는 빈 깡통이 되어 던져져 있음을 우리는 분노어린 눈으로 직시하고 있다.

지나간 20여년 이상의 긴긴 세월을 우리들 울산·울주의 17만 노동형제들은 그 얼마나 깊은 고통과 역경속에서 살아왔던가?…………………… 노동자의 생명을 갉아먹는 숱한 산업재해, 공해와 소음으로 인한 난치성 직업병, 세계적으로 손꼽히는 장시간의 중노동, 저임금, 강제잔업, 끝없이 계속되는 철야와 특근, 그리고 다른 어떤 두려움보다 훨씬 더한 공포를 몰고오는 감원·해고 등등이 바로 그것들인 것이다.

그러나 겨레의 일꾼이며, 지역사회 발전의 핵심적 주체인 현대엔진(주)의 노동형제들은 그 역경과 두려움과 공포마져도 넉넉히 뚫고 일어설 수 있는 용기와 강철같은 단결력을 지니고 있는 「민주노동용사」들이었다.

「7.5 노동조합 결성」이라는 새역사 창조의 깃발을 이 척박한 울산·울주 「노동의 대지」위에 힘차게 꽂은 사실이 그 점을 충분히 증명하고 있지 않은가?

우리는 이제 이 도도한 역사의 물결을 어느 누구도 가로 막아선 안될 것이며, 가로 막을 수도 없을 것이라 판단한다.

만약 그 역사의 순리를 거부하고 「현대엔진(주)노동조합」의 앞길을 가로막거나 침해하려는 자가 있다면 그는 끝내 역사의 배신자가 되어 준열한 심판속에 놓이게 될것 임을 엄숙히 경고하고자 한다.

경찰도, 군인도, 공무원도, 재벌도, 사장도, 간부사원도 그 고귀한 「새 역사 창조의 깃발」을 끌어내릴 순 없다.

자주적이며, 평화적인 방법속에서 진행되어지는 모든 노동형제들의 단체활동과 노력들을 파괴하려하는 힘이 나타날 때, 그 어리석고 비열한 자들은 「강철같은 단결과」 「끊임없는 전진」속에서 한데 뭉쳐진 노동형제들과 애국시민들의 거대한 저항과 반격 앞에서 결국 무릎을 꿇게 될 것이다.

확신하건대, 「현대엔진(주)노동조합 결성」이 울산·울주 지역속에서 갖는 의미는 실로 지대한 것이다.

그 의미는 현대엔진 노동형제들과 현대그룹내의 모든 노동형제들에겐 말할것도 없거니와 울산·울주 17만 노동자 및 울산울주 70만 애국시민 모두에게 가슴 뿌듯한 기쁨이요, 쾌거일 것이다.

앞서 밝혔듯이 노동문제, 농민문제, 공해이주민 문제등이 해결되지 않고는 정의사회, 민주사회가 건설될 수 없듯이 우리지역의 노동사회가 정의롭고 민주적인 것으로 변화되지 않는 한 우리 지역의 참다운 발전이란 「영원한 소망」일 뿐이리라.

이제 우리 70만 애국시민들은 검게 드리워진 노동사회의 어둠을 깨면서 끝없는 발전, 끝없는 승리를 생산해가는 「현대엔진(주)노동조합을」 위하여 모든 협력을 아끼지 말아야 할것이다.

때문에 우리들은 앞으로 다가올 모든 상황, 모든 노동형제들의 부름앞에서 최대의 성실한 협력과 최선의 즉각적 대응을 위하여 끊임없이 노력할 것이다.

끝으로, 정의로운 민주노동사회의 창조와 민족의 참된 발전을 열망하면서 뜨거운 단결과 전진의 깃발을 올린 「현대엔진(주) 노동형제」들께 70만 애국시민과 함께 다시한번 축하와 우정의 박수를 드리는 바이다.

1987. 7. 7

민주헌법쟁취국민운동울산본부

서우의 깡다구를 보여줍시다

지난 7월 2일 한주통산 혁의류 재단반에서 임금인상을 요구하는 시위가 있었고, 7월
9일 "단결하여 얻어내자 휴가 보너스 100%", "만원이 웬말이냐, 얻어내자 100%",
"대책없는 3박4일 단결하여 얻어내자"는 내용의 스티커작업이 진행되었읍니다
이에 놀란 공장장은 사람들을 모아 놓고 "회사사정이 이사 관계로 어려우니 만원
을 준다." "이해해 달라"고 했읍니다
많은 동료들이 "회사를 믿지 못하겠다. 1천 2백불 목표를 달성하고 리바이스도
없어서 못할 정도이다" 라면서 혁의, 리바이스는 웅성거렸고, 금기야는 7월15일
통근 버스에 "서우산업 —"의 유인물을 나누어 주었읍니다. 서우의 많은 동료들은 임
금 인상과 보너스 400% 인상의 필요성을 느끼고 구체적으로 행동하였읍니다.
그것이 바로 17일의 대치 근무 거부였읍니다 학생을 배촛해서 수성의 완성
전원이 (60명) 당당히 단결하여 행동했읍니다
그러자 계장과 과장은 "보너스 만원은 이사 결재도 나지 않았고, 휴가 이야기
는 하지도 않았다" "적자라서 안된다"고 변명하였읍니다. 또한 우리들의
단결을 막기 위해 "임금도 이정도면 되었지 뭐가 더 아쉽냐" "어려운 일이
있으면 '노사협의회' '고충처리'에서 해결하라"는 등 뚱딴지 소리를 하면
서 "노동조합이 생기면 임금에서 8%나 떼고 이용만 되니까 있어봤자 여러분
에게 좋을 일 없다"고 했읍니다. 노동자의 권익향상과 근로조건의 개선을
위해서 1%의 공제를 하는 노동조합을 완전히 무시하였읍니다.
이러한 역선전에도 불구하고 동료들은 싸움의 의지를 보였읍니다 최근 성남
삼성제약은 단결된 힘으로 보너스 인상, 임금인상 유급 5일 휴가를 따냈읍니다.
뭉치면 살고 흩어지면 죽습니다 여지껏 움츠렸던 가슴 활짝 펴고 서우
의 깡다구를 보여줍시다.

〈요구 조건〉

1. 년간 보너스 400% 지급하고 여름보너스 100% 지급하라.
2. 17일 대치근무 특근처리하고 여름휴가 유급으로 하라.
3. 최저임금을 400원 다같이 1,000인상하라.
4. 근로기준법지키고 근로조건 개선하라.
5. 학생의 등교시간을 30분 앞당기고 학교행사에 적극지원하라

〈행동 지침〉

1. 작업시간전에 함께 이야기를 관철합시다.
2. 관리자의 폭력에 대항하여 싸웁시다.
3. 우리의 요구가 얻어질때까지 7월 18일부터 작업을 거부합시다

1987. 7. 17

〈서우산업 동료 일동〉

창 립 선 언 문

ㅣ 땅의 노동자들은 민족해방 민중해방을 위한 투쟁의 대열에서 최선봉을 담당한 빛나는 전통을 ㅣ고 있다. 일제 하에서는 반제국주의 반봉건 투쟁에서 피흘려 싸웠고 해방 이후에는 민중이 이 되는 참된 민족자주국가를 건설하기 위하여 외세와 독재에 맞서 줄기차게 투쟁해왔다. ㅣ 우리 노동자들을 비롯한 민중의 역량은 진정한 민주주의의 새시대를 열어갈 수 있는 문턱에 있다.

ㅣ 2차 세계대전에서의 일본제국주의의 패망으로 인해 성취될 수 있었던 새로운 사회에의 벅찬 이 외세와 독재에 의해 무참히 깨어진 지 어언 42년! 그 기나긴 세월 동안 저들의 탄압 착취는 얼마나 극심하였으며 우리가 흘려야 했던 피땀은 또 그 얼마였던가? 그러나 이제 국 중은 외세와 독재정권의 총칼을 아랑곳않고 반외세반독재 투쟁의 대열로 결연히 뭉치고 있다. 6.10투쟁 이후 한달 동안 전국 방방곡곡을 뒤흔든 '독재타도' '민주쟁취'의 드높은 함성은 웅변하고도 남는다.

민대중의 투쟁의지에 밀리기 시작한 군사독재정권은 소위 6.29 선인을 발표하고 이제 민주화 선도세력인 양 떠들어대고 있다. 그러나 그들의 속셈이 참된 민주화와 먼거리에 있음은 벌써 히 드러나고 있다. 구속자 석방 및 사면복권에 있어서의 선별 처리,국민 대다수를 차지하 동자, 농민, 도시빈민계급의 생존권 및 민주적 제권리 등에 대해서 저들이 보이는 무관심은 이 말하는 민주화의 허구를 분명히 보여준다. 이 땅에 있어서 참된 민주화란 무엇인가? 의 대부분을 이루면서 땀흘려 일하는 노동자, 농민, 도시빈민이 정치,경제,사회의 제 분야에 인간다운 대우를 받게 되는 것을 말함이 아니던가! 살인적 저임금, 세계 최장의 노동시간, 을 좀먹는 작업환경 속에서 고통받는 노동자, 무분별한 농산물 수입,저농산물 가격으로 신음하는 , 갖은 천대 속에서 잠을 잊은 채 일하지만 끼니도 잇기 어려운 빈민 등의 상태가 근본적으로 되지 않는 한 그것은 빛좋은 개살구에 지나지 않는다. 제적학생,해직교사의 복학,복직이 되는 상황에서 해고노동자의 복직에 대해서는 한마디도 없는 이 현실은 어떻게 설명되어야 하 ?

늘은 스스로 돕는 자를 돕는다는 교훈을 가슴에 새기며 우리 인천지역의 해고 노동자들은 이제 인 역 해고노동자 협의회를 결성하고 하나로 뭉쳐 힘차게 투쟁할 것을 선언한다.

리는 인천지역은 물론 나아가 전국의 해고노동자들이 원직에 복직될 수 있도록 그리고 부당한 해 이 땅에서 추방될 때까지 싸울 것이다. 이와 관련하여 전국 각지에 해고노동자 협의회가 되고 연대하여 투쟁하게 되기를 바란다. 우리는 유보없는 노동기본권을확보하고 노동계급을 비 민중의 민주적 제권리를 획득하기 위하여 과감히 투쟁할 것이다. 또한 우리는 민중의 정치, ,사회적 지위를 근본적으로 개선하기 위하여 나아가 민중이 주인이 되는 민주사회를 건설하 위하여 싸우고 또 싸울 것이다. 이를위하여 우리는 우리의 뜻에 공감하는 모든 계층과 굳게 연 여 불퇴전의 각오로 전진할 것임을 오늘 엄숙히 선언한다.

1987 년 7 월 17 일

인천지역 해고노동자협의회

15만 울산 노동자들이여!

지금은 새로운 투쟁을 시작할때 입니다

1. 소위 노태우의 6.29발표는 속임수에 불과합니다.

6월 10일 이후 우리 울산지역을 비롯한 4천만 국민들은 단 하루도 쉬지 않고 억세게 투쟁하였읍니다. 이한열군의 생명을 앗아간 살인적인 최루탄이 빗발쳐도 "호헌철폐 독재타도" "군부독재 끝장내고 민주정부 수립하자"고 외치며 피눈물 나는 싸움을 멈추지 않았읍니다. 이에 겁을 먹은 전두환, 노태우 독재와 그 배후 미국은 직선제 개헌을 하겠다는 6.29선언으로 일단 항복하였으며 우리는 위대한 승리를 거둔 것입니다.

울산 노동형제 여러분!

그러나 소위 6.29 민주화 수습안이 나온지 한달여 동안 도대체 어떤 일이 일어났읍니까?

고 이한열 군의 엄숙한 장례행렬에 대고 수천발의 최루탄을 마구 쏘아댄 것이 7월 9일의 일입니다. 7월 13일의 개각에서는 3.15부정선거 당시 한 몫을 단단히 한 김정렬이란 자를 국무총리로 세우고 더우기 광주학살 4대원흉 중의 하나인 정호용이를 국방부장관 자리에 앉히고서는 국민들에 대해 알게 모르게 위협을 가하고 있읍니다.

구속자를 석방하고 사면복권을 했다는데 왜 아직도 많은 양심수들이 차디찬 감옥에서 신음하고 있읍니까? 더우기 우리들의 권익을 위해 싸우다 일터를 쫓겨나 감옥으로 잡혀간 노동자들 중에서 석방되고 복직된 사람은 아무도 없읍니다. 또한 지난 16일 우리 울산에서는 미포조선 노동자들의 노조설립 신고서류 일체가 탈취당하는 기막힌 일도 있었읍니다. "민주화"가 되었다면 어찌 이런 일이 일어날 수 있겠읍니까.

그렇습니다. 6. 29발표는 지금까지의 방식으로는 장기집권을 할 수 없게 된 전두환, 노태우 독재와 투쟁의 불길이 자기에게 미칠까 두려워한 미국의 속셈이 맞아떨어져 국민들의 투쟁을 무마하고 시간을 벌려한 간교한 술책에 불과합니다.

미국은 이 땅에서 이승만, 박정희, 전두환으로 이어진 독재정권을 만들고 조종하면서 우리 노동자, 농민 등 4천만 민족의 피땀을 짜내어 자기들의 뱃속을 채워 왔읍니다. 따라서 그들은 우리 반독재 민주화 운동의 가장 큰 표적입니다. 그들은 우리 노동자들에게 가난과 궁핍을 가져 온 가장 못된 원수들 입니다. 그들은 처음에 "계엄령이 내려도 어쩔 수 없다"고 공갈을 치다가 국민들의 투쟁이 "미국놈들 몰아내자"로 발전하고 또 우리들 노동자와 농민들이 선봉에 나서기 시작하자 화들짝 놀라 6.29로 제 살길을 찾으려는 것입니다. 그리고는 노태우를 민주화의 영웅으로 만들고 자신은 마치 이 나라 민주주의의 수호자인양 거들먹 거리고 있읍니다. 광주학살의 원흉 노태우를 노벨 평화상 후보로 밀겠다니 정말 자다가도 웃을 일입니다.

이처럼 군부독재와 미국의 속셈이 뻔하게 드러난 이상 우리 노동자들은 더 이상 머뭇거려서는 안됩니다. 이제 싸움은 갓 시작되었을 뿐입니다. 주저없이 나서서 벼랑끝에 몰린 군부독재를 밀어버리고 미국의 독재지원, 내정간섭의 더러운 손길을 프레스로 싹둑 잘라버려야 합니다.

2. 우리들 노동자 스스로의 투쟁으로 민주개헌과 민주정부를 수립합시다.

울산 노동형제 여러분!

6.29선언의 속셈이 분명한데도 통일민주당은 벌써부터 화해의 손짓을 보내면서 이 나라의 주인인 우리 천만 노동자들의 절박한 문제에 대해서는 강건너 불보듯 찬밥 취급을 하고 있읍니다. 재야나 종교단체들은 노동자의 이익과 요구를 대변하겠다고 하지만 만약 우리 노동자들 스스로가 공장과 거리에서 싸우지 않는다면 그것이 얼마나 오래 가겠읍니까. 우리 밥은 우리 스스로가 찾아 먹어야지 누가 떠먹여 주는 것이 아닙니다. 그동안 아무도 돌아보지 않는 그늘 밑에서 이 사회를 지탱해 주는 산업역군으로서 저임금과 장시간 노동에 파김치가 되면서 누구보다도 뼈빠져라 고생한 사람들이 바로 우리 노동자들이 아닙니까. 이제 우리도 한번 사람답게 기좀 펴고 살아봅시다. 어느 누구의 도움을 기다리지 말고 우리들의 생존권과 빼앗긴 권리들을 찾기 위해 투쟁해야 합니다.

울산 노동형제 여러분!

그러면 우리들은 무엇을 해야 합니까?

우리는 지긋지긋한 잔업, 철야없이 8시간만 일하고도 사람답게 살 만큼의 임금을 받아내야 합니다. 하루가 멀다하고 찾아오는 산업재해와 직업병으로 개죽음을 당할 수는 없읍니다. 안전하고 건강한 작업환경을 보장받아야 합니다. 몸뚱아리 뿐인 우리들에게 단결은 생명입니다. 노동조합 결성의 자유, 파업의 자유를 얻고 노동 3권을 되찾아야 합니다. 이들 권리를 남김없이 쟁취하여 모든 공장을 민주화 합시다. 공장의 민주화 없이는 이 나라의 민주화도 절대 있을 수 없읍니다. 인격적 대우등의 작은 문제로 부터 노조결성이라는 큰 문제까지 우리들 스스로 단결하여 투쟁할 때 이루지 못할 것이 무엇이겠읍니까.

그러나 공장을 민주화하는 것으로 우리들의 할 일이 다 끝나는 것이 아닙니다. 지난 80년에만 해도 엄마나 많은 민주 노조들이 결성되었읍니까. 그러나 그 후 군부독재에 의해 하나하나 깨어져 갔고 조금이나마 올랐던 임금도 말짱 도로묵이 되지 않았읍니까. 이것은 무엇을 말합니까. 군부독재를 끝장내고 사회를 민주화 하지 않고서는 공장을 민주화 할 수 없고 지켜낼 수도 없다는 것을 여실히 보여주는 것입니다.

그러므로 우리는 군부독재를 끝장내는 데에도 앞장서야 합니다. 군부독재 밑에서 그 누구보다도 고통스러운 것이 바로 우리들 노동자 입니다. 우리들 만큼 군부독재를 미워하고 민주화를 갈망하는 사람도 없읍니다. 우리들이 나서지 않고서는 군부독재를 끝장내고 민주정부를 수립할 수 없읍니다. 하루종일 현장에서 일하느라 세상 소식을 접하기 어려운 우리 노동자들에게 공정한 신문과 방송은 정말 가뭄의 단비와 같읍니다. 언론과 출판의 자유는 철저히 보장되어야 하고 언론 기본법은 폐지되어야 합니다. 우리 노동자들도 아무런 제한없이 마음껏 정치적 권리를 누리고 행사할 수 있어야 합니다. 집회와 결사의 자유는 필수적이며 국가보안법 집시법 등은 마땅히 없어져야 합니다. 노동자의 권익을 위해 싸우는 우리 노동형제들을 빨갱이로 만들어 감방에 처 넣는 악랄한 보안사, 안기부, 대공분실 등은 하루빨리 이땅에서 사라져야 합니다.

우리는 또한 군부독재를 지원하고 조종하는 미국등의 외세를 이 땅에서 몰아내야 합니다. 외세를 몰아내고 군부독재를 끝장내는 것, 이것이 오늘 우리 노동자들의 어깨에 걸린 숭고한 사명임을 잊지 말아야 합니다.

울산 노동형제 여러분!
공장의 민주화로 우리들의 생존권과 빼앗긴 권리를 되찾읍시다!
군부독재를 끝장내고 사회의 민주화를 위해 투쟁합시다!
미일 외세를 쫓아내고 자주적 민주 정부를 수립합시다!

3. 어떤 탄압과 방해도 단결로 뚫고 계속 전진합시다.

6.29 발표 후 불과 보름만에 전국 33개 사업장에서 노조가 결성되었읍니다. 광부들도 택시 기사들도 빼앗긴 권리를 찾기 위해 떨쳐 나섰읍니다. 드디어 우리 노동자들이 이나라 민주화 대열의 선봉에 나서기 시작하였읍니다. 공장에서도 도로에서도 탄광에서도 사람다운 삶과 민주적 권리를 되찾기 위해 우리들의 함성은 뜨겁게 뜨겁게 퍼져나가고 있읍니다.

특히 우리 울산의 노동형제들은 전 노동자들의 투쟁을 앞장서서 이끌고 있읍니다. 7월 5일 현대엔진 노동자들이 현대 재벌의 높은 담을 부수고 드디어 민주노조의 깃발을 자랑스럽게 세웠읍니다. 뒤를 이어 15일에는 현대 미포조선 노동자들도 회사측의 탄압을 무릅쓰고 노조를 결성하였으며 민주노조를 건설하려는 노동형제들의 열기는 현대그룹은 물론 온 울산의 모든 공장들에 들불처럼 번져나가고 있읍니다. 참으로 우리 울산 노동 형제들은 전국 어느 곳의 노동자들 보다도 앞서나가는 위대한 노동자들 입니다. 이 긍지, 이 자부심을 가지고 끝까지 투쟁할 때 거슬릴 것이 그 무엇이겠읍니까.

그러나 이 싸움은 결코 쉽지만은 않읍니다. 자본가, 사장놈들의 교활한 방해가 시작되고 있읍니다. 7월 21일 현대 중공업에서는 회사측의 사주로 어용노조가 결성되어 민주노조 건설을 갈망하던 현중노동자들을 분노케 하고 있읍니다. 더욱 더 개탄스러운 것은 노총 금속노련 조직부장이란 자가 이를 배후지원하였다는 사실입니다. 우리는 애써 만든 노조를 어용화 하고 파괴하려는 회사의 책동과 맞서 싸우며 어용노총과 노동귀족들의 입김을 경계해야 합니다. 또한 어용노조가 있는 사업장에서는 이를 민주노조로 고칩시다. 우리 조합원 대중이 주인이 되어 노조운영에 적극 참여하고 조합원 대중의 요구를 철저히 반영할 때 그리고 다른 민주노조들과 튼튼히 연대한다면 그 어떤 탄압과 술책에도 꺾이지 않고 계속 전진해 나갈 것입니다.

울산 노동형제 여러분!
민주노조를 건설하고 어용노조는 민주화하여 그 깃발아래 강철같이 단결합시다!
울산의 15만 모든 노동자들이 하나같이 연대하여 공동으로 투쟁합시다!
4천만 국민들의 선봉에 서서 외세가 없고 독재가 없는 자주적인 민주조국을 건설하는 그날까지 끝까지 투쟁합시다.

□ 우리의 주장

* 민주노조 건설하고 어용노조 민주화하자!
* 8시간 노동하고 생활임금 보장받자!
* 노동악법 폐지하고 노동3권 쟁취하자!
* 노태우에 속지말고 군부독재 타도하자!
* 독재지원 내정간섭 미국은 물러가라!
* 노동자가 앞장서서 자주적 민주정부 수립하자!

1987. 7. 24.

조국의 민주화와 노동자의 권익을 위해 투쟁하는 노동자 일동

6월 항쟁 계승하여

민주노조 건설하자!

노동소식

발행처: 부산 민주 노동자 투쟁위원회

발행일: 1987년 7월 25일

제 1 호

노동조합 결성투쟁 들불처럼 타오르다!

전국 노동자의 민주 행진!

이 땅의 전체 민중이 떨쳐 일어나 마침내 전두환.노태우 군사독재정권을 굴복시켜 6.29직선제쟁취를 이룩한 이때, 빛나는 6월항쟁의 정신을 이어받은 우리 노동자들이 전국에서 노동조합결성, 어용노조 민주화, 노동조건 개선투쟁을 속속 단결하고 있다. 그토록 땅땅거리며 노조결성을 짓밟던 재벌회사 현대에서는 현대엔진에 이어 현대미포조선, 현대중공업에서도 노동자들의 굳센 단결로 노조결성을 쟁취하였다. 울산의 현대미포조선에서는 우리 노동자들의 노조결성을 짓밟기 위해 깡패들을 시청에까지 난입시켜 접수중인 노조결성 신고서류를 탈취하는 등 기업주의 온갖 악랄한 탄압에도 굴하지 않고 끝내 승리하고야 말았다. 7월 들어 무려 30여개의 민주노조가 결성되고 100여 사업장에서 노조결성을 준비하고 있으며, 지금까지 기업주측에 빌붙어 우리 노동자를 짓밟아 온 어용노조를 몰아내고 민주노조를 쟁취하기 위해 곳곳에서 투쟁하고 있다. 운수노동자인 택시기사 역시도 임금인상, 취업카드 철폐, 각종 노동조건 개선, 조합장 직선제쟁취 투쟁에 한몸이 되어 일어나고 있고, 죽음의 위험속에서도 땅밑에서 석탄을 캐는 광산노동자들도 그 열악한 노동조건 개선을 위해 용감히 투쟁, 승리하고 있다.

온 민중의 줄기찬 투쟁을 바탕으로 대통령직선제 개헌을 쟁취하였듯이 우리 노동자에게 응당 보장되어야 할 정당한 권리도 역시 스스로 단결하고 투쟁하여 쟁취하지 않는 한 결코 저절로 얻어질 수 없음은 명백한 사실이다. 재벌의 대변자인 민정당은 노동운동의 자유를 헌법에 분명히 하기를 머뭇거리며 내무부장관, 치안본부장을 시켜 '집단행동 엄단' 운운하며 우리 노동자를 협박하고 있다.

6.29 민주화조치의 온갖 그럴듯한 말에도 불구하고 우리 민중이, 우리 노동자가 진정으로 원하는 민주화를 아직 완전히 물러가지 않은 저 군사독재가 할 리가 없다는 사실을 모르는 노동자는 이제 없을 것이다. 우리의 인간다운 삶은 오직 우리의 손에 의해서만 만들어질 수 있는 것이다. 이렇게 우리가 단결, 투쟁하여 승리하여 나갈 때 노동자를 비롯한 민중이 주인이 되는 민중의 세상은 결코 먼 미래의 일이 아니라 바로 우리 손에 쥘 수 있게 될 것이다.

부산 민주노동자 투쟁위원회에서는 뜨거운 전국의 노동자 투쟁 소식을 부산 노동자와 함께 기뻐하고 축하하며 우리의 투쟁을 다짐하고자하는 뜻에서 소식지를 발간한다.

전국 노동자들의 이러한 굳센 단결, 과감한 투쟁에 우리 부산노동자들은 열렬한 지지와 일치된 단결로 나아가자!

전국에서! 7월 들어 33곳서 조직

현대엔진에 이어 현대미포조선 노조결성

현대미포조선 노동자들의 외침

※ 민주노조 결성하여 민주노동사회 만들자

※ 노조결성 탄압말라!

※ 생명을 위협하는 노동조건 개선하라!

※ 악덕재벌 몰아내자!

※ 보너스 인상 지급하라!

※ 사장은 물러가라

現代중공업도 노동組合 결성

진심으로 축하합니다!!!

민주노조결성의 열기를 모아

빼앗긴 권리를 쟁취하자!

철통같은 단결로 노동자 힘 보여주자!

東海광업소 百여명 임금인상요구 농성

운전사 就業카드 안전철폐 요구

7/16 동아 대책위 성명

勞組민주화실천委 발족

37개企業勞組 간부등 노총委長등의 直選制추진

鑛員들 한때 농성

太白 韓寶탄광 4百여명

부산에서!

성 명 서

친애하는 부산택시 16,000여 조합원 여러분!

전국 자동차 노동조합연맹산하 부산택시 지부장 선출을 연맹에서 임명한 것은 부당하게 생각하고, 이의 철회를 강력히 요구하며,

연맹은 노동조합의 자율적 권리를 보장하고 자 조합장들의 직접 비밀 무기명 투표로 [illegible] 한 것은 16,000여 택시조합원과 함께 이를 요구하고, 이의 시정이 없을시는, 조합장들은 우리의 주장이 관철될때까지 강력히 투쟁할 것을 밝혀두는 바입니다.

1987년7월3일

태광산업(반여 공장) 작업거부! 철야농성!

어용勞組퇴진등 요구
근로자千명 徹夜농성
泰光산업

23일 하오2시30분께 부산[illegible] 泰光산업 [illegible] 근로자 [illegible]여명은 「어용노조 퇴진」「사내복지시설개선」「보너스 [illegible]지급」등 14개항의 요구를 내걸고 회사 마당에서 3일째 철야 농성을 벌였다. 이들은 9백여명은 24일 상오 10시현재 농성을 계속하고 있다. 이날 농성으로 23일 하오4시 이후 작업이 전면 중단되고 있다.

(22일) 休가비지급 요구
6시간 작업거부

22일 하오2시께 부산[illegible] 구[illegible] (대표 [illegible]) [illegible] 2백여명의 회사측이 휴가일수를 줄이고 휴가비도 지급하지 않는다며 6시간동안 작업을 거부했다. [illegible] 현재 회사측이 [illegible] 까지 3일간의 휴가를 주기로 했으나 [illegible] 31일은 [illegible] 일 2일은 일요일이어서 실제 휴가 일수는 하루 뿐이라고 주장, 휴가일수를 4일로 늘리고 [illegible] 휴가비도 지급해줄 것을 요구했다. 이날 작업거부로 이 공장가 하오8시까지 가동되지 않아 이 공장 [illegible] 2천6 [illegible] 했다.

풍영, 국제상사 노동자들 어용 노조 타도, 사장독재 타도 결의!!

○ 풍영 노동자들의 결의!

유명신발 르까프 제조업체인 풍영노동자들은 기업주의 하수인 노릇만 일삼은 어용 노동조합의 민주화를 결의하였다.

지난 17일 풍영의 노조위원장 겸 만호는 본임조 대표인 400여 노동자들을 모아 놓고 20일부터 24일까지 5일간 '2시간 연장 작업'을 통보해 건 노동자들의 분노를 불러 일으켰다. 그렇잖아도 사장은 105% 생산목표를 내세워 헤아릴 수도 없는 연장, 잔업, 연근으로 노동자들을 부려먹고 있는 데, 노동자의 권익을 대변해야 하는 노조위원장이란 자가 마치 자기가 사장이니 되는 듯이 앞장서서 열을 올리다니---.

집합했던 모든 본임장들은 이에 항의하였으나, 조반장을 통해 마치 본임장들이 연장작업에 동의하여 결정한 것처럼 선전했다. 이에 풍영의 노동자들은 '어용노조위원장 겸만호는 물러가라!' '위원장을 직선제로 뽑자!' '부당한 연장계획 취소'를 주장하며 끝까지 투쟁할 것을 다짐하고 있다.

○ 국제상사 재단과 노동자들, 작업 거부!

국제상사내 2개 재단반 노동자들은 제2사업부, 제3사업부 간의 임금차별 철폐를 요구하며 17일 하루 작업을 거부하였다. 노동자들은 구포독에 모여 회사측의 부당함을 성토하였고, 이 사실을 눈치챈 관리자가 허겁지겁 달려와 양 부서간 임금차별을 없애겠다고 회유하여 다음날부터 작업에 임했다. 그러나 회사측은 다음날부터 주동자 색출에 혈안이 되어 해고 운운하며 협박하고 있다고 한다.

국제상사는 '1년에 한번 있는 임금 인상이' 시급 2원, 7원, 10원등 쥐꼬리만 하고, 보너스도 관리자들에게는 년 400%를, 생산직 노동자에게는 3년이상된 사람에게만 겨우 200%를 주는 등 차별대우가 극심하고 임금수준은 낮고 폭행과 산재 수준은 높기로 유명한 회사이다. 그런데도 회사정문앞에는 노동조합 간판이 버젓이 걸려있다니---.

한편 국제노동자들은 재단반투쟁을 유인물로서 알리고 함께 싸워 나갈 것을 결의하였다.

자 이제 우리는 무엇을 할것인가?

40만 부산 노동자 여러분!

군세게 단결하여 군사독재 타도, 사장독재 타도의 대열에 당당히 참여합시다. 민주화는 결코 '선언'만으로 되지 않습니다. 온 민중의 가열찬 투쟁으로 직선제가 이루어졌듯이, 또 다시 우리 민중을 속이려 하고 있는 광주민중의 학살자 독재정권에 대항한 끊임없는 투쟁만이 이 땅의 참 민주주의를 이룩할 수 있는 길이며, 국민의 대다수를 차지하는 우리 노동자들의 안정된 일터, 충분한 임금과 휴식, 인간으로서의 존엄성과 노동의 숭고함이 존중되는 참민주주의를 쟁취하기 위해서는 우리가 다니고 있는 공장, 바로 그곳에서부터 단결하고 싸워나가야만 합니다.

이 더운 여름날, 찜통같은 작업장에서 죽어라 일해도 항상 가난으로 고통당해야 하는 이 현실을 깨치고 나가기 위해서는 지금 우리가 단결하여 싸워 나가야 합니다.

지금은 민중의 힘에 놀란 군사독재정권이 한발 물러난, 그래서 빼앗긴 우리 권리를 되찾을 수 있는 좋은, 아주 좋은 시기입니다. 지금 우리가 단결하지 않고 머뭇거린다면 우리는 우리의 자식들에게 또 다시 억압과 가난과 굴종의 굴레들을 물려주게 될 것입니다.

자, 지금 우리의 일터에서부터 동료들과 어깨를 걸고 힘찬 민주의 행진을 시작합시다!

다 함께 외칩시다.

- 노동조합 결성하자!
- 어용노조 몰아내고 민주노조 쟁취하자!
- 노동조건 개선하자!
- 부산노동자 단결하여 노동 3권 쟁취하자!
- 민중의 학살자, 노동자의 억압자 군사독재 끝장내자!
- 진정한 민주사회, 민주노동을 우리 손으로 이룩하자!

알립니다

부당해고, 산업재해, 체불임금 등 각종 노동문제에 대한 무료 법률 상담 안내

▶▶부산 노동법률상담소. 전화 25-5511, 23-5511

(각종 현장소식도 알려주시면 큰 도움이 됩니다!)

속보 **성남노동소식**

1987. 7. 29.
발행처 : 성남민주화연합노동분과
49-3578

서우산업(주) 노동조합 드디어 결성되다!

1. 노동자의 단결로 노조결성하고 보너스 쟁취하다.

서우노조는 지난 7월21일 빗속을 뚫고 섬유노련에 가서 결성식을 하면서 드디어 탄생되었고 그 열기로 휴가보너스 30%와 유급휴가를 쟁취했다. 노조를 우리 노동자 손으로 만들었다는 자신감과 승리의 기쁨과 함께 서우노조는 앞으로 지속적인 노동자의 권익 쟁취를 위해 열심히 싸워나갈 것이며 모든 민주세력은 계속 지지해 나갈 것이다.

2. 우리의 단결된 투쟁이 승리를 가져온 것이다.

7월9일부터 시작된 임금인상 및 휴가보너스 쟁취 투쟁은 15일 유인문 배포, 17일 완성반을 중심으로 대치 근무 거부하고 18일 급기야 150여명을 주축으로 현장동료들과 합세, 작업거부농성을 벌였다.

이에 놀란 회사측은 노동자를 기만하는 무성의한 교섭만을 벌여 농성을 20일까지 이어졌다.

20일 싸움의 열기를 빼기위해 교섭을 질질끌고 이간질시키며 돈으로 매수, 협박, 호텔 등으로 납치, 회유하는 작태속에서도 노조를 결성하려는 의지를 모아 21일 노조결성과 보너스를 쟁취하였다.

3. 서우산업(주)는 이런 회사였다.

성남제2공단에 위치한 서우산업은 올해초 리바이스 가죽의류, 수성등에 오리털 파카를 인수하여 사세를 확장, 1천여 노동자가 일하는 성남제1의 봉제 공장으로 부상하였다.

열악한 근로조건과 감옥같은 기숙사, 돼지짬밥같은 식사등 1천2백불 수출목표의 달성에도 불구하고 적자라는 이유로 올해 임금도 200~300원의 차등지급 하였고 휴가비도 1만원, 하루뿐인 휴가를 주는등의 악랄한 회사였다.

이에 임금인상과 근로조건 개선을 요구하는 재단사들에게 사표를 강요하고 권리를 적극적으로 주장하는 노동자를 감시 미행하는 부당한 회사였다.

불만이 있어도 "우리 회사는 할 사람이 없다" "그저 주는데로 일 할 수 밖에 없지"라는 패배감에 빠져 노동자는 10시간의 장시간 저임금노동에 시달리고 있었다.

4. 회사측의 노조에 대한 방해공작은 계속되다.

노조가 결성되자 회사측은 노조에 가입한 조합원에게 사표와 탈퇴를 강요하고 노조가입 무효화 각서를 쓰게 하는등 노조파괴 공작을 계속하고 "노조가 있으면 회사가 망한다" "노조에 가입하면 구속되고 다른 회사에도 취직할 수 없다"는 등의 악선전을 해댔다.

5. 노동자의 단결된 싸움만이 노동현장의 민주화의 열쇠이다.

노동자의 생존권을 무시한 6.29노태우선언의 허구성을 폭로하는 서우산업(주)의 싸움은 노동현장의 민주화는 바로 우리 노동자의 단결된 힘에 의해서만 얻어 낼 수 있다는 것을 알게 해주었다.

성남의 8만노동자여!

우리를 둘러싼 모든 억압과 굴종을 떨치고 일어나 노동현장의 주인으로서 역사의 주인으로서 싸워나갑시다.

O.M.C에서도 노동조합 결성 (회사관리자가(?))

제2공단에 위치한 OPC계열 회사인 O.M.C에서는 임금인상 11.6%와 식사질 개선, 강제잔업 철폐를 요구하며 단결된 힘을 보여 주면서 노동조합 결성을 준비하고 있었다.

노동자들의 단결에 놀란 회사측은 황급히 주도자 6명을 해고시키고 경찰은 이들을 공갈·협박하는 등 갖은 탄압을 가하였다.

그러나 이런 탄압에도 불구하고 해고된 노동자들은 해고의 부당성을 폭로하며 출근싸움을 계속 벌여왔다.

이에 현장동료들이 그 정당함에 뜻을 함께 하려는 움직임을 보이자 회사에서는 근거없는 갖은 악선전을 하면서 개별면담을 통해 "누구의 편이냐"라고 협박하며 각서를 강요하는 등 동료사이를 이간질 시켰다.

따라서 좀더 강력한 대응이 필요하게된 노동자들은 7월 14,15일 성남노동부 지방 사무소에 들어가 농성을 전개하였다.

이런 불굴의 투쟁은 드디어 7월24일자 복직명령서를 받게 되었다.

그러나 회사측에서는 27일부터 출근해 달라는 통지를 보내고서는 회사내의 반장, 조장들을 급히 모아 노조를 결성하고 금속연맹의 인준서를 붙여 시청에 설립신고를 하는 사기극을 연출하였다.

그런데 우리를 분노케하는 것은 회사의 어용노조 설립뿐만이 아니라, 노조결성에 대한 협조를 부탁한 노동자들의 자발적 요구를 바쁘다는 핑게로 차일피일 미루던 금속연맹이 노조가 회사측 관리자로 구성된 것임을 뻔히 알면서도 인준서를 내주고 협력한 사실이다.

이는 금속연맹이 노동조합을 회사측에 팔아먹은 것과 같은 행위이다.

그러나 300여 O.M.C노동자들은 어용노조를 진정한 노동조합으로 인정하지 않을 것이다.

이제 O.M.C의 투쟁은 해고자 복직투쟁 승리의 열기를 몰아 노조의 민주화, 진정한 노동자의 조직으로서의 노동조합으로 변화시키는 싸움을 전개해 나갈 것이다.

※ 노조가 있는 회사의 경우 노조가 노동자의 진정한 대변자 역할을 하는가 토론을 해보고 회사측의 이익에만 봉사하는 어용노조일 경우 진정한 노동자의 권익에 앞장서는 민주노조가 되도록 노력합시다.

곳곳에서 일어나는 노동자의 단결된 투쟁

※ 2공단내 동화통상 (완구 생산업체) 에서는 7월26일 여름휴가 보너스 30%지급과 유급휴가 26일 대치근무의 특근처리등의 요구를 내걸고 요구조건을 적은 유인물을 돌리며 전체가 작업을 거부하며 농성하였다. 회사측에서는 요구 조건을 들어주지 않으려고 갖은 술책을 쓰다가 결국 노동자의 단결에 무릎을 꿇고 요구 조건을 전부 수락하게 되었다.

※ 하대원에 액자와 장식용 그릇을 생산하는 영진산업은 위험물을 취급하는 사업장이면서 작업복을 지급하지 않고 위험수당, 환기시설도 없이 기름기라고는 찾아볼 수 없는 똑같은 반찬을 3년째 먹으며 일해왔다. 27일 그전에 요구했던 식사질 개선의 약속이 지켜지지 않자 점심식판을 엎어 버리고, 빗속에서 도로를 점거하는등 전원 파업을 전개하였다. 이같은 영진산업 노동자의 과감한 투쟁은 지옥같은 작업환경의 다른사업장 노동자에게 좋은 선례가 될 것이다.

우 리 의 각 오

금번 7월 27일부터 7월 29일까지 사내의 농성을 야기하여 공장의 조업은 물론 회사업무수행에 막대한 지장을 초래한 점에 대하여 저희 민주노동추진 위원회와 사원일동이 진심으로 사죄합니다.

동시에 본 농성기간 동안 파괴한 기물이나 시설물의 복구에 사원들이 일치단결하여 노력할 것을 약속드리며 보다 생산성 향상과 품질안정에 주력할 것을 명세하면서 다음사항을 요구합니다.

--- 요 구 사 항 ---

1. 향후일체의 이러한 농성이 야기되지 않도록 할 것을 다짐하며 금번 농성에 가담한 사원에게 사규에 의한 어떠한 책임도 묻지않도록 바랍니다.

2. 이러한 사태가 재 발생할시는 어떠한 불이익도 감수하겠사오니 본 농성으로 인하여 민형사상 및 인사상 일체의 불이익이 돌아오지 않도록 노력하여 주시기 바랍니다.

3. 농성 기간중에 발생한 근무 이탈시간은 근무한 것으로 인정하여 주시기 바랍니다.

4. 회사는 합법적으로 새로이 신설되는 민주노조의 교부신고 필증을 인정하여 주시기 바랍니다.

5. 회사는 민주노동추진위원회에서 새로운 임원을 노조집행부로 구성하는 제반업무를 볼수있는 시간의 할애및 장소를 제공한다.

1987년 7월 29일

동양나이론 폴리에스터 (株) 민주노동추진위원 일동

상기사항을 확약함

동양 나 이 론 (株) 울산공장 공장장 이 중 성

동양폴리에스터 (株) 울산공장 상무이사 이 중 길

"8시간 노동하여 생활임금 쟁취하자"

—현중 노조 개편 대책 위원회 경과 보고—

7월 28일(화)부터 뜨겁게 달아오른 민주노조의 열망이 전 노동자의 피끓는 함성으로 천지를 뒤흔든다.
'나에게 빵을 달라. 배가 고프다'
아! 이 아픔은 그 누가 알아 줄것인가?
임금 인상 25%, 고가 차등제 폐지(상여금 차등제 폐지)
그동안 말못하고 억눌려 왔던 전 노동자의 소원은 결국 이루어지지 않는단 말인가?
29일(수) 우리의 요구 사항으로
- 안전 재해자에 대한 목욕탕, 이발소 운영권 인계.
- 안전 재해자 평생 생활 대책 보장
- 출근 시간 아침 8시로 실시 (춘하추동)
- 식사 처우 개선.
- 작업전 체조, 작업시간 인정및 중식 시간 체조를 1시에 실시.
- 훈련소 출신과 공채 입사자의 임금 격차 해소.
- 두발 자율화.
- 3박 4일의 유급 휴가 소급 실시.

그러나 이것으로 배고픔을 면할수 있겠는가?
전 노동자는 원한다.
'임금인상, 상여금 차등제 폐지'
이의 관철을 위해 대책 위원회에서 전 경영진과 29일 19시 1차 협상에 들어 갔으나 결렬되고 22시 2차 협상 에서도 시간을 두고 해결하자는 회사측의 요구에 끝내 합의에 이르지 못하였다
이에 본 대책 위원회 에서는 전 노동자의 소원이 이루어 지는날까지 집회를 계속 할것이며 대책 위원 전원은 무기한 단식 투쟁에 들어 갈것을 천명 하는 바이다.
현중 전 노동자 제위 께서는 이제 시작하는 마음으로 함께 손을 잡고 계속적인 투쟁에 적극적인 지지를 호소 합니다.

1987. 7. 30.

—현중 노조 개편 대책 위원회—

"현중 노동자 단결하여 민주노조 이룩하자"

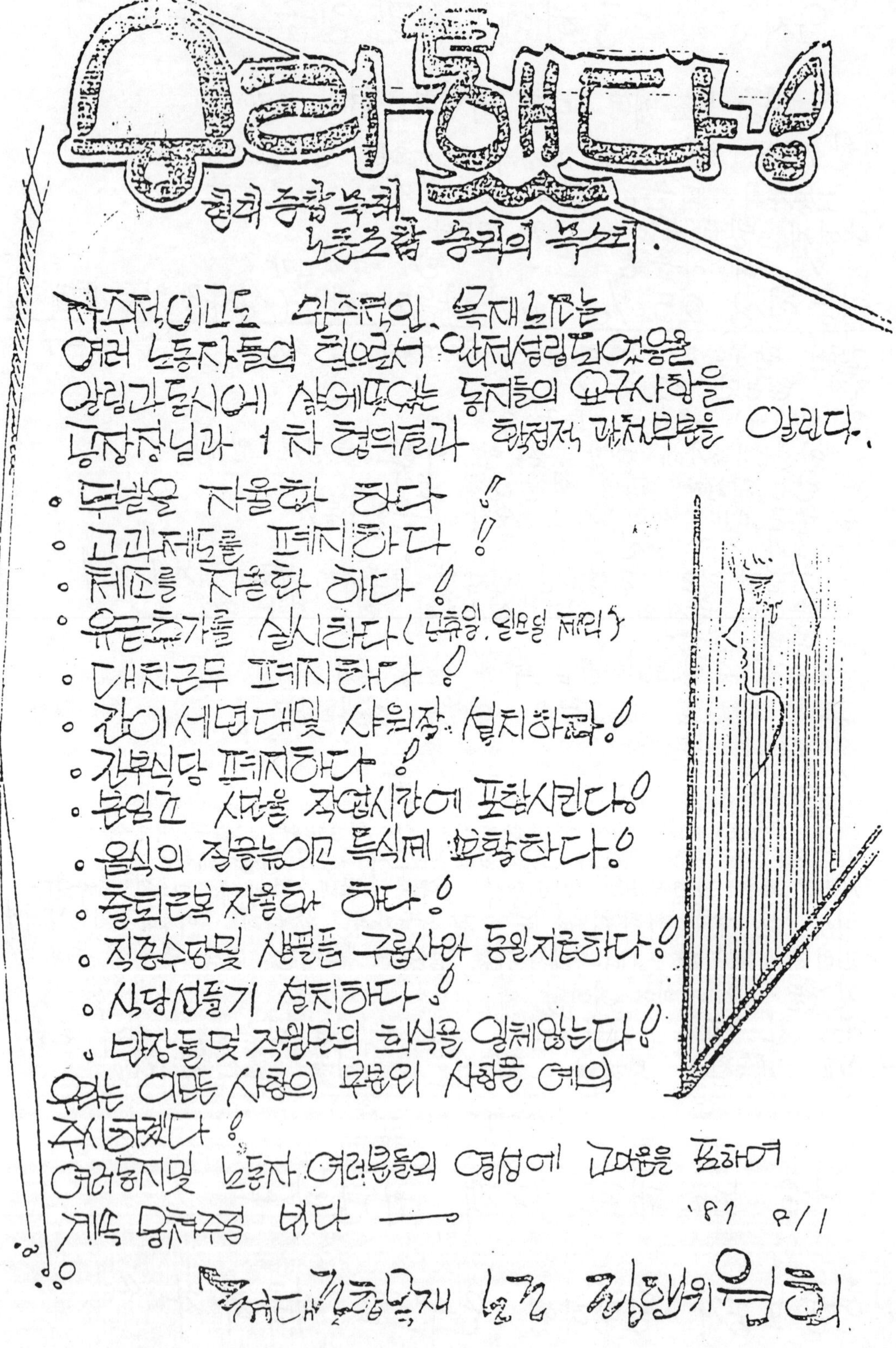

승리했다!

권리쟁취 목재
노동조합 승리의 목소리.

저주받아고도 성주목업, 목재노조는
여러 노동자들의 힘으로서 완전설립되었음을
알림과 동시에 삶에 뜻있는 동지들의 요구사항을
공장장님과 1차 협의결과 확정적 관철부분을 알린다.

- 두발을 자율화 하다!
- 고과제도를 폐지하다!
- 복장을 자율화 하다!
- 유급휴가를 실시하다 (근무일, 일요일 제외)
- 대기근무 폐지하다!
- 간이세면대 및 샤워장 설치하다!
- 간부식당 폐지하다!
- 분임조 시간을 작업시간에 포함시킨다!
- 음식의 질을 높이고 특식제 부활하다!
- 출퇴근복 자율화 하다!
- 직종수당 및 생필품 구입사와 동일지급하다!
- 식당 선풍기 설치하다!
- 반장들 및 직원들의 회식을 일체 않는다!

우리는 이모든 사항의 부분의 사항을 예의 주시하겠다!
여러동지 및 노동자 여러분들의 열성에 고마움을 표하며
계속 동참해주길 바란다 ——

'87 8/1

「성대광목재 노조 집행위원회

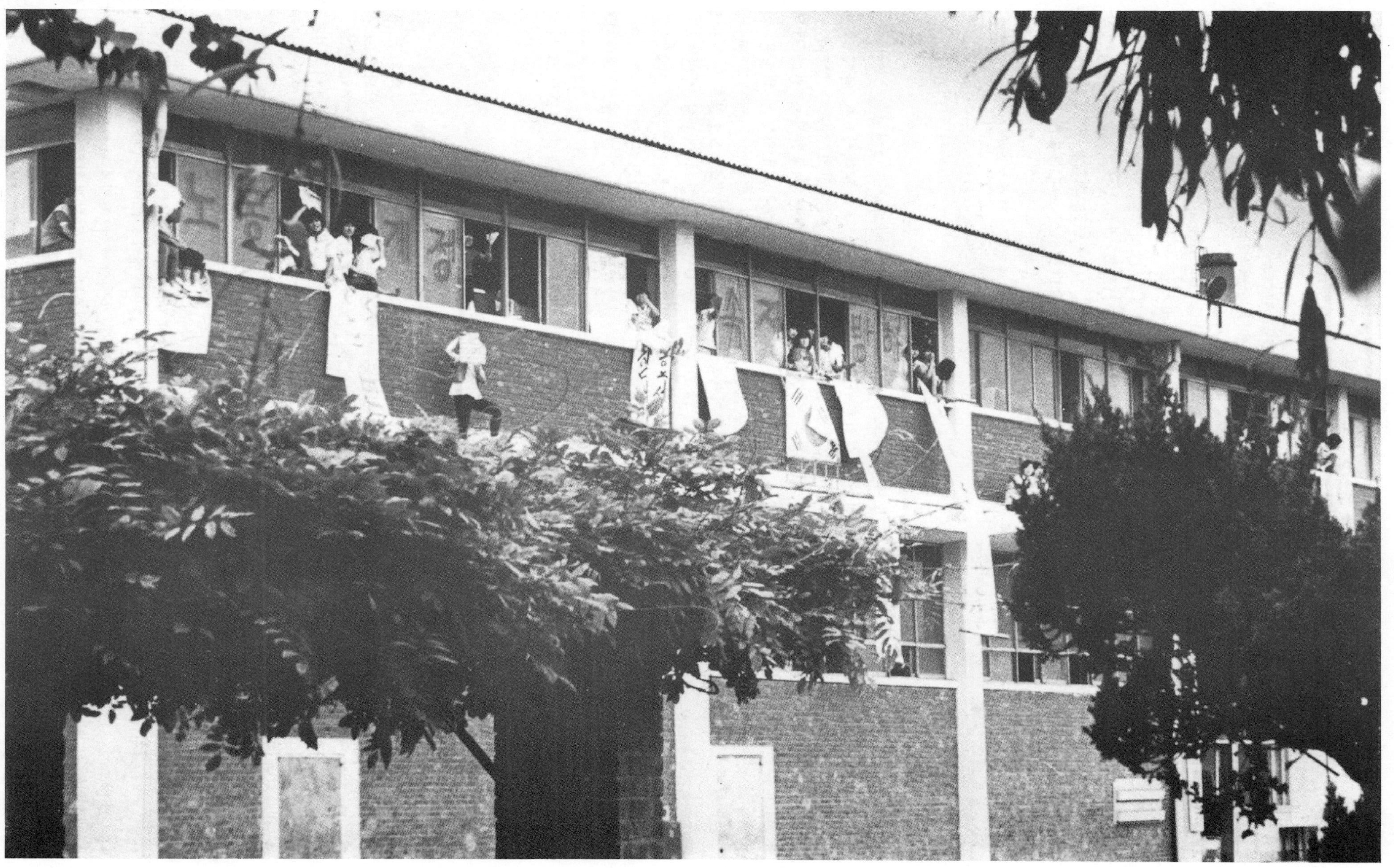

임시혁명정부수립투쟁으로 사상의 자유 쟁취하자.

군부독재타도의 함성이 전국을 휩쓸었던 6월투쟁은 잔정 상상을 뛰어넘는 민중의 장거였다. 국민학생에서부터 할머니 할아버지까지 "독재타도!", "민주쟁취"를 외쳤던 일련의 투쟁상황은 민중이 얼마나 독재의 억압에 치를 떨고 '민주'를 목말라했던지를 행동으로 보여주었다. 이러한 행동이 파쇼정권에 대한 단순한 민주화의 욕구나 요구가 아니었음은 물론이다. 이는 파쇼정권이 남아있는한 민중의 권리는 영원히 보장될 수 없다는 믿음으로부터 나온 민주화를 이룩하려는 절박한 외침이었다. 그러나 지금 파쇼정권은 소위 민주화 8개조항을 내걸고 민중의 혁명적 열기를 잠재우는 한편 민주화의 주도권을 가로채려하고있다. 과연 이들이 말하는 민주화조치란 어떻게 실현되고 있는가?

아직도 수백명의 투사들이 파쇼의 사슬에서 풀려나지 못하고 있으며, 구속자 석방을 외치던 대중집회에서는 파쇼의 각목과 돌이 우리들의 머리위를 난무했다. 또한 노동현장에서 노동자들이 "8시간 노동제"와 "임금인상", "노조결성"을 요구하며 이를 스스로 쟁취하기위한 투쟁을 또다른 폭압으로 억누르고있다. 폭압의 현실은 여전히 존재하며, 민중의 해방을 향한 투쟁은 현장노동자들의 투쟁으로 계속 타오르고있다.

군부파쇼정권은 민중의 사상의 자유를 어떻게 억압하고 있는가?

노태우는 "자유민주주의의 기본질서를 부인한 반국가사범, 살상, 방화, 파괴등의 극소수를 제외한 모든 시국관련사범들도 석방" 하겠다는 소위 6.29선언을 내놓았다. 그러나 군부독재타도를 위해 가장 헌신적으로 투쟁해온 민주투사들을 뻔뻔 유보조항이나 전제로 다시 감금해 놓는 것이 저들이 말하는 진정한 민주조치의 실현이란 말인가? 더구나 정치범의 석방문제는 개개인의 차원에 국한되는 것이 아니라 특정의 정치적 입장을 허용하거나 탄압하는 기준을 드러내준다는 점에서 매우중요하다. 저들은 정치범의 석방기준을 "국가보안법 위반 구속자중 좌경의식의 정도가 낮아 재범의 위험성이 없다고 판단된 경우"와" 집시법 위반자및 위장취업자, 사안이 격렬하지않은 폭력사범 구속자"로 설정했으며" 폭력혁명론을 신봉하는자, 민중공화국 수립을 주장하는자, 폭력, 방화 등의 혐의가 함께 적용된 사범"을 소수 극렬사범이므로 제외된다고 규정했다. 군대와 경찰의 무장력으로 민중탄압을 일삼아온 파쇼정권을 민중의 무장력으로 타도하자는 것, 그리고 소수독점재벌과 반동군부를 위해서만 존재하는 파쇼공화국이 아닌 민중이 직접 참여하여 주권을 행하는 민중공화국을 수립하자는 것이 왜 석방대상에 제외되어야 하는가? 이렇게 파쇼 세력의 존립을 부정하는 진정한 민주주의노선을 자유민주주의라는 이름하에 매도하는 논리야 말로 저들의 개량책이 얼마나 허구적이며, 어떠한 한계가 있는가를 가장 선명히 보여주는 것일 뿐이다.

민주당을 비롯한 보수세력들은 파쇼권력과의 타협에서 무엇을 얻고자 하는가?

민주당을 비롯한 보수세력들은 군부파쇼정권에 의해 주어진 개헌협상의 책상에 연연해 하면서도 민중의 이름으로 파쇼정권에 압력을 가하고있다. 그러나 금번 구속자 석방에 대해 민주당은 "스스로가 공산주의자라고 인정하는 이외의 모든 구속자는 전원 석방되고 미복권자는 전원 복직되어야 한다"고 선언하며 이번 조치에 제외된 소위 사회주의 신봉자들은 제외되어도 마땅하다는 입장을 표명하고있다.

이땅의 수많은 정치범은 바로 파쇼정권의 지기반을 강고히 하기위한 정치적 탄압의 소산이며, 이는 바로 파쇼정권이 완전히 타도되지 않는 한 정치적 탄압은 지속될 수 밖에 없음을 말함이다. 따라서 "구속자 완전석방"과 "수배해제" 는 단순히 현정권의 기만성을 폭로하는데 그치는 것이 아니라 파쇼의 완전한 타도와 사상의 자유를 쟁취하는 민주주의 혁명으로 나아갈 수 밖에 없는 것이다. 국민운동본부의 "모든 양심수 석방"의 요구는 파쇼의 존립을 전면 부정하며 진정한 민주주의를 쟁취해야 하는 민중해방투쟁을 매도하는 파쇼정권의 개량적 책략에 쐐기를 가하게 되는 것이다.

사상의 자유를 쟁취하여 만들어지는 민주주의는 모든 사람이 자신의 정치적 입장을 자유롭게 발표하고 그 입장의 실현을 위해서 행동하는것, 그 입장의 정당성을 국민 대다수의 지지에 의해 결정되는 것을 말함이다. 그런데 민주당과 보수세력들은 군부파쇼정권에 반대하면서도 민중혁명을 두려워한 나머지 "비폭력 민주회복", "비용공 조국통일", "비반미적 민족자주" 를 거리낌없이 내걸고 있다. 구속자 석방에 있어서도 사실상 공산주의자는 제외되어야 한다는 것은 민중에게 완전한 자유가 아니라 반쪼가리 민주화, 반쪼가리 자유만을 허용하겠다는 것이 아니고 무엇인가? '전면적 정치적 자유'는 민중의 힘이 가장 명확히 성장할 수 있는 환경인 것이다. 민중의 힘에 의한 정치적 자유쟁취를 민주당이 "비용공, 비폭력 민주회복 "이라는 말로 폭발적인 민중의 힘을 무마시키려는 것은 그들이 내건 민주화의 한계성을 드러내 주는 것이다.

완전한 정치적 자유는 어떻게 쟁취될 수 있는가?

직선제 개헌이라는 단순한 표제로, 선거를 통해 재집권을 노리는 파쇼정권은 절대로 민중의 권리를 보장하지 않을 것이며, 민중해방을 절대로 용인하지 않을 것이다. 그렇다면 민주당은 어떠한가? 현장에서 일어나는 노동자투쟁에 어렵게 얻어진 직선제 개헌조차 이루어내지 못한채 군부의 힘에 짓밟히지는 않을까하는 불안에 휩싸여 있는 상황에서 노동자 투쟁에 일언반구도 못하고 있는 그들이 어떻게 민중의 정치적자유, 사상의 자유를 보장해 줄 수 있는가? 사회적 명망가로 모여있는 국민운동본부도 파쇼하의 선거혁명을 주장하며 무조건적이며 완전한 정치적 자유를 헌법상의 자유만으로 축소시키고있는 이 상황에서 민중의 파쇼로부터의 완전한 해방이 보장되겠는가?

헌법조항의 이러저러한 요구사항의 싣는 것이 중요한 것이 아니다. 헌법이 아무리 좋아도 그것을 누가 실시하느니에, 그리고 누가 진정 그것을 실현해내느냐에 따라 달라지는 것이다. 아무리 유보조항을 넣지않고 민중의 권리를 보장한다고 하지만, 파쇼정권이 여전히 남아있는한, 파쇼정권으로부터 자신의 이익을 보다 많이 얻어내기위해 타협적인 모습을 취하는 민주당이 있는한, 그리고 아직도 파쇼의 정치적 탄압의 볼모인 정치범이 양심수와 좌경분자라는 테두리에서 완전석방이 이루어지지 못하고 있는 한, 민중의 정치적 자유의 완전한 보장은 또다시 허구의 탈을 뒤집어 쓸 수 밖에 없는 것이다.

우리는 정치적 자유가 어떠한 조건도 없이 전면적이고 완정히 쟁취되어야 함을 주장한다. 이는 분산적으로 일어나는 민중투쟁을 하나의 무장된 힘으로 결집시켜, 군부파쇼정권을 완전히 타도하고, 민중에 의해 제헌의회가 소집되어 민중의 헌법이 제정되어야 가능한 것이며, 이는 바로 과도적 민중권력인 임시혁명정부가 수립되어 이에의해 완전히 쟁취될 것이다. 더나아가 민중의 정치적 자유를 지속적이며 안정적으로 보장하고 제국주의의 사슬을 끊고 한반도의 통일을 보장하며 민중해방을 진군해 나가는 진정한 민중의 권력이 쟁취되어야 한다. 이 땅의 제국주의의 예속으로부터, 파쇼적 억압으로부터, 민중이 해방될 수 있는 것은 지금의 파쇼권력도, 민주당이 집권하여 만들어내는 민주정부도 아닌 바로 민주주의 민중공화국만이 가능하게 할 것이다.

자! 거리거리에서 쏟아져 나왔던 "독재타도 "의 불길을, 현장의 " 8시간 노동제 ", "민주노조건설의 노동자투쟁을, 농토에서 쫓겨나 다시 주거의 땅에서까지 쫓겨나와야 했던 도시빈민들의 생존권투쟁을, 농토에 쏟아넣은 피와 땀을 몇조각의 지폐로밖에 받지 못하고, 늘어만 가는 부채에 짓이겨 지금 이순간도 고향을 등질 수 밖에 없는 농민의 고통을, 자신의 생존까지 짓밟힌 권리를 아직도 입과 귀 그리고 눈까지 가려져 '민주 '를 목말라한 모든 민중의 현실을 단순한 헌법조항의 개선으로 무마시키지 말자!

이제 민중은 정치적 자유를 완전히 쟁취하는 것을 갈구한다. 이는 바로 민중의 분산된 힘을 모아 과도적 민중권력인 임시혁명정부 수립투쟁으로 이끌어 진정한 민중의 자유를 쟁취해 나가자!

1. 진정한 언론, 출판, 집회, 결사, 사상, 학문의 자유는 민중의 힘에 의해 쟁취되어야 한다.
1. 파쇼의 존립을 인정한 파쇼와의 개헌협상을 결사 거부한다.
1. 구속자 석방투쟁을 사상의 자유, 정치적 자유 투쟁으로 발전시키자.
1. 울산, 부산, 서울등의 노동자파업투쟁을 적극 지지한다.
1. 군부파쇼정권 타도하고 파업의 자유 쟁취하자.
1. 노동자파업투쟁을 군부파쇼정권의 완전타도를 향한 정치파업투쟁으로 발전시키자.

노동자여! 전 민중이여! 군부파쇼를 완전타도하고 임시혁명정부 수립을 위한 정치투쟁에 총 매진하자!

1987. 8

민중해방노동자투쟁위원회

일천만 노동자의 분노를 모아 선언한다.

지난 6월의 민주항쟁 과정에서 우리 노동자들은 죽음의 고역같은 이 쓰라린 고통의 굴레른 벗어던지고, 민중의 민주적 제권리와 생존권이 완전히 보장되는 참된 민주사회를 쟁취하기 위해, 두주먹 불끈쥐고 수많은 민중과 함께 뜨겁게 싸워왔다. 최루탄에도, 몽둥이에도, 감옥에도 결코 굴하지 않고, 군부독재와 이를 조종 비호한 미국에 단호히 맞서 싸운 우리 노동자와 민중의 이 강철같은 투혼은, 마침내 저들을 굴복시켜 저들로 하여금 노태우를 앞세워 민주화선언을 내놓을 수 밖에 없게 하였다.

그 때 이후 우리 노동자들은 우리가 쟁취한 이 작은 승리를 정치의 장(場)에서부터 개별공장에 이르기까지 전면적으로 확대시켜, 모든 영역에 걸친 실질적 승리로 바꾸어 내기 위해 '군부독재의 완전퇴진' '민정당을 제외한 범민주세력에 의한 헌법개정' '해고 노동자의 완전복직' '노동삼권의 완전쟁취' '민주노조 쟁취' '임금인상' '노동조건 개선' 등 절박한 여러 요구들을 내걸고 전국 곳곳에서 몸부림치며 싸워왔다. 고통의 굴레에서 벗어나 인간답게 살아보려는 우리 노동자의 간절한 열망은 마침내 전국 방방곡곡에서 봇물 터지듯 힘차게 터져나오게 된 것이다.

1. 노동운동에 대한 군부독재와 자본가의 폭력적 탄압을 즉각 중지하라.

우리 일천만 노동자는 노태우의 6.29선언 이후 한달동안 우리 스스로의 피나는 투쟁과정을 통하여 하나의 기본적인 사실을 다시 한번 확인했다. 우리 노동자와 민중을 위한 민주주의는 아직도 너무나 멀리 있다는 것을! 노태우의 6.29선언은 군부독재와 이를 비호 조종하는 미국이 우리 노동자와 민중을 잠시 속이고 다시 권좌를 휘어잡기 위해 내놓은 교활한 기만책일 뿐이라는 것! 저들이 말하는 민주화란 실은 노동자와 민중의 절박한 요구들을 외면한 소수 자본가들만의 민주화일 뿐이라는 것, 바로 그것이다. 그렇다! 우리 노동자와 민중의 열망을 가로막고 있는 군부독재는 아직도 완전히 물러나지 않았으며, 군부독재를 조종 지원하며 우리를 짓눌러온 미국의 억압도 끝나지 않았다. 우리의 힘에 내몰려 임시 후퇴한 저들은 바로 그 위치에서 우리 노동자와 민중을 옥죌 억압의 사슬을 다시 꺼내 갈고 있을 뿐이다. 보라! 부산의 국제상사와 인천의 남일금속에서 자본가들이 백주 대낮에 자행한 치떨리는 모습을! 그들은 우리 노동형제들이 '노동조건의 개선'을 원한다고, '민주노조 수립'을 주장한다고 깡패구사단을 동원하여 쇠파이프, 각목 등으로 무차별 난타하는 만행을 저질렀다. 또한 군부독재는 백주 대낮에 폭행을 자행한 자본가들에 대해서는 아무런 법적 제재도 가하지 않고 오히려 그들의 폭행을 부추기며 난타당하여 초죽음에 이른 우리 노동자들을 연행하고 구속하는 만행을 저질렀다. 울산의 현대정공을 보라! 어찌하여 경찰이 정당한 요구를 내걸고 파업중인 노동자들에게 최루탄을 130여발이나 쏘아대고 김영규씨 등 노동자 125명을 연행한 후 무슨 죄인처럼 수갑까지 채운 채 철야조사하는 만행을 저지를 수 있단 말인가. 군부독재는 여전히 소수 자본가들의 편일 뿐이며, 우리 노동자들을 짓밟는 자본가들의 강력한 방패막인 것이다.

2. 노동운동에 대한 매스컴의 왜곡·편파보도를 즉각 중단하라.

이찌 그 뿐인가? 저들은 우리 노동자의 생존권 투쟁을 '사회불안을 야기하고, 순조롭게 진행되고 있는 민주화 협상 분위기를 깨뜨릴 불안요인'으로 규정하면서 여론을 동원하여 우리 노동자의 정당한 요구를 왜곡시키고 있다. 또한 각 일간 신문사와 KBS, MBC 등 방송은 여기에 앞장서서 우리의 투쟁이 왜, 무엇 때문에 일어나는가를 밝히려 하기는 커녕 우리의 투쟁을 폭력분자의 난동으로 몰아붙이기 위해 '폭력성, 과격성'을 부각시키려고 안간힘을 쓰고 있다. 부산 국제상사 노동자들의 최소한의 인간다운 권리를 요구하는 투쟁에 대한 현재 언론의 치가 떨리는 작태를 보라! 회사측에서 일당 3만원씩 주고 매수한 70여명의 깡패들이 농성 노동자들에게 무차별 폭력을 행사해 62명이 중상을 입은 사태가 발생하였는데 그중 48명이 노동자이고 이들중 5명은 치명상을 입고 사망한 것으로 농성 노동자들은 추정하고 있다. 사실 구사단이 농성 노동자들을 강제로 해산시키기 위하여 돌덩이와 납덩이를 던지며 먼저 노동자들에게 폭력을 행사했다. 그런데 이 사건에 대하여 제도언론은 회사 노동자들끼리의 충돌이고, 농성노동자들의 자구책으로써 행사한 정당방위를 폭력행위·극렬난동이라는 식으로 왜곡보도를 하였다. 또한 이때 출동한 경찰은 폭력을 휘두른 깡패들에 대해서는 아무런 제재를 가하지 않고 오히려 폭력배들을 비호하였다. 29일 노사협의회에 출석한 노동자 대표들을 회사측이 경찰에 인계해 경찰버스에 갇혀있던 것을 시민 및 농성 노동자들이 구출했는데, 이러한 부분을 다루는 언론보도를 보면 노동자들의 열악한 노동조건이나 인상적인 관리자들의 폭행에 대해서는 한마디 언급도 없이 마치 노동자들이 너무 많은 요구를 내걸고, 대화를 하려는 자세가 안된 것처럼 왜곡보도하면서 노동자들이 사회의 민주화 분위기에 역행하고 있는 것 마냥 거짓 선전을 하고 있다.

누구를 손가락질하고 누구를 욕해야 할지 너무나도 분명한 일련의 사태를 편파보도하는 각 신문사와 KBS, MBC 방송의 작태에 우리는 분노한다. 또한 우리 일천만 노동자의 요구가 외면되는 민주화, 노동자의 민주노조 결성과 파업의 자유가 보장되지 않는 민주화, 해고 노동자들의 완전복직을 거부하는 소수 자본가들만의 민주화 놀음에 우리 노동자는 분노한다.

3. 새로운 헌법에 노동삼권과 생존권은 확실히 보장되어야 한다.

우리는 최근 발표된 민정당의 헌법개정안을 주목하고 있다. 노동자들의 단체행동권을 또다시 유보하고, 공무원들의 단결권을 전면적으로 거부하는 민정당의 개정안이 지금의 헌법과 다른 점이 도대체 무엇인가? 우리는 이러한 방향의 헌법개정을 단호히 거부한다. 또한 우리는 민정당이 만약 단체행동권의 유보조항을 흥정의 수단으로 이용하려 한다면 이를 결단코 묵과하지 않을 것이다. 노동삼권의 완전보장 없는 헌법개정은 노동자에게 무의미할 뿐이다.

노동자와 민중의 제권리와 인간다운 생활이 완전히 보장되는 진정한 민주화의 실현을 위해 결집한 우리는 이제 이상의 입장에 서서 우리의 구체적 요구를 다음과 같이 밝히며 이의 실현을 위해 끝까지 투쟁할 것을 엄숙히 선언한다.

우리의 요구사항

1. 노동삼권을 완전히 보장하라. 2. 노동자들의 생존권투쟁에 대한 탄압을 즉각 중단하라.
3. 각 신문사와 방송은 노동자들의 생존권투쟁에 대한 왜곡·편파보도를 즉각 중단하라.
4. 국제상사, 남일금속 등 백주대낮에 폭력을 자행한 주범들을 즉각 처벌하라.
5. 해고 노동자들을 즉각 원직에 복직시켜라. 6. 구속노동자들을 전원 석방시켜라.
7. 민주주의를 위해 투쟁한 우리 범 민족민주세력에게 민주주의 실현권을 넘기고 군부독재는 즉각 퇴진하라.

1987. 8. 5.

민주헌법쟁취노동자공동위원회

애국 시민 여러분께

세상에서 가장 아끼고 사랑하던 아들을 잃고 서러움과 울분을 삼키면서 종철아 잘가그래이. 아비는 아무 할말이 없대이. 라고 하시던 어느 아버님의 말씀을 대하고서 우리는 모두 눈물을 흘리지 않을 수 없었읍니다. 아마 눈물을 흘리지 않은 사람이 있다면 박종철 학우를 죽인 살인정권과 그 하수인들 뿐인 것입니다. 인간에게 있어 그 무엇과도 바꿀 수 없는 가장 귀중한 것은 생명입니다. 그러기에 인간의 생명은 제일로 보호 받아야 하고 지켜야 합니다. 만약 인간의 생명을 짓밟거나 무시하는 행위가 있었다면은 그것은 어떠한 이유로도 정당화 될 수 없으며 가장 가혹한 벌을 받아야 합니다. 그런데 자유민주주의 사회라고 자처하는 사회에서 고문치사사건이 발생하였읍니다. 이 사건 자체만으로도 살인자들은 혹한 벌을 받아야 합니다. 그런데 이게 웬일입니까? 자신들이 저지른 일에 대해서 속죄하는 의미에서 자신의 죄를 낱낱이 밝혀야할 죄인들이 속죄하기는 커녕 오히려 자신의 죄를 숨기고 허위 사실을 떠들고 있으니 말입니다. 또한 민심을 수습하겠다고 경질한 내무부 장관이 광주 시민을 학살한 주범이니 국민들의 눈과 귀까지 속이는 일이 아니고 무엇이겠읍니까? 그러나 이제 국민들은 더이상 저들의 기만적 행동에 속지 않읍니다. 저들의 음모가 무엇인지 국민들이 간파하고 있기 때문입니다. 7년전 광주 시민 이천여명을 학살하고 들어선 살인 정권은 결코 국민들의 지지를 얻을 수 없었읍니다. 그리고 끊임없는 애국 민주 국민의 저항을 받아 항시 불안에 떨고 있었다. 이제 88년에 다시 한번 정권을 잡아 보겠다고 그들의 장기인 폭력을 휘둘며 민주 세력을 무조건 잡아다가 구속하고 고문까지 가하고 있읍니다. 자신들의 장기 집권을 위해서 대다수 국민들의 인권과 생명은 무시되어야 한다는 발상입니다.

저들은 치안본부 대공분실에서. 안기부에서. 보안사 등에서는 우리의 형제 자매들이 생명의 위협을 느끼는 고문을 당하고 있읍니다. 또한 작년에는 이땅의 여성 모두를 분노케하는 부천서 성고문 사건이 있었읍니다. 성고문으로 이천만 여성을 강간하는 비인간적이고 야만적인 작태를 보인 현 정권은 그때의 악몽이 채 가시기도 전에 이 땅의 젊은이를 고문하여 죽음에 이르게 하였읍니다. 이번 고문치사 사건은 결코 우연적인 사건이 아닙니다. 곪은 종기가 기어이 터지고 만 것입니다. 우리 국민들은 더이상참을 수 없읍니다. 더 이상 노예로서의 삶을 강요받을 수는 없읍니다. 스스로 생명을 지키고 인권을 지키는 주인된 삶을 살아야 할 것입니다. 생명에 대한 권리와 인간다운 삶을 살 권리를 지닌 주인이 되기 위해서는 생명과 인권을 무시하는 현 전두환 살인 정권을 타도해야 합니다. 왜냐하면 현 전두환 살인 정권은 국민들의 생명과 인권을 무시하고 자신들의 사리사욕에만 눈이 멀어 있기 때문입니다. 이제 저들은 다시 한번 정권을 잡아 보겠다고 최후의 발악을 하고 있읍니다. 우리는 박종철 학형의 죽음을 헛되이 할 수 없읍니다. 박종철 학형의 원혼을 지금도 우리에게 외치고 있읍니다. 살아 생전 이루지 못한 인간답게 살 수 있는 사회를 이루어 달라고. 우리 모두 손에 손을 잡고 살인정권 타도를 위해 힘차게 전진합시다. 민주주의와 인권을 쟁취하기 위해 싸워 나갑시다.

우리의 주장

고문 살인 자행하는 폭력정권 타도하자.
국민을 탄압하는 국보법을 철폐하라.
고문수사 자행하는 보안사 안기부 지방본부는 해체하라.
장기집권 획책하는 전두환 일당 처단하자.
군부독재 끝장없이 고문수사 끝이 없다.

1987. 8. 7

서울대학교 총여학생회

최근의 노동문제에 대한 우리의 견해

최근 전국각지에서 끊이지 않고 일어나는 노사문제를 보면서 우리는 깊은 관심과 함께 진지하고 충정어린 심정으로 우리의 입장을 아래와 같이 밝히는 바이다.

작금의 심각한 노사문제는 일반적으로 생각하듯이 갑작스러운 일이거나 비정상적인 것이라기 보다는 충분히 예측되어왔던 어떻게 보면 자연스럽고 필연적인 현상이다. 주지하는바, 이땅의 노동자들은 경제발전의 주역이었으면서도 대부분 기업주들의 이윤독식과 횡포, 그리고 정부의 치졸한 노동정책 및 노동운동에 대한 제도적 탄압에 눌려 정당한 분배는 커녕 최소한의 인간다운 삶마저 철저히 거부당한채, 억압속에서 살아온 것이 부인할 수 없는 사실이다.

이와같이 오랫동안 억눌려왔던 노동자들의 절실한 요구가 일시적으로 분출된 것일뿐 노동자들의 그 주장자체를 그 누구도 탓할수 있는 사람은 없다. 그리고 이러한 노동문제의 일시적 분출은 그 근본적인 책임이 현정권과 기업주에 있다.

현정권은 그 출발시 노동법을 개악하여 제3자 개입금지등 독소조항을 신설하고 정책적으로 노동삼권을 부정하여, 합법적인 노동운동까지 근원적으로 봉쇄하였으며 기업주편에 일방적으로 서서 임금동결정책을 뒷받침하고 경찰등 공권력을 동원하여 노동운동을 탄압하였고 수많은 노동운동가들을 용공으로 몰아 구속하였다. 또 노동자의 편에 서야 할 노동부와 한국노총까지도 그 본래적 입장을 저버리고 기업주와의 야합으로 오히려 노동자를 우롱하여 왔다. 또한 기업주는 정당한 이윤분배를 무시하고 부를 독점하였고 열악한 작업환경을 방치하여 많은 노동자들을 산업재해로 희생하도록 방치하였으며, 노동자들의 근로조건 개선요구등에 대해 마구잡이 해고등으로 대응하여 왔다. 또한 노동운동가를 근원적으로 삶의 현장에서 배제시키는 소위 블랙리스트를 만들어 노동자의 재취업의 길을 원천적으로 봉쇄하여 오기도 하였다.

이러한 상황에서 노동자들은 최저생계비에도 못미치는 저임금과 세계 최장의 노동시간, 세계최고의 산업재해율 속에서, 노동조합을 통하여 단결하고 행동할 권리마저 정책적으로 봉쇄된채 비참한 생활조건 속에서 허덕이며 살아왔다.

그러므로 작금 전국적으로 터져나오는 노동자들의 주장은 그동안 이 땅의 노동자들이 얼마나 비참한 조건에서 살아왔고 얼마나 비인간적인 조건에 시달렸는가를 단적으로 말해주는 것이다. 그런데 더욱 심각한 문제는 현정권과 기업주들이 분출되고 있는 노동문제에 대해 책임있는 해결책을 강구하지 않고 있다는데 있다. 즉, 정부는 아직도 노동문제를 치안적 차원에서 대응하고 있는 인상이며, 기업주 또한 지난날의 잘못을 돌이켜 노동자들의 요구를 겸허하게 받아들이기 보다는 노사분규의 원인을 외부세력의 개입 운운하며 자신들의 책임을 엉뚱한곳에 전가하고 소위 구사단이라는 어용폭력단체를 조직하여 폭력을 사용하고 노동자들을 서로 이간하는 등 온갖 불법적 방법을 동원하여 노동자들의 요구를 일시적으로 호도해보려는 구태의연한 작태를 버리지 못하고 있다.

사실 이와같은 정부와 기업주들의 노사문제에 대한 그릇된 대응이 오늘의 사태를 더욱 어렵게 만들어가고 있는 원인이 되고 있다.

더우기 우리는 노사문제에 대한 일부 언론의 보도태도에 유감을 표하지 않을 수 없다. 그동안 노동자들의 고통을 한마디도 대변해오지 못하던 언론이 과거의 무책임을 뉘우치기는 커녕 일부 언론의 보도에서 보는바 노동자들의 주장과 행동을 마치 외부 불순단체의 사주를 받고 있는양, 또 노동자들의 행동이 과격하다는 등 지나치게 폭력성을 부각시키면서 노동자들의 절박한 요구를 왜곡 보도하고 있다.

물론 우리는 작금의 심각한 노사문제가 언제든지 적당한 구실을 잡아 재집권의 기회를 노리는 현군사독재자들에게 악용될 수도 있다는 세간의 염려를 잘 알고 있으며, 노동자들 역시 이점을 충분히 이해하고 있고 또 슬기롭게 대처하리라 믿어 의심치 않는다. 그러기에 더욱더 노사문제를 미봉책이나 일시적으로 해결할 것이 아니라, 처음부터 근본적으로 접근해 나가는 자세가 필요한 것이다.

우리는 오늘의 노동문제가 정부나 기업주가 해결할 수 있는 한계를 넘어서고 있다고 판단한다. 아니, 현정권과 기업주 그리고 한국노총은 노동문제를 해결할 능력은 이미 상실하였다. 그러므로 이제 노동문제는 정부나 기업에만 맡겨둘 수 없는 국민전체의 문제임과 정권차원이나 당리당략의 차원에서 풀어야 할 문제가 아님을 인식하고 거국적으로 그 대책을 세워야 한다고 본다.

이에 우리는 정부, 노동자, 기업, 정당, 그리고 재야대표로 구성되는 범사회적인 노동문제긴급대책위원회를 조직할 것을 제의하는 바이다.

그래서 솔직하게 오늘의 문제를 내어놓고 온 국민의 지혜를 모으며 진실한 토론을 거쳐 오늘의 우리사회의 최대의 과제인 노동문제를 슬기롭게 해결해 나가자. 노동문제에 관한 한 누구를 탓하고 규탄하며 앉아있을 여유가 없는 시급한 과제이므로 당리당략 정파의 이해관계를 넘어서서 우리 국민 모두가 겸허하고 진실된 마음으로 임해야 할 것이다. 우리의 이와같은 충정어린 제의가 정부당국 노동자 기업주 여·야 모두에게 기꺼이 받아들일것을 의심치 않는다. 차제에 한가지 엄숙히 경고하고자 하는 것은 정부나 기업 그리고 그 어느집단도 노동문제를 자신의 그 어떤 목적을 위해 이용하려는 음모를 가져서는 결코 안된다는 사실이다.

이제 바야흐로 이 땅의 민중은 진정한 민주화를 향하여 힘차게 전진하고 있다. 이는 민중문제의 근본적인 해결없는 민주화란 허구적인 것임을 보여주는 것이다. 우리는 민주화 대행진의 도정에서 민중의 재권리가 완전히 보장되는 것이 참다운 민주화임을 천명하며 오랜 세월동안 묵묵히 땀흘려 오늘의 경제발전에 헌신한 노동자들 앞에 부끄러운 마음을 가지고 이제 우리 진심을 다해 노동문제의 해결을 위해 더욱 적극적으로 나설것을 선언하는 바이다.

1987. 8. 10.

민주헌법쟁취 국민운동본부

1. 생존권확보와 민주주의적 자유의 쟁취
2. 자주 · 민주 · 통일
3. 자주적 민주노조의 건설

노동운동

발행일 : 1987.8.12.
발행처 : 생존권확보와 민주주의를 위해 투쟁하는 노동자일동

* 생존권확보와 민주주의를 위해 투쟁하는 노동자들과 굳게 연대합시다!

최소한의 인간다운 생활조차 누리지 못하면서도 눈꼽만큼의 권리주장도 할 수 없었던 천만노동자들이 이제 빼앗긴 권리를 되찾기 위해 일어서고 있읍니다. 투쟁의 불길은 비인격적인 억압과 가혹한 착취가 판을 치던 악덕재벌 현대그룹의 대규모 공장들에서부터 치솟아오르고 있읍니다. 한꺼번에 수십가지씩이나 요구한다고 재벌놈들이 비명을 올리고 있는 그 요구들이란 실상 어떠한 것들입니까? 그 대부분은 '두발의 자유화'나 '출퇴근시 복장의 자율화' 등 노동자들에 대한 비인격적인 군대식 통제를 철폐하라는 것이었으니, 재벌놈들의 횡포가 얼마나 극심했던가를 단적으로 보여주는 요구사항들입니다. 이와 더불어 노동자들의 핵심적인 요구사항은 자주적인 노동조합활동의 보장입니다. 자주적인 노동조합이 없다면, 노동자들은 무력한 존재이며 기업주의 노예처럼 가혹한 착취와 억압을 감수할 수밖에 없기 때문입니다. 독재정권의 비호아래 자주적인 노동조합의 건설을 철저히 탄압해 왔으며, 어용노조를 만들어 노동조합 자체를 무의미하게 만들기도 했읍니다.

다음으로 노동자들은 생활임금의 보장을 요구하고 있읍니다. 수출이 증대하고 공장규모도 확대되면서 재벌기업은 거대한 부를 축적해 왔음에도 불구하고 노동자들은 오히려 더욱더 장시간 노동과 저임금을 강요받아 왔읍니다. '도대체 누구를 위한 경제발전이었던가?', '우리 국민이 누구를 위해서 엄청난 외채의 부담을 감수해왔고, 수출 대기업들에게의 특혜지원을 참아왔는가?' 그것은 모든 국민이 부강한 나라에서 잘 살 수 있기를 바랐기 때문입니다. 재벌놈들이 노동자를 억압, 착취하면서 제놈들 배나 불리고 호사하는 세상을 만들기 위해서가 아니었읍니다.

재벌놈들의 횡포를 뚫고 굳세게 투쟁하고 있는 노동자들의 요구는 정당합니다.

—노동자를 인격적으로 대우하라!
— 자주적인 노동조합활동을 보장하라! !
— 최소한의 생활급을 보장하라!

재벌놈들은 이렇듯 너무도 정당한 요구를 당연한듯이 짓밟아왔읍니다. 그러나 재벌놈들은 이제 경찰이나 정보기관, 행정관청의 과거와 같은 노골적인 지원을 받기 어렵게 되었읍니다. 우리 민중의 6월항쟁에 의해서, 전두환일당은 직선제개헌을 비롯한 제반 민주화조치를 약속할 수밖에 없었고, 재집권을 위해서는 민주화의 기수라도 된양 노골적인 폭압을 자제하지 않으면 안되었기 때문입니다. 그러자 놈들은 지금 천만노동자의 궐기를 막지 못하고 있읍니다.

재벌놈들은 당황하여 노동조합 신고서류를 탈취하기도 하고(현대조선), 선수를 친답시고 어용노조를 결성하기도 하며(현대중공업, 현대자동차), 구사단 폭력배들을 동원하기도 합니다. (국제상사) 또는, 아무런 실행의사도 없이 약속을 남발한 후 그 실행을 미루고 있읍니다. 그러나, 재벌놈들의 폭력이나 얄팍한 속임수는 오히려 노동자들의 분노를 가열시키고 투쟁의지를 굳세게 만들 뿐이었읍니다.

*악덕재벌과 군부독재정권의 정면도발을 단호하게 응징합시다!

그러나, 놈들은 진지한 대화와 협상으로 문제를 해결하기는 커녕, 휴업조치를 단행하여 생산활동을 마비시키고 국가경제를 혼란에 빠뜨려 국민들을 위협하려 하고 있읍니다. 현대구룹의 정주영은 '사태수습을 위한 미봉책은 쓰지 않겠다'고 공언하면서, 노동자들이 자주적인 노동조합을 내세우는 한, 휴업조치가 계속될 것이라는 협박까지 서슴치 않고 있읍니다. 마치 노동자들의 요구와 행동이 처우개선에 관한 것이 아니며, 또한 외부불순 세력의 조종에 의한 난동인 것처럼 왜곡선전하고 경제교란의 책임이 노동자들에게 있는 것처럼 뒤집어 씌워 국민들로부터 이간시키려는 교활하고 가증스러운 책동인 것입니다. 기업은 단지 일개 재벌기업주의 것이 아닙니다. 온 국민의 지원과 피땀의 산물이며, 국민의 것입니다. 그러므로, 노동자들의 정당한 요구를 일방적으로 무시하고, 오히려 적반하장 격으로 노동자들과 전국민을 위협하기 위해 산업을 마비시키고 있는 재벌놈들은 마땅히 전 국민의 손으로 규탄·응징되어야만 합니다.

— 천만노동자들은 앞서 싸우고 있는 동지들과 함께 빼앗긴 권리를 되찾는 투쟁에 적극 동참합시다!
— 모든 국민들은 천만노동자의 정당한 투쟁을 지지하고 연대합시다!
— 군부독재정권의 비호아래 노동자들을 가혹하게 억압·착취해 온 악덕재벌은 회개하고 노동자들의 정당한 요구를 받아들여라!

악덕재벌놈들은 지금 정당한 권리를 요구하는 노동자들에게만 도발하는 것이 아닙니다. 휴업조치를 단행하여 국가경제를 교란에 빠뜨리고 국민을 불안하게 함으로써 군부정권의 폭압을 정당화하고 민주화과정까지 방해하려 하고 있는 것입니다. 이러한 징후는 이미 노골적으로 드러나고 있읍니다. 폭력배들을 동원한 재벌놈들은 평화적으로 투쟁하고 있는 노동자들을 폭력으로 짓밟았으며, 군부정권은 외부세력의 침투와 폭력사태를 제지한다는 명목으로 다시 경찰력을 개입시키고 무고한 노동자들을 때려잡고 있읍니다. 6월항쟁의 승리의 성과를 뒤집어 엎으려고 호시탐탐 노리고 있는 것입니다. 도대체 한국노동자들의 정당한 투쟁을 지지·원조한 교회가, 회사 앞에서 지지시위를 벌인 해고노동자들과 학생들이 외부 불순세력입니까? 적어도 이 땅의 민주화를 갈망하는 양심적인 사람들이라면, 어찌 재벌놈들의 뻔뻔스럽고 파렴치한 작태에 분노하지 않을 수 있겠읍니까?

양가죽을 쓰고 있던 전두환일당의 군부정권은 서서히 승냥이의 이빨을 다시 내밀고 있읍니다. 전투경찰을 동원하여 살인무기 최루탄을 난사하고, 철봉과 군화발로 맨 몸의 노동자들을 짓밟고 있으며, 또한 이미 수백명의 노동자들을 연행하고 수십명을 구속하고 있읍니다. 비록 민중의 6월항쟁에 밀려 마음에도 없이 민주화조치들을 약속했지만, 그 흉악한 파쇼의 본성은 변할 수 없는 것입니다. 6월항쟁의 전 기간을 통하여 부산·경남지역의 노동자들이 그토록 치열하고 비타협적으로 군부독재의 타도를 위해 투쟁했었던 이유도 바로 여기에 있는 것입니다.

이제, 재벌기업노동자들의 투쟁은 단지 그들만의 투쟁이 아닙니다. 생활과 자유를 박탈당하고 있는 천만노동자의 투쟁이며, 군부독재의 종식과 민주화를 통하여 인간다운 생활과 자유를 확보하고자 하는 전 민중의 투쟁입니다. 또한 이 투쟁은 재벌놈들과 그들을 비호하는 전두환 일당의 도발에 맞서 진정한 민주화의 승리를 판가름하는 결정적투쟁입니다.

— 천만노동자 연대하여 악덕재벌과 군부독재정권의 도발을 분쇄하자!
— 천만노동자의 투쟁에 전 국민적으로 연대하여, 전두환 일당의 재집권기도를 분쇄하자!

*전두환일당의 재집권기도를 분쇄합시다!

우리 민중의 단호한 6월투쟁은 전두환일당을 후퇴시키고 직선제개헌을 비롯한 8개항 민주화조치를 약속하도록 하였읍니다. 본래 대통령간선제란 군부독재자의 영구집권을 보장하려는 기만적 선거제도였기 때문에, 우리 민중은 공정한 선거를 통하여 군부독재를 종식시키고 민주화를 이룩하고자 직선제를 요구했던 것입니다. 그리하여 박정희의 유신쿠데타 이후 실로 15년 만에, 우리 민중은 직선제를 되찾았읍니다. 그러나, 직선제의 쟁취로 대통령을 직접선거하게 되었다는 것만으로는 결코 군부독재의 종식이 보장될 수 없읍니다. 독재자들은 순순히 권력을 내놓는 법이 없기 때문입니다. 전두환일당은 민중을 억압해오던 폭압기구들을 여전히 장악하고 있으며, 공정한 선거를 방해하기 위해 온갖 책동을 다하고 있읍니다. 노태우는 '좌경세력이 문제를 일으키면 9월에 위기가 올 수도 있다'고 공갈협박하고 있으며, 자유민주주의의 사도라도 된양 온갖 그럴듯한 말을 떠벌이면서도 8개항의 6·29선언은 하나도 실행하지 않고 있읍니다. 놈들은 군부독재의 종식을 위해 비타협적으로 투쟁해 온 애국민주인사들의 석방과 수배조치의 해제를 거부하고 있으며, 육군참모총장 박희도는 김대중씨가 출마하여 대통령이 된다면 군부가 가만있지 않을 것이라고 위협까지 하고 있읍니다. 또한 광주 학살의 장본인인 정호용을 국방장관으로, 과거 부정선거의 베테랑인 김정렬과 정관용을 국무총리와 내무장관에 앉혀놓은 내각개편을 단행했읍니다. 놈들은 기만과 협박으로 국민을 불안하게 만들고 분열시킴으로써 군부독재를 연장하겠다는 배짱을 노골적으로 드러내고 있는 것입니다.

그러나, 6월항쟁에서 확인했듯이 우리 민중은 군부독재의 종식을 위해서라면, 어떠한 폭압에라도 맞서 투쟁하려는 결의를 가지고 있읍니다. 그러므로, 우리 민중은 전두환일당의 교활한 책동을 모조리 분쇄하고 마침내 민주화를 이룩하고야 말 것입니다.

— 애국적인 군부인사들은 전두환일당의 장기집권놀음에 이용당하지 말고, 민주화일정이 순조롭게 진행되도록 중립을 지켜야 한다.
— 구속중인 애국적 민주인사들은 전원 석방되어야 하고, 수배조치는 전면 해제되어야 한다.
— 전두환일당은 정부, 정당, 군에서 즉각 퇴진하고 과도거국중립내각이 구성되어야 한다.

모든 애국민주세력은 현재 전국의 곳곳에서 봇물처럼 터져나오는 노동자들의 투쟁에 적극 동참·연대해야 할 것입니다. 그리하여 마치 현재의 노동자들의 투쟁이 사회의 불안을 야기시키는 것처럼 거짓 선전하여 애국 민주세력을 분열시키려는 군부독재의 음모를 산산조각 내버립시다. 이것만이 싸워서 쟁취한 우리 투쟁의 성과를 굳게 지키며 나아가 군부독재를 종식시키고 끝내 민주주의를 쟁취할 수 있는 유일한 길입니다.

모든 애국적이고 민주적인 세력의 단결만이 우리의 살 길입니다.

— '생활임금의 쟁취와 자주적노동조합의 건설'을 위한 천만노동자 궐기대회를 열고 각 공장마다 전국적인 파업·농성을 조직합시다.!
— 생존권확보와 민주주의를 위해 투쟁하는 '천만노동자와 국민연대의 날'을 선포하고 모든 애국민주세력은 거국적인 연대투쟁을 조직합시다.!

1987. 8. 12

생존권확보와 민주주의를 위해 투쟁하는 노동자 일동

국제상사 노동자들의 투쟁을 적극 지지한다.

□……민주헌법쟁취국민운동본부는 현 정권과 제도언론이 독점재벌의 노동자 착취를 비호하고 노동자들을 폭력적으로 탄압함에 분노하며 전 국민의 이름으로 이 성명서를 발표한다……□

지금 우리는 군부독재경권의 소위 6·29선언이 얼마나 입에 발린 거짓말이었는가를 군부독재 스스로의 행동을 통해서 똑똑히 확인하고 있다.

지난 수십년간 모든 민주적 권리를 박탈당하고 극도의 저임금과 장시간 노동을 강요당하면서 군부독재경권의 우두머리들과 내외 독점자본을 살찌우는 인간기계의 삶을 살아온 이 땅의 천만 노동대중들이 "이제는 더 이상 노예로 살 수 없다!" "노동자도 인간이다!"고 절규하며, 분연히 떨쳐 일어나고 있다. 그러나 저 악랄한 기업주들과 독재경권은 노동자들에 대해 갖은 중상모략선전과 분열공작 심지어 무차별 폭행에 의한 살상만행까지 저질러가며 노동자들의 의로운 투쟁을 탄압하고 나섬으로써 독재경권의 야만성과 반민중성을 적나라하게 드러내고 있다. 특히 우리는 악덕재벌과 군부독재가 한통속이 되어 부산의 국제상사 노동자들에게 가한 천인공노할 탄압만행의 진상에 접하면서 경악과 분노를 금치 못하는 바이다.

이 사회를 유지 발전시키는 생산의 주역들이 상상을 초월한 열악한 노동조건 속에 시달리고 있다

지난 7월 28일부터 시작된 국제상사 노동자들의 생존권 쟁취투쟁 및 노조자주화 투쟁은 그 시초부터 17일이 지난 지금까지 너무도 의롭고 정당한 것이었다. 부산지역에 집중되어 있는 신발업체 노동자들이 처해있는 열악한 노동조건은 부산시민 뿐 아니라 전국의 관심있는 모든 사람에게 지탄의 대상이 되어왔다. 그런데 그중에서도 국제상사의 노동자에 대한 착취는 상상을 초월할 정도로 악질적임을 우리는 알고 있다.

야간학생 일당 2500～2800원, 일반여자 3000～3500원, 10년 이상 근속하고 남자 하루 12시간씩 맞교대 근무하여 받은 월급총액이 22～23만원이라는 살인적인 저임금에다. 생리휴가, 월차·년차휴가가 아예 없는 것은 물론 임금에 가산도 안되는 30분 이상 강제조출, 강제잔업 그리고 잦은 연근 등 근로기준법은 아예 무시되고 있으며, 본드냄새가 지독함에도 환풍기 시설이 거의 없으며, 70～80℃ 열풍기(본드를 빨리 말리기 위해 작동)로 한여름에는 작업장은 온도가 40～50℃를 오르내리는 찜통처럼 되며, 비위생적인 식당에다 개밥같은 식사 그리고 화장실에 자주 못가게 500명당 1개씩 밖에 안되는 지저분한 화장실 등등 이루 다 열거할 수 없는 지옥같은 근로조건이 만오천 노동자들의 싱싱한 육체와 맑은 정신을 황폐화시키고 있다. 더우기 악랄한 것은 이상과 같은 극한의 착취를 유지하기 위해 자행되고 있는 폭력적이고도 강압적인 노무관리이다. 국제상사의 관리자들은 현장 노동자 출신도 아니고 그렇다고 사무능력을 인정받아 채용된 자들도 아니다. 국제상사에 대해 알고 있는 모든 사람들은, 국제상사 관리자들이란 생산에는 아무런 기여도 하지 않는 인간 기생충들로 오로지 폭력에만 도가 텄다는 능력을 인정받아 등용된 자들이 대부분으로, 회사는 이들 인간 기생충들에게 한달에 60～70만원 이상을 쥐가며 노동자들을 노예다루듯 부려먹도록 시켜왔다고 한결같이 입을 모으고 있다. 또한 노동조합은 유령조합과 진배없어서 1년에 2～3억에 달하는 조합비만 꿀꺽꿀꺽 삼켜먹는 돈돼지와 같은 존재이다. 노조 사무실은 있으되 1년내내 문이 닫혀있고, 노동자들은 조합장이 누구인지 언제부터 해왔는지 조차 까맣게 모르고 지내는 실정이다.

노동자들의 요구는 최소한의 요구였고 투쟁은 지극히 당연한 것이었다

이러한 인간 이하의 노예상태에서 벗어나기 위한 노동자들의 투쟁은 지극히 당연한 것이었으며, 노동자들이 처음에 내건 16개항에 달하는 요구들은, 배욱십개로 늘리지 않은게 오히려 이상할 정도로 지극히 최소한의 인간적인 요구들이었다.

그러나, 국제상사측은 오직 폭력적 탄압을 일삼는 악질기업이었다

아! 그러나 회사측의 저 악랄한 작태를 보라. 회사측은 투쟁 당사자들과 성실히 협상에 임하여 문제를 풀려고 하기는 커녕 수단방법을 가리지 않고라도 노동자들의 투쟁을 폭력적으로 분쇄하겠다고 발악하였다. 회사측은 자기들 말대로 몇십억씩 손해를 보면서도 무조건 휴업을 선포하고 폭력부대를 동원 강제해산을 획책하였다. 회사로서는 당장의 몇십억이 문제가 아니라 여태까지 노동자들을 노예처럼 부려먹은 결과로 얻어온 막대한 이익들을 결코 놓칠 수 없다는 것이었다. 노예주인은 반항하는 노예에 대해서 아예 그를 없애든지 아니면 철저히 보복하여 무릎을 꿇리든지 하는 선택만하게 된다. 국제상사의 악덕기업주 회장 김중원과 사장 심재영의 심리와 작태는 바로 노예주의 그것과 완전히 같았던 것이었다.

현 정권은 악질기업과 한통속이 되어 무차별 폭력을 자행했다

또 회사를 배후에서 조종지원한 군부독재의 악질 폭력경찰 당국자들도 부산 제1의 기업인 국제상사의 파업이 다른 산발업계나 전국으로 확산 파급되는 것을 두려워하여 농성투쟁을 폭력적으로 박살내고자 혈안이 되어 있었다.

악덕재벌과 군부독재의 이같은 악랄한 술책과 속셈 때문에 급기야 전 국민의 경악과 분노를 불러일으킬 폭력살상만행이 발생한 것이다. 투쟁 3일째인 30일 오전, 온갖 흉기로 무장한 600여명의 구사단(그중 일당 3만원으로 마산에서 고용한 깡패 100여명)이 평화적으로 농성중인 노동자들을 습격 100여명의 살상자가 발생했으며 이날 전경들은 쫓기는 노동자들 머리위로 최루탄을 발사하고 구타·연행을 일삼았다. 폭력경찰은 여기에 그치지 않고 8월 6일, 회사 안에서 성당의 농성 노동자들에 동조하여 농성을 벌이던 노동자들을 강제 해산시키기 위해 3개 중대를 회사내로 투입시켜 곤봉을 마구 휘두르고 세칭 지랄탄 등 최루탄을 난사 30여명의 노동자들을 다치게 하고 20여명을 연행해가는 만행을 계속 자행하였던 것이다.

이처럼 정당한 요구를 했다는 이유로 동료들이 부지기수로 죽고 다치는 마당에서 양심과 의리를 가진 인간이라면 어떻게 달리 행동할 수 있었겠는가? 그렇다 죽었을지도 모를 몇몇 동료와 피흘리며 쓰러져간 수 많은 동료들을 생각하며, 결코 그들의 피를 헛되이 하지 않고 최후까지 불의와 맞서 승리하고야 말겠다는 의지로 열이레째 계속 싸우고 있는 농성 노동자들의 행동이야말로 참으로 찬사를 받아 마땅한 것이다.

언론도 악질기업과 폭력정권 싸고돌며 왜곡 편파보도 일삼고 노동자 분열책동 계속하고 있다

그럼에도 불구하고 독점재벌과 군부독재의 앵무새 노릇을 해온 이 땅의 제도언론들은 아직도 뉘우치지 못하고 회사의 주장과 피해액만을 과장 보도하며 농성자들에 대해선 폭력집단, 불순세력으로 몰아세우고 있다. 그들은 노동자들의 입장은 한마디로 알리지 않음은 물론 폭력사건 등을 왜곡보도하고 없는 사실까지 지어내어 노동자들을 궁지에 몰아넣고자 애쓰고 있는 것이다. 우리는 이같은 언론의 작태에 대해서 통탄을 금치 못하며, 왜곡보도를 즉각 시정할 것을 특별히 강력하게 촉구하는 바이다.

노동자와 애국민중들의 연대투쟁은 지극히 정당한 것이다

회사와 독재정권의 앵무새들은 국제상사 노동자들이 외부세력과 연대하여 사회를 혼란시키고 회사를 망쳐먹기 위해 날뛰고 있다고 생트집을 잡고 있다. 회사와 독재정권이 완전히 한몸으로 결탁하여 근로자들을 사경으로 몰아넣고 있는 마당에 외부의 양심적이고 애국적인 세력에게 도움을 청하고 함께 뭉쳐 싸우는 것은 노동자들의 지극히 당연한 권리이다.

세계 어느 다른 나라에도 자기 공장 내에서 고립되어 기업주와 투쟁하려는 어리석은 노동자는 존재하지 않으며, 더더우기, 노동자의 단결력과 투쟁력을 약화시키려고, 제3자 개입금지법과 같은 어거지 법을 만드는 졸열한 정권도 존재하지 않는다. 우리는, 금지되어야 할 것은 노동자와 양심세력의 연대와 공동투쟁이 아니라 오히려 그것을 금하고 있는 독재치하의 악법들임을 강력히 주장한다.

범국민적 투쟁을 전개할 것이다

우리는 또한, 구사위원회란 어용조직을 급도하고 농성 근로자들을 분열 고립시키기 위해 일체의 협상과 대화의 거부를 선언한 회사측의 한심한 작태와 이를 비호하는 현 정권과 제도언론의 비열한 현 작태에 더할 수 없는 분노를 느끼면서, 회사는 즉각 협상에 임하여 농성 근로자들과 함께 성실히 회사문제를 풀어갈 것을 강력히 촉구한다. 이것을 우리는 양심을 사랑하는 전 국민의 이름으로 두눈 부릅뜨고 지켜볼 것이다. 그리고 마지막으로 회사와 현 정권의 국제상사 노동자들에 대한 탄압이 즉각 철회되지 않는다면, 규탄대회, 불매운동 등 모든 수단을 동원 범국민적인 실천운동을 강력히 벌여나갈 것을 다짐해둔다.

우 리 의 주 장

1. 제도언론의 노동운동에 대한 왜곡·편파보도는 즉각 중단하라!
2. 농성자측이 주도하는 폭력피해 진상 규명위원회 구성 및 활동을 보장하라!
3. 사상자 명단 공개 및 완전치료보장과 사후대책을 수립하라!
4. 어용노조는 즉각 해체하고 직선제를 통한 민주노조 구성을 보장하라!
5. 국제상사 노동자들의 생존권적 요구를 즉각 수락하라!
6. 모든 형태의 노동운동 탄압행위를 즉각 중단하라!

분단조국 42년 8월 13일

민주헌법쟁취국민운동본부 (전화 : 서울 744—6702, 744—2844 / 부산 643—8583, 462—4626)

8·15 민족해방 기념대회

제Ⅰ부 기념식
제Ⅱ부 민족해방 대동문화제
제Ⅲ부 민주시민 대토론마당
—민족자주와 민주화의 실현—

일어나 민족해방의 역사에 동참합시다

8월 15일 광화문에서!!

일시 : 1987년 8월 15일(토) 오후 6시
장소 : **구 서울고등학교(광화문)**
주최 : **민주헌법쟁취 국민운동본부**(744—2844, 6702)

자주없이 민주없다 민족자주 쟁취하자!

1945년 8월 15일, 우리 민족은 일제의 야만적인 식민지 통치의 사슬을 끊고 민족해방의 벅찬 감격을 안게 되었읍니다. 그러나 8·15해방 이후에도 친일매국노와 독재세력은 외세를 등에 업고 민주와 통일을 갈망하는온겨레의 열망을 짓밟고 국민위에 군림해왔고, 민족은 남북으로 허리잘리운채 42년이라는 세월이 흘러왔읍니다. 우리 국민은 42년간을 독재의 폭정으로 인해 짓밟혀 왔고, 민족은 분단되어 상호비방과 무분별한 군비경쟁을 일삼아 민족의 생존마저 위협하는 핵무기가 배치되는 비극의 현실 속에 지내왔읍니다.

민족의 참된 해방은 완전한 민주주의의 실현으로!!

이 땅에 독재세력이 완전히 추방되고 국민의 참된 뜻을 실현할 수 있는 민주정부의 수립과 모든 민주권리가 보장되는 민주헌법, 민주인사들의 완전한 석방과 그들의 권리 회복, 그리고 민중 생존권이 보장될 때 참된 민주주의가 실현될 것입니다.

민족의 완전한 해방은 자주적인 민족통일 운동으로!!

천만 이산가족이 민족 분단으로 생가지 찢기는 아픔을 안고 있는데, 통일이 없이 어찌 민족해방의 완전한 실현이 있을 수 있읍니까? 강대국의 이익에 의한 한반도의 분단이 극복되고 남과 북이 서로 하나가 될 때 민족의 완전한 해방은 실현될 것입니다.

민족의 완전한 해방을 국민의 단결된 힘으로!!

국민여러분!

오늘 민족해방 42돐을 맞이하여 우리는 민족의 생존을 지키며 민족 자주와 평화통일을 이루기 위해 떨쳐 일어서야 할 것입니다. 이미 6월 민주화 투쟁을 통해 이 민족사의 주인이 우리 모든 국민임을 확인한 우리는 이제 완전한 민주주의의 쟁취와 민족자주 민족 통일이라는 민족사의 과제를 달성하기 위하여 다시 한 번 단결하여 참된 민족해방을 이룩해야 할 것입니다.

8·15기념 노동자대회

제Ⅰ부 기조연설
제Ⅱ부 웅변대회
제Ⅲ부 마 당 극

일시 : 1987년 8월 16일(일) 오후 4시
장소 : 개운사(고대 후문쪽, 94-4069)
주관 : 민주헌법쟁취 노동자공동위원회
주최 : 민주헌법쟁취 국민운동본부

8.15 민족해방기념대회에 즈음하여

— 자주 없이 민주 없다. 민족자주 쟁취하자!!

— 민주투사, 서대협 부의장 이남주를 즉각 석방하라!!

일제에 대항해 피어린 민족해방투쟁을 전개해 온 우리 민족은 마침내 1945년 8월 15일! 꿈에도 그리던 민족독립을 쟁취하였으나, 그 기쁨도 잠시, 우리 민족의 자주독립국가건설의 부푼 희망은 또다른 외세에 의한 민족분단으로 무참히 짓밟히고 말았으니 오늘 8월 15일은 민족해방기념일이 아니라 외세에 의한 민족분단을 슬퍼하고 민족분단의 원흉이자 우리 민족의 자주권을 유린하고 있는 미국에 대해 증오하는 마음으로 분단의 장벽을 뛰어 넘어 민족자주, 민족통일을 쟁취해야하는, 그것을 반드시 결의해야만 하는 분단 43주기날입니다.

국민 여러분!

우리는 조국분단의 슬픈 현실속에서, 민족의 통일을 가로막고 있는 분단고착화세력(미국-전두환, 노태우 일당)의 온갖 반민족적이고 반민주적인 작태를 확인할 수 있읍니다.

지난 12일, 서울대학교 총학생회장이자 서대협 부의장인 이남주군이 명동성당에서 개최되었던 양심수 전원석방과 민주쟁취를 위한 범국민 실천대회에 학생대표로 참여하러 가던중 안전기획부 요원들에 의해 납치, 불법연행되었읍니다. 이군의 죄는 단 한가지, 조국의 자주화와 민주화, 그리고 통일을 염원하고 앞장서서 실천했던 죄밖에 없읍니다. 따라서 애국청년학생의 선봉이었던 이군의 불법연행, 불법구금은 조국의 민주화를 위해 가장 헌신적으로 싸워왔던 이 땅 청년학생 모두에 대한 불법연행이요, 불법구금임을 확인하며, 6월항쟁에서 확인한 바 있는 전국민의 민주화열기에 정면으로 도전하는 파쇼적 폭압임을 직시합니다.

또한 이군의 불법연행에 숨어있는 용공조작의 가능성을 지적하고자 합니다. 87, 88 시기에 영원한 장기집권을 꿈꾸고 있는 분단고착화의 무리들은 조국의 자주화, 민주화, 통일을 이루는데 있어서 청년학생의 선봉대로서의 역할을 두려워한 나머지, 청년학생운동에 대한 용공조작을 통해 대대적인 이데올로기 공세를 펴 나갈것이 예상되는 바, 이는 과거 박정희독재때나 가깝게 무수히 많은 용공조작의 실례를 통해 확인할 수 있는 것입니다. 6.29 선언으로 뭔가 달라진 것이 있지 않겠는가 하는 우리의 조그마한 기대는 애시당초 완전히 잘못된 것입니다.

6.29 노선언의 기만성을 드러내주는 것이 이것뿐이겠읍니까?

지금 전국방방곡곡에서 요원의 불길처럼 타오르고 있는, 그동안 빼앗기고 억눌려왔던 우리노동형제들의 지극히 정당한 생존권 쟁취투쟁과 민주노조 결성투쟁에 대해 퍼부어지는 현 전두환, 노태우일당의 폭력세례에서 또한 관제언론의 왜곡보도에서 확인할 수 있읍니다.

그리고 민주투사들을 교도소에 가둬놓고 아직도 석방시키지 않고 있읍니다.

또한 각종의 평화적인 집회조차도 저들은 폭력적으로 진압하고 있읍니다. 이렇게 6.29 이전과 이후가 달라진 것이 하나도 없을진대, 지금 국회내에서의 8인 정치회담이니, 개헌협상이니 하면서 여야타협 운운하는 작태는 무엇이란 말입니까? 민중생존권의 보장, 양심수의 전면석방, 제반 민주제권리의 완전한 보장이 없는 민주화란 말은 한낱 언어조각에 불과한 것입니다. 이제 앞으로 더욱더, 그동안 억눌려왔던 각계각층 민중의 빼앗긴 생존권 쟁취투쟁과 제반 민주제권리투쟁은 더욱 더 폭발적으로 진행될 것입니다. 이러한 기본적인 민주적 제권리 쟁취투쟁에 대해 모든 민주화세력과 국민들은 아낌없는 지원과 연대, 그리고 국민과 민주화세력이 배제된 개헌협상과 이후의 기만적 정치일정에 대해 주목하면서 우리 국민과 민주화

세력이 우리의 손으로 정당하게 자주적인 민주정부를 수립하기위해 광주학살주범 전두환, 노태우 일당의 권력으로부터의 즉각적인 퇴진속에서 그리고 미국의 독재지원, 내정간섭이 배제된 가운데 모든 애국민주세력이 모여 범국민과도민주정부를 구성해야함을 주장합니다. 이 범국민과도민주정부는 민중생존권의 옹호와 제반 민주제권리의 즉각적인 실현을 책임질것이며 광주항쟁의 진상규명과 함께 이후 국민의 손으로 직접 자주적인 민주정부수립을 이루기 위해 공정선거를 책임질 전 국민의 과도적 정부가 될것입니다.

애국 청년학도 여! 6 29선언이후 주춤거렸던 우리의 구국대열을 더욱 다시 힘자게 꾸리고 노동자, 농민, 도시빈민 모든 민주계층세력과 함께 굳게 단결하여 가열차게 투쟁해나가자. 역사의 선봉대임을 자부하는 우리 청년학도의 헌신적이고 과감한 투쟁을 조국은 기다리고 있다는 것을 잊지말자.

국민여러분! 6월항쟁에서 서로의 꿈틀거리는 가슴과 힘찬 자주, 민주의 함성으로 확인했던 우리 국민의 자주 민주 통일을 위한 투쟁의 열기를 다시 높입시다. 629노선언의 기만성을 뚫고 우리의 완전한 생존권쟁취와 민주 제권리의 쟁취, 그리고 우리의 손으로 자주적 민주정부를 수립하기위하여 학살주범 전두환, 노태우일당을 권좌에서 끌어 냅시다. 자국 의 제국주의적 이익을 위해 여야의 타협을 종용하고 경제적 침탈을 자행하며 군작전지휘권을 쥐고 있는 미국의 독재지원, 내정간섭을 반대합시다.

국민운동 본부에 간곡히 촉구합니다. 노동형제들의 정당한 민주쟁취투쟁과 생존권 쟁취 투쟁에 적극적인 지지와 연대를 표명하고, 조국의 자주화와 민주화, 그리고 통일을 민중의 힘으로 이루어 내기 위하여 먼저 학살 원흉 전두환, 노태우 일당을 권력에서 끌어 내리고 미국의 독재유지, 타협종용에 반대하는 싸움을 활발히 벌여 나가야 합니다. 이럴 때만이 국민 운동본부는 국민으로부터 확고한 지지를 받는 명실상부한 반미 반독재 범국민 연합전선으로 자기변화해갈 수 있을 것입니다.

── 우리의 주장 ──

── 서대협 부의장 여남수를 즉각 석방하라!!!

──모든 양심수를 즉각 석방하라 !!!

──애국운동 탄압하는 국가보안법, 집시법을 즉각 철폐하라 !!!

──살인고문, 용공조작 자행하는 안기부, 보안사, 치안본부 즉각 해체하라 !!!

──광주학살 주범 전두환, 노태우 일당 즉각 몰아내자 !!!

──파업의 자유, 노조 결성의 자유 쟁취하자 !!!

──독재유지 ,타협종용 미국은 물러가라 !!!

분단조국 43 년 8 월 15 일

서울대학교 총학생회

민족해방 마흔두 돌을 맞이하여 국민에게 드리는 글

오늘 우리는 동포와 함께 일본제국주의로부터 해방된 감격과 환희가 분단 독재의 좌절과 고통으로 바뀐지 마흔 두해 맞아 민족의 완전한 해방 제2의 해방을 위한 싸움이 시작되었음을 확인하면서 이 싸움의 최종적 승리를 향한 동포 동참을 호소합니다.

일본제국주의의 패퇴는 미·소의 한반도 분할 점령으로 대치되었고 남과 북에는 외세를 등에 업은 독재정부에 의하 정치·경제·사회·문화적으로 억압과 착취, 부패와 타락이 강요되었읍니다. 그러나 우리민족은 유구한 역사를 연면히 이 온 자주적 전통과 성장한 민중역량으로 이제 남한에서는 군사독재를 극복할 역사적 전환기를 만들어 가고 있읍니다. 우리는 정치적 자유를 전면적으로 쟁취하고 국민의 손으로 민주정부를 세우고 노동자와 농민, 그리고 소외된 빈민이 존권을 신장하여 사람답게 살 권리를 누리며 민족정기와 창조적 활력이 넘치는 사회를 건설하여 국민 모두가 삶의 쁨과 보람을 흠뻑 맛보는 진정한 해방을 실현하고자 하는 것입니다. 이 진정한 해방을 위한 싸움은 4월 혁명과 부 ·마산·광주 항쟁을 통하여 축적 되었고 금년 6월 투쟁으로 군사독재의 잠정적 중간 항복을 쟁취 하였읍니다. 아직 우리 앞에는 조국의 분단으로 자국의 이익을 관철하려는 외세와 이 분단 체제를 토대로 독재와 독점을 누려온 지배 력이 선거를 통한 재집권 또는 군사적 수단에 의하여 독재를 연장할 기회를 노리고 있읍니다. 이러한 장애를 성공적으로 극복하기 위하여 우리는 온 국민과 함께 다음과 같이 결의 하고자 합니다.

1. 우리는 민주화 투쟁을 통해 군사독재를 물리치고, 공명선거에 의한 민주정부 수립을 위해 총력을 기울일 것입니다. 이 방해하거나 늦추려는 모든 기도를 국민의 힘으로 응징할 것입니다.
2. 우리는 모든 양심수가 즉각 석방되고, 해직 탈권된 근로자와 민주인사들이 복직 복권되어 새로운 민주정부 수립에 동참할 있도록 함께 싸울 것입니다.
3. 우리는 현재 전개되고 있는 노동운동의 정당성을 확신하여 그동안 전 국민의 절반을 차지하는 노동자들이 낮은 임금과 근로조건 그리고 빈부 격차에 의한 상대적 박탈감에 시달리면서도 자신의 권익을 주장할 방법과 기회가 철저히 봉쇄되어 음에 비추어 정부와 기업가는 근본적으로 생각을 바꾸고, 노동운동의 정당성 위에 산업평화를 실현해야 할 것입니다. 정부의 책임, 기업가의 도발적 자세는 즉각적으로 고쳐져야 합니다,
4. 우리는 민주민중세력의 단결과 민주정치세력의 헌신을 통한 민주승리를 확고히 기대합니다. 국민에게 헌신하지 않는 정치적 망은 국민에 대한 배신이며, 국민은 이것을 용납하지 않을 것입니다.
5. 우리는 사회민주화 경제민주화 교육민주화 문화민주화 사법민주화 특히 언론민주화 등 이 나라 모든 곳 모든 부문에서 민 전환이 성공하여 자율성을 회복하고 국가 전체의 민주화의 바탕이 될 것을 촉구하며 특히 공무원의 행정민주화를 간망합니 특히 충성된 국군의 명예를 훼손한 일부정치 군인들의 정치개입이 민주화를 방해하고 군사독재를 계속해 왔음을 상기하고 과 국군의 합의로 군의 정치개입을 철저히 막을 것입니다.

우리는 이상과 같은 제2의 해방을 위한 결의를 실천함으로써 유린된 민족정기를 확립하고 아울러 북한 당국과 동포를 향해서도 민주적 전환을 촉구하며 이것이야 말로 민주적 통일로 완전한 민족해방을 성취하는 길임을 함께 하고자 합니다. 우리는 민주화와 민족통일을 통한 제2의 민족해방으로 세계문명에 새로운 지평을 열 것입니다.

1987. 8. 15.

민주헌법쟁취 국민운동본부

단결.투쟁
노동해방

제2의 광복, 조국의 자주화를 위하여

1945년 8월 15일.

"대한독립 만세!!!" 삼천리 강산이 감격과 환희의 함성으로 일렁거렸다. 악몽같은 일제 36년의 학정에서 벗어난 그날, 온겨레는 감추어두었던 태극기를 꺼내 들고 한덩어리가 되어 해방조국의 거리를 내달았다.

"이제는 땀흘려 가꾼 농산물을 공출로 빼앗기지 않고, 천금같은 아들딸을 왜놈군대의 총알받이로, 정신대라는 노리개로 내보내지 않아도 된다." "우리 말과 글을 쓸 수 있고 아침마다 왜놈 사당에 절하지 않아도 된다." "왜놈 총독의 개가 되어 동족을 학대하고 착취한 악질 지주와 자본가, 친일반역자들을 처단하고, 우리 민족 스스로 주인이 되어 외세에 지배당하지 않는 자주적이고 민주적인 나라를 건설해야겠다."

민족반역자를 뺀 모든 동포들이 희망에 몸을 떨고 감격의 눈물을 흘렸다. 1945년 8월 15일은 바로 그런 날이었던 것이다.

그러나 그 감격과 기쁨도 잠깐뿐! 왜놈 총독이 쫓겨간 바로 그 자리에 새로운 총독이 성조기를 내걸고 들어앉았다. 북위 38도 이남의 한반도는 새로운 정복자 미국의 손아귀에 들어간 것이다. 인천에 상륙한 미군은 환영나온 우리 동포 두 명을 사살하는 것으로 우리 민족에 대한 지배의 역사를 열었다. 점령군 사령관 하지 중장은 왜놈 총독의 관저를 제 집으로 만들고 새로운 제왕으로 등극하였다. 그들은 건국준비위원회가 세운 인민공화국과 상해 임시정부 등 좌우익을 막론하고 우리 민족이 자주적으로 만든 모든 정부조직을 "폭도집단"이라 모욕하고 미군정이 유일한 합법정부임을 선언함으로써 업무를 개시했다. "내가 보기에 한국인은 왜귀(倭鬼)와 같은 족속이다." 하지의 망언이다. 미국은 효과적인 식민지 경영을 위해 친일분자들을 긁어 모았다.

어제까지 독립군을 때려잡던 일본 경찰과 일본 군대 출신들이 경찰 간부가 되고 고위 군장교로 되었다. "천황폐하를 위해 징용 정병, 정신대에 자진해서 들어가라"고 설교하던 자들은 교장선생이되고 교육관료와 지도적 사회명사가 되었다. 일본군대에 돈과 비행기를 헌납한 악질 지주와 자본가들은 국회의원과 재계 거물로 출세했다. 독립운동가의 가족들은 가난뱅이가 되었고 김구, 여운형 등 숱한 애국자들이 암살당했다. 일찌기부터 미국에 우리 민족의 독립을 구걸해온 이승만은 남한만의 단독선거로 대통령이 되었다. 민족은 분단되었다. 그리고 이 모든 일들이 미국의 계획에 의해 미군정의 지휘감독 아래 일어났다.

이승만 - 박정희 - 전두환으로 독재자의 얼굴은 바뀌었지만 우리 민족에 대한 미국의 확고한 지배는 조금도 변하지 않았다.

판문점에 가보라! 그 일대의 철책을 지키는 것도 남북 정전회담에 나가는 것도 모두 미군이다. 자기군대의 작전지휘권을 외국군에 맡기는 자주독립국가가 한국 말고 어디에 또 있는가? 미군은 한반도에 배치된 핵무기를 우리나라와 상의없이 제 마음대로 터뜨릴 수 있다. 지난 6월 투쟁 때 세계 언론은 전두환이 아니라 미국무성 대변인에게 한국의 장래를 질문하였다. 미국 정부의 국장 하나만 와도 여야 정치인이 우르르 몰려가 기념사진 한장 찍으려고 생난리를 피운다. 미국이 시키면 담배, 건포도, 쇠고기까지 수입한다. 영화관은 온통 실베스타 스텔론과 브룩 실즈 판이고 라디오 음악프로는 마돈나나 보이 죠지 등 양키 가수의 독무대다. AIDS때문에 전세계가 난리인데도 미군상대 창녀촌은 없앨 수가 없다. 수도 서울 한복판의 미군기지 때문에 도로가 휘어져가고 외국인 출입금지구역은 없지만 한국인 출입금지 구역은 도처에 널려있다. 민정당사에 불지르면 집회시위법 위반으로 고작 징역 몇년인데 미문화원에 불지른 문부식씨, 김현장씨는 국가보안법 위반에 무기징역을 살고 있다.

아아, 너무나도 비참한 조국의 현실이여! 우리는 지금 자주독립국가가 아니라 미국의 신식민지에 살고 있는 것이다!

지금 미국은 6월에 터져나온 우리 민중의 반독재투쟁이 반미 자주화, 민족 통일운동으로 발전하지 못하게 하기 위해 안간힘을 쓰고 있다. 광주학살이 그랬던 것처럼 노태우 선언 역시 미국의 사주에 의한 것이다. 미국무성 차관보 씨거가 다녀간지 6일만에 나온 이 선언을 미국 언론은 이미 발표 수일 전에 알고 미리 예고했었던 것이다.

그러나 소위 노선언과 직선제 공명선거를 책임진다는 현내각의 꼴을 보라! 총리 김정렬은 일본육사 출신으로 60년의 부정선거 당시 국방장관을 했던 자다. 국방부장관 정호용은 아다시피 광주학살 주범중의 하나이다. 나머지는 따질 것도 없다. 이런 자들이 민주화를 하고 공명선거를 실시할 수 있다고 어떤 바보가 믿겠는가?

우리 천만 노동자는 이런 비극적인 조국의 현실 속에서 전국적인 파업농성을 통해 임금인상과 근로조건 개선등 빛나는 승리를 쟁취하고 있다. 자신이 지닌단결의 힘을 가슴벅차게 확인하면서 새역사의 주인으로 일어서고 있는 것이다. 우리 노동자는 결코 여기에서 멈추지 않을 것이다. 이 승리를 바탕으로완전한 민주주의를 이룩함으로써 조국의 자주화와 통일을 앞당기기 위해 우리는 계속 전진한다.

"천만 노동자여! 민주노조 결성에 더욱 박차를 가하면서 자주 민주 통일의 기치를 들자! 미국과 전두환 노태우 일당을 몰아내지 않고서는 오늘의 승리를 지킬 수 없다!"

"모든 애국 민주세력은 총단결하여, 언론·출판·집회·결사·파업·조직결성의 자유를 완전히 보장하며, 집시법·국가보안법 등 제반 악법을 폐지하고 안기부·치안본부·보안사 등 독재정권의 폭력기관을 민중을 위한 기구로 개조하고, 구속중인 양심수의 전면석방과 해고자의 전원 복직 등 실질적인 민주화를 실시하는 동시에 자유롭고 공정한 선거를 책임질 범민주 과도정부의 수립을 위해 투쟁하자!"

우리는 이 뜻깊은 조국 분단 42주년에 완전한 민족의 해방과 평화적 통일을 위해 다음과 같이 주장한다.

1. 전두환 노태우 일당은 즉각 퇴진하라!!
1. 민주승리 보장하는 범민주 과도정부 수립하자!!
1. 독재유지 타협종용 미국은 물러가라!!
1. 자주적 민주정부 수립하여 민족통일 앞당기자!!

분단조국 43년 8월 15일 =서울지역 민주노동자 일동=

강제노동 억울하고 해고도 서러운데 폭력이 웬말이냐!

— 한국전자부품 김용호사장을 규탄한다 —

서울지역해고노동자복직투쟁위원회

한국전자부품 : 구로 2공단 소재. 사장 김용호. 전화번호 856－8239
7월 21일 "이런데서 일한다고 사람취급도 안 하네. 강반장은 욕 좀 안했으면 좋겠다"고 낙서를 했다는 이유 하나로 한 여성 노동자를 일주일간 감금시키다가 해고시킨 악랄한 회사

8월 14일 폭행경위

8시 30분 : 한국전자부품해고자와 서울지역해고노동자복직투쟁위원회의 해고자 15명이 부당해고에 항의하고 복직을 요구하러 회사에 찾아감.
유인물 몇 장을 출근하는 동료들에게 나눠주고 구호를 외치려는 찰라, 삽시간에 50여명의 각목을 든 관리자와 구사단이 나와 달려듬.
가져갔던 유인물·플래카드 뺏고 길바닥에 머리채를 흔들어 내동댕이 침. 여성노동자 2명 실신하여 병원으로 옮김.
남성노동자 4명을 회사 안 예비군중대본부로 끌고가 "죽여버린다"고 협박하며 물까지 끼얹다가 잠시후 돌려보냄.
해고자들은 폭행에 항의하면서 정문앞에서 계속 연좌.

12시 30분 : 점심시간 담벼락에 붙여놓은 폭로대자보를 관리자들 나와 떼려하자 항의, 갑자기 4·5명 떼지어 몰려들어 한 남성노동자 난타.
코뼈가 무드러지고 피떡이 콸콸 쏟아져 유혈이 낭자한 채로 병원으로 이송, 현재 구로동 고대부속병원 성형외과 711호에 입원·수술예정.
이 때 주변회사의 관리자들까지도 "너무 한다"고 수근수근.
아침부터 남부경찰서 정보계장을 비롯 대공과·정보과 형사들 수명이 회사에 왔으나 수위실만 들락거릴 뿐 아무런 제지도 않고 회사측하고만 쑥덕거림.

농성계속 : 다른 해고자들과 노동자들 찾아와 농성자 30여명에 이름.
뙤약볕에 지쳤음에도 계속 길에 낙서·벽보작업함. 어느새 정문안에 200여명되는 관리자와 구사대 서 있으면서 야유 보냄.
해고자들은 "여러분과 싸우려는것이 아니다. 여러분은 사장이 시켜서 할 수 없이 하는것 아닌가?"면서 호소.

4시 30분 : 전경차 1대 회사문 옆에 와 있고 농성자들은 앉아서 숨을 돌리고 있을 때 갑자기 안에서 정문을 열더니 200여명 봇물처럼 밀려나옴.
"지랄하지 말고 가란 말이야!"면서 농성자들 밀쳐냄. 계속 발길질·주먹질 가방·신발이 날라가고 사지가 번쩍 들려가며 2공단 회사앞에서 가리봉역까지 계속 쫓겨옴. 아수라장 중에 한 남성노동자 코뼈 부러지고 입술 터진사람 수명. 전원이 전신 타박상·찰과상.
카메라로 사진찍던 한 노동자는 2,30명이 한꺼번에 달려들어 쫓기다가 옆에서 오는 차에 받혀 머리 깨짐. 현재 독산동 이영순병원 509호에 입원중. 구사대중 몇 명은 술냄새 풍겼고 눈이 벌개 있었음.

4시 40분 : 시커멓게 달려오던 구사대 가리봉역에 사람 몰리자 슬슬 물러감.
옆에 있던 공단파출소 사복형사에게 "경찰이 사람 죽는데 이래도 되는거요?"하며 울부짖자 "사람 잘 못 봤어!"라면서 뻔뻔스레 발뺌.

이후 : 한국전자부품 사장에게 전화걸어 "사람죽이가니 병원비를 좀 가져와라"하니 "나는 모른다. 아래 사람들이 그랬으면 잡아가면 될게 아니냐"며 오히려 호통. 수술받아야 할 사람이 입원도 못하고 있음.

노동자 여러분! 그리고 시민여러분!
보셨읍니까?
노태우가 6·29선언이다 뭐다 하며 민주화의 스타처럼 떠드는 지금, 민주화가 유행어처럼 나도는 지금, 이 폭력의 현장을 보셨읍니까? 그것도 벌건 대낮에, 술까지 먹은 시커먼 관리자와 구사단 200여명이 달려들어 누구는 수술을 받고, 누구는 침도 못 삼키고, 누구는 분노로 잠을 이루지 못합니다.
더욱 치가 떨리는 것은 사장놈은 간 데 없고 우리와 같은 처지의 노동자들까지 협박하고 꼬드겨 바로 자신의 동료들을 치게 만든것! 그것입니다. 게다가 경찰은 그들이 '민중의 지팡이'가 아니라 '민중의 몽둥이'라는 사실을 이 날 다시 한 번 증명했읍니다.
박종철사건이다, 이한열사건이다 해서 온 국민이 경찰이라면 이를 가는 지금, 저들은 저들이 앞에 나서지 않고 회사를 조종하고 사주한것입니다.
우리 눈 앞에 보이는 폭력은 너무나 많읍니다.
울산. 부산을 출발로 전국에서 터져나오는 노동자들의 생존권투쟁 하나도 최루탄과 각목 아니면 다스리지 못 하는 것이 바로 이 땅의 자본가요, 경찰이요, 독재정권입니다.
우리 천만노동자는 이미 공장에서 너무도 많은 폭력과 비인간적인 대우에 시달려 왔읍니다.
장가갈 아들을 둔 아주머니도 관리자들에게 반말지꺼리를 듣습니다. 시집도 안 간 처녀가 관리자들에게 엉덩이며 가슴을 쓸리는 것도 예사입니다. 어떤 회사는 지각하면 무릎 꿇고 벌까지도 섭니다. 따귀도 흔히 맞읍니다. 바른말 한 마디 하면 반성문이다 시말서다 졸라우다가 급기야는 사직서를 들이밉니다. <u>강제사직!</u> 그것도 거부하면 그다음긴 목이 잘립니다. <u>해고!</u>
바로 우리 해고노동자들은 이런 현실을 거부합니다.
'지렁이도 밟으면 꿈틀거린다.' 이 진실이 우리를 일어서게 한 것입니다. 해고된지 한달이 넘고 7년넘은 사람도 있지만 우리는 모두 공장으로 돌아가려합니다. 해직교수는 강단으로, 제적학생은 교실로 돌아가는 이 때! 독재정권의 과거가 '민주'가 아니었음을 제 입으로 인정한 이상, 우리의 복직은 너무나 정당합니다! 우리는 모두 돌아가 강제와 폭력에 고통받는 동료들과 함께 싸워야 합니다! 노태우의 '거짓민주화'를 둘러엎고 노동자와 민중의 '진짜민주화'를 기어이 찾아야 합니다!

우리의 요구

一. 한국전자부품사장 김용호는 <u>공개사죄</u>하고 부상·피해에 대해 <u>완전보상</u>하라!
一. 남부경찰서장은 폭행자색출하여 <u>형사처벌</u>하고 폭행방조 책임지고 <u>사퇴</u>하라!
一. 해고자를 <u>전원복직</u>시키고 <u>블랙리스트(취업금지자명단)철폐</u>하라!
一. 부당해고 보장하는 <u>제반 악법 폐기</u>하라!

여러분 공장의 해고자는, 이웃의 해고자는 바로 우리 현장의 노동자와 온 국민의 단결된 힘으로만 복직될 수 있읍니다.
- 복직지지서명 등 복직투쟁을 지지해 주십시오!
- 폭력사장 김용호에게 찾아가고 전화로 항의합시다. 856-8239
- 남부경찰서에 항의합시다. 정보과 855-5661

1987. 8. 16.

'노동자가 앞장서서 폭력·독재정권 타도하자!'

민주시민에게 드리는 글

민주시민 여러분!

지금 전국 곳곳에서 노동자들의 투쟁이 들불처럼 일어나고 있읍니다. 이러한 투쟁은 생산 현장에서 역사의 창조자로서 가장 많은 피와 땀을 바쳐오면서도 독점재벌과 독재정권에 의해 모든 권리를 박탈당해왔던 노동자들이 이제 더 이상은 노예같은 삶을 살 수 없다! 빼앗긴 우리 권리 우리 손으로 되찾아 이 땅에 민주노동사회를 건설하자고 떨쳐 일어난 것입니다.

"노동운동 탄압하는 군부독재 타도하자"

군부독재 정권은 6월항쟁을 통해 전민중들의 봇물처럼 터져나온 민주화 요구에 놀라 자신들의 입으로 6.29 노태우 선언을 내놓고 겉으로는 민주화를 하는척 하면서 실질적으로는 우리 노동자들의 정당한 권리인 노동3권 등 민중들의 생존권과 정치적 자유를 예전 대로 박탈한 채 짓밟고 있는 것입니다.

민주시민 여러분!

6.29 선언이후 달라진 것이 무엇이 있읍니까? 노동자들이 단결하여 자신의 이익을 지킬 수 있는 집회·시위·결사의 자유가 보장되었읍니까? 해고된 노동자가 복직되었읍니까? 아니면 구속된 노동자가 전면 석방되었읍니까?

달라진 것은 아무것도 없는 것입니다. 「부산의 국제상사에서는 지난 30일 사장에게 일당 3만원에 고용된 깡패들이 쇠파이프, 각목, 식칼을 휘두르며 농성 노동자들을 습격 노동자 48명이 중경상을 입는 극심한 테러를 당했다. 이중 치명상을 입은 2명의 노동자는 인근 강남병원에 옮겼으나 경찰이 일체 면회를 차단하고 있으며 이 외에도 3명의 노동자가 치명상을 입었다고 하는데 목격자들의 증언에 의하면 부상정도로 미루어보아 사망했을 것이라고 한다」(민주부산 7.31일자).

대낮에 노동자들이 폭력경찰과 깡패집단에 의해 머리가 깨어지고 팔다리가 부러지는 세상이 어찌 민주사회란 말입니까?

노태우의 6.29선언은 민주화 선언이 아니라 민중 기만선언인 것입니다.

"기만적인 민주화 조치 투쟁으로 분쇄하자"

우리 노동자들에게 있어 공장의 민주화는 무엇보다도 중요합니다. 공장에 민주노조를 건설하고 노조활동의 자유를 쟁취하는 것이야말로 노동자들의 권익을 지속적으로 지켜 낼 수 있기 때문입니다. 공장의 민주화는 전 사회를 민주화시킬 수 있는 지름길 입니다.

군부독재정권은 "어용노조퇴진" "민주노조쟁취" "임금인상" 등 공장내 민주화와 생존권 확보를 요구하는 우리 노동자들을 폭력적인 방법으로 짓밟을 뿐만 아니라 관제언론을 동원하여 노동자들의 정당한 요구를 일부 불순분자의 책동으로 왜곡 보도하고 있는 것입니다.

"노동자들의 빈번한 생존권 투쟁은 사회불안을 야기한다." "국민경제를 위태롭게 한다"는 식으로 민주시민과 노동자들을 이간시키고 노동자들이 국가를 망치려는 집단으로 왜곡보도 하는가 하면 한술 더 떠 중앙일보 8월 4일자 중앙칼럼을 보면 편집국장 대리인 금창태란 놈은 "최근 일어나는 과격한 노사분규는 민중혁명노선을 신봉하는 일부 급진세력의 개입과 조종이다" "당국은 이를 철저히 봉쇄하고 강경한 대응책을 마련해야 한다"는 등 반노동자적 발언으로 군부독재와 독점재벌의 하수인, 앵무새 역할을 충실히(?) 하고 있읍니다.

천만 노동자들은 아무런 생각없이 불순분자의 책동에 끌려다니는 바보들만 모여있단 말입니까?

어떤 사람이 아무리 그럴듯 하게 말을 잘하고, 선동을 한다해도 자신이 직접 뼈저리게 느끼지 못하고 있을 때는 쉽게 행동에 옮겨지지 않는다는 것은 너무도 당연한 이치 아닙니까?

그런데 노동자들의 정당한 요구를 철저히 봉쇄하고 강경한 대응책을 마련하다니, 노동자들은 주면 주는대로 받고 때리면 때리는대로 맞아야 하고 끽소리라도 하고 발버둥치면 군화발로 밟혀야 된다는 말이 아닙니까? 이토록 노골적으로 노동운동을 왜곡하는 중앙일보는 어떤신문입니까?

중앙일보는 삼성재벌의 계열회사로서 삼성 재벌의 총수인 이병철은 "내눈에 흙이 들어가기 전에 노동조합은 인정할 수 없다"는 망언을 서슴치 않는 놈입니다. 실제로 삼성재벌 산하에는 노동조합이 있는 공장이 하나도 없는 실정입니다. 이렇게 재벌이 운영하는 신문이 어떻게 권력을 비호하기 빠쁘고 자신들의 구린돈을 움켜잡기 위해 반노동자 정책으로 노동자를 짓밟는데 앞장서는 사실을 정확하게 보도할 수 있겠읍니까?

"노동운동 왜곡하는 관제언론 깨부수자"

우리 노동자들은 군부독재 정권이 아무리 우리의 노동운동을 짓밟는다 해도, 언론조작을 통해 노동운동을 왜곡하고 민주시민과 노동자들을 분리시킬려고 해도, 노동운동을 열심히하는 노동자를 불순분자로 몰아세운다해도, 우리는 결코 짓밟히지 않을 것이며 민주시민과 굳게 손잡고 이땅의 완전한 자주와 민주주의를 위해 끝까지 투쟁할 것입니다. 또한 왜곡보도를 일삼는 관제언론에 각성을 촉구하며 특히 반노동자적 입장을 취하는 중앙일보는 사지도 보지도 말 것을 민주시민 여러분께 호소합니다.

관제언론 깨부수고 민주언론 쟁취하자!

미일외세 몰아내고 민족자주 쟁취하자!

군부독재 타도하고 범민주 과도정부 수립하자!

1천만 노동자여! 총 파업으로 군부독재 타도하자!

1987. 8. 16.

민주헌법쟁취 노동자 공동위원회

주소 : 서울 종로구 연지동 136-46 기독교회관 708호

전화 : 763-9563

청계피복노동조합(745-1706) 한국기독노동자총연맹(744-2035) 한국기독노동자서울지역연맹(867-6128) 한국기독노동자인천지역연맹(032-763-2987) 한국여성노동자회(679-1328) 전태일기념사업회(743-9074) 박종만추모사업회(323-5355) 박영진열사추모사업회(866-4959) 한국노동자복지협의회(844-8896) 한국노동자복지협의회인천지역협의회(032-526-8796) 영등포산업선교회(633-7972) 인천산업선교회(0342-72-5792) 한국산업선교회(464-7469) 카톨릭노동사목전국협의회(269-2302) 한국카톨릭노동청년회전국연합회(815-2483) 카톨릭노동청년회인천교구연합회, 인천지역민주노동자연맹

국본 제 1 차 노동쟁의 실태 조사단

평가 및 향후 처리논의를 위한 모임

때 : 87. 8. 17 오후 5 시

곳 : 사선 회의실

1. 자료 수집 (총괄 문제)

2. 조사보고 발표 (간단히 개요만)

울산지역 부산지역 마산. 창원지역

3. 조사내용 평가 및 문제점 토의

4. 조사보고서 작성문제 (실무팀 구성문제)

5. 조사결과를 처리하는 문제

(공청회, 국민대회, 기타 - -)

6. 제 2 차 조사단 문제

7. 노동문제 대책 특별위원회 구성문제

8. 기타 토의

현대그룹 노사문제에 대한 우리의 견해

최근 전국각지에서 분출되고 있는 노사문제에 대해 지대한 관심을 가지고 있는 우리는 특별히 현대그룹에서 일어나고 있는 노사문제에 대해서 주목하면서 아래와 같이 우리의 입장을 밝힌다.

주지하는바, 현대그룹산하의 현대자동차, 현대중공업 등은 국가의 기간산업으로서 이는 어느 개인의 기업이라기보다는 전국민의 기업이요 또 국가경제에 미치는 영향 또한 지대한 것이다. 그러므로 그곳에서 일어나는 노사문제 또한 한 기업주와 해당 노동자들만의 문제가 아닌 전사회적인 중대문제라고 할 수 있다.

지난 며칠동안 진행되어온 현대그룹내의 노사문제를 면밀히 지켜본 우리는 먼저, 노사문제에 대한 기업주의 근본적 태도에 깊은 우려를 표하지 않을 수 없다.

우리는 그동안 다수 노동자들의 지지를 받지못하던 어용노조를 배척하고 진정으로 노동자들을 대표할 수 있는 민주노조를 조직하려는 노동자들의 노력을 적극 지지한다.

그런데 유감스럽게도 현대그룹은 민주노조의 정당성을 부인하고 오히려 불법 운운하면서 그들과 대화를 기피하고있는 바 이는 노동자를 근본적으로 무시하는 독선적 태도이며, 나아가 문제를 대화와 협상으로 해결하려는 자세가 아니라고 믿어진다. 또한 임금인상문제에 있어 현대그룹측은 종래에 그룹차원의 해결을 주장해왔다는바 노동자들로서는 "현대그룹 노동조합 협의회"를 구성하여 협상에 응한것은 극히 상식적인 일인것이다. 그런데 현대그룹이 이제와서 태도를 돌변하여 이 협의회와의 대화를 거부하는 이유를 우리는 도저히 납득할 수 없다.

특별히 8월 17일, 회사가 일방적으로 결정한 '무기한 휴업' 조치를 보면서 우리는 경악을 금할 수 없다. 기업주가 정당한 이유없이 국가기간산업의 운영을 중단하는것은 국민에 대한 오만불손한 태도요, 국민경제에 대한 책임의 방기로서 국민적 규탄을 받아 마땅한 일이다. 기업이 더구나 여러가지 억울한 상황속에서도 최대의 인내와 자제로 생산만은 중단할 수 없으며 모든 문제를 대화로서 해결하려는 노동자들의 간절하고도 충정어린 노력이 있음에도 회사는 이를 짓밟고 마치 노동자들때문에 생산을 중단할 수 밖에 없다는듯이 국민을 기만하려는 얄팍한 처사는 도저히 용납할 수 없는 몰염치한 일이라 하지 않을 수 없다.

이에 우리는 진심으로 현대그룹에 권고하는 바이다. 현대그룹은 지금이라도 노동자에 대한 전근대적이고 권위적인 태도를 돌이켜 시대의 변천을 직시하여 노동자와 대등한 관계속에서 협력과 대화를 통해 모든 문제를 평화적이고 합리적으로 해결하기 바란다.

현대그룹은 노동자들이 대화를 통해 문제해결을 하려는 노력을 왜, 그리고 무슨 이유로 더 이상 회피할 것인가? 회사는 전 노동자들이 합법적이고 민주적으로 조직한 노동조합과 함께 하루빨리 진지한 자세로 대화를 시작하기를 바란다.

현대그룹에 대한 국민의 기대를 더이상 저버리지 말고 아니 이러한 국민의 기대가 지금 차츰 국민적 분노로 바뀌고 있다는 점을 깊이 인식하여 회사는 뼈를 깍는 아픔으로 진정한 국민의 기업이 되기 위한 일대 자기혁신이 있기를 권고하는 바이다.

우리는 현대그룹산하 노동자들의 정의로운 투쟁을 적극 지지하는 바이며, 지속적인 관심을 가지고 전 국민과 함께 성원할 것이다.

1987년 8월 17일

민주헌법쟁취 국민운동본부

백만 애국학생 동지들에게 호소한다 !!!

--- '전대협' 결성에 부쳐 ---

온몸으로 진리를 지키고 불의에 항거하며 투쟁해온 자랑스런 대학생 동지 여러분!

천만 노동자계급의 일원이며, 그 선진부대이고자 하는 우리는 동지들과 더불어 진리와 정의! 민주주의의 대의! 에 대한 굳건한 념과 불굴의 투쟁정신을 공유하면서 민족·민주혁명의 굳건한 동맹자임을 확인하고자 한다. 그렇다! 지난 7년간, 아니 수십년간 대들과 우리는 어깨를 나란히 하면서, 서로 협력하고, 질책하면서 저 간악한 미제국주의와 군사독재 정권에 맞서 투쟁해왔다! 우리의 이런 선도적이며 불굴의 헌신적 투쟁정신은 다수의 민중들에게 공유되었고, 그리하여 수백만의 민중들이 군사독재 정권의 타 를 부르짖으며 가두로 진출한 6월항쟁을 불러 일으켰다.

구속·고문·폭행등 군사독재의 온갖 폭력적 탄압에도 굴복하지 않고 수십만의 민중이 한목소리로 외친 '군사독재 타도하자!'라는 성은 파쇼의 땅 남한에 서광을 내리비치고, 바야흐로 '민중의 시대'를 열것임을 예고하는것, 그 자체였다.

그러나 동지들! 우리 민중진영의 힘은 아직은 저 간악한 미제와 군사독재를 타도하기에 충분히 강하지 못하였고, 적들역시 솟 쳐 오르는 민중들의 투쟁열기를 진압하기에 충분히 강하지 못하였다. 그리하여 그들은 우리 모두가 잘알고 있듯이 6.29선언을 표하였다. 몇가지 기만적이고 불충분한 개량조치를 취함으로써 민중들의 투쟁열기를 누그러 뜨리고, 민중들의 의식이 혁명적으로 전 하려는 것을 사전에 차단시키려 한것이다.

그리하여 일순간 사태는 저들의 의도한대로 흘러가는듯 하였다. 그러나 민중들은 자신의 경제적 지위향상과 민주적 권리를 위한 쟁을 광범위하게 전개하면서 6.29 민주화조치의 기만성을 현실에서 부터 폭로해 나갔다.

동지들! 지금 우리는 비록 기만적이지만, 적들에 의해 주어진 개량적 조치를 최대로 활용하여, 이를 극대화시켜 우리의 역량을 확함으로써 반제.반파쇼투쟁을 그 정점으로까지 끌어올려, 한줌도 안되는 소수의 지배자와 전민중의 최후의·일전을 대비케 하는것 현시기의 과제로 하고있다. 이러한 면에서 우리는 '전대협'이 전국의 대학생들의 정치적 결속과 정치적 진출의 '계기'로 작용 것이기에 동지들의 '전대협'결성을 환영하면서, 진정 그 내용에 있어서도 대학생들의 정치적 구심체가 될수있기를 바란다.

1. 우리는 '전대협'이 다음과 같은 정치적 태도를 취할것을 촉구한다!

국의 대학생 동지들! 진리를 사랑하기에 사상의 자유를 쟁취하고자 투쟁해왔고, 민주주의를 사랑하기에 독재에 항거하면서 피 써 투쟁해 왔었다. 그대들의 학우가 죽어가고, 고문당하고, 구속당할때에도, 우리 노동형제들이 정치적 무권리에 신음하고 이에 서 항거하다 고문.살해.투옥당할때에도 우리는 굳게 믿지않았던가? 진리의 시대는 민중의 시대를 통해서만 올것이며, 민중의 시 는 민주를 꽃피워, '인간에 의한 인간의 착취'가 없는 사회로 발전하여 나아가게 될것이라고!

살인적 국가체제하에서는 이러한 민중의 시대는 오직 우리의 고귀한 피로써 그 길이 예비될수 있다라고.

동지들! 우리는 지금 예전의 결의를 잊지말고 다시한번 굳게 확인하여야 할때이다. 바로 전국의 대학생동지들이 다시한번 정치 으로 결속하여 진출해야 하기 때문이다. 그렇다! 4천만 민중을 굴욕과 무지와 빈곤의 구렁텅이에 몰아넣은 장본인, 군사독재 여전히 존재하는데 민정당 - 민주당간의 개헌협상을 통해 선거를 치룬다고, 설령 민주당이 승리하더라도 과연 민주주의가 올것 가? 아니면 민주주의를 달성시키기 위해서 다른 길을 택해야 하는가? 여기에 대한 전국 대학생 동지들의 태도가 결정되어야 다! 군사독재 정권이 민주화를 하겠다고 선언했다고 해서 과연 민주주의를 하겠는가? 민주당은 민주주의를 할 계획이 있는 ? 여기에 대해 우리는 부정적으로 답변할수 밖에 없다.

이는 최근의 노동자들의 파업투쟁이나 민중들의 경제적 지위개선을 위한 투쟁, 또는 민주적 권리를 쟁취하기위한 투쟁에 대한 민 당이나 민주당의 태도를 통해서 여실히 드러났다. 그들은 이구동성으로 노동자의 파업투쟁은 국민경제를 수렁으로 빠뜨리는 행위 니, 기업실정을 생각치않는 무절제한 행위니, 민주화에 찬물을 끼얹을수 있는 행위니 등등으로 말하고 있다.

민주화가 도대체 무엇인가? 이는 인간해방을 위해 나아가고, 민중스스로 자신의 정치적.경제적 운명을 결정짓게 하는 사회를 건 하기 위한 유일한 길인 민중들의 경제적 지위향상이라는 직접적 이해실현을 위한 기초이다. 즉 민주화 없이는 경제적 지위향상은 시적일 뿐이며, 경제적 지위향상을 위해서는 무엇보다도 먼저 민주적 제권리를 쟁취하지 않으면 안되는 것이다. 따라서 진정 조 이라도 민주주의를 할 의사가 있는 세력이라면 민중들 속에서 일어나는 제반의 요구, 조직결성의 자유! 파업의 자유! 집회및 시 의 자유! 등등을 즉각적으로, 적극적으로 보장할것을 생각해야 한다.

민정당.민주당, 또 여타세력이 "그동안 억눌려 왔던것이 폭발하는 일시적 현상, 민주화의 장래에 드리운 암운" 등등이 아니라, 주화가 되면 될수록 파업투쟁과 조직결성등이 계속되어야 한다! 이를 통해 노동자와 민중은 비로소 자신의 주인이었던 자본가 을 대등한 인격체로 보고, 교섭하는 자기발로 우뚝선 인간이 될수있는 것이다. 이렇듯 민주화는 정치적 자유와 제반 권리를 유 함이 없이 적극 보장하는 것이다. 그런데 지금 당장 제 악법을 철폐하지도 않고, 그 악법으로 민중의 요구와 투쟁을 위협하는 정당이 민주주의를 할 의사가 있다는 것인가?

이단 이뿐인가? 국민이 자신이 하고싶은 말을 하려는것을 최대한 보장해주지 못할망정 그들은 다시 우리민중에게 스스로도 시인한 법에 근거하여 최루탄과 구속.고문이라는 폭력을 휘두르고 있다. 이것이야말로 민주화의 탈을 쓴 독재자의 진면목이다.

그러면서 은근히 '9월 위기설'등을 관제언론 등의 통로를 통해 유포하면서, 민중에 대한 도발계획과 구실을 준비중에 있다.

여기에' 가관인 것이 민주당이다. 그들은 군사독재의 비위를 거스르지 않고, 민중에게는 최소한의 권리에 만족하라고 압력을 가하면 , 살얼음을 밟듯 조심조심 민주화를 진행해야 한다고 한다.

"경제투쟁을 광범위하게 하면 쿠데타의 빌미를 준다" 아! 그대들, 민주당이여! 김대중. 김영삼씨여! 그대들은 왜 쿠데타의 가 성을 없앨생각은 하지 못하는가? 그것을 국민에게 호소하라! 쿠데타의 가능성이 없는 완전한 민주주의를 쟁취하자!라고, 이들은 우리국민을 비열하고 소심하게 만들고 있다.

자! 이제 분명해졌다. 군사독재 정권이 있는한, 군사독재가 소집한 국회에서 군부의 비위나 맞추려는 민주당·민정당의 개헌협상으로는 민주화를 보장하는 헌법안이채택될수없다. 설령 헌법조항이 민주적이라 해도 저들 군부에 총칼이 쥐어져 있는데 민주주의가 가능하겠는가? 자! 불완전하며 위태로운 줄타기를 하는 이런 소심한 민주주의에 주저앉을 것인가? 아니면 완전한 민주주의 쟁취하여 이땅의 역사에 영광을! 세계 피억압 민중에게 희망을! 제시하기 위한 위대한 투쟁의 깃발을 다시 올릴것인가?

그 기로에 서있는 이때, 완전한 민주주의의 쟁취는 전 민중의 힘!으로 미제를 축출하고 파쇼를 타도할때만이 가능하다.

지금은 이를 위해 전 민중의 정치적 각성과 정치적 결속을 강화시켜 최후의 일전을 준비해 나갈때이다.

그렇다 대학생 동지들 !

우리는 지금 다음과 같은 분명한 정치적 태도를 취해야 된다고 주장한다!

군사독재하의 개헌협상으로는 민중적인 민주공화제는 불가능하다. 민중 민주공화제는 민중의 힘으로 미제를 축출하고 군사독재를 타도할때 비로소 가능하다. 즉, 군사독재를 타도하고 임시정부를 수립하여 민중의 대표자로 새로운 의회를 구성하여 헌법을 제정하고, 정치일정을 진행해야만 한다.

임시정부는 지금의 반민족·반민주적 체제와 질서를 폐기하고 새로운 민족·민주질서를 수립하여 새로운 민중정부에 권력을 이양할때까지 교두보적 역할을 한다는 면에서 그 수립주체는 군사독재를 타도한 민중이며 형태는 임시적이고 내용은 혁명적인 정부여야 한다.

이 임시 혁명정부는 민중의 대표들을 고루 참여시킨하에서 새로운 민주질서를 수립할 새 헌법의 제정과 정치일정 진행을 위한 제선거를 보장하는 것을 주된 임무로 해야하고, 이 과정에서 완전한 정치활동의 자유의 보장과 민중의 경제적·정치적 제요구의 즉각적 실현을 보장하는 것을 그 행동강령으로 삼아야 한다. 이렇듯 우리는 군사독재와 반동군부가 존재하는한 민주주의는 없으며 이을 타도하고 임시정부를 수립해야함을 중심적으로 선동함으로써 민중의 정치의식을 고양시켜 나가야 한다.

2. '전대협'에 대한 몇가지 제안!

대학생 동지들! 그대들은 항상 진리를 사랑해 왔으며, 비록 실현하기에 힘들어보일 지라도, 그것이 현시기에서 유일하게 올바른 해결책이라면 과감히 주장하면서 싸워왔다. 그와 마찬가지로 현재의 시기 민중적 힘으로 군사독재를 타도하고 임시정부를 수립하는 것이야말로 민주주의를 달성하기위한유일하게 올바른길이라면 그것을 굳건하게 주장해 나가야 할것이다. 그런면에서 그대들은 진리를 사랑하는 우리 노동자와 굳게 동맹할수 있는 토대를 공유하고있다 할것이다.

그리하여 우리는 무엇보다도 그대들에게 첫째, 민주당과 민주헌법쟁취 국민운동본부에 대한 명확한 태도를 취할것을 촉구한다.

애국학생 동지들은 민주당의 헌법안이 민주주의를 보장하지 못할것임을, 민주당은 민주주의를 할 계획과 의지가 결코 없다는 것을 가장 진지하고 열성적으로 비판.폭로해 나가야 할것이다.

국민운동 본부의 최근의 '노동자들의 파업에 대한 성명서' 에서 보여지는 무책임함, 선거혁명을 운운하는 계획등에대해 가장 열성적으로 비판해야 할것이다. 더구나 민주당과 국민운동 본부가 국민에게 영향력을 가지고 있는이상 더더욱 열성적으로 폭로해야 한다. 물론 그 비판과 폭로는 무조건적이지 않고, 합리적이고 논리적이어야 할것이다.

둘째, 노동자와 굳게 동맹할것을 촉구한다.

우리 노동계급은 군사독재의 어떠한 제안에도 환상을 갖지 않으며, 군사독재의 타도투쟁에 총매진할것이다.

그리하여 우리는 전대협이 다른세력이 아닌 오직 노동자 계급과 연대할것을 촉구한다. 그리하여 노동자와 농민등 혁명적 민주의세력과 학생이 굳게 동맹할때 우리는 보다 빠르게 민족·민주혁명을 완수할수 있을것이다. 이를 위해 우리는 이를 담보할 조직형태까지 고려해야만 할것이다. 앞으로 우리는 동지들과 다음을 확인하고자 한다.

오늘날 우리는 우리주위의 언론등 무수한 매체와 통로를 통해 민중의 나약함과 군사독재의 강건함을 세뇌받고 있다.

그렇다 저들은 막강한 물리력을 갖고있다. 그러기에 우리는 더욱더 강고한 정치적 각성으로 무장해서 민중대중을 결속시켜야만 저들의 물리력을 종이호랑이로 만들수있다. 저들의 세뇌공세에 두려워 말자! 설령 지금 우리의 힘이 약해보이고, 저들의 힘이 강해보여도, 우리가 올바른 방향을 굳게 견지하여 가장 열성적으로 민중들에게 접근할때, 민중에게 저들의 폭력적 본질을 폭로할때, 우리는 도리어 적들을 타파하는 기구로 적들의 총칼을 활용하게 될것임을 굳게믿자!

동지들! 우리는 지금 노동자와 학생이 굳게 동맹하여 미제를 축출하고 군사독재를 타도하여, 굴욕의 이땅을 희망의 땅으로 굴종의 시대를 민주의 시대로 전환시키자고 제안하였다. 자! 승리는 우리의 올바름과 신념이 얼마나 강한지에, 우리의 열성이 얼마나 강한지에 걸려있다!

반제.반파쇼 투쟁의 대열에 전민중을 결집시켜 거대한 혁명이 적들을 강타해 이땅의 오물이 말끔히 씻겨갈수있는 바로 그때를 위해, 눈과눈을 부라리며 굳게입술을 깨물고 힘찬전진을 시작하자!

민중을 향한 우리의 열정적 선전과 선동이 이 강산에 메아리쳐 힘으로 진화하여 거리를 가득 가득 민중의 함성으로 울려퍼지게 하자!

민족·민주 혁명 만세!

노동자·농민·애국학생 동맹투쟁 만세!!!

xxxxxxxxx 군사독재 타도하고 임시정부 수립하자!!!

xxxxxxxxx 임시정부 수립하여 민주헌법 제정하자!!!

분단조국 43년 8월 19일

////////////////////// 서울지역 노동자 투쟁 위원회 (서 노 투 위) //////////////////////////

봉명 동료 여러분 에게 드리는글

동료 여러분!

세계 최고의 장시간 노동을 하는 우리는 너무나 많은것을 모르고 살아 왔읍니다

한달의 월급은 우리의 생활비 마저도 매우기 힘든 저 임금에서 마음속에는 항상 불만에 쌓여 있었으나 우리는 그 불만을 내포 하지 못하고 여태까지 살아 왔읍니다 또한 시키면 시키는 데로 묵묵히 생활 하였고 휴가 마저도 반납 하면서 우리는 일 해왔읍니다

봉명 동료 여러분!

이제 우리는 생각하고 확실히 알아야 할때가 왔다고 생각 합니다 얼마나 우리는 비 인간적 인 대접을 받고 있는가 얼마나 우리는 착취 당해 왔는가 얼마나 우리는 차등 지급을 받아 왔는가

이제 우리는 뭉쳐야 합니다 똘똘 뭉쳐서 회사측에 싸울때 우리의 권리를 되 찾을수 있을 것 입니다. 오로지 우리의 단결을 보여서 사장님 굿대를 납작하게 만들어 줍시다

8시 30분 연병장에 모이자!

봉명 동료 여러분!

우리는 우리의 조건이 완전히 관철 될때 까지 끝까지 단결 하여 싸워 나갑시다

우리의 요구

1. 임금을 1,500원 인상 하라!
2. 상여금 500%로 인상 하라!
3. 퇴직금 누진제를 실시하라
4. 가족 수당을 5,000원을 지급하라! <1인당>
5. 근속 수당을 지급하라!
6. 유해 수당을 20000원을 지급하라!
7. 자녀 학자금을 (1인 100% 1인이상 50%) 지급하라!
8. 년차 휴가 실시 하라!
9. 추석 4日 휴가 실시 하라!
10. 식사를 <430원>에서 <700원>으로 올려라!
11. 사무직. 잔업. 철야. 특근시 수당 150% 지급 하라
12. 휴가비. 김장비. 동일 지급 하라!
13. 승진과 승급의 기회를 부여 하라!

9月 19일 오전 8시30분 시작 (모터 생산업체)
약 70명 생산직. 현재 100여명이 2일째 농성중.

노동자의 생존권 확보투쟁은 민주화의 초석이다

7월이후 전국적으로 확산되던 노동자의 파업은 8월17일 울산현대그룹의 일방적인 휴업조치와 이에 맞선 3만 노동자들의 생존권확보를 위한 연대투쟁으로 이나라 경제의 구조적 모순해결을 위한 대장정이 시작되었다.

우리는 다시한번 강조하거니와 최근의 7, 8월 노동자투쟁의 본질은 지난 30년간에 걸친 군부독재정권의 수출주도경제라는 미명하에 저질러진 모든 비민주적이고 봉건적인 경제정책·노동정책의 누적된 결과이지 결코 일시적이거나 우연적인 현상이 아니라는 것이다. 이제까지 잠재되었던 모순이 6월 민주화투쟁을 지나면서 노동자들의 생존권쟁취투쟁으로 나타나고 있다. 이러한 절박한 외침의 의미를 똑바로 평가하지 못하고 과격, 불순, 폭력으로 몰아붙이는 정부당국과 기업가 그리고 관제언론의 구태 의연한 작태에 대하여 우리는 다시한번 분명히 경고하고자 한다.

또한 이땅의 모든 경제발전과 고도성장의 기반을 이룬 것은 몇몇 독점자본과 관료들이 아니라 이땅의 일천만 노동자이며 이들이 피땀흘리며 일한만큼의 정당한 분배를 받고 노동자들 스스로의 힘으로 민주적인 노동조합을 건설하려는 투쟁이야말로 민주화의 참된 내용을 만들어 가는 것이라고 단언한다.

그럼에도 불구하고 최근의 노동상황을 왜곡, 과장하여 여론을 호도하고 국민을 속이는 정부당국, 기업가, 관제언론의 몇가지 거짓논리를 규탄하며 우리의 입장을 밝히는 바이다.

1. 최근 노동자들의 쟁의가 폭력적이며 불순세력이 개입하고 있고 그 요구사항이 무리하다는 주장에 대하여

현재 울산·태백지역등 전국의 기간산업을 비롯한 모든 업종에 걸쳐 참가인원이 수십만을 넘어섰지만 이 투쟁과정에서 유혈사태나 방화, 기계파괴등의 폭력사태가 전혀 발생하지 않고 있다. 오히려 경찰투입·최루탄 난사 등 정부의 구태의연한 폭력적 대응과 '구사단'을 조직하여 집단폭력을 사용하는 기업주 등의 횡포가 있을뿐이다. 수만명의 현대그룹 노동자들이 보인 질서정연한 연합시위와 농성과정에서 우리는 오히려 생산자로서의 노동자들의 숭고한 자세에 고개 숙여야 할 것이다. 또한 노동자들은 깨어있지 않기 때문에 파업을 벌이거나 노동조합을 만들려하지 않는데 제3자가 개입해서 이를 부추기고 있다는 거짓말은 노동자의 의식을 비하하고 주체적인 노력을 모독하는 것이며 노동자들의 투쟁을 사회로부터 고립시키려는 악랄한 이간책동이다. 또 현재 대부분 사업장에서의 노동자들의 요구는 최소한 생활을 꾸려갈 수 있을 정도의 임금인상과 민주적인 노동조합의 보장, 열악한 노동환경의 개선등 지극히 당연하고 기본적인 것인데도 이것을 무리하다고 몰아붙이는 기업가들의 자세야말로 이들이 얼마나 안일하고 비민주적인 자세로 노동자들을 착취해왔는가를 단적으로 증명하고 있다고 하겠다.

2. 노동자들의 생존권투쟁이 군부의 개입을 초래하여 민주화를 이루지 못하게 한다는 논리에 대하여

우리가 군부독재를 타도하고 민주화를 이루려고 하는 이유는 무엇인가? 이땅의 주인은 누구이며 일천만 노동자와 일천만의 농민의 생존권을 외면하고 이루어지는 민주화라는 것은 무슨 의미가 있는지 되묻고자 한다.

우리가 바라고 이루려는 민주화는 몇몇 재벌과 특권층이 마음놓고 해외에 재산을 도피시키고, 마음껏 방탕과 사치를 누리고 몇몇 언론사를 장악하고 언론의 자유를 독점하는 따위의 것이 아니다. 또한 이러한 노동자·농민의 구체적인 생존권을 외면한 형식만을 갖춘 민주화, 민간정부라는 것은 군부독재보다 나을 것이 결코 없으며 그동안 우리가 고통을 당해온 반민중적 지배구조에 지나지 않는다. 노동자들의 요구를 짓누르기 위해 군부가 다시 정치에 개입한다면 그것은 지난 80년 외세의 묵인하에 광주민중을 학살한데 이어 또다시 독점재벌을 위해 노동자를 짓밟는 결과를 초래하게 될 것이다. 이는 결국 군부가 국민의 군대가 아니라 외세와 그에 예속된 독점재벌의 앞잡이로서 이 민족의 주체인 민중에 정면도전하는 것이라 단정하지 않을수 없다.

3. 노동자들의 생존권투쟁이 경제파탄을 불러일으키고 국내경제기반을 무너뜨린다는 논리에 대하여

지금까지 이 나라의 모든 경제발전의 성과는 누구에게 돌아갔는가? 생계를 위협하는 저임금, 열악한 노동조건, 장시간 노동에 시달리면서도 묵묵히 일해온 노동자들에게는 어느정도의 몫이 돌아갔는가? 이 왜곡된 분배구조의 시정을 요구하는 노동자들의 정당한 요구를 혼란이라고 위협하면서 정권의 폭력적 개입을 유도하고, 국민경제 구성자로서의 책무를 벗어던진채 사업장을 폐쇄하여 노동자의 생존권을 박탈하고 생산을 중단시켜 국가경제를 파탄으로 몰고가는 자가 누구인가?

현대재벌의 경우 국민총생산의 10%를 차지할 정도로 비대해졌는데 그만한 부를 축적하기까지 수많은 노동자들이 값진 피땀을 흘렸다는 것은 누구나 알 수 있다. 현대재벌의 경우 자기자본은 불과 10%밖에 안되고 나머지는 모두 차관과 은행융자로 운영하고 있는데 이것이 과연 정주영 개인의 재산인가? 그럼에도 불구하고 정주영이라는 자는 현대가 망하면 국민경제가 파탄된다는 것을 담보로 일방적으로 휴업을 결정하는 만행을 저질렀다. 이는 기업의 사회성을 완전히 무시한채 노동자와 국민에 대하여 악랄한 공갈·협박을 하는게 아니고 무엇인가. 이러한 작태야말로 국민경제의 진정한 주인이 누구인가를 망각하고 아직도 전근대적 사고방식으로 기업을 경영하고 있는 몇몇 기업주들의 반국가적·반민주적 작태에 다름아닌 것이다.

뜨거웠던 6월 민주화대투쟁의 불길은 울산·부산·마산을 걸쳐 태백·구미·인천·서울 등지에서 생존권투쟁으로 활활 타오르고 있다. 이것이야말로 6월에 시작된 민주대혁명의 참된 내용을 완성하는 과정이며 생산자가 역사의 주인이 되는 민주화대장정이다.

우리는 이 도도한 흐름을 부정하는 모든 세력들에 대하여 이 투쟁의 정당성을 분명히 선언하면서 6월투쟁이상의 결의와 용기로 끝까지 싸울 것임을 분명히 천명한다. 진정한 민주화란 노동자·농민의 생존권확보를 가장 큰 내용으로 하는 것임을 다시한번 확인하면서 이들의 투쟁에 적극 동참하고 혼신의 힘을 다해 지원할 것임을 선언하는 바이다.

1987. 8. 20.

민주·통일민중운동연합 노동위원회

'인천지역 민주노조건설 공동실천위원회'의 활동을 시작하면서

(창 립 취 지 문)

▲ 지금 우리는 전 국민의 힘으로 반독재 민주화투쟁을 힘차게 벌이고 승리해가는 가슴 벅찬 순간에 서 있읍니다.

특히 인천을 비롯한 울산, 부산등지의 전국 방방곡곡에서, 공장, 광산, 운수등의 전 산업의 분야에서 뜨겁게 타오르고 있는 근로조건 개선, 민주노조 건설의 투쟁은 노동자들의 광범한 민주화 투쟁으로의 진출과, 노동자들의 민주화 투쟁에서의 중심된 지위와 역할을 생생하게 보여주고 있읍니다.

빛나는 6월투쟁을 뒤이은 7,8월의 투쟁에서 노동자들은 형식적으로 진행되고 있는 민주화를 실질적으로 쟁취해 나가는 투쟁의 대열에 신속하고도 광범위하게 나서고 있읍니다.

▲ 인천, 부천지역의 남일금속, 코리아 스파이서, 경원기계, 영창악기 등의 어용노조 민주화 투쟁의 승리, 한독금속, 태연물산 등을 비롯한 20여개의 민주노조의 건설, 서울조구, 성진운수, 대일화학 기계 등을 비롯한 임금재인상, 하기휴가 쟁취, 근로조건개선 투쟁의 승리를 비롯하여 전국적으로는 어용노조 민주화투쟁, 민주노조 건설투쟁, 휴업조치 철폐투쟁, 기타 제반의 공장내 민주화 투쟁이 하루에도 500여 곳에서(인천·부천지역은 하루에 60여곳) 벌어지고 승리해 나가고 있읍니다.

▲ 그러나 이러한 노동자들의 투쟁에 대한 자본가와 독재권력의 공격도 신속하고 치밀하게 행해지고 있읍니다.

· 이들은 8월 1일 자본가, 독재권력 연합의 '노동대책 실무위원회'를 구성하고 그들의 앵무새인 언론을 통해 "근로자들이 너무 지나친 요구를 하고 있으며 폭력적으로 문제를 해결하려 한다", "합법절차를 무시한 단체행동에 대해서는 엄벌에 처하겠다", "국민경제가 위태롭다, 외부 불순세력은 뿌리뽑겠다"며 노동자들의 단결을 분열시키고 노동자들의 민주화 투쟁을 비방, 호도하는 여론을 만들어내고 있읍니다.

· 인천지역의 대우자동차, 경동산업, 삼익악기 등에서 보여지듯이 대화고 뭐고 없이 일방적으로 휴업조치를 하여 노동자들을 거리로 내몰고 도리어 국민경제 혼란, 서민생활 불편 운운하며 사회적 혼란의 책임이 노동자에게 있는양 압박을 가하고 있읍니다.

저들은 급기야 불순 외부세력, 용공좌경, 폭력 노동자, 학출 노동자 구속 운운하며 노동자들의 이러한 민주화 투쟁을 불순분자에 의한 난동으로 매도하고 또다시 노동자의 머리와 가슴에 노예의 굴레를 뒤집어 씌우려는 음흉한 탄압의 발톱을 내세우고 있읍니다.

저들은 이미, 박종철 고문살인의 원흉인 치안본부 대공3과를 전원 복귀시켜 노동자들의 애국적 투쟁을 불순난동으로 탄압할 만반의 준비를 갖춰나가고 있으며, 대우조선에서 보여지듯이 무차별 최루탄을 쏘아 수많은 부상자를 속출시키고 살인(이석규 동지, 21세)까지 서슴치 않고 자행하고 있읍니다.

· 또한 남일금속, 한세실업, 태연물산, 인천조선 등에서 보여지듯이 폭력배를 고용하고 전경을 동원하여 살인적 폭력과 탄압을 휘두르면서, 한편으로는 대우중공업, 한국종합기계 등에서 보여지듯이 어용노조를 통해 요구조건을 내세우고 그것을 기만적으로 들어줌으로써 노동자들을 떡고물에 안주시켜 더이상 나서지 못하도록 조작하고 있읍니다.

▲ 독재권력, 재벌, 언론이 일심동체가 되어 한손에는 떡을 들고 한손에는 몽둥이를 들고 기만적 양보와 살인적 탄압을 행하며, 노동조합으로 결집된 노동자의 힘이 지역별, 산업별, 전국적으로 연대해 나가는 것을 결사적으로 가로막고 있읍니다.

▲ 독재권력이 노골적인 탄압의 발톱을 내세우고 있는 이때, 각 사업장마다 튼튼한 민주노조를 건설하고 이것을 지역적, 전국적으로 결속시키며 연대투쟁을 벌여나가는 일은, 노동자의 인간다운 삶의 쟁취와 이나라 민주화의 사활을 건 과제로 나서고 있읍니다.

▲ 그러나 저들의 음모와 분열책동, 탄압과 기만적 양보를 물리치고 노동자들이 사람답게 살고 대우받는 공장과 사회를 만들어 나가기 위한 우리의 단결과 결속은 아직 미흡합니다.

・아직 많은 사업장에서 투쟁의 강력한 무기인 노동조합이 결성되어 있지 못하거나, 노동자를 기만하는 어용노조가 판을 치고 있읍니다.

・아직 많은 사업장의 노동자들은 저들의 회유와 협박, 거짓선전에 흔들리고 있읍니다. 노동자의 인간다운 삶을 가로막고 있는 적을 바로 보고있지 못하며 노동자의 강철과 같은 힘을 믿지 못하며 분열되어 있고 두려워하고 있으며 연대를 망설이고 있읍니다.

・쟁취된 민주노조도 사업장별로 고립되어 있고 지역적, 전국적으로 결집되어 있지 못합니다. 오직 어용노총의 지역, 산별, 전국조직만이 판을 치며 이를 물리치는, 1천만 노동자의 힘을 강철과 같이 묶어세우는 민주적인 노동자의 연대조직을 (민주노조 연합) 갖고 있지 못합니다.

・아직 많은 노동자들이 반독재투쟁에서 가지는 노동자의 지위와 역할을 인식하고 있지 못하며, 다함께 애국적 투쟁으로 나설 준비를 갖추고 있지 못합니다.

・지역내의 제반 노동운동 단체와 역량들은 분산되어 있어서 광범한 지역노동자들의 투쟁을 통일적으로 수렴하고 지원해 나가고 있지 못합니다.

▲ 인천지역 민주노조건설 공동실천위원회는 현재의 이러한 노동자들의 민주화 투쟁을 가일층 전진시키고, 노동자가 인간답게 살아가기 위한 빛나는 승리를 쟁취해 나가기 위해서는, 광범한 민주노조를 건설하고 이들 민주노조간의 튼튼한 연대를 가짐이 시급하고도 필수적인 과제로 나서고 있음을 직시하고, 이를 통일적이고도 신속하게 지원해 나가기 위해 지역내 제반 지원역량들을 하나로 통일시켜 그 출발을 하게 되었읍니다.

▲ 인천지역 민주노조건설 공동실천위원회(이하 공실위)가 하는 일

一. 공실위는 안천, 부천지역 노동자들의 생활을 향상시키기 위한 근로조건 개선투쟁과 민주노조 건설투쟁, 기타 공장내 민주화 투쟁에서 필요한 여러가지 지원을 수행합니다.

一 공실위는 인천지역 민주노조들의 튼튼한 연대조직인 인천지역 민노연합을 건설하고, 이것이 전국적으로 확산해 나가는데 필요한 여러가지 지원을 수행합니다.

一. 공실위는 지역 노동자들에게 가해지는 부당한 탄압에 대한 공동대책활동과 타지역과의 협조를 위한 연대 활동을 수행합니다.

一. 공실위는 위와 같은 임무를 수행하기 위해 요구되어지는 모든 교육, 홍보, 상담활동을 진행합니다.

一. 공실위는 함께 참여하지 못한 지역내 노동운동 역량과 지속적으로 통일을 추구해 나갑니다.

一. 민주노조건설 전문 지원조직인 공실위는 민주노조 연합이 건설되어지는 것을 그 조직적 목표로 하여 이의 튼튼한 건설과 함께 그 역할을 종결합니다.

1987년 8월 21일

인천지역 민주노조건설 공동실천위원회(83-6393)

공동위원장 : 유동우, 오순부, 박일성, 조금분

한국기독노동자인천지역연맹(7[illegible]-2987), 인천지역해고노동자협의회(74-4660)

인천지역민주노동자연맹, 기독교도시산업선교회(72-5792)

○ 완전복직 및 해고반대를 위한 전국해고노동자 투쟁선언 ○

전국 방방곡곡에서 태풍처럼 몰아치는 일천만 노동자의 거대한 파업투쟁이 전 민중의 가슴을 설레게 하는 지금, 이 사회 '태풍의 눈'으로 등장한 해고노동자들! 자본가의 술수와 군부독재의 정치적 탄압 그리고 앵무새 언론에 의해 붙여진 이른바 '불순''과격'이라는 딱지를 훈장처럼 가슴에 차고서, 온갖 폭력과 협박, 고문, 구속에도 아랑곳없이 전진해 왔던 우리 해고노동자 투쟁의 대의는 대체 무엇이었던가?

생존조차 위협받는 저임금, 장시간 노동, 아차하는 순간에 손가락이 팍팍 튀어나가는 '노예'의 현실! 인간답게 한번 멋지게 살아보자는 꿈은 차디찬 절단기에 잘려 묻혀버리고 울분의 망치만 내리쳐야 하는 이 현실! 노동자의 권리를 찾겠다고 입 한번 뻥긋하면 여지없이 날아오는 관리자의 감시·폭력·해고장! 분한 마음을 거리에서 외치면 즉각 내리쳐지는 경찰의 몽둥이 찜질을 받고 0.7평 독방에 처박히는 이 땅, 노동자의 지옥!

한 줌도 안되는 소수 독점 재벌과 군사독재의 천국, 일하는 자의 전쟁터인 이 현실에서 우리 해고노동자들이 그토록 절규했던 것은 노동자와 민중의 인간다운 삶, 완전한 민주주의 바로 그것이 아니었던가!

이 대의를 그토록 사랑했기에 우리는 목이 잘린 해고자로서 한 평도 안되는 닭장집에서 끼니를 걱정하는 순간에도 노동자의 자부심을 잃지 않았고, 경찰의 군화발에도 맨발로 맞설 수 있었으며, 사법부의 오만한 망치소리 앞에서도 노동자의 당당한 주장을 내뿜을 수 있었다. 전태일·박종만·박영진 열사가 그 순결한 붉은 피를 아낌없이 바쳤던 것도 바로 이 숭고한 대의 앞에서가 아니었던가!

누가 우리의 대의를 두고 불순하다 할 것인가! 우리 투쟁의 정당함은 6월 민주화투쟁과 7월, 8월 노동자 파업투쟁에서 확인되고 있다.

지금 이 순간도 오랜 침묵에서 깨어난 일천만 노동자의 파업투쟁이 거센 파도처럼 벌어지고 있다. 분노와 한숨만 가득하던 생산현장은 억압받던 주인들의 축제의 장으로 변해버렸고 가슴벅찬 투쟁의 대열은 바야흐로 거리로! 가두로! 까지 진출하고 있다. 잘릴대로 잘리고 뒤틀릴대로 틀려버린 관제언론의 보도조차 우리에게 매일 놀라운 소식을 전하고 있다.

경찰의 폭력으로 정권을 지탱하며, 구속자·수배자·해고노동자 문제를 협상의 포로로 삼아오던 6.29조치가 얼마나 기만적인가를, 노동자의 억센 팔뚝을 이렇게 내리침으로써 여지없이 폭로하고 있는 것이다.

이 거대한 투쟁을 전국적으로 단일한 노동자대중투쟁 역량으로 결집시키고, 민중의 지도자인 노동자가 자신의 정치적 목소리를 분명히 하도록 하는 일, 이것이 바로 우리들이 짊어져야 할 역사적 임무이다.

강고하고 차디차게만 보이던 군부독재의 물리력을 힘으로 몰아붙이는 노동자의 함성을 들으며, 우리는 이 임무를 이루어내는 첫걸음으로 전국 해고노동자 복직투쟁위원회의 깃발을 힘차게 올린다.

우리는 주장한다. 모든 해고노동자의 완전복직! 노동자의 생존권을 위협하고 노동운동을 탄압하는 해고와 블랙리스트의 완전추방! 파업·집회·시위·사상·조직결성의 자유등 민주적 권리의 완전 쟁취! 이 요구를 우리는 힘으로 직접 쟁취할 것이다. 또한 전국을 뒤덮는 천만노동자 투쟁의 물결에 동참하여 가열차게 싸워나갈 것이다. 나아가 이 땅의 모든 민중민주운동 세력들과 함께 군부독재를 타도하고 완전한 민주주의를 이루어내어 노동해방의 대로로 힘차게 달려나갈 것이다.

1987. 8. 23.

전국해고노동자 복직투쟁위원회

서울지역 해고노동자 복직투쟁위원회
인해협 원직복직 및 해고반대투쟁위원회
성남지역 해고노동자 복직투쟁위원회
안양지역 해고노동자 투쟁위원회
부산지역 해고노동자 투쟁위원회
경남지역 해고노동자 복직투쟁위원회
전북지역 해고노동자 복직운동협회
전남지역 해고노동자 복직운동협회

고 이석규 열사를 죽인 살인·독재정권을 타도하자!

저임금과 노예적 삶의 굴레를 벗고 한사람의 인간으로 살아가고자 했던 22살의 젊은 노동자, 이석규 씨가 8월 22일 대우 옥포조선소 생존권투쟁 과정에서 현 군사독재정권이 쏜 살인 최루탄에 목숨을 빼앗겼다. 민주화와 해방을 위하여 싸우는 수 많은 열사들이 저들의 범죄에 의해서 얼마나 더 죽어가야 하는가! 우리는 이제 더 이상 참을 수 없는 분노로 현 군사파쇼정권의 타도를 위해 모든 민중과 함께 총 궐기할 것을 우선 다짐한다.

처음부터 노동자의 생존권투쟁을 과격우려, 빌미제공 등으로 왜곡하던 제도언론에 의하더라도 이번 대우조선의 노동쟁의는 처음부터 기업주의 노동자에 대한 멸시와 무성의하고 위압적인 자세에 의하여 격화되었다. 노동자들의 기본급 7만원 인상요구에 1만원 이상은 불가하다고 버티며, 권력의 폭력적 개입으로 노동자의 요구를 짓밟고자 했던 독점재벌과 노동자의 생존권요구를 억누르는 반민중적 반민주적 독재권력의 폭력은 결국 한 노동자의 억울한 죽음으로 귀결된 것이다.

우리는 생존권투쟁 과정에서 장렬하게 산화하신 고 이석규 노동형제를 민주쟁취와 노동해방을 위해 온몸을 불사른 열사의 반열에 올리기를 주저하지 않는다.

우리는 이 살인사건의 책임이 최루탄을 발사한 몇몇 전경이나 현장 지휘자에게 있는 것이 아니라 광주에서 2천여 민중을 학살한 현 군부독재정권과 자신들의 이익을 지키기에 혈안이 된 독점자본에 있다는 것을 분명히 한다. 이석규 열사를 죽음으로 몰고간 직접적 책임은 지난 21일 소위 하계담화를 통하여 "파업 등 불법행위를 하는 노동자들은 엄단하겠다"고 국민에게 협박한 전대통령의 발언과 무관하지 않음을 특히 지적하고자 한다. 또한 이한열 군의 죽음 이후에도 자신들의 과오를 추호도 반성함이 없이 살인탄 발사를 계속하고 있는 폭력경찰이 살인의 하수인임을 선언한다. 6월 민주화 대투쟁에 놀라 일시 후퇴하였다가 다시 민중탄압의 모습으로 되돌아온 저들이 원하는 것은 민주화도 국가발전도 아니며, 오직 부정부패와 억압과 착취를 계속하기 위해 살인과 폭력을 자행하겠다는 것임을 분명하게 드러내고 있다.

우리는 다시 한번 20대 청춘을 노동자로서 당당히 살아가다가 꽃다운 젊음을 노동자의 생존권투쟁, 참된 민주화쟁취 투쟁의 전선에 바친 이석규 열사의 영전 앞에 옷깃을 여미며 결의를 다지고자 한다. 이 피맺힌 원한을 갚지 않고는, 노동자·농민·도시빈민의 생존권요구 투쟁을 완전한 승리로 이끌지 않고는, 참된 민주화와 민족자주를 완성하지 않고는 결코 우리의 투쟁을 멈추지 않을 것이다.

특히 일천만 노동자의 생존권쟁취 투쟁이 살인 최루탄과 폭력과 구속으로 밖에 답해질 수 없다면 우리는 전노동자들의 단결된 힘, 전민중의 힘으로 이 모든 질곡과 음모의 세력들을 산산히 깨부수고 말겠다는 것을 삼가 이석규 열사의 영전에 맹세한다. 다시는 우리가 억울한 죽음 앞에 오열하지 않기 위해, 그리고 노동자가 인간다운 삶을 영위할 수 있는 민주화와 통일을 이루기 위해, 이를 가로막는 모든 반민주 반민중 반통일 세력의 분쇄투쟁에 결연히 앞장설 것이다.

이 길만이 열사를 민족통일과 민주화의 역사 위에 다시 살리는 길임을 우리는 확신한다.

1987. 8. 24.

100 서울 중구 을지로 5가 275-5 동신빌딩 602호
☎ 267-1210·272-1170

민주·통일 민중운동연합

민주노동자를 살해한 현정권은 스스로 퇴진하여야 한다.

□ 직격 최루탄에 희생된 이석규열사의 죽음을 애도하며……

현 독재자가 민중운동을 협박하는 내용의 기자회견을 가진 바로 다음날, 우리의 이한열 열사 49재 바로 그날, 대우그룹 옥포 조선소의 노동자 이 석규씨가 경찰의 최루탄을 맞아 죽음을 당했다는 소식을 접하고 놀라움과 함께 끓어 오르는 분노를 금할 수 없다.

특히 이 한열 열사의 죽음의 충격과 슬픔이 아직도 온 국민들의 마음속에 가시지 않고 상흔이 생생한 이 때, 최루탄에 의한 또 한번의 고귀한 젊은이의 죽음에 우리는 말문이 막히고 망연자실할 수밖에 없는 처지가 되었다.

더 말할것도 없이 이 석규 열사의 죽음은 독재자의 본질이 무엇인지를 다시 한번 나타낸 것이며, 소위 6.29 노태우 선언이 얼마나 허위적이고 기만적인 것인가를 똑똑히 보여주는 사건이다. 또한 이 열사의 죽음은 막연한 민주화의 환상속에 젖어 있는 사람들의 어리석음을 깨우쳐 주는 값진 교훈을 준 거룩한 희생인 것이다.

우리는 지금 이번사건의 자초지종을 따지거나 경찰의 폭력을 더 이상 탓하고 규탄할 의욕조차 잃었으며, 이 정권이 과연 이성적으로 시시비비를 가리고 충고할 가치가 있는 정권인가에 다시 한번 강한 의문이 있다.

이른바, 6.29 노태우 선언이후 정부여당이 취해 왔던, 그 본질에 있어서 조금도 변하지 않는 독재정권의 행태, 그리고 최근의 노동자 및 학생운동 지도자에 대한 검거선풍, 특히 전대통령의 좌경 입단 운운의 국민협박 기자회견 등을 보면서 민주화란 허울좋은 말로 국민을 속이고 우롱하는 독재자의 음흉한 술수에 분노와 함께 전율하지 않을 수없다.

도대체 이 정권은 앞으로 얼마나 더 무고한 백성을 죽일 작정인가? 최루탄을 쏘아 한 젊은이를 죽인지가 며칠이나 지났다고 조금의 돌이킴도 없이 또다시 노동자의 가슴에 마구 직격탄을 쏘았단 말인가?

이 정권에 대해 한 가닥 양심을 기대했던 우리는, 아니, 되돌이킬수 있는 마지막 기회를 주어 악을 선으로 대하려했던 우리는 우리 자신이 얼마나 어리석었던가를 절감하게 되며 인간적 비애마저 느낀다.

이제 더 이상 무슨 말이 필요하며, 무슨 논쟁이 있을 수 있겠는가? 다만 지금은 이 정권 스스로가 자신의 거취를 분명히 결정해야할 때라고 생각한다. 이 정권이 이번 사건을 책임지고, 다시 한번 우리 국민앞에 용서 받을 수 있는 길은 스스로 물러나는 길 이외에 아무것도 없다. 지금이라도 이 정권이 사태의 심각성과 국민적 분노를 인식하고, 스스로의 거취를 결정한다면 모르겠거니와 또다시 우물우물 넘어가려 한다면 국민들이 이를 용서치 않을 것이다. 오랫동안 눌려왔던 노동자들의 정당한 요구를 겸허하게 수렴하지 못하고 무조건 폭력으로 진압하려는 과거와 조금도 변함이 없는 군부독재의 야만적인 폭거는 스스로 파멸의 구렁텅이를 파는 것이며 자신들의 비극적 종말을 재촉하는 것 이외에 아무것도 아니다.

우리는 의로운 싸움인 노동자의 정당한 생존권 투쟁을 벌이다 군부독재의 폭력으로 희생당한 고 이 석규 열사의 영정에 깊이 머리숙여 명복을 비는 바이며 또한 그 가족들에게 심심한 위로의 말씀을 드리면서 기필코 군부독재를 종식시키고 이땅에 참 자유와 평등과 자주가 꽃피는 민주사회를 다시한번 다짐하는 바이다.

전 국민 행동 지침

1. 전국의 모든 노동자를 비롯한 국민은 고 이 석규 민주노동열사 노동자장에 적극 참여한다.
2. 전국 각지의 운동본부와 민주노동조합, 민주단체, 성당, 교회, 사찰에는 분향소를 설치한다.
3. 삼오제까지의 추모기간 중 전국민은 검은 리본을 가슴에 단다.
   그리고 전 국민은 공장에서, 회사에서, 거리에서, 매일 오후 6시에 1분간 묵념을 하고 모든 차량은 1분간 경적을 울린다. 사찰, 성당, 교회에서도 1분간 추모타종을 울린다.
4. 모든 방송매체는 퇴폐적이고 향락적인 오락과 스포츠, 쇼프로 그램 등의 방영을 중단한다.
5. 모든 노동자들은 퇴근 후 연세대(현재추모농성중)를 비롯한 전국 각지의 분향소에서 경건한 마음으로 분향에 적극 참여한다.
6. 장례식날은 조기를 게양한다.

1987년 8월 24일

민주헌법쟁취국민운동본부

성 명 서

현 독재자가 민중운동을 협박하는 내용의 기자회견을 가진 바로 다음날, 우리의 이 한열 열사 49제 바로 그날, 대우그룹 목포 조선소의 노동자 이 석규씨가 경찰의 최루탄을 맞아 죽음을 당했다는 소식을 접하고 놀라움과 함께 끓어 오르는 분노를 금할 수 없다.

특히 이 한열 열사의 죽음의 충격과 슬픔이 아직도 온 국민들의 마음속에 가시지 않고 상흔이 생생한 이 때, 최루탄에 의한 또 한번의 고귀한 젊은이의 죽음에 우리는 말문이 막히고 만연자실할 수밖에 없는 처지가 되었다.

더 말할것도 없이 이 석규 열사의 죽음은 독재자의 본질이 무엇인지를 다시 한번 나타낸 것이며, 소위 6.29 노태우 선언이 얼마나 허위적이고 기만적인것인가를 똑똑히 보여주는 사건이다. 또한 이 열사의 죽음은 막연한 민주화의 환상속에 젖어있는 사람들의 어리석음을 깨우쳐 주는 값진 교훈을 준 거룩한 희생인 것이다.

우리는 지금 이번사건의 자초지종을 따지거나 경찰의 폭력을 더이상 탓하고 규탄할 의욕조차 잃었으며, 이 정권이 과연 이성적으로 시시비비를 가리고 충고할 가치가 있는 정권인가에 다시 한번 강한 의문이 있다.

이른바, 6.29 노태우 선언이후 정부여당이 취해왔던 그 본질에 있어서 조금도 변하지않는 독재정권의 행패, 그리고 최근의 노동자 및 학생운동 지도자에 대한 검거선풍, 특히 전 대통령의 좌경 엄단 운운의 대국민 협박기자 회견등을 보면서 민주화란, 허울좋은 말로 국민을 속이고 우롱하는 독재자의 음흉한 술수에 분노와 함께 전율하지 않을 수 없다.

도대체 이 정권은 앞으로 얼마나 더 무고한 백성을 죽일 작정인가? 최루탄을 쏘아 한 젊은이를 죽인지가 며칠이나 지났다고 조금의 뉘우침도 없이 또다시 노동자의 가슴에 마구 직격탄을 쏘았단 말인가?

이 정권에 대해 한 가닥 양심을 기대했던 우리는, 아니, 되돌이킬수 있는 마지막 기회를 주어 악을 선으로 대하려 했던 우리는 우리 자신이 얼마나 어리석었던가를 절감하게 되며 인간적 비애마저 느낀다.

이제 더 이상 무슨말이 필요하며, 무슨 논쟁이 있을 수 있겠는가? 다만 지금은 이 정권 스스로가 자신의 거취를 분명히 결정해야할 때라고 생각한다. 이 정권이 이번 사건을 책임지고, 다시 한번 우리 국민앞에 용서받을 수 있는 길은 스스로 물러나는 길 이외에 아무것도 없다. 지금이라도 이 정권이 사태의 심각성과 온 국민적 분노를 인식하고, 스스로의 거취를 결정한다면 모르겠거니와 또 다시 우물우물 넘어가려 한다면 국민들이 이를 용서치 않을 것이다. 오랫동안 눌려왔던 노동자들의 정당한 요구를 겸허하게 수렴하지 못하고 무조건 폭력으로 진압하려는 과거와조금도 변함이 없는 군부독재의 야만적인 폭거는 스스로 파멸의 구렁텅이를 파는 것이며 자신들의 비극적 종말을 재촉하는 것 이외에 아무것도 아니다.

우리는 의로운 싸움인 노동자의 정당한 생존권 투쟁을 벌이다 군부독재의 폭력으로 희생당한 고 이 석규 열사의 영정에 깊이 머리숙여 명복을 비는 바이며 또한 그 가족들에게 심심한 위로의 말씀을 드리면서 기필코 군부독재를 종식시키고 이땅에 참 자유와 평등과 자주가 꽃피는 민주사회를 다시한번 다짐하는 바이다.

87년 8월 24일

민주헌법쟁취 국민운동본부

－제9차 총회 결의문－

모든 힘을 군부독재타도 투쟁으로!

광주민중항쟁의 위대한 투혼을 계승한 6월항쟁은 미국과 군부독재로 하여금 굴욕적 후퇴를 감수케 하여 민중은 소중한 승리를 쟁취했다. 그리고 저들은 일시적 후퇴로 민중의 투쟁 열기를 잠재우고 반격의 기회를 준비했다. 7월하순부터는 전국의 노동자들이 분연히 일어나서 저들의 개량화 전술을 돌파하고 힘찬 진군을 계속하고 있다. 저들이 일시적으로 후퇴한 공간을 즉각 차지할뿐 아니라 더 큰 승리로 나아가려는 행군소리는 우렁차게 울려퍼지고 있다. 위협에 직면한 군부독재는 진정한 민주화를 외치는 노동자들을 향해 반격의 화살을 쏘아대기 시작했다. 이미 수많은 노동자들이 구속되었고 마침내는 이석규 열사가 투쟁현장에서 장렬히 산화하여 한열이의 뒤를 따랐다.

목숨을 건 치열한 투쟁이 전개되고 있는 현시기에 있어서 우리 운동의 방향은 무엇인가?

첫째, 모든 역량을 집결하여 지긋지긋한 군부독재를 끝장내는 것이다. 학살원흉들이 주도권을 쥔 채 이루어지고 있는 여러 형태의 기만극은 군부독재의 연장 기도에 지나지 않는다. 반민족적 군부독재를 몰아내고 모든 민주세력이 참여하는 범민주과도정부 수립은 자주적 민주정부 수립을 위한 첫걸음이다.

둘째, 저들이 일시적으로 후퇴한 공간을 재빨리 차지하고 그것을 기반으로 더 큰 것을 차지하고자 투쟁하는 것이다. 노동운동의 폭발적 진출을 본받아 농촌에서, 학원에서, 직장에서, 사람이 사는 모든 분야에서 민주화 요구를 힘차게 일으키자. 우리가 생각해보지도 못했던 곳곳에서 일어나고 있는 요구투쟁을 더욱 광범위하고 확실하게 진전시켜 나가야 할 것이다.

세째, 각 분야에서 진출한 대중역량을 토대로 자주화와 민주화를 실현할 민중운동연합을 강화하는 것이다. 6월항쟁은 우리에게 광범한 조직역량의 체계화, 시·군까지에 이르는 지역조직틀의 건설 그리고 투쟁을 보다 확고히 이끌 확고한 지도력을 다시 한번 촉구하였다.

네째, 대중을 지도할 수 있는 책임있는 정치세력을 형성하는 일이다. 이제 우리는 지는 싸움에 익숙해 있는 편협한 시각을 탈피하여 이기는 싸움으로 자신을 적응시켜 나가야함과 동시에 정세의 변화에 조응하는 다양한 형태의 대응과 조직력을 발전시켜 나가야 한다.

85년 가을 대탄압이 개시된 이후 우리 민청련은 많은 어려움을 견디어내고 오늘에 이르렀다. 이제 우리는 지난 4년여의 투쟁경험을 겸허하게 되새기고 솔직한 자기비판을 통해 앞날을 설계할 시점에 와 있다. 특히 우리는 대중과 굳게 결합하지 못한 채 대중의 옆에 서서 투쟁해 온 과거를 청산하려고 한다. 이제 우리는 각계각층의 대중속에 파고 들어서 대중조직화 사업에 열을 올려야 한다. 물론 그 대상은 자주화·민주화투쟁에 앞장서 나갈 청년대중이다. 그러나 이러한 조직화사업이 이전의 정치투쟁의 방기를 의미하지는 않는다. 소수활동가들의 정치투쟁이 아닌 대중과 함께 전개하는 정치투쟁의 발전을 이루려는 것이다.

활기찬 민청련 투쟁을 펼치고자하는 우리는 앞서 주장한 운동의 방향에 근거하여 다음과 같이 결의한다.

－광주학살, 고문살인, 최루탄살인의 장본인 군부독재를 타도하자!
－노동자들의 정당한 요구를 폭력으로 탄압하는 군부독재를 타도하자!
－군부독재 몰아내고 모든 민주세력이 참여하는 범민주과도정부 수립하자!
－군부독재를 통해 민중을 지배하고 통일을 가로막는 미·일외세 몰아내자!

자주화·민주화투쟁 만세!
조국통일 만세!
민주화운동청년연합 만세!

1987. 8. 25.

민주화운동청년연합

군부독재 타도하고 범민주 과도정부 수립하자 !

스물한살의 젊은 노동자가 군부독재의 살인최루탄 앞에서 장엄하게 산화해갔다. 노예와도 같은 모든 예속과 굴종,멸시와 천대, 압과 착취의 사슬을 끊기 위해 떨쳐 입어섰던 우리의 노동형제는 인간백정 살인 군부독재의 손에 무참히 살육당한 채 싸늘한 신이 되어 우리 앞에 돌아왔다. 아! 이석규동지여! 살인최루탄에 피투성이가 되어 스러져간 이한열동지의 죽음이 아직도 우리의 리에 생생하거늘, 오늘 또다시 당신의 가슴에 최루탄을 꽂아버린 저 살인마들은 도대체 누구란 말인가! 민주의 탈을 썼던 군부 재의 가면은 이제 벗겨졌다. '인간답게 살고 싶다'던 우리의 노동형제를 하얀 최루탄가루에 덮힌 채 아스팔트 위에서 숨져가게 반역의 무리들! 자! 이제 반미 반독재 구국투쟁의 깃발을 다시 높이 들자!

1. 구국투쟁의 주관적 정세는 다시 강화되고 있다.

미국이 남한을 강점한 이래 최대,최고의 대중투쟁으로 발전했던 6월항쟁은 마침내 '6.29선언'이라는 미제와 군부독재의 전술 후퇴를 가져왔으며,그것은 비록 제한적이기는 하지만 민중들의 자주적인 투쟁이 거둔 위대한 승리였다. 그러나 동시에 '6.29 언'은 대중들에 대한 기만을 통해 군부독재의 재집권을 기도하겠다는 적들의 전술적 공세이기도 하다는 점에서,이땅의 사대매국 력과 애국세력간의 피할 수 없는 결전은 이미 예고된 것이었다. 6.29이후 우리는 일시적이나마 주관적 정세의 약화를 경험하였 . 6월항쟁에서 적극적인 투쟁에 나섰던 대중들이 관망상태에 들어간 변화된 정세 속에서 우리의 구국투쟁은 대중들의 정치적 재 출을 가져올 상승적인 정치투쟁을 효과적으로 수행하지 못한 것이 사실이었다.

그러나 최근 전국적으로 진행되었던 근로대중들의 폭발적인 진출,그리고 구국투쟁에 대한 군부독재의 탄압강화라는 움직임은 금 시기의 주관적 정세를 다시 강화시키고 있다. 최근 전국적으로 타오르고 있는 근로대중들의 투쟁은 그것이 비록 경제투쟁의 원에 머물러있기는 하나,미제와 군부독재의 경제적 기초를 밑바닥부터 동요시키고 있다는 점에서,또한 무엇보다도 근로대중들의 쟁경험이 그들의 경제적,정치적 각성을 높일 수 있다는 점에서 우리의 구국투쟁에 실로 커다란 의미를 갖는 것이었다. 더우기 석규동지의 참혹한 죽음은 군부독재의 파쇼적 본질을 다시한번 폭로시켰으며, 이는 근로대중들이 현 군부독재의 반노동자적 성격 분노함으로써 그동안 경제투쟁을 중심으로 전개 되었던 최근의 투쟁이 대중정치투쟁으로 발전할 수 있는 정치적 계기가 된다. 29라는 기만책동으로 부분적인 동요와 관망의 모습을 보였던 대중들은 이제 다시 새로운 정치적 각성 위에서 정치적 진출에 나 것이다.

또한 민중들에 대한 탄압을 다시 본격화하고 있는 군부독재의 동향은 현재의 주관적 정세를 강화시키는 외적 조건이 된다. 근 노동운동에 대한 폭력적 탄압과 구속, 안기부의 활동강화, 치안본부 대공요원들의 전원복귀, 구국운동진영에 대한 협박 등 움직임은 군부독재에 대한 대중들의 분노와 정치적 각성을 높일 것이며, 이는 군부독재의 종식을 향한 대중들의 행동을 낳을 이다.

2, 고립분산적인 투쟁을 극복하고 민주노조연합을 건설하자!

그동안 빼앗겨 왔던 모든 민주적 권리를 되찾고 자주적인 민주노조를 건설하기 위해 떨쳐일어난 근로대중들의 단결된 투쟁은 곳에서 위대한 승리를 쟁취해내고 있다. 그러나 최근까지 전개되었던 근로대중들의 투쟁은 그것이 보여주었던 위력과 성과들에 불구하고,임상투쟁,경제투쟁의 차원에 머물러 있었으며 특히 연대투쟁이 조직되지 못했다는 한계를안고있는 것이었다. 우리는 늘의 노동운동에서 경제투쟁이 대중투쟁의 기초임을 확인하고 있으며, 더우기 경제투쟁을 조급하거나 기계적으로 정치투쟁과 결 시키려는 시도에 당연히 반대한다. 그러나 우리는 대중들의 정치적 각성 정도를 제대로 파악하고 대중들의 정치적 지향과 요구들 올바로 수렴하여,최근의 투쟁들을 정치투쟁으로 상승시키려는 목적의식적인 노력을 한시도 게을리해서는 안된다.

현대그룹 노조협의회의 어처구니 없는 패배를 보라! 구체적 요구들에 대한 아무런 승리도 쟁취해내지 못한 상태에서 이루어지 타협이 계속되는 한, 우리의노동운동은 경제주의의 질곡을 끝끝내 벗어날 수가 없다. 우리는 오늘 주관적인 정세가 강화되고 는 조건 속에서 최근의 노동운동을 정치투쟁과 결합시켜 나아가려는 목적의식적인 노력이 전면화되어야 함을 강조한다. 또한 단위노조차원의 고립분산적인 투쟁을 극복하기 위해, 우리는 지역민주노조연합과 전국민주노조연합을 긴급히 건설해야 한다. 역 또는 전국적 차원에서 건설되는 민주노조연합은 한국노총을 실질적으로 해체시키는 한편,모든 노동자들의 단결된 투쟁을 가능케 하는 자주적 조직이 될 것이다. 우리는 민주노조연합을 통해 본격적인 연대투쟁을 조직해내게 될 것이며, 특히 근로대중들의 경제투쟁을 정치투쟁으로 상승시켜 나갈 수 있는 조직적 기초를 마련하게 될 것이다.

3. 노학연대를 강고하게 구축하자 !

근로대중들의 진출이 강화되고 있으며 그 정치적 각성이 고양되고 있는 지금, 우리는 반미 반독재투쟁의 주력으로서 강고한 노학연대를 구축하는 데 박차를 가해야 한다. 그것만이 6월항쟁이 안고 있었던 계급적 한계를 극복하고, 앞으로의 반미 반독재투쟁을 지구전적이며 전투적으로 밀고나갈 수 있는 길이 된다. 우리가 말하는 노학연대는 파업중인 사업장 앞에 학생 몇명이 가서 유인물이나 뿌리는 방식으로는 결코 이루어지지 않는다. 우리는 우선 노학연대의 대중적 기초를 마련해야 한다. 이를 위해 우리는 노학 공동의 대중정치집회를 조직하여 노학연대를 위한 대중적 기초를 넓히는 동시에, 노학간의 공동투쟁을 통해 상호연대를 확인해나가야 할 것

우리는 서대협과 전대협의 학생동지들이 지난 상반기에 나타냈던 개량주의적인 경향성을 시급히 극복하고 노학연대의 기초 위에서 비타협적인 반미 반독재투쟁을 벌여나갈 것을 강력히 호소한다! 또한 이번 이석규동지의 죽음 앞에서 청년학생들이 보인 소극적인 투쟁의 모습에 대해 우리는 엄중한 비판을 가한다. 이한열동지의 죽음 앞에서는 그토록 적극적인 투쟁을 벌였던 그대들이 이석규동지의 죽음 앞에서 보인 모습은 과연 무엇이었던가! 청년학생들이여! 그리고 노동형제들이여! 우리의 단결 속에서만 반미 반독재투쟁은 승리를 거둘 수 있다. 강력한 노학연대를 구축하여 반미반독재투쟁을 가열차게 벌여나가자!

4.범민주 과도정부 수립을 위한 투쟁을 힘차게 전개하자 !

우리는 6.29 이후 변화된 정세 속에서 대중들의 정치적 재진출을 가져올 정치적 요구를 올바로 내세우지 못함으로써 6월항쟁의 열기를 냉각시켜버리는 결과를 낳았다. 이제 우리는 범민주 과도정부 수립을 위한 투쟁을 강력히 전개함으로써 새로운 9월항쟁의 불길을 올려야 한다! 오늘처럼 미국과 군부독재가 모든 정치적 실권을 장악하고있는 한, 이땅에서 자주적 민주정부의 수립은 불가능하다. 미국의 강력한 비호를 받고 있는 전두환, 노태우 일당은 매국적인 온갖 기만책동을 통해 자신들의 재집권음모를 달성하기 위해 혈안이 되어 있다. 우리는 오직 단결된 투쟁으로 저들의 음모를 분쇄해야 할 것이다. 이제 우리는 군부독재 하에서의 민주화에 대한 환상을 버리고 군부독재를 즉각적이고도 완전히 퇴진시키기 위한 투쟁에 결연히 나서야 할 것이다. 우리는 6월 민주항쟁에서 얻은 승리를 지키고 군부독재의 재집권음모를 분쇄하기 위해 무엇보다도 먼저 군부독재를 완전히 퇴진시켜야 하며, 그 위에서 전면적인 사회민주화를 실현할 수 있는 애국적 민주인사들로 구성된 범민주 과도정부를 구성해야 한다. 집시법, 국가보안법, 사회안전법 등의 파쇼악법과 안기부, 치안본부, 보안사 등의 파쇼폭압기구를 철폐하고, 언론, 출판, 집회, 시위, 결사, 파업 등의 완전한 정치적 자유를 실현하며 모든 양심수의 석방과 해고자의 전원복직 등을 실시하는 동시에 공정한 선거를 보장할 범민주 과도정부를 수립하여 이땅에서 군부독재를 완전히 청산하고 자주적 민주정부 수립을 향해 매진하자!

자! 이제 전국적인 단결과 투쟁을 통해 범민주 과도정부를 쟁취하기 위한 투쟁을 힘차게 벌여 나가자 !

반미 반독재 구국투쟁 만세 !

노 동 운 동　탄 압 하 는　군 부 독 재　타 도 하 자 !
독 재 유 지　타 협 종 용　미 국 놈 들　몰 아 내 자 !
군 부 독 재　타 도 하 고　과 도 정 부　수 립 하 자 !
과 도 정 부　쟁 취 하 여　자 주 적　민 주 정 부　수 립 하 자 !

조국분단과 미국강점 43 년 8 월 26 일

조국의 자주화와 민주화를 위해 투쟁하는 노동자 일동

1. 생존권확보와 민주주의적 자유의 쟁취 2. 자주 · 민주 · 통일 3. 자주적 민주노조의 건설	노동운동	발행일 : 분단 43.8.30 발행처 : 생존권확보와 민주주의를 위해 투쟁하는 노동자일동

우리는 지금 무엇을 해야 할 것인가.

생존권확보와 민주노조의 쟁취를 위한 천만노동자들의 투쟁

- 전두환일당의 개량화전술을 파탄케 하다.

6월항쟁의 승리는 자주.민주.통일의 그 날을 위해 식민지파쇼통치를 끝장내고자 하는 우리 민중의 투쟁에 있어서 지극히 작은 승리를 얻은데 불과하다고 할지라도, 우리 민중은 비약적인 정치적 진출을 이룩하고 있다. 전두환일당의 후퇴로 말미암아 우리 민중은 민주화의 궁극적 승리에 대한 확고한 자신감을 얻었으며, 파쇼권력의 폭압아래 짓밟혀왔던 생존권과 정치적 자유의 쟁취를 위해 떨쳐일어서고 있기 때문이다.

물론, 미국이 직선제를 수락한 것은 일단 민중의 반미반파쇼열기를 잠재우고 식민지파쇼통치를 유지하려는 전술적 후퇴에 지나지 않는다. 미국은 이러한 후퇴에도 불구하고 일단 노태우일당의 집권에 기대를 걸고 있으며, 설사 이것이 불가능하다고 할지라도 보수야당을 집권하게 함으로써 식민지파쇼통치를 유지할 수 있다는 계산일 것이다.

전두환.노태우일당은 직선제개헌을 수락함으로써 초래된 불리한 여건을 어떻게 극복하려 하고 있는가? 놈들은 선거에서의 승리를 위해 일정한 개량화전술과 더불어 민주세력에 대한 분열전술을 사용하고 있다. 노태우는 갑자기 민주화의 기수라도 된듯이 양가죽을 뒤집어쓰고 기만극을 벌이기 시작했다. 구속자를 석방합네, 언론과 학원을 자율화합네 하며 떠벌이기 시작한 것이다. 또한 놈들은 폭압기구들을 통한 물리력의 행사를 중단한 것은 아니지만, 어느 정도 자제하면서 야당이나 재야세력에 대한 봉쇄조치를 해제하였다. 그리하여 놈들의 개량화전술과 분열책동은 상당한 성공을 거두고 있기도 하다. 야당의일부와 일부교회세력은 직선제개헌과 선거에만 기대를 걸고 있으며, 마치 야당후보의 단일화에 의한 민간정부의 수립이 민주화를 선물해줄 수 있다는듯이 선전하면서 국민들에게 자제를 호소하는 한편, 놈들의 기만적 민주화조치와 재집권기도를 분쇄하려는 어떠한 적극적 행동도 취하지 않고 있다. (우리 민중의 힘찬 투쟁은 동요하고 있는 야당정치인들을 단호하게 가르칠 것이다. 만약 누구든지 대통령직에만 눈이 어두워 미국 - 전두환일당과 야합하고 국민을 배반한다면, 우리 국민은 그를 선택하지 않을 것이다. 설사, 야당후보가 단일화되지 못한다고 할지라도, 노태우의 집권을 허용할만큼 우리 국민들이 어리석은 것은 아니다. 우리 국민들은 양 김씨가 공공연하고 정정당당하게 경쟁하기를 원하고있으며, 당내 경쟁이 정상적으로 이루어질 수 없다면 직접 국민들의 심판을 받는 것이 옳다고 생각할 것이다.)

6.29선언이 있은 지 2달이 가까운 지금, 놈들의 민주화약속은 사실상 휴지화되고 말았다. 개헌협상은 직선제를 제외하고는 아무런 진전이 없으며, 구속자석방.언론의 자율화 등에 있어서도 아무런 실질적 조치가 취해지지 않고 있다. 또한 놈들은 7.13개각으로 공정한 선거에 대한 국민의 기대를 배반하고 있으며, 전두환의 하계기자회견에서는 현정세를 좌.우투쟁의 시기로 규정하면서 파쇼적 폭압을 조금도 완화할 뜻이 없음을 선언하고 있다. 놈들은 본래, 개량화전술과 민주세력의 분열책동으로 반파쇼투쟁전선을 약화시켜 재집권을 관철시키고자 하였다. 그러나, 놈들의 개량화전술은 그 한계가 빤한데다, 거세찬 민중의 투쟁열기에 밀려 이미 그 기만성이 폭로되어 버렸다. 특히, 천만노동자들의 투쟁은 놈들의 기만책동을 여지없이 무력화시키고 있다. 노동자들은 개헌협상이나 언론자율화조치 등에

대해서는 잘 모를 수도 있다. 그러나, 모든 노동자들이 단결과 조직의 필요성을 이해하고 있으며, 파쇼권력의 폭압에 의해 이러한 권리들이 박탈되어왔기 때문에 노예와 같이 비참한 노동조건을 감수할 수 밖에 없었다는것은 분명히 알고 있다. 놈들의 개량화전술이 쉽게 파탄에 이를 수 밖에 없는 이유도 바로 여기에 있다. 놈들의 개량화전술이 성공하기 위해서는 노동자들에게 민주노조활동을 보장해주고, 재벌들의 사보타지를 막아주었어야 했을 것이다. 그러나, 놈들은 이러한 개량화전술을 사용할 능력도 의지도 없었다. 식민지경제는 오로지 파쇼적 폭압에 의해 유지되는 가혹한 저임금착취에 기초하고 있기 때문이다. 재벌놈들과 야합한 전두환일당은 개량화전술을 대신하여 폭력과 왜곡선전을 선택하였으며, 대대적인 국민이간책동을 개시하고 있다.

그럼에도 불구하고 노동자들은 움츠러들지 않고 있다. 오히려 불안해하고 있는 국민대중을 더욱 힘찬 투쟁으로 고무함으로써 반파쇼투쟁전을 확대해나가고 있다. 이제, 전두환-노태우일당의 개량화전술.국민분열책동은 파탄에 이르고 있으며, 재집권기도 역시 무산되어가고 있다. 누가 노동자들의 이 거대한 진군을 가로막을 것인가? 그 누가 이 믿음직한 노동자부대의 진군을 뒤따르지 않겠는가? 전두환일당은 9월위기설을 퍼뜨리고 있으며, 야당및 재야인사들은 선거조차 무산되어버릴지도 모른다고 불안해하고 있다. 그러나, 우리 민중은, 단호한 투쟁의 전진만이 놈들의 역습기도를 분쇄할 수 있다는 것을, 이미 6월항쟁에서 확인하였다. 천만노동자의 힘찬 투쟁이야말로 이들의 동요를 바로잡아 투쟁의 대열로 이끌어낼 수 있을 것이다.

미국과 전두환일당이 군사력을 동원하지 않고 후퇴전술을 사용하였던 조건은 아직 달라지지 않고 있다. 미국은 여전히 내전상태를 유발하지않고도 식민지파쇼통치를 유지할 것으로 보인다. 이렇게 판단할 때, 미국은 노태우의 집권보다는 미국에 대해 충성할 수 있는 보수정치인의 집권에 기대를 걸 가능성이 많아진 것 같다. 물론 전두환일당은 6.29 이전과 마찬가지로 폭압기구들을 총동원하여 민주화운동을 탄압할 것이다. 놈들은 비록 재집권이 희박해질지라도 파쇼정권의 동요를 막기 위해서라면 무엇이든지 할 수 있는 충성스런 앞잡이이기 때문이다.

이러한 정세 아래, 우리 민중은 무엇을 위해 투쟁해야 할 것인가?

우리는 6월항쟁이 결과한 미국과 전두환일당의 후퇴를 기정사실화하고, 민주화의 내용을 채워나가야 한다. 사회 각부문의 민주화와 자율화, 구속자의 완전석방, 제반악법의 철폐 및 개정, 직선제에 의한 공정한 선거, 그리고 이 모두를 결정적으로 좌우할 '과도거국내각'의 수립이 여전히 당면한 투쟁의 목표가 될 것이다. - 전두환을 몰아내고 과도정부 수립하자! 그러나, 우리는 무엇보다도 놈들이 후퇴하고 있는 공간 안에 튼튼한 진지 = 조직적 근거지를 마련하고 각계각층 민중의 자주적 역량을 조직화해내야만 한다.

또한 우리는 식민지파쇼통치를 영구화하고자 하는 미국의 간섭책동을 분쇄하지 않으면 안된다. 우리는 전두환.노태우일당의 재집권기도만이 아니라, 미국과 야합하고자 하는 기회주의적 친미세력의 집권기도 또한 경계해야만 할 것이다. 미국은 반드시 자신들이 키워놓은 군부.관료.재벌 등 매판세력을 야당과 결합시키고자 할 것이며, 이러한 야합을 분쇄하지 못한다면 민주화는 이루어질 수 없기 때문이다.

자주적 민주노조의 건설을 위하여

- 노동조합은 생활과 자유를 위하여, 나아가서는 조국의 자주화와 민주화, 통일을 위하여 투쟁하는 노동자대중의 조직적 무기이다. 노동자대중은 단결함으로써만이 비로소 자신들의 운명을 스스로 개척할 수 있는 '자주적인 인간 = 역사의 주체'가 될 수 있기 때문이다. -

재벌놈들의 착취와 억압의 사슬을 깨부수기 위해 힘찬 투쟁을 전개하고 있는 노동자들의 핵심적인 요구사항은 자주적인 노조활동의 보장이다. 그러나, 재벌놈들은 노동자들의 정당한 생존권요구를 외면하고 있을 뿐만아니라 민주노조를 부인하고 있으며, 직장폐쇄로 맞서면서 노동자를 비롯한 전 민중을 위협하고 있다. 전두환일당 역시 이제껏 노동운동을 탄압해온 죄과를 반성하기는 커녕 재벌놈들을 충실하게 지원하고 있을 뿐이다. 그러므로 지금 자주적 민주노조를 쟁취하려는 노동자들의 투쟁은, 민주화의 대세를 거역하고 있는 재벌놈들과 전두환일당의 도발을 분쇄함으로써 민주화를 전진케 하느냐 또는 여기서 좌절케 하느냐를 판가름 하는 결정적인 싸움이 되고 있다.

- 어용노조 분쇄하고 자주적 민주노조를 건설하자!

재벌기업주의 온갖 교활한 방해책동에도 불구하고, 민주노조의 건설과 어용노조의 민주화를 위한 노동자들의 투쟁은 괄목할만한 성공을 거둬가고 있다. 특히, 난공불락의 요새처럼 보이던 재벌소유의 대규모중화학공장에서 속속 민주노조들이 결성되고 있는 것이다.

사실 이러한 민주노조건설운동은 오랜 역사적 경험을 축적하고있다. 민주노조운동은 파쇼권력의 가혹한 탄압에도 불구하고 70연대 초반부터 계속되어왔으며, 노동자대중의 권리의식을 고취하고 수많은 선진적인 투사들을 배출해왔다 그러나, 이러한 민주노조운동의 경험은 충분히 계승되지 못하고 있다. 과거의 민주노조가 대부분 고립된 섬처럼 존재했었고, 거듭된 실패의 경험 때문에 노동조합 자체를 경시하는 경우조차 있었기 때문이다. 최근 기존노조가 있는 대부분의 사업장에서는 어용노조의 퇴진을 투쟁슬로건으로 삼고 있으나, 어용노조를 민주화시키기 위한 구체적인 방안이 없었던 경우가 많았으며, 심지어 기업주에게 민주노조결성을 요구하는 웃지 못할 사례조차 있었다. 민주노조의 건설을 비롯한 그 민주적 운영에 대한 과거의 경험은 충분히 계승되어야 한다.

그러나, 운동경험의 계승만으로는 충분치 않다. 더불어 민주노조운동의 한계를 뛰어넘지 못한다면, 또다시 실패의 전철을 밟을 수 박에 없으며 노동자대중은 또다시 아무런 조직적 무기도 갖지 못한 채 역사의 객체로 남을 수 박에 없을 것이다.

민주적인 절차를 거쳐 일단 민주노조의 결성에 성공한다고 할지라도 그 노동조합이 자주성을 견지할 것이라는 보장은 없다. 기업별조합만으로는 재벌기업주와 대등한 입장에 설 수 없으며, 실질적인 교섭력도 확보할 수 없다. 결국 재벌의 분단지배에 말려 무력화될 수 박에 없으며, 지도부가 회사측의 회유에 말리거나 파쇼권력의 협박과 제재에 굴복함으로써 어용화되기 쉽다. 그리하여 일단 노동조합의 자주성이 상실되면, 조합내민주주의 역시 지켜질 수 없다. 조합지도부는 기업주와 결탁하여 조합원의 참여를 배제하고 조합의 민주적 운영을 거부할 것이기 때문이다.

자주없이 민주없다.

노동조합의 생명은 자주성이다. 자주성이 없다면, 조합내민주주의도 보장될 수 없으며, 그 노동조합은 이미 노동자대중의 조직적 무기가 될 수 없다. 아무리 그럴듯한 치장을 한다고 할지라도 자주성이 없는 노동조합은 노동자를 노예화하기 위한 자본가의 도구이기 때문이다.

노동조합은 자주성을 견지하기 위해서 기본적으로 파쇼권력과 재벌의 간섭을 배제하고 노동조합활동의 자유를 확보해야만 한다. 그러므로, 노동조합은 원칙적으로 합법적이어야 하지만, 노동조합의 자주성을 침해하는 악법을 인정하고 파쇼권력의 간섭을 허용한다는 것은 있을 수 없다. 현대중공업의 예에서도 보이듯이 민주노조를 결성하고 그 힘으로 권력과 기업측으로 하여금 그 대표성을 인정하게 함으로써 합법화과정을 밟을 수도 있는 것이다.

- 민주노조의 연대로 노동조합의 자주성을 강화하자!

현재 기업별조합은 법률적으로 인정되고 있는 노동조합의 유일한 조직형태이다. 그러나, 주지하다시피 기업별조합만으로는 재벌기업주와 대등한 입장에 설 수 없으며, '기업이 살아야 노동자가 산다'라는 노사협조주의에 빠질 수 박에 없고 조합은 사실상 기업의 부속물로 전락될 수 박에 없다. 그러므로 노동조합이 재벌기업주들과 대등한 입장에 설 수 있는 동시에, 파쇼권력의 간섭을 배제할 수 있기 위해서는 민주노조간의 연대가 필수적이다. - 연대없이 자주없다.

우리는 자본가들의 노동자에 대한 지배방식에 따라 다양한 형태의 연대를 이룩해가야 한다.

첫째, 재벌소유기업의 모든 노동자들이 연대해야 한다. 우리나라 재벌들은 관련산업부문은 물론, 아무런 내적 관련도 없는 산업부문에 이르기까지 다양한 산업부문에 손을 뻗고 있으며, 비록

서 법인체를 구성하고 있다해도 사실상 재벌 기업주에 의해 운영되고 있다.

재벌기업주는 각사업장에 고용되어 있는 노동자들을 직접착취하여 막대한 이윤을 얻기도 하지만, 수많은 하청기업들을 거느리고 이 하청기업노동자들을 간접적으로 착취하기도 한다. 또한 온갖 특혜융자.투기.가격조작.세금포탈.부동산임대 등으로 노동자를 비롯한 전 민중을 간접수탈하기도 한다. - 따라서 재벌소유의 특정기업이 적자를 보고 있다고 해도 이것이 저임금을 합리화하는 이유가 될 수 없다. 재벌소유기업의 노동자들은 재벌기업주에게 직접 고용되어있는 것이며, 재벌기업주로부터 직.간접의 착취를 당하고 있기 때문에, 재벌기업주와 대등한 입장에 설 수 있으려면 재벌기업을 포괄하여 연대해야 한다.

둘째, 대기업 산하에 하청계열화되어 있는 모든 공장의 노동자들이 연대해야 한다. 우리나라의 주요한 산업들은 몇개의 대기업 산하에 하청계열화되어 있는 수많은 하청기업들에 의해 담당되고 있다. 예를 들어 대우.기아와 함께 자동차산업을 장악하고 있는 현대자동차는 190개의 1차하청공장과 1,200개의 2차하청공장, 그밖에 수천개에 이르는 3,4차 하청공장을 거느리고 있으며, 이들을 통해 수만의 노동자들을 저임금으로 착취하고 있다. 최근 현대자동차는 엔고로 인한 부품가격상승과 달라가하락으로 인한 손실을 메꾸기 위해서, 수출차가격을 올리는 대신 하청단가를 인하하여 그 부담을 하청업체에 넘기고 있다. 따라서 대기업 산하에 하청계열화되어 있는 개별기업노동자들의 힘만으로는 재벌기업의 분단지배에 맞설 수 없다.

셋째, 동종산업의 모든 노동자들이 연대해야만 한다. 몇개의 독점적 기업이 지배하고 있는 산업부문이나, 대기업은 없지만 사업주단체로 카르텔화되어있는 산업부문에서는(운수 등) 노동조건 개별기업 단위로 결정되지 않는다. 따라서 기업주와 대등한 교섭력은 동종산업노동자들의 연대에 의해서만 확보된다.

넷째, 지역별연대가 필요하다. 각지역은 산업발전의 정도가 다르고 물가,주택,교통사정 등에 따라 생활조건에 있어 상당한 차이가있다. 따라서 임금 및 노동조건은 이러한 사정을 반영하여 결정되어야 하며 (벽지수당, 사원주택, 자녀교육비 이러한 요구에 따라 지역별연대도 필요한 것이다. 그러나, 지역별연대의 중요성은 이러한 경제적 요구보다는 정치적 요구에 기초한다. 즉, 파쇼권력의 개입이 노동운동의 발전에 있어 결정적인 장애가 되고 있는 조건 아래서는 지역노동자들의 연대, 나아가서는 지역의 모든 근로대중과의 연대만이 파쇼권력의 폭압에 맞설 수 있는 유효한 무기이기 때문이다.

마지막으로 이러한 다양한 연대와 더불어 전국적 연대를 이룩해야 한다. 그리고 이러한 연대가 강화되면 강화될수록 노동자들은 자본가와 대등한 입장에 설 수 있으며, 파쇼권력의 개입을 배제하고 자주성을 견지할 수 있는 것이다.

그러나, 이러한 연대의 형식만으로 노동조합의 자주성이 견지되는 것은 아니다. 조합의 자주성은 조합내민주주의에 의해서만 밑받침되는 것이며, 조합내민주주의와 조합의 자주성은 노동자들의 확고한 자주의식에 의해서만 실현될 수 있다. 노동자들의 자주의식이란, 자신들의 운명을 스스로 개척해나가겠다는 주인의식이다. 노동자계급의 자주의식은 기업주와 대립하는 이해관계를 인식하는 데서부터 출발하지만, 이것만으로 충분한 것은 아니다. 경제적 착취와 정치적 폭압의 억압적 수탈구조를 전면적으로 이해해야 하며, 노동자계급의 자주성을 침해하는 계급적 적 (제국주의 - 매판재벌과 식민지파쇼권력)을 구체적으로 인식할 수 있을 때만이 확고한 자주성을 견지할 수 있다. 그럼으로써, 노동자계급은 전민중의 이해를 가장 근본적으로 대변하고 앞장서서 투쟁할 수 있는 것이다.

어용노조 분쇄하고 자주적 민주노조 건설하자!

민주노조의 연대를 강화하자!

노동자계급의 확고한 자주의식으로 무장하자!

조국의 자주화와 민주화 평화통일을 위한 투쟁에 앞장서고 이를 위해 각계각층의 애국적 제세력과 굳게 연대하자!

분단조국 43. 8. 30.

군사독재의 파렴치한 작태를 엄중 규탄한다

— 최근 '용공·좌경' 소동과 민주인사 탄압에 대한 우리의 입장

군사독재는 민주세력을 탄압하고 장기집권을 획책하다 전 국민의 분노에 직면하여 지난 6월29일 노태우 항복선언 발표했다. 이는 국민의 의사를 거역하고는 권력을 유지할 수 없는 상황에 직면한 군사독재의 자구책인 동시에 참 운 민주의 시대를 예고하는 역사의 대세를 반영한 것이다.

그러나, 무단이 지난 지금 현 군사독재 정권은 민주화 조치를 시행하기는 커녕 다시 구태의연한 '좌경·용공'소동 일으키며 민주인사들을 구속하는 등 반민주적 작태를 계속하고 있다.

특히 전두환씨의 지난 하계 기자회견은 민주화의 대세를 역행하는 국민에 대한 협박으로 일관되어 있으며 6월 민 화투쟁의 중심세력을 좌경·용공으로 매도하고 있어 경악을 금치 못하게 하였다. 또한 뒤 이은 김정열씨의 담화는 월투쟁 자체를 매도하여 다시 폭력과 탄압의 공포정치를 예고하였다.

우리는 이같은 현 군사독재의 협박과 공갈로 일관된 '용공·좌경'소동을 보며 다음사항들을 되묻지 않을 수 없다. 지난 6월투쟁이 불법폭력투쟁이며 이를 주도한 세력이 좌경·용공세력이라면 그들의 주장에 동참한 대다수 국민은 력, 용공 동조세력이란 말인가. 또한 이 주장을 수용했다고 하는 노태우의 6•29선언은 현 정권과 무관한 조치이 용공·좌경을 수용한 것인가. 국민적 저항에 밀려 일시적으로 민주화 운운했지만 군사독재는 지난 잘못을 뉘우치 는 커녕 다시 기회를 틈타 폭력과 탄압의 공포정치로 되돌아 가겠다는 것인가.

대우조선 노동자 이석규열사에게 직격탄을 쏘아 죽음에 이르게 한 폭력경찰이 급기야 시신을 탈취하여 장례를 방해 고도 적반하장으로 뻔뻔스러운 주장을 하고 있다. 생존권투쟁을 벌이다 억울하게 숨진 노동자의 넋을 기리고 고인의 을 이어받고자 모인 민주인사들을 외부세력 운운하며 이상수변호사등을 구속한 것은 전면적인 반동획책에 다름아니다. 리고 지난 6월항쟁을 주도해 온 학생운동의 간부들을 구속·수배하고 노동운동가들을 무차별 구속·수배하고 나아 서는 민주세력 전체를 극렬·좌경·용공세력으로 매도하는 구태의연한 수법으로 탄압을 강화하고 있다. 이는 선거를 해 민정당이 참패하여 이 사회가 민주화되면 그동안 온갖 만행과 불법을 저지른 폭력집단이 응징받을가 두려워 하 갖가지 책동을 부리고 있는 것이다. 그러나 그러한 음모와 책동으로는 이미 대세를 돌이킬 수 없게 되었다.

군부독재통치 27년을 견디어 이겨온 온 국민의 슬기와 민주화의 열망이 모든것을 압도하고 있다. 박정권의 온갖 공갈 박을 이겨냈고 현 군부독재정권의 무자비한 폭력·살인·공갈을 일거에 격파해 버린 우리 국민 아닌가. 설령 일부 대가 또다시 시기시에 나와 총칼로 국민을 탄압한다 해도 이를 국민이 용납하겠는가. 그런 상황이 전개되면 군부 대한 국민들의 증오심은 군전체를 부정하는 불행한 결과로 나타날 것이며 나아가서는 한국군의 작전지휘권을 갖고 는 미국 전체에 대한 거부가 활화산처럼 폭발할 것이다. 평화적 시위나 집회, 선거를 통해서는 이 사회의 민주화가 가능하다고 확실히 판단될 때 국민이 선택할 수 있는 길은 자명하지 아니한가.

본 민통련은 분단 42년 군부독재 27년에 종지부를 찍는 마지막 국면을 맞이하여 마지막으로 엄중하게 경고하노니 군부독재정권, 특히 반동을 획책하는 폭력집단은 노동가, 학생, 민주인사에 대한 탄압을 즉각 중단하고 그동안의 죄 를 국민앞에 사과하라. 그리고 스스로 물러가라. 구속된 모든 민주인사를 석방하고 수배인사를 전원 해제하라. 렇지 않을 경우 국민의 응징은 폭력집단의 비참한 최후를 가져올 것이다.

1987. 8. 31.

민주·통일민중운동연합

서울민주·통일민중운동연합
강원민주·통일민중운동연합
경북민주·통일민중운동연합
경남민주·통일민중운동연합
인천지역사회운동연합
충북민주운동협의회
충남민주운동협의회
전북민주화운동협의회
전남민주주의청년운동연합
부산민주시민협의회
경기북부민통련

가톨릭노동사목전국협의회
한국가톨릭농민회
한국기독교농민회총연합회
가톨릭여성농민회
민주화운동청년연합
민중문화운동연합
자유실천문인협의회
민주언론운동협의회
민중불교운동연합
천주교정의구현전국사제단
한국노동자복지협의회

성 명 서

최근 현정권 수뇌부의 소위 좌경용공 척결 선언이후 그리고 특히 대우조선 노사분규 및 이석규 열사 죽음과 장례를 둘러싸고 시작된 민주인사들에 대한 구속사태에 즈음하여 우리의 입장을 다음과 같이 밝힌다.

1. 이석규 열사의 죽음은 폭력경찰이 저지른 또 하나의 살인 행위로써 이정권이 마땅히 그 책임을 져야 할 중대한 사건이다. 그러나 정부 당국은 이 사건에 대하여 한마디 사과나 반성없이 오히려 사실도 아닌 장례절차 외부세력 개입운운등 거짓 선전으로 문제의 본질을 호도하고 국민들의 판단을 흐리게 하여 자신들의 잘못을 감추려는 얄팍한 술수를 쓰고 있다. 정부당국은 이석규 열사의 최루탄 살인 사건에 대하여 마땅히 책임을 지고 관련 경찰관 및 지휘 책임자의 색출, 구속과 적어도 내무부장관 치안본부장등에 대한 납득할만한 인책이 있어야 할 것이다.

2. 작금의 노사문제가 근본적으로 현정권의 치졸한 노동정책, 그리고 극심한 노동운동의 탄압, 또 대다수 기업주의 몰염치한 이윤독식으로부터 기인한 것은 온 세상이 다 아는바 정부는 적반하장으로 제3자 개입 운운하며 민주노동인사들을 구속하는 어처구니 없는 처사를 자행하고 있다. 이는 아직도 현정권이 노동문제를 정권 안보나 치안 차원에서 대처해왔던 과거의 상투적인 수법을 버리지 못한 것이며 6.29 선언 이후에도 현정권의 노동정책이 전혀 변하지 않았음을 분명히 보여주는 사건이다.

3. 본 국민운동본부 민권위원장 이상수 변호사를 비롯한 국민운동 울산.포항.부산본부 사무소에 대한 수색 및 간부들의 연행 또 울산본부 간부들의 구속 그리고 온건학생지도자인 전대협 간부들의 구속 및 보도된대로의 수사대상자의 명단을 보면서 좌경용공이란 말은 한낱 핑계일뿐 이는 근본적으로 국민운동본부에 대한 계획된 탄압의 각본이며 이런 맥락에서 정부의 좌경용공 척결작업도 이를 빙자한 민주운동세력, 특히 국민운동본부를 탄압하기 위하여 짜여진 고도의 전술임에 틀림없다고 생각된다. 문제는 아직도 그런 거짓으로 국민들을 속이고 정권을 연장할 수 있다고 믿고 있는 현 정권의 어리석음인바 이는 스스로의 파멸을 자초하는 것이다. 현정권은 이제라도 이같은 엉뚱한 생각을 버리고 진심으로 돌이켜 민주화를 추진함으로 광주사태를 비롯한 과거의 수많은 잘못을 용서받기 바란다.

4. 최근 정부와 일부 언론에 의해 의도적으로 자행되고 있는 국민운동본부에 대한 음해는 국민과 국민운동본부를 이간시키고 국민운동본부에 대한 국민적 신망을 훼손하며 실추시키기 위한 계획된 음모로써 우리는 이와 같은 정부의 구태의연한 작태를 강력히 규탄하는 바이다. 우리는 앞으로 진행될 사태의 진전을 예의 주시할 것이며 한치의 흔들림도 없이 어떠한 탄압과 박해에도 굴하지 않고 의연히 대처해 나갈 것이다.

이 땅에 군부독재를 영원히 종식시키고 진정한 민주화를 이루는 그날까지 온 국민과 함께 전진할 것을 다시한번 다짐한다.

1987년 9월 1일

민주헌법쟁취 국민운동본부

성 명 서

―노총의 8월27일 성명에 대한 우리의 견해―

최근의 노동운동은 노동자의 자주적 민주노동조합 결성과 노동조건의 개선, 그리고 어용노조 퇴진이라는 전국적 투쟁으로 전개되어 가고 있으며, 이석규 노동열사의 죽음은 이러한 투쟁의 치열성과 현단계의 가장된 민주화의 본질을 드러내 놓은 충격적 사건이라 하겠다. 이는 그동안 억압적 구조 속에서 강요되었던 침묵이 결코 복종이 아니었으며, 자주 민주적 단결권을 바탕으로 한 노동조건 개선 투쟁의 역사적 필연성을 웅변하는 것이다.

그러나, 이러한 전국에 걸친 민주노조의 투쟁을 지지하고 적극 동참하여 노동자의 정당한 주장을 관철시키려는 노력을 해야 마땅할 노총의 최근의 작태는 급기야 8월27일의 망언성 성명서를 발표함으로서, 다시금 그 반노동자적 성격을 만천하에 공개하고 말았다.

이 성명에서 노총은, 현재 치열하게 전개되고 있는 노동운동의 방향과는 전혀 무관한 2가지의 선언을 하고 있는데, 첫째로는, 노총 및 각급 산하조직을 어용으로 몰아 고립화 내지 붕괴시키려는 일체의 행위에 대해 전조직력을 동원, 단호히 응징하겠다는 호언과, 둘째로는, 앞으로 있을 각급 선거에 있어 여야를 초월, 근로대중의 이익을 추구하는 정당을 대폭 지지하는 자주적 정치활동을 전개해 나갈 것이라는 선언이 그것이다.

이러한 노총의 난데없는 주장은 다음과 같은 점에서 그들의 반역사적, 반노동자적 성향을 입증하고 있다.

첫째, 현재 전국적으로 가열하게 타오르고 있는 노동현장에서의 투쟁에 있어 사용자를 「전조직력을 동원, 단호히 응징」하여야 할 노총이, 오히려 노동조합을 민주화하자는 간절한 요구로 어용노조 퇴진을 외치는 노동자를 향해 「전조직력을 동원, 단호히 응징」하겠다는 주장을 하는 것은, 1백만 민주노동자의 대변인이기를 스스로 포기하고, 사용자를 벗삼아 오히려 민주노조를 응징하는데 앞장서겠다는 선언으로 규정된다.

둘째, 노총의 그간의 행적을 비추어 볼 때, 노총이 말하는 「근로대중의 이익을 추구하는 정당」에 대해서는 실로 많은 의문이 제기되지 않을 수 없다. 집권당인 민정당의 중앙위원인 노총위원장과, 대부분 민정당원으로 구성된 노총이 지지하는 정당이 어떤 정당인가는 명백하다. 더구나 민주노조를 응징하는데 앞장서겠다는 결연한 의지를 밝힌 노총이 「근로대중의 이익을 추구하는 정당」운운하며 지지발언을 하는 도착적 행위는, 4.13호헌을 지지한 노총의 그간의 행적으로 미루어볼 때 집권당에 대한 완곡한 아부로 볼 수 밖에 없다.

세째, 이러한 노총의 반노동자적 입장을 보다 적나라하게 보여주는, 어처구니 없는 사실은, 노총이 주장하는 「응징」의 방법으로 「1,000명의 각목부대를 동원」할 수 있다는 발언이 보도된 사실이다. 민주노조의 가열한 투쟁은 지난한 정치적 탄압을 딛고 오히려 가속적인 발전을 하고 있다. 노총은 이러한 노동자들의 민주노조 쟁취투쟁을 겨우 각목 정도로 깰 수 있을 것이라고 생각하는 반역사적 미숙성과 함께, 어용행각의 지속을 위해서는 자신들의 주인인 노동자를 폭력으로라도 다스리겠다는 비민주적 폭력성까지 드러내고 있는 것이다.

노총의 반노동자적 작태는 비단 오늘 내일의 문제는 아니었다. 그러나 이제 그들은, 민주노조운동에 대해서는 명백히 적대적 입장임을 선언하고, 노동현장에서의 처절한 생존권 투쟁은 외면한채 앞으로의 정치일정에 관련된 선거에서의 자신의 입장을 밝히는데 급급함으로써, 그 철저한 어용성과 정권비호성을 스스로 폭로하고 있다. 이석규열사의 죽음으로까지 이어진 민주노조의 투쟁을 아무런 대책없이 그저 바라볼 뿐 아니라, 오히려 이를 저해하고 방해하는 노총의 반역사적 반노동자적 책동을 2천만 노동대중의 이름으로 규탄하며, 노총은 역사 앞에 전체 노동자 앞에 사죄하고 퇴진하라!!

공 개 질 의

1. 노총은 8월27일 성명의 진의를 밝히라
2. 노총은 1,000명의 각목부대를 동원할 수 있다고 말한 노총의 관계자가 누구인지 밝히라
3. 노총은 각목부대에 관한 기사가 보도되게 된 경위를 밝히라

1987년 9월 2일

노동조합민주화실천위원회

남일 금속 노동조합 총회 1987. 9. 5

조합동지 여러분께! 반복되는 육체의 피로도 아랑곳 하지 않고 오늘도 공장에 나와 구슬땀을 흘리며 수고하시는 조합 동지 여러분. 그동안 우리 **노동형제**들의 **치열찬 투쟁에 힘 입어 민주 노조 쟁취라는 위대한 승리**의 **고지**를 올렸읍니다 우리 남일 노동 형제들이 승리할수 있었던 것은 남일노동자의 **단결된 투쟁과. 인천지역 노동자 들의 지원과 지지에** 힘입어 우리 남일 노동자는 승리 했읍니다. 이러한 노동자 들의 **연대의 투쟁** 속에서 우리 노동자는 승리 했읍니다. 그러나 아직도 우리는 열악한 노동조건 속에서 일을 하고 있고 열악한 노동 조건을 시급히 개선 해야 한다고 조합은 다짐하는 것입니다. 그렇지만 우선 **조합의 조직이 일사불란 하게 움직일수 있도록 조직 정비가** 필요합니다. 승리 또한 중요 하지만 앞으로 어떻게 우리 노동자의 승리를 **사수** 할 것인가를 고민 해야 겠읍니다. 그리고 오늘은 질서를 철저히 지킵시다.

상근 문제에 있었서 상근할 인원및 임원진 문제가 대두 됩니다. 상근자의 월급을 조합비 에서 준다면은 현재의 조합비 1% 가주는 도저히 되지를 않습니다. 조합비 에서 상근자의 월급을 줄려면은 2%정도 조합비를 떼어야 하는데 그런데 지금 우리 노동자의 생활 이라는 것이 그리 좋은편이 못되지 않읍니까? 물론 조합비가 많아서 상근자의 월급을 조합비 에서 줄수 있다면은 얼마나 좋겠읍니까? 많은 현재의 우리 조합은 지금 시작 한 것이라 재정이 하나도 없는 상태에서 상근자의 월급을 조합비로 준다는 것은 맞지 않는다는 것을 조합원 동지 여러분께서 이해를 해 주셨으면 좋겠읍니다. 상근자가 월급을 회사로 부터 받는다고 해서 어용이 되는 것은 아닙니다.

현재. 사장과, 전무. 기타. 관리직에 임금을 누가 주는 것인가? 생각해 봅시다 월급을 가져 간다는 것은 우리 노동자 동지 여러분 께서 피 땀을 흘리며 노력해서 생비를 만들었기 때문 입니다. 그렇듯이 조합에 상근자 또한 회사에서 월급을 일방적 으로 주는 것이 아니라. 이것은 조합원 동지 여러분들께서 노동을 해서 벌어논 땀에 댓가로 상근자에게 월급을 주는 것이지 회사가 상근자가 좋아서 주는것은 절대 아닙니다

<다른 노동 조합 예를 들어 보겠읍니다>

어느 노동조합 에서는 상근자를 놓고 줄다리기를 한답니다. 조합 에서는 상근자를 많이 하려고 하고 회사 에서는 상근자를 적게 두려고 노력 합니다. 이런것을 보았을때 왜 회사는 될수 있는 한 상근자를 줄이려고 하는가에 대해서 이야기 해 봅시다. ① 월급이 나간다.

② 직접 노동을 하지 않는다.

③ 노동조합의 원활한 운영을 할수 있다

→ 라는 이유에서 회사는 상근자를 적게 두려 하는것입니다

성 명 서

우리는 일찌기 6.29민주화 선언이 노동자, 농민, 도시빈민을 비롯한 민중들의 인간다운 삶을 보장하지 못한다면 이것은 민주화를 열망하는 국민들의 열기를 잠재우고 독재정권의 연장을 획책하는 음모가 될 수 밖에 없음을 천명한바 있다.

이땅의 천만 노동자들이 한국 경제 발전의 주역이였음을 확신하는 우리는 전국적으로 일어나는 노동자들의 인간다운 삶을 위한 투쟁이 정치와 경제가 긴밀한 관계를 유지하면서 노동자들의 권익을 법적 정치적으로 탄압하고 기업주를 비호할 수 밖에 없는 군사 독재 정권의 반민중적 정책에 기인함을 다시 한번 확인한다.

그런데 이러한 근본적인 원인들을 해결하지는 않고 불순세력, 3자 개입 운운하며 민주세력을 탄압하고 민주 노조 지도자들을 구속하는 것은 독점 재벌들의 이익을 지속적으로 보장하고 이를 토대로 독재권력을 유지하려고 하는 흉계임에 틀림이 없다.

노동현장의 산업재해로 귀중한 생명을 잃고 단돈 몇 백만원에 장의사 차를 타야했던 노동형제들, 시커먼 석탄더미에 깔려 진폐증에 곪아 터진 가슴을 헐떡거리며 죽어간 우리 형제들의 고통을 기업주는 알고 있는가?

이들의 한맺힌 분노가 최소한의 생존권 보장 요구로 표출 되었음에도 불구하고 기업주는 이를 수용하기는 커녕 기만적인 방법으로 대화에 응해 왔지 않았는가? 이것이 노동자들을 분노케한 원인이거늘 어찌 노동자들의 행위만을 탓할 수 있단 말인가?

우리는 오늘의 노사분규가 근본적인 원인을 치료하는 것으로 부터 해결 될 수 있다고 보며 이를 강력히 촉구하는 바이다.

독재 권력에게 묻는다!

갖은 탄압에도 불구하고 노동자의 인간다운 삶을 주장하며 싸워온 이땅의 민주단체가 무슨 죄가 있단 말인가?

악법이 정한 권리마저도 보장받지 못하는 노동자들에게 상담을 통하여 법이 정한 권익을 알려주며 부당해고 산업재해 등에 대한 보상의 길을 안내하고 현장의 소식을 올바르게 전해온 선교단체인 울산사회 선교천천협의회가 운영하는 노동상담소에 대한 불법수색 실무자들의 불법연행 강제 구속 사태는 군부독재와 독점재벌이 결탁하여 있음을 확인하여 주는 것이다.

노동자들의 고충을 상담하는 선한 사람들을 누가 구속한단 말인가?

지난 8월 29일 새벽 4시를 전후한 야밤에 절대로 침범 되어서는 안될 거룩한 성역인 울산 성당 담장을 뛰어 넘어 손 덕만 신부를 연행한것을 비롯하여 장태원 노동문제 상담소장, 노옥희 상담간사, 울산대 박종석 군을 구속하는 작태와 민주노동조합 지도자들을 탄압하는것은 독재 권력의 모순을 스스로 폭로하는 것이다. 국민이 요구하는 진정한 민주화는 불법구속, 용공좌경, 불순세력이라는 흑색 선전이나 행하는 사이비 민주화가 아니라 노동자 농민을 비롯한 전체국민의 인간다운 삶이 완전히 보장되고 민주적 제권리가 철저히 실현되는 것이어야 한다. 이에 우리는 반민주적 폭압 권력을 온존 시키려는 군부독재의 음모를 다시한번 규탄하며 다음과 같이 요구 결의한다.

一. 노동자 농민을 비롯한 민중들의 민주적 제권리를 보장할 민주정부 수립을 위해 모든 민주 세력과 함께 끝까지 투쟁할 것이다.

一. 장태원, 노옥희, 박종석 군을 비롯한 구속된 모든 민주 인사를 즉각 석방하라.

一. 전체 민주세력에 대한 왜곡 흑색 선전을 즉각 중단하라.

一. 노동자의 생존권을 즉각 보장하고 성의있는 대화를 진행하라.

정치협상이 곧 민주화는 아니다

최근 여·야 총재간의 협상이 이루어졌으며 그에 앞서 8인 실무 정치회담이 진행되었다. 그 결과 여·야 간에 합의된 개헌안이 곧 국회에 상정되고 국민투표에 붙여져 12월 중순경에 대통령 선거를 치를 것으로 타결되었다.

협상내용을 살펴보면 대통령직선제를 비롯하여, 국회의 국정감사권 부활 등 몇 항목에서 성과가 전혀 없었던 것은 아니다. 그러나 헌법개정에 있어서 국민의 발의권을 완전히 배제했으며, 민족통일을 위한 의지가 전혀 담겨져 있지 않다. 또한 독점의 해체와 노동자의 권익을 보장할 이익균점권과 경영 참가권이 완전히 배제되는 등 분단된 상태에서 외세의 영향을 받아 이루어진 파도의 파행적 산업사회에서 살아가는 국민의 권리가 올바로 보장되도록 하기엔 너무나 미흡했다.

더욱 중요한 것은 모든 국민과 민중운동 세력이 그토록 강력하게 주장했던 구속자의 석방과 수배자의 해제가 전혀 선행되지 않은 채, 오히려 노동자와 학생들에 대한 폭력적 탄압이 극심해지고 있고 민주인사들에 대한 현군부독재정권의 용공조작, 매도 및 수배와 구속이 다시금 요란하게 자행되고 있으며 제도·관제 언론의 기만적 왜곡 보도가 극심한 가운데 협상이 타결되었다는 점이다.

한마디로 민주화를 위한 개헌이라고 하면서도 민주화의 구체적, 실천적 내용이 보장 실현되지 않은 채 이루어진 내용없는 형식적 정치협상이었다.

돌이켜 보건대 지난6월 항쟁에 붕괴의 위기를 느낀 현 군부독재정권이 6.29노태우 선언으로 발표한 8개항 중에 그 무엇이 올바로 실현되었는가. 다시한번 생각해 보라. 과연 현 군부독재정권이 개헌협상을 할 자격조차 있는 집단인가. 12·12쿠데타, 80년의 광주 민중학살에서부터 시작하여, 엄청난 부정부패사건, 고문살인조작, 대대적인 투옥 등으로 군부독재의 장기집권을 획책함으로써 유사이래 가장 폭력, 살인적이었고, 반민중적 이었으며, 분단고착과 그를 명분으로 폭압통치해 온 반민족적 집단이 아니었는가. 한마디로 스스로 퇴진하지 않을 경우 즉각 타도되어야 할 군부독재정권이 자유민주주의를 수호 한다는 명분으로 이 사회를 민주화하는데 앞장서겠다고 하는데 이를 믿는 국민 누가 있는가.

지난 6월항쟁이후 국민들이 이제까지 자제와 인내로 정치상황을 지켜 본 이유를 현 군부독재정권이 내세우는 정치적 기만술을 인정하기 때문이라고 생각한다면 그것은 커다란 착각이다. 국민은 이번 선거를 통하여 현 군부독재정권을 통쾌하게 참패시켜 쫓아내려고 내심으로 벼르고 있다. 따라서 이번 정치협상에서는 차기의 민간민선 정권이 국민의 지지를 받아 올바른 자주적 민주정부를 세워 나갈 수 있도록 하기위한 제도적 장치와 헌법을 만들어 내어야 했다. 다시말해서 정치협상 그 자체가 목적이 아니라 군부독재정권의 국민에 대한 사과와 속죄가 먼저 이루어진 다음, 통일을 전제하고 노동자, 농민 등 우리사회 대다수 민중의 생존권과 정치적 권리를 보장함으로서 민족자주의 바탕이 이루어지도록 하는 헌법이어야 했다.

그런점에서 우리는 이번 정치협상에서 지극히 고식적이었던 민주당에 대해서도 한마디 경고를 아니할 수 없다. 민주당의 현재와 같은 비민주적 자세로 오늘날 처럼 치솟고 있는 노동자들의 요구를 어떻게 수렴할 수 있겠는가. 기업가들은 경찰의 폭압을 공공연히 요청하고, 노사분규의 현장은 경찰의 최루탄이 난무하고 있는데 양당총재가 회담하여 노사문제를 자율적으로 해결해야 한다고 합의하는 것은 무엇을 뜻하는가. 또한 사회가 혼란스러우면 군부가 정치무대에 나온다는 위기감에 서둘러 정치협상을 타결했다는데, 군부독재를 종식시키겠다고 하면서 군의 정치개입을 단호하게 완전히 봉쇄할 대책을 협상의 결과로 천명하고 헌법에 명시하도록 할 생각은 아니하고 군의 정치개입에 전전긍긍해서야 어떻게 정치적 지도력을 발휘하겠는가. 따라서 민주당은 앞으로 남은 헌법안의 국회상정 이전까지 다음과 같은 몇가지 사항에 분명한 입장과 확고한 의지를 갖고 관철하지 않을 경우 정치일정 자체가 중대한 위기에 봉착하게 될 것이다. 즉 현재와 같은 상황이 있기까지 가장 헌신적으로 투쟁해 온 민주인사에 대한 석방과 수배해제를 반드시 관철해야 한다. 또한 민주주의 기본요건인 언론자유가 반드시 회복되어야 한다. 그리고 폭력경찰에 의한 노동운동 탄압을 중단시키고 기업가들의 공권력 개입 요청과 기만적인 노사협의를 단호하게 규탄해야 하며 마지막으로 군부의 정치개입에 대한 단호한 응징과 대처를 확고하게 천명해야 한다. 이러한 강인한 자세를 갖고 정치일정에 임할 때 국민의 지지를 받을 수 있고 선거에서 이겨 정치적 지도력으로 확립되어 집권정당으로서의 기반이 갖추어질 것이다.

민주주의는 피와 땀을 먹고 자라는 나무라고 하지 않는가. 타협은 투쟁을 담보해서만이 승리한다고 하지 않는가. 투쟁은 국민이 하고 타협은 정치가가 한다는 착각에서 벗어나 국민과 함께 투쟁의 대열에 나서라. 그럴때만이 국민의 지지를 받으며 민주화의 기수로서 승리할 수 있을 것이다.

1987. 9. 6

민주·통일민중운동연합

서울민주·통일민중운동연합	가톨릭노동사목전국협의회
강원민주·통일민중운동연합	한국가톨릭농민회
경북민주·통일민중운동연합	한국기독교농민회총연합회
경남민주·통일민중운동연합	가톨릭여성농민회
인천지역사회운동연합	민주화운동청년연합
충북민주운동협의회	민중문화운동연합
충남민주운동협의회	자유실천문인협의회
전북민주화운동협의회	민주언론운동협의회
전남민주주의청년운동연합	민중불교운동연합
부산민주시민협의회	천주교정의구현전국사제단
경기북부민통련	한국노동자복지협의회

노동자에 대한 폭력탄압과 왜곡보도를 즉각 중단하라

지난 6월혁명이후 전국 3천개 사업장에서 일어나고 있는 노동자의 생존권보장과 민주노조결성에 대한 경찰과 기업의 폭력탄압 선면적으로 자행되고 있다. 최근 구속된 현대중공업 노조간부를 비롯하여 300명 이상의 노동자가 구속되었고 수백명의 노동자가 부 을 입었다. 강원도 삼척탄좌에서도 평화적으로 연좌농성을 하던 광부와 그 가족들에게 무차별로 최루탄을 난사하자 산으로 피하는 부들을 좇아가 쇠파이프로 두들겨패고, 전경들이 마치 계엄군인양 노동자의 집을 돌아다니며 공포분위기를 자아내고 있다.

울산의 현대중공업에서는 정체불명의 괴한들이 노동자들과 같은 복장을 하고 유리창을 깨며 난동을 부려 마치 노동자들이 난동과 괴·방화를 벌이는 것으로 하려다 노동자들에 의해 붙잡혀 경찰에 넘겨졌으나 아직도 신원이 밝혀지지 않고 있다. 뿐만아니라 임금협 을 통해 쉽게 해결할 수 있음에도 불구하고 극히 무성의한 자세로 노동자를 대하여 노동자의 분노를 자아내어 경찰이 진압해주도록 청하고, 정부의 특별지원금을 받아내려고 고의적으로 협상을 결렬시키고 있는 것이다.

그러면서 기업가들은 전국경제인연합회 등을 통하여 현정권에 공권력을 개입하여 노동운동을 폭력적으로 탄압해줄 것을 공공연히 청하고 있는 실정이다. 현 군부독재정권도 이에 맞추어 노사분규를 '국기를 뒤흔드는 심각한 사태'라고 제멋대로 규정하고 사업주 요구가 없더라도 공권력을 투입하겠다고 천명하였다.

노동자들에 대한 탄압은 여기서 끝나지 않는다.

최근의 제도언론의 보도태도를 보며 현 군부독재정권과 기업가, 그리고 제도언론이 서로 단합하여 노동자들을 탄압·매도하고 있음 뚜렷하게 드러난다. 신문, 방송, TV들은 한결같이 노동자들이 마치 폭력·방화·난동을 일삼고 있는 것으로 보도하고 있다. 그러 "사장이 근로자들에게 맞아 부러졌다"라는 전경련의 허위보고를 각 신문이 대서특필했던 기사는 완전히 허위·날조였음이 명백히 드 났다. 기업가 스스로도 그런 사실이 없다고 해명하는데 언론만이 노동자들의 요구를 반체제투쟁으로 간주한다며 날뛰고 있다. 반면 삼척탄좌에서 전경들이 쇠파이프를 휘두른 사실은 단 한줄조차 보도되지 않고 있다. 그리고 대우조선 노사협상에 참여한 양권식 신 가 수사기관 등 외부의 개입때문에 협상이 안된다고 한 말을 완전히 거꾸로 뒤집어 외부세력을 재야인사라고 말한듯이 왜곡보도해 리는 뻔뻔스러운 작태를 보였다. 또한 미국의 요구를 전면 수용하여 원화의 환율이 크게 인상되어 수출단가가 높아지는 바람에 금 하반기부터는 어차피 수출이 감소하게 되어 있었는데 최근의 수출감소가 오로지 노사분규때문인 것으로 몰아부치고 있다.

이처럼 현 군부독재정권, 자본가, 제도언론이 1천만 노동자를 폭력탄압하고 매도하는 일련의 사태에 즈음하여 본 민주·통일민중 동연합은 이는 지배세력의 마지막 발악이라고 단정한다.

3천개 사업장에서 분규가 일어났지만 체제를 부정하는 주장이 단 한번 나오지 않았음에도 이를 국기문란·반체제투쟁으로 단정하 저의는 과연 무엇인가. 또 광주민중학살이래 현 군부독재정권이 저지른 살인·폭력·고문이 전세계 어느 정권보다도 극악함은 천하 다 아는 사실이다. 그럼에도 적반하장으로 노동자를 폭도로 몰아부치며 노동자탄압의 구실로 삼으며 공권력행사 운운하고 있는데 과 현정권이 공권력을 행사할 수 있는 정통성과 합법성이 있는 정부인가. 또 20년 이상의 경제성장과정에서 수천명의 노동자가 죽어 고 수만명의 노동자가 산업재해를 당하면서 노동한 것으로 오늘의 기업가가 부를 축적해 왔다. 그리하여 기업가들은 극도의 향락 즐겨가면서 엄청난 정치자금을 바쳐 독재정권의 비호를 받아왔다. 이런 기업가들이 생존권보장을 요구하는 노동자들의 활동을 구사 라는 폭력을 이용하여 탄압하는 것은 도덕적으로 용납할 수 없으며 우리 경제전체의 안정을 위해서도 결코 인정할 수 없는 것이다. 리고 공정해야 할 언론이 겉으로는 민주화를 표방하면서 군부독재권력과 독점재벌의 주구가 되어 노동자탄압의 선봉에 서서 왜곡보도 일관하고 있는 저의는 무엇인가.

군부독재정권, 기업가, 제도언론 즉 이 사회가 민주화되기를 두려워하고 수십년동안 누려온 부귀영화가 박탈될까봐 전전긍긍하는 세력이 1천만 노동자를 계속해서 탄압하는 한 이 사회의 민주화는 요원하다. 대다수 국민의 권리를 박탈하는 민주화가 무슨 의미 갖겠는가.

이에 민주·통일민중운동연합은 현 군부독재정권은 노동자에 대한 폭력탄압을 즉각 중단하고 제도언론은 왜곡보도에 사죄하고 가는 성실하고 정직한 자세로 노동자의 요구를 수용하라고 엄중하게 경고한다. 이것이 이 사회의 참다운 민주화이다. 그리고 이 가 진정으로 민주화되지 않을때 민통련을 비롯한 민중운동세력은 모든 역량을 동원하는 총력전에 나설 것이다.

1987. 9. 8

민주·통일민중운동연합

서울민주·통일민중운동연합
강원민주·통일민중운동연합
경북민주·통일민중운동연합
경남민주·통일민중운동연합
인천지역사회운동연합
충북민주운동협의회
충남민주운동협의회
전북민주화운동협의회
전남민주주의청년운동연합
부산민주시민협의회
경기북부민통련

가톨릭노동사목전국협의회
한국가톨릭농민회
한국기독교농민회총연합회
가톨릭여성농민회
민주화운동청년연합
민중문화운동연합
자유실천문인협의회
민주언론운동협의회
민중불교운동연합
천주교정의구현전국사제단
한국노동자복지협의회

삼 양 속 보

1987. 9.8

보십시요. 사업주의 만행을!!

운전사 70여명을 전멸시키려고 삼양교통(주)(시내버스 23,28,28-1,좌석47)

살인마 김길호 상무의 만행을!

1987. 9.6. 오후 1시 15분경 삼양교통주차장 내에서 부당 착취한 임금 반환 등을 요구하며 평화적인 집회를 하고 있는 70여명의 운전사들을 향해 농성을 해산하지 않으면 전멸 시키겠다고 하며 시내버스 서5사3242호를 몰고 농성장으로 돌진 삼양교통 정비상무 김길호의 천인공노할 만행을 인간으로서의 지켜야 할 마지막 인간의 양심까지 포기하는 처사가 아닐 수 없읍니다.

그로인해 동료 운전사 "이현조"씨는 손이 으스러지는 중상을 입었고 "엄대식"씨는 허리를 다쳐 일어서지도 못하며(4주) "김영호"씨는 무릎 골절상을(8주) "김정채"씨는 머리를 다쳐 뇌수술을 받아야 하는 위급한 상태이며 지금 중환자실에서 사경을 헤매고 있읍니다. 사건후 회사 간부들은 뒷수습을 한다고 하면서 병원에 입원중인 중환자에게 하는 말이 "우리는 돈이면 해결되니까 함께 술이나 먹으러 가자"며 강제 퇴원 할것을 종용, 회유하는 것은 사업주가 아직도 우리 사회가 돈이면 해결할 수 있다는 전 근대적인 사고방식을 아직도 버리지 못하고 있다.

친애하는 운전사 여러분!

삼양교통 홍수길사장은 우리들의 투쟁 목표를 노동조합의 조직분규로 전환시키려 하고 있다. 이는 분명 년1억여원(예비군, 민방위 시간외 수당, 운전자보험 8,500여만원)의 임금을 착취하고 음폐시키기 위한 수법이다.

참다못한 우리 삼양교통 운전사들은 차라리 노동조합장 직무대리에 홍수길사장을 겸직시키기로 결의하고 화끈하게 밀어주기로 하였읍니다.

삼양교통 사장겸 노동조합장겸직직무대리 홍수길은 더이상 운전사들의 피와 땀을 착취하지 말고 지금부터라도 대화의 장을 마련하여 시민들의 불편을 즉각 해소시키기 바라며 신성한 병역의무를 수행하는 전경들이 무슨죄가 있다고 매일아침 05:00경이면 주차장 부근에 50여명씩 보초를 서게 하는 것입니까? 우리가 내는 세금으로 전투 경찰대가 구성되었을 텐데 어찌하여 개인기업체인 삼양교통 주차장내 거의 매일 같이 출동하여 보초를 서게 할수 있는지(?)

그 배경을 조사해 봐야 하지 않을까요?

(아시는 분 없으십니까?)

1987. 9.8. 삼양교통 농성운전수 일동

성 명 서

- 대한민국 내각이냐? 재벌들의 내각이냐? -

지난 9월 5일 노동운동을 탄압하기 위해 혈안 되어있는 군부독재정권이 국무회의에까지 전국경제인연합회를 동원, 민주노동자를 폭도. 반인륜아인양 날조한데 대하여 민주헌법쟁취 노동자공동위원회는 경악하며 우리의 입장을 엄중히 밝힌다.

전쟁터를 방불케하는 노동탄압현장

광주학살과 고문 및 직격최루탄으로 살인을 일삼으며 전국민을 고통의 도가니로 몰아넣던 전두환 군부독재정권의 장기집권음모를 전국민적인 연대투쟁으로 좌절시킨 6월투쟁이후, 우리국민들은 전국 방방곡곡에서 완전민주화와 기본적인 생존권확보를 위해 민주적인 투쟁을 전개해왔다. 그러나 장기집권의 망령을 꿈에도 버리지 않는 군부독재정권은 구속자 석방은 커녕 6.29 이후 400여명에 이르는 민주인사 및 민주노동자를 구속했을 뿐만 아니라, 박종철 고문 살해범인 박처원등을 처벌할 의사가 전혀 없다. 천만노동자들의 정당한 민주노조건설과 생존권 요구투쟁을 구사대등의 폭력조직으로 난압하면서도 천만노동자의 투쟁불길을 막을 수 없게되자 재벌언론과 공권력을 다시 동원하면서 본격적인 노동운동탄압을 시작하고 있다.

임금인상과 민주노조건설을 위해 투쟁하던 대우조선노동자에게 마치 적군이나 만난양, 1미터도 안떨어진 거리에서 최루탄을 무차별 난사 또다시 이석규 노동열사의 목숨을 빼앗아갔고 평화롭고 민주적으로 파업농성을 하고있는 정암광업소 노동자를 인간사냥이라도 하듯이 산속에까지 쫓아가 최루탄 쇠파이프를 휘두르면서 짓밟고 임산부의 4개월된 태아까지 유산시켰다. 울산현대중공업노동자의 경우 민주노동자 45명을 구속하면서도 정작 기물파괴난동자로 밝혀진 외부인3명은 석방하는데서도 폭력조작의 의혹을 확신케하고 있다. 이렇듯 전국적으로 평화적인 민주노조운동을 현정권은 무차별 폭력으로 탄압하면서도 폭력문제를 노동자의 책임인양 뒤집어 씌워왔다.

국무회의까지 허위날조!

이러한 노동운동을 탄압하기위한 재벌과 군부독재정권의 음모는 9월 5일 임시국무회의에서 마각을 드러내었다. 기아기공에서 구사단과 농성노동자가 투석전을 벌이는 와중에 끼어든 부사장을 농성노동자가 피신시킨것을 농성노동자가 부사장에게 돌세례를 퍼붓고 비농성노동자가 구출한 것으로, 쇠파이프.헬멧으로 무장한 구사단에게 농성노동자가 폭행당하여 간신히 대치하고 있었는데도, 농성노동자가 부사장. 상무등을 포크레인 삽에 실어올렸다 내렸다하며 위협하고 노래를 시킨뒤 노래값을 내라고 요구했다는 것으로, 통일의 경우 농성노동자 100여명이 구사단 700여명에게 철제의자로 맞는등 폭행을 당했는데도 농성노동자가 철제의자와 화염병을 던져 화재가 발생한 것으로, 오리온전기의 경우, 사장을 포함한 관리자 200여명이 협상하러 사장실에 대기중이던 노동자 40여명에게 사장실문을 부수고서 덤벼들어 폭행을 가했는데도 기존노조 반대파가 사장실출입문을 부수고 들어가 사장을 폭행한 것으로, 동원전자의 경우 평화로운 파업투쟁으로 타결되었는데도 사장폭행으로 갈비뼈가 부러진 것으로, 영창악기의 경우 사장이 협상하자고 하여 이층으로 노동자대표가 올라간 것을 노동자들이 사장을 드럼통에 넣고 굴린 것으로, 대성탄좌의 경우 노동자들이 농성장주변에 있는 쓰레기통으로 쓰이는 드럼통을 갖다놓고 흥겹게 두들긴 것을 노동자들이 사장을 드럼통에 넣어 나무에 매달고 광부들이 돌아가면서 장작으로 구타한것으로, 정암광업소의 경우 평화적으로 파업하고 있는 노동자앞에 나타난 사장이 광원가족인 아줌마의 따귀를 때리고 전경들이 산속에까지 덤벼들면서 쇠파이프. 최루탄을 휘두르며 무차별 구타. 감금. 연행했는데도 노동자들이 사장을 무릎꿇게 한뒤 노래를 시키고 발길질을 하면서 무엇 먹고 배가 나왔느냐고 했다는 등 새빨간 거짓말을 조어댔다.

천만노동자의 생존권확보를 위한 피어린투쟁을 왜곡하며 외부세력 조종 운운하며 노동운동 탄압명분만 찾고있던 군부독재정권의 내무부장관은 전경련의 담화에 지지성명이여도 없으면 이제 공권력을 투입해야겠다고 호언하고 있다.

독점재벌과 손잡은 군부독재, 언론

도대체 헌법 정부조직법상 국무회의에 배석하거나 발언할 수 있는 사람인 어느 직책에도 해당되지않는 한 민간기구인 전경련의 조규하전무가 어떻게 그자리에 참석하여 당당하게 발언할 수 있었는가. 장관이 국무회의에서 다룰 의제가 무엇인지를 모르고 참석할만큼 국무회의가 급조된 이유는 무엇인가! 전경련이 날조된 보고내용을 회의시작하기 10분전에 노동부장관과 행정조정실장이 훑어보고 발표하게 할만큼 이정권은 재벌들의 앞잡이 역할을 충실하게 수행하고 있는가! 역사상 처음으로 국무회의를 일반인에게 공개한 것은 이렇게 날조된 거짓말을 유포하기 위해서가 아니고 무엇인가! 저들 스스로 가장 파렴치하고 반인륜적인 폭행사례들이 사실은 자기들이 조작한 허위였다는 것을 인정하면서도 "현안문제를 잘 지적했다. 성공적이다."고 평가하는 전경련회장단들의 음모는 무엇인가! 경악할 수 밖에 없는 조작국무회의를 준비하고도 "극적인 효과"를 거두었다고 자위하는 정부관리의 발언은 무엇을 뜻하는가!

우리의 입장

이러한 허위날조의 국무회의, 언론보도를 보면서 우리는 다시한번 확인한다. 이나라 국무회의가 재벌들의 반안이 되어 좌우될만큼 군부독재정권의 주인은 독점재벌과 추악한 장기집권야욕에 사로잡힌 폭력고문집단이라는 것을! 재벌들의 농간에 빌어 4천만 국민을 철저히 기만하고 전체노동자를 폭도, 반인륜아로 몰아세워 그들의 권력과 돈을 하나도 놓치지 않기위한 탄압의 명분을 날마다 조작해내고 있다는 것을!

기만적 6.29 선언은 또다른 형태의 장기집권을 향하여 음모를 진행하고 있으며 80년 광주의 기만, 살인극은 지금도 은폐된채 전국 노동현장에서 자행되고 있다. 그러나 우리 국민들은 쇠파이프와 최루탄, 관제언론의 포격속에서도 이러한 음모의 현장을 직시한다. 이러한 허위날조의 독재정권하에서는 어떠한 선거도 극악한 부정과 기만날조로 일관되고 말것이라는 것을 분명히 안다.

이제 우리는 더이상 거짓날조로 전국민을 기만하고 폭력, 살인고문으로 끝없이 장기집권욕망을 불태우는 전두환, 노태우 거짓말집단에 조국의 장래를 판가름하는 선거를 맡겨둘 수 없다.

- 군부독재정권에 빌붙어 온갖 특혜를 누리면서 이나라 경제를 파손하는데 기여하고 천만노동자의 숨통을 조여와서 마침내 있지도 않은 사실을 허위조작해서 이나라 사회발전에 헌신된 천만노동자의 등허리를 군부독재의 군화발로 짓밟게 하는 재벌집단 전국경제인연합회를 즉각 해체하고 허위사실을 조작한 조규하전무를 즉각 구속하라!
- 천만노동자의 투쟁을 반체제행위로 규정하고 민주운동세력에 대한 왜곡날조보도를 일삼으면서 조국의 민주주의를 가로막고 있는 재벌, 관제언론들은 각성하고 사기폭력집단의 하수인노릇을 즉각 중지하라!
- 구속노동자를 즉각 석방하고 해고노동자는 전원 원직복직시켜라!
- 민주화일정을 공정하게 수행할 수 없는 현내각은 즉각 사퇴하라.

1 9 8 7 년 9 월 1 0 일

민 주 헌 법 쟁 취 노 동 자 공 동 위 원 회

성 명 서

--- 9. 12일 노조사무실 불법난입 폭력 사건에 대하여 ---

-마침내 그 본색을 드러내고 말았다.

9월 12일 14시 55분 그동안 겉으로만 평화적 비폭력을 가장했던 현대중공업 회사측은 현대엔진 노조 사무실에 불법 난입하여 납치및 폭행을 자행하므로서 우리를 분노에 떨게 하였다.

이는 명백히 현대엔진에 대한 주권침해이며 고의적인 살상행의다.

이날의 사태에 대한 경의를 살펴보면 14:00 부터 현중 노조 임원 개선 명령 움직임에 대하여 그룹노조협의회의 대책회의가 열리고 있을때, 현 현중 민주노조 총무부장 김형권(31세)씨가 근로자들에게 발표할 성명서를 복사하기 위해 현엔 노조사무실에 왔다.

이때, 백색 승용차 3대와 12인승 봉고차를 타고온 정체불명의 괴한 25-30여명이 현중 경비대장 조남길(42세)을 선두로 현엔 노조사무실에 무력으로 집단 난입하여 김형권 씨를 무차별 폭행하여 끌고나가 대기하고 있던 봉고차에 밀어 넣고 집단폭행을 자행하였다. 이에 노조사무실에 있던 임원들이 봉고차의 앞을 가로막고 저지시키자 마침 휴식시간에 휴식을 취하고 있던 이상남 동지(31세)의 다수가 합세하였다. 여러사람의 저지에도 불구하고 봉고차는 계속전진하였으며 이과정에서 이상남 동지가 넘어져 차 앞바퀴에 머리와 대퇴부가 끼어 중상을 입었다. 이런 와중에 휴식중이던 기계조립공장 조합원 200여명이 몰려오자 괴한들은 봉고차만 남겨두고 승용차에 분승 도주하였고, 분노한 조합원들은 타고있던 6명과 조남길을 붙잡아 조합사무실에 인계하였다. 노조사무실에 진입한 동기와 정체를 추궁한 결과 7명 모두 중공업 총무부소속으로 상부의 명령을 받고 사건을 저질렀다고 자백하였다. 이상의 사건 경의에서 살펴보건대 현대중공업 회사측은 계획적으로 신체건장한 사람들로 불법납치를 기도하는 등 부당노동행의를 저질렀으며 타사의 노조사무실에 난입하여 인명을 해치는 살상행의를 하므로서 그동안 노조측에 대하여 "불법집단" "폭력집단" 운운하며 노조를 와해시키려던 저의가 무엇인지 백일하에 드러났다고 하겠다. 우리 현엔 노조는 9. 12사건을 우리의 주권침해와 계획적인 폭력및 살상으로 간주하고 전 조합원의 이름으로 다음과 같이 결의한다.

--현대중공업회사측은 이번사건을 철저하게 조사하여 일간지와 TV 방송을 통하여 진상을 밝히고 공개사과할것

--이번사건과 관련된 자들을 명백히 밝히고 엄중문책 할것.

--현대중공업 회사측은 이사건으로 입은 피해를 완벽히 보상할것.

--현중 사장은 현엔노조에 직접와서 사과를 할것.

*현엔노조및 전조합원은 이와같은 우리의 결의가 이루어지지 않을경우 조합의 모든힘을 총동원하여 끝까지 투쟁할것을 현대중공업 회사측에게 경고한다.

현 대 엔 진 노 동 조 합

성 명 서

_ 노조민주화 실천위원회의 어용노총에 대한 투쟁을 지지한다 _

" 인간답게 하늘을 보며 살자 ! " " 뭉치면 인간되고 흩어지면 노예된다 ! " "어용노조 몰아내고 자주적 민주노조
건설하자! " 며 전국, 전산어을 강타한 천만 노동형제들의 새찬 파업 투쟁의 열기 !
선진조국, 산업 역군에 파묻힌 피와 땀을 쥐어짜는 잔업 야 특근 에도 닭 장 월세방을 면할길 없고 기름때
묻은 작업복과 공돌이 공순이, 인간 멸시의 노예 생활
그러나 이제는 어제의 우리가 아니다! " 라고 외치며 생존권과 자주적 민주노동조합 쟁취 투쟁에 우리의 천만
노동형제들이 떨쳐 나서고 있다.
이 노도와 같은 투쟁으로 위기에 몰린 독재정권과 자본가는 과격불순, 외부세력 운운하며 끝내 우리의 형제
이석규를 살해 하였다.
수백명의 노동 형제들을 쇠창살에 가두어 버렸다. 오로지 물리적 폭력만으로 지탱되는 그들의 본질을 여지없이
드러내고야 말았다.
노동자들의 이익을 대변해야할 한국노총, 그들은 이미 천만 노동형제들의 간절한 인간다운 삶 에의 희망을 저버린지
오래이다.
5.16후 , 오로지 노동자의 이익만을 위해 죽음을 불사르며 투쟁하던 전국노동조합협의회를 부수 기위하여테러를
일삼던 폭력 구사대로 출발한 그들은 노동자의 적인 독재정권과 자본가에 붙어 오히려 노동자를 향하여 선전
포고를 하고 있다.
20여년간 독재정권의 시녀로써 자본가에 기생해온 한국노총은 천만 노동자의 이익을 대변할 자주적 노동자 조직이
아님은 이번 7-8월 투쟁을 통해서도 여실히 드러났다.
6,29이후 새로 결성된 단위공장 노조는 1060여개에 달하며 노동형제들 대부분의 요구는 어용조조 퇴진이라는 것은
이미 전 민중에게 드러난 사실이다. 이는 노동형제들 스스로 자주적, 민주적인 조직결성을 그 무엇보다도 절실히
요구하고 있음을 증명한다.
이에 우리는 어용노총의 반노동자적 비민주성을 통감하여 노동조합의 대표자, 간부, 대의원, 조합원등이 대등하게
직접 참여하여 운영하는 자주적, 민주적 단체로서 노동조합의 민주화와 자주적, 민주적 노동법 쟁취를 선언하며
지난 7,12일 발족하여 활동하고있는 노동조합 민주화 실천위원회의 활동을 적극 지지 하며 어용노총의 반노동자적
비민주성을 폭로하며 우리의 입장을 밝히는 바이다.
•한국노총과 산별연맹은 전국적으로 들불처럼 타오르는 노동조합 결성에 대해 지지, 지원은 커녕 오히려 이를
방해하고 기업주에게 노조를 팔아 돈벌이를 하고 있다.
울산 현대자동차 노동형제들이 노동조합을 결성하려고 한 사실을 안 금속노련 이진우 조직부장은 이사실을 회사측에
알려 일과 시간중에 회사측으로서 어용노조를 만들도록하는 파렴치한 작태를 벌였다. 이에 현대자동차 노동형제들은
'어용노조 지원하는 한국노총 해체하라" "2400노동자를 팔아먹는 이진우는 자폭하라"고 외치며 강철같이 단결
투쟁하여 결국 자주적, 민주노조를 건설하였다. 또한 현대중전기 노동자들은 아예 금속연맹을 배제한채
노동조합을 결성하여 자주적 단결권을 쟁취하였다.
이는 바로 현 한국노총의 어용성을 적나라하게 보여주는 것이며 이미 그 어용성을 인식하고 있는 노동자들로부터
배척 당하고 있음을 명백하게 보여주는 것이다.
•자주적 민주노조를 지키기 위해 처절하게 투쟁하다 살인정권의 최류탄에 죽어간 이석규 노동형제의 죽음에
대해 입도 뻥긋 못하고, 전노동형제들로부터 거부되어 장례식 조정조차 받지 못한 노총은 독재정권이 외부세력
운운하며 강경하게 대처 하겠다고 하자 힘을 얻어 일간신문에 결의문을 발표하여 외부세력 즉 반대세력을 응징
하겠다고 나서고 있다. 이 결의문은 "40년 전통의 노총 및 각급 산하조직을 어용으로 몰아 국민으로 부터 고립화
시키고 붕괴 시키려는 일체의 세력에 대해 응징할 것이다. 또한 근로대중의 이익을 추구하는 정당을 전국
지지하는 자주적 정치활동을 전개할것이다"고 했다.
들불처럼 타오르고 있는 전국노동자들의 투쟁을 지지하고 자본가를 응징해야 할 노총이 노동자를 응징하겠다고
나서는가 하면 응징 방법에 대해서는 "계속 까부는 집단이 있으면 16개 산별노련 조직을 통하여 1000여명 정도의
행동부대를 동원해 각목을 들고 나서게 할수 있다" (동아일보 휴지통)고 하여 스스로 폭력을 써서라도
자신의 어용성을 지키겠다는 것이다. 천만 노동형제들의 강철같은 단결을 1000명의 각목부대로 깰수 없다는 것은
너무도 뻔한데 독재정권 자본가에게 노동자를 팔고, 백골단, 전경과 삼위일체가 되어 노동자의 투쟁을 깨부수겠다는
것이 어찌 노동자의 편이나 할수 있겠는가? 스스로 독재정권, 자본가의 행동부대임을 입증하고 있는 것이다.
4,13호헌 지지 성명을 발표하고는 6월 민중항쟁으로 4,13이 철회 되었음에도 불구하고 성명의 경위에 대해 어물쩡
넘어 가더니 이번에 또다시 정치활동을 하겠다고 나서고 있다. 도대체 이들이 말하는 근로대중을 지지하는 정당이
어디인가? 노총위원장 김동인이 민정당 중앙위원이며 간부 대부분이 민정당 당원인 노총이 지지할 정당이란
바로 독재정권 민정당이라는 것은 삼척동자도 알고있는 너무도 뻔한 사실이다.

·방장 몇천원, 몇십프로의 임금을 인상하는 것보다는 자주적 민주노조의 건설을 통한 노동자들의 단결을 이룩 하는 것이, 그굳건한 노동자의 조직으로 독재정권, 자본가와 싸워 나가는 것이 진정 노동자의 해방을 앞당긴다는 것은 그누구도 부인 할수 없다. 단위 공장 마다의 자주적 민주노조의 건설과 산업별, 지역별, 전국적 노동조합의 조직화를 이룩하는 것이 지금 우리의 임무임은 이미 확인된 사실이다. 어용노총 몰아내고 자주적 민주노조를 쟁취하려는 노동조합 민주화 실천위원회의 투쟁을 적극 지지 한다.

천만 노동자를 묶어 조직적 투쟁의 대열에 나서자 !

모든 운동 역량을 결집하여 노동자의 자주 민주노조 건설에 떨쳐 일어서자 !

6월 민주화 투쟁에서 4천만 민중이 소리높이 외쳤던 것은 "독재타도 민주쟁취"요 7 - 8월 전국을 뒤흔든 노동자 투쟁은 생존권과 자주적, 민주적 단결권 쟁취를 위한 디딤돌로서 "어용노조 퇴진 민주노조 건설" 이었다. 한두끼 밥을 굶을수는 있지만 내일에 대한 희망이 없다면 그런 권리가 없다면 어떻게 하루하루를 버티어 나가겠는라며 이석규 열사 죽음앞에 오열하던 대우조선 노동형제들의 외침을! 죽음을 불사하며 지키려는 자주적 민주노동조합을 기억하자. 우리는 이 거대한 함성을 외면한채 오로지 독재정권, 자본가의 하수인으로 반노동자적 작태를 서슴지 않는 어용노총의 퇴진을 강력히 요구하며 천만노동자의 단결로서 자주적, 민주노조의 건설을 위해 끝까지 투쟁할 것이다.

우리의 결의

독재정권 자본가의 각목부대 어용노총은 자폭하라 !
천만 노동자의 힘으로 노동 3권 쟁취하자 !
노동자의 생존권 보장없이 사회의 민주화는 없다 !
어용 노조 몰아내고 자주적 민주노조 쟁취하자 !

1987년 9월 13일

자주적 민주노조를 위해 싸우는 노동자 일동

노동자에 대한 살인 폭력 즉각 중지하라 !!!

지난 7월말 부터 지금까지 계속 터져나오는 우리 부산지역 노동형제들의 함성은 몇 십년간 억울하게 빼앗기고도 노예처럼 짓밟혀야 했던 억압의 세월을 불사르고 인간답게 살아보려는 처절한 몸부림이었읍니다. 그런데 피땀어린 정성으로 열심히 일해온 우리들에게 저 파렴치하고 잔인무도한 기업주놈들은 어떠한 보답을 하고 있읍니까? 백주 대낮에 악덕기업주와 폭력적 관리자들은 입에 담을 수도 없는 욕설을 해대면서 우리 노동자들을 개끌듯이 끌고 다니며 생명이 위험할 정도로 짓밟고서 부당하게 해고시키기를 밥먹듯 일삼고 있읍니다. 임금인상을 위해 뭉쳤다는 이유로, 정당한 노동조합 활동을 했다는 이유로 이렇듯 야만적 탄압을 가하다니, 악덕기업주놈들의 이러한 작태에 우리들의 억울한 심정은 하늘에까지 사무치는 듯합니다.

(주)화성에서는 민주적인 노동조합활동을 하려는 노조간부를 10여명의 관리자들이 붙들어 가둬놓고 "펄펄 끓는 보일러실에 처넣겠다." "네 놈 죽여도 개값,생선값 정도만 물으면 된다." 는 등의 폭언을 하면서 고막이 터지고 허리를 못 쓰도록 두들겨 팼읍니다, 심지어는 17세 소녀에게 "김일성 마누라야,가랭이를 찢어 죽인다."고 협박, 구타하여 사직을 강요 하는 등 무법천지로 날뛰면서 우리 노동자의 생명까지 위협하고 있읍니다.

(주)풍영에서도 어용노조를 민주화하려는 동료 20여명을 불법으로 강금하여 두들겨 패고 내쫓고 있읍니다. 통근버스에서 우리의 억울한 소식을 돌리던 노동자가 운전기사의 방해를 막으려고 어깨를 밀었다고 폭행죄로 구속되었고 2명의 동료는 자가용으로 강제납치되어 보름이 가까운 현재까지도 행방을 알 수 없는 지경입니다. 17세 소녀에게 "농성중 성관계를 했다." 는 허위자백을 강요하여 우리의 싸움에 먹칠을 하려는 간악한 책동도 있었고 심지어는 무자비하게 폭행하면서 혓바닥으로 땅을 핥도록 하여 혀에 흙이 묻었는지 확인하기까지하니, 인간의 탈을 쓰고 어찌 이런 짐승같은 짓을 할 수 있읍니까. 노동자의 인격은 커녕 생명조차도 날파리 보다 가볍게 여기는 이 폭력배무리들의 작태에 우리 노동자들은 치를 떨며 통곡합니다.

(주)국제상사에서는 북부경찰서형사들까지 매수해 노동자탄압에 광분하고 있읍니다. 10여명의 여성 노동자들을 30여명의 관리직원이 머리채를 잡아뜯고,구둣발로 짓이기며 통근버스에 처넣고 북부서에까지 옮겨놓자,회사에서 내준 돼지고기파티, 프로스펙스신발에 눈이 뒤집힌 형사놈들이 달려들어 "빨갱이 교육을 받은 년들, ×× 에 다이너마이트를 박아터뜨려버릴라."라는 욕설 과 폭행을 하면서 거짓 조서를 꾸미려고 날뛰었읍니다. 죄도없이 이틀밤을 유치장에서 새우고 풀려난 동료들이 출근하자, 어이없게도 "작업방해 "니 "경찰입건"이라는 사유로 부당하게 해고를 통지하고 몇년간 정이 들은 현장동료들의 분노와 규탄도 아랑곳없이 정문밖으로 내동댕이 쳐버렸읍니다. 농성에 대한 사후보복조치는 않겠다는 사장 의 공고문이 나붙은 현장에서 열심히 일하는 동료를 개끌듯 끌어내 밥줄을 끊어놓는 저들의 간악함에는 치를떨뿐입니다. 기강이 문란하다는 턱도 없는 구실을 붙여 20여명의 성실한 동료들을 거리로 내쫓고서도 계속해서 해고협박을 일삼아 "독재상사"라는 이름을 붙여도 모자랄 정도의 살벌한 분의기를 조장하고 있으니 이는 만삼천 노동자를 노예로 부리려는 독재적 사장의 악랄한 술책이 아니겠읍니까.

지각을 하거나 불량를 내면 갑피를 입에 물고 끓여 앉혀놓기를 예사로 하는 (주)삼화고무의 악덕기업주는 어용노조를 민주화하려는 노동자들을 범어사니 해동수원지, 진주 진양호 등으로 끌고 다니면서 집단폭행을 가했읍니다. 관리자들은 5명이 1조가 되어 우리 노동자들을 짓이겨대었고 죽음의 공포와 분노에 떨며 우리의 동료들은 강제사직서를 쓸 수 밖에 없었읍니다. 또 태양사에서는 전체노동자의 단결로 쟁취한 합법 노동조합의 사무실로 100여명의 관리자들이 처들어와 노조간부는 물론 일반 조합원까지 앞니 3개가 나가고 갈비뼈,허리뼈가 으스러지도록 두들겨패어 지금까지 10여명이 넘는 동료들이 병원에서 분노와 고통으로 신음하고 있읍니다. 대양고무와 부영화학 에서도 강제납치와 협박이 판을 쳐, 각각 8명, 17명이 부당해고되거나 사직을 강요당하고, (주)신성화학의 어린 여성노동자는 집합 중 바른 소리를 했다는 이유로 협박,폭행당하고 사직서를 강요당해, 일할 권리를 빼앗긴채 거리로 내쫓겨야 했읍니다.

부산노동형제여러분! 애국시민 여러분!

콩나물 한 줌 사는 것도 주저하게 만드는 얄팍한 저임금에 시달려도 우리 노동자들은 결코 남에게 해로운 손찌검 한 번 해 본적이 없읍니다. 그런데 인간답게 살아보자고 임금인상을 외치고 빼앗겨왔던 권리 되찾자고 민주노조를 만들었다고 악덕사장놈들은 돌연 인간백정으로 둔갑하여 이렇듯 갖가지 폭력적 만행으로 노동자들을 탄압하고 있읍니다. 수십명의 노동자들이 기업주의 폭력에 피흘리며 쓰러져 신음하여 괴로와 하고 있을 때 언론은 이런 사실에 대해선는 입을 다문채, 노동자들이 사장을 드럼통에 넣고 굴렸다느니 포크레인에 실려 올려놓았다느니 하는 터무니없는 거짓보도를 하면서 노동자들의 행동을 반인륜적 폭력난동으로 몰아부쳤읍니다. 경찰은 또 어떻읍니까? 백주에 노동자들을 개잡듯 두들겨 팬 악덕기업주와 폭력관리자는 진상조사도 않으면서 죄도 없는 노동자들을 연행,구속하는 등 기업주의 노동자 폭행,탄압에 합세하고 있읍니다. 경찰이 가진자의 편이라는 사실은 삼척동자도 아는 사실이지만, 이석규 노동열사의 가슴에 박힌 최류탄 냄새가 채가시기도 전에 이렇듯 노동자 탄압에 경찰이 앞장서고 있다는 사실은 우리를 분노하게 합니다. 언론과 경찰은 이러한 반 노동자적 행위를 즉각중지하고 폭력탄압에 대한 진상규명과 함께 공개사과 하여야 할 것입니다.

부당하게 폭행당하고 해고당한 우리 노동자들은 일치단결하여 악덕기업주의 횡포가 철회되고 관련자가 처벌될 때까지 끝까지 싸울 것을 결의 합니다!

사십만 부산 노동자여! 일천만 전국 노동자여!

6월항쟁으로 4천만 민중이 쟁취한 민주승리를 발판으로 일어선 우리 노동자들이 7,8월에 걸쳐 처절히 싸워쟁취한 임금인상, 노조결성, 차별대우 철폐 등 노동권익을 끝까지 지켜내고 우리 노동자가 진정 인간답게 살 수 있는 민주노동사회를 건설하기 위하여 어떠한 탄압에도 굽힘 없이 단결합시다!! 투쟁합시다!!

- 우리의 주장 -

- . 불법감금, 집단폭행, 강제납치 즉각중지하라!
- . 살인폭력휘두르는 악덕기업주, 폭력관리자 처벌하라!
- . 폭력적 탄압에 대해 진상규명하고 피해자 치료, 보상 책임지라!
- . 강제사직, 불법해고 즉각중지하고 해고자는 즉각 복직시켜라!
- . 노동조합 탄압 즉각 중지하고 자유로운 활동 보장하라!
- . 구속, 연행노동자, 무조건 석방하라!
- . 노동자의 정당한 생존권 요구에 "폭력난동" "좌경용공"운운하는 언론은 각성하라
- . 노동자 불법연행, 불법구금, 불법구타 책임지고 북부경찰서장과 부산진 경찰서장은 즉각 사퇴하라!

1987. 9. 14.

부당하게 폭행, 해고당한 화성 대양고무
풍영 부영화학
국제상사 신성화학
삼화고무 태양사
노동자일동-

민주노조 파괴책동을 즉각 중단하라!

다시 무차별 구속사태가 벌어지고 있다. 연일 노동자 구속이 보도되고 있다. 6·29 이후 현재까지 450여명이 넘는 노동자가 구속되었다.

7월부터 전국적 전산업부문에 걸쳐 확산된 노동투쟁에 당황한 현 정권은 집요하고 교활한 노동운동탄압 작전을 벌이고 있다. 재벌언론을 동원, 불안감을 조성하고, 국무회의까지 들러리 세워 노동운동을 매도하고 있다. 구사대 깡패들의 폭력을 노동자의 폭력으로 날조하고, 열세에 있는 노동자들을 지원하고자 하는 민주화 운동단체를 외부 불순세력으로 왜곡 비방하였다. 농성장을 각목, 쇠파이프를 동원 무자비한 폭력을 휘두르는가 하면, 연행된 노동자중 민주노조 결성과 관련된 사람은 예외없이 온갖 구실을 다붙여 구속하고 있는 것이다. 최근 한국화장품의 경우처럼 여성노동자 중심의 농성현장에는 남성 구사대를 동원 성적 수치심을 유도하여 농성을 방해하는 비열한 수법까지 동원하고 있다.

삼척 정암광업소의 경우는 가정집 안방에 최루탄을 발사하고, 산속으로 피신한 노동자들을 수색하여 연행하는 등 제2의 광주사태를 방불케 하는 군사작전으로 한달 가까이 질서정연하고 조직적으로 진행되어온 파업농성을 파괴하는 만행을 저질렀다.

현재 경인지역을 비롯한 공단지역에는 전투경찰이 상주하고, 민주노조 간부들을 폭력적으로 강제연행하는 등 계엄사태를 방불케 하고 있다.

선거시기를 앞둔 지금 국민대중의 관심이 대통령후보에 관심이 몰려 있는 틈을 타, 노동운동세력을 비롯한 민주화 운동세력을 제압하여 군부파쇼체제를 재강화하고자 하는 음모인 것이다. 80년 5월 2,000여 광주민중을 학살한 정권, 박종철·이한열·이석규 열사를 죽인 살인정권이 또다시 자행하고 있는 교활하고 잔혹한 민주노조 파괴책동을 온 민중의 이름으로 규탄한다.

우리의 주장

1. 신규노조 파괴책동을 즉각 중단하라.
2. 구속노동자, 민주인사 즉각 석방하라.
3. 노동운동에 대한 용공조작, 과격불순, 외세개입 등 매도행위를 즉각 중단하라.
4. 깡패조직, 폭력 구사대를 색출하여 엄단하라.
5. 노동3권 보장하라.

1987. 9. 16.

민주화운동청년연합

공 개 항 의 문

지난 9월 5일 노동운동을 탄압하기 위해 현정권이 국무회의에까지 전국 경제인연합회를 동원, 민주노동자를 폭도. 반인륜아인양 날조한데 대하여 민주헌법쟁취 국민운동본부는 아래와 같이 우리의 입장을 밝히며 엄중히 항의하는 바이다.

- 광주학살과 고문 및 직격최루탄으로 살인을 일삼으며 전 국민을 고통의 도가니로 몰아넣던 현정권의 장기집권음모를 전국민적인 연대투쟁으로 좌절시킨 6월 투쟁 이후, 우리 국민들은 전국 방방곡곡에서 완전민주화와 기본적인 생존권확보를 위해 민주적인 투쟁을 전개해왔다. 그러나 장기집권의 망령을 꿈에도 버리지 않는 현정권은 구속자석방은 커녕 6.29 이후 400여명에 이르는 민주인사 및 민주노동자를 구속했을 뿐만 아니라 박종철 고문 살해범인 박처원 등을 처벌할 의사가 전혀 없음이 확인되었으며, 천만노동자들의 정당한 민주노조건설과 생존권 요구투쟁을 공권력을 동원하여 본격적인 탄압을 시작하고 있다.

- 노동운동을 탄압하기 위한 재벌과 현정권의 음모는 9월 5일 임시국무회의에서 마각을 드러내었다.

기아기공에서 구사단과 농성노동자가 투석전을 벌이는 와중에 부사장이 끼어든 사태를 마치 농성노동자가 부사장에게 돌세례를 퍼붓고 비농성노동자가 구출한 것으로 왜곡했고,

쇠파이프 헬멧으로 무장한 구사단에게 농성노동자가 폭행당하여 간신히 대치했던 사실을 농성노동자가 부사장,상무등을 포클레인 삽에 실어올렸다 내렸다하며 위협하고 노래를 시킨뒤 노래값을 내라고 요구했다는 것으로 왜곡했으며,

(주)통일의 경우 농성노동자 100여명이 구사단 700여명에게 철제의자로 맞는등 폭행을 당했는데도 마치 농성노동자가 철제의자와 화염병을 던져 화재가 발생한 것으로 왜곡했고,

오리온전기의 경우 노사협의를 하기위하여 사장실에 대기중이던 노동자대표 40여명에게 사장을 포함한 관리자 200여명이 사장실문을 부수면서 덤벼들어 폭행을 가했는데도오히려 노동자들이 사장실 출입문을 부수고 들어가 사장을 폭행한것으로 왜곡했고,

동원전자의 경우 노사가 원만히 합의하여 모든문제가 타결되었는데도 노동자들이 사장을 폭

행하여 갈비뼈가 부러진 것으로 왜곡했고,

영창악기의 경우 사장이 협상하자고 하여 노동자대표가 사장실로 올라간 것을 노동자들이 사장을 드럼통에 넣고 굴린것으로 왜곡했고,

대성탄좌의 경우 노동자들이 농성장 주변에 있는 쓰레기통으로 쓰이는 드럼통을 갖다놓고 흉겹게 두들긴 것을 노동자들이 사장을 드럼통에 넣어 나무에 매달고 돌아가면서 장작으로 구타한것으로 왜곡했고,

정암광업소의 경우 평화적으로 파업하고 있는 노동자앞에 사장이 나타나서 광원가족인 아줌마의 따귀를 때리고 오히려 전경들이 산속에까지 덤벼들면서 쇠파이프, 최루탄을 휘두르며 무차별 구타, 감금, 연행했는데도 마치 노동자들이 사장을 무릎꿇게 한뒤 노래를 시키고 발길질을 하면서 무얼먹고 배가 나왔느냐고 했다는 등 터무니없는 허위사실을 국무회의에 보고했으며 이와같은 거짓보고를 빌미로 국무회의는 공권력개입을 결정하는 어처구니없는 일이 벌어졌다.

이러한 허위날조의 국무회의를 보면서, 우리는 국무회의가 전경련의 말한마디에 좌우될만큼 현정권이 재벌들과 밀착하여 노동운동을 탄압하고 있음을 확인, 이에 항의하면서 아래사항에 대해 책임 있는 답변과 조치를 취해줄것을 강력히 요구한다.

1. 조규하 전경련 전무가 국무회의에 참석할 자격이 있는가 ?
2. 전경련의 조규하가 국무회의에 참석하게된 경위와 그 이유, 의도를 밝혀라.
3. 왜 전경련 조규하가 보고하는 국무회의를 이례적으로 공개했는가 ? 그 의도가 무엇인가 ?
4. 보고한 내용이 사실인가? 거짓인가? 낱낱이 그 근거를 밝혀라.
5. 전경련은 허위보고에 대한 책임을 지고 공개사과하라. 조규하를 파면시켜라.
6. 이 사태의 책임을 지고 현 내각이 총 사퇴할 용의는 없는가?
7. 현 정권은 허위보고한 조규하를 구속하라.

1987년 9월 17일

민 주 헌 법 쟁 취 국 민 운 동 본 부

군부독재 종식을 위해 힘찬 투쟁을 전개하자!

6월항쟁에서 뜨겁게 타올랐던 온 국민의 민주화쟁취투쟁은 삼천리 방방곡곡 노동자들의 민주화투쟁으로 모아져 우리 천만노동자들은 노동투쟁의 힘찬 발걸음을 내딛었다. 노동자들의 정당한 요구는 군부독재의 무자비한 살인적 폭력에 난도질 당하고 있으며 계속되는 해고와 구속, 고문으로 이어지는 저들의 광란적 탄압은 날로 더해져 가고 있다.

우리 천만노동자는 제도언론을 앞세운 군부독재정권과 독점재벌의 살인적 폭력탄압에 치밀어 오르는 분노를 금치 못하며, 이제 우리 천만노동자는 이러한 폭력탄압에 맞서 이땅의 진정한 자주화, 민주화, 통일을 위해 힘차게 투쟁해 나갈 것을 결의한다.

지난 40년간 우리 노동자들은 군부독재와 독점재벌에 의해 일방적인 희생과 고통을 강요당해왔다. 선진조국의 번영과 안정이라는 장미빛 환상속에 살인적 저임금과 혹독한 장시간 노동속에서 노동자들이 뿌린 피눈물은 그 얼마였던가! 우리는 가난과 노예의 생활을 청산하고, 민중의 정당한 삶과 권리가 보장되는 진정한 민주화를 위해 계속 투쟁해 왔다.

7·8월 우리의 민주화 열망은 파업투쟁으로 타올랐다. 3,200개 공장의 파업투쟁, 1,100개 노조결성은 이땅 노동자의 새로운 탄생이었다. 사회의 주역이며, 역사의 주체인 위대한 노동자 생존의 거친함성, 민주화투쟁선언이었다.

노동자들의 정당한 생존권투쟁에 대해 현 정권이 행한 만행은 살인 . 폭력 . 무법천지를 방불케 했다. 9월초에 대우자동차 농성자들을 연행하기 위해 22개 중대 3천명 전경이 잠자고 있던 138명 노동자들에게 사과탄을 터뜨리며 달려들었으며, 수천무장경찰이 회사 화장실까지 쫓아 들어가 200현대중공업 노동자들을 곤봉으로 찔러대고 쇠고랑을 채워 끌고갔다. 또한, 삼척정암광업소 농성장엔 사복경찰·전경 천여명이 최루탄과 쇠몽둥이를 날리며 산으로 도망가는 노동자를 쫓아 무자비하게 께부수는 현정권은 노동자살인마 바로 그것이었다. 임금인상, 민주노조결성, 생존권투쟁 그 어느 하나도 허용하지 못하는 것이 바로 현군부독재정권이다. 천만노동자의 생존권투쟁조차 총칼아니고서는 막지 못하는 것이 바로 현군부독재정권이다.

군부독재의 만행은 여기서 그치지 않고 저들은 온갖 거짓과 기만으로 정권유지에 광분하고 있다.

9월5일 국무회의 참석자격도 없는 전경련의 전무까지 불러와 "회사간부를 포크레인 삽에 올렸다 내렸다," "사장을 작업복 입혀 용지까지 시켰다"는 등 노동자들의 행위를 반도덕적, 반인륜적 행위라 떠들어댔다. 그러나 국무회의의 발표가 모두 허위이고 날조였다고 발표해 군부독재는 자신들의 치부를 다시 한번 드러냈다. 소위 한 정부의 최고회의인 국무회의를 전경련의 허위조작보고 하나 만들기 위해, 일천만 노동자를 매도하기 위해 열었던 것에 다름아니다.

이러한 엄청난 조작과 탄압은 바로 군부독재정권의 독재연장을 위한 것이다. 바로 얼마전 노태우가 미국놈들의 축복과 악수세례를 잔뜩받고 돌아 왔으며, 국민의 기본권은 제처놓고 선거일정만 합의한 개헌안이 국회에 넘겨졌다. 이러한 일련의 작태가 6.29이후 자행된 2,500여 노동자의 연행, 480여 노동자의 구속, 민주노조의 대대적 파괴, 무더기 해고와 폭력 등 독재정권을 위협하는 천만노동자와 민주세력을 압살하고 재집권하려는 가증스러운 음모 이외의 무엇이란 말인가.

이제 우리는 권력유지를 위한 군부독재의 폭압에 맞서 이 땅의 참된 민주화를 위한 힘찬 실천을 모색해야한다. 민주노동운동을 탄압하려는 기도를 분쇄하기위해 각 단위 사업장에서의 민주노조 결성을 위해 투쟁하며 민주노조를 굳건히 사수하는데 총력을 다하자.

우리는 참된 민주주의는 노동자가 주인되어 인간답게 살 수 있는 사회를 건설하는 것임을 직시하고 사회 각계 각층 민주 세력과 굳세게 연대하여 일체의 타협을 거부한 채 완전한 군부독재의 종식을 위해 불멸의 투쟁을 전개할 것을 결의한다.

천만노동형제여!

다시 한번 힘차게 떨쳐 일어서라! 7.8월의 가열찬 투쟁정신을 계승하여 진정한 민주화와 군부독재의 즉각 종식을 위한 투쟁에 총매진하자.

우 리 의 주 장

1. 노동운동 탄압하는 군부독재 끝장내자!
1. 구속노동자 석방하고 해고자 복직시켜라!
1. 허위보고 국민기만 전경련을 해체하라!
1. 재벌정권 고용깡패 폭력경찰 박살내자!

1987. 9. 20.

민주헌법쟁취국민운동본부노동자공동위원회

전교협 창립 선언문

우리는 오늘 우리를 믿고 따르는 사랑하는 제자들과 우리에게 귀여운 아들딸을 맡긴 학부모들 앞에서 떳떳할 수 없었던 지난날의 부끄러움을 떨쳐버리고 새로운 교육을 실천하는 새로운 교사로서 민족과 역사 앞에 엄숙히 선언한다.

당국의 부당한 비방과 방해 책동을 용납하지 않는 대다수 교사와 국민의 지지와 성원에 힘입어 오늘 민주교육추진 전국교사협의회(약칭 전교협)가 창립되기에 이르렀다. 참으로 바람직한 교육 민주화와 교사의 단결을 꺼리고 두려워하는 문교 당국의 책동에도 불구하고 이제 조국의 전반적 민주화에 발 맞춘 교육의 민주화는 도도한 역사의 대세가 되었으며 이에 역행하고자 하는 어느 집단 어느 개인도 역사의 죄인으로 심판받음을 면치 못할 것이다.

그 동안 우리의 교육 현실은 어떠하였던가. 부당한 역대 독재정권은 그 지배를 합리화하기 위하여 교육의 자주성을 박탈하고 교육을 권력의 도구로 만들어 버렸다. 이에 따라 우리 교사는 말단 관료로 전락하여 국민의 교사로서 국민의 의사를 대변하고 진리와 진실을 학생에게 가르쳐야 할 본래의 교육자적 사명을 저버린 채 굴종과 체념에 길들여지기를 강요받아왔다. 온갖 비교육적인 학교 현장의 비리와 교육 관료의 횡포를 뻔히 보면서도 무기력하게 주저앉아 있을 수밖에 없었던 그 수많은 좌절의 경험들은 교사의 가슴들을 얼마나 아프게 하였던가. 교육 민주화를 내심 열망하면서도 동료 우리 교사들의 실천에 동참하지 못했던 자책감은 우리 교사를 얼마나 괴롭혔던가.

입시 경쟁과 이기적 출세주의와 퇴폐적 향락주의에 오염당한 채 이를 극복할 건강한 학생 문화를 갖지 못하고 끊임없이 방황하며 교사와 부모에 대한 신뢰감을 잃어가고 있는 학생들의 저 아픔은 또한 우리 교사의 아픔일 수밖에 없다. 학생이 미래에 민족의 운명을 짊어지고 갈 건전한 시민으로 크도록 돕지 못하는 교사는 더 이상 교사일 수 없다.

교육의 문제점을 알면서도 아들딸들을 입시경쟁 교육의 와중에 그대로 내던질 수밖에 없었던 학부모의 고통은 어떠하였던가. 당당하게 올바른 교육을 요구하지 못하고 높은 교육비 부담에 시달리며, 자신이 낸 교육세의 전용과 교육 환경 개선의 부진함에 대해 일말의 항변도 할 수 없었던 학부모는 과연 교육의 주체일 수 있었던가. 이제 우리 교사는 더 이상 억압과 소외의 운명을 감수하고 있을 수 없다. 더 이상 우리의 처지를 자조하고 있을 수 없다. 우리를 바라보는 학생과 학부모의 기대에 찬 눈망울을 활짝 열린 가슴으로 받아들이자. 우리 교사들의 단합된 힘이야말로 새로운 교육, 교사와 학생과 학부모가 함께 손잡고 웃으며 실천해 갈 수 있는 민족 · 민주 · 인간화 교육을 실현할 수 있는 토대라는 사실을 자부심을 가지고 받아들이자.

전교협은 맹목적인 복종을 단호히 거부하고 교사의 단결을 기초로 교사의 의견을 수렴하고 학생 교육을 정상화하며, 학부모의 올바른 교육적 요구를 받아들여 이 시대 이 땅의 참된 교육을 실천해 갈 것이다. 우리는 완전한 자주적 교원단체가 결성되고 교사의 제반 민주적 권리가 확립될 때까지 결연히 싸워 나갈 것이며, 자주적인 학생자치활동을 지원하고, 학부모의 정당한 학교 교육 참여를 보장하기 위해 노력할 것이다. 나아가 과거에 대한 겸허한 반성에 기초하여 우리의 교육 활동을 혁신해 갈 것이다.

30만 교육 동지여 단결하자.

이제 우리는 더 이상 주저할 수 없다. 정당성과 합법성과 도덕성을 상실한 당국의 어떤 비방과 방해도 우리의 앞길에 장애물이 될 수 없다. 우리가 추진해 갈 교육 민주화의 대의에 비추어 봤을 때 그러한 소소한 책동에 유념할 여유가 없다. 꾸준히 조직하고 꾸준히 실천하며 뜨거운 가슴으로 새로운 교육을 향해 전진해 나가자. 우리 교사와 학생 · 학부모의 희망찬 내일을 위해 교육의 민주화를 힘차게 추진하고 민족과 역사 앞에 떳떳한 참교육을 실천해 나가자.

· 민족·민주·인간화 교육만세!
· 30만 교육 동지 단결 만세!
· 민주교육추진 전국교사협의회 만만세!

1987년 9월 27일
민주교육추진전국교사협의회

국민 여러분께 드립니다!

진정으로 이 땅의 민주화를 갈망하는 애국 국민 여러분!
저희는 부평4공단에 있는 태연물산 주식회사 (인천시 북구 갈산동 소재) 민주노동조합 조합원들입니다. 저희들은 지난 7月25日 우리도 인간답게 살기 위해 스스로 단결하여야 한다는 생각으로 노동조합을 결성하여 43명의 조합원이 7月27日 인천시청에 신고서류를 접수시켰읍니다.
아무런 희망도 없고 오로지 회사에서 시키는 대로 하루 11시간씩 콘베어에 묶여 일해봤자 한달 14만원도 채 안되는 월급, 관리자들의 폭언, 욕설로 퇴근시에 오면 괴롭기만 했던 공장생활이 노동조합을 결성하면서는 '우리가 스스로 희망을 만들겠다! 임금도 올려야 겠다! 우리도 인간답게 살기 위해서는 인격적인 대우를 받고 싶다! 우리가 밝고 건강한 노동현장을 만들자!' 는 활기찬 분위기로 바뀌었읍니다.

그러나 이게 웬 말입니까!
시청에서 노조가 결성되었다는 소식을 들은 회사는 당장 오용규. 박성칠. 정승화 등 폭력적인 남자 사원들을 입사시키고는 7月28日부터 이들을 앞세운 채 공공연하게 노조를 파괴해왔읍니다. 부조합장인 양병철씨를 협박, 폭행하여 회사를 그만두게 하고 노동조합의 집회에 칼을 빼들고 와 위협하고 적극적인 조합원들에게 '노조를 하는 사람은 빨갱이다' '내가 목숨을 걸고 니 년들을 막겠다'는 등 숨막히는 분위기로 저희 조합을 위협하였읍니다. 여기에 시청은 한술 더 떠서 신고서류를 임원자격에 하자가 있다는 이유로 계속 10日이 넘도록 보류한 채 신고필증을 주지 않았읍니다. 저희회사는 85년 봉제완구 회사로 설립되었다가 86년 11月에 전자완구 회사로 업종 변경을 하였기 때문에 생산직 사원의 근무연한이 모두 다 1년이 되지 않습니다. 그런데도 시청은 임원은 무조건 근무 1년이 넘어야 한다는 것입니다!!
이에 더 이상 참을 수 없었던 우리 조합원 30명은 노동조합을 사수하기 위해 점거농성에 들어갔읍니다. 8月13日 오후 12:40분. 3층 개발실에 들어가 플랭카드를 내건 순간, 불과 5分만에 폭력적으로 문을 부수고 들어온 관리자와 구사대로 돌변한 남자사원들에게 우리 30명은 무차별 폭행을 당한 채 지하실에 감금되어 그 다음날 새벽까지 16시간동안 말로는 도저히 표현할 수 없을 만큼 구타와 폭언, 쇠파이프로 두들겨 맞았읍니다. 술에 취한 채 시뻘개진 눈동자를 굴리며 욕설을 퍼부어대고 가슴팍을 내리치고 이단 옆차기로 얼굴을 차는가 하면 쇠파이프로 머리를 치고 구타하고 고함지르는 …… 그 지옥의 밤을 저희 30명은 평생 잊을 수가 없을 것입니다.

이때 저희들은 울면서 각오했읍니다. '왜 우리는 이렇게 당해야 하는가. 이 폭력배들이 판치며 우리의 사랑하는 동료들을 괴롭히는 한, 우리 노동자가 노동조합을 만드는 정당한 권리가 이토록 무참히 짓밟히는 한, 우리는 맞아 죽더라도 싸우겠다. 노동조합을 지키기 위해서라면 죽음을 각오하겠다.'
이런 각오로 저희 조합원은 11日동안 죽음을 각오한 파업·농성에 돌입하였고 부평의 모든 노동자와 같은 시민 여러분들의 뜨거운 지지와 성원으로 저희는 마침내 승리할 수 있었읍니다!! 우리가 구사대에 맞아서 시퍼렇게 멍들이 쓰러졌을 때. 뜨거운 햇살 아래 질식할 만큼 지쳐 있을때, 비가 오는 거리에서 요구사항을 외치고 있을 때 눈물로서 저희를 지키는 모습은 정말 고향의 엄마, 아버지. 언니. 오빠를 본것과도 같은 혈육의 정을 느꼈읍니다.
하지만 이 감격이 채 가시기도 전에, 사장이 찍은 단체협약서와 서약서의 도장이 마르기도 전에, 사장은 우리를 배신했읍니다.

국민 여러분, 이게 도대체 웬 날벼락이란 말입니까!

9月5日 인천시청은 신고서류를 접수 3日만에 반려했읍니다. 역시 시청도, 노동부도 태연물산 민주노조를 인정하지 않겠다는 속셈을 이제와서야 드러낸 것입니다. 그렇다면 사무직 직원을 임원으로 한 노조를 법으로 하는 것이 아닙니까? 아니나 다를까, 9月5日 회사에서는 사무직 여직원, 조·반장, 생산계장이 주축이 되어서 회사의 관리차장이 버젓이 축하하면서 어용노조를 만들어 9月7日 시청에 신고하였읍니다. 어용노조의 임원은 모두 사무직 여직원으로 앉힌 채 말입니다.

게다가 9月16日에는 사장이 '파업·농성의 일체에 대해서 형사·민사상 책임을 묻지 않는다'는 단체협약도 저버리고, (제손으로 우리 조합원들에게 가한 폭행을 솔직이 시인하고 사과하는 서약서에 도장을 찍었는데도) 사장 이름으로 우리 조합원 5명을 '폭행 및 기물파손 협의'로 고소를 했읍니다.

어떻게 인간이라면 이렇게 파렴치한 행동을 할 수 있읍니까? 부평 시민이, 4공단의 모든 노동자가 다 보고 같이 분노했던 사실인데 사장 박광민은 우리 조합원들을 때린 적은 없다고 잡아떼며 거꾸로 남자 직원들이 맞았다고 허위 고소를 한 것입니다. 더더욱 분개하는 것은 부평서는 저희들이 우리를 때린 폭력배들을 고소했을 땐 잡아가서 조사도 않더니 사장의 허위고소에 대해서는 즉각 반응해 9月18日에는 현윤애 언니를, 9月21日에는 나지현, 심수자, 원유미 언니들을 잡아가 이틀만에 '폭력행위에 대한 법률위반'으로 구속시켰다는 사실입니다.

국민 여러분! 저희 조합원은 여러분께 호소합니다.

이 나라의 법은 누구를 지키기 위한 법입니까? 노동자도 이 나라의 어엿한 시민으로 세금을 내며 살아가는 주인인데 1천만 노동자의 권리를 이토록 무참히 짓밟는 시청, 경찰서, 노동부가 자신들의 잘못은 뉘우치지도 않고 으시대면서 오히려 사장 편을 듭니다!!.... 이 놈들아! 하늘이 무섭고 국민이 무섭지도 않더냐!

하고 저희들은 소리치고 싶읍니다.

저희들은 압니다. 이 정부가, 아니 이 군사독재정권이 1천만 노동자의 단결된 힘을 두려워한 나머지 어떠한 수단을 써서라도 이 땅의 민주노조를 짓밟을려고 한다는 것을요!

시청이 어처구니 없는 이유로 신고서류를 반려시킨 것도, 부평경찰서가 저희 조합원 언니 4명을 '폭력행위'로 구속시킨 것도, 어떻든 탄압할 구실을 찾고자 혈안이 되어 있는 군사독재정권에 의해서 자행된 탄압행위라는 것을! 이 놈들은 이제는 무조건 노동자들의 정당한 투쟁을 폭력으로 몰아붙이고 철면피하게 거짓보도까지 해대면서 국민 여러분과 노동자들을 분열시킬려고 하고 있읍니다.

국민 여러분! 결코 여기에 속지 말고 진실을 보고 행동하길 간절히 호소합니다.

저희 태연물산 민주노조 조합원 일동은 비록 저희들 하나 하나가 죽는 한이 있더라도 우리의 정당한 권리와, 1천만 노동형제의 인간다운 삶이 보장될때까지 민주노조를 사수해나갈 것입니다.

진실과 정의가 민주화의 기초입니다. 국민 여러분도 다같이 성원하고 다음과 같이 행동해 주세요!

우리의 주장

1. 부평경찰서는 즉각 현윤애·나지현·심수자·원유미를 석방하라!
1. 사장 박광민은 허위 고소 취하하고 공개 사과하라!
1. 민주노조 탄압 말라!
1. 노동운동 탄압하는 군부독재 타도하자!

이렇게 합시다

1. 태연물산 (032 - 526 - 1891~6)
   시청 (032 - 427 - 0001, 사회과 노정계)
   노동부
   부평경찰서 (032 - 9[illegible] - 0112) 로 항의 전화합시다.

1987. 10. 1

태연물산 민주노동조합 조합원 일동

성 명 서

지난 6.10에서 6.26까지의 민중들의 민주화투쟁에서 일천만 노동자와 농민, 애국시민 그리고 청년학생들의 힘은 6.29선언이라는 투쟁의 승리결과를 낳았다.

그 승리는 6.29선언이 민주화를 갈망하는 민중의 뜻을 묵살해 버리려던 현 정부의 4.13 호헌조치를 민중의 단결된 의지로 쓰러뜨린 결과이기에 더욱 값진 것임을 우리 일천만 노동형제는 분명히 알고 있다.

그러나 한편으로는 노태우의 6.29선언이 민중의 민주화투쟁의 열기를 식혀나가기 위한 하나의 술책임도 분명하다.

그것은 길게 설명할 것도 없이 노태우의 8개항 선언중의 생존권에 대해서는 일언반구도 없었음을 볼때도 명백하다. 그러나 이땅의 일천만 노동형제들은 결코 자신의 생존권을 앉아서 찾으려 하지 않았다.

전국 각지에서 터져나온 7월 8월 임금인상과 노조설립 및 노조민주화 투쟁은 얼마나 치열하고 장엄하기까지 했던가?

"돈도 필요없다. 석규를 살려내라"는 대우 조선 노동형제들의 투쟁은 이를 단적으로 밝혀주고 있다. 또한 7월 8월 투쟁은 이땅의 노동자들이 60년대이후 조국의 근대화라는 이름 아래 진행된 경제발전 정책의 수행 과정에서 얼마나 많은 고통을 받아왔던가를 알수 있었다.

이 땅의 물건 어느 것 하나라도 우리 일천만 노동자의 손을 거치지 않는 것이 있는가?

이 땅의 노동자가 일하지 않고 이 나라가 단 한시간이라도 제대로 굴러갈 수 있는가?

결코 그럴 수 없음을 우리는 분명히 알고 있다. 그러하기에 이 땅의 일천만 노동자가 정당한 노동의 댓가를 받아 인간답게 살지 못할 때 이 땅의 민주화는 한낱 허위요 기만에 불과하다. 그럼에도 불구하고 현실은 일천만 노동자와 농민은 저임금과 저곡가에 시달리고 4년에 한번씩 전쟁을 치르는 것과 같을 정도의 열악한 노동조건속에서 목숨을 걸고 오늘도 살아가고 있다.

특히 피복·봉제, 제화, 제과, 인쇄, 철공, 가스 등 영세업종에서 일하고 이는 노동자들은 일반적인 노동조건 보다도 더욱 열악한 상태에 놓여 있다.

평균 12시간이 넘는 작업시간과 생계비에도 미치지 못하는 임금으로 허리띠를 졸라매고 있을뿐만 아니라, 먼지와 가죽냄새, 본드와 잉크냄새에 의해 환각상태를 일으킬 정도의 작업환경속에서 영세업 노동자들은 시달리고 있는 것이다.

어디 그 뿐인가? 일년내내 명절이라고 보너스는 고사하고 그 흔한 떡값조차도 돈만원으로 그만이고, 퇴직금도 노동자가 악착같이 받아내려고 해도 떼어먹히기가 일수이며 그나마 받지도 못하는 경우가 대부분이다.

작업장도 작고 인원도 작다해서 기숙사가 회사안에 있는 경우는(특히 피복의 경우) 재단판밑에 개집처럼 있거나 조그만 공장안에 커텐하나로 남녀숙소를 정해놓은 경우도 있어 여러가지 성문제를 일으키게 할 뿐만 아니라, 작업중의 욕설과 구타는 예사이며 여성노동자에겐 성폭행까지도 자행하고 있다.

더구나 제화와 피복의 경우 임금지급이 도급제로 되어있어 노동자로 하여금 한 푼이라도 더 벌도록 만들어 자연스럽게 강도 높은 장시간 노동에 빠져들고 있다. 또한 소규모 작업장이기에 의료보험은 물론 없고 종이 재단기나 재단칼에 손가락이 잘려도 보상은 커녕 일 못한다고 해고까지 당하는 실정이다.

더군다나 가족적인 분위기를 빙자하여 일 시킬때는 많이, 돈 줄때는 조금을 아주 자연스럽게 강요하고 있다.

크게는 일천만 노동자, 작게는 30만이상(추정)의 서울지역 영세업 노동자의 위와같은 열악한 노동조건은 어제, 오늘 갑자기 생긴 것이 아니라 역대 정권의 잘못된 경제정책에서 비롯된 것임을 우리는 분명히 알고 있다.

뿐만아니라 현 정부의 노동정책이 노동자의 생존권을 보장하기보다 소수 독점재벌의 이윤을 보장해 주는 것으로써 지역별·산업별, 업종별 노조의 불인정, 제삼자 개입금지 등으로 기업내의 단위노조활동 조차도 방해하고 있는 것임은 분명하다.

배운 것이 부족하고 가진 것 없는 노동자가 자신의 권리를 옳게 찾기 위해서는 어떤 형태로든 단결하는 것이 필요하나 현재의 노동법은 이를 금지함으로써 결국 노동자의 기본권을 박탈한 악법인 것이다.

가진자들의 조직은 오만가지 형태를 다 인정하면서도(전국 경제인 연합회, 중소기업진흥회 상공회의소 전국 경제인 총연합회등) 노동자의 유일한 조직인 노동조합은 그동안 얼마나 많은 탄압을 받아 왔으며, 탄압에 의해 얼마나 많은 노동형제들이 쓰러져 갔던가?

청계피복노동조합과 제화근로자들은 이제 한 목소리로 영세업노동자들의 뜻을 밝힌다.

우리 영세업 노동자들은 더이상 비인간적이고 가축적인 노동조건속에서 고통받기를 단호히 거부한다. 또한 영세업종이기에 노동자의 기본권 조차도 부정된 현행 노동법을 인정하지 않을 것이며 동시에 이 사회의 진정한 민주화를 위해 사회의 주인된 자로서 노동자의 기본권인 노동삼권을 획득할 때까지 투쟁할 것을 선언한다.

더불어 현재 진행되고 있는 노동법 개정에 있어서 다음과 같이 주장한다.

첫째, 노조설립에 있어서 각종 유보조항을 삭제하고 산업별, 지역별, 업종별, 기업별로 노동조합의 설립은 완전히 보장되어야 한다.

둘째, 제삼자 개입금지조항을 완전히 삭제함으로써 노동조합의 자유롭고 광범위한 활동이 보장되어야 한다.

셋째, 단체교섭권과 단체행동권을 각 노동조합에 정확히 부여함으로써 노동조합의 실질적인 활동을 완전하게 보장하여야 한다.

이와 더불어 우리 영세업노동자들의 요구를 다음과 같이 밝히며, 정부당국과 사업주 측에서는 이의 조속한 실현을 보장하기를 바란다.

—우 리 의 요 구—

1. 지역별, 업종별, 산업별 노조설립의 완전한 자유를 보장하라!
1. 1인이상 전 사업장에 근로기준법을 즉각 적용하라!
1. 노동악법 폐지하고 노동삼권 보장하라!
1. 노동운동의 탄압을 즉각 중지하라!
1. 8시간 노동에 최저생계비 보장하라!(1인 20만원이상, 4인가족 50만원이상)
1. 도급제를 폐지하고 월급제를 쟁취하자!
1. 1인 이상 전 사업장에 의료보험제를 즉각 실시하라!

1987. 10. 18

청 계 피 복 노 동 조 합
제 화 근 로 자 협 회 준 비 위 원 회

창원, 부산노동자들의 농성투쟁에 동참하자!

국제상사, 풍영, 삼화, 대양, 화승, 통일 등 창원과 부산의 6개공장 노동형제 50여명이 서울로 진출하여 농성투쟁에 돌입하였다. 10월 15일부터 민주당사에서 농성에 돌입하려한 우리 노동형제들은 경찰이 당사앞을 차단하자 종로 5가 기독교회관 3층 국민운동본부로 옮겨 농성에 들어갔다. 경찰은 민주당사와 기독교회관에서 이들 중 23명을 연행해갔으며 이들은 창원으로 끌려내려갔다고 한다.

"소위 6.29로 민주화를 하겠다고 떠들어대던 현 군부독재는 노동자의 자율성 및 노동 3권 보장 운운하며 설치더니…… 생존권 확보투쟁이 치열해지자…… 경찰, 안기부, 치안본부 등 온갖 물리력을 동원하여 민주노조 파괴, 폭력, 구속 등 본래의 모습을 드러내기 시작했고 우리는 이에 분노를 금할 수 없다…… 현 정권은 이후 전국적으로 터져나온 노동자들의 정당한 투쟁을 탄압하여 500여명을 구속하였으며 마산 창원 지역에서도 20여명의 노동자를 구속하였다. 이에 분노한 3000여 통일 조합원들은 구속자 전원 석방을 요구하며 서명운동 및 파업농성에 들어갔다…… 간악한 회사측은 무기한 휴업령을 내리고 조합간부와 조합원간의 분열책동을 서슴지 않고 있다. 군부독재의 시녀 경찰의 무차별 최루탄 난사로 수십명의 조합원이 부상을 입었으며, 깡패 사복경찰은 사내까지 난입하여 무차별 폭행 및 연행, 구속으로 동물적 작태를 연출하고 있다…… 우리는 이제 분명히 깨달았다.

이들의 이러한 만행은 12월 대통령 선거를 통한 재집권 음모에 그 목적이 있고 노동자들의 자주적이고 주체적인 단결을 저지하고 특히 대기업의 민주노조를 분쇄하여 자본가들의 이익을 더욱 더 옹호하려는 것이다. 이러한 목적하에 자행된 노동운동 탄압은 대우자동차, 현대중공업, 대우조선, 새서울산업, 태봉, 한국음향, 한국전자부품, 인희, 미동, 양지사, 와이씨 안테나 등 전국 수백개 공장에서, 또 창원 (주)통일에서 더욱 교묘하고 야비하고 악랄하게 자행되고 있는 것이다. 이러한 현정권의 만행을 만천하에 폭로하여 저지시키고 나아가 기만적인 6.29의 숨은 음모를 깨부수고 재집권 음모를 분쇄하여 구속 해고된 우리 노동자들을 석방, 원직복직시키고 나아가 일천만 노동자의 정당한 생존권 투쟁을 옹호하기 위하여 부산 창원지역 6개공장 노동자들은 대동단결하여 농성에 돌입하였다." (농성노동자들의 성명서 "우리는 왜 국민운동본부 농성에 들어왔는가?" 중에서)

이들 농성 노동자들은 각지의, 개별공장의 고립분산적인 싸움으로는 군부독재의 탄압에 효과적으로 대처할 수 없다는 절박한 상황속에서 전국의 노동자가 대동단결하여 함께 투쟁해야 할 필요성을 뼈저리게 느낀 끝에 몸소 전국노동자의 선봉에서 말이 아닌 행동으로 공동투쟁을 촉구하기 위해 서울로 진출한 것이다.

"경인지역의 노동자 동지 여러분! 지방에서 피어린 투쟁을 통해 단련되고 군부독재의 폭압을 뚫어보기 위해 마침내 중앙으로 진출한 우리 농성노동자 동지들, 아직 한치의 흐트러짐도 없이 굳건하게 투쟁의 의지와 대오를 갖추고 있는 동지들을 무관심과 방관자적 자세로 지나칠 것입니까? 우리 농성노동자들의 짧은 소견인지는 모르겠으나 투쟁, 조직, 의식 면에서 경인지역이 앞서 있다고 판단하였고, 야권 및 재야단체들이 결집되어 있기에 이곳에서 투쟁의 불길을 옮기고자 하였읍니다.

경인지역의 노동자 동지 여러분! 애국민주동지 여러분! 우리 동지들이 모두 합심단결하여 투쟁을 지원 지지할 뿐만 아니라, 나아가 노동자동지들은 직접 투쟁에 동참함으로써 우리의 공동목표는 달성될 것이며, 우리 농성노동자 역시 생활터전이 있는 고향으로 승리의 북을 울리며 돌아가고자 합니다." (농성노동자의 성명서 "우리 투쟁에의 참여를 촉구하며" 중에서)

경인지역의 노동형제, 애국 민주 동지 여러분! 이 피끓는 목소리를 들읍시다. 그리고 모두 자신이 할 수 있는 모든 방법으로 이 투쟁에 동참합시다. 이에 서울지역 민주 노동자 연맹 준비위원회는 다음과 같이 호소합니다.

1. 노조 민주화 실천위원회를 비롯하여 경인지역 모든 사업장의 민주노조들과 노동형제들은 퇴근후 잠깐씩이라도 농성장에 들러 농성중인 동지들을 격려하고 천만노동자의 가슴벅찬 연대감을 드높여 나갑시다. 수시로 전화를 걸어 사태 진전을 파악하며, 조합원과 주위 동료들, 친지들에게 투쟁의 소식을 알려나갑시다.
2. 경인지역의 모든 해고노동자들은 즉각 농성에 합류합시다. 이번 싸움의 주체는 전국의 노동자 모두이며, 특히 민주노조와 해고노동자들이 대동단결하여 앞장서지 않으면 결코 승리할 수 없읍니다. 개인적인 사정은 잠시 접어두고 농성장으로 달려갑시다.
3. 모든 노동운동 단체와 애국민주단체는 이 싸움을 널리 알려 여론화하고 크고 작은 지지 집회를 열어 투쟁을 확산시켜 나갑시다.
4. 애국청년학도에게 호소합니다. 중간고사도 좋고 대통령 모의투표도 필요하지만 그 이전에 먼저 우리 노동자와 청년학도의 혈연적 유대를 투쟁속에서 확인하는 일이야말로 앞으로의 대동단결 투쟁의 튼튼한 기초가 될 것입니다. 지지집회와 모금운동, 농성장 방문 등 가능한 모든 방법으로 이 투쟁을 지원합시다.
5. 우리는 언론기관과 민주당에 당부합니다. 언론기관들은 이 투쟁의 취지와 그 정당성, 아니 그 이전에 사실만이라도 보다 정확하고 깊이있게 진실의 편에 서서 보도하십시오. 역사는 변명을 용납하지 않습니다. 당신들이 이 투쟁소식을 프로야구 뒷이야기보다 하찮은 존재로 취급한다면 머지 않은 날 그 심판을 받지 않으면 안 될 것입니다. 또한 민주당은 대통령후보 단일화를 둘러싼 양계보 사이의 경쟁이 "사리사욕"의 충족이 아니라 진정 국민의 자유와 권리, 민주주의를 위한 것이라면 이 싸움을 외면 할 수 없을 것입니다. 농성노동자들의 요구에 귀기울이고 그들의 요구에 따라 헌신적으로 지원하기 바랍니다.

우리 모두 힘을 모아 이 싸움을 현시기 천만노동자의 요구와 주장을 집약하고 표출시키는 한마당으로 키워나갑시다. 그리고 군부독재의 완전한 종식없이는 노동자는 물론 이 나라 억압받는 민중의 어떠한 자유와 민주주의도 있을 수 없다는 것을 새삼 확인하고 투쟁의 결의를 굳게 다지는 신바람나는 싸움으로 발전시킵시다.

농성장인 국민운동본부의 전화번호는 744-2844 입니다.

농성노동자들의 주장

1. 구속노동자 전원 즉각 석방하라!
2. 해고노동자 전원 복직시켜라!
3. 노동악법 철폐하고 민주노조 사수하자! 노동삼권 쟁취하자!
4. 국무회의 조작발표로 노동운동을 탄압한 국무총리 김정렬은 퇴진하라!
5. 군부독재 몰아내고 민주정부 수립하자!

1987년 10월 18일

서울지역 민주노동자연맹 준비위원회

민주헌법쟁취국민운동본부

성 명 서

- 노동운동 탄압 분쇄투쟁으로 총 집결하자!! -

군부독재정권의 집권연장 음모를 분쇄시고자 치루던 열기 속에서 전국적으로 과감히 투쟁하던 6월, 광주학살의 흉협귀들은 민중의 힘에 놀라 6.29선언으로 위기를 일시적으로 모면하고자 하였다. 이어서 전국적으로 폭발한 위대한 노동자의 투쟁에 밀려 일순간 당황하던 저들은 한편으론 민중을 빼놓고 개헌협상을 진행하면서 다른 한편으로는 노동자투쟁을 과격폭력, 용공좌경으로 몰아세우며 대대적 탄압을 자행하였다.

보라! 선거국면의 장막속에서 이뤄지는 노동운동 탄압을!!

7.8월 노동자대중투쟁이 저들의 폭력적 난압에 주춤거리는 사이, 저들은 여유를 두지않고 곧바로 민주노조파괴, 사후보복조치로 치닫고 있다. 민주화운동세력과 일부 노동운동권조차 선거에 매몰되어 후보단일화 문제에 몰두해 있을 때, 저들은 울산 현대그룹노조협의회를 파괴하기 위해 비열한 음모로 수만 현대 노동자들의 조직을 와해시켜 왔다. 현대그룹 계열사마다 기관원들이 수시로 드나들면서 선진적 노동자를 색출 연행하며, 정보요원들이 상주함으로써 살벌한 분위기를 자아내고 있고, 경찰은 10월 14일 현대그룹노조협의회 권용목의장을 구속하겠다고 발표했다. 현대엔진노조원들이 회사내에서 온몸으로 보호하며 지키고있는 가운데 저들은 구속 집행기회를 엿보고 있어 긴장감이 감돌고 있다. 또한 창원 (주)통일 노동자들이 구속노동자 석방을 요구하자 회사측은 무기한 휴업을 단행하고 선별 출근 조업을 하여 2,000여 노동자가 출근하지 못하고 있는 가운데 65명이 수사대상에 올라있다.

울산 현대그룹과 창원 (주)통일에 대한 정부와 기업이 집중 탄압은 이들 회사가 지역내 노동운동의 핵심체 기 때문에 두드러지게 나타나는 대표적 현상일 뿐, 이들이 탄압은 전국적으로 가해지고 있다. 한편으로 여야 합의 개헌안이 국회에서 통과되어 축배를 들며 만세라도 부르고싶다고 떠들어대고 우리나라 헌정사상 유례없는 일대 쾌거라고 자화자찬하면서, 다른 한편으로 노동운동을 뿌리뽑으려 전면탄압을 자행하고 있다. 이에 국제상사 등 5개회사와 창원 (주) 통일 노동자 45명은 구속노동자 석방, 수배된 노동자의 수배해제, 해고노동자의 복직 등 11개 요구사항을 내걸고 상경하여 10월 15일부터 국민운동본부에서 무기한 농성투쟁을 벌이고 있다. 농성중인 동지들은 또한 민족민주세력에게 잘못된 국면 인식에서 벗어나 투쟁전선의 대전환을 요구하고 있다.

이에 민주헌법쟁취 국민운동 노동자위원회는 울산에서 고군분투하는 현대그룹 노동자투쟁을 적극 지지하면서 가능한한 모든 방법으로 이를 지원할 것이며, 국민운동본부에서 농성투쟁하는 동지들의 요구를 적극 지지함과 아울러 투쟁에 동참할 것을 결의한다.

일천만 노동자여! 군부독재와 독점재벌의 노동운동 탄압에 단결하여 투쟁하자!!

농민, 애국 청년학생, 민주교사, 민주인사, 지식인, 종교인 등 모든 민족민주세력이 노동운동 탄압 분쇄투쟁전선에 결집하여 민족민주운동 탄압 분쇄투쟁으로 나아가자!!!.

우 리 의 주 장

1. 현대그룹노조협의회 권용목의장에 대한 구속입건 기도를 즉각 중단하라!
1. 구속노동자를 즉각 석방하라!
1. 해고노동자를 전원 복직시켜라!
1. 민주노조 파괴공작을 중지하라!
1. 수배노동자의 수배를 즉각 해제하라!

1987년 10월 19일

민주헌법쟁취 국민운동 노동자위원회

성 명 서

- 부산.창원지역 노동자들의 농성투쟁을 지지하며 -

직선제개헌이 이루어지자 이제 전국에서는 수십만.수백만이 모여드는 군중집회가 열리면서 마치 선거만 하면 모든것이 이루어지는 양 들떠있다. 그러나 지금 군부독재정권은 직선제이외에 어떠한 민주적 권리도 부정한채 들뜬 분위기를 틈타 대대적인 노동운동탄압을 가해오고 있다.

지난 7,8월 노동자들의 정당한 요구와 행동을 왜곡하며 "과격.불순"으로 몰아 폭력으로 탄압, 500여명의 노동자를 구속하고 수천명을 해고시켰던 군부독재는 지금도 끊임없이 사후보복조치, 민주노조파괴등 비열한 탄압을 자행하고 있다.

현대자동차 노조간부들의 구속, (주) 통일 노조위원장 진영규 씨를 비롯한 간부들의 구속, 그 밖에 대우자동차, 현대중공업, 대우조선, 새서울산업, 태봉, 한국음향, 한국전자부품, 인회, 미동, 양지사, Y.C 안테나 등 전국 수백개의 공장에서 특히, 현대그룹노조위원장 권용목의장의 [illegible]등 이루 다 열거할 수 없는 노동자탄압이 진행되고 있다.

이러한 민중운동의 탄압은 군부독재의 본질을 그대로 나타낸 것으로서 6.29선언이 얼마나 기만적인 것이며, 이들이 말하는 민주화란 민주화라는 이름으로 군부독재의 연장음모를 꿈꾸고 있음을 여실히 드러내는 것이라 하겠다.

특히 (주)통일에 가해진 노조위원장 및 핵심간부 8명의 구속은 이와같은 군부독재의 가증스러운 모습의 단적인 예이다. 우리는 (주) 통일 현장노동자를 중심으로 하여 부산.창원지역 6개공장노동자들의 7일째의 농성을 보면서 그들의 정당한 요구가 즉각 받아들여질 것으로 믿으며 이들의 투쟁을 적극 지지하는 바이다.

국민운동본부는 노동자.농민.도시빈민 등 기층민의 권리가 정당히 보장되고 그들의 요구가 수용되지 않는 한 그것은 어떠한 경우에라도 진정한 민주사회라고 말할 수 없다는 입장을 누차 천명하여 왔거니와 작금의 노동운동탄압을 보면서 민주사회의 길이 멀고 험난함을 다시한번 뼈속깊이 느끼며, 군부독재의 완전종식과 참다운 민주화를 위해 새롭게 결의를 하여 온 국민과 함께 군부독재 종식 투쟁에 매진할 것을 다짐하는 바이다.

정부는 이제라도 돌이켜 노동운동탄압을 즉각 중지함으로써 다가올 준엄한 국민적 심판에서 용서받기를 진심으로 권고하는 바이다.

전국에서 의로운 투쟁을 전개하는 노동자여러분들에게 뜨거운 격려와 지지를 보내는 바이며, 우리의 모든힘을 다해 이를 지원할 것이다.

1987. 10. 21.

민 주 헌 법 쟁 취 국 민 운 동 본 부

창원·부산지역 노동자들의 농성투쟁에 합류하는 인천지역 노동자들의 입장

-현정권의 노동운동탄압을 규탄하며 일천만 노동자의 단결과 연대투쟁을 촉구한다-

7·8월의 들불처럼 번지는 노동현장의 투쟁 가운데 인천지역에서도 생존권 쟁취와 민주노조 쟁취투쟁을 가열차게 벌여나갔다.

'노동자도 인간답게 살고 싶다'고 절규하며 '우리는 죽을 각오도 되어 있다'는 비장한 결의로 구사단과 폭력경찰을 물리치고, 이석규 열사를 추모하는 가두시위를 벌였던 경동산업, 한달이상 농성하며 조속한 교섭타결을 요구하면서 가족실천협의회를 구성 서울본사를 점거하기도 하고 가두에서 살인경찰과 결연히 맞서 싸우던 경원기계 등 인천지역에서만 200여 사업장 이상에서의 투쟁은 인간이기를 갈망하던 정의로운 싸움이었다.

그러나 일천만 노동자의 간절한 염원이었던 생존권 쟁취와 민주노조를, 군부독재정권과 악덕기업주, 한국노총은 노동자의 단결과 조직의 힘으로 정치적 진출을 하고, 빼앗긴 권리와 이익을 되찾음과 아울러 어용노조가 뿌리 채 흔들리는 것을 두려워하여 대대적으로 노동자들을 탄압했던 것이다. 대우자동차에서는 새벽 3시에 완전무장한 2,900여명의 전투경찰을 동원하여 농성 중인 노동자를 무차별 구타, 97명을 구속하였으며 한영알미늄에서는 전투경찰과 구사대가 최루탄을 쏘아대고 쇠파이프를 휘두르며, 아주머니까지 온 몸을 무자비하게 짓이기는 만행을 서슴지 않았다. 또한 경동산업에서는 민주노조 임시집행부 선출을 하루 앞두고, 유력한 후보인 복직된 민주노조 임시집행부 위원장 등 임원을, 구사단과 살인경찰이 합동작전으로 폭행 연행하여 구속하였다.

그리고 농성과정 중에 정당한 노동운동을 원천적으로 봉쇄하는 블랙리스트가 발견되었다. 여기서는 노동운동 관련 수배자 명단을 비롯 동일방직 해고노동자 124명과 최근까지 각 사업장에서 해고된 노동자들의 명단이 컴퓨터 처리된 것과 수기로 작성된 것 등 1,000여명이 수록되어 있다. 이와 같은 저들의 노동운동에 대한 탄압은 여기에 그치지 않았다. 계속해서 7·8월의 의로운 싸움에 앞장섰던 노동자들을 해고·구속·연행시키고 민주노조를 깨뜨리기 시작하였다. 인천지역에서만 200여명이 구속되고 300여명 이상이 부당해고 되었다. 이에 인천지역 노동자들은 단위사업장의 고립 분산적인 투쟁의 한계를 극복하고 적극적인 연대투쟁의 필요성을 깊이 인식하여 부산·창원지역 노동자들의 국민운동본부에서의 농성투쟁에 합류한 것이다.

농성에 합류하며 인천지역 노동자들은 다음과 같이 요구한다.

1. 현 전두환·노태우 군부독재정권은 더 이상 노동자들의 정당한 노동운동을 탄압하지말라.
모든 구속된 노동자들을 즉각 석방하라! 해고노동자를 즉각 원직 복직시켜라!
블랙리스트·취업카드 철폐하라! 좌경·용공 매도말라! 악덕기업주 구속하라!
노동자들의 생존권을 짓밟으며 개헌안투표, 대통령선거를 하는 것은 장기집권 음모를 또다시 획책하는 것이다.

2. 일천만 노동자들에게 호소한다.

국민운동본부에서의 노동자들의 농성투쟁은 일천만 노동자 모두가 주체가 되는 농성이다. 각 사업장별로 농성투쟁 현장에 지지 방문을 해주길 바라며 현장에서 서명운동·모금운동을 활발하게 벌여주길 바란다. 모이자! 농성투쟁 현장으로!

3. 국민운동본부 등 재야 민주운동 단체에 요구한다.

노동자는 입으로만 말하는 '이 사회의 주체이며 역사발전의 원동력'이 더 이상 아니다. 전국적인 서명운동 등 가능한 한 모든 노동운동 탄압 저지투쟁에 적극 동참하라!

4. 애국청년 학생에게

노학연대는 구호로 끝나는 것이 아니다. 노동자가 절실히 그대들을 필요로 했을 때 애국청년 학생들은 어디에서 무엇을 하고 있었는가. 투쟁을 통해 노학연대를 강화하자!
백만학도 천만노동자 대동단결 대동투쟁!

5. 민주당에 요구한다.

일천만 노동자는 노동운동의 탄압을 외면하는 어떤 후보도 대통령으로 선출하지 않을 것이다. 노동운동 탄압을 외면하고 민주정부를 수립한다는 것은 기만이며, 개인의 명예심에 다름이 아니다. 진정 대통령이 될 수 있는 자격은 이러한 노동운동에 대한 탄압을 온 몸으로 막아내려는 의지가 있는 사람이 되어야 할 것이다. 민주당에서는 진상조사단을 구성하여 각 사업장에 파견하라!

6. 언론사에 요구한다.

노동운동을 왜곡보도 하지말라! 언론은 민중의 대변인이다. 신동아·월간조선의 사태에서처럼 언론사에 가해지는 탄압에만 저항하지 말라. 이제는 이기적인 투쟁에서 벗어나 진정한 민중의 신문고 역할을 충실히 해내라.

7. 애국시민 여러분!

노동자들의 투쟁은 이 사회의 모든 사람이 인간적인 대접을 받으며 민주화된 사회에서 살고자하는 투쟁입니다. 노동자들의 투쟁에 지지·격려·동참해 주시기 바랍니다.

우 리 의 주 장

1. 구속노동자 전원 즉각 석방하라!
1. 해고노동자 전원 원직 복직시켜라!
1. 노동악법 철폐하고 노동삼권 쟁취하자!
1. 관제언론의 왜곡 편파보도 즉각 철회하라!
1. 노동자 살인명부 블랙리스트 취업카드 철폐하라!
1. 어용노조의 본산지 한국노총은 즉각 해체하라!
1. 악덕기업주 엄단하라!
1. 군부독재 몰아내고 민주정부 수립하자!

1987. 10. 21.

경동산업·덕창기업·대원운반기계·태원(주)·동안물산·한국샤프·신흥목재등 인천지역 해고노동자 일동

(주)동일 조합원 여러분께 !

계속적인 악랄한 책동을 하며 우리조합원은 날이 갈수록 더욱더 탄압을 가하고 있읍니다.

휴업 철폐는 하지 않고 선별 출근 시켜 우리 조합원을 분열 시키고 있으며 밖에 있는 조합원과 서울 에서 구속자 석방을 외치며 싸우고 있는 우리 동지들을 해고 시키려 하고 있는 회사 측을 보면 분노를 금 할길 없읍니다

지금 서울에서는 한치의 흔들림 없이 우리의 동료 22명이 서울 기독교 회관에서 구속자 석방, 수배자 해제, 노동자 탄압 중지 등을 외치며 싸우고 있읍니다. 여기 동지들이 보내온 편지를 보면 우리들은 단결 하여 끝까지 투쟁 하자는 외침이 있읍니다.

왜 그렇겠읍니까?

우리는 노예도 아니고 기계도 아니고 인간 입니다. 인간답게 살려는 의지 때문 인것 입니다.

지금 회사 측의 책동을 보면 우리들을 또 다시 인간 이하로 취급 할려고 하고 있읍니다.

중식을 제공치 않고 통근 버스를 운행 하지 않기 때문에 당연히 교통비를 지급 하여야 하는데도 교통비를 지급 하려고 하지 않읍니다. 또한 강제 조기 출근을 시키는 등 또다시 8월 투쟁 이전으로 돌아가 우리 들을 노예 취급 하려고 하고 있읍니다. 어떤 조합원 들은 출근을 하려고 해도 아예 받아 주지 않고 있는 실정 인 것입니다.

또 회사는 수습위 및 강경한 대의원을 매도 시켜 우리들을 분열 시키려고 우리들을 매도 하는 유인물을 만들어 조합원이 만들어 뿌리는 것 처럼 가장 하고 있읍니다.

수습위에서는 회사 측에 많은 양보를 하며 조업을 하는 대신 조합원에게 인사이동 이나 해고 조치 등 부당한 대우를 하지 말고 서울에 있는 동지들의 신변 보장을 요구 하니 까 회사측은 무조건 조업만 강요 하며 조합원은 사규대로 처리 하겠다고 하였읍니다.

저희들은 조합원 여러분의 피해를 최대한 줄이 고자 많은 양보를 하며 협상에 응 했지만 회사측은 아예 응하지 않고 도리어 분열 책동과 조합원을 힘으로 누르려고만 하고 있읍니다.

조합원 여러분

간교한 회사측과 악랄한 정부는 서로 결탁하여 회사 관리자와 폭력 경찰을 동원 하여 민주당사 앞과 기독교 회관 2층에까지 들어와 우리 동지 17명이 연행되는 사태가 벌어 졌읍니다.

다음에 회사측은 창원 경찰서에 찾아와 마치 연행된 동지들을 위하는 것처럼 가장하여 무혐의로 석방되어 나오는 동지들을 만나 그들의 선처로 석방 된것 처럼 비아냥 거렸읍니다.

이들이 양의 탈을 쓴 늑대가 아니고 무엇 이겠읍니까?

지금 서울은 민주당 김고문과 박동련 문의환 의장등 많은 재야 인사들이 방문 하여 격려와 성금을 주었으며 많은 애국 시민 들도 찾아와 격려를 해주며 성금을 전달 하고 가기도 하였읍니다.

조합원 여러분 !

노동자를 극도로 탄압하여 장기집권의 음모를 짜고 있는 저 음흉스러운 군부독재 정권과 이들과 결탁 하여 우리 노동자를 노예로 만들려는 기만스런 회사에 대하여 우리는 절대로 흔들리지말고 끝까지 싸웁시다.

여기 동지의 피 맺힌 절규가 있읍니다.

머나먼 서울 까지 가서 우리 (주)동일 조합원의 외침을 전하고 있읍니다.

추호도 서울에서 절규하고 있는 우리 동지들을 외면 하지 맙시다.

우리 모두를 위해서, 우리 민주 노조 수호를 위해서 싸우는 것이 아닙니까?

우리 다같이 한 마음 한뜻으로 뭉칩시다.

절대 회사의 회유책이나 책동에 말려 들지 말고 서울에 있는 우리 동지들과 함께 힘껏 전진합시다.

감사합니다. 87. 10. 22

(주) 동일 노동조합 수습 대책위원회 및 대의원 올림

성 명 서

-민정당 서울시지부 농성투쟁을 적극 지지한다-

노동운동탄압 분쇄투쟁의 깃발은 높이 올랐다!

10월 15일 전국적 노동운동탄압에 맞서 싸우기 위해 창원의 (주)통일과 부산의 국제,화성,삼화,대양,풍영 등 6개 사 노동자들이 상경하여 국민운동본부에서 농성투쟁을 시작하였다. 서울,인천,성남지역의 20여노동자들이 이에 동참하여 9일째 농성투쟁을 벌이고 있는 가운데 (주)통일 노동자 3명, 부산노동자 1명, 안양노동자 1명, 서울노동자 6명등 '노동 탄압 분쇄투쟁위원회' 11명의 노동자들이 10월 23일 8시 관악구 방배동소재 민정당 서울시지부를 점거하여 농성투쟁을 개하였다. 농성동지들은 군부독재정권 민정당의 지시로 폭력경찰에 의해 곧바로 전원 연행당했으나, 연행동지들은 이 쟁을 통해 전국의 노동자와 전 노동운동권의 노동운동탄압 분쇄투쟁으로 총집결할 것을 호소했다. 또한 모든 민중이 독 권의 민중탄압 분쇄를 위한 투쟁전선으로 총집결할것을 호소하였다.

농성동지들은 "우리는 왜 민정당에 들어왔는가"라는 성명서를 통해, 6월투쟁 이후 군부독재 재집권음모의 일환으로 행되고 있는 기만적 민주화속에서 자행되는 현정권의 전면적 노동운동탄압을 폭로하고 7.8월 투쟁과 그 이후 탄압속에 리의 적이 누군지 알게 된 이상 군부독재를 타도하지 않고는 민주화도 생존권보장도 이뤄질 수 없음을 천명하였다. 들은 구체적으로 애국학생에게는 선거라는 제한된 틀에 얽매여 당면투쟁을 방기한 점을 지적하고 다시 투쟁의 깃발을 릴 것을 촉구하였으며, 제 민주세력에게는 공정선거감시에만 매달려 말뿐인 지원과 지지를 밝힐것이 아니라 투쟁에 참할 것을 호소하였다.

또한 양김씨에게는 국민의 열화와 같은 민주화 의지를 정권장악수단으로 이용하고자 한다면 그 앞날이 독재정권의 과 다를 바 없을것임을 경고하고 독재정권 타도투쟁을 함께 벌이면서 노동자를 비롯한 민중의 생존권과 민주적 제권 장을 위한 정책대안을 공약으로 제시할 것을 촉구하였으며, 민정당원들에게는 군부독재의 하수인이기를 거부하고 투쟁 동참함으로써 전국민앞에 속죄해야 할 것이라고 경고하였다.

부산.창원지역 6개사업장 노동자들의 상경 연대투쟁을 적극지지하며 부족하나마 적극 지원하고 동참하고자 하는 헌법쟁취 국민운동 노동자 위원회는, 이번 민정당 서울시지부 점거농성투쟁을 당면시기의 우리 노동운동이 나가야 올바른 방향제시라고 믿으며 농성동지들의 주장을 적극 지지한다.

아울러 민헌노위는 앞으로 주체적으로 투쟁을 적극 조직할 것이며 이러한 연장선상에서 벌이는 모든 투쟁에 적극 지지 할 것임을 천명한다.

일천만 노동형제여! 노동운동탄압 분쇄투쟁으로 총집결하자!

제 민주세력이여! 민족민주운동탄압 분쇄투쟁으로 나아가자!

-우 리 의 주 장-

1. 노동자탄압원흉 전두환 노태우일당 물러가라!
1. 구속노동자 석방하고 수배노동자 수배해제하라!
1. 해고노동자를 즉각 전원복직시켜라!

1987년 10월 23일

민주헌법쟁취국민운동노동자위원회

이 땅에서 해고와 블랙리스트는 없어져야 한다

-- 구속 노동자 석방과 해고 노동자 복직 없는 민주화는 기만이다 --

전두환, 노태우 군부 독재 정권이 80년 민주화의 봄을 무참히 짓밟고 들어선 이후, 86년까지만해도 289,902의 노동자가 해고를 당하였다. 거기에다 7,8월 노동자들의, 나라와 공장의 민주화를 이루려는, 역사적인 투쟁 짓밟으며, 대량 구속과 불법 해고를 자행하였다. 이것은 전두환, 노태우 군부독재 정권이 장기 집권을 위한 기만적인 선거 열풍에, 온 국민의 관심을 몰아넣고, 노동자에 대한 대대적인 탄압을 하는 것이다.

수 많은 노동자들이 일터를 잃어 공단거리를 헤매고 이 공장, 저 공장을 기웃거리며 밥줄을 찾고 있다. 노동자에게 있어 해고는 살인 행위인 것이다. 그리고 군부 독재 정권은 어떠한 명분으로도 노동자들을 구속시킬 수 없다.

구속 노동자들을 즉각 석방하라 !!
모든 해고 노동자들을 원직 복직시켜라 !!

-- 노동자의 살인 명부 블랙리스트 취업 카드 철폐하고 취업 자유 보장하라 --

그동안 말로만 떠돌다 증거를 잡을 수 없었던 블랙리스트. 노동부 장관의 국회 답변에서도 '블랙리스트라는 것 있어서도 안되고 있지도 않다'던 블랙리스트가 지난 8월의 경동산업 농성 투쟁 중에 발견되었다. 명부에는 동일방직 해고 노동자 124명을 비롯하여, 전국적으로 1000명이 수록되어 있고, 타이프로 쳐서 작성된, 수기로 작성된 것 등 총 1,662명의 해고 노동자가 수록되어 있었다.
블랙리스트란 원래 미국놈들이 노동운동을 탄압하기 위해 만든 것으로 군부독재 정권이 이를 배워와서 더욱 교묘하게 사용하고 있는 것이다. 이것은 노동자를 부당하게 해고시켜 놓고 그것도 모자라, 다른 공장에의 취업을 원천봉쇄하는 이중살인 행위인 것이다.

"입사한지 두 달 보름만에 블랙리스트에 의해 해고되어 공장밖으로 쫓겨나 휑한 거리를 본 순간 눈물이 앞을 가리고, 거리에서 또다시 방황할 것에 대한 불안이 온 몸을 떨게 만들었읍니다. 이번이 8번째 해고된 것입니다." (어느 해고 노동자의 수기 중에서)

이것 뿐이 아니다. 한양목재에서 8월의 투쟁에 앞장섰던 노동자가 부당하게 해고된 이후, 또 다시 블랙리스트에 의해 해고된 경우도 있다. 이렇게 군부독재 정권과 악덕 기업주, 노동부는 미국놈에게 나쁜 것은 다 배워와서 노동자를 탄압하는 도구로 삼고있는 것이다. 또한 운수 노동자들에게 있어서도 취업카드라는 것이 있어 조금이라도 올바른 말을 하는 사람은 해고시키고 다른 운수회사에 취업을 하지 못하게 하고 있다. 블랙리스트는 해고 당사자 뿐 아니라 일천만 노동자 모두에게 치명적인 것이다. 노동자들이 인간답게 사는 것을 저지하고 계속해서 착취하려는 것이다.

블랙리스트, 취업카드 즉각 철폐하라 !!

-- 인천지역 해고 노동자 협의회는 국민운동본부에서 싸우고 있는 노동자들의 농성 투쟁을 적극 지지한다 --

부산, 창원지역 노동자들은 이러한 군부독재 정권의 노동자들에 대한 탄압에, 연대하여 맞서 싸우기 위해 10월 15일 국민운동본부에서 농성을 시작하였다. 인천지역의 경동산업, 덕창기업, 대원운반기계, 태원(주), 동안물산 한국 샤프, 신흥목재 등의 해고 노동자들도 투쟁의 필요성을 깊이 인식하여, 부산, 창원지역 노동자의 농성 투쟁에 합류한 것이다.
이후 서울, 안양, 성남 지역에서도 속속 연대 투쟁에 동참하고 있다. 그렇다! 일천만 노동자들이 연대하여 하나로 뭉쳐 싸워나갈 때 승리는 우리의 것이다.
그리고 농성 투쟁중인 노동자들은 10월 23일 군부독재 정권의 심장부인 민정당사 서울 지부를 점거, 농성했다. 그러나 급히어 출동한 살인 경찰 (백골단)에 의해 무차별 폭행당하여 연행되어 갔다.
우리는 분명히 알고 있다. 군부 독재 정권이 입으로는 민주화를 외치면서 노동자들의 숨통을 죄어오고 탄압을 자행하는 저들의 기만성을! 결코 현 군부독재 정권은 민주화를 말할 자격도 없다.

일천만 노동자여!!
노동자에 대한 탄압을 뚫고 군부독재를 퇴진시키자!!
그리하여 민주화된 세상에서 노동자의 참 기쁨을 누리자 !!

**************** 우 리 의 주 장 ****************

1. 살인 명부 블랙리스트 취업카드 철폐하라 !!

서울노동조합운동연합 창립보고대회 결의문

전국의 곳곳에서 들불처럼 가열차게 타오르던 노동대중의 대중적 파업투쟁이 일시적으로 가라앉은 지금 기업주와 정부의 노동운동 탄압이 다시 시작되고 있다. 우리 국민 대중의 가열찬 민주화 투쟁으로 쟁취된 그나마의 기만적이고 부분적인 자유와 권리조차도 우리 노동자에게는 그림의 떡으로 화할 우려가 점점 더 높아가고 있다. 그 때문에 우리 노동운동 대열을 이루고 있는 모든 노동자 동지들은 현재의 정치 정세를 정확하게 파악한 위에서 기본 원칙에 입각하면서도 창조적인 운동 방향과 전략 전술을 세워 이에 대응하지 않으면 안된다.

우리는 7-8월 노동자 대중 파업의 거대한 성과와 그 투쟁에 앞장선 헌신적인 노동자 동지들의 희생을 헛되이하지 않고 진정으로 노동자의 권리를 옹호하며 굳세게 노동자와 민중의 해방을 추구하는 진보적 노동운동의 건설에 박차를 가해야 할 시점에 와 있다. 이것은 우리가 짊어져야 할 신성한 의무이며, 역사적 사명이며, 양심의 명령이다.

우리 서울노동조합운동 연합은 이 땅에 노동해방의 핏물을 뿌리고 산화해간 노동열사들의 숭고한 뜻을 중단없이 이어나갈 것을 다짐하며 다음을 결의한다.

첫째, 민주적 노동조합을 건설하고 강화한다.

우리들은 자체의 역량을 한층 더 강화하고 확대하여 민주적 노동조합 결성 투쟁으로 나아가야 한다. 또한 자연발생적으로 터져나오는 대중들의 노조 결성 움직임을 흡수하고 신규 노동조합들을 지원하고 이를 민주적으로 강화하는 일을 전개한다. 이를 위해 자체의 공개적 대중 접촉 창구를 열고, 합법노조와의 직접 · 간접적인 접촉 통로를 열고 교육 · 선전 · 방향 제시, 실무인자들의 배치 등의 가능한 한 모든 방법을 동원한다. 또한 상담소, 공개기구와 같은 재야 노동단체와 밀접한 협력과 연대 활동을 전개한다.

둘째, 진보적(자주적) 노동조합운동을 담당할 기간활동가를 교육하고 훈련하는 일을 전개한다.

민주적 노동조합운동을 민중해방에 이바지하는 진보적(자주적) 노동조합운동으로 발전시켜 가기 위해서는 무엇보다도 기간활동가들의 선도적 역할이 중요하다. 노동조합 내에 이러한 선진적 기간활동가의 핵심 대열이 있어 이들이 조합원 대중을 한 걸음, 한 걸음 이끌어갈 때에만 노동조합운동은 진보적 정치 역량으로 발전해갈 수 있다. 이 기간활동으로 육성하는 작업은 자체 조직 내에서만이 아니라 합법노조 내에서도 모든 가능한 연결 고리를 이용하여 정력적으로 추진하지 않으면 안될 중요한 사업이다. 물론 운동의 수준이 낮은 현 단계에서는 모든 활동가, 간부를 그와 같은 선진적 기간활동가로 곧바로 육성하기란 어려울 것이기 때문에 이 작업은 항상 민주적 노동조합을 투쟁적으로 이끌어가는 데 필요한 수준의 기간활동가를 훈련하는 작업과 병행되어야 한다.

셋째, 내년 88년 봄의 임금인상 투쟁을 목표로 삼고 이를 추진할 역량을 강화하며, 일상 경제 투쟁을 직접 · 간접으로 수행한다.

이것은 비공개 사업장 조직을 통해서는 직접적으로, 합법노조 내의 그룹을 통해서는 간접적으로 수행해야 할 투쟁이다. 이 가운데서 연대투쟁을 조직화해내야 한다. 노조건설 및 민주화, 일상 경제 투쟁과 제도 개선 투쟁은 우리의 고유의 임무이다.

넷째, 노동운동 탄압에 대한 저지 투쟁, 군부파쇼통치의 종식과 민주주의 쟁취를 위한 투쟁 등의 당면 정치투쟁을 수행한다.

이것은 지금의 투쟁위원회, 선전 선동대와 같은 투쟁조직을 만들어내야 한다. 이 투쟁은 또한 각종 노동단체들, 재야 민족민주운동 단체들과 밀접한 연대투쟁으로 수행될 때만 그 효력을 발휘할 수 있을 것이다.

다섯째, 미조직 대중을 포함한 전체 노동자 대중을 향한 선전선동 및 교육 조직 활동을 전개한다.

신문, 유인물과 같은 선전수단, 투쟁위원회, 선전선동대의 활동이 여기서 중요한 역할을 하게 될 것이다. 현 시기에 전체 노동대중에게 분명히 객관적으로 요구되는 활동임에도 현재의 합법노조 연합으로서는 하지 못하는 일이 많이 있다. 그 중의 하나가 바로 노동대중을 향한 일정한 정치적 선전선동이다.

여섯째, 전국 민주노동조합 연합의 건설을 직접 · 간접적인 통로를 통해 강력히 추진하고 지원한다.

우리는 지금의 시점에서 어용노총에 침투하여 그 산하의 각 노동조합을 점차적으로 민주화시킨다는 점진적인 방침을 반대한다. 민주노동조합의 별도의 구심체가 없이 어용노총 내부에서의 노조 민주화 운동만이 추진될 때 민주노동조합에 포함되어 있는 조직 대중과 그보다 압도적으로 많은 미조직 대중을 향한 조직활동은 무기한 연기되고 말 것이기 때문이다.

민주노동조합들의 지역 · 산업별 · 전국적 연합을 건설하여 어용한국노총 타도투쟁을 전개하고, 어용노총산하의 조직대중과 광범한 미조직 대중을 민주노동조합운동의 대열로 끌어들이는 것이 현 시기에 가능하며 또 바람직한 유일한 조직 건설 방향이다.

일곱번째, 한 지역의 반합법 노동조합운동 조직을 전국연합으로 통합하고 기타의 노동단체들과 연합할 것과 노동자, 농민, 빈민, 소시민, 진보적 지식인, 청년학생들의 조직들과 연대하여 민중운동연합을 결성할 것을 결의한다.

현재 민주노동조합의 정치적 수준과 전체 민주운동에서 요구되는 정치투쟁의 수준은 간단히 메우기 어려운 큰 격차를 보이고 있다. 전국 노동조합연합이 통일전선운동에 참가할 정도로 그 역량과 수준이 발전될 때까지 반합법 노동조합조직의 전국민적 연합체가 다른 민주적 노동단체들과 더불어 전체적 노동자의 계급적 입장을 대변하는 정치적 선전 선동과 투쟁을 수행하지 않으면 안된다. 전체적 노동자의 계급적 입장을 대변하는 정치적 선전 투쟁을 수행하지 않으면 안된다.

1987년 11월 1일
서울노동조합운동연합

군부독재 종식투쟁에 전국의 노동자는 단결 총궐기하자

—「군부독재 종식을 위한 노동자선거대책위」의 결성을 알리며—

6월의 거리에서 번득이던 눈동자들! 자욱한 최루탄가스 속에서 눈물 흘리면서도 더욱 확고해지기만 하던 우리의 결의! "이번에는 군부독재를 타도하고야 말리라."

7, 8월 투쟁 속에서 드높이 외쳤던 목소리들! "노동자도 인간이다. 이제는 더이상 노예로 살 수 없다" "민주노조 인정하라"

아! 그리고 저 거제도 노동수용소의 차가운 아스팔트 위에서 죽어간 우리 형제 이 석규!!

그토록 많은 희생을 치르고, 많은 눈물과 피땀을 흘려 쟁취해 낸 민주노조, 임금인상, 보다 나은 작업환경, 인간다운 대우등. 이는 아직 완전하지는 못하지만 우리에게 소중하기 그지없는 승리의 전취물들이다. 그런데 이것들을 다시 빼앗으려는 자들이 있다. 9월 이후 권력에 눈이 어두운 야당들이 세력다툼을 벌이고 있는 사이, 모든 민중운동 진영이 사분오열 되어있는 틈을 타고, 모든 것들을 다시 이전의 상태로 되돌려 놓으려는 자들이 있다. 간교한 악덕기업주들, 관리자들, 그들의 하수인 경찰!

지금 저들이 이토록 날뛰거늘 하물며 이번 대통령선거에서 노태우가 집권하여 군부독재가 연장된다면, 악덕사장들은 얼마나 더 기승을 부리고, 경찰들은 또 얼마나 더 설칠 것인가? 그런만큼 노태우의 집권만큼은 어떤 일이 있어도 막아야 한다.

이에 지금까지 따로따로 활동해 오던 노동운동단체들이 모두 모여 「군부독재 종식을 위한 노동자선거대책위원회」를 결성하고 이를 1,000만 노동자 동지들에게 알리는 바이다. 「군부독재종식을 위한 노동자선거대책위원회」는 먼저 이번 대통령 선거에서 1) 노태우의 집권을 막는다. 2) 민주세력의 조직적, 정치적 단결에 기여한다. 3) 노동자를 비롯한 민중의 요구를 널리 알린다. 는 세가지 목표를 설정하였다.

「군부독재종식을 위한 노동자선거대책위원회」가 설정한 삼대목표의 의의는 각각 다음과 같다.

1) 노태우의 집권을 막는다.

어처구니 없게도 전 국민으로부터 거부당한 군부독재가 노태우를 앞세워 재집권을 꾀하고 있다. 그러나 사람좋게 보이려고 애쓰는 노태우의 웃는 얼굴 뒤에는, 12.12쿠데타를 주도하고 5.17쿠데타를 일으켜 2,000여 광주시민을 죽인 살인마의, 악마의 발톱이 웅크리고 있다. 정주영, 이병철, 김우중의 족벌재벌과 전두환, 노태우는 모두 한 통속이다. 노태우가 집권하면 모든 것을 6월 이전으로 되돌려 놓으려는 악덕 재벌들과 경찰이 마음놓고 설칠 것이다. 그런데도 현재 안타깝게도 그자의 거짓말에 속는 사람들이 없지 않다. 우리 노동자들은 단결된 힘으로 노태우의 집권을 저지하는데 총력을 기울여야 한다!

사회를 지탱해 나가는 기둥이 우리 노동자들임은 말할 것도 없고, 가족까지 합쳐 이 사회의 반이상의 숫자이다. 우리가 단결하면 대통령도 우리 뜻대로 바꿀 수 있다. 우리에게는 그런 힘이 있다!!

2) 민주세력의 조직적 정치적 단결에 기여한다.

군부독재가 감히 재집권을 꿈꾸고, 사장놈들이 벌써부터 주었던 것을 다시 빼앗아 가려고 설치게 된데에는 민주세력의 분열이 그 큰 원인의 하나이다. 특히 야당이 계파이익에 어두워 분열하고 악덕업주들, 폭력경찰들의 노동운동탄압에 눈을 감고 있는 것이 그 이유인 것이다. 뿐만 아니라 이놈들의 발광에 대해 민중운동세력도 단결된 힘으로 공동대처하지 못한 것도 또하나의 더 큰 이유이다.

그래서 '군부독재종식을 위한 노동자선거대책위원회'는 먼저 노동운동세력, 민중운동세력과 대동단결하고 나아가 야당까지 포함하는 민주세력 전체가 단결하여 군부독재 종식을 위해 싸우는데 기여하여야만 한다.

'군부독재 종식을 위한 노동자선거대책위원회'는 공명선거와 거국중립내각 수립을 위해 싸우는 학생들, 야권후보 단일화를 외치는 민주인사들, 민중의 대표를 대통령 후보로 내세우고자 하는 세력들 모두가 그 방법들을 달리하더라도 군부독재 종식이라는 목표에서는 일치함을 인정하고 이 모든 민주세력과 연대투쟁하고자 한다.

아울러 우리는 이번 선거에서 군부독재를 확실하게 종식시키기 위하여 범민주진영의 후보단일화가 이루어져야 한다고 믿으며, 이를 위해 모든 노력을 다할 것이다.

3) 노동자를 비롯한 민중의 요구를 널리 알린다.

지금 모든 대통령후보들이 제각각 달콤한 공약을 내세우고 있다. 그러나 우리는 우리 노동자의 공통된 열망과 민중의 요구를 분명히 제시하고 그것을 실현할 수 있는 의지와 능력을 가진 후보를 대통령으로 선출해야 한다. 우리가 제출하는 요구가 대통령 선거에 임하는 우리의 뚜렷한 판단기준이 될 것이다.

그 요구는 앞으로 많은 동지들의 의견을 수렴하여 더욱 분명하게 제시하겠으나 대체로 다음과 같다.

1. 노동삼권 보장하라!
2. 8시간노동에 생활임금 보장하라!
3. 산업재해 없는 작업환경 보장하라!
4. 노동조합의 정치활동을 보장하라!
5. 실업난을 없애고 완전고용 실현하며, 성별·학력별·직종별등 각종 차별 임금을 해소하고, 차별대우를 철폐하라!
6. 정당한 농수산물 가격을 보장하고, 외국의 농축산물 도입을 억제하며 농가부채를 탕감하라! 소작제를 전면 철폐하고, 농협을 민주화하라!
7. 영세상인, 도시빈민, 철거민의 생존권을 보장하라!
8. 독점재벌 해체하며, 부정축재 환수하라!
9. 미·일 예속경제 타파하고 민족자립경제 보장하라!
10. 의무교육을 고등학교까지 확대하라!
11. 모든 국민의 의료보험혜택을 보장하라!

12. 모든 무주택자에게 임대주택을 공급하라!
13. 언론·출판·집회·결사·사상의 자유를 유보조건 없이 전면 보장하라!
그리고 이를 제약하고 있는 국가보안법, 집시법, 정당법 등 제반 악법을 철폐 또는 민주적으로 개정하라!
14. 안기부, 보안사, 치안본부 대공분실, 전투경찰을 해체하라!
15. 민중을 억압하고, 고문·강간·살해해 온 모든 범죄자들과 전두환 노태우 일당을 처벌하고 구속된 노동자를 비롯한 모든 민주인사를 석방하라! 정치적 수배조치를 전면 해제하라!
16. 군사작전권을 회수하고 모든 외국과의 불평등한 조약협정을 폐기하라!
17. 사병의 인권과 민주적 권리를 보장하여 군대를 민주화하라.
18. 남북간에 불가침조약을 체결하고 휴전협정을 평화협정으로 전환시켜 한반도의 긴장완화와 통일을 위한 실질적 조치를 취하라!
19. 민족동질성의 회복을 위해 88올림픽을 공동개최하고, 남북한 단일팀을 구성하라! 한반도내 핵무기 배치상황을 전면 공개하고, 즉각 철수시켜라!

1,000만 노동자 형제들!
「군부독재 종식을 위해 노동자선거대책위원회」의 깃발아래 일치단결·총궐기하여 이번 대통령선거에서 군부독재를 종식시키고 나아가 새로이 구성되는 정부에 우리의 뚜렷한 요구를 제시하고 이의 실현을 위해 끝까지 싸워나가자! 우리 자신의 힘, 오직 이것만이 우리의 인간다운 삶과 자유, 행복을 보장한다.
우리의 단결만이 우리의 무기이다! 이것을 잊지 말자!

1987. 11. 23

군부독재종식을 위한
노동자선거대책위원회

호 소 문

노동자들의 생존권과 단결권을 소중히 여기고 격려해주시는 여러분들께 호소합니다!!!

노동자의 정당한 권리인 노동조합을 없애버리려는 사장의 악랄하고도 불법적인 폐업조치로 인해 우리 멕스테크사 270여 노동자들은 모조리 겨울거리로 내몰리게되었읍니다.
저희는 지금 저희의 일터와 목숨보다 소중한 우리의 노동조합을 지키기 위해 영하의 매서운 추위에 떨며 밤을 지새고있읍니다.

저희 멕스테크사는 마포구 도화동 정우빌딩에 있는 회사로 미국에서 의학서적, 재판기록등의 책자를 가져다가 정확히 컴퓨터에 입력시키는 일을 하고있읍니다.
처음에는 신촌의 단칸방 사무실로 시작해 지금에 이르러서는 (주)한양, (주)한국상역, 킬스, 하나, 구미지사등 대규모회사로 성장했읍니다.
원래 저희는 600여명으로 구성된 (주) 한양의 소속이였으나 차츰 100, 200, 270명등의 규모로 나뉘며 제일전산, 광주대승시스템, 멕스테크사, (주) 한양 4개의 소규모회사로 갈라놓고 우리의 의견은 아랑곳없이 상호변경에 따라, 회사의 의도에 따라 (세금을 작게 내기위한 일책이라 말함) 수시로 옮겨 다녀야했읍니다.
저희 멕스테크사의 사장님은 (주) 한양의 상무님이신 김 상철사장님이십니다.
진짜사장인 홍 국태, 홍 진태등 가족들이 많은회사를 실지운영하고 사장의 작은부인까지도 제일전산을 운영시키고있는 가족체제입니다.

저희가 주로하고있는 작업은 인쇄된 작은글씨와 컴퓨터화면에서 나오는 광선때문에 장시간 일할경우 시력에 장애를 가져오는 유해작업으로 미국에서는 이 작업을 하루 4시간 이상 할수없도록 법으로 정해놓은 실정이지만 우리회사는 하루 10시간 이상씩 시키고있읍니다.
그래서 입사시에는 근시나 난시가 거의없었지만 6개월 이후면 금방 시력이 떨어져 노동자들의 90%가 안경, 렌즈를 사용하고있는 현편입니다.
이렇게 힘든일을 시키면서도 회사는 기본급 97,000이라는 기막힌 저임금을 주었고 또한 저임금을 보충하는 수단으로 회사가 일방적으로 정한 기준도 분명치 않은 생산수당과 품질수당을 주면서 등급제라는 명목으로 합리화하며 우리노동자들을 분열시키는 수단 또 회사에 복종시키는 수단으로 이용해 왔읍니다. 지난달 25만원의 월급이 이달 17만원으로 변경되고 아무도 모르는 월급방법으로 회사는 무수한 이득을 취하고 있읍니다.

이러한 열악 노동조건을 견디다못한 멕스테크 270명의 노동자들은 8월 29일 드디어 노동조합을 결성해냈고 100%의 가입률이 말해주듯 빈틈없는 단결력으로 회사의 회유와 협박을 이겨내며 오늘까지 견뎌왔읍니다. 현재저희는 노동조건을 개선하기위해 회사와 단체협약에 들어간 상태이고 저희노동조합을 지켜보게된 계열회사의 노동자들도 많은 관심을 보입니다.
회사는 바로 이 시점에서 우리의 노동조합을 와해시키기위해 음모를 꾸미게 된것입니다.
11월 27일 오후, 사장 김 상철은 노조위원장님을 불러 1억2.마련한 회사 사장을 시켜주겠다고 말도 안되는 제안을 해왔읍니다. 위원장님이 이를 한마디로 거절하자 이번에는 여러 계열회사 (주) 한국상역, 킬스, 제일전산 그리고 멕스테크사가 함께 사용하고 있는 식당을 멕스테크는 사용하지 말라고 하였읍니다.
이유는 바이어들 접대할 방이 없어서 식당을 줄여야겠다는것인데 이는 노조가 있는 멕스테크노동자들과 계열회사 노동자들이 어울리는것을 막기위한 핑계에 불과한것임이 너무나 분명했읍니다
다음날 식당에 가보니 식당에서는 멕스테크 노동자들의 식사는 아예 준비하지도 않았고 오히려 사무실에는 형사가와서 지키고 있었읍니다.
그래서 노동조합은 11월 30일 회사측의 부당한 처사를 알리는 글을 식사하러온 계열회사 노동자들에게 나누어주었는데 사장 왈!
『도저히 불쾌해서 회사운영 못하겠다. 폐업이다!...』라고 협박하였고 하룻밤 사이에 정당한 사유도 없이 다음날인 12월 1일 회사문앞에 폐업공고를 붙인것입니다.
하지만 전 노동조합원은 허위날조된 위장폐업을 인정할수없어 세무서와 관계기관 노동부에 찾아가 부당한 위장폐업을 알리자 관계 노동부에서는 그건 분명한 위장폐업이기 때문에 여러분 끝까지 싸우라고 말만하면서

부당행위를 구경만하고 있읍니다.
더욱 우리를 분노하게 하는것은 사장이 노동부며 금속연맹을 찾아가 다니면서 「회사사정때문에 식사를 다른 식당에서 하라고 했더니 식대를 계속 올려달라고해서 도저히 운영할수가 없다」고 사실과는 전혀다른 거짓선전을 하여 폐업을 합리화하고 있으며 더 더욱이 이 회사는 제 가지의 형사들까지 불러들여서는 우리가 달라는
보호해주어야 할 회사의 부당한 처사는 묵인하며 오히려 우리들의 회사의 부당한 처사에 항의하는 내용의 유인물을 계열회사 노동자에게 나눠준것을 위법이라며 회유, 협박하며 마포경찰서 정보과 형사는 사무실에 상주하고 있다.
그리고 어제 다예 전화와 전기 심지어 스팀, 주변공중전화까지 끊어 우리를 추위와 공포에 떨게하고 있읍니다.
노동조합을 와해시킬 목적 하나 때문에 회사문을 닫아버리고 노동자들의 밥줄을 끊어놓는 회사의 악랄한 처사에 우리는 결코 굴복할수 없어서 회사가 의도적으로 불법적인 위장폐업을 진행시면서도 일마전 부터 계획되어온 연초등 신탁은행 맞은편에 기계도 없는 빈 작업장을 이미 마련해 놓고 뽑은 신입사원더러 얼마후면 기계가 오니 연락 기다리라고 한지가 이미 2주전!
회사는 이렇게 폐업과 동시에 취업알선의 사탕발림을 공공연히 하고있읍니다
그러나 저희는 한치의 흔들림 없는 단결로 이에 대처할것입니다.
밤을 새워 저희의 기계는 한대도 놓치지 않을것입니다.
노동자가 노동조합을 만든것이 죄가 됩니까?
그동안 저희는 노동조합을 세운이후 회사에서 자행하는 분열공작, 회유등 갖은 부당노동행위도 참을성을 가지고 의연하게 견뎌왔으며 회사와 원만한 관계를 유지하려고 애써왔고 단결력을 바탕으로 생산도 더 많이하려고 노력해 왔읍니다.
이제와서 우리가 노동조합운영을 한다는 이유만으로 거리로 내쫓겨야 합니까!
정의사회를 만들기 위해 노력하시는 여러분들께 호소합니다
저희회사의 부당한 폐업조치가 하루 빨리 철회되어 정상적으로 일할수 있도록 적극 도와주십시요
저희는 얼어죽는 한이 있더라도 굶어죽는 한이 있더라도 저희의 일터를 지킬것입니다.

힘있는 주변여러분들께 도와주시기를 간절히 간절히 호소합니다.

항의전화 : 717-6531~4 (주) 한국실업.
716-6638~9 (제일전산)

1. 우리에게 일을 달라.
1. 위장폐업 철폐하라.
1. 노동삼권 보장하라
1. 생존권 보장하라.

약도

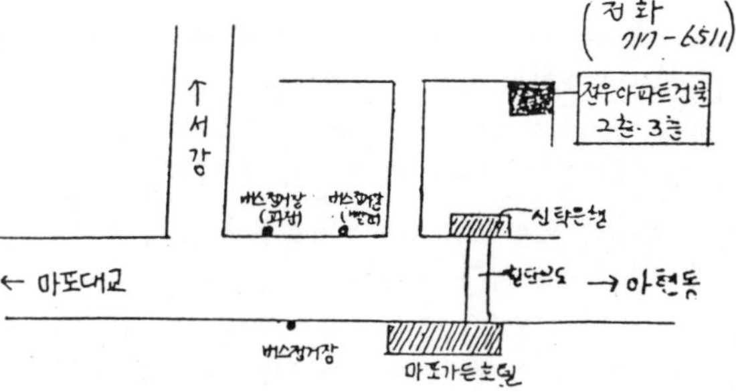

1. 추워 못살겠다 스팀달라
1. 답전이 웬말이냐 전기불을 달라
1. 배고파 못살겠다 밥을 달라
1. 기계를 내몸과 같이 지키겠다
1. 노조탄압 즉각 중지하라!

—빽스텍 그상 노동조합원 일동—

1987년 12월 그일

민 주 노 동 열 사 이 석 규 를 살 려 내 라 ! ! !

– 살인 최루탄에 또다시 쓰러져간 젊은 노동자의 죽음을 목도하면서 –

애국 시민 여러분!
비인간적 착취, 저임금의 굴레를 끊어버리고자 몸부림쳤던 스물 한 살의 젊디 젊은 한 노동자가 또다시 살인최루탄에 맞아 죽어갔습니다. 이 석규! 그는 가장 정직하고 착실한 노동자이던, 한 어머니의 착한 아들이던 그는 한 치의 오차도 없이 가슴팍 위로 날아든 최루탄에 피를 토하며 뜨거운 아스팔트 위로 쓰러졌읍니다. 진압현장에서 이미 축 늘어져 싸늘해진 그의 육신은 이미 "석규야, 석규야"하며 울부짖는 동료들에게 한마디 대답도 할수 없게 되어버린 것입니다.
그의 죽음으로 동포들이 다시금 독재의 잔악함에 치를 떨었던 날은 바로 우리 한열이의 49재를 맞은 바로 그날이기도 해서 끊일줄 모르고 반복되는 살인만행을 여실히 증명해 주었읍니다.

애국 시민 여러분! 애국 중/고등학생 여러분! 그리고 피끓는 노동형제여, 백만 청년학도여!!
이것이 민주화란 말입니까? 그렇게도 목청 높이 떠들어대던 소위 "노 태우 6.29선언"의 실상이, 위대한 식민지 모국의 시거판 작자가 찬사를 아끼지 않았던 "민주화조치"의 실상이 바로 이것입니다.
더욱 기가 막힌 것은 아무렇지도 않게 "파업 등의 불법행위를 엄단하겠다"느니 하며 민중의 정당한 생존권 투쟁에 대해 협박을 일삼는 독재자의 지껄임이며, 우 상호 연세대학교 총학생회장을 비롯한 학생 및 노동운동권에 대한 대대적 탄압도 다시 시작되고 있읍니다. 우리는 아직도 폭력적 살인과 검거선풍에 시달려야 하는 것입니다.

"학 살 자 와 타 협 없 다 , 군 부 독 재 타 도 하 자 ! ! !"
"애 국 민 주 운 동 탄 압 하 는 군 부 독 재 타 도 하 자 ! ! !"
"노 태 우 에 속 지 말 고 군 부 독 재 타 도 하 자 ! ! !"

어찌 우리가 이 석규 노동형제의 한맺힌 죽음 앞에 간단히 명복만 빌고 말수가 있단 말입니까? 야수같은 살인자들이 우리 앞에 살인탄을 들이대고 있는 이 때 언제 또다시 우리 노동형제들이 연행 구속되고 죽어갈지도 모를 이 참혹한 현실 앞에서 어찌 맘놓고 통곡할 수 있단 말입니까? 우리 이웃이, 우리 형제가 무고한 피를 흘려야 하는 이 현실에서 우리가 할 수 있는, 해야하는 일은 동포학살을 자행하는 군부독재를 즉각 타도하는 것입니다. "동 포 학 살 자 행 하 는 군 부 독 재 타 도 하 자 ! ! !"
정의로운 생존권 투쟁을 벌이다가, 인간답게 살기 위해 몸부림치다가 산화해간 노동자 이 석규 열사의 의로운 넋 앞에 머리 숙이며, 그의 고귀한 투쟁정신을 이어받아 이땅의 살인군부와 쉬임없는 싸움을 계속할 것을 그의 죽음 앞에서 엄숙히 맹세한다.
"이 석 규 열 사 여! 반 외 세 반 독 재 투 쟁 에 끝 내 함 께 하 소 서 ! ! "

국 민 행 동 지 침

(이 석규 열사의 민주국민장은 예정했던 26일에 이루어지지 않고 요구사항의 관철여부에 따라 무기연기[illegible] 되었읍니다. 옥포 현지에서 세부적인 사항이 결정되는대로 다양한 홍보전을 통해서 알려드리겠읍니다.)
1. 전국의 모든 노동자를 비롯한 국민은 고 이 석규 민주노동열사의 민주국민장에 적극 참여한다.
2. 전국 각지의 운동본부와 민주노동운동조합, 민주단체, 성당, 교회, 사찰에는 분향소를 설치한다.
3. 삼오제까지의 추모기간 중 전국민은 검은 리본을 가슴에 단다. 그리고 전국민은 공장에서, 회사에서, 거리에서 매일 오후 6시에 1분간 묵념을 하고 모든 차량은 1분간 경적을 울린다.
4. 모든 방송매체는 퇴폐적이고 향락적인 오락과 스포츠, 쇼 프로그램 등의 방영을 중단한다.
5. 장례 당일은 조기를 게양한다.
6. 전국 노동자들은 고 이 석규 민주노동열사 장례당일 오후 4시를 기해 총파업한다.

살인 최루탄 난사하는 군부독재 타도하자!!
민중생존 압살하는 군부독재 타도하자!!
독재조종, 내정간섭 미일외세 몰아내자!!
군부독재 타도하고 자주적 민주정부 수립하자!!
노동자 피땀짜는 대우재벌 해체하라!!
민중생존 압살하는 독점재벌 해체하라!!

4 천 만 이 단 결 하 여 이 석 규 의 원 수 갚 자 !!!

6

대통령 선거투쟁

'선거를 통한 민주혁명'으로 군사독재를 종식시키자

이 땅에 하느님의 공의와 민주주의의 꽃을 피우기위해 '민주헌법쟁취 국민운동본부'에 참여하여 6월 국민투쟁에 앞장섰던 전국의 기독자들은 7월 27-28일 대전 제일감리교회에 대표 120명이 모여 군사독재의 완전한 종식과 민주주의 조국 건설을 위한 우리들의 투쟁을 보다 효율적으로 추진하기위해 '민주헌법쟁취 국민운동 기독교 공동위원회'(가칭)를 발족하기로 결의하였다.

이'기독교 공동위원회'를 통해 전국 각 시도에서 국민운동에 참여하고 있는 성직자, 평신도, 청년들의 대열을 정비하고 보다 광범한 기독자들을 적극적, 통일적으로 민주화 투쟁에 묶어세워 나갈 것이다.

6월 국민투쟁의 승리로 우리들은 군사독재정권으로부터 6.29 노태우선언으로 불리는 부분적 민주화 조치를 쟁취하였다. 전국을 뒤흔든 국민의 위대한 힘앞에 현 독재정권과, 이들을 지원하는 미국정부는 무릎을 끓은 것이다. 그러나 1960년 3.15부정선거의 공모자이자 지난 7년간 현 군사독재의 억압통치를 뒤에서 실질적으로 조언해온 김정렬씨를 신임 국무총리서리에 임명한 개각에서도 볼 수 있듯이 현 정권은 국민들의 민주화 열망을 수용하려하기 보다는 군사독재의 재집권을 위한 새로운 음모에 착수하고 있다.

이에 전국 방방곡곡에서 민주화운동에 참여하고 있는 기독자들을 대표하여 우리는 이번 모임에서 아래와 같이 우리의 의지를 결의하고자 한다.

1. 우리는 '선거를 통한 민주혁명'으로 현 군사독재정권을 종식하고자 한다.
   현 시점에서 군사독재를 물리칠 수 있는 국민의 무기는 '선거'이다. 우리들은 공명선거운동으로 현 정권의 재집권 음모를 분쇄하고, 아울러 선거투쟁과 대중들의 권리와 이익을 스스로 쟁취하는 국민투쟁을 효율적으로 결합시켜 군부 일부의 정치개입기도를 좌절시켜나갈 것이다.
1. '선거를 통한 민주화'를 성공시키기위해 핵심적 고지인 언론자유쟁취를 위한 투쟁에 힘있게 나설 것이다. 현 T.V 방송은 국민을 위한 공영방송으로 변화시키고 기독교방송의 보도기능 부활을 위해 싸워나갈 것이다.
1. 6.29 노태우선언의 실질적 실현을 촉구한다. 양심범의 계속되는 구속조치와 노동자들에게 가해지고있는 폭력과 억압 조치는 현정권의 민주화선언이 거짓임을 스스로 폭로해주는 것이다.

최근의 수해로 생명과 재산을 잃어버린 우리의 가난한 이웃들을 위해 기도하며, 정부의 완전한 피해보상과 재해원인에 대한 책임규명을 위한 수재민들의 운동에 적극 동참할 것이다.

1 9 8 7. 7.28

민주헌법쟁취 국민운동 기독교공동위원회 발족을 위한 준비모임 참가자 일동

민중의 대표를 대통령 후보로

솟구친 민중의 분노, 6월 민중항쟁

노동형제 여러분!

우리는 지난 6월 참으로 감격적인 광경을 목격했읍니다. 항상 짓밟히기만 했던 우리들, 짓밟히다 못해 끓어오르는 분노를 한잔 술로 달래며 뒷전에서 불만을 토로해야만 했던 바로 그 사람들이 '독재타도' '호헌철폐'를 소리높여 외쳐부르며 군사독재정권에 정면으로 맞서 싸우던 광경은 감격의 순간이었읍니다. 성난 파도와도 같이 가열차게 전개된 민중의 투쟁은 군사독재정권의 장기집권음모에 쐐기를 박고 그놈들로 하여금 대통령 직선제를 포함한 민중의 요구를 받아들일 수 밖에 없도록 했읍니다. 언론, 출판, 집회, 결사의 자유를 확대하였고 사면, 복권이 부분적으로 성취 되었읍니다.

하지만 6월투쟁의 성과는 부분적일 수 밖에 없었읍니다. 아직도 수많은 민중의 지도자들이 감옥에 갇혀있고 정치적 권리를 획득하지 못하고 있읍니다. 놈들은 아직도 민중운동을 좌경.용공으로 몰아붙이고 있읍니다. 6월투쟁의 성과는 분명 위대한 것입니다. 찔러봐야 피한방울 안나올 것 같았던 놈들에게서 민중의 투쟁으로 6.29선언이라는 양보를 얻어낸 것은 그 양보가 많건 적건간에 위대한 것입니다. 그러나 또한 여전히 칼자루를 쥐고 있는 것은 군사독재정권이라는 점을 분명히 해야 합니다.

언제까지 민중은 들러리여야 하는가?

6월 민중항쟁의 결과로 대통령직선제가 쟁취되었고 그에따른 개헌작업이 진행 중에 있읍니다. 6월투쟁은 누가 하였읍니까? 민정당인가, 민주당인가? 6월투쟁의 주체는 분명히 민중이었읍니다. 민중이 매맞고 감옥가고 최루탄에 맞고 목숨까지 잃었읍니다. 그런데 왜 개헌은 민정과 민주당의 전유물이 되어야 합니까? 과연 민주당과 민정당이 민중의 진정한 대표자이기 때문입니까? 민정당, 이놈들은 두말할 필요없이 민중의 적이요 민족의 반역자 집단입니다. 그러면 민주당은 어떠합니까? 6.29선언을 전후해서부터 광범위하게 터져나오는 노동현장에서의 투쟁에 민주당은 어떠한 태도를 취하고 있읍니까? 그들의 태도는 어정쩡한 그 자체입니다. 아무런 적극적인 태도표명도 하지 않고 슬쩍 넘어가기만 바라고 있읍니다. 노동현장에서의 투쟁에서 중간적 입장이란 존재할 수 없읍니다. 노동자의 편에 서던지 자본가의 편에 서던지 택일할 수 밖에 없는 것입니다. 그럼에도 불구하고 민주당은 애매모호한 태도를 취함으로서 결국 현실적으로 힘이 더 강한 자본가의 편을 들고 있는 것입니다. 노동문제 만이 아니라 구속자의 석방과 사면.복권문제에 대해서도 마찬가지입니다. 그들은 수많은 민주인사를 감옥에 가둬놓고있는 바로 그놈들과 슬슬 민중의 눈치를 살피면서 협상을 벌이고 있는 것입니다. 모진 탄압에도 굴하지 않고 꿋꿋하게 싸워나간 민중은 배제된 채 민정당 놈들은 6.29선언으로 제놈들이 민주화 다 한것처럼 허세를 부리고 있고 민주당은 6월투쟁의 성과를 챙기기에 급급하고 있읍니다.

우리는 6월투쟁 이후 광범위하게 나타나는 노동현장에서의 투쟁을 접하고 있읍니다. 그결과 미약하게나마 노동자의 이익을 확대시킨 것입니다. 우리 노동자가 노동현장에서 그토록 외쳐댔던 노동3권의 보장이라는 주장이, 그토록 불가능해 보이던 노동조합결성의 꿈이 6월투쟁의 결과 획득되어지고 있지 않읍니까? 그러나 아직도 민중세력은 정치적으로 결집된 힘을 발휘하지 못하고 있읍니다. 노동자 출신 국회의원은 한명도 없는 것이 현재 민중세력의 정치적 위치입니다. 민중의 요구를 청원하는 것이 아니라 민중의 대표가, 민중의 당이 당당히 주장해야 합니다. 그렇게 될 때 민중의 권리는 한층 진전될 것이고 더 나아가 진정으로 민중을 대표하는 민중의 정당이 정권을 장악한다면 민중의 권리는 확실히 보장될 것입니다.

선거는 민중에게 무엇인가

6월 민중항쟁으로 우리는 대통령을 우리 손으로 뽑을 수 있는 권리를 쟁취했읍니다. 이제 그 권리를 행사할 순간이 한발한발 다가오고 있읍니다. 국민대중은 대통령을 내손으로 뽑는 일로 꿈에 부풀어 있읍니다. 선거는 정권의 향방을 결정짓는 중요한 정치행사입니다. 그렇기에 선거의 시기에는 정치에 대한 국민의 관심이 고조되는 때입니다. 민중세력이 더이상 정치의 들러리가 아니라 당당한 정치적 세력으로 즉 수권세력으로 발돋움 해야 한다고 믿는 사람이라면 선거에 대하여 무관심하다는 것은 있을 수 없읍니다. 대통령선거는 이제 겨우 3, 4개월 남짓 남아있읍니다. 그럼에도 불구하고 선거에 대한 방침을 수립하지 못하고 있는 것은 민중세력을 양심세력에 온존시키려고 하는 것과 다름없읍니다. 더 이상 우리는 지야여서는 안됩니다. 온 국민의 관심이 쏠려있는 정치적 문제에 대하여 적극적으로 행동해야 합니다.

선거를 통해 민중은 무엇을 얻을 수 있을까? 선거는 민중세력이 정치세력으로 부상하는데 매우 유리한 장이 될 수 있읍니다. 독재정권의 후보와 당당히 정권을 놓고 겨루는 민중의 대표를 보고 누가 더이상 민중세력을 양심세력, 저항세력으로만 보겠읍니까? 또한 민중의 후보가 수백만 대중 앞에서, 텔레비젼에서, 민중의 주장을 열변으로 토해놓는 장면을 상상해 보십시요. 유인물 수백번, 수천번 내는 것보다 몇갑절 높은 효과를 볼수있는 것입니다. 더불어 선거를 통해 민중세력과 대중과의 결합정도를 개략적이나마 파악할 수 있는 것입니다.

민중의 대표를 대통령 후보로

민중은 민중의 독자적인 대표를 후보로 내세워야 합니다. 그렇게할 때에만 앞에서 말한 선거를 통해서 얻을 수 있는 것을 획득할 수 있읍니다. 현재 민중세력 내에는 민중이 독자적 정치세력으로 부상하는 것의 중요성을 간과한 채 김대중씨나 김영삼씨를 지지하는 방식의 선거에 대한 태도를 보이는 경향이 있읍니다. 그러면서 이러한 경향은 독자적 후보를 낼 경우 표가 갈려서 노태우에게 승리를 안겨줄 것이라고 주장하고 있읍니다. 김대중씨나 김영삼씨는 분명히 민중의 대표는 아닙니다. 김대중씨나 김영삼씨가 민중의 대표가 아니라는 것은 그동안의 그들의 언행에서 여실히 드러나고 있읍니다. 첫째, 자국의 이익실현을 위해 민중을 수탈하는 독재정권을 일관되게 지지해온 미국에 반대하는 자는 자신들의 동지가 아니라는 선언(6월투쟁 중 소위 '3비'선언 중에서) 둘째, 독점재벌에 대한 어정쩡한 태도 세째, 광주학살범의 처단을 방기하고 정치보복 금지 운운한 점 네째, 노동자의 투쟁에 대한 지원방기 등은 그들이 진정한 민중의 대표일 수 없음을 드러내고 있읍니다. 그들이 진정한 민중의 대표가 아닌한 그들이 선거에서 승리한다고 해도 민중의 요구는 부분적으로 수용될 수 밖에 없을 것입니다. 민중의 요구는 진정한 민중의 대표를 통해서만 관철될 수 있는 것입니다. 우리는 눈앞의 부분적 이익에 연연하여 민중의 정치세력화를 방기해서는 안됩니다.

이제 우리는 다가올 선거에 대비한 준비를 시작해야만 합니다. 온국민의 관심이 집중되고 있는 선거에 대해 더이상 머뭇거리고 주저해서는 안됩니다. 독자적 민중 후보를 내세워 민중의 정치적 위치를 가일층 높여야 합니다. 그러나 독자적 후보를 내는 일은 그리 쉬운 일은 아닙니다. 민중의 힘을 모아야 합니다. 하루 빨리 민중의 정치적 중심체를 형성하여 선거에 대비합시다. 그리하여 민중의 후보가 민중의 주장을 당당히 외치게 합시다.

군사독재 타도하고 민주정부 수립하자.

민중의 대표를 대통령 후보로 !

민족민주연합 결성하여 군부독재 끝장내자.

모든 구속자를 전면석방하고 사면복권 단행하라.

노동3권 완전 보장하라.

사상의 자유. 언론. 출판. 집회. 결사의 자유 쟁취하자.

1987. 8. 23.

- 반제반파쇼 민주노동자 일동 -

6. 29선언 2개월을 맞아 현 정권의 재도전에 대한 우리의 견해를 밝힌다.

1. 현 정권은 6·29선언의 백지화를 음모하고 있는가?

6.29선언은 말 그대로 국민의 눈물과 땀과 피로 싸워 얻은 것이지만 그것이 성실히 실천된다면 그 나름의 평가를 받을 수 있다고 우리는 생각하였다.

그러나 현 정권은 주요 양심범의 미석방 이석규 열사의 최루탄 살인 등 핵심대목에서 스스로 그 선언을 파기하고 있더니 최근 전대통령 회견과 김총리 담화를 통하여 민주화에 대한 재도전을 노골화하는 것으로 보이는 강권정책을 선언하고 있다. 정부 스스로가 '9월 위기설' '10월 위기설'을 유포시키며 새로운 대충돌을 유발하고 있는 것은 6.29선언을 스스로 파기하고 있는 것이다.

이에 우리는 현 정권에게 묻는다.

온 국민들의 뜻을 받들어 민주화를 할 것인가 아니면 다시 한번 국민들을 분노케 할 것인가?

2. 새로운 용공조작의 대옥사를 일으킬 것인가?

지난날 수 많은 민주투쟁과 민주인사를 폭력과 고문으로 용공분자를 조작 처벌한 현 정권이 여지껏 일언반구의 사과나 설명도 없이 아직도 그 주요 민주인사들을 구속시킨 채 오히려 정부가 민주화를 떠들고 있거니와 지난날 독재와 맞서서 민주화를 주장한 쪽이 어느 편이었는가를 밝혀야 할 것이다. 용공으로 몰린 민주인사인가? 광주만행으로 정권을 잡고 고문으로 민주인사를 구속한 현 정권인가?

그럼에도 현 정권은 또다시 용공 좌경 금지이라는 법적개념의 애매모호한 추상적 용어를 구사하며 민주운동에 도전하고 있다. 이것은 대대적인 새로운 옥사를 준비하고 있다는 뜻으로 밖에 이해할 수 없다.

오늘날 장기 군사독재 아래서 온갖 것을 빼앗기고 가지가지 설움과 천대와 억압을 받아온 노동자 농민 빈민을 말한다고 해서, 1천만 노동자를 일컫는 산업화 사회에서 계급과 계층의 이익과 그 정치참여를 주장한다 해서, 미래를 지향하는 청년학생이 주한미군의 재평가와 통일과 자주를 외친다고 해서, 그것을 처벌하겠다고 한다면 도대체 그것을 통해 유지하고자 하는 국가와 체제는 누구의 무엇을 위한 국가와 체제인가? 더구나 6.29를 기만이라고 주장한다고 처벌하겠다는 것은 이 정부의 사고수준을 완전히 의심케 한다.

현 정권은 국민의 절대다수인 노동자 농민 빈민으로부터 저주받는 체제를 이들은 탄압하면서 유지하려는 후진적 체제유지에 머물 것이 아니라, 이들이 온 국민과 함께 자기의 이익을 주장하면서 동참할 수 있는 체제로 전환하는 것이 민주화요 선진화임을 알아야 한다. 현 정권은 청년학생이 보다 이상적인 사회를 창조하고 북한 공산집단과 경쟁하여 그것을 극복할 수 있는 민족적 정통성과 실천역량을 키울 수 있도록 자유로운 상상력과 그 사회적 실천의 기회를 주어야 한다. 통일조국의 날 우리 청년 학생들의 민주자주투쟁의 경험과 자유롭고 창조적인 상상력은 우리 기성세대가 독립 민주투쟁에서의 열등감과 분단 냉전체제의 가위눌림 속에서 지낸 것을 비교한다면 얼마나 자랑스러운 자산이 될 것인가?

또한 민주화시대에 있어서 이념과 사상의 문제는 그것이 명백하고 현존하는 위험이 아닌한 사상의 자유시장에서 국민의 지지를 통하여 우위를 확보하도록 해야지 공권력에 의해 강요하려는 발상은 근본적으로 전환되어야 함을 지적한다.

우리는 김총리의 담화가 전면 철회되고 현 정부가 이성을 회복하기를 바란다.

3. 선거혁명을 통한 민주화를 방해하는 안팎의 민주화의 공적(公敵)을 경계한다

장기 군사독재를 청산하고 민주와 통일로 가는 길은 우리사회 전체의 혁명적인 민주전환을 필요로 하지만 우리는 선거를 통한 민간민주정부를 국민의 손으로 수립함으로써 이를 달성하고자 결의하였다. 이에 패배와 몰락을 예감한 반민주세력은 선거를 없게 하기에 온갖 꾀와 힘을 쓰고, 갖은 수를 써서 선거에 지지않도록 만들려하고, 선거에 져도 물러나지 않을 구실을 찾기에 안간힘을 다쓰고 있다.

그러나 지금부터의 투쟁은 그 목표와 방법이 보다 많은 국민의 성원과 지원을 받을 수 있는 것이 되어야 하며 그렇게 되도록 모든 노력을 기울여야 할 것으로 믿는다.

우리는 그동안 각계의 민주화 노력이 자제와 슬기 속에 진행되고 있다고 평가한다. 지나치고 급하다고 하기에는 그 억눌리고 시달리고 뺏긴 것이 너무 많았다.

지금부터의 우리 사회가 무너지는 독재자의 것이기 보다는 새로이 만들어가는 우리 국민의 것이라고 확신한다면, 우리는 좀 더 참고 아끼지 못할 이유가 없다고 생각한다.

우리는 다시 한번 국민적 단결과 조직화와 계속된 국민으로부터 사랑받는 민주투쟁으로 민주선거를 있게 하고 선거가 공명공정하게 치루어지게 하고 선거를 통하여 민간민주정부를 수립될 수 있도록 하는 민주 선거혁명에 총력을 기울일 것을 다짐한다.

1987년 8월 29일

민주헌법쟁취 국민운동본부

민주헌법 쟁취하여 민주정부 수립하자

—민주헌법 쟁취 국민운동 강원 홍천 지역 결성대회 결의문—

현 군사정권은 5·17을 계기로 대다수 민중들의 노도와 같은 민주화의 열망을 총칼로 무참히 짓밟고 숨통을 틀어막으며 등장하였다. 이러한 배경으로 출범한 현 정권은 자신의 존립을 지키기 위해 국민들의 눈과 귀와 입을 틀어막고 대다수 노동자와 농민들의 생존권을 박탈하여 왔다.

저임금과 열악한 노동 조건 속에서 허덕이는 1,000만 노동자의 현실을 보라!

자기 생존권적 몸부림과 표현의 침묵을 강요당하고 있으며 블랙리스트에 의해서, 생존권을 박탈당한 채 장시간의 고된 노동에도 불구하고 10여만 원 안팎의 낮은 임금에 허덕이고 있고 농촌에서는 국내외 독점자본과 농협의 횡포와 정부의 기만적인 농업 희생정책으로 1,000만 농민의 생계가 위협받고 있다. 생계비에도 미달하는 저곡가 정책과 400여 종이 넘는 엄청난 농산물을 수입하여 농가 경제는 파탄에 직면하고 폭력 수탈은 계속되고 있다.

더 이상 농민의 피와 땀으로 거둔 결실을 소수 특권 계층의 탐욕의 희생물로 바칠 수 없음을 우리는 인식해야 한다. 이렇게 민중의 생존권을 빼앗는 군부독재정권의 퇴진과 민주화를 요구하였다는 이유로 성고문을 당하고, 어두운 밀실에서 소리조차 지르지 못하고 극악한 고문에 의해 살해되어야 하는 이 끔찍한 현실을 앞에 하고, 우리는 더 이상 이 정권이 이 땅에 존재해선 안된다고 하는 사실을 확인한다.

온 국민은 '6·10대회'와 '6·26대회'를 통하여 이제는 폭력과 억압과 최루탄으로 국민의 민주화의 열기를 막을 수 없다는 것을 온 세상에 증명하였다.

이것은 우리 민족이 갑오농민전쟁, 3·1운동, 4월 혁명, 부마항쟁, 광주민중항쟁의 빛나는 전통을 이어받아 인류 자존을 수호하고 민주 국가를 건설하기 위한 민족 전통의 승리임을 보여주고 있다.

'6·10대회'와 '6·26대회'를 통한 '6·29 노태우선언'은 독재 권력에 대한 우리 민중의 승리였다. 소위 '6·29노태우선언' 중 형식적인 민주화 8개항인 대통령선거제 개헌, 대통령선거의 공정한 개정, 김대중 씨 사면복권, 구속자 대폭 석방, 기본권의 최대한 신장, 언론활성화, 지방자치제 및 교육자치제 조속 실현, 정당활동 보장, 사회 비리척결 등 모든 국민의 당당한 권리였던 것을 현 정권은 폭력과 고문과 살인으로 국민에게 빼앗아갔거늘 이제 국민의 힘에 의해 국민에게 되돌려주는 마당에 마땅히 현정권은 국민에게 속죄하는 마음으로 모든 권력에서 즉시 물러나야 당연한 것임을 천명한다.

그럼에도 불구하고 마치 현정권은 자신들이 베푼 선심인 양 왜곡 선전함으로써 이후 있을 직선제를 통해 또 한번의 집권을 시도하는 끈질긴 정권욕을 버리지 않고 있다.

또한 노태우에 의해 발표된 6·29선언에는 민주화의 가장 중요한 부분인 민중의 생존권 보장에 관한 조항은 전혀 포함되어 있지 않았다. 이는 바로 그들의 정체를 만천하에 드러낸 것이다.

이제 우리는 현 군부독재정권의 완전한 퇴진과 민주정부 수립 없이 민중의 생존권이 보장되는 진정한 민주화 실현이 있을 수 없다고 하는 사실을 여기서 다시 한번 천명해야 한다.

이에 우리는 현 군부독재 정권의 퇴진과 민주정부 수립을 바라는 홍천 지역 모든 국민들의 민주화 요구를 대변하기 위해 민주헌법 쟁취 국민운동 강원 홍천 지부를 결성한다.

1987년 9월 1일

민주헌법쟁취 국민운동 강원 홍천군지부

87年 대통령候補 4人의 支持度分析및 民主党候補 單一化에 따른 當選者 預測

＊年令別 支持度

1987. 9

(單位：阡名)

	有权者	盧泰愚		金泳三		金大中		金鍾泌		備考
20代	8,492	15%	1,274	40%	3,397	40%	3,397	5%	424	
30代	6,253	20%	1,251	40%	2,501	35%	2,188	5%	313	
40代	4,516	20%	903	45%	2,032	30%	1,355	5%	226	
50代	3,238	35%	1,133	40%	1,295	15%	486	10%	324	
60代	1,834	40%	734	35%	642	15%	275	10%	183	
70代以上	1,081	40%	432	30%	324	20%	216	10%	108	
	25,414	22.5%	5,727	40.1%	10,191	31.2%	7,917	6.2%	1,578	

＊(地域-年令) 平均支持度

(單位：阡名)

	有权者	盧泰愚		金泳三		金大中		金鍾泌		備考
地域	25,414	22.3%	5,667	40.2%	10,222	26.7%	6,780	10.8%	2,743	
年令	25,414	22.5%	5,727	40.1%	10,191	31.2%	7,917	6.2%	1,578	
平均	25,414	22.4%	5,697	40.1%	10,206	28.9%	7,349	8.5%	2,161	

＊ 民主党 후보 單一化

		盧泰愚		金大中 金泳三		金鍾泌		備考
金泳三사퇴	固定票	5,697	−	7,349	−	2,161	−	
	金씨票	5,103	50%	3,062	30%	2,041	20%	盧泰愚 當選 (42.5%)
	計	10,800	42.5%	10,411	41.0%	4,202	16.5%	
金大中사퇴	固定票	5,697	−	10,206	−	2,161	−	
	金씨票	2,205	30%	2,940	40%	2,205	30%	金泳三 當選 (51.7%)
	計	7,902	31.1%	13,146	51.7%	4,366	17.2%	

기만적 개헌안 반대하고, 헌법 제정민중회의 쟁취하자!

또다시 드러난 사이비 민주주의

"신동아, 월간조선, 군사팟쇼의 탄압으로 인쇄가 중단되다!"
"군사팟쇼의 외곽조직인 일해재단, 재무부, 증권감독원을 사주하여 2조원의 거액을 증권시장에서 챙기다!"
애국시민여러분!
전두환 노태우 일당은 6.29선언이후 마치 민주주의가 다된양 떠들어댔읍니다. 그러나, 보십시요. 우리 민중에게는 언론·출판·**집회·결사의 자유 등 정치적 자유가 전혀 주어지지 않았읍니다.** 지난 보름사이 무려 500여명의 노동형제가 구속되었읍니다. 소자지 반환을 요구한 농민도 구속되었읍니다. 민주주의와 민족통일을 염원하는 학생·청년·재야인사·종교인이 무더기로 구속되고 있읍니다. 통일을 염원하는 그림을 그린 학생까지 구속되었읍니다. 6.29선언이후에도 풀려나지 못한 수백명의 민주투사들이 이제 또다시 수백명이 철창신세가 되고 있읍니다. 군사팟쇼는 민주화로 간다고 떠들어대지만, 정치적 자유를 억압하기 위한 안기부·보안사·치안본부 등 살인고문기구는 날로 강화되고, 민중의 민주주의쟁취를 위한 투쟁은 제도언론에 의하여 6.29이전보다 더욱 매도당하고 있읍니다. 그러나, 군사팟쇼는 그러는 사이 챙겨먹을 대로 챙겨먹고 있읍니다. 민정당 고위당직자였던 임모 사건을 보십시오. 최근의 일해재단 증권조작사건을 보십시오. **박종철동지고문살인은폐조작사건을 지휘하였던 박처원 등이 풀려나고, 우리 민중 모두를 분노케한 범양사건의 진실은 오리무중입니다.** 민중의 정치적 자유를 억압하기 위해 살인고문을 자행하고, 재벌에게 비자금이나 얻어먹고 재벌일이라면 앞장서면서 민중에게는 갖가지 혈세와 횡포로 피땀을 쥐어짜는 악덕부패관리들이 아직도 버젓이 건재합니다. 국무회의는 재벌놈들의 거짓말을 들어주고 그것을 구실로 노동운동탄압대책을 세우고, 그것에 동조하는 목사들은 쇠고랑이 채워졌읍니다. 군사팟쇼는 민주화로 간다고 떠들어대지만 우리 민족의 제일의 소원인 민족 통일은 요원만합니다. 노태우는 신임장받으러 레이건에게 달려가고, 국방부장관 정호용은 미국의 핵무기가 필요하다며 삼천리강산을 언제 잿더미로 만들지모를 양키놈들의 핵무기를 공공연히 두둔하고 있읍니다. 그러나, **우리 민중은 양키놈들의 핵무기가 얼마나 배치되어 있는지 알 자유도 없고, 그것을 철거하라고 말할 자유도 없으며, 민족통일을 외치면 물고문·전기고문·성고문으로 갈갈이 찢기고 감옥에 처넣어집니다.**
애국시민 여러분!
노태우의 소위 6.29선언은 거짓민주주의, 사이비 민주주의입니다. 이제 그것은 신동아·월간조선에 대한 인쇄중단으로 또다시 명백하게 드러나지 않았읍니까? 군사팟쇼는 그 추악한 본모습을 더욱 적나라하게 드러내면서 민중의 숨통을 완전히 누르기 위해 한발 한발 다가오고 있지 않습니까?

팟쇼와는 타협없다! 쟁취하자민중민주주의!

애국시민여러분!
우리가 바라는 민주주의는 무엇입니까? 민중이 주인되는 것입니다. **억압과 착취가 없어져서 민중 모두가 참다운 자유와 행복을 누리는 것입니다.** 세계에서 가장 장시간을 노동하면서 생계비에도 못미치는 쥐꼬리만한 임금을 받는 나라, 세계에서 가장 산재해가 많아서 한해에, 2,000여명씩 전쟁을 치루듯 죽어야 하는 나라, 세계에서 가장 교통사고가 많은 나라, 민족이 두동강나고 양키놈들이 나고 양키놈들이 가장 마음대로 짓밟을 수 있는 나라, 이러한 치떨리는 가난과 고통, 치욕에서 벗어나는 것입니다. **그것이 바로 민중민주주의입니다.** 민중민주주의는 첫째, 민중 모두에게 언론, 출판, 집회, 결사 등 완전한 정치적 자유가 보장되어야 합니다. 둘째, 온갖 부를 독식하며 민중생활을 도탄에 빠지게 하고, 독식한 부를 해외에 빼돌리고 흥청망청 향락과 사치를 누리기 위해 갖은 횡포를 다하는 독점재벌이 사라져야 합니다. 세째, 살인고문기구 치안본부·안기부·보안사가 해체되어야 합니다. 네째, 모든 부정·부패·악덕 관리가 민중의 손으로 처벌되어야 합니다. 다섯째, 집시법, 국가모독죄 등 재반 팟쇼악법이 철폐되어야 합니다. 여섯째, 분단된 조국이 통일되어야 합니다. 일곱째, 삼천리강산을 언제 잿더미로 만들어버릴지 모를 양키놈들이 멋대로 갖다 놓은 핵무기가 사라져야 합니다. 이와같은 것이 과연 미제와 군사팟쇼가 있는 가운데 이루어질 수 있겠습니까? 결코 안됩니다. 오직 하나 민중혁명으로만이 민중민주주의는 쟁취될 수 있읍니다. **미제국주의가 이땅에 존재하는 한 민주주의는 이룩될 수 없읍니다.** 우리 민중은 80년 광주민중학살의 배후조종자 미제국주의에대한 분노를 결코 잊을 수 없읍니다. 놈들은 기만과 탄압으로 민중의 민주주의에대한 열망을 억누른 뒤 신임장을 받기 위해 워싱턴으로 날라간 노태우에게 "고무적이고 다행스러운 일"이라며 민중탄압을 더욱 부추기고 있읍니다. **팟쇼와의 타협으로는 결코 민중민주주의가 이룩될 수 없습니다.** 오늘 우리가 만날 김대중씨. **그가 대통령이 된다고 민주주의가 되겠읍니까?** 그는 군사팟쇼의 탄압으로 모진 고난을 겪어온 사람입니다. 그에 대한 군사팟쇼의 탄압은 아직도 계속되고 있읍니다. 그에 대한 군사팟쇼의 탄압을 우리 민중은 단호히 응징하여야 합니다. 그러나, 그는 정치보복금지라는 미명하에 학살원흉, 악덕부패관리의 처벌을 민중에게 하지 말것을 주장합니다. 군사팟쇼의 극악무도한 폭압에대한 민중의 단호한 투쟁을 비폭력이라는 미명하에 자제하라고 이야기합니다. 그는 미제국주의 축출에 대한 어떤 이야기도 하지 않은 채, 양키놈들에게 자기를 지원해달라고 추파를 던집니다. 그는 군사팟쇼와의 타협으로 이루어진 기만적인 개헌안에 의한 대통령출마를 꿈꾸고 있읍니다. **그는 민중민주주의의 쟁취를 두려워하는 것입니다. 결국 그는 우리 민중에게 팟쇼와 타협할 것을 설교하고 있읍니다.**
애국시민 여러분!
팟쇼와의 타협으로 민주주의는 이룩될 수 없읍니다. 미제국주의를 이땅에서 완전히 축출하고 군사팟쇼를 철저히 타도하는 민중혁명에 의하여 민중민주주의를 쟁취합시다!

기만적개헌안 반대하고, 헌법제정 민중회의 쟁취하자!

애국시민여러분!
군사팟쇼와 민주당의 타협에 의해 기만적 개헌안이 완성되었읍니다. 군사팟쇼의 사이비 민주주의에 민주당이 기세한 것입니다. 팟쇼와 민주당은 기만적 개헌안으로 민주화로 가고 있는 양 떠들어대지만 개헌협상중에도 민중탄압은 계속되었고, 개헌 협상이 끝나자 더욱 노골화되고 있습니다. 기만적 개헌안은 민중이 제정하지 않은 것은 물론 논의조차 할 수 없읍니다. 그, 군사팟쇼의 반동적 폭압기구는 모두 건재하고, 새로운 헌법내용은, 조문 몇개 뜯어고쳐서 민중을 우롱하는 것뿐입니다. 소심 짝이 없는 대한변호사협회나 학자들조차 불만을 말하고 있지 않습니까? 이제 민중에게는 국민투표로 추인해주는 요식행위만 남아있을 뿐입니다.

애국시민 여러분!

기만적 개헌안을 단호히 반대합시다. 모든 이웃, 직장 동료들과 함께 반대운동을 전개해 나갑시다. 기만적 개헌안에 대한 대를 통해 사이비 민주주의를 거부하고 참된 민주주의를 열망하는 민중의 단호한 의지를 보여줍시다. 기만적 개헌안에 대한 대운동을 통해 우리 민중이 진정으로 쟁취해야 할 참된 민주주의의 내용과 그것을 실현하는 길 그리고 참된 민주주의하에 제정될 헌법에 대한 토론을 광범하게 조직해나갑시다.

애국시민여러분!

그러나 기만적 개헌안에 대한 반대만으로는 민주주의는 쟁취되지 않습니다. 기만적 개헌안에 대한 단호한 반대운동은 헌법제정민중회의 취를 위한 투쟁으로 나아가야만 합니다. 헌법제정민중회의는 민중이 헌법의 제정권과 논의권을 실질적으로 갖는 곳입니다. 노 자는 노동자대표를 농민은 농민대표를, 상인은 상인대표를 사무원은 사무원대표를 학생은 학생대표를 뽑아야 합니다. 그리고 지역 주민은 지역주민대표를 뽑아야 합니다. 그 대표들이 모여 국가기구를 구성하고, 거기에서 민중을 위해 일할 모든 관리 선출하고 임명해야 합니다. 그 관리들은 자기를 선출하고 임명한 민중에게 정기적으로 보고할 의무를 지녀야 합니다. 민중은 든 관리에대한 소환권 · 파면권 · 기소권을 가져야 합니다. 그래야만 민중의 이익에 반하는 악덕부패관리가 사라지고, 박종철군 문치사사건이나 범양사건에서처럼 한통속인 검찰이 조작 · 은폐하는 일이 사라질 것입니다. 그러할 때만이 모든 행정은 민중 이익에 맞게 실현될 것이고, 민중 모두에게 참다운 자유와 행복이 보장될 것입니다.

애국시민여러분!

이 땅을 학살의 도가니로 만드는 한이 있더라도 민주주의를 끝까지 막아보려는 미제국주의와 군사팟쇼를 완전히 타도 해야 헌법제정민중회의는 쟁취될 수 있읍니다. 오직 민중혁명으로만이, 민중의 무장된 힘에 의해서만이, 헌법제정민중회의는 쟁취되고 중민주주의가 이룩될 것입니다.

— 우리의 결의 —

기만적 개헌안 반대하고, 쟁취하자 헌법제정민중회의.!

팟쇼와는 타협없다.! 쟁취하자 민중민주주의.!

민주투사 구속만행, 팟쇼와는 타협없다 혁명으로 타도하자.!

민주투사 완전석방, 학살원흉 처단하자.!

미제국주의 축출하고, 군사팟쇼 타도하여 헌법제정민중회의 쟁취하자.!

헌법제정민중회의 쟁취하여, 민주주의 민중공화국 건설하자.!

1987. 9.

전국반제반팟쇼 민족민주투쟁위원회

결 의 문

우리 국민은 군부독재를 종식시키고 이 땅에 민주주의를 확립하기 위해, 80년 5월 광주민중항쟁 속에서 수많은 희생을 치르었을 뿐만 아니라, 많은 노동자, 농민, 청년, 학생이 목숨을 바쳤고, 수천명의 학생, 민주인사가 투옥을 무릅쓰고 싸워왔으며, 수백만의 국민들도 폭력적이고 기만적인 살인정권에 항거하였다.

2.8, 3.3, 5월의 피나는 독재와의 싸움 속에서 민주화를 위한 초석을 다져 마침내 6월 투쟁의 결과 군사독재 정권의 6.29굴복선언을 획득했다. 그러나 직선제가 되고 개헌안이 타결되었지만, 아직도 군부독재는 청산되지 않았고 민주화가 이룩된 것은 더욱 아니다. 그러므로 국민의 삶과 우리의 역사를 바로잡고, 자주적 민주국가를 건설하기 위해서는 군부독재 세력과 반민족적 세력의 획책을 더이상 허용해서는 안된다. 즉 민주화와 민족통일을 이룩하기 위해서는 국민대중의 단결된 노력이 필요하다.

이에 우리 국민운동은 모든 민주적, 진보적, 양심적, 애국세력이 통일·단결하여 군부독재를 종식시키고, 우리 사회의 반민주적 제악법 및 사회악의 철폐, 모순된 사회제도를 시정하며, 경제적 재화분배의 공정화와 사회적 형평의 실현을 통해 노동자, 농민을 비롯한 전 민중이 참다운 민주세상에서 인간다운 삶을 보장하기 위한 운동을 전개할 것이다.

진정한 민주화가 실현되기 위해서는 나라의 경제발전의 주역이면서 독재정권과 독점자본에 의해 희생된 노동자, 농민, 도시빈민의 생존권은 보장되어야 하며, 우리의 선봉에서 군부독재 정권과 투쟁하다가 좌경·용공으로 조작된 민주인사를 비롯한 민주화 투쟁과정에서 투옥된 모든 양심수들과 생존권 투쟁 중에 구속된 민주 노동자들은 즉각 석방되어 민주국가 건설에 동참할 수 있어야 한다.

또한 군부독재를 완전히 물리치고 민주정부를 이룩하기 위해서는 재반 민주투쟁 뿐만아니라, 선거전에서도 군부독재정권의 불공정, 부정 선거운동·투표는 용납하지 말아야 하며, 이를 위해서 공정선거를 확보하기 위해 국민이 적극 참여·감시하여 민주세력이 기필코 승리하도록 하여야 한다.

그리고 우리는 외국과의 모든 불평등 조약·협정철폐, 간섭배제, 자주적 민족경제의 확립을 통해 이 땅의 자주화와 민족통일을 이룩하여야 한다.

이와 같이 이 땅에 민주, 자주, 통일 위해 우리의 모든 노력을 경주할 것을 다짐하며, 다음과 같이 우리의 결의를 밝힌다.

= 우 리 의 결 의 =

- 청원군민 단결하여 군부독재 끝장내자.
- 군부독재 끝장내고 민주정부 수립하자.
- 민주정부 수립하여 민족통일 앞당기자.
- 살인농정 수입개방 군부독재 몰아내자.
- 농축산물 생산비 보장하고 농협민주화 쟁취하자.
- 천만농민 단결하여 농민권리 쟁취하자.
- 자주정부 수립하여 외세압력 물리치자.

1987년 9월 12일

민주헌법쟁취국민운동충북청원지부결성대회참가자일동

민주인사를 모함하는 독재정권의 하수인 대전일보를 규탄한다.

우리는 대전일보의 9월 14일자, 9월 16일, 17일자에 실린 국민운동 충남본부 원형수 공동의장에 대한 계획적이고 악의에 찬 왜곡 편파보도에 대해 경악과 분노를 금할 수 없다. 대전일보는 지난 9월 14일자 제3면 「시야비이」란에서 김대중 국민운동본부고문 래전환영 만찬석상에서 환영사를 한 원형수 민주헌법쟁취 국민운동충남본부 공동의장의 환영사를 기사화하는 과정에서 '수해가천벌'이라는 등 실제 환영사의 내용을 거두절미하고 왜곡 보도함으로써 충남도민의 여론을 오도하여 원형수 의장 본인은 물론 나아가서는 국민운동 충남본부의 명예를 여지없이 실추켰다.

원형수 공동의장은 이날 만찬 환영사에서 이나라의 민주화를 위해 싸우다 16년동안이나 고난과 박해를 받아온 대중 의장을 충청도민의 이름으로 환영하며 이는 어느 한 인사를 대통령 후보로 지지하는 것이 아니고 민주주의 실현하려 애써 싸워온 민주인사를 환영하는 것이며, 같은 의미에서 김영삼 민주당 총재가 충청도에 내려온다 해도 리는 똑같은 환영을 할것임을 밝히고 후보단일화가 전국민의 소망이자 충청도민의 여망이므로 이에 대한 김대중 장의 성의있는 노력으로 반드시 이루어질 것을 간곡히 당부하였다. 또한 원의장은 수해가 났을때 사실상 그 지역 실질적 수해대책위원장이라는 말을 들을 정도로 수해복구작업에 전 신도와 함께 헌신적으로 참여하면서 수해지역 종횡무진으로 누비던중 만났던 어느 노인으로부터 80년 광주항쟁과 관련하여 "충청도 사람들이 말할때 말하지 않 행동할때 행동하지 않아 이번 수해도 천벌을 받은게 아니냐?"는 역설적인 말을 듣고 너무나 충격적이었고, 가슴 아팠었다. 충청도 사람들이 이런 말을 들어서야 되겠느냐? 그러나 충청도 사람들은 이번 6월 민주화국민대항쟁 통해 충청도 사람들의 저력을 유감없이 발휘했다 라고 충청도 사람들의 이땅의 민주화에 대한 열망과 무서운 잠재을 만찬에 참석한 여러 인사들에게 강조하였다.

이에 대해 9월 14일자 중앙일보에서는 후보단일화가 이루어져야 한다는 원의장의 본뜻을 싣고 있는데 반해 대일보에서는 이와 같은 내용이 모두 빠지고 특정부분을 왜곡 강조하여 민중의 공기로서 국민의 건전한 여론을 형성켜야 할 언론의 책임을 망각, 본인 및 그가 소속된 민주운동 단체에 엄청난 피해를 주고 있는 것은 그 저의가 과 어디에 있는지 의심하지 않을 수 없다. 더우기 이와 같은 왜곡보도에 대해 15일 국민운동 충남본부의 항의를 받았에도 불구하고 대전일보는 또다시 16일자 11면 '삼면경'을 통해 이러한 왜곡 강조기사를 3단 박스기사로 크게 취하여 또한번 원의장의 명예를 짓밟음으로서 이것이 단순한 왜곡 보도가 아니라 민주인사와 단체를 계획적으로 모하려는 불순한 저의에서 비롯된 것임을 노골적으로 드러내었다. 문제의 기사는 어용단체인 평화통일 대전중구협의회원인 배완섭씨(중구 용두2동 118번지)가 9월 14일자의 왜곡된 대전일보기사에 부화뇌동하여 사실여부도 확인지 않고 '충청도민에 대한 모욕'이라는 이유로 충남도경에 명예훼손죄로 구두고발 하였다는 것인데 동일자 조선보에서는 그러한 고발이 성립될 수가 없으므로 경찰은 이를 받아들이지 않았다는 사실을 밝히고 있는데 반해 대일보에서는 마치 원의장이 충남도경에 고발되어 있는 것처럼 또한번 왜곡 편향보도를 했던 것이다.

사실 원형수 목사는 국민운동 충남본부의장으로서 강경지역에서 이번 수해에 누구보다도 가슴아파하고 앞장서 수해농민을 위해 현금 8,000여만원, 구호물품 50개 트럭분, 시멘트 2,000포대를 모아 전해주는등 물심양면으로 수해복구에 신해 왔음은 강경지역 수해민들 자신이 너무나 잘 알고 있다. 그럼에도 불구하고 이와같은 대전일보의 일련의 왜곡도와 원색적인 명예훼손 행위는 독재권력에 기생하여 구차하게 연명해온 관제언론의 본색을 그대로 드러낸 것이 대전일보사의 주인이 민정당 대전 동구 국회의원 남재두씨와 직접적인 연관이 있는 점 등으로 보아 이는 분명 의적이고 계획적인 민주운동단체와 민주인사에 대한 악의에 찬 중상모략으로 밖에 볼 수 없다.

또한 대전일보는 권력의 비호를 받는 유일한 지역신문이라는 유리한 점을 이용, 그동안에도 어용언론기관의 선이자 독재정권의 앵무새로서 국민들의 열화와 같은 민주화투쟁과 노동자들의 생존권투쟁을 왜곡 매도하는데 앞장왔다. 특히 지난 6월 29일 최루탄 추방운동을 벌이는 인권선교위원회와 기독여성단체 모임을 매도하고 주변시민 상인들이 불평했다는 등의 기사를 6월 30일자 7면에 게재함으로서 사실을 왜곡한 적이 있었다.

도대체 최루탄 추방운동이 국민들의 지탄을 받는다면 8월 22일 최루탄에 의해 또다시 희생당한 고 이석규 민주동열사는 국민들이 살해하기를 원했단 말인가? 우리는 그동안 대전일보가 이 지역의 유일한 일간신문인 점을 감각별한 관심과 애정을 가지고 지켜보아왔다. 그러나 대전일보는 이러한 충남도민의 기대는 망각한채 군부독재의

으로서의 역할을 계속해서 충실히 수행함으로써 번번이 우리의 기대와 희망에 찬물을 끼얹어 왔었다.

우리는 엄숙히 경고한다. 대전일보는 국민을 우롱하는 작태를 즉각 중지하라. 군부독재와 민정당의 기관지로 전락한 대전일보는 보도의 공정성을 회복하여 지역언론으로서의 언론의 책임과 지역사회의 참된 발전을 위해 노력하라. 계속해서 대전일보가 국민을 우롱하고 국민을 분열시키는 지방색 조장에 앞장선다면 우리는 국민운동의 이름으로 대전일보 추방운동을 벌일 수밖에 없음을 분명히 밝힌다. 대전일보가 그동안의 행위를 반성하고 충청도민 앞에 사과하지 않는한 우리는 우리지역에서 독재정권의 시녀로 전락한 대전일보가 영원히 추방될때까지 싸워나갈 것이다.

一、지금 즉시 우리 모두 대전일보의 왜곡편향 보도를 항의합시다. (대전일보사 : 253－3311～20)

一、공정보도가 이루어질때까지 대전일보 불매운동을 벌입시다.

1987. 9. 18

민주헌법쟁취 국민운동 충남본부

(대전시 동구 정동 31-1 YMCA회관 601-A호)
전화 : 254-6720

민주인사에 대한 대전일보의 왜곡보도

9.14

9.16

水害를 天罰로 표현牧師發言
忠淸道民 명예훼손" 道民고발

9.14

水害를 천벌로 말씀하신 원형수 목사께 드리는 글

大田市 중구 용두2동 1백18의 1 배완섭 〈평통위원〉

9.17

4백50만 忠淸人 가슴에 못질
놀라움·분노에 몸과 마음떨려

朝鮮日報

9.16

민주인사에 대한 대전일보의 왜곡보도

국민운동 충남본부 공동의장인 원형수 목사님은 9월12일 김대중씨의 대전기념 환영만찬 석상에서 「김고문의 대전방문을 환영하며 이러한 환영은 민주인사에 대한 것으로 김영삼 총재가 래전하더라도 똑같이 환영할 것이다. 민주화에 함께 노력하자」라는 요지의 연설을 했던 바. 이 기사를 취급한 대전일보는 위에 예시한 9.14일자 시야비야 난에서 원의장의 연설을 인용, 「충청도 사람들이 행동하지 않아 수해를 입는 천벌을 받았다」고 보도,

기실 그 내용인즉 위의 인용은 어느 노인에게 들었다는 말로 「노인의 말을 듣고 가슴이 아팠다. 그러나 충청도민은 6월 국민 항쟁을 통해 그 저력을 유감없이 발휘했다」는 내용의 뒷부분을 거두절미함으로서 마치 원의장이 충청도민에게 폭언을 한것인양 왜곡보도, 민주인사와 도민을 이간시키려는 책략을 서슴치 않았다. 더욱 가관인 것은 16일, 17일의 연속된 왜곡기사 게재로 국민운동본부에 대해 정면도전을 선언하고 있다.

같은 내용을 취급한 중앙 조선일보의 기사와 대전일보의 기사를 비교할 때 독재정권의 하수인으로서 그 어용성이 여실히 드러나는 것이다. 민주대도에 역행하는 대전일보사의 작태에 대해 심히 유감스럽게 생각하며 대전일보의 뼈를 깎는 반성과 사죄를 요구한다

민주헌법쟁취 국민운동 충남본부

범국민 대통령후보 추천을 위한 민통련의 입장

우리는 지난 6월의 역사적 민중항쟁을 통해 군사독재정권의 '4·13호헌' 책동을 분쇄하고 대다수의 국민이 원하는 직선제 개헌을 쟁취하는 뜻깊은 승리를 거두었다. 미·일 외세의 정치·경제·군사·문화적 침탈과 군사독재정권의 폭압아래 굴종과 침묵만을 강요당해온 민중은 군사독재 타도와 민주헌법 쟁취를 외치며 총궐기했던 것이다.

지난 80년 5·17의 군사쿠데타로 권력을 탈취한 군사독재정권은 휘몰아치던 폭발한 민중의 투쟁에 놀라 기만적인 '6·29 선언'을 황급히 발표했다. 전두환·노태우 일당은 '6·29 선언'을 통해 민중의 투쟁열기를 식히는 한편, 직선제 개헌을 주도하면서 군사독재 연장 음모를 교활하게 추진해 왔다.

그들은 지난 7·8월에 노동자들의 투쟁이 전국에서 격렬하게 전개되는 과정에서 제도언론을 조종하여 노동운동의 '과격성'과 '파괴성'을 왜곡·조작하면서 6월항쟁 이전보다 가혹한 대탄압을 시작했다. 최근에만도 5백명 이상의 노동자가 구속되어 감옥은 다시 양심수로 가득차게 되었다.

한편 민주당은 6월항쟁에서 확인된 전국민의 민주화 열망을 외면한 채 밀실에서 진행된 8인정치회담을 통해 굴욕적인 '합의개헌'을 읽어냈을 뿐이며, 7·8월의 노동자투쟁에 대해서는 적극적 해결책을 제시하지 못하고 오히려 '노사분규의 자율적 해결'을 강조하면서 1천만 노동자의 결사적인 생존권투쟁을 방관했다. 또 최근에는 국민적 여망인 대통령후보 단일화 문제를 놓고 계파의 경쟁에만 몰두하고 있다.

군사독재를 타도할 수 있는 결정적 시기인 이번의 대통령선거 과정에서 민중의 정치·경제적 요구를 수렴하는 것이 무엇보다도 중요하다고 판단하는 민통련은 민주화와 민족통일의 역사적 전환점이 될 현재의 국면에 대한 정치적 입장을 다음과 같이 밝힌다.

첫째, 우리는 지난 6월항쟁에서 떨쳐 일어난 민중의 의지를 한데 모아 자주적 민주정부를 수립하고 민족의 자주화와 통일을 이루기 위해 적극 투쟁해 나갈 것이다. 우리는 이 투쟁의 과정에서 민중의 직접·보통선거에 의한 민선민간정부의 수립이 자주적 민주정부로 가는 매우 중요한 선행단계임을 분명히 인식한다.

둘째, 전두환·노태우 일당은 80년 광주학살의 원흉이며, 지난 7년간 공포와 부패의 정치를 이끌어온 주역으로서 민주화의 대열에 동참할 자격이 없다. 특히 노태우는 '6·29 선언'이 민주화를 위한 결단인듯이 국민을 기만하고 있으나 이것은 군사독재의 장기집권 음모의 일환임이 명백하다. 우리는 민주화의 의지가 전혀 없고 대외적 예속과 독재만을 강화하려 드는 전두환·노태우 일당이 즉시 퇴진할 것을 강력히 촉구한다.

셋째, 우리는 전두환·노태우를 퇴진시키고 민선민간정부를 수립하는 데 있어서, 선거에 대한 대응과 반군사독재 민주세력의 후보선정 문제에 대한 방관적 자세를 취하는 것은 국민의 염원을 소홀히 여기는 무책임한 태도라고 생각한다. 우리는 이번에 실시될 대통령선거는 민중이 6월항쟁에서 피와 땀으로 쟁취한 전리품이라고 단정한다. 따라서 현재 민주당의 양대 계보가 벌이고 있는 아집과 독선 일변도의 후보대결은 지양되어야 하며, 이번 선거에 나설 후보는 결코 민주당의 단일후보가 아니라 범국민적 지지를 받는 민중의 후보가 되어야 한다고 엄숙히 선언한다.

넷째, 범국민적 대통령후보는 최소한 민족의 운명이 걸려있는 다음과 같은 문제들에 대해 국민앞에 명명백백히 견해를 밝히고 국민의 심판을 겸허하게 받아들여야 할 것이다.

1) 국민의 열망인 자주적 평화통일이 지상과제임을 인식하고 이것을 실현할 구체적 방법을 천명해야 한다.

2) 노동자·농민·도시빈민 등 기층민중의 생존권 보장과 기본권 보장이 한국사회 모순 해결의 가장 중요한 과제임을 올바로 인식하고, 이에 대한 정책을 공표해야 한다.

3) 한국사회 모순의 재생산은 매판적 독점재벌에 기인함을 인식하고 재벌경제의 청산 등에 관한 정책을 제시해야 한다.

4) 반외세 민족자주의 문제가 민족의 자존을 드높이고 민족통일을 결정적으로 앞당길 것임을 자각하고 대미·대일 정책의 원칙과 그 구체적 내용을 명백히 제시해야 한다. 아울러 반전·반핵운동이 민족 생존의 관건임을 인정하고 이 운동의 활성화를 위한 방안을 마련해야 한다.

5) 분단 42년의 치욕의 역사속에서 학문과 사상, 연구의 자유가 철저히 제한되어 왔음을 통렬히 비판하고, 이 자유를 보장하고 신장할 수 있는 교육·문화정책을 제시해야 한다.

우리는 이상의 문제에 대해 분명한 정책을 제시하여 전국민적 공감을 일으킬 수 있는 인사가 후보가 되어야 한다고 믿는다.

마지막으로 우리는 민통련의 이러한 정치적 요구를 최대한 수용하는 범국민적 후보를 선정하기 위해 우리 모두가 성실한 자세로 단일화 작업에 나설 것을 다짐하면서, 전국민이 군사독재의 종식과 자주적 민주정부 수립을 위해 선거국면에 적극 대처할 것을 촉구한다. 우리는 이와 아울러 민주세력 전체가 부분적 견해차이를 극복하고 일치단결하여 군사독재 타도에 나설 것을 간곡히 당부한다.

1987년 9월 26일

민주·통일민중운동연합

서울민주·통일민중운동연합
강원민주·통일민중운동연합
경북민주·통일민중운동연합
경남민주·통일민중운동연합
인천지역사회운동연합
충북민주운동협의회
충남민주운동협의회
전북민주화운동협의회
전남민주주의청년운동연합
부산민주시민협의회

가톨릭노동사목전국협의회
한국가톨릭농민회
한국기독교농민회총연합회
가톨릭여성농민회
민주화운동청년연합
민중문화운동연합
자유실천문인협의회
민주언론운동협의회
민중불교운동연합
천주교정의구현전국사제단

군부독재의 종식과 자주·민주·통일은 온 국민의 소망입니다

과연 어떤 사람이 어떻게 대통령후보로 결정되어야 할 것인가

천만 노동자, 애국시민 여러분!

밤늦은 포장마차에서, 각 직장과 가정에서—날이 갈수록 온 나라 국민의 관심은 과연 김영삼, 김대중 단일후보는 이룩될 수 있을 것인가. 그렇다면 누가 되어야 할 것인가에 집중되고 있읍니다 6월 국민투쟁으로 우리가 획득한 직선제가 단지 부분적인 승리였기에, 광주학살의 주범 노태우가 겁도없이 대통령후보, 민주화조치를 떠들며 미국에 쫓아가 아부하고, 저 생각만 해도 치떨리는 유신독재의 본당 김종필이 참으로 뻔뻔하게 국민의 심판 운운하는 지금, 우리의 관심과 바램은 더욱더 절실할 수밖에 없는 것입니다. 그러나, 신문·방송 그 어디에서도 속시원히, 이야기 하기는 커녕, 온갖 외국기사 나부랑이를 끌어다가 우리의 생각을 어지럽히고 각종 걱정거리만 안겨주고 있는 현실 속에서, **이제는 우리가 우리 1천만 노동자와 애국시민이 나서서 뚜렷한 입장으로 요구하고 제시해야만 할 때가 온 것입니다.**

여러분! **우리가 대통령을 옳게 뽑고자 하는 것은 무엇 때문입니까.** 그것은 한 인물이 내 고향 사람이라서가 아니요, 그 인물이 잘나고 못남 때문이 아니라, **바로 온 국민의 열망인 '독재타도'와 '민주쟁취'를 획득하기 위해섭니다.** 오늘 이 자리와 같은 정치집회가 가능한 것도, 바로 이러한 우리의 열망이 6월 민주화 국민투쟁과 7·8월 전국 노동자의 투쟁으로 터져나온 결과로 얻어낸 것이지 않습니까. 지난 6월 엄청나게 쏘아대는 최루탄에 맞서 온몸으로 싸워온 용감한 시민에서부터 물을 떠나른 아주머니, 마음의 응원을 보내준 할아버지, 국민학생들 모두가, 더 길게는 지난 40년간 독재에 항거해온 **온 국민 모두가 바로 오늘 이 자리의 주인이며, 독재를 타도하는 매듭인 대통령후보 선택의 주인인 것입니다.** 바로 이 점이 우리가 후보단일화든, 만의 하나 단일화가 안되든, 후보결정을 바라보는 대원칙이자 출발이 되어야 합니다.

— 현재 단일후보 결정은 민주당 내 문제가 아니라 범민주·국민의 문제입니다.

후보결정이 가능해진 것도 국민의 힘이요, 국민의 힘으로 결정된 후보라야 독재일당과 과감히 맞서 싸울 수 있읍니다. 따라서 단순히 빠른 시일내에 후보가 단일화되어야 한다'는 말로 민주당내 양 파벌이 꿍짝꿍짝 결정될 수는 결코 없읍니다. 그 결과는 민주당만의, 혹은 한 파벌만의 이익에 의한 야합이요, 나아가 군부독재를 종식시킬 기본적 힘이 없는 후보단일화, 국민에 대한 배신이 될 것입니다. 후보는 민주당만의 후보가 아니라, 진정 민주화를 가능케한 전국민·전민주 세력의 후보가 되어야 합니다.

— 그 결정은 누가 할 것인가.

그 결정은 마땅히 국민의 손에 맡겨진 것입니다. 민주당이나 우리 국민들 사이에서도 '단일화는 양 김씨가 알아서 결정할 문제다'는 말이 있으나, 이 중차대한 문제가 어찌 양 김씨의 것입니까. 저 엄청난 독재일당과의 싸움을 양 김씨만이 감당할 수 있겠읍니까. 오로지 주인인 국민의 힘이 아니고서는 그 인물이 아무리 뛰어나도 필연코 패배할 뿐입니다. 단일화의 문제는 국민이 결정합니다. 항간에는 신문·방송보도나 민주당 내에서까지 '김대중은 미국이 꺼려한다' '군부가 극도로 싫어한다'며 이것이 마치 후보의 기본 조건인양 말하고 있읍니다. 이게 대체 무슨 말입니까. 말그대로라면 대통령후보를 결정하는 주인이 미국이나 군부라는 것인데, 그렇다면 무엇때문에 온 국민이 6월 한달 내내 피어린 투쟁을 했단 말입니까. 우리는 우리가 우리나라의 민주화를 꽃피우고, 대통령을 결정하고, 나라의 주인이 되고자 싸워온 것입니다. **바로 우리가 싸웠고 주인이며,. 후보결정의 열쇠도 우리 국민이 쥐고 있는 것입니다.**

— 어떻게 결정할 것인가?

따라서 양 후보 모두 진실로 그가 독재의 끝장을 바라는 국민의 열망에 값하고, 국민의 요구를 받들어 민주화를 하겠다면은 마땅히 국민 앞에 나와 자신의 뜻과 정치일정을 밝히고, 국민의 힘을 얻어내야 합니다. **오늘과 같은 정치집회와 공청회 등 대중과의 만남을 거쳐, 국민에게 묻고, 결정에 승복해야만 할 것입니다.** 그렇게 돼야 국제정세니, 국제경제니 복잡한 것을 모르는 국민들도 '아하' 하고 똑똑히 후보를 결정할 수 있고, 이것이 바로 민주적인 결정 과정이 될 것입니다. 또 그 결정에 대한 책임을 참으로 전국민이 함께지고, 외세와 군부로부터 지켜낼 수 있는 것입니다.

— 후보는 국민의 뜻을 받드는 사람이어야 한다.

그렇게 결정되는 후보는 주인인 국민의 요구와 의지를 마땅히 받들고, 수행할 수 있는 인물이어야 합니다. 실제로 그럴 의향자체가 없는 독재정권에게나, 국민의 요구가 무리하고 어려운 일이지, 온 국민이 원하는 것은 아주 간단하고 기본적인 것이지 않읍니까? **자주·민주·통일!** 40년간 우리의 가슴 서리서리마다 맺힌 이 묵고 묵은 요구가 실현되어야만 우리 후보의 결정도, 선거도 의미가 있읍니다.

— 우리 국민의 염원은 무엇인가?

·자주의 기치를 들고!

우리민족과 민중은 해방이후 40년간 우리 운명의 주인대접을 못받았기에 우리민족과 국민 운명의 주인이 되고자 함이 바로 자주입니다. 가깝게 전두환·노태우 일당만해도 80년 미국의 허락하에 광주의 애국동포를 학살하고 등장해서는 그해 가을 미국에 달려가 레이건과 악수를 나누고 나서야 성립된 정권입니다. 그결과 지난 7년간 우리 민족의 운명은 미국의 손에 있었다 해도 과언이 아닙니다. 나라안에 무슨 중요한 일이 있을 때마다 미국무성장관이다, 차관이다 뻔질나게 드나들며 정치공작과 내정간섭을 일삼아왔고, 지난 6월투쟁이 더욱 더 치솟아 갈때 미국무성의 시거란 자가 왔다가자 며칠만에 노태우의 선언이 있었던 것입니다. 정치권력이 미국을 등에 업고 있으니, 온 나라의 경제도 미국 입맛에 맞게 굴러온 것이 또한 우리의 현실입니다. 80년 이후 완전히 열어젖힌 수입개방에 우리 농민의 농약자살·좌절은 그 얼마며, 노동자들의 정당한 투쟁이 수출경제 어쩌구하며 짓밟힌 것이 그 얼마며, 국내 재벌만도 힘든데 미국의 시장개입 등쌀에 쓰러져간 중소업체가 그 얼마입니까. 또한 세계에서 유일하게 자기나라 군대의 작전권을 미국에 내맡겨버린 나라가 바로 우리 대한민국이며, 실로 외국군대가 국민의 생명을 좌지우지 하고 있는 현실이 바로 우리의 현실입니다. **뼈아픈 광주학살에** 치를 떨면 떨수록 우리나라의 정치·경제·군사·문화 모든 부분의 자주는 생명, 생명과 같은 국민의 요구입니다.

·민주의 깃발아래

군부통치는 한마디로 국민을 주인으로 받들지 않고 군장교가 부하 다루듯, 노예 다루듯이 사람취급도 하지 않는 것이었읍니다. **때문에 군부독재타도로 획득되는 민주는 글자그대로 국민 대다수가 주인답게 생존권과 민주권리를 누리는 것이어야 합니다.**

— 노동자에게 공장을 떠나서 있는 민주는 빈껍데기일 뿐입니다. 때문에 지옥같은 잔업·철야·특근에서 놓여나는 것, 8시간 노동만하고도 생활이 가능한 실질적 최저생계비의 보장은 가장 기본적 요구입니다. 그위에 노동자의 단결권, 단체교섭권, 행동권 등 노동3권이 법이라는 종이쪼가리가 아니라, 실제로 보장되어야 합니다.

— 또 온 나라 경제의 기본이 되는 식량을 생산해 온 농민은 평생 갈쿠리손이 되도록 일해도결국에 엄청난 빚더미와 외국농축산물에 눌려버리는 평생의 한이 해결되어야 합니다. 그것은 수입개

방 철회만이 아니라 적정한 농산물가격 보장, 전면적인 농가 부채탕감 등 구체적인 조치로 실행되어야 합니다. 그위에 농민이 주인이 되지 못하는 비민주적인 농협운영이 척결되어야 하며, 땅을 가는 사람이 그 땅의 주인이 되도록 소작제는 철폐되어야 합니다.

- 아시안게임이다, 올림픽이다 허울좋은 선진조국 선전아래 80년 이래 강제철거에 죽고, 다치고, 몸부림쳐온 **350만 도시빈민의 문제** 또한 해결되어야 합니다. 이는 단순히 철거 중지의 문제가 아니라 한발 더 나아가 집이없이 일년에 몇번씩 산동네를 전전해야 하는 집없는 설움의 해결책이 필요합니다. 실제로 얼마전 올림픽 선전을 위해 시청 한복판을 가로막고 한 호화 과대쇼나 (2억), 별 필요도 없는 올림픽 조각공원 설치(60억) 등 한번에 몇억, 몇십억 씩 쳐들이는 국민의 피땀을 서민 주택문제에 쏟는다면 당장 실현이 가능한 일입니다. 범양상선에 대준 1조원의 특혜금융은 서울시 무주택가구를 살리고도 남는 것입니다.
- 여태까지 평생사업을 해봐도 높은 세금에, 자금난에 압박받다가, 외국경제가 좀 변하기만 해도 부도로 쓰러져가던 **중소기업 육성책**은 나라경제를 튼튼히 세우기 위해서 절실히 요구되어야 합니다. 매판재벌에 편중된 세금면제 혜택과 특혜금융의 많은 부분이 실질적으로 중소기업 육성에 돌려져야 합니다. 이러한 가장 기본적이고 절실한 요구를 보장하는 위에 **전 국민의 언론·출판·시위·결사의 자유가 보장되어야 합니다.** 양심을 지키려 했다고 해서 구속되고, 정치토론을 하고 싶어 모였다 해서 최루탄 세례속에 죽어가기까지 하는 오늘의 현실은 다시는 다시는 되풀이 될 수 없읍니다.

·통일의 숙원으로 전진하자!

해마다 명절이면 분단된 조국의 아픔을 온몸으로 달래야 하는 이땅의 이산가족과 분단조국의 설움에 몸부림치는 이땅의 젊은이들! 통일은 독재정권만의 독점물이 아닌, 전민족·국민의 변함없는 염원이자 의지입니다. 따라서 이후 우리의 민주화시대는 **통일을 국시로 똑똑히 내세우고, 전국민의 자유로운 통일논의를 보장해야 합니다.** 또한 실질적으로 북한 동포와 우리 서로가 민족적 동질성을 회복할 수 있도록 평화협정이 체결되고 그위에 문화·경제·정치적 교류를 시작하는 등 **구체적인 통일의 의지와 전망이 수립**되어야 할 것입니다.

1천만 노동자, 애국시민 여러분!

그동안 직장동료와 나라 일을 얘기하고, 가족들과 함께 이땅의 장래를 염려하면서 남몰래 키워온 우리 국민의 민주화투쟁의 힘! 6월 천지를 뒤흔든 그힘! 이제 우리의 힘이 한곳에 모아져 봇물처럼 터져 삼천리 강산과 국민 한사람 한사람의 가슴마다 씻어내려 자주·민주·통일로 일어설 때는 다가오고 있읍니다. **후보단일화라는 문제하나도, 공명선거를 보장할 거국중립 내각의 문제하나도, 우리국민의 결정적 승리를 낳게하는 하나 하나의 디딤돌입니다.** 지금 이순간의 현혹과 방관은 또다시 우리가 이민족과 자기운명의 주인이 될 기회를 빼앗가갈 것입니다. 우리 자신의 미래와 후세대 이민족의 주인이 될 아이들의 미래를 걸고 끝까지 한치의 흐트러짐 없이 독재의 타도와 민주·자주·통일의 의지를 각오하고, 실행합시다.

<우리는 지금당장 요구하고 실행합시다>

※ 공명선거와 민주일정을 보장하는 거국중립 내각을 수립하자!

- 왜 필요한가? 노태우가 아무리 수줍은척 웃음을 띄고 별의별 말을 다해도 그는 광주학살의 주범이면서도 한마디 사죄와 실천을 보이지 않는 독재일당의 소두목일 뿐입니다. 아직도 '대머리나 노가리나 그놈이 그놈'인데, 그들이 모든 행정·치안을 맡고 있는 상태에서 공명선거는 모래밭에 63빌딩 짓겠다는 것일 뿐입니다.
- 선거부정의 바탕은 이미 들어나고 있다. 현재 선거를 담당할 김정렬 내각자체가 부정선거를 위한 독재일당의 포석입니다. 국무총리 김정렬은 일제시대 일본 육사출신의 친일 매국노요, 60년 이승만의 3·15부정선거 당시 국방부장관으로 투표조작의 장본인 입니다. 국방부장관 정호용은 아다시피 광주학살 주범중의 하나로 말을 살벌하게 안한다 뿐이지 노태우와는

참으로 죽이 잘 맞는 독재일당이긴 마찬가지 입니다. 그가 60만 군인의 표를 쥐고 있는데 민정당은 선거법 협상에서 주장하기를 군인은 우편으로 투표하자 하고 있읍니다.또한 저들은 350여명 민주·애국인사들을 가둬놓은 채, 또다시 제일 선두에서 싸워온 노동자, 목사, 민주인사들을 500여명 가깝게 구속하고 수배하고 있읍니다.

저들은 한술 더떠 언론의 조작 정도를 넘어서 신동아·월간조선이 김대중씨 납치음모를 밝히려하자 출판사를 점거하고 출판자체를 탄압하고 있는 등, 국민의 눈과 귀를 완전히 차단시킨 채 재집권를 꿈꾸고 있읍니다.

아주 가깝게는 중립성을 유지해야 할 공무원들에게 출장비와 추석귀향비를 덤으로 쥐어주며 민정당과 노태우를 찬양·선전하는 추석귀향 출장에 나서게 밀어대고 있읍니다.

— 이제 우리는 공명선거를 보장할 거국중립내각을 요구합니다.

이 상태로는 부정선거가 확실시 됩니다. 우리는 저 독재일당의 의도를 저지시키기 위해 중립적인 선거 관리 내각이 구성돼야 함을 알리고, 요구하고, 싸워야 합니다. 이 거국 중립내각은 구속된 민주인사·노동자들의 석방과 수배해제 해고노동자 복직 등 민주의 토대를 실질적으로 마련하고, 그 위에 국민의 언론·집회·결사의 자유를 보장하는 속에서 공명한 선거를 주관하게 될 것입니다. 이 거국중립 내각에는 이 뜻에 따르려는 단체라면, 재야단체·민주당 할것 없이 참여해야 하며 물론 민정당 내 인사도 받아들일 것입니다.

— 앞으로 있을 헌법개정안 국민투표와 광범위한 선거열풍속에서 '군부독재타도' '민주쟁취'를 실질적으로 가능하게 하는 길! 거국중립 내각의 수립은 날이 갈수록 절박한 국민의 요구가 될 것입니다.

❀ 추석 휴가기간 애국 국민은 이렇게 합시다.

① 추석휴가로 귀향해서는 가족·친지·동네 분들과 우리에게 닥친 민주화 과정의 결정을 함께 토론하고 실천합시다.

② 이 속에서 혹시라도 독재정권의 미끼에 매수되어 선전하려온 사람이 있을시, 그 허황된 사탕발림을 낱낱히 폭로하고, 중립적인 선거관리 내각의 필요를 적극적으로 알려나갑시다.

③ 앞으로 계속될 각 지역의 정치 집회에 적극 동참하여, 우리국민의 뜻을 모아 나갑시다.

④ 개인적 실천을 조직적으로 단결된 힘으로 모읍시다. 민주노조도 좋고, 정치토론 모임도 좋고, 나아가 국민운동 본부의 자원 가입자가 되는 등, 다양하고, 할 수 있는 방법을 모든 방법을 빌려 단결해 나갑시다.

⑤ 지금 독재정권에 의해 자행되는 언론탄압에 항의하고(국무총리실 : 737—0095 내무부장관: 720-2451), 맞서 싸우고 있는 기자여러분께 격려전화를 합시다.(동아일보: 783— 3980 조선일보: 730—5543)

— 우리의 주장 —

- 광주학살의 원흉 노태우는 후보자리를 즉각 사퇴하라!
- 민주실현과 공명선거를 보장하는 거국중립 내각 수립하자!
- 모든 양심수를 즉각 석방하고 정치적 수배조치 전면 철폐하라!
- 모든 해고자를 즉각 복직시켜라!
- 언론 · 출판 · 집회 · 시위의 자유 쟁취하자!

— 서울지역 민주노동자연맹 준비위원회 —

국민에게 드리는 글

《4천만이 단결하여 민주정부 수립하자 공명선거 보장하는 거국중립내각 구성하자》

. 이것도 민주화인가?

선생님은 현재의 상황이 민주화가 되었다고 생각하십니까?
만일 그렇다고 대답하면, 6월 민주와 투쟁의 환상과 노선언의 기만에서 헤어 나오지 못함입니다.
또한 그렇지 않다고 대답한다면 그것은 끝내 승리할 수 있다는 자신감이 부족함 때문입니다.
우리는 분명 대통령을 내손으로 뽑을 수 있는 직선제를 얻었지만, 현재로서 얻은 것은 그것뿐 입니다.
우리는 아직 잊지못하고 있읍니다.
"다시 정든 교정으로 돌아가 사랑하는 제자를 가르칠수 있겠다던 해직교사의 소박한 심정을……, 이제 다시는 가위질 당지 않는 진실을 보도할 수 있겠다던 한 언론인의 떨리는 손끝을……, 그리고 소중하고 귀중하게 간직하는 어느 젊은 노자의 강철같은 손에 쥐어진 민주노조 신고 필증을……"
그러나 그것도 모두 환상이었읍니다.
아니 그 환상을 현실화할 수 있는 사천만국민의 단결과 결의를 가지고 있지 못하였읍니다. 그리하여 직선제 개헌의 최초 승리에 기뻐만 하고 있을 때, 이미 미국은 민주화의 화신으로 둔갑해 있었고, 전두환씨와 노태우씨는 과거에 대한 반성이, 입으로만 민주화를 되뇌이고 있으며, 차츰 "호헌철폐와 직선제 미국반대"를 목놓아 외쳤던 목소리는 작아지고 굳게 았던 손에 손도 풀어져, 마침내는 분열의 틈사이로 군사독재의 마수는 다시 뻗쳐오고 있읍니다.
' 한나라의 최고 심의 기구인 국무회의에서, 법에도 없는 일 개인인 전경련의 전무란 자가 출두하여 날조된 거짓을 보고고, 이를 기다린듯 노동자의 유일한 힘인 노동조합은 파괴되고, 노조간부는 집앞에서 폭력과 테러를 당하고, 그리고 또 분(이석구 열사)……, 구속자의 부분적 석방으로 빈 감옥은 두달이 채 못되어 노동자들로 가득차고, 학생을 제외하곤, 해직ㅏ, 언론인, 노동자들의 복직은 공염불이 된지 오래입니다.
그리고 이것도 민주화 입니까? 國益이 무엇인지 모르는 자들에 의해 언론의 자유는 침해 당하고 이제 새삼스럽게 노의 ■을 확인할 필요조차 없게 되었읍니다.
그것은 천지를 뒤흔든 힘에 의한 잠시의 후퇴이지만, 결단코 군사독재의 본질적 변화일 수 없는 것이었읍니다.

민주화는 어떻게 가능한가?

이미 국민운동 본부에서는 하반기 국민운동의 목표로서, 첫째, 국민대중의 힘의 성장과 활성화에 의거하여 군부의 재진출을 ■내고, 둘째, 선거에서 민주세력의 승리를 쟁취함으로써 군부독재를 종식시키고 민선 민간정부를 수립하여야 한다고 했읍니다.
그러나 우리의 대열은 흩어져 있고, 군사독재의 힘은 아직도 강력합니다.
민주화를 바라는 많은 이들이 군사독재 종식에 힘을 집중하기 위하여 후보가 단일화 되기를 바라고 있으나, 단일화의 방 구하지 못한채 분열만 가중되고 있으며, 6월 투쟁에 참여했던 많은 애국세력들은 올바른 투쟁의 방향을 잡지 못한채 5열되어 있읍니다.
우리는 민주화가 어느 인정많은 자선가에 의해 주어지지 않음을 잘알고 있읍니다. 하물며, 2000의 광주시민을 학살하고 등 전-노 임에야! 우리의 민주화의 길은 오직 하나, "4000만 국민의 대동단결과 통일" 뿐입니다.
그리고 이 대동단결은 구체적인 실천과 투쟁을 통해서만 가능한 것입니다.
아직도 "선거에서 자기한표 바로 찍으면 되겠지"하는 소극적 마음을 가지고 있다면 3.15부정선거, 71년 부정선거의 경 잊은채, 군부독재의 금력과 조직력(총칼의 힘)을 너무 안일하게 생각한 탓일 것입니다.
우리 스스로가 빼앗긴 노조 신고 필증을 되찾지 않으면, 언론의 자유, 집회, 출판, 시위, 결사의 자유를 쟁취하지 않으면 모든 해직 민주인사들을 복직시키지 않는다면, 우리의 힘이 단결되지 못하고, 민주적 제권리를 쟁취하지 못하면 결코 민주화를 달성할 수 없읍니다.

그리고 투표함을 스스로의 힘으로 지켜나올수 없다면!!……

그런데 이미 우리의 눈앞에는 부정에의 검은 음모가 시작되고 있읍니다. 현재 선거를 담당할 김정렬 내각이 바로 그것입니다. 입으로 공명선거를 보장한다고 하지만 "제 버릇 개주지 않는다면" 60년 3.15부정선거 당시 국방부장관으로 조작의 장본인이 행할 것은 명약관화 합니다.

또한 광주학살의 주범중의 하나인 정호용이 국방장관으로 군의 60만표를 조작할 것이고 공정성을 보장해야 할 공무원이 부정의 도구로 사용되어질 것입니다.

이제 우리는 누가 보아도 강력하게 요구하여야 됩니다. 믿을 수 있는 사람들로 하여금 공명선거를 보장할 수 있도록 거국 중립내각을 구성하라고, 그리고 이번에는 기필코 군사독재를 종식시키고자 한다면, 스스로 "선거감시운동"의 주체가 되어져야 하겠읍니다.

그리고 40만 국민이 바라는 것을 보다 명확히 하여야 합니다.

첫째, 민족의 자주입니다.

우리 민족은 해방이전 36년, 해방이후 43년간 한민족 스스로의 운명에 주인되지 못하고 끊임없이, 미국과 일본의 간섭과 지배아래 시달려 왔읍니다.

그리고 군사독재의 경우 국민적 합법성을 갖지 못하기에 총칼로 정권을 잡기만하면 한걸음에 미국부터 다녀와야 하고, 이번에 노태우는 대통령 자리를 빌기 위해 미국과 일본을 방문, 민족의 자존을 팔아먹고 있읍니다.

이미 공공연하게 한반도의 군작전권의 문제나 핵무기 사용방도와 폐기등이 얘기되고 있으나, 민족의 운명을 4000만 국민에게 두지 못하고 있는, 현상황에서는 이모든 논의의 실현이 불가능합니다.

이젠 반드시 민족의 자주권을 회복하여야 겠읍니다.

둘째, 민주화와 민족생존의 문제입니다.

앞에서 누차 언급하였던 바, 군사독재 아래서의 민주화란 한낱 환상임을 보았읍니다. 노동자, 농민, 도시빈민이 인간답게 살수있는 생존권이 보장되어야 하며, 광주항쟁의 진상규명, 독점재벌 위주의 경제정책 탈피와 중소기업 육성, 제반 악법 철폐 개정, 언론, 출판, 집회 결사의 자유 실현, 교육의 민주화와 여성의 평등, 사법부의 독립, 군의 정치적 중립등이 보장되는 된 민주화를 위해 기필코 이번에는 군사독재를 물리쳐야 겠읍니다.

세째, 민족의 평화적 통일입니다.

이제까지는 "우리의 소원은 통일"이란 노래는 국민학교 시절에 불러보는 것에 불과 했읍니다. 통일논의의 자유가 국민에게 돌려져야 합니다. 통일논의가 군사독재의 연장의 도구가 아닌, 민족의 대단결을 앞당길 수 있도록 국민적 통일논의 보장과, 구체적 통일에의 의지와 전망을 이제는 분명히 해야 하겠읍니다.

※ 추석 휴가기간 애국 국민은 이렇게 합시다

이제 우리의 힘을 다시 모아 힘찬 진군의 나팔을 울립시다.

4000만 국민이 단결하여 투쟁하지 않으면 진정한 민주화를 결코 오지않음을 명심하고 작은 것부터 실천해 나갑시다.

①추석휴가로 귀향해서는 가족·친지·동네 분들과 우리에게 닥친 민주화 과정의 결정을 함께 토론하고 실천합시다.

②이 속에서 혹시라도 독재정권의 미끼에 매수되어 선전하려온 사람이 있을시 그 허황된 사탕발림을 낱낱이 폭로하고, 공정한 선거를 보장 받을수 있는 거국 중립내각의 필요를 적극적으로 알려나갑시다.

③앞으로 계속될 각 지역의 정치 집회에 적극 동참하여, 우리국민의 뜻을 모아 나갑시다.

④개인적 실천을 조직적으로 단결된 힘으로 모읍시다. 정치토론 모임도 좋고, 나아가 국민운동 본부의 자원 가입자가 되는 등, 다양하고, 할 수 있는 모든 방법을 빌려 단결해 나갑시다.

⑤농민들이 T·V에 속지않고 우리의 정치현실을 똑바로 알도록 국민운동신문등을 보내줍시다.

⑥모든 노동자는 일치단결하여 민주노조의 결성과 수호에 적극 참여합시다.

⑦우리들의 아들·딸의 교육을 맡고 있는 민주교사들의 교육민주화운동을 적극지지하고 전국교사협의회의 발족을 다같이 성원합시다.

⑧지금 독재정권에 의해 자행되는 언론탄압에 항의하고(국무총리실: 737 - 0095 내무부장관: 720 - 2451), 맞서 싸우고 있는 기자여러분께 격려전화를 합시다.(동아일보: 783 - 3980 조선일보: 730 - 5543)

1987년 10월 3일

민주헌법쟁취 국민운동본부

눈 앞에 온 전국민의 승리, 지금 우리 손에 달렸읍니다.

— 범국민적 대통령 후보 매듭짓고 거국중립내각 수립투쟁으로 총단결하자 —

천만 노동자 애국시민 여러분!

민주당의 두 김씨는 대통령후보 단일화에 일단 실패했읍니다. 유신잔당 김종필도 대통령후보 출마를 선언했고, 광주학살의 원흉 노태우는 "사심없는 민주인사" 인양 제자랑에 바쁩니다. 그런데 직선제 개헌을 있게 한 6월 민주항쟁 주역인 우리 국민은 그냥 구경꾼모양 이 답답한 나라꼴을 말도 못하고 보고만 있읍니다.

수백만이 최루탄 먹어가며 피터지게 싸운 댓가가, 이 한열군의 애통한 죽음의 댓가가 과연 이것입니까? "독재타도, 민주쟁취!" 이 절박한 우리 국민의 요구가 과연 이루어질 수 있을까요? 6.29이후 두달간 400여명의 노동자가 구속되어 양심수의 숫자는 다시 1,000명이 넘어섰는데, 민주교육 추진을 위한 교사들의 모임이 곳곳에서 봉쇄되고 석방된지 석달도 안된 청년학생들은 다시금 수배자로 쫓기고 있는데, 우리 노동자들이 그토록 눈물겨운 싸움끝에 만든 민주노조들이 경찰과 구사대의 폭력에 하나하나 무너지고, 전경련과 재벌언론들이 노동자를 마치 폭도나 패륜아나 되는 듯이 모략하고 있는데, 우리는 과연 민주화를 낙관해도 되는 것일까요?

여러분! 승리가 가까왔기는 하지만 아직은 아닙니다.

이제 그 승리를 확실히 우리 것으로 하기 위해 다시 투쟁의 깃발을 결연히 올려야 합니다. 직선개헌 쟁취의 주역인 우리 국민들이 두팔 걷어붙이고 나서서 오늘날의 이 복잡하고 어지러운 나라꼴에 대해 분명한 입장을 밝힐 때인 것입니다.

1. 밀실에서의 후보단일화를 반대한다.

지금 신문방송은 두 김씨를 비난하는 일에 열을 올리고 있읍니다. 그들이 "대통령병 환자" "욕심꾸러기" 라고 말입니다. 매스컴은 두 사람의 합의에 의한 단일화를 마치 민주주의인 것처럼 말합니다. 거꾸로 되어도 한참 거꾸로 입니다. 직선제를 이룬 것도 국민이요 군부독재를 종식시키는 힘도 국민대중에게 있는데, 국민에게 물어보지도 않고 두 김씨가 어떻게 단일화를 한다는 말입니까? **밀실에서의 단일화는 민주당내 두 계보 사이의 정치협잡이요 야합에 불과합니다.** 양보에 의한 단일화가 안된 것은 너무나 당연한 일인 것입니다.

이번에 군부독재를 종식시키는 일에 나설 대통령 후보는 마땅히 민주당만이 아닌 민주화를 열망하는 전국민의 후보여야 합니다. 따라서 **양 김씨는 아무 제한없이 대중과 만나 자기의 소신과 정책을 떳떳이 밝힘으로써 국민의 뜻을 묻고, 그 과정에서 다수대중의 지지를 받는 쪽이 단일후보로 나서면 다른 한 사람은 그를 밀어주어야 합니다.**

이것이 바로 국민의 뜻을 존중하는 민주정치의 후보단일화 방법인 것입니다.

2. 누구를 대통령 후보로 세워야 하는가?

이번 대통령 선거의 후보는 무엇보다도 **군부독재를 끝장내겠다는 강인한 의지와 국민 대중의 힘과 지혜를 굳게 믿고 그에 의거하려는 자세**를 확고히 가진 사람이어야 합니다. 또 완전한 민주주의를 실현하고 우리 민족이 외세의 지배 간섭에서 벗어나 **자주적 평화적 민족통일을 달성할 방도**를 선명하게 제시하는 정치인이어야 합니다. 내 고향 사람이라거나 인물의 잘나고 못남이 문제가 아닌 것입니다.

그러나 불행히도 우리에게 민족과 민중의 이같은 바램을 철두철미 대변하고 실현할 정당과 정치지도자가 존재하지는 않습니다. 따라서 지금으로서는 민주당의 두 김씨 중 한사람을 대통령후보로 선택하여 지지하면서, 그가 진정으로 자주화, 민주화, 통일을 향해 바른 길로 나아갈 수 있도록 비판하고 격려하는 것만이 가장 현실적인 방도일 것입니다.

우리는 한사람을 지적하기에 앞서 먼저 민주당에 요구합니다. 진정 부끄러워 할 일은 "밀실에서의 후보단일화 실패" 가 아니라 정치지도자를 선택하는 민주당의 자세와 방법입니다. 국민 앞에 자기의 지도자를 내세워 당당하게 소신과 정책을 밝히는 당연한 방법을 접어 놓고, 또 6.29이후 아무런 투쟁도 애국민주세력과의 대동단결 속에 전개하지 못한 일을 국민 앞에 부끄러워 하기 바랍니다. 심지어 민주당사에서 부당해고와 폐업에 항의하며 농성한 태봉전자, 무극사 노동형제들에게 "이렇게 싸가지가 없으니 해고당해 싸다"는 폭언을 한 당직자가 있었다는 사실을 겸허하게 반성해 보십시오. 이렇게 해서야 국민의 요구를 외면하고 권력욕에 집착한다는 비판을 면하기 어려울 것입니다.

그리고 우리는 김 영삼 씨와 상도동계 의원들에게 바랍니다. 유신하에서 민주주의를 위해 의원직 제명을 마다 않았고 83년에는 목숨건 단식으로 독재에 항거했던 분이기에 국민들의 실망은 그만큼 더 큽니다. 김영삼 씨가 국민의 힘을 불러일으키고 그에 의거하려는 아무런 노력을 하지 않은 채 오히려 "지역감정" "김대중 씨에 대한 극소수 정치군인집단의 거부감"을 근거로 자신의 출마를 주장하는 것을 보자면, 실로 군부독재를 종식시키고자 하는 의지가 있는지조차 의심하지 않을 수 없읍니다. 만일 김영삼 씨가 정말 민주주의를 위해 자신을 바칠 결의가 있다면 대통령직에 대한 개인적 포부나 열망을 밝히기에 앞서 이시대 민주승리를 책임질 수 있는 정치지도자로서의 소견과 정책을 먼저 국민 앞에 선명히 제시했어야 옳았을 것입니다.

3. 우리는 김대중씨를 비판적으로 지지하면서 동시에 김대중씨와 동교동계파에 당부합니다.

9월 26일의 성남당구장 살인사건에서 드러난 동교동계의 모습은 크게 실망스러운 것이었읍니다. 김대중 씨가 진정 국민의 힘을 바탕으로 하는 후보가 되려면, 개인에 대한 충성심이나 돈으로 사람을 불러모을 것이 아니라 조국과 겨레를 위해 몸과 마음을 다바치는 애국민주세력에 자신을 개방하고 대동 단결하는 일에 더 큰 노력을 기울여야 할 것입니다.

이제 **우리는 동교동계파의 보스로서가 아니라 민주를 열망하는 국민 모두의 후보로서 김대중씨를 비판적으로 지지하고자 합니다.** 우선 그가 9월 30일 개운사 집회에서 밝힌 바 "국민 여러분과 하나되어 목숨을 걸고 군부독재를 종식시키겠다"는 의지를 우리는 높이 평가하기 때문입니다. 또한 김대중 씨는 광주. 인천 등 지방의 정치집회를 열어 국민대중의 힘을 불러일으키는 동시에 "노동자·농민·도시빈민의 생존권 보장" "소작제 폐지와 농협의 민주화" "재벌의 특권·특혜 폐지와 중소기업육성" "보수와 혁신의 완전한 정치적 자유" "평화적 공존-평화적 교류-평화적 통일의 3단계 통일방안" 등 보다 진보적인 정책을 구체적으로 제시하여 왔기 때문입니다

따라서 선거가 임박한 지금의 상황에서 우리는 군부독재 종식의 의지가 얼마나 강하며 국민대중의 힘과 지혜에 의거하려는 자세가 얼마나 확고한가, 그리고 제시한 정책이 얼마나 진보적인가 하는 기준에 비추어 김 대중 씨를 단일한 범국민적 후보로 내세우고 김 영삼 씨가 사심없이 그를 지원하는 것이 "군부독재 종식, 민주쟁취"라는 국민의 갈망을 실현하기 위해 보다 바람직한 방도임을 주장합니다.

4. 우리 민중의 진정한 소망은 자주·민주·통일이다.

천만노동자, 애국시민여러분!

그렇다고 대통령만 잘 뽑으면 모든것이 해결될 수 있읍니까? 결코 그렇지 않습니다. **우리는 완전한 자주·민주·통일의 실현을 위한 자주적 민주정부 수립으로 나아가기 위하여 김대중씨의 정책이 지닌 한계를 비판하고 현시기에 보다 주체적이고 진보적인 요구를 선거공약이나 정강정책에 반영시킬 것을 요구하지 않으면 안됩니다.**

첫째, 완전한 민주화를 위해서 보안사, 안기부, 치안본부등의 고문폭력기구들을 없애거나 민중을 위한 기구로 개조해야하며, 국가보안법, 집시법, 노동법등 제반 악법들을 철폐 또는 민주적으로 개정해야 합니다. 또한 광주학살을 비롯하여 숱한 고문조작사건과 부정사건을 엄정히 재수사하여 범죄자들에게 응분의 처벌을 내려야 합니다.

둘째, 민족의 자주화를 위해서 미군으로부터 국군에 대한 작전지휘권을 돌려받고 미군범죄에 대한 치외법권을 인정한 한미행정협정등의 불평등조약을 폐기하며, 대도시 한복판의 미군기지를 외곽으로 옮기고 기지사용료를 받아내야 합니다.

세째, 김대중씨의 3단계 평화통일론이 현실성을 갖기위해서는 북한과 미군이 체결한 휴전협정을 폐기하고 남북한이 주체로 나서는 남북한 평화협정을 체결해야 합니다.

네째, 각종의 방법으로 축적한 부정축재를 환수하며 민중의 복지향상에 사용하고, 외화도피와 재산빼돌리기를 상습적으로 저지르는 부패한 기업을 국가관리 아래 두어야 합니다.

천만노동자, 애국시민여러분!

우리는 이러한 것을 공약이나 정강정책으로 선명하게 채택해줄 것을 강력히 요구합시다.

우리가 원하는 것이 단순한 대통령직선 그 자체가 아니라 군부독재 종식과 민주민권조치를 실시하고 공정한 선거관리를 책임질 거국중립내각수립 투쟁에 민주당이 국민운동본부, 민통련등 모든 애국민주 세력과 대동단결하여 참여할 것을 강력히 촉구합시다!

※ 공명선거와 민주일정을 보장하는 거국중립내각을 수립하자!

- 왜 필요한가? 노태우가 아무리 수줍은척 웃음을 띄고 별의별 말을 다해도 그는 광주학살의 주범이면서도 한마디 사죄와 실천을 보이지 않는 독재일당의 소두목일 뿐입니다. 아직도 '대머리나 노가리나 그놈이 그놈'인데, 그들이 모든 행정·치안을 맡고 있는 상태에서 공명선거는 모래밭에 63빌딩 짓겠다는 것일 뿐입니다.
- 선거부정의 바탕은 이미 드러나고 있다. 현재 선거를 담당할 내각자체가 부정선거를 위한 전두환·노태우 일당의 포석입니다. 국무총리 김정렬은 일제시대 일본 육사출신의 친일 매국노요, 60년 이승만의 3·15부정선거 당시 국방부장관으로 투표조작의 장본인 입니다. 국방부장관 정호용은 아다시피 광주학살주범중의 하나로 살벌하게 말을안한다 뿐이지 노태우와는 참으로 죽이 잘 맞는 독재일당이긴 마찬가지 입니다. 그가 60만 군인의 표를 쥐고 있는데 민정당은 선거법 협상에서 주장하기를 군인은 우편으로 투표하자 하고 있읍니다. 또한 저들은 350여명 민주·애국인사들을 가둬놓은 채, 또다시 제일 선두에서 싸워온 노동자, 목사, 민주인사들을 500여명 가깝게 구속하고 수배하고 있읍니다.

  저들은 한술 더떠 언론의 조작 정도를 넘어서 신동아·월간조선이 김대중씨 납치음모를 밝히려하자 출판사를 점거하고 출판자체를 탄압하고 있는 등, 국민의 눈과 귀를 완전히 차단시킨 채 재집권을 꿈꾸고 있읍니다.

  아주 가깝게는 중립성을 유지해야 할 공무원들에게 출장비와 추석귀향비를 덤으로 쥐어주며 민정당과 노태우를 찬양·선전하는 추석귀향 출장에 나서게 밀어대고 있읍니다.
- 이제 우리는 공명선거를 보장할 거국중립내각 수립투쟁으로 총단결합시다.

  이 상태로는 부정선거가 확실시 됩니다. 우리는 저 독재일당의 재집권 기도를 저지시키기 위해 전두환·노태우 일당이 퇴진하고 중립적인 선거 관리 내각이 구성돼야 함을 알리고, 요구하고, 싸워야 합니다. 이 거국 중립 내각은 구속된 민주인사·노동자들의 석방과 수배해제 해고노동자 복직 등 민주의 토대를 실질적으로 마련하고, 그 위에 국민의 언론·집회·결사의 자유를 보장하는 속에서 공명한 선거를 주관하게 될 것입니다. 이 거국중립 내각에는 이 뜻에 따르려는 단체라면, 재야단체·민주당 할것 없이 참여해야 하며 물론 민정당 내 인사도 받아들일 것입니다.
- 앞으로 있을 헌법개정안 국민투표와 광범위한 선거열풍속에서 '군부독재타도' '민주쟁취'를 실질적으로 가능하게 하는 길! 거국중립 내각의 수립은 이미 절박한 우리 국민의 요구가 되어 있읍니다.

애국국민은 이렇게 합시다

1. 민주실현과 군부독재의 완전한 종식을 위해 거국중립내각이 필요함을 주위 친지여러분께 적극 알려나갑시다.
2. 작은 정치토론 모임부터 크게는 국민운동본부에 이르기까지, 우리의 요구를 조직된 단결로 세워나갑시다.
3. 민주노조를 비롯한 각계·각층의 자주적인 조직들은 다양한 정치토론회, 강연회, 결의대회등을 만들어 나가고, 모든 국민은 이에 적극적으로 참가합시다.
4. 민주당을 비롯한 민주·애국단체들이 거국중립내각수립을 위한 투쟁에 나설것을 촉구합시다.
   (이를 위한 하나의 방법으로 범국민 서명운동을 전개하도록 호소합시다.
   민주·통일민중운동연합 : 267-1210　　국민운동본부 : 744-2844　　민 주 당 : 313-1661)

우리의 주장

- 민주압살의 장본인, 전두환·노태우는 즉각 퇴진하라!
- 공명선거 보장하는 거국중립내각 수립하자!
- 광주학살의 원흉, 노태우를 지지하는 미국은 물러가라!
- 언론·출판·집회·시위의 자유 쟁취하자!
- 모든 민주인사를 즉각 석방하고, 정치적 수배조치 전면 해제하라!
- 모든 해고자를 즉각 복직시켜라!

1987년 10월 3일

서울지역 민주노동자연맹 준비위원회

애국 시민·학생께 드리는 글

외세와 군부독재를 이 땅에서 몰아내기 위한 위대한 6月 항쟁은 사천만 국민이 대동단결·대동투쟁하여 창조한 민족해방투쟁사에 길이 남을 커다란 발자취였읍니다.
우리 국민의 힘은 단결, 단결 바로 그것이었읍니다.

그러나 우리의 힘이 더 큰 단결의 힘이 되어 뭉쳐지지 않았을 때, 외래 침략자와 독재자는 자신의 입으로 떠벌인 약속(6.29 7개항) 마저 모조리 내팽개치며 폭압적 본질을 드러냈읍니다. 민주화하겠다던 미국과 전두환-노태우 일당은 노동자의 정당한 생존권쟁취투쟁을 폭력으로 압살하고, 애국적 민주운동을 좌경·용공으로 매도하는 데 혈안이 되어있읍니다.

우리 사천만 국민의 위대한 힘을 다시 모아서 미국과 전두환-노태우일당이 꾸미고있는 모든 재집권의 음모를 분쇄합시다. 국민탄압에 광분하고 있는 전-노일당에 맞서 싸웁시다.
자칭 '선거관리 내각'이라면서도 전혀 공정선거관리능력이나 의지를 갖추고 있지 못한 노동자탄압의 기수·3.15 부정선거의 주범, 김정렬 내각의 퇴진과 군부독재의 종식을 위해 사천만 국민의 힘과 목소리를 하나로, 하나로 모읍시다.

사천만이 단결하여 분단조국 43년을 군부독재의 종식이라는 역사적 대업을 성취하는 뜻깊은 해로 만듭시다.
그리하여 더 이상 외래침략자와 파쇼독재의 횡포가 순결한 반도, 사랑하는 나의 조국 위에서 존재하지 않는 자주·민주·통일의 새조국 건설을 위한 전진의 튼튼한 초석을 다집시다.

사천만이 단결하여 군부독재 타도하자!
군부독재 타도하고 자주적 민주정부 수립하자!

분단조국 43년 10월 3일 고려대학교 총학생회

민주화를 위한 후보 단일화에 대한 우리의 견해

1971년 이후 16년 만에 맞는 이번 대통령 선거는, 오랜동안 계속되어온 권위주의적 군사통치로부터 국민이 주인이 되는 민주체제로의 전환점이 되는 중대한 역사적 의미를 지닌다. 따라서 이번 선거에 거는 국민의 기대가 그 어느때보다도 크며 특히 전 국민적 민주화 투쟁의 결과로 대통령 중심 직선제 개헌이 이루어 지는 것이므로 이제 국민들의 관심이 민주 대통령 후보에 집중되고 있다.

우리는 민주 세력의 후보 단일화에 관련하여 그간에 진행되어온 논의의 과정을 지켜보면서 비민주적이고 무원칙한 논리들이 범람하고 국민의 이해보다 계보의 이해가 앞서는 것을 보고, 우리의 견해를 다음과 같이 피력하고자 한다.

1. 이번 선거의 가장 중대한 의미는 군사통치에서 문민정치로의 완전한 전환과 유신잔재의 깨끗한 청산에 있다고 본다.
   군부의 세력적 배경과 군사통치의 연장선상에서 형성된 정치권력이나 정치 지도자는 새로운 문민시대의 주역이 될수 없음이 명백하다. 또한 유신체제는 이미 국민에 의해 거부되고 역사적인 심판이 끝난 것임에 비추어, 유신의 주역이 이제 새삼스럽게 국민의 심판을 받겠다는 것은 역사와 국민을 우롱하는 태도이다.
2. 이번 선거는 '유신. 일부 정치화된 군부 세력'과 '민주세력'과의 대결에 그 핵심이 있으며, 따라서 민주세력의 후보 단일화는 민주화를 원하는 국민들의 절실한 기대와 요구에 대한 대전제가 되어야 한다고 본다. 그러나, 민주세력의 후보 단일화는 "내가 아니면 안된다"는 아전인수격 논리나 "누구는 안된다"는 부정적인 이유나 계보 논리에서가 아니고 민주주의를 실천해가는데 필요한 원칙과 국민적 요구에 의해 이루어져야 한다. 후보단일화는, 양 김씨만의 협의나 협상에 의해서 이루어지거나, 나라를 더 사랑하는 사람이 양보해야 한다는 식의 논리로 추진 되어서는 안되며, 국민을 배제한 채 민주당 양계파의 대결과 협상에 의해서 이루어져서도 안되고 그 전망도 없다고 본다.
3. 우리는 '무조건적 조속한 단일화'논리를 반대한다. 이 논리는 오늘 양 김씨 담판의 결렬로 국민들에게 실망을 안겨 주었을 뿐이며, 이것은 상식적인 판단으로도 뻔히 예견할 수 있었던 일이었다. 오늘 국민들에게 준 커다란 실망감의 전적인 책임은 바로 이 '무조건적 조속한 단일화'논리에 기인한다고 본다.
4. 우리는 민족 세력의 후보단일화 과정 자체가 군부독재 종식을 위한 국민적의지와 역량을 결집, 강화하는 과정이 되어야 하며 동시에 새로운 민간 민주 정부의 청사진을 마련하기 위해 국민 모두의 요구를 수렴하는 과정이 되어야 한다고 믿는다.
   이를 위해서는 양김씨가 이제부터라도 국민과의 직접 대화를 통해서 민주화 열기를 고취시키고 정책토론을 전개하면서 국민적 지지도를 확인하는 과정을 밟는 것이 바람직하다고 생각한다. 그리고 이러한 과정을 통해 (사실상의 예비선거적 과정을 거쳐) 국민에 의한 선택으로 단일화가 이루어져야 한다고 믿는다.
5. 우리는 민주세력 안에서의 후보단일화 논의에 있어 비민주적인 논리들이 후보선정의 기준으로 제시되는 것을 경계한다.
   (1) 국민의 의사나 결정 위에 비토 그룹을 상정하는 논리는 지금까지의 군인 정치를 정당화하는 위험 천만한 발상이라고 본다.
   우리의 민주화 투쟁은 바로 군부가 국민위에 군림하는 것을 거부하는 싸움 이었다.
   군부의 반발을 기피하려는 의도가 국민의 선택에 선행하여 민주 대통령후보 선정의 기준으로 거론되는 것은 반민주적, 시대역행적 논리라고 생각한다.
   (2) 5.18 광주 사태의 당사자는 국민화합을 위해서 부적격이고 갈등의 당사자가 아닌 제3자가 해결해야 한다는 논리 또는 설득력이 없다고 본다. 국민들의 민주화투쟁의지가 폭발적으로 결집된 중요한 이유의 하나가 5.18 광주 사태에 연유하는 제5공화국의 정통성 시비에 있다고 볼때, 정통성 시비에 대한 논쟁을 배제하고 민주 대통령 후보를 선정하자는 것은 어불성설이다.
   (3) "지역감정해소를 위해 영호남의 후보가 대결해서는 안된다"는 논리는 오히려 "그러면 영남끼리만 대결하라는 것인가?"라는 반사적 논리를 유발시킨다. 민주대통령 후보를 선정함에 있어 특정 지역 출신에 대한 부정적 평가로 자격을 논하는 것은 봉건적 편견이다. 현실적으로 지역에 소속되지 않은 후보자가 있을 수 없음에 비추어, 특정지역 출신은 안된다는 말은 그 자체가 지역대결 감정을 부채질하고 이를 격화시킨다.
6. 우리는 대통령중심제하의 새 정부를 책임질 지도자는 그 역사적 사명이 중차대한 만큼, 냉철한 역사의식을 가지고 국민을 섬기는 민주적 지도자여야 한다고 본다. 우리는 사회의 시대적 과제인 탈군부 문민정치화, 계층간, 지역간 갈등의 해소, 자주적 외교노선과 분단된 민족의 평화적 통일을 지향하는 역사의식과 이에 근거한 정책의 제시야말로, 후보선정에 있어서나 대통령선거에 있어 가장 중요한 국민적 판단과 선택의 기준이 되어야 함을 다시한번 확인한다. 우리 국민이 맞이한 새로운 역사적 전환점에서 민주 세력의 후보 단일화가, 비민주적이고, 시대역행적 논리에 의해 이루어 진다면, 이것은 국민의 심판을 다시 받아야 마땅하다. 민주주의의 기본 원칙과 실천의지가 후보단일화 논의의 중심에 서기를 기대한다.

1987년 10월 5일

함석헌 김관석 윤반웅 박세경 강희남 지 선 조남기 안병무 조용술 은명기 이태영 이우정 문동환 고 은
박용길 박영숙 강문규 이소선 이문영 탁희준 성래운 명노근 장을병 고영근 예춘호 김용복 송기숙 김병걸
한승헌 김상근 임기준 최성묵 홍성현 금영균 박종기 김재열 조승혁 윤응오 문정식 정규오 조경대 김호현
조철현 남재희 이소라 전계량

범국민적 대통령후보로 김대중고문을 추천한다

-민주세력의 후보단일화에 대한 민통련의 결의

우리는 지금 자주적 민주정부를 수립하고 민족통일을 성취하기 위해 반민족·반민중적 군사독재를 타도해야 하는 역사적 전환기에 서 있다. 6월항쟁에서 염화같이 타오른 민중의 민주화 열망은 마침내 군사독재정권이 직선제 개헌을 수용할 수 밖에 없도록 강요했다. 그러나 광주학살의 원흉인 노태우를 반민주적 일부 군부세력의 새로운 후계자로 정한 민정당은 제도언론을 비롯한 여론조작기구를 총동원하여 '6·29선언'을 최대의 '결단'으로 부각시키면서 국민 대다수의 지지를 받는 민주당의 김대중 고문과 김영삼 총재를 개인적 집권욕에 사로잡힌 정치인으로 비하시키는데 총력을 쏟아왔다. 자신의 의지와는 달리 이 음흉한 대중조작의 희생자가 된 많은 국민은 군사독재영구화의 '기수'로 나선 노태우와 유신독재의 제1하수인이며 정보·공작·고문정치의 원흉이었던 김종필의 본질을 직시하고 규탄하기 보다는 두 김씨를 비판하는 왜곡된 의식에 사로잡혀 있다.

민통련은 6월항쟁과 7, 8월의 노동자투쟁과정에서 민선민간정부를 수립하여 군사독재를 종식시키는 것이 진정한 자주적 민주정부를 세우는데 있어 필연적인 단계라고 판단하고 민주세력의 후보단일화를 위해 진지하게 노력해왔다.

그러나 국민 대다수의 염원과 민통련의 기대와는 달리 민주당의 두 지도자는 합의를 통한 단일화를 이루지 못하고 독자출마의 길로 치닫음으로써 군사독재 연장의 가능성이 고개를 들고 있다.

민통련은 지난 9월초 이래 가능한 모든 통로를 활용하여 두 지도자의 양보를 촉구했으나 그들이 자신의 출마의 타당성을 주장함에 따라, 의장단의 직접접촉과 두 김씨 초청세미나를 통해 정책과 이념의 차이를 확인한 끝에 12일 오후 22개 가맹단체의 대표를 포함한 중앙위원회에서 진지한 논의를 거쳐 김대중고문을 범국민적 대통령후보로 추천하기로 결의했다.

민통련은 김대중 고문이 민주화를 실현하기 위한 구상, 군사독재 종식의 결의, 민생문제해결책, 평화적 민족통일의 정책, 5월 광주항쟁의 계승과 그 상처의 치유책 등에 있어서 상대적으로 적극적인 자세를 보이고 있다는 판단을 근거로, 김고문을 범국민적 후보로 추천하는 것이 현단계에서 택할 수 있는 바람직한 방책이라는 데 합의했다.

민통련은 김대중 고문이 자주적 민주화와 민족통일에 관해 민중의 염원을 완벽하게 실현할 수 있다거나 민통련의 강령을 전적으로 수용하고 있다는 판단에서 보다는 그의 전진적 자세와 상대적 진보성, 그리고 최근에 확인된 국민의 지지를 척도로 김고문을 추천하게 된 것이다.

민통련은 중앙위원회의 이런 결정에 따라 빠른 시일안에 중앙집행위원회를 소집하여 이 결정을 추진할 방법을 논의하기로 했다.

민통련은 역대의 독재정권에 맞서 헌신적인 투쟁을 해온 김영삼총재의 공로와 각오를 소홀히 평가하지 않는다.

민통련은 이 시점에서라도 두 지도자가 희생적 양보를 통해 후보단일화를 이루는 것이 이상적이라고 보지만, 이것이 불가능할 경우 김영삼총재가 살신성인의 희생정신으로 김대중고문의 손을 잡으면서 망국적인 지역감정을 해소하고 이번 선거에서 범국민적 후보가 압승하여 군사독재를 끝장내는데 협력할 것을 진심으로 촉구한다.

한편 민통련의 중앙위원회는 '6·29선언'이래 민중·민주운동권이 후보단일화문제에 몰두한 나머지 민생문제 등 일상적 투쟁을 소홀히 한 점을 깊이 반성하고 고유의 운동을 보다 철저히 펴나가기로 결의하였다.

민통련은 민정당이 음성적인 부정선거와 두 김씨에 대한 환멸감 조성을 부단히 기도하고 있는 지금 전 국민이 군사독재 타도의 결의를 더욱 굳게하면서 거국중립내각 구성을 통해 공명선거의 장치를 마련하는 운동에 열성적으로 나서기를 당부드린다.

1987. 10. 13.

민주·통일민중운동연합

10·13 민통련의 김대중 씨 추천에 대한 우리의 입장

민족·민주 운동이 올바른 투쟁 방향을 모색하고 과감한 실천을 하려고 하는 상황에서 대통령 후보에 대하여 서대협과 서민노 준비위원회의 김대중 씨 비판적 지지 선언에 이어, 10월 19일 민통련은 같은 입장의 성명을 발표하였습니다. 그런데 70년대 이후 재야운동의 성과를 흡수하고 현재 민족·민주 운동에 상징적 구심체로서 가능하였던 민통련이 전격적으로 야당에 특정 인사를 대통령 후보로 지지함으로써 파생될 수 있는 몇 가지 문제에 대해서 우리는 심각한 우려를 금치 않을 수 없습니다. 첫째, 민족·민주 운동의 주체성을 명확히 하지 못한 오류를 극복하여야 한다. 민족·민주운동은 자신의 대중적 지지 기반을 넓혀나가고 대중 조직화를 촉진시켜 나가면서 변혁운동의 진전을 이루어내는 정치적 실체로서 항상 대중에 대한 지도력을 강화해 나가지 않으면 안된다. 그럼에도 불구하고 특정 인물에 대한 지지 기반으로 대중에게 나타날 수밖에 없는 발표와 결정을 아무런 대안없이 공표했다는 점은 비판되어야 한다. 둘째, 연합전선 건설 과정과 제휴에 대한 관점의 부재는 극복되어야 한다. 연합은 각 주체가 자기의 이념, 정치적 목표와 대중적 조직적 역량 강화를 기하는 가운데 특정 시기의 특수한 공동의 목표 아래 공동 행동을 조직화하고자 연합전선을 결성하는 것이다. 그런데 민족·민주 운동의 조직적 발전의 전망을 방기하고 대중을 민주당의 특정 후보에게로 무책임하게 내모는 방식은 결코 연합의 바른 방법이 될 수 없다. 셋째, 이후 투쟁에서의 일관된 투쟁의 침로를 상실할 우려를 남겼다는 점이 비판되어야 한다. 선거 시기에 나타나는 대중의 역동성을 조직화하여 혁운의 발전 토대로 삼고자 하는 민족·민주 운동의 권력이 새로운 대통령에 이행되고, 이후 민간 민주 정부가 불안정한 체제를 유지하며 동요하는 시기까지 대중투쟁의 일관된 선전의 내용을 갖추어야 한다. 그럼에도 불구하고 대통령 후보 결정 문제에 아무런 주체적 참여를 하지 못하고 야당의 정파 간 경쟁에서 한쪽 편 지지를 공언함으로써 차후 투쟁의 이니셔티브를 스스로 상실하는 결과를 낳고 말았다. 넷째, 지역 감정을 매개로 현재 백중세를 나타내고 있는 양김씨의 이권투구식 경쟁에 대하여 조정 중재의 결정적 역할을 할 수 있는 가능성을 스스로 방기함으로써 후보의 막판 단일화에 기여할 가능성을 잃고 말았다. 경쟁이 민주 정부 수립에의 정책의 차이를 중심으로 이루어지기보다 선거가 지역감정과 인물 위주의 저열한 차원의 표 대결로 귀결될 여지를 많이 남겼다고 하겠다. 민정당이 관권을 동원한 고도의 선거 부정 술책들을 교묘하게 활용하면서 노태우 당선을 추진할 것이라는 예측 속에서 김대중 김영삼 씨 들의 분열로 표가 분산되고 더군다나 지역 문제가 초점이 될 경우 노태우가 합법적 대통령이 될 가능성이 높을 수밖에 없다고 생각합니다. 선거 과정에서 아무런 투쟁 주체를 부각시키지 못하고 또 국민 대중을 적극 설득하지 못할 때 이러한 최악의 경우를 맞이할 경우 민족 운동은 지난 수십 년 간 쌓아온 국민적 정당성과 조직력에 대해 결정적 타격을 입을 것이며 대중운동은 체제내적 개량주의로 전락하거나 비합법 운동으로 격하될 것이라 생각합니다. 또한 후보 단일화 여부와는 상관없이 야당이 승리한다고 가정할지라도 민중의 조직화된 정치 세력이 없을 경우 엄청난 와해와 회유와 자기 분해를 거칠 수밖에 없을 것입니다. 민족·민주 운동 진영이 주체적 대오를 꾸리지 못하고, 대중은 새롭게 수립된 민간 민선 정부에 대한 환상에 감염되어 있을 상태(필리핀, 중남미 국가에서 볼 수 있는 것처럼)에서는 하나하나의 투쟁이 매우 처절하고 어렵게 되리라는 것은 자명하다고 봅니다. 결국 민통련의 성급한 결정은 우리에게 아무런 유리한 정세로 가져오게 하지 못하고 민족·민주 운동 진영을 복잡한 지지가 갖는 근본적 문제점들에 대해 깊이 우려하면서 최선의 대안과 선결적인 과제를 중심으로 민족·민주 운동이 대동단결할 것을 긴급히 촉구합니다.

1987년 10월 14일

전국 구속 청년 학생협의회

발 표 문

민주헌법쟁취 국민운동본부 공동대표, 상임집행위원 연석회의가 1987년 10월 13일 하오 2시 30분부터 6 시 30분까지 기독교회관 대강당에서 열렸다.

1. 위 연석회의에서는 대통령중심 직선제 개헌안이 국회에서 통과된 현 시점에도 현 군사독재 정권은 집권 연장의 망상을 버리지 못하고 민주화라는 이름을 빌어 수단과 방법을 가리지 않고 군부독재 연장 음모를 진행시키고 있는 현 상황에 우려와 분노를 함께 했다.

그 구체적인 예로서

1) 아직도 수많은 정치범이 구속되어 있으며 아니 7-8 월 노동자들에 대한 대량구속으로 구속자의 수가 오하려 증가되었으며 수배자 해제, 사면·복권 등 민주화의 중요 과제가 여전히 미해결 상태로 6·29 노태우 선언의 기만성이 들어났고,

2) 오히려 민주화 세력에 대한 탄압이 증가되고 있고 특히 노동자 농민운동에 대한 극심한 탄압이 자행되고 있으며,

3) 언론의 공정한 보도 기능이 회복되지 않았으며,

4) 군부 쿠데타, 광주학살 만행, 군사독재의 장본인이 대통령 후보가 되어 민주투사인 양 국민들을 속이고 있는 가증스러운 일이 벌어지고 있으며,

5) 유신군부독재의 잔재 세력의 재등장 등 6월 국민 민주항쟁에서 나타난 전국민적 결의에 도전하는 반민주적 작태가 연출되고 있는 것이다.

2. 이에 이 땅에서 군부독재의 영원한 종식이라는 역사적 과업을 성취할 책임을 맡은 국민운동본부는 다시 한번 결의를 가다듬어 군부독재 종식을 위한 국민적 투쟁을 새롭게 전개해야 할 시점에 이르렀음을 확인하였다.

이에 국민운동본부는 10월 13일을 기해 내년 2월 민선민간정부가 수립될 때까지 '군부독재 종식과 민주정부수립을 위한 국민대행진기간'을 선포하는 바이며 이 기간 중, 우리는 모든 국민과 더불어

1) 구속된 민주인사의 전원석방, 수배자 해제, 사면·복권 투쟁

2) 민중생존권 투쟁 지원

3) 공정한 언론쟁취운동

4) 공정선거를 위한 거국 중립내각 수립 쟁취투쟁 등, 군부독재 종식과 진정한 민주화를 위한 투쟁을 전개할 것이며, 이같은 국민적 대행진의 일환으로

가 . 김정렬 내각 퇴진과 거국중립내각 수립을 위한 범국민 서명운동을 전개해 나갈 것이고,

나 . 10월 말을 전후하여 전국적인 국민대회를 개최할 것이다.

이와 같은 과제의 효과적인 수행을 위해 국민운동본부는 11월 4일 제2차 전국 총회를 열어 명칭 변경, 전면적 체제 개편을 단행하여 군부독재 종식을 위한 선거투쟁의 태세를 갖출 것이다.

3. 김영삼 총재, 김대중 고문의 후보단일화 문제에 대하여

1) 국민운동본부는 양김씨의 후보단일화가 군부독재의 종식을 염원하는 모든 국민의 간절한 염원임

을 다시 확인했으며,

2) 이와같은 국민적 여망뿐만 아니라 선거를 통한 민선 민간정부의 수립을 위해서도 후보 단일화는 꼭 이룩되어야 함에 인식을 같이했고,

3) 그동안 후보단일화를 위한 국민운동본부의 진지한 노력이 성과를 거두지 못한 데 대해 국민 여러분께 심심한 유감을 표하지 않을 수 없다.

4) 그럼에도 불구하고, 우리는 반드시 범야권의 후보는 단일화되어야 한다고 생각하며, 김영삼, 김대중씨에게 다시 한번 아래와 같이 뼈아픈 충고의 말씀을 드리고자 한다.

가. 후보단일화를 염원하는 국민들을 더 이상 실망시키지 말고

나. 후보단일화 실패로 만의 하나 있을지도 모를 군부독재의 재집권이 초래될 경우 국민과 역사의 준엄한 심판을 심각히 생각해야 할 것이다.

다. 그러므로 두 분과 민주당은 최대한의 노력을 기울여 어떤 방법으로든지 후보단일화를 이룩해야 할 것이다.

우리는 두 분의 양식과 인격 그리고 민주화를 위한 고난에 찬 투쟁 경력을 고려할 때 수십 차례에 걸친 대국민 약속을 이행할 것으로 믿으며 후보단일화를 염원하는 국민들과 함께 끝까지 우리가 할 수 있는 모든 노력을 경주하여 군부독재를 종식시키고 위대한 민주화의 시대를 기필코 열고야 말 것이다.

1987년 10월 14일

민주헌법 쟁취 국민운동본부

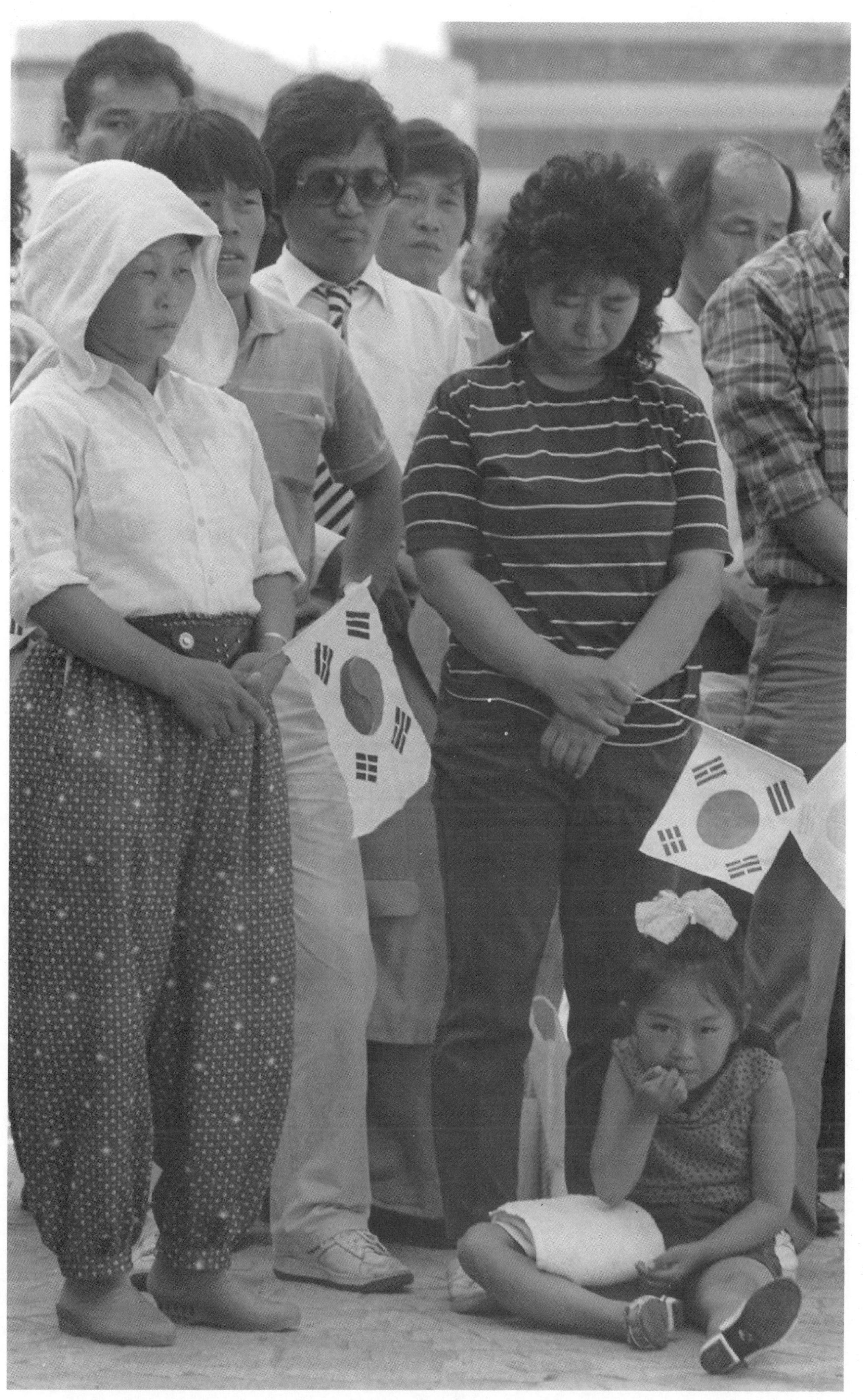

-김 근태 옥중 메시지-

민중운동의 발전과 선거를 통한 민족자주화와 민주혁명에 관한 나의 견해

1. 선거시기에 우리는 무엇을 선전할 것인가?

민중운동세력은 올바른 투쟁방법을 대중속에서 찾고 그 방법을 통해 대중을 견인해야합니다. 대중이 가장 중요시 하는 것을 좇아서 움직여야 합니다. 16년만에 거행되는 대통령선거에의 민중의 참여열기는 가히 폭발적일 것입니다. 이러한 시기에 좋은 말의 단순한 나열이나 조합에 탐닉할 것이 아니라 당면과제를 올바르게 설정하고 운동방법, 역량배치에 대한 논의의 수준을 높여야 합니다. 그리고 무엇보다 중요한 것은 선거시기 민중운동세력이 선전할 내용입니다. 본인이 생각하기에는 지금은 민족자주의 문제가 전면화되어야 할 시기입니다. 따라서 선전의 주 내용은

1) 결국 미국은 군사독재였다.

2) 한국민족의 생존을 위협하는 핵무기에 관한 민족민주세력의 입장

3) 노태우는 전두환이다.

4) 군사독재를 사후 승인하는 수치스런 국민이 되어서는 안된다.

이어야 합니다.

2. 민중운동의 발전만이 민주혁명을 완수할 수 있다

'선거에 의한 민주혁명'은 수정되어야 합니다. 이는 현상을 피상적으로 파악한 결과이며, 정치군부의 협박에 굴복한 느낌을 줍니다. 또한 국민을 수동적 존재로 격하시켜, 단순히 선거행위에의 참여만을 요구하는 것으로 오해되기 쉽습니다. 따라서 '선거에 의한 민주혁명'이 구호로써 사용되는 것은 즉각 중단되어야 합니다.

우리의 구호는 '민중운동의 발전만이 민주혁명을 완수할 수 있다'입니다. 6월말 7월초의 대전환은 민중들의 적극적 투쟁을 통해서 획득된 것입니다. 가두시위, 가두투쟁에 운전기사들을 선두로하는 기층민중과 더불어 중간계층이 적극적으로 가세함으로써 결정난 것입니다. 이제 우리는 이러한 민주화를 향한 우리의 출발을 오직 민중운동의 발전을 통해 민주혁명으로 승화, 완성시켜야 합니다. 4·19혁명이 실패한 것은 민주당권력이 민중운동에 대해 비우호적 태도를 취했기 때문입니다.

7월의 대전환이래 전국 각지에서 발생한 노동운동은 노동조건개선과 임금인상투쟁에 머물고 아직도 노동운동의 미성숙과 혼선 때문에 많은 문제를 야기시켰지만 민중의 한이 깊고, 그 힘이 거대한 것을 다시한번 입증했으며, 민중의 힘이야 말로 사회발전의 근원적 동력이 될 수 있음을 보여주었읍니다.

그러나 동시에 우리는 현 민중운동의 문제점과 한계도 보았읍니다. 폭발적인 노동운동이 모두 7월전환 이후에 완화된 국면에서 제기된 사실은 아직도 노동자대중이 사회속에서의 자신의 운명에 대한 사회과학적 인식이 낮고 실천적 용기도 부족하다는 반증입니다. 민중운동의 지도세력 또한 기층민중의 우상화와 절대화를 극복하고 생디칼리즘에 편향된 변혁적 노동조합주의를 극복해내야 합니다. 또한 지난 20여년간의 민중지향성에도 불구하고 우리의 헌신과 결단이 아직도 역없이 부족하다는 것이 폭로되었읍니다. 대중적 민중운동과 이를 적절하게 안내해나갈 민주화운동세력간의 올바른 관계정립이 무엇보다 중요합니다.

3. 올바른 민주화 운동세력에 의한 국가권력의 획득과 민주대연합의 문제

현재의 정세가 민주연합쪽에 결정적으로 유리하게 균형이 변경되지는 않았읍니다. 다만 지배세력과 민주대연합사이의 균형이 유동화되기 시작한 시기입니다. 이러한 전환이 이루어진 것은 앞에서도 언급한 바와 같이 민주화운동세력의 선도와 대중의 적극적 참여, 궐기를 통해서였읍니다. 또한 위기에 봉착한 지배연합내부에 견해차이가 발생하여 긴장, 갈등의 격화로 동요가 일어남으로써 양보로서의 6·29선언이 등장했읍니다.

이처럼 형성된 유동적 상황에서 민주대연합은 승리할 수 있는가? 본인은 분명히 '그렇다'고 단언합니다. 그리고 민주대연합의 승리는 현단계에서 의미가 있고 매우 가치있는 일입니다. 진정한 민주혁명과 민족자주를 위해 광범한 대중에 기반한 민주대연합을 획득하기 위해 우리는 결단해야 합니다. 민주당을 비롯한 현실 정치세력의 재야민주운동세력 그리고 민중운동세력의 결합에 의한 민주대연합은 반드시 성취되어야하며, 민주대연합을 민중운동세력이 주도하여야 합니다.

4. 김대중씨를 범국민적 대통령후보로 결정해야 합니다

활동가는 대중의 마음을 꿰뚫는 직관으로 파악하고 그것을 대중앞에 제시해야 합니다. 선거시기에 있어 대중의 활동공간과 참여를 구조화하고 동원을 체계화하는 것이 우리의 임무입니다. 다시 한번 범국민적 대통령후보추천에 관한 본인의 입장을 분명히 하고자 합니다. 단일화 단일화하면서 비판과 비난만을 일삼는 것은 활동가가 할일이 아닙니다. 민주화를 성취할 범국민적 대통령후보는 국민들이 참여하고 동원되어 결정되어야 합니다. 국민을 방관자로 남겨둔 채 정치인들만의 조정에 맡겨두어서는 안됩니다.

본인은 범국민적 대통령후보로 김대중씨를 적극 추천합니다. 본인이 김대중씨를 추천하는 이유는

1) 김대중씨가 현재 전진하고 있는 민주화의 폭과 깊이에 대해서, 그리고 이것이 민중운동세력에 의해 쟁취된 것이고 지배세력의 패퇴라는 것을 잘 이해하고 있다고 판단되기 때문입니다.
2) 김대중씨가 무모하게 재역전을 시도할 수 있는 지배세력의 음모와 군부의 반격을 분쇄하기 위한 용의주도함을 갖고 있기 때문입니다.
3) 김대중씨가 우리가 실현하고자하는 민주혁명에 광범한 대중의 참여를 촉구하고 이를 통해 성취하고자 하기 때문입니다.
4) 김대중씨 본인이 그동안 투옥등의 고난을 통해 민중의 정서와 한을 함께 나누어 갖고 있으며 양심수와 수배자 및 그 가족들의 아픔을 이해하고 있기 때문입니다.

이러한 점들은 향후 문제해결의 올바른 동력으로 작용할 것입니다.

우리는 김대중씨를 범국민적 대통령후보로 추대하여 선거투쟁에서 승리함으로써 군부독재를 종식시키고 민주정부를 수립할 전국적인 특별위원회를 구성하고 단체연합으로 대규모 집회를 개최해야 합니다.

5. 민족자주의 문제와 관련하여 본인의 제안을 반대하는 의견에 대해

본인의 주장에 대하여

1) 김대중씨 역시 보수정치인으로서 한계를 지닌다.
2) 민중주체의 형성에 진력해야 한다.
3) 재야운동단체로서의 순수성을 지켜야 한다.
4) 80년도의 과오를 되풀이 해서는 안된다.
5) 아직 우리 역량이 미흡하다.

는 등의 이유로 반대의견이 개진되고 있다는 사실을 알고 있읍니다. 이러한 주장에 대해 다음번 기회를 통해 본인의 의견을 다시 한번 개진하고자 합니다. 다만 민중지향성, 민중운동을 이야기하면서 선거에 무관심한 것은 분명한 오류입니다. 지금 있는 모든 민주화운동의 연장선상에서 이 문제를 제기하고 결집된 힘을 보여줌으로서 현실 정치인을 견인해야 하며 정치권력에 참여해야 합니다. 또한 80년 이후 지난 7년 동안 우리 민족민주운동세력이 자주적인 활동을 해왔던 것과 조직역량을 담을려고 했던 것에 대해 과소평가해서는 안됩니다.

대중을 지도할 수 있는 책임있는 집단적 정치력을 형성할 수 있는 역량이 우리에게 있으며 이에 대한 자신감을 가져야 합니다. 학생이나 시민을 민중운동의 순수성에 주눅들게 하지말고 함께 뛰면서 지역을 담당하게 해야 합니다.

이상의 의견은 감옥이라는 폐쇄된 공간속에서 활동가들과의 진지한 토론과정없이 제한된 정보를 토대로 정리한 것입니다. 또한 전달과정이나 매체의 불완전함으로 인해 많은 부분 오해의 소지를 안고 있다는 점을 인정합니다.

그러나 본인은 아무리 감옥 속이라 할지라도 투쟁의 대열에서 이탈해서는 안된다고 생각합니다. 그동안 군부독재 세력에 대한 외롭고 처절한 소내투쟁을 통해 깨달은 것입니다. 따라서 본인의 의견은 감옥 속에 있는 활동가, 민주화운동의 대열에 같이 서있는 한사람의 활동가의 정치적 입장으로 이해해 주시고 민족민주운동권의 논의를 활성화하는데 기여하기를 바랍니다.

반외세 자주화와 반독재 민주화투쟁이 승리하는 그날까지
민주화운동 만세, 민족민주민중해방 만세!!

1987. 10. 16.

경주교도소에서 김 근 태

결 성 선 언 문

아름다운 고장 서귀포가 이제 기나긴 잠에서 깨어나 외세에 의한 분단의 고통과 군사독재 정권의 장기 집권으로 얼룩진 오욕의 역사를 거부하고 4천만 국민과 더불어 자주와 민주 그리고 통일의 대장정에 동참할 것이다.

우리는 지난 6월 26일 범서귀포시민 민주평화 대행진에서 보여준 의연한 군사독재 타도의 함성을 기억한다. 그날 서귀포 애국 민주시민이 보여준 굳은 의지는 4천만 국민과 더불어 4.13조치라는 현정권의 장기집권 술책을 즉각 포기시켰다.

그러나 우리는 6.29선언이 현 정권의 완전한 굴복이 아니라 범국민적인 저항에 부닥쳐 불가피하게 선택한 것일 뿐이며, 그 선언조차 제대로 시행하지 않음을 물론 지난 3.15 부정선거를 저질렀던 김정렬 내각을 앞세워 이승만 독재정권 치하의 3.15부정선거와 같은 엄청난 부정선거를 준비하여 현 정권의 집권연장을 꿈꾸고 있다.

이에 우리는 6.29노태우 선언이라는 허구에 찬 민주화 조치를 낱낱이 폭로함으로써 현 김정렬 부정선거 내각을 퇴진시키고 선거중립 내각을 쟁취하여 끝내 선거혁명을 통하여 민주화의 새로운 시대를 열것이다.

이를 위해,

첫째, 우리는 참된 주인이 될것이다.

우리는 민족의 자주성과 언론의 자유, 집회결사의 자유, 신체의 자유등 민주적 제권리를 쟁취하여 나라의 참된 주인이 될 것이다.

둘째, 우리는 단결할 것이다.

우리는 서로의 작은 차이를 강조하기 보다도 반군사독재 전선을 강화하기 위하여 단결할 것이다. 노동자, 농민, 도시빈민, 그리고 청년학생, 영세상인, 중소자본가 뿐만아니라 애국적인 공무원까지 하나로 단결하여 한줌도 안되는 군사독재 정권을 종식시킬 것이다.

셋째, 우리는 투쟁할 것이다.

우리의 민주적인 제권리와 우리의 생존권을 쟁취하고 인간다운 사회, 옳은 미래를 실현하기 위하여 투쟁할 것이다.

넷째, 우리는 승리할 것이다.

6월의 그 뜨거운 함성, 결연한 반군사독재 투쟁의 의지를 가다듬어 다가오는 선거에서 민주세력의 승리를 쟁취할 것이다. 우리는 분단 43년의 고난에 찬 민주화 투쟁을 헛되이 하지 않기 위하여, 민주화 장정에서 쓰러져간 민주 열사들의 염원을 실현하고 지금도 차가운 독방에서 우리의 승리를 애타게 기다리는 민주 동지들의 해방을 위하여 우리는 반드시 승리할 것이다.

우리는 국민들의 염화같은 민주화의 의지로 외세의 배경하에 26년간을 국민위에 군림해온 군부독재를 심판함으로써 1987년을 옳은 역사 재창조의 위대한 해로 진군할 것이다.

자유와 평등, 평화를 갈망하는 8만 서귀포시민 여러분!

우리는 민주와 자주가 바로 평화적 통일로 가는 길이며 우리의 힘으로 선거혁명을 통한 민주정부의 수립이 역사의 뜻이자 우리 시대의 정의라는 신념을 함께 하면서 민주화의 대장정을 향해 힘차게 일어나 전진합시다.

1987년 10월 17일

민주헌법쟁취 국민운동 제주 서귀포시지부

발 기 취 지 문

해방 이후로도 계속되는 반민족적이고 반민주적인 제세력에 대한 항쟁의 역사는 우리 50만 도민에게도 패배주의를 남겼읍니다. 하지만 굽힐줄 모르는 민주화 투쟁의 도정에서 지난 6월과 7월에 걸쳐 보여준 민주화의 실천의지는 지금까지의 수동적이고 복종적인 삶을 바꿔놓기 시작했읍니다.

현 군부독재 정권은 등장할 때부터 민주화를 외치는 수천명의 시민들을 학살하는데에 주저하지 않았으며, 외세와 결탁하며 소수의 매판세력만을 키워주는 정치 경제적인 지배체제를 굳혀갔읍니다. 또한 4.13 호헌조치로 그 본색을 여실히 드러낸 군부독재는 더 이상 국민들 앞에 나설 명분이 없게 되었읍니다.

너무나 억눌러왔던 국민들은 드디어 연인원 수백만명이 참여하는 6월 항쟁을 통하여 6.29 선언이라는 부분적 승리를 쟁취하였읍니다.

그러나 6.29선언은 현 정권의 퇴진과 확실한 민주주의를 요구하는 국민들 앞에 몇개의 민주화 조항만을 내던져 주고 국면의 주도권을 장악하고 국민의 변혁의지를 타협과 개량으로 얼룩지게 하여 자신들의 재집권을 용이하게 하려는 기만적이고 미봉적인 음모가 도사리고 있읍니다. 이는 6.29 선언이후에 벌어진 약속 불이행과 민주인사들에 대한 계속적인 탄압과 좌경이니 용공이니 하는 딱지를 서슴없이 붙여대며 국민들을 이간질 시키는데서 절실히 느낄 수 있읍니다. 이렇게 반민주적인 군부독재가 여전히 강력함에도 불구하고 우리 국민들은 그 조직력이 아직 미흡하여 소모적이고 산발적인 투쟁이 산재되어 있읍니다. 이에 대처하기 위하여 우리 도민은 지난 9월 6일 민주헌법쟁취 국민운동 제주본부를 결성하기에 이르렀읍니다.

민주헌법쟁취 국민운동은 국민 모두가 주체가 되어 군사독재를 물리치고 민주적인 민간정부를 수립하여 민중의 생존적 기본권 확립과 민족의 자주적 통일기반조성에 당면목표를 두는바, 민주헌법쟁취 국민운동 제주서귀포시지부는 이러한 목적아래 지역여론을 담당하고 주민자치의 실현을 위한 힘을 기르며 서귀포시민의 생존권을 확보하는데 전력을 다하는 기본적 실천조직이 되고자 합니다.

8만 서귀포시민 여러분!

참된 민주화는 누가 가져다 주는 것이 아니라 스스로 싸워서 쟁취하는 것이며 계속적이고 집단적으로 키워나가야 하는 것입니다. 아울러 서귀포시민이 주체가 되지 못하는 관광정책, 도시계획, 관료정치등을 과감하게 깨뜨려서 서귀포시민의 실질적인 생존권 확보에 전력을 다합시다.

시민 여러분!

한라에서 백두까지 하나되는 그 날까지 민주화의 대장정에 모두 같이 동참합시다.

1987년 10월 17일

민주헌법쟁취 국민운동 제주서귀포지부 발기인 일동

건의문

민통련 동지들에게

민주화 운동의 결정적인 고비를 넘고있는 지금 민주·통일민중운동연합회원 여러분의 그동안의 분투에 새 존경과 격려를 함께 보내오며 감옥에 갇혀있어 여러분과 더불어 군사독재와 싸우지 못하는 본인의 미안함을 올려 전합니다. 본인은 10월 13일 특정대통령 출마자에 대해 민통련이 지지성명을 발표했다는 이야기를 전해 고 비록 몸은 갇혀있어 저간의 자세한 상황을 제대로 파악하지 못하고 있을지라도 견해의 일단을 전하지 않 수 없다는 절박한 생각이들어 이처럼 건의하게 됐읍니다. 평화적인 민족통일을 향한 자주화운동, 그리고 민 화운동의 진전에 있어서 지난 2년 6개월여에 걸친 민통련의 투쟁은 대단히 값진것이었으며 역사의 정당한 평 를 받을만한 것입니다. 그럼에도 불구하고 우리 민통련은 지금까지의 운동이 기구중심, 운동가중심의 운동이 던 점을 기회있을 때마다 반성하고 민통련의 이름이 뜻하는대로 실질적인 민중운동 단체가 되도록 노력해왔읍 다. 민주화의 길목을 성큼 앞당긴 지난 6월 항쟁은 대중의 광범한 참여를 통한 획기적인 대중운동의 발전 예상케하고 있읍니다. 지난 6월 이후 진전되고 있는 노동, 농민, 중간층에 의한 광범한 대중조직의 확충은 당연히 대중적 조직들의 연합체로 발전할 필연적 지향성을 내포하고 있읍니다. 민통련은 지난 40여년동안 보 정치권에서 해결할수 없었던, 아니 해결하려는 의사를 가지고 있지 않던 숙제를, 광범한계급, 계층의 연대들을 마련함으로써 집단적으로 제기해 왔읍니다. 민족통일을 향한 자주화운동 그리고 민중주도의 민주화운동이 대중 화 될 역사적 시기가 도래 함으로써 민통련은 수십년만에 처음으로 제도정치권의 두터운 벽을 무너뜨리고 민중 의 염원을 표출 사킬수 있는 입지를 얻을수 있게 된 것이었읍니다. 그러나 10월 13일의 특정 대통령선거 마자에 대한 지지 성명은 위와 같은 민통련의 위상과 과제를 근본적으로 파기할 수 있는 심각한 사태로 파 되어 아래와 같은 몇가지 문제점을 제기 함으로써 민통련 회원동지 여러분의 이해를 구하고자 합니다.

1. 6.29 이후의 선거국면을 보는 민통련의 자세는 지금까지의 민주헌법쟁취투쟁에서 보수야권과의 부분적 연대가 그러했듯이 보수정치권내의 권력경쟁국면을 자주화와 민주화를 위한 유리한 국면으로 전환시키자는 것이었다 봅니다. 따라서 민통련은 보수야권의 어느 특정인을 지지하기 보다는 정책적 선도성을 끈임없이 보수정치 에 반영, 대중의 잠재적 정치역량을 표면화 시키고 민통련 자체를 대중적 조직으로 전환시킬 기회로 선거 면을 활용 했어야 했던 것입니다. 10. 13 성명은 민통련의 정책적 선도성의 여지를 빼앗고 말았읍니다.

2. 10. 13 성명은 보수야권안의 분열이 민통련 안의 분열로 발표한듯이 나타날 가능성을 품고 있읍니다. 우 민통련이 지난 2년 6개월이상 지켜온 자세는 보수야권의 분열때문에 민중운동 단체인 민통련의 내부에 파 이 일어서는 절대로 안된다는 것이었읍니다. 민통련 가맹단체들이 속성상 10. 13 성명에 대한 의견 때 에 조직내부에 심각한 갈등을 빚을 것으로 예상되는데 미리 이런 점이 감안된 가운데 내려진 판단인지 지 않을수 없읍니다.

3. 10. 13 성명은 특정후보를 지지한다는 지지표명에 그칠뿐 그 후보를 위한 선거운동을 한다는 의미는 아닌 입니다. 예컨데 민통련의 매체와 각 가맹단체의 매체를 통해 그 후보를 위한 선거운동을 하자는 것도 닐 것입니다. 만일 정책대안의 제시, 민중운동의 적극전개 쪽으로 방향을 택했다면, 민통련의 정책강령이 가장 근사한 정책을 가진 후보를 지속적으로 지원하는 것이 되었을 것이며 후보간의 정책대결을 유도할 도 있었을 것입니다.

4. 10. 13 성명은 야권후보 단일화 문제로 인한 민통련안의 논의를 특정후보 지지표명으로 일단락 짓고 그동안 소홀했던 민중운동, 민중권익옹호투쟁으로 전환하겠다고 밝혔는데, 정치성향에 대한 거부반응이 심한 민중운 현장에 - 비록 그것이 옳지 못한 것이라 할지라도 - 10. 13 성명이 발표된 이후에접근할수 있을 것인지 지 않을수 없읍니다. 문제는 순서가 뒤바뀐데 있을듯 합니다. 민중운동, 민중권익옹호투쟁을 적극 전개 하여 그것을 지지하는 후보에게 도움이 되도록 했어야 했다고 봅니다.

5. 지금과 같은 상황에서 민통련의 특정후보지지표명이 그 특정후보에게 반드시 유익한 것인지 신중히 평가해 할것 같읍니다. 그 특정후보는 반군사독재투쟁에 대한 적극적 의지를 가진 유권자 뿐만 아니라 소극적 의지 내지는 단순한 민간정권 지지 의사를 가진 유권자까지 이르는 광범한 국민의 지지를 얻으려 하지 을수 없읍니다. 10. 13 성명으로 그 특정후보는 현 군사독재정권과 경쟁후보자들의 이념공세로 시달릴 것 예상 됩니다. 이같은 공방이 이념성의 선명도를 높여줄는지는 몰라도 전체적인 득표전략에 이득이 될것인 에 관해서는 달리 깊은 분석이 있었어야 했다고 봅니다.

백보를 양보하여 - 이 방안에 대해서도 본인은 동의할 수 없읍니다만 - 군사독재와의 최후의 투쟁을 위해 어느 특정후보를 지지하지 않을 수 없는 막바지 상황에 이르렀을 경우, 지지표명은 마지막 순간을 택해 지지대상후보에게 유리하도록 혼미하고 미세한 균형을 깨뜨리는 것이었어야 했읍니다.
민통련 일각에서 특정후보 지지표명문제가 끈임없이 제기되니까 그와같은 미묘한 논란을 종식시키기 위해 편한대로 조급하게 결정지은 것이라면, 그 태도표명은 민통련 자신과 특정후보 쌍방에게 아무런 이득도 주지 못하는 결과를 가져올 따름입니다.
이상과 같이 두서없이 10. 13 성명에 대한 견해의 일단을 피력했읍니다만, 본인은 감옥안에 갇혀있는 몸이어서 상황의 전개에 어두운 탓으로 여러가지 잘못된 견해를 가지고 있을런지 모릅니다. 그러나 지난해 4.29 민국련 성명이 민통련의 존립에 심각한 위기를 몰고 왔던 상황을 직접 겪었던 본인으로서는 이번10.13 성명도 그에 못지않은, 아니 그보다 훨씬 결정적인 위기를 민통련에 강요하고 있다고 판단되어 부족한 의견의 일단을 피력하는 것이오니 널리 양해해 주시기 바랍니다.
본인은 이를 위한 타개 방안으로 전회원의 의사가 집약된 총회를 소집하여 이 문제를 다시 논의해 주실 것을 건의 합니다.
회원동지 여러분의 건승을 빕니다.

1 9 8 7 년 10 월 20 일

김천교도소에서

李 富 榮

성 명 서

6월 국민대행진은 우리 국민의 위대함을 과시하고 민주정부를 언약하는 역사적인 전진이었다. 그리하여 40년동안의 독재정치를 산하고 반만년 역사상 처음으로 국민이 국가의 주인으로 등장할 중대한 시점에 도달하였다. "다만 정의를 강물처럼 흐르게 하여라"(5:24)라고 하신 하나님의 말씀에 따라 국민과 더불어 민주쟁취 대열에 동참해온 우리 기독자들은 오늘'민주쟁취 전국 기독교 성직 및 교회지도자 기도회"에 모이 우리의 입장을 밝히고자 한다.

1. 군부독재의 재집권 음모를 분쇄하자

우리 국민이 피와 눈물로 이룩한 민주화는 결코 노태우를 민주인사로 둔갑시키거나 군부독재가 민주정부의 가면을 쓴 채 권력을 세 하도록 하기 위함이 아니었다. 국민의 위세에 놀라 호헌을 철회하고 6.29선언을 한 군부독재는 과거의 잘못을 회개하기는 커녕 민주 의 탈을 쓰고 재집권하고자 안간힘을 쏟고 있다. 이들은 겉으로는 민주화를 외치면서 여전히 언론과 인권을 탄압하고, 학생과 노동자 의 민주적이고 정당한 요구를 폭력으로 탄압하고 있다. 또한 공명선거를 떠들면서 선심불량공세와 공무원 동원을 통해 한표라도 더 이모으기 위해 광분하고 있다.

군부독재는 아직 종식된 것이 아니다. 우리는 6월항쟁을 통해 우리 국민의 염원인 군부독재의 완전 종식임을 알고 있다. 따라서 리는 군부독재의 권력세습을 위한 여하한 재집권음모도 단연코 분쇄하고야 말 것이다.

1. 야당의 후보단일화는 민주정부 수립의 길로 가기 위해 반드시 풀어야 할 매듭이다.

민주화를 가늠하는 중대한 이 시점에서 야당의 후보단일화 문제가 이루어지지 못한다면, 그들이 아무리 민주화를 공언한다 해도 국 의 신뢰를 상실하고말 일개 정파로 전락될 것이며 그들은 결코 민주정부의 동반자가 될 수 없을 것이다.

그러나 동시에 우리는 이제까지 너무 야당의 후보단일화 문제에만 매달린 채 6월 국민대행진의 성과를 올바로 전진시키지 못했음 솔직히 반성한다. 우리가 후보단일화 문제에만 좌초해 있는다면 우리는 독재자들에게 우리를 갈기갈기 찢을 기회만 줄 뿐이다. 우리 후보단일화의 매듭을 푸는 과정과 동시에 군부독재를 종식시키기 위한 반군부독재투쟁을 6월투쟁의 성과 위에서 확대시켜나가야 한다

더불어 우리는 후보단일화가 마치 불가능한 것인양 단정해버리는 패배주의적이고 결정론적인 모든 논리를 거부한다. 6월항쟁이 계 되는 가운데 대통령직선제가 마치 실현 불가능한 것처럼 보인적도 있었지만 국민의 일치단결된 민주화의 열망이 그 불가능을 현실로 꾸었음을 우리는 알고 있다. 따라서 민주정부의 수립이라는 민족적 지상명제 앞에서 모든 민주애국세력과 국민이 대동단결하여 군부 재종식 투쟁을 조직하는 것만이 모든 불가능을 현실로 바꾸어낼 것임을 믿어 의심치 않는다.

1. 다가올 선거에서 민주애국 세력의 대동단결만이 군부독재 종식과 민주정부수립을 보장한다.

다가올 선거는 민주와 독재 그리고 애국과 매국의 최후 결전장이 될 것이다. 현 정권은 여론공작을 통해 후보단일화의 지연을 민주애 세력의 분열인양 호도하여 선전함으로써 국민들에게서 6월투쟁의 정기를 말살시키려 하고 있다. 모든 민주애국세력이 국민과 혼연일체 되어 군부독재 세력을 에워싼다면 제금 발버둥치는 그들은 이땅에서 영원히 설 자리를 잃고말 것이다. 그것은 6월투쟁을 완결짓는 마지 결전이 될 것이다.

1. 「선거감시단」의 조직을 통해 선거감시운동을 거국적으로 조직하자.

우리는 다가올 선거가 민주정부의 길을 닦는 예비적 국민투쟁이라고 여기고 선거를 감시할 국민운동을 광범위하게 조직할 것이다. 이 거감시단』운동은 선거를 감시하는 조직적인 국민운동일 뿐만아니라 그 과정에서 국민들 스스로가 민주정부의 주인으로서 스스로를 훈련 는 민주주의의 훈련도장 역할을 할 것이다. 이렇게 단련되어 조직된 범국민운동은 그 어떠한 군부독재의 총칼 앞에서도 민주주의를 수호 내고 선거를 통한 민주혁명을 완수하여 민주정부를 잉태해 낼 것이다.

1. 현 김정렬 내각의 총사퇴와 거국중립 내각 구성을 촉구한다.

우리는 현 김정렬내각 하에서 국민의 신성한 한표 한표가 결코 지켜질 수 없다고 여긴다. 일본 육군사관학교를 졸업하여 자유당정권 에서는 '6인위원회'의 일원으로서 선거부정을 조직하였고 이후 공화당의장 및 국회의원, 제5공화국 하에서는 국정자문위원을 두루두 거치며 역대 독재자들에게 빌붙어 일신의 부귀영화만을 쫓아온 김정렬총리가 이끄는 내각이 선거를 공정하게 관리할 수 없다함은 기우 아닐 것이다. 더우기 80년 광주민중학살의 직접 가해당사자인 당시 공수특전사령관 정호용이 국방장관으로 있다. 그밖에도 현 내각이 쳐온 대국민행동 등을 통해 볼 때 현 내각은 군부독재정권의 합법적인 재집권을 보장하기 위해 존재하는 것임이 자명하다.

우리는 선거를 공정하게 관리하고 집행하며, 민주정부의 초석을 다질 수 있는 각계각층의 민주인사들로 구성된 거국중립내각을 구성하 록 거듭 촉구한다. 그것만이 자신들의 죄과를 뉘우치는 지표가 될 수 있을 것이다.

1. 미국은 하루속히 군통수권및 작전권을 반환하고 일체의 내정간섭 행위로 중지해야 한다.

우리는 미국이 30년 이상이나 주권국가의 군통수권 및 작전권을 장악하고 있다는 사실에 대해 누차 그 시정을 촉구해 왔다. 우리는 국이 이와같이 세계 어느나라에서도 볼 수 없는 명백한 범죄행위를 왜 즉각 시정하지 않는지에 대해 깊은 의혹을 갖지 않을 수 없다. 것은 국가와 민족의 사활에 직접 관계된 절박한 문제이기 때문이다. 더우기 우리는 미국정부에게 한국의 내정에 간섭하지 말 것을 누 촉구해 왔음에도 불구하고 미국정부가 선거를 불과 석달여 앞두고 갑작스레 노태우후보를 미국에 불러 마치 국가원수인양 예우한 것 대해 분노를 느끼지 않을 수 없다. 그것이 선거에 전혀 영향을 미치지 않는다고 강변한다면 아마 삼척동자라도 웃을 것이다. 그렇다 이는 심각한 내정간섭 행위가 아닐 수 없다.

이제 우리 국민들이 미국에 대한 공분을 쌓고 있다면 이는 전적으로 미국정부의 책임임을 분명히 단언한다.

우리는 이제 정의를 심기 위해 묵은 땅을 갈아엎는 역사적 과제를 수행하고 있다. 6월의 국민대행진에서 보여준 뜨거운 국민적 열 는 국민의 일치단결된 힘이 얼마나 강대한 것이며, 얼마나 정당한 것인가를, 그리고 그 어떠한 것으로도 막을 수 없는 대세임을 입증 였다. 이제 그 힘은 독재의 마지막 보루를 허물어뜨릴 것이며 자주적인 민주정부를 열어 자주·민주·통일의 꽃을 활짝 피울 것이다. 족에 대한 뜨거운 사랑과 민주에 대한 한없는 열정으로 국민대행진에 동참하는 우리 기독자들에게는 하나님께서 지혜와 능력을 더히 주실 것이다.

1987년 10월 22일

민주쟁취 전국 기독교 성직자 및 교회지도자 기도회 참석자일동

온 국민이 단결하여 군부독재 재집권을 막아내자

—공정선거 보장을 위한 거국중립내각쟁취 범국민 서명운동을 전개하며—

6월 민중항쟁의 주역인 애국시민 여러분!

기억하십니까? 무자비하게 쏟아지는 최루탄과 삼엄한 경찰력을 뚫고 목이 터지게 외쳤던 "독재타도 민주쟁취"의 함성을. 온 국민의 단결된 투쟁 앞에서 군부독재무리들이 항복을 선언하였을 때 기뻐 외쳤던 승리의 환호성을.

지금 우리는 그 뜨거웠던 6월 투쟁의 승리 위에서 40여년의 독재정치를 종식시키고 자손만대에 통일된 민주국가를 물려주어야 할 민족사적 갈림길에 서 있습니다. 그러나 지금 전두환·노태우 군부독재는 여전히 민주화는 외면한 채 또 한번의 재집권을 노리는 파렴치한 작태를 보이고 있습니다. 저 기만적인 6.29선언 이후 구속자는 더욱 늘어 났으며, 관제언론은 여전히 독재의 시녀역할을 하며 애국민주세력이 다시 좌경·용공세력으로 매도되고 있으며 광주학살의 원흉인 노태우는 버젓이 대통령 후보로 나서 민주화를 운운하며 국민을 우롱하고 있습니다.

애국시민 여러분!

우리가 광주 학살의 원흉인 노태우를 대통령으로 만들려고 피눈물 흘리며 직선제를 쟁취하였읍니까?

아닙니다. 절대로 아닙니다. 우리가 직선제를 외쳤던 것은 직선제를 통해 군부독재권력을 연장시키고자 한 것이 결코 아닙니다. 그것은 직선제를 통해 군부독재를 종식시키고 실질적인 민주정부 수립을 통해 진정한 민주화와 통일을 향해 한 걸음 다가서자는 것 때문이었읍니다. 대통령 직선제는, 80년 민주화의 문턱에서 온 국민의 민주화 열망을 군화발로 짓밟고 2천여 광주민중을 학살하며 등장한 현 정권, 온갖 권력형 부정부패로 얼룩진 5공화국, 살인적인 고문과 좌경·용공조작, 최루탄에 의해 유지되어온 군부독재를 국민의 손으로 심판하고 민주·자주·통일의 새역사를 열어가기 위한 역사적 심판대입니다.

공정선거 보장하는 거국 중립내각 구성하자!

지금까지 우리 역사속에서 선거는 항상 독재권력의 정당성 확보와 권력 연장의 수단이 되어 왔읍니다. 독재정권은 선거 때마다 자금살포·군대의 부정·공무원 개입 등 정권의 자금력·조직력·행정력 등을 총동원, 온갖 부정한 방법으로 선거를 치루어 왔읍니다. 4.19 직전의 3.15부정선거, 67년 선거, 71년 대통령 선거 등에서도 사전부정선거·선거결과 조작 등 선거는 독재정권의 집권연장을 위한 부정으로 점철되어 왔읍니다.

식민지 시대에 일본 육사를 나와 일본장교로 복무하였고, 3.15부정선거 당시 국방장관이었던 김정렬과 광주민중학살의 또 다른 원흉인 정호용이 국방장관으로 있는 현 내각 하에서 과연 공정한 선거가 이루어질 수 있겠읍니까? 국민 각계의 의견을 공정하게 수렴하여 정책에 반영해야 할 내각에서 전경련 전무의 일방적인 허위보고를 듣고, 그것을 바탕으로 노동자의 생존권 투쟁을 반 인륜적 폭력행위로 매도하였던 현 내각이 공정하다고 할 수 있읍니까? 이미 공무원이 선거운동에 개입하고 금품 수수가 난무한 데, 이러한 현 내각 하에서 공정선거가 가능하겠읍니까?

온 국민이 온갖 고난을 무릅쓰고 쟁취한 고귀한 민주화의 계기를 무산시키고 반민주적 역모를 꾀하는 내각을 두고 참된 민주선거는 결코 이루어질 수 없읍니다.

우리는 이번 선거가 온 국민의 진정한 민주화의사가 반영되는 공정선거가 되도록, 그리하여 이 선거를 통해 민주사회로 다가설 수 있도록 공정선거를 위한 거국중립내각 구성을 강력하게 촉구하며 이를 위해 범국민 서명운동에 나서고자 하는 것입니다.

애국시민 여러분!
다시 한번 온 국민이 단결하여 선거를 통한 민주혁명을 이룩합시다.

6월항쟁 이어받아 군부독재 끝장내자!
민주주의를 염원하는 모든 시민은 공정선거를 촉구하는 범국민서명운동에 적극 동참합시다.

1987. 10. 23

민주헌법쟁취 국민운동본부(744－2844, 744－6702)

군부독재 종식과 민주정부 수립을 위한
청년학생 공동투쟁 결의문

우리는 뜨거웠던 6월 민주화대투쟁의 함성을 지금도 기억한다. 전국 방방곡곡에서 온 국민이 떨쳐 일어서 한 목소리로 쳤던 그 함성을 결코 잊을 수 없다. 독재타도! 민주쟁취! 독재에 대한 분노와 민주를 향한 애정으로 똘똘 뭉쳤던 위대한 순간을 어찌 잊을 수 있단 말인가! 승리의 첫걸음은 이렇게 시작되었다. 얼마나 가슴벅찬 승리였던가!

그러나 벼랑에 몰린 야수의 마지막 발악을 보라. 민중의 일치단결된 투쟁에 발디딜 한치의 땅조차 잃어버릴 위기에 처한 미국과 군부독재 일당은 노태우선언이라는 가면을 쓰고 국민을 우롱하고 있다. 민족자존을 외치는 연설 뒤엔 사대 매국 행각이 있고, 민주주의의 향연 뒤엔 안기부·보안사·치안본부·시경의 살인 밀실이 있다.

구속자의 숫자가 1000명을 넘어선 지금, 시국사건 수배자는 날로 늘어나고, 노동운동을 비롯한 민중운동에 대한 잔인한 탄압이 자행되는 지금, 우리 애국청년학생은 다시 궐기하지 않을 수 없다. 호헌만이 살길이라고 외치던 전두환과 그의 후계자로 간택되어 감읍하던 노태우가 선거를 통한 재집권을 꿈꾸는 지금, 우리 백만 청년학도는 놈들에게 자주, 민주, 통일의 철퇴를 가해야 한다.

애국시민 여러분! 애국청년학생 동지들!

12.12쿠데타의 주역, 광주 대학살의 주범, 80년 민주화의 봄을 공포와 좌절의 흑암으로 바꾸었던 전두환, 노태우 일당이 아직도 건재하고 있는 현실을 직시하자. 우리의 형제를 학살한 살인자들이 우리의 위대한 지도자가 될 수 있는가? 군부독재의 그 지긋지긋한 억압을 더 이상 용납할 수 있겠는가? 이제 우리는 역사와 민중앞에 엄숙히 선언한다.

광주학살의 원흉은 결코 대통령이 될 수 없다! 군부독재 끝장내자! 학살원흉 처단하자!

애국시민 여러분! 애국청년학생 동지들!

군부독재 재집권을 위해 노태우 일당이 선거를 부르짖는다. 총칼로 재집권하기에는 우리 4천만 민중의 민주화 각오가 너무나 단호하기 때문에 고안해낸 교활한 음모가 아닌가? 선거를 통해서 합법적 독재정권을 만들어내려는 대사기극이 벌어지고 있다.

그러나, 보라! 저 간악한 놈들의 흉계는 너무나 공공연하게 벌어지고 있다. 미국과 노태우 일당은 온갖 권력, 금력, 사기, 기만, 협잡, 위협, 회유를 총동원하여 국민의 신성한 주권을 도둑질하려 획책하고 있다. 3.15부정선거의 공범 김정렬을 우두머리로 하고, 자신들에게 맹목적인 충성을 바치는 하수인들로 가득찬 내각이 공정 선거를 보장할 것이라고 전두환과 노태우는 떠벌이고 있다. 국민은 그저 아연실색할 뿐이다.

학살원흉이 권좌에 눌러붙어 있는한 공정선거는 새빨간 거짓말이다. 따라서 우리는 주장한다. 공정선거 보장하는 거국중립내각 쟁취하자! 광주학살, 민주압살, 민중탄압, 사대매국의 무리들을 쓸어버리지 않는다면 선거는 무의미해질 수 밖에 없다. 선거가 군부독재 타도의 지름길이 되기 위해서는 유권자의 신성한 표를 지킬 수 있는 거국중립내각이 절대적으로 요청된다. 따라서 우리는 주장한다. 공정선거 보장하는 거국중립내각 쟁취하자!, 거국중립내각 쟁취하여 노태우에게 패배를 안겨주자!

애국시민 여러분! 애국청년학생 동지들!

80년 5월 피의 광주를 기억하자! 6월 민주화대투쟁의 소중한 교훈을 명심하자! 전민중의 대동단결, 대동투쟁, 이것만이 승리에 이르는 유일한 길임을 명심하자!

애국시민 여러분! 애국청년학생 동지들!

대동단결하여 거국중립내각 쟁취투쟁을 가열차게 벌여나가자. 일치단결하여 군부독재 타도와 민주정부 수립의 한길로 나아가자! 우리의 대동투쟁만이 선거를 선거답게 하는 유일한 담보임을 잠시라도 잊지 말자. 선거에서 승리할 수 있는 유일한 군부독재의 재집권 음모를 파탄시킬 수 있는 유일한 길은 대동단결, 대동투쟁뿐이다.

자주, 민주, 통일의 깃발은 높이 솟았다. 우리의 진군은 그 누구도, 그 무엇도 막을 수 없다. 학살원흉 처단하고 승리로 나아가자. 거국내각쟁취하여 승리로 달려가자.

우리의 결의

1. 학살원흉 전두환, 노태우는 즉각 퇴진하라!
1. 민주화가 좌경이냐, 군부독재 끝장내자!
1. 노태우에 속지말고 군부독재 끝장내자!
1. 공정선거 보장하는 거국중립내각 쟁취하자!
1. 노동운동 탄압하는 군부독재 끝장내자!
1. 독재지원 내정간섭 미국은 물러가라!

애국시민 여러분, 애국청년학생 동지들! 다같이 외칩시다.

6월항쟁 이어받아 군부독재 끝장내자! 노태우에게 패배를! 전두환에게 심판을!

애국청년학생 대동단결 만세! 애국청년학생 대동투쟁 만세!

자주, 민주, 통일 만만세!!

1987. 10. 25

민주쟁취청년학생공동위원회

민중의 용사여, 떨쳐일어나 새 시대의 진로를 개척하자

—민중대표 대통령출마와 새 정당 결성의 깃발을 높이 든 노동자일동이 청년·학생에게 보내는 절대호소와 긴급제안—

우리는 이렇게 호소한다.

내벽이다. 새 시대의 아침을 알리는 새벽이다. 마침내 암흑의 무리를 몰아내고 새 사회를 건설할 새 시대가 열리고 있다. 배일, 김경숙, 김종태, 박종만, 박영진, 박종철, 이한열, 이석규 등 민주열사의 거룩한 죽음은 헛되지 않았다. 광주민중항쟁을 롯하여 수많은 민중의 용사들이 온 몸을 불살라 깜깜한 어둠을 밝히면서 그토록 기다리던 새 시대의 새벽은 드디어 찾 았다. 차디찬 땅속에서, 감옥에서 해고자의 실직대열에서, 척박한 삶의 현장에서 줄기차게 외쳐진 민주화의 요구는 메아리치 울려퍼져 그 누구도 거역할 수 없는 시대적 함성이 되고 있다.

각계각층의 참된 민주세력은 이 역사적 대전환의 새벽을 어떻게 맞이할 것인가? 이 중에서도 특히 민중의 용사인 청년 학생이 무엇을 어떻게 해야만 새 시대의 새벽하늘 아래 이제 막 꽃피려는 민주화가 탐스러운 열매들을 주렁주렁 맺을 있겠는가? 아니 이 나라의 참된 민주화와 이 겨레의 자주적 평화통일을 위하여 전체의 민중이 흘린 피와 땀과 눈물 그리고 무명용사의 얼과 넋은 을 절규하고 있는가? 그것은 가슴벅차게 동터오르고 있는 새날의 광명을 굳게 믿고, 오로지 참된 민주사회 건설의 탄탄대로만을 힘차게 쉬지 않고 닦아 나가는 것 뿐이다. 그러므로 청년·학생이여, 이 역사적 대격변의 새벽하늘 아래 판치고 있는 소리에 겁내지말라. 요사스럽게 번쩍이고 있는 번개에 홀리지말라. 시꺼먼 먹구름과 자욱한 안개에 길을 잃지말라.

년·학생이여, 각계각층을 두렵게 만드는 천둥소리의 정체는 무엇인가? 그것은 노태우로 간판을 바꾸어 재집권을 노리며 지긋지긋한 한 밤의 악몽과 같은 시절을 망각에 빠뜨리려고 획책하는 현정권 자체이다. 그리고 이러한 폭압통치체제의 에 지나지 않았던 어스름 달밤의 초저녁에 대한 향수를 불러 일으키는 번개의 정체는 무엇인가? 그것은 유신본당을 하며 정계복귀를 꿈꾸는 김종필 등 제3공화국 잔당이다. 민중의 정치적 진로를 혼란에 빠뜨리는 먹구름과 안개의 정체 무엇인가? 그것은 대권욕에 사로잡혀 동시출마를 고집하면서 자신의 정치적 생명을 내걸고 마지막 도박을 위험하게 벌 있는 양김씨와 그 각각의 추종세력이다.

러나 아침의 태양이 더 이상 암흑천지를 용납할리 있겠는가? 천둥소리와 번개 뒤에 폭풍우가 내리쳐도, 먹구름과 안개 장마비가 쏟아져도, 낮이 밤보다 어두운 적이 있었는가? 없었다. 아니 단 한번도 있을 수 없다.

것이 대자연의 철칙이다. 역사의 원칙과 사회의 발전법칙 역시 그러하다. 그리고 이 때문에 꽃샘추위 뒤에도 봄이 오는 럽, 2,000여 광주민중의 피를 밑거름으로 민주세력은 더욱더 성장했던 것이다. 따라서 최악의 경우 현정권이 또 집권해 과거의 노골적인 폭력통치를 당분간 자제할 수밖에 없다. 그럼에도 왜 청년학생은 새 시대의 태양이 될 수 없다는 점 동일한 존재들인 양김 중의 특정인을 지지하고 나서는가? 더군다나 전국민 앞에 거듭된 약속을 헌신짝처럼 내버리고 일후보라는, 대의명분마저 획득하지 못한 이들에게?

년학생이여, 우리 노동자와 전체의 민중이 그토록 가열차게 반파쇼투쟁을 전개해 온 것은 양김 중의 누군가를 대통령으 받들어 모시기 위함이었단 말인가? 또 7,8월의 노동자생존권투쟁 과정에서 도대체 통일민주당은 무엇을 했다는 말인가? 노동자가 대량 검거·구속·해고당하고 있는 오늘날 양김이 보여주고 있는 행동거지를 보라.

렇다. 새 술은 새 푸대로! 새 시대를 열어갈 민중이 필요로 하는 지도자는 새로운 유형의 인물이다. 새로운 사상과 및 철학으로 무장된 신진세력이다. 또 이러한 신진세력이 총집결하여 새로운 형태의 투쟁이 앞장서고, 새로운 형태의 유 결성하는 것이다. 민중이 요구하고 있는 새로운 형태의 투쟁은 민중의 잠재된 권력의지와 공통된 체제변혁요구를 고 고, 충족시킬 합법적인 정권장악투쟁이다. 또 민중이 희망하는 새로운 형태의 조직은 정권장악투쟁을 구체적으로 수행할 이자 거점인 새 정당이다.

를 외면하고 골방의 어둠을 밝히는 하나의 촛불로 만족하거나 양김 중의 특정인을 지지하는 자 우리사회의 참된 민주 이 될 수 없다. 이에 우리 노동자는 민중대표 대통령출마와 새 정당결성의 깃발을 높이 들었다. 민중의 용사여, 반딧불 소중한 것은 깜깜한 밤뿐이 아니겠는가? 그러나 새 시대의 태양 앞에 보름달도 빛을 잃는다. 이 평범한 사실을 명심 . 청년학생이여, 우리 노동자가 높이 든 민중대표 대통령출마와 새 정당결성의 깃발 아래 결집하여 함께 새 시대의 진 개척하는 선봉이 되자.

몇가지 예상되는 반응에 대하여

리 노동자의 이와 같은 주장과 호소에 대하여 예상되는 첫번째 반응은 다음과 같다. 청년학생에게 민중대표 대통령출마 새 정당결성의 깃발을 높이 들고 새 시대의 진로를 개척할 힘이 있는가? 있다. 오직 청년 학생에게만 있다. 또 청년학 우리 노동자와 함께 앞장선다면, 민중대표 대통령출마와 새 정당결성이 가능하다. 이를 부인하는 자 6월의 반파쇼투쟁 에서 분출된 민중의 강력한 체제변혁요구와 엄청난 힘을 잊어버린 자에 지나지 않는다.

렇다. 민중의 요구와 힘은 다시 결집될 새로운 계기만을 기다리고 있다 더군다나 우리에게는 백기완, 문익환, 장기표 등 령감으로 손색이 없는 민중지향적 인물들이 있다. 이제 남은 것은 청년학생이 이들 중의 특정인을 대통령후보로 추대하 이를 위해 사면·복권·석방을 요구하는 것뿐이다.

론 이들 선생에게도 개인적인 결함과 한계가 있을 수 있다. 또 중대한 과오나 오류를 범하기도 했을 것이다. 그러나 대표 대통령출마란 이들의 개인적인 문제점을 조직과 민중의 힘을 총동원하여 치유해 나가는 과정이기도 하다.

리의 이러한 반론에 대하여 다음과 같은 의문이 제기될 수 있다. 대통령후보 등록마감까지 이들의 복권과 석방이 이루 지 않는다면 어떻게 할 것인가? 우리의 답변은 이렇다. 하루빨리 새로운 진보적 대중정당을 결성하여, 그 당원 중에서 적합한 인물을 공천하거나 당원이 아니라도 민중지향적 성격이 확고한 합법적 인사를 대통령후보로 추대하면 될 것이다. 새로운 시대는 인물본위가 아니라 정책과 강령 중심의 책임정치를 요구하고 있다는 사실을 선전하는 것이 반드시 필 다. 뿐만 아니라 민중적 강령과 정책을 대대적으로 선전하여 새로운 사회에 대한 청사진을 광범하게 확산시켜야만 할 다. 그리하여 새롭게 보급된 강령과 정책에 비추어 민중 스스로, 자신의 진정한 대표들이 구체적인 정권담당자가 되지 않는 사회는 비민주적일 수 밖에 없음을 깨닫게 될 것이다.

사실상 대통령이 되기 전까지의 자연인 박정희와 전두환은 이름조차 잘 알려지지 않았던 사람들이다. 그럼에도 이들은 봉방이 되었고, 국가권력을 휘둘렀다. 바로 이것이다. 왜 역대 대통령 중의 그 누구보다도 전체민중의 공통된 이익을 위해 헌신적으로 회생하고, 자주적인 창조력을 발휘하며, 전국민앞에 책임질 수 있는 인물들이 우리에게 많다는 사실을 굳이 부하려고 하는가? 따라서 마땅한 후보감이 없다는 한탄은 정치적 허무주의자와 무기력한 패배주의자의 소심한 자기변명에 나지 않는다.

이상과 같은 우리의 견해가 너무 낙관적이며, 새로운 정당조차도 대통령후보 등록마감일까지 결성되지 못할 것이라고 주하는 냉소적 방관자와 비관적 평론가들이 있다. 그리고 이들의 판단이 우리 사회의 구체적 현상에 보다 근접해 있는 것 수 있다. 그러나 이들은 민중의 공통이익에 반하는 이 현상을 타파하려고 노력하지 않는다. 거꾸로 이들은 이 현상을 민대표 대통령출마와 새 정당 결성을 포기하거나 보류해야만 하는 근거로 제시하면서 이른바 민간민선정부의 수립을 위해 동분서주하고 있다. 그리하여 이들의 이러한 현상적 판단은 자신의 본질이 보수반공세력의 동반자에 지나지 않는다는 사실 감추고 뿌리깊은 비주체적 실천태도를 합리화하기 위한 궤변으로 변질하는 것이다.

무원칙한 현실타협주의자인 이들에게 묻고 싶다. 이른바 민간민선정부가 수립되지 않는 경우 독자적인 의회진출을 포기하나 통일민주당 등에 입당이라도 할 셈인가? 아니면 이른바 민간민선정부가 수립되는 경우에만 비로소 갑자기 의회진출 선언하고 나서겠다는 말인가? 이러한 질문을 던져보면, 그 누구라도 차기정권의 들러리와 장식품으로 타락하기 쉬운 이들 기회주의적 속성을 크게 걱정하지 않을 수 없다.

우리 노동자는 다음과 같이 단언한다. 양김씨가 낙선되고 노태우가 당선되는 경우, 새로운 대체권력세력에 대한 민중의 구는 급증한다. 그러나 현정권의 탄압과 반동조짐을 두려워한다면, 합법적인 정치투쟁의 강력한 무기인 정당마저 결성되지 할 수 있다. 이에 우리 노동자는 민중대표 대통령출마와 새 정당 결성의 깃발을 높이 들었다. 그리고 이 깃발 아래 결한 각계각층의 참된 민주세력과 함께 어떠한 반동적 탄압이 도래해도 이를 저지하고 분쇄하면서 새시대의 진로를 개척 것이다.

청년학생이여, 노동자의 이 결단에 호응하여 민중지향적 인물들 중의 누군가를 대통령후보로 추대하는 것이 옳지 않겠는가 또 특정인의 대통령후보 추대를 위하여 필요하다면 사면, 복권, 석방투쟁을 병행하는 것이 무가치한 일이란 말인가? 우리 노자는 특정인이 사면, 복권, 석방되지 않는다 할지라도 민중지향적 인물을 대중적인 정치인으로 부각시키겠다는 원대한 목저버려서는 안되다고 주장한다. 왜 민중의 용사인 청년학생이 민중지향적 인물들을 제외하고 진행되는 선거를 통해서는 진한 민주화가 달성될 수 없다는 사실을 대대적으로 선전하지 않는가? 또 이를 계기로 여야합의개헌이라는 이름으로 현정이 주도하는 체개개편과정의 불철저성과 이를 받아들여 선거혁명이라는 거짓말을 외치면서 자신의 이익에만 급급해 있는 김씨의 한계를 구체적으로 폭로하지 못하는가?

3. 우리는 이렇게 제안한다.

민중대표 대통령출마와 새 정당 결성의 깃발을 높이 든 우리 노동자 일동이 지금까지 주장하고 호소한 내용에 대해 몇 가지의 다른 반응들이 더 있을 수 있다. 여기서 이것들을 하나하나 살펴볼 여유가 없다. 그러나 다음과 같이 예상는 반응에 대하여 간단하게 살펴보자, 즉 그렇지 않았어도 양김씨의 대립으로 현정권에 어부지리를 주고 있는 판에 진보민주세력마저 제3의 인물을 독자후보로 내세우고 선거에 뛰어들면 어찌되겠느냐는 의문에 대하여 우리는 이렇게 답변한다

현정권에 최대의 어부지리를 주고 있는 사람들은 양김씨이다. 따라서 이로 인한 정치적 무관심과 환멸감 등이 기권 이무효표나 심지어는 노태우와 김종필에 대한 지지로 나타나지 않도록 만들기 위해서는 민중대표 대통령출마가 필요하다. 또 양김씨가 단일후보에 성공하여 이른바 민간민선정부의 수립이 필연적으로 예상되면, 우리와 그들의 정책이 각각 다르다는 실을 부각시키기 위해서도 민중대표 대통령출마가 필요하다. 마지막으로 이를 밑거름과 발판으로 하여 진보적인 민주세력 국회와 지방자치단체에 진출하기 위해서도 필요하다.

물론 양김씨가 단일후보에 끝내 실패함으로써 우리의 향배에 의하여 이른바 민간민선정부가 수립될 가능성이 있다면, 다과 같이 행동할 수 있다. 즉 그때 우리는 우리와 그들의 정책이 서로 다르다는 사실을 명확하게 선전하고, 또 이를 서인정한 뒤, 양김중의 누군가가 우리 정책의 일부를 실천하겠다는 국민적 약속과 정치적 합의 아래 후보사퇴문제를 긍정로 검토한다.

이상과 같은 제근거에서 우리는 청년학생에게 다음과 같이 제안한다. 새 시대는 민중의 공통이익을 대변할 발기인 2을 포함하여 법정당원 690명(23개 지구당마다 각 30명씩)으로 구성되는 새 정당을 요구한다. 법정당원 개개인이 자주변에서 100만원 씩 모금하면 6억 9천만원, 대통령선거비용 및 창당비용으로 충분하다.

민중의 용사인 청년학생 중에 의인은 없는가? 떨쳐 일어나 민중대표 대통령출마와 새 정당 결성의 깃발을 높이 든 우리 노동자 일동의 호소에 응하여 즉각 대중 정치집회와 토론회를 개최하라. 그리고 이 과정에서 특정인을 민중대표 대후보로 추대하는 서명작업을 개시하라. 특정인이 미복권자이거나 미석방자인 경우 복권 및 석방요구 투쟁을 병행하라. 또 를 위한 청년학생회의를 소집하라. 여러명의 후보가 부각되면, 그 서명자 대표들은 수시로 대표자회의를 소집하여 공동의 단일후보업에 착수하라.

우리 노동자 일동은 이를 적극 지지하고 각계각층의 진보적 민주세력과 함께 새 정당을 결성하기 위하여 앞장설 것이다. 그리고 대표 대통령후보와 새 정당이 표방할 강령과 정책의 연구작업에 착수할 것이다. 그리하여 각계각층의 진보적인 민주세력이 정당 결성주비위원회를 구성하는 즉시 그 명단과 사무실을 공개함과 동시에 민중대표 대통령후보를 추대하기 위하여 서청년, 학생과 조직적으로 결합할 것이다. 대통령후보 등록마감일까지 새 정당이 결성될 전망이 희박하면, 무소속 또는 가민주주의 민중연합전선이라는 정치적 구락부의 이름으로 민중대표 대통령출마운동을 전개할 것이다.

모든 강령과 정책 및 직책은 다수결의 원칙에 의하여 결정된다. 민중의 용사인 청년학생이여, 즉각 행동하라, 또 새 정결성을 강력하게 촉구하고, 지원하고, 동참하라.

1987. 10. 25

민중대표 대통령출마와 새 정당 결성의 깃발을 높이 든 노동자 일동

민주쟁취청년학생공동위원회 창립 및
공정선거 보장을 위한

거국중립내각 쟁취 실천대회

일시 : 1987년 10월 25일 (일) 오후 1시
장소 : 고려대학교 대운동장

순 서

제1부 민주쟁취청년학생공동위원회창립대회

제2부 공정선거 보장을 위한 거국중립내각쟁취 실천대회

연사 : **김 희 택** (민주화운동청년연합 의장)
이 인 영 (전국대학생대표자협의회 의장)
김 영 삼 (통일민주당 총재)
김 대 중 (통일민주당 상임고문)

군부독재 종식과 민주정부 수립을 위한 평화대행진

주최 : 민주쟁취 청년학생공동위원회

민주화운동청년연합(267-4639)
충남민주운동청년연합
충주·중원지역 민주화운동청년연합
전국구속청년학생협의회(333-4471)
전국대학생대표자협의회(922-1750)
전국대학원학생연합회
민중불교운동연합(744-3236)
한국대학생불교연합회(732-0239)
한국가톨릭대학생회(PAX. 777-8249)
명동천주교회청년단체연합회(776-0813)
한국기독학생회총연맹(KSCF. 763-8776)
한국기독청년협의회(EYC. 742-3746)

후원 : 민주헌법쟁취 국민운동본부
(744-2844, 744-6702)

거국중립내각 쟁취하여 군부독재 재집권음모 분쇄하자!

6월 민주항쟁의 주역이신 애국시민 여러분!

이제 우리는 40년 독재정치를 깨끗이 청산하고 자손만대에 위대한 통일민주국가를 물려주어야 할 중차대한 시점에 서있읍니다. 6월 항쟁의 소중한 성과를 딛고, 군부통치를 끝장내고 민주정부를 수립해야 할 최후의 결전을 눈앞에 두고 있는 것입니다.

그러나 군부독재는 6.29선언이라는 민주화 가면을 뒤집어 쓴 채, 실질적인 민주화 조치는 외면하고 도리어 노동자, 학생, 민주인사 등 전 민주세력을 탄압하며 새로운 장기집권 음모를 노골화해가고 있읍니다. 입으로는 공명선거다 평화적 정부이양이다 떠벌이고 있지만, 뒷구멍으로는 온갖 선심공세다 공무원 동원이다 법썩을 떨며 6월항쟁을 송두리째 거스르려는 대반역의 음모에 광분하고 있는 것입니다.

애국시민 여러분!

우리가 광주학살의 원흉이자 6.10민정당 권력세습쇼에서 전두환의 은혜에 감격하여 하염없이 눈물을 흘리던 노태우를 대통령에 모시고자 피흘려 직선제를 쟁취했읍니까? 독재자도 하루아침에 민주대통령이 될 수 있다는 역사상 최초의 '위대한 신화'를 창조하기 위해 그 모진 희생을 무릅썼단 말입니까? 아닙니다. 돼지에게는 결코 진주를 던져줄 수 없읍니다.

하지만 지금 우리는 무얼하고 있읍니까? 후보단일화 문제는 중요한 문제입니다만 그 문제 때문에 우리가 분열되고 저들의 재집권 음모를 속수무책으로 방관하고 있어서야 어떻게 민주화를 이룰 수 있겠읍니까?

애국 시민 여러분!

독립운동의 근처는커녕, 일본 육군사관학교를 당당히 졸업한 민족반역자 김정렬, 3.15부정선거의 공모자이자 대를 이어 역대 독재정권에 충성을 다 바치며 부귀영화를 누려왔던 기회주의자 김정렬, 그 자가 총리로 그리고 광주학살의 또 한 원흉 정호용이 국방부장관으로 앉아 있는 현 내각 하에서 과연 국민의 신성한 한 표가 지켜지리라 믿습니까? 철퇴와 같은 국민의 심판이 독재자의 재집권으로 둔갑될 엄청난 음모가 다시는 없을 것으로 확신하십니까?

자 이제 갈라진 우리의 마음을 서로 감싸주고 공정선거 보장을 위한 거국중립내각 쟁취 투쟁에 하나로 궐기합시다. 10월25일, 고려대에서 대동단결한 우리의 모습을 대내외에 과시하고 저들의 간담을 서늘하게 만들어 줍시다.

"전두환에게 심판을, 노태우에게 패배를!"

민주쟁취 청년학생공동위원회는 지난 9월18일, 반외세 민족자주와 반독재 민주화를 위해 선봉에서 투쟁해 온 전국의 애국청년·학생단체를 총망라하여 조직한 것으로 민주헌법쟁취 국민운동본부의 산하에 있읍니다. 애국시민 여러분의 격려와 민주화투쟁을 위한 성금을 기다립니다.

조흥은행 325-6-070994 권 형 택

6월항쟁 이어받아 군부통치 끝장내자!

결 의 문

그리스도의 정의와 평화를 이 땅의 역사에서 육화시킬 것을 복음적 사명으로 하는 우리 천주교인들은 이제 '민주쟁취국민운동 천주교 공동위원회'로 단결하여 출애굽의 대장정을 나서는 마음으로 군부독재의 완전한 종식을 통해 민주화와 민족통일을 이룩할 것을 다짐하면서, 오늘의 시대적 난관을 헤쳐나가기 위해 다음과 같이 결의한다.

1. 우리는 선거를 통해 민간·민선정부를 수립하고, 군부독재를 완전히 종식하기 위하여 모든 노력을 경주한다.

1. 다가오는 선거가 공명하고 깨끗이 진행될 수 있도록 거국내각의 수립을 쟁취하고, 부정선거를 막기 위한 감시운동을 적극 전개한다.

1. 노동자, 농민, 도시빈민 등 모든 가난한 이들의 생존권을 적극 옹호하며, 연대를 강화한다.

1. 민주화운동을 하다 구속된 양심수의 즉각적인 석방을 요구한다.

1. 우리는 지역감정 해소를 위한 근원적 치유책은 그동안 이를 통치수단으로 삼아온 군부독재의 완전한 종식에 있음을 확인하며, 지역간의 화합과 일치를 위해 노력한다.

1987년 10월 29일

천주교공동위원회

성 명 서

30일 현정권은 본 국민운동본부의 거국중립내각 수립 주장에 대해 '탈헌법적 발상'이라고 매도하면서 본 국민운동본부가 31일 전국적으로 주최하는 '거국내각수립과 양심수석방을 위한 국민대회'를 원천봉쇄하기로하는 공권력에 의한 폭력행사를 발표했다.

우리는 '사회불안우려','좌경용공 불순구호로 군중을 선동'운운하며 평화적 집회를 모략선전하고 공권력을 동원 강제저지하려는 현정권의 구태의연한 작태에 분노를 금치못하면서 국민대회에 대한 본부의 입장을 다시 분명히 밝히고자 한다.

우리는 해방이후 40여년동안 독재정권에 의해 수없이 저질러진 부정선거의 쓰라린 경험을 기억하고 있다. 또한 4000만 국민의 비상한 기대속에 치루어진 이번 대통령선거는 선거역시 두달을 채 남지않은 지금 우리는 또다시 부정선거로 치러지지않을까 하는 우려를 갖지 않을 수 없다. 지금도 1000여 양심수와 아직 석방되지 않고 옥중에 있으며, 오히려 수많은 학생,노동자들이 계속 구속되고 있다.

언론의 편파적 보도와 민주운동에 대한 모략선전, 그리고 통반장을 동원한 물량공세가 공공연히 행해지고 있는 현실은 부정선거의 우려를 더욱 가중시키고 있다. 또한 3.15 부정선거의 주모자중 한사람이 수반으로 있는 현내각이 과연 공정하게 선거를 관리할 수 있을 것인가에 대해서 모든 국민이 심각한 의구심을 가지고 있는 것이다.

따라서 이러한 제반 정황으로 볼 때 본 국민운동본부에서는 현 내각하에서는 공정한 선거가 치뤄질 수 없다고 판단하고 따라서, 현 김정렬 내각의 총사퇴와 거국중립내각의 수립을 주장한 것이다.

거국중립내각의 수립이야말로 부정선거를 막고 진정으로 국민적 신뢰를 받을 수 있는 민주정부를 선거를 통해 수립할 수 있는 길임을 우리는 확신한다.

현정권이 진정 공명선거의 의지가 있다면 어찌 보다 국민의 신뢰를 받을 수 있는 거국적인 중립적 내각을 수립하지 못하는가?

우리는 31일 국민대회가 이미 일전에 밝힌바와 같이 철저한 평화적 집회가 될것이며 따라서 현 정권의 어떠한 방해, 저지책동에도 굴하지 않고 의연히 추진해 나갈것임을 분명히 밝혀둔다.

현정권은 본 집회에 대한 모략선전과 방해책동을 즉각 중단하고 국민들의 참여속에 평화적으로 치뤄질 수 있도록, 협조해 줄것을 거듭 촉구한다.

1987년 10월 30일

민 주 헌 법 쟁 취 국 민 운 동 본 부

민중의 지도자, 백기완 선생을 대통령 후보로!

1 현정세는 진정한 민중대표가 대통령후보로 출마할 것을 요구한다.

직선제 개헌안은 통과되었다. 이 개헌안은 아직도 비민주적인 요소를 많이 갖고 있다. 전체의 민중 역시 이 사실을 잘 알고 있다. 그러나 그동안의 민주화투쟁에 직접 동참한 댓가로 민중은 이제 비로소 각종의 선거과정에서 자신의 공동이익을 대변하는 정치세력을 선택할 수 있는 권리와 기회를 획득했다. 그리하여 그 누구도 각종의 선거를 통한 체제개편에 반대할 수 없게 되었다. 그렇다. 위난한 민주화투쟁의 대격돌은 아직도 끝나지 않았다. 더군다나 이번 선거의 승부가 어떻게 판가름날 것인가는 전혀 감잡을 수 없다. 그러나 진정한 민중대표가 대통령후보로 출마하여 민중의 잠재된 권력의지를 고취할 때, 민중 스스로의 정치적 진출은 구체화될 것이다. 또 이 과정에서 강력하게 등장할 새로운 정치세력이 저 찬란한 민중시대의 지름길을 기필코 개척하여 참된 민주사회를 건설하고야 말 것이다.

귀기울여 들어보라. "새 술은 새 부대로"라는 민중의 함성을!

"민중시대를 앞당기자"는 외침을! 감옥에서, 해고자의 대열에서, 강제로 자기집을 철거당한 빈민촌의 영세서민 사이에서, 노동조합이 파괴되었거나 유명무실해진 직장에서, 처절한 임금인상투쟁의 성과를 급속하게 빼앗기고 있는 노동대중 사이에서, 실업자와 반실업자의 대열에서, 저농산물가격으로 고통받는 농민의 대열에서 소리없이 울려퍼지고 있는 이 절규가 얼마나 급속하게 확산되고 있는가를!

그것은 민중정치에 대한 열망이다. 참된 진보적 민주세력의 새로운 정치세력화에 대한 타는 목마름이다. 따라서 진보적 민주세력은 체제개편을 주도하면서 전체민중의 공동이익을 실현할 수 있는 유일한 대체권력세력이 바로 자기자신임을 시급하게 증명해 내어야만 한다. 그리고 무엇보다도 먼저 기존의 모든 정치인과 정치세력에 대하여 심한 환멸과 불신과 배신감을 느끼고 있는 민중에게 진정한 민중대표를 부각시켜 자신의 힘을 결집시킬 구심점을 제공해야만 한다.

2. 보라! 그릇된 투쟁노선이 야기하고 있는 구체적 결과를!

지난 25일 고려대에서 거국중립내각 쟁취 실천대회가 개최되었다. 연사로 초청된 양김은 이 집회를 완전한 자신의 선거유세장으로 활용했다. 그리고 대중연설에 뛰어나지 못한 김영삼이 대단히 많은 손해를 보았다. 한편 김대중은 대통령단일후보로 자신을 추대한 민통련의 결정과 이 집회에서의 대중적 인기를 대의명분으로 내걸고 신당을 만들기로 결심했다.

이 결과를 주최측인 민주쟁취 청년학생공동위원회는 전혀 예상하지 못했단 말인가? 그럴지도 모른다. 그러나 25일의 집회를 통탄의 심정으로 지켜본 민중대표 대통령출마와 새 정당 결성의 깃발을 높이 든 우리 노동자 일동은 주최측의 진정한 정체가 무엇인가를 의심하지 않을 수 없었다. 도대체 무엇을 어떻게 하여 거국중립내각을 쟁취하겠단 말인가? 또 이를 자신의 투쟁목표로 설정하고 있는 국민운동본부에게도 묻고 싶다. 거국중립내각이 쟁취되기만 한다면, 양김의 동시출마가 기정사실화된 오늘날에도 이른바 민간민선정부의 수립이 가능하다는 말인가?

민중대표 대통령출마와 새 정당 결성의 깃발을 높이 든 우리 노동자 일동은 다음과 같이 단언한다. 양김중의 그 누가 대통령으로 당선되어도, 이러한 정부는 각계각층의 대표자로 구성되는 민중연합민주정부보다 훨씬 못하다. 그러나 노태우나 김종필을 대통령으로 하는 정권에 비하면 이른바 민간민선정부는 진일보한 성격을 갖는다. 따라서 이 사실을 굳이 부정하고 양김의 차별성을 강조하면서 특정인을 지지하는 자, 민주세력의 대동단결을 해치고 조만간 대중적 지지기반을 상실하고야 말 것이다. 아니 청년학생공동위원회를 비롯한 상당수의 청년학생과 민통련 내부의 대부분은 이미 벌써 김대중의 실질적인 동반자로 타락하고 말았다. 그리고 이 때문에 이른바 민간민선정부를 수립할 수 있는 가능성마저도 점점 사라져 가고 있다.

좀처럼 예상할 수 없는 경우지만, 만약에 뒤늦게나마 양김중의 하나가 세 불리를 깨닫고 대통령후보를 사퇴했다고 하자. 그러나 이것으로 한번 등을 돌린 민심이 다시 모아질 수 있다는 말인가? 아무도 이를 장담할 수 없다. 그럼에도 청년학생공동위원회등은 양김씨의 대권경쟁을 가속화시켜 주는 일에 몰두하고 있다.

청년학생공동위원회여! 왜 민중의 정치적 진출을 위하여 올바르게 투쟁하지 못하고 보수세력의 치마폭 아래서 진보적 민주세력의 순수성과 차별성을 더럽히고 있는가? 그리고 이러한 행동이 현정권과 외세에 대하여 노골적인 타협정책을 추구하고있는 김대중의 정치적 영향력만 강화시켜 주고 있다는 사실은 모르는가? 아니면 이 사실을 잘 알면서도 그의 화려한 약속에 미련을 버리지 못하고 정말로 김대중을 민중의 지도자로 추대하고 있는 것인가? 그것도 아니면 유리한 합법공간을 김 대중이 확대시켜 줄 것이다 라는 소박한 판단에서 그렇게 행동한다는 말인가?

그러나 4파전이 계속되면 이른바 민간민선정부가 수립될 가능성은 거의 없다. 백보를 양보하여 설령 김대중이 대통령으로 당선되는 경우에 그는 진보적 민주세력을 언제든지 탄압할 수 있는 매우 위험천만한 인물이다. 따라서 이 경우에 어떻게 하려고 김대중을 지지하고 나서는가? 따라서 청년학생공동위원회는 민중의 지도자를 대통령후보로 추대하고 이를 위해 앞장서서 투쟁해야 할 것이다.

3. 민중대표 대통령후보로 백기완 선생을 추대한다.

김대중은 자신의 출마를 다음과 같이 합리화시키고 있다. "정당차원의 단일화를 넘어서서 6월투쟁에 참여한 전체민중 세력의 적극적인 지지를 받는 단일후보가 된 것을 최대의 영예이자 격려로 생각한다." 물론 6월투쟁에 참여한 김영삼의 상도동계열은 말할 것도 없고 전체의 국민운동본부가 김대중을 단일후보로 지지한 것은 아니다. 또 6월투쟁은 말할 것도 없고, 7·8월의 생존권투쟁에 참여한 전체의 노동대중이 김대중을 단일후보로 추대한 것도 결코 아니다. 그러나 이처럼 김대중이 전체 민주세력의 기수인 것처럼 감히 떠들고 있는 것은 참된 민중의 지도자가 대통령후보로 출마하지 못했기 때문이다.

그렇다. 25인의 고대심회가 양김의 선거유세장으로 타락한 이유도, 낮은 차원이나마 일종의 민주화연합전선인 국민운동본부가 앞으로 제 기능을 다하지 못할 것이라고 우려되는 이유도 전체민중의 공동이익을 대변하는 진정한 지도자가 대통령후보로 출마하여 양김과 대등한 자리를 획득하지 못했기 때문이다. 따라서 민중대표 대통령출마와 새 정당 건설의 깃발을 높이 든 우리 노동자일동은 참된 민중의 지도자가 하루빨리 대통령후보로 추대되어야만 한다고 생각한다.

그런데 백기완 선생은 우리나라의 민주화와 이 겨레의 자주적 평화통일을 위하여 한평생 바치겠다는 뜻을 세운 이래 변치않고 자신의 모든 것을 아낌없이 바쳐왔다. 그리고 이 과정에서 비록 몇차례의 과오를 범한 적이 있었는지 모르지만 선생의 순수성이 의심받아 마땅한 행동을 단 한번도 저지른 적이 없었다. 더군다나 백선생은 6·29선언 이후 대부분의 사람들이 단일후보의 필요성을 운운하면서 그것의 실현을 낙관적으로 희망하고 있을 때, 일관되게 진보적 민주세력의 독자적인 정치세력화가 당면과제임을 역설하는 선견지명을 보여 주었다. 마지막으로 참된 민중대표가 대통령후보로 추대되어야만 한다면서 문익환선생을 천거하는 겸양지덕을 발휘했다. 이상의 제근거에서 우리 노동자일동은 백기완선생을 민중대표 대통령후보로 추대할 것을 결의한다.

우리가 백기완선생이 강력하게 천거한 문익환 선생을 추대하지 못한 것은 중대한 이 역사적 갈림길의 고비에서 유감스럽게도 문선생이 민중대표 대통령출마에 지극히도 소극적이었기 때문이다. 또 민통련은 비판적 지지라는 핑계를 내세우면서 김대중을 단일후보로 지지한다는 매우 그릇된 결정을 내렸는 바 문익환 선생에게도 그 일단의 책임이 있기 때문이다.

이제 대통령후보 등록마감일은 얼마 남지 않았다. 그리고 이 절호의 기회는 두번 다시 오지 않는다. 따라서 민중대표 대통령후보로 백기완 선생을 추대한 우리 노동자일동은 다음과 같이 마지막으로 호소한다.

가. 민중의 지도자 백기완 선생을 대통령후보로 추대하는데 동의하는 모든 유권자는 자신이 소속한 단체에 이를 공식안건으로 제출하고, 이를 관철시키기 위해 즉각 투쟁하라. 예컨대 대학생의 경우, 써클총회, 과선체회의, 단과대 학생회 ,총학생회 등을 소집하고, 이 과정에서 백기완 선생을 대통령후보로 추대하는 데 동의하는 모든 사람과 함께 가칭 "백 기완 선생 대통령후보 추대 및 사면·복권 요구 투쟁위원회"를 구성하라.

나. 가칭 "백기완 선생 대통령후보 추대 및 사면·복권 요구 투쟁위원회"를 결성한 집단은 자신의 연락처와 구성원을 즉각 공개하고, 광범위한 서명운동과 모금운동을 전개하라. 단 유권자임을 증명하기 위하여 생년월일과 주소를 확실하게 기록하라.

다. 가칭 "백기완선생 대통령후보 추대 및 사면·복권 요구 투쟁 위원회"는 상호연락하여, 가칭 "백기완선생 대통령후보 추대 및 사면·복권 요구 투쟁 전국본부"를 결성하라. 단 대통령후보 등록마감일까지 백기완선생에 대한 사면·복권이 이루어지지 않을 수도 있다. 따라서 이 경우에는 "전국본부"의 깃발 아래 결집된 진보적 민주세력은 다수결의 원칙에 의하여 민중의 정치적 진출을 위해 할 수 있는 일을 구체적으로 결정하자.

우 리 의 주 장

민중의 지도자, 백기완 선생을 대통령후보로!

민생보장, 반재벌 자립경제 실현할 기수는 백기완 뿐, 사면·복권 쟁취하자!

지긋지긋한 군정, 노태우는 싫다. 보수적 계보정치거두, 3김도 못믿겠다.

가자, 반외세 자주적 평화통일의 길로, 백기완과 함께!

민중시대의 새날 위해 백기완선생 구심점으로 똘똘뭉친 진보적 민주세력의 대열로 적극 동참하자!

1987.10.30

민중대표 대통령출마와 새 정당 결성의 깃발을 높이 든 노동자일동

대통령후보 문제에 대한 우리의 입장
—전국민적 노력으로 단일화를 쟁취하자.—

4반세기 이상 지속되고 있는 군부통치를 종식시키고 민주민선정부를 출범시키려는 우리 국민들의 한결같은 염원은 마침내 지난 6월 투쟁으로 결집되어 대통령직선제개헌쟁취라는 위업을 이룩하였다. 그러나 새 헌법에 의한 대통령선거를 눈앞에 둔 오늘, 우리의 민주화의 꿈은 뜻밖에도 양 김씨의 동시출마와 이에 따른 야당의 분당사태라는 회오리에 휩쓸려 어이없이 무산될 위기를 맞고 있다.

이 와중에서 민주세력 내부의 분열이 나날이 깊어지고 영·호남간의 지역 감정이 악화되어 급기야는 이번 대통령선거가 본질적으로 군부독재와 민주세력 사이의 결전이라는 사실 자체가 망각될 지경에 이르고 있는데 대해 우리는 실로 통분을 금치 못한다.

이에 우리는 지금이라도 후보단일화와 야권의 재통합을 실현시키기 위한 전국민적인 노력이 시급히 전개되어야 할 필요를 절감하면서 이 문제에 대한 우리의 견해를 밝힌다.

1. 이번 선거에서의 민주세력의 승리를 확실히 보장하기 위하여, 그리고 선거후에 수립될 민주민선정부를 확고히 유지·정착시키기 위하여, 후보단일화를 통한 민주세력의 대동단결은 절대절명의 요청이다. 이것은 양식있는 모든 국민들의 일치된 견해이며, 이점에 대하여 조금이라도 오해가 있어서는 안된다.

   혹자는 양 김씨가 동시출마하여도 선거에서 승리할 수 있다고 주장할지 모른다. 그러나 군부독재세력이 확보하고 있는 막강한 행정력, 금력, 물리력, 대중조작능력등을 고려하면 이같은 안이한 낙관은 허용되지 않는다.

   압도적인 다수 국민의 견해는 후보단일화와 양 김씨 세력간의 협력이 이루어질 경우에는 선거에서의 승리가 확정적이며 그렇지 못하고 양 김씨가 동시출마할 경우에는 승리가 불가능하거나 또는 아무리 낙관적으로 보더라도 위태로운것만은 틀림없다는데에 일치하고 있다. 그렇다면 대체 무엇때문에 확실한 승리가 보장되는 단일화의 큰 길을 가지않고 굳이 온 국민을 인질삼는 동시출마의 도박을 강행하여야 하는가?

   양 김씨가 동시출마하여 군부독재세력에게 승리가 돌아갈 경우, 민주화에 대한 비관과 체념의 분위기가 사회에 가득차고 많은 국민들이 걷잡을 수 없는 좌절감과 패배감에 젖어들어 독재에 대한 저항의지를 상실하고 마는 참으로 무서운 사태가 초래될 것이 너무나도 뻔하다. 선거전에서 군부독재세력이 동원할 온갖 부정수단을 두고도 많은 국민들은 패배의 책임을 1차적으로 양 김씨와 그 지지세력에게 추궁하게 될 것이고 선거부정에 따른 군부독재세력의 정치적 부담은 그만큼 가벼워지게 될 것이다.

   이를 감안한다면 양 김씨의 동시출마를 무방하다고 보는 단일화불필요론은 무책임하기 짝이없는 위험천만한 주장이라 하지 않을 수 없다. 뿐더러, 설사 양 김씨가 동시출마하여 그 중 어느 한쪽이 요행히 대통령으로 당선된다 할지라도, 그 같이 출범한 새 민선정부의 앞날은 지극히 불안한 것일 수 밖에 없다. 막강한 외세의 지원을 업고 4반세기 이상 지속되어온 군부독재를 청산한다는 것은 결코 한 차례의 대통령선거로 완결지을 수 있는 간단한 작업이 아니며 군부독재세력은 그 비호 아래 양성되어온 사회각계의 뿌리깊은 기성이익집단들과 함께 민선정부에 대한 집요하고도 완강한 저항을 전개하게 될 것이다. 투표자의 과반수에도 현저히 미달되는 득표로 당선되고 더구나 지역적 지지기반이 뚜렷이 갈리는 "호남대통령" 또는 "영남대통령"이 과연 이같은 군부독재세력의 전면적 저항을 극복하고 민주주의를 확고하게 정착시킬 수 있을 것인가? 필리핀 국민의 8할에 가까운 압도적 지지에 의해 출범한 아키노 정부가 오늘날 외세 및 대재벌과 결탁된 군부세력의 계속되는 도전에 직면하여 바람앞의 등불처럼 위태로운 지경에 놓인 현실을 보더라도 이것은 불문가지의 일이다.
2. 양 김씨중 어느 쪽으로 단일화되어야 하는가는 우리의 주된 관심사가 아니다. 압도적으로 중요한 것은 후보가 단일화되느냐 아니냐이다. 따라서 양 김씨 중 어느 한쪽을 선호한다는 것이 후보단일화 자체를 외면하거나 포기하는 이유가 되어서는 안된다. 양 김씨가 서로 자기가 후보로 되는 단일화가 아니면 아무 의미가 없는 일인것처럼 상대방의 양보만을 고집한다면 그것은 어느쪽도 온당한 일이 되지 못한다. 양 김씨는 모두 민주화에 혁혁한 공로가 있는 사람들이며, 그중 어느 누구도 대통령후보로 나서기에 부족한 사람은 없다. 동시에 어느 누구도 완전무결한 후보일 수 없는 것도 사실이다. 어쨌든 양 김씨는 자신의 공로를 내세우기에 앞서서 그 동안 장구한 세월에 걸쳐 민주화를 위해 우리 국민이 바쳐온 눈물겨운 헌신과 희생을 무겁게 생각하여야 하며, 후보단일화를 통한 민주민선정부의 수립을 열망하는 국민의 뜻 앞에 겸허한 자세로 승복하여야 한다.

3. 단일화의 시기는 빠를수록 좋다.

   단일화가 지연되면 될수록 양 김씨와 그 각 지지세력 사이의 분열은 깊어지고 국민들의 실망과 분노도 걷잡을 수 없이 확산되어 마침내는 이른바 "막판단일화"가 이루어진다 할지라도 만회할 수 없는 지경에 달할 우려가 너무나 절박하다. 이것은 지난 6월 이후 민주화 전망에 대한 낙관과 확신으로 가득찼던 사회일반의 분위기가 작금에 이르러 불안과 비관으로까지 바뀌고 있는 것을 보더라도 명백하다. 민주화의 운명을 건 이같은 위험한 도박을 할 권리는 아무에게도 없으며, 우리는 양 김씨가 최단시일 내에 대국적 결단으로 후보단일화를 이룩하여 국민들의 불안을 제거하고 열정을 소생시켜 민주화의 전열을 정비할것을 강력히촉구한다.
4. 단일화의 방법은 양 김씨와 그 지지세력간의 분열을 치유할 수 있는 방법, 특히 영·호남의 지역적 기반에 따른 양 김씨 지지세력들을 화해시켜 민주화의 단일한 열망으로 결집시킬 수 있는 방법이 되어야 한다. 양 김씨중 어느 한쪽에게 일방적 패배와 굴욕이 되는 방식으로 추진되는 단일화는 실현가능성도 희박하거니와 민주세력의 대동단결이라는 단일화 본래의 목적에 비추어도 바람직하지 못하다. 양 김씨와 그 지지세력 쌍방이 모두 승리자가 되는 단일화가 추진되어야한다.

   이같은 방식의 단일화는 양 김씨중 어느 일방의 자발적이고 명예로운 양보에 의해서만 성취될 수 있으며, 재야민주세력은 양 김씨 중 어느 일방에 대한 개인적인 선호의 차이를 넘어서서 일치단결하여 양 김씨 쌍방에게 강력하고도 지속적인 도덕적 압력을 행사하여 이같은 명예로운 결단을 촉진하고 유도하여야 한다. 이 과정에서 우리는 각계 민주세력의 원로들이 사심없는 중재자·화해자로서의 역할을 적극적으로 수행하여 주기를 희망한다.
5. 우리는 이 시점에서 재야민주세력 중 일부 단체나 인사들이 양 김씨중 특정인에 대한 지지를 공개적으로 표명하는 것은 현명한 처사가 아니라고 믿는다. 이같은 특정후보지지표명은 후보단일화의 현실적인 추진방안이 되기보다는 후보단일화의 대의명분을 흐리게 하고 재야민주세력의 도덕적 권위를 저하시키며 나아가서는 양 김씨에게 단일화의 국민적 여망을 외면할 수 있는 구실을 제공함으로써 도리어 단일화를 저해하는 결과를 낳을 우려가 크다. 양식있는 대다수 국민들은 후보단일화가 이루어지지 않고 있는데 대해 양 김씨 모두를 비판하고 있으며 양 김씨의 동시출마가 민주화의 전망을 위태롭게 하고 있는 사실만으로도 이같은 비판은 지극히 정당한 것이다. 재야민주세력의 임무는 국민의 이러한 여망을 대변하여 양김씨 쌍방에게 엄격한 도덕적 비판의 자세를 견지함으로써 단일화의 국민적 의지를 끝내 관철시키는데 있는것이지, 거꾸로 양 김씨의 출마고수방침 앞에 굴복하여 단일화의 국민적 의지를 약화시키거나 호도하는데 있는것이 아니다.

   이같은 관점에서, 우리는 양 김씨 중 특정후보에 대한 지지를 표명하지 않고 양 김씨 쌍방에 대하여 단일화 요구를 계속하기로 한 민주헌법쟁취국민운동본부의 결정을 지지한다.
6. 우리는 동시출마가 "기정사실"이고 단일화가 "현실적으로 불가능"하다는 이유로 단일화추진작업을 시실상 포기하려는 견해에 대하여 찬성하지 아니한다. 이 시점에서 단일화를 포기하는 것은 곧 민주화를 포기하는 것이다. 온 국민의 단일화 열망이 양 김씨의 고집때문에 끝내 좌절되고 마는 그러한 사태는 어떠한 이유로도 정당화될 수 없으며, 재야민주세력은 이같은 사태를 절대로 용납해서는 안된다. 우리가 4.13조치의 "기정사실화" 이후 직선제개헌이 "현실적으로 불가능"하다고 체념하지 않고 끝끝내 쟁취하고 말았듯이 우리는 똑같은 결의와 열정으로 전국민적인 의지를 결집하여 후보단일화를 쟁취하지 않으면 안된다.

   후보 단일화를 계속 추진하는 것이 양 김씨에 대한 비판적 여론을 확산시켜 도리어 군부재집권을 도와주는 결과가 될지도 모른다고 우려하는 견해는 국민을 어리석은 대중으로 보는 비민주적인 발상에서 나온 것이다. 후보단일화가 이룩되지 않는한 양 김씨에 대한 국민적 비판과 분노는 재야민주세력이 이를 대변하지않는다고 하여 결코 가라앉을 것이 아니다. 오히려 재야민주세력이 이같은 국민적 비판을 성실히 대변하여 마지막 순간까지 후보단일화에 최선을 다했을 때에라야, 국민들에게 최악의 경우에도 군부독재종식의 의지를 포기하지 말 것을 호소할 도덕적 설득력을 확보할 수가 없다.
7. 민주주의를 열망하는 모든 국민들에게 간곡히 호소한다. 후보단일화가 지연되고 있다고하여 감정에 치우친 나머지 민주화의 희망을 포기하고 군부통치 연장의길을 열어주는데 협조하는 일이 있어서는 절대로 안된다. 어떤 질곡과 역경이 있더라도 우리들 자신과 우리 후손들 모두의 것인 민주주의를 향한 우리의 행진은 멈출 수 없으며 군부독재종식의 역사적 과업은 기필코 우리의 손으로 성취하지 않으면 안된다. 민주세력의 대통령후보가 누구로 단일화되든 모든 민주 국민들이 일치단결하여 지역감정과 개인적 선호의 차이를 극복하고 누구나 단일화된 후보를 확고히 지지할 태세를 갖추어야 하며, 이같은 태세로 우선 각자가 처한 위치에서 모든 지혜와 열정을 동원하여 후보단일화를 위한 최선의 노력을 전개하여 줄 것을 호소한다.

   이 시점에서의 가장 시급한 민주화운동은 후보단일화운동이다. 이는 대통령선거에서의 승리가 민주화의 전부가 아니라는 원칙에도 부합된다. 우리는 후보단일화의 전국민적 요구를 반드시 관철할 것이며, 민주세력의 대동단결로 군사독재를 확실하게 물리치고야 말 것이다.

1987. 10. 31

서명자 명단•학　　계 : 변형윤, 백락청, 김진균, 양승규, 김영우, 이성원, 이태진, 이성규, 이태수, 심재룡, 김남두, 임현진, 정홍익, 김형국, 안
이상회, 한완상, 이명현, 정기준(이상 서울대)　이효재, 서광선, 소흥렬, 정대현, 김치수, 남경희, 김경태, 박순경, 윤
조　형, 윤정은, 서　숙,(이상 이대)　양　건(한대)　전기호, 김태영(이상 경희대)　이만열(숙대)　이대근(성대) 유인호(중
이삼열, 임종률(이상 숭전대)　박현채(경제평론가)

•천주교(신부) : 정호경, 황상근, 최기식, 류강하, 원유술, 임상엽, 이계창, 김영옥, 박창신, 장덕필, 호인수, 정형달, 신순근, 손덕만, 양영수, 양　홍, 함세웅, 오태순.

•기독교(목사) : 김관석, 박형규, 김준영, 이정학, 차관영, 오재식, 오충일, 김동완, 인명진, 이해학, 조화순, 허병섭, 이명남, 장성룡, 이선주, 김규태, 원형수, 박종덕, 최완택, 김진석.

•불교(승려) : 명　진, 청　화, 성　문, 현　기, 원　각, 주　영

•사회운동 : 제정구, 이상낙, 서경원, 정성헌, 최종진, 김영원, 박재일, 유동우, 한명희, 정양숙, 정인숙

•언 론 계 : 송건호, 임재경, 신홍범, 김태홍, 이병주

•문　　인 : 이호철, 김규동, 신경림, 황석영, 민　영, 정희성, 김정환, 박연회, 이문구, 현기영, 구중서

•법 조 계 : 김은호, 유현석, 고영구, 조준희, 홍성우, 황인철, 조영래, 이해진, 박성민, 박원순, 김상철, 박용일

「주」 이 성명은 후보단일화와 민주세력 대동단결의 대의명분을 밝힌 것이지 양 김씨중 어느 한쪽을 편들거나 배척하려는데 그 뜻이 있는 것이 아니므로, 김씨는 절대로 이 성명의 진의를 깊이 통찰하여주기 바라며, 이 성명을 자신의 측에 유리한 자료로 원용하거나 또는 상대방측을 비방하는 근거로 사용는 일이 없도록 하여 줄 것을 당부함.

朝鮮時評

4巴混戰

朝鮮時評

막바지 關門

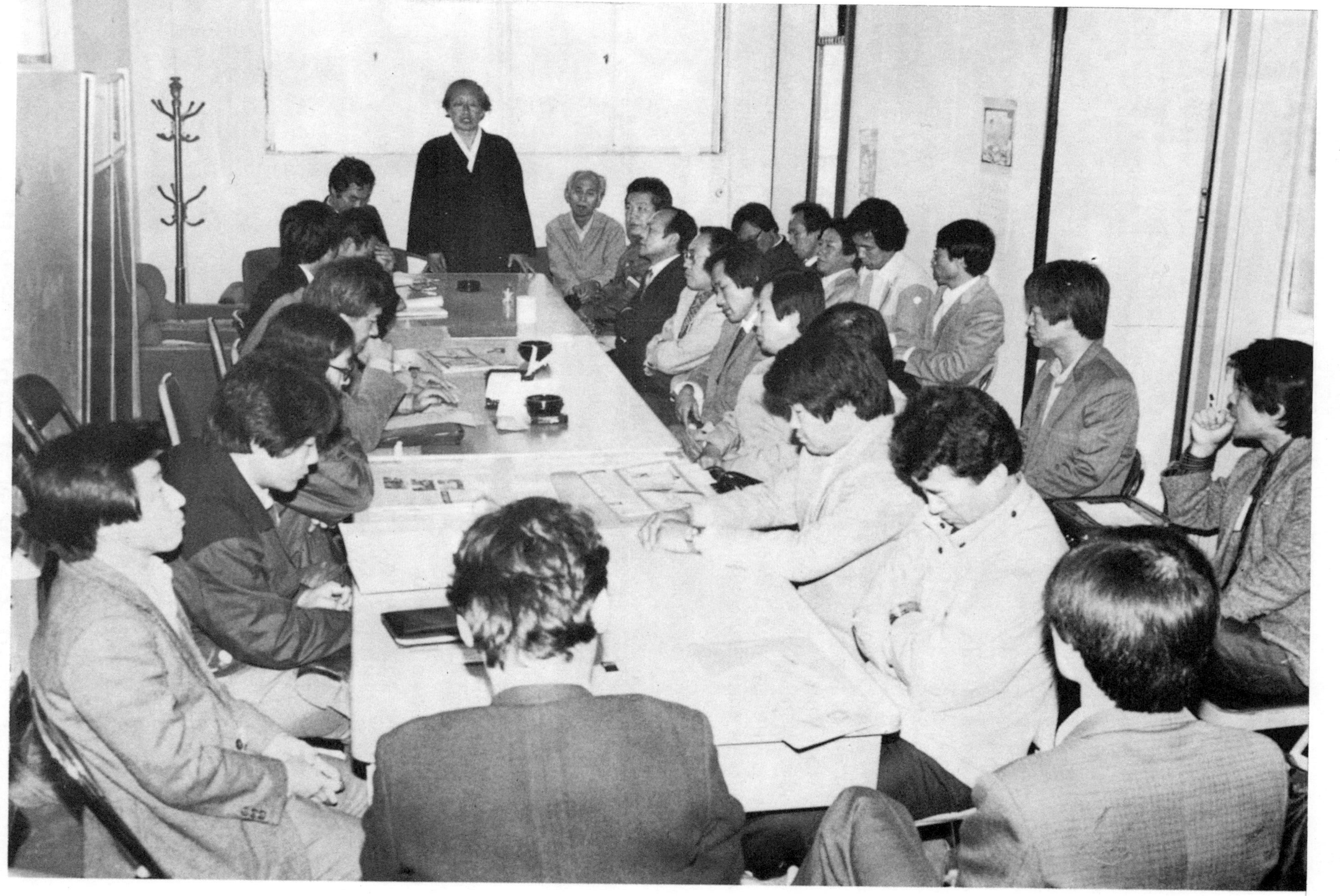

군부독재 물리치는 거국중립내각 쟁취하자!

저 빛나는 6월국민대항쟁으로 우리는 국민생활 전반을 짓눌러온 군사독재체제로 부터의 해방과 진정한 민주주의의 실현이야말로 그 누구도 꺾을 수 없는 역사적 대세임을 만천하에 명백히 드러내었다. 이같은 우리 국민의 희생을 무릅쓴 진군앞에 군사독재는 두려움에 떨며 6.29민주화조치를 발표함으로써, 그 잔명을 도모하는 길을 찾지 않을 수 없었던 것이다.

그러나, 국민앞에 민주화를 약속한 6.29발표가 있은 지 수개월이 지나 대통령선거를 목전에 두고있는 현 시점에서 우리가 확인하는 것은 무엇인가?

6월항쟁의 값진 승리는 군사독재의 음흉한 속임수앞에 빛이 바래고 민주화의 여망은 표류하고 있다. 우리가 투쟁을 멈추고, 앉아서 민주화를 기대하고 있는 사이에 현 군사독재정권은 또다른 공세를 시작한 것이다. 도처에서 민주적 권리와 생존권을 위한 국민의 정당한 요구는 묵살되고 탄압받고 있다. 노동자와 학생은 구타당하고 구속되며, 월간 신동아, 조선 사태와 같은 언론탄압은 사라지지 않고 있으며, 민주세력의 집회는 봉쇄되고 민주인사는 소리없이 연금되고 있다. 대대적인 민주화 선전의 이면에서 절박하게 민주주의를 요구하고, 외치는 노동자, 학생들은 좌경용공세력으로 몰려 투옥되고, 민주화투쟁으로 해직되었던 민주인사들은 여전히 길거리를 헤매고 있으며, 옥중의 양심수는 날로 늘어가고 있다.

뿐만 아니라, **현 군사독재정권은 각종 선심공세와 선거조작을 통해 집권연장을 획책하는 반민주적 역모에 열중**하고 있음이 최근의 공약남발과 대대적인 금품살포를 통해 명백히 드러나고 있는 것이다. 한마디로 이는 **직선제를 통해 군사독재를 완전히 끝장내고 참된 민주화를 이룩함으로써 자주통일의 길을 열고자 하는 온 국민의 열망을 송두리째 배반하는 군사독재의 음모요,** 6월의 국민적 투쟁을 철저히 조롱하는 파렴치한 작태가 아닐 수 없다. 이는 현 전두환 노태우정권이 애초부터 민주화를 추진할 추호의 의사도, 능력도 없음을 국민앞에 명백히 하고 있는 것이며, 이들의 퇴진만이 참된 민주화의 길을 열 수 있음을 입증하는 것이다.

이에 우리는 전 국민적 민주화의지를 현실화하고, 공정한 선거를 통해 군부독재의 종식을 이룩할 뿐만 아니라, 군부독재의 재진출을 막아내고 민주화과정을 튼튼히 지키기 위하여, 거국중립내각 수립투쟁에 다함께 일어서고자 하는 것이다.

거국중립내각은 첫째, 온국민이 눈물과 고통 그리고 엄청난 희생을 치루고 쟁취한 민주화일정을 또다시 군사독재에 유린당하지 않기 위하여

둘째, 6월항쟁에서 드러난 국민의 염원을 성실히 수행하며, 특히 언론·출판·집회·결사의 자유와 양심수의 석방, 사회 제부문의 자율성보장과 민주화 생존권의 보장, 지방자치제 등 확실한 민주화조치의 실행을 위해,

셋째, 공정한 선거를 관리하고 일체의 선거부정을 봉쇄하기 위하여,

넷째, 순조로운 정권이양과 군부의 재진출을 막아내기 위해 우리가 반드시 확보해야 하는 것이다.

피묻은 권력에 의해 임명된, 그리고 3.15부정선거내각의 일원인 현 김정렬내각하에서 우리는 이상의 그 어떤것도 기대하기 어려울 뿐 아니라, 그간의 과정이 보여주듯이 반민주적 역모만이 진행될 뿐인 것이다.

이에 우리는 독재가 절대로 민주주의를 선사할 수 없고, 독재하에서 민주선거가 있을 수 없음을 뼈저리게 확인하며, **국민이 인정하는 민주적이고 공정한 민주인사들로 구성된 거국중립내각의 쟁취를 위해 온국민과 대오를 같이하며, 힘찬 투쟁에 나설것을 결의하며** 우리의 주장을 밝힌다.

우리의 주장

1. 전두환·노태우는 광주민중학살의 책임을 지고 즉각 퇴진하라!
2. 부정선거 획책하는 김정렬내각 총사퇴하라!
3. 공정선거 보장하는 거국중립내각 쟁취하자!
4. 모든 양심수를 즉각 석방하라!
5. 민주세력에 대한 좌경·용공조작을 즉각 중지하라!
6. 4천만이 단결하여 군부독재 끝장내자!
7. 독재정권 지원하는 미국을 반대한다.

1987년 10월 31일

민주헌법쟁취 국민운동본부

결 의 문

온 국민의 피와 눈물로 쟁취한 직선제 개헌으로 우리는 16년만에 시행되는 대통령선거를 눈앞에 둔 시점에 당도하였다.

전국 각지의 거리를 메운 수백만 국민들의 "호헌철폐", "독재타도"의 함성이 허구적인 노태우의 6·29조치 발표로 가라앉은 뒤 4개월이 지난 지금 우리는 일시 움추렸던 군사독재의 억압체제가 다시금 기지개를 펴고 의연히 버텨선 채, 온 국민의 진정한 민주화를 향한 행진을 가로막고 있음을 확인하고 있다.

참된 민주화를 위해 분투하는 노동자, 청년, 학생, 민주인사가 좌경·용공으로 매도되고, 언론의 재갈은 완전히 풀리지 않고 있다. 어느새 감옥은 다시 양심수로 채워지고 있으며, 자유롭고 공정한 선거를 기대하고 있는 국민들 앞에 저들은 관권개입과 금품공세, 공영방송의 편파보도라는 전가의 보도를 마음껏 휘두르고 있는 것이다.

그러나, 6월의 국민적 투쟁이 결코 저들의 얄팍한 음모 앞에 좌절되지 않을 것임을 확신하고 있는 우리는 우리의 대오를 정비하고 제2차 총회를 갖는 오늘 온국민과 더불어 완전한 군부독재의 종식과 민주정부수립을 위해 다음과 같이 굳게 결의한다.

1. 우리는 독재권력에 의해 부당한 피해를 받은 사람의 원상회복을 위해 투쟁한다.
   구속·수배·해직된 모든 인사의 즉각적인 석방, 수배해제, 복직, 사면, 복권 등 원상회복을 위해 우리의 모든 역량을 집결하여 투쟁한다.

1. 우리는 경제성장과 생산의 주역이면서도 군부독재세력의 억압과 수탈로 인해 생존권을 위협받고 있는 노동자, 농민, 도시빈민들의 지난 7·8월의 생존권투쟁이 지극히 정당할 뿐 아니라 노동자·농민·도시빈민의 생존권 보장 없이는 어떠한 민주화도 있을 수 없음을 천명하며, 이들의 생존권투쟁을 적극 지원할 것이다.

1. 우리는 민족적 비극인 광주사태의 진상규명이 민주화의 기본전제임을 확인하며, 진상규명과 관련자 처벌을 강력히 촉구하고 이를 위해 투쟁한다.

1. 우리는 오랜 군사체제의 억압적 지배수단이 되어왔으며 아직도 잔재하고 있는 제반악법을 철폐하고 사상 및 표현의 자유를 비롯한 국민의 기본적 권리와 자유쟁취를 위해 투쟁한다.

1. 우리는 최근 제도언론 특히 KBS.MBC가 여전히 권력의 시녀로서의 모습을 벗어버리지 못한 채 여권후보를 미화시키는 데 급급하고 있음에 분노를 느끼며, 언론민주화를 위해 온국민과 함께 투쟁해 나갈 것을 다짐한다.

1. 우리는 민주화와 함께 조국의 평화적 자주통일은 국민모두의 단결된 힘으로 성취되는 것임을 확신하며, 통일논의의 자유보장과 민족적 화합을 위해 노력한다.

1. 우리는 금번 선거가 참으로 민의의 총체를 반영한 차기 민선정부의 정당성과 합법성 창출과정이 되기 위해서는 거국중립내각의 수립이 절대적으로 요청됨을 확신하며, 이의 쟁취를 위해 투쟁한다.

1. 우리는 야당이 또다시 분산된 이 시점에 있어서도 여전히 야권 후보단일화는 온국민의 바램이며, 군부독재종식의 확실한 방안중에 하나임을 굳게 믿으며, 온국민과 더불어 야권 후보단일화를 촉구한다.

1. 우리는 선거가 어느 누구도 유린할 수 없는 신성한 국민주권의 행사임을 믿는다. 우리는 온국민의 민주역량을 총동원하여 불법과 타락을 몰아내고 자유롭고 공정한 선거를 위한 국민운동을 전지역에서 강력히 전개한다.

1. 우리는 군사독재가 조장해온 지역감정은 국민들이 단결하여 민주화를 실현하는 과정에서 해소될 것임을 확신하고, 우리 사이에 존재하는 모든 패배의식과 분파주의를 걷어내고, 군부독재종식투쟁에 온국민이 대동단결하여 나설 것을 강력히 호소한다.

1987. 11. 5.

민주헌법쟁취 국민운동본부

제 2 차 전국총회 총대일동

성 명 서

- 서울본부 창립대회에 가해지고 있는 당국의 탄압을 규탄한다 -

온 국민의 민주화 의지와 민주역량을 모아 군부독재를 종식하고 민주화를 쟁취하기 위해 지난 5월 발족한 민주(헌법)쟁취국민운동본부는, 6월 민주화대투쟁의 국민적 구심점이 되었으며 오늘 제2차 총회를 열기까지 전국 9개도와 5개 특별.직할시중 13개 본부를 결성하고 111개 시.군지부를 결성하면서 민주화와 민중생존권투쟁의 구심체로서 역할해왔다.

이제 오는 11월 7일 민주쟁취국민운동 서울본부의 창립을 앞두고 서울본부의 결성과 관련하여 가해지고 있는 당국의 음성적 탄압에 대하여 1천만 서울시민 및 민주화를 염원하는 온 국민과 더불어 이를 강력히 항의.규탄하고자 한다.

서울본부 추진위원회에서는 지난 10월 29일 구세군중앙회관에 오는 11월 7일의 창립대회 장소 임대계약을 하였으나 11월 2일 구세군측에서 일방적으로 장소임대계약 취소를 통보해왔으며, 이에 서울본부 추진위는 11월 3일 여전도회관에 다시 장소임대계약을 하였는데, 11월 5일 12시경에 여전도회관측에서도 장소임대계약 취소를 통보해왔다.

구세군측과 여전도회관측은 한결같이 서울본부 창립대회를 정치적 집회라는 이유로 취소통보를 해왔으나, 서울본부추진위에서는 사전에 집회의 명칭과 내용을 알리고 계약을 하였으며 이와같이 일방적 취소가 이뤄진 배경에는 당국의 음성적인 협박과 탄압이 있었음은 의심의 여지가 없다. 이는 헌법상에 보장되고 있는 집회 및 결사의 자유에 대한 명백한 도전이며, 민주화를 하겠다고 약속한 6.29선언의 기만성과 현 정부당국의 반민주성을 다시한번 입증하는 것이라고 하겠다.

이에 민주쟁취국민운동본부는 서울본부 창립대회를 11월 7일 오후3시 여전도회관에서 강행하기로 한 서울본부 추진위원회의 결정을 적극 지지하며 대회가 평화적으로 이루어질 수 있도록 우리가 할수 있는 노력을 다할 것이다. 그리고 만에 하나라도 당국의 저지나 방해로 이 집회에서 불상사가 일어난다면 이는 전적으로 당국의 책임임을 엄숙히 경고하는 바이다.

1987년 11월 5일

민 주 쟁 취 국 민 운 동 본 부

군부독재종식을 위한 후보단일화쟁취 삭발단식농성을 시작하면서

자주·민주·통일국가를 이룩하려는 우리국민들의 위대한 6월 민주화 대장정은 마침내 군부독재를 굴복시켜 대통령직선제개헌을 이루었고, 이제 새헌법에 의한 대통령선거를 눈앞에 두고 있읍니다. 우리는 이번의 대통령선거를 통해 민선·민간정부를 수립하여 군부통치를 끝장내고 자주적 민주정부의 기초를 마련하느냐 아니면 6.29선언으로 국민을 기만하면서 선거를 통해 합법적 장기집권을 획책하고 있는 군부독재의 음모에 굴복하느냐?

참으로 절박하고 중차대한 역사적 갈림길에 서 있읍니다. 그동안 열화같은 국민의 민주화요구에 밀려 전열이 흐트러졌던 군부독재세력은 이제 '6.29선언'을 민주화의 결단으로 광주학살의 장본인인 노태우를 민주화의 영웅으로 둔갑시켜 모든 공권력과 관제언론을 동원, 대대적으로 선전하면서 선심공세와 공무원을 동원 대대적인 부정선거를 획책하고 있읍니다. 더구나 군부독재의 퇴진과 공정선거를 위한 거국 내각 수립을 요구하는 학생, 농민, 노동자등의 평화적 집회나 요구를 탈법이나 좌경·용공으로 매도하면서 대규모적인 구속조치를 단행하여 또 다시 국민에게 한숨과 눈물을 강요하고 있읍니다. 이렇게 군부독재의 민주화운동에 대한 총공세가 진행되고 있는 가운데 양김씨의 동시출마로 인해 군부독재종식을 바라는 전체국민의 의사가 분산되고, 지역감정의 분열로까지 치닫고 있는 오늘의 사태를 보면서 우리는 우리 천만농민의 뜻을 대신하여 '군부독재만은 끝장내어야 한다'는 간절한 심정으로 우리의 뜻을 밝히고자 합니다.

먼저 우리는 지난 10월 30일 발표된 '지금이라도 최후의 결전을 위한 후보단일화와 야권 재통합을 전국민적 노력으로 쟁취하자'는 각계민주인사 122인 성명을 전폭적으로 지지하며, 이의 관철을 위해 그동안 소홀했던 우리의 노력을 반성하면서 군부독재종식을 실현할 후보단일화를 위한 단식 농성에 들어가고자 합니다.

우리는 지난 6월 모심기로 바쁜 가운데서도 군부독재종식을 위해 가두에 앞장섰던 심정으로, 그날! 군부독재종식을 위해 광주와 부산에서, 서울에서 전국 각지에서 하나되어 군부독재를 굴복시키고야 말았던 우리들의 6월을 되새기면서 우리의 간절한 기도와 열정으로 반드시 후보단일화를 이루고 말 것이라고 다짐하며 모든 민주세력의 동참을 간절하게 호소하면서 우리의 입장을 밝힙니다.

一. 군부독재종식과 민선민간정부수립은 후보단일화로!

6월 국민투쟁의 성과인 이번 대통령선거는 특정정치인의 대권쟁취가 아닌 민주와 독재, 애국과 매국의 심판이어야 하며 군사독재정권과 애국국민의 총결전장 입니다. 따라서 후보 경쟁으로 인한 군사독재와 민주세력의 대결이 분산되고 민주화를 요구하는 국민의 염원이 영·호남으로 분열되는 사태는 국민의 뜻을 저버리는 행위이며, 결과적으로 6월 항쟁으로 분출되었던 국민의 힘을 분산시킴으로써 군사독재를 이롭게하는 행동이 될 수 있읍니다.

따라서 우리는 이번 선거에서 군부독재의 종식을 바라는 전국민의 의지를 확고하게 뭉치고, 끌어내어 이땅에서 군부독재를 완전히 청산해 내기 위해서 모든 애국민주세력의 단결로 후보단일화를 반드시 쟁취해 내어야 합니다.

후보단일화는 군부독재종식을 바라는 국민의 엄숙한 요구이자 민주세력의 단결을 요구하는 도덕적 명령입니다.

따라서 그누구도 '국민을 인질로 민주화의 운명을 건 도박'을 할 수 없으며, 단일화를 저해함으로써 군부독재종식을 위태롭게 할 수 없다는 것을 분명히 밝힙니다. 우리는 양김씨가 작은 차이는 있으나 보수 야당의 지도자로서 대동소이하다고 보며 누가 단일화되든 크게 상관하지 않읍니다. 다만 후보단일화의 과정은 양김씨의 계보적시각이나 관제언론이 조작하는 교란에서 벗어나 군부독재종식을 염원하는 전국민의 의지와 역량을 결집하는 과정이어야 합니다.

따라서 양김씨 두분은 자신의 공로를 내세우기에 앞서 두분이 지금이야말로 후보단일화를 통해 군부독재를 종식시키는데 자신을 바칠 수 있는 유일한 기회임을 통감하고 과감한 결단을 내릴 것을 다시한번 간절히 촉구합니다.

그렇지 않을때 외세와 군부독재의 구도대로 선거에서의 승리는 커녕 군부독재의 집권연장에 결과적으로 정당성을 제공하고 오랜 세월동안 민주화를 위해 싸워온 온 국민의 눈물겨운 희생과 헌신을 짓밟아 버리게 되는 돌이킬 수 없는 역사적 오류를 범할 수 있음을 분명히 지적해 두고자 합니다. 따라서 우리 국민 모두도 작은 이해와 편견을 버리고 단일화를 요구하는 엄숙한 국민적 소리를 드높이 외쳐줄 것을 간곡히 부탁드립니다.

이와 아울러 우리는 각계 민주세력의 원로들이 사심없는 중재자, 화해자로서의 역할을 적극적으로 수행해 줄 것을 간절히 촉구합니다.

다음으로 우리는 차기 민선·민간정부가 지향해야 할 과제를 말씀드리고자 합니다.

一. 차기 민선·민간정부는 자주·민주·통일을 지향해야 합니다.

우리 손으로 대통령을 뽑는다고 해서, 또한 후보단일화를 이루어 세운 민간정부라고 해서 그것이 민중의 생존을 완전히 보상해 줄 민주정부일 수는 없읍니다. 따라서 차기 민선·민간정부는 다음과 같은 국민적 과제를 반드시 해결할 의지를 가져야만 할 것입니다.

첫째, 우리의 소원인 통일에 관한 확고한 의지를 가져야 합니다.

오늘날 우리사회의 모든 분야에서의 반민주적, 반민족적, 반민중적 문제들은 결국 외세의 간섭으로 인한 민족분단과 분단 체제의 지속화에 있읍니다. 민족분단이 지속되는 한 민주화도, 민중의 생존도 제한적일 수 밖에 없읍니다.

따라서 다음 정부는 7.4 남북공동성명이 천명했던 자주·평화·민족대단결의 원칙에 입각해 통일에 대한 실질적 노력들을 기울여야 할 것입니다.

이를 위해 무엇보다도 다음 민간정부는 모든 국민이 자유롭게 통일논의를 가능하게 할 수 있도록 통일에 관한 정보의 해방과 통일논의 및 통일운동의 자유를 확고하게 보장해야 합니다.

더구나 민족적 의사와는 무관한 미·소의 핵무기가 한반도를 민족절멸의 위기로 몰고갈 수 있는 현재와 같은 상황하에서 통일에 관한 논의와 운동은 반드시 자유롭게 보장되어야 합니다.

둘째, 자주적 정부를 지향해야 합니다.

국민의 지지를 받지 못하는 군사독재정권이 미·일등 외세에 예속되어 내정간섭과 경제침략을 허용하면서, 민중의 생존을 압살하게 된다는 것을 우리는 엄청난 외국농축산물의 도입으로 파탄에 이른 오늘의 농촌 살림을 보면서 분명히 보았읍니다. 특히 선거를 앞두고 또다시 미국이 수산물 및 생명보험시장 개방압력을 노골화하는 가운데서도 미·일 방문하여 집권연장을 획책하려는 노태우의 태도를 보면서 우리는 또다시 분노를 삼켜야만 했읍니다.

따라서 다음 정부는 무엇보다 자주적 외교, 국방과 자립적 민족 경제의 의지를 확고히 해야 할 것입니다.

셋째, 민중의 생존권과 민주적 제권리를 완전 보장하고 전면적인 사회민주화를 실현해 가야 합니다.

천만농민에게는 농가부채의 완전탕감, 농축산물의 수입규제와 정당한 가격보장, 토지개혁과 소작제 철폐, 농협 및 농민관계조합민주화와 농민단결권보장등 자주적 농민운동을 확실하게 보증해야 합니다.

또 천만노동자에게는 8시간만 일하고도 생활이 가능한 생활임금과 노동3권이 실질적으로 보장되어야 한다.

또 도시빈민, 서민의 생존권이 보장되고 집없는 설움을 해결해야 합니다. 또한 외세의존 및 재벌독점폐단 혁파와 중소기업육성을 통해 자립적 민족·민중경제를 확립해야 합니다. 뿐만 아니라 신체, 언론, 출판, 결사, 집회, 시위, 학문, 사상의 자유가 완전보장되어 양심을 지키려다 구속되고 고문이나 최루탄에 의해 죽는 일이 또 다시 있어서는 안될 것입니다. 이를 위해 모든 정치적 보복 및 탄압을 가능케하는 악법과 사찰기관은 철폐되고 군·경의 정치적 중립이 철저히 보장되어야 합니다. 또 교육의 민주화는 물론 지방자치가 전면적으로 실시되고 문화·예술의 민주화를 통해 건강한 민족·민중문화가 창달되어야 합니다.

우리 모두 군부독재종식을 위한 후보단일화 쟁취로!

자주·민주·통일의 깃발이 휘날리는 그날을 향해 대동단결해 갑시다.

1987. 11. 5.

한 국 가 톨 릭 농 민 회
전국회장 및 10개도 연합회장

전국회장	徐敬元	안동회장	裵龍鎭
춘천회장	俞炳權	대구회장	尹正右
원주회장	金益浩	전남회장	丁寬秀
경기회장	徐廷龍	경남회장	鄭現贊
충북회장	金相德	전북회장임시대행	蘇永鎬
충남회장	崔秉旭	(李水金회장 구속중)	

군정종식을 위한 후보단일화 쟁취 삭발에 들어가면

군부독재 종식을 위한 후보단일화 쟁취야 말로 민주화장정에 나선 전국민의 절실한 당면과제이다. 이제 후보단일화의 결정권은 6月투쟁의 주체인 국민대중에게 있다.

강대국의 압력에 굴복하는 정치군부의 무분별한 수입자유화와 날로 늘어만가는 농가부채등 오늘날 농촌의 절망적 현실을 볼 때 군부독재 종식을 위한 후보단일화에 몸을 던지는 일은 오늘의 우리 농민에게 최우선의 과업이라 믿고 일층 가슴의 일치와 무기한 단식이라는 우리의 행동을 굳건히 하고자 삭발하는 바이다.

1987. 11. 5. 기독교회관 3층에서

한국 가톨릭 농민회

전국회장 徐載元
충남회장 [illegible]秉旭
경남회장 鄭現贊
경기회장 徐廷龍
전남회장 丁寬秀
춘천회장 俞炳權
충북회장 金相德
대구회장 尹正石
안동회장 裵龍鎭
원주회장 金益浩
전북회장 李水金
(구속중)

군정종식과 민주화는 서울시민의 힘으로

-민주쟁취국민운동 서울특별시본부 창립선언문-

오늘 우리는, 나라를 사랑하고 민주화와 민족의 자주 및 통일을 염원하는 1천만 애국 서울시민과 함께 민주쟁취국민운동 서울특별시본부(이하 국민운동 서울본부)를 창립하면서, 우리의 뜻을 만천하에 밝히고자 한다.

군사독재정권의 강압적인 4·13호헌조치에 대항하여 직선제 개헌을 쟁취해 낸 6월 민주화대투쟁과 이후 전국 각지에서 폭발적으로 분출한 노동자들의 생존권 투쟁에서 나타난 우리 국민의 위대한 민주역량은 이제 누구도 거역할 수 없는 민주화의 도도한 흐름을 만들어 내었다. 군부독재 종식과 민주화를 국민 스스로의 힘으로 실현하려는 반독재 민주구국운동의 구심체가 되어온 민주쟁취국민운동본부는 그간 전국적으로 11개 시도본부와 111개 시군 지부를 결성하면서 전국민적 민주역량을 결집 강화시켜왔다.

이제 오늘 1천만 서울시민의 민주의지를 모아 국민운동서울본부를 창립하게 됨으로써, 국민운동은 명실상부한 4,000만 전국민의 운동이 되었으며, 우리 서울시민이 보다 조직적으로 군정종식과 민주화를 향한 대열에 동참할 수 있게 되었고 더 나아가서 민중의 생존권 보장과 민족의 자주적, 평화적 통일을 향한 운동에 보다 능동적으로 참여할 수 있게 되었다.

이에 우리는 국민운동 서울본부의 과업을 다음과 같이 설정한다.

1. 우리는 인간의 존엄과 권리회복, 민주화를 염원하는 1천만 서울시민속에 굳건히 뿌리내릴 것이며, 각계 각층 모든 시민의 민주실천 역량을 부문별, 직능별, 지역별로 조직화 함으로써 특히 구지부와 동위원회를 시급히 결성하는데 총력을 기울인다.
2. 우리는 서울시민의 민주의식을 고취시킴으로써 생활과 운동을 일치시켜 일상의 삶속에서 잘못된 제도와 정책과 지시를 비판, 규탄, 거부하는 민주시민상을 확립하며, 명실상부한 주민자치를 실현하기 위해 민주적 자치역량을 훈련, 강화해 나간다.
3. 우리는 서울시민의 민주역량을 모아 사회 각부문의 민주화 운동에 참여하여 민중의 생존권 보장과 민주적 제권리의 쟁취를 위한 운동을 통하여 구체적 실천역량을 강화해나간다.
4. 우리는 서울시민의 민주역량과 통일의지를 모아 분단된 조국의 자주적 평화통일을 위해 노력할 것이며, 국민이 통일논의의 주역으로 참여하는 통일운동을 광범하게 전개해 나갈 것이다.
5. 우리는 다가오는 대통령선거에서 군부독재정권의 재집권을 저지하고 민주세력의 승리를 쟁취하기 위하여 640만 서울 유권자의 의식화와 부정선거감시등 공정선거운동에 총력을 경주한다.

국민운동 서울본부는 우리민족의 미래를 어떤 외세에도 맡기지 않고 자주적으로 민주화와 통일을 달성하려는 애국시민들의 단결된 힘을 바탕으로 밝아오는 민주조국의 새시대를 향해 힘차게 진군할 것이다. 군부독재와의 타협을 통해서는 결코 민주화를 이룩할 수 없으며, 일천만 서울 시민들은 전국민과의 긴밀한 연대와 협력을 통해 반민주적 세력의 어떠한 음모도 분쇄하고 민주세력의 승리의 노래를 부르고야 말 것이다.

군정종식과 민주화를 국민운동 서울본부와 함께 이룩해내자!

1천만 서울시민의 힘으로 민주화를 달성하자!

1987. 11. 7.

민주쟁취 국민운동 서울특별시 본부

결 의 문

첫째, 전 민중은 전두환·노태우의 즉각 퇴진을 염원하며 물밀듯이 일어났다. 그러나 노태우의 6.29항복 이후에도 이들은 물러나기는 커녕 다시 한번 대통령이 되어보겠다는 망상을 하고 있다. 우리는 사회의 민주화 자주화없이 우리의 행복이 없다는 드높은 자각속에 군사독재의 재집권 기도를 결사반대하며 민주정부 수립을 위해 끝까지 투쟁한다.

둘째, 건설재벌과 투기꾼들은 깡패들을 인부로 고용해 인륜을 저버린 잔악한 만행을 저지르고 있다. 독재의 하수인 전투경찰은 폭력을 옹호 두둔하였고 도시빈민들을 향해 최루탄을 발사하였다.
우리는 깡패까지 동원하여 강제철거 속에서 진행되는 민주화 일정을 믿지 않는다. 도시빈민을 비롯한 전 민중의 생존권을 우리의 단합된 힘으로 쟁취하기 위해 우리는 끝까지 투쟁한다.

셋째, 철거민을 비롯하여 노점행상등 영세소상인, 영세수공업체 노동자, 건축막노동자, 파출부, 가내하청업자, 실업자 등 이 땅의 400만 도시빈민들의 인간적 삶에 대한 희망은 여전히 어둡다. 우리는 도시빈민과 전민중의 권익을 쟁취하기 위해 대동단결하여 강력히 투쟁한다.

■ 우 리 의 주 장 ■

一. 도시빈민 하나되어 민주정부 수립하자!
一. 빈민생존 압살하는 군부독재 타도하자!
一. 길거리에 살수없다 주거대책 수립하자!
一. 노점상 갈취없는 민주사회 건설하자!

1987. 11. 10

민주쟁취국민운동본부 도시빈민공동위원회

부정선거 사례 고발기록장

접수자		접수일시	11 월 13 일 15:00	No	3	분류	

언 제		어디서	중계동 지역		
누 가	(성명)	(직업)		(직위)	(나이)
무엇을 어떻게 했읍니까	ㅇ 통반장들이 특정한 부인들을 갈비집으로 데려가 포식시키고 밤늦도록 레스토랑등으로 데리고 다니면서 술을 먹임 ㅇ 특히 전라도 사람들을 데려다 먹임				

고 발 자	(성명) (남 . 여) (직업) (직위) (나이)
	(주소 . 연락처)
증 인	(성명) (남 . 여) (주소 . 연락처)
증 거 품	고발방법 (전화 . 편지 . 방문 . 기타)
고발처리	법적처리 / 속보제작 / 항의집회 / 정기발표 / 기명칼럼 / 불매운동 기독교방송을 통한 폭로 / 스티커제작 / 시청료거부 / 언론사에 보고 당사자 . 관련당국기관에 항의 / 기타

월일	처 리 개 요	담당자
	동아	

확 인	담당	사무국장	집행위원장	도본부	전국본부
	[stamp]		[stamp]		

민주쟁취기독교공동위원회 공정선거감시단

부정선거 사례 고발기록장

접수자	박승철	접수일시	11월 26일 16:30	No.	9	분류	

언제	87. 11. 26	어디서	부산시 연제동 천태종 삼광사
누가	(성명) (직업) (직위) (나이)		
무엇을 어떻게 했읍니까	87. 11. 26 연사 허문도 통일원장관, 부산시장. 11:00 - 부산시 연제동 소재 천태종 삼광사 운화당 부산시 지부 낙성식에서 건물 2. 3층 복도 불교신 불교신자 전국 신도를 관광차량 200여대 10000여명 일반신도 2000여명 모아 노태우후보 지지서명과 민정당입당 추천서를 서명날인 하라고 했으며 내용중 노태우후보 당선되어야만 불교가 발전되고 이나라가 발전 될수있다고 함		

고발자	(성명) (남.여)(직업) (직위) (나이)
	(주소.연락처) 부산 기공위
증인	(성명) (남.여)(주소.연락처)
증거품	고발방법 (전화).편지.방문.기타)

고발처리	법적처리 / 속보제작 / 항의집회 / 성명발표 / 기명칼럼 / 불매운동 ~~기독교~~방송을 통한 폭로 / 스티커제작 / 시청료거부 / 언론사에 보고 당사자.관련당국기관에 항의 / 기타

월일	처리개요	담당자

확인	담당	사무국장	집행위원장	도본부	전국본부

민주쟁취기독교공동위원회 공정선거감시단

성 명 서

- 부산.광주.대구에서의 폭력사태를 보면서 -

지난 11월 1일 김대중 평민당총재 숙소앞에서 일어난 정체불명의 폭력배에 의해 저질러진 폭력사태 이래 11월 14일 광주에서 또 그 이튿날인 11월 15일 대구에서 특정후보지지자인것으로 위장된 정체불명의 폭력배에 의하여 폭력사태가 발생하였다.

정부여당은 이 사태를 야권내부의 갈등으로 치부하였고 언론은 김대중. 김영삼 후보에 의해 야기된 지역감정의 발로라고 보도하였다.

그동안의 사태의 진상을 면밀히 주시해온 본 국민운동본부는 이와같은 연이은 폭력이 언론이나 여당이 주장하듯이 지역감정에 따른 우발적인 사태거나 또 민주당.평민측에 의해 계획된 사태가 결코 아니라는 확신을 갖고있다.

광주에서 발생한 폭력이 김대중 후보에게, 부산이나 대구에서 일어난 폭력이 김영삼 후보에게 결코 유리하지 않다는것은 삼척동자도 다 아는 사실이거늘 어찌 그 지지자들이 자기측에게 불리한 일을 할것인가 하는점이다.

또 세번의 폭력사태가 그 규모, 방법, 주도자등에 있어서 공통점이 있으며 만약 여당의 주장대로 폭력배의 배후가 양김 후보측이라면 부산의 경우에서 보는대로 정부가 왜 그 배후진상규명을 주저하고 있는가 하는것이다.

이는 분명, 지역감정을 빙자하여 야권후보를 곤경에 빠트리기위한 군부독재의 음모이며 군부독재권력의 연장을 위하여는 망국적인 지역감정이라도 이용하겠다는 파렴치한 행위로 전국민과 역사의 심판을 면치못할 반 민족적, 반 역사적 행위라고 단정하지 않을 수 없다.

또 언론도 이번 폭력사태를 피상적으로 단정 보도하지 말고 그 폭력사태 배후에 있는 군부독재의 엄청난 음모를 폭로하는데 앞장서야 할 것이며 애국국민여러분들은 군부독재의 상투적인 국민기만 술책에 속지말고 슬기와 지혜를 모아 현명한 판단으로 이 땅위에서 군부독재를 영원히 추방하는 민주혁명대열에 참여해주실것을 간절히 요망하는 바이다.

1987년 11월 16일

민 주 쟁 취 국 민 운 동 본 부

성 명 서

_ 광주학살과 12·12사태에 대한 올바른 진상규명은 반드시 되어야 합니다. _

국민여러분!

최근 정승화 전 육군참모총장의 통일민주당입당을 계기로 수면위로 떠오르게된 소위 '12·12사태'에 대한 시비를 전하면서 다시한번 현군부독재의 집권과정에서 저지른 불법적인 죄악상에 커다란 분노를 갖지 않을 수 없읍니다. 뿐만아니라 지난 11월 11일 민정당 '유학성' 의원이 밝힌 소위 '12·12사태에 대한 해명'내용과 11월 12일 '관훈클럽토론회'에서 '노태우' 민정당총재가 12·12사태에 대해 발언한 내용은 우리로 하여금 더욱 경악을 금치 못하게 하였읍니다. 정권탈취에 눈이 먼 소수의 정치군인에 의해 의도적으로 자행된 12·12사태를 당시의 주역들이 '공정한 수사과정의 불상사'니 '구국의 일념에서 한 것'이니 하는 뻔뻔스런 발언을 한 것입니다. 80년 5월, 수천 광주시민들의 참혹한 주검에 대해 이들은 지금껏 '유감스러운 일'이라만 치부해오고 있었읍니다. 정권야욕에 눈이 먼 이들에게는 자신들의 정권탈취에 방해되거나 역행되는 모든 상황은 무력으로써 억겹되는 것이고 이의 정당성은 '구국일념'이며 이로부터 생겨나는 피해는 어쩔수 없는 '불상사'요 '유감스러운 일'이라는 것입니다. 그야말로 엄청나게 국민들을 우롱하는 기만하는 독재자의 궤변이며 횡포라고 아니할 수 없읍니다.

국민여러분!

우리는 지난 6월 민주화투쟁의 과정에서 민주국민의 역량을 유감없이 발휘하였고 위대한 민주쟁취의 크나큰 진전을 이루어 놓았읍니다. 허나 이모든 민주화투쟁도 광주학살과 12·12사태를 아전인수식으로 왜곡날조하는 파렴치한 정치군부가 집권하는 한 '사회불안'이요 '질서파괴행위'로 매도 당할 것입니다. 광주학살과 12·12사태에 대한 올바른 진상규명은 단지 역사적 사실을 정확히 밝혀야 한다는 당위성에 의해서만 제기되는 것이 아닙니다. 이는 온 국민이 참여한 6월 민주화투쟁의 정당성을 되찾기 위해서 반드시 필요한 것입니다. 왜 우리가 최루탄에 희생당하면서까지 민주화투쟁을 그렇게 광범하게 전개하였읍니까! 그것은 현 군부독재정권의 폭정에 더이상 견딜 수 없었기 때문이며 지긋지긋한 군사정권을 완전히 종식하고자 했기 때문입니다. 즉 현군부독재정권의 정통성을 완전히 부정하기 때문입니다. 그런데 현 정권은 자신의 집권과정을 정당화하려고 합니다. 그것도 구국의 일념이라는 용어를 철면피하게 사용하면서 말입니다. 그리고 다시 집권하겠다고 12·12사태의 주역, 광주학살의 주역 '노태우'가 대통령후보로 나왔읍니다. 우리는 이들의 기만을 결단코 용납해서는 안됩니다. 위대한 6월 민주화투쟁의 정당성을 위해서 12·12사태와 광주학살에 관한 저들의 발언을 묵과할 수 없읍니다. 광주학살과 12·12사태에 대한 진상규명은 바로 현군부독재정권에 대한 국민심판의 논거인 것입니다. 독재정권이 역사를 진실되게 밝힘 것을 거부하고 자신의 부당한 행위에 정당성을 부여하려고 할 때 국민 스스로가 역사의 진실을 밝혀야 합니다. 그것은 주권자로서 국민의 정당한 권리인 것입니다. 따라서 우리는 도저히 묵과할 수 없는 이같은 죄악이 다시는 이땅에서 재현되지 안도록 국민 스스로 진실의 규명에 앞장서고 반민족적, 반민주적 죄악에 대한 규탄에 나서야한다는 결의하에 광주학살과 12·12사태의 진상규명 실천운동을 촉구 하는 바입니다. 6월 국민항쟁에서 드높혀 졌던 국민적 정의감을 바탕으로 이같은 운동에 적극적으로 참여하여 진실을 외쳐나갑시다.

1987. 11. 17

민주쟁취 국민운동본부

창립선언문

이 땅의 민주화를 바라는 모든 민중들이 지역과 계층을 초월하여 전개한 6월투쟁으로 16넌만에 우리는 대통령직선제를 쟁취하였다. 이 직선제 쟁취는 군정종식과 동시에 확실한 민간민주정부수립을 전제로 한 미완의 승리였다. 따라서 오는 12월 16일의 대통령선거는 6월항쟁을 통해 확인된 민주의지를 재결집, 완전한 승리를 쟁취해야 될 역사적 대전환의 날이다. 그러나 승리를 목전에 둔 민주세력에 대한 탄압은 가열차게 계속되고 있다. 현독재정권은 모든 언론매체를 총동원 대규모의 대중조작을 시도하고 있으며 김대중, 김영삼 두 후보를 국민으로부터 이간시키는 데 총력을 기울이고 있다.

5.18광주학살의 주역 가운데 한 사람인 노태우를 민주화의 기수인 것처럼 선전하는 한편 막대한 자금과 공권력을 투입 엄청난 선거부정을 획책하고 있는 것이다. 극심한 위기의식에 시달리는 군부독재정권의 이같은 재집권 음모를 철저히 분쇄하여 이번 선거에서 완벽하게 승리하기 위해서는 범민주세력의 후보단일화가 반드시 이루어져야만 한다. 모든 국민들의 단일화에 대한 간절한 소망은 바로 이러한 당위에서 비롯되고 있다. 그러나 범국민세력의 후보가 단일화되지 않은 모든 책임을 두 후보에게만 전가하는 것은 매우 무책임하고 무원칙한 대응일 뿐 결코 군정종식과 민간정부수립에 도움이 되지 않는 행위이다.

이제 후보단일화의 문제는 유권자인 국민자신이 주체적으로 실현시킬 단계에 이르렀다. 따라서 우리는 두 후보중에서 차기 민주정부에 부과된 과제들을 확실히 해결할 수 있는 후보를 범민주세력의 단일후보로 추대하여 이번 선거에서 완전한 승리를 쟁취하고자 한다. 이 차기 민주정부가 해결해야 할 과제에 대한 우리의 입장은 다음과 같다.

1. 차기 대통령은 반드시 군부독재를 종식시켜야 하며 어떠한 경우에도 군에 의존하여 정치해서는 안된다. 우리는 군의 정치개입 내지 영향력행사 그 자체가 민주화의 결정적 장애임을 27년의 경험을 통해 뼈저리게 느꼈다.
2. 80년의 광주학살은 가해자나 제 3자에 의해 해결이 불가능하다. 또한 숨져간 광주영혼의 한을 풀지 아니하고서는 이 사회의 진정한 화합을 기할 수 없다.
   광주학살의 해결은 피해당사자들의 관용에 의해서만 가능하며 이 사회의 민주화로서만 원혼을 달랠 수 있다.
3. 1천만 농민, 2천만 노동자의 생존권을 보장하지 아니하고서는 결코 사회의 안정을 기할 수 없다. 지금까지의 경제성장은 독점재벌의 성장일 뿐이었다. 노동자, 농어민의 적정한 소득이 보장되어야만 건전한 중산층이 육성되고 국민경제의 발전도 가능하다. 경제발전이 수반되지 않는 경제성장은 사회 성원간의 갈등과 위화감을 심화시켜 사회를 불안하게 한다.
4. 민족통일은 이 민족의 지상과제이며 이 사회의 참된 민주화는 민족통일로 완성된다. 국가

안보를 빙자한 분단논리는 민주화의 장애물로 배격되어야 한다.

이러한 기준에서 볼 때 김대중후보는 유신이래 군부독재정권에 의해 납치, 투옥, 사형선고를 받은 최대의 피해자로 군부독재를 종식시킬 필요성을 가장 절박하게 느끼고 있고, 광주사태의 피해당사자이며, 1971년 대통령 선거 이래 줄곧 대중경제와 4대국 안정보장을 주장하며, 서민대중을 지지기반으로 삼고 민중의 생존권과 민족통일문제를 고민하고 이를 하겠다는 강한 의지를 보이고 있다.

이에 반해 김영삼 후보는 최근 정승화와 김재춘을 민주당에 입당시켰다. 정승화는 10.26 이후 민주세력에 대한 탄압의 최선봉에, 김재춘은 5.16이후 군부독재권력의 대명사였던 중앙정보부의 최고책임자였다. 김영삼후보는 이와 같이 군정종식에 대한 불확실한 태도, 5.18 광주학살의 제3자적 위치, 중산층 이상의 권익을 우선으로 하는 정책과 노선, 민주통일에 대한 소극적 자세등을 보이고 있다.

이 점에서 우리는 김영삼후보보다 김대중후보가 위에서 밝힌 4가지의 과제를 해결할 후보라는 데 확신을 갖게 되었다. 이에 우리는 27년간 누적되어 온 군부독재정권의 온갖 병폐를 청산하고 진정한 민주정부의 실현을 위해 김대중후보를 범국민세력의 단일후보로 추대하여 이번 선거에서 승리를 쟁취하고자 김대중선생 단일후보 범국민 추진위원회를 창립한다.

1987. 11. 20.

김대중선생 단일후보 범국민 추진위원회

결 의 문

오늘 우리는 민주화를 열망하는 온 국민의 힘으로 대통령직선제를 관철시킨 가운데, 진정한 나라의 자주와 민주·통일을 향해 국민역량을 모아가고 있다.

이같은 민주장정의 길목에서 맞이한 대통령선거가 반드시 공명정대하고 진정한 민의를 결집하는 선거가 됨으로써 귀중한 민주화의 전기가 되어야 함은 모든 국민이 바라마지 않는 바다.

그럼에도 불구하고, 군사독재정권이 여전히 실권을 장악하고 있는 현시점에서 진행되고 있는 금번 선거는 벌써부터 이같은 국민의 소망을 어둡게 하고 있다.

민주화과정 자체가 공명정대하지 못하면, 그 결과 또한 합법성과 정통성을 얻지 못하여 정통성시비의 악순환이 거듭될 수 있다는 국민적 충정에서, 거국중립내각수립 요구가 제창돼왔다. 그러나 이 요구에 대해 현정권은 탈법적 주장 운운하는 어처구니 없는 이유로 이를 거부하고 있을 뿐 아니라, 고급공무원의 불필요한 지방출장, 통반장을 이용한 집권정당의 당원배가운동, 물량·선심공세 등으로 조직적인 관권개입과 금권선거의 작태가 여실히 드러나고 있다.

이에 우리 국민은 민주주의란 주어지는 것이 아니라 국민 스스로 주인된 자세로 지키고 건설하는 것이라는 확고한 신념으로 모든 부정을 폭로·저지하고 공정선거의 실현에 앞장서기 위하여 공정선거감시운동을 전개하며, 다음과 같이 우리의 결의를 밝힌다.

1. 우리는 6월 국민항쟁의 숭고한 뜻을 계속 발전시켜 이땅에 진정한 민주정부의 수립과 민주적 제권리의 쟁취, 군부독재잔재의 청산을 통한 완전한 군부독재의 종식을 위해 분투한다.
1. 우리는 공정한 선거관리와 순조로운 민주화를 보장하는 거국중립내각의 수립을 촉구하며 이를 위해 투쟁한다.
1. 우리는 군, 경찰, 공무원들이 국민의 공복으로서의 자세를 확립하고, 정치적 중립을 엄정히 지킬 것을 촉구하며, 이들의 불법적인 정치개입에 대해서는 단호히 규탄,저지한다.
1. 우리는 언론의 공정하고 진실한 보도를 강력히 촉구하며, 일체의 편파·왜곡보도를 규탄, 저지한다.
1. 우리는 여·야를 막론하고 일체의 선거부정을 용납하지 않으며, 민주적 의식과 가치에 입각하여 강력히 고발, 규탄한다.
1. 우리는 군·경찰을 비롯한 모든 부재자투표인의 안전하고 자유로운 권리행사의 보장을 촉구하며, 또 이를 위해 노력한다.
1. 우리는 오랜 군사독재가 조장한 망국적인 지역감정을 통탄하며, 이의 해소를 위해 분투한다.
1. 우리는 지연, 학연, 혈연 등 비합리적인 요소에 구애받지 않고 민주국민으로서의 올바른 주권행사를 위해 노력한다.
1. 우리는 모든 국민이 한사람도 빠짐없이 선거에서 자신의 주권을 행사할 것을 촉구하며 이를 위해 노력한다.
1. 우리는 일체의 선심·흑색선전·협박·폭력을 배격하고 민주국민으로서 떳떳이 행동한다.

1987년 11월 20일

민주쟁취 국민운동 공정선거감시 전국본부

민주쟁취국민운동 공정선거감시 전국본부 발대선언

오늘 우리는 위대한 6월국민항쟁의 결과로 쟁취된 대통령선거를 목전에 두고 있는 시점에서, 다시한번 민주국민으로서의 각오와 민주화를 위한 국민적 결의를 한데 모아 공정선거감시운동의 깃발을 높이 올리고자 한다.

민주주의를 가장한 군사독재에 의해 무참히 유린당해 온 우리 헌정사와 함께, 우리는 이 땅의 선거사 역시 관권과 금권이 난무하는 부정선거의 연속이었음을 뼈아프게 되새기지 않을 수 없다. 집권세력은 부정선거를 하더라도 선거를 통해서는 재집권이 어렵다고 생각되면 선거판마저 몰수하여, 이른바 체육관선거로 국민의 정부선택권을 박탈하고 말았던 것이다. 이로써 엄연히 나라의 주인이어야 할 국민은 한낱 독재의 통치대상으로 떨어졌고, 모진 억압하에 고통의 세월을 보내왔던 것이다. 이는 곧 공정성이 보장되지 않은 선거란 어디까지나 독재자의 집권연장을 위한 도구 이상의 것이 아니었음을 단적으로 말해주고 있다.

우리는 금번 선거에 있어서도 선거의 공정성이 도처에서 심각하게 위협당하고 있음을 목격하고 있다. 이번 선거를 공정하게 치르고자 하는 국민의 굳은 의지의 산물인 거국중립내각 수립 요구 역시 현정권에 의해 거부당한채 3.15부정선거의 주모자인 김정렬 내각이 선거과정을 완전히 장악하여 엄청난 관권개입과 물량 선심공세가 난무하고 있다.

그러나 우리 국민은 그간의 선거에서 나타난 불행한 전철이 더 이상 이 땅에서 용납되도록 좌시하지 않을 것이다.

민주주의의 진전을 가져오는 것은 어느 특정인의 구상이나 발언에 의해서가 아니라 바로 주민이고자 하는 국민 각자의 자발적인 참여와 단결된 투쟁의 힘이라는 엄연한 사실을 우리 국민은 그간의 끈질긴 투쟁과 6월국민항쟁을 통해 분명히 인식하고 있기 때문이다.

어찌 저 부마항쟁과 피로 물든 광주민중항쟁, 그리고 꽃다운 젊은이들의 투옥, 고문, 죽음의 값비싼 댓가를 잊을 수 있으며, 최루탄 가스가 자욱한 전국 각지의 거리에서 함께 어우러졌던 남녀노소, 각계각층 모든 국민의 단결된 민주화함성에 의해 쟁취한 금번 선거의 소중한 의미를 망각하겠는가?

현정권이 국민의 민주의식을 외면한 채 불법부정선거를 자행하거나, 선거의 공정성이 의심받게 되면 그 선거결과는 절대로 정당성과 정통성을 부여받지 못할 뿐 아니라, 오히려 걷잡을 수 없는 국민의 분노와 저항을 초래할 것이다.

이에 우리는 군사독재를 종식하고 참된 민주정부수립을 열망하고 있는 온 국민의 의사가 한 치의 왜곡됨이 없이 반영되는 공정한 선거를 이룩하기 위하여 국민의 선두에 서서 모든 부정을 폭로, 고발하며 금번 선거가 민주주의를 건설하는 자유롭고 공정한 선거가 되도록 분투해 갈 것이다.

우리는 다시한번 현정권이 6월항쟁에서 드러난 국민의 민주 열망을 기억하고 선거의 공정성을 보장해 줄 거국중립내각을 늦어도 11월 25일까지 수립할 것을 엄중히 촉구하는 바이다. 이와 아울러, 정부는 우리 선거감시 본부가 선거의 전 과정에 참여하여 전국민적 여망인 공정선거를 실현시킬 수 있도록 투·개표 과정에서 참여보장등 제반 조치를 강구할 것을 촉구한다.

이같은 우리의 결의와 노력에 대해 6월항쟁을 이끌었던 양심적인 학생, 노동자, 농민, 도시빈민, 여성, 종교인, 법조인, 문화인, 교사, 교수, 의료인, 상인, 회사원, 택시기사 등 모든 국민이 동참해 줄 것임을 우리는 믿고 또 호소한다.

또한 독재의 끊임없는 감시와 강제 속에 있을지라도 국민의 공복으로서의 자신의 소명감을 잊지않고 있는 대다수 공무원과 군, 검, 경찰 역시 국민의 양심과 민주주의의 대의에 입각한 우리 운동에 끝없는 성원을 보낼 것임을 믿고, 부정에 대한 폭로와 중립성 유지를 위해 노력할 것을 호소한다.

우리는 또한 일부 소수를 제외한 대다수의 언론인이 사회의 공기로서의 언론의 사명을 다하고자 노력할 것이며, 온 국민이 열망하는 민주조국건설의 대열에 적극적으로 동참하여 공정한 보도와 진실을 알리는데 분투할 것임을 믿고 우리의 민주화대열에 함께 설 것을 호소한다.

전국 각지에서 전개되는 우리의 공정선거감시운동은 국민이 선거과정의 참된 주인으로서 올바른 주권행사와 아울러 스스로를 단결시키고, 참여케 하는 참된 민주주의의 교육장이 될 것이며, 반드시 군부독재를 종식하고 민주승리의 깃발을 드높이 휘날리는 행군이 될 것이다.

1987년 11월 20일

민주쟁취국민운동 공정선거감시전국본부

군정종식 · 단일화쟁취 국민협의회 결성대회

1부 : 결 성 대 회

2부 : 강연 및 토론

연사 : 박 형 규 (민주쟁취 국민운동본부 상임대표)
백 기 완 (민통련 부의장)
이 정 우 (전 서울대 총학생회장)

- 때 : 1987. 11. 23(월) 오후 6시
- 곳 : 명동 YWCA 대 강 당
- 주최 : 군정종식 · 단일화 쟁취 국민협의회 결성준비위원회

단일화로 대동단결
군부독재 끝장내자!

임시연락처 : 363-4881
363-3968

학살원흉 앞에두고 양 김 분열 왠말이냐

우리의 구호는 단 한가지, 「단일화로 대동단결, 군부독재 끝장내자!」이다.

우리가 대변하고자 하는 것은 단 한가지, 4반세기 이상 지속되어 온 저 치욕적이고도 지긋 지긋한 군부통치를 이 땅에서 영원히 추방하고 다시는 고문과 학살과 언론·출판 및 양심의 탄압과 온갖 잔혹하고도 불법적인 인권유린의 악몽이 없는 세상, 특권과 부패가 엄격히 배제되고 모든 민중의 삶의 권리와 인간적인 관심이 무엇보다도 우선되며 존중되는 사회, 민족의 존엄과 긍지가 더 이상 짓밟히지 아니하고 자주와 평화와 통일을 지향하는 민족사의 도도한 흐름이 모든 것을 압도하는 새로운 시대를 열기 위하여 그동안 온갖 눈물겨운 헌신과 희생을 바쳐온 우리 국민들의 절절한 염원이다.

시간은 지극히 촉박하고 정세는 너무나도 엄중하다. ………

군부독재의 재집권이 누구도 부정할 수 없는 현실적위험으로 대두하고 있는 이 절박한 시점에서, 재야민주세력은 지금껏 방만하게 표출되어 왔던 차이와 분열을 시급히 극복하고 모든 역량과 지혜와 열성을 반군부독재단일 전선에 총결집하여, 한편으로는 군부통치 아래서의 온갖 악몽을 일깨워 이완되어가는 국민들의 민주화의지와 경각심을 재정비함으로써 군부독재연장 기도에 직접적인 타격을 가하고, 다른 한편으로는 양 김씨를 상대로 전국민적인 압력을 가중시켜 민주세력의 승리의 결정적인 요건인 야권후보 단일화를 기필코 쟁취하기 위한 내·외 양면투쟁에 지체없이 착수하지 않으면 안된다.

이것이 우리가 「군정종식·단일화쟁취 국민협의회」의 발족을 제의하는 이유이다.

—군정종식·단일화 쟁취 국민협의회
발기 취지문에서—

후보단일화 쟁취하여 군부독재 끝장내자.

6월항쟁 계승하여 군부독재 끝장내자.

군정종식 · 단일화쟁취 국민협의회
결 성 선 언 문

오늘 우리는 각계 각층의 민주애국역량을 현단계 민족사의 지상과제인 군부독재종식운동에 하나로 결집하기 위한 국민연대 기구로서 「군정종식 · 단일화쟁취국민협의회」의 결성을 선언한다.

우리의 구호는 단 한가지, 「단일화로 대동단결, 군부독재 끝장내자!」이다.

6월항쟁으로 치명적 타격을 입은 군부독재와 그 지원세력은 그 유일무이한 탈출구를 찾아 필사적으로 양김 동시출마 공작을 추진하였고, 양김씨와 그 추종세력들은 어이없게도 그 함정에 제 발로 걸어들어감으로써 눈앞에 다가왔던 민주화의 전망을 극도로 위태롭게 만들어 놓고 말았다.

우리는 왜 단일화를 주장하는가? 그 이유는 단 한 가지, 군부독재의 재집권을 절대로 허용할 수 없기 때문이다. 4반세기 이상 지속되어 온 저 치욕적이고도 지긋지긋한 군부통치를 이 땅에서 영원히 추방하고 다시는 고문과 학살과 언론·출판 및 양심의 탄압과 온갖 잔혹하고도 불법무도한 인권유린의 악몽이 없는 세상, 특권과 부패가 엄격히 배제되고 모든 민중의 삶의 권리와 인간적인 관심이 무엇보다도 우선되며 존중되는 사회, 민족의 존엄과 긍지가 더 이상 짓밟히지 아니하고 자주와 평화와 통일을 지향하고 민족사의 도도한 흐름이 모든 것을 압도하는 새로운 희망의 시대를 열기 위하여, 그동안 온갖 눈물겨운 희생과 헌신을 바쳐 온 우리 국민들의 적절한 염원을 대변하여야 하기 때문이다. 만약 우리가 적전분열로 군부독재 세력에게 합법적인 재집권이라는 선물을 진상한다면 광주학살의 책임은 어디에 가서 추궁할 것이며 어떻게 더 이상 국민들을 상대로 「민주화」를 말할 수 있을 것인가? 이것은 우리가 절대로 용납할 수 없는 일이다.

당파적 편견에 사로잡힌 사람들은 우리를 보고 말한다. 현시점에서 단일화를 주장하는 것은 결과적으로 「양김씨의 표를 깎아내리고」 군부독재연장을 돕는 「이적행위」가 되는 것이 아니냐고! 그러나 우리는 묻는다. 단일화를 주장하는 것이 이적인가, 동시출마를 부추기고 기정사실화 하는 것이 이적인가? 이 너무나도 자명한 대답을 그들은 피하고 있다. 군부독재연장의 위험을 무릅쓰고라도 특정후보에 대한 자신의 당파적 선택을 관철하겠다는 사람들, 온 국민을 인질삼아 민주화의 운명을 걸고라도 동시출마의 도박을 강행하겠다는 사람들은 단일화 노력을 쉽사리 포기할 수도 있고 심지어는 도리어 동시출마를 선호할 수도 있으나, 군부독재연장을 기필코 저지하려고 하는 우리들은 양김씨 중 어느 한쪽에 대한 개인적 선호를 포기할지언정 결단코 단일화 노력을 포기할 수가 없다.

우리가 모든 현실적 어려움을 무릅쓰면서도 끝끝내 양김씨의 단일화를 주장하는 것은 곧 군부통치를 절대적으로 거부하는 우리의 확고한 의지를 국민들에게 천명하는 것이 된다. 우리가 양김씨의 동시 출마를 비판하면서 단일화를 요구하는 것은 그야말로 양김씨 쌍방에 대한 「비판적 지지」의 원칙에 충실한 행위가 된다. 그것이 어떻게 「양김씨의 표를 깎는」 이적행위가 될 수 있는가?

우리는 재야민주세력의 기본적인 임무가 국민의 여망을 대변하는데 있으며 이 임무를 포기하는 순간 재야민주세력은 국민들에 대한 어떠한 설득력·호소력·영향력도 모두 동시에 포기하지 않으면 안된다는 사실을 한시라도 잊어서는 안된다. 양김씨의 동시출마에 대한 국민들의 비판과 분노는 우리가 이것을 대변하지 않는다고 하여 생기지 않거나 없어지는 것이 결코 아니다. 우리가 동시출마에 실망과 분노를 느끼고 있는 국민들의 심정을 성실히 대변하여 단일화를 위한 최선의 노력을 경주하였을 때에라야만 우리는 그들이 감정에 치우친 나머지 민주화의 희망을 포기하고 양김씨에 대한 지지를 철회하는 일이 없도록 설득할 수 있게 된 것이며, 이 일을 우리는 반드시 해 낼 것이다.

이 시점에서 양김씨중 특정후보를 「정책과 이념」을 기준으로 삼아 「비판적」으로 지지한다고 말하는 사람들에게 우리는 묻는다. 진 국민의 여망을 등진 동시출마에 대한 비판을 포기하고 대체 달리 무엇을 「비판」한단 말인가? 그것은 기실은 무비판적·맹목적 지지에 지나지 않으며, 그것이야말로 국민들의 실망과 분노를 더욱 가중시키고 동시출마를 고착화시킴으로써 군부독재 연장을 돕는 이적행위가 된다는 사실을 우리는 엄중히 지적한다. 왜냐하면, 지지받은 후보는 그것을 출마의 명분으로 삼아 결코 사퇴하지 않으려 할 것이고, 지지받지 못한 후보 또한 정치생

1를 뜻하는 분열에의 지신을 결코 받아들이려 하지 않을 것이기 때문이다. 양김씨의 동시출마가 고착화되는 한 양김 세력은 서로 상대방에 대한 비방과 적대를 멈출 수가 없다. 단일화를 주장하는 우리들은 국민들 누구나가 이미 고 있는 동시출마에 대한 도덕적 비판을 대변하여 양김씨에게 단일화를 위한 애국적 결단을 촉구할 뿐, 이와 달 양김씨 중 어느 누구도 결코 비방하거나 적대하지 아니한다. 따라서 양김씨의 「표를 깎는」 것은 양김씨세력 1이지 결코 우리가 아니라는 사실을 분명히 해 두고자 한다.

어떠한 실천방안에 의거하여 단일화를 추진할 것인가?

우리는 「민주적 압력」 및 「대중적 선택」의 방법에 의한 단일화 쟁취의 원칙을 제시한다.

제 1 차적으로, 우리는 동시출마에 대한 엄격한 비판적 입장을 견지하면서 군정종식과 민주화를 열망하는 각계 각층 주애국 세력의 목소리를 규합하여 양김씨 쌍방에 대하여 단일화 압력을 가중시킴으로써 양김씨로 하여금 동시출마 인한 패배의 경우에는 즉각적이고도 완전한 정치적 몰락의 운명밖에 남아있지 않음을, 그리고 조속한 양보의 결으로 단일화와 군정종식에 기여할 경우에는 양보받은 상대방보다도 더욱 확고한 국민적 지지와 정치적 영향력을 득하게 될 것임을 확연히 보여줌으로써, 자발적이고 명예로운 양보의 결단을 촉구하고 유도할 것이다.

제 2 차적으로, 우리는 부득이하다고 판단될 경우에는 재야 민주세력이 널리 합의할 수 있고 국민 누구나가 납득할 있는 객관적이고도 엄정한 방법에 의거하여 국민대중의 선택이 무엇인가를 냉철히 판단하고 양김씨 중 어느 쪽로 단일화되는 것이 군부독재의 재집권을 분쇄하는데 유리한가라는 오직 한가지 기준에 입각하여 양김씨 중 어느 쪽에게 양보압력을 가중하는 방법까지도 고려하게 될 것이다. 이 경우 우리는 양 김씨중 어느 일방에 대한 우리 자신의 개별적 선호를 철저히 배제하고 오로지 광범위한 국민대중의 전체적 선택만을 대변할 것이다.

어떠한 형태의 단일화를 지향할 것인가?

우리는 「범민주세력연합」에 의한 단일화를 지향한다. 각계 각층 민중의 희생적 헌신에 힘입어 쟁취된 6월혁명의 과는 결코 양김씨 계보세력만의 독점물이 될 수 없다는 사실, 군부독재를 확실히 종식시키고 새로 출범할 민주민정부의 앞날을 확고히 보장하기 위한 유일한 방책은 각계각층 민중의 의사와 이익을 대변할 수 있는 재야민주세 양김씨 세력 3자간의 「범민주세력연합」의 길밖에 없다는 사실을 우리는 분명히 할 것이다. 따라서 우리가 하는 단일화는 단순히 양김씨 중 어느 일방의 사퇴를 뜻하는데 그치는 것이 아니라, 양김씨 및 재야민주세력 간의 연합구상에 관한 합의의 모색을 포함하는 개념인 것이며, 이같은 형태의 단일화를 통하여 우리는 각계 각 민중의 정책적 관심이 충실하게 반영될 수 있고 범민주세력연합에 의한 민선정부를 지향하게 될 것이다.

이제 우리는 「군정종식·단일화쟁취국민협의회」의 결성으로써 군부독재연장을 획책하는 세력의 양김씨 동시출마 음 단호히 분쇄하고, 민주국민들의 모든 역량을 하나로 결집하여 전면적인 군정종식투쟁에 돌입하기 위한 반군부독 단일전선이 출범하였음을 엄숙히 선포한다. 이 단일전선 아래서 모든 재야민주세력은 지금껏 방만하게 표출되어 모든 차이와 분열을 시급히 극복하고 대동단결하여, 한편으로는 군부통치의 온갖 죄상과 그 아래에서의 온갖 을 일깨움으로써 이완되어가는 국민들의 경각심과 민주화 의지를 재정비하여 군부독재세력에게 직접적인 타격을 가, 다른 한편으로는 양김씨를 상대로 민주세력의 승리의 결정적인 요건인 단일화를 기필코 쟁취해 내기 위한 대 양면투쟁에 지체없이 착수할 것이다.

우리는 다시 한번 소리 높여 외친다.

「단일화로 대동단결, 군부독재 끝장내자!」

민주주의 만세!

민족의 자주적 평화적 통일 만세!

6월혁명의 승리 만세!

반군부독재 단일전선 만세!

「군정종식·단일화쟁취국민협의회.」 만세!

1987. 11. 23.

군정종식·단일화쟁취국민협의회

본 대담은 현역대위가 일선에서 중대장을 지내면서 군내부에서 일어나고 있는 부재자 투표의 부정을 고발한 내용이다.

장교는 현역 사병들도 국민의 한사람으로서 신성한 투표권을 행사할 수 있도록 군대내에서의 부재자 투표에도 공정선거감시기구가 설치되어야 한다고 주장했다. 또한 현재의 군분위기와 기존의 선거방식으로는 부재자 투표가 집권여당인 민정당에 몰표를 줄 수 밖에 없는 결과가 발생할 것이라고 개탄했다.

따라서 공정선거와 비밀선거가 보장되지않는 한 군대의 민주화는 물론 한국의 민주화도 기대할 수 없으며 군의 정치적 중립이라는 말은 빛좋은 개살구에 지나지 않을 것이다.

장교는 지난 11월 23일 오전 9시경 민주쟁취 국민운동본부에 찾아와 이러한 자신의 심정을 토로했다.

제가 여기에 온것은 어떤 특별한 소식을 가지고 꼭 현정권은 타도하겠다는 그러한 내용이 아니고 현 군대생활을 하는 한 사람으로서 이러한 비리는 없어야되지 않겠나해서 찾아온 것입니다.

첫째, 부재자투표는 거의 군이 주류를 이루고 있는데, 처음부터 지금까지 저의 군대생활을 통해보면 부재자투표가 말썽이 되고 있읍니다.
통상 부재자투표가 문제로 되는 것은 선거때마다 상급지휘관들이 예하부대 병사들을 집합시켜 현정권에 대한 지지를 강요하고 있다는 것입니다.
병사들과 현 시국에 관해 허심탄회하게 토론을 해보면 대다수가 현정권을 달갑지않게 생각하고 있읍니다. 그래서 병사들도 국민의 일부인데 투표권만은 신성하게 행사해야되지 않겠느냐는 주장이 나오고 있으며 이 문제로 중대장들은 현재 고민하고 있읍니다.

그런데 만약 투표결과가 야당으로 몰릴 경우에는 그에 대한 문책이 없기때문에 문제가 됩니다. 그래서 현재 실태를 보면 병사들의 휴가가 정기적으로 계속되어야 함에도 불구하고 현재의 휴가시기가 선거기간이라는 이유로 중단되고 있읍니다. 만약 선거기간에 병사들이 휴가를 가게되면 선거분위기가 동요될 우려가 있기때문에 직계존속의 사망이나 기타 특별한 내용이 없을시는 현재 휴가는 없는 것으로 되어 있읍니다.

그 다음에에 내가 알고있기로는 투표를 하더라도 보안대를 통과하거나 군대는 서신검열이 있기때문에 보안대의 검열과정에서 야당표를 여당표로 바꿔치기할 염려가 있거나 무효화될 염려가 있다는 것입니다. 그래서 투표는 서신검열이 아닌 상태에서 이루어져야 한다고 생각합니다.

현재 철책전방경계를 하고있는 사람을 제외한 즉, 경계병력이 아닌 후방주둔지 병력들은 주둔지내에 선거감시기구가 들어와서 대대단위로 통합하여 현지투표를 한다면 병사들의 의사가 비교적 그대로 반영되지 않겠느냐 그렇게 저는 생각합니다.

질 문 :아까 투표용지가 보안대로 간다고 하셨는데 그것은 무슨 말씀입니까?

장 교 : 투표를 하고나서 그것이 서신검열과정을 거친다는 것입니다.

장 교 : 예전의 경험에 비춰봐서 그렇게 된다는 것입니다.

질 문 : 지난 2.12국회의원선거에서도 보안대를 거쳤나요?

장 교 : 그렇죠. 그렇기때문에 철책이나 해안경계근무자들을 제외한 주둔지 병력들은 주둔지에 선거감시기구가 설치된 가운데 투표를 하는것이 정말 자기의사를 반영하게 될것으로 생각하고 있습니다.

질 문 : 현재 군내에서 선거에 즈음하여 일방적인 지침이나 어떤 특별한 움직임은 없읍니까

장 교 : 현재 '안정이냐 번영이냐'라는 현정권에 관한 슬라이드를 병사들에게 정훈장교들이 교육시키고 있읍니다. 노태우에 대한 일방적 선전이죠. 특정후보에 관한 비방은 없고 김대중씨에 대한 책자는 불온유인물로 취급되어 완전 차단되고 있읍니다.

질 문 : 만약 병사들이 김대중씨 책자를 소지하고 있다가 적발되면 어떻게 됩니까?

장 교 : 적발되면 보안대로 가서 조사를 받게 됩니다. 좌경용공이라는 이유로 해서 ...

질 문 : 지난 10.27 국민투표때에는 투표용지는 누가 배부하였읍니까?

장 교 : 인사실무자가 합니다. 지난 국민투표에서는 거의가 찬성하는 것이었기에 별문제는 없었읍니다. 그리고 기표소는 중대본부에 마련되어 있었읍니다.

질 문 : 선거감시기구가 파견안된 상태에서 선거양상은 어떠할 것이라고 생각하시는지요?

장 교 : 현상태에서는 야당표가 나오기가 힘들겁니다. 특히 영내간부나 사병들은 영내에서 투표를 하기때문에 자기의사대로 투표하기가 힘듭니다. 투표시에는 비밀도 보장이 안된 상태에서 여당을 찍으라고 강요를 하기도 합니다.

질 문 : 어디에다가 찍었는지 그 내용은 확인이 됩니까?

장 교 : 모든 유편물들은 서신검열이 되므로 다 확인이 된다고 보아야합니다.

질 문 : 이번 선거와 관련하여 어떤 특별한 움직임은 없습니까?

장 교 :아직 구체적인 공문지시는 없지만 현재 야당지역출신(전라도출신)사병이나 야당성이 강한 사병들은 개별적 면담에 들어가고 있습니다. 그리고 정훈장교들의 비디오 교육이 있습니다.

질 문 : 투표함 운반은 수송부대에서 합니까? 어디에서 합니까?

장 교 : 대개 연대나 대대에서 가져올때는 행랑에다가 담아가지고 오는데 인사장교나 행정병이 담당합니다.

질 문 : 이제는 병사들이나 국민들의 민도가 높아져서 군내에서의 부재자투표도 부정선거가 오히려 없지는 않을까요?

장 교 : 예나 지금이나 매 일반입니다.

질 문 : 예전에는 여당투표율을 높이기위해 압력을 가하기도 했는데 현재 정훈장교나 보안대에서 압력을 가하고 있는지?

장 교 : 정훈장교는 압력을 가할 수 있는 사람이 아니고 보안대에서는 압력을 가할 수 있으며 눈에 보이지않게 압력은 내려오고 있습니다.

질 문 : 장교님께서 이렇게 군의 부재자투표의 실상을 밝힐경우 개인적으로 어떠한 불이익이 초래될지도 모를텐데 이미 생각은 하고 계셨는지요?

장 교 : 이 사실이 알려지게 되면 개인에게 피해가 올 것이라고는 생각하고 있습니다.

질 문 : 여러가지 질문에 답변해 주시느라 수고많으셨습니다.

군부독재 종식을 위한 선거투쟁본부 발족선언문

군부독재 4·13 호헌 방변이 신국을 심북과 궁의으로 뒤덮던 날,

복리와 탄압에 숨막힐 듯한 역사였지만 단 한번도 투쟁을 멈추지 않았던 민중은 어김없이 투쟁을 준비하였읍니다.

청년학생은 학원에서 손가락을 깨물어 혈서로 절규하였으며, 양원한 지성 교수님들은 서명으로 시위하였고, 애국적 종교인은 식님 부딪혔읍니다.

현시기 군부독재 종식과 민주정부수립의 시대적 요구는 다음의 세가지 주요한 투쟁의 과업을 제기합니다.

첫번째는, 전두환 노태우에게 학살의 책임과, 7년집정의 죄과를 낱낱이 묻는 투쟁입니다. 12·12 숙군쿠데타로 권력을 찬탈하 5월 광주를 피의 도시로 만든 자들과 민중은 한시도 함께 할 수 없는 적대적 관계입니다. 더구나 과거를 잊자며, 붉은 상처를 어루자며 출마의 변을 밝히는 노태우의 뻔뻔스러움을 우리는 심판으로 응징할 것입니다. 2,000여 광주해방전사의 절규로서 노태 후보출마 저지투쟁을 신사적으로 수행할 것입니다.

하루 하루 쳇바퀴도는 생활속에 여유없는 시민을 그리하여 미난조의 소시민이라 불리는 사람들도 이때만큼은 소심하지도, 방관하지도 않았으며 투쟁으로 사회의 주인됨을 선언하였읍니다. 우리는 6월의 위대함을 직선제 쟁취에서 찾지않습니다. 또한 독재자의 복신언에서 찾지않습니다. 바로 역사의 주인, 나라의 주인 민중이 패배감과 무기력을 딛고 역사의 전면에, 투쟁의 전면에 자신을 나섰음을 위대하다 하는 것입니다. 승리하는 투쟁의 동력은 운동권의 투쟁방향 논쟁에 있는 것이 아니라, 가정에서, 학원에서, 애서 간절히 바라고 있으나 아직은 거대한 몸짓은 되고 있지 못하는 것 바로 민중의 자주적 지향과 요구에 있음을 우리는 확신합니

지정된 논리가, 신성한 관념이 승리를 이끌 수 없음을 알고 있는 우리는 투쟁을 위해, 승리를 위해 민중의 생활속에서 지혜를 것이고, 소박하고 낮은 요구이지만 직정으로 거침없이 전진하는 대중투쟁을 위해 헌신할 것입니다.

군부독재 종식을 위한 선거투쟁 본부는 군부독재에 반대하는 민중의 이해를 대변한다는 점에서 민주쟁취 국민운동본부와 별반 바 없는 조직입니다. 그러나 국민운동본부가 당면한 선거투쟁에서 승리하기 위한 국민적 단결, 바로 후보단일화를 쟁취할 힘이 는 점에서 그 역할이 달라집니다.

향후 20여일간의 선거투쟁에서 국민의 단결된 투쟁력을 모아 범국민 단일후보를 적극적으로 준비하여 선거에 승리하기 위해 하는 사람들의 연합조직인 것입니다. 말그대로 선거투쟁본부는 선거투쟁의 승리를 위해 해야하는 모든 투쟁을 조직하는 민중투 구심으로서의 자기 역할을 할 것입니다.

두번째는 선거에서의 공정성 확보입니다. 돈으로 민중을 매수하고 관제 언론으로 국민의 의식을 호도하고, 100만의 군경과 통반 까지 동원하여 획책하는 부정선거의 음모를 원천적으로 봉쇄하는 것입니다. 이것은 3·15부정선거의 배태방 김정렬내각을 끌어내리 거국 중립내각 수립투쟁을 전개함과 동시에 국민적인 공정선거 감시능력을 제고하는 선거감시단 운동의 확산입니다. 얼마남지 않 시간을 생각하며 늦었다, 시간없다 불평을 터뜨릴 시간에 한명의 투쟁을 더 조직해야 할 것이며, 주위를 설득하여 감시단에 가입시 야 할 것입니다. 단 한번도 참된 민주를 맛보지 못한, 불행한 한맺힌 민중의 응어리진 한을 분출하는 투표함을 지키는 문제는 선거 서 승리를 보장받는 중요한 일임을 명심합시다. 선거하루전 이니 선거당일까지 투쟁의 고삐를 절대 늦추지 맙시다.

세번째는 바로 후보단일화의 과제입니다.

단일화가 되지 않아 사파전이 되어도 승리할 수 있다고 낙관하는 사람은 적의 프락치 입니다. 반면 단일화의 중요성을 강조할뿐 인화의 실질적 방안을 강구하지 못하는 사람은 무책이 상책이라는 패배분자 입니다. 단일화 실패로 미소짓는 노태우를 응징하기 위 그리고 죽쒀서 개주는 꼴에 패배감과 무력감에 힘들어 하는 민중의 사기를 드높이고 선거에서 승리하기 위해서 단일화는 반드시 필 합니다. 성공가능성을 타산하며 주춤거릴 문제가 아니라 기필코 모든 민주세력과 국민이 들고 일어나 해결하지 않으면 안될 민중 준엄한 요구임을 가슴깊이 각인합시다.

어려울지 모르지만 반드시 해야할 과제이기에 당면 선거투쟁에서의 승리를 지상의 목적으로 하는 선거투쟁본부는 반드시 승리할 것입니다. 방안은 각계 각층의 민주화 세력이 단결하여 보다 민족적이고 민중적이며 특히 군부독재에 맞서 과감히 투쟁하는 후보를 적극지지 는 것입니다. 곧 후보단일화가 되기를 기다리는 것이 아니라 적극적으로 만들어 가는 것입니다. 이것은 분열된 국민적 지지를 각 출마의 근거로 삼는 양 김씨가 더이상은 출마의 변명을 못하도록 압도적 지지를 받는 진정한 국민적 후보를 만들어가는 일을 뜻하 것입니다.

향후 20여일의 시간은 조국의 십수년 장래를 결정짓는 중차대한 시기입니다. 피투성이로 투쟁해온 민중이 이제 그 결실을 보는 간입니다. 결실을 맺는 유일한 비책은 오직 단결뿐입니다. 독재자의 야욕은 항상 분열의 틈을 파고듭니다. 민주화세력의 소모적 논쟁과 단일화의 지연은 지금당장 대대적인 민주화운동 핵심역량들에 대한 검거선풍을 야기하고 있음을 우리 모두 주목합시다. 적을 에두고 투쟁하는 동지간에 차별성과 조건을 앞세우는것은 이적행위입니다. 군부독재에 반대하고 선거에서의 승리를 원하는 모든 민 화 세력은 통일, 단결할 것을 촉구합니다. 그리하여 감옥에서조차 투쟁을 멈추지 않는 우리의 동지들께 부끄럽없는 투쟁속에 그들 함께 해방춤을 출 수 있는 12월17일을 맞읍시다.

분단조국 43년 11월 25일, 민주통일 . 민중운동연합 . 전국대학생협의회

애국시민 여러분께 드리는 글

-민족고대 청년학생은 왜 김대중씨를 지지하는가? -

국을 외세의 압제와 독제의 폭압으로부터 구하겠노라는 순결한 애국충정으로 언제나 성스러운 반외세 반독재투쟁 대열의 최 에 시서 싸워온 우리 고려대학교 학생들은 지난 11월 25일, 총학생회의 이름으로 김대중선생에 대한 지지를 공식표명하였 다. 이제 그 참된 이유를 애국시민 여러분들에게 소상히 밝혀, 군부독재의 완전한 종식이라는 시대적 사명을 시민 여러분들 함께 단결하여 수행하고자 합니다.

. 김대중선생에 대한 지지는 단일화를 위한 노력의 일환입니다.

월항쟁에서 보여준 전두환·노태우 살인마 일당은 직선제를 수락하고는 또다시 관제언론과 관권, 금권을 총동원하여 야권의 과 부정선거를 통해 재집권해보려고 발버둥치고 있읍니다. 그러므로 야권후보의 단일화는 살인마 전두환·노태우 일당의 음 분쇄하기 위한 전제조건이며 군정의 종식을 바라는 온 국민의 염원임에 분명합니다. 그러나 이렇듯 중요한 단일화는 앉아 바라기만 한다고 해서 이루어지는 것은 아닙니다. 또한 단일화를 하라고 무작정 요구한다고 해서 이루어지는 것도 아닙니다. 람이 한꺼번에 대통령을 할 수 없는 것이 현실이기에 결국 단일화는 한사람의 사퇴를 동반하는 것이고 이것은 국민의 힘에 는 것이어야 합니다. 즉, 후보단일화는 국민적 지지도가 낮은 한사람이 군정의 종식을 위하여 사퇴를 함으로써 국민적 지지도 보다 높은 사람과 힘을 합치는 것을 의미합니다. 이렇게 볼 때 지금까지 후보단일화가 이루어지지 못한 근본이유는 단지 두 의 권좌에 대한 욕심 때문이라기 보다는 국민적 지지도가 서로 백중했기 때문인 것입니다. 따라서 후보단일화를 위한 실질적 은 무조건 단일화할 것을 요구하며 시위하고 농성하는 것이 아니라 이 국민적 지지도의 균형을 깨뜨리는 것에서 찾아져야 합 . 그러한 까닭에 고려대학교 총학생회에서는 후보 중 한사람에게 대중적 지지세를 몰아나감으로써 지지도의 균형을 깨뜨리고 화를 국민의 힘으로 이루어내기 위한 노력의 일환으로 김대중선생에 대한 지지를 표명하게 된 것입니다.

. 김대중선생에 대한 지지는 선생의 높은 민주화의 의지에 공감하기 때문입니다.

아시다시피 김대중선생은 우리나라 반독재 민주화투쟁의 산 역사이십니다. 그리고 민주주의는 군의 철저한 중립에 바탕해야 데 이에 대한 확고한 의지와 정책, 능력을 갖추신 분은 현재 출마한 4인 중에 김대중선생 밖에 없다고 생각합니다. 한 나 정치를 이끌어가는 것은 결코 감각에 의존할 수 없으며 분명한 정책과 이를 실현하겠다고 하는 의지가 있어야 합니다. 그 김영삼씨의 경우 비록 피해자이기는 하나 10.26 직후 민주주의의 가능성이 꽃피고 있을 때 정치에 대한 개입발언을 서 않았던 정승화를 영입한 점이나 6.10 투쟁직후의 타협적 모습으로 비추어 볼 때 많은 한계를 지닌다고 생각됩니다.

. 김대중씨에 대한 지지는 선생의 높은 민족자주 의지에 공감하기 때문입니다.

제에 의해 36년간이나 자주독립을 저지당하고 해방 후에도 계속하여 미일외세의 지배에 시달려온 우리는 민족의 자주권을 보다도 소중히 하지 않을 수 없읍니다. 더구나 이 땅이 우리 국민의 의사와는 무관하게 강대국의 핵전쟁터로 변모해버린 지 러한 요구는 더욱 절실합니다. 김대중씨는 '반미는 아니다. 그러나 미국이 우리와 동등한 자주국가로서 교류하려 한다면 되, 우리를 간섭하고 지배하려들 때는 전국민과 함께 맞서 싸울 것이다'라는 말 속에서도 보여지듯이 4후보 중 가장 민족적 판단됩니다. 이제는 더이상 우리 민족도 남의 나라 지배와 간섭하에 살아갈 수는 없읍니다.

. 김대중씨에 대한 지지는 선생의 민중생존권 보장에 대한 실효성 있는 정책을 갖고 있기 때문입니다.

적으로 성장했지만 상대적으로 더욱 빈곤해진 노동자, 농민, 도시빈민의 생활에 우리는 배달민족의 한동포로서 뜨거운 관심을 지 않을 수 없읍니다. 세계 최장시간의 노동과 극심한 저임금으로 고통받는 노동자들, 산더미 같은 부채와 저곡가로 신음하 민들, 대책없는 강제철거로 인해 거리로 내쫓겨야 하는 도시빈민들, 차기정부는 이러한 민중의 아픔을 치유치 못할 때 결코 민주 라 이름할 수 없을 것입니다. 김대중씨는 이러한 계층의 정당임을 표방하는 데서 보여지듯이 노동3권의 보장, 최저임금제의 , 8시간 노동제 보장, 농가부채 탕감 등 이 문제를 해결할 실제적 정책을 갖고 있다고 판단됩니다.

. 김대중씨에 대한 지지는 선생의 조국통일에 대한 의지와 실천적 정책에 공감하기 때문입니다.

단된 조국통일은 전민족의 최고의 염원입니다. 그러함에도 불구하고 이승만, 박정희, 전두환에 이어진 독재자의 무리는 통일 지 자신들의 권력연장의 수단으로 전락시켜 갔음이 사실입니다. 그리고 김영삼씨와 여타의 후보도 단지 통일을 막연한 당위 권력을 위한 수단 이상으로 보고 있지 못함이 사실입니다. 그러나 김대중씨는 이미 수십년전부터 통일에 대한 확고한 신념에 하여 현실성 있는 정책을 제시하여 왔고 이를 실천하고자 하는 의지를 갖고 있음에 주목됩니다.

외에도 여타의 근거를 제시할 수 있겠지만 위의 다섯가지를 근거로 고려대 총학생회에서는 김대중씨에 대한 전폭적인 지지를 하며 군부독재종식을 열망하는 모든 애국시민들의 참여를 호소합니다. 애국시민 여러분! 결코 우리는 학살자 노태우를 우리 도자로 추대할 수 없읍니다. 김대중선생과 함께 굳게 단결하여 민주정부의 새날을 엽시다.

분단조국 43년 11월 26일

고려대학교 총학생회

* "민주연립정부 제안의 정치적 의의와 중요성"

○ 백기완선생께서 11.25 오전 기자회견에서 밝히신 민주연립정부수립제안은 현재 민중후보를 출마시키고 있는 진영의 가장 중요한 정치적 당면목표이다. 그리고 그것은 절망상태에 빠져있는 전민중과 민주세력에게 큰 희망과 빛을 던져주고 있다. 이는 무엇때문인가? 그것은 민주연립정부수립제안이야 말로 차기정부가 보다 진보적 성격을 가지고 대중의 실질적 염원을 구체적으로 실현할 수 있는 강력한 민주정부가 되게 할 수 있는 가장 확실한 방법일뿐만 아니라 이번 선거를 통해 노집권을 저지하고 민주정부를 세울 수 있는 거의 유일한 방법을 제시한 매우 올바른 제안이기때문이다.

○ 지금 김영삼은 뚜렷한 정책이 없이 오로지 우익과 마협적 자세를 공공연히 과시하면서 우익에의 굴복을 통해서 또 그 지원으로 정권을 잡고, 유지하겠다는 입장을 분명히 하고 있다. 이는 소심한 쁘띠부르조아층과 관제언론의 여론조작에 큰 영향을 받는 잡다한 부류의 지지를 실제로 받아나가고 있는 것이 현실이다.

김대중은 이런 상황에서 기층민중의 표를 모을 수 밖에 없으며 그리하여 기층민중에게 솔깃한 많은 개혁안을 내 놓고 있다. 그러나 문제는 김대중단독정부로서는 그 개혁안들을 실현할 수 없다는 데에 있다. 이는 아주 결정적인 문제이며 대중은 이를 잘 알고 있다. 김대중을 지지하는 대중도 김대중이 이에 대해 확신을 줄 수 있는 답변을 못하는 한 계속 불안해 할수 밖에 없다.

이것이 민주연립정부수립제안의 배경이다. 이러한 조건속에서 우리는 민중과 민주당, 평민당 3세력이 제휴 연합하지 않고서는 첫째, 노집권을 저지하고 민주정부를 세울 수 없다는 사실 둘째, 일당의 정부가 들어서더라도 소위 30% 정부라는 약체정부가 되므로 정권을 유지하면서 민주개혁을 할 수 없다는 사실에 바탕하여 민주연립정부수립제안을 내놓은 것이다.

그렇기때문에 우리의 선동(백선생의 연설)의 많은 부분이 양 김씨의 환상 즉, 한 계파의 힘만으로 집권할 수 있다는 환상, 그리고 집권한 후에 그들이 공약으로 내세운 개혁 정책을 추진하면서 정권을 유지할 수 있다는 환상을 폭로하는데에 맞추어져야 한다. (이런 점에서 이철의원이 서울고 집회에서 폭로한 계보정치의 실상 같은 것을 이철의원을 다시 내세워 폭로하게 하는 것도 매우 중요하다.)

ㅇ 물론 그와 동시에 정강정책면에서 김대중, 김영삼측의 불철저성과 비현실성, 비일관성을 지적하고 그와 뚜렷이 구별되는 우리의 원래 주장 즉, 재벌해체, 민족자립경제 확립, 민중적 통일정책, 부정축재자 . 광주 사태책임자 . 고문살해자 등의 처벌과 관련한 근원적이고 전면적인 해결책에 대해서도 이야기해야 한다. 그것은 민주연립정부의 제안을 내어 놓는 것과는 별개의 문제이다. 우리가 민주연립정부수립의 제안을 내어 놓았다고 해서 우리가 믿는 바 한국사회의 모든 모순의 진정한 해결책에 대해서 선동하는 것을 유보할 필요는 없는 것이다.

민주연립정부수립의 제안이 민중의 독자적인 정치세력화와 정치적 독립에 저해요인이 될 것이 아닌가하는 우려는 기우에 지나지 않는다. 이러한 제안을 내어 놓는 것 자체가 진정으로 민족의 장래와 민중의 이익을 생각하는 가장 신뢰할 수 있는 정치세력이 누구인가를 대중에게 알리고 분명히 각인시킬 것이다. 도당의 이익만을 앞세우는 김대중당과 김영삼당은 이러한 제안을 내어 놓을 수 없다. 따라서 민주연립정부 수립 제안은 오히려 독자적인 정치세력화를 실현시키는 또 하나의 강력한 무기이다.

1987년 11월 26일

인천지역민주노동자연맹

이 땅의 문학인 227 명은 김대중 후보를 단일후보로 적극 지지한다

"단일화는 국민대중의 이성적 판단과 지지에 의해 이루어진다"
"군부독재 물리치고 진정한 민주정부 수립하자"

대통령 선거일이 18일 밖에 남아 있지 않다. 18일 후면 앞으로의 우리의 정치적 운명이 바로 우리의 손끝에서 결정된다. 식민통치와 군부 로 합켜진 민족사를 거대한 승리의 역사로 전환하느냐 아니면 또다시 좌절과 절망의 수렁속에 빠뜨리느냐하는 갈림길 앞에 지금 우리는 서 있다 월 항쟁을 통해 쟁취한 우리 국민의 '최초의,' 그러나 '부분적인' 승리로부터 4개월이 지난 지금 이 국면에서 우리에게 부여된 절대절명의 과제는 국민의 압도적 지지에 의해 군정을 확실하게 종식시키고 민주주의의 '완전한' 승리를 우리 민족사 속에 기입하는 일이다. 지난 4반세기에 걸친 군 재의 가학적인 폭정을 끝장내고 참된 민주주의와 민족통일의 큰 문을 열어야 할 우리 국민들이 부정적인 분파주의의 내부분열을 드러내 이번 선 패배한다면, 이번 선거는 군정연장에 국민적 정통성을 헌납하고 마는 어처구니 없는 꼴이 될 것이기 때문이다. 엄청난 돈과 공권력, 물리력과 대 체를 장악하고 있는 현 집권세력은 그들이 살아남기 위해 전면적인 선거부정과 정치폭력과 대중조작을 획책하고 있고, 이 사실은 지금 도처에서 로 확인되고 있다. 민주주의를 또다시 도둑질당할지도 모르는 이 위험스러운 선거국면에서 6월항쟁의 부분적 승리를 완전한 승리로 이끌기 위해서는 든 국민이 일치단결할 수 있는 범국민적인 대통령후보를 내세워야 한다. 후보단일화 문제가 끊임없이 제기되는 것도 그런 이유에서이다.

후보단일화는 '밀실'에서가 아니라 전체 국민 '앞에서' 국민의 판단에 의해 이루어져야 한다.

최근 값비싼 일간지 광고란을 통해 일부 야권 지식인들이 단일화에 대한 입장을 표명한 것도 일단은 이와 같은 맥락에서 이해되어야 하리라고 다. 그러나 최근의 이같은 지식인들의 입장은 군정종식을 단일화의 대의명분으로 내세우고 있으면서도 군정을 종식시킬 수 있는 납득할만한 준거를 시함이 없이, 두 김씨의 도덕적 결단에 의한 단일화만을 촉구함으로써 단일화 과정에 내포되어 있는, 그리고 단일화를 통해 담보하고자 하는 민주주 실체적 내용을 망각할 여지를 남기고 있다. 중요한 것은 '단일화'라고 하는 원칙 자체가 아니라 '원칙이 있는 단일화'이다. 마치 두 김씨의 '밀실거 만이 단일화의 유일한 방법인 것처럼 몰고 가는 것은 단일화의 대의인 군정종식을 누가 과연 진정으로 실현시킬 수 있을 것인가에 대한 국민적 판단과 별의 기회를 앗아버리는 결과가 될 것이다. 무엇보다도 이들 지식인의 입장은 두 김씨 사이의 '무차별론'에 의거한 것으로서, 두 김씨의 정치철학, 노 정책에 있어서의 일정한 차이를 전혀 고려하지 않거나 애써 무시하려는 태도를 견지하고 있다. 이는 어느 사람으로 단일화가 되든 군정을 종식시킬 수 다는 안이한 발상이며, 또 무엇을 위한 군정종식인가, 군정종식 이후 실현해야 할 민주주의의 성격은 무엇이며 민족사의 최대과제인 민족통일의 트인 을 갖고 있는가 없는가에 대한 숙고가 없는 근시적 시야의 반영이라 하지 않을 수 없다. 두 사람 스스로도 차이가 있다고 말하고 있고 국민도 본능으로 것을 알고 있는데도, 두 사람 사이에 차이가 없다고 말하는 것은 그 차이에 남겨져 있는 상대적 진보성마저 우리의 역사의 내용으로 하려 하지 않는 이다. 어쨌든 단일화 문제가 상대방의 양보에 대한 고집으로써만 강요되어 왔고, 또 지금으로선 어느 한사람의 "명예로운 퇴각"을 유도할 수 없을만큼 김씨의 서로 다른 정치적 위상과 분명한 간극이 있는 한, 후보단일화는 두 김씨의 결단에만 내맡긴 채 원거리에서 무조건적 단일화를 촉구하는 정관 적 자세로써는 해결될 수 없으며, 민주주의와 민족통일의 실천적 원칙들에 준하여 오직 국민에 의해 성취될 수 있는 문제이다. 그것이야말로 후보에 '국민의 선택'이라는 국민주권의 근본적 의미를 되살리는 민주주의의 기본정신과도 일치한다.

군부독재에게 공격표적이 되고 있는 무차별 단일화론의 깃발을 내려야 한다.

이 선거국면에서 우리가 보다 주의해야 할 사실은, 무조건적 단일화 논리가 한편으로는 독재권력이 독점한 제도언론과 대중매체의 반복적인 조작에 두 김씨에 대한 환멸감의 증폭에 적극 이용되면서 그 반사감정으로부터 현 집권세력의 재집권 가능성을 높이고자 하는 의도에 기여하고 있으며, 다른 으로는 두 김씨 아닌 제3자의 '독자출마'에의 유혹에 끌리게 하여 결국 범민주세력 내부의 분열을 가속시키고 있다는 점이다. 이같은 형국에서 무 적 단일화론에 집착하는 것은 선거실패에 대한 책임이 부정선거보다는 단일화 실패에 더 많이 돌려질 것이라는 패배주의적 '머리 회전'에서 나온 도 면책의 추구가 아니라면, 야권분열을 획책하는 세력에게 스스로 공격표적을 높이 쳐들어 주는 것밖에 더 되지 않는다. 범민주세력의 결집된 힘이야말 정종식의 필요조건이라는 것은 두말할 나위 없다. 그러나 그 힘의 결집이 단일화문제에 매몰되어 난관에 빠져 있다면, 이제 우리는 두 김씨의 정치노 책, 반독재투쟁경력, 위기관리능력 등을 객관적으로 평가하는 과정에서 우리 시대의 지상명령인 민주주의와 민족통일의 대원칙에 '비교적으로 가까운 런 의미에서의 '현실적인' 대안을 갖고 있는 후보를 국민의 지지 속에서 범국민적 단일후보로 선택해냄으로써 이 교착상태로부터 빨리 빠져나와 민주 와 민족통일의 큰 문을 열어야 할 것이다.

이제는 선택해야 할 때이다.

우리가 지지하는 것은 특정후보가 아니라 그가 견지하고 있는 원칙이라는 것을 잊어선 안된다. 권력유지라는 원칙 이외는 아무런 원칙도 없는 군부 와 싸워 이기기 위해서는 군부독재가 가로막아왔던 민주주의와 민족통일의 원칙들에 대한 명확한 견출을 보이고 있는 후보를 국민의 선택에 의해 범 석 후보로 단일화하는 것이 절대적으로 필요하며, 군부독재의 추악한 유산이자 지금의 선거국면을 위협하는 또다른 장애요인인 망국적 지역감정의 성적 충동과 그것의 악용을 극복하기 위해서도 국민의 합리적 인식과 판단을 이끌어낼 그러한 원칙들에 대한 강조가 있지 않으면 안되겠다. 그런 의미 우리 문학인은, 지난 10월 5일 김영삼 씨와 김대중 씨를 초청하여 공개적인 정책질의와 그 답변에 대한 객관적인 평가와 민주주의·민족통일의 원칙 입각하여 범민주세력의 후보단일화에 대한 결의를 표명한 '민통련'의 입장을 옳았다고 보며, 그것을 지지하는 바이다. 그리고 '관훈클럽' 토론에서 적으로 드러난 두 김씨의 차별성을 근거로 하여, 또 지난 11월 14일과 15일 광주유세장과 대구유세장에서 드러난 위기대처능력에 대한 두 김씨의 나 근거로 하여, 혹은 정승화·김재춘 씨의 민주당 입당이 시사하는 정치적 의미에 대한 분석을 근거로 하여, 이 시대 우리 국민의 합의이자 절대적 요 통일과 민중생존권과 국민기본권과 광주사태 해결과 군의 완전한 정치적 중립에 대한 명확한 자기인식과 실현가능한 대안을 갖고 있는 자로서 김대중 를 범국민적 단일후보로 지지한다. 우리는 반독재 투쟁에서 김영삼 총재가 이룩한 위업을 결코 과소평가해서는 안되며 또 그럴 수도 없다는 것을 잘 있다. 다만, 민주주의와 민족통일을 위한 앞의 과제들의 실현이 우리에게 중요하다는 것을 말하는 것일 뿐이며, 그분의 탁월한 순발력이 이 역사적 를 푸는데 발휘될 것을 바라마지 않는다. 그리하여 이 숨가쁜 선거열기의 표면을 뚫고, 군부독재의 진정한 청산 위에 다시 찾은 우리 시대에 대한 자 을 바탕으로 민족통일의 '분없는 큰 길'로 우리 모두 함께 들어설 것을 기대한다.

1987년 11월 29일

이 땅의 작가들

성　　　명　　　서

- 현정권의 평화적인 국민대회에 대한 폭력적 탄압을 규탄한다.-

현정권은 지난 28일, 전국 21개 지역에서 민주쟁취 국민운동본부가 개최하고자 한 '광주학살, 12.12 반란주범 노태우 퇴진 촉구 국민대회'를 1만5천명의 경찰을 동원하여 원천봉쇄하였다. 뿐만 아니라, 대회장에 나와 집회보장을 요구하는 시민.학생들에게 최루탄을 쏘고 수백명을 연행하는 폭거를 자행하였다. 또한 이리에서는 경찰이 운동본부의 사무실에 난입하여 기물을 부수는 등 온갖 불법적 만행을 서슴없이 저질렀고, 서울의 경우 본부집행위원들을 닭장차속에서 남녀노소를 가리지 않고 무차별 폭행하는 상상할 수 없는 탄압을 자행하였다.

이는 저들이 말하는 민주주의의 실상이 과연 무엇인가를 다시한번 국민앞에 분명히 드러낸 것이다.

참된 민주주의의 건설은 그간의 반민주적 악행에 대한 역사적 심판과 그 잔재의 청산없이는 절대로 불가능하다. 따라서 군사독재를 종식하고 민주화를 반드시 성취하고야 말겠다는 온 국민의 염원은, 이번 선거를 앞두고 광주학살과 12.12 사태의 역사적 책임을 준엄히 밝혀 치욕의 역사를 딛고 민주주의의 참된 새벽을 바르게 맞고자 하는 노력으로 나타나고 있다.

그럼에도 불구하고 이같은 만행은 광주학살과 12.12 반란의 주범 노태우를 위시한 현정권이 그들의 말과는 달리 실제로는 추호의 참회와 반성도 없이, 오히려 '구국의 일념', '용서와 화해'등을 내세우며 민족사의 비극에 대한 책임을 은폐하고 뻔뻔스럽게 국민을 우롱하고 있음을 단적으로 말해주는 것이다.

그러나, 어찌 손바닥으로 하늘을 가릴 수 있겠는가?
저들이 아무리 폭력으로 국민의 눈과 귀를 막고 국민의 소리를 봉쇄하려 하더라도 오늘 우리국민의 높은 민주의식과 양심은 절대로 이를 용서치 않을 것이며, 더 큰 분노의 함성으로 이같은 죄악을 응징할 것을 우리는 믿어 의심치 않는다.

따라서 우리는 현정권이 국민간의 갈등과 불신을 하루속히 해소하고 진정한 민주주의의 대도를 걷고자 하는 국민적 열망을 똑바로 인식하고 하루속히 12.12 반란과 광주학살의 진상을 공개함과 동시에 관련자는 즉각 퇴진할 것을 국민의 이름으로 요구한다.

동시에 이번 국민대회와 관련하여 불법적으로 연행한 모든 인사를 즉각 석방하고 국민의 자유로운 집회와 의사표시를 방해한 경찰당국은 국민앞에 공개사과할 것을 엄중히 요구한다.

우리는 오늘 민주주의의 실현이야말로 그 누구도, 어떠한 폭력으로도 꺾을 수 없는 역사적 대세임을 분명히 인식하며, 군사독재의 어떠한 방해.저지책동에도 불구하고 민주화의 대업을 국민과 더불어 기필코 쟁취할 것이다.

1987년　　11월　　30일

민 주 쟁 취　　국 민 운 동 본 부

– 군부독재 청산을 위한 민주세력 대동단결과 대통령 후보단일화의 기본원칙 –

1. 김대중총재, 김영삼총재(이하 양 총재로 약칭)는 아래 각항을 새로이 출범할 민주민선정부의 기본정책과제로서 수락하여야 한다.

가. 독재잔재의 철저한 청산

이번 개헌 과정에서 소홀하게 다루어진 기본권 조항을 조속한 시일내에 개정하고 국가보안법, 집시법 등 제반 반민주 악법을 개정 또는 폐기할 것.

고문, 불법체포 등 의압적인 수사관행과 공권력 횡포를 근절하고 안기부를 비롯한 제 폭압기구를 민주적으로 개폐할 것.

광주학살을 비롯한 구체제 하에서 자행된 인권유린 및 공권력 범죄사례를 전면 재조사하여 그 진실을 규명하고 책임소재를 밝힐 것.

양심수 석방, 사면, 복권을 실시하고 구체제하에서 자행된 모든 정치재판을 재검토, 바로잡을 것.

군부의 정치개입을 엄격히 배제하고 문민정치의 기초를 확립할 것.

나. 사회정의의 실현

부패와 특권을 일소하고 모든 국민에게 사회적 경제적 기회의 균등과 노력에 따른 정당한 댓가를 보장하기 위한 구조적 개혁을 추진할 것.

노동자의 8시간 노동제 및 최저임금제와 노조의 정치활동 보장, 그리고 노동3권보장을 포함한 노동자의 생존권을 보장하고, 농민문제의 근원인 소작제 폐지 및 농가부채 탕감 등 그리고 도시서민의 주택문제를 포함한 민중생존권에 대한 구조적 개혁을 과감히 실현할 것.

나. 민족적 자주권의 확립

정치, 군사, 경제, 사회, 문화 기타 모든 방면에 걸쳐 외세에 의한 부당한 간섭과 지배를 배제하고 의존구조를 개혁하여 민족자주를 실현할 구체적 조치를 취할 것.

라. 평화와 화해에 기반한 민족통일사업의 추진

긴장격화와 전쟁의 위험을 근본적으로 배제하기 위한 평화구조의 정착을 도모할 제반 조치를 취할 것.

남북 사이의 적대와 증오 대신에 민족적 화해와 대단결을 추진할 올림픽이 민족화합의 대제전이 되도록 실천적 방안을 강구할 것.

외세에 의한 분단구조의 고착화에 반대하고 통일논의의 자유를 보장함으로써 국민적 의사에 기초한 통일정책을 수립, 추진할 것.

2. 양김총재는 군부독재를 확실히 종식시키고 위의 기본정책과제를 힘있게 실현할 수 있는 민주민간 정부를 확고히 유지, 정착시키기 위하여는 통일민주당, 평화민주당 및 각계각층 민중의 의사와 이익을 대변하여 온 재야민주세력 3자 사이의 합의에 의한 범민주 세력연합의 형성이 필수적인 과제이며, 이같은 범민주연합이 새로운 민주, 민선정부의 기초가 되어야 한다는 원칙에 동의하여야 한다.

3. 양김총재 중 누구든지 제1항의 기본정책과제를 수락하고 제2항의 범민주 연합의 원칙에 동의하는 사람은 범민주세력의 단일후보가 될 자격이 있으며, 양김총재 및 재야 민주세력은 이것을 전제로 하여 지체없이 단일후보 결정 문제를 포함한 범민주연합 구상에 관한 협의에 착수하여야 한다.

4. 여기에 본 군정종식 단일화 쟁취 국민협의회는 단일화를 실현시키기 위한 방도로 범국민 단일화 쟁취운동을 전개할 것이며, 한편으로는 단일 후보를 결정하기 위하여 양측과 전국민이 받아들일 수 있는 신망있는 중립적인 인사들로 가칭 후보단일화 중재위원회 구성에 착수할 것이며 김대중, 김영삼 양총재는 위 중재위원회의 중재에 응할 것을 촉구한다.

5. 김대중총재와 김영삼총재는 늦어도 대통령 선거 1주일 전까지 단일후보 문제를 매듭지을 것.

6. 후보 단일화가 이루어 진 후, 김대중총재와 김영삼총재는 영호남을 비롯한 전국 주요도시에서 합동으로 유세에 참가, 군부독재를 결정적으로 종식시키고 향후 협력 체계를 더욱 강화한다.

1987년 12월 1일

= 군정종식, 단일화쟁취 국민협의회 =

국 민 에 게 드 리 는 글

-4천만 민주국민에게 긴급히 호소합니다-

국민 여러분!

이제 선거가 보름 남았읍니다. 시간은 급박하고 사태는 지극히 엄중합니다. 야권 후보의 분열속에 군부독재의 재집권 우려가 전 국민들에게 불안과 공포로 임습하고 있읍니다. "독재타도" "호헌철폐"를 외쳤던 6월의 함성은 내가 대통령이 되겠다는 야권후보의 난립속에 반독재 투쟁의 국민적 의지마저 흐트려 가고 있읍니다.

이번 선거가 우리가 바라는 것은 무엇입니까? 그것은 오직 하나 군정종식입니다. 이번 선거에 우리가 쟁취해야 할 것은 무엇입니까? 그것 역시 군정종식을 통한 민간·민선정부의 수립입니다. 그러므로 후보단일화는 민주화투쟁의 현실적 요구이며 시급히 이루어야 할 과제입니다.

이것이 군정종식의 확실한 방법이며 동서분열과 계층간의 위화감을 대동단결로 화합하고 또다시 민족정기·민주정의를 이어가는 이 시기 우리가 이룩해내야 할 절대절명의 과제이며 민족사적 책무입니다.

국민 여러분!

우리는 역사에서 국민의 힘을 바탕으로 만들어지지 않은 정권이 어떻게 반민중적·반민족적·반민주적으로 나가는가를 체험으로 알고 있읍니다. 그러므로 후보단일화는 단순히 대통령 당선자를 선택하는 의미를 넘어 분단극복의 민주적 토대를 마련하는 현 시기의 유일한 길입니다.

국민 여러분!

본 국민협의회는 국민의 요구와 뜻을 모아 군부독재 청산을 위한 범민주세력의 대동단결과 대통령후보 단일화의 기본원칙(뒷면참조)을 제시하였고, 후보단일화 쟁취를 위한 국민행동지침도 발표한 바 있읍니다. 우리는 사태가 엄중함에 비추어 다시한번 천명합니다.

12월 1일부터 6일까지를 후보단일화 쟁취와 민주대연합을 위한 국민투쟁기간으로 설정합니다. 투쟁기간 동안 모든 국민은 다음과 같이 힘을 모읍시다.

1. 전 국민은 단일화쟁취 리본을 착용합시다.
1. 단일화를 촉구하는 신문광고를 개인이나 단체의 명의로 냅시다.
1. 각종 대중집회를 개최하여 군정종식을 위한 단일화쟁취 결의를 다집시다.
1. 우리의 모든 주장은 때와 장소에 구별없이 "단일후보 쟁취하여 군부독재 끝장내자!" "군정종식 이룩하여 민주정부 수립하자!" 이 두 가지로 통일합시다.
1. 모든 성직자는 평화와 자유의 사랑과 민주의 실현을 위하여 군정종식·후보단일화 쟁취의 각종 집회를 가집시다.
1. 개인이나 단체는 군정종식을 위한 후보단일화 쟁취에 대한 역사적 의의를 성명서로 발표합시다.

국민 여러분!

6월항쟁의 그 위대한 저항력을 다시 한데 모아 군부독재 타도의 대열로 또다시 대동단결 합시다.

후보단일화는 이제 시간을 다투어 쟁취해야 하며 군정종식은 우리 국민의 단결된 힘으로 반드시 쟁취해야 합니다.

…하여 이 땅에 자주와 민주화 통일의 새 날을 건설합시다.

1987년 12월 1일

군정종식·단일화쟁취국민협의회

※ 군정종식 단일화쟁취 비상국민대회 : 12월 6일 13시 인대 대운동장

양김총재와의 면담을 마치고 나서

—다시 한 번 군정종식을 위한 후보단일화를 촉구하는 바입니다

지난 12월 2일부터 군정종식과 후보단일화 쟁취를 위해 (1)양 김씨 대동단결의 원칙에 기초하여 함께 반노 투쟁에 앞장 설 것.(2)국민협의회에서 제시한 후보단일화의 원칙,중재위에 적극 참여할 것.(3)양 김씨는 상호비방과 상대방에 대한 일방적 사퇴종용을 중단할 것.(4) 양김씨는 구국의 충정으로 범국민 후보단일화를 반드시 이루어 낼 것.(5)위의 4가지 내용을 양김씨는 12월 6일까지 공동 기자회견이나 공식석상에서 함께 수락할 것의 다섯가지 후보 단일화의 원칙과 방법을 가지고 민주당사와 평민당사에서 삭발.단식을 진행해온 결과 ,저희 서울대,연세대 애국학생 그 동안의 지난한 투쟁과 많은 애국시민.학생들의 지지와 격려에 힘입어 각각 5일날 새벽 1시와 5일 오전 10시 두 총재분을 면담하였는 바,이 면담 결과를 4천만 국민에게 알리는 바 입니다.

평민당 김대중 총재를 방문한 서울대 학우들은 위에서 제기한 후보단일화의 원칙과 방법을 김대중 총재에게 제 하면서 후보단일화의 대의에 대해서 말씀드렸읍니다.이에 대해 김대중 총재는 후보단일화의 대의에는 동의를 하였으 학우들이 제시한 후보단일화의 방법(중재위를 통한 양김씨의 합의)에는 명백히한 답변을 하지 않고 김대중 총재 제시한 방법—10대 도시 합동유세나 T.V토론—을 강조했읍니다.또한 민주당 김영삼 총재와의 면담은 5분동안에 걸 진행되었는데 김영삼 총재는 단일화의 문제는 앞으로도 가장 중요한 과제이고 단일화의 문제는 결국 가능한 것으 로 본다고 말했읍니다.이에 학생대표는 위의 후보단일화의 원칙과 방법을 제시하였는 바,김영삼 민주당 총재는 최 선의 노력을 다하겠다고 말하고 이에 학생대표가 우리의 요구 조건을 수락한 것으로 이해해도 좋다라고 말했읍니 다.이에 우리는 양김씨가 우리의 투쟁이 갖는 의의를 인정하고 우리가 제시한 원칙에 동의하였다는 것으로 받아들 어,일단 6일 정오까지의 공식 기자회견을 기다리며 농성을 계속할 것입니다.그러나,두 김씨가 면담과정에서 보였던 소극적인 모습--평민당 김대중 총재는 원칙적인 면만 강조,민주당 김영삼 총재는 적극적이지 못한 모습을 보였다는 점—은 아직도 두 김총재가 단일화에 대한 범국민적인 절실한 요구를 이해하지 못한 결과라 생각되며,군정종식을 위해 사천만 국민들과 구국의 의지를 모아 강력한 군정종식,후보단일화 쟁취를 위한 투쟁을 전개할 것입니다.

다시한번 양김씨에게 우리가 제시한 원칙에 대해 6일 오전까지 공동 기자회견이나 공식석상에서 후보단일화에 대한 확고한 입장을 밝힐 것을 촉구하며,4천만 민중의 후보단일화 투쟁에의 적극적인 동참을 촉구하는 바입니다

분단조국 43년 12월 5일
삭발.단식농성 5일째를 맞으며
서울대.연세대 농성학우 일동

왜 백기완 선생인가?
왜 '민주연립정부' 인가?

한편생을 민중운동과 반독재 민주화투쟁에 몸바쳐 오신 백기완 선생이 드디어 대통령 후보에 출마하셨읍니다! 그러나 백선생은 출마 직후 "나는 대통령 되겠다고 출마한 것이 아니다. 나는 민중시대를 앞당기기 위해 출마한 것이다." 라고 말씀하셨읍니다.

"우리 민중에 있어서 이번 선거는 군사독재의 정권연장 음모를 깨부수고 참된 민주정부를 세우는 것에 그 목적이 있다. 양 김선생이 분열돼 있는 지금, '민중세력이 양김선생을 하나로 묶어 대연대를 이뤄냄으로서 민주연립정부를 수립하는 것'만이 군정종식과 민주주의를 위한 가장 확실한 길이다. 나는 이것을 온 민중과 함께 이뤄내기 위해 출마한 것이다."

그렇습니다! 백선생은 두 김씨와 함께 '민주연립정부'를 세우고, 이 새로운 정부에 민중세력을 참여시키고자 출마하신 것입니다. 우리 「인천지역 민주노동자연맹」은 민중후보 백기완 선생의 '민주연립정부' 제안을 적극 지지하며, 군부독재에 반대하는 모든 민주세력이 백선생과 함께 민주연립정부 수립을 위한 투쟁에 떨쳐 나서기를 촉구합니다. 민중의 [illegible]를 새 정권의 주인으로 높혀 세우는 민주연립정부수립 투쟁은 전 민중이 단결하여 나설 때 반드시 승리할 것입니다.

노동자·청년학생 그리고 모든 애국시민 여러분!

'민주연립정부'란 어떤 것이고, 현 시점에서 왜 그 길만이 진정 민족과 민주를 사랑하는 올바른 길이요, 민중의 고통스러운 삶을 개선할 수 있는 유일하게 현실적인 방법인가를 함께 알아봅시다. 그리하여 민중후보 백기완 선생과 함께 일어서 '민중의 시대'를 이룩합시다!

1. 민주 연립정부란 군부독재에 반대하고 민주주의를 위해 싸워온 모든 민주세력이 함께 참여하는 정부이다. 따라서 민주연립정부는 통일민주당과 평화민주당 그리고 백선생을 중심으로 한 민중세력이 함께 정권을 구성하게 된다.

현 선거에서 우리 국민 앞엔 4개의 선택이 놓여 있읍니다. 노태우 군부독재정부, 김영삼 통일민주당정부, 김대중 평화민주당정부, 그리고 백선생이 제안한 민주연립정부가 그것입니다.

여러분! 군부독재의 무단통치와 억지를 깨부수고 선거라는 조그마한 공간을 열어놓은 것 자체가 바로 민중의 힘, 민중의 투쟁으로 가능했던 것이 아닙니까? 노동운동, 농민운동, 빈민운동, 학생운동을 비롯한 민주교육운동, 각종 애국적인 종교운동, 진보적인 언론인·예술인·문인·학자 … 등 이 땅의 민중세력은 분명 민주주의를 이끌어 나가는 가장 헌신적인 정치세력입니다.

노동자는 기계나 돌리고, 상인은 장사나 하고, 학생은 도서관에나 가라는 것은 독재자의 통치수법일 뿐입니다. 민주주의는 민중이 주인되어 정치에 나서는 것입니다. 고통받는 민중을 대변하여 가장 헌신적으로 군부독재와 싸워온 민중운동세력이 정권에 참여하는 것은 너무도 당연하고, 또 필요한 것입니다. 그렇지 않고서는 결코 민중의 고통을 해결할 수 없을 것이기 때문입니다.

2. '민주연립정부'는 군부독재의 정권연장 음모를 확실하게 깨뜨릴 수 있는 유일하게 현실적인 방안이다.

「호헌 — 내각제개헌 — 호헌 — 직선제」로 국민을 속이고 또 속이온 전두환 — 노태우 정권은 지금 온갖 거짓공약, 선거부정, 여론조작을 하고 있읍니다. 이들이 부—개표 과정에서도 엄청난 부정을 통해 노태우 당선을 노릴 것임은 너무도 분명합니다. 현재와 같이 두 김씨가 함께 출마한 상태로 노태우의 재집권을 막을 수 있을지는 결코 확신할 수 없읍니다.

노태우가 총유권자표수의 5 ~ 10 % 정도를 각종 부정과 공작으로 획득한다 할 때, 둘로 분열된 양 김씨가 마냥 승리를 장담할 수 있읍니까? 이제 양 김씨는 이러한 절박한 상황을 인정하고, 더 이상 "내가 대통령됐다"느니 "선거는 이미 끝났다"느니 하는 호언장담을 그만 두어야 합니다. 온 국민은 군부독재를 뿌리 뽑자고 싸운 것이지, 양 김씨 중 어느 누가 대통령되라고 싸운 것이 아닙니다.

반군부독재투쟁은 결코 아슬아슬한 도박이 아니며, 이번 선거에서 민주세력은 군부독재를 압도적인 힘으로 눌러 이겨야만 합니다. 그러기 위해서는 모든 민주세력이 단결하여 범민주세력이 단결하여 '범민주진영의 단일후보'를 내세워야 합니다.

그러나 이러한 '후보단일화'는 오직 '민주연립정부'를 전제로 할 때만 가능합니다. 왜냐하면 양 김씨는 서로 자기가 대통령되는 것만이 중요하다고 할 뿐, 진심으로 군정종식을 위한 대의에 입각해서 단일화를 이룰 수 없는 상태이기 때문입니다. 오직 전 민중이 단결하여 양 김씨에게 "당신이 대통령 되는 것이 민주화가 아니라, 군정종식과 민중승리를 위해 당신이 헌신하고 희생하는 것이 민주화다"라고 강력히 촉구할 때 그것은 가능합니다.

또한 양 김씨가 분명 하나의 정치세력들이라고 했을 때는 '민주연립정부'를 세워 민주당, 평민당, 민중세력이 공동으로 정권을 관리하자고 했을 때 단일화는 가능한 것입니다. 그렇지 않고 무조건 "당신은 이번에 나에게 양보하고 다음 정권에 제1야당이 되라"고 한다면 그 어떤 정파가 자신이 집권할 수 있는 가능성을 포기하겠읍니까?

3. '민주연립정부'는 계속될 군부독재세력의 방해를 물리치고, 민주개혁을 안정적으로 추진할 수 있는 '강력한' 민주정부이다.

35~40%의 지지를 받고 대통령에 당선된 사람이 이끄는 정권은 그만큼 국민적 지지기반이 허약합니다. 그럴 때 정치군부는 쉽게 이 허약한 정권을 총칼로 위협하여(목숨걸고 지키려는 국민이 소수이기 때문에) 민주개혁을 좌절시킬 것입니다. 그러나, 양김씨와 민중세력이 대연대하여 함께 세운 민주연립정부는 국민의 70% 이상 지지를 받는 강력한 정부가 될 것입니다. 이같은 힘 있는 정부만이 군사독재세력의 힘에 맞서, 민주주의를 수호할 수 있읍니다.

4. '민주연립정부'는 지금 상태에서 민중의 여러 요구들을 가장 잘 실현할 수 있는 최선의 민주정부이다.

첫째, '민주연립정부'를 통해서 국민의 기본권과 정치적 자유는 획기적으로 신장될 수 있읍니다.

군부독재 밑에서 빼앗긴 모든 '권리와 자유'를 되찾기 위해서는 독재정권이 만든 모든 악법, 고문살인, 폭력기구들을 없애야 합니다. 또한, 그런 것들의 힘을 빌어 국민을 못살게 군 독재자들, 범죄자들은 처벌해야 합니다. 그러나, 김영삼정부, 김대중정부만으로는 이것을 할 자신과 힘이 없으므로, '화해하자!', '용서하자'고 합니다. 강력한 민주연립정부만이 틈만 있으면 '힘'으로 민주정부를 쓰러뜨리려는 독재자들의 '힘'을 빼앗아 국민의 이름으로 심판할 수 있읍니다.

둘째, '민주연립정부'를 수립해야만, '노동3권보장', '농가부채탕감' 등 민중생활과 직결되는 공약을 실현해 낼 수 있읍니다.

외국독점자본과 국내독점재벌에 대한 제재없이, 노동자·농민·빈민을 비롯한 가난한 서민들의 생활과 대기업의 횡포에 시달리는 중소상공인, 영세상인들의 생활은 개선될 수 없읍니다. 양 김씨는 자신들이 기초하고 있는 계파정치와 정치자금 등 때문에 이에 대한 태도를 분명히 하고 있지 못합니다. 따라서, 양 김씨중 한 명에게 일방적으로 정권을 맡겼을 때 선거공약중 민중생활과 직결되는 것들이 그대로 실행되지 않을 수도 있읍니다. 그러므로 민중세력도 정권에 함께 참여하여, 이러한 공약과 정책을 민중의 이익에 맞게 실제로 행하도록 감시하고, 강력히 촉구해 나갈 '민주연립정부'가 필요합니다.

세째, '민주연립정부'를 통해서 자주외교와 평화적 민족통일의 기반을 튼튼히 할 수 있읍니다.

한반도의 분단이 미·일 강대국의 이익에 이용되고 있는 현실을 극복하고, 미·일에 대한 경제적·정치적 예속에서 오는 각종 민족적 불이익을 당하지 않도록 하는 것이 참된 민주정부의 중요한 임무중 하나입니다. 그러나, 이러한 일은 민중이 나라의 중요한 외교·안보·통일정책의 주인이 되어 자유롭게 논의하고, 결정에 참여하고, 모두 함께 추진해가야만 가능합니다. 그러나, 독재정권은 핵무기배치,주한미군 주둔, 각종 외국자본의 활동과 수입개방·남북한의 교류와, 상호불가침조약 및 휴전협정을 평화협정으로 바꾸는 일 등 모든 중요한 문제를 자신들만이 독점한 채 정권안보에 이들을 이용해 왔읍니다. 이 모든 문제는 민중과 함께 해결해야만 풀릴 수 있지, 권력을 잡은 특정한 정파만의 독점물이 되어서는 풀리지 않습니다. 민주연립정부는 이 모든 문제의 해결을 민중이 주인이 되어 풀어가도록 할 수 있읍니다.

5. '민주연립정부'는 특정한 정치지도자와 한두 정파의 힘에만 매달려서 실현될 수 없다. 그것은 오직 단결된 '민중의 힘'에 의해서만 수립될 수 있다.

자신들의 집권에 대한 독심이 앞서, 아직까지 '민주연립정부'를 받아들이지 않고 있는 양 김씨가 이 안을 받아들이도록 하려면 어떻게 해야 되겠읍니까?

우리 민중들이 모두 떨쳐나서, 백기완후보를 지지하여 우리가 가진 '표'의 위세를 보여줘야 합니다. 양 김씨가 백선생이 제안한 '민주연립정부'안을 받아들이지 않고는 백선생의 손을 잡고 협정을 맺지 않고는, 정치권력을 확실히 잡을 수 없겠구나 하는 생각이 들 정도로 유세장에 가능한 많은 사람과 참여하고, 적극 호응합시다. 그리고 '민주연립정부'를 널리 알리고 이를 양 김씨가 받아들이도록 비판하고 촉구합시다.

민중후보 지지하여 민주연립정부 수립하자!
민주연립정부 수립하여 군부독재 끝장내자!

1987. 12. 6

인천지역민주노동자연맹

성명서

6월 항쟁으로 쟁취한 13대 대통령선거를 며칠앞둔 지금우리는 독재, 분열, 예속의 암울한 터널로 나아갈것인가 자주 민주 통일의 대로로 나아갈것인가의 역사적 기로에 서있다. 직선제 개헌이 발표된이후 민주세력은 선거를 통한 민선민간정부 수립이라는 당면과제를 놓고 공정선거를 담보할수있는 거국 중립내각구성을 요구해왔다
그러나 현정권은 도리어 3.15부정선거의 원흉인 김정렬 내각을 구성함으로서 전국민의 공명선거 보장요구를 묵살해버렸다 그뿐만이 아니다. 지금과같이 중차대한 선거 시기에 언론매체가 국민에게 미칠수있는 막강한 영향력을 고려할때 방송 신문등의 역할은 그중요성을 아무리 강조해도 지나치지않는다. 그런데언론은 어떠한가?
시청료거부 범시민운동 여성연합에서 조사한 바에 따르면, 모니터보고서는 방송언론의 편파, 왜곡보도가 극에 달하고 있음을 보여 준다. 각후보자에 따른 방영시간, 후보자의 유성전달상태 얼굴및자스처전달에 있어서카메라의 촬영상등을 교묘하게 조작하여 노태우 임기인에 대한 이미지 부각에 총력을 기울이고있다, 소위 공영방송이라는 KBS가 관제방송으로 탈바꿈하여 국민을 기만하고 있는 것이다. KBS의 이러한 보도태도는 정부 여당의 공공연한 선거운동이라는 인상을 지울 수 없다.

게다가 일간지 조선일보를 한예로 들면 지역감정을 확대, 왜곡보도 할뿐 아니라 야당이 승리하면 사회가 혼란해 진다는 노태우발언을 1면 톱제목으로 싣는 등 정부여당의 정권유지 논리를 그대로 대변하는 자세를 취하면서 현정권과 합작하여 국민을 협박하고 있다.

사회의 공영기관으로서 신성한 역할을 수행해야할 신문 방송매체가 정부여당의 공공연한 선거운동원으로 전락하여 국민의 여론을 호도하며 조작하고 있으니 가히 역사의 흐름을 거부하는 행위라고 아니할 수 없다.

한편 이와같이 파렴치한 작태를 드러내는 언론매체를 측면에서 사주하고 있는 현정권의 부정선거 개입은 상상을 초월하여 악랄하게 진행되고 있다. 엄청난 금권살포와 선

신공세, 노태우 지지강요, 협박, 타후보 비방, 직장인 동원 교육, 민정당 입당 강요, 선관위의편파적 선거관리 부재자 투표 부정 등 군권, 관권, 행정력을 총동원하여 국민을 현혹, 표를 매수하려 하고 있다.

이같은 사실은 공정한 선거 절차를 통해서는 도저히 선거에서 이길 수 없다는 사실을 이미 알고 있는 현 군부독재 세력에 의해 온갖 수단과 방법으로 라도 재집권을 하겠다는 계획적인 음모에 다름 아니다.

이제 우리는 공정한 보도없이 공정선거를 기대할 수 없으며 부정, 타락 선거 속에서 공정선거는 산에서 물고기를 구하는 것과 같다는 것을 잘알고 있다.

따라서 우리는 앞으로 남은 선거 기간 동안 현정권과 그 하수인들에 의해 자행되는 부정선거 사례를 철저히 폭로할 것이며 투개표과정에서 부정행위가 자행되지 못하도록 최대한의 노력을 경주하여 군사독재 종식과 민주정부 수립을 기필코 달성할 것을 천명한다.

——우리의 주장——

첫째, 우리는 민주 시민들과 함께 언론감시운동을 전개한다.

둘째, 각 일간지 • TV의 편파보도에 항의하며 공정보도를 촉구한다.

셋째, 부정선거 사례를 전국민에게 폭로하며 공정선거를 쟁취한다.

넷째, 부정선거로 재집권을 기도하고 있는 노태우 후보의 퇴진투쟁을 전개한다.

다섯째, 온국민이 염원하는 민주정부 수립을 위해 공정선거 운동에 앞장설 것이다.

1987 •12 • 8

공정선거 감시 전국본부 언론감시 위원회 • 부정선거 고발 센터

4천만 국민에게 드리는 호소문

—김대중선생과 함께 승리합시다!! —

이제 우리 민족의 희망찬 앞날은 밝아 왔읍니다. 지긋지긋하던 군사독재의 학정을 박차고 빛나는 6월항쟁의 열매를 맺어야 할 최후 결전의 시간입니다. 미국과 전두환-노태우 군사독재의 암울한 사슬에서 벗어나 민주정부 수립에 하나되어 투쟁하는 전국의 100만 청년학생과 4천만 국민에게 승리에 대한 믿음과 격려를 보냅니다. 우리는 최후의 발악을 하는 전두환-노태우 일당의 부정선거 획책에도 의연히 맞서 왔읍니다. 또한 노태우의 집권을 위한 미국의 정치공작에 우리의 단결은 조금도 흐트러지지 않았읍니다. 이번 선거에서 기필코 승리하고야 말겠다는 전 국민의 반 노태우 투쟁에 다시 한번 지지와 찬사를 보냅니다. 선거전에 임하여 전·대·협은 우리 앞에 심각한 난관을 조장하는 미국의 정치공작 저지와 야권후보 단일화 범국민 후보 추대 등을 위하여 그동안 일관되게 투쟁하여 왔읍니다. 지난 11월26일 전국 대학생 대표자 협의회에서는 미국의 정치공작 분쇄와 김대중 후보에 대한 전폭적 지지로 후보단일화를 이뤄내고 공정선거 감시운동을 힘차게 벌려 나갈 것을 이미 천명한 바 있읍니다.

이후 11월29일 김대중후보 여의도집회와 12월5일 김영삼후보 여의도집회에서 나타난 국민적 지지의 차이를 다시 한번 확인한 바 이에 다시 한번 전대협의 공식입장을 국민 여러분께 재 다짐하며 이후 일주일 밖에 남지 않은 군사독재종식 투쟁의 폭발적 고양을 위한 4천만 국민의 단결된 투쟁을 호소하는 바입니다. 11월29일의 여의도 지지인파는 군사독재종식의 의지로 불타 단숨에 시청으로 달려 갔읍니다. 지역감정을 뛰어넘은 민주정부 수립에의 열망과 민족의 대단결을 우리는 보았읍니다. 이제 우리는 김대중후보를 범국민 후보로 추대하는 국민의 결단을 호소하는 동시에 군사독재종식 투쟁의 장인 선거투쟁에서 대동단결하여 표지키기 투쟁과 노태우 타도 투쟁에 나설 것을 촉구합니다. 이에 전대협은 4천만 국민에게 이후 7일간의 투쟁을 다음과 같이 함께 실천할 것을 촉구합니다.

첫째, 미국정부는 정치공작과 내정간섭을 즉각 중지해야 합니다. 4파전의 책임과 민족분열의 책임은 전적으로 미국에게 있으며 이에 전 애국민주운동과 4천만 국민은 미국정부에 대해 민족대단결로 민족자주화 투쟁을 강력히 벌려나갈 것임을 경고합니다.

둘째, 민족 대학살의 원흉이며 12·12반란의 주역인 노태우는 후보에서 마땅히 사퇴하여야 하며 만약 이에 불응할 시에 우리는 국민들을 우롱하는 노태우 유세장을 노태우의 심판장으로 만들 것입니다. 또한 만약 후보를 사퇴하지 않을 경우 전면적 노태우 저지투쟁에 4천만 국민과 함께 나설 것입니다.

세째, 김대중, 김영삼 후보의 반 노태우 투쟁에 4천만 국민과 함께 찬사를 보내며 대동단결할 것입니다. 미국과 노태우 앞에서는 4천만과 두 후보는 하나입니다. 전대협은 4천만 국민과 함께 반 노태우 투쟁에서 두 후보의 단결을 위해 싸울 것입니다. 그러나 우리가 민족분열을 막지 못하여 분열된다면 노태우 일당의 개표조작으로 패배한다는 것은 자명한 사실임을 경고합니다. 단결은 애국이고 분열은 우리 모두의 죽음입니다.

네째, 그동안 30여일의 선거전 속에서 나타난 국민들의 지지는 김대중후보로, 대세는 결판났음을 다시 한번 확인합니다. 김대중후보의 반 노태우 운동은 광범한 전 국민, 개급, 계층 속으로 바람을 불러 일으켰으며 이에 전대협은 김대중후보의 지지운동을 가속화할 것이며, 단일화 중재에 적극적으로 나설 것입니다. 전대협은 김대중후보로 단일화할 것을 촉구하며, 그러나 중재의 결과가 어떠한 것이든 그 결과를 승복하고 단일후보로 결정된 사람을 전폭적으로 지지할 것을 국민 앞에 약속합니다.

끝으로 군사독재종식을 열망하는 국민들과 모든 단체에 호소합니다. 6·29선언으로 자신의 생명을 연장하려는 노태우는 그의 생명의 위태로움을 깨닫고, 또다시 획기적인 기만선언을 준비하고 있읍니다. 우리는 이에 속지말고 한결같이 반 노태우 투쟁에 나서야 하며 꼭 선거에서 승리하여야 합니다. 온 국민이 단결하여 공정선거운동과 부정선거 규탄, 폭로 투쟁에 참여하고 단일화운동에 나서야 합니다.

전대협은 100만 청년학도, 4천만 국민과 함께 김영삼후보의 구국적 결단촉구 운동에 동참할 것을 호소합니다. 이제 승리의 날은 일주일 남았읍니다. 12·16일을 민주승리의 날로 선포하고 광화문에서 새 날을 여는 감격의 순간을 함께 맞이하여 후손에게 떳떳하고 자랑스러운 세대가 될 수 있도록 단결 투쟁해야 할 것입니다.

분단조국 43년 12월 9일

전국대학생대표자협의회

서울지역 대학생 대표자 협의회 인천지구 대학생 대표자 협의회 용인,성남지역 대학생 대표자 협의회
수원지구 대학생 대표자 협의회 원주지구 대학생 대표자 협의회 대구지구 대학생 대표자 협의회
대전지구 대학생 대표자 협의회 전북지역 총학생회 협의회 전남지역 대학생 대표자 협의회
천안지구 대학생 대표자 협의회 제주대 총학생회 청주지구 대학생 대표자 협의회

텔레비전 선거보도 모니터 결과

1. 대상 프로그램
   KBS-1TV, MBC-TV
   오후 뉴스 프로그램 전체(9시 뉴스 중심)

2. 대상 일시
   11월 23일(토)~12월 2일(수) ; 5일 간

3. 모니터 대상 내용
   후보별 우세 관련기사 중심
   선거 관련기사 후보자들과 직간접 관련이 있는 기사

4. 참여 지역
   서울 YMCA모니터 클럽
   대전 YMCA모니터 클럽
   순천 YMCA모니터 클럽

1987년 12월 9일
서울 Y M C A

Ⅰ. 머리글

우리는 1985년 2월 12일 국회의원 총선거를 전후한 텔레비전의 노골적인 편파, 왜곡 보도를 잊지 않고 있으며 그 당시 집권당인 민정당을 공공연히 홍보하는 내용을 담은 선거 캠페인 프로그램 속에 등장했던 인기 탤런트, 코미디언들의 얼굴을 지금도 생생하게 기억하고 있다. 아울러 화면 뒤에 숨어서 왜곡, 편파의 프로그램 제작을 연출했을 파렴치한 부정선거 조종자들이 누구였다는 것도 물론 잘 알고 있다.

따라서 그 동안 텔레비전 프로그램 내용에 관심을 가지고 있던 우리들로서는 역사적인 대통령 직접선거에 관련된 텔레비전 보도 내용이 공정해야 한다는 당위성과 불공정한 보도는 곧 부정선거의 주범이 될 것이란 판단에서 보다 면밀한 감시 활동이 필요했다.

현재 우리 나라의 방송 제도가 이른바 '공영방송제'를 표방하고 있으나 실제로는 '공영'이라기보다는 '국영'과 다를 바 없는 운영 등으로 인한 구조적 특성 때문에 프로그램 내용을 살피기 이전에 그런 구조적 틀 속에서는 어떤 내용이 나올 것이라는 것은 어렵지 않게 짐작할 수 있다. 그러나 그러한 구조적 문제를 거론하기에는 대통령 선거가 너무나 가까이 입박해 있다.

이제 겨우 일주일여밖에 남지 않은 대통령 선거에서 왜곡, 편파보도로 인한 국민의 혼란과 피해를 가능한 한 최소화하기 위해서는 교묘하게 자행되는 특정 후보에 대한 호의적인 보도와 또 다른 후보에 대한 악의적 보도의 사례를 감시, 발표하고 이의 시정을 촉구함과 동시에 유권자의 적극적인 의식화에 도움을 주는 것이 필요하다고 생각되어 그 동안의 모니터 결과를 발표하게 되었다.

이 결과 내용으로 인해 텔레비전의 왜곡, 편파 보도가 질, 양적 측면에서 줄어듬과 동시에 왜곡, 편파 보도를 식별해 낼 수 있는 유능한 유권자들이 되는데 조금이라도 도움이 되었으면 하는 바램이다.

수백 명 정도의 적게 모인 군중도 수십만의 인파가 모인 것처럼 만들어낼 수 있는 것이 텔레비전 화면의 마력이고, 수천 명의 청중 가운데서 수십 명의 사람들이 저지르는 무질서, 폭력, 낮잠 자는 장면, 술을 마시는 장면 등도 모인 청중의 대부분이 그런 것처럼 보이게 할 수 있는 능력을 가진 것이 텔레비전이라는 기계이다. 또한 열광하는 청중 백여 명을 수만 명이 열광하는 청중으로 둔갑시킬 수 있는 능력도 텔레비전 화면은 지니고 있으며, 반대로 수십만의 청중이 후보에게 열광적인 지지를 보인 유세 장면도 텅 빈 유세장에 몇몇 소수의 당원들만이 모여 마지못해 간혹 손을 흔들어대는 정도의 맥빠진 유세 장면으로 만들 수도 있다.

이러한 텔레비전이 지니고 있는 특성을 최대한 이용하여 교묘하게 특정 후보에게는 유리하게 또 다른 후보에게는 매우 불리하게 그려내는 편파 및 왜곡 보도의 사례를 찾아낸 결과를 제시하고자 한다.

Ⅱ. 모니터 방법

-모니터 일시

11월 28일(토), 29일(일), 30일(월)

12월 1일(화), 2일(수)

이상 5일 간

-대상 프로그램

평일 ; 오후 5시 30분, 7시, 9시, 11시 기준 뉴스 프로그램

주말 ; 9시, 11시 뉴스 프로그램

(실제 뉴스 방영 시간은 약간씩 차이가 있음, 중점 모니터 대상 프로그램은 9시 뉴스였음)

KBS-1TV 및 MBC-TV

-모니터 내용
+ 후보별 유세 관련 기사
+ 선거 관련 기사 중 후보자들과 직간접 관련이 있는 기사
(예 : 공약 문제, 유세장 질서 문제, 선거의 경향 분석 등)

-참여 모니터 클럽
+ 서울 YMCA 텔레비전 모니터 클럽
+ 대전 YMCA 텔레비전 모니터 클럽
+ 순천 YMCA 텔레비전 모니터 클럽

-가능한 한 VTR을 통해 해당 프로그램을 녹화하여 반복 시청하면서 살펴보도록 하였음.

Ⅲ 모니터 결과

1. 후보별 방영 시간

1노 3김 후보별 방영 시간을 KBS 9시 뉴스와 MBC 9시 뉴스 데스크를 중심으로 측정해 본 결과는 아래표와 같은데 방송사의 구분 없이 양방송사 모두 타 후보에 비해 노태우 후보의 유세 관련 보도를 2배에서 5배 이상 길게 다루고 있다.

(후보별 방영 시간)

후보별 / 일시	노태우 후보		김대중 후보		김영삼 후보		김종필 후보	
	KBS	MBC	KBS	MBC	KBS	MBC	KBS	MBC
11/28	2분20초	3분20초	1분52초	2분22초	1분57초	2분15초	0.20	1분10초
11/29	8.20	5.50	2.5	3.20	1.47	0.40	0.39	0.45
11/30	1.57	3.7	1.50	1.50	1.47	2.52	0.20	0.25
12/1		2.35		2.4		2.5		1.28
12/2	2.15	1.40	1.42	1.15	1.40	1.25	0.58	0.35
계	14.52	19.32	7.29	10.51	7.11	9.17	2.17	4.23

※ 누락된 부분은 모니터하지 못한 프로그램임.
※ 11월 29일(일)의 경우 김영삼 후보는 유세가 없었던 날이었고, 김대중 후보는 여의도 유세, 노태우 후보는 광주 유세 장면이었음.
※ 정부의 정책 제시 등 간접적으로 노태우 후보에게 유리한 내용 등이 뉴스 프로그램 중 유세 보도에 이어 방영되곤 하지만 위의 시간에는 포함되지 않았음.

2. 청중의 수와 반응 부분

위 화면 전체에 청중이 꽉 차인 장면만 비추고 있으며 멀리서 또는 공중에서 촬영하는 경우는 빈 곳

이나 청중의 전체적인 윤곽을 알아볼 수 있는 장면은 비추지 않고 있었다.

따라서 모니터 대상 기간 중 노태우 후보의 유세 중에 참석한 군중의 수가 적을 때와 많을 때가 있었을 것임에도 불구하고 항상 대단히 많은 군중이 화면 가득히 들어차 있도록 비춤으로써 타후보에 비해 언제나 많은 군중이 모인 것으로 보여졌다.

반면에 나머지 후보들의 경우에는 화면 가득히 청중이 들어차는 장면이 없는 것은 아니지만 그 비중이 매우 적고 대부분 예외 없이 청중의 뒤쪽에서 카메라를 비추어 청중들이 덜 밀집된 빈 곳이나 한산한 곳을 보여주고 있으며, 공중 촬영이나 원거리 촬영시에는 많은 인파 주변의 건물 또는 빈 곳까지를 총괄적으로 비춤으로써 청중의 수에 대한 시청자의 정확한 판단을 흐리게 하고 있다.

다음은 청중의 반응에 대한 모니터 내용이다.

얼마나 많은 청중이 모였느냐와 얼마나 열광적인 지지를 청중으로부터 받았느냐는 후보자의 이미지를 시청자가 어떻게 가지느냐를 결정하는 데 매우 중요한 요인이 됨은 물론이다.

우선 후보자들의 유세 중 청중들이 기를 흔들며 환호를 보내는 횟수와 시간이 어느 정도인가를 측정한 결과 12월 1일 MBC 9시 뉴스 데스크의 경우 노태우 후보는 모두 6차례의 환호 장면이 45초 동안 방영된 데 비해 김영삼 후보는 4차례에 16초, 김대중 후보는 3차례에 15초 정도를 차지한 데 불과했다.

결국 타후보에 비해 노태우 후보의 경우는 연설 중 클라이맥스와 강조하는 부분이 끝나는 동시에 카메라가 청중의 환호하는 장면을 잡는 횟수나 비추는 시간이 거의 3배 가량 많은 것으로 나타난 것이다. 수많은 청중이 환호를 보내는 장면을 오디오를 생략한 채 방영하거나 후보자 연설의 중간 중간 고조시키고자 하는 부분에 적절히 삽입시키지 않고 연설 내용과는 전혀 상관 없는 부분에서 청중의 환호소리나 장면을 집어넣는 경우에는 청중의 반응이 시청자에게 정확하게 전달되지 못하고 왜곡, 편파의 사례라고 볼 수 있겠는데 이러한 연설과 청중의 환호 사이와의 연결에 있어서 타후보에 비해 노태우 후보의 경우는 훨씬 매끄럽고 월등한 것으로 분석되었다.

11월 29일(일) 김대중 후보의 서울 여의도 유세에는 많은 인파와 열렬한 청중이 모인 것으로 모니터들이 직접 현장에서 확인도 하였고, 신문에서도 보도된 바 있다. 그러나 당일 저녁 뉴스에서는 광주에서의 노태우 후보 유세장 폭력사건을 보다 더 강조하고 있었으며, 물론 당일 방영한 '칼' 기 실종 사건 때문이기도 하였지만 그 동안 인파에 초점을 맞추어 방영하던 유세 장면 보도 경향과는 전혀 다르게 의도적으로 관심을 축소한 경향이 농후했다.

청중의 유세를 듣는 동안 환호를 하거나 또는 열심히 듣거나 아니면 유세와는 관계 없는 전혀 다른 일(예컨대 낮잠, 잡상인, 싸움, 음주, 춤)을 할 수도 있다.

후보자의 연설이 시작되기 전부터 열리는 여러 가지 식전 행사 또는 찬조 출연하는 연설 등을 포함하면 유세장에 나온 유권자는 혹한의 날씨에도 불구하고 보통 2~3시간, 많으면 6~7시간 동안 지켜보게 되므로 지속적으로 열심히 듣거나 환호할 수만은 없다. 그런데 텔레비전 화면이 하루의 유세를 2~3분 동안에 축소시켜 방영하면서 환호하거나 열심히 듣는 장면 이외의 청중의 모습을 그것도 노태우 후보 이외의 후보 유세 장면에만 삽입시키는 것은 역시 의도적으로 유세장의 열기를 식혀서 시청자에게 보이고 있는 예라고 볼 수 있다.

청중의 반응에 대한 보다 구체적인 모니터 결과를 소개하면 다음과 같다.

11월 28일 뉴스의 경우 김영삼 후보 유세 장면에서는 후보 연단 바로 앞의 빈 터를 보여주고 환송 장면은 오디오를 줄인 상태에서 멀리 비추었고, 김대중 후보 유세 장면에서는 청중이 무질서하게 움직이는 장면과 길가던 행인이 잠시 멈추어 서서 유세를 듣는 인상을 주는 장면을 잡았고, 김종필 후보 유세 장면에서는 유세장 뒤쪽의 우왕좌왕하는 모습을 보여주고, 무감각한 청중의 모습을 클로즈업시켰다.

이에 반해 같은날 노태우 후보의 유세 장면에서 청중들은 망원경을 통해 열심히 본다거나, 호의적으로 열광적으로 환호하는 관중들의 모습을 때로는 클로즈업시켜서 생생하게, 때로는 적합한 거리를 두고 군집을 이루도록 비춤으로써 전반적으로 청중들이 열광적인 환호를 보내는 분위기를 전하고 있었다.

11월 29일(일) 뉴스의 경우에는 노태우 후보의 광주 유세시 지나치게 대립, 몸 싸움 부분만을 강조하여 보도함으로써 그곳에 모인 훨씬 더 많은 폭력을 염려하고 조심하는 광주시민들의 존재를 무시해버렸고, 그로 인해 특정 후보에 대한 이미지가 시청자들에게 부정적으로 보일 가능성을 유발시켰다.

이러한 경향은 그 후 유사한 유세장 폭력사태를 비추는 데 있어서 일관되게 나타나고 있다.

반면 11월 29일 여의도 김대중 후보의 유세 장면은 모인 인파수나 청중의 열광 정도에 비해 현저하게 축소된 분위기로 전달하였으며 후보자의 연설 마디마디에 청중의 환호가 뒤따르는 비율이나 연결이 매끄럽지 못해 산만한 분위기로 비추어졌다. 또한 노 후보 외의 기타 후보 유세 보도기사의 경우는 클로즈업되는 청중이 대부분 시골 아낙네, 나이 많으신 노인들로 집중되어 있는데, 이 또한 특정 후보의 이미지에 영향을 미치는 보도 경향이 아닐 수 없다.

3. 후보자 개인 이미지에 관련된 부분

모니터 기간 30여 명의 모니터들이 후보자 개인 이미지 부각에 대한 평가를 내린 내용을 중복을 피하고 정리해 적어보면 다음과 같다.

이는 후보자 개인이 지니고 있는 선천적인 이미지에 의한 결과일 가능성도 없지 않으나 역시 어떤 일관성을 가지고 보도되고 있다면 매일 수많은 유세 장면 중 그런 표정, 그런 제스처만 중점적으로 선별하여 내보내고 있다는 점에서 의도적인 보도로 볼 수 있겠다.

· 노태우 후보 : 미소짓는 표정, 환한 미소, 여유있는 모습, 침착한 모습, 단호한 제스처
· 김영삼 후보 : 멋적은 미소, 근심 어린 표정, 피곤한 모습, 더듬거림, 추워서 긴장된 모습, 차분한 모습, 딱딱한 표정
· 김대중 후보 : 딱딱하고 굳은 모습, 찡그린 표정, 근엄한 표정, 강한 이미지, 거친 목소리
· 김종필 후보 : 피곤한 모습, 구부린 모습, 딱딱한 표정, 추위에 상기된 표정, 찡그리는 표정

후보자 개인을 비추는 카메라의 각도에 있어서도 노태우 후보의 경우는 뒷모습을 (특히, 뒷머리를 강조하여) 비추는 예를 거의 찾기가 어려웠으나, 기타 후보들의 경우는 연단위의 어수선한 주변과 함께 뒷머리나 옆머리 부분을 비추고 경호원들의 딱딱한 모습과 함께 비추어서 후보자 개인의 선명한 분위기를 감소시키고 있었다.

또한 노태우 후보의 경우는 가능한 한 화면 전체에 노태우 후보가 가득 차게 들어오도록 하고 뒷배경을 파란 하늘로 하던가 당에서 마련한 파란 천에 조화를 시키고 있는 반면 기타 후보들은 여러 사람이 같이 등장하는 연설 장면과 어수선한 뒷배경을 보이고 있으며 앞에 놓인 마이크 줄이 얼키설키 얽혀진 사이로 후보자를 비추는 장면이 많아 후보자 개인의 이미지에 상대적인 손상을 가하고 있다.

12월 2일 KBS뉴스의 경우 노태우 후보가 유권자들과 악수하는 장면에서 "고맙습니다"라는 육성이 생생하게 들리도록 방송되었는데 기타 후보들의 경우 악수하거나 격려하는 장면에서 인간적이고 따뜻한 육성이 전혀 방영되지 않는 것과는 대조적인 보도였고, 이러한 경향은 시장 방문이나 단체 방문시 종종 나타나는 보도 경향이다.

4. 유세장 주변 환경 부분

11월 29일 광주 유세장을 제외하고는 텔레비전 화면에 비친 노태우 후보의 유세장 주변 환경은 대부분 질서 정연하고 안정되어 있으며, 깨끗하게 비추고 있었다. 반면 기타 후보들의 유세장에서는 시청자의 염려와 질타를 받을 수 있는 장면이 많았는데 예를 들면 전체적으로 어수선하고, 폭력 장면과 무절제한 장면들이 비추고 잡상인의 모습을 담고 있다.

특히 경호원들이나 청중 질서를 위해 동원된 청년 당원들의 경직된 모습은 노태우 후보보다는 기타 후보들 유세 장면에 다 자주 등장하고 있다.

신문 보도에 의하면, 유세장에서 유세 후보를 반대하는 청중들의 움직임이 규모의 크기에 상관 없이 노태우 후보에게 집중되었음에도 불구하고 전혀 비춰지고 있지 않는 것은 노태우 후보의 이미지 관리에 양 텔레비전사가 참여하고 있다는 명백한 증거의 하나이다.

5. 기타

후보자들의 유세 장면을 보도하는데 있어서 현장 보도 기자나 스튜디오의 뉴스 진행자는 평가적 언어 사용에 매우 신중을 기해야 한다. 이는 특정 후보자에게 호의적이거나 악의적인 이미지 구축에 결정적인 영향을 미칠 가능성이 있기 때문이다. 그런데도 11월 28일 뉴스에서 노태우 후보 유세 관련 보도에서 "일제히 열렬히 환호", "인파의 숲", "유세의 절정", "분위기 고조" 등 긍정적 가치 유도 언어를 많이 사용하고 있는데 기타 후보의 유세 보도시에는 좀처럼 찾아보기 힘든 언어들이었다.

선거 유세 관련 보도기사가 나간 후 뒤이어 나오는 보도 기사 역시, 선거와 직간접으로 관련이 있을 경우 대부분 노태우 후보의 이미지에 도움을 주거나 집권 여당의 입장을 강조하는 내용을 담고 있는데 이 또한 공정한 선거 보도를 해치는 사례라고 볼 수 있다.

예컨대, 11월 28일 KBS뉴스의 경우 유세 기사가 나간 후 민정당의 기자 회견 장면이 나오는데 이때 "민정, 야당에 텔레비전 토론 촉구", "공무원 선거 개입 왜곡 선전 경고"라는 자막과 민정당의 입장만 보도하는 것은 편파 보도라 할 수 있다.

그 외에 후보자의 음성 또는 환호소리 등 전반적인 오디오 상태에 대한 평가나 화면의 색깔, 균형, 흔들림 등 비디오 상태에 대한 평가, 그리고 자막 내용 분석, 후보자 및 찬조 출연자의 발언 내용 분석 등도 실시하였으나 토론을 거쳐 가능한 한 객관적인 내용만을 발표하고자 생략하였다.

Ⅳ 맺음글

아직도 대부분의 시청자들은 '텔레비전 화면은 곧 진실'이라는 착각에 빠져 있는 상태에서 텔레비전을 시청하고 있으며, 그 화면을 통해서 나타나는 후보자들의 이미지에 의해 일주일 뒤에 투표를 하게 될 것이다.

그러나 분명한 것은 '텔레비전 화면은 결코 진실이 아니며 다만 진실의 일부분일 뿐이고 심할 경우에는 거짓일 수도 있다'는 사실이다.

텔레비전과 선거에 미치는 영향력은 새삼 거론할 필요도 없이 지대하다.

이러한 텔레비전이 균형을 잃고 작은 것을 크게, 큰 것을 작게 만들거나, 없는 것을 있는 것처럼 또는 있었던 것을 없었던 듯이 묵살하거나 좋은 것을 나쁘게 혹은 나쁜 것을 좋은 것인 양 거짓 보도를 한다면 그에 기초한 국민의 판단은 이미 거짓의 바탕 위에 출발한 것이므로 올바른 것일 수가 없다.

따라서 이번 선거에 있어서 가능한 한 보다 공정한 보도가 이루어질 수 있도록 전 국민이 비판적이고 냉철한 시각으로 텔레비전 보도 내용을 감시하고 그 결과에 대해 의견을 나누고 시정이 요구되는 내용은 어떤 방법으로든 방송사에 알리거나 항의하는 적극성이 필요하다고 하겠다.

능력있는 시청자만이 좋은 텔레비전 프로그램을 향유할 수 있으며 훌륭한 유권자만이 훌륭한 대통령을 뽑을 수 있다는 것을 명심해야 할 필요가 있다.

김대중씨를 범국민 단일후보로

- 진정한 민주화를 열망하는 전국 사제 일동 -

다가오는 선거는 우리가 민주화의 디딤돌을 확실하게 마련하느냐, 아니면 또 다시 독재의 질곡으로 떨어지느냐 하는 분기점이 될 것입니다. 그러나 어두움이 빛을 결코 이겨 본 적이 없읍니다. 기나긴 군사독재속에서도 끊임없이 이어져 온 민주화, 인간화를 향한 국민적 정열과 헌신이 반드시 마지막 진통을 견뎌내고 알찬 결실을 맺게 될 것으로 확신합니다. 우리 사제들은 국민 모두가 선거에 임하여 양심에 따른 결단을 내려 주기를 바라면서 우리의 간곡한 호소를 전하고자 합니다.

1. 국민의 선택과 지지에 의해서가 아니고 오직 폭력에 의해서만 유지되는 정권은 그 정당성과 정통성에 대한 도전을 받지 않을 수 없읍니다. 하극상의 12·12사건과 참혹한 광주사태를 통하여 탄생했고 그 이후에도 폭압적 공권력에 의존해 왔던 현집권세력은 전국민적 저항에 부딪치지 않을 수 없었으며, 결국 6월항쟁에 의해 국민의 힘에 굴복하기에 이르렀읍니다. 그러나 이들은 자신들의 과오에 대한 참회없이 노태우씨를 대통령후보로 하여 '혼란없는 안정'이라는 허구적 구호를 내세워 집권연장을 기도하고 있읍니다. 현집권세력의 재집권은 인간존엄성이 파괴되고, 사랑과 정의의 정치공동체가 부정되는 것이라는 점을 어느 누구도 부인하지 못할 것입니다. 이는 오직 국민의 결단과 그에 따른 실천에 의해서만 방지될 수 있으며, 이런 결단이 금번선거에서 드러나게 되기를 바라마지 않습니다. 특히 정부를 스스로 선택할 수 있는 기회를 갖게된 것은 그동안의 수많은 사람들의 희생에 의한 것이라는 점에서 국민의 올바른 선택이 더욱 요청되고 있읍니다.

2. 그동안 민주화를 위해 앞장서 왔던 민주세력이 대통령선거를 앞두고 대응방법에서 일치하지 못하고 있다는 사실에 안타까움을 금할 수 없읍니다. 사소한 견해차이를 극복하고 그동안 가꾸어왔던 원칙에 따라 대동단결할 것을 호소합니다. 여러분들은 고난의 과정을 같이 걸어왔고, 모두가 국민의 위대한 힘을 믿고 있는 사람들이기 때문에 반드시 일치하리라고 믿습니다.

대통령선거를 5일 앞둔 현 시점에서 양김이 스스로 양보하여 야권 후보 단일화를 이루기를 기대한다는 것은 무의미합니다. 이제는 후보단일화는 오직 국민의 투표에 의해서만 이루어질 수 있다고 생각합니다. 이런 점에서 국민적 열망과 희망을 겸허하게 받아들이고, 또한 이를 해결할 수 있는 인물을 범국민후보로 선택하고 지지함으로써 군부독재를 종식시키겠다는 결단을 내려야 할 시간입니다.

우리는 김대중씨가 범국민적 후보로 선택되는 것이 옳다고 생각하며, 모든 민주세력이 이 방향으로 모아지기를 기대합니다. 김대중씨는 70년대 이래 고난의 역사의 상징이었으며, 끊임없는 투옥과 연금, 그리고 납치와 망명생활을 이겨내고 대통령후보로 국민앞에 나서고 있읍니다. 광주사태, 민중생존권, 통일문제, 사회 제분야의 민주화, 자주외교 등 차기민간·민선정부의 과제를 그가 누구보다도 훌륭하게 해결해 나갈 수 있을것입니다. 특히 전국 각지의 선거유세에서 보았듯이 김대중씨가 가난하고 억눌린 이들의 뜨거운 사랑과 지지를 받고 있다는 사실에서 그가 국민내부의 갈등과 긴장을 화해와 일치로 이끌수 있는 도덕적 능력을 갖고 있다고 확신합니다.

3. 우리는 이제 온갖 유혹을 뿌리치고 양심에 부끄러움 없는 선거를 해야 합니다. 돈에 매수되거나 협박에 굴복해서 거룩한 주권을 팔아버리는 잘못을 저질러서는 안됩니다. 더구나 망국적인 지역감정이나 악의에 찬 흑색선전에 현혹되어 도덕성이 결여된 인물을 선택하는 잘못을 저질러서는 안됩니다. 단 한번의 그릇된 선택이 나라와 민족의 운명을 어둠속으로 되돌려 버리기 때문입니다. 만일 선거가 부정선거로 끝난다면 광주사태를 능가하는 미증유의 민족적 비극을 낳게 될지도 모릅니다. 미리 선거부정을 감시하여 공명선거를 치르도록 노력함으로써 이를 방지할 수 있을 것입니다.

다가오는 성탄절은 민주적인 대통령, 민중의 대통령과 함께 기뻐하며 맞이할 수 있게 되기를 간절히 바랍니다. 우리는 도덕적 정당성을 상실한 마르코스 독재정권에 반대하여 코라손 아키노를 범국민적 단일후보로 지지하고 마침내는 대통령이 되게 한 다음 감사의 미사를 올렸던 필리핀 교회의 고뇌에 찬 결단에 용기와 희망을 얻어 우리의 결단을 밝히는 바입니다.

1987년 12월 11일

서명 사제 명단

강길웅 강성구 강영식 강인찬 강종훈 강희성 고재영 권이복 김광혁
김권일 김기수 김동준 김득권 김무웅 김민수 김병상 김병열 김병환
김봉학 김봉희 김서규 김성규 김성용 김세진 김순태 김순호 김승오
김승훈 김승희 김영식 김영옥 김원택 김의철 김인규 김재기 김재복
김재영 김정원 김종길 김종필 김준호 김진석 김진태 김태윤 김택구
김한철 김현준 김홍언 김홍열 김화태 김희선 김희중 김희항 나궁열
남재희 노완석 맹석철 문영수 문정현 박문식 박병준 박상수 박상옥
박성열 박영웅 박우성 박인호 박종만 박종상 박증신 박창균 박창신
박 철 박철수 박현배 박회동 박회원 방상복 범영배 배영섭 배은하
배종호 배진구 서광석 서동진 서동찬 서명석 서상채 서정혁 서종민
서종선 성완해 성태수 소순형 손덕만 송병수 송병철 송종의 송홍철
신성근 신요안 신현만 신현봉 안충석 안호석 양경배 양완모 양재철
양 홍 엄기봉 연제식 염수완 오수영 오창선 오현택 유영봉 유장훈
유재국 유종환 윤병훈 윤석원 윤양호 윤용남 윤용배 이덕환 이무길
이범현 이상각 이상섭 이상철 이상훈 이성규 이성우 이수현 이순성
이승홍 이원태 이용석 이재을 이재후 이재휘 이종철 이찬종 이창수
이태우 이태혁 임병태 장옥석 장용복 장용주 장지권 장학수 장홍빈
전명수 전 영 전종복 정규완 정규철 정성진 정영식 정운택 정천봉
정철수 정형달 정호영 조규식 조규호 조재영 조정오 조철현 차기병
천신기 최경환 최상범 최원석 최재용 최재필 최충열 최치규 최형락
표재현 하화식 한기호 한봉섭 한봉주 한연흠 한종훈 한태문 허중식
허성학 현유복 황양주 황영택 김택암 박무학 박성구 안승길 오용호
이대식 이병돈 허경훈 홍인식 (이상 202 명)

공동성명서

— 범국민적 단일후보는 김대중선생으로 결정되었다 —

지난 10월 12일 김대중선생을 범국민 단일후보로 추천한 바 있는 민주·통일민중운동연합을 비롯하여 그 뒤 김대중후보 지지를 공식적으로 밝힌 전국의 칠십여개 민중·민주운동단체 및 각계의 대표적 민주인사들과 평화민주당은 대통령선거를 닷새 앞둔 오늘 범국민적 단일후보는 김대중선생으로 결정되었음을 엄숙히 선언한다.

최근 2개월에 걸쳐 민통련을 선두로 학생, 노동, 농민, 청년, 여성, 지역, 종교 등 각 부문에서는 군사독재를 종식시키고 민주화와 통일을 이룰수 있는 후보는 김대중선생이라는 합의가 광범하게 이루어졌다. 오늘 오전에는 천주교의 사제 202명, 조계종 승려 222명이 김대중후보 지지를 단호하게 밝혔다.

우리는 지난 11월 29일의 김대중후보 여의도 유세와 몇일 뒤에 같은 장소에서 열린 김영삼후보의 유세에 모인 청중의 수와 열기를 비교해 보고, 또 전국 각지에서 김대중후보에게 휘몰아치는 지지의 열풍을 보고 김대중선생이 범국민 단일후보로 결정되었음을 거듭 확인했다.

대세가 이러함에도 불구하고 최근 군성종식단일화쟁취 국민협의회와 백기완후보 측은 민주연합정부의 수립과 후보단일화를 주장하면서 범국민적 지지와는 거리가 있는 특정후보로의 편향을 보이고 있다. 우리는 절대 다수의 민중·민주운동 세력이 추천하는 후보가 단일화에 무성의하다는 인상을 국민대중에게 주면서, 결과적으로 그들이 스스로 주장해 온 단일화의 순수성과 도덕성을 포기하고 특정후보로 편향하는 이 움직임의 부당함을 경계한다.

김대중후보를 범국민 단일후보로 추천한 우리 70여개 단체는 최근 언론이 고의로 크게 부각시키면서 결과적으로 군사독재의 연장에 유리하게 적용하도록 악용하고 있는 이 단일화 논의의 허구를 지지하면서 다음과 같이 우리의 입장을 밝힌다.

1. 이른바 민주연합정부는 이번 선거에서의 승리 이후 민주정부 수립과정에 있어서 그동안 유신잔재 청산, 군부독재종식 투쟁에 심혈을 기울여 온 모든 민중·민주세력이 하나로 단결, 연대하여 이룩하는 것으로서, 평민당의 김대중후보가 이를 선거 유세와 기자회견 등을 통해 수차례 공식 천명해 왔음을 확인한다. 따라서 현단계에서 원칙 천명만을 되풀이 하는 민주연합정부 논의는 무의미하며, 그 구체적 실천 방법으로서 모든 민주세력이 참여하는 실무 대표자회의를 구성할 것을 공식 제안한다.
2. 현 시점에서의 후보 단일화 문제는 김대중·김영삼 두후보가 함께 참여하는 공동 유세등 범국민적 지지확인을 통한 단일화 성취가 아닌 이상, 실질적 의미가 없다는 점을 거듭 확인한다. 현재 두후보의 우열을 단정하게하는 객관적 자료는 있을 수 없으며, 오히려 유세열기나 권위있는 주요 여론조사 결과에 따르면 김대중후보의 압도적 우세가 판명되고 있음을 분명히 밝혀두고자 한다.
3. 지금 전국에서 타오르고 있는 군부독재 종식의 민주화 열기는 이번 선거에서 필승을 기약하고 있으며, 만의 하나라도 노태우후보가 당선된다면 이는 현재 무차별하게 진행되고 있는 선거 부정의 결과라고 단정한다. 따라서 모든 국민은 부정선거 획책을 무력화 시키기 위한 공정선거 감시 운동에 적극 동참해줄 것을 호소하며, 평민당과 모든 민주세력은 오는 12월 13일 오후 2시 보라매 공원에서 명백하게 군부독재를 끝장내기 위해 대동단결하여 투쟁할 것을 다짐한다.

1987. 12. 11

김대중 선생 단일후보 범국민 추진위원회

- 함석헌 외 5638명

민주·통일민중운동연합 가맹단체

- 서울민주·통일민중운동연합
- 경북민주·통일민중운동연합
- 충북민주운동협의회
- 전남민주주의 청년운동연합
- 민중불교운동연합
- 경기북부민주·통일민중운동연합
- 경남민주·통일민중운동연합
- 충남민주운동협의회
- 부산민주시민협의회
- 민주화운동청년연합
- 강원민주·통일민중운동연합
- 인천지역사회운동연합
- 전북민주화운동협의회
- 가톨릭노동사목전국협의회
- 한국노동자복지협의회

한국여성단체연합 가맹단체

- 민주·통일민중운동연합 여성위원회
- 민중불교운동연합 여성부
- 여성민우회
- 여성의 전화
- 전북민주화운동협의회 여성분과위원회
- 민주화운동청년연합 여성부
- 한국기독교교회협의회 여성위원회
- 가톨릭농민회 여성부
- 기독여민회
- 민중민속미술협의회 여성부
- 또하나의 문화
- 민주화실천가족운동협의회
- 한국여신학자협의회
- 한국노동자복지협의회 여성부
- 한국교회여신도연합회
- 한국기독교노동자총연맹 여성부
- 한국기독교장로회여교역자협의회
- 한국기독교농민회총연합회 여성부
- 주부아카데미협회
- 공해반대시민운동협의회 여성분과
- 한국여성노동자회

노동운동단체

- 국민쟁취국민운동노동자위원회
- 민주쟁취국민운동 대구, 경북민주노조건설노동자공동위원회
- 부산노동자협의회
- 민주쟁취국민운동전북노동자공동위원회
- 운수노동자협의회
- 민주쟁취국민운동전남노동자공동위원회
- 경남지역노동자협의회

농민운동단체

- 국민운동본부 농민공동위원회(가톨릭농민회, 기독교농민회, 전국농민협회)

기타 민주화운동 단체

- 민주동우회
- 서울도시빈민노점상연합회
- 불교인 222명(지선스님, 진관스님 등)
- 천주교사제 202명(김승훈신부, 신현봉신부 등)
- 이땅의 작가들(김병걸 외 224명)
- 이땅의 미술인들(최열외 229명)
- 민주기도협의회
- 도시빈민운동연합
- 한국정치범동지회
- 5·18 광주의거 유가족회
- 5·18 광주의거 부상자회
- 5·18 청년동지회
- 5·18 항쟁동지회
- 5월 구속동지회
- 원로독립운동가모임(이강훈 외)
- 사회민주주의 청년연맹

전국 대학생 대표자 협의회 산하단체

- 서울지역 대학생 대표자 협의회
- 수원지구 대학생 대표자 협의회
- 대전지구 대학생 대표자 협의회
- 천안지구 대학생 대표자 협의회
- 인천지구 대학생 대표자 협의회
- 원주지구 대학생 대표자 협의회
- 전북지역 총학생회 협의회
- 제주대 총학생회
- 용인, 성남지역 대학생 대표자 협의회
- 대구지구 대학생 대표자 협의회
- 전남지역 대학생 대표자 협의회
- 청주지구 대학생 대표자 협의회
- 서울지역 여학생 대표자 협의회
- 공주교도소 민주화운동옥중투쟁위원회
- 한국기독학생회총연맹(K.S.C.F)

민주·통일 민중운동연합

군부독재 타도를 위한 모든 민주세력의 대연합을 촉구한다!

민주화를 바라는 모든 국민의 여망인 야권의 후보단일화와 범민주.민중세력의 대동단결을 위해 공동으로 노력해온 12월 11일 비상정치협상회의가 당초 기대했던 민주세력의 대연대를 이루어내지 못하고 '계훈제 선생, 백기완 김영삼 후보' 3자 회담의 성과에 그친 것을 아쉬워하며 다시한번 모든 민주세력의 대연합을 위한 우리의 입장을 와 같이 밝히고자 한다.

이번 선거과정에서 또 그 이후에서도 군부독재를 확실히 종식시키고 새로 출범할 민주정부를 확고히 정착시키기 위해서는 통일민주당, 평화민주당 및 범 민주.민중 운동세력이 대연대를 이룩하여, 전 국민의 애국민주 역량을 단일한 반군부독재 연합전선으로 결속시켜야 한다.

군부독재를 종식시키고 새로 출범하는 차기 정부는 민주당, 평민당 및 범 민주.민중 운동세력이 공동으로 참여하는 민주연합정부가 되어야 한다. 이 민주 연합정부가 수행해야할 기본정책과제는

- 독재잔재의 철저한 청산
- 민중의 생존권과 정치적 자유의 완전한 보장
- 민족자주권의 확립
- 평화적 민족통일의 추진
- 범 민주.민중 운동세력의 국정참여보장이다.

후보단일화 협상이 소기의 성과를 거두지 못한 것에 관계없이 범 민주.민중 운동세력과 통일민주당, 평화민주당은 대동단결하여 함께 노태우의 집권음모를 분쇄하는 투쟁에 총궐기해야 하며, 민주세력을 분열시킬 수 있는 행위는 중지되어야 한다.

노태우 일당은 국민의 지지가 없음이 확인되자 이번 선거에서 3.15 부정선거 이상으로 모든 금권,관권, 군부,어용매스컴, 반공이데올로기를 총동원한 부정선거를 획책하고 있다. 우리는 이러한 노태우의 부정선거 음모를 분쇄하는 투쟁에 공동으로 나설 것이다.

위와같은 과제를 효과적으로 수행하기 위해 통일민주당, 평화민주당, 백기완후보측, 군정종식 단일화쟁취 국민협의회, 단일화 쟁취를 추진했던 재야 13개단체연합, 김대중 후보추대위 등 6자의 협의체 내지 연락기구 결성을 긴급히 제안한다.

" 민주세력 대동단결, 민주연합정부 쟁취하자! "

1987. 12. 12

전국농민협회	전국 구속청년학생협의회
한국카톨릭농민회	전국 대학원 학생연합회
인천지역 해고노동자협의회	서울지역 비상 대학생대표자협의회
군부독재를 위한 노동자 선거대책위원회	한국기독청년협의회
천주교 도시빈민 사목협의회	서울지역 민주통일 민중운동연합
기독교 도시빈민 선교협의회	민주쟁취국민운동본부 부천지부

민주헌법쟁취 국민운동본부
NATIONAL COALITION FOR DEMOCRATIC CONSTITUTION

서울특별시 종로구 연지동136-46 기독교회관 312호
전화 : 744-2844

ROOM 312 CHRISTIAN BUILDING, 136-46 [illegible]-DONG,
CHONG-RO-KU SEOUL 110 KOREA TEL 744-2844

개표소의 일반상황(12월 16일 22:00 현재)

1. 투표함이 각 개표구로 운송되고, 현재 개표가 진행되고 있는 이 시점에서의, 개표소와 바깥과의 관계는 완전 차단된채, 진행되고 있는 상황이다.

2. 선거법에(선거법 제119조 개표참관) 의해
   (1) 개표참관인의 자유로운 참관
   (2) 각 정당이 배부한 관람증(개표소당 50-100명)을 소지한 방청객의 관람.
   (3) 100미터 밖에서 경찰 경비
   등이 보장되어야 한다.

3. 현재의 상황
   (1) 감시단의 개표 참관인이 현재 어떤 상태에 있는지 연락 두절되어 있음.
   (2) 방청객이 전혀 접근할 수 없는 상황
   (3) 전경, 경찰이 최류탄차까지 동원, 삼엄한 경비를 폄으로서 , 자유로운 개표분위기를 억압하고, 출입을 통제한다.

이상의 상황에 시민들은 매우 불안해 하면서, 개표소 밖에서 경찰과 대치하고 있는 듯한 분위기를 띠고 있다. 또한 이러한 분위기에 항의한 학생. 시민을 경찰이 구타, 연행하는 사건도 일어나고 있다.

현재문제 개표소

(1) 영등포구 영등포여고/경찰차단
(2) 서대문구 (명지고) 경찰차단
(3) 구로구 각목부대가 이동해오고 있음. (교회제보)
(4) 광주 경찰차단
(5) 구리시 경찰차단

NATIONAL COALITION FOR DEMOCRATIC CONSTITUTION

서울특별시 종로구 연지동136-46 기독교회관 312호
전화 : 744-2844

ROOM 312. CHRISTIAN BUILDING. 136-46. YUN-CHI DONG. CHONG-RO KU. SEOUL. 110. KOREA TEL 744-2844

1. 분류 ; 투표 부정(정전)

언제 ; 12/16 오후 6:00 - 6:07

어디서 ; 영등포구 대림동 대동국민학교(2투표소)

- 투표가 끝난 6시 정각에 다른교실은 변화가 없었으나, 투표소가 설치된 교실이 7분여간 정전 되었음.

그 사이에 그곳에 남아있던 사람(통(반)장 미상이라고 하나)의 주머니에서 투표 용지와 도장, 돈등이 발견되었음. 범인은 평민당원에 의해 발견, 지구당으로 연행되었다함.

현재(9시 30경) 주만들 5-600명이 투표소를 에워싸고 부정선거 규탄 집회중임(연대생 지도중) 투표함및 관련 종사자들은 투표소에 갇혀 있음. 사진 촬영 했음.

제보자 : 이용훈(소속 경희대 학교)

민주헌법쟁취 국민운동본부
NATIONAL COALITION FOR DEMOCRATIC CONSTITUTION

110 서울특별시 종로구 연지동136-46 기독교회관 312호
전화 : 744-2844

ROOM 312, CHRISTIAN BUILDING, 136-46, YUN-CHI DONG
CHONG-RO KU, SEOUL, 110, KOREA TEL 744-2844

분류 : 집계조작

언제 : 12월 17일 05:15

어디서 : 공주시청 별관 회의실

어떻게 : 개표과정중 '노'에 대한 집계과정에서 100표가 더해져있고 JP 표중 100표가 깎아진 것 발견하였음. 초기 집계시 위원장의 집계발표시 30표 씩의 오차가 2회 발생했고 부재자표 개표중 가인란등 용지상 내용의 미비점으로 이의제기했으나 위원장이 이사실을 미루다 '소위원회' 구성하여 자기멋대로 각인시켜 3당 참관인 전원 중단 요구하고 항의 중.

분류 : 경찰통계

언제 : 성북구 (갑.을구)

어떻게 : 갑은 12시전후 을은 01:30 - 3:30에 모두 전원 해산당함(감시단) 개표소 주변에 1명도 없음.

분류 : 투표함 부정

언제 : 12월 17일 05:40

어디서 : 도봉 을 투표구(염광여상)

어떻게 : 공릉2동 4투표구의 투표함이 개봉했다 다시봉한것이 역력하여 현재 보존 중.

제보자 : 도봉구 본부

옹진 속보

언제 : 12월 17일 06:00

어디서 : 경기도 옹진군청 회의실

어떻게 : 미봉함된 8개 투표함의 증거보존신청을 선관위는 아침에나 가능하다고 거절하여 개표가 중단되고 있음.

성 명 서

우리 국민은 이번 선거를 통해서 군부독재를 영원히 종식시키고 나아가 이땅의 진정한 민주화를 이룩하여 온 국민의 열망인 민주정부를 수립하고자 자발적으로 공정선거 감시단을 조직하여 선거과정에서의 부정을 막아내고자 혼신의 힘을 기울였읍니다. 그러나 군부독재는 선거이전 부터 막대한 금권과 관권을 동원하여 막대한 금품살포, 유세장 반강제동원, 고의적 명부등재 누락, 이중등재, 유령명부등재 등 실로 엄청난 선거부정을 자행하였읍니다.

국민의 신성한 한표가 행사되어야 할 선거당일에는 엄청난 양의 매표, 릴레이 투표, 대리투표를 공공연히 자행하고 심지어 이를 감시.적발 하던 공정선거 감시단에 대해서도 폭력배를 동원.테러를 가하고, 참관인의 개표소 출입을 금지시키는가하면 심지어 투표함 조차 바꿔치기하고, 투.개표소를 정전시키고 경찰로 하여금 부정행의를 보호케하는 등 실로 상상할 수 없는 사상초유의 부정선거를 자행하였읍니다. 서울의 경우 구로구에서는 방상자로 의장된 부정투표함과 다량의 투표용지, 용구가 시민들에 의해 적발되었고 서대문구 등에서는 야당개표 참관인이 모두 쫓겨난 상태에서 개표가 실시되었으며 이곳 저곳에서 투표수보다 개표수가 많은 110% 투표율이 나타났읍니다. 또한 일부 동에서는 야당성향 주민들의 선거인 명부 대량 누락사태가 벌어지고 어떤 구에서는 투표함 이송시 참관인 탑승을 거부하라는 구청장의 지시가 있는 등 16일 하루 동안 본회 감시단 서울본부에서만 500여건의 가공스러운 부정선거 사례가 고발.접수되었읍니다.

이러한 사상 유례없는 부정선거 사례에 대하여 언론, 특히 KBS, MBC-TV는 부정선거를 악의적으로 은폐한 채 개표가 평온하고 순조롭게 진행되는 양 국민을 속이고 말았읍니다.

민주주의국가에서 선거는 국민각자가 자기의 주권을 올바르게 행사하고 그것이 시종 공명정대하게 관리.운영되어야 그 결과의 정당성을 획득할 수 있는 것입니다. 그러므로 엄청난 금권과 행정력, 폭력, 투.개표과정에서의 온갖 부정이 자행되어 전 국민의 민주화 열망을 날조.왜곡시킨 13대 대통령 선거의 법적.도덕적 정당성은 그 결과에 관계없이 원천적으로 부정될 수 밖에 없읍니다.

우리는 항상 고난받는, 이 땅의 역사속에서 현존하시는 그리스도와 함께 현정권과 민정당의 반민주적 선거부정을 규탄하며 온국민과 더불어 이에 맞서 끝까지 싸울 것을 다짐합니다.

1987년 12월 17일

민 주 쟁 취 천 주 교 공 동 위 원 회

한국 천주교 평신도 사도직협의회 회장 한 용 희
한국 천주교 정의평화 위원회 위원 유 현 석
천주교 정의구현 전국사제단 김 승 훈

성 명 서

우리는 왜 농성투쟁을 감행하는가

금번 대통령선거에서 전국적으로 자행된 불법 부정선거의 구체적 증거의 하나인 구로구청 부정투표함을 적발 이를 사수하기위해 우리는, 이 부정투표함이 의미하는 바와 우리의 입장에 대해 만천하에 밝히고자 한다.

(1) 우리는 이번 부정투표함 사건이 단순히 우편투표함 몇개의 부정에 그치는 것이 아니라 군사독재에 의해 전국적으로 노골적으로 자행된 부정, 조작선거를 증빙하는 생생한 증거라 믿는다. 금번 대통령 선거는 시작부터 정부와 민정당에 의한 관권, 금권 선거로 진행되었으며 투개표 과정까지도 선거인 명부의 누락 및 이중 유령등재, 거의 모든 투표소에서 엄청난 릴레이투표와 대리투표, 투표용지와 투표함 바꿔치기가 자행되는 가운데 공정선거 감시단과 국민에게는 가차없는 폭력이 가해지고 투개표 참관인 활동마저도 극심한 방해를 받거나 봉쇄되는 살벌한 공포의 현장이었다. 이번 부정투표함 사건도 이와같이 전국적으로 벌어진 투표함 바꿔치기, 투표용지 바꿔치기의 한 사례로서 전국적 불법, 부정선거의 상징적 사건이라고 믿는다.

(2) 이제 구로구청에서 발견된 문제의 부정투표함에 대해 중앙선거관리위원회는 "부재자 투표함은 투표 마감전 이송도 무방하다"고 하며 마치 정당한 투표함의 호송을 우리가 가로막은 것처럼 말하고 있다. 그러나 투표 마감전 이송이 무방하다는 중앙선관위의 유권해석은 법률과 상식에 어긋날 뿐 아니라, 우리는 중앙선관위 자체가 군사독재의 부정선거의 충실한 하수인으로서 역할해왔음을 그동안의 감시활동을 통해 명백히 확인했음을 밝힌다.

만일 투표함 호송이 정당한 것이었다면 왜 투표함을 빵으로 덮어씌어 몰래 빼돌리려고 했는가? 또 구로 을구 선관위원장 스스로가 투표 마감 시각 이전에 그것도 선관위원장인 자신에게는 아무런 보고도 허락도 받지않고 구로 을구 선관위 사무과장이 자의로 투표함을 옮기려 한 것은 자신도 이해할 수 없으며 이는 절차성 하자라고 시인하고 있는데, 중앙선관위는 왜 이런 명백한 하자를 부인하려 하는가?

또한 구로구청 3층내 구로 을구 선관위 사무실에서 발견된 기표에 사용하는 붓뚜껑 50여개, 인주가 묻어있는 장갑 11짝, 백지 투표용지 1,500여매는 불법 기표한 투표용지를 바꿔치기하는데 사용한 것이 아니라면 무엇이라고 설명할 것인가?

강실원 사무과장은 이 물건들이 2개월전 국민투표 때 사용했던 것이라고 하나, 붓뚜껑에서 종이에 생생하게 표가 찍혀 나오는 것을 보면 이는 인주를 묻혀 사용한지 불과 몇시간 안되는 것으로 단정할 수밖에 없다.

(3) 우리가 이 부정투표함을 사수하는 이유는 이 투표함의 무효를 주장하고자함이 아니라 불법, 부정선거에 대해 전면적인 무효를 선언하고자 함이다.

우리는 전두환, 노태우 일당의 후안무치한 불법, 부정선거에 대해 전국민의 이름으로 규탄하며, 전두환 노태우의 즉각 퇴진을 강력히 촉구한다. 우리는 우리의 뜻이 관철될 때까지 모든 민주세력 및 민주화를 염원하는 국민 모두와 더불어 싸울 것이며 우리의 농성투쟁을 계속할 것이다.

1987년 12월 17일

선거 무효화를 위한 서울지역 투쟁위원회

상황일지

* 1만여 명의 시민들이 농성중이던 구로구청을 경찰은 18일 오전 8시 40분 전격 진압작전을 감행했다.

0 : 35 규탄대회
0 : 40 국지전－최루탄으로 상당수 부상
1 : 50 집행부성명서 발표
2 : 05 선관위 갑구개표를 을구개표소에 하기로 했다
6 : 30 전면 공세 4천여명 전투경찰과 헬기로 최루탄 난사
7 : 30 소방차·앰뷸런스 도착.
8 : 30 학생·시민들, 강제 진압에 항의 투신 줄이어. 이시간 이후 탈진상태 시민을 계속 연행 10여명 사망자가 속출(미확인

민주통일민중운동연합 ☎ 745-9618 · 745-6702

우리는 조작된 선거 결과에 승복할 수 없다

— 12·16 부정선거에 대한 애국불교 대중의 입장 —

불교 대중을 대표하여 223명의 애국승가는 지난 12월 11일 개운사에서 김대중 후보의 승리가 곧 민중의 승리이며 김대중 정권의 수립만이 군부독재타도와 민족 자주실천의 효과적인 방안임을 안팎에 천명하였다. 그와 같은 우리의 뜻은 13일 보라매 공원 집회에서 여지없이 확인되었다. 그날 모인 600만 대중의 열기와 성원은 김대중 정권의 수립이 민족 역사의 순리이며 김대중 후보의 승리가 결정적임을 우리 모두에게 구체적으로 확인시켜 주었다.

이번 12월 16일 대통령 선거는 선거사상 유래없이 사전에 계획된 조작 부정선거이며 국민 대중이 지지해낸 민중정권의 엄연한 찬탈이다. 국민 대중은 또 한번 군부파쇼 집단에 의해 자신의 존엄한 권리를 무참히 짓밟혔으며 자신이 지지해낸 정권을 반민족 세력에 의해 도둑 맞았다. 그러나 우리는 더 이상 속지 않으며 더 이상 밟히지만 않는다.

지난 6월 투쟁을 승리로 이끈 현명한 국민 대중이 어떻게 우리 가슴에 총칼을 겨누고 외세와 일부 특권층의 이익을 위해 국민 대중을 처참히 짓밟는 자를 우리의 손으로 인정할 수 있단 말인가? 80년 5월 항쟁의 좌절을 딛고 일어선 용기있는 국민 대중이 어떻게 소름끼치는 공작과 음모 속에서 진행된 부정선거의 조작된 결과에 승복할 수 있단 말인가? 그리하여 우리가 그토록 원했던 국민의 정권, 김대중 정권의 수립을 포기할 수 있단 말인가?

오직 단결과 비타협적인 싸움만이 우리 앞에 놓여 있을 뿐이다. 이에 우리는 선거 무효화 투쟁에 결연히 힘을 모아 나아가려는 애국불교 대중의 의사를 모아 다음과 같이 국민 앞에 우리들의 입장을 밝힌다.

1. 이번 12·16일 선거 결과는 국민 주권의 완전 말살이며 군부 집단에 의한 또 한번의 정권 탈취이다. 우리는 결코 조작된 선거 결과에 승복할 수 없으며 김대중 정권의 수립을 전폭적으로 지지한다.
1. 12·16일 부정 공작 선거의 주범인 전두환, 노태우 일당의 즉각 퇴진과 대통령선거 결과 무효화를 선언한다.
1. 양김씨의 단일화 실패 논의를 통해 조작된 부정선거를 은폐하려는 모든 세력을 반민주, 반역사적인 세력으로 규정한다.
1. 혁신 정당과 민중운동을 기만적으로 위장하여 노태우의 보수대연합 구도에 편입함으로써 12·16 부정 선거를 인정해 주려는 모든 자들을 반민족적 세력으로 규정한다.
1. 이번 선거를 공정선거로 인정하고 노태우의 조작된 당선을 기정사실화하려는 미국, 일본의 구상에 결연히 반대하며 그들이 더 이상 국민 대중의 민주화 의지를 왜곡 말살할 때 그들과 비타협적으로 싸워 나갈 것을 선언한다.
1. 정의는 반드시 승리하며 김대중 정권의 수립은 역사의 순리이다. 우리 모두 간고한 민주 혁명의 싸움에 대동단결 동참하여 나아가자.

1987년 12월 18일

민족자주 실천 불교회

관제언론 "무효", 대통령선거 "무효" 선언문

KBS, MBC, 서울신문, 동아일보, 한국일보, 경향신문, 조선일보 중앙일보등 관제언론은 차라리 그 이름을 「민정당 방송국」「민정당 신문사」로 개명하여 자신의 실체를 "떳떳이" 드러내야 한다. 수백만건에 달하는 노태우의 금품살포사례, 수백만건의 청중 강제동원, 헤아릴 수 없는 부정선거 사례를 보도 하기는 커녕 오히려 "공명선거"라고 미화하는 사기행각에 덜미를 잡힐날이 오고야 말것이다.

「민정당 방송국」「민정당 신문사」들은 12월 18일 06:00시~09:00시 사이에 벌어진 구로구청의 참혹한 살육의 현장을 깡그리 은폐하고 있다. 관제언론은 구로구청의 체류탄 질식사, 분신자살, 5층추락사 등 살육의 진상을 낱낱히 보도 하여야 한다.

우리모두 관제언론에 "무효"를 선언 합시다! 관제언론의 "모든것"을 거부하고 "응징" 합시다!

우리 모두 대통령선거 "무효"를 선언 합시다! 관제언론은 부정선거의 은폐 → 부정투표의 은폐 → 부정개표의 은폐 → 구로구청 살육의 은폐로 이어지는 천인공노할 "왜곡" "편파" "어용"의 길로 나서고 있읍니다.

43년 12월 19일

고려대학교 신방과 (서명) 교수

부정선거 무효화투쟁 범국민회의 창립선언문

노태우는 전면부정 책임지고 즉각 물러가라!

온국민이 그토록 열망하던 민주정부수립은 관권과 금권을 총동원한 군사독재정권의 사상유례없는 부정선거로 참히도 깨어지고 말았다. 4월혁명이 5·16군사쿠데타도 유린당한 뒤 26년동안 반민주적 군부세력의 총칼 래서 억압과 착취를 당해온 민중은 위대한 6월항쟁의 빛나는 성과인 이번의 대통령 직접선거가 민주적인 지도 를 뽑는 축제가 되기를 간절히 바랬다.

그러나 노태우·전두환 일당은 천문학적 액수의 선거자금을 뿌리고 모든 공무원을 부정선거 '요원'으로 동원 여, 부재자투표과정에서 폭행과 협박을 자행하는가 하면, 투개표과정에서 릴레이투표, 대리투표, 투표함 바꿔치 환표, 무효표조작, 참관인 매수와 추방, 공정선거감시단에 대한 테러 등 가공할 선거쿠데타로 군사독재를 연 하려고 광분하였다.

그들은 또 이 체제와 운명을 같이하는 하수인인 신문과 텔레비젼을 교묘하게 조작하여 언론과 컴퓨터에 의한 데타를 저질렀다. 텔레비젼은 개표소의 집계를 앞질러 노태우의 '압승'을 기정사실화했으며 신문들은 앵무새 럼 이를 합창하고 민주세력의 '패배'원인을 단일화 실패에만 돌렸다.

우리가 통분을 누르지 못하는 것은 부정선거의 대표적 현장인 구로개표소에서 농성하던 학생과 시민 1천여명을 찰이 무자비하게 폭행하고 연행하여, 그중 여러명은 생사조차 확인되지 않고 있는 현실이다.

6월항쟁이래 민주쟁취국민운동본부를 중심으로 민주화투쟁을 벌여온 민주단체들과 이들과 뜻을 같이하는 여러 및 각계를 대표하는 지도자들은 오늘 이 사상 최악의 부정선거가 민중의 삶을 더욱 처참하게 만들 것이라고 하면서 **부정선거무효화투쟁 범국민회의의 창립을 선언한다.**

이미 전세계의 언론은 이 선거를 전면부정한 바 있으며 미국의회의 조사단도 대대적 부정이 이루어졌다고 공표 했다.

노태우의 '당선'으로 부정과 불의의 승리를 의미할뿐 아니라, 전두환에 이어 다시 광주학살의 원흉이 집권한 범죄행위의 연장이다. 국민적 합의를 부정으로 조작한 범죄자가 대통령 자리에 오른다면 국가의 운명은 파멸 이어질 것이 분명하다.

우리는 이 명백한 나라의 위기를 막고 민주정부를 세우기 위해 오늘 출범하는 이 기구에 전국민이 적극적으로 해주기를 당부드린다.

우리는 이번 선거를 무효화하는 막중한 사명을 완수하기 위하여 민주적인 모든 단체들과 연대하고 민주정당과 하여 싸울 것이다.

우리는 부정선거의 실상을 왜곡하여 국민을 기만하는 신문과 텔레비젼이 하루라도 빨리 진실보도로 돌아가기를 히 권하며, 군과 공무원의 엄정중립을 촉구한다.

우리는 노동자, 농민, 빈민, 학생 등 모든 부문과 대동단결하여 이번의 부정선거를 무효화하고, 민주정부수립의 열기 위해 혼신의 힘을 다해 싸울 것을 다짐한다.

1987. 12. 19

부정선거 무효화투쟁 범국민회의

전국 선거 무효화 투쟁 들불처럼 타오르다!!

- 선거는 무효다 애국 시민이여 총 투쟁하라 -

이제 우리의 싸움은 결코 멈출 수도 패배할 수도 없는 것이 되어가고 있다. 음으로 양으로 노태우 민당이 실시했던 천문학적 부정선거에 맞서 전국의 각 도시는 그를 규탄하고 우리들의 승리를 올바로 찾기위한 투쟁에 모두 떨쳐일어섰다. 서울, 부산, 광주등 대도시는 물론 전남일원의 각군단위 및 전국 중소 도시에서의 투쟁속보는 노태우 민정당에 맞서 결의에 찬 투쟁을 벌이는 우리들의 전열에 찬 희망과 용기를 준다. 이제 투쟁의 선봉은 지방이 없고 성별이 없으며 나이가 없다. 고등학생 까지 지금의 상황은 분명 애국 투쟁앞에 결연히 나올것을 국민에게 촉구하고 있다.

이와같은 상황과 더불어 긴박한 상황들이 전해진다. 17일 오후 한 개표상황 컴퓨터 집계 종사원이 대이상 조작에 의한 개표집계는 무의미하다고 인식, 양심선언을 한채로 집계 종사를 거부하고 퇴장하였는 소식이 전남 국민운동본부를 통해 폭로되었다. 그리고 17일 저녁부터 부정투표함을 둘러싸고 지속되었던 서울 구로구청에서의 시민 학생들의 투쟁은 어제 폭력경찰들의 무자비한 진압과정에서 2명 분신, 2명 투신하는등 8명의 사상자를 내고 1천명 이상이 연행되어 끓는 분노를 자아내고 있다. 부산을 비롯 전국 국민 운동본부는 평민당과 함께 김대중씨의 당선을 계속 발표하고 있다. 이밖에 청주, 대구, 전주, 인천, 광명, 강릉등의 각 도시의 투쟁 제보가 끊이지 않고 있다. 또한 광주를 비롯한 전남 애국도민들의 투쟁은 완도 평민당 부녀회장의 부정선거에 분개한 음독자살을 비롯한 비보로 부터 고교생들의 감동어린 봉기에 이르기까지 그 결연한 의지가 충천하고 있다. 이처럼 전국적 상황이 전개됨과 함께 김대중씨는 이번 선거가 원칙적으로 부정선거임을 확신하고 온 국민과 함께 투쟁할 것을 선언하였다.

눈에는 눈, 이에는 이, 부정에는 정의의 칼날로 응징하리라! 전국적으로 선거 무효화 투쟁이 들불처럼 일어나고 있는 이때 광주 시민이여 무엇을 주저하는가? 80년 5월 시민군의 민주항쟁 정신을 가슴에 담고 즉각 투쟁전선에 나서야되지 않겠는가!! 역사는 시민들의 결연한 투쟁을 요구하고 있다. 민중들에 의한 노태우 민정당의 패배를 요구하고 있다. 정의는 결코 불의앞에 무릎 꿇지 않는다.

자! 오늘 또 다시 힘찬 투쟁을 다그치자. 광주시민 대동단결 노태우를 처단하자. 승리를 되찾자! 민주정부 쟁취하자!!

우리들의 결의

- 선거 무효화하고 민주정부 쟁취하자!!
- 학살원흉 노태우가 대통령이 웬말이냐 노태우를 처단하자!!
- 광주시민 대동단결 노태우 민정당을 박살내자!!
- 부정선거 공범 미국놈을 몰아내자!!

분단조국 43년 12월 19일

전남지역 대학생대표자 협의회

구로구청 부정선거에 관한 우리의 고발장

민주쟁취 천주교 공동위원회는 공정선거 감시단에 의해 수집된 자료에 따라 금번 대통령 선거가 온갖 부정방법을 동원하여 실시된 원천적인 부정선거 임을 지난 12월 17일 성명을 통해 밝힌 바 있다. 여러 재야 단체들의 부정선거 무효화 투쟁이 확산되고 있는 가운데 본 위원회 감시단은 구로구청 농성사건이 선거부정의 가장 구체적인 예라는 점에서 이를 주목하지 않을 수 없다. 사건의 전모가 언론에 의해 왜곡보도되는 가운데 경찰의 무자비한 진압으로 수많은 부상자를 내기에 이른 구로구청 사태는 '보통사람의 시대'로 위장한 현 집권세력이 폭력성과 부도덕성을 다시 한번 드러낸 것에 지나지 않는다. 이에 우리는 사건의 내용과 문제점을 다음과 같이 밝히는 바이다.

1. 투표함은 선거일 오후 6시에 옮겨져야 한다.

선거관리 위원회는 문제의 투표함에 대해서 '투표당일 오후에는 사무형편상 빈 사무실에 투표함을 남겨놓을 수 없으므로 미리 운송하려 했던 것' 이라 해명 하였다. 이는 '부재자 투표의 투표함 투입은 투표마감 시간까지, 즉 12월 16일 오후 6시 까지'라고 규정한 대통령 선거법 시행령 제55조를 위배한 해석에 다름 아니다. 투표도 끝나지 않은 오전 11시 20분에 투표함을 이송하는 것은 불법행위라고 단정하지 않을 수 없다.

. 왜 투표함을 몰래 빼돌리려 했는가?

당국은 문제의 구로구청 투표함을 적법한 절차에 따라 이송하려 했다고 주장하고 있다. 그러나 구로구 선거관리 위원장(심일동, 서울지법 남부지원 부장판사)도 모르는 가운데 투표함을 빵을 넣은 사과박스로 위장한 채 몰래 빼돌리려고 한 행위는 불순한 의도를 갖고 있었다는 점은 누구도 부정할 수 없을 것이다.

. 구로구청 별관 3층에서 발견된 투표용지, 인주, 붓뚜껑, 도장, 면장갑은 무엇인가?

투표함이 발견된 직후 구로구청 별관 3층 선거관리 위원회사무실에서 대통령 선거 투표용지 1,506매, 인주와 기표용 붓뚜껑 64개, 따로 만든 참관인 도장 6개, 인주가 묻은 면장갑 6켤레가 발견되었다. 선관위 측은 지난 국민투표 때 사용했던 것이라고 변명했으나, 모든것이 새것이었을 뿐만 아니라 붓뚜껑을 종이에 눌러 보니 선명하게 찍혀나오는 사실은 이 모든 기물은 금번 선거에서 사용할 목적으로 비치되어 있었다는 점을 증명하고 있다. 또 봉인이 뜯긴 빈 투표함 1개도 함께 발견되었는 바, 이야말로 투표함 바꿔치기의 구체적 증거임을 확인시켜주고 있다.

. 왜 폭력으로 진압했는가?

문제의 구로구청 부정 투표함을 지키고 있던 시민.학생들은 선거관리위원, 내외신기자와 함께 문제의 투표함을 개봉하자고 요구하였다. 그러나 당국은 이를 묵살한 채 정당한 권리를 요구한 학생.시민을 폭동행위로 규정하고 마침내는 경찰을 동원하여 광주사태를 연상케하는 무자비한 폭력으로 진압하고 말았다. 그리고 진압과정에서 많은 부상자가 속출하였고, 1,005명이 무더기로 연행되었다. 이는 선거부정의 구체적 증거인 구로구청 사태를 은폐하려는 현 정권의 저의에서 비롯되었다고 보지 않을 수 없다.

5. 우리는 모든 방법을 동원하여 이번 구로구청 사태의 진상을 밝혀 낼 것이다.
우리는 현 정권이 구로구청 부정시비의 구체적 내용을 국민앞에 명백히 밝혀야 하며, 그 책임자는 당연히 처벌되어 마땅하다고 생각한다. 또한 구로구청 부정시비를 고의적으로 왜곡 보도한 언론인들의 참회를 촉구하면서 앞으로 사법적 절차에 의한 고발도 진행할 것임을 밝힌다.

우리는 구로구청에서 발견된 부정투표함을 끝까지 지키던 시민들의 투쟁에 경의를 표하며, 이들과 함께 또한 모든 선한 이들과 연대하여 부정선거를 규탄하고 민주 정부를 수립하기 위한 투쟁을 계속할 것이다.

1987년 12월 19일

민 주 쟁 취 천 주 교 공 동 위 원 회

구로구청 부정 투표함 관련 진상 보고서

1. 일시 및 장소

1987. 12. 16 오전 11시 20분경

서울 구로구 소재 구로구청 현관앞 마당

2. 상황

구로구청 현관앞 마당에 경찰백차 1대, 봉고추럭(타이탄) 1대등 2대의 차량이 정차중이고 봉고추럭 내에는 빵, 과자, 라면 상자로 덮어 위장 그속에 투표함 1개, 인주 약 20개, 붓대롱 22개, 투표용지 1601매 뭉치가 실려 있고

봉추럭에는 무장 경찰관 정사복 4명이 승차중 정복 2명은 소총을 소지하고 차량 앞쪽에 사복 2명은 권총을 휴대하고 있는 상태로 뒷쪽에 서 있고 구로 을구 선거 관리위원회 사무과장 강 실 원 이 중간에 승차 하고 있었고 경찰 백차에는 정복 경찰관 2명이 승차 하고 있었음.

국회의원 김 병 오 사무소

3. 부정 투표함 적발 경위
위 사실을 목격한 시민의 전화제보
에 의하여 평민당 구로갑구 선거대
책 위원회에 대기중인 부정 선거 감시단
의 학생 청년 당원중 6~7명이 출동
적발 한것임

4. 구로을구 선거관리 위원 측 해명
가) 승차중인 사무과장 강실원의 말
① 투표함은 부재자 투표함으로 을구 소관
개표소로 옮기는 중이고
② 인주와 붓대롱은 2개월전 주민투표
시에 사용한 것이며
③ 투표 용지는 잔여분의 투표용지 여서
가져 갈려고 했다
나) 구로 을구 선거 관리위원장 성일등의 말
① 위원장은 투표함 운송 지시를 한바
없다고 했고
② 관례상 부재자 투표함도 투표 마감
시간인 오후 6시 이후에 운송 되는
것으로 알고 있는데 이런 불상사
에 대해 사과하며 운집한 시민과
학생들에게 동일 오후 6시 30분경

부이고 방송을 통해 하명 하였음.

5. 당국 및 방송, 신문 등의 보도사실
각종 신문 및 방송에서는 위 사실을 은폐하고 학생 또는 시민이 불법으로 투표함을 탈취 절거 이를 지키기 위하여 농성중이라고 보도한것은 전연 사실과 다른 것임

6. 경찰의 진압 상황
1987. 12. 18 새벽 3시경까지 계속 운집한 시민과 학생들의 농성 현장인 구로구청 마당에 있는 군중을 해산키 위하여
① 경찰은 전경, 백골부대원 깡패등으로 보이는 사람을 주로 고려병원 마당에 뻐스 약 15대 지휘차량 2대, 대림동 도로 공원 쪽 로변에 약 200여대의 병력으로 집결 작전 준비에 만전을 기 하다가 동일 새벽 6시를 기해 최루탄을 수없이 쏘아 정문 등 사방으로 쇠 파이프 각목을 휘드르며 돌격하여 농성중인 시민과 학생을

무참하게 폭행을 가했으며

② 소방 차량 수대와 고가 사다리 소방차 고대를 가지고 화공 약품이 섞인 물로 보이는 것을 구로 구청 청사 내외를 뿜어 대며 강제 진압중 시민 학생은 연행되고 부상자가 속출되어 고대구로 병원, 도영병원 등으로 입원 시켰으며 동 작전은 9시에 종결 된 것으로 보임

③ 연행자 입원환자등의 신원을 확인 할 수 없고 치료조치 당국은 방관시 하였음.

7. 평민당 구로(갑구) 의 소견

가) 부정 투표함 이라고 단정한 이유

① 부재자 투표함이든 투표함이든 간에 선거 관리 위원과 정당 참관인의 입회 없이 후락에 위장 시킨 내용물 속에 은폐 시킨점

② 부재자 투표함은 선거관리위원회 설치 장소에

일반 투표함은 투표구 위원회에 설치 토록 공고 된 사항을 투표 시간내에 임의로 이송 하는것은 환표용 투표함이라고 추정 되고

국회의원 김 병 오 사무소

③ 인주와 볼펜통이 다량의 수가 되고 투표 용지가 있으며 이를 주민 투표시 사용 한것을 무엇때문에 통 추럭에 싣고 운반 하는 이유가 납득하기 어려우며 볼펜통을 꺼내 종이에 찍으니까 인주가 마르지 않고 ○ 적은것이 선명히 나타난 것을 한 시민이 현장에서 확인 한 것으로 보아 부정 투표용 기구로 추정됨.

④ 적발 당시 정사복 경찰과 경찰백차가 있었는데 합법적인 투표함이라면 끝까지 지키고 운송하여야 함에도 즉시 뿔뿔이 도망 가버린 점

⑤ 당국은 시민 학생이 투표함을 탈취 점거 했다고 주장하고 있으나 그 상황은 바로 20m 거리에 인접한 구로 경찰서가 위치하고 있고 당시 수백명의 전경과 사복 경찰관이 주위를 에워싸고 있는 상황에서 투표함을 탈취 운운 하는것은 어불 상설이 아닌가?

라). 건의 사항

① 금번 구로 을구 선관의 부정투표함 사건은 구로 을구에서 유일하게 밝혀진 부정선거

사례에 불과하며 이는 전국적으로 행하여 질수 있었다는 것으로서 현 정권의 의도적이고 계획된 분명한 부정 선거라고 볼수 있음
그런고로 부정 선거 사례는 보다 구체적으로 국민들에게 적시(주지)하여 보다 적극적으로 홍보하여 줄것을 강력히 요구하는 바임

② 금번 구로구 부정선거에 항의 하여 농성투쟁 하다가 경찰의 무지비한 진압과정에서 부상을 입은 학생및 애국시민들에 대한 위문 및 사후 치유, 조치를 강구 해 줄것이 선결책 임

③ 금번 구속된 학생및 애국 시민 들에 대한 법적 투쟁을 위하여 변호사 선임및 각종 지원을 요청하는바임

1987. 12. 21.

평화 민주당
구로갑구 선거대책위원회
위원장 김 병 오

평화민주당 총재 귀하

12. 16부정선거의 무효를 선언한다!

선거를 통해 군부독재정권을 연장하려는 노태우 일당은 엄청난 폭력과 부정, 조작 등의 만행을 자행하였다. 투표와 상관없이 선거결과가 이틀전에 조작되어 짜여진 컴퓨터 프로그램대로 방송되었는가 하면, 릴레이투표 · 대리투표 · 유령투표 · 참관인 폭행 · 투표함 탈취 및 바꿔치기 등의 엄청난 부정이 저질러졌다.

17일 새벽에 배포되다 중지된 서울신문의 호외는 "노태우 당선"이라는 "헤드라인"아래 상오 8시 현재 8백10만2천4백50표를 얻었다고 썼다. 이야말로 이번 선거가 원천적인 부정선거임을 증명하는 것으로써 신문의 호외가 나올 시간인 6시 현재 TV개표집계 현황이 전체 투표수의 50%도 되지 않은 상태였다. 또한 이를 증명하는 것으로써 18일자 조선일보에는 만 하루가 더 지났는데도 노태우의 득표수는 6백6만7백17표로 집계되어 보도되었을 뿐이다. 이는 17일자 서울신문의 8백10만2천4백50표로 "노태우 당선"을 보도한 것과 비교해 볼 때 하루전인데도 2백만표 이상이나 편차가 나는 것으로 이번 선거가 컴퓨터에 의한 개표조작이라는 항간의 의혹을 그야말로 과학적(?)으로 증명하는 것이다. 더구나 12월18일 아침 부정투표함을 사수하던 애국시민, 학생 1000여명에게 가해진 폭력적 진압은 우리를 경악케 한다. 4000여명의 정 · 사복 경찰을 동원하여 최루탄을 난사하고 무차별 폭력을 자행하는 과정에서 수없이 많은 애국시민, 학생이 추락, 투신 등으로 치명적인 중상을 입었다고 한다.

이에 우리는 12.16선거가 국민의 신성한 주권을 찬탈하고 폭력을 자행한 부정선거로서 무효임을 엄숙히 선언하며 군사독재정권 타도에 분연히 떨쳐 일어설 것임을 천명한다.

현단계 투쟁의 본질은 미 · 일 외세를 등에 업은 군부독재 정권과 민중간의 힘과 힘의 관계 속에 놓여있다. 선거는 그러한 투쟁의 한 계기이며 형식에 불과하다. 민중의 결집된 힘이 존재한다면 선거의 결과가 패배라 하더라도 승리로 귀결될 것이며, 민중의 결집된 힘이 존재하지 않는다면 선거의 결과가 승리라 하더라도 패배로 귀결될 것이다.

모든 권력과 금력과 물리력을 장악한 군사독재 정권 아래서 선거의 현상적 결과가 승리로 나타날 수는 없다. 단일화가 되든, 독자후보를 내세우든 어떠한 경우에도 군사독재 정권은 온갖 물리력을 동원하여 자신의 승리를 가장할 것이다. 그러나 군사독재 정권의 가장된 일시적 승리는 승리가 아니다. 선거과정을 통해, 선거무효화 투쟁을 통해 결집되는 민중의 힘은 군사독재 정권 자체를 박살내 버릴 것이기 때문이다.

보자, 보라!

서울에서, 광주에서, 부산에서, 대전에서, 군사독재 타도를 향해 일어서는 민중의 물결을! 특히 부정선거 무효화 투쟁에 나선 우리들의 제자들을 자랑스럽게 여기며 우리 또한 거대한 파도가 되어 저 학살자의 무리들을 향해 돌진할 것이다. 민주주의 만세! 민족민주교육 만세!

1987년 12월 21일

민주교육실천협의회

선거 무효화 투쟁에 모든 역량을 결집시키자!

—전국 민주운동단체와 야당에게 촉구한다—

1. 선거 이후 광주를 비롯한 전국 각지에서 범국민적인 차원에서 들불처럼 확산되고 있는 부정선거 무효화 투쟁은 6월 투쟁의 연속선상에 있다. "군부독재타도"라는 민족사적 과제가 선거를 통해서 가능하리라고 생각했던 국민들의 기대감이 개표되는 순간 군부 집단의 간교한 부정 협잡 사기극으로 드러나면서부터 부정선거에 대한 적개심이 다시 "군부독재타도"라는 원점으로 되돌아오고 있다. 따라서 현재 촉발되고 있는 범국민적인 선거 무효화 투쟁은 6월 투쟁의 경험이 제시하고 있듯이 민족민주 진영의 광범한 연대와 철저한 투쟁을 요구하고 있다.

2. 행정력을 동원한 대량의 금품 살포, 강제 청중동원, 강제 입당, 관제 언론의 편파 보도, 유세장 폭력을 통한 지역감정 조작, 야권분열 책동, 야당 후보에 대한 흑색 선전 등 선거운동 과정의 원천적 부정과 부재자 투표, 릴레이 투표, 대리 투표, 이중 투표, 110%의 투표율, 공정선거 감시단에 대한 폭력, 납치 등 투표과정의 부정, 그리고 야당 참관인의 추방, CBS 기자 추방, 투표함 바꿔치기 등 금번 선거는 이루 헤아릴 수 없는 노골적인 부정으로 점철된 사기극이었다. 따라서 금번 선거는 완전 무효화되어야 한다는 점은 재론의 여지가 없다.

3. 그런데 선거 후 국민들의 자생적인 선거 무효화 열기에도 불구하고 이번 선거의 실패가 단일화의 실패 때문이라는 민주운동 단체들의 일부 그릇된 입장이 있어 투쟁의 초점을 흐리게 하고 있다. 설사 야당 후보의 단일화가 이루어졌다 해도 군부정권은 부정선거를 통해 노태우의 당선 사기극을 관철시켰을 것이라는 점을 명백히 해야 한다. 따라서 지금에 이르러서까지 단일화 실패 운운하는 것은 군사독재 정권의 간교한 술책에 말려 들어 결과적으로 그에 동조하는 오류를 범할 소지가 있다. 이것은 민정당이 선거전에서 야당의 패배를 단일화의 실패나 지역감정의 탓으로 돌리는 것과 때를 같이 하고 있다. 일부 인사와 야권에서 이에 동조하는 듯한 태도를 보이는 것은 부정선거를 사후 승인함으로써 군사독재 정권에 대한 국민적 분노를 희석화시켜 버릴 우려를 안고 있다.

4. 한편 민주, 평민 양당은 선거 무효화 투쟁에 전면적으로 나서지 않고 총선에 대비하려는 듯한 모습을 보이는 것은 국회의원 선거법 협상을 통하여 부정선거에 의한 노태우 당선 조작극을 기정 사실화하려는 민정당의 술책에 말려드는 것이 되어 국민을 배반하는 행위가 될 것이다. 만약 양당이 부정선거 무효화 투쟁을 외면한 채 총선 체제에 돌입한다면 민주화를 열망하는 국민을 배반하는 행위로 간주될 것이다. 민주, 평민 양당은 선거 과정에서 첨예화되었던 대립 감정을 떨쳐버리고 다시 한번 6월 투쟁에서 보여주었던 단결된 모습으로 돌아가 민주 진영과 함께 부정선거 무효화 투쟁에 적극 동참할 것을 강력히 촉구한다.

5. 현단계에서는 선거 이전에 취했던 입장이 어떠했던 간에 모든 싸움의 초점을 "부정선거 무효화", "군부독재 타도"로 집중시켜야 한다. 또한 광주학살의 원흉 노태우 당선의 사기협잡극을 적극 비호 승인하는 미국과 일본이야말로 온 국민의 민주화 열망을 잔혹하게 짓밟고 군사독재 정권을 국민에게 강요하는 배후조종 세력이라는 점을 부정선거 무효화 투쟁을 통해 전 국민에게 광범하게 폭로하면서 미국에 대하여 강력한 경고를 보여야 한다.

6. 현재 전국화되고 있는 범국민적인 부정선거 무효화 투쟁을 전국적 차원에서 효과적으로 대처하기 위해서는 광범한 범국민적 민주연합전선을 공고히 할 것을 강력히 촉구한다. 이러한 공동투쟁의 대열에서 이탈하거나 어떠한 이유로도 동참하기를 주저하는 집단은 군사독재 집단의 공범자로 규정될 것이며, 반민족, 반민주 집단으로 국민적 심판을 면치 못할 것이다.

7. 광주와 구로 지역 및 명동 성당을 비롯한 전국 각지에서 치열하게 벌어지고 있는 부정선거 무효화 투쟁을 군사독재 집단은 관제 언론을 통하여 지역감정 및 유언비어에 의한 소요로 호도하면서 민주 진영 전열의 분열을 획책하고 있다. 또한 적들의 진압 방식도 더욱 잔인해지고 있다. 이에 우리는 온 국민과 함께 적들을 분쇄하는 투쟁에 적극적으로 동참할 것을 절박한 심정으로 제안한다.

— 민주 세력 대동단결 선거무효 독재타도!
— 부정선거 완전 무효 노태우 처단 독재타도!
— 부정 선거 비호하는 미일외세 물리치자!
— 부정선거 독재타도!

1987년 12월 20일

민주쟁취 국민운동 전남본부
전남 사회운동협의회
5월 운동협의회
전남 민주주의 청년연합
민주쟁취 전남 노동자 공동위원회
민주쟁취 전남 농민위원회
민주쟁취 전남 청년공동위원회
전남지역 대학생 대표자협의회
호남민주 교육실천협의회
민주쟁취 기독교 전남공동위원회
민주쟁취 불교 전남공동위원회

이 땅의 국민에게 드리는 글

또다시 이땅 우리의 조국은 암울한 독재통치의 군화발아래 짓눌려 그 숨소리마저 끊길 것인가, 아니면 피맺힌 민주주의를 기어이 버리지 않고 다시 살아 남아 4천만 민족의 희망으로 꽃피울 것인가 하는 피터진 결단을 우리에게 요구하고 있읍니다.

7년전 2,000여 광주 애국동포를 무참히 살해한 학살원흉은 피의 정통성 밖에 없는 그들의 재집권을 위해 4천만 국민의 눈과 귀를 가리우고 사상 유례를 찾아볼 수 없는 엄청난 부정선거를 자행하여 '선거쿠데타'를 감행하였읍니다. 전두환-노태우 일당은 군부독재의 계속적인 연장을 위해 모든 공무원을 선거운동원으로 둔갑시키는가 하면 사전의 치밀한 공작으로 공정선거감시단에 대한 온갖 폭행과 협박, 투개표 과정에서의 릴레어투표, 대리투표, 이중투표, 투표함 탈취 및 바꿔치기 등으로 투표의 전과정을 완전히 유린하였으며, 그것도 모자라 삼성전자의 기술진을 활용하여 15일 컴퓨터 조작을 미리 해 놓고 16일은 예정된 수치를 민정당 언론기관(KBS, MBC)을 통해 흘러보낸 것입니다.

이것은 17일 아침 7시, 강동구 잠실의 지하철역에 배포된 실제 개표결과는 무시한 채 미리 날조한 통계수치로 노태우의 당선을 기정사실화한 서울신문 호외를 통해 명백히 확인되었으며, 더우기 16일 오전 11시 20분 빵상자에 교묘히 감추어진 봉함도 안된 투표함을 적발하여 그것을 확고한 물증으로 삼고 "선거무효, 독재타도"를 외치며 부정투표함 사수투쟁을 전개하였던 애국시민과 학생들에 대한 무자비한 살육과 구타, 여대생 희롱 등의 만행을 통해 더더욱 명명백백히 폭로되었던 것입니다. 이렇듯 상상을 초월하는 노태우의 원천적인 부정투표, 개표조작에 의한 대통령 당선은 당연히 완전히 무효이며, 더 이상의 민족적인 치욕과 민족 시민의 수치를 감담할 수 없읍니다.

우리의 소중한 한 표, 우리의 민주적 권리를 독재와 학살자의 최루탄과 검은 손아귀에 강탈당하게 내버려 둘 수는 결단코 없읍니다.

이땅의 민주주를 사랑하는 애국시민 여러분!

축제 분위기가 넘쳐야할 17일 아침, 웃음을 잃고 말을 잊은 참담한 국민들을 보셨읍니까? 과연 누가 노태우에게표를 던졌단 말입니까?

애국시민이 앞장서야 민주주의가 살아납니다. 6월 민주화 대투쟁의 주인인 애국시민이, 4천만 겨레가 일치단결해야 우리의 권리를 지킬 수 있읍니다. 우리는 크리스마스 캐롤송에 우리의 패배의식을 합리화시킬 수 없으며 연말연시의 들뜬 기분으로 독재의 최루탄 냄새를 지울 수 없읍니다.

애국청년이여!

그대가 일어나야 조국이 삽니다. 그대가 일어나야 민족이 삽니다. 언제 청년학도가 조국의 숭고한 부름에 추위와 나약함 때문에 본연의 사명을 잊은적이 한번이라도 있었읍니까? 없읍니다. 결단코 없읍니다. 이미 선거과정 중에서도 지역감정을 조장시키는 등 편파보도로 일관했던 군사독재의 앵무새 KBS, MBC 각 민정당 신문사는 이번에는 뻔뻔스럽게도 아주 노골적으로 이번 선거에서의 노태우의 당선을 아무 잡음없이 된 것인양 호도하고 있으며, 공격의 집중점을 부정선거의 자행이 아닌 양 김씨의 후보단일화에 맞춤으로써 4천만 국민들의 의식을 왜곡된 정치판단의 선택으로 강요하고 있읍니다.

우리는 이번 선거에서의 학살과 노태우의 집권을 원천적 부정선거를 통한 선거쿠테타로 거듭 간주하며, 양 김씨의 선거무효화투쟁과 군부독재 타도투쟁으로의 실천적 동참을 촉구합니다. 또한 우리는 양 김씨의 후보단일화에 대한 무원칙적인 비난은 군사독재에게 주는 이로움과 대중의 패배의식을 올바르게 해결해주지 못한다는 점에서 찬동할 수 없읍니다. 그러나 양 김씨가 선거무효임을 선언했음에도 불구하고 즉각적으로 투쟁대열에 동참하지 않고 있음은 국민들의 군부독재타도 여망을 무시하고 있는 것임을 엄중히 경고합니다.

추운 겨울이 다가왔다. 이 추운 독재의 계절에 곧 다가올 민주를 준비하는 우리 애국시민과 청년학생들은 군부독재타도와 노태우의 집권분쇄를 열망하는 모든 민주세력과 대동단결하여 승리의 그날까지 죽음으로써 싸워나갈 것을 다시한번 결의합니다.

부릅 뜬 망월동의 5월 민주영령과 이 한열 열사, 그리고 이름없는 구로구청 동지들이 우리의 앞길을 밝혀줄 것입니다. 우리 모두 조작책동에 의한 분열과 패배감을 딛고 일어나 대동단결의 함성으로 '부정선거 무효'와 '학살원흉 부정주범인 전 두환, 노 태우 집단의 총 퇴진을 위해 싸워 나갑시다.

우리의 주장

4천만이 단결하여 군부독재 끝장내자 민주주의 찍었는데 살인마당선 웬말이냐
부정선거 개표조작 노태우를 타도하자 구로투쟁 계승하여 군부독재 타도하자
학살원흉 노태우가 대통령이 웬말인냐 노태우집권 사주하는 미국놈들 몰아내자

분단조국 47년 12월 23일

부정선거 규탄 및 구로항쟁 계승 명 동 투 쟁 위 원 위

애국 시민과 학우여러분께!

여러분! 여러분은 교육의 민주화를 위해 부정선거를 자행하여 정권을 계승하려는 군부에 항거하며 명동성당에서 자발적인 장기간 철야농성 중인 서울지역 고등학생연합회를 알고 계십니까? 선봉에 선 이 애국 학우들은 그들이 받는 교육이 더 이상 정치의 이용물이 되는 것을 거부하고 주체로서의 입장을 회복하여 민족, 민주, 자주 교육을 위한 참다운 인격체가 되고자 하는 것입니다. 이에 애국 학우들의 굳은 의지는 정권의 권력 횡포나 교육기관의 탄압에 결코 굽히지 않을 것입니다. 오히려 더욱 큰 잠재력을 발휘할 것입니다.

학우 및 시민 여러분!

이들을 적극 지지해 주시지 않으렵니까? 12월 24일 명동성당에서 있을 교육 민주화 및 군부독재 타도를 위한 비폭력 평화 촛불 시위에 동참하셔서 이 애국 학우들이 교내의 소극적 투쟁에서 교외의 연대 투쟁에 이르게 된 과정을 알아봅시다.

비폭력 평화 촛불 시위

일시 : 1987년 12월 24일 오후 5시 30분

장소 : 명동성당

주최 : 서울지역 고등학생연합회

군부독재 타도하여 민주교육 쟁취하자!!!

1987년 12월 23일

서울지역 고등학생 연합회 지지 고등학생연합회

공 동 결 의 문

현재의 정세는 선거부정을 통한 독재권력의 연장이냐, 민주세력의 승리냐라는 갈림길에 놓인 비상한 시국이다.

군부독재는 선거부정이라는 합헌적 쿠데타를 통해 노태우의 당선을 여론조작등 교활한 방법으로 기정사실화하며 부정선거의 책임을 회피, 호도하고 있다.

12.16 부정선거는 상상을 초월하는 것으로써 3.15 부정선거를 능가하는 엄청난 것이었다.

현 정권은 국가공무원, 국영기업체임직원, 그리고 통반장, 언론을 총동원하여 선거부정체제를 완비하고 투.개표과정에서 조직적 대리투표. 릴레이투표. 투표함 바꿔치기 등 갖은 수단.방법을 동원하여 재집권에 혈안이 되었다.

특히, 언론조작중에서 서울신문의 호외는 실제 개표결과는 무시한체 미리 날조한 통계수치로 노태우후보 당선을 기정사실화함으로써 사전계획에 의거 집계결과를 발표함으로써 선거사상 유례를 찾아볼 수 없는 선거부정의 전례를 남겼다.

현 정권은 민주화를 갈망하는 국민의 주권을 이렇게 참혹할 정도로 짓밟고 말았다. 우리의 승리는 독재권력의 선거부정에 의해 도둑질당한 것이다.

이에 우리는 12.16 선거를 선거를 빙자한 합헌적 쿠데타로 규정하고 전면적인 선거무효화투쟁을 선언한다. 따라서 우리는 선거무효화투쟁의 전 국민적 구심체인 투쟁본부를 중심으로 우 리의 역량을 대동단결하여 이 지긋지긋한 독재의 어둠을 뚫고 빼앗긴 승리를 되찾을 것을 결의한다.

6월 항쟁의 결의로 부정선거무효화투쟁에 결연히 나서자!

1987년 12월 23일

민주쟁취 국민운동 부정선거 무효화투쟁본부

구로구청 부정투표함 밀반출 사건에 대한 공개 질의

구로구청 부정투표함 밀반출 기도 사건은 이번 대통령선거에서 나타난 부정선거 사례 중 가장 가증스럽고 움직일 수 없는 사건이다. 그럼에도 불구하고 정부는 이에 대한 적절한 해명도 없이 오히려 부정투표함을 증거로 확보하고 그 정확한 해명을 요구하는 시민 · 학생들에게 무차별적인 폭력을 사용하여 그들을 해산시키고 부정투표함을 탈취해갔으며, 나아가 그들 대부분을 개표를 방해하여 대통령선거법을 위반했다는 미명하에 연행 또는 구속하는 적반하장적 폭거를 자행하였다.

그리고서는 다시금 중앙선거관리위원회의 이름을 빌려 해명이라는 이름하에 사건의 진상으로부터 완전히 벗어난 허위 광고까지 신문지상에 게재하는 뻔뻔스러운 작태를 연출하여, 우리를 다시금 분노케 하였다.

도대체 선거법을 위반한 자는 누구인가?

정부는 당장 선거법 위반 공무원을 구속하고 구속 연행자를 즉각 석방하라!

그리고 다음과 같은 점에 대한 납득할만한 해명과 함께 국민에게 진심으로 사죄하는 최소한의 양심적인 조치를 취해주기를 촉구한다.

첫째, 중앙선거관리위원회의 변명처럼 정상적으로 우편 투표함을 개표소로 운반하려던 것이었다면, 왜 투표함을 빵, 사과상자 등으로 몰래 감추어 운반하려 했던가?

둘째, 우편 투표함을 이동하면서 해당 개표구 선거관리위원장의 허가조차 받지 않은 것은 무엇 때문인가? (선거관리위원장은 우편투표함에 대한 이동 지시를 한 바 없다고 공언하였다.)

셋째, 부정투표함 압수 당시 타이탄 트럭에는 선거관리위원 1명, 무장경찰 2명, 사복경찰 2명만이 탑승하고 있었는데, 통일민주당 추천위원이 함께 있었다는 것은 무슨 날벼락 같은 거짓주장인가? 지금까지 왜 참관인 없이 투표함을 운반하려 했느냐는 질문에는 전혀 변명을 하지 못하고 있다가 이제 와서 새로운 거짓주장을 늘어놓는 저의는 무엇인가? 함께 있었다는 통일민주당 추천위원 및 운반을 도왔다는 다른 정당추천위원(통일민주당, 평화민주당)의 이름을 정확히 밝혀라.

넷째, 우편 투표함을 정상적으로 운반하려 했다면 왜 시민들이 몰려들자 호송경찰은 도망을 갔는가? 그 경찰관의 이름도 밝혀라.

다섯째, 처음 적발시 함께 있다가 도주한 다른 2대의 타이탄 트럭은 어떤 우편 투표함을 어디로 옮기려했는지도 밝혀라.

여섯째, 투표 당일 오후 6시까지 도착하는 우편투표 용지를 전부 우편투표함에 넣어 우편 투표함을 이송해야 함에도 불구하고, 도대체 무슨 근거로 투표도 끝나기 전 오전 11시 20분에 우편 투표함을 이송하려 했는가? 그 이후에 개표구 사무실로 도착하는 우편 투표 용지는 어떻게 처리하려 했던가? 처음 적발 직후 오후 6시 이전에 투표함을 이송하려 했던 것은 잘못이며, 단지 투표함 보전상 어쩔 수 없어 빨리 운반을 시도했다는 선관위의 변명은 어디로 갔단 말인가?

일곱째, 개표구 사무소에서 발견된 빈 투표함은 어디에 사용되기 위해 있었던 것이며, 수많은 풀뚜껑, 인주, 투표 용지가 왜 개표구 사무소에서 나왔는가? 붓뚜껑 인장을 찍어보니 인영이 선명하게 찍혀 금방 사용한 것이 명백하게 드러났는데, 어떻게 국민투표 당시 사용했던 것이라고 거짓 주장을 하는가? 또 왜 국민투표 당시 사용했던 것이 지금까지 개표구 사무소에 방치되어 있었는가?

투표 용지는 투표용지 작성과 정중의 훼손에 대비하여 여분으로 보관하고 있었다고 하는데, 이미 투표전에 투표용지는 전부 투표소로 보내진 후일 터인데, 묵은 투표 용지의 훼손에 대비하여 여분의 투표용지를 개표구 사무실에 두었다는 말인가? 이미 발급된 투표 용지가 훼손되면 그 자체도 무효 처리해야 하는 것이 아닌가? 설사 백보를 양보하여 훼손에 대비해서 투표 용지를 둔다 하더라도 그것은 투표소에 두었어야 하는 것이 아닌가?

우리는 이번 사건에 관한 언론의 보도 태도에 대해서도 분노하지 않을 수 없다. 왜 언론이 사건의 전말을 모두 공개하지 않고 시민, 학생들이 투표함을 지키고 있는 것만 왜곡되게 보도했는가?

이 사건으로 연행된 시민, 학생들은 문제의 부정투표함을 개봉해 볼 수 있음에도 불구하고 끝까지 선거법 위반 행위를 범하지 않고자 투표함을 개봉하지 않는 놀라운 자제력을 보여주었다. 그에 반해 경찰이 보여준 진압 과정의 폭거는 얼마나 비인간적이며, 잔인한 대응책이었던가.

국민운동본부는 이 사건의 진상을 규명하기 위해 이돈명, 양권식, 김상철, 김희택, 이상수, 유시춘 등을 조사위원으로 위촉했다.

1987년 12월 23일
민주쟁취 국민운동 공정선거 감시 전국본부

성 명 서

우리는 구로구청 부정선거 항의투쟁으로 구속된 사람들의 가족들입니다. 우리는 이번 사건으로 나타난 현 정권의 무자비한 폭력행위에 경악을 금치 못합니다. '제2의 광주사태'라고 불리워질 정도로 그 진압현장은 마치 미치광이 전경과 백골단의 사람사냥터와 같았읍니다. 아울러 수사과정상의 폭력과 200명이 넘는 무더기 구속은 저희 가족들을 분노케 하고 있읍니다.

이번 대통령 선거는 명백히 '원천적 부정선거'였읍니다. 민정당의 금품, 물품공세와 언론을 통한 야당에 대한 분열공작 및 모략선전 등은 선거당일까지 끊이지 않았읍니다. 또한 투·개표과정에서의 부정행위는 공정선거 감시단의 활동에서 그리고 민주시민의 용기있는 제보에 의해서 일반인의 상상을 뛰어넘어 그 규모가 엄청나다는 것이 하나하나 밝혀지고 있읍니다. 특히 컴퓨터를 통한 개표 조작은 17일 아침 발행된 「서울신문」 호외나 선거 전후로 하여 각 관공서와 단말기로 연결된 대학연구소, 카이스트 등의 컴퓨터가 선거일을 전후로 4일간 작동중지되어 있었다는 사실에서 더욱 심증이 굳어지고 있읍니다.

'구로구청 부정선거 항의투쟁'은 투표과정에서 저들이 음모한 부정행위를 우리 용감한 시민들과 학생들이 발견해 내고 그 진상을 끝까지 밝혀내기 위해 시작된 것이었읍니다. 16일 오전 11시 20분 개표 시작 전에 모처로 이송하기 위해 빵봉지 등으로 위장한 4개의 투표함을 실은 트럭을 발견함으로써 이번 투쟁은 시작된 것입니다. 뿐만 아니라 구로구청에는 백지투표용지 1,500여 매, 인주가 묻어있는 장갑11짝, 붓뚜껑50개 등 부정행위를 위해 예비해 둔 다량의 증거도 있었읍니다. 중앙선거관리위원회는 21일 도하 일간지를 통하여 그것들은 지난 국민투표 때 사용하고 남은 것이라고 이야기 하지만, 당시 구로구청에서 확인한 바에 따르면 이번 선거에 사용한 것과 같은 것임이 입증되었읍니다.

예상보다 빠른 개표집계로 노태우의 당선을 기정사실화 시켜가던 군사독재 정권은 전국 각 지역에서 일어나는 부정선거 항의 시위와 특히 결정적인 증거를 확보하고 농성을 계속하고 있던 구로 구청 부정선거 항의투쟁에 당혹해 했읍니다. 그래서 전두환·노태우 일당은 신문 방송을 통해 야당이 단일화를 이루어 내지 못하고 선거에 패배하고 나서는 억지로 부정선거 시비를 일으키고, 구로구청에서와 같이 폭력과격시위를 벌이고 있다고 선전해 대기 시작했읍니다.

18일 새벽 6시 그들은 의도했던 진압작전을 전개하기 시작했읍니다. 백골단을 앞세운 전투경찰들은 구로구청 안과 운동장에서 밤을 세우며 농성하고 있던 시민과 학생들을 향해 지랄탄과 직격탄을 난사하며 공격해 들어왔읍니다. 이에 구청 앞뜰과 거리에 있던 시민과 학생들은 백골단의 추격에 쫓겨 청사 안으로 들어갔으며, 미처 안으로 들어오지 못한 사람들은 전경과 백골단에 잡혀 쇠파이프와 각목의 무차별 폭행에 짓뭉개지면서 연행되어 갔읍니다. 2,000명 남짓한 사람들이 중무장한 26개 중대 4,800여 명의 전경대를 대항한다는 것은 처음부터 그 결과가 뻔한 사실이었지만, 이에 굴하지 않고 시민과 학생들은 거의 3시간 동안 용감히 싸웠읍니다. 특히 옥상에서 죽음을 각오하고 끝까지 치열하게 싸운 학생과 시민들의 경우는 우리 투쟁사에 길이 남을 용감한 항쟁이었니다. 한편 선량한 시민들에 대한 백골단들의 살인적인 만행은 차마 눈을 뜨고는 볼 수 없는 참혹한 것이었읍니다. 최루탄 가스로 자욱한 건물 안에서 학생들은 정신을 잃고 쓰러져 갔으며 거기에다가 백골단들의 보복 폭행은 그칠 줄 몰랐읍니다. 결코 인간의 행위라고는 할 수 없는 저들의 폭력은 각목과 쇠파이프의 무차별적인 구타, 군화발길, 모욕적인 언사 등 이루 헤아릴 수가 없었으며, 이로 인해 얼굴의 형체를 알아볼 수 없을 정도로 짓이겨 졌는가하면 난사된 최루가스에 질식되어 의식불명인 사람, 갈비뼈가 부러진 사람 등 부상자가 속출하였고, 구청 주변 주민들의 증언에 의하면 백골단의 폭행을 피하다 옥상에서 떨어진 사람만도 최소한 7명 이상이라 합니다. 또한 현재 그 생사조차 알 길 없는 행방불명자도 확인된 사람만 8명에 이르고 있읍니다. 수사과정에서 벌어진 폭행은 물론 말할 필요조차 없지만, 한 증인에 의하면 학생을 시멘트 바닥 위에 눕혀 더러운 걸레로 얼굴을 문지르고 입속에 쑤셔넣는가 하면 엎드리게 한 뒤 무차별 구타를 자행했다고 합니다. 현재 부상자들은 고대구로병원, 명지성모병원 등 수용되어 있으며 중상자들은 경찰병원에서 외부와의 연락이 차단된 상태입니다.

이번 구로구청사건의 진압을 보고 많은 시민들은 '제2의 광주사태', '제2의 건대사태'라고 말하고 있읍니다. 그들은 구로구청의 부정선거 항의투쟁이 기폭제가 되어 부정선거 규탄운동이 전국적 으로 확산되는 것을 두려워하였읍니다. 그래서 부정선거를 위한 저들의 모종의 음모가 폭로되는 것을 막아내고자 한 것입니다.

우리 가족들은 이번 선거에서의 패배의 원인이 후보 단일화 실패에 있다고 보지 않읍니다. 그 근본적 원인은 명백히 전두환·노태우 일당의 부정선거 음모와 그 행위에 있읍니다. 선거를 통해민주주의를 얻을 수 있다고 생각한 자체가 잘못인지도 모릅니다. 왜냐하면 전두환·노태우 일당은 이미 선거전에 원칙적 부정선거를 통한 저들의 재집권을 획책하고 있었다는 것이 명백하기 때 문입니다. 사전에 계획되고 은밀히 추진된 간악한 음모가 있었음이 분명합니다.

우리는 이번 미국 레이건 정권과 일본의 자민당 정권, 그리고 일부 잘못된 세계 언론에 분명히 경고합니다. 이번 한국의 선거는 사전에 광범하게 조작되고 음모된 명백한 '선거 쿠데타'에 불과합니다. 우리나라에 노태우를 통해 안정을 누리고자 하는 세력은 일부 정치군인과 독점재벌, 고급관료 외에는 그 누구도 없다는 사실을 알아야 합니다. '부정선거가 심하지 않았다' '전체적으로 공명한 선거가 실시되었다'고 주장하는 사람은 한국의 이번 선거에서의 부정행위의 그 규모나 음모를 모르는 사람이거나 전두환·노태우 일당의 지배를 지원하는 세력이라 믿습니다. 앞으로 계속 그러한 작태를 벌인다면 한국 국민의 투쟁의 화살을 벗어나지 못할 것이라는 사실을 경고해 둡니다.

마지막으로 우리 구속자 가족들은 이번 선거에 대한 입장을 다음과 같이 거듭 밝히며, '구로구청 부정선거 항의투쟁'으로 구속된 모든 사람들의 즉각 석방을 촉구합니다.

―우리의 주장―

一. 이번 선거는 전두환·노태우 일당의 '선거쿠데타'이다. 부정선거에 대한 책임을 지고 전두환·노태우는 즉각 물러가라.

一. 이번 선거는 전면무효다. 부정선거 음모를 공개하고 전두환 노태우 일당은 즉각 물러가라.

一. 통일민주당, 평화민주당은 노태우와의 협상을 보류하고 부정선거 투쟁에 적극 동참하라.

一. 미국과 일본은 노태우에 대한 승인을 철회하고, 군사독재정권에 대한 지원을 즉각 중단하라.

一. '구로구청 부정선거 항의투쟁사건' 등 선거 기간 동안 구속된 모든 민주시민, 학생들을 전원 석방하라.

一. '구로구청 부정선거 항의투쟁사건'으로 부상당한 시민, 학생들의 치료를 보장하고 현재 행방불명된 8명의 소재를 밝혀라.

1987년 12월 24일

구로구청 부정선거 항의투쟁 피해자 가족 일동

농성장 소식 3호

발행자 : 구로구청투쟁 행방불명자가족 농성자 일동
민주쟁취 국민운동 공정선거감시 구로지부

발행일 : 1987년 12월 24일

군사독재정권의 만행을 이대로 방치할 것인가?

구로구청 부정선거항의투쟁 살인진압의 현장상황이 많은 애국시민.학생들의 증언에 의해 속속 파악되고 있다. 광주학살에 이어 또다시 자행된 이번 만행은 그들의 잔혹성을 여지없이 보여주고 있다. 아버지를 찾는 어린아이를 달래며 우리는 분노에 치를 떨며 두눈을 부릅뜬다. '똑똑히 이 사실을 기억하자" '아이야" 네가 어른이 됐을때 네아들이 너를 애타게 찾는 일이 없도록 하자꾸나" 뇌리속에 꾹꾹 각인시키며 우리는 구로구청 부정선거항의투쟁 살인진압의 진상해명과 생사조차 확인안된 행방불명자들을 찾아내라는 요구의 성명서를 발표했다. 또 지난 22일에는 정부당국 및 진압책임자에 대한 공개질의서를 발표했음에도 이시간 현재까지 아무 응답도 없이 오히려 일간신문에서는 '유언비어'라고 매도하고 있다. 더이상 진실을 호도하지 말라! 모든 시민은 저들과 저들의 하수인 관제언론에 더이상 현혹되지 말고 모든 민주세력과 대동단결하여 암울한 세월을 깨쳐 나갑시다.

민주정부 찍었는데 살인마당선 웬말이냐!!!

= 무효화투쟁, 명동에서 전국으로 =

군사독재집단의 원천적 부정선거에 대한 무효화투쟁이 청년.학생.시민들의 필사적인 투쟁을 통해 전국으로 확산되고 있다. 지난 18일부터 군사독재집단의 부정선거를 규탄하며 모여들기 시작한 수많은 시민.학생들은 선거무효를 선언하며 농성투쟁에 들어갔다. 이들은 매표, 릴레이투표, 투표함 바꿔치기등 원천적 부정선거가 명백해졌고 개표집계가 컴퓨터조작에 의한것이 확실해 선거무효화와 군부독재집단의 타도를 위해 목숨을 걸고 싸우기로 결의했다. 농성시민들은 19일 '부정선거무효화투쟁 범국민회의 명동투쟁위원회'를 결성, 오전 오후 2회씩 집회를 갖고 범국민적 무효화투쟁전개를 호소하고 있다. 집회에는 하루평균 5천 - 1만여명 시민이 참여, 적극 호응을 보이고 있고 19일에는 고등학생 3백여명이 규탄대회에 참석, 열기를 더욱 고조시켰다.

23일 오후4시에는 국민운동본부 주최로 '공정선거감시단 활동보고 및 부정선거규탄대회'가 열려, 1만명의 학생,시민들은 여러가지 증거된 사실들을 폭로하면서, 이번선거의 완전한 무효화와 군사독재 타도투쟁으로 전진할 것을 결의, 가열찬 투쟁을 전개하였다.

- 투쟁참가자의 증언으로 재구성해보는 구로구청투쟁 진압상황 -

민주투사 폭력탄압 군사독재 타도하자!!!

4 층 (강남서 구류 3일, 남. 노동자. 27세의 증언)

4층으로 1차공격에 실패한 백골단은 옆계단을 통해 난입하였다. 이들은 창문으로 최루탄을 마구 터뜨리면서 사람들이 구석으로 몰리자 문을 박차고 들어와 진압하기 시작했다. 이들은 쇠파이프, 골프채, 각목, 갈쿠리 모양의 쇠파이프로 사람들을 닥치는대로 쨌고, 가스가 너무 많아 앞이 안보일 정도였다. 진압할때 나는 살고싶은 본능으로 차라리 뛰어내리고 싶었다. 우리는 후퇴할 곳도 없이 완전히 포위되었고 싸우자니 우리 힘이 너무 약하다는 생각이 들었다. 그야말로 죽음을 연상케하는 공포의 도가니였다.

5층 강 당 (영등포서 훈방자. 여. 노동자. 27세.
용산서 훈방자. 여. 노동자. 학생)

6시 30분경 지랄탄소리가 계속 나는 소리와 함께 집회장소에 있던 우리는 대부분 5층 강당과 옥상, 지하실로 들어갔다. 강당에는 150 - 200여명이 있었는데, 곧 직격탄이 유리를 뚫고 들어왔고, 무기가 거의 떨어지자 바리케이트를 쳤으나, 백골단은 금세 문을 부수고 최루탄을 던지면서 책상을 뛰어넘어 쳐들어와서 구타하기 시작했다. 사람들을 한쪽구석에 낙엽 쌓아놓은 것처럼 쌓아놓고 그 위로 밟고 펄쩍펄쩍 뛰어다녔다. 이 때 강당전체에 소방호스로 물을 뿌려 3센티 정도 높이로 물이 찼고, 머리를 박은 상태에서 우리는 온 몸이 다 젖었다. 어떤 사람은 최루탄이 발밑에 떨어져 운동화가 다 타고 발전체에 화상을 입었다. 여기에는 특히 여자들이 많았는데 남녀를 불문하고 패는 소리, 유리창 깨는소리, 발길질에 나가 떨어지는 소리, 입에 담을 수도 없는 욕, 머리끄뎅이를 잡고 넘어뜨리는 소리들이 계속 들려왔다. 그야말로 초죽음 상태에서 서럽고 공포스러웠지만 몇몇 사람은 울음을 참으면서 '광주출정가', '전진하는 오월' 등의 노래를 숨죽여 부르면서 우리의 하나됨과 의지를 확인하기도 했다.

옥상 상황은 2호에 실렸읍니다. 현재 지하실 상황이 정확하게 파악되지 않으니, 당시 지하실에서 투쟁하셨던 분의 증언을 바랍니다.

현재 행방불명자는 6명이고, 2분은 소재지가 확인이 되었읍니다. 행방불명자 가족분이나, 구청투쟁상황에 대해 증언해 주실 분은 연락을 바랍니다. 연락처 : 기독교회관 3층
농성장 764-0203

선거국면의 반성과 향후 운동의 전망

— 현시기의 국면 설정에 대한 우리의 입장 —

중앙선거관리위원회는 노태우 민정당 후보의 대통령 당선을 정식 공고했다. 2, 3위 야당득표자 김영삼, 김대중과의 표차는 200만표로서, 이 선거결과는 한편으로는 거센 부정선거규탄을, 또 한편으로는 국민 대다수의 양김 단일화 실패에 대한 혹독한 비난을 유발시켰다. 재야운동권은 부정투표결과 뒤집기 운동과 양김의 비난이라는, 겉보기에 모순된 두개의 과제에 직면해 있고, 또 스스로 선거과정을 통하면서 야기됐던 적전분열의 심각한 후유증으로 자체분란을 면치 못하고 있는 것이다. 6월이 우리에게 벅찬 희망과 투쟁의 계절이었다면, 12월을 거이 다 보낸 지금 우리들의 심정은 착잡하다. 국민은 방향성이 각기 다른 분노에 몸을 치떨고 있다. 이런 상황질곡을 딛고 일어나, 운동을 한단계 도약시키기 위한 반성과 전망 노력의 하나로 우리의 입장을 이렇게 정리한다.

1. 이번 선거를 통해 우리는 운동 내부에 아직도 봉건적 잔재가 상당히 존재한다는 점을 아프게 확인했다.

우리가 동지를 잃고 함께 싸우고, 우리가 죽음과 삶으로 이룩해왔던 길은, 비록 멀고 힘들고 쓰라렸지만, 결단코 눈물과 콧물로 감격스러웠던 그 인산인해의 길은, 돌이켜 보면 그렇게 복잡했던 길은 아니었다. 그것은 민주화로, 민족통일로, 민중해방을 향해 우리가 스스로 이룩하며 여기까지 왔고, 또 가야할 길이었다. 참혹한 3월이 눈부신 4월을 낳고 지리멸렬한 4월이 5월을 낳고, 그 5월이 내내 깜깜절망과 피투성이 희망 뿐이다가, 고문의 물이 분신의 불로, 눈물이 불타는 민중의 투쟁으로, 몇사람의 신음소리가 수천만의 함성으로 변혁되면서, 피땀 얼룩진 태양의, 위대한 민중의 6월을 낳았던 것이다. 그때 민족통일-민중해방으로 한단계 올라서야 했던 민주화 운동 본연의 고리가 보수야당 선거운동의 고리로 전락된 것은, 우리들 내부의 과시욕, 혈연, 지연, 우연, 명망성 집착 등의 봉건적 고리 때문이었다. 올바른 과학적 노선을 통해 결집되던 민중운동을 비과학적이고 비이성적인 선거운동으로 전락시키고, 선거국면 속의 전략이라는 허울좋은 명분하에 선거국면을 이용할 수 있는 최대의 명분이었던 단일화를 미리 포기케 했던 오류는 적전분열의 조장이라는 치명적 적극적 과오거나 내부적 봉건성의 미극복이라는 소극적 과오거나 둘 중 하나일 수 밖에 없다. 10월 13일 민통련의 김대중 지지선언은 돌이켜보건대 단체의 합의를 소수의 명망가집단이 임의로 거역한 사건이었다는 점에서 적전분열 야기라는 적극적 과오와 함께 엘리트 명망가에 의한 대다수 민중염원의 배반, 즉 봉건적 명망가운동의 한계와 문제점과 끝장을 동시에 시사해 주는 예로 진정한 역사책에 기록될 것이다. 단일화를 주장했던 부분도 점잖은 도덕성이라는, 즉 구체적 투쟁행위가 아닌 관망적 대의명분 주장의 되풀이에 머물렀다는 점에서 봉건잔개를 아직 극복치 못했던 점 또한 인정되야 한다. 구체적 선거운동 사례를 보자면 양김은 공히 흡사 지능 낮은 열광적 지지자 정도로 대중을 취급 인질삼았으며, 전반적인 홍보전 자체가 시대착오적이고 ?간적인 구호로 점철되어, 대중의 민중성을 선거국면을 통해 확대강화해 나가기는 커녕 정반대로 대중의 민중적 가능성을 우중성(愚衆性)으로 호도 자신의 맹목적 광신도로 만드는 일에 급급했다. 국민은 양김의 의사에 관계없이, 노태우의 주장과 다른 차원에서, 그러한 모멸감 자존심 때문에라도 양김시대의 종막을 선언할 것이다. 봉건적 질곡을 봉건적 구태로 혁파할 수 없음은 당연한 것이며 스스로 봉건성을 혁파하지 못하고, 유사 이래 대중과의 최대접촉면을 향유하고서도 이 나라의 ?차적 민주화 열망을 사리사욕 때문에 저버린 양김은 역사발전의 뒤안길로 저절로 사라질 것이다.

2. 부정선거규탄과 양김의 퇴진주장은, 객체적으로 볼 때, 긴밀한 연관을 갖는다.

양김은 수난시대의 무기, 즉 수난의 질과 양을 명분으로 독재가 전면전에 돌입하는 우를 범했다. 선거국면이 유효히 활용되려면 그때그때의 군중집회가 현지배집단이 마련해 놓은 틀을 깨는 집회여야 한다. 즉, 선거국면은 독재가 마련해준 만큼 유효한 것이 아니라, 스스로 쟁취해가는 만큼 유효하다. 양김은 제도적 언론의 틀을 벗어나려는 노력을 보여주지 않음으로써 즉 독재의 품 안에서 독재가 마련해준 통로를 통해 독재를 이기려는 선거혁명의 환상에서 소극적으로 벗어나지 못했거 적극적으로 벗어나려 하지 않음으로써, 제도권 야당이 자기한계를 극복할 수 있는 모든 기회를 스스로 저버렸다. 돈을 맘대로 찍어내고 온갖 매스콤과 마지막으로 총칼까지 갖고 있는 지배권력이 부정선거를 치르리라는 것은 처음부터 자명했다. 즉, 단일화를 통한 야권통합이 이루어지지 않은 상태에서 부정선거를 막는 것은 처음부터 언어도단이었다. 돈과, 눈귀와 총칼을 갖고 있는, 즉 선거에 대한 한 모든 무기를 갖고 있는 군부독재를 선거로 이기기 위해서는 단일화를 통한 공정선거감시가 최대의 무기였다. 즉, 단일화가 안되므로, 공정한 선거감시가 현실적으로 무력했던 것이다. 그것보다 더욱 근본적으로, 광주에서 수천을 학살하고, 박종철, 이한열을 죽이고, 권인숙을 성고문하고도 뻔뻔스레 권좌에 눌러앉아 있는 현 군사독재정권이, 부정투표 사례를 모아 고발하면 물러날 거라고 생각한다면, 그것은 체제내적 보수야당성이 민중역사의 발전에 대해 범할 수 있는 최종-최대의 죄악이다. 양김은 폭로-비판-규탄만을 주무기로 삼는 수난-봉건성의 지도자 위치에서 물러나, 창조-혁명의 민중시대의 발로 겸손하게 변신해야 한다. 부정선거규탄의 고리는, 양김 중 한명의 당선확인을 위한 국민인질-똥개훈련의 고리가 아니라, 노태우 체제의 원천적 부당성을 혁파 극복하기 위한 민중운동의 군중집회의 그것으로 전환되어야 한다.

3. 야당선거운동이 아닌 진정한 민중운동의 고리로 재야세력이 재정비되어야 한다.

재야세력의 재편은 필연적이다. 그 재편의 고리가 여전히 양김의 고리로 남아있어서는 안된다. 우리 앞에 오직 한걸음으로, 길이 있다. 그것은 민주화로, 민족통일로, 민중해방을 향해, 우리가 가야할 길이다. 그 길 앞에서 여전히 양김 중에 누가 더 이 분단남한의 대통령으로 적합한가, 그런 분단의 고리로 갈라져서는 안된다. 노예의 고리로 그렇게 찢어져서는 안된다. 고통의 고리로 그렇게 찢어져서는 안된다. 갈라질 것이면 우리 통일의 고리로 적(敵)과 갈라져야 하고, 찢어질 것이면 우리 해방의 고리로, 적과 찢어져야 한다. 적은 외부에 외세종속적 군사파쇼집단으로 있으며, 내부에 봉건잔재로 있다. 명망성을 극복한 진정한 의미의 민중연합이 결성되어야 하며, 동맹 수준의 지식인 집단이, 명망차원이 아니라 그것에 부수되어, 결성되어야 한다. 구체적-물적 실세가 없이 적을 깨부술 수 있다고 믿는 것은 환상이며, 이제 죄악이다. 저질러진 과오를 철저히 반성하고, 그 치욕적인 패배의 의미를 곱씹어 볼 때, 이제 민중운동의 고리는 민족통일과 해방이다. 그렇다. 쓰라린 경험을 되돌아 볼 때, 역사는 엄연하게 진일보한 것이다. 객체적인 야당을 고리로 할 때 이 세상은 현재 참담-좌절-무기력 뿐이지만, 주체적 민중운동의 시각으로 볼 때, 운동은 한단계 올라선 것이다. 객체적 좌절을 떨쳐내고 역사의 과학적 발전을 믿는 주체적 낙관성을 쟁취하자. 그리고 진정한 민중의 시대를 열자.

1987. 12. 28.

서울 민주·통일민중운동연합

서울특별시 서대문구 홍제4동 139의22

전화 **736-3282**

국민에게 드리는 글

친애하는 국민여러분!

87년 한해동안 국민운동본부에 보여주었던 국민들의 민주화에 대한 기대와 열망은 엄청난 것이었읍니다. 이번 선거를 통해 군부독재를 영원히 종식시켜내고자 했던 국민여망을 실현시켜내지 못하고 끝내 부정선거로 인한 노태우의 재집권을 바라보아야 했던 울분을 삼키며 국민과 더불어 군부독재 종식의 과제를 성취하지 못한 점을 국민여러분께 사죄합니다. 그러나, 노태우의 당선은 부정, 조작선거로 인한 불안정한 당선입니다. 올해에는 현상적 패배로 인한 허탈감, 패배감을 극복하고 다시금 국민과 더불어 나라의 자주.민주.통일의 과제를 꼭 달성해 나갈것을 국민앞에 다짐합니다.

국민여러분!

우리국민은 이번선거를 통해 군부독재를 영원히 종식시키고 민주승리의 새날을 쟁취하고자 혼신의 힘을 기울여 선거에 참여하였읍니다. 현정권의 폭력적 탄압에도 불구하고 전개된 공정선거감시단의 빛나는 활동은 전국민의 군부독재타도의 결의와 열망을 반영하는 것이었읍니다. 그러나, 현정권은 대리투표, 유령투표, 투표함 바꿔치기, 참관인 폭행등 이루 헤아릴 수 없는 부정선거와 심지어는 컴퓨터까지 동원한 조련대식 조작선거로 국민여러분의 소중한 주권을 강탈하고야 말았읍니다. 노태우의 당선은 여러분의 승리를 강탈해간 합헌적 선거쿠데타 바로 그것이었읍니다.

사랑하는 국민여러분!

이번 선거는 엄청난 부정과 더불어 폭력이 동반된 선거였읍니다. 참관인 폭행, 부정투표함 반입에 항의하는 구로구청의 시민학생들을 쇠파이프, 각목, 최루탄등으로 무차별 구타, 연행하여 수많은 부상자들이 아직도 병원에서 신음하고 있거나 행방조차 모르는 사람도 있는 실정입니다. 현정권은 과거 7년, 죽음의 독재를 연장하려 하고있는 것입니다. 박종철, 이한열, 박영진 열사등 수많은 민주열사들을 죽음으로 몰고간 군사독재를 유지하려하는 것입니다. 노태우의 재집권은 죽음의 독재치하에서 노예적 삶을 살아야 한다는 의미 그 이상도 이하도 아닙니다. 민주화에 대한 국민적 합의를 무시하고 기만과 폭력적 방식으로 재집권하려는 노태우정권은 퇴진해야 합니다.

민주를 사랑하는 국민여러분!

87년에 이루어내려했던 군부독재종식의 국민적 목표는 88년으로 넘어오고야 말았읍니다. 올해는 죽음의 독재를 또다시 연장하려하는 노태우 군사독재를 종식시키는 민주승리의 한해가 되어야 합니다. 역사의 대세를 역전시키며 전국민을 노예화하려는 노태우 군부독재를 종식시켜내야 합니다. 이에 우리는 88년 올해에 전국민과 함께 달성해야될 목표를 다음과 같이 제시합니다.

첫째, 올해 9월 18일부터 시작되는 올림픽을 민족화합의 대제전으로 만들어야 합니다. 노태우 정권은 올림픽을 통하여 부정당선을 기정사실화 하려 할것이며, 올림픽을 전후하여 상투적인 반공이데올로기 공세로 민족통일의 전망을 어둡게하는 민족분열이간책을 시도할 것이기 때문입니다. 올해 올림픽은 전국민의 숙원인 민족통일의 전망을 열고 수십년간 맺힌 한을 푸는 민족화합의 대제전이 되어야 합니다. 또하나, 올림픽이 민족화합의 대제전이 되기위해서는 잊지말아야 할것이 있읍니다. 그것은 이땅에 평화를 정착시키는 일입니다. 한반도 곳곳에 배치된 미국의 전술 핵무기는 점점 이땅에 전쟁위험성을 가중시키고 있읍니다. INF 감축협정 체결등으로 전세계적인 평화무드가 조성되고 있는 시점에 한반도에만 아직도 수천기의 전술핵무기가 배치되어있다는 것은 너무나 큰 모순이 아닐 수 없읍니다. 올림픽이 진정한 민족화합의 대제전이 되기위해서는 한반도에 상존하는 전쟁위험성을 제거하는데 전국민이 앞장서야 합니다.

둘째, 올해는 없는 사람도 인간답게 살 수 있는 생존권이 보장되는 나라를 전국민이 합심하여 만들어가야 합니다. 소수재벌 경제관료, 군부등 지배층에 편중된 부를 근본적으로 개혁하여 도시빈민에겐 철거없는 나라, 노동자에겐 최저임금과 노동3권, 8시간 노동이 보장되는 나라, 농민에겐 저곡,농가부채,수입농산물이 없는 나라를 만들어가야 하겠읍니다. 또한, 최근에 통상법 301조를 앞세워 보험시장, 쇠고기, 심지어는 담배가격 인하까지 요구하는 미국의 경제침략은 자주경제 수립전망을 어둡게하고 있읍니다. 올해에는 전국민이 힘을 합쳐 없는 사람 더욱 못살게하는 근본원인인 비자주적 경제구조를 타파하는데 앞장서야겠읍니다.

셋째, 올해는 고문 살인없는 나라, 이나라의 민주화를 위해 투쟁하는 애국자들이 구속되고 수배되는 세상을 없애야 합니다. 노태우정권은 취임전 민족화합의 차원에서 일반사면, 복권을 실시하며 구속자를 석방한다고 매스컴을 통해 마치 은전을 베푸는 양 떠들고 있으나 이는 부정당선한 군부독재가 자기위장을 위해 행하려는 기만적인 화해제스츄어에 불과한 것임을 6.29를 경험한 우리국민은 지혜롭게 잘 파악하고 있읍니다. 노태우가 이야기하는 것처럼 진정한 민주화합은 선별적 구속자석방이 아닌 노태우의 즉각 퇴진이며 이를 통해 담하나를 사이에 두고 세상과 떨어져 있는 모든 양심수가 가족과 만날 수 있을 것입니다.

네째, 올해있는 총선,지방자치제는 온국민이 힘을 합쳐 부정당선한 노태우정권을 단죄할 수 있는 절호의 기회입니다. 국민여러분 부정조작으로 얼룩진 12.16선거에서 빼앗긴 소중한 한표의 권리를 군부독재 종식의 결의로 행사합시다. 원천적 부정선거 12.16에서 전국민이 경험했던 부정사례를 고발하고 폭로합시다. 총선과 지방자치제 선거에서도 틀림없이 자행될 부정선거를 전국민의 힘을 모아 저지합시다.

친애하는 국민여러분! 우리 국민은 이제 굴절과 억압의 역사를 종식시키고 민주화의 새해를 열어야 합니다. 인간화와 민주화를 위한 힘찬 발걸음으로 대행진을 시작하는 한해가 되어야 합니다. 올해는 민주와 자주, 통일을 원하는 모든 국민들의 소원이 이루어지고 모든 불의의 노력이 물거품이 되도록 국민들의 국민운동에의 참여와 성원이 더욱 절실하게 요구되는 중차대한 시기입니다.

1988년 1월 11일

우리는 승리할 것입니다. 민주주의여 만세!!!

민 주 쟁 취 국 민 운 동 본 부

' 공명 선거 보장을 위한 김 정렬 내각 퇴진과 거국 중립 내각 수립을 위한 00만인 서명 운동' 에 대한 취지문

——당신은 진정 선거가 공정하게 치뤄질 수 있다고 생각하십니까.---

취지

× 6.29 이후 현재까지 반군독 투쟁의 대열은 올바로 정비되지 못한채, 투쟁의 방향 세웠으되 구체적인 실천은 수행하고 있지 못하고 있읍니다.

또한 군독 종식의 주요한 과제로서의 후보 단일화 문제는 매우 중요한 문제임에 틀림 지만 사실상 미국과 군독의 양김씨의 이간의 조장을 통하여, 군독과 민주화 세력간의 선을 인물 중심 지역 중심으로 호도시 킴으로서 투쟁의 초점을 희석화 시켜내고 있는 정입니다.

이에 국민 운동 본부는 온 국민의 관심사인 후보 단일화에 대한 과제를 범 국민적으로 결해 나가려고 노력함과 동시에, 군사 독재를 퇴진 시키고자 하는 실천적 투쟁을 강화시 나가야 할 것입니다.

지난 10월 3일 집회의 경우, 6.29 이후 국민운동본부가 다시금 국민의 단순한 상징적 대 로서가 아닌 민간 민주정부 수립의 날까지 국민의 최 선봉에 서서 싸워나갈 것임을 민 앞에 천명하고 선거투쟁의 실질적 서막을 열었다는 점에서 매우 모범 적인 집회였 고 생각됩니다. 그러나 우리의 투쟁은 전 국민적인 대동단결을 바탕으로 하지 않으면 코 승리할 수 없음을 잘 알기에 군독 종식의 구체적 대안을 국민 스스로 갖게 하고 싸 가지 않으면 안되는 것입니다. 돌이켜보건데 6월 투쟁은 다분히 비 조직적인 투쟁이었 고 한다면 이제 우리에게는 전국적 단위에 걸쳐 국민운동 시군지부가 손과 발이 되어 직일 수 있는 실천단위를 가지고 있읍니다.

이에 전대협에서는 ' 공명선거 보장을 위한 김정렬 내각 퇴진과 거국 중립 내각 수립을 한 1000만인 서명운동을 제안코자 합니다.

이 운동은 단순히 공명선거를 선전의 차원에서 하자는 것이 아니라, 범 국민적 후보가 단 화 된다 할지라도, 선거를 통한 승리를 하기 위해서는 반드시 쟁취해야만 하는 것 니다.

또한 이러한 서명운동의 과정을 통하 여 6.29 선언의 허상을 선전하며, 애국민주 운동 대한 탄압, 언론 자유에 대한 탄압과 더불어 광주학살을 중심으로 제5공화국의 7년간 만행을 폭 로함으로서 대중의 결의를 다져내오고, 이후 부정선거 감시 창구나, 공정 거 감시 위원회 건설의 기초 를 닦고자 합니다.

또한 조직적으로는 6월이후 이완되어졌던 애국 민주 세력의 단결을 공동의 사업을 통하여 강화시켜 내고(민주당 포함) 시군 지부의 구체적 실천력의 검증을 통해 조직의 단련과 결함을 극복해 나가고자 합니다.

2. 사업 계획

ㄱ. 서명 운동 준비 기간 및 각 단체 결의

(10월 13 -- 17일)

ㄴ. 서명 운동 발대식 (전국 본부와 도본부 에서의 발대식을 시발로, 시군 지부와 각 단체별 발대식) 10월 19 -- 25일

ㄷ. 구체적인 실천과 각 단체별 궐기 및 촉구

10월 26일 ---11월 중순

ㄹ. 전국적 차원의 공동 결의 및 촉구 (각 단체 포함)

선거 돌입 이전 시점 택일 .

끝.

전국 대학생 대표자 협의회

〔모의투표 및 여론 조사표〕

날 짜	기관명	총투표수	김대중	김영삼	노태우	김종필	비고
9월	중앙일보	가구소득 학력별 성별	22.7% 22.5% 22.3%	6.1% 5.3% 5.9%	10.5% 10.5% 10.5%	6.5% 6.7% 6.6%	
9월 13일	인하대	1,500	693 468	436 29%	177 11.8%	166 11%	
9월 25일	한양대	1,320	649 49%	399 30%	121 9%	151 11.4%	
10월 13일	건국대	1,357	657 51%	425 32%	79 6%	141 10.8%	무효 55
10월 16일	중앙대	2,835	1,334 47%	1,026 36%	163 5.7%	293 10.3%	무효 19

※ 건국대에서 개헌에 대한 모의 투표 결과

찬성 : 448
반대 : 358
기권 : 301
거부 : 278

계 : 1,358

신문모니터 참고자료

대 상 : 주요 일간 4대 신문 (조선,중앙,한국,동아)
범 위 : 11월말부터 12월초

= 사 례 =

- 12.12 쿠데타는 현 군사정권의 등장배경과 본질을 시사하는 중요한 사건입니다. 따라서 언론은 이의 내막과 전개 과정을 공정하고 객관적으로 보도하여 국민의 올바른 판단근거를 마련해야 할 것입니다. 그런데 각 일간신문은 이 사건을 오히려 국민의 관심밖의 영역으로 묶어두거나 흥미위주의 기사로 내용을 채워버렸읍니다. 일간신문이 모두 큰 지면을 차지하거나 연재물로 다루었으나 12.12 사태의 원인과 결과에 대한 해명은 차치한채 단지 군인들의 무용담만 스릴넘치게 담아 마치 무협지를 읽는듯한 착각을 느끼게 만들었던 것입니다. 그리하여 현 정권 주요인물의 하극상 쿠데타를 오히려 영웅적으로 묘사해버렸으며 노태우의 관훈토론회에서 '12.12는 구국일념'이라는 발언을 합리화시키는 발판을 마련했던 것입니다.

- 중앙일보는 11월 23일자 사설 '유세와 화염병'이란 제목으로 "운동권 등 일부 과격그룹의 정치폭력행위가 선거의 걱정이다", "운동권과 일부 대학생들이 특정후보를 정면으로 거부, 비방하면서 그의 벽보나 선전물을 훼손하거나 돌과 화염병을 던지는 따위 과격행위가 끊이지 않고 있다.", "운동권이나 일부 학생들의 과격.폭력행위는 정도에 따라 선거전의 양상을 엉뚱한 방향으로 몰고갈 가능성도 없지 않다"라는 내용을 싣고 있으며, 같은 중앙일보 12월 1일자 3면 '중앙칼럼'에서는 "선거후 정국이 걱정이다."라는 제하에 "선거판에 군 끌어내는건 삼가야"라는 부제를 달고 "군을 공연히 톡톡차는 식이 되지않도록 세심한 주의를 기울여야 한다"고 주장하고 있읍니다.
그리고 조선일보는 12월 8일자의 1면 주요기사를 김 대중, 김 영삼 후보 유세장에서 일어난 폭력사태를 3단짜리 사진으로 두 장을 연이어 게재하고 그 유세장이 마치 폭력장이었던 것처럼 묘사하고 있읍니다.

- 중앙일보는 월.금 연재물인 '실록 80년 서울의 봄'에서 11월 27일자 27회분을 "재야 - 당권 배경업고 동상이몽"이라는 제목을 달고 80년 당시 분열하던 양김씨의 행적을 애매하게 다루면서 분열 그 자체만을 크게 확대시키는 편파성을 보여 그 저의를 짐작케 했읍니다.
또 중앙일보는 11월 25일자 1면 톱기사를 '실현불가능, 국민현혹, 서로 비난하며 공약남발'이라는 제하에 '여.야 각 정당은 상대방 대통령후보들이 발표한 각종선거공약이 각기 실현불가능하거나 모순된다고 상호비판하면서 공약남발을 계속하고있다.'고 써서 신뢰도를 떨어뜨리고, 선거에 대한 거부반응을 일으키도록 유도하고 있읍니다.

- 11월 27일자 조선일보 사설은 '대학 조기방학론에 붙여'라는 제하에 '언제부터서의 습성인지 학구의 최고전당에 몸담고 있는 학생들이 면학을 회피하고 그리고 학적에 정해진대로 치러야할 일정시기의 고사를 보이콧하는 버릇이 만연돼왔음을 우리는 통감하지 않을 수 없으며, 조기방학론의 직접적인 조성책임은 학생측에 있음을 또한 부인하지 못한다' 라고 하면서 '문제가 있다면 극소수인 극체부정학생들로 하여금 투.개표 과정에 폭력등 난동을 부리지 못하도록 대비하는 것, 이 점에 유념하여 이번 선거가 지니는 뜻과 빛을 조금도 흐리는 것이 되지 않도록 관계기관이 종합대책을 마련할 것을 당부한다.'라고 결론을 맺었읍니다.

- 11월 20일자 조선일보는 1면 톱기사를 "고회는 선거에 초연해야"라는 제목으로 크게 취급한 반면 11월 24일자에서 대한변협이 공정선거를 촉구한 것에 대해서는 11면 단신기사로 짧게 처리함으로써 정부여당의 선거논리를 그대로 대변하는 편파보도의 전형을 보여주었읍니다.

- 11월 28일 조선일보를 비롯한 4대 일간지는 1면 머릿기사로 '군은 정치적 중립을 지켜라'라는 제목의 기사를 실었읍니다. 이 기사는 정호용 국방부장관이 전군 지휘관회의에서 발언한 내용을 인용하여 그대로 싣고 있는데, "현재 사회 일각에서 군정종식이라는 미명아래 군을 부정적 시각으로 보거나 의도적으로 이간시키려는 주장은 군장병들의 사기와 단결을 저해하여 군 전투력에 직접적인 영향을 끼칠 우려가 크다"라고 인용하면서 4단짜리로 크게 취급하고 있읍니다.

그런데 이 신문은 사회저변에서 크게 논란이 되고있는 군부재자투표의 위헌성과 비민주성에 대해서는 일체 언급이 없었으며 나중에는 가장 짧은 단신기사로 처리하는 등 했읍니다.

- 지난 11월 29일 발생한 KAL기 추락추정보도는 전국민이 초당파적인 입장에서 받은 슬픔을 정치적으로 악용하는 사례입니다.

KAL기 사건이 일어난 것이 11월 29일인데 이날은 야당의 대통령후보가 서울 여의도 유세에서 사상유례없는 군중이 동원된 날로 정치적 관심이 집중되어있었던 날이며 선거분위기가 절정으로 무르익어가던 시점이었읍니다. 그런데 바로 이날 다른 모든 기사를 압도하면서 KAL기 사건이 크게 보도되기 시작한 것입니다. 이 시기에 대해서도 의문이 가지만 이를 우연의 문제로 돌리더라도 KAL기사건에 대한 제도언론의 편파.왜곡보도는 여전히 문제로 제기됩니다.

첫째로는 동아,한국을 비롯한 4대 일간지가 모조리 연 1일주일에 걸쳐 KAL기 사건을 1면 톱기사로 높이고 선거문제를 뒷전에 처박아 버림으로써 국민들의 관심을 정치밖으로 몰려는 행동을 취하였읍니다.

둘째로는 분명한 증거도 없이 완전한 추측으로 '북한의 소행'으로 단정하고 있읍니다. 기사를 읽어보면 가정으로 시작해서 가정으로 끝납니다. 그러나 큰제목은 거의 전부 북한의 소행으로 단정하거나 그쪽으로 생각을 유도하고 있읍니다. 이것은 바로 여당의 안보논리에다 교묘하게 접합하여 그대로 대변한다고 해도 무방할 것입니다.

셋째로 수사의 초점이 틀어지는데 대한 아무런 해명이 없읍니다. 현재 가장 중요한 것은 뭐라해도 사건의 열쇄인 KAL기의 행방을 알아내는 것입니다.

수년전 KAL기 폭발사건때의 잔해발견은 미국과 일본정보망에 의한 과학적 합작의 성과였읍니다. 그런데 이번 사건의 잔해수사는 어쩐일인지 태국과 바레인당국의 수사력에만 의존하고 있어서 사건수사가 지연되고 있으며 오히려 뚜렷한 증거도 없이 여자 한 명에만 초점을 맞추고 있어서 그야말로 주객이 전도되어있는 분위기로 여론을 유도하고 있다는 느낌을 주고 있읍니다.

제 언

이러한 제도언론의 편파.왜곡보도는 날이갈수 록 그 심도를 더해하고 있읍니다. 제도언론은 법적, 행정적으로 현정권에 깊이 예속되어 있지만 이 또한 바로 당사자인 언론의 힘으로 극복되지 않으면 안된다는 것을 알려주고 있읍니다. 이것은 바로 언론통제의 법적.행정적 규제가 풀려진다고 해도 언론이 대자본에 예속되어있는 한 편파.왜곡보도는 계속될수 밖에 없는 것입니다. 이것은 이미 9월 노동투쟁에서 재벌언론이 자발적으로 보여준 태도에서 단적으로 드러나지 않습니까?

이와 관련하여 6월 항쟁 이후로 일고있는 언론자유에 대한 국민의 관심과 언론인의 노력에 주의를 가질 필요가 있읍니다.

내년 창간을 목표로 추진하고 있는 새 일간 '한겨레신문'등은 민주시대의 개막에 있어서 제도언론의 한계와 틀을 벗어난 국민스스로의 언론이 속속 만들어지고 있음에 큰 기대를 갖게하고 있읍니다.

그러나 새로운 민주언론의 창설과 함께 현 제도언론을 민주언론으로 바꿔세우는 문제도 대단히 중요합니다.

현재와 같은 시기에 있어서 제도언론의 편파.왜곡보도는 진정 반역사적인 행위로 규탄받아 마땅합니다. 국민모두가 이 현실을 똑바로 알고, 감시와 규탄과 참여로, 제도언론을 국민의 민주언론으로 회복시켜야만 현정권이 언론분야에서 시도하고 있는 선거부정을 봉쇄하여 민주정부를 수립하는데 귀중한 초석을 쌓을 수 있을 것입니다.

1987년 12월 9일

민주쟁취 국민운동 공정선거감시 전국본부

언론감시위원회

민주연립정부수립의 기치아래

민주세력 대연대하여 군사독재 끝장내자!!!

민중후보 백기완선생 선거운동전국본부

1. 민중이 알기(주체)가 되어 군사독재 끝장내자!

민주주의를 열망하는 애국시민여러분!

군사독재의 재집권이냐? 민주사회의 건설로 나아갈 것이냐?의 선택을 해야 할 결전의 날이 4일 앞으로 다가왔읍니다. 선거가 시작될 때만해도 우리민중 누구도 학살원흉 노태우의 낙선을 의심하지 않았지만, 선거가 막바지로 치닫고 있는 현재, 노태우 집권가능성을 피부로 느끼게 되는 이상한 현상이 벌어지고 있읍니다. 이러한 상황이 현실로 이어진다면 4천만 민중이 원하지 않는 노태우 당선이 이루어질텐데 왜 이렇게 되었을까요?

여기에 대한 원인은 민중이 노태우 집권저지를 위해 하나로 뭉치지 못한데서 찾을 수 있읍니다. 우리민중 대다수는 6월 민주화투쟁의 교훈인 독재와의 싸움에서 승리하기 위해서는 민중이 알기(주체)로 나서야 함을 잊고서 군정이 종식되어야 살 수 있는 민중의 운명을 양 김씨의 양심적인 결단에 맡겼읍니다. 즉, 민중후보 백기완선생의 말씀대로 "민중의 단결된 힘만이 노태우 집권을 막을 수 있소"라는 것이 이룩되지 못한 채 전라도 민중은 김대중씨의 도포자락에 경상도 민중은 김영삼씨의 양복소매에 머물러 하나로 뭉치지 못하고 있는 것입니다.

군사독재의 종식을 갈망하는 애국시민여러분!

현명한 국민이라면, 보수야권의 우두머리인 양 김씨가 집권하면 군정이 종식되고 한국의 민주주의가 이루어질 것이라고 믿었던 것이 크나 큰 잘못이었음을 알것입니다.

군정이 종식되고 민주주의가 이루어진다는 것은, 단순히 지배자의 자리바꿈이 아니라, 다시는 독재정권이 등장할 수 없도록 군사독재를 뿌리채 뽑아버리는 것입니다. 이를 위해서는 최소한 광주학살의 책임자에 대한 심판권을 민중에게 주어야 하고, 군사통치의 기구인 안기부, 보안사, 치안본부, 전투경찰을 당연히 해체해야 하며 군사독재의 돈줄인 재벌의 존재기반을 박탈, 민중을 위해 국가가 환수해야 합니다. 그러나, 야당의 두 김씨는 '학살원흉 처단없는 화합정신의 강조'나 '재벌의 존재기반 박탈없는 노동자의 생존권 완전보장' 등의 입장제시에서 나타나듯이 군정종식의 내용을 진정 대변하지 않고, 군사독재에 대한 민중의 적개심을 이용하여 서로가 정권을 잡으려고 각자 출마하여 민중을 분열시켰읍니다. 또한 평민당은 '전라도에서는 몰표다' 민주당은 '경상도에서의 지지기반은 확고하다'고 떠들면서 군사독재가 조장한 지방색에 편승하는 모습까지 보여주고 있읍니다.

"나만이 군정을 종식시키고 한국의 민주안정을 가져올 것이다"라고 주장하는 두 김씨는 진정한 군정종식도, 그리고 민중의 뜻에 의한 최소한의 단합도 하지 않고 있읍니다. 이러한 두 김씨에게 민중의 전권을 위임했던 것은 고양이에게 생선을 보관하는 행위와 다를 바가 없읍니다.

이제 민중은 양 김씨에 대한 일말의 기대도 불식하고 백기완 민중후보의 말씀대로, "민주주의와 해방통일은 누가 가져다 주는 것이 아니라 민중이 알기가 되어 투쟁할 때 쟁취되는 것이다"라는 사실을 명심합시다! 민중 스스로의 헌신적인 투쟁만이 진정 군정종식을 이룰 수 있읍니다.

2. 민주세력의 대 연대를 이룩하자!

수십만 군중이 민중후보를 중심으로 군정종식은 스스로가 이루어야 한다고 자각하고 있으나, 다른 다수 민중은 현재, "군사독재의 끝장은 선거를 통해서 노태우의 낙선이 이루어지면 이룩될 수 있다", "이를 야권의 두 김씨중 한사람이 할 수 있다."라고 주장합니다. 이렇게 민중이민중세력, 김대중, 김영삼씨로 나뉘어져 있으므로 막강한 물리력을 가진 독재정권과 대결하기 위해서는 3자가 단합하여 민중을 하나로 세워야 합니다.

선거를 통해 군사독재를 권좌에서 몰아내는것이 군사독재의 존재기반(안기부, 군대, 독점재벌등)을 깨부수는 것은 아니지만, 군사독재의 힘을 약화시키고 궁극적으로 민중의 정치적 진출을 강화하여 부족하나마 민중의 요구를 실현시킵니다. 또한, 민중억압질서를 혁파하는 민중의 힘을 강화할 수 있기에 전민주세력이 연대하여 군사독재의 재집권음모를 저지해야 합니다.

이러한, 노태우 집권저지를 위한 민주세력(민중세력, 민주당, 평민당)의 대연대는 민중이 자신의 후보를 토대로 힘을 결집하고, 이 힘으로 분열된 보수야권의 두 김씨에게 범민주진영으로 총단결하지 않을 수 없게 만드는 것 뿐입니다.

지금, 많은 민중은 노태우의 집권을 저지하려는 열망을 양 김씨만의 단결과 단일화를 애원하는 형태로 표출시키고 있읍니다. 그러나, 민중이 아무리 애원해도 권력장악에 눈이 어두워 두 김씨는 단결하지 않고 각자 대권장악을 위해 나아감을 80년, 그리고 87년10월에 확인한 바 있읍니다. 설사, 민중의 정치세력을 배제한 두 김씨만의 단합이 이루어 진다해도 그것은, 민주당, 평민당의 입장을 대변할 수 있으나 민중은 대변할 수 없기 때문에 보수야권을 민중의 힘으로 민중세력이 참여하는 대 연대의 장으로 끌어 들여야 하는 것입니다.

민중이 정치세력과 민주당, 평민당이 중심이 된 3자연대속에서 가장 지지받는 진영의 후보를 민주세력의 단일후보로 내세움으로서, '노집권 저지'를 위한 민중의 단결을 이룩합시다! 두 김씨의 "1노3김의 선거판에서도 내가 될 가능성이 가장 크다"는 어이없는 발상에 종지부를 찍읍시다! 민중이 하나로 되지 않는 한 군사독재의 재집권음모를 박살내는 것은 용이하지 않읍니다. 따라서 민주세력의 대 연대를 민중의 힘으로 이룩하여 재집권을 획책하는 군사독재의 음모를 박살냅시다!.

3. 민주연립정부수립으로 군사독재 끝장내자!

억압과 착취의 굴레에서 벗어나고자 하는 애국시민여러분!

민중이 억압받고, 착취받는 현실은 '표찍기'만을 통해서 근절되지 않읍니다. 어떠한 형태로든 민중이 권력을 틀어쥐어 독재의 잔재를 쓸어버리고 민중의 경제적 정치적 민주주의를 실행해야 하며, 궁극적으로 군사독재의 완전한 타도투쟁으로 나아가야 합니다.

따라서, 이번 선거를 통해 노의 집권을 저지하고 들어설 정부는 민주세력의 대 연대를 기반으로 한 민중세력, 민주당, 평민당등 3자가 권력을 공동으로 관리하는 연립정부여야 합니다.

만약, 노태우의 집권을 저지한 후의 정부가 민중의 입장을 대변하는 민중세력의 권력참여를 배제한 채 단순히 대통령을 군인에서 민간인으로 바꾸기만 하는 민간정부가 된다면, 독재와 재벌의 입장이 아닌 민중의 입장을 담보하는 과감한 민주개혁을 할 수 없읍니다. 또한, '대화와 타협'을 강조해 온 양 김씨가 독재의 잔재를 척결하지 않고 군사독재와 다시 손을 잡을 가능성조차 있읍니다. 왜냐하면, 민중의 이해와 요구를 반영한 정책과 독재와의 비타협적 투쟁의 전개는 민중만이 할 수 있기 때문입니다.

민주연립정부란, 김대중씨가 얘기하는 '거국중립내각'과 같이 평민당이 집권하면 거기에 기어들어가 자리메꿈을 하는 것이 아니며, 김영삼씨가 얘기하는 '범민주연합정부' 처럼, 18년 유신독재의 거두 김종필의 배제가 애매한 것도 아닙니다. 우리민중이 수립해야 될 민주연립정부는 독재를 반대하는 정부이며 독자적인 민중세력이 민중정책을 관철시키려는 정치활동을 보장받는 정부입니다. 즉, 군사독재의 잔재를 청산하기 위하여 광주학살원흉 심판권을 민중에게 주고, 또한 민중의 완전한 정치활동을 보장하며 독점재벌 중심의 경제구조를 민중중심의 자립경제로 구축할 뿐만 아니라, 해방통일을 달성하여 민족의 자주성을 확보하기 위해 나아가는 정부입니다.

이러한 정부만이 노태우의 집권을 저지한 후 세워질 정부에 민중을 최대한 권력의 주인으로 세우는 길이며, 이는 군사독재의 힘을 약화시키고, 궁극적으로 독재와 재벌 그리고 외세의 지배를 뿌리 뽑을 수 있는 민중의 힘을 길러 나갈 것입니다.

4 민중정당 결성하여 민중시대 앞당기자!

민중을 독자적인 세력으로 결집시키기 위해 등장한 민중후보는 조건상 무소속으로 등록할수 밖에 없었읍니다. 또한, 선거유세의 일정기간동안, 민중은 민중후보의 개인성향을 바라보며 지지한 경우가 많았읍니다. 그러나, 민중후보를 중심으로 아무리 많은 민중이 결집하더라도, 민중의 입장을 강령으로 무장하고 민중의 힘을 조직적으로 체계화시키는 정당으로 나아가지 않는다면, 국가권력에 참여하여 민중적 입장의 정책을 시행할 수 없읍니다. 권력의 참여가 정치세력으로는 그 힘을 발휘할 수 없기 때문입니다.

따라서, 국가권력에 민중이 정치세력으로 참여 민중의 이해와 요구를 담보하는 정책을 국가차원에서 시행하기 위하여 민중정당의 결성은 필요합니다. 민중정당은 노동자와 농민을 중심으로 진보적인 지식인, 중소상공업자, 양심적 민주

인사등 광범한 근로대중의 민주적 정당이며 합법적이고 대중적인 공개정당인 것입니다.

민중정당은 민중을 정치세력으로 전면 부상시켜 민중이 보수야권에 기대는 현실을 불식하고, 합법적 공간에서 민중의 정치활동을 전개하여민주연립정부에서 민중을 하나의 힘으로 결집시킬 것입니다.

민주연립정부에 민중은 정당으로 참여하여 정치권력을 공동으로 관리하고 민중시대를 앞당깁시다!

이제, 4천만 민중은 결단을 내립시다!

민중세력에 대해 간악한 웃음을 흘리는 자들은 군사독재체제를 유지하려는 자들 뿐이고 비웃음을 짓는 자들은 양 김씨 뿐입니다.

12월 6일 백기완선생의 대학로 유세때 명확히 확인하였듯이, 민중은 뜨거운 가슴으로 민주세력에 대한 지지와 참여를 보이고 있읍니다.

역사의 거대한 물줄기는 민중인 법, 군사독재의 오염된 물줄기와, 양 김씨의 찝찝한 물줄기에 휩쓸리지 말고 청청하고 거대한 물줄기를 형성하여 군사독재의 재집권음모를 박살내고 민중의 권력참여를 보장받는 민주연립정부수립의 길로 나아갑시다!!!

가자! 백기완과함께, 민중의 시대로!

사천만이 단결하여 민중정당 결성하자!!

민중정당 가로막는 정당법 철폐하라!!

민중정당 결성하여 민중시대 앞당기자!!

민중 깃발 창간호

민중정당의 깃발아래

민중후보 선거운동전국본부 및
민중정당결성 추진위

738 - 0504

Ⅲ. 민중정당은 무엇을 하고자 하는가?

최근, 한국은행조사에 따르면 2인 가족이 한달동안 사람답게 살기위해서는 최소한 35만원 가량이 필요하다고 나와 있읍니다. 그러나 이땅의 노동자는 철야, 특근, 잔업등 시키는 대로 하여도 10만원이 조금 넘는 월급을 손에 쥘 뿐입니다. 또한 농민은 농가경제를 파탄에 이르게 하는 저농산물 가격과 수입농축산물에 의해 살 권리를 박탈당하지 않았읍니까? 이러한 상황은 민중에게 쥐어질 이익을 군사독재가 갈취하기 때문이며 이는 민중을 계속되는 생존의 위협속에서 숨도 제대로 쉬지 못하게 하는 것입니다.

민중이 사람답게 살기 위해서는 군사독재가 존재하는 상황을 일소해야하며 이를 위해 우리민중은 합법적으로 또는 비합법적으로 정권에 도전해야 합니다. 민중이 권력을 거머쥐게되는 현실은 텔레비전에 민중의 목소리가 나와 백기완 선생처럼 민중의 백년 묵은 체증을 내려가게 할것이며, 민중이 일한만큼의 댓가는 반드시 받게되는 세상입니다. 이러한 현실을 잉태하기 위하여 민중정당은 필요한 것입니다

— 민중정당의 주요한 정치적 주장

첫째로는, 민중정당을 제외한 기존의 제정당과 국가기구의 반민중성을 민중앞에 밝히고자 합니다.

민중의 목소리는 단?한번도 완전히 담보하지 않은 채 누가 민중의 지배자가 될 것인가를 가지고 정치놀음을 즐겼던 보수야당과 여당의 작태를, 그리고 민중의 정당한 생존에 대한 열망을 짓밟은 관료, 경찰, 군대등의 만행을 낱낱이 폭로하여 민중이 알것은 알게 만들 것입니다.

둘째로는, 과거에 군사독재와 보수야당이 민중을 배제한 채 야합하여 만든 개정헌법에 대한 비민주성을 폭로하고 민주헌법의 필요성과 새로운 의회의 소집을 요구할 것입니다.

개정헌법을 토대로 실시된 지난 대통령선거과정에서 명확히 하였듯이 민중의 민주적 제권리는 전혀 보장되어 있지 않았읍니다. 민중의 정치활동 및 조직결성의 자유가 국가보

안법과 정당법에 의해 여전히 가로막혀 있었으며 민중의 경제적 권익을 위한 노동임금결정에 노동자가 참여할 것과 농축산물 수입결정에 농민이 참여할 것이 법적으로 보장되어 있지 않았읍니다. 이러한 개정헌법으로는 민중의 이해가 보장되는 민주주의란 불가능하기에 진정한 민주헌법이 새롭게 필요하며 이는 민중의 대표가 참여하는 새로운 의회에서 가능한 것입니다.

민중정당이 이루어 내고자 하는 것은?

민중의 극도한 빈곤을 극복하고 민중을 시대의 주인으로 등장시키기 위하여 노동형제에겐 8시간 노동제와 생활임금 보장에서부터 노동 3권의 제약없는 보장에 이르기까지 노동자의 권익을 완전 실현하도록 할 것이며 농민형제에겐 한 뙈기의 땅이라도 갖고자 하는 열망을 수렴하기 위해 소작제를 폐지하고 부당하게 땅을 소유하고 있는 대지주 소유 토지를 몰수, 농민에게 분배하는 것에서부터, 농축산물 수입결정에의 농민참여의 보장에 이르기 까지 농민을 위해 싸울 것이며 완전한 정치, 사상적자유를 민중에게 보장하고 독재국가를 민주적인 국가로 개조할 것입니다.

군사독재가 지배체제를 유지하는 상황이라 할지라도 민중정당은 이 모든 것을 정강정책으로 제시하여 국가정책속에 실현하고자 노력할 것입니다.

이와같은 민중정당의 임무는 군사독재를 완전히 타도했을 때 전면 실현되기에 민중정당은 민중의 탈권이 그 최고목표입니다.

7

기타 관련 자료

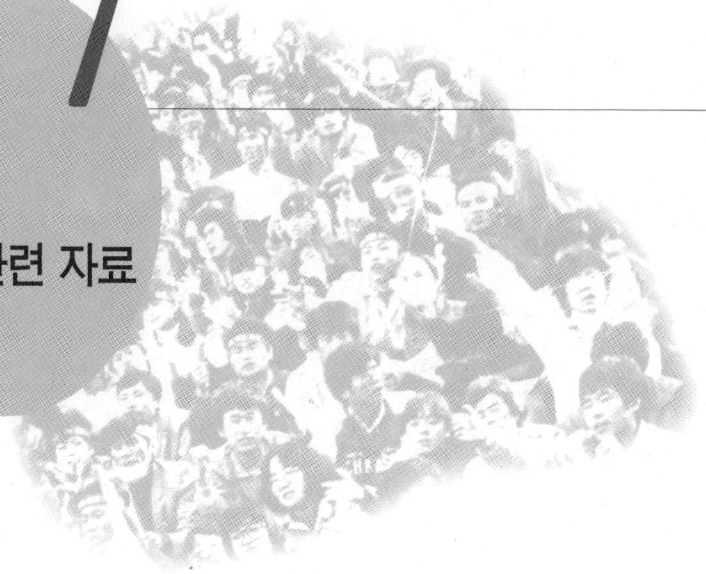

살인만행 자행하는

미제축출하고 예속파쇼 타도하여 민중민주정권 쟁취하자!

이 땅의 민중을 가난과 고통, 억압과 착취에몰아넣고 있는 전두환 예속군사파쇼 도당의 살인만행은 또 다시 백일하에 드러났읍니다. 80년 5월, 70세 노인에서부터 뱃속에 든 태아에 이르기 까지 2,000여 광주 민중의 피를 마시고 들어선 전두환 예속군사파쇼 도당의 살인만행은 끊임없이 자행되어 왔고 오늘 또 다시 우리 눈 앞에 박종철 군에 대한 무참한 학살로 나타났읍니다. 이와같은 살인만행은 어제 오늘만의 일이 아니고 반민족적.반민중적인 현 정권의 항상적 만행이었던 것입니다.

그러면 박종철군의 치사사건이 왜 우리 민중을 분노케하는 것입니까?
그것은 한반도내 영구적인 예속파쇼정권을 세우려는 미제의 체제재편음모와 수상내각제 관철로 지배체제를 장기화하려는 전두환 예속군사파쇼 도당의 갈등 속에서 우리에게 밝혀진 사건이기 때문입니다.
즉, 미제국주의는 한반도내에 반제반파쇼 민중민주 정권이 수립되는 것을 두려워한 나머지 전두환군사파쇼 도당을 지지하면서도, 전두환군사파쇼의 일방적 장기집권이 오히려 반미의식을 고조시킬 것을 두려워하여 전두환군사파쇼를 견제하고 있읍니다.
이와같은 미제와 군사파쇼의 갈등관계가 구체적으로 박종철군의 학살을 보도하게 한 것이며, 따라서 박종철군의 치사는 미제국주의의 체제재편음모와 전두환 예속군사파쇼도당의 장기집권음모를 여실히 드러내고 있는 것입니다.

이제 20세 꽃다운 나이로 숨져간 박종철군의 영령을 눈 앞에 놓고 우리는 무엇을 해야할 것인가를 생각해야 합니다. 더 이상 압제와 억압에 눈물과 한숨을 내쉰 채 망설이거나 주저하고 있을 때는 지났읍니다.
내 자식, 내 형제, 내 친지가 바로 옆에서 두 눈을 뜨고 죽어가고 있는데..............

압제와 억압의 장본인인 미제와 예속군사파쇼의 음모를 폭로하고 단호하게 싸워야 할 것입니다.
"미제국주의 축출하고 예속군사파쇼 타도하여 민중민주정권 수립하자"
는 슬로간 아래 4,000만 민중이 일치단결하여 투쟁하는 것만이 박종철군과 같은 죽음을 이 땅에서 몰아내는 유일한 길입니다. '철저한 진상규명'이니 '인권특위'니 '직선제개헌'이니 하는 우리를 기만하는 자들의 술책에 더 이상 속지말고 우리 4,000만 민중의 정권을 수립하는 투쟁의 횃불을 높이 들어야 합니다.

미제국주의와 예속군사파쇼는 앞으로도 민중을 기만하는 허울좋은 '민주화조치'를 취할 것입니다. 그러면서도 민중민주정권수립을 요구하는 우리의 동지들을 더욱 더 잔악한 방법으로 학살할 것입니다.

이제 허울좋은 '민주화조치'나 '직선제'의 환상에 속지말고, 온갖 보수와 개략의 사슬을 박차고 단호하게 투쟁하여 체제재편 획책하는 미제국주의 축출하고 장기집권 음모술책 부리는 전두환예속군사파쇼를 타도하여 다음과 같은 민중민주의 세 사회를 건설합시다.

1. 미제를 축출하고 예속군사파쇼를 타도하여 민중민주정권을 수립한다.

미제 침략군과 핵무기를 이 땅에서 몰아내고 미제의 신식민지 지배를 청산한다. 그리고 미제의 대리통치 세력인 예속파쇼를 타도하고 반제 반파쇼투쟁에 참여한 제계층, 제정당, 제사회단체, 애국적 지식인의 대표자로 구성된 민중민주정권을 수립한다.

2. 폭넓고 강력한 민주주의를 실현한다.

우선 미제와 예속파쇼의 지배도구인 헌법을 철폐하고 민중민주의회를 구성하여 민중이 주인임을 보장하는 새 헌법을 재정한다. 모든 민중은 언론, 출판,집회, 결사의 자유 등 정치적.민주적 권리를 보장받을 것이며, 신앙의 자유를 보장하고 어떠한 종교에 대해서도 차별하지 않을 것이다.
모든 정치범은 석방되고 더 이상 불법연행, 구금 고문은 없을 것이다.

3. 착취와 수탈이 없는 자주평등경제를 실현한다.

미제와 예속자본의 경제독점을 폐기한다. 미제와 예속파쇼및 예속자본가의 모든 재산은 국가가 환수하여 민중의 이익을 위해 사용할 것이다. 건전한 중소 기업을 보호하며 자립경제건설을 위해 적극 장려할 것이다. 이자.이윤 등 경제적 잉여를 착취해간 외채는 동결한다. 합리적이고 공평한 세제를 실현하여 빈부의 격차를 해소한다. 적극적으로 국산품을 보호하기 위해 국내에서 생산할 수 있는 상품의 수입은 제한.정지하고 신기술개발을 적극 유도한다. 1가구 1주택을 실현하여 무주택자는 더 이상 전세.월세로 전전긍긍하지 않아도된다.

4. 노동자의 인간다운 생활을 최대한 보장한다.

노동자의 인간다운 생활을 위해 생활임금제와 8시간 노동제를 전면적으로 실시한다. 해고, 감봉,벌금,부당대우 등의 비인간적 행위는 없을 것이며 입하고자 하는 모든 이에게는 취업의 기회를 보장할 것이다. 노동3권 등의 제권리를 보장하며 산업재해와 공해산업은 추방될 것이다.

5. 도시.농촌간의 불균형을 해소하고 농민의 인간다운 생활을 보장한다.

저농산물 가격정책을 폐지하고 농촌을 부흥시켜 도농간의 불균형을 해소한다. 소작제는폐지하며 독점재벌 소유의 경작지는 국가가 환수하여 토지없는 농민에게 무상분배할 것이다. 농촌을 피폐시키는 농산물의 수입을 금지하고 주곡의 자립화를 촉진한다. 국내농업원료에 기반을 둔 공업을 적극장려, 자립적균형발전을 도모한다.

6. 미제의 퇴폐문화와 이기적인 경쟁심을 유발하는 교육제도를 일소하고 민중과 민족에 봉사하는 문화와 교육제도를 건설한다.

향락,사치,허영을 조장하는 퇴폐문화를 일소하고 민족민중문화를 일깨워 계승발전시킨다. 모든 민중에게 교육받을 권리를 보장하고 청소년들의 정신적.육체적 건강을 해치는 경쟁적입시제도를 폐지한다. 상업적 프로스포츠는 폐지하고 민중의 보건을 도모하기 위해 체육.스포츠활동을 강화한다.

7. 여성에대한 정치.경제.사회.문화적 제차별을 폐지한다.

새 사회건설에 여성이 적극 참여할 수 있도록 동일노동에 대한 차별임금과 가족법.상속법등 여성차별 제법률을 폐지한다. 여성의 활발한 사회참여를 위해 가사노동을 사회화하고 여성을 상품화하는 윤락업,접대업,향락업등을 철폐한다.

8. 남북한간의 관계를 정상화하고 조국의 자주적 평화통일을 적극 추진한다.

전민중의 절박한 요구인 조국의 평화적 통일을 위해 책임있고 성실한 자세로 협상과 대화를 시작한다. 더 이상 남북대화를 정치적.이데올로기적으로 이용하지 않으며 통일이 될 때까지는 민족을 이간시키는 선전과 전쟁선포를 하지 않는다. 남북간의 경제 문화교류및 서신교환, 주민왕래 등을 즉각 실시한다.

9. 세계평화를 추구하며 자주적 외교정책을 실시한다.

반민족적.반민중적 협정을 폐기하며 모든 나라와 평등한 외교관계를 수립하고 불평등조약을 요구.체결하지않는다

10. 침략전쟁을 반대하고 각국의 민족해방투쟁을 지지한다.

11. 조국과 민중을 보위할 민중군대를 건설한다.

조국과 민중을 보위하는 민중군대를 건설하며 군대는 더이상 민중을 탄압,학살하는데 동원되지 않을 것이다. 어떠한 형식으로도 강제징집은 없을 것이며, 병사들의 물질적 생활을 보장하고 구타,학대, 징벌등의 비인간적 대우는 없을 것이다. 남한에 설치되있는 미군기지,핵시설물은 철수될 것이며 파쇼정권이 민중을 통제하는 수단으로 사용했던 예비군과 민방위제도는 폐지될 것이다.

"이 땅에서 억압과 착취의 원흉인 미제와 예속군사파쇼의 통치를 끝장내고 민중민주투쟁의 승리를 위해 끝까지 투쟁하자!!"

1987.2.7. 반제 반파쇼 민중민주 투쟁전선

직선제 쟁취하여 자주권 회복하자!!

우리들은 학교에서 무엇을 배워야 하는가? 대학입시를 위한 암기도 필요할지 모르지만 더욱 중요한것은 교육을 통하여 인간이 되는게 아니겠는가? 그러기 위하여 우리는 자주적이고 창조적이며 민주적인 덕성을 함양하는 교육을 원한다. 즉,학교의 주인, 나아가서는 이나라의 주인이 되는 교육을 원한다. 그래서 우리는 무엇보다도 자주적인 인간으로 성장해야 한다. 우리는 여태껏 주인으로서의 대우를 받아본적이 없다. 그것은 학생회가 학교의 꼭두각시로 전락하였다는 것에서 가장 큰 원인을 찾을 수 있다. 보충수업비가 부당횡령되는 것을 알고서도 우리는 호소할 곳이 없었다. 학생회비가 꼭두각시 간선제 학생회의 묵인하에서 송두리째 강탈당하고 있어도 우리는 벙어리 냉가슴만 앓아왔다. 매점의 횡포가 극심해도 우리는 그저 울분만 삼키고 있었다. 학교에서 우리들이 자율적으로 할 수 있는 것은 아무것도 없다.

학우여! 진정한 교육을 원하는 학우들이여, 이제 더이상 이대로 보고만 있을 수는 없지 않은가? 학교는 부패한자들로 들끓고, 우리들의 가슴은 울분으로 멍들어가는데 어찌 더이상 이것을 보고만 있을텐가? 입있는자 말하고, 몸둥이 있는자 싸워서 학생회를 우리 힘으로 되찾자.

오늘 우리의 싸움을 부당하다고 말하는 자는 부패한 교육자들 뿐일지니, 의로운이 모두 우리에게박수를 보낼 것이다. 자, 오민의 건아들이여, 무엇이 두려운가? 분연히 일어나 오민의 교육장을 부패한 무리로부터 되찾자. 이미 썩어버린 교육을 우리의 힘으로 되살리자!

자! 학우들이여 나가자, 운동장으로!

- 요 구 조 건 -

1. 직선제로 학생회를 되찾자.
2. 횡령한 학생회비 전액을 내놓아라!
3. 매점 운영을 학생회로 돌려라!
4. 부패한 교육자 교장,이사장,서무과장을 쫒아내자.
5. 보충수업 부당징수 전액을 즉각 환불하라.

* 우리가 주인이다. 단결된 힘으로 학생회 쟁취하자!!

1987년 3월 10일 진주 대아 고등학교 직선제 추진 위원회

모든 민주·민중 세력은 일치단결하여 정치테러 발호음모를 부리뽑자!

– 영농후계자 고 오한섭씨 1주기 추도식때 발생한 농민운동가 집단폭행·납치감금 사건을 규탄하며 –

지난 3월 13일 본 민주·통일 민중운동연합 가맹단체의 일원인 한국가톨릭농민회 충남연합회가 거행했던 영농후계자 고 오한섭씨 1주기 추도식때 발생했던 농민회 회원 4명에 대한 괴한들의 백주 테러(사건경위는 별첨 한국가톨릭농민회 충남,경기연합회의 3.15자 경위서 참조할 것)는 실로 경악을 금치 못할 사건으로서 우리 민주·민중운동 세력이 그 진상규명과 책임추궁에 끝까지 나서지 않으면 안될 중차대한 문제로 부각되고 있다.

고 오한섭씨는 이미 온 국민이 다 알다시피 현정권의 복합영농 권장정책에 따라 소를 길렀다가 외국소수입으로 엄청난 빚만 지고 죽음으로써 항거한 희생자 인바 이 한많은 한 농민의 죽음이 1천만 농민 전체에 준 슬픔과 비통이야 다른 그 누가 헤아릴 수 있겠는가?

그러나 현 군사정권은 이 애닯은 한 농민의 짧은 생애를 추도하는 농민들의 승화된 정서마저 표현할 기회를 주지 않으려고 묘소참배에 나서는 300여명의 농민들을 전투경찰 450여명을 풀어 폭력으로 차단했다.

그리고 이 폭거에 뒤이어 발생한 농민운동가 이영철씨(가농 경기연합회 상임위원) 등 농민회원 4명이 묘소참배후 귀가길에 백주 대로에서 승용차와 봉고차까지 동원한 실향민 호국운동협의회 애국청년단이라는 테러단 7-8명에게 집단폭행·납치감금 당한 사태가 벌어진 것은 과연 무엇을 의미하는가?

본 민통련은 이번 사건을 지난 80년 이래 날로 대량화로 치닫는 민주·민중운동가들에 대한 투옥,고문, 나아가 고문치사에 뒤이은 정치테러의 본격화의 한 조짐이라고 단정하지 않을 수 없다.

이들은 왜 모두 흰바탕 무궁화에 금빛 한국지도가 담긴 오각형뺏지(또는 비표)를 달고 있었으며 이런 뺏지를 단 청년들이 무슨 이유로 추도행사장에서도 사복 경찰들과 섞여 어슬렁거렸는가?

이들은 왜 이영철씨를 폭행후 납치해 봉고차에 싣고 달아나면서 "이새끼 파출소에 연락하여 불잡아다 죽인다"는 등의 협박을 했고 또 조치원 여관방에 끌고가 "반공이 최고다, 너희들 하는 짓이 이북에서 좋아하는 짓이다"라는 등의 폭언을 했는가?

현지 경찰은 왜 이들이 폭행당시 심지어 자동차 바퀴 빼는 공구를 흉기로 사용하여 휘둘렀는데도 폭력의 동기, 이들의 정체, 이들의 배후를 분명히 밝히지 않고 있으며 단호한 의법조치를 망설이고 있는가?

본 민통련은 현군사독재정권의 무분별한 외국농축산물도입, 살인적 저농산물가격 등으로 인해 농민들의 부채가 기하급수적으로 늘어나 이제 파산지경에 이른 1천만 농민들이 농가파산의 구조적 모순을 자각하고 농민들 스스로 자구노력을 벌여나가는 것이, 또 이와같은 맥락에서 이땅에서 맹렬히 일어나고 있는 모든 민주·민중운동이 이 사회를 혼란에 빠뜨리는 것이 아니라 농민운동을 비롯한 모든 민주·민중운동을 온갖 공권력으로 탄압함으로써, 또 이번사건에서 보듯이 심지어는 테러조직까지 이 탄압에 가세함으로써 민중생활의 제도적개선을 모색하는 것이 아니라 이를 방치하고 점점 더 수렁에 빠지도록 조장하는 것이야말로 이 사회의 혼란을 부채질 하는 권력의 횡포요 권력의 폭력이라고 진단한다.

거듭 주장하거니와 이번사건은 80년대이래 날로 심각해져 온 민주·민중운동에 대한 탄압이 고 박종철군 고문치사사건 이후에도 개선·근절되는 것이 아니라 그 모습을 바꾸어 테러적 양상까지 결쳐지려는 조짐의 일단을 엿보이게 하고 있다.

따라서 모든 민주·민중운동세력은 최대한 연대하여 이 사건의 진상을 철저히 규명하고 정치테러의 발호조짐을 그 시초에서 뿌리 뽑는데 총력을 기우려야 할 것이며 본 민통련과 24개 가맹단체들은 이같은 연대노력에 있는 힘을 다할 것이다.

1987. 3. 20.

민 주·통 일 민 중 운 동 연 합

한국 가톨릭농민회	인천지역사회운동연합
한국 기독교농민회총연합회	충남민주운동협의회
천주교정의구현전국사제단	충북민주운동협의회
천주교사회운동협의회	부산민주시민협의회
대한가톨릭학생총연맹	전북 민주화운동 협의회
한국노동자복지협의회	전남 민주청년 운동연합
한국 기독교노동선교협의회	민주화운동청년연합
서울노동운동연합	여성평우회
서울 민주·통일 민중운동연합	민중불교운동연합
강원 " "	민주언론운동협의회
경북 " "	민중문화운동협의회
경남 " "	자유실천문인협의회

혁명의 기치 아래!
제헌의회 소집의 깃발아래!
일치단결하여 투쟁하자

1. 범국민연합전선의 형성이라는 조직적 과제의 기회주의성

남한사회는 미·일 제국주의에 예속되어 민중에 대한 착취에 혈안이 되어있는 소수 독점자본가들에게만 자유가 보장되어 있을뿐 대다수 민중에게는 억압과 고통만을 강요하는 파쇼체제이기에 당면 민주주의 혁명에는 노동자계급 뿐만 아니라 반정부적 제 계급 및 계층이 광범하게 참여하게 되는 것은 필연적인 사실이다. 이러한 사실은 얼마전 박종철군 고문살인 사건으로 표출된 파쇼적 억압에 대항하여 반동적 독점자본가를 제외한 모든 계급과 계층이 파쇼와의 투쟁에 참여하거나 지지와 성원을 보냈다는 것에서 실제적으로 확인할 수 있다. 이처럼 민주주의 실현의 문제는 어느 한 계급만의 관심사가 아니며 파쇼적 억압에 고통받는 모든 계급의 절실한 바램이기에 민주주의적 투쟁에 있어서 그러한 계급 및 계층이 일치단결하여 군사파쇼에 대항하여 함께 투쟁하는 것은 절대적으로 필요하다.

그런데 남한의 민주주의 혁명에 참여하는 제 계급 및 계층의 군사파쇼에 반대하는 정도와 그 목표가 제각기 상이하기 때문에 이것을 무시하고 모든 계급 및 계층의 대동단결을 무원칙하게 주장하는 것은 군사파쇼와의 투쟁전선의 약화 나아가서는 민주주의 혁명의 유산을 목표하는 것과 다를 바가 하나도 없다. 혁명의 유산 그것은 민주주의적 투쟁의 성과가 파쇼체제의 부분적 개선에 머무르는 것이며 민중에게 가해지는 억압은 여전히 계속되는 것을 의미한다. 우리가 민족민주운동 내부의 우익기회주의 세력의 범국민연합전선형성('파쇼에 반대하는 모든 계급과 계층은 단결하자'라는 구호로 표현된다.) 이라는 조직적 과제를 단호히 반대하고 혁명적 민주주의 연합진영 형성이라는 조직적 과제를 내거는 근본 이유가 여기에 있는 것이다. 범국민연합전선 형성이라는 조직적 과제의 기회주의성은 그들의 정치적 과제(장기집권음모분쇄와 직선제개헌쟁취)와의 연관성 속에서 파악될 때 보다 명확해진다.

이를 위해서는 우선적으로 남한의 민주주의 혁명이 어느 계급의 지도하에 수행되느냐에 따라서 기본적으로 두가지 방향중 하나로 귀결된다는 사실을 분명하게 이해하는 것이 필요하다. 즉 그것은 철저한 민주투사인 노동자계급의 지도하에 수행됨으로써 민주주의 혁명의 완전한 승리를 목적할 것인가 아니면 자유주의적 부르조아(이것의 중심세력은 중소자본가의 이해를 대변하는 신민당이다.)의 지도하에 수행됨으로써 혁명의 유산(자유주의적 개혁)으로 귀결될 것인가이다. 전자는 파쇼적 억압에 가장 고통을 받고 있다는 사실에서 뿐만아니라 민주주의 혁명을 최대한으로 진전시킬수 있는 능력과 의사를 지니고 있는 노동자계급을 중심으로 혁명적 민주주의자들이 결집함으로써 가능할 것이며 후자는 자유주의적 개혁(파쇼체계의 부분적 개선)이 파쇼적 억압의 상태보다는 상대적으로 진보적이라는 사실에만 안주해버릴때 나타나는 결과일 것이다. 혁명의 유산될 가능성은 파쇼적 억압질서의 점진적 개선이 민주주의가 실현될 수 있는 유일한 길이라는 자유주의적 부르조아의 개량의 철학을 조금이라도 용인하는 것으로 부터 현실화되기 시작한다. 특히 현재 남한 정치상황이 파쇼체제의 정치적 위기가 더욱 격화되고 나아가서 그것이 혁명적 위기상황으로 발전하는 과정에 있을 때(반동지배계급의 부분적인 양보로서도 민중의 민주주의에 대한 열망과 투쟁이 잠재워지지 않는다는 사실에서 그것은 객관적으로 나타나고 있다.) 혁명이 중도에서 파산될 위험성은 '군사파쇼와의 타협을 통한 점진적개혁의 실현'(직선제 개헌의 실현)이라는 자유주의적 부르조아 정치사상이 혁명적 민중의 정치의식을 타락·마비시키는 것으로 부터 온다. 군사파쇼의 완전한 타도없이 수행되는 자유주의적 개혁은 그것이 아무리 진보적인 것일지라도 본질적으로 민중에게는 정치적 억압과 경제적 수탈의 연장에 불과하다. 그러한 개량을 목표하는 우익기회주의 세력의 정치적 과제는 필연적으로 '파쇼에 반대한다'라는 사실에만 일치하는 범국민연합전선 형성이라는 조직적 과제와 결합하게 된다. 그것은 '파쇼에 반대하는' 제세력간의 혁명성의 차이를, 주요하게는 '파쇼에 반대한다'는 사실로 민중의 민주주의적 투쟁을 개량을 위한 투쟁으로 제한하려는 자유주의적 부르조아의 책동을 망각해 버리고 민중에 대한 자유주의적 부르조아의 지도력의 확장에 봉사하는 것이다. 그리고 그러한 공동전선 하에 수행되는 어떠한 투쟁도 파쇼와의 혁명적 투쟁으로 진전될 수 없다. 왜냐하면 민중의 혁명적 투쟁(군사파쇼의 완전한 타도를 통해 혁명의 승리를 목표하는 투쟁)은 민주주의 혁명의 과정에서 집요하게 침투해 들어오는 자유주의적 부르조아의 개량의 정치사상을 극복할 때에만 이루어질 수 있기 때문이다.

이에 우리는 당면 민주주의 혁명이 중도에 자유주의적 개혁으로 파산될 위험성을 제거하고 혁명의 완전한 승리를 실현하기 위해 노동자계급을 중심으로 혁명적 민주주의 세력이 군사파쇼의 타도와 민주주의 민중공화국 수립이라는 단일한 목표하에 단일한 진영으로 결집될 것을 목표한다.

2. 혁명적 민주주의 연합진영을 어떻게 구축할 것인가?

민주주의 혁명의 과정에서 우리는 어떠한 계급 및 계층과 함께 민주주의적 투쟁을 수행해야 하는가? 남한사회에 있어서 그것은 노동자계급을 비롯하여 도시빈민, 농민, 그리고 청년학생층이다. 왜냐하면 이들만이 파쇼적 억압으로 부터 해방하기 위한 군사파쇼의 완전한 타도와 민주주의 민중공화국 수립을 목표하는 투쟁에 끝까지 참여할 것이며 결국에는 승리를 쟁취할 수 있을 것이기 때문이다. 그러므로 우리는 이러한 계급 및 계층이 일치단결하여 민주주의 혁명의 승리라는 단일한 목표를 향하여 함께 투쟁할 수 있는 실제적인 방식을 제시해야 한다. 그러할 때에만 진정 자유주의적 부르조아 세력과 우익기회주의 세력을 중심으로 결집되고 있는 개량주의자들의 연합진영을 실제로 무력화시키고 혁명적 투쟁의 기치하에 민주주의의 실현을 열망하는 대중을 광범하게 결집시킬 수 있는 것이다.

이러한 혁명적 민주주의 연합진영의 구축은 대중투쟁연합조직(민족민주혁명투쟁 민중연합)을 창설하는 것으로 부터 시작되며 그것을 유지, 발전시키는 것을 통하여 완성되어 갈 것이다. 왜냐하면 민주주의를 열망하는 제 계급 및 계층은 군사파쇼의 타도와 민주주의 민중공화국 수립을 위한 전면적 정치투쟁의 영역에서 결합될 때에만 진정 실천적인 계급적 연대감을 확보할 수 있고 그러한 연대감을 기반으로 혁명적 민주주의자들의 연합진영이 강고하게 구축될 수 있기 때문이다. 그러므로 현재 우리가 창설하려는 대중투쟁연합조직은 가장 선진적인 민주주의적 슬로건(현재 그것은 '제헌의회 소집'이라는 슬로건이다.)을 내거는 전면적 정치투쟁을 조직하고 각 계급 및 계층속에서 터져나오는 민주주의적 투쟁을 적극 지원하는데 모든 관심과 노력을 집중시켜 나갈 것이다.

3. 제헌의회 소집의 깃발아래 단일한 진영을 구축하자

앞서 우리는 한 정치세력의 정치적 과제와 조직적 과제는 그 성격과 내용에 있어서 필연적 연관이 있으며 그것을 통일적으로 이해할 때에야 비로소 각각의 과제가 담고 있는 실천적 의미를 명확히 인식할 수 있다. 그러므로 여기서 우리가 수행해야 할 정치적 과제를 밝히는 것은 혁명적 민주주의 연합진영의 구축이라는 조직적 과제의 실천적의미를 분명히 하는데 빠뜨려서는 안될 중요한 사안이다.

파쇼체제의 정치적 위기가 더욱 격화되고 있는 현재 반동지배계급은 이 위기를 모면하고 현 체제를 유지, 강화하기 위해 기만적인 양보전술(내각제 개헌기도)을 구사하고 있으며 신민당은 민주주의를 열망하는 민중들의 파쇼에 대한 투쟁을 이용하여 자신의 집권(이는 민주정부라는 겉치레를 쓰고 있으나 본질적으로 민중을 억압하고 지배하는 또다른 부르조아의 권력에 불과하다.)을 위해 직선제 개헌 관철을 목표하고 있다. 이들의 기만적 개헌공방이 민중의 정치의식을 타락시키고 민중이 군사파쇼의 완전한 타도를 향한 혁명적 투쟁으로 나아가는 것을 저지하고 있다. 이러한 정치상황속에서 우리는 민중에게 억압을 강요하는 군사파쇼하에서 이루어지는 타협을 통한 어떠한 개헌도 반대하며 그러한 개헌은 민주주의의 실현이 아니라 파쇼적 억압의 또다른 강요에 불과하다는 것을 명백히 한다. 우리는 파쇼적 억압으로 부터의 완전한 해방을 위하여, 민주주의의 진정한 실현을 위하여 군사파쇼를 철저히 분쇄하고 제헌의회를 소집할 것을, 그리하여 민주주의 민중공화국을 수립할 것을 목표한다. 이러한 목표는 제헌의회 소집의 깃발아래 제반 혁명적 민주주의 세력이 일치단결하여 투쟁할 때 쟁취될 것이다.

정치적 위기가 격화될 수록 개량의 철학을 앞세우는 세력들의 책동은 보다 노골화되어 가고 따라서 이들의 사상에 의해 민중의 정치의식이 타락될 위험성은 더욱 크다. 이러한 실제적 위험으로 부터 민중을 보호하고 민중의 혁명성을 발현시키는 길은 모든 혁명적 민주주의 세력이 강고하게 단일한 진영으로 결집하여 혁명적 투쟁(그것은 현재 제헌의회소집 투쟁이다.)을 통일적으로 수행하는 길외에는 없다.

혁명의 가치아래! 제헌의회소집의 깃발아래! 일치단결하여 투쟁하자! 이것이 혁명적 민주주의 연합진영의 구축이라는 과제에 담겨있는 실천적, 계급적 의미이다.

1987. 3. 20.

민족민주혁명투쟁 민중연합 결성준비위원회

NDRSP

'3.16 농어가 부채경감조치'에 대한 농민의 입장

현 정권은 지난 3월 16일 1조원의 농어촌 사채를 공채화하고 농어촌 정책자금의 금리를 인하하는 것을 골자로 하는 '농어가 부채 경감조치'를 발표하였다. 우리는 이번 조치가 농가부채 문제의 근본적 해결을 위한 발상에서 나온 것이 아니라, 현 정권의 반농민적 농업정책으로 인해 농촌살림이 파탄난 채 농가부채가 농민의 생존기반을 흔들만큼 심각해지고, 이를 천만농민의 주체적이고 단결된 힘으로 해결하고자 하는 농민운동의 농가부채 해결운동이 현장 곳곳으로 확산되자, 당황하게 된 현 정권이 농촌의 민심을 수습하고 농촌내 정치적 기반을 확보하여 정권을 유지하기 위한 얕은 정치적 술수에 지나지 않는다고 보고 다음과 같이 우리의 입장을 밝힌다.

1. 농가부채는 농민의 농업경영의 잘못으로 인한 것이 아니라 외세와 독점재벌의 편에 선 현 정권의 일관된 반농민적 농업정책으로 인한 것이다.

미국의 농축산물 수입강요와 현 정권의 매국적 수입개방 정책으로 인해 소 20만두 쇠고기 2억 4천만근이 수입되면서 대농민 판매과정에서 정부는 6천억원의 이득을 보고 소값 폭락으로 농민은 2조원 이상의 적자를 보았다. 그외에 각종 농축산물 수입으로 모든 농축산물은 가격이 폭락하고 더 이상 지을 농사가 없는 지경에 이르렀다. 또한 독점재벌의 저임금 유지를 위해 생산비도 안되는 저농산물 가격정책을 고수한 결과 지난 5년간 쌀 수매에 있어서만 농민은 5조원 이상 적자가 났다. 게다가 독점재벌이 생산하는 농기계, 비료, 농약 등 영농자재의 불공평 거래로 인하여 농민들은 높은 생산비 부담이 가중되고있으며(요소비료 수출가 3,182원, 농민판매 6,230원), 높은 소작료(86년 총액 5,100억원), 불공평한 농지세와 부당수세(최고 1평당 130원, 3,000평 농사에 39만원) 각종 잡부금 부과, 높은 간접세 부담으로 인해 이중 삼중의 수탈을 겪고 있다. 이 과정에서 천만농민은 화폐로 환산하기 어려울 만큼의 엄청난 농업생산의 댓가를 계속 빼앗겨 왔다. 이제 정부 말을 믿고 농사지으면 망한다는 이야기는 농촌 내에서 상식이 되어 버렸다.

반면 농민들이 연체이자에 허덕이는 동안 독점재벌은 현 정권의 각종 특혜조치로 인하여 막대한 부를 축적해 왔다. 81년 원리금 3년간 상환유예로 28개 기업이 1조 2천억원의 혜택을 보았으며, 82년 장영자 사건 때 이자율인하(14%－12%)로 매년 1조 2천억원, 법인세율 인하(35%－20%)로 매년 4천억원의 혜택을 보았다. 83년 80개 해운회사에 8천억원의 원리금 3년간 상환유예, 84년 부실기업에 5조 693억원의 장기자금 지원, 85년 조세감면법 날치기 통과로 4조원이상 혜택, 은행이 부실기업에 대출해주고 못받은 돈 530억 탕감, 86년 56개 부실기업 정리 명목으로 각종 세금면제, 이미 대출해준 4조원 이상의 빚에 대해 최저 무이자로 최장 30년 상환 조치를 하는 등 이루 헤아릴 수 없으며 87년 5개 부실 해운업에 지원한 구제금융만 2조 3천억원에 이른다.

이상에서 볼 때 우리는 농가부채가 외세와 독점재벌을 위주로 한 현 정권의 반농민적 농업정책으로 인한 것임을 밝힌다.

1. 그러나 그간 현 정권은 농가부채를 근본적으로 해결하기는 커녕 농민을 기만하여 농가부채를 더욱 가중시켜 가고 부채해결을 위한 농민운동의 각종 활동을 철저히 탄압해왔다.

80년 이후 우리는 꾸준히 농가부채의 심각성을 지적하고 건의와 진정은 물론 각종 활동을 통해 사회에 여론화시키고 농가부채의 해결을 위해 투쟁해 왔다. 급기야 86년 가을 '농가부채해결 전국 농민대책위원회'가 구성되어 각종 선전활동을 벌이는 한편 12월 29일부터 30일까지 신민당사를 비롯 전국 6개 지역에서 농가부채 해결을 위한 농성을 전개하고 이의 근본적 해결을 촉구하였으나 현 정권은 2명의 농민운동가를 구속하면서 농민들의 요구를 철저히 탄압하였을 뿐 아니라 87년 초에는 농촌 저축(4조 6천억원)이 농촌 부채(4조 2천억원)를 상회하기 때문에 농민들이 부채상환 능력이 있고 따라서 부채해결을 위한 조치가 필요없다는 어처구니 없는 발표를 하였다. 그러나 현 정권은 농촌의 민심이 건잡을 수 없을 만큼 악화되고, 부채해결을 위한 공청회 등 농민운동이 농민대중 속으로 확산해 들어가니까 당황하여 사탕발림식의 '농어가 부채 경감조치'를 발표하는 조령모개식의 작태를 보이고 있다. 현 정권은 언제 단 한번이라도 농촌부채에 대해서 농민들의 입장을 민주적으로 수렴해 본 적이 있는가? 자기들 마음대로 이랬다 저랬다 판단하고 줬다 빼앗았다 하니 농민은 선진조국(?)의 머슴인가?

1. 이번 조치는 그간의 과정과 부채의 누적원인은 차치하고라도 농가부채의 근본적 해결을 위한 최소한의 의지가 결여된 "언 발에 오줌누기"식의 일시적 방편에 불과한 것이다.

금번 조치로 인해 농어촌에 다소의 이자부담이 줄어들게 된 것은 사실이다. 그러나 이는 농가부채를 해결하기는 커녕 오히려 건잡을 수 없는 부채의 악순환을 결과할 것이다.

첫째, 이번 조치에는 적자농가의 원인을 해결하려는 어떠한 입장도 제시되지 않았다. 농축산물 수입개방과 저농산물 가격정책의 근본적 변화를 통한 농업생산이윤의 실현과 소작료 압박에서 벗어나기 위한 경자유전에 입각한 토지문제의 해결. 농기계·비료·농약 등 각종 영농자재 판매가격의 인하. 수세·농지세·각종 잡부금 등 부당한 농가부담 요인의 제거 등 농업정책의 근본적 변화만이 농촌을 회생시키고 농가부채를 근본적으로 해결할 수 있을 것이다. 이는 직접생산자에게 보다 많은 경제적 잉여를 돌려주는 경제적 정의의 입장에 서야만 가능한 것이며, 외세와 독점재벌의 이해에 기초하는 한 영원히 해결할 수 없는 것이다. 따라서 우리는 천만농민의 이해에 기반한 민주정부 수립만이 농가부채를 근본적으로 해결하는 지름길임을 믿는다. 농외 소득증대도 복합영농의 실태로 끝장나 버렸으며, 농공단지 조성도 농민을 노동자로 내모는 정책인 한 농업의 회생과 농민의 생존권은 결코 지켜질 수 없을 것이다.

둘째, 그럼에도 불구하고 현 정권은 이번 조치를 농민에 대한 커다란 시혜조치인양 떠들어 댔다. 이는 천만농민을 우롱하는 처사로 밖에 이해할 수 없다. 그간의 반농민적 농업정책에 대해 농민들에게 잘못을 인정하는 정직하고 겸손한 태도 한번 보이지 않고 농협빚에 대한 원금탕감조치는 전혀 고려하지 않은 체 마치 주머니돈 꺼내어 주는듯한 농민위에 군림하려는 작태는 농촌의 민심을 수습하기는 커녕 더욱 악화시킬 것이다. 이번 조치로 농민들에게 달라진게 있다면 채권자가 개인으로부터 공금융으로 바뀌어졌다는 것 이상 아무것도 아니다. 이제 우리는 또다시 바뀌어진 채권자인 농협의 빚 독촉에 시달려야 할 판이다.

셋째, 따라서 이번 조치는 각종 부작용의 원인을 엄청나게 내포하고 있다. 그나마 농협빚조차 얻어 쓸수 없었던 영세소농가들의 불만은 더욱 누적될 것이며, 총 자금 중 2천 5백억원을 한은 특융으로 메운다면 이에 해당하는 인플레 요인 또한 엄청난 것이다. 또한 사채조사를 새마을 영농회를 통해 한다고 하지만 대상농가 선정과정에서 얼마나 공정하고 민주적으로 진행될 지는 그간의 과정을 보건데 지극히 의심스러운 것이다. 지난 3월 21일 거창 농민들의 농가부채 해결을 위한 공청회를 경찰력을 동원하여 분쇄하고 참여 농민들을 무차별 연행해 간 것으로 보아 우리는 현 정권이 농가부채 해결을 위한 어떠한 의지도 가지고 있지 않다고 본다. 농민들과 공청회를 통한 최소한의 대화조차 거부하는 정권이 어떻게 농민들의 부채를 해결할 수 있겠는가?

1. 이상과 같은 입장에서 우리는 농가부채의 근본적 해결을 위한 천만농민의 바램을 다음과 같이 밝히는 바이다.

첫째, 호당 2백만원까지의 농협빚 원금은 모두 탕감되어야 한다. 이는 그간 현 정권의 농정실태와 농가살림 파탄에 대한 최소한의 요구이다.

둘째, 모든 농민빚에 대해 10년간 원리금 상환을 유예해야 한다. 이는 빚독촉에 시달리지 않고 농가경제를 회생시키기 위한 여건조성을 위해 반드시 필요한 것이다.

셋째, 융자중심의 농업금융 지원방식을 투자중심으로 전환하고 농업투자 규모를 국민총생산 기여율만큼 확대해야 한다. 지금과 같은 재벌위주의 금융정책은 머지않아 농업자체를 고사시킬 뿐 아니라 국민경제 자체를 파괴하는 비극을 초래할 것이다.

넷째, 관권에 의한 편중 대출을 중지하고 영세농에 대한 자금대출 규모를 확대할 뿐 아니라 영농자금 금리를 5% 이하로 인하하고 상환기간도 대폭 늘려야 한다. 이는 그간 독점재벌에 대한 각종 상환유예·장기저금융자·지원정책 등을 고려할 때 국가기간 산업에 종사하는 농민이 마땅히 요구해야 할 성질의 것이다.

다섯째, 농업파탄의 근본원인이 되고 있는 농축산물 수입개방과 생산비도 안되는 저농산물 가격정책은 즉각 폐지되어야 하며 엄청난 초과이윤을 실현하는 비료·농약·각종 농기계 등 영농자재 가격이 대폭 인하되어야 한다. 우리는 이와 같은 천만농민의 바램을 실현하기 위하여 현 정권의 각종 방해와 탄압행위에 굴하지 않고 농민대중과 더불어 줄기차게 농가부채의 근본적 해결을 위한 활동을 현장 곳곳에서 벌여나갈 것이다.

1. 각 군단위를 중심으로 농가부채해결 활동을 조직화 하자!
2. 각 마을의 사채 조사과정을 민주적으로 진행하여 관권의 부당한 개입을 배척하고 영세소농의 사채부담을 줄이는데 노력하자!
3. 농가부채의 근본적 해결을 위한 정책적 전환이 없는 한, 조합빚 상환을 거부하자!
4. 농가부채의 근본적 해결을 위해 천만농민 단결하자!

1987. 3. 23.

가톨릭여성농민회
한국기독교농민회총연합회
한국가톨릭농민회
농가부채해결전국농민대책위원회

반역자 안두희를 응징한 우국지사 권중희선생을 즉각 석방하라!

지난 3월 27일 많은 행인이 지켜보는 거리에서 백범 김구선생의 암살범 안두희를 당당히 응징하시고 구속 권중희 선생을 우리는 이 시대, 이 민족사의 우국지사라고 단정한다.

새삼 말할 필요도 없이 백범 선생은 2차대전후 한반도를 분할점령한 미.소에 의해서 민족분단이 기정 사실 되자 양심적 민족 세력을 총집결하여 온몸으로 분단을 반대하고 남북통일정부를 수립하려고 분투하시다가 민족적인 매판세력의 하수인 포병 소위 안두희의 흉탄에 쓰러지셨다.

이 암살의 성격은 내용적으로는 외세에 편승하여 민족분단을 통해서 정치.경제적 이득을 획득하려던 이승만 그룹 둘러싼 친일.친미 사대주의 세력의 반민족적 흉계였으며 외형적으로는 그들의 음모를 숨긴체 그 하수을 동원하여 저지른 반 민족적 정치 테러였다. 그렇기때문에 안두희는 그 엄청난 범죄에도 불구하고 이승 독재권력의 직접적 비호와 뒤이은 군부독재의 보호로 인하여 벌을 받기는 커녕 큰돈을 벌고 무사태평한 삶 누리면서 오늘에 이르렀다.

그러나 이러한 역대 반민족적 독재권력의 안두희에 대한 적극적 비호에도 불구하고 민족적 양심의 고귀한 노는 꿈이지 않아, 지난 1965년 곽태영선생(민통련 인권위원장)의 안두희 응징이래 수차례에 걸친 응징기도 있어오다가 이번 권중희 의사에 의한 응징이 발생함으로써 비록 집권세력이 일사부재리니 실정법상의 심판 끝난 사건이니 하면서 그 음모를 숨기려고 하나 안두희와 그 배후세력에 대한 민족사적 심판은 끝나지도 날 수도 없음을 다시한번 증명하였다.

이제 우리는 이번 사건을 지켜보는 우리의 입장을 밝히려 한다.

첫째, 역대 독재권력의 눈치를 보느라고 안두희에 대한 법적심판을 할 수 없었던 검찰,경찰은 그들이 하지 한 민족적 응징을 대신 하신 권중희선생을 사법적 심판대에 올릴 자격이 결코 없기 때문에 즉각 선생을 방하여야 한다.

둘째, 실정법상의 일사부재리니 소멸시효니 하는 원칙은 진정한 민족사의 정의를 세우는 일보다 우선되는 칙일 수는 없는 것이다. 따라서 그동안 역대 독재권력의 음모로 인하여 그 진실이 가려진 백범 선생 암살 배후와 반민족적 음모가 낱낱이 밝혀져 이 왜곡된 민족사를 바로잡는 밑거름이 되어야 할 것이다.

셋째, 우리는 죽어가는 민족혼을 일깨우기 위해 오늘의 응징을 행하신 우국지사 권중희선생의 석방과 그동 잊혀져 가던 모든 반민족적 반민주적 음모사건의 명확한 진실을 밝히기를 요구하는 범국민적 서명운동을 개할 것을 온 국민앞에 제의한다.

또한 우리는 이번사건을 통하여 권력이든 금력이든 혹은 그 어떠한 개인이나 집단도 그 방자한 힘을 믿고 족적 양심을 배반하거나 국민의 인권과 생존권을 무시하는 횡포를 저지를 경우 언젠가는 반드시 민족적. 사적 심판이 내려진다는 교훈을 깨닫고 진리와 양심과 민족앞에 보다 겸허하게 반성할 것을 엄숙히 충고하 바이다.

— 우리의 주장 —

1. 민족의 역적 안두희를 응징한 권중희 선생을 즉각 석방하라.
2. 백범선생 암살의 배후를 명확히 밝혀 민족사의 왜곡을 즉시 시정하라.

1987. 3. 31. 민주.통일 민중운동연합 인권위원회

*** 발췌 : 아래의 글은 우국지사 권중희선생이 거사에 앞서 선생의 입장을 밝힌 것이다.

반역자를 응징하면서

독립운동의 화신이며 구국의 상징으로 대한민국 임시정부의 주석이시던 백범 김구선생이 가신지도 어언 38년이나 흘러갔다. 그동안 모든것이 많이 변했건만 그때나 지금이나 변함없이 오히려 더 응어리지는것 분단으로 인한 민족의 통한이다. 그당시 백범 선생의 통일구국이념대로 서로 뭉쳤던들 오늘처럼 국토가 분단되어 동족끼리 서로 싸우게 되진 않았을 것이다. 오늘날 민족통일이 절실히 요구될수록, 일체의 외 간섭없이 민족자주통일만을 호소하시던 선생의 생각이 더욱 간절해지며 그 뜻이 참으로 옳았다는 것을 삼 느끼게 하고 있다.

그런 불세출의 위대한 민족지도자를 암살한 역적은 아직도 우리와 같이 대기를 호흡하고 있는데도 처형 고사하고 그 배후조차 규명하려 들지 않는 것은 무엇때문인가. 절세의 애국투사는 비명에 가게하고 그 살 흉적은 유유자적 하며 천수를 다하도록 놔두면서 무슨 정치를 한다고 말할 염치와 자격이 있는지 묻 싶다.

반역자 처단을 꼭 정부에만 미룰 일이 아니고, 누구나 언제 어디서든 결행할 수 있는 일이지만 이때껏 인적 응징을 유보하고 정부차원의 처단을 촉구한 것은 대국민 교훈면에서 보다나은 효과를 기하자는 의도 서였다. 그러나 일사부재리니 시효니 하여 처형을 기피해 오지 않았던가. 독립투사를 죽인 반역자에게 슨 시효를 따진단 말인가. 이 민족이 살아있는 한 반역에 대한 응징시효는 영원할 뿐이다.

한 시대의 사회상이 그 시대 정치의 표현이라면 광복후 오늘까지의 우리사회상은 마치 뿌리썩은 나뭇가 에 조화를 달아놓고 향기와 생명이 약동한다고 우기는거나 다름없다. 민족은 있어도 혼이 없고, 위정자 많아도 정치가는 볼 수 없고 학자는 흔해도 선비는 드물고, 깡패는 득실대도 협객은 없다보니 모두가 불 에 면역되고 약에 중독되어 있다. 올바른 가치관이나 사회정의가 모두 파괴돼버린 폐허속에서 자아 마저 상실한 채 모두가 헤매고만 있다.

우리의 민족혼만 살아있으면 잃었던 땅도 되찾을 수 있지만 민족혼이 죽고나면 이나마 차지한 땅마저도 잃게 되는 것이다. 이에 우린 죽어가는 민족혼을 일깨우기 위해 오늘 그 암살역적을 응징하기에 이르렀 다. 다른 반역자들도 늦기전에 속죄하고 민족의 일원으로 돌아올 것을 권고한다.

대한민국 68년 2월 12일 권 중 희

—민통련 4차총회 선언문—

민중연합의 깃발아래 민주화로, 통일로!

5년 3월 29일 민중·민주운동협의회와 민주·통일국민회의가 통합하여 8·15 이후 최초로 기층민중운동을 비롯, 문화, 청년, 지
종교 등 각 부분의 운동단체들을 포괄하는 연합운동체로서 민주·통일민중운동연합을 창립한 뒤 2년이 흘렀다. 돌이켜보면 이 2년
우리 민족운동사의 기나긴 흐름 속에서는 짧은 순간에 지나지 않지만 우리 민중의 최대 염원인 민주화와 민족통일을 쟁취하는 싸움에
서는 획기적인 진전을 이룬 시기였다. 이 기간에 전두환 일당의 군부독재정권은 그 이전에 잠시 동안 어쩔 수 없이 쓰고있던 '유화'
가면을 벗고 학생, 노동, 농민, 빈민, 그리고 진보적 지식인의 운동에 대해 무차별 탄압을 가했다. 그동안 투옥된 양심수의 연인원은
명을 훨씬 넘었으며 지금 이 순간에도 2천여명의 동지들이 쇠창살 안에 갇혀서 갖은 고난을 당하고 있다. 박영진, 이재호, 김세진,
의 표정두 열사 등 얼마나 많은 젊은이들이 민중해방과 통일의 제단 앞에서 고귀한 목숨을 불살랐는가! 그리고 박종철 군은 고문을 제
한 군부독재정권의 살인배정들에게 살해당했으며 권양은 순결한 처녀성을 짓밟혔다. 그렇다. 그 2년동안 '광주'는 여전히 계속된 것이다.

늘 우리는 민통련 창립 2주년을 기념하고 조직의 발전적 개편을 모색하기 위해 모인 이 자리에서 전체운동의 성과를 과학적으로 평
고 민통련이 수행해온 역할과 역사적 기능을 정당하게, 겸허하게 반성해야 한다. 우리는 이 기간에 무엇보다도 민주화와 통일을 쟁취
위한 운동론이 과학화되어 민중 속으로 확산되어간 것을 큰 성과라고 생각한다. 직접 생산자인 기층민중이 역사의 주체가 되어야 한
믿음은 이제 확고하게 자리 잡았으며, 이 믿음을 현실화하기 위해 각 부문에서 여러 조직들이 창설되거나 확대되었다. 민중·민주
의 이 도도한 물결 속에서 민통련은 24개 사회운동 단체를 기반으로, 민중의 힘으로 민주화와 통일을 이루는 운동에 헌신해왔다. 군
재를 타도하는 싸움의 중심에 서려고 항상 노력해온 민통련은 5·3 인천항쟁을 계기로 '용공좌경'의 조작극에 시달렸으나 의연히
민주화와 통일을 지향하는 싸움을 계속했다. 군부독재정권은 민통련의 간부들을 투옥하고 수배하는가 하면 사무실까지 강점했으나 오
민통련의 24개 단체는 더욱 활기차게 운동을 전개하고 있다.

통련은 지난 2년 동안 상황에 따라 재야 정치인들을 비롯하여 다른 부문의 운동체들과 연대를 강화하려고 시도해 왔으나 운동론과
에 대한 견해 차이, 그리고 미국을 중심으로 하는 제국주의지 세력에 대한 시각의 차이 때문에 바람직한 연대의 성과를 거두지는 못
. 그리고 민통련은 사회운동 단체들의 연합체라는 성격 때문에 민족·민주운동의 전선에서 최대의 동원력을 확보하고 있는 학생운동
본격적인 연대를 이루지 못했음을 스스로 인정한다. 또 직접생산자 중심의 운동이 전체운동의 핵심부분으로 부상하도록 상당한 노
기울였으나 그 결과는 극히 만족스럽지 못하다는 것을 반성하지 않을 수 없다. 이처럼 반성해야 할 점이 많음에도 불구하고 우리는
련의 깃발아래 문화, 청년, 여성, 종교, 그리고 특히 지역운동이 크게 발전한 것을 바르게 인식해야 한다고 믿는다.

리는 창립 2주년을 기념하는 오늘, 현재의 정세를 객관적으로 판단하고 우리가 이 국면에서 무엇을 할 것인가를 결정한 뒤에 그것을
하게 이행할 것을 다짐한다. 무엇보다도 올해는 군부독재의 장기집권음모와 미국의 친미보수대연합 구도가 같은 이해관계 속에서 야
여 민주화운동과 민족자주운동을 더욱 가혹하게 탄압하는 한해가 될 것이다. 광주학살의 원흉들은 어떤 수단을 써서라도 권력을 유지
고 할 것인데, 그 유일한 방법은 내각제의 탈을 쓴 수상독재 밖에 없다.

음모는 이미 구체화되어 민중·민주운동에 대한 '총공세'가 날로 극심해지고 있으며, 신민당 파괴공작이 명확히 드러나고 있다.
은 진정한 민주화가 자국의 이익을 송두리째 빼앗으리라는 공포 때문에 한국을 최대의 문제지역으로 설정하고 외교, 군사, 문화 등
통로를 가동하면서 친미보수대연합을 성사시키려고 안간힘을 쓰고 있다. 만약 우리가 군부독재정권과 미국의 음모를 분쇄하지 못하
상독재 체제가 수립되는 것을 막지 못한다면 민주화의 날은 요원해질 것이 분명하며 분단을 고착화하는데 지나지 않는 남북대화와
픽의 쇼가 벌어질 것이다.

리는 이 음모를 단호히 분쇄하기 위해 민중의 힘을 최대한으로 동원하여 투쟁해야 한다. 이 투쟁에 민중의 힘으로 민주화를 이루겠
의지를 가진 모든 부문이 참여하여 민중을 권력의 주체로 부상시켜야 한다.
통련은 민족의 운명이 걸린 역사적 싸움이 전개될 올해에 전 민중을 하나로 결집하기 위해 24개 단체의 역량을 총동원할 것을 약속

주화와 민족자주화의 새벽은 이제 눈부신 대낮을 향해가고 있다. 군부독재는 존립의 기반을 완전히 잃었으며 그들을 비호하는 미국
중의 격렬한 비판을 받고 있다. 민중연합의 깃발아래 민주화를 향해, 통일을 향해 힘차게 달려가자!

1987. 4. 6.

민주·통일민중운동연합

서울민주·통일민중운동연합
강원민주·통일민중운동연합
경북민주·통일민중운동연합
충남민주운동협의회
전북민주화운동협의회
전남민주주의청년연합
민주언론운동협의회
자유실천문인협의회
부산민주시민협의회
민중문화운동협의회
민주화운동청년연합
경남민주·통일민중운동연합
인천지역사회운동연합
충북민주운동협의회
한국노동자복지협의회
서울노동운동연합
천주교사회운동협의회
천주교정의구현전국사제단
대한가톨릭학생총연맹
민중불교운동연합
한국가톨릭농민회
한국기독교농민회총연합회
한국기독교노동선교협의회
여성평우회

쇠고기수입 철폐하라
축산정책 철폐하라
미국농민 살려주는
美国농민
축산정책

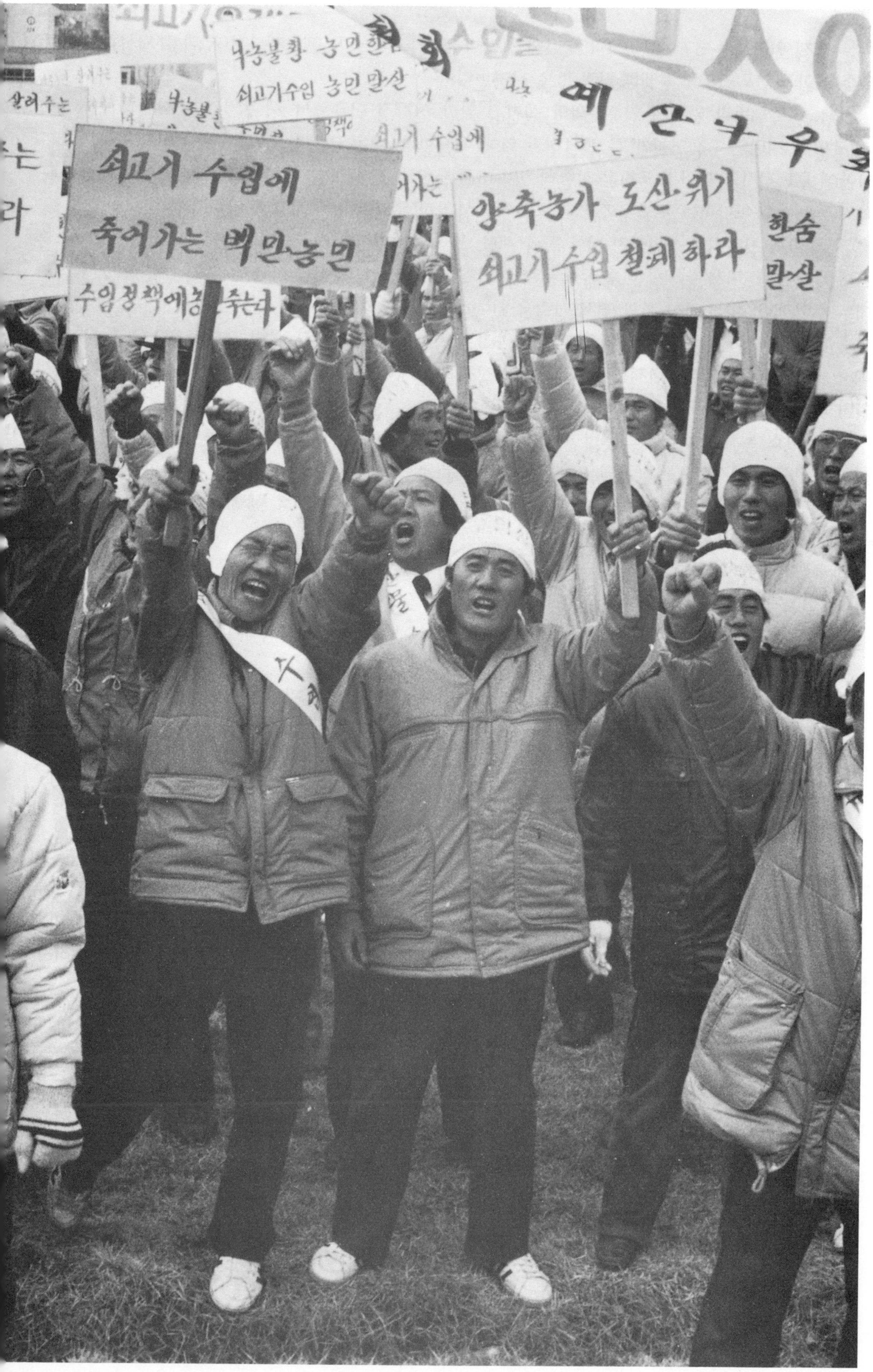
쇠고기수입 농민말살
쇠고기 수입에
죽어가는 백만농민
양축농가 도산위기
쇠고기수입 철폐하라

본 투쟁 위원회는 87-88년 시기 우리의 천명한 과제를 다음과 같이 제시한다. 이를 달성하기 위해 목숨을 걸고 선도적으로 투쟁해 나갈 것을 천명한다.

첫째, 민족해방과 완전한 민주주의의 실현을 위한 선차적 임무로서 제 민주애국 세력과 연대하여 '범국민 독재타도 투쟁연합회'를 건설하기 위해 매진한다. 이는 미제의 정보 공작 음모와 군부독재의 탄압에 흐트러지고 깨어진 조직을 결연히 정비하고 분산된 제 세력을 하나의 통일된 힘으로 모아 조국의 민족해방을 앞당기는 군부독재 타도 투쟁에 혼신의 힘을 기울이는 것을 의미한다.

둘째, 미제 침략자의 신식민지 남한 권력 재편 음모를 분쇄하여 자주적인 통일국가 수립의 교두보를 확보해 나간다. 미제는 해방 이후 군부독재를 계속적으로 지원 내지 조종하며 이 땅 민중의 고혈을 짜내는 수입개방, 환율 절상 등의 경제 침략을 자행하고 있다. 그리고 단독 올림픽 개최, 남북한 유엔 동시가입, 교차 승인 등을 통해 한반도 긴장 완화라는 빌미로 조국의 영구 분단 음모를 획책하고 있다. 이에 청년학도는 똘똘 뭉쳐 미제의 한반도 강점 정책을 분쇄해 조국의 자주화를 이룩하고 평화통일을 앞당기기 위해 가열찬 반미 자주화 투쟁을 전개한다.

셋째, 파쇼 통치에 빼앗기고 짓밟힌 민중의 민주적 제 권리를 쟁취하기 위해 투쟁할 것이다. 민중의 삶의 현장에서 터져나오는 생존권 요구에서부터 언론 출판 집회 시위 파업의 자유, 8시간 노동제, 농가부채 탕감에 이르기까지 전반적인 민주적 제 권리 쟁취를 위해 모든 민중 세력과 연대하여 비타협적으로 싸워 나갈 것이다.

넷째, 저 간악한 군부 독재를 타도하고 자주민주 정부 수립을 위해 굳세게 투쟁해 나갈 것이다. 온 민중이 하나 되어 고문과 폭력으로 무장한 군부독재를 타도하려는 투쟁을 전개하고 있는 지금 외세의 간섭과 모든 종류의 침략이 배제된 자주적인 민주 정부를 수립하기 위해 투쟁해 나갈 것을 다짐한다.

형제여!

미제의 간악함이, 군부 독재의 폭압성이, 그리고 기회주의자들의 요란한 관념만이 판치는 이 땅 반도를 해방, 해방으로 인도하기 위한 민중의 성전은 타오르고 있다. 투쟁위원회는 바로 민중의 선봉에 서서 식민지 조국을 반역의 무리로부터 구하기 위해 우리의 과제를 설정하였으며 이의 달성을 위해 목숨을 걸고 싸울 것을 관악의 이만 학우에게 다시 한번 맹세하는 바이다.

해방을 향해 불타는 염원을 안고 있는 관악의 이만 애국 학도여!

승리의 환호가 우리에게 다가오고 있다. 억눌리고 짓밟힌 이 땅의 민중이 반동의 무리들에 맞서 폭풍우와 같이 투쟁의 물결을 일으키고 있다. 우리는 이 땅 민중과 단결하여 조국의 자주화와 군부 독재 타도를 위해 분연히 일어서 모든 굴종과 억압의 사슬을 끊고, 모든 안일과 두려움을 떨쳐 버리고 해방을 향해, 해방을 향해 우리 진군의 의지를 결집시키자! 관악이여! 자주 민주 통일의 함성으로 총궐기하자! 전국의 백만 학도여 총궐기하자! 이 땅의 민중이여 총궐기하자!

우리의 주장

군부독재 타도하여 자주민주정부 수립하자! 군부독재 지원하는 미국놈들 몰아내자!
민주당은 군부독재 타도 투쟁에 동참하라! 언론 출판 집회 시위 파업의 자유 쟁취하자!
8시간 노동제 쟁취하자! 농가부채 탕감하라!

1987년 4월 14일

조국의 자주화와 군부 독재 타도를 위한 투쟁위원회

포 항 민 주 화 운 동 연 합 창 립 선 언

오늘날 우리는 참으로 절박한 상황, 중대한 국면에 접어들었다. 강대국들의 패권다툼에 휘말려 민족과 국토가 분단된지 40여년이 지난
금, 외세와 결탁한 군부관료 및 독점 기업 중심의 대외 의존적인 정치, 경제 구조의 악순환으로 민중은 생활의 모든 부문에서 비인간적인 삶
강요당하고 있다. 이러한 상황하에서 우리는 노예적 가치관이 만연한 오늘의 굴종적 삶을 단연코 거부하고 창조와 생산과 협동의 가치관에 입
한 자유, 평등, 평화가 실현되는 민주사회 건설을 위한 결단을 행하고져 한다. 이에 참된 민주주의와 자립경제, 그리고 민주적 교육과 민족문
의 창달을 추구하는 지역대중의 민주역량을 결집, 지역대중의 자주적인 민주화 운동을 통하여 민중이 역사발전의 주체임을 확인하고, 자신의
간다운 삶을 쟁취함과 동시에 이웃과 사회, 나아가 민족에 대한 사랑을 실천하는 주체로서, 포항 민주화 운동연합을 결성, 민족사의 지엄한
구에 부응하고져 한다.

해방후 40여년동안 우리 사회의 정치현실은 국민의 민주정치에 대한 열망을 기만한 채 민주주의는 한낱 정치구호로 전락하여 독재정권의 통치
단으로 활용되어 왔으며, 행정부 및 국회와 사법부는 독재권력의 시녀가 되어 국민을 억압하는 통치자로서 국민 위에 군림하였고 소수 특권
의 이익을 보장하고 국민을 억압하는 법률을 양산하였으며, 집권세력의 정치적 야욕을 합법화 시켜주는 관제적 기능만 수행할 뿐이다. 또한
론은 국민의 진실한 눈과 귀, 입의 구실을 외면한채 독재정권과 독점재벌의 유지, 강화를 위한 홍보수단으로 되어버렸다. 이러한 정치현실은
족과 민생의 문제가 국정에 반영되어 민주적으로 해결되지 못하므로 국민은 정치적 무관심과 체념이 날로 커지고 있으며, 쿠테타를 통해 권력
잡은 군부는 우민화 정책을 통해 국민의 탈 정치화를 가속화시키며, 국민의 무관심과 체념을 악용하면서 독재체재의 강화를 통해 지배집단의
조적 부패, 그리고 특권관료의 무사안일주의와 독재정권의 국민에 대한 고압적 자세가 날로 더해가고 있는 가운데, 국민은 굴종과 침묵만 강
당하고 있다.

경제적으로는 선진 강대국들의 자본과 기술에 종속된 상태에서 외국자본의 이익보장을 전제로 한 독점재벌과 일부 특권층에 특혜 정책이 자행
으로서 민중의 희생을 강요하게 되어 국민경제가 심각한 위기에 처하게 되었다. 이로인해 지역간, 산업간, 계층간의 불균형이 심화되고, 중
기업이 몰락하며, 자연환경이 파괴되는 등, 자립경제의 기반이 전반적으로 붕괴됨으로써 도시의 서민대중은 중노동과 저임금, 물가고와 농·
산물 수입으로 인해 엄청난 빚더미 위에 놓이게 되었고, 노동자들은 저임금, 장시간 노동, 열악한 노동조건으로 인해 생존권의 위협속에서
루하루를 살아가고 있는 실정이다.
이와같은 상황속에서 생존권 확보와 인간다운 삶이 보장되는 사회를 이룩하려는 노동운동, 농민운동, 빈민운동 등, 전 민중의 주체적 노력
가혹한 탄압과 제악법에 짓눌린 반면에 독재권력과 밀착된 특권경제는 온갖 권력형 부정부패와 투기의 온상이 되어 전 민중의 고통위에서 호
스러운 생활을 하며, 사치와 소비풍조를 사회 전체에 만연시키고 있다. 그리고 수단과 방법을 가리지 않는 경쟁과 이기주의로 인해 양심과 성
과 화합을 도모하는 민족공동체적 가치관의 근거가 붕괴됨으로써 폭발을 예고하는 사회불안이 크게 조성되고 있다.

이와같은 정치경제의 파행성은 사회전반에 걸친 문화와 교육의 파행성으로 이어지기 마련이다. 오늘날 우리의 교육과 문화는 독재권력과 내외독
자본의 지배아래 냉전 이데올로기와 천박한 상업주의 및 이기주의와 사행심을 조장하는 도구로 전락되었다. 그리하여 소비와 향락, 황금과 권
및 자기욕망 추구에만 급급한 비인간적인 존재, 창의력을 상실한 기계적 존재, 민족현실에 대한 올바른 인식이 결여된 비자주적인 존재가
단된 이 사회의 모순을 은폐하려는 노예적 교육과 사대문화로 양산되고 있다. 삶의 의미와 보람을 잃어버리고, 객관적 도덕성의 이상마져 상
한 채 떠도는 대중을 우민화 시키는 지배집단의 교육, 문화 정책으로 말미암아 이 사회는 관능과 허무와 체념, 그리고 무분별한 폭력만 난무
고 있다.

우리는 여기서 국토분단과 민족분열이야 말로 온갖 부정과 반인간적 행위가 사회 전반에 걸쳐서 작용하게 됐음을 확인한다. 분단은 민족의 총
적 발전기반을 전반적으로 붕괴시켜 왔고 외세의존 및 군부독재 정치의 근원으로 작용해 왔으며, 사상의 자유 학문의 자유를 제한하는 등, 창
적 사유와 판단을 가로막아 도식적 사고와 판단, 가치관의 혼란을 초래, 민족의 자주적 역량이 올바로 발휘되지 못하도록 만들었다.
그리하여 강대국이 우리의 운명을 결정짓도록 허용함으로써 군사적으로는 한반도에 무수한 핵병기가 배치되어 핵전쟁의 위험이 상존 민족절멸의
기가 조성되고 경제적으로는 강대국의 국가이익 추구의 안마당이 되었으며, 문화적으로는 서구 추종적인 노예문화를 강요당하고 있는 것이다.

이와같은 시대상황에 직면하여, 민족자주적인 민주정부를 건설하고져 하는 전 국민의 민주화 열기가 솟아오르고 있으나, 독재권력의 무차별
압과 국민기만 술책이 교묘하게 강화되고 있다. 이에 우리 포항 민주화운동연합은 지금까지의 운동적 경험을 토대로 대중과 함께하지 못한 선
운동을 지양하고, "대중으로 부터 대중으로 부터 대중에게로"라는 구호아래 지역대중의 정치의식을 올바르게 고양, 결집하여 지역 생활권중
으로 생존권 확보와 지방자치력을 강화하는 지역대중 조직을 담보로, 지역민주화 운동을 통하여 인간다운 삶과 이웃과 사회에 대한 사랑을 실
하고, 인간해방의 구현속에서 민중이 역사발전의 주체임을 확인코져 한다.

우리 포항민주화운동연합은 민족해방과 민주, 민권 확립을 위해 싸워온 선열들의 고귀한 전통과 정신을 이어받아 이 지역대중의 민주역량을 결
하여 참된 인간상을 구현하고 건강하고 정의로운 지역사회를 건설함에 있어, 진정한 자주적인 민주적 방식으로 실천함으로서, 민주화를 성취
하는 과정에서 삶의 기쁨을 획득하고져 하며, 이땅의 반민족, 반민주, 반민중 세력의 척결을 위해, 전국적 민주화 운동과 굳게 연대하여
주적인 민주정부 건설에 최선을 다할것이며, 이땅의 반인간적 거대한 장벽을 허물때까지 우리의 의로운 행진을 멈추지 않고 용기와 인내로서
하게 나아갈 것을 엄숙히 천명한다.

민주주의 만세! 인간해방 만세! 포항민주화운동 만세!

1987. 4. 25.

— 포 항 민 주 화 운 동 연 합 —

= 제헌의회 소집 깃발 아래 메이데이 투쟁정신 계승하자 =

600만 노동자 동지 여러분!

만국의 노동자의 명절 메이데이가 돌아왔다. 인간의 인간에 대한 착취체제의 종식을 목표로 투쟁하는 노동자 계급이 단결을 과시하고 투쟁을 기념하는, 노동자계급의 명절 메이데이가 돌아왔다. 죽음을 불사했던 미국노동자들의 8시간 노동제 쟁취 파업투쟁을 기려, 1889년 국제노동자대회에서 5월 1일을 착취체제 종식을 위한 전세계노동자들의 명절로 채택한 이래, 메이데이는 나라와 피부색은 다를지라도 제국주의 타도의 민족혁명투쟁에서, 파쇼타도의 민주혁명투쟁에서, 전 피억압계급의 지도자로서 영웅적으로 투쟁하는 우리 노동자 계급이 착취체제의 종식이라는 공동 목표 아래 한 형제임을 확인하고 과시하는 축일이었으며, 착취자들에게는 조종을 울리는 공포의 날이었다. 때문에 세계최저의 임금, 세계최장의 노동시간, 세계최고의 산업재해로 전세계에서도 가장 악랄한 노동자 착취로 매판독점재벌의 배를 불리는 남한의 파쇼권력은, 독점재벌 착취체제를 뒤흔드는 노동자의 엄청난 투쟁과 단결력을 봉쇄하고자 반공이라는 허울 아래 1959년 메이데이를 빼앗고 어용노총의 생일 3월 10일을 '근로자의 날'로 제정하여 정부의 노동정책 홍보의 날, 착취와 탄압을 과시하는 날로 전락시켜 버렸던 것이다.

동지 여러분!

독점재벌의 수호자 파쇼권력 체제 하에서 이제 다시 메이데이를 맞는 우리들은 어떻게 싸워야 할 것인가! 파쇼권력이 노동자의 피땀을 쥐어짜내 불과 2,30년 사이 세계 50대 재벌에 꼽힐 정도로 부귀를 누리는 동안, 저임금-장시간 노동에 시달려 온 우리 노동자 뿐 아니라 우리의 농민, 빈민은 빈곤과 빚더미에 허덕이면서도 국가의 주권을 빼앗은 파쇼에게 속박당한 채, 그 얼마나 민주주의를 목마르게 갈구하여 왔던가! 그러나 동지들! 민주주의의 그 날은 다가 오고 있다. 노동자를 위시한 민중의 민주혁명투쟁은 파쇼의 폭압 속에서도 힘차게 전진하여 이제 부분적 법 개조에, 착취체제의 유지를 거부하고 국가권력의 전면적 개조를 향한 제헌투쟁으로 불붙고 있는 것이다. 드디어 우리는, 파쇼를 타도하고 민중이 주체가 되어 제헌의회를 소집하여 새로운 민주주의 민중공화국의 초석을 다질 때만이 비로서 민주혁명의 완수를 위해, 역사적인 제일보를 내디디고 있는 것이다. '인간의 인간에 대한 모든 착취체제의 종식'을 목표로 타협을 모르고 전진하는

600만 노동자 동지 여러분!

메이데이는 빼앗겼으나 그 누구도 빼앗을 수 없는 메이데이의 순결한 정신은, 우리 노동자 계급이 파쇼와의 타협을 내 세우는 파쇼하의 어떠한 개헌도 거부하고 제헌의회 소집 투쟁의 선봉에 서 민중의 민주혁명을 완수함으로써, 파쇼가 채워 놓은 굴종의 족쇄를 파괴하고 착취체제의 종식을 해 매진해야할 역사적 사명을 일깨우고 있다. 지난 4월 13일 파쇼는 파쇼억압체제의 포장만 바꾼 의원 내각제 개헌을 완강히 거부하는 민중의 비타협적 제헌투쟁의 고양으로 궁지에 몰린 나머지 포장마저 벗어던지고 '호헌'을 공포, 민주주의의 적으로서의 파쇼의 본색을 스스로 드러내었다. 이는 이미 부분적 법 개조 차원을 넘어선 민중의 민주혁명투쟁이 날로 치솟아 오름에 따라 소심한 대학교수들마저 공공연히 파쇼에 대항하는 가운데, 파쇼 최후의 날이 다가옴을 감지하고 위기를 느낀 파쇼가 총칼로라도 자기 목숨을 연장해 보고자 안간힘을 쓰고 있는 것이다.

동지 여러분! 그러나 민주혁명을 두려워 하는 것은 파쇼만이 아니다. 중소기업의 대변자 신민당은 독점재벌 착취체제에서 경제적, 정치적으로 소외되어 온 것으로 인해 파쇼에게 불만을 가지고 있으면서도 민주혁명으로 민중이 완전한 정치적 자유를 획득하게 됨으로써 자신이 설 자리를 잃게 될 까 두려워, 끊임없이 파쇼와의 타협, 민주혁명 반대를 내세워 오지 않았던가! 그들은 2·7, 3·3 민중의 제헌투쟁의 고양으로, 숨통이 죄어가는 파쇼에게 혁명의 유산을 위해 직선제로 타협할 것을 종용할 명분을 얻고, 민중들에게는 직선제만 되면 민주화가 될 것 처럼 떠 들어 대고 있다.

그러나 노동자·농민을 대변하는 정당을 금지하고 국보법을 위시한 파쇼헌법의 민중투쟁탄압의 골자가 그대로 유지되고, 언제든지 쿠데타를 일으킬 만반의 태세가 되어 있는 파쇼가 버젓이 버티고 있는 직선제가, 우리에게 무엇을 가져다 줄 수 있겠는가! 가져다 주기는 커녕 우리 선진 노동자 계급의 민주혁명투쟁으로부터 아직 후진적인 대중과 다른 피억압 계급을 이탈시킴으로써, 또 다시 유산된 민주혁명으로 우리는 또 다른 억압의 족쇄를 강요받게 될 뿐이다.

경제적 평등과 완전한 정치적 자유, 평화통일을 염원하는 600만 노동자 동지 여러 !
다가오는 민주혁명을 유산시키고 또다시 민중을 억압의 족쇄 아래 신음하게 할 것인가,
아니면 민주혁명을 완수하여 전민중을 억압으로부터 해방시킬 것인가!
우리 노동자 계급에게 그 미래가 달려 있는 역사의 기로에서, 메이데이 정신으로 무장한
노동자 동지들이여!
제헌의회 소집 투쟁의 선봉에 서서 강철같이 단결하여 전 피억압계급을 민주혁명 완수의 길로
인도해 내자!
종말을 향해 달려 가는 파쇼권력에 맞서 더한층 가열찬 제헌의회 소집 투쟁을 전개시킬 때,
그토록 갈구하던 민주혁명의 새 날은 마침내 동터올 것이다.

노동자 계급 투쟁 만세! 메이데이 만세! 민주혁명 만세!

-군부파쇼 타도하고, 제헌의회 하자!
-제헌의회 소집하여 민주주의 민중공화국 수립하자!
-민주압살 호헌반대, 혁명으로 제헌의회!
-파쇼하의 개헌반대, 혁명으로 제헌의회!
-민주주의 민중공화국 수립하여, 제국주의 몰아내고 평화통일 이룩하자!
-메이데이 투쟁정신으로, 민주혁명 완수하자!

1987년 5월 1일
노동자 해방 투쟁 위원회

민주화를 위한 우리의 주장

우리는 부천서 성고문사건, 박종철군 고문치사사건 등 일련의 공권력 남용과, 형제복지원 사건, 범양상선 외화도피사건 등 파행적 사건이 잇따르면서 국민들의 팽배된 불안감과 의구심이 급기야는 박군고문치사사건의 은폐기도 폭로 이후 정부에 대한 근원적인 불신감으로까지 비화되고 있음을 주목하고 우려한다.

정치 및 국가권력에 대한 이같은 국민적 불신은 나라의 주인이자 국가주요정책의 당당한 선택자여야 할 국민들이 자유로운 의사표시는 커녕 온갖 유무형의 기본권 제약으로 고통받으며 진정한 민주화와 정권교체 등 보다 나은 장래에 대한 기대를 가질 수 없는 현 정치상황에 기인한다고 우리는 단정한다.

따라서 우리는 점차 허무주의화하고 있는 국민적 분위기가 더이상 패배주의로 치닫고 최악의 경우에는 모험적 경향으로 기울어지는 것을 미리 막기 위해서라도 개헌논의의 조속한 재개 및 타결과 그에 근거한 민주화조치가 이뤄져야 한다고 판단한다.

1. 민주화를 위한 현행헌법의 개정은 국민적 합의이며, 국민적 여망인 민주화는 더이상 지체될 수도 없고 정략적 도구로 이용될 수도 없는 이 시대의 최우선 과제이다.

따라서 개헌논의 자체를 일방적으로 중단케 한 "4.13특별담화"는 국민적 합의에 대한 배신이므로 즉각 철회되어야 한다.

4.13담화의 철회 없는 민주화주장은 허구이며 우리는 4.13 담화의 철회만이 국민적 합의인 개헌 및 민주화실현의 새 출발점이 된다고 믿는다.

1. 오늘날 사회 각계 각층에서 자유언론의 회복을 민주화의 최선결요체로 손꼽고 있으며 또 "신문과 방송은 있으나 언론은 없다"는 지적이나, 심지어는 관·언 복합체, 제도언론 등의 질타가 있음을 우리는 부끄럽게 여기고 자성한다.

현 언론상황을 볼 때 이른바 언론자유가 전국민적 관심사가 돼 있는 현실에서도 정부는 보도지침, 기관원의 언론사 출입, 기사 삭제, 발매중지 위협 등 명백한 제작간섭과 언론통제를 계속하고 있으며, 심지어는 취재기자에 대한 불법감금 및 무차별 구타까지 서슴지 않고 있다.

언론자유의 진정한 회복은 정부가 검토하고 있다는 언론기본법 개폐나 지방주재기자 부활 정도로 이뤄질 수는 없으며 명백하고도 현존하는 정부의 언론통제가 근원적으로 철폐되고 언론인 스스로가 언론자유를 찾고 지키려는 노력을 기울일 때만 확보된다고 우리는 믿는다.

언론자유는 또한 언론 내부만의 문제가 아니라 국민의 간절한 여망인 민주화의 필수전제라고 할 때 정부는 언론에 대한 명백한 제작간섭과 탈법적 통제 및 모든 형태의 압력을 즉각 중지할 것을 엄중히 요청하며, 우리는 언론자유를 찾고 지키려는 모든 자구노력을 기울일 것임을 천명하고, 모든 언론인들이 이 자구노력의 대열에 나설 것을 제창한다.

1. "말"지의 보도지침 보도와 관련, 재판 계류 중인 한국일보 김주언 기자 등 전·현직 언론인 3명의 구속 및 소추는 이 시대를 사는 언론인 전체에 대한 사법적 제재나 다름없다. 분명히 현존하는 보도지침을 세상에 드러낸 것은 용기있는 행동일지언정 이에 대한 사법적 소추는 원인무효라고 우리는 믿으며 따라서 이들을 즉각 석방할 것을 요청한다.

1987년 5월 25일　　동아일보 서명기자 일동

'서울지역대학생대표자협의회' 발족 선언문

시대의 어둠을 사르는 구국의 횃불이며,
반도의 해방으로 부활하는 민족혼의 함성이여!

질식할 듯한 폭정을 불사르고 조국의 자주-민주-통일을 갈망하는 40만 서울지역 청년학도여!

일제하 식민지 조국의 지나간 해방투쟁의 역사로부터 우리들 청년학도는 구국의 선봉대로서의 자신의 책무를 자각하며 그 맡은 바 임무를 성실히 수행해 왔다.

광폭한 독재정치의 질곡 속에서 불굴의 투혼으로 궐기하여 역류하는 시대의 질서를 크게 바로 잡으려 했던 4.19 반독재 민주화 투쟁의 정신은 불의에 맞서 항거했던 청년학도의 표상이었다.

빼앗긴 민족의 자주권과 억눌린 민중의 생존권을 되찾기 위한 우리들 청년학도의 조국과 민족에 대한 뜨거운 사랑은 이제 반외세자주화와 반독재민주화 투쟁의 정신으로 살아남아 항상 겨레의 건강한 혈맥으로 조국의 힘찬 고동이 되어왔다.

그러나 이러한 투쟁의 흐름 속에서도 아직도 순결한 우리 겨레는 빼앗긴 자주를 되찾고 억눌린 민주를 되살리며 분단된 조국의 통일이 이루어진 해방된 새 사회를 맞이하지 못했기에 조국과 민족의 해방되고 통일된 신사회의 건설을 향한 청년학도의 전진의 발걸음은 결코 멈출 수는 없는 것이다.

이에 우리는 첫째, 조국의 자주와 민주와 통일을 갈망하는 열렬 청년학도의 절실한 염원으로 꿋꿋한 기백과 건강한 기상으로 암울한 역사의 현실을 불사르고 발전된 조국의 자주와 통일을 위해 헌신하고자 한다. 이는 청년학도의 두 어깨에 부여된 그 누구도 부정할 수 없는 역사적 선봉대로서의 자기 책무를 성실히 수행하고자 하는 당연한 노력이다.

둘째, 우리들 청년학생들에게 있어서 당연히 보장되어야 할 일상적인 권익과 경제적인 이해에 관한 다양한 제 요구들을 과거의 정치투쟁 일변도의 진행과정 속에서 등한시해 왔음을 반성하며 전체 서울지역 학생들의 공통된 이해에 기초하여 공동대처를 해나가겠다.

실질적으로 학우들의 일상적, 경제적 다양한 제 요구들도 국가 주권이 소외되고 민주적 제권리가 억눌린 조국의 아픈 현실에서 비롯된 것임을 잘 알기에 우리는 이러한 제요구를 실현하기 위한 청년학도의 공통된 의지들을 광범위하게 결집하여 실현시키도록 할 것이다.

이러한 과정 속에서 성장해 가는 우리들의 권리의식과 그것을 쟁취하기 위한 우리들의 실천은 끝내는 민족의 자주권을 회복하고 해방된 조국을 이끌어낼 수 있는 훌륭한 밑거름이 되리라고 믿으며 보다 많은 관심과 역량을 투여하고자 한다.

어떠한 난관과 시련이 우리 앞에 닥칠지라도 반드시 승리하고야 말 그 날까지 모든 백만학도는 대동단결하여 전진하자!

서울지역 청년학도의 대동단결은 전국의 백만 애국학도 대동단결의 기폭제가 되리라 굳게 믿으며, 더 나아가 모든 애국민주 세력의 대동단결의 초석이 되리라 다시 한번 확신한다.

뜻 있는 모든 청년학도의 주인된 자각의 실천으로 서울지역대학생대표자협의회의 나아갈 바는 결정될 것이며, 청년학도의 대동단결은 조국과 민족의 역사 속에 영원하리라.

백만학도 대동단결 만세 !
백만학도 대동단결 만세 !!

분단조국 42년 5월 8일
서울지역대학생대표자협의회

천주교사회운동협의회 〈속보〉　　　1987年5月28日 (木曜日)

속 보
천 주 교
사회운동협의회
전화 332-9866
마포 · 합정 85-1

기자단 「자유언론쟁취」 선언!

현 독재정권의 유지에 핵심적 의미를 갖는 언론의 조정과 조작을 자행했던 역사의 대죄인이다. 따라서 서울신문사에서 최고위층인 '사장'에 대한 퇴진 요구는 단순한 횡포에 대한 '반항'이 아니라 현 언론체제의 제반문제에 대한 항거이며 자유언론의 회복을 요구함에 다름 아니다.

●우리는 최근 이 땅의 민주화와 그 선결요체인 언론의 자유를 위하여 분연히 일어선 양심적인 기자들의 모습을 보면서 그들의 의지와 주장을 적극지지하고 모든 선한사람들과의 굳건한 연대와 나눔 속에 적극적으로 동참할 것을 표명한다. 또한 그들에게 내려지는 갖가지 불이익과 고통들을 주시하고 함께 싸워나갈 것을 선언하며, 언론의 진정한 기능 회복을 위해 온몸을 던지는 모든 양심적인 기자들을 위해 4천만 국민의 이름으로, 세상의 참 평화와 정의를 바라시는 천주의 이름으로 기도하며 동참할 것을 천명한다.

언기법 철폐하고
「보도지침」 중단하라!

1987년 5월 28일
천주교사회운동협의회

독재의 관료체제의 하부기구로 전락한 작금의 언론상황개탄

남할 수 없다는 의지를 밝혔다. 특히 편집국 기자들은 현재 사장으로 재임하고 있는 '이진희'는 부패한 집권층에 밀착하고 있는 자로서 「서울신문」이 '일 개인의 공명심을 위한 도구'로 전락하는 사태를 책임져야하는 장본인임을 지적하고 퇴진을 요구했다.

'이진희'는 언론사에 대한 조작과 통제로 악명 높은 문공부 「홍보정책실」의 산파역할을 한 자로, 후안무치한 모습에서 보는 바와 같이 80년 집권 이래 언론기본법을 비롯한 수많은 악법을 제·개정한 이후 법과 질서라는 미명과 기만으로 국민의 민주화에 대한 경고와 아울러 민주회의 필수전제로 선결되고 기능해야 할 언론의 자유를 '보도지침'에 의한 조작, 기사삭제 및 금품수수공작과 심지어 취재기자와 간부들에 대한 연행, 폭행, 구금 등으로 제도적인 통제를 받고 있음이 근본적인 원인이라고 지적하였다.

●한편 제5공화국 출범이래 관제언론의 기수로서 국민의 정치의식을 혼란시키고 집권층의 이익을 대변해주는 역할을 수행해왔던 「서울신문」에서도 편집국 기자들이 온갖 제약을 무릅쓰고 성명을 발표하였다. (2면에 게재)

더 이상의 조작과 통제를 거부한다

이들은 "언론인으로서 최소한의 공정한 시각조차 가질 수 없는 상황"을 개탄하고 독재의 하부기구로 전락한 채, 올바른 기사를 전달하려는 양심적인 기자들의 모든 권리가 박탈당하는 사내의 독단과 전횡을 더이상 용

●박종철군 고문살인사건의 은폐, 조작으로 다시한번 현정권의 국민에 대한 기만과 그 부도덕성이 적나라하게 폭로되고 있는 때에 지난 5월25일 동아일보 현직기자 124명은 민주화와 언론자유쟁취를 위한 '우리의 주장' (2면에 전문게재)을 발표하였다.

국민은 나라의 주인이자 국가주요정책의 당당하고도 당연한 선택자

이들은 현재의 정치상황이 국민들의 자유로운 의사표시는 커녕, 유신이래 지속적으로 강요되어온 국민의 기본권을 제약함으로써 이제 아무런 기대도 가질 수 없는 '절망적 상황'이라고 규정하면서, 나라의 주인이자 국가 주요정책의 당당하고도 당연한 선택자여야 할 국민들의 눈과 귀를 가리는 현재의 언론정책에 대하여 더 이상의 조작과 통제를 거부하며 자유언론의 회복을 위한 모든 자구적 노력을 기울일 것을 천명했다.

이는 박종철군 고문살인사건에 대하여 아직도 명백히 전말을 밝히지 않은 채 진실을 감추기에 전전긍긍하고 있는 현정권과 그 하수인들의

4·13조치는 국민에 대한 배신

언론자유는 민주화의 필수전제

호헌책동 분쇄하고
민주헌법 쟁취하자!

선출을 통한 민주적 운영이 보장되어야 한다.

9) 민주적 토지개혁을 단행하여야 한다.

— 경자유전의 원칙에 의해 부재지주의 토지는 농민에게 양도되어야 하며 소작제의 실질적 철폐를 통해 소작농의 자작농으로 경제적 지위향상을 꾀해야 한다.

— 토지투기로서의 농지매매를 근절하고 토지 상한선을 낮추어 토지 독점을 제한해야 한다.

1. 기본권의 보장

한 국가의 주권이 국민에게 있다고 할 때, 국가권력의 행사는 국민적 합의과정을 통하여 이루어져야 할 것이며, 국민적 합의를 이탈한 모든 정책은 국민속에서 용해되지 못하고 독재자의 지배방식으로 나타날 것이다. 한 사회에서 국가주권으로부터 가장 소외된 계급은 노동자, 농민, 어민, 도시빈민 등 기층 생산대중이며, 그렇기에 민주주의를 쟁취해야 하는 현재의 싯점에서 기층 민중의 민주적 기본권과 생존권의 보장은 절실히 요구되고 있다.

모든 사람은 남·녀·노·소, 빈부 귀천, 계급, 계층별 차이없이 똑같이 정치, 경제, 문화적 제권리를 보장받으며 국가로부터의 보호를 받아야 한다. 어떠한 이유에서든 개인의 권리는 침해될 수 없으며 기본적 생존권은 국가에서 책임을 져야 한다. 또한 차후 수립되어야 할 민주정부는 억압적 국가기구에 의해 자행되는 정치적 투쟁에 대한 탄압을 저지하는 민중의 기본적 권리임과 동시에 민중에 의한 국가권력의 통제를 확실히 하는 정치적 제권리를 보장하여야 한다.

1) 신체의 자유를 확보하여야 한다.

— 불심검문, 소지품 검사, 임의동행, 보호조치, 영장없는 가택수사, 도청 등은 절대 금지되어야 하며 서신의 비밀이 보장되어야 한다.

— 지배질서의 유지, 강화에 목적이 있고, 민중운동을 탄압하고 민주인사를 감시, 통제, 탄압하기 위한 수단으로서 기능하고 있는 사회 안전법과 사회 보호법은 폐지되어야 한다.

『참고』 사회 안전법은 1975년 7월 16일 유신체제의 존속을 위해 반체제 인사들에 대한 제도적 인권탄압의 목적으로 제정되었고, 사회보호법은 1980년 12월 공안사범 뿐만 아니라 일반형사범에 대해서도 보안처분제도를 확대하기 위해 제정되었다. 사회안전법은 제1조에서 "특정범죄(내란죄, 외환죄, 국가보안법 중 반국가단체의 활동과 관련된 죄 등)를 다시 범할 위험성을 예방하고… 보안처분함으로써 국가의 안전과 사회의 안전을 유지함을 목적으로 한다"고 규정하여 사회안전법이 지배질서의 유지, 강화에 목적이 있음을 뚜렷이 하고 있다. 법률상 특히 문제가 되는 것은 보안처분의 결정과 보안처분의 기관이 사법부가 아닌 행정기관의 결정에 의해서 수행되는 것이다. 따라서 이는 민중운동을 탄압하고 민주인사를 감시, 통제, 탄압하기 위한 수단으로써 기능하는 것으로, 민주당에서 주장한 것처럼 보호감호 기간의 10년에서 1～5년으로 감축, 보안처분 심사위원회를 법조인으로만 구성하는 것이 아니라 마땅히 폐지되어야 한다.

2) 학문 사상, 언론출판, 집회 결사의 자유를 억압하는 모든 반민주 악법은 폐지되어야 한다. — 유언비어 날조 유포죄, 언론기본법, 집회 및 시위에 관한 법률, 국가모독죄, 소요죄, 사회안전법, 국가보안법 중 독소조항, 사회보호법

3) 정치활동과 정당활동의 자유가 보장되어야 한다.

국민 누구나가 자신의 사상적 신념에 기초하여 정당을 결성하고 정치권력의 행사에 참여할 수 있어야 한다.

— 학생 등 스스로 자신의 의사로 결정할 수 있는 성년이면 누구에게나 정치활동의 자유가 보장되어야 하며 비체계적이고 고립분산적인 민중의 의사를 조직화, 통일화, 가치화 함으로써 민중의 정치적 행위의 진로를 정형화하는 정당의 설립요건은 완화되어야 한다.

— 정당법은 폐지되어야 하며 정당의 해산규정을 폐지하여야 한다.

4) 국군보안사, 국가안전 기획부, 치안본부 등 파쇼폭압기구는 철폐 및 본연의 목적에 걸맞게 민주적으로 개혁되어야 하며 민주적 사법, 검찰제도를 확립하여야 한다.

5) 민주화 투쟁에 헌신하다 집권층에 의하여 부당한 구속, 수감중인 양심수는 전원 석방되어야 하며 민주인사에 대한 전면 사면, 복권이 단행되어야 한다.

6) 국민보건제를 실시하여야 한다.

— 금전본위의 상업적 보건제도를 개선하여 모든 국민이 금전의 걱정없이 의료혜택을 받아야 하며, 의료보험제도를 모든 노동자, 농민, 어민, 빈민에까지 확대하여 국가가 부담하여야 한다.

— 방역 위생사업을 강화하고 국가의료기관을 대폭 확충하여 모든 지방에까지 의료시설의 양과 질을 개선하여야 한다.

1. 조국의 자주적 평화통일을 위하여

통일은 꿈이 아니고, 통일은 정권자의 집권연장을 위한 담보물도 아니다. 통일은 현실의 전민족적 염원이자 지상과제이다. 분단이후, 통일을 외치는 소리는 계속되어 왔으나 그 속에는 오히려 통일을 가로막고 분단을 영구화시키는 음모가 숨어 있었고 이는 실제 분단을 더욱 고정화 시켜온 과정이었다. 즉 한편으로는, 민족 분열의식과 적대의식이 심화되어온 과정이었고 또 한편으로는 통일은 꿈이지 현실의 일이 아니라는 관념이 자라온 과정이었다.

이는 '반공'을 신조로 하는 군부의 정치권력 장악으로 인해, 그리고 통일보다는 분단에 이해를 갖고있는 외세의 개입으로 인해 더욱 강화되었다. 이제, 조국의 자주화라는 시대적 요구는 정권의 도구로서가 아니라 진실된 열의로써 통일을 위해 힘쓸 것에 대한 요구로 나타나고 있다. 이는 통일을 저해하는 제 조건을 청산하는 일과 통일을 앞당길 수 있는 현실적인 방도를 모색하고 실천하는 일을 담당해 나가야 함을 의미한다.

1) 통일은 반공이데올로기에 우선하는 것으로서 국가정책의 제1지표임을 대내외적으로 공포하고 이를 위해 노력해야 한다.

2) 통일논의에 대한 일체의 외세개입을 반대하고 국민적 차원의 통일논의를 전면 보장하여야 한다.

3) 긴장완화와 평화기운의 조성을 위해 노력해야 한다.

분단이후 계속되어온 남북 상호간의 적대의식과 이로써 더욱 증대되어온 군사적 긴장상태는 통일을 저해하는 결정적 요인이었다. 통일에의 길은 이러한 긴장상태를 완화시키고 상호간의 평화적인 기운을 조성하는데서 출발해야 할 것이다.

— 휴전협정을 평화협정으로 대체시켜야 한다. 휴전협정은 강화조약 체결시까지 유효하다는 조건부의 성격을 지니는 것이었음에도 불구하고 30여년 동안이나 되는 긴세월동안 지속돼오고 있고 이는 한반도 긴장의 주요 원인이다.

— 상호 군사력을 쌍방간의 합의에 기초하여 점진적으로 축소해나가야 한다.

— 조국의 통일에 대한 장애임은 물론이고 향후 전민족적 생존마저 위협할 수 있는 핵기지, 핵무기를 철수시켜 한반도의 비핵지대화를 이룩한다.

— 전시상태를 가상한 모든 전쟁연습 훈련을 상호 중지해야 한다.

4) 상호교류의 확대

막연한 명분에 앞서 실제로 통일을 위해 노력하는 것은 민족 대단결의식, 민족동질의식을 회복함으로써 남북간의 동포애를 고취시켜 내기 위해 노력해야 한다. 이것은 현재 가능한 차원에서의 학술, 문화적인 교류에서 출발하여 서로의 처지와 상태를 알아나가고 나아가 전면적 교류로 나아가는 밑거름이 되도록 성실히 임해야 한다.

5) 올림픽을 분단의 고착화를 위해 이용하려는 어떠한 세력의 책동에도 굴하지 않고 민족 대화합의 장으로서 통일기운을 조성시킬 수 있는 장으로서 활용한다.

1. 교육의 자치, 자주문화의 창달, 여성의 평등을 위하여

1) 민족의 발전을 위해 민족적 자주적 이해와 요구에 맞는 교육을 통하여 민족 발전의 토대를 마련하는 민족자주교육을 실시하여야 한다. 이로써 서구 지향적 사대주의 교육풍토를 척결하고 제국주의적 세계관을 불식시켜야 한다.

2) 독재자의 정권유지의 수단으로 사용되는 획일적인 반공교육, 군사훈련 교육을 불식하고 통일지향적인 교육을 실시한다.

3) 국가부담에 의한 의무교육제를 확대 실시하여야 하며 각종 잡부금을 철폐하고 국가장학금제를 실시하여야 한다.

4) 대학의 진보적 사상탐구 보장과 완전한 자치활동을 보장하여야 한다. 또한 기관요원에 의한 학원사찰은 중지되어야 한다.

5) 외세의 식민정책으로 만연되어 있는 사대주의, 민족 허무주의,저질 양키문화 왜풍을 배격하고 민족문화를 계승 발전시켜 민족주체성을 드높혀야 한다. 또한 퇴폐적이고 소비적인 문화를 배격하고 건전하고 집단적인 문화를 배양해야 한다.

6) 여성문제의 본질은 자본주의 사회에서의 계급적 불평등과 가부장제 사회에서의 성적 불평들이 그 근저를 이루고 있다. 여기에 법적 불평등 문화에서의 상품화 등 제반 사회경제적으로 불평등 관계를 이루고 있다. 여성은 스스로가 가부장적 이데올로기를 타파하고 민주적 여성관에 기초하여 사회민주화 속에서의 여성의 평등권을 회복하여야 한다. 하늘의 절반을 짊어지고 있는 여성의 동등한 권리는 반드시 보장되어야 하며, 단순노동 열악한 환경조건에서의 임금차별은 시정되어야 하고 가족법 등 제반 여성 억압적제도는 폐기되어야 한다.

1. 인사문제에 대하여

압제에 항거하여 절개를 굽히지 않고 투쟁한 애국인사들의 선별없는 전면 석방과 복권을 통해 철저한 신분보장과 아울러 정부내각이나 행정직에 진출하여 애국적 기상과 패기로서 국정에 적극적으로 참여토록 해야 한다.

한편으론 압제에 굴복하거나 영합하여 온갖 횡포와 폭력을 휘둘러온 고위 관료들은 국민적 심판과 새 시대를 열어나가는 사회부정의 일소라는 의미에서 직위해제를 하여야 한다.

분단 43년 9월 25일

전국 대학생 대표자협의회

민주헌법쟁취 국민운동 부산·전남본부 성명서

조국분단 40여년, 이땅의 모든민중은 미일 외세의 정치, 경제, 군사, 문화적 침탈과 외세 의존적인 분단독재 및 군사 독재정권의 억압과 학정밑에 신음하면서도 조국의 민주화와 모든 민중의 인간화, 그리고 민족통일을 위한 투쟁의 의지를 간단없이 실천해 왔니.

해방직후의 좌익투쟁, 50년전후 남한 단독정부수립을 반대하고 민족통일 정부를 수립하기 위한 양심적 민족주의자들의 노력, 동서 이데올로기의 이전투구가 집약된 6.25동란, 학생이 중심세력이 되어 이승만 분단독재를 붕괴시킨 4.19혁명등은 모두 민족의 민주화와 민족통일을 지향해가는 과정속에서 우리민중이 겪어야 했던 혹독한 시련이었다. 이같은 민족적 시련의 혼란기를 틈타 국방에만 전념해야 할 일부 정치군인 집단은 자신들의 본분을 내던지고 가증스럽게도 5.16군사 쿠데타를 통해 정권을 탈취한 다음 모든민중의 염원인 민주화의 민족통일을 향한 의지를 짓밟은채 이 땅에 폭압적인 군부독재정권을 세워 놓았다.

민족사의 방향과 민주화를 역행시킨 박정희 군부 독재정권이 음모했던 것은 집권연장이었고 집권연장을 위해선 자신들의 지지기반을 확보하기 위해 반민족적인 지역감정을 조장하는 것도 서슴치 않았다. 분단의 고통도 부족하여 또다시 한술도 안되는 남한을 경상도, 전라도로 갈라 놓는 모멸스런 지역감정의 유발은 참으로 5천년 전통의 문화민족을 야만민족으로 우민화시켜가기 위한 박정희 군부독재정권의 비열하기 짝이 없는 대중체면을 위한 공작이었다. 그러나 우리민중은 박정희 군부독재정권의 조작된 지역감정에 함몰되지 않고 마침내 이 민족의 위대한 역동적인 힘을 보여주었다. 부산, 마산 민중이 중심이되어 결국 박정희 군부독재정권을 붕괴시킨 79년 10.26 부마 항쟁의 힘은 조국의 민주화를 위해선 군부독재가 이 나라 민족내벽을 친 지역감정 따윈 티끌만도 못한 가증스런 기도였다는 것을 입증해 주었으며 80년 5월 18일 박정희 군부독재정권의 사생아와 다름없는 전두환을 중심한 일부정치군인들이 정권을 탈취하려 할때 맨주먹으로 떨쳐 일어선 광주민중항쟁 역시 어떠한 희생을 감수하고서라도 이땅에 기필코 민주정부를 수립하겠다는 위대한 봉기였다. 따라서 80년 또다시 새로운 전두환 군부독재정권이 세워지면서 이땅에 회오리처럼 몰아친 민족자주화와 민주정부 수립을 위한 기나긴 투쟁의 도정은 부마항쟁과 광주민중항쟁에서 바쳐진 수천명의 희생과 피의 보답으로써 고통과 희망의 길이었다. 전두환 군부독재정권의 전제와 폭압아래서도 이 땅의 민주화와 민족통일, 민족자주를 실천하기 위해 헌신적으로 떨쳐 일어섰던 국민의 위대한 힘은 6.10대회에서 서울의 청년 학생 시민들이 한덩이가 되어 명동성당에서 이 나라 민주화 대장정의 봉화를 올렸고, 이 대장정을 계엄령으로 탄압하고자 하는 군부독재의 음모를 6월 18일 부산을 비롯한 경상도 민중의 힘으로 분쇄했으며, 마침내 미국과 군부독재가 대국민 항복문서나 다름없는 6.29선언을 발표하겠금 6.26일 광주민중은 결정적인 쐐기를 박았다.

따라서 이 나라 민주화로 가기 위한 최종적인 단계에 돌입한 현 싯점에서 볼때 경상도 전라도 민중이 강철같이 단결하면 이 나라 민주화는 민중의 염원대로 갈수 있지만 두 지역 민중의 망국적인 지역감정에 함몰되면 결국 군부독재의 재집권을 허용하게 되는 결과만 초래하여 이 나라 국민은 또다시 살인고문 최루탄 정권의 반민족, 반민주 반민중적 탄압을 받게된다는 것을 깊이 각성하지 않으면 안된다.

군부독재정권에 대한 우리 국민의 판단은 지난 6월 항쟁으로 이미 그 결판이 된 셈이다. 그들은 이 땅에서 영원히 종식되는 것으로 그들의 운명을 다하게 해야한다. 이제 우리 국민은 선거를 통해 그것을 입증시켜 군부독재로 하여금 우리 국민앞에 영원히 굴복시키게 하는 확인과정만이 남아있다.

그러나 그간 자기들의 죄과에 대한 참회는 커녕 군부독재집단은 6월 항쟁에 밀려 마지못해 국민앞에 발표한 6.29선언을 마치 자기들의 민주화 결단으로 선택한 양 거짓선전을 일삼아 왔으며 양의 가죽을 쓴 늑대의 본색을 드러내 보이고 있다. 그 본색의 하나로 군부독재는 제도언론을 동원하여 민주당 대통령후보 단일화 문제에 있어서 양김씨의 출신도가 경상도, 전라도라는 점을 교묘하게 분열 조장케 하도록 지역감정을 부추기는 짓을 계속 사주하고 제도언론은 오로지 신문만 팔아 먹으면 그만이라는 상업주의적 입장에서 군부독재와 결탁하고 있고 민주당 내의 일부 정치인들은 자기 계파내의 소아병적인 이해에 얽매여 민주화는 제쳐놓고 지역감정을 공공연히 이용하려는 본색을 감추고 있다.

민간 민주정부를 수립하기 위한 최종단계로써 대통령 선거에 임하기 직전, 현재 이 나라 구석구석까지 독버섯처럼 번져가고 있는 군부독재집단의 재집권을 위한 역공작, 제도언론의 정도를 벗어난 상업주의적 장사치 속셈, 이제까지 민주세력으로 자처했던 인사들사이의 기회주의적 편향 등이 민주화로 가기를 염원하는 우리 민중의 염원과 희망을 좌절시키기 위한 반동적 역작용으로 판단하고 이 나라 민주화의 도정에 이같은 병적 징후를 척결하고 희망찬 새시대를 열기위한 민주세력의 대동단결, 모든 민중의 지역감정에서의 탈피, 민간민주정부를 세우기 위한 우리 민중의 힘을 6월 항쟁의 열기로 재집결 시키기 위한 역사적 제언으로써 우리 국민운동 부산 본부와 전남 본부는 다음과 같은 우리의 공동입장을 천명하기로 결정했다.

첫째, 경상도 전라도의 지역감정 조장은 군부독재의 재집권을 위한 망국적 작태이므로 우리 민중은 이같은 군부독재의 조작된 지역감정에 함몰되지 말고 우리의 지상과제는 이번 선거를 통해 군부독재를 종식시키고 민간민주정부를 세우는데 있음을 각성해야 한다.

둘째, 그동안 극도로 편파적인 개발정책 및 각종시책의 지역적 차별성은 군부독재가 음모적으로 추진해온 것이며, 이는 정통성과 합법성을 획득하지 못한 군부독재가 집권연장 및 재집권에 혈안이 되어 의도적으로 조장해온 야만적 민족분열책 임을 인식해야 한다.

셋째, 경상도와 전라도 양지역 감정의 극복만이 이나라가 민주화로 갈 수 있는 선행과제임을 두 지역 민중들은 깊이 각성해야 한다. 양지역간에 현재 어떤 정치, 경제, 문화적 편차가 있다하더라도 그 편차의 근원은 군부독재가 조장해온 것임을 지시하고 양지역 민중들간의 악감정으로 치부해서는 안되며 군부독재가 노리는 것이 바로 그 악감정의 재생산 확대라는 것을 통찰해야 한다.

넷째, 전체유권자의 45%를 차지하고 있는 경상도 전라도 민중들이 지역감정에 빠져 천신만고 끝에 쟁취한 기회를 놓친다면 이 나라 모든 민중을 또다시 군부독재의 폭압적인 탄압밑에 밀어넣는 역사적 죄과를 저지르게 된다는 것을 명심해야 한다.

다섯째, 우리는 현재 전국민의 관심의 촛점이 되어있는 범국민 단일후보의 문제는 군부독재 종식을 위한 중요한 한 계기임을 인식하면서 전국민적 지지속에서 민중의 후보가 되어야 할 범국민 단일후보는 최소한의 민족적 운명에 관한 다음사항을 실천해야 할것이다.

1) 민족통일에 관하여

민족분단은 이 땅의 정치, 경제, 사회, 문화 등 전 영역에 있어 질곡과 모순의 근본 원인임을 철저히 인식하고 민족 통일을 실현하기 위한 통일정책에 확고한 신념과 정책이 있어야 한다. 이점에서 통일문제에 대한 전국민적 자유로운 논의의 보장, 반공 이데올로기에 우선하는 통일정책의 실현이 보장되어져야 할 것이다.

2) 민족자립경제의 구조 정착에 관하여

외세와 군사독재 독점재벌의 협잡에 의해 파행적으로 일탈되어버린 경제구조를 바로잡기 위해 외세의존적 독점재벌 위주의 경제정책을 지양하고 중소상공업의 육성을 통한 건전한 민족자본을 형성하여 자립 경제구조를 정착시켜야 한다.

3) 민중생존권의 보장에 관하여

역사의 주체로서 생산대중인 노동자 농민 도시빈민, 중소상공업자 등 기층민중의 생존권 보장에 관한 확고한 전책을 제시하여야 한다. 이를 위해서는 노동악법의 폐지, 노동3권의 보장, 농가부채의 전액탕감, 농협 민주화 조치의 실현,도시 빈민의 생계등이 제도적으로 보장되어야 한다.

4) 기본권의 보장에 관하여

시민적 제권리의 완전한 보장을 위하여 집회, 시위, 결사, 학문, 사상의 자유등이 전면 보장되고 특히 군사독재정권하에서 용공조작 고문살인의 산실이었던 안기부, 보안대, 전투경찰등 제반파쇼적 억압기구가 철폐되어야 한다. 치안본부는 해체되어 지방자치 단위의 경찰력으로 재편되어 민중에 봉사하는 지팡이로서의 본연의 임무로 되돌아 가야한다. 또한 수많은 민주투사들에게 무차별적으로 적용되어 왔던 국가보안법, 사회안전법, 집시법은 폐지되어야 한다.

5) 교육·문화정책에 관하여

해방되는 지금까지 독재정권의 일방적인 복종만을 요구 받으며 민족 분열의식, 적대의식의 심화로만 치닫아 왔던 교육 문화정책의 혁신책이 제시되어야 한다. 이 점에서 자주적인 교육을 위한 교원노조설립이 인정되어야 하며, 현재의 전국 민주교사단체의 긴실은 보장되어야 한다.

6) 군 작전권 반환에 관하여

인개, 행정협정에 의해 한나라의 자주성의 근간인 군의 작전권이 미국에 주어져 있는 현실은 심히 불합리하다. 군의 작전권은 반환되어야 하며 지금까지 일부 정치군인의 정치적 개입에 의한 오욕의 역사를 씻고, 자주국방의 토대아래 군 본연의 임무에 충실할 수 있는 군 통치정책이 제시되어야 한다.

7) 언론문제에 관하여

그동안 군사 독재정권에 시녀화되어 사회의 공기로서 사명을 저버린채 군사독재정권의 유지 강화에 기여해온 제도언론의 문제점을 개선하여 언론매체의 공신력 회복의 제도적 보안책을 강구하여야 한다. 이를 위해 언론 기본법의 폐지, 언론사 창설자유가 보장되어야 하며 이점에서 새신문 창간 활동의 자유가 전면 보장되어야 한다.

8) 마지막으로 무엇보다도 현 전두환, 노태우 일당에 의해 저질러진 80년 5월 광주학살에 대한 명백한 진상규명 및 책임자 처벌, 유가족과 부상자에 대한 정신적 물질적 보상책을 제시하여야 한다.

더불어 5월 광주 민중항쟁에 대한 역사적 의의를 정당하게 평가하고 5월 정신을 계승하여 민족·민주국가의 건설에 진력하여야 한다.

여섯째, 이제 우리는 이 나라의 민주화와 민주정부 수립을 위한 민족 대단결을 온 국민에게 간곡히 호소하면서 어떠한 지역감정을 조장하는 행위나 야권 대통령단일후보 문제에 있어서 반민주적 패배주의적 논의에 집착되어 있는 모든 인사들의 집단이기주의적 속성을 경고하며, 앞으로 있을 대통령선거에 임하여 이 땅의 모든 민주세력, 모든 민중을 혼연일치가 되어 지난6월 항쟁에서 보여주었던 반독재 범국민 연합전선으로 다시 한번 떳떳하게 연대하여 군부독재종식이라는 모든 민중의 대망을 성취시키는데 매진하기를 충고한다.

우리의 공동결의

—현정권은 뿌리깊은 지역감정이 장기통치를 위한 야비한 민족분열책동이었음을 온 국민앞에 사죄하고, 이를 위해 자행한 온갖 반민족 반민주 반민중적 탄압에 대한 책임을 통감하고 즉각 퇴진하라.

—우리 경상도 전라도 양지역 민중들은 지금 이 순간부터 망국적 지역감정을 불식시키고 민주화의 대의안에서 뜨거운 형제애로써 굳게 단결할 것을. 만천하에 공표한다.

국민에게 드리는 글

국민 여러분!

오욕의 역사를 쉬 망각하는 민족이 결코 성할 수 없고, 불의에 분노하지 않는 사람이 정의를 사랑할 수 없는것은 너무나 당연한 이치입니다.

대통령선거를 눈앞에 두고있는 오늘, 후보들이 매일같이 내놓은 갖가지 새로운 공약들을 듣고 있자면 당장이라도 우리나라에는 민주주의가 만개하고 모두가 복된 삶을 누릴 것 같은 환각에 빠지기도 합니다.

그러나 분명한것은 민주화란 단 한번의 투표나 화려한 후보의 약속으로 이루어지는 것이 아니라, 우리 국민의 냉철한 판단과 단결된 노력에 의해서만 하나하나 획득되는 것임을 우리는 지금까지의 끈질긴 투쟁과 수많은 젊은이들의 값비싼 희생을 통해 너무나 잘알고 있읍니다.

그리고 악의 뿌리에서 선의 열매가 맺지 않으며, 민족을 살상한 독재의 줄기에서는 민주의 꽃이 필 수 없음을 우리는 세계 모든나라의 역사를 통해서 익히 알고 있읍니다.

뿐만 아니라 자신의 죄악에 대해 진실로 회개하지 않고 오히려 이를 은폐하기에 급급한 자들이 내뿜는 화려한 약속이 얼마나 위선에 찬 또하나의 죄악인가를 우리는 지난 7여년의 어두운 세월을 통하여 똑똑히 확인할 수 있었읍니다.

유신독재의 종말과 함께 뜨겁게 타올랐던 온국민의 민주적 열망을 짓밟고 들어선 현 군사독재정권이 국민에게 안겨주었던 것이 무엇이었읍니까? 5.17 폭거에 항거하여 민주주의를 외치던 수많은 광주시민, 동족의 가슴에 대검을 꽂고 무차별 살상하는 야수적 만행을 저질렀을 뿐 아니라, 무고한 시민을 폭도로 몰아부치며 오히려 자신들의 돌이킬 수 없는 죄과를 정당화하고자 하였읍니다.

그리고 저들이 피묻은 손으로 뻔뻔스럽게 내걸었던 '모든 정치적 억압과 공포로부터의 해방'과 '정의복지사회구현'이란 기치하의 제5공화국 7년은 오히려 그들의 말과는 정반대로 유례없는 억압과 공포, 대형권력형부정사건으로 점철된 기간이었읍니다.

양심수의 숫자는 기하급수적으로 늘어갔고, 언론은 정권의 홍보수단으로 둔갑하였으며, 젊은이들의 비참한 죽음이 줄을 이었읍니다. 노동자, 농민, 도시빈민을 비롯한 민중의 생존권투쟁이 가열될 수밖에 없었으며, 거리에는 최루탄이 그치지 않았고, 장성한 자식을 둔 부모들의 마음이 하루도 편할 날이 없었읍니다.

돌이켜보면, 이 모든것이 정권욕에 눈이 뒤집혀 야밤에 휴전선에 배치된 국민의 군대를 서울로 진격시켜 권력을 장악하고자 한 12.12 군사반란의 주범들이 저지른 죄악의 결과가 아니고 무엇이겠읍니까?

그럼에도, 저들은 국민에게 자신의 죄악에 대한 용서를 빌고 마땅히 물러나야 함에도 불구하고, 12.12 반란과 광주학살의 주범인 노태우를 내세워 또다시 국민을 속이고 집권연장을 획책하는 야비하고 어리석은 일을 하고 있읍니다.

정권탈취를 위해 전선의 군대를 빼돌리는 일이 구국일념의 결과요, 수천 광주시민의 비참한 죽음이 어쩔 수 없는 불상사요, 단지 '유감스러운 일'로 치부하고 있는 노태우, 그가 말하는 민주화란 과연 무엇이겠읍니까? 그것은 바로 국민탄압의 연장이요, 부정부패의 심화이외의 다른것이 아닐것입니다.

국민여러분!

오늘의 비상한 시국은 그 어느때보다도 국민의 현명한 판단과 진실된 용기를 요구하고 있읍니다.

고름이 살이 될 수 없듯이, 민족적 죄악이 은폐된 터위에 민주조국의 건설이란 있을 수 없읍니다. 일제하 친일부역자들의 죄악이 은폐되고 친일군상들이 척결되지 않은 채 세운 우리나라의 역사 독재의 연속 바로 그것이 아니었읍니까?

위대한 6월 국민항쟁이 진정한 민주주의 확립으로 열매맺기 위해서는 무엇보다도 저 참혹한 광주학살과 12.12 반란의 진상이 국민앞에 명백히 밝혀지고, 그 관련자에게는 반드시 응분의 처벌이 있지 않으면 안됩니다.

진실이 전제되지 않는 화해란 비굴한 야합이며, 우리 국민의 양심과 정의감을 욕되게 하는 일일것입니다.

국민여러분!

이제 우리는 도저히 묵과할 수 없는 이같은 죄악이 더이상 이땅에 재연되는 것을 막기위해 광주학살, 12.12 반란의 주범들의 퇴진투쟁에 다함께 힘을 합쳐 일어섭시다!!!

1987년 11월 28일

민주쟁취 국민운동본부

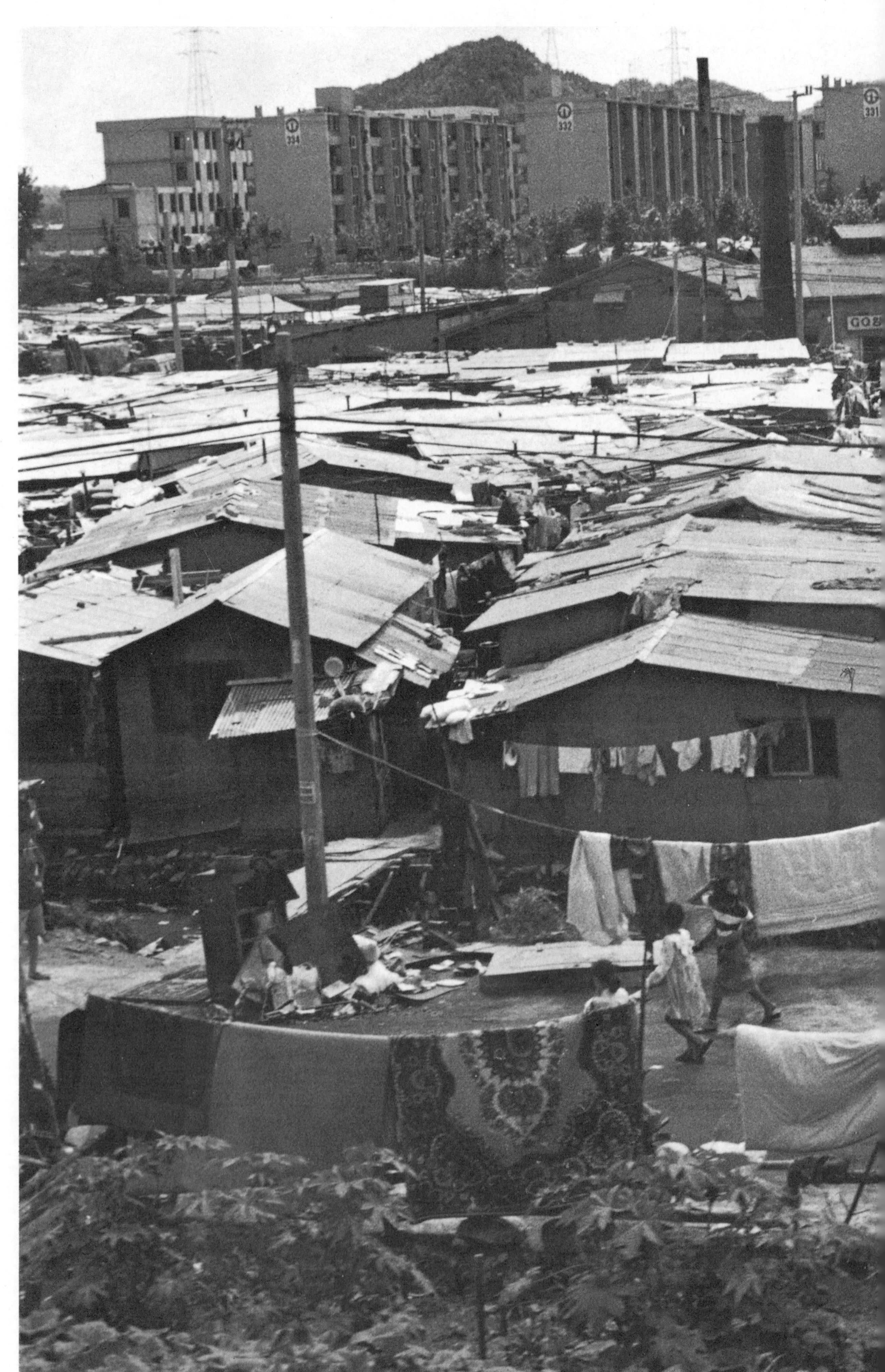
334
332
331

330
329

국민에게 드리는 글

친애하는 국민여러분!

87년 한해동안 국민운동본부에 보여주었던 국민들의 민주화에 대한 기대와 열망은 엄청난 것이었읍니다. 이번 선거를 통해 군부독재를 영원히 종식시켜내고자 했던 국민여망을 실현시켜내지 못하고 끝내 부정선거로 인한 노태우의 재집권을 바라보아야 했던 울분을 삼키며 국민과 더불어 군부독재 종식의 과제를 성취하지 못한 점을 국민여러분께 사죄합니다. 그러나, 노태우의 당선은 부정, 조작선거로 인한 불안정한 당선입니다. 올해에는 현상적 패배로 인한 허탈감, 패배감을 극복하고 다시 국민과 더불어 나라의 자주.민주.통일의 과제를 꼭 달성해 나갈것을 국민앞에 다짐합니다.

국민여러분!

우리국민은 이번선거를 통해 군부독재를 영원히 종식시키고 민주승리의 새날을 쟁취하고자 혼신의 힘을 기울여 선거에 참여하였읍니다. 현정권의 폭력적 탄압에도 불구하고 전개된 공정선거감시단의 빛나는 활동은 전국민의 군부독재타도의 결의와 열망을 반영하는 것이었읍니다. 그러나, 현정권은 대리투표, 유령투표, 투표함 바꿔치기, 참관인 폭행등 이루 헤아릴 수 없는 부정선거와 심지어는 컴퓨터까지 동원한 초현대식 조작선거로 국민여러분의 소중한 주권을 강탈하고야 말았읍니다. 노태우의 당선은 여러분의 승리를 강탈해간 합헌적 선거쿠데타 바로 그것이었읍니다.

사랑하는 국민여러분!

이번 선거는 엄청난 부정과 더불어 폭력이 동반된 선거였읍니다. 참관인 폭행, 부정투표함 반입에 항의하는 구로구청의 시민 학생들을 쇠파이프, 각목, 최루탄등으로 무차별 구타, 연행하여 수많은 부상자들이 아직도 병원에서 신음하고 있거나 행방조차 모르는 사람도 있는 실정입니다. 현정권은 과거 7년, 죽음의 독재를 연장하려 하고있는 것입니다. 박종철, 이한열, 박영진 열사등 수많은 민주열사들을 죽음으로 몰고간 군사독재를 유지하려하는 것입니다. 노태우의 재집권은 죽음의 독재치하에서 노예적 삶을 살아야 한다는 의미 그 이상도 이하도 아닙니다. 민주화에 대한 국민적 합의를 무시하고 기만과 폭력적 방식으로 재집권하려는 노태우정권은 퇴진해야 합니다.

민주를 사랑하는 국민여러분!

87년에 이루어내려했던 군부독재종식의 국민적 목표는 88년으로 넘어오고야 말았읍니다. 올해는 죽음의 독재를 또다시 연장하려하는 노태우 군사독재를 종식시키는 민주승리의 한해가 되어야 합니다. 역사의 대세를 역전시키며 전국민을 노예화하려는 노태우 군부독재를 종식시켜내야 합니다. 이에 우리는 88년 용의해에 전국민과 함께 달성해야될 목표를 다음과 같이 제시합니다.

첫째, 올해 9월 18일부터 시작되는 올림픽을 민족화합의 대제전으로 만들어야 합니다. 노태우 정권은 올림픽을 통하여 부정당선을 기정사실화 하려 할것이며, 올림픽을 전후하여 상투적인 반공이데올로기 공세로 민족통일의 전망을 어둡게하는 민족분열이간책을 시동할 것이기 때문입니다. 올해 올림픽은 전국민의 숙원인 민족통일의 전망을 열고 수십년간 맺힌 한을 푸는 민족화합의 대제전이 되어야 합니다. 또하나, 올림픽이 민족화합의 대제전이 되기위해서는 잊지말아야 할것이 있읍니다. 그것은 이땅에 평화를 정착시키는 일입니다. 한반도 곳곳에 배치된 미국의 전술 핵무기는 점점 이땅에 전쟁위협성을 가중시키고 있읍니다. INF 감축협정 체결등으로 전세계적인 평화무드가 조성되고 있는 시점에 한반도에만 아직도 수천기의 전술 핵무기가 배치되어있다는 것은 너무나 큰 모순이 아닐 수 없읍니다. 올림픽이 진정한 민족화합의 대제전이 되기위해서는 한반도에 상존하는 전쟁위협성을 제거하는데 전국민이 앞장서야 합니다.

둘째, 올해는 없는 사람도 인간답게 살 수 있는 생존권이 보장되는 나라를 전국민이 합심하여 만들어가야 합니다. 소수재벌, 경제관료, 군부등 지배층에 편중된 부를 근본적으로 개혁하여 도시빈민에게 철거없는 나라, 노동자에게 최저임금과 노동3권, 8시간 노동이 보장되는 나라, 농민에게 저곡,농가부채,수입농산물이 없는 나라를 만들어가야 하겠읍니다. 또한, 최근에 통상법 301조를 앞세워 보험시장, 쇠고기, 심지어는 담배가격 인하까지 요구하는 미국의 경제침탈은 자주경제 수립전망을 어둡게하고 있읍니다. 올해에는 전국민이 힘을 합쳐 없는 사람 더욱 못살게하는 근본원인인 비자주적 경제구조를 타파하는데 앞장서야겠읍니다.

세째, 올해는 고문 살인없는 나라, 이나라의 민주화를 위해 투쟁하는 애국자들이 구속되고 수배되는 세상을 없애야 합니다. 노태우정권은 취임전 민족화합의 차원에서 일반사면, 복권을 실시하며 구속자를 석방한다고 매스컴을 통해 마치 은전을 베푸는 양 떠들고 있으나 이는 부정당선한 군부독재가 자기위장을 위해 행하려는 기만적인 화해제스츄어에 불과한 것임을 6.29를 경험한 우리국민은 지혜롭게 잘 파악하고 있읍니다. 노태우가 이야기하는 것처럼 진정한 민주화합은 선별적 구속자 석방이 아닌 노태우의 즉각 퇴진이며 이를 통해 담하나를 사이에 두고 세상과 떨어져 있는 모든 양심수가 가족과 만날 수 있을 것입니다.

네째, 올해있는 총선,지방자치제는 온국민이 힘을 합쳐 부정당선한 노태우정권을 단죄할 수 있는 절호의 기회입니다. 국민여러분 부정조작으로 얼룩진 12.16선거에서 빼앗긴 소중한 한표의 권리를 군부독재 종식의 결의로 행사합시다. 원천적 부정선거 12.16에서 전국민이 경험했던 부정사례를 고발하고 폭로합시다. 총선과 지방자치제 선거에서도 틀림없이 자행될 부정선거를 전국민의 힘을 모아 저지합시다.

친애하는 국민여러분! 우리 국민은 이제 굴절과 억압의 역사를 종식시키고 민주화의 새해를 열어야 합니다. 인간화! 민주화를 위한 힘찬 발걸음으로 대행진을 시작하는 한해가 되어야 합니다.

올해는 민주와 자주, 통일을 원하는 모든 국민들의 소원이 이루어지고 모든 불의의 노력이 물거품이 되도록 국민들의 국민운동에의 참여와 성원이 더욱 절실하게 요구되는 중차대한 시기입니다.

우리는 승리할 것입니다. 민주주의여 만세!!!

1988년 1월 11일

민 주 쟁 취 국 민 운 동 본 부

결 의 문

민중주권과 민족자존의 대업을 성취하고 조국통일에의 민족적 염원을 구현하기 위해서는 대내적으로 민주적이고 대외적으로 자주적인 정부를 수립해야 하는 것이 절대절명의 과제이다. 87년 한 해를 일관하여 전국에 끓어넘쳤던 온 국민의 한결같은 민주화에 대한 열망은 이에 대한 의지의 표현 외에 다름아니었다.

그러나 현 군부독재세력은 이러한 국민의 기대와 열망을 저버리고 사전에 치밀하게 계획되고 조작된 사상 유례없는 부정선거를 통해 불법집권을 감행하였다.

이러한 현재의 상황에 대해 우리는 끊임없이 타오르고 있는 전 국민의 군부정권에 대한 저항의지를 모아 다음과 같이 우리의 결의를 밝히는 바이다.

1. 노태우는 전두환과 더불어 2천여 광주시민을 무차별 학살한 광주학살의 원흉이다. 또한 전두환 군사독재정권의 제2인자로서 지난 8년동안 수많은 청년·학생·민주인사들을 살상·고문·투옥 시켰으며 노동자·농민·빈민들의 생존권을 철저하게 탄압한 장본인으로서 국민을 대변할 어떠한 공직도 맡을 자격이 없다.

1. 노태우는 6월항쟁으로 표출된 전 국민의 민주화 요구를 6.29선언이라는 사기극을 통해 짓밟고 온갖 금권·관권을 총동원하여 컴퓨터 부정등 사상 유례없는 원천적 부정선거를 자행하여 군사독재를 세습하였다. 또한 부정선거에 항의하는 구로항쟁을 폭력으로 짓밟은 장본인으로서, 우리는 노태우의 당선을 전 국민의 이름으로 결코 인정할 수 없다.

1. 사기와 협잡, 부정으로 등장한 노태우정권은 국민을 대변할 수 없으며, 따라서 노태우 군사독재를 물리치려는 범국민적 투쟁은 정당하다. 전 국민은 대동단결 노태우정권이 이 땅에서 영원히 사라질 때까지 결사항쟁을 전개할 것이다.

1. 해방 이후 40년동안 미국은 한국민의 민주화 요구를 배반하고 군사독재를 지원하여 왔다. 미국은 노태우의 부정당선을 적극 지원하였으며, 노태우의 순조로운 집권을 위해서 온갖 지원을 아끼지 않고 있다. 4천만 한국민은 금후 미국과 일본이 군사독재에 대한 지원을 중단할 것을 강력히 요구하며, 노태우 군사독재에 대한 지원이 계속될 경우 이에 대한 가차없는 투쟁을 아울러 전개할 것이다.

1988년 2월 24일

민주쟁취국민운동본부

6월항쟁 계승하여 군부독재 타도투쟁으로 진군하자!
--- 6월항쟁 계승 투쟁선언문

4천만 민중형제여! 기억하는가? 한반도 남단을 뒤덮었던 6월 민중의 대합성을!
살아숨쉬는 역사의 대의는 언제든지 제 길을 일어제치고 만다는 것을 똑똑히 증명이라도 하듯 역사의 수레바퀴를 거꾸로 돌리고 민주주의를 압살하고자 했던 군사독재의 폭압에 맞서 분연히 떨쳐 일어선 "호헌철폐, 독재타도"의 함성을! 그리하여 마침내 군사독재로 하여금 제놈 스스로의 죄를 고백하게 하고 우리들 민중형제 앞에 무릎을 꿇게하였던 6월 대민중항쟁을!

바로 우리들 앞에 그 뜨거웠던 6월 대민중항쟁의 그날이 다시 돌아온 것이다. 이렇게 6월 대투쟁 1주년을 맞이하는 우리들은, 우리들 스스로에게 숨어있는 거대한 민주변혁의 힘을 다시 재확인하며 민주주의와 민족통일에의 의지를 다시한번 굳건히 재다짐한다.

그러나, 6월항쟁이 시작된 지로부터 1년이 지난 지금, 우리의 현실은 과연 어떠한가! 민주주의가 꽃피고 4천만 민중형제들이 자유를 만끽하고 있는가! 군사독재정권이 내놓은 소위 "민주화의 시대"는 과연 도래하였는가!

관제신문과 TV에서는 "민주화의 도래"가 밥먹듯이 나오고 있지만, 보라! 민중형제들이여!
민주화된 세상에서 어떻게 민주주의를 위해 피흘리며 헌신하던 투사들이 감옥에서 신음할 수 있으며, 민주화된 세상에서 어떻게 "인간다운 삶"을 절규하던 노동자의 머리위로 깡패 경찰과 구사대의 쇠파이프가 날 수 있으며, 민주화된 세상에서 올림픽 뒷전에서 빚어지는 강제철거와 노점철거에 맞서 생존권수호를 결의하던 빈민과 노점상에게 어떻게 최루탄과 몽둥이가 날아올 수 있단 말인가! 이것이 진정 6, 29선언의 실체이자 "민주화시대"의 현실이란 말인가!

4천만 민중형제여!
이러한 현실앞에서 군사독재정권은 "제5공화국의 잔재를 청산하겠다" "6공화국은 5공화국과 단절하겠다"고 말하고 있다. 바로 저 80년 5월 광주, 피의 대학살을, 4천만 민중의 피와 땀을 제멋대로 갈취, 유용한 부정, 부패, 비리를 자신들이 해결하겠다고 이야기하고 있다.

그러나 우리는 믿지 않는다. 더이상 속지 않는다. 군사독재정권이 광주학살과 부정비리를 해결하겠다면서도 "증거주의 원칙" "전두환 직접수사와 처벌 반대"라고 떠들어대고 있는 것은 진정 이를 해결하기보다는 학살과 부패의 주범들을 합법적으로 보호하려는 작태에 다름아니라는 것을 우리는 똑똑히 알고 있다.
보라! "전두환 구속수사, 처벌"을 요구하던 청년학생들을 무자비하게 구속하는 모습을!
보라! 광주민중항쟁은 "투쟁"이 아니라 "운동"이라며 말토씨 하나를 가지고 철저한 진상규명과 처벌을 지연시키고 있는 행태를!

그렇다. 이제 광주학살과 부정비리의 철저한 진상규명과 책임자의 단호한 처벌은 오직 전국민의 힘과 투쟁으로 가능할 뿐이다. 뿐만아니라 우리는 잘 알고 있다. 현 군사독재정권은 통일을 실현해나갈 세력이 아니라, 오히려 통일을 가로막고 분단을 고착화시키는 반통일세력에 다름아니라는 것을. 남과 북의 청년학생들이 자유롭게 한자리에 모여 민족의 통일을 논하고자했던 그 엄숙한 행진을 군사독재정권은 6만의 경찰병력과 지랄탄으로 탄압하고 가로막았던 것이다.

자! 이제 우리의 갈 길은 분명해졌다. 저 침침한 골방에서 우리의 투사를 구출하는 것도, 살찐 자본가와 정권의 포악한 생존권에 대한 압살로부터 우리의 권리를 지키는 것도, 광주학살과 부정비리의 진상을 규명하고 그 원흉들을 단호히 처단하는 것도, 그리고 전민족의 염원, 통일을 실현하는 것도, 오로지 전국민의 힘과 투쟁으로 하는 것이다.

자! 이제 다시한번 힘차게 나서자! 기만과 협박, 탄압과 폭력으로 민주주의와 민족의 통일을 억누르는 저 노태우군사독재정권을 물리치고 이땅의 자주화와 민주화, 통일의 신새벽을 향해 전진, 전진하자! 단결, 투쟁하자! 이것이 6월항쟁 1주년을 맞이하는 우리들의 결의이다!!

-- 부정비리 부정축재 전두환을 구속하라!!
-- 조국통일 가로막는 군부독재 타도하자!!
-- 강제철거 노점상탄압 군부독재 타도하자!!
-- 군부독재 타도하여 전원석방 쟁취하자!!
-- 광주학살 진상규명 노태우를 처단하자!!
-- 광주학살 배후조종 미국놈들 몰아내자!!
-- 민주노조 탄압하는 군부독재 타도하자!!
-- 공동올림픽 쟁취하여 조국통일 앞당기자!!

1988, 6, 26

전국 노동운동단체 협의회 민주, 통일 민중운동연합 한국 여성단체 연합 서울시 국민운동본부
서울 민주투쟁 연합 서울 민중운동연합 준비위 민주화 실천 가족운동 협의회 서울지역 총학생회 연합

올림픽 남북공동개최로 통일의 새전기를 마련하자

가자! 한라에서 오라! 백두에서 만나자! 판문점에서!

통일은 통일주체인 민중의 자발적 참여와 노력에 의해서만 진전이 가능합니다

올림픽 헌장에 분쟁지역에서의 올림픽 개최가 허용되지 않음에도 불구하고 88올림픽을 서울로 유치시킨 것은

첫째, 남한이 마치 독립국가인 것처럼 위장하고 우리 민족을 영원히 남북으로 갈라 놓으려고 하는 미·일 외세의 두개의 한국 조작책동과

둘째, 광주학살, 부정비리의 주범인 군부독재자들의 연명을 위해 평화와 친선을 위한 국제체전을 정치적으로 이용하기 위해서 입니다.

독재연장, 분단고정화를 막고 외세의 물리적 간섭을 배격하기 위한 합리적 방도는 올림픽을 남북이 공동주최하는 길입니다. 올림픽은 우리 민족의 이익에 맞게, 조국통일을 이루려는 의지로써 치뤄져야 합니다.

우리의 통일을 가로 막는 장애는 무엇보다도 미국과 군부독재자의 존재와, 이들의 반공, 반통일 정책에 있으며, 민족적 반목과 대립을 조장하는 것에 있읍니다. 비록 다른 사상과 제도가 존재하지만 통일을 실현하려면, 남북한간에 조성된 불신과 대립을 해소하고 화해와 단합의 새 전기를 마련해야 합니다.

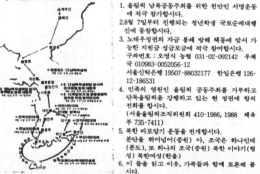

바로 올림픽 공동개최가 실현되면 민족의 영구분단을 막고 민족통일의 획기적 전기를 마련할 뿐만 아니라 한반도를 둘러싼 국제긴장 상태와 남북의 군사적 대결을 해소하는데 기여하는 것입니다. 더불어 올림픽 이후의 독재자들의 역풍을 막고 사회의 민주화를 한층 더 심화, 발전시켜 낼 수 있읍니다.

남북이 힘을 합쳐 통일위업을 이룩하려는 겨레의 의지는 확고 불변하며, 온 국민의 통일열망은 활화산처럼 번지고 있읍니다. 진정으로 통일을 갈망하는 애국민중은 민족분열세력을 몰아내고, 삼천리 강토가 하나로 되고 육천만 겨레가 하나가 되는 감격의 그날을 앞당기기 위해 통일구국투쟁에 나섭시다.

남북한 자주적 교류운동이 확산되고 있읍니다

6.14 민족화합공동올림픽추진 불교본부
북한의 조선불교도 연맹에 8월 15일, '조국의 자주적 평화통일을 위한 남북불자 공동기원 법회'를 열것을 제의

6.18 기독교 대한복음교
12월 25일에 판문점에서 '성탄절공동예배'를 열것을 제안

7. 1 재독음악가 윤이상 씨, 남북음악제전 제의
10월 22일경 휴전선 개최 추진 중
9월 23일경 빈 에서 양쪽 대표실무회담 가질 예정

7. 2 민족문학 작가회의
남북작가 회담 제안

7. 4 민통련
남북사회단체회담 제안
내용 - 7·4공동성명을 인정하는 사회단체들이 모여 평화적 통일에 대한 논의
- 24차 올림픽 남북공동개최와 민족단일팀 구성에 대하여
- 자주적 교류운동 적극 추진

7.20 조국의 자주적 평화통일을 위한 민주단체협의회
이산가족생사확인운동 추진의사 밝혀
공동올림픽을 위한 서명운동 전개

8. 1 전국목회자 정의평화 실천협의회
추석(9.25) 상호방문, 추수감사절 예배, 성만찬예식 거행을 위해 9월 2일 오후 2시 판문점에서 북한 '조선기독교도 연맹'과 예비회담을 열것을 제의

공동올림픽 쟁취와 평화협정 체결을 위한 국토순례대행진과 8·15남북학생회담

6월 10일 제 1 차 남북학생회담이 노태우정권의 폭압적 탄압과 봉쇄 책동으로 무산되었으나 7천만 겨레의 꺼지지 않는 통일 열망을 모아 오는 8월 15일에 판문점에서 다시 개최할 것을 남과 북의 청년학생들이 서로 확인하고 결의하였읍니다.

전대협은 광복절 43주년을 맞이하는 날에 2차 남북학생회담을 성사시키기 위하여 불볕더위에도 아랑곳하지 않고 독재정권의 방해 책동을 뚫고 힘차게 진군하고 있읍니다.

국토종단 순례대행진과 8·15남북학생회담은

첫째, 40여년간 조국통일을 일일천추로 갈망해온 국민의 의지를 모아 한반도 통일과 평화의 기운을 안겨다줄 애국애족적인 거사입니다.

둘째, 올림픽 공동개최를 성사시키는 계기가 될 것입니다.

세째, 1천만 이산가족의 만남과 7천만 겨레의 자주적 교류를 논의하며, 민족화해와 단합의 기운을 도모하는 장입니다.

네째, 전민족이 참여하는 거족적 만남으로 조국통일을 우리 민족의 힘으로 이룩하는 출발점이 됩니다.

국토순례대행진 도정표

이렇게 참여합시다

1. 올림픽 남북공동주최를 위한 천만인 서명운동에 적극 참가합시다.
2. 8월 7일부터 진행되는 청년학생 국토순례대행진에 동참합시다.
3. 노태우정권의 자금 봉쇄 방해 책동에 맞서 가능한 지원금 성금모금에 적극 참여합시다.
   구좌번호 : 오영식 농협 031-02-092142 우체국 010983-0052056-12
   서울신탁은행 19507-88032177 한일은행 126-12-186531
4. 민족의 염원인 올림픽 공동주최를 거부하고 단독올림픽을 강행하고 있는 현 정권에 항의 전화를 합시다.
   (서울올림픽조직위원회 410-1986, 1988 체육부 735-7411)
5. 북한 바로알기 운동을 전개합시다.
   분단을 뛰어넘어(중원) 아, 조국은 하나인데(분도), 또 하나의 조국(중원) 북한 이야기(형성) 북한여성(한울)
6. 이 들을 읽고 이웃, 가족들과 함께 토론해 봅시다.

— 국민들의 지지와 성원 전화는 백만학도에게 엄청난 힘이 됩니다. —

서울지역총학생회연합, 924-1770 국토순례대행진 준비위원회, 392-0131 각대학 총학생회

남북은 통일로! 양키는 아메리카로!

"현재 우리나라 사람 중에서 남북공동올림픽을 거부한 집단은 현 군사정부와 그 밑에서 민족을 팔아먹는 자들 뿐입니다.
올림픽은 민족화해의 장이 되어야 합니다.
이것을 바탕으로 찢어진 우리나라를 하나가 되게 해야 합니다."

— 고 조성만 열사 유서 중에서 —

백두의 진달래를 안고 그대들이 여기에 오고 한라의 유채꽃을 안고 우리가 거기로 가야한다!

전국대학생대표자협의회

서울올림픽 단독개최는 분단을 영구화하려는 의도입니다.

올림픽의 남한 단독개최는 미국의 '두개의 한국조작'이라는 대한반도 정책에서 나온 정치적 산물입니다. 우리 민족을 영원히 남북으로 갈라놓고 남한을 독립국가인 것처럼 위장하여 사실상 영속적으로 식민지 군사기지로 남겨두기 위해 남북통일을 반대하고 분열시키기 위한 술책입니다. 서울올림픽 안전개최 보장이라는 미명하에 주한미군을 증강시키고 전쟁준비훈련을 강화시키고 악의적으로 민족적 반목과 대립을 심화시켜내는 남북한 4대 강대국 교차승인과 UN동시가입으로 분단을 합법화하려는데 그 저의가 있는 것입니다.

그러하기에 올림픽의 문제는 온 민족과 겨레의 소원인 나라의 통일을 앞당기는 새로운 돌파구를 마련하느냐와 민족분단의 영구화를 가속화시키는 문제와 관련된 것입니다. 바로 올림픽 문제는 민족적 이익에 맞게, 조국통일의 견지에서 다시 이해되어야 합니다.

노태우의 7·7선언은 분단영구화 선언입니다

6·10학생회담을 전후로 일기 시작한 통일에 대한 국민적 열망을 무마하기 위해 궁여지책으로 내놓은 7·7선언은 미국의 각본에 따라 만든 전임 독재자들의 영구분열선언인 6·23선언, 민족화합민주통일방안, 교차접촉을 반죽하여 문구를 고치고 치장한 것에 불과합니다. 해외동포의 자유왕래, 남북교역개방, 대결외교 종식을 주요내용으로 하고 있지만 통일문제 해결에서 근본 초석으로 되는 원칙적인 문제를 외면하고 있습니다.

즉, 통일문제는 7·4공동성명의 자주, 평화 민족대단결의 원칙에서 풀어야 합니다. 이러한 근본문제를 외면하는 이유는 자주통일의 기본장애 세력인 미군철수를 할 수 없고, 평화통일의 전제인 평화협정체결, 불가침선언, 상호군축, 무력시위 중지를 할 수 없고, 민족대단결을 가로막는 반공국시를 철폐하지 못하는 스스로의 약점 때문입니다. 노태우의 7·7선언은 날로 고양되는 애국민중들과 청년학생들의 통일논의와 통일운동을 말살하고 올림픽단독개최를 감행해서 상호교차승인, UN동시가입을 실현하여 한반도에 두 개의 국가를 세계에 승인받으려는 반통일적 분열주의 선언입니다.

남북간에 조성된 불신과 대립을 해소하고 화해와 단합의 새 전기를 마련해야 합니다

통일은 남한 혹은 북한만이 독자적으로 이룰 수 없는 것이며 남과 북이 통일의 주체로 똑같이 나서야 합니다. 이러할 때 최근의 불가침 선언과 군비감축을 제안한 남북국회 회담은 남한정부측만 결정한다면 남북이 합의하여 화해와 단합의 새 전기를 마련할 가능성이 높기 때문에 우리는 뜻깊은 날을 안아오기 위해 노력해야 합니다.

우리의 노력이 남과 북의 국민으로부터 신망받는 실제적인 대표가 참가하는 제정당·사회단체·각계인사의 연석회의를 통해 통일을 앞당기는 실질적인 교류를 추진 실현해야 합니다.

광주학살 5공화국 비리를 은폐하고 강행하는 올림픽은 독재올림픽입니다

학살, 부정비리의 주범이 올림픽을 치룰 수 없읍니다

■광주학살5적

노태우 정권은 7월 21일 올림픽 안전개최를 구실로 '올림픽 평화를 지키기위한 한시법안'을 국회에 제출하여 민주화운동에 대한 탄압을 합법화시키고 있읍니다. 이 한시법안은 서울, 부산 등지에서 8월 중순부터 10월말까지 모든 대중집회와 시위를 금지시키는 것을 골자로 한 것입니다.

이는 광주학살의 책임자 처벌을 요구하는 시민들의 열망도, 부정비리의 진상을 밝히려는 시민들의 분노도, 통일을 염원하는 모든 목소리도, 인간다운 생존을 갈망하는 노동자·농민·도시빈민의 요구도 철저히 탄압하여 광주학살원흉, 부정비리의 공범이라는 정체를 영원히 숨기고 분단을 영구화하려는 반통일적인 본질을 감추려는 것입니다.

이렇게 되면 이 땅은 또다시 학살원흉이 권좌에 앉아 호령하고, 부정부패의 왕초가 모든 권력을 잡아 4천만 민중은 착취와 억압의 나락으로 빠치게 될 것입니다.

그러하기에 서울올림픽은 독재연장을 위한 올림픽이 아니라 새로운 민주사회 건설을 위한 디딤돌로 되어야 합니다. 이를 위해서는 학살원흉, 부정비리의 책임자와 공범자를 처벌한 후에 올림픽을 치뤄야 합니다.

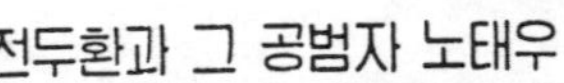

전두환과 그 공범자 노태우

	전두환 일가	노태우
정권강탈	· 10·26이후 12·12쿠데타로 군권장악 · 5·17쿠데타에 의해 권좌에 오름	· 12·12쿠데타때 미8군 사령부의 9사단병력을 이끌고 서울로 진입하여 실권장악 · 12·16대통령선거때 사상최대의 부정·협작 컴퓨터 조작으로 국민들의 표강탈
광주학살	· "광주시민 70%살상"을 명령, 2천여 시민을 피로 도륙한 광주학살의 원흉	· 경상도 출신 장병들과 공수특전단을 광주에 투입하여 유혈작전 수행. 전두환과 협작, 광주학살 진두지휘
부정비리	· 전경환 새마을 지원기금으로 새마을 성금을 늘린후 1천억원 부정착복 · 새마을 기부금 실적부진과 12대 국회의원 선거때 사원들이 민정당 표를 찍지 않았다고 국제그룹 공중분해 등등 열거할 수 없을 정도로 많음	· 내무부장관 재임시 불우이웃돕기를 전경환에게 주관하게 하고 뇌물을 받은후 부정협작 막후조종 · 무너진 국제상사의 경영권을 한일합섬 등 특정재벌에게 넘겨주는 댓가로 거액의 뇌물받음. 등등……

88올림픽이 세계평화의 대제전이려면 한반도의 평화와 남북대단결에 이바지해야 합니다.

군사독재를 일관되게 지원해온 미·일 외세는 서울올림픽 유치과정에서부터 깊숙이 관여했읍니다. 80년 6월, 일본 소식통은 서울올림픽의 유치는 미·일 외세의 힘에 의해 이루어졌다고 발표했으며, 서울유치가 결정되면 모든 지원을 아끼지 않겠다고 공식적으로 천명한 미·일 정부의 태도에서도 입증되고 있읍니다. 즉, 88올림픽의 서울개최는 광주학살 때문에 위기에 몰린 군사독재정권의 안정을 꾀하고, 미국, 일본의 정치·경제·군사적 개입을 위한 남북분단 고정화를 목적으로 이루어진 것이다.

이러한 목적을 위해서 미국과 노태우정권은 '북한의 테러위협' '올림픽 안전개최'라는 명목으로 각종 전쟁연습과 핵무기를 비롯한 군비증강을 정당화시키고, 한반도를 준전시 상태로 몰아가고 있읍니다. 실례로 올림픽 기간동안 동해상에서 개최되는 '한미일 합동군사 훈련'은 한반도에서의 전쟁을 가상한 핵전쟁 연습으로 200여척의 항공모함, 200여대의 항공기 등이 동원된다고 합니다.

세계의 냉전대립을 불식하고 평화제전이어야 할 올림픽이 7천만 민족의 생존을 담보로 한 핵전쟁 올림픽이라면 단연코 거부해야 합니다.

근거없는 '남침위협설'은 독재연장의 수단입니다

미군축국에 따르면 1970~1983년까지 북한은 군사비로 244억불을, 남한은 305억불을 지출한 것으로 나타나며 현대화면에서 남한은 북한에 비해 10년가량 앞서 있다고 합니다. 미국과 독재정권은 북한으로부터의 남침을 말할 때 가장 먼저 남한은 GNP(국민총생산)의 6%만을, 북한은 20%가 넘는 비용을 군사비로 지출한다고 합니다. 그러나 남한의 GNP는 북한의 GNP보다 4배가 많다는 것을 빠뜨려서는 안된다. 북한에는 없는 핵무기를 남한은 1,000여기나 보유하고 있으면서도 아직도 남침위협설 운운하는 것은 반북적대의식을 주입시켜 통일을 요원하게 하려는 상투적 수법입니다.

88올림픽은 평화올림픽이어야 합니다

올림픽을 계기로 고조되는 남북한 대립을 청산하고 조국통일의 획기적 계기를 마련하기 위해서는 한반도에 평화를 조성할 수 있는 구체적 조치를 취해야 합니다.

남북한의 평화와 공존을 위해서는 우선 남북한이 서로를 침략하지 않겠다는 상호불가침 선언을 채택하는 것이 시급히 요청됩니다. 또한 전시상태를 유지시키는 휴전협정을 폐기하고 평화협정을 체결하는 것이 병행되어야 하며, 한국을 소련의 방패막이로 만들어 군사적으로 예속시키려는 주한미군과 핵무기도 철수되어야 합니다.

남북한의 무력충돌, 전쟁위협이 가신 상태에서 올림픽을 남북이 공동으로 개최하여 그야말로 올림픽을 세계평화의 제전으로, 민족대단결의 장으로 만들어야 할 것입니다.

"독재, 분단, 전쟁 올림픽 반대, 공동올림픽 쟁취와 8.15 남북학생회담 성사를 위한
서울 시민 – 학생대회

올림픽 공동주최로
조국통일 앞당기자!

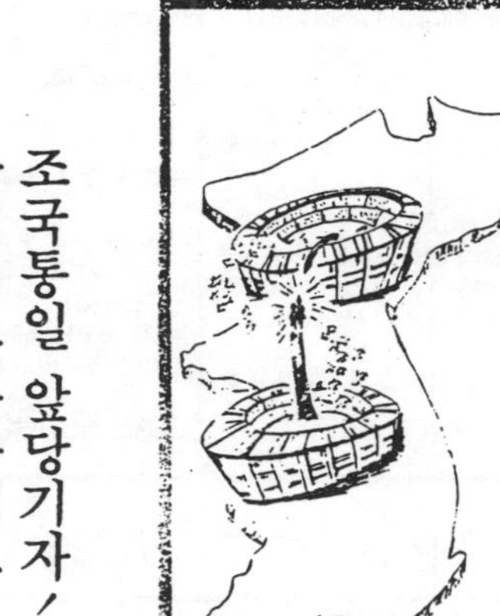

학생회담 성사시켜
조국통일 앞당기자!

집회순서

1. 개회사
2. 애국의례
3. 민주올림픽 쟁취에 대한 연설
4. 평화 통일올림픽 쟁취에 대한 연설
5. 8.15 남북학생회담 성사를 위한 결의문 낭독
6. 폐회—집회후 가두 선전, 가두서명투쟁 전개

때 : 통일염원 44년 8월 10일 오후 6시

곳 : 명동성당

주최 : 서울지역 총학생회 연합

– 외세와 독재에 항거하며 조국통일의 새날을 열고자 하는 애국애족의 서울 시민 여러분! —

이제 분단된 조국강토에서 민족분열주의자들을 몰아내고 민족통일의 날을 안아올 투쟁에 일어날 때입니다.

오는 10일은 분단, 독재, 전쟁올림픽을 반대하고 통일 올림픽, 민주올림픽, 평화올림픽을 쟁취하여 민족통일과 대단결의 신기원을 안아올 8·15 남북청년학생회담 성사를 위한 애국애족 시민·학생들의 궐기의 날입니다.

지금 미국과 노태우 정권은 한반도를 영구분단화시키는 "두개의 한국정책" 실현을 위해 단독올림픽을 강행하려하며, 광주학살·부정비리의 은폐를 위해, 학살원흉·부정주범 처단을 거부하고 노동자·농민·도시빈민 형제들의 생존권 쟁취투쟁을 짓밟으며 독재올림픽을 진행하려고 합니다.

또한 온갖 무력시위로 '올림픽 안전개최' 운운하며 한반도의 긴장고조와 남북대결을 심각히 조장하고 있읍니다.

애국 애족의 모든 서울시민은 조국통일을 위해 분단·독재·전쟁올림픽을 반대하며 통일, 민족, 평화 올림픽 쟁취와 민족대단결의 신기원을 이룰 8.15 남북 청년학생 회담 성사를 위한 8월 10일 궐기를 시작으로 반미반독재, 조국통일 촉진투쟁에 힘차게 나섭시다.

- 광주학살, 부정비리 원흉 살찌우는 독재 올림픽 반대한다!
- 민중생존 탄압하는 혈세 올림픽 반대한다!
- 전쟁 올림픽 반대하고 평화올림픽 쟁취하자!
- 독재 연장 영구분단 분단올림픽 반대한다!
- 휴전협정 폐기하고 평화협정 체결하라!
- 학생회담 성사시켜 조국통일 앞당기자!
- 8·15 학생회담 탄압하는 노태우를 몰아내자!
- 반통일은 반민주다 노태우 정권 타도하자!

오영식	
한 일 은 행	126-12-186531
우 체 국	010983-0052056-12
서울신탁은행	19507-88032177
농 협	032-02-092142

— 애국시민 여러분들의 적극적인 지지와 성원 바랍니다. —

공동올림픽은 남북화해, 민족대단결을 드높일 것입니다

공동올림픽은 첫째로, 단독올림픽이 결과할 영원한 분단국, 민족분열을 막아내고 통일에 대한 굳건한 자신감을 심는 귀중한 경험이 됩니다. 철책선에 가로막혀 있던 남과 북이 자유롭게 왕래하여 일천만 이산가족이 부모형제의 품에 안기는 일은 분단반세기의 불신과 대립을 단번에 허무러뜨리는 민족화해, 대단결을 이뤄내어 통일의 시금석으로 자리할 것입니다.

둘째로, 올림픽을 이유삼아 날로 격화되는 전쟁위기를 해소하고 한반도의 평화분위기를 조성할 수 있읍니다. 이것은 반쪽 올림픽이었던 L.A 올림픽이나 모스크바올림픽과는 달리 진정한 세계평화의 대제전이요, 한반도 평화정착의 디딤돌이 될 것입니다.

셋째로, 미국에 의해 짓밟혀온 민족의 자주권과 자존심을 회복하는 계기가 됩니다. 단독올림픽이 군사독재정권을 지원 조종해온 미국의 지배와 간섭을 심화시키는 반면에 남북이 화해 단결해 치루는 공동올림픽은 외세에 아부하고 구걸할 하등의 이유도 없게 하여 민족자주화에 성큼 다가섭니다. 이것은 독재정권의 존립기반을 제거해 민주화로 나가는 길이기도 합니다.

넷째로, 단독올림픽 강행을 위해 사용되는 구걸외교비용, 막대한 군사훈련비, 테러방지비 등 민중의 피땀인 세금을 대폭 절감할 수 있읍니다.

모든 것이 비밀이고 음모에 가득찬 단독 올림픽을 반대하고 민족의 자주적 교류와 주체적 참여를 보장하는 남북대화해공동올림픽을 온국민이 똘똘뭉쳐 기필코 성사시킵시다. 이것만이 민족이 하나되고 평화롭게 살 수 있는 유일한 길입니다.

"남북한 자주적 교류운동이 힘차게 벌어지고 있읍니다"

■ 불교계 '남북 불자공동기원법회' 제안

민족화해공동올림픽 추진본부 에서는 6·12, 7·21 두차례의 서한을 발송하여 남쪽에서는 조계사, 북쪽에서는 보현사에서 공동법회를 마련코자 추진. 이를 위한 14명대표의 실무자회담 제의

■ 민족문학작가회의, 7·2 '남북 작가회담' 제안

■ 윤이상씨, '남북민족합동음악 축전' 추진

서독에서 활동중인 세계적 작곡가 윤이상의 제안에 북한이 수락, 예총 전봉초회장도 이를 수용. 판문점에서 개최예정. 9·3일경 빈에서 양쪽대표 실무회합. 공연날짜는 10·22경

■ 민통련, '남북 사회단체 회담' 제안

7·4 제안내용 ① 7·4 공동성명을 인정하는 사회단체 모여 평화적 통일논의. ② 24차올림픽 공동개최와 민족단일팀 구성. ③ 추진중인 자주적 교류 적극 지원

■ 기독교계 '남북 기독교목회자 상호교류' 제안

8·1 전국목회자 정의평화실천 협의회의 제안내용

① 추석(9·25) 상호방문, 추수감사절 예배, 성만찬예식 거행

② 예비회담, 9·1 오후 2시 판문점에서

③ 진행원칙은 '민족의 통일과 평화에 대한 한국기독교회 선언' 정신에 압각

■ 백만학도 '남북청년학생 국토종단순례 대행진과 8·15 학생회담' 준비한창

8·8 ~ 14 한라산 → 목포 → 광주 → / → 부산 → 마산 → 전주 / 대구 → 대전 → 서울 → 판문점

8·14 임진각, 남북학생 통일염원 대동제

대학로, 4시 남북학생 통일염원 대동제

8·15 판문점, 3시 남북학생회담

조통협 문의사항과 연락은 아래의 사무실로 해 주십시요.

민족자주평화통일중앙회의 ☎ 743 - 1490

공동올림픽으로 조국통일의 새날을!

"현재 우리나라 사람 중에서 남북공동올림픽을 거부할 집단은 현 군사정부와 그 밑에서 민족을 팔아먹는 자들 뿐입니다. 올림픽은 민족화해의 장이 되어야 합니다. 이것을 바탕으로 찢어진 우리나라를 하나가 되게 해야 합니다."

— 고 조성만 열사 유서 중에서 —

올림픽 공동개최로 자주적 평화통일 앞당기자!

조국의 자주적 평화통일을 위한 민주단체협의회

민주·통일민중운동연합 민주화운동청년연합 서울민주·통일민중운동연합
서울민중운동연합준비위원회 민족화합공동올림픽추진불교본부
한국여성단체연합 민주쟁취국민운동서울본부 서울지역총학생회연합
민족해방열사 김세진·이재호 추모사업회 한국기독학생회총연맹
조국의 평화와 자주적통일을 위한 가톨릭 청년학생 공동위원회

단독올림픽이 진정 민족의 긍지가 되겠읍니까?

올림픽이 40여일 앞으로 다가왔읍니다. 82년부터 지금까지 그토록 줄기차게 올림픽을 선전해 왔지만 올림픽이 이렇게 임박해서도 국민들은 관심밖입니다. 오히려 올림픽보다는 제5공화국 부정비리 광주학살 주범의 처벌, 남북한 통일문제가 확실하게 해결되기를 간절히 소망하고 있읍니다. 또한 노동자들의 파업과 도시노점상들의 생의 절규가 우리의 가슴을 더 아프게 두드리고 있읍니다. 그러나 노태우정권은 이런 국민적 열망을 무시하고 무조건적으로 단독올림픽을 강행하려 합니다. 올림픽만이 모든 문제를 해결할 수 있으며 먹고 사는 일도, 민주화도, 조국통일의 절절한 염원도, 평화정착의 문제도, 모두 중지해야 한다고 고함을 지르고 있읍니다. 이렇게 국민의 관심사를 올림픽 이후로 돌리며 남한만의 단독올림픽을 감행하려는 저의는 무엇입니까?

"죄송합니다. 아직 멸종시키지 못했읍니다"

올림픽이 민주화와 통일의 열망을 짓밟는 도구일 수는 없읍니다

44년의 분단을 통해 민족의 불신과 대립을 조장하고, 각종 억압과 무력도발을 일삼았던 미국과 군사독재는 또다시 서울단독올림픽을 강행하여 분단상태를 영구화하려는 음모를 꾸미고 있읍니다.

광주 2천여 동포를 피로 도륙한 주범이 세계평화의 대제전, 국민대화합을 아무리 외쳐봐도 그것은 한낱 거짓말에 불과합니다. 자유와 민주를 구하려는 광주시민을 총칼과 탱크로 짓밟은 주범이 광주학살문제 해결을 뒤로 하고 올림픽의 성공적 개최 운운하며 단독올림픽을 강행하려는 것을 결단코 막아야 합니다. 학살원흉 처벌없는 '해결'이란 있을 수 없으며 '광주학살 해결'없는 올림픽은 더욱 있을 수 없읍니다.

한국군 제20사단의 광주투입과 전방에 배치되었던 4만명의 국군병력의 서울주변이동이 미국의 승인하에 자행되고 미국이 광주살육의 배후조정자라는 사실에서부터 학살원흉의 죄상을 낱낱이 실토하게 하고, 군용차량과 헬기로 운반한 시체의 암매장지를 지체없이 공개하게 해야 합니다.

광주문제를 은폐하고 강행되는 올림픽은 그들의 살 길을 열어주는 일이요, 온국민의 민주화를 가로막고 두개의 국가로 영구화되는 자멸의 길입니다.

최근의 전두환·이순자를 증언대에 세우겠다는 국회의 결의에 노태우가 거부권을 행사한 것은 노태우정권이 전두환정권의 대를 이은 쌍둥이정권이요 부정비리의 공범임을 드러내주는 것입니다. 그런데 현정권은 '올림픽기간중의 정치휴전'이라는 말도 되지 않는 소리로 자신들의 구린데를 감추고 모든 민주화요구에 대해 극악한 탄압을 가하고 있읍니다.

올림픽은 '독재연장의 도구'가 되어서는 안됩니다. 도시노점상을 내쫓고 가난한 이웃들을 울리며 치르는 올림픽, 광주학살, 부정비리의 주범들이 민주주의를 탄압하는 가운데 강행되는 올림픽은 '민족의 수치'가 될 뿐입니다. 더우기 이런 학살주범 비리공범자 노태우에 의해 단독올림픽이 폭력적으로 강행될 경우, 한반도내 두개의 국가가 있다는 것을 세계적으로 공인시켜 이후 교차승인(미일이 북한을 국가로 인정하고 중소가 남한을 인정하는것)과 UN 동시가입을 추진, 영구분단을 결과할 것입니다. 이런 음모는 온국민의 단결로 학살원흉을 처벌하고 남북한 공동올림픽을 쟁취하는 것으로서 완전히 파산시킬 수 있읍니다. 그것이 바로 6천만 겨레의 생사존망을 결정하는 공동올림픽이 되어야 하는 절대적 이유입니다.

총칼아래 치르는 올림픽 이는 결코 '평화의 제전'이 될 수 없읍니다

'평화의 제전'이 열린다는 이 땅은 팀스피리트 훈련을 비롯하여 연중무휴의 군사훈련이 벌어지는 무시무시한 전쟁연습장이 되고 있읍니다. '올림픽의 안전개최'라는 명목으로 6천여명의 주한미군이 증원되고 올림픽기간중에는 세계최대의 핵항공모함 칼빈슨호가 정박, 사상최대의 미·일 합동 해상군사훈련이 동해상에서 벌어집니다(이렇게 '올림픽'을 앞둔 군사적 긴장이 고조되고 있으며 여기에 부수되는 '주한미군의 만행'들은 헤아릴 수 없을 지경입니다).

오직 남북간의 군사대결을 청산하고 민족이 함께 치르는 공동올림픽만이 '평화의 제전'을 보장할 수 있읍니다.

그런데 현정권은 미국을 등에 업고 공동 올림픽은 절대 불가능하다고 쐐기를 박고 있읍니다. 처음에는 '올림픽 공동개최'는 북한의 주장과 똑같다하여 '용공, 좌경'으로 몰아붙이더니 온국민의 '공동올림픽' 열기가 드높아지자 IOC헌장에 위배된다고 발뺌하고 이제는 '시기적으로 너무 늦어서 어쩔 수 없다'고 고개를 내젓고 있읍니다. 이것만 보더라도 현정권이 강행하려는 단독올림픽이 얼마나 부당하게 국민들에게 강요되고 있는가를 잘 알 수 있읍니다.

한반도의 항구적 평화정착을 위해 휴전협정은 평화협정으로 대체되어야 합니다

최근 '불가침선언과 올림픽 문제 협의'를 위해 북한이 제기한 '남북 국회연석회의'에 온국민의 비상한 관심이 집중되어 있읍니다. 한정없는 군사대결로는 결코 '평화'도 '통일'도 불가능함을 잘알고 있는 우리 국민은 이제 남북한이 화해하고 단합하여 더이상의 군사대결을 청산하고 남북한이 함께 하는 올림픽을 기대하고 있는 것입니다.

지금 한반도에서 가시지 않고 있는 전쟁위협은 이 땅이 언제라도 전쟁재발이 가능한 휴전지대라는 데 있읍니다. 휴전협정조문에 명시되어 있듯이 전쟁당사자인 미국과 북한간에 즉각 평화협정이·체결되고 남북한간에 불가침선언이 이루어져야 합니다. 이에 따라 남북한 상호감군과 군비축소가 이루어지고 쓸모 없어진 주한미군은 무시무시한 핵무기를 모두 거두어 이 땅에서 철수해야할 것입니다. 그렇지 않고 미국과 현정권이 주장하듯이 북한에 대한 군사적 우위만을 고집하여 무한정의 군비증강만을 계속한다면 이 땅을 '대소련 전진기지'로 이용하는 미국의 속셈을 만족시키고 더불어 미국의 무기판매업자들의 배만 불릴 뿐이요, 종내는 온민족이 핵참화의 비극을 면치 못할 것입니다.

따라서 다가오는 남북한 국회연석회의에서는 '한반도의 군사대결청산과 평화'를 위해 '남북 불가침 공동선언과 공동올림픽'이라는 중차대한 민족적 과제가 반드시 달성되어야 하며 '예비회담'이나 그 어떠한 것으로도 이를 가로막아서는 안됩니다.

애국 시민께 드립니다.

=====우리는 왜 서울에 남아서 싸우는가?=====

분단 44년 불신과 대립. 단절의 역사를 딛고 민족화해와 단결을 이루고자하는 통일의 불길은 이제 경향 각지에서 활화산처럼 타오르고 있읍니다. 이에 애국청년학도들은 한반도의 통일을 가로막고 있던 외세와 민족분열주의자들을 이땅에서 몰아내고, 세계 역사속에서 자주적인 국가로 서고자 하는 4천만 국민의 통일염원을 모아 공동올림픽 쟁취와 평화협정체결을 위한 국토순례대행진 및 8.15남북한 청년학생회담을 준비하였읍니다.
공동올림픽을 민족화해와 단합의장으로, 한반도분단을 피하고 남북대결상태를 고조시키는 휴전협정을 폐기 평화협정을 체결하여 진정 통일의 터전을 마련하고자하는 이번 8.15학생회담은 국민들의 지지와 성원속에 시작하였으나 민족의 통일을 바라지 않는 외세와 민족분열주의자들의 폭력적인 탄압 속에서 난항을 겪고 있읍니다.
7.7선언. 7.15선언등 기만적인 통일 정책으로 국민들의 통일열기를 호도하려던 현 군부독재정권은 이제 8.15학생회담을 갖가지 폭력과 공권력을 동원하여 탄압함으로서 스스로 통일을 바라지 않는 미국에 빌붙은 민족 분열주의자이며, 국민들의 통일열기를 수렴할 수 없는 반통일적인 집단임을 드러내고 있읍니다.
지난 7일, 중앙통선대 발대식이 있었던 고려대학교를 원천봉쇄하기 위해 6천명의 병력을 동원하고 통일선봉대 학우들을 불법연행 한 것과 3일동안 전국에서 지구대학 대표자 10명을 비롯, 2천명의 학우가 연행된 것을 보더라도 쉽게 적들의 폭력적 탄압정책을 알 수 있읍니다.이러한 적들의 폭력적인 탄압과 원천봉쇄에 맞서 저희 전국대학생 대표자협의회에서는 통일선봉대 학우들을 지방으로 내려보내어 국토순례대행진이 계속되고 있음을 국민들에게 알리며 각 지역 주민들과 함께 집회를 통해 군부독재 정권의 반통일성을 규탄함과 동시에 우리들의 순례대행진 및 8.15학생회담을 성사시키기 위해 서울에도 남아 싸우기로 하였읍니다. 8일 이후 서울 각 지역별로 학내 집회와 가두 집회를 통해 국토순례대행진의 의의와 내용을 알리고 있으며 명동 성당에서의 농성을 통해 국토순례대행진에 대한 폭력적 탄압을 규탄하고 어떠한 난관에도 불구하고 반드시 성사시키기 위한 준비를 하고 있읍니다.
계속되는 군부독재정권의 폭력적인 탄압정책도 국민들의 통일열기를 꺾을 수 없음은 중앙통선대 학우들의 눈부신 활약을 통해 확인되고 있읍니다. 고속버스 터미날과 항구, 공항 등 철통같은 적들의 봉쇄망을 뚫고 제주도로 향했던 중앙 통선대학우 5명이 한라산 백록담에서 흙과 돌을 채취해 서울로 돌아왔고, 약 200명의 학우가 부산과 목포에서 출발, 각 도정마다시민들의 뜨거운 환영을 받고 대전으로 속속 집결하고 있 읍니다.
이러한 목숨을 건 통일선봉대의 눈부신 투쟁과 시민들의 뜨거운 동참은 민족통일이 4천만국민의염원이며, 시대적 과업임을 말해주고 있읍니다. 이제 우리는 각 지역에서 올라온 중앙통선대 .시민 여러분과 함께 전대협 2기 발족식을 진행하고 15일 까지 어떠한 난관도 뚫고 국토순례대행진을 계속 강행하여 판문점에서 북한 청년학도들을 만 것입니다.
남과 북의청년학도가 만나는 8월 15일 이날은 민족통일의 새로운 전기를 마련하는 가슴 벅찬 날이 될 것입니다.
45년 8월 15일이 일본제국주의로부터 민족이 해방된 감격의 날이라면 올해 통일염원 44년은 진정 분단을 끊고 통입의 한길로 7천만 민족이 하나되는 감격적인 날이 될 것입니다.
애국 시민 여러분! 통일은 그렇게 어렵고 멀지만은 않습니다.
바로 이렇게 남과 북의 청년학생이 만나고 남과 북의형제들이 서로 오가는 속에서 시작되고 이루어 지는 것입니다.
통일을 갈망하는 애국시민 여러분!
이제 우리들의 뜨거운 통일염원으로 녹슨 분단의 철책선을 녹이고 흰 옷 순결한 한민족이 수려한 반도에서 하나되어 어우러질 그날을 그리며 어떠한 탄압에도 굴하지 말고 하나되어 함 께 싸워나갑시다.
애국시민 여러분께서는 8.15학생회담에 참가하는 학생들에게 뜨거운 지지와 성원을 보내 주시고 학생회담을 탄압하는 폭력정권에 항의 전화를 겁시다.

가자, 한라에서 !!! 오라, 백두에서 !!!
남북은 통일로 !!! 양키는 아메리카로 !!!

%%%%% 우리는 반드시 만날 것입니다. 조국 통일 만세 !!!

통일 염원 44년 8월 12일 전국대학생 대표자협의회

언제나 조국의 자주와 민중민주주의를 위하여 선봉에서 싸우는 서울 지역 40만 학도 여러분!

노 태우는 광주 학살과 5공 비리에 대한 남한 4천만 민중의 끓어 오르는 분노와 투쟁을 이기지 못해 양심수 석방 반민주 악법 개폐를 실현하는 대신 전 두환을 용서해 주는 것이 어떻느냐는 타협적 대안을 제시하고 있읍니다. 그러나 노 태우의 6. 29 선언이 우선 급한 불부터 끄고 보자는 식의 기만적 술책이었듯 , 이번 발표 역시 마찬가지임은 지난 1일 민정당과 정부측의 국보법, 사안법 개정안에서 명확히 드러났읍니다. 결국 노 태우정권은 양심수 석방의 문제나, 제반 악법들의 기존 골격등을 그대로 유지하면서 , 눈 가리고 아옹하는 식의 행동을 다시 한 번 되풀이 하려고 하는 행위 이외에는 아무것도 아닙니다.

우리들은 노 태우정권이 이 땅의 참 민주화에는 전혀 관심이 없다는 것을 이미 알고 있는 바입니다. 국가보안법, 사회안전법은 해방 이후 민중들의 민주화 투쟁을 압살하는 지주였으며, 사상,양심의 자유및 언론 출판의 자유를 원천적으로 봉쇄하고 , 그리고 그렇게함으로써 민중들의 계급적 각성을 끊임없이 저해해온 도구였읍니다. 현 노 태우 정권의 파쇼적 본질상 이는 여전히 필요한 것일수 밖에 없으며, 따라서 현 정권은 사활을 걸고 이들 제반 악법들을 수호해 내려고 하고 있읍니다. 그저께 발표된 민정당의 국보법 개정 시안은 사실상 글자 몇개 바꾼것 이외에 아무것도 아님을 볼 때 이는 더욱 분명해 지고 있읍니다.

그러나 , 학우 여러분! 민중 해방 투쟁의 선봉에선 우리 청년 학도들의 무관심속에 이러한 제반 악법들은 어느새 여야간의 정치적 흥정물로 전락되어 버렸읍니다. 각계,각층,노동자,농민,교사,언론인들의 국보,집시,노동악법,교육악법,언기법등의 폐지를 위한 선도적이고 영웅적인 투쟁을 또한 여전히 고립적 분산적인 상태를 면치 못함으로써 이번 국회에서 파쇼적 제반 악법의 철폐는 불투명한 지경에 이르고 있읍니다. 만약 우리가 이번 정기 국회 회기내에 이들 파쇼적 악법들을 철폐시켜내지 못한다면 이후 노 태우정권은 "합법"이라는 무기를 휘두르며 파쇼적 전횡에 정당성을 부여할 것입니다. 이는 또한 우리가 작년 6월투쟁이후 여소야대의 국회 형성에 이르기까지 이룩해 놓은 제반 성과물들을 손도 못쓰고 고스란히 파쇼정권에게 되돌려 주게됨을 의미하는것입니다.

남한 40년 역사를 당당히 선도해온 서울지역 청년 학도 여러분!

지난달을 투쟁으로 장식했던 전-이 구속의 전 국민적 함성을 선도한 우리의 어깨에는 이제 전-이 뿐만 아니라, 이 더러운 파쇼 체제를 유지시켜온 제반 제도적 장치들을 폐절 시켜낼 임무가 주어져 있읍니다. 노 태우가 목숨을 부지하는 모든 기둥들을 온 사방에서 포위하여 깨부수고 들어가는 것, 이것이 우리에게 주어진 현 시기 임무입니다. 만약 이번 시기에 최대한 노 태우 정권의 기반을 빼앗아 이후 우리 투쟁의 유리한 고지를 쟁취해 내지 못한다면 우리는 역사에 천추의 한을 남기게 될 것입니다.

학우여!

흩날리는 스크럼으로 함께, 함께 파쇼적 악법을 분쇄하고 폭압기구를 폐절시키기 위해 싸워 나갑시다.

민중 운동 반압도구 국가 보안법을 즉각 폐지하라!

국가 보안법의 위장개정 반대한다, 전면 폐지하라!

야권 3당은 국가 보안법,사회 안전법의 전면 폐지에 즉각 동참하라!

민주인사 살인 고문, 안기부,보안사,치안본부를 전면 해체하라!

민주 압살 폭력 기구, 안기부,보안사,치안본부를 전면 폐지하라!

통일 염원 44년 12월 3일

서울대학교 총학생회 산하 반민주악법 철폐를 위한 대책 위원회

8

기관지 및 신문

창간호
10월18일

발행인 : 김승훈 · 김동완 · 이부영
편집인 : 박계동
발행처 : 민중민주운동협의회
(110 서울 종로구 종로1가 46
서울빌딩 703호 724-9579)

일본재침략저지 민족운동대회 개최

항일운동

민주민족세력, 방일반대성명 뒤 단식농성 시위

지난 9월6일에 있었던 전두환씨의 공식방일을 앞두고 그에 반대하는 운동이 전국적으로 벌어지는 등 심각한 단계로 접어든 대일종속관계에 대한 새로운 항일운동이 전국민적으로 확산되고 있다.

민족운동대회 대회장인 문익환 목사가 구국투쟁선언문을 낭독하고 있다.

한국의 대표적인 지식인인 함석헌, 홍남순, 문익환 및 송건호씨를 비롯한 각계인사 77명은 9월2일 오후 성명을 발표, 6일에 있었던 전두환씨의 일본방문에 반대하면서 한국 국민에게 광범한 항일운동을 벌일 것을 호소했다.

저명한 기독교지도자인 박형규 목사가 시무하는 서울 제일교회에서 2일 오후 5시30분에 있을 예정이었던 이들의 '일본 재침략저지 민족운동대회'에는 오후 3시경부터 경찰이 참석대회자들의 접근을 전면적으로 차단, 문익환·백기완씨 등 20여명만이 오후 1시경부터 미리 입장하여 예정대로 대회를 개최했다. 이날 민족운동대회의 대회장으로 추대된 문익환 목사는 대회사에서 "전두환씨가 국가원수의 자격으로 일본을 방문하는 것은 나라의 모든 것을 내주는 행위로서 바로 국치이며 1984년 9월 6일은 제2의 국치일로 기록될 것"이라고 선언하고 "진정으로 국치를 벗어나는날, 분단을 극복하고 통일을 이룩하는 날까지 항일의 의지를 이어나가자"라고 다짐했다.

가톨릭 평신도 운동의 지도자이며 한국노동자 복지협의회 사무국장인 이창복씨의 사회로 진행된 대회에서 김동완목사(민중민주운동협의회 공동대표)는 '새로운 항일의 깃발을 드높이자'라는 제목의 성명서를 낭독했다.

이 성명은 "오늘날의 한·일관계의 실상은 대일무역적자가 웅변으로 말해주듯이, 또 일본에 머물러있는 수많은 재일교포 및 그 2세 3세가 갖은 멸시속에서 법적·사회적 차별대우를 받고 있는 상황이 상징하듯이, 참다운 선린관계, 진정한 호혜평등관계가 결코 아니기" 때문에 전두환씨의 방일을 반대한다고 천명했다.

이 성명은 또한 "이른바 '한·일 신시대'란 누구를 위한 것인가"라고 묻고 "그것은 일본이 지난 20년간 이룩한 대한경제침략을 완성하고 소위 문화교류를 통해서 한국인의 항일의식을 마비시키며, 소위 군사협력, 군사교류를 통해서 경제적 지배권만이 아니라 정치적 군사적 영향력도 적극 행사해 보려는 일본 신군국주의를 위한 '신시대'에 불과한 것"이라고 규정했다.

이 성명은 이어 "일본 신군국주의가 한국 재침략을 위해 다각적인 음모를 획책하고 있는 오늘날, 한국의 현정권은 이와같은 매국적인 사대주의 정책을 추구하고 있고 그러한 매국외교에 반대하고 항의하는 국민들의 의사표시를 봉쇄하기 위해 이제 국민들의 정당하고 자유로운 집회와 시위를 물리적으로 탄압하는 반민주통치를 강화하고 있다"고 강력히 비난하고 "이제 우리 국민은 식민통치의 역사적 교훈과 오늘날의 한·일 불평등관계에 대한 인식을 바탕으로 전두환씨의 이번 방일에 반대하는 정신을 더욱 적극적인 항일운동으로 승화시켜 깃발을 드높일 때"라고 선언했다.

단식농성중인 함석헌선생을 비롯한 고영근목사, 곽태영선생 및 이 두수 목사.

현정권에 대한 요구 4개항 채택

이 성명은 또한 "전두환씨의 방일계획을 즉각 취소하라, 지난날의 친일분자와 이 땅에 새로 생겨나기 시작한 친일분자들은 자숙하라, 현정권은 국민들의 정당한 항일의사를 폭력으로 탄압하지 말라"는 등 4개항의 현정권에 대한 요구조항을 채택했다.

국민들의 항일행동강령도 제시

이 성명은 마지막으로 국민들의 항일행동강령을 제시, "전두환씨의 방일을 반대하는 성명발표, 집회, 농성, 기도회를 전개할 것, '일본재침략 저지 민족운동대회'의 선언문에 찬성하는 국민들은 자발적으로 서명운동을 전개할 것, 새로운 친일행각을 벌이는 자들을 발견하면 과감히 규탄할 것, 기생파티로 돈버는 것 등을 수치로 알고 일제소비재상품 배척을 생활화할 것, 친일지식인 및 언론인은 매국적 언동을 삼가할 것, 경찰을 비롯한 공무원들은 항일민족운동에 대한 탄압이 매국의 지름길임을 알고 이를 거부할 것" 등 6개항을 강력히 실천에 옮길 것을 호소했다.

9월2일오후 5시30분 서울제일교회에서 일본재침략저지 민족운동대회를 열고 새로운 항일의 깃발을 드높이자'는 성명서와 '현정권에 대한 우리의 요구' 그리고 '국민들의 항일행동 강령' 등을 발표한 사회 각계민주운동세력 77명 가운데, 함석헌·문익환·계훈제·백기완·김규동 씨등 30여명은 3일 오전 10시부터 서울 종로5가 기독교회관 인권위원회 사무실 안에서 단식농성에 들어갔다. 3일 오전 이 사무실에서 내외기자회견을 가진 단식농성 참가자들은 "전두환씨의 방일을 저지하기 위한 단식농성을 시작하면서"라는 제2차 성명서를 발표했다. 이 단식농성 개시 성명에서 이들은 "일본은 분단된 한반도의 남한부분을 정치적으로 경제적으로 군사적으로 예속시키려드는 신식민주의적 성격을 노골적으로 드러내고 있는 실정"이며 "이러한 점에서 한민족분단의 원흉이요, 한민족 분단에서 이익을 도모하고 있으며 그래서 한민족의 분단이 영구히 계속되기를 바라는 군국주의 일본은 우리 민족의 한맺힌 원수일 수 밖에 없다"고 기본입장을 천명하고 "이처럼 우리민족의 원수인 군국주의 일본에 대해 아무런 민족적 분노와 긍지가 없이, '한일 신시대의 개막'이나 "한일간의 우호·친선강화"라는 허황한 구호를 내세우고 일본을 방문하려는 전두환정권의 반민족적 행위를 우리는 거듭 규탄하지 않을 수 없다"고 언명했다.

이 성명은 또한 "대한민국에 반민주적인 독재권력이 존속하는 것이 일본의 국수주의적 국익도모에 도움이 된다는 판단에서 전두환 군사독재정권의 유지강화를 위해 지원하고 있는 일본의 나까소네 정권에 대해 우리는 국민적 분노를 금할 길이 없다"라고 나까소네정권의 전두환정권 지원자세를 강력히 비난하면서, "이러한 반한국민적인 작태가 계속 될 경우, 한일간의 우호친선은 커녕 일본에 대한 한국민의 분노와 규탄은 더욱 더 확대·심화될 것임"을 경고했다.

이 성명은 이어서 "미증유의 수해를 당하여 전국민이 깊은 아픔속에서 수해복구에 여념이 없는 때에 미력이나마 수해복구사업에 동참하지 못하고 이렇게 단식농성을 하게 된데 대해 안타까운 마음을 금할 수 없다" 고 밝히고 수해로 생명과 재산을 잃은 수재민들에게 심심한 위로의 뜻을 표했다.

3일 오후가 되면서 단식농성참가자들 이 계속 늘어났고 많은 민주시민 단체들이 '일본 재침략저지 민족운동대회'의 취지에 찬동, 광범한 서명활동을 전개했다.

(관계기사 8면에 계속)

구국선언문

오늘 1984년 9월6일 전두환씨와 그의 수행원들은 이른바 "한일신시대"의 막을 올린다는 "명분"아래 일본을 향해 가고 있다. 최근 나라안에서는 전두환씨의 방일이 일본의 신식민주의적 침략을 자초하는 매국행위라는 이유로 재야인사, 농민, 노동자, 학생, 성직자 그리고 다수의 지식인들이 그것을 극력 반대했으며 국민들은 그가 납득할 만한 명분도 없이 일본방문을 강행하는 것을 불안하게 지켜보고 있다.

오늘 오후부터 일본의 수도에서는 한국 식민통치의 원흉인 일황 히로히또가 전두환씨를 맞아 "불행했던 과거에 대해 유감을 표명하고" 최고의 융숭한 접대를 하는 세기의 사기극이 전개될 것이다. 일본수상 나까소네는 한반도 재침략이라는 숙원의 첫 단계를 너무도 쉽사리 넘어서게 된데 대해 내심으로 더할 나위없는 만족을 느끼면서 "백제의 왕인(王仁) 이래 일본에 찾아온 최고의 귀빈"인 전두환씨에게 온갖 친선의 몸짓을 보일 것이다.

민주화와 민족통일을 열망하는 민중의 의지를 폭력으로 탄압하고 민족사상 최대의 비극인 광주대학살을 자행한 바 있는 현정권은 지금 군부독재의 학정과 부정부패, 반민중적 행위에 항거하는 민중을 억압하여 장기집권의 기반을 다지는 데 있어서 국민의 지지가 전혀없고 자체세력이 허약함을 절감하고 옛날의 식민지 지배자들을 다시 끌어들여 정권의 안보를 굳게 하려고 기도하고 있다.

오늘은 "현대의 경술국치"가 재현되느냐, 아니면 민중운동 세력이 이 음모를 분쇄하느냐를 가름하는 역사적인 날이다. 우리는 전두환씨 일행이 일본에서 공개적으로 또는 암암리에 정치·경제·군사·문화적으로 우리나라를 일본에 예속시킬 사전공작을 마무리하고 돌아올것이라고 확신한다. 우리는 그들의 귀국 뒤에 벌어질 일본군국주의자들과 매판지배세력의 야합과 음모를 샅샅이 폭로하고 민중과 더불어 신제국주의와 독재권력에 맞서 투쟁할 것이다. 우리는 한일합방 전야와 65년의 한일회담 당시에 비해 눈부시게 성장한 민중의 역량을 굳게 믿으면서 민중과 하나되어 구국투쟁의 대열에 나서 싸울 것을 다짐한다.

1984년 9월 6일
일본재침략저지 민족운동대회

재야원로, 신구성직자, 노동·농민운동, 지식인 등 대거참가

▲재야=咸錫憲, 洪南淳, 文益煥, 桂勳梯, 白基玩, 尹攀熊, 金炳傑, 高銀, 宋建鎬, 朴鍾泰, 郭泰榮, 金承均

▲가톨릭신부=金炳祥, 金勝勳, 咸世雄, 黃尙根, 吳泰淳, 鄭鎬庚, 邕仁洙

▲개신교목사=趙南基, 高永根, 李斗洙, 全學碩, 劉雲弼, 金東完, 張成龍, 李榮一, 원형수, 許炳燮, 金景南, 林興基

▲문화예술인=金奎東, 李浩哲, 千勝世, 申庚林, 朴泰洵, 李文求, 梁性佑, 林正男, 黃晳暎, 呂益九, 樊光錫, 金學珉

▲해직언론인=金仁漢, 崔長鶴, 成裕普, 李富榮, 金鍾澈

▲노동·농민운동=李昌馥, 尹順女, 金正澤, 申哲永, 諸廷丘, 徐敬元, 裵鍾烈, 羅相基

▲청년운동=張琪杓, 金槿泰, 崔敏和 張永達, 安亮老, 崔洌, 李明俊, 羅炳湜, 裵基善, 黃寅成, 柳泰善, 安哲, 金允煥, 金奉雨, 이상진, 김광동, 김상귀, 임동규, 김영진

〈'민중의 소리'를 펴내면서〉

창간사

민족사는 지금 표류하고 있다. 민족성원으로서의 역사의식과 일체감, 그리고 존엄과 긍지를 내던진 반민족적 집단에 의하여 이 민족의 삶의 문제가 어이없이 농단되고 있다. 이 민족과 그 삶의 터전인 한반도가 강국들의 세계전략앞에 벌거벗기운 채 방치되고 있다. 우리는 이 민족의 일원으로 태어나 이 민족의 명운(命運)을 우리의 것으로 되찾아, 우리의 주체적 감성과 능력으로 지키고 개척해야 할 사명과 마주하고 있다. 우리는 우리의 신명과 모든 정성을 다 바쳐 우리의 피속에 진하디 진하게 흐르는 민족의 얼과 존엄을 키울 것이다. 같은 민족으로써 더불어 함께 살 수 있는 삶의 터전과 조건을 창조해 나갈 것이다. 민족이다. 통일이다.

우리로 하여금 민족으로서 하나되게 하고, 한 핏줄, 한 형제임을 뜨겁게 확인하게 해주는 이 땅, 우리의 정서·문화, 그 모든 것을 우리는 사랑한다. 우리는 이 땅이 전쟁터가 되기를 바라지 아니하며, 숨쉴 공간과 살아가야 할 땅을 죽이는 공해로부터 해방되기를 바란다. 또한 우리는 이 땅위에서 매판적 외래문화가 축출되고 우리의 문화— 우리의 몸짓, 우리의 노래, 우리의 웃음이 평화롭게 펼쳐질 것을 바란다. 민족을 위하여 무엇이 옳고 그른지, 자신들의 행위가 이 민족을 어디로, 어떤 나락으로 끌고 가는지 조차 모르는 비이성적 집단의 정신파탄 아래 우리의 문화는 떠돌고 있다. 우리는 우리의 것을 갖고 싶다. 우리의 것을 새롭게 발전, 창조하고 싶다. 문화다. 맑디 맑은 이성과 혼으로 되찾아 일으켜 세워야 하는 우리들의 문화다.

민중은 독재적 억압아래 가위눌려 있다. 깨어 일어나 그 억압과 질곡으로부터 벗어나야 한다. 어둠을 박차고 민중이 역사속에서 제 목소리를 되찾아 자신을 관철할 수 있도록 무장되어야 한다. 진정한 새시대는 민중과 더불어 민중속에서 열려야 한다. 우리는 민중위에 존재하는 선민이 아니라 민중 그 자체임을 온 몸으로 확인한다. 학생, 지식인, 종교인들의 역동적인 민중운동에의 치열한 자기투신은 민중의 날이 확실하게 오고 있음을 알려주고 있다. 우리들 민중은 어리석은 것 같으나 위대한 힘과 강인한 의지를 갖추고, 이웃에 대해 인간다운 짙은 애정을 지닌 떳떳하고 싱싱한 모습을 갖추고 있다. 바로 우리 자신이다. 민중이다.

민주주의란 민중의 피와 민중의 칼을 두려워하는 정부를 민중이 선택하여 갖는 것에 다름 아니라. 나라와 역사의 주인공으로서 민중이 자신에 거역하는 권력을 개폐, 타파할 수 있을 때 민주주의는 민중의 것이 된다. 우리가 바라는 것은 시혜(施惠)가 아니라 인간으로서의 자유와 권리이다. 이 자유와 권리를 가지고 이 사회의 시민과 그들의 다양한 집단이 자율적 활력속에 자기의 본분과 몫을 다 할 때 민주주의가 온다. 노동자는 노동현장으로, 학생은 학교로, 기자는 언론으로, 공무원은 국민에 대한 봉사자로, 그리고 군은 국토방위의 거룩한 사명으로 자신의 본분을 다 할 수 있을 때 민주주의는 어김없이 온다. 민주다. 우리가 그토록 열망하는 민주주의다.

평등은 민주사회의 지배적 이념이다. 소수의 부패와 특권을 위하여 절대다수 민중의 생존권이 박탈당하는 것은 정의에 반하는 것이며 국민분열을 조장하는 결과일 뿐이다. 오늘 우리의 현실은 소수 부패특권층의 퇴폐와 허영이 팽배한 가운데 농민과 어민, 노동자와 실업자, 생업박탈자, 병사와 순경, 봉급생활자, 영세상인, 도시빈민, 중소생산업자등을 포함하는 절대다수 민중은 정치적 억압과 경제적 착취와 사회적 모멸과 문화적 소외속에 신음하고 있다. 민중의 인간다운 삶의 전제없이 민주주의는 없다. 스스로 인간다운 삶을 영위하기 위한 노동3권, 농민 3권의 보장 없이는 선진조국도, 민주도, 정의도, 복지도 없다. 민중이 주체로서 참여하는 민주주의로써만 진정한 국민평화와 사회정의를 건설할 수 있다. 민중의 인간다운 삶을 보장받는 민생운동의 획기적인 전개와 그 승리로써만 민주주의는 가능하다. 민생이다. 더불어 함께 사는 삶이다.

이 모든 소리—「민중의 소리」이다. 빛의 소리이며 역사의 소리이다. 정의와 양심의 소리이다. 민중의 삶의 소리이다. 민족의 소리이며 이성의 소리이다. 말씀의 폭풍이다. 독재정권과 그 하수인 — 제도언론이 국민내부를 간절이 찢어 이간·분열시키는 소리가 아니라, 국민내부를 하나되게 하는 평화와 화합의 소리이다. 공작언론이 퍼뜨리는 거짓말이 아니라, 민중의 저 낮은 가슴속으로부터 우러나오는 진실의 소리이다. 인위적 장벽을 뛰어 넘어 민중의 아픔을 함께 나누는 나눔의 소리이며, 보고 듣는 이로 하여금 뜨거운 동포애와 정의로움으로 두 주먹을 불끈 쥐게 하는 힘의 소리, 진리의 소리이다. 이 세상에서 저 세상 저 하늘 끝까지, 땅 끝에서 땅끝까지 퍼져나가야 하는 불멸의 소리이다.

「민중의 소리」는 옳은 것을 옳다고 하고 그른 것을 그르다고 하는 정론(正論)이다. 이 민족, 이 국토, 우리들 민중의 삶과 문화를 수호하는 마지막 파숫꾼이 되는 민족언론이다. 당당한 자신의 목소리로 말할 수 있는 민주언론이며 민중의 인간다운 삶을 추구하는 민생언론, 민중언론이다. 이 작은 빛이 머지 않아 온 나라, 온 민중의 마음을 비추고, 나아가 온 누리를 밝게 할 수 있게 될 것을 믿어 의심치 않는다.

독자적 민족해방기념식 처음시도

학생 청년 민주인사 대거참여, 시위로 발전

민청연 주최, 내외신기자도 구타

▲종로 탑골공원(파고다공원) 민주화운동청년연합에서는 8월15일 해방 39돌 맞아 민족해방기념식을 서울 종로2가 파고다 공원에서 오후 5시에 개최키로 예정되었으나 경찰은 당일 오전부터 파고다공원 담장을 따라 페퍼포그와 기동대 차량으로 겹겹히 에워싸고 청년들의 출입을 통제함으로써 사실상 기념행사를 저지하자 민족해방기념식에 참여하려던 민청연회원 및 경인지구 13개대학을 비롯한 민주인사 수천명이 종로2가 일대를 메웠는데 5시15분경 천여명의 학생·청년들이 순식간에 차도로 들어서며 시위대열을 형성 선두에 대형 플래카드와 피켓을 들고 YMCA앞으서 출발 화신앞을 돌아 재차 파고다공원을 향해 '매국방일 결사반대'를 외치면서 가두시위에 돌입했다. 이때 사전 배치되었던 수천명의 정사복 경찰들도 속수무책으로 지켜보다가 당황한 나머지 무자비한 폭력진압이 가해졌는데 이를 취재하던 동아일보등 내신기자와 미국 CBS 기자등도 기동경찰에 의해 구타를 당하고 사지를 끌려 연행당하며 취재방해를 당하였다. 한편 이날의 시위로 교통이 마비되자 큰 혼란을 빚기도 했는데 연도의 시민들도 2층 다방이나 빵집등과 건물의 옥상, 사무실의 창문을 열고 혹은 차창으로 이러한 무자비한 폭행사태를 지켜보면서 발을 굴렀는데 시민들은 시위 대열에서 살포하는 '왜 전두환씨는 국민의 반대를 무릅쓰면서도 일본을 방문하려 하는가'라는 민주화운동청년연합 발생의 전단을 주워들고 조심스럽게 읽는 모습도 눈에 띄었다. ▲국일관과 신세계 앞에서도 한편 경찰의 저지에 부닥친 시위대열은 두 방향으로 나뉘어 일대는 청계천2가 국일관 앞에서 또한 일대는 남대문로 신세계백화점 앞까지 진출 구호를 외치면서 연도의 시민들에게 유인물을 전달했다. ▲비원앞에서도 또한 동일 오후 6시30분경에는 비원앞에서 2백여명의 청년·학생들이 일본공보관으로 시위행렬을 이루고 가다 급거 출동한 기동경찰에 의해 비원앞에서 10여분간 투석전을 벌이기도 했으며 ▲청량리 대왕코너 7시경에는 약 3백여명의 학생들이 청량리역 앞 대왕코너에서 방일반대 가두시위를 벌였다.
▲강남터미널은 이보다 앞서 이날 오후 4시경 서울강남고속버스 터미널앞에서 청년·학생 600여명이 모여 방일반대시위를 벌였는데 구반포아파트 앞까지 20여분의 시위가 계속되었다.

민청연 간부등 8명 구류처분

한편 이날 시위로 인해 민주화운동청년연합 장영달, 한경남 부의장 및 박우섭, 이명식, 임태숙, 김성원씨등 집행부 간부 6명에 정순철, 서원기씨등 회원을 포함 8명에 대해 도로교통법 위반으로 즉심에 넘겨져 10~15일씩 구류처분을 받았으며 90여명(여자 10명)의 청년·학생들도 함께 연행, 구류및 훈방처분을 받았다.

방일반대, 노동·학원민주화투쟁에

대규모 연합시위로 발전

지난 8월이후 학원에서의 민주화투쟁은 8·15 해방39돌을 맞이하는 민청련주최의 민족해방기념식에 참석한 경인 13개 대학연합 가두시위를 기점으로 불붙기 시작, 매국방일 굴욕외교 반대투쟁과 청계노조 합법성 요구등 사회민주화운동으로 발전됨과 동시에 총학생회 구성및 학원프락치사건과 같은 학원민주화운동도 활발하게 전개되고 있다.

또한 양태면에서도 연합시위의 형식으로 발전되었는데, 그 예로 8월15일 파고다공원및 성대에서의 경인지역 13개 대학 연합시위, 8월26일 서강대에서의 5개대학 연합시위, 8월29일 고대에서의 8개대학 연합 가두시위, 9월6일 방일저지 연합시위, 9월19일 청계피복노조 합법성쟁취와 노동3권 보장을 외치는 대규모 연합시위, 9월26일 외국어대학에서의 동부지역 5개대학 연합시위, 10월7일 경희대에서의 5개대학 연합시위등 서울시내 일부 또는 전지역에 걸친 연합시위가 여러차례 보여졌다.

한편 8월15일 성대에서의 연합시위로 연대 김성택(경영학과 2년)군과 고대생 1명이 경찰이 쏜 최류탄에 맞아 병원에 옮겨졌는데 최류탄의 발사시 직격탄이나 파편으로 수많은 학생들이 중경상을 입었으며 시위 혹은 연행 도중에도 심한 구타로 인해 매 시위마다 심각하리 만큼 부상자가 속출하고 있다.

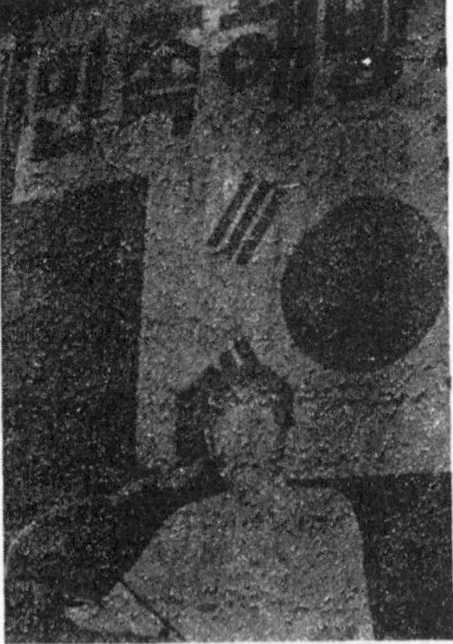

민족해방기념대회에서 강연하는 노독립운동가 이강훈 옹.

지난 8월15일 이후부터 9월29일 까지 서울지역 가두시위와 관련 구류및 벌금처분을 받은 사람은 모두 204명에 이르고 있다.

학원에서의 주요시위를 살펴보면 다음과 같다.

◇8월15일 민족해방기념식 연합시위(별단기사)

◇8월29일 고대「한일문제대토론회」및 방일저지 연합 가두시위

8월29일 오후 서울시내 각 대학생 2천여명은 고려대에 모여 한일간의 현안문제에 관한 토론회를 갖은후, 오후 5시경부터는 시내 중심가에 모여 방일저지 가두시위를 벌였다. 시위 도중 일부는 종로경찰서 전훈파출소와 종로구 운니동 일본공보관에 돌을 던져 유리창을 깼다.

이 날 시위로 1백 40여명이 경찰에 연행됐으며 이 중 고대 김현배(정외과 4년)등 14명이 구류처분을 당했다.

◇9월4일 방일저지 가두시위

9월4일 오후 7시부터 서울시내 각 대학생들은 남대문시장, 한국은행앞, 광화문 네거리, 공덕동, 돈암동 등지에서 산발적으로 방일반대 구호를 외치고 홍보물을 지나가는 시민들에게 나눠 주면서 방일저지 가두시위를 벌였다.

이 날 시위도중 시청앞에서는 150여명의 학생들이 백남빌딩 1층에 있는 일본항공

(관계기사 5면에 계속)

민족해방기념대회 대성황

"통일 이뤄야 완전한 해방" 이강훈선생 강연

민족해방기념대회 —민청년 흥사단에서

민주화운동청년연합에서는 8월18일 오후 4시 흥사단에서 민족해방기념대회를 가졌는데 민족해방 39돌을 맞이하는 성명서를 김근태의장이 낭독한 후 일제하 항일민족해방운동을 주제로 8순의 항일독립투사 이강훈옹의 강연이 있었다. 이옹은 상해임정과 만주를 누비며 끈질긴 투쟁을 벌인 끝에 1933년 3월17일 상해에 있는 일본 고관들 폭살기도사건(소위 六三亭사건)으로 고문끝에 15년형을 받고 해방과 더불어 석방, 5.16 정권에 의해 2년여의 옥고를 치루었다. 옹은 이날 강연을 통해 "해방이후 이승만정권, 박정희 군사정권, 그리고 오늘에 이르기까지 민족주체정부의 성립에 의한 진정한 해방은 아직 오지 않았다고 못박고 민청연을 비롯한 오늘의 청년·학생들의 민족주체성에 입각한 새로운 기운을 칭찬하고 이러한 젊은 세대들에 의한 민족해방의 사명을 힘주어 역설했다.

이어 성유보(동아투위·해직언론인) 씨의 65년 한일국교재개반대투쟁 당시의 항일민족운동에 대한 강연이 있은뒤 이강훈옹의 주도로 만세삼창을 외치고 흥사단앞 도로변 마당에서 일장기 화형식을 가졌다.

500여 전남대생 방일반대 가두시위

지난 9월2일 오후 1시경 전남대생 500여명은 광주시내 금남로에 집결, 전두환씨의 방일을 반대하는 시위를 벌였다.

학생들은 "매국방일 결사반대"등의 구호를 외치면서 대오를 형성하여 광주문화방송으로부터 구서방로로 진출했다. 당초에는 도청앞에 학생들이 집결하여 시위를 벌인다는 소문이 나돌아 경찰저지병력이 도청앞에 집결했으나 금남로쪽에서 학생들의 시위가 일어나 경찰은 시위저지에 당황하기도 했다. 이날 시위에서 다수의 학생들이 연행돼 조사받았다.

청계노조 합법성쟁취 대규모 투쟁

2천여명 시위, 노동자·학생 38명 구류

노동운동

지난 9월19일 오후 1시 서울 평화시장 앞길 구름다리 밑에서 열릴예정이던 '청계피복노동조합 합법성 쟁취대회'가 경찰의 강력한 저지로 무산되자 노동자와 학생 약 2천여명은 청계천6가 고가도로 위에서 그리고 동대문 일대에서 대대적인 시위를 벌였다.

이날 오후 1시20분쯤 노동자 학생 약200여명은 청계천7가에 집결하여 청계천 고가도로 6가 지점까지 올라가 "청계노조 인정하라" "노동악법 개정하라" "노동3권 보장하라"는 등의 구호를 외치고 플래카드를 휘두르면서 약 40분가량 시위를 벌였다. 그와 동시에 동대문 동쪽 이스턴호텔과 이화여대 부속병원앞 그리고 동대문 종합시장에서 모여든 노동자 학생 등 2천여명은 동대문 로터리에 바리케이드를 치고 최류탄을 쏘아대는 경찰에 맞서면서 약 1시간 동안이나 대치했다. 고가도로 위에서 시위하는 노동자 학생들을 끌어내리기 위해 경찰은 고가도로 양쪽을 포위하고 압축해갔다. 일부 노동자와 학생들은 고가차도 밑의 육교로 뛰어 내리다가 부상당하기도 했다. 포위망을 좁힌 경찰은 갑자기 무차별적으로 구타한 뒤 시위자들로 하여금 무릎을 꿇고 손을 뒷머리에 얹은채 이마를 세멘트 바닥에 조아리도록 해놓고 연행해 갔다. 고가차도 위에서의 시위는 이로써 약 40분만에 강제해산 당했다. 한편 동대문로터리에서 바리케이드를 치고 경찰의 최류탄에 투석으로 맞서면서 1시간이나 버티던 2천여명의 노동자 학생 시위군은 오후 2시가 지나면서 바리케이드가 경찰에 의해 돌파당하자 이대병원 옆길로 밀려가면서 계속 "청계노조 인정하라" "노동악법 개정하라"는 구호를 외쳤다. 이들은 구호를 외치면서 이화동 로터리, 원남동, 성대앞, 혜화동 로터리까지 진출하면서 경찰과 오후 3시30분에 이르도록 대치했다. 이날의 노동자 학생의 대대적인 연합시위 때문에 청계천 및 동대문 일대의 교통이 약3시간 가량 막혔다. 청계노동조합원 17명을 비롯, 노동자 학생 122명이 연행되었으며 많은 사람들이 경찰의 구타와 최류탄 파편으로 부상했다. 이날 연행된 사람들 가운데 노동자 17명, 학생 21명 등 모두 38명이 25일에서 29일까지의 구류처분을 받았다. 구류처분 받은 사람들의 이름은 다음과 같다.

*노동자—이순주, 배길자, 정미숙 장옥자, 이재환, 문혜경, 정소연, 문상만, 김한영, 김용숙, 어수영, 이현주, 황만호, 가정우, 이정란, 지명환

청계천6가 고가도로 위에서 시위하던 노동자와 학생들이 경찰에 밀려 고가도로 밑의 육교로 뛰어내리고 있다.

*학 생—김태균(서울대), 김재근(연세대) 나머지 학생 19명의 신원은 확인되지 않았다.

한편 동국대 교정에 모여있던 동국대생, 숭전대생 및 중앙대생 등 1천여명도 19일 오후 1시40분쯤 교내중앙도서관 앞에 모여 "청계노조 인정하라" "노동3권 보장하라" "노동악법 개정하라"는 등의 구호를 외치면서 어깨동무를 하고 학교구내를 돌며 시위했다. 이들은 오후 2시40분쯤 교문을 통해 청계천 쪽으로 가두진출을 시도했으나 경찰의 저지를 받았다.

청계노조간부등 40여명 5일간 농성

청계노조 간부 및 조합원 40여명은 19일 오후 2시부터 23일 오후 3시까지 5일간 종로5가 기독교회관 901호(한국교회사회선교협의회) 사무실에서 "노동악법 개정하여 청계노조 인정하라" "노동3권 보장하라" "노동시간 단축하고 체불임금 일소하라" "연행자들 석방하라" "폭력경찰 처단하라"는 요구조건을 내걸고 농성투쟁을 벌였다. 미처농성에 참가하지 못했던 조합원들은 소식을 전해듣고 20일 아침 도시락을 가지고 농성에 가담하기도 했다.

한편 이보다 앞서 경찰은 16일 오후부터 전태일 동지의 어머니 이소선여사를 불법감금했고 청계노조 부위원장 신광용씨, 조직부장 박계현씨를 경찰서로 연행하기도 했다.

민주운동세력, 청계노조투쟁 지원

한국노동자복지협의회는 9월20일 "청계노조 인정하고 연행자들을 즉각 석방하라"는 제하의 성명을 발표했다. 또한 한국노동자복지협의회, 천주교 정의구현 전국사제단, 전국목회자 정의평화실천협의회, 민중민주운동협의회, 한국교회사회선교협의회, 천주교사회운동협의회, 전태일기념관건립위원회, 한국목민선교회, 한국가톨릭노동청년회, 한국산업선교회, 영등포도시산업선교회, 인천도시산업선교회, 청주도시산업선교회, 민중문화운동협의회, 민중교육연구소, 민주화운동청년연합, 한국기독교청년협의회, 한국기독학생총연맹, 가톨릭대학생전국협의회 등 19개의 민주·민중운동단체들이 청계피복노동조합문제공동대책위원회(위원장 문익환목사, 부위원장 이우정 선생)를 구성, 9월24일 오전 성명을 발표했다. 이 성명은 1. 정부는 청계노조의 합법성을 인정하고 노조에 대한 탄압을 즉각 중지할 것, 2. 노동자의 자주적이며 자율적인 노동운동을 제약하고 있는 현 노동악법을 즉각 민주적으로 개정할 것, 3. 불법연행해간 노동자와 학생들을 즉각 석방할 것을 요구했다.

또한 9월25일 오후 7시 영등포 성문밖교회에서 있을 예정이었던 청계피복 노동조합을 위한 기도회는 수많은 정사복경찰병력을 동원하여 강제차단했기 때문에 좌절되고 말았다. 공동대책위원회의 문익환위원장 등 기도회에 참석하려던 인사 20여명은 경찰저지선 앞에서 연좌농성을 벌이다가 밤 8시30분쯤부터 약 30분동안 성문밖교회 앞길로부터 영등포시장 로터리까지 약 1.5킬로미터를 시위행진하면서 "청계노조 인정하라" "노동악법 개정하라" "연행자들 석방하라"는 내용의 구호를 외쳤다. 한편 경찰은 청계노조 위원장 민종덕 씨등 노조간부들을 수배했다.

노동법개정 청원서 제출

노동자 주동으론 처음있는 일

노협, 10월초 국회회기 맞춰

한국노동자복지협의회 위원장 방용석씨(서울시 영등포구 당산동 121 시범아파트5동 101호)는 10월초 노동법개정 청원서를 국회에 제출했다.

방 위원장은 청원이유에서 "역사발전의 원동력이며 국민경제의 주인공으로서 생산의 최일선에서 쉬지않고 땀흘려 왔던 노동자들은 이제 그 숫자가 800만명이나 되며 부양가족까지 합치면 전체인구의 70%를 차지하게 되었다"고 전제, 그동안 기회있을 때마다 현행노동관계법의 개정이 요구되어 왔지만 "행정부 당국은 본 협의회와 800만 노동자의 간절한 요구에도 불구하고 일언반구의 반응조차 보이지 않고 있기 때문에 금번 국민의 대표기관인 국회에 이를 청원하게 된것"이라고 그 경위를 밝혔다.

방한국노협위원장이 제시한 항목별 청원이유는 다음과 같다(요지).

1. 현행노동법은 헌법상 보장된 노동기본권을 침해하고 있읍니다. 현행노동관계법은 위헌일 뿐 아니라 법률적 정당성조차 인정할 수 없으므로 개정되어 마땅할 것입니다.

2. 현행노동법은 정부당국이 주창하는 "선진조국건설"과 "정의복지사회 구현"을 가로 막고 있읍니다. 800만 노동자의 실상은 1982년도 경제기획원 통계에 의하더라도 주당 평균 58시간으로서 세계 최장의 노동시간을 기록하고 있으며, 학력과 성별에 따른 격심한 임금격차와 최저생계비의 절반에도 못미치는 저임금에 그나마 체불임금이 날로 급증하고 있으며, 지난 한해만해도 작업현장에서 일하다가 1,452명이나 사망하고 수많은 사람들이 실업이나 불완전취업상태에서 절망하고 있읍니다.

3. 현행노동법은 노동운동의 자율성을 억압하고 있읍니다. 현행노동법은 노동조합설립요건 강화, 임원자격제한, 행정관청의 임원개선 명령권, 노조해산 명령권 등을 허용함으로써 노동조합이 노동자들의 대중적 지위향상에 기여하기는 커녕 행정관청의 시녀역할이나 하도록 규제하고 있는 실정입니다 …현재와 같은 상황에서는 필연적으로 노동운동이 과격화, 폭력화될 수밖에 없을 것입니다. 사회적 안정을 위해서는 노동관계법의 독소조항을 개정·철폐하지 않으면 안될 것입니다.

4. 이땅의 민주주의를 실현시키기 위해서도 현행노동법은 개정되어야 합니다. 국민의 절대다수를 차지하는 노동자들에게 주권자로서의 정당한 지위를 부여하고, 기본적인 권을 보장할 때라야 비로소 이땅의 민주주의가 실현될 수 있으며 분단된 조국의 통일이 이룩될 것입니다. 그러나 현행 노동법은 노동조합의 정치참여를 금지하고, 제3자개입금지조항을 신설함으로써 노동운동과 양심세력의 연대를 차단시키고 있읍니다.

5. 국민경제의 활성화를 위해서도 현행 노동법은 개정되어야 할 것입니다. 80년대의 경제성장은 품질개선과 기술개발에 달려 있으며 이는 오로지 노동자들에게 인간다운 삶을 보장하고 인격적 대우와 자유로운 직장 분위기를 조성할 때만 가능할 것입니다.

6. 현행 노동법은 우리나라의 노동외교를 고립시키고 있읍니다. 가입국 150여개국으로 국제연합산하 최대의 단체인 국제노동기구에 가입조차 하지 못하고 있는 것은 우리나라 모든 노동자의 고립일 뿐 아니라, 우리 외교의 허점이므로 현행 노동법을 국제적 수준에 너무 뒤떨어지지 않는 수준으로 개정하여 국제적 고립을 탈피하고 세계적 노동외교의 대열에 동참할 수 있는 기틀을 마련해야 할 것입니다.

7. 현행 노동법은 개정과정이 불법 부당합니다. 현행 노동법은 1980년 12월31일 비상계엄상태 아래 국가보위 비상입법회의에서 일방적으로 통과된 법입니다. 노동자를 대변하지 못하는 이름모를 사람들에 의해 개악된 현행 노동법은 정당성이 없으므로 무효임을 선언하지 않을 수 없으며, 따라서 합당한 절차에 의해 조속히 개정되어야 할 것입니다.

노동자복지협의회의 이번 노동법개정 청원운동은 노동자들, 특히 민주노동운동을 하다가 해직된 노동자들이 주축이 되어 벌이는 최초의 개정청원운동이라는 뜻에서 큰 의의를 가진다.

아세아 스와니사건 항의규탄

노동자·학생 400여명 철야농성, 시위

지난 9월26일 오후 8시 전주시 중앙성당에서 '고통받는 노동자들을 위한 기도회'가 있었는데 기도회가 끝난 뒤, 노동자와 학생 등 약 400여명이 항의시위를 벌이려다 경찰 500여명과 대치하여 성당구내에서 철야농성했다.

이날 기도회에서 이수연신부(이리 주현동 성당주임)는 다음과 같이 강론했다. 강론요지 : "현정권은 유신정권보다 민권을 더욱 탄압하고 있다. 모든 독재자가 그러하듯이 이 정권도 민주노동운동을 철저히 탄압하고 있다. 특히 미국 일본 등의 다국적기업은 독재정권의 비호 아래 민주노조의 결성을 적극 저지하고 있다. 노조가 결성되면 철수하겠다고 협박하고 그 한국인 관리자는 우리 노동자 탄압에 앞장서고 있다. 악명높은 이리공단의 태창메리야스는 민주노동운동을 했다는 이유로 여성노동자들을 해고했는데 그 가운데 한명이 어렵게 일본인 직접투자회사인 아세아스와니에 입사했다가 블랙리스트에 의해 다시 해고당했다. 노동부에 호소해도 소용이 없었다. 그래도 물러서지 않자 다시 불러들였다. 불량배를 동원하여 그 여성노동자를 청부강간시키려 했다가 실패하자 이유도 되지않는 근거로 그녀를 또 해고시켰다. 바로 이런 부당한 사태가 민주화를 거역하는 독재체제에서만 있을 수 있는 일이다. 현정권은 이런 부당행위에 대해 책임을 져야한다. 노동악법은 사회정의에 입각하여 개정되어야 한다."

기도회를 마친 노동자와 학생 400여명은 밤 9시20분경 "해고노동자 복직시켜라" "노동악법 개정하라"는 등의 플래카드와 피케트를 앞세우고 같은 내용의 구호를 외치면서 가두로 진출하려했으나 가스분사차와 서치라이트차를 앞세운 500여 전투경찰의 저지로 성당구내 마당에서 철야농성에 들어갔다. 몇차례 거리진출의 시도에서 연행된 노동자와 학생의 석방을 요구하던 농성자들은 연행자들이 석방되자 새벽 5시경 자진해산했다.

아세아스와니 사건은 지난 7월5일 새벽 1시30분경 이리 창인동 성당소재 "근로자의 집"에서 이 회사의 사주를 받은 불량배가 여성노동자 김덕순양을 청부강간하려한 사건으로 표면화했다. 김양은 이리 태창메리야스에 다니다가 민주노동운동을 한다는 이유로 지난 82년5월 해고당했으며 아세아스와니회사에 어렵게 다시 입사했는데 이 회사도 김양이 가톨릭노동청년회 회원이라는 이유로 온갖 핍박을 가하고 있었다. 김양 등의 간곡한 설득에 잘못을 뉘우친 범인 김모는 자신 등 불량배 일당 3명이 회사로부터 1백만원의 금품을 받는 대가로 김양을 청부강간하려했다는 사실을 털어놓았다. 곤경에 몰린 아세아스와니 회사측은 김덕순양을 9월 5일자로 또다시 해고시키고 말았다.

농민들, 농정과 방일에 항의시위

함평장터서 700여명 참가, 60여명 연행

농민운동

가톨릭농민회와 기독교농민회가 공동구성한 함평 무안지역 현장대책위원회가 개최하는 농민대회가 지난 9월2일 오후 2시 함평장터에서 열려 농민 700여명이 대규모 시위를 벌였다.

이날의 농민대회는 이 지역농민들의 생활상의 심각한 문제인 양파에 부과된 과중한 올류농지세문제, 생고구마수매문제, 외국소 도입으로 인한 소사육농가피해문제, 영세농가의 과중한부채문제, 추곡수매가문제, 농협민주화문제, 도시자본의 토지투기로 인한 소작문제, 그리고 전두환씨의 방일문제 등을 논의할 예정이었으나 당국은 군청직원, 면사무소직원, 농지개량조합직원, 농협직원, 그리고 정사복경찰관 500여명을 동원, 함평읍으로 들어오는 모든 길목을 차단하고 모든 차량을 검색하여 모여드는 농민들을 강제귀가시켰다. 새벽부터 모여든 농민들은 경찰의 저지에 항의하자 경찰은 폭행을 가하면서 농민 60여명을 연행했고 경찰의 저지선을 뚫고 함평장터로 들어온 농민 500여명은 경찰 트럭과 버스에 실려 강제귀가당하였다.

빗속에 함평장터에서 시위를 벌이고 있는 가톨릭 및 기독교 농민회원들.

그러나 200여명의 농민들은 다시 오후 3시경 함평 천주교회에 모여 부당한 경찰의 탄압을 규탄하면서 농민들의 정당한 요구와 주장을 관철시키기 위해 오후 4시경 새롭게 대열을 정비하고 시위에 들어갔다. 농민들은 '양파에 부과된 올류농지세 납부거부' '농가부채탕감' '외국농산물 수입반대' '추곡수매가 보장' '전두환방일반대' 등의 플래카드와 피케트를 들고 구호를 외치면서 함평 천주교회를 출발, 평화적인 가두시위를 벌여 비가 쏟아지는 거리를 150여미터 진출했다. 이때 400여명의 정사복경찰관들이 달려들어 곤봉과 군화발로 무차별구타를 자행하자 농민들은 "우리의 정당한 요구를 경찰은 방해하지 말라' '경찰은 누구의 경찰인가' 등의 구호를 외치면서 300여미터를 더 나아갔다. 이날 경찰의 시위저지 과정에서 많은 농민들이 부상했다. 허헌중씨 (기독교농민회 간사)의 경우 경찰곤봉에 얼굴 가운데를 정통으로 맞아 코뼈가 부러지는 바람에 광주병원으로 옮겨 수술을 받았으나 3~4주의 치료를 요하는 비골절상을 입었다. 또한 신기철씨(무안농민)는 사복경찰관에게 연행당하면서 음료수병으로 머리를 맞아 5센티미터 가량 찢어졌고 구두발에 밟혀 엄지발톱이 빠졌으며 손가락 두개가 골절되었다. 그러나 경찰은 연행한 뒤 치료도 해주지 않은 채 불법연금시켰다.

이날 시위에서 연행된 40여명의 농민들 가운데 7명이 조사를 받았고 나머지 농민들은 풀려났다. 조사받은 사람 가운데 배종렬 기독교농민회총연합회장과 노금노 가톨릭농민회 전남연합회 총무 등 2명은 9월3일 즉심에서 25일간의 구류처분을 받았으며 주근호, 김성태, 박상문, 백종덕, 신기철 씨등 5명은 같은날 오후 늦게 풀려났다. 경찰의 조사를 받은 농민들이 귀가해서 자신들이 현지의 경찰관들에 의해 불온한 인물들로 선전된 것에 항의했는데 이 사건과 관련, 신기철씨는 무안경찰서에 연행되어 9월5일 공무집행방해 혐의로 29일의 구류처분을 받았다..

함평·무안 현장사건 보고대회 열려

9월20일 오후 6시 광주 가톨릭센터 7층 강당에서는 함평장터 농민시위와 농민운동 탄압을 보고하는 함평·무안 현장사건 보고대회가 열렸다. 이날 보고대회에는 농민들과 청년 학생 등 500여명이 참석하여 농민운동에 대한 무자비한 탄압을 규탄했다. 가톨릭농민회광주대교구 연합회가 가독교 농민회가 공동으로 이날 발표한 성명은 "9월 2일 개최된 함평 무안농민대회 과정에서 함평무안행정당국과 경찰에 의해 자행된 무자비한 탄압에 대해 우리 농민들은 치미는 분노를 참을 수 없다"고 밝히면서 9.2 농민운동 탄압사건을 통해 1. 농민의 정당한 생존권적 요구를 당국은 경찰력을 동원하여 야만적인 폭력으로 짓밟았고 2. 경찰폭력으로 빚어진 부상자 및 구속자문제에 대해 비열한 책임회피로 일관할 뿐 아무 대책도 세우려 하지 않고 있으며 3. 9.2사건이후 함평 무안지역 농민들의 정당한 농민운동을 탄압하려는 장기적 계획을 수립하고 있으며 4. 함평 무안 농민들의 생존권적인 요구인 양파올류농지세철회, 생고구마전량수매문제 등 농민현안문제에 대해 아무런 대책없이 폭력으로 대처하려하고 있다고 당국의 자세를 규탄했다.

'쌀수매 가마당 7만8천원이상으로'

가톨릭농민회, 농산물수입중단도 촉구

가톨릭농민회는 9월27일 "84년 쌀수매가는 가마당(80킬로그램) 78,000원 이상으로 결정되어야 한다"는 내용의 '쌀수매에 대한 건의문'을 발표했다.

이 건의문은 "우선 농가의 가장 중요한 소득원인 쌀값부터 생산비가 보장되는 값 이상으로 결정되어야할 것"이라고 전제, "정당한 생산비보장은 농민이 인간으로서 생존을 유지하기 위한 최소한의 요구임과 동시에 가장 중요한 국민식량인 쌀의 자급을 위해서도 절실히 필요하기 때문"이라고 설명했다. 이 건의문은 또한 "지금 이 순간에도 400여종에 달하는 외국 농산물이 물밀듯이 수입되고 있는 상황속에서 이제 우리 농민은 더 이상 해볼만한 농사도, 더 이상 버티어낼 힘도 없다"고 밝히면서 "이처럼 지난 4반세기 이상 자행되어온 생산비에도 미달되는 저농산물 가격정책과 외국농산물 수입정책 및 농가정책은 빈곤의 심화는 물론, 이 나라 농촌의 황폐화와 농업생산의 파괴를 가져와 국민의 생명줄인 식량마저 절반이상을 외국의 손에 맡겨야 하는 상황에까지 이르게 만들었다"고 규탄했다.

반도기계 노동자 3명 사인

석달째 쉬쉬, 유족 생계 감감

지난 7월19일 부천시 송내동 소재 반도기계(사장 한규연, 62-4627)에서 쇼트와 용접작업을 하던 李仁榮(31), 張龍澤(33), 李昌錫(27) 3명이 갑자기 혀가 굳어져 말을 못하고 시력이 흐려지고 물도 삼킬 수 없을 정도의 마비증상을 일으키다가 이인영씨는 7월27일 명동성모병원에서 사망하고 이창석씨는 혼수상태에서 8월2일 인천기독병원에서 사망했으며, 장용택씨는 7월25일부터 심장이 멎은 식물인간 상태에서 8월30일 성모자애병원에서 사망했다.

반도기계는 한일합작회사로 350여명의 종업원이 크레인, 레미콘등 중장비를 수리 생산하고 있으며 이날 세사람은 철판에 녹을 제거하는 쇼트작업과 철판에 광명단(납성분 유약) 위에 페인트 칠한 철판을 용접하다가 급성중독을 일으켰다는 것이다.

경찰은 사인에 대해 전날 회사앞 구멍가게에서 어묵과 막걸리를 마시고 식중독을 일으켰다고 하고 있으나 이창석씨의 주치의였던 인천기독병원 담당의사 이광래씨는 식중독은 절대아니며 후일 고모에게 납성중독이라고 귀뜸했다는 것이다. 국립과학수사연구소 부검결과는 뇌부종, 폐수종으로 밝혀졌다고 들었을 뿐, 경찰과 회사측에는 부검결과 를 복사해 주고 정작 가족들에게는 주지않았다는 것이다.

가족들은 회사측이 산업재해 처리를 하지 않고 책임을 회피하자 환경청에 오염측정을 의뢰했으나 환경청은 회사측에 이틀전 통고, 작업장환경을 조사도 전에 사전변경케 하고는 작업환경조사결과 적합판정을 내렸다는 것이다.

한편 가족들은 철저한 사인규명과 유가족의 생계대책을 요구하고 있는데 회사측은 수사결과가 밝혀져야 대책을 세운다고 말하고 있을뿐 치료비조로 각 20만원, 장례보조비로 100만원만 주어질 뿐 보상에 대한 대책없이 70일이 넘도록 사인조차 규명해 주지 않은 채 의사들도 쉬쉬하고 있다는 것이다.

장용택씨의 처 이승순씨는 "20대의 아녀자로서 어린 자식들과 앞으로 살아갈 일이 막막하다"면서 하소연 하였으며 이인영씨는 죽기전에 "이렇게 죽으면 너무 억울하다"고 말하고 병상을 지키던 아들의 손바닥에 산업재해로 죽게된 사연을 적으면서 종이에 받아적게 하였다는 것이다(가족호소문).

사망자 유가족들은 10월11일 성명서를 작성, 국회와 관계기관에 진정해도 아무 소용이 없다면서 사회각계의 뜻있는 분들의 도움을 요청했다.

가톨릭청년학생 매국방일 반대시위

경찰 명동성당 진입, 60여명 연행, 39명 구류

8월30일 오후7시 명동성당 문화관에서 명동성당청년연합회 주최의 한·일문제 월례강좌가 개최되었는데 이날 행사에는 명동성당청년연합회, 가톨릭대학생연합회 및 10여개 단체 2000여 청년학생들이 참석한 가운데 월례강좌가 끝난후 반민족적 방일반대 평화시위 및 철야농성으로 이어졌는데 다음날 오전 9시경 강제해산을 위한 폭력경찰의 성당난입으로 60여명의 청년·학생들이 최루탄으로 물든 성전에서 무참히 끌려가면서 차속에서마져 구타·폭행을 당하였으며 39명이 구류처분을 받았다.

한편 대한가톨릭 서울대교구대학생연합회 임원 15명은 가톨릭교계의 최고의 성전인 명동성당에 최류탄을 쏘면서 청년·학생들을 집단구타한 폭력경찰의 무자비한 행동에 항의하여 9월3일 그후부터 혜화동 가톨릭 학생회관에서 무기한철야단식기도에들어갔다.

목포 기장교역자 200여명 가두시위

9월3일 하오 4시30분경 목포 중앙교회 기장 전남노회 선교대회에 참석한 200여명의 교역자들은 '전두환 대통령의 매국방일을 반대한다'는 플래카드를 앞세우고 가두시위에 돌입, 출동한 기동경찰의 저지로 가두에서 대치, 애국가와 만세삼창을 외치고 방일반대의 의사를 표명했다.

한편 이날 목포 교역자대회에서는 17명의 대표를 함평에 파견, 가톨릭농민회와 기독교농민회가 공동개최했던 함평·무한지역농민대회를 방해하고 무자비한 폭력을 휘둘렀던 함평경찰서로 찾아가 이에대해 항의하고 2시간 가량 함평경찰서에서 농성을 하였다.

사회선교협 방일반대기도회 경찰의 극력저지로 유산

9월1일 서울 오장동 제일교회에서 개최할 예정이었던 구국기도회가 1300여명의 정사복 및 전투경찰의 극력저지로 유산되고 말았다. 이날은 때에 사무친 관동대지진 한국인 대학살이 시작되던 날로써 집회참석을 저지당한 많은 민주인사들은 삼삼오오 숭강이를 벌이면서 그날의 비감과 분노를 되새겼다.

개신교와 가톨릭의 공동협의체인 한국교회선교협의회는 이날 '전두환대통령의 방일에 즈음한 구국선언'을 발표하고 공식방일에 대한 우려와 반대입장을 표명했다.

콘트롤데이타 노조모임 좌절 경찰대병력으로 저지

지난 9월23일 오후 4시30분 서울 종로구 동숭동 흥사단 강당에서 있을 예정이던 콘트롤데이타노동조합(지부장·이영순) 주최 마당극 '금수강산 빌려주고 머슴살이 웬말인가'는 경찰이 2,000명 이상의 대병력을 동원, 흥사단강당을 완전 포위하고 일체의 접근로를 차단하는 바람에 좌절되고 말았다.

경찰은 이날 오전 10시경부터 흥사단주변을 포위하고 일반인들의 접근을 막았으며 이날 오후에는 공연을 준비하기 위해 흥사단 사무실에 들여놓았던 소도구들과 유인물등을 압수해갔다. 이날 콘트롤데이타 노조측은 콘트롤데이타 사건2주년을 기념하기 위해 엮어 만든 '금수강산 빌려주고 머슴살이 웬말인가' 300여부를 경찰이 압수해 갔다고 밝혔다.

이날 경찰은 오경열(흥사단 신협직원) 씨 및 콘트롤데이타 조합원이었던 박영선, 송회자, 김경태, 박노희, 도진호, 조상백, 진철숭 씨등 9명을 연행했다. 이들 가운데 박영선씨와 오경열씨는 5일간 구류처분을 받고 동대문경찰서에 수감되었다.

와이에치 김경숙열사 추도식 좌절 경찰봉쇄로 조합사 출판기념식도

와이에치 노동조합(지부장·최순영)은 지난 9월10일 오후 6시 서울 중구 오장동 서울 제일교회에서 지난 1979년 8월11일 신민당사 농성투쟁중 경찰의 폭력난입과정에서 사망한 고 김경숙열사를 위한 추도식과 와이에치 노동조합사 출판기념식을 가지려 했으나 경찰의 봉쇄로 좌절당했다.

경찰은 집회 5시간전인 오후 1시경부터 제일교회로 통하는 모든 도로를 차단하고 모든 사람의 접근을 막았다. 추도식에 들어오려던 노동자들과 민주인사들은 경찰에 항의했으나 경찰저지선을 뚫지 못했다. 이 과정에서 노동자 3명이 경찰에 구타당하며 연행되었다가 4시간 가량 조사를 받은 후 풀려났다.

(관계기사 5면에서 계속)

이지역 주민 3백여명은 6일 오전 10시경 강동구청 앞과 풍납동 태양금속 앞에서 생계대책을 요구하며 2시간 동안 농성을 하였다.

이번수재는 이밖에 서울지역이외의 막대한 농산물 피해와 강원도 지방의 가옥침수 등 다수의 이재민을 냈다.

목동지역 철거민 대규모 시위

김포진입로등 점거농성, 밤늦도록 교통마비

수재 · 철거민

지난 8월27일 목동주민 1,000여명은 오후 1～4시까지 김포진입로에 있는 양화교와 그 밑의 순환도로를 점거하고 연좌농성을 벌였다. 이날 밤늦게까지 김포진입로는 완전 차단되고 성산대교 일대는 교통이 완전 마비되는 등 일대 혼잡을 이루었다. 경찰은 이날 낮 시위참여자들을 폭압적으로 진압, 그중 한 할머니는 최류탄을 얼굴에 맞고 실신, 경찰에 의해 알 수 없는 곳으로 실려갔으며 다수의 부녀자들이 폭행당했고 약 100여명의 주민들도 연행당했다. 한편 이에 굴하지 않고 이날 오후 7～12시 연행자들의 석방을 요구하며 오목교에서 목동사거리 쪽으로 다시 시위하던 1,000여명의 주민들도 경찰에 의해 무차별 구타를 당하였으며 약 200여명의 주민들이 연행되었다.

▲ 사건의 발단

83년 4월12일 서울시는 신정동, 목동지구에 신시가지를 건립할 계획이며 이를 위해 무허가 건물을 철거하겠다고 공고하였다.

서울시는 당초 토지공영화 조치를 통해 과열 부동산투기를 억제하고 서민들에게 값싼 서민주택을 보급한다는 것이었으나 개발지구의 토지를 7～14만원에 매입하고 1차분 공사비 평당 34만원(서울시가 정한 설계금액의 64%로 삼성종합건설에 낙찰)을 들여 국민주택규모 이하는 평당 105만원, 국민주택규모 이상은 평당 134만원에 분양한다고 확정 발표했다. 이는 서울시가 부동산 투기를 막겠다고 하고 실제로는 부동산투기사업을 통한 1조억원이 넘는 개발이익을 독점하면서도 철거가옥주에 한해 보상비 50만원에 허울뿐인 입주권을 줄뿐 더우기 세입자에게는 전혀 보상이 없다는 것이다.

▲ 사건의 경과

주민들은 그동안 6월23일 부시장 면담을 비롯하여 수차례 당국에 건의, 진정하였으나 시당국은 이를 외면한 채 통반장을 중심으로 한 관주도의 주민조직으로 주민의 뜻을 약화시키기에만 급급했다.

이에 8월24일 주민들은 관주도 조직을 불신하고 '목동지역 철거대책추진위원회' (위원장 허영락)를 결성했다. 주민들은 8월27일 오전10시에 안양천 뚝방 운동장에서 주민단합대회를 열기로 했는데 그들은 '여러번 철거신세에 이제 오갈데도 없다' 면서 1천여명의 주민들이 양화교로 행진해갔다. 행진도중 참여자의 숫자는 점점 불어났고 1공구사무소 앞에서 연좌농성, '시장나오라' 고 외쳤다. 뒤늦게 나온 구청장이 '주민의 입장을 충분히 고려한다' 는 대책없는 답변이 길어지자 주민들은 밭과 언덕을 넘어 김포공항으로 향하는 도로로 들어섰다. 마침 식사중이던 전투경찰은 당황한 나머지 최류탄을 쏘면서 무차별 폭력으로 저지, 할머니 한분이 실신했다.

이날 연행된 주민들은 5개 경찰서에 분리수용되었는데 연행된 주민들의 석방요구에 그날 저녁 8시에 석방한다고 전해졌다가 석방이 되지않자 1천여명의 주민들이 다시 모여 밤 10시경 강서경찰서를 향해 오목교를 통한 오거리쪽으로 진행, 출동한 경찰에 의해 또한차례 저지당하고 11시경 해산하였다. 이날 KBS와 MBC 및 각 일간지의 취재진들도 열심히 주민의 호소를 들으며 취재해 갔으나 주민의 호소는 전혀 보도치 않은채 연일 성황을 이루는 분양상황만 보도했다.

▲난지도: 9월7일 주민시위로 5시간 교통두절 이지역 주민 957세대 3000여명은 78년 3월18일 서울시에서 이 지역을 쓰레기처분장으로 고시하자 쓰레기 위해 판자촌이 형성되게 되었다.

그러나 83년 11월, 서울시는 도시미관을 내세워 공장이나 공원을 만들 계획이니 자진철거를 요구하는 안내문을 돌리는 한편 본래부터 비거주지역이다며 아무런 생계보장없이 자진철거만을 강요하다 주민의 항의에 부딪히자 현 밀집주거단지 옆에 1가구당 4평씩의 임시조립주택을 지어 일차적 이주지로 삼겠다는 것이다.

이러한 상태에서 수재를 당한 난지도 주민들 2천여명은 9월7일 저녁 5시경부터 수해복구대책과 철거문제 시정을 요구하며 마포구청과 성산동 성산회관, 가좌역 앞에서 시위와 농성에 돌입했다.

그러나 경찰은 이들의 시위를 저지하는 과정에서 대열에서 이탈되는 주민들을 무참하게 구타·연행하였는데 40대 아주머니가 전경에게 양팔과 머리를 짓밟히고 어떤 주민은 경찰봉에 머리를 맞아 9바늘이나 꿰메는 중상을 입는등 40여명의 부상자가 발생했다. 이에 주민들은 가좌역 앞에 재집결, 밤 12시까지 시위하였다. 한편 쓰레기 재생작업에 종사할 망정 쓰레기와 같은 대우를 받을 수는 없다며 시위후 긴급대책위원회가 모여 주민대표 9명과 구청장이 서로 합의각서를 쓰고 연행된 사람들을 석방케 했다.

이날 시위로 성산대로와 연희동 인터체인지에서 수색으로 통하는 길이 5시간동안 막혔다.

▲방배동철거민 분신자살기도

지난 8.15일 강남구 방배2동 220번지 27세대 140여 주민들이 강제철거 당하는 과정에서 전경 60명 사복경관 20여명 구청직원, 임광토건직원, 불량배등 150여명이 동원되어 무참하게 철거를 진행 한 남자주민이 분신자살을 기도했으며 저항하던 아주머니가 실신, 가야병원에 입원하는등 참상을 빚었다.

▲숭인동 200여 주민 가두농성

지난 5월27일 숭인1동 지역주민 200여명은 지역개발 방식에 반대하여 부녀자들을 중심으로 종로와 신설동 사이의 노상에서 연좌농성을 벌임으로써 한때 교통이 마비되는등 큰 혼잡을 이루었다.

▲인천시 화수동—주민 100여명 동구청에 몰려가 항의

이 지역은 도서출신 어민, 이농민의 정착지로 한·미수교 100주년기념 공원조성계획과 불량지구 재개발사업으로 동시에 고시되어 1984. 2～3월 계고장이 발부되었으나 터무니없는 보상가격에 항의 4월14일 주민 100여명이 동구청에 몰려가, 이후 구청장과 재감정키로 합의했으나 6.27일 5%인상에그치자 주민들은 허탈감에 빠져있다.

▲폭력으로 얼룩진 청주
내덕동, 송정동, 운천동 토지수용령

지난 7월26일 청주대학 시설부지(내덕동) 공업단지부지(송정동), 도시개발(운천동)등의 명목으로 토지수용령을 발동, 싯가 1/3도 못미치는 헐값으로 적정보상을 외면하는 당국의 처사에 항의, NCC인권위원회를 비롯한 18개 교회선교단체의 후원으로 청주도시산업선교회에서 기도회를 가졌다.

기도회를 마친후 주민들이 청주시장을 만나기 위해 시청으로 향하려 하자 수백명의 경찰이 무자비하게 구타, 73세의 할머니는 허리를 다치고 주민 이장근씨는 손뼈가 부러지고 청년학생들이 경찰의 폭행으로 귀가 찢어져 입원치료를 받는등 유혈참상이 빚어졌다.

이에 억울함을 삼키기 어려운 주민들은 11일간의 금식기도에 들어갔는데 이 과정에서 7월31일 주민 25명이 민원서를 작성하여 재차 시장을 만나기 위해 시청으로 찾아가 면담을 요구했으나, 시청계단을 막아선 100여명의 시청직원들에 의해 할머니와 부녀자들이 팔목을 비틀리고, 목을 졸리며 뺨을 맞는등 폭행을 당하면서 개처럼 끌려나왔다.

특히 김정례 주부는 시청직원에 의해 머리채를 휘어잡힌 채 "이년 죽여버리겠다"는 폭언과 함께 시멘트벽에 머리를 드리박혔으며, 76세된 송정동 이영애 할머니는 의식을 잃어 충북의료원에서 응급가료를 받았다(84. 8. 4 주민호소문)

수방대책 큰 구멍…피해막심

무책임 · 전시행정 결과, 수재민 항의농성 · 시위

지난 9월1일 중부지방을 강타하고 부산, 대구, 전남 등 전국적으로 사망 1백87명, 실종 3명의 인명피해와 1천3백19억여원 (정부발표)의 재산피해를 낸 격심한 수해로 수재민들은 물론 일반 주민들도 크게 분노하고 있다.

1. 망원동 지역

망원동을 비롯한 마포구 6개동 주민들은 가구당 1백만원에서 1천만원에 이르는 재산손실과 6만명이상의 수재민을 냈다. 망원동의 수해는 망원유수지의 배수갑문이 붕괴됨으로써 한강물이 역류하여 일어난 것으로 밝혀졌다. 망원유수지는 79년 현대건설이 배수로를, 서울시퇴직공무원이 만든 신일토건이 갑문공사를 맡아 건설된 것인데 마포구 일대 10여개동에서 나오는 빗물을 받아 한강으로 뽑아내게 되어 있다. 그런데 72년 한강 수위가 11.4m까지 올라갔을 때도 마포지역은 피해를 입지 않았던 사실에 비추어 이번 수해는 시공 회사의 부실공사와 서울시의 관리소홀이 그 원인이었음이 지적되고 있다.

마포구일대 피해 주민들은 3일 2천여명이, 그리고 8일에는 5백여명이 마포구청 앞에서 재산피해 보상등을 요구하며 농성, 시위하였으나 관계당국자는 경찰을 동원, 강제해산시키는 데 주력할뿐 보상노력은 전혀 하지 않았다.

2. 목·신정동 지역

2천여 가구가 물난리를 겪은 목·신정동 지역의 강우는 평소 서울시의 수방대책이 얼마나 소홀한 것인가를 여실히 드러내 주었다. 상습수해지역인 이곳에는 수해를 대비해 79년 신정배수펌프장을 설치해 놓았으나 제대로 가동한번 못해 보고 고스란히 침수를 당했다. 주민들은 1일 새벽부터 신정배수펌프장에 몰려 가동을 요구했으나 직원들은 당시 잠을 자고 있었고 책임자라는 사람이 나와 곧 가동시키겠다고 약속해 놓고는 어디론가 사라져버렸다. 주민들은 다시 동사무소와 구청까지 찾아가 가동을 요구했지만 관계직원들은 나타나지 않았고 배수펌프장으로 다시 몰려간 주민들에게 남아 있던 직원이 가동중이라고 말했으나 물이 줄어드는 기색이 보이지 않자 주민들이 직접 확인한 결과 양수기는 모두 고장나 있는 상태였다.

3. 월계·장위동 지역

중랑천의 지류인 우이천변에 위치한 밀집가옥지대인 월계1동과 장위3동은 지금까지 수재를 입은 적이 없는 지역이었다.

주민들은 3일 오후 3시부터 11시까지 화랑고가 차도 밑과 성북역과 신이문역사이의 전철을 1천여명이 점거하여 신동아건설의 잘못과 시당국의 감독소홀에 항의하며 피해보상을 요구하는 농성을 했다.

4. 풍납·성내동 지역

성내천 일대의 침수는 9월1일 오후 3시부터 시작되었다. 주민들은 관계당국의 어떠한 사전대피 지시도 듣지 못한채 밤 1시경부터 집안에서 또는 옥상에서 완전히 고립, 공포의 밤을 지냈다. (관계기사 4면 계속)

(관계기사 2면에서 계속)

서울사무소와 대형 유리창과 현관문을 우산대와 입간판으로 부수었다. 또 공덕동에서는 오후 2시경 150여명의 학생들이 민정당 마포·용산지구당사(奉斗玩의원)로 몰려가 집기를 부수었으며, 오후 5시경에서 성대생 30여명이 돈암파출소로 몰려가 현관문과 유리창을 깨뜨렸다.

◇9월6일 방일저지 가두시위(별단기사)

◇9월19일 청계피복노조 합법성 쟁취 대회(별단기사)

◇9월26일 서강대, 연대, 이대, 숙대, 홍익대등 5개대학 1500여명 학생들은 하오 2시 서강대 인문사회관 앞 잔디밭에서 「일본군국주의 재침략저지 결의대회」를 갖고 교문앞으로 나와 도로위에서 일장기와 함께 친일파쇼군상을 상징하는 종이상자를 불태웠다. 학생들은 출동한 경찰과 투석전을 벌이다 4시10분경 해산했는데 학생들은 대회장에서 9월29일 일본자위대 통합막료장 방한을 군사적으로 한국이 일본에 예속돼 있다는 상징이라고 주장했다.

◇9월27일 외대에서 한양대, 경희대, 서울시립대, 동덕여대등 5개대학 2천여명이 서민생존탄압, 학원탄압, 박형규목사 폭행사건등을 규탄하고 투석전을 벌인'끝에 가두시위를 전개했다.

한편 시위의 회수도 빈발해지고 동원규모도 점점 커져나가고 있는데 8월15일 이후 학원시위와 주요 이슈를 정리해 보면 다음과 같다.

8월15일 서울대「전대통령 방일굴욕 외교반대」
연대「방일반대」
중앙대「전대통령방일반대」
성대「매국방일 결사반대」
8월18일 명동유네스코앞 연합시위
8월29일 고대(8개대학연합시위)
일본대사관공보관, 종로경찰서 투석
9월4일 방일저지 연합시위
9월5일 민정당마포·용산지구당사 투석
9월5일 전북대「매국방일규탄대회」
9월6일 방일저지 연합시위
신촌, 아현동, 강남터미널에서 시위
원광대「학원자율화 보장」
9월19일 청계노조인정 학생·노동자 연합시위
9월20일 한양대「학원민주화보장」
9월21일 서울대「일본의 신군국주의반대」「총학생회 부활」
한양대「문교당국 분교정책철폐」
단국대「친일 매판정권 규탄대회」
9월22일 전남대「노동악법철폐하라」「언론기본법폐지하라」
9월25일 경남대「학원자율화」
조선대「해직교수 복직요구」
9월26일 서강대 (5개대학연합시위)
「일본 재침략저지 결의대회」
9월27일 외대 (5개대학연합시위) 청계노조인정, 학원탄압중지
고대「일본자위대 통합막료장 방한반대」「노조탄압반대」
숙대「민주수호결의대회」「일본재침략 저지대회」
9월28일 서울대 민한당사 농성「학원사찰중지」
이대「통합막료장 방한반대」
성대「통합막료장 방한반대」
경희대「총학생회 직선제」
서울시립대「학원탄압중지」
9월29일 서울대「학원사찰중지「민한당사 농성관련자 석방요구」
10월5일 서울대 학원수호비상회의, 수업거부. 농성돌입
10월8일 고대·연대 연합 정기전후「민주회복」「총학생회 인정하라」
외대 (5개대학연합)
「학원탄압중지」「청계노조복구」
서울대 4일째 철야농성「부당징계철회」「총학생회사수」
중앙대「학과 폐쇄조치반대」

박형규목사 집단테러로 중태

제일교회사태, 극한폭력탄압으로 발전

지난 한해동안 일부 교인의 예배방해 때문에 진통을 거듭해오던 기독교장로회 소속 서울제일교회(중구 오장동)에서 이 교회의 당회장이자 민주화운동의 중진인 박형규 목사가 지난 9월23일 반대파 교인을 가장한 20대 폭력배들에게 집단폭행을 당해 중태에 빠지는 등 중대한 테러사태와 선교침해 사태가 일어났다. 일요일이었던 23일 오후 반대파교인을 가장하고 동원된 폭력배들은 박형규목사 이외에도 박종열, 오세구, 박세연, 정광서, 한석희, 백덕운씨 등 청년신도들과 예배방해를 지켜보기 위해 갔던 동아자유언론수호투위의 성유보 총무등 10여명에게도 무차별폭행을 가해 상해를 입혔다. 이 폭력사태로 박형규 목사와 박세연씨는 명동성모병원에 입원치료했으며 나머지 인사들도 치료를 받았다. 한편 폭행이 자행되고 있던 현장에는 정사복 경찰관들이 지켜보고 있었으나 폭행당하는 사람들이 폭행을 저지해줄 것을 호소해도 "교회안으로는 한발자국도 들어갈 수 없으니 나중에 신고하라"고 말하면서 자리를 피했다.

폭행으로 중태에 빠진 박목사는 9월24일 명동성모병원 706호실에서 '그리스도 안에 있는 형제자매들에게' 제하의 성명을 발표했다. 이 성명에서 박목사는 "나는 지금 생명에 대한 위협을 심각하게 느끼고 있다…교회의 내분을 조장하여 그 분규 속에서 내가 살해된 것 같이 꾸미려는 그들의 공작은 이제 분명하게 드러났다. 나는 그들에게 살해되기 전에 내가 아는 사실을 밝혀두고 싶다"고 전제하면서 "나를 제거하기 위해 교회의 내분을 조장하고 교회분규를 틈타서 조직폭력배를 투입하여 나를 살해하는 동시에 교회를 파괴하자는 공작은 1981년경부터 국군보안사령부가 비밀리에 수행해온 것이 분명하다. 나는 이 사실을 1984년 6월경에 청와대의 고위층으로부터 확인한 바 있고 얼마전까지 보안사령관직에 있었던 한 장성이 본 교단의 원로 중경총회장에게 이 사실을 시인하였다"고 밝혔다. 박목사는 이어 "교회가 불의와 대결하고 허위를 폭로하는 것은 교회의 본연의 선교적 사명중의 일부이다…나는 이 일로 인하여 용공목사라는 누명을 쓰고 비난을 받고 있지마는 나는 어디까지나 교회의 목사로서 이 일을 교회가 해야 할 사명인줄 알고 수행할 것이다. 이로 인하여 내가 비록 순교를 당한다고 할지라도 그것은 나에게 주어진 십자가인 줄 알고 달게 받을 용의가 있다"는 뜻을 분명히 했다. 박형규 목사는 이어서 "교회가 일치해서 이런 폭력, 음해를 통한 폭력의 난무, 폭력을 통한 교회의 파괴, 정부의 음성적인 교회의 파괴를 사전에 막는 데 총력을 다해야 할 것으로 생각한다"고 말했다.

한편 박형규 목사에 대한 집단테러사건과 선교침해에 대해 항의하는 전국목회자 기도회가 9월27일 오전2시 제일교회에서 목사 전도사 등 100여명이 참석한 가운데 열렸는데 기도회를 마친 뒤 목사와 전도사 등 60여명이 제일교회로부터 종로5가 기독교회관으로 가면서 평화적 시위를 벌였다. 이들은 연도의 시민들에게 '집단테러 및 폭력에 의한 박형규 목사의 생명위협상태를 보고'라는 유인물을 나눠주었다. 경찰은 허병섭, 이해학, 장성룡, 이영일, 윤길수, 나학집, 진편섭, 강원구, 장의덕, 임흥기, 오세구, 이준, 이영제, 김인택, 권오성, 구기환, 장의덕, 김광수, 이춘섭, 성해용 목사등 20명의 성직자들을 연행 조사했다.

9월9일에도 강제점거, 테러

지난 9월9일에도 제일교회에서는 오후 1시경부터 12일 오전 2시까지 약60여 시간동안 교회가 강제점거당하고 테러행위가 발생하는 등 심각한 선교자유침해 사태가 발생했다.

예배방해자들과 폭력배 등 20여명은 9일 오후 교회 전도사와 청년 신도들을 구타하여 교회밖으로 내쫓고 '용공목사타도, 해방신학타도'라는 어깨띠를 두른채 교회 1, 2, 3층을 강제 점거했다. 한편 박형규목사와 청년신도등 10여명은 4층 당회장실에 갇혀 있으면서 쇠파이프 쇠망치 등으로 문을 부수려는 폭력배들의 기도에 대해 의자와 책상으로 바리케이드를 쌓고 60여시간을 견디어냈다. 폭력배들은 당회장실의 전원을 끊고 바리케이드를 부수려들면서 "죽이겠다"는 등 온갖위협을 하고 박목사에게 사표를 쓸 것을 강요했다. 강제점거자 가운데 한 사람은 자신이 모 기관의 요원임을 자칭하기도 했다.

한편 강제점거와 테러가 자행되고 있던 사흘밤과 낮동안 제일교회밖의 도로에는 교인들과 수많은 민주인사 등 200여명이 사태를 지켜보면서 박형규목사 등 감금당해있던 인사들을 격려했다. 교회밖에 있던 인사들은 '서울 제일교회 불법강제점거 및 테러행위에 대한 긴급대책위원회'를 구성, 위원장에 문익환 목사를, 그리고 나머지 10명을 대책위원으로 선임했다.

불법점거자들이 물러난 교회당 안의 벽에는 "해방신학은 공산주의다" "게릴라목사 물러가라" "우리는 기억한다 남로당의 수법을." "마귀 박형규 물러가라" 등의 글귀가 갖가지 색의 페인트로 씌어 있었다.

제일교회 옥상에서 박형규 목사의 인도로 예배드리고 있는 신도들.

사제단, 창립 10주년 기념미사

"통일·일치·반핵·연대" 선언

천주교 정의구현 전국사제단은 9월 24일 서울명동수녀원 교육관에서 창립10주년 기념감사미사를 갖고 '이 사회의 인간화를 위한 선언'을 발표했다. 김승훈 신부가 낭독한 이 선언은 "민중이 스스로 운명의 열쇠를 가질때 모든 문제가 올바른 해결로 귀결지어지고 위대한 민중의날이 올 것으로 믿는다"고 전제하면서 "우리는 민족성원 각기가 제몫을 하게 하는데 헌신하고 이 민족, 이 민중속의 교회에 몸담고 있는 사제로서 우리들 몫으로서의 십자가를 지고 나아가고자 한다"고 기본진로를 밝혔다. 이 선언의 주요한 내용은 다음과 같다.

1. 강압에 의하여 유지되는 안정과 질서는 성경의 말씀대로 '회칠한 무덤'일 뿐이며 이를 두려워하여 좌시한다면 우리도 그 공범임을 면치못할 것이다. 우리는 앞으로 있을 총선거는 제5공화국의 출범과 함께 비롯된 모든 비정상이 원상으로 회복된 위에 이루어져야 한다고 주장한다. 쫓겨난 언론인이 언론으로, 해직된 노동자가 노동현장으로 복귀하고, 시민적 권리를 회복하고 또 보장하며, 군은 국토방위의 신성한 의무에로 성실히 복귀해야 하는 것이다. 특히 선택적인 정치보복이라고 할 정치활동의 규제가 완전히 철폐되고 공명정대한 선거를 이룰 수 있는 제도의 개편과 자유스런 선거분위기의 보장이 선행되어야 한다.

2. 민생문제를 제쳐놓고는 민주주의를 말할 수 없고 진정한 민주주의는 억압되어 유린된 민중의 권익을 되찾음으로써만 완성될 수 있다는 것을 우리는 굳게 믿고 있으며 교회는 공업화하고 도시화하는 사회의 군중속에서 사람다운 삶을 누리는 장이 되고 압제받고 착취당하고 낙후된 지역에서 연대성과 진보와 희망의 공동체가 되어야 한다.

3. 우리는 힘의 우위를 유지하는 것만이 평화를 유지하는 길이라는 군비경쟁의 논리에 회의한다. 어떤 국가나 집단이 원자무기들로 장비되었다고 하면 이것은 다른 국가나 집단들에게도 동등의 파괴력을 가진 같은 원자무기를 경쟁하여 장비케하는 원인이 된다…전쟁에서 기인될 수 있는 많은 살륙과 무서운 파괴들에 대하여 감히 책임을 질 사람이 있으리라고 믿을 수 없으며, 예측할 수 없는 어떤 사건이 전화를 불러일으킬 수 있다는 것도 부인할 수 없다. 이것이 우리가 이 땅에 핵병기의 반입과 핵전쟁의 위협을 우려하고 명백히 반대하는 이유이다.

4. 우리는 특히 일제치하에서 우리 민족에게 살아있는 우상으로 숭배를 강요받게 하였던 일본천황의 우리민족에 대한 사과가 결코 만족스럽지 않음은 물론 신을 모독한 처사에 대한 겸허한 자기반성이 없었던 점에 주목하지 않을 수 없다. 천황의 외교적 사과는 그나마 이나라, 이 민족의 자존심과 존엄을 지키려는 이 나라의 애국적 청년학생과 뜻있는 인사들의 정의로운 자주 운동의 결과로 우리는 이해한다.

5. 일치와 통일은 우리 안에서의 통일과 일치를 전제조건으로 한다. 이것이 갈라진 국토와 민족의 통일에 대한 우리의 확고부동한 입장이다…하느님 사랑의 실천은 억압받고 고통받는 이웃을 위해 우리 스스로 매일매일 매달려 죽어가야 할 십자가를 중심으로 우리가 끝없이 일치하는 곳에서만 이루어진다.

6. 우리는 우리의 정치·경제사회에 충만한 모든 비인간화의 현상과 그 요인들을 보고 '이럴 수는 없다'는 자각에 입각하여 인간화운동을 함께 전개하자고 제창하는 바이다…우리는 이 인간화를 위한 도정에서 정의로운 이웃형제들과 만나고 튼튼하게 연대될 것임을 굳게 확신하는 바이다.

종교계 운동

"역사의 죄상 용서못한다" 개신교 20개교단대표 성명

지난 8월14일 오전 7시30분 개신교 20개교단 대표들이 서울 코리아나호텔 회의실에서 내외신 기자단들이 모인 가운데 '전두환 대통령 방일에 조음한 우리의 입장'이란 제목의 성명을 발표했다. 해방39주년을 맞아 발표된 성명문을 통해 교단대표들은 "일황을 이민족에게 신으로 숭배할 것을 강요했던 사실은 독신죄로 전세계 15억의 기독교인의 심판을 면치못할 것이며, 한민족에 대해 주권과 영토의 침략, 노동의 착취, 문화와 역사의 왜곡, 무수한 양민과 독립투사의 학살, 징용, 징병, 정신대등 전대미문의 역사적 죄악을 저질러 놓고도 역사교과서의 왜곡에서 나타나듯이 그 죄상을 시인치 않고 있다"고 규탄했다. 대표자들의 명단은 다음과 같다.

교단	직위	성명
구세군대한본영	사령관	라도명
기독교대한감리교	감독회장	서병주
기독교대한복음교회	총회장	허 정
기독교대한성결교회	총회장	이만신
기독교대한하나님의성회	총회장	박광수
기독교한국루터교회	총회장	지원상
기독교한국침례회	총회장	한명국
기독교한국하나님의교회	감독	한영철
대한기독교나사렛성결회	감독회장	김남식
대한기독교하나님의교회	총회장	김동섭
대한성공회	주교	김성수
대한예수교감리회	감독	한성기
대한예수교장로회(고신)	총회장	남영환
대한예수교장로회(대신)	총회장	김세창
대한예수교장로회(통합)	총회장	림인식
대한예수교장로회(합동)	총회장	배재운
대한예수교장로회(호헌)	총회장	고회집
예수교대한성결교회	총회장	이철용
한국그리스도의교회협의회	총회장	임락풍
한국기독교장로회	총회장	송상규

신부·수녀 19명 서명, 청와대에

사회보호법 철폐등 4개항 건의

8월28일 부산교구 손덕만신부 (온천천주교회)를 대표 건의겸 발신인으로 신부·수녀등 가톨릭 성직자와 평신도 지도자 19명의 서명으로 청와대에 4개항의 건의서를 발송했다.

건의서에는 그 취지에서 "인간의 존엄과 가치, 그리고 행복추구권을 갖고 인간다운 생활을 하기 위해서는 주의와 주장이 다른 것을 허용하는 것이 민주주의의 기본원리"임을 밝히고 양심과 정의에 따라서 지금도 사회참여의 기회가 박탈되고 있는 사람들도 동참의 기회가 주어지기를 촉구했다.

4개항의 건의내용은 (1) 1980년 2월28일 긴급조치9호 위반자의 복권조치에서 경합범으로 취급, 복권에서 제외된 자의 복권, (2) 형집행 정지자의 사면·복권, (3) 제5공화국 이전의 일반형사범으로 형집행 종료 혹은 면제된자의 복권, (4) 1980년 12월18일 국가보위입법회의에서 제정한 사회보호법의 철폐등을 건의했다.

동건의서에서는 또한 재범시에는 가중처벌제도가 있음에도 불구하고 사회보호법에 의해 10년이나 7년의 공민권을 박탈하고 형벌과 경합하여 보호감호하는 것은 이중형벌제임을 강조하고 양심범에 대한 보호감호를 적용하려다 취소한 사례를 들어 정치적 악용의 여지가 있는 사회보호법에 의한 보호처분의 삭제를 촉구했다.

▲ 건의서명자

▲신부＝손덕만(부산온천본당)
유영봉(마산교구청 사무국장)
임상엽(부산완월본당) 박문선(부산청학본당)
김영식(창원양곡본당) 김태호(부산아미본당)
손삼석(부산전포본당) 박승원(부산송도본당)
김성도(부산장전본당) 남재희(순천조곡본당)

▲수녀＝김신애(순천조곡본당)
김태숙(순천조곡본당)
이균석(부산동대신동본당사목회장)
이충훈(부산동대신동본당사무장)
조현자(부산청학본당사무장)
권영우(부산광안본당사무장)
손미애(부산전포본당사무장)
김정우(부산망미본당사무장)
이만재(동래구장전2동419)

외신

막료회의 의장, 9월29일 방한 계기
한일양국군 실질교류 활성화 예상

미국의 의향을 반영

도부(渡部) 의장의 이번 방한은 한국으로부터의 초청에 의한 것으로 10월 1일 국군의날 식전에 참가하는 외에 이기백 합동참모본부의장, 리브지 미한연합사령부 사령관등과 회담, 한국군 제일선부대, 미한연합사령부(CFC)등을 시찰하고 전문적 입장에서 동아시아의 군사정세 및 이에 대한 일·미·한 삼국의 협력방법등에 관해 의견을 교환한다.

자위대와 한국군의 교류는 소화 50년대(1975~1985) 전반기까지는 상당히 활발하게 진행되어 왔으며 통막의장 3인이 방한한 외에 육해공 세막료장이 교대로 거의 매년 한국군기념일의 식전에 참석해왔다.

그런데 79년 죽전(竹田) 전 통막의장의방한중 전두환대통령에 의한 정변이 발생, 이후 81년의 생전목(生田目) 空幕長의 케이스를 제외하고 중단되었다. 그러한 가운데 "조선반도의 평화와 안정의 유지는 일본을 포함한 동아시아의 평화와 안정에 긴요" (中曽根수상)하다는 일본측 뿐만 아니라 한국측의 군사면에서도 양국의 협력의 중요성이 재인식되었다는 것이 방문의 배경인데 이전부터 일한양국의 군사면에서의 협력을 기대해 왔던 미국의 의향이 반영된 것은 말할 나위도 없다.

이러한 점에서 도부(渡部)의장의 방한은 표면상 의례방문에 지나지 않던 종래의 형식적이던 자위대수뇌의 방한에 비해 그 의의가 지대하며 실질회담의 성격이 한층 강하며 이것을 계기로 자위대와 한국군의 교류가 여러가지 형태로 활발해질 것으로 보인다.

(8. 16자 毎日)

'제복' 수뇌회담도
전대통령 방일계기.

정부는 15일 방위청의 도부(渡部) 통막의장이 전두환대통령의 방일직후인 9월29일부터 4일간 한국을 방문할 것임을 밝혔다. 통막의장의 방한은 죽전(竹田)전 의장 이래 5년째.

이에 따라 중증근(中曽根) 수상과 전두환대통령의 상호방문으로 명실공히 신시대를 맞이할 일한관계는 안전보장면에서도 새로운 협력의 단계로 나아가게 될 것이다.

외무성 수뇌는 8월14일 저녁 9월6일에 방일할 전두환대통령의 공식 수행원의 한사람인 이기백합동참모본부의장(육군대장) 이 渡部敬太郎 統幕議長(陸將)과 회담할 것임을 밝혔다. 양국 제복최고간부의 회담은 지금까지도 한국의 국군기념일의 기회에 이루어져 왔으나 전대통령의 방일과 병행한 회담은 일한협력관계의 깊이를 한층 인상짓는 것이 될 것이다.

(8. 15 産経)

김대중씨, 정부에 귀국의사 통보
미국무성 "말씀없기를"희망

미국무성 대변인 휴즈씨는 미국은 한국의 반체제 인사 김대중씨의 귀국이 "말썽없기"를 희망한다고 말했다. "김씨는 귀국하기로 결정했으며 그와같은 결정을 국무성에 전달했다"고 휴즈대변인은 말했다.

"여러분도 기억하고 있듯이, 김씨는 20년형기 가운데 2년반을 복역한 뒤 1982년 12월 한국정부에 의해 감옥에서 석방되었다. 김씨는 신병치료를 계속 받도록 미국으로 오는 것을 허용받았다"고 대변인은 말했다. 그 뒤 김씨는 하버드 대학교의 국제문제연구소에서 연구하라는 오래 묵은 초청을 받아들였다. "김씨는 자신이 하버드 대학교의 연구시한과 신병치료를 모두 마쳤으므로 귀국할 것을 계획하고 있다고 우리에게 이야기했다"고 휴즈대변인은 밝혔다. "김씨가 귀국할 경우 신변에 무슨 일이 일어날지에 관해서는, 이 문제가 한국정부의 소관사항이라는 점을 미국은 충분히 인식하고 있다"고 대변인은 말했다. "그러나 김씨의 개인신상에 관한 한 그의 귀국이 말썽없기를 바란다는 우리의 희망을 모든 관련 당사자들에게 우리는 표명했다. 한국법령 아래서 그의 법적지위가 어떤 것인지 우리는 알지 못한다"고 대변인은 덧붙였다.

휴즈 대변인은 김씨가 언제 귀국할 계획인지 알지못한다고 말했다.

한국 인권연구소가 기자들에게 배포한 성명에는 김씨는 한국의 전두환대통령에게 "올해 연말까지" 귀국하겠다는 자신의 의사를 9월11일자 등기서한을 통해 통고했다고 밝혔다.

김씨는 에이피통신과의 회견에서 아직 정확한 날자는 결정되지 않았지만 12월에 귀국할 것이라고 말했다. 김씨는 자신의 안전을 우려하고 있으며 귀국할 경우 투옥될 수 있다는 것을 안다고 말했다. 그러나 김씨는 귀국하여 한국의 민주회복 노력을 도와야한다는 "도덕적 의무감"을 느낀다고 말했다. 김씨는 민주주의가 회복되지 않을 경우 한국민들이 전두환대통령 정부로부터 소원해져서 절망감에서 공산주의 정부로 눈을 돌릴 가능성이 있다고 주장했다. "너무 늦기 전에 나는 최선의 노력을 기우려야 한다"고 김씨는 말했다. "만일 한국이 민주화의 길에서 영원히 벗어날 경우, 나의 일생은 무의미해질 것"이라고 김씨는 말했다. 김씨는 자신이 귀국을 고려하고 있던 지난 봄에 친지들이 현정권은 자신을 다시 투옥시켜 20년 형기를 마치게 하려하고 있다고 알려온 사실을 밝혔다. 그러나 김씨는 아직도 그런 방침이 유효한 것인지 알지 못한다고 말했다. 김씨는 자신의 귀국의사를 알리는 서한을 전두환씨에게 보냈으나 아직 답장을 받지 못하고 있다고 말했다. (9월12일자 에이피통신)

"귀국계획 안바꾼다"
김대중씨, 수감시사에 논평

미국에 체재중인 한국의 반체제운동 지도자 김대중씨는 21일 한국법무부 당국자가 김씨의 귀국을 맞아 형집행정지조치를 취소, 재수감도 고려한다는 것으로 받아들여지는 발언을 한데 대해 노기를 표시함과 동시에 연내 귀국의 방침을 변경할 수 없다는 결의를 분명히 했다. 이것은 김대중씨가 시사통신의 워싱턴지국 전화인터뷰에 응해 밝힌 것으로 김씨는 "나로서는 그런상태 (재수감을 한국측이 암시한 상태)도 미리 예상하고 있기 때문에 별로 놀랄 일은 아니다. (연말귀국의) 계획을 바꾸는 일은 없다"고 말했다.

또한 나는 한국에서의 박해받았던 사실과 관계없이 귀국 후 정부와 대화할 것도 고려하고 있다. 그런데 정부가 이러한 태도를 보인 것은 유감스럽다"고 말했다.

(9. 21 워싱턴 : 時事通信)

민단, '처우'놓고 강한 불만

전두환대통령의 방일과 재일한국인의 처우문제에 관해서 재일한국거류민단의 張聰明단장은 8일 오후 동경·남마포 (南麻布)의 중앙본부에서 기자회견을 갖고 일한공동성명의 "법적 지위 및 처우문제는 계속 노력한다"라는 부분에 대해 "성의있는 회답으로는 받아드릴 수 없다"고 강한 불만을 표명했다.

장총명단장은 먼저 기자회견의 머리에"전두환대통령이 재일한국인의 처우문제를 중요의제로 삼아 회담에 임해준 것에 감사한다"고 말한 후 "우리는 일본 정부의 말생색만 받고 그대로 끝내지 않을 예정이다. 긴급회의를 열어 중대결의를 포함한 대책을 검토중"이라고 말했다. 또한 "우리들 재일거류민 70만의 처우개선을 요구하고 있는데 대통령의 방일은 한국과 일본 간에 새로운 불행을 초래할 것"이라는 취지의 성명을 발표했다.

(9. 9 朝日新聞)

일한문화교류위, 내년까지는 설치
아베외상, 수뇌회담 통해 노력 천명

아베외상은 29일 전두환대통령의 방일에 앞선 기자단의 인터뷰에 답해 대통령방일을 기회로 일한간의 현안에 관해 대처방침을 분명히 했다. 외상은 그 가운데 일본측이 제안한 일한문화교류위원회의 설치가 한국측의 저항으로 이번에는 유산될 것임을 공식 확인함과 동시에 전대통령과 중증근(中曽根) 수뇌회담등을 통하여 한국측의 이해를 구하도록 노력을 계속, 일한국교 20주년인 내년까지는 설치되도록 노력하겠다고 말했다.

외상은 이러한 기대의 근거로써 ① 일한간의 긴 역사중에서 숨결을 같이하는 문화적 관계가 엄연히 존재하고 ② 한국 청년층에는 일본문화에 대한 응어리가 그다지 없으며 ③ '성숙한 파트너'로서 일한관계의 기본이 꾸준히 진행된다면 개개의 문제에 관한 이해는 해소될 것임을 지적했다.

(8. 29 朝日新聞)

드라마 '독립문' 한달 방영중단
한일우호분위기 조성위해

전두환대통령의 일본방문에 앞서 한국의 TV는 금주부터 대대적인 일본소개 프로를 방영한다. 한편 일한병합전후의 역사를 묘사한 KBS(한국방송공사)의 大河 TV드라마 '독립문'이 일한우호의 분위기 조성의 일환으로 일개월간 중단되어질 것이다.

'독립문'은 한국근대사의 최대의 격동기인 대한제국말기를 무대로 한 역사드라마로 매 일요일 저녁 8~9시의 골든타임에 방송되고 있다. 이야기는 한반도를 둘러싼 일본이나 러시아 열강의 움직임, 독립운동가들의 활약, 日露전쟁을 통한 한국이 일본에 나라를 빼앗기는 일한합병조약(1910)에 이르는 과정이 소상히 묘사되어 이등박문(伊藤博文)을 필두로 정상형(井上馨), 산현유붕(山県有朋), 계태랑(桂太郎) 등의 일본인이 본이름으로 매회마다 등장하고 있다.

시청자에게는 드라마를 통해 당시의 일본의 횡포상이 다시금 비춰져 일본에의 불신감이 조성될 주제로 되어 있다.

그런데 드라마의 절정인 일한합병의 장면이 마침 대통령의 방일 전후에 다다르기 때문에 KBS로서는 국민감정을 자극할 우려가 있기 때문에 방일전후의 5회분의 방영을 중지하고 다른 특별프로로 바꾸게 되었다

(서울발 8. 30 共同通信)

신흥교회서 제2차민족운동대회 현정권의 친일 사대주의를 규탄

일본 재침략저지 제2차 민족운동대회가 서명자 70여명이 참석한 가운데 지난 9월21일 오후 6시30분 서울 신흥교회에서 장영달 민주화운동청년연합 부의장의 사회로 열렸다. 대회장인 문익환목사는 인사말에서 "올해는 우리 민족사에서 중요한 분수령이 될것이다. 민족운동대회로 밀어올린 힘이 전두환·나까손네의 음모에 의해 저지될 것인가, 인가, 아닌가. 일본 재침략저지에 우리가 쏟은 정력, 역량에 따라 의외로 우리의 상황을 타개할 길이 열릴 수도 있을 것이다. 이것은 뜻있는 역사적인 움직임이 될 것"이라고 말했다.

이날 최장학 조선자유언론수호투쟁위원회 위원장이 낭독한 '항일구국 대열에 참여하자' 제하의 제2차 민족운동대회 성명은"우리들이 염려했듯이 현정권의 수반 전두환씨는 이번 방일에서 마침내 적나라하게 친일적 성격을 드러냈다"고 규정하면서 "그는 일황으로부터 일제 36년간의 식민통치에 대해 '과거 불행했던 한 시기는 유감'이라는 말 한마디 듣고 감격했는지 식민통치의 원흉이자 제2차 세계대전의 최고전범이었던 일황의 '만수무강'을 빌었을 뿐 아니라 '새로운 항일 양국 동반시대의 개막을 위하여' 축배를 드는가 하면 심지어 '한일 양국의 1천년간의 우의'를 운운하는 등 과거 한일간의 역사적 관계를 감안해 볼 때 도저히 상상할 수 없는 경거망동한 행동을 서슴없이 행하고 돌아왔다. 전두환 정권은 이번 방일을 통해 한일간의 현안인 무역역조문제, 재일교포 법적 지위문제, 기술이전 문제 등에 대해 일본측의 하등의 실질적 언질도 받지 못한채 돌아왔음에도 불구하고 이같이 외교상식상 있을 수 없는 사대주의적 용어를 무비판적으로 발설하면서 현정권 자신은 물론이고 우리국민 모두에게까지 친일을 강요하고 있는 것" 이라고 규탄했다.

이 성명은 또한 "이번 10월1일 국군의 날에는 일본의 통합막료장이 공식참관을 하고 전두환씨를 예방하며 한국의 합참의장과 한미연합사령관과 함께 환담할 것이라는 사실은 한일군사교류 확대에 강력한 신호이다… 그러므로 일본은 이제 한국과의 군사교류를 기정사실화하고 한걸음 나아가 한국에의 파병 가능성까지 논의하고 있다고 봐야 할 것이다. 우리 일본재침략저지 민족운동대회는 지난번 선언문에서의 국민행동 강령을 토대로 당면한 과제로서 일본 통합막료장의 방한을 전국민들이 거국적으로 거부하기를 호소하는 바"라고 천명했다. 이 성명은 끝으로 "이제 민주주의와 민족적 자존의 정신을 바탕으로 '친일적 한일동반'을 거부하고 오늘날의 한·일관계를 직시하면서 진정한 호혜평등관계가 확립될 때까지 무기한 항일구국대열에 적극적으로 참여하자"고 촉구했다. 제2차 대회의 성명에는 당초의 77명 이외에 58명이 추가로 참가했다. 58명의 추가 서명자의 명단은 다음과 같다.

조용술, 은명기, 강희남, 조화순, 이우정, 임기준, 오충일, 김경섭, 이현주, 최완택, 최익준, 김종완, 이재오, 남정현, 조태일, 송기원, 이시영, 김정환, 이재현, 김태홍, 정상모, 이경일, 김동호, 노향기, 홍수원, 김형배, 신홍범, 임채정, 정동익, 이소선, 박용석, 송진섭, 김철기, 박준철, 오세구, 김영근, 문국주, 이호웅, 박계동, 정문화, 홍성엽, 장만철, 서원기, 한경남, 김병곤, 박우섭, 설 훈, 연성수, 임태숙, 이우회, 이 철, 김은혜, 천영초, 송병춘, 최인규, 정진철, 양동석, 김오일(이상무순)

사제단, 방일목적 "유착"으로 규정

전두환씨의 방일 이틀전인 9월4일 오전 11시 천주교정의구현 전국사제단에서는 명동성당 사도회관에 모여 국내외신 기자들이 모인 가운데 김승훈신부의 낭독으로 전두환대통령의 방일에 즈음하여'라는 성명을 발표했다. 이 성명은 명백한 방일의 목적이 무엇인가 묻고 오늘날의 한일관계로 미루어 현상황하에서의 방일이 민족문제의 올바른 해결보다는 유착을 위한 방문이 아니냐는 의혹을 나타냈다. 이 성명은 방일에 앞서 그에 임하는 국민적 합의가 이룩되어야 할 것임을 촉구했다.

목회자 정평실천협의회도

8월21일 대전에서 경향각지의 목회자들로 구성된 '전국목회자 정의평화실천협의회'는 전두환대통령의 공식방일에 대한 입장을 밝히는 성명서를 발표했다. 이 성명서에서 이번 방일이 '민중의 지지를 결하고 통치의 기반을 외세에 구하고자 하는 정권적 차원의 정략외교'라고 규정짓고 '매국적 방일을 즉각 취소할 것'등을 포함을 5개항의 주장을 밝혔다.

민민협, 8월11일 입주식

'진정한 민족해방이여!' 발표

민민협 사무실 입주식에서 공동대표 김승훈 신부가 인사말을 하고 있다.

민중민주운동 협의회의 입주식이 지난 8월11일 본 협의회회원 및 민주인사 등 200여명이 모인 가운데 서울 종로1가 서울빌딩 703호에서 있었다. 79년 신민당사에서 농성중 목숨을 잃은 와이에치 노조의 김경숙 열사의 5주기 일이기도 했던 이날, 김열사를 비롯한 노동·농민·학생운동 그리고 광주학생등 민주화운동 과정에서 목숨을 잃은 영령들에 대한 묵념이 먼저 올려졌다.

축사를 해준 문익환목사, 이돈명변호사 및 송건호선생은 민민협이라는 넓은 연대운동을 통해서 민중운동·민주화운동의 기틀이 확고하게 다져지기를 바란다고 당부했다. 김동완 공동대표는 인사말에서 "광범한 연대활동을 통해서 민중운동, 민주화운동의 충실을 도모하고자 하는 민민협은 언제나 문호를 개방할 것이며 특히 민중생활의 개선문제에 주요한 관심을 기우릴 것"이라고 말했다. 이어 등단한 공동대표겸 상임위의장인 김승훈신부는 "인간해방운동이자 양심회복운동인 민민협의 연대운동에 이 나라의 모든 양심세력이 관심을 기우려줄 것"을 요청했다.

이날 입주식에서 협의회 상임위원인 여익구씨(불교사회문제연구소장·민중문화협의회 실행위원)는 협의회의 8.15 39주년에 즈음한 성명 "진정한 민족해방이여! 민족정기여!"를 낭독했다. 현판식이 있은 후 협의회회원과 축하객들은 사무실에서 저녁 늦은 시간까지 떡과 술을 들면서 민중민주운동협의회의 무궁한 발전을 축원했다.

이날 입주식에는 계훈제, 박형규, 유인호, 성내운, 백기완, 박용길, 김병걸, 김영삼, 김상현, 박영록, 이호철, 김규동, 안필수, 김종완, 한승헌, 곽태영 씨등 수많은 민주인사들이 참석했다.

해직언론인 즉각복직 요구, 80년해직언론협의회 성명

1980년 5.17군사쿠데타 이후 신문방송에서 해직된 언론인들의 모임인 '80년 해직언론협의회는 10월4일 '해직언론인들을 즉각 복직시켜라'는 성명을 발표했다. 이 성명은 "해직 언론인문제는 해당언론사들이 자율적으로 해결할 것이라는 정부당국의 호도적인 발언이후 항간에서는 해직언론인들의 복직이 실현된 것처럼 잘못 인식되고 있다. 따라서 해직언론인들 다수가 마치 언론사에 복직된 것처럼 허구의 현실이 정부에 의해서 조정되고 있다"고 지적하면서 "해직언론인들의 복직은 시혜의 차원에서 이뤄질 성질의 것이 아니라 당연한 권리회복으로서의 원상회복이어야 한다"고 전제하고 "따라서 우리 해직언론인들은 모든 해직언론인들이 일괄 복직되기를 요구하며, 시혜의 발상에서 비롯된 어떤 형태의 복직도 배격한다"고 자신들의 입장을 밝혔다.

이 성명은 1. 정부와 언론사들은 이제라도 올바른 민주언론의 실현을 위하여 노력하라, 2. 80년에 해직된 언론인들은 즉시 전원 원상회복되어야 한다, 3. 75년에 해직된 동아, 조선일보 언론인들도 전원 복직되어야 한다는 3개항의 요구조건을 제시했다.

민주화추진 협의회서도 성명

"반국민적 방일 즉각 중단하라"

민주화추진협의회는 전두환씨의 방일 당일인 9월6일 오전 9시 '반국민적 방일을 즉각 중단하라'는 제하의 성명을 발표했다. 이 성명은 "국민의 지지없는 정권의 외교는 정권간의 유착에 불과할 뿐 국가간의 선린관계를 다지는 국민외교는 결코 아니다" 라고 강조하면서 "국민을 탄압하면서까지 명분없는 굴욕적 방일을 강행하고 있는 처사를 우리는 도저히 용납할 수 없다"고 말했다. 이 성명은 "한국의 민주화가 없는 한 정권간의 어떠한 유착도 한일 양국의 선린우호에 도움은 커녕 저해행위가 된다는 것을 강조하면서 방일을 반대하는 국민의 소리에 귀를 기우려 씻을 수 없는 역사적 과오에서 벗어날 것을 진심으로 경고하는 바"라고 천명.

(관계기사 1면에서 계속)

시청앞 태평로 거리에서 시위

9월6일 전두환씨의 방일 당일인 오전 9시30분경 과거 일재침략의 원한이 서린 대한문 부근 성공회구내정원에서 일본재침략저지 민족운동대회가 주최한 본 궐기대회는 김동완목사의 사회로 진행, 대회장인 문익환목사의 대회선언문 낭독이 있었으며 일장기 소각과 만세삼창 후 구 국회의사당앞에서 대한문 쪽으로 대형 프래카드를 앞세우고 '매국방일 결사반대'의 구호를 외치면서 가두시위를벌이다 문익환목사를비롯한 재야인사 21명이 남대문서로 강제연행당했다.

한편 10시5분경 대한문 건너편 구 대한일보 앞에서도 궐기대회를 가졌는데 정사복 경찰들의 삼엄한 경계속에서도 10여분간 고영근목사가 민족운동대회 선언문을 낭독한 뒤 구호를 외치다 출동한 전투경찰에 의해 장영달, 황인성, 오경열씨등이 연행되었다.

또한 9월5일 오후부터 함석헌, 송건호, 윤반웅, 계훈제, 백기완선생등 1백 여명이 넘는 민족민주인사들이 무더기로 자택에서 불법적 강제연금을 당했으며 이창복씨를 비롯한 여러 사람들이 사전연행을 당하였다.

양심범 사면추진협 발족

9월14일 오후7시 서울 홍제동성당에서 문익환목사, 김승훈신부, 백기완선생등 재야 어른들과 양심수가족, 민주청년 100여명이 모인 가운데 한국양심범사면 추진협의회를 결성했다.

본 협의회는 '양심범의 전면 석방과 복권을 촉구한다'는 제하의 발족에 부치는 성명서를 통하여 현정권은 국가안보라는 허울을 전가의 보도로 사용하여 민주화운동을 좌경세력 내지 불순세력으로 몰아 위축시키고 독재체제를 유지해 오고있다고 주장하고 모든 양심범을 사면(석방, 복권)할 것을 주장했다.

본 협의회는 이날 송병춘, 김희상, 김봉우, 박미옥, 최영선씨 등을 공동대표위원으로 선출하고 문익환·박형규목사·함세웅·최기식신부, 이돈명변호사, 김영삼, 이호철씨등을 고문으로 추대하고 앞으로의 당면사업으로 양심수백서 발간, 사면추진 촉진대회개최, 상설 운동틀의 마련등으로 결정

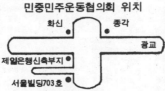

'해방후 학생운동사' 출판기념회

이재오선생이 지은 '해방후 한국학생운동사'의 출판기념식이 지난 9월27일 오후 7시 서울 종로2가 고우회관 강당에서 성황리에 베풀어졌다. 이날 출판기념식에서 저자의 은사인 유인호교수(중앙대)가 격려사를, 성내운 교수가 여러편의 축시를, 언론인 송건호선생이 서평을 해주었으며 학생운동 출신자 가운데 장기표선생(민주화운동 청년연합 상임지도위원)이 축사를 해주었다.

광주구속자 협의회 발족

홍남순변호사 회장추대

지난 8월25일 오후7시 광주 와이엠씨에이 강당에서 5.18광주민주항쟁 희생자들의 유가족, 부상자, 그 사건으로 인한 구속자, 청년·학생등이 모여 광주구속자 협의회를 발족시켰다.

이날 협의회발족대회에서 고문에는 조아라 장로, 김성용 신부, 회장에는 홍남순 변호사, 부회장에는 이기홍 변호사, 그리고 사무국장에는 정동년씨가 추대되었다. 이 협의회는 유가족, 부상자, 회장단 등으로 구성되는 15명 정도의 운영위원회를, 그리고 성직자, 문인, 교수 등으로 구성되는 20여명정도의 지도위원회를 두기로 했다.

광주민주항쟁 이후 처음으로 뜻깊은 출범을 하게된 광주구속자협의회는 앞으로 광주일원의 민주화운동과 인권운동, 그리고 민중운동의 추진에 큰 기여를 할 것으로 기대된다.

각계소식

전북 민주화운동협의회 창립대회

지방최초의 민중·민주운동 연대기구

10월11일, 전주 가톨릭센터에서

전라북도 민주화운동협의회의 창립대회가 10월11일 오후 7시30분 전주시 가톨릭 센터에서 회원 및 청년 학생 시민등 400여명이 참석한 가운데 열렸다.

전북 민주화운동협의회는 지난 8월27일 전북 완주군 이서면 소재 기독교농촌개발원에서 성직자, 노동 및 농민운동 종사자 그리고 청년운동가 등 25명이 모여 발기한 바 있었다. 이 협의회는 전북지역의 민주·민중운동 부문이 결성한 연대기구로서 지방에서는 처음으로 출현한 연대조직이다.

이날 창립대회에는 서울에서 민중민주운동 협의회의 이부영 공동대표, 민주화운동청년연합의 김근태 의장과 장영달 부의장, 그리고 재경 전북민주동우회 정동익 회장등 여러 인사들이 참석, 축하와 격려를 아끼지 않았다. 창립대회를 겸한 "새로운 한일시대와 민족의 장래" 주제의 강연에서 연사로 나온 가톨릭농민회 정성헌 교육부장은 전두환씨의 방일은 전기로 본 한일관계의 실상을 낱낱이 파헤쳤다. 전북 민주화운동 협의회의 임원과 상임위원의 명단은 다음과 같다.

의▲의장=전병생(김제 제월교회 준목) ▲부의장=백남운(전주 효자동교회 목사), 박순희(가톨릭노동사목 간사)▲사무국장=노동길(금강서점 대표) ▲상임위원=전병생, 백남운, 박순희(이상 자동직), 선진영(김제고사교회목사), 소영호(가톨릭농민회 전북연합총무), 하연호(기독교농민회 전북연합회장), 이석환(한국기독교장로회 청년회 전국연합회장), 황성근(전 기독교청년회 전북연합회장), 정길수(전주지구 기독교청년회 회장), 노병관(기청 전북연합회 총무), 김도중(이리지구 기청 회장), 김원호, 박종훈 외 1명

통일문제연구소 10월9일 발족

전 백범사상연 백기완선생 대표

통일문제연구소가 10월9일 백기완 선생(전 백범사상연구소 소장)을 대표로 발족되었다. 이 연구소는 서울 은평구 진관외동 175의 153 백기완 선생의 자택을 임시 사무실로 삼기로 했다. 대표 백기완 선생은 설립 취지문에서 "백범사상 연구소의 법통과 업적을 발전적으로 이어받아 통일문제연구소라 하여 문을 열게 되었다"고 밝히면서 "우리 다함께 우리의 민족문제, 통일문제를 논의하고 실천하는 한마당에 다투어 나서기를 바란다"고 말했다.

김병걸 교수 회갑연 성황

평론집 출판기념회도 겸해

지난 8월22일 서울 흥사단 강당에서 김병걸교수의 회갑연 겸 평론집 '실천시대의 문학'의 출판기념회가 있었다. 해직교수협의회, 자유실천문인협의회, 민주화운동청년연합 및 한국공해문제연구소의 주최로 베풀어진 이날 회갑연에는 동료 해직교수, 문인, 해직언론인, 민주청년등 하객 400여명이 모여 김교수의 굽힘없는 민주화의 의지와 한결같은 평론자세에 경의를 표했다. 기념식이 있은 뒤에 하객들은 술과 떡으로 흥겨운 잔치를 벌였다.

장준하선생 9주기 추도식

추모대강연회도 일대성황

민주화운동과 민족통일운동의 지도자인 장준하선생 제9주기 추도식이 지난 8월17일 정오 경기도 포천군 광탄면 신산리 천주교 나사렛묘소에서 각계 민주인사 200여명이 참석한 가운데 올려졌다.

계훈제선생의 사회로 진행된 이날 추도식에서 9주기 추도식 준비위원회 위원장인 문익환목사는 "해를 거듭할 수록 조문객들이 그치지 않는 것으로 보아 앞으로 이곳은 민족의 성역이 될 것 같다"고 말하면서 "고인의 유지는 이제 어느 누구도 어쩌지 못할 역사의 물결이 되어 오늘의 젊은이들 속에서 역사를 만들어가고 있음을 우리는 확인하게 된다"고 고인의 발자취를 기렸다. 이어 김병걸선생(문학평론가)의 일본재침략을 경고하는 내용의 강연겸 추모사가 있었고 민청연의 김근태의장은 고인의 사심없는 민족통일운동에의 투신을 이어받겠다는 헌사를 올렸다. 한편이에 앞서 8월9일 오후 7시에는 흥사단강당에서 '장준하선생 추모대강연회'가 열렸다. 이날 강연에서 문익환목사가 '현단계에 있어서의 민족통일의 인식', 송건호선생이 '한일관계의 재검토', 그리고 백기완선생이 '장준하—그는 누구인가' 등의 연제로 강연했다. 이날 학생, 청년, 일반인 등 600여명의 청중이 강당을 가득 메웠다.

민중민주운동협의회 위치

화신
종각
광교
제일은행신축부지
서울빌딩703호

서울 종로구 종로1가 46 서울빌딩 703호

'민중의 소리' 구독자를 모집합니다.

농민·노동운동, 성직자 지식인 청년운동의 연대기구인 **민중민주운동협의회**에서는 이번에 **'민중의 소리'**를 펴내게 되었읍니다. **'민중의 소리'**는 제도언론이 외면·매도하고 있는 민중의 살아 움직이고 있는 모습을 진실 그대로 전하고자 태어난 민중·민주언론입니다. **'민중의 소리'**는 본 협의회회원 뿐 아니라 광범한 독자들의 적극적인 지지와 성원이 있어야만 제 구실을 할 수 있을 것입니다. **'민중의 소리'**를 받아보고자 하시는 분께서는 본 협의회로 찾아오시거나 우편으로 신청하셔도 됩니다. **'민중의 소리'**에 대한 여러분의 줄기찬 동지애를 기대하는 바입니다.

편집부

민주통신

발행인 민주화추진협의회 공동의장
김대중 김영삼
발 행 1985년 5월 30일
발행처 민주화추진협의회
서울시중구서소문동85-3
진흥빌딩 1003 (757-6407-9)

광주 진상과 미국 책임 밝혀야

5개대생73명 72시간 농성

◆ 미문화원 농성 일지

23일 12:05 5개대생 73명 미문화원 기습점거
13:30 주한미대사 면담과 내외신기자회견 요구
14:30 미측대표와 학생들 면담 해산요구에 불응
19:10 안희상 서울시경 제2부국장 대사관 관계자 만남(이날 서울시내 7개대에서 농성지지 데모)

24일 08:40 학생들 미측과 면담재개 (광주사태시 한국군투입에 대한 미국측 묵인여부가 촛점)
09:00 5개대 총장 대책논의
11:30 2차 대화 (진전없음)
14:30 3차 대화 (대화공전)
15:00 점거농성에 참가하지 않은 '전학련' '광투위'대표 신민당에 찾아 면담 '신민당에 드리는 글' 전달 이때 대표학생 5명중 2명 연행됨.
18:10 4차 대화 (별 진전없음)
19:30 전학련중앙집행위 연세대서 기자회견, 민추협 등 재야단체 동석

25일 08:10 1차대화학생들 '국민대토론회' 제의 '워커'대사에게 보내는 공개서한 전달
'민통연'지지성명 발표
신민당 성명 발표
12:40 2차대화 사태 호전기미
15:30 농성해제대비 경찰배치
16:30 '민청연'을 비롯한 제야청년단체 공동 지지성명 발표
17:00 3차대화 '선농성해제'와 '선공식 문서요구'주장 대립
17:30 민추협 '학생 여러분께 드리는 글' 공동의장메시지 전달
18:00-19:00 4차대화
21:45-11:30 5차대화(농성해제조건 등 제시)
22:20 학생들과 대화하던 '민추협' 한광옥 대변인과 구자호 부대변인 연행당함.

26일 00:17 학생들 '26일 정오 농성해제' 발표
04:25 농성학생중 연세대 심리학과 3년 이영희양 (22) 탈수현상으로 서울시립동부병원 입원
09:20 학생들 유리창 통해 '백만학도에게 드리는 글'등 발표
11:30 학생들 '국민여러분께 드립니다. 이제 농성을 끝마치면서'등 유인물 발표 (5종)
12:05 농성학생들 문화원서 나와 버스로 강남성모병원과 서울동부시립병원으로 향함
12:17-25 병원에 각각 도착
17:30 여학생 3명제외 70명 서울시경 형사과 수용.

29일 25명 구속, 43명 구류

미문화원 점거농성, 학생들 3일만에 자진해제

5월 23일 낮12시 5분 기습적으로 서울 미문화원 2층 도서관을 점거. 농성에 들어갔던 서울대, 연대, 고대, 성대, 서강대등 서울의 5개대학 학생 73명은 점거농성 72시간만인 26일 낮12시 5분 '더이상의 대화를 할 필요성이 없다'면서 스스로 농성을 풀었다.

'워커'주한 미국대사와의 면담. 미국의 광주사태진압군 투입승인 인정과 이에 대한 공개사과 및 현 군부정권에 대한 미국의 지원 철회, 그리고 국회에서의 광주사태 진상규명을 위한 국정조사권 발동 등을 요구하며 미문화원 점거 농성에 들어갔던 학생들은, 미대사관 정치참사관, 공보참사관겸 문화원장 등과 점거 도서관에서 11차례 대화를 가졌었다.

×× 사건의 배경

이번 미문화원 점거농성사건의 배경을 추적하기 위해서는 80년 5월의 광주민중항쟁(현 정권은 이를 광주사태라 한다) 으로 거슬러 올라가지 않으면 안된다. 유신정권 말기의 부마사태와 10.26 이후 민주주의의 실체를 자각하기 시작한 광주시민들은 점점 그 본색을 드러내는 또 다른 군부독재의 마수에 맞서 80년 5월 궐기했었다. 이에 위협을 느낀 군부는 (현 정권의 중심인물들이 그 당시의 군주역) 5월 17일 광주에 공수부대를 투입했었다. 공수부 대원들은 적수공권의 광주 시민들에게 무자비한 만행을 자행하기 시작했고, 광주시민은 옆에서 무참히 쓰러져 가는 동포들을 바라보다 그 참혹성에 참다못해 무장을 하였다. 그러자 군부는 이번엔 정규군(20사단) 까지 광주에 투입 (5월 22일)했다. 이후 무자비한 학살은 계속되어 학살당한 광주시민의 수는 무려 2천여명 (정부발표 196명 주로 5월 17, 18일과 5월 28일에 학살당함) 이라 한다. 이와같은 광주 민중항쟁의 과정에서 5월 17일과 5월 22일의 군투입을 미국은 승인하였으며 비극을 방조하였다. 왜냐하면 지금이나 당시나 군통수의 최고 결정권은 한·미연합사령부에 있으며, 이의 책임자는 미군측 사령관이기 때문이다. 더군다나 80년 9월 22일 미국무성이 펴낸 자료(80년 5월 16일부터 6월까지의 기록을 담고 있다) 에 의하더라도 한국의 군투입요청을 미국이 승인했음을 추측할 수 있기 때문이다.

이러한 80년 5월의 광주민중항쟁의 사실들을 마치 폭도들의 난동인양 운운하며, 은폐를 계속하고 있는 현 정권의 기만성이 원인이 되어 이번 미문화원 점거농성사건은 발발하게 된 것이다. 따라서 이번 미문화원 점거농성학생들의 목적은 그들의 요구사항과 주장에 잘 나타나 있듯이 현 정권의 엄청난 폭력성과 기만성을 폭로하고, 광주민중항쟁의 철저한 진상규명을 위한 기틀을 마련하여, 신민당과 민추협을 비롯한 제도권내·외의 단체들이 이를 위해 보다 적극적으로 투쟁할 것을 기대함과 동시에 한국의 민주화 세력이 결코 만만치 않음을 보여줌으로써 미국이 현 정권에 대한 지원을 철회하고, 한국의 민주주의를위해 함께 노력할 것을 촉구하자는 것이다. 그러므로 이번 점거농성사건은 일부 언론에서 왜곡보도하고 있듯이 반미 감정에서 연유한 행동이 결코 아닌 것이다.

×× 사건의 경위

이번 미문화원 점거농성이 처음 논의된 것은 지난 5월 14일 연세대학교에서 열린 전국학생총연합 3차대회에서이다. 학생들은 이 모임에서 각 대학별로 '광주 학살원흉처단 투쟁위원회'를 발족시킨 뒤, 서울대, 연대, 고대, 성대등 4개대학의 '광투위'위원장들이 만나 미문화원 점거농성을 계획했다. 이후 이들은 수차례 만나 지난해 11월 민정당사 농성때의 미비점을 거울삼아 앞에 말한 요구사항 및 '절대로 폭력을 사용하지 않고 정중하게 대화한다'는 등의 행동수칙까지 정하는 등 세심한 준비를 했다. 아울러 광주민중항쟁의 자료수집 및 연구, 국제법 연구도 병행했다.

이번 미문화원 점거농성은 앞의 사건의 배경에서도 나타나 있듯이 우발적인 사건이 결코 아니며, 더불어 학생운동에서 이번 학기의 주요목적으로 삼고 있는 민중, 민주, 민족을 위한 투쟁의 연장선상에서 파악될 수 있다.

×× 사건의 전개

5월 23일 낮12시 5분 기습적으로 미문화원 도서관 점거에 성공한 학생들은 곧바로 '워커' 미대사와의 면담을 요구하며 단식농성에 들어갔다. 학생들은 요구사항이 관철될 때까지 절대 나가지 않는다는 강경한 자세로 미대사관 정치참사관 '던랩'씨와 공보참사관겸 미문화원장 '레빈'씨 등과 11차례의 면담을 가졌다. 한편 학생들의 미문화원 점거가 성공하기를전후하여 서울시내 7개대에서 지지 시위가 있었다. 그리고 미문화원 점거농성에 대한 현 정권의 역공세를 생각해 직접 점거농성에 참여하지 않은'광투위' 간부들과 '전학련 중앙집행위원회'는 24일 오후 7시반 연대내 총학생회실에서 '민추협' 을 비롯한 재야단체 인사들이 참석한 가운데 내·외신 기자회견을 갖고 이번 사건에 대한 입장을 발표했으며, 이에 앞서 5명의 대표학생들이'신민당에 드리는 글'이라는 제하의 성명서를 갖고 신민당에 찾아 갔으나 이중 2명의 남학생들은 연행되고 3명의 여학생들만이 25일 낮까지 신민당 관계자들과 면담하였다. 또한 이사건이 보도되자 '민통연'의 지지성명서가 나왔고 뒤이어 '민청연'을 비롯한 청년단체들의 공동 지지성명서등이 뒤따랐다. 또한 신민당에서도 이에 대한 성명을 발표했으며 민추협에서도 학생들에게 보내는 메시지를 전달하였다.

이렇듯 점거학생들의 대화노력과 각 재야단체들의 지지에도 불구하고 미국측의 태도가 미온적으로 일관하고, 현 정권에서도 계속적인 기만과 역공세로 나오는 등의 행위가 계속되자. 점거농성학생들은 더이상 대화를 할 필요성이 없음과 점거농성투쟁에 한계를 인식하면서 끝까지 민주화 투쟁의 선봉에 설 것을 다짐하며, 28일로 예정된 남북적십자회담을 고려해 26일 낮12시 5분경, 스스로 농성을 풀었다.

이후 학생들은 건강진단을 위해 강남성모병원과 동부시립병원으로 옮겨졌으나 3시간만에 시경 형사과로 다시 옮겨져 수사를 받고 있다. (일지참조)

광주여
민족의 십자가여

정부의 자세 근본적 전환있어야
미국은 한국의 군사독재 지원말아야

金大中 · 金泳三 공동의장 메시지

친애하는 학생여러분!

우리는 사태에 대한 깊은 우려, 우리의 책임에 대한 통감, 그리고 여러분의 건강을 지극히 걱정하면서 이 글을 보냅니다.

여러분은 우리가 지금까지 걸어온 과정에 비추어 우리가 국민과 민주주의와 조국의 통일에 여러분과 똑같은 충성심을 가지고 있다는 것을 믿을 줄로 압니다. 이러한 우리의 확신을 가지고 우리는 여러분의 농성사태와 관련해서 다음과 같이 우리의 견해와 충정을 여러분에게 전하면서 이 글이 사태의 해결에 도움이 되기를 바랍니다.

첫째, 우리는 정부가 광주사태의 성의있는 해결과 광주의 영령들이 열망하던 민주화에 대해서 아직까지 충분한 성의를 표시하지 않고 있다고 믿으며 정부의 자세의 근본적인 전환이 있어야만 금후의 정국을 원만하게 수습할 수 있다고 믿고 있읍니다. 더구나 정부가 여러분의 행동을 뚜렷한 근거도 없이 용공, 반미로 몰려하는데 대해서는 우리는 이를 절대로 동의하지 않으며 분노를 느낍니다.

우리는 또한 일부 언론의 유사한 자세에 대해서 유감스럽게 생각하고 있읍니다.

둘째, 우리는 미국 대사관 당국이 평화적인 대화로써 여러분의 문화원 농성사태를 해결하려는 태도에 대해서 찬의를 표하고 있읍니다. 우리는 이미 미국대사관 당국에 대해서 금번의 불행한 사태에 대하여 유감의 뜻을 표하고 끝까지 사태를 대화로써 해결해 주도록 요청한 바 있읍니다. 동시에 우리는 여러분의 문화원 농성행위 그 자체는 찬성하는 바 아니지만 여러분의 주장한 바 있는 광주사태에 대한 미국의 책임 그리고 미국이 한국의 군사독재를 지지해서는 안된다는 점에 대하여는 많은 국민이 생각을 같이하고 있다고 우리는 믿는다는 점을 전한 바 있읍니다.

우리는 미국이 4.19당시와 같이 민주주의와 인권을 지지하는 가장 존경하고 신뢰할 수 있는 우방으로서의 신임과 명성을 회복하는 것을 한미양국의 진정한 우호협력을 위해서 바라마지 않고 있읍니다.

셋째, 우리는 여러분의 금번 농성의 결과가 어느 점에서는 여러분의 기대 이상의 영향을 미쳤다고 생각합니다. 미국에서는 연일 모든 언론의 톱뉴스가 되어 광주사태에 대한 인인식을 새로이 했읍니다. 더우기 여러분의 태도 즉 인질을 잡지 않은 점, 폭력을 사용하지 않은 점, 그리고 진지한 대화를 진행한 점은 미국 조야에 큰 인상을 준 것으로 나타났읍니다. 전세계에 준 영향도 거의 마찬가지 입니다. 그리고 국내 언론기관이 큰 지면을 할애해서 보도한 결과는 비록 그 내용이 모두 만족할만한 것은 아니더라도 우리 국민에게 그리고 모든 정치인에게 광주사태 해결의 중요성과 긴급성을 인식시키는데 아주 큰 역할을 했읍니다.

여러분의 농성은 이러한 큰 성과를 빚었지만 일방 고려해야 할 문제들도 있읍니다. 즉 이유야 어떻든 우방국가의 공관건물을 점거하고 있다는 점, 국민의 일부 사이에 현재와 같은 사태를 우려하는 심정도 있다는 점, 그리고 무엇보다도 남북적십자 회담이 오는28일로 박두한 이때에 우리는 여러분의 농성사태가 북한공산정권에게 이득을 줄 수 있다는 점 입니다. 그렇지 않아도 지금 북한 공산정권은 여러분의 농성사태를 제멋대로 악용하여 여러분의 농성이 마치 반미운동인 것 같이 대대적으로 선전하고 있는 실정인 것입니다.

우리는 또한 여러분의 건강을 위해서도 더 이상 무리한 단식 농성을 삼가해야 한다고 믿고 있으며 여러분의 목적한 바의 효과를 위해서도 지금이 농성을 중지할 시기라고 믿습니다.

다시한번 강조합니다.

우리는 지금까지도 민주주의와 국민을 위해서 헌신했고 앞으로도 그러할 것입니다. 우리는 국회 안에서 신민당을 적극 내세워서 광주사태의 납득할 수 있는 해결을 위해 전력을 다하도록 요청할 것이며 또한 모든 민주세력과 협력해서 광주사태 해결과 민주회복을 위하여 더 한층의 성의와 노력을 다할 것입니다. 우리들의 이러한 결심을 신뢰하고 여러분이 농성을 해제하여 건강을 회복하면서 사태의 진전을 주시해 주기 바라는 바입니다.

1985년 5월 25일

민 주 화 추 진 협 의 회
공동의장 김 대 중
김 영 삼

아픔을 넘어 무엇을 할 것인가

— 미문화원 사건의 충격과 의미를 씹으며 —

그것은 충격이었다. 놀라움이었고 걱정이었고 탄복이었다.

남의 집에 허락없이 들어가서는 안된다는 것을 그들이라고 모를 리 없다. 또 엄청난 불이익과 어쩌면 가혹한 보복이 있을 수 있다는 것도 모를 리 없었다.

그러나 그들은 시대의 아픔을 자신의 아픔으로 아파했고 작은 예절이나 실정법의 규제보다는참을수 없는 외침을 가슴터지게 누르고 있었던 것이다.

그들의 목적과 주장은 너무나 분명하다. 그러나 그것을 알릴 방법은 지금 막혀있다는 것이다. 국회와 언론이 있다고 한다. 언론이 그들의 이번 행동을 어떻게 반미와 용공으로 앞질러 놓고 갔나를 본다면 언론 얘기는 그들에게는 통하지 않을것이다. 국회와 신민당 얘기는 글쎄 기다려는 보아야 겠지만 싹수로 보아… 라고 그들은 일찍 단념한 것은 아니겠지만 너무 안타까와 촉진시키고 싶었는지 모른다. 하지만 미국과 따질 것이 있는데, 그 대목은 국회와 기성세대를 믿지 못하겠다.는 그들의 주장을 누가 정면에서 부인할 수 있을까.

그들의 주장은 이렇다

미국에 따질 것이 있다는 것이다. 분명 한국군의 움직임은 작전지휘권이 있는 미국과 관련이 있다는 것이다. 1980년 5월 18일 군일부는 광주에서 도저히 용납받을수 없는 행동을 햇다.

미국측이 미국의 작전지휘권과는 관련없는 군부대라고 해명햇다. 5월 22일이후 미국의 승인아래 출동한 군부대의 행동에 대하여 미국은 출동은 승인했지만 무장진압은 승인하지 않았다고 밝힌다. 말장난이 아니라면 이 경우에 미국의책임을 추궁하는 것은 어쩌면 당연하다. 사후라도이런 문제에 대하여 미국은 작전지휘권의 이름아래 어떤 조치를 했는가? 그리고 도대체 이러한 미국과 관련된 부분에 대하여 민간차원이 아닌 어떤 언론, 정부기관이 미국에 따진 적이 있는가?

국내문제를 외국기관에서 떠든다고 하지만 이것은 명백히 국내문제가 아닌 미국과 관련 된문제이다. 아무도 안따진 못따진 문제를 그들이 따진 것이다.

그러나 한편 생각하면 서글프다. 우리 동족의 문제를 그들과 얘기하지 않을 수 없는 그 현실이 슬프다. 그렇지만 현실 위에서 얘기 하자면 그들과 차질 수 밖에 없고 그래서 이나마의 미국측 해명을 얻어 낸 것이다. 미국은 더 자세히 자신의 역할과 책임을 밝히는 길만이 진정한 한미우호를 재건하는 길임을 한국인 모두가, 말하는 이든 입다문이든 가슴속 깊이 아니 목구멍까지 올라와 있다는 것을 알아야 할 것이다.

그들은 군사독재를 미국이 지원하지 말라고 요구했다. 물론 미국이 행정부를 상대한다는 것은 안다. 그러나 미국 행정부가 일반적인 상대의 대상으로만 한국 정부를 대하는 것이 아니라 특정 정책들과 연관되어 있음은 명백히 광주의 군출동의 경우에서도 보여준 것이다. 이것은 결코 내정간섭을 사대주의에 의탁해 자청하는것이 아니라 그 반대이다.

사대에 기대는 정권에 대한 내정간섭 —권력유지 또는 획득을 지원하는 대신 미국의 국익과 미국민의 실익을 취해가는 영향력—행사를 중단하란 것이다.

그들은 이번에 목이 터지라고 우리 한국국민과 정부와 여당과 야당앞에 보여준 것이다.

못하는 말 차마 참을 수 없는 외침을 보여준것이다. 국민에게는 "우리가 이 한맺힌 말을 대신 하리다", 정부에게는 "우리가 대신 미국에 따져 주리다. 그리고 정부가 꿀리는 게 있거든 차라리 먼저 털어놓고 서로 용서를 빌고 진정한 화합의 길을 찾읍시다", 야당에게는 "우물 우물 넘어 갈 일이 아니요, 미국이 두렵소? 우리가 말문을열어 줄 테니 어디 믿고 기다릴수 있도록 보여 주시요" 라고 그들은 눈물로 몸부림으로 소리쳤던 것이다.

그들은 자기네의 행동의 일단락을 자진 철수로 멋지게 맺었다. '용공' 으로 몰려고 하는 무리를 멋적고 민망하게 했다. 선배들에게는 절제의 의연함을 보여주었고, 미국사람에게는 예의바르고 당당한 한국의 젊은이 . 임을 보여 주었다.

이제 문제는 우리에게 넘겨졌다.

그들의 동기를 깊이 이해하면서, 그들의 주장이 아니라 이 나라 역사에 깔린 그 눌려진 함성, 군부독재를 끝내고 민주화를 이룩하라는 외침을 다시는 피흘리는 헌정파괴가 없이 어떻게 이룩해 나가느냐는 일을 실천하는 과제다.

무엇부터 실천할 것인가?

광주사태의 진상을 밝히고 각자 자기의 책임을 지는 일이 뒤로 미룰 수 없다는 것을 우리는 거듭 깨닫는다.

민주주의 만세! 민주화추진협의회 만세!

민추협, 신속한 대응

대학생들의 미국 문화원 농성사건이라는 충격적 사건에 민추협과 김대중, 김영삼 공동의장은 깊은 관심으로 학생의 진의를 파악하고 사태의 원만한 수습에 할 수 있는 노력을 다 했다.

민추협과 양공동의장은 학생들의 주장이 국민적 요구와 같다는 점을 인정하면서도 그 방법에 문제가 있다는 점을 지적하고 한미우호와 민족적 자존심이 해쳐지지 않도록 신속하고 평화적으로 수습되도록 모든 노력을 다했다.

양 공동의장 긴급회의

23일 오후 사건이 발생한 즉시 민추협은김병오 부간사장과 김도현 기획홍보실장, 이유형 청년국장 등을 현지로 보내 사태를 파악하도록 조치하였다. 다음날 오전 '광투위'와의 대화에서 학생들은 그들과 공동보조를 맞추어 민추협이 성명서를 내주기를 원했으며 그들의 행동은 광주사태에 대한 미국의 진상규명과 현 정권에 대한 미국의 지원중단에 있는 것이지 신문에서 보도되는 것처럼 반미는 결코 아님을 밝히면서 과격한 행동을 최대한 자제하겠으니 민추협이 동참해 달라고 요구하였다. 곧이어 공동의장 주재하에 사태의 긴박성을 논의키 위하여 연석 긴급 대책회의를 열고 이번 사태의 조속하고 평화적 이며 합리적인 해결방안을 모색키 위하여 김상현부의장, 최형우 간사장을 대표로 미대사관측과 접촉토록 하였다. 또한 김병오 부간사장과 신기하의원, 신현기 국제국부국장, 최정진 대외협력부장 등이 농성학생들과 접촉하여 공동의장의 뜻을 전해 주었다. 오후에 전학련이 공동의장에게 메시지를 보냈으며 그들은 문화원 농성사건의 정당성 및 농성학생들의 신변과 안전을 보장해 달라고 요청하였다.

미대사관 1등서기관 데이비드 엥겔씨가 찾아와 농성학생과의 면담을 타진하였으나 오후7시에 엥겔은 학생과의 면담이 곤란함을 통지하였다. 그 시간에 연세대에서 전학련 광투위는 미문화원 농성배경과 입장을 발표, 정치인의 반성과 비판 및 민추협과 재야가 그들과 공동보조를 취해 주었으면 좋겠다는 내용의 기자회견을 가졌다. 25일 오전에 본회는 문화원 농성에대한 민추협의 대책을 논의하기 위해 긴급 상임,지도위원 합동회의를 소집하였다. 이 자리에서 상임, 지도위원들은 학생들의 우국충정을 높이 평가하면서 언론의 편파적인보도에 분노하였으며, 이번 사건을 계기로 정부는 광주사태의 진상 및 민주화의 일정을 국민앞에 제시해야 할 것이며, 정치인들은 무책임한 자세에서 벗어나 학생들이 제기한 문제점들을 해결하는데 앞장서야한다고 말하였다. 또한 이번 사건으로 학생들의목적이 사실상 충분히 달성된 것과 다름이 없으니 건강과 북한의 악의적 선전을 고려하여 농성을 해제하는 것이 좋겠다는 의견을 개진하였다. 마지막 으로 김대중 공동의장은 학생들의 행위에 본회가 그 정신과 입장에서는 일치하지만 학생들과 똑같은 행동을 하는 것은 실질적 효과를 거두는데 문제가 있으므로 공동의장이 협의하여 대책을 수립키로 결정하고 학생들에게 보내는 공동의장 메세지를 발표하였다. (메세지내용 4면참조)

오후에 박찬종의원, 명화섭의원, 한광옥대변인, 구자호부대변인, 최종태총무국장, 북진풍 선전국장, 김수일 노동국장 등이 현지에 가서 학생들에게 공동의장 메시지 전달여부를 확인하였다.

이 자리에서 학생들은 메시지 내용이 그들의 농성을 지지하는 것이냐고 물었으며 박찬종의원은 지지성명이니 잘 숙고하여 읽어보기 바란다고 대답하였다.

전학련으로 찾아간 김병오 부간사장,김도현기획홍보실장, 이성헌 기획위원은 공동의장메시지를 학생들에게 전하면서 게시지 전달의 배배경과 내용을 설명하였다. 학생들이 메시지내용이 미온적이라고 지적하자, 본회 대표단은 내용을 신중히 검토해 보면 여러분의 주장 및뜻이 충분히 반영되어 있을 것이라고 말하였다.

밤늦게 김밥 80인분을 학생들에게 차입하려 하였으나 미대사관측의 거부로 차입이 중단되었으며 농성학생들과 대화를 나누고 있던 한광옥 대변인과 구자호 부대변인이 파출소로 연행되어 구자호 부대변인은 시경부국장에게 폭행을 당하였다.

박찬종의원은 2차로 학생들과 대화하여 25시에 중대발표가 있을 것이라는 학생들의 이야기에 공동의장의 메시지를 숙고해서 결정하기바란다고 당부하였다.

24:00시에 학생들은 다음날 12:00시에 문화원을 나가겠다고 발표하였고, 최종태 총무국장, 박희부 조직국장, 북진풍 선전국장,김수일 노동국장, 조익현 총무국부국장, 박준호섭외부장. 유성효 선전차장, 김영춘 전문위원 등은 철야로 현장을 지켰다.

5월 26일 오전에 공동의장 주재하에 긴급간부회의를 소집, 농성해제에 대한 사후 대책을 논의하여, 박찬종의원, 명화섭의원, 김병오부간사장, 최종태 총무국장, 박희부 조직국장, 복진풍 선전국장, 백영기 대외협력국장, 원성희 사회국장, 서호석 인권국장, 김장곤 문교국장, 김수일 노동국장, 안희우 회기국장, 조익현 총무부국장, 김방림 여성국부국장 등 다수 사무국간부들을 현지로 보냈다.

현장에 있던 유성효 선전차장과 박찬종(박찬종의원 보좌관)씨가 남대문서로 연행되어 낮12 10분경에 풀려 나왔다.

오후에 전학련으로 간 김병오 부간사장은 학생들의 농성해제 성명서와 민추협의 성명서를 전해 주었다. 이 자리에서 정태근 전학련 선전국장은 농성학생들의 신변안전 및 학생운동의 본부를 파괴하기 위하여 전학련 간부를 대거 구속할 가능성이 있으므로 이에 대한 민추협의 대책 및 5월 25일 신민당에 들어가려다 연행된 유효찬 (서울대 광투위원장), 강영근(서울대 총학생회 부회장)에 대한 대책을 세워줄 것을 요구하였다.

— 현재 지명수배자 —

김민석 - 전학련 의장 (서울대 총학생회장)
허인회 - 전학련 삼민투위 위원장 (고대 총학생회장)
정태근 - 전학련 선전국장 (연대 총학생회장)
이해식 - 전학련 사무국장 (서강대 총학생회장)
오수진 - 전학련 서울지역평의회 회장 (성대 서울지역 총학생회장)
박선원 - 연대 광투위 위원장
고진화 - 성대 삼민투위 위원장
전순필 - 전학련 중부평의회 의장 (성대수원분교 학생회장)
오병윤 - 전학련 호남평의회 의장 (전남대총학생회장)
이병탁 - 전학련 영남평의회 의장 (부산대총학생회장)
함운식 - 서울대 광투위 위원장
이정훈 - 고대 광투위 위원장

27일 오전에 공동의장을 모시고 최형우 간사장, 김병오 부간사장, 김도현 기획홍보실장, 한광옥 대변인, 구자호 부대변인, 박찬종의원, 명화섭의원 등이 모여 긴급대책 간부회의를 열고, 아래와 같은 사항을 결정하였다.

-농성학생들의 건강이 완전히 회복되지 않은 상태에서 경찰이 연행한 것은 비인도적인 처사이며 학생들을 병원으로 즉각 돌려보내 철저한 건강진단을 받도록 해야 한다.

-학생들의 행방, 협의내용, 경찰의 인권유린행위에 강력 대처키 위해 본회 소속 16명의 변호인단을 구성하기로 결정하였다.

위원장 : 박찬종
위　원 : 김광일, 김길준, 김명윤, 김수일, 목요상, 박한상, 신기하, 용남진, 윤철하, 이관형, 이택돈, 조승형, 태윤기, 허경만, 홍영기

미문화원 사건의 충격

××××광주의 중요성 전세계에 알려
한국 학생의 의연함과 미옹졸함 드러내

1. 광주의 진상이 밝혀져야 한다는 것이 얼마나 중요하다는 것을 전세계 특히 미국내에 알렸다. (미국의 텔레비죤, 신문 모두가 연일 크게 보도)

2. 광주의거 무장진압에 대한 미국의 책임이 밝혀져야 한다는 한국민의 요구가 직접적으로 미국에 표현되었다.

3. 현정부와 여당의 핵심이 광주의거 무장진압과 관련되어 있다는 사실을 상기시켰다.

4. 학생들이 미 문화원에 집단진입 농성했지만 인질을 잡지 않고 기물을 전혀 파괴하지 않으며 시종 평화적으로 미대사관 관리들과 대화로써 그들의 요구를 표현함으로써 미국관변들조차 '애국적이고 평화적'이라는 평가를 하지 않을 수 없게 하였고 미국의 언론을 탄복시켰다.

5. 미국은 학생들에게 80.5.18 출동 특수부대에 대한 미국의 무책임과 80.5.22 투입부대에 대한 미국의 승인과 무장진압 불승인을 학생에게 밝힘으로써 미측이 사건의 책임을 한국 군부에게 전적으로 전가하려고 노력하고 있음을 보여 주었다. 그러나 논리적으로는 '출동승인, 무장진입 불승인'이라는 것으로 미국이 책임을 면할 수는 없다는 것이 미국측 관리의 비공식 견해.

현정부와 여당의 핵심 광주의거 무장진입과 관련

6. 한국 학생이 의연한 대화자세를 견지한 것과는 대조적으로 미국측은 허기진학생들에게 음식을 들여주는데 조건을 달아서 학생들로부터 '먹을 음식에 조건을 다는 것은 한국 풍습에는 없다'라는 말이 나오게 만들었다.

한국적 예절과 미국인의 차가운 집무태도를 대조적으로 드러냈다.

7. 학생들이 남북적십자회담을 의식하여 자진 26일 회담시작 하루전에 농성을 풀어 '용공' '반국가'로 모는 관제언론을 민망하게 하였다.

8. 학생들이 미국측 자세에 한계를 느끼고자진해산한 것은 일부 언론의 주장처럼 이런 방법으로는 문제가 해결될 수 없다는 것을 깨닫게한 것이 아니라, 미국측의 상투적 이고 수사의 한계성을 폭로하고 한국 학생의 의연함을 보여 준 것이다.

9. 정부 여당이 사태수습 뒤 학생들을 구속억압하는 것 외에는 아무런 사전 사후 대책을가질 수 없다는 것은 현 정권의 정치력의 수준과 한계를 적나라하게 폭로.

미국의 대한정책 재정립 불가피

10. 미국인조차 반미로 보지 않는 이 사건을 일부 언론과 정부 여당이 앞질러 '반미'로 몬것은 사대적 근성과 민족적 자존심을 내버린 추한 모습을 드러내게 만들었다.

11. 미국측이 한국 경찰의 투입을 요청하지 않은 것은 미국다운 태도라고 하겠으나 미국측이 농성학생의 요구때문이 아니라 한미우호의 진정한 재건과 한국민의 한맺힌 요구를 깨닫는다는 의미에서 미국의 대한정책을 재정립해야 할 것임을 크게 부각시켰다.

아! 광주여 민주의 불꽃이여!

반군부 독재 투쟁에 하나가 되자

미국 문화원농성사건은 그 발생배경 사건의진행 학생들의 요구 등이 정확하고 진솔하게 국민들에게 알려지고 정당한 평가를 받아야 함에도 국내 언론은 의도적 편견과 삐뚤어진 인식으로 이 사태를 국민앞에 비치게 하였다.

그들의 주장이 무엇이고 그들의 주장의 배경이 무엇인지를 그들 자신의 목소리로 들어보자. (편집자주)

• 다음은 전국학생 총연합 광주학살 원흉처단 투쟁위원회에서 이번 미문화원 점거농성사건과 관련하여 발표한 성명서 요지이다.

1. 국민여러분께 드리는 글

저희 "광주학살원흉 처단위원회"는 1980년 5월 광주 민중항쟁의 굴절된 역사적 의의를 현재에 재조명 하고, 그 정확한 진상을 밝힘과 동시에 당시 광주민중 항쟁의 무자비한 학살자였던 현 전두환 군부정권의 정체를 만천하에 폭로하고, 그들에게 책임을 강력히 촉구하여 우리나라의 진정한 민주화와 민족화합의 밑거름이 되고자 결성 되었읍니다.

2. 우리는 왜 미문화원에 들어 갔는가.

국민으로 부터 정통성과 정당성을 부여받고 있지못한 현 군사독재 정권의 유일한 지지기반은 오직 미국과 일본 뿐이다. 아직까지도 미국은 현 군사독재정권을 지지하고 있으며 이러한 태도는 한국국민들의 미국에대한 불신을 더욱 가중시키고 있다.
이제 우리는 미국이 반민주적, 반민중적 현 전두환 군사정권에 대한 지원을 즉각 철회할 것을 과감히 요구한다.

• 다음은 지난 5월 26일 미문화원 점거농성학생들이 자진해산하면서 발표한 각종 성명서의 요지이다.

1. 백만 학도에게 드리는 글

우리의 농성해제는 싸움의 끝남을 의미하는 것은 아니다. 새로운 싸움의 시작일 뿐이다.
농성의 진행과정에서 충분히 광주학살 원흉들에 대한 가슴 섬찍한 응징이 가해졌고, 모든 백만학우들은 민주운동 세력과 반독재 민주화 투쟁의 열기를 뜨겁게, 가열하고 있다.
학우여! 일제식민지이후 굴절되면서계속된, 이땅의 어둡고 폭압적인 모순의 청산을 위해, 그 역사와 민중에 대한 억압의 무리를 물리치기위해, 서로의 손을 굳게 잡고 어깨를 힘주어 끼고 힘차게 주저없이 나아가자!

민주주의 만세!!!

2. 국민 여러분께 드립니다. -농성을 끝마치면서-

지난 23일부터 시작된 미문화원 농성사건을 지대한 관심속에서 지켜보시고 아울러 저희들의 건강을 염려해주신 국민여러분께 진심으로 감사 드립니다.

국민여러분!
우리는 현 군부독재정권이 얼마나 무능한지 그리고 얼마나 잔악한지 그간의 과정에서 잘 알수 있읍니다. 이제 군부독재 종식을 위해 온 국민 모두가 힘을 합쳐야 할때라고 생각합니다.
반군부독재 민주화투쟁의 깃발아래 하나가 되어 독재의 아성을 허물어 버립시다.
나아가 이땅에서 영원히 독재의 씨앗을 없애버립시다.
자! 억압과 굴종의 굴레를 벗어던지고 민주화된 그날을 향해 전진합시다.

3. 미행정부에 드리는 글

미국은 광주학살을 지원했던 것을 인정하고이에 대해서 해명할 것과 한국민앞에 공개 사과할 것, 둘째, 미국은 군부독재 정권에 대한 지원을 즉각 중단할 것 등입니다.
이제 미국은 제3세계의 군사정권에 대한 지원을 중단하고 정치적 민주화와 경제적 자립화를 원하는 제3세계 민중과 호흡을 같이할때, 자유민주주의 선봉장으로서의 미국을 새삼 높이 평가하게 될 것입니다.

4. 신민당에 다시 촉구한다.

신민당은 2.12총선에서 보여준 국민의 민주화에 대한 열망을 적극 수렴하여 군사독재 정권에 항거하는 선명 민주 야당으로서의 자기위치를 확실히 해야 한다.
다시 말하여 이번 우리 백만학도가 제기한, 광주민중항쟁에 관한 진상 규명, 광주 학살의 미국의 책임성과 군부독재 정권에 대한 지원을 철저히 파헤쳐 온 국민앞에 미국의 지난날의 과오를 폭로, 미국으로부터의 공개사과를 받도록 해야 한다.

5. 제반 민주세력에 드리는 글

그동안 제반 민주세력의 뜨거운 관심 격려에 감사드리면서 한편으로는 약간 불투명하고 미온적인 태도에 대해 반성을 촉구하며 앞으로 반독재 민주화 투쟁의 대도에 결연한 모습으로 함께 할 것을믿는 바입니다.

• 다음은 이번 미문화원 점거농성사건을 전후하여 전학련에서 나온 성명서 요지이다.

1. 5월투쟁 제3선언문

지난 14일 전학련 3차대회 이후 전국의 백만 학우는 각 대학별로 진행된 광주민중항쟁 진상규명 운동속에서 결집된 투쟁역량을 바탕으로 경향도처에서 전학련의 이름으로 강력한 투쟁을 전개하였다.
더불어 재야와 신민당의 최근까지의 모호한 입장에 심각한 우려와 실망을 느끼며, 보다 선명한 입장의 제시와 실천을 요구하는 바, 국정조사권 발동의 요구, 진조위 구성, 백서 발간, 전학련 및 제 민주운동단체와의 공동행위를 강력히 촉구한다.

2. 4천만 국민이여! 성스러운 투쟁의 불꽃이 솟아 올랐다.

미문투쟁은 해방이후 질곡되어진 현대사속에서의 한미관계사에 대한 재인식을 통하여민족사적 정통성과 국민적 합의에 기초한 정당한 민주정부 수립의 열망을 송두리 채 뿌리뽑은 현 전두환 군사독재정권의 실체와 이를 지지하는 미행정부의 음모를 만천하에 낱낱이 폭로한 역사적 쾌거이다.

3. 서울 미문화원 점거농성에 즈음하여 — 우리의 요구 —

1. 애국충정에 불탄 민주학우들의 신변을 보장 하라.
2. 광주학살 책임지고 전두환은 물러가라.
3. 미국은 광주학살 책임을 인정하고 공개사과하며 군부독재 지원 중단하라.
4. 공영방송인 KBS와MBC는 왜곡보도를즉각 중단하라.
5. 사이비 언론기관과 기자들은 왜곡보도를 책임지고 할복 자살하라.
6. 신민당은 국정조사권을 발동하여 광주학살 진상규명 위원회를 구성하라.
7. 민추협과 신민당은 이번 사태에 대해 공식적인 입장을 취하라.

4. 우리는 왜 신민당에 들어 왔는가.

국민이 바라는 것은 국회에서의 언급이 아니라 요구의 관철과 정확한 해결이라고 생각하지 않는가?
신민당은 광주학살 책임자(전두환, 박준병, 노태우, 정호용)에 대한 인책과 미국의 공개사죄를 요구하라.
신민당은 광주학살 유가족에 대한 분명한 피해보상 대책을 세워라.
신민당은 미문화원 점거 농성을 지지 미국에 공개 사죄를 요청하라.

• 다음은 전학련소속 학생들의 서울 미문화원 점거농성투쟁을 지지하며 재야단체에서 나온 성명서 요지다

1. 신민당 성명서

이번 사건은 정부 여당이 광주사태에 대해 국민이 납득할 만한 진상규명을 회피했기 때문에 빚어진 것이다.
정부 여당이 반성은 않고 학생들을 좌익 또는 자생적 공산주의자로 몰아세우는 것은 있을수 없는 일이다.

2. 공동 성명서

그날은 지금도 우리 모두의 가슴속 깊이 남아 있읍니다. 그러나 광주는 단지 기억에만 남아 있어야하는 과거가 아니며, 이는 특히현존하는 체제가 그 직첩적인 책임자이기에 더욱 그렇읍니다. 그럼에도 그날의 광주의 진실은 은폐된채 오로지 노골적인 폭력에 의하여 침묵과 굴종만이 강요되는 상황이 계속되어 왔읍니다.
· 광주의 진실을 밝히려는 학생들의 항의투쟁은정당하다.
레이건 미행정부는 학생들의 요구에 대해 성실하고도 책임있는 답변을 하여야 한다.
아울러 현 군사독재정권에 대한 일방적 지지는 마땅히 철회되어야 한다.

1985년 5월 25일
한국 기독학생회 총연맹
한국 기독 청년협의회
대한 카톨릭 학생총연맹
한국 대학생불교 연합회
민주화 운동 청년연합

3. 민통연 '학생들의 미문화원 농성사건에 대한 미정부의 진실하고 성의있는 노력을 촉구한다'

우리는 이번 사건이 불미스럽게 처리됨으로써 한국민의 반미감정이 더욱 노골화되는 일이 없기를 오히려 이번 사건을 계기로 광주사태에 대한 미국의 책임을 분명히 밝히고 사과함으로써 한미간에 진정한 우호협력관계가 정립될 수 있기를 바란다. 그래서 우리는 이번 농성사건과관련하여 다음과 같은 우리의 입장을 밝혀두는 바이다.
미국행정부는 한국민이 갖는 민족적 자존심을 훼손하는 그 어떠한 행위도 금후 중지해 줄것을 강력히 촉구한다.

4. 민주헌정연구회 '서울 미문화원 점거농성사건에 관한 우리의 입장'

우리는 학생들의 농성목적이 미국 자체를 반대하는 것이 아니라 우리의 군사독재에 대한 미국행정부의 지원정책을 반대하는 것이라고 해석한다. 그러므로 우리는 이번 사건을 좌경, 급진 반미투쟁 혹은 배타주의로 몰아 붙이는 분위기 조성은 심히 위험하고 반민족적 태도라고 보지 않을 수 있다.

5. 한국정치범 동지회 '서울 미문화원 농성에 대한 우리의 입장

오늘의 난국을 수습하는 길은 폭력으로 잡아쥔 전두환 정권이 물러가고 무력으로 빼앗긴헌법을 다시 찾아 민주화하는 것 뿐이다.

6. 민권수호연구소 성명서

그들의 요구는 반미가 아니며 애국적 충정에 우러나온 정당한 비판으로써 순수에 입각한 민주학생들의 행동하는 양심이다.

민주화의 그날까지……

민족해방
민주쟁취
조국통일

아크로폴리스

발행처 : 서울대학교 총학생회

편집인 : 아크로폴리스사

창 간 사

아크로 폴리스는 조국현실을 안타까와 하며 뜨거운 가슴을 서로 나누고 싶을 때, 정하형·태훈이형·세진이형·재호형·이동수·박종철·한희철·김상진형이 진달래로 되살아 날 때 울음이 쏟아지고 분노로 포효합니다.

아크로 폴리스는 성전임을, 이곳은 피로서 지켜져야 하며 조국의 해방이 이루어 지는 날까지 싸우는 자들이 인간공동체를 만드는 장이어야 함을 역사는 우리에게 일러주었읍니다.

동아일보는 野的이지만 터프하고, 조선일보는 문체가 중후하고 귀족적이지만 보수적이다라고 이야기들 합니다. 고만고만한 것을 가지고, 대학신문은 너무나 객관적이라 세계관이 없읍니다.

우리는 뜨거운 가슴을 주체할 수가 없어 미친듯한 열정을 지닌, 학자다운 이성이라곤 전혀 찾아볼 수 없는 '아크로 폴리스'를 뜻을 모아 창간합니다.

아크로 폴리스는 '역사는 민중에 의해 진보한다'는 세계관을 가질 것입니다.

아크로 폴리스는 민중에 의한 역사적 진보를 믿는 세계관에 과학성을 부여할 것입니다.

아크로 폴리스는 그를 믿고 살아가며 투쟁하는 사람들의 소식을 실을 것입니다.

아크로 폴리스는 학우 여러분이 말하고 싶은것, 학우 여러분이 투쟁하는 모습을 보여줄 것입니다.

지금 조국의 현실을 바라보며, 친구와 토론하고 싶을 때, 청벽집에서 술마시고 싶을 때, 항상 '아크로 폴리스'가 대화의 상대가 될 수 있기를 기원합니다.

솔직히 말해서 학우 여러분과 어떻게 호흡할 것인가, 방법에 있어 심각한 고민에 휩싸입니다. 독자투고, 내용에 대한 비판을 구조적으로 가능하게 하기 위한 모든 노력을 기울일 것입니다.

학우 여러분의 직접적인 비판과 격려투고가 아크로 폴리스를 지켜주고 발전시킨다는 것을 말씀드리면서 최선을 다할것을 약속합니다.

압제의 사슬을 끊고, 폭정을 분쇄하라

–서울대 총학생회–

안녕하십니까? 총학생회장 이 남주 입니다. 먼저 아크로 폴리스의 창간을 온 관악 학우와 더불어 기뻐하며 발전을 기원합니다. 보름 동안의 총학생회 활동을 4·19마라톤을 예로 들면서 평가해 보고자 합니다. 많은 학우들이 교문앞에서 보여 준 집행부의 패배주의적인 모습에 분노와 질타를 보내 주었읍니다. 군말 없이 시인 합니다. 잘못된 관점을 가진 자는 흙탕물 속에서 기어서라도 온 관악 학우 앞에 사죄해야 합니다. 하나 하나의 사업에서 계획된 전술을 가지고 임할 것입니다.

또한 여러분께 질타하고 싶은 얘기가 있읍니다. 준비 과정속에서 보여준 학우들의 모습은 역사와 민중앞에 백번 머리 조아려야 합니다. 과정 속에서의 열의는 사상한채 "투쟁하자!"라고 외치는 것으로 임무를 다하는 것으로 생각한다면, 우리는 계속적인 시행착오를 반복하게 될 것입니다. 겸손하게, 투쟁은 결연하게, 이것이 아크로 폴리스의 창간을 바라보며 관악 이만 학우와 공유하고 싶은 말의 전부 입니다.

학생회여 투쟁하라!!

아크로 폴리스 창간 만세!!

분단 조국 42년 4·19일

총 학생회장 이 남주

- 서울대 총학생회
  - 총학생회장
    - 운영위원회
      - 약대, 가정대, 인문대, 사회대, 사범대, 공대
      - 자연대, 미대, 음대, 의대, 농대
        - 각 과 학생회
    - 집행부
      - 교육선전부, 문화부, 사회부, 총무부, 권익부

예산안 자체 수납에 부쳐

"총학생회를 인정할 수 없으니 예산은 집행할 수 없다" "박봉식 총장과 손을 잡고 미제와 전두환에게 머리 조아리지 않는이상 1원도 줄 수 없다." 이것이 박 종철 학우를 숨막혀 죽게한 정권과, 건국대, 신길동에서 투쟁한 애국학우들을 학교 밖으로 내 좇으려 작당했던 학교측에서 하는 말의 전부입니다. 이것은 우리 대학, 이 땅의 현실입니다.

학우 여러분! 조국의 완전한 독립과 민주주의를 갈망하는 관악의 애국 학우 여러분!

우리의 열기가 결집된, 선명하게 조국의 운명을 짊어지고 나갈 총학생회를 와해시키려는 저들의 음모는 상식을 뛰어넘어 도처에서 벌어지고 있읍니다. 20여명의 총학생회 임원과 애국 학우들에 대한 수배령은 우리의 함성에 놀란 적들의 발악에 다름 아닌 것입니다. 사회대에서는 전 과회장들을 잡아들이려 불을 켜고 있으며, 심지어는 부모와 자식간의 끊을 수 없는 정을 이용하여 부모님을 협박 회유, 우리의 투쟁 의지를 갉아 먹으려 하고 있읍니다.

학우 여러분!

우리가 어떻게 하루라도 자주 민주 통일을 향한 진군을 멈출 수 있겠읍니까? 더 이상의 협상은 우리의 전진에 오로지 방해물로서만 존재한다는 것을 말씀드리며, 총학생회의 사수와 선명한 반미 반독재 투쟁을 위한 예산 자체 수납을 관악 전 학우에게 촉구하는 바입니다.

4월제 기간 중에 한 87학우가 총학생회를 찾아왔던 기억이 납니다. 그 내용은 축제 홍보를 좀 더 적극적으로 해 달라는 것이었읍니다. 물론 모든 것은 "참여하겠다는 의지"에 의해 기본적으로 결정이 되지만, 갓 들어온 신입생에게 소극적인 홍보였음을 시인하지 않을 수 없었읍니다.

우리는 작년에도 제작년에도 예산 자체 수납을 결정하였지만 많은 학우들의 호응을 얻지 못하였읍니다. 우리의 총학생회는 오직 흔들림 없는 선명한 반미 반독재의 선봉에 설 때만이 학우들의 지지 위에 설 것이라는 것을 알고 있기에 여러차례 보여준 애매모호하고 우유부단한 자세를 혁파해 나갈 것을 다짐합니다. 오직 그럴때만이 예산 자체 수납 운동도 결실을 맺으리라고 확신합니다.

총학생회 사수와 군부독재 타도의 깃발을 높히 들고, 우리의 의지를 예산 자체 수납으로 결집합시다. 학우 여러분의 적극적인 참여를 위하여 학생회비는 2,000원으로 결정하였읍니다. 1,000원은 단대 활동 비용으로, 1,000원은 총학생회 비용으로 쓰여질 것입니다.

총학생회비 지출 내용(가안)

총액 : 16,000명×2,000원=3,200만원

단대 활동비 : 1,600만원(수원, 연건 제외)

전체 행사 비용(박 종철·이 재호·김 세진 .학형 등 민족해방 열사 추모제) : 100만원

교육 선전부 : 총학생회 신문–500만원. 토론자료집 발간–150만원. 대자보 판 설치–50만원. 그외–50만원.

권익부 : 100만원

문화부 : 5월제–100만원. 10월제–100만원. 정기 공연지원–50만원. 그외–50만원.

사회부 : 대 국민 홍보자료–50만원. 농촌활동, 공장활동, 빈민활동지원–150만원. 그외–50만원.

기타 : 민주 학우 도피 자금, 위령관 건립, 민주화 투쟁 비용(신나, 스프레이, 광목, 자보용지, 핸드마이크 등)–100만원.

계 : 3,200만원.

〈사설〉

청년 애국 학도여, 4·13 호헌 망발 분쇄하고 학살정권 타도 투쟁에 총집결하자

86년 4월 30일 시작된 尾親영화사의 장세동 각본, 전두환 제작, 노태우 감독의 대 민중 사기극이 1년여의 기나긴 막을 내렸다.

4월 13일, 아침 식사후 중대결단 운운하며 애국 시민들을 공갈 협박했던 호헌망발에 대해 의아해 하거나 경악했던 대한민국 사람이 있었던가? 없었다 한사람도. 이미 우리는 저들의 개헌놀음이 얼마나 기만적이었는가를 잘 알고 있었다. 저들이 지껄인 개헌논의는 처음부터 끝까지 사탕발림과 총칼에 의한 피로 점철되어 있었다.

한반도 남단의 실질적 지배자인 미 제국주의는 공공연히 이렇게 말하고 있다. "한국의 정치 안정만이 한미 우호관계를 지속시키며 남침의 위협으로 부터 남한을 보호할 수 있다"라고. 다시 풀어 쓰면 조금의 정치적 자유, 경제적 평등도 보장되지 않는, 총칼 잘 휘두르는 군부통치만이 남한을 영원한 식민지로 확보할 수 있다는 것을 시인하고 있는 것이다. 또한 어떠한 통치 형태나 민주화 조치 운운도 남한 민중을 기만하고 있다는 것을 우리에게 시사하고 있는 것이다.

미 제국주의의 갈등은 작년 11월 이후 부터 가시화 되어 왔다. 무엇이 가장 안정된 지배형태가 될 것인가를 두고 심각하게 흔들려 왔던 것이다. 가장 국민의 지지를 받으면서, 가장 효과적으로 지배할 수 있는 총칼 통치를 포기하지 않는 것. 어찌 이것이 말같이 쉬운 일인가?

이민우 구상과 사대 매국노들의 날뜀은 민중의 민주화의지를 제도권 안으로 끌어들이며 체제 재편을 결정하려 했었던 미 정책의 반영이었으나 심각하게 노정되는 정통성 부재와 민중의 항거 속에서 후퇴하지 않을 수 없었다. 또한 그러한 권력 구조 속에서 철저하게 소외 될 수밖에 없었던 김대중은 선명한 직선제 쟁취를 요구하며 김영삼을 견인통일 민주당의 창당을 선언하였다.

이러한 적들 내부의 갈등 속에서 통일 민주당의 창당이 확정 되었으며, 때를 정확하게 포착한 전두환 등의 호헌 선언은 미제국주의로서는 묵인할 수밖에 없는 객관적 현실인 것이다.

얼마전 솔라즈는 거대한 입김을 서울에 뿌리고 갔는데 그는 현 군부독재 정권에 대하여 "현 정부의 호헌은 약간 서두른 감이 있지만, 민주주의는 하루 아침에 이루어지는 것이 아니고, 어떠한 방향으로 나가고 있는가가 중요하기 때문에 언론기본법 개정, 지방 자치제 등의 민주화 조치를 얼마나 성의있게 추진하는가를 주시한다."라면서 간접적이면서도 노골적인 지지를 할 수밖에 없었다.

현 군부독재 정권은 자신의 장기집권을 관철시키기 위하여 중산층 이상의 회유와 민중 운동에 대한 탄압의 칼을 들고 있다. 회유는 언기법 개정, 구속자 석방, 지방 자치제 실시, 직업 공무원제 등으로 나타나고 있으나, 모든 조치가 허구적인 임시 방편책에 지나지 않아 TV를 보는 많은 애국시민의 분노와 웃음만 사고 있는 형편이다

또한 민족 민주운동에 대한 탄압은 계속되는 검문검색, 애국학우 수배뿐만 아니라 전 애국인사, 노동자, 농민에게 가해지고 있다. 통일 민주당 의원에 대한 구속과 협박, 1년전의 일을 들추어내어 이철 의원을 기소하는 등 반 계엄령이 횡행하고 있다. 법무부 내무부 장관이란 자들은 매일 신문과 TV를 오르내리며 "개헌 논의를 빙자한 불법행동에 대하여 법정 최고형 구형, 사회불안을 조성하는 행위에 대하여는 총을 쏘겠다"라고 협박하고 있다. 4월 19일 민주주의를 외친 학우, 시민을 3백 5십 8명이나 잡아들였다니 그들이 말하는 민주화가 때깔만 번지르르 한 것이라는 사실을 여실히 증명해 주고 있는 것이다.

민중은 군부독재의 총칼 앞에서도 흔들림 없이 진진하고 있다. 철거민들, 택시 운전사들, 농민, 어민, 노동자가 삼천리 방방곡곡에서 싸우는 모습이 보이고 있지 않은가?

청년 애국 학우여! 조국의 해방과 민주화를 위해 우리가 나아갈 길을 명확히 하자!

우리가 패배주의와 안일함에 빠져 있음을 안다면 투쟁으로 떨쳐버리자. 피의 5월이 다가온다. 무려 2,000여 명이나 되는 광주 민중을 학살한 자들이 또 다시 해 먹겠다고 버둥대는 현실을 방관할 수 있겠는가?

통일 민주당이여! 선명한 투쟁만이 민중의 지지를 받는다는 사실을 경험이 그대들에게 가르쳐 주지 않았는가?

이택희, 이철승이 국민에게서 받는 엄청난 분노의 함성을 받고 싶지 않다면 자주와 민주 통일을 위한 군부독재 종식을 위한 투쟁에 참여하라! 다가오는 혁명의 5월에 군부독재와 결전을 벌이자.

청년 애국 학도여, 애국시민이여! 다가오고 있다. 우리가 누려야 할 완전한 정치적 자유와 경제적 평등의 그날이.

-호헌이 웬말이냐 학살정권 타도하자!!

-독재조종 내정간섭 미국놈들 몰아내자!!

-통일 민주당은 군부독재 타도투쟁에 적극 참여하라!!

-살인철거 민중압살 군부독재 타도하자!!

-친미 군사독재 타도하고 자주 민주정부 수립하자!!

〈활동보고〉

징계철회 투쟁을 통해

'도대체 우리가 학교에서 제적처리 되어야 할 이유가 전혀 없다.'는 대책위의 물러서지 않는 단식농성 투쟁과 '우리의 학우들을 잃을 수 없다. 우리의 학우들을 우리 손으로 지켜내자.'는 동료 학우들의 뜨거운 사랑의 투쟁이 징계철회를 가져왔다.

우리는 이번 기회를 통해 파쇼적 억압이 바로 우리에게 가해지고 있음을 새삼 느껴본다. 저곡가 저임금에 우리 부모님이 시달리고 계시고, 우리 청년 학생들은 입과 귀를 막힌 채 사고하지 않는 기능기계로 커갈 것만을 강요당하고 있다. 이번 징계만이 부당했던 것은 결코 아니다. 학생회 간부들을 비롯한 수많은 민주 학우들에 대한 수배령으로 지금도 얼마나 많은 친구들이 파쇼의 개들에게 쫓기며 거리 거리를 헤메이고 있는가. 교문 앞에서 우리는 가방문을 활짝 열어주고 학생증을 공손히 보여주지 못하면 학교에 들어올 수가 없다.

무디어질대로 무디어진 우리. 침묵은 우리에게 굴종을 마침내는 우리의 존재자체마저 송두리째 빼앗기게 한다는 사실을 다시 한 번 되새긴다. 투쟁으로 지켰던 우리의 자리, 우리의 친구. 그러나 저 파쇼의 무리들이 이 사회에 엄연히 존재하는 한, 우리의 입을 틀어막고 발을 묶어두고자 하는 음모는 계속 진행되고 있다. 전 학우들이 입모아 외쳤던 "파쇼억압 부당징계 즉각 철회하라."의 함성은 우리의 자리를 완전히 쟁취할 수 있는 자주·민주·통일의 그날까지 새롭게 새롭게 외쳐져야 할 것이다.

1960년 4·19는 아직 끝나지 않았다

진달래가 아직도 설움과 분노로 피빛을 토해내고 있는 반도의 봄. 우리는 다시 27번째 4·19를 맞는다. 이곳에 민주의 나무를 뿌리내리기 위해 산화해 가신 선배 영령들 앞에 고개 숙이며 아직 쟁취하지 못한 조국의 자주와 민주를 위해 그분들의 외침을 우리가 또 이어갈 것을 다짐한다.

지난 17일 금요일 우리는 총학생회 주최로 아크로에 모여 기념식을 가지며 결의를 새롭게 했다. 먼저 당장 닥친 병영집체훈련을 앞두고 이제까지의 86학우들의 열띤 논의들을 책임지고 수렴하면서 투쟁해 나갈 특별위원회를 발족하였다. 특별위원회는 이후 계속 86학우들의 논의를 촉발시키고 또 그것을 수렴하면서 결연히 투쟁해 나갈 것을 다짐했다. 2부 순서로 기념축시등을 읽으며 4·19의 의미를 새삼 되새기면서 총학생회에서 결의한 투쟁선언문을 낭독하고 또 서울 21개 대학이 함께 모여 결의한 투쟁 선언문을 낭독했다.

"호헌이 왠말이냐, 군부독재 타도하자"

"독재조종 내정간섭 미국놈들 몰아내자"

"이승만을 물리쳤다. 전두환도 몰아내자"

그 이후 시간은 호헌으로 돌아선 현 정세에 대한 토론과 병영집체저지투쟁을 어떻게 진행시켜야 할 것인가에 대한 토론이 치열히 전개되었다.

실제로 이날 집회는, 투쟁선언문에서도 나타났듯이 결코 기념하기 위한 안일한 기념식이 될 수 없다. 애초 횃불시위등이 기획되면서, 미완의 혁명 4·19의 완수를 다지는 관악 학우들의 투쟁으로 이어지고자 했으나 준비의 미숙과 진행의 잘못으로 학우들의 민주열기를 올바로 수렴시키지 못한 채 하나 둘 흩어져 버리는 안타까움을 남겼다. 또한 전날 학교 전격 수색으로 마이크, 핸드마이크등이 모두 분실되어 육성으로 해야하는 어려움이 있었다. 있는 힘다해 소리치시는 사회자, 집행부의 모습을 뻔히 보면서도 안들린다고 하나 둘 자리를 뜨던 학우들은 반성해야 하지 않을까요.

"도둑잡는 경찰이 아니라 도둑질해가는 경찰 물러가라."

다음날 토요일 4·19마라톤 대회는 그 어느 해보다 4·19의 투쟁의 의미들이 학우들에게 절실히 다가오면서, 이전의 비교적 소수가 형식적으로 대운동장에 모여 출발했던 것과는 달리 올해는 총학생회 주최로 아크로에 많은 학우들이 과, 단대별로 대회에 참가하고자 많이 모여들었다. 그러나 교문 앞에서의 좌절. 이런 일들이 우리 사회에서는 항상적인 것임에도 불구하고 총학생회집행부는 안일하게 생각했음인지 우리의 정당한 길을 가로막고 있는 파쇼의 개들과 한 판 싸워보지도 못하고 교내를 한 바퀴 도는 것으로 돌아설 수밖에 없었다. 아크로에 모여 일요일 수유리를 기약 결의하면서 정리하기는 했으나 우리의 투쟁들이 이렇게 미루어질 수는 결코 없는데라는 안타까움에 자꾸자꾸 진단래를 쳐다보기가 부끄럽다.

학생회는 올바른 투쟁의 길을 결연히 가는 것만이 우리 사회에서 우리 관악인들 사이에서 똑바로 서있는 것임을 다시 한 번 새겨줄 것을 부탁한다.

또한 학생회가 올바른 길을 갈 수 있는 것은 간부 몇몇의 의지에 달려 있는 것이 아니라 관악 전 학우들의 주인의식을 가진 참여이다. 4·19에 대해 각 과별로 많이 토론회등을 진행시켰다.

그것이 전 관악차원에서 실천의지로 집결되는 금요일 집회가 미리 공고되었음에도 불구하고 그것을 과·단대에서는 어떻게 준비하였던가. 하나 홍보스티카 하나 자발적으로 붙어있지 못했고, 마이크 준비 못한게 경찰의 도둑질때문인게 사실이지만 우리 학우들의 관심과 열의의 부족이 기본적이유였다 할 수 있다. 집회는 이 땅의 자주·민주·통일을 위한 투쟁의 일보이다. 책임감과 결연한 의지를 가진 속에서 집회에 참여하는 자세가 우리 모두에게 요구된다 하겠다.

-서울대 구속자 학부모회 어머님의 목숨을 건 감옥투쟁-

지난 2월 27일 부천서 성고문 사건 권양에 대한 재판이 진행되던 중 이 기정(83학번, 국어국문학과, 민정당 연수원 점거농성으로 강릉교도소 복역중) 학형의 어머님 이 중주(48세)씨께서 부당한 재판에 격분, 교도관의 모자를 벗겨 재판관과 검사에게 던지며 항의하다 3월 1일 구속기소되셨읍니다. 군부독재의 마수에 의해 마음대로 조종되는 재판진행에 격분하신 우리 어머님의 정당한 항의에 대해 저들은 비굴하게 법에 의한 처리 운운하고 있는 것입니다.

그러나 이러한 저들의 탄압에도 불구하고 어머니께서는 자신이 옥사를 해서라도 전세계에 현 독재정권의 파쇼적 만행이 폭로되길 원한다며 서대문 구치소에서 금치를 당하시면서도 꿋꿋하게 싸우고 계십니다.

또한 서울대 구속자 학부모회(현재 회장 김 영환〈일명 강철〉 학형의 어머니 조 성자 여사)에서는 어머니의 부군께 4월 17일 서대문 구치소에서 영치금을 전달하시며 어머니들 사이에 '부사'로 통하는 이 중주씨에게 안타까움과 격려를 보내셨읍니다.

이처럼 군부독재의 파쇼적 폭압에 더이상 굴종과 억압의 사슬에 매여 있을 수 만은 없다는 우리 어머님들의 투쟁이 솟구쳐 나오는 지금 우리의 나아갈 길이 무엇인가는 자명합니다.

학우여러분, 군부독재타도투쟁의 대열속에 우리 모두 우리의 어머님들과 굳센 어깨 걸고서 힘찬 진군의 나팔을 붑시다. 어머님 해맑은 웃음의 그날 위해.

김세진 열사 추모곡

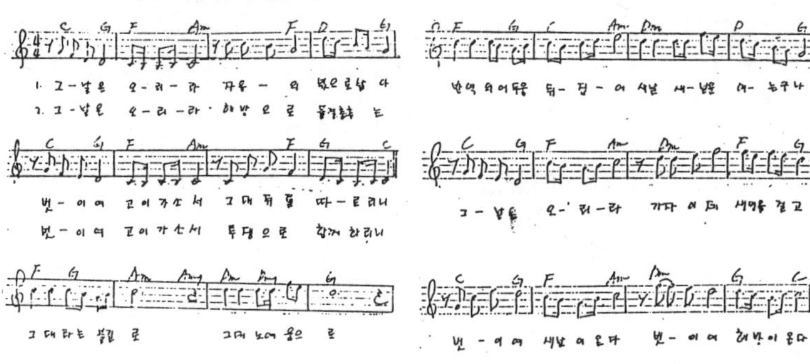

독자투고 ①

아크로폴리스에 바란다

인문대 박 민 주

-적들의 탄압으로 가명으로 게재하였음을 알려드립니다-

87학년도 학생회는 '강고한 대중적 기반'을 그 존립근거로 하여 등장하였고, 실지로 그러한 노력들을 기울여 왔던 것으로 안다. 그리고 총학생회 신문은 학생회의 이런 활동의 일환으로서 행해지는 것이며, 진실이 생매장 당해버린 오늘 이 시대에 그 생매장 당한 진실을 끄집어 내는 역할을 담당하는 것이 그 본질적 목적이라고 본다.

그러나 총학생회 신문이 그 특성상 지녀야만 하는 것은 그와 아울러 학생들의 공동체와 동질감회복에의 선도적 기여이다. 우리는 84, 85년도의 '자유언론'이 불티나게 팔려나간 그야말로 명실공히 관악의 언론이었음을 기억하고 있다. 그 당시의 '자유언론'은 학우들의 요구를 대변하고 궁금증을 풀어주는 해결사였던 것이다. 이것이야말로 총학생회 신문이 가져야 하는 기본적인 전제라고 할 수 있을 것이다.

그렇다면 위의 두가지 목적을 효과적으로 달성하는데 있어서 무엇을 통하여 가능할 것인가? 이 질문에 대한 답으로 우리는 신문의 비판기능을 강화할 것을 제언한다. 이전의 관악언론은 2만학우에 대한 선전, 선동물로서만 자리잡아서 학우들을 소외 시키는 일종의 편파보도(?)를 하였으므로 대중적 신문으로 자리잡지 못했음을 비판하면서 이제 탄생할 총학생회 신문은 그 '비판'의 기능을 회복할 것을 촉구한다. 우리는 학생회가 강고하게 건설되기를 바라지만, 그것이 기만적 방법이어서는 안된다고 생각한다. 총학생회 신문이 강고한 학생회건설의 튼튼한 물적토대가 되기 위해서는 학생회 활동중에서 잘못된 부분을 선도적으로 비판함으로써 보다 진실된 보도를 하고 2만 학우들에게는 질타와 조언과 아울러 보다 큰 애정과 관심을 기울여 줄 것을 촉구하는 것이 공정한 입장이리라고 본다. 이 비판기능은 학내의 우리들에게서 보이는 문제를 지적하는 또 하나의 운동으로 발전하는 것이 좋다.

두번째로 우리는 이전의 신문이 해왔듯이, 평가만 하고 그쳐버림으로써 막연한 부담감만 가중시키는 언론이 아니라 일반 학우들이 손쉽게 실천에 옮길 수 있는 행동지침도 제시해주길 바란다. 단순히 독자투고를 하는 것만이 학생회 신문에 우리들이 참여하는 것이 아니다. 학생회 신문의 지향성을 아주 낮은 단계로부터 차츰, 그리고 광범위하게 실천하고 실현시켜 나감으로써 우리는 적극적으로 학생회 신문에 참여하고 공동체적 우애를 생생하게 느낄 수 있게되는 것이며, 이후 그 실천의 평가를 보도함으로써 우리의 변혁운동을 정확한 예술성의 차원으로 고양할 수 있을 것이다. (대학 신문의 불심검문 거부운동은 이런 의미에서 약간의 효과가 있었으나 그 평가의 부재로 말미암아 일회적 수준으로 머물고 확산되지 못했던 것이다.)

이와 아울러, 신문의 구성등에도 고민을 많이하여 보다 입체적이고 생생한 보도를 접하면서 42년 묵은 체증이 싹내려가는 기분을 맛볼 수 있기를희망한다. 아울러 전 관악 2만학우와 학생회 신문에 마지막으로 촉구한다. 대안없는 반대, 구체성없는 논란, 생산성없는 분쟁을 지양하길 바란다. 투고나 보도기사, 행동지침등 모든 면에서 구체적이고 대안을 제시할 수 있는 논의일 때만이 우리들의 투쟁의지를 갉아먹지 않으면서도 이념을 발전시킬 수 있는 것이지, 올바른 이론하에서만 올바른 실천이 나온다고 고집하면서 머리싸움만 한다면 언제까지고 올바른 이론은 나올 수 없기 때문이다. 학생회 신문의 무한한 그리고 구체적인 발전을 기원하며 이글을 맺는다.

관악 2만 학우 대동 단결 만세!

학생회 신문 만세!

독자투고 ②

신입생으로 2개월

사회대 조 민 숙

신체 검사를 마치고 나서, '자유와 정의의 ( )×과'라는 피켓을 들고 진입로를 지켜섰던 선배를 따라, 이젠 나도 대학생인가를 반신반의하며 들어섰던 술집. 그 술집의 자욱한 담배연기에, 그리고 어지럽게 오가는 알아들을 수 없는 이야기에 머리 아파하면서, 그리고 뭔가 있을 수 없는 일이 일어나고 있는 것 같다는 느낌과, '내 친구 종철이'를 이야기하며 눈물이 그렁해진 선배때문에 가슴아파하며 나의 대학 생활은 시작되었었다.

그리고 벌써 두달이 지났다. 결코 길지 않은 기간이지만, 내가 무척 많이 변화했다는 생각을 한다. 어쨌든, 이제 내가 대학생으로서 내 생활을 책임있게 꾸려가야한다는데 대해서 나름대로 확신을 갖고 있으니 말이다. 늦게 들어 온다고, 대학가더니만 어떻게 공부라는 것과는 담을 쌓은 것같다고 매일 꾸중을 듣지만, 어떻게 자신만의 세계에 갇혀 책만 읽는 것이 공부의 다가될 수 있겠는가.

내가 대학와서 가장 뼈 아프게 느낀 것은, 정말 내가 자신만의 세계 속에서 살았구나, 그리고 주어지는 것만 보고 살았구나하는 것이었다. 고3때, 수업을 하노라면 열린 창으로 들어오는 최루탄에 연신 재채기를 하면서도 대학생들이 데모를 한다는데 대해서 괜히 신나하고 이런저런 시국이야기를 주고 받던 기억이 난다. 그러면서도 입시 공부를 지겨워 할 줄만 알았지 실제로 내가 받고 있는 교육에 대해 주체적으로 어떻게 대응해야할지, 그리고 나의 대학 생활이 어떠해야할지에 대해서는 별 고민이 없었던 것 같다. 함께 더불어 사는 이 세상, 그리고 그 안에서 일어나고 있는 일들을 나와 관련된 것으로 받아들이지 못하고, 관조적으로 바라보면서 세상의 잘못을 비웃음으로써 무언가 나는 그런것에 무관한척 하고 싶어했던듯 싶다. 그러나 이 세상 어느 누가 자신이 살고있는 세계와 동떨어져 존재하고 그 모순에 의해 지배받지 않을 수 있단 말인가.

신입생 환영회, 개강 모임, 학회, 그리고 뒷풀이, 안 좇아다니는데 없이 부지런히 좇아 다니면서 항상 좋았던 것은 아니었다. 계속해서 나의 무지를 자인하지 않으면 안되었고, 차라리 외면해버렸으면 싶은 많은 일들-왜 우리나라는 분단되었는가, 기층 민중들이 왜 그렇게 살지 않은가-에 대해 들으면서 너무나 안이하고 무지한 나의 생활에 관한 반성을 하지 않으면 안되었던 것이다. 그리고 지금도 혼란스럽다는 느낌은 계속되고 있다. 86형들의 전방입소에 관해서 이야기 들을때도, 어쩌면 그렇게 내가 모르고 있었던 사실이 많은지에대해 경악할 수밖에 없었다. 또한, 형들이 이야기하는 속에서도 부분부분 틀리는 것이 있는 것 같기도 했고, 그러나 하나의 사실을 알고 모르고, 또 선배들의 논리가 맞고 틀리고는 그렇게 크게 중요한 일은 아닐지도 모른다는 느낌이 든다. 중요한 것은, 대학교에 와서 새롭게 만난 자기 자신을, 선배에게 이끌려서가 아니라, 주체적으로 반성하고, 자신이 옳다고 생각하는 삶을 용기있게, 그리고 책임있게 실천해나가려는 치열한 삶의 자세가 아닐까하는 생각이다.

2개월의 대학생활 속에서, 벌써 조금은 타성이라는 것이 생기려하고 이렇게해서도 무엇이 이루어질 수 있을까. 내가 과연 옳게 생각하는 것인가 회의에 빠지기 시작했던 내게, 테헤란로에서 포항에서 자신의 삶을 위해 싸웠던 택시 운전사 아저씨들은 하나의 경종이었다. 결국, 움직이지 않는 자. 침묵하는 자는 삶에 대해 이야기할 수 없는 것이다.

〈특집〉

열사여! 민족해방으로 부활하소서!!

-고 김세진, 이재호 열사 추모 1주기를 맞이하여-

"양키의 용병교육 전방입소 결사반대!"아직도 귓가를 울리는 신새벽의 함성으로, 너무나 젊디 젊은 나이에 진달래 피빛으로 산화해가신 두 열혈투사들이 가신지 어언 1년을 맞이하고 있읍니다. 하지만 아직도 그들의 불길로 살랐던 어둠은 우리의 목을 죄여오고, 또 우리에게 양키의 노린내나는 굴욕의 녹색사슬을 채우고 있읍니다.

두 열혈투사의 죽음을 추모하며, 당시 투쟁의 상황과 김 세진 학형의 마지막 편지, 그리고 어머님의 목소리를 들어 봅시다.

〈고 김세진 열사〉

약 력

1965년 2월 20일 충북 충주시 태생
김재훈(부)씨와 김순정(모)씨의 2남1녀중 막내로 태어남.
1983년 경복고등학교 졸업
1983년 서울대 자연대학 자연 4계열입학
1986년 서울대 자연대학학생회 학생회장
1986년 4월 28일 '전방입소전면 거부 및 한반도 미제 핵기지화 결사저지'를 외치며 분신
1986년 5월 3일 21세의 나이로 세상을 떠남.

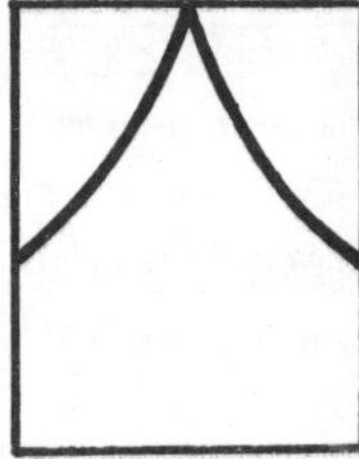

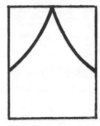

〈고 이재호 열사〉

사진을 미처 구하지 못하여 죄송합니다.

약 력

1965년 3월 15일 광주 출생
1983년 3월 서울대 정치학과 입학
1986년 3월 18일 반전반핵 평화통일 투쟁위원회장
1986년 4월 28일 분신

아!
얼마나 치가 떨렸으면
온몸이 기름이 되어
당긴 불이
독재의 아성 어두움을 가르고
꽃잎처럼 높은 하늘에 흩어진
원통한 젊음의 최후엔
차라리 잃었던 민중의
새날이 배었다.
이제 무엇을 두려워 하랴
우리는 모였다.
고개숙여 눈물 젖을 짬도없이
벗이여 일어나라
압제를 밟아대고
외세를 밟아대고
자유 해방 통일
최후의 승리 그날까지
투사는 단 한번 깨져
새날을 빚는 것
투사는 단 한번 깨져
천년을 사는 것
아, 그 함성 그 혼백은
다시 살이되어
벗이여 일어나라
벗이여 일어나라.

-백기완 〈벗이여 일어나라〉-

-두 열혈동지들은 라이터를 켜 몸에 갖다 대었다. 순식간에 화마가 그들의 육신을 휩쓸었다.-

〈해방선언 3호〉

3월 18일 IMC관 앞에서 우리 모두에게 반전반핵평화투쟁위원회의 결성을 알리며 역사적인 반미구국투쟁의 최선봉에 섰던 이재호 동지는 평소에도 정의에 대한 뜨거운 열정과 불의에 대한 증오로 똘똘뭉쳐 헌신적인 투쟁을 전개하여 왔다. 65년 3월15일, 광주에서 출생하여 그후 송원고등학교를 졸업할 때까지 광주 토박이로 자라왔으며, 대학에 입학해서는 소탈하면서도 정열적인 성품으로 인해 많은 학우들이 그와 가까이 지내왔다. 전후 3차례에 걸쳐 경찰서 유치장에서 구류생활을 하면서도 전혀 흔들림없이 간고한 투쟁의 길을 걸어왔으며, 단호하고 대쪽같은 생활자세를 보여왔다.

3월초 폭압경찰의 치사한 탄압 속에서도 선거를 완벽히 진행시키며 자연대 학생회장에 당선되었던 김세진 동지는 1학년 때부터 그 성실함으로 자연대 학우들 사이에는 그를 모르는 사람이 거의 없을 정도였다. 맡은 일에는 지나칠 정도로 충실하였고, 후배들에 대해서도 항상 따뜻한 관심을 쏟으며 돌봐주었다. 28일 아침, 그들은 4백여 2학년 학우들과 함께 신림4거리에서 연좌농성 투쟁에 돌입하였다. 2학년 학우들은 결연한 각오로 폭력전경들에 맞섰으며, 힘차게 투쟁구호를 외쳤다. 그들의 의지는 굳었으며, 함성은 힘찼다. 이들을 지도하던 이재호, 김세진 두 동지는 온 몸에 석유를 끼얹고 전경들이 학우들에게 접근하면 분신하겠다고 경고했다. 그들의 목소리는 단호하였다. 그러나, 살인정권의 주구들은 이에 아랑곳없이 학우들을 강제해산하려 들었다. 이에 두 열혈동지들은 라이터를 켜 몸에 갖다 대었다. 순식간에 화마가 그들의 육신을 휩쓸었다. 온 몸에 불이 붙은 채 김세진 동지는 거꾸러져 갔으며, 이재호 동지는 3층 밑으로 투신하였다. 3년여를 지나다니던 낯익은 거리에서 그들은 쓰러져갔다. 남아있던 학우들의 처절한 투쟁에도 불구하고 끝내 전경들은 학우들을 개끌듯이 끌고서 해산시켜 버렸다. 이 소식은 곧 학내로 전해졌으며, 12시경 분노한 천여학우들은 비상총회를 가지고 교내로 진입한 전경들에 짱돌세례를 퍼부었다. 오후에는 또다른 2학년 학우들이 대방동과 시청 앞에서 연좌농성 투쟁을 벌였다. 학내에서는 3시 30분경 5백여 학우들이 다시 비상집회를 갖고 이중 2백여명이 학생회관에서 철야농성 투쟁을 전개하며 두 동지의 정신을 기렸다.

몇몇 병원을 전전하다 결국 한강성심병원으로 옮겨진 두 동지들의 상태는 절망적이다. 이재호 동지는 전신 80%이상의 3도 화상을 입었으며, 김세진 동지는 60%의 3도 화상을 입었다. 병원주변에는 전경차량 6대와 사복버스 2대가 배치되어 학생들의 병원출입을 막았다. 28일 오후 병원으로 몰려간 학우들은 두 동지의 상태를 확인하려 했으나 경찰들의 방해로 불가능해지자, 연좌농성에 들어가 결국 학생대표 1명이 두 동지를 만날 수 있었으나, 이재호 동지는 의식불명상태로 산소호흡기에 의지하고 있었으며, 전신은 차마 눈뜨고 볼 수 없을 정도로 그을려 있었다. 김세진 동지는 가끔 대화는 가능했으나, 매우 힘겨워 했고 상태가 급격히 악화되어가는 듯했다. 29일에는 경찰의 철저한 통제로 더 이상 동지들의 상태를 확인할 수 없었고, 두 동지들의 부모님들은 망연자실한 가운데 경찰들의 갖은 사기와 협잡에 갈피를 못잡고 계셨다. 정오가 지나면서 김세진 동지의 사망설이 돌기 시작했다. 백여명의 학우들은 5군데의 병원출구를 모두 분담 감시하며 경찰들의 시신탈취기도를 저지하려 하였다. 오후 3시경 전경차량 10대, 사복차량 3대, 페퍼포그 1대로 불어난 경찰들은 갑자기 배치를 늘이고 병원 근처의 통행을 완전히 차단하였다. 3시30분경부터 전경들은 학생들을 밀어내기 시작하였으며, 이에 학생들은 격렬한 몸싸움을 벌이며 스크럼을 짜고 맞섰다. 한참동안이나 10~20미터씩을 전진, 후퇴하다 결국 증원된 전경들에 의해 학생들은 병원구역 밖으로 밀려났으며, 이들은 영등포입구까지 쫓겨나며 계속 구호와 노래를 불렀다.

아버지, 어머니 죄송합니다

-김세진 열혈 투사의 마지막편지-

아버지, 어머니

걱정을 끼쳐드려 죄송합니다. 용서해 주십시오. 이제 저는 정말 저의 본심을 지고서 합니다. 그동안 부모님께 대했던 태도는 저의 참 마음이 아니었읍니다. 제 생각을 이야기했을 때 부모님께서 행하실 반대와 방해가 두려워 일부러 피하고 괜히 신경질적인 반응을 보이게 됐읍니다.

대학에 들어와 저는 인간과 세계에 대해 고민을 했읍니다. 눈앞에서 개패듯이 끌려가는 선배와 동료를 바라보며 저는 우리의 역사와 사회에 대한 고민으로 밤을 새웠읍니다. 그리고 저는 알았읍니다. 이 땅의 가난의 원흉은 뼈아픈 분단의 창출자는, 압살되는 자유의 원인은 바로 이 땅을 억압하고 자신의 대소 군사기지화, 신식민지화시킨 미 제국주의자이며, 그 대리통치 세력인 군사 fascio라는것을 저의 대학생활은 인간의 해방과 민중의 해방, 그리고 민족의 해방을 위한 끊임없는 고민의 과정이었으며, 그것의 쟁취를 위한 투쟁의 과정이었읍니다. 광주에서의 2,000명의 학살은 무엇을 의미합니까? 군사지휘권을 가진 미국이 병력이동을 허락하지 않았으면 fascio는 결코 공수부대를 투여할 수 없었을 것입니다. 현재의 '개헌공방'은 또 무엇입니까? 민중의 혁명적 운동을 개량화시키고, 국민을 허수아비로 기만·우롱한 채 미제의 지원아래 진정한 민중의 권력이 아니라 예속대리 통치세력으로서의 보수대연합을 획책하는 것입니다. 국민이 신민당을 지지하는 것이 아님을 아버지, 어머니도 잘 아시지 않습니까? 민중은 바로 자신의 권력을 원합니다. 그리고 끝내는 권력을 쟁취할 것입니다. 그것이 역사의 합법칙성이고, 인간존재의 합목적성입니다.

저의 행위는 한 순간의 영웅심이나, 학생 회장이

라는 것 때문에 억지로 한 것이 결코 아닙니다. 대학 들어와서 읽은 수백권의 책과 객관적 조국의 현실을 바라보며, 고뇌하며 오랜시간 고민하여 얻은 결론입니다.

아버지, 어머니

저를 믿어주십시오.

이글을 받을때쯤이면 이미 알게 되실 일을 준비하기 위해 무척 피곤한 생활을 하면서도 저는 아주 행복합니다. 돌이켜 보면 아주 피곤하고, 힘들고 바쁘게 보낸 3년 2개월여의 대학생활이지만, 저는 저의 기득권이 포기되고 구속이 되더라도 조금도 후회스럽지 않습니다.

이 땅의 진정한 해방을 위해 교도소 안에서도 고민하고, 나와서도 변혁 해방운동에 이 몸을 바칠 것입니다. 저는 아주 여유있는 마음 상태입니다. 그리고 이 일을 주도하면서도 아주 열심히 싸울 것이고 성실히 고민할 것입니다. 검찰에게는 이번주 수요일부터 쭉 집에 들어가지 않은 것으로 이야기해 주십시요. (그전에는 계속 집에서 학교를 다닌 것으로 해주세요.)

수면의 부족과 시간의 부족으로 저의 생각을 차분히 정리해서 글로 적을 여유가 없습니다. 그러나 다만 저는 해방된 주체로서 스스로 선택한 길이고, 이번 일은 제 스스로가 주동적으로 만든 일임을 말씀드리고 싶습니다. 구치소로 이송되면 다시 편지드리겠읍니다. (그전에 면회가 가능하겠지요.) 이해해 주십시요.

사랑합니다. 아버지, 어머니

해방된 조국의 땅에서 자랑스러운 아들임을 가슴 뿌듯하게 느낄 때가 반드시 올 것을 믿습니다.

그리고 저는 저의 투쟁 속에서 그 날을 앞당길 것입니다.

1986. 4. 26.

세진 올림

①86. 4. 28. 오후에 도착하였음
②사망 후에야 읽어보았읍니다.

민가와 서울대 구속자 가족협의회에서 아들의 못다한 싸움을 대신 하시는 우리의 어머니

김세진 열사의 어머니 김순정 여사와의 만남

항상 먼발치에서 높은 소리로 과감한 투쟁을 벌이던 어머니의 모습만 봐왔던 아크로기자는 한 평범한 아주머니를 대하고 약간은 뜻밖이였읍니다. 우리가 흔히 집에서 봐왔던 자상하시고, 눈가의 주름이 오히려 정답게 느껴지는 평범한 가정주부셨읍니다. 하지만 인터뷰과정중에 시종일관 눈물을 닦아내시는 어머님의 모습을 보면서 다시한번 솟구쳐오르는 분노는 어찌할 수가 없었읍니다.

아크로 : 세진형이 어머니곁을 떠난지도 1년이 다 되었군요. 세진형의 1주기 추모행사는 어떻게 계획되었는지요.

어머니 : 한국기독학생총연맹이 주체가 되어 기독교회관에서 5월 1일 2시에 추모예배를 가지기로 했고요, 세진이가 원래 감리교 청년회(이후 감청)에 있었어요. 그래서 감청에서 80년 광주항쟁당시 기독교회관 5층에서 투신한 서강대 김욱 학생과 같이 5월달에 추모제를 가지기로 되었읍니다. 또 묘소참배는 5월 2일 오후 2시에 판교 공원묘지에서 하기로 했읍니다.

아크로 : 어머님께서는 마치 세진형의 분신처럼 저희들에게 힘을 주시고, 세진형의 못다한 싸움을 대신하시고 계신다는 느낌을 받는데요, 어머님께서 변화하시게 된 계기를 알려주세요.

어머니 : 세진이가 일 당하고 난 다음에 세진이에 대해서 너무 이해를 못하고 너무 몰랐구나. 그래서 세진이 글을 보고서 자꾸 이해하려고 노력했어요. 그래서 세진이 자료도 수집을 많이하고, 교회를 통해서, 학교를 통해서, 친구들을 통해서 여러가지로 세진이에 대해서 알고자 노력했어요. 그러면서 서울대 구속자 가족회에도 열심히 참석하면서 또 작년에 세진이가 왜 반미, 반핵을 했는가를 6월달 명동성당 사제관에서 환경의날 공해문제 연구소가 주관하는 강연회에서 핵이 우리나라에 얼마나 배치되어 있는가, 또 핵이 우리에게 얼마나 무서운 영향을 미치는가를 알게 되었지요. 또 여러 단체에서 우리가 왜 반미를 하는가 하는 서적들을 많이 수집할 수 있었는데, 그러는 과정에서 내가 너무 세진이를 몰랐고 내가 너무 무관심 했다. 부모가 무관심했다는 것은 곧 우리 기성인들이 너무 무관심했다는 것을 절실하게 깨달았어요. 전태일 묘소에 가서도 또 한번 깨달았지요. 가난한 노동자들이 저들이 말하는대로 어려운 환경에서 정신이 삐뚤어지고, 사랑을 베풀지 못한다고 하는데, 태일이 같은 애는 그런 어려운 환경에서도 모든 노동자와 어린 노동자들을 사랑하는 마음에서 자기 목숨을 끊었을까 생각하니까 우리 기성세대들이 일찍 깨닫고 실천했으면 그런 일이 없었을 것이라는 생각이 들었지요. 이런 생각을 하면서 부산미문화원 사건으로 구속된 김현장의 최후진술서를 읽게 되었지요. '나찌에 의해서 유대인들이 형장으로 끌려갈때 젊은이가 투덜거렸어요. 난 아무 한일도 없는데 왜 내가 죽어야 하느냐. 억울하다라고 얘기할 때 목묵이 앞서가던이가 당신이 아무 한일이 없기때문에 죽어야하오. 우리가 했으면 이지경이 되지않아 우리가 죽지 않아도 되었겠지요. 그렇기 때문에 우리가 죽어야 하는거요.' 이렇게 얘기한걸 놓고 마음에 진짜 절실하게 다가왔어요. 아, 우리가 아무것도 하지 않았기 때문에 우리 세진이가 몸으로 호소하고 갔구나 하고 생각하니 내 마음이 더 굳어지고 강해졌어요. 그래서 그런 기회가 있을 때마다 세진이가 외치고 갔던 그 목소리로 외치고 세진이가 못다한 싸움을 싸웠죠.

아크로 : 올해도 세진형이 그렇게 온몸으로 거부했던 전방에 86후배들이 또 들어가게 되었어요. 후배들에게 어머님이, 아니 세진형이 하고 싶은 말을 해주세요.

어머니 : 세진이가 목숨을 걸고 전방입소 결사반대를 한것은 그들이 얘기하는 안보논리나 반공이데올로기와는 무관하다고 생각해요. 현재 이 땅의 군사작전 지휘권은 주한미군 사령관이 가지고 있어요. 그래서 한국군은 아무 능력도 없고 저들이 시키는대로 움직이는 꼭두각시에 불과해요. 따라서 우리는 미제의 용병일 뿐이고 그들에 의해서 움직이는 군인일 뿐이예요. 그래서 재호와 세진이가 우리의 자주를 외치면서 전방입소를 반대한 것입니다. 그래서 미제의 예속에서 벗어나고자 반대를 한 것이기 때문에 여러분들은 그점 깊이 인식하고, 또 작년에 목숨받쳐서전방입소를 세진이가 재호가 철폐시켰지만은 금년도는 허울좋게 선택과목으로 했다고 한뒤에 대학졸업후 R.O.T.C, 군의관, 학사장교, 방위산업체등등 이모양저모양으로 엮어가지고 전방을 가지 않을 수 없도록 만드는 현정권의 악랄성을 다시 한번 확인하면서 나와 여러분들이 우리의 민족자주를 위해서, 재호, 세진이와 같이, 재호, 세진이와 더불어 파쇼정권 지원하는 미제를 타도합시다. 만약 전방에 들어가더라도 우리 민족자주와 미제의 예속에서 벗어날 수 있는 우리 민족정기를 더욱 더 길러주기를 바랍니다.

관악의 2만 애국학도 여러분, 우리의 싸움은 절대로 끝날 수 없으며, 우리의 자주·민주·평화통일은 결코 포기할 수 없는 것임을 재호형, 세진형의 1주기를 맞이하며 다시 다짐합시다. 그들이 힘차게 질러놓았던 새벽의 여명을 기억합시다.

〈기획〉

우리는 병영집체훈련을 거부한다

－86학우－

호헌고수라는 중대결단으로 드러나는 군부파쇼도당의 장기집권음모가 노골화되는 지금 우리 86학우들은 군사교육철폐투쟁이라는 주요한 과제를 앞에 두고 무엇을 하고 있읍니까? 일회적인 과토론회 혹은 일회적인 교련교육거부투쟁만으로 모든 문제가 해결되는 것은 아닙니다. 특히 전방입소를 바로 코앞에 둔 이 시점에서 우리가 고민할 부분은 현재의 급박한 정치정세 속에서 가지는 전방입소의 의미부분을 공유하고 이 속에서 구체적이고 실천적인 논의를 전개시켜 나갈 수 있도록 우리의 의지를 집결하는 일입니다.

먼저 전방입소교육의 현재상황에서의 의미는 무엇입니까?

본질적으로 전방입소교육을 포함한 모든 군사교육은 미제와 군부파쇼의 이데올로기 주입의 장으로 관철되고 있으며 이러한 이데올로기 주입을 통해 식민지반도청년의 건전한 비판의식을 마취시켜 내고자 하는 것입니다. 특히 '87년 상황에서 전방입소교육의 순조로운 관철은 바로 기만적 선택제라는 형태를 제시해서 학우들간의 분열을 조장, 전체적인 민족민주운동의 약화를 가져오게 함으로써 저들의 장기집권음모를 좀 더 순탄하게 추진시킬 수 있는 객관적 조건의 창출을 의미하는 것입니다. 이처럼 초강경·탄압국면에서 군부파쇼가 의도하는 바는 청년학도의 의지들을 무력하게 함이 분명한데 우리 관악의 86학우들은 무력감과 패배감에 젖어 저들의 의도대로 질질 끌려다니는 것은 아닙니까?

이제 전방입소교육을 포함한 모든 군사교육은 전면적으로 철폐되어져야 한다는 것은 분명합니다. 그렇다면 지금 우리들이 할 수 있는 부분은 무엇입니까?

시급히 필요한 것은 교양시험기간중에 흩어져 있는 우리 학우들과의 연락체계를 빠른 시간내에 만들어 나감으로써 실천적 논의의 장을 계속적으로 확보하는 작업일 것입니다. 그리고 이 과토론의 장에서 앞에서도 언급했듯이 현재의 긴박한 상황속에서의 전방입소교육이 가지는 의미를 공유하고 과차원에서 할 수 있는 구체적 실천문제를 논의할 수 있을 것 입니다.

구체적 실천의 예를 들자면 김 세진, 이 재호 열사 추모기간(23일~28일) 중에 과에서 통일적으로 할 수 있는 추모의사표시, 23일 박 종철 학형 100일제 때 실천할 수 있는 부분, 그리고 전방입소일인 27일 학교에서의 추모제행사에 모두가 참여할 수 있는 방법 등등 충분히 있을 것입니다. 또한 결정된 의사들을 공개적으로 표출할 수 있는 대자보의 활용 등으로 그 의지들이 전관악으로 확산될 수 있을 것입니다.

그 밖에 가능한 실천부분은 과성원들의 자발적 의지에 의해 얼마든지 다양한 형태로 제시될 수 있을 것입니다. 그리고 이 논의들이 단대차원의 논의로 집결되고 다시 이것들이 전체 관악의 대표기구인 학생회로 결집될 때 진정한 민주집중의 원칙은 관철될 수 있으며 이 후의 올바른 지도의 객관적 전제가 될 수 있는 것입니다.

관악의 민주 86학우여!

이제 더 이상의 굴종과 패배감은 있을 수 없읍니다. 모두 주체적으로 떨쳐 일어나 군부독재 타도의 굳건한 대열을 꾸려 나갑시다.

민주압살 안보논리 전방입소 결사반대!
안보이데올로기 강요하는 군부독재 타도하자!
분신투쟁 계승하여 민족해방 쟁취하자!

〈기획〉

특별위원회는 끝까지 투쟁하겠읍니다!!

햇볕 따뜻한 화창한 날, 검은 연기 속으로 산화해 가신 이재호, 김세진 학형의 목소리가 오늘 또 푸른 하늘 속에서 우렁차게 들려옵니다.

"양키의 용병교육 전방입소 결사반대"

"반전 반핵 양키 고홈"

이 학형들이 그토록 답답해하고 안타까와서 죽음으로서라도 알리지 않을 수 없었던 이 땅의 현실은 도대체 무엇입니까? 한반도를 수십번 뒤집어 엎을 수 있는 핵무기가 우리 민족 의사완 전혀 상관없이 미국의 안보를 위해 미국인의 조종에 맡겨진 채 방치되어 있읍니다. 너무나 위험해서 미본토 유럽대륙에 절대로 그 설치가 금지돼 있는 '핵지뢰'가 남한에는 공식기록으로도 무려 20발이나 묻혀 있읍니다. 우리 한국군의 실정은 어떠합니까. 1950년 이후 유엔군사령부하에 있었던 한국군 작전 지휘권이 1978년 한미연합군 편성에 즈음하여 한미연합사령관에게 이양되었읍니다. 이 한미연합사령부의 상부는 바로 주한미군사령부입니다. 이 엄청난 사실들이 부드럽게 진행되기 위해 한국민들은 전 교육과정에서 그리고 모든 사회교육과 대중매체를 통해, 한반도의 군사기지화를 정당화하고 있는 "반공"을 주입받고 있읍니다. 우리는 같은 민족에 대한 이유없는 적개심을 강요받고, 분단은 기정사실로 미국은 혈맹으로 받아들이도록 교육받고 있는 것입니다. 사실상 식민지 노예교육의 일환인 군사교육에 대한 애국학우들의 투쟁의 봉화는 1971년 박정권의 군사교육 대폭 강화를 시발로 타오르기 시작했읍니다. 서울시내 2만여명의 학우들이 전면적인 가두투쟁을 벌이며 '학원의 병영화반대' '학생운동 탄압과 정권안보를 위한 교련교육강화 철회'를 외치면서 싸웠읍니다. 1980년에는 성균관대를 시발로하여 서울대, 서강대등으로 병영집체철폐운동이 확산되어 갔읍니다.

70년대부터 계속되어 왔던 교련교육반대투쟁은 그간의 투쟁속에서 교련문제가 바로 군사적으로 종속돼 있는 한반도의 본질적인 문제라는 것을 우리에게 알려 주었으며 86년 불꽃으로 타올랐던 전방입소반대 투쟁은 이 땅을 식민지로 통치하는 미제국주의에 대한 투쟁이었읍니다.

87년 전방교육철폐투쟁은, 미국과 매판군부정권의 자기보호 이데올로기인 반공안보이데올로기 주입교육인 전방교육에 대한 전면적인 문제제기와 나아가 이 땅의 억압자, 착취자, 이 땅의 큰 형님인 미국의 우리 조국에 대한 군사적 침탈작전지휘권, 핵기지, 핵군사훈련 팀스피리트등에 대한 사회적 문제제기로서 진행되어야 할 것입니다.

두 학형의 헌신적 투쟁이 이 땅에서 진행되는 미국의 군사적 침탈을 전면적으로 폭로했읍니다. 이제는 우리 86학우들 모두가 아니 관악 전 2만학우가 그 투쟁의 길을 따릅니다.

전방교육 전면철폐투쟁으로 조국의 해방을 앞당깁시다.

"핵기지를 즉각 철수하라"

"작전지휘권을 민중의 힘으로 쟁취하자"

"핵 군사훈련 팀스피리트 결사반대"

"양키의 용병교육 전방입소 결사반대"

"파쇼의 사병교육 전방입소 결사반대"

"민주압살 안보논리 전방입소 결사반대"

"안보이데올로기 강요하는 군부독재 타도하자"

"분신투쟁 계승하여 민족해방 쟁취하자"

"미국은 한국에서 즉각 물러가라"

문화마당

관악돌.

〈시〉

학살

학살의 원흉이 지금
옥좌에 앉아 있다
학살에 치를 떨며 들고 일어선 시민들은 지금

죽은 잿더미로 쌓여 있거나
감옥에서 피를 흘리고 있다
그리고 바다 건너 저편 아메리카에서는
학살의 원격 조종자들이 회심의 미소를 짓고 있다

당신은 묻겠는가 이게 사실이냐고

나라 국경 지킨다는 군인들이 지금
학살의 거리를 누비면서 어깨총을 하고 있다
옥좌의 안보를 위해서

시민의 재산을 지킨다는 경찰들은 지금
주택가를 난입하여 학살의 흔적을 지우기에 광분하고 있다
옥좌의 질서를 위해

당신은 묻겠는가 이게 사실이냐고

검사라는 이름의 작자들은
권력의 담을 지켜주는 세파트가 되어 으르렁대고 있다
학살에 반대하여 들고 일어선 시민들을 향해
판사라는 이름의 작자들은
학살의 만행을 정당화시키는 꼭두각시가 되어
유죄판결을 내리고 있다
불의에 항거하여 정의의 주먹을 치켜든 시민을 향해

당신은 묻겠는가 이게 사실이냐고

보아다오 파괴된 나의 도시를
보아다오 낫과 박살난 나의 창을
보아다오 살해된 처녀의 피묻은 머리카락을
보아다오 학살된 아이의 눈동자를
장군들, 이민족의 앞잡이들
압제와 폭정의 화신 자유의 사형집행인들

보아다오 보아다오 보아다오
살해된 처녀의 머리카락 그 하나하나는
밧줄이 되어 너희의 목을 감을 것이며
학살된 아이의 눈동자
그 하나하나는 총알이 되고
너희들이 저질러 놓은 범죄
그 하나하나에서는 탄환이 튀어나와
언젠가 어느 날엔가는
너희들의 심장에 닿을 것이다

〈날말맞추기〉

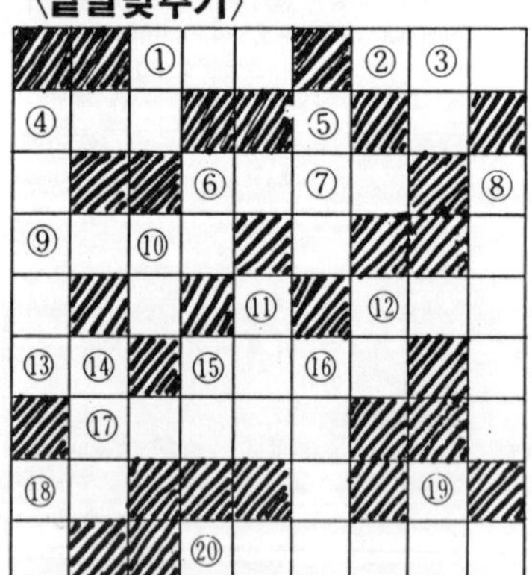

〈가로열쇠〉

1) 남산에 있다. 살인고문 자행하는 ○○○ 보안사 깨부수자!
2) 성지원. 형제원. "아저씨를 ○○○으로"
4) 남한에 수백개나 있다. 이번에도 또 들여왔다. 댄스○○○.
6) 궁박한 나머지 짜낸 계획.
9) 서로 뜻이 맞음.
12) 아저씨의 친위대. 수도경비사령부의 요즘 이름.
13) 유명한 기생.
15) '정 반 합'의 반.
17) ○○○ 터지는 물에 새길〜
18) 국회의원. 고급 공무원. 장성. 장차관. 재벌. 김지하 시.
20) 지금 당신이 읽고 있는 신문.

〈세로열쇠〉

1) 학우여 ○○에 빠지지 맙시다. 썩 편하고 한가함.
3) 모순 대립하는 두개의 개념이 서로 관련하여 양자를 부정 폐기하고 더 한층 높은 통일체로 발진하는 일. 인문대 편집부 이름.
4) 4·19는 우리가 완수해야 할 "○○의 ○○"
5) 핵무기의 일종. 너무 위험해 한국에만 매설되어 있음. 21개나 있다.
6) 파쇼와 미제는 ○○이 잘 맞으니 AIDS나 걸려라.
8) 86년 4월 28일, 두 민족 해방 열사가 몸을 불살라 "양키의 용병교육 전방입소 결사반대"를 외치신 곳.
10) 상계동, 양평동에서 현 정권이 집허물고 짓시으며 하는 것. 서울시가 ○○하는 단골 복덕방이다.
11) 흔히 '멤버쉽 트래이닝' '멤버쉽 트러블링'이라고 하는 주로 학기 초에 많이 가는 것.
12) 손으로 만든 것.
14) ○○○ 선택제로 파쇼억압 은폐하는 군부독재 타도하자.
16) 택시 운전사들 여기서 가열찬 투쟁 전개하다.
18) 88년 ○○대회
19) 한국담당 미국 CIA 스파이 이름. 암호명 '백합'

-정답은 다음 호에-

알림

◘ 민족해방열사 추모기간 4월 23~28일

무채색옷과 검은 리본을 이 기간중 항상 착용합시다. 각 과에 분향소를 설치하여 앞서간 열사들의 뜻을 기립시다.

◘ 위령제 27일 -열혈투사 김세진, 이재호-

관악 2만학우 여러분, 두 투사의 불길은 아직 꺼지지 않았읍니다. 학우여러분의 적극적 참여로 영원히 꺼지지 않는 민족의 횃불을 드높입시다.

◘ 독자투고 : 아크로폴리스는 여러분의 것입니다. 여러분의 글을 각과, 단대 편집부로 내주시기 바랍니다.

◘ 단대편집부의 불성실로 인하여 학우들의 원고를 많이 싣지 못하였읍니다. 아크로폴리스는 단대편집부를 통해서만이 완성되는 것임을 숙지하고 각 편집부원들의 적극적 활동을 촉구합니다.

민족민주통일을
향하여
관악이여 진군하라

진 군 【가칭】

발 행 : 서 울 대 학 교
총학생회건설준비
위 원 회
발행일 : 1987년 3월 25일

◈ 사설

학생회의 방향성에 대한 일제언
우리의 손으로 강력한 학생회를!

학생회의 역사는 한반도 현대사의 질곡 그 자체를 반영하는 것이었다. 60년 4·19이후 부활한 학생회는 70년대 박정권의 유신시대와 함께 그 운명을 달리해야만 했다. 유신시대의 독재정권은 자신의 장기집권을 관철하기 위하여 제반민주세력과 정의·민주·민족을 갈망하는 학생들의 요구를 송두리째 묵살하고 한반도를 총칼로 억눌러 왔다.

유신시대는 대학인 스스로의 자율적인 활동을 통해 민주시민으로서의 훈련을 해나감과 동시에 대학인의 사명 즉 사회적·역사적 책임을 수행할 수 있는 주체로서 자기정립할 것을 대학인에게 그 임무를 부여했다. 그러나 진정한 민주의 씨앗인 학생회를 말살하고 호국단이라는 강압적, 관료적인 체제를 부활하여, 학생들의 자율적 활동을 제한하고 군사파쇼의 이데올로기로서 국가안보의 미명하에 그 시대의 학생의 사회적 역사적 역할을 호도하였다.

그러나, 유신의 억압속에서도 민주를 갈망하는 학생들은 반독재투쟁을 가열차게 전개하여 79. 10. 26. 궁정동 총소리와 함께 유신독재의 붕괴에 그 일익을 담당했다.

이렇게 획득한 80년 민주화의 봄은 동토의 땅으로 떨어뜨리려는 제반반동 세력의 음모를 분쇄하고 민주주의를 쟁취하려는 학우들의 하나 하나의 가슴이 모여 학생회를 건설한다. 그러나 그것도 잠시 2천여 광주민중을 학살하고 들어선 전두환일당에 의해 다시 학생활동에 대한 직접적 탄압을 가해옴과 동시에 학생회를 어용호국단으로 강제개편시키면서 자신의 독재정치를 뿌리내린다.

그후 83년 말부터 나타나기 시작한 유화국면은 학원의 자율화조치로 구체화되어 나가는데 그 자율화조치의 배경은 학원문제에 관한 독립적 조건에서 행해지는 것이 아니라 정치적인 의미가 크게 작용했다.

첫째, 12대총선에 대비하여 민심을 수습하기 위한 선전효과와 둘째, 국내지지기반이 없는 정권이 기반을 확보하기 위한 조처로 대외적 공신력의 확보를 위한 것이다. 셋째, 미국의 압력과 대중투쟁의 파고가 서서히 일고 있었던 것에대한 예방이라는 배경을 놓고 볼 때, 학원자율화조치의 그 기만적 한계는 자명한 것이었다.

그러한 한계에도 불구하고, 84년 3월 학자추는 1학기 학내민주화투쟁의 경험속에서 학내민주화에 선행한 사회민주화의 과감한 투쟁을 선언하며, 강력한 학생회 부활을 위해 자체 해산한다.

정권의 문교부5원칙을 강요하고, 「학내프락치사건」을 계기로 조작된 학생회 탄압을 가해오고 있는 상황속에서도 "학생회는 우리의 손으로 지켜야 한다"는 학우들의 투쟁은 수업거부, 시험거부, 농성 등 한치의 흔들림도 없이 진정한 사회민주화, 학원자율화를 위해 끝까지 투쟁한다. 그러나 학생회간부전원에 대한 체포와 경찰이 교내진입을 통하여 84년 학생회는 그 기능이 마비되어 버리고, 다시금 투쟁하는 학생회를 재건하고자, 수배, 체포, 구금, 옥중당선 등 험난한 길을 걸어 나가면서도 85년, 86년 학생회를 굳건히 건설해 왔다.

그러나, 그 험난한 여정만큼 학생회는 단명하였으며, 여타 제반문제를 내포하고 있었다. 바로 그 문제점에 대한 과학적 분석만이 87년 학생회의 건강성과 그 방향성의 단초를 마련하리라 본다.

기존 학생회인 경우, 투위와의 관계가 불분명하였으며, 학생회 자신의 역할을 투위중심주의로 이끌어 온 편향이 존재하여 대중접촉공간을 좁히려는 정권의 의도를 분쇄하고 우리의 공간을 확대할 수 있는 학우들과의 일상투쟁(예산권 확보, 대자보 확보, 벤치철폐, 학생정보활동의 장인 학생과와 프락치퇴치 등)을 일정정도 방기해 왔다.

둘째, 사회의 모순을 대중속에 선명하게 제시하고 대중속에서 그 해결방법을 찾기 위한 대중교육프로그램을 개발하는데 소홀히 하였다.

셋째, 또한 난무하는 공약하나도 지키지 못하는 무책임한 학생회였음을 반성해야 한다.

넷째, 분파적인 정치적 입장을 견지하면서 대중에 대해 무책임으로 일관하였다

이러한 비판속에서 우리의 대중투쟁체이자 자치기구인 학생회는 학생들의 자주·민주·통일에 대한 의지를 정확히 반영해내고, 사회민주화와 학내 비민주적 요소를 척결하기 위한 투쟁을 전개해야 한다. 그리고 대중에 대한 책임있는 학생회로서 대중교육프로그램과 대중활동공간을 확대하여 대중의 의견을 민주집중제 방식으로 수렴해나가야만 한다. 대중속에 존재하는 강력한 학생회를 우리의 손으로 건설하자.

창간의 변을 대신하여

Ⅰ. 대학 언론의 역할

한 사회가 연속성을 지니며 전체 사회로부터 독자성과 특성을 지닌다고 말할 수 있을 때, 그 사회는 그 사회를 둘러싸고 있는 제 상황에 대하여 분석과 비판의 자유를 가지게 된다.

역사에 있어 비판의 기능을 상실한 사회와, 그 기능을 효율적으로 발휘해 온 사회는 엄청난 차이를 보여 왔음을 알 수 있다.

1974년 조선·동아 투위의 「자유언론실천선언」이 좌절된 이후 이땅의 언론은 권력에만 봉사할 줄 아는 제도 언론의 주역으로 침묵과 굴종을 걸어 왔다. 「언론 기본법」의 규정과 「문공부」의 「홍보계획지침서」 시달 및 「홍보 조정실」 운영으로 이루어진 제5공화국의 언론현실은 80년 12월 "언론기본법"을 통해 탄압의 제도적 장치를 굳혀 놓았다.

이 법은 ① 언론의 자유보다 공적책임을 강조, 억압을 호도하고 있으며, ② 법인이 아니면 정기 간행물을 발행할 수 없도록 언론인의 자격요건을 강화, 헌법을 위배하며, ③ 정기 간행물의 등록 취소 조항 강화 등 독소조항과, ④ 언론기관의 존립을 법원이 아닌 행정관청이 전담토록 하고 있다.

그리고 문공부의 홍보계획시와 국민정신교육지침서를 언론사에 배포함으로써 보도내용 및 방법까지 사전에 통제, 언론의 자주성을 원천적으로 봉쇄하고 있다.

이러한 언론 자유 부재의 현실은 창조적 비판적이어야 할 대학언론에까지 만연되었다. 이같은 상황에서 대학언론의 활성화, 자율화의 문제가 심각하게 제기될 수 있는 것은 언론의 민주화가 바로 그 사회의 민주화의 요체가 되는 것처럼 대학사회의 자율화, 민주화 역시 대학언론의 자율성, 민주성에 달려 있기 때문이다.

"언론은 사회성원간의 정보와 지식, 의견의 교류 및 그 의미를 공유하는 과정속에서 그 사회와 구성원들의 환경 감시 역할을 하며 내부에서 일어나는 여론을 흡수하고 조직 확산하는 역할을 한다. 나아가 사회발전을 위해 비판적 여론을 형성시키는 계도적 임무까지 담당하여 단순한 보도전달을 넘어 사회발전과 문화창조의 적극적 구현체로서 되어야 한다." 이렇듯 대학언론의 역할은 그들 자신의 문제에 대해, 또 대학이 처한 사회현실에 대해 계속적 관심과 건설적 비판을 수행하고 이를 통한 자기발전의 방향과 방법을 정립할 수 있을 때만 가능한 것이며, 실천적인 이념의 정립과 확산을 위한 매개체로서 대학언론이 그 본래적 사명을 다할 수 있을 때에만 이루어지는 것이다.

Ⅱ. 대학언론의 현주소

(1) 공식언론의 위축

5·17이후 자율화→활성화→위축·통제의 순환을 거듭하다가 현재의 어용적 「대학신문」이 정착한 것은 81년 가을축제 사건을 계기로 이루어진다. 대학신문이 축제 거부운동을 지지하다 기자의 사표를 요구받게 되고 다음 봄까지 휴간, 82년 복간되었다. 81년 개편이후 주간—편집국장 체제의 검열구조 형성하여 대학신문의 비판적 기능을 상실하게 되었다.

단대편집실의 경우도 마찬가지였다. 82년 5월 개정된 「학생 간행물 운영지침」은 단대언론 및 대학신문을 위축시키고 민주 언론의 탄압을 구체화 시켜갔다.

(2) 비공식 신문의 등장

대학언론이 위축되었을 때 기존의 대학언론과 사회언론의 왜곡이나 묵살에 대응하여 독자적인 홍보영역을 확보하려는 노력들이 나타난다.

84년 5월 「자유언론」을 필두로 한 「민주선언」 복현의 「진진」, 「해방선언」 「민족·민주선언」 등이 대학언론의 주역으로서 자리를 굳혀 왔다. 창간사에서 "과학적 인식하에서 민족민주이념을 견지하고 당면한 우리 투쟁의 방향성을 굳건한 대중적 토대위에서 확인하면서 대중과 함께하는 대중신문이기를 원합니다"라고 말했듯이 이땅 민족민주운동이 나갈 바를 명확히 하고, 그것이 대중속에서 논의되어 나갈 때 진정한 대중신문으로서 자리를 정할 수 있다고 하고 있다.

그러나 이 신문들은 그 속성으로부터 연유하는 비공개성, 학생으로만 제한되는 필자의 문제, 공식적 정보의 차단 등의 어려움에도 불구하고 학생운동의 다양한 논의를 공개시킴으로써 학생으로부터 신뢰를 확보하고 건강성을 획득한 것은 커다란 의의라 할 수 있다.

Ⅲ. 학생회 신문이 나아갈 길

'공식신문'의 관제화 '비공식신문'의 어려움, 이 모든 것이 이땅 민주화의 수준이라고 할 때 학생회 신문이 넘어야 할 과제는 험난할 수밖에 없다.

다양한 학우들의 의견을 반영하고 요구를 지향하기 위하여, 그리고 한반도의 역사속에서 학생자치조직이 나아갈 바를 명확히 하기 위함이 학생회 신문이 과제일 수밖에 없음은 자명하다. 물론 이 과제는 학우들 스스로에 의해 이루어질 수밖에 없으며 되어져야 하는 것이다.

학생회를 우리 손으로!

❄ 창간시
동 반 자

1. 괴로울 때나
슬플 때나
비바람 눈보라 속을
항상같이 가는 사람이 있다.

2. 등불도 꺼져 버린 밤
화톳불도 꺼져 버린 밤
시린 손길 나누어
외로운 가슴 부등켜 안고
어둠이 깔리는 허허벌판
귀화 번득이는 고갯길을
서로 손잡고 가는 사람이 있다.

3. 어디선가
사나운 이리떼 짖어대고
불길한 어둠을 일어서는데
부엉이 늑대가 우는 골짜기
한줄기 깜박이는 별빛을 따라
캄캄한 밤을 걸어가는 자여

4. 괴로운 한세상
그 어느 땅끝에서도
타오르는 사랑의 불길 간직하고
붉게 뛰노는 심장이 있다.

5. 어둠 저편의 빛나는 새벽
떠오르는 내일의 태양을 믿기에
이고 지고 가는 오늘의 미소
사막도 넘으리라 파측도 넘으리라

6. 그대 내손에
그대의 손길 포개어 다오
무너진 육신 부등켜 안고
그 어느 풀섶에 쓰러져도
그대 손길 인도하는 밤
그님의 목소리 따라
이밤도 우리는 간다.
쉬지 않고 쉬지 않고
같이 간다.

관악이여!
학생회의 깃발아래
총단결하라!

◈ 기획

민주정부수립의 깃발로!

— 정세평가와 투쟁의 방향 —

1. 86년·87년 상황의 주요흐름

86년 민족민주운동은 85년 2·12총선의 대중적 승리를 기반으로 형성된 개헌투쟁을 그 축으로 하여 제계기투쟁과 결합하면서 총체적 변혁운동으로 자기발전했다.

개헌투쟁은 85년 2학기 선도적 개헌투쟁을 그 추동력으로 재야권의 개헌서명운동을 촉진하고, 신민당을 개헌투쟁의 장으로 견인해 냄으로써 86년 3~4월의 개헌집회 속에서 대중투쟁이 질비약할 수 있는 기초를 다져 나갔다. 광범위한 군사정권타도 투쟁속에 결집한 대중투쟁은 군사독재의 호헌논리를 그들 스스로 부정하고 제5공화국의 정통성을 부인하는 "임기내 개헌"을 4·30청와대 회담에서 인정하게 하였다.

그러나, 변혁운동의 과학성을 담보하려는 노력이 운동노선상의 분열로 나타나 투쟁대열의 통일성이 확보되지 못한 가운데 서울대 민민투·자민투의 분열, 급진적 반미투쟁, 5·3인천투쟁, 구학련사건 등의 전개는 효율적 연대투쟁과 대중투쟁을 전개하지 못하는 한계로 나타났다. 특히 5·3을 전후하여 전두환 일당은 민족민주운동의 분열과 대중의 레드콤플렉스라는 이데올로기적 약점을 교묘히 파쇼체제 정당화로 호도하여, 격심한 물리적·이데올로기적 공세를 강화하여 운동세력을 각개각파해 나가기 시작했다. 그리고, 5·3에서의 무차별한 신민당에의 공격으로 신민당을 헌록으로 몰아세운 전술적 오류와 신민당의 아시안게임 동안의 기만적 정치휴전, 민족민주운동의 긴 투쟁의 공백기에 의해 체제개편의 주도권을 급격하게 정치군부와 미국에게로 이전시켜 버린다.

아시안게임 이후 민족민주운동은 대중과 호흡하는 투쟁을 전개하고자 애학투련결성, 재야권연대 등을 통해 구체화 되어가는 정치군부일당의 장기집권음모분쇄투쟁을 전개하고자 했으나, 일정정도 정권에게 성공적인 선전력을 확보해 준 아시안게임 이후, 준비된 테러공세는 투쟁대열이 채 정비되기도 전에 가혹한 탄압으로 일관했다. 대자보사건, 반제동맹당사건 마르크스-레닌당사건, 전노추사건, 노동자해방투쟁동맹사건 등 일련의 용공조작과 11·29 서울집회 속에서 나타난 문제점-연대틀의 부재, 운동노선상의 분열, 야수적 탄압, 대중과의 괴리-은 우리 운동대열을 더욱 더 혼란으로 빠뜨렸다.

그러나, 기본적인 인간성조차 부재한 군사파쇼의 야수적 탄압은 박종철학형의 살인을 준비했고, 이는 광범위한 연대투쟁으로 발전할 수 있는 가능성을 민족민주운동에게 주었다. 그러나 86년 운동세력의 과도한 출혈적 조직파괴와 분열, 지도력의 부재는 살인정권타도투쟁이라는 단일한 전선으로 대중을 결집시키기에는 역부족이었다. 그래서 3·3, 4·9 재행진이후에는 연대틀로서 부상되었던 국민추도회해산과 파쇼의 여론진압작전에 휘말려 파쇼주도하의 개헌판으로 복귀하게 된다. 이러한 상황하에서의 슐츠의 방한은 정국에 심대한 영향을 미쳐, 가속화되어온 미국의 대한 정치공작의 극점을 보여준다.

2. 미국의 대한정책과 정치변화

80년 서울의 봄이 12·12쿠데타, 5·17일쿠데타에 의해 깨어진 이후, 절친한 우방을 자처해왔던 미국의 본질이 광주학살교사범으로서 다시금 현상화되었다.

85년 미문화원농성사건이후, 고양되어 온 대중의 반미투쟁을 무마시키고 교묘히 타격점을 자신으로부터 전두환 일당에게 전가시키면서 신식민지체제 개편을 안정적으로 수행하려는 미국은, 니카라과 반군지원, 그라나다침공, 이란-이라크전쟁개입 등 제국주의적 마수를 세계곳곳에 뻗치면서 한반도를 넘나들게 되었다.

한국을 신식민지로 지배하는 미국의 한국에 대한 자신의 이해는 한미일 삼각군사동맹의 강화를 통한 대소전진기지로서의 안정화와 경제침탈에 있는 바, 그 이해에 근거하여 체제개편의 위기를 안정적으로 넘김과 동시에 기만적 합법정부를 구성하고자 일련의 정치공작을 펴왔다.

백악관국가안전보장회의(NSC) 소속의 아시아문제담당 대통령 특별보좌관 시거를 국무성 동아시아 태평양담당차관보로 앉히고 한국관계인사들을 대거 CIA계통의 인물로 교체하여, 한국에 대한 정보수집과 공작을 강화하면서, 2월 6일 구체적인 내정간섭으로서 시거연설과 연이은 슐츠방한을 통해 직접 신식민지통치의 마각을 드러내었다. 또한 슐츠방한과 때를 같이 하여 클라크동아시아태평양부차관보의 이민우 선민주화론에 대한 지지는 한국에 대한 공작정치의 의미-즉 보수대타협, 기만적 민주화수행을 통한 반미의식의 약화를 반증해주고 있다. 슐츠방한의 의도는 기만적 민주화로의 개헌계획에 여야가 합의하도록 압력을 가하며 88안정적 정권교체, 전두환의 퇴진 등을 보수대타협의 현실태로 규정하고, 신식민지 지배를 공고히 하고자 하는 것이다.

한반도가 가지는 대소봉쇄전략속에서 군사적 특수성은 사회주의권의 평화공세에 의해 긴장완화가 된다하더라도 신민당을 정권대체세력으로 인정하기에는 그 한계가 있고, 정치군부의 전면배제 또한 일정정도 불가능하다.

장기집권음모 분쇄하자!
보수대타협, 내각제 결사반대

이의 귀결로 타협세력 이민우 등을 원격조종하여 김대중·김영삼의 투쟁노선을 완화시키며, 합의개헌을 그 전제로 군사독재의 주도권을 인정하는 기만적 민주화조치와 "합법적보수연합정부"를 그 골격으로 미국의 프로그램을 전개할 듯하다. 그러나, 대중투쟁의 폭발적 상승은 미국의 기본전략을 수정하고 선택적 국민투표를 통한 민간정부를 구상할 가능성 또한 존재한다.

이러한 미국의 구상을 한 측면으로 군사독재는 대중투쟁과의 관련을 자기규정하면서 자신의 장기집권음모를 구체화 해왔다. 그러나, 정통성부재라는 정치적 부담과 운동대오의 정비에 따른 향후정치력부상이라는 변수는 장기집권음모를 위협하고 있는 바. 우선은 운동대오에 대한 물리적 탄압을 강화하면서 소위 중산층을 견인해 내고, 다음으로 정통성 부재해소를 위해 민정당을 원격조종하면서 내각제 개헌을 그 축으로 합의개헌과 합법개헌을 유도하고, 대중의 변혁의지를 개헌으로 집약시키며 본질적 권력문제를 희석화시키고 있다.

자신의 장기집권 수행하에 개헌관철방식으로, 첫째, 합의개헌이다. 구체적으로 신민당의 실세대화요구를 받아들이고, 권력구조의 극적 타결을 도모하는 것이다. 그러나 최대한의 떡고물을 얻기 위한 신민당이 현재에서는 타협할 기미를 보여주지 않는데다가 정권자체도 타협조건으로 전면적 정치개혁을 할 의도는 없어보여 그 실현은 어려운 것같다.

둘째, 합법개헌을 통한 내각제 관철이다. 그 구체적 형태로서 개헌안 통과를 위한 재적(274명)의 3분의 2인 184석을 확보하기 위하여 사꾸라정치세력과 신민당의 타협세력을 매수하여 국회에서 전격적으로 통과시키는 방식이다. 그러나, 타협세력의 정치생명과의 관계와 대중으로부터의 반발이 예상되어 쉽게 몰아 부칠 수 있는 성질은 아니지만, 신민당의 강경노선은 쉽게 이 방법을 선택할 가능성을 높여준다. 특히 3·6일 신민당 김영삼-이민우회담, 두김씨의 지구당대회 불참여를 통한 강공전법으로의 선회는 더욱 실증해주고 있다.

셋째, 중대결단조치로서의 국회해산과 개헌관철 또는 호헌입장으로의 선회이다. 이것은 미국의 견제와 대중의 심각한 반발력에 의해 그 실현가능성은 미지수이다.

넷째, 선택적 국민투표의 수용이다. 이는 얼마나 중산층을 견인하는 가에 달려있지만, 사실상 실현 불가능하다.

지금단계로서의 전정권은 합의개헌과 합법개헌으로 그 방향성을 잡으며, 타협이냐 파국이냐라는 위기의식의 부여와 신민당 내부 분열책동을 통해 타협을 유도해오고 있다.

신민당인 경우, 장기집권을 구체화시키는 현 시점에서, 고문정국에서 획득된 대중투쟁축적물을 뒷받침으로 개헌종료시한까지 그렇게 쉽게 타협할 의도는 없어 보인다.

신민당의 기본전략은 자신의 집권에 있는 바, 그 목적을 위해 우선 신민당내의 타협세력을 마비시키고 내부의 전열을 정비하기 위한 두김씨 지도체제를 수립하여 대중지지기반 획득과 이를 통한 정권에 대한 압력, 실세대화요구를 병행시키면서 자신의 의도관철을 꾀하고 있다. 이는 첫째, 완전한 정치군부의 권력으로부터의 배제를 미국에게 구걸하고 둘째, 신민당내 내부공작을 통한 전정권의 합법개헌의 의도를 분쇄하고 이후 타협테이블에서 최대한의 떡고물을 얻기 위해 주도권을 장악하려는 발상에서 나왔다고 볼 수 있다.

그러나, 개헌종료시한전까지 강공정책은 사실상 자신의 떡고물을 더 얻겠다는 의미이상은 있을 수 없으며, 미국과 정권의 협박과 떡고물에 정도에 따라 김영삼을 중심으로 타협할 여지는 충분히 존재한다.

3. 우리 투쟁은 진군을 요구한다.

이러한 객관적 상황하에서 3월이후, 개헌국회, 5월투쟁을 거치면서 정치위기와 대중투쟁의 파고가 더욱 가중될 것으로 예상되며, 이럴할 때, 더욱더 민족민주운동에게는 한치의 흔들림도 없이 변혁을 위한 굳건한 진군을 요구하고 있다.

우리는 2·7일, 3·3일의 광범위한 대대중투쟁을 경험하면서도 불구하고 투쟁방향성을 세시하지도 못하였으며, 슐츠방한이후, 우리투쟁역량 모두를 대적전선에서 철회해왔음을 철저히 반성하고 다시금 우리의 투쟁의 방향성을 명확히 하자.

지금 현시기의 개헌판은 미국과 정치군부, 신민당의 삼위일체합작품으로서 대중의 본질적 권력에 대한 투쟁과 체제전면에 대한 부정으로의 발전을 희석화시키기 위한 고도의 술책임을 명심하자.

지금은 개헌관철방식자체-보수대타협-를 분쇄하고, 이 개헌판을 뛰어넘어 적극적으로 개헌방식이면에 존재하는 장기집권의 실질적 주체-전두환과 그 친정파-정치군부를 타격하고, 신식민지 지배를 관철하고자 하는 미국의 공작정치를 대중에게 생생하게 폭로하면서 대중을 민주정부수립의지로 조직화시켜야 할 때이다.

그러나, 현재 우리의 투쟁을 강집저지투쟁이나 개헌투쟁자체에 안주하려는 편향과 전략적 과제로서의 권력을 선전할 단계라고 이해하는 편향이 존재하는 바, 전략적 승리를 위한 현국면의 일점 돌파로서 정치군부와 그 타협세력을 제외한 민주연립정부구성과 민족민주운동의 대중공개정치력으로의 부상을 그 전술적 목적성으로 하여, 장기집권분쇄투쟁, 파쇼내각제반대 투쟁을 그 하위전술로배치하고 즉각적으로 민정수립을 위한 투쟁연합체를 건설해야만 한다.

그러나, 이 투쟁체는 민족민주운동의 통일적 권력주체로서 인식되는 것이 아니라, 정권에 대한 통일적 정치투쟁수행, 당면의 민족민주운동의 제과제-민족민주운동의 분열극복과 정치력으로의 현실화,-와 민정수립을 위한 연대틀인 바, 우리의 구체적 목적으로서의 주체의 건설과는 그 차별성을 명확히 해야한다. 특히 현국면에 있어서 신민당과의 전술은 더욱 그 과학성을 요구하고 있는 바, 제휴전술로서 미국에 의해 조정되는 이민우 등 타협세력을 철저히 폭로하여 정권과 신민당의 보수대타협가능성을 현 시기에서 완전히 배제시켜 나가며, 대중의 변혁운동을 잠재우는 개헌판 자체를 분쇄하여, 안정적 체제개편의 음모에 찬물을 끼얹는 가열찬 투쟁이 전개되어야 한다. 또한, 개헌종료시한직전에 파국운운하며, 김영삼 등 동요세력과 타협세력이 보수타협을 기도할때 타협세력으로부터 진보세력을 분리, 민족민주운동주도하의 민정수립투쟁에 동참시켜야 한다.

특히 유의할 점은 신민당과의 제휴전술의 수행이나 또는 제민주세력과의 연대투쟁이 우리 투쟁의 질을 반독재투쟁으로 전락시키는 것이 아니라, 정치군부타도에 대한 당면과제의 공동투쟁수행과 정일 뿐이며, 우리의 반제반파쇼투쟁자체가 희석화되는 것이 아님을 명심하자.

전술적 권력투쟁으로서 민주정부수립을 위하여 반제반파쇼투쟁에 총매진하자.

지난한 투쟁만이 민족민주운동을 단련시킨다는 것을 명심하고, 모든 대기주의와 청산주의를 극복하자.

모든 대기주의와 청산주의를 극복하고 민주정부 수립을 향하여 힘차게 진군하자!

〈진군만평〉

◈특집

군사교육의 의미

— 통일의 함성으로! —

1. 진리탐구의 장인 대학에서의 학생군사훈련 및 교육의 의미

대학은 진리탐구의 장이다. 즉 대학인이 인간다운 인간으로 성장하기 위해 대학인의 자주성과 창조성을 끊임없이 발진시켜 나가는 장인 것이다. 이러한 대학에서 이루어지고 있는 학생군사훈련은 철저하게 대학인의 자주성과 창조성을 말살시키는 역할을 하고 있다. 고등학교 3년 동안의 딱딱하고 엄격하며 일률적인 교련교육을 대학에서까지 실시한다는 것은 대학생을 주체적인 인간으로 세워나가는 데 목적을 두지 않고 대학인을 현 군사교육을 담당하고 있는 독재정권의 노예로 전락시키고자 하는 비열한 음모임에 틀림없다. 주체적이고 창조적으로 살아가기 위해 비판과 토론이 절실함에도 불구하고 미국의 전략 속에서의 분단 이데올로기를 강요하여 온 민족이 염원하는 통일의 본질을 왜곡하고 오히려 미국과 현 정권의 이익을 옹호하게 하고 있으며, 민주주의적 교육 속에서 진정 사회와 자신을 올바르게 변혁시켜 나가는 것이 필요함에도 불구하고 편향적인 안보논리, 냉전논리를 주입시켜 현 정권의 반민주성을 은폐하고 있다. 또한 입학한 지 2주밖에 안되는 신입생들에게 비주체적인 군사교육을 실시하여 대학인으로서의 주체성과 자주성을 상실하게 하고 있으며, 전방입소를 선택과목으로 설정하여 학생들을 기만하고 있다. 총체적으로 대학에서의 군사훈련은 현 정권과 그 배후에 있는 미국의 자기논리 관철의 과정인 것이다.

2. 군사훈련의 역사적 고찰

학도호국단 체제와 교련교육, 병영집체훈련은 미국의 세계전략 틀안에서 이루어진 반동 정권의 성쇠와 그 운명을 같이 해 왔다. 제1공화국 이후, 격동의 미군정당시 급성장한 학생운동세력을 거세하고 대학을 정권유지의 수단으로 이용하기 위해 모든 학생자치기구를 해체하고 학도호국단을 구성, 호국단의 간부를 육사에서 훈련시키고 일반학생들에게도 교련교육을 실시하였다. 54, 55년에 학생군사훈련을 본격화, 고등학교까지 군사훈련을 실시하였다. 60년 4월혁명 이후 피어린 민주화가 고개를 들자, 5월 기존의 어용학도호국단을 해체하고 민주적인 학생회를 구성하였으나, 곧 5.16 반동세력으로 말미암아 4월혁명으로 폐지되었던 군사교육을 주 3시간씩 실시하게 되었다. 69년 3선개헌 반대투쟁을 벌였던 학생들에게 징집연장을 발부하여 강집이 처음 시작되었고, 71년 문교부는 교련시간 연장과 교관의 현역장교 대체를 골자로 하는 '대학교련 강화'방안을 마련, 총 수업시간 20%의 교련교육과 72시간의 병영집체 훈련을 실시하게 되는데, 이것은 학원의 철저한 병영화로 6.3반일투쟁 이후 격화되는 학생운동을 원천적으로 봉쇄하기 위함이었다. 70년대 전반 냉전체제의 변화 속에서 경제성장의 모순이 번혁되고 대통령, 국회의원 선거를 거치면서 집권세력의 정치적 기반이 약화되자, 박정권은 71년 대학가에 「위수령」 발동으로 기존 학생회 해체 및 무더기 대량제적, 강제입영조치를 취하였다. 75년 박정권은 월남패망을 계기로 국가안보이데올로기를 다시 내세우면서 긴급조치 9호를 발동 학도호국단을 부활하고 대학내에 경찰이 상주하고 학생자치활동 전면금지, 지도휴학제 실시 등을 취하였다. 80년 민주화의 봄에 학생회가 다시 부활되나, 5.17 쿠데타로 학도호국단체제로 전락하고 만다. 이 학도호국단이 학원을 냉전논리에 입각한 이데올로기 교육의 장, 군사교육의 장이었음은 말할 필요가 없다. 81년 고려대 문무대사건이 발생하게 되는데, 이것은 문무대에 입소한 고대 학우들에 대한 교관들의 가혹행위에 항거하여 전입소 학우들이 집단행동을 벌인 사건이었다. 사건은 교육대측의 사과로 수습되었지만, 기만적인 전두환 정권은 방학기간을 이용 109명의 학우들을 강제징집하는 비민주성을 폭로하였다. 이러한 강제징집은 소위 '녹색작전'이라하여 군보안대에서의 사찰과 조사가 연이어졌고, 강제징집된 학생들 중 6명이 군복무 중 의문의 죽음을 당하였다. 84년 고대 1학년들은 문무대 입소를 거부하고 입소당일 학교에 집결, 민주화와 민족통일에 대한 의지를 표명하였으며, 85년 서울대 2학년들은 자체적으로 학교에 집결, 전방부대 훈련 중 통일논의를 보장할 것과 안보논리의 주입금지, 군사훈련의 악용금지, 학생과 병사간의 자유토론을 보장할 것 등의 요구조건과 함께, 군부독재타도를 통한 민주화와 민족통일의지를 천명하였다. 86년 서울대 및 서울시내 대부분의 학교 2학년들은 미국의 식민노예교육 철폐와 양키의 용병교육 전방입소 결사반대 등을 외치며 전방입소 거부투쟁에 참여하였다. 서울대의 경우 연건 농성이 좌절된 후 신사리에서 2학년 400명이 연좌농성을 하였고 이 과정에서 김세진·이재호 두 학형이 분신, 끝까지 싸워나갔다. 위와 같이 분단 40년 동안 교련교육과 학원의 병영화는 미제의 세계전략 속에서 위치지워진 남한 군대의 성격을 반영하고 있으며, 그 속에서 독재집단들은 자신의 정권유지를 위해 군사교육을 악이용해 왔다. 군대자체도 그 구조의 비자주성 비민주성 등에 의해 예속정권의 사병화와미국의 용병으로써 위치지워지는데, 12.12 사태와 5.17 쿠데타 광주민중항쟁의 살인적 진압과정에서 군대가 이용된 점, 미국안보를 위한 팀스피리트훈련, 한반도를 몰살시킬 1,100여개의 핵탄두배치, 국군통수권의 한미 연합사에의 귀속 등은 이를 증명해 준다.

3. 전방입소거부와 문무대입소 거부의 의미

첫째, 해방 후 이승만 친미예속정권에서부터 현 전두환 파쇼도당들에게까지 이어지는 근현대사 속에서 학원 병영화의 일환으로 실시되어져왔던 교련교육과 더불어 대학인의 자주성과 주체성을 말살하고 미국의 냉전논리를 강요하는 비자율적, 비민주적, 비자주적 식민노예교육 방식에 대한 전면적인 항의표시이다.

둘째, 현 정권이 자신들의 비정통성을 은폐하고 계속적인 독재체제 유지를 위한 도구로써 교련교육을 실시하는 것에 대한 주체적 저항의 표시이다.

세째, 해방 40년 동안 지속적으로 한반도 남단을 분리 통치해온 미국이 자신들의 세계전략 속에서 남한을 대소전진기지화 하고 핵무기를 배치 민족의 생존권을 위협하며, 군의 주권을 송두리째 움켜쥐고 한국군을 자신들의 용병으로 취급, 온 민족의 염원인 통일을 외면하고 분단고착화를 획책하는 더러운 음모에 대한 민족 자주적 항의표시이다.

◈성명서

양키의 용병교육 전방입소 결사반대

이재호·김세진 열사는 미국이 죽였다. 지금은 미국의 땅, 빼앗긴 조국의 산하에도 봄은 오는가? 학우여! 산이 있고 강물이 흐른다고 내나라입니까. 말할 자유가 없는 땅, 더 이상 따뜻하지 않은, 침략자의 전쟁연습 소리만이 난무하는 동토의 땅, 더 이상 여기는 우리의 조국이 아니라고 절규합니다. 애국학우여!! 함경도 산골에서 포수하다가 나라 구한다고 강화도로 뛰어오신 신미양요 때의 우리 할아버지 "양놈 배 태워버리자!!"던 함성이 들리지 않습니까!! 북 만주 눈보라를 녹이던 선조의 표효소리, 그리고 바로 엊그제 불꽃으로 산화해 가신 이재호·김세진 학형의 목소리가 뼈에 사무치지 않습니까!!

양키의 용병교육 전방입소 결사반대!! 핵무기를 철수하라!! 군축회담 실시하라!! 평화협정 체결하라!!

학우여, 어제도 오늘도 이 땅에는 투쟁만이 있다. 피의 아우성만이 있는 것이다.

조국을 사랑하는 애국학우여!! 일제의 식민지 통치에서 벗어난 해방의 기쁨을 누려 보기도 전에 점령군 미국에 의해 허리가 잘리운지 어언 40년! 휘손에는 초코렛을 던지며 강토를 짓밟은 침략사들은 상전으로 둥지를 틀고 앉았다. 잠깐만 있다가 가겠다던 자들이 한 민족의 씨를 남기고도 남을 핵탄두와 AIDS로 우리 강토를 유린하고 있으니, 학우여, 우리가 어떻게 이들을 꿈속에서라도 용서할 수 있단 말인가. 어딜가나 양키의 저질스런 문화가 노린내를 풍기고 있으며 전두환 매국역적과 민정당 패거리들은 권력에 환장이 들어 죽이고 학대하며, 상전의 눈치를 보고 있으니, 민족을 사랑하는 자 분노로 치를 떨고 있는 것이다.

한반도 이 땅의 긴장을 고조화시키고 전쟁의 위협을 운운하며 반공이데올로기로 한민족에게 족쇄를 채우던 적은 소위 "분단의 아픔을 체험한다"라는 미명하에 전방입소를 강요했다. 86년 열화와 같은 거부투쟁을 경험한 정권은 이제 또 다시 "자의적 선택"이라는 말을 씨부렁거리며 더욱 더 간교한 술책으로 동족의 가슴에 총부리를 겨누도록 강요하고 있다.

학우여, 우리는 똑똑히 알지 않는가? 누가 만들어 놓은 분단이며 누가 겨레의 가슴에 계속 칼을 겨누게 하는지를. 말로는 긴장완화, 통일을 외치면서도 민족에게 반민족 사상을 강요하는 자 그 누구란 말인가! 반공웅변대회를 밥먹듯이 벌이면서 우리 동생들에게 동포를 증오하도록 하는 자 과연 누구란 말인가! 동포를 증오하도록 세뇌된 사람이 한 시간이라도 같은 동포와 한집에서 살 수 있다는 것을 상상이나 할 수 있는가!

반민족사상 강요하는 미국의 용병교육 결사반대한다!!

학우여, 평화를 사랑하는 학우여! 세계민중의 평화를 외치는 소리가 우리에게 힘을 주지 않는가. 유럽에서, 남미에서, 아시아에서 세계민중은 자주와 민주, 반전반핵평화쟁취의 깃발을 높이 올리며 전쟁을 안하고는 살 수 없는 미국을 [illegible]에 빠뜨리고 있으며 한반도 남[illegible] 울려 퍼지는 자주·민주의 열기는 또한 얼마나 열화같이 일어나고 있는가!

"선택제"라는 가면을 씌우고 개인적 차원의 결단을 강요함으로써 우리를 고립화, 개인주의화시키고, 선택이라는 허울을 씌어 반미반파쇼투쟁의 새싹 자체를 사전에 없에겠다는 고도화된 적의 술수이다. 또한 말이 선택이지 사회생활을 하기 위해서는 갈 수밖에 없도록 만든, 더욱 더 악독화된 파쇼제도인 것이다.

그러나, 학우여! 진리를 사랑하는 학우여! 적의 서슬이 퍼레질수록 민주에 대한 우리의 열망이 더욱 끈질기게 솟아남을 우리는 배워오고 또한 믿고 있지 않은가! 사기적으로 진행시켜온 수강신청을 전면거부하자. 우리에겐 무기도 주지 않고 홀로 선택하도록 만든 것이 진정 우리의 의사란 말인가. 사기적인 수강신청 전면 무효화하라! 전면 무효화하자.

학우여, 이재호·김세진 열사가 관악산의 진달래 꽃방울에 담겨 있음이 보이지 않는가! 외침이 가슴을 후벼파지 않는가! 부끄러운 모습을 하고 있는 우리, 두 형님의 영혼 앞에 머리숙여 통곡하자! 나가자! 거부하자! 온몸으로 거부하자! 군사작전권도 없는 파쇼군대에 우리가 어떻게 두발로 걸어 들어갈 수 있는가! 우리는 더 이상 노예일 수 없고 침묵과 복종으로 살 수 없다.

— 우리의 결의 —

사기적으로 강제적으로 진행된 수강신청을 전면 무효화하자. 이는 인간이 가지는 자기보호의 최소한의 권리로서의 단체 행동, 결의권을 강탈한 지배자의 일방적 유모이므로 단호히 거부해야 한다.

1. 과별 대책위를 구성하고 단대별 특별 대책위원회를 구성하며, 전방입소를 거부할 경우 받게 되는 모든 불이익(KAIST, 국영기업체, 국가고시, 유학제한) 철폐를 위하여 의사를 집단화해야 한다.

2. 미국이 강탈한 군사작전권을 한국민중에게 돌려주는 것이 전방입소를 할 수 있는 최소한의 요건임을 분명히 선언하고, 남의 나라 군대에 갈 이유가 없음을 분명히 선언하자.

3. 조국의 진정한 통일을 위한 남북한 상호 불가침조약과 평화협정을 휴전협정 당사자인 미국은 즉시 체결하여야 하며 남북한 군축회담 등 긴장완화를 위한 적극적인 노력들을 한국민중에게 보여주어야 함을 한민족의 이름으로 선언한다.

— 우리의 결의 —

— 양키의 용병교육 전방입소 결사반대!
— 분단이데올로기 강요하는 전방입소 결사반대
— 한민족을 말살하는 핵무기를 즉각 철수하라.
— 군축회담 즉각 실시하라.
— 사기적인 선택과목, 수강신청을 전면 무효화하라.
— 군 작전전권 없는 군대가 우리의 군대인가! 한국군 지휘권을 한국 민중에게로!
— 불이익 조항을 전면 철폐하고, 단체결의 행동권을 보장하라.
— 휴전선을 평화선으로! 작전권을 한국군이! 한미불평등조약 폐기하라!

서울대학교 양키의 용병교육 전방입소 결사반대와 미국의 군사기지화 결사저지를 위한 특별위원회(가칭)

1987. 3. 19.

2·7, 3·3 투쟁을 중심으로 한 추모사업의 평가

1. 서

우리는 박종철 학형에 대한 고문치사사건을 당면 체제개편의 시기 속에서 민족민주운동의 주도적 투쟁에 대한 군부파쇼의 단발마적 비명이라 아니할 수 없다. M—L당사건, 전노추사건, 반제동맹당사건 등 일련의 좌경용공 매도 속에서 우리는 학형의 죽음을 예고할 수 있었다.

남영동 치안본부 대공분실에서 파쇼의 개들에게 물리고 뜯기면서 조작된 그림표를 완성시켜 주었던 것이 모든 용공사건의 현실이며, 우종원, 김성수 학형, 노동자 신호수 씨, 그리고 1.2미터의 침대에 목매달아 자살했다는 김용권 학형의 의문의 죽음은 바로 박종철 학형의 또 다른 모습인 것이다. 적의 조직적이고 은폐된 폭력은 이제 우리에게 단지 패배의식으로만 남을 수 없다. 우리의 분노와 고문살인 정권을 타도하려는 투쟁의지는 우리를 대중투쟁의 장으로 이끌었다. 여기서 다시 한번 우리의 투쟁의지를 다지면서 2.7, 3.3을 중심으로 투쟁을 평가, 반성해 보자.

고문살인정권 타도하자!

용공조작 안기부, 보안사를 철폐하라!

2. 2.7투쟁의 전개와 평가

파쇼의 하수인인 폭력경찰의 철통같은 봉쇄를 뚫고 전국방방곡곡에서 '고 박종철군 추도 및 살인정권타도를 위한 범국민 실천대회'가 열렸다. 파쇼의 상투적인 흑색선전을 물리치고 모여든 수 많은 시민들은 부산, 광주, 서울에서 살인정권타도 투쟁을 가열차게 전개하였다.

계속되는 적의 조직침탈 속에서 침체되었던 우리 투쟁은 시민들과 함께 살인정권타도를 위한 한마음으로 스크럼을 짜면서 대중투쟁의 대열을 형성했다. 길가에서 박수를 치는 시민, 학생을 개같이 끌고가는 경찰을 막아선 시민들, 그야말로 대중의 조그만 속삭임은 함성이 되고 살인정권타도의 함성으로 터져나온 것이다. 당시의 범국민적 공분은 적의 여론진압작전—즉각적인 수사결과 발표, 내무·치안본부장 경질, 김만철씨 탈출사건의 대대적 보도 등에도 불구하고 한층 고조되어 갔다. 대중투쟁을 지도할 주체가 부재했음에도 불구하고 이러한 고조된 분위기가 2.7전후로 이루어질 수 있었던 이유는 신식민지 파쇼체제 하에서 억눌려왔던 민중이 박군 고문치사 사건을 계기로 일어난 대중투쟁이라는 것과 다른 한편으로 미국의 조작된 프로그램이 맞물리며 나타나 공간이 다소 확대되었다고 볼 수 있다.

구체적으로 미국이 자신의 조작프로그램을 진행시키면서 의도하는 바는 첫째, 민중의 파쇼체제에 대한 부정성을 측정하고, 대중과 민족민주운동과의 결합정도를 파악하여 신식민지체제의 위기정도를 측정하려 했으며, 둘째, 남한의 파쇼체제 재편·안정화라는 기본구도하에서 대중의 분노를 자연스럽게 반군독의식으로 집중시켜, 이 과정에서 군부독재의 일방적인 장기집권음모 관철기도에 강력한 제동을 걸어 기만적 민주화 촉구와 신민당과의 타협을 종용하였다. 세째, 대중의 민주화에 대한 요구를 지지, 수용하는 것처럼 호도시켜 대중의 반미의식을 반파쇼의식으로 끌어내리고 반미투쟁의 의지를 회석화시키려 하였다.

이러한 상황 속에서 우리의 투쟁방향과 목표는 명확한 것이었다. 민중들의 반미투쟁의지를 전두환 일당에게 돌리고, 한반도 민주화의 수호자인양 기만하는 미국의 정체를 폭로하고 분노의 타격점이 된 살인정권의 타도를 명확히 하여야 하며 합의개헌으로 치장하면서 장기집권음모를 구체화 해가는 파쇼주도하의 개헌을 지지하는 것, 바로 그것이다.

이러한 관점에서 2.7대회를 통해 얻은 긍정성과 부정성은 무엇인지를 명확히 해보자. 먼저 2.7투쟁을 통해 획득한 것은 첫째, 민중의 변혁적 본질을 재확인하고 무력감과 고립감을 극복하고 대중투쟁을 진행시킬 수 있다는 자신감을 얻었다. 둘째, 파쇼의 동계장기집권음모 자체의 와해를 가져오면서 새로운 우리 운동의 돌파구를 마련할 수 있었다. 세째, 민족민주운동에 대한 오도된 인식을 일정정도 불식하고, 대중의 동질감을 확보하며 제민주세력과의 연대투쟁의 틀을 마련할 수 있었다. 네째, 학생운동의 깊은 패배감과 분열을 극복할 수 있는 단초를 마련하였다.

그러나 문제점으로는 첫째, 투쟁대열 속에서 가두정치집회를 열면서 파쇼의 협잡과 미국의 기만에 대해서 폭로하면서 조직된 대중을 갖고 투쟁해야 했음에도 불구하고 시위와 이슈에 매몰된 투쟁만이 배치되었다. 둘째, 연대투쟁의 위상이 애매해지면서(3.3투쟁에서 극명하게 드러남) 고립분산적인 투쟁을 전개하였고 현상에서의 대중에 대한 지도력도 또한 부재하였다. 세째, 고문사건을 중산층 중심의 인권적 차원에서 살인정권타도를 위한 기층민중 중심투쟁으로 질비약시키려는 노력(선전홍보)이 부재했다. 네째, 민족민주운동의 분열이 아직 극복되지 못하고 통일의 기초를 다지지 못했다.

이러한 문제의식 속에서 제기되는 과제는 첫째, 단일한 민족민주운동의 통일과 지도하에 광범위한 연대투쟁의 진행을 위한 조직적 준비가 필요하다. 둘째, 고문에 대한 인권적·도덕적 차원의 분노만이 아니라 미국의 기만과 파쇼의 장기집권음모를 폭로하고 살인정권 타도의지로 결집하여 이후의 대중투쟁 속에서 민주정부수립의 단초를 정확히 만들어야 한다. 즉, 중산층 중심의 국민추도위를 기층민중 중심의 민족민주운동 지도하에 남한의 체제개편을 통한 안정화 프로그램의 수행주체를 폭로하고 학살정권 타도의지로 결집하려는 목적의식적 노력과 이후의 과제를 준비해야 한다.

3. 3.3대행진에 대한 평가

이에 대한 평가는 위의 문제 의식에서 출발한 때 그 획득성과는 미미하다고 할 수 있다. 2.7을 정점으로 한 대중의 분노가 점차 수그러들면서 파쇼주도하의 개헌정국복귀라는 체제재편 계획이 관철되는 가운데 우리운동은 주체역량 미숙, 조직적 지도의 부재라는 한계를 나타냈다. 3.3투쟁의 실패는 곧바로 연대틀로 제기되었던 추도위해산, 슐츠 방한, 신민당의 분열, 미국의 이민우 구상 지지를 통한 신민당과 전두환 일당의 타협촉구라는 상황으로 나타났다. 대중의 자발적 투쟁과 미국의 의도에 의해 2.7의 공간이 확대된 반면 3.3은 상대적으로 축소된 공간일 수밖에 없었다. 이러한 상황변화에 의해 예정된 공간의 축소 민족민주 운동의 대중에 대한 지도력의 부재 등이 주객관적으로 존재하였으나 3.3을 막연히 2.7의 재판으로 상정하고 관성적 투쟁으로 나아갔다.

변화된 주객관적 상황에 대한 인식 속에서 고문정국에 대한 미련보다는 올바른 대응방식 속에서 집중점을 찾아나가야 한다는 당위에서 3.3을 평가·반성해 보자. 먼저 그 당시 3.3투쟁에 대하여 설정했던 의의를 보면, 첫째, 대중의 살인정권타도의식을 희석화시키려는 개헌판으로의 복귀를 분쇄하고자 했으며 3.3의 계기성을 살려서 대중투쟁역량을 결집하고 일관된 살인정권타도 투쟁으로 견인하고자 했다. 둘째, 국민추도위를 질비약시켜 민족민주세력과 연대하는 틀을 창출하는 계기로써 3.3을 위치 지었다. 세째, 추상화된 독재타도가 아니라 현 국면을 돌파해내는 적대성으로서 살인정권타도로 발전하는 투쟁을 수행코자 했다. 네째, 민족민주운동의 통일성과 대중지도성을 획득하는 과제는 2.7과 동일하였다.

이렇게 설정했던 의의가 구체적 실천 속에서 희석화되어버린 근본적인 이유는 무엇인가? 하나의 투쟁의 의미가 주체와 타격의 집중점에서 찾아진다고 했을 때 87—88의 체제재편시기 속에서 우리 투쟁의 주체와 타격점을 명확히 하면서 우리투쟁의 성과를 집중시켜 보자. 첫째, 재야와의 연대를 강조하면서 재야의 한계성을 인식하지 못하는 학운주체의 자기변신이 강력히 요구된다. 청년학생운동의 역할이 우리투쟁의 선봉대로 인식될 때 대적전선 속에서 학운의 무원칙한 연대·제휴전술은 명확히 비판되어야 한다. 연대투쟁이 재야와 한몸뚱이만 되려고 몸부림치는 것이 아니라 연대투쟁 속에서 투쟁의 주체를 세워나가고 대적 타격점을 분명히 하는 데 있다고 할 때, 지난 기간 학운의 모습을 비판하여야 한다. 둘째, 공분이 희석화되는 가운데 공간의 축소를 예상할 수 있었으면서도 대중투쟁 공간의 확보를 위한 준비에 태만했던 것은 중대한 오류이다. 대중투쟁에 대한 기계적인 이해는 비폭력적이고 무저항적인 것만이 대중운동인양 착각하는 경향으로 나타나는데, 올바른 대중투쟁의 관점은 예상되는 적의 탄압으로부터 대중투쟁 공간을 확보하고, 투쟁의 경험이 별로 없는 대중이 적의 물리력 공세 속에서 어떻게 투쟁하게 되는가에 대한 철저한 인식에서 출발한다. 민족민주운동이 대중의 신뢰를 획득하고 굳건히 연대한다는 것은 대중과 똑같이 행동한다는 것이 아니라 방어를 위한 물리력의 준비, 올바른 투쟁의 침로를 명확히 하는 것임을 명심하자!

4. 이후 방향성

대중의 살인정권타도 의지를 효과적으로 묶어세우지 못한 민족민주운동은 결국 파쇼주도하의 개헌판으로 국면의 주도권을 넘겨주게 되었다. 김용권 학형의 의문의 죽음이 이후 투쟁을 결집시키는데 또 하나의 변수로 떠올랐지만 자신들의 주도권을 저울질하는 위험한 장난에 동조할 수 없는 적은 학형의 죽음을 알리는 재야세력을 탄압하면서 언론통제를 통해 학형의 죽음을 자살로 판정, 발표해 버렸다. 이는 사그러져가는 살인고문에 대한 관심을 더불어 일으키고 기만적인 군부독재를 고립시키고 타도를 위한 우리의 대응에 아쉬움이 남는다.

이후 추모위는 파쇼의 폭력성을 폭로하고, 파쇼타도 없이는 진정한 민주화는 있을 수 없으며 미국의 체제재편계획 속에서의 체제안정화음모를 분쇄하고 민주정부수립을 위한 우리의 전선을 튼튼히 꾸려가는 것이 되어야한 것이다.

지금 우리운동의 수준과 상황을 고려해 볼때 청학운동에 부여된 임무는 매우 중요하다.

당면 학생회 건설과정은 청년학생을 투쟁의 주체로서 묶어세우는 과정으로 이해되어야 하며 학생회 건설을 통한 대중적 토대의 강고화를 통해 투쟁의 집중성과 효율성을 확보해 나가도록 하자.

박종철 학형은 갔지만, 살아있는 우리의 임무는 생생히 남아있으며 기운찬 진군을 요구하는 것이다. ✽

관 악돌 ①

개같은
소리군!
역시
마찬가지군!
민중의
목소리로!
민주언론의
깃발을 높이 들자!

민주언론 쟁취하자!

■ 알림 ■

- 신문의 제목을 공모합니다. 각과, 단대학생회실에 제목과 그 내용을 전해주시면, 당선된 후 상당한 사례를 표하겠읍니다.
- 수필 또는 소식 등 각종 투고를 바랍니다. 각종 원고, 투고는 각 단대 학생회실로 보내주시기 바랍니다.
- 학생회건설과정에 대해서 신속하게 보도하지 못한 것을 유감스럽게 생각하며 이후 정확한 기사를 전달하도록 노력하겠읍니다.
- 편집진의 역량미숙에 의해 신문의 내용이 단조로움을 반성하여 이후 신문은 다양한 내용을 갖고 새로운 모습으로 나타나겠읍니다.

내각제개헌 저지하여 직선제개헌 쟁취하자!
직선제개헌 쟁취하여 고문·살인정권 물리치자!

민주시민

제11호 1987년 3월 31일
발행·편집인/최 성 묵
발 행 처/부산민주시민협의회
601 부산진구 범천1동877-22
전화 : 643-8583

제11호
1987년 3월31일 발행 (1)

민주화의 봄은 우리 앞에 다가와 있다!

우리의 형제 박종철군의 처절한 죽음은 새해 벽두부터 우리 모두의 가슴에 너무도 큰 충격과 비탄과 억누를 길없는 분노를 안겨주었다. 우리는 이땅위에서 다시는 그러한 야만적 행위가 없어야 한다는 절박한 인식으로 2월7일과 3월3일에 너나 구별없이 남포동과 광복동 일대등 전국 방방곡곡에서 '고문추방', '독재타도', '민주쟁취'를 목이 터져라고 외쳤던 것이다.

그러나 대다수 국민들의 분명한 현정권에 대한 거부의사표시와 민주화를 위한 노력에도 불구하고 살인정권은 아무런 변화된 모습을 보이지 않고 있으며 뻔뻔스럽게도 온갖 수단을 동원하여 장기집권음모 관철을 위해 광분하고 있는 것이다.

이런 속에서도 우리는 또다시 27년 전, 거역할 수없는 역사의 심판과 진달래빛 죽음이 이산하를 휩쓸었던 그 4월을 맞고있다.

이미 지난해 이후 현정권은 보수대타협이라는 기만적 형태의 장기집권 음모를 미국의 지지하에서 지속적으로 추구해왔다. 그리고 87년에 들어와서는 이의 관철을 위한 매우 구체적이고 노골적인 공작을 가속화하고 있다.

저들이 내세우고 있는 내각제 하의 보수대타협 구상이 모든 실질적 권력은 기존의 군부세력이 계속 독차지하면서 외양만 그럴듯하게 일부 기회주의적 민간 정치인을 끌어들여 문민정치의 구색을 갖추려는 수상독재의 음모임을 모르는 사람은 아무도 없다.

저들은 여태까지 진전시켜왔던 신민당 분열 와해공작, 민중민주화운동에 대한 혹독한 탄압과 용공조작, 국민대다수에 대한 협박과 회유 그리고 이들 상호간의 분리공작 등을 기초로 이제 4월을 맞으며 자신들의 속셈을 한층 두드러지게 나타낼 것이다. 야당을 상호분열시켜 국회내로 끌어들임으로써 자신들에게는 대단히 불안한 장외 정치공간을 막아놓고 유리한 위치에서 기만적인 협상을 시도하려 할 것이며, 국민 각계각층의 민족적 민주적 제 요구와 가열찬 민족민주투쟁에 대해서는 무자비한 철퇴를 휘둘러 댈 것이 확실시된다. 이런 상황 속에서 일정한 여론표출의 창구를 갖지 못한 다수 민중들에게는 다가올 총선까지 겨냥하여 몇가지 허울좋은 기만적인 정책을 내놓으면서 다른 한편 사회전반에 공포분위기를 조성함으로써 그들의 장기집권음모를 관철할려 할 것이다.

그러나 속이 뻔히 들여다 보이는 이 유치한 정치공작이 성공적으로만 수행될 리 만무하다. 일단 외견상으로는 막강한 군사력, 경찰력 방대한 관료조직 그리고 대중조작매체인 각종 언론기관까지 총동원함으로써 일사불란하게 내각제를 축으로 한 장기집권음모를 구체화시켜가는 것처럼 보이나 그들에게 닥쳐오는 장애요인은 너무나 많고 또한 강력한 것이다. 우선 올해 들어 매우 두드러지게 나타나는 미국의 한국정치에 대한 적극적 개입은 현 군사독재정권을 곤경에 빠뜨리고 있다. 미국이 현정권의 보수대타협 구도에는 기본적으로 뜻을 같이 하면서도 국민적 지지를 전혀 받지 못하는 현재의 전두환체제는 한국에서의 미국의 군사적, 경제적 이익을 추구하는데 대단한 불안요인이라고 판단하여 전두환의 7년 단임을 강력히 요구하며 각종 영향력을 행사하고 있는 것이다. 이와 맞물리면서 군부내의 각파벌들은 권력구조개편의 시기가 임박해 오자 서로 대권을 잡아보겠다고 미국의 지원을 호소하며 내부투쟁과 대립을 격화시키고 있다. 또한 군사독재가 만들어낸 신민당의 내분사태도 저들과 협상대상에서 제외된 신민당내의 주류세력들이 대정부 강경투쟁노선을 채택할 위험성을 항상 갖고 있기 때문에 저들에게 유리하게만 작용하는 것은 아니다.

하지만 이상의 어떤 문제점보다 훨씬 결정적인 것은 대다수 국민들이 더이상 저들의 얄팍한 사탕발림과 사기술책에 의해 좌지우지되지도 않으며 그것을 좌시하고 있지도 않는다는 사실이다. 우리 국민들은 이제 저들의 폭력적, 기만적 본질을 잘 알고 있고 저들에 의해서는 우리의 삶이 조금도 인간다워질 수 없음을 잘 알고 있다. 또 작년과 올해 초에 전개되었던 몇차례의 대규모 대중투쟁을 통해 우리들의 단합된 힘이 얼마나 큰 것인지도 잘알게 되었다.

3.3 '고문추방민주화부산시민대행진'을 봉쇄하기 위하여 부산시내의 모든 경찰은 물론 경남일원의 경찰병력 까지 총동원한 저들의 가소로운 작태 속에서 저들이 가장 두려워하는 것은 우리 국민들의 결집된 모습 바로 그것임을 단적으로 볼 수 있는 것이다.

우리는 이제 대통령직선제를 포함한 민주개헌이 어느누구도 막을수 없는 전 민중적 염원임을 다시 한번 단호히 천명하면서 군부독재정권의 반민주, 반민족성을 광범위하게 폭로하는데 너나없이 모두 앞장서 군부독재정권타도를 위한 국민적 전열을 가다듬어야 하겠다.

또한 대여투쟁은 하지않고 당내 분쟁만 야기시키며 내각제에 타협하려는 신민당 내의 분파적 소수세력인 이철승, 이민우, 이기택 등에 대해 우리 국민들은 가차없는 비판의 채찍을 가해 신민당을 대여투쟁의 올바른 장에 설수 있도록 함으로써 군사독재와 반민족외세의 분열공작에 단호히 맞서 나가야 하겠다.

금년 봄, 6월이 가기전 우리 모든 국민은 참다운 민주사회에서 인간답게 사느냐 아니면, 다시 또 군부독재정권의 억압과 기만 부패와 폭력의, 횡포 속에서 짓눌려 사느냐 하는 기로에 서서 참으로 밝고 새로운 사회를 건설하기 위해 민주화운동에 앞장서는 의지의 한국인이 되어야 하겠다.

가자! 우리 모두의 단결된 힘으로 민주화의 봄을 맞으러!!

'87년 임금인상 어떻게 되어야 하나?

－노동자도 인간답게 살아야 한다－

해마다 4월이되면 1000만 노동자의 임금인상문제가 우리 국민 모두의 중대한 관심사가 된다.

20년간의 박정권하에서 허리띠를 졸라매며 참아온 근로자, 87년 오늘 이순간에도 장시간 노동과 저임금에 시달려야하는 우리의 형제자매, 과연 그들은 누구를 위해 무엇을 위해 참고 살아야만 한단 말인가?

유신잔당 현 전두환 정권은 ''민주.정의.복지'',''90년대의 선진조국창조''라는 허황한 장미빛 환상을 텔레비젼을 통해 입이 마르도록 선전하고 있지만 기실은 우리 국민이 바라는 기본적인 민주화조차 허용하지 못하는 것은 물론 노동자들의 인간답게 살려는 최소한의 정당한 생존권요구조차 폭력으로 억압하고 있는 것이다.

국민소득은 이미 2000불을 넘어섰고 그러면 선진조국이 되었어도 오래전에 되었겠는데 왜 그놈의 각종 세금은 그렇게 증가만 되는지, 또 월급에 생활비를 끼워맞추어야 하는 적자가계는 언제 끝날련지, 또한 1000만 노동자의 생명줄인 최저생계비는 언제 보장될련지, 현정권이 내뱉고 있는 부질없는 선전공약에 모든 근로대중은 통한의 병든 가슴을 끝도없이 앓아야 하는 것이다.

양의 탈을 쓴 이리와 같은 현정권의 야만적인 민주주의 탄압은 특히 우리나라 전체 인구의 대다수를 차지하고 있는 천만 노동자의 어깨 위에 가장 폭력적으로 가해지고 있으며 그것은 바로 노동자의 단체행동권, 단체교섭권, 단결권의 강탈과 노동운동에 대한 무자비한 탄압으로 나타난다.

''노동자도 인간이다. 이제 우리도 인간답게 살아야하지 않는가!''하며 최소한의 임금지급을 요구하는 노동자들을 ''노사분규를 일으키는 불순분자, 국가안보에 심각한위기를초래하는 자''로 협박 매도만 하는 현정권의 노동정책을 보며 우리는 해마다 봄이면 찾아오는 노동자의 임금인상 투쟁이 왜 그토록 격렬할 수 밖에 없는가 하는 우리의 뼈아픈 현실상을 목격하게 되는 것이다.

87년 현재 부산지역 40만 노동자가 처하고 있는 노동현실은 차마 글로 표현하기가 힘들 정도로 비참하다. 얼마전 본회 노동분과에서 임금인상에 관해 조사한 '부산지역 노동자 설문조사'에 의하면, 먼지와 쇳가루, 소음으로 가득찬 작업장에서 각종 산업재해와 직업병에 시달리며 하루 평균 11시간 30분 이상의 고된 작업을 하고도 한달 받는 월급은 고작 15－18만원에 지나지 않으며 이는 미국노동자 임금의 1/9에, 그리고 일본노동자의 임금 1/6에 불과한 실정이다. 따라서 대개의 노동자가 하루 일당이 작기때문에 입에 풀칠이라도 하기 위해서는 잔업과 연근 그리고 휴일 특근을 할수 밖에 없으며 자기 몸을 갉아먹는 고된 노역 속에서 직업병에 걸리지 않은 노동자가 거의 없으며 피곤을 참지 못해 어쩌다가 깜박 졸기라도 하는 날이면 아가리를 벌리고 있는 거대한 기계의 밥이 되어 버리는 그야말로 동물적인 조건 속에 놓여있다.

이러한 세계 최고의 저임금, 장시간 노동이라 는최악의 작업조건 속에서 대부분의 노동자들이 회사의 열악한 복지시설과 관리자들의 비인격적인 대우에 불만을 표시하고 있으며, 이는 명실공히 현재 노사분규의 책임의 원인이 되고 있다. 또한 이는 제도적으로 개선하고 보다 나은 조건속에서 일할려고 하는 노동자의 요구를 수렴하여 나가는 것이 아니라 철저히 기업주의 편에 서서 노동자의 요구를 묵살하고 오히려 탄압까지 하는 또 하나의 관리체계로 등장하고 있다.

따라서 노동자가 그들의 기본적인 생존권을 보장받고 보다 좋은 노동조건 속에서 일하려하는 욕망을 채워나갈수 있는 합법적 장치는 모두 어용화 내지 유명무실화되어있는 오늘의 노동현실에 있어서 노동자가 선택할 수 있는 길은 두가지밖에 없다. 그것은 생존권을 보장받고 인간답게 살기 위해 소위 ''노사분규를 일으키는 불순분자''가 되든지 아니면 시키면 시키는대로, 주면주는 대로받고 일하면서 짐승같은 생활을 자기의 운명으로 받아들이는 ''착실한 노동자''가되든지의 선택의 기로에 서있는 것이다.

안타깝게도 우리의 노동현실은 달라진 것이 하나 없이 '87년 임금인상 시기'를 맞고 있다. 그러나 노동자도 인간이고 바보가 아닌 다음에야 어느누가 동물적인 생활을 계속할려고 하겠으며, 눈이 있고 귀가 있고 입이 있는 다음에야 어떻게 누적된 불만을 참을 수 있단 말인가? 분명 그들도 올해에는 3저호황(저유가, 저금리 저환율)으로 인하여 회사가 돈을 많이 벌었다는 것을 알고 있으며, 계속되는 노동운동의 경험과 민주화운동을 보면서 노동3권은 반드시 되찾아야되며 그래야만 노동자의 민주적인 권리를 획득하여 노동자도 인간답게 살 수 있다는 것을 보면서 알고 있다.

또한 작년의 임금인상투쟁을 한 사업장(대우자동차, 대우어패럴, 연합철강등) 의 임금인상율과 그렇지않은 사업장(현대자동차, 국제상사, 대양고무)의 임금인상율은 엄청나게 다르다는 것을 명백히 알고 있다.

따라서 이러한 변화된 노동자의 의식을 무시하고 기업주의 편에서서 일방적인 임금인상율의 결정이 올해에도 진행된다면 분명 전체 노동자의 커다란 반발과 함께 누적된 불만의 폭발로 인한 심각한 정치적 위기를 초래할 것이며, 이는 노사분규라는 왜곡된 언어로 불순시 될 것이 아니라 노동자의 정당한 생존권확보 투쟁으로서 표현되고 정당하게 보호받아야 할 것이다.

그러므로 정부와 기업주는 노동자들의 누적된 불만을 해소하는 지름길로서 노동력에 대한 충분한 댓가의 지급으로 노동자의 생존권을 보장해 주어야 할 것이다. 그것은 첫째로 올해 임금인상시기에 있어서는 노동자가 인간다운 생활을 누리기 위한 최소한의 최저생계비가 보장되어야 한다.

참고로 한국노총에서 책정한 최저생계비의 금액은 아래표와 같다(표1) 또한 한국노동자복지협의회등에서 책정한 최저생계비의 내역은 아래표와 같다(표2)

• 1987년 최저생계비 조사 (표 1)

가족구성및 주거형태 / 지출품목	단신노동자 여자 (월세)	단신노동자 남자 (월세)	4 인가족 (전세)
식료품비	44,958 (22.4%)	46,827 (23.4%)	161,713 (30.9%)
주거비	48,0 88 (24.1%)	48,323 (24.1%)	113,085 (21.6%)
광열비	13,765 (6.9%)	13,765 (6.9%)	26,630 (5.1%)
피복비	16,780 (11.1%)	17,713 (8.8%)	40,869 (7.8%)
교육비	-	-	26,263 (5.0%)
보건위생비	12,539 (6.2%)	8237 (4.1%)	38,590 (7.4%)
잡비	12,897 (8%)	13,727 (6.9%)	37,907 (7.2%)
조세공과금	10,410 (5.2%)	10,410 (5.2%)	37,260 (7.1%)
교통비	11,240 (5.6%)	11,240 (5.6%)	21,800 (4.2%)
저축	30,000 (6.5%)	30,000 (15%)	20,000 (3.8%)
합계	200.242	200.684	524.113

(표 2)

가족구성및 주거형태	단신노동자 여자 (월세)	단신노동자 남자 (월세)	4 인가족 (전세)
식료품비	51,330 (24.3%)	54,420 (26%)	189,030 (31.8%)
주거비	73,000 (34.6%)	72,030 (34%)	147,030 (24.7%)
광열비	16,580 (6.9%)	16,580 (7.8%)	32,480 (5.5%)
피복비	19,790 (9.4%)	19,850 (9.3%)	49,520 (7.3%)
보건위생비	12,540 (6%)	11,270 (5.3%)	38,590 (6.5%)
잡비	15,900 (7.5%)	16,730 (7.9%)	44,640 (7.5%)
조세공과금	10,410 (5%)	10,410 (4.9%)	37,260 (6.3%)
교통비	11,240 (5.3%)	11,240 (5.3%)	21,800 (3.7%)
교육비	—	—	33,930 (15.7%)
합계	210,820	212,530	594,300

• 위표에는 저축이 들어가 있지 않음.

두번째로, 노동자도 가족,친지들과 함께 휴식을 취해 항상 생활의 생기를 확보할 수 있겠금 장시간 노동의 척결 즉 8시간 노동제의 확립이 이루어져야 한다.

셋째로는, 상기의 조건들이 충 되게 할 수 있도록 노동자의 민 적 제권리를 제약하는 모든 노동

한국은 제2의 필리핀이 될것인가?

-워싱턴 포스트 1987년 1월 25일, 일요일자 신문 사설-

한국은 제2의 필리핀이 될 것인가 이글은 워싱턴 포스트 1987년 1월 25일, 일요일자 신문의 사설을 번역한 것이다.

남한은 제2의 필리핀이 될 것인가? 두 나라는 여러 면에서 다르기는 하지만, 하나의 매우 유사한 측면을 보여주고 있다. 즉, 전두환에 대한 반대가 격렬해지고 광범해지는 원인이 마르코스 정권하의 필리핀과 동일한 것이다.

전두환 일가와 관련된 몇몇의 사건에서 드러난 한국 군사정권의 부정부패는 마르코스 시대의 그것을 능가하고 있다.

전의 부인 이순자의 친척들이 주요 금융 스캔들에 관련되어 있으며, 정치적 반대자들은 전의 동생 전경환이 중요 범죄조직들과 관련되어 있다고 주장하고 있다.

한국의 한 주요 일간지가 조사한 바에 따르면, 국민의 66.4%가 현정권에 반대하고 있고, 20.5%는 강력하게 반대하고 있으며, 1.6%만이 현정권을지지하고있는 것으로 나타나 있다. 최근 서울을 방문했을 때 나는 왜 이와같은 여론조사 결과가 나타났는지를 각계각층의 사람들에게 물어보았다. 중산층의 온건론자들과 다수의 강경한 반대자들은 서로 다른 이유를 강조했지만 대부분의 사람들이 현정권을 ''더러운 정권''이라며 엄청난 부정부패를 공격했다.

한국 경제가 호황을 거듭함에 따라 경제적인 불평등과 아울러 부정부패 역시 더욱 심화되어 왔다. 한국의 연 평균 7%의 경제성장은 마르코스 말기의 필리핀 경제가 실질적인 파탄상태였던 것과는 커다란 대조를 이룬다. 그러나 한국경제의 고도성장을 가능하게 했던 고도의 중앙집권적인 경제체제는 또한, 권력의 남용에 의한 부정부패의 뿌리깊은 온상이 되기도 한다. 세계시장에서의 경쟁력을 확보하기 위하여 한국의 군부통치자들은 일본을 모방하여 정부지원하에 재벌기업과 은행간의 유기적인 결합체계를 구축했다. 그러나 민주적인 상호규제와 균형 속에서 맺어진 일본의 정부와 기업의 관계와는 달리, 한국의 경제구조는 권력과의 유착 속에서 형성되었기 때문에 원래부터 권력 상부의 통제에 취약할 수 밖에 없다.

이순자의 친척이 금융회사를 설립, 약속어음을 이용해서 커다란 부당이득을 취하는 과정에서, 그들은 쉽게 중요 은행과 기업의 협조를 받을 수 있었다. 이러한 부정은 민주적인 언론과 의회의 통제를 받지 않는 독재권력의 치하에서만 가능한 것이다. 그 금융회사는 두 중요 시중은행에서 1억1천500만불을 차입한 후 자금압박을 받고 있는 6개 회사에 장기 대부해 주었다. 그 댓가로 회사에서는 실제 대부금액의 4배가 넘는 5억2천2백만불 상당의 약속어음을 발행해 주었으며, 이 어음은 은행의 지불보증으로 전매되었던 것이다.

이러한 사건은 4억7백만 달러의 이익금 배분을 둘러싸고 이해가 엇갈리면서 세상에 밝혀졌다. 처음 이것은 지하 간행물 - 학생, 노동운동단체, 종교인, 그리고 정부의 압력으로 해직당한 전직기자들이 발행하는 신문, 팜플렛, 부정기간행물들이 있다 — 에 의해 폭로되어 결국 재판을 받기에 이르렀다. 그러나 통제된 언론에 의해 피상적인 사실만 밝혀졌을 뿐 많은 의문점은 여전히 남아 있다.

이순자가 이 사건에 직접 연관되어 있지는 않았지만 그녀의 삼촌 이규광과 그의 처제인 38세 미모의 이혼녀 장영자는 1982년 사기, 배임, 뇌물증여등의 혐의가 인정되어 유죄를 선고 받았다. 두 은행의 은행장은 곧 사임했다. 이규광의 가석방은 이 사건에 대한 의혹을 더욱 짙게 하고 있다. 그리고 지하 간행물에 의하면 장영자는 호화 아파트를 방불케하는 가구로 치장된 특별히 마련된 방에 수감되어 동료 수감자의 항의를 받고 있다고 한다.

한국은 문자 해독률(98%)이 매우 높기 때문에 정치적으로 아주 민감한 나라이다. 일반적으로 반대의견들이 일간지나 텔레비젼을 통해 알려지지 않고 묻혀버리기 때문에 많은 한국인들은 통제받는 언론에 못지않게 지하간행물이나 떠도는 소문에 의존하게 된다. 이러한 양극화된 언론 상황으로 인해 특정한 부정사건에 전두환 일가가 개입되어 있다는 추측을 구체적으로 확인할 수 있는 정보를 수집하기가 매우 어렵다.

정치와 부정부패에 관한 83페이지의 어느 지하 보고서는 전의 장인 이규동이 명성 토지 부정 사건에 관련되어 있다고 주장하고 있다. 명성사건은 20개 회사를 거느린 신흥재벌이 설악산과 지리산의 미개발지역에 관광시설과 골프장을 만들 수 있는 구획변경 허가를 받아낸데서 비롯되었다. 그 지하간행물은 명성그룹이 토지계획에 관한 정보력을 바탕으로 약 백만에이커의 땅을 헐값으로 사들였다고 주장했다. 한국신문에 따르면, 22개 회사의 간부들이 조세법과 건설법규, 산림조례 위반으로 수감되기 전인 1982년에 명성그룹의 총 수익이 5천400만 달러(459억원)에 이르렀다고 한다.

장인이나 다른 친척이 관련되었다는 직접적인 증거는 없다. 집권 민정당의 대표 노태우는 이를 매우 과장된 것이라고 일축해 버렸다. 그는 대통령의 일가가 명성 스캔들과 관련되어 있다는 어떤 증거도 없다고 말했다.

그럼에도 불구하고 많은사람들은 전의 측근 중 누군가가 구획변경 허가를 내주고 이윤을 나누어 먹었다고 믿고 있다. 그리고 증거는 없지만 지하보고서의 주장처럼 전두환에게도 정치적으로 비협조적인 몇몇 기업의 소유자를 교체했다는 의혹이 집중되고 있다. 이와같은 경우에 속하는 모든 기업들은 탈세나 기타 범법행위에 대한 정부의 조치 이후 매각되거나 도산되었다. 그러나 이후엔 명칭이 바뀌어졌을 뿐 대통령과 가까운 누군가의 손에 의해 번창해가는 것이었다. 노태우는 대통령의 인척이 소유권 변경과 관련되었다는 사실 역시 부정하였다.

전두환의 동생은 서울 유도학교, 육군부설학교,그리고 영남상대를 졸업했다. 그는 내쉬빌의 피버디 (　　　)대학에서 체육 교육학 석사학위를 받았다. 몇년동안을 그는 로스엔젤러스에서 나이트크럽을 드나들며 보내다가 서울로 돌아왔다. 그는 처음에는 삼성그룹 회장 이병철의 경호원으로 있다가 나중에는 박정권 하에서 청와대 경호원으로 일하게 되었다.

한 정보 소식통에 따르면, 전이 집권한 이후 전경환은 서울에서 급속하게 부상했으며 정부건설계획, 수입 허가등 매사에 커다란 영향력을 발휘했다. 국가 수반의 인척에 관한 특혜는 한국에만 독특한 것은 아니다. 그러나 빌리 카터와는 달라-그는 결코 공직에 앉은 적이 없다—전경환은 대통령인 형에 의해 국가가 추진하는 일년예산 1억1800만달러(1천3억원)인 공공사업기관 새마을운동본부에 총재식으로 임명되었다. 새마을 사업의 자세한 예산 내역을 국회에 보고하지 않음으로써 몇몇의원들이 전경환이 기금을 유용하는 것이 아닌가하는 의문을 제기하게 되었다. 그러나 이러한 것은 대부분 통제된 언론에는 보도되지 않았다. 야당의원들은 몇번 전경환을 증인으로 출석시키려고 하였으나 실패했다.

한번은 그가 심장병으로 고생하고 있다고 했다. 그러나 그를 문안하기 위한 한 미국대사관 직원이 방문했을 때 그는 골프장에 있었다. 또 한번은 불가피한 해외출장을 핑계로 출석을 거부했다.

미국의 몇몇관리와 기업가들은 대통령의 부인과 동생이 각각 청와대내의 경쟁적인 파벌을 이끌고 있다는 점을 지적한다. 그러나 대통령의 부인은 배후에 머무르지만 동생은 새마을지도자로서 매우 드러나게 움직인다. 정기적으로

→(2페이지에서 계속)

악법은 즉각 폐지되어야 하며 실질적인 노동3권(노동자의 단결권, 단체행동권, 단체교섭권)이 보장되어야 한다.

이제 모든 우리 부산시민은 현정권 당국이 대중가요처럼 애창하는 선진조국 2000불 소득 구호를 구호만이 아닌 사실로 우리 근로대중에게 현실화 될 수 있도록 노동조건의 개선 및 임금인상 투쟁, 노조의 민주화운동에 뜨거운 관심을 가지고 격려, 지원하면서 노동자가 인간답게 살 수 있는 사회를 만들기 위해 다 함께 노력해야 할 것이다.

김희로 부민협 부회장을 즉각 석방하라

2.7 부산시민추모제와 3.3 부산시민민주화 평화대행진은 박종철군의 고귀한 희생을 기리고 죽음의 고통을 가슴 속깊이 철천의 한으로 간직하고서 부끄럽지 않은 삶을 다짐하고자, 그리하여 인권이 보장되고 고문없는 민주사회를 만들자는 부산민주시민의 가슴벅찬 행로였다. 그러나 고문살인경찰은 치사한 탄압으로 각 행사의 원천봉쇄와 이에 따오랐던 분노의 함성을 불법연행과 폭행등으로 대응, 181명(2.7추모제)과 120명(3.3대행진)의 민주시민을 불법강제 연행하였다.

이러한 경찰의 폭력적 진압는 헌법에 명시된 국민의 기본권마저 억압할 수 밖에 없는 현정권 스스로의 허약함과, 고문추방과 민주화를 향한 전 국민의 드거운 함성에 커다란 위협을 느낀 발악적 행위였다.

부산시민 평화대행진을 무력으로 봉쇄하는 3월 3일 경찰의 만행

또한 검찰은 2.7관련 김희로씨(본회 부회장), 김경수씨(목사), 김신부씨(신민당 ...), 손...씨(...동노회 청년회장)를 집시법 위반으로 구속하고 노무현, 김광일 ... 불구속 입건, 35명 구류... 3.3관련 서재호군(동아대 경제3), 이상문군(부산대 공대4), 양선석군(부산대 ...)을 폭력,집시법 위반으로 구속하여 공히 폭력정권의 하수인임을 자처했다. 더우기 구역질나는 것은 2.7추모제에서 연행당한 노무현 변호사의 경우 재판부가 영장을 기각했음에도 불구하고 검찰이 4번씩이나 재신청한 망동이다.

2.7 추모제와 3.3 대행진은 분명 평화적이고 질서있게 진행된 행사였다. 그러므로 사회적 질서 혼란의 책임은 불법연행,폭행등 폭력적 진압을 한 경찰에게 고의성을 물어야 하며, 검찰이 수천명의 부산시민이 참가한 합법적 행사를 소수에게 책임을 물어 구속하는 것은 현정권의 폭력성과 비도덕성의 책임을 전가한 것이며, 장기집권 실현을 위하여 민주화운동을 탄압하고자 하는 의도임에 틀림없다.

아직도 김희로씨를 비롯한 민주시민 5 명을 석방하지 않고 있으며 특히 김희로씨는 건강이 좋지않아 보석신청을 하였으나 기각, 재신청 역시 기각당하였다.

평화적 합법적 행사를 폭력적으로 진압한 경찰책임자는 공개사과하고 동시에 상습적인 고문과 폭력을 즉각 중단하여야 한다.

또한 김희로씨등의 구속자와 옥중에서 도 굽힘없이 싸우는 모든 양심수들은 즉각 석방되어야 한다.

一、폭력경찰과 불법검찰은 각성하라!

一、2·7, 3·3관련 김희로씨등 구속자를 즉각 석방하라!

一、옥중에서 싸우는 모든 양심수를 즉각 석방하라!

고문 경찰, 공안분실로 16명 강제연행 3명 구속

박종철군이 치안본부 대공분실에서 군사독재정권의 하수인인 대공수사관에게 무참하게 살해된지 석달이 채 되지도 않아서 폭력경찰의 불법적이고 폭력적인 연행, 불법 압수수색, 밀실수사등이 여전히 자행되고 있다.

지난 3월 27일 오후 10시경부터 가톨릭노동청년회 남녀회장, 임원 등 10명이 개금 주공아파트 2동 404호 '공동체의 집'에 모여 임원회 및 신변에 관한 이야기를 나누고 있던 중 합동수사대라 자칭하는 이기인 외 13명 가량이 구두를 신은채 안방으로 침입, 임원들의 소지품등을 강제로 빼앗고 연행하려 했다. 이에 가노청년회원들이 법적인 근거인 압수수색영장이나 구속영장제시를 요구하자 당시 모임과는 관계없는 사람들의 출석요구... 시키며 가노청년회원들 머리채를 휘어잡고 팔을 비틀며 구타를 하는 등 임의동행을 거부하는 가노청년회원들에게 무지막지한 폭력을 행사하며 대공분실로 강제연행하였다.

강제연행과정에서 가노청년회원 등 대부분이 가슴을 구둣발로 채이는 등 폭행을 당했고, 한 여성회원은 바지가 다 벗겨질 정도로 난폭하게 끌려갔으며 지휘자인듯한 험상궂은자는 "많이 죽여 버'버"라고 악을 써댔다.

압수수색영장도 없이 주인도 없는 빈방을 온통 뒤져 노동관련 서적 100여권, 기타 종교서적 및 노동자료, 심지어 함께 나눠먹으려던 옥수수와 과일까지도 강탈해 갔다.

가노청년회원 10명은 28일 새벽 1시 20분경까지 차례로 제5부두 동아제분 옆 공안분실(원래 대공분실이었으나 박종철군 사건 이후 공안분실로 이름만 바뀌었음)로 끌려가 유승렬군의 경우 상의를 모두 벗긴채 혁띠로 채찍질을 하는가 하면 뺨을 때리고 구두발로 복부를 차면서 "너같은 놈은 송도 앞바다에 처넣어 버리겠다"고 협박을 하는등 경찰의 야만적 폭력성을 유감없이 드러냈다.

이 시각 전후로 송병곤(부산대 77학번), 오홍민(부산대 79학번), 이해련(부산대 82학번) 등과 부산화학 노동자 3명은 자취방 혹은 작업장에서 강제연행되어 대공분실로 끌려갔다.

28일 아침 이 소식을 전해 들은 인권위원회 목사, 신부, 부민협 회원등 20여명은 가족들과 함께 대공분실로 몰려가 경찰의 폭력적 연행에 항의, 농성하면서 연행자 전원의 석방을 요구하자 28일밤 11시 까지 유승렬군을 마지막으로 13명을 석방하였다. 그러나 송병곤, 오홍민, 이해견 등 3명은 각 관할서로 옮겨 이날밤 구속영장을 신청, 구속시켜 버렸다.

이번 가톨릭노동청년회 회원등 16명에 달하는 사람을 무더기 강제연행, 구속한 사례는 또다시 군사독재정권의 폭력성, 비민주성, 반민중성을 여지없이 드러내는 것이다. 말로만 인권과 민주를 떠벌리고 개헌을 외치는 저들을 이 땅에서 추방하지 않고서는 어떠한 자유도 우리에게 허용되지 않을 것이다.

발행되는 지하 간행물은 미국으로부터의 소 도입뿐 아니라 대만에의 바나나 수입과정에서 막대한 부정이 있었음을 주장한다.

집단폭력배가 반대파 조직의 4명을 생선회 칼로 죽인 잔혹한 룸싸롱 살인사건이 난지 9일 만에 전경환은 한국을 떠났다. 먼저 몇몇 신문에서 목포파의 대부인 정요섭이 고위 공직자와 관련되어 있다는 것을 모호하게나마 시사하기 시작했다. 야권지도자 예춘호는 대통령의 동생이 정요섭이 통제하는 건설회사에 땅 매립작업의 하청을 맡겼으며, 그의 고향인 신안에서 새마을 대회가 끝난 후 대부와 팔장을 끼고 걸었었다고 밝혔다. 전 집권당의 중요지도자였던 예춘호는 살인을 저지른 행동대 대장 홍성규가 전에 전경환의 경호원이었다고 폭로했다.

혐의자 명단이 발표되자 야당과 교회지도자들은 홍과 몇명은 전경환이 1985년 동남아시아를 방문했을 때의 공식수행원이었다고 주장했다.

집권당 대변인인 현은 전경환이 조직 폭력배의 두목들과 관련되었다는 주장을 부정했다. 예춘호는 한 인터뷰에서 홍이 자기의 조직원을 서울유도학교에서 선발해 왔으며 대통령의 동생이 자신의 영향력을 행사하여 자신의 모교에 막대한 보조금을 지급하도록 했다고 폭로했다. 졸업생중의 일부는 주먹세계로 진출하고 있다.

또한, 교회지도자, 변호사, 야당정치인들로 구성된 조사위원회가 작성한 보고서에 따르면, 정보기관이 반대자들의 집회를 파괴하기 위해 서울유도학교 출신들을 고용해 왔었다고 한다.

8월 14일 룸싸롱 살인사건이 일어났는 데, 전경환은 8월 23일 새마을운동 총재자리를 사임하고 한국을 떠났다. 정부는 그가 하바드의 국립 케네디스쿨에서 열리는 농촌발전 세미나에 초청되어 갔다고 발표했다. 야당지도자들은 그를 해외로 피신시키는 것이 실제목적일 것이라고 말했다. 케네디스쿨은 그를 3개월 기간의 특별학생으로 받아들이기로 했다는 것이외에는 전의 입학에 관한 질문에 대한 어떤 대답도 거절했다. 전경환은 12월 말에 서울로 돌아왔다. 그에게 접근하려는 어떤 노력도 수포로 돌아갔다. 워싱턴 주재 한국대사관은 전경환에 대한 주장이 전혀 사실 무근한 거짓말이라고 말했다.

살인사건에 대한 정부의 예민한 반응은 10월 14일 야당의원 유성환의 국회연설에 대한 폭력적 대응에서도 잘 드러났다. 유의원은 연설에서 ''정부에 호의적인 폭력집단이 정부의 보호하에서 육성되고 있으며, 정부의 고위공직자가 조직범죄와 관련되어 있다''는 사실이 살인사건을 계기로 드러났다고 지적했다.

국회의 면책특권에도 불구하고 전은 ''한국의 통일은 반공이데올로기에 우선하는 우리의 가장 중요한 민족적 목표가 되어야 한다!는 발언을 문제삼아 유의원을 가택연금했다. 그리고 정부는 국회에 유의원에 대한 구속에 동의해 줄 것을 요구했다. 야당의원들은 국회본회의장 입구를 막아서고 물리적으로 표결을 저지하려 했으나 집권당은 1000여 무술경관들을 투입해 야당의원들을 차단한 뒤 뒷방에 모여서 체포 동의안을 가결시켰다.

반대세력이 성장하는 데 있어 부정부패사건보다 훨씬 중요한 요인들이 있다. 한국의 가톨릭 지도자이며 정권의 저명한 비판자인 김수환 추기경은 대재벌이 중소기업, 농민 그리고 노동자들의 희생위에서 성장해왔다고 주장했다. 1500만 도시근로자들은 자유로운 조합결성을 금지당하고 있으며 하루에 겨우 3달러 밖에 못번다. 대학 입학생이 증가함에 따라 고학력 실업이 증가하고 있으며 중산층의 정치적 참여욕구가 증가하고 있다.

구체적으로 파악할 수는 없지만 반대자들의 근거가 되는 중요한 요인중의 다른 하나는 한국의 분단과 남한의 대외예속성에서 유래하는 뿌리깊은 민족적 감정의 고양이다. 특히 한국전쟁 이후에 태어난 젊은 세대들은 4명의 남한 각료와 13명의 공직자들을 죽게한 버마 폭탄 테러가 북한에 의해 저질러졌다는 것을 인정하면서도, 북한과의 긴장을 조작해서 군부통치를 정당화하려는정부의 주장을 더 이상 신뢰하지 않는다. 반정부 지도자들은 유구한 한국의 민족적 일체감에 호소하면서, 전두환이 북한과의 대화와 교류를 확대시킬 수 있는 기회들을 계속해서 놓쳐 버렸다고 주장하고 있다. 또한 반정부 지도자들은 일본의 식민주의를 주목하면서 미.일은행에 편중되어 있는 외채(1980년에 260억불이었는데 470억불로)의 격증과 수출의 압도적 부분이 불안정한 미.일시장에 의존하고 있음을 강조하고 있다.

민족주의적 감정은 전투적인 급진주의에 기초하고 있다. 이것은 한 여학생과 중요한 기업가의 아들을 포함한 다섯명의 학생에 의해, 예증되었다. 그들은 최근 5개월 사이에 분신자살 했으며, 65명의 또 다른 학생들이 자신을 희생할 준비가 되어 있다고 말하고 있다.

뚝심氏 (2)

반정부세력이 성장하는 가장 본질적이고 강력한 원인은 25년 간 군부를 종식시키고자 하는 대중적 열망에 이다. 1980년 집권 직후 일어난 광주항쟁에 대한 전두환의 무자비한 탄압으로 인해, 전정권은 처음부터 대부분 한국사람들로부터 합법성을 인정받지 못했다. 부정부패는 한국인들에게 단지 개인적인 문제로 인식되고 있지 않다. 그것은 오만한 독재권력을 더욱 확실하게 인식시켜 주는 상징적인 사건으로 떠오르면서 민주헌법을 쟁취하기 위한 투쟁에서 결정적인 무기가 되어왔다.

노동절 단신

3.10 노동절을 맞아 부산시내 각처에서 노동관련단체 주관으로 노동절행사를 가지고 임금인상투쟁에 대한 결의를 드높였다.

오후 2시 동항성당에서 J.O.C 주최로 열린 노동절 큰잔치에서는 투쟁의 전선에서 산화한 선배노동자들에 대한 추도묵념에 이어 2부에서는 노래극, 노동운동사례발표와 마당극이 펼쳐졌다.

마당극은 탄압받는 노동자들이 깨치고 일어나 단결된 힘으로 임금인상투쟁을 승리로 이끌고 오히려 주동자로 법정에 서게되나 굽힘없이 노동운동의 정당성을 주장하는 노동자의 꿋꿋한 자세는 참가한 노동자들에게 깊은 감명을 주었다. 노동자의 결속과 투쟁의 결의를 다지는 대동놀이를 끝으로 아쉬운 놀이 한판은 오후6시에 막을 내렸다.

한편 이는 오후 6시에는 YMCA 체육관에서 Y. 회원써클인 '맥'주최로 200여명의 노동자들이 참석한 가운데 노동절 잔치가 열렸다. 특히 노동운동 탄압하는 모든 잡귀물러가라는 고사문 낭독으로 시작된 2부 행사는 참여한 노동자들의 뜨거운 하나됨을 지향하면서 촛불의식으로 끝맺었으나 발길을 집으로 돌리는 노동자들의 가슴속에 뜨거운 열정은 지속되고 있음을 느낄 수 있었다.

또, 영남산업연구원 주관으로 이사벨여고 무궁화관에서도 1,000여명의 노동자들이 참석한 가운데 오후1시부터 다양한 프로그램으로 노동절행사가 열렸었다.

농어가 부채는 누가 갚아야하는가

-선거철 선심용의 기만적 술책에 지나지않는『농어가 부채경감대책』-

본격적인 개헌,선거국면에 들어 현 전두환독재정권은 연일 기만적인 선심공세로 농가부채탕감을 떠들어대더니 지난 16일 '농어촌부채경감대책'이란 것을 발표, 실로 무능할 뿐만 아니라 머리끝에서 발끝까지 반농민적인 농정 작태를 유감없이 발휘했다.

오늘날 농촌경제는 뼈골빠지는 농사일과 극빈한 생존속에서도 농가부채가 호당 3백만원을 넘은지 옛날이다. (86년말 현재 농어가 부채총액 7조원, 호당 평균 370만원꼴, 상환능력없는 농가 전체 농가의 30%나 차지)

이러한 농어민의 부채부담을 줄이고 앞으로의 부채증가도 억제하겠다는 요지로 발표된 이번 대책은 1조원의 공금융을 풀어 농어촌의 고리사채를 대환해 주는 것을 비롯, 각종 농수산 관련 정책자금의 금리를 8%로 인하 또는 상환기간을 유예하고 83-84년에 존소 입식자금의 금리는 아예 이자를 물지않도록 하는 것이 주요골자이다.

그러나 대책내용은 앞으로의 부채증가 억제보다는 기존 부채의 경감에 치중, '공금융(1조원)으로 고리사채(24%) 대환'이란 경지규모 1정보(3천평) 미만농가의 사채에 대해서는 백만원 미만에대해 8%의 금리를 적용하고 1정보이상 농가와 1백만원 초과에 대해서는 14.5%의 상호금융으로 지원하겠다는 것인데, 한마디로 부실기업특혜식의 이자부담경감대책으로 농가부채경감의 근원적 대책과는 거리가 먼, 문제농정을 국민부담 으로 메꾸려는 음흉한 기만술책이다. 더우기 1가구당 1백만원한도의 지원자금규모로는 이자부담을 경감시켜주기는 커녕 채권자만 이득볼 따름이다. 또한 지원대상의 선정기준에 있어서도 경지규모로 영농규모를 판단하려 함에따라 대상에서 제외된 농어가뿐만 아니라 성실농어가와의 균형문제, 도시영세민과 광산노동자와의 형평문제 등 대책에 따른 각종 문제점의 해결에 대해서는 한마디 언급도 없어, 이번 대책이 그 내용에 있어 얼마나 사탕발림인가를 알 수 있다.

농가부채의 근본원인은 농업소득을 이루는 농산물가격이 제값을 받지 못하는 적자농사인데 비해 농가에서 지출해야 할 돈은 갈수록 늘어나기 때문이다. 그 단적 예가 정부통계에 의하더라도 79년말부터 86년말까지 농가소득이 2.5배 증가한데 비해 농가부채는 연평균 50.7%씩 불어나 무려 11.7배나 늘어난 것에서 잘 나타나고 있다. 그렇다면 왜 농민이 생산한 농산물은 이처럼 제값을 받지 못하고 있는가?

그것은 60년대 이래의 이른바 수출주도형 경제성장은 저임금을 기본으로 하여 추진되었으며 이를 유지하기 위하여 필연적으로 저농산물 가격정책과 외국농축산물 수입정책이 요구된 것이다.

이러한 농민,노동자 등 기층 생산민중에 대한 수탈은 현정권이 등장하면서 더욱 강화된 것으로 그것은 농업부문에서 전농축산물에 대한 가격폭락과 수입개방으로 구체화되고 있다. 전체 농민에게 2조원이상의 손해를 입게하고 지금도 수많은 농민을 파산과 죽음으로 몰아넣고있는 '소값파동'이 그 구체적인 예이다. 이제 지을 만한 농사도 없고 누가 뭐해서 돈 벌었다네 하면 너나 할 것 없이 모두 그 작물을 생산하여 생산과잉으로 가격이 폭락, 망할 수밖에 없다. (3월 21일 동아일보 '대파값 폭락' 참조)

결국 대파값 폭락 등 농산물 가격 폭락은 외국농축산물을 무진장 수입해온 현정권이 책임을 져야하며 따라서 농가부채가 전액탕감되고 농가피해가 정책적으로 보상되어야 하는 이유는 너무나 자명하다.

아무리 선거철을 겨냥한 기만적 선심공세라지만 적어도 '농어민부채탕감대책'이라면, 일시적인 미봉책보다는 농업을 수익성있는 산업으로 육성하는가 하면 농산물 가격의 적정수준을 위한 가격정책 등 농업소득을 실질적으로 보장하는 정책과 아울러 수입개방을 거부하고 농외소득 -그간의 무책임한 복합영농이 아닌 - 의 기회를 확대하는데 주안점을 두었어야 했다.

지난 12월17일, 부재지주와 재벌 고위 부패관료 등 토지투기꾼의 합법적인 토지소유보장장치의 마련을 위해, 민정당 일당 국회에서 날치기통과된 이른바 '농지임대차관리법안'의 시행령과 다름없는 이번 '농어촌부채경감대책'은 결국 농가부채문제의 해결은 커녕, 오히려 농가부채문제의 시발점이 되었으며, 현정권이 도저히 현 한국농촌경제를 국민의 입장에서 이끌어갈 의지가 없음을 말해준다.

이렇듯 선거철마다의 정치자금으로, 부실기업의 뒤치닥거리용으로, 재벌의 유지비용으로 썩어문들어질 정도로 쏟아져 쌓인 돈은 농어민을 비롯한 서민들은 구경도 못해본 채 이리저리 일확천금을 노리며 몰리다가 결국 땅값만 올리면서 증권가에 집중될 것이다. 그러한 조짐은 지난 19일 한때 주춤했던 주가가 다시 급등, 주가와 거래량, 거래대상이 연일 사상최고를 보이고 있음에서도 잘 나타나고 있다.

빈깡통처럼 요란하기만 한 현정권의 농어민부채경감대책에서 우리는 도탄에 빠진 농민의 생존과 썩어문들어진 돈에 휘청거리는 주가, 이 모든 파탄의 책임은 무능할 뿐만 아니라 오로지 장기집권음모에만 미쳐 날뛰는 현 전두환독재정권에 있음을 안다.

더이상 우리는 정책결과에 대해 국민에게 책임지지 않는 정권을 존립시켜서는 안된다.

저희 부산민주시민협의회(약칭: 부민협)는 이땅에 민주화를 실현하고, 인간다운 삶의 구현을 목표로 활동하는 민주화운동단체입니다. 이러한 목표는 민주화에의 뜨거운 열망을 가진 분들의 지원과 참여로 서로의 힘을 모아 같이 나아가야 달성될 수 있읍니다. 저희는 여러분의 참여를 환영하며 여러분의 참여는 이 땅의 민주화에 큰 보탬이 될 것입니다. 부산시민으로서 조국의 현실을 걱정하고 민주화운동에 관심이 있는 분은 누구나 부민협의 회원으로 참여할 수 있으니 자세한 문의는 부민협사무실(전화 643-8583)로 연락하시기 바랍니다.

본회에서는 민주화의 방향과 소식을 전하는 '민주시민'을 매월 발행하고 있읍니다. 저희 '민주시민'은 부산지역의 사회,문화,노동 농민등 각계에 걸친 제도언론이 수렴할수 없는 기사를 찾고 있읍니다. 독자 여러분께서 민주화운동에 대한 제언이나 알리고 싶은 사실이 있을 때는 본회사무실로 연락하시거나 투고해주시기 바랍니다.

부당징계 철회하라!

민주화는 언론자유로 부터

관 악 언 론

제1호 1987년 4월 10일

발행 : 서울대총학생회써클연합회

창 간 사

우리는 이시대 참다운 언론을 위한 디딤돌로서「관악언론」을 내놓는다.

'참다운 보도의 회복' 진실을 알고자 하는 다수의 민중들에게 이 명제는 절실한 염원이다. 오늘의 우리 언론은 본래의 건강성을 오염시키는 무리들이 있어야 할 사리를 올바로 찾지 못한 채 심각히 표류하고 있다. 거짓과 허위, 유언비어가 마치 이 시대를 대변하는 언어인양 또 하나의 폭력으로 군림하고 있음은 우리가 처해 있는 숨길 수 없는 현실이다.

이러한 맥락속에서 갖가지 제약을 안고「관악언론」은 출발한다. 우리 시대에 말다운 말을 위한 회복을 위한 싸움이 단순치 않음을 절감한다.

그러나 그것이 언론다운 언론을 위한 절대적 과제라면 우리는 우리 앞에 놓여있는 거대한 암초와의 싸움을 마다하지 않는다.

「관악언론」은 민중을 위한 진실보도, 사회 정의를 위한 진실보도를 위해 줄기찬 노력을 계속할 것이다. 여러분의 성원을 기대하면서 우선 창간의 인사를 드린다.

부당징계 철회하라

지금 Campus에서는 우리의 진정한 민주적권리쟁취와 민족민주운동을 탄압하는 현군사독재정권을 타도하는 하나의 실천적 형태로 부당징계처리 철회 서명운동이 전개되고 있다.

지난 건국대 사건과 신길동 가두시위와 관련돼 집행유예를 받고나온 본교생 67명중 47명이 학사제명당하는 현군부독재의 학원에서의 구조적 탄압이 있었다. (3.28일 자료) 관례대로 한다면 시험을 보지 못한 학생들의 성적은 'W' 처리되어야 함에도 불구하고 전과목을 'F' 학점 처리함으로써 의도적으로 학생들의 제명을 결정했다고 볼 수 있다. 이것은 명백히 탄압의 한 형태인 것이다.

이에 학우들은 4월 1일 총학생회 1차유세에서 '부당징계처리'에 대한 성명서를 발표하고 그날 저녁부터 학생회관 라운지에서 철야농성을 진행했다.

그리고 4월 2일 3시 학생회관 라운지에서 제명학생들의 학부모님들과 '부당징계처리철회'를 위한 공개토론회가 개최되었으며 5시30분경에는 본부앞에서 총장의 책임있는 해명을 요구하며 연좌농성을 벌였다.

그러나 학교측의 계속적인 무성의에 대한 학우들의 분노로 대학본부 현관을 농성장소로 정하여 또다시 철야농성을 전개했다.

그간까지 학교당국에서는 "잘 처리될테니 가서 기다려라," "최선을 다해 잘 처리하겠다"라고 하면서 학부모나 학생들을 돌려보내더니 막상 제명처리가 된 지금 학생처장 더 "나의 소관이 아니다" "나도 무던히 애를 썼다" 그러나……

학우들은 계속되어진 철·농과 공개토론회속 에서 이러한 사태를 자아내는 자는 바로 미제와 군부독재임을 명확히 하고 그 하수인인 학교측의 책임있는 해명을 요구하였다. 아울러 전 관악에서 부당징계처리철회를 위한 서명운동을 각과·단대별로 계속해서 진행해 나갈것을 결의하였다.

이 변칙 학사처리는 단순히 학교당국의 부당한 처사의 차원을 넘은 현군사독재의 민족민주 운동에 대한 탄압과 대학의 자율권을 억압함으로써 자기들의 반민족적 반민중적 체제개편을 관철시켜 나가려는 고도한 탄압의 한 형태인 것이다.

사회 곳곳에서의 민주화물결 민중들의 변혁열기그리고 학생들의 민족민주투쟁에 불안을 느끼는 현군사독재의 일면을 그대로 보여주는 것이다.

변칙 학사처리철회 서명운동은 이 사회의 완전한 민주주의의 실현을 위해서는 우리 자신의 문제를 우리 스스로 해결해 가야 한다는 실천적 모습에서 구체화 되며 또한 이것은 이 땅의 진정한 민주화와 군사독재 타도를 위한 하나의 실천적 형태로 자리매김되어야 한다. 학원내에서의 비민주성과 한국 대학의 자율권 위기를 그대로 보여주는 이러한 탄압속에서 크게는 미제국주의와 군사독재타도, 작게는 학내 민주화와 대학 자율권쟁취, 아울러 '학사제명처리철회'를 위해 관악 전 2만 학우가 서명운동에 동참할 것을 호소한다.

우리는 또한 이것을 사회전반에서의 비민주적 요소척결과 민족민주운동으로 계속적으로 승화시켜 나가야 하는 것이다.

총학생회에 바란다

오랜 진통끝에 올해에도 학생회가 건설되었다.

당연히 2만 관악학우들의 진정한 자치 대표체로서 명실공히 전 학우의 동참속에서 강건히 꾸려지는 학생회가 되어야 한다는 점, 그리고 기존 학생회에서 보여줬던 일단 학생회를 띄워(?)놓기만 하면 바로 대표체로서 성격을 획득할 수 있다는 관념적 타성을 극복해야 할 점, 또한 학생회의 운영과정에서 빚어졌던 분파주의와 지도부의 일방적인 의사결의에 따른 하향식의 관료주의적 병폐를 극복해야 할 점 등 여러가지 문제를 청산한 강고한 학생회를 꾸려야 할 현실의 엄연한 요구는 지난 활동에 대한 냉철하고도 과학적인 비판과 이에 기반한 적극적 실천의지를 필요로 한다.

그러나 이 작업은 학생회의 지도부를 구성하고 있는 몇몇 사람의 헌신만으로는 이루어 질 수 없다. 진정 전 관악인의 의사와 요구를 결집하여 그것을 실천하기 위해 적극적으로 노력하는 자치 대표기구로서의 학생회가 되어야 할 것이며 그 실천의 주체는 분명 전 관악대중이어야 할 것이다.

특히 민족민주운동에 대한 탄압이 갈수록 노골화되어 가고 있는 이 시점에서 학생 대중속에 깊이 뿌리박지 못한 학생회는 또다시 소수 학생의 반합법적. 요구발산의 기구로 전락될 위험이 크다 하겠다. 따라서 학생회에는 많은 학우들의 다양한 의사를 수렴할 수 있는 장과 통로가 마련되어야 할 것이며 그것이 다시 통일적인 실천의 장으로 확대되어야 한다는 점이다.

그런데 외세에 의해 조국의 자주권이 박탈된 상태이며 어떠한 민주적 제권리도 제대로 보장받지 못하는 남한의 상황에서 청년 학도에게 부과되는 역사적 임무를 방기한 채 단순히 학내 복지문제만을 이야기하는 것이 학생회 일 수는 없다.

따라서 학내에서 학우들에게 공통적으로 존재하는 제요구와 입장(예를 들면, 대학자율권보장, 학내민주화, 학문사상 탐구의 자유보장등) 등은 엄연히 이 땅의 자주 민주화와 민중의 해방을 위한 투쟁과정속에서 자리매김 되어야 할 것이며 그 구체적인 투쟁형태나 방향등은 많은 학우들의 구체적인 의견을 민주적으로 수렴하는 과정속에서 결정되어야 할 것이다.

따라서 항상적으로 모든 당면 안건과 문제에 대해 아래로부터 논의하고 결집해 나가는 과정이야 말로 참된 대표자치기구로서의 총학생회, 민중과 함께하는 총학생회를 꾸리게 되는 직접적인 활동과정인 것이다.

철거반대투쟁, 감격의 승리 – 양평동 철거지역주민

목동 신시가지개발로 인해 경인고속도로 인터체인지 확장공사에 편입되어 있는 양평동은 원래 모두 170여 세대가 있었으나 86년 9월부터 145세대 가량이 철거를 당하고 현재 25세대가 남아 생활을 영위하고 있다.

지난 86년 12월 5일 오전 8시 30분경 경인고속도로 위로 포크레인 한대와 구청 철거반원 약 100여명이 함마등을 들고 나타났다. 대부분의 주민들은 우선 구청직원과 철거반원에게 돌을 던져 후퇴시키고 포크레인으로 달려들어 운전사를 쫓아내고 시동키를 빼앗아 포크레인을 움직이지 못하게 하였다. 그러나 8시 50분경, 두터운 방한복에 최루탄, 방패로 무장한 전경차 한대가 모습을 드러냈다. 주민들도 새로운 대책을 수립, 불을 붙일 수 있는 바리케이트를 설치하고 몽둥이와 돌로 무장했다. 제일 먼저 동원된 것이 똥물이었다. 아침까지 먹을 물을 담아 두었던 양동이는 이제 똥바가지로 변했다. 양은솥엔 물을 끓였고, 할머니와 아이들은 망치로 블럭을 깨 돌맹이를 만들었다. 젊은 사람들은 야구방망이, 곡괭이자루, 각목등을 들고 바쁘게 돌아다녔다. 철거반원이 이동하자 격렬한 투석전이 전개되고 똥물이 공중을 날았다. 철거반원들이 곧 퇴거했다. 그러나 철거반원들은 시시각각 불어나고 마스크를 착용하고 방패를 든 전경들과 함께 밀려왔다. 바리케이트에 불을 붙여지고 주민 한 사람이 온몸에 석유를 뿌렸다. 투석공방전이 전개되었다. 전경이 주춤하자 철거반원쪽으로 집중적으로 돌이 날아갔고 그들은 후퇴하였다. 10시 50분경 소방차와 함께 지원부대가 도착했다. 주민들은 이에 맞서 화염병·화염석등으로 대항했다. 소방호스가 주민들을 향했다. 바리케이트에 붙은 불이 꺼지면서 전경들은 어느새 바리케이트 앞까지 이르렀고 작은 돌로는 전진을 저지할 수 없었다. 이제 남은 것은 오직 분노뿐이었다.

언제나 멸시당하고 소외당하며 인간이하로 취급당해온 이 사회에 대한 분노가 자욱한 수증기 앞에 한발 한발 다가서는 전경들을 향해 폭발한 것이다. 똥물이 날고 블럭이 통째로 날기 시작했다. 워낙 무거운 것이라 방패로 가려도 전경들은 휘청거렸다. 주민들의 필사적인 저항에 전경들이 밀리자 소방차는 물을 뿌리다 말고 도망치기 시작했고 철거반원들도 뒤로 도망갔다. 목숨을 걸었던 4시간여의 처절한 투쟁이 승리로 끝나자 몇몇 수녀님들과 신부님들의 눈에서 눈물을 흘렸다. 아니 모두가 울었다. 주민 40여명이 중무장한 전투경찰과 포크레인, 철거반원 약 250여명에 대항해 이겼다는 거짓말같은 사실에 울었고 석유값 기타 뭐뭐 사면서 돈 만원으로 몇 억원을 이겼다는 사실에 울었다.

그후 구청에서 수도관을 87년 2월 11일 막는 사태를 저질렀으나 주민들의 가열찬 경인고속도로에 대한 3차에 걸친 점거농성으로 결국 수도시설을 원상복구하기에 이르렀다.

우리는 위의 투쟁을 보면서 민중승리의 희열과 함께 우리 부모 형제들이 현군부독재의 본질, 즉 반민중적 독재정권임을 명백히 하여 제아무리 현군부독재의 물리력(군대·경찰·정보기구)이 강하다고 할지라도 더 이상 줄것도 빼앗길것도 없는 도시 빈민들의 가열찬 투쟁이야 말로 진실한 삶의 투쟁이며, 승리의 투쟁으로 나아갈 수 있다는 사실을 알 수 있다.

폭 로

군사독재 – 어떻게 썩고 있는가 –

＊ 이 글은 지난 1월 23일 「워싱턴 포스트」지에 게재된 것으로 「인터내셔날 헤랄드 트리뷴」지가 1월 29일 다시 이를 전재한 바 있다. 국내 배포때 당국에 의해 잘려 나갔으나 미대사관에서 이를 복사 배포했다 : 편집자 주

한국은 또다른 필리핀이 된 것인가? 두 경우가 많은 점에서 틀리지만, 전대통령이 왜 점점 강력하고도 광범위한 반대에 직면하는가를 설명하는 데 도움이 되는 결정적인 유사성이 하나 있다. 그의 가족이 관계된 여러 경우에서 처럼 한국군부정권의 부패는 지금 마르코스 시대의 부패와 쌍벽을 이룰 수 있을 정도에 도달했다.

나는 최근의 서울 방문에서 모든 계층의 사람들에게 물어 보았다. 한 유력한 신문(경향신문 : 편집자 주)이 최근 정부를 위해 실시한 비밀여론 조사에서 66.4%가 현정권에 대해 "반대," 20.5%는 "강력히 반대," 단지 1.6%만이 "만족"을 나타낸 것은 왜그런가? 중간계급온건분자들과 보다 현실적인 야당지지자들은 서로 다른 이유들을 강조했으나 거의모든 사람들이 많은 사람들이 말하는 "이 더러운 정권"의 뻔뻔스러운 부패에 관해 이야기 했다.

널리 퍼진 경제적 불평등처럼 야당에게 공격거리를 주는 요인들과 마찬가지로, 부패는 한국의 경제적 호황으로 커 왔다. 연간 7%라는 한국의 성장률은 마르코스 말기동안의 필리핀의 실질적인 경제붕괴와는 확연한 대조를 보인다. 그러나 그러한 급속한 성장에서 열쇠의 하나는 관계자들에게 항상적인 친력의 남용을 제공했던 치밀하게 집중된 경제체제이다.

연이은 한국의 군사통치자들은 일본을 흉내내며 정부지원 재벌들의 통합된 체제를 만들었고, 세계시장에서의 대등한 경쟁력을 서울측에 주기 위해 만들어진 은행들과 관계를 맺었다.

그러나 민주적인 견제와 균형을 지닌 일본의 경제유착관계와 비교하여 이 꽉 짜여진 한국의 경제구조는 경찰국가란 면에서 출현한 것이며 본질적으로 최상층으로부터 조작에 쉽게 물들 수 있는 것이다.

유력한 은행들과 기업들은 그의 부인(이순자: 편집사 주)의 친척들이 설립한 한 금융회사가 약속어음으로 불법적인 이익을 취득하려는 어마어마한 음모를 조작했을 때 공모하도록 쉽사리 사주에 넘어갔다. 그 음모는 너무나 대담하여 자유언론과 의회에 의해 견제되지 않는 독재권력의 무모한 환경 속에서만 생각할 수 있는 것이었다.

보기드물게 높은 문자해득율(98%)로 한국은 정치적으로 매우 민감한 대중을 지니고 있다. 반대세력의 생명은 대개 일간신문과 TV에서 보도하지 않거나 축소 보도되어, 많은 한국인들은 통제된 매체만큼이나 지하언론이나 다방의 루머에 의존하고 있다. 이 편향된 언론환경으로 확연한 부패사건들에서 순의 가족의 의심스러운 역할에 관한 정보가 명확히 밝혀지기가 어렵다.

정치와 부패에 관한 83페이지짜리의 한 지하보고서는 순의 장인 이규동이 명성토지사건에 관련됐다고 주장했다. 그 사건이란 20개의 회사를 거느린 한 신흥재벌이 설악산과 지리산 지역에서의 휴양지와 골프장 개발을 가능케 했던 그린벨트해제허가를 얻은 것이다. 지하언론은 그 명성그룹이 미리 그린벨트해제를 알고 거의 수백만 에이커의 땅을 헐값으로 샀다고 주장했다. 한국일보에 따르면, 그 재벌은 22명의 회사원이 조세법, 건설법, 삼림규제법 위반으로 형을 선고받기 전인 1982년에 5,400만 달러의 총수입을 올렸다 한다. 장인이나 다른 친척들이 관련됐다는 혐의를 실증할 직접적인 증거는 나타나지 않았다. 집권 민정당의 대표위원 노태우는 그러한 부정부패사건들이 "엄청나게 과장된 것"이라고 문제를 대강 처리했다. 그는 명성사건에 대통령의 친척이 연루됐다는 증거가 없다고 말했다.

그럼에도 불구하고 내부세력중 누군가가 그린벨트해제허가를 하여 그 이익을 나눠먹었음에 틀림없다고 대중들은 널리 확신하고 있다. 그와 유사하게 증거의 부족에도 불구하고 고위층도 정치에 비합법적이었던 몇개 회사들의 소유권 이전에 대한 지하언론의 보도가 있은 뒤 의심받고 있다. 이러한 모든 경우에서 그 기업들은 알려진 바로는 조세포탈과 그외 다른 범법행위에 대한 정부의 고발이 있은 뒤 매각되거나 도산했다고 하나, 뒤에 새로운 이름으로 바뀌어져 고위층과 가까운 사람의 손안에서 재생되었을 뿐이다. 노대우 역시 고위층의 가족이 그 소유권 변경에 관계됐다는 것을 부정했다.

그의 동생('전경환' 전 새마을운동본부 총재 : 편집자 주)은 서울 유도대학과 영남대학교 사회대학을 졸업했다. 그리고 그는 테네시주 대쉬빌에 있는 피바디대학에서 체육교육학 석사학위를 받았다. 그후 그는 로스엔젤레스에서 몇년을 보냈는데 귀국후 재일치를 유력한 재벌회사인 삼성그룹의 회장 보디가드로서 일했고, 그 뒤 박정희정권시절 청와대 경호대에서 일했다.

그러나 80년대에 들어와, 잘 알고 있는 소식통에 따르면 전경환은 세금문제, 정부공사계약, 수입허가에 대해 호의적인 조치를 해 주는 인물로 급격히 부상했다. 국가수뇌의 친척들이 말썽많은 것은 한국에서만의 독특한 문제는 아니다. 그러나 빌리카터– 그는 결코 정부의 지위를 갖지 않았다–와는 달리 전경환은 그의 형인 고위층에 의해 연간예산이 1억 1,800만 달러인 새마을운동본부 총재에 임명되었다. 새마을본부가 국회에 자세한 예산내역을 제출하지 않은 사실도 일단의 국회의원들이 '작은 전'이 자금을 유용하지 않았나 의심하게 했다. 통제된 언론에서 대부분 보도되지 않은 몇몇 사건때문에 야당 국회의원들은 '작은 전'을 소환해 증언케 하려 했으나 실패했다고 말한다.

야당의원 김종보는 쇠고기의 수입가격과 국내배급가격의 차이가 1980년과 1984년 사이에 합계 5억 4,200만 달러에 달했으며, 1983년에만도 8,000만 달러라고 지적했다. 김의원이 그 돈이 어디 갔느냐고 물었을 때 그 위원회에서는 주먹싸움이 벌어졌다.

자금유용 문제말고도, 새마을운동본부가 기업인들에 대해 압력을 가했다는 주장도 있다. 야당의원 박용만은 "농촌의 중소기업인들과 지역지도자들이 새마을운동에 '자발적인' 기부를 하기 위해 대부를 얻고 있다"라고 밝혔다. 박의원은 새마을본부의 자산이 1981년 1,780만 달러에서 1984년 5,300만 달러로 증가했다고 지적하며, 새마을운동은 "이 불황기에 기업의 생존투쟁을 위한 놀랄만한 경영기법을 수행했다"고 비양거렸다.

미국 관리들과 몇몇 관리들은 고위층의 부인과 동생이 내부인사들의 적대적인 파벌들을 통괄하고 있다고 지적했다. 고위층의 부인은 막후에 머물러 있지만, '작은 전'은 새마을본부 총재로서 공공연하게 행동해 왔다.

'작은 전'은 한 폭력단이 적대관계에 있는 폭력단의 4명을 생선회칼로 살해했다고 하는 나이트클럽 유혈살인사건(일명 '서진룸살롱사건' : 편집자 주) 후 8월 9일 한국을 떠났다. 처음에 몇몇 신문들은 고위관리들이 그 싸움에서 이긴 목포갱의 대부 정요섭과 연관이 있다고 애매모호하게 암시했다. 그러자 반체제세력 지도자 예춘호는 고위층의 동생이 정이 조정하는 건설회사에 말썽이 된 토지매설계약을 주었으며 정의 고향 신안에서의 새마을운동 행사에서 그 갱단의 대부와 나란히 걸어갔다고 말했다. 전 여당의 다수파 지도자였던 예는 그 살인자들을 현장지휘했다고 하는 행동책 홍성규가 전경환의 보디가드였다고 비난했다. 혐의자들의 명단이 발표된 후, 반체제 세력과 교회의 지도자들은 홍과 그 명단에 있는 몇명이 1985년 '작은 전'의 동남아순방에 따라갔던 공식측근자들의 멤버들이었다고 말했다.

여당 대변인 '심'은 '작은 전'이 조직범죄단 두목들과 연계가 있다는 것을 부정했다. 심은 인터뷰에서 홍성규가 유도대학에서 자신의 사람들을 모집했었다고 말했다. 심은 고위층의 동생이 자신의 모교뒤에 있는 배후세력으로서 그를 이용해 그 학교를 많은 특혜를 받는 위치로 격상시켰다고 말했다. 그 학교의 졸업생 일부는 지하세계로 자신의 길을 찾고 있으며, 교회지도자, 법조계인사, 반체제 정치인들로 구성된 조사위원회의 보고에 의하면, 정부의 정보기관들은 반체제세력의 집회를 분쇄하는데 사용되는 무술인들의 공급처로 그 학교를 끌어들이고 있다.

그 살인사건에 대한 정부의 계속적인 민감함은 야당의원 유성환의 10월 14일 국회연설에 대한 폭력적인 대응으로 강화됐다. 유는 그 연설에서 "정부의 비위한 폭력배들이 정부의 보호아래서 크고 있다," "고위정부관리들이 조직범죄에 연관돼 있다"라는 증거를 대며 그 살인사건을 거론했다.

유의원이 가지고 있는 국회의원의 면책특권을 무시하고, 정부는 한국의 통일은 반공이념을 넘어서는 우리의 가장 중요한 국시라는 유의원 발언을 들먹이며 그를 자택연금시켰다.

그리고 정부는 선동혐의로 유의원의 정식구속을 국회에 요청했다. 야당의원들이 회의장 입구를 몸으로 봉쇄함으로써 투표를 저지하려 하자, 1,000명의 사복경찰은 국회에 밀고 들어와 체포승인을 가결하기 위해 여당의원들이 모인 뒷방에 야당의원들이 들어가는 것을 막았다.

부패문제와는 별도로, 반체제세력의 집중하는 힘을 설명해 주는 보다 더 중요한 다른 요인들이 있다. 한국 가톨릭의 고위성직자이며 현정권에 대한 유명한 비판가인 김수환 추기경은 대재벌들이 중소기업, 농민, 노동자의 희생위에서 성장해 왔다고 논박한다. 자유로운 노동조합의 설립을 금지당한 1,500만 도시노동자들은 하루에 최저 3달러 정도만 받고 있다.

대학입학이 늘어남에 따라, 더 넓은 정치참여를 추구하는 고등실업자와 신중산계급의 성장이 늘어났다.

어렴풋하기는 하나 반체제 세력에 대한 지원의 또다른 중요한 근원은 한국의 분단과 남한의 외세에 대한 의존의 확장에서 결과한 깊게 자리잡은 민족감정의 격앙이다.

특히 한국전쟁 이후에 태어난 젊은세대의 한국인들에게 있어서는, 한국에서의 군사통치를 정당화하기 위한 정부의 북한과의 긴장조성행위를 이제 더 이상 믿지 않게 되었다. 반체제세력 지도자들은 한국고유의 민족일체성에 대한 역사를 상기시키면서 고위층이 계속하여 북한과의 보다 폭넓은 대화와 접촉의 기회들을 회피했다고 주장한다.

이와 유사하게 일본의 식민통치를 상기하며 반체제세력 지도자들은 주로 일본과 미국은행에 걸려있는 한국의 늘어가는 외채(1980년 260억 달러인데 비해 지금은 470억 달러이다)와 일본과 미국시장으로의 불안정한 수출에 한국이 전적으로 의존하는 것을 지적하고 있다.

민족감정은 4명의 학생이 분신기도 보인 신념적인 급진주의를 격앙시켰다. 그 중에는 여학생도 있고 유력한 기업인의 아들도 있는데 그들은 최근 몇달동안 자신의 몸을 불살라 죽었고 다른 65명의 학생들도 자신을 희생할 준비가 되어 있다고 밝힌다.

근본적으로, 반체제 세력의 성장뒤에 있는 가장 강력한 동력은 25년 간의 군사통치를 끝장내려는 대중의 열망이다. 1980년 권력을 잡은 뒤 광주봉기에 대한 유혈진압은 처음부터 정권의 불법성을 대부분의 한국인 눈 속에 심어 놓았다. 부패문제로 한국인들의 감정적인 대응은 폭발했다. 그것은 독재권력에 대한 불만의 확실한 징표로써 점차 나타나고 있기 때문에 민주개헌투쟁에서 결정적인 무기로 되어오고 있다.

민족·민주운동 탄압하는 군사독재 타도하자!

미국의 제3세계 정책과 대한 정책

1년전인 1986년 4월 15일 미국의 지중해 함대는 리비아의 수도 트리폴리를 맹폭하는 국가테러를 자행하였다. 엄연한 독립국가인 리비아가 강력한 반미 노선을 추구한다는 이유로 리비아를 맹폭한 이 사건은 미국의 제3세계관과 세계전략을 극명하게 보여주었다. 리비아 공습 1년 경과에 즈음하여 미국의 제3세계 정책과 퇴조의 양상을 미국의 대한 정책과 (한국도 제3세계국가군에 속한다.) 연관시켜 그려본다.

제1차 세계대전과 2차 세계대전을 겪으면서 세계 최강국으로 성장한 미국은 2차세계대전 종전 이전부터 전후의 세계를 어떻게 재편성할까 고심했었다. 일단 유엔이라는 집단안보체제를 결성하고 소련을 여기에 끌어들여 미국의 틀내에서 세계를 주도하려는 발상이 1942년 대서양헌장에서 나타났다. 그러나 전후에 제3세계가 제국주의세력(제국주의는 자본주의 발전의 새로운 단계이므로 제국주의 국가의 경제체제는 모두 자본주의이다.)에서 벗어나려는 민족해방운동을 더한층 격렬히 전개하자 이것을 저지하려는 의도로 미국은 강력한 대소 냉전체제를 구축한다. 이 때의 논리는 소련은 악마이고 미국은 천사라는 경직된 의식이며 한국에는 6·25전쟁을 거쳐 광신적인 반공 이데올로기가 횡행하게 된다. ([illegible])

냉전시대의 미국의 제3세계 정책을 포함한 세계전략은 유엔을 미국의 도구로 삼아 집단안보라는 틀에서 미국의 의지를 관철시키고 사회주의권과 국경을 접한 이란, 남한, 대만등을 대소 전진기지로 하여 현상황을 고수하려는 포위정책(따라서 이들 전진기지 국가의 정권의 성격은 친미·반공일변도라야 하고 민족자주적인 색채가 없어야 한다. 결국 한국에서는 민족적 성격이 강한 김구 등 상해임시정부계열은 철저히 소외당하고 친미일변도인 이승만 정권이 들어섰으며 이란에서도 석유등 열강에게 뺏긴 각종 이권을 회복하려던 모사데크정권이 미국 중앙정보부의 음모로 전복되고 팔레비정권이 성립한다)과 적극적인 폭력공세로 사회주의권을 격멸한다는 롤백정책이 기조를 이루어 왔다.

제3세계는 전후에 자주독립국가를 형성하는 과정에서 이를 모질게 방해하는 세력이 서구열강 특히 미국이라는 것을 명확히 인식하고 反美 투쟁을 강력히 전개한다. (이집트를 지배하고 있던 영국은 1952년에 민족적 성격을 띤 나세르의 쿠데타가 일어나자 이를 좌절시키려 했으며 56년에 이집트가 수에즈운하 국유화를 선언하자 이집트를 침공하였다)

미국은 여기에 대응하여 제3세계 각국에 폭압적인 독재정권을 성립·유지시켜 왔다. (1961년 한국의 5·16 군부쿠데타, 63년의 고딘 디엠을 실각시킨 남부베트남의 쿠데타, 65년의 엘살바도르 혁명시 미해병대의 파견, 1961년의 쿠바의 피그스만 침공, 1973년의 칠레의 군사쿠데타등 제3세계의 모든 정변에 미국 중앙정보부가 배후에 도사리고 있다) 그러나 제3세계 민중의 진군은 막을 수 없어서 75년에는 베트남에서 굴욕적 패배를 맛보고 특히 79년의 이란혁명과 니카라구아혁명에서 큰 충격을 받는다. (이란혁명이 가지는 의의는 유달리 크다. 미국의 최신 무기로 무장한 50만의 사병과 같은 육군, 중동전역을 덮을 수 있는 공군등을 거느리고 중동의 경찰국가 노릇을 하던 팔레비정권은 근 1년간의 이란 민중의 가두시위로 붕괴했다. 78년 6월서부터 78년말까지 가두시위에서 살해된 수만도 6만 5천에 이른다. 미국은 78년말부터 쿠데타를 계획하나 거리로 나온 수백만의 군중앞에서 이를 실행할 수는 없었다. 이란혁명으로 미국은 중동지역의 교두보를 상실하고 말았다)

이후 미국은 자국의 이익관철이라는 정책목표는 변하지 않는 가운데 지엽적으로 제3세계 정책을 수정한다. (수정내용은 친미 독재정권에 대해서는 노골적인 지지를 피하고－표면적으로 그렇다는 뜻이다.－제3세계 각국의 국민감정을 신중히 고려한다는 것이다)

그러나 미국 자본주의의 구조적 위기에서 극우보수세력의 입김이 거세지면서 등장한 레이건 행정부는 (레이건은 반소·반공 이외에는 철학이 없는 위인이다) SDI계획(이것은 국제적인 군산복합체를 만들어 미국이 유럽·일본에게 상실한 경제력을 통제하려는 것이다)을 세워 소련과의 군비경쟁을 무제한으로 이끌려 하고 제3세계에 대해 노골적인 개입－특히 폭력개입－을 한다.

최근에 벌어진 사건인 리비아 공습과 이란게이트 사건을 간략히 서술하면 다음과 같다.

1969년 가다피등 리비아의 청년장교들은 쿠데타를 일으켜 친미 매판적 성향의 국왕정권을 무너뜨렸다. 당시의 정권은 리비아의 석유등 주요국가 이권을 미국에 점유당하고 있었다. 따라서 가다피정권이 반미노선을 추구한 것은 필연적인 결과였다. 미국은 제3세계에서 가장 강력한 반미정책을 지향하는 가다피정권을 제거하기로 하고 81년부터 리비아 국내외에서 비밀공작을 벌여왔다.

결국 미국은 1986년 3월 14일 미항공모함으로 하여금 리비아의 영해인 시드라만으로 항진하도록 결정 3월 24일 리비아의 대응을 유도하였고 이를 구실로 리비아 폭격이라는 국가테러를 자행하였다. 미국의 이러한 국가테러는 미국의 우방인 유럽 각국조차 격분시켜 유럽 전역에서 미국을 규탄하는 시위가 벌어졌다.

결국 리비아 공습으로 레이건의 복수심은 충족됐겠으나 폐허가 된 가다피의 저택에서 확인된 것은 가다피의 시체가 아니라 미국의 제3세계 정책의 파산이었다.

이른바 워터게이트사건과 대비되어 이란게이트라 지칭된 이 사건은 제3세계 민중에 대한 적대적 성격과 미국외교의 부도덕성을 드러낸 충격적 사건이다. 이 사건은 86년 10월 31일 레바논 주간지인 「알 쉬라」지가 폭로함으로써 알려졌다. 11월 13일 레이건은 자신이 미국의 대이란 비밀외교에 자신이 개입하고 이란에 대한 소량의 무기공급을 승인했다고 발표 미·이란 접촉설을 확인했다.

이란에의 무기수출은 ①테러리스트나 그들을 지원하는 나라와 협상하지 않는다. ②이란, 이라크전에는 어느 한 편에도 미제무기를 제공하지 않고 엄정중립을 지킨다고 천명한 미국의 외교정책에 정면배리되는 것이다.

이 사건이 더욱 확대된 것은 11월 25일 에드윈 미국 법무장관이 대이란 무기판매 대금중 1천만 내지 3천만 달러가 스위스 은행의 비밀구좌를 통해 미국의 대리전쟁을 하고 있는 니카라구아 반군에 불법유출됐다고 발표하면서부터이다. 니카라구아 반군에 대한 지원은 86년 10월까지 법으로 금지됐었다. 따라서 이것은 엄연한 범법행위이다. 법무장관은 이 자금유출 사실 아는 사람은 국가안보회 차장 올리버 노스 중령뿐이고 상관인 포인덱스터 안보담당 특별보좌관은 개략적인 것만 알고 있었고 국무·국방장관·CIA국장도 몰랐다고 설명했다. 이 발표에 대해 의회 지도자들은 노스중령 혼자 그렇게 어마어마한 일을 해낼 수 있는가라는 의문을 제기했다.

이란게이트에 어느 누가 관련돼 있는지는 우리의 관심거리가 아니다. 관심을 끄는 것은 이 사건이 모두 미국의 제3세계 정책과 관련되어 있다는 점이다.

미국이 제거하려고 한 리비아의 가다피정권이나 니카라구아의 산디니스타정권은 미국의 이익과는 정면으로 배리되는 성격을 갖고 있다.

산디니스타 혁명정부가 수립되기전에 니카라구아를 지배한 것은 소모사정권이다. 소모사체제는 1934년 니카라구아 민중의 영웅인 산디노를 당시 국가방위군 로대사령관이었던 소모사가 미국대사와 합의하여 살해하면서부터 시작됐다. 그후 소모사일족은 민중을 수탈하면서 족벌체제를 구축했다. 소모사 가족이 소유하고 있는 토지는 전국토 경작지의 50%를 차지했고 소모사 재벌은 국민총생산의 60%를 생산했다. 소모사체제는 한마디로 착취하는 매판독점 자본 및 미국 독점자본의 충실한 대변자였다. 현니카라구아 정부는 소모사체제를 무장투쟁으로 몰아내고 79년 7월 성립했다. 혁명후 정부는 경제개혁을 실시 소모사와 그의 측근들의 사유재산, 금융기관, 국제무역을 국유화하고 토지개혁을 실시했다. 이 과정에서 미국의 독점자본의 이익은 엄청난 타격을 받았다.

가다피 정권도 69년 미국·영국등 제국주의 열강의 지배하에 있던 리비아를 해방시키고 자주적이고 자립적인 경제정책을 실시해 왔다. 뿐만 아니라 가다피 정권은 제3세계 민중운동을 지원했다. ([illegible]) 이러한 일련의 사건들은 미국이 자국의 이익을 위해 법률조차 위반하는 부도덕성을 드러내면서까지 추악한 제3세계 정책을 추구하는 것을 또 다시 보여준 셈이다.

그러면 제3세계 정책의 한 고리로서 미국의 대한 정책은 어떠한 것인가? 미국의 대한정책은 다른 모든 제3세계내 일반적으로 적용되는 반미세력을 봉쇄시킨다는것과 대소전진기지로서의 미국의 정치·군사적 지배관계를 강화한다는 것이 착종되고 있다.

미국의 군사적 지배를 살펴보면 1972년 닉슨독트린의 발동으로 한층 강화되었다. 이때 수도북방 중서부에 배치된 한국군 12개 보병사단과 1개 기갑사단을 그 전역에 배치된 미국군과 합치서 제1군을 창설한 것이다. 1978년 카터대통령 재임시에는 전체 한국 군사력을 주한미군 제8군 사령관의 지휘권에 편입하는 형식으로 '한·미 연합사령부'를 개편·창설하였다. 해군은 주한미군 해군이 병참지원 부서이 6백명 정도밖에 없으므로 한국해군 총장이 사령관이 된다. 그러나 한미합동공군은 육군과 마찬가지로 한·미 연합사령부의 참모총장을 겸하는 미군공군총장의 지휘하에 놓인다.

한국에서 군부쿠데타가 일어나 정권을 장악할 때마다 군사정권은 미국으로부터 군사지휘권 내지 그 부분적 지휘권의 회복을 위해서 협상을 시도해야만 했다. 그러나 그들은 그들의 군사정권에 대한 미국정부 지지의 댓가로 그 시도를 포기하였다.

어쨌든 명색이 독립국가인 대한민국군대는 그것이 1개 소대이건 1개 사단이건 그 조약의 규정에 따라서 이동과 작전적 행동에는 주한미군 미국인 사령관의 사전승인이 필요하다.

따라서 1980년 봄에 일어난 민족의 비극 광주사태와 관련해서 미국이 비난받는 이유를 알 수 있을 것이며 86년에 전방입소 거부운동이 일어난 동기도 이해할 수 있을 것이다. (미국은 광주사태 초기에 공수부대에 의해 저질러진 만행에 대해 그들의 산하부대가 아니라고 궤변을 늘어 놓았다)

미국의 정치적 지배는 군사적 지배와 불가분의 관계를 가지고 있다. 미국은 유신이라는 짧은 시기 동안만 한국을 통제하는 데 애를 먹었을 뿐(미국은 박정희의 강력한 군부통제로 군부쿠데타가 불가능하자 결국 박정희를 총살하였다) 일방적으로 그들의 정치적 입장을 관철시켜 왔다. 미국은 광복직후에 한국을 일본의 경제적 배후로 만들려 하여 이승만정권시절부터 한·일 국교정상화를 시도했다. (이승만의 하야의 큰 이유는 이것을 거부했기 때문이다) 박정희는 63년 미국방문시 한일국교정상화를 결행하는 댓가로 미국의 군사정권에 대한 확고한 지원을 얻어냈다. 결국 65년 국민의 거국적 반대속에 한·일국교정상화가 이루어지고 이후 미국은 한·일군사협력체제를 형성하려 노력해 오고 있으며 90년대에는 군사동맹체계가 완성될 것으로 예상된다. (80년 전두환정권의 등장으로 템포가 매우 빨라졌다) 이것이 미국의 장기계획 및 목적이다.

1960년대부터 역대 정권이 국내적으로 군사정권반대의 압력과 정치·사회적 위기를 극복할 수 있었던 것은 미국의 군사적 보호와 일본의 경제력 뒷받침이다.

레이건은 취임직후 백악관에 초청한 첫 외국지도자로서 남한의 군부출신 집권자를 선정함으로써 한

(5면에 계속)

한국의 언론실태

1.「보도지침」이란?

「보도지침」이란 문화공보부 홍보정책실에서 주요한 사건이 일어날 때마다 가(可), 불가(不可), 일체 불가등의 딱지를 붙이고, 기사의 내용, 제목, 위치, 크기등은 물론 사진의 크기나 배치등 미세한 부분까지 통제하여, 신문, 통신, 방송기관등에 은밀하게 시달하는 보도통제의 구체적 내용이다.

문화공보부 홍보정책실 비밀 ○월 ○일
신 문·사 방 송 국 통 신 사

2. 보도지침의 성격 : 사실왜곡, 불법행위, 반민주화, 반인간화, 군부독재연장음모

이를테면, 1985년 10월 19일 신민당의 김한수 의원이 국회에서 경원대학생 송광영군이 분신사살한 사건을 언급하자, 이를 보도하지 말라고 하였고, 심지어 11월 20일 미하원 소속 전문위원 3명이 F-15 전투기 구매에 얽힌 뇌물공여 사건조사차 내한한 사실도 일절 보도하지 말라고 지시하였다.

또 민정당의 86년 예산안 처리방식에 대해서는 '변칙날치기'란 표현을 쓰지 말도록 지시하고, 86년 2월 필리핀에서 마르코스 정권이 붕괴할 즈음 "필리핀사태 1면 톱기사로 올리지 말 것"(2월 24일), 미국무성 대변인의 "한국은 필리핀과 다르다"는 논평은 '1면에 4단이상으로 크게 쓸것'(3월 6일) 을 강요했다.

이처럼 보도지침은 있는 사실을 없는 것으로, 중요한 사실을 사소한 것으로, 대수롭지 않은 사실을 뒤기서 보도하도록 강요하고 있다.

이것은 헌법, 어느 법률, 어느 법령에도 없는 불법행위이며, 법치국가의 체면을 손상하는 행위이다. 또 민주주의의 기본전제인 언론, 출판의 자유를 짓밟는 행위임은 물론, 진실과 인간의 양심마저 말살하려는 정권말기적 작태로서, 민주주의를 말살하고 군부독재정권을 연장시키려는 음모를 명백히 드러낸 것이다.

3.「보도지침」공개와 관련, 민주언론운동에의 탄압과 연대투쟁

1986년 9월 9일 오전10시 명동성당 사제관 2층 소강당에서,「민주언론운동협의회」(언협)와「천주교 정의구현 전국 사제단」은 내·외신 기자회견을 갖고 현정권의 언론통제및 조작의 결정적 증거물인「보도지침」을 폭로했고, 이 이유로 1986년 12월 10일 언협사무국장 김태홍씨(44세), 12일 언협실행위원 신홍범(46세) 씨, 15일에는 현직 한국일보 기자 김주언씨(32세) 등 관련자들을 남영동 치안본부대공분실로 연행하여 가족과의 면회도 일절 허락하지 않고 20일 가까이 장기구금하면서 조사를 벌였고, 현정권은 가증스럽게도 국가보안법위반, 국가모독죄, 국가외교기밀 누설등 터무니 없는 혐의를 뒤집어 씌워 이들을 전격 구속처리 했다.

그러나 물리적 힘을 앞세워 권력을 보존하려는 현정권의 음모는 민주화 운동세력의 거센 반발을 불러일으켰다. 언협은 12월 12일 현 정권의 언론탄압에 대해 성명을 발표함과 동시에 무기한 농성에 돌입했다. 12월 16일에는「천주교 정의구현전국사제단」「전국목회자정의평화실천협의회」가 언협과 공동으로 기자회견을 갖고 성명을 발표했고, 22일에는「민중문화운동협의회」「자유실천문인협의회」「민족미술협의회」「한국출판문화운동협의회」「민주교육실천협의회」등 문화 5단체가 언론탄압을 규탄하는 성명을 발표하고 연대항의농성에 들어갔다. 12월 23일에는「민주화추진협의회」가 언론자유 및 보도지침사건 진상조사위원회를 구성하고 진상규명에 나섰다. 사실과 진실의 보도는 언론고유의 사명이자 책임이며,「보도지침」을 폭로한 것은 현 언론현실을 있는 그대로 파악할 수 있도록 함으로써 민주언론과 민주주의 실현을 향한 진정한 시발을 이루도록 하자는데 그 목적이 있다.

그런데 현 정권이「보도지침」폭로 관련 언론인들을 구속, 검찰에 송치한 것은, 민주언론과 민주주의를 국가보안법 혐의로 구속 검찰에 송치한것과 마찬가지고, 전국민의 민주화 염원을 정면으로 부정 유린하는 행위로서 언론의 자유가 없는 민주주의는 명백한 허구이며 기만이다.

4. 김수환 추기경의「보도지침」에 대한 대담내용

김수환 추기경은 1986년 12월 24일 동아일보 기자와의 대담에서 보도지침을 통해 언론의 자유가 얼마나 심각한 국면에 처해 있는가를 절실하게 느꼈다고 강조하고, 보도지침을 통한 언론의 통제 자체가 잘못이지 자료의 공개가 잘못은 아니라고 보도지침 폭로와 관련한 현 정권의 탄압을 비판했다.

또한 진실을 전달한 사명을 지닌 언론인 각자가 스스로 그 사명의 수행을 위해 얼마나 노력하고 있는가를 헤아려야 한다고 지적, 언론의 냉철한 자성을 촉구했다.

공개된 보도지침의 구체적 내용(85. 10. 19~86. 8. 8)

〈1. 개헌관계〉

10. 28 일본 산케이 신문의 시바라 논설위원이 쓴「한국의 개헌주장 성급하기 그지없다」는 내용의 사설은 눈에 띄게 적절히 보도.

11. 24 기사제목에「개헌」「호헌」이란 문구 일체 쓰지 말것.

2. 14「한국정부 개헌서명에 강경조치」에 대한 미국무성 논평은 보도하지 말것.

2. 21 신민당의 확대간부회의 관련기사는「서명운동 확산키로」등의 제목 쓰지 말것. '확산' 대신 '계속'으로.

3. 6 신민당 서명자명단 발표.
명단은 물론 발표사실 자체도 보도하지 말 것.

3. 31 신민, 광주 개헌집회 관계
①사진, 스케치없이 기사 2단으로(길지않게)
②치안본부장 발표, 눈에 띄게 보도.
③시위군중들,「축 직할시 승격」아치 불태우는것(사진), 사회면에 쓸것.

4. 30 청와대 3당 대표자 회담관계
전대통령
①「국회에서 합의, 건의하면 임기중 개헌을 반대하지 않음」. (…「용의가 있음」이 아님)
②「89 개헌 소신에는 변함 없다.」
위 두가지는 꼭 컷이나 제목에 이 표현을 쓸것.

5. 28 김대중 사진이나 단독회견 불가

〈2. 국회·야당관계〉

11. 5 국회 내무위에서 전경환 새마을 중앙회장이 새마을 본부에 대한 학생들의 화염병 투척사건을 보고하고 질의에 답변하는 내용은 보도 말것.

12. 2 국회, 여당단독으로 예산안통과 관련 제작방향
①민정당은 예산안을 정상처리하고, 개헌특위 문제는 대폭 양보해서 오는 새벽 최종안을 냈음에도 불구하고 협상을 외면한 채 야당은 국회를 정쟁(政爭)의 장으로 만들었다. 책임은 야당에…
②여당은 감치의안과 예산안을 일괄 타결하려 했으나(즉 협상을 재의했으나) 야측, 특히 김대중측의 반대로 결렬됐음.
③예결위원장과 여당 총무를 야측이 폭행, 경상을 입힌 것은 불법.
④야당으로 하여금 협상결과를 준수하는 자세를 지키도록 언론이 유도할 것.
⑤예산안 처리관계 기사제목에「변칙 날치기통과」라 하지 말고,「여 단독 강행처리」식으로 할 것.

12. 17 국회관계 해설기사에서
①신민당의 등원거부는「본분사보타지, 구시대적 작태」라고 하고
②국민당 등원은「들러리」「사꾸라」라고 하지말고「민생법안을 처리하기 위해 독자 등원했다」라고 할 것.

1. 15 신민의원 기소관계
기사나 제목에서「협상정신위배「과잉조치」「의회민주주의 끝장」등 야당의 극단적인 것 쓰지 말것.

1. 18 신민당 창당 기념식에서 한 이민우총재 치사중 대통령 국정연설 비판한 대목은 제목으로 뽑지 말것.

1. 25 이민우총재 회견관계
①내용중「개헌논의 88년 이후」를 부상하는 내용은 쓰지 말것. 큰정치가 곧 민주화라는「큰정치 제창」에 찬물을 끼얹는 내용은 쓰지 말것.
대통령을 직접 지적 거명하는 내용은 쓰지 말것. 단 면담제의 정도는 써도 무방.
②긍정적인 부분이나 여야 공동타협 등을 부각시킬 것.

4. 24 김영삼씨 자유중국 신문과의 기자회견에서「개헌 않을 경우 큰혼란, 혁명등의 사태초래」란 발언내용은 보도 말것.

〈3. 학생운동〉

11. 1 서울대학생 시위기사
①비판적 시각으로 다뤄 줄 것.
②교수회의 사진은 1면에 싣지 말것.
③학생데모 기사중
사회대등 일부 학생의 수업거부 움직임등은 제목이나 기사에서 쓰지 않도록(학생자극 우려)

11. 18 ①대학생들「민정당 연수원 난입해산」사회면에서 다루되, 비판적 시각으로 해 줄 것. 단 사진은 구호나 격렬한 플래카드 등이 담긴 것은 피할 것.
②치안본부발표「최근 학생시위 적군파 모방」
이 발표문을 크게 다뤄줄 것과 특히「적군파식 수법」이라는 제목을 붙여 줄것.

1. 27 민정연수원 난입 1차 공판에서
①학생들 주장중「헌법철폐」등은 부각시키지 말고 또한 정당화 시키지 말것.
②사회면 톱기사나 해설기사로 쓰지 말것.
③사진도 '입 틀어막는 장면' 등은 싣지 말 것.

2. 7 당국의 학생들 유인물 분석자료,「좌경 극렬화…」는 박스기사로 취급바람.

2. 15 전국 대학의 학생회 사무실 수색결과 관련기사는 제목을「유인물 압수」보다는「화염병과 흉기등 압수」로 뽑을 것.

3. 3 학생시위중 외대학생과장이 얻어 맞아 중태인데, 주제목을 '학생폭력화' 등으로 한것. '서명'이란 말을 뽑지 말것. 또 입수한 사진을 사용할 것.

〈4. 재야 운동단체〉

11. 4 NCC '고문대책위' 구성 사실은 보도 말것.

1. 14 13일 발표된 재야인사·교수들의 시국선언은 보도하지 말것.

5. 15 광주사태(5·18) 관계 보도지침.
①행사예고, 회고, 특집, 기획기사등 불가.
②학생및 사태관련자들의 소요와 주장(특히 자극적인 것) 불가.
③극렬한 소요는 비판적으로 다룰 것.
④광주 표정 스케치나 부상자 현황 유가족 인터뷰등은 싣지 말것.
⑤ 5·18 관계 각당 성명만 간단히 보도, 재야성명은 불가.

(6면에 계속)

시 1

어 쩌 면

어쩌면 나는 기계인지도 몰라
컨베이어에 밀려오는 부품을
정신없이 납땜하다 보면
수천번이고 로보트처럼 반복동작하는
나는 기계가 되어 버렸는지도 몰라.

어쩌면 우리는 양계장 닭인지도 몰라
라인마다 쪼로록 일렬로 앉아
희끄무레한 불빛 아래 속도에 따라 손을 놀리고
빠른 음악을 틀어 주면 알을 더 많이 낳는
양계장 닭인지도 몰라
진이 빠져 더이상 알을 못 낳으면
폐닭이 되어 켄터키치킨이 되는
양계장 닭인지도 몰라.

늘씬한 정순이는 이렇게 살아 무엇하냐며
맥주홀로 울며 떠나고
영남이는 위장병에 괴로워하다
한 마리 폐닭이 되어 황폐한 고향으로 떠난다
3년 내내 아귀차에 이 악물며 야간학교 마친 재심이는
경리자리라도 알아보다가 졸업장을 찢으며 주저앉는다
어쩌면 우리는 멍에 쓴 짐승인지도 몰라.

저들은,
알 빼먹는 저들은
어쩌면 날강도인지도 몰라
인간을 기계로
　　소모품으로
　　상품으로 만들어 버리는
점잖고 합법적인 날강도인지도 몰라.

저 자상한 미소도
세련된 아름다움과 교양도
부유하고 찬란한 광휘도
어쩌면 우리것인지도 몰라
우리들의 피눈물과 절망과 고통 위에서
우리들의 웃음과 아름다움과 빛을
송두리째 빨아먹는
어쩌면 저들은 흡혈귀인지도 몰라.

개사곡

임을 위한 행진곡(2절)

새파란 하늘 아래 백구가 난무하고

핏물든 그자리에 진달래 피어났네

외치대던 동지도 죽어서 백구되고

진달래 피빛으로 삼천리 피어날제

동지여 들리지 않나 해방의 함성

압제의 쇠사슬이 끊어지던 날

얼싸안고 춤추자 이제는 해방이다

얼싸안고 외쳐라 민중이여 만세!

시 2

타는 진달래

잘탄다 진아 너는 불가운데 눕고, 너를 태운 불길로 진달래 핀다.
죽어서 살아 있는 불타는 산천으로 흙가슴으로
사랑으로 함성으로

잘탄다 진아 너는 검은새로 날아, 너를 묻은 가슴에 한줄기 햇살이
잊었던 넋이되어 부르던 이름되어 하늘이 되어
사랑으로 함성으로

잘탄다 진아 너는 이슬속에 되살아 너를 묻은 이 산하 타오르던 봄날에
죽어도 죽지않는 뜨거운 바람결에 붉은피터져
사랑으로 함성으로

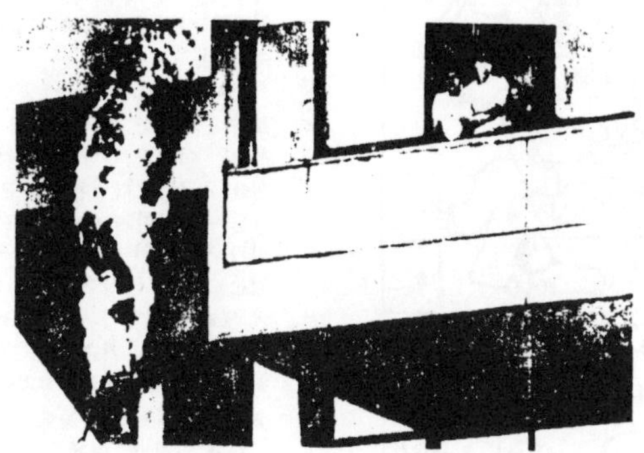

노 래

진 도 아 리 랑

기본가락 : 양산도(덩 덩 따쿵따, 더덩 덩 따쿵따, 더덩 덩 따쿵따 더덩 덩 따쿵)
후창 : 아리 아리랑 쓰리 쓰리랑 아라리가 났네
　　아리랑 홍 － － － －　아라리가 났네

1. 산천초목은 달이 달달변해도 우리네 먹은 마음은 변치를 말자.
2. 쓸만한 밭뙈기 신작로 되고요, 똑똑한 사람은 가막소 간다.
3. 청청 하늘엔 잔별도 많구요, 우리네 가슴엔 수심도 많다.
4. 탁하고 치며는 억하고 죽는세상, 욕조 세면대 고문용으로 필수품인 세상.
5. 서산에 지는 해는 지고 싶어 지느냐, 날두고 가는 님은 가고 싶어 가느냐.
6. 보름밤 뜬달은 하나 인데, 어이해 우리 육천만 두동강이 났느냐.
7. 선민주화, 민주화조치 보고 듣는게 민주화인데, 왜이다지 우리들에겐 실감이 안나나.
8. 유흥업 지나칠땐 AIDS 조심하구요, 의원님 대학앞지날땐 3년형 조심해라.
9. 날이 갈수록 노동시간은 늘어만 가구요, 달이갈수록 월급봉투는 가벼워만 진다.
10. 대학 중학에 불이나 나거라, 공부못한 우리아들 심화가 난단다.
11. 앞산의 딱다구리는 없는 구멍도 파는데, 우리네 서방님은 있는 구멍도 못찾네.
12. 봉천동 신림동이 왜이다지 맵다냐, 최루탄 지랄탄 마구 싸대는 군부파쇼 발악탓.
13. 데모나 하는놈이 못된 놈이지, 요즘세상 똑똑한 놈이 몹쓸 놈이지.

(3면에서 계속)

국 군사정권에 대한 확고한 지지를 표명했다. 그 다음달에는 나까소네를 워싱턴에 불러 일본으로 하여금 한국정부에 대한 경제적 분담은 물론 군사적 후견역의 분담까지도 떠맡게 하는 공동성명을 발표함으로써 미·일·한 3국 유대강화에 박차를 가하였다. 이 공동지원 공약은 1982년 일본이 한국에 대해서 사실상 군사비를 대체하는 형식의 경제차관 40억 달러를 제공하는 것으로 실현되었다.

결론적으로 미국은 88년 한국의 정권교체를 맞이하여 아무리 민주화를 입으로 성원한다 하더라도 수십년간 구축한 현상황을 극복하려는 어떠한 자주적·민주적 정권도 원하지 않으며 (박정희의 쿠데타, 전두환의 쿠데타는 전후 미국 역사상 가장 진보적이던 케네디 행정부와 카터대통령 재임당시에 일어났고 미국은 이를 사후(?) 승인했다. 미국의 진보세력에 대한 기대는 허상이다. 86년 2월 필리핀에서 미국은 최후까지 마르코스를 지지했으며 사태가 돌이킬 수 없게 되자 마르코스 축출에 미국이 기여를 한 것처럼 선전하였다. 이후 미국은 '우익독재나 좌익독재를 동일한 시각에서 보겠다고 말했으나 이 발표 직후 레이건은 소모사의 잔당인 니카라구아 반군－소모사 독재당시 온갖 만행을 저지른 이들을 레이건은 '자유의 투사'라 부른다－에 대한 1억달러 원조안을 의회에 제출하였다. 사만명 이상을 학살한 역사상 최대의 유혈쿠데타인 1973년 9월 11일의 칠레 쿠데타를 치밀하게 주도했으며 이후 성립한 피노체트 정권을 지금껏 지탱시키고 있는 자주는 미국이다)

좀 더 미묘한 체제－한국민의 민주화 의지를 기만적으로 포용하면서도 미국의 정책을 충실히 반영시키는－를 구축하려는 것이다. (보수대연합시도나 이원집정부제등은 이것의 한 표현이다)

반美花

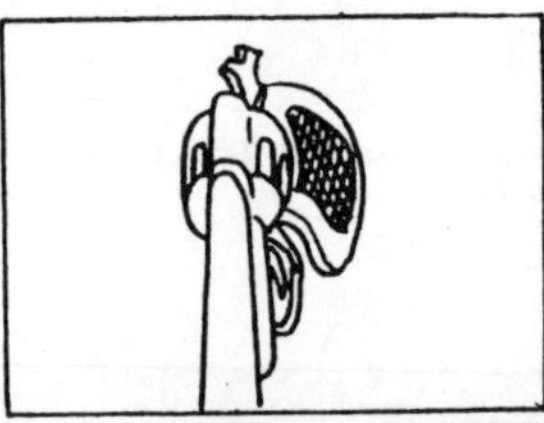

얄라성 영화제를 마치고나서

지난 3월 17일부터 21일까지 28동에서 '한국영화의 발자취'라는 부제로 60~70년대의 한국 영화(16 mm)들이 상영되었다.

그간 관악에서는 문화관이나 후생관등에서 여러차례 영화들이 상영되어 졌으나, 그것들의 대부분은 헐리우드식 상업영화의 한계들을 그대로 노정하고 있는 것들이었다.

기존문화의 상업성과 퇴폐성을 부정하고 올바른문화 창출의 공간이어야 할 대학에서 조차 이러한 영화들이 상영되어졌다는 것은, 게다가 그에 대한 비판조차 거의 없었다는 것은, 비록 그것이 학교측의 주최였다 할지라도, 대학의 진정한 임무를 방기하고 있었음을 여실히 증명하고 있다는 것을 인정하지 않을 수 없다.

영화는 종합적 문화예술로서 다른 어떤 문화매체보다도 광대한 파급력을 가지고 있다는 것을 감안했을 때, 이러한 관악의 현실은 우리에게 최소한의 실천을 요구하였다. 현실을 은폐하고 대중의 건전한 의식을 마비시키는 헐리우드 상업영화의 무작위한 침탈과 지배자의 이데올로기 영합 요구속에서 현실을 있는 그대로 영상으로 표현하고자 한 몇 안되는 한국 영화의 상영이 바로 그것이었다.

상영작들은, 기존 유통 구조속에서 상업성을 탈피하지 못했고, 현실의 본질을 명확히 파헤쳐 구체적 실천성을 제시하지 못했다는 데서 일정정도 한 계를 지니고 있지만, 이제까지 대해오던 영화들과는 질적으로 상이한 것들이었다.

영화제 진행은 급작스런 준비와 경험 미약으로 인해 부족했던 점이 많았다. 계속적인 상영 계획의 변경과 기재 점검미비, 팜플렛 내용의 빈약 및 판매, 그리고 감상 이후 평가회의 부재등이 바로 그것이었다.

이러한 부족점들에도 불구하고 많은 학우들의 참여가 있었음은 관악학우들의 문화에 대한 관심이 높음이라 생각한다.

다른 문화 역시 마찬가지이겠지만, 영화 역시 특정인에 의해 제작되어 일반 대중들과 유리되는 것이 아니라 함께 현실을 고민하는 가운데 우리의 총체적모습이 반영되어 지는 것이다.

따라서, 영화를 감상한 이후 개인만의 경험으로 그치는 것이 아니라, 서로의 의견교환들을 통해 함께 비판해 나가며 그것들이 보다 나은 영화제작에 반영되어져야 할 것이다.

이러한 점에서 평가회의 부재는 가장 큰 문제점이라 생각되어진다.

그러나, 몇몇 학우들의 소박한 견해의 개인적 전달은 이러한 문제점들을 어느 정도 완화시켜 주는데 많은 도움을 주었다.

이후의 영화를 통한 만남은 이러한 비판의 토대위에 우리의 창작영화를 상영하고, 진정으로 하나가 되어 영화를 문화를 현실을 고민해 나갈 수 있는 것이 되길 원한다.

한마당 놀이소개

M·T, 야유회, 수련회등에서, 모든 구성원들이 함께 참여하고 어울려 소외감을 없애고 화합과 공동체 훈련을 돈독히 할 수 있는 놀이 몇가지를 소개하겠다.

○편놀이(편싸움)

몸을 부딪치면서 빨리 친해지고, 같은 편끼리 단결력과 공동체 의식을 기를 수 있으며, 직접 놀이 참여로 적극성·활동성을 기르고 체력단련에도 좋다.

1) 땅뺏기

①두 팀이 각각 팔짱을 끼고 일렬로 서서 스크럼을 짠다.

②4m 간격으로 마주본 다음, '땅도 땅도 내땅이다. 조선땅도 내땅이다'(삼채장단의 입구호)를 반복 외치며 접근, 어깨와 팔등으로 밀어 팀의 줄이 끊기거나 팀전체가 뒤로 밀리면 진다.

2) 꼬리타기

①두 팀 각각 앞사람의 허리를 팔로 꼭잡고 한 줄로 선다. 맨 앞에 서는 사람은 대장으로 민첩하고 건장한 사람으로 세움.

②「에루와 에루얼싸(후렴), 앞에서 끌어주고, 뒤에서 밀어주고, 우리 모두 힘합하여, 이 어둠을 밝혀보세」 노래 박자에 맞춰 앞뒤로 우쭐우쭐 걷으면서 상대팀의 꼬리를 잡도록 궁리하며 견제한다.

③노래 끝나면 '꼬리따세' 하면서 각 팀의 맨 앞 사람이 상대팀의 꼬리를 잡는다.

④꼬리가 먼저 잡히거나 줄이 끊어지면 지게 된다.

3) 진지돌파

①두 팀 각각 후방에 지름 1m 원을 그리고, 각 팀 한명씩 포로가 되어 상대팀 진지안에 있게 한다.

②각 팀 공격조, 수비조로 나누어 (공격조는 1 ~2인) 공격조가 포로를 먼저 구출한 팀이 승리.

○자아 신문 만들기

자신이 기자가 되어 자신의 살아온 삶과 미래를 신문으로 작성 독자(구성원)에게 자신을 소개한다.

(방법) ① 4절 도화지에 과거, 현재, 미래 3부분으로 나누고 윤곽을 잡음

②자기 생에서 중요하고 의미있는 사건부터 적고, 자신을 정확히 이해할 수 있도록 ■대만 간추려 적는다.

③각 부분에 적당한 제목을 잡고, 면이 남는 경우 사진, 그림, 만화, 만담, 친구소식, 자기광고등으로 메꾸어 끝마무리를 한다.

(의의) ①평면적인 자기 소개보다 본인의 성격과 인생관이 뚜렷이 나타나므로 구성원끼리 서로를 파악하고 이해하는데 도움.

②표현력, 창의력을 기를 수 있고, 자기를 객관화 시켜봄으로써 자신의 생을 돌아볼 수 있다.

③처음 만나는 모임의 소개법보다는 서로 얼굴을 아는데 성장과정을 모르는 경우등에 적절

(주의점) 솔직하게 표현하고, 기교적으로 흐르지 않도록, 프로그램 시간전에 인생에 관한 글을 읽는다거나 신문작성 동안 음악을 트는등 분위기를 맞춘다.

(4면에서 계속)

5. 24 문익환 목사, 구속전 AFP기사의 회견한 내용.
「분신 후보 학생 40명이 있다」는 발언은 보도하기 바람.

〈5. 부천서 성고문사건〉

7. 9 「성폭행 사건」으로 표현하면 기정 사실화한 인상을 주므로 「폭행주장 관련」으로 표현 바꾸도록

7. 10 부천서의 「성폭행 사건」
①현재 운동권의 사주로 피해여성이 계속 허위 진술.
②기사제목 「성폭행 사건」이란 표현대신 「부천사건」으로 표현바람.
③검찰 발표때까지 보도 자제할 것.

7. 17 부천서 성고문 사건 보도지침.
①오늘 오후 4시 검찰이 발표한 조사결과만 보도.
②사건의 명칭 「성추행」이라 말고 「성모욕행위」로 할것.
③발표 외의 독자적 취재 보도 내용은 불가.
④「반체제측의 고소장 내용」이나 「NCC, 여성단체등의 사건관계 성명」은 일체 보도 말것.

7. 30 ①미국무성, 「부천 성고문사건에 유감」이라는 논평은 보도 않도록
②부천 성고문에 대한 각단체의 항의 움직임은 보도 않도록.

〈6. 한·미 통상문제〉

7. 22 한미통상협상 일괄타결 관계.
①주제목은 「통상현안 일괄타결」로 할것.
②지적소유권, 담배, 보험등 관계 부처서 발표한 보완대책을 상세보도.
③야당, 재야및 각 이해집단의 논평은 조그맣게 보도할 것.
④외신기사에 「미국의 압력에 굴복」 운운으로 나오더라도 기사제목은 「우리측의 능동적 대처」 등으로 쓸것.

〈6. 기 타〉

11. 1 미국의 사설 정보자문 기관인 「프러스트 설리반」사에서 10월 29일 「한국 정치문제 분석 발표」

〈7. 주요내용〉

①향후 18개월간 쿠데타 가능성 : 15%, 현정권 집권가능성 : 65%
②현정권이 교체될 경우
노태우집권 가능성 : 50%
야당 〃 : 30%
군부 〃 : 20%
③정치상황이 잘못될 경우, 88정권 교체 저해 가능성.
이상의 내용은 일체 보도하지 말것.

12. 25 일본 요미우리 신문이 보도한 올해 세계 100대 지도자 순위내 전대통령 20위(작년 2위), 김대중 6위 보도하지 말것.

1. 30 김대중 「로이터」통신과 회견한 내용, 일체 보도하지 말것.

노동악법 철폐하고 노동삼권 쟁취하자!
민주노조 건설하여 노동해방 실현하자!
군사독재 타도하고 민주정부 수립하자!
8시간노동제와 최저생계비 쟁취하자!

노동자의 소리

창간호 1987년 5월 1일
발행인 겸 편집인 : 이 총 각
발행처 : 한국노동자복지협의회
주소 : 151-00 서울 영등포구 신길동220-100 삼호빌라 101호
☎ : 844-8896

시청으로! 시청으로! 집결한 분노

서울 택시기사 1,700여명 파업시위

서울시내를 온통 뒤흔들었던 260여개회사 1,700여명 택시기사들의 5일간에 걸친 '완전월급제 쟁취' 투쟁이 '차후의 합의'를 전제로 일단 중지되었다.

전국자동차연맹 서울택시 지부의 조합원들의 농성은 4월 6일 역삼동 노조연맹에서 임시총회를 개최하여 임금인상투쟁을 결의하고 건물을 나서는 150여명의 조합장들에게 경찰이 무차별 최루탄을 발사, 이에 분노한 조합장들이 단식농성으로 대응한것이 계기가 되었다.

이 소식은 삽시간에 서울전역에 퍼져나갔고 결국 걷잡을 수 없는 불길이 되어 타오르기 시작했다. 속속 몰려든 기사들은 6일, 7일 연이틀에 이어 역삼동일대의 차도를 가득 메우며 조합장들의 농성에 지지를 보냈고, 4월 8일에도 수많은 경찰들이 동원된 속에서 기사들은 테헤란로에 집결해 농성을 하다가 강남역 4거리에서 역삼동, 도곡동 등지로 행군하며 끈질기게 시위를 계속하였다. 이날 118명이 서초, 강남 등의 경찰서로 강제 연행되었으며 4월 9일에는 "차를 무기삼아 큰길로 나가자"고 외치며 일제히 차량시위를 벌였다. 당황한 경찰은 차안에있는 기사를 끌고가기 위해 헬멧으로 차 유리창을 깨는 등 광분했고 기사들은 '시청으로! 시청으로!'를 외치며 경찰의 방어를 뚫고 광화문 종로 등지에서 집결하여 경적을 울리며 밤 9시경까지 시위를 계속하였다. 그러나 4월 10일 아침 7시 30분 돌연 조합장들이 농성을 풀었다. 이것은 11일 개최될 국제마라톤 대회를 대비하여 9일밤 교통부육운국장, 서울시교통국장, 노동부노정국장, 안기부직원 등 기관원들이 "농성대표들을 다 잡아넣겠다"는 등, 협박을 당한 후 새벽 4시경 택시사업조합 이사장 이광열을 데려다 '현행업적금제도의 개선노력' '업적금 배분비율조정모색' 등을 내세워 해산을 강요한 것 때문이었다. 조합장들은 연행조합원 전원석방을 약속받고 "앞으로 완전월급제가 관철되도록 최선을 다하겠다"는 성명서를 내고 해산하였으나 서울통운의 김호성(32세) 경서운수 장태중(28세)를 구속, 백영기외 8명을 불구속입건, 27명의 기사들에게 구류처분을 가했다. 그리고 4월 25일까지로 선정했던 협상시한이 31일까지로 연기되었다가 4월 25일 서울 택시사업조합은 완전월급제나 업적금은 언급도 않은 채 올임금은 기본급에서 5.4%로 인상한다고 밝혔다.

서울 역삼동 자동차연맹 앞에서 농성하고 있는 기사들

금년들어 서울과 포항등 대도시에서 전개된 택시파업시위는 84년 전국을 뒤흔들었던 대구 택시파업 이후 최대규모의 사건이다. 이같은 엄청난 파업이 발생함에도 불구하고 근본적인 문제가 해결되지 않은 채 매년 되풀이되는 까닭은 업주들과 관권의 밀착 때문임이 분명하다.

이 거대한 역량을 소모시키지 않기 위해서는 투쟁방법에 있어서 택시노조의 민주화를 기반으로한 지속적인 조직투쟁을 이루어 내는 것이 운수노동자들의 당면과제임을 재인식하게 한다.

독일인 기업주 한국노동자 탄압 -이리 후레아 훼숀-

이리시 영등동 소재 「후레아 훼숀」(F. 아들러 : 독일인)노동자 1,600여명은 회사측이 황용만외 13명의 노동자를 해고하는 등 탄압을 계속하고 있으나 가열찬 투쟁을 펼쳐가고 있다.

「후레아 훼숀」의 황상규노조위원장은 그동안도 조합원의 불신을 받아 오던 자로서 지난 4월 1일에는 회사측이 제시한 임금인상안(12.5%)에 합의하였다. 이 사실을 알게 된 1,600여 조합원들은 보고대회 등을 통해 사실을 폭로하고 새로운 교섭위원을 선출하여 회사에 통고하였으나 회사측은 4월 7일 아침 작업중인 노동자들을 모두 끌어내 강제귀가시키고 항의하는 노동자들을 폭행하며 13명의 노조간부들을 해고한후 휴업을 선언한 것이다. 이에 700여명의 노동자들은 부당해고철회와 작업전표철폐 및 그동안 주장하여 오던 임금인상(16.5%) 등을 요구하며 연좌농성을 벌였다. 8일까지 계속된 투쟁과정에서 공단관리사무소, 경찰, 노동부, 독일인 관리자와 한국인 관리자, 구사대 등이 합세 노동자들에게 무차별 폭행을 가하여 2명이 부상당하고 10여명이 연행되었다. 현재 해고자들은 복직이 이루어지지 않아 공장내에서 복직을 요구하는 내용의 리본달기, 스티카 부착등의 투쟁을 계속하고 있다.

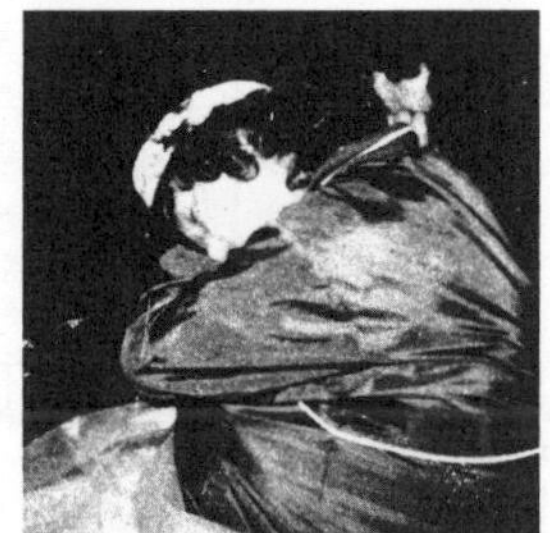

비닐로 몸을 감고 철야농성하는 후레아훼숀의 700여 노동자들

노동자 350여명 한일은행 점거농성

제이리 프로덕트(대표 이종도) 노동자 350여명은 3월 31일 오후 2시경부터 체불임금(약 3억원)을 요구하며 서울 을지로에 위치한 한일은행본점을 점거하였다.

87년 1월경부터 경영부실로 인한 부도설이 나돌자 노동자들은 16인의 대표부를 구성하였으나 부도가 확실해진 2월 회사측은 임금청산을 한일은행으로 미루고 자신들은 공장의 자재 등을 빼돌리는데 혈안이 되었다. 한일은행측에서도 '약속'을 이행하지 않자, 아무도 믿을 수 없다고 판단, 3월 31일 한일은행본점에 직접가서 담판짓기로 결정하고 오후 2시에서 밤 1시까지 은행본점 영업부 사무실을 점거, 농성을 하여 남대문경찰서장 등의 입회하에 한일은행측과 교섭하여 4월 4일에 체불임금전액을 받기로 약속하고 해산하였다. 그리고 약속된 4월 4일 전액을 받아내는 승리를 쟁취한 것이다.

포항, 택시기사 시내 점거농성

포항시내 14개 택시회사의 운전기사 500여명은 지난 3월 31일 오전 9시경부터 3일간 포항의 중심가인 죽도5거리를 점거, 격렬한 파업시위를 전개하였다.

이들은 현재 하루 사납금 2만5천원에 유류대를 기사가 부담하며 월평균 26만 5천원을 받고 있어 임금인상이 절실하다고 주장, 타코메다 설치하고 12시간근무제에 월 45만원 월급제를 주장한 것이다. 기사들은 노조분실주변에 택시를 대기하고 가족들과 시민들의 참여하여 장작불을 피운채 노상총회를 개최하여 교통이 완전 두절되었고 방범초소, 차량등이 파괴되는 등 격렬하게 철야농성을 하였다. 그러나 포항시내 전역을 뒤흔들었던 700여명 기사들의 시위는 별 성과없이 '1만5천원의 인상'으로 끝나고 말았다.

완전 월급제 보장하라!
취업카드 철폐하라!
민주노동운동 탄압말라!

창간사

'노동자의 소리' 창간에 부쳐

위원장 이총각

노동자들의 생존권마저 무참하게 짓밟는 현실앞에서 우리는 무엇을 생각하여야 합니까.

지난 3년동안 노동자의 인간다운 삶을 위하여 생존권 보장을 요구하다가 수많은 동지들이 감옥으로 끌려가 인간으로서는 차마 견딜 수 없는 고문을 당하고 또 많은 노동자들이 길거리로 쫓겨나는 혹독한 탄압을 감당하게 된것은 무엇을 말하는 것입니까.

「민주정의사회」구현을 부르짖던 현정권이 저질러놓은 우리 사회의 참 모습은 어떠합니까. 소수 독점자본가와 지배권력이 더 많은 향락을 누리기 위한 착취와 억압의 구조적 모순속에서 민중들은 신음하면서 살아가고 있는 현실입니다.

폐허가 된 판잣집 터 위에서 포크레인의 날을 잡고 울부짖는 도시빈민의 한이, 외국자본의 수입개방압력을 뿌리치지 못한 채 분별없이 받아들인 외국농산물 수입으로 빚더미에 파묻혀 신음하는 농민들의 한이, 그리고 세계제일의 장시간 노동과 저임금, 그리고 산업재해 발생으로 생존권을 위협 당하면서도 그나마 직장을 쫓겨날까봐 말한마디 못하고 숨죽여가며 하루하루를 살아가는 노동자의 한숨과 감옥에 갇혀있는 수천명의 민주투사들의 분노에 찬 함성만이 이글거리고 있지 않습니까? 어디 그 뿐입니까? 날이 갈수록 대형화되어가고 있는 부정과 부패현상은 최근 발생한 범양상선의 사건이 잘 말해주듯이 이 나라의 모든 은행이 소수 재벌들의 손아귀에서 헤어나지 못하고 파멸의 위기에서 허덕이고 있는 것입니다. 또 한편으로는 「국민복지종합대책」이라는 허깨비같은 정책을 발표하여 국민을 현혹시키고 다른 한편으로는 부실기업정리라는 명분을 내세워 소수재벌들에게 엄청난 각종세재 혜택과 금융특혜를 베풀어 독점재벌들만의 천국으로 만들어 가고 있지 않습니까?

이와 같은 현실에 처해있는 우리가 무엇을 생각하고 어떻게 행동하여야 하는가를 다시한번 깊이 되새겨 보아야 할 것입니다. 더 이상 거짓논리에 속임을 당하지 말고 더 이상은 분열적 책동에 휘말려 흐트러지지 않고 인간이 인간답게 살 수 있는 자유와 평등이 인간의 보편적 가치로 실현되는 사회를 건설하기 위해 굳은 믿음과 사랑으로 뭉쳐 실천적 삶을 살아가려는 신념에 찬 헌신적인 동지들이 절실히 요구되고 있다는 것입니다.

그동안 겪어온 시행착오적인 우리 운동의 경험들을 철저하게 반성하고 슬기롭게 극복해 가기만 한다면 앞으로 우리 운동이 올바른 방향으로 나아갈 수 있는 중요한 밑거름이 될 수 있음을 믿어 의심치 않습니다.

이제 독재자는 또다시 영구집권을 위하여 민중을 기만하고 사회를 개혁하고자하는 민중운동세력을 무차별적으로 탄압하고 있지 않습니까? 출범부터 폭력적인 탄압으로 시작한 정권이기에 어차피 민중과는 함께 같이 갈 수 없고 민중을 짓밟지 아니하고는 자신이 존재할 수 없는 정권이기에 민중의 운명을 스스로 지켜나가기 위하여 아직은 역량이 부족한 노동자의 힘을 어떻게 결집하여 낼것인가는 우리의 가장 중요한 과제가 아닐 수 없읍니다.

여기 펴내는 이 「노동자의 소리」는 이같은 과제를 수행해 내기 위하여 그동안 발간해 온 「민주노동」을 좀 더 대중적으로 발전, 확산시켜야된다는 자체의 반성과 독자들의 요구에 따라 발간하게 된 것입니다. 이 신문은 노동운동의 의지를 보다 분명하게 제시함으로써 노동자의 결속을 다지게 하려는데 1차적인 목표를 두고자 합니다. 우리는 신문을 통하여 썩을대로 썩어버린 이나라 제도언론의 반민중적인 기만성을 폭로하므로써 참된 노동자의 갈길이 무엇인가를 제시하고자 하는 것입니다.

모든 면에서 부족한 저희들이 이 땅에 민주노동운동을 꽃피우기 위한 막중한 책임을 다하기 위하여 「노동자의 소리」를 펴내는 마음은 무겁기만 합니다. 지금까지 저희들의 하는 일에 많은 관심을 가져주신 모든 분들의 끊임없는 격려와 참여로 보다 나은 신문이 발간될 수 있기를 기대합니다. 이제 우리는 우리에게 맡겨진 민족적 과제를 실현해내기 위하여 노동자를 억압하고 착취하는 거대한 세력과 싸워 이기기 위하여 흐트러진 자세를 다시 가다듬고 하나로 나가기 위하여 노력합시다.

노동자가 해방의 노래를 소리높혀 다 함께 부르는 날을 위하여. ❋

노협알림

한국노동자복지협의회(한국노협)는 노동운동을 하기위해 노동자들이 자주적으로 결성한 단체입니다.

본협의회는 노동자들의 각성과 조직을 위해 교육, 홍보, 문화, 조직, 법규, 여성, 조사등의 부서를 두고 있읍니다. 그리고 노동조합결성이나 운영방법, 임금체불, 해고, 산재등의 문제 발생시에 상담등을 하고 있읍니다. 이러한 각 부분에 필요로 하는일이 있을시엔 언제든지 이용하시기를 바랍니다.

———o———o———o———

지난 3월 10일 본협의회는 창립3주년을 맞아 「우리의 운동이 또다시 소집단화 되거나 분파주의로 분산되는 경향을 나타내고 있는 현상황에서 노동운동의 주체형성과 통일적 연대운동의 필요성이 새롭게 요구된다. 현장의 대중조직이 강고하게 조직되고 그러한 조직이야말로 노동자들의 생활개선은 물론, 한국사회의 고질적인 군사독재의 반노동자적인 정책을 분쇄하고 나아가서 진정한 민족자주권의 확립과 민중해방의 길로 매진할 수 있을 것이다」는 입장을 밝혔읍니다.

신문을 발행하는 의미도 이러한 주장을 관철해 가기 위한 하나의 선언입니다.

이 신문은 노동자들의 것입니다. 노동자가 직접 원고를 써서, 또 소식을 전달하고 참여할 때 이 신문은 발전할 수 있을 것입니다. 노동자 여러분들의 참여를 바랍니다. 끊임없는 질책과 아울러 현장에서의 소리를 보내 주십시요.

모집부문

①시, 수필, 연극대본등 창작품
②일기, 생활체험기
③현장소식, 진정, 고발
④주장, 논평
⑤노동문제에 대한 문의사항. 해설
⑥그림, 만화, 노래.
※ 기타 어떤 형식의 글도 가능합니다.

용어해설

노동절에 대하여

해마다 전세계 노동자들은 5월 1일을 노동절(메이데이 : May Day)로 정하고 노동자들의 단결과 투쟁을 과시하고 다짐한다.

노동절의 역사는 지금으로부터 약 100년전으로 거슬러 올라간다. 1886년 5월 1일 미국에서 35만명의 단결된 노동자들이 8시간 노동제를 요구하며 총파업하고 시가행진하다가 여러명의 노동자가 사살되고 수천명이 부상을 당했으며 노동자들은 체포되어 사형까지 당하는 사건이 있었다. 이러한 노동운동을 기념하기 위해 미국노동총연맹은 1890년 5월 1일을 노동절로 선포하고 8시간 노동제를 실현하기 위해 전세계적인 시위를 결의하고 세계 노동연맹이 이 결의를 받아들였다. 이때부터 전세계 노동자들은 5월 1일을 기해 서로 연대하며 단결과 투쟁을 과시한다.

우리나라에서는 1923년 5월 1일 조선노동연맹주최로 서울 장충단공원에서 1만여명이 모여 노동절행사를 가졌다. 그러나 일본제국주의 통치세력의 탄압으로 인해 중단되었다가 해방 후 다시 부활되어 전세계 노동자들과의 연대를 표해왔다. 그러다가 1959년 이승만 독재정권은 우리나라의 노동운동이 세계노동운동과 연대하지 못하도록 하기위해 날자를 3월 10일로 바꾸고 어용적인 한국노총이 행사를 주관하도록 했다. 그리고 박정희 독재정권은 민주노동조합을 탄압하면서 1979년 이름마저 '노동절'에서 '근로자의 날'로 바꾸어버렸다. 노동자 자신들이 선포한 날을 독재권력이 빼앗아가 버린 것이다.

그리하여 전세계 노동자의 연대와 투쟁을 과시하고 다짐하는 본래의 의미를 잃어버리고 어용화된 노총이 주관하는 휴일문화행사의 날로 변질되었다. 그리하여 죽도록 일 잘하는 노동자를 몇사람 뽑아 상을 주고 노동운동을 탄압하는 노동부장관이 축사 나 하고 노래자랑이나 포크댄스를 추는 오락으로 하루를 보내고 만다.

3월10일은 노총의 창립기념일이다.

본래 노동절은 전세계 노동자들이 연대하여 열악한 노동조건의 장벽을 허물기위한 끊임없는 주체적 투쟁을 과시하고 다짐하는 날이지 잠깐동안의 유흥이나 즐거움으로 평소에 당하는 고통과 멸시를 달래는 날이 결코 아닌 것이다. 이제부터라도 우리 스스로 노동절을 되찾아 8시간 노동제 쟁취를 위해 전세계 노동자와 함께 싸워나가야 할 것이다. ❋

노동자의 소리 1987년 5월 1일(3면)

시사해설

한국빚—1조원

최근 정부에서는 미국과의 무역흑자가 늘기 때문에 미국으로부터 26억달러어치의 물건을 긴급으로 사주겠다고 발표했다.

요즘 신문은 범양해운박건석회장이(그 유명한 박동선의 친형)이 1조원이라는 어마어마한 빚으로 쌓아올린 거대한 20층 건물에서 투신자살한 기사로 가득하다. '인간이 되라'는 유행어를 만든 박회장이나 그의 원수 한사장과 내연의 처 김여인의 생활이 신문에 보도될 때마다 사람들은 넋을 잃는다. 한 집에 자동차가 대여섯대씩이나 되고 사는 집 값도 5~10억원이나 되는 사람들이 서로 원수를 져 하나는 땅에 묻히고 하나는 감옥으로 가게 되었으니 그럴만도 하다. 그동안 이 정권은 6개 해운회사의 부채 3조 2천억원을 연 금리 5%로 5년 거치기간을 거쳐 10년 분할상환하도록 해주었으니 박회장이나 한사장 말고도 이런 부류의 사람들이 또 있을 수밖에 없다.

대체 이들이 진 빚 1조원이란 얼마나 되는 돈일까. 지난해 12월 충남 천원군에서 농협빚 6백만원의 상환을 독촉받던 농민 김무영씨가 뒷산에 올라가 목매달아 죽었다. 그 후 이 정권은 농가부채경감책을 발표하면서 1천만 농민이 진 사채중에서 1조원을 8~14.5%짜리 은행돈으로 바꾸어준다고 발표했다. 해운업자들에게 해주었듯이 농민들에게도 농협빚을 5년간 유예해주고 10년 분할 상환해주도록 해주었다면 김무영씨가 과연 목을 매 자살했을까. 돈 1조원 그 자체는 상상이 되지않지만 농민 1천만명이 진 빚의 1/4 정도라고 생각하면 어림짐작이 간다. 그 돈 1조원으로 박회장, 한사장, 김여인이 한탕 벌린 것이다.

그러면 이들에게 꾸어준 돈 1조원은 어디서 나는 것인가. 지난해 우리나라는 역사상 처음으로 46억 달러의 무역흑자를 기록했고 금년에도 그 이상의 흑자를 낼 전망이다. 이른바 3저현상 즉 저유가, 저금리, 저환율의 결과라고 한다. 석유값이 내리고 국제금리가 싸지고 미국돈의 평가절하되는 바람에 기업의 수출이 잘된 덕이다. 그런데 이렇게 번돈 50억달러 우리 돈으로 4조원이 넘는 돈이 모두 어디로 갔는가. 그 중에서 20억달러는 그동안 외국에 진 빚을 갚는데 썼다. 나머지 30억달러는 어디로 갔는가. 노동자들의 임금으로 돌아왔나? 아니다. 금년 임금인상을 10% 이상 한 기업은 거의없다. 그동안 무역이 적자날 때는 적자라서 임금을 못올려준다고 하더니 이제 무역흑자가 나도 노동자들에게는 돌아오는 몫이없다. 오히려 수출이 잘된다고 잔업시간만 늘어난다. 그럼 농민들에게 돌아갔는가 그것도 아니다. 농가빚을 경감해주는 자금 1조원중에서 한국은행이 내놓은 돈을 2,500억원 뿐이고 나머지는 농협, 축협 즉 농민들의 돈이다.

돈이 무더기로 쌓여 있는 곳은 증권시장이다. 수출해서 번돈을 주체할 수 없는 기업들이 주식을 사들이느라고 주식시장으로 몰려갔다. 그리하여 주식값이 치솟다가 곤두박질하자 이제는 그 돈이 단자회사로 몰려갔다. 그래서 요즘 단자회사에서는 돈을 빌려가라고 아우성이다. 단 노동자와 농민은 사절이다.

이 돈이 앞으로는 시골임야를 사들이거나 땅을 사는대로 몰려갈 것이다. 그리되면 땅값이 오르고 집값도 오른다. 지금도 너무 비싸서 집 사는 사람이 없는데 더 오르면 누가 사겠는가. 그래서 요즘엔 집값대신 전세값이 하늘 모르게 오른다. 팔지 못하니까 전세값이라도 올려서 본전을 뽑자는 것이다. 어차피 주택이 부족하니까 전세값을 올려도 들어올 수밖에 없다는 계산이다. 그렇지 않아도 전세값은 또 오르게 되어있다. 왜? 최근 정부에서는 미국과의 무역흑자가 늘기 때문에 미국으로부터 26억달러어치의 물건을 긴급으로 사주겠다고 발표했다. 그 품목을 보면 정부 공공기관 장비와 밀, 옥수수등 농산물이 절반이나 된다. 이제 정부기관에는 미국 물건이 가득차고 농촌에서는 농산물가격이 더 떨어져 농사를 팽개치는 사람이 늘어나지 않을 수 없다. 그들이 어디로 가겠는가 농촌을 떠나 집없는 도시로 오면 전세, 월세값이 또 오를것은 뻔한 이치다. 무역이 적자날때는 공산품을 더 파는 댓가로 외국농산물을 수입해주어야 한다고 하면서 소고기등을 대량 수입하여 소값을 폭락시켜 농민을 죽이더니 이제 무역흑자가 나니까 무역흑자를 줄이기 위해 주어야 한다는 것이다. 농민들은 이래저래 죽어날 판이다. 그 유명한 박동선이란 인물은 바로 지난 70년대에 미국에서 농산물을 도입하면서 커미션을 따먹었던 자이니 3저호황에 덕보는 자들은 박씨형제와 같은 기업가와 수입업자들 뿐이다. 소고기 도입해서 돈번 자들은 누구였던가.

결국 재주는 곰이 넘고 돈은 떼놈이 번다고 무역이 잘 되어봤자 노동자들에게는 잔업시간만 늘어나며 농민들은 정든 땅을 떠나야 되는것이 오늘날 우리경제의 현실이다. 마지막으로 한마디. 3저현상에 덕보는 기업가들은 '인간이 되라' 그리고 그들에 돈 꾸어주는 정권은 '지구를 떠나거라' ❊

허수아비와 사꾸라

지난 4월초, 내각제로 개헌하는 모든 권한을 노태우에게 넘겨준다는 전두환의 말이 신문에 보도되더니 불과 1주일만에 4·13담화를 발표하여 세상을 뒤집어 놓았다. 합의개헌만이 민주화로 가는 지름길이라고 떠들어대던 자들이 갑작스럽게 '호헌'을 들고나와 이제는 '호헌'만이 살길이라는 것이다.

그러면 이제까지 내각제개헌을 주장해 왔던 민정당과 그 대표 노태우는 한갖 허수아비였다는 말인가. 어디 그뿐인가. 이 허수아비를 상대로해서 이른바 '이민우구상'을 내세우고 밥값 깨나 축냈던 사람들은 또 무엇인가. 양김씨의 실세에 얹혀 제1야당의 총재가 되어, 행세한 것까지는 좋았는데 은근슬쩍 '합의개헌'해주려고 주책 부리다가 개망신 당한 이민우는 무슨 사꾸라였던가.

지난 해 봄, 사꾸라가 피기 전에 온 국민은 민주화를 위한 개헌을 열렬히 요구했었다. 광주, 부산, 대구, 대전, 전주, 인천으로 이어진 개헌현판식에 구름같이 몰려든 인파의 사진이 신문에 보도될 때마다 과연 저것이 민심이구나 하며 탄성을 질렀다. 이에 현정권도 더 이상 호헌을 고수하다가는 본전도 찾기 어렵겠다 싶어 잔뜩 겁을 집어먹고 금과옥조처럼 받들던 '호헌'을 버리고 '개헌'으로 돌아서지 않을 수 없었던 터이다. 그러면서 의원내각제개헌이라는 걸 들고나와 국민들의 개헌의지를 얼버무리려 꾀한 끝에 이철승 등의 사꾸라를 만들어서는 바람을 잡게 해서 이민우 등이 그에 타협토록하자 양김씨가 신민당에서 분당해 버렸다.

사꾸라의 꽃철은 가버렸다. 만발했던 사꾸라가 하루아침에 다 져버린 셈이다. 남은 것은 총재, 원내총무, 사무총장, 대변인 이렇게 한 자리씩 차지한 사꾸라 꽃잎들이다.

거기까지는 좋았다. 그런데 여우 피하고 나니 호랑이 만난다는 격으로 이제 진짜 외나무다리에서 만난 것이다.

지난 1년동안 '국회헌법특별위원회'를 구성합네, 공청회를 합네하고 허수아비를 내세워 바람잡던 진짜가 이제 드디어 본색을 드러내었다. 그 동안 개헌한답시고 걸핏하면 호텔에서 먹어조진 국민의 세금이 어디 한 두푼이냐.

이제 싸움판은 점점 무르익어가고 있다. 제가 무슨 심판이라도 되는 냥 현정권에 대해서는 고문하지 말라고 타이르고, 야당에게는 폭력을 사용하지 말라고 얼러대던 미국도 이제 시치미를 떼고 '호헌론자의 편에 서고, 허수아비춤에 맞춰 내각제 주장으로 입에 게거품을 물던 금뺏지들도 속속들이 주인을 찾아 호헌진영에 끼여들고 있다. 그러면서도 차기 대통령이 될 새허수아비가 누구인지 조차 몰라 허둥대는 것이다. 이 마당에 내 세워질 또 하나의 새로운 허수아비, 과연 그는 누구일까. 노태우? 그는 사꾸라를 데리고도 합의개헌을 시키지 못한 무능자(?)이지만 육사동창생이요, 지난 12·12사태와 5·17쿠데타의 공범이다. 노신영? 그는 외무부장관, 안기부장을 거쳐 국무총리로 있는 집 지키는 강아지다. 장세동? 그는 전과 더불어 사선을 넘었고 청와대경호실장을 거쳐 현재 안기부장을 하고있는 얼굴 없는 사나이다. 글쎄, 누가 이 다음의 허수아비가 될런지 좀 더 두고 볼 일이다.

한쪽은 그렇다고 치고 또 한쪽은 어떠한가. 한 사람은 집에 갇혀 꼼짝달삭 못하고 다른 한 사람은 창당대회할 장소도 못 구해 쩔쩔매고 있다. 이 딱한 두 사람에게 응원을 좀 보내자니 그 동안 이네들이 우리 노동자를 위해서는 한 일이 별로 없어 선뜻 내키지 않고, 그냥 두고보자니 딱하고 불쌍해서 안됐다. 잘 싸워보라고 지난 2·12총선때 그렇게도 밀어주었건만 사꾸라 하나쯤 잡는 것으로 그치고 저 지경이니 저런 친구 더 밀어준들 무슨 소용이 닿겠나 싶기도 하다.

그러나 고대로부터 전해 내려오는 말이 있겠다. 무어냐하면 세상에 볼만한 재미란 불구경 다음에 싸움구경이란다. 그러니 양김씨를 힘껏 밀어주는 것이 볼만한 싸움판의 첩경이요 저 허수아비와 그 두목을 골탕 먹이는 방편이 아니겠나 싶다.

이제 5월이다. 머지않아 6월이 되면 그 초순쯤 큰 허수아비 하나가 댕그렇게 생겨날 터이고 더 지나면 대통령선거인단이라는 자질구레한 허수아비들이 도처에서 불끈불끈 튀어나와 설치고 다닐텐데 그 꼴을 보아주어야 하게 된 우리 눈알이 지레지러 알알이 시어온다. ❊

수필

 수 없 는 

재수없는 날

박미애(여 · 미싱사 · 20세)

오늘은 재수가 없는 날이다. 오전작업을 하는 중에 미싱이 갑자기 제멋대로 움직였다. 그러자 미싱바늘이 천을 제대로 꿰메지 못하여 실이 너풀거렸고 일말의 여지도 없이 반장언니의 빽하는 고함소리가 들렸다.

"야, 너는 조시도 못 맞추니?"

내가 2년이상이나 미싱을 밟았는데 아직도 바늘땀을 조절하지 못하는 줄 아는 모양이지만 사실은 미싱이 고장났던 것이다. "언니 미싱이 고장난건데 왜 나보고 그러는 거야?" 억울해서 한마디 대들었더니 즉각 반응이 왔다. 반장언니는 내머리를 쥐어박으면서 "야, 미싱이 고장나면 고쳐달라고 해야지 바느질을 이딴식으로 하면 어떡하냐, 이 멍충아"라고 소리질른다. 나도 화도나고 창피해 차라리 입을 다물어 버렸다. 그리고는 곧장 기계실로 달려가 기사에게 미싱을 고쳐달라고 하였다. 그러자 기사 아저씨는 쳐다보지도 않고 담배만 피며 다른 기사들과 잡담만 하는 것이었다. 나는 속으로 '도대체 일은 안하고 뭐하러 나와서 빈둥거리는 거야' 하고 생각했지만 아니꼬운 맘을 꾹 참고 "기사님, 제 미싱이 고장났으니 좀 고쳐주세요"하고 사정하였다. 그러자 기사는 "알았어"하고 퉁명스럽게 대답했다. 그러자 미싱앞으로 돌아와 30분을 기다려도 기사는 오지 않았다. 나는 너무 초조하고 신경질이 났다. 물량을 빼지 못하면 오늘도 11시나 되어야 집에 돌아갈텐데 저 기사는 바쁘지도 않으면서 왜 고쳐주지 않는 것이지? 반장언니와 주임한테 야단맞을 일을 생각하니 너무 걱정이 되었다. 기사들은 자기 마음에 드는 애들이 기계를 고쳐달라고 하면 금방 고쳐주지만 나처럼 못생기고 맘에 들지 않는 애들이 고쳐달라고 하면 공연히 거드럼을 피우면서 잘 고쳐주지 않는다. 같이 돈 받고 일하는 처지에서 왜 그러는지 모르겠다. 나는 화가나서 다시 기계실로 갔다. "왜 아직 안고쳐주는 거예요?" 나는 큰 소리로 따졌다. 그러자 "야 이년이 어디서 큰 소리쳐? 어련히 안고쳐줄라고"라고 다른 기사가 부아를 돋군다. 참을수 없었다. "왜 욕해요? 아저씨가 뭔데 멀쩡한 남의자식 욕하는 거예요"라고 따지자 "쪼그만게 까분다"는 것이다. 나는 자리에 돌아와 울어버리고 말았다. 옆자리의 복순이가 위로를 해주었지만 더 억울하고 서러운 심사가 치받혀 한참을 울었다. 결국 오늘은 10시까지 일을해서 겨우 물량을 맞추긴 했지만 너무도 내 신세가 처량하다. 한달에 10여만으로 겨우 생활해 나가면서 쉴 수도 없고 이 화사한 봄날에 남처럼 공원한번 못가는 것도 서러운데 내 잘못도 아닌 기계고장으로 기사들한테까지 무시받아야 하는 처지가 더욱 서글프다.

오늘따라 담벼락엔 노랗게 개나리가 피어있고 붉은 진달래가 만발해 있을 고향산천과 갚아지지 못하는 농가빚 걱정에 나날이 주름살이 늘어가는 어머니가 더욱 보고싶어진다. ❀

이 난은 독자의 난입니다.

- 1.13 강원도 상동소재 세방광업소노동자 어용노조퇴진, 사택비 · 가족수당지급을 요구하며 노동조합사무실을 점거, 농성. 경찰 구성모씨 등 7명 연행.
- 1.24 부평소재 (주) 서우노동자 300여명 파업투쟁으로 상여금 50% 등 쟁취.
- 1.25 성문밖교회에서 노동자500여명 참석하에 한국노협 등 9개노동단체 연합으로 「박종철동지 추모식 및 노동자대회」 개최.
- 2.13 성수지역 제일피복노동자 170여명 파업투쟁. 일당 1,000원 쟁취, 근로조건 개선 및 상여금 200% 쟁취.
- 2.15 한국노협, 서울기노, 박영진추모사업회 성문밖교회에서 노동자 800여명 참석하에 「노동자 합성제」 개최. 「'87 서울노동자 임투공동실천위원회」 발족.
- 2.25 대우중공업 창원공장 노동자 1,000여명 어용노조의 기만적 임금협상에 항의, 파업 중식거부 · 잔업거부 투쟁.
- 3.3 대구 금성교통 노조원 50여명 부당해고된 운전기사 문원근씨의 복직을 요구하며 파업농성. 기관원 · 전투경찰 동원했으나 조합원들 요구조건 모두 관철시킴.
- 3.5 전국 금융노조산하 보험 · 은행 · 제2금융권노조 등 30여개 조합간부 · 회원 200여명 금융노조사무실에서 회사(범한화재)측이 쟁의부장 이상재씨를 부당해고한데 항의, 7일간 철야농성끝에 승리 쟁취.

자동차연맹에서 농성중인 조합장들

- 3.6 표정두(24 · 노동자 · 호남대 1년 중퇴)동지 세종문화회관 앞에서 분신.
- 3.10 한국노협, 서울기노, 박영진동지추모사업회, 「'87 서울노동자 임투전진대회」를 성문밖교회에서 500여명 참석하에 개최. 경찰저지로 무산, 영등포 야채시장에서 가투.
  광주 남동성당에서 광주지역 18개 민주단체와 1천여 시민 참석하에 표정두동지 추모식 거행.
- 3.15 한국노협, 서울기노, 박추, 3월 10일 예정했었던 '87임투전진대회 재개최.
- 3.24 성동구소재 삼성제약 노동조합 간부중심으로 2박 3일 단식 전면파업투쟁으로 15% 임금인상 쟁취.
- 3.27 성수소재 광진섬유노동자 100여명 임금투쟁으로 15%인상쟁취.
- 3.27 구의동소재 한국광전전자 노동자 90여명 임금17%인상요구파업투쟁 15%쟁취.
- 3.31 부평소재 제이리 프로덕트 노동자 350여명 한일은행본점 점거 농성으로 체불임금 전액 쟁취.
  포항시내 14개 택시회사 운수노동자 500여명 임금인상요구 대규모 가투시위전개. (월급 10%인상, 사납금 20%인하요구)
- 4.7 이리 자유수출공단내 「후레아훼숀」노동자 700여명 어용노조위원장 황상규 처단, 부당해고 철회, 임금 16.5%인상, 작업전표철폐를 요구하며 철야농성투쟁
- 4.8 강남구 역삼로 테헤란로에서 서울시내 260여개 택시회사 운전기사 2,000여명, 택시 500여대 동원, 완전월급제 쟁취, 생계비 보장 등을 주장하며 동맹파업 가두시위.
- 4.9 주안공단 서울 엔지니어링 임투위구성이 발단되어 4월 1일에서 10일에 걸쳐 이순초등 7명 해고.
- 4.11 충북 제천택시기사 14명 노동절 행사날 업주로부터 전치 2~3주의 치료를 요하는 폭행을 당한 후 계속되는 횡포에 항의하며 혈서로 쓴 "악덕 기업주 물러가라"는 플랭카드를 들고 가두시위 전개. 자동차노조연맹 충북지부산하 52개 노동조합장 일동 투쟁결의문 채택.
- 4.15 구로공단의 크라운전자, 남성전기 등 3개사 임금인상투쟁준비위한 '행동통일'로 모두 바지차림으로 출근.
- 4.21 거제도 대우조선소 노조결성 3차례 실패후 16명 해고, 20여명 타전출. 현장내 작업은 계속되지만 노동자들 동요하고 있음
- 4.22 구로구 독산동소재 (주)행성사 노동자 70여명 사무실 점거농성 17시간만에 일당 1,200원인상 상여금 100% 쟁취.

반미 자주화
반파쇼 민주화
를 위하여

민족민주전선

발행처: 민족민주전선사
발행일:
1987년 6월 1일

군부독재 타도하고 민주적 과도정부 수립하자.

애국민중 여러분께 드리는 글

당의 민주주의와 민족의 자주적 평화통일을 갈망하는 [만] 민중여러분 !! 외세에의해 금수강산이 허리를 [잘]리고 민중을 어둠의 폭압속에서 신음하게한 파쇼체제 이땅에 드리선지도 어언 40년, 민주주의와 민족의 자[주]적 평화통일은 한민족에게 있어서는 너무나 절박하고 [시급]히 이룩되어야 하는 것이기에 민중의 해방사회, 민[족]이 통일되는 사회를 만들고자했던 이땅의 민족민주부[문]은 쉼없이 공장에서, 농촌에서, 철거지역에서, 학원에[서] 전개되고 있읍니다. 그러나 이땅은 아직도 미국의 핵[우산] 아래, 썩어빠진 사류 양키문화 아래 허덕이고 있으며 [소]수 반동적 정치군부의 총칼아래 오욕의 나날을 보내고 [있]읍니다. 더구나 현 제5공화국은 18년 유신독재를 무너[뜨]리고 민주주의를 실현하고자 했던 2000여 광주민중을 [학]살하고 들어선 장본인으로서 반민족적이고 비민주적인 [제5]공화국의 본질을 이미 탄생에서부터 여지없이 드러내[고] 있읍니다. 이철희 장영자사건에서 명성, 범양사건까지 제5공화국은 오직 소수 독점재벌의 탐욕스러운 배를 [채]우기위해 민중의 피와 땀을 쥐어짜고 있는 재벌공화국[이]오, 민주주의를 되찾기위해 싸우는 노동자 농민 학생[들]을 국가보안법 집시법으로 옭아매고, 민중의 귀와 입[을] 언론기본법이라는 사슬에 매어버린 파쇼공화국 입니다. [소]수 반동지배집단의 풍요밑에 바로 저임금과 장시간 노[동] 속에서 프레스에 손이 잘린 노동자형제들의 피눈물과 [고]노가 있으며, 늘어만가는 빚더미에 농민의 허리는 더욱 [휘]어져가고, 무분별한 농산물수입에 농약을 마시고 한많[은] 이세상을 마감하는 농민들이 있읍니다. 더군다나 한민[족]과 세계의 평화의 대제전인 올림픽을 들먹이며 한번쯤 [잘]살아 보겠다고 소박한 희망을 가지고 살아가는 도시빈[민]들의 삶의터전을 박살내고, 차라리 여기서 죽여라라고 [외]치는 도시빈민의 오열을 있게한 주범들이 바로 선진조[국] 제5공화국 파쇼공화국입니다. 작년 민주주의를 갈망하[는] 민중의 열기에 놀라 개헌을 하겠다고, 개헌만되면 민주[주의]는 보장될 것처럼 떠들더니 현정권은 지난 4.13일 이[제는] 죽어도 파쇼체제를 고수하겠다고, 이 파쇼체제하에서 [영]원히 권좌를 누리겠다고하면서 호헌으로 선회하였읍[니다]. 이는 분명 민중의 고혈을 쥐어짜고 민중의 피땀을 [그] 으로 빼돌리는 파렴치한 독점재벌만을 위해 존재하는 [따]라서 민주주의와는 영원히 함께할 수 없는 제5공화국의 [본]질을 여실히 보여주는것에 다름아니고 그 무엇이겠읍니[까]? 이제 우리는 또다시 현정권에게 개헌을 하자고 조를 [것]입니까? 아니면 개헌논의의 재개를 위한 대화를 요구[할] 것입니까? 과연 여야가 타협하여 대통령선출방식을 바[꾼]다고, 헌법조항 몇개를 고친다고 민주주의가 보장됩니[까]? 결코 그렇지 않읍니다. 외세의 입김이 이땅에 있[는] 한 군부독재의 총칼이 민중의 신성을 가누고 있는 [한] [민]주주의는 보장될 수 없으며 헌법조항은 휴지조각에 불[과]합니다. 최근 우리는 또하나의 충격적인 사건에 접했읍[니]다. 지난 1월 우리의 친구요 민중의 아들인 박종철군을 [고]문 살인했던 현정권이 사건을 조작 은폐했음이 드러났읍[니]다. 탁 치니까 억 하고 죽었다에서 시작하여, 2명이 범[인]이다고 하더니 이제는 5명이 범인이라고 하면서 기만과 [술]책으로 국민모두를 우롱하고 있읍니다. 더군다나 우종원, [김]신호수, 김성수, 가츄사근무중 사망한 김용권상병등의 [죽음]이 제대로 밝혀지지않고 있어 더욱 의혹을 사고 있[는] 상황입니다. 인간의신성한 권리를 부정하면서 아직도 [고]문, 불법연행, 감금, 가택연금등이 자행되고 있는데 [어찌]하여 현정권이 민주주의를 말할 자격이라도 있다고 생각하[십]니까? 이제 우리에게는 단 하나만의 선택만이남아 있[읍]니다. 민주주의를 위하여 현정권과 온몸으로 싸울것인[가] 아니면 또다시 폭압의 어둠속에서 신음하고 있을 것인[가]? 애국민중여러분 결코 이땅의 민주주의는 어느누구에[게] 의해서 주어질 수 없읍니다. 민중을 위한다는 가면을 쓰고 [협]박 속에서 군부독재와 타협하면서 정권을 구걸하[려] 하는 야당정치인들, 민중의 철저한 민주주의를 직선제[라]는 협소한 틀로 바꿔치기 자신의 권력을 달성하려는 야당

4000만 민중의 해방과 진정한 민주주의는 그리고 민족의 자주적평화통일은 오직 4000만 민중의 총의된 투쟁속에서 획득될 수 있으며 보장될 수 있읍니다. 그러기에 민주주의의 쟁취는 현 군부독재의 완전한 타도없이는 불가능하며 민중스스로가 권력의 주체로 일어서기 전에는 사상누각에 불과 합니다.

일천만 노동자형제 여러분 !! 현정권이 존재하는 한 장시간 노동과 저임금은 결코 해결될 수 없읍니다. 노동3권과 제반의 정치적자유가 보장되는 새로운민중사회가 이루어 지기위해서는 현재의 파쇼체제를 노동자의 단결된 힘으로 분쇄하지 않고서는 안됩니다. 일천만 노동자 형제여 ! 여러분은 모든 투쟁의 중심이며 민족민주전선의 중심입니다. 여러분이 민족민주전선 건설에 주도적으로 활동해야 하며 이는 민족민주전선의 건설을 앞당기는 것이며, 또한 노동자해방사회의 건설을 앞당기는 것입니다.

일천만 농민 여러분 !! 독점재벌과 독재정권의 수탈, 저농어정책에의해 생계비에도 못미치는 수매가와 농가경제를 파탄시키는 무분별한 농산물 수입에 [..] 어서 한숨만 쉴 수 있겠읍니까? 농약을 마시고 죽어가는 이웃을그저 바라만 보고 있을 수 있겠읍니까? 자 우리 모두떨쳐 일어나 군부독재를 [..]고 농민도 인간답게 살 수 있는 사회를 건설 합시다.

전국의 백만학도여 !! 최근 서울대에서 [..]는 [..] 도 불기하고 군부독재의 완전한 타도를 위[해] [..] 어투쟁을 지지합시다. 학생으로서의 양심과 정의에 [..] 불타는 의지는 현재 우리에게 투쟁을 요구[하]고 있읍니다. 우리는 서울대 학우의 가열찬 투쟁을 지지하며 전국의 백만학도 모두에게 군부독재의 완전[한] 타도를 [..] 총동맹휴업투쟁을 촉구합니다. 민주주의 보장이 [..] 의 배우는 자리도 보장될 수 [..]음을 명심합시다.

삼백만 도시빈민여러분 !! 도시빈민의 [..] 체부자비하게 진행되는 철거는 누구를 [..]이며, 누구의 이익을 위한것입니까. 결코 여러분 [..] 아닙니다. 언제까지 쫓기나 기적을 [..] 니까? 군부독재가 끝장나지 않는 한 여러분의 기적은 [..] 없을 것입니다. 안정된 보금자리를 찾기위해서 지금 전국방방곡곡에서 전개되고 있는 군부독재타도투쟁에 적극 동참합시다.

양심적인 교수, 신부, 목회자, 승려, 예술인 여러분 !! 민주주의를 갈망하는 여러분의 의지표명인 시국성명을 적극 지지하며 앞으로도 민주주의 쟁취투쟁에 적극동참하기를 바랍니다. 그러나 결코 현 군부독재는 성명이나 서명만으로는 물러나지 않을 것입니다. 여러분도 군부독재의 완전한 타도를 위한 전민중적투쟁에 적극 동참을 촉구합니다.

군부독재의 완전한 타도를 임원하는 천만도 4000만 애국민중 여러분 !!!
우리모두 민주주의의 완전한 승리를 위하여 일치단결하여 민족민주전선을 건설 합시다. 또한 각자의 사업장에서 점시, 정치파업, 정치적시위를 통하여 군부독재를 완전히타도하고 민주주의의 승리를 위하여 민주적인 과도정부의 구성을 즉각적으로 요구하는 우리의 투쟁 열기을 가속화 합시다.

〈 우리의 주장 〉

一. 광주학살 살인고문 조작은폐 군부독재 타도하자 !
一. 민주압살 호헌책동 분쇄하고 민주적 과도정부 즉각 수립하자 !
一. 미국은 군부독재 지지 철회하고 이땅에서 물러가라 !
一. 통일민주당은 더이상 개헌협상에 매달리지 말고 군부독재의 완전한 타도를 위한 민중의 잔[치]에 동참하라 !

통일 민주당 에게 촉구한다!

현정권의 최근 4.13호헌책동은 그들의 장기집권음모를 그리고 이를 위한 대대적인 민중탄압음모를 노골적으로 드러낸 것이다.

이런 상황에서 아직도 현정권과의 타협이나 대화로서 민주주의의 부활이 가능하다고 생각하는 것은 착각이다. 통일민주당은 헌법특위의 기만속에서 현정권의 정보공작이 놀아났고 결국은 공중분해되었던 신민당의 말로를 기억하고 있지 않는가? 현정권과의 타협으로 민주주의가 가능하다는 생각은 처음부터 환상에 불과했던 것이다.

더군다나 최근 군부독재가 박종철군을 고문살인한 것도 모자라서 이를 조작은폐했음이 양심적인 목회자들에 의해 폭로되었다. 이제 우리는 더이상 군부독재와 이땅에서 함께 공존할 그 어떤 이유도 존재하지 않는다. 이럼에도 통민당이 다시 민중의 끓어오르는 분노를 왜곡하여 현정권과의 타협을 모색한다면 통민당 또한 민중의 분노의 화살의 표적이 될 수 있음을 명심하라.

현재 통민당에게 주워진 과제는 단 하나이다. 기간의 활동속에서 보아왔듯이 국회는 더이상 민중의 이해를 대변할 수 없다. 아니 군부독재정권의 충실한 하수인으로서 민중을 기만 왜곡하는 곳으로 전락해 버렸다. 이러한 무능국회는 더이상 존재해야 할 필요성이 없으며, 오직 파쇼체제의 부분으로서 반동적일 뿐이다. 따라서 진정 통민당이 민중의 민주화투쟁에 동참하고자 한다면 즉각 반동적 국회의 의원직을 총사퇴하고 민중들과 함께 군부독재타도투쟁의 전면적 동참을 촉구한다. 통일민주당이 잃는것은 파쇼의원직일 뿐이며, 얻는것은 역사와 민족앞에 떳떳한 민족의원 민주의원직일 것이다.

이제 이 지긋지긋한 군부독재정권에게 민중의 정의로운 철퇴를 가할 일 순간이 왔다. 범양사건, 4.13망언, 박종철고문조작사건등 일련의 행각은 한반도 전민중에 대한 군부독재정권의 반역적행동임이 분명하다. 그러나 지금 저 간악한 독재정권은 기만적인 내각개편을 통해 계속 자신의 정권을 연장하기위해 급급해 있으며, 6.10 전당대회를 기점으로 장기집권음모를 실제적으로 실행하기위한 대통령후보지목과 민정당내의 개편을 단행하려는 거대한 음모를 꾸미고 있다. 분명 독재정권은 자신의 이익을 위해서, 독재권력을 유지하기위해서는 민중학살까지도 서슴없이 자행할 것이다. 이에 민족민주세력과 한반도 전 민중은 민족민주전선의 깃발아래 일치단결하여 불굴의 투쟁을 전개해야만 할 때가왔다.

모든 애국적 민족민주세력은 6.10 고문진상 폭로대회에서 민주주의쟁취를 위한 우리의 결의를 다지고 민주적과도정부의 즉각적수립을, 군부독재의 완전한 타도 청산을 위한 투쟁을 촉구한다.

〈 우리의 주장 〉

군부독재 타도하고 민주적과도정부 수립하자!

통일민주당은 의원직 총사퇴하고 국회에서 철수하여 민주적 과도정부수립투쟁에 즉각 동참하라!

민족민주학우에게 드리는 글

—폐간에 즈음하여—

민족민주전선을 발간한지 벌써 1년 가까이가 되었읍니다 그간 전국의 학생운동을 하나의 이념으로 조직화하기위한 시도로써 시작된 민족민주전선은 이제 발전적인 폐간을 해야만할 중대한 시기가 왔읍니다. 그간 올바른 이념을 학생대중에게 제시하고자 했던 우리의 노력이 긍정적인지 부정적인지는 오직 역사와 민중만이 평가할 것입니다. 이에 우리는 민족민주전선의 발전적폐간을 선언하며 이후 보다 올바른 이론과 실천의 통일로써 새로운 민족민주전선이 백만학도의 의지로써 재 발간되기를 기원합니다. 그간 우리는 실천에 근거하지 않은 이론이 얼마나 공허한 것인가를 신문 활동속에서 뼈저리게 느꼈읍니다. 따라서 이후 재발간되는 민족민주전선은 실천과 이론의 중심으로써 위치지워져야 한다고 생각합니다.

그동안 민민전을 구독해 주시고 비판해 주신 백만학도 여러분에게 감사드립니다.

민족민주전선 편집부 일동.

제4호 자유언론실천대학신문기자 연합회 선전국 1987. 6. 5

노도

권두언－자대기련을 통해 강고한 연대틀을 형성하자.

암울한 시대의 지성으로 태어나 이 땅의 언론자유와 민족 민중언론 구현을 몸부림치듯 갈구하며 자대기련이 태동한지도 어언 3년이 지났다.

그동안 선배쟁이들의 노력과 분투를 통해 조직으로서의 체계는 갖추어지고 나름대로의 운동을 풀어 나가면서 일정정도 값진 결실을 거둔 것이 사실이다.

그러나 3년의 자대를 관망하는 현시점에 있어서 우리는 그동안의 자대가 추구하고 이루어 놓았던 성과물을 비판적으로 계승하면서 새로운 발전을 기해야만할 중요한 기로에 서 있다. 현 시국에 대한 적확한 평가와 우리 자대의 주체 역량에 대한 과학적인 비평과 계승이야말로 우리의 지속적인 전진을 약속할 것이다.

이에 자대기련의 제2의 변신을 꾀하면서 두가지 제언을 하고자 한다.

첫째, 누차 지속되어온 것이 사실이지만 일단 자대기련에 몸담고 있는 대다수 신문사들은 자사만의 완결구조 속에서 안주하고 자신들 틀만의 완성을 꾀하면서 굳건한 연대의 결성을 방기해 왔다.

물론 우리 모두는 자대기련이라는 상부구조가 존재하고 또한 건재하기 위해서는 각 지사가 견고하게 내실과 역량을 갖추는 것이 선결과제라고 분명히 인정한다.

그러나 그것만이 최후의 목표일 수가 없다. 그 튼튼한 토대위에서 우리는 분명 상부구조로서 설정된 자기기련을 통하고 이용(?)하면서 우리의 언론운동을 풀어나가야 한다는 것이다.

현하 많은 신문사들에서 지속적으로 탄압들이 가중되고 있다. 얼마전의 부산대가 그러하고 경상대 건국대 등도 마찬가지이며 소소할지는 모르지만 이러한 탄압들은 우리 대학신문이 민족 민중 자유언론을 추구하기에 끊임없이 다가올 수 밖에 없는 부분인 것이다.

이러한 탄압이 지금 내가 디디고 있는 신문사에서는 아직 다가오지 않았다하여 타 신문사의 위기를 외면할 것이며 아직 자대기련의 역량이 부족하여 자대기련의 대응양태가 약하다고 하여 자대기련을 통한 우리의 견고한 연대틀은 거부할 것인가?

분명, 부산대나 경상대 등에서 벌어지고 있는 탄압이 그들만의 것이 아니라 언제라도 각 신문사에 파급될 수 있는 것이며 지금 자대기련이 각 자사에서 탄압을 받을 때 고작 성명서 한장 붙이는 역량에 불과하다 할지라도 자대기련이 추구하는 방향성이 옳고 우리가 추구해야 할 바이라고 했을 때 자대기련으로의 결집은 당위의 명제이다.

또한 과거 자대기련을 돌아보건데 전체회원들을 대표하고 그들의 힘 속에서 뒷받침된 것이 아니라 일부 자사를 대표하는 회원들의 음모가적 모임으로 지속되어 온 것이 사실이다.

물론 한 사를 대표하는 자이기에 하부토대를 무조건적으로 방기하였다고 할 수는 없겠지만 대표자와 그 성원들 사이에서 자대기련에 대한 인식이나 활동사항에 대한 공유가 없고 각사의 성원들은 자대기련을 규정하지 못하고 일방적으로 규정 당했음을 살펴볼 때 현 시점에서 우리가 추구해야할 바는 자대기련이 명실공히 전체회원들의 지지와 믿음 속에 서는 일이라고 하겠다.

이를 위해서 각 단위 학보사 차원에서의 교류를 비롯 전체 자대기련 차원에서의 체육대회나 강연회 등도 바람직하다 할 것이다.

그러나 이러한 전환이 결코 대중추수주의에 빠지고자 함이 아니요 전체회원들의 사상의지를 고무할 수 있는 작업을 방기하고자 함도 분명 아니다.

이와 같이 전체 회원들과 함께 자대기련, 또한 자사적 완결구조를 극복하는 자대기련이 현시점에서 우리가 추구해야만 할 자대기련의 참 모습인 것이다.

전체회원들을 튼튼한 하부로 꾸리면서 연대를 을 굳건히 하는 작업은 일조일석에 기대할 수는 없는 일이다. 그렇다고 준비론에 빠지고자 함도 아니다. 꾸준한 우리의 주체적인 노력들이 결집되어 자대기련에 반영될 때 자대기련은 강고한 힘으로 나타나게 될 것이며 민족, 민중, 민중언론의 새로운 지평을 열 수 있을 것이다.

현시국에 대한 우리의 입장－한반도의 진정한 민주화와 자주화를 위해 현정권은 즉각 퇴진하라.

일본의 제국주의적 사슬속에서 벗어난 지도 어언 40년의 세월이 흘렀다. 정녕 강산은 네 번씩이나 바뀌었지만 그때나 지금이나 민족의 자주와 민주화의 실현이라는 대명제는 역사의 줄기찬 진보 속에서도 하나의 모순덩어리로 상존하면서 그 해결의 시기는 도래하지 않고있다.

해방이후 해방군이 아니라 점령군으로 자처하면서 이 땅을 강점했던 미군정으로부터 이 땅의 자주와 민주는 터를 잡아나갈 수 없었으며 미군정을 뒤이은 이승만 정권 그리고 박정희 정권, 또한 그 뒤를 이은 제5공화국 정권에 이르기까지 독재의 악순환은 계속되고 있는 것이다.

국민으로부터 정통성을 획득하지 못하고 외세에 의해 균형잡고 설 수 밖에 없는 정권들이 이 땅에 40년동안 뿌려왔던 것은 무엇인가?

정치적으로는 국민들로부터 배태되지 못한 정통성을 외세에 의해 만회하는 과정속에서 외형적으로는 독립국가이며 주권국가이면서도 그 실상은 신식민지적 상황속에서 감히 자주국가라고 일컫기도 부끄러운 상태인 것이다.

경제적으로도 정치적인 종속과 동전의 앞뒤면을 형성하면서, 계속되는 외채부담과 수입개방 압력이 상존하고 있으며 도시에서의 저임금 농촌에서의 저곡가라는 쌍두마차의 무책임한 질주속에서 민중들은 노동과 분배의 모순을 뼈저리게 느끼며 생존권을 위협받고 있는 것이다.

누차의 독재정권에 의한 폐해는 비단 이것만이 아니다. 정치적 종속 경제적 폐해와 함께 강고한 지배이데올로기의 주입속에서 우리 국민은 바른 정신과 이성을 가지고 사물을 평가하지 못하고 편협하고 외골수적인 사고를 가지면서 우민화되어가고 있는 것이다.

이 모순들의 상존을 뼈저리게 느끼면서 과연 우리가 쟁취하여야 할 부분은 무엇인가? 독재정권의 폭정속에서도 결연히 떨쳐 일어났던 4.19, 5.18이 우리에게 던져주는 바는 무엇인가?

그것은 바로 이 땅의 진정한 민주화와 자주화인 것이다. 이 두개의 축을 통해 이전까지 누적되온 모순들은 하나하나 척결될 수 있을 것이며 국민들이 염원하는 통일로의 일보전진도 가능해질 것이다.

그러나 현하의 정치질서는 어떠한가? 국민들의 강고한 민주화의 열기가 신민당의 개헌현판식을 통해 발현됨으로써 현정권의 호헌논의가 분쇄되고 개헌에로의 길은 열렸지만 집권층의 보수대연합 구도가 깨어지고 강성야당이 태동하는 과정속에서 현정권은 장기집권의 마지막 보루를 호헌에로 상정하고 집권연장 인물교체를 실현하려하고 있는 것이다.

또한 이 정권은 그간의 정치행각을 통해 정권의 정통성 없음과 비도덕성을 여실히 입증하고 있다.

농가부채상환을 위해서는 2조원으로 생색을 내더니 부실기업에 대한 밑빠진 독에 물붓기 식의 무책임한 금융지원은 그 몇 배에 달하고 있는 것이다.

뿐만 아니라 박종철군을 비인간적인 고문으로 절명케하더니 이제와서 그것이 하나의 조작극이였으며 진범이 따로 있었다고 밝혀졌을 때 우리 국민들이 받은 허탈과 분개는 결코 어떠한 것으로도 치유될 수 없는 것으로 오로지 이 정권의 퇴진만이 유일한 해결책임을 명시하는 것이다.

이러한 우리들의 의사를 모아 몇가지의 결의를 천명하는 바이다.

1. 장기집권의 구도속에서 태동된 호헌은 철폐되어야 하며 민주정부수립을 위한 논의가 진행되어야 한다.
2. 민족자주화와 민족통일에 대한 논의와 실천은 민주정부가 수립될 때에만 가능하다.
3. 이른바 언론기본법 보도지침으로 대표되는 언론탄압은 철회되어야 하며 기성언론은 민족, 민중언론을 견지할 것을 촉구한다.
4. 대학의 자율과 자유는 사회민주화와 유기적인 관계를 맺는 것으로 반드시 수호되어져야 한다.

〈시론〉 노동자 농민을 중심으로 광범위한 대적전선을 건설하자

1. 개헌 사기극의 종지부

내각제 개헌만이 살 길이라고 그렇게 부르짖던 예속군부독재정권이 드디어는 숨겨왔던 마각을 드러내고 「88년까지 개헌논의 중단선언」이라는 소위 4.13조치를 발표함으로 개헌정국과 국민 관심사의 일대전환이 있은지 한달 남짓. 이제 우리 운동은 저들의 영구집권음모를 분쇄하고 해방의 길로 들어설 것인가 다시 예속과 억압아래 신음을 계속할 것인가의 기로에 섰다.

미제의 한반도 권력구조 재편기라고 일컬어지는 87·88국면은 가속도가 붙어 우리에게 철저히 대중과 함께하며 민족의 진정한 해방과 민중이 주체되는 민주주의를 이뤄내야할 임무를 부여하고 있다.

이제 우리는 미제와 군부독재정권의 한반도 민중 압살작전에 대항해 이 땅의 해방을 위해 단결하고 연대해야 한다. 실로 승리와 패배의 갈림길에서 어떻게 운동의 중심역량을 건설하고 앞서 싸워가며 뿌려진 피에 응답할 것인가는 우리 모두의 사활적 과제가 된다고 하겠다.

그렇다면 우리는 4.13이라는 저들의 폭력적 「작전」을 어떻게 볼 것이며 이에 따른 우리 운동의 과제는 무엇인가를 정확히 물어야 한다.

2. 4.13의 배경과 성격

절대호헌이라는 전정권의 입장이 85년 개헌투쟁과 민중의 혁명열기에 밀려 「여야가 합의하면 개헌을 반대하지 않겠다」고 물러선 것이 작년 4월 30일이었다. 이들은 헌특이라는 허울좋은 기만통로를 열어 소모적 개헌시비를 계속하며 개헌열기를 일단 걸러가면서 그들의 영구집권전략을 짜며 기회를 노리다 야당분열-저들의 공갈협박 매수로 이루어진-을 기화로 개헌논의 자체를 원인무효화시켜 버렸다. 이는 애초부터 개헌을 거부하며 민중을 기만하던 미국과 독재정권의 예정된 카드였지만 강경야당의 전열정비와 운동세력의 끊임없는 투쟁앞에 내놓은 위기의식의 다른 표현에 지나지 않는다.

그들은 신민당의 내부혼란을 계기로 대야권 정치공작을 전개하고 건대투쟁을 전후해 운동권을 각개격파하면서 국민적 위기감을 조성, 그들의 영구집권음모를 가시화하려 했으나 실질적 작전전개 계기는 이민우의 방미이후 시작된 이민우 구상의 실패가 된다. 여기서 우리는 미국의 전략과 독재정권의 이번 폭력이 궤를 같이한다는 증거를 찾을 수 있다. 이 과정에서 독재정권은 직선제개헌의 촛점을 희석화시키기 위해 내각제와 대통령제의 공방으로 바꿔 시간벌기 작전을 지속시켰다. 실제로 여권의 누군가는 「만약 신민당이 내각제를 받아들였으면 큰일날뻔 했다」는 발언을 하고 있는데 이 한마디에서 이들의 기만술책은 똑바로 증명된다고 볼 수 있다.

미제의 경우는 한반도의 「현질서 안정적 재편」과 「식민지 파쇼체제 고착」이라는 동북아정책의 기초를 갖고 현정권의 이니셔티스를 인정하는 선에서 개헌논의 기간동안 작용을 했으리라는 생각을 쉽게 할 수 있다. 미제는 이민우 구상으로 대표되는 보수대연합을 카드로 제시했으나 이것이 실패로 돌아가자 차선의 방안으로 4.13을 구상하고 묵인했을 가능성이 크다.

시거가 죽어삼켰던 화제의 발언인 문민정치니 민주화는 당연히 그들의 식민지정책에 기반해 있을 수 밖에 없다. 필리핀같은 일정한 민주화도 한반도라는 미제의 사활적 지역에서는 가능하지를 않다고 볼 때 그들의 혁명예방 차원에서 내밀어본 카드가 개헌 혹은 보수대연합인 것이다. 여기서 또하나 우리가 고려해야 할 것은 미제가 야권(양김씨 중심)에 요구해 왔던 반미세력과의 관계청산이 뜻대로 이뤄지지 않자 이들을 사실상 배제해버린 부분이다. 즉 미제는 그들의 제국주의적 세계정책의 첨병으로서의 임무를 충실히 담당하지 않는 세력은 이 땅의 권력을 쥘 자격이 없다고 보는 것이다. 다시말해 미국은 예속과 군부라는 양다리로 서지않는 어떤 세력도 한반도집권을 원치 않는다는 것이

그렇다면 4.13호헌 쿠테타는 그들의 영구집권 기반을 구축한다는 선언이며 비상조치도 불사한다는 대국민협박에 다름아닌 것이다. 또한 김대중 연금, 국회의원 입건, 내사로 나타나는 정계개편을 선언하고 법을 넘어선 신적인 위치에서 무차별 공세를 예고하는 제일격이 이번 조치인 것이다.

세를 예고하는 제일격이 이번 조치인 것이다.

이제 그들은 작년 아시안게임과 건대투쟁이후 나타난 민중민주운동의 역량손실과 올해초 나타난 대중투쟁-당면투쟁의 방기라고 여겼을 수도 있다-으로 일정한 자신감을 얻어 그들의 작전을 공공연하게 밀어부치려하고 있다.- 위기의식과 자신감은 사실상 동전의 양면이다-

이같은 미제와 예속군부독재정권의 공세에 맞서 민중민주운동은 사실상 적극적이고도 탄력있는 대응을 하지 못한 것이 사실이다. 우선 저들의 예상되는 구상을 먼저 살펴본 후 우리에게 주어진 과제와 운동의 방향성을 찾아보자.

3. 현정권의 영구집권 음모와 그 구상

이제는 (미국)민주당의 의회장악을 계기로 소위 민주화압력-행정부와는 분명히 표현이 다르-을 외피로 씌우면서 수입개방 요구를 적극화할 것이 일반적인 예상이다. 그러나 그 내부에는 더깊은 음모와 술수가 내재되어 있다. 그들은 앞서 지적한 혁명예방차원을 한치도 못벗어난 입장에서 부분적으로 민주화를 요구, 한반도 민중을 선동 혹은 기만하면서 저들의 식민지 질서를 재편하고 착취구조를 온존 확대시킬 것이다. 또 한편으로는 직접적으로 동북아 안보의 상당부분을 떠넘기면서 그들의 세계전략의 담당자로 군부정권을 삼으려하면서 지속적인 경제개방 압력으로 이 땅의 모든 가치를 자국으로 유출시키면서 완전한 식민지로 삼을 것이다.

이같은 미제의 구상아래 독재정권은 그들의 요구에 응하면서 영구집권을 획책 관철시켜 나갈 것으로 보인다. 즉 운동권에 대한 무차별 공격으로 민주화세력을 공중 분해시키고, 여권을 포함한 정치권을 개편시켜-당연히 양김과 그 동조세력은 배제- 그들의 수하에 모든 정당단체 조직을 묶어두려는 전략이 그것이다. 여기에는 군사력을 포함한 모든 수단이동원되고 있다.

구체적인 구상으로는 민정당의 총재와 대통령후보 분리선출 방침에서 나타난 것처럼 전두환이 총재로 눌러앉아 실질적 대세를 틀어쥐는 방법과, 88올림픽을 담보로 대통령직을 연장하는 직접적 정권연장을 가정해 볼 수 있다. 최근 노태우가 전면에서 내려앉는 것에서 노신영현국무총리의 부상설이 있는데 전혀 근거 없다고는 볼 수 없다.

아뭏든 후자의 경우는 무리가 따르는 수이긴 하나 권력이양기의 누수(저들의 표현대로) 현상이나 혼동을 체제내에서는 완벽하게 막아낼 수가 있고, 전자의 경우는 반대로 일정한 합법성을 가지면서 집권을 계속할 수 있다는 장점이 있으나 위험부담이 따른다. 이 위험부담은 전두환에 대한 확실한 충성심의 보장과 함께 지역적배경, 군부내의 영향력이 고려하면서 후계자를 선정하게 할 것이다. 이런 점에서 군부출신이 아니면서 행정력과 함께 충성도가 깊고 비영남출신인 노신영은 고려대상에 오를 자격이 있는 것이다. 여기에 직접적인 변수는 강경야권과 민중민주운동 세력의 대응과 도전에 따라 그들의 카드는 바뀌어 질 것이라는 점이다. 물론 미국의 변수가 있긴하나 그것은 한반도민중의 정치역량 아래서 자기들의 동북아정책을 관철시키는 것이라 할 때 지금 우리 운동의 역량과 투쟁방향성은 무엇보다 중요한 핵심근거가 된다.

4. 민중민주운동의 방향과 과제

미제에 의한 군부독재정권의 권력재편기에 있어 일정하게 나타날 권력내부의 불협화음과 함께 미제의 입장이 고려될 때 87.88국면은 우리운동의 승패를 가름하는 중요한 길목이 된다.

이 땅을 끊임없이 저들의 식민지로 삼으며 전략기지로 노동력착취의 자리로 굳히려는 미제와 이에 빌붙어 반민족적 작태를 멈추지 않고 영구집권을 획책하는 예속군부독재정권은 이제 한반도에서 영원히 추방되어야 한다. 이를 위해서 우리는 어떤 역사적 과제를 안게 되는가.

우선 우리가 당면 투쟁에 있어 인식을 공유해야할 것은 첫째, 현단계에 있어 우리의 역량으로 정면돌파에 의한 혁명적 변화는 불가능하다는 점과 둘째, 당면투쟁과 우리 혁명적 세력의 승리를 위한 전략과 전술이 구체화되어야 한다는 점이다.

다시 말해서 당면과제로 무차별한 「권력의식각인」「혁명적 구호」들은 우리의 역사적 동력에 어떤 힘도 되지 못한다는 것이다. 우리들은 혁명을 준비하며 철저히 대중의 자발성에 기초해 대중과 함께하는 투쟁, 대중에게 승리와 자신감을 안겨주는 싸움이 전개되면서 혁명적 열기들을 키워나가며 대중투쟁역량을 묶어세워야 한다. 또한 정치투쟁과 경제투쟁의 분리나 기계적인 결합을 즉자적으로 비판·비난할 것이 아니라 철저하게 혁명적이고 대중적인 노선을 견지하고 지도력을 건설하는 방향에서 투쟁들이 계획되고 진행되며, 출발된 싸움은 끝내 승리하고야마는 치밀함을 갖춰야한다는 것이다.

이제 우리는 범국민적 반독재민주주의 연합전선의 구축과 투쟁 및 활성화로 노동자계급의 통일전선 형성을 굳게 엮어나가야 한다는 과제를 갖는다. 각종의 편향들은 불식되어야 하고 조직이기주의와 분파주의는 극복되어야 한다.역사앞에 또다른 「5월 경험」을 보여주지 않기 위해서 우리는 굳게 단결하여 조직하고 투쟁하며 연대하여야 한다.

노동자 농민을 주체로 광범한 청년·학생 재야·야권일부가 광범하게 대적전선을 형성 이제 시작된 해방의 물결을 이 땅 전체에 넘치게 해야한다. 노동·농촌 현장의 역량강화와 조직건설, 전위조직과 대중조직의 올바른 결합. 당면투쟁의 완벽한 수행이 요구되는 지금 우리는 올바른 세계관과 역사관에 입각 미제와 군부독재라는 반역사적 무리의 횡포를 써말려 버려야 한다. 역사는 분명 우리의 편이며 해방의 뜨거운 가슴들을 이제 굳게 일어서 힘을 더해가고 있기 때문이다.

전문성과 운동성의 통일을 확보하자

—대학신문의 올바른 대중 노선 견지를 위하여—

Ⅰ. 대학신문의 성격과 현단계 위치

일제에 이은 미제의 조선강점하에서 이 땅의 근대식 교육기관으로서의 대학은 그 불운한 탄생을 하였다. 점령군인 미군정과 외국인 선교사, 일제에 기생해 온 매판자본가들에 의해 설립된 굴지의 대학들은 애초부터 제국주의의 신식민지적 지배질서의 관철을 위한 반민족적이고 반민주적인 성격을 띨 수 밖에 없었고 분단 42년을 맞은 오늘에도 이러한 기본 속성은 지속적으로 관철, 유지되고 있는 것이다. 이는 식민지 청년학생으로서 마땅히 전취해야할 교육의 자주화와 민주화 더 나아가 민족해방과 조국통일의 절대과제를 인식하는 기본 출발점이며 대학신문 역시 이러한 역사적 과정속에서 발전, 유지되어왔다고 할 수 있다.

그러나 암울한 식민지 조국을 부둥켜안고 아파했어야할 우리 대학신문의 과거 역사는 부끄럽고 초라하다. 지극히 즉자적 형태의 발전 경로를 거치면서 자기 만족적인 특별활동 정도의 저급한 수준에 머물러 왔음을 솔직히 시인하지 않을 수 없다. 다시말해 식민지 조국의 암울한 현실을 타파하는데 앞장서야 할 대학언론으로서의 사명감을 주체적으로 각성하지 못하고 상황논리에 편승, 현실에 안주해 왔던 것이다. 또한 합법공간('제도권'이라는 용어는 주체적 실천의지가 결여될 소지가 있기에 쓰지 않기로 한다)의 적극적이고 진보적인 의미를 인식하지 못하고 패배와 무기력의 나락으로 빠져들면서 쁘띠적 속성에 기인하는 제 기회주의가 팽배해 왔으며 아직까지도 대학신문사 내에 이러한 기류가 잔존해 있는게 사실이다.

그러면 대학신문의 현단계 위치는 어디에 있는가. 그동안 양적축적을 거듭해오면서 이제는 한단계 높은 차원의 지적 전화를 하기 위한 과도기적 단계에 있다고 보여진다. 특히 80년 이후 아직 완결적 형태는 아닐지라도 각 대학신문사 기자들의 자기혁신의 노력, 자대기련의 활성화·노력 등은 고무적 현상임이 분명하다. 이러한 주체적 노력들이 올바른 성과물을 담보하기 위해 간략하나마 대학신문의 성격에 대해 짚고 넘어갈 필요성이 있을 것 같다.

Ⅱ. 대중성의 일반적 규정

변혁의 결정적 시기가 객관적 조건과 주체적 역량이라는 정치적 역관계 속에서 결정된다고 할 때 현재 우리의 변혁운동은 객관적 조건에 조응할 주체적 조건이 꾸려져 있지 않다고 할 것이다. 그것은 우리의 제반운동이 아직 명실상부 대중에 근거한 대중운동으로서 자리잡지 못하고 선진적 소수에 의한 활동가운동의 수준에 머물러 있다는 철저한 자기비판으로부터 시작될 수 밖에 없다는 사실을 말해준다. 우리의 운동은 아직 대중의 다수를 획득하고 있지 못하며 고립·분산적 형태가 지배적이다. 특히 사회적 상관관계의 위치에 있지않은 인텔리의 조급성과 쁘띠적 속성은 대중화를 저해하고 분파주의의 굴레를 자초하는 극좌적 경향과 무원칙적으로 대중화에 눈이 멀어 대중화의 적대의식을 희석화하는 기회주의적 경향의 양편성이 나타나고 있다. 이는 대중성에 대한 우리의 몰이해와 아울러서 사상의지의 불철저에 기인한다고 볼 수 있다.

기본적으로 대중화는 반동적 지배계급과 기회주의로부터 대중을 분리시켜 애국적투쟁대열에 동참하도록 하는데 그 목적이 있다.

변혁의 주체는 대중이다. 대중이 움직이지 않고서는 어떠한 변혁의 물결도 형성될 수 없으며 대중에 내재된 역량과 위대한 창조력에 대한 흔들림없는 신뢰가 전제되지 않은 대중성은 그 의미를 상실하고 만다.

올바른 대중노선이란 분산적이며 계통이 서있지 않은 대중의 의견을 집약하고 계통적으로 다듬어 재차 대중속에서 선전하고 설명하여 대중 자신이 스스로의 경험과 실천을 통해 옳고, 그름을 판단할 수 있게 하는 것이다. 그리고 이러한 과정의 되풀이 속에서 보다 올바르고 보다 풍부한 대중의 의견을 집약해 내는 것이 바로 대중노선에 있어서의 변증법적 인식론이다.

Ⅲ. 대학신문의 대중화에 대하여

대학신문의 대중화 문제에 있어서 일차적 전제는 대학신문의 근거지 자체가 대학내의 특정다수(인텔리—학생, 교수, 교직원)를 대상으로 한다는 것이며 이에 적합한 선전 선동활동에 대한 연구 노력을 필요로 한다는 점이다.

이러한 기본 전제하에서 대중성의 몇가지 원칙들을 통해 살펴보자.

1) 대중성의 몇가지 원칙

첫째, 선전활동에 있어서 신식민지 지배 이데올로기에 대한 대항 이데올로기로서의 민중의 이념, 즉 변혁적 입장을 견지해야 한다. 그것은 외세 및 그 예속정권의 불순함과 구조적 취약성을 구체적으로 폭로해 내는 것과 더불어서 민족의 자주화와 민주화, 조국통일과제의 절박성과 정당성들에 대한 선전을 통일적으로 수행해 내는 것이 될 것이다.

둘째, 학생대중의 요구와 수준에 맞는 선전계획이 필요하다. 이를 위해서는 학내 대중들의 실정을 정확히 알고 있어야 한다. 이는 기자들의 성실성과도 연관되는 것으로 예를 들어 학내집회가 있을 경우 현상적으로 드러난 것으로 보도기사화 하는데 그치는 것이 아니라 집회에서 나타난 시행착오, 대중들의 반응 장김분쇄와 직세제쟁취 슬로건상의 차이점 분석 등 주로 면밀한 취재자세가 필요하다. 이밖에도 대중들의 궁금증과 불만이 무엇인가를 파악하는 것들이 필수적으로 요청된다.

세째, 대중의 자발성에 관한 문제이며 이것은 대중을 대상화해서는 안된다는 것과 일맥상통하는 것이다. 대학신문자체가 대중에 근거한 조직이므로 대중의 잘못된 판단과 의식이 있더라도 민주적으로 끊임없이 교양해야 하며 그들의 의사를 무시하거나 독단적으로 지시 강요하는 선전이 되어서는 안된다. 이를 위해서는 신문사의 문을 최대로 개방시켜 다수가 참여하는 대학신문 사소한 일일지라도 대중의 편에서 대중의 입장을 옹호하며 대중과 함께 호흡하는 대학신문이 되어야 한다.

네째, 선전방식에 있어서 구체성을 항상 유지해야 한다. 학생대중의 지적욕구가 강렬하다는 사실을 감안 보다 구체적이고 ·체계적인 선전이 이루어져야지 막연한 논의는 지양되어야 한다. 최근 대학신문 기획, 칼럼 등에서 보이는 구체성의 결여는 우려할 만한 일이 아닐 수 없다.

다섯째, 대중의 일상적 이해와 정치선전과의 유기적 연관성을 통찰, 탄력적으로 배합해 내야한다. 여기서도 무정부적 정치폭로 형태는 주의해야 하며 대중의 일상적 이해에 성심성의껏 대하면서 한단계 높은 차원으로의 승화에 노력해야 한다.

여섯째 선전활동을 담당하는 기자들이 전문적 자질향상과 올바른 품성을 갖추어야 한다.

과학적 인식의 축적, 폭넓은 정보량의 소화 깔끔한 기사작성능력, 편집기술 등 전문적 자질향상과 대중에 대한 신뢰, 승리에 대한 확신, 오자 하나라도 소홀히 않는 성실성 주변 대중들과의 친화력유지 등의 올바른 자세와 품성이 반드시 생활화되어야 한다.

2) 나타나는 오류들

다음으로 현재 대학신문사 내에 나타나고 있는 몇가지 오류들을 살펴보자.

첫째, 신문지상주의를 들 수 있다. 이것은 오래전부터 대학신문에 팽배해 온 일종의 기능지상 주의로 불편부당을 내세우는 사이비 객관주의로부터 시작하여 신문은 어떤 형태로든 나와야하며 적당히 비판기능을 수행하면 된다는 식의 맹목적 가치지향을 추구한다.

둘째, 무정부의적 개인주의이다. 신문사내 기자들중 종종 나타나는 일종의 배타적 이기주의로 조직의 구속력을 거부하며 심할 경우 동료기자를 헐뜯고 자신의 욕구충족에 밖에 관심이 없는 경우이다.

세째, 형식주의와 관료주의이다. 흔히 말하는 매너리즘과도 상통하는데 창조성과 독창성이 없고 구태 의연한 선전방식을 답습하는 관성적 자세를 보이게 된다. 특히 이경우 대중은 대상화하여 군림하려하며 지시와 강요의 성격을 띤 자기 만족적 신문제작을 하는 것이 대부분이다.

네째, 자기 신문사 이외의 타사의 어려움을 도외시하는 조직이기주의이다. 자대기련의 모임과정 속에서 두드러지게 나타난다.

이상의 몇가지 오류들을 지적했으나 이것만이 전형이라고는 할 수 없으며 여러가지 복잡성을 띤 문제들이 각사 별로 특징적으로 나타날 수 있음 또한 전제해야 할 것이다.

Ⅳ. 맺 음 말

지금까지 대학신문의 대중화문제를 중심으로 다분히 개략적이고 일반론적으로 검토해 보았다. 더우기 이글 자체가 기자제위의 치열한 논의과정과 여과를 거치지 못한채 쓰여졌다는 점을 반성해야 할 것이다. 위에서 검토된 내용들을 올바른 대학언론상의 정립을 위한 매우 조그만 시도에 불과한 것이며 각 캠퍼스마다의 특수한 상황속에서 구체적 운동형태로 승화되어야 하리라 생각된다.

또한 언급했듯이 현 대학신문의 단계를 한차원 높은 질적전화의 시기인 과도기적 단계로표명했던 바, 언론운동의 올바른 위상정립을 위해서는 전문성과 운동성의 통일을 확보하는 문제, 체계적이고 과학적인 논의의 틀 정립문제, 각 사별로 특수하게 자리잡고 있는 뿌리깊은비민주적 봉건적 잔재의 폐절문제 등 앞으로 해야 할 과제들이 산적해 있다고 할 것이다.

부족한 글을 마무리하면서 한가지 꼭 하고싶은 말은 현재의 언론운동이 힘겹더라도 정체불명의 팜플렛을 통해 자신의 부족함을 메꾸려는 자세보다는 지금부터 시작한다는 인내와 성실로써 자신을 단련하고 대학신문의 주체적 발전 노력을 경주했으면 하는 것이다. 대학신문의 역할이 소중함을 재삼 각인하고 자신감과 열정으로 고민하자. 분석하자. 그리고 토론하자.

역사적 관점에서 본 한국군부의 반동성과 예속성

80년 한반도 민중들의 민주화열기가 동족의 총갈아래 무참히 짓밟히는 쓰라린 배반의 치욕을 겪은지 어언 7년이 지났다. 군부독재의 종식을 그토록 피토하며 부르짖고 기원했던 광주 민중들의 갈망은 또다시 군부의 재등장으로 말미암아 좌절된 것이다. 5월 하늘을 死者의 원한어린 통곡으로 물들였던 80년 광주는 한국 군부의 반동적 본질을 재확인할 수 있는 기회였다.

또한 일명 「화려한 휴가」라 지칭되는 광주민중에 대한 토벌작전이 한국정부 단독에 의해서가 아닌 미국의 묵인·승낙으로서 이뤄졌다는 사실은 군부의 반동성과 함께 그 예속적 본질을 일깨워준 것이었다.

국민들의 세금으로 길러진 신성한 국방비가 동족의 가슴으로 발사되는 총탄으로 다시 되돌아오는 현실을 거듭 경험하면서 우리는 한국군부 와 군의 본질을 명확히 인식할 것을 요구받고 있다.

본고에서는 한국군부의 본질을 규명하기 위해 이를 역사적 관점에서 살펴보고자 한다.

해방후 미군정에 의한 한국군 편성

제2차 세계대전후 세계 자본주의 질서가 재편성되면서 세계 각국의 피식민지국들이 정치적 독립을 획득하게 되고 많은 신생국들이 사회주의의 길을 걷게 된다.

이러한 자본주의의 전반적 위기속에서 위협을 느낀 제국주의는 제3세계 국가들의 공산화를 막고 자신의 과잉자본 해소를 항구적으로 보장할 수 있도록 하기 위해 신식민지주의라는 새로운 형태로 제3세계 침략구조를 변형시킨다.

이러한 신식민지 침략을 영구히 보장해 줄 수 있는 물적 기반으로 제국주의는 피지배국의 권위주의적이고 강력한 꼭두각시정권을 원하게 되는데 이것으로서 제3세계 군부는 자신의 존재근거를 확보하게 된다.

집권 과정에서 정통성과 정당성을 상실하게 되는 군부정권은 이를 제국주의의 암묵적 지지와 지원속에서 무마할 수 있고 자국 민중들의 반제투쟁을 막강한 물리력을 통해 가장 효과적으로 봉쇄할 수 있기 때문이다. 한국의 5.16 군사쿠데타를 미국의 케네디대통령이 묵인한 것에서 볼 수 있듯이 제3세계 군부 등장의 이면에는 제국주의의 이해가 깊게 깔려있게 마련이다. 그렇다면 우리나라에 있어서 군부의 구체적 성장과정과 그 형성배경이 어떠한가 살펴보기로 하자.

남한의 국군이 창건된 것은 미군정에 의해서였다. 뒤에서 언급하겠지만 남한을 점령한 미군정에 의해 한국군이 재편·창건된 것은 한국군이 우리 민족의 자주적 이해에 기반하여 태동된 것이 아닌 한반도를 자신의 점령지로 간주한 미국의 대소전략적 필요에 의해서 였으며 이는 한국군이 미제국주의의 용병화, 사병화의 길을 걷게 되는 단초를 제공한다. 이의 궁극적 원인은 45년의 소위 「해방」이 우리 민중들의 민족해방투쟁의 결과물로서 주어지지 못하고, 해방공간이 미국의 지배하에 일방적으로 주도되었기 때문이라 볼 수 있겠다.

미군은 조선총독부대신 미군정청을 설치하고 그 산하에 국방사령부를 두었다.

국방사령부의 첫 사업은 군사영어학교를 설립하여 영어를 알아 들을 수 있는 장교후보생들을 양성하는 일이었다. 미군정은 46년 1월에 남조선국방경비대를 발족 46년 5월에는 군사영어학교를 대체하는 남조선국방경비대를 신설하게 된다. 전자는 1946년 5월에 조선경비대로, 후자는 조선경비사관학교로 개칭하게 된다. 조선경비대는 현 국군의 전신이며 조선경비사관학교는 현 육군사관학교의 전신이다. 46년 창군이후 60년까지 국군을 지휘했던 고급장교들은 거의가 일본군출신이 아니면 만주군 출신이었다. 국군의 형성과 성장에 지대한 역할을 담당한 자들은 일본군출신 장교들이었고 한국전쟁이후에는 만주군출신 장교들이 국군의 주요지휘관으로 발탁되기 시작한다.

1930년대에 일본관동군의 보조역으로 창설된 만주군은 당시 만주 전역에서 유격전으로 민해투를 벌인 조선과 중국의 항일독립군을 소탕하는데 일역을 담당했던 인물들로서 민족의 해방에는 애초부터 관심이 없었던 자들이었다. 해방후 이들이 국군의 요직을 차지하게 된 것은 한국군의 정통성에 치명타를 입히게 되는 결과를 가져오게 된다.

식민지하 동족을 억누르며 자신의 기득권을 유지하고 민족해방운동을 탄압하던 무리들이 해방이후 아무런 단죄없이 미국의 등을 업고 유입하게 된 것이다.

5.16군사쿠데타로 권력을 장악한 박정희 역시 일본의 관동군 출신이었다는 점을 보더라도 우리나라의 군부가 얼마나 반민족적이고 반민중적인 집단인가를 실감하게 된다.

이처럼 식민지때의 군장교들이 해방후 그대로 유입되고 또한 빠르게 창군될 수 있었던 것은 좌파세력의 투쟁에 위협을 느낀 미국때문이었다. 미국은 한반도 점령이후 유일합법정부로서 미군정을 선포한 후 당시 가장 많은 지지를 얻고 지배력을 행사했던 지방인민위원회를 파괴하고 인공을 부정, 직접통치를 시도하였다. 그러나 이러한 정책이 민중좌파세력과 자주 충돌하게 되고 당시 최대 군사단체인 국군준비대, 학병동맹등 좌파 무력단체가 위협적인 충돌가능 세력으로 등장하자 미군정은 경찰예비대로서 남한의 창군을 서두르지 않을 수 없게 된 것이다.

이렇게 창건된 국방경비대는 48년초까지 경찰예비대로서 폭동진압훈련등 훈련·교육에 치중하고 소극적 역할을 담당하였으나 남한단정수립이 본격화되면서 군은 좌파탄압의 역할로 전환하게 된다.

단정단선 반대투쟁이 좌우를 막론하고 한반도 전역에서 거세게 타올라 제주도 4.3항쟁 등으로 표출되자 군의 동원이 불가피해지게 된것이다. 그러나 군내에서 지역민중과의 유대가 강한 좌파세력의 반발로 9연대의 대규모 이탈, 여수 순천의 14연대의 반란들이 잇달아 일어나자 군은 이념적 강화를 위해 이후 7차에 걸친 숙군으로 4천7백여명을 숙청하고 국방부에 정훈국을 두어 반공이념교육을 강화하게 된

이러한 국군은 창군 당시 1개 대대병력에 불과했었으나 46년 11월에 6천명, 48년 8월에는 5만명, 50년 6월에는 10만명을 넘어서게 되고 55년에 이르러선 70만이라는 거대한 숫자로 성장하게 된다.

이처럼 한국군은 근 10년 사이에 그 숫자가 10여배 증가하게 되며 또한 한국전쟁을 통해 한국군에 대한 미국의 지배력이 강화된다.

이를 구체적으로 설명하면 한국군의 작전지휘권이 50년 7월15일 이승만이 체결한 소위 "대전협정"을 통해 현 작전상태가 계속되는 한 일체의 작전지휘권을 이양한다(외무부 외교안보연구원 "한국외교 20년 「1967년」")는 공안을 발송한 것을 시초로 미극동사령부에 이관됐고 53년 10월 한미상호방위협정이 체결, 군의 훈련, 동원 그리고 군사원조등 군사재정에 대한 미국의 직접통제가 가능해진다.

이러한 한국군 작전지휘권의 미국이관을 시발로 주한미군 주둔, 한반도의 미핵무기배치 등의 대미군사종속 현상은 더욱 강화, 확대된다.

또한 한국전쟁을 통해 한국군은 국민방위군에게 지급된 식량, 피복 등을 횡령·착복하여 천여명의 아사동사자를 낸 국민방위군사건, 거창양민학살사건 등으로 부패화현상이 드러나게 되며 이는 군이 이승만독재정권과 밀착되면서 더욱 뚜렷이 부각된다.

52년 이승만은 헌병총사령부와 특수대를 이용하고 군인사에 개입, 군을 정치화시키고 정치자료 등을 강요, 「후생사업」군물자 유출등 군의 부정부패를 조장하게 되는 것이다.

5.16의 총성으로 정치무대에 등장한 군부

이처럼 정치의 뒷무대에서 온갖 부정부패를 자행하던 한국의 민중운동을 탄압하던 군부는 1961년 5월16일 새벽의 쿠데타로 정치의 전면에 등장하게 된다.

5.16쿠데타의 배경은 4.19직후 민중들의 혁명적 요구를 보수적 장면정권이 올바르게 수렴하지 못하고 갈팡질팡하고 있는 무질서와 불안속에서 군인사에 불만을 품은 일부 군인을 중심으로 일어난 것인데 이들은 이후 관료적 권위주의 통치를 통해 헌정의 중단, 민의수렴거부등의 정치적 악영향을 끼쳤다. 이들은 유신이 종말을 고하기 전까지 행정부와 국회를 장악하여 합의적 여론수렴의 통로를 차단하고 국민복지를 무시한 채 군사엘리트의 전공직(全公職) 장악으로 한국의 정치질서를 후퇴시켰다. 이들은 또한 매국적이고 굴욕적인 한일협정을 민주운동의 탄압속에서 관철하고 한국의 젊은이들을 베트남의 전선에 몰아넣고 타 제3세계국의 민족해방 투쟁마저도 미국의 지시하에 원정을 가면서 저지하였다.

80년 궁정동의 총성과 함께 박정희가 서거하고 「80년 봄」이라는 민주화의 요구가 등장하자 다시 군부는 12.12쿠데타로 군부질서의 개편과 함께 정권을 장악하고 5.17 계엄령을 선포, 민중들의 민주화의지를 압살했으며 광주에서 타오른 민중투쟁마저 총칼로 2천여명을 학살하며 진압하였다.

이상에서 보듯 한국의 군부는 해방후 민족해방투쟁을 탄압한 장교들로 구성되면서 이미 정통성을 상실했고 5.16과 그 이후 집권과정에서 그 정통성과 합법성을 상실하였으며 또한 대미군사종 속의 심화로 한국민중의 군대가 아닌 미국의 지시에 의해 움직여지는 꼭두각시군대로 전락하고 말았다.

칼로 흥한 자는 칼로 망한다.

우리는 우리의 민족민주혁명적 요구를 단지 「군부퇴진」이라는 협소한 틀속에서 바라보는 오류를 범하지 말아야 한다. 앞에서도 살펴보았듯 한치의 정통성도 없는 파렴치한 군부정권이 민중을 짓밟고 올라설 수 있는 사회적·역사적조건이 무엇인가를 깊이 통찰하고 그것을 극복할 수 있는 방법을 과학적으로 모색하여야 한다. 그것은 한반도를 신식민지적으로 예속하고 있는 제국주의세력을 물리치고 민중이 주체되는 자주적 민족통일국가를 수립하는 길일 것이다.

언제 다가올지 모를 한반도의 혁명적 시기에 또다시 현 예속군부독재정권은 동족의 가슴에 총부리를 겨누며 최후의 발악을 하게 될것이다.

그러나 성서에서 예언했던 "칼로 흥한 자는 칼로 망한다"는 말은 역사의 경험에서 보듯 필연이 아니겠는가.

민족사의 찬연한 불꽃 광주항쟁

-당시 선전 매체의 활약상과 우리의 과제

1. 군부독재의 연장과 언론 봉쇄

유신독재의 공고한 아성이 18년 동안의 음습한 터널을 지나 마침내 공중분해된 1979년 10·26사건은 역사의 장을 또 한차례 뒤바꿔놓을 이듬해의 거대한 폭풍을 한반도 전역에 확산시켜놓고 있었다.

유신 잔재세력과 굳게 결탁하여 호시탐탐 집권을 노리던 일부 군부는 마침내 12.12사건을 일으켜 전권을 장악하기에 이르렀고, 억눌렸던 민중들과 재야 운동세력들의 울분과 저항을 더욱 혹독하게 탄압하기 시작했다.

YWCA 집회사건에 대한 테러, 대학휴교, 정치활동금지, 민주세력 주도자 연행,언론계정화, 통폐합, 「입법회의」를 통한 노동관계법률, 집회 및 시위에 관한 법률, 언론기본법, 정치규제법 등 이른바 「개혁입법」을 양산하여 강고한 통제체제를 구축해 놓을 것이다.

이들은 또한 제5공화국의 주역으로서 이후 언론 봉쇄를 조직적으로 심화시켰는데, 최근 「보도지침」사건으로 국제적 망신을 당했던 현 정권의 교활한 언론통제정책은 이미 80년도부터 마련된 것이었다.

현 집권세력은 80년 11월 언론 통폐합조치를 취한 뒤 12월말에는 곧바로 언론기본법을 설치, 언로(言路)를 가로막는 강력한 제도적장치를 마련하여 언론의 조종 및 대중조작을통한 정권안보의 교두보를 확보하였다.

아뭏든, 현재진행형의 언론통제 상황은 불을 보듯 뻔한 것이지만 80년 당시의 사정은 지금보다 훨씬 심각한 것이었다.

부마항쟁의 여진을 타고 전국으로 확산된 민주세력의 열기가 요원의 불길처럼 곳곳에 타올랐을 때 광주에서는 서울을 비롯한 전 지역의 투쟁과 발맞추어 각 대학 학생조직이 대단위 가두시위를 벌이게 된다.

특히 1980년 5월2일 서울대의 「민주화 대총회」에 1만여명의 학생대중이 동원된 이래 전국적으로 번진 시위대중의 확산은 실로 눈부신 것이었다.

2. 광주항쟁은 마침내 찬연한 불꽃으로

5월14일과 15일 양 이틀간에 걸쳐 광주는 바야흐로 혁명적 열기에 휩싸이게 된다. 5월 13일 서울지역에서의 가두진출에 자극을 받은 민주화 대행진의 파도는 경찰들의 계속되는 최루탄사격과 곤봉 세례에도 불구하고 힘차게 도청 앞 분수대를 향하여 몰아쳐갔다.

수천, 수만 장의 유인물이 쏟아져나왔다. 5월15일에 있은 「민주화 성회」에서 나온 유인물만 해도 전남대의 「시국성토 선언문」「대학의 소리」, 광주교대·조선대 민주투쟁위원회의 「선언문」, 전대·조대 학보사의 「결의문」, 광주교대생 대표의 「시민에게 드리는 글」등 이루 헤아릴 수 없을 정도이다.

도청 분수대 앞 광장은 명실공히 「민주의 광장」이 되었으며 시민들의 즉흥연설이 자연스레 이루어져 표현의 자유가 만발했다.

실로 가슴 벅찬 인간 교감의 대평원에서 사람들은 주로 '비상계엄 즉각 해제하라!' '노동 3권 보장하라!' '정치일정 단축하라!'고 강력히 주장했다.

폭풍은 서서히 다가오고 있었다. 민중들의 염원이 끓어오르는 곳과는 정반대의 방향에서 살륙의 잔인한 피냄새를 풍기면서 광주를 함락시키기 위해 그것은 은밀히 진격해오고 있었다.

광주민중항쟁의 뜨거운 불꽃은 5월16일 밤의 「횃불 대행진」을 계기로 찬란히 타오르기 시작했다. 한 시대를 처절한 비극으로 이끈 대탄압은 이튿날부터 즉각적으로, 참혹하게 감행됐다.

이미 미국으로부터 일부의 병력이동을 허락받은 군부는 호남 고속도로를 비롯한 광주시 외곽에 공수부대 병력을 속속 집결시킨 뒤, 5월 17일 밤 11시부터 재야인사들과 청년 지식인들을 체포, 검거하는 등 행동을 개시했다.

정부는 5월17일 24시를 기해 비상계엄을 전국으로 확대한다고 발표했다. 확대계엄이 발표된 지 두시간 후인 18일 새벽 2시 전남대와 조선대 캠퍼스에는 공수특전단이 진주했다.

날이 밝자 시내 전역에 배치된 공수대원들과 시위학생들간의 충돌이 발생했다. "돌격 앞으로!" 하는 명령과 함께 노래를 부르며 구호를 외치던 수많은 학생들이 얼굴에 피를 흘리며 하나씩 쓰러져 갔다.

한편, 이같은 상황에 대한 소식은 삽시간에 광주 전역으로 퍼졌으며 광주의 몇몇 문화패들은 이를 신속히 알리기 시작했다.

3. 투사회보의 등장과 선전조의 활약

이른바 '화려한 휴가'라는 명칭의 1차작전에서 시작하여 '충성'으로 끝나는 5차 작전까지의 임무를 띠고 광주에 투입된 계엄군들은 시간이 지날수록 불어나는 시위군중들을 닥치는대로 찌르고 짓밟는 만행을 서슴지 않았다.

이때부터 현대문화연구소의 문화 선전대 「광대」회원들과, 전남대학 내에서 「대학의 소리」라는 지하 유인물을 발간하던 구성원들이 제작, 발간한 유인물들이 산수동을 비롯한 시내 변두리, 계림동 등지에 뿌려지기 시작했다. 이들 유인물엔 공수부대의 학살과 만행 및 당시 사태에 대한 진상을 고발하는 내용이 실려 있었다.

문화팀 「광대」는 박효선을 중심으로, 광천동 「들불야학」팀은 윤상원을 중심으로 자체 유인물을 제작, 배포했는데 전남대 「대학의 소리」 발행 팀과는 따로따로 세가지의 유인물 작업이 서로 아무런 연결없이 진척되고 있었다.

그러다가 21일 이후부터 「투사회보」라는 제호로 통일, 세 선전조의 합류가 이루어졌다. 민중언론으로서의 역할을 담당하기 시작한 그들은 공단 노동자들과 대학생들로 구성된 회보팀 10여 명으로 투쟁 대상을 규정짓는 구호, 차량 임무 배정, 보급, 시체 운반 등에 관한 사항을 조목별로 적어 「투사회보」를 제작했다.

이들은 고작 등사기 3대를 가지고서 밤새워 제작, 하루에 5~6천 부씩 발간했다. 충장로 지업사에서 직접 제공한 종이 때문에 큰 경비는 들지 않았으며, 주로 여공들이 유인물을 몸 속에 숨긴채 시내에 까지 나가 배포했다.

4. 선전매체로서의 의의와 앞으로의 전망

「투사회보」 제작진의 부서는 문안작성조, 필경조, 등사조, 물품 보급조 등이었는데 25일부터는 2백매씩 한 묶음으로 묶어서 길거리에 나가 눈에 띄는대로 시민군의 차량에 실어주면 곧 시내 전역에 광범위하게 뿌려졌다.

민중항쟁 지도부가 구성된 5월25일부터는 장소를 YWCA로 옮겨 본격적인 홍보부서를 편성. 마침 YWCA안에 있던 수동윤전기로써 하루에 4만여 장씩 인쇄하게 된다.

"저는 광주공단에 근무하고 있는 노동자입니다. 많은 우리 노동자들이 출근길에 그 잔인한 반란군에게 폭행을 당하고 수 많은 학생과 시민이 그들에게 연행되거나 폭행 당했읍니다. 하지만 그때까지 우리는 참고 있었읍니다. 많은 작업시간 때문에 낮에 나올 수가 없었으니까요. 하지만 사태가 악화되면서 우리의 부모형제가 검붉은 피를 흘리며 하나하나 쓰러져갈 때 아무리 사회정세를 모르는 노동자들이지만 어떻게 참고 모르는 척 할 수 있겠읍니까? (중략) … 이번에 새로 조직된 우리 민병대원들을 믿고 의지하면서 우리 권리를 찾고 원수를 갚기 위해서 투쟁을 계속해야 되지 않겠읍니까?" (제1차 민주수호 범시민 궐기대회에서 '광주 애국시민에게'라는 제목으로 발표된 노동자대표의 성명서 중에서)

"드디어 제1차 전남도민 시국 궐기대회를 가지다!! 5월23일(금) 오후 4시 도청앞 광장에서 2만여 도민(시민·학생·노동자·농민)이 참석한 가운데 시국에 관한 각계의 입장을 밝히고 구체적인 결의를 다짐했다. 결의사항 : 흉악무도한 ○○○은 모든 공직에서 사퇴하라. 불법 비상계엄령을 즉각 해제하라.(중략)…보라! 그동안의 참혹한 만행을! 사망 확인·미확인자 수 600여명, 중경상자 무려 2000여명" -하략-(1980년 5월24일자 「투사회보」 제7호 중에서)

항쟁기간 동안 모든 신문·방송 매체는 광주에 관한 올바른 보도를 하지 않았다. 그러한 상황 속에서 왜곡방송을 일삼아 계엄군의 앞잡이 노릇만 하던 문화방송을 분노한 시민 시위대들이 불태워버린 뒤 전남일보, 전남매일의 편집이 중단되었다.

5월20일,항쟁의 열기가 다른 지방으로 확산되기를 극력 꺼려하던 계엄군은 광주시에 대한 와해공작을 함으로써 사실보도 통제, 의도적인 왜곡·과대선전으로 광주를 고립시키려했다.

그러나 지하언론들은 잠시도 그들의 선전·선동을 멈추지 않았으며 끊임없이 대다수 민중과 시민군들의 투쟁의욕을 고취시키는 데 앞장섰다.

21일부터 시작한 「투사회보」는 25일에 8호까지 발간하다가 9호부터는 제목을 「민주시민회보」로 변경하여 발간했다. 마지막 호 였던 제10호는 계엄군의 진주로 끝내 배포하지 못하고 말았다.

항쟁기간 동안 투쟁의식 고취 및 투쟁 방향을 제시하는 데 주력했던 선전조들은 항쟁이 장기화될 조짐을 보이자 일반대중을 의식, 항쟁의 당위성과 지속성을 역설하는 논설 형식을 민중언론에 싣게 되었다.

이들은 선전매체를 투쟁의 무기로 삼아 민중의 목소리를 지속적으로 반영하면서 빠른 시간에 변두리 지역에 까지 보급하는 등 혼란한 투쟁 공간속에 산재한 투사들과의 연결과 시민들 사이 행동 통일에 큰 기여를 하였다.

앞으로 또다시 역사적 5월이 부활한다면 선전조들은 훨씬 과학적이고 효율적인 매체를 담보해내지 않으면 안된다. 권력과 유착된 제도언론, 상업주의의 시녀로 전락한 모든 방송매체와 신문 따위를 하루아침에 쓰레기통에 처박을 날을 꿈꾸며, 5월은 아직도 이 거리 저 모퉁이에서 고통스러운 역사의 부활을, 해방을 꿈꾸며 피흘리고 있다. 이제는 열린 매체가 사회의 전면에 나서야 할 때다.

기획취재－심화되는 서울·지방 캠퍼스 신문사간의 갈등

서울 소재 종합대학교의 지방캠퍼스가 증설된지도 벌써 10년이 넘어간다. 그런가운데 서울 대학들의 지방캠퍼스 신설과 지리적 여건에 따른 여러가지 문제점이 많이 노출되고 있다. 그 중에서도 대학 언론을 담당하는 신문 (학보)사가 신문편집 면 할애 발행방법 등을 놓고 서울, 지방캠퍼스신문(학보) 기자들간에 불신관계가 점점 첨예화 되어가고 있는 실정이다.

서울 소재 지방캠퍼스의 경우 명지대 등 몇개의 대학을 제외하고는 대학본부가 서울에 있는 관계로 업무나 모든 시설활용이 서울에 편중되어 있다. 신문(학보)사도 마찬가지로 대부분의 대학신문(학보)사가 한국경제신문사, 코리아헤럴드, 조선일보·외간부에서 제작을 하고있기 때문에 지방캠퍼스 신문(학보)사 기자들이 큰 불편을 겪고 있다.

서울 소재 지방캠퍼스의 여건을 보더라도 대학건물이 들어선지 10여년 남짓 밖에 안되었기 때문에 제반 부수적인 여건이 좋지않다. 이런상태에서 지방캠퍼스에서 신문(학보)을 제작한다는 것은 여간 어려운 일이 아니며 조판을 할 수 있는 마땅한 장소 즉 인쇄소가 부족한 실정이다. 또한 서울, 지방간의 재학생 수를 보더라도 서울이 압도적인 구성인자를 차지하고 있고 서울 소재 종합대의 지방캠퍼스를 살펴보아도 알 수 있다.

건국대 충주캠퍼스(1980년 3월인가 인원 4천5백명) 경기대 수원캠퍼스(1979년 3월인가 인원 6천4백50명) 경희대 용인캠퍼스(1979년 3월인가 인원 7천5백명) 고려대 조치원캠퍼스(1980년 3월인가 인원 3천1백명) 단국대 천안캠퍼스(1978년 3월인가 9천9백60명) 동국대 경주캠퍼스(1979년 3월인가 인원 5천8백60명) 명지대 용인캠퍼스(1983년 3월인가 5천5백명) 상명여대 천안캠퍼스(1985년 3월인가 인원 1천50명) 성균관대 자연과학캠퍼스(1979년 3월인가 인원 6천5백명) 연세대 원주캠퍼스(1978년 3월인가 인원 2천8백50명) 외국어대 용인캠퍼스(1980년 3월인가 인원 4천5백명)중앙대 안성캠퍼스(1979년 3월인가 인원 7천8백40명) 한양대 안산캠퍼스(1979년 3월인가 인원 8천2백명) 등이 있다.

이처럼 서울소재 대학들이 지방캠퍼스를 신설하고 있는 상태에서 같은 대학내의 신문(학보)사 기자들간 신문편집과 제작과정에서 많은 마찰을 빚고있는 신문(학보)사를 중심으로 살펴보도록 하겠다.

건국대학교 건대신문사는 서울, 충주신문사 기자들 사이에 지역적인 감정상의 대립과 상호불신관계로 인해 충주캠퍼스 기자들이 신문제작의 독립화를 주장 서로 마찰 갈등 관계가 심화되고 있다.

신문제작의 모든 과정을 서울에서 하고 있는 건대신문은 충주신문사에 대한 기사, 특집등 참여폭을 넓히기 위한 조치로 3면과 7면을 주고 있다. 그러나 충주신문사의 여건에 따른 사실적인 취재는 보도면이 지면관계상 충주소식을 전부 소화시키지 못하고 있다. 이런 이유로 충주신문사 기자들은 차별을 한다며 충주 자체 신문인 제호 「충원신문」을 제작하겠다고 주장하고 있다한다.

구체적인 제작방법을 보면 1년에 두번 발행하고 예산의 책정은 서울신문사에서 지급되는 기자월급 전액과 충주 총학생회, 각 단대, 지방대학의 협조를 받아 그 첫호를 5월 말께 발행할 예정이라는 것이다.

충주신문사는 내년부터는 기존 간행되는 8,8,8, 4면 체제인 신문제작에서 마지막 주에 발행되는 4면을 서울판과 충주판을 따로 제작배포하자는 제안과 서울신문사 편집장 1인 충주신문사 편집장 1인 체제로 바꾸고 3주는서울편집장 밑에서 조판을 하고 마지막 주에는 독자조판을 주장하고 있다.

이에 대해 서울신문사의 입장은 신문 발행은 상관이 없지만 1캠퍼스 안에 2개의 신문이란 존재할 수 없고 이런 갈등상태가 계속되면 서로간의 관계만 더욱 악화되는 결과를 초래하므로 서울신문사에서 분리, 독립 따로 제작하자는 강경한 입장을 취하고 있다.

현재 건대신문사 기자수를 보면 서울 18명 충주 14명으로 구성되어 있다. 1면취재 기사의 경우 1면 담당자에 따라 그 중요도를 따져 톱으로 정하고 있고 주로 서울캠퍼스의 기자가 톱으로 배정된다.

결국 서울, 충주신문사 기자들 간의 이질감은 충주캠퍼스가 분교라는 핸디캡과 기자들간의 감정상의 대립까지 겹쳐 일어난 문제라고 본다. 그러므로 상호간에 이질감을 극복하기 위해서는 가장 이상적인 방법은 서울, 충주간에 독자적인 신문을 제작하는 것이나, 현재의 여건으로는 될 수 없으므로 양 캠퍼스 학생 수에 비례해 면에 대한 편집을 늘리고 서울, 충주라는 구별없이 우수한 기획안에 대해서는 신문에 게재할 수 있는 보완의 관계가 이루어져야 하겠다.

연세대학교 연세춘추사의 경우 원주신문사 기자들이 서울춘추사 기자들 사이에서 소외당하고 원주 취재기사안이 누락된다고 느끼면서 서울, 원주간의 이질화가 더욱 두드러지게 나타나고 현재 서울춘추사는 고정 8면을 발행하고 있는데 학생 수에 비해 신문의 면이 적다.이런 관계로 서울캠퍼스에서 일어나는 취재, 기획 기사로도 취재면과 기획면을 채우고도 남기 때문에 원주캠퍼스 기사는 면의 할애를 하고 있지만신문에 크게 기여를 하지 못하고 있는 실정이다.

또 원주신문사에 부장제도를 없애 신문기자들간에도 불신감을 조장시킨 결과를 만들었다고 볼 수 있다. 기사문제, 기자의 대우문제 지역적인 감정문제등에서 일어난 이질감은 결국 원주총학생회가 주관,산하에 제호 「캠퍼스 신문」을 만들게 했다고 생각한다.

캠퍼스신문의 발행을 보면 1달에 1번씩 현재 2번 발행했고 재정적인 문제보다 건대신문과 같이 1캠퍼스안에 2개의 정기간행물은 허용하지 않는다는 유권해석 때문에 어려움을 겪고 있다.

이에 반해 서울춘추사는 원주캠퍼스의 독자적 신문제작에 대해 전적으로 거부하고 있으며 지역적인 차원 학교차원의 캠퍼스의 분리로 해석하고 있다.

특히 기자들 상호간에도 서로 친밀함을 느껴야 함에도 원주 기자들을 소외시키는 경향이있고 편집과 조판을 하는 경우도 옆에서 조언하는 정도의 미약한 대우밖에 받지 못하고 있는 상황이기 때문이다.

이런 문제들이 발생하는 것은 연세춘추라는 신문을 제작하고 정확한 보도와 기자로서의 사명이자 임무를 원주기자들은 자신의 권리를 찾지 못하는데서 나온 것이라 할 수 있다. 그러므로 서울 원주춘추사 기자들 간의 괴리감을 해소하기 위해서는 양 캠퍼스 기자들간에 싹텄던 불신관계를 일소 시킬 수 있는 새로운 전기를 마련해야 하고 신문의 역할, 서울캠퍼스 중심의 신문제작에서 탈피해 원주캠퍼스와 형평의 원칙에 맞게 조정해야 하겠다.

또한 지역적인 관계에서 일어나는 문제가 단지 본교와 분교라는 인식과 취재기자의 빈약이라는 것 보다 교수의 논문과 학생들이 참여할 수 있는 난의 폭을 좀더 넓혀야 하겠다.

이런 것들이 이루어 질때 같은 대학의 학생으로서, 기자로서 서로의 공감대를 형성하고 긴밀한 유대관계가 지속되리라고 본다.

상명여자대학교의 경우 천안에 있는 신문(학보)사가 서클규모를 넘지 못하고 있고 기사의 양이 적기 때문에 서울캠퍼스의 기사가 대부분을 차지하고 있다. 특히 천안신문사의 역할이 충분히 형성되어 있지 않은 관계로 면의 할애를 보면 취재기사의 동등한 위치, 주요기사의 탑 중탑의 게재 등에 천안신문사 기자들이 많은 신경을 쓰고 마찰이 일어나고 있다. 그러나 상명여대 신문의 탑은 서울캠퍼스의 기사로 정해져 고정이라는 의식이 지배적이다.

이런 것은 천안신문사와의 관계를 친밀, 화목을 유도하기 보다는 차별이라는 거리감을 두게 하는 경우가 아닐까 한다.

성균관대학교의 경우는 신문상에서 발생하는 문제점보다 지역적인 감정에 치우쳐 신문에 게재되는 캠퍼스 지명문제로 인해 마찰이 일었다.

기사의 경우는 그 시기에 가장 큰 이슈가 되는 것을 탑으로 잡기 때문에 유동성이 있으나 편집장이 서울캠퍼스 신문사에 있기 때문에 면에 대해서 형평의 원칙에 어긋난다는 태도로마찰을 빚기도 한다. 면의 할애는 자연과학캠퍼스가 서울캠퍼스보다 재학생수가 더 많기 때문에 취재기사의 경우 자연과학캠퍼스 취재기사가 많이 차지한다.

이런 점 때문에 서울, 자연과학캠퍼스 간의 면은 다소 유동성있고 신축성 있게 운영해 나가고 있다.

기타 종합대학교의 지방캠퍼스 신문(학보)사는 편집장이 두 캠퍼스를 관장하기 때문에 다소 어려움이 따르지만 형편에 맞게 기사의 게재 신문의 발행에 있어 문제의 시비가 적다.

이상 몇개의 신문(학보)사에서 파생되는 본교와 지방캠퍼스 신문(학보)사 간의 이질감 및 제반 문제점을 살펴보았다.

이 시점에서 과연 서울, 지방신문(학보) 간의 불신관계를 어떻게 해소하고 대학언론을 이끌어 나가야 할 것인가 생각해 보아야 할 것이다.

첫째 대학신문(학보)사의 서울, 지방신문사간의 첨예화된 불신감은 기자 상호간에 쌓였던 벽을 허물고 지방신문사의 특수성을 고려하며 지방신문 기자들은 자기비하의식을 버리고 서로간의 튼튼한 유대관계를 맺을 때 가능하다.

둘째 신문(학보)은 한 대학의 중추적인 역할을 담당하는 언론이라 해도 과언이 아닐 만큼 대학에서 큰 비중을 차지하고 있다. 그러므로 이런 것들을 상기하고 서울, 지방신문사의 상호보안, 교류, 취재, 특집, 기획 등에 대해서는 형평의 원칙에 맞게 배분해야 하겠다.

앞서 말했던 여러 제반문제점들이 해결된다면 종합대학교 지방캠퍼스 신설과 함께 발생한 양신문사 기자들간의 마찰은 없어질 것이고 현실에 보다 능동적으로 참여할 수 있는 신문(학보)이 만들어 질 수 있을 뿐더러 나아가 대학언론의 기수로서 불의와 타협하지 않는 진정 살아 숨쉬는 대학 신문사가 될 것이다.

중앙대·부산대, 투쟁 통해 학부생 체제로 전환

(중대) 전임기자제·특채기자제폐지, 운영위원회는 자문기관으로
(부대) 타학내조직과 연계투쟁, 포상조항철폐·학점 조항은 완화

▲지난 85년 2학기 대학원생 체제를 바뀌었던 중앙대 신문사가 기자들의 총사퇴에 뒤이은 투쟁에 의해 2년만에 사칙이 개정되고 학부생 체제로 전환되었다.

중앙대 신문사의 사칙 개정사항을 보면 사칙 개정전의 2,3,4학년 체제에서 1,2,3학년 체제로 바뀌었으며 이전까지 기사결정에도 중요한 영향을 미쳤던 편집국장(외부 대학원생)이 행정적인 사무만을 처리하게 되었다.

또한 전임 기자제와 특채 기자제가 폐지되고 교수들로 구성된 운영위원회는 단순한 자문기관으로 존재하게 되었다.

중앙대 기자들의 투쟁일지는 다음과 같다.

5월 1일 : 정기자 4명, 수습기자 9명 사퇴.
5월 6일 : 학생지지서명 받음(결과 3천2백명 서명)
5월 7일 : 학생비상총회 열림, 단과대지지 대자보, 써클 지지성명.
5월 8일 : 교수운영위원회 열림.
5월 12일 : 사칙개정에 총장인가.
5월 13일 : 기자 전원복직과 특채기자 면직을 요구하며 본관앞에서 기자 20명 연좌농성.

▲87년 1월 24일 겨울방학중 학교측에 의해서 일방적으로 신문사 사칙이 개정되고 대학원생 체제로 전환되었던 부산대 신문사가 다시 학부생체제로 바뀌었다.

부산대 신문사의 학부생 체제로의 전환은 부산대 제반 학내민주화쟁취시위와 관련하여 많은 학생들이 수업거부, 철야농성 등을 벌인 것에 힘입은 바 크다.

학교측은 과거 사칙에서 편집국장 이하 전기자를 대학원생으로 교체하였었고 포상조항을 신설하여 기자중 학점평균 2.5미만의 기자들은 퇴사토록 하였으며 신문사에 손실을 끼치거나 주간 지도교수의 지도를 거부하는 자는 퇴사토록 하였다.

이번의 사칙개정을 통해서 학부생으로 체재전환, 포상조항 철폐가 명시되었으나 학점조항은 다소 완화하는데 그쳤다.

자대기련 체육대회 20개대학 2백명 참가

"제1회 자유언론실천대학 신문기자연합회 체육대회"가 지난 5월 31일 서강대, 숭실대, 아주대 등 서울·경인지역 20개 대학신문사 기자 2백여명이 참가한 가운데 경희대에서 열렸다.

처음 서강대에서 열릴 예정이었으나 경찰의 봉쇄가 예상돼 개최 하루전 장소를변경하여 열린 이날 체육대회는 오전 11시 대운동장 스텐드에서 진재호 국민대 편집장의 사회로 개회식을 갖고 경기를 시작했다.

이날 개회식에서 자대기련 의장 소성광(서강대 편집장)군은 "우리의 순수한 체육대회를 막기 위해 경찰이 당초의 행사장소를 봉쇄하고 각 대학신문사 편집장들에게 전화로 협박하는 등 온갖 방해공작을 편 것은 우리가 딛고 있는 대학신문이라는 장이 얼마나 중요한 곳인가를 새삼 깨닫게 한 일"이라고 말하고 각 신문사는 군부독재타도와 언론자유쟁취를 위해 온 힘을 기울여 투쟁하자"고 역설했다.

개회식이 끝난 후 당초 예정됐던 축구·발야구경기를 각각 한게임씩 치뤘으나 사전에 운동장을 예약치 못한 관계로 더 이상 진행치 못하고 경희대신문사앞 야외집회장으로 장소를 옮겨 줄다리기, 닭싸움, 기마전 등의 경기와 사가경연대회 등으로 순서를 변경하여 진행했다.

한편 지평대항으로 진행됐던 이날 대회의 우승패는 북부지평이 차지했으며 대회가 끝난 오후 6시경엔 각 학년별로 모여 막걸리파티와 토론회를 갖기도 했다.

〈사진은 자대기련 체육대회때의 모습〉

경인지구 체육대회 인하대등 3개대 참가

제1회 경기 인천지구 대학신문기자 연합회 체육대회가 지난 4월 26일 수원, 아주, 인하대 학보사 기자 45명이 참석한 가운데 인하대에서 열렸다.

이번 체육대회에서 축구 배구 발야구 야구등 4개종목에 걸쳐 시합을 벌인 결과 아주대에서 우승했다.

고대신문1051호 배포금지

고대신문 1051호(87년 5월25일자)가 1면 기사가 문제되어 인쇄에 들어가기 전 당국에 의해 배포금지조치를 당했다.

문제가 된 1면기사에는 「박종철군 고문치사 사건조작을 보는 대학인의 목소리」라는 제하에 동교 교수 28명과대학원·학부생 14명 등 총 42명의 의견이 전면에 실렸다.

(칼럼) "대학언론은 결코 조그마한 산소부족으로 질식당할 수 없다"

바다밑 잠수함의 산소가 희박해 졌을때 가장 먼저 질식하고 마는 것은 새장속의 참새이다. 선원들은 알아채지 못하더라도 민감하기만한 참새의 허파는 조금의 산소부족에도 이겨내지 못하는 것이다.

그러나 잠수함이 바다위로 떠올라 신선한 공기가 다시 가득찰 때 참새는 그 잠속에서 깨어날 수 있는 것이다.

참새와 잠수함, 산소가 소멸되어가는 잠수함과 같은 이 시대상 속에서 예민한 허파를 가지고 질식해가는 대상은 누구인가?

여기에서 우리는 이른바 보도지침을 떠올리지 않을 수 없다. 헌법에 명시된 언론자유조항을 헌신짝처럼 내던지면서 언론을 권력의 시녀로 만들어 버린 전대미문의 횡포가 바로 그것인 것이다.

폭정의 시대·언론탄압의 전형처럼 되어버린 보도지침이라는 탈산소 상태속에서 우리네 기성언론은 한마리의 참새처럼 질식당하고 있는 것이다.

그 질식의 여파가 대학언론에까지 미치고 있다. 과거의 서울대·중앙대·숙명여대신문사에 이어 올해에는 부산대·경상대 등지에서 그 탄압의 횡포가 가중되고 있다.

그러나 기억해야만 할 것은 대학언론은 결코 조그마한 산소부족으로 질식당할 수 만은 없다는 것이다.

마지막 한 분자의 산소가 남더라도 우리의 허파를 포만시켜 바다밑 잠수함을 떠올리고 신선한 공기를 잠수함에 불어넣어야만 할 운명을 지니고 있는 것이다.

우리에게 강요되는 어떠한 탈산소 상황 속에서도 새벽을 알리는 전령으로서의 소명을 다하기 위한 대학신문의 결의는 이 어두움 속에서도 찬연히 그 빛을 더해 나갈 것이라 믿어 의심치 않는다.

자 대 만 평

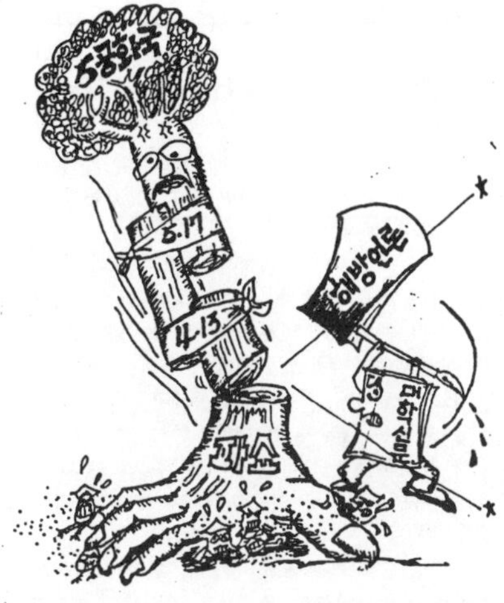

파쇼의 폭압을 뚫고 너 대학신문이여, 끝내 승리하리라

"노도, 일방적이고 주관적인 차원 극복해야"

인터뷰 I - 민언협 정상모 사무국장을 만나

현 정권의 끊임없는 탄압과 방해책동 속에서도 굴하지 않고 대중적인 언론운동의 진폭을 확장해 나가고 있는 민주언론운동협의회의 정상모사무국장을 만나 현단계 언론운동과 대학언론의 위상에 관해 이야기를 나누었다. 말10호를 낸후 줄곧 도피생활을 보냈다는 정국장은 그간의 피곤함 때문인지 안색이 매우 좋지않아 보였다.

80년 양심적인 기자들이 당국의 폭력적탄압에 의해 대거 추방될 당시 문화방송에서 해직된 그는 줄곧 언협회원으로 활동하다 「보도지침」관계로 구속된 작년 언협사무국장 김태홍씨에 이어 올해 초 사무국장으로 선출되었다. 해직된 후 삼반적 정권의 폭력성과 이와 결탁한 언론의 횡포를 그냥 주저앉아 좌시할 수 없어 언론운동일선에 뛰어들게 됐다는 정국장은 언협활동의 어려움을 묻자 첨예한 권력의 탄압으로 다각적인 활동을 펼칠 수 없다며 타운동단체에 비해 언협에 대한 당국의 반응이 상당히 예민한 것 같다고 밝힌다.

민통련이나 민청련등 타운동단체에서 발행되는 유인물이나 신문같은 경우 내용의 수위가 매우 높음에도 불구하고 특별한 경우를 제외하곤 별 반응을 보이지 않지만 언협에서 발행하는 「말」과 「말소식」등은 걸핏하면 수색과 압수 등의 홍역을 치루고 있는 실정이기 때문이다. 이에 대해 정국장은 「말」이 타운동단체의 언론매체와는 달리 대중적인 설득력과 영향력을 갖고 있기 때문이 아니겠냐고 말한다.

사실 현정권이 가장 두려게 여기는 것은 우리의 운동이 대중속으로 깊이 파고들어 그들에게 변혁의지를 심어주고 대중들을 운동의 대열로 이끌어 내는 것일게다. 이 때문에 언협은 항상 당국의 탄압 표적이 될 수 밖에 없었던 것이다.

「말」을 처음으로 접하게 되는 대중들은 지금까지 「신동아」를 비싼 돈들여 사보았던 것을 후회할 정도라 하니 「말」의 대중적 여파가 얼마나 큰지 짐작하고도 남음이 있다.

정국장은 당국의 극한적탄압에 의해 「말」발간외의 다각적 활동을 제대로 펼치지 못하고 있는 것이 한계라며 민중들과 직접적으로 교류할 수 있는 실천적 프로그램의 개발이 앞으로의 과제라고 밝힌다.

그는 현단계 언론운동의 방향으로 이야기의 촛점이 돌려지자 이제는 「자유언론」이 아닌 「민중언론」의 시대라고 힘주어 말한다. "흔히들 권력의 간섭만 배제하면 언론의 문제는 자동적으로 해결되지 않겠느냐고 생각합니다. 즉 권력으로부터의 자유만 추구하면 되지 않겠는가 하는 단순한 생각이죠.

그러나 자본주의 사회에서 물질적 토대가 소유집단에 계속 존재하는 한 아무리 언론이 권력으로부터 자유롭다 해도 언론은 그 집단을 위해 봉사할 수 밖에 없게되며 민중의 입장과 이익과는 무관하게 됩니다. 언론사의 인사권경영권을 돈많은 자들이 쥐고 있는한 진정 민중을 위해 봉사하는 언론이란 존재할 수 없게됩니다. 즉, 자유언론하에서 민중은 객체로 머물게 됩니다"

그는 민중이 객체에서 주체로, 민중이 언론의 참여자와 언론기능의 목적으로 존재해야 한다고 말하며 단순한 자유언론운동이 아닌 민중의 이익에 철저히 입각한 「민중언론운동」을 벌여나가야 할 것이라고 강조한다.

다음에는 대학신문에 관해 이야기를 나누어 보았다. 개인적으로 생각하는 「대학신문의 편집방향」에 관해묻자 그는 "대학언론의 특수한 위상과 성격, 외세와 독재권력에 의해 민족의 자주정신이 짓밟히는 한반도의 특수한 상황을 올바르게 인식, 민족이나 민중에게 궁극적 전제를 두고 기능해야 할 것"이라고 이야기한다.

"민족의 자주화와 민주화를 위해 기자 스스로가 대학언론이라는 특화된 기능을 어떻게 사용할 것인가를 끊임없이 고민하고 토론해야 합니다" 그는 명백한 제도언론으로서의 대학언론의 한계는 각 기자들의 부단한 민중성획득과 끊임없는 투쟁속에서만 획득될 것이라고말한다.

대학신문에 "많은 관심을 갖고 있다고 밝힌 그는 작년에 발행된 「노도」를 본 느낌을 묻는 질문에 대해선 「너무 솔직한(?) 표현이 많은 것 같았다」고 문제점을 지적한 후 다음과 같이 이야기한다. "언론은 일방적인 것이 아닙니다. 상호적인 작용에서의 효율적 의사전달이 이뤄질려면 일방적이고 주관적인 차원을 극복, 상호적이고 대중적인 의사전달이 돼야 합니다"

이 말이 결코 「선도적 기능」을 무시하자는 이야기가 아니라고 강조한 정국장은 「상호적기능」의 바탕 위에서만 선도적 기능이 이뤄질 수 있다고 강조한다.

정국장은 마지막으로 모든 운동은 중장기 계획하에 이뤄져야 한다고 말한후 각 언론운동은 겨냥하고 있는 대상의 범위를 과학적으로 설정하고 이 대상층에 적절한 언론의 배분이나 역할이 이뤄져야 한다며 말을 맺었다.

이미 권력의 충성스러운 노예가 된 이땅 제도언론의 횡포속에서도 이 시대의 모순구조를 절단하고 민중의 새 해방세상을 창조하려는 「민중언론」의 불씨는 결코 꺼지지 않을 것임을 정국장의 뜨거운 입김속에서 새삼 확인할 수 있었다.

"2년간의 단절딛고 이젠 삼민언론으로의 웅비를" 인터뷰 II

- 학부생 체제로의 복귀 이룩한 중대신문사 황진희 양을 만나

85년 2학기 신문사 체제가 학부생에서 대학원생 체제로 바뀐뒤 2년만에 학부생 체제로의 복귀를 이룩했던 중대신문사 기자들중 황진희양을 만났다.

"저희 기자들은 대학원생 체제하에서 학교홍보용 신문만을 만들 수 없었읍니다. 이제 과거 신문사체제를 원상복귀되고 민족 민중 민주언론을 추구할 수 있게 되어 기쁩니다"라며 황양은 말을 꺼낸다.

처음 기자 4명과 수습 9명이 총사퇴를 하고 대자보를 붙이고 서명운동을 벌였을 때과연 우리가 승리할 수 있을 것인지 두려웠다는 황양은 "그러나 단대학생회와 함께 제반 학내비민주요소 척결을 위해 싸움을 하다보니 많은 중대인들이 신문사문제에 대해 공감을 하고 적극적으로 지지와 성원을 보내주어 승리할 수 있다는 확신을 가졌다"며 개인적으로나 과차원에서 또한 자대기련에서 보내준 지지성명서는 학생들의 이러한 분위기를 고조시킬 수 있었으며 기자들의 정신력에도 큰 도움이 되었다고 후술한다.

"비상총회도 매일 열렸읍니다. 총회가 열릴때마다 3~4백명의 학생들이 모였으며 별반 사회민주화 등의 대중집회에 참여가 없었던 안성캠퍼스 학생들까지 적극적으로 호응을 하여 분위기가 가열되었던 것이 우리가 쉽게 승리할 수 있었던 단초가 되었다"며 학교측과의 싸움에서 승패의 관건은 학생들의 지지와 동참을 획득하느냐 하지 못하느냐에 달렸다고 강조한다.

「저희 기자들도 하루 수십장의 대자보를 쓰는데 매달려야 했고 저녁이면 수거하였다가 아침에는 다시 붙이는 작업을 반복했읍니다. 한마디로 정신적인 긴장감과 육체적인 피로로 점철되어졌던 보름간이었읍니다」라며 어려웠던 순간들을 회고하고 중앙대 연못에 있는 청룡상에 대자보를 붙이기 위해 남자기자들이 때아닌 수영대회를 벌였던 것이 긴박한 상황속에서도 여유있는 웃음을 지을 수 있었던 순간이였다며 승자만이 가질 수 있는 미소를 짓는다.

기자들의 이러한 주체적인 노력과 학생들의 지지속에서 신문사문제가 심각하게 부각되자 학교측에서도 주위를 관망하던 태도를 버리고 부산대나 경북대와 같은 사태가 일어날 것을 염려 주간교수 총장 등이 적극적인 대화자세로 임하기 시작했다며 황양은 "학교측과 대화가 전개되면서도 논의가 진전과 후퇴를 거듭하는 등 난항을 거듭 긴장의 고삐를 늦출 수 없었다며 신문사 전직 선배들이 어려울때 기자들을 이끌어주고 힘을 북돋아주어 고비고비를 잘 넘긴것 같다"며 중대신문사 체제전환의 쾌거를 선배들의 공로로 돌린다.

그러나 학교측과의 합의가 이루어져 총장이 사칙개정을 승인하기는 하였지만 사퇴기자의 전원복직과 학교측이 일방적으로 뽑은 특채기자의 면직문제가 해결되지 못한 상태여서 체제개편의 확정에도 기뻐할 수 만은 없는 상태라며 황양은 아쉬움을 표한다.

끝으로 황양은 "이번 싸움을 통해 우리가 디디고 있는 대학신문이라는 장이 얼마나 중요한 곳이라는 것을 깨달을 수 있었읍니다. 방학동안 신문사체제를 재정비하고 진정 중대인을 대표할 수 있는 그들을 사상적으로 이끌 수 있는 중대신문이 될 수 있도록 노력하겠다"며 2년여동안 단절되었던 중대신문의 전통을 잇는 전통재창조작업에 전력을 다할 것을 다짐한다.

현하 각 대학신문사에 대한 탄압이 가중되고 있는 이 시점에서 중대신문사의 커다란 승리는 크나큰 용기와 자신감을 불러일으킬 수 있을 것이다. 어떠한 탄압도 우리의 주체적인 노력여부에 따라 극복될 수 있음을 직시하자.

편 집 자 추 신

"독자 제위 여러분의 광범위한 참여를 기대한다"

"87노도"는 "86노도"의 일방성에 대한 비판속에서 만들어졌지만 과연 실제적으로 얼마만큼 이러한 부분들이 노도의 지면속에 채워졌는가는 독자들의 판단에 맡겨둔다.

어쨌든 우리가 "노도"를 만드는 이유는 각 대학신문사의 연계구조를 활성화하고 대학언론운동을 하나로 조직화함에 일조하기 위함이다. 이는 신문을 직접 만드는 몇몇 제작진 뿐만 아니라 아래로부터 솟구치는 각 신문사 기자들의 역동적 힘이 위로 올라올 때 가능하며 그러할때 "87노도"는 각 신문사 기자들의 의지를 하나로 묶어주는 튼튼한 "고리"로서 기능할 수 있다.

각 대학신문사 기자제위의 광범위한 참여속에서 다음 호는 더욱 풍부한 내용과 가치가 담겨지길 기대해 본다.

독재타도 민주화는 국민의 손으로

민주화를 위한

공동전선

민주헌법 쟁취하여 민주정부 수립하자

〈제 1 호〉
발행일 : 1987년 6월 5일
발행처 : 민주헌법쟁취국민운동전남본부
연락처 : 광주YWCA 601호 ☎ 56 - 5525

아직도 진상은 밝혀지지 않았다

박종철군 고문살인사건 축소조작! 대검발표에도 여전히 의혹투성이
국민운동본부, 6월 10일 오후 6시 전국에서 규탄대회 갖기로

지난 5월 18일, 천주교 정의구현 전국사제단은 「박종철군 고문치사사건의 진상이 조작되었다.」고 김승훈 신부를 통해 성명·발표하였다. 고문살인축소조작사실을 인지하고도 숨겨온 현정권과 '늘쥐'같은 검찰은 몇명의 경찰을 추가구속하는 선에서 또다시 진실을 은폐하고 있다.

국민의 신뢰를 상실한 현정권은 5월 26일 허구적 내각개편을 단행하였고, 대검찰로 승격 원점 재수사된 결과는 여전히 많은 의문점만을 남겼다. 연20여일이상 박종철군 고문살인축소조작사건은 정국을 급변케 하고 있으며 점점 비상정국의 기운을 고조시켜가고 있다.

〈5월 18일, 망월동 묘지에서의 국민운동 전남본부 발족선언 장면〉

현 정권은 내각 대폭 개편과 임시국회를 통해 국민의 분노를 여과하고 폭력적 정치일정을 강행하려는 의도를 보이고 있으며, 이에 대해 재야와 통일민주당은 **▲박종철군 고문치사사건의 사인이 밝혀지고 있지 않다. ▲정권이 물러나야 할판에 내각개편만으로는 미흡하다. ▲허수아비 약체 내각 개편은 국민을 우롱한 처사라고 주장하고 현정권의 퇴진을 요구하고 있다.**

미국도 '인권보호·고문방지공약, 한국정부에 요청', '폭력혐오'운운하며 가시적으로는 살인정권을 비난하면서 현 군사독재정권 지원을 은폐하기에 급급하고 있다. 지금 국민의 심정은 의혹과 불신, 적개심과 분노로 가득차 「이번 기회에 정권이 '확'무너져 버리길」기대하고 있다.

진실은 아직 밝혀지고 있지 않다.

▲박종철군을 어떻게 고문하고 살해하였는가?
▲살인은폐조작의 경위와 그 관련범위는?
▲구속경찰과 가족에 대한 회유협박경위 및 방법은?

우선 이 모든 은폐조작이 만천하에 공개되고, 살인정권은 준엄한 국민의 심판을 받아 퇴진·추방되어야 한다. 또한 아직도 밝혀지지 않고있는 수많은 '의혹의 죽음'과 고문사례, 그리고 근본적인 고문방지대책이 세워져야 한다. 따라서 이같은 진상규명과 고문방지대책을 위해 국정조사권이 발동되고, 대한변협이 검찰의 조사권을 넘겨받아 특별조사단을 구성, 진상조사를 할 수 있어야 한다.

박종철군은 젊고 똑똑한 국민의 아들이다. 박종철군의 죽음은 민주의 죽음이요, 정의의 죽음이다. 박종철과 민주를 되찾고, 정의를 되살리고 진실을 밝혀내는 유일한 길은 말이 아닌 행동 뿐이다.

▲장내에서는 국정조사권 발동 촉구투쟁을!
▲장외에서는 온 국민이 일치단결하여 6월 10일 「박종철군 고문살인은폐규탄 및 호헌철폐국민대회」를 개최하자!

현정권은 책임지고 퇴진하라!

호헌반대 민주헌법쟁취 국민운동 전국으로 확산!

- 민주헌법쟁취 국민운동 전남본부, 전국처음 5월18일 결성! 5월27일에는 전국본부결성! -

반민주 친미정권 통치 7년! 반민주군사쿠데타 정권억압 7년!

광주민중학살만행 이인 7년! 전두환 일당은 4·13조치를 통해 또다시 국민을 우롱하고 장기집권 야욕을 노골적으로 드러내었다.

전두환일당에 의해 4·13호헌조치가 발표된 이후 온국민의 분노는 광주를 넘어 서울·부산·전주등 전국 방방곳곳에서 분출되어 나오고 있다. 지난 5월 18일, 광주민중항쟁 7주년을 맞아 광주 망월동묘지에서는 1천여명의 군중이 모인가운데 추모제와 기념식이 있었으며, 이날 「4·13호헌조치반대 및 민주헌법쟁취 범도민 운동본부」(5월 29일 「민주헌법쟁취 국민운동 전남본부」로 개칭)가 결성되었다. 고문에 윤기석 목사등 3명, 공동의장에 남재희 신부등 11명, 전남사회운동협의회등 21개 단체로 구성된 운동본부는 발족선언문·성명에서, 지금은 "반독재 투쟁세력이 공동으로 투쟁해 갈 때이고, 4·13호헌조치에 반대하여 싸운 각계의 힘을 모아 범도민 운동본부를 발족하였으며, "앞으로 도민과 함께 행동하고 모든 민주세력과 공동보조하여 4·13조치를 물리치고 민주헌법을 쟁취할 때까지 끈육 투쟁할것"을 선언하였다.

한편 지난 5월 27일에는 「민주헌법쟁취국민운동본부」가 민통련, 개신교, 천주교, 통일민주당등 전국의 각계각층 민주인사 2천1백91명을 1차 발기인으로 하여 서울 향린교회에서 결성되었다. 「국민운동본부」는 "발기인 결의문"에서 ▲4·13호헌조치의 무효 및 호헌반대 민주헌법쟁취를 위한 국민적 행동의 조직·전개 ▲모든 악법의 민주적 개정과 무효화 범국민운동 실천 ▲광주사태·박종철군사건·범양사건등 역사적 범죄의 진상규명운동전개 ▲민주인사에 대한 연금·구속·공민권 박탈 거부 및 석방·복권 범국민운동전개 ▲탄압정치와 공권력의 최루가스탄발사와 폭력행정의 중단 ▲시청료거부 및 자유언론쟁취 국민운동전개 ▲공무원과 군의 자율적 명예회복운동 촉구 등을 결의하고 "민주화와 통일을 요구하는 나라의 주인인 국민과 시대의 역사적 요청은 군사독재정권이 물러나고 민주민간정부가 수립됨으로써 실현될 수 있으므로 이를 역사적 국민운동으로 기필코 성공시킬것"을 다짐했다.

모입시다!
6월 10일 오후 6시!!
도청 앞 YMCA로!!!

국민운동본부

6·10규탄대회 국민행동요강 발표

- 전남은 이날 오후 6시 도청앞 YMCA에서 -

「민주헌법 쟁취 국민운동전남본부」는 전국에서 일제히 개최되는 "고문살인 은폐 규탄 및 호헌철폐 국민대회"를 전남에서는 6월 10일 오후 6시 도청앞 YMCA에서 갖기로 하였다.

발표된 대회진행요강을 보면,

• 하오 6시 국기하강식을 기하여 전 국민은 다같이 애국가를 부름으로서 고문살인 은폐조작을 규탄하고, 국민적 합의인 대통령 직선제 개헌을 배신하는 호헌철폐와 민주헌법쟁취의 뜻을 새긴다.

• 전국의 자동차는 6시 애국가가 끝남과 동시에 경적을 울리고, 전국의 교회와 사찰은 타종을 함으로서, 또한 호각을 준비한 사람은 호각을 불어 민주헌법 쟁취를 위한 국민적 의지를 표시한다.

• 모든 참석자는 태극기를 지참하고 대회장으로 나온다.

대회구호로는,

● 호헌반대 독재타도
● 4·13을 철회하라!
● 더이상 못속겠다 거짓정권 물러나라!
● 민주헌법 쟁취하여 민주정부 수립하자!
● 행동하는 국민속에 박종철은 부활한다!
● 국민합의 배신하는 호헌주장 철회하라!

등을 채택하고,

국민대회는 이와같은 행동요강에 따라 철저히 평화적인 대회로 진행할 것임을 밝혔다. 한편 국민운동 전남본부에서는 ▲단결하여 행동할것. ▲독가스탄(최루탄)에 대비하여 마스크나 손수건, 그리고 치약을 준비할것. ▲흩어졌다 다시 모이기, 함께 노래부르기·구호외치기, 항의의 표시로 호각불기 등을 추가했다.

지금은 모두가 나서야 할 때이다. 눈을 뜨고, 귀를 트고, 입을 열고, 가슴을 활짝 제끼고 모두가 나서야 할 때이다. 수군거림이 백주의 광장의 토론으로, 무딘 펜이 날카로운 펜으로, 탁상공론이 행동으로 변화되어야 할 때이다.

좋은 세상, 천가만인이 제모습대로 서로 어우러져 대동하는 아름다운 세상, 이런 세상에서는 모두가 자기 본분사에만 충실함으로써도 싱싱하고 달콤하고 명랑한 사회가 유지된다. 그러나 현재의 이 살얼음판같은 암울한 현실에서의 사람들은, 그러한 현실에 의해 자신의 분명한 거취를 강요당하고 있다. 즉, 참여 아니면 순수라는 이분법적 논리에 자신을 끼워 넣어야 하는 것이다. 그러기에 사람들은 삶이 고통스럽고 이러한 현실이 한탄스럽다고들 한다.

그러나 사람들은 누구나가 현실 속에서 그것과 무관한 삶이 아닌 상관관계의 삶을 영위하고 있다. 또한 진정으로 순수하다면 참여가 아니될 수가 없으며, 참여는 순수함의 바탕위에서 이루어져야 한다고 볼때 그러한 이분법적 논리는 발붙일 근거가 없는 것이다. 아니 그러한 이분법적 논리는 나약함과 방관과 현실도피를 합리화하려는 약삭빠른 자구책에 불과한 것이다.

오늘날의 이 어둡고 춥고 아픈, 질곡의 세상은 우리 모두에 의해 만들어진 것이다. 우리가 애써 눈을 감고 귀를 막고 입을 닫았던 까닭에 군부독재정권, 매판자본가, 외세따위가 창궐한 것이다. 소가 닭을 보듯 무관심하게, 순수하고 고고한 척의 말과 처세로 현실을 외면하고 도피한 까닭에 어두운 세력은 그들의 아성을 굳게 쌓은 것이다.

이 땅의 현실을 보자. 저 한줌도 못되는 살찐 도적들은, 농어민들의 피와 땀에는 저곡가와 농어촌의 황폐화를, 노동자들의 피와 땀에는 세계 최고의 장시간 노동과 저임금으로, 정의와 자유를 요구하는 이들에게는 살인적 폭력과 강간으로, 민족의 자주권과 통일을 부르짖는 이들에게는 좌경과 용공으로 입막음을 하고 있다. 그러면서도 피보라를 일으킨 살육의 죄과로 점철된 저 군부독재정권은 이른바 「고뇌의 찬 결단」이라는 4·13 호헌 조치를 발표함으로써 야만적 지배권력을 지속시키겠다는, 경악을 금치 못하는 음모를 현실화해 가고 있다.

이 땅의 척박한 현실은 우리들의 피나는 노력으로 밖에는 바로 잡을 길이 없다. 안락주의와 집단이기주의라는 씨앗은 비만의 살찐 도적놈들이라는 열매를 맺은 것이다. 자기가 뿌린 씨앗은 자기가 거두는 법이다. 이제는 순종과 체념의 굴레에서 벗어나 올바른 역사 창조에 일익을 담당하여야 한다. 군부독재정권의 타도와 민족민주주의, 민족통일의 성취라는 공동목표를 앞세우고 공동의 투쟁 대상에게 공동의 투쟁을 전개해 나가야 하는 것이다. 더 이상의 방관과 도피는 후대의 역사가 용서치 않을 것이다.

허공계가 다하고 미래가 다할 때까지 아니, 중생계가 다할 때까지 모든 민중을 구원하겠다는 서원을 세운 이를 불교에서는 보살이라고 말한다. 우리는 보살도 정신으로 우리를 굳게 무장해야 한다. 그것이 배제된 민주화운동은 일시적 또는 충동에 의한 일회용, 그것도 자신의 어떤 욕망 성취를 위한 수단으로 오용될 가능성을 갖고 있는 것이다. 그리하여 기대했던 성과가 없을 때는 쉽게 좌절하고 회의하는 패배주의자로 전락하는 것이다.

보살도 정신을 앞세운 우리가 추구하려는 소원은 가까이는 민주화 · 민족통일이지만, 결국에는 혁명이 필요없고, 민족주의가 필요없고, 나아가 종교마저도 필요없는 완전한 이상국토인 정토세계의 구현인 것이다.

서 있는 나무, 의연한 산이 되고 바람소리, 새소리가 되고 싶지만 지금은 그럴 때가 아니다.

저 기계돌리고 땅을 파는 노동자, 농민, 모든 면에서 소외된 전 민중의 끓어오르는 변혁의지를 보라.

나아가 말하라. 그리고 써라. 실천하라.

이 땅의 민주화와 통일의 그날까지 모두 투쟁하자

지금은 모두가 나서야 할 때이다.

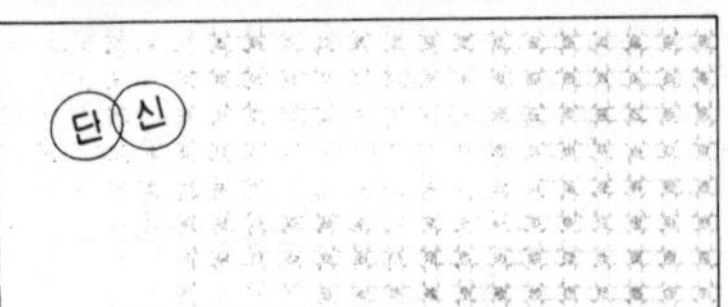

〈5월 24일, 금남로 나라를 위한 기도회〉

〈5월 27일, 중앙로 규탄대법회〉

광주 기독교인·시민 3만여명, 금남로에서 나라를 위한 기도회 가져

지난 5월 24일 「광주 기독교 선교자유수호위원회」 주최로 "범교단 나라를 위한 연합예배"가 기독교인 · 시민 등 3만여명이 운집한 가운데, 금남로 1·2가 노상에서 개최되었다.

이날 예배에서는 ▲4·13조치 반대 ▲언론자유의 긴급실현 ▲모든 양심수의 즉각 석방과 민중 생존권 보장 ▲단군신화 반대 등 6개항의 견해가 발표되었다. 또한 광주 기독교 14개 교단 17개 노회 대표들은 다음날인 25일 광주 중앙교회에 모여 「시국에 대한 견해」에서 밝힌 6개항에 대해 정부측이 성의있는 태도를 보이지 않을 경우 "5백 34명의 서명 목회자가 순교를 각오하고 적극 투쟁해 나갈 것"이라고 굳은 의지를 보였다.

광주 불교신도·승려·시민 등 1만여명, 중앙로에서 「규탄 대법회」가져

지난 5월 27일 오전 11시부터 「광주 사암연합회」주최로 광주 원각사 앞 중앙로 노상에서 불교승려 150여명을 비롯한 불교도 · 시민 등 1만여명이 운집한 가운데 "5·18 불교탄압규탄대법회"가 열렸다. 이날 '규탄 대법회'에서는 전 불교도에게 드리는 글을 채택, ▲군사독재정권퇴진 ▲불교 탄압 중지와 불교 악법 철폐 ▲정법수호와 실천에 앞장설 것 등을 결의하였다.

한편, 이날 대법회가 끝난 후에도 5천여 시민들이 오후 3시경까지 '독재타도'등의 구호를 외치며 중앙로 및 주변에서 끈질긴 시위를 벌렸다.

전국에서 신부·목사·스님·교수·문인·노동자·청년 학생 등 각계 각층의 국민들 투쟁에 나서다!

천주교 광주대교구 신부 18명의 '직선제 개헌을 위한 단식기도'를 계기로 '4·13호헌조치 반대' 및 '민주헌법 쟁취 국민운동'이 전국으로 확산되고 있다. 12일간 계속되었던 전남 목회자 34명의 단식기도, 대한 불교 조계종 소속 승려 7백51명의 4·13철회와 민주개헌 및 민주정부 수립 요구, 서울대 122명·전남대 60여명 등 전국 46개 대학에 걸쳐 1천5백여 교수들의 4·13조치 철회와 민주개헌 요구 서명운동, 소설가·시인·평론가 등 문학인 294명의 4·13 조치 반대성명, 전국 금융노조 및 광주 남해어망 등 민주노조의 4·13조치 반대성명 등 "4·13조치 반대와 민주개헌을 요구"하는 각계각층의 투쟁이 갈수록 확산 되어가고 있다. 또한 이와같은 각계각층 대중의 광범한 투쟁은 이제 「민주헌법쟁취 국민운동 본부」의 결성과 함께 보다 조직적인 투쟁으로 발전 될 전망이다. 청년 학생·노동자·농민·운동권 만의 투쟁에서 이제 전 국민적 운동으로 확대 발전해 가고 있는 것이다.

□ 추진위원 가입안내 □

"민주헌법쟁취 국민운동"에 누구나 참여할 수 있읍니다.

• 나라의 민주화를 염원하며, 국민의 힘으로 민주헌법을 확립, 참다운 민주정부를 수립해야 한다고 생각하는 모든 사람은 「국민운동 추진위원」이 될 수 있읍니다.

• 「국민운동 추진위원」이 되고자 하는 분은

1) 추진위원 가입서를 작성하고, 약정한 월회비를 내시면 됩니다.

2) 가입서는 이미 추진위원으로 가입 승인된 사람의 추천을 받아 작성하시거나, 연락 사무실(505 광주시 북구 유동 107-5 YWCA 601호. 전화 56-5525)에 직접 오셔서 작성하시면 됩니다.

3) 회비는 월 1천원 이상이며, 가입서 작성시 형편에 맞게 약정한 액수대로 매월 납부하시면 됩니다.

4) 추진위원이 내는 월회비는 「민주헌법쟁취 국민운동 본부」의 기본 재정으로 유용하게 쓰입니다.

민중의 힘으로 군사독재 타도하자!
장기집권 분쇄하고 민주헌법 쟁취하자!
미일외세 물리치고 민족자주 쟁취하자!
민주정부 수립하여 민족통일 이룩하자!

민중의소리

제30호 1987년 6월 5일

발행인 겸 편집인 : 문 익 환
발행처 : 민주·통일 민중운동연합

민주와 독재의 대결전장 '6·10국민대회'

국민운동본부 결성으로 역사적 연합전선 구축

■…………수천의 광주시민을 살상하고 7년 동안 민중을 탄압·착취해온 전두환일당의 군사독재를 타도하고 진정한 민주화와 통일을 쟁취하기 위한 운동은 민주헌법쟁취국민운동본부의 결성을 계기로 민족사에 획기적 사건으로 기록될 연합전선을 구축했다.………………………………■

민통련과 25개 가맹단체를 비롯하여 천주교, 개신교, 민주당과 재야의 정치인들, 그리고 각 부문의 민주인사 등 2천1백96명은 5월 27일 서울 종로5가의 기독교회관에서 50년대 이후 최대의 범국민운동기구의 출범을 선언했다. 이들은 「발기문」을 통해 "이제 우리는 지금까지 고립분산적으로 표시되어 오던 호헌반대 민주화운동을 하나의 큰 물결로 결집시키고, 국민을 향해, 국민속으로 확산시켜 나가야 한다는 데 뜻을 모았다"고 밝히고, "우리는 대통령 중심 직선제를 비롯하여, 진정 국민이 이 땅의 주인이 되는 민주사회를 건설하고, 민족통일을 성취하는 길로 나아가고자 한다"고 다짐했다.

전국 동시다발 집회 합의

국민운동본부는 이승만독재시대 이래 헌신적으로 끈질기게 민주화운동을 전개해온 지도자들을 고문과 공동의장으로 추대하고, 발족 직후에 상임집행위원회를 구성하는 한편 6월 1일에 기독교회관 3층의 사무실에서 현판식을 가졌다.

국민운동본부는 이 기구의 출범 이전에 「박종철군 범국민대회 준비위원회」가 계획한 「6·10대회」를 호헌 분쇄를 위한 적극적 투쟁의 마당으로 고양시키기로 결정, 이날 전국의 곳곳에서 대대적으로 평화적 대중집회를 열겠다고 발표했다.

■ 행동 강령 ■

- **저녁 6시 모두 애국가를**
- **모든 자동차는 경적 울리고**
- **교회와 사찰은 일제히 타종**
- **모든 참석자는 태극기 들고**

■ 구　　호 ■

더이상 못속겠다 거짓정권 물러나라
민주헌법 쟁취하여 민주정부 수립하자
행동하는 국민 속에 박종철은 부활한다
국민합의 배신하는 호헌주장 철회하라

이 기구가 결성되기 전후하여 전남, 전북, 부산, 충남, 충북, 경북에서는 시도 단위로 지역범국민투위나 연합이 조직되어 국민운동본부와 긴밀한 연결 속에 민주헌법쟁취투쟁을 벌이겠다고 밝혔다.

모든 계층이 호헌 분쇄로

범국민적 연합전선의 구축에 결정적 계기를 제공한 것은 천주교정의구현 전국사제단의 「박종철군 고문살인 은폐·조작」에 관한 폭로였다. 사제단 대표이며 민통련 부의장 김승훈신부가 5월 18일 명동성당에서 발표한 「폭로성명」은 반민중적 권력이 벌인 희대의 협잡을 만천하에 드러냄으로써 군사독재의 부도덕성과 기만성을 여지없이 보여주었다.

광주학살의 원흉집단으로서 제도언론을 악용한 대중조작을 통해 국민을 속이면서 가까스로 연명해오던 군사독재정권은 사제단의 폭로가 점화한 규탄의 불길에 휩싸이자 총리라는 자를 사퇴시키고 용공조작의 괴수인 치안감까지 구속했으나 독재 타도의 함성은 날이 갈수록 뜨거워지고 있다. 5월항쟁주간을 맞아 광주에서는 5만여명이 금남로를 메우고 민주화와 통일의 염원을 소리높이 외쳤으며 민통련이 5월 23일에 주최한 「광주항쟁 추모집회」에서는 민중·민주운동가들과 학생, 시민이 어우러져 장엄한 가두투쟁을 벌였다.

군사독재정권은 이 뜨거운 함성에는 귀를 막고 '평화적 정부 이양' '88올림픽의 성공적 개최'를 내세워 장기집권 책동을 노골적으로 드러내면서 광주학살의 원흉인 노태우를 '대통령 후보'로 정했다.

이 반민주적 작태에 분노한 온국민은 모든 계층이 총궐기, 전두환의 이른바 '4·13 호헌'책동을 규탄하고 있다. 가톨릭을 비롯, 개신교의 여러 교단들이 반독재투쟁을 공공연히 선포했으며 법당에 최루탄 공격을 당한 불교계의 항거는 용광로처럼 타오르고 있다.

전국 대학 이틀 맹휴 결의

민주화운동은 흔히 기득권계층으로 여겨지던 치과의사와 약사 쪽으로까지 확산되었다. 부산과 경남에서 시작된 이 서명운동은 전국으로 확대되어, 다른부문의 전문직계층으로 번질 전망이다.

최근에 가장 주목할만한 움직임은 '제도언론'이라는 지탄을 받는 매스컴에서 일어나고 있다. 서울신문의 편집권 회복운동에 이어 동아일보와 한국일보의 기자들이 잇달아 민주개헌을 요구하고 자유언론 실천을 약속했다.

「건대사건」 이후 연대조직에 손상을 입었던 학생운동은 지역별 연합을 건설하고, 「6·10대회」에 적극 참여하기 위해 6월 9~10일 전국 각 대학이 동맹휴학하기로 결의했다.

'5월의 광주' 부활하다

금남로에 5만명… 민통련대회서도 격렬한 시위

4·13 호헌책동을 분쇄하기 위한 규탄집회가 전국 곳곳에서 계속되어 군사독재의 심장부를 강타하고 있다. 규탄의 열기는 최근 박종철군 고문살인사건 조작은폐로 국민적 공분을 촉발하여 집회규모가 점차 대규모화되는 양상을 나타내고 있다.

민통련은 5월 23일 종로3가 파고다공원에서 「광주민중항쟁 7주년 범국민 민주영령추모대회」를 개최했다. 「서울지역대학생대표자협의회」(약칭 「서대협」)의 적극적인 동참으로 개최한 추모집회를 방해하기 위해 경찰은 이날 아침부터 1만5천 병력을 중심가 곳곳에 배치했다.

경찰의 강력한 저지에도 굴하지 않고 민통련 25개 가맹단체 회원과 서울지역 학생등 5천여명은 중심가 곳곳에서 격렬한 몸싸움을 전개했다. 특히 종로3가 국일관앞의 시위대는 쏟아지는 폭우에도 불구하고 경찰의 무차별 최루탄과 곤봉에 맞서 30분간이나 연좌농성 하는 치열함을 보여주었다. 오후 6시까지 계속된 추모시위에서 경찰은 무려 1천2백 84명을 마구잡이로 연행하여 이중 강병길군 등 6명을 구속하고 46명을 즉심, 61명을 선도위에 넘겼다.

인천지역 학생, 근로자, 시민들도 5월 24일 오후 5시 부평역 광장에서 인천지역사회운동연합 등의 주도로 「광주영령추모 및 민주개헌을 위한 인천지역 시민대회」를 개최했다. 대회장이 막히자 시위대는 오후 5시 30분에서 7시 20분 사이 부평역 광장주변과 부평1동 성당 등 8개소에서 기습 가두시위를 전개했다.

이날 인천지역 추모시위는 주안, 부평공단 노동자들과 다수 시민들의 동참이 돋보였는데, 특히 부평역 앞 주도로는 한때 시위대로 뒤덮여 교통이 차단되기도 했다.

같은 날 광주에서 「광주기독교선교자유수호위원회」 명의로 개최된 「나라를 위한 연합예배」는 5월싸움의 가장 괄목할만한 모습을 보여주었다. 전남지역 목회자와 일반시민이 합세, 5만명이 모인 이날 광주집회는 원래 대회장소로 예정되었던 YMCA체육관이 봉쇄되자 중심가인 금남로일대의 노상집회로 자연스럽게 연결됐다.

광주지역은 5월들어 연일 계속된 추모집회에 다수시민이 자발적으로 참여하여 80년 5월의 분위기를 연상시키기도 했다. 광주 원각사에서 열린 5·18 추모집회에서 있었던 경찰의 최루탄 난사와 박종철군 고문살인 은폐조작으로 격분한 시민들이 대규모로 모인 이날, 경찰은 군중규모에 위축되어 아예 저지를 포기했다. 주최측은 8차선도로를 점거한 5만군중 앞에서 대형스피커를 설치하고 예정된 순서에 따라 기도회를 순조롭게 진행했다. 기도회를 마친 군중들은 시내 곳곳에서 저녁 늦게까지 시위를 계속했다.

사설 국민운동본부는 해방의 구심점

'6·10 대회'에 민민운동 총력 동원해야

지난 5월 27일 민주화와 민족통일을 최대의 과업으로 설정하고 돛을 드높이 올린 민주헌법쟁취 국민운동본부는 발족한 뒤 단기간 안에 국내외의 비상한 눈길을 끌고 있다. 분야별로 보면 사제, 목사, 승려, 여성, 민주정치인, 노동자, 농민, 도시빈민, 문인, 교육자, 문화예술인, 언론출판인, 청년이 모두 참여했고, 연합운동체의 성격을 띤 민통련의 25개 가맹단체가 본부와 부문운동으로, 그리고 개신교와 가톨릭 및 민주당이 대거 가입한 이 기구는 일제시대 민족해방운동 최대의 연합전선이었던 신간회처럼 획기적인 것이다.

신간회처럼 획기적인 사건

이 국민운동본부가 현단계의 민중·민주운동에서 지니는 비중과 의미는 이 기구의 출범 직후 군사독재정권의 원흉들이 보인 신경질적 반응을 보면 명백히 알 수 있다. 이승만이 친미 독재를 통해 민중을 짓밟고 수탈하기 시작한 이래 40년 가까이 되도록 민중은 4월혁명 뒤의 짧은 기간을 제외하면 나라의 주인이 되지 못했다. 외세의 등에 업혀 '안보'를 구실삼아 소수 특권계급의 지배를 영구화하려던 박정희도당과 실질적으로 그 체제를 '확대재생산'한 전두환군사독재정권이 주인행세를 했기 때문이다.

그러나 70년대 중반의 반유신운동 이래 역량을 강화한 학생운동과 지식인운동, 특히 노동운동은 80년 5월항쟁의 뼈아픈 좌절을 겪은 뒤에 조직과 투쟁력을 확대하여 마침내 군사독재를 파멸의 나락으로 밀어 떨어뜨릴 수 있을 정도로 성장했다. 그런데 보다 엄밀하게 말하면 우리의 운동은 엄청난 물리력을 가진 군사파쇼집단을 대등한 전투력으로 타도할 수 있을 정도로 민중 주체의 연합을 건설하지는 못하고 있다. 이런 이유로 우리는 이번에 결성된 국민운동본부가 이상적인 민중연합전선은 아니라고 판단한다.

그럼에도 불구하고 민통련은 흔히 직업정치라고 불리는 분야에 속해 있는 민주당도 참여하는 연합전선의 구축을 제창한 바 있으며, 종교운동권도 이런 틀의 창출을 위해 번민을 거듭한 끝에 적극적으로 동참하게 된 것이다.

대승적 연대는 국민의 염원

민통련은 지난 4월 6일의 제4차 총회에서 '민중연합의 강고한 건설'을 올해 운동의 최대과제로 설정했다. 이것은 민통련이 계속 추구하고 성취해야 할 강령임에 분명하다. 그러나 노동자와 농민, 도시빈민, 그리고 진보적 지식인이 명실상부한 주체가 되는 민중연합의 건설이 단기간 안에 이루어질 가능성이 엷을 때, 비록 운동론이나 이념적 지향에는 차이가 있더라도 민주화와 통일을 위해 나아가는 세력이 대승적으로 연대하는 것은 군사독재 타도의 날을 애타게 기다리는 전국민의 염원에 따르는 일이다.

군사독재정권이 지난 봄부터 말로나마 외쳐오던 합의개헌의 약속을 하루밤 사이에 쓰레기통에 버리고 '호헌'이라는 미명 아래 장기집권 흉계를 노골적으로 드러내고 체육관선거를 강행하려 드는 이 시점에서 민주진영의 대동단결은 무엇보다도 시급한 과제이다.

우리가 만약 거수기들의 유신시대식 대통령선거를 방치한다면 군사파쇼체제는 칠레의 경우처럼 20년 가까이 철권통치를 계속하겠다는 망상을 품을 것이다. 이 헛된 꿈은 전국민의 결연한 투쟁에 의해 단호히 분쇄되어야 한다. 우리가 이 싸움에서 승리하지 못하면 제2의 '광주'가 언제 나타날지 모르며, 전두환·이순자 족벌의 천문학적 부정축재, 미국을 중심으로 한 외세의 신식민주의적 지배, 독점재벌의 공룡 같은 비대화, 민중의 처참한 삶은 장기간 계속될 것이다.

천주교정의구현전국사제단이 박종철군 고문살인사건 은폐·조작 음모를 과감하게 폭로한 뒤에, 군사독재에 기생하는 한줌의 특권계급 말고는 전국민이 군사독재 타도의 날이 하루라도 앞당겨 지기를 고대하고 있다. 그리고 대다수의 국민은 이 과업을 이루는 싸움에 용감하게 동참할 의지를 보이고 있다.

바로 이런 단계에서 결성된 국민운동본부는 역사적 사명을 명확히 인식하고 민중의 힘을 최대한으로 동원하는 싸움을 전개해야 한다. 거듭 강조하지만 이 기구는 다소 이질적인 인자들을 안고 있다. 그러나 우리는 이 시점에서 우리의 운동이 이루어낼 수 있는 최대한도의 역량 결집의 반영이 국민운동본부라고 보고 성실하고 열성적인 자세로 이 기구에서 일할 것을 다짐한다.

우리는 근래에 학생운동과 노동운동에서 정립된 이론가운데 일부가 이 기구의 성격이 애매하다고 이의를 제기하리라는 점도 알고 있다. 그러나 세계 사상의 모든 해방투쟁에서 반민중·반민주적 체제에 맞서는 효율적 연합전선의 건설 없이 해방의 단초는 마련되지 않았다는 역사적 교훈을 믿는 우리는 국민운동본부가 지금 그 역할을 감당해야 한다고 믿는다.

'5·3투쟁'의 과오 극복하자

군사독재정권은 이 기구가 처음으로 벌이는 대대적 대중집회인 「6·10국민대회」를 무력으로 짓밟거나, 음험한 공작을 통해 폭력의 수라장으로 조작할는지도 모른다. 국민운동본부는 이런 가능성에 대비하여, 평화적 집회를 전국민에게 당부한 바 있다. 이것이야말로 이번의 가두투쟁에서 우리 운동이 택할 수 있는 최선의 전술임에 분명하다.

우리는 학생운동이 이 기구에 공식적으로는 참여하지 않고 있으나 「6·10대회」에 적극 가세하겠다는 결의를 전국의 각 대학에서 밝힌 것을 진심으로 환영한다. 지난해의 인천 5·3 투쟁에서 민민운동이 일치단결된 모습을 보이지 못했기 때문에 대중의 적극적 참여를 유도하지 못한 뼈아픈 과오가 이번에 되풀이 되어서는 안된다.

국민운동본부는 군사독재 타도와 해방투쟁에 있어서 현단계의 구심점이다. 이 연합전선이 민주화의 선봉에 서서 진정한 민족 자주화의 기초를 다지도록 우리 모두 혼신의 힘을 기울이자.

민중운동일지

4·13 조치 철회와 민주화를 위한 전국민적 투쟁은 계속해서 교수·의사·약사·기자들의 서명으로 이어지고 있다.

또한 노동자와 빈민의 생존권 투쟁은 더욱 처절하게 가두시위·분신으로 표출되고 있다. 광주민중항쟁 7주년을 맞이하여 민중은 연일 가두시위와 집회를 벌였으며, 이는 호헌분쇄·민주헌법쟁취의 열망으로 타오르고 있다. 민민운동세력은 모든 부문과 입장의 차이를 극복하고 전국적으로 「민주헌법쟁취 국민운동본부」를 결성, 장기집권·호헌책동 분쇄를 위한 전열을 정비했다.

5·12 개신교 성직자 1천5백여명, 아현감리교회에서 NCC 주최 「나라를 위한 철야기도회」 참석중 경찰의 무자비한 폭력으로 다수 부상.

「나라를 위한 기도회」 전국으로 확대.

5·13 천주교 신자 1천5백여명, 절두산 성당앞 한강고수부지에서 평화를 위한 기도회.

5·14 노동자 박태영씨(29세), "노동자들이 더 이상 피해자로 머무르지 않는 사회"를 위해 유서를 남기고 음독자살.

5·15 「충북지역 장기집권·호헌책동 분쇄투쟁위원회」 결성.

5·16 대한 불교 조계종 소속 승려 7백51명 「민주화를 위한 우리의 견해」 발표.

5·17 부산지역 노동자 황보영국씨(27세), 독재타도, 호헌분쇄·민주헌법 쟁취를 외치며 분신 25일 운명.

기노련 주최 광주항쟁 7주년 기념식에 노동자, 청년, 학생등 7백여명이 참가.

5·18 천주교 정의구현 전국 사제단, 박종철군 고문살인사건의 조작 전모 발표.

전국 67개대학 3만여명, 광주항쟁 7주년 기념식후 교내시위. 광주에선 학생·시민등 2천여명 가두연좌시위.

서울신문 기자들, 「서울신문의 발전을 위한 우리의 주장」 발표.

5·20 부산지역, 「호헌반대 민주헌법 쟁취 범국민운동 부산본부」 결성.

서울시내 노점상 80여명, 명동성당에서 노점상 생존권 보장등 요구하며 시위.

5·21 민가협과 남노련사건 관련자 가족일동, 남노련관계자에게 가해진 보안사및 치안본부의 살인적인 고문 폭로.

5·22 전국 18개대 5천8백여명, 박군 고문 살인사건 조작 은폐 항의 집회 및 시위.

5·23 민통련, 서울 파고다 공원에서 광주민중항쟁 7주년 범국민 민주영령 추모대회 개최. 학생·시민등 5천여명 연좌집회.

부산·춘천의 택시기사들, 완전월급제 쟁취.

민주인사 1백34명, 「박종철군 고문살인사건 조작·은폐 규탄 범국민대회 준비위원회」 결성.

5·24 창신동지역 주민 3백50여명, 18개 재개발지역 주민들과 함께 치열한 생존권 투쟁.

5·25 「호헌반대 민주헌법쟁취 전북연합」 결성.

5·26 전국 23개대 6천7백여명, 박군 고문살인 은폐·조작과 호헌반대 시위.

5·27 민주헌법쟁취 국민운동본부 발족.

동아일보 기자들, 「4·13 철회와 언론자유를 위한 성명」 발표.

5·28 충남지역, 「호헌반대 민주헌법쟁취 충남도민운동본부」 결성.

5·29 한국일보 기자들, 「4·13 철회와 언론자유를 위한 성명」 발표.

5·30 부산 치과의사 16명, 시국성명 발표.

KBS TV 시청료거부 범시민운동 여성연합 발족.

KBS TV 시청료거부 기독교범국민운동본부, 거부운동을 강하게 추진할 것 선언.

5·31 천주교 서울대교구, 「말」지사건 피고인 3명(김 태홍, 신 홍범, 김 주언씨)을 「가톨릭 자유언론상」 수상자로 선정.

불교단체회원 6백여명, 서울 개운사서 「원각사 경찰난입및 불교탄압 범불교도대회」 개최.

죽어가는 파쇼체제에 고문은 살아있다

남노련 활동가들, 박군보다 심하게 당해

고문은 인간사회에만 있다. 고문은 한 집단이 적대적인 다른 인간 개인이 집단에게 가하는 폭력이다. 짐승들에는 고문이 없다. 짐승들은 오직 를 얻기 위해서만 다른 짐승을 죽인 그러나 인간은 불의의 체제를 폭력로 유지하기 위해, 반대세력의 이데로기를 지배세력의 이데올로기로 강 전향시키기 위해, 진실을 거짓으로 들고 거짓을 진실로 조작하기 위해 고을 가한다.

고문은 출세와 영달의 수단

고문은 지배체제의 하수인들이 개인 영달과 출세를 보장받기 위해서 가하도 한다. 박종철군고문살해사건의 큰 인은 바로 이것이었다. 그 악명높은 영동 대공수사단의 고문 '전문가들' 폭력과 공포로 박군의 입을 열어, 수중인 박종운군의 행방을 캐내려고 했 만약 고문이 '성공'을 거두어 박종군을 잡게 되면 그들에게 돌아오는 것 무엇인가? 일계급 특진과 3백만원 '상금', 그리고 장관, 치안본부장, 대수사단장이라는 자들이 안겨주는 '격금'과 '유능한' 수사관이라는 평가가 뿐이다.

특진이 무엇이기에, 상금이 무엇이기 그들은 고문당하는 사람이 그 과정에 목숨을 잃을 수도 있다는 개연성을 면서도 고문을 가하는 것일까? 이것 단순히 그들의 반인간성이나 야수성 문제만은 아니다. 민청련 전의장 김태씨가 「항소이유서」에서 개탄했듯이, 들은 살인적인 고문을 하다가 쉬는 틈 이 시집간 딸의 걱정을 했다고 한다. 리고 잘 알려져 있다시피, 어떤 자들 일제시대에 독립투사를 고문으로 죽 일을 자랑하기도 했다고 한다. 이런 실로 미루어보면 고문은 반민족·반민적 독재체제의 확고한 제도이며 행동강령이다.

박종철군 고문살해사건이 전세계의 비난을 받던 지난 1월, 군사독재정권은 고문을 완전히 근절하겠다고 약속하면서 온갖 법적·제도적 장치를 만든다고 법썩을 떨었다. 그러나 바로 그 순간에 신길동의 특수수사대에서는 고문의 진상을 조작하는 모의가 벌어지고 있었다. 그리고 당시의 치안국장 강민창은 이 살인범들에게 '위로금'을 주기까지 했다. 치안국장 이상의 선, 즉 내무장관이나 총리가 이 조작을 몰랐다고 주장하는 것은 전혀 신빙성이 없다. 자신의 권력을

벼랑에서 떨어뜨릴지도 모를 사건임이 분명한데 말이다.

보안사가 남노련에 전기고문

그러나 우리를 더욱 격분시키는 것은 '고문없는 세상'이 왔다고 그들이 소리치던 바로 그 무렵에 남노련의 핵심활동가들이 서빙고의 보안사에 끌려가서 군화발에 짓밟히고 전기고문, 물고문, 몽둥이질을 당했다는 소식이다. 민주화실천가족운동협의회와 남노련사건 관련자 가족일동이 공동으로 발표한 성명서에 따르면 "숨쉴 틈도 없이 내리쳐지는 집단구타, 익사라도 시킬듯 쏟아지는 물벼락, 차라리 혀를 깨물고 죽고 싶어도 옴싹달싹조차 할 수 없는 전기의 잔인한 충격은 유태인 때려잡는 게슈타포, 독립군 죽이던 일제의 고문 그보다 더 한 것이었다." 서원기씨(33세·고려대 심리학과 75학번)는 보안사에 연행되어 엄청난 구타와 고문을 당하고 남영동 대공수사단에 넘겨져 대공수사2단 6과 소속 경사 김정동에게 보름 동안 고문을 당했다. 김정동은 수배중인 박계동·이범영씨의 행방을 대라면서 서씨를 물고문하고 서씨의 부인에게 이것을 '자랑'하기까지 했다. 박종철군이 살해된 지 불과 석달 남짓만에 같은 자리에서 같은 목적으로 고문이 자행된 것이다.

우리는 이 소식을 듣고 무슨 진상을 더 확인하고 조작·은폐된 무슨 사실을 더 캐낼 것인가? 남노련사건으로 납치된 활동가들인 유용화씨(28세·고대 사학과 졸), 김창현군(26세·고대 경제학과 3년), 조영재군(고대 경제학과 4년), 이명춘씨(서울대 법대 대학원), 박설희양(고대 간호학과 82학번)을 만난 가족들의 폭로는 박종철군의 경우 이상으로 우리가 치를 떨게 한다.

천주교정의구현전국사제단의 폭로를 통해 박군사건 조작·은폐의 진상이 백일하에 드러난 뒤에도 군사독재정권은 그 진상을 계속 은폐하려고 발악을 했다. 그들은 여론에 밀려 마지못해 치안감 박처원을 구속한 뒤에도 언론조작을 통해 "대공전선의 사단장이 부하들의 실수로 아깝게 희생되었다"고 파렴치한 보도를 하도록 했다. 이 자가 지난 수십여년 동안 부하들에게 고문을 명령해서 조작해낸 관제빨갱이는 헤아릴 수도 없을 것이다. 민중의 이름으로 단죄해야 마땅한 자를 '반공애국자'로 선전하는 것이 군사독재정권과 제도언론의 속성이다.

싸움 통한 승리만이 고문 근절

우리는 박종철군의 경우와 남노련사건을 통해 분명한 교훈을 얻었다. 고문은 군사독재의 관료체제 구성원들이 반성대회를 열거나 법을 개정함으로써근절될 수 있는 것이 아니다. 왜냐하면 고문 없이는 '반공'과 '안보'를 빌미로 한 탄압을 지탱할 수 없고, 이런 탄압이 무력화되는 순간 평범한 시민들까지도 군사독재 타도를 위해 떨쳐 일어날 것이기 때문이다. 고문은 독재자나 보수정치인들이 해결할 수 있는 개혁의 문제가 아님을 명심하자.

박종철군사건은 나날이 부풀어 군사독재정권을 벼랑 끝으로 몰고갔다. 그러나 이 사건이 스스로 그들을 낭떠러지 아래로 떨어뜨려 주는 것은 아니라, 민민운동 진영의 조직적이고 단합된 싸움과 최근에 출범한 민주헌법쟁취 국민운동본부를 중심으로 하는 범국민적 투쟁이 고문 없는 사회를 앞당길 것이다.

침묵하던 언론인들 마침내 궐기

서울·동아·한국기자들 「자주선언」

군사독재정권의 4·13 호헌책동 이후 헌반대와 민주화를 위한 각계 각층의 명, 농성, 단식, 집회, 시위 등이 연 계속되고 있는 가운데 언론에 종사하 현직기자들의 집단적인 민주화 선언 속속 발표됨으로써 고조되고 있는 민화 투쟁에 새로운 열기를 더해주고 있

지난 5월 18일 서울신문 편집국 기 75명은 편집과정에서의 기사왜곡과 건조작, 사장 이진희의 독단과 전횡에 의하며 「서울신문의 발전을 위한 우리 주장」이라는 제하의 결의문을 통해 론인으로서의 최소한의 공정한 시각확보와 사장 이진희의 퇴진을 요구하는 성명을 채택했다.

5월 27일에는 동아일보 기자 1백36명도 편집국에 모여 「민주화를 위한 우리의 주장」이라는 성명을 발표했다. 28일에는 출판국소속 기자 전원이 모여 자유로운 제작과 언론운동 전반에 대한 토론회를 갖고 결의문을 채택했다.

기자들은 성명에서 "개헌논의 자체를 일방적으로 중단케한 「4·13 특별담화」는 국민적 합의에 대한 배신이므로 즉각 철회되어야 한다"고 주장했다. 기자들은 이어 "현정부는 언론에 대한 명백한 제작간섭과 탈법적 통제 및 모든 형태의 압력을 즉각 중지할 것"을 요구하면서 「보도지침」 폭로사건과 관련, 재판에 계류중인 한국일보 김주언기자 등 3명의 전·현직 언론인을 석방하라고 촉구했다.

동아일보 기자들의 성명발표에 이어 5월 29일에는 한국일보 기자 1백46명이 「현 언론상황에 대한 우리의 견해」를 발표했다.

기자들은 "오늘 우리 사회가 안고있는 가장 큰 당면과제는 국민 대다수의 여망인 '민주화'가 국민들의 자유로운 의사에 따라 조속히 실현되는데 있으며 이를 위해서 무엇보다 언론자유의 완전한 보장이 선결돼야함을 통감한다"고 밝혔다. 기자들은 또 보도지침 폭로사건 관련자인 3명의 전·현직 기자들에 대한 즉각적인 석방과 「두꺼비」만화의 강제삭제와 같은 일체의 언론간섭·통제행위의 철회, 언기법의 폐기, 국민의 열망인 개헌요구를 일방적으로 묵살한 4·13조치의 철회를 주장했다.

한편 민주언론운동협의회는 5월 28일 「동아일보 기자들의 '민주화를 위한 우리의 주장'을 지지하며」라는 제목의 성명을 발표했다.

언협은 성명에서 "역사의 대세는 더 이상 언론인들의 나약함을 허용하지 않으며 민주화투쟁에서의 국외자 노릇을 하는 것을 용서치 않음을 분명히 보여주고 있다"고 전제하면서 전언론인이 언론의 자유를 제약하는 모든 정치적, 제도적 장치를 철폐하고 나아가 언론활동을 통해 명실공히 민주화운동에 공헌하라고 촉구했다.

노동자 분신·음독 잇달아

황보영국·박태영씨 운명, 김동근씨 중태

억압과 착취에 항거하는 노동자들의 항의분신·음독자살이 잇달아 일어나고 있다. 이들은 '선진조국, 정의사회'라는 요란한 구호와는 달리 살인적인 저임금·장시간 노동이 판치는 현실을 죽음으로써 고발하고 있다.

광주항쟁기간인 지난 5월 17일 부산에서는 노동자 황보영국씨(27세)가 서면 부산상고 앞에서 분신했다. 그는 온몸에 휘발유를 끼얹고 복개천 도로로 나와 불을 붙인 다음, '군사독재타도!' '광주학살 책임지고 전두환은 물러가라!' '호헌책동 저지하고 민주헌법 쟁취하자!' 등의 구호를 외치며 1백미터쯤 달리다 쓰러졌다. 인근에 있던 전경들이 다가와 사람의 접근을 막았으나 주위의 식당아주머니들이 소방호스를 들고 나와 옷을 덮고 물을 끼얹어 불을 껐다. 황보영국씨는 백병원 중환자실에서 의식이 거의 없는 상태로 붕대에 감긴 손을 꿈틀거리며 독재타도를 외치다가 5월 25일 끝내 운명했다.

지난 4월 30일 새벽 6시, 서울 구로동에서 노동자 김동근씨가 분신자살을 기도, 전신에 3도 화상을 입고 중태에 빠졌다. 김동근씨는 가정형편상 중학교 1학년을 중퇴하고 봉제공장 재단공 등으로 전전하며 평생 가난의 굴레를 벗지 못하는 속에서도 정의와 평화가 넘치는 세상에 살 수 있기를 갈망해왔다. 그래서 그는 박종철군 고문살인사건 때는 누구보다 앞장서서 시위대열에 뛰어들기도 했다고 한다.

또 5월 14일 인천에서는 '노력없이 사는 사람은 발붙일 곳 없는 사회'를 바라던 노동자 박태영씨(29세)가 음독자살 했다. 그는 국민학교를 졸업하고 프레스, 시계공장 등 지금까지 15년 동안 공장생활을 했으며 인천 송림동성당에 나가 청년회활동을 적극적으로 하기도 했다. 그는 유서에서 "비록 인천의 가장 높은 곳에 전세 55만원짜리 이곳에 살지만 저는 이 삶이 부끄럽지 않습니다. 하지만 이 사회는 소박하게 살고 성실하게 살아가려는 모든 사람들에 너무나 많은 걸 포기하게끔 만드는 것 같습니다. 표현의 자유도, 생각할 수 있는 자유도, 행동할 수 있는 자유도 말살하는 이 현실이 폭력이 두렵습니다. 이 사회가 보다 건전하기 위해선 정치적으로 보다 정의롭고 도덕적이고 가난한 사람들이 정치를 해야하는데 왜 우리 정치사회엔 돈 있고 빽 있고 힘 있는 사람들이 이 사회를 억누르려고 합니까? 공장생활 15년에 라면이나 끓여먹고 쉰김치에 다 이렇게 살아가는데 왜…"라며 이 죽음의 고역같은 현실에 분노하고 있다.

도시빈민, 창신동서 연합시위

오물과 돌·각목으로 전경에 맞서

군사독재의 악랄한 강제철거에 항거하는 도시빈민의 투쟁이 날로 거세게 타오르고 있다. 5월 24일 오후 5시, 창신동에선 18개 철거지역 주민 3백50여명이 "쟁취하자 우리 생존권, 막아내자 강제철거"를 외치며 연합시위를 벌였다. 이날 시위는 최근 군사작전을 방불케 하는 군사독재의 잔인한 강제철거에 맞선 반격의 불길이었다.

이날 주민들은 집회를 열고, 최근 세입자에게도 '거주이전 2개월 생계보상비 88만원'과 '아파트 입주권' 중 하나를 선택하게 한다는 군사독재정권의 발표는 도시빈민을 우롱하는 기만적 술책임을 폭로했다. 주민들은88올림픽을 선전해대더니 고작 88만원에 세입자의 생존권을 매수하려드는 작태에 분노했던 것이다.

집회가 끝난 오후 5시경 주민들은 "대책없는 강제철거 결사반대" "쟁취하자 우리 생존권, 막아내자 강제철거" "빈민구속자를 석방하라"를 힘차게 외치며 전경 3백명을 밀어붙이고 92번 종점까지 4백미터가량 가두시위를 벌였다. 그러자 군사독재는 무려 1천여명의 전경과 기동타격대를 동원, 창신동 일대를 에워쌌으나 주민들은 이에 굴하지 않고 횃불을 들고 오물과 돌을 던지며 맞섰다. 목동, 상계동의 경험에서 "싸우면 이길 수 있다"는 사실을 체득한 주민들의 저항은 놀라울 정도로 완강했다. 오물을 뒤집어 쓰지 않으려고 비옷을 입고 나오다가 주민들이 던져대는 돌과 각목에 어쩔 줄을 몰랐다.

그러나 사방을 포위당하고 숫적으로도 열세였던 주민들은 결국 강제연행되기 시작했다. 이 과정에서 8명의 주민이 폭력경찰에의해 머리가 깨지거나 팔꿈치를 삐는 등 크게 부상했다. 경찰이 오용식목사 등 9명을 연행하자 분노한 주민들은 연행자 석방을 요구하며 동대문경찰서 앞에서 연좌농성을 재개했다. 이때 다시 33명이 연행되는 등 총 61명이 끌려갔다.

한편 군사독재는 이날 시위를 빌미로 연행자 가운데 김명기씨(29세, 창신동)와 이순자씨(50세, 창신동)를 전격 구속하는 만행을 저질렀다. 오갈 데 없어 조그만 오두막이라도 따뜻한 보금자리로 여기며 살아온 도시빈민에게 '무차별 폭격'을 가하고 있는 것이다. 이에 맞서 도시빈민들은 생존권 쟁취 및 연행·구속자 석방을 위해 다시금 하나되어 싸울 각오를 다져나가고 있다.

"인간으로 살고싶다"

운전기사 함봉섭씨도 분신, 중태

회사측의 고용인에 대한 비인간적 행위에 항의하던 운전기사가 분신, 3도화상을 입고 성남 양친회병원에 입원 중이나 중태이다. 동서운수(경기도 성남시 은행동소재·36번 노선버스) 소속 운전기사 함봉섭씨(43세)는 5월 20일 오후 5시경 평소 기사들을 수족다루듯 폭언과 폭행을 일삼던 악질전무의 횡포에항의하여심한 다툼끝에 누적된 분노가 폭발, 기사들에 대한 처우개선과 인간적인 대우를 요구하며 분신을 감행한 것이다.

문제의 발단은 함봉섭씨가 노선운행중 서행지점에서 급커브한 사소한 실수를 문책받은 데서 비롯됐다. 사건의발단이 된 악질전무는 장시간 노동과 저임금에 시달리는 운전기사들에게 구실만 있으면 트집을 잡아 직원들의 심한 반발을 받아오던 인물이다. 함봉섭씨의 분신은 외형적으로는 사소한 문제에 의해 발생된 비극이지만 서울시내 노선버스 운전기사들이 처해있는 비인간적 실태를 그대로 반영하고 있다.

강희남의장 단식 끝내

동지들 권고, 40일만에

지난 4월 24일부터 전주교도소에서 이 땅의 민주화를 위한 밀알이 되기로 결심하고 죽음의 단식을 계속하던 강희남 민통련 대의원총회 의장은 기록적인 40일간의 단식끝에 주변의 간곡한 만류를 받아들여 6월 2일 40일만에 단식을 끝냈다.

그동안 강의장의 생명을 염려하여 각계에서 여러 경로를 통해 단식중단 요청 및 지지단식과 교도소측과의 면담시도가 있었으며 전주교도소에서 동조단식을 하던 수감학생 5명 중 1명은 유리창을 깨어 자살을 기도했고 또다른 학생은 약물을 복용, 중태에 빠졌다.

이호웅 인사연의장 재판거부

전병용 민통련회원 첫 재판

수감중인 민통련 회원들의 의연한 법정투쟁이 계속되고 있다.

5·3인천민중대회를 주도한 혐의로 구속된 인사연 이호웅의장에 대한 재판이 5월 28일 인천지법에서 열렸다. 이의장은 민통련 구속자들의 공통된 입장에 따라 재판 자체를 거부하면서 자신의 신념을 밝히는 모두진술만을 했다. 이의장은 특히 군사독재의 합법적 탄압장치로 전락한 재판부와 검찰을 꾸짖고 경고하는 내용의 진술에 중점을 두면서 나치치하와 유사한 현사법부의 회개와 각성을 촉구, 방청객의 갈채를 받았다.

이부영 전 사무처장을 숨겨준 혐의로 법정에 선 전병용회원에 대한 재판이 5월 26일 서울지법 113호 법정에서 열렸다. 전병용회원은 "이부영씨 같은 이 시대의 귀감이 되는 훌륭한 분들이 내 집을 찾아왔을 때 기본적인 양식을 지닌 시민으로서 어떻게 그들을 보호하지 않을 수 있겠는가. 그분을 숨겨준 사실에 대단한 긍지를 느낀다. 앞으로 소박한 시민의 입장에서 나라의 민주화를 위해 부족하나마 힘을 보탤 생각이다"라고 소신있게 자신의 심정을 피력했다.

민가협회원 3백여명 시위

이중주여사 첫 재판 뒤

이중주여사(구속학생 이기정군 모친)에 대한 첫 공판이 6월 1일 서울지법 211호 법정에서 열렸다. 이중주여사는 지난 2월 부천서 권양에 대한 항소심공판에서 거짓말만 늘어놓는 담당 검사의 한심한 작태에 분노, 검사에게 폭언한 혐의로 구속된 바 있다.

민가협 가족 3백여명이 법정을 가득메운 이날 재판에서 이여사는 의연한 자세로 고문살인정권을 규탄하는 자신의 소신을 피력했다. 재판이 끝난 후 민가협 회원들은 '이중주씨 석방' '학살정권 지원하는 미국은 물러가라'고 쓴 플래카드를 펼치고 구호를 외치며 검찰청 앞에서, 미대사관을 향하여 2시간 이상이나 시위를 벌였다. 경찰은 가족들의 항의시위가 격렬해지자 호송차에 강제탑승시켜 난지도·잠실 등지로 분산·해산시켰다.

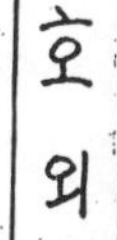

호외

민중신문

민주화운동청년연합
서울시 중구 쌍림동 34-5
양지빌딩 602호 ☎ 269) 2653
1987년 6월 14일

명동성당투쟁의 불씨를 거대한 불길로!

"지친 입 아닙니다. 힘과 용기를 가지십시요."

-시민 일동-

"몸은 함께 하지 못하나 마음만은 당신들과 함께 합니다. 당신들과 같이 피는 흘리지 못하나 눈물만은 함께 흘립니다. 당신들을 사랑합니다." -1987.6.13 요셉피나-

"전두환에게 고함. 전두환은 우리 전씨 가문에서 제외되었음을 선언함" -전씨 일동-

6월 10일 전두환 일당이 개헌사기극에 종지부를 찍고 '체육관 대통령' 후보를 뽑던 그날, 전민중은 독재타도투쟁의 깃발을 드높이 올렸다. 권력에 미친 전두환 일당이 하루라도 더 더러운 권력을 움켜쥐고자 발버둥치자 온 민중이 들고 일어났다. 서울에서도 부산에서도 광주에서도 마산에서도 전국 어디 할 것 없이 독재타도의 거대한 불길이 일었다. 이 [illegible] 이날 전두환의 사냥개들이 무자비하게 난사하는 최루탄에 밀려난 애국시민.학생들은 아직도 300명 가량이 명동성당에서 농성투쟁을 계속하고 있지만 그들의 투쟁이 결코 외롭지 않다는 것은 위의 격려문에서 단적으로 드러나고 있다.

명동을 사수하자!

전두환 일당의 모략선전과는 달리 아무런 사전준비 없이 농성투쟁에 들어간 애국시민.학생들은 먹을것도 누울 곳도 이부자리도 없는 처절한 상태에서도 "끝까지 투쟁하자!"며 굳건한 투쟁을 계속하고 있다. 농성 첫날 밤 12시 애국시민.학생들은 임시집행부를 구성했고 이어서 지금은 확대운영위원회를 통해 농성투쟁을 일사불란하게 펼치고 있다.

애국시민학생들은 11일 이후 명동 일대를 완전봉쇄한 깡패경찰에 맞서 안에 바리케이트를 치고 격렬한 시위를 벌이기도 했다. 명동을 사수하자는 그들의 각오의 표현이었다. 그러나 경찰의 무자비한 최루탄 난사로 인해 부상자가 속출하고, 시민들의 통행이나 상가의 생존권을 보장하기 위해 스스로 바리케이트도 철수한 채 장기농성태세를 갖추는 한편, 대민 방송을 실시하고 있다. 11일 시위도중 눈에 최루탄파편을 맞아 병원으로 후송된 임병진군은 병상 메시지를 통해 "내가 비록 실명할지라도 군부독재의 종식과 새나라 민주정부의 광명이 온다면 나의 눈은 광명이 온다. 흔들리지 말고 끝까지 싸워라"며 의연한 자세를 견지하는 모습을 보여주었다

폭발한 애국시민의 열변

이러한 결연한 명동성당 농성투쟁이 계속되자 명동, 남대문시장, 을지로 등 곳곳에서 수천명의 애국시민.학생들이 연대시위를 벌이고, 각지에서 지지성명서나 격려문을 보내오고, 엄청난 성금이 답지하고 있다.(14일 하루만 해도 약 700만원의 격려성금이 답지했다.) 특히 일요일인 14일에는 약 3,000여명의 애국시민이 명동성당으로 몰려와 농성참가자들과 함께 대중집회를 열며, "호헌철폐.독재타도"의 열기를 드높였다.

3시 30분경부터 시작된 이날 대중집회에서는 "장기집권 획책하는 군부독재 타도하자" "호헌이 웬말이냐 민주헌법 쟁취하자" "전두환도 노태우도 그놈이 그놈이다." "전두환을 복지원으로 이순자를 부천서로, 노태우를 남영동으로"를 명동 전체가 쩌렁쩌렁 울릴 만큼 외쳐댔다. 그런데 놀랍게도 전두환 일당이 '좌경'이니 '폭도'니 하며 모략선전해대는 이 농성투쟁에 나이어린 고등학생도 백발이 성성한 할아버지도 참가하고 있었다. 특히 한 할아버지는 "평생 굴종과 수모, 억압만 받고 살다가 이곳에 와서 애국학생들과 강고한

○명동성당 시위농성 4일째인 13일밤 10시쯤 농성학생들이 태극기와 플래카드를 들고 구호를 외치고 있다.

투쟁을 하다 보니 자유공화국에 온 것같다. 이제 역사를 볼 수 있는 사람이라면 누구나 더이상 수모와 굴종을 참을 수 없으며 투쟁을 해야 한다. 인간 발바닥 만도 못한 놈들이 판치는 세상을 춤추며 노래하는 세상으로 만들기 위해 다함께 투쟁하자"며 열변을 통해 수천명의 집회참가자들로부터 수분간의 기립박수를 받았다. 또한 농성투쟁을 지지하기 위해 참여한 일반 시민들은 "이젠 우린 새롭게 태어났다. 이제 저 깡패경찰이 우릴 잡아간다 해도 무섭지 않다. 민주화의 그날까지 싸우겠다"는 의지를 너나 할 것없이 표명했다. 닷새 동안 농성투쟁을 해온 사람이나 이날 처음으로 깡패경찰의 저지를 뚫고 들어온 사람이나 모두 마음은 하나, "호헌철폐.독재타도"였다.

거대한 불길로 전두환 일당을 쓸어버리자!

이제 가면을 스스로 벗어제끼고 추악한 몰골을 드러낸 전두환 일당에 대해 전애국시민은 궐기하고 있다. 애국시민은 '6.10규탄대회'를 계기로 군사독재의 사기극에 준엄한 심판을 내리기 시작했고 명동성당의 애국시민.학생들의 농성투쟁은 그 소중한 불씨로 타오르고 있다. 그 불씨가 꺼지지 않도록 그리고 그 불씨가 더욱 크게 타올라 거대한 불길이 되어 저 간악한 전두환 일당을 쓸어버리도록 끝까지 투쟁하자! 힘차게 투쟁하자!

전두환 일당에 마지막 일격을!

"최루탄 쏘지마, 개새끼들아!"

"이놈들아, 방독면 벗어. 니네도 한번 맡아봐라!"

6월 10일 규탄대회 이후 거리 곳곳에서 노기띤 시민들이 깡패경찰들을 몰아내고 있다. "호헌철폐, 독재타도!"를 외치며 시위하는 학생들에게 깡패경찰이 달려들면 길가던 행인들이 앞을 가로막고 "학생들이 뭘 잘못했다고 잡아가!", "이놈아, 때려치고 장사나 해라, 할짓이 없어서 대머리 앞잡이나 하고 있어!"라고 외쳐댄다. 시장바구니를 든 아주머니도, 마른 반결음을 옮기던 회사원들도, 남녀노소가 따로 없었다. 명동, 남대문, 을지로, 종로가 따로 없었다. 시민들은 이제 자연스럽게 "호헌철폐! 독재타도!"를 학생들과 함께 외치고 있다. 4천만이 하나가 되어 ...

명동 : 호헌철폐, 독재타도 !

6월 10일 밤부터 학생과 시민들이 엿새째 농성하고 있는 명동성당 주변의 상인. 회사원들은 농성학생. 시민들을 뜨겁게 성원하고 있다. 6월 12일 학생들은 시민의 통행에 불편을 주지않고 주변 상인들의 상행위를 보장하기 위해 바리케이트를 신수시켰다. 그러나 경찰이 그 자리에 즉시로 바리케이트를 설치하자 시민. 상인들의 분노는 절정에 달했다. "이 자식들아, 우리도 장사 좀 하자, 너네가 왜 바리케이트 쳐?", "학생들이 괜히 농성을 하니...", "뭐 임마? 대머리 몰아내면 학생들이 왜 데모하니!" 시민들은 누가 먼저랄 것도 없이 호헌철폐 독재타도를 외쳤다. 또 인근 회사원 200여명은 점심시간에 성당부근에 모였다가 동조시위를 하기도 했다. 이 소식이 전해지자 13일 점심시간에는 각 회사의 2,000여 사원들이 모여들어 3시간 가량 시위를 계속했다.

남대문 : 전두환도 노태우도 그놈이 그놈이다.!

폭력경찰 규탄은 남대문에서 가장 거세게 일어났다. 12일 저녁 남대문 시장상인과 행인들은 학생들을 연행하러 몰려온 깡패경찰떼와 격렬한 몸싸움을 벌였다. "평화집회 보장하라!", "한열이를 살려내라!", "개새끼들아! 한번우리한테 터져봐라" 시민들의 거센 항의에 무법자 깡패경찰들은 멈칫멈칫 뒤로 물러나지 않을 수 없었다. 경찰을 몰아낸 뒤 깡패들과 거세게 맞부딪혔다. "4.19때도 우리 시민들이 나서니까 이승만이 물러갔어. 박정희도 부산. 마산시민이 들고 일어나 죽인거야. 전두환이도 우리가 끌어내려야 돼" 시민들은 "애국학생만세!", "대한민국 만세!"를 힘차게 외친 뒤 학생들과 합류하여 토론회를 열었다. 남대문의류상가 앞 광장은 구름떼처럼 모여든 3,000여 시민, 학생들로 가득찼다. "장사를 못하셔서...", "괜찮아, 장사 며칠쯤 못해도 상관없어. 전두환이 아예 끝장을 내버려야 해"

자발적으로 연사로 나온 한 시민은 이렇게 말했다. "우리는 당하고만 살아왔어요. 부끄럽게만 살아왔어요. 그러나 이 부끄러움을 자식들에게까지 물려줄 수는 없읍니다." 또 다른 시민은 이렇게 말했다. "평화적 정권교체요? 노태우나 전두환이나 똑같은 학살범이에요. 그놈이 그놈입니다." 이어 한 학생이 명동성당농성 지원모금을 제의하여 곳곳에서 비닐봉지를 돌렸다. 모금봉지는 10,000원짜리, 5,000원짜리 지폐로 순식간에 불룩해 졌고 몇몇 시민들은 학생들에게 수고한다며 요구르트를 듬뿍 사와 학생들에게 안겨주었다. 학생과 시민들은 "명동으로! 명동으로!"라는 함성속에 스크럼을 짰다. 이때 어느 아주머니 한 분이 "우리가 앞장 서야돼, 그렇지 않으면 학생들이 한열이처럼 다쳐!"하며 대열의 선두에 나서셨다. 많은 시민들이 아주머니를 따라 어깨걸고 나섰다. 그러나 깡패경찰들은 시민들이 앞장선 평화시위에도 독가스 최루탄을 쏘아댔다. 시민들은 대열을 흐트리지 않고 "비폭력, 비폭력", "쏘지마, 쏘지마"라고 소리쳤다. 그러나 깡패들의 최루탄이 지랄스럽게 날라들자 "비폭력"을 소리쳐 외치던 한 시민은 "보자보자 하니까 정말!"하더니 주위의 짱돌을 들어 힘차게 내던졌다.

종로 : 애국학생 만세 !

종로에서도 예외는 아니었다. 10일부터 14일까지 남대문, 명동에서와 마찬가지로 종로에서도 하루도 빠지지 않고 시위가 벌어졌다. 13일밤 종로3가 시민공원에서는 학생들의 연행에 항의하여 시민들이 깡패경찰을 몰아내고 학생들을 구출해 내기도 했다. 시민들은 학생들에게 "애국학생만세!"를 외치며 힘찬 박수를 보냈다. 시민들이 계속 불어나자 깡패들은 이곳저곳 가리지 않고 최루탄을 던져댔다. 흩어진 시민들은 곳곳에서 학생들과 함께 "호헌철폐! 독재타도!"를 외쳤고, 깡패들은 소리나는 대로 우왕좌왕하며 어쩔줄 몰라했다.

10일 이후의 시민들의 반응은 실로 놀라운 것이었다. 버스에 타고 있던 시민들은 시위 때문에 길이 막혀도 불평하지 않고 오히려 시위대에 힘찬 박수를 보내거나 창문을 열고 다투어 유인물을 받아갔다. "최루탄 쏘지마라!"를 외치는 시민들에게 깡패들이 무차별로 최루탄을 던지자 시민들은 군사독재타도를 소리쳐 외쳤다. 엿닷새 시내 중심가를 뒤흔든 시위와 시민들의 참여는 4.19이후 처음의 일일뿐 아니라 독재 정권의 종말이 얼마 안남았음을 보이고 있다. 자 가자! 명동으로! 전두환 일당에 마지막 일격을 가하자!

한열이를 살려내라!

살인무기 독가스 최루탄 추방하자

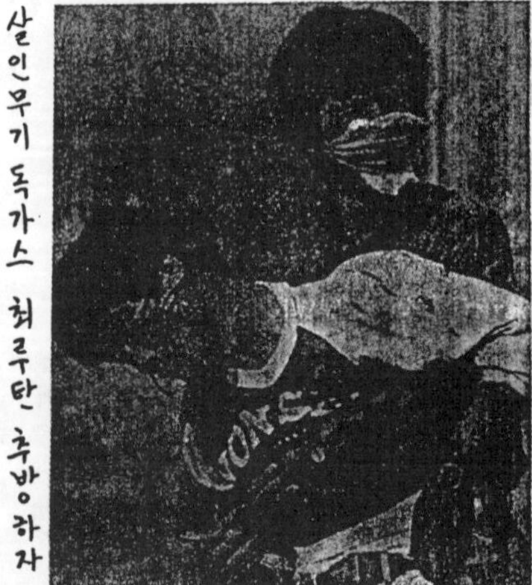

6월 15일 오후 8시 명동성당으로!

제 38 호

민중신문

민주화운동청년연합
서울시 중구 쌍림동 34－5
양지빌딩 602호 ☎ 269)2653
1987년 6월19일

휘청거리는 전두환 군사독재

살인기스 속에서도 끓어오른 군사독재타도의 열기

6월 10일 군사독재정권의 영구집권음모에 전민중이 하나가 되어 '호헌철폐''독재타도'의 깃발을 올렸다.

전국에 무장한 사냥개들을 풀어놓고 잠실체육관에 숨어서 '평화적 정권교체''민주주의 수호'운운하면서 광주학살원흉인 전두환과 노태우가 두손잡고 '호헌만세'를 외치고 '민정당은 국민에게 정을 주는 당'이라며 코메디쇼를 벌였다. 바로 그 시각, 국민운동본부 주최로 '박종철군 고문살인 은폐조작 규탄 및 호헌철폐 국민대회'가 서울을 비롯한 전국 22개 지역에서 동시에 열렸다. '더이상 못 속겠다. 거짓정권 타도하자''고문살인 거짓정권 타도하고 민주정부 수립하자'라는 구호를 외치면서 할아버지는 지팡이로,아주머니들은 핸드백으로 전경을 쫓았고,기사아저씨들은 버스로 시위대의 바리케이트를 쳤다. 또한 오후 6시,일제히 울린 차량의 경적소리가 군사독재집단을 혼비백산케 만들었고,밤 9시 정각의 각 가정에서는 군사독재정권의 앵무새 KBS의 왜곡.편파보도를 소등으로 외면하였다. 시도 때도 없이 찾아오던 군사독재정권의 사기와 폭력의 현장에서 이땅의 전민중은 명동점거농성을 계기로 스스로 짱돌을 던지면서 투쟁의 전선으로 나아갔다.

전경과 사복들의 최루탄과 사과탄이 온 거리를 하얗게 뒤덮었지만 신세계백화점 부근에서 '저것들 믿고 세금을 내고 있으니'하는 시민들의 한숨이 곧바로 '쏘지마 개새끼들아!'의 분노로 치솟아 연행되는 학생을 구출하기 시작했다. 남대문 시장에서는 최루탄에 쫓긴 시민들이 도로에서 '매워서 못살겠다,그래 독재타도'라면서 순식간에 2천여명의 시위대로 형성되 남대문 시장일대를 뒤덮었다. 시위대의 기세에놀란 전경들은 자기들에게 오발탄을 던지면서 허둥거렸다.최루탄에 대항해 시위대가 던진 화염병으로 가게가 불타자 가게주인은 '개새끼들아 왜 학생을 과잉진압해 화염병을 던지게 만드냐 썩 꺼져'라고 폭력경찰에 호통쳤다.

철야시위부산 서면에 10만 시민이 결집
전경을 몰아내고 해방의 거리를 만듬

을지로 5가 국립의료원 앞에선 노점상 100여명이 시위대에 합세하여 리어카를 앞세워 '매워서 장사 못하겠다. 경찰은 떠나가라'고 외쳤고 서울 운동장 주변상인들도 '우리가 낸 세금으로 최루탄을 쏘지마라'면서 학생들의 연좌시위에 동참했다.퇴계로에선 폭력경찰을 무장해제시켜 최루탄발사기,방패 등을 때웠고 무장해제당한 전경들도 '독재타도만세'를 외쳤다.어둠이 깔리자 군사독재정권을 향한 화염병이 날았고 파출소를 타격하여 밤하늘을 환하게 밝혔다

민주시민 따로없다. 동참하면 하나

10일에 이어 남대문일대 상인들은 '장사 못해도 좋다 독재타도가 먼저다'라면서 학생들과 함께 대중집회를 열었다. 이자리에서 한 상인은 '왜 학생들은 시민에게 동참하라고 해놓고 먼저 도망가느냐?''며 스스로 시위대의 선두에 서서 '학생들은 동참하라!'고 외쳤다.또 사복깡패들이 짱돌을 던지면 주위의 아주머니들이 '비겁하게 헬멧쓰고 던지지 마!'라고 소리쳤고,집회에서 '학살정권 지원하는 미국놈을 몰아내자'라는 구호가 나오면 시민들도 '그래 우리가 어릴 때 양코배기들이 쵸코렛과 강냉이를 싣고와 살살 호리더니 이젠 우리 피를 빨아먹고 있다'며 함께 구호를 외쳤다.

명동성당에서 농성,투쟁이 계속되자 군사독재정권은 "일부 좌경용공 세력이 성당을 점거 불법폭력 난동으로 선량한 시민을 선동... 강력한 대응조치가 불가피..."라고 왜곡하고 협박하였지만,시위현장 곳곳에서 명동성당투쟁을 지원하는 모금이 행해져 5일만에 2천여만원으로 불어났다. 그리고 시민들은 '사과탄 1발 쏘면 민주화는 1시간 앞당겨진다'며 시위대열에 적극 동참했다.

한편 부산 대구 광주 마산을 비롯한 지방에서는 서울 이상의 격렬한 투쟁이 일어났다. 낯설은 소도시는 물론,조그마한 군단위에서 조차 대중집회가 열리고 독재타도투쟁의 열기가 거세게 타올랐다.

부산.마산:지난 10일 이후로,18년간의 박정희군사독재를 종식시켰던 부마투쟁의 주역들은 되살아났다. 부산에서는 10일 '종철이를 살려내라'면서 10만의 시민과 학생들이 파출소와 민정당사에는 독재를 불살르는 불꽃을, KBS엔 타도의 짱돌을 아끼지 않았다. 계속된 시위는 18일 새벽

6월 10일 퇴계로 충무파출소 앞에서 전두환 박살내는 장면

전경 5백명을 밀어부쳐 부산역 역사안으로 몰아 넣었다. 서면에서는 3백여대의 택시가 천지를 진동시키는 경적과 폭발음을 울렸고 기사와 시민들이 하나가 되어 전경들을 쫓아내 서면을 해방의 거리로 만들었다.

우리의 투쟁은 이제부터 시작이다.

10일 마산에서는 민중의 피땀을 쥐어짜서,민중을 우롱한 국제축구대회장에서 군사독재정권의 얄팍한 수작을 거부하고 학생과 시민들이 3만명의 대열을 형성하였다. 시위대는 도심으로 진출,경찰 3백여명을 무장해제시키고 파출소,민정당사를 태워버리면서 어둠을 밝혔다. 그 열기는 16일 이후 진주로파급되어 학생들이 파출소를 점거하고 고속도로와 철로에서 연좌시위를 벌였다.

영남:10일 대구.울산.경주.안동에서 '호헌철폐''살인정권 타도'를 외치면서 시위를 벌였다. 안동에서 2천여명의 시위대열이 도심을 장악하여 경찰서에서 연행된 40여명을 직접 구출하였다.

호남:10일 광주에서 2천여명의 광주시민을 제물로 탄생한 전두환군사독재정권은 금남로를、경찰로 가득 채워놓고도 두려워,도심의 시민에게 최루탄을 미친 듯이 쏴대었다. 격분한 광주시민은 시내곳곳에서 11일 새벽 5시까지 짱돌과 광주학살원흉을 불사르는 화염병으로 어둠을 밝혔고, 전주와 군산에서 각 1만여명의 시위대가 경찰의 저지선을 돌파하여 자정까지 '살인정권타도'를 외치면서 싸웠다.

1. 고문학살 호헌책동 군사독재 타도하자!
1. 군사독재 타도하고 민주정부 수립하자!

명동투쟁의 불씨를 활화산으로!

미치게 미치게 당신들을 사랑합니다.

"명동으로,명동으로!"

6.10규탄대회로 시가지를 누비며 호헌철 폐,독재타도를 외치던 시민.학생들은 밤 9:30경 명동성당으로 모여들었다. 5시부터 성당구내에서 농성중이던 시위대는 순식간에 1,000여명으로 늘어났다.6일간에 걸쳐 전국의 반군사독재투쟁을 주도한 치열한 명동농성투쟁의 막이 오른 것이다

농성시민.학생들은 10일밤 12시 임시집행부를 구성하여 앞으로의 투쟁을 총괄적으로 지도하도록 한뒤,6.10 투쟁보고에 들어갔다.다음날 아침 학생들은 군사독재와 그 배후조종자인 전두환 과 레이건의 화형식을 거행하고 무기한 농성을 결의 했다. 그러나 경찰이 평화집회를 거행중인 성당구내에까지 최루탄을 난사하자 사제단까지 시민.학생들의 투쟁에 동참했다. 12일 1시20분에는 명동시위도중 최루탄직격탄을 눈에 맞아 실명하게된 숭실대 임병진 학우로부터 병상메시지가 전달되었다."내가 비록 실명할 지라도 군부독재의 종식과 새나라 민주정부의 광명이 온다면 내 눈도 광명이 온다. 흔들리지 말고 끝까지 싸워라"병상에 누운 학우의 결연한 당부에 시민.학생들은 숙연해진 가운데 투쟁의지를 다졌다.

농성이 계속되는 동안 시민들의 반응은 놀라운 것이었다.이미 '호헌철폐, 독재타도!'는 학생들만의 구호가 아니었다.성당입구에서 미도파까지 거리를 가득메운 시민들은 이미 경찰의 진압과 최루탄을 두려워하는 시민들이 아니었다.시민들은 구호를 외치고 또 외쳤다. 12일부터는 농성학생들에게 음료수.우유빵등 식료품과 약품.의복등 시민들이 보내준 물품과 성금이 쏟아져 들었으며,경찰의 차단때문에 농성에 동참하지 못하는 시민들로부터 수없이 많은 격려문과 격려전화가 농성장에 전달되었다.어떤 시민은 "우리 전부가 나서야할 자리에 여러분들 만이 외롭게 지키고 서있는 모습을 보면서 깊은 자괴심과 분노"를 느낀다고 했고 어떤 시민은 "사랑하는 나의 형제 자매들에게,몸은 함께하지 못하나 마음만은 당신들과 함께 합니다.당신과 같이 피는 흘리지 못하나 눈물만은 함께 흘립니다.당신들을 사랑합니다.나는 자신있게 대답합니다. 당신들은 진정 우리의 '희망'이라고" 라는 메시지를 보내왔다.농성장 에 전화를 거신 어떤 어머니는 "우리세대가 다 잘못해서 자식들을 살인무기 앞에 세워놓은 안타까움으로 지금 모든 어머니들이 울고있다."면서 말을 잇지 못하셨다.한 시민은 "격려와 뜨거운 가슴으로 당신들의 가슴에 안기고 싶다. 당신들을 사랑한다. 미치게,미치게,사랑한다."라고 전해왔다.시민들은 곳곳에서 함께 동참할 방법들을 찾기 위한 토론을 벌였고 그작은 정성의 표현으로,전달된 성금과 물품은 군사독재가 강제징수한 이른바 평화의 댐 성금과 비교가 되지 않을 엄청난 양에 달했다. 6월 15일 오전 10시까지 접수된 상황은 성금이 2040만원(단체:28개,개인 : 1680명)물품접수자 단체45개,개인 350명에 달했다.한편 학생.시민들은 경찰의 무차별최루탄 난사로 중상 27명,경상224명등 총 251명이 부상당했으나 이에 굴하지 않고 끈끈하게 싸웠다.

6월14일 성당구내에서 벌어진 범국민시국 대토론회에서는7,000여시민이 운집한 가운데 백발이 성성한 할아버지에서부터 고등학생에 이르기까지 많은 연사들이 자발적으로 나와 "지금 시점은 승리와 패배의 갈림길인 만큼 온국민이 떨쳐 일어서야한다." ,"이 정권은 살인무기 최루탄없이는 하루도 지탱할 수 없는 정권이다." "인물교체 속지말자,전두환도 노태우도 그놈이 그놈이다."를 외치며 군사독재타도의 결의를 다졌다.(자세한 것은 본보 6월15일자 호외 참조)

명동투쟁의 결과 이제 시민들은 거리에서,직장에서,동네에서 당당하게 군사독재타도를 주장하게 되었다. 6일간 비타협적 농성을 계속해온 시민 학생들은 새로운 투쟁을 준비하기 위해 농성을 해제하고 학교와 집으로 일단 돌아갔다.그러나 명동투쟁에서 던져진 군사독재타도의 불씨는 전국에서 활화산처럼 계속되고 있다.

농성투쟁을 해산한 몇시간 뒤인 9시경 명동성당에선 이번엔 촛불 바다가 이뤄졌다.전국에서 모인 신부 수녀를 비롯한 만오천명의 신도,애국시민,청년,학생들은 손에손에 촛불을 들고 촛불시위를 벌였다.갑자기 몰아닥친 소나기에도 아랑곳하지 않고 미사를 진행한 집회참가자들은 명동투쟁이 아직 끝나지 않았음을 입증이라도 하려는 듯 명동전체가 날아

군부독재타도하자! 광주학살 호헌책동

가 버릴 만큼 우렁차게 " 독재타도 호헌철폐"를 힘차게 외치며 중앙극장쪽으로 나아가면서 시위를 벌였다. 이어서 500명 남짓한 청년.학생들은 명동성당에 계속 남아 철야농성을 이어갔다. 개중에는 낮에는 직장에 출근하고 저녁이면 다시 돌아와 농성에 참가하는 사람까지 있었다.누가 시킨것이 아닌 만큼 시민들의 자발적 참여는 그만큼 돋보였다.

농성투쟁에서 표명된 나이어린 고등학생이나 50,60대의 할아버지의 결연한 투쟁의지는 청년.학생들이 따라갈 수 없을 만큼 강고했고 그런 만큼 수분간이나 기립박수를 받았던 것이다.이제 "독재타도 호헌철폐"는 학생들만의 구호가 아니라 오히려 매국적 전두환 일당을 제외한 전민중의 것이었다.

투쟁의 시작, 소중한 불씨로 피어난 명동투쟁

'6.10 규탄대회'에 뒤이은 6일간의 명동투쟁. 최후까지 200여명이 명동성당을 사수하여 벌여온 명동투쟁은 6월 10일 이후 폭풍우 같은 범민중의 "독재타도.호헌철폐 투쟁"의 주요한 견인차 가운데 하나였다 6월10일로 자칫 끊어졌을지도 모를 투쟁의 불길을 되살리는 소중한 불씨였던 것이다. 영구집권을 위해 민주화투쟁에 대한 살인적 탄압을 가하고 "그놈이 그놈"인 인물교체를 평화적 정권교체의 서곡이라고 기만해온 군사독재는 수천명의 경찰을 투입하여 명동을 철통같이 봉쇄했다.그러나 애국시민,청년.학생들의 격려와 지지투쟁은 그들을 고무시켰고,3만명 이상의 경찰투입에도 불구하고 압제의 사슬은 곳곳에서 풀어졌다.무차별 연행과 무자비한 최루탄 난사에 밀려 '긴급피난'한 애국시민,학생들을 "좌경.용공 학생들이 명동성당을 점거하여 난동을 부리고,체제전복을 기도하고 있다."며 왜곡선전하는 꼬락서니라니! 실제로 명동투쟁에는 나이어린 고등학생에서부터 50,60대의 시민,청년,학생들이 한마음 한뜻으로 투쟁의 깃발을 드높였다.

이제 명동투쟁 자체는 6일간으로 마감되었다. 그러나 명동투쟁이 촉발시킨 "독재타도.호헌철폐"투쟁은 더욱 거세게 이글거리며 타오르고 있다.해산하는 날 이를 알고 구름처럼 몰려든 약 3만명의 애국시민들의 뜨거운 환호성,대형태극기를 앞세우고 미도파앞까지 진출한 농성투쟁자들의 의연한 모습,부근 빌딩의 사무직원들이 뿌려대는 꽃송이들,이들 모두는 군사독재에의 조종인 동시에 해방에의 환호성이었다. 이를 반영하듯 아직도 겨우 깔딱거리는 목숨을 부지하기에 급급한 전두환 일당에 대한 마지막 일격을 가하려는 투쟁의 깃발은 시청 앞에서,명동에서,서울역에서, 부산에서,진주에서,마산에서,대전에서 아니 전국 방방곡곡에서 힘차게 올려지고 있다. 특히 부산에선 명동투쟁을 이어받아 300여명의 애국시민 청년.학생들이 지난 16일 부터 카톨릭회관에서 독재타도의 그날까지 결사투쟁의 결의를 다져가고 있다. 이에 힘입어 택시기사를 비롯한 애국시민들은 수천에서 수만명씩 시위대를 형성하며 완전무장한 경찰들을 밀어제끼며 온거리를 해방의 함성으로 뒤덮고 있다.

감동의 환호성을 독재타도의 승리로!

이제 '축제'를 준비하기에 앞서 마지막 남은 고빗길을 넘는 일만 남았다. 단결된 행동,바로 이것이 '축제를 준비하는 관건이다. 마지막 발악을 서두르는 군사독재에 일격을 가할 날이 멀지 않았다.이제 한걸음만 더 나아가자 !

논설 굴종의 사슬을 끊고 전진! 전진!!

우리는 이제 어제의 우리가 아니다

그것은 정말 놀라운 일이었다. 그토록 오랫동안 겁먹고 비굴하게만 살아왔던 우리가 억압과 굴종의 사슬을 뚝뚝 끊으며 뿜어낸 힘이 이렇게 위대할 줄은 아무도 몰랐다. 지난 6월 10일 "민주헌법쟁취 국민운동본부" 가 주관한 규탄대회에서 우리 민중과 그 선봉에 선 민족민주운동세력은 전두환.노태우 일당에게 치명적인 일격을 가하였다.

누구나 달라진 우리의 힘을 보았다. 학생들의 투쟁을 멀찌감치서 지켜보기나 하던 우리가, 기껏 텔레비전을 보며 분통이나 터뜨리던 우리가 이제는 박수를 치고 격려를 울리고, 마침내 시위대열을 이루어 "호헌철폐.독재타도!"를 외치며 나가게 된 것이다. "이제는 우리도 나서야한다"는 자각이 거대한 파도를 이루어 군사독재정권을 침몰시키려 하고 있다.

물론 군사독재가 그리 쉽게 타도 될수 있는 것은 아니다. 보다 높은 각오와 보다 많은 사람들의 참여가 있어야함을 깨닫기도 했다. 그러나 우리는 이미 어제의 우리가 아니다. 서울에서, 광주.부산.대구.대전.인천에서, 조용하기만 하던 안동.천안.군산.전주까지 전국에서 우리는 싸웠다. 12만 대군을 자랑하던 귀신잡는 경찰이 곳곳에서 밀려나고야 말았다. 그놈의 독가스최루탄.살인직격탄만 없다면 경찰은 이제 꽁지빠진 수탉에 불과하다.

더구나 6.10투쟁은 끊임없이 계속되고 있다. 이것이 2.7, 3.3투쟁과 다른 점이다. 명동성당농성투쟁에서 되살려진 불씨가 다시금 들불처럼 번져가고 있는 것이다. 명동성당에 답지한 2,000 여만원의 성금과 무수한 격려문, 학생과 시민들의 계속된 지원투쟁, 또다시 불붙은 전국적투쟁들은 과연 무엇을 의미하는가? 이것은 바로 정치군부.민정당.독점재벌.관제언론 등 극소수 반민족.반민주세력을 제외한 전민중의 투쟁열기가 그 어느때보다도 드높이 치솟아있음을 보여주는 것이다. 6.10투쟁은 바로 우리의 승리를 예고하는 이정표인 것이다.

갈팡질팡하는 미국과 군사독재

벼랑끝에 내몰려있는 전두환.노태우 일당은 6.10투쟁으로 더욱 설 땅을 잃었다. 소위 "단임정신"을 부르짖으며 학살공범 노태우에게 정권을 넘겨 사실상 군부장기집권을 꾀하려던 음모가 만천하에 폭로되어 더이상 아무도 속지 않게 된 것이다. 노태우는 등장부터 얼굴에 똥칠을 한 꼴이 되고 말았다. 어디 그뿐인가? 이한열군사건, 박종철군 고문살인사건의 재판 등 도처에 옴치고 뛸 데가 없게 되어버렸다.

6.10투쟁 이후 기만적 유화책을 펴며 대화 운운 하지만 누가 그 속임수에 넘어가겠는가? 그렇다면 남은 선택은 다시금 강경책(위수령.비상조치 등)을 쓰거나 혹은 4.13조치를 철회하는 것뿐이다. 그러나 어느쪽이고 스스로의 무덤을 파는 꼴이 되므로 고민은 더욱 심각할 수밖에 없다.

4.13조치 이후 "이제 선거법협상대화나하라" "단임이야말로 민주발전"이라며 사실상 군사독재의 장기집권을 승인한 미국도 난처한 입장에 빠져있다. 전두환.노태우일당을 계속 밀어주자니 우리민중의 분노를 살 것이고, 그렇다고 군사독재만한 하수인을 구할 수도 없기 때문이다. 그러나 절대로 미국에 대한 환상을 가져서는 안된다. 우리의 현대사를 봐도 미국은 결국 끝까지 군사독재의 편에 서서 탄압과 학살을 배후조종했던 것이다. 오로지 우리 스스로의 힘으로 군사독재를 끝장내고 미국의 배후조종을 깨부셔야 한다.

최후까지 승리를 향해

이제 우리는 승리가 멀지않았음을 느낀다. 전국각지에서 치솟아오르는 함성을 들어보라! 미국과 군사독재의 갈팡질팡하는 모습을 보라! 어떤 사람은 군부쿠데타나 계엄령을 걱정하기도 한다. 그러나 올림픽에 목숨을 걸고있는 자들에게, "평화적"정권교체를 외치는 자들에게 소위 비상조치는 끝장을 의미하는 것이다. 오로지 우리의 단합된 힘과 굽힘없는 지속적 투쟁을 통해서만 군부의 협박을 물리칠 수 있는 것이다.

이를 위해서는 우리가 모래알처럼 흩어지지 말고 하나의 주장에 하나의 세력으로 강철같이 결집하여 싸워나가야 한다. 그 구심점이 바로 "민주헌법쟁취 국민운동본부"이다. 군사독재에 반대하는 모든 민주세력이 하나로 뭉친 "본부"의 결성은 그 자체가 역사적 의미를 가지는 것이다. 물론 언제 타협할지 모르는 민주당등 여러 세력이 모여있으므로 아직은 투쟁의 강력한 중심을 이루고 있지 못하다. 또한 간부 13명이 구속되는 등 탄압에 부딪치고 있다.

그러나 그럴수록 "본부"는 더욱 가열차게 싸워나갈 것이며, 보다 확고하게 민중의 편에 설 것이다. "본부"는 다시 "국민평화대행진을 계획하고 있다고 발표했다.

이번에야말로 우리는 끝까지 싸워야 한다. 그리하여 마침내 승리를 우리의 것으로 해야 할 것이다.

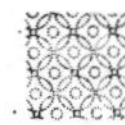

듣고 바로잡자

투쟁은 아직 끝나지 않았다!

— 명동농성투쟁을 마치고

·살인가스속에서도 끓어오른 군사독재타도의 열기

"6.10 규탄대회"가 열리던날 서울 장안은 온통 최루탄 가스로 뒤덮였다. 자욱한 최루가스 속에서도 "독재타도.호헌철폐"를 외치며 하나둘씩 모이기 시작한 애국학생.시민의 투쟁열기는 뜨거운 불길로 타올랐다. 어지러운 군화발 소리를 뚫고 나는 17개지역 도시빈민들의 명동성당 철야농성에 합류하기위해 오후 8시경 성당안으로 들어갔다. 이때 천명가량의 학생. 시민들이 최루탄에 맞서 손에 손에 돌멩이를 들고 힘차게 호헌철폐.독재타도를 외치고 있었다. 이날밤 학생.재수생.노동자.상인.목공수등 다양하게 모인 농성자는 새벽 2:30분까지 시위를 하며 전두환.노태우일당의 작태와 음모를 규탄하면서 군사독재의 완전한 종식과 호헌철폐를 위해 끝까지 싸울 것을 다짐하였다. 그리고 급히 임시집행부를 구성하여 앞으로의 농성을 효과적.체계적.조직적으로 전개하기 위해 상황실을 마련하고 전체 행동수칙을 결의하였다. 수칙은 1. 미국과 그 앞잡이 군사독재에 대한 투쟁의지를 항상 고취한다. 2.공개집회시에는 한치의 나태함이나 일체의개인주의를 배격한다. 3.모든행사에 있어서 시간을 철저히 지킨다. 4.타인에게 불편을 주는 행동은 절대 삼가고 공공기물은 소중히 다룬다. 5.시민들이 제공한 음식물은 감사하는 마음으로 먹으며, 버리거나 함부로 다루지 않는다. 6.휴식시간에는 충분히 휴식을 취하며 시간 있을 때마다 동지들과의 대화를 통하여 동지애를 북돋운다. 7. 기필코 우리는 민주를 쟁취하고야 만다는 신념을 가지고 모든 투쟁에 임한다.

·민주시민 따로 없다 동참하여 하나 되었다

하루가 지난 11일 오후 3시경 88헬멧부대가 150발이상의 최루탄을 발사하여 성당을 전쟁터로 만들었다. 그리고는 관제언론을통해 농성을 명동성당 점거난동사건으로 매도하고 애국시민, 학생들을 폭도.난동자로 몰아 부쳤다. 그러나 이제 시민들은 그들의 "닭치니 억하고 죽더라"라는 식의 사기조작에 더이상 속지 않는다. 그러기에 많은 시민들로부터 지지와 성원이 끊이질 않은 것이다. 외환은행 민주노동자일동은 "우리는 애국학생들과 시민들의 민주화투쟁을 적극 지지합니다. 여러분의 굽힘없는 투쟁으로 우리 시민들 가슴속에서도 민주화 소망이 커지고 있으며 함께 동참할 방법을 찾기위한 토론이 확산되고 있읍니다. 비록 작은 정성이지만 85명이 모금한 돈이니 민주화와 민족자주화의 밑거름에 써주십시요"라는 편지를 보내왔다. 그러나 한편에서는 하루하루 지쳐가는 사람이 눈에 띄었고, 성당의 입장등 상황에 이끌려 결연한 투쟁의지를 꺾고 해산하자는 학생들의 나약한 주장이 오히려 농성노동자등 시민들의 강한 제재를 받기도 했다. 못배운 사람보다 많은 잘하지만 투쟁력이 미약하다는 버려진 지적은 지금까지 흔히 나타나던 지식인적인 공허한 논쟁의 단면을 잘 드러내주었다. 밤을 새우며 새벽을 맞이하는 반성 속에서 다시 투쟁의 대열을 가다듬고 13일 오전에는 성당입구에 쳐져있던 바리케이트를 넘어서 시민들과 군사독재종식을 위한 활발한 토론을 하였다. 상황실을 통해 듣기만 하던 시민들의 지지성원을 몸으로 확인하는 순간이었다. "우리의 농성이 결코 외롭지 않았구나"라는 생각과 예상치 못한 시민들의 뜨거운 민주화 의지에 놀란 것 역시 사실이었다. 앵무새 KBS 가 매일밤 떠들던 "배운 것 없어 무식하고 불만으로만 머리속이 꽉 차있는 반정부적인 사람은 모두용공.좌경"이라면 그들의 주장은 과연 얼마나 허무맹랑한 거짓말이었던가? 그렇다면 이미 대한민국의 모든 사람들이 용공.좌경임에 틀림없다. 그러기에 여고생들은 자신들의 도시락을 모아 던져주며 열심히 싸우라고 격려해 주었고, 한 아주머니는 잔돈으로 10만원이상을 모아 치마폭에 싸안고 와서 눈물을 글썽이며 건해주셨다.

이제 우리는 보았다. 그리고 온몸으로 확인했다. 저들이 아닌 바로 우리가 역사의 편에 서있음을! 많이배우고 말잘하는 지식인 보다 못배우고 손에 못이 박힌 가난한 우리의 민중들이 더욱 굳건하게 싸울 수 있음을! 비록 우리의 나약함과 무계획성으로인해 자진해산하고 말았지만 우리는 무엇보다도 귀중한 깨달음을 얻었다.

투쟁은 바로 지금부터라는!

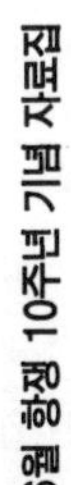

〈기획 연재〉

독재정권과 그 폭압기구

(3) 헌법·국회·정당

민중을 '정복'하는 '당', 민정당 대통령 후계자 노태우는 12일 기자회견에서 양심범들이 "잘못을 회개하고 이를 행동으로 보여주고 국법을 준수,법적 테두리에 동참할 의사가 명백할 경우 이들의 사면. 복권·석방을 건의할 용의가 있다"라고 가장된 미소를 지어가며 나불거렸다.

국법 준수란 무엇인가. 말할 것도 없이 파쇼적 국가기구를 유지하는 법을 온 국민이 고분고분 지키라는 것이다. 6.10 대회에서 분명하게 나타난 것처럼 군사독재는 온국민의 거센 저항을 받았다. 궁지에 몰린 군사독재는 법의 이름으로 칼을 휘두르고 민주화열기를 희석시키는 수단으로 민주주의를 가장한 헌법,국회,정당을 이용하고자 개수작을 부리고 있다.

'제도권''장내''장외''불순단체'라는 용어도 실은 전두환정권이 만들어낸 것이다.독재 체제 내에서 통치권력이 흘려주는 떡고물만 받아먹고 말 잘들으면 제도권,장내이고, 독재체제를 거부하고 이땅에 민주화와 민중생존권 보장을 요구하면 장외,불순단체로 몰아붙였다.성고문 물고문,전기고문,사기.조작정권이 민주화운동을 장외·불순으로 모는 얼토당토않는 상황이 벌어졌다. 도대체 이처럼 기괴한 논리를 빚어내는 판도라상자와 같은 제도들은 무엇인가. 하나씩 살펴보자.

헌법－군사독재의 얼가위

제 5공화국 헌법은 전두환 군사정권이 한때 스스로도 인정했듯이,전 국민의 민주화 열망과는 무관한 모순투성이었다. 계엄하인 80년 9월 6일 개헌시안작성　소위구성, 9월9일　개헌시안 완성,10월 22일 국민투표에 회부되어 만들어진 헌법은 유신헌법의 독소적 조항을 그대로 두면서 글자 몇자 바꾼 것에 불과하다.

헌법은 국가구조의 틀을 명문화한 것이다. 그러나 우리헌법은 정권이 바뀔 때마다 수정되면서 정권유지에 한몫을 하고 있다. 이같은 사실은 박정희와 마찬가지로 전두환도 국가재건최고회의 대신　국가보위입법회의를 구성,온갖 악법들을 제정·개악하여 5공화국의 권력유지를　위한 제반 제도적 장치를 확보한 것에서 뒷받침된다.입법회의에서 쏟아놓은 악법 중 대표적인 것은 국가보안법,사회보호법,언론기본법,집회 및시위에 관한 법률,노동관계법의 개악을 꼽을 수 있다.

이 결과 나타난 사회 경제질서는 사회적부의 생산자인 노동자.농민의 철저한 수탈과 소외이다.최저생계비에 훨씬 미달하는 저임금,생산비에도 못미치는 저곡가를 강제하며,독재정권과　결탁한 독점재벌을 살찌우고 있다.

노동자·농민의 정당한 요구는 헌법과,노동3법,집회 및 시위에 관한 법률로 철저히 봉쇄되어 있다. 이에 따라 민중적 경제질서는 상상도 할 수 없고,독점재벌,부정부패관리,외국독점자본은 비대해 가는데 반해서 민중은 최저생계비 수준 아래에서 허리띠를 졸라매는 비참한 결과를 낳고 정치적 질서에서도 국민으로부터 대통령 선거권을 박탈하여 장기집권의 길을 열어놓고있다.

통일주체국민회의의 재판인 대통령 선거인단은 정치사기극을 장충체육관에서 잠실체육관으로 옮겨놓았을 뿐이다.

현재의 독재헌법에도 행복추구권,사생활보호권과 같은 몇 가지 개선된 조항이 들어있다. 그러나 문제는 법 자체도 문제이지만 시행자도 문제이다. 법이 없어서 대낮에 성고문과 물고문이 전기고문이 자행된 것은 아니다.더구나 최상위법인 헌법이 하위법에 의해서 오히려 묶여져있는 상황에서는,'또 애매한 조항이 가득한 헌법에서는 엿장수 마음대로 독재정권과 그　주변집단에게 유리하도록 시행되고 있다.

국회－여의도의 고급 사교장

작년 3월 국회의원이 얼굴이 퉁퉁 부어오르고 눈밑이 째지는 사건이 발생했다.소위 "국방위 회식사건"으로 국회 국방위 소속의 여야중진의원(김동영,이세기 등)이 군장성과 술마시던 자리에서 눈에서 별이 번쩍번쩍하도록 얻어터진 사건이다. 대통령 전두환의 신임을 받고 있는 군바리들이니 행정부의 시녀와 같은 국회의원을 허깨비정도로 보고 마음대로 다룬 것이다.

원래 국회는 진정한 국민의 대표가 모여 국민에게 필요한 법안을 논의하고 행정부를 감시하는 기관이다. 그러나 작금의 현실은 어떠한가. 군바리와 권력지향적인 해바라기 정치인들의 배때기에 기름이 흐르도록 하는 곳이 국회이다.군부독재권력 에 무조건적 충성하는 것이　유일한 정치적 견해인 국회의원들은 금배지 값으로 거수기역할을 부지런히 하고 있다. 또한,집권당이 전국구 의석의 2/3를 장악하고 있어 국회운영과 법안처리에서 독재권력에 항상 법이라는 칼날을 바치고 있다.

〈민의의 전당이 되어야할 국회.그러나 지금은 군부독재권력을 지탱하는 온갖 악법을 생산해 낼 뿐만아니라 민주화운동마저 교란시키고 있다.〉

86년 5월27일 국회헌법특위가　'보수대연합'이라는 미명하에 가동되었다. 그얼마전 1월의 국정연설에서 개헌논의 불가라는 상황과 대비하여 볼 때 엄청난 진척임에 틀림없다. 그러나, 그사이에 있었던 국민들의 개헌열기를 간과해서는 안된다. 서울,부산,광주,대구,대전,청주와 그리고 인천에서 정점으로 타올랐던 온국민의 민주화 열기,교수,문인성직자 등의 시국성명이 절대호헌에서 개헌으로 끌어내렸다. 헌법특위는 이러한 여망과 달리 보수적 정치인의 정치적 짝짜꿍이었다. 애초부터 독재정권은 국민의 열기를 가라앉히고 중대발표까지의 시간을 벌 속셈이었고,야당은 논의과정에서 흘러나오는 떡고물에 군침을 흘렸던 것이다. 여기다가 86년 5월, 이민우 미국방문에서 미국은 노골적으로 적당한 선에서 타협'을 요구했던 것이다.

정당－군사독재의 돌격대

총액 15조 8153억원 1인당 담세액 40만원의 87년도 예산안이 통과되던 작년의 상황을 우리는 똑똑히 기억하고 있다. 1,000명의 짭새들이 지키는 가운데 국회 소회의실에서 민정당 국회의원들의 예산안 날치기 통과를 민정당은 전두환의 명령 한 마디면 무슨 일이든 가리지 않는 나치하의 돌격대와 같다. 말이야 직능대표제라 하여 골고루　의원직에 안배했다 하지만 사실 전두환에 대한 충성도에 따라 채용이 결정된다.

지난 5월11일에 단행된 민정당의 요직개편을 보면 이같은 사실이 분명해진다. 순환보직이라는 그럴듯한 명분을 내세우고 있지만,후계자인 노태우와는 전혀 무관한,전두환의 심복들로 안배되었다 우선 초선임에도 상임위원장을 맡은 박준병은 광주학살 주범 가운데 한놈이고 김상구는 전두환의 동서이다. 또 총재비서실장출신의 이영일,김정남,이한동이 중용되었고,김현욱,전병우,신상식,정동성은 앞다투어 '총재의 분신'이라고 자랑하는 놈들이다. 사무총장 이춘구(육사 14기)는 전두환이 민정당을 감시.독려하기위해 파견한 칙사이다. 따라서 이춘구의 위세 앞에 노태우는 얼굴마담에 불과하고,청와대와의 관계는 이춘구의 전결사항이다.

'호헌철폐'가 뜻하는 것

박종철군 고문치사로 시발된 올해의 민족민주운동은 거대한 노도를 형성하 여 군부독재집단을 벼랑 끝에 몰고 있다. '2.7대회'와 '3.3대회'에서 표출되기 시작한 시민의 적극적 행동은 군부정권을 당황과 두려움에 싸이게 했다.

전국에서 일어나는 시민.학생.노동자.농민·빈민의 투쟁은 12만여의 경찰력으로는 손을 쓸 수 없게 되었다. 한때 무성하던 계엄.위수령은 격앙된 대중에게는 미봉책에 불과할 뿐이다. 또, 군작전권을 거머쥔 미국은 광주학살 이후에 터지는 반미감정과 동북아 군사구도를 의식해 손쉽게 군대를 풀어줄 수 없다. 단지 여야에 대화와 타협만을 앵무새처럼 되풀이하고 있다.

시민이 합세한 투쟁은 곳곳에서 터져오고 있다. 이제는 우리가 우리것을 쟁취해야 한다. 〈사진은 월요일 (15일) 명동성당에 운집한 민주 대열〉

시작은 이제부터이다

시작은 이제부터이다. 본기획에서 살펴보았던 군대.경찰.검찰.각종 제도는, 군부독재를 인정하고 대화와 타협의 산물인 미온적인 헌법개정,대통령 선거법개정,구속자석방,몇 가지 민주화조치만으로는 근원적인 해결을 기대할 수 없다. 호헌철폐는 권력구조에서 대통령제냐 원의원내각제냐의 문제가 아니다.모든 사람이 권력수립에 참여하고 인간다운 삶을 보장받는 세상을 찾자는 뜻이다.따라서 민정당이든 민주당이든 자신의 잇속을 차리려고 대화.타협을 운운한다면 국민에 대한 또 한번의 사기이다.모든사람이 억눌림이 없고　일한 만큼의 정당한 대우를 받으려면 사회의 민주화와 민족의 자주화가 함께 이루어져야 한다.흐트러짐 없는 투쟁을 올바른 요구 속에 주체적으로 전개해나갈때,모든 폭압구조가 철폐되고 민주주의의 새날은 밝아올 것이다.

(안내) 민주화 성금 접수
민주화운동청년연합에서는 민주화 성금을 모집합니다. 여러분께서 보내주시는 작은 정성이 우리 사회의 민주화를 조금이라도 앞당길 것입니다.
온라인 번호 :국민은행
001-01-1179-056
예금주 : 민 청 연

해설 그놈이 그놈! —인물교체의 허구성—

지난 6월 10일 저녁, 전국 방방곡곡에서 '군사독재타도!'의 거센 함성이 울리고 있을 때, 남산 힐튼호텔에서는 어처구니 없는 연회가 벌어지고 있었다. 이른바 민정당 전당대회 및 대통령후보자선출 축하연. 8년전인 1979년 10월 17일, 유신정권 붕괴의 첫발을 내딛는 부마민중항쟁이 일어나던 날, 10일 앞도 못내다보는 유신정권의 앞잡이들이 유신 7주년 기념식을 벌이며 흥청대던 꼴과 너무도 흡사한 모습이었다.

10일 이후 연일 계속되고 있는 시위 집회에서는 '호헌철폐,독재타도!'의 구호와 함께 민정당의 이른바 평화적 정권교체의 허구성이 집중적 으로 폭로되고 있다.

'전두환도 노태우도 그놈이 그놈이다 !'

'인물교체 속지말자 그놈이 그놈이다 !'

'대머리가 가발썼다. 노태우에속지말자!'

대머리 전두환에서 메주 노태우로, 광주학살 범끼리 권력을 돌려먹으며 이것을 평화적 정권교체라고 떠들어 대는 군사독재의 억지를 민중들은 이미 꿰뚫어 보고있다. 왜 민정당이 온건합리주의자라고 떠들어대는 노태우의 등장이 '그놈이 그놈 일 수밖에 없는 것일까 ?단순히 노태우가 군출신이기 때문일까?

노태우. 그는 단순한 군인이 아니었다. 전두환과 대구공고 입학 동기인 노태우는 중간에 경북고로 전학했다가 육사11기로 입학했다. '윤필용 사단'의 일원으로 전두환,권익현 등과 함께 정치군인으로 성장했으며, 대통령경호실 작전차장보,보안사령관 등을 전두환에게서 직접물려받기도 했다. 12.12쿠데타 때는 휴전선에서 군대를 빼돌려 서울시내에서 무차별 총격전을 벌여 전두환의 집권에 결정적인 역할을 했다. 이 공로로 노태우는 군부최고의 요직인 수경사사령관에 들어 앉았고, 전두환이 최규하를 밀어내고 대통령이 되자 '보안사령관이 되어 군부내 정치깡패의 두목 노릇을 했다. 전두환과 노태우 사이에는 고등학교 입학동기나 육사동기 같은 관계 이외에 뗄래야 뗄 수 없는 관계가 하나 있다. 노태우는 80년 5월, 치떨리는 광주학살극 당시 전두환과 함께 시퍼렇게 날선대검을 들고 칼춤을 추어댄 학살 5적 중의 한 놈인 것이다.

노태우와 전두환은 이렇게 광주시민의 붉은 피를 뒤집어 쓴 전우들이지만, 전두환의 충성스런 똘만이들과 군부강경파 중에는 노태우를 의심하는 시각도 없지 않았다. "노태우가 광주학살에 참여 했던 것은 틀림없지만 전두환보다는 아무래도 관여한 바가 적다. 혹시 대통령이 된 뒤 광주학살의 책임을 전두환에게 모조리 덮어 씌우는 것 아니냐?"는 것이다.그러나 설혹 노태우가 이런 장난을 친다해도 여기에 속아 넘어갈 사람은 아무도 없을 것이다. 또 한가지 노태우가 후계자 지명을 받는데 대한 군부내의 장애요인은 '11기끼리 해쳐먹기냐,우리도 한 번 해보자'라는 12기이하의 반발이었다. 이같은 불만을 주도한 것은 전 국가안전기획부장 장세동(육사16기)이었다. 군사정권내에서 강경파의 핵심적인 인물로 알려진 장세동은 호헌책동 이후 육사동기들에게 '걱정마라,민정당 전당대회에서 노태우 손이 올라가는 일은 없을 것이다.'라고 공언했다가 오히려 노태우등에 의해 자신이 밀려나고 말았다. 이 과정에서 결 정적인 역할을 한 것은 노태우의 경북고등학교,육사 동기동창이자 학살5적인 정호용이었다. 박종철군 고문살인은폐조작사건이 폭로되자 내무장관으로 있던 정호용은 공안기관책임자 일괄사퇴를 주장하여 자신의 자리를 내놓는 대신 노태우의 앞길을 가로막는 장세동을 '물귀신 작전'을 써 끌어내린 것이다.

이 과정에서 그동안 노태우와 장세동등 강온파 사이에 양다리를 걸치고 있던 안무혁(안기부장),이춘구(민정당 사무총장),이종구(전 보안사령관,현 3군사령관)등 육사14기를 노태우 편으로 돌아섰다고 한다. 이같은 맥락에서 지난 6월초에 있었던 군부인사에서 장세동이 심어놓은 16기가 대거 밀려나고 14기와 연결된 17기내의 온건그룹이 요직을 차지했다는 것도 주목할 만한 일이다.이와 같은 양상은 군부내의 권력다툼에서 온건파가 일단 승리한 것처럼 보이지만,그렇다고 온건파가 완승을 거둔 것이라고는 할 수 없으며 내연의 불씨는 꺼지지 않고 있다. 전두환일당이 집권후 최대의 위기에 몰린지금 계엄령을 선포하지 못하는 것도 계엄령이 선포되면 군부내의 격렬한 권력쟁탈전을 피할 수 없다는 것이 중요한 이유의 하나가 되고 있다.

우리 민중들의 입장에서 볼때 군부의 강경파나 온건파나 그놈이 그놈이고 모조리 한통속이다.광주학살로 정권을 잡고,총칼과 최루가스와 고문으로 권력을 유지하며,민중들의 피땀을 짜고,외세에 예속되어 있다는 점에서 하등의 차이가 없기 때문이다.현재 노태우는 봉건적 방식으로 전두환으로부터 대통령을 세습하라는 약속을 받아내긴 했으나 대머리 친정체제와의 갈등,올림픽 이후개헌을 할 경우 불가피한 과도정부적 성격등 난제가 허다하다. 그러나 노태우의 목줄을 쥐고 있는 것은 군부의 갈등도,미국의 승인여부도 아닌 군사독재타도를 외치고 있는 민중들이다. 광주학살의 원흉 노태우는 전두환일당과 함께 처단되고야 말 것이다.

노 태 우 인 맥

<table>
<tr><th>군</th><th>당</th><th>경제</th></tr>
<tr><td rowspan="3">정호용(육사11기),경북 32회
김복동(육사11기)경북 33회
박희도(육사 12기),경북 34회
최세창(육사12기)경북 34회
권영각 (국방차관),경북 31회
이종구(육사14기),경북 35회
이재때(사단장) 경북 37 회
김연각 (사단장)경북 38회
신 정(공수여단장)경북 40회</td><td>현홍주(전안기부차장,의원)
김학준(서울대교수,의원)
강용식(의원)
최병렬(의원)
유학성(의원,전 안기부장)
김식 (육사11기,의원)</td><td>정춘택(32회,전외환은행장)
사공일(재무장관)
이원조(전은행감독원장)
구본호(32회 KDI 원장)
문희갑(경제기획원차관)
금진호(전상공부장관,동서)
김종인(의원)</td></tr>
<tr><th>정</th><th>검·경·안기부</th></tr>
<tr><td>김윤환(32회,정무수석)
정해창(법무장관,37회)
손제석(문교장관 31회)
오재희(외무차관,32회)</td><td>안무혁(안기부장)
이상연(안기부차장)
정경식(대검공안부장)
김상조(치안감)
김우현(치안감)</td></tr>
</table>

지난 6월 10일 저녁.

'호헌철폐 독재타도'의 함성과 더불어 최루탄가스가 명동 남산 일대를 뒤덮었다.이때 마침 힐튼호텔에서 노태우 차기대통령 축하연을 마치고 나오던 민정당 똘마니 들이 눈물을 한 사발씩 쏟아내자 이춘구란 작자 왈, "우리 당원들이 눈물을 흘리는 것은 전두환 대통령이 너무 소탈하고 인간적으로 심경을 피력한 데 대해 너무 감격하고 눈시울이 뜨거워진 때문이지 최루탄가스 때문은 아니다." 라고 삼척동자도 요절복통할 개소리를 나불댔다나.

입은 삐뚤어져도 말은 바로 하랬는데 이 작자는 비루를 처먹었는 지 주둥이에 근봉을 처박아놓았는지.

. . . .

지금 고문경관공판이 열리고 있다는데,지난 1월에 발생한 사건이 왜 늦어졌는지? 지존하신 사법부에서는 4,5월은 대학이 시끄러워 공판을 열수 없었다나? 예끼,여보슈,은폐조작이 폭로될까봐 못열었다고 솔직하게 말하면 입이 삐뚤어 지나?알고보니 공판을 늦추어 은폐조작에 한목을 톡톡히 한 판사 손진곤이란 자의 경력이 대단히 화려하더군.80년 5.17 당시 서슬푸른 국보위 입법사위원에 그 후에도 법원을 대표하여 청와대에 근무하면서 대머리를 지척에서 모신 경북고 출신(노태우 후배)의 내시라더군. 아서라. 저런게 재판을 해서 진실을 밝혀? 판사님들 저런 놈에게 재판 맡기고 부끄럽지도 않으신가?

독자투고 또다시 6월에

하늘엔 조각구름 떠 있고 /국군장병 여러분 총구를 돌리십시요/강물엔 유람선이 떠가고/우리 민족의 철천지 원수 미제국주의자의 각을 뜨자!/악,악,대한민국/

매일매일 밤이면 이같은 기묘한 화음을 듣기를 3년,기나긴 철책선 에서의 군대생활도 끝나고 이제 사회로 돌아왔다.최루탄가스에 찌든 도심의 가로수들도 신록을 뽐내고 있어 내가 있던 전방에는 한층 녹음이 우거져 있을 것이다. 지난 3년의 군대 생활동안, 나는 신록을 보면서 고등학교 1학년 땐가 배운 '신록예찬'같은 글을 생각할 만큼 낭만적이지 못했다.

"장병제군은 녹음기를 맞이하여 공산분자의 침입을 특히 경계하기 바란다. 6.25도 6월의 녹음기에 일어났음을 상기하자."중대장의 훈화가 끝나면 인사계가 뒤따라 나선다."요즘 대학생녀석들,전쟁이 얼마나 무서운 건지, 공산당이 얼마나 악독한지 겪어보질 않아서 몰라.잘난척 공부하기 싫으니까 데모나 하고 난리야."그러면 서 6.25이야기를 주절이주절이 늘어놓는다.인사계 나이는 기껏해야 40. 6.25때 불과 서너살이었을텐데 전쟁에 대해 젊은이보다 얼마나 더 잘 알까?

내가 내 젊은 3년을 보낸 철책선은 너무나 고요했다.남북양쪽에서 간간이 틀어대는 스피커 소리만 빼고 말이다.내가 있던 곳은 비가 추적추적 내리는 음산한 날이면 퍼런 도깨비불이 어지럽게 날아다니는 곳이었다. 국군과 인민군이 뺏고뺏기를 거듭했던 고지, 양쪽에서 족히 1,000명은 이 골짜기에 뼈를 묻었다는 곳이다. 치열한 폭격으로 온통 벌거숭이가 되었다면 이 산이 37년이 지난 지금 이토록 푸르른 것은 어인 일일까? 국군과 인민군의 뼈가 어우러져 썩어 이 산을 이토록 슬프도록 푸르게 만든 것일까?

서로의 목숨을 바쳐야했던 37년전 분단된 조국의 젊은이들 같이 뒤엉켜 썩어가고 있는 이 산하. 이 산하는 언제까지 찢겨져 있어야하나?

국민학교 2학년 때였다. 고향이 평안도인 늙은 담임선생님께서는 눈물을 글썽이며 떨리는 목소리로 7.4공동성명발표를 이야기해주셨다. 15년이 지난 얼마전 통일원장관이란 자는 TV에 나와 자신있는 목소리로 '7.4공동성명은 공산주의자를 끌어들이기 위한 술책'이었을 뿐이라고 선언했다. 왜 학생과 노동자와 야당이 통일을 이야기하면 안정을 저해하는 불순분자요,좌경용공이요,반국가사범이 되어야하는가? 저 휴전선을 걷어치우는 조국통일은 정권을 잡고 계신 높으신 분들의 소관이고,우리는 그저 높으신 분들이 시키는 대로 잠자코 공산침략만 막고 있으란 말인가? 내 젊음을 바친 휴전선은 반드시 내손으로,평화적으로 걷어치워야 한다. 높으신 분들이 녹음기비상경계를 떠들던 6월 . 그러나 올 6월에는 호헌철폐 독재타도의 함성이 높아져가고 있다. 그렇다.6.25와 통일과 남북대화를 정권유지의 도구로만 써먹은 썩어빠진 군사정권은 타도되어야 할 것이다.

살인무기 최루탄을 추방하자!

달라진 시민들의 반응!

"최루탄 쏘지마! 이 개새끼들아!"
"최루탄도 다 세금인데... 저런 것을 믿고 세금을 내다니!"

최루탄에 대한 시민들의 반응은 이미 예전과는 달랐다. 예전 같으면 '삼십육계 줄행랑'이 최고라고 여겼지만 이제는 '최루탄 추방'에 발벗고 나서는 실정이다. 시도 때도 없이 아무 데서나 마구 터뜨려지는 최루탄으로 인해 치명적인 사고가 속출하고 있기 때문이다. 이제 사정은 눈물 콧물이 질질 흐르고 숨이 콱콱 막히는 정도가 문제가 아니라 최루탄이 굽기야는 사람을 잡아가는 상황이 되고 있는 것이다.

시민들의 거부 반응은 최근 '6.10 규탄대회'를 전후하여 최고조에 오르고 있다. 이는 특히 지난 9일 연대생 이한열군이 최루탄 직격탄을 맞아 이미 뇌가 죽어버린 상태에서 인공호흡에만 의존한 채 사경을 헤메는 사건이 발생한 탓이다. 지난번엔 박종철군을 "탁"치니"억"하며죽더라며 사기조작을 하던 자들이 이제는 최루탄으로"탁"쏘아 "억"하며 죽어가게끔 하고 있는 것이다. 광주에서 올라온 이한열군의 어머니가 "우리 착한 강아지를 누가..."하며 넋을 잃었다지만 도대체 누가 이렇게 꽃다운 젊음을 앗아갈 살인허가를 받았단 말인가?

최루탄은 살인무기·독가스

광주학살로 정통성 문제에 금이 간 전두환일당은 가능한 한 군바리가 직접 나서서 유혈참극을 불러일으키기보다 경찰로 하여금 독재타도투쟁을 잠재우며 해왔다. 그 결과 경찰은 엄청나게 비대해졌고 최루탄 사용 역시 급증했다. 실제로 최루탄 사용량은 매년 두배씩 증가하여 84년엔 19억원,85년엔 39억원,86년엔 59억원에 80년 이후 총 160억원이 최루탄가스로 날아가 버렸다. 예컨대 5.3인천투쟁과 건대농성투쟁에서는 각각 총 1억원 상당의 최루탄이 사용되었다

이렇게 무차별적으로 최루탄을 쏘아대니 그 피해 또한 심각해지고 있다. 최루탄을 쏘는 사람이나 맞는 사람이나 모두 알레르기성 피부염,체질변화,폐병,그리고 심지어는 암조차 유발(최루탄 성분 속에는 발암물질인 벤젠이 포함되어 있음)될 수도 있다. 또 종래에 사용되던 시위진압용 독가스인 CN 보다 독성이 훨씬 강한 폭동진압용 CS분말을 국산으로 대체 사용하게 됨에 따라 자극성 피부염이나 화상을 입는 일이 더 허다해지고 있다. 이 때문에 독재자 마르코스마저도 한국산 최루탄 수입을 거부한 것이다. 또 독일의 베스트팔렌주의 슈뻬른 내상은 자신이 직접 CS를 혼합한 살수포를 맞아본 후 CS사용을 금지시켰던 것이다.

보라! 이렇게 직격탄을 쏘고도 살인무기가 아니라고 발뺌할 것인가?!

그러나 더욱 커다란 문제는 최루탄을 직격탄으로 맞는 경우이다.작년 거듭된 수술 노력에도 불구하고 실명해버린 서강대생 배준식군이나 이번에 사경을 헤메고 있는 이한열군은 모두 이 직격탄을 맞고 쓰러졌다.사진에서 보는 바와 같이 지름 8Cm, 길이 14 Cm의 SY44탄이 시위군중 앞 20-30m 거리에서 직격탄으로 날아올 때 가히 치명적이다. 그래서 원래 전경들은 45도 각도로 최루탄을 쏠것을 교육받지만 최근처럼 시위군중과의 접촉거리가 10m 안팎이 되면 자기도 모르게 직격탄을 쏘게된다고 자인하고 있는 실정이다. 말하자면 스스로 살인행위를 하고 있음을 자인하고 있는 셈이다. 이 외에도 보다 근접한 거리에서 사용되는 일명 사과탄 (원래는 SY25탄)은 옷을 뚫고 살속 깊숙이 파편이 박히는 일이 잦아 두려움의 대상이 되고 있다. 또 지랄탄이라고 불리우는 다탄두탄은 커다란 굉음과 함께 불덩어리 채로 떨어지곤해서 종종 화재를 불러일으키기도한다.

이처럼 최루탄은 직접·간접으로 사람의 목숨을 끊을 수도 있는 살인무기화하고 있다. 담배연기조차 생명을 단축시킨다고 난리법석을 떠는 판에 이런 독가스를 장기간 흡입했을 때 10년,20년 후에 그 부작용이 어떤 형태로 나타날 지는 명약관화한 것이다.

한열이를 살려내라!

쓰러진 한열이를 부축하던 종창이마저 전경들 돌에 맞아 뇌수술을 받았다

"우리의 착한 아들 한열이를 누가...누가 우리 한열이를 데려갔냐.할일이 많은 놈의 자식을 누가 데려갔냐. 누가 우리 한열이를 데려갔냐.우리 사람을 이렇게 만들어 놓고....어디 갔냐 내 자식 죽인놈 어디 갔냐.어디 갔냐 대답 좀 해봐라!우리 한열이는 살건디 살아갈건디 차라리 꿈속이나 된다믄 언젠가는 깰건디.

한열아!
뭣할려구 착했냐,내가슴에 못 박을 놈이 왜 착했냐,뭣할려구 착했냐.."

11일째 사경을 헤메고 있는 연대생 이한열군(경영학과.2)은 지난 9일 '구출학우 환영 및 6월9일 애국연세 총 궐기대회 '후 교내시위 도중 직격탄을 뒷머리에 맞아 뇌손상으로 중태에 빠졌다. 의사들은 "뇌기능 소생 가능성의 전무.사실상의 사망상태"로 죽음을 선고했다.그런데 그 당시 한열군을 부축했던 이종창군마저 전경들이 던진 돌에 머리를 맞아 2차에 걸친 뇌수술 을 받았으나 중태이다. 연이어 두명의 학우를 잃은 연세대 학생들은 서대문 경찰서장 김수길(군출신으로 경무관 승진에 눈이 멀어 과잉충성을 하고 있는자)이하 책임자를 '살인미수'및 '직무유기죄'로 고발하고 이한열.이종창군의 회생을 애타게 기도하고 있다.

살인무기 최루탄에 목숨을 걸고 있는 자들

이처럼 최루탄의 폐해가 자명함에도 불구하고 살인무기 최루탄에 생명을 걸어놓고 있는 자들이 있다. 그들은 바로 전두환 일당과 일부 파렴치한 재벌이다. 전두환일당은 날로 거세게 타오르는 민중의 투쟁열기를 총칼로 직접 다스리자니 민중의 반격이 무서워 총칼 대용으로 최루탄을 사용하고 있다. 말이 최루탄이지 직격탄으로 쏘아댈 때는 총칼과 전혀 다를 바가 없다.'그놈이 그 놈'인 것이다.게다가 전두환 일당은 권력유지에 급급해 최루탄 비용 중 거의 90%를 예비비에서 변태지출하고 있다. 또 자신의 상전 미국에서 일부 최루탄까지 수입해서 우리 민중을 탄압하는 반민중적 작태를 서슴지 않고 있다,

한편 권력에 빌붙은 일부 악덕재벌은 살상용 최루탄 생산에 힘입어 날로 비대해져 가고 있다. 그 예로 최루탄 완제품 생산업체인 삼양화학(본사:마포구 도화동 43-1 ,전화 719-3120-3)의 사장 한영자는 85년 개인소득세 전국 4위였다고 한다. 삼양화학은 방위산업체로 최루탄 뿐만 아니라 신호탄,휴대용 신호탄,조명탄 등을 대거 군납하여 축재의 기틀을 쌓은 것이다. 이 이외에도 현재 최루탄 부품 가운데 뇌관은 한국화약(계열사:빙그레,플라자호텔,한양유통)에서,표피는 한국화이바에서,스프링은 은성사에서 제조하고 있는 것으로 알려지고 있다. 이런 작자들이 바라는 것은 무엇일까?돈벌이를 위해서라면 강산이 최루탄 독가스로 온통 찌들건 말건 민주시민이 최루탄에 맞아 쓰러지건 말건 마구 만들어 쏘아대는 것일 뿐이다.

살인무기·독가스 최루탄을 추방하자!

최루탄의 실상이 한꺼풀씩 벗겨짐에 따라.'최루탄의 무분별한 남용은 절대죄악이며 살인행위'라는 낙인이 찍혀지고 있다. "우리 아기 살려주세요"란 절규가,"한열이를 살려내라"는 피맺힌 함성이,"최루탄 쏘지마!"라는 거센 반발이 거대한 물결을 이루고 있다. "우리가 낸 세금, 내 자식을 죽이다니,.. "라는 허탈한 감정은 곧 분노의 파도로 이글거리고 있다. 마산 앞바다에 눈에 최루탄이 박힌채 시체가 되어 떠오른 김주열군이 4.19의 도화선이 되었듯이 살인무기 최루탄을 무차별 난사하는 전두환 일당의 타도투쟁은 최루탄 추방운동에서 격렬히 전개되고 있다.. 군사독재 타도 없이 최루탄 추방없고 최루탄 추방없이 군사독재 타도없다. 살인무기 독가스 최루탄을 추방하자!

창간호 1987년 6월 24일
발행인 및 편집인 : 민주헌법쟁취 국민운동본부
주소 : 서울 종로구 연지동 기독교회관312 호
전화 :744: 6702 744: 2844

국민운동

민주헌법 쟁취하여 민주정부 수립하자!
더 이상 못속겠다 거짓정권 물러나라!
국민합의 배신하는 호헌조치 철회하라!
행동하는 국민속에 박종철은 부활한다!

"온국민 군부독재정권 단호히거부"

6월 26일, 국민평화대행진 결행

지난 6·10규탄대회 이후 봇물처럼 터져나오는 민주화에 대한 함성은 전국적으로 확산, 고양되면서 현정권을 궁지에 몰아넣고 있다. 갑오농민전쟁, 3·1운동, 4·19혁명, 5·18광주민중항쟁등을 통해 성숙한 우리 민족의 위대한 역량이 이번 대회를 계기로 거대한 힘으로 나타난 것이다. 나이어린 국민학교 학생부터 노인에 이르기까지, 노동자, 농민, 종교인, 학생, 정치인, 문인, 의사 등 직업과 신분의 구별없이 거의 모든 국민이 민주화투쟁에 참여, 민주화와 민족의 자주화를 갈망하는 민족의 단결된 모습을 과시했다. 6·10 규탄대회이후 6월 20일 현재에 이르기까지 전국의 주요도시는 물론 중소도시에서도 총 시위회수 1천8백50여회에 걸쳐 연인원 2백50여만명이 6·10민주화대행진에 참가, '호헌철폐' '독재타도'를 외쳤다.

이같은 시민들의 대대적인 호응과 참여는 전경들의 사기를 크게 떨어뜨리고 있다. 한 전경은 '우리가 어디 사람인가요 X지요' 라고 자조하는가 하면 일부전경들은 '쏘지마! 쏘지마!'를 외치는 시민들에게 최루탄 발사를 주저하는 모습을 보이고 있다. 또한 교통경찰관들은 경적을 울리는 차량번호 적는 것을 멈추는 등 전에 없는 경찰의 동요현상마저 보이고 있다.

그럼에도 현정권은 6·10대회를 '불법적 폭력난동'이라고 매도하고 지난 13일 박형규, 목사, 양순직 통일민주당 부총재등 민주헌법쟁취국민운동본부 핵심간부 13명에 대해 집회 및 시위에 관한 법률 위반 혐의로 구속, 20일 검찰에 송치했다.

이와함께 지난 19일 이한기 국무총리 서리는 담화를 발표, 시위가 계속되면 비상한 각오를 하겠다고 민주화를 요구하는 국민들에게 강경한 입장을 보였다.

한편 미국은 안보문제에 관심을 표명하면서 만일의 경우 계엄령이 선포되더라도 제재하지 않겠다는 반응을 나타냈다.

슐츠 미국무장관은 지난 19일 한국정부가 반정부시위를 진압하기 위해 계엄령을 선포하더라도 한국에 되해 어떤 제재도 가하지 않을 것이라고 밝혔다. 슐츠장관은 한국에 대한 어떠한 제재도 매우 부적합할 것이라고 말했다. 또한 전국경제인연합회조찬회에 참가한 제임스 릴리 주한 미국대사가「한국에는 북으로부터의 위험이 상존하고 있는데도 한국의 대학생들은 이 점을 너무 경시하고 있다」면서 미국의 가장 큰 관심사는 안보라고 말함으로써 크게 주목을 끌고 있다.

▲ 투쟁의 전국적 확산에 기폭제가 된 민주시민·학생 일동의 명동투쟁 모습.

한편 민주헌법쟁취 국민운동본부는 지난30일 서울 연지동 기독교회관 사무실에서 성명을 발표▲4·13조차 철회▲6·10대회관련 구속자 및 양심수 전원 석방▲집회·시위 및 언론자유 보장▲살인 최루탄 사용 즉각 중지 등 4개항에 대해 정부측이 22일까지 납득할만한 조치를 취하지 않을 경우 오는 26일 전국에서 국민평화대행진을 전개할 것임을 밝혔다.

또한 이 성명은 미국에 대해 한국의 안보가 누구를 위한 것이며 안보를 위해서는 계엄령과 같은 군(軍)의 진출을 미국이 용인한다는 것인지를 공개질의한다」고 밝혔다.

이 성명은「미국이 민족의 자존을 바라는 한국민의 저항에 부딪치지 않는 길은 군부독재정권에 대한 지원을 즉각 중단하는 것」이라고 지적했다.

미국의 독재정부 지원 중단요구

한국정부에 대해 개헌유보조치를 즉각 철회할 것과 군사독재정권을 지지하는 미국 정부에 대해 한국정부에의 지원을 중단할 것을 촉구하는 조국민주화대행진이 5월 31일 오후 워싱턴에서 1천여명의 교포들이 참석한 가운데 전개됐다.

정의평화민중연합(회장 서길병)과 미주민주인권협의회(회장 홍기철)가 공동 주관한 이날 행사에는 뉴욕·필라델피아· 워싱턴을 비롯, 버지니아·메릴랜드지역 등의 교포들이 대거 참석, 차량 시위와 도보시위 등 조국민주화대행진을 전개했는데 현장에서 11명의 교포가 수갑을 찬채 연행되는 등 격렬한 양상을 띄었다.

시위차량들은 워싱턴근교 하이포이트고등학교에 집결,『4·13조치를 즉각 철회하라』는 등의 플래카드와 태극기를 차에 부착한 채 백악관앞까지 시위하였다. 이들이 도착하자 미국무성과 미의회 앞에서 18명의 성직자들과 함께 6일째 단식중이던 박성모목사가 나와 메시지를 낭독하였고 곧이어 백악관에서 주미한국대사관까지 도보시위 행진이 벌어졌다.

5백미터 정도의 대열을 이루면서 각종 구호가 외쳐진 이 시위대의 선두에는 꽹가리와 징을 동원한 농악패「두레」와『군사정권 자폭하라』등의 플래카드를 든 어린이들이 앞장서 이채를 띄었다. 주미한국대사관 앞에서 경찰저지선을 넘은 11명이 연행된 이후에도 한동안 계속되던 시위는 약 4시간 만인 저녁 7시 50분경 민주화를 위한 기도와 애국가 합창으로 끝을 맺었다.

민주 만평

▶한 여성이 전경의 투구에 꽃을 달아주고 있다

명분없는 치안력 사기저하로 약화

지난 18일 최루탄추방의 날 6·10규탄 대회이후 고조돼온 국민적 호응과 참여와는 대조적으로 전투경찰의 사기저하와 명분없는 치안력의 한계가 더욱 눈에 띄게 나타나고 있다.

이날 오후 8시경 을지로 입구에서 시위대를 '진압'하기 위해 출동한 전투경찰이 오히려 시위군중에 의해 무장해제를 당했다. 또한 이날 저녁 9시경 서울역앞의 시위군중은 전투경찰을 무장해제시켰을뿐만 아니라, 이들을 연좌시켜 '우리의 소원은 통일'을 같이 부르게 하고 '호헌철폐'의 구호를 외치게 했다.

이날 인천에서도 비슷한 양상이 나타났다. 시위대가 대중집회 주위를 둘러싼 전경에게 '방패 내려!'를 외쳐 전경들이 방패를 내리게 했으며 '투구 벗어!'를 외쳐 투구를 벗게 하였다.

뿐만 아니라 시위현장 곳곳에서 전투경찰은 예전에 보여주던 시위군중연행의 신속성과 과감성을 보이지 않고, 마지못해 연행하려 하는 모습도 보였다.

또한 경적시위차량의 번호를 수첩에 적던 교통경찰관도 경적을 울리는 차량이 너무 많아 다 적을 수가 없게 되자 마침내는 포기하고 말았다.

행동하는 국민속에
박종철은 부활한다

창간사 삼천명을 쓸어 버리면 삼만명이 일어선다

오늘 우리 민주헌법쟁취국민운동본부는 기관지 『국민운동』을 창간했다. 다 아는 바와 같이 「운동본부」는 누구의 사주를 받고 모인 것이 아니라 이 나라에 진정한 민주주의와 평화, 그리고 번영을 실현하고자 각계각층 인사들이 자발적으로 모인 단체이다. 우리는 이 목적을 평화적으로 실현하고자 하며 어떠한 이유와 구실로도 폭력을 배격한다.

국민에게는 물리적 힘이 없으며 폭력이야말로 권력당국이 탄압의 명분으로 이용할 수 있는 구실을 제공하는 더없이 좋은 기회가 되기도 하는 것이다. 오늘의 우리나라 현실은 정치, 경제, 도덕적으로 심각한 위기와 혼란에 빠져 있다.

이 위기는 지난 27년간 군사통치의 여론을 무시한 정책적 소산이며 우방의 일부 정치인의 사탕발림식 찬사와는 달리 밖으로는 외세에 예속되고 안으로도 계층간 지역간의 소득개발격차를 심화시켜 안정을 잃고 만성적인 불안이 가중되어 80 년대에 들어와서는 단 하루도 평안한 날이 없고 지배층간에는 아첨·아부만이 늘고 근면과 성실과 성장을 추구하기보다 부정부패가 만연되어 이러한 풍조는 경제질서전반에 큰 혼란을 가속화시키고 있다. 오늘의 구조적 도덕적 위기도 국민대중을 회생시키고 개발위주의 물량적 성장만을 추구한 군사통치의 불가피한 소산이며 군사통치자들이 집권연장에 필사적인 것도 그 원인이 바로 이런 위기의식에 있다고 아니 볼 수 없다.

어느나라 할 것없이 군인이 정치에 개입하면 결국 나라도 부패와 혼란과 쇠퇴를 가속화시키고 말 것이다.

군인은 명령 복종이 생명이므로 강한 외세에 대해서는 자주성을 잃고 비굴하며 제 국민에 대해서는 군림하려하고 강압적이며 국민의 지지를 받기보다 국민에게 명령하기 좋아하고 정치를 군사작전으로 착각하며 국민여론을 외면하고 그들을 오로지 힘으로 굴복 시키면 이긴 것으로 착각한다. 바로 이러한 사고로 그렇게도 국민이 반대하는 이른바 4·13 조치 철회는 전혀 생각지 않고, 계엄령·위수령등 강압책으로 오늘의 난국을 수습하려 하고 있다.

이른바 「싹쓸어 버리면 된다」는 것이 군사작전식 사고이다. 그러나 정치는 그렇게는 되지 않을 것이다. 3천명을 쓸어 버리면 3만명이 되고 3만명을 쓸어 버리면 30만명으로 늘어날 것이며 권력은 사태의 군사적 승리를 위해 강경책의 확대재생산을 계속하지 않을 수 없고 초 강경책은 마침내 자승자박의 결과를 빚을 것이다.

정치에 있어서의 힘이란 군사작전시와 같이 물리적 힘만이 전부가 아니고 도덕적인 힘 국민여론 국제여론등 다양하다. 박정희 정권이 힘이 모자라 패퇴한 것은 아니다.

그들 역시 정치와 군사를 착각한 무지의 소치였다고 볼 수 밖에 없다. 국민은 승리에 대한 신념을 갖고 4·13조치의 철회를 위해 평화적 저항을 계속해야 할 것이다. 권력당국은 제도언론을 동원하여 민주화를 위한 국민의 평화적저항의 일부 불상사를 침소봉대하여 마치 폭도처럼 보도하고 외세는 저들의 국가이익을 추구하여 부패독재정권을 은연중 지지하고 있으나 국민의 굳은 민주화의 염원은 몇번의 좌절에도 최후의 승리를 거두고야 말 것이다. 오늘 창간호를 맞아 우리는 국민에게 자신과 희망을 갖고 민주화를 위한 국민의 평화적 저항에의 굳은 결의와 단합된 힘을 과시해 주기 바라마지 않는다.

전국을 뒤덮은 호헌철폐

'호헌철폐'와 '독재타도'를 외치는 국민들의 투쟁이 지난 6·10대회 이후 전국 각지에서 갈수록 가열되고 있다. 특히 이번 민주화 투쟁은 부산·대전 등의 각 지방에서 그 어느 때보다도 드높아지고 있어 이전과는 다른 새로운 양상을 나타내고 있다.

6·10 민주화투쟁은 80년 이후 최대규모의 실력행사로 민주화가 우리시대의 절대절명의 과제임을 보여주고 있다. 정부가 위기에 처할 때마다 전가의 보도처럼 행사해 온 경찰의 물리력도 국민들의 대대적인 참여에 의해 별기능을 발휘하지 못하는 현상을 빚고 있다. 군부독재가 물러나고 민주정부가 수립될 때까지 국민들의 저항은 계속될 것으로 보인다. 다음은 각 지역별 투쟁 상황이다.

서울

6월 10일, 롯데백화점앞 등의 중심가에서는 오후 6시를 기해 지나가던 차량이 일제히 경적을 울렸고, 8시경에는 2만여명의 시민·학생이 신세계앞 광장을 점거하는 등 롯데백화점앞, 퇴계로, 남대문시장, 고가도로 등 도심 곳곳을 시위대가 점거하여 호헌철폐와 독재타도의 의지와 역량을 과시했다.

한편, 이날 학생시위대는 치안본부 대공분실이 가까이 있는 남영전철역을 40여분 동안 점거하기도 했다.

이날 오후 9시경쯤 퇴계로에서 경찰에 밀린 시민·학생시위대는 명동성당으로 들어가 이후 15일까지 계속된 '명동성당농성'이 시작되었다.

6월 11일, 오후에는 명동주변 곳곳에서 성당에 들어간 시위대를 지지하거나 이들과 합류하려는 학생·시민들이 몰려들어 시위를 계속, 이를 지켜보던 주변상가의 상인이나 시민들은 이들을 향해 "잘한다"는 환성과 함께 박수를 치며 호응하다가 시위대에 합류했다.

6월 12일, 오후 3시께 학생이 삼일로 중앙극장 앞에서 시위를 시작한 뒤 명동을 중심으로 시위가 계속돼 삼일빌딩 앞에서 가장 격렬한 시위가 벌어지는 등 종로, 광교, 시청앞, 남대문일대에서 밤늦게까지 산발적인 시위가 계속됐다.

6월13일, 오후 3시30분경 미도파백화점 옆 골목에서 시민·학생 3천여명이 시위를 한 것을 비롯, 을지로1가로타리 점거, 회현동전철역 부근 차도 점거. 이날 시위대는 종묘공원앞에서 시국토론회를 갖기도 했다.

6월15일, 오후 3시30분경 명동농성 해산 후 9시 40분경 명동성당에서의 기도회가 끝난 다음 시민 1만여명이 촛불시위를 벌였다. 한편 오후 9시 10분경 국도극장에서 시위대와 경찰 사이에서 격렬한 투석전이 벌어졌다.

6월18일, 오후 4시 연동교회에서 예정됐던 최루탄추방공청회가 경찰의 대회장원천 봉쇄로 무산되자, 기독교회관앞에서 2백여명이 "한열이를 살려내라" 등의 구호를 외치며 연좌시위를 했다. 7시부터는 목요기도회를 노상에서 개최하여 경찰과 격렬한 몸싸움을 벌였다. 8시경에는 을지로입구에서 1만여명의 시민학생이 운집하여 경찰 1개소대를 무장해제시키고 장비를 소각했다. 8시 30분 경에는 시경앞에서 시민 2천여명이 경찰 4개 중대와 대치하여 최루탄 발사에 항의했다. 8시 45분경 1만여명의 시민·학생은 서울역앞 광장을 20여분간 점거하여 남대문경찰서에 투석하였다. 이어 9시에는 2만 이상으로 불어난 서울역앞 시위군중이 전투경찰을 무장해제시키고 같이 연좌시켜 '우리의 소원은 통일'을 부르게 하고 '호헌철폐'를 함께 외치게 하였다. 이후 9시 25분에는 시청에서 남대문 사이의 도로를 시위대가 완전 점거했다.

"20 일 현재 가두시위만 1850회 이상에 250여만명 참가해"
"서울역 앞 시위군중, 전투경찰을 무장해제 시키고 같이 연좌, '호헌철폐' '독재타도' 외치게 하기도…"

한편 연세대학교 등 28개 대학에서는 5만여명 이상의 학생들이 '폭력정권 타도'와 '호헌철폐'의 구호를 외치는 등의 대중집회를 가졌다.

성남

6월 10일· 오후 6시경 성남역 앞에서 500여명의 청년, 학생들이 "호헌철폐" "독재타도"를 외치며 시위를 시작했다. 저녁 7시에 이르러 "규탄대회"에 참여하기 위해 수만명의 인파가 몰려들기 시작하자 경찰은 최루탄을 난사하기 시작했다. 잠시후 인하병원 앞에서 주민교회 교인 150여명이 "민주화를 위한 기도회"를 시작하자 경찰은 무자비하게 최루탄을 쏘아댔다. 그러나 시민들은 이에 굴하지 않고 길바닥에 드러누워 온몸으로 저항했다.

이와함께 종합시장에서 산발적인 시위를 계속하던 학생들이 이에 가세하여 학생, 시민, 노동자등의 시위대는 4만명으로 늘어났다. 이때부터 성명서 낭독 만세삼창의 순으로 규탄대회는 본격적으로 가열되기 시작했다.

이어 "성남시민 단결했다. 전두환은 각오하라"는 플래카드를 앞세우고 '애국가' '우리의 소원은 통일' 등을 부르며 시청앞으로 진출, 또다시 연좌시위를 했다.

6월 17일, 시청앞에서 '성남시 대학생연합회' 주관으로 '호헌철폐' '독재타도'를 위한 대규모 대중집회가 열렸다. 학생들로 시작된 집회에 순식간에 수만의(주민교회 추산은 5만) 시민들이 가세하여 11시까지 계속됐다.

6월18일, 오후 7시경 종합시장 앞에 1만여명의 시민이 운집했다. 시위대는 종합시장 앞에서 한차례 집회를 가진 뒤 구호를 외치며 시청앞으로 행진했으며, 참가시민들의 수는 시간이 갈수록 늘어났다. 시청앞에서 대열을 정비하고 연좌하여 메가폰을 잡은 한 학생의 선창에 따라 구호를 외치며 오늘의 투쟁에 대한 의지와 신념을 다졌다. 이날 성남시민의 '독재타도' 합성은 다음날 새벽까지 이어졌다.

인천

6월10일, 6시 10분 부평역전에서 시민·학생 1천여명이 시위를 시작했다. 1만여명으로 불어난 시위대는 인천지역의 7개 민주화운동단체가 연합하여 8시경에 대중정치집회와 전두환화형식을 주도하여, 군사독재정권 타도의 열기가 일반 시민들에게도 더욱 뜨겁게 가열됐다.

한편, 대회참가를 방해하기 위한 잔업조치 때문에 미처 시위에 참가하지 못했던 청천동공단노동자들도 저녁 9시 경에는 시위대에 합세하여 "잔업철폐 임금인상!" "노동3권쟁취민주노조결성!" 등의 구호를 외치며 경찰과 치열하게 맞섰다.

6월 17일, 오후 7시 인천주안1동성당에서 '정의평화월례강좌회'가 끝난 다음 학생, 신도 등 2천5백명은 7시 30분부터 시민회관에 집결하여 "최루탄 없는 세상에 살고 싶다" "민주헌법 쟁취하여 민주정부 수립하자"라는 내용의 플래카드를 내걸고 인천공설운동장까지 "호헌철폐"를 외치며 행진하였다. 이 과정에서 시위대는 6천여명으로 불어났다.

6월 18일, 호헌철폐 및 최루탄추방길기대회장으로 예정됐던 부평역이 경찰에 의해봉쇄당하자 인천시민 5천여명은 6시경부터 부평로를 점거하고 북구청로타리를 중심으로 운집하여 대회를 가졌다. 이 대회에서 노동자, 상인, 학생 등의 시민이 등단하여 전두환군사독재정권의 부패성과 민정당의 대통령후보로 지명된 노태우의 반민족성 등을 폭로했다.

한편, 이날 같은 시간에 인천시민회관앞에서도 1만2천여명의 시민이 운집하여 시민집회를 열고 "군부독재 끝장내고 민주정부 수립하자!" 등의 구호를 외치며 민주화, 민주정부수립을 향한 인천시민의 열망과 역량을 과시했다.

충남

6월 10일 '고문살인은폐조작 및 민주헌법쟁취를 위한 범도민대회'를 시발로 충남지역에서는 시위가 점차 확산 6월 16일에는 최고 5만여명이 중심가에서 시위를 벌였다.

6월 15일에는 시위대에 밀려 경찰력이 무력화되어 경찰은 대전역까지 평화적 시위를 보장했다. 이후 시민들이 합세하기 시작 1만

"부산, 십 오만 군중에 놀라 헬기까지 동원 광주, 시위대열중에는 고등학생들도 상당수 눈에 띄어"

여명으로 불어난 시위대는 호헌철폐 독재타도의 구호와 노래를 부르며 밤 9시 50분쯤 대전역에 도착했다. 10시 40분쯤 시민·학생들은 대전역앞 광장과 도청에 이르는 중앙로에서 호헌철폐를 위한 범시민대회를 밤11시 30분까지 가졌다.

시위는 16일에도 계속 이어졌다. 16일 오후 8시 30분쯤 학생 3백여명이 시민 2천여명이 지켜보는 가운데 대전역 광장에 집결, 구호와 노래를 부르며 연좌농성에 들어갔다. 경찰의 최루탄 발사에도 불구하고 9시가 되자 시위대는 1만여명으로 불어났다. 이들은 중앙로를 완전 장악한 채 도청앞으로 이동 연좌시위를 벌였다. 9시 40분쯤에는 도청앞광장, 시청, 충청은행까지 시민 5만여명이 모여「무장해제」「연행자석방」「피해보상」 등을 요구하며 대중정치집회를 가졌다. 도청앞에 운집한 1만여명의 시위대는 11시 30분쯤 스크럼을 짜고 도청정문진입을 시도하다 경찰의 다연발최루탄발사로 후퇴, 도심지에서 분산되면서 산발적인 시위를 했다.

이날 대전에서는 시민·학생들의 대규모시은 저기서 오고 우리 편은 저기로 가고 있다' 고 소리쳐 주변에 있던 시민들의 폭소를 자아내기도 하했다.

기장목회자의 동방빌딩 앞 4차선 도로에서의 연좌시위를 시발로 시작된 군산 시위에서는 연좌농성에 가세한 시민과 군산대생등 2천여명이 경찰서로 몰려갔으며 경찰서 앞 로터리에 1만여명이 집결, 역전 방향으로 진출을 시도했다. 시위대의 진출을 저지하는 데 한계를 드러낸 경찰은 저지를 포기하고 경찰서장이 2 회에 걸쳐 시위대에게 공개적으로 사과를 하는 등 시위대의 연행은 엄두도 내지 못하는 상황에까지 이르렀다.

한편 광주에서는 조흥은행 앞에서 5 시 30분경 500여명이 시위한 것을 시작으로 밤 11시 넘어서까지 시위를 계속했다. 밤 8시경엔 광주천 주변에 4~5만명의 시민이 집결했고 밤 10시경엔 광주공원 부근에서 1만명이 시위를 벌이기도 했다. 밤 8시 20분쯤에는 광주 카톨릭센타 앞에서 신부·수녀 10여명이 노상기도를 하는 중에 경찰은 사과탄을 투척하고 강제연행하는 등 자신들의 폭력성을 여실위대는 밤을 세우고 19일 현재 시위를 계속하고 있다.

시위는 18일 오후 1시부터 시작되어 5만여명으로 급격하게 늘어나 서면로타리를 1시간 동안 점거한 뒤 부산진시장쪽으로 이동했다. 이때 시위군중의 수는 10만명으로 늘어났다. 가톨릭센타에서 농성중인 3백50여명의 학생들도 가두에 진출 시민들과 함께 대중집회를 가졌다.

경찰은 평화적인 시위대에게 최루탄을 무차별하게 난사, 시위대와 곳곳에서 투석전을 벌였다.

10시 45분쯤 서면로타리에는 15만의 군중들이 모여 분위기가 고조되자 경찰은 헬기까지 띄워 감시했다. 밤 11시 40분쯤 서면의 10만 군중은 시청으로 가려했으나 동부 경찰서에서 경찰의 완강한 저지에 밀려 부산역 광장으로 가 연좌 농성을 했다.

새벽 1시 46분쯤에는 초량로타리와 KBS 사이 도로를 점거하여 시위하던 시위대 1만여명이 KBS 기습이 저지되자, 초량 로타리 옆 일본영사관을 습격 유리창 42장을 깼다. 부산역앞에 있는 전경을 물리치고 KBS방송국을 공격, 대형 유리창 80여장을 깨뜨렸다.

11, 12, 13일에도 학생들을 중심으로 시위가 계속됐다. 12일 오후 8시 20분쯤에는 구덕야구장근처에서 동아대생 4백여명이 시위하는 것을 막기위해 경찰이 최루탄을 발사, 최루탄가스가 축구장 안에까지 퍼져 대통령배쟁탈 축구경기 (한국 대 미국) 가 30분간 지연됐다.

대구

6. 10대회 이후 대구에서도 민주화를 요구하는 시민, 학생들의 시위가 갈수록 거세어지고 있다. 6월 18일 영남대 등 시내 4개대학은 오후 2시 대학별로 출정식을 갖고 시내로 진출했다. 오후 9시쯤 반월당쪽으로 후퇴한 6천여명의 시민, 학생들은 산발적으로 남문시장, 대구역, 아카데미극장앞에서 밤 10시까지 정치집회를 가졌다. 중앙공원에서도 오후 6시쯤 1천여명이 정치집회를 가지며 전경과 대치하다 양쪽에서 전경이 몰려와 중앙로, 로얄호텔, 아카데미극장에서 3~4천명의 전경과 대치하며 공방전을 거듭했

군부독재 타도의 함성

위로 경찰이 무력화되는 현상을 빚었다. 시위는 17, 18일에도 계속돼 매일 1 만여명이 참여했다.

10일의 '박종철군 고문살인 조작은폐규탄 및 호헌철폐 범국민대회' 는 경찰이 대회장인 가톨릭문화회관을 봉쇄 시민·학생들은 시내 중심가 곳곳에서 시위했다. 시위대는 오후 7시 30분부터 중앙로로 진출하여 최고 1 만여명이 중앙로를 점거하고 대중집회를 가졌다.

한편 천안에서는 10일 8천여명의 시위에 이어 15일에도 시민학생들은 민정당사를 불지르는 등 격렬한 시위를 했다.

충북

고문살인은폐규탄 및 호헌철폐를 위한 충북도민 실천대회가 6 월 10일 경찰의 대회장 원천봉쇄, 최루탄 발사로 인해 가두시위로 거행됐다.

시내 15개곳에서 벌어진 도민대회는 1 천5백여명의 시위대와 이에 동참하는 시민들과 함께 육거리 상업은행 시외버스터미널, 남궁병원, 시청 등지로 이동하며 진행됐다. 이날 경찰의 무분별한 최루탄 발사로 30여명의 부상자가 발생했다.

호남

중고등학생들의 대회참여를 막기위해 '시내에서 깡패소탕작전이 있으므로 일체 시내를 배회하는 일이 없이 빨리 귀가하라' 는 흑색선전과 엄청난 물리력을 동원하는 등 대회원천봉쇄노력에도 불구하고 광주를 비롯하여 전주, 순천, 목포, 이리, 군산, 각지에선 다음날인 6월 11일 새벽까지 거리거리를 시민들로 가득 메운 채 시위를 벌였다.

목포에서는 2만여명의 시민들이 역전 앞 광장을 메웠으며 연동교회와 명동성당에서도 합동미사를 진행하였다. 이날 오후 6 시 30분경 목포대생들을 선두로 한 시위대가 스크럼을 짜고 역전으로 진출했으며 경찰은 퇴로를 차단한 채 최루탄을 난사했다. 경찰이 인근 주민들에게 청년·학생들이 피할 수 없도록문단속할 것을 지시하자 한 동네 아주머니는 뛰어다니면서 '모두 대문을 열어 놓으라' 고 외치고 다녀 시민들과 학생들로 부터 열띤 박수를 받기도 했었다. 이어 7시 40분경 시민회관 앞에 재집결하여 경찰과 투석전을 전개하던 시위대는 밤 12시까지 시내 전역에서 격렬한 가두시위를 전개했다. 이같은 시위광경을 지켜보던 한 국민학생이 '나쁜 편(경찰)

▲ "동지들 모여서 함께 나가자!" 학생과 시민이 한데 어우러진 시위대열

히 드러내기도 했다. 한편, 시위대 대열 속에는 고등학생의 모습도 상당히 눈에 띄었다.

5 시부터 시작하여 11시까지 계속된 전주의 시위는 카톨릭회관, 전북일보, 조흥은행 앞 오거리, 백제로 사거리, 대한투자신탁 사거리에서 5백~2 천여명이 모여 인도 주변 시민의 열렬한 호응을 얻으며 계속되었다. 이 시위에서 시민들이 음료수를 들고 나와 청년·학생들에게 권하는 모습은 여기저기서 쉽게 볼 수 있었다. 또한 전주 중앙시장 주변상인들은 경찰이 시위대를 해산시키기 위해 일반 차량들을 진입시키자 시위대를 보호키 위해 차량 진입을 가로막고 우회시키기도 했다. 대한투자신탁 사거리에 몰려 있던 학생·시민만여명은 8시 45분경 시청 앞에서 대치하고 있던 시위대, 무술경찰의 과격한 행동에 분개하여 시청에 투석을 하기도 했다. 이와 함께 시위대는 KBS방송국에 15분간 투석을 했다.

부산

지난 10일 "박종철군 고문살인 은폐규탄 및 호헌철폐 부산시민대회"에 이어 부산에서는 시위가 점차 확대돼 18일 '최루탄 추방의 날'에는 서면로타리에 최고 15만의 인파가 몰려 가두집회 및 시위를 벌였다. 시

시위대는 19일 새벽 2시 50분쯤 택시 2백여대를 앞세우고 2천여명이 대형트럭, 트레일러에 올라타 시청으로 향하다 부산세관앞에서 경찰과 대치했으며 경찰은 시위대에게 무차별적인 다탄두최루탄발사를 하였다.

한편 18일 새벽2시 30분부터 6시 30분까지 4시간동안 50대에서 3백대의 택시가 차도복판에 정차한 채 경적을 울리며 시위에 참여했다. 택시기사들은 새벽 2시 30분쯤 한전 부산진지점앞과 서면로타리에서 시위학생들과 합류했다.

17일 오후 10시 35분쯤에는 학생 2천5백여명이 KBS앞에서 경찰과 대치중 부산방송 본부건물의 철제울타리 및 창문, 유리창 등을 깨뜨렸다.

또 학생 3백50여명은 10일밤 부산시 중구 대청동 가톨릭센타에서 농성에 들어갔다.

10일 박종철군고문살인은폐규탄및 호헌철폐부산시민대회에서도 시민, 학생2천여명은 호헌철폐, 독재타도를 외치며 광복동, 보수동, 자갈치시장부근에서 격렬한 가두시위를 벌였다. 이날 오후 6시쯤부터 자갈치시장부근에서 모인 시위대 중 일부는 시청을 거쳐 중앙로쪽으로 진출, 중부경찰서를 지나다. 10시 이후에도 계명대생 4천여명이 남문시장쪽에서 격렬한 시위를 벌였다. 17일에는 오후 6시쯤 중앙공원앞에서 4천여명이 집결, 시위를 전개했다. 이날 서문시장에서 시민극장까지 8차선도로를 약 2만여명의 시민들이 가득 메운 채 30분간 구호를 외치며 집회를 했다.

6월 10일에는 오후 6시쯤 호헌철폐 독재타도를 외치며 3천여명이 대구역쪽으로 나아가며 정치집회를 개최했다. 경찰의 저지로 시위대는 퇴각해 청구고등학교앞에서 5천여명이 집회를 열었다. 시위대는 전경의 최루탄 발사로 분산돼 반월당, 대구백화점, 대구역 등지에서 시위를 했다. 15, 16일에도 학생들은 가두로 진출, 시민들과 함께 시위했다.

마산

마산에서는 6. 10대회를 시발로 그 이후에도 시위가 계속 가열되며 일어나고 있다. 10일 당초 대회 지정지인 3. 15탑을 경찰이 봉쇄해 대회는 가두시위로 발전했다. 오전 6시 30분쯤 시위대는 1천5백명으로 늘어났다. 시위대는 운동장쪽으로 진출했고 이때 전경이 최루탄을 발사, 당시 축구경기중이던 한국-이집트경기가 중단됐다. 경기가 중단된 뒤 시민들이 나오면서 시위대는 3만으로 증가했다. 시위대는 마산수출자유 지역에 들어가 「최저임금보장」「근로기준법 · 파업권 쟁취 」 등의 구호를 외쳤다. 수출자유지역에 집결한 시민 3만명은 시내쪽으로 진출하면서 우병구 민정당사무실 현판 등을 부쉈다. 시위대 3만5천명은 오후 8시 30분쯤 전경과 대치하여 오동동다리에서 시위했고 전경은 이들을 해산시키기 위해 최루탄을 난사했다. 이때부터 시위대는 분산되어 시위도 산발적으로 진행됐다. 6월 11, 12, 13, 15, 16, 17일에도 시위는 계속됐다.

진주

16일 경상대학생 백여명은 오후 5시 15분부터 한시간 반동안 남해고속도로를 일시 점거했는가 하면 6개의 경찰파출소를 공격하였다. 한편, 이날 오전 11시부터는 시민, 학생 2천여명이 동성동, 중앙로타리, 진주교, 칠암로타리, 역전 앞, 가좌동 등 장소를 옮겨가며 격렬한 가두시위를 벌였다.

보라! 독재정권을 경

사천만이 단결했다

군부독재 각오하라!

▲6월10일 오후6시 국민운동본부 공동대표들이 역사적인 국민대회를 선포하고 있다.

▲6월11일 명동성당 바리케이트 앞에서 '전두환-노태우' 화형식을 거행하고 있다.

타올라라,

▲명동을 일주일간 뒤흔들은 "독재타도" "호현철

▲전국민을 연행할 것인가? 거리의 행인들까지도 무차별 연행하는 전투경찰

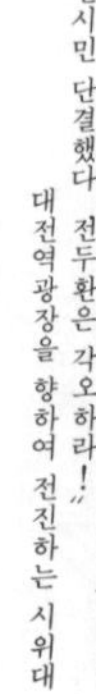

▶"대전시민 단결했다 전두환은 각오하라!" 대전역 광장을 향하여 전진하는 시위대

하한 투쟁의 현장을!

의 불꽃이여! 민주와 통일의 그날까지!!

▲승려시위대와 사복연행조의 격돌

▶언제까지 우리는 피땀 짜낸 세금을 최루탄으로 돌려받아야만 하는가.

▲폭력으로는 우리를 막을 수 없다. 시청앞 간선도로에 누워버린 부산시민

▲태극기를 앞세운 시위대마저 폭력적으로 연행하는 만행을 저지르고 있다.

대자보

＊ 누워버린 연대생에 페퍼포그

지난 12일 오후 5시경의 연대교문앞 시위는 아마도 한국시위사상 가장 감동적인 장면으로 기록될듯.

「살인최루탄난사에 대한 규탄대회」를 마치고 교문 밖으로 진출하려던 약 7천여명의 연대생을 향하여 최루탄이 난사된 직후 5～6명의 학생이 앞이 안보일 정도의 가스를 무릅쓰고 연좌를 했는데, 페퍼포그가 이들 1m 전방까지 다가가 다시 1분이 넘도록 독가스를 뿜어냈으나 연좌학생들이 고통에 몸부림치면서 계속 버티자 스스로 물러났다. 이 때 연좌학생들이 『최루탄을 쏘지마라』고 절규하며 전경들 바로 앞까지 뛰어가 누워버렸고 뒤이어 300여명이 눕자 그 뒤로는 1천 여명의 연좌시위대가 합세해 교문밖 50m부터 백양로 끝까지는 온통 누워서 울부짖는 학생들의 눈물바다를 이루었다.

이에 대해 전경들이 누운 학생들 위로 「지랄탄」을 난사했는데 그럼에도 불구하고 학생들은 비폭력을 외치며 그들에게 꽃을 꽂아주고 방패에 스티커를 붙여주는가 하면 껴안고 함께 통곡하기도. 전경들도 이에 감동한듯 『방패를 내리라』『방독면을 벗어라』는 학생들의 구호에 일제히 방패와 방독면을 거두었고 여기저기서는 흐느끼는 전경들의 모습이 속출하는등 동요의 움직임마저 발생했다. 이에 당황한 경찰 지휘부가 다시 페퍼포그를 내세우자 한 학생이 차밑에 몸을 던져 저지했는데 결국 경찰은 무차별난사와 해산작전을 감행. 그러나 학생들은 평화적인 연좌시위를 끝까지 지켜 시민들의 박수를 받았다.

＊ 국민학생들이 시위대의 선두에

지난 18일밤 9시 50분경 성남시에서 벌여진 진풍경. 국민학생 8명이 신흥동 한일은행 앞길에서 『최루탄을 쏘지 마세요』라고 쓴 3m짜리 플래카드를 들고 시위대의 선두에 서서 3백여m를 행진. 그러나 최루탄은 남녀노소를 가리지 않는 법－어린 국민학생을 향하여 최루탄을 난사하자 시위대는 극도로 흥분, 격렬한 투석전을 전개했다.

끝까지 싸워라! 격려전화 쇄도

＊ 미군은 발이 저리다?

주한미군방송(AFKN)은 10일 저녁뉴스에서부터 서울도심지 시위사태와 관련, "주한미군과 군속들은 서울시내중심가에 들어가지 말라"는 안내방송을 자막으로 내보냈는데… 미국은 진정 누구를 지원하고 있는가?

＊ 운동본부에 성금과 격려전화 빗발

급박하게 돌아가는 상황 속에서도 빗발치는 격려전화는 운동본부의 투쟁의지를 재충전시켜 주고도 남는데. 새벽이고 한밤중이고 가리지않고 걸려오던 전화는 내용도 가지각색. 『당신들마저 흔들리면 우리는 이민가겠소』라는 40대 중반, 『도울 방법을 가르쳐달라』고 호소하는 여고생, 『당신들 뒤에는 국민이 있다. 끝까지 싸우라』는 주부들에 이르기까지 하나같이 눈물겨운 격려들인데 지난 15일에는 강남의 아파트주부 30여명이 한자리에 모여 서로 돌려가며 한 마디씩 하는 바람에 본부 요원들은 길어지는 통화때문에 발을 동동 구르면서도 만면에 흐뭇한 웃음. 『1200원 밖에 없어서 미안해요』라고 외쳐주던 국민학생에서부터 팔순 노인에 이르기까지 뜨거운 정성을 담은 민주성금 연일 답지.

『국민운동』 1987 년 6월 24일 ⑥

최루탄정권 아래 죽어가는 국민들

누가 이 젊은이를 죽이고 있는가!

박종철군 고문살인 및 그 은폐조작이 만천하에 폭로되어 온국민을 경악과 분노로 휩싸이게 한 데 이어 연세대생 이한열군(21·경영 2)이 직격탄을 머리에 맞아 사경을 헤메고 있다.

이한열군은 「박종철군 고문살인 은폐규탄 및 호헌철폐국민대회」의 참가결의를 다지는 「애국연세총궐기대회」에 참가하여 교내시위를 벌이던 중 경찰의 직격탄을 뒷머리에 맞아 세브란스병원에 옮겨진 후 10여일이 지난 오늘까지도 혼수상태에 빠져 있다.

주치의 정상섭씨는 지난 15일, 기자회견을 통해 "뇌 속의 이물질을 꺼내기 위해 수술을 할 경우 오히려 뇌에 더 큰 손상을 입히기 때문에" 수술을 하지 못한다고 밝혔는데, 이 이물질이 최루탄 파편인지의 여부는 공식발표되지 않았으나 금속임에는 분명하다고 덧 붙였다.

이 비보에 접한 학생들은 당일 4백여명이 응급실 근처에서 밤을 지샌 후 상태가 장기화되자 각과별로 자체경비구역을 설정, 이군의 사망시 예견되는 경찰의 시신탈취에 대비하고 있다.

사건이후 연세대에서는 하루도 거르지 않고 살인최루탄난사에 대한 규탄대회와 이군의 소생을 위한 기도회가 계속되고 있으며 서명학생 일동의 명의로 된 고발장을 서대문경찰서장·시위진압중대장·소대장· SY44탄 발사 전경을 상대로 살인미수죄 및 직무유기혐의로 제출했다.

경찰의 시신탈취에 대비해 경비서

또한, 12일에는 상경대학교수일동의 명의로, 15일에는 연세동문 목회자 명의로, 그 이후에는 대학원생 및 동문명의로 된 성명서가 발표되었고 서명작업이 뜨거운 열기로 전개되고 있다.

이 기간 동안 줄곧 전개된 시위도중에도 연일 중경상을 입는 학생들이 속출하고 있는데, 15일 3차학생총회 직후의 시위에서는 이한열군 사고당시 이군을 병원까지 부축했던 이종창군(21·도서관 2)도 전경이 던진 돌에 맞아 우측반신이 마비되는 치명상을 입었다.

▲피격되기 전 이한열군의 건강한 모습

이종창군은 이한열군의 고향·재수· 대학동기생으로서 가장 절친한 친구로 알려져 있다.

연세대학교 총학생회는 「누구도 원치않는 살인 최루탄에 의하여 더 이상 고귀한 생명을 빼앗길 수 없다」라는 유인물을 통해 "국민을 업신여기고 오로지 고문살인, 불법연행, 폭력적 구금을 밑천으로 하여, 급기야는 살인적 최루탄 난사만을 정권유지를 위한 최대의 무기로 삼는 군부독재의 작금의 작태는 더이상 용납될 수 없는 것이며 이는 명백히 국민에 대한 살인행위"라고 규정했다. 어어서 "80년 이후 잦은 만행과 민족적 수치를 키워온 군사독재가 최루탄을 살인적으로 난사하며, 인물교체, 독재연장을 획책하는 것에 속지말고 반드시 민주헌법에 의한 지도자의 선출과 민주적 정부의 건설"을 이룩해야 한다고 주장했다.

민주 외친 영혼 우리들 몸짓에 남아

현재 이군이 입원해 있는 세브란스 병원은 경비를 맡은 1백여명의 학생, 최루탄피해사진전, 전국에서 답지하고 있는 성금접수, 그리고 병원의 벽 가득히 나붙은 벽보와 구호등으로 어우러져 이 땅의 민주화를 갈망하는 전국민의 뜨거운 관심의 촛점이 되고 있다.

다음은 벽보내용의 일부이다.

"한열이는 절대 죽지 않는다고 생각합니다. 만의 하나 한열군의 육체가 싸늘히 식는다하여도 그 뜨거운, 민주를 외친 영혼의 합성은 우리들의 몸짓에 남아서 이 땅의 참민주가 올 때까지 살아 있을 것입니다."

최루탄추방의 날 최대 최루탄 난사

국민운동본부는 지난 6월 18일을 「최루탄추방 국민결의의 날」로 선포하였다. 그러나 이날은 치안당국의 폭력적 대응으로 결과적으로는 80년 5월 이후 「최대규모의 최루탄 무차별난사의 날」이 되고 말았다. 이날 한국여성단체연합이 오후 4시를 기해 연동교회에서 개최키로 한 「최루탄추방을 위한 공청회」 역시 경찰의 사전봉쇄조치로 무산되었다. 공청회가 무산되자 주최측은 성명을 통해 "성고문 물고문 이래 최루탄살인까지 자행하는 현정부에 대해 어머니들의 간곡한 호소로 최루탄추방운동에 앞장"서게 됐으나 "어머니들의 소박한 희망마저 짓밟아버리는 현정권은 최루탄없이는 하루도 지탱할 수 없음을 스스로 증명한 것"이라고 규탄했다.

내가 낸 세금이 살인무기 되다니

최루탄이 갖는 또하나의 근본적인 문제점은 수십만의 국민이 인체에 극히 위해로운 최루가스에 무방비상태로 노출되어 있다는 사실이다. 학생들은 물론이고 대학주변주민들도 수년간 상시적으로 노출되고 있으며, 전경 또한 마찬가지이다. 불발탄이 많아 이를 가지고 놀던 어린이들이 크게 다치는 일 또한 다반사이며. 심지어 그 독성으로 말미암아 자연생태계까지 파괴되는 가공할 사태까지 초래하고 있다.

이러한 최루탄을 단 한번의 임상실험도 거치지 않고 무차별난사하는 것은 그 자체가 절대 죄악이며 간접살인행위에 다름아니다. 이는 각 개인의 정치적 견해의 문제가 아니라 인권존중과 인간생존의 문제이다. 또한 사과탄 4~5발이 쌀1가마, 지랄탄1발이 쌀7가마에 해당되는 국민의 혈세로 제작·사용되다는 점에서도 막대한 국력의 낭비이다.

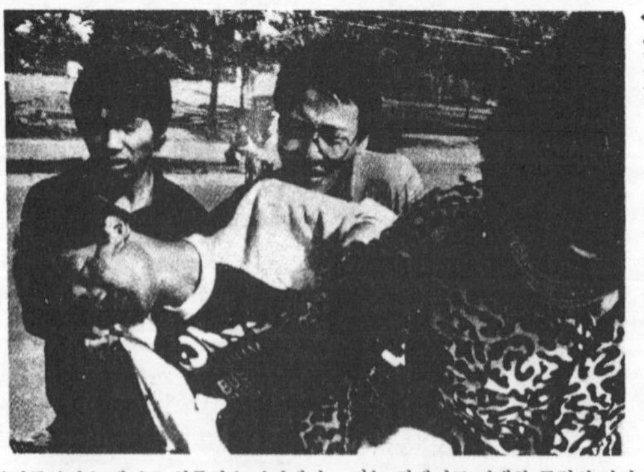

◀이한열군이 직격탄에 맞아 의식불명된 채 옮겨지고 있다.

이한열군사건을 계기로 최루탄을 이땅에서 완전히 추방하라는 국민의 분노와 함성은 날로 드높아가고 있다. 그러나 치안본부는 "안전수칙을 지키지 않아서" 문제가 되고 있다고 발뺌하면서 "인체에는 위해가 없는 것으로 판명되었다"고 발표했다. 최루탄이 인체에 미치는 영향은 별표에서 보이는 바와 같이 가히 살인적이다.

현재 사경을 헤매고 있는 이한열군과 외국어대 김종필군(21·신방2)를 비롯, 6·10 대회와 관련하여 중상 내지 치명상을 입은 사람만 해도 2백여명(국민운동본부 집계)를 넘어서며 경상을 입은 사람은 이루 헤아릴 수도 없을 지경이다.

최루탄의 제작과 사용은 즉각 중지되어야 한다. 국민의 혈세로 만든 최루탄을 국민을 향해 무차별난사하는 공금유용· 간접살인행위는 영원히 이 땅에서 추방되어야 한다. 또한 여지껏 발생한 모든 최루탄사고에 대하여서는 국가가 이를 배상하여야 한다. 국민운동본부는 온국민의 타오르는 의지를 모아 최루탄 추방운동을 강력히 추진해나갈 것이다. 이는 물론 최루탄없이는 단 하루도 지탱할 수 없는 군부독재의 종식을 위한 투쟁의 또다른 형태가 될 것이다.

살인최루탄 발암물질 포함 폐붓고 실명

현재 국내에서 사용되고 있는 최루탄은 CS, CN, CR, DA 등으로 제조되는데(『중앙일보』 85.5.21) 이들 각각의 성분 및 특성을 살펴보면 다음과 같다.

2-클로로 벤질리덴 말로노니트릴(2-chloro benzylidene malononitrile : 군사부호 CS) : 피부와 점막 등에 강한 자극, 특히 눈에 강하며 5mg/m^3(20초)의 아주 적은농도로도 눈에 심한 고통. 최대허용치는 0.05ppm. 습기있는 부면에서는 3도이하의 화상을 입힐 위험이 상존.

2-클로로아세토페논(2-chloroacetophenon: Tear gas : 군사부호 CN) : 화학전·폭동진압용. 피부와 눈에 염증, 폐가 붓는 현상, 고농도로 인체투입시 실명의 원인인 결막염 유발, 발암물질 포함. 치사량 8,500mg/m^3(10분).

디벤조옥사제핀(Dibenzoxazepine : 군사부호 CR) : 점막·피부·호흡기에 자극. 특히 눈에서는 10^{-3}mg 정도의 아주 적은 농도에서도 독성효과. 치사량은 1 850mg/m^3(20분)

α-브로모벤질 시아니드(α-Bromobenzyl Cyanide : 군사부호 CA) : 시각과 호흡기에 자극 채재기·심한 기침·콧물·호흡곤란·두통 등을 유발시키며 심하면 구토·메스꺼움·예민한 정신적 고통 등 일시적 무기력상태로 빠짐. 치사량은 0.9mg/ℓ(30분).

벤질 브로마이드(Benzyl bromide) : 피부와 근육조직에 대하여 부식성 중추신경억제로 감각·지각·학습능력손상·자발성 및 운동활력성 저해 두통·피로·경련·발작 유발. 남자에게는 정자감소증, 여자에게는, 생리불순 유발, 발암물질 포함.

이 밖에도 자일릴 브로마이드· 브로모아세톤·클로로 피크린 등의 성분이 있는데 모두 호흡기와 피부에 강한 자극을 주는 독가스 수준이다. 이들 대부분은 브롬이나 염소를 포함하고 있는데, 브롬용액은 심한 위장병과 죽음을 불러일으킬 수 있으며 브롬화합물의 맹독성과 부작용은 중추신경을 억제하므로 정신장애·언어장애·피부지각감퇴를 거쳐 최후에는 혼수상태를 초래할 수 있다. 또 염소는 부식작용 및 치명적인 폐수포를 일으킬 수 있다. (위 내용은 미국의 화학·의학사전 『머크 인덱스(THE MERCK IDNEX)』와 연세대 이한열군사건대책위원회 산하 조사연구분과(화학과)의 발표내용을 참조한 것이다.)

현재 치안당국에서 사용하는 최루탄에는 KM25, SY44, 다연발탄 등이 있다.

KM25(사과탄) : 손으로 투척하여 가까운 거리에서 폭발시키기 때문에 수십개의 파편으로 화상 등의 치명상 및 구토작용 유발. 1발당 1만5천원~1만7천원.

SY 44(폭동진압용 총류탄 : 일명 직격탄) : 특히 위험하며 안전수칙을 철저히 지켜 상방 30~45도 각도로 쏘아야 하지만 직접 겨냥하여 쏘는 경우가 많아 사고빈발(이한열군의 경우). 이 종류의 최루탄 사용율은 가장 높아 1위(52%). 주로 미국과 서독에서 전량수입. 1발당 2만2천원~2만5천원.

사과탄 직격탄

다연발탄(지랄탄) : 불이 나면서 연속적으로 터지는 것으로 16연발·32연발·64 연발의 3종류, 화상 및 발화의 위험성이 높다. 세트당 54만원~60만원.

이외에도 페퍼포크·MPG100탄 등이 있다. 내무부자료에 의하면 80년부터 85년 11월까지의 사용액이 99억8천만원에 이르며, 86년 한해 동안에만 59억원 어치를 사용했는데 매년 급격한 증가율을 보이고 있다.

「삼양화학」 소득세 랭킹 4위

최루탄을 완제품의 형태로 정부에 납품하는 업체는 **삼양화학(전화 719-3110~33·마포구 도화동 43-1 성지빌딩 16층)**이다. 사장은 한영자(韓英子)씨인데 한씨는 여성기업인으로서 소득세 종합랭킹의 선두주자(한달평균 1억4천4백만원)이며, 주식회사가 아닌 개인회사인 까닭에 이 모두를 개인소득으로 돌리고 있다. 재계에선 「금기」가 많은 「안개 속의 기업」으로 불리운다.

이외의 제조참가업체로는 한국화약· 은성사·한국화이바·대건산업 등이 있다. 한국화약은 뇌관제작, 대건산업은 스프링제작, 은성사와 한국화이바는 표피(최루탄피) 제작을 맡고 있는데 표피제작과정에서 열처리가 제대로 되지 않고 있기 때문에 잘게 부서져야할 파편이 크게 부서져 인체에 박히는 사례가 많이 발생한다.

국민운동본부 결성의 역사적 의의

"민주화 위한 전국민의 정치적 총결집체"

민주헌법쟁취국민운동본부가 지난 5월 27일 종로구 연지동 기독교회관에서 민주통일민중운동연합과 25개 가맹단체, 천주교, 개신교, 통일민주당, 재야민주인사 등 2천1백96명을 발기인으로 해 결성됐다. 국민본부는 발기문을 통해 "이제 우리는 지금까지 고립분산적으로 대응해오던 호헌반대 민주화운동을 하나의 큰 물결로 결집시키고, 국민을 향해, 국민속으로 확산시켜 나가야 한다는 데 뜻을 모았다"고 밝히고 "진정 국민이 이 땅의 주인이 되는 민주사회를 건설하고 민족통일을 성취하는 길로 나아가야 한다"고 선언했다.

건국후 최대 반독재 연합전선

국민운동본부는 이승만독재정권이래 민주화운동을 전개해온 민주인사 및 재야민주단체들이 모여 구성된 것으로 건국이래 최대의 반독재 연합전선을 구축하고 있다.

민주헌법쟁취 국민운동본부의 역사적 의의는 무엇인가? 해방이후 분단 40년의 역사를 살아온 우리 국민들에게 있어 국민운동본부는 어떠한 기대와 희망을 주고 있는가. 국민운동본부는 몇가지 점에서 이땅의 민주화운동을 마침내 열매맺도록 하는 전환기적 이정표가 될 것이다.

국민운동본부의 역사적 의의는 첫째, 국민운동본부는 신부, 목사, 승려, 민주정치인, 여성, 법조인, 노동자, 농민, 도시빈민, 언론출판인, 문인, 교육자, 문화예술인, 청년, 구속자, 민주열사가족 등 이제까지 이 사회의 민주화를 열망하는 모든 부분의 민주인사들이 하나로 통일되어 결성됐다는 점에서 반독재민주화 세력의 총결집체라고 할 수 있다. 즉 80년 5월 광주민중항쟁의 좌절 이후 고립분산적으로 싸워오던 모든 부문의 조직적인 운동세력이 함께 참여하여 전국적인 통일성을 갖춘 최초의 민주화운동체이다.

두번째 의의는 4천만 국민의 염원과 의지가 국민운동본부 결성을 계기로 불굴의 봉기로 용솟음치기 시작하고 있다는 점이다. 지난 6월 10일 국민운동본부가 주최한 고박종철군 고문살인 은폐조작 규탄 및 호헌철폐 국민대회에서 보여준 국민의 참여와 힘이 바로 그것이다. 지난 85년 2.12총선에서 국민들은 투표행위로 군부독재를 거부했고 또 86년 전국의 개헌현판식, KBS시청료납부 거부운동으로 군부독재에 대한 저항을 표시한 바 있다. 그럼에도 불구하고 현 군부독재정권이 박종철군의 고문살인 은폐조작 및 4.13 호헌조치로 장기집권을 획책하자 온 국민은 이를 전면적으로 거부하고 나선 것이다. 6.10규탄대회 이후 전국 각지에서 벌어지고 있는 가두시위는 국민들의 의지가 드디어 폭발했음을 입증하고 있다.

세번째 의의는 민주화를 열망하는 모든 국민의 정치적 구심점을 형성했다는 점이다. 그동안 전국의 노동자, 농민, 도시빈민, 학생들이 군부독재에 대항하여 치열하게 싸워왔으나 이러한 투쟁을 더욱 성숙시켜 군부독재를 종식시킬 수 있는 완결을 기하지 못했다. 그러나 우리 사회를 책임지고 있는 모든 부문이 함께 참여한 국민운동본부는 각 부문의 모든 역량을 결집, 성숙시켜 마침내 군부독재에 종지부를 찍고 민주헌법을 쟁취하여 민주정부를 수립할 수 있는 책임있는 구심점을 형성하게 된 것이다.

민주화 열망, 조직적·체계적 통일

네째, 국민운동본부는 전국의 특별시와 각 도에 운동본부를 결성하고 이어서 시·군지부와 읍·면·동위원회를 구성하여 모든 국민이 직접 참여할 수 있는 구체적인 통로와 기회를 갖도록 하고 이를 바탕으로 민주화투쟁의 의지와 열기를 더욱 확산, 강화해 나아감으로써 국민이 진정한 주인이 되는 참된 민주주의를 실현할 수 있는 기구라는 점이다.

이처럼 국민운동본부는 전국민의 민주화 열망을 조직적이고 체계적이며 통일적으로 결집하여 국민 스스로 분단 40년에 걸친 군부독재를 종식시켜 민주정부를 수립함으로써 민족통일을 함께 실현하는 역사적 소명을 부여받은 운동체라고 할 수 있다. 그런점에서 3.1민족해방운동, 4.19혁명, 부마항쟁, 광주민중항쟁으로 이어져 온 민족사를 더욱 발전시킬 수 있는 역사적 전환을 실현할 주체의 총결집체라고 할 수 있다.

> 민주헌법 쟁취하여
> 민주정부 수립하자!

미국, 안정만을 내세워 독재지원

> *다음 글은 에드워드 포이트라스(한국명 박 대인) 교수가 최근 LA타임즈에 기고한 글을 전문 번역한 것이다. (87. 6. 13－14일자 인터내셔날 헤랄드 트리분지 전재). 포이트라스 교수는 1953년 이래 한국에 거주하면서 현재 서울 감리교신학대학에서 역사신학을 강의하고 있으며, 지난 2월 23일자 뉴욕 타임즈에 "폭발직전의 화산 한국" (In South Korea, A Smoking Volcano)이라는 제하에 전정권퇴진과 김 대중, 김 영삼씨에 의한 한국문제해결을 내용으로 하는 글을 기고한바 있다(편집자)

불법구속·고문·정치적 조작극으로 정권유지

(서울)－한국이 종전의 정치적 긴장대결에서 다음 단계로 급변함에 따라, 국내상황은 개선되기는 커녕 계속 격렬하게 폭발하든지 아니면 더욱 가혹한 탄압으로 악화될 가능성이 높아진 것으로 보인다. 정부는 내년 2월의 이른바 "평화적 권력이양"준비작업을 "방해"하는 사람은 모두 엄단하겠다고 발표했다. 이번주 항의와 경찰대처가 가열층 격렬해진 최근의 충돌이후 상황은 훨씬더 긴장되었다.

최근 몇달동안 지난 85년 총선에서 승리한 야당에 의해 고양된 진정한 정치변화에의 희망은 비타협적인 독재정권에 의해 줄곧 좌절되었다. 정권교체의 필요성에 역점을 두고자 하는 야당의 노력을 봉쇄하는 과정에서 이 정권은 감시와 경찰력과 정치적 조작극을 동원했다. 4월 13일에 전두환 대통령은 자의적으로 개헌논의 중지를 선언했는데, 이것이 광범한 국민적 분노를 일으킨 동인(動因)이 되었다. 정부의 위치는 최근의 금융스캔들이 노정되고 대학생을 고문 살해한 경찰의 야만성이 폭로되자 더욱 더 불안해졌다. 한국의 경제기적은 또한 정부에 잠재적 위협이 되고 있다. 왜냐하면 약간의 경제침체만 있어도 거의 확실히 광범위한 국내적 악영향을 초래하기 때문이다.

광주학살 범죄 은폐노력 실패로 돌아가

이러한 맥락에서 많은 사람들이 대화와 타협을 요구해 왔으나 대치상황은 그치지 않고 있다. 그 이유를 이해하려면, 이러한 정치력 부재의 기본구조를 검토해봐야 한다. 군부는 1961년 박정희씨의 쿠데타 이래 한국정치를 지배해왔다. 전정권은 훨씬더 폭력적인 군부 인수(引受)를 통해 권력을 장악했고, 1980년 광주학살의 유혈참상을 지우려는 모든 노력이 실패로 돌아가 정권의 정통성문제를 해결하지 못했다. 현 정부는 권력을 포기할 의사가 없음을 누차 나타냈다. 패배할 선거를 스스로 관장한다는데 대한 당연한 거부감 이외에도 이 정권은 또한 뒤따를지도 모르는 보복을 명백히 두려워하고 있다.

정부측의 온건, 대화, 타협주장은 자칫 투표로 축출당할 수도 있는 공개적 민주선거에 관한 근본문제를 교묘히 회피하고 있다. 최근의 국민여론조사에 의하면 대다수가 공정한 자유선거를 원하는 것으로 나타났다. 야당측으로서는 이러한 핵심문제를 회피하는 "대화"에 끌려 들어갈 의사가 없으며, 따라서 정부에게 화해적 기간을 허용할 뿐인 양보를 협상할 수가 없다.

노태우, 80년 봄 대량학살의 주역

한국의 정치적 대결에 가장 가까운 비교는 남아연방의 인종차별 투쟁이다. 여기서는 하나의 의미깊은 변화－부당한 제도자체의 철폐－를 추구하는 사람들은 어떤 부분적 개선이 아무리 바람직하더라도, 그것이 오로지 소수 집권층을 강화시켜 줄 뿐인 경우에는 협력을 거부한다. 그러므로 미국 기타 관계자들이 어느 한 나라의 상황을(일부) 개선시켜보려는 시도는, 동기가 아무리 훌륭하더라도 두 개의 정권이 스스로의 권력강화를 위해 묵살하기 쉽상이다. 명백히 합리적인 입장에 있는 한국에서 대화와 타협을 반복적으로 요구함으로써 미국은 독재정권이 하나의 전직 장성에서 다른 복사판으로, 이른바 "평화적 이양"을 통해 권력을 확장하려는 의도에 기여했다.

후계자로 명백해진 노 태우씨는 현 정권에 의한 불유쾌한 인권파괴와 그에 따른 진정한 안보의 매장에 적극적으로 참여했다. 노씨는 1979년 12월의 유혈사태와 1980년 봄 대량학살의 주역이었다. 그는 예방적 구금, 형기의 자의적인 연장과 경찰력의 집회자의 방해 투입 등을 허용함으로써 기왕의 가혹한 정부통제를 더욱 강화하는데 참여했다. 최근 노씨의 인상을 "온건"하게 하려는 노력은 그의 기록에 비추어 볼 때 납득하기 어렵다.

워싱턴은 서울의 독재자 지원 중단해야

김 대중씨와 김 영삼씨가 주도하는 야당은 온건하고 심지어 보수적이기 까지한 정치세력이다. 이들이 반 군부적이거나 혹은 용공이라고 매도하는 정부측 시도는 과거 정통야당의 주장과 전적으로 모순된다. 야당지도자들은 반복적으로 미군주둔에 대한 지지를 확인하고 있으며 미군식 자본주의제도에 대해 신념을 갖고 있다. 그러나 그들은 또한 군부가 주도하는 정부의 소극적인 반공주의에 도전하고 있으며, 대신 남북 긴장완화와 점진적 통일이 제1의 과제라고 주장한다.

현재 미국은 한국에서 진정한 국민적 지지기반위에 기초한 민주제도가 공산북한과의 대치상태에서 최선의 "힘"이라는 것을 공식적으로 인정한다. 그러나 최근 미국이 인권과 민주주의의 개선을 요구한 것은 만약 전정권이 필리핀의 마르코스처럼 붕괴될 경우에 대비하여 미국의 이미지를 보호하기 위한 시도라고 널리 이해되고 있다. 많은 한국인들은 지금 겁먹고 경멸당하고 국민에 의해서조차 조소받는 정권을 미국이 지지하는 것으로 인식하고 있다.

한국인들은 세계 최고의 문자해득률, 자유선거에 대한 증명 가능한 열망과 세계 무대에서 폭넓은 경험을 가진 국민중의 하나로서 현재의 제도보다 훨씬 더 낳은 제도를 누릴 자격이 있다. 미국은 지금 모든 댓가를 치루면서도 안정만을 내세움으로써 지금까지 너무 오랫동안 유지되어 온 경찰국가를 지지하는 이유로 삼는 잘못을 저지르고 있는 것이다.

시론 "반독재 민주화투쟁 대장정 시작"

지난 6월10일 이후 전국적으로 불붙기 시작한 반독재민주화투쟁의 불꽃은 연일 군사독재정권의 심장부를 강타하고 있다. 지금으로부터 61년전 일본제국주의의 압제하에서 총궐기했던 '민족해방' '민중해방' '자주독립' 의 정신은 해방 이후 줄곧 독재의 사슬 아래 신음해 오던 민중들의 가슴에 또다시 타올라 '호헌철폐' '독재타도' '고문추방' 등의 시위로 이어졌다.

80년 5월 광주에서 형제의 가슴을 총칼로 짓밟고 대학살 끝에 출발한 현정권은 그후 쉬임없이 이어지고 있는 대형 금융부정으로 자립경제의 존립기반을 붕괴시키고 폭력으로 국민의 기본권을 짓밟았으며 기층민중의 생존권을 박탈해왔다.

따라서 그들의 이와같은 비정통성·부도덕성으로 인해 자행된 폭압정치는 결국 4·13호헌책동으로 인해 마침내 전국민적 분노가 폭발하는 계기로 전화될 수 밖에 없었다.

"그래도 기다려 보자"면서 사태의 추이를 지켜보며 침묵을 지켜오던 국민 대중이 "이래서는 안된다"는 확고한 결단을 한 것이다.

박정희정권하의 18년 동안 투옥된 양심수들의 숫자보다 현정권 7년 동안에 투옥시킨 구속자 숫자가 무려 10배 이상이 된다는 사실은 곧 이른바 제5공화국 이후 7년 동안 민중의 저항이 얼마나 줄기찬 것이었는가를 명확하게 보여주고 있다.

민심의 소재를 항상 아전인수격으로 조작·선전해온 현정권은 이번 6·10대회 이후 전국적으로 확산되어 불붙고 있는 반독재민주화투쟁으로 대타격을 받게 되었다.

현정권은 처음부터 국민을 기만하려는 저의를 갖고 있었음에 틀림없다. "국회에서 합의해 오면 임기내에도 개헌하겠다"는 말을 기회있을 때마다 강조하면서, 한편으로는 기만적인 영구집권용 내각제를 내세워 비타협적인 자세를 고수함으로써 기만극을 연출했다.

그후 야당이 이에 말려들지 않게되자 이번에는 정치공작을 벌여 야당을 분열, 선명정당이 창당되자 갖은 빌미를 내세우면서 사기극의 시나리오대로 4·13호헌책동이라는 총소리 없는 제2의 쿠데타를 획책한 것이다.

박종철군을 고문살해한 남영동 치안본부 대공분실이 가까운 남영전철역 점거 하기도…

그들은 6월 10일, 얼굴만을 바꾸는 기만책으로 자신의 정권을 계속 유지하려는 소위 '대통령후보 결정 전당대회' 를 열었다. 그러나 현 정권을 타도하고 민주정부를 수립해야만 진정한 민주화가 이룩된다는 걸 알게 된 국민들은 독재집단의 사기행각에 더이상 속지 않고, 모두 거리로 나와 독재정권 규탄의 함성을 높였다.

6월 10일, 민주헌법쟁취 국민운동본부 주최의 '박종철군고문치사은폐·조작사건 범국민규탄대회' 가 열리기로 한 성공회를 비롯하여 전국 20개 지역을 봉쇄하려고 독재정권은 6만의 경찰병력을 동원했지만, 정권의 공권력과 최루탄은 민주화를 열망하는 애국국민의 함성을 막을 수는 없었다.

이날 서울에서는 오후 5시 50분 새로나백화점 앞의 시민·학생 2천명 시위를 시작으로 하여, 6시 스님 4~5백명의 염천교 연좌시위 8시경 신세계 앞 분수대 주변과 남대문, 동방플라자, 퇴계로, 서울역, 을지로, 종로, 명동 등에서 2만여명의 학생 시민들의 시위가 있었다. 한편, 외국어대, 경희대, 서울시립대생 6백여명이 치안본부 남영동대공분실이 가깝게 위치해 있는 남영전철역을 40여분 동안 점거하였다. 또한 퇴계로에서 경찰의 최루탄에 밀린 시민·학생 1천여명은 9시경 명동성당으로 들어가 명동성당에서 농성 투쟁을 함으로써 민주화투쟁의 열기를 높여갔다.

'호헌 철폐' '독재타도' 의 불길은 지방에서도 타올랐다. 인천, 수원, 성남, 대전, 청주, 대구, 부산, 울산, 군산, 마산, 목포, 전주, 광주, 천안, 안동, 포항 등에서 23만여명의 시민·학생이 궐기하여 '호헌철폐' 와 '독재 타도' 의 깃발을 높이 들었다.

6월10일 이후 21일 현재까지 약 250만명(연인원) 이상이 시위에 참가했으며 가두 시위 횟수만도 전국의 도시 곳곳에서 약 1850회 이상으로 집계되고 있다.

우리도 씨 ①

이번엔 울지말고 이걸.....

혹시 모르니까 이것도.....

엄마, 내것도 준비했어요?

오냐!

우리도 단결 했다 군부 독재 각오하라!

6월 26일에 만납시다!

국민운동본부의 모든 활동은 국민여러분의 성금으로 운영되고 있읍니다. 많든 적든 여러분이 보내주신 성금은 우리의 민주세상을 만드는데 값진 밑거름이 될 것입니다. 많은 성원 부탁 드립니다.

성금을 기다립니다

744·2844, 744·6702
온라인 예금주 오 충일
국민은행 : 008－24－0062－771
조흥은행 : 325－6－063122
제일은행 : 125－20－022586

최루탄=살인탄 이땅에서 몰아내자! 국민혈세 독가스탄 내아들 딸 죽이다니!

현재 국내에서 사용되는 최루탄은 화학전·폭동진압용으로서 발암물질을 포함하고 있으며 결막염·호흡기질환·수포·생리불순까지 유발시키는 독가스탄입니다. 또한 지랄탄 1발을 발사할 때마다 쌀7가마에 해당하는 국민혈세가 공해로 변해 대기에 뿌려집니다. 국민 모두의 결연한 의지를 모아 최루탄을 이땅에서 영원히 추방합시다.

최루탄피해신고처
744 : 2844 744 : 6702

이제는 깨어나 마침내 일어서렴

— 한열이의 소생을 부르는 연세인의 발원

여기 한 떨기 생명이 있어
분노의 목줄기 드리웠나니
생명의 가파른 내리막 길이여
숨 몰아쉬며
소생의 전투 그 벼랑 끝에 서 있는 나의 전우여, 나의 가슴이여,
나의 애통이여!

누가 우리 한이를 데려갔나
할일이 많은 놈의 자식을 누가 데려갔나 누가 우리 한이를 데려 갔나
우리 사람을 이렇게 만들어 놓고 — 어디 갔나 내 자식 죽인놈
우리 한이는 살건디 살아 갈건디
차라리 꿈속이나 된다믄 언젠가는 깰건디
한아,
뭣할려구 착했나, 내가슴에 못 박을 놈이
왜 착했나, 뭣할려구 착했나—

누구는 학살의 피로 복마전을 짓고 황제의 등극식을 하는데
누구는 시대의 패륜을 쌓아 족벌을 자랑하는데
너는 무엇하여 화려한 휴가, 학살의 잔치, 동족의 살해
그 피바람 벼랑끝에
한떨기 이슬 방울로 떨고 있는게냐.

한아, 깨어나렴
한아, 일어나렴
너의 목을 타고 누르는
우리 모두의 육신을 덮쳐누르는 학살의 잔치
군부 파쇼의 검은 음모를 딛고
한아, 이제는 깨어나 마침내 일어서렴
꿈에도 그리던 반독재 민족자주, 민족 해방, 민중 민주주의의 나라로
한아, 이제는 깨어나 마침내 일어서렴.

민주헌법쟁취를 위한 국민평화대행진

일시 : 1987년 6월 26일 오후6시
최종집결지 : 파고다공원

민주헌법쟁취국민운동본부는 6·10국민대회에서 확인된 전국민의 민주화의지에 따라 4·13호헌철폐·구속자석방·집회 및 시위와 언론자유보장·최루탄사용중지 등을 현정권에 촉구했읍니다.

그러나 현정권은 이와 같은 국민적 경고를 거부하고 대량구속과 무제한의 최루탄사용으로 평화적인 시위를 폭력적으로 탄압하는 한편 온국민의 민주개헌에의 열기를 잠재우기 위해 대화 제의만을 하고 있을 따름입니다.

이에 우리는 다시한번 전국민의 힘으로 민주헌법을 쟁취하기 위해 오는 6월 26일 오후 6시부터 전국에서 동시에 국민 평화대행진을 거행합니다.

• 국민행동요령 •

* 모든 국민은 태극기 또는 손수건을 흔들면서 모입시다.
* 오후 6시 국기하강식과 동시에 애국가를 제창하며 전국의 교회와 사찰은 타종하고 모든 차량은 경적을 울립시다.
* 서울의 경우 시청앞·신세계·광화문·동대문·안국동에 집결하여 태극기 또는 손수건을 흔들며 파고다공원까지 행진합시다.(지방의 경우는 각도본부나 지부의 계획에 따라 실시합니다.)
* 파고다공원에 도착하면 다함께 '호헌철폐' '독재퇴진' 을 외치고 만세삼창을 외칩시다.

민중의 힘으로 군사독재 타도하자!
장기집권 분쇄하고 민주헌법 제정하자!
미일외세 물리치고 민족자주 쟁취하자!
민주정부 수립하여 민족통일 이룩하자!

민중의소리

제31호 1987년 6월 25일
발행인 겸 편집인 : 문 익 환
발행처 : 민주·통일 민중운동연합
100 서울 중구 장충동 1가 56-12 분도빌딩 405호
☎ 274-2571, 265-9587

벼랑에 선 군사독재에 최후의 일격을

군사독재 타도대열에 전국민이 하나로

■…………군사독재 타도를 위한 전국적인 동시다발투쟁이 연일 계속되고 있다. 6월 10일 「민주헌법쟁취 국민운동본부」가 주관한 「박종철군 고문살인 조작은폐규탄 및 호헌철폐 국민대회」에서 시발한 전국민적 민중항쟁은 대회가 끝난 뒤에도 좀처럼 열기가 수그러들지 않은 채 전국 각지에서 매일 수만 인파가 거리에 나와 군사독재 종식을 위한 투쟁의 고삐를 당기고 있다. 분단 42년을 청산하는 자주적 민주정부 수립의 새 날이 다가오고 있다.………………■

6·10대회 이후의 새로운 양상은 이제까지 선도적인 민중투쟁을 해온 학생들이나 노동자, 농민, 도시빈민 외에 상인, 직장인, 자유직 등 일반시민의 합세가 두드러지게 나타나고 있는 사실이다. 이것은 남녀노소·계층을 불문하고 전두환을 우두머리로 한 현 군사독재정권이 국민적 지지기반을 완전히 상실했음을 증명하는 것이다.

시민들의 대거참여 두드러져

6월 10일 오후 6시를 기해 전국 22개 도시에서 동시에 전개된 민중대회는 대회를 주관한 국민운동본부측이나 시위에 참여한 학생, 일반시민들조차 그 규모와 열기에 놀랄만큼 우리 민중운동의 질적 수준이 새로운 단계로 비약됐음을 보여주었다. 일제히 울린 차량들의 경적시위를 신호로 호헌철폐·독재타도의 외침과 격려박수, 무차별 최루탄 난사에 대한 격렬한 항의, 연행자에 대한 집단구출작전 등 대회장에 나온 시민들은 한마음 한뜻이 되어 민주화에 대한 의지를 마음껏 표현했다. 시위대의 열기에 놀란 경찰은 이전보다 진압작전에 풀이 죽은 모습이 완연했다.

6·10대회는 서울에서 5만, 성남 4만, 마산 3만, 광주·대전 2만, 부산·대구·인천·군산·전주·청주에서 1만 등 전국에서 30만 군중이 민주화대행진에 참여했다.

서울에서는 대회장인 성공회대성당이 막히자 미리 들어가 있던 민통련 계훈제 부의장 등 70여명이 예정된 규탄대회를 순조롭게 진행했다. 대회장에 들어가지 못한 수만 군중은 명동일대·퇴계로·신세계 앞·서울역·종로·청계천·을지로 등 시내 곳곳에서 격렬한 가두시위를벌였다.

부산에서도 대회장인 대각사 입구를 비롯, 광복동·남포동·자갈치시장·서면 등 도심 곳곳에서 새벽까지 시위가 계속됐다. 비슷한 양상은 대구 중앙공원을 비롯한 중심가에서, 인천 부평역을 중심으로 공단일대에서, 광주 금남로에서, 대전 중앙로에서도 벌어졌다. 마산에서는 3만군중에 대한 경찰의 최루탄 난사로 한국·이집트 간의 국제축구경기가 중단되는 국가적 망신을 당하기도 했다.

명동농성으로 투쟁열기 가열

6·10대회의 괄목할 양상은 대도시의 시위 못지 않게 중소도시에서의 시위가 한층 가열, 경찰력을 완전히 무력하게 한 점이다. 철거민들이 주축이 된 성남에서는 종합시장을 중심으로 4만 군중이 집결하였다. 군산, 천안, 안동, 포항 등지에 모인 1만여 군중들은 진압병력이 대도시로 이동한 치안공백상태를 뚫고 마음껏 독재타도의 함성을 외쳤다.

6·10대회의 열기는 서울 명동일대 시위대열 중 1천여명이 명동성당에 들어가 철야농성을 벌이면서 불씨가 계속 가열됐다. 전원 연행방침을 정한 경찰이 성당일대를 포위하고 최루탄을 터뜨리자 격분한 학생·시민들은 명동농성대열에 합류하기 위해 11일부터 서울 도심 곳곳에서 매일 수만명이 집결, 가열찬 투쟁을 전개했다. 군사독재는 명동성당투쟁이 고조되자 12일 오후 문공장관 이웅희를 통해 성명을 발표, 명동성당 강제진압 방침과 강력한 대응조치 운운의 협박을 가했다.

그러나 성당측의 적극적인 중재와 군사독재내의 온건파, 미국대사관의 공작이 타협점을 찾아 명동성당 농성 시민학생들은 안전귀가를 보장받고 6일만인 15일 농성을 풀었다. 이날 저녁 명동성당에서는 2만여 신도·시민이 운집한 가운데 민주화를 위한 전국사제단 미사를 갖고 명동일대에서 촛불시위를 벌였다.

전국 각지로 계속 확산

한번 불붙은 군사독재 타도의 불길은 명동성당 농성이 끝난 후에도 좀처럼 수그러들지 않고 계속됐다. 15일 대전의 시위대 1만여명은 경찰이 진압을 포기한 가운데 유성에서 대전역까지 평화적인 시가행진과 역광장에서 시민궐기대회를 질서있게 개최했다. 부산·광주·대구·인천·진주·천안에서도 이날을 전후로 연일 시위 군중들이 시내 곳곳에 집결, 궐기대회를 개최하고 질서있는 민주화대행진을 계속했다. 특히 부산에서는 18일 새벽, 택시기사들이 합세하여 수백대의 택시가 차도복판에 정차한 채 경적을 울리며 도심기능을 완전히 마비시키기도 했다. 부산시위는 17일 자정, 시위대 중 일부가 가톨릭회관에 들어가 장기농성에 돌입함으로써 더욱 격화됐다.

18일 서울 연동교회에서 개최하려던 「최루탄추방을 위한 공청회」를 계기로 전국 곳곳에서는 또다시 수십만 군중이 거리로 쏟아져나왔다. 국민세금으로 민주세력을 탄압하는 대표적인 무기가 된 인마살상용 최루탄을 추방하기 위한 이날 시위로 전국은 더욱 최루탄가스로 뒤덮였다.

타협없는 무제한 대치상태로

군사독재는 방방곡곡에서 그들의 목을 조르는 파상공세가 계속되자 19일 밤 다시 국무총리 담화를 통해 "법과 질서의 회복이 안되면 비상한 각오를 하겠다"는 상투적인 공갈을 반복했다. 그러나 위와 같은 공갈은 지극히 의례적인 술책에 불과함이 이내 확인됐다. 그들 자신의 운명에도 중대한 갈림길이 될 비상조치는 공갈용으로 엄포를 놓고 개헌논의 재개·국민투표·여야 영수회담 등의 미봉책을 흘리면서 타협분위기를 유도, 시간벌기작전을 벌이고 있다. 독재타도의 열기가 자연스럽게 수그러지도록 기다리고 있는 것이다.

그러나 형식적인 미봉책은 현재 민중들의 열기를 감안할 때 더 이상 통하기 어려울 것이다. 명동농성투쟁이 진행 중인 6월 13일 민통련은 「고문살인 정권에 대한 국민의 심판은 시작되었다」는 제목의 6·10국민대회에 대한 성명서를 발표했다. 민통련은 명동성당 농성시민·학생에 대한 전폭적인 지지와 함께 현 정권은 국민의 심판을 겸허히 받아들이고 국민의 뜻에 따라 즉각 퇴진할 것을 촉구했다. 아울러 민주화의 그날까지 애국시민들과 더불어 국민운동본부를 중심으로 적극 투쟁할 것임을 선언했다.

군사독재 타도를 위한 투쟁은 이제 타협없는 무제한 대치상태로 접어들었다. 민통련이 주요 부분으로 참여하고 있는 국민운동본부는 6·10열기를 수렴하기 위한 전열을 정비하고 있다.

민중역량에 대한 자신감을

정권 퇴진 없이 타협은 없다

지난 6월 10일부터 전국 각지의 거리에서 연일 계속되고 있는 민중항쟁은 그 규모가 점차 대규모화되면서 군사독재의 심장부를 향해 치명적 타격을 가하고 있다. '최루탄을 쏘지 마세요'라는 피켓을 든 국민학생부터 대치 중인 전경들에게 꽃을 달아주는 아주머니까지 시위대열에 합세하면서 군사독재는 국민적 존립기반을 완전히 상실했다. 시위군중들의 구호도 '호헌철폐'에서 '독재타도'로 자연스럽게 고양되고 있다.

비폭력 평화시위를 표방한 국민운동본부의 지침에 따라 시위군중들은 민주화를 외치는 열기에 부응하는 놀라운 자제력도 보여주었다. 이 모든 현상은 분단 42년동안 외세와 독재의 질곡에 신음하면서도 축적되어 온 우리 민중의 성숙된 역량의 반영인 것에 다름아니다. 이제 우리는 해방된 새 사회를 위하여 '민중의 힘'의 진정한 실체를 가늠할 중대한 고비를 맞고 있는 것이다.

군사독재의 간교한 술책

항시 막강한 물리력으로 누르기만 하면 어물쩍 넘어갈 줄 알았던 군사독재는 독재타도의 열기가 이전과는 질적으로 다른 양상으로 고양되자 몹시 당황한 듯, 위기를 넘기기 위한 간교한 술책에 고심하고 있다.

'조용한 외교'를 표방하며 군사독재를 은밀히 지원하던 미국도 점차 시위양상이 격렬해지고 반미구호도 비례적으로 높아지자 한국사태를 크게 우려한다는 공식논평과 함께 레이건이 전두환에게 경고친서를 보내면서 적극적인 개입을 시작했다.

절정을 향해 치닫는 최근의 국민대행진을 보면서 민통련은 이 시점에서 우리가 지향해야 할 정치적 전망을 냉정히 점검하고 확인해야 할 필요성을 절감한다.

먼저 현 군사독재에 대한 기본시각을 분명히 해두고자 한다. 민통련은 창립이래 군사독재와는 철저히 비타협적 무한투쟁의 입장을 고수함으로써 반대급부적인 탄압도 가장 심하게 받아왔다. 민통련이 군사독재와의 공존을 거부하는 이유는 현 집권세력의 요소를 다가올 민주정부 구성에 조금이라도 접충시킬 경우 우리가 바라는 진정한 민주화는 계속 요원할 것이라는 절대적인 명제에 근거한다. 외세와 밀착한 군사독재는 통일을 장애하는 반민족집단이요 대다수 국민의 생존권을 짓밟는 반민중집단이다. 군사독재는 오직 타도의 대상일 뿐 타협이나 흥정의 대상일 수 없다. 따라서 군사독재의 화해제스추어란 궁극적으로 그들의 장기집권 획책을 위한 일시적인 기만전술 차원에 불과한 것이므로 정권 퇴진이 전제되지 않는 그 어떤 미봉책에 대해서도 민통련은 반대입장임을 다시 한번 밝혀둔다.

비상조치는 군사독재의 종말

군사독재는 현재 민중들의 열화같은 동시다발투쟁을 그들의 표현대로 대단히 심각한 사태로 인식하고 있으면서 그 해결방식에는 묘안이 없는 듯, 당황하는 모습이 역력하다. 명동투쟁이 고조되면서 한때 나돌던 비상조치설은 일차 고비를 넘겼다. 하지만 부산 등 지방에서의 투쟁이 더욱 가열차게 전개되자 다시 국무총리 담화를 통하여 '비상한 각오' 운운하며 마지막 도박에 대비한 사전협박과 함께 개헌논의 재개 등 회유술책에 안간힘을 쓰고 있다. 군사독재는 이전과 같이 물리력만 믿고 탄압일변도로 대처하여 가령 비상조치를 발동하는 방식은 그대로 자기들의 종말을 재촉함을 너무도 잘 알고 있다. 여기에는 미국 등 외세의 공작이 적극적인 단계로 접어들면서 더욱 복합적인 모습을 나타낼 것이다.

문제는 이제부터 우리의 대응이다. 6·10을 기점으로 잠재되어 있던 우리 민중의 정치적 열기는 폭발적으로 고양되고 있다. 이 열기는 특정 정파나 이익집단의 농락대상일 수도 없으며 그렇게 되지도 않을 것이다. 6·10이후 우리는 진정한 민의에 기반을 둔 결집된 민중역량이 공권력을 무력화시킬 수 있는 가능성을 확인하고 있다. 우리는 지금 장기간 독재치하의 그 어느 때보다 '민중의 힘'에 대한 자신감을 갖고 있다. 이에 대한 기본적인 믿음이야말로 앞으로 민중이 주인되는 새사회를 준비하는 원동력이 되어야 함을 민통련은 거듭 강조하고자 한다.

진통없이 건설될 수 없다

보기에 따라 현재의 정치정세는 대단한 난국이요, 미증유의 위기로 표현되기도 한다. 파국을 피하기 위하여 예의 대화와 타협론이 또 다시 고개를 들고 있다. 계엄령과 같은 비상조치만은 피해야 한다는 논리가 뒤따르기도 한다. 민통련은 오늘, 이 땅에 사는 모든 개개인에게 해방된 민주사회 건설을 위하여 보다 올바른 현실인식을 요구하고자 한다. 새로운 사회는 진통없이 건설될 수 없다. 새로운 사회를 건설하기 위한 진통이 가급적 최소화되도록 노력해야 할 것이나 그 작업이 원칙마저 상처입는 수준은 아닌지 끊임없는 확인과 그에 따른 단호한 결단이 수반되어야 한다.

이 땅에 현 군사독재같은 반민중집단이 다시는 등장하지 못하도록 하는 투쟁이 일차적 기준이 되어야 하며 계엄이나 위수령이 무서워서 원칙없는 타협에 들러리를 설 수는 없다. 성숙된 민중역량으로 우리는 계엄이나 위수령에 수반되는 물리력도 얼마든지 돌파할 수 있으며 그러한 조치는 그대로 군사독재의 종말임을 인식하도록 하자. 벼랑에 선 군사독재에 최후의 일격을 가하는 실천현장에 우리 모두 앞장 서자.

민중운동일지

6·10대회 이후 독재타도의 함성이 한반도를 뒤흔들고 있다. 폭력진압과 살상최루탄으로도 민중의 거센 항쟁을 막을 수 없자 군사독재는 비상조치 운운 협박하면서 한편으로 개헌논의 재개, 국민투표등 기만적인 유화술책을 부리고 있다. 더 이상 속을 수 없는 민중들은 계속 결연한 의지로 군사독재에 최후의 일격을 가하기 위한 효과적인 역량 결집을 모색하고 있다.

6·1 「서울지역대학생대표자협의회」 소속 13개대 총학생회장등 20여명, 호헌철폐와 군부독재 종식을 위한 5일간의 단식농성 돌입.

부산·경남지역 약사 37명, 시국선언문 발표.

6·2 민통련 강희남대의원총회 의장, 기록적인 40일 단식 마침.

6·3 보도지침사건 관련 김태홍 언협사무국장·김주언 한국일보 기자에게 집행유예, 신홍범 언협실행위원에게 선고유예.

6·4 서울교대생 2명, 폭력교수 퇴진 및 학장사퇴 요구하며 기독교 인권위 사무실서 무기한 농성 돌입.

6·5 대한변협소속 변호사 74명, 「민주헌법쟁취 국민운동본부」에 참여키로.

한국공해문제연구소, 「87반공해선언」 발표.

전국한의사 49명, 서울·경기지역 치과의사 66명, 광주지역 미술인 51명, 연예인 88명 시국성명.

민통련 김종철대변인 검거됨.

6·6 여성단체연합, 6·10대회에 여성들의 적극참여 결의.

서울시내 29개대생, 「6·10」참가결의

6·8 문화6단체, 「민주헌법쟁취 문화인공동위원회」 발족.

「국민운동본부」, 전국18개지역의 「6·10 규탄대회」 대회장소 및 시간 확정.

서울·경기지역 의사 1백37명, 이화여대 졸업생 1천2백74명, 전북지역 현직교사 17명, 4·13조치철회 시국성명.

6·9 연세대생 이한렬(21, 경영2)군, 경찰의 직격최루탄 단사로 뇌에 큰 부상입고 중태.

광주 유도회원 89명, 개헌촉구 성명.

서울교대생 전원, 학장 퇴진을 요구하며 전면수업 거부.

6·10 「고문살인은폐규탄및 호헌철폐 국민대회」, 전국 22개지역 30만여명이 참가해 가두규탄대회. 각 지역의 민중들, 치열한 가두항쟁 벌여.

6·11 6·10시위대 중 1천여명, 서울명동성당에서 이틀째 군부독재종식을 위한 철야농성.

6·12 한국교회여성연합등 3개 여성단체, 최루탄 추방운동 벌이기로.

6·13 「국민운동본부」 간부 13명등 6·10대회 관련혐의로 전국에서 2백20명 구속.

광주지역 변호사 26명, 시국선언 발표.

6·14 전주지역 목사·신도 등 2천여명, 호헌철폐·독재타도 외치며 가두시위.

6·15 명동성당 농성중인 시민·학생등 3백50명 해산결의. 3만여명의 시민들, 명동성당주변에서 농성지지시위.

서울·부산·대구·광주·인천·대전·진주·천안등 전국 곳곳에서 군부독재타도를 위한 치열한 가두시위.

6·16 민통련 장영달총무국장 항소심, 징역 1년 확정.

6·17 박종철군 고문살인사건 첫공판

6·18 서울 종로 연동교회에서 열기로 한 「최루탄 추방을 위한 공청회」, 경찰의 봉쇄로 노상집회.

수만명의 시민·학생들, 연좌시위, 경찰의 최루탄 난사에 맞선 투석등 밤늦게까지 독재타도를 위한 싸움전개. 전국 각지에서 최루탄 추방과 독재타도의 함성으로 뒤덮여. 부산에선 5만여 시민이 가두시위. 부산택시 3백여대, 경적시위로 동조. 진주에선 남해고속도로 점거. 대전의 7천여 시민들, 파출소·민정당 지구당사 습격.

민통련회원 전병용씨, 서울지법에서 징역8월·집행유예1년 선고.

6·20 부산·대전·광주등 전국 각지에서 열흘째 가두시위.

서울 조계사 「구국대법회」 봉쇄, 승려들 연좌시위.

해설 동시다발투쟁과 시민불복종운동의가능성

6·10대회에 대한 몇가지 반성

6·10대회 이후 전국 각지에서 계속되고 있는 민중대회는 막강한 물리력을 돌파하는 동시다발투쟁의 가능성을 확인시켜주고 있다. 지난 2·7, 3·3대회에서 일차 시험된 동시다발투쟁은 4·13조치와 박종철군 고문살인 은폐조작이 국민적 공분을 촉발시키면서 일반시민이 대거 참여, 그 어느 때보다 시위양상이 격렬했다.

시위대는 곳곳에서 경찰저지선을 뚫고 도로를 점거했다. 또한 진압병력을 포위, 경찰의 무장을 해제시키는 성과도 획득했다. 6·10이후 현재의 민중역량은 적어도 최루탄을 주무기로 삼는 경찰력은 얼마든지 돌파할 수 있음을 증명했다. 하지만 우리는 6·10투쟁의 일시적 승리에 도취할 수 없다. 우리의 당면과제인 군사독재 타도와 자주적인 민주정부 수립을 위한 대장정은 이제 초보적인 성과물을 획득한 수준에 머물러 있기 때문이다.

대중노선의 중요성 상기시켜

6·10투쟁에서 배워야 할 일차적 교훈이라면 우리가 이제까지 그토록 강조하던 대중노선의 실천이 반파쇼투쟁 단계에서 얼마나 비중있는 문제인가에 대한 확인이다. 6·10이 국민적 동참을 유도할 수 있었던 이면에는 군사독재의 파렴치한 4·13조치와 박종철군사건의 은폐조작이 결정적 요인이었다. 하지만 민중운동권의 효과적인 대응이 없었다면 효율적인 투쟁도 불가능한 것이다. 이번 싸움에는 「민주헌법쟁취 국민운동본부」라는 범국민적 투쟁기구가 발족되어 국민적 상징성을 획득했기에 광범위한 공감대가 가능했다.

또한 국민운동본부가 표방한 비폭력·

평화시위, 차량경적·TV 10분간 안보기 등의 행동지침은 군사독재를 혐오하면서도 적극적 행동을 주저하던 많은 국민들을 쉽게 동참시켰다. 이번 민중투쟁에서 시위대는 독재타도의 격렬한 구호 못지않게 질서를 강조하여 민주대행진이 자칫 무정부상태에 빠지는 것을 자제했으며 포위된 경찰병력에 폭력을 가하지 않고 풀어주는 아량을 베풀기도 했다. 이런 넉넉함은 군사독재의 악랄한 모략선전에도 불구하고 폭력경찰과 비폭력시위대가 대비되어 이번 민중대회에 국민적 정당성을 부여하게끔 했다.

6·10투쟁의 성과는 앞으로 국민운동본부를 중심으로 광범위한 시민불복종운동을 전개할 수 있는 터전을 마련했다. 이번 투쟁을 통해 얻은 공권력에 대한 자신감, 국민적 공감대는 궁지에 몰린 군사독재가 악랄한 발악을 일삼을 때 그 물적, 구조적 기반을 흔드는 시민불복종운동으로 자연스럽게 대응할 수 있는 원동력이 됐다.

대중집회에서의 상징물 개발

6·10투쟁은 성과 못지않게 부분적인 반성점을 남겼다. 먼저 여러 부문이 모인 국민운동본부는 구성부문 간의 상황을 보는 시각차이와 복잡한 논의절차로 인하여 급박한 사건에 대하여 즉각적인 결정을 마련하지 못했다. 명동성당 농성은 6·10대회의 예정에 없던 프로그램이었으나 국민운동본부는 농성에 대한 지지성명만 냈을 뿐 "6·10대회의 상황이 종료되었다"는 공식입장이 시사하듯 효과적인 지침을 제시하지 못했다. 명동농성을 해결해준 것은 다행히 정의구현사제단의 적극적인 노력 덕분이었다. 국민운동본부는 그 비중에 걸맞게 우발적인 상황발생의 개연성에 대하여 신속히 대응할 수 있도록 구조적 과제를 해결해야 할 것이다.

다수의 군중이 모인 집회에서 그 열기를 고양시킬 수 있는 선전선동의 중요성은 아무리 강조해도 지나침이 없다. 이번 대회에서는 '호헌철폐' '독재타도'의 구호가 일반적 공감대를 형성하여 상당한 효과를 보이기도 했다. 하지만 대중공간에서 보편적인 구호로 고양된 열기를 지속시키는 방법에 있어서는 아직도 숱한 문제점을 남겼다. 모인 대중들에게 장시간 투쟁열기를 지속시킬만한 노래의 부족함이 여전히 드러났다. 무엇보다 대중의 시선을 결집시킬만한 시각적인 상징물이 아직 개발되지 않은 것이 큰 문제점으로 생각된다. 민주대행진을 상징할만한 일정한 색채나 깃발이 없다. 대중공간에서 상징물은 열기를 수렴하고 지속시키는데 절대적으로 필수적인 요소다.

부분적인 문제점에도 불구하고 6·10대회는 동시다발투쟁의 가능성과 대다수 국민들에게 공권력에 대한 자신감을 심어주었다. 대중과 더불어 나아간다는 대중노선의 기본명제를 거듭 상기하며 지적된 문제점을 보완토록 하자.

최루탄정권을 질식시키자

— 최루탄의 피해와 제조업체 실태

최근 10여일동안 전국 도처에서 일어난 민주화의 대행진으로 부상당한 사람이 5천명이 넘는다. 최루탄의 무차별 난사로 임산부가 유산을 하고(성남), 뇌에 파편이 박히고, 코뼈가 부러지고 실명하는 등 그 피해는 엄청나다.

도대체 이처럼 살상력을 가진 최루탄은 왜 개발되었고, 그 성분은 무엇이고, 어떠한 피해를 가져오는지 살펴보자.

최루탄은 전쟁용 화학무기로 1차대전부터 사용되었으며 적에게 치명상을 입히기 위한 독가스로 개발되었다. 현재 우리나라에 쓰이고 있는 CS독가스 최루탄은 영국에서 개발되어, 영국과 북아이레 종교분쟁때 영국군이 폭동진압용으로 사용하였고, 월남전에서는 미군이 땅굴등에 은신해 있는 베트콩을 섬멸하기 위해 대량 사용, 수많은 사람이 폐출혈 등으로 죽어갔다.

CS탄의 화학명은 「2-클로로 벤질리덴 말로노니트릴」이라는 백색 결정체로 성인에게 1.7g 주사하면 죽는 독극물이다.

CS탄에는 화학구조상 염소와 시안을 함유하고 있다.

염소(Cl_2)는 인류 최초로 독가스로 사용된 화학물질로 인체의 세포를 산화시켜 격렬한 고통을주고 세포를 파괴한다.

시안(CN)화합물은 너무나 잘아는 청산가리를 말한다. 0.1g~0.2g이면 즉사시킬 수 있는 독극물로서 산소의 운반을 차단시켜 질식현상을 일으킨다. 특히 임

산부의 경우에는 산소교환능력이 떨어져 태아에 심각한 영향을 미친다.

또 최루탄에 많이 함유되는 브롬(Br)화합물은 여성의 생식기능을 마비·저하시키고, 생리불순이나 생리정지현상을 일으킨다. 실제로 생리정지·불순을 호소하는 여대생이 굉장히 많다.

지난 6~70년대에 사용한 CN 탄이 발암물질임이 밝혀졌지만, CS탄은 독성이 훨씬 강해 폭동진압, 인마살상용으로 그 피해는 눈물, 콧물을 비롯, 피부병, 폐, 간질환, 탈모증세, 위장병, 무기력증, 남성의 정자감소, 신장기능마비, 정신·언어장애, 심한경우 혼수상태로 생명까지 잃게된다.

최루탄의 사용량은 세계에서 단연 1위로 지난 80년부터 85년까지 6년간 99억 8천만원을 사용하였는데 비해 작년 한해에는 67억원, 금년은 벌써 100억원도 훨씬 초과되었다고 한다.

문제의 최루탄은 80년대 부터 국내에서 생산하고 있다.

현재 최루탄을 생산하고 있는 업체는 삼양화학공업사(사장·한영자, 여)로본사는 서울 마포구 도화동 성지상가, 15, 16층(마포 가든호텔 맞은편, 전화719-3110~33)에 있고 공장은 경남 양산군 양산읍 교리 133(전화〈0523〉82-0140-6)에 위치하고 있다.

이 기업체는 80년대에 들어와서 가장 급성장, 한영애는 85년 개인소득 17억 3천만원으로 여성 재벌소득 랭킹 1위를 차지하였다.

양산에는 10여개의 공장건물에서 20여종의 최루탄을 생산하고 있고, 현재 8개의 신품목을 개발중이다. 작년 한해 최루탄 부문 매출액이 250억원에 이르렀고 최근에는 최루탄 소비가 급증 부산과 대전에서는 바닥이 날 정도였다.

이 때문에 원료인 포르말린(독극물)이 12톤, 16톤 대형탱크가 부착된 트럭이 연일 공장을 들락거리고 있다.

현 군사독재정권은 최루탄 생산공장을 방위산업으로 지정, 자기의 독재권력을 유지하기 위해 전 민중을 적으로 간주하는 자가당착에 빠져있다.

27년전 김주열군이 경찰의 최루탄이 눈에 박힌채 마산 앞바다에 시체로 떠올랐던 것이 계기가 되어 4·19 혁명으로 이어졌듯이, 연세대 이한열군의 희생이 민주화를 앞당기는 전기가 되어야 한다.

이한열군의 희생이 헛되지 않기 위해서도 이 최루탄 정권을 민중의 힘으로 질식시키는 그날이 빨리 오도록 다 함께 민주화의 대행진에 뛰어들자.

이 거대한 물결, 누가 막을 수 있겠는가

★ 「종철이를 살려내라」「고문경관 얼굴좀 보자」. 6월 17일 박종철군 고문살인경관 재판정에 나와 시위를 벌이는 민가협 어머니들

★ 민주화를 가로막는 전두환 · 노태우 · 레이건 허수아비를 불태우기 위하여 (6월 11일 명동성당)

★ 각 부문의 민주역량이 결집된 국민운동본부 공동대표 연석회의

국민운동 소식지 제1호
1987년6월28일
발행인 및 편집인 : 민주헌법쟁취국민운동본부
주소 : 서울 종로구 연지동 기독교회관 312호
전화 : 744-6702, 744-2844

소 식

민주헌법 쟁취하여 민주정부 수립하자!

더 이상 못속겠다 거짓정권 물러나라!

동장에서 대통령까지 내손으로!

37개지역 백삼십여만명 참가 민주역량 폭발시켜

2.7, 3.3, 6.10대회를 거치면서 고양된 민주화 대장정의 전국민적 열풍은 어제 6월 26일 국민평화대행진에서 다시한번 고도로 성숙된 민주역량의 확산으로 폭발되었다. 서울을 비롯한 전국의 37여 시,읍에서 진행된 국민평화대행진은 극소수 일부 시위지역을 제외한 전지역에서 시종 평화적이며 비폭력(대항폭력)으로 시종했다.

이에 비해 경찰은 행진 초기부터 무조건, 무차별적인 최루탄난사와 구타,연행으로 일관해 이날 오전 '최루탄의 자제'와 연행자 최소화 를 발표한 치안본부장의 말이 거짓임을 입증했다. 이날 전국에서 행진에 참여한 인원은 27일 08시 45분 현재, 1,308,300명(국민운동본부 집계)으로 지난 6.10 대회때보다 약 3배이상의 시민이 참가했다. 이날 행진의 특색은 지난 6.10때의 주슬로건이었던 '호헌철폐 독재타도'에서 '호헌철폐'가 많이 사라지고 그대신 '직선제 쟁취' 구호가 빈번하게 등장했다. 차량경적 또한 6.10대회 때보다 압도적으로 많이 울렸으며 거리의 전화박스, 건물벽, 게시판 등에 대자보, 낙서, 스티커 등의 부착이 많았다.

서 울

서울지역의 국민평화대행진은 26일 오후5시35분 1차 집결장소중의 하나인 시청앞으로 진출하려던 민주당원들에게 경찰이 최루탄을 발사하고 대형태극기를 빼앗아 찢으면서 시작되었다.

서울역광장, 남대문, 서부역, 영등포역, 영등포시장, 신세계, 광교, 을지로입구, 안국동, 광화문 등 37여지역에서 약255,700여명이 참가 동시다발적으로 진행된 행진은 경찰의 원천봉쇄작전때문에 순조로운 행진이 되지는 못했지만, 바로 경찰의 그와 같은 폭력적 진압때문에 곳곳에서 시위대와 경찰이 대치, 무차별적인 최루탄난사에도 불구하고 평화적시위가 진행되었다.

이날 곳곳에서 시위대에 의해 차도가 점거되었고 이에대한 경찰의 대응은 최루탄난사와 구타, 연행으로 일관했다. 밤9시경에는 영등포로타리에 1만5천여명이 모여 독재타도, 직선제 쟁취 등의 구호를 외치며 대규모 시위를 했다. 9시35분경 서울역광장에서는 100여명의 사복연행조가 종이에 싼 쇠파이프를 휘둘러 기독교장로회 소속 박덕신목사가 뒷머리를 맞아 병원에 입원하는등 수십명의 부상자가 나왔다. 밤이 깊어가면서 대부분의 시위대열이 귀가를 시작하면서 동대문과 신설동 사이에서 1천여명의 시민들이 남아 27일 새벽2시까지 산발시위를 계속했으며 이중 300여명이 이화여대병원 옥상에 올라가 07시25분 현재 경찰과 대치중이다.

연세대학과 고려대학에서도 각각 300여명과 70명이 철야농성을했으며 정치토론으로 농성내용을 채웠다.

시민들은 시종일관 평화적이며 비폭력적으로 행동한데 반해 경찰의 진압은 그 어느때보다 폭력적이었다.

무교동 민주당사앞에 모여있던 10여명의 시민들에게 무려 15발의 최루탄을 터트렸는가 하면 정체불명의 사복조를 동원 쇠파이프를 휘두르고 무차별 연행하였다.

한편 국민운동본부 공동대표단 박홍배, 박영숙, 박용길, 고은, 임재경, 김승섭씨와 김도연, 이미경 상임위원은 동대문에서 시위대를 격려. 지도했으며 문화공동위원회 소속인사들은 서울역에서 민주헌법 쟁취하여 민주정부 수립하자 가 쓰인 대형 프랭카드를 들고 행진을 주도하였다.

호 남

26일 오후6시 국민평화대행진 시각보다 한시간이 빠른 5시에 대규모 대중가두시위로 시작된 광주에서는 광주사태 당시 도청앞 금남로 일대를 가득메운 인파보다도 더 많은 50여만명이 참가하여 반독재 민주화 투쟁의 장엄한 대하를 이루어 27일 05시 현재 금남로3,4,5가와 서현교회앞에서 각각 3만명과 2만5천명이 남아 철야시위를 벌이고 있다.

금용미미날, 계림동로타리, 유동3거리, 서현교회앞, 광주공원등 5개 1차집결지중 4곳에서 시작된 평화대행진은 여고생 300명이 중심이 되어 행진을 이끌기 시작했다. 행진이 진행되면서 삽시간에 불어나기 시작한 대열은 최종집결지인 도청앞 광장을 향해 포위를 좁혀가는 것처럼 행진해 나갔다.

오후7시40분경에는 도심까지 완전진입, 엄청난 인의 파도에 놀란 경찰은 진압의 엄두도 내지못하고 후퇴, 도청을 사수하기 위해 도청을 중심으로 반경 800미터 지점에서 시위대와 대치했다. 경찰 저지선 밖에 운집한 50여만명의 시위대는 '광주시민 대동단결, 독재타도, 미국반대 등을 외치며 하나가 되었다. 상가에서는 시위시 철시를 하던 과거와는 달리 문을 열어놓았고 최루탄가스에 대비 수많은 가정에서 수도꼭지에 호스를 연결하여 준비해 놓기도 하였다.

오후7시 이후 전도로는 완전 두절되었으며 시위인파가 모든 차도와 인도에 꽉 들어찼다. 밤11시25분경 경찰은 금남로를 점거하고 있던 시위대에 무수한 다탄두탄을 발포했으며 중앙교회 버스에 창문을 깨고 최루탄을 난사, 운전수가 부상을 당하기도 했다.

한편 순천, 완도, 여수 등지에서도 각각 10.000명, 5천명, 1만5천명 등이 참여 대규모 시위를 벌였다.

완도에서는 1만명이 미처 되지않는 주민중에서 거의 반이상이 참여하여 민주화에 대한 높은 관심을 보였다.

순천에서는 00시39분 현재 1만여명이 시청앞에 모여 시위를 하고있으며 엄청난 인파앞에 진압이 불가능해진 경찰측에서는 돌발상황이 나지않기만을 기다리고 있다.

목포에서도 만여명의 시민이 참여하여 '호헌철폐, 독재타도 등을 외치며, 2호광장 --- 중앙교회앞 --- 목포역 --- 5거리 --- 기업은행앞 --- 목포극장앞 --- 공설시장 --- 목포역 --- 1호광장 --- 2호광장 순으로 행진을 계속했다.

한편 전북지역에서도 사상최대 규모의 인파가 평화대행진에 참여했다.

전주에서는 이날 오후6시 이전부터 팔달로에 모이기 시작한 4만여명의 시민이 평화대행진 발대식을 갖고 행진을 시작하였다. 행렬의 선두에는 태극기를 앞세운 전북국민운동본부 관계자, 민가협회원, 대학생, 기타 민주인사들이 앞장서 나아갔다. 엄청난 전주시민의 민주화열기에 놀란 경찰은 행진의 대열을 감히 제지하지 못하고 중앙성당쪽으로 후퇴하였다. 밤11시20분경에는 이땅에서 사라져야 될 군부독재 상징 인물들의 화형식이 있었고 횃불집회로 이어졌다.

한편 군산과 이리에서도 각각 1만5천명씩의 시민이 운집하여 대행진을 시작했다.

군산에서는 오후7시50분 KBS앞에서 KBS규탄대회를 가졌으며, 9시5분에는 시국토의를 갖고 시민,학생이 어울려 우리의 소원은 통일, 아침이슬 등의 노래와 해방춤을 추기도 하였다.

이리에서는 창인동성당에서 신부,목사, 재야인사 100여명이 발대식을 갖고 6시 행진을 시작했다. 7시50분 2,500여명으로 늘어난 행렬은 중앙동 제일은행앞에서 연좌, 시국토론회를 갖고 밤11시30분 1만5천명이 역전앞에서 운집, 이중 5천여명은 자정까지 시위를 계속하다가 자진해산했다.

경기 · 인천

인천, 수원, 성남, 안양, 안산 등 경기지역은 연인원 8만300명의 애국시민, 학생 등이 참여한 가운데 대중집회 및 시국토론회, 시위를 통한 반독재 민주화 대행진을 전개하였다. 오후6시부터 십국동 백마장에서 인천시민 국민평화대행진은 약200여명이 경찰의 저지선을 돌파하고 민주당 지구당사의 옥외방송이 시작되면서 밤9시에 6천명, 10시에 2만여명이 집결 대중집회와 가두시위를 벌였다. 그러나 경찰의 무차별한 최루탄난사와 구타, 연행등으로 많은 시민들이 다쳤다.

밤12시 부평 청천시장에서 해산집회를 가진 시민들은 27일 오후5시에 같은 장소에 다시 집결하기로 하였으며 부평1동성당에서는 독재종식과 평화적 행진을 폭력으로 진압한 현정권에 항의하는 뜻으로 시민, 학생 2천여명이 농성에 들어갔다.

한편 6.10 대회이후 대규모 참여와 격렬한 시위를 보여왔던 성남에서도 밤9시에 5만여명이 모여 인화병원앞을 출발 종합시장 방향으로 행진하였다. 11시30분경 공식적인 해산결정에도 불구하고 1천여 시민, 노동자들이 중앙파출소로 진출하기도 하였는데 시종일관 군투입설(미확인)이 나돌아 긴장된 분위기 속에서 진행되었다.

안양에서는 한때 전경의 무장을 해제시키기도 하였으며 경찰서, 시청의 일부가 파손되고 대형아치가 불타기도 하였다.

영 남

대구에서는 오후5시20분경부터 영남대생 500여명이 '호헌철폐,독재타도'를 외치며 대구고등학교쪽으로 진출하는 것을 시발로 행진이 시작되었다. 오후6시30분경에는 제일극장에서 아카데미극장으로 이르는 중앙통 일대에 2만여명이 운집, 대중집회를 갖다가 경찰의 최루탄난사로 흩어져 반월당으로 이동하였다. 밤10시경에는 대구시경앞에서 2천여명이 연좌시위를 벌였고 대한극장과 동아쇼핑 사이에서는 5천여명의 시민, 학생들이 시국대토론회를 가졌다. 오후8시에는 제일교회에서 '나라와 민족을 위한 기도회'를 열어 3천여명이 참여하였으며 기도회가 끝난후 오후10시경부터는 촛불행진을 시작, 매일신문사, 반월동로타리, 대한극장을 거쳐 11시30분경 명동로타리에 도착 해산집회를 가졌다.

안동에서도 예정한 시간에 목성동성당앞에서 학생, 시민 1천여명이 집결, 대행진을 시작하였다. 오후6시50분경에는 시위군중이 1만여명으로 불어 도로를 점거하고 행진을 하였으며 안동역에 이르렀을때는 2만여명으로 증가하였다. 시외버스터미날, 역전앞 광장도로가 시위대에 의해 완전 점거되고 경찰은 속수무책이었다. 2만여명의 시민들은 평화적으로 시내전역을 돌며 행진하였고 시청앞 광장을 '민주광장'이라고 명명하였다.

시위대는 지난 22일 목성동성당에서 농성중 연행된 9명의 학생을 석방할 것을 요구하였다. 밤9시40분 요구조건이 모두 관철됨에 따라 민주광장에서 해방춤과 노래를 합창한 후 자진해산하였다.

부산에서는 약5만명의 인파가 집결하여 범내골로타리, 부산역, 양정동로타리, 서면 부전시장, 가야시장, 남포동일대 등에서 경찰과 대치하며 시위를 벌였다.
밤8시20분 부전시장앞에 운집한 1만여명의 시위대를 경찰은 완강히 진압 최루탄을 발사하여 시위대중 1명(인적사항 미확인)이 직격탄을 맞고 백병원에 후송했으나 중태다.

한편 27일 오전10시에 이태춘씨 장례식을 국민운동본부장으로 거행하기로 했다.

이외에도 포항에서 5천명, 마산에서 1만여명이 각각 경찰의 폭력적인 원천봉쇄망을 뚫고 강행하였다.

충청·강원

26일 오후6시 3개조로 나뉜 대전의 학생, 시민들은 원동4거리, 가톨릭문화회관 부근에서 각각 대치, 2-3천명씩 시위를 진행하였다.

밤10시30분에는 원동4거리에서 900여명의 시민이 연좌시위를 했으며, 선화고 부근에서는 3-4천명이 대중집회를 열었다.

한편 경찰은 충남국민운동본부, 대전인권위원회, 충남민청 등이 사용하는 전화를 이날밤 9시부터 불통시켰다.

청주에서도 5천여명의 시민이 운집, 국민은행앞, 남궁병원앞, 시외터미날, 6거리등으로 행진을 해 밤11시 자진해산하였다.

강원지역의 춘천, 원주, 태백 등에서도 각각 2천명, 1천명, 300명 등의 시민이 참여 대행진을 벌였다. 8호광장에서 열린 춘천시민 평화대행진은 밤8시경 최루탄발사와 구타속에서 진행되었는데 이에 분노한 시민들이 경찰 오토바이 1대를 불태우고 투석전을 전개하기도 하였다.

·성　　명　　서

정상인으로서의 이성을 잃은 경찰의 무차별 폭력앞에서도 6.26국민평화대행진은 일파와 같은 국민의 참여로 성공리에 끝났다.

우리는 이땅에 독재권력을 종식하고 민주정부를 수립해야겠다는 민주화에 대한 국민적 의지를 다시한번 확인하였고 자유와 민주를 염원하는 한국민의 위대한 '혼'을 전세계에 유감없이 발휘하였다. 상상을 넘어서는 미친듯한 경찰의 폭력은 이미 공권력이라고 부르기에는 그 한계가 넘어서 글자그대로 만행이라고 밖에 생각할 수 없게되었다. 경찰의 폭력은 이미 방어적인 역할을 넘어서서 국민을 적으로 삼아 전쟁을 수행하는 공격적이고 전투적인 폭력의 성격이었음을 보면서 우리는 현집권자들의 정신상태를 의심하지 않을 수 없다. 세계 그 어느나라의 경찰이 국민을 상대로 그와같은 폭력을 자행하는가. 실로 개탄을 금할 수 없는 일이다. 경찰의 폭력에 대응폭력 조차 사용하지 말라고 간절히 당부했던 우리 국민운동본부가 이와같은 당국의 무차별한 폭력을 보면서 앞으로 다시한번 국민들에게 비폭력. 평화적시위를 어떻게 권고할 수 있을지 실로 난감한 심정을 감출 수 없다.

현정권의 이와같은 무지막지한 폭거앞에서도 의연하고 겸연하게 비폭력. 평화적으로 끝까지 인내로써 국민의 요구를 표시했던 우리 국민의 슬기와 위대함에 다시한번 경의를 표하며 긍지를 느끼는 바이다.

바라기는 현정권은 이번 6.26국민평화대행진을 통해 나타난 국민적 뜻을 겸허히 받아 들여야 할 것이다. 만약 정부당국이 이번에도 국민의 뜻을 외면하는 오만불손한 태도를 보이고 대화 운운하며 우물우물 시간을 끌면서 국민을 속이려 한다면, 국민들을 다시한번 분노케 할 것이며 이 정권은 더이상 국민들이 용납하지 않을 것이다.

우리는 6.26국민평화대행진으로 현정부에 대한 국민의 도덕적 심판은 이미 끝났으며, 이 정부는 더이상 사태를 민주적으로 수습할 능력이 없음도 확실히 증명되었다.

현정부는 이제 국민의 이와같은 국민의 뜻에 승복하여 국민이 원하는 새헌법에 의한 정부이양에의 일정을 구체적으로 표시하기 바란다.

이제 캄캄한 밤은 지나고 새벽이 오고있다. 위대한 민주승리의 날이 눈앞에 다가오고 있다. 온국민은 이땅에 민주헌법이 쟁취되고 민주정부가 수립되는 최후의 승리 그날까지 국민운동본부와 민주헌법쟁취 행진에 함께할 것을 믿는다. 기만과 지연으로 민주개헌을 외면하고 비상조치설로 국민을 협박하는 현독재정권을 확실하게 거부하고 민주헌법을 쟁취하고 민주정부를 수립하는 길은 국민의 힘밖에 없음을 확신한다.

1987. 6. 27

민주헌법쟁취 국민운동본부 상임공동대표

시민의 목소리

"경찰이 무차별적으로 최루탄을 쏘고 연행을 해도 학생들은 '비폭력','비폭력'을 외치기만 하며 당하고 있다. 국민운동본부에서 너무 비폭력만 강조해서 그렇다. 비폭력. 평화적이라는 말은 이제 그만써라. 학생들이 당하는 것을 보고 분개한 시민들이 보도블럭을 깨 학생들에게 건네주어도 학생들은 얻어맞기만하고 던지지 않고 있다...: "

" 전두환을 확실하게 밀어주자. 63빌딩 옥상에서 "

국민평화대행진지역별 참가인원

지 역		주 시위 장소	참가 인원
서 울		서울역광장, 서부역, 영등포시장, 영등포역 동대문, 남대문, 안국동로타리, 광교, 신세계 세종회관 뒷골목, 민주당앞, 을지로입구 외 30개 지역	255,700명
경기	수 원	역전, 시외버스터미날 북문	30,000명
	안 양	중앙로, 경찰서, 시청앞	10,000명
	성 남	종합시장, 시청앞, 인하병원앞, 구종점, 성호시장	40,000명
	안 산		300명
인 천		부평역, 백마장, 중앙로, 롯데미아앞,부평시장 계선문예식장, 송림동로타리, 청천시장	25,000명
강원	춘 천	8호광장, 국민은행앞, 중앙로, 강원은행앞, 명동입구	2,000명
	원 주	농협앞, 시청광장	1,000명
	태 백	구영암운수 종점, 시청앞	300명
충남	대 전	중앙로, YMCA 앞 원동4거리, 가토릭 문화회관앞 선화고 등	50,000명
	천 안	역광장	3,000명
충 북	청 주	국민은행앞, 남궁병원앞, 터미날,수아사, 육거리	5,000명
	순 천	시청앞, 시외버스터미날	10,000명
	여 수	중앙동로타리, 진남관앞	15,000명
전남	완 도	완도경찰서앞	5,000명
	목 포	가톨릭센타앞, 시청앞 2호광장, 중앙시장, 목포극장	10,000명
광 주		금남로 3,4,5,6가, 태평극장-광주공원 중앙로4거리 - 한일은행, 서현교회앞, 유동삼거리, 도청 800미터밖 전지역,	500,000명 (인근지역 시군민 합
경북	안 동	목성동성당앞, 시청앞, 시외터미날, 안동역앞	30,000명
	영 천		
	김 천		
	포 항	국민은행 4거리, 6거리, 시청앞	3,000명
전북	전 주	팔달로, 전주역, 관통로, 금암동로타리, 코아백화점, 중앙성당앞, 서중앞로타리, 시청앞	150,000명
	군 산	시청앞, 군산역, 경찰서앞, 법원앞	15,000명
	이 리	창인동성당앞, 이리역, 모현동	15,000명
대 구		중앙통일대, 대구고운동장, 제일극장, 대한극장 아카데미극장, 반월당앞, 동아백화점앞,	40,000명
경남	마 산	마산역 --- 불종거리	20,000명
	진 주		20,000명
	울 산	학성동, 역전시장	2,000명
부 산		범내골. 부전시장, 중앙시장, 남포동일대, 가야시장, 부산진시장	50,000명
제 주 도		중앙로	1,000명
		합 계	1,308,300명

호외

민중신문

민주화운동청년연합
서울시 중구 쌍림동 34-5
양지빌딩 602호 ☎ 269)2653
1987년 7월7일

한열아! 보아라 우리는 승리한다!!

광주의 이름, 4천만 민중의 넋, 반독재 민 주, 반외세 자주화투쟁의 화신 고이한열 열사는 결코 화해 할 수 없는 미국, 전두환·노태우 일당과의 투쟁대열의 선봉장으로서 장렬하게 싸우다가 갔다. 그러나 1960년 3.15일 마산에서 이승만 독재에 항거하다 산화해간 김주열열사의 죽음이 4월19일 활화산으로 폭발했듯이, 지난 1월 고박종철열사의 한 점 불꽃이 2.7, 3.3, 6.10, 미침내 6.26의 들불로 번져 미국과 전두환·노태우 일당을 벼랑으로 몰아 갔듯이 이한열열사의 장렬한 전사는 살아남아 싸우는 모든 이의 고동치는 맥박되어 군부독재를 이땅에서 영원히 끝장내고 해방된 조국을 맞이하는 날 찬연히 부활하리라.

누가 한열이를 죽였나

박종철열사 고문살인과 은폐조작, 4.13호헌책동으로 전두환일당의 장기집권 음모가 노골화되자 애국청년 학생과 4천만 민중은 군사독재타도 투쟁에 하나되어 떨쳐 일어났다. 6월 10일 불붙기 시작한 "호헌철폐, 독재타도" 민중투쟁의 거대한 불길은 명동투쟁을 시발로 부산, 광주, 대전 등 전국 방방곡곡을 휩쓸고 6월 26일 "독재타도", "미국반대"로 비뀌면서 미국과 전두환 일당에게 최후통첩을 보냈다. 그러자 미국과 군부독재는 직선제 수용을 골자로 한 소위 6.29 노태우선언을 발표하고 대타협이니·화해니 하면서 기만적 선전에 열을 올리고 있다. 6.10~6.26 사이에 무려 35만1천2백발이나 되는 최루탄을 무차별하게 퍼부어 온국민을 적으로 삼아 전투를 벌였던것이다. 그 과정에서 이한열열사는를 비롯한 애국청년학생·시민등 수백명이 살인최루탄에 맞아 숨지거나 부상을 당했다. 민중의 피땀을 짜낸 세금으로 더러운 살인정권 유지를 위해 대국민 전투를 벌인 전두환·노태우일당, 그리고 80년 광주학살에서부터 계속해서 이를 뒤에서 배후조종해온 미국이 바로 이한열열사를 죽인 살인범인 것이다.

살인범들은 이한열열사를 두번·세번 죽였다. 군사독재의 직접적 하수인 서대문경찰서장 김수길은 이열사 임종직후인 5일 새벽 3시 5천만명의 경찰병력을 동원해 치밀한「시신탈취작전」을 시도했으나 가족과 동료학우, 교수의 죽음을 각오한 결사저지로 물러서지 않을 수 없었다. 이 과정에서 이 열사의 어머니는 "노태우·전두환 이 죽일놈 어디갔냐! 경찰놈들아 한열이 에미 여기있다. 나까지 삼아가라"며 절규하다 실신했으며, 이열사의 지도교수 이완수교수는 "한열이의 시체는 내가 죽을 각오를 하고 지키겠다"며 완강하게 경찰을 저지했다. 또한 직격최루탄이 직접사인임을 천하가 다 아는 데도 굳이 부검을 실시하여 사인을 호도하려한 김찰은, "한열이를 두번 죽일 수 없다"며 부검을 반대한 가족, 교수, 동료학우들에게 압수사유: "피의자 이한열은 극렬시위를 하던중…", 압수물건: "이한열의 사체일부" 라고 꾸민 압수수색영장을 제시하며 이열사를 욕되게 하는 더러운 만행을 저질렀다.

한열아! 보아라. 우리는 싸운다. 우리는 승리한다!

5일 "이한열군의 사망에 대한 범국민대책회의", 6일 "이한열군 사망에 대한 범연세대 비상집회", 5일 새벽 이열사의 임종직후부터 애도의 행렬이 끊임없이 이어지고 있다. 조국의 자주화와 민주화를 외치다 전선에서 숨진 이열사의 영전에서 살아남은 이들은 다짐하고 있다. "우리가 있어야 할 곳은 전선과 감옥과 무덤 뿐이다." 이열사가 싸우다 쓰러진 그 전선에서 이열사의 뜻을 이어받아 군부독재의 완전한 종식과 조국의 자주통일의 달성을 위해 한치의 흔들림 없이 싸우는 것이다. 그리하여 "…최루탄가스로 얼룩진 저 하늘위로 날아간" 한열이를 영원히 살게해야 한다.

추도시 그대가는가 새날이 오는데…
고 이한열민주열사의 영전에

이 오욕의 땅 끝으로 가면 너를 만나볼 수 있을까
이 분노의 함성따라 가면 너를 안아볼 수 있을까
그 흔한 유언 한 마디 남기지 못한 채 떠나버린 너를
이젠 영영 다시 볼 수 없단 말인가
영영 네 이름을 다시 불러볼 수 없단 말인가
열이.
한열이!
누가 가라더냐
누가 너보고 먼저 가라더냐
네 친구들이 두 눈 뜨고 아직 시퍼렇게 살아있는데
누가 너보고 아버지보다 먼저 상여를 타라더냐
누가 너보고 어머니보다 먼저 무덤으로 가라더냐
네가 사경을 헤매고 있을 때
우리 4천만 민중은 그토록 살아오길
두 손 번쩍 들고 환한 웃음으로 살아오길 그토록 빌었건만
한열이, 너는 끝내, 피바람 속, 끝끝내 가고야 말았구나
네가 없는 지금, 우리는
네가 남기고 간 시(詩)를 읽지만 다시 한번 눈물이 앞을 가리는구나
그대 가는가
어딜 가는가
그대 등 뒤에 내리깔린 쇠사슬을 손에 들고
어딜 가는가
그대 끌려간 그 자리 위에
4천만 민중의 웃음을 드리우지
그대 왜 가는가
1960년의 마산 앞바다, 최루탄이 눈에 박힌 채 떠오른
김주열 열사가지지 27년
그 최루탄이 골수에 박힌 채 뒷통수, 뒷통수 외치며
우리의 한열이는 망월동 묘지로 가는구나
아, 그러나 네 죽음은 결코 헛되지 않았구나
억압 착취 모순의 땅 속에서 용암처럼 부글부글 들끓다
마침내 땅가죽을 찢고 치솟아오른
저 핏발선 4천만 민중들의 치뜬 분노를 보라!
대머리가 가발을 쓴다고해서 살인마의 낯짝이 변한다더냐
대머리의 가발을 물려받은 노태우가 직선제한다고 해서
죽은 한열이가 살아온다더냐
죽은 종철이가 살아온다더냐
2천 광주의 원혼들이 살아온다더냐
전두환도 노태우도 그놈이 그놈이다
화대받아 대화하는 놈도 협잡하여 타협하는 놈도 그놈이 그놈이다
군사독재 타도하여 민주정부 수립하자, 고 외치던 한국을 '킹콩'이라 하고
노태우를 '국민적 영웅'이라 칭송하는
양코배기들 몰아내 민족해방 쟁취하자고 외치던
아-아 허리잘린 반도의 구석구석을 강타한 압제와 독재의 심장부를 강타한
저 태풍같은 투쟁을 우리 어찌 잊을 것인가
그 태풍 속을 우리의 한열이는 활화산같은 그리움으로 달려오는구나
그러나, 그러나 우리의 종철이가 우리의 한열이가
칠성판 위에서 전기고문으로 죽어가고
최루탄으로 사경을 헤매고 있을 때
우리들은 무얼 했던가
동지들, 공동의 적 앞에서 종파주의를 척결하지며
목에 핏대를 세웠지만, 그러나
우리가 얻은 것은 강철같은 분파요
잃은 것은 강철같은 의지가 아니었던가
동지들, 그토록 헌신적으로 투쟁, 투쟁하지면서
그 투쟁을 최루탄 한 방에 헌신짝처럼 내팽개쳐버렸지 않았던가
동지들, 적들이 조준하는 총구 앞에서도
우리는 언제까지, 이토록, 갈갈이, 찢어져
진정 싸워야만 하는가, 동지여
금방이라도 총구멍을 박차고 나와
우리의 심장에 박힐 저 핏발선 탄환이 보이지 않는가
동지여 싸움은 이제 그만
광주 영령들을 더 이상 분노케 하지 말자
종철이 한열이를 더 이상 슬프게 하지 말자
어머니보다 아들이 먼저 묻혀야 하는 척박한 식민지
아버지가 아들의 상여를 메고 가야 하는 착취의 땅
가자, 가다가 쓰러지면
넋이라도 벌떡 일어나 가자
고문이 없는 세상, 최루탄이 없는 세상
자주와 민주와 통일의 그날까지!!!

분단조국 42년7월5일

거짓민주화에 속지말고 군사독재 끝장내자!

이른바 '노태우선언'의 기만성

지난 6월 29일 이른바 '노태우선언'이 나온 이후의 들뜬 분위기들이 이제 조금씩 가라앉고 있는 듯하다. 이제는 보다 냉정하게 현재의 상황과 앞으로의 방향에 대해 생각할때인 것이다. 직선제개헌을 비롯한 소위 '8개항'으로 이땅의 민주화는 성취된 것인가? 이제 전두환·노태우일당이 과거에 지지른 모든 잘못을 "회헤로서 용서"하고 정말 마음 턱 놓고 "대화와 타협"을 할 때인가? 형님나라 미국의 릴리 대사님이 말씀하신대로 노태우는 진짜 "국민적 영웅"인가?

천만에! 결단코 천만의 말씀이다. 6·29선인은 노태우의 "고뇌에 찬 결단"과 전두환의 "영단"에서 나온 것이 절대로 아니다. 6월 10일 이후 우리 민중의 피어린 투쟁의 결과, 전·노일당이 그렇게 할 수밖에 없었던 것이다. 이 투쟁의 불똥이 배후에 숨어있는 자기들에게까지 튈까봐 두려워한 미국의 호들갑스런 정치공작도 있었음은 물론이다. 이는 분명 우리의 승리이고 미국과 군사독재 일당의 후퇴임에 분명하다. 그러나 군바리들의 특기인 "작전상 후퇴"이지 결코 진짜 후퇴가 아님을 명심하자.

착각하고 있는 사람들

개중에는 "뭘 그렇게 서두르느냐? 6월 29일 이전보다 나아진 것은 확실하다. 이제 대화와 타협을 통해 점진적으로 민주화가 이루어질 것"이라고 주장하는 사람들이 있다. 그러나 과연 무엇이 나아지고 있단 말인가? 노태우가 헤벌쭉이 웃으면서 김영삼총재와 악수하고 있는 사이 검찰총장이란 자는 "집단행동 엄단"의 협박성명을 발표하고 있었으며, 대학생들을 새로이 구속했다. 또 노태우가 이한렬군 빈소에 화환을 보내는 한편에서는, 조문객들에게 최루탄을 난사하여 다시 20여명이 부상을 당했던 것이다. 거짓민주화의 음흉한 미소로 우리의 투쟁을 잠재우고 보수대타협을 꾀하여 시간을 벌면서, 뒤로는 기습전의 칼을 갈고 있는 것이다.

국제정세에 해박한(?) 어떤 사람들은 "미국이 군사독재의 손발을 묶어놓고 민간정부수립을 밀어주고 있으니 잘될 것"이라고 떠벌인다. 이것 역시 중대한 착각이다. 어느 나라에서건 미국에서 가장 커다란 이익을 보장해주는 하수인은 역시 군사독재정권이다. 민중의 저항이 크게 치솟아 어쩔 수 없을 때만 슬쩍 다른 놈으로 바꿔치기하는 것이다. "시기는 노벨상을 받을만 하다"는 슐츠의 가소로운 인사를 보라! 박정희처럼 죽어없애거나 마르코스처럼 완전히 쫓아내지 않고도 사태를 수습해서 이전히 군사독재가 권력을 장아하여 미국의 이익을 지켜주고 있으니 어찌 자랑스럽지 않으랴? 미국이 원하는 것은 우리의 민주화가 아니라 군사독재를 통한 안정적 지배의 유지인 것이다.

또 보다 유식한 사람들 중에는 "전·노일파가 다시 딴 생각을 못하도록 감시해야 한다"고 말하는 부류가 있다. 물론 맞는 말이다. 그러나 이것이 말로만 그쳐서는 안된다. 집에 앉아 텔레비 뉴스를 보며 감시하는 것이 아니다. 거짓민주화 뒤에 숨은 음흉한 속셈을 파헤쳐 만천하에 폭로하고 필경은 이자들을 완전히 몰아내지 않는 한 진정한 민주화는 불가능하다. 한발짝 뒤로 물러서서 팔짱끼고 "감시한다"고 말해서는 안된다. 한시도 투쟁의 고삐를 늦추지 말자.

어떻게 싸울 것인가?

그렇다면 지금 우리는 어떻게 싸워 나가야 하는가?

첫째로, 거짓민주화의 본질을 폭로하는 것이다. 예컨대 구속자 석방·수배해제·사면·복권 문제를 보자. 왜 이 핑계 저 핑계로 즉각 풀어주지 않는가? 살인적 고문으로 좌경·용공조작을 자행해놓고 이제와서 '못풀어 주겠다니? 우리의 권양은 아직도 지하징벌방에 갇혀 있으며, 본연합의 김근태 전의장은 고문의 증거가 나타날까봐 외래진료조차 안 시키고 있는 것이다.(이런 상태에서 민주당은 개헌협상에만 정신이 팔려 있으니 기막힌 노릇이다.) 따라서 구속자의 전면석방을 위한 투쟁은 거짓민주화의 실체를 폭로하게 될 것이다. 그러면서 언론·출판·집회·결사·학문·사상의 자유 등 민주적 제권리를 쟁취할 투쟁을 병행해 나가야 한다.

둘째, 전두환·노태우일파가 저질렀던 죄악들을 남김없이 밝혀내야 한다. 광주학살을 비롯한 무수한 고문·살인·폭력·강간사건과 장영자·명성사건 등 부정부패의 죄악상을 속속들이 파헤쳐 군사독재의 무리들을 철저하게 응징해야 한다. "화해와 용서"라는 어이없는 기만책을 깨부수자!

세째, 광주학살의 배후조종등 미국의 간악한 술책을 고발하는 한편, 군사독재정권에 대한 지원을 차단시켜야 한다.

네째, 노동자·농민·도시서민 등 대다수 가난한 민중들의 생존권을 쟁취하기 위한 투쟁을 벌여야한다. 노태우의 '8개항'에 이 문제가 빠진 것만 봐도 그 것짓민주화의 기만성을 알 수 있다.

결론적으로, 이러한 투쟁 속에서 우리 모두가 군사독재의 완전한 종식이 없이는 어떠한 민주화조치도 새빨간 거짓말에 불과함을 깨달아야 한다. 그렇다! 우리의 한열이를 죽게한 살인마들이 어찌 민주화를 이야기할 자격이 있단 말인가? 또 이 투쟁들은 조직적이고도 체계적으로 이루어져야 큰 힘을 낼 수 있다. 우리 모두가 국민운동본부·민통련 등의 투쟁대열에 직접 참가할 때만 군사독재를 완전히 끝장낼 거대한 파도를 만들수 있다. 7월 9일은 고 이한열군의 장례식날이다. 다시한번 전두환·노태우일당의 폭력성을 온몸으로 느끼고 이자들을 끝장낼 분노의 파도를 이루자! 우리는 결국 승리할 것이다.

참된 민주화는 학살정권 처단으로!

탑쌓기 눈치작전

기만적인 6·29선언에 이은 또하나의 사기극이 진행되고 있다. 노태우가 '광주의 매듭을 풀지'며 광주영령들의 위령탑건립을 들고나온 것이다. 때마침 유신잔당으로서 온갖 반민주적 작태를 연출하던 서울대총장 박봉식이란 자는 박종철군 기념탑건립문제를 들고나왔다. 군사독재의 두목은 두목대로, 졸개는 졸개대로 때아닌 탑쌓기 눈치작전에 돌입한 것이다.

노태우 일당은 요즈음 입만벌리면 국민화합과 회해를 들고 나온다. 위로금 몇푼 집어주고 탑 하나 세워 줄터이니, 더 이상 떠들지말고 그저 굿이나 보고 떡이나 먹으라는 소리다. 도대체 누가 누구와 회해한단 말인가? 술취한 공수부대의 곤봉에 바람빠진 풍선처럼 쓰러진 할머니! 대검에 난자당해 뱃속의 태아와 함께 길바닥에 내팽개쳐진 젊은 아낙! '엄마 조국이 우리를 부릅니다'라고 외치며 달려나갔다가 계엄군의 조준사격에 스러져간 어린 고등학생! 조국의 민주화를 외치다가 '광주놈들 10만쯤 죽여도 좋다'는 전두환·노태우 일당의 총칼에 학살당한 2,000여 광주시민! 화해의 손길은 오직 이분들만이 내릴 수 있다. 살아남은 우리에겐 화해의 권한이 없다. 하물며 학살의 주범 노태우 따위가 화해를 이야기할 수 있겠는가?

화해냐 기만이냐?

노태우가 외치고 있는 것은 회해가 아닌 기만과 은폐이다. 자신과 전두환, 그리고 그 상전인 미국이 범한 죄악의 실상이 날날이 까발려져 민중들의 심판이 내려지는 것을 막아보려는 수작일 뿐이다. 이를 꿰뚫어 본 광주시민들과, 그동안 군사독재의 탄압속에 위령탑건립을 추진해온 광주민중항쟁 희생자 유가족과 부상자들은 진상규명에서부터 출발할 것을 주장하고 있다. 그렇다. 그들의 죄상을 규명하여 그들을 단죄하는 것, 이것만이 살아있는 자들의 의무이다. 민중은 학살의 원흉 전·노일당과 그 배후조종자 미국과는 도저히 회해할 수 없다. 1945년 친일파민족반역자를 처단하지 못했던 것, 10·26직후 유신잔당을 소탕하지 못한 것이 어떠한 비극을 불러왔는가를 명심해야 한다.

학살정권 끝장내자!

80년의 광주는 우리에게 많은 것을 가르쳐 주었다. 권력에 환장한 전두환·노태우 일당이 어떤 짓을 할 수 있는가를! 입만 뻥끗하면 민주주의를 나불대는 미국놈들로서는, 자신들의 이익을 위해서라면, 한국국민 몇 천명의 목숨은 파리목숨에 불과하다는 것을! 지난 5일 새벽, 민주를 사랑하는 한열이가 숨을 거둔 뒤, 한열이 어머니께서는 이렇게 절규하셨다. "노태우 죽일 놈아! 전두환 죽일놈아! 너희들이 내아들을 죽였다. 이 원수들, 어디 있니, 어디 있니! 이 놈들아!" 한열이 어머니께서 노태우·전두환 일당과 회해하기 위해 이놈들을 찾으셨겠는가? 아니다. 그렇지 않다. 그것은 처단을 위해서있다. 유언도 못남기고 27일 간 사경을 헤매다 끝내 숨지간 한열이, 인간백정들의 고문에 비명도 못지른 채 숨저간 종철이, 꽃도 십자가도 없는 무덤에 누워있는 광주민중항쟁의 희생자들, 그들의 원수를 갚기 위한이다. 돌려주어야 한다. 이 모든 슬픔과, 한과, 분노와, 모순을! 미국에게! 전두환·노태우 일당에게!

학살범과 화해없다. 군부독재 끝장내자!

민주를 사랑하는 한열이를 살려내라!

노태우에 속지말고 참민주를 쟁취하자!

이한열열사 민주국민장

1987년 7월 9일 오전 9시 연세대학교

1987년 7월 15일

민주헌법쟁취 노동자 공동위원회 **소식 1**

발행인 겸 편집인 : 류 동우
발행처 : 민주헌법쟁취 노동자 공동위원회
주 소 : 서울·종로구 연지동 136-46 기독교회관 708호
☎ 763-9563

민주헌법쟁취 노동자공동위원회 결성

지난 7월6일 오전 9시 전국의 17개 민주노동단체(아래)대표들은 한국교회사회선교협의회 사무실(서울 종로구 연지동 136-46 기독교회관 708호)에서 대표자회의를 갖고 「민주헌법쟁취노동자공동위원회」(이하 '민헌노위')를 결성했다.

이날 「민헌노위」에서는 발표한 성명서를 통해 『6월29일 노태우의 발표는 미국과 군부독재정권이 노동자를 비롯한 전 민중들의 거센 투쟁에 밀려 기만적으로 한 발짝 물러선 것에 불과하지 결코 완전히 물러선 것이 아니다』라는 데 인식을 같이 했다. 그리고 한반도를 계속적으로 지배하려는 미국과 군부독재정권이 만들어 놓은각종의 폭압적 장치를 완전히 철폐할 것을 주장했다.

우선 「민헌노위」는 자주적 민주정부수립을 위해 전두환, 노태우, 박준병, 정호영 등 80년 광주학살 주범들의 즉각 퇴진을 촉구하는 한편, 새로운 민주헌법에 노동자와 농민, 시민, 학생 등 각계각층의 요구를 반영시킬 것을 주장했다. 그리고 노동자의 단결권 및 파업·시위의 자유보장, 8시간 노동제 즉각실시, 해고 노동자 즉각 원직복직 등 10여개항의 당면한 투쟁목표를 설정하고, 이날 낮 기자회견을 가졌다.

앞으로 「민헌노위」는 뜻을 같이 하는 전국의 모든 노동자 및 노동단체들과 함께 일치단결하여 싸워나가기로 결의하고, 전국의 지역조직과 협력하여 노동기본권쟁취대회를 개최하기로 하는 한편 국민운동본부와도 적극 협력해 나가기로 했다. 또한 한국노동조합 총연맹 간부들에게도 현정권의 호헌조치를 지지하는 등 그동안 저질러 왔던 노동자들에 대한 배신행위 및 기만행위를 솔직히 고백하고 전 노동자들에게 공개사과를 한뒤「민헌노위」에 참여할 것을 적극 권고하기로 했다.

현재 「민헌노위」는 6일 결성을 한뒤 류동우씨(한국기독노동자총연맹 의장) 등 5명을 공동위원장으로 뽑고, 조직부, 홍보부 등 조직정비에 박차를 가하고 있다.

민주헌법쟁취 노동자 공동위원회

공동위원장 : 김종성, 류동우, 이영순, 이총각, 정인숙

가맹단체

청계피복노동조합, 한국가톨릭노동청년회전국연합회 및 교구연합회, 가톨릭노동사목전국협의회 및 지역협의회, 한국기독노동자총연맹 및 지역연맹, 한국노동자복지협의회 및 인천지역협의회, 한국여성노동자회, 인천지역민주노동자연맹, 전태일기념사업회, 박종만추모사업회, 박영진열사추모사업회, 영등포산업선교회, 인천산업선교회, 성수한국산업선교회.

민주헌법쟁취 노동자 공동위원회

노동기본권 쟁취대회 열기로

민주노동단체 총결집
전 노동자 요구 모아 싸우기로

민주헌법쟁취 노동자공동위원회는 오는 7월 19일 오후 6시 홍사단 강당(서울 동숭동 대학로)에서 「노동기본권 쟁취대회」를 개최하여 노동자들의 요구를 결집키로 했다.

이날 대회는 지금 이 순간에도 열악한 작업환경 속에서, 세계 1위의 산업재해를 기록하며 역시 세계 제일의 가장 긴동안 노동에 시달리며 최저생계비에도 못미치는 노동현실을 극복하고 노동자들의 기본적인 권리를 쟁취하기 위해 열린다.

「민헌노위」는 민정당이 민주화조치를 한다고 발표했지만 이 조치가 형식적이고 국민을 기만하기 위한 조치일 뿐 실질적으로 노동자를 비롯한 민중들의 생존권과 민주적 제권리가 보장되지 않은 까닭에 결국 실질적인 민주주의는 민중 스스로의 힘에 의해서만 비로소 달성된다고 보고있다. 또한 지난 6월29일 이후에도 전투경찰의 최루탄 난사는 여전하고 무차별 구타 또한 날이 갈수록 심해져 가고 있다. 특히 노동자들의 요구에 대해서는 더욱 심한 탄압이 계속되고 있다.

이에 「민헌노위」는 노동자들의 요구를 결집하고 다른 각계·각층과 연대하여 투쟁하기로 하고 「노동기본권 쟁취대회」를 열어 그 첫발을 내딛기로 하였다.

노동기본권 쟁취는 생산의 주역인 노동자들이 노예상태에서 벗어나는 길입니다.

이날 대회는 대회장의 대회취지 발표에 이어 주제발표 및 참가 노동자들의 의견개진, 결의문 채택순으로 진행할 예정인데 노동자들의 힘찬 열기와 열띤 토론이 예상된다. 발표될 주제는 첫째, 민주화의 선결과제로서 해고자의 원직복직과 구속자들의 전원석방, 블랙리스트와 취업카드의 완전 철폐 등에 관한 내용, 둘째, 노동3권으로서 노조결성의 자유 및 파업시위의 자유 쟁취에 관한 내용, 세째, 최저생계비의 보장과 8시간 노동제에 관한 내용, 네째, 산업재해와 직업병에 대한 실상과 그 대책에 대한 내용, 다섯째, 노동운동 탄압하는 국가보안법의 악용 실태와 그 법의 철폐에 관한 내용으로 되어 있다.

또한 이번 대회는 참가 노동자들의 적극적인 의견 개진의 기회도 마련했는데 다만 주제에 맞는 구체적인 내용에 한정하기로 하고 사회자에 발표내용을 미리 통보하여야 할 것으로 예상된다.

「민주헌법쟁취노동자공동위원회」 처음으로 주최하는 이날 대회가 성황리에 치뤄질 것으로 기대하며, 이러한 노동자들의 요구를 결집하기 위한 대회가 전국 곳곳에서 계속 벌여 나갈 수 있도록 할 계획인 것으로 알려졌다.

노동기본권 쟁취대회

주최 : 민주헌법쟁취노동자공동위원회
일시 : 1987년 7월 19일 일요일 오후 6시
장소 : 홍사단강당 (동숭동 대학로, 혜화전철역 입구)
식순 : 개 회 사

노동기본권 쟁취대회에 부쳐
주제발표 및 참가노동자 의견 개진

1. 민주화의 선결과제
2. 노동3권과 노동자
3. 8시간 노동으로 최저생계비를…
4. 노동운동 탄압하는 도구 국가보안법
5. 산업재해와 직업병 대책

결의문 채택
폐회사

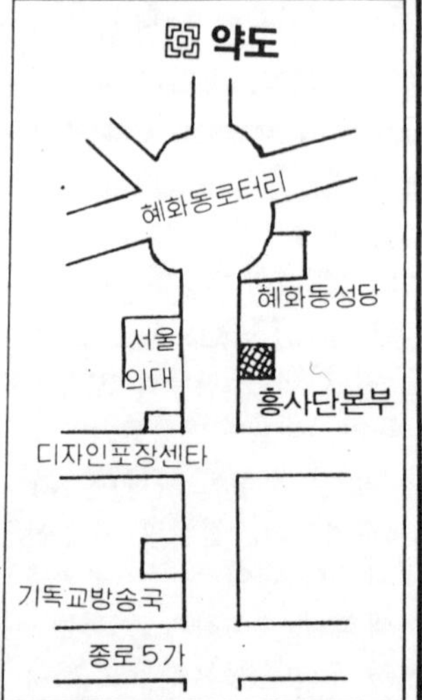

제2호 1987년 7월25일

발행인 및 편집인 : 민주헌법쟁취국민운동본부
주소 : 서울 종로구 연지동 기독교회관 312호
전화 : 744-6702, 744-2844

국민운동

군부독재 끝장내고 민주정부 수립하자!
더 이상 못속겠다 거짓정권 물러나라!
민주헌법 쟁취하여 민주정부 수립하자!
행동하는 국민속에 박종철은 부활한다!

"3·15부정선거 원흉이 새 국무총리라니…"

양심수 전면석방, 수배해제 없이는 민주화 없다

양심수 전원석방 및 수배해제 촉구결의대회가 민주통일민중운동연합 주최로 17일 밤 7시부터 홍제동 성당에서 열렸다. 약 800여명의 민주인사, 노동자, 학생, 시민, 석방인사들이 참가한 이날 결의대회에서 참가자들은 "수많은 양심수들이 아직도 옥중에서 고통당하고 있고 수배자들이 거리에서 쫓기고 있는 한, 현정권이 내세우고 있는 민주화가 허구이며 이들 양심수와 수배자들의 전면석방과 수배해제없이 강행되고 있는 정치일정 자체가 또 하나의 거대한 사기극임을 똑바로 경고"한다고 말했다.

선별대상은 현정권 당사자들

이날 행사는 계훈제 민통련 부의장의 개회사에 이어 구속자 가족대표의 " 전원석방 촉구", 수배자 가족대표의 "수배해제 촉구", 해고 노동자 대표의 "해고 노동자 복직 촉구" 및 이에 대한 각 단체의 성명서 및 결의문 채택순으로 진행되었다.

개회사에서 계훈제 부의장은 현정권에 의해 발표된 13일 개각은 6월 투쟁에서 보여준 온 국민의 민주화 열망을 기만하는 것이며 더구나 1960년 3·15부정선거 당시 원흉중의 하나인 "김정열을 새 국무총리로 임명한 것은 현정권이 또 한번의 선거 사기극으로 집권연장을 꽤하려는 술수"의 일환이라고 말하고 "조금이라도 민주화 의지가 남아 있다면 지금 당장 퇴진뿐"이라고 말했다.

계속해서 등단한 구속자 가족대표는 이번에 석방된 민주인사들이 "석방된 그날부터 나머지 미석방 구속인사들의 구출을 위해 투쟁을 시작했다"며 "선별이란 도대체 무엇인가? 누가 누구를 선별하는가", "선별되어 감옥으로 가야할 사람들은 수많은 민주인사들이 아니라 현정권 당사자들이라고", 말해 우뢰와 같은 박수를 받았다.

수배자 가족까지 감시 미행 협박

한편 수배자 가족대표는 수배당사자뿐만 아니라 가족들의 생활까지 감시, 미행, 협박을 하고 있어 극도의 공포와 불안속에서 살고 있다고 말했다. 이 가족대표는 보상금과 일계급 특진에만 눈이 어두운 안기부, 보안대, 치안본부 수사요원과 현정권은 가정파괴집단이라고 말했다.

그는 또 이들 수배자들이 86년 봄 이후전개된 개헌투쟁과정에서 수배된 사람들이라고 말하고 "6월 29일 직선제를 표방한 이상" 이들의 계속 수배는 그 명분이 사라졌다"고 말해 수배를 해제하지 않는 것 자체가 폭력정권의 국민에 대한 기만임을 폭로했다.

또한, 해고노동자 대표 방용석씨는 폭력정권의 노동자 탄압으로 80년 이후 스스로 목숨을 끊은 노동자가 20여명에 가깝고 해고된 노동자수는 1만여명에 이르고 있다고 말하고, 학생·해직교사·언론인들은 복교 복직이 거론되면서도 불법해고된 노동자들에 대해서는 일언반구도 없다며 이는 현정권의 민주화 조치가 사탕발림에 불과한 것으로"해고 노동자들의 복직은 노동자들의 단결된 힘으로 쟁취"할 것임을 천명했다.

사형 확정된 양동화·김성남씨 집행보류 촉구

이날 행사는 촉구결의대회 외에도 석방민주인사 환영과 민통련의장 문익환목사의 "고희기념문집 헌정식"과 대동잔치도 열렸다.

문익환목사는 문집 헌정식 답사에서 소위 해외 유학생 간첩단 사건으로 사형이 확정된 양동화·김성남씨의 사형을 집행하지 말것을 피맺힌 목소리로 절규했다.

민주노조 설립 활발해져

전국민적 투쟁의 결과로 민주화선언을 쟁취해낸 이후 그 여세를 몰아 기본권을 확보하려는 움직임이 각계각층에서 분출되고 있다. 그 중 특히 주목되는 것이 전국에서 동시다발적으로 진행되는 노조설립운동인데 7월 한달 동안에만 100여개 사업장에서 조직되어 노동자의 민주역량을 유감없이 과시하고 있다.

가장 활발한 업종은 택시업계로서 전주지역의 경우 한달동안 6개업체가 노조를 신설했으며 일반제조업체 역시 인천의 한국차량·부산의 옥천기업 등 30여 사업장에서 민주노조를 결성하였다. 이는 종전 월평균 결성실적의 거의 15배에 해당하는 놀라운발전이다.

그러나 가장 획기적인 변화는 여지껏 노조결성 움직임에 대하여 초기에 원천·강경 대응을 고수해오던 재벌기업·국공영기업·공공기관 등에서도 노조가 결성되고 있다는 사실이다. 이미 현대엔진공업·삼미금속·전국의료보험연합회·농협중앙회 등이 노조결성을 끝마쳤으며 이 같은 추세는 당분간 계속될 것으로 보인다. 그러나 지난 15일의 현대미포조선 노조설립신고서 탈취사건에서도 확인되었듯이 이는 사용자의 선의에 의해서가 아니고 오직 노동자의 민주역량으로서만 쟁취할 수 있는 것이며 그 앞길은 험난하다.

미국남가주교포 국민운동지부 결성

지난 7월 17일 미국 남가주에 거주하고 있는 교포들은 「민주헌법쟁취국민운동 남가주위원회」를 결성하고 결성 선언문 및 결의문을 채택했다.

이들 교포들은 현재 국내정국이 한결 밝아진 것은 사실이나 「80년도의 경험에 비추어 볼 때 군부독재정권에 대한 감시와 긴장의 고삐를」 늦추어서는 안되며 그들의 「또 다른 국민배반음모」를 철저히 경계하기 위하여 △군의 정치적 중립의 제도적 보장 △중립적 거국내각구성 △전면 석방·수배해제 △한국민주화를 지원하는 외국인 자유입국 보장등이 선행되어야 한다는 결의문을 채택했다.

한열이 뜻 이어받아 군부독재 끝장내자

『고 이한열군 민주국민장, 추도인파 150만』

「애국학생 고 이한열군 민주국민장」이 전국 150만 민주국민의 추도 속에 엄수되었다. 지난 7월9일 연세대 본관앞에서 거행된 영결식에서는 시종 통곡의 소리가 그치지 않았는데, 특히 양심수를 대표하여 문익환 민통련의장이 전태일을 비롯한 민주열사 26명을 목메어 호명하면서부터 터져나오기 시작한 오열은 이군의 어머니 배은심씨가 "여기 모인 여러분이 한열이의 한을 풀어달라""전두환·노태우 이 살인마들!" "한열아 이제 우리 광주로 가자"고 절규하자 교정전체가 통곡과 몸부림으로 뒤덮여 버렸다.

자발동원 최대규모의 인파에 둘러싸인 운구행렬은 신촌로타리와 시청앞에서 간단한 노제를 올린후 곧바로 50여대의 차량에 분승하고 광주로 향하였고, "광주항쟁의 아들 이한열", "한열이뜻 이어받자 군부독재 끝장내자"등의 플래카드를 앞세운 광주시민들의 추도 속에 망월동5·18묘역에 이군을 안장하였다.

한편 경찰은 이날마저 서울에서 시청에 조기를 게양한 후 "정권퇴진"을 외치며 광화문 쪽으로 나아가던 30만의 시위대를 향하여 64연발지랄탄을 무차별난사하고 페퍼포그를 질주시켰는가 하면 광주와 부산 등지의 심야시위대를 폭력진압하는 만행을 서슴치 않았다.

제주경찰 무차별 폭력자행

제주경찰이 고 이한열열사를 기리는 평화적 추모집회를 야만적인 폭력으로 짓밟아 50만 제주도민은 물론, 전국민적 분노와 지탄을 불러일으켰다. 지난 7월 11일, 추모집회가 원천봉쇄된 뒤 산발시위를 벌이던 시위대 중 김윤삼(제주대 법학4)양이 많은 시민들이 지켜보는 가운데 바로 지척에서 전경이 던진 벽돌에 머리를 맞아 눈주위 너비5×5cm·깊이 3cm정도의 살점이 도려져 나갔으며 뇌뼈 4군데가 금이가고 치아3개가 부러지는 등 최소한 1년 이상의 치료를 요하는 치명상을 입었다.

제주도민들은 이를 도저히 묵과할 수 없는 사태라고 판단하여 7월 13일에는 「대책위원회」를 결성하였고, 제주대학생 7명은 7월 15일 상경 "고립된 섬이라는 지역적 특수성으로 인해 보도와 정보가 통제되고 진실이 은폐되고 있는 사실을 알리고 민주화선언의 허구성을 폭로하여(…)전국민과 공동투쟁을 펴나가기 위해" 기독교인권위원회 사무실에서 농성에 돌입하는 한편, 김명식(시인)·이동준(목사) 등 재경인사 28명도 「재경제주도민 경찰폭력대책위원회」를 결성하여 강력한 투쟁을 전개하고 있다.

"악당들이 영웅으로 되어가고 있다." 소위 '6·29선언'을 보도하면서 홍콩의 일간지들이 내세운 표제이다. 6·10국민대회 이후 꼬박 한달 동안 전국각지에서 타올랐던 민주화투쟁의 규모와 강도는 현정권과 미국으로 하여금 6·29선언이라는 일시적·전술적 후퇴를 단행하지 않을 수 없도록 하였다. 이로 인한 모든 변화는 민주화투쟁에 온몸을 내던졌던 민중들의 쟁취물임에도 불구하고 마치 한 개인의 '영웅적 결단'에 의한 것이기나 하다는 듯 『타임』이나 『뉴스위크』 표지까지 동원한 허상조작(image making)이 버젓이 강행되고 있다. 이러한 움직임은 이한열군장례식을 계기로 다소 약화되기는 하였으나 여전히 진행중인데 이에 대한 운동권의 대응은 아직도 효율적으로 조직되어지지 못하고 있다. 이글에서는 6·29선언의 배경, 그것을 관통하고 있는 미국의 기본입장, 현정권의 대응전술 등을 간략히 분석하여 앞으로의 운동방향에 일조를 기하고자 한다.

논설 6월 투쟁의 평가와 향후 정치정세

▲ "삶과 죽음"의 통일, 고 이한열군의 「민주국민장」에 참여한 100만 추도 시민들

현단계에서 미국이 받아드릴 수 있는 정권형태는 첫째, 구데타나 학살을 피하고 형식적이나마 선거를 통해서 집권하는 정권 둘째, 민중운동과 민중적 기반으로부터 유리되어 있는 정권 셋째, 미국의 경제적 이해관계를 보호해줄 수 있는 정권 네째, 차기정권의 집권시기는 미국의 대소 전략상 그 주력이 미국에서 일본으로 넘어가는 시기이므로 대일관계가 원활한 친일정권이다.

6·29, 기만적 민주화 지원은 미국의 국가이익에 기초

초계층적 투쟁 진압불가능

6·29선언을 야기시킨 6월투쟁의 특징은 다음과 같다. 첫째, 전국적 규모의 대규모 시위가 동시다발적으로 전개되었다. 둘째, 시위양상의 질적변화가 이루어졌다. 즉 학생중심→일반시민가세→중고교생 가세로 전환중이었으며 이같은 초계층적 투쟁의 추세는 실질적인 민중봉기의 수준을 향하여 나아가고 있었다. 셋째, 의식의 변화가 진행

구호, 호헌철폐→독재타도→미국반대로

중이었다. 초기의 '호헌철폐'는 자연스럽게 '군부독재타도'로 연결되었으며 곧이어 반미구호가 등장해 점차 고양되어 가고 있었다. 미국의 신속한 대응은 특히 이 점에 자극받은 바 크다.

이렇게 시위의 양상과 내용이 변화해가자 경찰력으로는 이미 진압이 불가능해졌고, 군이 개입할 경우에도 대규모살상 및 준내전상태를 초래할 가능성이 높게되자 일시적·전술적 후퇴(6·29선언)를 단행할 수 밖에 없게된 것이다.

미국, 시종 카멜라온적인 대응

이 과정에서의 미국의 입장은 수시로 변해왔다. 이민우구상이 분당과 강성야당의 출현으로 귀결되자 4·13조치를 묵인기정사실화하려 하였고 그것이 다시 6·10대회로 벽에 부딪히자 개헌재개논의촉구로, 다시 계엄령발표시에도 경제조치않겠다는 입장에서 군부쿠데타반대로 계속 상황변화에 따라 입장을 바꾸어가다가 결국 투쟁이 전국적 궐기의 수준까지 이르자 6·29선언의 권고라는 비상카드를 내놓게 된 것이다. 그들이 이처럼 신속한 입장변화를 보이며 마치 한국민주화에 크게 기여하기나 한 것처럼 행세하는 기본의도는 노태우를 중심으로 현체제를 안정시켜 88올림픽을 성공적으로 완수하여 미국의 이해관계를 지키자는 것이다. 이와 같이 기만적 민주화에 대한 미국의 '지원'은 그들의 이해관계에 철저히 기초해 있다. 따라서 한국민중의 궐기가 더욱 격렬해져 군사정권이 붕괴에 직면하게 될 경우, 즉 이해관계차원이 아닌 대한정책 자체의 와해가 예견되는 경우에는 직접적 군사작전의 가능성이 엄존한다. 현재는 바로 그 직전의 단계이다.

미국, 차기정권 친미·친일원해

현단계에서 미국이 받아들일 수 있는 정권형태는 다음과 같다. 첫째, 쿠데타나 학살을 피하고 형식상이나마 선거를 통해 집권하는 정권이다. 둘째, 민중운동 및 민중적 기반으로부터 유리되어 있는 정권이다. 그렇지 않을 경우 미국으로부터의 자주성을 확보하여 미국의 대한정책에 장애물로 작용할 것이기 때문이다. 셋째, 미국의 경제적 이해관계(다국적 기업·합자·차관·외자 등)를 보호해줄 수 있는 정권이다. 넷째, 대일관계가 원활한 정권이다. 차기정권의 집권시기는 미국의 군사전략상 동북아 대소전략의 주력이 일본으로 이전되어가야할 시기와 일치하기 때문이다. 이상의 네 가지 기본속성을 가지게될 정권은 기본적으로 민중의 이해관계와 대치되는 정권이 될 터인데 이를 선거를 통해 세움으로서 현정권의 고질적 취약성인 비정통성을 부분적으로 보강하려는 것이 미국의 기본구조이다.

이 구도가 관철되지 않을 경우, 미국이 구사할 전술은 크게 두 가지 종류가 될 것이

군부독재 붕괴시 강성대한 정책가능

다. 첫째는 70년대 초반 칠레에서 썼던 방식인데, 그들은 선거를 통하여 인민연합의 아옌데정권이 들어서자 경제파탄을 유도하여 민심을 이반케한 후 군부쿠데타로 정부를 전복시켜버렸었다. 즉 칠레 내의 다국적기업·구리광산산업을 조작하고 시장개방압력·환율조정등으로 경제를 교란시켜 대다수 칠레 민중의 생활을 토탄에 빠뜨린 후 피노체트로 하여금 쿠데타를 일으키게 한 것이다. 두번째는 최근 필리핀에서 썼던 방식이다. 즉 민중투쟁의 성과물을 보수자유주의적 인물에게 독점시켜 그 열기를 회석시키고 그를 미국의 이해관계 내에, 민중의 이해관계 밖에 위치지우는 방식이다. 따라서 그 어떤 형태의 정권이 됐건 미국의 구도하에서 탄생되는 한 민중의 저항을 불러일으킬 수 밖에 없을 것이다.

이러한 미국의 기본구도 하에 움직이고 있

분열정책과 부문운동세력이간

는 집권세력의 전술을 살펴보면 우선 가장 집요하게 추진하는 분열책동을 들 수 있다. 양김씨를 분열시키려는 공작은 이미 상당히 진전되었고 학생운동·노동운동의 핵심활동가들에 대한 탄압 또한 가열되고 있다. 구속자·수배자 중에서도 운동성이 강한 인물들은 석방·해제를 상정조차 하지 않고 있다. 이와 같이 정당정치 내의 계파간 이간, 민중운동 내의 부문간 이간으로 반대세력들을 고립화·무력화시키는 것이 집권세력의 1차적 전술이다.

'신보수대연합' 구축기도

두번째로는 '신보수대연합'의 구축이다. 이미 지적했듯이 노태우를 영웅으로 조작해내고 야당측 요구를 부분적으로 수용하여 군부독재의 이미지를 약화시켜나가면서 노태우씨를 중심으로 하는 보수연합을 구축하는 것이다. 이 과정에서 민중운동권은 철저하게 배제된다. 이번 사면복권조치 및 구속자석방에서도 원내진출에 정당정치를 이끌어나가는데 장애요인이 된다고 판단되는 부분은 철저히 배제시킨 데서도 이와 같은 의도를 확인할 수 있다.

이상과 같은 전술을 구사하는 데 있어서 집권세력 내에서도 갈등이 야기되었으나 대체로 온건파가 강경파를 밀어붙이며 대세를 장악한 듯 하다. 6월투쟁의 승리는 그것이 '온건파의 집행력 부재·강경파의 진공상태'라는 권력내 갈등기에 이루어졌다는 점에서도 일부 기인했다고 볼 수 있다. 그러나 6·29선언 이후로는 계속적인 세력개편을 통하여 온건파가 실질적인 집행력을 장악했으며 앞으로는 군부내 여론 형성을 주도했던 정호용과 노태우가 이 새로운 체제를 이끌어나갈 것으로 보인다. 그러나 현재의 주요쟁점은 구속자전원석방·용공조작중지·국가보안법폐지 등인데 이는 결코 후퇴할 수 없는 주장으로서 앞으로의 국면전개에 대단히 중요한 영향을 미칠 것이다. 또한 2학기 부터는 자주화의 문제를 집중거론하여 핵·한미행정협정·국군통수권·평화협정 등에 대한 문제제기가 활발하게 전개될 전망이다. 87년도 하반기는 국민대중에게 자주화의 문제를 부각시킬 절호의 기회이다.

노동운동을 포함한 민중운동의 경우 독재정권의 통제력이 약화된 지금이야말로 진정한 대중성을 획득해내는 한편 기본권을 최대한 확보해내어야할 시기로 판단하여 이에 전력투구하여야 한다. 이미 각 현장에서 조직적인 움직임들이 분출해 나오고 있는데 신규노조설립과 노조민주화, 농민조직건설 등은 이와 같은 맥락에 위치한다. 이러한 움직임을 적절히 정치투쟁으로 승화시키는 노력이 요청된다.

'87 하반기 자주화 문제 부각해야

청년운동을 포함한 재야사회운동은 언론출판집회결사의 자유 등 민주적제권리확보투쟁을 벌이는 한편 노태우를 중심으로 한 현재의 집권세력의 죄악상, 미국의 대한정책의 기본의도를 폭로해나가는 활동에 주력을 기울이고 있는데 이때 중요한 것은 정당정치를 적절히 견인해나가는 작업일 것이다.

자주, 민주의 연합전선 구축해야

이렇게 볼 때 앞으로의 상황은 민주당을 중심으로 개헌·대통령선거·국회의원선거로 진행되는 정치일정과 민중운동세력의 민주화투쟁이 때로는 어우러지고 때로는 갈라서면서 지배세력에 대항하는 시기가 전개될 것이다. 여지껏은 하나의 과녁을 향해 여러 운동세력이 공동대처하는 양상이었다면, 앞으로는 각 부분의 이해관계가 산발적으로 갈라서면서도 지배세력에 대해서는 같이 투쟁하는 양상이 될 것이기에 상황은 더욱 예측을 불허하고 긴박하게 돌아갈 것이다.

여지껏 온 길보다 갈 길이 더욱 험난하다. 각 부분의 요구를 충분히 수렴하면서도 그모두를 통일된 힘으로 결집시킬 수 있는 자주·민주의 연합전선구축이 시급한 과제이다.

사설 반외세 민주화투쟁의 선봉에 선 양심수를 석방하라

전원석방·사면복권·수배해제 되어야

소위 6·29선언과 7·1담화에 뒤이어 현정권이 국민에 대하여 약속한 각종의 민주화 조치의 구체적 이행을 주시하여온 우리는, 구속자 석방 등 양심수들에 대한 현정권의 기만적 조치를 보면서 실망과 분노를 금할 수 없다.

이제 우리는 더 이상 좌시할 수 없는 상황이 되었다고 판단하여 양심수 석방 등에 관한 우리의 견해를 다시 한번 분명히 밝히고자 한다.

먼저 우리는 모든 양심수들이 이시대 우리의 지상과제인 "반외세 민족자주화"와 "반독재 민주화운동"을 위해 외세와 군부독재에 대항하여 누구보다도 치열하게 온몸으로 싸워온 사람들임을 너무나 잘 알고 있다. 따라서 민주화 조치를 발표한, 현정권이 무엇보다 먼저 이들에 대한 전원 석방, 사면복권, 수배 해제를 해야 하리라 굳게 믿어왔다.

그럼에도 불구하고, 현정권은 양심수의 석방, 사면복권, 수배 해제등의 조치를 취함에 있어서, 그 뜻이 지극히 애매모호한 소위 "선별기준"이라는 것을 들고나와 상당히 많은 양심수를 아직도 죄인 취급을 하는 등의 어처구니 없는 일을 자행하고 있다.

위와 같은 현정권의 태도는 말로만 떠들어온 "민주화"와 "대화해"의 의사가 그들에게는 전혀 없음을 우리에게 다시 한번 확인시켜 주었으며, 또한 현정권이 양심수의 일부라도 석방, 사면복권, 수배해재 조치를 취한 것은 지난 6월의 민중혁명에서 보여준 민중의 민주화·자주화를 향한 열기를 식게 하는 한편, 민주·자주세력들을 분열·이간시키려는 또 하나의 기만술책에 불과하다는 것을 여실히 드러냈다. 그것은 현재 석방, 사면·복권, 수배해제에서 제외한 양심수들은 반외세 민족자주화, 반독재 민주화운동의 최선봉에 서서 싸웠던 사람들이므로, 현정권이 민주화·대화해를 한다면 이 사람들부터 석방, 사면복권, 수배해제를 하였어야 마땅함에도 불구하고 그들을 극렬 용공·좌경으로 몰아 석방·수배해제를 않고 있는 그들의 작태가 적시해주고 있는 것이다.

나아가서 우리는 현정권이 선별기준으로 제시한 "극렬한 용공·좌경"이라는 말의 허구성을 폭로함과 아울러 그 허구적인 기준을 위 양심수들에게 적용한 것을 전면으로거부 한다.

현재 군사독재정권은 5·16군사 쿠데타로 정권을 탈취한 이후 반공을 국시로 삼고 민주화와 자주화를 외쳐온 양심수들을 탄압하여왔다. 불법구금, 혹독한 고문등으로, 심지어는 「자생적 공산주의자」라는 용어까지 동원하여 수많은 양심수들을 용경좌경분자로둔갑시켜 놓았던 것은 우리 모두 너무나 잘 알고 있는 사실이다. 그 이후 오늘에 이르기까지 이 양심수들은 집권도구로 전락한 반공 이데올로기만을 신봉하는 군사독재정권의 볼모가 되어 엄청난 수난을 당해 왔다.

현정권은 이와같은 용공좌경의 조작 사실을 시인하고, 이제라도 뼈아픈 반성을 통하여 더이상 군부 지배 이데올로기만을 고집할 수 없는 이 민족사의 도도한 물결을 거슬러 가는 일이 없어야 할 것이다.

현정권은 용공좌경조작 사실을 시인하고 뼈아픈 반성후 퇴진해라.

다시 한번 강조하거니와 현정권은 즉시 단 한사람도 남김없이 모든 양심수에 대한 석방·사면복권·수배해제를 시행해야 하며 늦어도 여·야간의 개헌협상이 시작되기 전까지는 이루어져야 한다.

만약 이때까지 이와같은 조치가 이루어지지 않을 때에는 우리는 전 국민의 이름으로 현정권의 민주화에 대한 기만성과 군부독재정권의 집권 연장기도를 폭로하는 일대 국민운동을 다시 한번 전개해 나갈 것을 밝히는 바이다.

노동현장의 민주화운동

노동자들의 단결된 힘으로 민중이 주체가 되는 민주헌법쟁취와 민주적인 노동조합 결성등 노동현장의 민주화운동이 폭발되고 있다.

독점재벌의 계열회사인 울산 현대엔진(주) 노동자들은 독점재벌의 결사적인 탄압과 방해공작에도 불구하고 노동자 스스로의 힘으로 민주노조를 탄생시켰다.

지난 7월 5일 현대엔진 100여명의 노동자들이 울산 시내의 한 음식점에 모여 노조를 결성(위원장 권용묵)하였고, 다음날 울산시청에 설립신고를 마쳤다. 신고를 마친 이들 노동자들은 점심시간을 이용하여 회사 구내식당에서 1500여명의 노동자들이 참석한 가운데 노조설립 보고 대회를 함으로서 명실공히 노동자의 힘으로 노동조합을 결성, 지금까지 재벌회사에서는 꿈도 꾸지 못했던 조합을 최초로 탄생시킨 것이다.

1500여명의 노동자들이 참석한 가운데 「노동기본권쟁취대회」 열었다.

이날 대회에서는 현재 진행되고 있는 민주화조치가 「형식적이고 국민을 기만하기 위한 조치일뿐」 그 실질적인 보장을 받아야할 「노동자 및 민중들의 생존권과 민주적 제권리가 보장되지 않고」 있다고 말하고 「실질적인 민주주의는 민중 스스로의 힘에 의해서만 비로소 달성되는 것」이라고 말했다.

이어 차례로 등단한 노동자들은 민주화의 선결과제는 「구속노동자들의 전원석방과 해고노동자들의 전원복직, 블랙리스트 및 운전사 취업카드의 완전 철폐」등이라고 말하고, 노동3권으로서 노조결성의 자유 및 파업·시위의 자유 보장, 산업재해와 직업병에 대한 실상 폭로 및 대책, 그리고 민주 노동운동을 원천적으로 봉쇄하고 있는 집시법 및 국가보안법의 악용 사례와 그 철폐 등을 주장했다.

민주헌법쟁취 노동자공동위원회는 새헌법은 노동자와 농민의 민주적 삶을 보장하는 내용이 담보되어야 하며 그 구체적인 내용으로 '노동자의 단결권 및 파업·시위의 자유보장, 8시간 노동제 실시 등이라고 주장했다.

이들 예정된 5명의 연사 외에도 이날 집회에는 자유토론시간을 통해 10여명 이상의 노동자들이 등단하여 "단위현장에서의 민주노조 결성", "민주노조 탄압사례", "투쟁사례" 등을 차례로 발표하여 열띤 호응을 얻기도 하였다.

한편 노동자 단체의 활동도 활발하게 진행되고 있다. 7월 6일 오전 9시 한국교회사회선교협의회에서 청계피복노동조합, 한국기독노동자총연맹, 한국여성노동자회, 영등포산업선교회등 17개 민주노동단체 대표들이 모여 회합을 갖고 「민주헌법쟁취노동자공동위원회」를 결성하였다.

이날 결성된 「민헌노위」는 성명서를 통해 6·29 노태우 선언은 「미국과 군부독재정권이 노동자를 비롯한 전 민중들의 거센 투쟁에 밀려 기만적으로 한발짝 물러선 것에 불과」한 것이라는 데 인식을 같이 하고 미국과 군부독재정권의 야합에 의해 만들어진 각종 폭압적 장치와 특히 노동자들의 기본권과 생존권을 말살하는 노동악법철폐를 위해 투쟁할 것을 결의했다.

이들은 새헌법은 노동자와 농민의 민주적인 삶을 보장하는 내용이 담보되어야 한다며 그 구체적인 내용으로 노동자의 단결권 및 파업·시위의 자유 보장, 8시간 노동제 즉각 실시, 해고노동자의 즉각적인 원직 복직등이 이루어 져야 한다고 주장했다.

민주헌법쟁취 노동자공동위원회는 7월 19일 오후 6시 홍사단 대강당과 대학로에서 약

또 80년 이후 군부독재정권의 노동탄압에 의해 해고된 노동자들도 서울과 인천을 중심으로 각각 「서울지역 해고 노동자 복직투쟁위원회(위원장·김준용·전대우어페럴노조 위원장)와 인천지역 「해고노동자협의회」를 결성하였다.

서울지역의 경우 해고 노동자 550 여명이 모여 19일 영등포 성문밖교회에서, 인천지역의 경우 650여명의 해고노동자들이 중심이 되어 19일 오후 인천시 주안성당에서 각각 결성식을 가졌다.

한편 인천지역의 「해고노동자협의회」는 오는 7월 26일 일요일 오후 부천시 원미동성당에서 제2차 「노동기본권쟁취대회」를 열기로 하였다.

MBC·KBS 방송인 방송민주화선언

지난 13일 MBC 보도국 기자 일동이 민주화선언을 하여 방송계에 활력을 불어넣은 이후 이번에는 KBS 프로듀서 139명이 18일 오후 2시부터 약 4시간 동안 ABC 건물회의실에서 공익방송의 참다운 민주화를 주제로 열띤 토론을 가진 후 성명서를 채택하였다. 이들은 「PD협의회」 (가칭)구성을 결정하고 실질적인 업무추진을 위하여 각 부서별 대표 15명을 선출하였다. 다음은 성명서 전문이다.

민주화시대를 맞이하여사회각계에서는 민주화를 통한 국가 건설에 힘찬 발걸음을 내딛고 있다.

그동안 언론계에 대한 국민의 질타와 분발은 수없이 제기되어 왔다. 특히, 공영방송인 KBS에 대한 국민들의 분노는 시청료거부운동이라는 구체적 결과로 나타났다.

그동안 KBS는 공영방송이라는 허울아래 권력의 시녀로서 부끄러운 방송을 해왔던 지난날에 대하여 감히 고개를 들지 못할 따름이다. 공영방송의 주인은 국민임을 통감하면서도, 언제 단 한번이라도 국민이 주인임을 근거한 적이 있었던가?

온갖 부조리한 법규와 억압속에 주인된 국민을 속이고 외면하고 오도하면서 국민의 눈과 귀를 호도했던 지난 방송에 철저히 자각하고 반성한다. 이제 다시는 이러한 방송을 되풀이 해서는 안될 것을 다짐하면서 KBS가 참다운 공영 방송으로의 길을 가기 위한 KBS 프로듀서 일동은 다음과 같이 선언한다.

1. KBS의 주인이 국민임을 부정하는 일체의 제도와 관행을 거부한다. 따라서 비민주적인 언론기본법과 한국방송공사법 및 관련 법규는 폐지 또는 개정되어야 한다.

   앞으로 예상되는 정치일정 가운데 민주화에 역행하는 어떠한 부당한 지시와 프로그램제작을 거부한다.

   해직 언론인은 즉시 복직되어야 한다.

1. 일체의 외부기관원의 출입과 간섭을 거부한다.

이상의 구체적 실천을 위하여 가칭 「PD 협의체」를 구성하며, 어떠한 장애도 행동으로 거부할 것을 강력히 다짐한다.

1987년. 7. 18

KBS 프로듀서 일동

방송언론인의 방송민주화 투쟁을 적극지지한다.

민주헌법쟁취 국민운동본부는 현재 문화방송 보도국 기자 90여명이 전개하고 있는 방송민주화를 위한 투쟁과 기독교방송의 뉴스보도를 비롯한 기능정상화를 위한 노력을 적극 지지하며, 방송민주화는 민주헌법쟁취와 민주정부수립의 결정적 관건이므로 문화방송 뿐 아니라 전체 공영방송에 당연히 확산 될 것을 강력히 희망한다.

그동안 방송매체는 언론 본래의 사명과 국민의 여망을 철저히 배반하여 민주화 투쟁을 매도하고 독재정권을 일방적으로 선전해 옴으로써 사회의 공기가 아닌 독재권력의 홍보 수단으로 완전히 전락해와 국민의 방송에 대한 불신과 반발은 방송에 대한 것을 넘어 사회전체를 허위정보에 의한 불신과 붕괴의 위기에 처하게 하였다.

또 기독교방송의 보도기능을 완전히 봉쇄함으로써 방송언론 전체를 장악하여 국민은 방송에 관한한 보도매체의 기능을 완전히 망각하게 할 단계에 이르렀다.

현대에서 방송망의 중요성에 비추어 방송언론의 정상화와 민주화 없이는 국민과 시대의 요청인 민주화는 전적으로 불가능하다.

이제 민주화와 국민의 적으로 전락하여 언론폭력을 일삼았거나 혹은 침묵을 강요당해 왔던 방송언론이 민주화 투쟁에 궐기한 것은 민주화의 최종적 성공을 결정적으로 앞당기고 방송언론 본래의 기능을 회복하는 것으로 국민운동본부는 온 국민과 함께 적극 성원할 것이다.

방송민주화를 방해하는 정부의 책동이나 언론내부의 정권하수인은 국민적 지탄의 대상이 되어 마침내 국민적 항거 앞에 굴복 할 것이 분명하므로 이제라도 당국과 언론사의 책임간부들은 방송민주화에 가담할 것을 강력히 촉구한다.

방송언론의 정상화는 궁극적으로 신의사회와 선진사회 건설에 기여할 것이다.

1987. 7. 15

민주헌법쟁취 국민운동본부

칼럼 영웅주의와 민주주의

노태우씨가 6월 29일 "돌연히" 민주화 8개항을 발표한 것은, 난공불락처럼 보이기만 하던 군부독재집단에 대한 국민적 심판이라는 점에서 세계적 뉴스임과 동시에 반독재민주화운동의 1차적 승리였다.

그러나 이 선언에 대한 그 후의 언론의 보도태도는 6·29선언이 마치 노태우 개인적 결단과 민주적 행위처럼 그 의미를 왜곡 과장시키고 있다.

수 천명의 죽음과 희생을 치르고 살인 최루탄과 맞서 쟁취한 전과물을 단 몇 십분의 발표로 가로채려한 노태우를 제도언론은 영웅화시키고 있는 것이다.

우리는 단 몇 십분 발표의 공으로 80년 살육과 그 이후 폭압정치를 호도하고 신비화하려는 영웅주의에서 은폐된 "악마의 웃음"에 전율한다.

독일의 호이체커 대통령은 독일의 패전기념일 연설에서 "과거에 맹목인 자는 현재에도 맹목이며, 과거를 생각하지 않는 자는 다시 위험을 저지른다"고 경고를 보내며, 먼저 유태인과 폴란드인, 집시와 종교인, 여자들에게 사과하고, 마지막으로 독일내 레지스탕스에게 사과를 하였다.

노태우씨가 '위기일전'한 것은 우리에게 '극'적인 경험을 가져다주기는 하였지만, 그러나 그의 선언내용은 물론, 집권당의 누구에게서도 80년 광주항쟁의 학살과 그후로 계속된 폭압정치에 관한 개과천선의 의지표명이 없었다.

국민화합이나 민주화는 무슨 말장난이 아니다. 이 시점에서 대역죄인들이 할 일은 국민의 가슴에 응어리를 지게 한 점을 깊이 반성하고 국민의 준엄한 심판을 받는 것이 마땅한 자세다.

따라서 이번 6·29 발표 이후 제도언론의 영웅추수주의와 신비화는 국민의 민주화 열망을 희석시키고 개량화시키려는 술책인 것이다. 응어리가 잠재되어 풀리지 않는한 화합은 있을 수 없으며, 관권에 눌린 거짓 화합이 기승을 부리고, 궁색한 변명으로 합리화해봐야 결국은 국민의 분노를 더욱 폭발시켜 자신의 목을 조르게 될 것이다.

이같은 비판은 정도의 차이는 있으나 야당쪽에서도 얼마간의 책임이 있다. 지난 2월 선거에서 국민의 열화같은 지지에 힘입어 대승을 했으면서도, 국민에게 약속한 강령을 배반하고 지리멸렬하게 대응했다는 것은 만년을 가도 부끄러움을 면치 못하는 것이 될 것이다.

한편 6·26 대회까지도 국민적인 민주화 의지와 민의를 탄압으로 일관했던 군부독재 집단의 그 반민족·반민주적인 작태는 그 어떤 변명으로도 역사의 단죄를 면키 어려운 것이나. 오직 하나 구차한 변명과 의심암귀를 포기하고 국민 앞에 겸손히 사과하고 퇴진하는 것만이 다소라도 역사와 민족 앞에 그 책임을 면할 수 있는 것이다.

방송은 물론이거니와 신문도 연일 영웅심리를 자극하는 기사만을 보도하고, 그 과정에서 이번에 보여준 '국민의 힘'은 루비활자에 눌려 질식당하고 있는 실정이다.

역사상 유례가 없는 펜랭크스군의 원천봉쇄에 쫓기면서도 밀물처럼 끓어오르는 국민 개개인의 힘을 결집시켜 철옹성 군부독재를 부분적으로 약화시킨 민주운동 단체들의 이름은 특호 활자의 백분의 일도 취급되지 않았다.

오직 물리력 하나에서 권력을 뽑아내고 있는 집권층의 온갖 파괴공작과 구속·고문등의 도전을 물리치고 처참한 도전을 거듭해 온 목사·신부·지식인·교사, 그리고 "좌경·용공분자"로 매도되어온 학생운동세력의 온몸을 던진 투쟁을 극도로 축소 보도를 한 것은 언론의 관용성·망각성을 나타냈기보다는, 현재의 결과를 돌연적인, 하늘에서 저절로 내린 것 같이 특정인의 영웅화를 꾀하는 것으로, 이미 영특했다고 과거를 미화하는 봉건시대의 영웅주의가 언론의 보도태도 밑에 깔려 있는 것이다.

언론이 구태의연한 보도태도에서 탈피하지 못하는 한 애써 걸음마를 떼어 놓기 시작하고 있는 이 땅의 민주주의 도정에 심각한 방해자로 작용할 것임이 분명하다.

마치 만화의 한 장면처럼 노태우씨를 삽시간에 영웅으로 둔갑시킨 오늘의 언론은 멀지 않아 역사와 민족의 심판을 면키 어려울 것이다.

거짓 신화시대에 충실하는 언론과 언론인이야말로 6·26, 7·9일에 나타난 백 만 민의의 경고 앞에 깊은 자성이 뒤따라야 할것이다.

국민운동본부의 기관지 「국민운동」에서는, 구체적 실천 속에서 민주화운동을 펼쳐나가는 여러분의 체험담·민주화운동사례·자신의 주장·국민운동본부에 바라는 글 등 생생한 목소리가 담긴 원고를 기다리고 있읍니다.

보내주신 원고는 매달 두번 발행하는 「국민운동」지에 게재해 드립니다.

보내실 곳 : 서울종로구 연지동 기독교회관 . 312호 「국민운동」 담당자앞.

② 우리도 씨

여러분이 보내주신 성금은 우리의 민주화운동에 큰 보탬이 됩니다. 많은 성원 부탁드립니다.

성금을 기다립니다

744·2844, 744·6702
온라인 예금주 오 충일
국민은행 : 008-24-0062-771
조흥은행 : 325-6-063122
제일은행 : 125-20-022586
신탁은행 : 14701-87004574
한일은행 : 012-02-213401
농협 : 027-01-214784

애국전경, 독재정권의 노예임을 거부

지난 7월 8일 새벽 5시, 국민운동본부에서 「독재에 고함」이라는 양심선언을 발표하고 농성에 돌입했던 전경 양승균 상경(이천경찰서 타격대)이 농성 열흘을 보내며 새로운 성명을 발표하였다. 양상경은 8일 저녁에 자행된 사복조 100여명의 기습작전(로우프를 타고 오르는 동시에 인권위원회사무실문을 부수며 난입)을 피해 숨어있다가 10일 사무실을 나와 잠적하였다. 다음은 양상경이 17일자로 국민운동본부에 보내온 편지의 전문이다.

회개하지 못하고 아직도 최루탄을 난사하며 NCC인권위원회 사무실 난입·성공회습격으로 이어지는 정통성이없고 국민을 우롱하는 독재를 보며 분노를 느낀다. 12만 경찰 없이는 하루도 지탱할 수 없는 독재는 조국을 위해 신성한 국방의 의무를 수행해야 할 우리젊은이들을 사군화하였으며 12만 경찰을 자기집 울타리를 지키는 개로 취급하였다.

본인은 지금이라도 7만전경은 신성한 국방의 의무를 수행할 수 있어야 하며 독재의 도구화하려는 전경대설치법의 헌법위반여부를 묻지 않을 수 없다. 독재는 본인을 탈영이라 말할지 모르나 본인이 국가를 위해 봉사할 수 있었다면 이 고난의 길을 택하지 않았을 것이다. 본인은 개인의 사병노릇을 거부한다. 그리고 7만전경도 거부함이 마땅하다.

본인은 앞으로 진행될 투표에서 경찰의 중립과 7만전경의 부재자투표를 걱정하지 않을 수 없으며 60만군인도 마찬가지일 것으로 사료된다.

본인은 국민운동본부 인권위에서 농성을 하며 많은 민주인사들의 격려를 받으며 그분들이 말씀하시는 재집권하려는 독재자의 음흉한 음모를 보며 국민을 우롱하고 있는 독재자에게 분노를 느낀다. 그리고 수없이 걸려오는 전경과 경찰의 격려에 큰 용기를 얻었다. 이제 7만전경은 독재자의 음흉한 음모에 의연히 일어서자.

또한 본인은 회개하지 못한 정권을 보며 운동본부와 인권위의 민주인사 어른분들에게 걱정을 끼칠 수 없었고 계속 투쟁하기 위해 홀로 인권위사무실을 나왔다. 젊은 놈을 걱정해주시고 조국의 현실을 함께 가슴 아파하던 그분들에게 아무 말 없이 운동본부 인권위사무실을 나오게된 것을 송구스럽게 생각한다.

본인은 농성을 열흘로 끝내려 했으나 본인을 연행하기 위해 인권위사무실에 난입한 폭력경찰을 보며 상황과 장소는 변했지만 민주쟁취의 그날까지 투쟁할 것을 선언한다. 또한 운동본부 및 민주화운동에 기여하는 모든 애국민주운동단체는 경찰 내에 일어나는 폭력 및 모든 부당행위와 이에 대응하는 양심선언 및 의사표시를 접수하여 전경들의 민주화운동의 참여를 적극적으로 지지해야 할 것이다.

■ 우리의 행동 ■

1. 우리 전경은 최루탄발사거부운동을 전개합시다.
2. 부당한 명령에 불복종운동을 전개합시다.
3. 경찰내 폭력과 시민에게 가해지는 폭력 거부운동을 전개합시다.
4. 재야차원의 경찰독립대책위원회를 설치해야 합니다.

* 경찰권독립을 위한 7만전경과 5만경찰의 자체적 몸부림이 전사회적으로 일어나고 있는 민주화운동에 동참하는 민주경찰운동으로 발전해야합니다.

1987년 7월 17일 양승균

국민운동시도본부 및 지부현황

□ 전남본부 : (062) 56·5525
● 지부 : 목포(0631) 42·9326
여수(0662) 62·4065, 3·1141
순천(0661) 2·2400, 2·2470
무안(0636) 2·2608
완도(0633) 2·3097
□ 대구·경북본부 : (053) 422·3718
● 지부 : 안동(0571) 3·1346
포항 73·5641
김천, 영천, 구미
□ 경남본부 : (0551) 93·8050
● 지부 : 진주(0591) 52·8204
울산(0522) 76·5010
거창(0598) 2·2229, 4·9000
고성
□ 부산본부 : (051) 643·8583, 462·4626
□ 경기지역 : 인천(032) 72·5792, 864·9641
성남(0342) 2·2404, 45·9851,
수원(0331) 5·4008
□ 제주지역 : (064) 53·8288
□ 서울본부 : 744-6702, 744·2844
□ 강원본부 : (0361) 54·7088
(0361) 53·4671
(0361) 42·3381
● 지부 : 태백(0395) 53·0508
정선(0398) 4·2817, 4·2705
□ 충북본부 : (0431) 64·5754, 52·4730, 52·9006
□ 충남본부 : (042) 254·6720, 22·5183, 255·2563
● 지부 : 천안(0417) 2·5665, 63·6857
□ 전북본부 : (0652) 72·3507, 85·4205, 84·1067
● 지부 : 군산(0654) 62·5302
이리(0653) 52·6949, 54·9030, 2·3993
부안, 순창, 남원, 임실

사천만이 단결했다
군부독재 각오하라!

1. 잔업·철야 안하고도 먹고 살 수 있게 하자!
1. 단결과 파업의 자유 쟁취하자!
1. 외세와 군부독재 몰아내자!
1. 민중이 주인되는 사회 이룩하자!
1. 민족자주와 통일 앞당기자!

노동자신문

창간호
1987년 7월 31일
펴낸이 : 「노동자 신문」 편간 위원회

거짓 민주화 분쇄하고 민중민주정부 수립하자!!

봇물처럼 터져나오는 노동자의 투쟁 열기

군사독재 타도를 향한 6월 민중투쟁이 거세게 타오른 이래 우리 노동자들은 한편으로는 독재타도를 향한 정치투쟁의 대열로 과감하게 떨쳐나서는 동시에 다른 한편으로는 공장, 광산, 사업장에서 자주적 노동조합 결성과 노동자 생존권 쟁취투쟁을 줄기차게 벌이고 있다.

6월 20일에는 서울 논노상사 노동조합원들이 "노조 깨려는 회사 이전계획 반대" "노조활동자유 보장" 등을 외치며 기독교회관(종로구 연지동)에서 철야농성투쟁을하여 요구조건을 전면 관철시켰다. 7월 5일에는 재벌회사인 울산 현대엔진에서 자주적 노동조합이 결성되는 개가가 울려퍼졌다. 인천 한독금속 노동형제·자매들은 민중투쟁이 한창 타오르던 6월 12일 임금인상 투쟁에 승리하였으며 그 여세를 몰아 7월 11일에 마침내 자주적 노동조합을 결성하는데 성공했다.

노동형제들은 이렇게 한편으로는 노동조합을 결성하고 다른 한편으로는 근로조건 개선을 쟁취하는 동시에 그동안 노동악법과 노동운동 탄압 때문에 어용노조 밑에 눌리며 빼앗겨왔던 노동자의 권리를 되찾기 위하여 노조 자주화와 민주화 투쟁을 벌여나가기 시작했다. 부산의 국제상사, 대한조선공사에서, 울산의 태광산업, 현대조선에서, 인천의 남일금속에서, 태백시의 통보광업소에서, 또 전국각지의 운수산업에서 노동자들은 어용노조를 퇴진시키고 자주적이고 민주적인 노동조합을 쟁취하기 위해 그리고 저임금과 장시간노동을 깨뜨리고 인간다운 삶을 쟁취하기 위해 힘차게 싸워나가고 있다. 노동형제들은 또 민주화를 하겠다고 말만하고 실제로는 아무런 민주화도 하지 않고 있는 독재정권의 거짓에 대항하여 힘으로써 민중의 민주화를 이루고자 노동기본권 쟁취를 위한 투쟁으로 떨쳐나섰다. 또 그동안 자본가와 독재정권에 의해 밥줄이 잘리며 고통당해온 형제들의 완전한 복직, 노동운동을 하다 고문당하고 투옥된 형제들의 전원석방을 위하여 투쟁하고 있다.

◆ 이 한열군 죽음을 애도하며 1백5십만 군중이 시청앞에 집결하여 "군부독재 당장 물러가라"고 요구하고 있다.

우리는 6월 투쟁을 통하여 민주주의는 결코 대통령을 내손으로 뽑는 것 하나만으로 다 되는 것이 아니라 공장, 광산, 사업장에서 노동자의 권익이 보장되어야 하며 나아가 부와 특권을 가진 자들의 정부가 아니라 민중민주정부가 수립되어야 된다는 것을 알았다.

이제 그러한 민중의 민주주의를 쟁취하기 위한 우리 1천만 노동형제들의 투쟁열기가 전국 방방곡곡에서 봇물처럼 터져나오고 있다.

이 봇물을 막을 자 누구인가? 누가 감히 이 도도한 역사의 흐름을 거스를 수 있을 것인가?

민주적 노동조합을 건설하자!

울산일대 총파업 기세로 투쟁 타올라

우리나라의 대표적 중공업단지인 경남 울산이 우리 노동형제들의 과감한 파업투쟁으로 총파업의 기세로 치닫고 있다. 지난 16일 재벌기업의 노동조합 설립 방해공작에 파업농성으로 맞서 자주적 노동조합을 쟁취한 현대미포조선 형제들의 투쟁으로 시작된 투쟁의 열기는 25일 현대자동차 형제 2천여명이 「민주노조 추진위원회」를 결성하고 회사측이 급조한 어용노조에 반대하여 파업농성에 들어가고 27일에는 태광산업, 동양나이론, 동양폴리에스터 형제들이 어용노조의 퇴진과 임금재인상을 요구하며 파업투쟁으로 나아감으로써 급격히 고조되었다.

이 열기는 28일에는 울산 최대의 사업장인 현대 중공업 형제들이 자주노조의 등장을 막고자 회사측이 급조한 어용노조를 퇴진시킬 것, 임금 25% 인상할 것 등을 요구하며 1만 5천여명이 파업에 돌입함으로써 더욱 뜨겁게 달아 올랐다.

이렇게 고조되던 투쟁의 열기는 30일 현대미포조선 형제 1천 8백여명이 임금인상 유급 하기휴가 실시, 상여금 50% 추가지급 등을 요구하며 파업투쟁에 가세하고, 31일 새벽 5시부터는 울산여객, 선도여객, 학승버스 등 3개 시내버스 운수 노동형제들이 어용노조 퇴진, 하기 휴가비 지급 등을 요구하며 파업에 가담함으로써 울산 일대를 파업투쟁의 열기로 가득차게 했다. 또 31일 상오 10시부터는 한성, 경진, 남진 등 시내버스 운수 노동형제들이 "시내버스 총 파업하자"는 요청에 호응, 파업투쟁에 동참함으로써 총파업의 기세로 나아갔다.

노동형제들은 이번 파업을 통해 자본가들이 노동자의 자주적 단결권을 짓밟기 위해 교묘한 술책으로 사용해 온 어용노조의 퇴진을 전면에 내세워 강력하게 요구하면서 임금인상, 하기유급휴가 실시, 상여금 지급등 근로조건 개선을 병행하여 요구함으로써 어용노조를 앞세운 기만적 타협술책을 원천적으로 봉쇄하였다. 형제들은 또 차량시위, 가족들의 투쟁 동참 등 창조적인 투쟁방법으로 자본가를 두려움에 떨게하였고, 연쇄적인 파업과 시내버스 운수 노동형세들의 연대파업으로써 노동자의 굳센 단결력을 과시하였다.

민주화의 첫선물

우리나라 노동운동의 선봉 청계피복 노동조합의 사무실은 청계천7가 동대문시장 안에 있다.

7월7일 오전 11시경 이 청계피복 노동조합 사무실 문앞에서 민주화를 하겠다는 독재정권이 우리 노동형제·자매들에게 민주화의 첫선물로 기만과 폭력을 안겨주었다.

그동안 청계노조 형제·자매들은 독재정권의 탄압에 의해 불법적으로 폐쇄당했던 조합 사무실을 되찾고자 여러차례 당국에 항의해 왔으며 드디어 동대문경찰서로부터 사무실을 돌려주겠다는 약속을 받아냈다. 7일 오전 형제·자매들은 빼앗겼던 사무실을 되찾는다는 벅찬 기대를 안고 속속 노조사무실에 모여들었다. 그런데 이게 무슨 날벼락인가?

청계노조 형제·자매 15명이 사무실에 모여들자 당국은 전경 3개중대 2백여명을 풀어 험악한 공포분위기를 조성하더니 어머니(청계노조에서는 전태일 열사의 어머니 이소선 여사를 노동자들의 어머니라는 뜻에서 그대로 어머니라고 부른다)에게 사무실을 가정집으로 사용하겠다는 각서를 쓰라고 강요했다. 가정집으로 쓰려면 뭣땜에 구차하게 돌려달라 하겠는가?

이에 분개한 형제·자매들은 폭력경찰의 위협에 굴하지 않고 조합 사무실에 들어가기 위해 육탄으로 돌진하였다. 그러자 2백여명의 무장전경은 아무 힘도 없는 형제·자매들을 개끌듯이 아래층으로 끌어내려 땅바닥에 사정없이 내팽개쳤다. 그리고 가슴과 등·허리를 가리지 않고 무자비하게 군화발로 걷어차고 짓밟았다. 이같은 만행으로 어머니와, 전순옥, 정경숙 자매가 중상을 입고 병원에 입원했으며 나머지 형제·자매들도 온몸에 부상을 입었다.

이 폭력사건은 군부독재정권이 일천만 노동자에게 베풀은 민주화의 첫선물이다.

참으로 독재정권의 민주화답다.

구속노동자 전원 석방하라!

사설

자주적 노동조합 건설운동으로 총 궐기하자!

—「노동자 신문」 창간에 부쳐—

6월 민중항쟁의 빛나는 승리를 딛고 우리 노동자들은 전국의 공장, 광산, 사업장에서 참된 민주주의를 쟁취하기 위해 힘차게 전진하고 있읍니다. 군부독재와 자본의 수탈과 억압, 기아임금과 장시간 노동의 사슬을 깨뜨리고 생계비를 쟁취하기 위해, 고역같은 강제잔업·철야를 없애기 위해 두 주먹을 불끈 쥐고 떨쳐 나서고 있읍니다. 군부독재 정권과 자본가들에게 빼앗겨온 노동자의 권리를 되찾기 위해 두 눈을 부릅뜨고 벌떡 일어서고 있읍니다.

파업·농성 투쟁이 연이어 터져나오고 있읍니다. 노동자들과 가족이 함께 싸우고 있읍니다. 철야농성으로, 차량시위로 과감하게 노동자의 단결과 힘을 과시하고 있읍니다.

독재정권과 자본가들의 노동운동 탄압으로 밥줄이 잘리며 고통당해온 형제들이 복직을 요구하며 온몸을 던져 싸우고 있읍니다. 또 이러한 생존권을 제도적으로 확보하기 위해서 노동기본권 쟁취 투쟁을 가열차게 벌여나가고 있읍니다. 아울러 폭력경찰이 최루탄으로 집회를 막아도 힘으로 집회와 시위의 자유를 쟁취해 나가고 있읍니다. 청계피복 노동조합 형제들은 스스로의 힘으로 노동조합 사무실을 되찾고 노동조합 활동의 자유를 쟁취하고 있읍니다. 군부독재정권의 기만적인 민주화에 맞서, 단결된 힘으로써 민주적 제 권리를 쟁취하기 위한 우리 노동자의 투쟁은 전국적으로 고양되고 있읍니다.

1천만 노동자 여러분!!

이렇게 노동자의 권리를 쟁취해 나가는데 있어서 핵심이 되는 것이 무엇이겠읍니까? 그것은 두말할 것도 없이 자주적인 노동조합을 건설하는 것입니다. 노동자에게 있어서 최대의 무기는 단결이며 조직입니다. 군부독재정권이나 자본가에 의해 조종되지 않는 노동자 자신의 자주적인 조직을 건설해야 합니다.

자주적 노동조합을 건설하려는 투쟁의 불길은 이미 힘차게 타오르고 있읍니다. 인천의 한독금속에서, 울산의 현대미포조선에서 우리 노동자들은 자본가의 온갖 탄압을 물리치고 자주적 노동조합을 건설했읍니다. 수백개의 사업장에서 노동조합 건설 투쟁이 들불처럼 번져가고 있읍니다. 이 들불을 모든 공장, 모든 광산 모든 사업장에서 타오르게 합시다. 천만 노동자 여러분! 자주적 노동조합 건설운동으로 총 궐기합시다!

모든 자주적 노동조합은 하나의 거대한 덩어리로 뭉쳐 나아가야 합니다. 6월 민중항쟁에서 우리는 민중의 뭉친 힘이 얼마나 위대한지를 보았읍니다. 뭉치면 살고 흩어지면 죽습니다. 모든 자주적이고 민주적인 노동조합은 지역별로 산업별로 통일 단결합시다. 그리고 전국적으로 단일한 하나의 조직으로 나아갑시다!

노동자 여러분!

이렇게 자주적인 노동조합을 결성하는 일과 아울러 어용노동조합의 퇴진과 노동조합의 자주화·민주화 투쟁을 과감하게 벌여 나갑시다. 군부독재 및 자본가와 야합하는 어용노동조합은 없느니만 못합니다. 조합간부의 직선제를 요구합시다. 어용간부의 퇴진을 요구합시다. 회사별로 싸우는 것과 동시에 전국적으로 함께 대처해 나갑시다. 회사마다 「노동조합 자주화 민주화 추진위원회」를 만듭시다. 그리고 어용노총의 민주화를 위해 33개 자주적 노동조합 간부들이 중심으로 결성한 「노동조합 민주화 실천 위원회」에 적극 동참합시다.

1천만 노동자 여러분!

우리 노동자는 마땅히 노동조합을 중심으로 뭉쳐야 합니다. 자주적 노동조합을 튼튼히 묶어세우는 것을 기초로 하여 「해고노동자 복직투쟁 위원회」, 「노동자 권익투쟁 위원회」, 「노동자 정치투쟁 위원회」, 「여성 노동자회」등 여러 부분의 모든 노동자 조직들과도 하나로 통일 단결해야 합니다. 단결! 그것은 우리 노동자들에게는 언제, 어디서나, 어떤 경우에나 생명입니다. 여러 노동자 조직들은 다같이 일천만 노동자의 일원으로서 통일적인 전선으로 뭉칩시다.

그리고 이렇게 통일·단결된 일천만 노동자의 거대한 힘을 주축으로 농민과 빈민, 여성과 청년 등 모든 민중을 더욱 거대한 하나의 통일체로 결집해 나가야 합니다. 그리하여 전 민중과 더불어, 전 민중의 선봉에 서서 군부독재의 기만적인 민주화를 분쇄하고 민중의 자유와 행복이 보장되는 민주주의, 민중이 주인되는 민중의 민주주의를 쟁취하기 위해 단호하게 투쟁합시다. 외세로부터 민족의 존엄과 자주성을 되찾고 민족이 하나로 통일되는 길로 줄기차게 나아갑시다.

우리의 보람찬 미래, 빛나는 조국의 통일을 위해 손에 손을 잡고, 어깨에 어깨를 걸고 힘차게 힘차게 전진합시다.

자주적 노동조합 건설만세!

일천만 노동자여 단결하자!!

자주적 노동조합 결성 힘차게 전진

지금까지 우리 노동형제들은 독재정권에 의해 노동자의 기본권리인 노동3권 (단결권 단체 교섭권, 단체 행동권) 조차 빼앗긴 채, 노동자의 권익을 찾기 위한 어떠한 모임이나 행동도 좌경, 불순으로 몰리며 철저히 억압당해 왔다.

그러나 최근들어 6월 민중투쟁의 승리로 끓어오르는 민주화의 기세를 타고 우리 노동형제들은 회사, 독재정권의 탄압을 뚫고 자주적 노조결성을 힘차게 추진하고 있다. 민중투쟁이 진행중이던 6월부터 안으로 활기를 띠어오던 노조결성 움직임은 7월들어 표면화되기 시작하여 7월중에 이미 90여개의 노조가 결성되었고 수백개의 사업장에서 결성이 추진되고 있다.

노조결성이 가장 활발한 산업은 반독재민중투쟁에 가장 적극적이었던 운수산업이며 제조업 분야에서도 지난 7월 3일, 인천의 한국차량 형제들이 노조를 결성한 이래, 11일에 한독금속에서 자주적인 노조가 결성되었으며, 13일에는 남일금속 형제들이 유령노조를 거부하고 자주적 노조를 결성하는 등 인천지역에 만도 모두 4개의 노조가 결성되었다. 이러한 노조결성의 열기는 처음에는 중소기업 사업장에서 타오르기 시작하여 최근엔 노조를 금기로 여겨오던 대재벌 회사로 확산되었고 국공영 기업체, 공공단체 등에까지 노조결성 움직임이 활발하게 일어나고 있다.

현대미포조선

대재벌의 방침 뒤엎고 노조결성의 빛나는 승리

현대재벌 그룹 계열회사인 울산 현대미포조선소에 지난 7월 16일 자주적 노동조합이 조직되었다. 폭력배를 시켜 노동조합 설립신고 서류를 탈취해 가는등 재벌기업의 악랄한 탄압에도 굽히지 않고, 1천 5백여 노동형제들은 강철같은 단결과 불같은 투지로 자주적 노조결성에 성공한 것이다.

한편, 이에 앞서 회사는 지난 15일, 울산 노동회관에서 열리기로 되어있던 노조 결성식을 관리자들을 시켜 방해하여 열리지 못하게 했고, 16일에는 노동조합 간부들이 울산 시청에 신고하러 간 서류를 폭력배를 시켜 시청안에서 강탈해 가게 하는 등 갖은 악랄한 노조탄압을 서슴치 않았다. 그러나 이 같은 탄압에도 굴하지 않고 노동형제들은 15일 저녁 9시, 노동회관 대신 한 노동형제의 집에서 노조 결성식을 가졌으며, 16일에는 1천6백 노동형제들이 오전 11시부터 2시간동안 작업을 거부하고 농성투쟁을 벌였다.

파업농성에 들어간 노동형제들은 노조설립 방해공작을 즉각 중단하라고 촉구하며, 1천 5백여 형제들이 노조에 가입하였다. 이같이 노동형제들이 갈수록 더욱 굳게 단결하고 더욱 거세게 투쟁으로 나서자 회사측은 허겁지겁 노조설립 신고서류를 되돌려 주고 노조를 인정하겠다고 굴복하였다.

"내 눈에 흙이 들어가도 노조를 인정할 수 없다"며 30개 계열회사중에서 단 한군데도 노조설립을 인정하지 않겠다던 현대그룹 대재벌 회장 정 주영의 방침을 하루 아침에 뒤엎고 자주적 노조결성의 빛나는 승리를 쟁취한 미포조선 형제들에게 환호를 보낸다.

현대미포조선 노동형제 승리 만세!

자주노조 결성투쟁 승리 만만세!

노동3권 쟁취하여 민주사회 이룩하자

「노동기본권 쟁취대회」 열어

지난 7월 19일 오후 6시경부터 서울 동숭동 흥사단 강당에서 「민주헌법쟁취 노동자 공동위원회」 주최로 「노동 기본권 쟁취대회」가 열렸다.

1천여 노동자들이 참가한 이날 대회에서 연사들은 "우리 노동자들은 80년 이후 전두환 독재정권에 의해 노동기본권을 박탈당해 왔으며 노동운동 탄압으로 최저한의 생존마저 위협당해 왔다"고 군부독재정권을 규탄하고 "최저임금제가 실시되어야 하며 노동삼권, 안전한 환경에서 일할 권리가 보장되어야 한다"고 역설하였다.

한편 강당이 좁아 대회장 밖에서 참여하던 5백여 노동형제들은 "노동3권 쟁취하여 민주사회 이룩하자"는 플래카드를 들고 도로에서 평화적 집회를 했으나 경찰 2개 중대와 사복깡패 수백명이 노동형제를 사정없이 짓밟고 두들겨 패는 바람에 육탄전이 벌어졌다. 경찰의 이러한 폭력으로 노동 형제 10여명이 피를 흘리며 부상을 당했으며 이 사태로 대회가 일시 중단되었다.

경찰폭력에 울분을 참지 못한 형제들은 오후 8시경 즉석에서 전투조를 편성하여 단결된 힘으로 폭력경찰과 사복 깡패들을 몰아부쳤으며 대학로에 연좌한 채 대회를 재개하여 9시 30분까지 노동자의 기본권을 쟁취하기 위한 열띤 토론을 벌였다.

해고 노동자들 복직투쟁 개시

블랙리스트는 현대판 노비문서

노동운동을 탄압하기 위해 독재정권과 자본가가 쓰는 가장 악랄한 방법은 강제해고와 「블랙리스트」 (노동운동에 가담하여 해고된 사람의 명단)이다. 또한 운수업계에서는 취업카드제라는 것을 실시하여 기업주에게 잘못 보이면 그것이 취업카드에 기록되어 영구히 다른 회사에 취직을 못하도록 노동자의 목을 죄어왔다.

이런 악랄한 만행으로 해고된 후 복직이 안되고 있는 노동자는 전국에서 4만명이 넘을 것으로 추정되고 있다.

그런데 민주화를 하겠다는 6·29 발표 이후 교사, 교수 등 각계의 해직자 복직문제가 거론되면서도 정작 가장 고통받고 있는 해고노동자의 복직은 거론 조차 안되고 있다. 이에 해고 노동형제들은 각 지역별로 해고 노동자 투쟁조직을 결성하고 해고노동자의 복직을 위해 조직적으로 싸워 나가고 있다.

서울지역 해고 노동자 400여명이 7월 19일 오후, 영등포 성문밖 교회에서 「서울지역 해고 노동자 투쟁위원회」를 결성하였다.

해고 노동형제들은 "80년에 들어서서 신규노조 결성과정, 회사측의 자주노조 파괴과정, 임금인상 협상과정 등을 통해 3만여명의 노동형제들이 부당해고 당하였다"고 폭로하고 부당해고된 노동형제들의 복직을 위해 「복직투위」를 결성하고 기업주와의 대화를 통해 복직이 안될 경우엔 출근투쟁을 벌이기로 하였다.

한편 인천지역 해고노동형제 650명도 19일 낮, 인천 주안성당에서 「해고노동자 협의회」를 결성하였으며, 부산지역 해고노동자 1백여명도 30일 밤 부산시 북구 주례동성당에서 「부산해고노동자 복직 투쟁위원회」를 결성했다. 이날 노동형제들은 결성식을 마친 뒤 파업투쟁이 진행되고 있는 국제상사를 찾아가 농성중인 형제들을 지지하는 시위를 벌였다.

블랙리스트·취업카드제 철폐하라!

노동조합의 대표는 내손으로 뽑자!

노조 자주화·민주화 투쟁

군사독재 타도와 민중 민주주의를 향해 요원의 불길처럼 타올랐던 6월 민중항쟁 이후 우리 노동형제들은 독재와 자본의 억압에서 분연히 떨쳐일어나 "어용노조 퇴진" "노조간부 직선제 실시" 등을 요구하며 노동조합 자주화 민주화 투쟁을 가열차게 전개해 나가고 있다. 특히 7월말에 들어서는 노동조합에 대한 억압이 극심했던 대기업의 노동자들이 노조민주화와 근로조건 개선 요구를 함께 제출하면서 대규모 파업농성을 벌임으로써 노조민주화 투쟁을 폭발적으로 고양시켜가고 있다. 투쟁이 가장 고조 되었던 28일의 경우 전국적으로 95개의 사업장에서 파업투쟁이 터져나왔고 울산에서는 현대중공업 1만 5천여명, 태광산업 2천명, 동양나일론 1천명, 동양폴리에스터 2천명 등 주요 대기업에서 2만여명이 일거에 떨쳐 일어남으로써 총파업을 방불케 했다.

▲ 폭력 구사대에 맞서 기숙사에서 농성중인 국제상사 노동형제들.

어용노조 퇴진과 노조간부 직선제를 주장하는 노조 자주화 투쟁은 민중항쟁이 한창 타오르던 지난 6월 25일 안남운수 노동형제들이 "어용 조합장 퇴진"을 요구하며 가족들까지 함께 파업농성을 벌인 것을 선두로 7월 1일부터 6일까지 어용노조 간부의 퇴진을 요구하며 새로운 노조 집행부를 구성하는데 성공한 동신교통 노동 형제들의 파업농성, 어용노조 퇴진을 요구한 남일금속 노동자들의 투쟁, 국도점거 등 용감한 농성투쟁으로 노조간부를 퇴진시킨 통보광업소의 투쟁으로 이어져 왔다.

또 7월 12일에는 33개 민주노조 간부들로 구성된 「노조민주화 실천위원회」가 결성되었으며 7월 13일에는 「서울 택시노조 민주화 추진위원회」가 발족되어 어용노조 민주화 투쟁의 열기를 고조시켰다.

이렇게 이어지던 노조자주화 및 민주화투쟁의 열기는 7월 27일 경부터 폭발적으로 고양되어 27일에는 울산의 태광산업, 부산의 대한조선공사, 28일에는 울산의 현대중공업, 동양나일론, 동양폴리에스터, 부산의 국제상사 등의 형제들이 어용노조 퇴진, 임금 및 근로조건 개선을 요구하여 대대적으로 떨쳐 나서는 등 계속 고조되어 가고 있다.

〈통보광업소〉

도로 점거농성 등 과감한 투쟁 승리로 광산지역 모두 술렁

한보탄광 통보광업소 6백여명의 노동형제와 가족들은 지난 7월 20일부터 22일까지 「근로조건 개선」「부당해고자 복직」 등의 12개 요구조건을 내걸고 철야농성·도로검거 농성등 용감한 쟁을 벌여 거의 모든 요구조건을 쟁취하였다.

통보광업소 을반 노동형제 2백여명은 7월 20일 오후 7시경 「어용노조 집행진 퇴진」「퇴직금 연수제를 누진제로 바꿀것」등을 요구하며 작업을 거부하고 광업소 사무실로 들어가 철야농성을 시작했으며 다음날 아침 6시에 다른반노동형제들과 가족들까지 동참하여 6백여명으로 늘어남으로써 투쟁의 사기를 드높혔다.

또 이렇게 투쟁의 열기가 달아오르는 가운데 21일 오후 2시경에는 3백여 노동형제들이 광업소 입구에서 2km 떨어진 태백~통리간 국도로 과감하게 진출하여 22일 새벽 1시까지 도로점거 농성을 벌였다. 이같은 노동형제들의 과감한 투쟁에 겁먹은 회사측은 어쩔줄 몰라하며 22일 새벽 4시 마침내 요구를 전면 수락하였다.

한편 이러한 통보광업소의 파업농성 승리 소식이 광산촌에 울려퍼져 삼성광업소등 이웃 광업소에서도 근로조건 개선을 위한 파업농성이 힘차게 확산되고 있다.

〈국제상사〉

「구사단」 폭력 난동 속 생고무처럼 끈질긴 투쟁

국제상사(부산) 노동형제들은 자본가의 악랄한 탄압에도 굽히지 않고 1주일째 줄기차게 투쟁하고 있다. 지난 28일 노조위원장 및 대의원 직접선출, 최저임금보장 등을 요구하며 파업농성을 시작 국제상사 형제들은 각목과 돌멩이에 소방차까지 동원한 자본가측의 악랄한 파괴책동에 과감하게 맞서며 지금까지 투쟁을 계속하고 있다.

형제들의 이같은 정당한 요구를 짓밟기 위해 자본가측은 30일 평소 노동자를 탄압하는 수단으로 고용해 왔던 폭력배 5백여명에게 「구사단」이라는 이름을 붙여서 평화적으로 농성중이던 형제들에게 돌을 던지고 각목을 휘두르는 만행을 저지르게 했다. 이 폭력배들은 또 형제들이 점거농성하고 있던 여자 기숙사에 돌을 던져 공포의 분위기로 몰아넣었다. 이 만행으로 농성장은 물론 인근 사상로, 낙동로까지 아수라장이 되었고 10여명의 형제가 크게 다쳤다.

그러나 형제들은 그같은 폭력적 탄압에 투석전으로 맞서는 한편 농성장 입구에 농구대로 바리게이드를 치고 폭력배의 진입을 막으며 어용노조 퇴진을 위해 여사 기숙사에서 끈질기게 투쟁을 계속하고 있다.

〈태광산업 울산공장〉

가족들도 투쟁으로!

태광산업 울산공장 2천여 형제들이 지난 27일부터 어용노조 퇴진, 임금 25% 인상, 상여금 6백% 지급 등을 요구하며 과감한 파업농성 투쟁을 벌이고 있다.

형제들은 27일 파업농성에 들어가 28일 정오부터는 회사 안에 있던 관리직원과 회사간부들을 모두 회사 밖으로 내보내고 정문에 바리케이드를 치고 경찰의 진입을 막으며 과감한 투쟁을 전개했다. 형제들은 또 현장사수를 위해 1백여명으로 규찰대를 편성하고, 〈통제〉라는 완장을 차고 자체경비를 하고 있다.

한편 29일부터는 노동자 가족들까지 농성에 합세함으로써 투쟁의 열기를 더해 갔으며, 회사측이 요구조건을 완전히 받아들일 때까지 한발짝도 물러서지 않을 불퇴전의 기세로 나아감으로써 가진자들의 간담을 서늘하게 하고 있다.

태광산업 노동형제들과 노동자 가족들의 영웅적 투쟁을 적극 지지·성원하자! 어용노조를 당장 퇴진시키라는데 태광재벌은 무엇을 꾸물거리고 있는가?

민중은 죽어도 좋은가?

"이번 수재는 천재보다 인재"

▲ 학교 교실에서 시름에 잠긴 이재민들.

지난 15일부터 경남일대에 불어닥친 태풍 「셀마」와 충남지방을 휩쓴 태풍 「버넌」, 중부지방을 강타한 태풍 「엘릭스」 등 계속된 태풍과 호우로 6백여명에 달하는 국민이 어이없이 떼죽음을 당했고, 10만여명이 졸지에 이재민이 되었으며, 논밭이 침수되고 집이 무너지는 등 재산피해가 4천4백억원에 이르는 사상최대의 재해를 기록했다. 예보조차 없이 밀어닥친 난리로 어떤 사람은 일하다가 떠내려갔고 일가족이 몰살 당하기도 했다. 가족을 잃은 사람들은 땅을 치고 통곡하고 있고 집과 세간살이를 몽땅 날려보낸 이재민들은 라면 하나 제대로 끓여 먹지 못하고 있으며 농사를 망치고 가축을 몽땅 떠내려 보낸 농민들은 망연자실해 하고 있다.

국민들은 이번 재해는 졸지에 밀어닥친 태풍과 기상이변 탓이기도 하지만 천재보다 인재가 더 크다고 지적하고 있다. 기상대가 일기예보를 잘못하고 또 홍수가 난 이후에야 호우경보를 내리는 등 늦장예보를 했을 뿐 아니라, 정부는 그동안 전국 하천의 절반이 제방이 없어도 그대로 방치했고 서천 농지개량조합의 경우 30년이 된 배수관문이 고장난 것을 방치했다.

시흥동 산동네에서는 10년전 산사태때 굴러내린 바위를 그대로 방치하여 또다시 20여명이 떼죽음을 당했다.

한편 이같은 사태에 대해 성난 국민들은 정부에 책임을 물어 보상을 요구하고 있다. 부산 명지동 주민 2백여명은 지난 24일, 경운기를 앞세우고 남해안 고속도로를 점거하여 "완전복구·완전보장"을 요구했으며, 부여 농민 5백명도 경운기로 군청앞을 막고 "관계자 처벌"을 주장하며 농성을 하였다.

그런데도 정작 정부는 마치 인재는 없고 천재만 있은 듯이 전국민에게 구호의 손길을 보내라고 선전하면서 피해액수를 줄여서 발표하고 있다.

일개 재벌회사에 4조원의 금융특혜를 해주면서도 돈없고 빽없는 민중들이야 죽든말든 내팽겨쳐온 독재정권이 무슨 할말이 있다고 "온 국민이 한마음·한뜻이 되자"고 나발을 불고 있는가?

「민헌노위」 발족

청계피복 노동조합, 한국여성노동자회 등 전국의 17개 노동단체 대표들은 7월 6일 오전 9시, 한국교회 사회선교협의회 사무실에서 '민주헌법쟁취 노동자 공동위원회'(이하 「민헌노위」)를 결성하였다.

「민헌노위」는 노동3권, 8시간 노동제, 최저 생계비 쟁취등을 당면한 투쟁 목표로 설정하고 이 목표를 달성하기 위해 뜻을 같이하는 전국의 모든 노동자 및 노동단체들과 하나로 뭉쳐 싸워나갈 것을 결의하였다.

노조결성 가로막는 노동악법 철폐하라!

◀우리 노동자들이 플래카드를 앞세우고 "군부독재 타도!"를 외치고 있다

▲ 전투경찰 따위가 겁날쏘냐. 육탄으로 돌진하는 용감한 시위대(미도파 백화점 앞에서)

▲ 전주에서 노동자들이 군부독재 타도 투쟁에 앞장을 섰다.

◀화염병을 맞아 불타는 전투경찰 수송버스(17일 부산)

▲ "폭압의 사슬끊고 민주사회 이룩하자!" 1백여만 부산시민이 모두 들고 일어났다. 저 민중의 진군을 막을 자 누구인가? (서면 로타리에서 부산진까지 끝이 보이지 않는 시위대열. 18일)

6·10투쟁 이후 노동자 투쟁 일지

◆ **한독금속(인천) 노동자들, 일당 7백원 인상, 상여금 2백% 쟁취** : 6월 12일, 공장 옥상에서 밤늦게까지 농성투쟁을 벌여 지난 3월 회사의 일방적 임금인상(7.9%)를 깨뜨리고 임금재인상을 쟁취.

◆ **논노상사(서울) 노동조합원, 노조활동 자유 쟁취** : 6월 20일, 노동자매 37명이 기독교회관에서 철야농성으로 「노조가입·노조활동 자유 보장」, 「기숙사 자치제 실시」등 13가지 요구조건 완전 쟁취.

◆ **유창교통(광주) 노동자와 가족들 단식농성** : 노동자와 가족 70여명이 6월 25일 부터 1주일 이상 임금착취에 항의하며 회사 사무실에서 단식농성.

◆ **안남운수(안양) 노동자와 가족들 근로조건 개선 및 노조민주화 투쟁** : 상습체불업체인 안남운수 버스 기사 60여명과 그 부인 20여명이 25일부터 이틀간 파업농성으로 체불임금 지급, 사고시 권고사퇴 즉각 철폐 등 모든 요구조건 관철. 그러나 어용조합장 축출 요구는 상급단체인 자동차연맹의 어용노조 두둔으로 계속 분쟁점으로 남음.

◆ **성남택시(성남) 파업농성으로 4년만에 임금인상 쟁취** : 2백여 노동형제들은 6월 29일부터 이틀간 차량으로 경적시위하고 시청앞에서 연좌농성하는 등 과감한 투쟁으로 4년동안 한번도 이루어지지 않았던 임금인상(월급 총23만5천원)과 사납금 단일화(6만3천원)을 쟁취.

◆ **동신교통(서울) 노조민주화 진전** : 7월 1일부터 7일까지 파업·단식농성으로 어용조합장을 퇴진시킴.

◆ **대성합성화학(인천) 노동자 파업농성** : 7월 2일, 임금인상 요구 파업농성.

◆ **후레아훼션 해고노동자들 독일대사관에서 복직요구 농성** : 후레아훼션(이리) 9명이 악덕기업주인 "사장 F·아들러즉각 송환 "해고노동자의 전원복직"을 요구하며

◆ **인천택시 노동자들 임금인상 8.15% 쟁취** : 성진기업 운수노동자를 포함한 2백 7월 2일 수봉공원에서, 3일에는 시청앞에서 차량시위를 벌이며 투쟁했으나 어용노조 방적으로 사업조합측과 8.15%인상에 합의해 줌.

◆ **해성공업사(안양) 노동자 임금재인상 요구** : 지난 5월 임금인상 요구하며 파 있는 노동자 60여명이 임금재인상을 요구하며 파업농성.

◆ **현대엔진(울산)에 노조결성** : 7월 5일 1백여명이 노조를 결성하고 이틀날 1 여명이 설립보고대회를 가짐으로써 자주적 노동조합 결성에 성공.

◆ **동방교통 파업농성으로 미지급 임금쟁취** : 7월 6일부터 사흘동안 70여명이 성으로 인격적 대우, 근로기준법을 어기고 떼어먹은 미지급임금 3년치 반환을 쟁취.

◆ **홍명공업(구미) 노동자 가두시위** : 상습체불업체인 홍명공업 노동자 5백여명이 임금지급을 요구하며 구미 시내로 진출하여 가두시위.

◆ **한독금속(인천) 노동조합 결성** : 12일 임금재인상 투쟁 승리의 여세를 몰 월 11일 3백5십여명이 자주적 노동조합 결성.

◆ **남일금속(인천) 자주적 노동조합 결성하고 어용노조와 투쟁** : 12일 회사측이 어용노조에 대항하여 13일 자주적 노동조합을 결성하고 자주노조 쟁취투쟁을 개시. 회 구사대를 앞세워 폭력적 탄압, 구사대의 폭력으로 3명 부상.

◆ **미성상사 가발공장(서울) 노동자 파업농성** : 7월 14일 2백여 노동자들"임금 상" "도급제를 일당제로" "노동삼권 보장" 요구하며 파업농성.

◆ **서울조구(인천) 파업농성으로 하기휴가 4일 쟁취** : 15, 16 이틀간 투쟁.

◆ **한보탄광(태백시) 노동자 과감한 파업** : (관련기사 참조)

◆ **동원탄좌 하청 광업소 노동자들 해고자 복직 요구 농성** : 16일 월산탄광 해고

해방과 통일의 그날까지 타올라라!

저 가열찬 투쟁의 불길!

전 민중의 위대한 진군!

11일 명동성당. 저 불타는 허수아비는 과연 누구 누구인가?

향해 백골단이 달려들고 있다. 무차별 폭행, 무차별 연행…

차로 기관총 쏘듯 지랄탄을 쏘아대고 있다. 국민을 향해 살인
기를 쏘아대는 독재정권의 저 발악적 만행을 보라!

▲ 한덩어리, 한목소리. 민주를 향한 열망! 독재타도의 함성! (6.26일 서울역 광장)

◀ 저 피맺힌 민주의 염원! 2백여만의 애도 속에 광주 망월동 묘지로 떠나가는 이 한열 열사

형제와 동아기업 해고노동자 김수현형제가 가족 7명과 함께 동원탄좌 노조사무실에서 자 즉각복직" "블랙리스트철폐" "어용노조퇴진" 요구하며 농성

서우산업(성남) 노동자들 파업농성 : 18일, 20일 1백여 노동자들은 상여금 1백% 지 급휴가 실시 요구하며 파업농성. 성남지역 해고노동자들 지원나갔다가 관리자들로부터 함. 회사측이 공개사과함.

문화택시(경주) 노동자 파업농성 : 18, 19, 20일 1백여 운수노동자 및 가족 1백 명이 "사고비 기사부담 철폐" "해고노동자복직" 등 요구하며 회사옥상 사무실농성, 성 철야농성, 시내에서 차량시위 등 강력한 실력행사.

신흥목재(인천) 노동자 유급휴가 요구 농성 : 21일 신흥목재 노동자 250여명이 유급 실시 등 요구하며 농성. 농성중 이영규형제 구타당해 머리를 다치는 부상.

후레아훼션(이리) 노동자 점거농성 : 22일, 50여명 "끌어내면 모두 죽겠다"며 기술부 점거 농성.

태광산업(부산) 노동자 어용노조 해산요구 철야농성 : 1천여명이 23일부터 어용노 산, 하기휴가 연장, 휴가비 지급 등을 요구하며 파업하고 철야농성.

조선공사(부산) 노동자 6백여명 일주일 농성 : 25일부터 해고자 복직, 어용노조 퇴 금 25% 인상등 요구하며 연일 파업농성,

현대자동차(울산) 어용노조 퇴진 : 자주적 노동조합의 설립을 봉쇄하려는 회사측의 어 책동을 분쇄하고자 25일 「민주노조 추진위원회」 구성하고 파업, 철야 농성으로 어용노 진 관철.

동아자동차(송탄) 1천5백명 25일, 임금인상 요구하며 파업 농성

영진산업(성남) 하기휴가 보너스 1백% 지급 요구 27일, 2백여명 파업농성

풍산금속 노조민주화 요구 파업농성 : 27일, 5백여명이 어용노조 해산, 노조 재설립 이틀간 파업농성하며 요구관철.

◆ **한국제지(안양) 조합신고필증 등 노조결성을 제약해온 절차를 무시하고 즉석에서 노조결성 성공** : 1백50여 노동자들 자주적으로 결성된 노동조합을 인정할 것을 요구하며 27, 28일 파업농성, 회사측 자주노조 인정하겠다고 굴복하여 종료.

◆ **호남에틸렌(여천) 노동자 대림그룹으로 일방적 합병반대투쟁** : 3백6십여 노동자 대림으로 일방적으로 흡수될 경우 감원, 근로조건 저하 예상되므로 이에 반대하여 27일 부터 철야농성

◆ **동양나이론, 동양폴리에스터(울산) 노동자들 어용노조 퇴진 요구 파업농성** : 27일 부터 각각 1천, 2천여 노동자들이 어용노조 퇴진 임금인상을 요구하며 재벌회장과 어용조합장 화형식을 하며 파업농성. 29일 회사측 임금 12% 추가인상 약속으로 투쟁 일시 소강상태

◆ **태광산업(울산) 노동자 노조민주화 투쟁** : (관련기사 참조)

◆ **현대중공업(울산) 노동자들 어용노조 퇴진 요구 파업농성** : 28, 29 이틀간 1만2천 여 노동자들이 지난 21일 회사측이 사주하여 만든 어용노조 해체를 요구하며 파업농성, 회사측 노조간부 재선출하겠다고 타협 유도. 30일 1만5천여명 어용노조의 완전한 퇴진, 임금 및 상여금 인상 요구하며 정문에 바리케이드 치고 파업 농성

◆ **국제상사(부산) 노조위원장 직선요구 파업농성** : (관련기사 참조)

◆ **현대미포조선(울산) 2천명 임금인상 요구 파업** : (관련기사 참조)

◆ **삼룡버스(서울) 노동자 임금인상 요구 파업농성** : 60여명이 30일부터 임금 20% 인상, 근로환경개선 등을 요구하며 파업, 철야농성.

◆ **금성운수(대구) 운수노동자 파업농성 중에 노조 새 집행부구성** : 31일, 1백5십여 명이 유류대금 인하된 만큼 임금을 인상할 것 등을 요구하며 파업 농성. 농성 중에 노동조합장 선거하여 새 집행부 구성.

◆ **효성중공업(창원) 5백여명 임금인상 요구하며 파업농성** : 31일 어용노조 퇴진, 상여금 인상, 하기휴가비 및 가족수당 지급, 주택수당 지급 등을 요구하며 파업 농성 중

◆ **특별기획 〈6월 민중항쟁 총정리〉**

거대하게 솟아오른 민중의 궐기

민중은 위대하다! 노동자야말로 역사의 견인차이다!

40여년간 우리 민족과 민중을 억눌러온 외세와 독재의 사슬을 깨뜨리고자, 6월 10일부터 근 한달동안 4천만 민중은 성난 파도와 같이 거세게 들고 일어났다. 한반도의 남쪽 전체가 독재타도의 우렁찬 함성으로 메아리쳤다. 동학농민혁명, 3·1운동, 민족해방운동, 4월 민중봉기, 광주민중항쟁으로 이어지는 우리 민중의 전통은 쉬고 있던 화산이 되살아나듯 다시 살아나 거대하게 폭발한 것이다.

6월 민중항쟁의 배경
변혁에의 열망

전두환 군사독재정권은 1980년 5월 17일, 군사쿠데타로 민주화를 향한 전 민중의 열망을 짓밟고 2천여 광주민중을 무자비하게 학살하고 등장했다. 그 이후 저들은 민중의 피끓는 분노와 투쟁을 잠재우고자 고문·살인·폭행·구속·강간을 밥먹듯이 해왔다. 우리 노동자는 단결과 파업권을 빼앗겨 시키는대로 일하고 주는대로 받는 임금노예가 되기를 강요받았다. 그러면서 저들과 한통속으로 야합한 재벌에게는 마구잡이로 돈을 찍어내어 특혜융자를 해줘서 더욱 살찌게 했다.

6월 민중항쟁은 독재정권의 이같은 죄악을 근원적으로 도려내고, 민중민주 사회를 이루겠다는 전민중의 뜻이 하나로 뭉쳐 일어난 것이다. **군사독재 타도!! 민중의 민주정부!! 이것은 온 민중의 한결같은 열망이었다.**

투쟁의 계기 – 살인과 기만과 우롱

전두환 정권이 들어선 이래 우리 민중들 속에는 "전두환 군사독재를 몰아내고 민중이 주인되는 참된 민주주의를 이루어야 한다" "독재정권을 배후에서 지지·조종하는 미국을 몰아내야 한다"는 반외세·반독재 민중민주주의 의식이 높아져 왔다. 특히 노동운동은 구로 연대투쟁 이후 변혁을 지향하는 운동으로 발전해 갔다. 이렇게 민중이 반외세·반독재 민중민주주의의 길로 나아가게 되자 외세와 독재는 혁명을 잠재우기 위해 급급했다. 그리하여 한편으로는 민중운동을 좌경·용공·이적으로 몰아 무자비하게 압살하면서 다른 한편으로는 보수적 정치꾼들끼리의 개헌판을 만들어 내었다.

그러나 외세와 독재정권은 애당초 민주적 개헌을 할 생각이 아니었기 때문에 개헌정국은 혼미를 거듭했다. 군부 독재정권은 내각제 개헌 아니면 죽어도 안된다며 생떼를 쓰다가 마침내 지난 4월 13일 "개헌협상을 중단한다. 야당이 분열되어 합의개헌이 안되고 시간이 없어서 개헌을 할 수 없다"고 발표했다. 이것을 저들은 4·13선언(?)이라 불렀다.

민중은 독재정[illegible] 끊임없는 거짓과 민중우롱 행위에 격분했다. **그렇지 않아도 서진룸살롱 살인사건, 박종철군 고문살인사건, 부산 형제복지원 사건, 대전 성지원 사건, 범양상선 특혜사건, 민주당 지구당 창당대회 폭력난동 사건등 하루가 멀다하고 부정과 부패, 살인과 고문, 폭력과 비리가 저질러지는 것을 보며 분노하고 있는데 저들에게는 민중이 안중에도 없단 말인가?**

드디어 5월 18일 천주교 정의구현 사제단에서 폭탄적인 발표가 터져 나왔다. 박종철군의 고문·살인 범인이 조작되었으며 이 사실이 현정권에 의해 조직적으로 은폐되었다는 것이다. 이렇게까지 민중을 우롱할 수 있단 말인가? 온 민중은 분노에 치를 떨었다.

마침내 5월 23일, 애국적 민주인사들은 「박종철군 고문·살인 은폐·조작 규탄및 민주헌법쟁취를 위한 범국민대회 준비위원회」를 발족하고 민정당이 각본에 따라 대통령 후보로 노태우를 책봉하기로 정한 날짜인 6월 10일에 국민대회를 열기로 결정했다. 결전의 날은 정해진 것이다. 곧이어 5월27일에는 애국적 민주인사들이 민주당을 견인하여 「민주헌법쟁취 국민운동본부」를 결성하고 투쟁의 전열을 갖추어 갔다.

「민주헌법 쟁취를 위한 범 국민대회」 –투쟁의 불길이 당겨지다–

6월 10일, 드디어 군부독재 타도의 불길은 당겨졌다. 전국 30여개 도시에서 5십만여명의 노동자·농민·청년학생·시민이 "고문·살인 조작·은폐 군부독재 타도하자!" "군부독재 몰아내고 민주정부 수립하자!"는 기치를 앞세우고, "호헌철폐·독재타도"를 소리높이 외쳤다.

이날의 시위는 전두환 독재정권이 들어선 이래 최대의 규모였으며 또 가장 격렬하였다. 서울에서는 종로, 을지로, 퇴계로, 광화문, 서대문, 서소문, 서울역, 서부역등 중심가 전체가 투쟁의 함성으로 메아리쳤다. 부산, 마산에서는 유신독재를 무너뜨린 부마항쟁의 영웅들이 다시 일어섰다. 마산시민 학생들은 한국–이집트 축구경기를 중단시키고 밤늦도록 수출자유지역과 시가지를 휩쓸었다. 그리고 국민을 기만하고 허위보도를 일삼아온 KBS보도차량을 불사르고 민정당 지구당 사무실을 박살냈다.

이날 투쟁은 그야말로 범 민중적 이었다. 투쟁의 불길을 당긴 국민운동본부, 대학생들만이 아니라 스님과 목사, 신부와 수녀, 점포를 가진 상인과 노점상, 사무원과 점원, 노동자와 농민, 버스·택시 기사들과 버스를 타고가던 아주머니와 할머니 모두가 하나로 뭉쳤다. 시민들은 이미 빵과 음료수·휴지를 갖다주며 동조하는 정도를 넘어 시위대와 함께 구호를 외치며 함께 보도블럭을 던졌다. 민중의 생필품을 공급하는 남대문시장에서는 상인과 시민들이 폭력경찰을 향해 "쏘지마. 이 ×새끼들아!"라고 욕하면서 순식간에 수천명의 시위대를 이루어 호헌철폐! 독재타도! 를 외쳤다. 안동·천안등 농촌이 인근한 도시에서는 농산물수입으로 빚더미에 신음해온 우리의 부모·형제인 농민들이 대거 시위에 나서고 있었다.

이날 우리는 똑똑히 보았다! 누가 우리 민중의 편이고 누가 우리 민중의 적인가를! 외세와 군부독재 그리고 부와 특권을 가진 자들이 우리의 적임을! 모든 민중은 한편이었다. 부와 특권을 가진 자들은 불안한 눈으로 지켜보며 침묵했다. 군부독재의 앞잡이 폭력경찰은 무자비했다. 폭력경찰은 시민이 4~5명만 모여도 최루탄을 쏘아댔다. 심지어 시내버스에 사과탄을 던져넣어 생지옥을 만들었고 최루탄이 떨어지면 시민을 향해 돌멩이를 던지기도 했다. 특히 「백골단」이라는 무장 폭력배들은 이름 그대로 잔인했다. 저들은 시민 학생들을 군화발로 마구 짓이겼으며 4천여명을 끌고가 닭장차에 싣고 갔다. 이같은 만행으로 이날 하루동안 중상이나 치명상을 입은 사람만도 2백명에 달하였다. 이 만행을 어찌 잊을 것이며 어찌 용서할 것인가?

명동성당 농성투쟁 – 호헌철폐에서 독재타도로 –

그러나 독재정권의 그같은 발악에도 굽히지 않고 성난 민중의 투쟁은 밤이 늦도록 계속되었다. 이날 밤 11시경 서울에서는 2천여 시민·학생·노동자들이 명동성당을 점거하고 군부독재에 뼈아픈 일격을 가하는 농성투쟁으로 돌입했다.

명동성당 농성투쟁은 독재정권의 허를 찌른 회심의 일격이었다. 이 농성투쟁을 구심점으로 민중항쟁은 한번의 투쟁에서 지속적인 투쟁으로, 몇개 도시의 투쟁에서 모든 도시의 투쟁으로, 노동자·농민·도시빈민 주축으로 하는 전 민중의 투쟁으로 나아갔다.

농성투쟁에 들어간 시민·학생·노동자들은 무기한 농성을 결의했다. 민중의 결의에 찬 투쟁에 겁먹은 독재정권은 성당구내에 최루탄을 난사했지만 이같은 만행은 오히려 신부·수녀들까지 투쟁에 동참케 하는 결과를 가져왔을 뿐이었다. 이렇게 투쟁의 불길이 커져가는 가운데 14일에는 성당구내에서 상인, 철거민, 노동자, 대학생, 고등학생과 백발이 성성한 할아버지까지 각계각층의 민중이 운집하여 「범국민 시국토론회」를 열고 "이 정권은 최루탄 없이는 단 하루도 지탱할 수 없는 정권이다" "전 두환도 노태우도 그놈이 그놈이다"라며 독재정권의 완전한 타도를 다짐했다. **그렇다! 군부독재가 타도되지 않는 한 어찌 우리가 단 하루도 마음편히 살 수 있겠는가?**

한편 이렇게 농성투쟁이 계속되는 동안 명동일대에서는 투쟁을 지지하는 시민들이 날마다 구름같이 몰려들었다. 점심시간에 식사하러 나온 명동일대 은행원, 사무원들이 독재타도를 외치며 시위를 하였고 12, 13일에는 수만명의 시민·학생들이 종로, 광교, 시청앞, 남대문 일대에서 밤늦도록 산발적인 시위를 벌였다. 한편 남대문시장 상인들이 옷가지를 보내며 이들을 성원했고 수많은 이름없는 시민들이 성금을 보냈다.

군사독재 타도 투쟁의 확산

명동성당 농성투쟁은 15일로써 일단 끝났다. 관제언론은 이것을 독재정권과 교회 그리고 민중 모두가 승리한 최상의 해결책이었다고 타협을 미화하며 투쟁의 열기를 잠재우려 했다. 그러나 명동성당 농성투쟁을 구심점으로 하여 불붙은 투쟁의 불길은 지방으로 지방으로 확산되었으며 보다 광범위한 민중이 투쟁으로 떨쳐나서기 시작했다. 모든 부와 특권을 서울로 빼앗긴 채 소외되어온 지방민중은 더 거세게 들고 일어났다 3·1운동 이후 데모라고는 없던 중소도시에서까지 시위가 터져나왔다. 천안에서도 시민·학생·농민들이 대규모 시위를 벌였다. 경남 진주에서도 시민·학생 1만여명이 격렬한 가두시위에 나섰으며 16일 17일에는 한때 남해고속도로를 점거하며, 마산–진주행 열차운행을 정지시키며 폭력경찰과 대치했다.

시위대는 학생보다 기층민중이 주축을 이루어갔다. 부녀자·노인들까지 떨쳐 일어서기 시작했으며 고등학생들이 투쟁에 나서기 시작했으며 특히, 기아임금, 강제철거, 세금압박으로 독재정권에 의해 가장 혹심하게 착취당하고 억압받아 왔던 노동자, 빈민, 영세상인 등 기층민중들이 시간이 갈수록 투쟁의 대열로 적극 나섰다. 이와 더불어 투쟁의 형태도 점차 비폭력을 뛰어넘어 폭력을 불사하며 격렬해져 갔다.

이 기간동안은 또 형제복지원, 성지원 등 독재정권의 비리와 횡포가 심했던 부산과 대전의 민중들이 투쟁에 앞장섰다. 대전에서는 10일 이후 연일 수만명의 대규모 시위가 벌어졌다. 15일–16일에는 5만여 시민이 「독재타도를 위한 대전시민대회」를 열고 "광주민중을 학살하고 등장한 전 두환 정권을 타도하자"고 결의했다. **그렇다 치떨리는 광주학살의 원흉들을 어찌 그냥둔단 말인가?**

특히 부산 민중의 투쟁은 끈질기고 치열

농산물 수입개방 중지하라! 살인철거 중지하라!

내정간섭·독재지원 미·일외세 몰아내자

하였다. 부산민중들은 6월 10일 이후 단 하루도 끊이지 않고 줄기차게 투쟁하였다. 사상공단의 노동자들이 투쟁에 적극 떨쳐나섰으며 버스·택시 운수노동자들이 경적과 차량 바리케이드로 시위대를 보호하였다. **우리는 보았다. 독재정권의 간담을 서늘하게 한 노동형제들의 영웅적 투지를!** 18일 새벽 부산역과 초량 삼거리에서 운수 노동자들이 수백대의 택시를 몰고 경적과 엔진 폭발음을 터뜨리며 차량시위를 벌여 폭력경찰을 혼비백산하게 만들었던 것을!

이렇게 민중항쟁이 불타오르고 있는 동안 독재정권은 오르지 탄압으로 일관했다. 16일에는 국민운동 본부를 수색했다. 미국은 "폭력을 혐오한다"며 민중항쟁을 폭력으로 매도했다. 민주당은 두려움 속에 사태를 쳐다볼 뿐이었다. 국민운동본부는 타협으로 나아갈지 투쟁을 계속할지 흔들리고 있었다. 이렇게 동요하면서도 국민운동본부는 마침내 18일을 「최루탄 추방의 날」로 선포했다. 투쟁의 불길에 다시한번 기름을 부은 것이다.

「최루탄 추방대회」- 군부독재타도를 향한 민중항쟁으로

16, 17일 전국적으로 확산되던 투쟁은 18일 「최루탄 추방의 날」을 고비로 민중봉기의 기세로 거세게 타올랐다. 민중은 "싸움을 시작한 바에는 끝장을 내자"는 기세였다. 저들이 최루탄을 쏘면 화염병과 보도블럭으로 과감히 맞서 나갔다.

이날부터는 또 투쟁의 중심이 서울이 아니라 부산·광주·대구·전주·대전 등 지방도시로 옮아갔다. 또 노동자·빈민·소상인 등 기층민중이 더욱 힘차게 투쟁대열로 진출하였다. 민중은 스스로 지휘부를 만들어 투쟁을 이끌기 시작했다.

이 기간의 투쟁을 선도했던 부산에서는 18일 새벽의 차량시위에 이어 이날 낮에는 역사상 최대규모의 시위가 터졌다. 무려 1백만명의 거대한 군중이 투쟁으로 떨쳐나선 것이다. 모든 부산시민이 궐기한 것이다. 사상공단의 노동형제들과 고교생들이 대거 투쟁에 나섰다. 버스와 택시 운수노동자들은 시내곳곳에서 수백대씩 집결하여 차량시위를 벌여 경찰을 맥못쓰게 했다. **특히 택시 운수노동자들의 파업과 과감한 차량시위는 민중운동에서의 노동자의 선봉대적 역할을 명확히 보여 주었다.**

상공에는 군용헬기 2대와 정찰기 1대가 선회하는 속에서 "공수부대가 긴급 투입되었다"는 소문이 퍼져 팽팽한 긴장이 감도는 가운데 독재타도의 함성이 거리를 메웠다. KBS와 일본 영사관이 화염병 공격으로 불타올랐다.

광주항쟁의 전통을 갖고 있는 호남지역에서는 뒤늦게 투쟁의 열기가 달아 올랐다. 광주에서는 18일 소규모의 평화시위에 이어 19일 십여만, 20일 2십여만명의 대규모 군중투쟁이 터져 나왔다. 이 투쟁열기는 26일 전체 광주시민이 거대하게 들고 일어날 때까지 이어졌다.

인천에서는 18일 부평 백마장에서 1만여 시민이 모인 가운데 대중집회가 열렸다. 이 집회는 19일 새벽이 되어 노동자들이 합세하면서 2만여 규모로 커졌다. 어느 계층보다도 조직적이고 전투적인 노동자들은 경찰의 무차별 공격으로부터 집회를 보호하고자 전투조를 편성하여 대응하였다. 이 집회를 깨뜨리고자 폭력경찰은 노동자 주거지구인 청천동 일대의 가정집 안에까지 최루탄을 난사하고 집안에까지 쳐들어와 노동형제들을 개처럼 패고 끌고갔다. 시민들은 "제 2의 광주를 보는 것 같다"며 치를 떨었다. 성남에서도 규모는 작으나 노동자들이 주축을 이룬 시위대들이 최루탄에 화염병으로 맞서며 전쟁터를 방불케 하는 격렬한 투쟁을 벌였다. **오! 위대한 노동자의 투쟁정신이여! 용감성이여!**

이같이 민중항쟁이 거세어지자 독재정권은 18일 밤, 군을 투입하여 민중항쟁을 짓밟으려 했다. 그러나 민중의 항쟁을 총칼로 군화발로 짓밟으려 한다면 엄청난 민중봉기로 발전할 것이 너무도 분명했다. 미국은 민중봉기를 두려워하여 허겁지겁 군의 투입을 막고 나섰다. 19일에는 미 대사 「릴리」가 전두환을 방문했다. 22일에는 미국무성 극동담당차관보 「시거」가 민중의 변혁에의 열망을 기만적 민주화-보수대타협으로 잠재우려는 공작을 위해 내한했다.

전두환 정권은 굴복하는 길 밖에 없었다. 민정당은 4.13조치의 철회를 입에 올리기

시작했다. 전두환은 대화하겠다며 24일 민주당 총재 김영삼과 회담했다. 민주당은 직선제만 받아준다면 살인정권과도 타협할 의향이었다. 독재정권은 4.13조치의 철회 이상은 양보하지 않으려 했다.

그러나 이들의 이러한 의향과는 상관없이 민중의 항쟁은 봇물터지듯 터져나가고 있었다. 국민운동본부도 그리고 민주당까지도 이 봇물에 떠밀려 나가지 않을 수 없었다. 마침내 국민운동본부는 26일에 「평화의 대행진」을 결행한다고 발표했다.

「평화대행진」- 장엄한 민중궐기

군부독재가 이렇게 타협책으로 기울어짐으로써 민중과 군사독재가 정면충돌하는 고비는 넘어갔다. 이렇게 독재정권이 몰리고 있는 26일 민중은 독재정권에 항복을 요구하며 통렬한 일격을 가했다. 전국에서 2백여만 민중이 총궐기하였다.

이날 6.10대회 때보다 3배 이상의 민중이 떨쳐나섰다. 전국의 주요도시는 물론이고 읍단위에서까지 시위가 터져나왔다. 경남에서는 진주·울산·김해·거창에서, 경북에서는 안동·포항·김천·영천·의성에서, 충남에서는 천안·공주에서, 충북에서는 제천에서, 전남에서는 순천·여수·목포·무안·광양·완도에서, 전북에서는 이리·군산에서, 강원도에서는 원주·강릉·태백시에서, 경기도에서는 성남·안양·안산에서 시위가 터져나왔다. 완도에서는 1만명이 되지 않는 주민중에서 거의 절반이상이 시위에 나섰다. 광주에서는 인구의 절반이 넘는 50만여명이 궐기하였으며, 부산과 전주에서도 각각 15만여명이 들고 일어났다.

이날 투쟁에서는 특히 노동자를 중심으로 하는 기층민중이 확실하게 투쟁의 주축으로 나섰다. 노동자와 영세상인등 기층민중은 영등포·동대문·신설동 일대에서 격렬한 시위를 벌였다. 학생들은 쉽게 경찰에 밀렸으나 기층민중은 훨씬 끈질기고 강고하게 투쟁하였다. 인천에서는 부평공단에 위치한 대우자동차·한독시계·동서식품 등의 노동자들이 시위대를 공격하던 경찰을 향해 돌진했으며 경찰버스에 연행되어 있던 시위대를 구출하였다. 안양에서는 노동자들이 시위대에 앞장서서 폭력경찰의 직격탄에도 굽히지 않고 경찰을 몰아 붙였으며 민정당사와 노동부를 박살내고 저 악명높은 경찰서를 불살랐다. 27, 28일까지 투쟁이 계속된 마산에서는 27일 택시 기사들이 경적을 울리며 차량시위에 나섰다.

이날의 투쟁을 통하여 군부독재 정권은 더이상 지탱할 수 없는 한계에 이르렀다는 것이 분명해졌다. 민정당 의원총회에서는 직선제를 받아들이고라도 살아남자는 주장들이 흘러 나왔다. 미국은 군부독재로 하여금 양보하여 살아남도록 하기위해 배후공작에 열을 올렸다. 28일 미 상원은 「한국 민주화와 공명선거 촉구 결의안」을 통과시켜 군부독재에게 압력을 가했다.

민주당은 침묵으로 일관했다. 이들 역시 미국의 입김을 받고 있었고 노동자의 진출에 두려워하고 있었다. 어떻게든 독재정권이 양보하고 타협이 이루어지기를 기대할 뿐이었다. 국민운동본부는 더 나아갈지 멈추어야 할지를 놓고 동요하고 있었다. 민중은 궐기하기는 했으나 자신의 조직과 지도사령부를 갖지 못하였다. 그리하여 민중 또한 확실한 방향을 갖지 못하고 사태를 주시하고 있었다.

보수대타협은 민중기만이다.

6.29일 노태우는 "국민의 뜻을 거스를수 없다. 직선제개헌을 받아들이겠다"고 발표했다. 민중은 승리했다. 민중들의 얼굴에 기쁨이 넘쳤다.

그러나 저들은 완전히 굴복한 것이 아니었다. 군부독재와 미국은 직선제개헌을 받아들이고 일부 구속인사를 석방하는 등 제스처를 취함으로써 민중민주주의를 향한 민중의 열망과 투쟁열기를 잠재울 속셈이었다. 보수대타협을 획책해온 미국은 노태우를 영웅이라고 치켜세우며 회심의 미소를 지었다. 군부독재는 여전히 영구집권의 꿈을 버리지 않고 민중을 향해 최루탄을 난사하고 민중탄압을 계속했다. 또 민중을 분열시키고자 극렬한 좌경분자는 석방할 수 없다는 등 술수를 부렸다. 마치 저네들이 선심이나 쓰고 있는듯이…. **민주화는 민중이 싸워서 쟁취한 것! 어찌 군부독재가 베풀어 줄수 있겠는가!**

이런 거짓과 민중우롱을 두고 볼 우리민중이 아니다. 7월 9일 최루탄을 맞아 숨진 이한열군의 장례식은 민중의 승리를 과시함과 동시에 다시한번 민중의 진정한 뜻을 표시하는 기회였다. 시청 광장을 가득 메우고 넘친 1백5십만 군중은 성조기를 끌어내리고 "내정간섭 독재지원 미국은 물러가라"고 미국을 규탄했고 전두환 정권의 즉각퇴진을 요구했다.

한편 민중은 각 분야에서 민중민주주의를 쟁취하는 투쟁으로 나아갔다. 노동자들은 임금재인상등 생존권투쟁을 전개하면서 자주적 단결을 향해 힘차게 나아가고 있다. 한달 사이에 9십여개의 노동조합이 결성되었으며 연일 생존권 쟁취를 위한 농성투쟁이 터져나오고 있다. 또 석방된 노동자·학생·청년들은 전원석방·전원복직을 요구하며 투쟁하고 있다.

그러나 앞날은 아직 불투명하다. 군부 독재가 고분고분 물러나려 하지 않고 있으며 오히려 민중분열을 획책하고 있기 때문이다. 독재정권이 그같이 민중의 뜻에 거역하는 한 정면대결은 불가피하다. 독재정권의 그 같은 행위는 다시한번 민중항쟁을 불러일으킬 것이며, 이번에야말로 민중봉기로 치닫게 될 것이다.

민중이야말로 역사의 주인이다.

6월 민중항쟁은 아직 끝난 것이 아니다. 그렇기 때문에 아직은 그 뜻을 다 알 수 없다. 그럼에도 불구하고 지금의 시점에서도 기본적인 뜻은 충분히 말할 수 있다. 그럴 수 있을만큼 6월 민중항쟁은 전 민중의 투쟁으로 넓게 터져나왔고 민중민주주의를 향해 깊게 타들어갔던 것이다.

6월 민중항쟁이 지닌 기본적인 뜻은 **민중은 역시 위대하며, 거대한 힘을 지니고 있으며 역사를 움직여가는 주인이라는 사실을 보여주었다는 것이다.** 민중스스로도 새삼 깨달았다.

이번의 승리로 우리 민중은 노예와 같은 억압된 삶 속에서 강요되어 왔던 패배주의에서 떨쳐나서게 되었다. 노예적 민중은 쉽게 지배할 수 있다. 그러나 자주적 민중은 결코 쉽게 굴복하지 않는다. 이런 뜻에서 6월 민중항쟁의 승리는 눈에 보이는 성과에 비할 수 없이 크다.

이와 아울러 **6월 민중항쟁은 우리 노동자와 전민중이 단결해야 한다는것. 독자적인 정치세력으로 결집해야 한다는 것을 가르쳐 주었다.** 민주당이 결코 민중을 대변할 수 없다. 국민운동본부는 민중의 요구와 열망을 대변하기에 부족하다. 대학생들 역시 열심히 싸우기는 했지만 "학생들 가지고는 안된다"는 것이 확인되었다. 그렇다면? 바로 우리 노동자 스스로가 자주적으로 단결하여 책임지고 싸움을 이끌어 가지 않으면 안된다. 전 민중이 하나로 단결하지 않으면 안된다. 특히 민족민주 운동의 선봉인 노동자가 앞장서지 않으면 안된다. 6월 투쟁 속에서 거듭 확인된 바 대로 노동자계급이야말로 가장 조직적이고 전투적인 부대인 것이다. 승리의 견인차인 것이다.

이제 새로운 투쟁이 임박해 오고 있다. 지금부터는 6월 항쟁의 뜻을 이어받고 그 교훈을 가슴에 새겨 민중의 완전한 승리를 향해 힘차게 진군해야 할 때다.

6월 민중항쟁 만세!! 민족의 자주화와 민중민주주의 쟁취 만세!!

살인 최루탄 사용을 중지하라!

강 철 (1)

■ 어느 해고노동자의 수기

이제 더 물러설 곳이 없다!

김 경 숙(가명)

내가 「주식회사 태원」에 입사한지 두달 보름 정도가 되었을 때였읍니다. 어느날 갑자기 사무실에서 부른다고 하여 갔더니 윤상무라는 작자가 하는 말이 "어제밤에 형사가 찾아왔었는데 너의 과거에 대해 다 알려주고 갔다"며 "너는 해고다"라고 선언하는 것이었읍니다.

순간 나는 "아! 여기에서도 또 강제로 쫓겨 나는구나. 앞으로 또 어디를 가야 먹고 살까? 내가 하는 일이 밥줄을 끊어버릴 만큼 그렇게도 나쁜 일이란 말인가?"하는 허망한 심정이 들었읍니다.

나는 지금까지 성실하게 일했읍니다. 한데 아무런 잘못도 하지않고 일도 잘했는데 쫓겨날 이유가 없다고 생각했읍니다. 그래서 "나는 쫓겨날 이유가 하나도 없읍니다. 이해고는 부당한 것이라 생각합니다. 계속 일해야 되겠읍니다"라고 항변했읍니다. 그러자 그들은 기다렸다는 듯이 건장한 관리자 7~8명이 튀어 들어오더니 양쪽 팔을 잡고 감금한 상태에서 욕설과 폭행을 가하는 한편 징계위원회를 열어 일방적으로 해고처리를 하였읍니다. 저들의 힘에 의해 공장밖으로 짐짝처럼 내팽개쳐지고 휑한 거리를 보는 순간 눈물이 앞을 가리고 거리에서 또다시 방황할 것에 대한 불안이 온몸을 떨게 만들었읍니다. 다음날 용기를 가지고 다시 출근했으나 정문에서 건장한 경비와 남자관리자들에 의해 멱살을 잡히고 가슴을 얻어맞으면서 또다시 땅바닥에 내팽개쳐 졌읍니다. 경비는 "현모양처가 되어야 한다. 사상이 불순한 년! 다리를 부러뜨려 나무에 매달기 전에 꺼져버려!"라는 욕설을 퍼부으며 사정없이 때렸읍니다. 여기에다 경찰까지 달려와서 온갖 협박을 가하면서 강제로 경찰서까지 끌고 갔읍니다.

제가 처음 해고를 당한 것은 85년 「범한무전」에 있을 때입니다. 이 회사는 상습체불업체로 월급, 퇴직금수당을 몽땅 떼먹고 4백여명을 감축을 시켰읍니다. 이에 항의하여 회사의 정상가동, 퇴직금 지급등을 요구하였다고 여러명의 동료들과 함께 해고를 당하였읍니다. 이 사실로 노동자의 생활수단을 아주 박탈하는 그 악랄한 블랙리스트라는 살인명부에 오르게 되어 가는 회사마다 3개월을 넘기지 못하고 강제로 쫓겨나게 된 것입니다.

이렇게 취직을 하는 곳마다 쫓겨나다 보니 이제는 취직이 두렵고 이력서를 들고 면접을 볼때마다 가슴이 떨려옵니다. 지금 쫓겨난 태원에 들어오기 전에도 그 얼마나 많은 공장을 기웃거렸는지 모릅니다. 가슴조이며 결과를 기다렸지만 그때마다 거절당하였고 돌아서서 발걸음을 뗄때마다 눈물이 핑돌고 가슴이 답답하고, 한없는 울분과 설움을 맛보아야 했읍니다.

이제 민주화 조치가 발표되어 해직교수, 해직교사 모두가 복직되고 제적된 학생들도 복교된다고 하는데 우리 해고노동자들은 복직은 커녕 계속해서 늘어나는 부당해고에 생활의 터전을 잃고 있읍니다.

이제는 정말 악밖에 남은 것이 없읍니다. 울분속에 솟아나는 악 말입니다. 저는 노동자가 인간답게 살 수 있는 세상이 될때까지 물러서지 않고 힘차게 싸우겠읍니다.

누가 미국을 아름답다 했는가?

◇ 지난 7월 9일은 민주주의를 외치다가 최루탄을 직격으로 맞아 숨진 이 한열군의 장례식이 있었던 날이다. 이날 이 한열군의 영구가 지나가는 길목에는 신촌로타리에서부터 시청앞까지 이루 셀 수도 없는 인파가 운집했었다. 어떤 사람은 1백 오십만이라 했고 어떤 사람은 2백만이 넘는다고 했다.

이 인파들이 거의 다 시청앞으로 모였다. 인파는 광장을 가득 메우고도 남대문, 서소문까지 넘쳐서 1백만이 넘었다.

◇ 그런데 미국의 유수한 시사주간지라고 하는 「타임」지에서는 이날 "시청앞에 4만여명이 어슬렁거렸다"고 보도했다. 군중들이 플라자 호텔에 달려 있는 성조기를 끌어내렸다는 말은 어디로 가고 어슬렁거렸다니. 팔은 안으로 굽는다고 성조기 끌어내린 얘기는 안한다 치고, 1백만명을 4만명이라고 셈했다니 저들의 산수실력도 알아줄 만하다. 6·26대행진에 참여한 인파를 5만8천명이라고 집계한 우리나라 경찰과 산수실력이 막상막하가 될 듯 하다.

◇ 그런데 최근 미국의 유수한 도색잡지인 「펜트하우스」라는 잡지에서는 불교의 지존하신 석가모니가 발가벗고 자위행위를 하며 만족해 하는 그림을 실었다 한다. 원!. 세상에……

아무리 도색잡지라고 하지만 인류의 스승중의 한분인 부처님을 그렇게까지 모독할수 있을까?

◇ 한번 걸리면 고칠 수 없는 성병 AIDS가 가장 성한 나라가 미국이라 한다. 미국을 한자로 美國이라 쓰는데 아름다운 나라라는 뜻이다. 그런 나라가 아름다운 나라라면 아름다운 것도 참 가지가지다. 이제 美國이라는 이름을 바꾸어 불러야 할까 보다. 뭐라고 이름해야 할까?

■ 노동자의 산 지식

노동3권은 힘으로 쟁취!

◆ 노동 3 권이란?

노동자의 권리는 헌법조문에 적혀 있다고 그저 주어지는 것이 아니다. 기업주나 가진자들의 이익을 대변하는 국가가 법대로 해결해 줄리 없기 때문이다. **그렇기에 세계 각국의 노동자들은 자신의 권리를 쟁취하기 위해서 가진자들과 가진자들의 국가를 향해 피흘리며 투쟁한 노동운동의 역사를 가지고 있다. 노동자의 기본적인 권리는 노동자의 단결과 투쟁으로써만 쟁취되는 것이다.**

(1) 단결권이란?

노동자들이 스스로 단결하여 자유롭게 노동조합을 조직하고 자주적으로 운영할 수 있는 권리이다.

노동자 한 개인이 사장이나 관리자를 찾아가 임금인상 요구나 근로조건 개선을 요구한다는 것은 어려운 일이다. 노동자 혼자 힘으로는 기업주가 시키는 대로 일하고 주는 대로 받을 수 밖에 없다. 그러므로 노동자들이 근로조건을 개선하고 인간다운 생활을 하기 위해서는 단결된 힘을 가져야 한다. **노동자는 돈이나 권력등 물질적인 힘은 없지만 물건을 만들어내는 일하는 힘과 기술을 가지고 있으며, 노동자에게는 사장의 머리수보다 수천, 수만배의 많은 믿음직한 동료들이 있다. 한사람의 힘이 약하더라도 수많은 사람이 하나로 단결하면 공장도 멈출 수 있고, 사회전체도 변혁해갈 수 있는 엄청난 힘이 나올 수 있다.** 그래서 노동자들은 똘똘 뭉쳐서 거대한 힘을 만들어 내는 노동조합을 조직하는 것이다.

단결권이란 이와같이 노동자들이 기업주나 폭력경찰, 노동부, 독재정권의 간섭없이 자유롭게 노동조합을 만들고 자주적으로 운영할 수 있는 권리이다.

(2) 단체 교섭권이란?

노동자의 권익을 쟁취하려면 노동자 개인의 힘으로는 안된다. 회사는 취업 규칙이나 근로계약등을 내세워 이를 어기는 노동자는 자기 멋대로 시말서를 쓰게 하거나 강제해고까지 시키고 있다. 이러한 회사측의 부당한 해고뿐만 아니라, 가진자들을 위한 노동부, 폭력경찰의 횡포까지 막아내기 위해서는 노동조합의 단결된 힘을 활용해야 한다. 이때 임금인상과 근로조건의 개선을 놓고 노동조합의 대표와 회사측의 대표가 서로간 대등한 입장에서 집단적인 교섭을 통해 계약을 맺게 된다. 이것을 단체협약이라 하며 이러한 협약을 체결함에 있어 회사편을 드는 형사나 노동부 근로감독관이 끼어들지 못하게 하고 자주적인 교섭을 행할 수 있는 권리를 단체교섭권이라 한다.

(3) 단체 행동권이란

노동조합이 노동자의 권익을 쟁취하기 위하여 회사측 대표와 교섭을 할 경우 노동조합의 정당한 요구와 권리를 회사측이 들어주지 않으면, 그 요구사항을 관철시키기 위하여 집단적인 단체행동을 할 수 있는 권리이다.

임금인상 요구나 근로조건 개선등의 노동자의 정당한 요 구를 회사가 들어주지 않을 때, 노동자가 취할 수 있는 유일하고도 가장 효과적인 무기는 일제히 일손을 멈추는 집단적인 행동이다.

노동자들이 똘똘 뭉쳐 일손을 놓는다면 공장은 제대로 돌아갈 수 없고, 온 세상이 멈추고, 평소 거만하기만 하던 가진자들은 물한방울 구할 수 없고 전기도 없는 암흑에서 쩔쩔매지 않을 수 없게 된다.

귀한 젊음을 둘씩이나 죽여놓고 왜 조문조차 못하게 하는가?

반월공단 전한실업에서는 지난 6월 24일, 우리 노동형제 두명이 유독가스에 중독되어 숨졌다. 새벽 2시까지 철야작업을 하고도 통근버스가 운행되지 않아 기숙사로 돌아가지 못하고 작업장에서 잠을 자던 이광삼(18살) 노동형제와 아침 식사시간을 알려주러 갔던 김 용설(19살) 형제가 에틸렌가스에 질식해 숨진 것이다.

이렇게 줄줄이 사람이 죽어나가는데도 악덕 기업주와 관리자들은 "용설이가 자살하려 했다"느니 "작업장에서 잠을 잔것이 잘못이다"느니 하면서 죽는 책임을 형제들에게 뒤집어 씌웠다.

또한 이 엄청난 사실이 외부에 알려질까 두려워 노동형제들을 공장밖에 못나가게 감금 시키고는 죽은 노동형제의 부모가 회사앞에 차려놓은 빈소에 조문조차 못하게 극렬 제지하는 만행을 서슴지 않았다.

앞길이 구만리 같이 창창한 젊은 생명들이 이름도 없이 악덕 기업주의 손에 돈 몇푼으로 쓱싹되고, 죽은 동료의 빈소에 조문도 못하게 하는 이 썩어빠진 세상! 착취와 억압의 굴레에서 벗어나지 못하고 죽어서도 조문조차 받지 못하여 눈을 감지 못하는 우리 노동형제의 죽음!

이 한열군의 장례식을 보면서 너무 다르다는 생각을 금할 길 없다.

노동자신문

창간호 분단조국 42년 8월 15일

발행처 : 민주헌법쟁취노동자공동위원회
주 소 : 서울·종로구 연지동 기독회관 708호
☎ 763-9563
구독료는 1부당 100원이고 지불은 아래 온라인을 이용하시면 됩니다.
수신인 : 민헌노위
계좌번호 : 국민은행 : 004-01-0189-904
*현금을 보내신 후는 꼭 연락해 주십시요.

"노동자, 정치진출해야 한다"

"독점재벌, 군부, 미국에 맞겨둘 수 없어"

"노동현장투쟁 적극지지 범민중연대강화"

민주헌법쟁취노동자공동위원회

7월 이전의 민주화 투쟁과정에서 노동자들이 정치정세에 효과적으로 대처하지 못했던 점을 반성, 앞으로 민주화 투쟁의 핵심세력으로 등장할 노동자들의 정치적 진출을 위한 각종 단체들이 속속 조직되어 나가고 있다.

지난 7월 6일, 전국 17개 재야노동단체 대표들은 한국사회선교협의회(종로구 연지동 기독교회관 708호)에서 모여 민주헌법쟁취 노동자 공동위원회(이하 민헌노위) 를 결성했다.

6. 29는 민중정치진출 저지책

이들은 성명을 통해 「6·29 노태우 선언은 국민의 민주화 열기에 밀린 군사독재정권의, 기만적 술수일 뿐임」을 전제하고 자주적 민주정부가 수립되는 그 날까지 전 민중과 함께 단결하여 투쟁할것을 다짐했다.

미국, 내정간섭 정보공작 계속

자주적 민주정부가 수립되기 위해서는 우선 전두환, 노태우, 박준병, 정호용등의 광주학살 책임당사자들이 퇴진해야하고 동시에 미국과 군사독재정권이 민중억압을 위해 설치한 국가보안법등의 각종 비민주적 제도를 철폐시킬 것」이라고 밝혔다.

또한 이 성명에서는 새로운 민주헌법에는 노동자와 농민, 시민 학생등 각계 각층의 요구가 충분히 반영되어야 하고, 특히 노동자를 위해서는 헌법에 노동자의 단결권, 파업및 시위의 자유, 노조의 자유로운 정치활동, 8시간 노동제와 최저생계비의 보장, 해고자의 복직및 구속된 모든 민주투사, 구속노동자의 전면석방등 10여개 항을 주장하였다.

「민헌노위」주최로 열린 노동기본권쟁취대회 (흥사단 앞 대학로)

민헌노위는 당면한 과제로 우선 노동자들의 요구를 광범위하게 모으기 위해 지난 7월 19일 서울 동숭동의 흥사단 강당에서 오후 6시 반 부터 「노동기본권 쟁취대회」를 개최하였는 데, 7시 30분경 옥외참가자들 약 5백여명이 대학로에서의 노상집회를 요구하며 가두로 진출, 경찰과 격렬한 몸싸움이 벌어졌다. 이 때 대회 참가자 박준식씨등 수명의 부상자가 생기기도 했다. 그러나 2000여명 으로 불어난 참가자들이 경찰을 물러나게 하고 약 30분간 중단되었던 대회를 8시경부터 대학로 노상에서 재개하여 9시 30분경에 모두 끝마쳤다.

현정권, 민주화과정에 참여자격 미달

「민헌노위」는 8월 5일 민헌노위 연락사무실(서울 종로구 연지동 기독교회관 708호)에서 기자회견을 갖고 ▲노동자들의 정당한 생존권 투쟁과 민주노조 건설과정에서 정부와 자본가들의 폭력적 탄압이 계속되고 있고 ▲KBS, MBC 등 언론들이 노동자들의 정당한 단체행동에 대해 노동자들이 무리한 요구를 하고 민주화 분위기를 저해하고 있는 듯이 왜곡 보도를 하고 있으며 정부와 자본가들의 무자비한 선제 폭력에 대해서는 일체 보도를 하지 않는 편파보도를 계속하고 있다고 밝혔다.

그리고 현 독재정권과 민정당은 사회의 민주화를 추진할 자세가 되어 있지 않고 또 그 자격도 없으며 민주주의 실현은 그동안 민주화를 위해 끊임없이 싸워온 범 민족민주 세력에 맡겨져야 한다는 내용의 성명을 발표하고 현 정부여당이 발표한 헌법개정안에 노동3권이 계속 유보되어 있음도 지적했다.

민헌노위 국민운동본부에 참가. 지방조직 건설에로 박차

한편 민헌노위는 지난 7월 30일에도 대표자총회를 열고 노동자들의 올바른 의견을 바탕으로 민주헌법을 확립하여 민주정부수립에 적극 기여함을 목표로써 확인했다.

또한 자주적이고 민주적인 제 노동운동세력들과 협력 연대하며 전체노동자들의 정치적 진출을 위한 교두보를 마련해 나가기로 하고 이 자리에서 국민운동본부에의 참여와 지방 민헌노위 조직을 위한 대책을 협의하였다.

지방노동자 조직화도 활발

한편 지방에서도 민주헌법 쟁취와 자주적 민주정부 수립을 위한 노동자 조직이 속속 만들어지고 있다.

광주에서는 지난 7월 8일 광주노동자위원회등 4개단체 대표자들이 모여 민주헌법쟁취 국민운동 전남 노동자 공동위원회(이하 전남 민헌노위)를 결성하고 「독재정권 완전타도, 외세배격, 진정한 자주, 민주정부수립」 등의 내용이 담긴 성명서를 발표했다. 또한 이들은 전남 YMCA 에서 600여명의 노동자들이 참석한 가운데 노동법개정 공청회를 열기도 하였다.

전국 민주노동조합 결집시작

노동현장 민주화추진
현 노총집행부 어용성 폭로

노조민주화실천위원회

금융노조가 주축이 된 전국 5개 산별노조연맹 산하 37개기업 단위노조 간부 1백 12명은 지난 7월 12일 서울 동숭동 흥사단강당에서 모임을 갖고 「노동조합민주화 실천위원회」를 결성하였다.

이 단체는 노총 각 산별노련과 그 산하 모든 노동조합의 민주화와 1백만 노동자의 의견을 모은 노동법 개정을 실천하기 위한 단위노조의 협의체로 구성되었는데, 이날 참가한 단위노조는 현대해상화재보험등 금융노련산하 18개 노조, 연세대 의료원등 연합노련산하 4개 노조, 세진전자등 금속노련산하 4개 노조, 한국슈어프로덕트등 화학노련산하 4개 노조, 남해어망등 섬유노련산하 3개 노조 등이다.

노민위는 발족취지문을 통해「정부주도의 형식적 민주화를 실질적인 민주화로 바꾸기 위한 노조의 민주화 필요성과 이를 위해 노동자를 배반했던 현노총 집행부의 퇴진」등을 주장했다. 또한 "노총위원장은 내손으로, 노동법개정은 우리 힘으로"라는 슬로건아래 산하에 가입단위노조 수를 늘려나가는 한 편, 노동관계법개정안을 작성하여 이를 관철시키기 위한 활동에 박차를 가하고 있다.

관련기사 7면

◈ 창간사

껍데기 벗기는 노동자들 신문

현재 우리가 접하고 있는 일간신문들이나 TV등을 보다보면 노동자들의 문제에 대해서는 일체 언급이 없거나 엄청난 왜곡보도에 접하게 된다.

소수 정치가들의 거동이나 자본가들의 돈벌어 가는 상황, 여유있는 사람들의 놀이에 대해서는 하루도 빠지지 않고 계속 자세히 보도하고있다. 그러나 노동자들의 요구, 노동자들의 생산활동, 노동자들 조직의 움직임, 노동자들의 절실한 투쟁에 대해서는 항상 뒷전이다.

그러다가 노동자들의 문제가 심각해져 어쩔수 없이 신문에 지 않을 수 없을때만 싣는다. 그런데 이때도 노동자들의 편에 서서 노동자들의 요구와 투쟁의 정당성을 보도하는 것이 아니라, 자본가들이나 정권의 편에서 "노동자들은 참아라" "노동 자들이 잘못하고 있다"는 쪽으로 보도한다. 그리고는 자본가나 정권의 노동자에 대한 착취나 억압에 대해서는 은폐하고 오히려 이들의 노동자 착취와 폭력적 억압에 대해 "잘하고 있는 것"으로 보도해 버린다.

이 사회는 노동자들의 각종 노동에 의해 유지되고 발전한다. 자본가들의 돈놀이나 정치가들의 말에 의해서 유지되고 발전하는 것은 결코 아니다. 그런데 우리사회의 모든 언론매체들은 마치 사회가 소수 자본가들이나 일부 정치가들에 의해 유지되고 발전되는 것처럼 보이도록 하고 있다.

이렇게 거꾸로 알려지는 것들에 맞서 바르게 선 보도들을 해 나가기 위해 여기 노동자 신문을 만들기로 했다. 노동하는 사람들의 편에 서서 올바른 것을 주장하는 사람들의 편에 서서 모든 것들을 사실대로 보도하고, 노동자들에게 올바른 소식을 전달하는 모든 노동자들의 벗이 되고자 한다.

이 노동자 신문이 계속 여러 노동자들 곁으로 훌륭한 내용들을 전달 수 있도록 많은 노동자들의 끊임없는 질책과 성원을 기대한다.

"해고문제 사회·정치문제"

해고노동자 조직화 활발
노동자투쟁의 선봉대 역할

노동현장에서 부당하게 해고된 노동자들도 해고문제에 공동대처의 필요성을 자각하여 각 지역별로 해고자 조직을 결성해 나가고 있다.

서울에서는 지난 7월 19일 영등포에 있는 성문밖교회에서 해고노동자, 학생, 시민등 800여명이 참석한 가운데 대회를 열고 서울지역 해고노동자 복직투쟁위원회를 결성했다.

이 위원회 위원장 김준용(전 대우어패럴 노조위원장) 씨는「해고노동자 복직투쟁선언」을 통해 '민족 자주화와 민주주의 실현의 하나로 모든 해고자의 원직 복직을 위한 투쟁을 엄숙히 결의한다'고 선언하고 해고자 실태조사에 착수하는 한편 우선 개별사업장의 출근투쟁을 시작하고 있다.

인천지역 해고노동자들도 같은 19일 주안1동 천주교회에서 노동자, 시민, 학생등1,000여명이참가한 가운데「인천지역 해고자협회 창립대회」를 열고 '복직실현및 민주화쟁취대회' 를 개최했다.

이날 협회위원장 오순부(80년 대우중공업 해고노동자) 씨는 창립선언문에서 복직과 부당해고의 추방을 위해 모든 계층과 연대하여 투쟁할 것을 선언했다.

또한 **전남**지역에서는 이보다 앞서 7월 12일 광주 YMCA강당에서 해고노동자 30여명이 모여 「전남 해고노동자 협의회」를 결성하고 회장에는 임재복(전 대창버스 해고, 52세) 씨를 선출했다.

부산지역에서도 7월 30일에 해고노동자 100여명이 모여 부산지역 해고노동자 복직투쟁위원회 결성대회를 개최하였다.

이 외에도 각 지역 또는 사업장별로 해고자 문제에 대해 공동대처를 하는 움직임이 펴지고 있다.

◈사설

현시기 노동자의 임무

지난 6월 온 민중들이 오랜 굴종과 침묵에서 깨어 민주화 투쟁에 나선 결과 이제 새로운 상황을 맞고 있다.

그러나 최근의 상황은 온 민중들의 민주화투쟁에 밀린 군부독재와 이를 비호 조종하는 미국의 일보후퇴일 뿐이며 결코 완전히 물러난 것은 아니다.

미국은 계속 군부독재정권이 집권하기를 바라며 그렇게 되도록 조종하고 있다. 왜냐하면 군부독재정권이 계속 집권하지 않을 경우 그동안 미국이 한국민중들에 가한 각종의 죄악들이 만천하에 폭로되면서 한국민중들의 반미투쟁이 본격적으로 일어날 것이기 때문이다. 따라서 미국과 현 군부독재세력은 형식적 민주화조치를 내걸고 민주주의의 실질적인 내용은 전혀 보장하지 않으면서 군부정권이 계속 집권해 나가도록 하려고 한다.

독점재벌, 군부독재, 미국, 형식적 민주화로 민중기만

그동안 노동자를 비롯한 모든 민중들은 세계 어느나라 민중들보다 부지런히 일하고, 올바르게 살아가려고 해 왔음에도 불구하고 항상 경제적 빈곤 속에서 생존의 위협을 받아 왔으며, 정치적 탄압을 계속 받아왔다. 이는 분명 열심히 일한 댓가가 극소수 독점재벌들과 군부독재세력및 미국에 의해 빼앗겨져 왔기 때문이며, 이들의 이러한 착취가 폭로되어 계속 착취하는 것이 어려워지는 것을 막으려 하기 때문이다.

이러한 경제적인 착취와 이를 비호하는 정치적 탄압을 이 이상 계속할수 없도록 하는것이 실질적인 민주화이고, 우리 민중들은 이러한 실질적 민주화를 원하는 것이다.

민중은 실질적 민주화를 원한다.

그러나 독점재벌과 군부독재와 미국은 민중들로 부터 경제적 착취를 계속해 나가기 위해 자신들의 경제적 착취가 모든 민중들에게 폭로되어 더이상 착취를 계속할수 없는 상태가 되지 않도록 실질적 민주화는 결코 하지 않을 것이다. 그러기 위해서 헌법이나 법률등에 자신들의 착취를 비호하는 사항들을 결코 없애려 하지 않을 것이며, 민중들이 착취를 당하지 않을 권리와 정치적 억압을 받지 않을 권리를 완전히 보장해주지는 결코 않을 것이다.

지금 우리 노동자들은 경제적 사회적 정치적 지위 향상을 위해 전국 곳곳에서 싸우고 있다. 그러나 이에대해 현정권과 소수 자본가들은 각종 폭력으로 탄압하고 연행 구속시키고 있다. 이는 실질적 민주화를 원하는 노동자들과 형식적 민주화로 민중들을 기만하기만 하려는 현 착취·지배세력과의 투쟁이다.

소수의 지배, 착취 타파가 노동자의 임무

우리 노동자들은 극소수 착취, 지배세력의 형식적 기만적 민주화 조치에 맞서 실질적이고 참된 민주주의를 쟁취하기 위해 어떻게 해야 할것인가?

첫째, 자본가들의 착취와 이를 계속하기 위한 각종 폭력에 맞서 일치단결하여 생존권투쟁을 비롯한 각종 경제적 제요구 투쟁을 광범하게 벌여 나가야 한다.

둘째, 이를 지속적이고 조직적으로 벌여 나가면서 노동자들의 경제적, 사회적, 정치적 지위향상을 위해 단위 노동조합을 과감히 결성해 민주적으로 운영해 나가면서 각 민주 노동조합들이 연대해나가 현재 어용화 되어 있는 한국 노동조합 총연맹을 완전히 민주화 시켜내야 한다.

세째, 노동3권등 민주적 제 권리의 완전한 쟁취를 위해 각종 정치 투쟁을 벌여 나가야 한다.

네째, 노동자들의 정치적 진출을 위한 교두보를 마련해 내고 농민, 빈민, 진보적인 양심인사들및 학생세력과 긴밀하게 연대해 나가 일단 군부독재 완전 퇴진을 위해 싸워나가야 한다.

다섯째, 위의 4가지를 통일적으로 진행시켜 갈수 있도록 유기적으로 결합해내야 한다.

승리는 전민중 의 것.

이렇게 싸워 나갈때 우리 노동자들을 비롯한 모든 민중들은 극소수 독점재벌과, 군부독재, 그리고 미국으로 부터의 경제적 수단과 정치적 탄압에서 완전히 벗어나 실질적인 민주화를 달성, 참된 해방을 맞이할 수 있을 것이다.

언론, 노동자들 투쟁 왜곡 편파보도

소수자본가, 독재권력입장 싸고 돌아
노동자분열, 투쟁의식 약화 공작일환

□최근 노동자들의 각종 생존권요구, 민주노조 결성, 어용노조 민주화투쟁이 활발하게 진행되고 있는 가운데 현 제도언론에서의 노동자들의 이러한 움직임에 대한 편파 왜곡보도가 계속되고 있다.

국제상사 노동자들의 생존권 보장요구와 어용노조 민주화투쟁 또한 언론에 의해 폭력·과격 등의용어로 매도 당하고 있다. □

국제상사의 경우

국제상사에서 7월 28일부터 연 4일동안 최고 3,000명의 노동자들이 "어용노조 즉각 퇴진," "보너스 연400% 인상지급," "여름 휴가비 100%지급" 등의 20개 요구조건을 내걸고 파업, 농성을 벌였다.

매수된 폭력배 노동자들에 치명상

그런데 30일 오전 9시경 일당 3만원씩 받고 회사에 고용된 폭력배 70명을 중심으로 회사 관리자 600여명으로 구성된 '구사단'이 기숙사에서 농성중이던 노동자에게 쇠파이프, 각목을 휘두르고 돌을 던지는 등의 폭력을 저질렀고, 출동한 경찰도 폭력을 자행하는 구사단을 제지하기는 커녕 오히려 노동자들에게 폭행을 가하고 강제 해산시키려 하였다.

이에 분노한 노동자들은 돌과 화염병으로 맞섰으나 이 과정에서 48명의 노동자가 중경상을 입고 그중 5명이 치명상을 당해 사망했다는 소문이 나오는 가운데 강제해산 되었다.

출동경찰도 똑같은 폭력배

다음날인 29일 1,500여명의 노동자가 다시 농성을 계속하였고, 오전에 노동자 대표를 선출하여 회사측과의 협상에 나섰으나, 회사측은 아예 협상을 하지도 않고 대표들을 경찰의 손에 넘겨버렸다. 후에, 연행된 노동자 대표들은 노동자들과 주변 시민들에 의해 닭장차에서 구출되었다.

31일 9시경 회사측의 폭력에 지친 노동자들은 회사에서의 농성을 일단 풀고 30여명이 사상 성당으로 장소를 옮겨 계속 농성을 벌였다.

국제상사 노동자들의 치열한 투쟁 광경 "사장은 폭력배 살 돈은 있고 휴가비 줄 돈은 없느냐"라는 프랑카드가 걸려있다.

한편, 국제상사는 임금을 시급 2원, 7원, 10원 정도로만 인상하고, 상여금도 관리자에게 연 400%를 주면서 3년 이상 근무한 노동자에게만 연 200%를 주는 등, 기아임금과 10시간 이상의 장시간 노동, 열악한 작업환경, 더구나 혹심한 인간차별과 억압적인 사내분위기로 악명높다. 이러한 열악한 조건아래서 노동자들의 투쟁은 당연했다.

그러나 현 언론은 이러한 사실을 은폐, 왜곡·편파보도를 일삼고 있다.

경찰, 폭력배 폭력은 보도 안해 잘못, 노동자들에 씌우려 안간힘

먼저, 폭력사태가 깡패를 동원한 회사측과 경찰에 의해 발생됐고, 농성노동자들의 대응은 정당방위 임에도 불구하고 언론은 이를 회사측의 폭력배 매수는 은폐하고 노동자 내부의 대립 투쟁으로 왜곡하여 노동자에 대한 그릇된 여론을 형성시키려 하고 있다.

실질적 민주화를 민주화 역행이라고 호도

둘째, 노동자들이 대표를 선출 회사와 대화하고자 노력했으나 회사측은 이를 무시하고 대표를 경찰에 넘겨버렸다.

그런데 언론은 이에대해 마치 노동자들이 너무 많은 요구를 하며 대화할 자세가 안돼 있는 것처럼 왜곡시키려했다.

세째, 노동자들의 투쟁원인이 열악한 노동조건에 있음에도 불구하고, 언론은 이를 보도하지 않고, 오히려 노동자들의 정당한 투쟁을 사회분위기에 휩쓸린 감상적인 일따위로 치부하며 사회민주화에 역행하는 과격한 행위로 매도, 악선전 하는 경향을 나타내고 있다.

현 언론 올바른 시각 가져야

노동자들의 인간적인 삶과 민주적 제권리가 보장되지 않는 한 민주화는 허울좋은 말에 불과할 뿐이다.

민주화를 외치는 언론매체는 이를 직시하고 공정한 보도를 행해야 할 것이다.

노동단신

해고노동자들에 관리자들 폭행가해

주식회사 일신통신에서는 근로조건 개선 등을 요구했다는 이유로 해고한 노동자 김숙희등이 부당해고에 항의하는 투쟁을 전개하고 있다. 이들은 1987년 5월 6일 동료노동자와 함께 임금인상, 근로조건개선등을 요구하다 해고되었는데, 7월 25일부터 출근투쟁을 시도하였다.

이 과정에서 관리자들에게 폭언과 폭행을 당해 팔과 목등에 전치 10일의 부상을 당해, 현재 김숙희외 4명의 이름으로 서울지검 남부지청에 고소장을 제출하고 있다.

부당해고 항의 노동자 자살기도

인천시 북구 갈산동 청보환경(주)에서 근무하는 이효윤씨가 7월 17일 부당해고를 당하자 "사장 나와라, 최고수당 지급하라." "탈세기업 국민이 응징하자"라는 플랭카드를 내걸고 2층 사무실을 점거 신나통과 성냥을 들고 분신을 기도했다. 이효윤씨는 소방차와 경찰이 출동하자 이에 항의하며 신나통을 1층으로 떨구고 투신하여 양발목이 박살나는 중상을 입었다.

경찰, 노동자 폭행치사 은폐

페인트공으로 일하던 노동자 김상원씨(35세)는 영등포 경찰서소속 경찰들의 무자비한 구타로 앞이빨 6개가 몽땅 부러지고 온몸이 상처투성이가 된채 영등포 시립병원중환자실에서 77일간을 식물인간으로 신음하다 86년 5월 26일 차디차게 죽어갔다. 분노한 김상원씨 가족들은 경찰의 사건은폐조작에 항의, 7월 8일부터 NCC인권위사무실에서 농성하고 있으며 폭행경찰과 사건은폐관련인들의 처벌을 요구하고 있다.

대우자동차 원직복직추진노동자회 창립

지난 6월 28일 부천소사성당에서는 85년 봄 대우자동차 임금인상 파업투쟁 당시 해고자를 중심으로 대우자동차 원직복직 추진 노동자회가 창립되었다. 약 70여명이 참석한 이날 대회에서는 회장에 이용규씨를 선출하고 회칙제정, 뒷풀이 순으로 진행되었는데, 이들은 창립선언문에서 해고노동자의 복직, 노조민주화및 공장민주화를 위한 투쟁에 나서며 '소식지' 발간 등의 작업도 병행할 것을 밝혔다.

(주) 선경 관리자들, 울사협회원에 집단폭행
경찰, 피해 부상자 오히려 연행

8월 8일 오전 8:30, 울산 선경합섬(주) 앞에서 울산 사회선교협의회 회원 정병문(28세) 외 2명이 노동관계 소식지를 배포하는 도중에, 선경합섬(주) 안용태 관리부장, 남기원 관리과장, 김용현 업무과장 등 20여명의 간부사원들로부터 집단폭행을 당하였다.

이들의 폭행으로 온 몸이 피투성이가 되고 구둣발로 머리를 짓이겨 심한 중상을 당하였으며, 현재 정병문 외 2명은 시위선동혐의로 울산 남부경찰서에 수감 중에 있다.

위 사건은 요즘 확산되고 있는 노사분규에 대한 정부와 기업주의 탄압 강도가 심해지고 있는 상황에서 발생한 것으로, 이 사건을 계기로 울산 지역노동운동에 대한 탄압이 확대될 것으로 전망된다.

전국 노동자, 노조결성 박차

자본자측, 민주노조결성 방해공작도 치열

민주세력, 가족들도 함께 싸워

6월민중항쟁 이후 7월 5일 울산 현대그룹계열회사인 현대엔진(주) 노동조합결성을 시발로 전국각지 공장에서 신규노조결성 및 어용노조 민주화투쟁이 활발히 전개되고 있다.

7월 한달만 해도 91개의 신규노조가 결성되었는데 이는 86년 한해 결성되었던 171개 신규노조의 53%에 달하는 숫자이다.

이러한 노조결성투쟁에 대하여 회사측에서는 어용노조결성, 노조설립신고서류 탈취, 부당해고, 감금, 납치 등 온갖 물리력을 동원하여 노조와해공작을 벌이고 있다.

현대엔진, 노조결성신호탄

지난 7월 5일 오후 3시 현대엔진(주) (종업원 2,200여명)노동자 100여명이 오랜시간 치밀한 준비과정을 거친 끝에 성공리에 노조결성식을 마치고, 다음날인 7월 6일 오전 9시 30분 시청사회과에 노조설립신고서를 접수시키고, 이날 점심시간에 전체 노동자들이 모인 가운데 성황리에 노조결성보고대회를 가졌다.

미포조선은 서류탈취 당하기도

이어 지난 7월 15일 현대미포조선(주) (종업원 3,000여명)노동자 39명이 회사측 관리자들의 감시망을 피해 이날 밤 9시경 한 조합원의 가정집에서 결성식을 갖었다.

그러나 다음날인 7월 16일 오전 10시경 시청사회과에 설립신고서를 접수시키는 과정에서 회사측 관리자 7명으로부터 접수심사 중인 서류일체를 탈취당하었다. 이에 분노한 노동자들은 1,600여명이 모인 가운데 노조결성보고대회를 가진 뒤 회사측의 노조설립방해공작 즉각중단을 요구하며 항의농성에 돌입했다. 3일간 계속 파업농성을 벌인 끝에 7월 18일 회사측에서 탈취해간 서류를 되돌려받고 노조설립신고필증을 교부받은 뒤에 농성을 해산했다.

현대중공업 노동자들의 단결된투쟁 광경

어용노조로 민주노조결성 방해도

한편 현대중공업에서는 지난 7월 21일 회사측이 금속노련 조직부장 이진우와 결탁하여 기존 노사협의회 위원들을 주축으로 어용노조를 결성했다.

이에 그동안 노조결성을 꾸준히 준비해왔던 노동자들이 7월 25일 현 노조집행부가 회사측의 사주를 받고 있음을 알리고, 새로운 민주노조결성을 위한 서명운동을 벌여, 28일부터는 2만여명의 노동자가 참여한 가운데 어용노조 퇴진 등 17개 요구조건을 내걸고 31일까지 4일간 파업농성에 들어갔다.

7월 31일 회사측이 민주노조설립을 위한 노동자 특별위원회 구성 등 3개항의 요구조건에 합의, 일단 농성을 풀기로 결의하고 자진해산했으나 지난 8월 6일 회사측이 고의적으로 민주노조설립을 위한 노조개편대책위원회를 와해시키는 등 합의사항 이행약속을 어기자 이에 분노하면서 다시 파업농성에 들어갔다.

금속노련 이진우 어용노조결성 전문

현대자동차(주) 역시 노동자의 노조결성 움직임을 알고 있는 금속노련 조직부장 이진우가 회사측에 미리 정보를 누설하고 회사와 공모하여 지난 7월 24일 기존 노사협의회 위원들을 중심으로 어용노조를 결성했다.

이에 다음날 7월 25일 어용노조측이 노조결성보고대회를 열자 보고대회에 참석했던 1,200여 노동자들이 이 사실을 알고 즉각 파업농성에 돌입, 26일 0시 20분, 회사측이 민주노조집행부를 인정한다는 내용에 합의하자 농성을 풀었다.

이 외에도 30여개의 울산지역 입주업체 중 현대그룹 계열회사인 현대중전기, 현대종합목재, 현대정공과 풍산금속 등 10여개 사업장에서 신규노조가 결성되었는데, 회사측과 결탁한 노총임원이 미리 정보를 회사측에 제공하여 어용노조를 결성하도록 지원하는 등 노조결성방해공작을 벌여왔다.

회사측, 구사대 만들어 폭력도

한편 지난 7월 13일 노조결성를 마친 남일금속(인천 서운동, 종업원 600여명)의 경우는 회사측이 구사대를 만들어 노조조합원들을 구타한 후 납치, 감금시켰다.

노조와해공작에 맹열히 맞서

또한 (주)태봉(구로구 독산동, 종업원 250여명)에서는 지난 7월 22일 노동조합을 결성했는데, 회사측에서 "왜 회사측의 승인을 받지 않았느냐"면서 "회사측에서 반조직을 만들어 노조를 와해시키겠다"는 등의 폭언으로 위협을 가해 노동자들의 맹렬한 비난을 받기도 하였다.

생산직 아닌 곳도 노조결성 활발

서울대학병원 역시 지난 7월 31일, 간호원, 간호보조원, 약재사, 방사선기사 등 40여명이 노동조합을 결성하고, 8월 3일 300여명의 직원이 모인 가운데 노조결성보고대회를 가졌다. 그러나 조합가입원서를 받는 과정에서 모 수간호원이 "가입원서를 절대 쓰지말라," "계장이나 실장 허락없이 쓰지말라"고 위협하면서 조합가입을 방해하기도 하였다.

이러한 회사측의 비열한 온갖 방해공작을 물리치고 곳곳에서 노조결성투쟁이 광범위하게 전개되자 그동안 임금인상투쟁을 경험하면서 꾸준히 축적해 왔던 단결력을 토대로 공개적으로 노조결성을 시도한 작업장도 있다.

방위산업체도 과감한 노조결성

한독금속(부평 갈산동, 방위산업체)에서는 지난 7월 11일 노동자 72명이 회사식당에서 공개적으로 노조결성식을 가졌다.

이들 노동자들은 올 봄 임금인상시기에 회사측의 7.9% 인상안에 반대, 일당 700원 인상, 보너스 200% 지급을 요구, 이것이 관철되자 이를 계기로 싸움에 앞장섰던 몇몇 노동자들이 노조결성을 준비해 오다가 지난 7월 8일 노조결성에 대한 서명운동을 벌여 노동자들의 광범한 지지를 받고 노동조합을 결성했던 것이다.

민주노조는 노동자의 필수품

서우산업(성남) 역시 지난 7월 16일 보너스 지급과 유급휴가 문제를 놓고 제헌절 대치근무를 거부하는 투쟁을 벌이는 과정에서 앞으로 더욱 조직적인 투쟁을 전개해 나가기로 결의, 노조결성을 준비해 오다가 지난 7월 21일 전국섬유조합 사무실에서 노조결성식을 갖었다.

대우그룹도 민주노조결성

또한 대우그룹 계열회사인 동명중공업(경남 창원, 종업원 640여명)에서는 지난 6월 26일, 여름휴가 3일등 5개항의 요구안을 내걸고 파업농성을 벌여, 요구조건을 모두 관철시켰다. 그 후 이들 노동자들은 여름휴가·보너스투쟁에서 얻은 단결력을 바탕으로 지난 7월 26일 82명의 노동자들이 노동조합을 결성했다.

이 외에도 성남 O.M.C, 안양 한국제지, 경남 삼미금속, 전국 의료보험연합회, 농협중앙회, 대한교육보험, 수협중앙회 등이 노동조합을 결성했고, 그 밖에 현대, 삼성, 대우 등 대기업 계열회사를 비롯해 곳곳에서 노조설립을 추진하고 있는 중이다.

(주) 세광알루미늄

민주노조결성 시도,

어용노조는 노동자 해고까지

지난 7월 25일 세광알미늄(주) 노동자 임재은씨가 노조결성에 앞장섰다는 이유로 회사측에 의해 부당하게 출근정지를 당하있다.

임씨는 지난 86년 8월, 세광알미늄(주) 노조결성시 추진위원장으로서 노조결성을 적극적으로 주도해 왔었다.

그러나 회사측에서는 임씨를 납치, 감금하면서 노조결성식에 참여하지 못하게 방해했고, 그 후 계속 회유와 협박을 가하면서 사직서를 쓸 것을 강요하었다.

그러나 임씨가 계속 이를 거부하자 마침내 회사측은 지난 7월 25일 출근하려는 임씨를 구사대 출신이었던 어용조합 간부들을 시켜 정문밖으로 쫓아내고 말았다.

임씨는 이에 굴하지 않고 계속 출근투쟁을 벌여나가고 있으며, 앞으로도 노동자의 권익쟁취를 위해 투쟁해 나갈 것을 다짐하면서 동료노동자의 적극적인 참여를 호소하고 있다.

민주노조건설이 이나라 민주화의 초석이 됩니다

노동조건개선투쟁도 불붙어

생존권, 전 노동자들의 절실한 요구

민주노조 결성 및 어용노조민주화 투쟁과 함께 열악한 노동조건 속에서 묵묵히 일만하던 노동자들이 드디어 생존권쟁취를 위해 곳곳에서 단결된 투쟁을 벌이고 있다.

신흥목재 : 우아미 가구를 생산하는 신흥목재(인천소재) 노동자들은 4일동안 파업농성을 벌여 '보너스 연 300% 지급' 등 11가지 요구사항을 관철시켰다.

파업의 발단은 회사측의 일방적인 '하기휴가 무급 공고'에 분노한 노동자들이 7월 20일 노조와 회사사무실을 찾아가 '보너스 차등지급 철폐, 유급휴가 실시' 등의 요구사항을 제시한 후 다음날까지 노조지부장이 그 결과를 발표하라고 요구했다.

그러나 회사측은 당연한 노동자들의 요구를 묵살하였고 노조지부장조차 이에 대한 아무런 응답이 없자, 노동자 40여명이 즉각 파업을 전개했다. 이때 회사 관리자들이 노동자들에게 폭력을 휘둘러 노동자 이규형씨는 머리에 9바늘을 꿰매는 큰 상처를 입었다.

22일에는 회사측에서 '유급휴가 실시를 위한 대표자 대책 논의중'이라는 기만적인 공고문을 공장문에 붙이고 문을 닫아 버렸으나 200여명의 노동자들이 공고문을 찢어버리고 공장문을 밀고 안으로 들어가 시위, 농성을 계속했다. 23일 노동자 150여명이 사무실을 점거, 철야농성에 들어갔고 7월 24일 마침내 완강하던 회사측을 굴복시키고 요구를 전면 관철시켰다.

(주)태원 : (인천소재, 낚시대생산, 수출업체) 노동자 100여명은 7월 20일 파업과 노동자 가족 및 지역 해고자들의 지원투쟁을 통해 '임금인상 500원과 보너스 350% 지급'등의 요구를 관철시켰다.

회사측의 노동법 위반사항의 시정을 요구하다 해고된 노동자와 6·26 국민대행진에 참여했다가 경찰에 연행 구류 3일을 받고 이때 회사에서까지 해고당한 노동자는 출근투쟁과 유인물 배포 등의 적극적인 활동을 벌였다.

이에 힘입은 노동자들은 7월 16일 자발적으로 회사내에서 유인물을 배포, 대중연설을 하며 노동자 대표를 뽑는 서명운동을 전개한 후 작업장에 모여 투쟁 결의대회를 개최하기도 하였다.

한편 회사측은 활발하게 활동하던 노동자 대표 1명을 강릉으로 강제납치 하는 등 온갖 탄압을 자행했다.

태광산업 : 안양공장 전자사업부 노동자 1,000여명도 7월 28일 농성을 통해 '휴일 대체근무 폐지, 보너스 400% 지급' 등의 요구사항을 관철시켰다.

전국 모든 현장으로 확산

이외에도 7월들어 '임금인상, 유급휴가 실시, 체불임금 지급, 그리고 비인간적인 대우 척결' 등 노동조건 개선을 요구하는 투쟁이 전국 곳곳에서 벌어지고 있다. 인천 대성합성, 서울조구, 안양 혜성공업, 구미 홍명공업, 서울 미성상사, 삼양금속(방위 산업체), 대우전자 신용판매부, 성남 서우산업, 영진산업, 부천 우성밀러, 광주 대하섬유, 경기도 송탄 동아자동차(1,500명 참가), 울산 현대 종합목재, 효성중공업 창원공장(5백여명 참가)등 곳곳에서 헤아릴 수 없이 계속되고 있다.

노조없는 사업장에서는 이러한 단결된 움직임으로 노동조합을 결성, 보다 조직적으로 투쟁을 전개해 나가야 할 것이다.

민주노조! 어용노조! 어떻게 다른가?

노동조합은 노동자들이 경제적 사회적 지위향상을 위해 꼭 필요한 노동자 자신의 단결기구 입니다. 그런데 현재 우리나라에 많은 노동조합들이 자본가와 정부의 하수인 역할을 하고 있읍니다. 이런 노동조합을 우리는 보통 어용노동조합이라고 합니다.

어용노조는? 첫째, 조합원의 의견을 무시하고 조합활동에 대해 조합원들에게 알리지 않습니다.

둘째, 노동자들의 이익보다 정부나 자본가, 그리고 조합간부들의 이익만 생각하고 노동자들을 위해서는 일하지 않습니다.

세째, 자본가들이나 정부와 가까이 지내고 조합원들은 멀리하고 오히려 노동자들의 요구 등을 묵살 탄압하기도 합니다.

네째, 조합간부들이나 조합대의원 선거를 하지 않거나 비민주적으로 합니다. 혹시 여러분 회사의 노동조합이 이런 노동조합은 아닌지 주의깊게 살펴보고 민주화시켜 나가 민주노조를 만듭시다.

민주노조는?

첫째, 민주적인 절차, 즉 전체 노동자들의 의견에 의해 조합조직이 구성되고 전체 노동자들의 의견에 의해 운영됩니다.

둘째, 조합비사용 등 모든 조합활동이 조합원들에게 항상 알려집니다.

셋째, 노동자들의 임금 인상이나 노동조건 개선을 위해 노동자들과 함께 싸웁니다.

네째, 노동자들의 권리의식 고양을 위해 교육·홍보 등 여러가지 활동을 합니다.

우리 노동자들은 이런 민주노동조합을 만들어 나가고 현재 어용노동조합인 경우는 민주적 노동조합을 만들어 가야합니다.

그리고 현재 총 100여만 노동자들이 조합원으로 되어 있는 한국 노동조합 총연맹도 어용노동조합 입니다. 이런 전국적 노동자 조직이나 산업별 노동조합이 민주화가 되면 노동자들의 힘은 훨씬 커질 것이고 노동조건의 개선 등 노동자들의 사회적, 정치적 지위는 훨씬 향상될 것입니다.

기독노동자총연맹 사무실서 농성 승리한 논노노동자들 민정당 노동자편 아님을 확인

지난 8월 4일 논노상사(주)노동조합 조합원 80여명은 회사측의 조업중단에 항의하며 파업농성에 들어갔다.

지난 4월 18일 노동조합을 결성한 이들 조합원들은 회사측에서 노조를 와해시키기 위해 회사를 이전시키려하자 이에 항의하며 지난 6월 20일경 이틀간 기노련사무실에서 파업농성을 벌여 회사이전계획 철회 등 12개 요구사항을 모두 관철시킨바 있다.

그러나 회사측에서는 고의적으로 노동자들을 다른데로 빼돌려 330여명이나 되던 노동자가 160여명으로 줄어들었으며 여름휴가가 끝난 후 노동자 일부를 집단퇴사시키거나 관리자들을 다른 지역의 논노하청회사로 빼돌리는 등 사실상 조업을 중단시키고 있다.

이에 조합원 25명은 민정당 남재희 의원 사무실(강서구)에 들어가 노조를 와해시키기 위한 회사조업 중단문제를 해결해 줄 것을 요구하며 무기한 단식농성에 들어갔고, 나머지 조합원들은 공장내에서 단식농성을 벌였다.

한편 남재희 의원측은 "빨리 나가라", "밖에 전경이 2천명 와 있다"는 등 위협을 가하면서 쫓아내기에 급급했고, 회사측에서는 축구부원 등 구사대를 동원하여 노조사무실 집기와 전화기를 파손시키고 농성노동자들을 감시, 협박하고 있다.

■울산 태광산업 민주노조지부장을 만나

민주노조건설 위해 모두 들고 일어났읍니다

태광산업 노조지부장은 노동자들의 요구에 의해 어용노조를 몰아내면서 새로이 선출되었다. 노동자들의 다른 대표들도 민주적인 방법으로 새로이 선출되었는데 이들은 민주노조를 쟁취하는 것이야 말로 당면한 싸움의 중심목표라고 말하고 있다. 경상도 사투리로 자신있게 이야기하는 목소리를 여기 옮긴다.

▲첫째 제일 중요한 싸움은 민주노조를 쟁취하는 것입니다. 이전의 어용노조는 회사 앞잡이 노릇만 하여 노동자들의 요구사항은 알려고 노력하지도 않았읍니다.

▲화장실과 식사문제가 심각합니다. 식사에 파리가 빠져있고 모든 시설이 불결하기 짝이 없읍니다. 한마디로 개판입니다.

▲임금은 제가 7년 됐는데 21만원 받습니다. 근속수당도 없고 가족수당도 없고 공휴일도 절만 빼고 모두 무급입니다. 21만원 가지고 무슨 생활을 합니까? 잔업해야죠 특근해야죠 생활하기가 무척 어렵습니다.

▲다른 회사에서 어용노조를 몰아내는 분위기가 계속됐는데 처음엔 서로 '니가 먼저 해라'고 부추기다가 막상 파업이 일어나니까 이 일은 내가 하겠다며 서로 자발적으로 움직였읍니다. 모두가 들고 일어난 거지요.

노동조건이 개판, 모두 자발적으로 참여

▲첫번째 협상은 27일에 했고 30일에는 8시간동안 마라톤 협상을 했읍니다. 그러나 협상은 결렬 되었읍니다.

우리의 첫째 요구조건은 어용노조 물러나고 민주노조 인정해라. 둘째 노동자를 괴롭혀 온 공장장은 퇴진해라. 세째 임금 25% 인상해라. 네째 가족수당 지급해라. 다섯째 장기근속수당 지급해라. 통근버스 5대 증차해라. 장기근속자에 대해서는 주택을 보급해라. 일용 아줌마들에 대한 복지를 실시해라 등의 요구사항 18개를 제시했읍니다. 태광 노동자들은 둘만 모여도 불만을 얘기합니다. 원체가 악조건이기 때문에.

▲울산에서 노동조건이 개판이기로 소문이 났기때문에 모두가 나갈 것을 각오하고 주동자가 누구라고 할 것도 없이 모두 파업하는 데 필요한 일들을 자발적으로 하고 있읍니다. 그중 특히 경비가 중요하다는 것을 모두가 인식하고 경비를 강화하는데 모두가 앞장서고 있읍니다.

초기에는 경험이 없어서 술도 먹고 불만도 좋지 않게 폭발했는데 파업이 진행되면서 경비가 중요하다는 것을 깨닫고 질서정연하게 파업을 했읍니다.

주민들이나 다른 사람들도 조직적인 파업에 놀랍다며 칭찬을 많이 보내 왔읍니다. 가족들도 질서정연하게 파업농성자들과 함께 식사를 하고 시간되면 모두 밖으로 나가 노동자들을 지원했읍니다.

가족들, 시민 적극적으로 지원

▲우리는 어용노조를 몰아내고 기타 노동자들의 복지개선을 위해 투쟁하여 승리할 수 있을 것이라는 확신을 하고 있읍니다. 그리고 다른 사업장의 노동자들의 투쟁도 같은 노동자의 입장에서 볼 때 정당한 투쟁이라고 생각합니다. 사실상 노동자들은 처음부터 파업을 하려고 한 것은 아닙니다. 그러나 노조가 회사측과 붙어서 노동자들의 의견을 전혀 반영할 수 없을 뿐아니라 회사측에도 여러번 건의를 해 보았지만 노동자들의 의견에는 조금도 아랑곳하지 않아 파업이라는 마지막 수단을 강구한 깁니다.

▲처음에는 애로사항이 많았는데 주민들이 밥을 싸다주고 도움을 억수로 많이 줘 애로사항이 많이 줄었읍니다. 전화도 우리가 가설하여 직접 쓰고 하니까 연락도 잘 되고 있고 잠자리도 회사 마당에다 천막을 쳐 놓고 농성을 하고 있읍니다.

조직적으로 싸워 어용노조 완전히 몰아낼 수 있다.

▲농성이 장기화됨에 따라 여러가지 걱정을 많이 했읍니다. 그러나 현재 노동자들이 조직적으로 대처함에 따라 농성이 장기화 되더라도 별로 걱정 안됩니다.

▲우리 회사는 이직율이 상당히 높습니다. 그것은 그만큼 조건이 나쁘다는 것 아닙니까? 직장이 삶의 터전인데 어느 누구가 쉽게 직장을 옮기고 싶겠읍니까? 노동자가 회사를 옮기려고 마음 먹었을 때에는 그만큼 고민한 것 아니겠읍니까?

▲6월달에 민주행진할 때 저도 참여했었는데 시민들은 평화적으로 하는데 경찰은 그 위에다 최루탄을 퍼붓고 폭력을 휘두른 것을 제 눈으로 확인했읍니다.

▲어용노조를 완전히 몰아내고 민주노조가 자리잡게 되면 저는 노조 조합원의 의견을 정확히 모아 노동자들을 위하여 노력할 것입니다. 친절하게 노동자들의 의견을 듣는 것이 제일 중요하다고 생각합니다.

운수노동자들도 조직·투쟁 활발

운수노동자들, "사회적역할 커도 노동조건 엉망" 운행거부에 독재정권도 쩔쩔매

성남, 인천, 경주, 서울, 울산등각지의 운수노동자들이 임금인상을 비롯한 노동조건개선과 민주노동조합건설에 나서고 있다.

성남택시기사 가두파업 · 성남택시기사 200여명은 6월 29일 오후 3시경부터 100여대의 택시에 나누어타고 경적과 폭음을 울리며 약 30분동안 성남 시청앞에서 성남종합시장앞까지의 도로를 돌며 임금인상등 노동조건 개선을 요구하며 시위를 벌였다.

3시 30분경에는 시청앞 도로를 완전장악, 교통을 차단하고 "임금 인상하라"등의 구호를 외치며 연좌농성을 벌였고 오후 6시경 연도에 늘어선 2000여명의 시민들이 이들을 지켜보았다.

이날 밤늦게까지 농성하던 이들은 회사별로 자진해산했다가, 다음날인 30일 아침에 다시모여 전면운행거부 농성에 들어가는등 단결된 힘을 보여줌으로써 회사측과 타결을 보았다.

합의된 임금협정 내용은 차량에 따라 최고 3천원까지 차등을 두던 종전 사납금을 63,000원으로 성남전지역을 통일시켰고, 월 13일 근무에 기본급과 수당을 합쳐 23만 오천원의 봉급을 지급키로 했다.

인천 성진기업 · 이회사 택시기사들은 7월 16일부터 1일업적금제 실시와 관혼상제 시 유급휴가 5일 실시를 요구하며 농성에 들어갔다.

인천시내 택시 임금협정에 따르면 20일을 근무하든 23일을 근무하든, 26일 근무를 기준으로 874,978원을 초과해야만 업적금이 발생되는 등 기사들에게 매우 불리했다.

이에 대해 성진의 기사들은 하루만 일해도 업적금이 발생하는 일일업적금을 요구하였으나 업주측의 무성의로 타결점을 찾지 못하고 있던 중, 7월 16일 17시경 노조 조합원 80여명이 44대의 차량 전부를 세워놓고 "일일업적금제실시"를 요구하며 농성에 돌입했다.

서울 서부운수 노동자 50여명이 임금인상 등을 요구하며 8일 농성시위

그러나 회사측은 무성의한 자세를 보이며, 오히려 "자꾸 이러면 번호판을 반납한다."고 위협하거나, 형사부인을 기사가족으로 위장시켜 농성장에 들여보내 내부상황을 염탐하는 한편, 농성해산을 종용하다 신분이 들통나는 일까지 벌어졌다. 성진기사들의 농성투쟁에 대한 지지 격려가 각계에서 쇄도하고 있는 가운데 8월 5일 현재까지도 성진기사들의 농성은 계속되고 있는 중이다.

택시운전사들이 조직·투쟁의 선봉에

이러한 성진기사들의 투쟁에 힘입어 인천의 금강운수 기사 80여명(전체 85명)도 7월 19일부터, 성진운수와 동일한 요구를 내걸고 농성에 돌입, 30일 현재까지 계속되고 있다. 한성운수 기사들도 24일 새벽부터 "일일업적금제실시"를 요구하며 농성에 돌입하여 20일 근무에 일일업적금제실시와 월 6천원을 추가지급 받기로 하고 일단 농성을 끝맺었다. 한편 경주의 문화택시기사와 경주시내 택시기사 300여명도 7월 17일 새벽 1시 부터 근로조건개선과 단체협약 준수등을 요구하며 동맹파업에 들어가 30일 현재까지 투쟁을 계속하고 있다.

차량종류, 지역 급속히 늘어나

서울의 삼룡버스 노조원 60여명도 임금인상및 밀린 상여금 지급을 요구하며 7월 30일 오후부터 철야농성에 돌입했다. 또한 울산에서는 울산, 신도, 남성등 3개 버스회사기사 2백여명이 7월 31일 '어용노조퇴진, 1일 승무경비지급' 등을 요구하며 운행거부, 농성을 시작했고, 곧 이어 한성등 3개 버스회사운전 기사들이 이에 동조, 낮 12시부터 울산 시내버스 운행이 전면 중단되었다가 1일 상오 임금인상등에 타결을 보고 정상운행을 시작했다.

이 외에도 서울의 서영산업, 동신교통, 동방교통, 서울승합, 광주의 유창택시, 이화택시, 영진고속및 광주택시조합 그리고 부산의 천일여객, 고려여객등에서 '어용조합장 퇴진, 임금인상' 등을 요구하는 투쟁이 전개되었다.

이리 후레어 훼손 노동자들

독일 자본가와 끈질긴 투쟁벌여

"현정권, 독일 자본가 편이었다"

이리 후레아훼손 노동자들은 지난 7월 2일부터 독일대사관·민주당사·회사기술부실등을 점거·농성하며 투쟁한 끝에 마침내 7월 24일 "해고노동자 복직"등의 요구사항을 관철시켰다.

발단 후레어훼손 노동자 700여명은 지난 4월 7일 새벽 4시경부터 "임금 16.5% 인상과 어용노조퇴진" 등을 요구하며 4일간 파업·농성을 벌였는 데, 회사측은 이들의 요구를 무시한채 12명의 노동자를 해고시켰다.

경과 해고당한후 정문에서 계속적인 출근시도투쟁을 벌였던 해고노동자 9명은 7월 2일 오전10시경 독일대사관(남대문입구 대한화재빌딩4층)에 들어가 "대사와의 면담, 독일로 도피한 사장아들러를즉각소환, 해고노동자 전원복직"등을 요구하며 농성에 들어갔다. 이들은 7월 4일 농성장소를 서울기노련 사무실로 옮겼다가 7월 5일 독일대사관 농성을 다시 시도하던중 대사관측이 요청한 경찰에 의해 연행되어, 이리로 강제이송되었다. 7월 13일 해고노동자 9명이 다시 서울로 올라와 대사관앞에서 농성했으나 경찰에 의해 또 다시 이리로 강제이송되었다. 이를 계기로 해고노동자들은 이 땅의 경찰이 노동자를 착취하는 독일자본가의 충실한 하수인 노릇을 하고 있음을 재삼 느끼고, 7월 20일 대사관대신 민주당사에 찾아가 농성하였고, 7월 22일 민주당 조사단과 함께 이리로 내려갔다. 한 편 이리공장에서 동료노동자들과 함께 49명이 인화물질이 많은 기술부실을 점거·농성했다. 이렇게 끈질기게 투쟁한 끝에 7월 25일 새벽 5시 "해고노동자 복직" 등의 요구사항을 관철시키고 싸움을 일단락지었다.

이리 노동자들의 시위(이리)

■ 파업현장을 찾아

성진기업 질서정연한 파업

지난 7월 17일부터 파업농성을 계속해 온 성진기업노동조합(인천시 간석동 762, 조합장 : 김명운)은 질서정연한 파업농성의 모델을 보여준다. 이들은 농성 첫날부터 생활수칙(①개인행동 엄금, ②금주, ③집행부통제에 따를 것)을 정하고, 전 기사가 경계조, 취사조, 집행부 등의 역할분담을 하여 성실하게 자신들의 임무를 수행하였다.

또한 "오늘도 이렇게 "라는 생활계획표를 만들어 이를 어김없이 지켰다. 농성 기사들은 교육 및 집행부 보고, 마당놀이, 무용담 보고 대회 등의 짜임새있는 프로그램으로 단결심과 투쟁열기를 지속시켰다.

거의 매일 발행한 성진노보를 통해 진행상황과 의지를 사회에 알렸다. 주위 회사의 기사들, 노동조합, 각계 각층의 민주인사들, 주민들은 후원을 아끼지 않아 파업기금이 350여만원에 달하였다.

이같은 흔들림 없는 투쟁은 인천 택시기사들의 숙원이었던 일일업적급제와 상여금 지급 제한 규정 철폐를 쟁취해내는 소중한 밑거름이 되었다.

광산노동자들

경찰과 맞서 곳곳서 시위

어용노조 퇴진, 임금인상 요구하며 가족들도 총동원

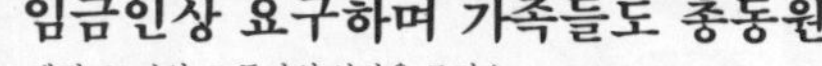

한성광업소 노동자 500여명이 7월31일 태백역앞에서 전경과 대치하고 있다.

강원도 광산 노동자들은 7월말 현재 생존권 보장과 어용노조 퇴진을 요구하며 잇달아 파업농성에 나서고 있고 부당하게 해고당한 노동자들도 단식·농성으로 항의하고 있다.

〔**한성광업소**〕 한성광업소 노동자 500여명은 7월 25일 어용노조와 회사측의 일방적 임금협상에 항의하며 파업에 돌입하였다.

이들 노동자들은 경찰 저지선을 뚫고 150여명이 시장3거리를 점거하였으며 400여명은 "보다 강력한 투쟁과 홍보를 위해 KBS 태백방송국으로 가자."며 행진을 하였으나 시청앞에서 경찰의 폭력과 최루탄 난사로 수십명이 부상하고 20여명이 연행되었다.

이에 분노 가족까지 합세하여 700여명으로 불어난 노동자들은 28일까지 파업농성으로 맞서다가 경찰에 연행된 20명의 노동자의 석방을 조건으로 회사측이 제시한 타협안을 일단 수락하고 해산하였다.

〔**한보탄광**〕 한편 한보 탄광에서는 노동자와 가족 700여명이, 회사측이 해마다 지급하던 휴가보너스를 일방적으로 거부하자 이에 항의하며 휴가보너스 지급등 14개항의 요구조건을 내걸고 7월 20일 총파업에 들어갔다.

회사측이 요구조건을 거부하자 노동자들은 황지와 도계사이 국도를 차단하고 통리역 철도를 점거하였다. 이에 회사측은 요구사항의 일부수락을 조건으로 제시하며 해산을 종용하였다.

그러나 요구조건의 완전관철을 주장하며 150여명의 노동자들이 농성을 계속하자 경찰을 동원 무차별 구타하고, 7명을 연행하였다. 이에 노동자들은 파업농성으로 계속 맞섰으며 연행자석방 요구사항의 일부합의를 조건으로 일단 해산하였다.

〔**동해탄광**〕 동해탄광의 경우 노동자 400여명이 어용노조가 회사측과 적당히 타협안 5.6% 임금인상안에 항의하며, 7월 16일 노조사무실을 점거하여 철야농성에 들어갔다. 18일까지 계속적으로 파업농성을 한 노동자들은 임금 8%인상, 특별상여금 지급등의 8개항의 요구조건을 전면 관철시켰다.

〔**태극광업소**〕 7월 21일 태극광업소의 노동자 100여명은 동해탄광의 승리에 힘입어 동해탄광과 동일한 대우를 요구하며 7월 22일 역시 요구조건을 관철시켰다. 그러나 이후 회사측이 노동자중 1명을 부당해고시키자 노동자들은 유인물등을 돌리며 항의를 계속하고 있다.

〔**황지광업소**〕 8월 2일 새벽 1시 10분 700여명의 노동자들이 "어용노조 철폐, 임금인상"등의 구호를 외치며 파업농성에 들어가 황지 중심가까지 진출하였다.

이 밖에 성동탄광, 월산광업소, 동하기업등에서 부당해고된 7명의 노동자와 그 가족들은 7월 16일부터 동원탄광 노조사무실에서 무기한 단식농성에 들어가 5명은 복직되었고 2명은 다시 교섭키로 하는 성과를 거두었다.

국가보안법, 노동운동탄압 도구

민주화 운운속 노동운동가 무더기 연행·구속

지난 6월 8일 전 통일산업 노동조합위원장 문성현씨가 대우옥포조선소 노동자들과 함께 노동문제 등에 대해서 공부했다는 이유로 국가보안법위반 으로 구속되었다.

이에 가족과 동료노동자 등 30여명이 7월 9일 마산지방검찰청 충무지청으로 찾아가 조진재 지청장을 면담하고 "문성현 동지를 즉각 석방하라"며 농성을 벌였다.

이때 조지청장은 "문씨가 학생들과 학습을 했으면 별 문제가 안되는데 노동자들과 학습했기 때문에 국가보안법 위반이 된다"고 말해 "노동자는 무식해야 한다는 것이냐"며 항의농성을 계속했다.

한편 이날 저녁 지청장은 면담을 통하여 7월 14일까지 자신의 직권으로 문씨를 석방하겠다는 합의사항에 관인을 찍어 작성해 주겠다고 했다. 그러나 이러한 협상과는 달리 잠시후 120여명의 경찰들이 농성장에 들이닥쳐 민주인사 33명을 충무경찰서로 연행해 갔다. 이 과정에서 도원호씨는 심한 부상을 입고 병원에 입원했다.

전원 연행이란 소식을 듣고 가족 및 시민 30여명이 충무경찰서 정문앞에서 농성을 계속했다.

그러나 검찰은 문성철씨 부인 이혜자씨 등 7명 추가 구속시키고 가톨릭 노동상담소 소장 정동화씨 등 2명을 불구속 입건하는 한편 18명에 대해서는 2일에서 29일까지 구류처분을 가했다.

이 사건은 현 정권이 "민주화를 말하고 있지만 노동자들에 대해서는 계속 탄압을 하겠다는 것이며, 국가보안법은 결국 노동자들의 운동을 탄압하는 수단임을 명백히 보여주는 것이다.

(통일산업에서는 파업 개시)

언론기관에 독재하수인 들끓어

문화방송국 보도국기자 90명 농성

7월 13일 문화방송 보도국기자 90여명은 기관원 출입금지등의 요구사항이 담긴 성명을 발표하고 농성, 제작거부에 들어갔다. 이들은 "허울뿐인 공영방송제 철폐, 기관원 출입금지, 관선 경영진 퇴진 등을 요구하며 14일까지 요구사항이 관철되지 않을 경우 실력행사를 하겠다고 밝히고 농성·제작거부등을 전개하였다.

현정권, 노조탄압 계속

청파노조 사무실 탈환

청계피복노조는 지난 7월15일 노조사무실(종로구 창신동 동대문상가아파트 B-411)을 탈환하고 7월 26일 오후 3시 "청계노조 사무실 탈환기념및 전진대회"를 이 노조 사무실에서 개최하였다.(**전화 : 743－9074**)

노조사무실 재개 요구

청계노조 사무실은 85년 10월 경찰에 의해 건축법위반등의 구실로 강제폐쇄되었다. 지난 7월 1일 이소선여사(전태일의 어머니)가 동대문 경찰서를 찾아가 노조활동 자유의 보장책의 하나로 노조사무실 재개를 요구했고, 경찰은 7월 7일부터 사무실 재개를 약속했다.

경찰, 폭력만 행사

그런데 7월 7일 오전 10시경 이소선여사가 황만호 노조위원장등 15경과 함께 사무실을 찾아갔으나 200여명의 경찰이 사무실 주위를 포위하고, 노조측에 "사무실을가정집용으로 간 사용하겠다"는 각서를 요구하며 노조사무실을 계속 폐쇄했다. 이에 노조측은 이를 거부하고, 오전 12시경 이여사등 6명이 사무실안으로 밀고 들어갔다. 그러자 경찰측은 주먹과 구둣발로 이들의 머리, 가슴, 배등을 때리고 걷어차 사무실밖으로 끌어내 계단위에 내동댕이쳤다. 이로인해 전순옥씨등 3명이 크게 다쳐 근처의 이대병원 응급실에 입원했다.

스스로 사무실 탈환

그 후 7월 15일 새벽 6시경 노조원 40여명이 노조사무실 탈환을 위해 다시 사무실에 진입, "노동운동 탄압중지, 노동악법개정" 등의 프랭카드를 내걸고 농성하여 전화를 복구하고 수도와 전기를 가설하고 활동을 재개하였다.

민주헌법!! 이렇게 되야 한다.

□……**독점재벌, 군부독재세력, 미국 등 외세의 지배, 착취의도 배제되야 한다**……□

지난 40년의 헌정사는 3번의 쿠데타, 2번의 삼선개헌, 유신독재헌법, 그리고 80년 수천의 민중을 학살하면서 등장한 현군부독재정권에 의해 유신헌법의 원형을 그대로 따서 만든 현행헌법등으로 무려 8차례에 걸쳐 독재정권의 영구집권을 위해 바뀌어져 온 역사였다.

그러나 현정권이 현행헌법을 그대로 고수하여 영구집권을 꾀하려고 4·13호헌조치를 발표하자 이에 온 국민은 살인적인 최류탄 난사에도 굴하지 않고 독재정권퇴진과 민주헌법쟁취를 요구 하는 6월민주화투쟁을 벌였다. 그 결과 현정권은 헌법개정논의 재개라는 타협안을 내놓았던 것이다.

현 정권, 지배장치 유지시키려 안간힘

그러나 현정부여당이 최근에 내민 개정안은 온국민의 민주화열망을전혀 반영하지 않고 있다.

그 구체적 내용들을 살펴보면, 헌법 전문에서 5·18광주항쟁과 6월 민주항쟁 정신의 계승을 명시하지 않으려 하고 있으며 제5공화국 출범을 정당화시키는 조항을 그대로 게재하고 있다.

또한 헌법 제20조(언론·출판·집회·결사의 자유) 1항을 제외한 2, 3항의 단서조항에서 영화, 신문, 통신, 방송에 대한 규제를 가하고 있으며, 제23조에서는 선거연령을 20세 이상으로 하고 있다.

그리고 헌법 제32조(노동자의 단결권등) 1항의 단서조항 및 2, 3항의 유보조항에서 공무원노동자의 노동3권과 방위산업체에 종사하는 노동자의 단체행동권을 제한하고 있으며, 제36조 2항의 단서 조항에서는 국민의 자유와 권리를 법률로서 제한할 수 있다는 포괄적 유보조항을 계속 명시하고 있다. 이 외에도 군부독재정권이 만든 현행헌법을 대부분 그대로 인정하거나 고수하고 있는 조항은 많다.

민주헌법, 참된 민주화와 민족통일을 지향해야

그러한 의미에서 우리 노동자들이 요구하는 헌법개정의 내용은 그동안 민중들의 민주화투쟁의 성과를 헌법에 충분히 반영시키고, 앞으로 참된 민주주의와 이땅의 민주화와 민족통일을 이룩할 수 있는 기틀을 다질 수 있는 내용들로 채워져야 한다.

노동기본권의 완전한 보장 있어야 한다.

첫째, 노동자의 기본적 권리를 확보하기 위해서 노동자의 단결권, 단체교섭권, 단체행동권은 어떠한 단서조항 없이 전면적으로 보장되어야 한다. 노동3권의 완전보장을 명시하지 않는다면 앞으로도 계속 노동자를 저임금, 장시간 노동속에 묶어 두고 노동운동을 탄압하려는 의도일 뿐이다.

그리고 현행 노사협의회법은 80년 현정권이 들어서면서 오로지 노동자의 단결권, 단체교섭권, 단체행동권을 방해하기 위해 만들어진 것에 불과하다. 따라서 노동3권이 완전보장 된다면 노사협의회제도는 불필요해지므로 자동 폐지되어야 할 것이다.

국민의 기본권 탄압장치 없어져야 한다.

둘째, 노동자의 기본적 권리를 확보하기 위한 노동운동을 탄압하려는 제반악법은 폐지되고 자유권은 최대한 보장되어야 한다.

모든 국민은 진실을 알고 이를 자유롭게 알릴 권리를 갖고 있다. 따라서 언론·출판·방송·방영에 대한 허가나 검열 및 집회·시위에 대한 규제는 국민의 기본적 자유권을 침해하는 위헌조항이며, 특히 노동운동을 탄압하는 도구로 악용되고 있다.

표현의 자유, 신체의 자유, 학문의 자유, 사상의 자유의 확실한 보장은 노동운동을 보다 활발하게 전개할 수 있는 필수적인 전제조건으로서 참된 민주화의 토대가 되는 것이다.

그리고 노동운동을 탄압하는 도구로 남용되고 있는 국가보안법, 집회와 시위에 관한 법률, 외국인투자기업체에 있어서 노동쟁의규제에 관한 임시특례법등의 법률은 명백히 국민의 자유권을 침해하는 위헌법률이다.

이러한 위헌법률을 마음대로 결정할 수 없도록 하는 제도적 장치로서 헌법재판소를 설치하여 이의 위헌여부를 심사할 수 있도록 해야 한다.

민주주의 파괴하는 권력의 횡포에 저항할 권리와 의무가 명시되야

셋째, 모든 국민은 헌법과 민주적 기본질서를 파괴하는 행위에 대하여 다른 구제수단이 없을 경우 이에 저항함으로서 민주주의를 지키고 유지해야 할 권리와 의무가 있음을 명시해야 한다.

5·18 광주항쟁과 6월민주화투쟁은 바로 현독재정권이 국민의 의사에 반하는 반민주적 행위를 한데 대한 4천만 국민의 민주주의 수호를 위한 위대한 저항이었던 것이다.

선거연령 18세로 해 연소노동자 권리 보장되야

넷째, 현정부여당은 사회경험의 미숙, 선거바람등의 이유를 내세워 선거연령을 20세로 제한하고 있다. 그러나 사실상 우리 노동자들은 고등학교에의 진학을 포기하고 공장에 들어가 돈을 벌어야 하는 경우가 대부분이며, 18세가 되면 연소노동자 보호대상에서도 제외됨에 따라 민주시민으로서의 권리와 의무를 행사할 성인으로 인정되고 있다. 따라서 선거연령을 20세로 제한하려는 정부여당의 의도는 선거인의 다수를 차지하고 있는 18~20세 노동자들의 민주정치에의 참여를 배 함으로서 군부독재 집권을 연장시키려는 의도가 분명하다.

민주항쟁정신과 자주적 통일의지가 명시되어야 한다.

다섯째, 5·18광주항쟁과 지난 6월 민중항쟁은 민주주의를수호하기 위한 민중의 위대한 투쟁이었으므로 헌법전문에 이 정신의 계승을 명시하고, 정통성없이 등장한 제5공화국 출범의 명시는 삭제되어야 한다.

또한 새헌법에서는 우리나라가 분단국가임을 분명히 명시하고, 이 헌법은 통일이 될 때까지만 효력을 지닐 수 있는 잠정적 헌법임을 밝혀야 한다. 따라서 헌법 제3조의 대한민국 영토는 한반도와 부속도서로서 한다는 영토규정은 삭제되어야 하고, 이와 더불어 자주적, 평화적 통일 노력과 통일논의의 자유가 보장되어야 한다.

이러한 방향으로 개정된 헌법이어야만이 실질적인 민주주의가 보장될 수 있으며, 이러한 헌법의 취지를 올바로 실현 시킬 수 있는 제반 노동관계법률이 새롭게 다듬어져야 한다.

대 파 업

민주노조건설, 노동조건개선 등 기본요구 전 업종으로 확산, 노동자들 단결위력 자각

재벌·정권,회유·강경· 분열공작 계속 노동자, 전국적 단결 필요성 절실

노동자들의 파업이 전국 곳곳에서 터져나오는 가운데 노동자들은 "노동자들의 단결의 위력이 그 어떤 것보다 강하다"는 것을 자각해가기 시작했다.

그리고 이 사회를 유지발전시키는 주체는 바로 우리 노동자들임을 깨달아 가면서, 노동자들의 경제적 사회적 정치적 지위향상을 위한 투쟁이 훨씬 더 조직적이고 강력해질 필요성을 느끼고 있다.

또한 전체 독점재벌과 현정권의 회유책과 강경책에 맞선 노동자들의 전국적 단결의 필요성이 보다 절실한 문제로 등장해 나가고 있다.

거제도 대우조선소

지난 8월 8일 오후 2시부터 경남 거제도 대우조선소 노동자와 가족 등 8,000여명은 회사 연병장에서 민주노조결성과 임금인상 등을 요구하며 농성에 들어갔다. 이들 8,000여명은 8일 철야농성을 하고 이어 9일에는 서문국도를 차단하고 농성을 계속했다.

10일 새벽 3시 30분경에는 경찰 9개중대가 동원돼 이들 농성노동자들에게 무차별 최루탄을 난사하며 회사안 30여m까지 진입, 노동자 20여명을 최루탄 파편 등으로 중경상을 입혔다.

노동자들은 이에 맞서 5개 출입문을 지게차와 포크레인 등으로 바리케이트를 치고 소방호스로 물을 뿌리며 맞섰다.

농성노동자들은 오전 4시쯤 손상순 부사장과의 면담을 요구하며 본관건물로 모였으나 손부사장이 자리를 피했다.

또한 회사측은 10일부터 12일까지 휴업에 들어가겠다고 하면서 "임시노조대표들과 사장면담을 주선하겠다"고 했으나 노동자들은 17개 요구사항이 전면 관철될때까지 농성을 계속하겠다고 하면서 도로를 점거, 5,000여명이 농성을 계속하고 있다.

전경, 노동운동탄압부대로 되었다. (거제도 대우조선 정문 앞)

한편 노동자 1천여명은 회사 통근버스 12대에 나누어 타고 "민주노조"를 외치며 충무 신아조선소로 가 동조농성을 유도하려다 마침 휴가중이라는 것을 알고 돌아왔다. 통근버스는 9일 밤까지 노동자들의 거주지를 돌며 가족들을 농성장으로 실어다 날렸다.

대우조선소 노동자들은 지난 4월 노동조합을 결성하려다가 회사측으로부터 수십명이 해고당하는가 하면 미행, 납치와 폭행을 당해 노조결성시도가 무산된 적이 있다.

대우중공업 농성계속

8월 6일 오후부터 기본급 5만원 인상 등 8개항을 요구하며 인천공장 1,500여명이 농성을 벌이기 시작한데 이어 7일부터 안양(700여명), 영등포(400여명)에서 같은 요구조건을 내걸고 농성을 시작, 회사측이 요구조건을 계속 받아들이지 않자 10일 현재 계속 파업을 단행하고 있다. 또한 인천 대우자동차에서도 10일 2천여명이 파업에 들어갔다.

부산 노동자들 투쟁 계속

(주)한진 노동자 180여명은 어용노조 퇴진, 임금인상 등을 요구하며 지난 4일부터 농성에 들어가 7일째 농성을 계속하고 있다.

또한 부산에서는 국제상사, (주)한진, 한진교통, 경동산업 등 4개업체가 4일 현재 파업농성을 계속하는 것으로 알려졌다.

한일합섬(주)

지난 7일부터 4일째 농성을 계속하던 마산의 한일합섬 노동자 1,00 여명은 회사측의 일방적인 10일부터의 휴무결정에도 불구, 농성을 계속하고 있다.

이외에 인천의 대한화학기계(7일 등 곳곳에서 파업이 계속되고 있다고 알려왔다.

〈**속보**〉 8월 11일 전국에서 84개 사업장의 노동자 들이 파업을 벌여 1 개 업체가 일단 협상을 보고, 192개 사업장에서는 파업을 계속하고 있다. 광산, 운수, 항만, 전자, 섬유 등으로 파업은 계속 확산되어 가고 있다.

현대그룹은 노동자들의 민주적인 조직체인 현대그룹 노동조합 협의체를 부인하며 노동운동을 사회혼란 운운하며 가정통신문까지 보낸데 현대엔진 노동자들 1,000여명이 항의하고 있다. (8월 10일)

10일 오후 5시경 금성사 창원공장 노동자 3,000여명이 지게차 40여 대를 앞세우고 어용노조퇴진, 임금인상을 요구하며 제2공장에서 제1공장으로 들어서고 있다.

광산노동자 투쟁도 계속

태백 탄전지대의 광산노동자들의 투쟁이 계속되고 있는 가운데 국내 최대의 국영탄광인 석탄공사 장성광업소 노동자 5,300여명 중 갑반 노동자 2,700여명과 80년 과감한 투쟁을 벌였던 동원탄좌 사북광업소(중앙일보에는 80년 난동사건이라 표현) 노동자 500여명이 10일 오전부터 파업농성에 들어갔다.

지난 6일부터 어룡광업소 노동자들의 농성을 시작으로 벌어졌던 광산노동자들의 투쟁은 어용노조 퇴진, 임금인상 등을 요구하며 10일 현재 9개 탄광 1만 5천여명의 노동자들이 농성시위를 계속하고 있다.

10일 오전 6시 30분경 경찰 1,200여명은 삼척탄좌 정암광업소 농성노동자 1천여명을 고한역에서 무차별 폭력을 가하면서 강제해산을 시도했다.

운수노동자 파업 확산

광주, 전주, 서울, 부산 등지의 운수노동자들의 파업시위가 연일 확산되 노동자들의 단결력이 강화되가고 있다.

광주

광주시내에서는 9일 오전 9시 3 분, 대창운수 노동자들이 파업을 시작, 삼양시내버스 등 6개회사로 확산, 전 시내버스운행을 전면 중단시키면서 사실상 총파업에 들어갔다.

이들은 각 회사별로 100~200여명씩 모여 84년 단체협약 때 없어진 기본급 13만 5천원 부활 등 11개항의 요구사항이 전면 관철될 때까지 파업농성을 계속하겠다고 밝혔다.

이에 대해 민주헌법쟁취 전남노동자공동위원회는 지지성명을 발표했다.

전주

택시운전사들이 4일째 파업농성 계속하고 있는 가운데 전주시내 개 시내버스 운전사들도 전면 파업에 들어갔다.

이들은 어용노조퇴진, 임금 40% 인상 등 15개항을 내걸고 농성을 계속하고 있다.

서울, 부산, 인천 등지의 택시 시내버스 운수노동자들도 임금인상 등의 요구조건을 내걸고 파업농성을 계속하고 있다.

이들 운수노동자들에게 있어서 노조문제나 생존권문제 등이 계속 해결되지 않고 남아 있는 한 파업은 확산될 것이고 참된 민주화가 이루어질 때까지 노동자들의 투쟁은 계속될 전망이다.

"어용노조, 이제 완전히 물러나야"

노동조건개선투쟁과 더불어 어용노조 민주화투쟁이 곳곳에서 활발하게 전개되고 있다. 노동자들의 피땀이 얼룩진 조합비만 또박 챙겨먹고 노동자 권익은 한번도 생각않는 어용노조와 교육 한번 제대로 하지 않고 회사측에 빌붙어 일신의 영달을 꾀해온 어용노조 집행부를 몰아내고 자주적이고 민주적인 노동조합을 만들려는 투쟁이 힘차게 진행되고 있는 것이다.

대한조선공사(부산) : 조·공 노동자 1,500여명은 7월 25일 "일급 천오백원 인상, 보너스 200% 지급 노조민주화" 등을 적어 식당벽에 붙여진 벽보를 관리자들이 욕설을 퍼부으며 찢어발기는 모습을 보고 분개하여 식사를 중단하고 식당에서 나와 회사앞 태종로를 차단, 점거농성에 돌입하였다.

대우조선소 파업 계속 경찰, 형사들 난입 최루탄과 폭력 난무

그런데 26일 새벽 4시 10분경 전투경찰과 형사 천여명이 뒷문을 통해 500여명의 노동자들이 모여 있는 농성장에 난입, 최루탄을 던지며 경찰봉 등으로 구타 80여명의 노동자를 연행 농성을 강제해산시켰다.

27일 경찰의 만행에 분노한 노동자 2,500여명이 항의농성을 시작 연행자를 석방시켜 농성대열에 합류시켰다.

30일 회사측은 농성장에 공급되던 전기·수도·식사를 중단시키고 무기 휴업조치를 취했다.

그러나 노동자들은 한치도 흔들리지 않고 농성을 계속 마침내 31일, 60% 여름휴가 보너스지급, 25% 임금인상은 법정관리인과 협의 하는 등의 내용으로 협상, 투쟁을 일단락지었다.

동양나일론·폴리에스터(울산) : 이 회사 노동자 1,500여명은 7월 27일 '어용노조 퇴진', '임금 30%인상' 등을 요구하며 철야농성에 돌입했다. 그리고 이들은 민주노조추진위원회를 결성하고 각 부서별로 45명의 대표를 선정하였다. 1,000여명의 노동자들이 그 자리에서 어용노조를 탈퇴 새집행부에 가입·서명하였다.

그러자 29일 회사측은 노동자들의 단결된 투쟁에 굴복하여 '임금 12%인상', '유급휴가 인정', '민주노조 설립 때까지 기존노조와 협의중지' 등의 요구사항이 관철되었다.

노조민주화투쟁 전국의 노조가 완전 민주화 때까지

이외에도 부산의 태광산업, 세신정밀금속, 효성중공업 창원공장, 울산의 태광산업(관련기사 8면), 인천의 남일금속, 경남 울주에 있는 풍산금속, 그렌드호텔 등에서도 노동조건 개선과 어용노조 민주화투쟁을 벌여 노조민주화에 성공하는 회사가 늘어나고 있다.

이러한 어용노조 민주화투쟁은 곳곳으로 확산 될 것이고 노조민주화 투쟁 방법도 훨씬 조직적으로 진행될 전망이다.

한국노총, 민주노조운동 겁내 「궐기대회」 수해 운운하며 연기

지난 8월 4일 한국노동조합 총연맹 주최로 열릴 예정이던 「헌법 및 노동법 개정 촉구궐기대회」가 무기한 연기되었다.

한 소식통에 따르면 지난 7월 31일 각 산업별 노동조합연맹 위원회 간담회 자리에서 대회연기를 결정하고 수해를 이유로 연기한다고 밝혔으나 그 본래 이유는 다른데 있다고 한다.

31일의 간담회에서 산업별위원장들은 현재 진행되는 현장노동자들의 노조민주화 움직임과 현 노총집행부에 대한 반대 움직임이 거세지고 있는 상황에서 궐기대회를 열게되면 대회가 현장노동자들에 의해 주도 될 것이고 노조민주화 움직임을 더욱 가속화시킬 것이다 라고 하면서 연기결정을 했다는 것이다.

이제 한국노총도 노동자들의 아래에서부터의민주화요구에 겁을 집어먹고 기만술책이 안통할 거라고 생각하는 모양이다. 이때 완전히 밀어붙여 한국노동조합 총연맹 현 집행부를 몰아내고 진정한 민주노동조합 총연맹을 만들어 가야할 것이다.

□노조민주화실천위가 밝힌 한국노총어용성□

비민주적, 반노동자적 행위 곧 노동자의 심판받게 될 것

단위 노동조합의 유일한 전국조직인 한국 노동조합 총연맹이 제 본분을 다했다면 우리 노동자들의 경제적 사회적 정치적 지위는 엄청나게 향상되었을 것이고 노동자들의 힘에 의해서만도 군부독재 정권의 등장을 막을 수 있었을 것 이다. 그런데 지금까지 한국노총은 계속 노동자들을 속이고 배반하면서 자본가들과 독재정권의 하수인 노릇만 해 왔다.

지난 7월 12일 결성한 노동조합 민주화 추진위원회 발족 취지문에서 밝힌 한국노총의 반노동자적 행위를 발췌해서 싣는다.

차마 일일이 열거하기 힘들 정도의 구조적, 인적 부패상을 우리에게 서슴없이 보여주고 있는 한국노총은 특히 87년에 접어들면서 그 정도를 넘어섰는데 이는,

첫째, 현 정권의 4·13조치에 대해 한국 노총의 지극히 비공개적이고 비민주적으로 발표한 지지성명이 그것이다.

둘째, 노총에서 열심히 일하던 전문위원들을 해고시키고, 이들 전문위원들이 부당한 해고에 항의, 법원에 해고 무효 소송을 걸어 승소했는데도 노총은 계속 신규채용 운운하며 복직을 거부하고 있는 문제이다. 노동자가 해고당하면 분연히 일어나 이에 맞서 투쟁해야 할 노총이 법원의 판결조차 무시한 채 해고자 복직을 거부하는 것은 그들의 반노동자적 속성을 적나라하게 드러내는 행위이다.

세째, 현재 한국 노총 위원장이란 사람은 민정당 중앙위원이며 간부 대부분도 민정당 당원이라는 사실이다. 정치적 투쟁을 통해 노동자의 권익을 향상시키고 뽑아준 조합원들에게 봉사해야 할 조직이 노총이라는 사실을 망각하고, 정권의 비호에 들어가 개인적 영달을 꾀하려는 노총의 비민주적이고 정권의존적 작태는 무엇으로 변명될 것인가?

넷째, 노동법 개정에 대한 형식적 기만적 자세이다. 4·13지지에 대한 반성없이 6·29직후 나온 노총의 노동법 개정안 발표는 그들의 기회주의적 속성을 만 천하에 드러냈다. 우리는 노총이 진정으로 노동자의 뜻을 모아 노동법을 개정할 의사가 없을 뿐만 아니라 4·13지지 성명에 대한 만회의 수단으로 노동법 개정을 악용하고 있음을 알고 있다. 만약 오늘의 민주적 상황이 바뀌어 버리면 다시 권력의 비호하에 들어가 몸을 도사릴 것이 자명하다.

이상과 같은 비민주적인 노총의 반역사적이고 반노동자적 행위는 마땅히 역사의 심판대에 오르게 될 것이다.

농민들, 생존권요구 시위 확산

수해, 정부당국의 기만정책에서 기인

〈농민들 수해보상 요구 시위〉

태풍 셀마에 이어 수해가 전국을 휩쓸자 피해 농민들은 각지에서 수해보상을 요구하는 항의와 시위를 잇달아 벌였다.

경북지구에서는 안동군 임하면 임하댐 수몰예정지구 농민 29명이 17일 경북 도청에 몰려가 관계당국의 대책소홀로 피해가 더욱 커졌음을 주장, 보상을 요구하였고, 같은 날 고령군 우곡면 농민 65명도 우곡제방공사의 늑장으로 낙동강물이 역류, 피해가 커졌다고 조속한 제방공사를 당국에 촉구하였다.

또한 고령군 개진면 농민 100여명도 7월 25일 '수해피해의 적정보상'을 요구하며 고령 군청에 항의하였으며, 달성군 논공면 주민 100여명도 7월 17일 오후 2시부터 경운기로 구마선 위천 — 현풍간 차량통행을 막고 시위를 벌이며, 위천 — 하동앞까지의 3km 제방공사를 요구하였다.

경남 김해군에서는 가락면 봉림리 수박재배농민 80여명이 7월 20일 태풍 셀마 때 녹산수문을 제 때에 열지 않아 수문 주변의 피해가 커졌다고 주장, 김해군과 김해 농지개량조합을 상대로 3억원을 요구하는 소송을 제기하여 법정싸움을 벌였으며, 거창에서는 신원면 수재민 300여명이 7월 20, 21일에 거창읍 도로, 88고속도로 민정당사 앞에서 항의시위를 벌였고, 부여농민 500명도 7월 24일 경운기로 군청 앞을 막고 항의 농성을 벌였다. 7월 20일에는 산청군 8개부락 농민 200여명도 단성면 사무소에 모여 남강댐 피해 보상 농민 궐기대 회를 가졌다.

이러한 수해피해에 대한 항의농성은 그동안 정부당국이 농민위주의 농업정책을 쓰기보다 독재권력의 유지에만 모든 정력을 바친 현 정권에 대항하는 것으로 나타나고 있다.

국민운동 전국 농민위원회 결성 군지부결성식 활발히 진행

지난 7월 8일에는 서울 기독교회관 국민운동본부 사무실에서 한국기독교농민회 총연합회, 가톨릭농민회, 가톨릭여성농민회 도단위 임원과 활동가 60여명 그리고 각계의 민주인사가 참여한 가운데 「민주헌법쟁취 국민운동 전국농민위원회」가 결성되었다.

또한 각 지방에서 많은 농민들이 자발적으로 참여한 가운데 국민운동 군·지부결성식이 각지에서 활발히 진행중에 있다.

노신만평

노조민주화실천위원회

노동법개정공청회 열어

노동법개정 공청회 열어

노민위 주최로 지난 7월 19일 여의도 여성백인회관에서 노민위원 약 200여명과 기타 노동자, 학생등 약 400여명이 참가한 가운데 공청회가 개최되었다. 이 공청회는 노동법에 관한 현 노총의 제안을 비판, 보완하는 형태로 진행되었으며, 이후에는 각 의견및 사례발표가 진행되었는데, 발표내용으로는 최저임금제, 산재, 노동쟁의조정법, 노조설립요건, 해고문제, 여성문제등 다양하게 제기되었다. 특히 울산의 현대엔진노조 부위원장은 「지금 가진자들은 하나로 똘똘 뭉쳐있는데 우리 노동자도 똘똘 뭉쳐야 하지 않느냐」고 하여 참석자들의 많은 공감을 불러 일으켰다.

오후 2시 30분부터 약 4시간 가까이 진행된 이날 공청회는 노민위 가입노조위원 위주로 진행되어 해고자등 노동운동에 관심을 가진 많은 이들로 부터 공청회의 참가폭을 넓힐 것등이 요구되기도 하였다.

「노민위」 가입안내

노동조합 민주화 실천위원회는 위원회의 취지에 동의하는 노동조합 및 노동자들과 함께 활동하기 위해 가입의 문을 열어 놓고 있다.

가입방법은 노동조합의 대표자나 간부대의원, 조합원이 가입희망 조합원의 연기명 서명을 받아 우편으로 보내면 된다.

회비는 1인당 월 500원으로 결정되었고 회비납부는 은행 온라인 구좌를 설치해 두고 있다.

연락처 : 서울시 중구 다동 85번지
(럭키금성빌딩 11층)
범한화재해상보험노동조합
전 화 : 771－26(교환)
753－6939

민주화 운운 확실히 기만

이한열 추모대회 피로 물들어(인천)

한편 인천에서도 7월 12일 고 이한열 열사 추모및 양심수 전원석방 인천시민대회가 경찰의 무차별 폭력으로 시내중심가가 피로 물들고 367명이 연행되었다.

경찰은 평화적 집회를 포위, 곤봉과 방패로 찍고 군화발로 짓밟고 남녀노소 구별없이 마구 구타하며 대회를 방해하고 참가자들을 연행해 갔다.

연행도중 옷이 반쯤 벗겨진 한 여학생이 닭장차에 끌려 오르자 "아가리 닥쳐 이년아"하며 곤봉으로 때릴 뿐 아니라 허리와 가슴을 만지고 모독적인 욕설을 낄낄거리며 주고 받았다. 또한 연행된 시민과 학생들에게 온갖 협박과 기합, 구타, 욕설을 퍼부었고 나이 든 시민에게도 "나이살 먹은 새끼가 이런 데는 왜 와. 병신되도록 맞아볼래"등의 입에 담지도 못할 폭언을 퍼 부었다.

일명 백골단, 노동자·학생·시민 무차별 짓이겨(부산)

지난 7월 10일 새벽, 고 이한열 열사 추모제와 직선제 쟁취기념 부산시민대회에 경찰이 습격, 테러를 자행해 백여명이 중경상을 입고 부산진소방서 앞거리가 피로 물들었다.

다연발최루탄발사차를 앞세운 전경과 하이바를 쓴 전경(일명 백골단)은 쇠방망이, 죽도, 방패, 군화발로 노동자, 학생, 시민등을 무차별로 짓이기고 피범벅된 사람들을 질질 끌며 연행하였으며 이 과정에서 이열사의 영정, 만장등도 부러져 나갔다. 또한 경찰은 6, 70대 노모들에게도 "늙은년이 무슨 지랄이야. 이××년아. 여기 뭐하러 왔어."라고 퍼부으며 머리채를 휘어잡고 건물벽에 찧어 머리가 깨어지고 팔이 부러지는등의 부상을 당한 30여명의 노인들이 입원치료를 받았다.

이에 분노한 부산시민은 밤새 시위와 농성으로 맞섰다.

■미국 우방아니다

공장자주관리운동탄압 노동자착취세력 부식 친일파를 친미파로 전환

1945년 8월 15일 일본 제국주의 세력이 물러가고 이 땅에는 이 민족의 자주독립국가 건설의 전망이 활짝 열렸다.

한국경제의 80～90%를 차지하던 일본인들이 이땅에서 쫓겨가자 이땅에는 자본가가 없어졌다. 이에따라 노동자들은 스스로 공장을 인수하여 생산을 계속해 나가기 시작했다. 이러한 공장자주관리운동이 전국적으로 확산되어가고 노동자들의 자발적인 생산, 빼앗기지 않는 노동을 하자 생산성은 향상되기 시작했다.

그러나 일본제국주의로부터 해방에 이어 38선 이남에 진주한 미군은 해방군이 아니라 점령군이었고 이 점령군이 군인정치를 실시했다. 이에따라 미군정은 '건국준비위원회' 등 우리 민족의 자주적인 대표기구들을 전혀 인정하지 않고 일본제국주의의 조선민족지배기구였던 조선총독부기구를 그대로 답습하였다. 그리고 이 기구를 통하여 우리민족의 재산을 미군이 다시 차지했다.

노동자들의 공장자주관리운동도 탄압하면서 공장을 미군이 다시 빼앗기 시작했다. 그리고 일제시대 때 일본제국주의 세력에 아부하던 친일파들에게, 빼앗은 재산을 다시 넘겼다.

이들을 자본가로 만들어 가면서 친미세력을 키워갔다.

이렇게 하여 이땅에서 없어진 자본가들이 미군에 의해서 다시 형성된 것이다. 그것도 과거 친일세력은 중심으로 그리고 3년동안 이땅을 미국군인정치가 진행되면서 노동자와 농민들, 그리고 항일투사들의 자주독립국가 건설을 위한 투쟁을 무참히 짓밟아 왔다. 수없이 많은 우리 민족을 죽이면서.

그후 형식적으로는 한국인 독재세력에 정권을 넘겨주었지만 계속 이땅을 갖가지 방법으로 지배하고 경제적 이익을 챙겨갔다.

우리 노동자들에게 있어서 미국은 처음부터 우방이 아니라 적이었다. 이것이 8·15해방절에 우리 노동자들이 명심해야할 사항이다.

최근 신문에 노동자들의 노동조합 결성과 노동조합 민주화 투쟁 및 생존권쟁취 투쟁들이 연일 크게 실리고 있읍니다. 모든 노동자들이 지금까지 계속 서러움만 받아 오다가 이제 나서야 한다는 소리가 높아지고 있읍니다.

그러나 우리 노동자들은 돈도 없고 빽도 없읍니다. 그렇지만 최근 노동자들의 투쟁에서 볼 수 있듯이 단결하면 그 무엇보다도 더 큰 힘이 나온다는 것을 알 수 있읍니다.

이 큰 힘을 만들어 내는 것이 노동조합입니다. 그런데 노동조합을 만들려면 어떻게 해야 할까요?

첫째, 노조결성을 추진해 나갈 수 있는 믿을만한 동료를 모아야 합니다. 모든 노동자들이 뜻을 같이 하지만 여러가지 사정으로 적극 참여하기는 어려운 동료들도 많습니다. 물론 모든 노동자들은 언젠가는 함께 하겠지요.

둘째, 노동조합결성준비위원회를 만듭니다.

결성준비위원회는 조직의 성패를 좌우하는 중요한 임무를 띠게 됩니다. 따라서 성실하고 책임감이 강해서 동지를 배신하지 않는 사람으로써 직장에서 노동자들에게 신뢰를 받고, 조직능력이 있으며, 될 수 있으면 근속

■ 실천교실

노동조합! 이렇게 결성한다

연수 연령 등을 보아 주위 동료들이 따르는 인물로서 업무에 대한 우수한 능력이 있는 사람이어야 합니다.

세째, 조합결성준비위원회는 노동조합결성과 활동에 대한 필요한 사항을 연구해야 합니다.

노동조합에 관한 책이나 자료를 구입해 공부하거나, 각 지역에 있는 민주적 노동단체에 찾아가 자문을 구합니다.

네째, 자세한 세부계획을 세워야 합니다. 더많은 동료들을 모으는 계획, 필요한 서류 작성이나, 노동조합 임원진 구성, 결성총회 방법, 회사측의 탄압에 대응하는 방법 등에 대해 대응책을 세워두어야 합니다. 모든 일은 비밀리에 추진할 필요가 있으며 기밀누설을 막기위해 준비기간은 될수록 짧은 것이 좋읍니다.

다섯째, 결성총회를 열고 결성절차를 거치고 노동조건 개선 등 노동조합 활동을 시작합니다.

노동조합 결성절차는 어려운 것 같지만 실재로 해보면 어렵지가 않습니다. 마음만 먹으면 누구나 다 할 수 있읍니다.

참고할 책 : 조합결성의 기초지식 (동녁출판사) 1,200원

노동문제 상담소 : 아래 광고란에 있읍니다.

우리노동자 이런 상태 처해있다

임금적게 주고 오래 일시키기, 일하다 죽고 다치게 하기 세계 1위

최근 노동자들의 생존권보장 등 노동조건개선 요구가 전국에서 폭발적으로 일어나고 있다. 그것도 단결된 모습으로 조직화되어 가고있는 추세이다.

그러면 한국노동자 전체가 어떤 상태에 있는가를 보자.

한달 임금으로 보름밖에 못살아

〈표 1〉에서 볼 수 있는 것은, 4인가족이 최저생활을 하는데 필요한 돈이 524,113원이라고 한다면 우리 노동자들은 255,408원~339,474원을 가지고 생활을 하는 것이 된다. 즉 최저생활을 하는 데 필요한 돈의 2분의 1만으로 생활을 하고 있다는 것이다.

〈표 1〉 임금과 노총생계비의 비교

(단위 : 원, %)

(임금(전산업)		노총4인가족 생계비(ㄷ)	생계비 충당율	
임금총액(ㄱ)	정액급여(ㄴ)		ㄱ/ㄷ×100	ㄴ/ㄷ×100
339.474	255.408	524.113	64.8	48.7

자료 : 노동부 「매월노동통계조사보고서」 노총 「도시근로자 생계비」에서 작성.

생계비 메꾸려면 장시간 노동에 시달릴 수 밖에

임금이 적으면 부족한 생계비 충당을 위해 장시간 노동에 시달리면서라도 일해야 한다. 그래서 결국 경제가 발전해 선진국 대열에 낄락말락해도 1965년부터 장시간노동 세계 1위를 무려 20수년 동안 계속해왔고 지금도 1위자리를 계속 고수하고 있다〈표 2〉.

〈표 2〉 주당노동시간의 국제비교 (제조업)

(단위 : 시간)

	1965	1970	1980	1983	1985
한국	57.0	52.3	53.1	54.4	53.8
프랑스	45.6	45.6	40.6	38.9	38.6
싱가포르	-	48.7	48.6	48.9	-
대만	-	-	50.9	48.1	47.4
서독	-	-	41.6	40.5	40.7

자료 : 국제노동기구 노동통계연감(1985)에서 수록

장시간 노동속에 늘어나는 산업재해 -세계1위

낮은 임금으로 인해 건강을 유지할 만한 경제적 여유도 없고 충분한 휴식조차 취하지도 못하고 나쁜 작업환경으로 인해 죽고, 다치고, 직업병에 걸리는 노동자 수도 세계 1위를 해마다 계속할 수 밖에 없다. 〈표 3에서 보여지듯 노동자들의 3년간 산업재해 사상자수가 44만명에 이르는 데, 이는 6·25당시 총사상자수 45만명과 맞먹는 숫자이다. 더구나 〈표 3〉에 나온 통계가 우리나라 전체노동자 1,000만명중 산재보험대상 사업장 노동자 약 450만명을 대상으로 조사한 것이라니, 산재보험대상사업장이 아닌 소규모 업체에서의 높은 사고율과 회사측의 은폐처리등을 감안한다면 실제사상자 수는 표3보다 엄청나게 늘어날 것이다.

구분	84년	85년	86년	3년총계
산재보험대상 사업장노동자	약 440만명	약 440만명	약 450만명	
사망	1,667명	1,718명	1,660명	5,045명
부상	154,930명	137,840명	140,428명	433,198명
총계	157,800명	139,558명	142,088명	438,243명

(노동부 통계)

이 문제들은 바로 당사자인 우리 노동자들이 해결할 수 밖에 없다. 단결하여 노동조합을 만들고 전 노동자들이 하나의 조직으로 뭉쳐 싸울 때 비로소 해결되는 것이다.

또한 모든 국민들은 노동자가 생산한 상품에 의해 살아가고 있으며 대다수 국민들 역시 노동자이거나 그 가족들이다. 따라서 온 국민들은 이 노동자들의 절실한 생존문제해결을 위한 노동자의 단결과 투쟁을 적극 지원·지지해야 할 것이다.

■ 노동통신 ■

노동자 여름수련회

7월 31일~8월 2일 한국기독노동자 서울지역연맹과 여성노동자회 공동주최로 오산 한국신학대학에서(400여명이 참여한 가운데) '87서울지역 노동자 여름수련대회'가 열렸다.

'민족민주운동에 앞장서자'라는 주제하에 노동자들이 역사의 주인으로서 민족민주운동의 최선봉에 서기 위하여 노동현장에서 현장동료들과는 어떻게 조직적으로 싸울 것인가를 이번 대회의 열림제, 노동교실, 집단놀이, 횃불제, 모의선거 등의 프로그램을 통해 확인하고 다짐하는 자리를 가졌다.

동료 구하려다 4명 익사 민주노동장으로 장례 치뤄

또한 8월 1일~3일 한국기독노동자 인천지역연맹의 주최로 인천지역 노동자 300여명이 함께한 가운데 충남 금강유역 매포수양관에서 여름수련회를 진행하였다.

그러나 노동자들의 단결의지를 함양하고자 개최된 수련회 첫날인 8월 1일 하오 6시 물놀이 하던 한 노동자가 물에 빠져, 이에 6~7명의 동료들이, 구출하기 위해 뛰어 들었으나 역부족으로 결국 4명의 동지들이 참변을 당하였다.

3일 노동형제들이 참석한 가운데 자신의 죽음을 두려워 하지 않고 위기에 빠진 동료를 구하기 위해 몸을 던진 네 동지에 대한 장례식이 민주노동장으로 거행되었다.

이외 해고자 복직협의회를 비롯하여 지역내 그룹단위로 노동자 여름수련회가 7월말부터 8월말까지 진행되었다.

여성노동자대회

6월 28일 오후 3시 인천 청암감리교회에서 한국기독노동자 인천지역연맹 여성부 주최로 800여명의 노동자가 모인 가운데 여성노동자대회를 가졌다.

이 대회는 '그대 벅찬 샘물처럼'이란 주제하에 여성노동자의 열악한 현실과 여성노동자의 삶을 억압하고 있는 것이 무엇인가를 폭로하고 여성노동자는 이러한 것을 극복하기 위해서 어떻게 해야 할 것인가에 관한 연극, 주장 및 공동체 놀이를 통해 함께 느끼고 힘을 모으는 자리였다.

똑순이

민정·민주당 8인 회담
?

어용노조 신고하자!

단위노조나 노동조합 산별연맹 및 한국노총과 그 지부가 전체 노동자를 배신하거나 비리가 있으면 신고해 주십시요.

신고할 때는 저희 민주헌법쟁취노동자 공동위원회(1면 제호 옆)나 노조민주화실천위원회(7면에 연락처 있음) 및 각 지역 민주노동단체(8면 하단)로 전화나 글, 또는 직접 방문하셔서 알려주시면 됩니다.

여성노동자 대동제도

또한 7월 12일 영등포 산업선교회에서는 여성노동자회의 주최로 여성노동자 대동제가 1,000명이 참여한 가운데 열렸다.

'한국여성노동자의 현실과 실천'에 대한 주제 강연과 이야기 슬라이드, 연극 등 다양한 형태로 진행되었으며 '똑같은 일꾼인데 왜 차별받나', '모성보호는 여성노동자의 당연한 권리', '쥐어짜고도 모자라 노리개 취급까지'라는 제목하에 여성노동자들의 현실 폭로와 이에 대한 주장으로 여성노동자들의 단합을 다졌다.

노동자신문은 노동현장의 각종 소식과 노동자 여러분의 글을 기다리고 있읍니다. (우편, 전화, 방문)

노동문제 상담, 연락처

〈인천〉
동인천지역 일꾼교회 032-72-5792
송림사랑방 032-72-8727
주안지역 한뜻교회 032-526-7296
소성교회 032-428-4208
부평지역 백마교회 032-92-4092
해인교회 032-526-8348
부천지역 하나교회 032-662-9038
〈충북〉
청주 산업선교회 0431-4-6412
〈충남〉
대전 빈들교회 042-622-3389
〈전북〉
이리 노동사목 0653-52-6949
〈전남〉
전남 민주헌법쟁취국민운동 노동자공동위원회 062-54-7330
〈경남〉
마산 가톨릭노동문제상담소 0551-93-8050
울산 사회선교실천협의회 0522-76-5010
부산 민주헌법쟁취국민운동부산본부 051-462-4626
〈경북〉
포항 민주운동연합회 0562-73-5641
구미 가톨릭노동사목연구소 0546-52-6929
대구 달구벌교회 053-353-1326
대구 인권선교위원회 053-423-8929
〈강원〉
태백인권위원회 0395-53-0508
도계 가톨릭광산인권문제상담소 0395-4-2256
사북 가톨릭광산노동문제상담소 0398-4-2705
고한 광산노동자상담소 0398-4-3324

(빠진 곳은 다음 호에 실어 드리겠읍니다.)

민족해방을 위한 노동자 결의대회

〈대회내용〉
* 1부 : 8.15의 역사적 의미, 현 정세하의 노동운동의 과제
* 2부 : 우리의 주장, 사례발표
* 3부 : 마 당 극

일시 : 1987년 8월 16일(일) 오후 4시
장소 : 개 운 사(고려대학 옆)
주최 : 민주헌법쟁취노동자공동위원회
후원 : 민주헌법쟁취국민운동본부

*교통편 : 종로1~6가에서 버스 30, 38, 333번 타고
연락처 : 개 운 사 (전화 : 94-4069)

제3호 1987년 8월 27일

국민운동

발행 및 편집인 : 민주헌법쟁취 국민운동본부
주소 : 서울·종로구 연지동 기독교회관 312호
전화 : 744-6702, 744-2844

최루탄 살인으로 드러난 「6.29」 선언의 기만성

8월 28일 전국적인 추도 규탄대회 개최

이른바 '민주화'의 구호속에 이한열 열사가 최루탄으로 숨진지 40여일만에 대우조선 노동자 이석규씨가 또다시 경찰이 쏜 최루탄 파편에 맞아 숨을 건움으로써 6.29선언의 기만성과 폭력성이 여지 없이 드러났다.

지난 8월 22일 오후 경남 거제군 장승포읍 옥포리 네거리에서 경찰이 대우조선 노동자들의 시위에 최루탄을 집중적으로 난사, 이석규씨(21. 선각조립부)가 쓸어져 경찰으로 옮겨졌으나 이미 숨진 상태였다.

8월 24일 이석규 열사의 사체 부검결과 이열사의 사인은 직경 4㎜, 0.5㎜ 크기의 최루탄 파편 2개가 우측 폐속에 박혀 기흉과 폐출혈이 생겨 흉곽내에 9백cc가 넘는 피가 고임에 따라 폐기능이 정지 됐기 때문인 것으로 밝혀졌다.

고 이석규 열사의 장례는 「민주노동자 고 이석규열사 민주국민장」으로 갖기로 하고 고 전태일 열사의 모친인 이소선 여사를 장례위원장으로 양동생 대우조선 노조위원장을 장례집행위원장으로 장례위원회가 결성됐다.

대우조선 노조측은 농성 15일째인 8월 22일 ▲기본급 2만원 인상, ▲현장수당 2만원 인상, ▲가족수당 1만원 신설등 최종안을 제시했었다.

그러나 회사측은 더이상 양보할 수 없으며 직장폐쇄 신고도 불사하겠다는 강경한 입장을 보였으며 이에 양위원장이 「진전이 없는 것으로 알고 돌아가겠다. 지금부터 발생하는 모든 사태는 전적으로 회사 책임이다」라고 선언했다.

마침내 옥포관광호텔과 근처에 있던 노동자들이 시위에 들어갔고 경찰은 최루탄을 발사하며 진압전을 전개했다.

한편 국민운동본부는 8월23일 상임공동대표인 류동우 기독교노동자연맹회장, 인권위원장 이상수 변호사, 상임집행위원 김도현씨등 조사단을 구성, 현지로 파견했다.

고 이석규 열사는 주위의 평에 따르면 내성적이지만 직장생활에 성실한 모범 근로자였다.

이열사는 전남 남원에서 태어나 삼례국민학교와 용봉중학교를 졸업하고 광주직업훈련소를 수료했다.

이열사는 3형제중 차남으로 책임감과 생활력이 강하며 3년동안 절약을 해 5백50만원을 모을 정도로 검소했다.

이열사는 ▲부지런하다 ▲낭비하지 말라 ▲임무에 충실하라. ▲배우는 자세로 임하라는 생활신조를 갖고 근면하게 살아왔으며 방송통신강좌를 듣는 등 공부에도 각별한 열성을 보였다.

현정권은 스스로 물러나야

민주헌법쟁취 국민운동본부는 8월 24일 이석규 열사의 죽음과 관련 성명을 발표, 이른바 6.29 노태우 선언이 얼마나 허위적이고 기만적인가를 똑똑히 보여 주는 사건이라고 지적하고 현정권이 국민앞에 용서받을 수 있는 길은 스스로 물러나는 길이라고 밝혔다.

성명서는 이한열 열사 죽음의 충격과 슬픔이 아직도 온 국민들의 마음속에 생생한 이때 대우조선소 노동자 이석규 열사가 또다시 최루탄을 맞아 숨진 데 대해 슬픔과 더불어 놀라움과 분노를 나타냈다.

성명서는 이어 6.29 노태우 선언이후 조금도 변하지 않는 독재정권의 행패, 노동자 및 학생들에 대한 검거선풍, 전대통령의 좌경엄단 운운하는 국민협박, 기자회견등 '민주화'라는 허울좋은 말아래 국민을 속이고 우롱하는 독재자의 협박과 술수를 개탄하고 현정권 스스로 거취를 분명히 결정해야 할 때라고 지적했다.

이와 함께 국민운동 본부는 국민행동지침을 발표했다.

1. 전국의 모든 노동자를 비롯한 국민은 고 이석규 민주노동열사 노동자장에 적극 참여한다.

2. 전국 각지의 운동본부와 민주노동조합, 민주단체, 성당, 교회, 사찰에는 분향소를 설치한다.

3. 삼오제까지의 추모기간중 전 국민은 검은 리본을 가슴에 단다. 그리고 전 국민은 공장에서 회사에서 거리에서 매일 오후 6시에 1분간 묵념을 하고 모든 차량은 1분간 경적을 울린다. 사찰, 성당, 교회에서는 1분간 추모타종을 울린다.

4. 모든 방송매체는 퇴폐적이고 향락적인 오락과 스포츠, 쇼프로그램등의 방영을 중단한다.

5. 모든 노동자들은 퇴근후 전국 각지의 분향소에서 경건한 마음으로 분향에 적극 참여한다.

6. 장례식날은 조기를 게양한다. 또한 고 이석규열사 추도위원회는 8월 28일 전국적인 추도, 규탄대회를 갖는다고 밝혔다.

대우조선노조, 정부 공개사과 요구

대우조선노조는 8월25일 성명서를 발표, 이석규 열사의 죽음은 이 땅의 노동현실과 노동운동의 문제를 웅변해주고 있다고 지적하고 정부와 기업주의 노동운동에 대한 시각의 전환을 촉구했다.

성명서는 또 노동운동은 노동자들의 너무나도 정당한 권익쟁취운동이라고 강조하고 민주노동운동의 지속적인 전개 결의를 천명했다.

성명서는 일반 국민들의 지지와 격려에 감사의 뜻을 나타내는 한편, 국민들에게 심려를 끼쳐 죄송하다고 밝히고 언론의 왜곡보도를 비난했다.

이에 앞서 양동생 대우조선 노조위원장은 8월 24일 기자회견을 갖고 내무부장관의 해임및 경찰의 구속, 정부의 공개사과 및 최루탄 사용금지, 노조측이 요구한 14개항 즉각 수락, 휴업조치 철회, 피해자 보상, 노동운동탄압 중지등 6개항의 선행조건을 내걸고 관철되지 않을 경우 장례식을 무기연기 하겠다고 발표했다.

경찰이 반민주적 탄압하다 어린이 치어죽이고 뺑소니

가족들, 살인행위라며 울부짖어

당국이 지난 8월 9일 충북 청주에서 개최될 예정인 '민주정부 수립과 민족통일을 위한 한마당'을 탄압하는 과정에서 전경 차량이 국민학교 어린이를 두번이나 치어 숨지게 한 후 달아났다.

이날 무장경찰 1천여명이 충북민중운동협의회 주최의 이 대회를 원천봉쇄하기 위해 시내 곳곳에 배치돼 있던 중, 시민, 학생, 400여명이 대회장소인 중앙공원 쪽으로 향하자 최루탄을 무차별 난사하며 이들에게 달려들었다.

이때 전경 차량인 녹색 형사기동대 6인승 찝차가 전경과 시위대 사이에서 혼자 자전거를 끌고 가던 충주 남한강국민학교 6학년 조동환 어린이를 앞바퀴로 친 후 시동이 꺼지자 다시 시동을 걸어 뒷바퀴로 치고 그대로 달아났다는 것이다. 이를 본 시민 4명이 사고를 낸 전경 차량에게 조군을 병원으로 급히 옮겨줄 것을 요구했으나 묵살당했다.

이들 시민들에 의해 청주 소재 남궁병원으로 옮겨진 조군은 이미 동공이 확대된 상태였고 잠시후 복막천자에 의한 복막출혈로 숨을 건우고 말았다. 조군은 조태익씨의 1남 4녀중 막내인 외아들로서 천부교회 주최 여름성경학교 수련을 위해 충주에서 이곳 청주로 와있다가 변을 당했다.

경찰은 민주정부 수립을 위한 평화적 집회를 막기 위해 최루탄을 난사, 청주 시내를 최루탄 가스로 뒤덮었으며, 충북 국민운동본부 상집위원 김형근씨등 8명을 경찰에 연행했다.

조군의 아버지 조태익씨 등 가족들은 조군의 끔찍한 참사에 울부짖으며 "경찰 차량이 아이를 두번이나 치어 사망케 한 것은 명백한 살인행위"라고 규탄하고 사고의 진상이 철저히 규명되고 보상이 완전히 이루어질 때까지 장례식을 비롯한 모든 절차를 무기연기하겠다고 밝혔다.

경찰은 조군 가족이 다니는 천부교회(박태선 장로의 신앙촌) 전도관의 관장과 교인들을 내세워 장례식을 빨리 치르도록 회유하는데 급급할 뿐이었는데 조군의 사고에 대한 현장검증은 8월 10일 오후 4시 담당검사와 충북도경 수사과장 및 시민 300여명이 입회한 가운데 있었다.

한편, 충북지역 대학언론연합은 KBS가 "일부 종교인 학생들의 난폭한 행동으로 인해 경찰차가 쫓기다가 자전거를 타고 가던 어린이를 어쩔 수 없이 치었다" 고 조군의 사건을 보도한 데 대해 이를 항의 규탄하는 성명을 발표했다.

〈만평〉

내새구멍이라
세금내라 위에바치라
나도 복잡한 사람이야 니들
내가 금그어 놓은데서 사냥했잖아

우리가잡은
고기를 나눠먹자
는데 우리몫은
이거야

민주노조 조직할 때

민주헌법쟁취 국민운동본부는 8월 17일 현대그룹 노사문제에 대한 성명서를 발표하고, 현대 그룹산하 노동자들의 정당한 투쟁에 대해 적극 지지하는 입장을 밝히고, 민주노조 조직을 위한 노동자들의 노력을 적극 지지한다고 천명했다.

성명서는 기업주가 일방적으로 무기한 휴업조치를 결정, 정당한 이유없이 국가기간 산업의 운영을 중단하는 것은 국민경제에 대한 책임을 저버리는 것으로 국민을 기만하려는 처사이며 도저히 용납할 수 없는 일이라고 말했다.

노동특집

노동쟁의- 어떻게 보아야 할 것인가?

노동 생존권 투쟁을 부정한다면 - 그것은 독재정권과 재벌만을 즐겁게 해 줄 뿐이다.

최근 계속하여 신문의 머리글자를 노동쟁의소식이 장식하고 있다. 마치 온 나라가노동쟁의라는 일대 홍역에 시달리고 있는 것 같다. 어떤 사람은 최근의 노동쟁의가 현 지배 세력에게 빌미를 주어 실제로 민주화를 위협하고 있다고 우려하는가하면, 최근의 노동쟁의로 생산이 엄청나게 감소하고 수출에 막대한 지장을 초래함은 물론 경제혼란을 초래하고 있다고 비난하거나, 또는 외부 세력이 노동쟁의를 배후조정하고 있으므로 이 노동쟁의가 악화되고 있다고 주장하고 있다. 그래서 외부 세력의 개입을 차단하고 노동자들의 파괴적 집단행동을 처벌하기 위해 검찰, 경찰, 노동부등 유관기관으로 합동수사본부를 설치하여 대처하겠다고 발표하고 있다. 이글은 몇가지 잘못된 시각을 지적하고 최근의 노동쟁의를 진정으로 해결하기 위한 올바른 방향을 모색하기 위한 것이다.

저임금 저곡가 정책으로 일방적 희생만 강요

1. 폭발적 노동쟁의의 원인은 어디에 있는가?

최근 노동쟁의가 전국적으로 폭발하고 있는 원인은 전 민중의 6월 투쟁을 통하여 얻어낸 소위 노태우 6.29선언이라는 군부독재의 형식적 후퇴로 인하여 지금까지 노동자들을 짓누르고 있던 군부독재의 억압이 완화됨을 계기로 노동자들의 누적된 불만이 한꺼번에 폭발하고 있는 현상이다. 그러나 이는 현상이며 그 본질은 아니다. 그 본질은 바로 노동자들에 대한 인간으로서의 최저생활 이하를 강요해온 내외 독점자본과 이를 절대적으로 비호해 온 군부독재의 노동정책으로 형성된 반노동자적 경제사회구조 그 자체이다.

가) 국내외 독점재벌 중심의 경제정책

멀리는 8.15해방후 미국의 군정으로부터 형성된 왜곡된 경제질서에서, 가까이는 5.16군사쿠테타 이후 추진된 '경제개발 5개년 계획'의 수행과정에서 군부독재 정권은 '선성장 후분배'를 주장해 왔다. 바로이독점재벌을 살찌우고 노동자 농민을 희생시키는 저임금 저곡가 정책이 노동쟁의의 원인이다. 이 과정에서 군부독재정권은 노동법을 개악하여 노동 기본권을 계속하여 업압했다. 노동자의 민주적 권리를 인정하고 지속적으로 문제를 완화시켜온 것이 아니다. 도리어 노동문제를 치안차원에서 다루어 온 해방전 일본제국주의 정책을 답습함으로써 '대화와 타협' '노사협조'라는 그늘에서 노동자의 일방적인 희생을 강요해 왔다. 노동쟁의가 일어나면 전투 경찰이 즉각 투입되고 안기부, 보안사 요원들이 현장에 나타나 기업주의 편에 서서 진두 지휘를 하는 것이 한국적 노동문제 해결방식이 되었다.

나) 노동운동에 대한 탄압

조국의 분단과 6.25전쟁이라는 쓰라린 국민적 경험을 악용하여 역대 독재정권은 노동운동을 노골적으로 억압하여 왔다. 노동쟁의가 일어나면 당창에 전쟁이 일어나는 듯이 허위선전하며 국민의 불안감을 고취시켜 전쟁의 쓰라림을 당하느니 보다 노동자들이 좀 더 희생해야 한다는 체념의식을 떠뜨리고 노동운동을 철저히 탄압하였다. 특히 5.17군사쿠데타로 광주민중을 학살하며 등장한 현정권은 블랙리스트를 배포하여 선진적인 노동자들의 취업을 막고 해고를 합법화 했으며, 임금인상만을 주장해도 해고, 구류 심지어는 구속까지 시키고, 자주적이고 민주노조들을 폭력적으로 파괴하였다.

다) 어용노조

노동운동에 대한 철저한 억압은 노동자의 자주적인 조직인 노동조합을 왜곡시켜 정권과 자본의 통제안에서 활동하는 노동조합만을 만들어 냈다. 따라서 노동조합은 노동자의 요구를 조직하여 투쟁하는 단체가아니라 노동귀족들의 이권조직으로 전락했고 독재정권의 맹목적인 지지조직이 되었다. 어용 한국 노총이 4.13지지성명을 발표한 것이 그 대표적인 예이다. 현재 노동쟁의의 주요 요구중 하나인 '어용노조 퇴진'은 어용노조 전반에 대한 현장 노동자들의 누적된 반감을 나타낸 것이다. 최저생계비 이하의 저임금에 시달리는 조합원들로부터 받은 조합비로 자가용을 구입하여 굴리고, 노조위원장이 되면 회사로부터 부장 또는 이사급의 대우를 받고, 회사 경영자로부터 임명장을 받고 노조의장단이 되고(창원 기아기공), 노조대표와 회사간부 공동명의로된 4천 5백만원짜리 예금(창원 주식회사 통일)을 하는 등 노동자들에 의하여 단편적으로 밝혀진 충격적인 사례들은 어용노조의 실상을 그대로 드러내보이고 있다.

라) 노동자들의 각성

이처럼 폭발적인 노동쟁의의 객관적 조건에도 불구하고, 노동자들의 교육수준의 향상, 극심한 탄압속에서도 계속 발전해온 투쟁경험, 반말, 인격모독, 부당한 인사이동 등을 당하면서 노동자도 존엄한 인격을 가진 인간으로 대접받아야 한다는 자각 등 인간다운 생활을 바라는 노동자들의 의식이 성장하여 노동운동을 통한 주체적 요구의 형태로 표출되기에 이르렀다.

노동쟁의를 부정한다면 사이비 민주주의일 따름

2. 노동쟁의는 우려할만한 사태인가?

최근의 노동쟁의는 폭발적이라는 표현이 가장 적절하다. 소위 6.29선언이후 50여일만에 1,000건 이상의 쟁의가 일어났다고 한다. 이런 노동쟁의 폭발에 대하여 몇가지 우려가 일고 있다. 이런 우려들은 어떤 근거를 갖고 얼마나 타당한가.

가) 노동쟁의의 폭발은 군부쿠데타를 불러 올 것인가?

최근 김영삼 민주당 총재가 현재의 노동쟁의가 '민주화를 원치 않는 세력에게 구실을 주어서는 안되니 경우에 따라서는 참아야 한다'는 요지의 강연을 했다. 김총재뿐만 아니라 많은 사람들이 최근의 폭발적인 노동쟁의로 오랜만에 군부독재에서 벗어날 수 있는 민주화의 호기를 또다시 군부쿠데타로 잃어버리는 것이 아닌가 우려하고 있다. 이 우려는 80년의 쓰라린 경험을 되새겨 볼 때 한층 더 절실성을 갖는 것으로 보인다. 그러나 막연한 우려는 민주주의를 위해 함께 투쟁해 온범 민주세력을 분열시키는 결과만을 가져올 수 있다. 이러한 우려에 앞서 몇가지 근본적인 문제가 먼저 규명되지 않으면 안될 것이다. 우선 6.29선언은 전 민중이 투쟁하여 얻은 산물이며 이제 노동자들은 '대통령을 내손으로 뽑는다'는 형식적 민주화에 머물지 않고 민주주의를 하나씩 하나씩 이루어가고 있다는 사실이다. 노동자들은 민주주의란 인간다운 삶을 보장하는 생존권을 확보하는 것이며(임금인상투쟁), 천부적 인권을 갖는 인간으로서 대우 받는 것이며(공장의 민주화투쟁), 빼앗겼던 노동자의 조직을 되찾는 것(어용노조민주화투쟁)임을 본능적으로 깨닫고 이를 하나하나 얻어 나가기 위하여 혼신의 힘을 기울여 투쟁하고 있는 것이다. 이는 바로 민주주의의 소중함을 구체적으로 체험하는 것이며, 다른 한편으로 민주주의를 말살하려는 세력과 단호히 맞서 싸울 수 있는 힘을 비축하는 과정이기도 하다.

자본주의 사회에서 노동쟁의는 있을 수 밖에 없으며, 자연스러운 현상이다. 최근의 노동쟁의는 오랫동안 억눌려 왔던 노동자들의 요구가 한꺼번에 폭발하고 있다는 특징을 갖고 있을뿐, 활발한 노동쟁의 자체가 바로 민주적 질서의 한 증거인 것이다. "만일 "나는 민주주의는 원하지만 파업은 원하지 않는다"는 사람이 있다면그는 절대로 민주주의를 원하는 사람이라고 볼 수 없으며 사이비 민주주의자라는 비난을 면치 못할 것이다.

일제치하 40년, 해방후 40년간 나라의 구석구석에 쌓여 있는 반민주적 독소를 제거하기 위한 민중의 투쟁은 지극히 당연한 것이며 만일 또다시 이를 역전시키려는 상황이 등장한다면 민중의 힘으로 이를 격퇴한다는 태세가 철저히 갖추어지지 않으면 안될 것이다.

임금인상 50%라 해도 월 10만원 정도에 불과

나) 임금인상은 인플레를 일으키고 수출을 축소시킬 것인가?

노동쟁의가 폭발하고 임금인상 요구가 활발해지자"임금이 오르면 물가가 오른다" "노동쟁의로수출이안되고 바이어가 수입선을 바꾸고 있다"는 기업주들의 선전이 강화되고 있다. 명확한 근거도 없는 수치와 주장들이 신문, 방송에 보도되고 있다.

한국은행이 펴낸 기업경영분석 1987년판에 의하면 86년 전 제조업의 임원의 급여(총매출액의 1.1%), 사원, 공원의 임금과 급료, 복리후생비까지 합친 모든비용이 총매출액의 10.23%임을 보여주고 있다. 엄청난 양의 지하경제는 차지하고 통계치를 그대로 인정한다 하더라도 생산성 향상이 전혀 없고, 기업의 이윤에 한푼의 손실도 안끼친다는 전제에서 전 제조업체가 사장에서 청소부, 수위까지의 임금을 모두 20% 인상시킬 경우 물가는 2%밖에 오르지 않는다는 계산이 나온다. 만일 사장이하 기업임원의 임금을 동결하고 생산성향상과 원가절감 노력을 계속한다면 임금을 20%올려도 물가에는 전혀 영향을 미치지 않는다는 계산까지 나온다. 수출이 격감하고 경제가 후퇴한다는 주장의 허구성은 노동쟁의가 폭발한 7월에도 수출호조를 보여 이미 금년 무역흑자 목표 50억불을 돌파했고 주가지수가 500을 돌파했다는 사실이 증명해주고 있다.

다) 노동자들의 요구는 무리한가?

임금문제를 논하려면 우선, 임금에 대한 올바른 이해가 있어야 한다. 임금은 노동력의 댓가이다. 즉, 달리 수입원이 없는 노동자가 하루 8시간 노동으로 그 가족과 함께 인간적인 품위를 유지하며 살 수 있는 돈을 받을때 정당한 임금을 받는 것이고, 그렇지 못하면 저임금이다. 노동자와 가정의 생활비란 식비, 주택비(월세, 전세), 의복비, 자녀교육비, 세금공과금, 의료비, 저축등으로 구성된다. 현재 우리노동자들은 평균적으로 이 정당한 임금의 50%정도에 불과한 저임금을 받고 있기 때문에 최저한의 생활을 유지하기 위해 잔업, 철야, 특근으로 세계 제1의 장시간 노동을 해야하는 실정이다.

일당 2,240원(월 6만7,200원)을 받는 광주 일성섬유 노동자들이 50% 임금인상(월 10만 8백원)을 요구한 것이 무리한 주장일 수 없다. 뿐만 아니라 현재 노동자들이 회사가 당장 망할 정도의 임금인상을 끝까지 고집한 사례는 하나도 없다는 사실을 직시할 때 무리한 요구라는 것이 얼마나 허구적인가는 더 따져볼 필요도 없다. 노동자들이 정당한 임금을 받아야 한다는 주장은 너무도 정당한 것이다. 그럼에도 불구하고 지금 당장 정당한 임금을 지불하라고 고집하지 않고 있다는 사실을 간과하고 있는데, 이는 결코 옳지 못한 일이다.

기업주들은 "20~30가지를 한꺼번에 요구한다"며 마치 요구의 가짓수가 많은 것이 무리한 요구처럼 선전하고 있다. 노동자들의 요구가 설사 50개 항목에 달한다

해도 핵심적인 사항은 "임금문제, 노조결성문제 또는 어용노조 자주화,민주화"라는 2가지로 압축된다. 나머지는 "두발자유화, 출퇴근복자유화, 관리자의 욕설금지. 폭행금지, 환풍기 설치"등이며 이런 요구가 나온다는 자체가 현 노동조건이 얼마나 비인간적이며 비상식적인가를 말해주고 있을 따름이다.

라) 노동쟁의의 폭력화 원인은 누구에게 있는가?

광산노동자들이 태백선을 점거하고, 장항선을 불통시키고, 중공업 노동자들이 중장비를 몰고 나와시위를 하고, 노동자간에 싸움이 벌어져 다수의 부상자가 나왔다는 보도가 있다. 이런 보도를 보면서 노동쟁의에 대한 우려는 증폭되고 있다. 그러나 이런 현상이 나타나는 원인은 어디에 있으며 이를 예방하기 위하여 우리 국민은 무엇을 해야 하는가에 대한 얘기는 별로 보도되지 않고 있다. 우선 광산노동자들의 경우를 보자. 처음부터 노동자들이 철로를 점거하고 시가지로 진출한 것이 아니다. 며칠씩 파업농성을 하며 요구안을 내놓고 협상을 요청해도 기업주는 콧등조차 내밀지 않고 하급 관리자들이 나 찾아와 책임없는 소리들을 늘어 놓았다. 이에 노동자들은 노동쟁의를 사회적인 문제로 확대시켜야만 기업주가 나타나 책임있는 협상을 하게 된다고 판단하고 철도점거, 시가점거를 하게 된 것이며, 예상대로 이렇게 문제가 확대되자 기업주들이 모습을 나타내고 협상이 진행되어 파업이 종결될 수 있었다. 바로 성의없는 기업주가 노동쟁의를 사회문제로 확대시킨 것이다.

현대그룹의 정주영 회장은 18,000여 노동자가 참여한 조합원 직접선거에서 후보 5명중 58%의 지지를 얻어 당선된 노조위원장을 부정했다. 그리고 1억원 이상을 예금하였다는 이유로 은행에서 승용차를 선물로 받아 타고 다니는 사람을 그가 행정관청에서 노동조합신고필증을 교부 받았기 때문에 합법적인 노조위원장이라면서 그를 협상상대로 삼아야 한다고 강변했다. 이로 인하여 마침내 노동자의 대규모 시위가 일어 났으며 따라서 현대그룹 정주영회장이 바로 노동자 시위에 책임이 있다는 주장이 나오고 있다. 또한 "이제 자본가들도 노동조합을 인정하는 현대적 경영을 해야한다"고 주장하면서도 럭키 울산공장과 한국광업제련에 휴업조치를 내리고 농성노동자들에게 식사조차 제공하지 않는가 하던 하청업체 관리자들을 부추켜 자기 회사를 부수게하는 등 오히려 시위를 조장한다는 비난을 받고 있다. 구사대라는 명의로 일당 3만원씩 지불하고 깡패들을 고용하여 노동자들을 폭행하고(부산국제상사), 기업내 축구부원들까지 동원하여 노동자들에게 폭력을 휘두르고(창원 기아기공), 노동자들이 자주적으로 결성한 노동조합을 파괴하기 위하여 100여명의 사원을 동원하여 백주에 노조결성 노동자들을 폭행, 불법납치, 감금 (창원 삼섬중공업),기업들과 이런 불법 폭행을 방조하고 노동자들이나 구속하는 검찰, 경찰들이야말로 노동쟁의의 격화에 가장 큰 책임을져야 마땅하다.

또한 이런 사실을 슬그머니 왜곡하여 보도하는 언론도 마찬가지로 사태를 악화시키고 있다.

'황새보다도 못한 존재'가 노동쟁의의 근본문제

마) 외부 세력은 누구인가?

매스컴은 "외부세력" "불순세력"이 노동쟁의에 개입하여 사태를 악화시키고 있다고 보도하고 있으며 기업주와 경찰, 검찰의 발표, 심지어 외부 세력을 색출하여 구속한다는 서슬푸른 발표까지 나오고 있다. 여기에서 '노동문제상담소' '해고노동자' '대학출신노동자' 등이 구체적으로 지목되고 있다.

7월이후 전국 각지의 노동문제 상담기관에는 '노조결성' '어용노조의 자주화·민주화 방안'에 대한 문의 상담이 폭주하고 있으며, 그러나 일손이 부족하여 제대로 상담에 응하지 못하고 있는 실정이라고 한다.노동조합의 결성절차, 노동법에 대한 해설이 상담소의 기본역할이며, 부당해고에 대한 복직요구가 해고 노동자들의 주된 활동이며, 동료노동자들과 함께 노동자들의 요구의 정당성을 주장하고 합리적인 방식을 모색하는 것이 대학출신 소위 위장취업자들의 중요 활동이다. 또한, 언론의 왜곡보도를 거부하고 노동자들에게 올바른 사실과 노동자 주장의 정당성을 전하는 것이 각종 노동운동 단체들이 발간하는 소식지들의 내용이다.

7만여 울산 현대그룹 노동자들을 선동한 핵심인물이 현대그룹에서 경영하는학교에서 해직된 여교사라는 주장은 참으로 어처구니 없는 느낌을 갖게 한다. 현대 그룹은 그동안 군대식으로 머리에서부터 출퇴근 복장까지를 규제하고, 이익이 너무 많이 나오자 이를 축소시키려고 허위 재무 제표를 작성(현대자동차 등)하기까지 하면서도 임금은 4~5%밖에 안올렸다고 한다. 노동자들의 분노가 폭발한 것은 바로 이런데에 그 원인이 있으며 따라서 너무도 당연하다. 제도언론에서 황새한마리가 죽었다고 대대적으로 보도하면서도 같은날 탄광 붕괴사고로 수명의 노동자가 죽은 사실은 귀퉁이에 조그맣게 보도해온 사실에서 단적으로 나타나는 것처럼 노동자들은 '황새보다도 못한 존재'로서 철저한 소외와무시를 받아왔다. 바로 이러한 측면에 노동쟁의 폭발의 근본적 원인이 있는 것이다. 그럼에도 불구하고 당국과 기업주들이 '외부세력' 운운 하면서 그 책임을 전가하고 호도하는 것은 지극히 옳지 못한 일이다.

국민경제 발전 위해서도 민주노조 인정해야

3. 해결방안은?

지금 우리는 민주주의 회복을 위해 중대한 국면을맞고 있다. 그동안 군부독재와 독점재벌들은 매스컴을 동원하여 노동자들에게 "무리, 과격, 불순세력 개입" 등 모든 수식어를 동원하여 노동자와 민주운동 세력을 이간시키려 애써왔다. 그리고 이제 좌경의식화 수사를 보강한다며 박종철을 고문하여 죽이고 이를 축소조작했던 치안본부 대공팀을 강화시킨다고 발표했다.

이제 전 국민은 다시한번 6월투쟁의 대열로 결집하여 민주수호의 결연한 의지로 민주화와 최소한의 인간다운 삶을 위하여 싸우는 노동자의 파업을 적극 이해하고, 격려하며 동참해야할 것이다. 1,000만의 노동자와 그 가족을 민주주의의 건설자, 민주수호자로 인식하여 그들의 민주화 투쟁에 아낌없는 성원을 보내야 마땅하다.

가) 모든 노동자는 자주적 민주노조 건설을 강화하자

이미 노동자들은 노동조합의 결성, 어용노조퇴진과 민주노조건설투쟁을 광범하게 벌여왔다. 이제 모든 사업장에서 자주적 민주노조 건설을 강화하고 현대중공업 노동자들이 합법성을 쟁취한 모범을 따라야 한다. 자주적 민주노조의 건설은 노동자의 단결된 힘으로 쟁취해야 한다. 그리고 조합원의 절대적인 지지를받는 노동조합을 인정하지 않는 노동악법 개정투쟁으로 발전시켜야 한다.

나) 자주적 민주노조의 지역별, 산업별 연대를 강화하자.

노동자들은 그동안의 투쟁을 통하여 어용노조의 즉각 퇴진과 자주적 민주노조 건설을 방해하는 노동악법을 개정하기 위해서 개별 기업의 울타리를 넘어 자주적 민주노조의 지역별, 산업별 연대를 강화시켜야 한다. 현대노동자들이 "현대그룹 노조협의회"를 구성하여 연대를 강화한 것을 본받아 지역별, 산업별 노조를 추진 발전시켜야 한다. 특히 산업별 노조를 적극 추진해야 하는 것은 노동자의 단결을 강화시키기 위한 것일뿐만 아니라 국민경제의 손실을 줄이는 효과도 가져올 것이다. 자동차 공장은 파업이 끝났으면서도 부품공장이 파업하고 있으므로 가동을 못시키는 현실은 기업별노조를 고집하는 현행 법의 모순을 폭로하는 것이다. 만일 연관산업을 하나의 산별노조로 조직하여 임금 및 중요한 노동조건을 일괄적으로 타결한다면 현재와 같은손실을 훨씬 줄일 수 있다.

다) 정부는 자주적 민주노조를 즉각 전면 인정해야 한다.

우선 모든 노동조합 대표부에 대해 조합원들이 직접적으로 신임을 묻도록 조치해야 한다. 조합원의 불신을 받는 어용노조와 이를 비호하는 자본과 정권의 노동정책이 쟁의를 장기화 시키는 중요한 원인이다. 노조대표부에 대한 근본적인 신임을 묻고, 전 조합원의 직접선거에 의해 대표부를 구성한 자주적 민주노조를 전면적으로 인정해야 한다.

이는 노동조합의 개정 없이도 즉각 실시할수 있는 조치이다.

라) 악덕 독점재벌에 대한 투쟁을 강화하자

구사단이라는 이름으로 폭력을 행사하는 기업,막대한 부동산을 보유하고 있으면서 지불능력이 없다고 엄살피우는 재벌기업, 노동쟁의가 일어나면 협상을 기피하고 어용노조를 끝까지 옹호하며 쟁의를 장기화시키는독점재벌들에 대한 규탄을 강화함으로써 노동자들의 투쟁이 민주화 실현의 기반이 되도록 해야 할 것이다.

논 설

노동자의 기본적 권리를 쟁취하자!

노동자들의 생존권, 노동권, 노동3권 등 기본권리를 쟁취하기 위한 저항이 전국적으로 확대되고 있다. 이러한 노동자의 폭발적 저항은 그간 외세의 지원하에 존립해 왔던 군사독재정권의 탄압과 국제독점자본과 결합된 거대 독점자본의 지배에 의해 억눌려 왔던 노동자의 요구와 불만이 동시적으로 터져나온 결과라고 할 수 있다.

노동자들의 저항에서 나타난 요구는 생존권보장과 근로기준법에 규정되고 있는 최저노동기준의 준수 및 민주적 노동조합의 결성보장과 어용노동조합의 퇴진으로 집약되고 있다. 이와 같은 노동자의 요구는 지극히 정당한 것이고, 그것은 인간으로서, 생산의 직접적 담당자로서 그리고 국민으로서 당연히 요구할 수 있는 기본적 권리인 것이다. 과연 누가 노동자들의 요구를 "과대하다"고 빈정거릴 수 있는가. 과연 누가 이들의 정당한 요구를 억압해 왔으며, 누가 이들에 대한 억압에 동조해 왔던가. 노동자들의 권리를 탄압해온 것은 바로 군사독재정권이었고, 이들의 요구를 묵살, 억압해온 것은 최대이윤을 추구해온 사용자들이었으며, 탄압과 억압에 동조해온 측은 바로 제도언론과 일부정상배, 그리고 기생적 생활을 누려온 배부른 사람들이 아니었던가.

그런데 최근의 노동자저항을 두고서 사용자측은 물론이고 언론과 일부 정치인들은 과격하고 불법적이라고 평하고 있다. 현재 진행되고 있는 노동자들의 저항행동이 합법적 절차를 무시하거나 그 한계를 뛰어넘어 취해지고 있음은 사실이다. 그것은 제도상 쟁의권이 원천적으로 봉쇄되어 있기 때문에 합법적 절차에 따를 수 없게끔 되어있고 당초부터 그 한계를 뛰어넘을 수밖에 없는 데서 빚어진 결과이다.

한편, 최근의 노사분쟁이 산업을 위축시키고 민주화추진에 역행할지도 모른다는 우려도 나오고 있다. 그러면서도 여·야는 노동3권을 보장하겠다고 주장하고 있다. 노동자의 쟁의권은 허용하면서 일시적인 산업위축은 감수하지 못하겠다는 것은 무엇을 의미하는가. 쟁의권은 노동자의 요구실현을 위한 유일한 수단이고, 쟁의권의 행사는 일시적인 산업위축을 수반할 수 밖에 없는 것이다. 따라서 쟁의권의 행사로 인한 산업위축은 자본주의 사회에 있어서는 당연한 것으로 인식되어야 하며, 쟁의권의 행사를 통한 단체협약의 체결은 산업위축을 회복할 수 있는 적극적인 의미에서의 산업평화 달성에 있어서의 기본요건인 것이다. 또한 민주화의 추진은 노동자를 비롯한 민중생존권의 보장을 통해서만이 분명하게 담보될 수 있는 것이다. 바꾸어 이야기 해서 민중생존권과 기본권의 보장없는 민주화추진은 허구적인 것일 수 밖에 없는 것이다. 따라서 노동자의 요구제기와 민주화추진은 상호 대립되는 것이 결코 아니다.

그리고 최근의 노동자저항은 대부분의 경우 노동조합의 지도와 통제를 벗어난 상태에서 제기되고 있다. 이것은 무엇을 말해주는 것인가. 그것은 정부의 탄압과 사용자측의 격심한 부당노동행위로 인해 노동조합이 결성되지 못했거나 노조가 결성되어 있다 하더라도 어용화되어 있음을 의미한다. 노총을 비롯한 산별연맹이나 많은 기업단위노동조합이 고유의 기능을 상실했거나 스스로 포기한 나머지 노동자의 대표기구로서 역할을 다하지 못했기 때문이다. 따라서 노총지도부를 비롯한 어용간부는 즉각 퇴진해야 한다. 그것이 노동자를 위한 길이고, 현재의 노사분쟁을 해결할 수 있는 중대한 선결조건이다.

현재의 시점에서라도 노동자의 기본권리에 관한 요구는 거부되어서는 안된다. 이러한 노동자의 요구가 아무리 절박한 것이라 할지라도 사용자측의 양보나 정부당국의 정책결정에 의해 쉽사리 실현될 것 같지는 않다. 왜냐하면 노동자의 요구실현은 사회적 역학관계에 의해 결정될 수 밖에 없기 때문이다. 따라서 노동자들은 민주적이고 자주적인 노동조합의 구축을 통하여 조직역량을 확대·강화하여 이를 바탕으로 경제적·사회적·정치적 지위를 향상시켜 나가지 않으면 안될 것이다. 이와 같은 노동자들의 현실적 노력이야말로 민주주의의 실현과 민족문제의 해결을 위한 토대가 될 것이다.

고 이석규열사 추도, 규탄대회

추도파업과 추모집회 결행키로

「민주노동자 고 이석규열사 애도 및 살인정권 규탄대회」가 8월 28일 오후 6시 「민주노동자 고 이석규열사 경인지역 추도위원회」주최로 서울 영등포 로타리에서 개최된다.

고 이석규열사 추도위원회는 8월 26일 ▲전국의 노동자들은 장례 당일 추도파업과 추모집회에 돌입할 것 ▲각 기업주는 노동자들의 추모행사를 적극 협조할 것등 '행동지침'을 발표하고 이 대회에 전국민이 적극적으로 참가해줄것을 호소했다.

이같은 대회개최는 거제도 현지 요구에 따른 것으로 전국의 시도별로 애도 및 규탄 대회를 가질 예정이다.

노동쟁의 실태조사

-노조활동은 탄압대상-

민주헌법쟁취 국민운동본부가 지난 8월 14일부터 16일까지 노동쟁의 실태를 조사한 결과에 따르면 재벌기업들이 「노조를 직접 관리하겠다」는 전근대적 노사관을 고집함으로써 노동쟁의를 오히려 촉발시키고 있는 것으로 나타났다.

이 조사결과는 재벌기업의 경우 거의예외없이 노조설립을 방해하고있는 경향을 다시 확인했다.

통일산업의 예를 들면 이 회사는 노조 활동가들의 신상명세서를 포함한 블랙리스트까지 작성, 노조활동을 탄압하는가 하면 종교의 자유까지 위배하여 통일원리교육을 실시, 노조활동에 대한 의식을 아예 갖지 못하도록 했다.

이 회사에서는 또 관리직 사원과 어용노조 간부 공동명의의 예금통장(잔액4천5백만원)과 '노사협력관계와 회사발전안' 등의 서류가 발견돼 회사가 노조대의원 선거 및 운영에 직접 개입해왔음이 폭로됐다.

기아기공에 있어서도 회사간부가 노조위원장 및 차기 노조위원장을 보장하겠다는 각서를 써 주었다는 사실이 드러났다.

국민운동본부는 이른바 6·29이후의 노동쟁의 상황을 파악하기 위해 마산·창원, 부산, 울산등 지역에 대한 3개조사단을 구성하고 노동쟁의 실태를 조사했다. 조사대상은 노동쟁의 현장은 물론 노동부, 사업주, 경찰서, 교도소 등이었으며 대상기업은 마산·창원지역의 경우 마산수출자유지역과 삼성중공업, 금성사, 통일산업, 기아기공, 동우전기등이며 부산은 부산공동어시장과 한진교통 등 3개회사, 울산은 현대그룹노조협의회 현대중공업, 진양화학, 럭키울산공장 등이다.

국민운동본부는 이번 실태조사 결과를 종합하여 발표할 예정이다.

8.15 민족해방 기념대회, 민주화 투쟁 다짐

8·15민족해방기념대회가 순수한 국민적 행사로는 처음으로 민주헌법쟁취 국민운동본부 주최로 지난 8월15일 구서울고 시민공원에서 시민, 학생, 노동자등 1만5천여명이 비를 무릅쓰고 참석한 가운데 개최됐다.

이날 대회는 '민족해방 마흔 두돐을 맞이하여 국민에게 드리는 글'을 통해 자국의 이익을 관철하려는 외세와 독재, 독점을 누려온 지배세력이 선거를 통한 재집권 또는 군사적 수단에 의한 집권 연장의 기회를 노리고 있다고 지적했다.

이어서 채택된 결의에서는 첫째, 민주화 투쟁을 통한 민주정부 수립, 둘째 모든 양심수의 즉각 석방과 해직 탈권된 근로자 민주인사들의 복직, 복권, 세째, 노동운동의 정당성 확신 네째, 민주민중세력의 단결을 통한 민주승리, 다섯째, 모든 부문의 자율성 회복과 민주화, 군의 정치개입 봉쇄등을 결의했다.

이날 대회는 1부 기념식 2부 민족해방 대동문화제 3부 민주시민 대토론 마당의 순으로 진행될 예정이었으나 비가 세차게 쏟아져 제1부의 민중생활 사례발표도 생략한채 끝을 맺었다. 이 대회에서는 비가 쏟아지는데도 불구하고 1만5천여명의 시민, 학생, 노동자들이 참석, 자리를 지킴으로써 민주화를 향한 결연한 의지를 보여 주기도 하였다.

일제때부터 있어온 소작답 고창 농민들 반환 요구

전북 고창농민 300여명이 농성중인 서울 삼양사 정문앞에서 지난 8월 24일 고대생 최영근군(22. 사회3 휴학)과 내종석군(24. 신방 1)등 2명이 이른바 「구사대」가 던진 신나를 뒤집어 쓰면서 몸에 불이 붙어 중화상을 입었다.

삼양사 소작답의 양도를 요구하며 농성을 벌여온 고창 농민300

이들 농민은 지난 8월 18일 동아일보를 찾아가 이 사건에 대한 왜곡보도를 항의 농성을 하다 경찰에 24명이 연행 되기도 했다.

이에 앞서 8월 16일에는 농민 40여명이 농성에 소요되는 비용마련을 위해 서울 종로구 동숭동 대학로에서 모금운동을 전개하다 전경 200여명이 폭력을 휘둘러 10여명이 실신을 하기도 했다.

일제시대부터 오늘에 이르기까지 김상협 대한적십자사 총재등 4명의 명의로 된 논을 소작해오고 있다는 이들 597세대 농민들이 '4천만 국민께 드리는 고창농민의 호소문을 통해 주장한 내용은 다음과 같다.

첫째, 김성수씨의 동생이며 김상협 총재의 부친인 김연수씨는 만주 명예총영사, 경기도 관선 도의원을 역임했다. 그는 총독부로부터 거액의 보조금 38만원(현싯가 약 30억원)을 지원받아 1937년 1월 587정보의 논을 포함한 총 681정보의 땅을 간척하여 자기 소유로 만든 뒤 소작료(5대5)를 받아왔다는 것이다.

둘째, 김연수씨는 농지개혁의 움직임이 보이자 291정보는 염전으로 지목변경을 하고 296정보는 미간척지로 서류를 꾸며 농지분배대상에서 제외시켰다. 그 이유는 염전은 농지개혁 대상에서 제외될 뿐만 아니라 1정보당 20만원씩 염전보조금을 무상지원받을 수 있었고, 당시 소금 1가마가 쌀 1가마 가격을 받을 만큼 비싸므로 큰 돈을 벌 수 있었기 때문이라는 것이다.

셋째, 이들 농민들은 1985년 가을 「삼양염업사 소작답 양도추진위원회」를 결성, 관계기관에 탄원, 농성을 했으나 외면당했으며, 언론기관들도 보도를 외면하거나 왜곡했다는 것이다.

네째, 현행법상 소작이나 임대농, 위탁농은 금지돼있으며, 농토소유도 비농민은 금지되고 있으며 농민일지라도 1인3정보이상은 소유할 수 없게 돼있다. 그럼에도 불구하고 삼양사측은 소작료 거부에 대해, 온갖 회유와 공갈, 연행, 입건등으로 탄압을 해왔고 소작료 거부에 앞장서온 10여명을 쫓아내기 위해 토지인도소송까지 제기했다는 것이다.

국민운동본부 제1차 전국총회,

민주헌법쟁취 국민운동본부는 지난 8월 4일 한국교회 100주년 기념관에서 제1차 전국총회를 갖고 하반기 국민운동의 방향과 과제를 설정했다.

이길재 사무처장의 사회로 진행된 이날 대회에서 현 군사정권과 미국의 의도는 민정당의 재집권이며 이를 위해 첫째, 대통령직선제 아래 노태우 민정당 총재의 선거승리 둘째, 선거에서 패배할 경우 군부의 새로운 정치개입 기도등 두가지 방법을 추구할 것으로 전망했다.

국민운동본부는 이에 따라 국민의 힘으로 민주화를 관철시켜야 한다는 인식아래 ▲ 단결통일의 원칙에 따른 대중노선의 강화 ▲ 투쟁력 강화와 대중투쟁의 지속적 전개 ▲ 조직적 기반의 강화 및 대중적 토대의 확보등 원칙을 제시했다.

또한 이날 채택된 결의문에서는 ▲ 모든 민주인사의 즉각 석방, 수배해제 복직 사면, 복권등 원상회복과 ▲ 민족의 자주적 통일과 민주적 기본권을 보장하는 헌법의 쟁취 ▲ 공정한 선거관계법, 범국민적 거국중립내각, 중립적 공영방송 체제의 실현, ▲ 군의 정치적 중립 실현등올 결의했다.

결의문은 이와함께 사회각계의 자율적인 민주적 개혁 노력과 민주선거혁명의 성공을 위한 투쟁에의 동참 및 생존권 투쟁에 대한 당국의 폭력적 방해 즉각 중단등을 촉구했다.

또한 이날 채택된 국민운동본부의 헌법개정요강은 새헌법 전문에 5·18광주항쟁과 지난 6월 민중항쟁을 포함시킬 것과 총강에서는 ▲ 저항권 규정의 신설▲ 새헌법은 통일시까지의 잠정적헌법임을 명문화 ▲ 통일 논의권의 보장 ▲ 군인, 검찰, 경찰의 정치적 중립성 강조등이 있어야 한다고 밝혔다.

또한 기본권에서는 일반 유보조항을 삭제하고 학문, 예술, 사상, 양심의 자유등은 법률로써 제한할 수 없게 하며 벌률로 제한이 유보되는 때에도 그 제한의 요건과 한계를 그 기본권 규정내에 명시해야 한다고 강조했다.

양심수 석방, 민주화 쟁취하자!

민주헌법쟁취 국민운동본부는 지난 8월 10일 오후 6시 서울 아현감리교회에서 양심수 전원석방 및 민주화 쟁취대회를 갖고 대회선언문을 통해 ▲ 모든 양심수의 즉각적인 석방과 ▲ 독재의 폭압아래 해고된 노동자, 교사, 언론인들의 전원 원상회복 ▲ 언기법등 제반악법의 철폐 ▲ 부당한 수배조치의 즉각 해제등 4개항의 쟁취를 결의했다.

국민운동본부 관계자, 시민, 학생, 청년 노동자등 4천여명이 참석한 가운데 이날 불교계의 진관스님이 낭독한 선언문에서는 「아직도 민주인사들은 감옥에 갇혀있고 수배자로 계속 쫓기는 생활을 하고 있으며표현의 자유도 재갈이 물려있는 상태"라고 폭로했다. 대회선언문은 이어서 "이같은 작태는 군사독재의 연장을 위한 사기극으로 우리는 이를 간과해서는 안된다"고 말하고 "민주인사들의 완전석방 쟁취야말로 우리에게 부과된 절대 소명"이라고 강조했다.

우리들의 민주씨

종철이랑 한열이를 비명에 가게 하더니

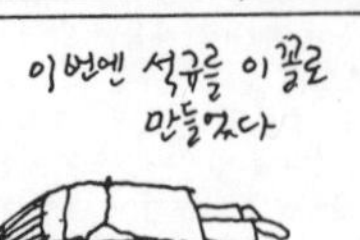

민주헌법쟁취 국민운동본부 전국본부 및 지부 결성현황

전북본부 5월 21일 결성
□군산·옥구 : 6월 10일 결성
□이리·익산 : 6월 22일 결성
□임실·남원·순창 : 7월 16일 결성
□정읍·정주 : 8월 22일 결성 예정
□완주 : 8월 29일 결성 예정
□김제 : 8월 31일 결성 예정
□기타 지역 추진 중

충남본부 5월 28일 결성
□논산 : 8월 3일 결성
□서천 : 8월 22일 결성 예정 (오후 2시 복지회관)
□당진 : 8월 25일 결성 예정 (오후 2시 천주교회)

경북·대구본부 5월 21일 결성
□포항·영일 : 6월 26일 결성
□구미·선산 : 7월 10일 결성
□상주시·군 : 7월 27일 결ㅂ
□안동시·군 : 8월 10일 결성
□영천시·군 : 8월 17일 결성
□청송 : 8월 27일 결성 예정

전남본부 5월 18일 결성
□장성 : 7월 9일 결성
□무안 : 6월 24일 결성
□신안 : 7월 24일 결성
□진도 : 7월 31일 결성
□해남 : 8월 4일 결성
□담양 : 8월 12일 결성
□여수·여천 : 8월 15일 결성
□함평 : 8월 17일 결성
□나주 : 8월 20일 결성
□보성 : 8월 22일 결성 예정
□완도 : 8월 24일 결성 예정
□장흥 : 8월 27일 결성 예정
□화순 : 8월 28일 결성 예정
□강진 : 8월 29일 결성 예정
□순천·성주 : 8월 29일 결성 예정

충북본부 5월 15일 결성
□음성 : 7월 31일 결성
□제천 : 8월 14일 결성
□괴산 : 8월 28일 결성 예정
□보은 : 9월 1일 결성 예정
□충주 : 9월 1일 결성 예정

경남본부 6월 10일 결성
□울산 : 5월 9일 결성
□고성 : 7월 1일 결성
□진주·진양·사천 : 6월 26일 결성
□거창 : 7월 15일 결성

경기본부 7월 24일 결성
□성남 : 7월 13일 결성

강원본부 6월 4일 결성
□원주·원성 : 8월 14일 결성
□경선 : 7월 15일 결성
□태백 : 7월 20일 결성
□강릉·명주 : 8월 17일 결성
□횡성 : 8월 15일(준비위원회결성)
□홍천 : 8월 15일(준비위원회 결성)
□춘천·춘성 : 도본부 현판식 때 결성
□동해·삼척 : 1차 연락

군부통치 끝장내어
민주정부 수립하자!

민주부산 호외

1987. 9. 9

민주헌법쟁취 국민운동 부산본부
643-8583 · 462-4626

휴지로 변한 군부독재의 민주화 약속

— 국민운동본부 강제침입, 불법연행 자행 —

부산 역시, 또다시 폭력·노골화된 군부독재의 재집권 음모로 이땅 1천만 노동자의 생존권확보 등 6월항쟁 이후 7, 8월 동안 굳건히 전개해온 민주화 일정이 차질을 빚고 있다.

자격도 생각도 없는 군부독재가 국민의 민주화 열기에 밀려 발표했던 소위「6·29 민주화조치」, 그러나 아니나 다를까 군부독재는 그동안의 무디진 폭압의 칼날을 다시 갈아「8·21 전두환 하계기자회견」을 통해 6·29조치의 기만성을 증명이나 하려는 듯, 민주세력을 좌경사상을 가진 체제파괴분자로 매도하면서 재등장, 이튿날 당장 대우조선의 이석규씨를 직격최루탄으로 살인하는, 가히 80년 광주학살의 원흉다운 인간백정의 만행을 저질렀다.

이렇듯 되살아 난 군부독재는 지난 8월 28일「대우조선 민주노동자 이석규열사의 '부산시민추모제'를 원천봉쇄하고는 군부독재의 사냥개와 다름아닌 폭력경찰과 88특공대(백골단)를 풀어 부산시민을 향해 무자비한 최루탄발사와 살인적 구타를 서슴지 않았으며, 29일에는 전경 3백여명을 동원 수백명의 시민들이 목격함에도 불구하고 국민운동 부산본부의 사무실 문을 파괴·강제진입하여 집기파손, 강제수색, 각종 유인물·책자 등을 탈취하였다.

同 이날 오후 2시경 군부독재의 경찰은 고호석씨(국민운동부산본부 사무국장), 이호철씨(부산민주시민협의회 총무부장)를 연행코저 사무실부근을 잠복하여 고호석씨를 연행, 이를 알고 달려온 본부직원들의 구출로 실패하자, 그 보복이라도 하려는 듯 전경 3백여명으로 사무실을 완전 포위한 뒤 사무실 현관문을 부수고 강제진입하였다. 진입시 경찰의 불법행위에 항의하던 유장현씨(본부 인권간사), 송영경씨(부민협 간사), 이재영씨(회원) 등 6명은 온몸에 멍이들 만큼 집단폭행을 당해 입안이 찢어지고 안경이 부숴지면서 부산진경찰서로 강제연행되었다. 부산진경찰서로 강제연행한 후 경찰은 고호석씨와 이호철씨가 없자, 이미 신원이 밝혀진 유장현씨, 송영경씨, 이재영씨와 3명에게 온갖 욕설과 회유를 하며 "무엇이 두려워 인적사항을 안대느냐 빨갱이가 아니면 인적사항을 적어라"는 등 불법연행에는 자기책임이 없다며 무조건 인적사항을 말하라고 야지를 부리면서 불법감금하였다.

한편 불법연행 소식을 듣고 달려온 김석호씨(인권위원회 간사)등 3명에 대해서도 경찰은 폭행을 가해 3명이 안경이 깨어지고 1명은 골방으로 끌려가 전경 8명에게 집단폭행을 당하였다.

강제연행된 6명은 경찰의 조사에 일체 불응하고 노동사건관련자 전원석방, 사무실 파괴에 대한 피해보상, 부상자 치료, 사무실 습격 및 불법강제연행에 대한 총지휘자 시경국장의 공개사과 등을 요구하며 경찰서 회의실에서 농성을 하였다.

同 이후 군부독재는 국민운동부산본부의 고호석, 이호철씨를 대우조선 노동자 고 이석규열사의 민주국민장 추진배후세력으로 몰아부치고는 백주대낮에도 불법연행할 수 있는 근거로써 81년 용공조작한「부림 사건」에 대한 당사자들의 형집행정지를 뚜렷한 명분도 없이 취소처분하여 수배중이며, 또한 부산본부의 상임위원인 노무현 변호사를 대우조선 노동자의 파업과 관련, 노동쟁의조정법, 장지법 집회및 시위에 관한 법률 등으로 9월 2일 밤11시경 자택에서 연행, 구속하였다.

국민운동본부탄압 규탄 및 구속자석방 촉구대회

이땅 1천만 노동자들이 '뭉치면 임금이 올라간다' 는 노동자 스스로의 단결과 노동조합의 필요성을 절감하면서, 그리고 그동안 군부독재의 폭압에 의해 박탈당해 왔던 자신들의 정당한 생존권과 민주주의의 정치적 자유를 쟁취하고자 떨쳐 일어서면서, 저 한줌도 안되는 군부독재는 6월항쟁 이후 전국민들의 민주화 열기에 녹아 부서진 폭압의 칼날을 다시 세우고 있다.

파탄에 이른 군부독재의 기만적인 민주화조치는 8·21 하계기자회견을 통해 '폭력과 왜곡선전'으로 대체되었으며, 작금에 국민운동본부의 사무실을 난입하고 민주인사들을 불순세력으로 매도, 무조건 구속하는가 하면, 현대중공업의 민주노조위원장 및 간부 30여명을 대량구속, 대우자동차의 경우 살인적인 경찰폭력등이 그것을 말해주고 있다.

이에 국민운동본부는 군부독재의 폭력·살인적인 탄압을 규탄하고 노동자들의 생존권확보투쟁과 관련, 수배, 또는 구속되어 있는 민주인사들에 대한 즉각 석방을 위해 다음과 같이 대회를 개최한다.

- 일시 / 1987년 9월 14일 (월) 오후 7시
- 장소 / 중부교회
  (보수동 책방골목안, 26-9163)
- 강사 / 강 희 남목사

카톨릭센타
중부교회
보수동책방골목
미문화원 →
← 법원
국시
계징 ↓

시평 군부독재는 또다시 대국민 선전포고를 감행하고 있다

'6·29항복문서'는 그야말로 기만적인 휴지조각에 불과했던가. 애시당초 이나라의 진정한 주권자인 노동자·농민등 민중들의 권리에는 일언반구도 없다가, 폭탄처럼 터져나오기 시작한 노동자·농민들의 생존권투쟁에 당면하여 군부독재는 서서히 그 가증스런 가면을 드러내고 있다. 살인과 폭력의 소용돌이가 거리를 메우고 수많은 노동자와 민주인사들이 대량 구속되는 가운데 저들은 한 걸음 더 나아가 전체 국민대중을 위협하기 시작했다. 이른바 일제하의 '문화정치'를 연상케하는 허구적인 통치전술의 변화로서 중산층의 체제이반을 만회해보려고 안간힘을 썼지만, 기층으로부터 분출하는 기세 드진앞에서 다시금 피묻은 총깁을 내세울 수밖에 없었다. '4·13호헌만행'으로부터 '박종철군 고문살해사건'을 조작하기까지 전국민의 가슴을 짓이겨, 6월 한낮에 찬서리를 맞았던 군부독재자가 장기 집권 관철을 위한 최후 정리작업의 일환으로 모든 민주세력에 칼끝을 들이대기 시작한 것이다.

I 최근 전·노 독재에 의한 좌경시비는 무엇을 뜻하는가?

일단 전두환이 구상했던 장기집권음모는 국민의 민주항쟁에 의해 무산되었다. 그러나 여전히 한국의 권력을 틀어쥐고 있는 것은 전두환을 비롯한 정치군부이다. 이들은 본질적으로 변화한것도 변화할수도 없는 집단이다.

8월 21일의 전두환 하게담화와 김정열의 국민경고장은 군부독재의 목표가 과연 어디에 있는가를 명확히 보여주고 있다. 전은 현시기를 '좌우투쟁의 시대'라 선언하고 군부독재에 반기를 들거나 노동자들의 생존권투쟁과 이를 지지하는 일체의 행위를 좌경·용공으로 규정하였다. 이에 뒤질세라 김정열이란 자는 공권력 후퇴를 약속했음에도 불구하고 현하 독점경제체제를 유지하기 위해 경찰을 대량 투입, 노동자들과 전국민의 민주화요구에 찬물을 끼얹고 삼자 개입을 밥먹듯 자행하고 있다.

1천만 노동자와 그 가족들도 분명 한국의 국민이고, 고로 마땅히 '민주시민'이 될 수 있는 사회·경제적 기반을 필요로 한다. 그러나 하루 열몇시간의 노동과 기아임금하에서는 노동자는 결단코 '민주시민'이 될 수 없으며 '임금노예' 이상 생활할 수 없다. 따라서 그들이 요구하는 사항들은 노동자들 스스로가 이나라의 떳떳한 민주시민으로 생각하고 활동하고, 교육받을 수 있는 최소한의 경제적, 사회적 요구인것이다. 사실이 이처럼 명백한데도 전·노정권이 말하는 민주화에서는 노동자들의 민주화를 불온·위험시하고 있는 바, 이것은 그들이 얼마나 반국민적이고 반민주적인가를 스스로 폭로하고 있는 것밖에 안된다. 더구나 경찰, 안기부, 보안대 등 독점재벌의 하수인들은 소위 제삼자 개입을 악용하여 전체 민주세력탄압과 노동자들의 자각을 억누르는 명분으로 삼고 있는 실정이다.

이러한 사실은 지금까지 밀실개헌협상을 완결짓는 등 기만적인 정치일정을 추진해온 군부독재가 대통령 선거를 몇 개월 앞둔 현시점에서 장기집권의 포석으로 깐 시도라고 밖에 볼수 없다. 즉 전국민적으로 민주화 열기가 끊이지를 않고 이런 상황이라면 선거에서 이길 수 없다는 것을 기정 사실화한 전·노무리들이 첫째는 모든 민주세력을 약화·분열시키고 둘째는 이렇게 함으로써 선거에서 가장 큰 영향력을 행사하고 부정선거의 강력한 감시자—필리핀의 남프렐처럼—로 부상할 수있는 국민운동본부, 민주노조, 전대협 등의 기능을 사전에 마비시키기 위한 책략으로 예의 좌경 시비를 재개한 것이라 할 수 있다.

II 미국과 민주당의 입장

이에대해 미국은 어떤 입장을 취하고 있는가? 처음부터 미국은 한국의 노동운동에 깊은 우려를 가지고 예의주시하고 있었다. 군사적·경제적으로 미국의 이익에 없어서는 안될 한국에 있어서 노동자들의 광범위한 정치적 진출은 친미군부독재를 지원하는 미국측에 심각한 위기감을 느끼게 했던 것이다. 그런 까닭에 노동운동이 엄청난 폭발력을 보이고 있는 지금에 와서는 한국정부측의 입장을 적극 지지하는 한편, 군부의 움직임에 초점을 맞추어 이를 과대선전하고 있다. 다시 말하면 한국의 군작전권을 쥐고 있는 미국이 현재의 국내외적 정세로 보아 군의 정치개입이 거의 불가능한 입장임에도 불구하고 마치 쿠데타라도 발생할 것 같은 위기감을 조장함으로써 군부독재의 정치일정에 적극 동조하고 있는 것이다. 이 사실은 6월항쟁동안 시종 자기 기만적인 대응을 해온 미국의 한국에 대한 본심이 어디에 있었던가를 잘 보여주고 있다.

민주당의 태도 또한 미국의 입장을 그대로 반영하고 있다. 전체 국민대중의 이익과는 무관하게 민정당의 정치일정에 일조하더니, 가장 중요한 인권문제를 경원시한 총재회담에 응해 군부독재의 대국민 선전포고조차 정당화시켜주는 일마저 서슴지 않았다. 이러한 민주당의 태도는 미국의 '신보수대연합에 우선적으로 충성하는 매국적행위로 철저한 반성을 요하는 것이다. 개헌협상과 총재회담이 진행되던 그 시각에도 불법연행과 구속이 끊이지를 않았으며 수배자 해제는 수백명의 수배자가 추가 발생하고 있었다는 사실이 이를 잘 입증한다. 더구나 노사분규가 진행중인 각 사업장에서는 공권력의 무차별 폭행과 심지어는 살인까지 자행되고 있었음에도 불구하고 이와같은 폭거에 대해서는 정확한 자기입장도 개진하지 못했던 것이다.

III 당면한 시기에 우리는 무엇을 할 것인가?

(2면에 계속)

성명서

현 시국을 보는 우리의 입장

대통령 선거만을 위해서 모든 것을 포기해야 한다는 타협주의적 입장에 정면으로 반대한다.

국민운동본부인사들의 구속, 수배는 현 군부독재집단이 살아남기위해 전국적 규모의 노동자 총파업을 폭력분규로 매도하여 국민여론을 조직해내기 위한 속죄양으로 구속, 수배시키고 있다. 이는 분명히 군부독재의 재집권을 위한 6월 항쟁의 정면도전이다. 우리는 대통령 선거에서 승리하기 위해서라도 군부독재의 반민주 반민족성을 폭로 규탄하여 군부독재의 완전타도를 성취해 내어야 한다는 입장에서 이 성명서를 발표한다.

지금 전국적 규모의 노동쟁의는 지난 27년간 외세의존적 군부독재와 반민중적 재벌의 결탁이 빚어낸 사회경제적 모순의 집중적 표현이었다. 따라서 이제까지 비인간지대에 방치되어 억압과 착취의 도구로만 취급되어 왔던 노동자들이 6월 민주항쟁에 충격을 받아 민주노조건설, 어용노조퇴진, 임금인상 등 산업현장의 민주화를 요구하고 나선 것은 어떤 외부세력의 사주에 의한 것이 아니라 노동자들 스스로 각성되어 일어난 정당한 요구였다. 최근 노동쟁의가 다분히 비조직적이고 자연발생적인 성격을 가지고 있으면서도 짧은 시간내에 전국적 총파업의 규모로 확산된 것만 보아도 그동안 이 땅의 노동자들이 얼마나 비인간지대에서 소외되어 왔는가 하는 것을 여실히 입증해주고 있다. 그러나 군부독재는 자기모순으로 나타난 총파업 규모의 노동쟁의가 자신들의 정권유지 및 재집권에 위협적인 요소로 등장하자 노동자들의 정당한 민주화요구를 묵살하고 온갖 매스컴을 동원하여 노동자들의 요구를 국민여론과 분리 이간시키며 노동자들의 파업농성 시위에 경찰프락치들을 투입 공작적 차원에서 폭력·방화·기물파괴 등을 자행케하여 프락치들의 난동이 마치 전체 노동자의 소행인양 조작해내어 평화적이고 온건한 파업농성 시위를 불순분자들이 사주한 폭력분규로 매도하고 있다. 폭력분규는 어떤 다른 세력에 의해서 일어난 것이 아니라 군부독재와 자본가들이 음모하여 만들어낸 비열한 조작극에 불과하다. 군부독재는 이같은 폭력분규 조작극을 보다 그럴듯하게 꾸미기 위해 국민운동 본부의 민주인사 민주노조를 건설하려했던 노동자, 노동자들의 조합결성및 그에 따른 법률적 문제를 상담했던 청년 학생들을 3천여명씩이나 무더기로 연행 그중 4백여명을 구속시켰다.

최근 군부독재에 의해 서슴없이 저질러지고 있는 민주인사 및 노동자 청년 학생들에 대한 대량구속과 탄압을 볼때 우리는 6·29선언으로 움츠러들었던 군부독재가 다시 부활하여 우리 사회를 6월 항쟁 이전으로 후퇴시키고 있음을 분명히 인식해야 한다. 우리는 지금 민주화로 가고 있는 것이 아니라 광주 민중을 수천명씩이나 학살하고 수십명의 청년 학생 노동자로 하여금 분신 투신케하고 박종철군을 살인하고 이한열 이태춘 열사를 최루탄으로 피살시킨 극악무도한 군부독재집단의 재집권음모를 민주화 환상에 함몰되어 수수방관하고 있다.

다시 한번 강조하지만 군부독재는 다시 살아나 우리 국민을 또다시 탄압과 억압의 구렁텅이로 몰아넣고 있다. 그첫신호는 8월21일 전두환 하계기자회견으로 나타났다. 회견 다음날 대우조선 이석규노동열사가 최루탄에 피살되었고, 8월28일 이석규 노동열사의 원포장례식 및 각 지역 추모제에서 군부독재는 파렴치한 조작극과 천인공노할 야만적 폭력을 휘둘렀으며, 국민운동본부의 이상수 노무현 변호사를 터무니 없는 이유로 구속시켰으며, 현대중공업의 민주노조 위원장 및 간부 30여명을 대량구속시켰으며, 정당한 파업농성을 벌이고 있는 대우자동차 노동자들을 경찰폭력으로 짓밟았으며, 매일같이 노동자들을 부추겼다는 억지누명을 씌워 청년 학생들을 대대적으로 구속시키거나 수배해 놓고 있다. 이같은 탄압은 군부독재가 다시 살아남기 위해 자신들의 탄압을 정당화 시키는데 필요한 대중회민과 여론조작을 위한 속죄양이 필요하기 때문이다. 학부가 멀다 하고 열리는 긴급각의에는 전경련 간부가 참석하여 노동쟁의를 외신전하는 허위보고나 하고 노동쟁의에 좌경불순세력이 침투해 있다고 얼토당토 않는 핑계를 만들어 대검 공안부의 강화, 경찰대공업무의 원상회복 등 그 악명 높은 고문살인 및 용공조작의 탄압기구를 공공연히 부활시켜 놓았다.

이상수 노무현변호사가 대우조선 파업농성 및 이석규노동열사 장례식에 언제 어떻게 제삼자 개입했단 말인가? 이상수 노무현 변호사는 인권적 차원에서 이석규 노동열사의 보상금 문제, 그에 따른 법률적 자문만 했을 뿐이며 이석규 노동열사의 장지문제도 그의 가족들이 먼저 광주 망월동에 이한열열사가 묻힌 옆에 묻고 싶다고 했기 때문에 망월동으로 정해졌으며 장례식날 군부독재는 이석규 열사의 어머니를 비롯한 가족들을 납치하다시피 남원으로 데려다 놓고 이석규 열사의 시신을 고성에서 잠복해 있던 경찰이 탈취해간 것이다. 이런 사실을 모든 매스컴들은 한가지도 사실대로 보도하지 않았다. 오늘의 매스컴은 정말 국민의 심판을 받아야 할만큼 왜곡과 곡필을 두려움없이 휘두르고 있다. 오늘의 언론은 언론이 아니라 펜을 든 깡패집단이거나 아니면 군부독재의 비열한 시녀에 불과하다. 현대 중공업의 폭력분규만 하더라도 이 사실은 자명하다. 대우 중공업의 노사협의회의 시한날자는 9월 1일이었다. 그럼에도 불구하고 노조간부들이 성실과 열의를 다해 경영진에게 노사협의를 하자고 했으나 현대중공업의 경영진들은 차일 피일 시간만 끌며 노사협의에 전혀 성의를 보이지 않았다. 이렇듯 현대중공업 경영진들은 노사협의에 안하무인격으로 임해 노동자들로 하여금 분노케 하고 그들이 가두시위를 벌이도록 군부독재와 사전에 음모하였음이 분명하다. 그리하여 가두로 나온 대규모 노동자 시위대열 속에 경찰 프락치들을 침투시켜 방화 난동을 부리게 하여 평화적 시위에 먹칠을 하게 하고 끝내는 모든 노동자의 정당한 파업농성을 폭력분규로 몰아 대외적인 탄압의 구실을 조작해낸 것이다. 경찰은 현대중공업 노동자들이 방화 난동을 부리는 정체불명의 청년들을 붙잡아 경찰에 넘겨주었는데 그들을 모두 훈방시켜버렸다. 그리고 현대중공업 작업복으로 위장한 경찰관을 중공업노동자들이 적발하여 붙잡으려 할 때 경찰은 살인적인 다연발 최루탄을 쏘며 그 위장복장한 경찰을 필사적으로 구출해냈다 어디 그뿐인가. 울산시청의 방화도 노동자들이 한 것이라고는 생각할 수 없는 위치에서 일어났다. 현대중공업 전산실 파괴도 노조간부 및 조합원들이 혹시 경찰 프락치에 의해 음모적으로 파괴될 것을 염려하여 매시간마다 안전점검을 했는데 어느새 누구에 의해서인지 모르게 그 철통같은 감시와 철제문을 부수고 들어가 파괴해 놓았다. 지금 경찰에 구속된 현대중공업 노조위원장 및 간부들은 경찰서유치장에 갇혀 오히려 현대중공업 노동자 파업시위때 난동 폭력을 휘두른 진범을 잡아달라고 호소하고 있는 형편이다. 이 모든 것을 감안해 볼때 폭력분규는 경찰이 개입하여 만들어낸 조작극임이 백일하에 드러났다.

따라서 6월 항쟁으로 쟁취한 6·29선언의 의미는 직선제라는 형식적 절차만 남겨 놓은채 형해화되고 말았다. 군부독재의 야만적인 폭력과 탄압, 민주인사들의 구속, 민주노동자들의 대량 구속 및 해고, 노동파업시위 현장에 침투한 프락치들의 난동으로 만들어낸 폭력분규라는 조작극 등 이같은 터무니없는 군부독재의 만행을 묵인한채 대통령직선제선거를 치른다는 것은 사실상 군부독재의 재집권을 합법적으로 인정해주는 것 이외에 아무것도 아니다. 이 상태로 방치된다면 대통령선거에서 우리 민주세력이 군부독재집단을 이기리라는 보장도 없다. 통일민주당의일부 인사들은 선거만 치루면 자동적으로 승리한다는 확신을 하고 있으나 그것은 우물안 개구리식 발상에 불과하다. 1천만 노동자의 노동삼권 완전보장을 요구하는 진정한 민주적 요구를 봉쇄시켜놓고 노동자들의 권익쟁취를 지원하는 민주인사들은 좌경불순세력 등으로 매도하는 오늘의 군부독재부활의 의미를 심각하게 인식하지 못하는 한 우리 민주세력이 군부독재의 부정선거 및 선거공작을 방어해내기란 거의 불가능한 일이다.

그럼에도 불구하고 국민운동본부내의 일부인사 및 민주통일당의 일부 정치인들은 전국 1천만 노동자의 파업농성사태를 군부독재가 공작해낸 폭력분규라는 조작극에 효과적으로 대응해내지 못하고 군부독재가 공공연히 흘리는 9월·10월 위기설에 스스로 함몰되는 언행을 삼가지 않고 있다. 어떤 반민주적 반민중적 작태가 있다하더라도 이 싯점에서 선거만 있게 하면 된다는 무사안일한 자가 당찰에서 하루 빨리 탈피해야 한다. 국민운동본부의 이상수, 노무현 변호사를 비롯하여 수십명이 수배령에 쫓기고 있으며 인간의 권리를 연구하던 민주노조간부들이 대량구속·해고되는 일이 바로 눈 앞에서 전개되고 있는데도 불구하고 이같은 일들이 민주화일정에 장애요소로 인식하는 행동이나 발언을 앞뒤생각없이 내던지는 일은 절대 삼가야 한다. 더우기 군부독재는 수배민주인사들을 9월안으로 검거하라는 지시를 내려놓고 있으며, 부산의 경우 이미 81년 용공조작된 부림사건에 구속되었다가 형집행정지로 석방된 고호석 이호철씨 등 국민운동부산본부의 인사들을 뚜렷한 명분도 없이 형집행정지 취소처분을내려 수배해놓고 있다.

오늘의 상황은 우리가 지금 민주화일정으로 가고 있는 것이 아니라 6월민주항쟁 이전으로 후퇴하고 있다는 각성이 선행되어야 한다. 우리는 하루 빨리 6·29선언의 환상에서 깨어나야 한다. 6·29선언은 분명히 6월항쟁의 승리의 결과이지만 우리 국민운동본부 및 민주세력들은 6·29선언을 제대로 지켜내지 못했다. 대통령직선제도 중요하지만 그보다 더 중요한 것은 민중의 생존권보장을 외면한 민주화일정은 무의미하다는 것이다. 6월항쟁은 민중이 싸운 것이며 따라서 그들의 인간된 권리와 요구는 선거이전에 보장되어야 한다. 민중이 제외된 민주화는 민주화 흉내에 불과하다. 민중의 억압과 착취가 담보된 민주화가 이 지구상에 또 어디에 있는가?

물론 선거는 있어야 하고 또 어떤 일이 있더라도 필연적으로 있게 될 것이다. 9월·10월위기설은 군부독재의 대국민 공갈협박에 불과하다. 또 설사 9월 10월 위기가 닥치면 무엇이 두려우랴. 우리 국민의 위대한 힘으로 짓밟아버리면 그만이다. 우리는 민주화 환상이 아니라 민주화의 실질적 내용에 극복해야 한다. 지금부터 대통령선거가 있기까지 우리 국민운동본부 및 이 땅의 민주세력들은다시 한번 강철같이 단결하여 군부독재의 부활을 박살내고 위대한 민중의 힘으로 민중의 제권리와 실질적 민주화 내용을 획득해내는 투쟁에 총궐기하여 군부독재의 완전타도의 대망을 성취해야 한다.

우리의 요구

1. 국민운동본부의 이상수 노무현 변호사를 즉각 석방하라.
1. 형집행사상 그 유례가 드문 형집행정지취소처분으로 수배를 내린 고호석, 이호철씨의 수배를 즉각 해제하라.
1. 이석규 노동열사의 옥포장례식에 참석한 이유로 수배를 내린 부산본부의 인사들의 검거령을 즉각 해제하라.
1. 폭력분규라는 조작극을 만들어서 대량구속시킨 현대중공업, 대우자동차 노조위원장 및 간부, 대의원, 일반노동자들을 전원 즉각 석방하라.
1. 위장취업자라는 터무니 없는 누명을 씌워 구속된 모든 민주노동인사들을 전원 즉각 석방하라.
1. 국민운동 울산지부, 마산지부의 민주인사들에 대한 구속, 수배조치를 즉각 석방하고 해제하라.
1. 노동자들의 노동삼권을 완전보장하라.

1987. 9. 9.

민주헌법쟁취 국민운동 부산본부

(1면에서 이어짐)

현재의 국민대탄압과 국민은 사실상 6월항쟁 이전으로의 후퇴이다. 국민들의 자발적인 운동기구인 국민운동본부가 군부독재의 불법적인 탄압을 받고 있고 노동자들의 정당한 기본권 쟁취투쟁조차 철저히 짓밟히고 있다. 이것은 무엇을 의미하는가? 올해들어 정치권내의 암투나 비리가 폭로되고 80년 광주학살 이후, 지금까지 억눌려왔던 민중들의 분노가 한꺼번에 터져나와, 벼랑끝까지 몰린 군부독재이다.

그러므로 우리는 현정세에 즈음하여 다음과 같은 방향으로 우리의 역량을 결집해야 한다고 본다. 첫째 우선 군사독재의 정치적 의도를 분쇄하고 나아가 한국경제를 민족경제로 자리매김하기 위해서 노동자들은 자신의 자발적인 대중투쟁을 힘차게 벌여 나가야 할 것이다. 그때만이 절대다수 근로국민대중이 민주화의 진정한 수혜자로 성장할 수 있으며, 기업도 국민전체에 그 잉여를 환원하는 올바른 민족경제로 발전할 수 있다. 둘째, 중산층을 비롯한 전국민대중은 허구적 민주일정에 관망하는 자세를 버리고 진정한 민주정부수립을 확고히 보장해 줄 수 있는 거국중립 내각수립에 총력을 기울여야 할것이다. 민주정부수립을 위한 공정한 내각없이는 군부독재의 폭력부단정치를 결코 종결시킬 수 없기 때문이다. 저들의 정치사기극을 극복하기 위해, 모든 민주세력이 민주정부 수립을 위해 그예선결조건인 거국 중립내각건설에 우리의 모든 힘을 집결해야 할 것이다.

“교육민주화는 교사, 학생, 학부모의 민주적 권리 확보를 기반으로 교육의 자주성을 확립하고 학교를 민주화하여 교육 내용의 쇄신을 가능하게 하자는 것이다.”

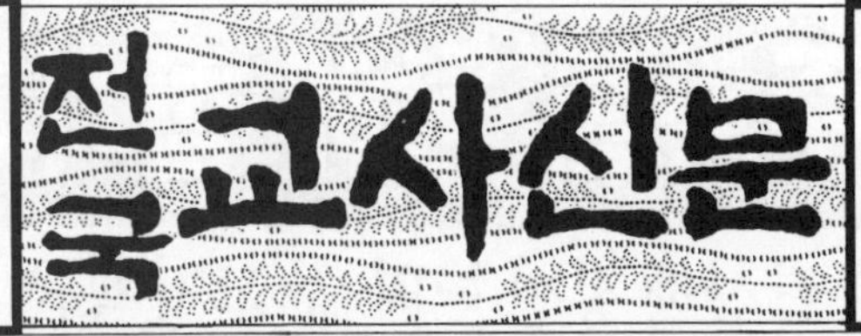

창 간 호

발행인 : 윤 영 규
발행처 : 민주교육추진 전국교사협의회
발행일 : 1987년 10월 1일

민주교육추진 전국교사협의회 창립

▲ 9월 27일 전국교사협의회 창립대회에 참석한 교사들

9월 4일 전남교협이 창립된 것을 시작으로 전국적으로 각 시·도교협이 창립되고 있는 속에서, 9월 27일 오후 2시, 서울 한신대 도서관 앞 잔디밭에서 30만 교사의 열기를 모아 전국의 200여 교사가 참여, 민주교육추진 전국교사협의회가 발족되었다.

당일 한신대 주위는, 문교부가 전날 '이제는 우리의 한계를 넘었으니 경찰의 원천봉쇄에 기대할 수 밖에 없다'고 공언한 바에서 보여졌던 것처럼 오전 9시부터 출동한 경찰에 의해 험악하리만치 원천봉쇄되었다. 시교위는 장학사, 교장, 교감, 주임까지 끌고나와 그야말로 '총출동'의 장관을 연출했다.

경찰의 원천봉쇄를 뚫고

두시부터 계획대로 식이 거행되었다. 잔디밭 주위에는 '교장·교감 임기제로 학교민주화 이룩하자' '학생교육 책임져서 민족장래 보장하자', '교육악법 철폐하고 민주교육법 쟁취하자'. '교육회비 거부하여 교사권리 바로 찾자', '30만 교사 단결하여 교육민주화 이룩하자' 등 5개의 플랜카드가 걸려 있었고, 대회를 축하하는 대형 그림이 대회장을 굽어보고 있었다. 대회는 김민곤선생님의 사회로 그간의 준비해 온 경과보고, 개회사, 성래훈선생님의 격려사, 강문규 대한YMCA 총무와, 김성재 한신대교수의 축사, 이어 정관 통과, 회장단 선출, 신임회장의 취임사, 창립선언문 낭독, 학부모에게 드리는 글, 문교장관에게 드리는 공개질의서 채택의 순으로 진행되었다.

전교협 결성은 시대적 사명

윤영규 준비위원장은 '말할 수 없는 어려움을 뚫고 여기에 모였다'며 개회를 선언했다. 성래운선생님은 '식민지 하에서는 독립운동을 하는 것이, 그리고 분단시대에는 민족이 다시 만나게 하는 운동을 하는 것이 사람사는 길이라'며, '이시대의 교사로서 이 단체를 꾸미고자 하는 것은 필경 학생을 사랑하고자 하는 움직임이며 이를 통해 학생을 마음껏 사랑할 수 있게 되기를, 그리하여 아이들이 인간답고 착하게 살 수 있는 조건을 만드는 것이 당대의 책임이며, 따라서 우리의 권리주장은 학생을 진정으로 사랑하려는 요구이기 때문에 백번이나 정당하다'며 격려 기쁨을 함께했다. 이어 정관이 박수로 가결, 통과되었고, 회장엔 윤영규선생님(전남 담양 고서중), 부회장엔 초·중등에서 각각 이규삼선생님(서울 군자국), 정해숙선생님(광주 효광여중), 이수호선생님(서울 신일고)이 선출되었다.

윤영규 신임 전교협 회장의 취임사(관련자료 1면)에 이어 창립선언문이 낭독되고(관련자료 8면), '자녀교육의 숭고한 사명을 맡겨주신 학부모 여러분께 드립니다'라는 글과, '문교장관에게 드리는 공개질의서(관련자료 7면)가 각각 채택되었으며 결의문(관련자료 7면) 낭독에 이은 만세삼창으로 식이 끝났다. 시종 엄숙하게 참여한 교사들은 플래카드를 앞세우고 풍물놀이패의 흥겨운 장단에 맞추어 운동장으로 나갔다. 이때까지 경찰의 원천봉쇄에 밀려 밖에서 실갱이를 벌이던 교사 500여명은 운동장의 교사들의 노래와 구호에 호응하였다. 경찰은 구호를 외치며 동참하는 교사들을 힘으로 밀어내며, 운동장의 교사들에게 욕설을 퍼붓기도 했다. 잔디밭으로 돌아와, 윤영규회장은 '우리 어떠한 고난이 닥치더라도 흔들리지 말고 끝까지 싸워가자'며 참여교사들을 격려하고 폐회를 선언했다. 참여교사들은 서로 단결하여 교육민주화에 힘쓰자는 결의를 다지며 교문을 나섰다.

교육민주화의 결의를 다지며

10월 현재 8개 지역교사협의회 창립

지역별 교사협의회의 건설, 교육악법 철폐, 대한교련 탈퇴운동 등을 결의하고, 지난 8월 13일 민주교육추진 전국교사협의회 준비위원회가 발족된 이래 전국적으로 1개 단체, 8개지역에서 교사협의회가 연이어 창립되었고, 그밖의 미창립 지역에서도 준비위가 구성되는 등 전교협을 중심으로 교육민주화 운동의 새로운 지평이 확대되고 있다.

먼저, 지역 교협의 창립에 앞서 8월 22일, 전국초등민주교육협의회(약칭 전초협)이 창립, 발족되었다. 400여명의 전국초등교사가 참석, 서울 흥사단 강당에서 창립대회를 가진 전초협은 회장으로 이규삼 선생님(서울 군자국교), 자문위원에 이오덕 선생님(전 교장, 아동문학가)을 위촉하고, ▲전교협 준비위의 결의사항 추진, ▲교육 관료의 부당지시 거부, ▲교권침해 공동대처, ▲실질적인 초등 의무교육 실시를 결의문으로 채택하였다.

이어 9월 5일에는 전국 최초의 지역 교협으로 전남 교사협의회가 창립되었다. 금남로 광주 YMCA 무진관에서 1000여명의 교사가 참석한 가운데, 회장에 윤광장(한재중) 부회장으로 정해직(무학국), 정병관(함평여중) 선생님을 선출하고 올 하반기 사업계획으로 ▲전국적 연대강화 및 각 학교, 지역별 조직 건설, ▲교련탈퇴, 교육법개정 서명운동, ▲교육자치제 시안 마련, ▲교과서 분석 추진 등을 전개하기로 결정하였다.

전남 교협의 발족으로 교협의 전국적 확산 조짐이 일자, 이에 당황한 문교 당국은 공권력 개입, 장학사 및 교장, 교감 동원을 통해 창립대회 자체를 원천봉쇄하는 불법적 행동을 벌이기 시작했다. 따라서 이후의 교협결성은 노상 집회와 장소이동 등 치밀한 사전계획과 신속한 기동력을 바탕으로 봉쇄에 맞서면서 이루어졌다. 9월 19일 원주에서 있었던 강원 교협 창립은 결국 2차 장소인 천주교 교육원에서 거행되어, 참석한 150여명의 교사들은 회장에 황시백(고성고), 부회장에 곽대순(진광고) 선생님을 선출하였다. 한편 충남 교사들도 9월 20일, 대회장소인 구성동 성당이 원천봉쇄되고 전화선마저 차단되는 탄압을 딛고 200여명의 교사가 참석, 회장에 김지철(천안 중앙고) 선생님을 선출하며, 충남 교협을 결성했다. 이날에는 전경들과의 몸싸움도 벌어져, 전경들이 구둣발로 여교사를 걷어차는 폭력을 자행하기도 하였다.

서울에서는 9월 22일, 2차장소인 갈릴리 교회에서 500여명의 교사가 모여 서울교협을 창립하고, 공동대표로 이수호(신일고), 심성보(전 보성중), 이주영(탑동국) 선생님을 선출하였다.

9월 26일에는 학교담벽에 벽보를 부착하는 등 홍보활동을 벌이며 대연동 성당에서 부산교협이 창립되어 이광호(금성중) 선생님외 5명이 선출되었고, 호남동 성당에서는 광주교협이 창립, 회장 송문재(중앙여고), 부회장 이효영(광주상) 선생님을 선출하였으며, 같은날 전북교협도 전주 금암교회에서 김윤수(전주 상산고) 선생님을 회장으로 선출하면서, 일제히 창립되었다.

민족·민주·인간화 교육을 향한 힘찬 전진을

회장 윤 영 규

교육동지 여러분.

우리는 지난 6월 전국민의 가열찬 민주화 투쟁 속에서 새로운 정신의 승리를 맛보았읍니다. 위대한 민권의 승리와 자각, 새로운 시대정신의 발현을 목격하였읍니다. 6월의 과정에서 우리는 우리의 가슴 속에서도 새로운 힘이 솟아 오르는 것을 느꼈읍니다.

그리고 지금 우리는 전국 방방곡곡의 학교 현장에서 요원의 불길처럼 번져가는 교육 민주화운동과 자주적 교원단체 결성의 힘찬 함성을 듣고 있읍니다. 단위학교 교사회, 시·군지역 교협, 시·도단위 교협, 전교협으로 수렴되는 현장 교사들의 기대와 열망, 활발한 조직활동을 보고 듣고 있읍니다. 이제 다시는 결단코 물러서지 않으리라, 속지 않으리라 끝없이 되뇌이고 다짐하며 서로를 격려하는 진실된 모습을 보고 있읍니다.

바로 이 시점에서 우리 전교협은 출발의 북소리를 크게 울렸읍니다.

그러나 지금 우리는 또한 반성할 줄 모르고 역사와 국민 앞에 부끄러워 할 줄 모르는 문교당국의 개량과 탄압의 양 칼날 사이에 위치해 있읍니다. 저들은 일시적 감정에 치우친 행동이라고 비방하면서 약간의 선심조치로 우리 교사의 투쟁의지와 단결력을 약화시키려할 뿐 아니라, 경찰까지 동원하여 정당하고 평화적인 집회를 봉쇄하고자 했읍니다.

과연 우리의 움직임이 민주화 분위기에 편승한 일시적인 열병일까요. 아닙니다. 그간 우리들의 상한 심정에서 토해내는 교육자로서의 참회와 속죄의 다른 표현이며 그동안 꾸준히 진행되어온 교육민주화운동 경험의 누적된 산물인 것입니다. 어떠한 탄압과 방해에도 불구지 않을, 어떤 일시적 개량조치에도 현혹되지 않을 굳건한 흐름인 것입니다.

30만 교육동지 여러분.

전교협은 민족·민주·인간화 교육을 추구합니다. 이는 학생들이 민족의 역사적 현실을 깨닫고 역사의 주체가 되도록 하는 교육이며 학생들이 민주적 제 가치를 체득한 바람직한 민주시민·참인간으로 성장하도록 도와주는 교육입니다.

동시에 전교협은 우리 교사의 의지와 힘을 모아 교육의 자주성과 학교의 민주화를 추구하며 교사의 사회·경제적 지위 향상과 교권 보호, 교사·학생·학부모를 위한 교육여건 개선에 총력을 경주하여 새로운 교육을 창조해갈 것입니다.

이제 우리 교육의 장에 새로운 역사가 펼쳐지고 있읍니다. 우리는 교사로서 시민으로서의 참 삶을 저당잡힌 채 민족의 장래와 학생의 조화로운 발달을 외면했던 지난 날의 교사가 아닙니다.

우리의 사랑하는 학생들을 위해 동료교사와 튼튼하게 단결하여, 오랜 방황과 시련 속에 찾은 단 하나의 해답인 전교협을 중심으로 굳게 뭉쳐 일로 매진합시다. 가는 길이 비록 멀고 험하더라도 새로운 교육을 향해 힘차게 나아갑시다. 감사합니다.

교육민주화를 향해 힘차게 전진하자!

"탁상행정만능의 문교정책은 지양돼야"

교육내용 쇄신해야

6월의 함성이 아직도 귀에 선한데, 일각에서는 벌써 6월을 완전히 잊어버리고 관객의 위치로 돌아가 정치게임이나 관람하는데 열중하고 있다. 6월의 중요성은 무엇보다도 국민 각자가 관객의 위치에서 벗어나 역사의 주체로서 전면에 나서서 자주적으로 행동했다는 점에 있다. 무기력하게 자조만 하고 있거나 들킬새라 몰래 숨어서 욕이나 해대거나 이래서는 안되는데 하는 안타까움을 마음 속에만 묻어둔다거나 하지 않고 민주주의를 쟁취하기 위하여 가두로 나섰고, 그 투쟁의 결과 6.29선언이 나오지 않을수 없게 된 것이다. 6월의 정신을 계승하기 위해서는 국민 스스로의 손으로 밑으로 부터 민주주의의 확고한 토대를 닦아 다시는 어떤 독재 권력의 등장도 허용치 않겠다는 굳은 의지를 다져야 한다.

교육 부문에 있어서도 역시 그러하다. 교육 민주화는 위에서 알아서 해주는 것이 아니다. 교육주체인 교사, 학생, 학부모의 손에 의해 밑으로부터 달성되어 가는 것이다.

교육 민주화는 교사, 학생, 학부모의 민주적 권리 확보를 기반으로 교육의 자주성을 확립하고 학교를 민주화하여 교육 내용의 쇄신을 가능하게 하자는 것이다.

일제하와 8.15 이후 40여년 동안 교육은 체제 유지, 강화를 위한 강력한 수단이었으며 역대 독재정권은 이를 위해 교육의 자주성을 박탈하고, 전지전능한 중앙권력의 손아귀에 교육제도, 교육행정, 교육재정, 교육내용 교사·학생·학부모 조직 모두를 움켜쥐었다. 이를 뒷받침하기 위해 교육법이 계속 개악되어 왔다.

교사는 성직이라는 미명과 공무원이라는 통제장치를 통해 모든 시민적 권리를 박탈당하고 말단관리로 전락하여 독재의 하수인, 입시기술자의 위치에서 헤매게 되었다. 국민교육의 책임진 국민의 교사로서 교사가 능동적, 자주적으로 행동할 수 없었다. 특히 획일화되고 비인간화된 교육하에서 퇴폐적 외래 향락문화에 물들고 입시경쟁에 멍들어 가는 학생들 앞에서 극히 무기력할 수 밖에 없다는 사실을 매일 매일 확인해야 했던 우리 교사의 심정은 얼마나 쓰라렸던가.

학생·학부모를 위하여

자기 아들 딸들을 훌륭한 교육 환경에서 올바른 교육을 받게할 의무와 권리가 있는 학부모는 그 정당한 교육적 요구를 실현시키지 못하였고 오히려 가족 이기주의에 빠진 일부 학부모가 판치는 사태가 확대되어 왔다.

학생을 자주적, 주체적 인간으로 커가게 하고, 인간다운 교육환경을 조성하는 데 누가 앞장설 것이며, 교사의 권리를 확보하는데 누가 앞장설 것인가. 바로 30만 교사이다. 스승으로서 학부모로부터 아들딸의 교육을 위탁받은 국민의 교사로써 우리 교사들이 아니라면 누가 교육 민주화를 추진해 갈 것인가.

6월 이후 교사들의 자주적인 움직임이 계속 커져가고 있다. 단위학교 교사회가 속속 결성되는가 하면 교사, 학생, 학부모의 힘을 합쳐 학교의 부조리를 해결하고자 나서고 있다. 전교협과 산하 각 시, 도교협 및 시, 군교협이 창립되어 교사들의 열렬한 호응을 받고 있다.

이에 대한 당국의 반응은 어떠한가.

당국은 개량과 탄압이라는 양날의 칼을 휘두르고 있으며 우리 교사들의 움직임을 왜곡·비방하는데 열중하고 있다. 문교당국은 각종 선심 조치를 발표해서 교사들을 현혹시키고, 하수인 대한교련은 체질 개선을 한다고 법석을 떨고 있다. 현장학교 교장, 교감에게는 교사의 불만사항을 경청하라는'지시'가 내려와 있다. 그러나 정작 알맹이라고 볼 수 있는 교육의 주체인 교사의 단결과 민주적 권리에 대한 것은 쏙빠져 있으며, 교육민주화에 앞장서다 해직된 교사들을 아직도 동료교사와 학생에게 돌려보내지 않고 있다. 교련 하나면 족하다. 교직원 회의가 달라지면 된다. 몇십년 참은김에 앞으로도 참아라 등의 어처구니 없는 말만들리고 있다. 교사의 자주적 실천과 조직이 인정되고, 보장되지 않는 교육 민주화는 교육 민주화일 수 없으며 사탕발림의 기만책일 수 밖에 없다. 동시에 당국은 경찰을 동원하여 탄압을 가해 오고 있다. 평화적인 시·도교협 결성대회와 전교협 결성대회를 교육관료－경찰 합동 작전으로 원천봉쇄하고자 하여 그들의 폭력성·비민주성을 여지없이 드러내고 있다. 그러나 교사들의 열기는 그것을

탄압을 뚫고서

뛰어 넘고 있어 결성에 실패한 곳이 한 군데도 없을 뿐만 아니라 오히려 투지만 키워주고 있다. 탄압을 합리화하기 위하여 서명원 문교부 장관은 느닷없이 전국 교원에게 편지를 보내 교련 이외는 불법이며, 교육 민주화는 서두를 필요 없다. 교사들은 자중자애하라는 등 어처구니 없는 얘기를 늘어놨다. 이외에도 교육관료나 경찰은 책임지지도 못할 내용의 왜곡, 비방을 일삼고 있다.

이런 당국의 반응에 대해 우리 교사는 어떻게 대응하고 있는가.

첫째, 교육 민주화는 어디까지나 교사의 손으로 이룩해야 한다는 자각이 더욱 널리 퍼지면서 교육관계법 개정 서명운동과 교련탈퇴운동이 전국적으로 가열되어 가고 있다.

둘째, 교사의 권리와 학생을 지키기 위한 단위 학교 교사회를 결성하여 학교민주화를 이룩하려는 움직임이 급속히 확산되고 있다. 나아가 학생을 지원하고 학부모와 결합하는 사례가 늘고 있다.

셋째, 새로운 교육을 모색, 실천 하고자 하는 노력이 조직화되어 가고 있다. 관제 연수와 교과서, 입시용 참고서에서 벗어나 올바른 지식을 습득하고 새로운 교육내용을 구성하여 학생교육에 임하고자 하는 연구·연수 모임이 확산되고 있으며 새로운 교육내용을 담은 출판물이 큰 호응을 얻어 가고 있다.

전교협이 나아갈 길

당국과 교사들의 이런 움직임 속에서 전교협은 교사의 의견을 수렴하고, 교사의 요구에 기초하여 올바른 교육운동의 방향을 정립하고 교육민주화를 가열차게 추진해가고자 한다.

교육 민주화를 저해하는 가장 큰 장애물인 교육악법 철폐와 어용 대한교련 해체를 위해 현재 교육법 개정 서명운동과 교련탈퇴운동을 선도하고 있으며 앞으로 단위 학교 교사회의 결성을 지원하고 연대해 갈 것이다. 그리고 민족, 민주, 인간화 교육을 연구, 실천하여 새로운 교육내용 확립에 이바지하고자 한다.

전교협이 명실상부한 교사의 대표기구로서 발전해 가기 위해서는 많은 고비를 넘어야 할 것이며 30만 교육동지들의 성원이 요청된다.

교육민주화가 역사의 필연인 한 교육동지와 더불은 전교협의 전진을 가로막을 것은 없을 것이다.

▲동부교회 앞에서 항의 연좌농성 중인 서울 교사들

각 시도교협 창립 일지

시·도 교협 결성에 날맞추어 시·군 교협의 결성도 활발히 추진되고 있다. 강원도에서는 홍천 교협이 9월 11일 결성된데 이어, 원주·원성 교협(12일), 영동 교협(26일), 태백 교협(29일)이 각각 창립되었다. 전남지역에서는 순천·승주 교협(12일), 여수·여천 교협(26일)이 결성되었고, 전북에서도 전주, 완주 교협(19일), 고창 교협(29일)이 결성되어, 시·군 교협은 급속히 확산될 전망이다. 특히 원주·원성 교협에서는 초·중등 교장 앞으로 교육공무원 출·퇴근시간 시정촉구 공문을 발송한 바 있고, 여수·여천 교협에서도 권고문 1호를 발표, ▲학교 교협 결성방해, ▲고등학교 강제진학 ▲도기준 학력평가 ▲출·퇴근 문제등에 관해 엄중 경고하였다.

〈시·도교협 창립일지〉

월	일	내용
8월	13일	전교협 준비위 결성
	22일	전초협 창립
9월	5일	전남교협 창립
	19일	강원교협 창립
	20일	충남교협 창립
	22일	서울교협 창립
	25일	인천교협 창립
	26일	부산, 광주, 전북교협 창립
	27일	전교협 창립

민주화작업은 삶의 현장에서

6·29선언은 전술적 후퇴일뿐

전쟁에서의 승리는 우연히 획득되지 않는다. 적재적소에 병력을 배치시키고 화력을 강화해야하며 적의 상황을 알아보기 위해 척후병과 첩보활동을 강화해야 한다.

그 결과, 적의 힘이 워낙 강하거나 강하게 공격해 올 때 현명한 지휘관은 자신이 지휘하는 군의 피해를 줄이기 위해 신속한 퇴각명령을 내릴 수 있다. 그것이 바로 작전이다. 큰 피해없이 후퇴한 병력의 대열을 정비하고 새로운 작전계획을 짜 반격의 기회를 노릴 수 있기 때문이다.

군사작전이 피아간의 힘의 관계 속에서 적절한 작전구사가 승리의 열쇠이듯이 무릇 모든 사물의 고유한 운동관계는 이렇듯 대립하는 두 물체의 갈등속에서 통일적인 가치가 촉발된다.

민주화운동 세력과 그와 대립되는 비민주적 세력과의 관계 역시 마찬가지다.

지난 6월 싸움을 이와같이 두 세력간의 갈등 속에서 통일적인 가치를 창출하는 과정이었다고 볼 때, "6.29선언"은 부분적인 통일의 계기로 볼 수 있겠다. 그리고 그 피눈물나는 싸움의 과정은 양세력이 구사한 작전수행의 과정이라고 볼 수 있다.

필자의 이같은 논지를 상식적 논리를 뛰어 넘는 비유라고 생각할 수도 있겠지만 그 과정을 작전으로 보는 것이 매양 부질없는 것만은 아니라고 생각한다.

오히려 그같은 시각은 6.29선언 이후 전개되고 있는 국면을 이해하고 대처하는데 명쾌한 가시적 관점을 제공해주기도 한다.

6.29선언을 제1야당은 "대국민항복선언"이라고 했다. 그러나 그 발언이 정치적인 제스츄어의 하나라고 생각하기에는 그 후 우리 사회에서 전개되고 있는 구태의연한 반민주적 논리의 강제가 용납하지 않고 있다. 따라서 그같은 정세판단은 잘못이었음이 확실하고 작전판단상 실수였다.

군사작전식으로 설명한다면 "6.29선언"은 "항복"이 아니라 전술적 "후퇴"일뿐이고, "6 29선언"이라는 작전상의 후퇴로 민주화세력이 방향타를 잃고 민주화에 대한 막연한 환상과 기대를 갖게하기 위한 고도의 작전구사였다. 작전상 후퇴는 곧 이보전진을 위한 일보 후퇴일 것이며, 외곽으로 후퇴한 반민주세력은 자신의 부서진 진지를 보수하고 장비를 정비, 곧이어 반격을 해왔기 때문이다. 더구나 그들의 지원세력은 나라 안팎에서 얼마나 든든한가?

이에 비해 우리들은 "6.29"라는 알맹이 없는 열매에 흥분하여 자아도취의 성취감에 빠져 기왕 획득한 것마져 지키지 못할 지경에 있다.

승리의 축배를 들 때가 아니다.

참으로 힘겹게 쟁취한 6.29라는 "민주화의 고지"를 사수하고 경계하여 더 큰 민주화의 물결을 이루어야 함에도 그 노력을 뒷전에 밀어 놓고 있는 것이다. 민주화의 능선에서 저들이 퇴각했다고 보기에는 아직 우리의 민주화고지는 그 보다 몇 배나 큰 고비를 넘겨야 한다.

승리의 축배를 들때가 아니라 언제든지 빼앗긴 고지를 재탈환하려는 세력의 손발을 묶어 놓고 진정 위대한 민주화를 달성하기 위해 우리는 부단한 실천을 해야 될 때이다.

저들이 민주화의 능선 곳곳에 뿌려놓은 반자주 반민주적인 독초들을 말끔이 베어내는 "사계청소"를 해야 한다. 각 부문별로 획득된 민주화의 지평공간을 최대로 활용하여, 그 주체들에 의해 그 열매를 가꾸고 맺어야 한다. 우리 교육계만 해도 그렇다.

민주화는 국민대중의 노력으로

요즘은 교무실의 화제는 온통 야당의 대통령 후보 문제에 대한 한담뿐이다. 그러나 곰곰히 생각해보면 이러한 행동처럼 소모적인 것도 없다. 물론 야당의 대통령 후보문제가 중요하지 않다는 건 아니다. 그러나 그렇다고 해도 마치 그 문제가 우리 사회 전체민주화의 핵심이나 되는양 관심을 갖는 것은 "민주주의와 민족주의의 주체를 모독하는 행위다. 민주주의는 특정 정치인이 가져다주는 것이 아니라 민주주의를 누려야 할 핵심주체에 의해 비로소 완성되는 것이기 때문이다.

우리가 이런 식으로 자신들의 정치적 욕구를 소모시키고 있을 때 저들은 벌써 비민주적 반격을 해오고 있지 않은가? 60년대 이후 4반세기를 희생과 불평등 속에서 이 나라를 떠받쳐온 노동자들의 민주화작업을 탄압하기 위해 온갖 권모술수가 발휘되고 있지 않은가? 치안본부장도 감히 참석할 수 없는 국무회의에 일개 단체(전경련)의 간부가 참석 허위보고를 하고 그것을 구실로 해 노동자들의 민주적 삶을 위한 투쟁을 "반인륜적 범죄"운운으로 매도하고 눈 깜짝할 사이에 400명 이상을 구속시켜 버리지 않는가?

민주교육활동에 대한 저들의 대응은 또 어떠한가?´ 오히려 6.29 선언 전보다 훨씬 집요하게 조직적·집단적인 탄압을 해오고 있다. 이러한 상황하에서 누가 후보가 되느냐에 매달려 있다는 건 민주화와 역사에 대한 배신행위라고 볼 수 밖에 없다. 더구나 그와 같은 정치적 관심은 결국 특정 정치인이나 정치 세력간의 부침에 따라 덩달아 좋아하거나, 그렇지 않으면 "정치적 냉소주의"라는 최악의 반정치적 정세속으로 빠져 들어가는 비극을 낳는다.

민주화라는 열매는 그 열매를 먹고 살아갈 국민대중 즉, 민주화의 핵심주체의 노력만큼 수확된다는 평범한 진리를 요즈음 우리사회와 교육현장을 보면서 뼛속 깊이확인한다.

교육민주화는 교사의 책임

지금은 우리 모두 자신이 발을 딛고 있는 곳, 그 삶의 현장에서의 민주화작업을 결연하게 수행해야 될 때이다.

단위학교 민주화의 핵심인 교사협의회 결성, 어용교련 탈퇴, 교육악법 개정 서명운동, 교장의 임기제 쟁취, 구태를 벗은 민주적 학급운영, 교사와 학생의 수평 관계속에서 진행되는 수업 등 개인적·집단적 실천만이 교육민주화를 앞당기고, 그것이 바로 전체 사회민주화과정에 실천적인 기여를 하는 것임을 믿자.

명신고, 교사·학생·학부모 공동투쟁

교육이 정권의 통제 속에서 파행적으로 운영되어오던 비극적 현실은 교육의 주체인 교사·학생·학부모의 힘찬 투쟁으로 바뀌어 가고 있다. 서울 강서구에 위치한 명신고(이사장 정금순, 여·54)에서 전개된 "학교민주화투쟁"의 불꽃은 28명의 서명교사들에 의해 점화되었다. 그들은 9월 26일 35개항에 이르는 결의문을 채택하고 철야 농성에 들어갔다. 35개항의 요구조건은 교육자본가 정금순에 의해 짓밟힌 교사와 학생들의 교육권을 회복하기 위한 것으로서 부정입학생 진상공개, 육성회비 집행내역 공개, 법정교원수의 충원, 정상호봉산정 및 미지급된 각종 수당의 소급지급, 이사장의 사택이 되어버린 생활관(3천평 규모)의 정상운영, 방송·타종·국기게양의 정상화, 보충수업 희망제 실시 및 강제자율학습 철폐, 학생회활동 정상화, CA·HR의 정상운영, 수학여행비·학생회비의 집행내역 공개 등이 포함되어 있었다. 마침내 3일간의 농성투쟁에 굴복한 이사장은 합의각서에 서명하게 되었으나 9월초순경 합의서의 완전 백지화를 선언, 교사들은 9월 16일부터 합의이행을 촉구하며 2차농성에 들어갔다. 학부모들이 교육의 주체로서 힘을 발휘한 것은 9월 19일로서 '이사장퇴진' '교육감 면담'을 요구하며 서울시교위에서 철야농성에 돌입한 순간이었다. 그러나 시교위 교육관료는 학부모에게 반말을하며 해산만 종용하였고 20일 오후 경찰은 수백명의 전경을 동원, 80여명의 학부모, 20여명의 교사들에게 폭력적인 강제연행을 자행하였다. 시교위와 경찰은 한통속으로서 독재정권을 유지하는 하수인임을 증명한 만행이었다. 8월 25일 진정한 학교의 주인인 2천여 학생들은 그간의 사태를 인내로 지켜보다가 마침내 '이사장퇴진' '교감퇴진(서명교사들은 '용공' '좌경'으로 매도한 혐의)' '비양심교사의 퇴진'을 요구하며 운동장에서 농성에 들어갔다. 아직도 시교위는 진정한 해결을 외면하고 무마에 급급하고 있다. 그러나 학교민주화를 위한 교사·학생·학부모의 투쟁은 역사의 필연이다. 명신고 학교민주화투쟁은 교사·학생·학부모가 굳게 뭉쳐 자신의 문제를 해결하고자 하는 자주적 싸움으로 높이 평가받아 마땅하다.

한송이 분필꽃을 피우기 위해 메마른 신풍땅.
거센 비바람과 눈보라, 살을 도려내는 추위,
더위도 참고 또 견뎌왔지만 더이상 불의
에 타협하지 않고저 봉화에 불을 당기
노라.
사랑하는 제자들이 진실과 싸우다 넘어지
고 쓰러지는 것을 보고도 가슴으로만 서글
피 울어야만 했던 우리!
눈이 있으되 보지 못하고 귀가 있으되 듣지
못하며 입이 있으되 말하지 못하는 바보아닌
바보가 된 우리!
가느다란 한가닥의 실오라기를 끝끝내
지키기 위해 이젠 가만히 앉아만 있지는
않겠노라.

정의와 진리, 제자를 아끼고 사랑하며, 불의
와 결코 타협하지 않는 가난한 촛불이
되어 메마른 신풍중·종고의 빛이 되리라.
1987. 8. 24.
신풍중·종합고등학교 서명교사 일동

● 자료 ●

교사의 단결에 기초하여 자신이 몸담고 있는 학교의 민주화를 이룩하고자 하는 단위학교 교사회 결성 움직임이 전국적으로 확산되어 가고 있다. 특히 전남지역에서는 9월 현재 25개교가 결성을 완료하였다. 전남지역 단위학교 교사회 결성에 선두주자였던 여수 구봉중학교의 자료를 소개해 본다.

창 립 선 언 문

이제 민주화는 역사의 필연이며 획득되어져야 할 민족·민주 교육의 디딤돌이다. 이에 우리는 교육 현장의 민주화와 이를 통한 올바른 교육권의 창출·실천을 위해 여수 구봉중학교 교사협의회의 창립을 선언한다.

이는 스승으로서의 지난 날의 부끄러움에 대한 통렬한 자기 각성의 출발점이자, 교육자적 양심 회복의 선언을 동시에 의미한다. 나아가 우리는 학교의 주인이어야 할 학생과의 견고한 연대 속에서, 가족 중심적 이기주의를 극복해 낸 학부모의 정당한 교육적 요구를 전향적으로 수렴해 나갈 것을 표명한다.

우리의 창립 선언이 상생(相生)과 화해의 길목에 불밝혀진 민족·민주교육의 등불이기를 목마르게 서원한다.

실 천 1 호

'우리 학교의 민주화는 우리 손으로' 이룩해 보려고 출범한 여수 구봉중학교 교사협의회(이하 교협)는 다음과 같은 실천사항을 결의한다.

1항 근무시간은 교육공무원 복무규정(09 : 00～17 : 00)에 의거하고, 필요한 초과 근무는 반드시 교협의 의결에 따른다(부당한 초과근무 지시는 일체 거부한다).

2항 자율 정신이 결여된 반강제적 자율학습 운영을 전면 거부하되, 학생들의 올바른 학습활동에는 교협의 의결에 의해 적극 참여한다.

3항 영어방송수업으로 전용되는 독서지도시간의 정상적 운영을 촉구하며, 이 또한 근무시간 내에 실시되어야 할 것을 요구한다.

4항 과다한 시험(주초고사 및 각종 모의고사, 나아가 도기준 학력평가)과 이에 따른 학교서열, 학급서열 심지어 교사서열 매기기의 비교육적 파행성의 척결에 적극 동참한다.

5항 숙직실 및 샤워실의 시설 개보수 및 침구류의 지속적 청결 상태 유지를 요구하며, 여교사의 화장실 증축 및 휴게실(또는 탈의실) 확보를 위해 공동 대처한다.

6항 직선제에 의한 학생회의 민주적 구성과 자율적 운영의 입지 마련을 위해 적극 노력하며, 아울러 학교 문집(또는 교지, 신문)의 발간을 전향적으로 검토한다.

7항 연대장 구령과 '단결' 구호를 통한 거수경례 등 군대식으로 진행되는 운동장 조회의 식민적 잔재를 청산할 것을 결의한다.

8항 앞으로 학교당국과 여타 기관과의 의견창구는 회장단으로 단일화 하며, 회장단은 회원교사의 뜻을 결집하여 대화에 임하기로 결의한다.

9항 회원들의 공동체 의식 함양과 전문성 제고를 위해 매주 목요일(공휴일은 수요일) 오후5시부터 정기 토론회를 갖기로 결의한다. (마지막 주는 월례회 개최)

여수 구봉중학교 교사협의회

공청회 지상중계

교육관계법 이렇게 개정되어야 한다

지난 9월 16일 서울 YWCA 대강당에서 서교협 주최로 800여명의 교사가 참석한 가운데 교육관계법 개정을 위한 공청회가 열렸다. 회의장 주변에는 여전히 교감을 비롯 장학사들이 몰려있었다. 6.29 이전과 같은 풍경이 연출된 것이다. 6시 40분 고은수선생님의 사회로 국기에 대한 경례 애국가제창에 이어 이수호선생님(대회준비위원장)의 인사말이 있었다. "어려운 여건속에서 많은 교사들이 모인 이 자리를 보며 전체교사들의 열기를 확인하고 있습니다. 교육의 방향이 어느 쪽으로 가야 하는가를 모색하고 국회에서 하위법개정시 교육법은 어떻게 개정되어야 하는가에 대해 의견을 모으는 이 자리는, 격려와 축복이 필요함에도 불구하고 아직도 대접을 못 받고 있습니다. 열린 마음으로 우리 아이들을 생각하며 이 모임을 성원해주길 바랍니다." 이후 주제발표, 공술인 의견진술 및 질의응답 순으로 진행되었으며 주제발표는 백령도교사 노웅희선생님 사회로 진행되었다.

〈주제발표〉

Ⅰ 교육이념 부분

교육법제1조: 교육은 홍익인간의 이념아래 모든 국민으로 하여금 인격을 완성하고 자주적 생활능력과 공민으로서의 자질을 구유하게 하며 민주국가발전에 봉사하며 인류공영의 이상실현에 기여함을 목적으로 한다.

홍익인간은 말자체가 나쁜 것은아니다.문제는 홍익인간이란 교육이념은 민족의 구체적 현실을 담아내지 못하고 있다는 데 있다. 우리 민족의 최대과제인 민족통일과 민주주의 실현을 위해서는 교육이념은 민족·민주 교육이념으로 제시되어야 한다.

Ⅱ 교사의 단결권 제약

헌법 제31조2항: 공무원인 근로자는 법률로 인정된 자를 제외하고는 단결권, 단체교섭권 및 단체행동권을 가질 수 없다.

국가공무원법 제66조(집단행위의 금지) 공무원은 노동운동 기타 공무이외의 일을 위한 집단적 행위를 하여서는 아니된다. 다만 사실상 노무에 종사하는 공무원은 예외로한다.

교육법 시행령 제36조의 2. (교육회의조직) ①…… 교육회를 조직하는 경우에는 중앙과 서울특별시, 직할시, 도 및 시·군별로 각각 하나의 교육회를 조직하여야 한다.

이는 국민기본권을 유보시키는 조항으로 권력집단이 교사를 개별화 무력화시켜 자신의 지배하에 두고 통제하려는 의도를 나타낸다. 교사가 교육의 자주성과 전문성을 지키고 교육의 제반 문제점을 해결하기 위한 집단적 노력을 기울이기 위해서는 단결권이 보장되어야 한다. 하나의 교육회를 조직하여야 한다는 조항은 대한교련 외에 다른 교사단체 결성을 봉쇄하는 조항이다.

Ⅲ 교사의 교육권 제약

국가공무원법 제65조(정치운동의 금지) :① 공무원은 정당 기타 정치단체의 결성에 관여하거나 이에 가입할 수 없다.

교사의 정치적 활동의 자유를제한하는 것은 국민으로서 누려야 할 기본적 시민권을 침해하는 것일 뿐 아니라 교육의 중립성이란 미명하에 교육을 지배권력의 당파적 도구로 사용하고자 하는 것이다. 물론 교사가 교단을 통해 학생들에게 당파적 정치교육과 정치선전을 하는 것은 인정될 수 없다. 그러나 교육의 자주성을 지켜나가기 위해 즉 '정치의 교육적 중립'을 위해 교사의 정치활동은 보장되어야 한다.

Ⅳ 사학에 대한 국가 통제

사립학교법 제10조(설립허가) ①학교법인을 설립하고자 하는 자는……다음 사항을 기재한 정관을 작성하여 대통령이 정하는 바에 의하여 문교부장관의 허가를 받아야 한다. ……6. 임원의 정원 및 그 임면에 관한 사항 7. 이사회에 관한 사항

동법 제47조(해산명령) ① 문교부장관은 학교법인에 다음 각호의 1에 해당하는 사유가 있다고 인정될 때에는 당해 학교법인에 대하여 해산을 명할 수 있다.

1. 설립허가 조건을 위반할 때
2. 목적달성이 불가능할 때

이 조항은 사학에 대한 국가통제의 부분으로 사학의 자주성확보를 어렵게 한다. 이 감독청의 지휘감독을 받는 조항은 특정 사립학교의 비정상적 교육을 정상화시키는 긍정적 역할 을 할 수 있는 것으로 해석될 수 있다. 그러나 현실적으론 특정사학이 국가가 제시한 교육방향에 어긋날 때 감독권발동 해산명령을 내릴 수 있는 조항이다.

Ⅴ 관료적 교육행정 강화 조항

교육법 제75조: 교장은 교무를 통괄하고 소속직원을 감독하며 학생을 교육한다. …… 교사는 교장의 명을 받아 학생을 교육한다.

동법 제20조: 근무성적의 평정자는 피평정자의 상급 감독자가 되고 확인자는 평정자의 직근 상급 감독자가 된다.

동법 제26조: 근무성적의 결과는 이를 공개하지 않는다.

교사는 교장의 명을 받아 교육한다는 조항은 학교현장에서 이루어지는 부당한 명령이나 지시, 비교육적 관행에 대한 합법적 근거를 제공한다. 비공개 원칙으로 되어 있는 근무성적평정은 기준과 내용이 애매하고 교육활동의 자주성을 침해하는요소가 되고 있다.

Ⅵ 교사의 신분상의 제약사항 조항

국가공무원법 제57조(복종의 의무) 공무원은 직무를 수행함에 있어 소속 상관의 직무상의 명령에 복종해야 한다.

국가공무원법 제63조(품위유지의 의무) 공무원은 직무의 내외를 불문하고 그 품위를 손상하는 행위를 하여서는 아니된다.

국가공무원법 제56조(성실의 의무): 모든 공무원은 법령을 준수하며 성실히 직무를 수행하여야 한다.

품위유지의 조항은 품위유지의 기준이 애매하여 교사징계에 자주등장하는 이현령 비현령식의 악법조항이다. 이런 애매한 조항이 법에 포함되는 것은 부당하며 포함되더라도 품위손상의 구체적 내용이 규정되어야 한다. 또한 복종의 의무 조항은 교사를 명령하달식 교육행정체계의 말단 수명자로 만드는 근거가 되고 있다. 특히 학교운영에 대한 방안을 제시하거나 집회불참 지시, 복장 등 사생활에 대한 간섭까지 명령불복종으로 확대해석되어 교사를 징계하는 근거가 되고 있으므로 당연히 폐지되어야 한다.

Ⅶ 교육내용의 국가통제

교육법 제157조: ① 대학, 교육대학, 사범대학, 전문대학을 제외한 각 학교의 교과용 도서는 문교부가 저작권을 가졌거나 검정 또는 인정한 것에 한한다.

② 교과용 도서의 저작, 검정, 인정, 발행 공급 및 가격규정에 관한 사항은 대통령령으로 정한다.

교과용 도서에 관한 규정 제3조(교과용 도서의 선정) : 학교의 장은 1종도서가 있을때는 이를 사용하여야 하고, 1종도서가 없을 때는 2종도서를 선정 사용하여야 한다(하략)

동법 제51조(교과용 도서 이외의 도서등의 사용금지) 이 영에 의한 교과용 도서이외의 도서는 이를 수업중 사용하지 못한다.

교육내용은 사회와 역사에 대한 객관적이고 공정한 내용으로서 교사의 참여와 합의하에 이루어져야 한다. 그런데 현행법에 의하면 모든 교육내용은 국가가 독점·통제하게 되어 있다. 이러한 것은 학생들의 알 권리에 대한 제약이며 위협이다.

Ⅷ 주민통제에 입각한 교육자치제 실현 촉구

현행 교자제 논의는 교육주체의 입장에서가 아니라 정부·여당 측의 정략적 차원에서 지자제 실시 등의 부 산물로서만 취급하고 있다. 실질적 교육자치는 주민통제(주민직선)의 원리에 입각해야 하며 현실적 효율성 측면을 강조하여 왜곡되어서는 안된다. 그리고 상급행정기관뿐 아니라 단위학교행정도 민주화되어야 하며 이를 위한 교장임기제는 실현되어야 한다.

1시간여 동안 주제발표가 진행되는 동안 참석교사들은 진지하게 경청하였다. 이어 공술인들의 공술이 있었다. 애초 민정당과 대한교련에도 공술인 참가를 요청하였으나 불참하였다.

〈공술인 진술〉

이철의원(민주당) 교사들이 고전분투하는 소식은 익히 들어왔으나 교육민주화의 열기가 이렇게 고조된 줄은 몰랐다. 교육이념부분을 들으면서 민족통일 민주주의 이념 포함에는 기본적으로 동의하나 '홍익인간'이 신화에 기초한 비역사적 개념이란 점에는 반대하며 '홍익인간' 이념을 통해 교육이념을 정립할 수 있지 않을까 한다. 공무원의 단결권보장은 동의한다. 그런데 이번 여야합의된 개헌안에는 '공무원인 근로자는 법률이 정하는 자에 한하여 노동3권을 가질 수 있다'로 되어 있어 개악된 느낌이다. 이점 국회의원으로서 죄송스럽게 생각한다. 자율적인 교사단체결성도 보장되어야 한다고 생각한다. 하나의 교사단체만을 인정하는 것은 복수단체를 둘 수 있도록 한 I.L.O. 규정에도 위배된다. 오히려 복수단체가 바람직하다고 본다. 사학의 국가통제폐지 주장은 취지에는 동감하나 사학의 시설문제 등 어느 정도의 국가통제 규정은 필요하지 않을까? 또한 주민직선에 의한 교자실현은 중요한 문제이나 현실적으로 주민직선을 하기에는 어려움이 있다.

여타 부문 언론 문화 체육 금융 등의 공안위원회에도 자치제를 도입해야 하는데 주민직선만이 능사가 아니다.

박용일(변호사) 기존 헌법에서 교육법조항은 미흡하다고 생각해 왔다. 헌법이라고 하면 실생활과 먼 것 같이 여겨지지만 사실은 그렇지않다. 헌법정신이 하위법으로 구체화되기 때문에 헌법조항등은 매우 중요하다. 공무원의 노동3권은 공안직 공무원(경찰 군인 교도관 등)을 제외한 모든 공무원에게 보장되어야 한다. 새헌법규정에 교원의 노동3권보장이 들어있는가에 대해 이철의원에게 공개적으로 묻고 싶다. (청중들 박수)

김순진님(학부모대표) 어제 공청회 참석부탁을 받고서 오늘 나와보니 이렇게 열기가 넘치는 줄 몰랐고 교육관계법속에 독소조항이 있다는 것도 비로소 알았다. 학부모도 교육법을 알 필요가 있으며 교사들이 학부모들을 계도하면 학부모도 백만 원군이 될 것이다. 입시제도 학교운영문제 등 자식 교육에 대한 고민을 해결할 기회가 없었는데 학부모들도 활동의 기회를 보장해 주길 바란다. 학교어머니회도 문제가 있다. 학교행사 뒷바라지와 학교재정충원이나 하는 기구에서 탈바꿈되어 어떻게 민주교육을 실현할수 있을까 논의하는 모임으로 바뀌어야 한다. 또한 교사들을 가장 솔직하고 구체적으로느끼는 학생들도 학교운영에 참여했으면 좋겠다. 교사에 대해 엄격하게 판단할 수 있는 사람은 교장도 아니고 바로 학생들 아닌가?

진영옥선생님(전 의정부 복지고) 사립학교법은 사학의 비리에 대해 엄격한 감독은 하지 않고 오히려 교사의 신분보장을 저해하는데 기여하고 있다. 수많은 사립교사들이 부당하게 사학측으로부터 사표강요를 받았으며 사학의 비리는 온존되고 있는 현실이다. 사학이 한국교육에 차지하는 비중을 감안하여 올바르게 사립학교법이 개정되어야 한다.

김성재교수(한신대) 교육관계법을 어떻게 교육현장에 맞게 개정하여 구체화시키는가를 모색하는 이 자리는 교육사에 획기적인 전환점이며 세계교육사에도 유례가 없다. 학생의 인구는 1100만이 넘으며 교직자가 30만이 넘는 현실에서 교육활동은경제활동 못지 않은 국민적 생활에 근원적 요소이다.교육이 정치적 중립성을 확보하려면 3권분립이 아닌 교육분립을 포함하는 4권분립이되어야 할 정도이다. 먼저 교육이념에 대한 발제에 대해 전적으로 동감이다. 해방당시 제정된 '홍익인간'이란 교육이념은 표현적 양식의 문제가 아니라 민족의 지표를 몰역사화하는 계기를 제공하였다. 해방된 민족의 교육이념이 뿌리없는 코스모폴리타니즘으로 전환하여 식민잔재를 극복하고 정통성 있는 민주정부수립에 기여하지 못하였다.초·중등교사의 사회적 지위는 교육관계법속에서 교수의 기능만이 강조되고 있다. 그러나 교사들도 '교수'의 기능만이 아니라 '연구'의 기능도 담당하는 전문인으로 인식되어야 한다. 따라서 교사의 수업시간도 교수들처럼 연구시간을 감안하여 배당되어야 한다. 또한 남의 자녀 가르치면서 자신의 자녀를 가르칠 수 없는 현실은 개선되어야 한다. 따라서 교사들의 사회경제적 지위도 보장받아야 한다. 교사의 자주적 단체는 교사들의 사회경제적 지위 보장과 올바른 교육을 추구하기 위해서도 반드시 필요하다.

사립학교법은 애당초 3공화국당시 국회에 발의되었을 때 사학측에서도 교련에서도 반대하였다. 그러자 신문등에 사학의 비리가 갑자기 부각되면서 국회에서 법안이 통과되었다. 사립학교법은 일제때 사립학교법을 연상케 하는 것으로 국가통제를 주목적으로 성안된 것이다. 교육자치제는 미군정하에서도 있었다. 제1공화국 당시 내무부는 교자제를 반대하였다. 그 이유는 교자제가 비능률적이기 때문이라는 것이었다. 어차피 교자제가 되어도 내무부에서 적극 개입할 것인데 오히려 2원화되면 비능률적이라는 관료적 발상이 숨어 있었다. 제2공화국에서 교자제를 준비하였으나 제3공화국에 의해 폐지되었고, 주위의 반발이 있자 63년형식적 교자제(임명제)를 둔 것이다. 교자제의 핵심은 주민통제의 원리에 있다. 현실적 효율성을 강조하여 주민통제원리를 왜곡시켜서는 안된다. 교사들의 교육민주화운동을 보면서 교수들이 부끄러움을 느껴 평교수협의회를 결성하기 시작하였음을 밝히며 공술을 마치고자 한다. (청중들 박수)

현재 전교협은 교사들을 중심으로 교육관계법 개정을 위한 서명운동을 벌이고 있으며 10월 중에 국회에 서명자 일동의 명의로 국회에 청원할 계획이다. 서울지역에서는 9월말 현재 3,000여명의 교사가 서명하였고 전국적으로 활발히 진행중이다.

초등 교육

초등교육운동의 활성화를 위하여

초등교육의 중요성

초등교원은 32만 전 교원(대학포함)중 14만을 헤아린다. 이것은 전 교원의 43%를 차지하는 것이다. 교육운동에 있어서 초등교육의 중요성은 장차 이 나라의 장래를 짊어지고 나아갈 이 땅의 모든 주인공들이 6년 동안에 걸쳐 삶과 사회에 대한 토대가 되는 교육을 받는다는 데 있다. 초등교육이 중등, 고등교육의 전단계적인 성격을 일부 갖는다 하더라도, 교육은 자체 완결성을 가져야 하며 특히 초등교육은 6년간의 교육만으로도 아이들이 삶과 사회에 대한 올바른 자세와 이해를 갖도록 해야 한다는 점에서 보편성을 가지고 있다.

그런데 그동안 초등교사, 교육에 대한 편견으로 말미암아 초등교사 또는 초등교육은 제 역할을 충분히 하지 못했다.

이것은 정당성과 보편성이 결여된 특수성이 초등교육계를 억눌러 있기 때문이다. 교육대학에서부터 이 특수성 논리는 예비교사들을 지배하려 든다. 5.16이후 교육대학은 단과대학으로 위치와 운영이 고립적으로 분리되었으며 교육과정은 기능위주로 짜여져 있다. 81년도부터 4년제 대학이 되었지만 큰 변화가 없었다. 특히 남학생들의 경우 대부분 비자율적으로 1, 2학년때 예비역하사관훈련(RNTC)을 받게 됨으로써 비민주적 군대식 통제를 받게 된다. 졸업후에도 남교사들은 7년간의 학교교육 종사 의무가 있어 도중하차 하면 군대에 가게 되며, 이는 종종 문교당국에 의해 억압장치로 악용돼 왔다.

통제에 시드는 초등교육

역대 독재정권은 국민학교에 대해 어린이들이 백지상태라는 점을 중요시 한다고 하면서 정권이데올로기를 주입시키고 교사들에게 낮은 수준에 머물러 있기를 요구하였고 교장 교감을 비롯한 교육 관료는 덩달아 중등보다 더욱 강한 통제를 교사에게 가해 왔다. 또한 교육법에서는 약간의 예외가 있는 중등과 달리 국민학교의 모든 교과용도서를 획일화하고 있다. 그러나 무거운 통제속에서도 뜻있는 교사들은 나나름대로 참교육을 위해 고민하고 실천하는 노력을 계속했다. 회원이 되는 것만으로도 괴롭힘을 당하던 시절에 YMCA초등교육자회는 부족한 회원과 함께 교육운동의 명맥을 유지하였고, 한국글 쓰기회는 아이들의 삶을 가꾸는 교육을 확산시키면서 일정한 교육운동적 역할을 수행하였다. 지역별 학년별로 몇몇 교사들이 모여서 교육 운동을 뒷받침하기도 했다. 이 과정에서 해직교사가 나오기도 했다. 그런데 이들 단체나 소모임들은 모순된 교육구조를 바꾸는 운동에 있어서 교사로서 충분히 공개적인 활동을 하지 못하였으며, 폐쇄성을 극복하지 못하여 필요한 때에 능동적인 연대가 이루어지지 않았다.

초등교육운동의 새로운 지평

전국교사 협의회와 각지 국교사 협의회가 만들어지는 싯점에서 창립된 전국 초등 교사협의회는 지금까지의 초등교육운동의 한계를 극복하고 중등교사들과 함께 교육민주화 운동을 추진하고자 하는 기구라 할수 있다. 상조회의 문제를 집중적으로 거론한 서울평교사 협의회는 밑으로부터 기반을 다지는 과정을 좀 더 내세우고 있다.

이들 모임들이 각각이 역할을 찾아가면서 유기적인 연대를 맺으며 전초협-전교협-시·도교협과 더불어 교육운동을 활발히 해 나갈 때 초등교육은 진정 아이들을 위한 그리고 교사 학부모를 위한 나아가 나라와 민족을 위한 사명을 다하게 될 것이다.

인터뷰

아이들이 기다리는 학교로 돌아가고 싶다

전 선린상고 노웅희선생님

마포구 합정동에 위치한 민주교육실천협의회를 찾아, 본인말을 빌자면 '본의아니게 유명해진' 백령도교사, 전 선린상고 노웅희선생님(31)을 만나보았다. 동료해직교사 전원과 복직촉구농성 4일째를 맞고있어 사무실은 '아이들이 기다리는 학교로 돌아가고 싶다'는 플랫카드가 벽에 걸려 있었고, 격려차 방문한 교사들로 붐비고 있었다.

노웅희선생님은 지난해 5.10교육민주화선언과 여러 교사집회에 참여해온 이후 관계당국과 학교측으로부터 문제교사로 지목돼 오다가 올 2월 해직교사(김태선, 이울재, 조호원 등)의 구명운동을 하였다는 이유로 당월 24일 경기도 옹진군 백령도의 백령중학교로 전출명령을 받고 이를 거부, 해임당했다. 다음은 노선생님과의 일문일답이다.

—평소 느낀 교육현장의 문제점은

▲가고싶은 곳이 어디냐고 물으면 생전모르는 스위스, 프랑스를 말하면서, 같은 반도인 북한에 대해서는 관심은 커녕 적대감을 갖고 있는 아이들, 거리에 가다 공사판을 보면 '야, 니네 아버지 저기 있다'며 장난치는 속에 나타나는 육체노동 천시현상, 이런 반쪽짜리 사고를 하는 것을 보고, "야 뭔가 크게 잘못되어 있구나" 생각하게 되고 참으로 가슴이 아팠읍니다.

—해임 후의 생활은 어떠했는지.

▲본의아니게 유명해져 사실 교직에 있을 때보다 바빴어요. 주로 대학, 교회 등이 개최하는 집회에 강연을 다녔읍니다. 특히 대학에서 강연을 할 땐 예비교사들에게 교육현장의 문제들을 고민할 수 있는 계기가 되었으면 하고 바랬읍니다.

—선생님께서 그리 유명해진 이유는 어디에 있다고 보는지.

▲먼저는 백령도 전출이라는 인사조치가 국민에게 충격을 준 것 같고요, 직접적으로는 지난 신동아3월호에 글을 게재했기 때문에 많이 알려지게 되었죠. 정말 그땐 교사는 물론이고, 학생, 학부형, 게다가 생면부지의 많은 사람들, 해외동포들 까지도 격려전화와 편지를 보내왔지요. 실지로 성금만도 100여만원 받았고요(이 때 수줍은 웃음). 어느 교사가 '힘내라. 당신같은 사람 덕분에 난 힘이 솟는다'고 전화했을때는 정말 눈물겹고, 부끄럽기까지 했읍니다.

—개인적인 생활에서의 고민은 없었는지

▲솔직히 고민이 많지요. 특히 아내가'절대적으로 당신을 믿는다'면서도 불안해서 못살겠다고 할 때는 미안해 죽을 지경이죠.

—복직이 가능하다는 얘기를 들었을 때의 심정은?

▲(대뜸) 크게 기뻤읍니다. 이제야 우리 교육운동의 정당성을 입증받는구나 싶었고, 특히 6월투쟁을 열렬히 벌여준 국민께 감사드렸읍니다. 그러나 솔직히 곧이곧대로 기뻐할 수만은 없었지요. 아직도 교육동지가 갇혀있기 때문에 이들의 석방을 위해 복대위 구성에도 참여했고, 전국의 시·도교육감에게도 찾아갔지만, 여전히 구태의연한 모습에 분노만을 느꼈지요. 갑자기 '누가 누구를 심판하느냐' 하는 생각이 들었거든요.

—지금 복직안된 상황에 대해서는

▲분노를 느낍니다. 특히 문교장관이 9.1일 국회문공부 답변에서, 그리고 언론을 통해서 복직시키겠다고 공언해 놓고 아직까지 복직시키는 기만성에 분노를 느낍니다. 일반국민이나 동료교사들은 우리가 학교에 다니는줄 알고 있고, 실지로 대전의 모 해직교사는 친구에게서 복직을 축하한다는 축전까지 받았다고 그래요(너털웃음).

—지금 농성에 임하는 자세에 대해서는

▲나름대로 세가지로 농성의 의미를 두고 있지요. 그 하나는 아직도 우리는복직이 되지 않았다는 것을 국민에게 알리고 싶었고, 둘째론 생존권적 차원에서 제자들이 기다리고 있는 학교에 돌아가고싶다는 생각에서고 (106명 해직교사의 전원복직은 교육민주화의 선결과제라고 힘주어 말한다.) 끝으로, 우리 전교협에 탄압을 가하는 문교부에 도덕적 정당성조차 없다는 것을 알리고 싶었읍니다.

—끝으로 앞으로의 활동계획에 대해서.

▲우리 모든 해직교사는 언제 어느 곳이고 우리를 필요로 하는 일이라면 현직교사가 시간상, 신분상 제약으로 하기 곤란한 부분을 보조하며, 교육동지, 학생, 학부모의 아픔이 터져나오는 곳이면 달려가 어떤 탄압에도 굴하지 않고 교육민주화에 작은 힘이라도 보탠다는 자세로 임할 생각입니다. 지금 농성은 무기한입니다. 복직될 때까 지, 적어도 명확한 복직시기가 결정될 때까지 해직교사 전원이 비장한 각오로 임하고 있읍니다.

시종 노교사는 진솔하고 진지했다. 때로 피식 웃음을 지을 때는 어린아이를 연상케 하면서도, 의지에 찬 모습을 보일 때는 기자를 부끄럽게 했다. 인터뷰하는 동안 정말 평범하고 성실한 교사라는 인상을 강하게 받았다.—

한마디

교장, 교사동행 주말여행에 혹심

● 교육악법철폐 서명운동이 전국 각 단위학교별로 추진되고 있는데, 교장·교감들의 반응은 크게 두 가지로 나타난다고. 충성파 교장, 교감은 전체 직원회의 석상에서 과감하게(?) '집단행동은 불법' 운운하는데, 그것도 어느 한 학교도 교사들을 회유(?)하지 못했다고. 한편 적당주의적 교장·교감은 추진교사를 불러 '몸조심하라', '심하게는마라' 정도로 임무를 마쳤다고. 과연 이 마당에 소수는 어느 쪽인지, 극소수 과대충성 교장,교감선생님들, 제발 세태 파악 좀 제대로 하시길, 그리하여 진실로 '몸보신'하시길.

● 7월 이후 학교현장의 교장·교감들은 '과다업무'에 시달리고 있다고. 집회니 공청회니 모임들이 잇달아 열리자, 교장·교감에다 주임들까지 윤번제로 열렬히 참여한다고. 우리 평교사들이야 떳떳한 일에 고개들고 집회장엘 가는데, 교감·주임들, 자기학교 교사를 보면 '얼굴을 돌리시는 화상당한 아버지'가 되신다고. 심증적으로라도 우리 좀 떳떳하게 삽시다! 그리고 그 '과다업무'에 수당이나 제대로 받으시는지, 거기서라도 제대로 권리를 찾으시는지. '인간적으로' 염려되기도.

● 일선학교에서 교련탈퇴가 자발적으로 광범위하게 이루어지자 일부 몰상식한 교장은 아예 탈퇴서를 쓰라고 강압적으로 나온다는데 입회서도 쓰지 않고 자동가입된 교련에서 또 탈퇴서는 웬말인지. 설쳐도 될 좀 아시고 설쳐야지. 의욕만 가지고 과잉충성이 되리라고 생각하신다면, 그야말로 시대착오적 판단이라는 걸 차제에 좀 알아주시길. 덧붙여 탈퇴서 운운하며 강요한다는 것은 명백히 '제3자 개입'으로, 당신들이 즐겨쓰는 명실상부한 '불법'이라는 사실도 알고 넘어가셔야죠.

● 얼마전, 행정소송 중인 민중교육지사건관련 해직교사의 재판정에서의 일. 이교사 작년 2월 소송청구 후 판사가 두번이나 바뀌었다는데, 세번째 그 판사가 해직교사에게 '복직이 아직 안되었느냐?'고 물어 '그렇다'고 대답하자, 앉아 있는 장학사에게 '이런 사람은 더 끌지 말고 복직시켜라'고 명령(?)했다고. 이에 장학사가 '문교부,법무부가 지금 추진 중인 듯하다'고 대답하자, 판사 이 말을 되받아 '이런 것은 교육위원회에서 힘써야되지 않겠느냐, 재판부에서 그러더라고 교육감에게 전하라'고 타일렀다니. 평소 교육자로서의 품위 강조하는 분네들, 과연 누가 교육자의 품위를 떨어뜨리고 다니는지, 그러고도 '교육을 장려하는 사람' '교육을 장려하는 기관'이라고 우리를 충고하려 하실지.

● 전교협 창립대회 날, 서울의 교사들은 난데없는 교장동행 주말여행들을 떠나기도 했다고. 소수 과잉충성교장들 시종 용의주도한 프로그램으로 교사들의 집회 참석을 막아왔는데, 이번엔 전날인 토요일부터 아예 술을 사주며 애원(?)하기도 했다는데, 모학교에서는 일정까지 바꾸어가며 당일 산행을 계획했다고. 많은 교사들이 산행여행을 거부하자 주최측의 당황한 모습이 역력, 언제나 이유치한 방해공작이 끝날 지 한숨과 연민이 터져나올 판.

원 고 모 집

『전국교사신문』은 명실공히 교육주체의 신문이 되고자 합니다. 교사·학생·학부모 여러분의 교육에 관한 글이면 형식에 관계없이 모집합니다.

보낼곳 : 서울·마포구 합정동 85번지 마리스타수도원 602호
『전국교사신문』담당자 앞

불붙기 시작한 교련탈퇴운동

전교협과 각 지역교협을 중심으로하여 대한교련 탈퇴운동이 전국적으로 번져가고 있다. 일례로 9월 28일자로 집계된 전남지역의 교련탈퇴현황을 보면 확실하게 신원이 파악되는 탈퇴자 수가 **95개교 2천여명**에 달하고 이중 전체직원이 탈퇴한 학교도 5개교나 되고 있다. 이는 전남교협으로 직접 연락해 온 경우만을 집계한 것으로, 이외에도 학교에서 집단적 또는 개인적으로 교련을 탈퇴했을 것으로 쉽게 추측할 수 있다. 이러한 교련탈퇴운동의 불길은 정도의 차이는 다소 있겠지만 집계를 하지않은 다른 지역도 마찬가지라고 판단된다. 탈퇴방법도 종래의 3개월 이상 회비미납에 의한 소극적 자동탈퇴의 방법에서 벗어나 동료 교사들의 연대서명을 통한 탈퇴의사 집단표시 라든가 개인적으로 또는 집단적으로 탈퇴서를 직접 지역교육회 임원들에게 우송하는 방법 등의 보다 적극적인 방법으로 바뀌어가고 있다.

교사들의 눈에 비친 대한교련

왜 대한교련탈퇴운동이 이처럼 교사대중의 폭발적 열기 속에서 이루어지고 있는가? 우리는 그 이유를 학교현장 교사들의 눈에 비친 교련의 모습에서 쉽게 찾아볼 수 있다. 우리가 몸담고 있는 학교현장에서 우리가 느낄 수 있는 교련의 활동은 거의 아무것도 없다. 일년에 한번씩 지급되는 수건 한장, 그리고 가끔씩 교련지역 간사인 교장·교감들에 의한 교련가입 권유, 교무실 홍보용 서가속에 꽂혀 있는 몇장의 빛바랜 새한신문, 이외에는 교련이 무슨 활동을 하는지 알수 없는 실정이다. 이러한 실정속에서 대부분의 교사들이 회비만 수납해가는 교련에 대해 교사들의 권익단체라고 생각할리 만무하며, 특히 교사가 당한 수많은 교권침해나 불이익 사건에 대한 교련의 미온적이며 어용적인 태도는 교사들이 교련에 대해 커다란 반감을 가질 수밖에 없도록 하고 있다.

이러한 학교현장 교사들의 교련에 대한 태도를 잘 보여주는 것이 최근 호남지역 유일의 교육신문인 「호남교육신보」가 광주·전남지역교사 700여명을 무작위 추출하여 실시한 여론조사 결과이다. 이 결과에 따르면 조사대상자의 97.9%가 교련이 제할일을 제대로 못하고 있다고 답변했으며 이에따라 조사대상자 중 88.6%가 교사들이 자주적 교사단체 결성을 희망하고 있다고 답변하였다. 또 조사대상자의 64.3%가 앞으로 교련을 탈퇴하겠다고 밝혔으며, 22.9%가 탈퇴하고 싶으나 사정이 여의치 못하여 망설이고 있다고 답변함으로써 교련이 교육행정당국, 일선학교의 교장교감들과 밀접하게 결탁이 되어 있어 혹시 있을지도 모를 불이익을 우려하고 있는 것으로 나타났다. 그리고 조사대상자 중 3.6%인 25명만이 교련잔류를 희망하고 있는데 이들은 아마 일선학교 교육관료 중의 일부일 것으로 생각된다. 3.6%의 교사들이 지지하는 대한교련은 「대한교육연합회」라는 부당한 이름을 버리고 「대한교육관청, 교장교감연합회」로 이름을 바꾸는 것이 훨씬 어울릴듯 하다.

교련의 역사와 정체

그러나 대대적인 탈퇴운동과 확실한 여론조사에도 불구하고 대한교련측은 자기들이 교사들의 권익단체로서 많은 압력과 어려움에도 교사권익옹호를 위해 수많은 일을 해왔다고 강변하고, 각 학교에 협조 공문과 선전팜플렛을 보내고 심지어 대한교련의 대변인격인 홍보국장은 일간신문의 독자 투고란까지 이용하여 교련이 어용이 아니며 교련탈퇴운동은 부당한 것이라고 주장하고 있다. 이에 우리는 교련의 역사를 살펴봄으로써 그 어용적이고 기만적인 성격을 재차 밝혀보고자 한다.

대한교련은 1947년 미군정 당시, 일제하 황민화교육에 앞장서 왔던 '조선교육회'를 인계받아 친일교육행정 관료들과 교육계 인사들이 조직한 것으로 출발하였다. 문교부장관이 초대명예회장이 되고 문교부 고위관리가 교련의 실무책임자가 되는 등 처음부터 정권에 밀착한 체제로 출범하였으며 임원구성이나 활동에 있어서 평교사가 철저하게 배제되었다. 그리하여 교사들의 권익 단체가 아니라 이승만 정권의 시녀로서의 임무를 충실히 수행해 온 것은 주지의 사실이다. 그후 59년 봄부터 시작된 교원노조결성 움직임이 4.19혁명 이후 "대한교원노조 연합회"로 구체화되고 교련탈퇴 움직임이 대대적으로 일어나자 소위 자체정화 활동이라하여 정관일부를 고쳐 "회원 상호간의 강력한 단결……교권의 옹호와 확대를 도모하여…… 민주교육 발전에 목적을 둔다"등으로 하고 임원 중 2/3를 반드시 평교사로 선출하도록 규정하였다. 그러나 교련은 스스로의 성격변화 보다는 오히려 "교원 노조연합회"를 매도하는데 급급함으로써 그후 교원노조가 5.16군사정권에 의해 무너지는데 큰 역할을 하였다.

그후 교원노조에 대항하기 위하여 개정된 정관들은 점차적으로 다시 개악되었고, 1972년 유신정권의 출발에 대해 최대의 경의와 찬사를 표시하는 성명서를 채택하고 평교사가 완전히 배제된 순수 어용단체로서 오늘에 이르고 있는 것이다. 교육민주화와 자주적 교사단체 결성 움직임이 거세어지고 있는 요즈음 또다시 체질강화니 자체정화니하여 임시변통의 자구책을 강구하고 있는 대한교련의 모습은 기만적인 대한교련의 역사를 다시한번 되풀이 하고 있는 듯한 느낌이다.

교련탈퇴의 정당성과 당위성

현 대한교련의 정관제1조는 교련의 명칭을 "사단법인 대한교육연합회"로 규정하고 있다. 사단법인이라 함은 특수법인이 가질 수 있는 자율성을 갖지 못하고 감독관청인 문교부의 승인, 감독을 받아야 하는 것을 의미한다. 정관제1조는 다시말하면 대한교련을 문교부의 허가나 승인없이는 움직일 수 없는 단체라는 것을 밝히고 있는 조항이다. 이것은 교사들의 사회경제적 이익과 권익옹호, 신분보장 등 최소한 압력단체로서의 기능을 해야할 대한교련이 그 구조에서부터 어용성을 내포하고 있는 것으로 볼 수 있다. 이러한 기만적인 단체에서 탈퇴하는 것은 교사들의 지극히 당연한 권리이다. 또한 교련은 여러가지 수익사업과 회비 납부 등의 예산, 결산을 감독청에만 보고하고 회원들에게는 거의 공개하지 않고 있다. 최근의 교련에서 발간한 홍보팜플렛을 보면 교원의 부당처우와 불이익 사건에 교련이 개입한 경우가 연중 불과 수십건으로, 매월 3억이상씩 거두어 들이리라고 추산되는 회비가 어디에 다 쓰이는지 알 수 없다. 회원가입원서도 받지 않고 공제해 나가는 회비 징수는 명백히 불법이며 게다가 회원들에게 공개조차 하지 않기 때문에 교련회비 납부거부는 역시 당연한 교사의 권리이다.

이렇게 교사들의 대한교련탈퇴 또는 거부가 당연한 권리임에도 불구하고 일부교육 관료들과 문교부 등의 교육관청이 공공연하게 교련탈퇴 운동을 방해하는 작업을 벌이고 있다.

교련탈퇴나 거부운동에 대한 어떠한 방해도 있을 수 없으며 불법이다. 사단법인에 자유로운 대한 가입이나 탈퇴는 법적으로 정당한 행위인 것이다.

우리 30만 교사들은 전교협 그리고 각시·도 교협을 중심으로 교련탈퇴 운동을 더욱 활발히 벌여나가고 이를 새로운 자주적교사단체건설 운동으로 발전시켜 나가야 할 것이다.

여교사 여교사와 교육 민주화

여교사 문제의 이중성

현재 여교사가 안고있는 문제들은 넓게는 남성위주의 사회구조와 관련된 여성 소외의 문제이며, 좁게는 교육민주화가 실현되지 않는 가운데서 파생되는 교권침해의 문제라 말할 수 있다. 위의 두 뿌리에서 자라난 여교사들의 문제는 형식적으로나 법적으로는 남·녀 교사의 차별이 전혀 없는 것 같으면서도 실제로는 그 형식적 평등이 지극히 큰 현실적 차별로 드러나고 있음을 우리는 매일의 생활에서 끊임없이 경험하고 있지 않은가.

이에 대해 우리 여교사들은 그저 당하고 있거나 방관만 하고 있을 것인가? 그럴수는 없을 것이다. 그렇다면 우리는 이것을 어떻게 극복해 나아가야 할까?

소극적 태도 벗어날 때

첫째, 여교사 스스로의 동등하고 자주적인 인격체로서의 자각과 소극적 태도에 대한 반성이 선행되어야 한다. 여교사 스스로 인식부족과 알아도 귀찮거나 두렵기 때문에, 또는 혼자이기 때문에 쉽게 물러서고 포기하는 소극적 태도가 계속되는 한 아무리 사회나 교육의 민주화가 이루어진다 해도 여교사 문제는 결코 해결될 수 없다는 솔직하고 뼈아픈 반성을 하지 않으면 안될 것이다.

둘째, 부당한 권리침해에 맞서서 단결된 힘으로 우리들의 권리를 지켜내야 한다. 학교내 여교사 모임을 활성화시키자. 그리고 짓밟히고 있는 여교사 권리를 단위학교 내에서부터 점차 회복해 가자. 그러나 전체 여교사들의 단결과 연대없이는 어렵게 이겨낸 승리일지라도 일회적이거나 한 학교만의 성과로 한정될 수 밖에 없다. 따라서 한 직장에서부터 뭉쳐져서 그것이 지역으로, 전국으로 광범위한 연대를 형성해가야 한다.

권리의 현실화 노력 시급

셋째, 위의 두 가지 점을 기본 전제로 해서 법조항으로만 제시되어 있는 제반 권리들을 구체적으로 하나씩 현실화시켜 나가야 한다. 즉, 폭넓은 사회교육 시설의 확충 및 완비, 출산, 육아, 가사노동 때문에 근무에 지장이 없도록 하거나 다른 교사에게 보강의 부담을 안겨주지 않도록 교원의 정원을 늘려 학교운영에 여유를 갖고 근무체제를 개선하는 일, 육아 휴업제도의 실질적 확보, 승진하거나 관리직이 되기 위해서는 수퍼우먼이 되어야 하거나 여성임을 포기해야 하는 기막힌 상황을 남녀 구별없이 공정하게 관리직이 될 수 있는 제반 여건의 조성, 특히 사립학교 여교사의 경우 불법적인 결혼 및 임신 퇴직의 완전한 철폐와 공립학교에 준하는 산전 산후 유급 휴가 기간의 확보 등을 우리들 스스로 확보해 가야한다.

남녀교사의 상호협조 필요

그러나 다시 한번 명심하자. 여성 문제의 해결이 결국은 참된 의미의 인간 해방인 것과 같이, 여교사 권리확보의 문제 역시 진정한 교육의 민주화와 분리할 수 없는 동전의 양면인 것이다. 우리는 여교사로서의 특성과 교사로서의 보편성을 동시에 지니고 있다. 따라서 여교사의 권리투쟁은 교사 전체가 인간다운 생활을 누리면서 교육활동에 충실할 수 있는 제도적 보장을 확보하는 투쟁이 되어야 할 것이며, 그것은 남녀교사의 단결 및 상호협조를 통해 이루어져야 한다.

여교사의 권리확보야 말로 교육 민주화의 처음이자 끝이다. 동료 여교사의 마주잡은 손끝에서 전해오는 온기를 한 가슴으로 모으면서 멈춰섰던 발걸음을 힘차게 내딛어 보자.

시국관련 사대생 아직도 미발령

대학 재학중 시국사건 및 학내문제에 관련, 교원부적격자로 낙인찍혀 그동안 묶여 있던 미임용교사들은 대부분 지난 9월중 뒤늦게나마 발령을 받아 현재 근무하고 있다.

그러나 올해 2학기 졸업생의 경우, 분명한 이유도 없이 발령이 늦어지고 있는 것으로 알려지고 있다. 김주환(서울사대 국어교육과), 강영임(서울사대 국어교육과) 두 예비교사의 경우, 재학중 학내사건 관련을 이유로 발령이 나지 않아, 시교위 당국에 문의한 결과, 아직 보안심사위원회에서 통과가 되지 않아 발령을 낼 수가 없다고.

일반 교사들은 이에 대해, "시국관련 미임용교사들이 모두 발령을 받은 마당에, 몇사람에 대해서만 발령이 안나고 있는 것은 이해할 수 없는 일"이라고 지적하며, "시교위 당국의 책임하에 보다 성의있는 조치가 있어야 할 것"이라고 입을 모았다.

문교장관께 드리는 공개 질의서

지난 9월 24일, 서명원 문교부장관은 친애하는 선생님께"라는 제하의 서한을 전국 30만 교사에게 일제히 배포하였다. 그동안 어려운 교육여건 속에서 교육을 이끌어 온 교사들에게 위로의 말 한 마디 없었던 차에 갑작스럽게 전달된 이 서한은, 그런 의미에서 매우 이례적인 것이었다. 이 서한은 학교에 따라서 사환학생 또는 주임교사에 의해 배부되었고, 친절하게도 교무회의 석상에서 교장이 직접 낭독해 주기도 하였다. 교사들의 일반적인 반응은 대체로 냉담하였고, 그 자리에서 찢어 없애거나 구겨서 버리는 경우도 종종 눈에 띄었다. 서한의 중점내용은 교사협의회의 활동을 국기적(國基的) 차원에서 교육발전을 저해하는 행위로 간주하고 경우에 따라서는 강경대응도 불가피하리라는 다분히 위협적인 분위기를 함축하고 있다. 이에 대해 새로 출범한 전교협은 9월 27일 창립대회의 자리에서, 이 서한이 교사협의회의 민주적 활동을 무책임하게 왜곡하고 있을 뿐만 아니라 그 자체가 민주교육활동에 대한 명백한 탄압임을 규정하고, "문교장관의 서한에 대한 공개질의서"를 채택하고 문교장관의 교육자적 양심에 입각한 성실한 답변을 요구하였다.

1. 장관께서는 교사협의회 결성을 "정치적 중립"과 상반된다고 하셨읍니다. 그러나 우리의 견해는 "부당한 정치세력의 파당적 강제로부터 교육이 자율성을 회복"해야 한다는 것으로, 이는 이미 교육적으로도 입증된 내용입니다. 그러나 오히려 "교육의 정치적 중립"을 수호해야 할 문교행정의 관료들이 권력의 손발노릇으로 30만 교사들의 품위를 떨어뜨려 왔읍니다. "4·13조치" 후 최열곤 서울시 교육감은 고교 교장들을 모아놓고 민정당 서정화 의원 등을 초빙, 지지강연을 가진 바 있읍니다. 또 전임 손재석 장관은"4·13조치"를 홍보하는 문건을 각 시도교위와 일선학교에 보내 그야말로 치명적으로"교육의 정치적 중립"을 훼손시켰읍니다. 우리는 4·13조치가 한 정당의 정책이지 그것이 곧 문교부나 교위의 정책으로 곧바로 전화돼서는 안된다고 생각하고 있읍니다.

2. 장관께서는 우리 교사들이 "집단행동으로 품위를 저하"시키고 있다고 하셨는데 "품위"라는 것은 도대체 무엇인지요. 민주적 교육을 위한 행위가 품위를 떨어뜨리는 것이라면, 우리는 그같은 논리를 받아드릴 수 없읍니다. 논리는 논리로, 비판은 비판으로 대응될 때 모두의 발전을 가져온다고 생각합니다. 헌법이 보장하는 기본권 행사인 평화적 집회에 교장·교감 등 원로교사를 강제동원시켜 집회를 방해하고, 또 장학사가 원로교사들의 출석을 점검하는 비열한 행위야말로 "교사의 품위를 저하"시키는 것이라고 감히 단언합니다. 더구나 우리 교사들의 집회는 언제나 국민의 교사로서 민주적 절차와 높은 품위를 잃지 않았다고 자부하고 있읍니다.

3. 장관께서는 우리 교사들이 "교육과정을 임의로 선정"하겠다는 주장을 했다고 하셨읍니다. 그렇습니다. 저희들은 학생교육에서 제일 중요한 교과서 편성과정에 평교사의 의견과 학부모의 의사가 수렴되어야 함을 강조했읍니다. 잘못 이해하셨다면, 그 고견을 밝혀 주십시요.

4. 장관께서는 교사협의회를 "불법단체"로 규정하였읍니다. 지금 사회는 "6·29선언"에 따라 민주적 방향으로 탈바꿈하고 있읍니다. 따라서 장관의 이같은 생각은 6·29정신마저도 잘못 이해한 폐쇄적인 견해처럼 보입니다. 더구나 "교련"의 과거행적을 볼 때, 새 교사단체는 민주화 시대에 걸맞는 것으로, 선배교사이신 장관의 지지가 오히려 마땅한 것으로 사려됩니다. 전문직 단체결성은 우리 헌법도 보장하고 있읍니다. 예컨대"교장단 회의"라는 단체는 교사협의회와 어떻게 다른지요.

5. 장관께서는 "교련을 통해 순수교육과 교원의 사회·경제적 지위향상"을 기하는 것이 바람직하다고 하셨읍니다. 우리는 이 말이 식자공의 오식이기를 바랍니다. 무릇 이익단체는 자생력을 갖출 때 그 목적이 성취됩니다. 그러나 교련의 정관을 보십시요. 문교부와 수평적 관계여야 함에도, 오히려 대립기관인 문교부의 허가·승인에 그 활동을 맡기고 있읍니다. 한 교육전문지의 설문조사에 따르면 조사자의 87%가 교련을 탈퇴하겠다고 응답했읍니다. 또 말씀하신 "순수교육"이란 것도 그렇습니다. 우리는 사랑하는 제자들과 교육에 대한 타부분으로부터의 오염을 거부하며 교육의 순수성을 지켜왔읍니다. 교육은 특정시대나 특정권력의 봉사물이 아니라 국가와 민족의 백년대계일 뿐입니다.

6. 장관께서는 저희들의 활동을 "일시적 감정에 치우친 행동"이라고 하셨읍니다. 그러나 어떻게 국민으로부터 교육의 사명을 위임받은 교사들이 "일시적 감정"에 치우칠 수 있겠읍니까. 교육의 민주화의 실천은 길게는 우리 교육사에서 보여준 선배들의 전통과 역사적·시대적 사명을 교육자적 사명과 일치시키고자 하는 우리 교사들의 민족·민주·인간화 교육에 대한 충정일 뿐입니다. 아직까지도 이 충정을 모르셨다면 문교행정의 최고책임자로서 무지에 가까운 이해의 결과라고 사려됩니다.

7. 장관께서는 우리 교사들이 "기존교육을 전면 부정하고 교육질서를 문란시키고 있다"고 하셨읍니다. 그러나 아무리 좋은 것도 바뀌는 법이거늘, 잘못된 교육을 개선하자는 것이 어떻게 "전면부정"인지요. 그럼 장관의 "기존교육"은 어떤 것입니까. 혹시 우리 제자들을 감각적인 무국적 문화 속에서 하루 15시간 이상 교과서 속에만 묻히게 하고, 그리하여 맹목적인 순응을 미덕으로 아는 "훈련된 무능력자"를 양산하는 것이 "기존의 교육"은 아닌지요. 우리 교사들이 언제 "교육질서를 문란"시켰나요. 오히려 그것은 관료적 행정체계의 경직성에서 발생했지 않았을까요. 수없는 지시공문은 정상적 교육을 어렵게 하고, 그 부담은 최종적 으로 학생들에게 전가되고 있읍니다. 비민주적 교육현실을 극복하려하고, 또 극복의 주체로서 실천활동을 하는 것이 "질서문란"이라면, 비민주적적 교육현실을 보고도 눈을 감으라고 강요하는 것입니다.

아무쪼록 저 초롱한 눈동자들의 미래의 삶을 보장하는 교육적 실천을 위해 빠른 시일 안으로 위 일곱 항의 질의에 대한 납득할 만한 답변을 해 주시기를 기대합니다.

우 리 의 주 장

1. 전교협과 시·도교협, 시·군·구교협, 학교단위 교협의 정당성은 마땅히 인정되어야 한다.
1. 교사의 단결권·단체교섭권·단체행동권은 보장되어야 한다.
1. 교사의 정치적 권리와 사회·경제적 지위는 납득할 수 있게 보장되어야 한다.
1. 교사·학생 및 지역주민이 주체가 되는 진정한 교육자치제는 시급히 이룩되어야 한다.
1. 입시과열경쟁교육을 지양하고 학교교육을 정상화시켜야 한다.
1. 학생·학부모의 교육권을 회복시켜야 한다.
1. 민주교육을 위해 싸우다 해직된 교사들은 즉각 전원 복직시켜야 한다.
1. 교장·임기제를 시행하고 학교민주화는 보장되어야 한다.
1. 교육세를 전용하지 말고 교육투자를 확대하여 교육환경을 개선해야 한다.
1. 민주적인 교사단체의 결성을 비방·방해하는 악질교육관료와 폭력경찰은 30만 교육동지와 국민 앞에 사과해야 한다.
1. 사립학교 교원의 신분은 즉각 보장되어야 한다.
1. 문교당국은 어용대한교련에 대한 일방적 지지를 철회하고 교육민주화 실천에 동참해야 한다.

실 천 방 침

1. 전교협과 시·교협을 통해 교육의 자주성과 학교의 민주화를 추진한다.
1. 교육악법의 철폐와 민주교육법 제정을 위한 전국적 서명운동을 더욱 힘차게 추진한다.
1. 전국적인 교육회비 납부거부운동을 계속 추진한다.
1. 단위학교 교사협의회를 구성하고 서로 연대한다.
1. 학생회 직선제 관철 등 학생의 자치활동을 지원한다.
1. 교장 임기제 실현을 위해 노력한다.
1. 부당한 교권침해에 대해 공동으로 대처한다.
1. 교육관료의 부당한 수업간섭과 명령을 거부하고 국민의 교사로서 민족·민주·인간화 교육을 실천한다.

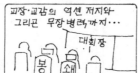

1987.9.27

민주교육추진전국교사협의회

책소개 교사와 권리

"우리의 교육문제가 사회구조 전체에서 발생한 귀결이라고 생각되기 때문에 교육만 가지고 교육 문제 자체가 모두 해결되리라고는 볼 수 없다. 그렇다고 사회제도 및 정치, 경제 체제가 변하기를 기다린다는 일은 더욱 있을 수 없다. 자주성은 교육의 교육에 종사하고 교육과 직접 관련이 있는 사람들의 헌신적 노력을 통해서 비로소 달성될 수 있을 것이다. 또한 그러한 노력은교육을 통해서, 보다 교육을 잘하기 위해서, 즉 교육을 정상화시키고 교권을 확립하기 위한 교육자들의 노력을 통해서만이 달성될 수 있다고 본다." 고 한 것처럼 이 책은 교사가교육의 자주성을 확립하고, 교사로서의 권리를 찾기 위하여 교사 스스로가 어떻게 싸워왔는가를 보여주고 있다. 이것이 비록 우리의 경험이 아니라 일본의 이야기이기는 하지만 오늘날 이 땅의 왜곡된 교육 현실을 마음 아파하고 학생들에게 참교육을 하려는많은 교사들에게 시사하는 바가 크리라 생각된다.

서장에서는 교사 및 교사집단은 어떤 성격을 갖는가를 교육노동의 본질에서 파악하고 있으며, 1장에서는 교직자의 근무조건에 대하여, 2장에서는 신분보장과 인사문제, 3장에서는 교육권과 교육활동 및 민주적 학교운영, 4장에서는 노동기본권과 조합활동의 자유에 대하여, 5장에서는 교사의 정치활동 문제에 대하여 6장에서는 교권 침해와 그 구제제도에 대하여 쓰고 있다.

개인의 권리나 집단의 권리는 거저 주어지는 것이 아니라 끊임없는 투쟁을 통해 얻을 수 있다는 것을 다시 한번 생각하게 하는 책이다.

펴낸곳 : 백산서당
지은이 : 심산정광 외

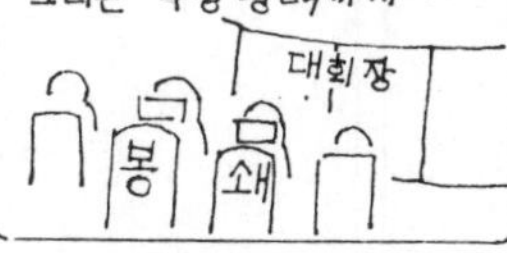

교장·교감의 억센 저지와
그리곤 무장병력까지···
대회장
봉
쇄

그러나 우린
가시밭길 돌무덤 바위산을 뚫고서

전교협 창립
30만 교육동지 단결 만세!

해직교사 106명 즉각 복직돼야

전국의 100여명의 해직교사들은 지난 9월 28일부터 서울의 민주교육실천협의회 사무실에서 장기농성에 돌입하였다. 그것은 6.29선언 직후 해직교사들은 2학기부터 복직시켜주겠다던 당국의 발표가 새빨간 거짓말이었음을 만천하에 폭로하고, 더 이상앉아서 기다릴 것이 아니라 자신의 노력으로 복직을 쟁취하겠다는 의지의 표현이었다.

주지하다시피 6월민주화투쟁의 부분적 성과로 6.29선언이 발표되었고, 그 민주화조치의 일환으로 해직교사들의 복직방침이 발표되었다. 그러나 7월, 8월, 9월이다 지나갔지만 **단 한명의 해직교사도복직되지 않았다.** 더욱 기가 막힌 것은 대부분의 동료교사들은 해직교사들이 전부 복직이 되어서 학교에 다니고 있는 줄로 착각하고 있으며, 심지어는 복직을 축하한다는 축전까지 받은 해직교사도 있다. 이 얼마나 가증스런 우롱인가?

이것은 작게는 6.29선언의 기만성과 크게는 현 정권의 파렴치함을 가장 극적으로 나타내주는 것이다.

농성 3일째 되던 날, 해직교사들은 당국의 기만성에 다시 한번 진저리를 쳐야했다. 정기국회에서 의원의 질문에 문교부장관은 다음과 같이 답변했다. "문교부에서는 해직교사들의 징계사면을 법무부에 요청하지 않았다." 똑같은 입은 8월 임시국회에서 이렇게 말했었다. "9월 1일부터 해직교사들을 차례로 복직시킬 방침이며, 필요한 법적 절차를 법무부에 요청해 놓았다."라고.

독자의 소리 새로운 교사, 새로운 교육

참교육을 실천하는 선생님께

신문 한 귀퉁이에서 자치적인 교사단체를 결성했다는 기사를 보았읍니다. 그리고 문교부와 시교육위원회가 긴장하는 것도 보았읍니다.

"공권력이 개입했고 장소가 원천봉쇄 당했고 700여명의 교사가 모였고……"하는 내용들이었읍니다. 어떠한 모임이기에 기존의 교사단체인 대한교련이 체제개선을 서두르고 교육정책을 맡고 있는 문교부가 긴장하는가?

교육현실의 모순성을 개선하고저 노력하시는 뜻있는 선생님들의 활동에 깊은 관심과 성원을 보냅니다.

학생들에게 마음에서 우러나는 사랑을 주시고 한 인격체로 존중하고 대우해 주시던 선생님께서 징계위원회에 회부되시어 고민하시고 해임까지 당하시는 것을 보고서 무척 마음 아팠읍니다. 우리아이들을 사랑해주시던 선생님을 우리 손으로 지켜줘야 됨에도 그렇지 못했음을 죄스러워했읍니다. 학교를 떠난 후 지금까지 교단에 다시 서지 못하고 계신 선생님께서 하루빨리 아이들과 다시 만날 수 있기를 간절히 기다리고 있읍니다.

학생들의 참된 교육을 위해 수고하시는 선생님들! 학부모로서 선생님께 바라는 것이 있읍니다.

우리아이의 담임선생님께 자주 찾아뵙고 교육 전문가이신 선생님의 조언을 듣고 싶은데 학부모와 담임선생님과의 벽이 너무 높아 안타깝읍니다. 여기에는 여러 가지 원인이 있겠지요. 학부모와 선생님이 스스름없이 만나 상담 할 수 있는 풍토가 이뤄지기를 바라는 것입니다. 땅에 떨어진 교권이 아이들 교육을 위해서도 꼭 회복되어야만 되겠읍니다. 선생님을 존경하고 선생님의 가르침을 따를 수 있는 참된 사제지간의 관계가 정립돼야 되겠다는 것입니다. 아이들에게 골고루 사랑을 나누어 달라는 것입니다. 점수로 학생을 평가하지 마시고 공부 못하는 학생도 가난한 집의 학생도 똑같이 선생님의 사랑을 원하고 있다는 사실을 항상 기억해 주셨으면 합니다. 입시위주의 교육이 아닌 인간교육, 전인교육이 이뤄져야 되겠고 민주적이고 자율적인 학급운영을 통해 학생 스스로가 생각 할 수 있는 교육이 되어야겠읍니다. 교육을 천직으로 알고 긍지와 소명감으로 아이들 앞에 서시는 선생님들께 학부모로서 깊은 애정과 신뢰를 보내드리오며 더 나은 교육을 위해 끊임없의 노력하시는 선생님들의 단체 전교협에도 관심과 기대를 갖고 격려를 보냅니다.

교육민주화 혼자의 힘으로 벅차

평범한 일선교사로서 매일 매일 느끼는 것은 시험에 대해 강박관념에 사로잡혀 있거나 학생으로서의 의욕을 상실한 아이들이 너무도 많으며 이들을 올바로 이끌기 위해서는 나 혼자의 힘만으로는 벅차다는 것이다. 때문에 동료 교사와 힘을 합쳐서 함께 교육을 바로 잡고자 노력하지 않는다면 어림도 없다는 느낌이 든다.

그러나 교장·교감선생님들은 우리 교사들의 그런 노력을 도와주려 하시지 않는다. 지난 봄에 같은 학년 담임들끼리 모여 휴일에 학생들을 모아 체육대회를 열고자 하였다. 모든 선생님들이 좋아하셨고, 학생들은 더욱더 모처럼 입시공부에서 벗어나 휴일을 보람있게 보내게 된 것을 기뻐하였다. 일주일 내내 담임들과 대표학생들이 모여서 계획을 짰다. 이를 안 교장선생님은 천만 뜻밖에도 공부에 지장이 있다고 못하게 하시는 것이었다. 우리가 다시 모여 이 문제를 논의하려고 하자 교감선생님이 오셔서 교감이 없는데 어떻게 선생들끼리 모여 함부로 애기하느냐고 호통을 치셨다. 불과 5개월전 애기다.

교사들이 자발적으로 모여 단체를 결성하고 교육의 자주성과 학교의 민주화를 추진한다고 하니 반갑기 그지 없다. 대한교련 하나면 족하다거나, 교직원 회의를 활성화시키면 된다거나 하는 애기는 일선 학교 현장의 실정을 얼마나 알고 하는 애기일까? 더구나 일전에 서명원 문교부장관이 보낸 편지는 우리를 더욱 실망시켰다. 이 때쯤이면 획기적 교육 민주화 시책이 발표될 것으로 믿은 우리 교사에게는 도무지 알 수 없는 애기들뿐이었다.

앞으로 전교협이나 각 시·도교협이 교사들의 의견을 모아 힘차게 교육 민주화를 추진해 가기 바라는 마음 간절하며, 동시에 일선 학교에서의 모임이 소중함을 더욱 더 명심하여 힘이 되어주었으면 하는 바램 절실하다.

창 립 선 언 문

우리는 오늘 우리를 믿고 따르는 사랑하는 제자들과 우리에게 귀여운 아들 딸을 맡긴 학부모들 앞에서 떳떳할 수 없었던 지난 날의 부끄러움을 떨쳐버리고 새로운 교육을 실천하는 새로운 교사로서 민족과 역사 앞에 엄숙히 선언한다.

당국의 부당한 비방과 방해책동을 용납하지 않는 대다수 교사와 국민의 지지와 성원에 힘입어 오늘 민주교육추진 전국교사협의회(약칭-전교협)가 창립되기에 이르렀다. 참으로 바람직한 교육민주화와 교사의 단결을 꺼리고 두려워 하는 문교당국의 책동에도 불구하고 이제 조국의 전반적 민주화에 발맞춘 교육의 민주화는 도도한 역사의 대세가 되었으며 이에 역행하고자 하는 한 어느 집단 어느 개인도 역사의 죄인으로 심판받음을 면치 못할 것이다.

그동안의 우리의 교육 현실은 어떠하였던가. 부당한 역대 독재정권은 그 지배를 합리화하기 위하여 교육의 자주성을 박탈하고 교육을 권력의 도구로 만들어 버렸다. 이에 따라 우리 교사는 말단관료로 전락하여 국민의 교사로서 국민의 의사를 대변하고 진리와 진실을 학생에게 가르쳐야 할 본래의 교육자적 사명을 저버린채 굴종과 체념에 길들여 지기를 강요받아왔다. 온갖 비교육적인 학교 현장의 비리와 교육관료의 횡포를 뻔히 보면서도 무기력하게 주저앉아 있을 수 밖에 없었던 그 수많은 좌절의 경험들은 우리 교사의 가슴들을 얼마나 아프게 하였던가. 교육민주화를 내심 열망하면서도 동료 교사들의 실천에 동참하지 못했던 자책감은 우리 교사를 얼마나 괴롭혔던가.

입시경쟁과 이기적 출세주의와 퇴폐적 향락주의에 오염당한채 이를 극복할 건강한 학생문화를 갖지 못하고 끊임없이 방황하며 교사와 부모에 대한 신뢰감을 잃어가고 있는 학생들의 저 아픔은 또한 우리 교사의 아픔일 수밖에 없다. 학생이 미래의 민족의 운명을 짊어지고 갈 건전한 시민으로 크도록 돕지 못하는 교사는 더 이상 교사일 수 없다.

교육의 문제점을 알면서도 아들 딸들을 입시경쟁교육의 와중에 그대로 내던질 수밖에 없었던 학부모의 고통은 어떠하였던가. 당당하게 올바른 교육을 요구하지 못하고 높은 교육비부담에 시달리며, 자신이 낸 교육세의 전용과 교육환경 개선의 부진함에 대해 일말의 항변도 할 수 없었던 학부모는 과연 교육의 주체일 수 있었던가.

이제 우리 교사는 더 이상 억압과 소외의 운명을 감수하고 있을 수 없 다. 더 이상 우리의 처지를 자조하고 있을 수 없다. 우리를 바라보는 학생과 학부모의 기대에 찬 눈망울을 활짝 열린 가슴으로 받아 들이자. 우리 교사들의 단합된 힘이야말로 새로운 교육, 교사와 학생과 학부모가 함께 손잡고 웃으며 실천해 갈 수 있는 민족·민주·인간화 교육을 실현할 수 있는 토대라는 사실에 자부심을 가지고 받아들이자.

전교협은 맹목적인 복종을 단호히 거부하고 교사의 단결을 기초로 교사의 의견을 수렴하고 학생교육을 정상화하며, 학부모의 올바른 교육적 요구를 받아들여 이 시대 이 땅의 참된 교육을 실천해 갈 것이다. 우리는 완전한 자주적 교원단체가 결성되고 교사의 제반 민주적 권리가 확립될 때까지 결연히 싸워나갈 것이며, 자주적인 학생 자치활동을 지원하고, 학부모의 정당한 학교교육 참여를 보장하기 위해 노력할 것이다. 나아가 과거에 대한 겸허한 반성에 기초하여 우리의 교육활동을 혁신해 갈 것이다.

30만 교육동지여 단결하자.

이제 우리는 더 이상 주저할 수 없다. 정당성과 합법성과 도덕성을 상실한 당국의 어떤 비방과 방해도 우리의 앞길에 장애물이 될 수 없다. 우리가 추진해 갈 교육민주화의 대의에 비추어봤을 때 그러한 소소한 책동에 유념할 여유가 없다. 꾸준히 조직하고 꾸준히 실천하며 뜨거운 가슴으로 새로운 교육을 향해 전진해 나가자. 우라 교사와 학생·학부모의 희망찬 내일을 위해 교육의 민주화를 힘차게 추진하고 민족과 역사 앞에 떳떳한 참교육을 실천해 나가자.

민족·민주·인간화 교육 만세!
30만 교육동지 단결 만세!
민주교육추진 전국교사협의회 만만세!

1987. 9. 27

민주교육추진전국교사협의회

노동운동 탄압분쇄 !

노동운동탄압분쇄 소식 1

노동운동탄압분쇄투쟁농성장 발행
서울 종로구 연지동
기독교회관312호
전화 744-2844
발행일 : 분단조국 43년 10월 20일

"탄압분쇄 연합전선 형성하자"

부산·창원지역 노동자들, 서울 국민운동본부 회의실서 무기한 농성 결행

언론의 왜곡 날조보도, 경찰·구사대폭력 검찰의 일방적 연행구속 난무

안기부등 정보기관과 노동부등, 노동자탄압 횡포에 총력대응절실

구속자 석방 및 노동운동탄압하는 현정권에 맞서 구속자석방 등을 요구하며 서울 기독교회관에서 농성 5일째에 접어들었다.

(주)통일현직노동자 및 부산지역 해고근로자 5개 사업장(풍영·삼화·화성·국제상사·대양) 노동자들은 지난 14일 서울로 상경하여 종로에 위치한 기독교 회관내 국민운동본부 회의실에서 노동운동탄압에 대한 항의투쟁을 전개하고 있다.

노동운동탄압 분쇄 위해 결연히 상경

경남 노동자들의 요구를 경인지역에 알리고 노동자들의 동참을 호소하며, 현재 탄압받고 있는 노동자들의 연대투쟁을 함으로써 사회각계에 알리려 한 것이다.

지난 14일 아침 통일민주당사에서 농성을 하려 했으나 사전에 이를 눈치 챈 사복경찰과 (주)통일 관리자들의 방해로 민주당사 농성은 결국 무산되고 우리 노동자 6명이 연행되었다.

민주당사 앞에서 헤어진 노동자들은 제2의 장소인 기독교회관으로와 연좌농성을 벌였다. 그런데 여기서도 현관앞에서 집회를 하던 우리 노동자에 일명 "백골단" 2개 소대가 난입하여 우리의 동지 12명과 부산지역 해고노동자 4명이 또다시 연행되었읍니다. 이에 분노한 노동자들은 국민운동본부 3층 회의실에서 (주)통일노동자 21명과 부산지역 해고노동자 2명은 연5일째 가열찬 투쟁을 전개하고 있다.

노동자를 비롯 전민중 연대 호소

짜임새 있는 생활일과를 정하여 시민들에게 군부독재정권을 타도 해야한다는 내용의 유인물을 돌리며 적극적인 지지와 호응을 호소하고 있다.

또한 모든 민중들은 군부독재 정권의 민중탄압 분쇄를 위한 투쟁전선으로 총집결하자는 구호 아래 농성을 벌이자 서울 인천지역의 노동자들과 재야 인사들이 끊이지 않고 방문하여 지지성명을 발표하기도 하며 격려하고 적극적으로 동참하고 있다.

노동자·민주인사, 적극지지, 동참 날로 확산

15일 : 운동본부농성 시작이 전해지자 기노련, 인권위, 서민노련 및 전태일 열사 동생과 민통련의장이 격려차 이곳을 다녀갔다.

16일 : 석간 3사(중앙·경향·동아)와의 기자회견을 통해서 우리의 주장인 구속자 석방과 노동운동을 탄압하는 사례와 어제 있었던 연행자의 조속한 석방을 촉구 하였으며, 국민운동본부에서도 우리들에게 적극적인 참여와 지원을 약속하였다. 오후엔 김성용 신부의 방문이 있었으며 저녁 식사후엔 오늘의 하루를 정리하는 평가 및 경과 보고가 있었다.

한편 창원에서는 이 소식을 전해들은 국민운동본부와 경남대 총학생회와 애국시민이 함께 참여한 범시민 궐기대회에서 우리들의 농성을 지지하는 성명과 발표후 1,000여명이 가두로 진출하여서 시민들에게 유인물을 돌리며 폭력경찰에 맞서 투석전을 3시간 동안 계속했다.

17일 : 새로운 노래와 난간농성이 있었으며 오후엔 민주당 김대중 고문의 방문이 있었는데 우리들은 노동운동탄압에 대한 대책과·통일의 탄압내용을 알렸으며 연행자의 석방을 촉구하였다.

창원등 현지서 투쟁도 격렬

저녁을 먹은 후에는 대학생 및 해고근로자들과 밤늦게까지 현 정세에 대해서 열띤 토론을 하였다. 한편 인천지역 공실위 한국노협 인천지협·인천해고노협·인천산선·한국기노인천연맹 등의 명의로 공동성명서를 발표하였다.

18일 : 창원에서 상경한 동지로부터 그동안 궁금했던 창원의 소식을 접할 수 있었으며 우리의 이 소식은 널리 알려져서 각계에서의 격려와 방문으로 우리의 농성장은 항상 많은 사람들로 붐볐다.

오후엔 우리의 소식을 알리기 위해 창원으로 내려가는 동지들에게 편지를 써서 함께 동봉하였으며 한편 청계피복 노조의 집행부 및 조합원 그리고 고려대 학생들과의 대화와 그동안 쌓였던 피로를 풀기 위해서 함께 모여서 그동안의 소식을 나누는 가운데 레크레이션 및 율동 등으로 일체감을 느끼면서 밤늦은 시간에 헤어졌다.

"모든 민중들은 독재정권의 민중탄압 분쇄를 위한 투쟁전선으로 총결집하자!"

한편 농성노동자들은 매일 아침 8시경 점심 12시경 저녁 6시경 하루 3차례 기독교회관앞 가두에서 집회를 하고 있는데 노동자들과 애국시민들에게 민중운동탄압 분쇄에 동참을 호소하며 노동운동탄압하는 군부독재 타도의 결의를 다지고 있다.

민주노조건설이 이나라 민주화의 초석이 됩니다

우리의 요구

一. 구속 노동자를 전원 즉각 석방하라!
一. 해고 노동자를 전원 복직시키라!
一. 폭력구사단 해체하고 이를 사주한 악덕기업주를 처벌하라!
一. 국무회의 폭력조작극의 진상을 밝히고 국민앞에 공개 사과하라!
一. 국무회의 조작으로 노동운동 탄압한 김정렬 내각은 총 퇴진하라!
一. 관제언론은 노동자에 대한 왜곡보도를 즉각 시정하고 공개 사과하라!
一. 수배된 노동자의 수배를 즉각 해제하라!
一. 현 정권은 민중 탄압을 즉각 중지하라!
一. 노동악법 철폐하고 노동3권 보장하라!
一. 군부독재 몰아내고 민주정부 수립하자!
一. 노동악법 철폐하고 민주노조 사수하자!

국제상사·풍영·삼화·대양·화승·통일·부산, 창원지역 6개공장
농성 노동자 일동

노동운동탄압분쇄 결의대회

일터의 민주화가 이나라 민주화의 초석이 됩니다

일시 : 10월 27일 오후 3시
장소 : 명 동 성 당
주최 : 민주헌법쟁취 국민운동 노동자위원회
후원 : 민주헌법쟁취 국민운동 전국농민위원회
민주쟁취 청년학생 공동위원회
기독교 도시빈민 선교협의회
천주교 도시빈민 사목협의회

〈속보〉 노동운동 중심 와해기도

고려화학노조사무장, 회사 경찰협박에 분신

울산 고려화학 노조 사무국장의 "분신"이 일간신문에 왜곡보도되어 의혹을 더해주고 있다.

고려화학 노조 사무국장 김수배 씨는 그동안 회사측에 의해 강제사직을 강요당하는가 하면 경찰에 의해 협박당해 왔다고 유가족들이 주장하고 나섰다.

유가족들은 △자살인지 타살인지 진실을 밝힐 것 △고려화학 탁영수 부장이 김수배 노조 사무국장 때문에 이사 진급이 못된다며 "너가 나가면 퇴직금+α를 해주겠다"며 압력을 넣은경위 밝힐 것 △고려화학 동문 선배들도 같은 압력 넣은 경위 밝힐 것 △경찰출두 강요 경위 밝힐것 △언론의 왜곡보도를 공개사과 할 것 등을 요구하고 있다.

현대엔진 노조위원장연행

19일 9시 울산 현대엔진 노조위원장 권용목 씨가 경찰에 의해 강제 연행됐다. 권씨는 지난 7월 울산 현대엔진노조를 만드는데 적극 기여하는 한편 현대그룹노조협의회 회장을 맡고 있 다.

산재환자 생존권투쟁치열

부천 산재 중앙병원 산재환자들 700여명이 10월 15일부터 19일 현재까지 △휴업급여 인상 △산재환자 임금인상 △최저임금 인상 등을 요구하며 농성을 계속하고 있다.

통일교재벌 노동자탄압에 갖은 술책

애국시민 여러분!

지난 9월 21일 (주)통일 노동조합위원장 진영규 씨를 비롯 6명을 불법 연행하여감에 따라 구속자 즉각 석방을 외치며 투쟁한지 벌써 26일째가 지나갑니다. 그동안 정부와 회사측은 3,000여 조합원의 외침을 외면하고 도리어 조합원을 극렬분자로 매도하며 더욱 더 탄압을 가하고 있읍니다.

지난 8월 7일부터 생존권투쟁을 시작하여 22일간의 흔들림 없는 단결로서 저희들은 승리하였읍니다. 그런데 투쟁중에 8월 24일 회사측은 1,000여명의 구사대를 동원하여 평화적으로 농성중인 100여명의 조합원에게 먼저 각목을 휘두르며 농성을 와해시키려고 하였읍니다.

폭력·파괴는 회사측 구사대가 해놓고

숫적으로 밀린 조합원들은 옥상에 몰려 피나는 싸움을 하였고 마침 회사밖에서 안타깝게 지켜보던 300여 조합원의 합세로 구사대를 물리치고 저희들이 승리하였던 것입니다. 그리고 합의서에는 농성 기간중 일어났던 형사·민사적인 일 등 모든 일을 일체 불문에 붙이기로 합의하였읍니다. 그런데 저들은 노동조합위원장, 사무국장 등 6명을 기물파손 및 방화죄로 불법연행하여 갔읍니다. 그러나 저희들은 구사대가 쳐들어오기 전 생존권투쟁 18일째까지도 유리창 하나 일체 기물은 파손치 않았으며 자체적으로 통제하여 사무실 전산실 등은 일체 들어가지 않고 평화적인 농성을 하였는데 구사대가 먼저 쳐들어와 유리창을 깨고 기물을 파손하였던 것입니다.

애국시민 여러분!

분명히 저들이 먼저 폭력을 썼는데 왜 그 모든 책임을 우리가 뒤집어 써야 합니까? 또한 합의서에도 일체 불문에 붙이기로 하였는데도 합의서를 이행치 않고 연행하여 간단 말입니까? 이에 우리 조합원들은 분노하여 구속자 즉각 석방을 외치며 또다시 일어났던 것입니다.

경찰, 노동자 탄압에 앞장서

그러나 회사와 정부는 우리 조합원을 힘으로 와해시키려고 일방적인 휴업조치와 휴업·파업기간을 무급으로 하고 단체협약상 9월중에 상여금 100%를 지급하기로 하였는데도 협약을 어기며 50%만 지급하여 추석을 앞두고 돈이 많이 필요한 때를 이용하여 조합원을 경제적으로 어렵게 만들어 서약서를 작성하여, 일부 조업을 시키면서 분열시키려 하고 있읍니다.

계속 조합원을 연행하여 구속시키는가 하면 지난 24일 평화적으로 가두행진을 하려는 조합원들에게 회사 정문도 채 나가기 전에 최루탄과 지랄탄을 수없이 난사하여 23명이 부상당하였으며, 21명이 연행되어 가기도 하였읍니다.

이렇게 계속 조합원의 외침을 외면하고 도리어 힘으로서 누르기만하여 우리들은 할 수 없이 조합원을 서울에 보내 각 기관에 호소하러갔으나 정부는 전경과 사복경찰을 동원하여 조합원 18명을 연행하여 갔읍니다. 그리고 현재 약20여명이 서울 기독교회관내에서 구속자 즉각 석방, 노동운동 탄압중지와 수배자 해제 등을 요구하며 무기한 농성에 들어갔읍니다.

군부독재, 노동운동 탄압하며 계속집권획책

애국시민 여러분!

군부독재는 막바지에 이르러 이나라 주체인 노동자를 더욱 더 탄압하여 장기집권의 음모를 획책하는 발버둥을 치고 있읍니다. 구속자가 석방되고 노동자가 염원하는 평등의 사회가 될 때까지 우리는 흔들림 없이 투쟁할 것입니다.

* (주) 통일 계열회사인 (주) 일화에서 생산되는 맥콜 일화생수, 진생업을 사지도 먹지도 맙시다.

1987. 10. 16.

(주) 통일 노동조합 구속자 석방수습 대책위원회 및 대의원 일동

이 나라 참 민주화는 노동운동탄압 분쇄와 함께 이루어져야 합니다

12～13만원의 저임금과 하루 12～13시간의 장시간 노동으로 억압으로 착취를 강요당하던 우리 노동형제들은 지난 7, 8, 9월의 "임금인상"과 "민주노조건설"의 생존권 확보투쟁을 가열차게 전개해 왔다.

투쟁의 규모가 엄청나고 가열찼던 만큼 악덕기업주와 독재정권의 탄압또한 너무나 거세었다. 구사대의 폭력탄압으로 많은 동료들이 부상당하여 병원에서 강금당한채 신음해야 했고 군부독재정권은 악덕기업주를 적극 지원하면서 작업장에까지 최루탄을 무차별 난사하여 작업중이던 많은 동료들이 독한 가스속에서 분노에 치를 떨어야 했읍니다. 뿐만 아니라 백골단까지 동원되어 평화적인 농성장을 공포의 도가니로 만들었읍니다. 전국 대부분의 사업장에서 비슷한 탄압을 당했읍니다.

우리 노동자들은 너무나 억울합니다.

일단 양보하는 척하면서 투쟁의 열기를 가라앉혀놓고 투쟁에 앞장서서 헌신적으로 싸워온 노동자들을 하나하나 구속시키고 해고시켰읍니다. 구속이유는 대부분 좌경·용공으로 몰렸고 해고사유는 "시위집회주동" 등이었읍니다. 징계위원회도 열지않은 부당해고를 당하고 억울하여 노동부나 지방노동위원회 등지로 진정서와 구제신청서를 내보았지만 아무런 효과도 없었읍니다. 노동법이 악법인데 두말할 나위가 없읍니다.

지금도 우리 동료들은 어두운 감옥에서 죄도없이 갇혀있고 많은 해고자들은 생활의 터전에서 쫓겨나 생계를 잇지못하고 있읍니다. 이땅의 아들·딸로서 최소한의 양심을 되찾으려 했던 것이 무슨 죄가 된단 말입니까? 인간의 양심마저 민중의 생존권마저 참혹하게 짓밟아버리는 저 간악한 군부독재 정권의 종식을 위하여 우리는 더욱 더 가열차게 투쟁할 것입니다.

거짓말에 시달리는 애국시민 모두가 독재정권의 피해자입니다.

전국에서 500여명의 노동자들이 구속되고 부산지역에서만 해도 7·8월의 생존권투쟁이후 10여명이 구속되고 여러 동료들에게 수배령이 내려지고 150여명의 동료들이 해고되었읍니다. 이에 우리 부산지역 노동형제들은 군부독재의 노동운동 탄압을 물리치고 진정한 민주주의의 그날까지 가열차게 투쟁할 것을 결의하면서 독재정권의 노동운동 탄압은 1천만 노동자의 탄압임을 직시하면서 전국의 노동형제들이 단결하여 독재정권을 타도하고 민중의 생존권을 쟁취하기 위해 지난 10월 15일부터 기독교 회관내 국민운동본부 사무실에서 창원공단내의 (주)통일 현직노동자들과 힘을 합하여 연다섯째 계속 농성중에 있읍니다.

애국시민·노동형제 여러분!

저희들의 농성에 많은 지지와 격려를 부탁드리며 나아가 함께 투쟁합시다.

진정한 민주주의 그날까지 힘차게 싸울겁니다.

왜 애국시민 여러분께서 노동운동 탄압 분쇄투쟁에 동참하여야 하는가? 이땅의 노동자들은 최저 생계비의 절반밖에 안되는 저임금과 세계 최장시간의 노동으로, 세계 제1의 산업재해 속에 죽어가고 있읍니다. 애국시민 여러분께서 사용하시는 생필품이나 옷·신발·자동차 기타 등등 무엇하나 노동자의 손을 거치지 않은 물건이 없읍니다. 그러므로 노동자들의 피와 땀과 청춘과 생명이 시민여러분들께 사용하시는 생활 필수품 속에 담겨져 있기 때문입니다.

애국시민 여러분께서도 잘 아시다시피 우리 민중들은 군부독재정권으로부터 여러면에서 사기를 당하고 있읍니다. 언론의 왜곡보도 실상을 보십시오. 매일매일 반복되는 허위보도·조작보도에서 우리는 다같이 사기를 당하고 있읍니다. 그러므로 우리는 굳게 뭉쳐 노동운동을 탄압하고 민중의 생존권을 짓밟는 군부독재를 타도하는 것입니다.

애국시민 여러분, 노동형제 여러분!

우리 모두 단결하여 모든 구속자 석방, 해고자 원직복직, 군부독재 타도의 투쟁전선에 앞장섭시다. 그리하여 군부독재를 타도하고 민중의 생존권을 쟁취하고 참민주주의를 이룩합시다.

부산지역 해고노동자 드림

우리 농성 노동자 일동은 멀리 부산과 창원서 독재정권의 노동자탄압을 분쇄하기 위해 모든 것을 떨치고 서울로 올라왔읍니다. 우리는 우리의 요구를 관철시키지 않고는 내려갈 생각을 않습니다.

전국의 노동자들을 비롯한 모든 민중들은 27일 명동성당서 열리는 노동운동탄압분쇄를 위한 결의대회에 적극 참가하여 군부독재정권의 민중탄압을 분쇄하는 민중전선으로 총집결해 나아갑시다.

민족미술

독재정권의 연장수단인 국가보안법을 즉각 철폐하라.

민미협에 대한 용공좌경조작음모를 즉각 중지하라.

■ 발행인 : 주재환 · 신학철 ■ 발행처 : 민족미술협의회 ■ 발행일 : 1987년 11월 12일 ■ 서울시 종로구 인사동 188-4 경미빌딩 404호 전화 • 738-3767

「만화정신」지 사건

— 만화분과위원장 구속

최근 일고있는 민중만화운동의 실천의 일환으로 추진된 「만화정신」 제 2권이 편집과정에서 당국의 탄압을 받았다.

9월 30일 「만화정신」을 편집하던 손기환(민미협 만화분과위원장)씨가 홍대앞에서 연행 연이은 가택수색에 이어 10월 3일 국가보안법으로 입건되었는데

당국은 「만화정신」지에 실릴 원고중 일부가 불온의식을 고양시키는 만화이며 특히 반미의식을 고무시킨다는 터무니없는 조작수사의 습관성을 여지없이 발휘하므로서 6•29이후 본 협회소속 미술가가 3명이나 구속되게 되었다.

특히 문제된 만화원고중 '분단의 사생아'는 「만화정신」창간호에 게재된 '꽃잎끝에'의 속편으로 그 내용이 전편과 대동소이하며, '동지를 위하여'는 「고 이한열열사 추모작품집」(만화사랑 1집)에 이미 게재된 것을 대학내의 만화써클을 소개한다는 취지에서 다시 실고져 한것이며, 그외의 작품들 속에서도 당국이 지적하는 반미 • 용공적 요소는 찾을 수 없다. 이미 발표된 작품의 적법 여부를 뒤늦게 따진다거나, 상식화된 내용을 작품의 주제를 일깨우기 위하여 복선과 전개과정에서 작가가 선택한것 조차 문제시하는 시각은 물론, 손기환씨가 자신의 유화작품을 위하여 촬영한 사진에 군부대가 들어있다는 것을 군사시설 작전지역 사진보관이라는 범죄행위로 매도 하는 것 등은 개탄스러운 일로서 이제 현정권의 문화정책은 개인의 일상적 사진의 배경이나 생활주변풍경을 피사체로 할 경우에 까지도 적법 여부를 가려야 할 지경으로 내몰고 있는 것이다.

손기환씨는 11월 10일 현재 서울구치소에 수감중이다.

우리들의 주장

이제 우리시대의 새날을 위해 아침은 오고 있다

우리는 이번 화가들을 차례를 구속시킨 현정권의 작태가 군사독재정권의 마지막 발악임을 잘 안다.

그동안 예술창작 표현의 자유를 끝없이 억압해온 현 정권은 민미협을 국가보안의 차원이란 명분으로 호시탐탐 불법좌경 단체로 매도하기 위해 엄밀한 조사를 진행시켜 왔다. 더우기 허울의 누명을 씌울게 없어 이번과 같이 3명의 작가에게 반미(反美) 내용을 확대 적용하면서 이미 전시된 그림들을 문제삼아 작가들을 구속하거나 손기환의 경우 불순 단체의 사주에 의하여 자료를 복사하였다는 강요를 가 하면서 이를 허위로 라도 자술서에 기재할 경우 곧 석방시켜 주겠다는 갖은 감언이설을 꾀하고 있다.

사실 이번 사건은 현 정권이 국민여론을 조작하여 모든 민중예술을 탄압하고 군사독재 종식을 위한 민주화운동을 가능한 희석화 시키려는 음모에 기반한 전형적인 사례에 불과하다.

현 군사독재정권은 6•29이후 전국적으로 치열하게 전개되는 민주화 열기에 매우 당황해 하고 있다. 그러한 이유로서 현정권은 민주화 보따리라고 내놓은 소위 6•29선언이후 많은 민주인사, 민주학생, 시민들을 대량으로 구속하고 화단내에서는 여태껏 보기힘든 국가보안법을 마구 남발하고 있지 않은가

6•29선언의 기만과 술책은 대통령선거철에 접어들면서 이제는 변태적 수법으로 국민을 오도시키고 있다. 따라서 물량공세와 언론매체를 고도적으로 이용하며 국민 사기술을 펴나가는 노태우는 마땅히 대통령후보에서 사퇴하여야 하며 현정권의 마각에서부터 국민들은 눈을 부릅뜨고 이들 군사독재정권을 종식시키는데 온 힘을 모아야 한다.

우리는 현정권에게 고한다. 지금까지 우리 미술인의 자존심과 가슴을 마음대로 짓밟고 갈갈이 찢어논 현 군사독재정권에게 고한다. 자유로와야 할 예술문화를 분단독재의 이데올로기 수단으로 조작하는 현 군사독재정권에게 고한다.

국민의 양심을 제한하고 인간의 긍지와 존엄을 무참히 구속시켰던 현 군사독재정권은 즉각 퇴진하라. 우리는 숨막히는 군사독재정권과의 투쟁속에서만이 진정한 이 땅의 민족문화가 꽃필수 있음을 확신하는 바이다.

이제 우리시대의 새날을 위해 아침은 오고 있다. 참다운 민중문화를 건설하기 위해 모든 미술인은 굳게 단결하여 군사독재정권을 끝장내고 우리의 민족해방과 민족통일의 힘찬 그날을 맞을때 까지 더욱 고삐를 늦추지 말고 끝없이 투쟁해야 할 때이다.

작가구속으로 노출된 현정권의 야만성

—「통일전」출품작가에 국가보안법 적용

지난 8월 7일부터 27일까지 3부에 걸쳐 서울 인사동 그림마당 민에서 전시된 <민중해방과 민족통일 큰그림잔치>는 일체의 부대행사를 포함하여 성황리에 거행되었다.

지역작가의 호응에 힘입어 예정된 전시 일정에 따라 전국순회전을 하게 되어, 2차전시로 9월 일 부터 6일까지 제주도 제주신탁은행 미술전시실에서 전시하였는데 2일 18시경 제주서 대공과 소속 기관원 8명이 전시장에 난입, 전시작품중 4점을 불법탈취함과 동시에 바람코지 미술동인중 1명을 연행하므로서 소위 6•29선언이후에도 현정권의 민주미술에 대한 백일하에 입증하는 사태가 발생하였다.

7일 위 사태와 관련하여 본협회의 대표 주재환(46)님이 17시경 자택에서 종로서 대공과로 연행되었고 10일 23시경 회원 이상호, 전정호씨가 「백두의 산자락아래」(탈취된 작품중 하나)를 제작하였다는 이유를 광주서 대공과로 연행, 11일 서울시경대공과로 이첩되면서 일체의 면회는 물론 신병조차 확인시켜주지않는 치졸한 수사태도로 일관하던중 15일 라디오 뉴스로 전정호, 이상호, 주재환 제씨를 국가보안법 위반으로 구속하였다는 보도가 방송되므로서 현정권의 야만성을 유감없이 드러냈다.

현재 전정호씨는 동부서에 이상호씨는 성동서에 분리 수감중이며 주재환대표는 불구속 입건 상태이다.

문제작품 당국이 불법탈취한 작품은 광주시각매체연구소에서 제작한 「백두의 산자락아래」와 「해방의 햇불아래」외 2점이며, 이중「백두……」에 그려진 내용이 국가보안법에 적용된다는 것이다. 그림의 내용은 한 동자불이 방뇨를 하고, 그 방뇨줄기가 레이건을 상징하는 인물상과 전두환, 노태우를 상징하는 인물상위로 떨어지는 정치풍자화로서 전체속에서 볼때 부제에 해당한다. 당국은 동자불이 진달래를 들고 있으므로 해서 북괴의 폭력혁명노선을 궁극적으로 찬양한다는 것을 집요하게 주장하고 있으며, 전체그림이 지닌 화면의 역동성과 노동자등 기층민중의 한국현대사속에서 겪는 정신적 갈등의 조형적 해결을 포스터라는 표현으로 미술이 아닌 불순표현물로 규정하고 있다.

대응 이번사태는 단순한 예술탄압이 아니라 소위 6•29선언으로 위장한 현 정권의 장기집권음모의 일환으로, 민족미술계의 정당한 민주화 투쟁노선을 압살하고, 민주정부의 건립을 열망하는 민주예술가들이 선거국면을 맞이하여 활발히 전개하려는 정치선전미술작업에 일찌감치 족쇄를 걸려는 명백히 정치목적을 지닌 탄압으로 볼 수 있다.

건대기념탑 철거

건국대학교 총학생회는 10•28 건대항쟁 1주년 기념식을 가지며 기념탑(높이 7m)을 제작하여 교내 사회대학관 앞에 설치하였다. 그러나 개막 1일전(10월 28일) 새벽 1시에 전투경찰 2000명의 병력이 교내로 난입하여 중장비로 기념탑을 강탈하여 감으로서 또한번 군사독재정권의 야만성을 드러내었다.

이 기념탑은 높이 5.5m의 5각형 구조물위에 청동투사상이 서있는 것으로서 학생운동을 상징하며, 건대의 명물로 간직하기 위하여 장기적인 조경계획까지 완성된 후 추진된 것이다.

*이 작품은 전정호 · 이상호씨의 「백두의 산자락 아래」이다.

대중집회에 있어서 선전미술

최 열
(회원·미술평론가)

이미 80년 5월항쟁 기간중에 구현되었던 문화행동은 역사적 평가를 받았거니와 이후에도 변혁운동의 주체들에 의해 그 행동은 과감하게 확산되어 왔다.

특히 시각매체 분야에 있어서 그 진전은 눈부시게 이룩되었다. 회화·판화·만화·사진 등 다양한 방법들에 기초하여 걸개그림·깃발그림·만장그림·벽화·벽보·전단 및 책자, 뿐만 아니라 옷·손수건 등에 이르기까지 그 매체는 놀랍게 확대되어 온 것이다. 1984년 무렵 반합법 공개운동 기구가 대중집회를 갖게되고, 자율화에 힘입은 대학공간에 얼마간의 허용된 구역을 확보하면서 바로 대중과 자리를 함께 하기 시작한 새로운 시각매체들은 그 공간을 색채와 형태로서 보다 강렬하게 분위기를 고양시켰다. 실제적으로 실천적 행동의 미술운동이 전개된 해인 '83년만 하더라도 판화의 수공업적 제작에 의존했던 것에 비할 때 84년의 걸개그림·깃발그림의 등장은 놀라운 전진이기도 했다. 집회공간에서 풍물과 노래만이 그 정서적 토칠을 꾀했던 지난 시기에 비할 때 시각매체의 등장은 대자보와 더불어 확실히 선전력의 진일보였던 것이다.

그러나 초기의 그것은 조야했고 따라서 풍부한 내용을 담은 본격적 의미의 선전매체로 기능하기엔 벅찬 것이었다.

대중집회의 현장에서 대형의 걸개그림과 깃발그림 및 그림벽보의 기능과 역할은 그것이 담고 있는 내용과 더불어 강렬한 정서적 충동을 통한 대중의 통합일 것이다. 다시 말하면 구체적으로 투쟁해야 할 대상과 그에 맞서 전진하는 세력의 형상을 내용으로 하면서 그 집회의 의미와 성격을 분명하게 하는 기능, 즉 선전의 기능을 수행하는 것이란 의미이다. 이 점은 그 자체가 하나의 문화경쟁임을 선명하게 보여준다.

대체적으로 변혁기에 있어 운동의 양태를 정치투쟁과 경제투쟁으로 구분하는 바, 실제에 있어 그 명백한 양태와 방법의 중요성에 버금가는 문화투쟁이 소홀히 다루어지고 있음은 아직 우리 운동이 질적으로 심화되지 못하고 있다는 것의 반증일 터이다. 그럼에도 불구하고 이러한 인식에 기초한 많은 문화활동가들이 배출되고 있고, 따라서 조만간 그 역량이 확대될 것이다.

이러한 판단에 비추어 85년 이후 보다 강화된 대학공간에서의 미술조직과 사회운동기구 산하에서 활동하는 미술활동가들은 그 기초를 건설하는 중이라 하겠다.

그러한 과정의 실제로서 농민대회·노동자집회뿐만 아니라 각종 놀이공간과 춤판, 굿 그리고 대학에서 정치집회 및 시위, 축제행사 기간중 시각매체의 급속한 확산이 이루어졌던 것이다. 옥내공간에서는 중앙과 양벽면에 걸어놓는 걸개그림과 판화 등이 설치되고, 옥외공간에서는 대형풍선에 매달아 띄우거나 건물벽에 부착 또는 깃대에 매달아 놓는 방식을 통해 어느 곳에서나 쉽게 접하도록 한다. 시위대의 선두가 수백개의 깃발을 휘두르는 경우도 흔히 보게된다. 그리고 그 형식은 엄청난 대형의 경우일수록 단위형상 하나하나가 크고, 방법적으로 형태를 강조하는 선묘가 굵게 드러나 색채의 인상이 매우 격동적으로 폭발하게 된다. 청색·노

<사진설명>
고 이한열열사 추모식을 위한 평화 대행진에서 「이한열 열사 부활도」(최민화작) 시민·학생들에 의하여 옮겨지고 있다.

미술창작과 전시의 자유에 대한 탄압일지

1969. 10 현실동인 창립전이 대학당국의 방해로 취소

1980. 10 현실과 발언 동인 창립전이 문예진흥원 미술관에서 개박되었으나 행정당국의 압력으로 인해 좌질

1980. 10 2000년 작가회 2회전이 관주 아카데미 미술관에서 개막되었으나 경찰당국의 압력으로 일부 작품을 철거함.

1982. 1 행정당국에서 '불온작가명단'을 작성, 이에 문공부에서 6명 (임옥상씨 외 5인)으로 압축 지명하여 대량의 작품을 압류하고 그 가운데 교직자에 대한 경고, 소속단체 탈퇴를 종용함.

1984. 5 화가 최민화씨를 만화작품(　세 오랑케)를 문제삼아 작가를 경찰당국에 연행, 4일간 억류 조사한 후 석방하면서 작품 압류.

1985. 5 홍성담씨의 판화작품(대동세상)을 인쇄하던 중 경찰이 들이닥쳐 2,000여점을 불법적으로 탈취해 감.

1985. 5 광주민중항쟁기념관에 설치된 김경주씨 등 4명의 공동작품 (광주민중항쟁기념 신장도)를 경찰당국이 탈취, 이때 각종 사진, 판화 및 직업도구와 책자등까지 함께 탈취해 감.

1985. 7. 20 1985년 한국미술 20대의 힘전이 아랍문화원 전시실에서 13일부터 개막 전시중 20일 오후 1시경 종로경찰서 형사 5명이 전시장에 난입, 기획위원회측에 전시중지 및 작품철거 요구와 동시에 이를 거부하는 작가들을 밀어내고 완력으로 몇 점의 작품을 떼어 바닥에 팽개침. 오후 5시에 열릴 세미나에 관해서도 집회 및 시위에 관한 허가를 받지 않았으니 취소하라고 협박.

1985. 7. 21 오후 9시경 아랍문화회관측은 경찰의 압력에 의해 건물을 폐쇄함. 오후 2시경 항의하는 작가 19명을 강제연행 후 오후 4시 30분경 14명의 작가를 풀어주고 기획진 및 출품작가 5명을 계속 불법구금 조사.

1985. 7. 24 「20대의 힘전」 기획진 및 출품작가 5명(손기환, 장진영, 박진화, 김우선, 김준호) 유언비어 제작 유포죄로 구류 선고.

1985. 8. 1 「20대의 힘전」 출품작가 3명(박불똥, 장명규, 박영률) 유언비어 유포죄로 구류 선고

1985. 8. 1 미술동인 임술년의 전시회가 광주다리화랑에서 열릴 예정이었으나 당국의 압력으로 대관 취소. 「민중시대의 회화전」이 아랍미술관 전시실에서 열릴 예전이었으나 당국의 압력으로 대관취소
푸른 깃발전이 아랍미술관 전시실에서 8월 14일 부터 열릴 예정이었으나 당국의 압력으로 대관 취소

1985. 8. 30 김봉준의 대형걸게 그림 2점을 민중불교운동연합에서 주최하는 우란분제 행사용으로 빌려주었으나 당국이 이를 불법 탈취함.

1985. 9. 24 빼앗긴 작품을 돌려달라고 항의하는 작가 김봉준씨를 연행,
유언비어 유포죄로 구류 선고

1985. 10 서울 근교에있는 작가 박홍규씨의 자취방을 불시 수색하여 판화, 목판화 및 제작도구 일체를 탈취해감.

1985. 11. 30 민통련에서 발행한 그림달력 「민족미술열두마당」을 당국에서 탈취함.

1985. 12. 4 당국에서 그림달력 「민족미술열두마당」을 2차탈취함.

1986. 1. 서울미술관에서 기획한 전시회 81—84 문제작가 작품전에 출품된 신학철씨의 작품중 일부를 당국에서 임의로 지정, 철거요구함.

1986. 5. 4 서울노동운동연합 선전부원 이은홍씨(4칸 만화 깡순이 작가)를 보안사 요원들이 연행, 인천사태와 노동자신문 제작과 관련 국가보안법을 적용 구속.

1986. 7. 5 그림마당 민 개관 기념전의 하나인 젊은 세대에 의한 신선한 발언전에 전시된 작품 5점에 관하여 문공부에서 철거 요구

1986. 7. 9 일본 JALA 미술가회의 기획으로 일본 동경미술관에서 열린 「제3세계와 일본전—제5회 민중의 아시아 전」에 한국작가 23명의 작품 66점이 출품되어 이행사에 초대된 원동석, 손장석, 김정헌씨의 출국이 당국에의해 방해받음

1986. 7. 9 6명의 미술 대학생이 자신들이 입주한 신촌역 옆 건물 외벽에 대형벽화를 제작하던중 구청 및 동사무소직원과 경찰등 약 20여명이 페인트와 로울러를 들고와 벽화를 완전히 파괴함.

1986. 8. 2 화가 유연복 홍황기 김진하 최병수씨등 6명이 유연복의 집 담에 17×3미터의 대형벽화 상생도를 거의 완성해갈무렵 당일 오후 3시경 경찰, 구청동사무소 직원 70명이 몰려와 화가 유연복씨를 강제연행하고 벽화는 수성페인트로 파괴함.

1986. 8. 3 화가 유연복, 홍황기, 김진하, 최병수씨가 벽화파괴에 대해 항의하자 화가 4명을 광고물등 관리법 가운데 미풍양속 및 도시미관 저해 협의를 적용 불구속 입건

1986. 11 안성에서 중앙대생들에 의하여 제작된 안성벽화가 당국에 의해 완력으로 파괴 됨

1987. 3 그림마당 민에서 민족미술 협의회 주최로 「반고문전」을 개최하였는데 경찰당국에서 전시회 부대행사를 방해함, 이에 작가들이 항의하자 주재환대표를 불법 연행해감

1987. 7. 2 고 이한열군 영결식장인 시청앞 광장에 최민화씨의 대형그림 이한열 열사 부활도가 시민 학생들에 의하여 연대에서 부터 옮겨져 등장하였는데 이어진 세종로 가두투쟁에서 작품이 전투경찰에 의해 파괴됨

1987. 9. 1 「민족해방과 민족통일 큰그림잔치」 제주시 순회전중 백두의 산자락아래, 한라산등 4점의 대형 걸게그림이 압수되고 제주 순회전 기획자 문행섭씨가 연행되어감

1987. 9. 7 민족미술협의회 대표 주재환씨를 서울시경찰서에서 연행 불구속입건

1987. 9. 7 「그림마당 민에서 여성과 현실 무엇을 보는가? 전」이 열리고 있는 중에 서울시 경찰서에서 이상호 전정호씨사건과 관련 증거를 보강한다는 명목으로 대형그림 '평등을 향하여' 등 작품 3점을 압수해간뒤 무혐의로 반환

1987. 9. 30 민족미술협의회 만화분과위원장 손기환씨를 서울 마포 경찰서 대공 3계 형사들이 작업실에서 연행해감

1987. 10. 2 이상호 전정호씨를 국가보안법 이적표현물 제작죄와 반국가단체 찬양죄 위반혐의로 구속

1987. 10. 3 손기환씨가 민족미술협의회 만화분과사업으로 만화 무크지 만화정신 2집을 편집 제작 중이었는데 수록될 만화 작품이 문제가되어 국가보안법 불법출판물 제작죄 위반혐의가 씌워졌으며, 손기환씨의 회화작품 기초자료인 군부대 외곽사진이 문제시되어 국가보안법 군사기밀 누설죄 위반 혐의가 추가되어 구속됨

1987. 10. 27 건국대 총학생회가 그림패 「환」(종합시각매체연구소)에 의뢰하여 건대학생항쟁 기념탑을 건립코져
교내 사회과학관에 높이 7m의 청동 투사상을 완성하여 설치하였으나 심야에 전투경찰 2000명이 난입, 기중기를 사용하여 강제철거함.
학교와 총학생회는 당국에 정식재판을 청구 작품반환을 요구함.

민족해방과 민족통일 큰 그림잔치

라 원식(미술평론가)

지난 8월 7일 인사동 그림마당 민에서 수백명의 관람객과 화가들이 어우러져 비지땀을 흘리며, <8·15 마흔두돌기념 민족해방과 민족통일 큰그림잔치> 열림굿판이 뜨겁게 펼쳐졌다.

이애주씨의 해방춤이 열림굿판의 신명을 절정에 달하게 하였으며, 백기완선생님의 강연<분단의 실체와 통일의 실체>가 열림굿판을 더욱 옹골차게 하여.주셨다.

민족미술을 지향하고자 80년대 새로운 미술운동을 밀어부쳐온 화가들이 합심하여 결성한 민족미술협의회와 분단시대의 모순을 극복 지양하고자 힘쓰고 있는 통일문제연구소가 공동주최한 <민족해방과 민족통일 큰그림잔치>는 올해 3월 인권수호를 위한 <고 박종철군 추모 反고문展>에 연이어 기획된 대단위 전시회였다. 8월 7일부터 8월 28일까지 서울에서 펼쳐진 큰그림잔치는 지난 9월 1일부터 9월 6일까지 제주지역을 출발로 전주, 광주, 대구, 원주, 안동, 이리 등에서 순회전시를 가졌다.

<민족해방과 민족통일 큰그림잔치>는 일본제국주의 식민통치하의 민족수난사와 민족항쟁사를 화폭에 담아 조국애와 민족애를 북돋고자 하였으며, 한편 8·15이후 우리 민족의 바램과는 거리가 먼 채, 미·소 강대국에 의해 분할 점령되어 두동강이 나버린 분단국가의 비애와 비원을 화폭에 옮겨 분단시대의 모순의 본질을 직시하고 통일의지를 새롭게 하고자 기획된 것이었다.

전시 작품은 총 80여점으로 일본제국주의 통치아래서의 민족항쟁사로부터 출발하여, 분단시대의 모순을 극복하고자 쉼없이 항쟁하여왔던 민중들의 삶과 염원을 담은 작품들이 대종을 이루었다.

대표적인 작품으로는 갑오동학농민혁명을 기점으로하여 한국전쟁 직전까지의 민족항쟁사를 민중사관에 입각하여 큰줄기를 대형화폭에 판화로 공동제작한 그림패 '판'의 「아리랑」과 이발소그림의 대중성에 주목하여, 무릉도원을 있어야할 건강한 대동세상으로 그리며, 부패한 세상을 쓸어내고 농촌공동체 표상을 건강하게 그려낸 신학철의 「모내기」, 그리고 분단시대의 첨예한 모순 발현의 현장을 필림으로 담아 작가의 예민한 감각과 상상력을 결합하여 충격적으로 형상화한 박홍순의 「87 A」, 민중수난의 한복판에서 절절히 넘치는 한을 무속풍으로 끌어올려 표현한 박광수의 「산하」, 통일에 대한 염원을 잔잔하게 정성을 모두어 시화일체로 따뜻하게 그려낸 전성숙의 「황지에 꽃핀」, 해방직후의 철도파업을 애정을 가지고 재현하고자 한 김우선·박현희·조선숙의 공동작 「철도파업」, 정치풍자화의 묘미를 한껏 드러내며 현정세의 한 단면들을 극명하게 골계미로 그려낸 이인철의 「얼씨구 얼씨구」와 반쪽이의 「걸리버 여행기」외 12점(만평그림), 남북북단에 기초한 흑백이데올로기로 희생된 민중들의 수난을 형상화한 김인순의 「분단의 십자가」, 통일조국에 넘쳐흐를 기쁨을 노래한 김영미의 「분단을 넘어」, 전쟁으로 떠날 수 밖에 없었던 땅, 그러나 다시는 돌아갈 수 없는 땅, 38선을 가로막은 철조망을 비원으로 뜯어내고자한 김정헌의 「갈수없는 땅」, 전투경찰을 앞세워 물리력으로 모든 것을 해결하고자하는 그 무엇때문에 안으로 안으로 멍들어야만 했던 우리들의 젊음을 노래한 박석규의 「찢기워진 영가」, 새땅 새하늘을 북잽이의 통쾌한 웃음에 담아 힘차게 그려낸 서주익의 「하늘맞이」 등이 있다.

살아가는 국민대중의 사회적 삶속에서 어떻게 현재화되고 있으며, 분단때문에 쌓이는 질곡의 현장속에서의 비애와 비감이 얼마나 절절한 것인지 구체적 사실을 통하여 생생하게 감지하고 있어야 한다. 또한 분단을 극복하고자하는 의지가 구호의 표상화로 이루어질 수 있는 것이 아니라 사회적 실천, 사회적 삶의 응결 속에서 가능하다는 것을 공동인식하고 있어야 한다.

그리고 분단시대를 극복하고자하는 미술이 대중속에서 영글어가기 위해서는 시대성, 현장성, 대중성, 전형성에 대한 이해가 알차져 '민중성을 담보한 리얼리즘 미술'로 쉼없이 정진될 때 가능하다고 본다.

앞으로 보다 알찬 미출창작품을 수확하기위해서는 역사와 사회에 대한 깊은 연구와 더불어 작가의 깊은 삶의 체험이 요구되어지며, 표현형식과 내용에 대한 정성이 배가되어져야 할 것이다.

<민족해방과 민족통일 큰그림잔치>는 3부에 걸쳐 전시되었는데 연일 많은 수의 사람들이 관람을 하였다. 하지만 많은 수의 대중과 접할 수 있는 전시회라하여 성공적이라고 평가하기는 어렵다. 물론 모더니즘 미술이 대중을 소외시킨채 자족적 또는 자위적 전시회를 반복하고 있는 미술계의 현실을 감안하여 볼때는 대중과의 적극적 만남을 모색하는 전시회는 그 자체가 의미가 있는 것이나, 대중과의 만남에 있어서 예술작품은 교감을 전제로하고 이루어진다는 사실을 잊어서는 안된다. 교감이란 일방적 강변이나 요구가 아니다. 대중으로 하여금 함께 교감할 수 있도록 대중의 의식과 정서를 이해하고 여기에 기초하여 작가가 표현하고자하는 바가 감동적으로 전달될 수 있게 세심 배려가 필요하다.

큰그림잔치에 전시된 그림중 몇몇 작품은 '민중해방과 민족통일'이란 테마에 대한 작가의 이해폭이 너무 단순하고 표피적이 아니었나 생각된다. 일례로 통일에 대한 염원을 상징적 도상이나 기호에 빗대어 구체성을 상실한채 창작된 일련의 작품들이 그러하다.

'민중해방과 민족통일'이란 테마는 결코 만만한 것이 아니다. 이같은 테마를 작품화할때 이를 관념적으로 이해하여서는 감동치있는 작품을 창작해낼 수 없다. 분단의 실체가 무엇인지? 분단의 고통과 아픔, 그리고 비리와 부패가 분단시대를

색·적색·황색 등 전통 오방색의 화려한 열정적 감각이 나부낄 때 집회와 시위의 밀도가 강고하게 밀착·통합되는데, 그 내용에 있어 크고 힘있는 민중세가 넘치는 활력으로 어김없이 등장하고 있다.

최근 이한열 열사 장례식에 백만군중의 거리로 행진했던 <이한열 열사 부활도>는 그가 죽은 것이 아니라 오히려 살아서 함께 있다고 하는 믿음의 대중정서를 격발케 하였거니와 6월 민주화대행진 기간 중에 광주 등 각 지역의 단위 조직에 의해 이러한 만장그림이 제작 설치되어 대중접촉의 면적을 광범위하게 넓혀 놓았던 것이다. 이와같이 대중적 의지를 결집·통합시키는 역할은 충분히 실천적으로 확인되고도 남음이 있으나 이제 그러한 실천이 남겨준 몇몇 과제가 있다고 하겠다.

먼저 선저의 영역에 중심축을 두자면 그 원칙은 명백하게 대중성과 조직성일 것이다. 대중성은 '아래로부터'와 '위로부터'가 각각 일치해야 하는 대중성이다. 정서적 분노와 감정적 갈등이 명백한 의식으로 펼쳐나는 통합적인 이데올로기적 과정을 성공적으로 수행하기 위하여 이 대중성은 선전활동에 지켜져야할 가장 기호적인 원칙이기도 하다. 예컨대 알 수 없는 불분명한 형상이라든가 엉뚱하기 짝이없는 내용, 현실을 무시한 관념적 공포나 의미없는 민중의 전징상, 저급한 익살 일변도 등등이 시각선전매체의 대중성을 저해하는 부분이라 하겠다. 다시 말하면 그 그림이 사용되는 시기와 장소를 파악함으로써 과학적인 판단에 어긋나지 않아야 한다는 뜻이다. 대중의 요구에 정확히 일치하는 대중성의 확보야말로 선전의 제일조건인 것이다.

조직성은 지도성과 동전의 앞뒤를 이루는 말인데 선전활동 자체가 대중을 통합하는 즉, 대중을 조직하는 활동이요 뿐만아니라 운동에 있어 이념투쟁의 확고한 수단으로서 이념투쟁의 주체활동의 하나라고 한다면 그 스스로 조직화되어 있지 않아서는 안된다. 운동에 있어 고립분산적이고 개별적인데서 오는 온갖 오류가 오히려 전선을 혼란케 하는 치명적인 것이라면 차라리 그 자체가 없는 것이 좋다. 이 점에서 선전의 조직성은 올바른 이념투쟁을 담조하는 가장 확실한 지표라 하겠다.

현단계에서 우리의 시각선전매체는 이러한 두가지 점을 분명하게 인식해야 한다. 갈수록 확대되는 선전활동에 있어서 시각조형물이 변혁운동의 견고한 역량으로 지속되기 위하여 이것은 결정적인 것이라해도 과언이 아닐 것이다.

87년에 접어들면서 더욱 가열찬 활동을 통해 전개되는 선전미술운동은 광주 조선대학교 미술과 학생 2명을 구속시킨 당국에 의해서건 또는 국가보안법이라는 법적 제약에 의해서건 중단되지 않을 것이 분명하거니와 오히려 대중성과 조직성이라는 원칙을 위배하는 경향만이 선전미술운동을 패배시킬 유일한 요소라 하겠다.

<사진설명>
김인순外 5인이 공동 제작한 「평등을 위하여」——여성운동의 역사적 조명을 한폭의 대형그림으로 형상화 하였다.

안양 그림패

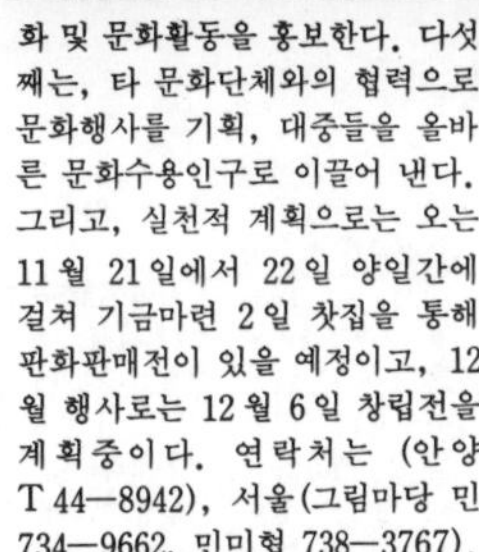

그림사랑동우회는 각종 대중매체의 문제점을 올바른 공개문화구조를 이룩하고자 하는 취지에서 우리그림을 열게되었다. 특히 생산과 소비도시로서의 이중성을 띠고 있는 안양이란 도시를 선택하여 올바른 민족문화 풍토를 건설하기 위하여 안양시민의 적극적참여를 원한다 한다. 그리고 사업내용으로는 첫째, 전통민족미술의 자료수집 및 사회적 역사적 의의를 연구, 현 시대에 걸맞는 새로운 미술양식을 재창조한다. 둘째는 대중의 잠재된 표현능력을 개발하고 이를 통해 각종 미술소모임의 창출을 유도한다. 셋째는 삶과 유리되지 않은 미술로써의 자리매김. 네째는, 회보발간, 출판활동을 통한 올바른 미술문화 및 문화활동을 홍보한다. 다섯째는, 타 문화단체와의 협력으로 문화행사를 기획, 대중들을 올바른 문화수용인구로 이끌어 낸다. 그리고, 실천적 계획으로는 오는 11월 21일에서 22일 양일간에 걸쳐 기금마련 2일 찻집을 통해 판화판매전이 있을 예정이고, 12월 행사로는 12월 6일 창립전을 계획중이다. 연락처는 (안양 T 44—8942), 서울(그림마당 민 734—9662, 민미협 738—3767).

솜씨공방

생활미술품을 주로 제작하는 솜씨공방에서는 다가오는 연말연시의 대중상품으로 카드와 달력을 제작, 이를 판매하고 있다.

카드의 내용은 건강한 삶을 지향하기 위한 정서에 입각하여 일반대중이 쉽게 공감할 수 있는 판화등을 선정하였다. 달력은 학생 그림만을 모아서 제작하였다.

서미공

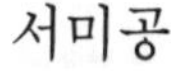

서울미술공동체는 83년 출범이후 현재까지 4기를 맞고 있으며 연초 새로운 조직개편(대표 박진화)과 함께, 오는 11월 20일(금)부터 26일(목)까지 그림마당 민에서 <전화기의 위대한 미술>이라는 주제하에 첫번째 기획전인 「정치와 미술」전을 열 예정이다.

이 전시회는 민중적 삶을 기초로 한 삶의 자각과정을 시대적 상황과 연관시켜 정치성있는 예술적 표현을 통해 운동성과 예술성은 결코 구분될 수 없음을 보여줄 것이다. 참가작가는 20여명.

지역미술운동 활성화를 위한 최근의 몇 가지 긍정적 움직임들

<"우리들의 땅"展>

지난 9월 4일부터 10일까지 「그림마당 민」에서 열린 <우리들의 땅>展은 서울, 부산, 전주, 공주, 목포 등지의 청년미술인들의 연합전시회다. 전시회의 의의는, 현재로서는 전시된 작품들 각각의 민족미술적인 성과에서 찾아지기보다는 전시회 자체가 가지는 어떤 형식적인 면모들——예컨대, 공간적으로 멀리 떨어진 여러 지역의 젊은 미술인들이 한자리에 모였다는 점, 단지 전시회만을 위해 일시적으로 모인 것이 아니라 지속적인 지역별 소모임과 그 상호간 협조체계의 건설을 목표로 하고 있다는 점, 동전시회는 그러한 협조체계의 일환으로서 앞으로 더 많은 지역이 참가하는 <지역순회전>의 형태로서 각지역 미술운동의 활성화를 위한 생산적인 자극제가 될 것이라는 구상 등——에서 찾아져야 할 듯 싶다. 이 말은, 다시 얘기해서 전시회를 만든 의도라든가 그 준비과정에서의 노력들은 높이 사줄 만하지만 아직 그 실질적인 성과로서의 작품들이 그 의도나 노력만큼 만족스럽지 못하다는 말도 된다. 물론 이들의 작업이 오직 <전시장에서 보여지는 작품들>만으로 수렴되어야 하는 것은 아니다. 하지만 일단 전시장에 걸리는 그림들은 그 환경에 부합하는 일정한 조건들을 구비해야 하는 것이라고 볼 때, 이번 전시는 <우리들의 땅>이라는 전체 주제에 의한 작품들 상호간의 통일성이라든가, 동일한 주제에 대한 출품자 개인의 소화력, 작품제작 과정의 성실성, 전시장 관객과의 다양하고 적극적인 커뮤니케이션에 대한 고려 등에 있어서 많은 문제점을 남겼다고 하겠다. 출품자 자신들이 밝히고 있듯이 이번 전시는 하나의 <중간점검>으로서의 의미를 갖는다고 할 때 이번 전시에서 나타난 일련의 문제점들이 다음 전시에서는 반드시 극복되어야 할 것이다(다음 전시는 11월 11월 말경에 부산에서 있을 예정이다).

<공주사대생들의 농촌벽화>

앞의 <우리들의 땅>전이 기존의 전시장을 이용한 <지역연합전>이라는 형식을 띠었다면, 이보다 약 한 달 전에 있었던 공주사대 재학생 및 졸업생 5명의 <충남 홍성군 갈산면 오두리 마을회관 벽화>작업은 지역단위 미술소모임들의 한 가지 실천방향을 보여준 좋은 예라고 할 수 있다.

상기 오두리 부락은 1950년대 말에서 60년대 초 주민들이 피땀 흘려 개척한 간척지 위에 형성된 농촌부락으로, 그 간척지에 대한 과다한 세금의 부과와 소유권 문제로 몇년 전부터 정부측과 심한 마찰을 빚어오다가 작년에는 큰 싸움까지 벌어졌던 곳이라고 한다.

동 미술팀은 두 차례의 사전답사(7월 10일, 8월 2일)를 통해 부락상황에 대한 자료를 수집하고 주민들의 의사를 수렴하여 8월 4일부터 4일간 밑그림을 완성한 후, 8월 8일부터 4일간 공주사대 농활팀과 합류하여 부락에서 본격적인 채색·완성을 진행시켰다. 이들에 의한 「벽화제작 보고서」에는 제작 개시 직전, 이장으로부터 공공건물인 마을회관 벽에는 그림을 그릴 수 없다는 문제제기(사실은 면의 지시)에 부닥쳤지만 마을주민들의 일치된 의사로 제작을 강행하였던 이야기라든가, 실제 작업과정에서 주민들이 활발한 관심을 보이고 부분적으로 채색작업에 동참하기도 했던 이야기, 마지막으로 벽화기증식과 더불어 흥겨운 마을잔치가 벌어졌던 이야기 등 실제 삶의 현장에서 벽화작업이 보여줄 수 있는 감동적인 소통의 실례들이 소개되어 있다.

작품내용을 보면, 화면 상단부에는 기도하는 사람을 중앙에 배치하여 땅의 수호와 미래에의 희망을 형상화함과 동시에 간척 당시 사망한 농민의 넋을 기리고 있으며, 하단부에는 중앙에 간척장면을 넣어 동 부락의 역사를 형상화한 점 등이 두드러진다.

노동자 문화제 열려

고 전태일열사 17주기 추모 「노동자 문화제」가 1987년 11월 13일~15일까지 고려대학교에서 개최된다. 전태일 기념사업회(743—9074)와 청계피복 노동조합 외 2개 유관단체가 주최한 이번 행사에는 <13일> 고전태일열사 추모제——추모식 및 마당극공연 <14일> 노동자문학의 밤——시·수필·투쟁체험기·웅변 <15일> 노동자——촌극·노가바 경연·마당극공연·대동놀이·사진과 그림·판화전 등 다채로운 행사를 가짐으로써 노동대중과 문화패와의 한판 어우러짐이 펼쳐진다.

특히 추모식에는 전태일열사와 김종태열사, 이석구열사, 표정두열사, 김경숙열사, 이석규열사, 박영진열사, 박종만열사가 민중해방의 한을 품고 산화하여 다시 해방의 불꽃으로 피어나는 역동적 모습이 그려진 「노동열사해원도」가 그려져 영정을 대신하고 행사후에 전태일 기념사업회에 영구소장된다.

본협회는 이 행사에 각종전시 및 공간의 기획, 제작과 판화강습 지도자를 지원하였다.

8개 미술대학 학생회 현실 선언문

8개 미술대학(덕성여대, 서울대학, 세종대학, 이화여대, 인하대학, 중앙대학, 추계예대, 홍익대학)은 예술 표현자유의 억압과 미술인 자율권을 탄압하는 현 정권에 강력히 항의하며 자신들의 입장을 발표했다.

이들 대학은 자기안일적이고 소극적인 태도를 버리고 미술 담당자로서의 기본권과 자율권 획득을 위하여 적극적으로 투쟁할 것을 천명하였다.

시민판화교실 열려

서민통 민족학교 부설 시민판화교실이 제1기생을 모집하였다. 민주학교 교무처는 판화는 고도의 전문기능을 요구하지 않는 반면 가장 민주적이고 가장 기동성있는 예술매체의 하나로 부각되었다고 밝히고 이를 올바른 민족통일·민중해방의 미래를 건설하는 데 능동적으로 기여하기 위함이라고 밝히고 있다.

이 강좌에는 본회의 문영태, 홍성담, 홍성웅, 이철수, 유연복, 박불똥씨가 강사로 참여하여 판화이론과 판화실기 및 토론과 학생전시회 및 평가를 이끌게 된다. (연락처 전화 : 739—0751)

<사진설명>
「우리들의 땅」 미술팀이 공주사대 농활팀과 합작한 오두리 마을회관 벽화의 완성된 모습

민족미술의 발자취

민미협 내부소식
(1987. 9. 1~현재)

통일전

8. 7~ 8.20 통일전(그림마당—민)
9. 1~ 9. 6 통일전 제주순회전시(동인 미술관외)
9. 8~ 9.10 통일전 전주전시(전주전북대)
9.12~ 9.16 통일전 안동전시(안동학생회관)
9.20~ 9.25 통일전 광주전시(광주카톨릭회관)
10.26~10.31 통일전 원주전시(원주카톨릭센타)
11. 3~11. 5 통일전 연세대 전시

<전시>——그림마당 민

9.10~ 9.17 여성과 현실 무엇을 보는가?
9.18~ 9.24 나무그룹목전
10. 5~10.10 기금전(민족미술 중견작가 소품전)
10.11~10.17 우리아이들 무엇을 그리는가——시대정신전
10.18~10.22 민통기금전(민통련주최)
10.23~10.29 작은조각전
11. 3~11. 5 권용현 개인전
11. 6~11.12 주변전
11.13~11.18 한애규도자전

<문화사업>

*만화강습
「대학만화교실」개최
전국대(9.24~29)
서울여대(9.24~29)
인하대(11.16~20)

*판화대여
호서대, 숭실대, 안동대, 성심여대, 인하대, 서울대, 경희대, 경원대.

운영회의

* 13차 운영회의(10.9) : 사무국 조직개편보고. 소식지 편집계획. 기금전. 수익사업보고.
*임시총회 및 14차 운영회의(10.13)민미협 역량강화를 위한 안건——소집단활성화와 지역미술운동의 지원 외, 15차 운영회의(10.24) : 차원확대와 분과 재조정, 청년간사제신설 외.

<탄압대책회의>

9.10 단기적대응(반환요구 및 규탄대회)
장기적대응(탄압백서발간)들을 결의
9.15 작가연대서명실시
9.17 민족미술탄압에 대한 우리의 결의문 발표
10.15 미술탄압에 대한 농성(1일차)
현정권에 대한 우리의 입장 결의
10.16 (농성 2일차)
문화운동에 대한 우리의 견해와 향방

<회원소식>

안규철(조각분과회원) ; 도불중, 주소 : AHN · 4 rue Auguste Chabrières 75015 Paris. FRANCE

라원식(미술평론가) ; 11월 7일 오후 2시 봉원사에서 전래형식으로 결혼식을 거행했다.

▲유홍준씨(미술평론가), 미국아시아문화재단(A·C·C)초청으로 미국에서 연구조사중 지난 10월 21일자로 귀국했다.

▲출국한 후 유럽을 경유하여 10월 28일 귀국했다. 원동석씨

<민미협 회원 야유회>

10.1 회원 30여명 참가, 경기도 새터.
——민미협회원간의 유대강화를 위한 방법논의

원고모집
미술론, 전시평, 논문, 만화(만평), 번역, 시국에 관한 견해, 기타 「민족미술」지에 적합한 모든 원고.
연락처——민미협사무실, 마감——매달 15일

이제 정신을 바짝 차리시오
돈에 눈이 흐려져서는 안 되오
뇌물을 듬뿍 바친다고
마음이 흔들려서도 안 되오
(욥기 36:18)

속보

민주쟁취 천주교 공동위원회
공정선거 감시인단
TEL:776-6804~5
1987년 12 월17 일

모든 민주세력 "선거무효 선언"

민주쟁취 국민운동본부와 평화 민주당, 통일 민주당은 17일 상오, 각각 성명을 발표하고 '현재까지의 투.개표과정을 모두 지켜본 결과 금번 선거는 국민의 한결같은 소망과는 달리 사상 유례없는 부정선거로 규정하지 않을 수 없다'고 밝히며, 이번 선거는 무효임을 선언했다.

모든 언론이 금번 선거가 평온한 가운데 질서있게 진행된다고 보도하는 그 순간 전국의 투표현장 곳곳은 노골적인 릴레이투표와 대리투표가 광범위하게 진행되었으며, 개표소 역시 정전사고와 무더기표 투입, 투표함 바꿔치기, 개표 참관활동 방해, 투표결과 조작 등의 부벙으로 점철된 이번 선거를 인정할 수 없다고 밝힌 국민운동본부는 현 정권의 부정음모에 대항하는 국민적 대연대회의를 즉각 소집할 것을 제의했다.

또하 12월 17일 낮12시, 국민운동 관계자와 각가맹단체 대표자, 평민당 김대중 총재 및 재야 인사들이 참석한 가운데 개최된 부정선거대책 범국민 회의는 이번 선거가 원천적 부정선거라는 점을 다시한번 확인하고, 가까운 시일내에 국민운동 본부와 민주정당, 모든 민주세력이 참여하는 "범국민 투쟁위원회"를 조직하여 현정권의 부정조작에 대한 투쟁을 조직하여 현정권의 부정조작에 대한 투쟁을 벌여나갈 것을 결의했다.

대책회의는 이를 위해 12월 18일 오후3시, 기독교회관 2층에서 국민운동본부 산하 민주단체 들이 참석한 회의를 개최하기로 하였다.

경악! 부정투표함에 도둑질당한 민주.민권

— 구로구청, 1만여 시민 밤새워 투표함 사수 —

서울 구로구청 내 투표소에서 자행된 현정권의 야만적인 부정선거는 이제 더이상 인내할 수 없을 지경으로 만들고야 말았다. 16일 오전 11시 20분, 구로구청 마당에서 출발준비를 하고 있던 봉고차3대가 발견되었다. 수상히 여긴 시민들이 이차를 잡으려하자 2대가 도주를 하였으며, 1대는 시민들에게 붙잡혔다. 이 봉고차의 차량번호는 서울 다 7870(이사짐센터686-0024) 이차를 뒤져본 결과 그속에는 사과박스로 교묘히 위장된 부정투표함 4개가 밀봉되지도 않은 채 밀반출될 채비를 갖추고 있었다. 이때 참관인은 없었고 선관위1명, 무장경찰2명, 사복경찰2명이 있었으며, 시민들의 항의에 이들은 그것이 부재자투표함이므로 구로 율구 부녀복지회관으로 이동하는 중이라고 주장하였다. 그러나 만약 그것이군부재자 투표함이라면 왜 상자로 위장하고 봉함도 하지않은 채 밀반출하려 했단 말인가!

더구나 선거법에는 6시 이전에는 투표함을 절대 옮길 수 없게 되어 있으며 그곳의 선거관리위원장도 이사실을 모르고 있었다. 이에 분노한 시민들이 부정투표함 1개를 압수하였으며, 또한개는 구청 3층에 보관하고 있는데 구청3층에는 기표용 붓뚜껑60개, 인주70여개, 백지 투표용지1,500매가 발견되어 경악을 금치 못했다.

구청은 인주가 국민투표 때 사용한 것이라 주장하였으나 사실은 완전히 새것이었으며, 백지투표용지는 파손되었을 때 사용한 것이라고 하지만 파손될 경우에는 무효로 처리하게 되어있으므로 앞뒤가 전혀 맞지 않는 것이다.

이러한 만행에 대하여 시민들이 분노, 부정투표함을 무효로 선언하거나 시민 5천여명과 내외신 기지가 보는 가운데 개봉하자고 하였으나 선관위측은 그렇게 할 수 없다고 주장하여 다만 보류할 수 있다고 발뺌하였다.

이에 시민들이 분노, 대처방안을 수립하는 사이 현정권은 전투경찰 3천여명을 완전무장시켜 구청을 포위하여 부정투표함을 탈취하려 하고 있다.

이에 1만여명으로 불어난 시민들은 죽음을 불사하고 부정선거의 증거물들을 사수하기로 결의하고 개표위원을 설정, 새벽 1시에 시민들이 보는 앞에서 개표하기로 결정하였으며. 서울신문사에서는 이미 '노태우가 대통령에 당선되었다' 는 보도가 이미 인쇄에 들어갔다는 사실이 입수되어 더욱 큰 분노를 폭발시키고 있다. 그러나 이같은 명백한 부정선거에 대하여 KBS 는 구로 구청에서 일어난 사건은 부재자 투표함을 둘러싸고 발생한 오해' 라고 날조, 보도하였다.

릴레이 투표적발한 감시단원에게 칼질!

광명시 하인동 제1투표소에서 활동 중인 감시단원들은 16일 오전 12시 40분 경 릴레이투표 현장을 포착, 카메라로 이를 두 차례에 걸쳐 촬영하였으나 차창에 민정당 포스터를 붙힌 베스타(서울5머 3691)에서 내린 괴한들에게 칼과 쇠파이프로 맞아 피투성이가 되었다 이에 투표를 하기위해 줄을 서있던 시민들이 가세 항의하자 각목에 칼을 묶은 깡패들이 합세, 시민과 감시단원들을 무차별로 폭행하여 수많은 부상자가 발생하였다.

그러나 시민들의 고발로 출동한 완전무장의 전경30여명은 시민보다는 베스타를 보호하는 데 급급, 시민들의 피해를 방관하였다. 현제 부상정도가 심한 3명이 광명종합병원에 입원중이다.

전국에서 자행된 개표부정행위

16일 오후 9시 부터 시작된 개표가 무장경찰을 동원한 개표소봉쇄, 개표참관인.방청인 차단, 투표함 바꿔치기, 개표소 최루탄 난사 등 폭력적인 개표부정 속에서 개표중단사태까지 일으키며 전국에서 자행되었다.

서울시 성동(갑)개표소인 무학여고에서는 오후8시경 투표함5개를 바꿔치기하려던 호송원을 막던 학생들을 전경들이 구타하고 최루탄을 발사하여 개표감시를 불가능하게 하였으며, 성북(을)개표소에서는 오후7시30분 경 무장경찰이 개표소 정문을 봉쇄한 채 투표함을 탈취해간 후 운동장에다 전경차 6대를 동원하여 공포분위기를 조장하고 개표를 하였다. 또한 관악구청 개표소에는 참관인이 담배를 사러간 사이에 투표함 6개가 없어지는 사건이 발생했고, 광명시청 개표소에는 전경이 최루탄을 난사하여 개표소에 난입, 개표가 불가능해진 사건이 발생하였다.

서울.경기 지역분만 아니라 개표부정은 지방에서도 극심했는데 충북 옥천 개표소에서는 김대중후보 표에 노태우표를 섞어 묶은 샌드위치 개표를 진행하다가 참관인들이 항의하자 사복경찰이 개표소에 난입하여 개표가 중단되는 사태가 발생하였다. 또한 충북 제천 개표소에서는 12시 현재 샌드위치 개표가 만연한 가운데 사복경찰이 개표소안으로 난입하여 무효표는 여당표로 둔갑하고 야당표는 개표통과가 되지 않고 있다.

(개표부정 사례)

-서대문구 개표소(명지고등학교)에는 참관인이 투표함 하나당 3명씩 들어갔으나 10시경 전투경찰 10개중대(약1,500여명)와 사복경찰 80여명이 난입하여 선관위원과 참관인을 모두 내쫓았으며, 밖에있던 감시단 학생을 방패로 구타하고 밀어냈다.

-은평구개표소에서는 경찰이 바리케이트를 개표소안에 설치하고 시민출입을 통제하여 투표함이 도착시 참관인이 전혀 없어서 투표함의 일부가 그냥 반입되었다. 또한 참관인 증명서를 투표소나 각동사무소에서 수거하여 참관인중 일부만이 개표소에 들어갔으며 방청석은 전혀 출입이 불가능했다.

-강원도 홍천개표소에서는 1)노태우묶음 사이에 김영삼.김대중 표를 집어넣어 노태우표로 처리하고 2)부재자투표용지 중 스카치테이프.호치키스로 붙인 것 3)투표용지에 선관위장 직인이 없는 것 등이 다스가 나와 개표가 중단되었다.

-충북 옥천 개표소에서는 김대중 표에다 노태우표를 간간이 섞은 표묶음을 노태우표로 만들려다 집계원이 발견하여 개표가 중단되었으며, 선관위도장도 2가지가 발견되었다.

-경남 거창개표소에서는 김대중표 100장에다 노태우표 1장을 얹어놓고 노태우로 계산한 것을 평민당에서 적발하였다.

전라도 출신 주민만 투표권 말소

서울 중림동 제4투표소에서는 주민 79명이 선거인 명부에서 누락되어 주민들의 항의농성이 있었다. 이들은 중림동에서 10-20년씩 거주한 사람들로 대부분 전라도 사람들이었다.

이들 주민에 의하면 이미5일전 선거인단 명부에서 누락된 사실을 확인하였으나, 16일 투표하러 오면 해결된다고 하여 투표러하러 왔지만 거부당한 것이다.

이에 100여명의 주민들이 모여 항의, 투표함 반출을 막고 해명을 요구하며 농성에 들어갔으나 동장이나 선관위는 서로 권한 밖의 일이라며 발뺌하기에 급급하였다. 더구나 선거인 명부에서 제외된 사람은 2세대 6명뿐이라고 변명하였으나 그 6명이 누구인지를 밝히라고한 주민들의 요구에는 끝내 응하지 않고 선거만 끝나면 책임지고 사퇴하겠다고만 반복하였다.

주민들의 농성이 밤12시까지 계속되고 투표함 반출이 힘들자 400여명의 전경이 최루탄을 쏘며 주민들을 강제해산.투표함을 탈취해갔다.

때아닌 정전소동!!

영등포구 대림2동 제2투표소인 대동국민학교에서 투표종료 직후인 16일 오후6시 5분 부터 7분간 때아닌 정전사태가 발생하였다. 이날 정전은 학교 전체가 아닌 투표장에서만 일어났으며 당시 야당 참관인은 학생1명이 남아있을 때 일어났다.

7분간 정전된 상태에서 어떤 부정이 저질러졌는지는 명확히 밝혀지지는 않았으나, 전기가 들어온 후 조사를 해보니 통장의 주머니에서 상당한 숫자의 부정표가 발견되었다.

이사실이 알려지자 시민.학생 약1천여명이 계속 투표함의 반출을 저지하며 운동장에서 농성을 벌였으나 17일 새벽3시경 시민들의 수가 줄어들고 피로에 지친 틈을 타 기습한 전경들에게 투표함을 탈취 당하였다.

「12.16 부정선거」 규탄대회

일시 : 12월 19일(土) 오후 5시

장소 : 명동성당

주최 : 민주쟁취 천주교 공동위원회

부정선거 자행한 군부독재 타도하자!!!

1988. 3. 31

호외 1987. 12. 17

발행 및 편집인 : 민주쟁취 국민운동본부
주소 : 서울·종로구 연지동 기독교회관 312호
전화 : 744-6702, 744-2844

一. 4천만이 단결하여 군부독재 끝장내자.
一. 공정선거 보장하는 거국중립내각 수립하라.
一. 3·15부정선거 원흉 김정렬내각은 즉각 퇴진하라.

경악! 부정투표함에 도둑질당한 민주·민권

— 구로구청, 1만여 시민 밤새워 투표함 사수, 대치중 —

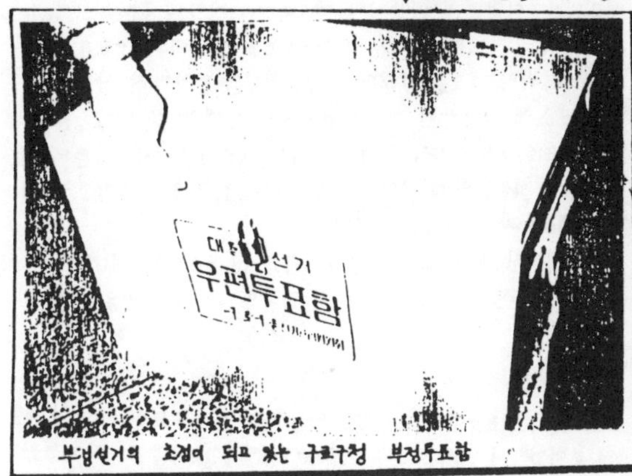

부정선거의 초점이 되고 있는 구로구청 부정투표함

서울 구로구청내 투표소에서 자행된 현정권의 야만적인 부정선거는 이제 더이상 인내할 수 없을 지경을 만들고야 말았다.

선거가 끝나려면 아직도 7시간이나 남아있던 16일 오전 11시20분, 구로구청 마당에서 출발준비를 하고있던 봉고차 3대가 발견되었다. 수상히 여긴 시민들이 이 차들을 잡으려 하자 두대가 도주를 하였으며 나머지 한대는 붙잡았다. 이 봉고차의 차량번호는 봉고트럭 '서울7다 7870'(이삿짐센타 686-0024). 이 차를 뒤져본 결과 그속에는 사과박스로 교묘히 위장된 부정투표함 4개가 밀봉도 되지않은채 밀반출될 준비를 갖추고 있었다.

이때 참관인은 없이 선거관리위원 1명, 무장경찰 2명, 사복경찰 2명이 있었으며 시민들의 항의에 이들은 그것이 부재자투표함이므로 구로 을구 부녀복지회관 개표소로 이동하는 중이라고 주장하였다. 그러나 만약 그것이 군부재자 투표함이라면 왜 빵상자로 위장하고 봉함도 하지않은채 밀반출하려 했단 말인가.

더구나 선거법에는 6시 이전에는 투표함을 절대 옮길 수 없게 되어있으며 그곳의 선거관리위원장도 이사실을 모르고 있었다. 분노한 시민들이 부정투표함을 1개 압수하였으며, 또 한개는 구청3층에 보관하고있는데 구청3층에서는 기표용 붓뚜껑 60개, 인주 70여개 백지투표용지 1500매가 발견되어 경악을 금치못하게 했다.

구청측은 인주가 국민투표때 사용한 것이라고 주장하였으나 사실은 완전히 새것이었으며, 백지투표용지는 파손되었을때 사용한 것이라고 하지만 파손될 경우에는 무효로 처리하게 되어있으므로 앞뒤가 전혀 맞지 않는것이다.

이러한 만행에 대하여 시민들이 분노, 부정투표함을 무효로 선언하거나 시민 5천여명과 내외신기자 50여명이 지켜보는 가운데 개봉하기를 요구하였으나 선거관리위원회측은 그렇게 할 수 없다고 주장하며 다만 보류할 수 있다고 발뺌하였다.

시민들이 이사실에 분노하고 대처방안을 수립하는 사이 현정권은 전투경찰 3천여명을 완전무장시켜 구청을 포위하여 부정투표함을 탈취하려고 획책하고 있다.

이에 일만여명으로 불어난 시민들은 죽음을 불사하고 부정선거의 증거물들을 사수하기로 결의하고 개표위원을 설정, 새벽1시에 시민들이 지켜보는 앞에서 개표하기로 결정하였으며, 서울신문사는 이미 '노태우가 대통령에 당선됐다.'는 신문이 인쇄에 들어갔다는 정보가 입수되어 더욱 큰 분노를 폭발시키고 있다.

그러나 이러한 명백한 부정선거에 대해' K.B.S는 '구로구청에서 일어난 사건은 부재자 투표함을 둘러싸고 발생한 오해'라고 선전하였다.

이제 이러한 현정권의 만행은 더이상 용서받을 수 없다.

민주주의의 이름으로 떨쳐일어나 군부독재정권의 최후의 숨통을 끊자!

6월 국민항쟁의 영광을 재현하자!

— 부정선거는 국민의 힘으로 부정되어야 —

17일 3시, 현재 접수된 정부여당의 선거부정 및 유혈폭력은 그야말로 선거를 빙자한 쿠데타였다. 이로써 '야당할 각오가 되어있다.'는 노태우의 제스츄어는 6.29선언에 못지않은 기만적 작태였음이 판명되었다.

이번선거는 유혈폭력, 투.개표부정등 세계 어느나라에서도 찾아볼 수 없는 테러선거, 유혈선거였다.

현재 진행중인 구로구청의 '부정투표함 반입사건', 각 투표구, 개표소에서 발생한 참관인 폭행, 선거감시인단에 대한 테러, 경찰의 최루탄 난사, 그외 이루 헤아릴 수 없는 투.개표부정행위 - 릴레이투표, 대리투표, 이중투표등에 항의, 시위, 농성을 전개하고 있는 상황은 분명히 현재의상황이 독재권력과 민주세력의 한판싸움이 시작되고 있음을 알리는 피의 전주곡이 되고 있다.

특히 서울지역의 구로구청에는 만여명의 시민, 학생들이 운집, '독재타도', '노태우 살인'등의 구호를 제창하며 부정선거를 규탄하고 있다. 실로 6월 국민항쟁의 재현인 것이다. 우리 국민들은 '부정선거로 잡은 정권은 인정하지 않겠다'는 강한 신념과 결의를 구로구청, 무학여고, 광명시등의 투.개표소에서의 투쟁으로승화시켜가고 있는 것이다.

이제는 더이상 정권의 기만적인 작태를 용서하지 않겠다는 대국민적 결의로 똘똘뭉쳐 저 독재권력의 아성에 철퇴를 가해야 할 것이다.

'민주정부 수립투쟁에 박차를 가하자!' '대동단결. 독재타도'

재집권을 위한 희극

투표율 110%

사상 유례없는 부정선거를 자행하여 재집권을 노리고 있는 군사독재정권은 유령투표, 부재자 투표, 이중투표를 동원, 실투표수보다 더많은 투표를 함으로써 100%를 넘는 투표율을 조작해내고 있다.

사당3동 제3투표소 (남성국민학교, 선관위원장 최민수)에서는 실투표자수(2423명)보다 63표가 초과된 2486표가 투표되어 투표율이 100%가 넘는 사태가 발생했다. 투표가 끝난후 회수된 투표용지 2112표와 기권표 374표를 합하면 실투표자수보다 63표나 초과되는 것이다.

또한 사당4동 제4투표구(동사무소)에서도 실투표소보다 58표가 초과되어 투표하였다. 이 사실은 죽은사람 40명에게 표가나와 투표되어있다는 것과 해외근로자들을 비롯한 부재자들에게 투표용지가 나와 가족들이 확인해본 결과, 이미 투표가 되어있는 것을 확인함으로써 밝혀졌는데 현재 100명의 시민과 민가협 어머니들이 농성중이다.

재집권을 위해 사상최대의 부정선거를 자행한 현정권은 투표율 110%라는 웃지못할 상황까지 연출해내고 있는 것이다.

깡패집단이 흉기 휘둘러 투표함 탈취!

16일 오후5시경 경기도 광명시 투표소(신흥교회)에 깡패민정당원 30여명이 투표가 진행되고있는 중에 투표소에 난입하여 투표함을 탈취해 갔다. 이에 분노한 시민들이 개표소인 광명시청앞에서 항의하자 그 깡패집단은 시민들에게 칼,각목,깨진 유리병등을 휘둘러 시민 수십명이 중경상을 입었으며, 그중 노옥자(63세, 철산동 주공아파트 1111-407호)씨는 갈비뼈가 부러져 현재 광명병원 507호에 입원중이다.

전국 곳곳에서 악랄한 개표부정

16일 오후 9시부터 시작된 개표가, 무장한 전경들을 동원한 개표소봉쇄, 개표참관인.방청인 차단, 투표함 바꿔치기, 개표소 최루탄발사 등 폭력적인 개표부정속에서, 전국각지에 개표중단사태까지 일으키면서 진행되고 있어, 공정선거를 열망하던 전국민의 거센분노를 불러 일으키고 있다.

성동(갑)개표소 무학여고에서는 오후8시경, 투표함 5개를 바꿔치기하려던 호송원을 막던 학생들을 전경들이 구타하고 최루탄을 발사함으로써 개표감시가 불가능하게 되었고, 성북(을)개표소(서울사대부중)에서는 오후 7시30분 무장경찰이 개표소를 정문에서 봉쇄한 채 투표함을 탈취해간 후 운동장에다 전경차 6대를 대기시켜 공포분위기를 만들고 있다. 또한 관악구청 개표소에서는 참관인이 담배사러 나갔다온 사이에 투표함 6개가 없어지는 사건이 발생했고, 광명시시청 개표소에는 전경이 최루탄을 난사하며 개표소에 난입하여 개표가 불가능하게 된 사태가 벌어졌다.

서울, 경기지역뿐만이 아니라 개표부정은 지방에서도 극심하였는데 충북 옥천개표소에서는 김대중후보표에 노태우후보표를 섞어묶은 샌드위치 개표를 진행하다 참관인들이 항의하자 사복경찰이 개표소에 난입하여 개표가 중단되는 사태가 빚어졌고, 충북 제천개표소에서는 12시 현재 샌드위치 개표가 만연한 가운데 사복경찰이 개표장안에 난입하여 무효표는 여당표로 둔갑하고 야당표는 개표통과가 되지않고 있다.

전경, 최루탄, 곤봉으로 국민들의 소중한 한 표를 강탈해 가려는 이 엄청난 부정선거음모는 더욱 더 가혹한 국민의 심판을 면치 못할 것이다.

〈개표부정 사례〉

- 서대문구 개표소(명지고등학교)에는 참관인이 투표함 하나당 3명씩 들어갔으나 10시경 전투경찰 10개중대(1500여명)와 사복경찰 80여명이 난입하여 선관위원과 참관인을 모두 내쫓았으며, 밖에 있던 감시단학생을 방패로 구타하고 밀어냈다.
- 은평구 개표소에서는 경찰이 바리케이트를 개표소안에 설치하고 시민출입을 통제하여 투표함이 도착시 참관인이 전혀없어서 투표함 일부가 그냥 반입되었다. 또한 참관인증명서를 투표소나 각동사무소에서 수거하여 참관인중 일부만 개표소에 들어가있으며 방청석은 전혀 출입이 불가능했다.
- 강원도 홍천개표소에서는 1) 노태우 표 묶음사이에 김영삼, 김대중표를 집어넣어 노태우표로 처리하고 2) 부재자투표용지중 스카치테이프, 호치케스로 붙힌것 3) 투표용지에 선관위원장 직인이 없는 표가 10표나 발견되어 개표가 중단되었다.
- 충북 옥천개표소에서는 김대중표에다 노태우표를 간간이 섞은 표묶음을 노태우표로 만들려다 집계원이 발견하여 개표중단되었으며 선관위도장이 2가지로 발견되었다.
- 경남 거창개표소에서 김대중 100표에다 노태우표 1장을 얹어놓고 노태우로 계산한것을 평민당에서 적발하였다.

부정선거를 정당화하고 있는 K.B.S를 규탄하자!

노태우당선방송국 K.B.S의 기만적인 작태는 도대체 어디까지 갈것인가.

선거 하루전까지 4후보에 대해 공정성을 잃은 편파.왜곡보도를 자행하고, 반공특집을 마련 비방.흑색선전을 일삼던 K.B.S는 선거당일, 부정선거 조작선거의 앞잡이노릇을 톡톡히 해내었다.

선거가 끝난 6시부터 7시까지 전국민이 선거결과에 관심을 집중시키고 있을때 선거와는 아무런 관련도 없는 만화영화만 방영, 국민들의 관심을 호도했고, 전국각지에서 벌어진 엄청난 투표부정에 대해서는 일체 보도하지 않은채 공정선거인 듯 보도했다.

또한, 사과박스로 위장된 부정투표함을 비밀반출하려한 투표함부정때문임이 분명한 구로구청 개표중단사태를 놓고 부재자투표함이라고 변명, 사건의 진상을 호도하고 있다. 이뿐만이 아니다. 개표집계결과를 T.V중계하는데 있어서도 노태우후보에게 유리한 지역(강원,충북등지)부터 발표, 의도적으로 노태우당선을 확정지으려는 프로그램 성격이 강했다. 이렇게 고도한 기만수법으로 부정선거술책에 앞장서고 있는 K.B.S에 강력히 규탄, 진실을 밝히고 이 엄청난 선거부정을 널리 알리는 일에 국민모두가 나설 때가 왔다.

호 1987년 12월 18일

발행 및 편집인 : 민주쟁취 국민운동본부
주소 : 서울 종로구 연지동 기독교회관 312호
전화 : 744 6702, 744-2844

4천만이 대동단결 군사독재 타도하자!!
부정선거 집권인장 군사독재 타도하자!!
민주정부 찍었는데 살인독재 웬말이냐!!
부정선거 자행한 노태우일당 처단하자!!

구로구청을 뒤덮은 민주사수의 대열

2000여건을 넘어서는 부정투표로 얼룩진 선거결과를 앞에놓고 전국 각지에서 부정선거폭로규탄시위가 벌어지고 있는 가운데, 구로구청 개표소에서 부정투표함 밀반출 사건을 둘러싸고 전투경찰과 학생.시민이 대치, 죽음으로 투표함을 사수하고 있어 부정선거규탄투쟁의 상징적인 집결점이 되고있다.

16일 오전 11시 20분경 구로구청마당에서 출발준비를 하고있는 봉고차를 시민들이 발견, 조사해본 결과 사과박스로 교묘히 위장된 부정투표함 4개가 밀봉되지 않은 채 밀반출될 준비를 갖추고 있음이 밝혀짐으로써 이 사건이 발단되었다. 이에 분노한 시민들이 부정투표함 1개를 압수하고 또 한개는 구청3층에 보관했는데 구청3층에서 기표용 붓뚜껑 60개, 새인주 70개, 백지투표용지 1500매가 다시 발견되어 시민들을 경악케 했다. 시민들은 부정투표함을 무효로 선언, 시민 4천여명과 내외신기자 50명이 지켜보는 가운데 개봉하기를 요구했으나, 선관위측이 이를 거부한 상태에서 전경 3천여명이 완전무장, 구청을 포위하여 투표함을 탈취하려 함으로써 긴장은 더욱 고조되기 시작했다. 17일 0시 52분경에는 구청마당. 도로까지 1만여 시민이 운집한 가운데 공정선거감시단 지부장.학생대표. 지역대표신부 1인등이 현장지도부를 구성, 부정선거규탄투쟁집회를 조직하고, 경찰의 탈취기도를 효과적으로 막아내기 위해 자체 규찰대를 조직하였다.

이어 4시 40분경에는 투표함을 반출하려했던 사람을 붙잡아 조사[illegible] 가히 관심을 가졌으며 구로구청 투표함사수투쟁을 지원.격려하기 위한 시민들의 참여가 끊이지 않는 가운데 계속 투표함을 밤새워 지켰다. 그러나 경찰은 18일 오전 6시 30분경 구로구청 주변을 완전차단하고 수백여 앰블런스를 집결시켰다. 18일 오전 6시 30분경 무장경찰과 백골단은 지랄탄을 2차례 난사하면서 구로구청에 진입하였으며 외곽에서 500여명이 부상당하거나 연행되었으며 나머지 500여명의 시민.학생들이 '투표함을 사수하자'고 외치며 옥상으로 밀려올라갔다. 경찰은 고가사다리차 3대를 동원하여 옥상을 진입하기 시작하였으며 밑에는 투신방지용 매트리스를 깔고 아래층에 불을 붙였다.

분노한 시민들은 검사함재의 지시로 [illegible], 학생시민들은 기왓장을 던지며 끝까지 싸웠으며 건물밖에 있는 시민들은 '최루탄을 쏘지 마라'라고 외쳤다. 그러나 사복경찰은 밖에 있는 시민들까지 무차별하게 구타했다. 오전 9시 1분 무장경찰은 건물을 완전히 장악하였으며 주변에 시민들이 조금만 모여도 폭력과 최루탄을 쏘며 시민들의 접근을 저지하고 있다.

속보 구로구청 옥상에서 떨어졌던 최기수씨(41세), 17일 오후 5시 30분경, 구로구 가리봉시장에서 부인신가에 길이 부신가족!

사설

선거무효투쟁으로 군부독재 끝장내자!

25년에 걸쳐 투쟁해온 조국민주화에의 열기가 어떻게 현 군부독재권력의 교활한 부정선거에 무참히 스러질 수 있단 말인가. 80년 5월의 함성이, 6월의 웅대한 저항이, 12월의 뜨거운 열기는 결코 독재정권의 만행을 용서할 수 없을 것이다.

현정권이 80년 피의바다에서 정권을 장악한 후 7년간에 걸쳐 행했던 학정의 날들을 우리국민은 처단보다는 용서와 화해로 해결하고자 하였다. 민족에게 잊을 수 없는 상처를 준 그들을 우리 국민은 평화롭게 다스리고 잊으려 하였다. 그러나 현정권은 온 국민의 인내로운 결단을 저버리고, 용서받을 수 있는 은혜를 배신으로 되받았다. 16일 선거날 전국도처에서 자행되었던 현정권의 부정선거는 사상 최악의 것이었으며 이제 더이상 그들에게 기대할수 있는 것이라고는 아무것도 없음을 절절하게 증명하고 있는 것이다.

무장경찰의 호위아래 행해진 릴레이투표, 정전과 함께 바뀌진 투표함. 깡패들의 식칼과 각목아래 조작된 개표과정. "국민에게 항복했다"라고 떠벌이던 그의 손으로 이루어진 이 엄청난 우롱에 대해 그는 "공정하게 선거를 치뤄주신 국민여러분께 감사한다"고 뇌까리고 있다. 국민의 간절한 염원으로 한표한표 쌓아올렸던 민주주의를 통째로 뒤집어 버린 그는 이제 더이상 용서받을 수 있는 모든 수단을 그 스스로 던져버리고 만 것이다.

독재권력의 손에서 민주주의는 나올 수 없다. 그리고 이것은 이번 선거에서 증명되었다. 이제 남은것은 전국민의 분노를 하나로 묶어세우고 부정선거를 규탄하여 6월 대항쟁을 재연하는 것 뿐이다. 우리국민은 이미 선거이전에 승리를 확정지었으며 그것은 앞으로 확인되고야 말 것이다. 종철이와 석규와 한열이가 아무리 더 나오더라도 우리 국민에게 패배란 결코 있을 수 없다.

KBS의 개표집계조작! 그 진상은?

▶컴퓨터 프로그램조작으로 개표집계 사실과 달라

16일 오후 6시부터 방영되기 시작한 TV개표 집계상황을 안방에서 거리에서 삼삼오오 보던 시민들은 경악을 금치 못했다.
투.개표장에서 저질러진 엄청난 선거부정을 목도하기는 했지만 TV의 개표집계결과가 이렇게 엄청난 내용으로 방영될줄 몰랐던 것이다. 제보에 의하면 'TV 개표집계결과 중계'는 미리 녹화되었다는 충격적인 내용도 있었으며 컴퓨터조작이 틀림없다는 사실이다. 이러한 가능성을 중앙선관위 집계 결과와 비교하는 가운데서 점점 높아져 가고 있다.

《 참 고 자 료 》

	KBS 잠정발표	중앙선관위의 집계
	(PM 11:42)	(3:10)
노태우	1,168,694 (44.6%)	1,160,209 (36.5%)
김영삼	666,906 (25.4%)	749,318 (23.6%)
김대중	505,520 (19.2%)	909,361 (28.6%)
김종필	223,009 (8.5%)	289,738 (9.1%)

폭력이 난무하는 "순조로운" 선거분위기?

역사적인 투표날이었던 16일 12시 30분경 광명시 하안동 제 1투표소(은평교회)에서 백주테러사건이 발생, 공정선거.평화선거를 바라는 국민들을 경악.분노하게 하고 있다.

사건은 투표소주변 복덕방과 투표소근처에서 릴레이투표장면을 사진찍던 공정선거감시단원이 민정당정치깡패로 보이는 괴한 수명으로부터 얼굴을 얻어맞고 카메라가 깨어지는 일이 벌어짐으로써 발단이 되었다. 이 장면을 목격한 40대 초반의 남자주민이 항의하다 정치깡패들이 휘두른 각목에 뒤통수를 맞아 피를 낭자하게 흘리며 계속 항의. 이 소식이 감시단원에게 알려져 3명의 감시단원이 현장에 달려왔을 때 이들 정치깡패들은 대기시켜놓았던 민정당 포스터가 붙은 봉고차 (서울 5머 3961)를 타고 도망을 준비. 이에 주민들 1백여명이 모여 봉고차를 가로막고 항의. 1천여명으로 늘어난 주민들은 약 30여분동안 '정치깡패 물러가라' '폭력배 연행구속하라' '경찰관은 직무유기 중지하라'고 외치며 민정당 봉고차를 전복시키려 시도했다. 이 과정에서 경찰관 2명과 방범대원 1명이 옆에 있었음에도 불구 이를 방관 백주테러를 묵인했다.

1시경이 되어 평민당 점심운반차가 도착, 평민당원 3명이 주민들과 함께 항의하자 30명으로 불어난 정치 깡패들은 봉고차에 실려있던 빈병을 깨뜨리고 각목, 쇠파이프, 칼, 삼단조립식 창을 들고 공명선거감시단원, 시민, 평민당원에게 덤비들어 무아별 구타를 했다. 이 과정에서 노옥자할머니(63)가 벽돌로 뒷머리를 강하게 얻어맞아 고대 구로병원에 입원중이고, 35세가량의 남자주민이 땅바닥에 고꾸라져 실신. 40세가량의 남자주민이 뒷머리를 맞아 유혈이 낭자. 현재 광명병원.용정형외과에 입원가료 중이다.

정치깡패들이 30여분동안 난동을 부린 뒤 주민들의 항의신고를 받고 출동한 전경이 늑장 출동하여 정치깡패들의 난동을 방치. 경찰들은 주민 4명을 체포하고 부상자들을 병원으로 후송한 후, 깡패들이 모처에 전화를 걸어 철수해도 좋다는 지시를 받은 후 유유히 사라지자 철수했다. 정치깡패들과 무장경관이 사라진 후 취재기자들이 들이닥쳐 주민들이 사건의 실상을 상세하게 증언했으나 관제언론은 이에대해 일체 침묵중이다.

이렇듯 군사독재정권은 교묘한 조작과 부정수법으로도 모자라 정치깡패를 동원, 백주대낮에 부정선거에 항의하는 주민들에게 테러를 가하면서 재집권을 꿈꾸고 있는 것이다.

민정당원 집안잔치 개표과정!!

—야당 참관인 모두 쫓겨나—

전국각지의 각 개표구에서 정부여당 및 경찰의 참관인 및 선거감시인단에 대한 위협 폭행이 급증. 13대 대통령 선거가 완전적 부정선거임이 확연히 드러나고 있다. 따라서, 개표소에 참관인이 참여하지 못함으로써 선거감시인단이 주최하는 TV - 컴퓨터 집계가 불가능해지고 있다.

개표시 부정은 투표부정보다 6:4의 비율로 저질러 지고 있으며 선거부정의 극한점을 달리고 있다.

다음은 현재까지 본부에 접수된 개표시 대표적 부정사례들이다.

▶ 17일 0시. 성북구 을 개표소에서 발생한 상황이다.

개표소 앞에 전경버스 1대가 대기하고 있으며 개표소 안에서는 사복경찰 20 - 30 여명이 들어가 공포분위기를 조성하고 있다. 참관인은 개표소안에 못들어가고 있는 상태이며 개표시 공정선거가 전혀 보장 안됨.

▶ 17일 1시 40분경 강동구 개표소에서 발생한 상황이다.

감시단 연좌중 경찰측의 무차별 최루탄 난사로 인해 감시단 인원이 다수 부상당했으며, 주변 인가에 있던 생후 4주된 아기가 질식상태에서 전경에 의해 119구급대에 실려 병원으로 갔으나 병원에는 전경만 도착했고, 이후 몇시간이 지나 강동성모병원 응급실에 있다고 다시 연락이 옴으로써 개표시 경찰측의 폭력으로 인해 감시활동이 저지 당했다.

▶ 17일 1시경 영등포구 개표소에서 백골단의 무자비한 폭행으로 인해 참관인의 개표소 참여가 불가능하게 되었다.

영등포구 제 2투표소 투표함이 개표소에 도착하기 직전 전경들이 주위를 차단하다가 투표함을 실은 트럭(참관인 없음)과 이를 호위하던 전경차가 오자, 전경차에서 백골단이 내려 그때까지있던 감시단원 30여명을 각목을 휘두르며 몰아내었다. 이 과정에서 연대생 여학생 1명이 얼굴에 각목을맞아 병원으로 후송되었고 현재(01:50) 감시단원은 3명이 남았고 10명은 행방불명(연행으로 추정)된 상태이다.

▶ 17일 3시경, 서대문구 명지고 개표소에서 경찰에 의한 참관인 폭행이 자행되었다.

개표소에서 선거감시를 하던 150여 시민들에 대하여 민정당 각목부대. 백골단 등이 무차별 폭행을 행사함으로써 참관인이 쫓겨났다.

개표는 참관인이 쫓겨난 가운데 전경 및 테러단 버스 3대분 인원이 개표소안에 있는 상태에서 개표 진행을 했다.

부정선거 항의규탄 · 들끓는 전국!!

개표가 시작되면서 투표함 바꿔치기, 참관인 탄압, 개표소 봉쇄등 악랄한 개표부정이 자행되자 6월 항쟁의 댓가로 획득한 선거의 귀중한 한 표를 지키기 위한 투쟁이 전국 각지에서 벌어지고 있다. 최루탄.총칼로 유지해온 정권을 연장시키기 위해 또다시 폭력.조작선거를 획책한 군사독재정권을 심판하기 위해 민주를 사랑하는 국민들은 부정선거규탄투쟁에 떨쳐 나서고있다.

▶ 구로구청: 17일 8시부터 규탄대회를 개최할 예정인데 현재 1만여 학생.시민이 구로구청 앞마당과 거리를 가득 메우고 경찰통제를 분쇄해 나가고 있다.

▶ 인천: 12월 17일 오전 11시 답동성당에서 200여명이 집회를 가진데 이어 18일 오후 2시에 부천역 광장에서 '부정선거 규탄 집회'를 가질 예정이다.

▶ 광주: 12월 17일 3시 도청앞에서 학생.시민이 모여서 선거무효화 선언을 하고 부정선거 규탄대회를 열기로 계획했으나 경찰의 원천봉쇄로 시내 곳곳에서 산발적인 시위가 벌어졌다. 광주,목포등에 공수부대진압설이 있었으나 사실무근으로 밝혀졌으며 계속 독재정권에 의해 공포분위기가 조성되고 있다.

▶ 전주: 12월 17일 오후 3시부터 학생 3백여명과 시민 1천여명이 팔달로에서 집회를 가질 예정이었으나 경찰의 원천봉쇄로 무산되었다. 많은 시민들이 선거결과에 대해 분노, 18일 오후 2시 다시 집회를 가지기로 했다.

▶ 목포: 12월 17일 오후 7시 30분 현재 3백여명이 1조가 되어 3조 1천여명이 시위 중이다. 곳곳에서 경찰과 부닥쳐 최루탄 난사를 헤치며 흩어지지 않고 재집결하여 끈질기게 싸우고 있다.

▶ 해남: 12월 17일 교육청 앞 광장에서 부정선거규탄 시위를 벌였다. 오후 7시 30분 현재 남어 고등학생 200여명이 김대중을 연호하며 시위를 하다 해산했다.

▶ 대구: 16일부터 악랄한 부정선거에 대한 홍보를 시작, 18일 오후 2시에 경북대광장에서 부정선거규탄대회를 가질 예정이다.

▶ 이리: 12월 17일 오후 5시 10분 부터 집회를 개최 7시 30분 현재 집회를 계속중이다.

▶ 여수: 12월 17일 오후 3시부터 시민.학생 1천여명이 시위중.

살인마 노태우, 이번에는 표도둑놈으로 둔갑!!

호외3호 1987년 12월 19일

발행 및 편집인 : 민주쟁취 국민운동본부
주소 : 서울·종로구 인지동 기독교회관 312호
전화 : 744 - 6702, 744 - 2844

4천만이 대동단결 군사독재 타도하자!!
부정선거 집권인장 군사독재 타도하자!!
민주정부 찍었는데 살인독재 웬말이냐!!
부정선거 자행한 노태우일당 처단하자!!

부정선거무효화투쟁, 명동성당에서 불붙다!!

18일 12시 시청앞에서 이루어지기로 했던 '부정선거규탄 및 군부독재 퇴진대회'는 경찰의 삼엄한 경비로 오후 2시경 시청앞 지하도에서 3-400여명의 규탄시위로 전개되었다. 경찰의 최루탄난사와 연행으로 집회가 무산되자, 시청앞에 모였던 시민과 학생들은 주위에서 산발적인 시위를 계속했고 명동성당으로 집결했다.
오후 7시경, 시민.학생들은 3000여명으로 늘어나 '부정선거규탄서울시민대회'를 갖고있다. 성당안의 시민과 학생은 "부정선거 자행하는 군부독재 타도하자", "선거무효, 독재타도"를 외치며 투쟁하고 있으며, 자체규찰대와 전투조를 편성하는등 장기농성돌입을 준비하는데 외부역량지원이 강력히 요청되고 있다.

현정권이 매표한 분명한 증거입수!!

운동본부는 현정권이 매표행위를 했다는 분명한 증거를 입수했다. 16일 오전 10시경 은평구 공정선거감시단은 은평구 불광1동 제2투표소부근에서 매표행위를 하면서 식권을 나눠주던 정정연(여.46세)를 적발하여 증거물로 식권 한뭉치, 매표용 투표용지 2장을 압수하여 불광파출소에 넘겼다. 그러나 매표행위자 정정연씨는 경찰의 방조하는 듯한 수사태도에 편승해 5시간동안 묵비권을 행사였다. 그러나 취조경찰이 잠깐 자리를 비운사이 정씨는 감시인단의 설득으로 경악할만한 사건의 전모를 털어놓았다.
정정연씨의 말에 의하면 자신은 은평구 불광1동 매표지역장이며 자기밑에 통별로 7명의 조직원이 있다고 한다. 자신은 2000표를 할당받아 조직원 7명과 함께 매표행위를 했다고 한다. 그리고 선거이전에 자신과 같은 지역장 35명이 민정당에서 교육을 받았고, 교육받은 내용을 토대로 자신의 지역에 있는 시민들을 300명정도 교육하였으며 교육성과에 따라 만족.중간.불만족 등을 표시, 매표행위자의 기준을 만들었다는 것이다. 이처럼 1개동에만 지역장이 35명이었고 그밑에 1인당 7.8명이 딸려있었다면 도대체 전국각지에서는 얼마나 많은 매표행위가 이루어졌단 말인가! 참으로 경악을 금치못할 사건이다.

~2독~

통별	성명	주민등록 번호	전화 번호	비고
지역장	정 정 연	[illegible]	[illegible]	
7통	이 순 희	[illegible]	[illegible]	
4.	서 춘 자	[illegible]	[illegible]	
12.	안 윤 희	[illegible]	[illegible]	
13.	김 이 순	[illegible]	[illegible]	
24.	박 은 선	[illegible]	[illegible]	
26.	임 해 자	[illegible]	[illegible]	[illegible]
30.	최 효 기	[illegible]	[illegible]	
20	이 [illegible] 순	[illegible]	[illegible]	

↑ 불광1동 매표지역장 정정연씨를 공정선거감시단원이 설득하여 받아낸 매표원 조직표. 각 조직원의 전화번호와 '민정'당의 전화번호가 기재되어 있다.

사설

'선거쿠데타'에 의한 부정선거무효화투쟁을 범국민적으로 전개하자!!

이번 선거는 우리나라 역사상 유례가 없는 최악의 부정선거임이 명백하게 드러났다. 이같은 사실은 수많은 갖가지 부정선거사례들이 잇달라 폭로됨에 따라 조금도 의심할 여지가 없는 것으로 입증되고 재확인되었다. 한마디로 말해서 금번 선거는 선거라는 형식을 가장하여 국민의 주권을 조작,강탈한 선거쿠데타라고 규정하지않을 수 없다. 현 군사독재세력은 12.12쿠데타와 광주민중학살을 거쳐 정권을 불법적으로 장악한 반민주적, 반민족적 폭력성의 본질과 속성을 이번 선거에서도 여지없이 드러내 국민의 주권을 정면으로 유린한채 군사독재 연장을 획책한 것이다.
이처럼 선거를 가장한 독재정권의 연장음모는 '6.29선언의 기만성에서 그 실체를 점차 드러내다 선거과정에 드러서면서부터 노골화하기 시작했다. 현 정권은 엄청난 액수의 금품을 동원, 선심공세를 가하는 한편 온갖 회유와 협박까지 가해 유권자를 매수하려 들거나 유세청중을 동원했다. 현정권은 또한 국가공무원들이나 국영기업체 임직원, 그리고 통반장등을 총동원하는 것도 모자라, 교육공무원과 심지어 일반기업체 직원까지도 선거운동원으로 내몰았다. 선거과정에 돌입하면서 노골화한 이같은 부정선거운동은 현정권이 당초부터 공정선거를 할 의사가 전혀 없다는 것을 분명하게 입증하고도 남는 것이었다.
이러한 선거쿠데타 음모는 투개표과정에서 더욱 노골적으로 표출했다. 우선 투표과정에서 조직적인 대리투표와 릴레이투표등이 전국적으로 횡행했으며, 아예 사전에 부정투표함을 만들어 국민들의 소중한 주권이 담긴 투표함을 바꿔쳐 버리는 부정이 곳곳에서 발생했다. 이 과정에서 부정투표행위에 항의하는 참관인들은 잔혹하게 폭행을 당해 투표장은 살벌한 분위기로 변해갔다. 구로구청의 부정투표함 제작과 투표함 바꿔치기 작태는 전국적으로 자행된 투표함 바꿔치기 작전을 단면적으로 입증한 하나의 대표적 사례에 불과하다.
이같은 선거부정은 아예 개표부정과 컴퓨터집계에 의한 계표결과 조작으로까지 연결돼 국민들을 경악케 했다. 예컨데 광주의 경우 아직 개표도 시작하지 않았는데 T.V화면에 개표결과가 나타났다든지, 서울신문 호외처럼 실제의 개표결과는 무시한 채 미리 날조한 통계수치로 노태우 후보 당선을 기정사실화함으로써 사전계획에 의거 집계결과 발표를 진행시켰다는 엄연한 사실을 확인케 해주었다.
민주화를 갈망하는 국민의 주권은 참혹할 정도로 짓밟히고 강탈당하고 말았다. 이같은 선거쿠데타 작태는 절대 용납할 수 없는 일이다. 이제 우리 국민들은 빼앗긴 주권을 되찾기 위해 범국민적 투쟁을 전개해야 한다. 6월항쟁의 결의로 부정선거무효화 투쟁에 감연히 나서도록 하자!

경악!! 선거결과는 개표이전에 치밀하게 준비되었다!!

— 개표완료도 전에 서울신문 결과발표 —

투표일 다음날인 17일 아침 7시에 잠실지역에 배포된 서울신문 호외에는 '노태우후보 당선'이라는 제하에 '17일 상오 8시에 노태우후보가 8백10만2천4백50표를 얻어 대통령당선이 확정적이다.'고 보도하였다.
그러나 그당시 방영하고 있던 K.B.S집계는 6백50만표도 집계되지 않았던 때였으며, 선거관리위원회는 그보다 개표율이 훨씬 밑돌던 때였다.
상오 7시에 배포되었다는 점을 감안할 때 이 신문은 적어도 16일 저녁이나 17일 새벽에 찍혀져야 각 배급소에 전달될 수 있다. 그렇다면 개표도 종료되기전에 이미 결과가 조작되어있었다는 말이다.
서울신문이 현정권의 기관지라는 것을 감안할 때 이것은 현정권이 선거결과를 사전에 조작해놓고 그 프로그램대로 전개한 것에 지나지않는다는 것을 분명히 보여주는 것이다.

노태우는 이렇게 당선사기극을 벌였다!!

-투표·개표과정에서의 유형별 부정선거사례-

노태우는 금권.관권.타락선거운동을 거쳐 투표.개표과정에서 상상을 초월하는 부정을 저질러 대통령에 당선되었다. 제보된 것만도 전체적으로 5,000여건이 넘어서고 있는 부정선거가 군사독재정권의 재집권을 위해 동원되었다. 일일이 열거할 수 없는 사례들 중 투.개표 과정에서 벌어진 대표적인 부정선거사례를 들어본다.

▶투표과정에서의 부정◀

릴레이투표: 민정당원이나 경찰이 노태우후보란에 기표된 투표용지를 건네주어 투표함에 넣게 한 후 대신 받아온 백지투표용지를 돈으로 바꿔주는 방법
- 16일 오전, 서울 중구소공 2동 투표소에서 민정당원이 구멍가게에서 투표용지와 돈을 주고받음.
- 16일오전 9시 30분경, 서울 강남구 청담동 제3투표소에서 (복청회 관앞) 릴레이투표현장이 적발됨
- 16일 오후 5시 30분, 서울 성동구 혜민병원 지하실에서 릴레이투표하는 현장 적발

대리투표: 여러장의 주민등록증을 만들어 본인인 것처럼 행세하여 본인 모르게 투표하는 방법
- 수원시 오산 제7투표구(성호국민학교)에서 면서기가 주민등록증8장을 가지고 대리투표
- 강원도 영월군 영월읍에서 윤장완씨가 자신의 투표를 마친 후 김 순자씨의 이름으로 대리투표
- 대구시 복현동 제4투표소에서 민정당원들이 회식을 하며 한 사람이 여섯번씩이나 주민등록증을 가져와 대리투표

유령투표: 사망자, 해외이민자 등 당사자가 살고 있지 않음에도 불구하고 투표용지를 교부, 조작하여 다른 사람이 이들을 대신하여 투표 하는 방법
- 서울 관악구 봉천 10동 한 00씨는 미국으로 이민간 후 국민투표 때에는 통지표가 안나왔는데 이번에는 나옴
- 서울 관악구 신림 3동 1674번지 고 00씨에게 투표통지표가 교부되었으나 이 사람은 그집에 살았던 적도 없는 유령인이었음

이중투표: 동일인이 여러번 투표
- 마포구 제4투표구(경성고)에서 나 순임(마포구 연남동 487 - 13 번호3233)이 5 - 6회 투표하는 것을 참관인이 발견
- 서울 은평구 불광 1동 투표소에서 명봉니 (57. 불광 1동 24 - 123통 7반)씨가 이중투표하는 것을 감시단이 적발. 파출소에 넘겼으나 증거불충분이라는 이유로 석방.

초과투표

실제 투표자 수 보다 투표된 용지가 더 많은 경우
- 사당 3동 제 3투표소 (남성국민학교)에서는 실투표자수 (2,423명) 보다 63표가 초과된 2,486표가 투표됨.
- 도봉구 정의여고 개표소에서는 수유 4동 전체 유권자수보다도 더 많은 투표용지가 나옴

▶개표과정에서의 부정◀

투표함 탈취 및 바꿔치기
- 유권자들이 투표함 투표함을 이송과정에서 미리 조작해 놓은 투표함과 바꿔치는 것
- 16일 오후 5시경 경기도 광명시 투표소 (신흥교회)에 깡패. 민정당원 30여명이 투표가 진행되고 있는 중에 투표소에 난입하여 투표함 탈취
- 16일 도봉구(을)개표소 (염광여상)에 경찰버스 10여대가 개표소 주변 차단, 동사무소 직원등이 투표함을 탈취
- 광주 3개 개표소 (동구 동명동 과학관, 서구 상공회의소, 북구 북구청)가 각기 3분간 정전, 이 때 투표함을 바꿔치기하려다 시민.학생들에게 적발되자 사복경찰.전경이 난입, 투표함을 바꿔치기 함.

샌드위치 개표
- 야당후보표 묶음의 맨위와 아래에 노태우표를 올려놓고 노태우표로 계산하도록 하는 것.
- 경남 거창개표소에서 16일 21시경 김대중후보표 100표에다 노태우 후보표 1장을 올려놓고 노태우표로 계산하다 적발됨.
- 충북 옥천 개표소에서 김대중후보표에다 노태우표를 중간중간에 섞어 노태우표로 만들려다 적발됨

투표함부정

투표함을 제시간에 운송하지 않거나 봉인이 되지 않은 투표함으로 바꿔치기.
- 서울 관악구청 개표소에는 투표함 6개가 도착않고 행방불명됨
- 대전 동구 개표소에서는 17일 24시경 빈투표함이 발견됨
- 충남 옹진구청 회의실 개표소에서는 대청 백령도에서 투표함 8개가 도착했는데 이중 4개는 풀도 마르지 않은 상태였음이 밝혀짐

참관인 단압.

부정선거감시를 위해 활동하는 참관인, 감시단 등을 방해하기 위해 깡패와 전경을 동원, 참관인 구타, 강제추방 등으로 합법적 참관인 활동을 원천봉쇄.
- 전북 이리시청 개표소에 전경차 7대분의 백골단이 난입하여 야당 참관인을 무차별 구타, 개표소밖으로 끌어내고 야당참관인이 없는 상태에서 개표 진행.
- 16일 19시 50분경 남양주군청에서 민정당원을 제외한 참관인 1명만 들어간 후 외부와 연락이 단절된 상태에서 개표.
- 16일 22시경 서대문구 명지고 개표소에 투표함 1개당 참관인 3명이 호송했는데 전경 10개중대. 사복경찰80여명이 난입하여 선관위와 참관인을 추방, 바깥에 모여있던 감시단 학생을 구타.
- 17일 0시 20분경 강동구 개표소 (성덕여상)에서 야당참관인이 '투표용지를 태운다'고 항의하다 쫓겨나는 것을 본 학생.시민 200여명이 항의 시위하자 경찰이 최루탄을 쏘아 강제 해산.

■전국동향■

12월 18일

광 주 18 일 12:00 현재

- YMCA와 도청앞에 집결할 계획이었으나 경찰이 원천봉쇄. 시민 2만여명이 경찰과 대치중.
- 강진공고 학생 1천여명이 수업거부한채, 평민당사앞에 집결하여 부정선거 규탄대회 전개
- 전남의 모든 중.고등학교가 동계방학에 들어감
- 각 군. 면 단위로 부정선거 규탄대회 계획중이며, 장성. 강진 함평은 이미 부정선거규탄 집회를 열고 있음.
- 무안은 집회계획을 세우고 있음.

서현감리교회앞과 광주공원앞에서 2 만여명의 시민이 다리를 사이에 두고 전경과 대치하며 부정선거규탄 시위를 벌이고 있음.

- 18:40 광주공원시민. 학생 1만여명 극렬시위. 전경 지랄탄. 최루탄 난사.

== 부산 8:15 ==

- 5:30 현재 서면에서 200여명정도 모여서 규탄대회를 개최하여 '부정선거 당선무효"를 외침. 서면 로터리쪽에서 닭장차 18대, 페퍼포그 2대 정도 인원의 경찰이 각목들고 주변에 배치되어 사복경찰(깡패)들이 시민. 학생들을 각목으로 무자비하게 난타하여 확인된 중상자 10명이고 미확인도 많음.
- 8:00현재 남포동 자갈치시장 신천지에서 '독재타도 부정당선 무효'를 외치며 충무동으로 진출하고 있음.

== 춘천 5:15 ==

강원대학생 1,200명 가량이 모여서 '감시단 귀향보고 및 사례보고. 부정선거 규탄, 선거무효 선언' 집회. 여학생 1명 선거무효선언 삭발. 남학생 3명 '선거무효' 혈서씀.

== 청주 4:55 ==

12시 규탄대회 - 원천봉쇄로 무산
12:10 부터 한국은행앞에서 충북대., 민협주축으로 산발적 시위, 10여명 연행
국.본 사무실에 난입 김인식 총무국장 연행. 최루탄은 쏘지 않은 채 3 - 4 명 정도 모이면 무조건 연행

== 대전 4:50 ==

학생.시민 100여명이 선화국고앞에서 모여;선화동 놀이터로 진출중.

== 전주 5:30 ===

수천명의 경찰 시내 장악. 집회 불가능
산발적 시위(소규모) 계속중
2시 팔달로 집회 원천봉쇄로 무산 연행자 많음

== 완도 17일 오전 11:40 ==

강순덕 평민당 여성부국장이 자택에서 부정선거 보도를 보고 분개 항거 음독자살(동아일보)

호외 4 1987년 12월 20일

국민운동

발행 및 편집인 : 민주쟁취 국민운동본부
주소 : 서울·종로구 인지동 기독교회관 312호
전화 : 744-6702, 744-2844

4천만이 대동단결 군사독재 타도하자 !!
부정선거 집권연장 군사독재 타도하자 !!
민주정부 찍었는데 살인독재 웬말이냐 !!
부정선거 자행한 노태우이당 처단하자 !!

은폐·조작을 헤치고 드러나는 구로구청투쟁현장

부상자 명단·연행자 명단 밝혀져

(◀폭력경찰과 백골단에 의해 부정투표함을 사수하려는 시민.학생들을 강제 해산시키고 있다.)

구로구청에서 부정선거함을 사수함으로써 끝까지 국민의 귀중한 한 표를 지키려 한 시민학생들이 군사독재정권의 하수인 깡패경찰. 백골단원에 의해 잔인하게 집압당하여 1,034명(남 845, 여 189)이 연행되고 수많은 부상자가 속출하였으며 심지어는 수명이 죽은것을 목격했다는 제보가 점차 확인되어 나가고 있다. 19일 5시 30분 현재 중경상을 입고 병원에 입원중인 사람의 명단은 다음과 같다.

- 고대구로병원 : 장동광(서울대 응예과 4년) 옥상에서 8시 40분경 부상입음. 서울대 병원 이송. 이성호(30세 구로 6동), 이범용(26세 봉천동), 신입 섭(18세 구로 4동), 김광염(25세 가리봉동 영진실업), 김종신(34세), 신명철(25세), 황상온(16세 구로고등학교 2년) 구로구청주변에서 직격탄 맞음. 머리붕대감고 있음. 최용석(17세 구로고등학교 1년), 남전수(서강대 경영3). 박성희(홍대영문과 2년) 4층에서 8시경 백골단습격. 각목으로 구타당해 왼쪽팔 심하게 다침. 문광일(43세 관악구 신림 3동) 평민당원 평민당 유세차 3호에 있다가 차안으로 최루탄 쏘아넣어 갈비뼈 심하게 다침. 장희욱(31세 평민당원), 김영란(23세) 6시 30분경 옥상에서 직격탄 맞음. 머리에 붕대. 양원때(23세 서울대 경영 4) 농성중 추락. 하반신 마비상태. 시민 1인 신분확인 안됨. 퇴원을 원하는데 시경경찰이 못하게 막고 있음.
- 개봉 2동 도영병원 : 채난경(23 이대), 이철우(24 서울대)
- 대림동 명지 성모병원 : 조양삼(당원. 부정선거대책 2국장; 홍종혜(한대 국문4), 홍경애(한대 국문4), 이수용(서울대 전자공학과 4년), 조영수(한양대) 보호자 확인 이후 퇴원, 김춘근(시민) 퇴원, 차재선(41세) 답십리 주민.
- 서울여자간호전문대학 : 황미숙(국민대)

연행된 1,034명 명단이 공개되고 있지 않은 상태에서 19일 5시 30분 현재 확인된 연행자 명단은 다음과 같다.

서울대(19명) : 이종숙(구로구 책임자) 청량리 대공 3계, 오창훈(86) 청량리서, 조지현(87) 연락두절, 최승복(87) 연락두절 이해순(87) 남부병원, 최주호(83), 이윤(86), 민수(정외과 86), 이선희(84), 승헌 남부서, 승수 청량리서 권병때 강남, 강신홍, 김종철, 예련, 도민혜, 이선영 주재술(85), 이길노(85).

홍익대(11명) : 이명숙(여학생회장 경영4), 박성희(문화부차장 영문 2), 천영미(영문 2) 북부서, 정혜영(조소 2), 이윤숙(조소 2), 천명근(전기 1), 정낙길(불문 1), 김문희(전산 1) 북부서), 김경원(독문 1), 곽동신(도시계획 1) 서초서 조후연(전기 1)

한편, 구로구청 투쟁과 관련된 미확인 정보가 많이 유포되어있는데 경찰의 차단과 언론의 침묵에도 불구하고 사실은 점차 분명해지고 있다.

구로구청 농성현장에 있다 7시경 4층 화장실에 숨어있다가 탈출한 인하대 1년생의 증언에 따르면, 18일 오전 6시경 백골단이 쇠파이프로 찌르고 밀면서 들어오자 최소한 7명이상이 백골단에 밀려 밑으로 떨어지는 것을 보았는데 바닥이 시멘트라 사망했을 가능성이 크다고 한다.

또한 목격자에 따르면 1층에 있던 60-70여명이 경찰 진입시 피할데가 없어 지하실로 내려갔고 지하실에는 작은 철문이 하나밖에 없었기 때문에 최루탄 내지 가스탄을 퍼넣었을 경우 질식할 가능성이 높다고 한다.

또 18일 08시 30분 경에 쓰레기차와 앰블런스가 계속 들어왔다 나간것도 확실하며 사람이 광목에 싸여 나가는 장면도 목격했다고 한다.

부정선거 무효화투쟁 범국민회의 창립

12월 19일 '부정선거 무효화투쟁 범국민회의'(이하 국민회의) 창립 기자회견이 기독교회관 3층, 국민운동본부사무실에서 열렸다. 기자회견장에는 문익환(민통련의장). 이우정교수. 성래운교수. 지선 스님등 국민회의 공동의장단과 내외신기자 30여명이 참가하였다. 이날 발표된 창립선언문에서는 "12.16 대통령선거가 3.15 부정선거에 버금갈만한 사상유례없는 부정선거"로 규정지으면서 "노태우의 당선은 부정과 불의의 승리를 의미할 뿐만 아니라 전두환에 이어 다시 광주학살의 원흉이 집권한다는 범죄행위의 연장."이라고 주장하였다.

서울지역고등학생연합회 발족

12월 19일 오후2시 명동성당에서 서울지역고등학생연합회 발족식이 있었다. 서울지역 6개 고등학교 학생 300여명이 참여한 가운데 노태우를 당선시킨 기성세대의 각성과 군부독재를 타도하여 민주교육을 쟁취할것을 주장하며 백만학도의 단결을 호소했다.

'선거무효·독재타도' 명동성당 시위

부정선거 무효화투쟁이 서울의 한복판 명동성당에서 계속되고 있다. 지난 12월 18일 명동성당으로 시민.학생들이 집결하여 부정선거규탄대회를 가진 이후 현재까지 '선거무효. 독재타도'를 외치며 농성을 하고있다. 19일 오후5시에는 공정선거감시운동 천주교공동위원회주최로 각대학 학생들과 시민등 3천여명이 참가한 가운데 부정선거규탄대회를 가졌다. 참가한 시민.학생들은 12.16 선거를 3.15 부정선거에 버금할만한 엄청난 부정선거라고 주장하였다.

집회가 끝난이후 시민.학생들은 명동입구로 진출하여 '선거무효 독재타도', '살인선거 자행하는 군부독재 끝장내자', '태우자, 태우자, 노태우를 불태우자.'라고 외치며 시위하고 있다. 폭력경찰은 한때 최루탄을 쏘며 시위대를 해산시키려 하였으나 5-6천여명으로 더욱불어난 시위대는 명동입구 곳곳에서 주위 시민들과 토론.집회를 갖고, 일부는 경찰과 삼엄하게 대치중이다. 시민.학생들은 수시로 보고되는 전국의 투쟁상황, 구로구청 투쟁속보를 전해들으며 더욱 결연한 의지를 다지고 있다.

부정선거 당선무효투쟁 전국적으로 전개

" 편집자주 "

전국적으로 '부정선거규탄 및 당선무효선언' 대회가 잇달아 개최되는 가운데 미국을 등에 업은 살인정권 연장의 기수 노태우 스스로가 부정선거를 자행했음을 인정하는 모습들이 속출하고 있다. 우리의 투쟁들은 이제 더 이상 어느 특정지역에 머무르는 것이 아니라 전국적인 불꽃으로 이어나갈 수 있도록 우리의 역량을 총매진해야만 할 것이다.

부 산 5:40 확인
오후 2시경부터 각 대학별로 출정식을 가졌다.

대 구 5:40 확인
오후 2시 '부정선거규탄 및 선거무효투쟁 1차 실천대회'가 경북대학에서 개최되었다.

대 전 5:50 확인
오후1시 '공정선거감시단 보고대회 및 부정선거규탄대회'가 충남대학 민주광장에서 100여명이 참석한 가운데 개최되었다.

목 포 6:00 확인
- 18일 '애국고등학생연합' 발족되어서 철야농성으로 이끌어가며 19일 투쟁에까지 거국적으로 참여하였다.
- 매일 오후3시 집회가 열릴 예정이며 19일 3시 집회는 '선거무효투쟁'으로 6:00 현재,
  - 시민회관앞 : 3천명
  - 이오광장 : 1천명
  - 시내 산발적 : 700여명
  - 약 5000여명이 시위중이다.
- 경찰측 대응 : 최루탄 난사, 시내 가로등 불을 끄고 있다.
- 시위대 대응 : 간호전문대 학생, 여학생들이 간호대조직하며 부상자 치료를 위해 대기하고 있으며 약품은 목포시내 약국에서 무료로 제공해주고 있다.

전 주 6:00 확인
- 오후 2시 팔달로에서 '선거무효' 집회 예정이었으나 경찰측의 원천봉쇄로 무산되었다. 소규모 산발적 시위는 계속되었으나 6:00 현재 해산상태이다.

마 산 6:10 확인
- 20일 경남대에서 '선거무효' 집회를 4시에 가질 예정이다.

제 주 6:10 확인
- 21일 '선거무효' 집회를 예정. 준비중이다.

광 주 6:00 확인
- 12:00 광주고등학생들 출정식을 갖고 200여명 계림파출소쪽으로 가두행진을 했다.
- 3:00 도청앞 YMCA에서 집회 예정이었으나 경찰측의 원천봉쇄로 무산되었으나, 시위대는 광주은행 본점앞에 2천 - 3천 여명 삼양백화점 앞에서 학생 3백여명이 시위중 중앙로 쪽으로 이동하며 시위를 했다.
- 6:00 현재 중앙로 5만 - 7만여명, 충정로 산발적으로 2만여명, 도청앞 5천여명이 중앙로, 충정로 쪽으로 집결중이며 총시위대는 10만여명을 육박하고 있다. 이에 경찰측은 페퍼포그를 동원 지랄탄을 난사하며 특히 타지역 경찰이 투입되고 있다.(목포,무안쪽 경찰로 확인 되었다)

강 진 5:30 확인
- 오전 11시 - 오후 3시 30분까지 시위를 계속하며 시민들이 경찰에 강력대치, 경찰이 퇴각함

순 천 5:30 확인
- 5:30 현재 시민. 학생 500여명 시내에서 시위중이다

호외 5호 1987.12.22

발행 및 편집인 : 민주쟁취 국민운동본부
주소 : 서울 종로구 인지동 기독교회관 312호
전화 : 744-6702, 744-2844

국민운동 1987. 12. 22 [1]

4천만이 대동단결 군사독재 타도하자!!
부정선거 집권연장 군사독재 타도하자!!
민주정부 찍었는데 살인독재 웬말이냐!!
부정선거 자행한 노태우일당 처단하자!!

구로항쟁 계승대회, 폭력경찰에 의해 무산

정복전경·백골단·88기동대 구로일대 장악.

12월 20일 오후5시에 열리기로 했던 '구로항쟁 계승대회'가 폭력경찰의 원천봉쇄로 무산됐다. 이번 대회는 민주쟁취 국민운동 공정선거감시단 구로지부가 주최하고 민통련, 서대협, 국민운동 노동자위원회가 주관하여 '살인부정선거규탄 및 구로항쟁계승 실천대회'가 열릴 예정이었다. 구로구청 주변 곳곳에는 백골단과 완전무장한 전경들에 의해 대회장에 진입하려는 시민, 학생들을 봉쇄하고 공포분위기를 자아내었다. 학생과 시민들은 대회가 원천봉쇄되자 오후 5시30분경 구로시장 인근 도로에서 3백여명이 집결하여 '선거무효 독재타도', '처단 노태우', '태우자. 태우자. 노태우를 불태우자!' 고 외치며 시위를 벌였다. 폭력경찰은 시위가 계속되자 최루탄을 무차별적으로 쏘며 진격해 들어와 시위학생들을 강제 해산시켰다.

농성이틀째 서울지역 고등학생연합회

군부독재 타도와 기성세대 각성촉구.

오늘 (12월 20일) 오후 2시 명동성당문화관앞에서 서울지역고등학생연합회(30개고등학교) 농성학생 50여명이 참가한가운데 '민주교육쟁취과 노태우당선무효대회'가 개최되었다.

이날 대회는 3.1운동과 광주학생운동, 4.19혁명의 주체와 불꽃이 고등학생임을 강조하고 민족의 염원인 민주화의 횃불이 또다시 꺼질지도 모르는 이 시기에 교육의 민주화는 학생들 스스로가 쟁취하여 다시한번 굽히지 않는 투쟁의 맥을 이어나가 군부독재를 끝장내는데 앞장설 것을 다짐했다. 농성 이틀째를 맞이하는 이들은 자체적으로 집행부를 구성, 광주항쟁에 대한 평가 및 시국토론, 해방춤, 사박자춤, 투쟁가등을 부르며 농성을 이끌어나가는 성숙된 모습을 보여주고 있다.

우리는 결코 부정선거에 승복할 수 없다!

지방소식 12월 20일

대 구 20:20 확인

○ 계명대학교 노천강당에서 '범시민학생궐기대회'가 대학생투쟁연합회와 시민등 1,200여명이 모인 가운데 진행되었다.
집회이후 대심동 서문시장, 칠성동 칠성시장에서 홍보작업을 했다.
이 과정에서 칠성동 천암파출소에 화염병 6개를 던져 파출소 일부가 불탔다.

광 주 20:20 확인

17:00 광주일고 앞 1500여명이 시위
광남사거리까지 공방전을 벌여 금남로차량이 통제되었다.

17:30 한일은행 근처 골목마다 학생, 시민, 고등학생등 약 600여명이 산발적인 시위를 벌임.
시내버스터미널에 300에서 400여명이 격렬한 시위.

18:10 양동복지상가 앞에서 고교생 100여명 집결시위.

18:?0 광남로 부근에서 고등학생 50여명 정도 조직적으로 해서전경들에게 화염병 투척.
현대극장에서 시민회관쪽으로 100여명 진출 전경 60여명과 투석전. 시민회관쪽으로 밀려남.

20:(?) 풍향파출소 일부 불탔다.
북동 일부 제과점에 전경 7명이 난입하여 행패부리자, 학생들이 이에 항의.저지하자, 학생 5명을 부대자루에 싸서 연행. 소재는 파악되지 않고 있다.

무 안 20:30 확인

○ 오후3시 터미널에서 4백여명이 출발 시위대가 불어나기 시작하였다. 대대적인 홍보작업으로 면단위까지 마을방송을 이용 당선무효에 대한 홍보를 했다.

○ 오후5시에서 오후9시까지 1천여명이 광주.목포간의 도로를 차단하며 시위

목 포 20:30 확인

15:20 목포극장 앞에서 1000여명이 시위를 벌였다.
~~이화상에서 공무수행중이던 차량(봉고 베스타 전남2기~~
1248)
이 시위대로 돌진 5명이 부상당했다.
부상자 : 최미마 : 19세 목포여상 머리부상
심재희 : 18세 목포여상 머리부상
김복진 : 23세 용당동 진용아파트
팔.다리.어깨 부상.
최재욱 : 치과에서 치료를 받고 귀가하였다.
그 외 2명은 확인이 안됨.

19:00 시민회관 앞에서 700여명이 '전국투쟁보고대회'를 가졌다

19:40 목포 국민운동본부 사무국에 경찰 20여명이 난입, 사무국장 이 현희씨와 6명을 연행하였다.

포 항 21:00 확인

15:00 포항 영일지역 '공정선거감시단 활동보고대회'가 60여명이 참가한가운데 포항민주화운동연합 사무실에서 열렸다
이 대회에서는 포항.영일지역 '부정선거규탄 및 범국민연합' 결성을 결의했다.

이 리 21:10 확인

○ 오후3시부터 오후6시까지산발적인 시위가 50여명 단위로 시내외곽지역에서 진행되었다.

마 산 00:00 확인

16:30 경남대학에서 '투표무효화선언 결의 및 부정선거규탄대회'가 학생.시민이 참가한 가운데 열렸다.

17:50 - 19:00 충무 국도를 1시간여동안 점거, 고통마비가 되었다.

구로구청 사건의 진상을 밝힌다

= 편집자주 =

다음은 12월 21일 03:00경 구로구청 부정투표함 사수투쟁에 참여했던 노동자 1인, 학생 2인의 농성참가자가 청량리경찰서에서 훈방조치되어 즉시 국민운동본부로 찾아와 당시 투쟁현장을 생생하게 증언한 내용이다.

이들은 당시 구로구청 6층 옥상에서 끝까지 투쟁하다 백골단의 무자비한 살인폭력에 의해 연행되는 과정에서 최루탄을 온몸에 뒤집어쓰는등 온몸이 성한데가 없었으며 본부사무실에 들어온 한 농성참가자는 그때의 참혹한 진압과정을 보여주듯 얼굴표면이 다 벗겨지고 얼굴형태를 제대로 알아보기 어려울 정도였다. 경찰은 사흘밤낮 이들을 간단한 치료도 하지 않은채 몸을 씻게 해달라는 요구조차 묵살하여 이들의 얼굴은 시커멓게 부어있었으며 상처부위엔 노란 소독약만 발라었었다.

구로구청 부정투표함사수투쟁의 경찰진압과정은 작년 10.30 건대투쟁해산과정에 버금가는 무자비함 그 자체였으며 본부가 들어본 이들의 투쟁증언은 아비규환 바로 그것이었다.

-투쟁 참가자 증언 기록-

1. 구로상황 참가자 제보

문 : 경찰의 진압과정에 대해서 말씀해주십시오.

답 : 경찰이 지랄탄하고 직격탄을 쏘면서 옥상으로 치고 들어왔어요. 구로경찰서쪽에 있는 바리케이트가 무너지면서 힘 한번 못쓰고 구청안으로 다 밀려들어갔어요. 구청안으로 너무 급작스럽게 밀려들어가다보니 저항다운 저항도 못해보고 5층까지 밀려올라갔어요. 5층 개표장에 있던 동료들은 잘 모르겠고 제가 옥상에서 마지막까지 싸움을 하였는데 옥상에서는 상당히 치열했어요.

마지막에 주위에 있는 시민들이 쏘지말라고 소리를 쳤는데 (뒤에서 호응을 했는데) 주택가에 사람이 움직이는 기미만 보이면 무조건 지랄탄을쏘아댔어요.

문 : 옥상에서 사람들이 투신했읍니까?

답 : 옥상에서는 없었고 3층이나 4층에서는 있었어요. 그것은 확인했어요. 그 당시에 떨어지는 것을. 그리고 옆건물 4층 옥상은 잘 모르겠어요. 그 건물 4층 옥상은 일차적으로 점거가 됐어요. 저희 본관 쪽에서는 3층하고 4층에서 떨어졌어요. 세명이 떨어지는 것을 확인했거든요. 하나는 최루탄을 맞고 매달려 있다가 떨어졌어요. 일단 건물아래에는 매트리스를 깔아놨어요. 앞쪽으로 떨어지는 것은 확인했는데 뒤쪽으로 떨어지는 것은 신경을 못썼어요.

문 : 어떻게 떨어졌읍니까? 그때 상황을 자세히 설명해 주시겠어요?

답 : 한사람은 매달려있다가 최루탄에 맞아 떨어지고 한사람은 싸우다가 분신해서 떨어진다고 하다가 그대로 떨어졌어요. 건물안으로 사과탄과 최루탄이 계속 날아드니까 워낙 매워서 질식사가 될 것 같으니까 뛰쳐나오다가 그러니까 눈을 감은 상태에서 뛰다가 떨어진것같아요. 여자같은 경우는 어떻게 떨어졌는가 모르겠는데 마지막에 하나 떨어지는것을 확인하였는데 빨간 잠바를 입었어요. 입은것을 보니 여자같아요.

문 : 마지막 진압되는 과정을 말씀해주시겠읍니까?

답 : 경찰이 옥상을 향해 세군데서 사과탄을 쏘고 지랄탄을 무차별적으로 쏘아 사방은 완전히 최루탄가스로 뒤범벅이 되었어요. 전경들과 백골단은 계속 옥상으로 진격해들어오면서 옥상에 있던 농성학생.시민들을 강제 해산시키기 시작했어요. 우리들은 약 20여분간 버티다가 결국은 경찰에 의해 모두 연행되었지요. 연행되기 직전 우리는 주민들에게 "지금 적들에게 체포당하지만 우리의 싸움은 끝나지않고 계속됩니다. 그리고 더욱 가열차게 전개해나갈것입니다. 그곳이 감옥이고 우리가 죽는다해도 남은 시민여러분들이 끝까지 해주기를 바랍니다." 라고 절규하였읍니다.

문 : 경찰연행뒤에 조사과정하고 부상자처리는 어떻게 되었읍니까?

답 : 청량리같은 경우는 환자들이 있음에도 불구하고 일단 닭장차를 타고 무조건 고개를 처박힌 상태에서 51명이 (시민 16명 학생 35명) 연행되어 청량리경찰서로 이송되었어요.

환자들의 경우 하루간 방치해두다가 시민.학생들이 환자치료보장을 요구하며 유치장안에서 농성을 벌이자 이틀째 되는날 치료를 하였어요. 그런데 한심한것은 치료하는게 머리다친 사람의 경우 머큐롬이나 발라주는 것으로 끝나고 얼굴에 기포가 생긴 사람에게는 치료조차 제대로 하지 않았다는 점이에요.

조사과정에서는 맨바닥에 무릎을 꿇리고 구둣발로 구타하는등 같은 폭행을 가하면서 조사를 하였어요.

문 : 오늘 훈방된 사람은 몇명이나 됩니까?

답 : 청량리서의 경우 15명이 훈방되었어요.

문 : 구로투쟁을 통해 느낀점에 대해서 말씀해주세요.

답 : 구로구청 싸움을 마지막 순간까지 함께하면서 전경들의 최루탄 난사중일때 더이상의 싸움은 무의미하다는 생각이 들었읍니다. 잠바를 벗어서 다 태운 상태였고, 옆에 있던 동지들과 악수를 하고 애국시민들을 향해 우리들의 목소리로 호소했을때 시민들의 반응은 박수를 쳐주고, 최루탄을 쏘지마라라고 성원을 해주고 지켜봐주었으며 참으로 눈물겨웠읍니다.

최루탄의 매워서가 아니라 진정 가슴이 뜨겁게 눈물을 흘렸읍니다.

자신을 내던지면서까지 싸우던 모습들, 연행과정, 경찰서에서 치료도 못받고 두나절을 보내면서도 굽하지 않으며 우리의 싸움을 전개, 환자의 치료요구 싸움으로 다시한번 하나가 된 모습들에 깊은 감명을 받았읍니다.

특히 시민들이 끝까지 싸워줄 것인가에 대해 걱정이었는데, 시민들이 더 열심히 싸우던 모습들에 감명을 받았읍니다.

구로경찰서에서 나올때 동네아주머니들이 옆에 있다가 "사람잡는 백정들아!" 하며 길을 막아 한동안 차가 못가기도 하였읍니다. 고개를 숙여 목소리밖에 못들었지만 눈물이 나더라고, 우리의 싸움은 결코 진것이 아니라 계속 이어질 수 있다는 확신을 가졌읍니다.

제12호 1987년 12월 26일

발행 및 편집인 : 민주쟁취 국민운동본부
주소 : 서울·종로구 연지동 기독교회관 312호
전화 : 744-6702, 744-2844

국민운동

— 4천만이 단결하여 군부독재 끝장내자.
— 민주주의 찍었는데 노태우 당선 웬말이나!
— 미국은 부정선거 살인독재 지원말라!

「12·16대통령선거」

공권력을 총동원, 부정투개표 획책 폭력탄압속의 부정사례 속출

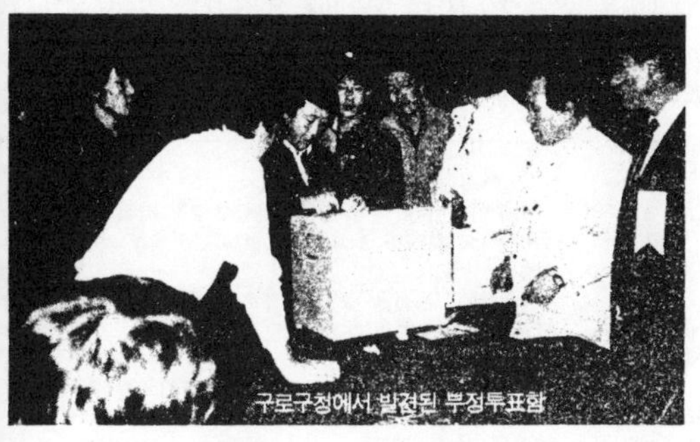
구로구청에서 발견된 부정투표함

6월항쟁의 결과 국민의 힘으로 쟁취한 직선제개헌에 따라 지난 12월 16일 실시된 대통령선거는 전국 곳곳에서 릴레이투표와 대리투표는 물론 투표함 바꿔치기등 각종 유형의 부정선거사례가 속출해 사상유례없는 부정선거로 드러났다.

우선 투표과정에서 전경 또는 깡패들이 선거감시를 위해 활동하는 참관인과 감시단원들에게 폭행을 가하거나 아예 이들을 투표소 밖으로 몰아내 참관을 못하게 하는가 하면 투표소장에 난입 투표함을 탈취하기까지 했다.

이날 오후 5시쯤 경기도 광명시 투표소(신흥교회)에서는 민정당원 및 깡패들 30여명이 투표가 진행중인 투표소에 난입하여 투표함을 탈취해 갔다. 또한 이들은 이를 보고 분노한 시민들이 광명시청앞에 몰려가 항의를 하자 이들에게 칼과 각목, 깨진 유리병등을 휘둘러 수십명의 중경상자를 냈으며 노옥사 할머니(63세, 철산동 주공아파트 1111-407호)는 갈비뼈가 부러지는 중상을 입고 광명병원에 입원치료를 받고있다.

또한 15일밤 12시경 부산 북구에서는 괴청년들이 참관인 교육을 받고 숙소로 가던 3백50여명의 감시단원들에게 무차별 폭행을 가하는 등 참관인 또는 시민들에 대한 폭행이 난무했다.

투표부정에 있어서도 릴레이투표, 대리투표, 인주부정, 이중투표, 유령투표, 무더기투표 등 모든 유형의 투표부정 사례가 도처에서 나타났으며, 투표율이 1백%를 넘는 사태가 여기저기서 발생했다.

투표소 근처에 대기시켜 놓은 봉고차나 복덕방등에서 노태우후보란에 기표된 투표용지를 건네주어 그것을 투표소에 가지고 가 투표함에 넣고 그곳에서 교부받은 투표용지를 다시 가져오도록해 돈을 주는 방식으로 계속 반복하는 릴레이투표의 경우 매우 조직적으로 행해진 것으로 지적되고 있다.

서울 은평구 불광1동 제2투표소의 경우 감시단원인 김은정양(이화여대 수학과 3년)은 릴레이투표 방식으로 매표행위를 하던 정정연씨(여, 1942년 2월 27일생 민정당 지역장)를 적발했는데 정씨는 적발된 후 갖고 있던 매표용 투표용지 2매를 찢어버리려 하기도 했다.

정씨는 불광파출소에 넘겨졌으나 계속 묵비권을 행사했으며 경찰이 잠깐자리를 비운 사이 감시단 책임자 김모씨가 간곡하게 설득하자 릴레이투표행위를 자백하기 시작, 자신과 함께 움직이는 사람이 7명이고 자신에게 할당된 매표량이 무려 2백표라는 사실을 털어놨다.

◇시론

구로구청 사태 유혈진압은 선거쿠데타 입증한 것

구로구청의 부정투표함 제작 및 밀반출기도사건은「12·16부정선거」의 단면을 빙산의 일각으로 보여줄 뿐만 아니라 이른바「제5공화국」그리고 부정조작선거 결과로 나타날 차기 정권의 본질과 속성을 그대로 반영하는 대표적인 사례이다.

우선 첫째로 주권을 조작해내고 주권을 부르짖는 민주적 투쟁을 물리적 폭력으로 진압하여 공정선거로 탄생될 민주정권을 예비적으로 탈취했다는 점에서 쿠데타성을 띠고 있다. 이 사건은 군사독재 연장을 위해 사전에 치밀하게 계획된 일련의 음모에 따라 그것도 선거관리위원회 사무실에서 일체의 도구를 갖춰놓고 부정투표함 제작을 함으로써 주권 조작을 통한 정권탈취를 예비했던 것이다.

둘째로, 이 사건의 진압과정에서 나타난 폭력성이다. 현 집권세력은 소중한「한표의 주권」을 조작으로부터 되찾겠다며 몰려든 시민 학생 2천여명이 맨몸으로 부정투표함을 둘러싼 평화적인 노력에 대해 쇠파이프와 각목 등을 동원한 공포의 유혈진압을 감행, 많은 인명피해를 냈다. 쇠파이프로 얻어맞아 갈비뼈가 부러지며 폐를 다쳐 폐수술을 받았다든지 공포의 현장에서 쓰러져간 증언자들의 말을 들어보면 너무나도 끔찍한 폭력에 더이상 귀를 열지못할 지경이다. 현군사독재세력은「5·18광주민중학살」등 언제나 그랬던 것처럼 이 사건에서도 대화와 설득, 타협의 노력은 일체 보이지 않은채 같은 민족이며 국민인 이들에게 마치 적군을 대하듯 무자비한 폭력성을 보였다. 민주주의와 평화를 위해 국민들이 피땀흘려 납부한 혈세가 군사독재정권의 연장을 위한 흉기로 둔갑하여 공권력이 폭력으로 나타나 민주주의를 하겠다는 국민들의 피를 흘리게 만든 것이다.

셋째로, 박종철군 살인고문은폐조작사건에서「딱 떨어지게」보여준, '탁하고 치니 억하고 죽었다'는 식의 기만성이다. 이같은 기만성은「6·29선언의 기만성」을 거쳐 이 사건에서도 여지없이 드러났다. 중앙선거관리위원회가 신문지상을 통해 발표한 해명광고 내용은 시정잡배도 아닌 국가공공기관이 그토록 터무니없는 거짓말을 할 수 있을까 아연할 따름이다. 내외신기자들도 현장에서 확인하여 신문지상에 보도됐지만 부정투표함 적발 당시 트럭에는 선거관리위원 1명, 경찰4명뿐이었으며 정당쪽의 참관인은 그 어느 누구도 없었다. 당국은 농성이 진압으로 끝날 때까지 왜 참관인 없이 투표함을 이송하려 했는가에 대한 항의와 해명요구에 거짓변명을 하다가 통일민주당 추천위원이 함께 있었으며 심지어 다른 정당의 추천위원들이 부정투표함 운반을 도왔다고 거짓말로 둘러댔다.

투표가 한창 진행중인 투표당일 오후 1시쯤 구로구청 별관 선거관리위원회 사무실에서 추천위원들의 도장일체와 붓뚜껑, 인주, 투표용지, 투표함등이 발견됐는데, 이에 대해 당국은 국민투표때 사용한 것이라는 등 변명을 늘어놓았다. 그러나 감시단원들이 붓뚜껑을 찍어본 결과 금방 사용한 것처럼 인주가 선명하게 찍혀나와 새빨간 거짓말임이 탄로됐다. 이밖에도 기만성을 보여준 증언들이 많지만, 지면관계상 일일이 열거하지 못할 따름이다.

네째로, 반민주적 독재성이다. 애시당초 주권을 조작하려는 발상 자체가 그렇지만 당국은 이 사건발생이후 시민 학생들의 의사와 입장을 조금이라도 들어주고 이해할 기미조차 전혀 보이지 않았다. 사건의 진상해명 요구에 대해 오로지 침묵과, 외면, 기만등으로 일관한 끝에 나타난 것은 유혈폭력진압이었다. 군부독재세력에게 민주주의를 기대하고 이를 요구하고 나선다면 그 결과는 외면과, 기만, 탄압, 또는 강제진압일 따름이라는 것을 이 사건은 거듭 확인시켜 준 것이었다.

다섯째로 사실과 진실, 정의에 기초한 인간적 삶의 추구를 정면으로 유린한 반인간성이다. 사회와 국가, 역사의 진정한 발전은 진실과 창조의 인간적 생활을 풍요롭게 하는 데서 비롯된다. 이를 가능케 하는 것이 민주주의가 지향하는 인간적 제권리의 완전한 보장이다. 그러나 이번 사건에서 당국은 조작보다는 인간적 제권리를 짓밟는 모습을 명확히 과시했다.

5·18광주민중학살을 거쳐 나타난 제5공화국은「죽음의 정치」로 온갖 죽음을 빚어왔다. 그간은 군사독재의 연장을 위해 엄청난 부정선거를 통해 나타날 정권이라면 그 정권도 똑같은 궤도를달리며 예속과 죽음의 역사로 치닫게 될 것이 틀림없다.

구로구청에서 부정투표함 제작! 빵속에 감춰 빼내려다 적발돼

12월 16일 오전 11시 20분경 서울 구로구 구로구청 앞마당에서 한 주부의 제보에 따라 서울 7자78701·2.5t 픽업트럭안의 빵더미속에 숨겨 싣고 가려던 부재자투표함이 선거감시 단원들에게 적발됐다.

문제의 부정투표함이 적발될 당시 현장에는 선관위 사무장 강실원씨(48)와 무장경찰 2명, 사복경찰 2명이 있었을 뿐 투표함 이송시 있어야 할 참관인은 1명도 없었다.

선거감시단원들이 투표함을 호송하려던 무장경찰에게 "이게 뭐냐?"고 묻자 "모른다"고 답변하여 이들은 트럭안을 들여다 보고 빵과 과자만 있는 줄 알고 그냥 지나치려다 빵이 든 종이상자를 뜯어본 결과 문제의 투표함을 발견하기에 이르렀다. 이때 시민들이 몰려오자 경찰들은 그대로 달아났다.

처음 제보를 한 주부는 증언에서 또다른 봉고차에 실려 투표함이 반출됐다고 밝혔다.

이와함께 이날 낮1시쯤에는 구로구청 별관 3층 선관위사무실에서 투표용지를 바꿔치기 할 때 사용한 것으로 보이는 도장 일체와 붓뚜껑 60개, 인주 70여개 그리고 투표용지 1천5백여매, 봉인이 뜯겨진 투표함 1개가 발견됐다. 적발직후 감시단원과 현장에 있던 구청직원들간에 몸싸움이 벌어지는 사이 다른 직원들은 투표함 안에 있던 투표용지를 쏟아 내 불태웠는데 이때 미처 태우지 못한 번호표 등을 앞서 발견한 물건들과 함께 증거물로 확보해 뒀다고 평민당측은 밝혔다.

국민운동본부

부정선거무효화선언, 투쟁결의

민주쟁취 국민운동본부는 12월 22일 오후2시 기독교회관 사무실에서 상임공동대표 및 상임집행위원 연석회의를 개최 12·16부정선거무효화 선언을 재확인하고 부정선거무효화투쟁을 범국민적으로 전개키로 했다.

이날 회의는 조직상의 혼선을 방지하고 폭넓은 국민적 합의와 지지를 수용하여 부정선거무효화투쟁을 신속 전개키 위해 지난 12월 18일 결성키로 한 부정선거무효화투쟁 범국민회의 명칭을 민주쟁취국민운동 부정선거무효화투쟁본부로 개칭키로 했다.

이날 회의는 이와함께 부정선거규탄대회를 12월 23일 오후 4시 명동성당에서 개최키로 했다.

이날 회의는 또한 공동결의문을 통해 12·16선거는 선거를 빙자한 쿠데타라고 규정하고 12월 17일자 서울신문의 호외는 실제 개표결과는 무시한 채 미리 날조한 통계수치로 노태우후보 당선을 기정사실화하기 위해 사전계획에 의거 집계결과를 발표, 선거사상 유례를 찾아볼 수 없는 선거부정의 선례를 남겼다고 밝혔다.

또 다시 집권을 노리는 군부독재세력 무엇을 했는가⑦

부정선거를 하더라도 정권은 넘겨줄 수 없다

민주세력의 단결로 범국민적 투쟁 전개해야

온갖 희생과 고통 끝에 쟁취한 대통령선거의 결과가 막상 TV화면으로 발표되면서부터 경악의 충격이 전국 곳곳에서 들끓어 올랐다. 여기저기서 터져 나오는 소리는 「노태우 후보를 찍었다는 사람은 별로 못봤는데 어떻게 된일이냐?」는 것이었다. 6월 국민항쟁에서 폭발한 민주화의 열기와 그후 선거국면에서 봇물처럼 터져나온 군사독재종식의 외침은 어떻게 된 것인가? 그러나, 공식집계 결과는 기호순서대로 그것도 일정한 비율을 지키며 계속될 따름이었으며 그것은 그대로 당국의 공식발표로 이어졌다. 그래서 사전계획을 컴퓨터에 입력시켜 그 결과를 그대로 발표한 것이 아니냐는 의문이 여기저기에서 제기됐으며 그같은 의문은 서울신문 호외사건등 몇가지 사례가 드러나면서 지금껏 계속되고 있다. 단지 결정적 증거가 나오지 않았을 뿐이라는 분위기가 여전히 팽배하다. 어떻든 분명한 것은 군부집권세력이 이번 선거의 전과정에 걸쳐 마치 국력 총동원령을 내린 듯 온갖 수단과 방법을 다해 모든 공권력과 영향력을 있는대로 모두 동원하여 군사독재의 연장을 위한 부정선거를 자행했다는 사실이다. 이같은 사실은 갖가지 사례들이 입증하고도 남지만, 군대를 제대한지 십수년이 지난 사람에게까지 주소를 파악, 여당 후보 지지를 위한 초청모임에 초대할 정도로 상상을 넘는 정도였다.

한마디로 말해서 현군사독재세력은 국민들의 민주화 열망이 어느 정도이건 민주세력에게는 결코 정권을 넘겨줄 의사가 없다는 것이 이번 부정선거에서 확인된 결과이다. 그러나, 민주화의 쟁취는 역사적 순리이며 필연이다. 우리 국민 모두 해야할 것은 분열을 뛰어넘는 민주세력의 단결과 자기희생적 투쟁으로 군사독재 종식을 위한 결의를 다시 한번 가다듬어 범국민적 민주화 대행진을 전개하는 것이다.

1 어떠한 부정을 통해 표가 조작되었는지 알아보자.

1. 부정을 통해 노태우표에 추가된 표

① 부재자투표

군인 60만과 전투경찰 20만의 군인부재자투표는㉮투표참관인의 참관이 허용되지 않고 ㉯투표전 군인들에게 휴가, 외출, 외박을 금지하여 정당한 판단과 선택의 기회를 박탈하며 ㉰상관이 보는 앞에서 공개투표를 실시하는 등의 방법을 통해 노태우 표로 둔갑된다.

〈증거예 1〉 12월 4일 경기도 파주군 벽제읍 육군 8350부대 251중대에서 야당후보표 9표가 나왔다는 이유로 백제윤 병장으로부터 기합을 받던 중 정연관 상병이 폭행을 당해 사망.

〈증거 2〉 12월 3일 경남 진해 해군본부 작전 사령관실에서 투표실시중 모준장이 민정당의 '안정이냐, 혼란이냐'는 슬로건을 앞에 놓고 완전한 공개투표를 하도록 강요.

〈증거예 3〉 대구 모 부대에서는 전체 99표 중 1표가 야당이고 나머지 98%가 노태우표로 밝혀짐.

이 외에도 전국 각 교도소에 있는 2만여명의 재소자들에 대한 부재자투표도 외부와 차단된 상태에서 투표를 실시, 노태우표로 둔갑됐다.

② 일련번호조작

투표통지표를 교부할 때, 일련번호가 없는 투표통지표를 유권자들에게 교부해 주고, 일련번호가 기재된 통지표를 선관위직원이 보관해 두었다가 주민등록증을 위조하는 등의 방법으로 미리 투표한다.

또한 투표용지를 교부할 때, 일련번호를 띄어서 교부하여 그 중간에 빠진 번호를 미리 투표하는 것으로 이 모두가 노태우표로 둔갑될 소지를 안고 있다.

이러한 일련번호조작은 교묘하여 발견하기 힘들지만 초과투표, 무더기표, 다른 직인이 찍힌 표 등이 적발된 예를 들어볼 때, 노태우후보표로 미리 조작되어 있었음을 알 수 있다.

■ 초과투표

실제투표자수보다 투표된 용지가 더 많은 경우

〈증거예 1〉 서울 서대문 개표소(명지고체육관)에서 북가좌 1동 제1투표소의 개표 중 투표집계전에 기록된 총투표수 3,131장보다 28표가 많은 3,159장의 투표용지가 나왔다.

〈증거예 2〉 서울 사당 3동 제3투표소(남성국민학교)에서는 실투표자수 2,423명보다 63표가 초과된 2,486표가 투표됐다.

■ 무더기표

한장씩 한장씩 접혀있는 것이 아니라 여러장이 한꺼번에 접혀있는 표.

〈증거예 1〉 용산개표소에서 용산2가 제3투표소 투표함을 열자마자 한꺼번에 같이 접혀있는 5~6 장의 무더기표가 쏟아져 나왔다.

〈증거예 2〉 충남 천원군 풍세면 제3투표소에서 30장을 한꺼번에 무더기 투표하려다 감시단에게 적발됨.

■ 다른 직인이 찍힌 표

투표소에서 찍은 선관위원장 직인과 다른 크기·다른 글씨체의 직인이 찍힌표

〈증거예 1〉 서울 강서구 개표소(마포고 강당)에서 신월2동 투표소 투표함에서 나온 3,522장의 투표용지에 찍힌 선관위원장 적인이 원본과 다르다는 것이 발견됐다.

〈증거예 2〉 인천시 중구청 회의실 개표장에서 선관위직인이 서로 다른 투표용지 3장을 야당측 참관인이 발견했다.

③ 대리투표

여러 장의 주민등록증을 만들어 본인인 것처럼 행세하여 본인 모르게 투표하는 방법

〈증거예 1〉 대구시 북구 복현동 제4투표구에서 민정당원 1명이 6번이나 주민등록증을 가져와 대리투표한 사실이 발견됐다.

〈증거예 2〉 수원시 오산 제7투표구(성호국교) 에서 면서기가 주민등록증 8장을 가지고 대리투표했다.

〈증거예 3〉 서울 마포구 제4투표구(경성고)에서 나순임(마포구 연남동 487-13)씨가 5~6회 투표하는 것을 참관인이 발견.

■ 또한, 유령인물(투표권이 없는 자, 사망자, 전출신고된 자, 해외이민자 등)에게 투표용지가 나와 대리투표로 이용되었다.

〈증거예 1〉 서울 동대문구 장안1동 동사무소에서100매묶음의 투표통지표 사이에 전출자 50여명분의 투표통지표가 입회인에 의해 발견됨.

〈증거예 2〉 서울 동작구 노량진2동 제2 투표소에서 이민간 언니의 투표용지로 대리투표를 하려던 최성희씨(23. 여. 노량진 2동 315-111)가 적발됨.

〈증거예 3〉 서울대병원에 있는 해부용시체명의로 투표통지표가 발급됨.

④ 릴레이투표

민정당원이나 경찰이 노태우후보란에 기표된 투표용지를 건네주어 투표함에 넣게 한 후 투표소에서 발부받은 백지투표용지를 돈으로 바꿔주는 방법

〈증거예 1〉 16일 오전, 서울 중구 소공2동 투표소에서 민정당원이 구멍가게에서 투표용지와 돈을 주고 받음.

〈증거예 2〉 16일 오전 9시 30분경, 서울 강남구 청담동 제3투표소(북청회관)앞에서 릴레이투표현장이 적발됨.

⑤ 샌드위치표

야당후보표 묶음의 맨 위와 맨 아래에 노태우표를 올려놓고 노태우후보표로 계산하는 것.

〈증거예 1〉 서울 동작구 개표소에서 노태우 후보표다발속에 김영삼후보표묶음 1백장이 섞여있는 것이 발견됨.

〈증거예 2〉 경남 거창 개표소에서 16일 21시경 김대중후보표 100표에다 노태우후보표 1장을 올려놓고 노태우표로 계산하다 적발됨.

〈증거예 3〉 충북 옥천개표소에서 김대중후보 표에다 노태우표를 중간중간에 섞어 노태우표로 만들려다 적발됨.

2. 부정을 통해 감표된 야당표

① 불량인주사용

수분이 다량 함유된 마르지 않는 인주를 사용하여 투표용지를 접었을 때, 인주가 번지게 하는 수법으로서 야권성향이 강한 지역에 다량 배포되었다.

〈증거예 1〉 전남 순천 중앙국민학교에서 이미 투표한 2,600여명이 기름기있는 불량인주에 항의, 인주를 교체하는 사건이 발생함.

〈증거예 2〉 전북 광산군 임곡투표소에서 검정색 인주를 사용 기표하게 하여 무더기 무효표를 유발함.

〈증거예 3〉 전북 군산 나훈동 제1투표소, 청화동 투표소, 신풍동 1,2,3,4투표소 등지에서 번지는 인주를 증거물로 압수함.

② 선거인명부에서 누락

정부여당이 취약한 지구, 야권성향을 가진 사람(주로 전라도 출신)에게 투표통지표를 고의적으로 발급하지 않음.

〈증거예 1〉 서울 중구 중림동 주민 80여명의 유권자가 선거인명부에서 누락됨.

〈증거예 2〉 대구 공산2동 동사무소에서 입회인을 내보낸 후 동사무소 직원 1명이 투표통지표를 들고 뒷문으로 도망쳐 나간 후 통지표를 점검한 결과 100여매가 누락된 것이 발견됨.

③ 투표용지에 선관위원장의 날인이 없는 경우

야권성향이 강한 사람에게 선관위원장의 날인이 없는 투표용지를 발급하여 무효표가 되게 한다.

〈증거예 1〉 경남 양산군 철마면 제1투표구 개표소에서 선관위장의 도장이 누락된 투표용지 46장이 발견됨.

〈증거예 2〉 의정부시 개표소에서 의정부3동 제2투표함 중 선거관리위원장 날인이 빠진 투표용지 18장이 발견됨.

〈증거예 3〉 서울 동대문구 답십리4동 1투표소에서 선관위원장도장이 찍히지 않은 상태에서 투표가 된 사실을 적발(4장 확인)

④ 기타

투표용지에 인주를 고의적으로 미리 묻혀 무효표로 만드는 경우, 붓뚜껑대신 개인도장을 찍도록 권유하여 무효표로 만드는 방법 등 야당표를 무효표로 만드는 수많은 방법이 동원되었다.

3. 기타 부정

① 투표함 바꿔치기

유권자들이 투표한 투표함을 이송과정 혹은 개표과정에서 미리 조작해놓은 투표함과 바꿔치는 것으로서, 투표함부정, 정전사건, 개표참관방해 등을 통해 확인된다.

■ 투표함 부정

투표함을 제시간에 운송하지 않거나 봉인이 되지 않은 투표함이 발견되는 등의 투표함부정으로 미루어보아 투표함 바꿔치기가 이루어진 것을 알 수 있다.

〈증거 예1〉 경남 거창군 마리면 제4투표함과 주상면 제1투표함의 개표과정에서 투표용지를 넣는 입구가 봉인되지 않은 것이 적발됨.

〈증거 예2〉 부산 동래구(갑)개표소(동래중학교 체육관)에서는 11개 투표함에 봉인이 없거나 투입구가 봉함되지 않은 등의 이상이 발견됨.

〈증거 예3〉 대전 동구 개표소에서는 17일 24시경 빈 투표함이 발견됨.

〈증거 예4〉 경기도 부천시 개표소(시청회의실) 에서 투표함을 옮기는 과정에서 봉인도 되지 않은 빈투표함 1개가 끼여 있음이 발견됨.

② 정전사건

투표가 완료된 후 봉인할 때와 개표가 진행중일 때 예고없는 정전이 되어 이 과정에서 투표함이 바꿔치기 된다.

〈증거 예1〉 서울 강동구 암사1동 제4투표소인 신광교회에서 16일 오후 6시 30분부터 10여분간 갑자기 정전.

〈증거 예2〉 광주 3개 개표소(동구 동명동 과학관, 서구 상공회의소, 북구 북구청)가 각기 30분간 정전, 이때 투표함을 바꿔치기하려다 시민·학생들에게 적발되자 사복경찰·전경이 난입, 투표함을 바꿔치기함.

③ 투표함 탈취

경찰, 백골단, 공무원을 동원, 이송과정에서 투표함을

탈취하여 바꿔치기함.

〈증거 예1〉 16일 오후 5시경 경기도 광명시 투표소(신흥교회)에 깡패·민정당원 30여명이 투표가 진행되고 있는 중에 투표소에 난입하여 투표함 탈취.

〈증거 예2〉 16일 서울 도봉구(을) 개표소(염광여상)에 경찰버스 10여대가 개표소 주변을 차단하고 투표함을 탈취.

④개표 참관방해

경찰병력을 동원 공포분위기를 조성하여 법적으로 보장되어 있는 정당한 참관활동과 방청활동을 제한하고 폭력적으로 저지하여, 공무원, 경찰, 민정당원만이 있는 가운데 개표를 진행.

〈증거 예1〉 서울 강동구개표소(천호1동 성덕여상) 앞에서 대학생·시민 500여명이 개표참관을 요구하며 농성, 경찰이 사과탄·최루탄을 쏘며 해산시킴.

〈증거 예2〉 16일 밤 10시 40분경 평민당 광명지구당원과 공정선거감시단, 대학생 등 200여명이 광명시 철산3동 시청앞에서 개표참관을 요구, 최루탄을 쏘며 저지하는 경찰에 투석으로 맞서 싸우다 17일 새벽 2시 40분에 해산됐다.

〈증거 예3〉 전북 이리시청 개표소에 전경 차 7대분의 백골단이 난입하여 야당참관인을 무차별 구타, 개표소밖으로 끌어내고 야당참관인이 없는 상태에서 개표진행.

〈증거 예4〉 16일 19시 50분경 구리시 남양주군청에서 민정당원을 제외한 참관인 1명만 들어간 후 외부와 연락이 단절된 상태에서 개표진행.

전국 곳곳에서 100여건이 넘는 참관인 탄압 투표함 탈취사건이 벌어졌으나 내무부는 개표와 관련된 주요사건사고를 개표지연 7건, 개표중단사례 4건, 외부세력의 개표방해사례 6건으로 정리, 발표함으로써 엄청난 부정폭력선거를 은폐해 버렸다.

②집계 부정

컴퓨터 입력 직전에 계산쪽지에 허위기재하거나 미리 계산된 득표상황표를 사전입력하는 등 컴퓨터 통계조작으로 실제 투표된 숫자와 전혀 다른 숫자가 발표된다.

〈증거 예1〉 광주에서의 개표시간은 동구(16일 20：20~17일 04：00), 북구(16일 21：30~17일 11：30), 서구(16일 24：00~17일 21：40)가 모두 달랐는데도 TV 집계상황방송에서는 동구, 서구, 북구 모두 16일 오후 10시 30분부터 개표시작되었다고 하면서 득표숫자를 내보냈고, 동구개표소 외에는 오전에 개표가 완료된 곳이 없는데도 17일 오전 김대중씨가 92%득표율을 얻은 결과로 집계완료 되었다고 발표되었다.

〈증거 예2〉 16일 오후 9시 55분경, 이때까지의 후보자별 득표상황이 김대중후보가 90%이상의 득표를 한 것으로 잠정 집계되었으나 MBC-KBS의 목포지역개표방송은 김후보가 68.3%를 득표한 것으로 보도됨.

〈증거 예3〉 개표실황 TV중계에서는 상오 8시 현재 노태우씨가 650만표도 되지 않은 상태였는데 17일 아침 7시 서울 잠실에서 배포된 서울신문 17일자 호외에서는 노태우씨가 17일 상오 8시 현재 800만표를 넘었다고 확정 발표되었다.

〈증거 예4〉 전북 김제 개표소에서 17일 상오 11시 30분 현재 TV개표율이 90%로 발표되었으나 실제 개표율은 60%가 개표된 상태였음.

이러한 증거들을 종합해볼 때 사전에 작성된 득표현황이 컴퓨터에 입력되어 시간에 따라 방영되었다는 주장이 강력하게 제기되고 있다.

2 이러한 부정을 통해 과연 얼마만큼의 표가 노태우표로 둔갑했는가를 알아보자.

1. 먼저 부정을 통해 노태우씨표로 둔갑한 표를 계산해 보자.

①대대로 여당표로 둔갑했던 부재자 85만표 중 최소 50만표만 부정 했다고 추정하더라도 100만표 이상의 차이를 나타내게 된다. 즉 야권후보에게 돌아갈 표가 여당후보표로 둔갑하여 표차이는 두배로 벌어지게 되는 것이다.

부재자표 50만표

②일련번호조작의 경우, 한 통의 투표통지표 매수가 300~500매이므로 최소한 1투표구당 300여매 정도가 부정통지표발급이 이루어졌다고 추정하고 전체 12 911개 투표소의 절반인 6455투표소만 계산을 해도 300 매×6455투표구=1936500표가 된다.

일련번호조작 193만표

③ 대리투표의 경우, 1투표구에서 10표씩만 대리투표를 했다고 추정해도 10표×12911투표소=129110 표가 된다.

대리투표 약 13만표

④유령유권자조작：81년 12월말 현재 만 14세 이상 국민총수는 2620만명인데 만 6년동안 사망추정수가 126만명이므로 이번 선거에서의 유권자수는 죽은 사람이 살아나지 않는 한 2,494만명을 넘을 수가 없다. 그러나 이번의 유권자수가 2,587만명이나 되었으므로 최소한 93만명의 유령유권자표가 상정될 수 있다.

유령투표 93만표

⑤ 릴레이투표：최소한 한 투표소에서 10표씩만 릴레이투표가 행해졌다고 추정해도 10표×12911투표소=129110표가 된다.

릴레이투표 약 13만표

⑥샌드위치표：최소한 한 투표소에서 10표씩만 샌드위치표로 집계되어졌다고 해도 129110표가 된다.

샌드위치표 약 13만표

이상, 부정을 통해 노태우씨표로 둔갑한 표를 모두 계산하면 ①+③+④+⑤+⑥=1,817,330표가 된다.

부정을 통해 노태우씨표로 둔갑할 수 있는 표 총계 181만표

여기다가 노태우표로 둔갑할 수 있는 일련번호 조작을 통한 부정가능표 193만표까지 합치면(①+ +③+④+⑤+⑥+②) 총 375만표에 육박함을 알 수 있다.

부정을 통해 노태우씨 표로 둔갑했다고 추정되는 총계 375만표

2. 무효표로 처리되어 야당표가 감산된 숫자를 계산해보면 다음과 같다.

①인주불량：여당 취약지구에서는 인주의 대부분이 불량품으로서 전국적으로 한 투표구당 10표씩만 계산해도 10표×12911투표소=129110표

인주불량 약 13만표

②선거인 명부누락의 경우 전국적으로 평균 7~8매를 넘어선다는 결론이 나오고 있으나 1투표소낭 5매 정도로만 추정을 해도 5표×12911 투표소=64555 표가 된다.

선거인 명부누락 6만표

③투표용지에 인주를 고의적으로 미리 묻혀 무효표를 만든 경우 최소한 10매로 추정을 해도 10표×12911 투표소=129110표가 된다.

인주부정 약 13만표

④선관위원장날인 누락으로 무효표처리 되는 경우 1투표소당 10매로 추정해도 10표×12911 투표구=129110표가 된다.

선관위원장날인누락 약 13만표

이로써 무효표처리된 야당표의 총수를 계산하면①+②+③+④=422885표로서 이 표가 무효표로 둔갑할 수 있다.

감표추징야당표 총수 약42만표

3. 투표함 바꿔치기, 집계조작으로 인해 여당표로 둔갑한 표가 얼마나 되는지는 너무나 많아 추정이 불가능하다.

위의 사실에서, 200만표의 표차이는, 부재자부표 100만표(50만표×2)와 유령투표 93만표만 더해도 쉽게 나올 수 있음을 알 수 있다. 여기다가 무효화추정된 야당표 84만표(42만표×2)를 더하면 200만표 표차이를 훨씬 넘어서는 것이다. 갖은 교묘한 방법과 공권력을 다 동원하여 부정선거를 획책한 군사독재정권에게는 국민들에게 쉽게 납득되지 않는 200만표 차이를 조작해 내는 것이 얼마나 간단했던가를 알 수 있다.

논설

「12·16선거」는 선거쿠데타다!

엄청난 부정선거임은 사실이 입증

「12·16선거」는 결론적으로 말해서 사상유례없는 부정선거로서 선거라는 형식을 가장한 쿠데타였다. 따라서 「12·16선거」에 따른 결과는 무효이며 승복할 수 없는 것임은 너무나도 당연한 결론이다.

물론 이같은 「12·16선거」에 대한 규정과 입장에 대해 일부 국민들이 인식을 같이 하는 데 확연히 나서지 못하고 있는 것 또한 사실이다. 그러나 이같은 현상은 엄연한 사실인 각종 유형의 부정선거사례들이 아직 일반국민들에게 제대로 전달되지 못한 데도 기인하지만, 그보다는 정부당국의 기만적 선전과 제도언론의 여론조작에서 비롯된 것이라고 보고 싶다. 제도언론이 부정선거에 대한 국민적 관심의 초점을 흐리게 하고 조작적인 결과를 기정사실화하기 위해 거의 총력을 기울인다는 느낌을 줄 정도로 앞장서서 국민적 판단을 흐리게 하고 있는 것이다.

제도언론은 외세와 권력에 결탁하는 본질과 속성에 따라 특히 국가와 민족의 운명을 좌우할 중차대한 역사적 시점일수록 민족이나 국민보다는 오히려 권력쪽의 이해관계와 입장을 평상시보다 더욱 노골적으로 지지 옹호해왔다. 「5·16군사쿠데타」나 「10월유신」「12·12군사쿠데타」「5·18광주민중항쟁」등 등 역사적으로 중요한 시기에 있어서 제도언론의 논조는 한결같이 침묵 또는 지지일변도 였다. 오죽하면 61년 8월 4일자 미국의 타임즈지까지도 한국의 언론을 일컬어 「벙어리언론」이라고 매도하고 나섰겠는가? 이같은 제도언론이 또다시 사실과 진실을 왜곡하여 국민을 기만하고 여론을 오도하고 있는 것이다.

이러한 정부 당국과 제도언론의 여론조작과 기만에도 불구하고 금번 선거가 「3·15부정선거」등 과거 그 어떤 선거보다도 엄청난 부정선거였다는 결론을 단정적으로 내릴 수 있는 것은 「공정선거감시단」을 통해 지금까지 전국 곳곳에서 드러나고 확인된, 조직적이고 계획적인 갖가지 유형의 수많은 부정 투개표 사례들을 그 자체이다. 이같은 사례들만으로도 부정선거임이 충분히 입증되고도 남지만, 전국적으로 행해진 투개표 참관활동의 결과가 아직 제대로 종합되지 않은점을 고려할 때, 앞으로도 잇달아 계속 고발 접수될 각종 부정선거사례들까지 포함시켜 생각한다면, 그같은 결론은 움직일 수 없는 역사적 사실로서 반복적으로 입증, 확인되는 과정만을 남겨두고 있을 따름이다.

금번 부정선거가 현군사독재세력이 당초부터 의도한 결과임은 두말할 나위없다. 현정권이 3·15부정선거의 원흉으로서 당시 국방부장관이었던 김정렬씨를 굳이 국무총리로 내세우고 「12·12군사쿠데타」의 주역인 정호용 국방부장관등을 포함시켜 그같은 내각으로 하여금 선거를 관리토록 한 것이라든지, 「거국중립내각」 요구를 탈헌법적 불법운운하며 탄압, 서명운동원들까지 구속한 것부터가 부정선거를 획책한 의도였다.

정부당국은 부정선거 획책의도를 선거과정에 들어서면서 노골적으로 드러내 금품과 선심공세 또는 공갈, 회유, 심지어 공권력까지 동원하여 유세청중을 강제동원하거나 여당후보지지를 강요했다. 일당은 순청중으로도 모자라 공무원 국영기업체 임직원들은 물론 일반기업체 직원들까지 강제 할당을 하여 유세청중으로 내몰았다.

현정권은 투개표과정에 있어서도 공정선거 감시단은 물론 참관인들까지 잔혹한 폭력을 가해 숱한 중경상자들을 내면서 살벌한 공포분위기를 조성하는가하면 아예 참관인들을 투개표소 밖으로 내몰기까지 하면서 온갖 부정선거를 자행하였다.

현정권이 당초부터 부정선거를 획책할 의사를 갖고 그같은 불법적 의사에 기초하여 자행한 12·16부정선거는 당연히 무효이며 그 결과 또한 승복할 수 없는 것이다. 법률적으로도 불법적인 법률의사를 갖고 불법적인 행동으로 그 어떤 결과를 가져왔을 때 그것이 무효임은 법률적 상식에 속한다. 더 나아가서 부정선거의 결과로 태어나는 정권의 정통성 또한 절대적으로 인정될 수 없음은 너무나도 자명하다. 선거를 통한 정권의 정통성은 공정선거라는 전제조건이 충족될 때 비로소 인정되기 때문이다.

부정은 또다른 부정을 낳으며 역사적 범죄와 오류를 필연적으로 일으키지 않을 수 없다. 더이상의 역사적 불행을 막는 길은 금번 부정선거의 무효화를 쟁취하는 데서 비롯되는 것임을 분명히 인식해야 할 것이다.

그러나, 다른 한편으로 일반 국민들이 선거의 결과에 대해 좌절과 분노의 충격을 받았다는 측면을 회피하거나 외면해서는 안될 일이라고 본다. 분열의 책임을 논하는 것이 부정선거 무효화라는 기본적 당위를 호도할 우려가 있다는 등의 관점에서 제도야권을 포함한 민주운동세력의 분열 책임과 원인이 어디에 있든간에 그같은 측면을 애써 외면하는 것은 국민을 대하는 진지한 자세가 아니며 진정한 문제해결의 길도 아니다. 분열로 인해 군사독재 종식을 실현하지 못한데 대해 역사와 민족앞에 뼈아픈 자기비판과 사죄의 계기를 가져야 한다. 이러한 차원에서 우리 모두 민주세력의 주체를 올바르게 재정립하고 굳건한 단결과 연대를 이루기위한 환골탈퇴의 쇄신을 해야할 때라고 본다. 또한 금번 선거를 통해 겪은 제도정치에 대한 뼈저린 좌절을 교훈으로 삼아 제도정치나 정당의 본질과 속성 및 한계를 철저하게 재인식하여 오류의 반복에서 벗어나야 할 것이다. 이러한 것들이야말로 부정선거무효화투쟁이나 군사독재의 종식에 필수적안 전제들이기 때문이다.

부정선거 충격! 개표조작설도
개표되기도 전에 개표결과 발표!

부정투표로 투표율이 1백%를 초과한 경우를 보면 서울 관악구 사당3동 제3투표소에서는 실제 투표자 수인 2천4백23명보다 63표가 더 많은 2천4백86표가 투표된 것으로 나타났다.

또한 사당4동 제4투표구에서는 실제투표자보다 58표가 더 많은 것으로 나타났는데 이는 이미 죽은 사람 40여명에게 나온 표는 물론 해외근로자들을 비롯한 부재자들에게 나온 표가 모두 투표된 사실이 확인됨에 따라 밝혀졌다. 이밖에 서울 도봉갑구 정의여고 개표소에서도 수유4동 제4투표구 투표함에서 유권자 수보다도 많은 투표수가 나와 말썽이 빚어졌다.

또한 투표함 이송과정에서 투표함을 바꿔치기 하거나 정전사고로 투표부정을 하는가 하면 심지어 개표가 시작되지 않았는데도 개표결과가 발표된다든지, 각 후보의 득표율이 일정하게 계속되는 기현상을 보인다든지 심지어는 12월 17일자 서울신문 호외처럼 실제집계결과와는 관계없는 득표결과를 발표해버리는 등 개표부정사고까지 연출했다.

전남 광주 서구 상공회의소 개표소에서는 17일 새벽 1시10분경부터 비로소 개표가 시작 됐는데 TV보도는 16일 밤 11시경 부터 개표결과가 보도됐다.

또한 17일 새벽 서울지역에서 배포된 서울신문 호외에서는 노태우 후보가 17일 상오 8시현재로 8백10만2천4백50표를 얻어 당선확정권에 진입했다고 보도했는데 이날 아침 9시 현재 노후보는 6백87만3천51표 획득하고 있었다. 이같은 사실에서 득표결과가 사전에 계획조작된 것이 아니냐는 문의전화가 공정선거감시본부 사무실에 잇달아 걸려왔다.

부정선거무효화투쟁본부 공개질의
허위광고 작태 규탄

민주쟁취 국민운동 부정선거무효화투쟁 본부는 12월 23일 구로구청 부정투표함밀반출 기도사건과 관련, 중앙선거관리위원회의 광고성명에 대해 이를 허위광고로 규정하고 선거법을 위반한 공무원 구속과 구속연행된 시민 학생들의 즉각 석방을 요구하는 한편, 정부측에 대해 7개항목의 공개질의를 하고 진상 해명과 사과를 요구했다.

공개질의는 정부가 부정투표함 밀반출기도에 대한 아무런 해명도 없이 무차별 폭력으로 시민·학생들을 강제해산시키고 부정투표함을 탈취해갔다고 말하고 부정투표함을 증거로 확보, 해명을 요구하는 시민, 학생들을 대통령 선거법위반혐의로 연행 구속한 것은 적반하장의 폭거라고 주장했다.

공개질의는 또한 정부가 중앙선거관리위원회 명의로 허위광고를 신문지상에 게재한 것은 뻔뻔스러운 작태라고 규탄했다.

공개질의는 또한 시민학생들이 선거법을 위반치 않기 위해 부정투표함을 개봉치 않은 놀라운 자제력을 보인 반면, 경찰은 평화적인 집회를 잔인하게 진압하는 폭거를 자행했다고 비난하고 모든 부상자들의 신원을 밝히라고 요구했다.

공개질의는 이와함께 사건의 전말을 사실대로 보도하지 않은 채 오히려 왜곡보도한 제도·언론의 보도태도에 분노를 나타내고 사건의 진상 규명을 위한 진상조사단을 구성했다.

공개질의 내용은 다음과 같다.

1. 정상적으로 우편투표함을 개표소로 운반하려 했다면 왜 투표함을 빵, 사과상자등으로 몰래 감추어 운반하려 했던가?

2. 선거관리위원장은 사건 후, 우편투표함에 대한 이동지시를 한 바 없다고 공언했는데 개표구선거관리위원장의 허가도없이 이송한 이유는 무엇인가?

3. 부정투표함 적발당시 선거관리위원 1명, 무장경찰 2명, 사복경찰 2명만이 탑승하고 있었는데 통일민주당 추천위원이 함께 있었다는 무슨 날벼락같은 주장인가? 함께 있었다는 통일민주당 추천위원 및 다른 정당추천위원의 이름을 낱낱이 밝혀라.

4. 우편투표함을 정상적으로 위반하려 했다면 왜 호송경찰은 도망갔는가?

5. 적발시 함께 있다가 도주한 다른 2대의 타이탄 트럭은 어떤 우표함을 어디로 옮겼는가?

6. 투표당일 오후 6시까지 도착하는 우편투표용지를 전부 우편투표함에 넣어 이송해야 함에도 불구하고 도대체 무슨 근거로 오전 11시20분에 우편투표함을 이송하려 했는가? 처음 적발직후 오후 6시이전에 투표함을 이송하려 했던 것은 잘못이라고 한 선관위의 변명은 어디로 갔단 말인가?

7. 개표구 사무소에서 발견된 빈 투표함은 어디에 사용하기 위한 것이며 수많은 붓뚜껑과 인주, 투표용지가 왜 개표구 사무소에서 나왔는가? 붓뚜껑 인장을 찍어보니 인영이 선명하게 찍혀나와 금방 사용한 것이 명백하게 드러났는데 어떻게 국민투표당시 사용했던 것이라고 거짓주장을 하는가? 투표용지는 투표용지 작성과정중의 훼손에 대비하여 여분으로 보관하고 있었다는데 이미 투표전에 투표용지를 전부 투표소로 보내진 후일터인데, 무슨 여분의 투표용지를 개표구 사무실에 두었다는 말인가? 설사 백보를 양보하여 훼손에 대비해서 투표용지를 둔다하더라도 그것은 투표소에 두었어야 하는 것이 아닌가?

구로구청 부정투표함 제작에
반장이 분신으로 항의

한편, 이에 대해 강실원 사무장은 "투표함 반출업무를 신속하게 하기 위한 것"이었다고 말했는데, 대통령선거법상 또는 관례상 투표함을 개표소로 이송할 때에는 반드시 선거관리위원장 허가와 선관위원, 참관인의 서명, 확인등이 있어야 한다.

그런데, 농성현장에서 많은 시민들이 지켜보는 가운데 개최된 기자회견에서 선관위원장인 심일동씨(서울 남부지원 부장판사)는 우편투표함에 대한 이동지시를 한 적이 없다고 증언했다.

또한, 구청측은 구로구청 별관에서 발견된 도장과 붓뚜껑 등은 지난 국민투표때 사용했던 것을 보관하고 있었던 것이라고 말했으나 적발 당시 감시단원들이 도장과 붓뚜껑을 사용해본 결과 방금 사용한 것처럼 인주가 그대로 묻어나왔다.

이처럼 부정투표함 제작 및 반출의 증거물들이 발견됐는데도 당국이 이에 대한 진상해명은 커녕, 농성진압의 기미만을 보이자 12월 17일 오후 5시 30분경 구로구청 농성에 참가했던 반장 허기수씨(41세)가 구로구 가리봉시장에서 부정선거에 항의 분신자살을 기도해 3도 화상을 입고 병원에 옮겨졌으나 중태이다.

구로구청사건 진상해명 요구
아비규환의 유혈진압

정부 당국의 계획적이고 조직적인 부정선거의 진상을 규명하기 위해 부정투표함으로 밝혀진 투표함을 증거물로서 지키려던 시민들의 강렬한 투쟁이 작전을 방불케 하는 경찰폭력의 무자비한 진압으로 수많은 인명피해를 낸 채 끝나고 말았다.

12월 18일 새벽 1시50분쯤 시민학생 2천여명은 '우리는 왜 농성투쟁을 감행하는가?'라는 성명을 채택, 부정투표함 사수의 결의를 밝히는 한편, 부정선거규탄 및 무효화투쟁 집회를 가지면서 결연한 자세를 보였다.

그러나 경찰은 이날 새벽 6시 35분쯤 최루탄과 직격탄을 난사하며 전면적인 진압공격을 개시, 농성장은 아비규환의 살벌한 장소로 돌변했다.

8시17분경 4~5백명의~ 전경이 지랄탄을 난사하며 다시 진압에 돌입, 30여명이 2~3층에서 뛰어내리는 것은 물론 8시 30분경 옥상에서까지 부신하는 처절한 상황이 진행되자 이를 본 구로중학교 학생 150여명이 시민들과 합세 경찰에 달려들기도 했다.

8시44분쯤에 이르러 구로구청 옥상의 시민 학생들은 소형 태극기를 흔들고 애국가를 부르며 '부정선거 독재타도'의 구호와 함께 경찰에 맞섰으나 백골단의 잔혹한 기습으로 옥상을 점령당하고 말았다.

한편, 검찰은 진압과정에서 일반인 14명과 경찰 39명 등 모두 53명이 부상했다고 21일 밝혔는데, 18일 오전 10시 현재 고대구로병원과 대림동 명지대 성모병원 서울여자간호전문대학 등에서 확인된 일반인 부상사 수만도 27명에 달하며 행방불명된 가족을 찾는 호소가 잇달으고 있고 일부 사망설의 제보도 들어오고 있어 진상확인이 시급히 요청되고 있다.

정권 탈취범

칼럼

미국, 선거부정 못봤다며 합리화
경계해야할 보수연합 음모

12월18일 열린 '미하원청문회'에서의 시거 미국무성 동아시아및 태평양담당 차관보의 답변내용은 선거사상 초유의 12. 16부정선거가 미국의 의도적인 묵인·지원아래 이루어졌다는 점을 확연하게 드러내주고 있다.

시거는 '조직적인 대규모 선거부정이 있었느냐'는 질문에 '조직적인 계획이 있었느냐는 증거는 우리로선 보지못했다'고 답변함으로써 원천적부정선거로써의 12. 16선거를 마치 공정한선거결과인 것인냥 옹호, 현정권의 부정선거를 통한 재집권을 합헌적과정의 소산인 것으로 규정하고 있다.

시거는 또한, 구로구청농성투쟁을 시발로하여 전국적으로 확산일로에 있는 전국민의 부정선거무효화투쟁을 '과격파가 포함된 한정된 일부군중들이 일부지역에서 데모를 했다.'라고 몰아붙임으로써 선거부정에 항의하는 민주세력에 정면도전발언을 했다. 레이건 역시 선거부정으로 집권한 노태우후보에게 축하서한을 보내고 즉각 지지를 표명함으로써 미국이 현정권의 선거부정을 합리화하고 그 결과를 기정사실화 하겠다는 의도를 확연히 드러내주고 있다. 또한 미국은 한국내 정치공작을 통하여 군부독재세력을 재등장시켜주는데 일단 성공했던 것이며 노태우씨에게 즉각 지지를 표명하고, 야권에 보수연합카드를 내미는 등 한국정계를 개편하려는 카드를 제시함으로써 일단 민주·평민 야당이 부정선거무효화투쟁에 국민과 함께 나서는 것을 저지하려는 선거이후의 시나리오를 제시하고 있다. 시거의 청문회 답변에 의하면 6·29이후 미국의 거사(?)는 일단 성공한 것으로 보이며 국민의 정치적진출을 막아내는데 여론조작·정치공작등을 통하여 혼신의 힘을 기울일 것으로 보인다.

미국의 이러한 태도는 미리준비된 프로그램으로써 9월 노태우 미국방문중 레이건이 노태우씨를 격려할 때부터 이미 표명된 바가 있지만 12·16부정선거를 통해서 더욱더 확연해진 것이다.

구체적으로는 부정선거와 관련한 시거의 6월말 백악관·국무성보고내용(국민운동 10호참조)에서 시작된 미국의 정치공작은 6·29, 12·16을 통해 목표한 성과를 거두면서 선거이후 정치프로그램에서 보수연합구상으로 나아갈 것이다. 이에 관련하여 미국은 이미 선거이후의 정치기상도를 승리자에게는 '거국적인 포용력의 리더쉽 발휘' 패자에게는 '충성스러운 야당역할'을 강조함으로서 확실한 입장을 밝혔던 것이다.

이의 사전조작으로써 미국은 여론조작 (NYT, 볼티모어선, 워싱턴타임즈등의 논지는 선거실패요인을 후보단일화가 안된 점으로 몰아가고 있다.)을 통한 부정선거무효화투쟁의 고립화와 한편으로는 순조로운 총선을 통한 친미보수연합의 토대구축을 선행할 것이다.

이에 우리는 미국이 노태우씨 집권의 일등공신임을 밝히고 부정선거로 집권한 군부독재세력에 대한 지원및 여론조작, 정치공작을 멈추지 않는다면 부정선거 무효화투쟁의 주된 대상이 될 것임을 믿어 의심치 않는다. 한국은 미국의 정치공작의 앞마당이 아니다. 미국의 지원없이 정권을 유지하기 힘든 노태우씨는 대통령 취임이후 미국으로의 구걸외교를 떠날 것이 틀림없는 현재의 상황아래 우리의 나아갈 방도는 오직 하나 군사독재의 연장음모와 관련한 미국의 실체를 명확히 인식하고 앞으로도 계속될 반민중적, 반민주적 보수연합구도 음모를 극복해야 할 것이다.

제13호 1988년 1월 16일

발행 및 편집인 : 민주쟁취 국민운동본부
주소 : 서울·종로구 연지동 기독교회관 312호
전화 : 744-6702, 744-2844

국민운동

— 4천만이 단결하여 군부독재 끝장내자.
— 민주주의 찍었는데 노태우 당선 웬말이냐 !
— 미국은 부정선거 살인독재 지원말라 !

선데이 텔레그라프지

「12·16선거」에 미국 관련됐다고 보도
레이건 참모 리챠드·워틴이 선거에 개입

12월27일 서울지역 대학생대표자협의회 주최로 개최한 부정선거 무효화 및 군부독재 퇴진결의대회

외지가 「12·16선거」를 부정선거라고 규정하고 이를 폭로함은 물론, 이번 선거에 미국측이 관련됐다고 보도함에 따라 국내외적인 파문을 일으키고 있다.

구랍 12월 20일자 런던의 선데이·텔레그라프지는 "한국, 부정선거를 위해 교묘한 방법을 사용하다"라는 제목의 기사에서 레이건 대통령의 핵심적인 팀이 노후보가 승리하도록 '비밀무기'의 하나를 제공했다고 폭로했다.

로버트화이먼트, 브루스치즈먼 두 기자가 쓴 이기사는 한 소식통을 인용, 두차례에 걸친 미국 선거에서 레이건측 여론조사 전문가였던 리챠드·워틴이 한국정부측 후보를 도와 그가 승리하도록 했다고 지적하고 한국의 선거운동에 고도의 기법을 도입한 워틴의 역할은 철저한 보안으로 비밀로 돼왔다고 밝혔다.

이 기사는 정치상담가인 조엘 매클리어의 말을 인용, 이번 선거의 불법사례들은 전지역에 걸친 부정유형의 일부임을 확신한다고 말하고 대부분의 부정이 외국인 또는 한국인 참관인들이 없는 곳에서 투표함을 바꿔치거나 투표용지를 집어넣는 형태로 진행됐다고 폭로했다.

기사는 또 맥클리어의 의혹은 득표수의 차이와 일정한 비율로 진행된 계표상황에서 제기됐다고 지적하고 여당측이 가장 두려워한 것은 김대중씨가 마지막 순간에 물러서는 것이었다고 밝혔다.

기사는 또한 2백만표 차이는 84만명의 부재자투표 때문에 용이한 것이었다고 지적하는 한편, 한국정부는 선거부정을 위해 많은 방법들을 사용했으며 미국 시찰단도 서울과 대구 대전등에서 이를 목격했다고 폭로했다.

기사는 이어서 한국민들이 노후보의 승리에 우선 충격을 받았으나 두 김씨가 어떻게 해서 패배했는가에 관심을 갖게 됨에 따라 이 충격은 민주주의를 향한 계기가 백주의 쿠데타로 강탈당했다는 의혹으로 바뀌어 가고 있다고 지적했다.

이 기사의 내용을 거의 모두 소개하면 다음과 같다. (4면에 계속)

구로구청 부정선거 항의투쟁 피해자 가족들

구속자 석방, 관계자 처벌 요구하며 농성

구로구청 부정선거 항의투쟁 피해자 가족 협의회 회원 50여명은 부정선거 규탄과 구로구청 구속자 석방, 피해자 보상을 요구하며 1월5일부터 기독교 회관 3층 인권위 사무실에서 무기한 철야농성에 돌입하였다.

이들은 성명을 통해서 민주정부 수립에 대한 온 국민의 열망을 안고 원천적 부정선거의 명백한 증거였던 구로구청 부정투표함 사수 투쟁은 우리 국민의 귀중한 주권을 지키려는 정당한 것이라고 밝혔다.

또한 87년 12월 30일 구로구청사건에 대한 검찰측 발표에 대한 반박 성명에서는

첫째, 그들은 부재자 투표및 투표함 운반 과정이 적법 절차에 따라 진행되었고 선거법은 세부적인 명문규정이 없다고 한다. 그러나 대통령 선거법 시행령 제55조 및 59조에는 "투표마감 시간까지 접수된 유효 투표는 부재자 신고인 명부 소정란에 그 접수 일시를 기재한 후 투표함에 투입하고……선관위는 우편투표용 투표함을 관할 시·군·구 선관위 사무소에 비치하여, 마감시간까지 접수된 우편투표물을 18시까지 투입할 수 있도록 해야 한다"고 되어 있다.

둘째, 트럭에 실리지 않은 상태에서 투표함이 농성자들에게 탈취되었다고 발표했는데 명백히 문제의 투표함은 빵상자에 위장되어 트럭에 실려 있었다.

셋째, 구로구청 3층에서 발견된 1506매의 투표용지, 인주, 인주가 선명하게 찍혀 나오는 붓뚜껑, 정당 대리인의 도장, 인주가 묻어 있는 휜장갑은 부정투표의 물증이라고 발표했다.

또한 이번 철야농성 투쟁의 농성자들은 구로구청투쟁으로 구속된 애국적 노동자, 청년학생, 시민들의 즉각 석방및 명예 원상회복, 현정권의 무자비한 폭력으로 부상당한 피해자 보상, 지하실을 비롯한 구로구청 폭력 만행에 대한 의문점을 밝히고, 부정 투표함 사건에 관련된 강실원사무국장과 심일동선관위 위원장 조종식 시경국장등에 대한 즉각 처벌을 요구했다.

또한 구로구청 부정선거 항의투쟁피해자가족협의회는 이 요구조건이 관철될때까지 투쟁할것이며 '구로구청 살인만행 진상보고 및 부정선거 규탄대회'를 1월17일 명동성당에서 개최하고 구로구청사건 백서를 발간할 예정이다.

담배 보험 쇠고기

백성이야 죽든 말든

민가협

양심수 석방, 수배해제요구 농성

민주화 실천 가족 운동협의회 양심수가족 25명은 양심수 전원석방과, 수배해제를 요구하며 명동성당 천주교 정의평화 위원회 사무실에서 무기한 단식농성에 돌입하였다.

이들은 성명을 통해 현정권의 부정선거 공작에도 불구하고 국민의 63%가 명백한 반대의사를 표명했다는것을 인식해야 한다고 주장했다.

성명은 또 양심수 전원석방과 수배해제 조치는 다가오는 총선과 올림픽을 무사하게 치를 수 있는 선결과제이며 즉시 모든 정치범의 무조건 석방, 정치적 수배조치 전면해제, 정치범 사형제도 철폐, 부당집권 철폐 등을 주장했다.

농성참가자들은 매일 12시 명동성당 입구에서 집회와 침묵가두 시위를 하고 있다. 한편 농성에 참가한 남민전 사건(79년)의 임동규씨의 모친 오 애순(73세)씨 김종삼씨의 누나 김 종숙(62세)씨와 재일동포사건(75년)의 조만조(67세)씨는 무리한 단식으로 여의도 성모 병원에 입원 가료중이다.

◇시론◇

독재지원하는 미국의도는 '미국이익' 위한 것

연초 부리나케 열렸던 한미통상협정에서 나타난 미국측의 뻔뻔스런 태도는 미국이 노태우씨의 부정당선에 즉각 지지를 표명한 저의를 명확히 해주고 있다. 미국은 선거직후인 12월18일 '하원 청문회'에서 시거(미국무성 동아시아 및 태평양담당 차관보)의 답변을 통해 원천적 부정선거로써의 12·16선거를 마치 공정한 선거결과인 것인냥 옹호, 현 정권의 부정선거를 통한 재집권을 합헌적 과정의 소산인 것으로 규정한 바 있다.

또한, 미국은 NYT, 워싱턴타임즈, 볼티모어선 등 자국의 신문, 방송언론을 총동원, 선거실패의 주요요인을 후보단일화 실패로 몰아가는 여론조작에 앞장섰다. 최근엔 솔라즈(미하원 외교위 아시아·태평양소위 위원장)등 밀사를 속속 내한시켜 친미보수연합구성에 여념이 없다.

미국의 이러한 일련의 움직임은 정치공작, 여론조작등을 통해 노태우씨를 부정당선시킴으로써 한국내 친미정권을 탄생시켜 한국내에서의 정치·경제적·군사적이익을 영구히 보장받으려는 불순한 흐름임이 분명하다. 이는 벌써 한미통상협정이라는 매개를 통해 한미양국의 경제현안으로 비화되고 있다. 이를 자세히 보면 다음과 같다.

한미통상현안은 '양담배가격인하', '보험회사의 합작진출', '관광호텔용 쇠고기 수입문제'등인데 지난 2일부터 시작된 정인용 부총리, 미국측 통상대표부 '야이터'대표와의 협상내용이었다. 이 협상내용을 하나하나 검토해보면 미국측이 관련품목의 국내시장뿐만 아니라 이것을 전초로 모든 품목의 국내시장을 완전 잠식하여 국내의 중·소상공업자들을 완전 도산시킬 계획을 치밀하고 완강하게 진행하고 있음을 알수있다.

한마디로 축약하면 경제침략의 프로젝트인 것이다. 현안의 구체적 내용을 보면 이 점은 더욱 확연해 진다. 양담배 가격인하내용을 보면 경제적측면 뿐만 아니라 인도적측면에서도 통분할 사항이다.

흡연자를 마치 외계인보듯하는 미국이 국내에선 잘 안팔리는 담배를 낮은 가격으로 한국에 대량 판매하여 경제적이득을 보겠다는 것은 비인간적 제국주의적 경제논리에 다름아니다.

관광호텔용 쇠고기수입문제는 더욱 더 심각하다. 한국민의 20%를 넘는 일천만농민의 생활을 위협하는 현안이기에 우리는 이 문제에 대하여 심각하게 주목할 수 밖에 없다. 한때, 큰소기준으로 1백70만원을 넘던 소값이 형편없이 떨어진 지금, 맛좋은 미국산 쇠고기를 수입해야될 현재의 실정은 어처구니없는 상황이다. 미국은 관광호텔용이라는 부분적수입에서 수입쇠고기 전면개방이라는 극히 위기적 상황을 조성하고 있는 것이다.

또하나, 보험회사의 합작진출문제는 금융경제구조가 취약한 한국내사정으로써는 금융시장의 사활에 걸린 문제이다. 미국은 뻔뻔스럽기보다는 강압적인 태도로 당면 현안을 밀어붙이고 있다.

한미통상협상의 1차 결렬은 현정권의 보수친미성과 경제개방정책으로 보아 언뜻 이해하기 힘든 점도 있으나 이것은 현상적인 문제로 일단, 국내경제업자들의 일차적 반발을 무마하기 위한 것으로 보인다. 현정권의 경제각료들은 그들의 반민중적 태도로 볼때 결국 미국의 요구를 전폭 수용할 것으로 보인다.

이는 얼마전 미국이 우리나라에 통상법 301조(불공정거래법안)를 발동시키자 「미국이 우리를 협상테이블에 초대한 셈」이라며 기다렸다는듯이 미국의 요구를 적극적으로 수용할 태세를 갖추던 고위관료의 말속에서 현 정권의 본질을 읽어내릴 수 있다.

이러한 사실에서 군부독재의 연장에 결정적기여를 한 미국의 저의가 어떤 것인가가 분명해졌다. 그것은 미국의 군사, 정치적 이익, 경제적 이익의 증폭 책동이며 한국에 대한 정치적 지배를 지속하려는 음모이다.

또다시 집권을 노리는 군부독재세력 무엇을 했는가⑧

부정조작에 의한 정권은 부정 부패 탄압을 빚어낼 따름

12·16부정선거 실상 규명은 역사적 소명이며 국민적 책무

「12·16선거」가 사상유례없는 부정선거였음에도 불구하고 이에 대한 규탄 및 무효화 투쟁의 입장이 아직 일반 국민들로부터 큰 호응을 받지 못하고 있는 것이 작금의 현실이다. 수많은 각종 유형의 부정선거사례가 엄존, 스스로 사실적 입증을 뒷받침하고 있음에도 이같은 현상이 빚어지고 있는 이유는 무엇일까?

그것은 첫째로 야권의 분열, 더 나아가서는 민주세력의 분열에 따른 좌절 혹은 패배감의 만연 때문이다. 그리고 이에 따라 분열에 대한 비판이 근본적으로 비판받아야 할 부정선거실상을 간과하고 있기 때문이다.

둘째로는 정부당국 및 제도언론이 부정선거의 실상을 호도 기만하는 한편 부정조작선거의 결과를 기정사실화하고 있는 여론조작에 기인한다.

세째로는 분열을 극복치 못한 제도야권이 진정한 정치보다는 당리당략 혹은 정략적 이해관계에 입각한 제도정치적 본질과 속성에 따라 서둘러 총선국면을 조성하거나 이에 스스로 휩인해 들어가고 있기 때문이다.

그러나, 이제야말로 진정한 민주정치의 발전, 민족의 앞날을 생각해야할 때라고 본다. 그러기 위해서는 절호의 계기를 맞았던 군사독재의 종식, 국민의 역사적 주체화, 진정한 민주화의 실현을 쟁취해내지 못한 현상황을 뼈아픈 교훈으로 삼아 새롭고 결연한 마음으로 힘차게 민주화의 대장정에 나서야 할 것이다.

그러나, 이에 앞서 기필코 규명하고 따져야 할 것은 엄연하게 자행된 부정선거문제이다. 부정조작으로 등장하는 정권은 결코 진정한 역사적 발전을 이루어낼 수 없다. 그것은 오히려 또다른 부정과 부패, 탄압의 역사를 반복하여 빚어낼 것임이 너무나도 분명하다. 사실과 진실이 아닌 부정과 조작으로 또다른 군사독재정권이 등장한다는 것은 절대적으로 용납할 수 없는 일이다. 이런 의미에서 12·16부정선거의 실상을 사실 그대로 극명하게 규명하여 부정조작에 의한 독재정권의 연장을 막는 일은 진실로 역사적 소명이며 국민적 책무이다. 이번 부정선거를 보다 사실적이고 심층적으로 분석 정리하는 계기가 한층 확산되기를 간절히 바라고 싶다.

1. 유령투표인수 조작

'선거인 명부'는 1987년 12월 현재 선거권을 가진 모든 사람의 이름과 인적사항을 기록한 장부로서 이명부에 올라있지않은 사람은 아무리 투표자격이 있어도 투표할 수 없게 되어있다. 또한 선거법상 12월 9일까지 '선거인 명부'를 최종적으로 확정하고(어떠한 사유로도 변경불가) 12월 10일부터 14일까지 선거권자에게 '투표통지표'를 교부하도록 되어 있다.

그런데 이 선거인 명부와 투표통지표는 2천5백만이 넘는 선거인에 대해 전국 240여개의 구·시·군과 7만여개의 각 통·리에서 작성하고 교부하기 때문에 일일이 확인할 수 없다는 약점이 있다. 다시말하면 현정권이 마음먹기에따라 얼마든지 조작하고 부정을 저지를 수 있다는 것이다.

중앙선관위는 이번 대통령선거에서 유권자의 총수를 2천5백87만3천6백24명으로 발표하였다. 그러나 이는 엄청난 유령투표인이 발생했다는 증거가 된다. 같은 정부기관인 경제기획원 조사통계국이 85년 11월 1일을 기준으로 인구조사한 통계에 따르면 당시 18세 이상자(이번 선거에서 유권자가 될 수 있는 사람)는 2천5백69만5천7백46명이었다. 여기에서 2년동안의 사망자(43만 7천8백24명)와 외국국적취득자(7만4천3백75명)를 제외하면 이번 선거에서 유권자가 될 수 있는 인구는 최대 2천5백18만3천5백48명을 넘을 수 없다. 이에 의거하면 69만여명이 '사람은 없되 투표권은 있는'유령투표인으로 등장했다고 볼수 밖에 없다. 여기에다 인구집계에는 포함되어 있으나 실제로는 선거권이 없는 자, 즉 금치산자, 한정치산자, 형집행중인자 등 20만여명을 참작한다면 유령투표인 수는 근 9십만에 육박한다.

실제로 국민운동본부 공정선거감시단에 접수된 부정투표용지교부사례만 해도 50만표 이상을 헤아릴 수 있었으니 드러나지 않은 것까지 포함하면 능히, 2,3배를 넘을 것이다. 이러한 경우의 대표적인 사례가 서울 사당3동 제3투표소(남성국민학교)에서 투표인수보다 개표수가 투표인수의 110%를 차지했던 사실이다. (사당4동에서는 시체 40구가 투표를 하였다!)

2. 부재자 투표와 관련된 부정

대통령선거법에 의거하면 '부재자'란 선거인이 선거인명부상의 거주지에서 투표할 수 없을 경우, 거주지에 부재하는 투표자로 신고하여 등록된 선거권자로서 군인, 경찰, 장기입원자, 미결재소자 등을 말한다. 그리고 부재자투표는 부재자명부에 기록되고 확정된 사람에 한해 우편투표용지를 보내 기표한 후 반송되는 형식으로 이루어진다.

이번 대통령선거에서 선관위발표에 의한 부재자는 85만7천여명에 이르는데 이는 작년 10월에 있었던 개정헌법안 국민투표때보다 무려 2십만명이나 늘어난 숫자여서 강력한 의문을 사고있다. 특히 부재자신고자중 국민투표때보다 많은 2십만명은 군인을 중심으로 영외거주자까지 부재자신코케하는 등의 불법적 형태가 도처에서 시행되었다.

또한 부재자가 85만이라고 하지만 생산직노동자, 공무원, 군인가족, 방위병의 수가 전체 부재자수에서 군인(60만), 전투경찰(20만), 80만을 뺀 5만명에 불과하다는 것도 대단히 납득하기 어려운 모순을 갖고있어서 부재자측정방식에 의문이 제기되고 있다.

그리고 군부재자투표는 그야말로 부정선거의 온상이었다. 부재자투표기간은 11월 30일~12월 14일 이었는데 군내에서는 90%에 가깝게 12월 5일 이전에 서둘러 부재자투표를 마쳤다. 군부재자투표는 야당참관인의 참관이 법적으로 봉쇄되어있으며, 휴가가 금지되고 유세참관의 기회가 박탈된채 공개적인 투표가 실시됐다.

12월 4일 사망한 고 정연관상병 사건은 반민주적인 군부재자투표에 항의하다 희생된 대표적인 사례이다.

3. 관권금권개입, 야당참관인 탄압

현행 대통령선거법에 의거하면 공무원은 선거에 관여할 수 없도록 되어있으며 선거자금 역시 법정한도액인 139억원을 넘어설 수 없도록 되어있다. 그러나 그 어느누구도 이번 선거가 법대로 치루어졌다고 믿는 사람은 없을 것이다.

특히 현정권의 자금살포는 엄청난 것이었다. 현재 수집된 자료만 해도 최소 3조원이상이 이번 선거에서 쓰여졌다는 것이다. 노후보가 유세를 하면서 전국적으로 8백만여명의 청중을 강제로 동원했는데 이때 동원된 사람에게 지급한 일당은 최소한 1만원이상이었다. 노후보가 획득한 8백만표중 상당수가 이 매수매표에 의한 것이라고 볼 때 1표당 최소 십만원 이상으로 계산하면 엄청난 액수에 달할 것이다. 여기에 선물, 금품 공세 등의 수치를 감안해 족히 3조원이상의 돈이 쓰여졌다는 추산이 가능하다.

이러한 막대한 양의 자금조달은 이미 널리 알려진 바와 같이 87년 하반기 정기국회때 폭로된 일해재단의 2조원에 달하는 증권폭리자금, 새마을 중앙본부의 흑색자금 1억원과 대기업에 대한 강제징수 등 국민의 피땀을 쥐어짠 돈으로 충당된 것으로 지적되고 있다.

이와 더불어 투표함 운반시 도처에서 발생한 야당참관인의 동승배제, 개표참관인의 개표참관거부 등의 사례들은 그나마 존재하는 선거법마저도 휴지조각으로 날려버린 원천적인 폭력, 타락선거의 뚜렷한 증거가 되고있다.

4. 결과가 미리 입력된 컴퓨터조작

선거가 끝나 노태우씨의 당선이 발표된 후 관제 방송·언론은 개표방송실황중계를 평가하는 자리에서 개표결과를 컴퓨터로 처리하여 기동성있게 전국에 방영한 것은 선거전산화의 획기적인 발전이라고 극찬을 아끼지 않았다.

그러나 그보다 더욱 관심을 끄는 것은 컴퓨터가 아무리 기동력이 있고 정확하다고 하더라도 개표도 하기 전에 개표결과까지 알고있을 수 있느냐는 것이다. 개표결과가 컴퓨터에 입력되기 위해서는 개표소의 개표집계위원이 상황판에 집계결과를 기록한 것이 토대가 되어야 한다. 그런데 이번 개표방송에서는 예년의 여느선거와 달리 개표소의 상황판이 화면에 비친적이 단 한번도 없었으며 컴퓨터자료만이 TV스크린을 가로막고 있었다.

경기도 부천의 경우 10%밖에 개표가 진척되지 않은 상황에서 TV에는 90%가 개표된 것으로 나왔으며 전남 목포에서는 개표결과가 발표되지도 않은 상태에서 60%가 개표되었다고 허위방송한바있다(16일밤 10시). 더군다나 각후보의 득표율이 지역마다 큰 차이가 있었음에도 불구하고 TV에 방영된 개표결과는 1~2등 표차가 2백만표, 2~3등 표차가 2십만표로 꾸준히 유지되는 기현상을 보였다.

특히 서울신문 호외(12월 17일자)는 컴퓨터 조작의 의혹을 더욱 굳히는 증거를 제시하고있다. 서울 잠실지역에 아침 7시경 살포된 서울신문호외는 '상오 8시가 넘어 노후보가 총유효투표의 34%인 8백10만2천4백50표를 얻어 당선확정권에 진입했다'고 발표했다. 신문이 인쇄되던 시기를 감안할 때 개표율은 40%를 웃도는 정도에 지나지 않았던 것에 주의할 필요가 있다. 실제로 세후보의 득표치가 12월 18일 오전 10시 현재 개표율 99.5%에서 노 후보가 8백23만7천8백26표였다는 것을 볼때 결과가 너무나도 흡사하다. 서울신문사는 문제의 호외를 일부지역에만 배포하고 나머지를 황급히 회수하였는데 이는 군부의 사주하에 관제방송과 언론이 합작한 개표사기극의 징표이다.

이번호에 소개된 이러한 유형별 분석은 다음호 부터 각 항목별로 보다 심층적이고 입체적으로 분석되어갈 것이다. 우리는 이번 부정선거분석을 통해 현군부정권의 도덕적 타락에 대해 안일했던 관망적 자세를 비판하고 군부정권의 반민주적 실체를 적나라하게 인식해야하며 앞으로의 모든 민주화투쟁에 있어서 군부의 행위유형을 올바로 예측할 수 있는 토대를 마련해 나가야 할 것이다.

부정선거 정통성 인정할 수 없다
단결의 중요성 되새겨야

이번 선거를 통해 우리 국민은 군부독재를 영원히 종식시키고 민선민간정부수립이라는 역사적 대과제를 실현시키고자 노력하였다. 그러나, 현정권은 국민들의 민주화에 대한 기대와 열망을 사상최악의 부정선거 12·16선거쿠데타로 무참히 짓밟고 재등장하였다.

국민운동의 새로운 역사적 전환기였던 선거투쟁시기에 대한 올바른 평가는 향후 우리 운동의 새로운 지평을 확보하는 데 있어서 매우 중요한 과제라 할 수 있다.

일차적으로 표조작에 의한 노태우당선이 공고되자 국민들은 먼저 심한 허탈감, 패배감에 빠졌으며 현상적으로는 양김씨에 대한 심한 원망분위기가 사회전체에 팽배했다. 선거실패에 대한 국민대중의 실망은 정치풍토에 대한 불신풍조와 허무주의로 나타나고 민주진영에서는 소위 '시국병'이 만연했다. 따라서, 우리는 평가를 조직함에 있어서 국민대중의 아픔, 민주화에 대한 열망을 올바르게 이해하는 기본적 자세가 요구된다 할 수 있다. 따라서 이번 선거투쟁평가에 있어서 전제해야할 의미는 다음과 같다. 그 첫째는 국민다중의 민주화에 대한 열망을 옳게 인식하고, 단결의 중요성을 철저하게 되새기게 된 점이다. 또하나 잊지말아야 할 것을 이번 선거과정을 통해 대다수 국민들이 성숙한 민주의식 및 정치역량을 키울 수 있었다는 우리운동의 장기적 관점의 토대를 구축할 수 있었다는 것이다. 그것이 선거패배 이후 양김씨에 대한 불만의 토로로 표현되든 좌절감이나 부정선거에 대한 분노로 표현되든 '선거를 매개로한 민주정부수립에의 열망'은 아직도 식지 않았으며 독재를 저주하고 매국을 단죄하고자 하는 국민의 민주화에 대한 기대, 열망은 현정권의 부정에 의한 200만표라는 엄청난 표조작에도 불구하고 64%라는 광범한 반대층을 형성해 냄으로써 현 정권의 부정당선을 매우 위태롭고 불안정한 것으로 만들어내는데 성공했던 것이다.

이제 선거가 끝난지 1개월이 다 되어가고 있는 지금, 우리는 그간의 확보된 국민적 의식과 교훈, 정치적 역량을 바탕으로 향후 방향에 대한 보다 발전적인 전망을 모색해 나가야 할것이다.

그리고 그를 위해 그간의 선거투쟁을 독자적으로 행해왔던 각운동세력의 정파에 기초한 관점에서가 아닌 전체 민주세력의 통일단결이라는 관점에서 반성 평가해 나가는 것이 올바를 것이다.

이에 국민운동은 다음 네가지 점에서 선거투쟁을 간략히 평가해 본다.

첫째, 국민대중을 민주화운동의 진정한 주인으로 사고하고 그들의 실천영역을 확장시킬 수 있는 방향으로 투쟁을 전개해 왔는가에 대해 우리는 평가반성해야 한다. 6·29선언 이후 정세를 지나치게 선거측면으로 경사되게 인식함으로써 실제 기층민중의 중대한 관심사였던 7,8,9월의 생존권투쟁이나 각종 인권·민권쟁취투쟁등을 방기해왔고, 전술계획과 투쟁의 배치 면에서도 후보문제나 공약문제등 제도정치인들의 정치일정등에 매몰되는 매우 비자주적인 투쟁을 전개해왔던 것이다.

둘째, 연대운동의 문제에 있어서 거족적단결과 단결중심의 기층민중운동으로의 전화발전 원칙이 제대로 실현되었는가에 대해 평가해야한다. 연대운동은 독재와 매국을 앞에둔 민주와 애국의 모든 세력과 역량이 총망라되어 뭉쳐져야한다는 '단결'의 사상이 기본으로 되어 운동의 촉진력을 가져야하며, 특히 기본역량으로 되는 기층민중과 청년학생대중들이 투쟁을 중심으로 우선적으로 단결해 나가야 하는 것이다. 그러나, 그간의 과정을 돌이켜볼때, 후보문제를 놓고 각계급계층의 자기이익이나 정치노선을 거족적단결의 요구보다 앞세우고 상호비방으로 분열을 재촉한 것이다. 셋째, 선거혁명론에 대한 환상적관점이다. 이는 독재하에서는 절대 민주적선거가 이루어 질수 없다는 점을 인식하고 현정권의 즉각적 퇴진, 내각사퇴, 거국중립내각쟁취투쟁을 지속적으로 전개했어야 했다. 셋째, 선거기간전 과정을 통해 자행한 미국의 정치공작, 여론조작의 내용을 민족민주의 관점에서 지속적으로 폭로해내는 자주화투쟁의 관점이 미비, 민주와 자주문제를 효율적으로 배합해내지 못했다.

이러한 평가를 기초로 향후 투쟁을 전개함에 있어서 국민대중의 민주화에 대한 근본적요구를 잘읽어내고 각운동세력은 대동단결, 투쟁해나가야 할것이다.

논설

구체화될 보수연합음모에 대한 단결된 민주세력의 투쟁이 시급하다

지난「12·16선거」에서 온 국민이 갈망해마지 않던 군사독재의 종식 및 민주정부의 수립이 끝내 쟁취되지 못한채, 민주, 민족, 통일을 지향할 진정한 민주화의 실현은 아직도 미완의 역사적 과제로 남고 말았다. 이러한 역사적 과제의 완성을 위해서는 금후 더욱 험난하고 혹독한 고난과 시련, 그리고 희생이 요구될지도 모른다. 그런 의미에서 결코 동요와 좌절의 틈을 허용하지 않는 확고부동한 민주적 신념과 불사조와 같은 투지, 개인적 당파적 이해관계와 입장을 뛰어넘어 헤량할 줄 아는 지혜를 우리 모두 거듭하여 가다듬어야 할 소이가 있다고 본다.

이와같은 결연한 새출발에 앞서 본지는 먼저 지난해의 민주항쟁을 결산하는 선거국면에서 민주세력의 대동단결로 전국민적 염원인 군사독재의 종식과 민주정부의 쟁취를 이루어내지 못함에 따라 국민들이 뼈저린 아픔을 느낄 수밖에 없는 현상황에 책임을 통감하면서 자성과 사죄의 심경을 금치 못한다. 그러나, 체념과 분열의 늪에서는 민주화의 실현이 무망하다는 관점에서 우리 모두 다시금 민주화를 향한 단결투쟁의 길로 분연히 나서야 한다는 당위를 아울러 제언하고 싶다.

「12·12군사쿠데타」「5·18광주민중학살」등을 거쳐 등장한 현군부집권세력은「4·13호헌조치」로 군사독재의 연장을 획책하다 위대한 6월국민항쟁에 밀려 이른바「6·29선언」을 내놓기에 이르렀다. 그러나「6·29선언」의 기만성은 여지없이 드러나 3·15부정선거 원흉인 김정렬 내각이 등장, 민중의 생존권 요구를 탄압하는 한편, 거국중립내각 요구를 묵살한채 공정선거감시운동을 노골적으로 탄압하여 부정선거음모를 노골화했다.

마침내 현정권은 국민주권을 부정과 조작으로 탈취한「12·16선거쿠데타」를 자행, 부정조작선거승리를 연출해냈다. 이들은 구로구청 부정투표함 사태 유혈진압과정에서 본 것처럼 마치 적군을 진압하듯 부정선거진상 규명을 요구하는 민주시민정신을 유린하는가 하면, 부정사실을 인정하기는 커녕 박종철군 고문살인은폐조작에서 드러낸 '책상을 탁하고 치니 억하고 죽었다는 식의 기만적 작태만을 보일 따름이었다.

뿐만 아니라 관계당국은 부정투표함을 적발, 이를 지키던 시민학생들을 잔혹하게 유혈폭력으로 연행한 데 이어 대량 구속기소하는 폭거를 계속하고 있는 실정이다.

이와함께 제도언론 또한 권력·외세지향적 본질과 속성을 노골적으로 드러내 부정조작선거승리를 기정사실화하고 허위적 상황 조성으로 이를 완결시키는데 앞장서고 있다.

그러나 정통성의 근원은 사실과 진실이다. 부정과 조작으로 정통성이 창출될 수는 없는 일이다. 따라서 부정선거 여부를 명백하게 가리지 않은채 조작된 정통성이 과오의 역사를 빚어내도록 방관해서는 안될 것이다. 이런 점에서 부정선거무효화투쟁은 역사적 과오를 바로잡는 당위성을 갖고 있는 것이다.

한편, 미국은 선거가 끝나기가 무섭게 담배가격인하, 쇠고기수입전면개방등 시장개방압력을 노골적으로 터뜨려 농민들의 생존을 심각한 위기적 상황에 빠뜨리고 있다. 설상가상으로 반민중적이며 대외예속적인 현집권세력은 결국 미국의 요구를 받아들일 것으로 보여 민중생존의 전망은 어둡기만하다. 한국경제의 대외예속화 또한 갈수록 심화될 것으로만 보일 따름이다.

이와 더불어 미국은 12월 20일자 선데이 텔레그라프지 보도에서 나타난 것처럼 현집권세력과의 결탁을 통해 예속화를 가속시킬 보수연합구도음모를 한층 구체화할 것으로 예측돼 정치적 차원의 국민적 대응이 시급히 요구되고 있는 상황이다.

이러한 상황에서 제도야권은 당리당략과 당파적 이해관계에 얽매이는 제도정치적 한계를 뛰어넘는 희생적 결단으로 야권의 체계와 면모를 쇄신하여 새로운 구심체를 형성, 민주화의 전기를 마련해야할 책임이 막중하다. 제도야권이 이같은 책임을 다할 것인가의 여부는 제도야권의 운명을 좌우할 것임이 분명하다. 이와함께 민중운동세력 또한 올바르고 확고한 민중적 주체를 새로이 구축하여 통일을 향한 민주화와 자주화투쟁에 있어 주도력을 발휘할 수 있도록 해야 할 것이다. 민주화와 자주화 투쟁의 계기적 발전을 위해서는 제도정치를 극복할 보다 높은 질적 수준의 조직적 민중역량이 요구되고 있는 것이다.

한국경제 예속화하는 미국의 시장개방압력

민족자주화 투쟁 절실!

상품, 금융시장개방은 중소기업의 몰락을 더욱 부채질하고 기층민중의 생존을 위기에 빠뜨리는 등 한국경제에 심한 타격을 가할 것이다.

사회민주화의 요체는 경제민주화에 있으며, 경제민주화는 노동3권의 완전보장과 올바른 소득분배를 실현하는 데서 찾아진다.

87년 8,9월 세간의 관심을 집중시켰던 노동자들의 투쟁은 국민의 절대다수를 차지하는 기층민중이 얼마나 생존권을 위협받고있으며 경제적 부의 편중이 심화되어있는가를 나타내는 중요한 계기가 되었다. 노동자들이 공통적으로 요구했던 중요내용이 민주노조건설, 임금인상, 인간적 대우보장 이었다는 것을 볼 때 사회민주화와 경제민주화가 어떻게 연관이 있는가를 단적으로 보여준다고 할 것이다. 작년 대통령선거에서 각 후보자가 생산직노동자·농민에게 쏟아부었던 각종 공약들은 이제 사회에서 차지하는 기층민중의 비중이 나날이 높아지는 것을 입증하는 것이지만, 한편으로는 기층민중을 단순히 표발이상으로 생각하고있지 않다는 것을 보여주는 것이었다. 그러나 직접생산에 종사하고있는 기층민중은 공약의 대상이거나 단순한 표밭은 아니다. 오히려 기층민중의 생존권 문제를 해결하는 주체는 기층민중 스스로이며 그러기 위해서는 제도적·행정적인 경로를 마련하기위한 투쟁이 전면적으로 필요하다고 할 것이다.

'85년을 전후로 작년까지 세계경제를 주도했던 기본기조는 3저현상, 즉 저달러, 저유가, 저금리의 추세였다. 이3저시대는 세계경제의 전반적인 침체, 특히 그간 세계경제를 주도했던 미국의 재정·무역적자를 배경으로하여 경제적 주도권을 회복하려는 미국의 안간힘과, 이미 그것을 극복할 수 없는 미국경제구조의 무기력함이 충돌하면서 발생한 것이었다. 이러한 세계경제의 흐름은 경제적 자립성을 상실한 한국경제에 커다란 영향을 미쳤는데 그중 대표적인 사례가 요즘도 줄곧 제기되고있는 미국의 수입개방압력과 원화절상 요구이다. 미국은 자체시장의 침체로 인한 경제력의 위축을 제3세계 국가에 전가시키기 위해 직접적인 압력을 행사하기 시작하였는데 이것이 그 유명한 통상법 301조를 빙자한 수입개방 압력이다. 미국의 통상법 301조는 자체판단(일정한 기준이 없다)에 따라 무역이 불공정하다고 생각되면 마음대로 보복조치를 할 수 있게 되어있다. 한국 총수출량의 약60%가 미국에 집중되어 있다는 것을 감안할 때 미국의 무역보복압력은 커다란 위협이 되고있는 것이다. 특히 이번에 미국이 중점적으로 요구하고있는 담배, 쇠고기, 보험시장개방은 한국의 통상질서를 교란하고 금융시장까지 장악하려는 미국의 음모로서 한국경제에 심중한 타격을 가할 가능성이 있다. 이에 대해 정부는 이미 개방된 1백94개 품목의 관세율을 금년부터 5~20%인하하기로 결정한 바 있으며 담배, 쇠고기, 보험시장개방도 곧 굴복할 것으로 보인다.

이러한 대외적 문제와 함께 국내경제동향에도 중요한 변수가 있다. 작년에 있었던 대통령선거는 정부여당의 주도하에 무작위로 돈이 풀려 총통화증가율이 22%를 뛰어넘는 초증가율을 보였다. 더군다나 올해에도 3~4월경에 실시될 예정인 총선, 6월의 지방자치제실시, 올림픽 준비에 따른 통화팽창 등은 부동산투기분위기의 조장과 함께 물가를 최소 10%이상 인상시킬 것으로 예측된다. 이러한 경제추세는 결국 작년에 일정부분 인상된 임금과 추곡수매가 등이 아무 효력도 없이 다시 실질임금면에서 낮아질 것으로 보이며 올해부터 실시되는 최저임금제는 노동자의 임금을 그수준으로 계속 묶어두는데 악용될 소지가 크다.

또한 앞으로 더욱 가속화될 상품시장개방과 금융시장개방은 외국자본과 국내대자본과의 결탁을 더욱 강화하여 경제력의 편중과 중소기업의 몰락을 더욱 부채질할 것이다. 원화절상 역시 수출을 둔화시키고 내수시장의 비중이 증가될 것이나 기층민중의 소득증가율이 물가인상률을 넘지 못할 것이므로 내수시장역시 크게 기대할 수는 없다.

따라서 88년 새해 경제는 미국의 시장개방압력과 원화절상압력이 더욱 가중되면서 국내적으로는 통화팽창과 물가상승으로 인해 기층민중의 생존권은 더욱 위기에 몰릴 것으로 보인다.

이러한 문제는 한국을 경제식민지화하려는 미국의 의도가 자주권이 없는 현정권과 결탁하여 이루어지는 것으로서 사회민주화투쟁과 경제민주화투쟁은 단지 국내적인 문제만이 아니라 민족자주성이 올바로 실현되는 기반하에서만 실현될 수 있다는 것을 단적으로 보여주는 것이다. 따라서 우리 국민은 미국의 시장개방압력의 숨은 뜻을 올바로 읽어내어 민족자주권을 올바로 실현하는 투쟁에도 힘차게 나아가야할 것이다.

선데이 텔레그라프지 보도
'이번 선거는 도둑맞은 선거'

한국인들은 교묘한 선거사기로 인하여 연병장의 정치인들에 의한 5년간의 통치에 직면해 있음을 깨닫고 있다. 지난 선거에서 민정당의 노태우 후보의 압도적인 승리를 보고 받은 최초의 충격은 그들이 처음으로 갖게된 진정한 민주주의를 향한 계기가 백주의 쿠데타로 강탈당했다는 의혹으로 변모해왔다. 군부시대의 종언을 갈망하는 한국인들은 오랜기간 민주화운동의 경험을 쌓아온 두 김씨가 어떻게 해서 8년전에 군을 동원, 집권한 주역에게 패배할 수 있는가를 알고 싶어 한 것이다.

첫번째 그럴듯한 해답은 노씨의 반대자인 김영삼, 김대중씨가 반대표를 분열시켜 승리를 내던졌다는 것이다. 그러나 한국인들은 선거부정에 대한 비난이 높아지자 야당후보자들의 경쟁보다는 다른 무엇이 있다는 것을 깨닫기에 이르렀다. 대부분의 한국인들은 어쩔 수 없는 운명으로 체념했지만, 수천명의 반대자들은 가두시위를 벌여 정부로 하여금 정치일정을 취소케 했던 6월항쟁을 연상케 해주는 장면을 이루었다. 이같은 항의들은 노씨가 전두환대통령을 승계하여 한밤의 쿠데타로 등장한 정권을 연장시키려는 전대통령의 계획을 저지하려는 데 그 목적이 있다.

노씨가 갑자기 전대통령으로 하여금 정면대결에서 개혁으로 선회하도록 한 6·29는 수요일의 투표에서 결실을 맺도록 한 백주의 쿠데타의 서곡이었다.

과거 한국의 독재자들은 부정선거를 했지만 서투른 방법이었다. 이번에 노씨를 승리하도록 한 도전은 한국인과 미국인들에게 그럴듯하게 보이고 있다. 그들은 장관으로부터 반장에 이르기까지 공무원들을 동원한 옛날의 관행을 다시 사용, 수많은 금품이 선물공세로 투입됐으며 언론도 정부를 위한 선거로 이용되었다. 그들은 미국의 기법을 사용한 것이 명백한데, 이는 어떤 미국 상원이라도 인정할 것이다.

여론조사, 공격(타겟트)모델, 컴퓨터등이 미국에서 훈련받은 귀재들에 의해 최초로 도입되어 사용된 것으로 지적되고 있다. 공격모델은 엄청난 설득이 필요한 지역, 정부의 통제가 절대적인 지역, 농어민들이 정부쪽으로 투표할 것으로 기대되는 지역등을 보여주는 것이었다. 그들이 부정을 하고도 그럭저럭 넘길 수 있는 것은 교묘한 방법 덕분이다. 정부는 두 김씨 때문에 이겼다고 매우 그럴듯한 설명을 했다.

노씨가 승리하도록 한 비밀무기의 하나는 레이건 미국 대통령의 핵심적인팀이 제공한 것이었다. 한 소식통은 두차례에 걸친 미국의 선거에서 레이건측 여론조사 전문가였던 리챠드 워틴이 한국정부측 후보를 도와 그가 승리하도록 했다고 말했다. 한국의 선거운동에 고도의 기법을 도입한 워틴의 역할은 철저한 보안으로 비밀로 돼왔다. 정치적 자문역들은 천성적으로 은밀한 사람들인데, 노의 진영에 가담한 사실이 갈채를 받느냐, 곤경에 처하느냐는 정부가 패배한 후보자들을 어떻게 다루느냐에 달렸다.

워틴은 관련사실을 부인하지만 한국인들에게 어떻게 공격지역을 선정하고 여론조사를 하며 특수한 질문서를 사용하여 선거에서 승리할 수 있도록 하는가 하는 전략을 가르쳐 주었다.

뉴욕의 정치상담가인 조엘·맥클리어리는 한국사람들이 이러한 일들을 매우 잘 배웠다고 말했다. 그는 한국인들이 워틴에게 갔다고 믿고 있다. "디코는 매우 도덕적인 사람이다. 그러나, 어떻게 하면 이기느냐하는 모델보다는 어떻게 하면 이기도록하느냐 하는 쪽으로 달려들기 쉬운 일이다."

맥클리어리의 의문은 득표수의 차이와 계표가 진행되는 동안 거의 달라지지 않았다는 데서 제기됐다. 그는, "그들이 가장 두려워한 것은 김대중씨가 마지막 순간에 물러남으로써 주요한 한명의 후보만으로도 그럴듯하게 보이는 선거모델을 세워야 하는 것이었다. 2백만표차는 정부의 조작이 용이한 군인들이 대부분을 차지하고 있는 84만명의 부재자투표 때문에 용이했다. 정부는 선거부정을 위해 많은 방법들을 사용했으며 독자적인 입장인 미국 시찰단도 서울과 대구, 대전에서 이를 목격했다. 이와함께 의원 대학교수들도 공격당한 선거참관인들을 목격했다.

그들은 부산에서 위조된 투표용지를 발견했는가 하면, 대전에서는 주민·록증을 여러개 가지고 있는 여자가 열심히 전화내용에 귀를 기울이는 것을 발견하기도 했다. 또한 대구와 대전에서는 사람들과 인터뷰를 한 결과 그들이 투표와 관련, 돈을 받았다는 사실을 알아냈다. 그러나, 그들은 부정이 어느 정도 광범위한지 결론을 내리기를 거절했다. 매클리어리는 어떤 지역은 다른 지역보다 통제가 훨씬 쉬웠을지라도, 이러한 불법사례들은 전지역에 걸친 부정유형의 일부라는 확신을 갖고 있다. 그는 대부분의 부정이 은밀한 곳에서 행해졌는데, 그것은 외국인 또는 한국인 참관인들이 없는 곳에서 투표함을 바꿔치거나 투표용지를 집어넣는 식으로 했다고 말했다.

그가 내린 중대한 결론은 정부측에 승리가 돌아간 것이 두 김씨의 대통령을 향한 야망 때문은 아니라는 것이다. 두 김씨에게 던져질 수 있는 도덕적인 비난은 후보단일화를 하지 못함으로써 선거부정을 보다 용이하게 했다는 사실이다. 단일화된 한 김씨에 대해 정부측이 승리를 걷우었다면 그것은 훨씬 설득력이 없고 매우 위험한 것으로 나타났을 것이다.

맥클리어리는, "모든 사람들이 직감하고 있는것은 이번 선거는 도둑맞은 선거라는 점이다"라고 말했다.

조작 전문정권

박종철군 사건 결정적 단서

조작정권의 정체가
쏙쏙 드러나는군

대통령
당선조작

결정적 단서를 대라
이거야

국민운동본부 정연관상병 추모식

구랍 12월30일 기독교회관 2층강당에서 '고 정연관상병 추모 및 부정선거규탄대회'가 민주쟁취 국민운동 부정선거 무효화 투쟁본부 주최로 300여명의 시민, 학생들이 참석한 가운데 열렸다.

대회는 1부 정연관 상병 추모식, 2부 부정선거규탄대회로 나뉘어 진행되었다. 구로항쟁 Video 상영등 다채로운 행사로 진행된 이번 대회는 성명을 통해 다음과 같이 촉구했다. ▲선거무효화 투쟁에 소극적인 태도를 보이고 있는 민주, 평민양당은 국민적여망을 ?시하고 선거무효화투쟁에 동참하라. ▲여론조작을 통해 부정선거의 책임을회피하려는 제도언론은 국민에 대한 배신적 행위를 즉각 중단하라. ▲엄청난 표조작을 통해 부정집권한 현정부 여당은 즉각 퇴진하라.

성금을 기다립니다

744-2844, 744-6702
온라인 예금주 - 오 충일

국민은행	008-24-0062-771
조흥은행	352-6-063122
제일은행	125-20-022586
신탁은행	14701-87004574
한일은행	012-02-213401
농 협	027-01-214784

시민발언대
부정투표함 지키다 평생불구자 되다니! 민주화 외치는 부모의 애끊는 호소

한 권력집단의 제물로 너무도 많은 꽃같은 젊은 생명들이 희생되어가는 현실은 한갖 시대의 아픔이요, 한 역사의 진통으로 보기에는 엄청난 한이요, 피맺힌 원으로서 어찌다 이를 표현할 수 있겠읍니까. 저는 87년 12월18일 이번 선거가 원천적인 부정선거이고, 조작이라는것을 단적으로 보여주는 구로투쟁에서 불구자가 되어버린 양원태의 애비되는 사람입니다. 제자식 양원태는 지금 구로고대 병원 610호실에서 척추 3,4,5번뼈가 완전히 절단되어 평생 재기불능이라는 주치의의 진단을 받고 머리와 두팔만 겨우 살아남은 평생 불구자가 되버리고 말았읍니다. 분하고 억울하고 아프고 괴로와서 입술만 깨물고 말없이 누워 있는 자식을 보는 저희들 가슴은 천갈래 만갈래로 찢어집니다.

저는 사내자식 둘을 두었다가 큰놈은 3년전 군복무중 최전방에서 세상을 떠나고 하나 남은 이 자식이 제생애의 오직 하나의 우주요, 생명이요, 보람으로 알고 살아 왔는데 이게 무슨 날벼락이란 말입니까!

제자식이 무슨 죄를 지었읍니까? 공정선거를 위해 감시단 활동을 하고 부정투표함 밀반출을 고발하고 정의를 위해 싸운 것이 죄가 된다는 말입니까?

현 정권이 광주항쟁에서 보여주었던 천인공노할 폭력에 버금가는 구로구청의 살인적인 범죄행위를 부정당선 된 노태우세력이 역사의 뒤안길에 묻어 숨겨버리려고 갖은 술책을 다쓰고 있읍니다.

애국 시민 여러분.

진실은 만천하에 밝혀져야 하고 제자식의 육신은 어짜피 버렸지만 순수한 뜻과 열정은 살려야 합니다. 평생을 누워서 지내야 할 이 자식을 이 늙은 부모가 세상을 뜬 뒤에는 누가 보살피고 대소변을 받아낸단 말입니까?

모두 자식가진 어버이시고 이땅의 진정한 민주화를 원하는 분들이기에 이 심정 헤아릴 수 있을 것입니다.

부디 이 불쌍한 자식이 왜곡된 역사속에서 작은 불씨로 살아 남아 머리와 두팔뚝만이라도 떳떳하게 살아 갈 수 있도록 인간의 살권리와 힘을 찾아 주시기 바랍니다.

우리 원태가 이 시대의 마지막 희생자가 되도록 민주와 평화를 위해 마지막 힘을 다할 것을 온몸으로 말합니다.

민주주의여 만세 만세!!

양원태의 아버지 양동식 어머니 최수례

칼럼
TV편파보도 극복할 민주방송운동 필요

80년 11월 '언론 통폐합'조치 이후 시행되어온 방송언론의 왜곡편파보도는 국민의 커다란 공분을 불러일으켜왔다. 특히 작년 선거기간중에 보여졌던 KBS-TV의 왜곡편파보도는 진실로 뜻있는 많은 국민들에게 민주방송의 필요성을 절실하게 느끼게하는 중요한 계기가 되었다. 지난 12월 23일 명동성당진입로에서 국민운동본부 주최로 개최되었던 '공정선거감시단 활동보고 및 부정선거규탄대회'에서 어느 시민이 'TV시청료납부를 거부하고 관제 신문 불매운동을 전국적으로 벌이자'고 제안했을때 청중의 열렬한 호응을 받았던 사실은 관제방송·언론의 편파왜곡보도의 폐해가 사회민주화를 추진하는데 있어서 얼마나 큰 해악을 미치고있는가를 단적으로 보여주는 것이었다.

방송·언론중에서 특히 KBS-TV의 폐해는 더욱 심각하다. KBS 방송국의 주식 90%가 정부소유로 되어있고 MBC 방송국 주식의 70%를 KBS가 소유하고 있다는 사실은 공영방송을 표방하고 있는 한국 방송의 현주소를 적나라하게 보여주는 것이다.

이러한 상황에 대하여 각 방송국의 평기자들이 중심이 되어 방송민주화운동이 미약하나마 나름대로 전개되고 있다는 사실은 대단히 고무적인 일이다. 그러나 기존에 있어왔던 방송민주화투쟁은 그 대상과 방법에 있어서 많은 문제점을 안고있는 것이 사실이다. 방송민주화운동이 전국민의 관심을 불러일으키고 실천적 운동의 양상을 보이기 시작한 것은 85년 총선이후 7,8월 경의 KBS-TV 시청료거부운동에서 비롯되었다. 이 운동은 KBS-TV의 왜곡편파보도에 분노하고있던 국민의 열렬한 지지를 얻어 급속히 확산되어 갔으나 또한 그이상의 진전을 보지못하고 수그러진 것이 사실이다.

그것은 KBS-TV의 왜곡편파보도가 시정되었기 때문이 아니라 시청료납부거부운동이 갖는 계층적 한계와 대안의 부족이 그 원인이었다. KBS방송국의 체질변화는 단지 공정보도를 촉구하거나 시청료납부거부를 결의하는 것으로 해결될 성질의 것이 아니었다. KBS방송국이 구조적으로 인사권과 편집권 등이 현정권에 철저히 예속되어 있는 한 KBS 방송국을 민주적으로 개편하는 것을 기대하고 촉구하는 것만으로 될 일이 아니었던 것이다. 오히려 KBS-TV의 편파·왜곡보도에 대한 국민적인 공분을 조직하고 이를 새민주방송건설운동으로 높여내는 투쟁을 하는 것이 더욱 절실하다고 할 것이다. 이러한 관점에서 볼 때 기존에 진행되어온 KBS-TV 시청료거부운동은 주부들을 중심으로한 소박한 차원을 벗어나 전국민의 뜻과 의지를 모아 민주방송창설운동으로 전개되어야 한다.

이미 작년에 출범한 새신문 창설운동이 국민의 열렬한 환영을 받고있다는 것을 감안한다면 민주방송창설문제도 당연히 제기되어야 할 일이다.

이러한 방법만이 방송민주화를 열망하는 참다운 방송인이 스스로 설땅을 마련해나가는 길임과 동시에 그간 갖은 편파왜곡보도를 일삼아온 관제방송을 철저히 극복하는 길이 될 것이다.

특 보

국민운동

1988년 2월 23일

발행 및 편집인 : 민주쟁취 국민운동본부
주소 : 서울·종로구 연지동 기독교회관 312호
전화 : 744-6702, 744-2844

노태우 컴퓨터 조작당선 구체적 증거 밝혀져

천주교 정의구현 전국사제단 기자회견을 통해 선거무효 선언

제13대 대통령선거 다음날인 12월 17일 새벽, 잠실일대에 뿌려진 서울신문 호외사건으로 최초의 증거가 잡혔던 노태우의 대통령 당선조작극은 이제 그 전모가 만천하에 드러나기 시작했다. 천주교 정의구현 전국 사제단은 2월 16일 기자회견에서 컴퓨터조작에 관한 구체적 증거들을 제시하고 노태우의 당선이 무효임을 재차 천명하였다. **노태우의 대통령당선 확정공고 직후부터 60일동안 KBS·MBC 합동 개표방송 전량 녹화필름과 중앙선거관리위원회 및 각 지역 개표록을 세밀히 분석한 결과를 토대로 제시한 개표결과 사전조작의 증거들은 노태우의 대통령당선이 국민의 주권을 유린한 선거쿠데타였음을 입증하고 있다.**

이렇듯 전두환·노태우 일당이 개표결과마저 조작했던 이유는—야권이 단일화 되지 못했다는 유리한 상황임에도 불구하고— 선거전의 온갖 부정과 투개표과정의 수십, 수백만의 부정으로도 당선이 불가능했었음을 의미하는 것이다. 왜냐하면 뒤에서 제시될 자료에서 밝혀지겠지만 온갖 부정을 저지르고도 노태우 일당은 타후보의 득표수를 조작했을 뿐 만 아니라 무효표를 조작해야만 당선할 수 있었기 때문이다. 이제 국민들은, 앞으로 계속해서 제시될 증거를 통해 지난번 대통령선거 결과는 국민들이 행사한 투표와 전혀 무관한 것이었음을 알 수 있다. 그리고 노태우의 득표수가 다른 후보와 200만 표차가 난다고 했으나 노태우의 득표수 중 100만표가 다른 후보에게 더해졌을 경우 그 후보와 표차이가 없기 때문에 당선될 수가 없다. 따라서 실제의 표차이는 100만표 정도로서 그 정도의 표는 이미 밝혀진 부재자 투표자 80만표와 유령유권자 42만표의 합계인 122만여표의 부정투표보다도 적은 숫자이다.

결국 노태우는 부재자투표의 부정, 유령투표 조작, 릴레이투표, 투표함 바꿔치기, 샌드위치표 조작 등의 부정투표와 야권후보의 단일화 실패에 의해 예상되는 표의 분산 속에서도 당선이 불가능하여 미국 전문가들의 도움으로 컴퓨터조작을 하게 된 것이다. 미국과 전두환·노태우 일당은 80년에 모든 국민이 믿지 않으려 했던 광주시민학살을 자행했던 것처럼 이번에도 일반 국민들의 상상을 초월하는 조작극을 벌여 국민들의 주권을 철저히 유린했다.

지난 대통령선거는 미국과 노태우일당 그리고 제도언론이 삼위일체가 되어 만들어낸 합작품이었다. 미·소가 우리 조국을 남북으로 분단하고 민족분열을 조장하여 자신들의 지배를 관철시켰듯이 노태우일당은 12·16선거에서 동서분할정책으로 지역감정을 조장하고 동족을 이간질시켜 그것을 부정당선에 이용했다. 한편 이러한 지역감정을 불러일으키는데 가장 큰 공을 세운 것은 제도언론이다. 제도언론은 입만 때었다 하면 독재정권이 조장해 놓은 지역감정에 관한 사건을 확대하고 과장해서 왜곡보도하였다. 국민에 대한 책임성을 가지고 국민에게 동족애를 심어주어야 할 언론이 독재정권의 장단에 춤을 추고 엄청난 부정선거와 폭력적 만행에 대해서는 단 한줄도 제대로 보도하지 않았다는 사실은 영원히 지울 수 없는 반민족적 죄악이다. 독재정권이 우리 국민의 단결된 힘에 의해 무너질 때 지난번 대통령선거에서 국민을 오도한 제도언론은 역사의 심판대 위에 세워져 민족의 이름으로 단죄될 것이다.

12·16대통령선거에서 노태우일당은 파멸되어가는 자신들의 목숨을 건져보고자 이루 헤아릴 수 없는 불법적 탄압과 만행을 저질렀다. 그들은 대통령선거법에 규정된 야당참관인들의 참관을 허용치 않았으며 깡패와 경찰을 동원하여 축출하였고 부정선거를 감시하기 위해 파견된 공정선거감시단원들을 백주 대낮에 칼과 몽둥이 그리고 쇠파이프 등으로 피곤죽을 만들었다. 노태우일당은 선거과정에서 중립을 지켜야 할 공무원들과 투표권도 없는 어린 여고생들까지 유세장에 동원하였으며, 투표과정에서는 표를 매수하고 유령유권자조작·대리투표·릴레이투표를 자행했으며, 투표함을 이송하는 도중에는 투표함을 바꿔치기 했고, 개표과정에서는 샌드위치표·무효표화·취표로 수백만표를 도둑질 했다. 구로구청사건은 노태우일당이 이러한 부정이 발각되자 증거를 인멸시키려다 발생한 것이다. 구로구청사건의 진압은 구로 전역을 전쟁상태를 방불케하는 피의 아수라장으로 만들었으며, 이 사건 하나만으로도 노태우의 당선이 어떻게 이루어졌으며 노태우가 우두머리로 있을 제6공화국정권이 어떤 성격의 것인지를 단적으로 알 수 있다.

그러나 위에 제시한 노태우일당의 폭력적 만행은 얼마 전까지만해도 한두가지 사실만으로 추측되었으나 이제 사실로 드러난 컴퓨터에 의한 개표결과조작

성 명 서

1. 우리는 제13대 대통령선거가, 조작된 개표결과에 짜맞추기 위한 각종 유형의 선거부정으로 이루어진 원천적인 무효임을 확인하며 이런 선거를 통해 선출된 자가 국민의 정당한 대표가 될 수 없음을 선언함과 동시에 당사자의 회개와 퇴진이 없다면 법정에서라도 그 진실을 규명하고자 선거무효소송을 제기한 바 있다.

2. 개표가 진행되면서부터 나돌기 시작한 컴퓨터 조작설에 대한 조사결과 조작설이 사실임을 입증하는 증거를 다수 포착하였다.(조사결과의 사례 중략)

3. 위에서 일부 예시한 내용에서도 자명하게 드러나고 있지만 12.16대통령선거의 결과는 사전계획된 지역별 후보별 득표율 조작에 맞춘 TV방영을 통해 만들어졌으며 선관위 집계는 시차를 두고 TV집계에 접근시켜 결과에 합법성을 부여하려 했다는 의혹을 씻을 수 없다. 또한 선거운동 기간 중 특정후보의 선거운동부대로 전락한 양대 TV 등 언론기관과 공무원, 군인, 통·반장에 이르기까지 실핏줄처럼 국민속을 파고든 민정당 돌격대의 금품수수, 강제동원 등의 선거부정과 의도적으로 조작한 지역감정도 조작된 선거 결과를 국민들로 하여금 체념적으로 받아들이게 하려는 사전포석의 뜻을 함께 지녔다고 볼 수 밖에 없다.

4. 부정선거와 민주주의는 결코 양립할 수 없다. 신성해야 할 국민의 주권행사가 남에게 강요·매수당하거나 부정한 방법에 의해 다르게 표현되는 가운

민주주의를 애타게 그리며 민족의 장래를 걱정하는 우리 4천만 국민은 작년 12월 16일의 선거에 의한 노태우의 대통령당선을 결단코 인정할 수 없다. 우리국민은 지난 대통령선거의 전과정을 똑똑히 지켜보았을 뿐만 아니라 피로써 쟁취한 대통령선거가 사전조작된 개표결과에 의한 사기극이었음을 낱낱이 알고 있기에 12·16대통령선거의 결과를 온몸으로 거부하는 것이다.

우리가 6월국민항쟁에서 직선제를 쟁취한 것은 빼앗긴 국민주권을 되찾고 이 땅에 진정한 민주정부를 수립하기 위함이었지 군사독재정권에게 기만당하고 군화발 밑에서 노예적 생활을 계속하고자 함이 아니었다. 6월국민항쟁에서 전국 방방곡곡에서 국민이 떨쳐 일어나 전두환·노태우일당에 대항한 것은 광주에서 수천의 죄없는 동포를 총칼로 짓이긴 군사독재정권의 학살테러통치를 끝장내고 해방이후 쌓여온 정치, 경제, 사회적 제반모순을 해결할 수 있는 전환점을 마련하고자 함이었지 다시금 억압과 침묵의 공포정치라는 지옥으로 떨어지고자함이 아니었다. 6월국민항쟁의 거대한 함성은 국민주권에 대한 명백한 범죄행위인 노태우일당의 사기극을 용서치 않을 것이다.

만약 조작극이었던 선거결과를 묵인한 채 부정당선임이 명백해진 노태우 일당의 군사독재연장을 기정사실화 한다면 이는 폭압적 군부통치하에서 길들여진 악습일 뿐이며 대한민국의 국민됨을 포기하는 것이다. 민주주의란 결과보다도 과정이 중요한 것임을 생각할 때 처음부터 끝까지 부정과 폭력으로 일관한 지난번 대통령선거에 의한 노태우의 당선은 전면무효이며 어떠한 변명으로도 정당화될 수 없다.

의 서곡에 불과한 것이었다. 컴퓨터에 의한 개표결과의 사전조작이 만천하에 드러남으로써 노태우일당의 죄악은 더욱 씻을 수 없는 것으로 되어버렸다. 노태우일당은 컴퓨터와 TV라는 문명의 이기를 악용하여 개표방송을 시작한 시간부터 끝날 때까지 4천만 국민을 바보로 만들고자 했다.

더군다나 우리 국민을 더욱 분노케 하는 것은 이러한 컴퓨터에 의한 개표결과 사전조작에는 미국이 깊숙이 개입되었다는 점이다. 자신들의 개입을 은폐하고 노태우를 대통령으로 앉히기 위해, 12·16대통령선거가 엄청난 부정과 폭력으로 일관되고 있음에도 불구하고 미행정부 고위관리들은 앵무새처럼 똑같이 민주적 선거니 공정한 선거니 하면서 조작된 부정선거를 정당하다고 인정하면서 한국 국민을 우롱하였다. 또한 레이건은 구로구청에서 노태우일당이 학살극을 연출하고 있을 때 노태우의 당선은 유효하며 축하한다는 망언을 늘어놓았다. 이러한 작태는 군사독재의 운명을 틀어쥐고 있으며 노태우일당과 운명을 함께할 수밖에 없는 미국의 본질을 여실히 보여준 것이다.

우리 4천만 국민은 국민주권을 도둑질하고 컴퓨터에 의한 개표결과 사전조작으로 국민을 기만한 노태우일당 및 그 공범자 미국과는 결코 화해할 수 없다. 이에 우리 국민은 12·16선거에 의한 노태우의 대통령 당선을 전면무효로 선언하며 정의와 양심의 편에 서서 일치단결된 투쟁으로 노태우일당과 미국을 응징할 것이다.

데서는 민주주의도 화합도 안정도 기대할 수 없다.

따라서 법원에 대하여는 부정선거의 규명을 위해 재판을 바로 개정하여 대통령 선거법 제137조가 규정하고 있는 바 '신속히 재판'해야 할 직무를 유기하지 않기를 기대하면서, 그에 앞서 부정선거를 자행한 노태우씨 등 책임자의 퇴진을 다시 한번 촉구한다.

이것이야말로 아무런 희생없이, 실낱처럼 남은 민주주의에의 희망을 되살리는 길이 될 것이다.

1988년 2월 16일

천주교 정의구현 전국 사제단 대표 김승훈 신부
천주교 공정선거 감시단 단장 오태순 신부

통계학자들도 경악하는 고정된 득표율!!

TV개표방송에서 방영된 각 후보들의 지역별 득표율은 지난 대통령선거가 국민들을 조롱했던 사기극이었음을 적나라하게 보여주고 있다. 미국과 전두환·노태우 군사독재자들은 사전에 득표율을 미리 책정한 후 각 지역의 후보별 득표율도 사전에 정해놓았다. 그들은 전국의 지역을 크게 세구역으로 나눈 것으로 추정되는데 첫번째 구역은 대통령후보의 출신지역으로서 그지역 출신 후보자들에게는 예상을 뛰어넘는 득표율로 조작하였다. 이곳에서는 노태우와 그 지역 출신 후보의 득표율만이 약간 변동하고 그외의 후보들의 득표율은 처음부터 끝까지 일정하다. 두번째 구역은 지역감정이 약하다고 예상한 중부 전지역으로, 노태우가 터무니없는 득표율을 올린 곳이다. 이곳은 집중적인 득표율 조작으로 노태우가 당선된다해도 즉각적인 저항을 받지 않는 곳이라고 계산된 지역이며 노태우의 득표율 조작의 표적이 되었던 곳이다. 가장 완벽하게 득표율 조작이 가능했던 곳은 강원도로서 다른 지역에서는 부재자함이 먼저 개표되어 개표초기에는 상대적으로 높은 득표율을 올리는 것으로 조작했으나 강원도에서는 아예 개표시작부터 완료까지 1%의 변동도 없이 동일한 득표율을 보이고 있다. 세번째 구역은 지역감정이 약할 것으로 예상되나 정치의식이 높은 지역으로 노태우에 대한 지지도가 매우 낮아 득표율을 1위로 조작할 경우 즉각적인 저항을 가져오는 곳이다. 바로 서울이 세번째 구역이다. 이곳은 유권자수가 많아 약간의 득표율 조작으로도 대량의 득표수를 조작할 수 있는 곳이다.

TV에서 발표한 각 지역의 후보별 득표율을 기록하여 통계학자들에게 자문을 구한 바, 한결같이 정상적인 개표과정에서는 나타날 수 없는 결과라고 증언하였다. 다음에 제시된 도표는 TV에서 시간대마다 방영되었던 각 지역 후보별 득표율 중에서 대표적인 사례이다.

강원도 후보별 득표율

시 간	개 표 수	노태우	김영삼	김대중	김종필
16일 23:08	106,713	58.6	25.1	8.7	5.4
23:23	126,613	58.3	25.3	8.7	5.3
23:54	181,060	58.8	24.7	8.7	5.3
17일 0:10	193,710	58.7	24.9	8.6	6.3
0:26	229,773	58.5	25.0	8.6	5.4
1:06	280,494	58.5	25.1	8.6	5.4
1:57	339,073	58.6	25.1	8.5	5.2
2:08	356,837	58.5	25.1	8.6	5.2
2:32	390,030	58.5	25.1	8.5	5.2
3:55	515,163	58.4	25.3	8.5	5.2
4:07	540,428	58.4	25.3	8.5	5.2
4:35	574,152	58.5	25.2	8.5	5.2
5:06	611,556	58.5	25.2	8.5	5.2
6:08	680,940	58.4	25.2	8.5	5.2
6:26	693,421	58.3	25.3	8.6	5.2
7:16	737,598	58.4	25.2	8.5	5.3
7:44	748,433	58.4	25.2	8.5	5.3
8:34	768,539	58.5	25.3	8.5	5.1
10:09	801,890	58.4	25.2	8.5	5.1
10:26	806,457	58.5	25.2	8.5	5.2
11:30	829,223	58.4	25.2	8.5	5.2
11:47	838,302	58.5	25.2	8.5	5.2
12:26	843,934	58.5	25.2	8.5	5.2
12:41	845,947	58.5	25.2	8.5	5.2

경북 후보별 득표율

시 간	개 표 수	노태우	김영삼	김대중	김종필
16일 23:23	325,612	66.2	26.4	2.4	2.4
23:55	432,883	66.2	26.3	2.4	2.5
17일 0:27	553,647	66.3	26.2	2.3	2.5
1:07	663,416	66.0	26.6	2.2	2.4
1:58	832,490	65.7	26.7	2.3	2.5
2:09	877,218	65.8	26.7	2.3	2.5
2:33	988,339	65.0	26.6	2.3	2.4
3:09	1,100,395	65.6	26.8	2.3	2.5
3:57	1,246,491	65.6	26.9	2.3	2.5
4:09	1,285,021	65.5	26.9	2.3	2.5
4:37	1,358,989	65.4	27.0	2.3	2.5
5:07	1,432,493	65.3	27.1	2.3	2.5
6:10	1,576,944	65.1	27.2	2.4	2.5
6:27	1,589,022	65.0	27.3	2.4	2.5
7:18	1,643,690	64.9	27.4	2.4	2.5
7:45	1,667,545	64.9	27.4	2.3	2.5
8:10	1,676,562	64.9	27.4	2.3	2.5
8:36	1,683,700	64.9	27.4	2.3	2.5
10:10	1,695,199	64.9	27.4	2.3	2.5
10:28	1,695,199	64.9	27.4	2.3	2.5
11:31	1,697,271	64.9	29.5	2.3	2.5
11:49	1,705,856	64.8	27.5	2.3	2.5
12:42	1,709,197	64.8	27.5	2.3	2.5

전남 후보별 득표율

시 간	개 표 수	노태우	김영삼	김대중	김종필
16일 23:09	125,623	16.6	0.9	79.9	0.3
23:23	141,458	15.7	0.9	80.8	0.3
23:55	224,314	13.3	1.0	82.9	0.3
17일 0:27	317,295	12.9	1.0	83.3	0.3
1:07	411,647	12.1	1.1	84.0	0.3
1:58	566,703	11.0	1.1	85.0	0.3
2:09	598,771	10.7	1.1	85.3	0.3
2:33	676,307	9.9	1.0	84.9	0.3
3:08	783,507	9.5	1.1	86.6	0.3
3:55	942,597	9.5	1.1	86.5	0.3
4:08	1,001,223	9.3	1.1	86.7	0.3
4:37	1,073,748	9.1	1.1	86.9	0.3
5:07	1,161,999	8.8	1.1	87.2	0.3
6:10	1,308,026	8.5	1.2	87.4	0.3
6:27	1,342,387	8.4	1.1	87.5	0.3
7:17	1,412,822	8.2	1.1	87.7	0.3
7:45	1,445,116	8.1	1.1	87.8	0.3
8:16	1,458,029	8.1	1.1	87.8	0.3
8:36	1,463,114	8.1	1.1	87.8	0.3
10:10	1,492,199	8.0	1.1	87.9	0.3
10:28	1,492,199	8.0	1.1	87.9	0.3
11:31	1,498,753	8.0	1.1	87.9	0.3

TV개표결과는 사전조작된 것이었다

이미 알려진 바와 같이 TV에서 방영된 개표방송상의 수치들은 사전에 조작되어 입력된 컴퓨터 프로그램의 내용이었다. 다음은 TV가 사전입력인 수치를 방영한 것임을 명백하게 입증하는 사례들이며, 이것은 수 많은 사례들 중에서 극히 일부분에 불과한 것이다.

TV는 사전조작된 수치대로 프로그램을 방영하는데 다음과 같은 방법을 이용하였다. ▲ TV에서 방영한 집계표를 보면 처음부터 끝까지, 총개표수가 나오면 각 후보들은 득표율로 나오고 (개표율 1.6%, 노태우 258표, 김영삼 51표, 김대중 7,277표, 김종필 13표) 총개표수가 나오면 각 후보들은 득표율로 나온다.(개표수 5,525표, 노태우 42.3%, 김영삼 48.1%, 김대중 6.7%, 김종필 1.9%), 그리고 TV전광판에는 전체 개표수와 기타표수 (신정일 후보 득표수+무효표+기권표) 가 나오지 않는다. 이것은 컴퓨터 조작과정에서 나타나는 통계상의 오차를 은폐시키기 위한 작업의 일환이었다. ▲ 서울에서만도 종로구를 비롯한 22개의 개표소에서 개표중지 사태가 벌어지는 등 전국에서 민정당 측의 부정개표에 대한 항의로 인해 수십여군데에서 개표중지 사태가 벌어졌음에도 불구하고 TV의 아나운서는 입만 떼었다하면 전국의 개표상황이 매우 순조롭게 이루어지고 있다고 강조하였다. 이는 미리 예정된 컴퓨터 프로그램의 시간대와 실제의 개표상황을 일치시키려 했던 것이라 할 수 있다.

TV는 사전입력된 수치를 방영하였다

= 경기도 평택군의 경우 =

16일 21시19분에 TV개표방송에서는 다음과 같이 방영하였다.

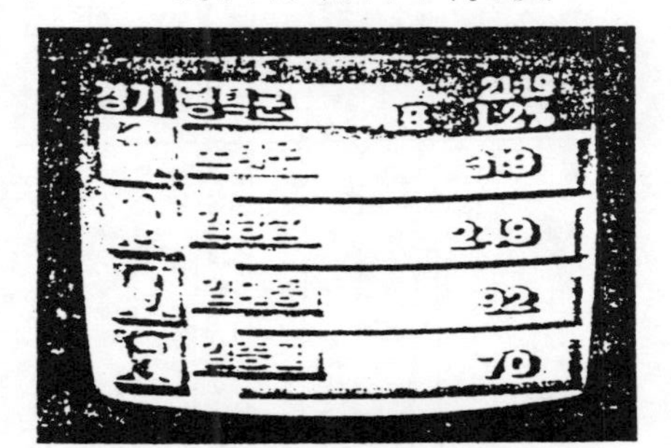

그런데 평택군 개표소에서 처음으로 개표된 투표구는 팽성읍 제5투표구로서 평택군 선거관리위원회 개표록에 의하면, 노태우 429표, 김영삼 209표, 김대중 110표, 김종필 82표로 나타나 있다. 따라서 TV개표방송이 경기도 평택군의 첫번째 투표구의 개표결과로서 방영한 것과 평택군 선관위 개표록 결과는 전혀 다르다.

대통령 선거법 제118조에 의하면, 개표는 투표구별로 하고 검산이 끝난후 다음의 투표함을 개함하는 것이며 ((3)항) 후보자별 득표수의 발표는 투표구단위로 행하는 것이므로 ((4)항) TV에서 방영한 개표는 어쨌든 평택군의 어느 한 투표구 결과이어야 한다. 그러나 평택군 어느 투표구의 개표 결과도 TV에서 발표된 수치가 나오는 투표구는 없다.

집계표에는 개표가 완료되었는데, TV에서는 진행중인 것으로 방영하였다

= 인천 동구의 경우 =

TV개표 방송에서는 선관위집계보다 방송집계가 전국적으로 약 1시간 정도 빠르게 진행되고 있음을 보도하였다. 그러나 인천 동구의 경우, 인천 동구 개표록에 의하면 17일 04시50분에, 중선위기록에는 17일 07시에 집계가 완료된 것으로 발표되었다. 그러나 TV에서는 개표록의 완료시간보다 4시간 13분이나 경과한 09시03분에도 개표가 진행(97.3%)중인 것으로 방영하였고, 중선위보다 6시간 14분이 지나서야 개표완료된 것으로 방영하였다.

이는 TV가 사전 입력된 수치를 발표하는 과정에서 시간대를 잘못 조정하여 나타난 결과이며 TV의 개표집계가 현실의 개표상황과는 전혀 무관하게 진행된 것임을 입증해 준다.

전·노일당은 부정[...] 위해 지역감정을 [...]

= 전남 목포시의 경우 =

TV방송에서는 16일 21시 22분에 각 [...] 김대중 1,758표, 김종필 4표라고 발표하였[...]

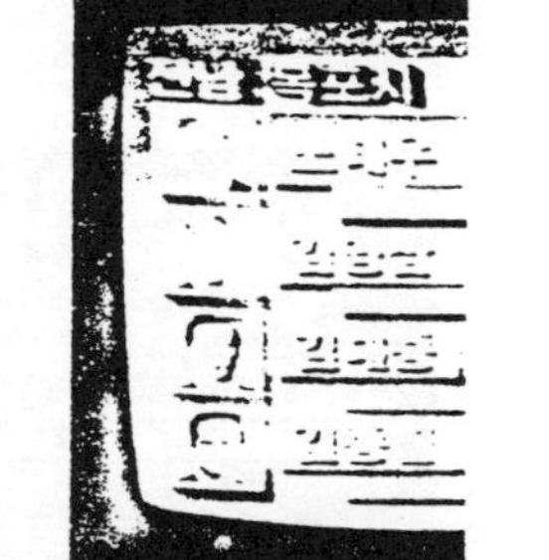

그런데 목포선거관리위원회의 개표록에 의하[...] 표되었고 각 후보의 득표수는 노태우 91표 [...]로 집계되었다.

TV에서 21시 22분에 방영한 개표결과는 [...]다. 결국 TV에서는 실제 개표상황과는 상관없[...] 지역 출신인 김대중 후보의 득표수만을 상향조[...] 감정을 개표조작에서도 이용했다.

= 부산시의 경우 =

TV개표방송 17일 11시45분에 99.9%가 [...] 수는 28,968 이었다. 그런데 13시05분 개표 [...] 수가 모두 증가하는 반면 김대중후보의 득표수 [...]

평택군	선거인수	투표수	노태우	김영삼	김대중	신정일	김종필	계	무효투표수	기권수
[illegible]	[illegible]	[illegible]	[illegible]	[illegible]	[illegible]	[illegible]	[illegible]	[illegible]	[illegible]	[illegible]

개표수는 증가했는데 득표수가 감소할 수 있는가?

= 경기도 안성군의 경우 =

TV방송에서는 경기도 안성이 17일 6시 44분에 개표율 61%, 7시 32분에는 68%, 9시 13분에는 80.9%이며 이때 각 후보의 득표수는 아래와 같이 발표하였다. 시간이 지남에 따라 개표수가 증가하였으므로 각 후보의 득표수 또한 증가해야 하는 것은 상식이다. 그러나 안성의 경우, 시간이 경과함에 따라 각 후보의 득표수가 증가하는 데도 불구하고 한 후보의 득표수만이 오히려 줄어들고 있다. 시간이 경과함에 따라, 각 후보의 득표수가 증가한 것을 감안한다면, 실제 이 후보의 표는 도표상에 나타난 감소표보다 훨씬 많은 수가 줄어들은 것이다.

TV시간대	17일 6:44	17일 7:32	17일 9:13
개 표 율	61%	68%	80.9%
노 태 우	19,953	23,156	27,715
김 영 삼	11,856	13,984	16,603
김 대 중	7,647	6,501	7,563
김 종 필	3,138	3,691	4,407

위로 계산되므로 99.9%의 개표율이란 있을 산 북구 어느 한 투표구의 투표수가 부산 북구 명이어야 하는데 실제로 그러한 투표구는 없다 사기극이었음을 적나라하게 보여주고 있다.

= 광주시의 경우 =

광주에서는, 부산 북구의 경우에 반대되는 현 16.4%로 개표된 17일 03시 26분에 김영삼 3%가 더 개표된 03시 48분에는 오히려 19 실제로는 적은 수자인 것처럼 보이지만 증가되어 다 얼마나 줄어들었는지는 노태우일당 이외는

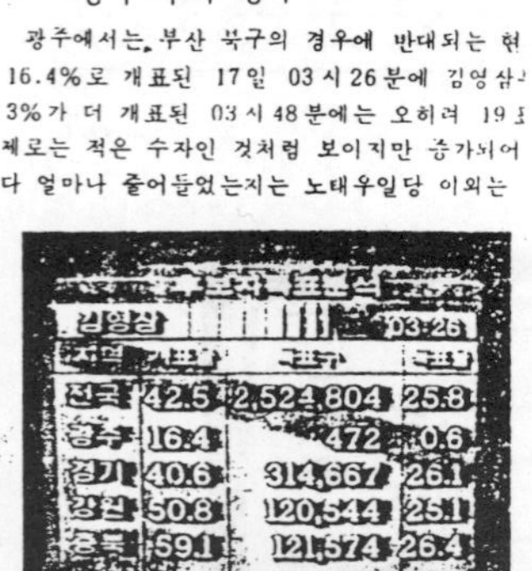

미국·군사독재정권·제도언론을

중선위집계는 조작된 개표결과를 꿰맞추기에 급급했다

[부]정선거를 정당화 하기 [위해 조]작하고 이용하였다

[후]보의 득표수는 노태우 91표, 김영삼 3표, [김대중 1,758표 …였]다.

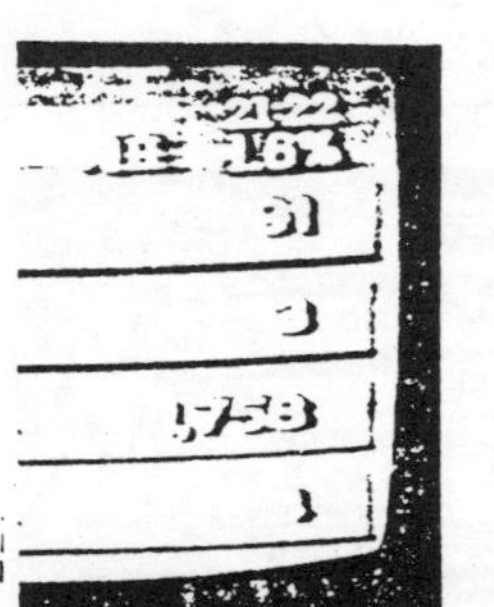

[…]며 [성]남1동 제1투표구가 가장 먼저 개표 와[…] 김영삼 4표, 김대중 1,754표, 김종필 6표 […]

[…]목포의 어느 투표구를 보아도 찾아 볼 수 없[…]이 사전입력된 수치가 반영되었던 것이고 이 [조]작하여 그들이 선거과정에서 조장해온 지역 […]

[…]개표되었다고 방영했을 때 김대중후보의 득표 [… 개표]완료로 방영되었을 때는 다른 세후보의 득표[…]는 오히려 1,726표가 줄어들었다.

다음의 사례들은 선거관리위원회의 집계를 TV에 미리 방영된 조작된 각 후보별 득표수에 맞추는 과정에서 선거관리위원회가 드러낸 실수들이다. 이러한 실수들은 유권자들이 별로 관심을 두지 않는다고 생각한 무효표의 조작에서 두드러지며, 이 외에도 득표수조작, 각 후보별 득표수 조작에서도 나타났다.

무효표 조작!!

중앙선거관리위원회는 TV에 미리 방영된 개표결과에 맞추기 위해 무효표의 수를 조작하였다. 즉 총 개표수가 증가함에 따라 무효표의 수도 늘어나야 함에도 불구하고 중앙선거관리위원회의 집계표에서는 오히려 무효표가 줄어들었다.

사례 1) 17일 02시 중선위집계 총 개표수는 아래의 표에서 볼 수 있듯이 5,273,798이었으며 다섯 후보의 득표수 합계는 5,141,300표이었다. 그 때 무효표는 총 개표수－각 후보의 득표수 합계이므로 17일 02시 집계표상의 무효표는 5,273,798－5,141,300＝132,498표이다. 그리고 17일 03시의 경우 총 개표수는 6,818,816이고 각 후보의 득표수 합계는 6,731,783이므로 그 때 무효표는 87,033표였다. 양자를 비교하면 중선위 집계표상 무려 1,545,018표가 더 개표되었음에도 불구하고 무효표는 오히려 45,465표가 줄었다.

▲ 중앙선거관리위원회 집계표 ▲

	17일 02시	17일 02시	비 고
총 개 표 수	5,273,798	6,818,816	+1,545,018
각 후보 득표수의 합	5,141,300	6,731,783	
무 효 표	132,498	87,033	－45,465

사례 2) 17일 07의 경우 총 개표수는 14,761,927표, 각 후보의 득표수 합계는 14,416,491표이다. 따라서 무효표는 345,436이다. 17일 08시의 총 개표수는 16,133,098표이며, […]

투표수 조작!!

＝ 전라북도의 경우 ＝

전북 선거관리위원회가 16일 23시에 발표한 각 시·군의 투표수와 중앙선거관리위원회에 집계되어 있는 전북 각 시·군의 투표수를 비교해 보면 거의 모든 지역에서 서로 다르게 나타남을 볼 수 있다.

개 표 구 명	선 거 인 수	전북선관위 16일 23:00투표수	중선위 투표수
전 주 시	269,959 (9,609)	246,042 (9,407)	245,593 (9,407)
완 주 군	71,374 (3,543)	64,283 (3,443)	64,268 (3,443)
군 산 시	101,[illegible]0 (2,769)	91,651 (2,686)	91,562 (2,686)
옥 구 군	59,465 (2,386)	53,616 (2,309)	53,615 (2,309)
이 리 시	107,481 (3,563)	98,191 (3,492)	98,189 (3,492)
익 산 군	79,837 (3,862)	71,613 (3,755)	71,606 (3,755)
진 안 군	36,977 (1,939)	33,744 (1,875)	33,736 (1,875)
무 주 군	26,894 (1,365)	24,972 (1,329)	24,972 (1,329)
장 수 군	27,341 (1,430)	24,709 (1,384)	24,709 (1,384)
남 원 시	30,646 (1,352)	27,944 (1,316)	27,995 (1,316)
임 실 군	41,282 (2,072)	37,601 (1,982)	37,602 (1,982)
남 원 군	48,758 (2,615)	43,659 (2,547)	43,659 (2,547)
순 창 군	35,295 (1,730)	32,299 (1,686)	32,298 (1,686)
정 주 시	42,149 (1,891)	38,269 (1,833)	38,269 (1,833)
정 읍 군	71,731 (3,940)	63,442 (3,821)	63,438 (3,821)
고 창 군	72,155 (3,917)	64,620 (3,818)	64,611 (3,818)
김 제 군	105,642 (5,228)	95,141 (5,097)	95,137 (5,097)
부 안 군	69,656 (3,431)	61,654 (3,323)	61,608 (3,323)
합 계	1,298,522(56,644)	1,173,500(55,103)	1,172,867(55,103)

*( ) 안은 부재자수

역사의 이름으로 단죄해야

투표구단위로 이루어지며 집계 또한 투표구단 수 없다. 99.9%의 개표율이 가능하려면 부 총 투표자수 256,530명의 0.1%인 2.56 . 이것은 노태우 대통령당선이 어처구니 없는

상이 나타난다. 즉 아래의 사진에서와 같이 후보의 득표수는 472표 였으나 그것보다 4. 가 줄어든 453표로 발표되었다. 19표가 실 야 한 득표수를 감안했을 때 실제의 득표수보 할 수가 없다.

각 후보의 득표수 합계는 15,804,345이다. 따라서 무효표는 328,753표이다. 양자를 비교하면 08시의 집계는 07시보다 1,371,171표가 더 개표되었음에도 불구하고 무효표가 16,683표가 줄었다.

▲ 중앙선거관리위원회 집계표 ▲

	17일 07시	17일 08시	비 고
총 개 표 수	14,761,927	16,133,098	+1,371,171
각 후보 득표수 합	14,416,491	15,804,345	
무 효 표	345,436	328,753	−16,683

사례 3) 17일09시의 경우 총 개표수 17,378,502표에 각 후보의 득표수 합계는 17,019,768표이므로 무효표는 358,734표이다. 17일 오전 11시의 경우는 총 개표수 18,214,068에 각 후보의 득표수 합계는 17,901,370표이므로 무효표는 312,698표이다. 양자를 비교하면 17일 11시의 것은 9시의 것보다 835,566표가 더 개표되었음에도 불구하고 무효표는 46,036표가 줄었다.

▲ 중앙선거관리위원회 집계표 ▲

	17일 09시	17일 11시	비 고
총 개 표 수	17,378,502	18,214,068	+835,566
각 후보 득표수의 합	17,019,768	17,901,370	
무 효 표	358,734	312,698	−46,036

선관위는 집계과정에서 후보의 득표수를 조작하였다

═ 전북 임실군의 경우 ═

전북 선거관리위원회의 개표상황표에 나타난 17일 05시의 각 후보의 득표수와 개표 완료로 집계된 17일 07시의 득표수를 비교해보면 노태우 후보의 득표수만이 증가했고 다른 세 후보의 득표수는 오히려 줄어들었다.

후보 집계시간	17일 05:00	17일 07:00	비 고
노 태 우	5,917	6,002	+ 85
김 영 삼	440	436	− 4
김 대 중	29,286	29,140	−146
김 종 필	166	161	− 5

전국민은 노태우집권 저지투쟁에 총궐기하라!

특정후보의 득표수를 집중적으로 조작한 결정적 증거

TV집계와 중앙선거관리위원회 개표상황 진행보고서를 비교하면 특정후보의 득표수가 조작된 것임이 드러난다.

TV개표방송 집계가 중앙선관위 집계보다 1시간 정도 빠르다는 점을 감안하여 양자료의 총개표 수가 비슷한 시간을 찾아 비교해 보면 진히 납득할 수 없는 점이 나타난다. 즉, TV가 선관위보다 더 많은 수가 개표되었음에도 불구하고 유독 김대중 후보의 득표만이 더 적은 것으로 집계되고 있다. 도표를 비교해 보면 아래와 같다.

		선관위집계	TV방송집계	양집계의 차이
집계시간		16일 23:00	16일 22:11	
총개표수		490,015	492,594 이상	2,579 이상
득각	노태우	205,251	235,228	+29,977
	김영삼	107,713	128,744	+21,031
표후	김대중	121,122	83,057	−38,065
보	김종필	45,397	45,565	+228
수별	기타(신정일+무효)	10,592		

TV개표방송의 16일 22시 11분 집계는 총개표수가 나오지는 않았지만 네 후보의 득표수의 합이 492,594표이므로 기타표(신정일+무효표)를 감안할 때 TV의 총개표수가 선관위 집계보다 2,571표 이상 개표된 상태이다. 따라서 TV개표방송에 나타난 각 후보의 득표수가 선관위 집계에 나타난 득표수보다 적어도 제자리이거나 한표라도 더 많아야 하는데 김대중 후보만이 오히려 3만 8천여 표가 적은 득표수로 방영되고 있다. 이렇게 총 개표수의 증가에도 불구하고 김대중 후보의 득표수만이 적게 나타나는 기이한 현상은 17일 9시까지 매시간마다 계속해서 나타나고 있다.

서울신문 호외사건은 개표결과 사전조작의 최초의 증거

TV최종집계와 선관위의 최종집계는 달랐다!

경기도 양평의 경우

TV개표방송에서는 양평군이 17일 04시 21분에 개표완료되었다고 다음과 같이 방영하였다.

그러나 중앙선거관리위원회 발표 양평군의 최종집계는 이와 달리 김종필 후보만 같고 나머지 세 후보의 득표수는 틀리게 나타나 있다.

이렇게 양쪽의 최종집계가 서로 다른 것은 사전에 조작된 개표결과에 꿰어 맞추느라 생겨난 것이며 이런 현상이 전국 각 지역에서 발견되는 사실은 TV개표방송과 중앙선관위집계의 개표결과가 실제의 개표결과가 아님을 증명해 주는 것이다.

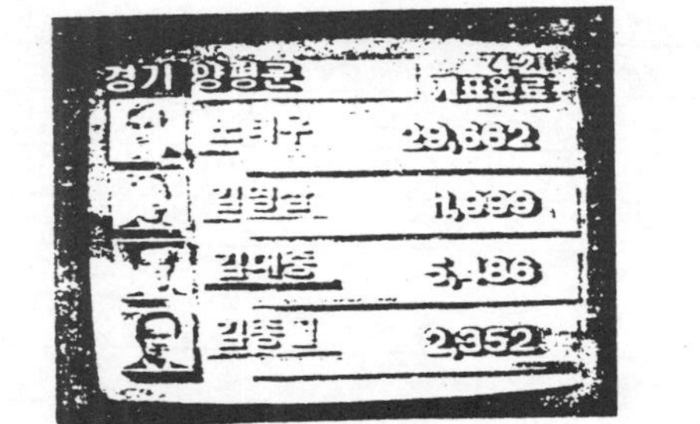

서울신문은 귀신인가?

盧泰愚후보 當選

상오8시 8백만票 넘어서
金泳三후보와 2백만票差

盧후보, 서울서도 強勢
地域別로 극심한 起伏현상 보여

韓國선거 不法없었다

國民은 安定을 택했다

23시 현재 개표진행상황 보고서

구분	선거인수	투표수	후보자별 득표수				
[illegible]	(1,??) 77,055	51,143	17464	14012	12496	4154	
[illegible]	(2,578) 107,213	[illegible]	[illegible]	[illegible]	11,204	4097	
[illegible]	[illegible] 57,224	51119	[illegible]	[illegible]	[illegible]	[illegible]	
[illegible]	(1,523) 52,235	37267	[illegible]	[illegible]	[illegible]	1748	
[illegible]	(2,310) 81,937	73782	36591	[illegible]	9288	[illegible]	
[illegible]	(1,571) 57,014	37758	15,888	10216	6218	[illegible]	
[illegible]	(1,455) 47,155	42364	17214	12345	7402	4602	
[illegible]	[illegible] 44,454	39963	[illegible]	10539	5818	[illegible]	
[illegible]	(2,121) [illegible]	62260	[illegible]	[illegible]	[illegible]	[illegible]	

위의 사진은 12월 17일 새벽 5시, 잠실지역의 지하철에 배포되다 중단된 서울신문호외로서, 기사에는 17일 오전 8시의 득표상황이 게재되어 있다. 이것이 어찌된 일인가? 새벽 5시에 배포된 신문이라면 인쇄는 적어도 새벽 2, 3시경 들어갔을 서울신문호외에는 오전 8시 득표수를 한자리까지 정확하게 보도했는가 하면 노태우 당선 확정은 물론 득표수, 2등과의 표차등을 정확히 확정·보도됐다. 그러나 17일 오전 8시 현재의 개표상황은 호외내용과 전혀 달랐다. KBS집계는 노태우 6백 50만표로 나왔으며 중선위에서는 17일 오후 12시 58분 개표율이 54%였다. 허나 더욱 귀신이 곡할 일은 서울신문의 보도내용이 17시간 뒤에 실제 개표보도된 것과 거의 일치하고 있다는 사실이다. 이러한 사실은 선거 당선자는 물론이요, 2·3등의 순위와 득표수까지 사전에 조작·계획된 것임을 입증하는 충격적 사건이 아닐 수 없다.

국민들은 실수로 배포된 '서울신문호외' 사건을 통하여 노태우 집단의 선거사기극의 한편을 보게된 것이며 이로써 노태우 일당은 변명할래야 변명할 수 없는 개표결과 조작의 물적 증거를 남긴 것이다.

미국은 한국민을 아직도 들쥐로 보고 있는가?

선거가 끝나자마자 한미통상협상에서 나타난 미국의 뻔뻔스러운 태도는 미국이 노태우의 부정당선에 즉각 지지를 표명하며, 노태우 일당에 대한 전폭적인 지지를 확약한 저의를 명확히 해주고 있다.

이번 선거를 통해 미국은,

한반도에서 자국의 정치, 경제, 군사적 이익을 영구히 보장받기 위해서, 그리고 위기에 처한 군부독재세력은 자신들의 집권연장을 보장받기 위해 반드시 당선을 획득해냈어야 했다.

이번 대통령선거는 바로, 이들이 공동합작하여 만들어낸, 예정된 선거 쿠데타였음이 분명하다.

구랍 12월 20일자, 런던의 선데이·텔레그라프지는 여론조사, 공격지역선정, 컴퓨터 이용방법 등 한국선거에 미국이 개입되었음을 보도하였는가 하면, 외신들의 한국의 「12·16선거」가 부정선거라고 규정하고, 이번 선거에 미국측이 관련됐다고 보도함에 따라 국내외적인 파문을 일으키고 있다.

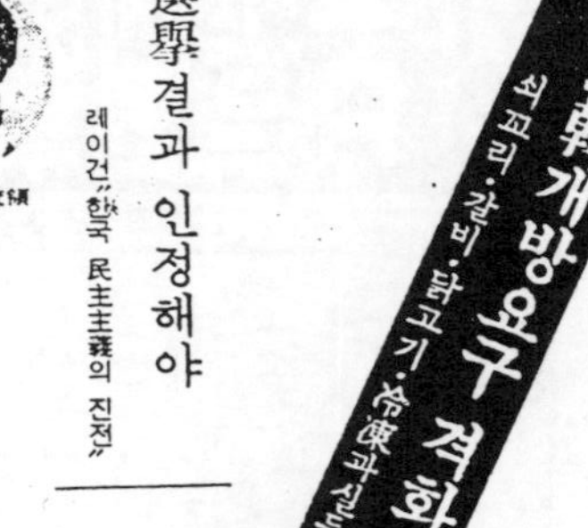

選擧결과 인정해야

레이건 한국 民主主義의 진전

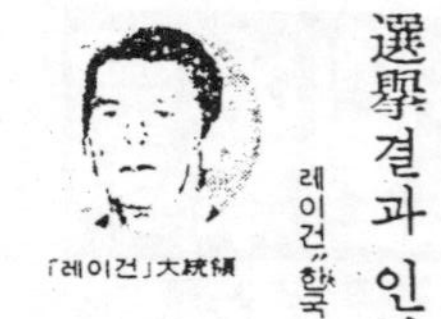
「레이건」大統領

한국인들은 교묘한 선거 사기극으로 인하여 현 정권의 집권연장에 직면해 있음을 깨닫고 있다. 지난 선거에서 민정당의 노태우 후보의 압도적 승리를 보고 받은 충격은 그들이 처음으로 갖게된 진정한 민주주의를 향한 계기가 백주의 쿠데타로 강탈당했다는 의혹으로 변모해왔다.

한국인들은 오랜기간 동안 민주화운동의 경험을 쌓아온 두 김씨가 어떻게 해서 8년전에 군을 동원, 집권한 주역에게 패배할 수 있는가에 대해 알고 싶어했다.

첫번째 그럴듯한 대답은 노씨의 반대자인 양 김씨가 분열됐기 때문이라는 것이었다. 그러나 한국인들은 부정선거에 대한 비난이 높아지자 야당 후보들의 분열경쟁보다는 다른 무엇이 있다는 것을 깨닫기에 이르렀다.

대부분의 한국인들은 어쩔 수 없는 운명으로 체념했지만, 부정선거의 목격자들과 수천명의 반대자들은, 선거쿠데타를 이용하여 정권을 연장시키려 하는 전두환·노태우의 계획을 저지시키고자 투쟁을 전개하고 있다.

과거 한국의 독재자들은 부정선거를 했어도 서투른 방법이었다. 그러나 이번에 노씨가 부정당선을 하고도 그럭저럭 넘길 수 있는 것은 최초로 도입된 교묘한 방법 덕분이고, 이 방법은 한국인과 미국인들에게 그럴듯하게 보이고 있다. 여하튼 한국선거가 미국의 기법을 사용한 것이 명백한데, 이는 어떤 미국 상원이라도 부인하지 못할 것이다.

여론조사 공격모델, 컴퓨터 이용 등은 미국에서 훈련받은 귀재들에 의해 최초로 도입되어 사용된 것으로 지적되고 있으며, 노씨가 승리하도록 한 비밀무기 중 하나는 레이건 미국 대통령의 핵심적인 팀이 제공한 것이었다. 한 소식통은 두 차례에 걸친 미국 선거에서 레이건측 여론조사 전문가였던 리챠드·워틴이 한국 정부측 후보를 도와 그가 승리하도록 했다고 말했다. **또한 한국선거에 고도의 기법을 도입한 워틴의 역할은 철저한 보안으로 돼왔다.**

미국이 노태우씨 진영에 가담한 이러한 사실이 갈채를 받느냐, 곤경에 처하느냐는 미국과 한국정부가 패배한 후보자들을 어떻게 다루느냐에 달렸다.

한편 뉴욕의 정치 상담가인 조엘·맥클리어는 **"미국과 한국정부가 가장 우려한 것은 한 후보가 마지막 순간 사퇴하는 것이었다"고 말하고, 그럼에도 불구하고 어떤 경우라도 노태우 후보의 당선이 그럴듯하게 보이는 선거모델을 세울 수 있었다고 말했다.**

미국이 한국선거에 개입되었다는 맥클리어의 이러한 주장은 후보들의 득표수, 득표율이 일정하게 진행된 것에 대한 강한 의문으로부터 시작됐다.

이번 한국 대통령 선거에서 내릴 수 있는 중대한 결론은, 한국 정부측에 승리가 돌아간 것이 두 김씨의 대통령을 향한 야망 때문이 아니라는 것이다. 두 김씨에게 던져질 수 있는 도덕적인 비난은, 후보단일화를 하지 못함으로써 부정선거를 용이하게 했다는 사실일 뿐이며 **모든 사람들이 직감하고 있는 것은 오히려 이번 선거가 도둑맞은 선거라는 점이다.**

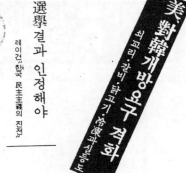

제 53 호 1988년 6월 3일

규약 제1장 총칙 제3조(목적)

민주화운동청년연합은
(1) 인간생명 존엄성 구현
(2) 민중생활 개선 및 민중참여 지원
(3) 민족자주화와 민주화 이룩
(4) 자주적 평화 통일 지향
(5) 청년운동 전형창출, 사회운동 구심점 형성에 매진을 그 목적으로 한다.

발행 : 민주화운동 청년연합
서울 종로구 낙원동 110
경한빌딩 61호 (765－1711)
동민청 : 488－8594
북민청 : 744－4848
남민청 : 871－1537
안양 민청련 : (0343) 48－0704

획기적 전기맞는 조국통일투쟁

「6·10회담」에 온국민의 관심집중, 반드시 성사돼야

지난 5월 19일 10만여의 시민이 운집한 「통일열사 고 조성만 민주국민장」의 시청앞 노제

올림픽이 목전에 다가옴에 따라 조국통일에 대한 염원이 전반적으로 고조되면서 재야·학원가 종교계 등 각계 각층에서 '공동올림픽 쟁취'를 내건 조국통일 촉진투쟁이 점차 열기를 더해가고 있다.

조국통일 촉진투쟁은 지난 달 15일의 조성만열사 할복투쟁을 게기로 급속히 확산되어 국민대중 가운데 폭넓은 지지기반을 확보하기 시작했다. 그 이후 본 연합을 비롯 민통련, 서민투련, 5·18 관련단체, 종교계 등 66개 단체가 지난 28일 「조국통일의 대업을 앞당기기 위한 시국선언」을 발표, 공동올림픽과 조국통일이 범국민적인 관심사로 대두됐음을 확인하게 했고, 오는 6월 10일 열릴 예정인 남북 대학생 체육회담을 계기로 그 절정에 이를 것으로 전망된다.

이와 같이 조국통일 촉진투쟁이 범국민적인 관심속에 진개되고 있는 것은 그 절박성의 표현외에 다름이 아니다. 즉 분단고착화를 위해 미국과 노태우정권이 분단올림픽을 통해 두 개의 한국을 기정사실화 시키려고 음모하고 있기 때문이다. 이에 따라 분단올림픽의 본질을 폭로하고, 올림픽을 진정한 인류평화와 민족화합의 장으로 만들기 위해서는 반드시 공동올림픽이 개최되이야 한다는 각성이 확산되고 있는 것이다.

조성만 통일열사 할복투쟁

지난 15일 고 조성만 열사가 명동성당 구내에서 조국통일과 공동올림픽 개최 등을 주장하며 할복·투신, 조국통일의 염원을 죽음으로 절규했다.

그때까지만 해도 대학가를 중심으로 조심스럽게 벌이지던 조국통일과 공동올림픽 쟁취투쟁은 열사의 죽음을 게기로 들불처럼 번져나가 마침내 범국민적인 관심사로, 그리고 제반 민주세력의 요구사항으로 확산되었다. 이러한 점은 19일 「통일열사 고 조성만 민주국민장」에서 수십만의 시민·학생 등이 열사의 죽음을 애도하고 열사의 뜻을 이어받아 조국통일과 공동올림픽 쟁취를 다짐하는 모습으로 표출되었다. 이후의 범민주세력이 시국선언을 발표한 것도 이러한 맥락에서 이해할 수 있다.

열사는 투신 직전 살포한 자필유서에서 "척박한 땅, 한반도에서 태어나 인간을 사랑하고자 했던 한 인간이 조국통일을 염원하며 이 글을 쓴다"면서 조국통일과 미국축출, 군사독재 타도, 공동올림픽 개최 등을 주장했다.

열사의 죽음이 알려지자 시민들은 충격과 분노의 목소리를 담아 열사의 영정이 마련된 명동성당으로 향했고, 분향소에는 끝없이 이어지는 조문행렬로 조국통일의 간절한 염원이 향불처럼 타올랐다.

19일, 경희궁 공원에서의 장례식은 구청직원들과 정·사복 경찰들의 장례준비 방해에도 불구하고 만여명이 운집해 오열과 뜨거운 결의가 교차하는 가운데 엄수됐다. 이후, 시청앞 노제에는 수십만의 시민들이 자리를 메우고, 열사가 죽음으로 염원한 조국통일과 공동올림픽을 기필코 쟁취할 것을 결의했다. 열사는 이후 모교인 서울대와 전주 신흥고를 거쳐 광주영령들이 묻혀 있는 망월동 5·18 묘역에 안장됐다.

조성만 열사의 죽음은 지금까지 제대로 수행되지 못하던 조국통일 촉진투쟁과 공동올림픽 쟁취투쟁의 물꼬를 터주는 기폭제로 작용해 이후의 활발한 통일논의와 공동올림픽 쟁취를 위한 범국민적 투쟁의 돌파구가 되었다는 점에서 커다란 의미를 가지고 있다.

전국 66개 민주사회단체 시국선언

민통련을 비롯 서민투련, 민주쟁취국민운동본부, 농민단체, 5·18 유관단체, 종교계, 교육계, 문화계 등 전국의 거의 모든 민주사회 단체들은 지난 6월 28일 「남북 공동올림픽과 6·10 남북 학생회담의 성사를 촉구한다」는 내용의 「조국통일의 대업을 앞당기기 위한 시국선언」을 발표했다. 이는 그동안 산발적이고 분열된 채 운동을 전개해 오던 민족민주세력이 조국통일이라는 대명제 아래 공동대응을 모색한 결과다.

이 성명서는 정부당국에 대해 "4차례에 걸친 로잔 남북체육회담의 의사록을 포함한 24차 올림픽에 대한 제반 자료를 공개"할 것과 앞으로의 체육회담 내용의 공개를 요구했다. 이와 함께, "올림픽에 관한 자료공개 후 공개토론회를 제안"하고 5월 30일 방한할 사마란치 IOC 위원장과의 공개회담과 미국측에 의해 진행되고 있는 남한에 대한 군사력 증강배치의 중지를 촉구했다.

한편, 6·10 남북학생회담에 대해서도 전폭적인 지지를 천명하고, 학생회담 전면보장과 판문점 사용허가를 촉구했다. 이와 함께, 광주학살 부정비리의 진상규명과 책임자 처벌, 양심수 석방 등의 민주화 작업이 올림픽 등을 이유로 지연되어서는 안된다는 점을 분명히 했다.

이와 같이 범민주세력이 연대하여 조국통일 촉진투쟁을 전개하게 됨에 따라 조국통일 촉진과 공동올림픽 쟁취투쟁은 새로운 국면으로 접어들게 된 것으로 보인다.

「6·10 남북학생 실무회담 성사를 위한 결의대회」 예정

6월 9일에는 다음날 개최될 예정인 「남북한 청년학생 실무회담의 성사를 위한 결의대회」가 개최될 예정이다. 전국의 백만학도들이 조국통일을 앞당기는 실질적인 첫발을 내딛는다는 각오로 준비하고 있는 이 결의대회는 조국통일 촉진투쟁의 파장을 짐작케 하는 전기가 될 것이다.

또한, 이번 6·10 실무회담은 과연 누가 진정 조국통일을 지향하는 세력이고 누가 반통일세력인가 하는 점을 분명하게 드러내 보일 것이다.

사회 일각에서는 이번 남북학생 체육회담이 학생들의 감상적인 생각의 발로라거나 현실을 무시한 채 이상만을 추구하는 것이라 생각하는 사람도 있다. 그러나 그간 통일논의가 원천적으로 봉쇄되고 정보나 협상창구가 정부에 의해 독점됨으로써 빚어온 귀결이 무엇이었나를 생각할 때 이번 실무회담은 현 노태우정권의 통일에 대한 의지를 시험하는 구체적인 계기가 될 것이다.

이제 통일에 대한 열망이 고조되고 논의가 활성화되는 것은 더 이상 거역할 수 없는 것이 되고 있다. 그러나 통일은 미국과 친미독재정권이 알아서 챙겨주는 것이 아니다. 오히려 그들은 반공이데올로기, 특히 반북모략선전을 통해 한사코 통일에 제동을 걸어왔다. 남과 북의 민중들이 일체의 외세를 배제한 채 직접 가슴을 맞대고 앉아 민족의 동질성을 확인해 내고 대단결의 기운을 조성해 낼 때 통일을 향한 거보를 내딛을 수 있다. 지금 올림픽을 계기로 활발히 전개되고 있는 제투쟁은 그것을 위한 제 일보이라 할 수 있다.

광주학살 진상규명의 주체는 국민

6월4일 「범국민진상조사 위원회」 발족 예정

80년 5월 광주에서 대학살극을 자행한 장본인들이 버젓이 권좌에 눌러앉아 국민을 우롱하고 있는 포복절도할 현실속에서도 이제는 더이상 그들의 죄악상을 묵과하고 넘어갈 수 없다는 목소리가 전국민적 공감대를 형성하며 드높아가고 있다. 이러한 전국민적 요구와 열기들이 하나로 결집되어 마침내 오는 6월 4일 광주학살 진상규명과 그 책임자의 색출·처단을 위한 「광주학살 책임자처벌을 위한 범국민 진상조사 위원회(이하 진조위)」가 발족한다.

그동안 끊임없이 솟구쳐 올랐던 학살원흉 처단열기에 대해 보수야당은 '국회내에서의 해결'을 주장하며 이미 국회특위를 구성하겠다고 나선 바 있지만 실제로 학살주범 노태우가 대통령으로 비티고 있는 상황에서 국회특위의 역할이 지극히 협애할 것임은 불을 보듯 뻔한 상황아래 범국민적 진조위의 결성은 그만큼 의미가 깊다고 하겠다.

지난해 6월투쟁을 지도했던 전국적·조직인 국민운동본부에 필적하는 조직체계(도표참조)로 결성되는 진조위는 6월 4일 발족식과 함께 본격적 활동에 들어가게 된다. 진조위는 우선 전국각지에서 부분적·파편적으로 진행된 광주항쟁계승투쟁을 전국민적 투쟁으로 발전시키며 반군부독재투쟁전선을 단일하고 강고하게 해나가기 위해 보다 종합적인 진상조사를 해나가는 것을 임무로 하고 있다. 더불어 광주항쟁의 원인과 성격을 규명하고 학살책임자의 색출작업과 함께 학살에 가담한 미국의 개입부분을 조사내용으로 하고 있다. 이에 따라 조사대상은 학살의 주구로서 이미 국민 가운데 널리 알려진 전두환, 노태우, 박준병, 정호용, 주한미군 사령관 및 주한미대사 등으로 잡고 있다.

6면 민중신문 제53호 1988년 6월 3일

=싸우는 사람들의 이야기=

재일동포 장기수 이철씨

감옥이라도 조국의 하늘아래 살고싶다

민주화와 조국통일을 위해 청춘을 바친 양심이 선별되고 있다. 조성만 열사가 사망함으로써 5월 정국 최대 쟁점 가운데 하나로 떠올랐던 양심수 전원 석방의 여론이 군부독재에 의해 회석되면서 전원 석방이 아닌 선별 석방으로 귀결될 조짐을 보이고 있다. 이에 따라 길게는 34년, 적어도 10년 이상을 어두운 감옥에서 청춘을 바쳐야 했던 조국의 양심들이 이번 석방 논의에서 또다시 제외될 전망이다.

이른바 '재일교포 간첩단 사건'에 연루되어 사형을 선고받았다가 20년으로 감형된 이래 13년을 복역중인 이철(41 고려대)씨 역시 그 가운데 한 사람. 이철씨의 약혼녀로 13년의 세월을 전국 감옥으로 쫓아다니며 옥바라지와 석방운동을 온 몸으로 전개해온 민향숙(38)씨를 통해 재일교포 양심수 문제의 실상을 들어 보았다.

현재 49명에 이르는 재일교포 양심수들은 일제시대에 강제징용으로 끌려가 그곳에 정착한 재일 한국인 노동자들의 2·3세가 대부분이다. 조국에서 뿌리뽑혀 일본땅에 강제이식된 이들은 인간으로서 견디기 어려운 수모를 당했다. 법적 정치적 차별도 물론이거니와 사회 문화적인 냉대와 질시도 감당하기 어려운 것이었다.

이철씨도 다른 사람들과 같이 민족차별의 어두운 기억과 민족현실에 대한 고뇌속에서 유년시대와 청년시대를 보냈다. 그가 국민학교 5학년이었던 어느 날. 학교에서 돌아온 그는 어머니의 품에 안겨 "우리는 왜 우리나라에 가서 살 수 없나. 우리나라에 가서 살자"며 울음을 터뜨렸다. 학교에서 같은 반 학생들에게서 '조센징'이라 놀림을 당하며 따돌림을 받았던 것이다.

이때부터 이철 소년은 조국 한반도에 대해 적극적인 관심을 나타내기 시작했다. 부모들이 뿌리뽑혀 강제 이주당한 일제시기의 슬픈 민족사를 알았고 외세에 의해 허리 잘려 고통당하고 있는 한반도의 현실에 대해서도 알게되었다. 일본땅에서 보는 조국 한반도는 남도 내 조국, 북도 내 조국, 하나가 분명한 데 둘로 나뉘져 있는 분단 현실이 바로 재일 한국인의 현실을 포함한 민족의 불행과 밀접한 관계를 맺고 있으며, 분단현실의 극복, 즉 조국통일이 우리 민족의 지상 과제임도 알았다.

고등학교를 졸업한 이철씨는 조국통일을 위해서는 먼저 조국을 알아야 한다고 생각, 조국통일의 방법을 모색하기 위해 서울행을 결심했다. 고려대에 진학한 그는 조국의 현실에 관해 연구하는 한편 동료 학생들과 토론으로 밤을 지새우기도 했다.

이때가 바로 1974~5년. 탈법적인 유신통치에 반대하는 반정부 데모가 연일 계속되었고, 파국으로 치닫던 박정희 군부독재는 서슬퍼른 긴급조치를 2년동안 9차례나 발표해야만 했다. 그럼에도 데모는 그치지 않았다. 연이은 구속과 탄압조치에 군부독재에 대한 여론을 들끓어 오르던 1975년 11월 22일 이철씨는 중앙정부보에 연행됐다. 40일에 걸쳐 모진 고문을 받았다. 죽을래야 죽을 수도 없는 상태였다. 이미 작성된 조서에 서명하라는 강요를 받았다. 평양에 갔다왔다고 시인하라는 것이었다. 매앞에 장사가 없었다.

신문에서는 연일 계속된 시위가 학원에 침투한 재일교포 유학생 간첩의 배후조종에 의한 것이라고 대서특필했다.

검찰에서는 이철씨에게"중앙정보부의 조서사실을 부인하면 죽이겠다"며 고문을 했고, "하라는대로 하면 3개월이면 나간다"고 회유하기도 했다. 고문의 휴유증은 심각했다. 고문에 대한 공포심이 1심이 진행될 때까지 계속되었다. 속사포처럼 진행된 1심에서 사형을 선고받았다.

3개월이면 나간다던 그들의 말이 사형으로 나타났던 것이다. 속았다고 느낀 이철씨는 2심에서 반증 자료를 제시했다. 검찰에서 평양에 갔다고 주장하자 그 시각 일본백화점에서 산 시계의 영수증을 제출했고 아르바이트 장부를 일본 검찰과 변호인협회의 협조아래 제출했다. 검찰측 주장에 대한 반증은 명백했다. 그럼에도 불구하고 재판부는 1심에서 인정하고 2심에서 부인했다며 반증자료를 무시하고 서둘러 재판을 마쳤다.

군부독재의 시녀로 전락한 사법부가 군부독재의 정권안보를 위해 제물로 바쳐진 관제 빨갱이에게 관대할 수 없었던 것이다.

사형을 선고받은 후 집행을 기다리는 3년 6개월간 이철씨는 0.71평의 독방에서 수갑을 찬 채 생활해야 했다. 동물처럼 음식물을 먹어야 했고, 대소변을 볼 때도 손을 사용할 수 없었다. 책도 들어오지 않았고, 사람들과의 대화는 철저하게 차단당했다. 말을 빼앗긴 채 살아있다는 사실을 확인하면서 인간의 한계와 싸우는 날들의 연속이었다. 때로는 살아있는 건지 죽어있는 건지 모른 상태에서 멍청하게 앉아 있다가 감방안으로 날아드는 파리의 날개짓을 보고서야 비로소 살아있음을 확인하기도 했다.

침묵의 세월 13년속에 20대 청년이었던 그는 40대 중년이 되었다. 망각의 세월속에서도 이철씨는 더 조국과 민족을 사랑하게 되었다. 얼마전 면회에서 "빨리 출감해서 부모님이 기다리는 일본으로 돌아가야 하지 않겠느냐"는 말에 "한 평 남짓한 조그만 감방이지만 조국의 하늘을 바라보고, 조국의 흙냄새를 맡으며 내 민족과 함께 살고 있다는 사실만으로도 얼마나 행복한 지 모른다"며 일소에 붙이기도 했다.

독재권력은 정치적 위기가 높아질 때마다 구속과 석방의 카드를 번갈아 왔지만, 이들의 석방만은 완강히 거부해왔다. "박정희나 전두환, 노태우 그 어느 누구도 지옥같은 고문을 당하고 빨갱이가 안될 수 있겠느냐"는 그 어느 양심수 가족의 주장처럼 살인적인 고문때문에 청춘을 다바쳤던 그들에게 이제 더이상 자유를 구속해서는안된다. 조국통일을 이야기하면서 조국통일을 주장한 그들을 계속 가둬놓는다는 것은 군부독재가 통일에의 의사가 전혀 없음을 반증할 뿐이다. 엠네스티 세계본부조차도 세계의 양심수로 선정한 그들을 궁색한 구실로 선별할 수는 없다. 더더구나 군부독재는 선별한 자격이 없다. 해방이후 구속된 모든 양심수 전원 석방하라!

민주·통일 민중운동연합
발행인겸 편집인 : 문 익 환
110-330 서울 종로구 돈의동 50
보명빌딩 302호 ☎ 745-6073

민중의 소리

제52호 1988년 6월 18일

'6·10투쟁', 통일운동을 새 단계로

학생 선도로 통일논의 크게 확산

조국통일을 이룩하기 위한 올림픽 공동개최투쟁과 아울러 청년학생들에 의해 추진된 6·10 남북학생회담은 군사독재정권의 원천봉쇄로 무산됐으나 대학생들의 통일운동은 점차 국민대중의 지지를 얻으며 조국통일투쟁의 새로운 지평을 열어 나가고 있다.

전국 대학생대표자협의회는 지난 3월 29일부터 3차례의 공개서한과 5월 14일의 '6·10 남북체육회담 성사 및 공동올림픽 쟁취를 위한 범시민·학생 결의대회'를 통해 6월 10일 오후 3시 판문점에서 남북학생회담을 갖자고 제한하면서 이를 위한 남한측 실무대표단을 구성하겠다고 밝혔다.

김중기(서울대, 철학4)군을 단장으로 하는 실무진 35명이 구성돼 준비작업이 진행되면서 6·10회담은 가장 중요한 관심사로 등장했다. 이에 따라 국민대중의 관심이 고조되자 군사독재정권은 최초의 강경 입장에서 다소 후퇴, '북한접촉창구의 정부일원화'를 전제로 인적·물적교류의 실현을 위해 꾸준히 노력하겠다고 밝혔다.

정당성 인정요구

6·10회담의 정당성에 대한 국민대중의 지지가 높아지는 반면 군사독재정권의 대응 태도가 다소 흔들리기 시작하자 전대협과 남한지역 대표단은 정부와 야당에 긴급제안을 했다. 이들은 제안서를 통해 "정부당국은 국무회의 발표대로 남북청년학생의 상호교류를 인정하고 조국통일을 앞당기기 위해 6·10 남북학생회담에 적극적인 지지와 협력을 보내야 할 것"이라고 주장하면서 이를 위해 1) 6·10회담의 정당성과 대표단을 인정하며 2) 대표단에 대한 수배조치를 해제하고 3) 회담의 원천봉쇄조치를 철회하고 판문점에서의 자유로운 통행을 보장하라고 요구했다. 이들은 이런 문제의 해결을 위해 정부당국과 야당에 공개토론회를 제안했다. 대표단은 이 제안이 받아들여질 경우 회담의 성사에 따른 기술·실무적인 문제들을 해결할 용의가 있다고 말해 회담성사와 통일에의 진전을 위해서는 기꺼이 회담을 연기할 뜻이 있음을 비쳤다.

학생들이 통일운동의 발전을 위해서 자신들의 주장을 굽힐 뜻이 있음을 밝혔음에도 군사독재정권은 공개토론회에 불참하는 한편, 6·10 학생회담은 원천봉쇄하겠다는 입장을 거듭 밝혀 통일로 향하는 의지가 전혀 없음을 드러냈다.

군사독재정권은 현재 준비중인 남·북학생체육회담을 취소하면 남북한 학생간의 교류를 적극 추진하겠다고 밝히는 한편 전대협집회, 출정식, 판문점행진을 원천봉쇄하겠다며 회유와 탄압을 통해 회담을 적극 저지했다.

"6·10회담 성사"를 주장하며 - 10일 오후 5시 홍제동 4거리

드러누워있는 청년들에게 "무차별 최루탄 난사후 백골단의 살인적 만행"

'우리의 소원은 통일'

국민대중의 지지와 성원속에서 6월 9일 오후 5시 연세대에서는 6·10회담 성사를 위한 '백만학도 총궐기대회'가 열릴 예정이었으나 군사독재정권은 각 지방 및 서울의 대학과 대회장인 연세대를 원천봉쇄, 학생들은 광주 전남대, 서울의 서강대, 이화여대, 고려대로 분산 집결했으며 이날 밤 10시 연세대에서 2만여명의 학생들이 참가한 가운데 총궐기대회가 열렸다.

군사독재, 기만적 '교류' 제안

'가자, 판문점으로' 함성 드높아

운동단체·재야인사 학생 지지

10일 오전 민통련 문익환의장, 불교대표 지선, 진관스님 등 각계 인사들과 2만여명의 학생들이 참가한 가운데 아침 10시부터 출정식이 열렸다. 이들은 조국통일투쟁 의지를 다시한번 다진 뒤 김중기단장을 앞세우고 교문으로 향했다.

"이 땅이 뉘 땅인데 오도 가도 못하느냐, 조국통일 가로막는 미국놈들 몰아내자" "가자 북으로, 오라 남으로 만나자 형제들이여 판문점에서!"라는 구호를 외치며 김중기단장과 통일선봉대를 앞세운 행렬이 교문을 통과하려 하자 경찰은 다연발 최루탄을 엄청나게 발사하며 행렬을 저지했다.

경찰의 폭력 저지로 행렬이 흐트러진 뒤 학생들은 오후 1시 30분 서울역 주변과(1만여명), 4시 홍제동 4거리(6천여명)에서 평화시위를 벌였다. 학생들은 서로 팔짱을 낀채 "6·10회담 성사시켜 조국통일 앞당기자"는 구호를 외치며 문산행 기차역과 버스정류장으로 향하려 했다. 이들은 경찰이 최루탄을 쏘며 접근하면 팔에 팔을 낀 채 그자리에 드러누워 「우리의 소원은 통일」을 목이 터져라 외쳤다. 비폭력 평화시위를 벌이며 아무런 저항을 하지 않는데도 경찰은 이들을 무자비하게 구타하며 연행, 이날 하루에 2명의 학생이 뇌를 다치는 중상을 입었고 1백 50여명이 부상당했으며 연행된 학생이 1천여명에 달해 군사독재정권의 폭력적 탄압성을 그대로 보여주었다.

한편, 어떠한 방법으로든지 이 역사적 회담을 성사시키기 위해, 출정식을 갖는 도중 오전 10시 연세대를 출발한 남한대표단의 이창림(부산지역대표), 정재교(경인지역대표)군은 오후 2시쯤 문산에 도착, 구호를 외치며 판문점으로 향했으나 경찰에 연행됐다.

"8·15에 만나자"

군사독재정권의 방해로 6·10회담이 무산된 뒤 연세대로 돌아와 철야농성에 들어간 학생들은 다음날인 11일 1시 "남북학생회담 보고대회 및 공동올림픽 쟁취를 위한 범국민대회"를 열었다.

학생들은 대회에서 「정당·사회단체에 보내는 촉구문」을 통해 6월 18일 고려대에서 ▲제 2 차 남북한 학생회담성사 ▲공동올림픽성사 ▲정당·사회단체 학생의 통일문제협의기구 구성에 관해 공개토론회를 열자고 제안했다.

이들은 또한 「북한에 보내는 제 4 차 공개서한」을 발표, ▲남북학생 실무회담을 8월 15일 판문점에서 개최할 것 ▲전민중적 공동올림픽 쟁취본부를 남과 북, 그리고 가능한 해외 곳곳에 건설할 것 ▲공동올림픽을 위한 한민족 1천만인 서명운동을 남과 북에서 추진할 것 ▲남북한 이산가족의 명단을 조사, 작성하고 발표하자고 제안했다.

6월 18일로 예정된 공개토론회에 군사독재정권이 참여할 가능성과 또한 학생대표들에 대한 석방·수배해제의 가능성이 거의 없어 학생운동세력이 주도적으로 전개하고 있는 조국통일투쟁은 험난한 과정을 헤쳐나가야 할 것이 분명하지만 이번 6·10투쟁은 커다란 의의를 남긴것으로 평가된다.

통일논의 확산의 계기

우선, 분단이후 독재정권이 집권을 위해 자신들만의 전유물로 이용한 '통일논의 및 운동'에 대한 벽을 허물고 이를 전국민에게 확산시켰다.

3월 29일 처음 조국통일투쟁을 시작했을때 국민대중은 물론 학생들조차도 이 투쟁이 광범위한 국민적 지지속에서 진행되리라고 생각하지 않았다. 그러나, 4월 16일 국민대토론회, 5월 14일 결의대회를 치루면서 통일문제에 관한 국민대중의 관심은 고조되기 시작했으며 올림픽개최의 문제와 연결되는 통일투쟁은 남·북 대학생 체육회담의 대표자가 구성되면서 회담강행의 뜻을 밝혀 반드시 해결돼야 할 최고의 문제로 부각됐다.

회담이 임박하면서 자신들의 주장을 철회할 것을 전제로 하면서까지 통일투쟁의 정당성을 인정하라고 요구한 학생들의 입장과 회담 당일 1천여명 가까이 강제연행되면서도 경찰의 원천봉쇄에 맞서 비폭력투쟁을 전개한 것은 학생들의 통일에 대한 열렬한 염원을 국민대중에게 올바르게 전달하는 계기가 됐다. 학생들의 강제연행에 항의하며 이들의 주장에 적극 호응하는 시민들의 태도는 통일의 문제를 더 이상 군사독재정권이 전유물화해서는 안된다는 주장이었다. 통일논의의 국민적 확산, 바로 이것이 6·10투쟁의 중요한 의의다.

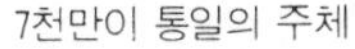

7천만이 통일의 주체

둘째, 정부주도하의 통일논의 전개, 대북 대화창구의 정부일원화라는 집권세력 주장의 허구성을 깨뜨리며 남·북한 각계각층이 민간차원에서의 접촉, 즉, 통일논의와 운동의 주체는 7천만 민중이어야 한다는 사실을 확인시킨 것이 이번 투쟁의 의의이다.

군사독재정권의 통일방안은 자신들의 주도하에 민간차원의

7면으로 이어짐

사설 대중적 공감대의 확산이 최대 과제

통일운동을 새 차원으로 높인 6·10투쟁

올해의 6월 10일은 지난해의 같은 날과 마찬가지로, 아니 어떤 면에서는 그 이상으로 민족·민주운동의 역사에 획기적인 날로 기록될 것이다. 전국의 각 대학에서 서울의 연세대로 몰려든 학생들은 "이 땅이 뉘땅인데 오도 가도 못하는가, 조국통일 가로 막는 미국놈들 몰아내자"를 소리 높이 외치며 판문점을 향해 떠났다. 굳게 어깨동무를 하고 연세대 교문을 나선 1만 5천여명의 학생들은 소낙비처럼 퍼부어대는 최루탄에 밀려 출정식장을 벗어나지 못했지만 그들의 뜨거운 통일의지는 판문점으로, 판문점으로 달려가고 있었다. 수천명의 학생들은 홍제동 네거리까지 진출하여 경찰의 무력에 맞서 '우리의 소원은 통일'을 외치고 노래했다. 군사독재정권의 하수인들인 전경과 백골단은 평화적으로 거리에 누워 구호를 외치는 학생들에게 최루탄을 무차별 난사함으로써 그들의 반통일적 본성을 다시 한번 드러냈다.

민주의 6월이 통일의 6월로

박종철군 고문 살해사건과 그에 대한 축소 조작이 도화선이 되어 폭발한 지난해의 6월 항쟁은 전국 방방곡곡으로 확산되고 범국민적 민주화투쟁으로 발전했다. 80년의 광주학살 이래 끊임없이 학생과 민족·민주운동세력의 공격을 받아온 전두환정권은 민중의 힘에 밀려 붕괴될 위기에 몰렸다. 더구나 바로 그날 잠실체육관에서 전두환의 후계자로 뽑힌 노태우는 이 항쟁을 보고 간담이 서늘했을 것이다. 이 대투쟁의 과정에서 연세대의 이한열군이 직격 최루탄에 맞아 사경을 헤매다가 끝내 운명하자 싸움은 절정으로 치달았다. 이 격동 속에서 전두환과 노태우는 보이지 않는 세력싸움을 벌였다. 결국 승리는 노태우쪽으로 돌아갔는데, 그 배후에서 미국이 노를 지원했음이 사후에 밝혀졌다.

어떻게 해서라도 권력을 장악하려고 들던 노태우일당은 '6·29 선언'을 전격적으로 발표, 민주화의 꿈에 부푼 대중과 보수적 야당의 허점을 찔렀다. 민민운동권의 일부까지도 이 기만적 선언에 솔깃했던 것을 부인할 수 없다. 결국 노태우가 이 선언에서 약속한 항목중에 실현된 것은 직선제 대통령 선거밖에 없었으나 이것 역시 민주화 세력이 대동단결을 이루지 못한 가운데 최악의 부정선거가 자행되어 군사독재의 연장으로 이어지고 말았다.

지난해 6월 항쟁은 민주화에 초점을 둔 싸움이었다. 내손으로 대통령을 뽑고 싶다는 것이 국민 대다수의 염원이었다. 그런데 올해의 6월은 통일이 싸움의 중심과제로 떠올랐다는 점에서 크게 다른 성격을 보였다.

통일론의 구체적 실천

올해의 6월 투쟁은 학생들을 중심으로 전개되었다. 전대협이 주축을 이룬 조국통일특별위원회는 남북학생회담을 적극적으로 추진하면서 정권과 제도언론의 혹심한 공격을 받았다. 1961년 5월에 학생들이 '가자 판문점으로'를 외치다가 5·16 쿠데타를 만난 것을 회상해보면 이번의 학생회담은 역사의 발전을 생생하게 증언해 준 것이었다. 이제는 그 어떤 세력도 정당한 통일운동을 총칼로 저지할 수 없을 정도로 우리 운동의 힘이 커진 것이다. 군사독재는 최루탄으로 학생들의 판문점행을 막는 데 급급했을 뿐이다.

학생들의 통일운동에 열기를 가한 것은 조성만군을 비롯한 젊은이들의 분신자결이었다. 지난 3월말 서울대 총학생회장 선거에서 김중기군이 남북학생체육대회와 국토종단 순례대행진을 제안하고 김일성대학 학생들에게 편지를 띄운 이래 남북화해의 기운이 대학가에서 강하게 일어나기 시작했고 이것은 마침내 온몸을 던지는 통일투쟁으로 발전했다.

6·10 회담 당일에 학생들이 보여준 회담 성사의 결의는 대단하고도 감동적이었다. 그들은 삼엄한 경계망을 뚫고 문산까지 대표를 보내고 격렬한 몸싸움으로 국내외에 깊은 인상을 심어주었다.

야당의 방관과 운동권의 소극성

학생들이 목숨을 바치거나 감옥을 향하면서 통일을 부르짖은 데 비하면 총선에서 국회의 다수의석을 차지한 야당들의 자세는 비판을 받아 마땅했다. 각기 차이는 있었지만 공화당은 아예 정부쪽으로 창구 일원화를 주장하는 어용성을 노골적으로 드러냈고 민주당은 자제라는 용어로 회담의 중지를 요구했다. 평민당은 상대적으로 전향적인 태도를 보이면서도 명백한 입장을 정하지 못하고 학생들의 출정식에 참석하는 정도의 성의 표시만을 했다.

민민운동권은 이 회담을 적극 지지했으나 그것은 성명 발표의 수준에 머물렀고 일부 지도자와 활동가가 출정식에 참석했을 뿐, 적극적 행동으로 학생회담을 뒷받침하지는 못했다. 학생과 사회운동이 단결하여 추진할 때 통일운동이 역동성을 얻을 수 있다는 점에서도 이것은 깊이 반성해야 할 문제이다.

학생들 역시 올 봄에는 통일운동에 거의 모든 역량을 투입한 나머지 5월 광주싸움이나 '5공화국' 비리 폭로 투쟁 등을 제대로 해내지 못했다는 비판을 감수해야 할 것이다.

대중과 같이 가는 운동으로

모든 운동은 대중으로부터 고립되면 성공할 수 없다. 이번의 통일투쟁이 꼭 그렇다고 말할 수는 없지만 국민 대다수의 공감을 얻지 못한 것은 사실이다. 물론 권력의 악의적인 선전 및 제도언론의 왜곡과 공포분위기 조성이 결정적인 역할을 했다고 하더라도 학생운동과 민민운동이 전국민을 대상으로 민족자주화와 통일의 당위성을 홍보하는 작업을 만족스럽게 하지 못하고 있다는 것은 반성해야 할 것이다.

지난해의 6월과 올해의 6월은 우리에게 또 하나의 커다란 교훈을 주었다. 민주화와 통일은 별개의 것이 아니라는 진리가 바로 그것이다. 민주화를 가로막는 권력이나 외세는 통일도 원하지 않으며 분단체제 속에서 안정을 추구한다. 따라서 우리는 민주화만 되면 통일은 저절로 된다든지 통일이 되면 민주화는 자동적으로 온다든지 하는 식의 단순논리를 극복해야 한다.

이제는 지난해의 6월 항쟁과 올해의 통일투쟁을 민주화와 민족화해의 변증법적 운동으로 승화시킬 때이다. 대중과 하나가 되어 민주와 통일의 나라를 향해 나아가자.

민중운동일지 (5. 31~6. 14)

6월 민주화 대투쟁 1주년을 맞는 88년 6월에는 조국통일을 앞당기기 위한 공동올림픽 쟁취투쟁과 이를 위한 구체적 방안의 하나로 이루어진 「6·10 남북학생체육회담」 쟁취를 위한 투쟁이 거세게 일어났다.

학생회담은 군사독재정권의 물리력에 의해 좌절되기는 했지만, 이 투쟁을 통해 통일에 대한 관심이 전국민적으로 확산됐고 통일을 가로막고 있는 세력이 바로 군사독재와 미국임이 만천하에 폭로됐다.

한편, 6월들어 울산 현대그룹 노동자들의 투쟁이 달아오르고 있다. 무분별한 직장폐쇄등 현대재벌측의 강경자세에 맞서 노동자들이 얼마나 단결된 힘으로 투쟁을 하느냐가 이번 투쟁은 물론 앞으로의 현대그룹 노동운동의 방향을 결정할 것이다.

5. 31
- 한국공해문제연구소 등 4개 반공해운동단체, 6월 5일의 제 16 회 세계환경의 날에 즈음한 「88년 반공해 선언」을 발표하고 정부측에 8개 요구사항 제시.

6. 2
- 서총련 산하 조통특위 연합 소속 대학생 68명, 사마란치 IOC 위원장 숙소인 신라호텔 앞에서 '공동올림픽 개최'등 구호 외치며 행진하다 경찰에 전원 연행.
- 서울 양천구 신월 3동 주민 2천여명, '항공기 항로 변경'을 요구하며 남부순환도로 가로공원 앞 네거리 점거, 6시간 동안 농성.

6. 3
- 서총련 소속 대학생 3천여명, 경희대 노천극장에서 「6·10 남북청년학생회담 성취를 위한 결의대회」.
- 「노조탄압 저지 전국 노동자 공동대책 협의회」 주최로 기독교회관 강당에서 노동자, 시민 3백여명이 참석한 가운데 「노동법 개정을 위한 공청회」.
- 민주당, 「제 5 공화국 비리 조사 특별위원회」 구성.

6. 4
- 숭실대 인문대 학생회장 박래전군, '광주학살 원흉 처단'을 외치며 학생회관 4층 옥상에서 분신.
- 광주학살 책임자 처벌을 위한 범국민 진상조사위원회 발족.
- 판문점 출입 허가를 받기 위해 한미 연합사령관 존 메너트리를 면담하러 갔던 6·10 남북 학생회담 준비위원회 통일결사대 소속 4명의 대표, 미 8군 사령부 앞에서 경찰에 연행.
- 경찰, 6·10 남북 학생체육회담 참가를 원천 봉쇄키로 결정. 조통특위 위원, 실무대표 35명 수배.
- 대우자동차 부평공장 노동자 6천여명, '노조집행부 퇴진' 등 요구하며 작업 중단하고 공장안에서 농성.
- 한국공해문제연구소 등 4개 반공해운동단체, 명동성당 문화관에서 가톨릭 신도, 시민 7백여명이 참석한 가운데 「공해 추방을 위한 시민 한마당」 개최.

6. 5
- 서울 성북구 동소문동, 돈암동 재개발 지역 세입자 7백여명, 「도시빈민 생존권 및 서민주택 쟁취대회」 갖고 시위. 경찰의 폭력 진압으로 세입자 22명 중경상.
- 국민운동본부 노동자위원회 주최로 영등포 성문밖 교회에서 노동자 3백여명 참석한 가운데 「서울지역 임금인상 투쟁 보고 및 노동법 개정투쟁 선언 대회」.

6. 6
- 농성중인 구로 1공단 대한광학공업 노동자 70여명, 경찰의 지원받은 구사대 2백여명에 무차별 폭행당하고 남부경찰서에 연행.

6. 7
- 민주·통일 민중운동연합, 임시대의원 총회. 의장에 문익환 목사, 부의장에 이소선씨, 김승훈신부, 이창복씨, 지선스님 선출.
- 7~9일, 제 20 차 한미 연례 안보협의회.
- 북한, 김일성 종합대학 학생위원장 고웅삼(경제학부 4년)군을 수석대표로 하는 6·10 남북 학생회담 대표 13명의 명단 발표.

6. 8
- 재야 민주인사, 민주단체 회원, 시민 등 2백여명, 기독교회관에서 「6·10 남북회담 성취를 위한 시민 지지대회」.

6. 9
- 경찰의 봉쇄 속에서 대학생 1만여명, 연세대 대운동장에서 「6·10 남북 학생회담 성사를 위한 백만학도 총궐기대회」를 갖고 도서관 등 10개 건물에서 철야농성.

6. 10
- 「6·10 남북 학생체육회담」 경찰의 원천봉쇄로 좌절. 학생들, 연세대 교문, 서울역 부근, 홍제동 등지에서 대규모 시위. 9백여명 연행.
- 「6·10 남북 학생체육회담」 북한측 대표 판문점 도착.
- 서울지하철공사 노조, 아침 7시부터 서울시내 1백 22개 지하철역 구내에서 노조의 직제 개편을 요구하는 '시민홍보용 안내 방송'과 노동가요 방송.
- 13대 첫 임시국회 개원.

6. 11
- 서울지하철 노조 조합원 2천여명 성동구 용답축구장에서 「직제개편 쟁취 전진대회」.
- 서울 민주·통일 민중운동연합 5차 임시총회.

6. 12
- 민중해방열사 고 박래전군 민주국민장.
- 서울지역 노동조합 협의회 주최로 3천여명의 노동자가 참여한 가운데 연세대 노천극장에서 「서울지역 노동조합 협의회 결성보고 및 노동악법개정 촉구대회」.
- 「민족화합 공동올림픽 추진 불교본부」 주최로 개운사에서 「조국의 자주적 통일을 위한 공동올림픽 기원 법회」.
- 박형용군 등 대구지역 대학생 10여명 대구시 중구에 있는 미문화원에 화염병, 사제폭탄 투척.

6. 13
- 도시노점상 연합회 소속 서울, 경기지역 노점상 1천 5백여명, 성균관대 금잔디광장에서 「노점상 생존권 수호 결의대회」. 대회 후 가두행진 중 직격최루탄 맞고 수명 중상.

6. 14
- 「사당동 세입자 대책위」 소속 사당동 세입자 7백여명, '선대책 후세입' 요구하며 동작구청 5층 대강당에서 농성.
- 삼성중공업거제조선소, 무기한 휴무.

지하철노조원들, 권익위해 하나로

기능직·일반직 같은 대우 요구

지하철 노동조합이 억눌린 직제상의 차별적 처우를 개선하고 빼앗긴 권익을 찾아 인간평등을 실현키위한 힘찬 투쟁에 나섰다.

88년 6월 11일 기지 전철역엽 용답축구장에서 3천여명의 조합원이 집결한 가운데 "직제 개편 쟁취 전진대회및 평화대행진"이 지하철노조 주최로 열렸다. 조합원들은 '직제 개편' '노동 해방' 등의 머리띠를 질끈 동여매고 「임을 위한 행진곡」「노동 해방가」등 을 우렁차게 합창했다.

노조가 요구하고 있는 사항은 ▲84년 1월 공사와 지하철 운영 사업소가 통폐합되면서 기능직이 일반직에 비해 1등급 하향 조정된 점의 시정 ▲일반직과 기능직간의 불평등한 승급의 시정 ▲군출신인사에 대한 상급직원으로의 낙하산식 채용에 대한 시정 ▲6월 1일부터 시행키로 합의한 '직제 개편'의 약속 이행 등이다.

지하철 노조는 6월 1일부터 시행키로 약속된 이런 요구가 지켜지지 않은 가운데 화사측에서 "노사 협의로 환원하겠다"며 고의적으로 협약을 위반하자 지하철공사 사장 김재명을 단체협약 위반으로 고소하는 한편 서울시에 단체교섭을 요청했다.

회사측의 고의적인 협약 위반에 대항해 단체협약을 요청한 뒤, 노조는 노타이, 근무시 사복 착용, 삭발(노조임원), 구호가 적힌 머리띠 착용, 역구내에 노동가요 방송 등 준법투쟁을 전개하면서 계속 "직제 개편" 쟁취대회를 열었다.

지하철 노조의 직제 개편 쟁취투쟁은 이에 앞서 몇개월 전부터 전개돼왔다.

88년 4월 6일, 7일 이틀간 조합원 1천여명이 참석한 가운데 「직제 개편 공청회」를 개최하여 직제 개편의 정당성을 스스로 인식하는 모임을 열었다. 5월 14일 옥수역에서 조합원 1천 5백여명이 참석한 가운데 「직제 개편 쟁취대회」를 개최했는데, 이 대회에는 서울지역 노동조합 협의회 준비위의 30여 노조가 참석 연대투쟁의 기틀을 마련했다. 5월 31일 용답운동장에서 조합원 1천8백명이 참석한 가운데 직제 개편 쟁취 결의 대회를 열어 '노조 파괴공작 즉각 중단' '민주직제 쟁취' '모든 민주노조와의 연대투쟁'등을 결의했다.

5월 31일까지 몇 차례의 평화적이고 민주적인 집회및 협상에도 불구하고 공사측의 무성의로 해결의 실마리는 보이지 않았다. 지하철노동자의 생존권 쟁취를 위해 인내를 갖고 기다려오던 노조는 급기야 노조원중 근무자외의 대다수 조합원이 참여한 가운데 직제 개편 쟁취 전진대회및 평화대행진을 6월 11인 용답 축구장에서 개최했다. 노조는 결의문에서 "기능동물 취급의 멍에를 벗어 던지고 인간평등 민주사회의 길로 매진할 것"을 다짐했다. 또한 "당국은 쥐새끼처럼 숨어서 공사를 조종하지 말고 전면에 나서서 직접 대화하라"고 주장했다. 그리고 인간평등 구현의 길인 조합의 직제안이 받아들여지지 않을 경우 죽음도 불사한 투쟁을 전개하기로 결의하고 시청앞으로 평화대행진을 시작했다. 그러나 경찰의 최루탄 난사 및 백골단의 폭력적 탄압으로 행진은 무산됐다. 행진이 불가능해지자 1천여명의 노조원들은 지하철을 타고 시청앞에서 다시 집결해 '직제 개편' '노동 해방' 등의 구호를 외치며 가두투쟁을 전개했다. 시민에게 드리는 홍보물에서 "3·4호선 전동 차량이 부산 지하철보다 1량당 2억원이나 비싸게 구입한 이유를 밝힐 것"을 주장하고 "의로운 투쟁에 이해와 지지를 당부한다"고 밝혔다

최루탄·백골단 폭력으로 행진 공격
사장, "내 주특기는 까부수는 것"

경찰은 6월 12일밤 연세대에서 열린「서울지역 노동조합 협의회 결성보고 및 노동악법 철폐, 개정 촉구대회」를 마치고 귀가하던 지하철노조 위원장 배일도씨를 강제 연행했다. 이에 조합원들이 동부 경찰서로 몰려가 불법연행에 항의하자 경찰은 초기에 조합원 14명을 연행하고 구타하는 등 탄압으로 일관하다 엄청나게 불어난 노조원들의 위세에 눌려 연행 13시간만인 13일 오후에 풀어줬다. 그러나 경찰은 시청앞 시위주도 등의 이유로 배일도 위원장을 불구속 입건했다.

한편 84년 9월 1일 창립된 서울 지하철공사는 80년 2월 5일 설립된 서울 지하철건설주식회사와 81년 2월 17일 발족된 지하철 운영사업소가 물리적으로 통폐합되면서 생겨났다. 공사에는 일반직 7백 40명과 기능 고용직 6천 60명(청원경찰 6백 50명 제외)의 직원이 있으며 역무, 승무, 차량, 설비, 시설 등의 부서가 있다. 현재 공사의 사장은 육군 소장 출신인 김재명인데 그는 최근 정례 조회석상에서 노동조합원에 대해 "내 주특기는 까부수는 데 있다" "인천시 정도는 하루 아침에 싹쓸이 할 수 있다" "무식한 놈들이 뭘 한다고 까부느냐"는 등의 망언을 하여 노조원 및 국민들의 지탄의 대상이 되고 있다. 사장의 망언에 대해 노조는 "군 출신인 사장이 광주 시민 학살극 같은 만행을 또다시 저지르겠다는 것이냐"고 묻고 "직제 개편 협상 이전에 사장의 망언을 온 국민과 함께 규탄하며 사장은 전 직원과 전 국민 앞에 공개 사죄하라"고 주장하는 성명을 발표했다.

한편, 노조는 6월15일 파업에 대한 찬반투표를 갖고 17일 오전 4시부터 무기한 총파업할 것을 결의했으나, 6월 17일 새벽 공사측과 ▲일반·기능·고용직직급 일원화 ▲기능직 3호봉 상향조정등 5개항을 극적 타결함으로써 파업 4시간만인 오전 8시부터 정상운행에 들어갔다.

노조는 '합의안'에 대한 조합원 찬반투표를 6월 20일 갖기로 했다.

〈1면에서 이어짐〉

교류를 추진시킨다는 데에 반해 이번 6·10회담은 군사독재정권을 반통일세력으로 규정지으며 7천만 민중이 각계에서 주체적으로 교류를 확대해 나가야 한다는 것을 배경으로 하고 있다. 말하자면 통일의 주체도 집권세력이 아닌 7천만 민중이어야 한다는 것을 실천한 것이 6·10투쟁이었으며 국민대중이 이 회담의 정당성을 인정한 점, 뒤이어 불교계에서 북한의 불교도에게 상호교류를 제안한 사실들은 이들 주장이 정당하다는 것을 입증했다.

연대조직 건설에 박차

세째, 통일문제에 대해 군사독재정권의 입장을 후퇴시키게 했으며 남·북한 교류의 실제적인 공간을 넓혔다.

군사독재정권이 6·10회담을 전후해 올해 8월 15일까지 남·북한 학생교류를 추진하겠다고 발표한 사실은 비록 이것이 갖고 있는 많은 허구성에도 불구, 북한과의 교류를 어떠한 형식으로 든 지간에 인정할 수 밖에 없다고 하는 후퇴의 입장으로 보인다. 그리고, 이같은 계기를 통해 교류가 확산될 수 있는 여지를 더욱 넓힌 것이 이번 투쟁의 의의로 보인다.

네째, 학생들의 6·10회담투쟁은 재야민주단체를 포함한 민족·민주운동세력을 조국통일투쟁으로 끌어내는데 중요한 역할을 한 것으로 평가된다. 이는 또한 현시기에 있어 조국통일투쟁과 반미자주화투쟁의 중요성을 높힌 것이기도 하다.

이러한 중요한 의의를 갖음에도 불구하고 조국통일투쟁은 아직 보다 튼튼하고 광범위한 국민적 지지기반을 확보했다고 볼 수는 없다.

따라서, 군사독재정권과 외세에 치명적인 타격을 줄 수 있는 조국통일투쟁을 힘있게 전개하기 위해서는 학생운동세력을 중심으로 전개되던 투쟁을 사회운동단체에서 적극적으로 수용해 낼 수 있는 길을 모색해야 한다. 각 민주운동단체에서 강연회, 공개토론회 등 고유의 성격에 맞는 통일투쟁을 전개하고, 사회 각계각층에서 북한과의 직접적인 교류를 할 수 있는 길을 모색함과 동시에 국민대중의 통일의지를 받아낼 범국민적 연대조직의 건설에 박차를 가해야 할 것이다.

어느 한 계층만이 중심으로 되는 통일투쟁이 아닌 범국민적 투쟁을 전개할 때만이 통일투쟁은 진정한 발전을 이룩할 수 있을 것이며 올림픽을 앞두고 7월 4일과 8월 15일 등의 시기에 대중들의 지지를 굳건히 건설하는 작업을 서둘러 착수하는 것이 해결해야할 중요한 과제로 보인다.

과기원노조, 파업투쟁 승리

박사포함 1천 4백명 가입, 청계피복등과 연대싸움

한국과학기술원(KAIST) 노동조합(위원장 이민우·30세)은 88년 6월 10일, 17일간의 파업농성 끝에 대부분의 요구사항을 관철시켜 투쟁을 승리로 이끌었다.

과기원 노조는 5월 25일 '기능사무직에 대한 상한호봉 철폐' '임금, 인사에 대한 단체교섭 실시' '악법 철폐' '감원인사에 대한 복직' 등을 요구하며 농성에 돌입했다.

노조는 정부 출연기관인 과기원에 대한 연구비 비독립성을 개선하고 연구의 자유를 보장할 것, 전근대적인 상명하복식의 관계를 척결할 것, 과학기술처의 준칙중 악법을 개폐할 것 등의 요구사항이 여러 차례에 걸친 과기원측과의 협상에서 받아들여지지않자 농성을 벌인 것이다. 그러나 과기원측은 "해외과학자를 영입할 게 아니라 국내에서도 훌륭한 과학자가 육성되도록 여건을 개선해야 한다"는 노조의 주장에 "종자가 다르다"는 등의 망언을 하는 등 해결의 노력을 스스로 깨버렸다.

이에 노조는 단결된 힘으로 해결하는 수 밖에 없다고 보고 정·후문을 통제하고 원장실, 소장실 등을 점거, 당국에 시정을 촉구했다. 또한 고립적인 싸움에서 오는 단절성을 극복하기 위해 6월 4일 '연구 전문기관 노조 협의회' 및 청계피복노조 등 서노협 노조원 1천여명과 함께 과기원 잔디밭에 모여 '과기원노조 승리 촉구대회'를 열었다. 이들은 장기간의 투쟁을 통해 "유학시 추천서를 써주지 않겠다"는 등의 간교한 탄압에 맞서 단결로 승리를 쟁취한 것이다. 또한 최근 노동부 및 당국이 추진중인 '무노동 무임금'즉, 파업기간은 임금을 안준다라는 악법에 대해 과기원 노조는 과기원의 주장을 힘으로써 일축하고 당당히 임금을 쟁취했다.

한편, 과기원은 정부 산하 과기처의 출연기관으로서 기술원 예산의 90퍼센트 정도가 정부로부터 출연되고 있다. 과기원은 박정희시대에 세워진 KIST와 과학원이 전두환정권 등장 이후 물리적으로 통폐합되면서 생긴 것이다. 설립자는 전두환이고 현 소장은 노태우의 경북고 동창인 박원회가 맡고 있다.

노조에는 소장, 원장을 포함한 전직원 2천 3백명 중 1천 4백명(박사 포함)이 가입돼 있다. 노조는, 정부의 출연기관이기 때문에 겪는 간섭을 극복하고 연구원 스스로 갖는 허구적인 엘리트 의식을 뛰어넘어 민주사회를 건설하는 데 일조키 위해 87년 12월 12일 출범했다.

이번 과기원 노조의 투쟁에서 주목할 것은 지금까지 특수계층이라고 생각된 연구원들도 당국과 사용주에 의해 착취당하는 노동자라는 의식의 변화이다. 사무직과 생산직이 함께 연대해 벌인 이번 과기원 투쟁은 사무직 노동자의 화이트칼라 의식 등의 불건전성을 극복하고 생산직 노동자들의 아픔에 동참하려는 의식으로의 발전이 돋보인다고 할 수 있다. 한 조합원은 이렇게 고백했다. "생산직 노동자에게 우리의 주장과 싸움에 대해 이야기 할 때 솔직히 부끄럽습니다" "그동안 우리가 얼마나 허구적인 자만심에 가득했는지 이번 연대 싸움을 통해 느낄 수 있었읍니다."

민통련, 임시대의원총회 열어

6월7일, 규약개정·의장단및 사무처임원선출

민통련은 6월 7일 오후 3시 종로성당에서 임시 대의원 총회를 열고 규약개정, 의장단 및 사무처 임원 선임을 마쳐 지난 3월 21일 총회 이후 유지되어오던 임시대행체제를 끝내고 2개월 반 만에 정상적인 체제로 들어갔다.

이날 총회는 강희남 대의원총회의장의 사회로 각 부분과 전국 각 지역의 가맹단체에서 파견한 파견대의원 35명, 신임추천대의원 7명(지방 2명, 사무처 5명) 기존추천대의원 4명 등 46명의 대의원과 회원 등 1백여명이 참석한 가운데 진행됐다.

강희남의장의 개회사로 시작된 총회는 총회준비위원회에서 제안한 단일의장제를 골자로한 규약개정안에 대해 동의했으며 개정안은 재적대의원 과반수 이상의 찬성으로 통과됐다.

개정된 규약에 따라 의장에 문익환 목사, 부의장에 각 부문의 대표로 이소선여사, 김승훈신부, 지선스님, 이창복씨가 선출됐다.

민통련은 이날 임시 총회를 맞이하는 선언문을 통해 "민통련은 대통령 선거 시기에 민족민주세력의 단결을 도모하지 못하고 국민에게 실망을 안겨준 것을 반성하면서 새롭게 다시 태어나 운동세력의 분열을 막고 국민과 함께 투쟁하기 위해 노력해 왔다"고 전제한 뒤 "민통련의 조직을 개편·강화하며 진정한 민중운동의 통일에 기여하고, 기층민중운동의 활성화에 기여하는 것이 바로 자주화·민주화·조국통일을 대당기는 길임을 확신한다"며 총회를 통한 조직개편, 강화의 입장을 밝혔다.

총회는 결의문을 채택한 뒤 모두 끝났다.

임원과 개정된 규약 및 선언문은 다음과 같다.

사무처

사무처장 : 김희택 사무차장 : 권형택 정책실차장 : 김선택 조직국장 : 이명식 홍보국장 : 서광석 사회국장 : 김거성

부분운동협의회위원장

농민위원회 : 서정용 청년위원회 : 김성환 여성위원회 : 윤순녀 인권위원회 : 인재근

현행규약

제 18조(의장단) : 본 연합은 약간명의 공동의장을 두며 의장단은 부문운동협의회 위원장을 호선할 수 있다.

규약개정안

제 18조(의장단) : 본 연합은 의장과 약간명의 부의장을 둔다.

1) 의장은 본 연합을 대표한다. 의장은 중앙위원회, 중앙집행위원회를 주재한다.

2) 의장단은 지역운동협의회 대표와 부문운동협의회 위원장, 사무처장, 정책기획실장, 대변인을 대의원총회에 추천하며 부문운동협의회의 각 위원장, 사무처의 각 국장을 임명한다.

선언문(요약)

우리는 광주학살의 원흉을 처단하고 완전한 민주정부를 수립하기 위해 국민과 더불어 광주학살의 진상규명, 책임자의 처단 그리고 전두환·노태우의 부정과 비리를 파헤칠 투쟁을 적극 전개하겠다.

그러나, 통일을 앞당기고 민주정부의 수립을 향해 힘차게 나아가야 할 88년을 맞이했는데도 민주세력은 아직 지난해의 분열과 패배의 늪에서 채 헤어나지 못하고 있는 것이 현실이다. 이러한 어려움 속에서도 민통련은 대통령 선거시기에 민족민주세력의 단결을 도모하지 못하고 국민에게 실망을 안겨준 것을 반성하면서 새롭게 다시 태어나 운동세력의 분열을 막고 국민과 함께 투쟁하기 위해 노력해 왔다. 그럼에도 아직도 민족민주세력은 완전한 단결을 이루지 못하고 있을 뿐만 아니라, 국민대중의 반군부독재 투쟁의지와 튼튼히 결합하지 못하고 있음을 부인할 수 없다.

우리는 더 이상 민족민주운동세력의 분열을 이유로 국민 대중의 치솟아 오르는 민주화·자주화·통일의지를 방관할 수 없다는 것과 함께 진정한 민족민주세력의 통일은 국민과 더불어 투쟁하는 과정에서 이루어질 것임을 확신한다. 우리는 이번 임시총회를 통해 조직을 가다듬고 투쟁의지를 다시 결집하여 반군부독재 민주화와 반외세 민족자주통일을 향해 매진할 것이며 이 과정에서 광범위한 민족민주세력과의 제휴를 통한 범민주연합 전선의 구축을 꾀하고 민족민주세력간의 연대를 강화하여 투쟁의 구심점을 형성해 나갈 것이다. 민통련의 조직을 개편, 강화하며 진정한 민중운동의 통일에 기여하고, 기층민중운동의 활성화에 기여하는 것이 바로 자주화·민주화·조국통일을 앞당기는 길임을 확신하는 바이다.

'문용섭씨 피살' 회사측 사주의혹

민주단체, 진상규명에 나서

노조 대의원으로 활동하던 운수 노동자가 동료의 폭행에 의해 죽음을 당한 사건이 발생한뒤 가족들이 이 사건에 대해 많은 의문을 제기하며 진상조사를 요구하고나서 민족·민주 운동단체들이 조사에 착수했다.

6월 6일 서울시 망우리 (주)광무택시(사장 노명재)에 근무중이던 문용섭씨가 회사근처 포장마차에서 동료기사의 폭행에 중상을 입고 인근 제세병원에 입원했으나 6월 9일 사망하자, 가족들은 문씨의 사망에 대해 의문을 제기했다. 이같은 사실은 문씨가 사망한 후 가족들이 12일 민주시민 및 민주단체에게 사망의 진상을 밝혀달라고 호소하면서 알려졌다.

가족들은 사망의 의문으로 가해자인 신세일(입사 2개월, 현재 구속중)과 정경(입사 3개월, 현재 잠적)을 노용복 관리부장이 데려왔고 노부장의 동생 노용운(현 관리차장)과 폭력 등의 혐의로 복역한적이 있는 전과 7범의 폭력배인데 고용한 점을 들었다. 이들은 "고인은 매우 건강한 체격(키 1백 83cm, 몸무게 93kg)을 갖은 사람인데 어떻게 1백 68cm의 신세일에게 얻어맞고 사망할 수 있느냐"며 깊은 의혹을 제기했다. 또한 살인사건 후 행방을 알 수 없는 목격자인 포장마차 주인과 여종업원의 행방을 밝히라고 요구했다.

한편 민통련을 비롯한 10개의 민족민주운동 단체들은 가족과 함께 「고 문용섭기사 피살사건 대책위」를 구성하고 "평소 고인이 회사의 비리에 대해 메모한 수첩의 행방을 밝힐 것"을 요구했다. 대책위는 또한 신고를 받고도 3시간 이상이 지나도록 경찰이 현장에 나타나지 않는 의도가 무엇인지 밝힐 것을 요구했다. 대책위는 5월 노동쟁의가 한창일 때 회사가 폭력배를 고용한 점을 들면서 이 사건에 회사가 직접 개입한 혐의가 짙다고 주장하며 철저한 진상규명과 책임자를 처벌할 것을 요구했다.

한편, 회사에서 함께 노조활동을 하고 있는 동료들은 "사망한 문씨가 평소 기사의 권리를 지키는데 앞장섰으며 회사의 비리에 대해 매우 비판적이었다"고 말해 문씨의 사건이 회사문제와 관련돼 발생했을 것이라는 의혹을 더욱 짙게 했다.

가족과 대책위는 "신세일에게 한번 구타당한 뒤 문에 부딪혀 사망했다는 경찰의 발표는 이 사건을 의도적으로 축소·조작하기위한 것"이라며 이 사건의 진상이 밝혀질때까지 장례를 무기한 연기 하겠다고 밝혔다.

민주단체와 시민들의 계속되는 방문으로 대책위의 진상규명투쟁이 더욱 힘차게 전개되고 있다.

서민통 새의장 최장학씨

5차 총회, 고문에 김병걸, 유운필씨

서울 민주·통일 민중운동연합은 6월 11일 제 5차 임시 대의원총회를 열고 새 의장에 언혁 공동대표와 국민운동본부 공동대표를 맡으면서 민주화운동에 헌신해 온 최장학 선생을 선출하고, 김병걸 교수와 유운필 목사를 고문으로 추대했다.

오후 5시 새로 이전한 사무실에서 회원 60여명이 참석한 가운데 열린 이번 총회에서는 대통령선거 이후의 비상운영위 체제에서 벗어나 집행력을 강화하고 시민대중의 정치조직을 보다 확산시켜 당면한 투쟁에 적극적으로 임하기로 결의했다.

또한, 대중교육을 위해 「통일교실」을 개설할 것과 지역대중사업을 위해 지역위원회를 활성화할 것을 앞으로의 사업계획으로 채택했다.

대회를 마친 후 새 의장단과 회원들은 서민통과 민족·민주운동의 발전을 비는 사무실 이전 집들이를 가졌다.

(서울 민주·통일 민중운동연합 새 사무실 주소 : 마포구 대흥동 2-63 조흥은행빌딩 6층 전화번호 : 901-9705)

9 부록 - 6월항쟁 관련일지

6월항쟁 관련일지

1985년

1985. 02. 12 — 제 12대 국회의원 총선거 실시. 신한민주당(신민당), 제 1야당으로 부상
1985. 03. 02 — 석탄공사 산하 장성광업소 노동자와 가족 1000여 명, 노조지부장 직선과 광업소장의 사퇴 등 요구 농성
1985. 03. 06 — 정치피규제자 전면 해금조치 단행
1985. 03. 10 — 노동자·학생 등 1000여 명, 한국노동자복지협의회 주최로 '근로자의 날' 기념 행사 후 노동악법개정 요구하며 시위
1985. 03. 20 — 신정·목동 주민과 대학생 등 600여 명, '철거중지' 요구하며 시위 및 철야농성(목동시위사태)
— 국가안전기획부, 서울과 안동을 거점으로 활동해온 김철(72세) 등 4개 간첩망 14명을 검거했다고 발표
1985. 04. 12 — 노동자·학생 2000여 명, 신당동 일대에서 청계피복노조 합법화, 노동3권 보장 등 요구 시위
1985. 04. 16 — 대우자동차 부평공장 노동자 2100여 명, 임금인상 요구 시위
1985. 04. 17 — 전국 23개대생 1200여 명, 고려대에서 전국학생총연합회(전학련) 결성
1985. 05. 01 — '세계노동자의 날' 맞아 대학생·노동자 2800여 명, 영등포시장 로터리에서 노동운동 탄압중지 요구 시위
1985. 05. 17 — 전국 80여개 대학 3만 8천여 명의 대학생들, 광주사태 진상규명 요구하며 격렬한 시위. '민청련' 등 재야단체 회원들도 가두시위
1985. 05. 18 — 신민당, '광주사태 진상조사'를 촉구하는 특별성명 발표
1985. 05. 23 — 서울대·연세대 등 5개대생 73명, 서울미문화원 점거하고 광주항쟁에 관한 미국의 사과를 요구하며 단식농성(26일, 자진해산)
1985. 05. 31 — 신민당, 소속의원 전원의 이름으로 '헌법개정 특별위원회 구성 결의안'을 국회에 제출
1985. 06. 07 — 전학련, 서울대에서 8000여 명이 참가한 가운데 광주사태 등에 대한 '국민대토론회' 개최
1985. 06. 22 — 대우어패럴 노동자 300여 명, 구속자 석방 및 노조탄압 중지 요구 농성
1985. 06. 24 — 구로공단내 대우어패럴·가리봉전자·효성물산 및 양평동의 선일섬유 등 4개업체 노동자 1200여 명, 구속자 석방·노조 탄압중지·노동법개정 등 요구하며 연대농성
1985. 07. 06 — 서울대 등 3개대 학생 200여 명, 노조탄압중지 요구하며 구로공단서 시위
1985. 07. 08 — 대한마이크로전자 근로자 70여 명 근로조건 변경에 항의, 노총위원장실에서 철야농성
1985. 07. 11 — 충북 음성군 농민 50여 명, 소값하락 보상 요구하며 시위
1985. 07. 18 — 정부, '삼민투위' 사건 발표. 김태룡 등 56명 구속
1985. 07. 20 — 정부, 유인물 '깃발' 사건 발표
1985. 08. 01 — '창작과 표현의 자유에 대한 문학인 401인 선언' 발표
1985. 08. 05 — 정부와 민정당, 학원사태 해결을 위한 '학원안정법' 제정키로 결정
1985. 08. 13 — 민주화추진협의회(민추협)과 재야 39개 단체로 구성된 '학원안정법반대투쟁전국위원회'와 공동으로 학원안정법 추진 철회 요구 성명 발표
1985. 08. 15 — 노동자 홍기일 씨, 광주 YMCA 앞에서 유인물 뿌리며 분신 자살
1985. 09. 05 — 서울시내 6개대생 1000여 명, 고려대에서 '85년도 2학기 민중민주운동선언대회' 열고 연합시위
1985. 09. 09 — 안기부, 김성만·양동화 등 이른바 '구미유학생 학원침투 간첩단' 검거사건 발표
1985. 09. 24 — 서울시내 6개대 학생 2000여 명, 연세대에서 전학련 복구대회 및 민중민주주의를 위한 '삼민투쟁위' 결성식
1985. 10. 01 — 해고된 한국노총간부 김금수 등 4명, 해고무효확인 및 임금청구소송 제기

1985. 10. 08 — 서울시내 12개 대학생 2800여 명, 외채정권 규탄하며 교내외 시위
1985. 10. 17 — 문익환 목사 등 재야인사 60여 명의 '민주화운동에 대한 고문수사 및 용공조작 공동대책위원회' 구성
1985. 10. 29 — 서울지검, 서울대 '민주화추진위원회' 사건과 관련 문용식 등 26명을 구속했다고 발표
1985. 11. 01 — 국군보안사령부, 라종인 등 5개 간첩망 16명 검거 발표
1985. 11. 04 — 고려대생 30여 명, 새마을중앙본부에서 시위 농성
— 서울대 등 서울시내 7개대생 14명, '수입개방철회' 등 요구하며 주한 미상공회의소 점거 농성. 2시간만에 전원 연행됨
1985. 11. 11 — 서울시립대 등 4개대 대학생 9명, 민정당 중앙연수원 상황실 점거 민정당기 불태우며 농성
1985. 11. 15 — 고려대생 6명, '노동악법철폐' 요구하며 노동부장관 비서실 점거
1985. 11. 18 — 전학련 소속 서울시내 14개 대학생 186명, 민정당 중앙정치 연수원 기습 점거. 헌법철폐, 수입개방철회, 권력형부조리척결 등 주장(20일, 191명 구속)
1985. 11. 21 — 서울시내 10개 대학생 2000여 명, 서울대에서 '독재종식과 제 5공화국 헌법철폐를 위한 범국민토론회' 개최
1985. 12. 02 — 전남대·전북대 등 10명, 광주미문화원을 점거하고 미국의 수입개방 압력중지 등 요구하며 농성
1985. 12. 04 — 민추협, 개헌추진운동의 일환으로 1000만 명 서명운동을 벌기로 결정
— 감신대생 6명, 전국섬유노련 사무실 점거농성 중 연행

1986년

1986. 02. 04 — 경인지역 15개 대학생 1000여 명, 서울대에서 '86전학련 신년투쟁 및 개헌서명운동추진본부 결성대회' 후 시위
1986. 02. 11 — 한국기독교교회협의회(KNCC) 등 기독교단체 대표 20여 명, KBS—TV시청료거부운동본부 발족식을 기독교회관에서 개최
1986. 02. 12 — 신민당과 민추협, 1000만 개헌서명운동 시작
1986. 02. 24 — 전 대통령, 3당대표회담을 갖고 '1989년에 국민의 의사에 따라 개헌할 수 있다' 고 언급
1986. 03. 01 — 천주교 서울대교구, 125개 성당서 '정의와 평화를 간구하는 시국기도회' 시작
1986. 03. 17 — 신흥정밀(주) 노동자 박영진 씨, 임금인상요구 농성 중 분신자살
1986. 03. 19 — 노동자 120여 명, 구로공단 일대에서 박영진군 추도시위 벌여
1986. 03. 28 — 고려대 교수 28명, 시국선언문 발표
1986. 04. 02 — 한신대 교수 42명, 개헌촉구 시국성명서 발표, 이후 각계로 파급
1986. 04. 28 — 서울대생 김세진·이재호 씨, 전방부대 입소거부 시위 도중 반전반핵 외치며 분신자살 기도(5. 3, 5. 26 각각 사망)
1986. 04. 29 — 전국 30개 대학생 1000여 명, 연세대에서 '전국반제반파쇼 민족민주투쟁학생연합(전민학련)' 결성
1986. 05. 01 — 구로공단 노동자 100여 명, '삼민헌법쟁취' 등 구호 외치며 횃불 가두시위
1986. 05. 03 — 학생·노동자 등 5000여 명, 신민당 개헌추진위 인천지부 결성대회에서 경찰과 충돌. 129명 구속(5·3사태)
1986. 05. 10 — YMCA중등교육자협의회 산하 교사 546명, '교육민주화선언' 발표
1986. 05. 15 — 대학교수와 전현직교사 120여 명, '민주교육실천협의회' 발족
1986. 05. 18 — 유족, 대학생들 1000여 명, 망월동 묘지에서 광주항쟁희생자 제 6주기 추모식후 시위
1986. 05. 20 — 서울대생 이동수 씨, 문익환 목사의 강연회 도중, '미제 물러가라' 는 구호 외치며 분신 자살
1986. 05. 21 — 서울대·고려대생 21명, 부산 미문화원 점거
1986. 05. 30 — '서노련', '인노련' 소속 해고근로자 16명, 반미구호 외치며 한미은행 점거
1986. 06. 02 — 전국 23개대 교수 265명, 정치·경제·사회·대학 등 4대 항목에 대해 시국선언문 발표
1986. 06. 17 — 영남대생 등 5명, 한미은행 대구지점 점거. 반미시위 농성
1986. 06. 22 — 서울대생 김성수 씨, 부산 송도 매립지 앞바다에서 익사체로 발견
1986. 07. 02 — 부천에서 성고문사건 알려짐, 인천지역 구속자가족 30여 명 문귀동 형사의 성고문에 항의농성

1986. 07. 16 — 상계동·하왕십리 철거민 130여 명, 재개발계획 중지를 요구하며 명동성당 입구에서 시위
1986. 08. 12 — 분신·투신자살 노동자 유가족 10여 명, '민주화운동 유가족협의회' 결성
1986. 08. 14 — 신민당과 재야 34개 단체 공동주최, '고문·성고문 용공조작 범국민폭로대회' 개최. 2000여 명 참가
1986. 08. 29 — 민주교육실천협의회 회원 초·중·고 교사 300여 명, '민주교육실천대회'를 갖고 '교육악법 철폐' 등 결의
1986. 09. 07 — 대한불교조계종 승려 2000여 명, 해인사에서 '불교악법철폐' 등 결의
1986. 09. 17 — 고려대생 등 5명, 일본대사관 점거. '나카소네 방한 결사반대' 등의 구호 외치며 농성
1986. 10. 24 — 검찰, ML당 사건 발표. 27명 검거
1986. 10. 28 — 26개대생 2000여 명, 건국대에서 '전국반외세반독재애국학생투쟁연합(애학투련)' 발대식 후 시위 중 경찰에 밀려 철야농성
1986. 10. 31 — 경찰, 전경 8000여 명을 투입, 건대 농성 학생 1219명 전원 연행(총연행자 1,525명)
1986. 11. 12 — 경찰, 민통련 사무실 폐쇄
— '반제동맹당' 사건 수사발표
1986. 11. 13 — '민민투' 소속 대학생 500여 명, '반미·제헌의회소집' 등 외치며 야간 기습시위
1986. 11. 18 — KNCC소속 교직자 60여 명, 민정당사 앞에서 군부독재타도를 외치며 시위 중 연행
1986. 11. 29 — '서울개헌대회', 경찰봉쇄로 무산, 산발적 가두시위로 2200명 연행 6월항쟁 당시 데스크의 부당취재에 대항한 기자들의 입장

1987년

1987. 01. 14 — 서울대생 박종철 군, 치안본부 대공수사단에 연행돼 조사받던 중 고문으로 사망
1987. 02. 07 — '박종철군 범국민추도식'에 대한 경찰의 원천봉쇄로 전국주요 도시에서 대규모 시위. 경찰 799명 연행
1987. 03. 03 — '박종철 군 49제와 고문추방 국민대행진'이 경찰의 원천봉쇄로 저지되자, 전국 각지에서 대규모 거리 시위. 439명 연행됨
1987. 03. 04 — 선린상고생 400여 명, 교육민주화 선언한 교사의 백령도 전출에 항의농성
1987. 04. 02 — 서울대 학생 학부모 130여 명, 건대사태 등 시국관련 구속학생의 징계철회 요구하며 철야농성
1987. 04. 09 — 서울 택시기사 2000여 명, 업적급여제 폐지를 요구하며 차량시위 및 연대파업
1987. 04. 13 — 전 대통령, 특별담화를 통해 '개헌논의 유보' 성명. '현행헌법으로 정부이양', '대통령 선거 연내실시' 발표(4·13호헌 조치)
1987. 04. 14 — 김수환 추기경, 4·13조치를 비난. 이후 각계에서 시국 성명이 발표됨
1987. 04. 24 — 가칭 '통일민주당' 관악지구당 창당방해 사건 발생
1987. 05. 01 — 경찰, '서울남부지역노동자연맹' 사건 발표
— 신민당 탈당의원 66명 등, 김영삼을 총재로 하는 '통일민주당' 창당
1987. 05. 12 — 미국 상원 외교위, 4·13조치 재고를 촉구하는 '대한결의안' 통과
1987. 05. 20 — 천주교정의구현전국사제단, '박종철고문치사사건이 축소·조작되었으며, 진범이 따로 있다'는 내용의 성명 발표
— '정토구현전국승가회', '민불련' 등 90여 명, 5·18추모법회 중 경찰의 광주 원각사 난입에 항의하며 서울 개운사에서 농성
1987. 05. 23 — 재야인사 등 134명, 기독교회관에서 '박종철 고문살인은폐조작규탄 범국민대회 준비위원회' 결성하고, 6월 10일 규탄대회 갖기로 결정
1987. 05. 26 — 전대통령, 고문치사사건에 대한 문책개각 단행, 총리 임명
1987. 05. 27 — 민주당·종교계·재야단체 등 발기인 2191명, '민주헌법쟁취국민운동본부(국본)' 발대식 거행하고, 4·13조치 철회 및 직선제개헌 공동쟁취 선언
1987. 06. 09 — 연세대생 이한열 군, 학교 앞 시위 중 최루탄에 부상(7. 5 사망)
1987. 06. 10 — 민주헌법쟁취국민운동본부 주최의 '박종철 군 고문치사 조작, 은폐 규탄 및 호헌철폐 국민대회'가 경찰의 원천봉쇄에도 불구하고, 전국 18개 도시에서 가두시위 형태로 전개

— 민정당 전당대회 개최하고 노태우 대표위원을 차기 대통령 후보로 지명

— '6·10 고문살인은폐 규탄 및 호헌철폐 국민대회' 개최 장소인 성공회대성당 원천 봉쇄됨. 오전 10시경 성당 옥상에서 민정당 전당대회의 무효를 선언하는 성명 발표. 오후 5시 경, 김성수 성공회 주교의 집전으로 4·13조치 철회를 위한 미사 거행. **수원** 오후 6경, 남문 주위로 모여든 1000여 명의 시위대가 3곳에서 연좌시위 후 매교동성당에서 철야농성과 토론진행. 4·19이후 수원지역 최초의 대중적 정치시위. **인천** 7개 단체 연합체 인천공대위의 주도로 주안역·백운역·부평시장·부평4공단·청천동 등지에서 시민·학생·노동자 등 1만여 명이 모여 오후 4시경부터 자정 너머까지 시위. **성남** 오후 7시경, 인하병원 앞 170여 명이 연좌예배를 마친 후 시청으로 행진, 3만여 시민·학생들이 집결하여 [고문살인 은폐 규탄 및 호헌철폐 성남시민대회준비위원회]의 주관 하에 집회 개최. **부산** 대회장인 대각사 주변을 미롯한 시내 곳곳에 삼엄한 경비망이 쳐진 가운데 부산시민·학생 수만여 명이 오후 5시 경부터 '독재타도, 민주헌법쟁취' 등을 외치면서 시내 곳곳에서 시위를 계속

— 부산대생 300여 명이 교내 곳곳에서 '구국출정식'을 갖고 부산의대·치대, 동아대, 부산산업대, 외국어대, 동의대 등에서 6·10대회 참가를 결의하는 출정식 거행

— 가톨릭센타 앞, 충무동 국제시장, 부산역, 광복동 거리 등에서 오후 11시가 넘을 때까지 산발적 시위 계속. **마산** 시위대가 마산공설운동장에 진입하면서 경찰이 마구 쏘아댄 최루탄 가스로 인해 국제축구대회 한국A팀 대 이집트의 경기가 중단됨. 경기장 관중들이 합세하여 3만여 명의 시위대가 자정까지 시위 계속. **울산** 1000여 명의 시위대가 오후 6시 30분경부터 곳곳에서 오후 11시경까지 시위를 전개. **대구** 대회장이었던 대구중앙공원을 비롯 시내 중심가가 철저히 봉쇄된 가운데, 오후 5시경부터 시내 30여 군데에서 시민·학생 등 2만여 명이 참여한 가운데 시위 계속, 오후 8시경 연행버스에 집중 투석하여 연행자 전원 구출. **포항** 대회예정지였던 죽도시장이 봉쇄되자 그 앞에서 1500여 명이 모인 가운데 약식 규탄대회를 갖고 자정까지 시내 곳곳에서 산발시위 계속. **안동** 2000여 명이 참여한 가운데, 밤 8시경까지 시위 후 해산. **경주** 별도의 규탄대회 개최예정이 없었으나 동국대생 100여 명이 자정까지 가두시위를 벌임. 가두시위는 한국전쟁 이후 처음있는 일이었음. **대전** 대회장인 가톨릭 문화회관에서 도민대회 옥외방송을 시작으로 시위대가 늘어나기 시작, 오후 9시경에는 중앙로에 4~5000여 명의 시민이 결집해 연좌농성하며 대치, 자정까지 이어짐. **광주** 시민·종교인·학생 등 수만 명이 오후 5시경부터 다음날 새벽 5시까지 금남로·충장로 일대 등에서 시위전개. 경찰의 과잉진압으로 상당수 시민 부상, 총 239명 연행, 오후 5시경 가톨릭센터 옆 골목과 금남로 4·5가에서 시민·학생 목사 등 1000여 명 시위 시작. 오후 6시경 가톨릭센터에서 녹음된 타종을 방송, 이에 맞추어 도청 앞에서 미문화원에 이르는 보도에 5000여 명의 시위군중이 모여 애국가 합창. 오후 10시경 광주공원 부근에서 1시간 이상 1만여 군중시위. 이후 다음날 새벽 5시까지 도심 곳곳에서 산발시위. **전주** 5시경 종교계인사 등 300여 명, 금암동 공설운동장 입구사거리에서 태극기와 피켓·프랭카드 등을 들고 연좌농성 시도. 전북대에서도 학생 1000여 명이 돌과 화염병 시위. **춘천** 죽림동 성당에서 신부 등 50여 명 미사 후 성명서 낭독, 가두진출 감행, 20여 명 연행

1987. 06. 11 — 성공회안에서 대회를 주관했던 국민운동 관계자 11명이 기독교회관으로 들어가려다가 경찰에 의해 남대문경찰서로 연행됨(박형규·계훈제·양순직)

— 서울시내 7개 대학생 1000여 명 '명동출정식' 거행후 도심에서 산발 가두시위. **수원** 경기대생, 연행된 동료학생들의 석방을 요구하며 철야농성 전개. 서울농대생, 동맹휴학 촉구하며 총학생회가 단식농성 시작. **대전** 충남대생 700여 명, '6·10보고 및 규탄대회'에서 학기말고사 연기 결의 후 200여 명 도서관 철야농성. 한남대생 500여 명 경찰과 대치후 가두로 진출. **전주** 덕진동 공설운동장에서 프로야구 해태-OB전 끝난 후 관중 500여 명 20분간 투석전

1987. 06. 12 — 명동성당 주변에서 점심식사길의 회사원·시민 등 1000여명이 '호헌철폐'를 외치며 시위, 오후 2시경 연세대생 3000여 명 '살인적 최루탄 난사에 대한 범 연세인 규탄대회' 개최 후 학교 앞 도로점거 연좌시위. **부산** 부산지역총학생회협의회 소속 대학생 1500여 명 부산 수산대에서 연합집회 개최 후 투석, 화염병 투척 등 격렬시위. **춘천** 강원대생 1000여 명 교내 시위 후 횃불시위, 경찰과 투석전을 벌이다가 오후 11시 20분경 해산

1987. 06. 13 — **부산** 병영집체훈련 마치고 부산역에 도착한 수산대·산업대생들과 마중나온 학생들이 합세한 1000여 명, 역앞 8차선 도로점거 연좌농성, 주변 1만여 시민, 박수로 환호

— 부산대에서 집회를 마친 학생 7000여 명 중 2000여 명이 경찰 저지선 돌파로 가두진출, 사직동·고속버스터미널까지 진출. **대전** 한남대생 1000여 명, 도서관 앞 집회 후 대치 중 동료학생의 최루탄 부상에 항의 200여 명 철야농성

1987. 06. 14 — 천주교 정의구현전국사제단, 6·10대회와 관련 "우리의 기도와 선언"제하의 성명서 발표. 명동성당 주변 1500여 병력 완전 철수. **부산** 사직동 프로야구(롯데 : 해태) 경기 종료 후 많은 관중들 '우리의 소원', '애국가' 등을 부르고 "독재타도" 등의 구호를 외치며 자발적으로 시위. **광주** 5시 30분경, 광주시 동구 문빈정사에서 불교승려와 신도 100여 명 '민주쟁취 및 구속자 석방을 위한 결의대회'를 개최. **전주** 4시경, 예수교장로회(통합) 전북노회 주최, '나라를 위한 연합예배'가 성직자·신도 등 1500여 명이 참석한 가운데 중부교회에서 열림. 예배 후 가두시위

1987. 06. 15 — 국민운동본부, 공동대표회의에서 현 위기수습방안 제시 후 이를 받아들이지 않을 경우 평화적인 국민대회를 전국적으로 거행하겠다고 발표. 4·13호헌조치 철회, 6·10대회관련 구속자 및 양심수 전원 석방, 집회시위 및 언론자유보장 등 요구

— 명동성당, '나라와 민주화를 위한 특별미사' 후 학생·시민·신자 등 1만 8000여 명 촛불가두 행진. **부산** 부산산업대·수산대 등 부산시내 일부 대학, 학기말고사 거부하고, 부산대 등 대학별 시위 후 가두로 진출, 서면일대·광복동·국제시장·부산역 등에서 자정이후까지 시위 계속. **마산** 마산대·경남대·창원대생들의 교내시위와 가두시위 이어짐. 경상대생 3000여 명, 진주시청 앞과 시내 간선도로 등에서 농성과 시위. **대전** 한남대·충남대생 각 5000여 명 결집, 교내집회 후 대전역까지 평화행진. 대전역 광장에서 대중집회 후 한남대생 주도로 다음날 새벽 1시 20분까지 시위 후 100여 명은 철야농성. **청주** 청주대생 600여 명, 6·10대회 중 사고를 당해 입원 중인 동료에 대한 최루탄 배상 요구와 반정부 구호 등을 외치며 격렬한 시위

1987. 06. 16 — 국민운동본부, 6월 18일을 '최루탄 추방의 날'로 결정, 행동지침 발표

— 연세대생 2000여 명, '조국을 위한 민주화와 이한열 군 회복을 위한 기도회' 개최

— 시민·학생 등 500여 명, 명동주변 시위

— 경찰, 국민운동본부 사무실 수색해 성명서·상황일지 등 압수. **수원** 수원역 앞에서 시민·학생 등 1만여 명이 모여 밤늦게까지 대중집회 갖고 시국토론 진행. **부산** 부산지역 9개 대학에서 6000여 명 비상학생총회 개최. 전날 시위 평가회 가진 후 구속자 석방과 군사독재 타도에 의견일치, 오후 6시에 남포동에 집결할 것을 결의. 부산대 등 6000여 명 가두시위, 오후 9시 30분경 농성·시위대 300여 명 가톨릭센터 앞 유엔로를 점거 연좌시위, 도로마비. 오후 11시 40분경 학생들 자진해산 종용 위해 경찰 완전 철수. **광주** 3시 40분경 전남대생 2000여 명 교내 중앙도서관 앞에 모여 '제 2차 전남대 민주학생 비상총회' 개최 이후 교문 앞 시위 도중 학생 5명이 연행되자 주변의 시민들이 경찰차를 막고 석방을 요구, 연행학생 모두 풀려남. 전남대생 '호헌철폐 및 최루탄 추방을 위한 특별대책위원회' 구성

1987. 06. 17 — **부산** 전날 시위가 그대로 이어진 가운데 새벽 3시경 국제시장 신호대 앞 바리케이트 설치후 시위 중 경찰과 충돌, 최루탄 발사하자 경찰 기동대 버스 반소 및 승용차 1대 파손. 부산시내 10개대생 7000여 명 각각 교내에서 출정식 거행, 500여 명은 가톨릭센터 안에 남아 농성하기로 결정, 그 후 350여 명은 7일간 군사독재 타도 양심수 석방 등을 요구하며 농성 결의, 오후 10시 35분경 3만여 시민·학생 부산 KBS 앞에서 경찰과 대치중 방송본부 건물을 습격, 철제 울타리 30개 파손. **마산** 경상대생, 마산발 진주행 열차를 점거 농성하다가 해산. **대구** 대구지역 5개대학 연합시위 3일째인 이날 8000여 명의 대학생들이 5시간 동안 시위. 이날 시위로 학생·시민 등 30여 명과 경찰 7명이 중경상, 저녁시위 때는 부녀자 등 일부 시민이 로얄호텔 앞에서 시위대열에 앞장서는가 하면 학생을 연행하려는 전경에 야유와 제지를 하고 최루탄 발사 에 항의. **광주** 전남대생들 교내에서 '호헌철폐 및 최루탄 추방을 위한 특별대책위원회' 결성식 마친 후 시내로 진출, 시내 10여 군데에서 비폭력적 산발 시위

1987. 06. 18 — '최루탄 추방 국민대회' 장소인 연동교회가 경찰에 의해 완전봉쇄. 기독회관 1층으로 집결 중 고려대생과 전경 대치, 2500여 명의 학생들은 동대문에서 연좌 "독재타도, 호헌철폐" 구호 외침. 종로 5·6가 일대 시민·학생 1만여 명 등 시내 곳곳에서 오후 3시 30분경부터 11시경까지 시위 지속. **인천** '최루탄 추방대회'에 4만여 명 이상의 시민이 참여. **수원** 동수원감리교회에서 기도회를 마친

신도들과 시민들이 빈센트 병원쪽으로 시위행진. **성남** 시위대 2만여 명이 전경 포위 무장해제 시킴. **부산** 새벽 1시 20분경 서면로 로터리에서 택시 200여 대 경적시위, 부산역과 초량 삼거리에서 택시 기사 100여 대 1시간 동안 경적시위, 새벽 2시 20분경 초량동 YWCA 뒤 편에서 흩어져 있던 시위대 횃불시위. 오후 4시 시민포함 3만 5000여 명의 시위대가 영주파출소 등 파출소 3곳을 습격, 민간트럭과 소방차 탈취. 부산진구 중앙로에서 택시기사 300여 명, 3시간 40분 동안 시위, 경찰에 의해 시위주동혐의로 2명 구속됨. 서면 로터리에 6만여 시위군중 운집. **대구** 최루탄 추방대회가 경찰에 의해 저지되자 1만여 명의 시민·학생들이 한밤 도심에 집결 시위 지속. 연 나흘째 계속된 이날 시위에서 경찰의 최루탄 무작위발사로 시민들의 거센 항의 야기, 시위대도 투석전과 화염병 투척 등 종전과 달리 격렬한 양상으로 전개. **광주** 전남대생 500여 명이 충장로 1가 무등극장 앞 길을 점거하며 시위를 시작, 시민 3000여 명과 함께 도심지 20여 곳에서 최루탄 발사에 항의하는 평화시위를 벌임. 이후 학생·시민 400여 명, 동구의 남동성당으로 들어가 철야농성. **춘천** 강원대·한림대생 등 3,000여 명, 8호 광장 로터리·운교 로터리·명동·도청 앞 광장 등에서 산발 시위, '비폭력'으로 진행되다가 오후 11시 투석전으로 변함, 경찰장비 30여 점 탈취하여 소각시킴

1987. 06. 19 — 고려대생 3000여 명 시국토론회 개최 및 '최루탄 추방 국민대회 출정보고회' 후 경찰에 투석 등 교문 밖 진출시도, 시위 전개. **성남** 4만여 명의 시위대중이 시청 앞에서 '무장해제'를 외치며 전경과 격렬한 몸 싸움 벌임, 이 와중에 데레사 수녀가 사복형사에 의해 집단 폭행당함, 시위는 다음날 아침 7경까지 계속됨. 6·10대회 이후 최대의 격렬한 양상. **부산** 전날 시위 계속 이어지는 가운데 부산역 앞 간선 도로 점거 시위대 5000여 명, 새벽 0시 45분경 방송국 점거 시도, 경찰 저지로 실패, 이후 시청으로 방향을 바꾸어 진격하였으나 경찰 저지선 돌파 실패, 오후 11시경 가랑비가 계속 내리자 시위대가 줄어 1300여 명으로 줄어듦. **마산** 오후 6시경 5000명으로 늘어난 시위대, 88올림픽 선전탑을 부수고 불태움. **대구** 비가 내리는 가운데 5000여 명이 결집, 연 5일째 시위. 낮에는 학생들이 제의한 무탄무석이 받아들여져 평화 시위가 이루어졌으나 날이 어두워지면서 최루탄과 돌이 등장 격렬해짐. **광주** 8시경 학생·시민 등 500여 명이 동구 계림동 파출소를 점거, 집기 등을 밖으로 꺼내 소각. 10시경 시민들의 대거 참여로 1만여 명 이상으로 불어난 시위대는 원각사 앞 중앙로 일대와 금남로 3·4가, 공용터미날, 충장로 일대 등에서 20일 아침 8시경까지 철야시위. 경찰은 이날 광주에서 모두 63회 연인원 4만 5000여 명이 시위에 참여한 것으로 집계. **전주** 정오에 전북대생의 시위를 시작으로 대통령배 축구시합이 끝난 후 관중들이 시위대에 합세, 6000여 명 시위에 참가. **춘천** 오전 11시경 강원대 2000여 명, 비상학생총회 개최 후 학내시위하다가 오후 3시경 해산한 후, 1만여 명의 시민·학생이 참여한 가운데 거리에서 저녁 6시부터 새벽 2시경까지 시위 지속

1987. 06. 20 — 경찰의 원천봉쇄 속 종로1가 소재 조계사에서 '민주화를 위한 구국법회' 진행, 승려 70여 명과 신도 1백여 명이 법회 후 조계사 앞 큰 길로 시위행진

— 명동 일대에서 수천 명의 시위대가 경찰과 대치, 투석전 등 전개

— 오후 8시경 구로공단내 가리봉 5거리에서 노동자 80여 명, '호헌철폐, 독재타도' 플래카드를 앞세우고 투석 시위. **성남** 저녁 9시경 전날 경찰의 폭력규탄 시위, 자정까지 계속됨. 경찰의 최루탄 공세에 돌과 화염병 투척. **부산** 천주교 부산교구 정의평화위원회 사제단 위원장 박승원 신부, 가톨릭센터 내 학생농성과 관련 기자회견. 지하철 서면역 중심 시위 새벽 2시까지 산발 전개. **대구** 6개대 학생 5000여 명이 대구 시내 곳곳에서 6일째 가두시위, 10시간 동안 격렬한 시위를 벌임. 달성파출소가 화염병에 전소된 것을 비롯, 4개 파출소가 불타거나 부서짐. **광주** 7시 35분경, 중앙대교 앞에서 스크럼을 형성한 학생 중심의 500여 시위대에 주변 시민들 급속히 가세, 약 3만 명으로 증가하여 중앙로 앞 까지 도로를 완전 장악. 7시 42분경, 중앙로—대성국교 사이 지역에 10만여 명 운집, 메가폰과 마이크를 사용하며 시위 계속. 9시경, 원호청—광주은행 사이에 약 20만으로 추정되는 시민 운집. **춘천** 강원대·한림대생 1000여 명이 밤 늦게까지 격렬한 가두시위. **해외** 약 200여 명의 재미 한인들이 샌프란시스코 영사관 밖에서 한국의 반정부시위를 지지하는 시가행진을 벌임

1987. 06. 21 — 오후 5시 기독교대한감리회 소속 신도 및 학생 2000여 명, 종교교회에서 '민주화를 위한 구국기도회'를 가진 뒤, 이 가운데 800여 명이 교회 밖으로 진출 1시간 동안 시위. **부산** 0시를 기해 택시운행이 전면 중단

— 오후 4시부터 다음날 새벽 2시까지 학생과 일부시민 5000여 명 부산시내 주요 간선도로 점거하고

반정부 가두시위 계속. 오후 5시 부산지역총학생회협의회, 서면 로터리에서 '범시민궐기대회'를 가질 예정이었으나 경찰의 원천봉쇄로 저지되자, 이후 가두시위로 이어짐. **대구** 대학생 중심의 1500여 명, 경북대 운동장에서 '2보 전진을 위한 애국학생 시민연합 대동제'를 개최. **광주** 새벽 1시경 공원 쪽 시위대가 중앙로 시위대에 합류, 10만여 명 운집. 시내 곳곳에 대자보 붙고, 시국토론회 전개. 새벽 4시경, 호남동 천주교회 부근에서 시민들이 스스로 화염병 제작, 학생들은 비폭력을 주장했으나 시민들은 화염병 사용의 정당성을 주장함

— 오후 1시경 고등학생 350명이 모여 광주지역 민민투 결성. 10시경 중앙로 쪽 시위대와 공원 부근 시위대가 선현교회 방면에서 합류, 1000여 명 대열 형성. 이곳에서 처음으로 시민들이 제작한 화염병이 사용됨. **제주** 제주대생 100여 명이 제주종합시장 앞 중앙로에 집결하여 경찰과 대치하는 등의 시위를 벌임. **해외** LA교민 1500여 명, 코리아타운에서 3시간 동안 개헌요구시위 및 집회 개최

1987. 06. 22 — 국민운동본부, 22일부터 28일까지 '민주화실천기간' 선포

— 동국대학교 복학생들, 장충단 공원에서 예비군훈련 거부하고 "호헌철폐, 독재타도" 등을 외치며 퇴계로 방면으로 진출 가두시위

— YWCA회관 정문에서 1000여 여성, "최루탄을 쏘지 말라" 서명운동 전개

— 광화문 새문안교회에서 목사·장로·신도 등 1500여 명, 기도회 마친 후 촛불가두시위. 경찰의 최루탄 난사로 밀린 1000여 명, 철야농성 **부산** 부산대 1000여 명 등 대학생들 가두로 진출. 오후 9시 45분 가톨릭센터에서 농성하던 시민·학생들 해산 후 귀가 도중 이들이 탄 버스가 부산대 앞에서 경찰의 무차별 최루탄 발사 및 구타와 함께 남부서로 전원 연행됨. **대구** 방학이 실시된 이날 4개대생 2500여 명 자정까지 7시간 가량 연합시위 지속. 경찰은 병력을 50%정도로 증원, 전격적으로 체포조를 동원, 마구잡이 연행 시작, 110명 연행. **안동** 약 2만여 명의 시위대가 22일 목성동 성당에서 농성중 연행된 곽종철 군 등 9명의 석방요구를 관철시키고 해산. **김천** 김천 정생회, 김천·금릉·상주·선산지구 가톨릭 농민회, 기독교 농민회 회원 및 통민당 당원 등 70여 명이 김천역에서 모여 가두시위 **광주** 새벽 0시 30분경, 중앙교회 앞에서 택시 중심 차량시위. 1시경 전남대 의대생 400여 명, "한병근을 살려내라"는 플래카드를 들고 시위. 치대생 합세하여 의대 앞 로터리에 재집결, 일반시민 가세. 학생들 '경적'이라고 쓰인 종이를 들어보이자 차량들 계속 경적으로 호응함. 9시경 1만5000여 명으로 늘어난 시위대, 최루탄 난사에 대항해 화염병·각목·투석전 전개. **전주** 국민운동본부 및 제 민주운동단체들이 6월 22일~28일을 '민주화실천기간'으로 선포, 저녁 9시경에 시위대가 2만여 명으로 급증, 새벽 2시까지 투석전 전개. **제주** 제주대생 2000여 명이 교내에서 민주화 출정식을 가진 후 제주시내 중심가 쪽으로 8㎞ 행진 오후4시 30분 중앙로타리에 집결, '민주헌법쟁취범도민실천대회'를 개최, 오후 11시 30분까지 시위, 100여 명은 중앙성당 앞 뜰에서 철야농성

1987. 06. 23 — 서울지역 25개 대학생 2만여 명, 연세대 노천극장에서 '서울지역대학생대표자협의회(서대협)' 주최로 '호헌철폐와 독재종식을 위한 서울지역 청년학도 결의대회'를 갖고 6·26국민평화대행진 적극 참여 결의. **부산** 오후 3시 전후 부산대·동아대·부산산업대 등 1500여 명 학교별로 '가톨릭센터 농성 보고대회 및 가두출정식' 개최. **광주** 3시경 신흥택시 기사들 라이트 켠 채 경적시위, 4시경 중앙로 4거리의 택시 시위대 도청쪽으로 이동, 1만여 명 택시 뒤에 쓰인 "독재타도" 뒤따라 가며 시위. 7시경 **광주**상고생 200여 명 "독재타도, 최루탄 추방" 구호 외치며 시위. **전주** 6시경 민주화실천 이틀째를 맞아 1만여 명의 시민과 학생들 코아백화점 앞으로 운집, 8시경에 2만여 명의 시위대가 '시국토론회'를 개최. 기도회를 마친 4000여 명의 '촛불대행진' 행렬과 합세, 시위군중 4만 명으로 급증. **제주** 제주대생 700여 명, 중앙 로타리에서 가두시위 전개, 새벽 1시까지 지속

1987. 06. 24 — 제헌의원 이상돈 씨 등 전·현직 의원 71명, '극한 상황으로 치닫고 있는 현 시국에 대한 우리의 입장' 제하의 성명서를 통해 '호헌철폐와 독재타도', '시위 적극 지지' 표명

— 대학생과 노동자 700여 명, 영등포역과 영등포 시장 부근에서 2시간여 동안 산발 시위

— 전·김 회담 개최되었으나 김영삼 민주당 총재 측에서 협상 결렬 선언. **부산** 천주교 부산교구 사제단 소속 신부 80여 명, 가톨릭센터 농성해산자 집단 구타 사건에 항의, 가톨릭센터 7층에서 항의농성 돌입. 6·18시위 현장에서 직격탄 맞아 입원 중이던 회사원 이태춘 씨 사망. **대구** 경북대·계명대·영남대·대구대 등 4개생, 9일만에 가두시위 없이 교내집회만 진행. **광주** 새벽 0시경 서현교회앞 횃불시위 주력 500여 명과 시민들 3000여 명, 12시경 고교생 100여 명 등의 집단적 참여로 시위대 2만여

명으로 증가, '4·13철회만이 아닌 군사독재 타도해야 한다'는 내용으로 시민토론회 개최. **전주** 6시경, 시민·학생 2000여 명, '민주개헌과 민주정부수립을 위한 실천대회' 개최 이후, 시위대 1만여 명으로 늘어나 새벽까지 격렬 시위

1987. 06. 25 — 민주당 최루탄조사대책특위 소속 의원 10여 명, 최루탄 제조회사인 S화학을 방문, 최루탄 제조 중지 촉구

— 천주교 정의구현사제단과 국민운동본부 참여 변호인단, '6·24여야영수회담' 결과에 대해 공동성명 발표

— 서울대·경기대 등 150여 명, 구로동 코카콜라 공장 앞 4차선 도로 점거, 격렬시위, 불발 최루탄 터져 7명 부상 **부산** 부산시경, 6·10대회 이후 부산시내 시위 주도 학생, 재야인사 64명 긴급 검거령 **진주** 3시경 전북도내 7개 대학 6000여 명 전북대 '민주광장'에서 '전북지역대학생협의회' 결성 이후 가두 연좌시위

1987. 06. 26 — 전국 37개 도시에서 평화대행진 시위, 경찰 3467명 연행. **수원** 북수동 성당에서 '나라와 민족을 위한 기도회'를 마친 신부·수녀와 7000여 명의 군중이 수원역으로 행진. 밤 11시 1만여 명의 시민이 수원역에서 집회, 남문시장 안 노점상 50여 명이 자체적 시위 벌이며 학생들에게 동참을 촉구. **성남** '성남지역 민주화연합(의장:이해학 목사)'이 '평화대행진' 선포. 3만여 시위대 평화행진, 자정 무렵 해산. 이후 시내곳곳에서 새벽 3시까지 산발적 시위 계속, 중앙파출소 점거, '노동3권 보장', '저임금 박살' 등의 구호 등장. **인천** 경찰의 원천봉쇄 속에서도 1만여 명의 시민·노동자·학생들이 도로를 완전점거한 가운데 시위, 다음날 새벽 2시까지 지속, 부평로의 대중집회에서 '인천지역 민주노동자연맹'의 창립보고대회 개최. **안양** 대학생·노동자 4000여 명이 오후 8시경부터 다음날 새벽 4시까지 철야 시위. **부산** 오후 4시경 신부 70여 명, 수녀 700여 명과 신도 등 2500여 명이 중앙성당에서 '민주화와 인권회복을 위한 특별미사' 거행. 미사 후 가톨릭센터 앞까지 침묵시위. 이후 부산시내 전지역에서 27일 새벽 2시까지 시위 지속. **마산** 국민대회에 앞서 경찰책임자와 '무탄무석'을 약속한 후 촛불행진, 다음날 새벽까지 평화적인 시위가 계속됨. **대구** 4만여 명의 시민이 참여 유신학원 네거리—반월당 네거리—명덕로터리—수도산 사이의 간선도로 등에서 27일 새벽 1시 30분까지 시위, 가장 격렬한 양상 전개 **대전** 시내 중앙로, YWCA 앞 원동 4거리, 가톨릭 문화회관 앞, 선화교 등에서 연 인원 5만여 명이 참여한 가운데 오후 11시 20분경까지 시위. 경찰은 오후 9시경 부터 충남국민운동본부·대전인권위원회·충남민청의 전화를 불통시킴. **광주** 6시경 원각사 앞, 5·18유족회·국민운동전남본부 중심으로 2000여 명 시위. 7시경 한일은행 사거리 일대 10만여 명 운집 시위, 27일 새벽까지 산발시위 계속, 26일의 시위는 20~30만에 달하는 최대 규모의 시위. **전주** 농민·학생·시민 등 2만여 명이 7시에 관철동 네 거리를 점거 연좌, '민주헌법쟁취국민운동전북본부' 주도하에 '민주헌법쟁취 전북도민평화대행진' 발대식을 갖고 10만으로 늘어난 시위대와 함께 서광중학교 앞까지 대행진을 강행. **춘천** 명동 입구에서 개최하려던 '민주헌법쟁취 국민평화대행진'이 봉쇄되자 오후 11시20분까지 시내 곳곳에서 산발 시위

1987. 06. 27 — 충남 중·고교 교사 34명, '교육민주화' 선언. **부산** 직격최루탄 맞아 사망한 이태춘 씨 국민운동본부장 장례식이 범일동 성당에서 거행. 500여 명 참석. **대구** 대구 지역 5개대생 7백여 명, 경북대 대강당에서 3시간 동안 '애국학생 6·26연합보고대회' 개최 후 행동 방향을 논의, 가두시위 계속할 것을 결의

1987. 06. 29 — 노태우 민정당대표위원, 직선제 개헌, 김대중 사면·복권 등 8개항의 시국수습을 위한 특별선언을 발표(6·29선언)

— 국민운동본부·민통련·변협·NCC, 개헌작업 즉각 착수와 양심수 전면석방 및 수배해제 촉구 성명

1987. 06. 30 — 천주교 부산교구 사제단, 7일 만에 농성 해제

— 민가협 구속자 가족 70여 명, 민정당 중앙당사에서 전원 석방 요구 농성

1987. 07. 01 — 전대통령, '시국수습에 관한 특별담화'를 발표하여 6·29선언 8개항을 모두 수용

— 파주여자종합고 전교생 시위, 학내민주화와 교장 및 폭력교사의 퇴진을 주장

1987. 07. 02 — 이리 '후레아훼션' 해고노동자 12명, 독일대사관에서 해고자 복직요구 농성 돌입

1987. 07. 03 — 시민·학생 1만 5000여 명, 서대협 주최로 연세대에서 시국토론회 개최

— 서울구치소 양심수 100여 명, 전원 석방 요구하며 단식 농성

1987. 07. 06 — 서울지역 대학생 8000여 명, 연세대에서 이한열 추모집회 후 시위
— 이천경찰서 소속 전경 양승균, 양심선언 발표 후 NCC에서 농성
1987. 07. 06 — 한국기독교총연맹 등 노동관계 17개 단체, '민주헌법쟁취 노동자공동위원회' 결성
1987. 07. 08 — 민통련 문익환 의장 등 시국관련 357명 가석방, 기결 양심수 86명은 제외
1987. 07. 09 — 고 이한열 열사 영결식. 시민·학생 1백만여 명, 서울 시청 앞 운집, 광화문 일대에서 시위
— 시국관련 270명 수배해제 및 2335명 사면복권
1987. 07. 10 — 정부, 김대중 등 2335명 사면·복권, 357명 석방, 270명 수배 해제
1987. 07. 11 — 성공회 서울사제단, 성당내 경찰 난입과 기물파손에 항의, 단식농성 돌입
— 여성단체연합, 명동성당에서 '민주시민대동제' 개최
1987. 07. 12 — 33개 단위노조 간부들, 노동법개정을 촉구하기 위한 '노조 민주화실천위원회' 결성
— 인천 자유공원에서 열릴 예정이던 '이한열 군 추모 및 양심수 전원석방 촉구대회'가 경찰에 의한 무차별 각목 폭행으로 무산. 360여 명 연행
1987. 07. 13 — 문화방송(MBC) 보도국 기자 95명, 관선경영진 퇴진과 방송 민주화 요구하며 제작 거부 농성
1987. 07. 14 — 국민운동전남본부, 시민대회 개최
1987. 07. 15 — 문화방송(MBC) 기자와 프로듀서, '방송민주화추진위원회' 구성하고, '지시성' 프로그램은 제작·송출 거부키로 결의
— 청계피복노조, 사무실 탈환
1987. 07. 16 — 인천 성진택시기사 80여 명, 일일업적금쟁취 농성 돌입
1987. 07. 17 — 김대중 민주화추진협의회 공동의장, 대통령 불출마 선언 번복
— '구속청년학생협의회' 발족
1987. 07. 18 — 경기도 안성농민 권영규 씨, 학생들의 농촌활동 제공 막은 기관에 항의, 음독자살
1987. 07. 19 — '서울지역 해고자 복직투쟁위원회' 발족
— '민주헌법쟁취 노동자공동위원회', 홍사단에서 '노동기본권 쟁취대회' 개최, 경찰의 각목 폭행
1987. 07. 20 — 태백시 한보탄광 노동자 600여 명, 퇴직금 등 처우개선 요구 파업 농성
1987. 07. 21 — 전국 28개대 교수 534명, '민주화를 위한 전국교수협의회' 창립
— '민주언론운동협의회' 현직 언론인들의 방송민주화투쟁 지지성명 발표
— 광주 MBC 보도국, 민주언론선언 후 뉴스 제작 중단
— 인천 남일금속 노동자, 어용노조 설립에 항의 농성
1987. 07. 22 — '민청련' 등 6개 단체 400여 명, '석방청년 환영 및 양심수 전원 석방, 수배자 전원 해제 쟁취 결의대회' 개최
— '민교협', '여성의 전화' 등 6개 단체, 학생시위 탄압과 여학생 추행 규탄 성명 발표
1987. 07. 23 — 부산 태광산업 노동자 100여 명, 어용노조 해체 등 요구하며 회사 앞마당에서 농성
1987. 07. 24 — 인천 한성운수 운전기사 340여 명, 일일업적금 정산 요구 파업 농성
1987. 07. 25 — 부산 조선공사 노동자와 가족 3500여 명, 어용노조 해체와 해고자 복직 등 요구하며 파업 농성
— 울산 현대자동차 노동자 6000여 명, 파업 농성
1987. 07. 26 — 강제철거 중지와 재개발 악법 철폐를 위한 도시빈민대회, 동대문운동장 앞에서 1000여 명 가두집회
— 부천 원미동 성당에서 '노동기본권 쟁취대회 및 구속석방 노동자협의회' 발족 및 실천대회 개최
1987. 07. 27 — 울산공단내 태광산업·풍산금속·동양나이론·동양폴리에스텔 4000여 명, 파업 농성
— 부산 세신정밀금속 노동자 400여 명, 파업 농성
1987. 07. 28 — 울산 현대중공업 노동자 1만 7000여 명, 어용노조 퇴진 요구 파업 농성
— 부산 국제상사 1500여 명, 어용노조퇴진 요구 파업 농성
— 전남 여천 호남에틸렌 노동자 360여 명, 기업통합 반대 농성
1987. 07. 30 — 현대미포조선소 노동자 1800여 명, 근로조건 개선 등 요구 파업 농성
1987. 07. 31 — 국민운동본부, 수재모금단 발대식
— 창원 효성중공업 노동자 1000여 명, 어용노조 퇴진요구 파업 농성
— 부산 (주)화성 노동자 600여 명, 농성 6시간 만에 근로조건 개선 요구 사항 쟁취
1987. 08. 01 — 국민운동본부, 수해복구단 3개 지역 파견

— 태백시 황지광업소 노동자 250여 명, 상여금 인상 등 요구 파업 농성
— 울산 현대종합목재 노동자 1500여 명, 임금인상 등 요구 파업 농성
1987. 08. 03 — 현대자동차 부산공장 노동자 3000여 명, '울산노조결성보고대회' 후 파업 농성
— 울산 대우중공업 노동자 800여 명 농성
— 창원 현대정공 노동자 600여 명, 임금인상 요구 농성
— 대성탄좌 정성광업소 노동자 350여 명, 상여금 인상 요구 파업 농성
— 한국은행원 일동, 헌법상 독립적 지위 보장 및 관련 법규 개정 촉구
1987. 08. 04 — 국민운동본부 제 1차 정기총회 개최. 하반기 목표를 '군사독재 종식을 위한 선거혁명'으로 설정
— 논노패션 노동자 30여 명, 민정당 남재희 의원 사무실에서 노조탄압 항의 농성
— 대우중공업 창원 1, 2 공장 노동자들, 처우개선 요구 농성
1987. 08. 05 — 울산공단내 고려화학·현대강관·현대자동차·럭키 등 노동자, 파업 농성
— 창원 한국중공업 노동자 2000여 명 농성
— 정선군 석공함백광업소 노동자 600여 명, 근로조건개선 등 요구 파업 농성
— 민정당, 제2대 당총재로 노태우 선출
1987. 08. 06 — 현대중공업 노동자 1만여 명, 어용노조 퇴진, 임금인상 요구하며 다시 농성에 돌입
— 해직교사·구속교사 가족, '구속교사 석방 및 복권 촉구대회' 개최
— 태백시 어룡탄광 노동자 600여 명, 파업 농성
— 대우중공업 인천공장 노동자 1600여 명, 임금인상 등 요구 파업 농성
— 포항 부산파이프 300여 명, 근로조건 개선 등 요구 농성
— 전북일보 기자 130명, 편집·경영권 분리 주장, 제작 거부
1987. 08. 07 — 창원 마산공단내 (주)통일·기아기공·한일합섬 등 노동자 3000여 명 파업
— 대우중공업 안양·영등포공장 노동자 1000여 명, 파업 농성
— 전주 27개 택시회사 운전기사, 전면 운행거부, 연합 가두 시위
1987. 08. 08 — 옥포 대우조선소 노동자 4,000여 명, 파업 농성
— 창원공단내 삼미종합특수강·삼미단조·창원기화기 노동자 700여 명, 농성 돌입
— 울산 현대중전기 노동자 1000여 명, 임금인상 등 요구 파업 농성
— 석공 도계광업소, 대성탄좌 문경광업소, 정선군 삼척탄좌 정암광업소 등 노동자 3000여 명 파업 농성
1987. 08. 09 — 광주 시내버스 54개 전노선 운전기사 700여 명, 운행거부 농성
— 청주 민통련의장단 순회 강연, 경찰방해로 무산, 경찰짚차에 의해 조환동 군(13세) 사망
1987. 08. 10 — 국민운동본부, 서울 아현감리교회에서 '양심수 전원석방 및 민주쟁취 국민대회' 개최. 시민 5000여 명 참여
— 동원탄좌 사북광업소 등 광산파업 16개소 1만여 명으로 확산
— 전주 4개 버스회사 운전기사 120명, 시외버스 운전사 및 안내양 200여 명, 운행거부, 임금인상 요구 파업
— 서울 신촌운수 운전기사 40여 명, 연좌 농성
— 대우자동차 부평공장 노동자 1500여 명, 파업 농성
1987. 08. 11 — 성남택시운전사, 사납금인하와 월급인상 요구 파업 농성
— 삼양식품 경남지사 노동자 100여 명, 농성 돌입
— 대형선박수협 소속 선원 700여 명, 부산 공동어시장에서 가두시위
1987. 08. 12 — '양심수 전원석방 및 민주쟁취 범국민 실천대회', 서울 명동성당 앞에서 학생·시민 2500여 명 참가. 집회 후 시위
— '민주화운동 유가족협의회', 서울 합정동 마리스따수도원에서 입주식 및 창립 1주년 정기총회
— 충남방적 노동자 3000여 명, 임금인상과 준사원제 폐지 등 요구 농성
— 삼익악기 노동자 1500여 명, 임금인상과 어용노조퇴진 등 요구 농성
— 전북 고창군 심원면·해리면 주민 300여 명, 삼양사 본관에 서 소작농지 양도를 요구, 농성 돌입
1987. 08. 13 — 고 조환동 군 장례식
— 서울지하철 노조 결성. 기능직 고용직원 230여 명 참가

— '노동조합민주화실천위원회', 노총 퇴진 촉구 성명
— 대우전자 광주공장 노동자 600여 명, 기본급 인상 등 요구 농성
— 인천조선 노동자 700여 명, 임금인상과 상여금 지급 요구 농성
— 구미공단 내 오리온전기·오리온전자 노동자 1000여 명 농성
— 철도노조 부산사업소 노동자 200여 명, 임금인상과 휴가비 지급 등 요구 농성
— 파주여종고생 200여 명, 종합청사 앞에서 문교부장관 면담 요구 철야 농성

1987. 08. 14 — 서울민통련, '분단42년, 그 극복을 위한 시국대토론회' 개최
— '서대협', 서울대 교정에서 통일염원제 개최. 학생·시민 5000여 명 참가
— 군산, 춘천 등 27개 택시회사 운전사, 파업 농성
— 대전 전노선 시내버스 운전사, 파업 농성
— 삼양교통 해고자 정병두 씨(42세) 분신. 해고자 복직과 살인 배차제 폐지 등 주장
— 국민운동본부, 노동쟁의실태조사단 파견
— 산재 노동자 400명, 재활촌 건립, 휴업급여인상을 요구하며 시위

1987. 08. 15 — '8·15민족해방 기념대회', 서울·부산·청주·광주·대전·성남 등 전국 6개 도시에서 개최

1987. 08. 16 — '민주헌법쟁취노동자투쟁위원회(민헌노위)', '민족해방을 위한 노동자 결의대회' 대최. 노동자·시민 등 2500여 명 참가

1987. 08. 17 — 울산 현대그룹 노동자 1만 5000여 명, 회사 측의 휴업조치에 항의 연합가두시위
— 인천 영창악기 노동자 1200여 명, 어용노조 퇴진 요구 농성
— 창원공단 내 오성사 1, 2공장 노동자 1000여 명 가두시위
— 안산 대원시트 노동자 800여 명, 임금인상 등 요구 농성

1987. 08. 18 — 현대그룹 노동자 88명, 휴업조치 철회 요구하며 서울 본사에서 농성
— 철도노조·우편노조 등 공무원노조협의회 구성. 단체행동과 단결권 허용 촉구
— 구미공단내 금성반도체 노동자 950여 명, 임금인상 등 요구 농성
— 대전피혁 노동자 800여 명, 임금인상 등 요구 농성

1987. 08. 19 — 전국 95개대 3500여 명, 충남대에서 '전국대학생대표자협의회(전대협)' 결성
— '가톨릭농민회' 등 10개 단체 150여 명, '헌법개정농민공청회' 개최. 토지개혁 시행 주장
— 구로공단 내 요업개발·삼신방직·(주)진도 등 노동자 2500여 명 임금인상 요구 농성
— 부산 택시회사 운전사 500여 명, 협상 재개 요구 차량시위
— 고창 농민 24명, 동아일보 편집국 점거. 공정보도 촉구, 경찰 전원 연행

1987. 08. 20 — 청주 럭키 금성사 노동자 900여 명 농성
— 청주 택시운전사 700여 명, 철야 농성
— '파주여종고사태 공동대책위원회', 파주여종고 사태 규탄대회 개최. 고교생·교사 등 500여 명 참가. 학내 민주화 촉구

1987. 08. 21 — '전국섬유노련', 임금 16.5% 인상 촉구
— 인천 시내버스 운전사 전면 파업 농성

1987. 08. 22 — 옥포 대우조선 노동자 이석규 씨, 최루탄 맞아 사망
— 구미공단 노동자 8500여 명, 임금인상 등 요구 농성
— 서울시내 52개 버스회사 운전사, 11% 임금인상에 반발, 파업 농성
— 한국공항 노동자 900여 명, 어용노조 퇴진 등 요구 파업

1987. 08. 23 — '전국해고노동자복직투쟁위원회', '완전복직 및 해고반대를 위한 노동자대회' 개최. 노동자·시민 1만 5000여 명 참가

1987. 08. 24 — 고창 농민 농성장에 폭력배 난입. 배종석·최영근 군 중화상
— 국민운동본부, '개헌안 쟁점 토론회' 개최

1987. 08. 26 — 대구 택시운전기사 4000여 명, 연행자 석방 요구 가두시위
— 창원 한국중공업 노동자 1000여 명, 동료 노동자 석방 요구하며 마산지검 앞에서 가두시위
— 대우자동차 부산 동래공장 노동자 650여 명, 파업
— 제주 시내버스 운전기사, 상여금 인상과 안정운행 보장 요구 파업

1987. 08. 28 — 경남 거제군 옥포에서 대우조선 고 이석규열사 민주국민장. 노동자 1만여 명 참가. 이송 중 경찰 운구 탈취, 13개 시에서 추모집회 후 가두시위

— '한국출판운동협의회(한출협)', 홍사단 앞에서 '판금도서 전시회' 개최. 37개사 738권 전시. 경찰, 35종 134권 압수. 한출협 공동회장 이우회 씨 등 3명 연행

1987. 08. 31 — '울산지역사회단체협의회' 노옥희 간사 등 3명, 3자 개입 및 집시법으로 구속.

— '영등포산업선교회' 신철영 간사, 노동쟁의조정법 등으로 구속

1987. 09. 01 — 완전 월급제 실시 협상 결렬로 서울택시 파업, 총 1만 6700대 중 1만 900대 참가

— '삼양사 살인미수사건 대책위', 진상규명과 부상자 완쾌를 위한 기도회 및 규탄대회 개최

— 부산 연합철강 노동자 1000여 명, 임금인상 요구 파업

— '포항민주화운동연합' 강호철 사무국장, 국민운동 정선지부 황인오 간사, 노동쟁의조정법 위반 구속

1987. 09. 02 — 노태우·김영삼 회담, 정치일정과 노사 문제의 자율원칙 등 5개항 합의

— 서울 조흥택시 노조위원장 이석구 씨 분신

— 울산 현대중공업 노동자 2만여 명, 임금협상 결렬에 항의해 시청 앞 대규모 가두시위

— 삼척탄좌 정암광업소 노동자 2500여 명, 임금인상 요구 농성투쟁. 경찰, 노동자 500여 명 연행, 살인적 폭력 행사

— 성남 동양정밀 노동자 80여 명, 민주당사에서 철야 농성

1987. 09. 03 — 울산 현대중공업 노동자 채태창 씨(41세), 정문 통제중 차에 치어 사망

— 서울대에서 '민중생존권 쟁취투쟁 보고대회', 학생과 노동자·농민 등 500여 명 참가

— 부천 8개 택시회사 운전기사 800여 명, 파업 농성

— 삼척탄좌 정암광업소 노동자 정운환 씨 등 2명 구속

1987. 09. 04 — 서울 파업택시 운전사 4000여 명, 교통회관 앞에서 가두시위

— 전·현직 교사 300여 명, '민주교육추진 서울지역교사협의회' 발기인 대회 개최

— '민주헌법쟁취 문화인 공동위' 소속 70여 명, 서울 인사동 '그림마당 민'에서 문화인 구속과 미술품 탈취에 항의 농성

— 삼척탄좌 정암광업소 노동자 마진수씨 등 4명 추가구속

— 안기부, 장의균 씨(37세) 간첩협의로 구속 발표

1987. 09. 07 — 국민운동본부, 서울 합정동 마리스따수도원에서 하반기 정책협의 토론

1987. 09. 17 — '민족문학작가회의' 300여 문인 참석한 가운데 창립 총회

1987. 10. 10 — 김영삼 민주당총재, 대통령 출마 공식선언

1987. 10. 12 — 대통령 중심 직선제개헌 국회의결

1987. 10. 14 — NWA한국지사 한국인 근로자 80여 명, 노조 측에 대한 집단보복인사에 항의, 5일 만에 재파업

1987. 10. 19 — 민정당·민주당 8인정치회담, 대통령선거법·국민투표법·선거관리위원회법 일괄타결

1987. 10. 25 — 김대중·김영삼, 고려대에서 열린 '거국중립내각쟁취실천대회'에 참석. 거국내각 구성 촉구대회 후 2만여 명 가두시위

1987. 10. 27 — 대통령중심 직선제에 관한 새 헌법안, 국민투표로 확정. 찬성 93.1%

1987. 10. 27 — 재야노동단체·학생 3000여 명, 명동성당에서 '노동운동탄압분쇄대회' 후 시위

1987. 10. 28 — 민주당 김대중 고문, 대통령 출마와 신당창당 공식선언

1987. 10. 29 — 한국일보 기자 58명, 노동조합 설립

1987. 10. 30 — 신민주공화당, 김종필을 총재 및 대통령 후보로 추대

1987. 11. 06 — 대통령후보 단일화촉구 서명에 가담했던 민주당의 박찬종, 조순형, 홍사덕, 이철 의원과 가칭 평화민주당의 허경구 의원 등 5명, 각각 소속정당을 탈당

1987. 11. 09 — 민주당, 김영삼 총재를 제 13대 대통령후보로 추대

1987. 11. 12 — 평화민주당, 후보자지명대회를 열고 김대중 위원장을 대통령후보로 추대

1987. 11. 18 — 서울시내 16개대생 700여 명, 건국대에서 '학살원흉 집권분쇄 학생투쟁연합 실천대회' 후 시위

1987. 11. 20 — 국본, '공정선거감시 전국본부' 발대식 개최

1987. 11. 26 — 전남 나주에서 전국 최초로 부당수세거부 결의대회 개최

1987. 11. 27 — 제 2금융권 중심의 50개 단위노조대표, 기존 금융노련을 탈퇴하고 '한국자유금융노동조합연맹' 결성

1987. 12. 16 — 제 13대 대통령선거 실시, 노태우 후보 당선
— 공정선거 감시단 소속 대학생 등 100여 명, 부재자투표함 밀반출을 적발하여 구로구청사 봉쇄하고 농성(구로구청농성 사건)
1987. 12. 18 — 경찰, 부재자투표함 사건 관련 구로구청점거시위 3일째에 강제진압, 시민 등 915명 연행
1987. 12. 23 — 학생·시민 1000여 명, 광주 충정로 등지에서 선거무효 주장하며 시위
1987. 12. 27 — 서대협 주최로 '부정선거 무효화 및 독재퇴진 결의대회'에 참석한 시민·학생 2000여 명, 명동성당 밖으로 진출 시위

1988년

1988. 01. 08 — 경찰, '이사진 개편과 학내민주화'를 요구하며 4개월간 점거농성 중인 조선대에 진입, 강제해산
1988. 01. 12 — 박종철 씨 부검의 황적준 박사, "경찰 수뇌가 박종철 고문치사 사실을 처음부터 알았으며, '쇼크사로 해달라'는 강요도 있었다"고 증언
1988. 02. 03 — 전국택시노동조합연맹 중앙위원 60여 명, '택시노련' 신고필증 교부를 요구하며 노총회관에서 철야 농성
1988. 02. 24 — '청년학생구국결사대' 소속 5개대생 5명, 미문화원 도서실 점거 농성
1988. 02. 25 — 노태우, 제13대 대통령으로 취임, 제6공화국 출범
1988. 02. 27 — 시국사범 1731명 등 7234명 사면 복권
1988. 03. 06 — '민중의 당' 창당대회 개최
1988. 03. 29 — 서울대총학생회장 후보 김중기, 남북한 대학생 공동체육대회 및 국토순례대행진 제안
1988. 03. 21 — 국가안전기획부, '반미청년회'와 관련 장원섭 등 7명 구속 발표
1988. 03. 29 — '한겨레민주당' 중앙당 창당대회 개최
1988. 04. 01 — 옥포대우조선 노조원 9000여 명, 임금인상 촉구대회 갖고 전면 파업
1988. 04. 08 — 민청련·서대협 등 재야 16개 단체 '반민정정당총선투쟁연합' 결성
1988. 04. 26 — 제 13대 국회의원 선거(투표율 75.8%, 지역구 민정 87석, 평민 54석, 민주 46석, 공화 27석, 기타 10석)
1988. 05. 09 — 현대건설 노조추진위원장 서정의 납치 사건 발생
1988. 05. 13 — 서울지역 28개대 3000여 명, 연세대에서 서울지역총학생연합(서총련) 발대식 거행
1988. 05. 15 — 서울대생 조성만, 명동성당에서 '조국통일', '양심수 즉각석방' 등 구호를 외치며 할복 투신
— '한겨레신문' 창간호 발간
1988. 05. 20 — 서총련 산하 '애국청년결사대' 소속 7명, 미대사관에 사제폭 발물 4발을 투척, 반미구호 외치며 시위
1988. 05. 21 — 현대그룹 산하 18개사 노조대표 25명, 현대그룹 노조연합회 결성
1988. 05. 29 — 서울시내 85개 노조조합원 등 300여 명, '서울지역노동조합협의회' 창립총회
— 인권변호사단체, '민주사회를 위한 변호사 모임' 정식 발족
1988. 06. 10 — 6·10남북한청년학생회담 경찰의 저지로 무산, 전국 40개대 1만 8000명 교내 집회
1988. 07. 02 — 민족문학작가회의, 남북작가회담 개최제의 성명 발표
1988. 07. 07 — 노태우 대통령, 대북정책 6개항 특별선언(7·7선언)
1988. 07. 20 — 민통련 등 재야 11개 단체, '조국의 자주적 평화통일을 위한 민주단체협의회(조통협)' 발대식
1988. 08. 15 — 경찰, 남북학생회담 저지하고 학생 2020명 연행
— 북한학생대표단, 판문점 회담장에 도착, 남한학생 측은 연세대에서 8·15 학생회담 출정식 개최
1988. 09. 08 — 전남 여수에서 국교 교사 21명, 국민학교 최초로 교사협의회 창립
1988. 09. 19 — 영화감독 50여 명, 미국 UPI사의 영화직접배급에 항의 철야 농성
1988. 10. 25 — '삼청교육대 진상규명 전국투쟁위원회', 삼청교육대 진상규명을 위한 공정조사기구 구성을 촉구하는 성명을 발표
1988. 10. 26 — 경북대생 등, 대구지검 공안검사실, 대구 미문화원 등 4곳에서 시위 및 점거농성
— 전국의 철도기관사 전면 파업
1988. 10. 27 — 불교정토구현전국승가회, 10·27법난 8주년을 맞아 진상규명과 책임자 처벌 촉구 성명

1988. 11. 05 — 학술단체협의회 창립
1988. 11. 13 — 노동자·재야인사 등 5만여 명, 전태일 분신 18주기를 맞아 '전태일 열사 정신계승 및 노동법개정 전국노동자대회' 개최
1988. 11. 18 — 국회 광주특위 1차 청문회
1988. 11. 19 — 대학생·시민 등 1만여 명, 대학로에서 '전두환·이순자 부부 구속을 위한 제 2차 시민궐기대회' 개최
1988. 11. 21 — '전교협' 산하 초·중·고 교사, 시간강사 등 1만여 명, 여의도광장에서 '민주교육법 쟁취 전국교사대회' 개최
1988. 11. 23 — 전두환·이순자 부부 사과문 발표, 설악산 백담사 은둔
1988. 11. 26 — 전국 41개 언론사 노조, 전국언론노조연맹 창립대회. 초대위원장 권영길(서울신문 노조위원장)
1988. 12. 03 — 18개대생 1500여 명, KAL사건 진상 규명 등 요구하며 명동에서 시위
1988. 12. 14 — 정신문화연구원·과학기술원 등 4개 연구기관 노조, 처우개선, 자율성 보장 등 요구하며 파업 돌입
1988. 12. 23 — '한국민족예술인총연합' 창립

1989년

1989. 01. 02 — 경찰, 풍산금속 안강공장에서 농성중인 노동자 37명 연행
1989. 01. 05 — 육군 30사단 공병대대 이동균 대위와 김종대 중위, 한국기독교교회협의회 인권위원회 사무실에서 5인이 서명한 군의 정치적 중립과 정치군인의 각성을 촉구하는 '명예선언' 발표(7일, 5명 모두 구속)
1989. 01. 08 — 현대그룹 구사대를 자처한 50여 명, 현대중전기 노조대의원단합대회장과 현대해고자협의회 사무실을 습격(현대그룹 노동자 피습사건)
1989. 01. 18 — 전남대생 50명과 조선대생 200여 명, 광주미문화원과 광주지검을 각각 기습하고 '전두환·노태우 처단' 등의 구호를 외치며 시위
1989. 01. 19 — 삼성중공업 노동자 6명과 '서총련' 대학생 16명, 삼성 본관서 민주노조 인정 요구 시위
1989. 01. 21 — '전국민족민주운동연합(전민련)' 출범

6월 항쟁 10주년 기념 자료집

1997년 6월 10일 1판 1쇄 찍음

엮은이 : 6월민주항쟁10주년사업범국민추진위원회
펴낸이 : 김영종/펴낸곳 : (주) 사계절출판사
주소 : 서울시 종로구 신문로 2가 1-181
전화 : (02)736-9380(대표)/FAX : (02)737-8595/등록 : 제 8-48 호
인쇄·제본 : 영인쇄 주식회사

값 50,000 원